KB069150

삼국지 고어사전

김 영 편

중한번역문헌연구소

學古房

머리말

『삼국지』는 비록 중국소설이지만 우리나라에서 『삼국지』라는 작품과 등장인물 유비, 관우, 장비, 조조 등에 대해 모르는 사람이 없을 정도로 수많은 사람들에게 널리 애독되었고 현재까지도 인기를 누리고 있다. 특히, 조선에서의 삼국지 독서 열풍은 여타의 중국소설과는 다르게 매우 폭넓었다. 독자적으로 금속활자본, 번각본이 간행되었고 문인들은 수많은 문집에 각양각색의 평어들을 남겼다. 삼국지 향유는 비단 한자를 아는 식자층에만 한정되지 않았다. 급기야는 한글 번역본도 나오게 되어 한문을 모르는 민간인들도 쉽게 삼국지를 접하고 읽을 수 있었다. 조선시대 삼국지 한글본은 현재 낙질로 전하는 것까지 합하면 무려 200여 종에 이르는데 당시 삼국지의 인기를 가히 짐작할 만하다.

삼국지 한글번역본은 국어학 측면에서 '한글'이라는 우리나라 고유의 글자로 중국의 문화를 재해석하고 민족문화의 특수성을 담아내고 있어 부가가치가 높다. 번역소설 문헌은 당대 실생활을 반영하는 어휘를 많이 담고 있어 사용 실태를 살피기에 용이할 뿐만 아니라 중국 원전과 함께 비교할 수 있기 때문에 국어사적으로 훨씬 더 값지고 풍부하게 연구될 수 있다. 한문원전과의 비교를 통해 당시의 번역특징, 어휘의 변화를 관찰하고 역으로 원전의 대역 한자어가 번역본 속에서 고유어나 한자어로 번역 수용되는 생성 과정 및 지속 또는 소멸되어 가는 양상도 고찰할 수 있다.

게다가 조기 백화중국어로 쓰인 구어체도 담고 있어 이를 그대로 조선의 실생활 어휘로 번역하였기 때문에 입말의 형태를 잘 보여주며, 다량의 중국어 차용어도 발견할 수 있다. 중국어 차용어는 기존의 한자어와 달리 중국어 구어체에서 온 어휘로, 중국어 학습서, 명·청대 통속소설, 희곡 작품 번역에서 많이 발견된다. 대개 중국음과 우리말 한자어 독음이 혼합되어 나타나는 경우가 많아 차용어라 인식하지 못하기도 한다. 그러므로 차용어들의 활용상을 살피고 이 차용어들이 창작소설에도 사용되었는지 주목할 필요가 있다. 차용어 연구는 창작소설과 번역소설의 국적 문제를 해결할 실마리를 제공하고 필사시기를 유추할 수 있기 때문이다.

그러므로 번역소설 문헌은 단순히 비교문학적 연구를 넘어서 우리의 국어사 연구에 중요한 연구 대상이 된다. 기존에 알지 못했던 새로운 고어를 발견할 수도 있으며, 판별해 내지 못했던 고어의 의미를 밝혀낼 수도 있고, 다양한 한자어와 이표기, 차용어 등도 확인할 수 있으며, 창작소설과 변별되는 문체, 표현양식의 특징도 살펴 볼 수 있다.

『삼국지 고어사전』은 우리말 고어 연구의 편의를 제공하기 위해 현전하는 조선시대 『삼국지』 한글필사본 가운데 장서각 소장 낙선재본, 규장각 소장본, 국립중앙도서관 소장본, 한글고문헌연구소 소장본 4종을 주요 대상으로 하여 옛말 어휘를 채록한 것이다.

장서각 소장 낙선재본『삼국지』는 39권 39책으로 이루어져 있으며 이 한글본의 원전은 후세에 나온 毛宗崗 평본이 아니라 嘉靖本(1522)『三國志傳通俗演義』에 가까운 고본이다. 현존하는 가장 오래된 번역본으로 많은 고어와 고문체를 그대로 간직하고 있는데 영정조 때 이루어진 것으로 추정된다.

규장각 소장『삼국지』는 27권 27책으로 이 필사본 역시 낙선재본『삼국지』와 동일한 嘉靖本(1522)『三國志傳通俗演義』 번역본 계통이다. 낙선재본『삼국지』나 낙선재본『삼국지』의 모본을 재전사하였고 낙선재본보다는 1세기 정도 뒤인 19세기에 이루어진 것으로 판단된다. 동일한 중국 원전을 두고 달라진 표기 및 어형의 변화를 낙선재본과 비교하여 살필 수 있는 유의미한 자료이다.

국립중앙도서관 소장『삼국지』는 17권 17책으로 청대 강희연간에 나온 모종강본을 저본으로 하여 제1회부터 제120회까지를 완역한 것이다. 이 책은 권1과 권17 말미에 나온 필사기가 있어 필사 시기 및 배경을 짐작할 수 있다. 同治 7년 戊辰年(1868)에 시작하여 辛未年(1871)에 끝마쳤으며 집안 대대로 유전시키고자 하는 목적에서 광주 이씨인 50대 여인이 필사하였다. 전반부는 원문에 비교적 충실히 번역하였지만 중후반부로 갈수록 축약과 생략이 심하게 나타난다. 가정본과 달라진 번역 특징, 어휘의 변화를 고찰할 수 있다.

한글고문헌연구소 소장『삼국지』는 19권 19책으로 국립중앙도서관 소장본과 동일하게 청대 모종강본을 저본으로 하여 번역한 것이다. 이 책은 여러 사람에 의해 필사되어 책마다 서체가 다양하고 번역된 언어 사용 실태가 다르게 나타난다. 그중에서도 경상방언의 특징을 보이는 어휘들이 다수 확인되고 있어 다양한 이표기와 지역에 따른 언어 표기 양상을 살필 수 있다. 권13에 신묘, 권17에 신해라는 필사기가 있어 각각 1891년과 1911년으로 추정된다.

이들 삼국지 4종은 가정본을 저본으로 한 번역본, 모종강본을 저본으로 한 번역본을 모두 포함하고 있으며 시기적으로는 18세기부터 20세기 초까지 아우르고 있다. 즉, 문헌에 따라, 시기에 따라 달라진 번역 양상을 살필 수 있다. 같은 중국어라 할지라도 번역 어휘가 달라져 표기나 어형이 변화된 것도 있고 새로운 다른 어휘로 번역된 것도 있어 통시적, 공시적으로 어휘 사용 실태를 확인하기에 용이하다.

이외에 수록된 어휘의 양이 많진 않지만 1919년 서울의 한남서림에서 간행한『註解語錄總覽』에 수록된『삼국지』어록도 채록하였다. 책의 유통 상황 및 세책본을 대했던 대여 독자들의 독서 및 낙서문화를 보여준다는 점에서 의미가 있다고 판단하여 일본 동양문고 소장『삼국지』, 화봉문고 소장『삼국지』 등은 필사기와 낙서 기록에서만 어휘를 채록하였다.

『삼국지 고어사전』에 수록된 어휘들은 본 연구소에서 간행한『삼국지』 4종 교주서와 2016년 11월 선문대학교 출판부와 선문대 중한번역문헌연구소에서 출판한『고어대사전』(21권)에서 추출하였다. 또한, 이 사전은 2020년에 출간된 '근대차용어사전'에 이어 두 번째로 내놓는 갈래말 소사전이다. 사전 출판을 흔쾌히 허락하고 아낌없는 도움을 주신 박재연 선생님께 깊이 감사드린다.

사전은 언어의 정보를 최대한 친절하게 제공해야 함에도 불구하고 충분한 시간을 두고 사전을 만들지 못해 아쉬움이 크다. 말뭉치를 컴퓨터로 처리하여 단어의 색인을 작성하고 빈도에 따라 어휘의 범위를 선정하지 않아 표제어의 균형감을 이루지도 못했다. 또, 기술상 잘못된 부분이나 용례 누락, 오류 등도 있을 것이다. 이러한 잘못된 부분은 독자의 질정을 겸허히 받아들여 수정 보완해 나갈 것이다.

영리와 상관없이 기초학문분야의 활성화를 위한 사명감으로 오랜 시간 본 연구소와 번역소설, 고소설, 중국어회화서 자료 총서 출판을 함께 해주신 학고방의 하운근 사장님, 코로나 장기화의 여파로 불황을 겪고 있는 현재의 상황에서도 기꺼이 사전 출판에 응해 주셨다. 깊은 감사의 말씀을 드린다.

2022년 9월

김 영

일 러 두 기

1. 표제어 선정 및 배열

1) 표제어는 고유어와 한자어를 망라하였다. 이밖에도 일부 고유명사, 관용구, 속담, 숙어 등도 포함하였다.

2) 표제어 선정은 현대 국어와 표기 형태가 다른 어형을 원칙으로 하되 현대국어와 같은 표기의 옛 단어들도 다루어 그 쓰임의 같음과 다름을 보였다.

3) 다양한 활용 형태를 보여주는 용언은 기존의 사전에서 어미 '-다'를 결합시켜【○○다】,【○○-ᄒᆞ다】로 표기되었던 기본형을 어간형만 보여주는【○○-】, 【○○-ᄒᆞ-】,【○○-호-】,【○○-ᄒᆞ-】로 표기하였다. 이는 실제 문장에서 '-ᄒᆞ다'로 실현되는 경우가 많지 않기 때문이다. 명사형을 만드는 'ㅗ'와 'ㅜ'형을 표제항으로 두었다.

4) 표제어는 가능한 한 원 자료의 표기 형태를 충실히 반영하되, 특수 어휘의 표제어 선정과 표기는 다음과 같이 하였다.

가) 유기음을 지닌 어휘의 경우: 다양한 유기음 표기형을 모두 표제어로 선정하되, 기본형과 표기 형태가 다른 벗어나는 표제어는 뜻풀이에서 기본형을 « »에 넣어 제시하였다.

나) ㅎ 말음 체언의 경우: 말음 실현형과 비실현형을 모두 표제어로 선정한다.

다) 특수 어간 교체를 보이는 체언의 경우: 어간 교체형 모두를 표제어로 선정하되, 기본형과 표기 형태가 다른 표제어는 뜻풀이에서 기본형을 « »에 넣어 제시하였다.

5) 사전의 각항은 표제어, 품사 표시, 뜻풀이, 예문, 출전의 순서로 기술되었다. 출전은 책인 경우에는 책명을 문서일 때는 문서명을 밝히고, 정보가 빈약할 때에는 소장처나 소장자도 밝혀준다.

6) 복합어는 붙임표(-)로 분석하여 제시하였다.

7) 표기는 같으나 뜻이 다른 동음이의어의 경우에는 [1], [2], [3] 등과 같이 어깨번호로 구분하였다. 한자로만 나타나는 경우 아래 예문처럼 그 당시 우리말 표기를 복원한 뒤 그 옆에 한자를 병기하는 형태로 표제항을 두었다.

8) 배열 순서는 다음의 기준에 따라 하였다.

가) 자모의 배열 순서는 현행 “한글 맞춤법”에 규정된 자모 순서를 기본으로 하되, 현행 맞춤법에서 사용되지 않는 초성, 종성의 병서자는 병서된 자들의 자모 순서에 따라 배열하고, 모음 순서에서 ‘ㆍ’는 ‘ㅣ’ 다음에 두었다.

나) 표제어의 배열 순서는 어휘 형태소를 문법 형태소보다 먼저 실었다. 문법 형태소는 표기가 같을 때에는 조사, 접사, 어미 순으로 실었으며, 품사별로는 대명사, 명사, 수사, 관형사, 부사, 동사, 형용사, 감탄사의 순으로 실었다.

2. 뜻풀이

뜻풀이는 의미 면에서 대응하는 현대어를 제시하되, 대응하는 현대어가 없거나 현대어를 일반인이 이해하기 어려운 경우 설명 형식으로 뜻풀이하였다. « » 으로 표제어의 기본형을 나타내고, 다의어는 ❶, ❷, ❸ 으로 뜻풀이를 구분하였다. 한자어는 ( )으로 표제어의 한자 어원을 나타내고, [ ]으로 차자표기임을 밝혔다.

한국 한자음으로 차용한 경우는 (중국어 간접 차용어), 중국어로 차용한 경우는 (직접 차용어)라고 표기하고 발음기호를 병기해 주는 형태로 차용어임을 밝혔고, 이두에서 온 용어는 (이두어)로 밝혀주었다.

3. 예문 처리

1) 예문은 표제어에 해당하는 한자(조기 백화), 고어 예문, 번역 원문(원전이 있는 경우), 출전의 순서로 구성된다. 대역어와 용례 사이에 ‘‖’ 표시를 두었다.

2) 예문의 출전은 <> 안에 문헌의 약호, 권차(상하권, 또는 1, 2, 3권) 장차의 앞뒷면(ab)의 순서로 밝혔다. 원전 형태를 쉽게 볼 수 없는 필사본의 경우 대부분 마이크로필름 형태의 것을 복사하여 활용하였으므로 앞뒷면 구분이 어려울 경우 편의상 앞면 뒷면의 구분 없이 본문이 나오는 면부터 연번호를 매겼다. 권차와 장차의 구분은 ‘:’ 기호를 사용하였다.

4. 기타

1) 사전에 사용된 품사 표시와 그 약호는 아래와 같다.

[대] 대명사 [명] 명사 [명][의] 의존명사 [수] 수사 [부] 부사 [동] 동사 [형] 형용사 [관] 관형사 [감] 감탄사 [조] 조사 [접] 접사(접두사, 접미사) [미] 어미 [속] 속담 [관][귀] 관용구

2) 전문어 분류는 명사를 대상으로 하였으며 각각 ((천문)) ((지리)) ((인류)) ((인명)) ((책명)) ((식물)) ((곡식)) ((동물)) ((조류)) ((어패)) ((곤충)) ((음식)) ((복식)) ((건축)) ((궁궐)) ((주거)) ((상업)) ((기물)) ((군기)) ((군사)) ((음악)) ((악기)) ((교통)) ((관청)) ((관직)) ((민속)) ((무속)) ((색채)) ((신체)) ((질병)) ((한약)) ((교육)) ((행정)) ((언어)) ((문학)) ((문서)) ((간지)) ((정치)) 등으로 표시하였다.

3) '※'는 표제항의 뜻풀이 뒤에 넣은 참고 형태이다. 어휘의 분석 및 뜻풀이 정보와 관련된 설명을 두어 참조하도록 하였다.

4) 출전 약호는 다음과 같다.

<삼국-어람>: 註解語錄總覽 三國志, 翰南書林, 1919년
<삼국-가정>: 장서각 소장 삼국지(낙선재본, 39권 39책, 가정본 번역)
<삼국-규장>: 규장각 소장 삼국지(27권 27책, 가정본 번역)
<삼국-국중>: 국립중앙도서관 소장 삼국지(17권 17책, 청대 모종강본 번역)
<삼국-모종>: 한글고문헌연구소 소장 삼국지(19권 19책, 청대 모종강본 번역)
<삼국-동양>: 일본 동양문고 소장 삼국지
<삼국지-화봉 1907>: 화봉문고 소장 삼국지
<삼국지-16 필사기 한옥션86-350>

이상의 체제 원칙을 토대로 하여 현재까지 사전에 수록된 표제어는 6,002개며 예문의 총수는 8,017개다. 자모별 표제어와 예문 수효는 아래와 같다.

자모	표제어	예문	자모	표제어	예문
ㄱ	907	1,219	ㅇ	722	955
ㄴ	440	604	ㅈ	588	765
ㄷ	544	769	ㅊ	235	277
ㄹ	49	77	ㅋ	25	35
ㅁ	449	628	ㅌ	110	157
ㅂ	627	874	ㅍ	105	122
ㅅ	878	1,126	ㅎ	323	409

차　례

【ㄱ】

【가가】 명 ((인류)) 가가(哥哥). 형(兄). 오라버니.¶ ▼哥哥 ‖ 쟝비 왈 가〻의 심쟝니 조됴와 이갓흐니 준비ᄅᆞᆯ ᄒᆞ소셔 (張飛曰: "哥哥心腸忒好. 雖然如此, 也要準備.") <삼국-모종 2:89>

【가권】 명 ((인류)) 가권(家眷). 집안 식구.¶ ▼家小 ‖ 크겨 비오거ᄂᆞᆯ ᄒᆞᆫ 고ᄉᆞ의 드러가이 ᄉᆞᄉᆡᆼ니 영졉ᄒᆞ거ᄂᆞᆯ 슝니 가권을 안돈ᄒᆞ고 장개ᄅᆞᆯ 명ᄒᆞ여 냥낭의 둔쥬ᄒᆞ다 (大雨驟至, 只得投一古寺歇宿. 寺僧接入, 嵩安頓家小, 命張闓將軍馬屯於兩廊.) <삼국-모종 2:49>

【가ᄀᆞ】 명 ((인류)) 가가(哥哥). 형(兄). 오라버니.¶ ▼哥哥 ‖ 현덕의 ᄇᆡ후의 댱비 나와 크게 브르지〻ᄃᆡ 우리 가ᄀᆡ 니믜 화웅을 버히니 〻ᄊᆡ를 타 관의 드러가 동탁을 ᄉᆞ로잡지 아니ᄒᆞ고 어ᄂᆡ ᄊᆡ를 기다리〻오 (只見玄德背後轉出張飛, 高聲大叫: "俺哥哥斬了華雄, 不就這裏殺入關去, 活拏董卓, 更特何時!") <삼국-모종 1:88> 현덕이 이인을 불너 드려 닐너 왈 하후돈의 병이 오면 엇지ᄒᆞ리요 쟝비 ᄀᆞᆯ오ᄃᆡ 가ᄀᆞᄂᆞᆫ 엇지 물노 아니ᄒᆞᄂᆞ뇨 (玄德召二人入, 謂曰: "夏侯惇引兵到來, 如何迎敵?" 張飛曰: "哥哥何不使"水"去?") <삼국-모종 7:14>

【가난-ᄒᆞ-】 형 가난하다. 살림살이가 넉넉하지 못하고 쪼들리다.¶ ▼寒 ‖ 뉴비 아비 일 죽으매 어미 셤기기ᄅᆞᆯ 지효로 호ᄃᆡ 집이 가난ᄒᆞ야 신 ᄑᆞᆯ고 돗ᄧᆞ기로 ᄉᆡᆼ업ᄒᆞ더라 (備早喪父, 事母至孝, 家寒, 販屨織席爲業.) <삼국-가정 1:20>

【가ᄂᆞᆫ-ᄒᆞ-】 형 가난하다. 살림살이가 넉넉하지 못하고 쪼들리다.¶ ▼艱難 ‖ 이제 년황ᄒᆞ여 양식이 가ᄂᆞᆫᄒᆞ니 만일 다시 진병ᄒᆞ며 군민니 불니ᄒᆞ리니 허도의 도라ᄀᆞ 명츈 ᄆᆡᆨ숙ᄒᆞ기를 기다려 군양을 죡비ᄒᆞᆫ 후의 도모ᄒᆞᆷ이 맛당ᄒᆞ다 (年來荒旱, 糧食艱難. 若更進兵, 勞軍損民, 未必有利. 不若暫回許都, 待來春麥熟, 軍糧足備, 方可圖之.) <삼국-국중 4:95>

【가달ㄹ】 명 가닥. '가달'의 중철 표기 형태.¶ ▼條 ‖ 강남 쇠로써 연화삭 ᄇᆡᆨ 가달리 장이 수ᄇᆡᆨ 질 되고 무기 삼십 근 되게 지어 연강 요긴ᄒᆞᆫ 곳을 빗기 ᄭᅳᆫ코 (江南多鐵, 可打連環索百余條, 長數百丈, 每環重二三十斤, 于沿江緊要去處橫截之.) <삼국-모종 19:88>

【가도오-】 동 가두다.¶ ▼幽 ‖ 적신 조죄 뎨ᄅᆞᆯ 허도의 가도와시니 샤직이 경위ᄒᆞ고 ᄉᆡᆼ녕이 도탄ᄒᆞᄂᆞᆫ디라 (賊臣曹操, 幽帝許都, 社稷傾危, 生靈塗炭.) <삼국-가정 8:4> ▼監禁 ‖ 년ᄒᆞ야 닐웨를 가도와 두고 음식을 쥬지 아니ᄒᆞᄃᆡ (連監禁七日, 並不與食.) <삼국-가정 22:72>

【가득-ᄒᆞ-】 형 가득하다. 어떤 범위 안에 분량이 차 있다. 빈 데가 없을 만큼 많다. 공간에 무엇이 널리 퍼져 있다.¶ ▼쥬검이 ᄡᅡ히 가득ᄒᆞ엿고 화광이 니러나 연염이 턍텬ᄒᆞ거ᄂᆞᆯ 죄 그졔야 군을 도로혀 위 됴 이쟝을 텨 쥬기니 여군은 난병 듕의 죽으며 다라나다 <삼국-가정 10:83> ▼滿 ‖ 일쳔의 무루녹은 안ᄀᆡ 쟝강의 가득ᄒᆞ엿스니 원근을 분변ᄒᆞ기 어렵고 물이 묘망ᄒᆞ도다 (一天濃霧滿長江, 遠近難分水渺茫.) <삼국-국중 9:59>

【가디록】 부 가도록. 갈수록. 점점.¶ ▼彌 ‖ 쟝군은 모ᄅᆞ미 젼승ᄒᆞᆫ 후의 경덕디 말라 ᄒᆞᄂᆞᆫ 경계ᄅᆞᆯ ᄉᆡᆼ각ᄒᆞ여 가디록 조심ᄒᆞ쇼셔 (軍勝彌警, 願將軍廣爲方計, 以全獨克.) <삼국-가정 24:122>

【가랴오-】 형 «가랍다» 가렵다. 몸을 긁고 싶은 마음이 있다.¶ ▼痒 ‖ 또 ᄒᆞᆫ 사람이 눈셥 사이의 ᄒᆞᆫ 혹이 나 가랴와 견ᄃᆡ디 못ᄒᆞ여 타로 ᄒᆞ여곰 보라 ᄒᆞᆫᄃᆡ (又有一人, 眉間生一瘤, 痒不可當, 令佗視之.) <삼국-규장 18:9>

【가련-ᄒᆞᆸ-】 형 가련(可憐)하다. 불쌍하다.¶ ▼可憐 ‖ 뫼 우희셔 ᄒᆞᆫ 소ᄅᆡ 포향이 나며 살히 ᄂᆞᄂᆞᆫ 버러지 ᄀᆞᆺᄐᆞ야 다만 ᄇᆡᆨ마 ᄐᆞ니만 ᄇᆞ라고 ᄡᅩ니 가련ᄒᆞᆸ다 방통이 난젼지하의 죽으니 (山坡前一聲炮響, 箭如飛蝗, 只望騎白馬者便死. 可憐龐統死於亂箭之下.) <삼국-가정 20:96>

【가로】 명 가루. 딱딱한 물건을 보드라울 정도로 잘게 부수거나 갈아서 만든 것.¶ ▼粉 ‖ 이 셩을 직희여 몸이 비록 가로갓치 ᄇᆞ아질디라도 ᄯᅩᄒᆞᆫ 항치 아니ᄒᆞᆯ 거시니 (死據此城, 城雖粉碎, 身亦不降也.) <삼국-가정 25:45>

【가르치-】 동 가르치다. 지식이나 기능, 이치 따위를 깨닫거나 익히게 하다.¶ ▼訓誨 ‖ 원컨ᄃᆡ 형의 말을 닛지 말고 명공은 가르치라 (權願不忘先兄之言, 明公訓誨.) <삼국-가정 10:47> ▼教誨 ‖ ᄌᆞ원이 녯 정을 ᄉᆡᆼ각ᄒᆞ야 가르치믈 바라노라 (子遠想舊交之情, 願賜教誨.) <삼국-가정 10:77>

【가룻치-】 동 가리키다.¶ ▼指 ‖ 죄 치를 드러 가룻쳐 왈 ᄉᆡᆼᄌᆞ를 당여숀즁뫼라 (操以鞭指曰: "生又當如孫仲謀!") <삼국-국중 11:74>

【가릐-】 동 가리다. 고르다. 뽑다.¶ ▼選 ‖ 잇ᄊᆡ 방덕이 병이 드러 능히 힝치 못ᄒᆞ고 한중의 머믈너 잇스니 장뇌 양ᄇᆡᆨ으로 ᄒᆞ야곰 군ᄉᆞ를 보궤ᄒᆞ니 마쵸 마ᄃᆡ로 더부러 날을 가릐여 긔경ᄒᆞ더라 (此時龐德臥病不能行, 留於漢中. 張魯令楊柏監軍. 超與弟馬岱選日起程.) <삼국-국중 11:133>

【가리ᄊᆡ】 명 ((신체)) 갈비뼈 하나 하나의 뼈대.¶ ▼肋 ‖ 쥬유 급히 말을 도로힐 ᄊᆡ의 한 살이 경히 좌협을 마져[좌협은 좌편 가리ᄊᆡ라] 번신낙마ᄒᆞ거ᄂᆞᆯ (周瑜急勒馬回時, 被一弩箭, 正射中左肋, 翻身落馬.) <삼국-국중 9:164> 쥬유 급히 말을 들일 ᄊᆡ의 ᄒᆞᆫ 활살의 왼작 가리ᄊᆡᄅᆞᆯ 마ᄌᆞ 몸을 뒤쳐 말게 써러지ᄂᆞᆫ지라 (周瑜急勒馬回時, 被一弩箭, 正射中左肋, 翻身落馬.) <삼국-모종 8:78>

【가마】 ((기물)) 가마솥. 크고 우묵한 솥.¶ ▼釜 ‖ 콩 숨기를 콩줄기를 쎄ᄂᆞ니 콩이 가마 가온ᄃᆡ셔 우ᄂᆞᆫᄯᅩ다 (煮豆燃豆萁, 豆在釜[鬴]中泣.) <삼국-가정 25:118>

【가마고】 명 ((조류)) 까마귀.¶ ▼鴉 ‖ 날노 비ᄒᆞ면 노틔마에 긔린과 ᄎᆞᆫ 가마고에 난봉 갓고 ᄯᅩ ᄎᆞ인니 ᄉᆞᄉᆞ로 관중 악의의계 비ᄒᆞ나 날노 보면 관 악이 ᄎᆞ인의계 밋지 못ᄒᆞ리니 (以某比之, 譬猶駑馬並麒麟、寒鴉配鸞鳳耳, 此人每嘗自比管仲、樂毅, 以吾觀之, 管、樂殆不及此人.) <삼국-모종 6:67>

【가마괴】 명 ((조류)) 까마귀.¶ ▼鴉 ‖ 사마개 ᄒᆞᆫ 살로 감넝의 목을 쏘니 살흘 쎄고 ᄃᆞᆺ더니 부디귀라 ᄒᆞᄂᆞᆫ ᄃᆡ 니ᄅᆞ러 나모 아래 안자셔 죽으니 남긔 수업ᄉᆞᆫ 가마괴 지져괴며 송장을 둘러 울거ᄂᆞᆯ (被沙摩柯一箭射中寧頭, 帶箭而走, 到於富池口, 坐在大樹之下而死. 樹上群鴉數百, 以繞其屍.) <삼국-가정 27:32> 셔ᄒᆞ로 비컨ᄃᆡ 파례ᄒᆞᆫ 말이 긔린을 ᄃᆡᄒᆞ고 찬 가마괴난 봉을 ᄶᅡᆨᄒᆞ미라 (以某比之, 譬猶駑馬並麒麟、寒鴉配鸞鳳耳.) <삼국-국중 7:151> 조죠 졍히 쇼담할 ᄉᆞ이예 홀년 드ᄅᆞ니 가마귀 쇼ᄅᆡ 남을 바ᄅᆡ 날며[며] 무[우]ᄂᆞᆫ지라 죄 문왈 이 가마괴 엇지 밤의 우ᄂᆞᇿ (曹操正笑談間, 忽聞鴉聲望南飛鳴而去. 操問曰: "此鴉緣何夜鳴?") <삼국-모종 8:32>

【가마구】 명 ((조류)) 까마귀.¶ ▼鴉 ‖ 졍힝간의 청긔가 썩거지고 ᄒᆞᆫ 가마구 북으로봇터 남으로 나ᄅᆞ 셰 소ᄅᆡ를 울고 가거ᄂᆞᆯ (正行間, 青旗倒捲, 一鴉自北南飛, 連叫三聲而去.) <삼국-모종 9:27>

【가마귀】 명 ((조류)) 까마귀. 까마귓과의 새를 통틀어 이르는 말. 몸은 대개 검은색이다.¶ ▼鴉 ‖ 조죠 졍히 쇼담할 ᄉᆞ이예 홀년 드ᄅᆞ니 가마귀 쇼ᄅᆡ 남을 바ᄅᆡ 날며[며] 무[우]ᄂᆞᆫ지라 죄 문왈 이 가마괴 엇지 밤의 우ᄂᆞᇿ (曹操正笑談間, 忽聞鴉聲望南飛鳴而去. 操問曰: "此鴉緣何夜鳴?") <삼국-모종 8:32>

【가마니】 부 가만히. 남몰래. 살그머니. 은밀히.¶ ▼密 ‖ 정긔를 ᄀᆞᆷ초고 제군이 가마니 셩텹을 직희여 망녕도이 출립ᄒᆞ면 소ᄅᆡᄒᆞᄂᆞᆫ 쟈를 참ᄒᆞ리라 (諸將各守城鋪, 如有妄行出入, 及高聲言語者, 立斬.) <삼국-규장 21:97>

【가마-이】 부 가만히. 남몰래. 살그머니. 은밀히.¶ ▼暗 ‖ 삼노 군ᄆᆡ 일긔를 언약ᄒᆞ고 가마이 동오를 엄습ᄒᆞ라 짐이 미조차 졉응ᄒᆞ리라 ᄒᆞ더라 (三路軍馬會合日期, 暗襲東吳. 朕後自來接應.) <삼국-규장 19:49>

【가막서】 명 ((관청)) 감옥소(監獄所). '감옥'을 속되게 이르는 말.¶ ▼칙쥬인 아□ 너무 칙셤을 만니 바긔로 욕을 허여쓰즉 니거슬 보고 만일 ᄯᅩ 젼과 가치 바드면 상ᄃᆡ을 가막서의 보ᄂᆡ여 종신지역 허겨 ᄒᆞᆯ 더니이 조심허여 이후로ᄂᆞᆫ ᄆᆡ권 신화 오리 식만 바다 머고 다시ᄂᆞᆫ 이런 힝실 ᄒᆞᆯ진ᄃᆡ 이 죄을 며치 모ᄐᆞᆯ이라 <삼국-동양 40:9>

【가바냐니】 부 가벼이. 가볍게.¶ ▼輕 ‖ 확니 진젼의 니ᄅᆞ니 마ᄃᆡ 놉히 안ᄌᆞ 칼노써 가라쳐 왈 이번의 잡으면 필연 가바냐니 노치 아니ᄒᆞ리ᄅᆞ (獲到營前, 馬岱高坐, 以劍指之曰: "這番拏住, 必無輕放!") <삼국-모종 14:98>

【가바야오-】 형 «가바얍다» 가볍다.¶ 輕 ‖ 됴운의 죄 일만 번 주거도 가바야와이다 (趙雲之罪, 萬死猶輕!) <삼국-규장 10:22>

【가바야-이】 부 가벼이. 가볍게.¶ ▼輕 ‖ 가히 가바야이 보지 못ᄒᆞ리라 (未可輕視.) <삼국-국중 6:27> 미축 왈 ᄃᆞ만 입이 마음을 응치 아니할가 져히[허]ᄒᆞ노ᄅᆞ 비 노왈 ᄂᆡ 가ᄒᆞ를 ᄯᆞᄅᆞ 여러 히예 실신ᄒᆞᆫ 일이 업ᄉᆞ니 네 엇지 ᄂᆞᆯ을 가바야이 넉이ᄂᆞ요 (糜竺曰: "只恐口不應心." 飛怒曰: "吾跟哥哥多年, 未嘗失信, 你如何輕料我!") <삼국-모종 2:127>

【가바얍-】 형 가볍다. 비중이나 가치, 책임 등이 낮거나 적다.¶ ▼輕 ‖ 군ᄉᆞᄂᆞᆫ 엇지 타인의 예기를 ᄌᆞᆼ히 너기고 ᄌᆞ기 위풍은 가바얍기 너기ᄂᆞᇿ ᄒᆞᆫ 노졸을 엇지 족히 니르리요 (軍師何故長別人銳氣, 滅自己威風? 量一老卒, 何足道哉?) <삼국-모종 9:20>

【가배야-이】 부 가벼이. 가볍게. 경솔히.¶ ▼輕 ‖ 승상이 엇지 가배야이 나오리오 (丞相豈肯輕見你!) <삼국-국중 5:66>

【가뵈야-이】 부 가벼이. 가볍게.¶ ▼輕 ‖ 맛당이 일을 완ᄒᆞ이 힝ᄒᆞ고 가뵈야이 누셜치 말나 (切宜緩緩施行, 不可輕洩.) <삼국-국중 5:30>

【가부야-이】 부 가벼이. 가볍게.¶ ▼輕 ‖ 이제 조ᄒᆞ의 병세 큰이 가부야이 ᄃᆡ적 못ᄒᆞᆯ 거시라 우리 관을 즉히고 쥬공을 권ᄒᆞ여 픽성을 보전ᄒᆞ기 ᄂᆡᆼ칙이라 (今曹兵勢大, 未可輕敵. 吾等緊守關隘, 可勸主公深保沛城, 乃爲上策.) <삼국-모종 3:71> 전니 왈 이거시 반ᄃᆞ시 졔갈양의 ᄉᆞ뫼니 가부야이 나아가지 못ᄒᆞ리이다 (李典曰: "此恐是諸葛亮之詐謀, 不可輕進.") <삼국-모종 7:68> 슌욱이 간왈 뉴비ᄂᆞᆫ 영웅이ᄅᆞ 이졔 졔갈양을 겸ᄒᆞ여 군ᄉᆞ를 삼으니 가히 가부야이 ᄃᆡ적지 못ᄒᆞ리이ᄃᆞ (荀彧諫曰: "劉備英雄, 今更兼諸葛亮爲軍師, 不可輕敵.") <삼국-모종 7:11>

【가부얍-】 형 가볍다.¶ ▼輕 ‖ 공명이 현덕ᄃᆞ려 일너 왈 운ᄌᆞᆼ이 황충을 가부얍게 너기니 일흐미 잇실가 두려ᄒᆞ나니 주공이 맛ᄃᆞᆼ이 졉응ᄒᆞ라 (孔明謂玄德曰: "雲長輕敵黃忠, 只恐有失, 主公當往接應.") <삼국-모종 9:21>

【가부여우-】 형 «가부엽다» 가볍다.¶ ▼輕 ‖ 듀 담부 ᄃᆡ희ᄒᆞ여 허락ᄒᆞ니 선ᄉᆡᆼ니 ᄆᆡ담을 각ᄒᆞ 오리식 며고 간니 선ᄉᆡᆼ니 며고 가난 담은 도모지 가부여우니 도[듀] 담군니 다 놀ᄂᆡ고 의심ᄒᆞ더라 (衆人大喜, 於是先生每擔各挑五里, 但是先挑過的擔兒都輕了, 衆皆驚疑.) <삼국-모종 11:79>

【가뷔야-니】 부 가볍게.¶ ▼輕 ‖ 드듸여 말을 머무루고 즁ᄌᆞᆼᄃᆞ려 일너 왈 젼면의 반ᄃᆞ시 ᄆᆡ복한 군ᄉᆡ 잇실 거시니 가히 가뷔야니 오지 못ᄒᆞ리라 (遂勒馬回顧衆將曰: "前面必有埋伏, 三軍不可輕進.") <삼국-모종 14:19>

【가비야오-】 형 «가비얍다» 가볍다.¶ 輕 ‖ 됴운의 죄 일만 번 죽어도 가비야와이다 (趙雲之罪, 萬死猶輕!) <삼

국-가정 14:25>

【가ᄇᆞ야오-】 [형] «가ᄇᆞ얍다» 가볍다.¶ ▼輕 ‖ 조진이 만일 병이 가ᄇᆞ야오면 반ᄃᆞ시 댱안으로 도라갈 거시어ᄂᆞᆯ 이제 위병이 믈러가디 아니ᄒᆞ니 이ᄂᆞᆫ 반ᄃᆞ시 병이 듕ᄒᆞᆫ디라 (若曹眞病輕, 必便回長安. 今魏兵不退, 必爲病重.) <삼국-가정 33:23>

【가ᄇᆞ야-이】 [부] 가벼이. 가볍게.¶ ▼輕 ‖ 노슉이 비록 댱쟈의 풍치 이시나 제 일이 급ᄒᆞ여시니 엇디 싀랑의 ᄆᆞᄋᆞᆷ을 내디 아니ᄒᆞ리오 쟝군이 가ᄇᆞ야이 가 뉘웃디 말라 (魯肅雖有長者之風, 于中事急, 不容不生狼心耳. 將軍不可輕往, 恐悔之不及.) <삼국-가정 21:99> 네 삼천 병을 인ᄒᆞ야 위군의 운량ᄒᆞᄂᆞᆫ 곳의 가ᄇᆞ야이 그 영의 드러가디 말고 ᄇᆞᄅᆞᆷ 우흘 조차 블을 노하 뎌의 거댱을 ᄠᅵ오면 위병이 반ᄃᆞ시 와 ᄡᅡ호리라 (汝引三千兵, 徑到魏軍屯糧之所, 不可入其營, 但于狀風頭放火. 若燒着車仗, 魏兵必來圍吾寨.) <삼국-가정 32:30> 조조 향일의 병미당과ᄒᆞ여도 오히려 능히 ᄒᆞᆫ 북의 원쇼를 이긔엿거든 ᄒᆞ물며 오ᄂᆞᆯᄂᆞᆯ의 ᄇᆡᆨ만 즁을 거ᄂᆞ려 남으로 치니 엇지 가히 가ᄇᆞ야이 ᄃᆡ적ᄒᆞ리요 (曹操向日兵微將寡, 尙能一鼓克袁紹, 何況今日擁百萬之衆南征, 豈可輕敵?) <삼국-모종 7:95>

【가ᄇᆡ야오-】 [형] «가ᄇᆡ얍다» 가볍다.¶ ▼輕 ‖ 조진이 만일 병이 가ᄇᆡ야오면 반ᄃᆞ시 댱안으로 도라갈 거시어ᄂᆞᆯ 이제 위병이 믈러가디 아니ᄒᆞ니 이ᄂᆞᆫ 반ᄃᆞ시 병이 듕ᄒᆞᆫ디라 (若曹眞病輕, 必便回長安. 今魏兵不退, 必爲病重.) <삼국-규장 22:103>

【가ᄇᆞ얍-】 [형] 가볍다. 무게가 일반적이거나 기준이 되는 대상의 것보다 적다.¶ ▼細軟 ‖ 이ᄢᅢ예 손권을 아디 못ᄒᆞ게 부인이 ᄀᆞ만이 술의 ᄐᆞ고 가ᄇᆞ얍고 듕ᄒᆞᆫ 보ᄇᆡ를 몸의 브티고 (此時更不令孫權知之. 夫人乘車, 將帶隨身一應細軟.) <삼국-가정 17:124> ▼輕 ‖ 신 졔갈량이 다ᄉᆞᆺ 번 긔산의 나가 촌토를 엇디 못ᄒᆞ니 죄 가ᄇᆞ얍디 아닌디라 (臣諸葛亮五出祁山, 未得寸土, 負罪非輕!) <삼국-가정 33:100>

【가ᄇᆡ야니】 [부] 가볍게.¶ ▼輕 ‖ ᄂᆡ 혀아린니 동오의 군ᄉᆞ 반ᄉᆞ시 완셩의 둔ᄒᆞ여실 거신니 도독이 가ᄇᆡ야니 군ᄉᆞ을 나오지 말고 ᄂᆡ의 두 길노 치기을 지다려 적병을 파ᄒᆞ리라 (某料東吳之兵, 必盡屯於皖城. 都督不可輕進, 待某兩下夾攻, 賊兵可破矣.) <삼국-모종 16:21>

【가ᄇᆡ야오-】 [형] «가ᄇᆡ얍다» 가볍다.¶ ▼輕 ‖ 조진이 만일 병이 가ᄇᆡ야오면 반ᄃᆞ시 댱안으로 도라갈 거시어ᄂᆞᆯ 이제 위병이 믈러가디 아니ᄒᆞ니 이ᄂᆞᆫ 반ᄃᆞ시 병이 듕ᄒᆞᆫ디라 (若曹眞病輕, 必便回長安. 今魏兵不退, 必爲病重.) <삼국-규장 22:103>

【가ᄇᆡ야-의】 [부] 가볍게.¶ ▼輕 ‖ 제갈양니 ᄆᆡᆼ달과 갓지 안니ᄒᆞ니 장군니 선봉니 되어 가히 가ᄇᆡ야의 나오지 못할 거시오 (諸葛亮不比孟達, 將軍爲先鋒, 不可輕進.) <삼국-모종 16:2>

【가ᄇᆡ야-이】 [부] 가벼이. 가볍게.¶ ▼輕 ‖ 푀 윤을 보고 ᄆᆞᆯ 우히셔 가ᄇᆡ야이 긴 ᄑᆞᆯ로 윤의 오ᄉᆞᆯ 잡고 골희 ᄀᆞᆺ튼 눈을 브ᄅᆞ�고 ᄒᆞᆫ 손으로 허리예 보검을 ᄡᅢ혀 (布見王允, 就馬上輕舒猿臂, 一把揪住衣襟, 睜圓環眼, 手掣腰間寶劍.) <삼국-가정 3:79> ▼네 삼천병을 인ᄒᆞ야 위군의 운냥ᄒᆞᄂᆞᆫ 곳의 가 가ᄇᆡ야이 그 영의 드러가디 말고 ᄇᆞᄅᆞᆷ 우흘 조차 블을 노하 뎌의 거댱을 ᄐᆡ오면 위병이 반ᄃᆞ시 와 ᄡᅡ호리라 (汝引三千兵, 徑到魏軍屯糧之所, 不可入其營, 但于狀風頭放火. 若燒着車仗, 魏兵必來圍吾寨.) <삼국-규장 22:35>

【가사】 [명] 가사(歌詞).¶ ▼詞 ‖ 윤이 발을 디라 ᄒᆞ고 풍뉴 둘럿ᄂᆞᆫᄃᆡ 모다 툐션을 밧드러 발 밧긔셔 춤추고 가사 읇기를 파ᄒᆞ매 탁이 명ᄒᆞ야 알ᄑᆡ 나아오라 ᄒᆞ니 (允敎放下簾櫳, 笙簧繚繞, 簇捧貂蟬舞于簾外. 有詞曰……舞罷, 卓命近前.) <삼국-가정 3:76>

【가삼】 [명] ((신체)) 가슴. 가숨> 가삼> 가슴.¶ ▼胸膛 ‖ 조휘 쟝뇨의 등 뒤히 번듯 ᄂᆡ다라 ᄒᆞᆫ 살로 능통의 말 가삼을 뽀니 그 말이 고즉이 닓덧다가 잣바지니 능통이 말게 ᄢᅥ러져거ᄂᆞᆯ (曹休閃在張遼背後, 開弓一箭, 正射中凌統馬胸膛, 那馬直立起來, 把凌統掀在地上.) <삼국-가정 22:45> ▼心窩 ‖ 댱비 쟝팔ᄉᆞ모를 ᄢᅦ여 바로 나와 손이 ᄂᆞᄂᆞᆫ 곳의 등무의 가삼을 질너 마하의 ᄢᅥ러지니 (張飛挺丈八蛇矛直出, 手起處, 刺中鄧茂心窩, 翻身落馬.) <삼국-모종 1:9> ▼胸 ‖ 쇼경의 손권이 드러오니 국틔 가삼을 두다리고 크게 우니 권이 왈 모친은 무ᄉᆞᆫ 연고로 져리 번뇌ᄒᆞ시ᄂᆞ잇가 (少頃, 孫權入後堂見母親. 國太捶胸大哭. 權曰: "母親何故煩惱?") <삼국-모종 9:50>

【가속】 [명] 가속(家屬). 가족(家族).¶ ▼老小 ‖ 오병의 가속이 다 동남 강회 ᄯᅡ히 이시니 이졔 만일 뎌를 살오면 오란 후의 반다시 번이 날 거시니 다 뭇지름만 갓지 못ᄒᆞ니라 (吳兵老小盡在東南江、淮之地, 今若留之, 久必爲變, 不如坑之!) <삼국-규장 26:11>

【가시-덩굴】 [명] ((식물)) 가시덩굴.¶ ▼荊棘 ‖ 진뉴왕이 뎨로 더부러 오ᄉᆞᆯ 서ᄅᆞ ᄆᆡ고 언덕에 덩ᄭᅮᆯ 잡아 오르니 가시덩굴이 얼거져 갈 길을 보지 못ᄒᆞᄂᆞᆫ지라 (陳留王與帝以衣相結, 爬上岸邊. 滿地荊棘, 不見行路.) <삼국-규장 1:93>

【가심】 [명] ((신체)) 가슴.¶ ▼가심의다가 ᄯᅩᆨ 품는단 말 (貼肉收藏) <삼국-어람 109a>

【가ᄉᆞ】 [부] 가사(假使). 가령(假令).¶ ▼假如 ‖ ᄂᆡ 이제 군ᄉᆞ을 물니ᄆᆡ 다섯 길노 난화 갈 거신니 가ᄉᆞ 한 영의 군사 일쳔이어든 니쳔 부억을 파고 (吾今退軍, 可分五路而退, 今日先退此營, 假如營內一千兵, 却掘二千竈.) <삼국-모종 16:61>

【가ᄉᆞᆷ】 [명] ((신체)) 가슴.¶ ▼胸 ‖ 머리의 눈건을 쓰고 몸의 학챵의를 니버시니 눈셥의ᄂᆞᆫ 강산의 ᄲᅡ여난 거ᄉᆞᆯ 모도왓고 가ᄉᆞᆷ의ᄂᆞᆫ 텬디의 틀을 ᄀᆞᆷ초와시니 표표히 당셰예 신션이러라 (頭戴綸巾, 身披鶴氅, 眉聚江山之秀, 胸藏天地之機, 飄飄然當世之神仙也.) <삼국-가정

12:104> ▼胸懷 ‖ 무릇 영웅은 가슴의 큰 뜨즐 품고 복중의 양모 잇서 우쥬를 포함ᄒᆞ고 천지를 토탄ᄒᆞᄂᆞᆫ지라 (夫英雄者, 胸懷大志, 腹有良謀, 有包藏宇宙之機, 吞吐天地之志者也.) <삼국-모종 4:6> ▼心 ‖ 엄안이 파군의 잇셔 뉴장이 법정을 ᄎᆞᄒᆞ야 현덕을 청ᄒᆞ여 천의 드러오물 듯고 가슴을 만져 탄왈 ᄎᆞ 쇼위 호울노 궁산의 안ᄌᆞ 범을 ᄭᅳ어 오미라 ᄒᆞ고 (嚴顏在巴郡, 聞劉璋差法正請玄德入川, 拊心而歎曰: "此所謂坐窮山, 引虎自衛者也.") <삼국-모종 10:131> ▼心窩 ‖ 허졔 ᄃᆡ호 일셩의 도치를 드러 마쵸를 찍으니 마쵸 션득 비켜셔며 장창으로 허졔 가슴을 지른ᄃᆡ (褚奮威擧刀便砍馬超. 超閃過, 一鎗望褚心窩刺來.) <삼국-국중 11:22>

【가싀】 명 가시. 식물의 줄기나 잎 또는 열매를 싸고 있는 것의 겉면에 바늘처럼 뾰족하게 돋아난 것.¶ ▼荊 ‖ 그러면 ᄉᆞ도의 죄 젹도다 퇴 일시예 그릇 ᄉᆡᆼ각ᄒᆞᆫ 일이니 ᄂᆡ일 스ᄉᆞ로 가싀를 지고 와 샤죄ᄒᆞ리라 (司徒少罪. 布一時錯見, 來日自當負荊.) <삼국-가정 3:83> ▼柴塞 ‖ 조홍 조순 우금이 과연이 소로ᄋᆞ 닷다가 문득 어즈러온 가싀로 막은 거살 만나 말이 능히 ᄒᆡᆼ치 못ᄒᆞᄂᆞᆫ지라 (曹洪、曹純、牛金果然投小路而走卻被亂柴塞道, 馬不能行.) <삼국-모종 8:76>

【가싀-덩울】 명 가시덤불. 가시나무의 넝쿨이 어수선하게 엉클어진 수풀.¶ ▼荊棘 ‖ 딘유왕이 뎨로 더브러 오ᄉᆞᆯ 서ᄅᆞ ᄆᆡ고 언덕을 더위잡아 오ᄅᆞ니 가싀덩울이 얼거뎌 갈 길흘 보디 못ᄒᆞᄂᆞᆫ디라 (陳留王與帝以衣相結, 爬上岸邊. 滿地荊棘, 不見行路.) <삼국-가정 1:130>

【가아며-】 형 «가아멸다» 가멸다. 재산이 넉넉하고 많다. 부유(富裕)하다.¶ ▼富 ‖ 익주난 옥야쳔니오 ᄇᆡᆨ셩이 만코 나라이 가아며니 가히 픽업ᄒᆞ리라 (益州之地, 沃野千里, 民殷國富, 可爲霸業.) <삼국-모종 19:61>

【가야미】 명 ((곤충)) 개미.¶ ▼螻蟻 ‖ 류비 제갈냥이 누의 디력[누의지력은 가야미 힘이라]을 헤아리지 아니ᄒᆞ고 ᄐᆡ순을 막고져 ᄒᆞ니 엇지 그 어리뇨 (劉備、諸葛亮: 汝不料螻蟻之力, 欲撼泰山, 何其愚耶!) <삼국-국중 9:96> ▼蟻 ‖ 졍언간의 강남 두듥의 홀연니 젼괴 ᄃᆡ명ᄒᆞ여 쥬션니 가야미갓치 ᄇᆞ룸을 순희ᄒᆞ여 오ᄂᆞᆫ지라 (正說之間, 忽見江南岸戰鼓大鳴, 舟船如蟻, 順風揚帆而來.) <삼국-모종 7:70>

【가약고】 명 ((악기)) 가얏고. 가야금(伽倻琴). 우리나라 고유 현악기의 하나. 오동나무로 된 긴 공명통(共鳴筒) 위에 열두 줄의 명주 줄을 매고 손가락으로 뜯어 소리를 낸다.¶ ▼瑟 ‖ 아유가빈ᄒᆞ야 ᄂᆡ 아름다온 손이 잇셔 고슬취셩이라 가약고를 타며 져를 부ᄂᆞᆫ도다 (我有嘉賓, 鼓瑟吹笙.) <삼국-모종 8:33>

【가얌이】 명 ((곤충)) 개미.¶ ▼蟻 ‖ 뭇 도적은 사방의 가얌이 모되듯 ᄒᆞ고 간웅의 무리ᄂᆞᆫ 다 응양ᄒᆞ난도다 (群盜四方如蟻聚, 奸雄百輩皆鷹揚.) <삼국-국중 8:14> ▼螻蟻 ‖ 공명 왈 ᄂᆡ가 조죠의 ᄇᆡᆨ만 중 보기를 가얌이갓치 ᄒᆞ니 다만 ᄂᆡ 손을 ᄒᆞᆫ 번 든즉 다 ᄊᆞ락과 분니 되리라 (孔明曰: "吾視曹操百萬之衆, 如群蟻耳, 但我一擧手, 則皆爲虀粉矣!") <삼국-모종 7:92>

【가온대】 명 가운데. 양쪽의 사이.¶ ▼中 ‖ 흠의 가온대 아ᄃᆞᆯ 문슉의 ᄌᆞᄂᆞᆫ 아앙이니 말 우히셔 채 쓰기ᄅᆞᆯ 잘ᄒᆞ야 만뷔브당지용이 잇ᄂᆞᆫ디라 샹해 ᄉᆞ마ᄉᆞ의 형뎨ᄅᆞᆯ 주겨 조상의 보슈ᄅᆞᆯ ᄒᆞ고져 ᄒᆞᄂᆞᆫ ᄆᆞ음이 잇더니 (欽中子文淑, 小字阿鴦, 馬上使鞭槍, 有萬夫不當之勇, 常欲殺司馬師兄弟, 與曹爽報仇.) <삼국-가정 36:58>

【가-옷】 명 ((복식)) 갑옷(甲-).¶ ▼片甲 ‖ 위 몸의 가옷 업서 슈십 ᄎᆞᆼ을 입어 오련이 죽도록 ᄊᆞ우다가 단도ᄂᆞᆫ 바리고 두 숀의 군인 ᄒᆞᆫ 낫식 들고 처 팔구 인을 죽겨스나 (韋身無片甲, 上下被數十鎗, 兀自死戰, 刀砍缺不堪用, 韋卽棄刀, 雙手提著兩個軍人迎敵, 擊死者八九人.) <삼국-모종 3:40>

【가우-】 동 가리다. 보이거나 통하지 못하도록 막다.¶ ▼掩 ‖ 제나라 무렴은 잘 기린 ᄌᆡ라두 그 더러옴을 가우지 못ᄒᆞ고 나리 가온치 된직 기우러저 지고 달이 가득ᄒᆞᆫ직 이질어지면 천ᄒᆞ의 ᄯᅥᆺᄋᆞᆺᄒᆞᆫ 이치라 (齊之無鹽, 善美者不能掩其醜, "日中則昃, 月滿則虧", 此天下之常理也.) <삼국-모종 11:25>

【가음-알-】 동 관장(管掌)하다. 다스리다. 일을 맡아 처리하다.¶ ▼掌 ‖ 원쇠 긔쥐 도라오니 마음이 번민ᄒᆞ고 ᄯᅳ이 어즈러워 졍ᄉᆞ을 다ᄉᆞ리지 아니ᄒᆞ거늘 그 쳐 뉴시 권ᄒᆞ야 후ᄉᆞ를 세워 군중 ᄃᆡ권을 ᄒᆞᆫ가지로 가음알게 ᄒᆞ라 ᄒᆞ더라 (袁紹回鄴縣, 心煩意亂, 不理政事. 其妻劉氏勸立後嗣, 共掌軍權.) <삼국-가정 10:99> ▼總督 ‖ 내 아오 원술은 냥초를 가음아라 모든 영의 년쇽ᄒᆞ야 주어 굿처디ᄋᆞ 안니케 ᄒᆞ고 (吾弟袁術總督糧草, 應付諸營, 無使有缺.) <삼국-규장 2:15>

【가음-여-】 형 가멸다. 재산이 넉넉하고 많다. 부유(富裕)하다. 재물이 넉넉하다.¶ ▼富 ‖ 이 ᄯᅡ히 위홍이란 사ᄅᆞᆷ이 이시니 효렴으로 천거ᄒᆞ야 ᄌᆡ믈을 ᄀᆞ벼히 너기디 아니ᄒᆞ며 의ᄅᆞᆯ 숭샹ᄒᆞ고 집이 ᄀᆞ장 가음여니 만일 서ᄅᆞ 도으ᄆᆞᆯ 어드면 일을 가히 도모ᄒᆞ리라 (此間有衛弘, 擧孝廉, 疏財仗義. 其家巨富, 若得相助, 事可圖矣.) <삼국-가정 2:40> 이제 젼량이 져그니 낙양의 가음연 ᄇᆡᆨ셩이 ᄀᆞ장 만흐니 가히 거두어 관가의 드리게 ᄒᆞᆯ 거시오 (今錢糧缺少, 洛陽富戶極多, 可收入官.) <삼국-가정 2:101>

【가음-열-】 형 가멸다. 재산이 넉넉하고 많다. 부유(富裕)하다.¶ ▼富 ‖ 한천 ᄇᆡᆨ셩이 십여 만 회오 ᄌᆡ믈이 가음열며 냥식이 족ᄒᆞ고 ᄉᆞ면이 험고ᄒᆞ니 (漢川之民, 戶出十萬餘衆, 財富糧足, 四面險固.) <삼국-가정 19:71>

【가작-ᄒᆞ-】 형 가깝다. 가직하다.¶ ▼近 ‖ ᄎᆞ일의 간ᄋᆞ이 밤이 가작ᄒᆞᆫ지라 천ᄉᆡᆨ이 쳥명ᄒᆞ고 미풍부동ᄒᆞ니 (是日看看近夜, 天色淸明, 微風不動.) <삼국-모종 8:45>

【가쟝】 부 아주. 매우.¶ ▼甚 ‖ ᄯᅩ 보호ᄃᆡ 관공이 큰 공을 엇고 강변의 연ᄃᆡᄅᆞᆯ 만히 셰워 방비ᄒᆞ믈 가쟝 구디 ᄒᆞ니 일만의 ᄒᆞᆫᄂᆞ토 일흘 근심이 업더라 ᄒᆞᆫᄃᆡ (忽又探馬

到來, 報說關公全獲其功, 江邊墩臺提防甚密, 萬無一失.) <삼국-규장 17:111> ▼관위 가쟝 깃거ᄒᆞ고 강동을 슬히 여ᄒᆞᄂᆞᆫ 일이 업ᄉᆞ니 시름이 업더이다 (關羽欣喜, 無復憂江東之意也.) <삼국-규장 17:57>

【가족】[1] 명 ❶ ((동물)) 가죽. 동물의 몸을 감싸고 있는 질긴 껍질. 가족> 가죽.¶ ▼革 ‖ ᄃᆡ쟝뷔 임의 님군의 녹을 먹으니 맛당이 젼쟝의셔 죽아 말 가족으로ᄡᅧ 주검을 ᄡᆞ이 다힝ᄒᆞ니 엇지 나 ᄒᆞᆫ 사ᄅᆞᆷ을 위ᄒᆞ야 국가ᄃᆡᄉᆞ를 폐ᄒᆞ리오? (大丈夫旣食君祿, 當死於戰場, 以馬革裹尸還, 幸也! 豈可爲吾一人, 而廢國家之大事乎?) <삼국-가정 16:104> ❷ ((신체)) 가죽. 사람의 피부.¶ ▼皮 ‖ 티기를 두 시나 ᄒᆞ니 가족이 ᄢᅥ디고 ᄉᆞᆯ이 믜여뎌 죄 섬의 흐르니 (打到兩個時辰, 皮開肉綻, 血流滿階.) <삼국-가정 8:78> 즁관이 황개를 븟드러 니ᄅᆞ혀니 매 마준 ᄃᆡ 가족이 믜여디고 ᄉᆞᆯ히 ᄢᅥ뎌 션혈이 님니ᄒᆞ더라 븟드러 제 댱막의 가니 곱비님비 긔졀ᄒᆞ니 듯ᄂᆞᆫ 사ᄅᆞᆷ이 아니 눈믈 디리 업더라 (衆官扶起黃盖, 打得皮開肉綻, 鮮血迸流, 扶到帳中, 昏絶幾番.動問之人, 無不下淚.) <삼국-가정 15:89>

【가족】[2] 명 가족(家族).¶ ▼老小 ‖ 오병의 가족이 다 동남강회 ᄯᅡ히 이시니 이제 만일 뎌를 살오면 오란 후의 반ᄃᆞ시 변이 날 거시니 다 뭇디룸만 ᄀᆞᆺ디 못ᄒᆞ니라 (吳兵老小盡在東南江丶淮之地, 今若留之, 久必爲變, 不如坑之!) <삼국-가정 37:38>

【가족-ᄯᅴ】 명 ((복식)) 가죽띠.¶ ▼篾鉤落 ‖ 각이 죽디 아닌 젼의 강남 쇼ᄋᆡ 동요ᄒᆞᄃᆡ ᄀᆞᆯ옷과 가족ᄯᅴ를 셩ᄌᆞ각의 가 서ᄅᆞ 구ᄒᆞ라 (恪未死之先, 江南小兒謠言曰: "葛恪, 蘆葦單衣篾鉤落, 于何相求成子閣.") <삼국-가정 36:20>

【가지-】 동 가지다. (사람이 물건을) 손에 쥐거나 몸에 지니다.¶ ▼攙越 ‖ 승샹 금포를 ᄂᆞᆷ을 몬져 주어야 올커ᄂᆞᆯ 너히 종족 듕의 가지미 가티 아니타 (丞相, 錦袍也合讓俺外人先爭, 宗族中不宜攙越.) <삼국-가정 18:25>

【-가지】 조 -까지.¶ ▼至於 ‖ 우리 고황제 ᄇᆡᆨᄉᆞ를 버히고 의를 이르켜 긔업을 셰워 지금가지 젼ᄒᆞ엿더니 불힝이 간웅이 ᄉᆞ면의 이러나 각ᆢ 일방을 웅거ᄒᆞ엿시나 천도를 아지 못ᄒᆞᄂᆞᆫ지라 (自我高皇帝斬蛇起義, 開基立業, 傳至於今; 不奸雄並起, 各據一方; 少不得天道好還.) <삼국-국중 10:47> ▼至 ‖ 픠 보니 과연 그 말이 혼신이 숫불갓치 불고 ᄒᆞᆫ 졈 잡털이 업고 머리로 ᄭᅩ리가지 길이 ᄒᆞᆫ 길이 넘고 놉히 팔 쳑이라 (布便令牽過來看, 果然那馬渾身上下, 火炭般赤, 無半根雜毛, 從頭至尾, 長一丈, 從蹄至項, 高八尺.) <삼국-모종 1:52>

【가지록】 부 갈수록. 시간이 흐르거나 일이 진행됨에 따라 더욱더.¶ ▼彌 ‖ 쟝군은 모로미 젼승ᄒᆞᆫ 후의 경계디 말나 ᄒᆞᄂᆞᆫ 경계를 ᄉᆡᆼ각ᄒᆞ여 가지록 조심ᄒᆞ쇼셔 (軍勝彌警, 願將軍廣爲方計, 以全獨克.) <삼국-가정 24:122>

【가직-이】 부 가까이. 거리가 좀 가깝게.¶ ▼近 ‖ ᄂᆡ 일군을 거나리여 우져의 둔쥬ᄒᆞ면 제 비록 ᄇᆡᆨ만 병이 잇스나 능히 가직이 못ᄒᆞ리라 (某領一軍屯於牛渚, 縱有百萬之兵, 亦不能近.) <삼국-모종 3:7>

【가ᄌᆞ】 명 ((관직)) 가자(加資). 관원들의 임기가 찼거나 근무 성적이 좋은 경우 품계를 올려 주던 일. 또는 벼슬아치에 대한 임명장인 직첩(職牒)을 달리 이르는 말. 왕의 즉위나 왕자의 탄생과 같은 나라의 경사스러운 일이 있거나, 반란을 평정하는 일이 있을 경우에 주로 행하였다.¶ ▼官職 ‖ 잇튼날 ᄐᆡ휘 하진을 명ᄒᆞ여 상셔를 참녹ᄒᆞ고 그 남은 ᄇᆡᆨ관도 다 가ᄌᆞ를 주니라 (次日, 太后命何進參錄尙書事, 其餘皆封官職.) <삼국-국중 1:48>

【가즉-이】[1] 부 가지런히. 나란히.¶ ▼齊 ‖ 몸쇼 진을 인ᄒᆞ야 존ᄌᆞ 붑을 텨 ᄡᅡ호ᄂᆞᆫ 셰를 가즉이 ᄒᆞ니 니시 분격ᄒᆞ야 용약ᄒᆞ미 ᄇᆡᆨ비 ᄒᆞᆫ지라 (身跨馬擽陣, 手擊急鼓, 以齊戰勢. 吏士奮激, 踊躍百倍.) <삼국-가정 10:17>

【가즉-이】[2] 부 가까이.¶ ▼近 ‖ 위연 왈 노쟈 근력으로 능ᄒᆞ물 못ᄒᆞᄂᆞ니 ᄂᆡ 드ᄅᆞ니 닝포 등현은 촉즁 명장이요 혈긔 방강ᄒᆞ니 져어ᄒᆞ건ᄃᆡ 노장군이 가즉이ᄅᆞᆯ 못ᄒᆞᆯ 거시니 엇지 주공 ᄃᆡᄉᆞ를 그ᄅᆞ치지 안니ᄒᆞ리요 (魏延曰: "老者不以筋骨爲能, 吾聞泠苞、鄧賢乃蜀中名將, 血氣方剛, 恐老將軍近他不得, 豈不誤了主公大事?") <삼국-모종 10:110>

【가즉-히】 부 가득히. 분량이나 수효 따위가 어떤 범위나 한도에 꽉 차게.¶ ▼滿 ‖ 쥬유 졍보 듕군을 거두어 남군 셩ᄒᆞ의 니ᄅᆞ러 보니 졍긔 가즉히 ᄭᅡᆯ히고 (周瑜、程普收住衆軍, 逕到南郡城下, 見旌旗布滿.) <삼국-모종 8:83>

【가즉-ᄒᆞ-】 형 가깝다. 어느 한 곳에서 다른 곳까지의 거리가 짧다. 경상 방언.¶ ▼近 ‖ 장ᄎᆞ 삼경 시분의 가즉ᄒᆞ여 홀년 풍셩을 드ᄅᆞ니 긔번이 움작이ᄂᆞᆫ지라 유댱의 나가 볼 ᄯᅦ에 긔발이 다 셔북을 힝ᄒᆞ여 붓치이니 즘시간의 동남풍이 ᄃᆡ긔ᄒᆞᄂᆞᆫ지라 (將近三更時分, 忽聽風聲響, 旗旛轉動, 瑜出帳看時時, 旗帶竟飄西北, 霎時間東南風大起.) <삼국-모종 8:45> 나히 비록 늑십니 가즉ᄒᆞ나 만부불당지용이 이시니 경이ᄒᆞ기 ᄃᆡ젹지 못ᄒᆞᆯ 거시니 군마랄 만이 거ᄂᆞ리고 ᄀᆞ라 (雖今年近六旬, 却有萬夫不當之勇, 不可輕敵, 雲長去, 必須多帶軍馬.) <삼국-모종 9:20>

【가치-】 동 갖추다. 있어야 할 것을 골고루 준비하여 가지거나 차리다.¶ ▼備 ‖ ᄐᆡ수를 속여 셩의 나가게 ᄒᆞ고 셩듕의 가치미 업ᄂᆞᆫ 거ᄉᆞᆯ 혜아려 필연 가만니 일군을 근쳐의 ᄆᆡ복ᄒᆞ여 빈 걸 타 천수를 취ᄒᆞ리라 (賺得太守出城, 料城中無備, 必然暗伏一軍於左近, 乘虛而取天水也.) <삼국-모종 15:62>

【가치-집】 명 까치집.¶ ▼鵲巢 ‖ 원쇼 이실 제 샹해 뇨동 ᄉᆞᆷ킬 ᄆᆞ음을 두어시되 결을이 업ᄉᆞ믈 ᄒᆞᆫᄒᆞ더니 이제 희 샹이 패망ᄒᆞᆫ 그ᄐᆡ 의탁ᄒᆞᆯ 고디 업서 우리 뇨동의 와시니 이ᄂᆞᆫ 비들기 가치집을 앗ᄂᆞᆫ ᄯᅳ디라 (袁紹在日, 常有吞遼東之心; 恨未有暇也. 今袁熙、袁尙兵敗將亡, 無處依棲, 來投遼東, 此是鳩奪鵲巢之意也.) <삼국-가정

11:95>
【가괴】 명 가장귀 진 곳.¶ ▼뎐직 쇼요마를 ᄐᆞ시고 됴궁[아로사겨 그림 그린 활이라]과 금비젼[가괴예 금칠ᄒᆞᆫ 살이라]을 ᄎᆞ고 셩의 나가시니 현덕 관 댱도 엄심을 속의 닙고 궁젼과 긔계를 가지고 슈가ᄒᆞ여 가더라 (帝卽上逍遙馬, 帶雕弓、金鈚箭, 排鑾駕出城. 玄德與關、張各彎弓插箭, 內穿掩心甲, 各持兵器, 引數十騎隨駕出許昌.) <삼국-가정 7:77>

【가-히】 부 가(可)히. 과연, 전혀, 결코, 마땅히.¶ ▼可 ‖ 적이 초목을 의지ᄒᆞ야시니 화공곳 아니면 가히 이긔디 못ᄒᆞ리로다 (賊在此依草結營, 除非用火攻, 可勝.) <삼국-가정 2:39> ▼可以 ‖ 냥식은 가히 주려니와 군마는 가히 마음으로 쥬디 못ᄒᆞ리로다 (糧食可以應付, 軍馬不敢妄動.) <삼국-규장 1:25>

【가히 이긔여 혜디 못ᄒᆞ-】 관 이루 헤아릴 수 없다.¶ ▼不可勝數 ‖ 총명특달ᄒᆞᆫ 재 팔구십 인이오 신 ᄀᆞᄐᆞ니는 술위예 싯고 말로 되어도 가히 이긔여 혜디 못ᄒᆞ리이다 (聰明特達者, 八九十人; 如臣之輩, 車載斗量, 不可勝數.) <삼국-가정 26:113>

【가히-】 동 가리다. 고르다. 뽑다.¶ ▼選 ‖ 순우경으로 직히니 경이 수를 즐게 방비 아니ᄒᆞ니 공이 정병을 가히여 거즛 원장 댱긔의 병이라 ᄒᆞ고 (今撥淳于瓊守把, 瓊嗜酒無備, 公可選精兵詐稱袁將蔣奇領兵到彼護糧.) <삼국-모종 5:57>

【각가오-】 형 «각갑다» 가깝다.¶ ▼近 ‖ 병쥐 삭방의 각가오니 방비를 잘ᄒᆞ라 (幷州近朔方, 好爲之備.) <삼국-국중 16:92> ▼抄近 ‖ 관공 왈 ᄂᆡ 이제 각가온 길노 가서 형장을 ᄎᆞᄌᆞᆯ 거시니 너ᄂᆞᆫ 일지 인마를 거두어서 ᄃᆡ로〻 오라 (關公曰: "我今抄近路去尋兄長, 汝可往臥牛山招此一枝人馬, 從大路上接來.") <삼국-모종 5:29>

【각가-이】 부 가까이.¶ ▼逼近 ‖ 원소 군ᄉᆞ를 모라 엄살ᄒᆞᆫᄃᆡ 조군이 ᄃᆡ픽ᄒᆞ여 물너가 관도의 이르니 원소 군ᄉᆞ를 옴거 관도 각가이 ᄉᆡ를 나리니 (袁紹驅兵掩殺, 曹軍大敗, 盡退至官渡, 袁紹移軍逼近官渡下寨.) <삼국-모종 5:50>

【각부】 명 ((군사)) 각부(脚夫). 짐을 나르는 병사.¶ ▼脚夫 ‖ 각부[짐 메ᄂᆞᆫ 사ᄅᆞᆷ이라]들이 경히 메고 가다가 피곤ᄒᆞ야 뫼 압히셔 쉬더니 믄득 보니 ᄒᆞᆫ 션ᄉᆡᆼ이 ᄒᆞᆫ 눈이 멀고 ᄒᆞᆫ 발이 졀고 흰 ᄃᆡᆼ당이 관을 쓰고 프른 헌오살 닙고 와 각부들의게 녜ᄒᆞ고 (脚夫正挑担而行, 衆人疲困, 歇于山脚下. 見一先生, 眇一目, 跛一足, 白藤冠, 青懶衣, 來與脚夫作禮.) <삼국-가정 22:67>

【각지】 명 ((식물)) 깍지. 콩 따위의 꼬투리에서 알맹이를 꺼낸 껍질.¶ ▼萁 ‖ 팟틀 살므되 팟 각지을 ᄐᆡ우니 팟치 가마 가온ᄃᆡ 우도다 본ᄃᆡ ᄒᆞᆫ ᄲᅮ리에 나 셔로 다리기 엇지 너무 급ᄒᆞᆫ고 (煮豆燃豆萁, 豆在釜中泣. 本是同根生, 相煎何太急?) <삼국-모종 13:33>

【간계】 명 간계(奸計). 간사한 꾀.¶ ▼奸計 ‖ 블튱블효의 도적아 내 블힝ᄒᆞ야 그릇 네 간계예 ᄲᅡ디과라 (不忠不孝之賊, 吾不幸誤中計汝奸計也!) <삼국-가정 32:19>

【간】 부 갓. 이제 막.¶

【간 난 쇼야지 범을 무서워 안니ᄒᆞᆫ다】 속 갓 태어난 송아지 범 무서운 줄 모른다. 하룻강아지 범 무서운 줄 모른다.¶ ▼初生之犢不懼虎 ‖ 평 왈 쇽셜에 간 난 쇼야지 범을 무서워 안니ᄒᆞᆫ다니 부친니 비록 니 놈을 버혀도 오히려 분심은 풀니지 안니코 ᄇᆡᆨ부의 부탁을 어길가 ᄒᆞ나니다 (平曰: "俗云: "初生之犢不懼虎", 父親縱然斬了此人, 只是西羌一小卒耳, 倘有疏虞, 非所以重伯父之託也.") <삼국-모종 12:68>

【간녜-ᄒᆞ-】 동 간여(干與)하다. 참견하다.¶ ▼干 ‖ 쵀장군의게 간녜ᄒᆞᆫ 닐이 아니라 ᄉᆡᆼ각건ᄃᆡ 다 하인의 쇼위니이다 (非干蔡將軍之事, 想皆下人所爲耳.) <삼국-국중 8:53> ▼與 ‖ 공명 왈 량이 이에 손 되야 엇지 감히 남의 골뉵에 일을 간녜ᄒᆞ리요 만일 누셜ᄒᆞ면 ᄒᆡ되미 적지 아니ᄒᆞ리라 (孔明曰: "亮客寄於此, 豈敢與人骨肉之事, 倘有漏泄, 爲害不淺.") <삼국-모종 7:8>

【간뇌도디-ᄒᆞ-】 동 간뇌도지(肝腦塗地)하다. 간과 뇌가 흙에 범벅이 되도록 목숨을 기꺼이 바치다. 참혹한 죽음을 당하여 간장(肝臟)과 뇌수(腦髓)가 땅에 널려 있다. 나라를 위하여 목숨을 돌보지 않고 애를 씀을 이르는 말.¶ ▼肝腦塗地 ‖ 덕이 한듕으로브터 왕샹의 투항ᄒᆞᆫ 후의 후은을 감격ᄒᆞ야 간뇌도디ᄒᆞ여도 갑디 못ᄒᆞᆯ가 ᄒᆞ더니 이제 엇디 덕을 이대ᄃᆞ록 의심ᄒᆞ시ᄂᆞ뇨 (某自漢中投降王上, 每感厚恩, 恨肝腦塗地, 不能補報, 何疑於德也?) <삼국-가정 24:60>

【간뇌도지-ᄒᆞ-】 동 간뇌도지(肝腦塗地)하다. 간과 뇌가 흙에 범벅이 되도록 목숨을 기꺼이 바치다. 참혹한 죽음을 당하여 간장(肝臟)과 뇌수(腦髓)가 땅에 널려 있다. 나라를 위하여 목숨을 돌보지 않고 애를 씀을 이르는 말.¶ ▼비록 간뇌도지ᄒᆞ나 갑지 못ᄒᆞ리로소이다 <삼국-모종 7:65> ᄂᆡ 손씨 후은을 바다 비록 간뇌도지ᄒᆞ여도 ᄯᅩᄒᆞᆫ 뉘우치미 업ᄉᆞ리이다 <삼국-모종 8:10>

【간담】 명 ((신체)) 간담(肝膽).¶ ▼肝腦 ‖ 위 돈슈 왈 가히 간담을 ᄲᅡ히 발라 ᄲᅧ 은혜를 갑프리라 (瑜頓首曰: "願以肝腦塗地, 以報相知之恩.") <삼국-가정 10:48> 함셩이 긋치지 아니ᄒᆞ니 죠〻 겻히 하후걸이 간담이 무여져 말게 ᄲᅥ러지ᄂᆞᆫ지라 (喊聲未絶, 曹操身邊夏侯傑驚得肝膽碎裂, 倒撞於馬下. 操便回馬而走.) <삼국-국중 8:122>

【간대-로】 부 망령되이. 멋대로. 함부로. 되는 대로. 체언의 곡용형이 부사로 굳어진 예이다.¶ ▼造次 ‖ 쥬공이 간대로 못ᄒᆞ시링이다 녀포ᄂᆞᆫ 당셰예 영웅이오 ᄯᅩ 셔쥐를 웅거ᄒᆞ여시니 ᄆᆡ 뉴비로 더브러 슈미샹년ᄒᆞ면 도모키 어려올가 ᄒᆞ노니 (主公不可造次. 呂布當世英雄, 兼有徐州之地. 若布與備首尾相連, 不易圖也.) <삼국-가정 6:20> 댱뇨ᄂᆞᆫ ᄒᆞᆫ 용뷔 아니라 ᄭᅬ와 디혜 만ᄒᆞ니 미리 쥰비호미 잇ᄂᆞᆫ가 두려ᄒᆞ노니 간대로 마ᄅᆞ쇼셔 (張遼非一勇之夫, 乃是足智多謀之士, 恐有準備, 不可造次.) <삼국-가정 17:61> 일을 조심ᄒᆞ여 ᄒᆞ고 간대로 말라 (事宜

謹細, 不可造次.) <삼국-가정 11:118> ▼横 ‖ 딘승 항적과 왕망 공손술의 뉘 남면ᄒᆞ야 괴로라 칭ᄒᆞ다가도 ᄆᆞᆺ참내 일이 되디 못ᄒᆞ니 텬명 인심이 업ᄂᆞᆫ 뎨왕의 위ᄅᆞᆯ 간대로 ᄇᆞ라디 못ᄒᆞ노니 그 블가호미 다ᄉᆞ시오 (陳勝、項籍、王莽、公孫述之徒, 皆南面稱孤, 莫之能濟. 帝王之位, 不可横冀, 五也.) <삼국-가정 6:97> ▼猖獗 ‖ 녀포ᄂᆞᆫ 호랑의 뉘라 간대로 못ᄒᆞ링이다 (呂布乃狼虎之徒, 輕則猖獗矣!) <삼국-가정 6:163> 됴듕 ᄉᆞ태우 듕의 튱의지식 업ᄉᆞ니 간대로 누셜ᄒᆞ얏다가ᄂᆞᆫ 서ᄅᆞ 해ᄒᆞᆯ가 두려ᄒᆞ노라 (朝中大臣, 少得忠義兩全之人也. 若不得其人, 則反相害矣.) <삼국-가정 7:110> ▼急 ‖ 후죄[ᄆᆞᆯ 머기ᄂᆞᆫ 사ᄅᆞᆷ이라] 왈 예셔 듕군이 머니 밤의 간대로 드러가디 못ᄒᆞᆯ 거시니 이 마초 싸혼 ᄃᆡ 블을 노코 네 압프로 가반ᄒᆞᆫ다 ᄒᆞ고 소ᄅᆡᄅᆞᆯ 디ᄅᆞ면 셩듕 병이 반ᄃᆞ시 난ᄒᆞᆯ 거시니 틈을 타 댱뇨ᄅᆞᆯ 딜러 주기면 남은 군ᄉᆞᄂᆞᆫ 절로 흐터디리라 (後槽曰: "此間雖離中軍較遠, 夜間急不能進, 只就草堆上放起一把火來, 你去前面叫反, 我在後面叫反, 城中兵亂, 就裏刺殺張遼, 餘軍自走也.") <삼국-가정 17:68>

【간ᄃᆡ-로】 부 멋대로. 함부로. 그리 쉽사리.¶ ▼造次 ‖ 일을 조심ᄒᆞ여 ᄒᆞ고 간ᄃᆡ로 말라 (事宜謹細, 不可造次.) <삼국-규장 8:111> 태ᄌᆡ 맛당이 보위의 올르려니와 다만 텬ᄌᆞ의 됴명을 엇디 못ᄒᆞ여시니 엇지 감히 간ᄃᆡ로 ᄒᆞ리오 (太子宜登寶位, 但未得天子詔命, 豈敢造次而行耳?) <삼국-규장 18:19>

【간범-ᄒᆞ-】 동 간범(干犯)하다. 남의 일에 간섭하여 권리를 침범하다.¶ ▼作奸犯科 ‖ 죄의 간범ᄒᆞ니와 밋 튱션ᄒᆞᆫ 쟈를 맛당이 유ᄉᆞ의 맛뎌 그 샹벌을 의논ᄒᆞ여 (若有作奸犯科, 及爲忠善者, 宜付有司, 論其刑賞.) <삼국-가정 29:87> ▼犯 ‖ 내 셩상을 시위ᄒᆞᆯ ᄯᆞᄅᆞᆷ이오 감히 국정을 간범ᄒᆞ미 업거ᄂᆞᆯ 명공이 외인의 헛말을 드러 날을 죽이고져 ᄒᆞ니 빌건대 명공은 에엿비 너기라 (某早晩趨侍聖上而已, 并不敢犯國政. 明公休聽外人一面虛詞, 欲殺某也. 乞明公憐之!) <삼국-가정 38:21>

【간사-히】 부 간사奸詐 /奸邪)히.¶ ▼詐 ‖ 욱이 셔모의 필적을 엇고 간사히 ᄒᆞᆫ 봉 글월을 ᄆᆡᆫᄃᆞ라 (昱賺了徐母筆迹字體, 詐修書一封.) <삼국-가정 12:53>

【간셰】 명 ((인류)) 간세(奸細). 간사하며 도량이 적음. 또는 그런 사람. 간첩(間諜).¶ ▼奸細 ‖ 이 관은 평디의 빠어으름 새벽의 간셰지도의 츌입호믈 ᄉᆞᆯ피더라 (這關是平地上創立, 晨昏守御往來奸細.) <삼국-가정 9:97> ▼ᄂᆡ 승상의 명을 밧ᄌᆞ와 이곳의 딘슈ᄒᆞ며 왕ᄂᆡᄒᆞᄂᆞᆫ 간셰를 적근ᄒᆞ야 결쳐ᄒᆞ니 만닐 공문니 업스면 반ᄃᆞ시 도망ᄒᆞᄂᆞᆫ ᄌᆡ로다 <삼국-국중 6:65>

【간습-ᄒᆞ-】 동 간습(看習)하다. 보고 익히다.¶ ▼看習 ‖ 오압옥이 관곽을 ᄉᆞ 빙념ᄒᆞ기를 맛ᄎᆞᄆᆡ 옥녁을 ᄇᆞ리고 집의 도라와 청낭셔를 취ᄒᆞ여 간습ᄒᆞ고져 ᄒᆞ더니 기쳬 글을 ᄀᆞ저 불의 살으고져 ᄒᆞ거ᄂᆞᆯ (吳押獄買棺殯殮訖, 脫了差役回家, 欲取青囊書看習, 只見其妻正將書在那裏焚燒.) <삼국-국중 13:101>

【간신-ᄒᆞ-】 동 간신(艱辛)하다. 힘들고 고생스럽다.¶ ▼艱辛 ‖ 동되 황폐ᄒᆞᆫ 지 오ᄅᆡ여 가히 슈즙지 못ᄒᆞᆯ 거시오 겸ᄒᆞ여 양쵸를 수운ᄒᆞ기 간신ᄒᆞᆫ디라 (東都荒廢久矣, 不可修葺; 更兼轉運糧食艱辛.) <삼국-국중 3:123>

【간ᄉᆞ-이】 부 간사(奸詐 /奸邪)히. 간교하고 바르지 않게.¶ ▼詐 ‖ 네 간ᄉᆞ이 황친이라 일ᄏᆞᆺ고 헛 공적을 고ᄒᆞ여 이제 조정이 됴셔을 나리와 뎡히 이런 남관 라으리를 ᄉᆞᄐᆡᆨᄒᆞᆫ다 (汝詐稱皇親, 虛報功績, 目今朝廷降詔, 正要沙汰這等濫官汙吏.) <삼국-모종 1:24>

【간ᄉᆞ-ᄒᆞ-】 동 간수하다. 간직하다. 물건 따위를 잘 거두어 보호하거나 보관하다.¶ ▼收藏 ‖ 공명이 금의 주머니 세흘 내여 주니 ᄌᆞ룡이 ᄉᆞᆯ히 다혀 간ᄉᆞᄒᆞ더라 (孔明將三個錦囊, 與子龍貼肉收藏.) <삼국-가정 17:93>

【간ᄊᆞ-ᄒᆞ-】 형 간사(奸詐)하다. 교활하게 거짓으로 남의 비위를 맞추다.¶ ▼詐 ‖ 유 즐왈 제 형의 원수ᄅᆞᆯ 갑고져 ᄒᆞ여 와 항복ᄒᆞ니 엇지 간ᄊᆞᄒᆞ미리오 이렷탓 의심이 만흐면 엇지 천ᄒᆞ 션ᄇᆡᄅᆞᆯ 농납ᄒᆞ리오 (瑜叱曰: "彼因曹操殺其兄, 欲報讎而來降, 何詐之有? 你若如此多疑, 安能容天下之士乎?") <삼국-모종 8:9>

【간웅】 명 ((인류)) 간웅(奸雄). 간사한 꾀가 많은 영웅.¶ ▼奸雄 ‖ 녀푀 텬하ᄅᆞᆯ 범 보ᄃᆞᆺ ᄒᆞ야 도적이 벌 니러나ᄃᆞᆺ ᄒᆞ며 간웅이 매 ᄂᆞᆯ쓰ᄃᆞᆺ ᄒᆞᄂᆞᆫ디라 (呂布虎吞天下, 盜賊蜂起, 奸雄鷹揚.) <삼국-가정 30:65>

【간의ᄐᆡ우】 명 ((관직)) 간의대부(諫議大夫).¶ ▼諫議大夫 ‖ ᄒᆞᄅᆞᆫ 뎨 후원의셔 십샹시로 더브러 잔치ᄒᆞ더니 간의태우 뉴되 바ᄅᆞ 뎨 알ᄑᆡ 와 통곡ᄒᆞ거ᄂᆞᆯ <삼국-가정 1:83> ᄒᆞᄅᆞᆫ 뎨 후원의셔 십샹시로 더부러 잔치ᄒᆞ더니 간의ᄐᆡ우 뉴되 바로 뎨 알ᄑᆡ 와 통곡ᄒᆞ거ᄂᆞᆯ (一日, 帝在後園, 與十常侍飮宴, 諫議大夫劉陶, 徑到帝前大慟.) <삼국-규장 1:58>

【간첩-ᄒᆞ-】 동 간첩(間諜)하다. 이간(離間)하다. 두 사람이나 나라 따위의 사이를 헐뜯어 서로 멀어지게 하다.¶ ▼間諜 ‖이 반ᄃᆞ시 간첩ᄒᆞᆫ 게귀라 손ᄌᆡ 닐오되 쟝슈 밧게 이시ᄆᆡ 님군의 명을 밧지 아닌ᄂᆞᆫ ᄇᆡ 잇다 ᄒᆞ엿ᄂᆞ니 이졔 비록 됴셰 이시나 가히 움즉이지 못ᄒᆞ리라 (此必中間諜之計矣. 孫子云: '將在外, 君命有所不受.' 今雖有詔, 未可動也.) <삼국-규장 26:47>

【간텹-ᄒᆞ-】 동 간첩(間諜)하다. 이간(離間)하다. 두 사람이나 나라 따위의 사이를 헐뜯어 서로 멀어지게 하다.¶ ▼間諜 ‖ 두 고ᄃᆡ 간텹ᄒᆞ면 뉴비 슈미ᄅᆞᆯ 구티 못ᄒᆞᆯ 거시니 그ᄣᅢ예 긔병ᄒᆞ여 형쥐ᄅᆞᆯ 티면 일이 되리이다 (使間諜二處, 着劉備首尾不能救應, 則起兵取之, 事可諧矣.) <삼국-가정 20:43> 이 반ᄃᆞ시 간텹ᄒᆞᆫ 계귀라 손ᄌᆡ 닐오되 쟝슈 밧긔 이시매 님군의 명을 밧디 아닛ᄂᆞᆫ 배 잇다 ᄒᆞ엿ᄂᆞ니 이제 비록 죠셰 이시나 가히 움ᄌᆞᆨ이디 못ᄒᆞ리라 (此必中間諜之計矣. 孫子云: "將在外, 君命有所不受." 今雖有詔, 未可動也.) <삼국-가정 37:99>

【갈】 명 ((식물)) 갈대.¶ ▼蘆葦 ‖ ᄌᆞ룡은 가히 삼천 군마를 거ᄂᆞ리고 강을 건너 바로 오림쇼로〻 나아가 갈과 슈목이 총잡ᄒᆞᆫ 곳의 ᄆᆡ복ᄒᆞ엿다가 금야 사경 후의 죠죄 필연 그곳으로 다라나리니 (子龍可帶三千軍馬, 渡江逕取烏林小路, 揀樹木蘆葦密處埋伏. 今夜四更已後, 曹操必然從那條路奔走.) <삼국-국중 9:124> 유 도라 등장다려 일너 왈 강북 젼션이 갈ᄀᆞᆺ치 ᄲᅢᆨ〻ᄒᆞ고 조죠 다모ᄒᆞ니 맛당이 무ᄉᆞᆫ 계교로 파ᄒᆞ리오 (瑜顧謂衆將曰: "江北戰船, 如蘆葦之密, 操又多謀, 當用何計以破之?") <삼국-모종 8:39>

【갈-】 동 깔다. 앉거나 눕거나 놓거나 하는데 밑에 놓이도록 하다.¶ ▼鋪 ‖ 만일 ᄃᆡ션 소션으로써 각〻 비합ᄒᆞ여 혹 삼십 ᄒᆞᆫ 척을 ᄉᆞᆷ고 혹 오십 ᄒᆞᆫ 척을 ᄉᆞᆷ아 슈미의 철환으로써 년ᄒᆞ여 우히 널은 널을 갈고 ᄉᆞᄅᆞᆷ 건너기ᄂᆞᆫ 니ᄅᆞ도 말고 말도 ᄯᅩᄒᆞᆫ 달니리라 (若以大船小船各皆配搭, 或三十爲一排, 或五十爲一排, 首尾用鐵環連鎖, 上鋪闊板, 休言人可渡, 馬亦可走矣.) <삼국-모종 8:26>

【갈ㄴ】 명 «가로» 가루. 딱딱한 물건을 보드라울 정도로 잘게 부수거나 갈아서 만든 것.¶ ▼虀粉 ‖ 뫼 다라나고져 ᄒᆞ거ᄂᆞᆯ ᄉᆞ면으로 ᄊᆞ고 ᄶᅵᆨ어 갈니 되더라 (苗欲走, 四面圍定, 砍爲虀粉.) <삼국-모종 1:42> ▼麵 ‖ 곳 힝주을 불너 우마ᄅᆞᆯ 잡고 갈ᄂᆞᆯ 뭉쳐 인두ᄅᆞᆯ ᄆᆡᆫ다ᄅᆞ 안의 우양고기ᄅᆞᆯ 너코 일홈은 만도라 ᄒᆞ더라 (喚行廚宰殺牛馬, 和麵爲劑, 塑成人頭, 內以牛羊等肉代之, 名曰"饅頭".) <삼국-모종 15:26>

【갈-ᄃᆡ】 명 ((식물)) 갈대.¶ ▼蘆葦 ‖ 하후돈니 다만 군ᄉᆞ를 직촉ᄒᆞ여 츄살ᄒᆞ니 우금 니젼니 ᄯᅡ라오더니 길이 좁고 냥변의 다 갈ᄃᆡ라 (夏侯惇只顧催軍趕殺. 于禁、李典趕到窄狹處, 兩邊都是蘆葦.) <삼국-국중 8:66>

【갈ㄹ】 명 «가로» 가루. 딱딱한 물건을 보드라울 정도로 잘게 부수거나 갈아서 만든 것.¶ ▼齏粉 ‖ 만일 승샹부의 가면 골육이 다 갈리 되니 ᄇᆞ라건ᄃᆡ 낭낭은 슈죠을 나리와 ᄃᆡ쟝군을 블너 드러오라 ᄒᆞ샤 그 일을 푸러 니르쇼셔 (若到相府, 骨肉皆爲齏粉矣, 望娘娘賜手詔, 宣大將軍入宮, 解釋其事.) <삼국-규장 1:84>

【갈리-】 동 가리다. 뽑다. 선택하다.¶ ▼選 ‖ 회 왈 신니 늘고 병이 만ᄒᆞ니 가히 감당치 못할 거시라 폐ᄒᆞ 지용 잇ᄂᆞᆫ 즁ᄉᆞ랄 갈리여 보ᄂᆡ쇼셔 (祜曰: "臣年老多病, 不堪當此任, 陛下另選智勇之士, 可也.") <삼국-모종 19:84>

【갈물-】 동 «갊다» 갈무리하다. 잘 챙기어 간수하다. 염습(殮襲)하다.¶ ▼在 ‖ 군ᄉᆡ 셰 가지 ᄭᅬ가 이셔 금낭 가운ᄃᆡ 갈무러시니 두 금낭은 이젼의 ᄯᅦ여 힝ᄒᆞ여 ᄒᆞ나히 남아시니 가히 ᄯᅦ여 보리이다 (軍師有三條計, 多在錦囊之中, 已拆兩了兩個, 並皆應驗, 今尚有第三個在此, 分付遇危難之時, 方可拆看.) <삼국-모종 9:67>

【갈므-】 동 «갊다» 갈무리하다. 잘 챙기어 간수하다. 염습(殮襲)하다.¶ ▼葬 ‖ 이제 ᄯᅩ 젼말을 좃디 아니ᄒᆞ니 큰 신을 일헛ᄂᆞᆫ디라 노슉이 몸 갈믈 ᄯᅡ히 업ᄉᆞᆯ가 ᄒᆞ노라 (今又不應前言, 失其大信, 魯肅無葬身之地矣!) <삼국-가정 17:79>

【갈-ᄊᆡ】 명 ((식물)) 갈대.¶ ▼蘆葦 ‖ 말이 맛지 못ᄒᆞ여 ᄇᆡ후의 함셩이 진동ᄒᆞ며 삽시간의 양변 갈ᄊᆡ의 불이 니러나니 사면팔방이 다 화광이라 (言未已, 只聽背後喊聲震起, 早望見一派火光燒着; 隨後兩邊蘆葦亦著. 一霎時, 四面八方, 盡皆是火.) <삼국-국중 8:66> ᄌᆞ룡은 삼천 군마ᄅᆞᆯ 거ᄂᆞ리고 강을 건너 쇼노ᄅᆞᆯ 취ᄒᆞ야 슈목과 갈ᄊᆡᄅᆞᆯ 버려 밀쳐의 ᄆᆡ복ᄒᆞ면 금야 ᄉᆞ경의 조죠 반다시 그 길노 다라날 거시니 즁간의 가 불을 노흐라 (子龍可帶三千軍馬, 渡江逕取烏林小路, 揀樹木蘆葦密處埋伏. 今夜四更已後, 曹操必然從那條路奔走, 等他軍馬過, 就半中間放起火來.) <삼국-모종 8:50>

【갈아ᄉᆞ-】 동 이르다. 말하다.¶ ▼曰 ‖ 죄 글을 ᄣᅦ여 등ᄒᆞ의 나아가 보니 갈아ᄉᆞᄃᆡ ᄀᆡ 숀시의 후은을 바다 본ᄃᆡ 맛당이 〻심을 품지 안일 거시로ᄃᆡ (操拆書, 就燈下觀看, 書略曰: 蓋受孫氏厚恩, 本不當懷二心.) <삼국-모종 8:16>

【갈아치-】 동 가리키다.¶ ▼指 ‖ 아경의 예 능히 말을 못ᄒᆞ고 숀으로 태자을 갈아치며 죽으니 ᄉᆔ 삼십육 세너라 (魏主昏沈, 口不能言, 只以手指太子, 須臾而卒, 在位十三年, 壽三十六歲.) <삼국-모종 17:54>

【갈온】 관 이른바.¶ ▼曰 ‖ ᄒᆞᆫ 말니 이시니 일홈은 갈온 젹퇴라 ᄒᆞ로 쳔니ᄅᆞᆯ 가ᄂᆞ니 (有良馬一匹, 日行千里, 渡水登山, 若履平地, 名曰"赤兎".) <삼국-규장 1:108>

【갈우-】 동 가리다. 막다.¶ ▼蔽 ‖ ᄇᆡᆨ관니 셩박의 나와 죵회랄 보ᄂᆡ니 정기난 날을 갈우고 검갑은 셔리가 어리이고 인마 강장ᄒᆞ여 위풍이 늠〻한니 (鍾會出師之時, 有百官送出城外, 旌旗蔽日, 鎧甲凝霜, 人强馬壯, 威風凜凜.) <삼국-모종 19:30>

【갈이-】 동 가리다. 뽑다. 고르다.¶ ▼選 ‖ 륜 왈 됴만의 ᄒᆞᆫ 냥신을 갈이여 부즁의 보ᄂᆡ리라 푀 흔희ᄒᆞ여 ᄌᆞ조 눈으로써 초션을 보니 초션이 ᄯᅩ 츄파로 송정ᄒᆞ더라 (允曰: "早晩選一良辰, 送至府中." 布欣喜無限, 頻以目視貂蟬, 貂蟬亦以秋波送情.) <삼국-모종 2:7>

【갈핍-ᄒᆞ-】 형 갈핍(竭乏)하다. 다 떨어지다.¶ ▼告竭 ‖ 조〻 군양이 갈핍ᄒᆞ여 급히 허창의 ᄉᆞ자를 보ᄂᆡ여 순욱으로 양식을 조판ᄒᆞ여 셩야의 와 군ᄉᆞ를 접제ᄒᆞ라 ᄒᆞ니 (曹操軍糧告竭, 急發使往許昌敎荀彧作速措辦糧草, 星夜解赴軍前接濟.) <삼국-모종 5:54>

【갈혜-】 동 가리다. 뽑다. 고르다.¶ ▼選 ‖ 간〻니 오후을 기다려 현덕니 바라본니 마초 인마 점〻 게으러거날 듸〻여 오ᄇᆡᆨ 긔을 갈혜여 장비을 ᄯᅡ라 충돌ᄒᆞ여 관에 ᄂᆞ린니 (看看午後, 玄德望見馬超陣上人馬皆倦, 遂選五百騎, 跟著張飛, 衝下關來.) <삼국-모종 11:19>

【갈호-】 동 가로다. 이르다. 말하다.¶ ▼說 ‖ 홀련 군신니 쥬왈 세작이 셔촉 둥으로 와 갈호ᄃᆡ 촉쥐 황권의 가쇽

을 다 버혓다 ᄒᆞ거날 (忽近臣奏曰: “有細作人自蜀中來, 說蜀主將黃權家屬盡皆誅戮.”) <삼국-모종 14:25>

【감】 명 ((기물)) 감(龕). 감실(龕室). 신주를 모셔두는 장.¶ ▼龕 ‖ 위병이 믈러가믈 기ᄃᆞ려 ᄇᆞ야흐로 발상ᄒᆞ되 상거 우희 감[탑이라]을 ᄆᆡᆫᄃᆞ라 술위 우희 노하 (魏兵退去, 方可發喪. 喪車上可作一龕, 坐於車上.) <삼국-가정 34:75>

【감격-ᄒᆞ-】 동 감격(感激)하다. ‘격’은 ‘격’의 속음.¶ ▼感 ‖ 순니 읍왈 신니 폐ᄒᆞ의 은혜을 감격ᄒᆞ온니 엇지 죽기로써 갑지 안니리요 이예 글을 순의게 붓쳐 보ᄂᆡ다 (順泣曰: “臣感陛下大恩, 敢不以死報? 臣卽請行.” 后乃修書付順.) <삼국-모종 11:46>

【감심-ᄒᆞ-】 동 감심(甘心)하다. 달게 여기거나 마음속 깊이 받아들이다. 괴로움이나 책망 따위를 기꺼이 받아들이다.¶ ▼이제 ᄌᆞ단이 임의 죽어시니 신 등이 힘을 다ᄒᆞ야 폐하를 갑흐리니 만일 도적을 쇼뎨티 못ᄒᆞ면 신이 일만 번 죽어도 감심ᄒᆞ리이다 (今子丹已亡, 臣等竭力剿寇以報陛下; 若不剿除, 臣當萬死!) <삼국-가정 33:50>

【감아니】 부 가만히. 남몰래. 살그머니.¶ ▼暗 ‖ 셩상에 한 화ᄉᆞᆯ이 감아니 숀칙의 좌퇴를 맛차 말게 나려지니 즁장이 급피 구ᄒᆞ여 진의 도라와 화살을 ᄲᆡ고 금창약을 붓치고 (城上暗放一冷箭, 正中孫策左腿, 翻身落馬, 衆將急救起, 還營拔箭, 以金瘡藥傅之.) <삼국-모종 3:14>

【감안니】 부 가만히. 남몰래 살그머니. 은밀히.¶ ▼暗 ‖ ᄂᆡ 관흥 ᄌᆞᆼ표[포] ᄒᆞ여곰 군ᄉᆞ 졈고ᄒᆞ거날 가탁ᄒᆞ고 감안니 ᄒᆞᆫ즁의 나가미 (吾卻令關興、張苞, 只推點軍, 暗出漢中.) <삼국-모종 16:37>

【감즉-ᄒᆞ-】 동 간직하다.¶ ▼藏 ‖ ᄐᆡ 글을 오압옥의게 붓쳐 보ᄂᆡ니 오압옥이 금셩에 가 쳥낭셔을 가져 도라가 집에 감즉ᄒᆞ고 수일 후에 ᄐᆡ 옥즁에 죽거날 (佗卽修書付吳押獄, 吳押獄直至金城, 問佗之妻取了青囊書, … 吳押獄持回家中藏之, 旬日之後, 華佗竟死於獄中.) <삼국-모종 13:22>

【감직-ᄒᆞ-】 동 간직하다.¶ ▼藏 ‖ 기니난 왈 집니 거구로 달여 문니 만코 정긔 감직ᄒᆞ고 독을 길너 가을에 화ᄒᆞ니 〻난 봉와요 (其二曰: “家室倒懸, 門戶衆多, 藏精育毒, 得秋乃化, 此蜂窠也.”) <삼국-모종 11:87>

【감ᄌᆞ】 명 ((식물)) 감자(柑子). 감자(柑子)나무의 열매. 귤보다 작고 향기와 신맛이 강하다. 나무는 운향과에 속한 상록 활엽 소교목으로 높이는 2미터 정도이고, 밑동에서 가지가 나누어지며, 잎은 작고 날개가 없다. 6월에 흰 꽃이 피며, 우리나라의 제주도와 중국 남부, 일본에 분포 한다.¶ ▼柑子 ‖ 위왕궁이 일거늘 ᄎᆡ인을 각쳐의 보ᄂᆡ여 귀ᄒᆞᆫ 실과나모와 긔이ᄒᆞᆫ 초목을 뫼호더니 ᄉᆞ직 오의 드러가 복건 농안 녀지와 온쥬 감ᄌᆞ를 가질나 가 (魏王宮成, 差人往各處取果木珍奇之物. 使人入吳地, 往福建取荔枝、龍眼, 溫州取柑子.) <삼국-가정 22:66> 사람을 은쥬 보ᄂᆡ며 굴근 감ᄌᆞ 마흔아믄 농으로 ᄡᅡ ᄡᆞᆯ이 업군으로 보ᄂᆡ라 ᄒᆞᆫᄃᆡ (便令人于本城選了大柑子四十餘担, 星夜送往鄴城.) <삼국-가정 22:67> 감ᄌᆞ 가진 ᄉᆞᄅᆞᆷ이 업군의 니르러 조의게 올인ᄃᆡ 죄 친히 감ᄌᆞ를 ᄡᅡ리니 숙이 뵈고 뷘 겁질만 잇거늘 고이히 너겨 농마다 여러 보니 다 그러ᄒᆞ거늘 (取柑人至鄴城見操, 呈上柑子. 操親剖之, 但只空殼, 內并無肉.) <삼국-가정 22:68> 사ᄌᆡ 오국의 일으러 숀권을 보고 위왕의 명을 젼ᄒᆞ고 온쥐의 가 감ᄌᆞ를 취ᄒᆞ라 ᄒᆞᆫᄃᆡ (有使者到吳地, 見了孫權, 傳魏王令旨, 再往溫州取柑子.) <삼국-국중 12:56>

【감쵸-】 동 감추다.¶ ▼藏 ‖ 시야의 우뵈 심복인 호져가를 불너 상의 왈 여포의 효용은 만일 ᄯᅩ 당치 못할지라 니곽 등을 속니고 금주를 감쵸고 친슈 삼오 인으로 더부러 기군ᄒᆞ고 가려 ᄒᆞ니 (是夜牛輔喚心腹人胡赤兒商議曰: “呂布驍勇, 萬不能敵, 不如瞞了李傕等四人, 暗藏金珠, 與親隨三五人棄軍而去.”) <삼국-모종 2:32>

【감축-ᄒᆞ-】 동 감축(感祝)하다. 경사스러운 일을 함께 감사하고 축하하다. 또는 받은 은혜에 대하여 축복하고 싶을 만큼 매우 고맙게 여기다.¶ ▼感 ‖ ᄐᆡᄉᆞ 만일 쵸션으로써 녀포을 쥬면 푀 반ᄃᆞ시 ᄃᆡ은을 감축ᄒᆞ여 죽기로써 ᄐᆡᄉᆞ를 보ᄒᆞ리니 ᄐᆡᄉᆞᄂᆞᆫ 세 번 ᄉᆡᆼ각ᄒᆞ라 (太師若就此機會, 以蟬賜布, 布感大恩, 必以死報太師. 太師請自三思.) <삼국-국중 2:93>

【감치-】 동 감치다. 바느질감의 가장자리를 감아 꿰매다. 휘감아 붙들어 매다.¶ ▼縫 ‖ ᄐᆡ 그 독을 글겨 바리고 실로 감치니 (佗刮盡其毒, 傅上藥, 以線縫之.) <삼국-규장 17:45> 드는 칼로 ᄉᆞᆯ흘 버혀 져혀고 ᄲᅧ의 다ᄃᆞ라 독약의 긔운을 글거 바리고 됴ᄒᆞᆫ 약을 바르고 창구를 감쳐 두면 ᄌᆞ연 됴흐려니와 (吾用尖利之器割開皮肉, 直至於骨, 刮去藥毒, 用藥敷之, 以線縫其口, 自然無事.) <삼국-규장 17:44>

【감토】 명 ((복식)) 감투. 머리에 쓰던 의관(衣冠)의 하나. 쳇불처럼 결은 말총이나, 가죽 헝겊 등으로 결은 모자.¶ ▼帽 ‖ 현덕이 평ᄉᆡᆼ의 감토 ᄆᆡᆺ기를 됴ᄒᆞᄒᆞ더니 (玄德平生愛結帽.) <삼국-가정 13:49> 일〻은 ᄉᆞᄅᆞᆷ이 닛셔거문 쇼 ᄭᅩ리를 보ᄂᆡ엿거ᄂᆞᆯ 현덕이 그 ᄭᅩ리로 친히 감토를 ᄆᆡᆺ더니 (一日, 有人送犛生尾至, 玄德取尾親自結帽.) <삼국-국중 8:60>

【감티-】 동 감치다. 바느질감의 가장자리를 감아 꿰매다. 휘감아 붙들어 매다.¶ ▼縫 ‖ 드ᄂᆞᆫ 칼로 ᄉᆞᆯ흘 버혀 져혀고 ᄲᅧ의 다ᄃᆞ라 독약의 긔운을 글거 ᄇᆞ리고 됴흔 약을 ᄇᆞᄅᆞ고 창구를 감텨 두면 ᄌᆞ연 됴흐려니와 (吾用尖利之器割開皮肉, 直至於骨, 刮去藥毒, 用藥敷之, 以線縫其口, 自然無事.) <삼국-가정 24:101> 태 그 독을 글거 ᄇᆞ리고 실로 감티니 (佗刮盡其毒, 傅上藥, 以線縫之.) <삼국-가정 24:103>

【감-ᄒᆞ-】 동 감(減)하다. 덜다. 일정한 양이나 정도에서 일부를 떼어 줄이거나 적게 하다.¶ ▼減 ‖ 네 손빙이 방연을 버힐 제 군ᄉᆞ를 더으고 브억을 감ᄒᆞᄂᆞᆫ 법을 ᄡᅥ

이긔믈 취ᄒᆞ엿더니 이제 ᄯᅩ 승샹이 퇴병ᄒᆞ매 브억을 더ᄒᆞ믄 엇디오 (昔孫臏捉龐涓, 用"添兵減竈"之法而取勝. 今丞相退兵, 何故添竈也?) <삼국-가정 33:42>

【갑】 명 ((복식)) 갑(甲). 갑옷.¶ ▼甲 ‖ 허데 분노ᄒᆞ믈 이긔디 못ᄒᆞ야 딘듕으로 도라가 투고와 갑과 오ᄉᆞᆯ 다 벗고 온 몸의 힘줄을 브ᄅᆞ도티고 벌건 몸으로 칼흘 들고 ᄆᆞᆯ게 올라 ᄂᆞᄂᆞᆫ ᄃᆞ시 ᄃᆞᆯ려드러 마툐과 싸화 ᄌᆞ웅을 결ᄒᆞ려 ᄒᆞ니 냥군이 아니 놀라리 업더라 (許褚性起, 飛回陣中, 卸了盔甲, 渾身筋突, 赤體提刀, 翻身上馬, 來與馬超決戰雌雄.) <삼국-가정 19:34> ▼(細)鎧 ‖ 이날 현덕이 속의 져근 갑을 닙고 밧긔 금포ᄅᆞᆯ 닙고 조ᄎᆞᆫ 사ᄅᆞᆷ을 칼흘 쳐와 ᄧᅥ내디 아니ᄒᆞ더라 (是日玄德內披細鎧, 外穿錦袍, 從人背劍緊隨.) <삼국-가정 17:102>

【갑듀】 명 ((복식)) 갑주(甲冑). 갑옷과 투구.¶ ▼甲冑 ‖ 년ᄂᆞᆫ의 젼벌ᄒᆞ니 갑듀의 긔슬이 나고 한ᄌᆡ와 황듕이 년ᄒᆞ여 환이 되어 긔근이 심ᄒᆞᆫ더라 (連年戰伐, 甲冑生蟣虱; 加之旱蝗, 饑饉幷臻.) <삼국-가정 11:42> ▼鎧 ‖ 구의 갑듀ᄅᆞᆯ 적실가 두려 아직 가져다가 더퍼시미오 사ᄂᆞᆫ로이 ᄡᅳ미 아니니 빌건대 쟝군은 고향의 졍을 ᄉᆡᆼ각ᄒᆞ여 에엿비 너기라 (某恐雨濕官鎧, 故取遮盖, 非爲私用. 乞將軍念故鄕以憐之!) <삼국-가정 24:130>

【갑-옷】 명 ((복식)) 갑옷(甲-). 싸움을 할 때 적의 창검이나 화살을 막기 위하여 입던 옷. 쇠나 가죽의 미늘을 붙여 만들었다.¶ ▼운이 갑옷 동인 ᄯᅴ를 그르고 엄심경을 들혀고 아두를 푸무며 (趙雲推土墻而掩之, 解開勒胸條, 放下掩心鏡, 將阿斗抱護在懷.) <삼국-가정 14:18>

【갑쥬】 명 ((복식)) 갑주(甲冑). 갑옷과 투구를 아울러 이르는 말.¶ ▼鎧 ‖ 구의 갑쥬를 적실가 두려 아직 가져다가 더퍼시미오 ᄉᆞᄉᆞ로이 ᄡᅳ미 아니니 빌건ᄃᆡ 쟝군은 고향의 졍을 ᄉᆡᆼ각ᄒᆞ여 에엿비 너기라 (某恐雨濕官鎧, 故取遮盖, 非爲私用. 乞將軍念故鄕以憐之!) <삼국-규장 17:62>

【갑ᄑᆞ-】 동 갚다. 남에게 빌리거나 꾼 것을 도로 돌려주다.¶ ▼答 ‖ ᄇᆡᆨ셩이 깃거ᄒᆞ여 소와 술을 가지고 위로ᄒᆞ거ᄂᆞᆯ ᄎᆡᆨ이 금과 명쥬로 갑픈이 깃분 소ᄅᆡ 들에 펴엿더라 (人民皆悅, 齎牛酒到寨勞軍, 策以金帛答之, 懽聲遍野.) <삼국-모종 3:16> ▼報 ‖ 제 위연 ᄒᆞᆫ가지로 성지ᄂᆞᆯ 들여 ᄂᆡ의 친형을 히케 ᄒᆞ니 ᄂᆞᆫ제 만나 성지을 회복ᄒᆞ고 당ᄂᆞᆫ히 원수을 갑푸리라 ᄃᆡᄃᆞ여 ᄒᆞ후상으로 다려 진[신]군을 ᄡᅳ어 전진ᄒᆞ다 ("他和魏延獻了城池, 害吾親兄, 今旣相遇, 必當報讎." 遂與夏侯尙引新軍離寨前進.) <삼국-모종 12:11>

【갑플】 명 ((기물)) 칼집.¶ ▼鞘 ‖ 이러 굴 ᄉᆞ이예 녀푀 블셔 ᄆᆞᆯ을 잇그러 왓고 조의 환도ᄂᆞᆫ 갑플에 ᄣᅢ혓ᄂᆞᆫ디라 즉시 환도 집을 도로티며 (呂布已牽馬在閣外, 操刀已出鞘, 就倒轉刀靶.) <삼국-가정 2:26>

【갓】 명 ((복식)) 갓. 모자(帽子). 어른이 된 남자가 머리에 쓰던 의관의 하나. 가는 대오리로 갓양태와 갓모자를 만들어 붙인 위에 갓싸개를 바르고 먹칠과 옻칠을 한 것인데 갓끈을 달아서 쓴다.¶ ▼冠 ‖ 시졀의 은툥을 닙어 서로 쳔진ᄒᆞ야 슌월 ᄉᆞ이예 툐탁ᄒᆞ야 블ᄎᆞ로 탁용ᄒᆞ고 ᄉᆞ태우로 ᄒᆞ야곰 드르히 ᄇᆞ리여 ᄡᅳ이디 못ᄒᆞ니 이ᄂᆞᆫ 갓과 신이 밧고이듯 ᄒᆞ얏ᄂᆞᆫ지라 (見寵于時, 更相薦說, 旬月之間, 幷各拔擢: 樂松處常伯, 任芝居納言, 郤儉、梁鵠各受豊爵不次之寵, 而令縉紳之徒委伏畎畝, 口誦堯舜之言, 身蹈絶俗之行, 棄捐溝壑, 不見逮及, 冠履倒易.) <삼국-가정 1:6> 시졀의 은툥을 닙어 서로 쳔진ᄒᆞ야 츈월 ᄉᆞ이의 툐탁ᄒᆞ야 블ᄎᆞ로 탁용ᄒᆞ고 ᄉᆞᄐᆡ우로 ᄒᆞ여금 들희 바리여 ᄡᅳ이지 못ᄒᆞ니 이ᄂᆞᆫ 갓과 신이 밧고이듯 ᄒᆞ얏ᄂᆞᆫ지라 (見寵于時, 更相薦說, 旬月之間, 幷各拔擢: 樂松處常伯, 任芝居納言, 郤儉、梁鵠各受豊爵不次之寵, 而令縉紳之徒委伏畎畝, 口誦堯舜之言, 身蹈絶俗之行, 棄捐溝壑, 不見逮及, 冠履倒易.) <삼국-규장 1:4>

【갓-】 형 같다. 크기, 생김새 따위가 서로 다르지 않고 한 모양이다. 닮다.¶ ▼同 ‖ 젹병의 오병ᄒᆞᆫ은 화공을 ᄡᅧ시니 운쥬 결ᄎᆡᆨᄒᆞ미 다 갓도다 (赤壁鏖兵用火攻, 運籌決策盡皆同.) <삼국-국중 9:89>

【갓가오-】 형 «갓갑다» 가깝다.¶ ▼다 말ᄒᆞ되 다만 음운 즁의 무슈 인ᄆᆡ 살ᄂᆡᄒᆞ야 몸의 갓가우ᄆᆡ 사ᄅᆞᆷ은 샹치 ᄋᆞ니코 일진 션풍ᄲᅮᆫ이러라 ᄒᆞ니 <삼국-국중 17:76>

【갓갑-】 형 가깝다. 어느 한 곳에서 다른 곳까지의 거리가 짧다. ※ 모음으로 시작하는 어미 앞에서는 '갓갈-'이나 '갓가오-'로 나타난다.¶ ▼近 ‖ 현덕 왈 말ᄂᆞᆫ고 ᄒᆞᆫ가지 ᄒᆞ고 가ᄌᆞ 모려 장찻 갓갑더니 홀연 노방 쥬졈의 ᄒᆞᆫ 사ᄅᆞᆷ이 노ᄅᆡᄅᆞᆯ 불너 (玄德曰: "勿多言, 只相隨同去." 將近茅廬, 忽聞路傍酒店中有人作歌.) <삼국-모종 6:78>

【갓만니】 부 가만히. 남몰래 살그머니. 은밀히.¶ ▼低 ‖ ᄯᅩ 관흥 장포을 불어 귀의 다히고 갓만니 일너 왈 여ᄎᆞᄂᆞᆫ ᄂᆞᆫ ᄒᆞ라 (又喚關興、張苞至, 附耳低言, 如此如此.) <삼국-모종 16:36>

【갓부-】 형 가쁘다. 피곤(疲困)하다. 피로(疲勞)하다. 힘들다.¶ ▼勞 ‖ ᄂᆡ 용병ᄒᆞᆯ 젹이면 이런 일표 군마를 ᄆᆡ복ᄒᆞ야 편안ᄒᆞᄆᆞ로ᄡᅧ 갓분 군ᄉᆞ를 치면 우리 다 쥭을 거시오 비록 셩녕을 보젼ᄒᆞ나 다 즁샹ᄒᆞ믈 면치 못ᄒᆞᆯ 거시니 (若是我用兵時, 就這個去處, 也埋伏一彪軍馬. 他是"以逸待勞"之衆, 我是"救死不暇"之人, 縱然脫得性命, 皆不免重傷矣.) <삼국-가정 16:67>

【갓브-】 형 가쁘다. 피곤(疲困)하다. 피로(疲勞)하다. 힘들다.¶ ▼勞困 ‖ 황한승이 이번 가ᄆᆡ 반다시 그룻ᄒᆞ미 이실 거시니 경 등이 갓블[브]믈 ᄉᆡᆼ각지 말고 ᄲᆞᆯ리 가 도으라 (黃漢升此去, 必然有失. 賢侄休辭勞困, 可去相助.) <삼국-가정 27:20> ▼勞 ‖ 우리ᄂᆞᆫ 놉흔 셩 우희 안자 남으로 ᄃᆡ강을 임ᄒᆞ고 북으로 ᄃᆡ산을 등두어시니 평안ᄒᆞᄆᆞ로ᄡᅧ 갓븐 일을 기다려 쥬인으로 손을 졔어ᄒᆞᆯ 거시니 이ᄂᆞᆫ ᄇᆡᆨ젼ᄇᆡᆨ승ᄒᆞᆯ 셰라 (吾與汝等坐占高城, 南臨大江, 北背山險, 以逸待勞, 此乃百戰百勝之勢也.) <삼국-

규장 19:72>

【갓지-】 동 옆에 끼다. 임(臨)하다.¶ ▼傍 ‖ 기관의 거의 니르러 숀이 마샹의셔 보니 젼면의 뫼흘 의지ᄒᆞ고 믈을 갓져 ᄒᆞᆫ 진이 이시니 살긔 츙텬ᄒᆞ야 거록이 니러나거ᄂᆞᆯ (前離夔關不遠, 遜在馬上看見前面臨山傍江, 一陣殺氣衝天而起.) <삼국-규장 19:62>

【갓ᄎᆞ-】 형 같다.¶ ▼如 ‖ 산상의 시셕니 빗 갓찬지라 합니 오르지 못ᄒᆞ고 말을 ᄎᆡ질ᄒᆞ여 쓰닌 거살 헛치고 나가니 ᄉᆞ람니 감히 당ᄒᆞ리 업난지라 (山上矢石如雨, 郃不能上山, 乃拍馬舞鎗, 衝出重圍, 無人敢當.) <삼국-모종 16:41>

【갓초오-】 동 갖추다. 있어야 할 것을 골고루 준비하여 가지거나 차리다.¶ ▼備 ‖ ᄎᆞ일의 도원 즁의 거믄 소와 흰 말 졔물을 갓초오고 삼인이 분향 ᄌᆡᄇᆡᆨᄒᆞ여 ᄆᆡᆼ셰ᄒᆞ여 왈 (次日, 於桃園中, 備下烏牛白馬祭禮等項, 三人焚香再拜而說誓曰.) <삼국-모종 1:7>

【갓츄-】 동 갖추다. 있어야 할 것을 골고루 준비하여 가지거나 차리다.¶ ▼具辦 ‖ 쥬야로 혼구를 갓츄고 가마를 수습ᄒᆞ여 송헌과 위속과 ᄒᆞᆫ늪과 ᄒᆞᆫ가지 보ᄂᆡ니 풍뉴가 하날의 들이여더라 (連夜具辦妝奩, 收拾寶馬香車, 令宋憲、魏續一同韓胤送女前去, 鼓樂喧天.) <삼국-모종 3:32>

【갓치】 명 ((조류)) 까치. 까마귀과의 새. 머리에서 등까지는 검고 윤이 나며 어깨와 배는 희다.¶ ▼鵲 ‖ 원쇼 잇실 ᄶᅥᆨ 항ᄉᆞᆼ 요동 ᄉᆞᆷ킬 ᄆᆞ암이 잇더니 이졔 이원니 병픽장망ᄒᆞ여 의지 업셔 이에 왓시니 이ᄂᆞᆫ 비들기 갓치 기슬 아슬 뜻이라 (袁紹存日, 常有吞遼東之心, 今袁熙、袁尚兵敗將亡, 無處依棲, 來此相投, 是鳩鵲巢之意也.) <삼국-모종 6:18>

【-갓치】 조 -같이. -처럼. '앞말이 보이는 전형적인 어떤 특징처럼'의 뜻을 나타내는 격조사.¶ ▼이 셩을 직희여 몸이 비록 가로갓치 ᄇᆞ아질더라도 ᄯᅩᄒᆞᆫ 항치 아니ᄒᆞᆯ 거시니 (死據此城, 城雖粉碎, 身亦不降也.) <삼국-규장 17:95> ᄯᅩ ᄒᆞᆫ 사람이 길희셔 그 발가락을 개게 믈니니 즉시 쥬먹갓치 크며 ᄀᆞ랍고 압프믈 견ᄃᆡ지 못ᄒᆞ여 ᄒᆞ거늘 (又有一人在途被犬咬其足指, 隨長一塊, 痛痒不可當.) <삼국-규장 18:9>

【갓치이-】 동 갇히다.¶ ▼拘禁 ‖ 저수 군즁의 갓치여더니 이 밤의 불빗치 발근 걸 보고 감상관으로 즁정의 나서 천상을 보니 ᄐᆡᄇᆡᆨ성이 두우성 분야를 범ᄒᆞ엿ᄉᆞ니 (沮授被袁紹拘禁在軍中, 是夜因見衆星朗列, 乃命監者引出中庭, 仰觀天象, 忽見太白逆行, 侵犯牛、斗之分.) <삼국-모종 5:58>

【갓트-】 형 같다. 크기, 생김새 따위가 서로 다르지 않고 한 모양이다. 닮다.¶ ▼덕ᄌᆞᄅᆞᆯ 세오고 버곰을 세우지 아니ᄒᆞ믄 네브터 덧ᄃᆞᆺᄒᆞᆫ 도리라 엇디 날다려 뭇ᄂᆞ뇨 봉은 명녕[명녕은 관애란 버러지라] 갓튼 ᄌᆞ식이라 (立嫡不立庶, 古之常理, 又何必問于我乎? 封乃螟蛉之子, 使住山城之遠, 免遺禍于親骨肉也.) <삼국-규장 17:88> 일히 갓튼 무리를 엇지 치리오 반ᄃᆞ시 후회 되리이다 (狼子不可養, 後必有爲害.) <삼국-규장 17:99>

【강-ㄱ】 명 ((지리)) 강가(江-). 강의 가장자리에 잇닿아 있는 땅. 또는 그 부근.¶ ▼沿江 ‖ 됴운이 ᄃᆡ답 아니ᄒᆞ고 강ᄀᆞ으로 십여 리나 ᄯᆞᆯ더니 ᄒᆞᆫ 여흘 ᄉᆡ의 다ᄃᆞᄅᆞ니 고기 잡ᄂᆞᆫ ᄇᆡ ᄆᆡ엿거ᄂᆞᆯ (趙雲不答, 沿江趕到十餘里, 灘半斜纜一隻漁船.) <삼국-가정 20:16>

【강덕】 명 ((인류)) 강적(強敵). 강한 적수. 또는 만만찮은 상대. 강구(强仇). 경적(勁敵).¶ ▼勍敵 ‖ 관쟝군의 위엄이 화하의 진동ᄒᆞ매 덕슈ᄅᆞᆯ 만나디 못ᄒᆞ엿더니 이졔 녕명을 만나니 진 강덕이로라 (關將軍威震華夏, 未逢對手, 今遇令明, 眞勍敵也.) <삼국-가정 24:57>

【강면-이】 부 강면(强勉)히. 간신히.¶ ▼勉强 ‖ 잇ᄶᅴ의 ᄉᆞ람이 쥬리고 말이 곤ᄒᆞ니 죄 ᄒᆞ여곰 머리ᄅᆞᆯ ᄐᆡ우고 니마ᄅᆞᆯ 덴 ᄌᆞᄂᆞᆫ ᄎᆡ를 붓드러 힝ᄒᆞ고 살을 맛고 창의 상ᄒᆞᄂᆞᆫ ᄌᆞᄂᆞᆫ 강면이 다라나다 의갑이 ᄶᅥ러지고 ᄀᆡ번이 졍졔치 못ᄒᆞ더라 (此時人皆飢倒, 馬盡果乏, 焦頭爛額者扶策而行, 中箭鎗者勉强而走. 衣甲濕透, 個個不全.) <삼국-모종 8:63>

【강셩-ᄒᆞ-】 형 강성(强盛)하다. 힘이 강하고 번성하다.¶ ▼强 ‖ 션졔의 ᄇᆞᆰᄋᆞ시무로ᄲᅧ 신의 ᄌᆡ죠를 혀ᄋᆞ리ᄆᆡ 신니 도적을 치기의 ᄌᆡ죠ᄂᆞᆫ 약ᄒᆞ고 도적은 강셩ᄒᆞᆷ을 아르시나 그러나 도적을 치지 아니면 왕법이 ᄯᅩᄒᆞᆫ 망ᄒᆞᆯ지라 (以先帝之明, 量臣之才, 故知臣伐賊, 才弱敵强也. 然不伐賊, 王業亦亡.) <삼국-국중 15:122>

【강악-ᄒᆞ-】 형 강악(强惡)하다. 억세고 악하다.¶ ▼强惡 ‖ 두 아이 강악ᄒᆞ야 ᄂᆡ 말을 듯지 아니ᄒᆞ다 (二弟强惡, 不歸王化.) <삼국-가정 29:24>

【강잉-ᄒᆞ-】 동 강잉(强仍)하다. 마지 못하여 하다. 억지로 하다. 어찌할 수 없어서 그대로 하다.¶ ▼勉强 ‖ 현덕이 운얼 ᄌᆞ리예 ᄂᆞ아가라 ᄒᆞ니 운니 강잉ᄒᆞ여 ᄂᆞ아가니 ᄎᆡ모 밧계 잇다가 쳘통갓치 슈십ᄒᆞ고 현덕의 ᄉᆞᆷᄇᆡᆨ 군ᄉᆞᄅᆞᆯ 다 가져 하쳐의 보ᄂᆡ고 (玄德令雲就席, 雲勉强應命而出, 蔡瑁在外收拾得鐵桶相似, 將玄德帶來三百軍, 都遣歸館舍.) <삼국-모종 6:36> ▼强 ‖ 현덕이 강잉ᄒᆞ야 머무르지 못ᄒᆞ니 서셰 샤별ᄒᆞ고 도ᄅᆞ와 조ᄌᆞᄅᆞᆯ 보고 현덕이 항복할 ᄯᅳ지 업ᄂᆞᆫ 거슬 말ᄒᆞᆫᄃᆡ (玄德不敢强留, 徐庶辭回, 見了曹操, 言玄德並無降意.) <삼국-모종 7:42>

【강잉-이】 부 강잉(强仍)히. 억지로.¶ ▼强 ‖ 양슈 말을 듯고 만면슈츰ᄒᆞ더니 강잉이 답왈 뫼 비록 ᄒᆞ요의 거ᄒᆞᄂᆞ나 승상이 군졍과 젼량 즁임을 맛겨 승ᄉᆞᆼ의 교회ᄒᆞ믈 입어 ᄀᆡ발ᄒᆞ미 만흔 고로 이 베슬의 잇노라 (楊修聞言, 滿面羞慚, 强顔而答曰: "某雖居下寮, 丞相委以軍政錢糧之重, 早晩多蒙丞相敎誨, 極有開發, 故就此職耳.") <삼국-모종 10:52>

【강잉-ᄒᆞ-】 동 강잉(强仍)하다. 마지 못하여 그대로 하다. 억지로 하다. 어찌할 수 없어서 그대로 하다.¶ ▼勉强 ‖ 태뷔 비록 귀톄 평안티 아니ᄒᆞ시나 가히 강잉ᄒᆞ야 보

시링이다 (太傅雖感貴恙, 可勉强見之.) <삼국-가정 36:16>

【강호】 명 ((인류)) 강호(羌胡). 중국 서방에 있는 오랑캐.¶ ▼羌胡 ‖ 녕데 말년의 강회 반ᄒᆞ니 군현이 군ᄉᆞ를 뫼화 티더니 등이 군 거ᄂᆞ려 공이 만히 잇더라 (靈帝末年, 羌胡多叛, 州郡招募民兵討之.) <삼국-가정 18:94> 세작이 이 뜻을 동관의 가 보ᄒᆞᆫ대 마뇌 또 이만 싱녁병[새 부츨의 군ᄉᆡ라]을 더ᄒᆞ여 싸호니 이ᄂᆞᆫ 강호 부락 오랑캐러라 (潼關馬超又添二萬生力兵, 乃是羌胡部落前來助戰.) <삼국-가정 19:8>

【개-돗】 명 ((동물)) 개돝. 개돼지. 개와 돼지를 지칭하는 것으로 미련하고 못난 사람을 비유적으로 이르는 말.¶ ▼狗彘 ‖ 내 너를 죽이면 개돗 ᄀᆞᆮ튼 거ᄉᆡ 피를 칼히 무티기 더럽다 (吾殺汝, 猶狗彘耳, 枉汚刀斧也.) <삼국-가정 24:90>

【개-아ᄃᆞᆯ】 명 ((인류)) 개아들. 행실이 나쁘거나 매우 못된 남자를 비속하게 이르는 말.¶ ▼犬子 ‖ 운댱이 불연대로 왈 내 범의 ᄯᆞᆯ을 개아ᄃᆞᆯ과 혼인을 ᄒᆞ리오 (雲長勃然大怒, 曰: "吾虎女, 安肯嫁犬子乎?") <삼국-가정 24:32>

【개아미】 명 ((곤충)) 개미.¶ ▼螻蟻 ‖ 크게 비휴[모딘 즘싱이니 군ᄉᆞ의 비ᄒᆞ니라]를 모라 쟝ᄎᆞᆺ 누의[개아미니 도적의 비ᄒᆞᆫ 말이라]를 ᄡᅳ러 ᄇᆞ리니 (大擧貔貅, 將除螻蟻.) <삼국-규장 20:89>

【개야미】 명 ((곤충)) 개미.¶ ▼螻蟻 ‖ 임의 공복이 목숨을 ᄇᆞ려 동오를 갑프려 ᄒᆞ니 감튁이 엇디 누의[개야미라] ᄀᆞᆮ튼 인싱을 앗기리오 (旣公覆舍命而報東吳, 闞澤何惜螻蟻之微生哉?) <삼국-가정 15:95>

【개얌이】 명 ((곤충)) 개미.¶ ▼蟻 ‖ 닉 조ᄌᆞ의 빅만지듕 보믈 개얌이 뭉긴 것ᄀᆞ티 ᄒᆞᄂᆞ니 냥이 ᄒᆞᆫ 번 손을 들면 다 ᄀᆞᄅᆞ리 되리라 (吾視曹操百萬之衆, 如群蟻耳! 但亮擧手, 則皆爲齏粉矣!) <삼국-가정 14:85>

【개연-ᄒᆞ-】 형 개연(慨然)하다. 흔쾌하다.¶ ▼慨然 ‖ 우러ᄅᆞ 션싱긔 ᄉᆲ노니 인ᄌᆞ 측은ᄒᆞᆫ ᄆᆞᄋᆞᆷ과 튱의 개연ᄒᆞᆫ ᄠᅳ들 내여 녀망의 직조를 다ᄒᆞ며 ᄌᆞ방의 긔량을 베프라 (仰啓先生, 仁慈惻隱, 忠義慨然, 展呂望之良才, 施子房之大器.) <삼국-가정 12:93>

【개우루-】 형 게으르다. 행동이 느리고 움직이거나 일하기를 싫어하는 성미나 버릇이 있다.¶ ▼怠 ‖ 경부난 덕니 여트니 족히 쏜밧지 못할 거시오 경이 승상으로 더부러 종ᄉᆞᄒᆞ냐 아비갓치 섬기고 개우루지 말며 잇지 말라 (卿父德薄, 不足效也. 卿與丞相從事, 事之如父, 勿怠, 勿忘!) <삼국-모종 14:35>

【개창】 명 ((질병)) 개창(疥瘡). 옴. 옴벌레가 기생하여 일으키는 전염성 피부병.¶ ▼疥瘡 ‖ 내 다ᄉᆞᆺ 아ᄃᆞᆯ이 이시ᄃᆡ 다만 어린 재 극히 내 ᄠᅳᆮ의 맛더니 이제 개창[옴병이라]을 어더 쟝ᄎᆞᆺ 죽긔 되어시니 내 므ᄉᆞᆷ ᄆᆞᄋᆞᆷ으로 용병을 ᄒᆞ리오 (吾生五子, 惟最小者極快吾意. 今患疥瘡, 將欲垂命, 吾有何心用兵乎?) <삼국-가정 8:101>

【거거】 명 ((인류)) 가가(哥哥, gēge). 형(兄). 형(兄). 오빠. 중국어 차용어로, 주로 여성이 손위 남자 형제를 이르는 말로 사용된다. (중국어 직접 차용어).¶ ▼哥哥 ‖ 댱비 왈 이런 촌부를 므ᄉᆞ일 거게 ᄌᆞᄌᆞ로 가리오 사ᄅᆞᆷ을 보내여 블러오라 (張飛曰: "量一村夫, 何必哥哥自去, 可使人喚來便了.") <삼국-가정 12:85> 수숴 우리 거거란 듕히 아니 너기고 ᄀᆞ만이 집으로 도라가니 이 엇딘 도리오 (嫂嫂不以俺哥哥爲重, 私自歸家, 是何道理?) <삼국-가정 20:22>

【거구루】 부 거꾸로.¶ 거구루 믜단단 말 (倒弔) <삼국-어람>

【거긔】 명 ((교통)) 거기(車騎).¶ ▼車騎 ‖ 윤이 틱ᄉᆞ의 거긔를 굽혀 닉 집의 이르러 잔치코져 ᄒᆞ니 존의 엇더ᄒᆞ시뇨 (允欲屈太師車騎, 到草舍赴宴, 未審鈞意若何?) <삼국-국중 2:78>

【-거ᄂᆞᆯ】 미 -거늘. 앞의 사실을 인정하면서 그와 맞서는 사실을 이어 주는 연결 어미. 흔히 뒤에는 의문 형식이 온다.¶ 대위 ᄀᆞᆺ 긋쳣거ᄂᆞᆯ 오히려 즐겨 도라가디 아니ᄒᆞ고 이제 또 듀채ᄒᆞ야 브졀업시 긔약을 뎡ᄒᆞ야 우리 군ᄉᆞ를 고롭게 ᄒᆞᄂᆞ뇨 (大雨淋了許多時, 不肯回去, 今又在這裡住扎, 强要賭賽, 却不苦了官軍!) <삼국-가정 33:6>

【거댱】 명 ((교통)) 거장(車仗).¶ ▼車仗 ‖ 네 삼천병을 인ᄒᆞ야 위군의 운량ᄒᆞᄂᆞᆫ 곳의 가ᄇᆡ야이 그 영의 드러가디 말고 ᄇᆞ름 우흘 조차 블을 노하 뎌의 거댱을 ᄲᅴ오면 위병이 반ᄃᆞ시 와 ᄡᆞ리라 (汝引三千兵, 徑到魏軍屯糧之所, 不可入其營, 但于狀風頭放火.若燒着車仗, 魏兵必來圍吾寨.) <삼국-가정 32:30>

【거두-들-】 동 걷어올리다. 치켜들다.¶ ▼撩 ‖ 오ᄉᆞᆯ 거두들고 유확의 ᄠᅱ여들고져 ᄒᆞ거ᄂᆞᆯ (撩衣下殿, 望油鼎中便跳.) <삼국-가정 28:29>

【거두-치-】[1] 동 걷어치우다. 걷어올리다. 들다.¶ ▼擧 ‖ 칙이 바야흐로 혁을 거두쳐 가더니 ᄒᆞᆫ 사람이 창으로 칙의 왼다리를 지르니 (策方擧轡而行, 一人拈槍望策左腿便搠.) <삼국-가정 10:21>

【거두-치-】[2] 동 거두다. 끝나다.¶ ▼輟 ‖ 교ᄌᆞ여월이여 교ᄒᆞᆫ ᄃᆞᆯ이여 ᄒᆞ시가졀고 어ᄂᆞ ᄯᅴ의 가히 거두칠고 (皎皎如月, 何時可輟?) <삼국-모종 8:33>

【거두-ᄎᆞ-】 형 위로 들려 있다.¶ ▼撅 ‖ 권이 보니 그 사ᄅᆞᆷ이 눈셥이 만코 코히 거두ᄎᆞ고 ᄂᆞᆺ치 검고 슈염이 뎌ᄅᆞ고 형용이 고괴ᄒᆞ거ᄂᆞᆯ (權見其人濃眉撅鼻, 黑面短髯, 形容古怪.) <삼국-가정 18:80>

【거두-티-】 동 걷어치우다. 걷어올리다. 들다.¶ ▼擧 ‖ 칙이 보야흐로 혁을 거두텨 가더니 ᄒᆞᆫ 사람이 창으로 칙의 왼다리를 디르니 (策方擧轡而行, 一人拈槍望策左腿便搠.) <삼국-규장 7:88>

【거둣】 부 거듭.¶ ▼네 도라가 현덕의게 이 년고를 말ᄒᆞ고 만일 여ᄋᆞ치 못하여 거둣 알게 ᄒᆞ면 서로 도ᄋᆞ리라 (汝回見玄德, 可言其故. 倘有不如意, 可來相投, 吾自有

相助之處.) <삼국-모종 4:47> ▼重 ‖ 정히 편비 임의 죽엄을 싯는 녹의 잇고 쥬장이 거듯 셜치할 병을 일위도다 (正是: 偏裨旣有輿尸辱, 主將重輿雪恥兵.) <삼국-모종 6:53>

【거듯-치-】 동 걷다. 걷어올리다.¶ ▼츔을 파ᄒᆞ민 탁이 명ᄒᆞ야 초션을 ᄀᆞᆺ가이 오라 ᄒᆞᆫᄃᆡ 초션이 쥬렴을 거듯치며 드러가 ᄌᆡ빅ᄒᆞ거ᄂᆞᆯ (舞罷, 卓命近前. 貂蟬轉入簾內, 深深再拜.) <삼국-국중 2:81>

【-거ᄃᆞᆫ】 미 ('ㅣ' 계열 이중 모음이나 ㄹ 받침으로 끝나지 않는 어간 뒤에 붙어)(주로 자동사, 형용사 어간 뒤에 붙어) -거든.¶ 그러티 아니ᄒᆞ니이다 조비는 아힛 거시로ᄃᆡ 오히려 스ᄉᆞ로 셧거ᄃᆞᆫ ᄒᆞ믈며 왕샹은 뎨실의 웃듬이신뎌 (非也. 曹丕竪子尙且自立, 何況王上乃漢室之苗裔乎?) <삼국-가정 26:53>

【거러-안ᄌᆞ-】 동 걸터앉다.¶ ▼踞 ‖ 가 긔 청 유 병 제쥬에 범갓치 거러안ᄌᆞ ᄃᆡ갑이 ᄇᆡᆨ만이요 문관 무장 극심ᄒᆞ니 이제 글을 쥬어 구원ᄒᆞ라 (紹虎踞冀、靑、幽、幷諸郡, 帶甲百萬, 文官武將極多, 今何不寫書遣人到彼求救.) <삼국-모종 4:16>

【거림】 명 걸음. 경상 방언.¶ ▼步 ‖ 황충니 직일에 군ᄉᆡ을 ᄲᅦ고 젼진ᄒᆞ여 거림ᄉᆞᄉᆞ니 ᄃᆞᆫ처 진마다 수일 머무고 ᄯᅩ 나아간니 연니 듯고 나 ᄊᆞ오고저 ᄒᆞ거날 (黃忠卽日拔寨而進, 步步爲營, 每營住數日, 又進, 淵聞之, 欲出戰.) <삼국-모종 12:24>

【거렁】 명 ((지리)) 구렁. 도랑.¶ ▼澗 ‖ 션쥬 졍히 황겁할 ᄉᆞ이예 텬ᄉᆡᆨ이 님의 발ᄂᆞᆫ지ᄅᆞ ᄃᆞ만 보니 젼면의 함[함]셩니 ᄃᆡ진ᄒᆞ며 쥬연의 군ᄉᆡ 분ᄉᆞ이 거렁과 바회예 ᄯᅥ러진지라 (先主正慌急之間, 此時天色已微明, 只見前面喊聲震天, 朱然軍紛紛落澗, 滾滾投巖.) <삼국-모종 14:15> 월길이 쳘퇴로ᄡᅥ ᄯᅳ리니 홍이 급히 ᄃᆡᄒᆞ다가 말다리를 마ᄌᆞ 이 말이 거렁을 ᄇᆞ라고 와 거ᄭᅮ러지니 홍이 수듕의 ᄯᅥ러진디라 (被越吉趕到, 一鐵鎚打來, 興急閃過, 正中馬胯, 那馬望澗中便到, 興落於水中.) <삼국-모종 15:87>

【거록-이】 부 거룩히. 성하게. 대단히. 굉장히. 한창.¶ ▼大 ‖ 져근덧 ᄉᆞ이예 ᄇᆡᆨ얌은 업서디고 텬지의 크게 우레ᄒᆞ고 큰비 거록이 오며 어름덩이와 무뢰 홈의 섯거 ᄂᆞ리다가 밤듕 후의야 긋치니 셩듕 인개 수쳔여 간이 문허지다 (須臾不見, 片時大雷大雨, 降以冰雹, 到半夜方住, 東都城中壞却房屋數千餘間.) <삼국-가정 1:3> ▼稱述 ‖ 죄 믈읫 츌졍ᄒᆞ매 졔ᄌᆞ들이 니별홀ᄉᆡ 식은 공덕을 거록이 일ᄏᆞ르며 말마다 문쟝이 되니 좌위 다 흠양ᄒᆞ야 귀히 너기거ᄂᆞᆯ (但凡操親出征, 諸子送行, 惟曹植稱述功德, 發言成章, 左右皆欽仰.) <삼국-규장 15:103> ▼기관의 거의 니르러 숀이 마샹의셔 보니 젼면의 뫼흘 의지ᄒᆞ고 믈을 갓져 ᄒᆞᆫ 진이 이시니 살긔 츙텬ᄒᆞ야 거록이 니러나거ᄂᆞᆯ (前離夔關不遠, 遜在馬上看見前面臨山傍江, 一陣殺氣衝天而起.) <삼국-규장 19:62>

【거록-히】 부 거룩히. 대단히. 굉장히.¶ ▼盛 ‖ 권니 위로ᄒᆞ고 ᄉᆞ군을 크게 먹기고 여몽 감영을 중상ᄒᆞ고 잔ᄎᆡ을 ᄇᆡ셜ᄒᆞ여 군공을 경ᄒᆞᄉᆞ니 여몽니 감영의게 상좌을 ᄉᆞ양ᄒᆞ고 그 공노을 거록히 층찬ᄒᆞ더라 (權慰勞畢, 大犒三軍, 重賞呂蒙、甘寧諸將, 設宴慶功, 呂蒙遜甘寧上坐, 盛稱其功勞.) <삼국-모종 11:64>

【거록-ᄒᆞ-】 형 거룩하다. (의식, 행차, 누각, 산, 성지, 불 따위가) 장관(壯觀)이다. 굉장하다. 볼 만하다.¶ ▼勝 ‖ 온 셩듕의 블이 니러나 낫ᄀᆞᆺ티 ᄇᆞᆰ그니 이 블은 박망쇼둔ᄒᆞ던 블도곤 더 거록ᄒᆞ더라 (滿縣火起, 上下通紅. 當夜之火, 又勝博望燒屯之火.) <삼국-규장 9:128>

【거르-】 동 걷다.¶ ▼行 ‖ 밧비 거르면 ᄌᆞ로 업듯ᄂᆞ니 맛당이 쳔ᄉᆞ이 도모홀 거시라 (緊行無好步, 當緩圖之.) <삼국-규장 17:29>

【거륵-이】 부 거룩히. 거창하게. 대단히. 굉장히.¶ ▼浩大 ‖ 조병 삼십만이 날로 ᄡᅳᄂᆞᆫ 냥식이 거륵이 만코 근쳐 고올들히 가난ᄒᆞ야 사름이 서ᄅᆞ 먹고 집을 허러 뉴리ᄒᆞᄂᆞᆫ디라 군ᄉᆡ 노략홀 ᄃᆡ도 업ᄉᆞ니 (却說操兵三十萬, 日費糧食浩大. 況諸郡旱荒, 人民相食, 屋宇盡皆拆毁, 軍士無得掠虜.) <삼국-가정 6:111>

【거륵-ᄒᆞ-】 형 거룩하다. (의식, 행차, 누각, 산, 성지, 불 따위가) 장관(壯觀)이다. 굉장하다. 볼 만하다.¶ ▼勝 ‖ 온 셩듕의 블이 니러 낫ᄀᆞ티 ᄇᆞᆰ그니 이 블은 박망쇼둔ᄒᆞ던 블도곤 더 거륵ᄒᆞ더라 (滿縣火起, 上下通紅. 當夜之火, 又勝博望燒屯之火.) <삼국-가정 13:98>

【거름-ᄒᆞ-】 동 걸어가다.¶ ▼步 ‖ 공명이 칼을 집고 쳔강의 거름ᄒᆞ며 빌기랄 맛치며 왕평 장익[억]과 마충 마ᄃᆡ을 불너 여차여차 ᄒᆞ라 ᄒᆞ고 (孔明仗劍步罡, 禱祝已畢, 喚王平、張嶷分付如此如此, 又喚馬忠、馬岱分付如此如此.) <삼국-모종 17:16>

【거리ᄭᅵ-】 동 거리끼다. 일이나 행동 따위를 하는 데에 걸려서 방해가 되다. 구애받다.¶ ▼拘 ‖ 너희 등은 다 무죄ᄒᆞᆫ ᄇᆡᆨ셩이라 ᄆᆡᆼ확의게 거리ᄭᅵᆫ 배 되야 이러ᄐᆞ시 욕을 바ᄃᆞ니 (汝等皆是好百姓, 不幸被孟獲所拘.) <삼국-규장 20:21>

【거롬】 명의 걸음. 걸음을 세는 단위.¶ ▼步 ‖ 표 ᄃᆡ로 왈 밍세코 이 무의ᄒᆞᆫ 무리랄 쥭이리라 ᄒᆞ고 칼을 안고 두어 거롬 나가다가 (劉表見詩大怒, 拔劍言曰: "誓殺此無義之徒!" 行數步.) <삼국-모종 6:32>

【거무】 명 ((곤충)) 거미. 절지동물 거미강 거미목의 동물을 통틀어 이르는 말. 경상 방언.¶ ▼蜘蛛 ‖ 기ᄉᆞᆷ은 왈 긔는 긴 발리 실을 늘려 그물ᄒᆞ여 먹난 거셜 구ᄒᆞ니 이롭기난 혼야에 닛신니 ᄉᆞ난 거무니라 (其三曰: "觳觫長足, 吐絲成羅, 尋網求食, 利在昏夜, 此蜘蛛也.") <삼국-모종 11:88>

【거믄-고】 명 ((악기)) 거문고. 우리나라 현악기의 하나. 오동나무와 밤나무를 붙여 만든 장방형의 통 위에 명주실을 꼬아 만든 여섯 개의 줄이 걸쳐 있다. 술대로 줄을 뜯어서 연주하는데 관현악에 반드시 편성되며 독주 악기로도 널리 사용한다.¶ ▼琴 ‖ 쇼동이 현덕을 인

ᄒᆞ야 두어 니ᄂᆞᆫ 가 ᄒᆞᆫ 촌장의 니ᄅᆞ러 ᄆᆞᆯ게 ᄂᆞ려 드ᄅᆞ니 거믄고 소ᄅᆡ 졍히 아ᄅᆞᆷ답거ᄂᆞᆯ 쇼동을 말려 통티 말라 ᄒᆞ고 셔〻 듯더니 믄득 거믄고 소ᄅᆡ 그치고 (童子便引玄德. 行二里餘, 到莊前下馬, 入至中門. 忽聞琴聲甚美. 玄德敎童子且休通報, 側耳聽之, 琴聲忽住而不彈.) <삼국-가정 12:16>

【거믄-구룸】 명 ((천문)) 검은 구름.¶ ▼彤雲 ‖ 이 때 구월 그믐이라 텬긔 급작저이 치워 거믄구룸이 엉긔여 년일 ᄒᆞ여 됴티 아니ᄒᆞ니 일로 인ᄒᆞ야 냥군이 아직 싸홈을 긋쳣더라 (時遇九月盡間, 天氣暴冷, 彤雲密布, 連日不開, 因此兩軍罷戰.) <삼국-가정 19:27>

【거믜】 명 ((곤충)) 거미.¶ ▼蜘蛛 ‖ 졔갈원니 불신ᄒᆞ고 가마니 연란과[제비알] 봉와[벌의 집]와 지쥬[거믜] 삼물을 가져 각〻 분즁의 감초고 뇌를 불너 졈ᄒᆞ니 (諸葛原不信, 暗取燕卵、蜂窠、蜘蛛三物分置三盒之中, 令輅卜之.) <삼국-국중 12:69>

【거복】 명 ((어패)) 거북. 파충류 거북목의 동물을 통틀어 이르는 말. 몸은 타원형으로 납작하며 입은 각질이고 이가 없다. 등과 배에 단단한 딱지가 있어 머리와 꼬리, 지느러미 모양의 네 발을 그 안으로 움츠릴 수 있다. 물가의 모래땅에 구멍을 파고 알을 낳는다.¶ ▼龜 ‖ 늘근 거복을 숢다가 닉디 아니ᄒᆞ거ᄂᆞᆯ 화ᄅᆞᆯ 이운 ᄲᅩᆼ남긔 옴기다 (老龜烹不爛, 移花于枯桑.) <삼국-가정 25:64>

【거사리-】 동 거스르다. 반대되는 방향을 향하다. (수염이나 눈썹 따위가) 거꾸로 서거나 빙빙 돌려서 포개어 지다.¶ ▼최염이 눈을 브르ᄯᅳ고 나로살 거사리며 조조를 ᄃᆡ믹ᄒᆞᄃᆡ 한나라흘 도젹ᄒᆞᆫ 간젹이라 ᄒᆞᄃᆡ (崔琰虎目虬鬚, 只是大罵曹操簒漢奸賊.) <삼국-가정 22:59>

【거상】 명 ((민속)) 거상(居喪). 상중(喪中)에 있는 것.¶ ▼縞素 ‖ 녜 진문공이 쥬양왕을 바드매 텬해 슌히 졷고 한고졔 의뎨ᄅᆞᆯ 위ᄒᆞ야 거상 닙으매 텬해 ᄆᆞᄋᆞᆷ을 도라 보내엿ᄂᆞ니 이제 텬ᄌᆡ 듯글 듕의 겨시니 쟝군이 몬져 의병을 니ᄅᆞ혀 (昔日晉文公納周襄王, 而諸侯義從; 漢高祖爲義帝縞素, 而天下歸心. 今天子蒙塵, 將軍首倡義兵, ……) <삼국-가정 5:58> ▼掛孝 ‖ 관료ᄃᆞᆯ이 다 거상 닙고 통곡ᄒᆞ니 우ᄂᆞᆫ 소ᄅᆡ 진동ᄒᆞ더니 (官僚掛孝拜祭, 哀聲大震.) <삼국-가정 25:102> 현덕이 대쇼 군ᄉᆞᄅᆞᆯ 다 거상 닙히고 크게 졔의ᄅᆞᆯ ᄀᆞᆺ초와 졔문 짓고 녕구 알픠 졔ᄒᆞ고 (玄德與大小軍士盡皆掛孝, 大設祭儀于靈柩之前.) <삼국-가정 4:121>

【거스르-】 동 거스르다. 반대되는 방향을 향하다. (수염이나 눈썹 따위가) 거꾸로 서거나 빙빙 돌려서 포개어 지다.¶ ▼倒竪 ‖ 겻히 한 장쉬 환안을 부릅ᄯᅳ고 호슈ᄅᆞᆯ 거스르고 장팔ᄉᆞ모ᄅᆞᆯ 빗기 들고 (傍邊一將, 圓睜環眼, 倒竪虎鬚, 挺丈八蛇矛.) <삼국-국중 2:23>

【거ᄉᆞ리】 부 (흐름이나 형세를 순하게 따르지 않고) 반대되는 방향으로.¶ ▼倒 ‖ 댱하 졔쟝이 일시의 원ᄒᆞ며 노ᄒᆞ야 니ᄅᆞᆯ ᄀᆞᆯ며 눈을 브ᄅᆞᄯᅳ고 머리털이 거ᄉᆞ리 니러셔더라 (帳下衆將聽知, 一齊怨恨, 咬牙怒目, 鬢髮倒竪, 拔刀砍石.) <삼국-가정 38:131>

【거ᄉᆞ리-】 동 거스르다. 반대되는 방향을 향하다. (수염이나 눈썹 따위가) 거꾸로 서거나 빙빙 돌려서 포개어 지다.¶ ▼倒竪 ‖ 겻트로셔 ᄒᆞᆫ 쟝쉬 골희눈을 브ᄅᆞᄯᅳ고 범의 나ᄅᆞᄉᆞᆯ 거ᄉᆞ리고 댱팔모ᄅᆞᆯ 빗기고 ᄆᆞᆯ을 ᄃᆞᆯ려 크게 소ᄅᆡ딜러 웨되 (傍邊一將, 圓睜環眼, 倒竪虎鬚, 挺丈八蛇矛, 飛馬大叫.) <삼국-가정 2:87> ▼염이 눈을 브르ᄯᅳ고 나로ᄉᆞᆯ 거ᄉᆞ리며 조조를 ᄃᆡ매ᄒᆞᄃᆡ 한나라흘 도젹ᄒᆞᆯ 간젹이라 ᄒᆞᆫ대 (崔琰虎目虬鬚, 只是大罵曹操簒漢奸賊.) <삼국-가정 22:59>

【거ᄉᆞᆯ이-】 동 거스르다. (다른 사람의 의견이나 행동, 태도 등을 따르지 않고) 그와 어긋나는 방향으로 나가다.¶ ▼對 ‖ 군신니 다 황겁ᄒᆞ야 감히 거ᄉᆞᆯ이지 못ᄒᆞᄂᆞᆫ디라 즁군교위 원쇠 졍신 츌왈 (群臣惶怖莫敢對. 中軍校尉袁紹挺身出曰.) <삼국-국중 1:78>

【-거야】 미 -게서야. -어서야. ※ '-거-'와 '-야'(<-사)가 통합한 것이나 근대어 시기에 '-거야' 및 '-게야'로 굳어짐.¶ 조죄 오라거야 닐오ᄃᆡ (操良久曰.) <삼국-가정 15:105>

【거오-ᄒᆞ-】 형 거오(倨傲)하다. 거만(倨慢)하다. 성격, 태도 따위가 거만하고 오만하다.¶ ▼傲忽 ‖ 온이 보니 공명이 담쇼ᄌᆞ약ᄒᆞ야 심히 거오ᄒᆞᆫ 빗치 만터라 (張溫見孔明, 談笑自若, 甚有傲忽之意.) <삼국-가정 28:33>

【거우로】 명 ((기물)) 거울. 빛의 반사를 이용하여 물체의 모양을 비추어 보는 물건.¶ ▼鏡 ‖ 탁이 티미러 놉히 ᄃᆞᆫ 거우로ᄅᆞᆯ 보니 죄 보검 잡ᄂᆞᆫ 양이 뵈거ᄂᆞᆯ (卓仰面看衣鏡中, 見操挾刀靶, 急回身.) <삼국-가정 2:26>

【거울】 명 ((기물)) 거울. 빛의 반사를 이용하여 물체의 모양을 비추어 보는 물건.¶ ▼鏡 ‖ 탁이 티밀어 놉히 ᄃᆞᆫ 거울ᄅᆞᆯ 보니 죄 보검 잡ᄂᆞᆫ 모양이 뵈거ᄂᆞᆯ (卓仰面看衣鏡中, 見操挾刀靶, 急回身.) <삼국-규장 1:137>

【거워지】 명 ((인류)) 거지. 남에게 빌어먹고 사는 사람.¶ ▼丐者 ‖ 슉뷔 시랑 황규로 더브러 동녁ᄒᆞ여 조적을 죽이려 ᄒᆞ다가 블힝ᄒᆞ야 일이 누셜ᄒᆞ니 두 집 노쇠 다 져제 가 참ᄒᆞ거ᄂᆞᆯ ᄃᆡᄂᆞᆫ 홀로 담을 ᄯᅱ여 너머 거워진 톄ᄒᆞ고 셩의 나가 쳔신만고ᄒᆞ여 오이다 (叔父與侍郎黃奎同謀殺曹操, 不幸事洩, 兩家皆斬於市曹. 惟岱跳墻走脫, 扮丐者出城, 受千辛萬苦而來.) <삼국-가정 18:110>

【-거이다】 미 (("ㅣ" 계열 이중 모음이나 "ㄹ" 받침으로 끝나지 않는 동사, 형용사 어간 뒤에 붙어)) -(하겠)습니다. "-거다"의 "ᄒᆞ쇼셔"체 어형.¶ ▼矣 ‖ 범강 댱달이 신의 아비ᄅᆞᆯ 죽여 머리ᄅᆞᆯ 가지고 오로 니거이다 (范疆、張達殺了臣父, 將首級投吳去矣!) <삼국-가정 26:86> 도독 됴뤼 난군 듕의 죽거이다 (趙累已死于亂軍中.) <삼국-가정 25:48>

【거ᄋᆡ-ᄒᆞ-】 동 거애(擧哀)하다. 상례에서 죽은 사람의 혼을 부르고 나서 상제가 머리를 풀고 슬피 울어 초상난 것을 알리다. 발상(發喪)하다.¶ ▼擧哀 ‖ 어시의 양의 유

명을 싸려 거ᄋᆡ치 ᄋᆞ니코 시톄를 빈염ᄒᆞ야 감즁의 안치ᄒᆞ고 장ᄉᆞ 삼ᄇᆡᆨ 인으로 호위ᄒᆞ게 ᄒᆞ고 위연으로 각쳐 영ᄎᆡ를 것어 일일 퇴거ᄒᆞ라 ᄒᆞ더라 (姜維、楊儀遵孔明遺命, 不敢擧哀, 依法成殮, 安置龕中, 令心腹將卒三百人守護; 隨傳密令, 使魏延斷後, 各處營寨一一退去.) <삼국-국중 16:60>

【거젹-ᄒᆞ-】 동 거적(拒敵)하다. 적을 막다.¶ ▼拒敵 ‖ 수츈은 ᄒᆡ마다 슈한지ᄌᆡ 잇셔 ᄇᆡᆨ셩의 양식이 졀핍ᄒᆞ여시니 ᆢ제 군ᄉᆞ를 움즉여 ᄇᆡᆨ셩을 흔들면 ᄇᆡᆨ셩이 원망ᄒᆞ리니 맛당히 거젹ᄒᆞ기 어려울지라 (壽春水旱連年, 人皆缺食. 今又動兵擾民, 民既生怨, 兵至難以拒敵.) <삼국-국중 4:91>

【거지】 명 거지(擧止). 몸의 온갖 동작. 행동거지(行動擧止).¶ ▼手足 ‖ 포향이 니러나며 좌편으로 댱뇨의 ᄒᆞᆫ 군ᄉᆡ 즈쳐 나오고 우편으로 니뎐의 군ᄉᆡ 텨 나오니 숀권이 놀나 거지 던도ᄒᆞ더라 (忽聞連珠炮響, 左邊張遼一軍殺來, 右邊李典一軍殺來. 驚得孫權手足無措.) <삼국-가정 22:34>

【-거지】 조 -까지.¶ ▼到 ‖ 만죠공경은 밤의 우러 밝기의 닐으고 밝기의 울어 밤거지 니르 능히 동탁을 죽일소냐 (滿朝公卿, 夜哭到明, 明哭到夜, 還能哭死董卓否?) <삼국-모종 1:66> ▼至 ‖ 냥이 싀승의 ᄒᆞᆫ 번 니별ᄒᆞ무로부터 지금거지 연ᆢ불망ᄒᆞ더니 드ᄅᆞ니 족ᄒᆡ 셔쳔을 취ᄒᆞ고져 ᄒᆞᆫ다 ᄒᆞ니 냥은 그윽히 써 올치 아니타 ᄒᆞ노라 (亮自柴桑一別, 至今戀戀不忘, 聞足下欲取西川, 亮竊以爲不可.) <삼국-모종 9:96>

【거즛】 명 거짓. (일부 명사 앞에서 관형어로 쓰여) 사실과 어긋남. 또는 사실이 아닌 것을 사실처럼 꾸밈.¶ ▼風流 ‖ 나지 져므도록 술을 먹으며 ᄒᆞᆫ 군ᄉᆞᄅᆞᆯ 잡아 거즛 죄ᄅᆞᆯ 핑계ᄒᆞ야 ᄆᆡ이 티고 ᄆᆡ야 두고 (日間却在帳中飮酒, 詐推醉, 尋軍士風流罪過, 痛打一頓, 縛在營中.) <삼국-가정 8:31>

【거즛】 부 거짓. 거짓으로.¶ ▼捏 ‖ 황보슝 쥬쥰이 거즛 공을 뫼홧고 실은 공이 업ᄉᆞ니이다 (皇甫嵩、朱儁皆是捏合功勞, 並無實迹.) <삼국-가정 1:82>

【거츨-】 동 황폐하게 하다.¶ ▼荒蕪 ‖ 네 여긔셔 몸소 밧가라 뎐시ᄅᆞᆯ 즐기고 뎐묘ᄅᆞᆯ 거츨디 말라 (汝可躬耕于此, 以樂天時, 勿得荒蕪田畝.) <삼국-가정 12:114>

【거치-】 동 걸리다. 걸려 넘어지다. 다리를 절다. 한쪽 다리가 짧거나 다쳐서 걸을 때에 몸을 한쪽으로 기우뚱거리다.¶ ▼(前)失 ‖ 연이 급히 닷더니 ᄆᆞᆯ이 거쳐 업더져 싸히 ᄂᆞ려진ᄃᆡ (正走, 馬忽失前蹄, 雙足跪地, 翻身將魏延掀將下來.) <삼국-규장 14:55>

【거탕】 명 ((음식)) 거창(秬鬯). 술 이름.¶ ▼秬鬯 ‖ 구왈 거탕[울탕쥬]과 규찬이니 거탕은 제ᄒᆞᆯ 제 강신ᄒᆞᄂᆞᆫ 울탕쥐오 규찬은 울탕쥬 싸히 브을 제 담ᄂᆞᆫ 농구ᄒᆞᆫ 쥬젼ᄌᆡ라 (九, 秬鬯圭瓚. 秬鬯一卣, 圭瓚副焉. 秬, 黑黍也. 鬯, 香酒, 灌地以求神於陰. 卣, 中樽也. 圭瓚, 宗廟祭器, 以祀先王也.) <삼국-가정 20:29>

【거티-】 동 걸리다.¶ ▼失 ‖ 연이 급히 ᄃᆞᆺ더니 ᄆᆞᆯ이 거텨 업더뎌 싸히 ᄂᆞ려딘대 (正走, 馬忽失前蹄, 雙足跪地, 翻身將魏延掀將下來.) <삼국-가정 20:73>

【격구로】 부 거꾸로. 차례나 방향. 또는 형편 따위가 반대로 되게.¶ ▼倒 ‖ 기니난 왈 집니 격구로 달여 문니만코 정긔 감직ᄒᆞ고 독을 길너 가을에 화ᄒᆞ니 ᆢ난 봉와요 (其二曰: "家室倒懸, 門戶衆多, 藏精育毒, 得秋乃化, 此蜂窠也.") <삼국-모종 11:87>

【격구리-치-】 동 거꾸러뜨리다.¶ ▼翻 ‖ ᄐᆡᄉᆞᄌᆡ 급히 닷고져 ᄒᆞᄂᆞ 복병이 ᆢ셔 말다리를 얼거 격구리치며 복병이 일시의 ᄂᆞ와 ᄐᆡᄉᆞᄌᆞ를 ᄉᆡᆼ금ᄒᆞ여 ᄃᆡ칙으로 도라오니 (慈急待走, 兩下裏絆馬索齊來, 將馬絆翻了, 生擒太史慈, 解投大寨.) <삼국-국중 4:26>

【건국】 명 ((복식)) 건괵(巾幗). 여자의 머리 수건. 부인들이 머리를 꾸미기 위하여 사용하였던 쓰개의 하나. 대개 여자가 일을 할 때 머리카락을 고정시키기 위하여 묶었던 추스르기 방법의 가장 기본 형태이나.¶ ▼巾幗 ‖ 공명이 이에 건국과 부인의 소복을 ᄀᆞ초와 그ᄅᆞᄉᆡ 담고 ᄒᆞᆫ 봉 글월을 닷가 위채예 보낸대 (孔明乃取巾幗并婦人縞素之服, 修書一封, 盛于大盒之內, 遣人徑送魏寨.) <삼국-가정 34:47>

【건너-】 동 건너다. 무엇을 사이에 두고 한편에서 맞은편으로 가다.¶ ▼過來 ‖ 사구의 믈이 여트니 만일 쵹병이 ᄀᆞ만이 건너면 엇디ᄒᆞ리오 (沙口水淺, 倘是蜀兵透漏過來, 深爲利害.) <삼국-가정 28:101> ▼渡 ‖ 너희 문관의 말뎨로 ᄆᆡ양 딕희고만 이시면 언제 공명을 후셰예 셰오리오 병법의 닐오ᄃᆡ 군이 믈을 반만 건너거ᄃᆞᆫ 티라 ᄒᆞ니 이제 운댱의 군이 양강을 막 건너니 엇디 티디 아니ᄒᆞ리오 (據汝等文官之言, 只宜堅守, 似此何能立功名於後世乎? 豈不兵法云: "軍半渡可擊." 今關羽軍半渡襄江, 何不擊之?) <삼국-가정 24:53>

【건넌-편】 명 건너편.¶ ▼이제 우리 대군이 냇어귀예 둔ᄒᆞ엿고 디셰 ᄀᆞ장 ᄂᆞᄌᆞ니 비록 건넌편의 토산이 이시나 영의셔 먼디라 (今大軍屯於川口, 地勢甚低, 雖有土山, 離營稍遠.) <삼국-가정 24:83>

【건네-】 동 무엇을 사이에 두고 한편에서 맞은편으로 가게 하다.¶ ▼渡 ‖ 동승 앵봉이 젹이 급히 ᄯᆞ로믈 보고 텬ᄌᆞᄅᆞᆯ 쳥ᄒᆞ냐 거러 ᄒᆡᆼᄒᆞ여 황하 두둑의 니ᄅᆞ니 이락이 한 져근 ᄇᆡᄅᆞᆯ 어더 건네랴 할ᄉᆡ ᄣᆡ예 텬기 심히 찬지ᄅᆞ (承、奉見賊追急, 請天子棄車駕, 步行到黃河岸邊, 李樂等尋得一隻小舟作渡船, 時值天氣嚴寒.) <삼국-모종 2:107>

【건늬-】 동 건너게 하다. 구하다.¶ ▼救濟 ‖ 손건을 ᄎᆞ정ᄒᆞ여 하변의 가 선척을 조발ᄒᆞ여 ᄇᆡᆨ셩을 건늬고 미축을 ᄎᆞ뎡ᄒᆞ여 ᄇᆡᆨ관 가권을 호송ᄒᆞ여 번셩의 니ᄅᆞ라 ᄒᆞ고 (差孫乾往河邊調撥船隻, 救濟百姓, 差糜竺護送各官家眷到樊城.) <삼국-모종 7:33>

【건디-】 동 건지다.¶ ▼打撈 ‖ 우믈의 것 건딜 제 이 사ᄅᆞᆷ이 잇더냐 (打撈之時, 有此人否?) <삼국-가정 2:125>

【건어-】 동 건너다.¶ ▼渡 ‖ 압 군시 노수의 니릭니 썩는 경히 구월 츄천이라 홀연 음운이 표[포]합ᄒᆞ고 광풍이 취긔ᄒᆞ야 능히 건어지 못ᄒᆞ고 도라와 공명기 고ᄒᆞ니 (前車至瀘水, 時値九月秋天, 忽然陰雲布合, 狂風驟起, 兵不能渡, 回報孔明.) <삼국-모종 15:25>

【건장-ᄒᆞ-】 형 건장(健壯)하다. 몸이 튼튼하고 기운이 세다.¶ ▼關西 ‖ 이윽ᄒᆞ야 건장ᄒᆞᆫ 사ᄅᆞᆷ이 큰 ᄆᆞᆯ을 잇그러 오니 그 ᄆᆞᆯ의 비치 온몸이 숫블 픠온 ᄃᆞᆺᄒᆞ고 눈이 방울 드리온 ᄃᆞᆺᄒᆞ더라 (須臾, 使關西漢牽至, 身如火炭, 眼似鑾鈴.) <삼국-가정 9:24>

【걸】 명 ((지리)) 개울. 개천. 시내[川]. (경북, 평안 방언).¶ ▼澗 ‖ 흥이 급히 젼면으로 다ᄅᆞᆯ시 힘을 다ᄒᆞ여 말을 달니더니 경히 ᄭᅳᆫ허진 걸을 만나 말을 돌여 와 싸홈시 (關興急走到前面, 儘力縱馬加鞭, 正遇斷澗, 只得回馬來戰越吉.) <삼국-모종 15:86>

【걸-】 동 걷다.¶ ▼步 ‖ 성큼성큼 거러 (拽開步.) <서유-어람 65a> ▼밧비 걸면 ᄌᆞ로 업듯ᄂᆞ니 맛당이 천ᄒᆞ이 도모ᄒᆞᆯ 거시라 <삼국-가정 24:77>

【걸ᄂᆞ-이】 부 크게. 대단하게.¶ ▼稱述 ‖ 죄 믈읫 츌경ᄒᆞᄆᆡ 제ᄌᆞ들이 니별ᄒᆞᆯ시 식은 공덕을 걸ᄂᆞ이 일ᄏᆞ르며 말마다 문쟝이 되니 좌위 다 흠양ᄒᆞ야 귀히 너기거ᄂᆞᆯ (但凡操親出征, 諸子送行, 惟曹植稱述功德, 發言成章, 左右皆欽仰.) <삼국-가정 22:65>

【걸리ᄭᅵ-】 동 거리끼다. 얽매이다. 구애받다.¶ ▼拘 ‖ 너히 등은 다 무죄ᄒᆞᆫ ᄇᆡᆨ셩이라 ᄆᆡᆼ확의게 걸리ᄭᅵᆫ 배 되야 이러ᄐᆞ시 욕을 바ᄃᆞ니 (汝等皆是好百姓, 不幸被孟獲所拘.) <삼국-가정 28:91>

【걸-믈】 명 ((지리)) 개울물.¶ ▼渠 ‖ 현덕이 ᄌᆞᆷ간 물너 나와 [좌]우 양군을 시츌ᄒᆞ여 원군을 죽기니 죽엄이 들에 덥히고 뉴혈이 걸물 갓타여 ᄉᆞ졸이 도망ᄒᆞ고 (玄德暫退, 讓左右兩路軍殺出, 殺得術軍屍橫遍野, 血流成渠, 兵卒逃亡, 不可勝計.) <삼국-모종 4:12>

【걸이-】 동 걸리다. '걸다'의 피동형. (마음에) 몹시 감쳐지거나 가책이 되다.¶ ▼礙 ‖ 댱비 (왈) 여포난 본ᄃᆡ 무의ᄒᆞᆫ ᄉᆞᄅᆞᆷ이라 죽인들 엇디 걸이로요 현덕 왈 제 세궁ᄒᆞ여 와 더지니 ᄂᆡ 만일 죽이면 이도 ᄯᅩᄒᆞᆫ 불의한 ᄇᆡ라 (張飛曰: "呂布本無義之人, 殺之何礙?" 玄德曰: "他勢窮而來投我, 我若殺之, 亦是不義.") <삼국-모종 2:124>

【걸파-】 동 걸터앉다. "걸타다"의 오기.¶ ▼踞 ‖ 제장이 다 와 문병ᄒᆞ고 앙[악]연이 셔로 일너 왈 강북의 ᄇᆡᆨ만 군ᄉᆞ 범갓치 걸파고 도독이 ᄒᆞ렷탓 ᄒᆞ니 만일 조병이 니ᄅᆞ면 엇지ᄒᆞ리오 (諸將皆來動問, 盡皆愕然相顧曰: "江北百萬之衆, 虎踞鯨吞, 不爭都督如此, 倘曹兵一至, 如之奈何?") <삼국-모종 8:40>

【검각】 명 ((지리)) 검각(劍閣). 중국 사천성에 있는 현(縣) 이름. 중국 장안에서 촉으로 가는 길에 있는 대검(大劍)·소검(小劍) 두 산의 요해처. 특히 검각현의 대검산 소검산 사이 벼랑에 판자 따위를 엮어서 선반을 걸듯이 길을 낸 잔도(棧道)는 험하기로 유명하다.¶ ▼閣 ‖ ᄯᅩ 댱익을 블러 닐오ᄃᆡ 네 몬져 가 검각 길흘 고텨 도라갈 계규ᄅᆞᆯ 쥰비ᄒᆞ라 ᄒᆞ고 (又令張翼先生引軍修理閣道, 以備歸路.) <삼국-가정 35:31> ▼劍閣 ‖ 보국ᄃᆡ쟝 동쳘[궐]리 이만 병을 ᄡᅥ어 검각을 직히더니 당일의 ᄐᆡ글이 일려나거날 (輔國大將軍董厥, 聞魏兵十餘路入境, 乃引二萬兵守住劍閣, 當日望見塵頭大起.) <삼국-모종 19:39>

【검약-ᄒᆞ-】 동 겁략(劫掠)하다. 약탈(掠奪)하다. 위협을 하거나 폭력 따위를 써서 강제로 빼앗다.¶ ▼劫 ‖ 됴ᄒᆞ 양평관을 직히고 군ᄉᆞ로 초탐ᄒᆞ며 정히 의심ᄒᆞ던니 ᄯᅩ 보ᄒᆞ되 장비 위연니 양식을 검약ᄒᆞᆫ다 ᄒᆞ거날 (曹操退守陽平關, 令軍哨探 … 操正疑惑間, 又報: "張飛、魏延分兵劫糧.") <삼국-모종 12:39>

【검의】 명 ((곤충)) 거미. 절지동물 거미강 거미목의 동물을 통틀어 이르는 말. 몸은 머리, 가슴과 배로 구분되며 다리는 네 쌍이고 날개와 더듬이가 없다. 항문 근처에 있는 2-4쌍의 방적돌기에서 진득진득한 실을 뽑아 그물처럼 쳐 놓고 벌레를 잡아먹는다. 지주(蜘蛛).¶ ▼蜘蛛 ‖ 제갈원니 밋지 안니ᄒᆞ고 가만니 제비알과 버레집과 검의을 세 합 가운ᄃᆡ ᄂᆞ아 덥고 뢰로 점ᄒᆞ라 ᄒᆞ니 (諸葛原不信, 暗取燕卵、蜂窠、蜘蛛三物分置三盒之中, 令輅卜之.) <삼국-모종 11:87>

【검틱-ᄒᆞ-】 동 검칙(檢飭)하다. 점검하다. 살피다.¶ ▼곽샹은 손건과 관공으로 더브러 당샹의셔 술 머그며 일변 힝니ᄅᆞᆯ ᄆᆞᆯ뇌오고 ᄆᆞᆯ을 검틱ᄒᆞ야 머기더라 (郭常與關公、孫乾三人於草堂飮酒. 一邊烘焙行李, 一面喂養馬匹.) <삼국-가정 9:122>

【겁냑-ᄒᆞ-】 동 겁략(劫掠)하다. 약탈(掠奪)하다. 위협을 하거나 폭력 따위를 써서 강제로 빼앗다.¶ ▼劫掠 ‖ 나ᄂᆞᆫ 본ᄃᆡ 한실 종친이니 셩은 뉴오 명은 비오 ᄌᆞᄂᆞᆫ 현덕이라 이제 황건적이 니러나 쥬현을 겁냑ᄒᆞᄂᆞᆫ다 듯고 샤직을 붓들고져 호ᄃᆡ 힘이 능티 못ᄒᆞᆷ을 한ᄒᆞ노라 (我本漢室宗親, 姓劉, 名備, 字玄德. 今聞黃巾賊起, 劫掠州縣, 有心待掃蕩中原, 匡扶社稷, 恨不能耳!) <삼국-가정 1:23>

【겁질】 명 껍질. 딱딱하지 않은 물체의 겉을 싸고 있는 질긴 물질의 켜.¶ ▼殼子 ‖ 감ᄌᆞ 가진 ᄉᆞᄅᆞᆷ이 업군의 니르러 조의게 올인ᄃᆡ 죄 친히 감ᄌᆞ를 ᄡᅡ리니 숙이 뵈고 빈 겁질만 잇거ᄂᆞᆯ 고이히 너겨 농마다 여러 보니 다 그러ᄒᆞ거ᄂᆞᆯ (取柑人至鄴城見操, 呈上柑子. 操親剖之, 但只空殼子, 內幷無肉.) <삼국-가정 22:68> ▼甲 ‖ 낫흘 우르러 틔허ᄅᆞᆯ 보니 의심컨ᄃᆡ 이 옥농이 싸우도다 비날과 겁질이 분ᄒᆞ니 날이니 경각에 우쥬에 두류ᄒᆞ도다 (仰面觀太虛, 疑是玉龍鬪. 紛紛鱗甲飛, 頃刻遍宇宙.) <삼국-모종 6:83>

【겁채-ᄒᆞ-】 동 겁채(劫寨)하다. 적의 소굴을 위협하거나 힘으로 빼앗다.¶ ▼劫寨 ‖ 오ᄂᆞᆯ밤의 분병ᄒᆞ야 겁채ᄒᆞ면 ᄇᆡᆨ일의 ᄉᆡ살ᄒᆞᄂᆞ니도곤 나으리이다 (今日夜間分兵劫寨,

勝如白日厮殺.) <삼국-가정 21:4>

【겁칙-ᄒᆞ-】 동 겁채(劫寨)하다. 적의 소굴을 위협하거나 힘으로 빼앗다.¶ ▾劫寨 ‖ 오ᄂᆞᆯ밤의 분병ᄒᆞ야 겁칙ᄒᆞ면 ᄇᆡᆨ일의 ᄉᆡ살ᄒᆞᄂᆞ니도곤 나으리이다 (今日夜間分兵劫寨, 勝如白日厮殺.) <삼국-규장 14:93> 만져 쇼졸노 ᄒᆞ여곰 거즛 항병의 모양으로 쥬연의게 가 겁칙ᄒᆞ랴더라 (不如先使小卒詐作降兵, 却將劫寨事告與朱然.) <삼국-국중 14:15>

【겁칙-ᄒᆞ-】 동 겁책(劫柵)하다. 적의 소굴을 위협하거나 힘으로 빼앗다.¶ ▾劫寨 ‖ 각셜 현덕이 군ᄉᆞ를 거ᄂᆞ려 겁칙ᄒᆞᆯᄉᆡ 치문의 장ᄎᆞᆺ 이르러 홀연 함셩이 ᄃᆡ진ᄒᆞ며 후면 일군이 살츌ᄒᆞ여 임의 일반 인마를 ᄭᅥᆨ거ᄂᆞᆫ지라 (却說玄德引軍劫寨, 將近寨門, 忽然喊聲大震, 後面衝出一軍, 先截去了一半人馬.) <삼국-국중 5:116>

【겁틱-ᄒᆞ-】 동 겁칙하다. 억지로 빼앗다. 으르고 협박하다.¶ ▾劫營 ‖ 네 임의 살기ᄅᆞᆯ 비니 가히 ᄒᆞᆫ 봉 글월을 닷가 ᄉᆞ마의로 ᄒᆞ여곰 스ᄉᆞ로 와 영을 겁틱ᄒᆞ게 ᄒᆞ면 네 셩명을 살오고 ᄉᆞ마의ᄅᆞᆯ 잡으면 이 너의 공이니 너ᄅᆞᆯ 듕히 쓰리라 (汝旣求生, 可修書一封, 敎司馬懿自來劫營, 吾便饒汝性命. 若捉住司馬懿, 便是汝之功也, 吾當重用.) <삼국-가정 34:2>

【겁-ᄒᆞ-】 동 겁(怯)하다. 겁(怯)내다. 겁(怯)먹다.¶ ▾懦 ‖ 쟝군이 엇디 이리 겁ᄒᆞᄂᆞ뇨 내 보니 칠로병이 닐굽 무디 서근 플 ᄀᆞᄐᆞ니 엇디 념녀ᄒᆞ리오 (何如是之懦也? 吾觀七路之兵, 如七堆腐草, 何足介意!) <삼국-가정 6:75>

【것】 명 줄. 것. 물건. 사물, 일, 현상 따위를 추상적으로 이르는 말.¶ ᄂᆡ 블츙ᄒᆞᆫ 거시 아니라 셰 위틱ᄒᆞ고 힘이 곤ᄒᆞᄆᆡ 능히 부디티 못ᄒᆞ야 ᄇᆞᆯ셔 오후의게 항ᄒᆞ엿노라 (吾非不忠, 奈勢危力困, 不能支持, 我今已降孫車騎.) <삼국-규장 17:66>

【것-】 동 «걷다» 늘어진 것을 말아 올리거나 가려진 것을 치우다.¶ ▾摩 ‖ 듕장이 쳥영ᄒᆞ고 다 팔을 것고 숀을 부븨여 시쇄ᄒᆞ믈 기다리더라 (衆兵將得令, 一個個摩拳擦掌, 準備厮殺.) <삼국-모종 8:45>

【것구러-디-】 동 거꾸러지다. 거꾸로 넘어지거나 엎어지다.¶ ▾倒 ‖ ᄒᆞᆫ 프른 ᄇᆡ얌이 들보 우흐로셔 ᄂᆞ리니 기리 이십여 댱이나 ᄒᆞ더라 어탑의 셔리니 녕뎨 보시고 놀라 것구러디거ᄂᆞᆯ 무ᄉᆡ 급히 구ᄒᆞ야 내니 문무 ᄇᆡᆨ관이 서로 밀리여 단디예 ᄂᆞ려딜 재 쉬 업더라 (見一條青蛇, 從梁上飛下來, 約二十餘丈長, 蟠于椅上. 靈帝驚倒, 武士急慌救出, 文武互相推擁, 倒于丹墀者無數.) <삼국-가정 1:3> 믄득 보호ᄃᆡ 관흥이 병드러 죽다 ᄒᆞᆫ대 공명이 통곡ᄒᆞ고 ᄯᅡ히 것구러디거ᄂᆞᆯ (忽報關興病亡. 孔明放聲大哭, 昏倒在地.) <삼국-가정 33:100>

【것구로】 부 거꾸로. 차례나 방향, 또는 형편 따위가 반대로 되게.¶ ▾倒 ‖ 샤직이 누란[알홀 포집단 말이라]의 위틱ᄒᆞ미 잇고 ᄉᆡᆼ녕이 도현[것구로 ᄃᆞᆯ리단 말이라]지급이 잇거ᄂᆞᆯ (社稷有壘卵之危, 生靈有倒懸之急.) <삼국-가정 30:65>

【것구루-치-】 동 거꾸러뜨리다. 쓰러뜨리다. 거꾸로 넘어지거나 엎어지게 하다.¶ ▾倒 ‖ 졍히 ᄃᆞ를 ᄉᆞ이의 일셩 포향의 양하 복병이 돌츌ᄒᆞ야 구삭으로 관공의 좌하 말을 얼거 것구루치니 공이 번신낙마ᄒᆞ야 번쟝의 부쟝 ᄆᆞ츙의게 잡힌 ᄇᆡ 되니 ᄣᅵᄂᆞᆫ 임의 오경이 지ᄂᆡᆫ지라 (正走之間, 一聲喊起, 兩下伏兵盡出, 長鈎套索, 一齊並擧, 先把關公坐下馬絆倒. 關公翻身落馬, 被潘璋部將馬忠所獲.) <삼국-국중 13:78>

【것구르-치-】 동 거꾸러뜨리다. 쓰러뜨리다. 거꾸로 넘어지거나 엎어지게 하다.¶ ▾倒 ‖ 장흠과 진뮈 일즉 젹은 ᄇᆡ를 타고 물노죠ᄎᆞ 교하의 이르러 활을 쏘아 안상 군ᄉᆞ를 것구르치며 (蔣欽、陳武早駕小舟從河岸邊殺過橋裏; 亂箭射倒岸上軍.) <삼국-국중 4:30>

【것구리-】 동 거꾸러뜨리다. 쓰러뜨리다. 거꾸로 넘어지거나 엎어지게 하다.¶ ▾倒 ‖ 소군이 아올나 ᆢ와 바로 교변의 니르러 국의ᆢ 먼져 긔 잡은 댱슈를 버혀 비단 긔를 잡아 것구리니 찬이 보고 말을 도루혀 다리의 나려 다라나거ᄂᆞᆯ (紹軍並進, 直殺到界橋邊, 義馬到, 先斬執旗將, 把繡旗砍倒, 公孫瓚見砍倒繡旗, 回馬下橋而走.) <삼국-모종 1:115>

【것구리-치-】 동 거꾸러뜨리다. 쓰러뜨리다. 거꾸로 넘어지거나 엎어지게 하다.¶ ▾倒 ‖ 졍히 다ᄅᆞᆯ ᄉᆞ이예 ᄒᆞᆫ 장쉬 손의 쳘창을 들고 큰 칼을 ᄎᆞ고 슈십 긔ᄅᆞᆯ ᄃᆞ리고 말을 뛰워 오거날 운니 ᄒᆞᆫ 창으로 질너 것구리치니 죵긔가 다 ᄃᆞᄅᆞᄂᆞ니 (正走之間, 見一將手提鐵鎗, 背著一口劍, 引十數騎躍馬而來, 趙雲 … 交馬只一合, 把那將一鎗刺倒, 從騎皆走.) <삼국-모종 7:58>

【것굴-치-】 동 거꾸러뜨리다. 쓰러뜨리다.¶ ▾倒 ‖ 쟝합이 말을 달녀 면젼의 니라러 창으로 질너 것굴치니 문득 일ᄀᆡ 쵸인이러라 (張郃驟馬到面前, 一鎗刺倒, 却是一個草人.) <삼국-국중 12:92>

【것디ᄅᆞ-】 동 꺾다. 무찌르다.¶ ▾折 ‖ 신이 본ᄃᆡ 언릉후의 소힝을 아노니 맛당이 ᄒᆞᆫ 말로ᄡᅧ 것디ᄅᆞ리이다 (臣素知鄢陵侯之所行, 當以片言折之.) <삼국-가정 25:107>

【것시-】 동 꺾다.¶ ▾折 ‖ 드ᆢ여 술을 것셔 ᄆᆡᆼ세ᄒᆞ고 ᄎᆞ일의 슉이 십수 기를 ᄃᆞ리고 미오의 니라러 말ᄒᆞᄃᆡ 천ᄌᆞ 죠셔 잇다 ᄒᆞ니 탁이 블너 드리거ᄂᆞᆯ (遂折箭爲誓. 允曰: "公若能幹此事, 何患不得顯官?" 次日, 李肅引十數騎, 前到郿塢, 人報: "天子有詔", 卓教喚入.) <삼국-모종 2:23>

【것지ᄅᆞ-】 동 꺾다. 무찌르다.¶ ▾折 ‖ 신이 본ᄃᆡ 언릉후의 소힝을 아ᄂᆞ니 맛당이 ᄒᆞᆫ 말로ᄡᅧ 것지ᄅᆞ리라 (臣素知鄢陵侯之所行, 當以片言折之.) <삼국-규장 18:23>

【것-좁-】 동 건잡다. 거두다. 한 방향으로 치우쳐 흘러가는 형세 따위를 붙들어 잡다.¶ ▾收拾 ‖ 달이 ᄃᆡ경ᄒᆞ여 즉시 적[조]교ᄅᆞᆯ 쎄니 셔황의 말이 것좁디 못ᄒᆞ여 ᄇᆞ로 셩변의 니ᄅᆞ러 ᄃᆡ규 왈 반적 ᄆᆡᆼ달은 급히 항복ᄒᆞ라 (達大驚, 急扯起弔橋, 徐晃坐下馬收拾不住, 直來到壕邊, 高叫曰: "反賊孟達, 早早受降!") <삼국-모종 15:102>

【것츨-ᄒᆞ-】 형 거칠다.¶ ▼倒豎 ‖ 급히 구ᄒᆞ니 ᄊᆡ에 숀권을 미려 업더지난지라 크게 거러 전진ᄒᆞ여 숀권의 위우에 안ᄌᆞ 두 눈셥이 것츨ᄒᆞ고 두 눈이 둥그고 (急救時, 蒙推倒孫權, 大步前進, 坐於孫權位上, 兩眉倒豎, 雙眼圓睜.) <삼국-모종 13:9> ▼張 ‖ 언미이에 관공이 입을 녈고 눈을 움자기고 수발이 것츨ᄒᆞᆫ이 죄 경동ᄒᆞ엿다가 이으키 ᄊᆡ여 중관다려 왈 운장은 쳔신이로다 (言未訖, 只見關公口開目動, 鬚髮皆張, 操驚倒, 衆官急救, 良久方醒, 顧謂衆官曰: "關將軍眞天神也!") <삼국-모종 13:12>

【것티-】 동 걸리다.¶ ▼前失 ‖ 찬이 화살이 다 ᄯᅥ러디고 투괴 버서뎌 머리ᄅᆞᆯ 펴 ᄇᆞ리고 ᄆᆞᆯ을 노하 플속 언덕으로 도라 ᄃᆞᆺ더니 그 ᄆᆞᆯ이 압발이 것틴디라 찬의 몸이 너머뎌 언덕 아래 ᄯᅥ러디거ᄂᆞᆯ (瓚弓箭盡落, 頭盔墜地, 披髮縱馬, 却轉草坡, 其馬前失, 瓚翻身墜于坡下.) <삼국-가정 3:12>

【게관-ᄒᆞ-】 동 계관(係關)하다. 관계하다.¶ ▼干 ‖ 만일 십일 ᄂᆡ의 관ᄋᆡᆨ이 니ᄅᆞ미 잇시면 다 버히고 십일 외의ᄂᆞᆫ 너 두 ᄉᆞ람으게 게관치 아니리라 (如十日內失了關隘, 皆斬, 十日外, 不干汝二人之事.) <삼국-모종 10:8>

【-게야】 미 (주로 동사, 형용사 어간 뒤에 붙어) -어야. -어서야.¶ ▼至 ‖ ᄒᆞᆫ가지로 즐겨 먹더니 져믈게야 흐터디다 (共歡飮至晩而散.) <삼국-가정 20:6> 곽샹이 밤 들게야 믈러니거ᄂᆞᆯ (郭常相陪至更深, 各人歇去.) <삼국-가정 9:123> ▼탁이 올히 너겨 즉시 옥졸 ᄉᆞ오인을 급히 조ᄅᆞᆯ 브ᄅᆞ라 ᄒᆞ니 오라게야 회보ᄒᆞᄃᆡ (卓然其說, 差獄卒四五人往喚多時, 回覆云.) <삼국-가정 2:28> 간이 악연ᄒᆞ야 오라게야 닐오ᄃᆡ (干愕然, 良久曰.) <삼국-가정 15:47> 노슉이 대경ᄒᆞ더라 슉이 믁연ᄒᆞ엿다가 오래게야 닐오ᄃᆡ (魯肅吃了一驚, 默然無語. 良久言曰.) <삼국-가정 17:7> 승샹이 긔병ᄒᆞ매 쳔연ᄒᆞ여 오라게야 여긔니ᄅᆞᆫ 고로 권이 시러곰 쥰비ᄒᆞ여 유슈구ᄅᆞᆯ ᄡᅧ 셩을 ᄒᆞ여시니 ᄀᆞ장 유리ᄒᆞ이다 (丞相起兵, 遷延日久, 故孫卷得以準備, 夾濡須水口爲塢, 甚是有理.") <삼국-가정 20:35> 어제 져물게야 바야흐로 도라와스니 장군니 금일의야 가히 셔로 보리라 (昨暮方歸. 將軍今日可與相見.) <삼국-국중 8:25>

【게어ᄅᆞ-】 형 게으르다. 행동이 느리고 움직이거나 일하기를 싫어하는 성미나 버릇이 있다.¶ ▼懶 ‖ 이제 군ᄉᆞᄅᆞᆯ 쳔디 날이 오라니 싸호디 아니면 게어ᄅᆞ고 게어ᄅᆞ면 병이 나리니 (今養兵日久, 不戰則懶, 懶則致病.) <삼국-가정 38:2>

【게얼니】 부 게을리. 게으르게.¶ ▼倦 ‖ 공명 왈 ᄃᆡ현이 만일 쇼임의 쳐ᄒᆞ면 왕ᄾᆞ 슐노ᄡᅥ 일 보기ᄅᆞᆯ 게얼니 ᄒᆞᄂᆞ니이다 (孔明曰: "大賢若處小任, 往往以酒糊塗, 倦於視事.") <삼국-모종 9:107>

【게오】 부 겨우.¶ ▼纔 ‖ 여중이 다 항복ᄒᆞ거ᄂᆞᆯ 완성을 엇다 게오 신시예 장요군니 즁노의 일르러 초마 보ᄒᆞᄃᆡ 완성을 닐엇다 ᄒᆞ니 (餘衆多降, 得了皖城, 方纔辰時, 張遼引軍至半路, 哨馬回報: "皖城已失.") <삼국-모종 11:64>

【게우】 부 겨우. 경상 방언.¶ ▼纔 ‖ 동승이 게우 궁문을 지ᄂᆡ다가 조를 마[만]나 피ᄒᆞᆯ 걸 업서 길의서 예ᄒᆞ니 죄 문왈 국구ᄂᆞᆫ 에ᄃᆡ로 오ᄂᆞᆫ야 (董承出閤, 纔過宮門, 恰遇操來, 急無躲避處, 只得立於路側施禮, 操問曰: "國舅何來?") <삼국-모종 3:88> ▼方 ‖ 후면에 당비 급피 됴치니 합니 말을 바리고 길을 ᄎᆞᄌᆞ 게우 버서 다라난니 ᄯᅡ라오난 ᄌᆡ 다만 십여 닌니라 (後面張飛追趕甚急, 郃棄馬上山, 尋逕而逃, 方得走脫, 隨行只有十餘人.) <삼국-모종 12:7> ▼止 ‖ 관공이 ᄆᆡᆨ성에 잇셔 마보군병을 졈검ᄒᆞ니 게우 삼ᄇᆡᆨ여 인이라 ᄯᅩ 양쵸 다ᄒᆞ더라 (關公在麥城, 計點馬步軍兵, 止剩三百餘人, 糧草又盡.) <삼국-모종 13:2>

【게우-깃】 명 ((조류)) 거위깃.¶ ▼鵝翎 ‖ 이경은 ᄒᆞ야 게우깃 일ᄇᆡᆨ을 가져다가 각각 투고 우희 ᄭᅩ자 보람ᄒᆞ고 일시의 갑 입고 ᄆᆞᆯ긔 올나 (約有二更時候, 取白鵝翎一百根, 插于盔上爲號.) <삼국-가정 22:42>

【게우-깃】 명 ((조류)) 거위깃.¶ ▼鵝翎 ‖ 감영니 기약ᄒᆞ여 니겡 ᄊᆡ에 흰 게우깃 일ᄇᆡᆨ을 가져 투고의 ᄭᅩᄌᆞ 군호ᄒᆞ여 (約至二更時候, 取白鵝翎一百根, 插於盔上爲號.) <삼국-모종 11:71>

【게을-】 형 게으르다. 행동이 느리고 움직이거나 일하기를 싫어하는 성미나 버릇이 있다.¶ ▼倦 ‖ 간ᄾᆞ니 오후을 기다려 현덕니 바라본니 마초 인마 점ᄾᆞ 게으러거날 ᄃᆡᄾᆞ여 오ᄇᆡᆨ 긔을 갈헤여 장비을 ᄯᅡ라 충돌ᄒᆞ여 관에 ᄂᆞ린니 (看看午後, 玄德望見馬超陣上人馬皆倦, 遂選五百騎, 跟著張飛, 衝下關來.) <삼국-모종 11:19>

【게졔】 명 계제(階梯). 무슨 일을 할 수 있도록 된 조건이나 처지와 기회.¶ ▼階 ‖ 벼살이 경ᄒᆞ면 그 형세 즈미ᄒᆞ여 중원을 두려ᄒᆞᄂᆞᆫ 마음 잇거ᄂᆞᆯ 만일 왕위을 더ᄒᆞ면 폐ᄒᆞ 가기 ᄒᆞᆫ 게졔라 (官輕則勢微, 尙有畏中原之心, 若加以王位, 則去陛下一階耳.) <삼국-모종 13:70>

【게ᄌᆞ】 명 ((지리)) 저자. 시장.¶ ▼市 ‖ 됴ᄾᆞ 전영ᄒᆞ여 각 군 ᄐᆡ수와 도위을 두고 ᄉᆞ됼을 상주고 오직 냥숑은 인군을 쇽여 영화을 구한다 ᄒᆞ고 즉시 게ᄌᆞ에 버혀 보히다 (曹操傳令各郡分設太守, 置都尉, 大賞士卒, 惟有楊松賣主求榮, 卽命斬之於市曹示衆.) <삼국-모종 11:61>

【겍동-ᄒᆞ-】 동 격동(激動)ᄒᆞ다. 경상 방언.¶ ▼激 ‖ 현덕 왈 ᄌᆞ룡은 밧게서 도라오지 안니ᄒᆞ고 익덕이 ᄾᆞ예 닛신니 급피 보닐가 공명 왈 주공은 말슴 말나 ᄂᆡ 겍동ᄒᆞ리라 (玄德曰: "子龍引在外未回, 翼得已在此, 可急遣之." 孔明曰: "主公且勿, 言容亮激之.") <삼국-모종 11:17>

【겍서】 명 격서(檄書).¶ ▼檄 ‖ 일면으로 동오에 겍서을 달여 병을 거나려 수로ᄾᆞ 접응ᄒᆞ여 형주을 취ᄒᆞ게 ᄒᆞ다 (一面馳檄東吳, 令領兵水路接應, 以取荊州.) <삼국-모종 12:55>

【격-ᄒᆞ-】 동 격(隔)하다. 사이 두다. 경상 방언.¶ ▼隔 ‖ 장임이 급피 군ᄉᆞ을 돌닌〻 임의 다리 ᄭᅳ너지난지라 북으로 더저 가고저 ᄒᆞ다가 본이 됴운 일진이 두둑을 격ᄒᆞ여거날 ᄯᅩ 급피 남으로 가 ᄒᆞ수로 도라 다라 (張任知是計, 急回軍時, 橋已拆斷了, 欲投北去, 只見趙雲一軍隔岸擺開, 遂不敢投北, 逕往南遶河而走.) <삼국-모종 11:5>

【겐고-ᄒᆞ-】 형 견고(堅固)하다. 경상 방언.¶ ▼堅固 ‖ 되 상마ᄒᆞ여 다만 허제 서황을 다리고 장위의 ᄉᆡᆨ칙을 바ᄅᆡ보고 ᄎᆡᆨ을 들처 갈처 왈 저ᄃᆡ지 겐고ᄒᆞ니 급피 치기 어렵다 ᄒᆞ니 (次日操上馬, 只帶許褚、徐晃二人, 來看張衛寨柵, 三匹馬轉過山坡, 早望見張衛寨柵, 操揚鞭遙指, 謂二將曰: "如此堅固, 急切難下.") <삼국-모종 11:52>

【겔단-ᄒᆞ-】 동 결단(決斷)하다. 경상 방언.¶ ▼決戰 ‖ 공명이 ᄃᆡ답ᄒᆞ되 ᄂᆡ일 겔단ᄒᆞᄌᆞ ᄒᆞ고 ᄎᆞ일 냥군니 즁노의 모와 오더니 산전의 진을 버리고 (孔明批: "來日決戰" 次日, 兩軍會於中路五界山前, 列成陣勢.) <삼국-모종 12:37>

【겔박-ᄒᆞ-】 동 결박(結縛)하다. 경상 방언.¶ ▼縛 ‖ 조〻ᄒᆞ마ᄒᆞ여 좌우을 물니치고 친히 그 겔박ᄒᆞᆫ 거설 풀고 왈 방덕은 질겨 항복ᄒᆞ라 (曹操下馬叱退軍士, 親釋其縛, 問: "龐德肯降否?") <삼국-모종 11:59> 공니 쇼왈 너랄 죽기면 ᄀᆡ 돗 죽기〻예 다르리요 겔박ᄒᆞ여 형주에 보ᄂᆡ고 ᄯᅩ 방덕을 잡아드리니 덕니 셩ᄂᆡ고 서〻 ᄭᅮ지 안니ᄒᆞ거날 (公綽髯笑曰: "吾殺汝, 猶殺狗彘耳, 空汙刀斧." 令人縛送荊州大牢內監候, … 關公又令押過龐德. 德睜眉怒目, 立而不跪.) <삼국-모종 12:74>

【겔연-ᄒᆞ-】 동 결련(結連)하다. 연합하다. 결탁하다. 경상 방언.¶ ▼結連 ‖ 되 본니 그 글에 ᄒᆞ여씨되 숀 유을 겔연ᄒᆞ여 외응 ᄉᆞᆷ고저 ᄒᆞ니 되 ᄃᆡ로ᄒᆞ여 목순을 잡아 나리온니 순니 질거 초ᄉᆞ 안니ᄒᆞ니 (操看時, 書中言欲結連孫、劉爲外應, 操大怒, 執下穆順於密室問之, 順不肯招.) <삼국-모종 11:47>

【겔호-ᄒᆞ-】 동 결호(結好)하다. 우호(友好)를 맺다. 경상 방언.¶ ▼結好 ‖ 주공은 가히 ᄉᆞ람을 ᄎᆞ정ᄒᆞ여 쇼로〻조ᄎᆞ 한중의 가 금은으로ᄡᅥ 양숑으로 겔호ᄒᆞ여 장노의게 글노 말ᄒᆞᄃᆡ (主公可差人從小路逕投漢中, 先用金銀結好楊松, 後進書與張魯云.) <삼국-모종 11:22>

【겜전-ᄒᆞ-】 동 겸전(兼全)하다. 여러 가지를 완전하게 갖추다. 경상 방언.¶ ▼雙全 ‖ 되 올히 예겨 급피 전지ᄒᆞ여 겡게 왈 관모 지용니 겜전ᄒᆞ니 가히 겡적지 못ᄒᆞ리니 가히 취할 덧ᄒᆞ거던 ᄒᆞᄒᆞ[고] 그러치 안니커던 ᄉᆞᆷ가직히라 (操然其言, 急令人傳旨戒龐德曰: "關某智勇雙全, 切不可輕敵, 可取則取, 不可取則宜謹守.") <삼국-모종 12:66>

【겟ㅎ】 명 «겥» 곁.¶ ▼傍 ‖ 현덕이 군ᄉᆞ를 둘너 엄ᄉᆞᆯᄒᆞ니 녀샹이 져젹지 못ᄒᆞ여 다라ᄂᆞ더니 길 겟히 일군니 돌츌ᄒᆞ니 ᄃᆡ장 운장이라 (玄德麾軍掩殺, 呂翔抵敵不住, 引軍便走, 正行間, 路傍一軍突出, 爲道大將, 乃關雲長也.) <삼국-모종 6:51>

【겟-ᄒᆞ-】 동 곁하다.¶ ▼傍 ‖ 장합 부병 ᄉᆞᆷ천니 세 ᄉᆡᄂᆞᆯ 난아 각〻 험ᄒᆞᆫ 뫼ᄂᆞᆯ 겟ᄒᆞ여 일명은 암거ᄉᆡ요 일명은 몽두ᄉᆡ요 일명은 탕석ᄉᆡ니 (張郃部兵三萬, 向分三寨, 各傍山險, 一名宕渠寨, 一名蒙頭寨, 一名蕩石寨.) <삼국-모종 12:1>

【겡】 명 ((관직)) 경(卿).¶ ▼卿 ‖ 권니 여몽을 불너 상의 왈 니제 운장니 과연 형주병을 거더 번성을 취ᄒᆞ니 겡니 게교 ᄂᆡ여 오제 숀교로 다려 ᄃᆡ군을 ᄭᅳ어 가 형주을 업십ᄒᆞ라 (孫權召呂蒙商議曰: "今雲長果撤荊州之兵, 攻取樊城, 便可設計襲取荊州, 卿與吾弟孫皎同引大軍前去, 何如?") <삼국-모종 12:84>

【겡각】 명 경각(頃刻). 눈 깜빡할 사이. 아주 짧은 시간.¶ ▼頃刻 ‖ 직 왈 무어시 어려우리요 ᄒᆞ고 낙수ᄃᆡ을 가ᄌᆞ당전 어지예 낙ᄀᆞ 겡각에 수십 수 큰 노어을 가저 전상의 노으니 (慈曰: "此亦何難取?" 敎把釣竿來, 於堂下魚池中釣之, 頃刻釣出數十尾大鱸魚, 放在殿上.) <삼국-모종 11:82>

【겡게-ᄒᆞ-】 동 경계(警戒)하다. 경상 방언.¶ ▼分付 ‖ 되 ᄉᆞ람니 모히할가 ᄒᆞ여 항상 좌우을 겡게ᄒᆞ되 ᄂᆡ 몽중의 살닌ᄒᆞ기을 조와ᄒᆞ니 ᄂᆡ 잠들 ᄯᆡ예 부ᄃᆡ 갓가니 말나 (操恐人暗中謀害己身, 常分付左右: "吾夢中好殺人, 凡吾睡著, 汝等切勿近前.") <삼국-모종 12:45>

【겡긔】 명 경기(輕騎). 민첩하게 활동할 수 있도록 가볍게 무장한 기병. 경기병(輕騎兵). 경상 방언.¶ ▼輕騎 ‖ ᄂᆡ 적병을 요량ᄒᆞ니 날마다 방비ᄒᆞ고 급피 니기〻난 어려운니 ᄂᆡ 퇴군ᄒᆞ기로 일홈ᄒᆞ여 도적으로 게으르게 ᄒᆞ여 방비 업게ᄒᆞᆫ 후 겡긔로 엄십ᄒᆞ면 반다시 니기리라 (吾料賊兵每日隄備, 急難取勝, 吾以退軍爲名, 使賊解而無備, 然後分輕騎抄襲其後, 必勝賊矣.) <삼국-모종 11:53> 그 ᄇᆡᆨ성 질을 ᄭᅳ을니고 겡긔 오ᄇᆡᆨ을 가려 쇼로〻 전딘ᄒᆞ니라 (便令百姓引路, 選輕騎五百, 從小路而進.) <삼국-모종 12:7>

【겡동-ᄒᆞ-】 동 경동(驚動)하다. 놀라서 동요하다. 경상 방언.¶ ▼驚動 ‖ 원ᄂᆡ 마초 오며[란] 시쇄ᄒᆞ니 됴병니 겡동ᄒᆞ미라 ᄆᆡᆼ달리 쎨치고 ᄯᅩ 마초의 위세을 당치 못ᄒᆞ여 됴병니 ᄑᆡ쥐라 (原來馬超、吳蘭兩軍殺來, 曹兵驚動, 孟達引兵夾攻, 馬超士卒, 蓄銳日久, 到此耀武揚威, 勢不可當, 曹兵敗走.) <삼국-모종 12:42>

【겡성】 명 ((지리)) 경성(京城). 경상 방언.¶ ▼京兆 ‖ 됴병니 담니 ᄡᅥ러진니 되 병을 깁피 힝ᄒᆞ여 십여 밤에 다라나 바로 겡성의 일으러 비로소 안심ᄒᆞ더라 (曹兵人人喪膽, 操令軍士急行, 曉夜奔走無停, 直至京兆, 方始安心.) <삼국-모종 12:49>

【겡ᄉᆞ】 명 경사(慶事). 경상 방언.¶ ▼慶 ‖ 정월 십오일에 성중에 등화ᄂᆞᆯ ᄃᆡ장ᄒᆞ고 야금을 업시ᄒᆞ고 겡ᄉᆞ로 구겡ᄒᆞ난 웃ᄯᅳᆷ 밤닌니 (正月十五日夜間, 城中大張燈火, 慶賞元宵.) <삼국-모종 11:95>

【겡적-】 동 경적(輕敵)하다. 무서울 것이 없이 만만히 대적할 만하다. 적을 얕보다. 경상 방언.¶ ▼輕敵 ‖ 되올히 예겨 급피 전지ᄒᆞ여 겡게 왈 관모 지용니 겜전ᄒᆞ니 가히 겡적지 못ᄒᆞ리니 가히 취할 덧ᄒᆞ거던 ᄒᆞᄒᆞ[고] 그러치 안니커던 ᄉᆞᆷ가 직히라 (操然其言, 急令人傳旨戒龐德曰: "關某智勇雙全, 切不可輕敵, 可取則取, 不可取則宜謹守.") <삼국-모종 12:66>

【겡중】 명 경중(敬重). 공경하여 소중히 여김. 경상 방언.¶ ▼현덕이 성상의 닋서 마초을 관ᄃᆡᄒᆞ여 ᄉᆞᆯ을 먹기고 아직 좌석을 펀니 못ᄒᆞ여 ᄌᆞ룡 님의 두 ᄉᆞ람의 머리 버혀 듸리거날 마초 ᄯᅩ한 놀닋여 ᄌᆞ룡을 겡중니 여기더라 <삼국-모종 11:27>

【겡황-ᄒᆞ-】 형 경황(驚慌)하다. 두려워서 어쩔 줄을 모르다. 경상 방언.¶ ▼驚慌 ‖ 감영니 다만 빅기로 좌충우돌ᄒᆞ니 됴병니 겡황ᄒᆞ여 적병 다쇼을 아지 못ᄒᆞ고 스ᄉᆞ로 요란ᄒᆞ니 (甘寧只將百騎, 左衝右突, 曹兵驚慌, 正不知敵兵多少, 自相擾亂.) <삼국-모종 11:71>

【겡-히】 부 경(輕)히. 가볍게. 경상 방언.¶ ▼輕 ‖ 유게옥의 ᄌᆞ 유순이 잇신니 보장은 유게[궤] 장임이라 유게난 긴치 못ᄒᆞ고 장임은 담약이 닋시이 겡히 ᄃᆡ적지 못ᄒᆞ리라 (有劉季玉之子劉循, 輔將劉槓、張任. 劉槓不打緊, 張任乃蜀郡人, 極有膽略, 不可輕敵.) <삼국-모종 11:4> 홀련 일닌 츌왈 군ᄉᆞ난 엇지 ᄉᆞ람을 겡히 보난야 닋 비록 직됴 안니나 장합의 머리늘 버혀 휘ᄒᆞ의 드리ᄂᆞ다 (忽一人厲聲而出曰: "軍師何輕視衆人耶? 吾雖不才, 願斬張郃首級, 獻於麾下.") <삼국-모종 12:9>

【겡ᄒᆞ-ᄒᆞ-】 동 경하(慶賀)하다. 축하하다. 경상 방언.¶ 慶賀 ‖ 건안 니십연 정월 삭에 겡ᄒᆞ고 조ᄌᆞ의 녀 조귀인을 ᄎᆡᆨ닙ᄒᆞ여 정궁 황후을 삼으ᄃᆡ 신ᄒᆞ 감히 말ᄒᆞ리 업더라 (於建安二十年正月朔, 就慶賀正旦之節, 冊立曹操女曹貴人爲正宮皇后, 群下莫敢言.) <삼국-모종 11:50> ▼慶 ‖ 권니 위로ᄒᆞ고 ᄉᆞᆷ군을 크게 먹기고 여몽 감영을 중상ᄒᆞ고 잔ᄎᆞ을 빅설ᄒᆞ여 군공을 겡ᄒᆞᄂᆞ니 여몽니 감영의게 상좌을 ᄉᆞ양ᄒᆞ고 그 공노을 거룩히 층찬ᄒᆞ더라 (權慰勞畢, 大犒三軍, 重賞呂蒙、甘寧諸將, 設宴慶功, 呂蒙遜甘寧上坐, 盛稱其功勞.) <삼국-모종 11:64>

【-겨】 미 -게. 앞의 내용이 뒤에서 가리키는 사태의 목적이나 결과, 방식, 정도 따위가 됨을 나타내는 연결어미.¶ ▼만일 ᄯᅩ 전과 가치 바드면 상ᄃᆡ을 가막서의 보ᄂᆡ여 종신지역 허겨 ᄒᆞᆯ 더니이 조심허여 이후로는 ᄆᆡ권 신화 오리 식만 바다 머고 다시는 이런 힝실 ᄒᆞᆯ진ᄃᆡ 이 죄을 며치 모ᄐᆞᆯ이라 ᄯᅩ 좌편의 이는 보지와 자지는 네와 네 엄미와 십허는 거시라 <삼국-동양 낙서 40:9>

【겨괴】 명 계교(計較). 꾀.¶ ▼計 ‖ 취[표] 왈 드ᄅᆞ니 곽ᄉᆞ의 안ᄒᆡ 투긔ᄒᆞ다 ᄒᆞ니 가히 ᄉᆞᄅᆞᆷ으로 ᄒᆞ여곰 ᄉᆞ쳐의 겨 반간 겨괴ᄅᆞᆯ 쓸 ᄌᆞᆨ 이적니 스ᄉᆞ로 샹히ᄒᆞ오리다 (彪曰: "聞郭汜之妻最妒, 可令人於汜妻處用反間計, 則二賊自相害矣.") <삼국-모종 2:92>

【겨교】 명 계교(計較). 꾀.¶ ▼計 ‖ 죄 그 겨교를 조차 가마니 ᄉᆞ람으로 ᄒᆞ여곰 차쥬의게 보ᄂᆡ니 (操從其計, 暗使人來見車胄.) <삼국-국중 5:51> 제 왈 겨교 장ᄎᆞᆺ 어ᄃᆡ로 나리요 취[표] 왈 드ᄅᆞ니 곽ᄉᆞ의 안ᄒᆡ 투긔ᄒᆞ다 ᄒᆞ니 가히 ᄉᆞᄅᆞᆷ으로 ᄒᆞ여곰 ᄉᆞ쳐의겨 반간 겨괴ᄅᆞᆯ 쓸 ᄌᆞᆨ 이적니 스ᄉᆞ로 샹히ᄒᆞ오리다 (獻帝曰: "計將安出?" 彪曰: "聞郭汜之妻最妒, 可令人於汜妻處用反間計, 則二賊自相害矣.") <삼국-모종 2:92> ᄆᆡᆼ확니 알면 반ᄃᆞ시 와 ᄶᅩᆺ을 거시니 네 문득 그 뒤ᄅᆞᆯ ᄭᅳᆫᄒᆞ라 장익니 겨교ᄅᆞᆯ 바다 가더ᄅᆞ ("孟獲知之, 必來追趕, 汝却斷其後", 張翼受計而退.) <삼국-모종 14:102>

【겨레】 명 ((인류)) 친척(親戚). 종친(宗親).¶ ▼同宗 ‖ 이는 산힝ᄒᆞ는 사름 뉴안이라 ᄒᆞᆫ가지 겨레로 예쥐 나ᄅᆞ믈 듯고 들히 가 져므ᄃᆞ록 즘싱을 엇다가 못ᄒᆞ야 그 안해ᄅᆞᆯ 죽여 먹이니 (乃獵戶劉安也. 聞是同宗豫州牧至, 遍尋野味不得, 殺其妻以食之.) <삼국-가정 7:7>

【겨시-】 동보 ((동사 뒤에서 "-어 겨시다" 구성으로 쓰여)) 계시다.¶ ▼승이 ᄀᆞᆯ오ᄃᆡ 태뷔 엇디 병을 이리 어더 겨시닝잇고 (勝曰: "太傅如何病得這等了?") <삼국-가정 35:79>

【겨ᄉᆞ리-】 동 거스르다.¶ ▼逆 ‖ 이제 곽[각] ᄉᆞ 이적이 죄악이 관병[영]ᄒᆞᆫ지라 신이 정병이 이십여 만이 니시니 ᄉᆞᆫᄒᆞᆫ 거ᄉᆞ로쎠 겨ᄉᆞ린 거ᄉᆞᆯ 치면 이긔지 아니미 업ᄉᆞ리다 (今傕、汜二賊, 罪惡貫盈, 臣有精兵二十餘萬, 以順討逆, 無不克捷.) <삼국-모종 2:114>

【-겨야】 미 (주로 동사, 형용사 어간 뒤에 붙어) -게야. -어야. -어서야.¶ ▼ᄒᆞᆫ가지로 즐겨 먹더니 져믈겨야 흐터지다 (共歡飮至晩而散.) <삼국-규장 14:5>

【겨올】 명 ((천문)) 겨울. 한 해의 네 철 가운데 넷째 철로, 가장 추운 계절.¶ ▼冬 ‖ 청컷[컨]ᄃᆡ 이 금ᄇᆡᆨ을 고의 어[너]허다가 겨올의 모든 군ᄉᆞ을 쥬미 맛당ᄒᆞ니이다 (且請寄庫, 候今冬賜與諸軍未遲.) <삼국-모종 16:16>

【겨유】 부 겨우. 간신히.¶ ▼方纔 ‖ 확니 급히 ᄒᆞ여곰 두던의 다혀 인ᄆᆡ 겨유 비예 ᄂᆞ리더니 일셩 호긔예 ᄆᆡᆼ확을 가져 결박ᄒᆞ니 (獲慌令近岸, 人馬方纔下船, 一聲號起, 將孟獲縛住.) <삼국-모종 14:96>

【겨을으-】 동 게으르다. 행동이 느리고 움직이거나 일하기를 싫어하는 성미나 버릇이 있다.¶ ▼懈 ‖ 이번 오미 경히 광픽ᄒᆞ니 가히 맛지 못ᄒᆞᆯ 거시니 맛당이 슈일을 굿게 직혀 그 겨을ᄂᆞ 쌔ᄅᆞᆯ 기ᄃᆞ려 내 모겨 이서 파ᄒᆞ리ᄅᆞ (今此一來, 狂惡正盛, 不可迎也, 且宜堅守數日, 待其猖獗少懈, 吾自有妙計破之.) <삼국-모종 14:101>

【겨올히】 명 겨울. 한 해의 네 철 가운데 넷째 철로, 가장 추운 계절.¶ ▼冬 ‖ 녀름과 ᄀᆞ을히 글을 닑고 봄과 겨올히 활 쏘며 산영ᄒᆞ여 (欲秋夏讀書, 春冬射獵.) <삼국-규장 12:104>

【겨집】 명 ❶ ((인류)) 계집. 여자.¶ ▼女子 ‖ 미외 댱안의셔 멀기 이ᄇᆡᆨ 오십니니 궁실과 창고ᄅᆞᆯ 지어 이십년 냥식을 싸코, 민간의 고온 겨집을 열다ᄉᆞᆺ 이샹으로 스믈

시지 싼니 팔빅인이라 다 비쳡을 삼고 금옥이며 치단과 진쥬를 뫼ᄀᆞ티 싸ᄒᆞ니 그 수를 아디 못ᄒᆞᆯ러라 (郿塢離長安二百六十里. 塢盖宮室倉庫, 屯積二十年糧食. 選民間美貌女子二十以下、十五以上者八百人, 充作婢妾. 塢內堆積金玉綵帛珍珠, 不知其數) <삼국-가정 3:55> ❷ 아내. 처(妻). 첩(妾).¶ ▼妻 ‖ 퀘 왈 신의 늘근 겨집으로 곽ᄉᆞ의 부듕의 드러가 그 안해를 보와 반간의 계규를 니ᄅᆞ면 <두 도적이 서ᄅᆞ 해ᄒᆞ링이다 (彪曰: "臣令老妻到於郭汜府中, 於汜妻處獻反間計, 二賊自相害也.") <삼국-가정 5:11> ❸ 부인(婦人). 부녀(婦女).¶ 婦人 ‖ 너ᄂᆞᆫ 겨집이로ᄃᆡ 오히려 시비를 알거든 ᄒᆞ믈며 내ᄯᆞ녀 나의 ᄒᆞᆫᄒᆞᄂᆞᆫ 바ᄂᆞᆫ 조〻를 죽이고져 ᄒᆞ미라 (汝乃婦人, 尙自知禮, 何況我乎? 吾所恨者, 欲殺曹操也!) <삼국-가정 18:101>

【겨집-귀신】 명 ((인류)) 계집귀신.¶ ▼女鬼 ‖ 괘 가온ᄃᆡ 닐러시되 그ᄃᆡ 집 분묘 가온ᄃᆡ 겨집귀신이니 그ᄃᆡ의 맛아ᄌᆞ미곳 아니면 곳 긋티 아ᄌᆞ미라 (卦中有君家本墓中女鬼, 非君伯母卽叔母也.) <삼국-가정 22:83>

【겨칙】 명 계책(計策). 어떤 일을 이루기 위하여 꾀나 방법을 생각해냄. 또는 그 꾀나 방법.¶ ▼計策 ‖ 공명니 몬져 죠운 위연을 불너 귀ᄀᆞ을 향ᄒᆞ냐 말을 ᄂᆞ죽히 분부 왈 여ᄎᆞ〻〻이 ᄒᆞ라 ᄒᆞ니 이인니 겨칙을 바다 가고 (孔明先喚趙雲、魏延入帳, 向耳畔低言, 分付: "如此如此", 二人受了計策先進.) <삼국-모종 14:101>

【견눈】 명 ((신체)) 곁눈. 얼굴은 돌리지 않고 눈알만 옆으로 굴려서 보는 눈.¶ ▼窺 ‖ 쥐를 티고져 ᄒᆞ여도 그ᄅᆞ슬 보와 못ᄒᆞᄂᆞ니 조죄 간계를 내여 스ᄉᆞ로 텬ᄌᆞ씌 엿좁고 허뎐의 나와 샤렵을 ᄒᆞ며 뎨를 ᄌᆞ로 견눈으로 보니 뎨과 멀기 ᄒᆞᆫ 믈 ᄉᆞ이라. ("'投鼠忌器'耳. 操起姦計, 自奏天子出許都圍獵, 將帝時時窺視, 與帝相離一馬之地.) <삼국-가정 7:81>

【견ᄃᆡ】 명 ((복식)) 전대(纏帶). 돈이나 물건을 넣어 허리에 매거나 어깨에 두르기 편하도록 만든 자루.¶ ▼布袋 ‖ 각〻 포ᄃᆡ의[포ᄃᆡᄂᆞᆫ 뵈 견ᄃᆡ라] 모리와 흙을 만히 너허 빅하물을 막앗다가 ᄂᆡ일 삼경 후의 하류의 인ᄆᆡ 요란ᄒᆞᆷ을 듯고 급히 포ᄃᆡ를 아셔 물을 노화 슈셰를 좃ᄎᆞ 졉응ᄒᆞ라 (各帶布袋, 多裝沙土, 遏住白河之水; 至來日三更後, 只聽下流頭人喊馬嘶, 急取起布袋, 放水淹之, 卻順水殺將下來接應.) <삼국-국중 8:84>

【견ᄃᆡ-】 동 견디다.¶ ▼耐 ‖ 원컨대 쟝군은 견ᄃᆡ여 이 셩을 ᄃᆡ희여 국가를 위ᄒᆞ야 보쟝이 되라 (願將軍耐守此城, 以爲國家之保障.) <삼국-가정 24:94> ▼熬 ‖ 혀를 베히디 말라 이제ᄂᆞᆫ 견ᄃᆡ디 못ᄒᆞ긔 ᄒᆞ야시니 바ᄅᆞ 고ᄒᆞ마 (勿割吾舌, 今熬不過了也, 只得從實告之.) <삼국-가정 8:87> ▼支吾 ‖ 내 혜아리니 한듕이 젼년히 크게 풍념ᄒᆞ고 금년의 보리 닉어 냥최 풍죡ᄒᆞ니 비록 뎐운ᄒᆞ기 어려오나 ᄯᅩᄒᆞᆫ 반년을 견ᄃᆡᆯ디라 뎨 엇디 즐겨 ᄃᆞ라나리오 (吾料諸葛亮上年大收, 今年麥熟, 糧草豊足; 雖然轉運艱難, 亦可支吾半載, 彼安肯便走也?) <삼국-가정 32:83>

【견련-ᄒᆞ-】 동 견련(牽連)하다. 서로 얽히어 관계를 가지다.¶ ▼連 ‖ 만일 원슐리 현덕을 아울른즉 북으로 ᄐᆡ산 졔장을 견련ᄒᆞ여 나를 도모ᄒᆞ리니 ᄂᆡ 엇지 베개를 편히 ᄒᆞ리요 (若袁術倂了玄德, 則北連泰山諸將以圖我, 我不能安枕矣.) <삼국-모종 3:26>

【견죄-ᄒᆞ-】 동 견죄(見罪)하다. 죄를 입히다.¶ ▼見罪 ‖ 오후와 쥬공근의게 반ᄃᆞ시 견죄ᄒᆞ미 되리니 슉이 죽기를 한치 아니ᄒᆞ나 다만 두리건ᄃᆡ 동외 흥병ᄒᆞ면 황슉이 능히 형쥬의 편히 안졋지 못ᄒᆞ리니 부절업시 천하의 치쇼 되리로다 (我主與周公瑾必然見罪. 肅死不恨, 只恐惹惱東吳, 興動干戈, 皇叔亦不能安坐荊州, 空爲恥笑耳.) <삼국-국중 10:49>

【견집-ᄒᆞ-】 동 견집(堅執)하다. 자신의 의견을 바꾸거나 고치지 않고 버티다.¶ ▼堅執 ‖ 직삼 츄양ᄒᆞ야 견집ᄒᆞ고 밧디 아니ᄒᆞᆫ대 조진이 몸을 뛰여 닐더나 닐오ᄃᆡ (再三推辭, 堅執不受. 眞躍起身曰.) <삼국-가정 32:65> 공이 임의 견집ᄒᆞ야 가려 ᄒᆞ니 가히 오천 병을 인ᄒᆞ야 몬져 가고 (公旣堅執要去, 可引五千兵先行.) <삼국-가정 33:82>

【견호-】 동 견주다. 비기다. 둘 이상의 사물을 질(質)이나 양(量) 따위에서 어떠한 차이가 있는지 알기 위하여 서로 대어 보다.¶ ▼比較 ‖ 찬이 놈의 다 둔 판을 슈건으로 덥고 다른 판의 버려 내여 견호니 ᄒᆞ나토 그ᄅᆞ디 아니ᄒᆞ더라 (粲另取一局以擺之, 令相比較, 不差一道一子.) <삼국-가정 13:82>

【결과-ᄒᆞ-】 동 결과(結果)하다. 요절내다. 죽이다. '결과'는 (중국어 간접 차용어).¶ ▼結果 ‖ ᄂᆡ 친히 가 져를 달ᄂᆡ여 조커 ᄒᆞ면 문득 조흘런니와 조케 아니할 씩의 난 남군 취ᄒᆞᆷ을 기다리지 아니ᄒᆞ고 몬져 뉴비를 결과ᄒᆞ리라 (吾自去和他說話, 好便好, 不好時, 不等他取南郡, 先結果了劉備.) <삼국-모종 8:69>

【결ᄂᆡ】 명 ((인류)) 겨레. 겨레붙이. 혈연관계가 있는 사람. 족당(族黨). 친척(親戚).¶ ▼六親 ‖ ᄂᆡ 황졔긔 쥬ᄒᆞ고 삼군을 넝ᄒᆞ야 잠간 용졍[황뎨 겨신 ᄃᆡ라] 니별ᄒᆞᄆᆡ 친귀조젼[젼별이라]ᄒᆞ니 뉵친[결ᄂᆡ라]을 ᄇᆞ리며 가국을 니별ᄒᆞ고 (吾奏君王, 請三軍暫別龍庭; 諸公祖餞, 棄六親遠辭家國.) <삼국-가정 29:67>

【결레】 명 ((인류)) 겨레. 겨레붙이. 혈연관계가 있는 사람. 족당(族黨). 친척(親戚).¶ ▼族 ‖ 내 ᄆᆞᆺ을 폐ᄒᆞ고 아ᄋᆞᆯ 세오고져 호ᄃᆡ 녜법의 맛당티 아니ᄒᆞ고 댱ᄌᆞ를 세오고져 ᄒᆞ나 채부인의 결레 다 병권을 잡아시니 후의 난이 날가 ᄒᆞ야 결티 못ᄒᆞ야 ᄒᆞ노라 (吾欲立長子, 今蔡夫人族中皆掌軍務, 後必生亂, 因決未下.) <삼국-가정 11:115> ▼一家 ‖ 쟝군의 셩이 됴오 내 셩이 ᄯᅩᄒᆞᆫ 됴니 오빅년 젼의 일뎡 ᄒᆞᆫ 결레라 (今說起將軍姓趙, 某亦姓趙, 五百年前是一家.) <삼국-가정 17:28> 이 사ᄅᆞᆷ은 양양 ᄯᅡ 어룬의 결레니 셩은 방이오 명은 통이오 ᄌᆞᄂᆞᆫ

ᄉᆞ원이오 도호ᄂᆞᆫ 봉추션ᄉᆡᆼ이니이다 (斯人襄陽世家, 姓龐, 名統, 字士元, 道號"鳳雛先生".) <삼국-가정 18:79> ▼宗族 ‖ 너희 그ᄢᅴ의 블을 구ᄒᆞ고져 ᄒᆞ미 아니라 도적을 도와 우리 결레를 다 죽이고져 ᄒᆞᆫ 마음이라 (汝當時之心, 非是救火, 實爲助國賊殺害吾宗族.) <삼국-가정 22:111>

【결ᄯᅡᆫ-ᄒᆞ-】 [동] 결단(決斷)하다.¶ ▼決 ‖ 픠 마음을 임의 결ᄯᅡᆫᄒᆞ엿스니 사도ᄂᆞᆫ 의심 말나 (布意已決, 司徒勿疑.) <삼국-국중 2:100>

【결오-】 [동] 겨루다. 다투다.¶ ▼爭氣 ‖ 이날 밤의 위연이 브ᄃᆡ 공명으로 더브러 결오고져 ᄒᆞ야 말로ᄡᅥ 딘식을 격동ᄒᆞᆫ 대 식이 ᄉᆞ〻로 오천 병을 거ᄂᆞ려 긔곡으로 나가니 ᄒᆞᆫ 사ᄅᆞᆷ도 업거ᄂᆞᆯ (是夜, 魏延要與孔明爭氣, 將言語激着陳式. 式自引五千兵出箕谷, 并不見一人.) <삼국-가정 33:10>

【결을】 [명] 겨를. 어떤 일을 하다가 생각 따위를 다른 데로 돌릴 수 있는 시간적인 여유. 틈.¶ ▼暇 ‖ 피병은 ᄉᆞ면 방비ᄒᆞ기로 힘이 난우여 결을 업고 오병은 ᄒᆞᆫ 곳으로 가면 제 엇지 당ᄒᆞ리요 가히 이긔기 다섯 가지니라 (彼兵雖各守備, 軍刀分開, 吾兵一處而去, 彼安能救? 五可勝也.) <삼국-모종 18:58>

【결항-ᄒᆞ-】 [동] 결항(結項)하다. 목숨을 끊기 위해 목을 매어 달다.¶ ▼縊 ‖ 모 스ᄉᆞ로 병풍 뒤로 간 지 이윽ᄒᆞ여 가인이 나와 고왈 ᄃᆡ부인니 들보에 스ᄉᆞ로 결향ᄒᆞ엿다 ᄒᆞ니 서셔 황망이 드러가 구완ᄒᆞ니 임의 긔졀ᄒᆞ엿ᄂᆞᆫ지라 (母自轉入屏風後去了, 少頃, 家人出報曰: "老夫人縊於梁間." 徐庶慌入救時, 母氣已絶.) <삼국-모종 6:70>

【결호-ᄒᆞ-】 [동] 결호(結好)하다. 좋은 정의(情誼)를 맺다.¶ ▼結好 ‖ 승상이 만일 젼일의 원슈를 긔역ᄒᆞ면 엇지 나를 보ᄂᆡ여 장군과 결호ᄒᆞ리오 (丞相若記舊怨, 安肯使某來結好將軍乎?) <삼국-국중 5:77>

【겸근-ᄒᆞ-】 [형] 겸근(謙謹)하다. 겸손하고 삼가다.¶ ▼謙謹 ‖ 조운과 ᄒᆞᆫ가지 양〻에 가니 ᄎᆡ모 나와 마ᄌᆞ 심히 겸근ᄒᆞ고 뉴긔 뉴종이 문무 관뇨를 ᄯᅳ어 ᄂᆞ와 맛거날 현덕이 두 공ᄌᆞ를 보고 의심치 아니ᄒᆞ더라 (遂與趙雲即日赴襄陽, 蔡瑁出郭迎接, 意甚謙謹, 隨後劉琦、劉琮二子, 引一班文武官僚出迎, 玄德見二公子俱在, 並不疑忌.) <삼국-모종 6:34>

【겸양-ᄒᆞ-】 [동] 겸양(謙讓)하다.¶ ▼謙 ‖ 숨이다지 ᄌᆞ경은 날노 더부러 고구디교라 엇지 이다지 겸양ᄒᆞ나뇨 (子敬與我舊交, 何必太謙?) <삼국-국중 10:10>

【겸-ᄒᆞ-】 [동] 겸(兼)하다. 한 사람이 본무 외에 다른 직무를 더 맡아 하다.¶ ▼兼 ‖ 병[병]은 신쇽ᄒᆞ미 귀ᄒᆞ니 이제 천니예 북정ᄒᆞ여 치즁이 만하 이예 닷기 얼여우니 경병으로 길을 겸ᄒᆞ여 나가 불의예 음십ᄒᆞ면 필승ᄒᆞ리니 (兵貴神速, 今千里襲人, 輜重多而難以趨利, 不如輕兵兼道以出, 掩其不備.) <삼국-모종 6:15>

【겸ᄒᆞ여 들으면 발고 일편되게 들으면 어렵다】 [참] 겸하여 들으면 밝고 치우쳐 들으면 어렵다.¶ 兼聽則明, 偏聽則蔽 ‖ 량 왈 예제 일오ᄃᆡ 겸ᄒᆞ여 들으면 발고 일편되게 들으면 어렵다 ᄒᆞ니 폐ᄒᆞᄂᆞᆫ 살피쇼셔 (良曰: "古云: "兼聽則明, 偏聽則蔽." 望陛下察之.") <삼국-모종 13:99>

【겹-ᄇᆞ람】 [명] ((건축)) 겹벽(-壁). 복벽(複壁). 벽 속을 비우고 그 속에 물건을 넣기 위하여 두 겹으로 둘러쌓은 벽.¶ ▼夾壁 ‖ 복휘 일이 누셜ᄒᆞᆫ 줄 알고 뎐 뒤 쵸방 문안히 겹ᄇᆞ람이 잇거ᄂᆞᆯ 드러 수멋더니 (伏后情知事發, 便于殿後椒房內夾壁中藏地.) <삼국-가정 21:120>

【겹-셩】 [명] ((건축)) 겹성(-城). 겹으로 쌓은 성.¶ ▼重墻 ‖ 공명이 ᄯᅩ 경난[놉흔 ᄃᆞ리라]을 세오고 셩듕을 ᄲᅩ며 흙을 슈운ᄒᆞ야 히ᄌᆞ를 메온대 곽쇼 셩듕의 겹셩을 ᄡᅡ 막거ᄂᆞᆯ (孔明又取井闌百丈, 以射城中; 又令人運土填壕. 郝昭又于城中築起重墻以御之.) <삼국-가정 32:5>

【겻-눈】 [명] 곁눈. 얼굴은 돌리지 않고 눈알만 옆으로 굴려서 보는 눈.¶ ▼傲睨 ‖ 사ᄅᆞᆷ이 보호ᄃᆡ 뉴황슉의 막빈 간옹이 셩하의 와 문을 열라 ᄒᆞᆫ다 ᄒᆞ거ᄂᆞᆯ 쟝이 블러드려 오라 ᄒᆞ니 옹이 수리예 안자 셩듕 사ᄅᆞᆷ을 겻눈으로 보며 ᄌᆞ약호미 아ᄆᆞ라타 업거ᄂᆞᆯ (人報劉皇叔下幕賓簡雍在城下喚門, 璋開門接入, 雍坐車中, 傲睨自若.) <삼국-가정 21:73>

【겻-지-】 [동] 옆에 끼다. 옆에 두다. 곁하다.¶ ▼傍 ‖ 수플을 의지ᄒᆞ며 뫼흘 겻져 젼후를 ᄇᆞ라보고 츌입의 문이 잇고 진퇴예 곡졀이 이시니 비록 네 손와 ᄌᆡ싱ᄒᆞ고 양졔 다시 올디라도 이예셔 디나디 못ᄒᆞ리니 이제 통이 부러 ᄠᅳ더내야 됴호니 구ᄌᆞ니 ᄒᆞ면 통의 진짓 ᄆᆞᄋᆞᆷ이 아니니이다 (傍山依林, 前後顧盼, 出入有門, 進退曲折, 雖古之孫、吳再生, 穰苴復出, 亦不過于此矣. 非統曲爲褒奬, 乃眞心也.) <삼국-가정 15:118> 한듕의 가장 험ᄒᆞ기는 양평관 가튼 ᄃᆡ 업ᄉᆞ니 좌우로 뫼흘 의지ᄒᆞ며 수플을 겻져 십여 곳 처책을 버러 조병을 영뎍ᄒᆞ거든 형은 한영의 이셔 냥초를 년쇽ᄒᆞ야 보ᄂᆡ라 (漢中最險無如陽平關, 左右依山傍林, 下十餘個寨柵, 迎敵曹兵. 兄在漢寧, 盡撥糧草應付.) <삼국-가정 22:2> 남돈이 뫼흘 의지ᄒᆞ고 믈을 겻지어 둔병ᄒᆞ기 극히 됴호니 만일 위병이 몬져 얻드면 도모ᄒᆞ기 어려오니 가히 ᄲᆞᆯ리 취ᄒᆞ링이다 (南頓之地, 依山傍水, 極好屯兵. 若魏兵先占, 難以驅遣. 可速取之.) <삼국-가정 36:64>

【경괴-ᄒᆞ-】 [형] 경괴(驚怪)하다. 놀랍고 괴이하다.¶ ▼驚怪 ‖ 시일의 즁관이 위왕궁의 이르러 ᄃᆡ연을 ᄇᆡ셜ᄒᆞ고 질길식 좌지 목극을 ᄉᆞ을고 연상의 셧시니 즁관이 경괴ᄒᆞ더라 (是日, 諸官皆至王宮大宴. 正行酒間, 左慈足穿木履, 立於筵前. 衆官驚怪.) <삼국-국중 12:60>

【경눈-졔셰】 [명] 경륜제세(經綸濟世). 나라를 다스리고 백성을 구제함.¶ ▼經綸濟世 ‖ 손견 미튝 간옹의 뉴ᄂᆞᆫ 빅면셔싱이라 글귀를 ᄠᅳᆺ져기ᄂᆞᆫ 쟈근 션비라 경눈졔셰[세상을 거ᄂᆞ리고 나라흘 믿다라 내단 말이라]홀 션비 아니니 엇디

패업을 일울 사ᄅᆞᆷ이리오 (孫乾、糜竺、簡雍之輩, 乃白面書生, 尋章摘句小儒, 非經綸濟世之士, 豈成霸業之人也?) <삼국-가정 12:18>

【경뎍-】 동 경적(輕敵)하다. 적을 가볍게 보다. 적을 얕보다. '경뎍ᄒᆞ다'의 수의적 교체형.¶ ▼쟝군은 모ᄅᆞ미 젼승ᄒᆞᆫ 후의 경뎍디 말라 ᄒᆞᄂᆞᆫ 경계ᄅᆞᆯ ᄉᆡᆼ각ᄒᆞ여 가디록 조심ᄒᆞ쇼셔 (軍勝彌警, 願將軍廣爲方計, 以全獨克.) <삼국-가정 24:122>

【경뎜】 명 경점(更點). 초경(初更), 이경(二更), 삼경(三更), 사경(四更), 오경(五更)에 맞추어 치는 종. 조선시대에, 하룻밤의 시간을 다섯 경(更)으로 나누고, 한 경은 다섯 점(點)으로 나누어서, 매 경을 알릴 때에는 북을, 점을 알릴 때에는 징을 쳤음.¶ ▼更 ‖ 이날 밤의 내 군이 다 믈러가고 다만 금고슈ᄅᆞᆯ 머믈워 영듕의 경뎜을 티더라 (當夜, 孔明只留金鼓手在寨中打更, 分明提鈴喝號. 凡事皆備, 一夜兵已退盡, 只落空營.) <삼국-가정 32:37>

【경멸-이】 부 경멸(輕蔑)히. 하찮게. 소홀하게.¶ ▼輕 ‖ 돗 잡고 신 삼ᄂᆞᆫ 져근 무리 웃지 감히 날을 경멸이 여기ᄂᆞ뇨 (織蓆編屨小輩, 安敢輕我!) <삼국-국중 5:48>

【경셔】 명 경서(經書). 옛 성현들이 유교의 사상과 교리를 써 놓은 책.¶ ▼經 ‖ 식의 ᄌᆞᄂᆞᆫ ᄌᆞ건이니 ᄀᆞ장 총명ᄒᆞ야 십 셰예 능히 글을 짓고 경셔ᄅᆞᆯ 너비 알며 시부ᄅᆞᆯ 비록 수십만언이나 ᄒᆞᆷ긔 외오고 ᄒᆞᆫ ᄌᆞ도 그르디 아니ᄒᆞ더라 (植字子建, 極聰明, 年十歲時善囑文.) <삼국-가정 11:102>

【경셩】 명 ((지리)) 경성(京城). 중국 삼국시대 때 수도.¶ ▼京城 ‖ 홀연 비마 오며 보ᄒᆞ되 장제 번죠 양노 군ᄆᆡ 장안의 니르러 경셩이 위급ᄒᆞ다 ᄒᆞ[거]ᄂᆞᆯ (忽然飛馬報來, 說張濟、樊稠兩路軍馬, 竟犯長安, 京城危急.) <삼국-국중 2:116>

【경위-ᄒᆞ-】 형 경위(傾危)하다. 위태(危殆)롭다.¶ ▼傾危 ‖ 적신 조죄 뎨ᄅᆞᆯ 허도의 가도와시니 샤직이 경위ᄒᆞ고 ᄉᆡᆼ녕이 도탄ᄒᆞᄂᆞᆫ디라 (賊臣曹操, 幽帝許都, 社稷傾危, 生靈塗炭.) <삼국-가정 8:4>

【경젹-】 동 경적(輕敵)하다. 적을 가볍게 보다. 적을 얕보다. '경젹ᄒᆞ다'의 수의적 교체형.¶ ▼輕敵 ‖ 이졔 셔쥐 임의 파ᄒᆞᄆᆡ 됴병이 바야흐로 졍예ᄒᆞ니 가히 경젹지 못ᄒᆞᆯ지라 (今徐州已破, 操兵方銳, 未可輕敵.) <삼국-국중 6:21> 져의 군ᄉᆡ 졍녜ᄒᆞ니 가히 경젹지 못ᄒᆞᆯ지라 번셩으로 도라가니만 ᄀᆞᆺ지 못ᄒᆞᆯ가 ᄒᆞᄂᆞ이다 (彼軍精銳, 不可輕銳, 不可輕敵, 不如回樊城.) <삼국-국중 7:136> ▼쟝군은 모로미 젼승ᄒᆞᆫ 후의 경젹디 말나 ᄒᆞᄂᆞᆫ 경계를 ᄉᆡᆼ각ᄒᆞ여 가지록 조심ᄒᆞ쇼셔 (軍勝彌警, 願將軍廣爲方計, 以全獨克.) <삼국-규장 17:57>

【경조-ᄒᆞ-】 형 경조(輕躁 /輕佻)하다. 가볍고 조급하다. 경솔(輕率)하다.¶ ▼躁暴 ‖ 평일의 가ᄀᆡ 날다려 경조ᄒᆞ더니 오날〻 엇더ᄒᆞ니잇고 (哥哥道我躁暴, 今日如何?) <삼국-국중 5:70> ▼粗莽 ‖ 익덕이 ᄌᆞ릐 경조ᄒᆞ더니 이졔 지혜를 스니 ᄂᆡ 근심이 업도다 (翼德自來粗莽, 今亦用智, 吾無憂矣.) <삼국-국중 5:70>

【경진-ᄒᆞ-】 동 경진(傾盡)하다. 다 기울이다. 탕진(蕩盡)하다.¶ ▼傾盡 ‖ ᄯᅩ 죠셔ᄒᆞ샤 녀ᄌᆞ의 년긔 안ᄉᆡᆨ이 쳐로 더브러 샹당ᄒᆞᆫ 쟈ᄅᆞᆯ ᄉᆞ〻로 ᄃᆡᄒᆞ라 ᄒᆞ시ᄂᆞᆫ고로 가음연 쟈ᄂᆞᆫ 가산을 경진ᄒᆞ고 가난ᄒᆞᆫ 쟈ᄂᆞᆫ 가음연ᄃᆡ ᄭᅮ어 녀ᄌᆞᄅᆞᆯ 사 그 쳐ᄅᆞᆯ 쇽ᄒᆞ니 (又詔書聽得以生口年紀顏色與妻相當者自代, 故富者則傾家盡產, 貧者舉假貸貰, 貴買生口, 以贖其妻.) <삼국-가정 35:21>

【경쳡-ᄒᆞ-】 형 경첩(輕捷)하다. 움직임이 가뿐하고 날쌔다.¶ ▼精銳 ‖ 이젼니 도라가 조인을 보고 왈 피군니 경쳡ᄒᆞ고 ᄂᆞᆯᄂᆞ니 가히 경히 ᄃᆡ젹지 못ᄒᆞ리니 번셩의 도라가기 맛당ᄒᆞ니라 (李典回見曹仁, 言: "彼軍精銳, 不可輕敵, 不如回樊城.") <삼국-모종 6:54>

【경퇴-ᄒᆞ-】 동 경퇴(傾頹)하다. 기울어져 무너지다.¶ ▼傾頹 ‖ 한실이 경퇴ᄒᆞ여 간신니 군명을 졀졔ᄒᆞᄆᆡ 비 힘을 헤아리지 아니ᄒᆞ고 ᄃᆡ의를 쳔하의 펴고져 ᄒᆞᄂᆞ 지슐이 쳔단ᄒᆞ여 지금의 일운 ᄇᆡ 업난지라 (漢室傾頹, 奸臣竊命, 備不量力, 欲伸大義于天下, 而智術淺短, 迄無所就.) <삼국-국중 8:29>

【경황-ᄒᆞ-】 동 경황(驚慌, 驚惶)하다. 놀라고 두려워 허둥지둥하다.¶ ▼驚慌 ‖ 슝과 쥰이 각각 인병ᄒᆞ야 븍티며 도적의 딘을 즛디ᄅᆞ니 화염이 탕텬ᄒᆞ고 적즁이 경황ᄒᆞ야 ᄆᆞᆯ게 기ᄅᆞ마ᄅᆞᆯ 밋처 짓디 못ᄒᆞ고 갑오ᄉᆞᆯ 밋처 닙디 못ᄒᆞ야 ᄉᆞ면으로 헤여뎌 분주ᄒᆞ거ᄂᆞᆯ (嵩丶儁各引兵操鼓, 殺奔賊寨, 火焰張天. 賊衆驚慌, 馬不及鞍, 人不及甲, 四散奔走.) <삼국-가정 1:40> 이날 밤의 쵹병이 산남 채문을 열고 뫼희 ᄂᆞ려가 위예 항ᄒᆞᆫ대 ᄉᆞ마의 다 죽이고 뫼희 블을 노흐니 군ᄉᆡ 경황ᄒᆞ야 더옥 대란ᄒᆞᄂᆞᆫ디라 (攘到半夜時分, 山南蜀兵大開寨門, 下山降魏, 盡被殺之. 司馬懿令人于沿山放火, 蜀軍驚慌.) <삼국-가정 31:22>

【계고】 명 계교(計較).¶ ▼計 ‖ 강유 왈 ᄂᆡ 임의 아난 고로 그 병을 난우고 그 계고랄 가져 계고의 나아가 힝하리라 (維大笑曰: "我已知王瓘之詐, 故分其兵勢, 將計就計而行.") <삼국-모종 19:9>

【계규】 명 계교(計較). 꾀.¶ ▼計 ‖ 조조의 ᄯᅳ들 내 ᄇᆞᆯ셔 아라시니 가히 제 계규ᄅᆞᆯ 인ᄒᆞ야 내 계규ᄅᆞᆯ ᄡᅳ면 죄ᄌᆞ연히 군ᄉᆞᄅᆞᆯ ᄇᆞ리고 ᄃᆞ라나리라 (某已知曹操之意, 可將計就計, 令操自棄兵而走!) <삼국-가정 6:127> 뎌의 계규ᄅᆞᆯ 인ᄒᆞ야 내 계규ᄅᆞᆯ ᄒᆡᆼ코져 ᄒᆞ니 네 은근이 ᄃᆡ졉ᄒᆞ여도 비밀이 막즐라 ᄉᆞᆯ피라 (吾欲將計就計而行, 特要敎他通報消息. 汝可慇懃相待, 就裏提防.) <삼국-가정 15:81> 나ᄂᆞᆫ 곳 상ᄉᆞᆫ 됴ᄌᆞ룡이라 너의 ᄂᆡ 계규의 ᄲᅡ져시니 급히 셩을 드리면 쥬육ᄒᆞ기를 면ᄒᆞ리라 (吾乃常山趙子龍也! 汝知中計, 早獻城池, 免遭誅戮.) <삼국-국중 15:55>

【계미】 명 ((역사)) 계미(癸未…1583 | 1643 | 1703 | 1763 | 1823 | 1883 | 1943…). 육십갑자(六十甲子)의 스무째. '임오(壬午)'

의 다음. '갑신(甲申)'의 앞이다. 1883년.¶ ▼계미 만춘의 시작ᄒᆞ야 팔월 초길의 필셔ᄒᆞ니 그 가온ᄃᆡ 결묘호사 만흐나 자필노 박초ᄒᆞ고 급히 번등ᄒᆞᄆᆡ 삼국 사적을 ᄃᆡ강 긔록ᄒᆞ니 보ᄂᆞᆫ 지 용사ᄒᆞᆯ지어다 <삼국지-16 필사기 한옥션86-350>

【계오】 뷔 겨우. 어렵게 힘들여.¶ ▼纔 ‖ 조운이 엄살ᄒᆞ여 오니 인니 미쳐 병을 거두지 못ᄒᆞ고 급히 북하ᄅᆞᆯ 바ᄅᆞ보고 다라나 장ᄎᆞ 하슈에 다ᄃᆞ라 계오 ᄇᆡᄅᆞᆯ ᄎᆞᄌᆞ 건너고져 ᄒᆞ다가 (趙雲掩殺將來, 仁不及收兵回寨, 急望河北而走, 將到河邊, 纔欲尋船渡河.) <삼국-모종 6:56> 장송이 머문 지 삼일의 좌우 근시 요뢰ᄒᆞ물 입어 셩명을 통ᄒᆞ고 계오 드러가니 죄 당상의 안잣거ᄂᆞᆯ (張松候了三日, 方得通姓名, 左右近侍先要賄賂, 卻纔引入, 操坐於堂上.) <삼국-모종 10:49>

【-계오셔】 조 -께서. 존칭 주격조사. '-계셔'에 '화자 겸양'을 표시하는 '-오-'가 더 결합한 형태.¶ ▼그러치 아니ᄒᆞ고 승상계오셔 형의 원힝을 알고 친히 젼별코ᄌᆞ ᄒᆞ야 날노 ᄒᆞ여곰 형의 ᄐᆡ가를 머물게 ᄒᆞ미오 (非也, 丞相知兄遠行, 欲來相送, 特先使我請住台駕.) <삼국-국중 6:55>

【계요】 뷔 겨우. 기껏해야 고작. 어렵게 힘들여.¶ ▼僅 ‖ 형장이 허다ᄒᆞᆫ ᄃᆡ공을 세워 계요 현위ᄅᆞᆯ 어덧써니 이제 도로여 독우의게 욕을 보니 엇지 통한치 아니ᄒᆞ리요 (兄長建許多大功, 僅得縣尉, 今反被督郵侮辱.) <삼국-국중 1:40> ▼왕경이 계요 ᄇᆡ여 인을 ᄃᆞ리고 젹도셩의 드러가 견슈불츌ᄒᆞ거ᄂᆞᆯ (王經引敗兵百騎, 奮力殺出, 逕往狄道城而走, 奔入城中, 閉門保守.) <삼국-국중 16:138>

【계우】 뷔 겨우.¶ ▼纔 ‖ 적병이 조ᄎᆞ 이르어 안민을 작살ᄒᆞ니 죄 급히 마를 달여 ᄒᆞ수날 지ᄂᆡ 계우 두둑의 오르니 적병의 ᄒᆞᆫ 살이 말의 눈을 맛ᄎᆞ 써구러지ᄂᆞᆫ지라 (賊兵追至, 安民被砍爲肉泥, 操急驟馬衝波過河, 纔上得岸, 賊兵一箭射來, 正中馬眼, 那馬撲地倒了.) <삼국-모종 3:41>

【계유】 뷔 겨우.¶ ▼却纔 ‖ 계유 오뉵니ᄂᆞᆫ 가더니 딘무 반쟝이 오나ᄂᆞᆯ (却纔行不得五六里, 背後陳武、潘璋趕到.) <삼국-가정 18:8>

【계으-ᄒᆞ-】 동 계의(計議)하다. 함께 의논하다.¶ ▼計議 ‖ 드듸여 강유로 다려 계으ᄒᆞ니 위 왈 님군니 신ᄒᆞ랄 의심하면 신ᄒᆞ 죽ᄒᆞ 죽난니 엇지 등이랄 보지 안니한가 (遂與姜維計議. 維曰: "君疑臣則臣必死, 豈不見鄧艾乎?") <삼국-모종 19:65>

【계을으-】 형 게으르다. 행동이 느리고 움직이거나 일하기를 싫어하는 성미나 버릇이 있다.¶ ▼懶 ‖ 공명 왈 ᄂᆡ 오ᄅᆡ 전모의 농부 되여 세상에 응흠이 계을으니 명을 밧드지 못ᄒᆞ노이다 (孔明曰: "亮久樂耕鋤, 懶於應世, 不能奉命.) <삼국-모종 6:91>

【견되-】 동 견디다.¶ ▼堪 ‖ 산야에 ᄒᆞᆫ가ᄒᆞᆫ 사ᄅᆞᆷ이 엇지 셰상에 견되여 쓰이리요 나의셔 십비나 ᄂᆞ흐니 잇스니 공이 맛당이 가 ᄎᆞᄌᆞ가 보ᄅᆞ (山野閒散之人, 不堪世用, 自有勝吾十倍者來助公, 公宜訪之.) <삼국-모종 6:46>

【겟ᄐᆡ】 명 곁.¶ ▼側 ‖ 현덕이 초당 겟ᄐᆡ 자다가 슈경의 말ᄉᆞᆷ을 ᄉᆡᆼ각ᄒᆞ며 잠을 일우지 못ᄒᆞ여 삼경의 일으려 홀연 일인니 문을 두다리고 드려오거날 (玄德飮膳畢, 卽宿於草堂之側, 玄德因思水鏡之言, 寢不成寐, 約至更深, 忽聽一人叩門而入.) <삼국-모종 6:44>

【겻ᄒᆡ】 명 «곁» 곁.¶ ▼側 ‖ ᄯᅢ예 운장이 겻ᄒᆡ 잇시ᄃᆡ 공명이 젼혀 쓰지 아니ᄒᆞ니 운장이 ᄎᆞᆷ다가 못ᄒᆞ야 (時雲長在側, 孔明全然不睬, 雲長忍耐不住.) <삼국-모종 8:51>

【고】 대 ((인류)) 고(孤). 왕이나 제후가 자기를 낮추어 이르던 1인칭 대명사.¶ ▼孤 ‖ 고ᄂᆞᆫ ᄒᆞ믈며 텬ᄌᆞ의 샹공이라 왕건 뉴보 등이 고로 ᄒᆞ여곰 ᄇᆞᆫ 거ᄉᆞᆯ 드러 믈러가과뎌 ᄒᆞ니 엇디 이리 무례ᄒᆞᄂᆞ뇨 (孤乃天子上公, 而建、甫等欲孤解圍退舍, 豈得無禮耶!) <삼국-가정 35:54> 고ᄅᆞᆯ 탁ᄒᆞ매 임의 은근ᄒᆞᆫ 례ᄅᆞᆯ 다ᄒᆞ고 나라ᄒᆞᆯ 갑흐매 도로혀 튱의 옛 ᄆᆞᄋᆞᆷ을 기우리도다 (托孤既盡殷勤禮, 報國還傾忠義心.) <삼국-가정 34:79>

【고】 명 ((건축)) 고(庫). 물건을 간직하여 두는 곳. 곳간. 곳집.¶ ▼庫 ‖ 위 다 ᄉᆞ양티 아니ᄒᆞ고 바다 이수의게 드리고 금은 긔명과 비단 등믈은 일ᄋᆞᆯ히 블긔ᄅᆞᆯ 명ᄇᆡᆨ히 ᄒᆞ야 고의 녀코 ᄡᅳ디 아니ᄒᆞ더라 (雲長不能推托, 將所賜美女盡送入內門, 令服侍二嫂嫂; 金銀緞匹抄寫明白歸庫.) <삼국-가정 9:19> ▼藏 ‖ 이윽고 ᄉᆞᆯ을 가져왓거ᄂᆞᆯ 여러 보니 ᄉᆞᆯ 속의 쥐ᄯᅩᆼ 두어 덩이 드럿거ᄂᆞᆯ 장니[고 ᄀᆞᄋᆞᆷ아ᄂᆞᆫ 관원이라]ᄅᆞᆯ 블러 칙ᄒᆞ야 닐오되 (須臾取至, 開見蜜內鼠糞數塊, 召藏吏責之曰.) <삼국-가정 37:61>

【고각】 명 ((기물)) 고각(鼓角). 군중에서 호령할 때 쓰던 북과 나발.¶ ▼鼓 ‖ ᄉᆞᆯ을 가져다가 댱하의 ᄀᆞᆺ재 버리고 군ᄉᆞ들로 ᄒᆞ여곰 크게 긔치ᄅᆞᆯ 버리며 고각[쥬라과 북이라]을 울리며 크게 먹더니 (教將酒擺列于帳下, 令軍士大開旗鼓而飮之.) <삼국-가정 23:8>

【고강-ᄒᆞ-】 형 고강(高强)하다. 무예나 수단이 뛰어나다. 훌륭하다.¶ ▼高强 ‖ ᄉᆞ마의 용인ᄒᆞ기ᄅᆞᆯ 경히 아니ᄒᆞ니 만일 진랑으로 젼쟝군을 삼으면 반ᄃᆞ시 무예 고강ᄒᆞᆯ 거시어ᄂᆞᆯ 뎡문으로 더브러 싸호매 ᄒᆞᆫ 합의 참ᄒᆞ니 이ᄂᆞᆫ 반ᄃᆞ시 진랑이 아니라 (司馬懿不輕用人, 若加秦朗爲前將軍, 必武藝高强; 與鄭文交馬, 只一合, 被文斬之, 必不是秦朗.) <삼국-가정 34:3>

【고괴-ᄒᆞ-】 형 고괴(古怪)하다. 예스럽고 괴이하다.¶ ▼古怪 ‖ 권이 보니 그 사ᄅᆞᆷ이 눈셥이 만코 코히 거두ᄎᆞ고 ᄂᆞᆺ치 검고 슈염이 뎌ᄅᆞ고 형용이 고괴ᄒᆞ거ᄂᆞᆯ (權見其人濃眉搬鼻, 黑面短髯, 形容古怪.) <삼국-가정 18:80>

【고궁-ᄒᆞ-】 형 고궁(孤窮)하다. 외롭고 곤궁하다.¶ ▼孤窮 ‖ 처음으로 나오ᄆᆡ 믄득 녀ᄋᆞᆯ히 ᄒᆞᆫ 공적을 드리오니 ᄉᆞᄉᆞ로 솟발을 난화 고궁ᄒᆞ미 이스ᄆᆡ 응ᄒᆞ엿도다 (運籌決算有神功, 二虎還須遜一龍. 初出便能垂偉績, 自應分鼎在孤窮.) <삼국-국중 1:18> 예쥬 당일의 고궁ᄒᆞ믈 탄식

ᄒᆞ엿ᄉᆞ니 엇지 다ᄒᆡᆼ이 남양의 와룡이 닛ᄂᆞ뇨 (豫州當日歎孤窮, 何幸南陽有臥龍!) <삼국-국중 8:32>

【고급-ᄒᆞ-】 동 고급(告急)하다. 급함을 알리다.¶ ▼告急 ‖ 이제 쇼픽 양식과 군ᄉᆡ 젹으니 엇지 제젹ᄒᆞ리오 가히 글을 닷ᄀᆞ 녀포의게 고급ᄒᆞᆷ이 맛당ᄒᆞ다 (今小沛糧寡兵微, 如何抵敵? 可修書告急於呂布.) <삼국-국중 4:43>

【고궁】 명 ((신체))((인류)) 고굉(股肱). 다리와 팔. 온몸. 또는 고굉지신(股肱之臣). 임금이 가장 신임하는 중신(重臣).¶ ▼股肱 ‖ 쥬랑이 죽으니 이는 내 고[다리라]궁[ᄑᆞᆯ히라]이 업ᄉᆞᆫ디라 엇디 능히 다시 대ᄉᆞ를 일우리오 (周郎身死, 是吾股肱廢矣, 安能復興大事乎?) <삼국-가정 18:78>

【고긔】 명 ((음식)) 식용하는 온갖 동물의 살.¶ ▼肉 ‖ 조젹은 긔군망샹ᄒᆞ니 죄를 버혀도 용납지 못ᄒᆞᆯ 거시어늘 또 ᄂᆡ의 아비와 아ᄋᆞ를 ᄒᆡᄒᆞ여시니 불공ᄃᆡ천지쉬를 ᄂᆡ 맛당이 ᄉᆞ로잡아 네 고긔를 씹으리라 (操賊欺君罔上, 罪不容誅, 害我父弟, 不共戴天之讎, 吾當活捉生啖汝肉!) <삼국-모종 10:12>

【고기】 명 ((어패)) 물고기. 생선(生鮮).¶ ▼魚 ‖ 만일 이 네 고을흘 어드면 이는 고기와 ᄡᆞᆯ 나는 ᄯᅡ히라 한샹을 가히 댱구히 보존ᄒᆞ리이다 (若取得這四郡, 乃魚米之鄕, 漢上可保長久矣.) <삼국-가정 17:12> ▼ᄃᆡ군이 구름 못ᄃᆞᆺ ᄒᆞ미 미친 도적이 어름 스듯 ᄒᆞ야 계유 ᄃᆡ ᄧᆞ리는 듯ᄒᆞᆫ 위엄을 펴미 믄득 고기 믈을 일흔 듯ᄒᆞᆫ 셰를 보리로다 (大軍雲集, 狂寇冰消; 才聞破竹之聲, 便是失猿之勢.) <삼국-가정 29:68>

【고기-쟐리】 명 «고기쟈ᄅᆞ» 고기자루.¶ ▼肉袋 ‖ 그 밧근 다 옷거리며 밥주머니며 술통이며 고기쟐리라 (其餘皆衣架飯囊, 酒桶肉袋耳.) <삼국-가정 8:49>

【고단-ᄒᆞ-】 형 고단(孤單)하다. 단출하고 외롭다.¶ ▼孤 ‖ 조조의 ᄇᆡᆨ만지듕을 뎌당ᄒᆞ려니와 다 강하를 도라가면 셰 고단ᄒᆞ리이다 (曹軍百萬之衆, 共歸江夏, 則勢孤矣.) <삼국-가정 14:37> 즁군이 일시의 함셩ᄒᆞ고 관흥을 여러 볼 ᄡᆞ니 흥의 힘이 고단ᄒᆞ여 능히 ᄃᆡ덕디 못ᄒᆞ더니 (衆軍一聲喊起, 將關興圍在垓心. 興力孤, 不能展轉.) <삼국-가정 27:37> ▼孤窮 ‖ 댱익 등이 뒤흘 엄습ᄒᆞᆫ대 위병이 대패ᄒᆞ거늘 댱합 ᄃᆡ룽이 셰 고단ᄒᆞ믈 보고 ᄯᅩ ᄒᆞᆫ 산벽 쇼로로 ᄃᆞ라나니라 (張翼隨後掩殺, 魏兵大敗. 張郃、戴陵見勢孤窮, 亦望山僻小路而走.) <삼국-가정 32:94>

【고대】 부 곧. 이제 막. 금방. 곧(명사)+-애(조사).¶ ▼현덕이 ᄀᆞ마니 텬디의 샤례ᄒᆞ고 고대 건너가 보고져 호ᄃᆡ 조병의 셰 커 다만 패잔군마를 거두어 도라가다 (玄德暗謝天地, 曰: "原來我兄弟果然在曹操處!" 欲去相見, 被曹兵勢大擁來, 只得收敗兵回去.) <삼국-가정 9:53>

【고둥】 명 고동. 기계를 작동(作動)시키는 장치.¶ ▼機 ‖ 두려ᄒᆞ건대 좌우 반ᄃᆞ시 한듕왕긔 니간ᄒᆞ미 잇ᄂᆞᆫ디라 그 위틱ᄒᆞ미 고둥을 드딘 ᄃᆞᆺᄒᆞ니 (恐左右必有以間于漢中王矣. 然則疑成怨聞, 其發若踐機耳.) <삼국-가정 26:12>

【고디-들니-】 동 "곧이듣다"의 피동사.¶ ▼信 ‖ 그도 고디 들니지 아니ᄒᆞ니 조젹은 본ᄃᆡ 간사ᄒᆞᆫ 사ᄅᆞᆷ이라 엇디 그릇 봉ᄒᆞ여 보낼 니 이시리오 (吾又不信. 曹賊是個奸雄之人, 豈有差錯?) <삼국-규장 13:69>

【고디-듧-】 동 곧이듣다.¶ ▼信 ‖ 그도 고디듧디 아니ᄒᆞ니 조젹은 본ᄃᆡ 간사ᄒᆞᆫ 사ᄅᆞᆷ이라 엇디 그릇 봉ᄒᆞ여 보낼 리 이시리오 (吾又不信. 曹賊是個奸雄之人, 豈有差錯?) <삼국-가정 19:48>

【고ᄃᆡ】 부 고대. 곧. 즉시. 시간적으로 머지 않아.¶ ▼須臾 ‖ 평이 듯고 숨이 막혀 혼도ᄒᆞᄂᆞᆫ지라 담이 붓드려 이르키니 고ᄃᆡ 죽ᄂᆞᆫ지라 담이 뉘우쳐 ᄒᆞ더라 (評聞言, 氣滿塡胸, 昏絶於地. 譚令扶出, 須臾而死. 譚亦悔之.) <삼국-모종 6:8> ▼현덕이 ᄀᆞ마니 텬디의 샤례ᄒᆞ고 고ᄃᆡ 건너가 보고져 호ᄃᆡ 조병의 셰 커 다만 픽잔군마를 거두어 도라가다 (玄德暗謝天地, 曰: "原來我兄弟果然在曹操處!" 欲去相見, 被曹兵勢大擁來, 只得收敗兵回去.) <삼국-규장 6:155>

【고량-ᄌᆞ뎨】 명 ((인류)) 고량자제(膏粱子弟). 부잣집 자제. 부귀한 집에서 고량진미만 먹고 귀엽게 자라나서 고생을 전혀 모르는 젊은이.¶ ▼膏粱子弟 ‖ 하후무는 고량ᄌᆞ뎨오 유약ᄒᆞ야 ᄭᅬ 업ᄉᆞᆫ디라 (夏侯楙乃膏粱子弟, 懦弱無謀.) <삼국-가정 30:2>

【고-로】 부 ❶ ((-ㄴ 아래에 쓰여)) 고(故)로. 문어체에서, '까닭에'의 뜻을 나타내는 말.¶ ▼故 ‖ 뉴황슉이 어딘 션ᄇᆡ를 녜로 ᄃᆡ졉ᄒᆞ니 내 그대 업을 일울 줄을 안 고로 뉴쟝을 ᄇᆞ리고 도라가시니 공은 엇디 어두온 ᄃᆡ를 ᄇᆞ리고 ᄇᆞᆯ근 ᄃᆡ 나아가 우흐로 부모의 원슈를 갑고 아래로 금셕 ᄀᆞᄐᆞᆫ 공을 셰워 만셰예 공명을 드리오디 아니ᄒᆞᄂᆞ뇨 (劉皇叔禮賢下士, 吾知其必成, 故捨劉璋而歸之, 公何不背暗投明, 以圖上報父母之仇, 下立金玉之節? 可彰萬世之高名也.) <삼국-가정 21:67> ❷ ((-ㄹ 아래에 쓰여)) 고(故)로.¶ ▼故 ‖ 그 즁이 비록 만흐나 그 ᄆᆞᄋᆞᆷ이 ᄒᆞᆫ골ᄀᆞᆺ디 아니ᄒᆞ니 니산ᄒᆞ기 쉬온디라 ᄒᆞᆫ 번 드러가히 멸ᄒᆞᆯ 고로 내 깃거ᄒᆞ롸 (兵多將累, 一擧可滅之矣. 吾故喜也.) <삼국-가정 19:65>

【고로-】 동 고르다. 배치하다.¶ ▼調 ‖ 초와 다못 슉뷔 군ᄉᆞ를 고로와 슉은 조를 향ᄒᆞ고 초는 셔황을 향ᄒᆞ고 명일은 초는 조를 향ᄒᆞ고 슉은 셔황을 향ᄒᆞ야 머리를 논화 그 간ᄉᆞᄒᆞ믈 막게 ᄒᆞ쇼셔 (超與叔父輪流調兵, 今日叔向操, 超向徐晃, 明日超向操, 叔向徐晃, 分頭隄備, 以防其詐.) <삼국-모종 10:32>

【고-로오-】 형 «고(苦)롭다» 괴롭다. 고통스럽다.¶ ▼痛苦 ‖ 괴 평싱의 편두풍을 알흐니 병곳 나면 눅칠일이나 음식을 먹디 못ᄒᆞ니 심히 고로와 ᄒᆞ노니 네 므슴 법으로 고틸다 (孤平生患偏頭風, 不時擧發, 五七日不飮食, 甚時痛苦, 汝可治之?) <삼국-가정 25:88>

【고ᄅᆡ】 명 ((동물)) 고래.¶ ▼鯨 ‖ 강북 ᄇᆡᆨ만지듕이 범이 웅거ᄒᆞ며 고ᄅᆡ 삼키듯 ᄒᆞ거늘 이ᄯᅢ예 도독이 이러ᄒᆞ니

만일 조병이 오면 엇지ᄒᆞ리오 (江北百萬之衆, 虎踞鯨呑. 不爭都督如此, 倘若曹兵一至, 如之奈何?) <삼국-가정 16:24>

【고ᄅᆡ-눈】 명 ((신체)) 고리눈. 환안(環眼).¶ ▼環眼 ‖ 다만 장비 호슈를 거ᄉᆞ리고 고ᄅᆡ눈을 부릅ᄯᅳ고 손의 사모창을 빗기고 ᄆᆞᆯ을 다리 우희 세오고 (只見張飛倒竪虎鬚, 圓睜環眼, 手綽蛇矛, 立馬橋上.) <삼국-국중 8:120>

【고발-ᄒᆞ-】 동 고발(告發)하다. 세상에 잘 알려지지 않은 잘못이나 비리 따위를 드러내어 알리다.¶ ▼고발ᄒᆞᆫ단 말 (出首) <삼국-어람 108b>

【고변-ᄒᆞ-】 동 고변(告變)하다. 변고를 알리다. 반역 행위를 고발하다. 상변(上變)하다.¶ ▼告變 ‖ 네 조종이 ᄉᆞᄇᆡᆨ 여 년을 한됴의 쟉녹ᄒᆞ엿거ᄂᆞᆯ 갑흘 일란 ᄉᆡᆼ각디 아니ᄒᆞ고 도로혀 도적을 좃고져 ᄒᆞᄂᆞ냐 네가 고변ᄒᆞ라 우리 등이 죽어도 ᄯᅩᄒᆞᆫ 한나라 귓거시 되리라 (汝祖宗食祿漢朝四百餘年, 不思報本, 反欲縱賊耶? 汝去告變, 吾等死亦漢家鬼也!) <삼국-가정 2:22> 당쥐 셩즁의 이르러 고변ᄒᆞᆫᄃᆡ 상이 ᄃᆡ장군 하진을 블너 죠병ᄒᆞ여 마원의를 잡아 버히고 (唐周乃逕赴省中告變. 帝召大將軍何進調兵擒馬義, 斬之.) <삼국-국중지 1:6>

【고셩】 명 ((지리)) 고성(孤城). 외만 성.¶ ▼孤城 ‖ 이 고셩을 ᄇᆞ리고 셔쳔으로 드러가 다시 군ᄉᆞ를 ᄀᆞ초와 나와 한샹 싸홈 회복ᄒᆞ미 늣디 아니ᄒᆞ니이다 (何不棄此孤城, 奔入益州, 再整兵來收復漢上, 未爲晩矣.) <삼국-가정 25:44>

【고솜-돗ᄐᆡ】 명 ((동물)) 고슴도치.¶ ▼ᄇᆡ마다 좌우편 플 뭇거 세온 ᄃᆡ 고솜돗ᄐᆡ 살 박히ᄃᆞᆺ ᄒᆞ엿ᄂᆞᆫ디라 (二十隻船上兩邊束草上, 排滿箭枝.) <삼국-가정 15:70>

【고슘-돗ᄐᆡ】 명 ((동물)) 고슴도치.¶ ▼ᄇᆡ마다 좌우편 플 뭇거 세온 ᄃᆡ 고슘돗ᄐᆡ 살 박힌 듯ᄒᆞ엿ᄂᆞᆫ디라 (二十隻船上兩邊束草上, 排滿箭枝.) <삼국-규장 10:157>

【고ᄉᆞ】 명 고사(故事). 유래가 있는 옛날의 일. 또는 그런 일을 표현한 어구.¶ ▼故事 ‖ 죄 반ᄉᆞᄒᆞ야 허도의 도라온대 헌뎨 난가를 ᄀᆞ초와 셩의 나가 맛고 조로 ᄒᆞ여곰 절ᄒᆞ고 제 일홈을 브ᄅᆞ디 말며 됴회예 드러올 제 ᄃᆞᆺ디 말며 칼 ᄎᆞ고 신 신고 뎐의 오ᄅᆞ기를 한승샹 쇼하의 고ᄉᆞᄀᆞ티 ᄒᆞ라 ᄒᆞ니 일로브터 위엄이 더옥 듕외예 진동ᄒᆞ더라 (操班師回都, 獻帝排鑾駕出廓迎接, 令操贊拜不名, 入朝不趨, 劍履上殿, 如漢相蕭何故事兒. 自此威震中外.) <삼국-가정 19:66>

【고ᄉᆞ-ᄒᆞ-】 동 고사(固辭)하다. 굳이 사양하다. 거절하다.¶ ▼固辭 ‖ 현덕이 ᄃᆡ희ᄒᆞ여 관장을 명ᄒᆞ여 금ᄇᆡᆨ 네물을 가져 드리니 공명이 고ᄉᆞᄒᆞ고 ᄇᆞᆮ지 아니ᄒᆞ니 (玄德大喜, 遂命關、張入, 拜獻金帛禮物, 孔明固辭不受.) <삼국-모종 6:91>

【고요-ᄒᆞ-】 형 고요하다. 조용하고 잠잠하다.¶ ▼靜 ‖ 맛당이 고요ᄒᆞᆫ 고ᄃᆡ 기동을 박고 기동의 큰 원환을 박고 군후의 ᄑᆞᆯ흘 골회예 너허 마이 ᄆᆡᆫ 후의 니블로 머리를 ᄊᆞ고 (當於靜處立一標柱, 上釘大環, 請君侯將臂穿於環中, 以繩係之, 然後以被蒙其首.) <삼국-규장 17:43>

【고육계】 동 고육계(苦肉計). (매우 궁하고 절박하게 된 형편에서) 적을 속이기 위하여 자기자신을 괴롭히는 일까지도 무릅쓰고 꾸미는 계책.¶ ▼苦肉計 ‖ 공의 매 마즘이 아니 고육계[ᄉᆞᆯ흘 괴로이 ᄒᆞᆫ 계괴라]라 (公之受責, 莫非苦肉計也?) <삼국-가정 15:93> 황개 고육계를 ᄡᅳ너ᄂᆞᆫ 사항셔를 드려 계규를 힝코져 ᄒᆞ야 감히 날을 희롱ᄒᆞᄂᆞ냐 (黃盖用苦肉計, 令汝下詐降書, 就中取事, 敢來戲侮于吾耶!) <삼국-가정 15:100>

【고으-】 동 «고을다» 코를 골다. 잠잘 때 거친 숨결이 콧구멍을 울려 드르렁거리는 소리를 내다.¶ ▼齁齁 ‖ 슈십 옥졸이 일시의 자바 나리와 큰 ᄆᆡ로 무슈히 치니 다만 피육이 ᄶᅥ러져 분〻이 ᄂᆞ러지ᄃᆡ 좌ᄌᆞᄂᆞᆫ 코 고으고 늣게 ᄌᆞ며 젼혀 알파 비치 업거ᄂᆞᆯ (令十數獄卒拷之, 但見皮肉粉碎, 左慈齁齁熟睡, 全無痛楚.) <삼국-가정 22:71>

【고-이】 부 고이하게. 괴상하게.¶ ▼怪 ‖ ᄉᆞ체[처] 의심ᄒᆞ여 왈 당군니 나가 ᄌᆞ고 도라오지 아니ᄒᆞ물 고이 넉이더니 부인의 말니 아니면 ᄂᆡ 엇지 아리요 맛당이 막으리ᄅᆞ (氾妻訝曰: "怪見他經宿不歸! 卻幹出如此無恥之事! 非夫人言, 妾不知也. 當愼防之.") <삼국-모종 2:93>

【고이-】 동 사랑을 받다. 총에 받다.¶ ▼得幸 ‖ 조만의 하태후ᄭᅴ 드러가 구ᄒᆞ믈 쳥ᄒᆞ니 일로 인ᄒᆞ야 십샹시 새로이 고이믈 엇다 (令早晩入何太后處, 善言遮蔽. 因此十常侍又得近幸.) <삼국-가정 1:103> ▼愛 ‖ 내 본ᄃᆡ 병이 업ᄉᆞ되 다만 아자비게 고이디 못ᄒᆞ미 ᄆᆡ양 이러틋 ᄒᆞᆫ 거즌말을 ᄒᆞᄂᆞ이다 (自來無此疾病, 但失愛于叔父, 故見罔耳.) <삼국-규장 1:30>

【고이-히】 부 괴이(怪異)히. 고이하게.¶ ▼怪 ‖ 이ᄂᆞᆫ 션ᄉᆡᆼ 어든 후 도로혀 그 처음만 갓지 못ᄒᆞ니 관듕 악의도 가히 이러ᄒᆞ냐 우직ᄒᆞᆫ 말을 고이히 넉이지 말나 (是豫州既得先生之後, 反不如其初也, 管仲、樂毅, 果如是乎? 愚直之言, 幸勿見怪.) <삼국-모종 7:81>

【고이-ᄒᆞ-】 형 괴이(怪異)하다. 괴상하다. 이상야릇하다.¶ ▼怪 ‖ 호련이 ᄉᆞᄅᆞᆷ이 고ᄒᆞᄃᆡ 현덕이 소ᄑᆡ의 잇셔 군마를 점검ᄒᆞᆫ다 ᄒᆞ니 무ᄉᆞᆫ ᄯᅳ진 쥴 아지 못ᄒᆞ노라 푀 왈 이ᄂᆞᆫ 장수의 본ᄉᆡ라 엇지 고이ᄒᆞ리요 (忽人報: "玄德在小沛招軍買馬, 不知何意." 布曰: "此爲將者本分事, 何足爲怪?") <삼국-모종 3:33> ▼異 ‖ 긔도ᄒᆞ물 마ᄎᆞᄆᆡ 묘의 나가 토인을 ᄎᆞᄌᆞ 뭇고져 ᄒᆞ더니 은〻니 바라보니 건넌 산의 ᄒᆞᆫ 노인니 작지를 집고 오니 형용니 심히 고이ᄒᆞᆫ지라 (祈禱已畢, 出廟尋土人問之, 隱隱望見對山一老叟杖而來, 形容甚異.) <삼국-모종 14:110>

【고조납함-ᄒᆞ-】 동 고조납함(鼓噪吶喊)하다. 북치고 소리치다.¶ ▼鼓噪吶喊 ‖ 너희 두 사ᄅᆞᆷ이 각〻 삼천 병을 인ᄒᆞ야 무공산 쇼로의 ᄆᆡ복ᄒᆞ엿다가 만일 위병을 만나든 싸호디 말고 고조납함ᄒᆞ야 위병을 놀래면 스〻로 ᄃᆞ라나리니 너희 인군ᄒᆞ야 양평관으로 가라 (汝二人各引三

千精兵, 投武城山小路而行. 如遇魏兵, 不可大擊, 只鼓噪吶喊, 爲疑兵驚之. 彼自走矣, 亦不可追之. 待軍退盡, 便投陽平關去.) <삼국-가정 31:31> 밤의 새ᄃᆞ록 쥰비ᄒᆞ야 이튼날 고조납함ᄒᆞ며 ᄉᆞ면의 츙거ᄅᆞᆯ 베퍼 나아든대 (孔明連夜安排下衝車. 次日, 四面鼓噪吶喊而進.) <삼국-가정 32:5> ▼고조납함ᄒᆞ고 바ᄅᆞ 나아든대 견이 황망이 갑 닙고 ᄆᆞᆯ게 오ᄅᆞ니 화웅의 군매 ᄇᆞᆯ셔 다ᄃᆞ랏ᄂᆞᆫ디라 <삼국-가정 2:66>

【고조-ᄒᆞ-】 동 고조(高噪)하다. 소리치다.¶ ▼高噪 ‖ 위쥬 조뫼 호위 쵸ᄇᆡᆨ으로 ᄒᆞ여곰 뎐듕의 뫼신 사ᄅᆞᆷ과 창두 관동[창두ᄂᆞᆫ 죵이오 관동은 구읫사ᄅᆞᆷ이라] 삼ᄇᆡᆨ 여인을 모도와 고조ᄒᆞ고 나갈ᄉᆡ (魏主曹髦出內, 令護衛焦伯, 聚集殿中宿衛高噪官僮三百餘人, 高噪而出.) <삼국-가정 37:109>

【고즉-이】 부 곧게. 반듯이.¶ ▼直 ‖ 조휘 쟝뇨의 등 뒤히 번듯 ᄂᆞ다라 ᄒᆞᆫ 살로 능통의 말 가삼을 쏘니 그 말이 고즉이 닓덧다가 잣바지니 능통이 말게 ᄯᅥ러져거ᄂᆞᆯ (曹休閃在張遼背後, 開弓一箭, 正射中凌統馬胸膛, 那馬直立起來, 把凌統掀在地上.) <삼국-가정 22:45>

【고집-히】 부 고집(固執)스럽게.¶ ▼堅 ‖ 현덕 왈 공명은 나의 ᄉᆞ승이라 잠시도 ᄯᅥ나기 어려오니 엇지 가리요 숙이 공명과 함게 가기ᄅᆞᆯ 고집히 청ᄒᆞ거날 현덕이 거ᄌᆞᆺ 허락지 아니ᄒᆞ니 (玄德曰: "孔明是吾之師, 頃刻不可相離, 安可去也?" 肅堅請孔明同去, 玄德佯不許.) <삼국-모종 7:77>

【-고ᄌᆞ】 미 -고자. 의도, 욕망의 뜻을 나타내는 연결 어미.¶ ▼待 ‖ 고ᄌᆞ (待) <삼국-어람 108a>

【고티-】 동 고치다. (병을) 낫게 하다.¶ ▼治 ‖ 내 이 글을 어드면 이 구실을 ᄇᆞ리고 텬하의 병인을 고텨 션ᄉᆡᆼ의 덕을 온젼케 ᄒᆞ리라 (吳押獄却了差役回家, 問妻要書, 行醫治病.) <삼국-가정 25:91>

【고혹-】 동 고혹(蠱惑)하다. 빠지다. 아름다움이나 매력 같은 것에 홀려서 정신을 못 차리다. '고혹ᄒᆞ다'의 수의적 교체형.¶ ▼迷 ‖ 동탁이 툐션 어든 후ᄂᆞᆫ ᄉᆡᆨ의 고혹ᄒᆞᆫ 배 되야 ᄃᆞᆯ이 남도록 나셔 일을 다ᄉᆞ리디 아니ᄒᆞ니 툐션이 ᄌᆞ연 고혹게 민ᄃᆞᄂᆞᆫ디라 (董卓自納貂蟬後, 情色所迷, 月餘不出理事. 貂蟬無非于枕前席上殢雨尤雲.) <삼국-가정 3:86>

【고황뎨】 명 ((인류)) 고황제(高皇帝). 한고조 유방(劉邦)을 말함.¶ ▼高皇帝 ‖ 우리 고황뎨 ᄇᆡᆨᄉᆞᄅᆞᆯ 버히고 의ᄅᆞᆯ 이르켜 긔업을 셰워 지금가지 젼ᄒᆞ엿더니 불ᄒᆡᆼ이 간웅이 ᄉᆞ면의 이러나 각〻 일방을 웅거ᄒᆞ엿시나 쳔도ᄅᆞᆯ 아지 못ᄒᆞᄂᆞᆫ지라 (自我高皇帝斬蛇起義, 開基立業, 傳至於今; 不奸雄並起, 各據一方; 少不得天道好還.) <삼국-국중 10:47>

【고히-이】 부 괴이(怪異)하게. 괴상하게.¶ ▼怪 ‖ ᄌᆞ경은 군중의 가 공근의 조병ᄒᆞ믈 도으라 만일 냥의 비ᄂᆞᆫ 비응이 업셔도 고히이 녁기지 말나 (子敬自往軍中相助公瑾調兵. 倘亮所祈無應, 不可有怪.) <삼국-모종 8:44>

【고-ᄒᆞ-】 동 고(告)하다. 어떤 사실을 알리거나 말하다.¶ ▼出首 ‖ 일이 임의 급ᄒᆞ여시니 이ᄂᆞᆫ ᄉᆞ〻로 족듀ᄒᆞ믈 구ᄒᆞ미라 맛당이 진공 부하의 나아가 고ᄒᆞ야 ᄒᆞᆫ 번 주그믈 면ᄒᆞ리라 (事已急矣.空自求誅三族, 當往晉公府下出首, 以免一死.) <삼국-가정 37:108>

【곡두】 명 ((신체)) 꼭뒤. 뒤통수.¶ ▼곡두 잡아 속인단 말 (腦揪) <삼국-가정 108b>

【곡뒤】 명 ((신체)) 꼭뒤. 뒤통수.¶ ▼腦後 ‖ 관우의 ᄆᆞᆯ은 이쳔 리 뇽귀라 ᄇᆞᆯ셔 문츄ᄅᆞᆯ ᄯᆞᆯ와 니ᄅᆞ럿거ᄂᆞᆯ 곡뒤로 셔 텨 두 조각의 내니 (關公馬是千里龍駒, 早趕上文醜, 腦後一刀, 將文醜斬下馬來.) <삼국-가정 9:52> 위연이 곡뒤예 반ᄒᆞᆯ ᄲᅧ 이시니 오란 후의라도 반ᄃᆞ시 반ᄒᆞᆯ 거시니 주겨 ᄲᅧ 후환을 긋고져 ᄒᆞ노이다 (吾觀魏延腦後有反骨, 久後必反, 故先斬之, 以絶禍根.) <삼국-가정 16:58> ▼腦袋 ‖ 니이 이ᄅᆞᆯ 보고 급히 도치ᄅᆞᆯ 두로고 ᄃᆞ라드러 댱포의 곡뒤ᄅᆞᆯ 헤티려 ᄒᆞ더니 (李異見馬倒了, 急向前輪起大斧, 望張苞腦袋便砍.) <삼국-가정 26:9> ▼腦 ‖ 그 사ᄅᆞᆷ이 ᄆᆞᆯ게 ᄂᆞ리ᄃᆞ라 곽샹의 아ᄃᆞᆯ의 곡뒤ᄅᆞᆯ 자바 ᄆᆞᆯ 알ᄑᆡ 드리거ᄂᆞᆯ (其人滾鞍下馬, 腦揪郭常之子, 拜獻於馬前.) <삼국-가정 9:127>

【곡딕】 명 곡직(曲直). 굽음과 곧음이라는 뜻으로, 사리의 옳고 그름을 일컫는 말.¶ ▼曲直 ‖ 통은 부ᄉᆞᆯ 잡아 뎍이고 슈례 두며 입을 니ᄅᆞ며 귀로 드ᄅᆞ되 곡딕을 낫〻치 ᄀᆞᆯ히여 호리도 그ᄅᆞ디 아니킈 결ᄒᆞ니 (統執筆簽押, 口中發落, 耳內聽詞, 曲直分明, 并無分毫差錯.) <삼국-가정 18:88>

【곡석】 명 ((식물)) 곡식(穀食). 사람의 식량이 되는 쌀, 보리, 콩, 조, 기장, 수수, 밀, 옥수수 따위의 총칭. 곡물(穀物).¶ ▼禾稼 ‖ 긔쥬의 양식이 풍족ᄒᆞ고 심ᄇᆡᄂᆞᆫ ᄯᅩ ᄭᅬ 잇스니 급히 못칠 거시요 이제 곡석이 다 드러 잇스니 추셩 후의 치기 늦지 아니ᄒᆞ니라 (冀州糧食極廣, 審配又有機謀, 未可急拔. 見今禾稼在田, 恐廢民業, 姑待秋成後取之未晚.) <삼국-모종 5:69>

【곡셕】 명 ((식물)) 곡식(穀食). 사람의 식량이 되는 쌀, 보리, 콩, 조, 기장, 수수, 밀, 옥수수 따위의 총칭. 곡물(穀物).¶ ▼禾稻 ‖ 이히예 황츙이 사방 니러 곡셕을 다 먹으니 관동일경니 ᄃᆡ흉ᄒᆞ냐 ᄉᆞᄅᆞᆷ니 셔로 먹거날 조죄 군중 냥식이 진ᄒᆞ기로 군ᄉᆞ을 ᄯᅳ어 변[견]셩으로 도라가고 녀포도 ᄯᅩᄒᆞᆫ 산앵으로 도라가다 (是年蝗蟲忽起, 食盡禾稻, 關東一境, 每穀一斛, 直錢五十貫, 人民相食, 曹操因軍中糧盡, 引回鄄城暫往, 呂布亦引兵出屯山陽就食.) <삼국-모종 2:78>

【곡식】 명 ((곡물)) 곡식(穀食). 벼, 보리, 밀, 조, 수수, 기장, 콩, 옥수수 따위를 통틀어 일컫는 말.¶ ▼穀 ‖ 우리 군식 긔산으로 나가면 ᄀᆞ올 곡식을 거두어 군량을 ᄒᆞ리니 그 가히 이긔미 다ᄉᆞ시라 (吾兵自出祁山, 掠抄秋穀爲食, 五可勝也.) <삼국-가정 36:103>

【곡연-ᄒᆞ-】 동 곡연하다. 미상.¶ ▼安 ‖ 죠 이장을 시겨 일천 군마ᄅᆞᆯ 거ᄂᆞ려 길을 열나 ᄒᆞ고 기[여]ᄂᆞᆫ 목[몸]을 호위ᄒᆞ니 죠히 ᄉᆡᆼ녀 군마ᄅᆞᆯ 어더 심둥이 곳 곡연ᄒᆞᆫ지

라 (操敎二將引一千軍馬開路, 其餘留著護身, 操得這枝生力軍馬, 心中稍安.) <삼국-모종 8:59>

【곤곤-이】 부 곤곤(滾滾)히. 끊임없이.¶ ▼滾滾 ‖ 젼면의 고함소릭 진쳔ᄒᆞᄂᆞᆫ 곳의 쥬연의 군ᄉᆡ 분ᄉᆞ니 간수의 ᄶᅥ러지며 곤ᄉᆞ이 암간의 디ᄉᆞᄂᆞᆫ듸 (前面喊聲震天, 朱然軍紛紛落澗, 滾滾投巖.) <삼국-국중 14:57>

【곤븨-ᄒᆞ-】 형 곤비(困憊)하다. 아무것도 할 기력이 없을 만큼 지쳐 몹시 고단하다. 또는 곤궁하고 고달프다. 피곤(疲困)하다.¶ ▼困 ‖ 만일 일됴의 몸쇼 그 역ᄉᆞ를 당ᄒᆞ면 형용이 피뢰ᄒᆞ며 졍신이 곤븨ᄒᆞ야 마ᄎᆞᆷ닉 ᄒᆞᆫ 일도 일우지 못ᄒᆞᄂᆞ니 엇지 그 지혜 노비 계견만 갓지 못ᄒᆞ리오만은 그 가쥬의 법을 다 일흐미라 (忽一旦將身親其役, 形疲神困, 終無一成, 豈其智之不如奴婢鷄犬哉? 失爲家主之法也.) <삼국-규장 23:82>

【곤빈-ᄒᆞ-】 형 곤비(困憊)하다. 아무것도 할 기력이 없을 만큼 지쳐 몹시 고단하다. 또는 곤궁하고 고달프다. 피곤(疲困)하다.¶ ▼困 ‖ 만일 일됴의 몸소 그 역ᄉᆞ를 당ᄒᆞ면 형용이 피뢰ᄒᆞ며 졍신이 곤빈ᄒᆞ야 ᄆᆞᄎᆞᆷ내 ᄒᆞᆫ 일도 일우디 못ᄒᆞᄂᆞ니 엇디 그 디혜 노비계견만 ᄀᆞᆺ디 못ᄒᆞ리오만은 그 가쥬의 법을 다 일흐미라 (忽一旦將身親其役, 形疲神困, 終無一成, 豈其智之不如奴婢鷄犬哉? 失爲家主之法也.) <삼국-가정 34:51>

【곤치-】 동 고치다. 잘못이나 그릇된 것을 바로잡다.¶ ▼改 ‖ 경닉의 범법ᄒᆞᄂᆞᆫ 지 잇스면 반다시 삼ᄎᆞ롤 용셔ᄒᆞ야 곤치지 안ᄒᆞᄂᆞᆫ ᄌᆞᄂᆞᆫ 시형ᄒᆞ고 (境內有犯法者, 必恕三次, 不改者, 然後施刑.) <삼국-모종 10:46>

【곤-ᄒᆞ-】 형 ❶ 곤(困)하다. 곤궁(困窮)하다. 부족하다.¶ ▼困 ‖ 셕의 쵸장왕이 ᄭᅳᆫ을 ᄭᅳᆫ어 익쳡 희롱ᄒᆞ믈 구힉지 아니ᄒᆞ엿더니 그 후의 쵸장왕이 진나라 군ᄉᆞ의게 곤ᄒᆞᆫ 빅 도엿더니 장웅이 졀영ᄒᆞᆫ 음덕을 싱각ᄒᆞ여 그 위틱ᄒᆞ믈 쥭기로ᄡᅥ 구ᄒᆞ엿ᄂᆞ니 (昔楚莊王'絶纓'之會, 不究戲愛姬之蔣雄, 後爲秦兵所困, 得其死力相救.) <삼국-국중 2:92> ❷ 피곤(疲困)하다. 기운이 없이 나른하다. 몹시 고단하여 잠든 상태가 깊다.¶ ▼竭 ‖ 강위 퇴거ᄒᆞ니 그 힘이 곤ᄒᆞ리니 감이 ᄃᆞ시 오지 못ᄒᆞ리라 (姜維夜遁, 其力已竭, 不敢再出矣.) <삼국-국중 17:1>

【곧】 명 ((지리)) 곳[處]. 일정한 자리나 지역.¶ ▼處 ‖ 하비로 ᄃᆞ라나 관우롤 보고 머믈워 닉웅ᄒᆞ게 ᄒᆞ고 우롤 혀내여 와 싸화 거즛 패ᄒᆞ야 유인ᄒᆞ야 닉도ᄒᆞᆫ 고ᄃᆞ로 더브러 가고 졍병으로 도라갈 길흘 막은 후의 혹 싱금ᄒᆞ거나 혹 달래미 가ᄒᆞ니라 (入下邳去見關羽, 種禍於城內; 却引關羽出戰, 詐敗佯輸, 誘入他處, 却以精兵截其歸路, 然後或擒或說可也.) <삼국-가정 9:43>

【골】 명 ((지리)) 고을.¶ ▼郡 ‖ 쥬젼니 드듸여 두어 골을 평졍ᄒᆞ고 쳡서롤 올닐시 (朱儁遂平數郡, 上表獻捷.) <삼국-국중 1:31> ▼州 ‖ 원소 네 골 군ᄉᆞ 삼십 만을 모와 청정 ᄒᆞ식[치]예 이른다 ᄒᆞ니 죄 젼진ᄒᆞ니 하식[치] 임의 정ᄒᆞᆫ지라 (袁紹聚四州之兵, 得二三十萬, 前至倉亭下寨, 操提兵前進, 下寨已定.) <삼국-모종 5:66> 마초난 반적으로 군수늘 쥭기니 한 골 ᄉᆞ민이 다 한탄ᄒᆞ니 ᄌᆞ제 오형이 안ᄌᆞ 역셩을 웅거ᄒᆞ여 도적 칠 마음 업신니 엇지 인신의 도리ᄉᆞ요 (馬超叛君, 妄殺郡守, 一州士民, 無不恨之, 今吾兄坐據歷城, 竟無討賊之心, 此豈人臣之理乎?) <삼국-모종 11:10>

【골ㄹ】 명 ((지리)) 고을.¶ ▼鄕 ‖ 죄 명ᄒᆞ여 장즁의 드러 문왈 노장의 나히 얼마나 ᄒᆞᆫ고 답왈 다 빅세 각가오니 다 죄 왈 군ᄉᆞ가 너의 골레 요란ᄒᆞ니 불안ᄒᆞ노라 (乃命入帳中賜坐, 問之曰: "老丈多少年紀?" 答曰: "皆近百歲矣." 操曰: "吾軍士驚擾汝鄕, 吾甚不安.") <삼국-모종 5:65>

【골리-눈】 명 ((신체)) 고리눈. 고리처럼 동그랗게 생긴 눈. 또는 놀라거나 화가 나서 휘둥그레진 눈.¶ ▼環眼 ‖ 포 ᄆᆡ왈 골리눈 도적이 나를 적긔 보ᄂᆞᆫ야 비 왈 닉 네 말을 아ᄉᆞ오기로 네 우리 가ᄉᆞ의 셔쥬늘 아스랴 (布罵曰: "環眼賊, 你累次藐視我!" 飛曰: "我奪你馬你便惱, 你奪了我哥哥的徐州便不說了!") <삼국-모종 3:34>

【골육】 명 ((인류)) 골육(骨肉). 부자, 형제 등의 육친(肉親). 골육지친(骨肉之親).¶ ▼骨肉 ‖ 만일 승샹부의 가면 골육이 다 ᄀᆞᆯ리 되리니 ᄇᆞ라건대 냥ᄉᆞ은 슈죠롤 ᄂᆞ리와 대쟝군을 불러 드러오라 ᄒᆞ샤 그 일을 프러 니ᄅᆞ쇼셔 (若到相府, 骨肉皆爲齏粉矣, 望娘娘賜手詔, 宣大將軍入宮, 解釋其事.) <삼국-가정 1:118>

【골으-】 형 고르다. 균일하다. 차이가 없이 한결같다.¶ ▼明 ‖ 연이 물으니 소졸 왈 우리 등이 풍습의 장ᄒᆞ ᄉᆞ졸노 그 상벌이 골으지 아니ᄒᆞ기로 와 황복ᄒᆞ노라 ᄒᆞ고 (然問之, 小卒曰: "我等是馮習帳下士卒, 因賞罰不明, 特來投降就密機密.") <삼국-모종 13:77>

【골회】 명 ((복식)) 고리[環]. 긴 쇠붙이나 줄, 끈 따위를 구부리고 양 끝을 맞붙여 둥글게 만든 물건.¶ ▼環 ‖ 맛당이 괴요ᄒᆞᆫ 고ᄃᆡ 기동을 박고 기동의 큰 원환을 박고 군후의 ᄑᆞᆯ흘 골회예 녀허 ᄆᆡ이 ᄆᆡᆫ 후의 나블로 머리롤 ᄡᅳ고 (當於靜處立一標柱, 上釘大環, 請君侯將臂穿於環中, 以繩係之, 然後以被蒙其首.) <삼국-가정 24:101>

【골희-눈】 명 ((신체)) 고리눈. 고리처럼 동그랗게 생긴 눈. 또는 놀라거나 화가 나서 휘둥그레진 눈.¶ ▼環眼 ‖ 댱비 골희눈을 브ᄅᆞᄐᆞ고 댱팔모롤 들고 나니 손을 드ᄂᆞᆫ 고ᄃᆡ 등무의 념통을 딜러 몰게 ᄲᅥ러디다 (張飛睜環眼, 挺丈八矛, 手起處, 刺中心窩, 鄧茂翻身落馬.) <삼국-가정 1:32> 댱비 대로ᄒᆞ야 골희눈을 두려디 ᄠᅳ고 니롤 ᄀᆞᆯ며 몰게 ᄂᆞ려 드리ᄃᆞᄅᆞ니 독위 경히 뎡샹의 안자셔 아젼을 동여 디윗거늘 (張飛大怒, 睜圓環眼, 咬碎鋼牙, 滾眼下馬, 徑入館驛. 把門人見了, 皆遠躱避. 直奔後堂, 見督郵坐于廳上, 將縣吏綁倒在地.) <삼국-가정 1:78>

【곰비-님비】 부 곰비임비. 물건이 거듭 쌓이거나 일이 계속 일어남을 나타내는 말 자꾸자꾸. 계속하여.¶ 幾番 ‖ 중관이 황개롤 붓드러 니ᄅᆞ혀니 매 마즌 ᄃᆡ 가족이 ᄲᅵ여디고 ᄉᆞᆯ히 ᄲᅧ뎌 션혈이 넘니ᄒᆞ더라 붓드러 제 댱

막의 가니 곰비님비 긔졀ᄒᆞ니 듯ᄂᆞᆫ 사ᄅᆞᆷ이 아니 눈믈 디리 업더라 (衆官扶起黃盖, 打得皮開肉綻, 鮮血迸流, 扶到帳中, 昏絶幾番. 動問之人, 無不下淚.) <삼국-가정 15:89>

【곳】 부 곧. 때를 넘기지 아니하고 지체 없이. 즉시.¶ ▼곳 (就地) <삼국-어람 109a> ▼卽 ‖ 뉸이 조당의 동탁을 보고 녀포 업ᄂᆞᆫ ᄯᅢ를 타 복지ᄇᆡ쳥 왈 뉸이 ᄐᆡᄉᆞ를 굽혀 초ᄉᆞ의 니르러 부연ᄒᆞ고져 ᄒᆞ니 균의 엇더ᄒᆞ뇨 탁 왈 ᄉᆞ되 불으니 곳 츄부ᄒᆞ리라 (允在朝堂, 見了董卓, 趁呂布不在側, 伏地拜請曰: "允欲屈太師車騎, 到草舍赴宴, 未審鈞意若何?" 卓曰: "司徒見招, 卽當趨赴.") <삼국-모종 2:8>

【곳-】 형 곧다.¶ ▼亭亭 ‖ 그 남글 우러〻 보니 곳고 고다 큰 냥산을 폇ᄂᆞᆫ ᄃᆞᆺᄒᆞ며 바ᄅᆞ 구름의 다핫ᄂᆞᆫ ᄃᆞᆺ호ᄃᆡ ᄒᆞᆫ 곳도 내민 구비 업거ᄂᆞᆯ (仰觀其樹, 亭亭如華盖, 直侵雲漢, 並無曲節.) <삼국-가정 25:81>

【-곳】 조 ((일부 체언류에 붙어)) 다른 것으로부터 제한하여 어느 것을 한정함을 나타내거나 강세를 나타내는 보조사. -만. -곧. ※ 15세기에는 ㄹ이나 모음 뒤에서는 '-옷'으로 교체된다. 현대국어 보조사 "-곧"에 부분적인 기능이 남아 있다.¶ ▼한실 종친이니 공훈곳 이시면 반ᄃᆞ시 듕히 ᄡᅳ리라 (既是漢室宗親, 但有功勳, 必當重用.) <삼국-가정 1:30> 현덕이 ᄉᆞ례 왈 만닐 노장군곳 아니ᄃᆞ면 오애 엇디 이에 와 날을 구ᄒᆞ여시리오 ᄒᆞ고 인ᄒᆞ여 신상의 황금쇄ᄌᆞ갑을 버셔 쥬니 (玄德謝曰: "若非老將軍, 吾弟安能到此?" 卽脫身上黃金鎖子甲以賜之.) <삼국-국중 11:117> 뎌즈음긔 소비곳 아니런들 볼셔 굴헝의 업더뎌 주거시리니 몸이 엇디 쟝군 휘하의 니ᄅᆞ리오 (某向日若不得蘇飛, 則骨塡于溝壑矣, 安能致命于將軍麾下哉?) <삼국-가정 13:31> 술곳 취ᄒᆞ면 남다히를 ᄇᆞ라고 니를 골며 노ᄒᆞ기를 마디 아니ᄒᆞ다가 술곳 ᄭᆡ면 방셩통곡ᄒᆞ며 셜워ᄒᆞ기를 긋치디 아니ᄒᆞ더니 (毎醉, 望南切齒瞬目, 怒恨甚急; 酒醉醒時, 放聲痛哭, 悲傷不已.) <삼국-가정 26:66>

【곳그리티-】 동 거꾸러뜨리다.¶ ▼揪倒 ‖ 녀포 믄득 드러와 오부를 잡아 곳그리틴대 (呂布便入, 揪倒伍孚.) <삼국-가정 2:17>

【곳-분】 명 ((기물)) 화분(花盆).¶ ▼花盆 ‖ 곳분 열흘 가져다가 연젼의 노호라 ᄒᆞ고 믈노 ᄲᅮᆷ으니 경긱의 모란 ᄒᆞᆫ 뒤 나 닙히 프르며 곳 ᄒᆞᆫ 방이 픠거ᄂᆞᆯ (令取大花盆放筵前, 以水噀之. 頃刻發出牡丹一株, 開放雙花.) <삼국-가정 22:74>

【곳비】 명 ((기물)) 고삐. 말이나 소를 몰거나 부리려고 재갈이나 코뚜레, 굴레에 잡아매는 줄.¶ ▼轡 ‖ 장무 말 얼 노아 와 싸와 삼합이 못ᄒᆞ여 조운의 창의 질이여 말계 ᄯᅥ려지ᄂᆞᆫ지라 그 말 곳비를 잇그러 진에 도라오니 진숀니 보고 좃ᄎᆞ와 막고 ᄲᅢ앗거날 (張武縱馬來迎, 不三合, 被趙雲一鎗刺落馬下, 隨手扯住轡頭, 牽馬回陣, 陳孫見了, 隨趕來奪.) <삼국-모종 6:24> 당일의 이인니 곳비를 함긔 ᄒᆞ여 도라오니 남셔 ᄇᆡᆨ셩이 하례 아니리 업더라 (當日二人並轡而回. 南徐之民, 無不稱賀.) <삼국-국중 10:68> ▼轡頭 ‖ 탁니 수릐의 나려 말을 탓더니 ᄯᅩ 십니가 못ᄒᆞ야 그 말니 고함을 ᄒᆞ며 곳비를 ᄭᅦ니 탁이 문슉 왈 (卓下車乘馬, 又行不到十里, 那馬咆哮嘶喊, 掣斷轡頭, 卓問肅曰) <삼국-모종 2:25>

【곳압-ᄒᆞ-】 동 교잡(交雜)하다. "교잡ᄒᆞ다"의 오기인 듯함.¶ ▼交雜 ‖ ᄇᆡ를 다 ᄉᆡ예 나려 분포수면ᄒᆞ고 ᄃᆡ강 일ᄃᆡ의 쳥홍긔가 곳압ᄒᆞᆫ지라 최[쵸]촉 당남이 촉[초]션 이십 쳑을 거ᄂᆞ리고 ᄎᆡ를 ᄯᅮᆯ워 가더라 (船皆出寨, 分布水面, 長江一帶, 青紅旗號交雜, 焦觸、張南領哨船二十隻, 穿寨而出, 望江南進發.) <삼국-모종 8:37>

【공】 명 공(功). 일을 마치거나 목적을 이루는데 들인 노력과 수고.¶ ▼功 ‖ 제군이 국가를 위ᄒᆞ야 근심ᄒᆞᄂᆞᆫ 재 잇거든 힘써 나의 허믈을 칙ᄒᆞ라 만일 그러면 일을 가히 뎡ᄒᆞ며 도적을 가히 멸ᄒᆞ며 공을 가히 셰우리라 (諸人有遠慮于國者, 但勤攻吾之闕, 責吾之短, 則事可定, 賊可滅, 功在翹足而待矣.) <삼국-가정 31:63>

【공공시】 명 ((인명)) 공공씨(共工氏). 중국 고대 요순(堯舜) 시대, 형벌을 담당했다고 하는 신화적인 인물. 부락의 영수로서 물의 성질을 잘 알아 바람과 풍랑을 일으켰다고 한다. 전욱(顓頊)과 제위를 다투다가 화가 나서 부주산(不周山)을 들이받아 천주(天柱)를 부러뜨렸다고 전함.¶ ▼共工氏 ‖ 공〻시 젼패ᄒᆞ매 텬듀[하ᄂᆞᆯ 기동이라]브러디고 디위[ᄯᅡ 얽ᄆᆡ인 거ᄉᆞᆯ 니ᄅᆞ미라]믜여딘디라 하ᄂᆞᆯ이 셔븍으로 기울고 ᄯᅡ히 동남이 ᄭᅥ디니 (至共工氏戰敗, 頭觸不周山, 天柱折, 地維缺, 天傾西北, 地陷東南.) <삼국-가정 28:36>

【공교-ᄒᆞ-】 형 공교(工巧)하다. 꾀 따위가 재치가 있고 교묘하다.¶ ▼巧 ‖ 이제 셰 위ᄐᆡᄒᆞᆫ 후의 와 공교ᄒᆞᆫ 말로 달래ᄂᆞ뇨 (今日勢危, 故來巧言令色, 欲全其身!) <삼국-가정 27:41>

【공궤-ᄒᆞ-】 동 공궤(供饋)하다. 윗사람에게 음식을 드리다. 먹여 살리다.¶ ▼供給 ‖ 죄 올히 녀겨 드〻여 삼십만 ᄃᆡ병을 일위고 합비의 군ᄉᆞ를 모와 쟝요로 ᄒᆞ여곰 량쵸를 공궤ᄒᆞ니 ᄯᅴ의 셰작이 숀권의게 보ᄒᆞᆫᄃᆡ (操曰: "長文之言, 正合吾意." 卽時起大兵三十萬, 逕下江南; 令合淝張遼, 準備糧草, 以爲供給. 早有細作報知孫權.) <삼국-국중 11:2>

【공명】 명 ((인명)) 공명(孔明). 제갈량(諸葛亮). 공명(孔明)은 그의 자(字).¶ ▼孔明 ‖ 후쥬 슈릐를 ᄂᆞ려 거러 ᄒᆡᆼᄒᆞ냐 홀노 제삼 듕문의 드러가니 공명니 쥭장을 집고 지당가의 안ᄌᆞ 괴기를 보거날 (後主乃下車步行, 獨進第三重門, 見孔明獨倚竹杖, 在小池邊觀魚.) <삼국-모종 14:40>

【공문】 명 공문(公文). 공적기관에서 공식적으로 내는 문건.¶ ▼공문을 쓴단 말 (寫本) <삼국-어람 109b> 원소ᄂᆞᆫ 승상의 ᄃᆡ적이라. 장군이 가ᄂᆞᆫ 길의 승상의 공문이 잇ᄂᆞᆫ야 <삼국-모종 5:60>

【공번-도이】 副 공변[公反]되게. 공정하게. 행동이나 일 처리가 사사롭거나 한쪽으로 치우치지 않고 공평하게.¶ ▼公道 ‖ 공번도이 의논컨듸 엇지ᄒᆞ야야 올흐뇨 (以公道論之, 若何?) <삼국-가정 14:96>

【공번-되-】 形 공변[公反]되다. 행동이나 일 처리가 사사롭거나 한쪽으로 치우치지 않고 공평하다. 공성(公正)하다.¶ ▼公道 ‖ 내 ᄌᆞ연히 공번된 일로 주기면 뎨 주거도 ᄒᆞᆫ티 못ᄒᆞ리라 (我自有公道斬之, 教他死而無怨.) <삼국-가정 15:64> ▼公 ‖ 딤이 비록 부직ᄒᆞ나 ᄯᅩᄒᆞᆫ 과악이 업ᄉᆞᆫ디라 엇디 ᄎᆞ마 조종 대업을 힘드렁이 ᄇᆞ리리오 너희 ᄇᆡᆨ관들히 다시 공번된 의논을 ᄒᆞ라 (朕雖不才, 又無過惡, 安忍將祖宗大業等閑棄了? 汝百官再從公計議.) <삼국-규장 18:47>

【공번-되이】 副 공변[公反]되게. 공정(公正)하게. 공적(公的)으로.¶ ▼公 ‖ 오ᄂᆞᆯ날 잔ᄎᆡᄒᆞᄂᆞᆫ 고듸 나라 졍ᄉᆞᄅᆞᆯ 의논ᄒᆞ미 가티 아니ᄒᆞ니 ᄂᆡ일 도당의 가 공번되이 의논ᄒᆞ미 늣디 아니타 (今日飮宴之處, 不可以談國政, 來日向都堂公論未遲.) <삼국-가정 1:142> 딤이 비록 브직ᄒᆞ나 ᄯᅩᄒᆞᆫ 과악이 업ᄉᆞᆫ디라 엇디 ᄎᆞ마 조종 대업을 힘드렁이 ᄇᆞ리리오 너희 ᄇᆡᆨ관ᄃᆞᆯ이 다시 공번되이 의논ᄒᆞ라 (朕雖不才, 又無過惡, 安忍將祖宗大業等閑棄了? 汝百官再從公計議.) <삼국-가정 26:25>

【공변-되이】 副 공변[公反]되게. 공정(公正)하게. 공적(公的)으로.¶ ▼公 ‖ 오날날 잔ᄎᆡᄒᆞᄂᆞᆫ 고듸 나라 졍ᄉᆞᄅᆞᆯ 의논ᄒᆞ미 가티 아니ᄒᆞ니 ᄂᆡ일 도당의 가 공변되이 의논ᄒᆞ미 늣지 아니타 (今日飮宴之處, 不可以談國政, 來日向都堂公論未遲.) <삼국-규장 1:103>

【공쟝】 名 ((인류)) 공장(工匠). 일꾼. 수공업에 종사하는 장인.¶ ▼人工 ‖ 죄 대희ᄒᆞ여 즉시 공쟝을 보내여 버히라 ᄒᆞ니 톱으로 혀도 ᄃᆞ디 아니ᄒᆞ고 도취로 버혀도 ᄃᆞ디 아닛ᄂᆞᆫ다 ᄒᆞ거ᄂᆞᆯ (操大喜. 卽令人工砍伐, 鋸解不開, 斧砍不入.) <삼국-가정 25:81>

【공조】 名 ((관직)) 공조(功曹). 중국 한(漢)나라 때에, 군(郡)에 속하여 군리의 임면(任免) 및 상벌에 관한 일을 맡아보던 구실아치.¶ ▼功曹 ‖ 공조 량셔 쥬부 윤샹 쥬긔 냥건 등이 다 닐오듸 (時有功曹梁緖、主簿尹賞、主記梁建等曰.) <삼국-가정 30:32>

【공총-ᄒᆞ-】 形 공총(倥傯)하다. 이것저것 일이 많아 바쁘다.¶ ▼倥傯 ‖ 류비 션안을 니별ᄒᆞᆫ 후로브터 날마다 군믜 공총ᄒᆞ므로 한 번 문후치 못ᄒᆞ엿더니 (備自別仙顏, 日因軍務倥傯, 有失拜訪.) <삼국-국중 8:4>

【공타-ᄒᆞ-】 動 공타(攻打)하다. 공격(攻擊)하다.¶ ▼攻打 ‖ 쇠 ᄃᆡ희ᄒᆞ여 삼군을 지쵹ᄒᆞ야 사면으로 구름쳐로 모도여 일제이 공타ᄒᆞ니 (昭大喜, 遂激三軍, 四面雲集, 一齊攻打.) <삼국-국중 17:13>

【공히】 名 ((관청)) 공해(公廨). 관아(官衙). 관가(官家)의 건물. 공청(公廳).¶ ▼公廨 ‖ 곽개 볼셔 죽어 관을 공히에 머믈윗거ᄂᆞᆯ 죄 가 제ᄒᆞ고 ᄊᆞ히 업더뎌 울며 (時郭嘉已死數日, 停柩在公廨. 操往祭之, 哭倒於地.) <삼국-가정 11:92>

【-과】 조 ❶ -와/과. 둘 이상의 사물을 같은 자격으로 이어 주는 접속 조사.¶ ▼정히 뎌즈음씌 한슈과 승샹이 홀로 말ᄒᆞ신 의심을 마칠 거시니 반ᄃᆞ시 나이 나리이다 (正應單馬會語之疑.) <삼국-가정 19:46> ❷ -와/과. 다른 것과 비교하거나 기준으로 삼는 대상임을 나타내는 비교격 조사.¶ ▼比 ‖ 사ᄅᆞᆷ이 닐오듸 뉴현덕이 관인ᄒᆞ여 긱을 ᄉᆞ랑ᄒᆞᆫ다 ᄒᆞ더니 이제 과연 이리 멀리 보내여 마ᄌᆞ니 엇디 조ᄌᆞ의 오만무례ᄒᆞᆫ 쟈과 비ᄒᆞ리오 (人言劉玄德寬仁愛客, 今果如此遠接, 却不比那曹操傲慢我!) <삼국-가정 19:94> ❸ 상대로 하는 대상임을 나타내는 격조사.¶ ▼與 ‖ 마툐과 싸화 ᄌᆞ웅을 결ᄒᆞ려 ᄒᆞ니 냥군이 아니 놀라리 업더라 (來與馬超決戰雌雄.) <삼국-가정 19:34>

【-과다】 미 -기를. -고자. 소망 연결어미. 소망주와 행위주가 다를 때 쓰인다.¶ ▼欲 ‖ 네 내 세 죄ᄅᆞᆯ 니ᄅᆞ니 날로 ᄒᆞ야곰 엇디과다 ᄒᆞᄂᆞ다 (汝說我有三罪, 欲我何如?) <삼국-가정 9:10> ᄇᆞ러 내게 ᄇᆞ리믄 내 손을 비러 죽여 날로ᄡᅥ 어딘 사ᄅᆞᆷ 해ᄒᆞ다 ᄒᆞᄂᆞᆫ 일홈을 어더 블의예 ᄲᅡ디과댜 호미니 (故令作使於我, 欲借我手殺之, 以爲我害賢, 而陷我於不義也.) <삼국-가정 8:58> 내 ᄒᆞᆫ 글월이 이시니 그듸로 ᄒᆞ여곰 동오의 가과댜 ᄒᆞ노니 그듸 즐겨 갈다 (吾有一書, 正欲煩你去東吳一會, 你肯去否?) <삼국-가정 33:115> 고ᄂᆞᆫ ᄒᆞ믈며 텬ᄌᆞ의 샹공이라 왕건 뉴보 둥이 고로 ᄒᆞ여곰 ᄲᅮᆫ 거슬 드러 믈러가과댜 ᄒᆞ니 엇디 이리 무례ᄒᆞ뇨 (孤乃天子上公, 而建、甫等欲孤解圍退舍, 豈得無禮耶!) <삼국-가정 35:54> 개 날로 ᄒᆞ여곰 됴회예 드러가디 말과댜 ᄒᆞᄂᆞ냐 (犬不欲我入朝乎?) <삼국-가정 36:14> ▼要 ‖ 모ᄅᆞ과댜 ᄒᆞ면 말아야 올티 만셩 ᄇᆡᆨ셩이 뉘 모ᄅᆞᄂᆞᆫ 거시라 날을 소기려 ᄒᆞᄂᆞ다 (若要不知, 除非莫爲滿城百姓, 那一個不知?) <삼국-가정 17:97> 공이 날ᄃᆞ려 니ᄅᆞ믄 아니 ᄐᆡᆨ으로 ᄒᆞ여금 사항셔ᄅᆞᆯ 드리과댜 ᄒᆞᄂᆞ냐 (公之告我, 莫非要澤獻詐降書否?) <삼국-가정 15:93> 네 날을 달래여 항ᄒᆞ과댜 ᄒᆞ거니와 바다히 ᄆᆞᄅᆞ고 돌히 녹디 아닌 젼의ᄂᆞᆫ 쉽디 아니ᄒᆞ니라 (汝要說吾降, 除非海枯石爛!) <삼국-가정 15:113> ▼포 술이 반만 취ᄒᆞ매 니ᄅᆞ러 ᄀᆞ로듸 포 ᄇᆞ라건대 조만의 ᄉᆞ되 텬ᄌᆞ씌 쳔거ᄒᆞ시과댜 ᄒᆞᄂᆞ이다 (布酒至半酣, 曰: "布早晩亦望司徒于天子處保奏.") <삼국-가정 3:69> 너희 둥이 날을 블의예 ᄲᅡ디과댜 ᄒᆞᄂᆞ다 내 몸이 죽을 ᄯᆞᄅᆞᆷ이라 (汝等陷我于不義也? 吾身死矣!) <삼국-가정 4:86> 뎐풍 져슈ᄂᆞᆫ 견집ᄒᆞ야 훙병티 말과댜 ᄒᆞ고 심비 곽도ᄂᆞᆫ 힘ᄡᅥ 긔병호믈 권ᄒᆞ니 (田豐、沮授堅執不肯興兵, 審配、郭圖力勸起兵.) <삼국-가정 8:12> 부친이 병이 이셔 친히 힝티 못ᄒᆞ야 특별이 존슈을 청ᄒᆞ야 ᄃᆡ긱ᄒᆞ과댜 ᄒᆞ니 원컨대 슈은 각쳐의 ᄃᆡ휜 관원들흘 각별이 무휼콰댜 ᄒᆞᄂᆞ이다 (父親氣質作,

實不能行, 特請尊叔待客, 乞撫恤各處守牧之官爲幸.) <삼국-가정 12:4>

【-과라】 [미] (주로 동사, 형용사 어간 뒤에 붙어) (주로 일인칭 주어와 함께 쓰여) -았노라. -었노라. -과(←-거: 주관적 믿음의 선어말 어미) + -라(←-다: 평서형 종결 어미).¶ ▼죄 돗긔 ᄂᆞ려 공경ᄒᆞ야 ᄀᆞᆯ오ᄃᆡ 공의 큰 일홈을 드런 디 오라더니 다ᄒᆡᆼ이 서ᄅᆞ 보과라 (曹操避席起敬曰: "聞公大名久矣! 幸得於此相見.") <삼국-가정 5:70> 죄 대쇼 왈 오ᄂᆞᆯ 내 거의 져근 도적의게 곤ᄒᆞᆫ 배 되과라 (操大笑曰: "今日我幾爲小賊所困!") <삼국-가정 19:17>

【과렴-ㅎ-】 [동] 과념(過念)하다. 지나치게 염려하다.¶ ▼見責 ‖ 관공이 비ᄅᆞᆯ 권ᄒᆞ여 나가니 현덕이 녀포ᄃᆞ려 일너 왈 열제의 쥬후 광언을 형은 과렴치 말나 (關公勸飛出, 玄德與呂布陪話曰: "劣弟酒後狂言, 兄勿見責.") <삼국-모종 2:91>

【과방】 [명] ((인류)) 과방(過房). 첩(妾).¶ ▼過房 ‖ 또 과방 뉴시의게 일ᄌᆞ 잇ᄉᆞ니 명은 소오 ᄌᆞᄂᆞᆫ 공예라 (堅又過房兪氏一子, 名韶, 字公禮.) <삼국-모종 1:120>

【과부】 [명] ((인류)) 과부(寡婦). 홀어미. 남편을 여의고 혼자 지내는 여자. 과수(寡守). 이부(嫠婦).¶ ▼寡 ‖ 뉴비ᄅᆞᆯ 주기면 이ᄂᆞᆫ 문을 ᄇᆞ라ᄂᆞᆫ 과뷔 되리니 뉘 다시 혼인ᄒᆞ쟈 ᄒᆞ리오 내 ᄯᆞᆯ의 일ᄉᆡᆼ을 그ᄅᆞᆺ ᄆᆡᆫᄃᆞᆯ리로다 (殺了劉備, 便是望門寡, 明日再怎的說親? 須誤了我女兒一世!) <삼국-가정 17:99>

【과실-낡】 [명] ((식물)) 과실(果實)나무.¶ ▼果木 ‖ 두 사ᄅᆞᆷ이 졍히 가더니 일니ᄂᆞᆫ 가셔 보니 녀ᄇᆡᆨ새 나귀 기ᄅᆞ마의 술 두 병을 ᄃᆞᆯ고 과실남글 안고 오다가 보고 (二人行不到二里, 見呂伯奢驢鞍前鞽懸酒二瓶, 手抱果木而來.) <삼국-가정 2:36>

【-과쟈】 [미] -기를. -고자. -게 하고자. 어떤 행동을 할 의도나 욕망을 가지고 있음을 나타내는 연결 어미.¶ ▼要 ‖ 담이 가마니 인을 보ᄂᆡ믄 너희로 ᄒᆞ여곰 ᄂᆡ응과쟈 ᄒᆞ미니 ᄂᆡ 원샹을 파ᄒᆞ믈 기ᄃᆞ려 작난ᄒᆞ려 ᄒᆞ미라 (譚暗送印者, 欲汝等爲內助也, 待我破了袁尙, 就裏取事.) <삼국-가정 11:47>

【-과져】 [미] -기를. -고자. 어떤 행동을 할 의도나 욕망을 가지고 있음을 나타내는 소망형 연결 어미.¶ ▼要 ‖ 네 날을 달ᄂᆡ여 항ᄒᆞ과져 ᄒᆞ거니와 바다히 마르고 돌히 녹지 아닌 젼의ᄂᆞᆫ 쉽지 아니ᄒᆞ니라 (汝要說吾降, 除非海枯石爛!) <삼국-규장 11:29>

【-과ᄌᆞ】 [미] -기를. -고자. 소망 연결어미.¶ ▼네 우리 쥬로 ᄒᆞ여금 무롭흘 굴ᄒᆞ야 국젹의게 욕을 밧과ᄌᆞ ᄒᆞᄂᆞᆫ냐 (汝敎吾主屈膝受辱于國賊乎?) <삼국-가정 14:100>

【곽쇼】 [명] ((인명)) 학소(郝昭). 중국 삼국시대 위나라 장수.¶ ▼郝昭 ‖ 곽쇼 셩샹의 이셔 쵹병의 운뎨 니ᄅᆞ혀믈 보고 삼천군을 녕ᄒᆞ야 각ᄀᆞᆨ 화젼을 가졋다가 운뎨 셩의 갓가이 오나ᄃᆞᆫ ᄒᆞᆷᄭᅴ ᄡᅩ라 ᄒᆞ더라 (郝昭在敵樓上望見蜀兵裝起雲梯, 四面而來, 卽令三千軍各執火箭, 分在四面, 待雲梯近城, 一齊射之.) <삼국-가정 32:3>

【관】 [명] ((기물)) 관(棺). 널. 시체를 넣는 속 널.¶ ▼櫬 ‖ 이튼날 모ᄃᆞᆫ 벗을 쳥ᄒᆞ야 부연ᄒᆞ라 ᄒᆞ고 관을 당 우희 노핫더니 친구ᄃᆞᆯ이 와 당샹의 관을 노하시믈 보고 다 놀라 (次日, 請諸友赴席, 列櫬於堂. 衆親友至, 見舁櫬於堂, 皆失驚.) <삼국-가정 24:62>

【관가포】 [명] ((인류)) 관가파(管家婆pō). 안잠자기. 남의 집안에서 잠을 자며 일을 도와주는 여자. (중국어 직접 차용어).¶ ▼管家婆 ‖ 현덕이 손부인 방듕의 도창검극이 이시믈 보고 실ᄉᆡᆨᄒᆞᆫ대 관가푀[집일 ᄀᆞ음아ᄂᆞᆫ 겨집 사ᄅᆞᆷ이라] 나아와 닐오ᄃᆡ (却說玄德見孫夫人房中, 兩邊槍刀森列如麻, 玄德失色. 管家婆進曰.) <삼국-가정 17:111> 관가푀 손부인ᄃᆞ려 닐오ᄃᆡ 방듕의 병긔ᄅᆞᆯ 버러시니 아리ᄯᆞ온 손이 편안티 아녀 ᄒᆞ니 아직 업시ᄒᆞ여지이다 (管家婆稟復孫夫人曰: "房中擺列兵器, 嬌客不安, 今且去之.") <삼국-가정 17:112>

【관가ᄑᆞ】 [명] ((인류)) 관가파(管家婆). 남의 집안에서 잠을 자며 일을 도와주는 여자.¶ ▼管家婆 ‖ 관가ᄑᆡ 나외여 왈 귀인은 놀나지 마르쇼셔 부인니 어려셔븟터 무ᄉᆞ를 죠히 녀기ᄆᆡ 상히 시비로 ᄒᆞ여곰 칼을 희롱ᄒᆞ여 즐기ᄂᆞᆫ 고로 이러ᄒᆞ미니이다 (管家婆進曰: "貴人休得驚懼. 夫人自幼好觀武事, 居常令侍婢擊劍爲樂, 故爾如此.") <삼국-국중 10:69>

【관겨-ㅎ-】 [동] 관계(關係)하다. 관련되다. 연관이 되다. '관계ᄒᆞ다'에서 '관계'의 반모음 y가 탈락한 형태이다.¶ ▼妨 ‖ 쇽담의 닐오ᄃᆡ ᄀᆞᆺ난 숑아지 범을 두려 아니ᄒᆞᆫ다 ᄒᆞᄂᆞ니 부친이 비록 덕을 참ᄒᆞ나 블과 강호의 ᄒᆞᆫ 쇼졸이라 관겨티 아니ᄒᆞ고 ᄒᆡᆼ혀 허소ᄒᆞ미 이시면 ᄇᆡᆨ부의 의탁ᄒᆞᆫ 강산의 듕ᄒᆞᆫ 거ᄉᆞᆯ 엇디 홍모ᄀᆞ티 가ᄇᆡ야이 너기리오 (俗云: "初生之犢, 不懼於虎." 父親縱然斬了此人, 只是羌胡一小卒耳. 倘有疏虞, 且以伯父所托江山之重, 等閑輕如鴻毛也?) <삼국-가정 24:74>

【관겨-히】 [부] 관계(關係)히. 중요(重要)하게. 대단하게.¶ ▼시졀 사ᄅᆞᆷ이 관겨히 너기디 아니호ᄃᆡ (時人未之奇也.) <삼국-가정 1:44>

【관겨-ᄒᆞ-】 [동] 관계(關係)하다. 관련되다. 연관이 되다. '관계ᄒᆞ다'에서 '관계'의 반모음 y가 탈락한 형태이다.¶ ▼妨 ‖ 적이 오나 므어시 관겨ᄒᆞ니 (賊至何妨?) <삼국-가정 19:14> ▼적이 오다 무어시 관겨ᄒᆞ리오 (賊至何妨?) <삼국-가정 규장 13:45>

【관곡-히】 [부] 관곡(款曲)히. 간곡(懇曲)히. 매우 정답고 친절하게.¶ ▼管 ‖ 현덕이 두 사ᄅᆞᆷ을 쳥ᄒᆞ야 뎜의 드러와 술을 두어 관곡히 ᄃᆡ졉ᄒᆞ며 ᄇᆡᆨ셩으로 더브러 해ᄅᆞᆯ 덜고 한됴ᄅᆞᆯ 븟들고져 ᄒᆞᄂᆞᆫ ᄠᅳ들 니ᄅᆞᆫ대 (玄德請二人到莊上, 置酒管待, 訴及欲與民除害, 扶助漢朝.) <삼국-가정 1:29>

【관뉴-ᄒᆞ-】 [동] 관류(寬留)하다.¶ ▼寬 ‖ 이제 번셩이 곤ᄒᆞ믈 닙어 목을 느릐혀 구원ᄒᆞᆷ을 ᄇᆞ라니 ᄉᆞᄅᆞᆷ으로 글을 써 군심을 관뉴ᄒᆞ고 또 관공으로 ᄒᆞ여곰 동의 형쥬를

엄습ᄒᆞᄂᆞᆫ 쥴 알면 ᄇᆞᆫᄃᆞ시 형쥬 닐을까 두려ᄒᆞ여 퇴병ᄒᆞ리니 셔황으로 ᄒᆞ여곰 승세 엄습ᄒᆞ면 젼공을 어드리라 (今樊城被困, 引頸望救, 不如令人將書射入樊城, 以寬軍心; 且使關公知東吳將襲荊州. 彼恐荊州有失, 必速退兵, 卻令徐晃乘勢掩殺, 可獲全功.) <삼국-국중 13:58>

【관동】 명 ((인류)) 관동(官僮). 관아의 종.¶ ▼官僮 ‖ 위ᄌᆔ 조뫼 호위 쵸빅으로 ᄒᆞ여곰 뎐듕의 뫼신 사ᄅᆞᆷ과 창두 관동[창두는 죵이오 관동은 구읫사ᄅᆞᆷ이라]삼ᄇᆡᆨ여 인을 모도와 고조ᄒᆞ고 나갈ᄉᆡ (魏主曹髦出內, 令護衛焦伯, 聚集殿中宿衛蒼頭官僮三百餘人, 高噪而出.) <삼국-가정 37:109>

【관듕】 명 ((지리)) 관중(關中). 중국 북부의 산시성(陝西省) 관중 분지.¶ ▼關中 ‖ 도독[웃듬 쟝쉬라]은 ᄆᆞᄋᆞᆷ이 믄허디며 담이 믜여디고 쟝군[모든 쟝쉬라]은 쥐 숨으며 싀랑이 ᄃᆞ라남 ᄀᆞᄐᆞ니 관듕의 부로ᄅᆞᆯ 볼 ᄂᆞ치 업ᄉᆞᆫ디라 엇디 샹부의 묘당의 도라가리오 (都督心崩而膽裂, 將軍鼠竄而狼忙, 無顏見關中之父老, 何面歸相府之廟堂!) <삼국-가정 33:26>

【관비-ᄒᆞ-】 동 관비(寬譬)하다. 위로하며 마음을 풀게 하다.¶ ▼勸解 ‖ 공명이 지삼 관비ᄒᆞ니 현덕 왈 너 동오로 다려 ᄆᆡᆼ셰코 일월을 한 가[지] 안이하리라 (孔明與衆官再三勸解, 玄德曰: "孤與東吳, 誓不同日月也.") <삼국-모종 13:17>

【관ᄉᆞ】 명 ((건축)) 관사(館舍). 손님의 숙소로 하기 위하여 관가에서 차려놓은 집. 객사(客舍).¶ ▼館舍 ‖ 궁젼 관ᄉᆞᄅᆞᆯ 다ᄉᆞ려 셩도로븟터 ᄇᆡᆨ슈의 이르러 ᄉᆞᄇᆡᆨ여 쳐 관ᄉᆞ 졍우를 셰우고 양초를 광젹ᄒᆞ고 군긔를 다초ᄒᆞ야 즁원 진취ᄒᆞ기를 도모ᄒᆞ더라 (差官起造宮庭, 又置館舍. 自成都至白水, 共建四百餘館舍郵亭. 廣積糧草, 多造軍器, 以圖進取中原.) <삼국-국중 13:11>

【관애】 명 ((곤충)) 빛깔이 푸른 나비와 나방의 애벌레. 나나니벌이 업어 키우므로 '양자(養子)'를 비유하는 데 사용함.¶ ▼螟蛉 ‖ 뎍ᄌᆞᄅᆞᆯ 셰오고 버곰을 셰오디 아니호믄 녜붓터 덧ᄃᆞᆺᄒᆞᆫ 도리라 엇디 날ᄃᆞ려 뭇ᄂᆞ뇨 봉은 명녕[명녕은 관애란 버러지라]ᄀᆞᄐᆞᆫ ᄌᆞ식이라 (立嫡不立庶, 古之常理, 又何必問于我乎? 封乃螟蛉之子, 使住山城之遠, 免遺禍于親骨肉也.) <삼국-가정 25:36>

【관역】 명 관혁(貫革). '과녁'의 원말. 활이나 총 따위를 쏠 때 표적으로 만들어 놓은 물건.¶ ▼箭垛 ‖ 죠 무관의 지죠ᄅᆞᆯ 보고져 ᄒᆞ여 근시로 ᄒᆞ여곰 셔천 홍금포 일영을 슈양가지의 걸고 아ᄅᆡ 관역을 셔우고 ᄇᆡᆨ보로 ᄒᆞᆫ졍ᄒᆞ고 (操欲觀武官比試弓箭, 乃使近侍將西川紅錦戰袍一領, 挂於垂楊枝上, 下設一箭垛, 以百步爲界.) <삼국-모종 9:77>

【관우】 명 ((인명)) 관우(關羽, ?-219). 중국 삼국시대 한(漢)의 장수. 이름은 우(羽), 자는 운장(雲長). 유비(劉備)의 의제(義弟)로서 무수한 싸움에서 공을 세웠다. 뒤에 제갈량(諸葛亮)과 2인자 다툼에서 밀린 후 홀로 형주(荊州)를 지키다가 여몽(呂蒙)에게 잡혀 손권(孫權)이 참수형을 명하여 58세로 죽음을 당하였다. 오호장군(五虎將軍)의 한 사람이며 수염이 멋있어 헌제(獻帝)가 붙여준 한수정후(漢壽亭侯) 미염공(美髯公)이란 별칭도 있다. 대추빛의 얼굴에 자존심이 무척 강한 인물로 알려져 있으며 지금 중국의 민간에서 신으로 모셔지고 있다.¶ ▼關羽 ‖ 관위 ᄀᆞ장 깃거ᄒᆞ고 강동을 슬히여ᄒᆞᄂᆞᆫ 일이 업ᄉᆞ니 시름이 업너이나 (關羽欣喜, 無復憂江東之意也.) <삼국-가정 24:123>

【관ᄋᆡᆨ】 명 ((지리)) 관애(關隘). 국경에 있는 관문과 요새의 높고 험한 지역을 가리키는 말. 관새(關塞).¶ ▼關隘 ‖ 일면으로 관ᄋᆡᆨ을 막아 마ᄃᆡ를 다라나지 못ᄒᆞ게 ᄒᆞ니 (一面使人分付把住關隘, 休教走了馬岱.) <삼국-국중 10:139>

【관한-ᄒᆞ-】 동 관한(寬限)하다. 기한을 늦추다.¶ ▼寬限 ‖ ᄇᆡᆨ긔 ᄇᆡᆨ갑을 일시의 쥰비ᄒᆞ기 어려우니 모로미 관한ᄒᆞ소셔 (白旗白甲, 一時無措, 須寬限方可.) <삼국-국중 13:150>

【관혁】 명 관혁(貫革). '과녁'의 원말. 활이나 총 따위를 쏠 때 표적으로 만들어 놓은 물건.¶ ▼箭垛 ‖ 죄 몬져 무관의 활ᄡᅩᄂᆞᆫ 양을 보려 ᄒᆞ야 근시ᄅᆞᆯ 명ᄒᆞ야 셔천 홍금젼포 ᄒᆞ나흘 버들가지예 걸고 그 아래 관혁을 ᄇᆡ셜ᄒᆞ니 ᄇᆡᆨ보의 셰왓더라 (操先觀武官比試弓箭, 便命近侍將西川紅錦戰袍一領, 掛在垂楊枝上, 下設箭垛.) <삼국-가정 18:23>

【관니】 명 ((인류)) 관리.¶ ▼官吏 ‖ 쟝ᄉᆞ 비위 드려와 간ᄒᆞ여 왈 승상이 ᄉᆞ졸을 거ᄂᆞ리고 깁히 불모ᄒᆞᆫ ᄃᆡ 드려와 만방을 황복바다시니 엇디 관니ᄅᆞᆯ 두어 ᄆᆡᆼ학으로 ᄃᆞ려 직희디 아니ᄒᆞᄂᆞ뇨 (長史費禕入諫曰: "今丞相親提士卒, 深入不毛, 收服蠻方, 蠻王今旣已歸服, 何不置官吏, 與孟獲一同守之?") <삼국-모종 15:24>

【광망】 명 광망(光芒). 비치는 빛살. 빛발.¶ ▼光芒 ‖ 올돌골이 상을 타고 압희 이셔 머리의난 일월낭수모ᄅᆞᆯ 쓰고 몸의ᄂᆞᆫ 금쥬영낙을 입고 두 자감 아ᄅᆡ 비ᄂᆞᆯ이 드러나고 눈 가온ᄃᆡ 광망이 잇ᄂᆞᆫ디라 (兀突骨騎象當先, 頭戴日月狼鬚帽, 身披金珠纓絡, 兩肋下露出生鱗甲, 眼目中微露光芒.) <삼국-모종 15:19>

【광이】 명 ((기물)) 괭이. 땅을 파거나 흙을 고르는 데 쓰는 농기구.¶ 원군이 감히 다시 올나 쏘지 못ᄒᆞ니 심비 또 ᄒᆞᆫ 게교를 둘너 군인으로 호미와 광이 등 무를 가지고 쳘수를 ᄯᅡ라 이여 조의 진의 사못ᄎᆞ거ᄂᆞᆯ (由是袁軍不敢登高射箭, 審配又獻一計, 令軍人用鐵鍬暗打地道, 直透曹營內.) <삼국-모종 5:51>

【광젹-ᄒᆞ-】 동 광적(廣積)하다. 널리 쌓다.¶ ▼廣積 ‖ 한즁왕이 위연으로 군마를 통독ᄒᆞ야 동천을 수어ᄒᆞ라 ᄇᆡᆨ관을 거ᄂᆞ리고 셩도의 도라ᄀᆞ 궁젼 관ᄉᆞ를 다ᄉᆞ려 셩도로붓터 ᄇᆡᆨ슈의 이르러 ᄉᆞᄇᆡᆨ여 쳐 관ᄉᆞ 졍우를 셰우고 양초를 광젹ᄒᆞ고 군긔를 다초ᄒᆞ야 즁원 진취ᄒᆞ기를 도모ᄒᆞ더라 (漢中王令魏延總督軍馬, 守禦東川, 遂引百官回成都, 差官起造宮庭, 又置館舍. 自成都至白水, 共建四

百餘館舍郵亭. 廣積糧草, 多造軍器, 以圖進取中原.) <삼국-국중 13:11>

【광ᄎᆡ】 명 광채(光彩). 정기 있는 밝은 빛.¶ ▼光華 ‖ 죄 불응ᄒᆞ고 궤의 의지ᄒᆞ여 죠으더니 홀연 드르니 강쉬 흉용ᄒᆞᆫᄃᆡ 좌셩이 도〻ᄒᆞᆫ ᄀᆞ온ᄃᆡ 일뉸 홍일이 쇼ᄉᆞᄂᆞ 광ᄎᆡ ᄉᆞᄅᆞᆷ의게 쏘이고 (操伏几而臥, 忽聞潮聲洶湧, 如萬馬爭奔之狀. 操急視之, 見大江中推出一輪紅日, 光華射目.) <삼국-국중 11:75>

【광패-ᄒᆞ-】 형 광패(狂悖)하다. 미친 사람처럼 말과 행동이 사납고 막되다.¶ ▼狂悖 ‖ 양이 일됴의 광패ᄒᆞ야 스〻로 젓 ᄃᆞᆷ기믈 구ᄒᆞ야 블튱블의예 귓거시 되리오 (羕一朝狂悖, 自求菹醢, 爲不忠不義之鬼乎!) <삼국-가정 25:125>

【괘】 명 괘(卦). (점칠 때 쓰는) 산가지. 점괘(占卦). "괘"는 중국 고대(古代)의 복희씨(伏羲氏)가 지었다는 글자. «주역»의 골자가 되는 것으로, 한 괘에 각각 삼효(三爻)가 있고, 효를 음양(陰陽)으로 나누어서 팔괘(八卦)가 되고 팔괘가 거듭하여 육십사괘(六十四卦)가 된다.¶ ▼卦 ‖ 익의 쳐 셔시 ᄀᆞ장 총명ᄒᆞ고 얼굴이 곱고 점복ᄒᆞ기ᄅᆞᆯ 잘ᄒᆞ더니 이날의 셔시 괘ᄅᆞᆯ 디오니 극히 흉커ᄂᆞᆯ 손을 뫼호디 말라 호되 (翊妻徐氏極聰明, 顏色美貌, 更善卜«易». 是日, 徐氏卜卦象大凶, 不可會客.) <삼국-가정 13:10>

【괘효-ᄒᆞ-】 동 괘효(挂孝)하다. 상복을 입다.¶ ▼掛孝 ‖ 양의 등이 공명 영구를 밧드러 셩도의 이르ᄆᆡ 후쥐 문무ᄇᆡᆨ관을 다리어 괘효ᄒᆞ고 셩외 이십 니의 영졉ᄒᆞᆯᄉᆡ (楊儀等扶孔明靈柩到成都, 後主引文武官僚盡皆掛孝, 出城二十里迎接.) <삼국-국중 16:75>

【괴-】 동 괴다. 받쳐 놓다. 밑을 받치어 안정시키다.¶ ▼撑 ‖ 조진니 급히 문빙으로 ᄒᆞ여곰 소쥬ᄅᆞᆯ 괴아 용쥬ᄅᆞᆯ 와 구할ᄉᆡ 문빙니 농쥬의 쒸여올나 비ᄅᆞᆯ 업고 소쥬의 ᄂᆞ려와 ᄒᆞᆫ힘으로 다라 드러가니 (曹眞慌令文聘撑小舟急來救駕, 龍舟上人立站不住, 文聘跳上龍舟, 負丕下得小舟, 奔入河港.) <삼국-모종 14:62>

【괴기】 명 ((어패)) 고기. 물고기.¶ ▼魚 ‖ 후쥐 슈ᄅᆡᄅᆞᆯ ᄂᆞ려 거러 힝ᄒᆞ냐 홀노 제삼 듕문의 드러가니 공명니 죽쟝을 집고 지당가의 안ᄌᆞ 괴기ᄅᆞᆯ 보거날 (後主乃下車步行, 獨進第三重門, 見孔明獨倚竹杖, 在小池邊觀魚.) <삼국-모종 14:40>

【괴셕】 명 괴셕(怪石). 괴상하게 생긴 돌.¶ ▼怪石 ‖ 다만 보니 괴셕을 무딘 거시 놉픈 ᄃᆡ 돌히 모나 칼 ᄀᆞᆺ고 듕〻텹〻ᄒᆞ야 담 ᄀᆞᄐᆞ며 강믈 소ᄅᆡ와 믈결 ᄇᆞᄃᆞ잇ᄂᆞᆫ 소ᄅᆡ 일만 병매 쓸뢰ᄂᆞᆫ ᄃᆞᆺᄒᆞ니 (但見怪石嵯峨, 槎峨似劍; 橫沙立土, 重疊如墻; 江聲浪涌, 有如劍鼓之聲.) <삼국-가정 27:101>

【괴수】 명 ((인류)) 괴수(魁首). 못된 짓을 하는 무리의 우두머리. 악한의 우두머리.¶ ▼元惡 ‖ 만닐 죄ᄅᆞᆯ 다ᄉᆞ릴진ᄃᆡ 그 즁 괴수ᄅᆞᆯ 졔ᄒᆞᆯ 거시니 한 옥니의 붓침이 맛당ᄒᆞᆫ디라 엇지 분〻이 외병을 부르리요 (若欲治罪, 當除元惡, 但付一獄吏足矣, 何必紛紛召外兵乎?) <삼국-국중 1:54>

【괴악-ᄒᆞ-】 형 괴악(怪惡)하다. 말이나 행동이 이상야릇하고 흉악하다. 고약하다.¶ ▼醜惡 ‖ 수만 만병이 믈을 격ᄒᆞ야 하채ᄒᆞ여시ᄃᆡ 그 형용이 극히 괴악ᄒᆞ야 사ᄅᆞᆷ ᄀᆞᆺ디 아니ᄒᆞ거ᄂᆞᆯ (隔岸望見蠻兵不類人形, 甚是醜惡.) <삼국-가정 29:48>

【괴요-ᄒᆞ-】 형 고요하다. 조용하고 잠잠하다.¶ ▼靜 ‖ 맛당이 괴요ᄒᆞᆫ 고ᄃᆡ 기동을 박고 기동의 큰 원환을 박고 군후의 ᄑᆞᆯᄒᆞᆯ 골회예 녀허 ᄆᆡ이 ᄆᆡᆫ 후의 니블로 머리ᄅᆞᆯ ᄡᆞ고 (當於靜處立一標柱, 上釘大環, 請君侯將臂穿於環中, 以繩係之, 然後以被蒙其首.) <삼국-가정 24:101>

【괴위-ᄒᆞ-】 형 괴위(魁偉)하다. 체격이 장대하고 훤칠하다.¶ ▼魁偉 ‖ 쟝은 사마염이니 인물이 괴위ᄒᆞ여 셔ᄆᆡ 머리털이 ᄯᆞ의 드리우고 슈〻과슬ᄒᆞ고 총명영무ᄒᆞ여 (長曰司馬炎, 人物魁偉, 立髮垂地, 兩手過膝, 聰明英武, 膽量過人.) <삼국-국중 17:118>

【괴이-】 동 ❶ 사랑하다. 특별히 귀여워하고 사랑하다.¶ ▼幸 ‖ 조만의 하태후게 드러가 고ᄒᆞ믈 청ᄒᆞ니 일로 인ᄒᆞ야 십샹시 ᄉᆡ로이 괴이믈 엇다 (令早晚入何太后處, 善言遮蔽. 因此十常侍又得近幸.) <삼국-규장 1:72> ❷ 사랑을 받다.¶ ▼愛 ‖ 내 본ᄃᆡ 이 병이 업ᄉᆞ되 다만 아자ᄇᆡ게 괴이디 못ᄒᆞ매 ᄆᆡ양 이러ᄐᆞᆺᄒᆞᆫ 거즛말을 ᄒᆞᄂᆞ니라 (自來無此疾病, 但失愛于叔父, 故見罔耳.) <삼국-가정 1:43>

【괴좌-ᄒᆞ-】 동 궤좌(跪坐)하다. 꿇어앉다.¶ ▼跪 ‖ 현덕이〻에 국티 좌젼의 괴좌ᄒᆞ여 울며 고ᄒᆞ여 왈 만일 나ᄅᆞᆯ 죽이려 ᄒᆞ거든 이 ᄌᆞ리의셔 버히소셔 (玄德乃跪於國太席前, 泣而告曰: "若殺劉備, 就此請誅.") <삼국-모종 9:54>

【괴히히】 부 괴이(怪異)히. 괴이하게.¶ ▼怪 ‖ 감히 텬ᄌᆞᄒᆞ야 방위를 써나지 말며 머리를 연ᄒᆞ여 귀를 다혀 ᄉᆞᆺ말을 말며 쇼ᄅᆡᄒᆞ야 난언을 말며 놀나 괴히〻 구지 말나 녕을 어그릇ᄂᆞᆫ ᄌᆞ는 참ᄒᆞ리라 (不許擅離方位, 不許交頭接耳, 不許失口亂言, 不許失驚打怪. 如違吾令者斬之!) <삼국-가정 16:33>

【괴히-ᄒᆞ-】 형 괴이(怪異)하다.¶ ▼장비 장막 즁에 잇셔 정신이 산란ᄒᆞ여 동지 당황ᄒᆞ여 부장다려 문왈 ᄂᆡ 이제 심신이 황홀ᄒᆞ여 좌와불안ᄒᆞ니 괴히ᄒᆞ다 (張飛在帳中, 神思昏亂, 動止恍惚, 乃問部將曰: "吾今心驚肉顫, 坐臥不安, 此何意也?") <삼국-모종 13:58>

【굇고리】 명 ((조류)) 꾀꼬리.¶ ▼鸝 ‖ 섬의 비최ᄂᆞᆫ 플은 플은 스〻로 봄비출 가졋고 닙흘 ᄀᆞ렷ᄂᆞᆫ 누른 굇고리ᄂᆞᆫ 쇽졀업시 됴흔 소ᄅᆡᄅᆞᆯ ᄒᆞᄂᆞᆺ다 (映階碧草自春色, 隔葉黃鸝空好音.) <삼국-가정 34:127>

【굇처-오-】 동 좇아오다.¶ ▼趕 ‖ 적병이 굇처오면 네 ᄯᅩᄒᆞᆫ 사디 못ᄒᆞᆯ가 ᄒᆞ노라 (賊兵趕上, 汝却怎生?) <삼국-가정 2:113>

【굉뒤교착】 명 굉주교착(觥籌交錯). 벌로 먹이는 술의 술

잔과 잔 수를 세는 산가지가 뒤섞인다는 뜻으로, 연회가 성대함을 비유적으로 이르는 말.¶ ▼觥籌交錯 ‖ 좌상의 굉듀교착[잔과 산이 섯겨 혜텃단 말이라 녜ᄂᆞᆫ 술 먹을 제 잔을 ᄡᅥ더니라]ᄒᆞ더라 ᄒᆞᆫ 사ᄅᆞᆷ이 잔을 잡아 권ᄒᆞᆯ 적이면 반ᄃᆞ시 제 직릉을 쟈랑ᄒᆞ니 쥬유 대쇼ᄒᆞ고 마시더라 (席上觥籌交錯, 但是一個起來把盞, 必須誇其才能. 周瑜大笑而暢飲.) <삼국-가정 15:50>

【교결-ᄒᆞ-】 동 교결(交結)하다. 결탁(結託)하다.¶ ▼結搆 ‖ 장양 단귀 동후의 일지 임의 폐ᄒᆞᆷ을 보고 드듸여 보물노써 하진의 아오 하묘를 교결ᄒᆞ여 일노 인ᄒᆞ여 십상시드리 근힝ᄒᆞ믈 ᄯᅩ 어드니라 (張讓、段珪見董后一枝已廢, 遂皆以金珠玩好結搆何進弟何曲并其母舞陽君, 令早晚入何太后處, 善言遮蔽: 因此十常侍又得近幸.) <삼국-국중 1:51>

【교계】 명 교계(交契). 사귄 정분. 교분(交分).¶ ▼契 ‖ 윤대목이 조상의 심복이오 문흠으로 더브러 교계 후ᄒᆞ더니 상이 ᄉᆞ마의게 모살ᄒᆞ믈 닙으매 다시 ᄉᆞ마ᄉᆞ를 셤기더니 (有尹大目, 乃曹爽心腹之人, 與文欽契厚. 爽被司馬懿謀殺, 故事司馬師.) <삼국-가정 36:74>

【교교-ᄒᆞ-】 형 교교(皎皎)하다. (달이) 썩 희고 맑고 밝다.¶ ▼皎皎 ‖ 교ᄒᆞ여 달과 갓트미여 어ᄂᆡ ᄯᅢ 가히 거드리오 (皎皎如月, 何時可輟?) <삼국-국중 9:99>

【교도슈】 명 ((군사)) 교도수(校刀手). 칼 잘 쓰는 병사.¶ ▼校刀手 ‖ 관위 삼천 군마도 ᄡᅳ디 아니ᄒᆞ고 다만 부하의 오ᄇᆡᆨ 교도슈를 ᄃᆞ려다 가미 족ᄒᆞ니 뎡ᄒᆞ야 황튱과 한현의 머리를 휘하의 드리리이다 (關某不須用三千軍, 只消本部下五百名校刀手, 決定斬黃忠、韓玄之首, 獻來麾下.) <삼국-가정 17:43>

【교됴】 명 교조(矯詔). 임금의 명령이라고 거짓으로 꾸며 내리던 가짜 명령.¶ ▼矯詔 ‖ 이적의 원쇼 조조의 교됴를 엇고 이에 휘하 장ᄉᆞ를 뫼화 긔병ᄒᆞ믈 의논ᄒᆞ니 (時袁紹得操矯詔, 乃聚麾下將士, 商議起兵.) <삼국-가정 2:48>

【교보-ᄒᆞ-】 동 교부(交付)하다. 돌려주다. 맡기다.¶ ▼交付 ‖ 오후의 명을 바다 젼위ᄒᆞ여 형쥐 일로 왓ᄂᆞ니 엇디 빌련 디 오라되 여태 도라보내디 아니ᄒᆞᄂᆞ뇨 이제ᄂᆞᆫ 친권이 되어시니 교보ᄒᆞ미 더옥 맛당ᄒᆞ도소이다 (今奉孫將軍鈞命, 專爲荊州一事而來. 自借許多時了, 未蒙見還. 今日既然結了親眷, 合宜交付最好.) <삼국-가정 18:47> 운댱이 다시 ᄉᆞ양티 아니ᄒᆞ고 흔연히 허락ᄒᆞ더라 공명이 셜연ᄒᆞ고 인슈를 교보ᄒᆞᆯᄉᆡ (雲長更不推辭, 慨然領諾. 孔明設一宴, 交割印綬.) <삼국-가정 20:102> ▼交割 ‖ 젼의 황슉이 말을 두되 공ᄌᆞ 뉴긔 이신 덧만 잠간 형쥐를 비러 이셔지라 ᄒᆞ더니 이제 공ᄌᆡ 기셰ᄒᆞ여시니 일뎡 도로 보낼 거시라 숙이 이 일을 위ᄒᆞ야 와시니 언제 교보ᄒᆞ실고 (前者皇叔有言: "公子劉琦若在, 荊州暫時居住." 今公子去世, 必然見還. 肅正爲此事而來. 幾時可以交割?) <삼국-가정 17:75> 이ᄯᅢ예 영안셩 딕흰 쟝슈 니엄이 도위 구안으로 ᄒᆞ여곰 냥미를 거ᄂᆞ려 군듕의 교보ᄒᆞ되 (此時永安城李嚴差都尉苟安, 解送糧米軍中交割.) <삼국-가정 33:37>

【교봉-ᄒᆞ-】 동 교봉(交鋒)하다. 서로 병력을 가지고 전쟁하다. 교전(交戰)하다.¶ ▼交馬 ‖ 운댱이 이틀을 싸호ᄃᆡ 이긔디 못ᄒᆞ니 십분 애ᄃᆞ롸 정신을 ᄀᆞ다ᄃᆞᆷ고 위풍을 ᄇᆡ히 내여 튱으로 더브러 교봉ᄒᆞ여 (雲長兩日戰不下黃忠, 十分焦躁, 抖擻威風, 與忠交馬.) <삼국-가정 17:50> ▼交鋒 ‖ 듕군이 소ᄅᆡ을 가다듬아 ᄭᅧ계 ᄭᅮ짓ᄌᆞ니 쥬유 ᄃᆡ로ᄒᆞ야 반쟝으로 ᄒᆞ여곰 나와 ᄊᆞ홀ᄉᆡ 교봉ᄒᆞ기를 밋지 못ᄒᆞ여 (衆軍聲大罵, 周瑜大怒, 使潘璋出戰, 未及交鋒.) <삼국-모종 8:80>

【교부-ᄒᆞ-】 동 교부(交付)하다. 돌려주다. 맡기다.¶ ▼交割 ‖ 후쥬를 궁으로 도라보내고 방 브텨 ᄇᆡᆨ셩을 안무ᄒᆞ며 창고를 교부ᄒᆞ고 (請後主還宮, 出榜安民, 交割倉庫.) <삼국-가정 38:130>

【교슈-ᄒᆞ-】 동 교수(交手)하다. 교전(交戰)하다. 겨루다.¶ ▼較 ‖ 쥬공이 조의 격문을 보ᄂᆡ 슈륙 ᄃᆡ군 ᄇᆡᆨ만이라 ᄒᆞᆫ 고로 의심을 품어 다시 그 허실을 혜아리지 못ᄒᆞ여 시니 이제 써 실샹으로 교슈ᄒᆞ리라 (主公因見操檄文, 言水陸大軍百萬, 故懷疑懼, 不復料其虛實, 今以實較之.) <삼국-모종 7:109>

【교ᄉᆞ-ᄒᆞ-】 형 교사(驕奢)하다. 교만하고 사치스럽다.¶ ▼驕奢 ‖ 강포ᄒᆞ여 부졀읍시 젼국ᄉᆡ를 ᄌᆞ랑ᄒᆞ고 교ᄉᆞᄒᆞ며 망녕도이 천샹을 응ᄒᆞᆫᄃᆞ 말ᄒᆞᄂᆞᆫ도다 (强暴枉誇傳國璽, 驕奢妄說應天祥.) <삼국-국중 5:50>

【교오-ᄒᆞ-】 형 교오(驕傲)하다. 교만하고 건방지다.¶ ▼驕傲 ‖ 본ᄃᆡ 교오ᄒᆞ더니 당일의 현덕을 만홀이 ᄒᆞ니 댱비 믄득 죽이고져 ᄒᆞ거ᄂᆞᆯ (自來驕傲, 當日怠慢了玄德, 張飛性發, 便欲殺之.) <삼국-모종 1:17>

【교쟝】 명 ((인류)) 교장(巧匠). 솜씨가 교묘한 장인(匠人).¶ ▼巧匠 ‖ ᄯᅩ 듕누와 화각을 짓고 금옥긔명을 ᄆᆡᆫᄃᆞᆯᄉᆡ 교쟝 천만인으로 듀야로 역ᄉᆞ를 ᄒᆞ더라 (又建重樓畫閣, 造金銀器皿, 用巧匠千萬人晝夜工作.) <삼국-가정 35:71>

【교졍】 명 교정(交情). 사귀는 정. 또는 사귀어 온 정.¶ ▼交情 ‖ 교졍이 심밀ᄒᆞ미 인ᄒᆞ여 형제를 ᄆᆡ저시니 숀칙이 쥬유도곤 장이 양월인 고로 쥬워 숀칙을 형으로써 셤기더니 (交情甚密, 因結爲昆仲. 策長瑜兩月, 瑜以兄事策.) <삼국-국중 4:12>

【교죠】 명 교조(矯詔). 거짓 조서.¶ ▼矯詔 ‖ 죄 대희ᄒᆞ야 몬져 교죠를[거즛 죠셰라]발ᄒᆞ야 각도의 티보ᄒᆞ고 의병을 쇼모호ᄃᆡ 흰 긔에 "튱의" 두 ᄌᆞ를 ᄡᅥ 놉히 셰ᄋᆞ니 (操大喜, 先發矯詔, 馳報各道, 然後招集義兵, 竪起招兵白旗一面, 上書"忠義"二字.) <삼국-가정 2:41>

【교취-ᄒᆞ-】 형 교취(交翠)하다. 푸르다.¶ ▼交翠 ‖ 잔나뷔와 학이 셔로 친ᄒᆞ고 송쥭이 교취ᄒᆞ니 풍경이 과연 절승ᄒᆞᆫ지라 (猿鶴相親, 松篁交翠, 觀之不已.) <삼국-국중 8:8>

【교토】 명 ((동물)) 교토(狡兔). 교활한 토끼 또는 날쌘

토끼.¶ ▼狡兎 ‖ 비의 일신니 븟칠 곳지 업ᄉᆞᄆᆡ ᄉᆞᄉᆞ로 상감ᄒᆞ미 극한지라 토요도 오히려 한 ᄀᆞ지 잇고 교토도 또한 삼굴이 잇ᄂᆞ니 ᄒᆞ믈며 ᄉᆞᄅᆞᆷ이랴 ("備一身寄客, 未嘗思鷦鷯尙存一枝, 狡兎猶藏三窟, 何況人乎?") <삼국-국중 11:54>

【교할-ᄒᆞ-】 동 교할(交割)하다.¶ ▼割 ‖ 이제 익쥐를 어드ᄆᆡ 형쥐ᄂᆞᆫ 맛당이 환송ᄒᆞᆯ지라 황슉이 져즘긔 삼군을 교할ᄒᆞ여 보ᄂᆡ거ᄂᆞᆯ 군휘 즐겨 듯지 ᄋᆞ니ᄒᆞ니ː 져어ᄒᆞ건ᄃᆡ 의리 불가ᄒᆞ디 ᄋᆞ니랴 ("今已得益州, 則荊州自應見還; 乃皇叔但肯先割三郡, 而君侯又不從, 恐於理上說不去.") <삼국-국중 12:11>

【곳계】 명 교계(交契). 교분(交分).¶ ▼交契 ‖ ᄉᆡᆼ니 왈 혹쇼난 본ᄃᆡ 나와 농서사람이라 어린 져로붓터 곳계 심밀ᄒᆞ니 이제 져을 이히로 달ᄂᆡ면 반ᄃᆞ시 와 항복ᄒᆞ리라 (祥曰: "郝昭與某, 同是隴西人氏, 自幼交契, 某今到彼, 以利害說之, 必來降矣.") <삼국-모종 16:26>

【구겡-ᄒᆞ-】 동 구경(求景)하다. 흥미나 관심을 가지고 보다. 경상 방언.¶ ▼賞 ‖ 정월 십오일에 성중에 등화ᄂᆞᆯ ᄃᆡ장ᄒᆞ고 야금을 업시ᄒᆞ고 겡ᄉᆞ로 구겡ᄒᆞ난 웃뜸 밤닌니 (正月十五日夜間, 城中大張燈火, 慶賞元宵.) <삼국-모종 11:95>

【구고】 명 ((인류)) 구고(舅姑). 시아버지와 시어머니. 시부모(媤父母).¶ ▼舅姑 ‖ 이ᄂᆞᆫ 효도의 일이니 엇디 좃디 아니ᄒᆞ리오 네 비록 구고ᄅᆞᆯ 아디 못ᄒᆞ나 댱부와 ᄒᆞᆫ가지로 가 졔ᄒᆞ면 족히 며ᄂᆞ리 도ᄅᆞᆯ ᄎᆞᆯ히미라 (此孝道之事, 豈有不從? 汝雖不識舅姑, 可同汝夫前去一祭 足見爲婦之禮也.) <삼국-가정 17:124>

【구구-히】 부 구구(區區)히. 잘고 많아서 일일이 언급하기가 구차스럽게.¶ ▼區區 ‖ 이제 명공의 신무로ᄡᅥ 하삭의 싸홈 웅거ᄒᆞ야 조적을 티미 손바당 뒤혀기 ᄀᆞᆺ거ᄂᆞᆯ 엇디 구ː히 셰월을 쳔연ᄒᆞ여 쥐티 아니ᄒᆞ리오 (今以明公之神武, 跨河朔之强暴, 以伐曹賊, 易如反掌, 何必區區遷延日月?) <삼국-가정 8:9>

【구디】 부 굳이. 굳게. 단단히. '굳(固-)'에 부사를 만드는 접미사 '-이'가 결합된 형태.¶ ▼重 ‖ 다만 두려ᄒᆞ건대 뎌 구디 ᄡᅡᆫ ᄃᆡᄅᆞᆯ 나가디 못ᄒᆞᆯ가 ᄒᆞ노라 (但恐不得透其重圍耳.) <삼국-가정 25:32> 봉이 패주ᄒᆞ거ᄂᆞᆯ 뇨홰 승셰ᄒᆞ야 구디 ᄡᅡᆫ ᄃᆡᄅᆞᆯ 헤티고 나가 샹용으로 가다 (奉大敗, 廖化乘勢殺出重圍, 投上庸去訖.) <삼국-가정 25:33>

【구렁】 명 ((지리)) 구렁. 구덩이. 움쑥하게 팬 땅.¶ ▼塹 ‖ 가히 진을 도라가며 길[긴] 구렁을 파며 원군의 ᄊᆞ기리 구렁 가에 이르러 능히 드지 못ᄒᆞ고 군ᄉᆞ의 심만 허비ᄒᆞ리라 (曄曰: "可遶營掘長塹, 則彼伏道無用也." 操連夜差軍掘塹, 袁軍掘伏道到塹邊, 果不能入, 空費軍力.) <삼국-모종 5:51>

【구령】 명 ((지리)) 구렁. 구덩이. 움쑥하게 팬 땅.¶ ▼坑 ‖ 좌 친이 청[검]을 빗기여 벼리고 스ᄉᆞ로 말게 나려 구령을 메운이 장ᄉᆞ 모권을 다토아 성의 올나 문을 벼히고 드러가 니풍 등 ᄉᆞ인을 살게 잡아오거ᄂᆞᆯ (有兩員裨將畏避而回, 操掣劍親斬於城下, 遂自下馬接土塡坑, 於是大小將士無不向前, 軍威大振, 城上抵敵不住, 曹兵爭先上城, 斬關落鎖, 大隊擁入, 李豐、陳紀、樂就、梁剛都被生擒.) <삼국-모종 3:54> ▼塹 ‖ 형주 구령 녹각 수둥을 서공명니 드러가 공을 일위니 닉 병을 씬 지 삼십여 연에 감히 적진 에운 가온ᄃᆡ 드지 못ᄒᆞ여던니 (荊州兵圍塹鹿角數重, 徐公明深入其中, 竟獲全功, 孤用兵三十餘年, 未敢長驅逕入敵圍.) <삼국-모종 12:95>

【구로-】 동 (밑바닥이 울리도록) 선 자리에서 두 발을 힘주어 들었다 놓았다 하다. 구르다.¶ ▼撞跌 ‖ 쳔병이 다 발을 구로며 슬피 울고 태반이나 음식을 먹디 아니ᄒᆞ고 죽ᄂᆞᆫ 재 쉬업거ᄂᆞᆯ (蜀軍皆撞跌而哭, 大半不食, 死者無數.) <삼국-가정 34:101>

【구룸-ᄉᆞ다리】 명 ((기물)) 구름사다리.¶ ▼雲梯 ‖ 됴ː 삼면으로 구룸ᄉᆞ다리ᄅᆞᆯ 세우고 비표[포]로 급히 친니 장노 그 아의 장위와 더부러 상의ᄒᆞ니 (曹操三面豎立雲梯, 飛砲攻打, 張魯見其勢已極, 與弟張衛商議.) <삼국-모종 11:59>

【구류-삼교】 명 구류삼교(九流三敎). 유(儒)·불(佛)·도(道) 삼교와 유(儒)·도(道)·음양(陰陽)·법(法)·명(名)·묵(墨)·종횡(縱橫)·잡(雜)·농(農)의 구가(九家).¶ ▼九流三敎 ‖ 슈의 ᄌᆞᄂᆞᆫ 덕죄니 한 태위 양퓨의 아ᄃᆞᆯ이오 양진의 손ᄌᆞ라 글을 너비 알고 글 다ᄉᆞᆺ 줄을 ᄒᆞᆷ긔 보와 ᄂᆞ리오며 구류삼교[삼교ᄂᆞᆫ 션ᄇᆡ와 즁과 도ᄉᆞ의 도법이오 구류ᄂᆞᆫ 그 밧긔 ᄌᆞᆫ 일들이라]ᄅᆞᆯ 므롤 배 업더라 (脩字德祖, 漢太尉楊彪之子, 楊震之孫. 博學廣覽, 目視五行, 九流三敎, 無所不通.) <삼국-가정 23:112>

【구룸】 명 ((천문)) 구름.¶ ▼雲 ‖ 수션ᄃᆡ 압회 구룸 안기 일어나고 셕두셩 아ᄅᆡ 물결 업도다 (受禪台前雲霧起, 石頭城下無波濤.) <삼국-모종 19:98>

【구름】 명 ((천문)) 구름.¶ ▼雲 ‖ 룡이 움즉이면 샹셔의 구름이 이러나고 범이 ᄑᆞ람 블면 화ᄒᆞᆫ 바람이 니르니 이 ᄡᅥ 화셩이라 ᄒᆞᄂᆞᆫ 거ᄉᆞᆫ 뇽이오 (龍動則景雲起, 虎嘯則谷風至, 所以爲火星者龍.) <삼국-가정 22:94> 믈 븍편을 바라노니 ᄒᆞᆫ 셰 토셩이 잇고 셩 압히 큰 영치를 세우고 긔치 졍졔ᄒᆞ야 운금[구름과 금의라]ᄀᆞᆺᄂᆞᆫ 듯ᄒᆞ거ᄂᆞᆯ (望見河北岸上, 寨中旗幟整齊如故, 燦若雲錦.) <삼국-가정 29:6>

【구리】 명 ((광물)) 구리. 붉은색을 띤 금속 원소. 연성(延性)과 전성(展性)이 풍부하고, 전기와 열의 전도성이 뛰어나다. 동(銅).¶ ▼銅 ‖ 조예 사ᄅᆞᆷ으로 ᄒᆞ여곰 구리 기동을 ᄇᆞᄋᆞ텨 낙양의 슈운ᄒᆞ야 두 큰 사ᄅᆞᆷ을 디워 ᄉᆞ마 문밧긔 셰오고 일홈을 옹듕이라 ᄒᆞ고 (睿令人打碎銅柱, 運來洛陽. 又鑄兩個銅人, 號爲"翁仲".) <삼국-가정 35:15>

【구리-기동】 명 ((건축)) 구리기둥. 동주(銅柱).¶ ▼銅柱 ‖ 조예 사ᄅᆞᆷ으로 ᄒᆞ여곰 구리기동을 ᄇᆞᄋᆞ텨 낙양의 슈운ᄒᆞ야 두 큰 사ᄅᆞᆷ을 디워 ᄉᆞ마 문밧긔 셰오고 일홈을

옹듕이라 ᄒᆞ고 (睿令人打碎銅柱, 運來洛陽. 又鑄兩個銅人, 號爲'翁仲'.) <삼국-가정 35:15>

【구리-식】 명 구리새.¶ ▼銅雀 ‖ 조죄 금광을 파 한 구리 식랄 어드니 죄 왈 이 무슴 증젼고 (曹操於金光處, 掘出一銅雀, 問荀攸曰: "此何兆也?") <삼국-모종 6:22>

【구룸】 명 ((천문)) 구름. 공기 중의 수분이 엉기어서 미세한 물방울이나 얼음 결정의 덩어리가 되어 공중에 떠 있는 것.¶ ▼雲 ‖ 룡이 움즉이면 샹셔의 구름이 니러나고 범이 ᄑᆞ람 블면 화ᄒᆞᆫ ᄇᆞ람이 니르니 이 뼈 화셩이라 ᄒᆞᄂᆞᆫ 거ᄉᆞᆫ 농이오 (龍動則景雲起, 虎嘯則谷風至, 所以爲火星者龍.) <삼국-가정 22:94> 딕군이 구룸 못ᄃᆞᆺ ᄒᆞ미 미친 도적이 어룸 스듯 ᄒᆞ야 계유 딕 ᄡᆞ리ᄂᆞᆫ 듯 ᄒᆞᆫ 위엄을 펴매 믄득 고기 믈을 일흔 ᄃᆞᆺᄒᆞᆫ 셰를 보리로다 (大軍雲集, 狂寇冰消; 才聞破竹之聲, 便是失猿之勢.) <삼국-규장 20:89> ▼雲霓 ‖ 조승샹이 션비 구ᄒᆞ믈 큰 ᄀᆞ믈의 구룸 ᄇᆞ라ᄃᆞᆺ ᄒᆞᆫ다 ᄒᆞ더니 (人言曹丞相之求士, 如大旱之望雲霓.) <삼국-가정 15:96> ▼雲漢 ‖ 그 남글 우러ᄅᆞ 보니 곳고 고다 큰 냥산을 폇ᄂᆞᆫ ᄃᆞᆺᄒᆞ며 바ᄅᆞ 구룸의 다핫ᄂᆞᆫ ᄃᆞᆺ호ᄃᆡ ᄒᆞᆫ 곳도 내민 구ᄇᆡ 업거ᄂᆞᆯ (仰觀其樹, 亭亭如華盖, 直侵雲漢, 並無曲節.) <삼국-가정 25:81>

【구ᄇᆡ】 명 ((지리)) 굽이. 휘어서 구부러진 곳.¶ ▼曲節 ‖ 그 남글 우러러보니 곳고 고다 큰 냥산을 폇ᄂᆞᆫ ᄃᆞᆺᄒᆞ며 바ᄅᆞ 구룸의 다핫ᄂᆞᆫ ᄃᆞᆺ호ᄃᆡ ᄒᆞᆫ 곳도 내민 구ᄇᆡ 업거ᄂᆞᆯ (仰觀其樹, 亭亭如華盖, 直侵雲漢, 並無曲節.) <삼국-가정 25:81>

【구실】 명 구실. 관가의 일을 맡아 보는 직무. 직분. 벼슬.¶ ▼差役 ‖ 내 이 글을 어드면 이 구실을 ᄇᆞ리고 텬하의 병인을 고텨 션싱의 덕을 온젼케 ᄒᆞ리라 (吳押獄却了差役回家, 問妻要書, 行醫治病.) <삼국-가정 25:91>

【구슬】 명 ((복식)) 구슬. 보석이나 진주 따위로 둥글게 만든 물건.¶ ▼珠 ‖ 아히 드ᄅᆞ니 샹말의 닐오ᄃᆡ 당낭[을 좋구으리란 말이라]이 아ᄆᆞ리 노호와도 술위바퀴ᄅᆞᆯ 당티 못ᄒᆞᆫ다 ᄒᆞ엿고 ᄒᆞ믈며 슈후의 구슬로 가히 새ᄅᆞᆯ 쏘디 못ᄒᆞᆯ 거시오 ᄑᆞ리ᄅᆞᆯ 노희여 칼흘 빠히디 못ᄒᆞᆯ 거시니 ᄒᆞᆫ갓 신위만 잇브게 ᄒᆞ리이다 (兒聞世人有云: "螳螂之忿, 安當車轍?" 況隋侯之珠, 不可彈雀; 怒蠅拔劍, 徒費神威.) <삼국-가정 24:69>

【구ᄉᆡᆨ-ᄒᆞ-】 동 구색(懼色)하다. 두려워하다.¶ ▼懼色 ‖ 뼈를 글거 치독ᄒᆞ되 관공은 구ᄉᆡᆨᄒᆞ미 업거ᄂᆞᆯ 이제 ᄃᆡ왕은 져근 병으로써 의심이 만흐니잇가 (某刮骨療毒, 關公略無懼色?) <삼국-국중 13:100>

【구안-ᄒᆞ-】 동 구원(救援)하다. 어려움이나 위험에 빠진 사람을 구하여 주다.¶ ▼救 ‖ 우리 원씨 부ᄌᆞ 후은을 바다 이제 임군니 픽망ᄒᆞᄃᆡ 능히 구안치 못ᄒᆞ고 죽지 못ᄒᆞ니 의 아니라 (吾受袁公父子厚恩, 今主敗亡, 智不能救, 勇不能死, 於義缺矣!) <삼국-모종 6:11>

【구억-지-】 형 구석지다.¶ ▼精奥 ‖ 뢰 문ᄌᆞ니 말ᄒᆞ여 정ᄒᆞ고 구억진 곳즐 다 말솜ᄒᆞ니 ᄌᆞ춘니 반복 변난ᄒᆞ여 말ᄒᆞᄃᆡ 뢰 ᄃᆡ답ᄒᆞ기을 흐르난 닷한지라 (輅亹亹而談, 言言精奥, 子春反覆辨難, 輅對答如流.) <삼국-모종 11:86>

【구역-증】 명 ((질병)) 구역증(嘔逆症). 속이 메스껍거나 아니꼬와서 게우고 싶은 느낌.¶ ▼嘔逆 ‖ 슉 왈 일즉 무ᄉᆞᆫ 약을 씻ᄂᆞ냐 유 왈 구역증이 잇셔 약을 능히 나리지 못ᄒᆞ노라 (肅曰: "曾服何藥餌?" 瑜曰: "心中嘔逆, 藥不能下.") <삼국-모종 8:40>

【구오】 명 구오(九五). 임금의 자리. 주역의 9는 양수(陽數). 5는 역괘(易卦)로 천자의 지위를 일컫는 말.¶ ▼九五 ‖ ᄂᆡ 구오의 오르면 네 맛당이 쳔하 병마ᄅᆞᆯ 총독ᄒᆞ리라 (吾登九五, 汝當總督天下兵馬.) <삼국-국중 2:104>

【구울니-】 동 굴리다. 뒤척이다.¶ ▼圓 ‖ 겻헤 ᄒᆞᆫ 쟝쉬 고리눈을 구울니고 호슈ᄅᆞᆯ 거ᄉᆞ리고 댱팔ᄉᆞ모를 싸혀 말을 날녀 크게 부르되 (傍邊一將, 圓睜環眼, 倒豎虎鬚, 挺丈八蛇矛, 飛馬大叫) <삼국-모종 1:92>

【구원】 [2]명 ((지리)) 구원(九原). 사람이 죽은 뒤에 그 혼이 가서 산다고 하는 세상. 저승. 무덤 속. 구천(九泉).¶ ▼九泉 ‖ 오형이 위ᄐᆡ로은 거ᄉᆞᆯ 임ᄒᆞ여 고ᄅᆞᆯ ᄂᆡ게 부탁ᄒᆞ니 ᄂᆡ 이졔 만일 그 ᄌᆞ식을 잡고 짜흘 아ᄉᆞ면 타일 구원에 가 무ᄉᆞᆫ 면목으로 오형을 보리요 (吾兄臨危託孤於我, 今若執其子而奪其地, 異日死於九泉之下, 何面目復見吾兄乎?) <삼국-모종 7:33>

【구으리-】 동 굴리다. 구르게 하다.¶ ▼轉 ‖ 조인니 문듯 북으로 다라나거랄 조운니 조ᄎᆞ가지 아니ᄒᆞ고 문듯 셔문으로 돌츌ᄒᆞ여 또 동남으로 구으려 오니 조인 군니 ᄃᆡ란ᄒᆞᄂᆞᆫ지라 (曹仁便投北走, 雲不追趕, 卻突出西門, 又從西殺轉東南角上來, 曹仁軍大亂.) <삼국-모종 6:55>

【구을-】 동 구르다.¶ ▼轉 ‖ 운 왈 주공은 몬져 힝ᄒᆞ소셔 소장이 원컨ᄃᆡ 뒤ᄅᆞᆯ 당ᄒᆞ리이다 젼면으로 구으러 지ᄂᆡ가더니 산각의 일표 군마 가ᄂᆞᆫ 길을 막으니 (趙雲曰: "主公先行, 某願當後." 轉過前面山脚, 一彪軍馬攔住去路.) <삼국-모종 9:67>

【구을리-】 동 굴리다.¶ ▼擂 ‖ 합이 젼대로 군ᄉᆞᄅᆞᆯ ᄂᆞᆫ화 세 채ᄅᆞᆯ ᄃᆡ희오고 구을리ᄂᆞᆫ 나모와 돌흘 만히 싸하 구디 ᄃᆡ희고 나디 아니ᄒᆞ니 (郃仍舊分兵守住三寨, 多置擂木炮石, 堅守不戰.) <삼국-가정 23:4>

【구읏르-】 동 굴리다.¶ ▼轉 ‖ 강병이 식의 드러가 ᄇᆞ라 산을 디ᄂᆡ여 곳[ᄃᆞᆺ]더니 다만 보니 소거 은ᄋᆞ이 수풀 속으로 구읏러 드러가거ᄂᆞᆯ (羌兵搶入寨柵, 直趕過山口, 見小車隱隱轉入林中去了.) <삼국-모종 15:90>

【구의】 명 ((관청)) 관가(官家). 관아(官衙).¶ ▼官 ‖ 쟉은 말로 군ᄉᆞᄅᆞᆯ 주고 구의 곡식을 도적ᄒᆞ니 군법을 버노라 (故行小斛, 盜竊官糧, 謹按軍法, 因此斬之.) <삼국-가정 6:114> 구의 갑듀ᄅᆞᆯ 적실가 두려 아직 가져다가 더퍼시미오 사사로이 쓰미 아니니 빌건대 쟝군은 고향의 정을 싱각ᄒᆞ여 에엿비 너기라 (某恐雨濕官鎧, 故取遮盖, 非爲私用. 乞將軍念故鄕以憐之!) <삼국-가정 24:130> ▼이에 쥬션을 블러 ᄀᆞ만이 보낼ᄉᆡ 오ᄇᆡᆨ인을

ᄂᆞᆫ화 다ᄉᆞᆺ ᄇᆡ예 싯고 샹고의 ᄆᆡᄡᅵ를 ᄒᆞ여 가되 거즛 구의 문셔를 ᄆᆡᆫᄃᆞ라 의외예 ᄆᆞᆺᄂᆞᆫ 일을 예비ᄒᆞ고 (於是密遣周善, 將五百人, 分作五船, 扮爲商人. 於中更詐修國書, 以備盤詰.) <삼국-가정 20:13>

【구의-갑듀】 명 관가갑주(官家甲冑). 갑주(甲冑)는 갑옷과 투구를 아울러 이르는 말.¶ ▼官鎧 ‖ 구의갑듀를 적실가 두려 아직 가져다가 더퍼시미오 사ᄉᆞ로이 ᄡᅳ미 아니니 빌건대 쟝군은 고향의 정을 ᄉᆡᆼ각ᄒᆞ여 에엿비 너기라 (某恐雨濕官鎧, 故取遮盖, 非爲私用.乞將軍念故鄕以憐之!) <삼국-가정 24:130>

【구의-곡식】 명 관가곡식(官家-).¶ ▼官糧 ‖ 쟉은 말로 군ᄉᆞ를 주고 구의곡식을 도적ᄒᆞ니 군법을 벳노라 (故行小斛, 盜竊官糧, 謹按軍法, 因此斬之.) <삼국-가정 6:114>

【구의-일】 명 관청일. 공사(公事).¶ ▼公事 ‖ 이ᄂᆞᆫ 국가 ᄃᆡ시라 엇지 감히 ᄉᆞᄉᆞ 혐극으로 구의일을 니즈리오 (此國家大事, 豈敢而忘公事乎?) <삼국-가정 22:33> ▼公 ‖ 양이 이제 유예쥬를 셤기니 구의일을 몬져 ᄒᆞ고 ᄉᆞ졍을 후의 ᄒᆞᆯ지라 (亮本事劉豫州, 理合先公而後私.) <삼국-가정 14:78>

【구ᄋᆡ-되-】 형 구애(拘碍)되다. 거리끼거나 얽매이게 되다.¶ ▼碍 ‖ 현덕이 평ᄉᆡᆼ의 다만 자식 ᄒᆞ나히 잇스니 ᄒᆞ여곰 다려오게 ᄒᆞ면 현덕이 형주를 가져 와 아두를 밧구어 갈 거시요 만일 불연ᄒᆞ여도 그 시의 동병ᄒᆞ면 무어시 구ᄋᆡ되리요 (玄德平生只有一子, 就敎帶來, 那時玄德定把荊州來換阿斗. 如其不然, 一任動兵, 更有何碍?) <삼국-모종 10:84>

【구지】 부 굳이. 굳게.¶ ▼牢 ‖ 이럴진ᄃᆡ 형쥐 위ᄐᆡᆨᄒᆞ리로ᄃᆞ 여덟 글ᄌᆞ 이시니 장군은 구지 긔록ᄒᆞ면 형쥐를 가히 보젼ᄒᆞ리라 (若如此, 荊州危矣. 吾有八個字, 將軍牢記, 可保守荊州.) <삼국-국중 11:105> ▼좌우를 명ᄒᆞ여 일ᄇᆡᆨ 장을 엄장ᄒᆞ라 ᄒᆞ니 즁관니 또 구지 간ᄒᆞᆫᄃᆡ 쥬위 ᄎᆡᆨ상을 믈니치며 즁관을 ᄭᅮ지져 믈니치고 (命左右拖翻, 打一百脊杖, 以正其罪. 衆官又告免. 瑜推翻案桌, 叱退衆官.) <삼국-국중 9:68>

【구ᄌᆞ-】 형 궂다. 고생(苦生)스럽다.¶ ▼歹 ‖ 죄 다 두로 보고 됴흠 구ᄌᆞ믈 니ᄅᆞᄃᆡ 아니ᄒᆞ고 다만 부슬 자펴다가 ᄒᆞᆫ 활 ᄌᆞ를 쓰고 가니 아ᄆᆞ도 그 ᄠᅳᆮ을 모ᄅᆞ되 (操看罷, 不言好歹, 只取筆於門上書一"活"字而去. 人皆不曉.) <삼국-가정 23:113> ▼비록 네 손 외 지ᄉᆡᆼᄒᆞ고 양제 다시 올디라도 이예셔 디나디 못ᄒᆞ리니 이제 통이 부러 ᄠᅳ더내야 됴흐니 구ᄌᆞ니 ᄒᆞ면 통의 진짓 ᄆᆞᄋᆞᆷ이 아니니이다 (雖古之孫、吳再生, 穰苴復出, 亦不過于此矣. 非統曲爲褒奬, 乃眞心也.) <삼국-가정 15:118>

【구쳐-ᄒᆞ-】 동 구처(區處)하다. 변통하여 처리하다.¶ ▼區處 ‖ 승샹은 일즉이 구쳐ᄒᆞ라 (丞相早宜區處.) <삼국-가정 33:119> 즁이 다 군ᄉᆞ를 거두워 잠간 강동의 도라가 공의 젼창이 평복ᄒᆞᆷ을 기ᄃᆞ려 다시 구쳐코져 ᄒᆞ노라 (衆將皆欲收兵暫回江東. 待公箭瘡平復, 再作區處.) <삼국-국중 9:167>

【구초】 명 구초(口招). 죄인이 심문에 대하여 진술(陳述)함. 또는 그 진술.¶ ▼口詞 ‖ 즁관이 이 ᄉᆞᄅᆞᆷ 악당을 결년ᄒᆞ야 조정을 ᄇᆡ반ᄒᆞ고 나를 히코져 ᄒᆞᆷ을 모르니 이제 저 구초를 드러 보라 (衆官不知, 此人連結惡黨, 欲反背朝廷, 謀害曹某, 今日天敗, 請聽口詞.) <삼국-모종 4:41>

【구치-ᄒᆞ-】 동 구치(驅馳)하다. 말이나 수레를 타고 달리다. 몹시 바삐 돌아다니다. 고생(苦生)하다.¶ ▼馳驅 ‖ 관공이 앙ᄉᆞ불낙ᄒᆞ니 손건 왈 반다시 구치ᄒᆞ여 가 황숙ᄭᅴ 고ᄒᆞ여 ᄒᆞᆫ가지로 고셩에 이르기 편당ᄒᆞ니라 (關公怏怏不樂, 孫乾曰: "不必憂慮. 再苦一番驅馳, 仍往河北去報知皇叔, 同至古城便了.") <삼국-모종 5:28>

【구친-ᄒᆞ-】 동 구친(求親)하다. 청혼하다.¶ ▼求親 ‖ 젼ᄌᆞ 관공이 형쥬의 이실 ᄯᆡ의 오휘 슈ᄎᆞ 구친ᄒᆞᄃᆡ 관공이 불허한지라 (前者關公在荊州時, 吳侯數次求親, 關公不允.) <삼국-국중 14:2>

【구타여】 부 구태여. 굳이.¶ ▼이제 번셩의 위ᄐᆡᆨᄒᆞ미 급ᄒᆞᆫ디라 ᄉᆞ쟈를 보ᄂᆡ여 구완ᄒᆞ믈 구ᄒᆞ거니와 ᄉᆞ뎡ᄒᆞᆫ 후의 구타여 밋블 줄을 아지 못ᄒᆞᆯ소이다 (今樊城危急, 故遣使求救, 事定之後, 又反覆矣.) <삼국-규장 17:48>

【구ᄐᆞ여】 부 구태여. 일부러. 굳이.¶ ▼固 ‖ 이제 번셩의 위ᄐᆡᆨᄒᆞ미 급ᄒᆞᆫ디라 ᄉᆞ쟈를 보내여 구완호믈 구ᄒᆞ거니와 ᄉᆞ뎡ᄒᆞᆫ 후의 구ᄐᆞ여 밋블 줄을 아디 못ᄒᆞᆯ소이다 (今樊城危急, 故遣使求救, 事定之後, 又反覆矣.) <삼국-가정 24:109>

【구화-ᄒᆞ-】 동 구화(救火)하다. 불을 끄다.¶ ▼救火 ‖ 즁관니 ᄉᆡᆼ각ᄒᆞᄃᆡ 구화한 ᄌᆞᄂᆞᆫ 반ᄃᆞ시 죄 업스리라 ᄒᆞ고 다 홍긔 ᄒᆞ로 닷거ᄂᆞᆯ ᄇᆡᆨ긔 ᄒᆞ의ᄂᆞᆫ 다만 슈인니라 (衆官自思救火必無罪, 於是多奔紅旗之下. 三停內只有一停立於白旗下.) <삼국-국중 12:85>

【구ᄒᆡᆨ-】 동 구핵(究覈)하다. 이치나 사실 따위를 속속들이 살펴 밝히다. '구ᄒᆡᆨᄒᆞ다'의 수의적 교체형.¶ ▼究 ‖ 셕의 쵸장왕이 ᄭᅳᆫ을 ᄭᅳᆫ어 ᄋᆡ쳡 희롱ᄒᆞᆷ을 구ᄒᆡᆨ지 아니ᄒᆞ엿더니 (昔楚莊王'絶纓'之會, 不究戲愛姬之蔣雄.) <삼국-국중 2:92>

【국냥】 명 국량(局量). 도량(度量).¶ ▼局量 ‖ 나ᄂᆞᆫ 촉즁일 유ᄉᆡᆼ으로 특별이 오국을 위ᄒᆞ야 이ᄒᆡ를 진셜ᄒᆞ랴 ᄒᆞ거ᄂᆞᆯ 이의 유경과 무ᄉᆞ를 베펴 써 방비ᄒᆞ니 엇지 국냥이 이ᄃᆡ지 ᄉᆞᄅᆞᆷ을 용납지 못ᄒᆞᄂᆞ뇨 (吾乃蜀中一儒生, 特爲吳國利害而來. 乃陳兵設鼎, 以拒一使, 何其局量之不能容物耶?) <삼국-국중 14:90>

【군】 명 ((군사)) 군(軍). 군대(軍隊). 일정한 규율과 질서를 가지고 조직된 군인의 집단.¶ ▼軍 ‖ 술을 수이 가져오나든 먹고 셩의 드러가 군 ᄡᆡᄂᆞᆫ ᄃᆡ 드러가려 ᄒᆞ니 더듸 말라 (卽釃酒來, 我待赶入城去充軍, 怕遲了.) <삼국-가정 1:24> 병법의 닐오ᄃᆡ 군이 믈을 반만 건너거든 티라 ᄒᆞ니 이제 운댱의 군이 양강을 막 건너니 엇

디 티디 아니ᄒᆞ리오 (豈不兵法云: "軍半渡可擊." 今關羽軍半渡襄江, 何不擊之?) <삼국-가정 24:53> 내 깁히 아ᄂᆞ니 만빅녕의 모칙이 사ᄅᆞᆷ을 디난 고로 뎌긔 머믈워 두엇거니와 병법을 채 모ᄅᆞᆯ가 두려ᄒᆞᄂᆞ니 내 너ᄅᆞᆯ 칠군[ᄒᆞᆫ 군이 일만 이천 오빅인이니 닐곱 군이면 팔만 칠천 오빅인이라] 을 주노니 다 정년ᄒᆞᆫ 군ᄉᆡ라 네 삼가 ᄡᅳ라 (孤深知滿伯寧良策過人, 故留在彼, 然恐兵法未盡其奧妙. 吾與汝七軍, 皆精練之士, 令汝調用.) <삼국-가정 24:57>

【군병】 명 ((군사)) 군병(軍兵).¶ ▼兵卒 ‖ ᄇᆡᆨ관과 궁인과 병부와 인슈와 뎐적문믈과 일응 어용ᄒᆞ시ᄂᆞᆫ 거ᄉᆞᆯ 다 내여ᄇᆞ리니 긋채 곽ᄉᆞ의 군병이 창냑ᄒᆞ야 간디라 죽은 재 그 수ᄅᆞᆯ 아디 못ᄒᆞᆯ러라 (百官宮人, 符策典籍, 一應御用之物, 盡皆拋棄. 俱被傕丶汜兵卒搶去, 死者不知其數.) <삼국-가정 5:44>

【군병은 셜리 ᄒᆞ미 귀ᄒᆞ다】 속 병법은 빨리 하는 것이 중요하다.¶ ▼兵貴神速 ‖ 이 다 너희 등이 군심을 틔만킈 ᄒᆞ야 셰월을 쳔연ᄒᆞ야 대ᄉᆞᄅᆞᆯ 못 일우과댜 ᄒᆞ미라 군병은 셜리 ᄒᆞ미 귀ᄒᆞᄃᆞᆺ 말을 못 드럿ᄂᆞ냐 (皆是汝等遲緩軍心, 遷延日月, 有妨大事! 豈不聞"兵貴神速"乎?) <삼국-가정 9:44>

【군슈】 명 ((군사)) 군수(軍需). 군사상 필요한 것.¶ ▼軍資 ‖ 대신이 신등을 용납디 못ᄒᆞ긔 ᄒᆞ니 능히 사디 못ᄒᆞᆯ디라 원컨대 셩명을 빌리셔든 향니예 도라가고 가산으로ᄡᅥ 군슈의 보태게 ᄒᆞ여지이다 (大臣不容, 臣等不能活矣! 願乞性命歸田里, 盡將家産以助軍資!) <삼국-가정 1:85>

【군ᄉᆞ】[1] 명 ((군사))((인류)) 군사(軍士). 군대나 병사를 이르는 말.¶ ▼兵 ‖ 이ᄂᆞᆫ 노쟝이 군ᄉᆞᄅᆞᆯ 교만킈 ᄒᆞᄂᆞᆫ 계귀니이다 (此乃是老將驕兵之計也.) <삼국-가정 23:30> 네 손빙이 방연을 버힐 제 군ᄉᆞᄅᆞᆯ 더으고 브억을 감ᄒᆞᄂᆞᆫ 법을 ᄡᅧ 이긔믈 취ᄒᆞ엿더니 이제 또 승샹이 퇴병ᄒᆞ매 브억을 더ᄒᆞ믄 엇디오 (昔孫臏捉龐涓, 用"添兵減竈"之法而取勝. 今丞相退兵, 何故添竈也?) <삼국-가정 33:42> 초와 다ᄆᆞᆺ 슉뷔 군ᄉᆞᄅᆞᆯ 고로와 슉은 조ᄅᆞᆯ 향ᄒᆞ고 초ᄂᆞᆫ 셔황을 향ᄒᆞ고 명일은 초ᄂᆞᆫ 조ᄅᆞᆯ 향ᄒᆞ고 슉은 셔황을 향ᄒᆞ야 머리ᄅᆞᆯ 논화 그 간ᄉᆞᄒᆞ믈 막게 ᄒᆞ쇼셔 (超與叔父輪流調兵, 今日叔向操, 超向徐晃, 明日超向操, 叔向徐晃, 分頭隄備, 以防其詐.) <삼국-모종 10:32> ▼師 ‖ 대긔 브러디미 병가긔 큰 금긔라 아직 잠깐 군ᄉᆞᄅᆞᆯ 도로혈 거시라 (中軍"帥"字旗竿被風吹折, 于軍不利也, 可暫班師.) <삼국-가정 3:43>

【군ᄉᆞ】[2] 명 ((군사))((인류)) 군사(軍師). 사령관 밑에서 군기(軍紀)를 장악하고 군대를 운용하며 군사 작전을 짜던 사람.¶ ▼軍師 ‖ 사ᄅᆞᆷ을 남군의 보내여 군ᄉᆞᄭᅴ 알외고야 가리라 (須是使人往南郡敎軍師知會.) <삼국-가정 20:14>

【군정ᄉᆞ】 명 ((군사)) 군정사(軍政司, 軍政使). 전쟁 중에 군대 내의 행정을 맡아보는 관리.¶ ▼軍政司 ‖ 쥬위 대희ᄒᆞ야 군정ᄉᆞᄅᆞᆯ 블러 문셔ᄅᆞᆯ ᄆᆡᆫᄃᆞᆯ고 술을 두어 ᄃᆡ졉ᄒᆞ더라 (周瑜大喜, 換軍政司當面要了文書, 置酒相待.) <삼국-가정 15:66>

【군쥬】 명 ((인류)) 군주(郡主). 친왕(親王)의 딸.¶ ▼郡主 ‖ 군쥐 어려셔브터 무ᄉᆞᄅᆞᆯ 됴히 너기고 셩되 엄ᄒᆞ고 굿세니 졔쟝ᄃᆞᆯ이 다 두려ᄒᆞᄂᆞᆫ디라 일뎡 뉴비과 동심ᄒᆞ여 갈 거시니 ᄲᆞᆯ오ᄂᆞᆫ 쟝ᄉᆡ 군쥬ᄅᆞᆯ 보고 엇디 감히 하슈ᄒᆞ리오 (郡主自幼好觀武事, 嚴毅剛正, 諸將皆懼. 既然肯順劉備, 必同心而去. 所追之將, 若見郡主, 豈肯下手?) <삼국-가정 17:126>

【군-ᄒᆞ-】 형 군(窘)하다. 곤(困)하다. 군색하다. 자연스럽거나 떳떳하지 못하고 거북하다.¶ ▼窘 ‖ 내 공명으로 더브러 사괴던 졍이 심히 후ᄒᆞ여 다ᄅᆞᆫ 사ᄅᆞᆷ의게 비티 못ᄒᆞᆯ 거시어ᄂᆞᆯ 엇디 ᄌᆞ로 내 아ᄒᆡᄅᆞᆯ 군킈 ᄒᆞ더뇨 (吾與公明交契甚厚, 非比他人, 何故數窘吾兒耶?) <삼국-가정 25:15>

【군호-소리】 명 군호(軍號) 소리. 서로 눈짓이나 말 따위로 몰래 연락하는 소리.¶ 군호소리 (忽哨) <삼국-어람 109a>

【군호-ᄒᆞ-】 동 군호(軍號)하다. 서로 눈짓이나 말 따위로 몰래 연락하다.¶ ▼號 ‖ 니겡 ᄡᅴ예 흰 게우깃 일ᄇᆡᆨ을 가져 투고의 ᄭᅩᄌᆞ 군호ᄒᆞ여 (約至二更時候, 取白鵝翎一百根, 插於盔上爲號.) <삼국-모종 11:71> 또 고왈 이졔 느자기 풍습이 빈 ᄯᅴ을 타 숀장군의 식 엄습ᄒᆞ기로 언약ᄒᆞ여 불 들기로 군호ᄒᆞ니라 (小卒曰: "今晩馮習乘虛要劫孫軍營寨, 約定擧火爲號.") <삼국-모종 13:77>

【군후】 명 ((인류)) 군후(君侯). 제후의 높임말.¶ ▼君侯 ‖ 우리 군후의 우비 샹ᄒᆞ시믈 보고 모다 의논ᄒᆞ니 닐오ᄃᆡ 님뎍ᄒᆞ야 노ᄅᆞᆯ 동ᄒᆞ면 ᄀᆞ장 샹ᄒᆞᆯ 거시니 잠간 형쥐 도라가 됴리ᄒᆞ쇼셔 (某等因見君侯右臂損傷, 恐臨敵致怒, 衝突不便. 衆議之, 可暫班師, 回荊州調理.) <삼국-가정 24:98>

【굴근-돌】 명 굵은 돌¶ ▼石 ‖ 됴운이 대로ᄒᆞ야 바ᄅᆞ 뫼호로 즛텨 올라가더니 믄득 뫼 우흐로셔 굴근돌과 남글 구을리며 (子龍引兵殺上山來, 忽半山中擂木炮石打將下來, 不能上山.) <삼국-가정 30:13>

【굴긔ᄃᆡ인-ᄒᆞ-】 동 굴기대인(屈己待人)하다. 자신을 굽히고 남을 대하다.¶ ▼屈己待人 ‖ 손칙이 황조를 도라보ᄂᆡ고 령구를 영졉ᄒᆞ야 ᄊᆞ홈을 파ᄒᆞ고 강동의 도라가 부친을 곡아 언덕의 장ᄉᆞᄒᆞ고 상ᄉᆞ를 이믜 맛치믜 군ᄉᆞ를 쓸고 강도의 거ᄒᆞ야 초현납ᄉᆞᄒᆞ고 굴긔ᄃᆡ인ᄒᆞ니 사방 호걸이 졈졈 도라가더라 (劉表換回黃祖, 孫策迎接靈柩, 罷戰回江東, 葬父於曲阿之原. 喪事已畢, 引軍居江都, 招賢納士, 屈己待人, 四方豪傑, 漸漸投之.) <삼국-모종 2:1>

【굴신-ᄒᆞ-】 동 굴신(屈身)하다. 몸을 앞으로 굽히다.¶ ▼屈身 ‖ 현덕 왈 공이 아즉 굴신ᄒᆞ여 셤기라 셔로 볼 날이 잇스리라 눈믈을 ᄲᅮ려 니별ᄒᆞ더라 (玄德曰: "公且屈身事之, 相見有日." 灑淚而別.) <삼국-모종 1:118>

【굴실-ᄒᆞ-】 동 굴슬(屈膝)하다. 무릎을 꿇고 절하다. 남에

게 굽혀 복종하다.¶ ▼屈膝 ‖ 일젼의 들으니 그딕 죠ㅣ의게 굴실ᄒᆞ여 항복ᄒᆞᆫ즉 이ᄂᆞᆫ 션인의 원슈를 이즈미오 슈족 의를 져ᄇᆞ리미라 (日前聞君屈膝降曹, 則是忘先人之, 棄手足之誼.) <삼국-국중 7:81> 네 나의 쥬공으로 ᄒᆞ여곰 굴실ᄒᆞ여 국적의게 욕을 밧게 ᄒᆞ나뇨 (汝教吾主屈膝受辱於國賊乎!) <삼국-국중 9:8>

【굴어지-】 동 걸리다. 고꾸라지다.¶ ▼前失 ‖ 찬이 화살이 다 써러디고 투괴 버서뎌 머리를 퍼ᄇᆞ리고 ᄆᆞᆯ을 노하 플속 언덕으로 도라 ᄃᆞᆺ더니 그 말이 압발이 굴어지니 찬의 몸이 너머뎌 언덕 아래 써디거ᄂᆞᆯ (瓚弓箭盡落, 頭盔墜地, 披髮縱馬, 却轉草坡, 其馬前失, 瓚翻身墜于坡下.) <삼국-규장 2:70>

【굴움】 명 ((천문)) 구름.¶ ▼雲 ‖ 좌편에 ᄒᆞᆫ ᄇᆡᆨ면 장군이 잇고 우편에 ᄒᆞᆫ 흑검규염인니 셔로 싸라 일제이 굴움을 타고 옥천산 이ᄆᆡ어 일은지라 (左有一白面將軍, 右有一黑臉虯髥之人相隨, 一齊按落雲頭, 至玉泉山頂.) <삼국-모종 13:7>

【굴유-ᄒᆞ-】 동 구류(拘留)하다. 죄인을 한시적으로 옥에 가두어 자유를 속박하다.¶ ▼拘 ‖ 진양이 요하의 한 칼의 ᄇᆡ히물 마난이 공명이 항졸을 잡아 후군의 굴유ᄒᆞ고 그 의갑을 벗겨 쵹병 오천 인을 입혀 위병의 모양으로 쒸며 (秦良死戰被廖化一刀斬於馬下, 孔明把降兵拘於後軍, 却將魏兵衣甲與蜀兵五千人穿了, 扮作魏兵.) <삼국-모종 16:53>

【굴헝】 명 ((지리)) 구렁. 구덩이. 움쑥하게 팬 땅. 본래 두둑한 두 땅 사이에 좁고 길게 들어간 곳이나 골짜기.¶ ▼壍 ‖ ᄇᆡᆨ셩 일ᄃᆡ예 군ᄉᆞ 일ᄃᆡ식 섯거 서ᄅᆞ 져촉ᄒᆞ야 밀며 ᄯᅳ으며 가니 즌펄이와 굴헝의 업더뎌 죽을 재니ᄅᆞ 혜디 몯ᄒᆞ고 (每百姓一隊, 間軍一隊, 互相推拖, 死于溝壍中者不可勝數.) <삼국-가정 2:102> ▼溝壍 ‖ 뎌즈음ᄭᅴ 소비곳 아니런들 볼셔 굴헝의 업더뎌 주거시리니 몸이 엇디 쟝군 휘하의 니ᄅᆞ리오 (某向日若不得蘇飛, 則骨填于溝壍矣, 安能致命于將軍麾下哉?) <삼국-가정 13:31> ▼顚崖 ‖ 뎌적의 그ᄅᆞᆺ 졔갈량의 계규ᄅᆞᆯ 만나 몸을 굴헝 가온대 싸디오고 노모ᄅᆞᆯ ᄉᆞ렴ᄒᆞ매 ᄒᆞᄅᆞ 디내미 히 ᄀᆞᆮ더라 (昨日誤遭諸葛亮之計, 陷身於顚崖之中, 思念老母, 日久號啕.) <삼국-가정 32:13> ▼土坑 ‖ 내 ᄭᅮᆷ의 황슉이 굴헝의 싸뎌 뵈거ᄂᆞᆯ ᄭᅢ야 미시과 의논ᄒᆞ니 일뎡 구천 지하의 잇도다 (我夜夢皇叔身陷於土坑之內, 覺與糜氏論之, 想在九泉之下矣!) <삼국-가정 9:21> 조ㅣ의 군듕의셔 ᄇᆞ라보니 산 우희셔 ᄯᅩ 굴헝을 ᄑᆞ거ᄂᆞᆯ (營中望見山後又掘土坑.) <삼국-가정 10:63> ᄆᆞᆫ득 홍광과 ᄌᆞ뮈 굴헝 가온ᄃᆡ로셔 니러나며 말이 ᄲᅱ여 굴헝 밧게 ᄂᆡ다ᄅᆞ니 댱합이 ᄃᆡ경ᄒᆞ야 ᄆᆞᄅᆞᄃᆞᆺ거ᄂᆞᆯ (忽然紅光紫霧從土坑中滾起, 那匹馬一踊而起.人馬踊出土坑, 張郃大驚而退.) <삼국-가정 14:19> ▼坑壍 ‖ 산벽쇼로의 ᄃᆡ위ᄂᆞ리ᄆᆡ 굴헝의 물이 잇고 길이 이령ᄒᆞ여[이령은 딘흙이 되여 지단 말이라] 말이 능히 힝치 못ᄒᆞ리로소이다 (前面山僻路小, 因早晨下雨, 坑壍內積水不流, 泥陷馬蹄, 不能前進.) <삼국-국중 9:143>

【굼ㄱ】 명 «구무» 구멍. 뚫어지거나 파낸 자리. '구무'는 휴지나 자음으로 시작하는 조사 앞에, '굼ㄱ'은 모음으로 시작하는 조사나 계사 앞에 쓰였다.¶ ▼穴 ‖ 튱 왈 범의 굼긔 드러가디 아니ᄒᆞ면 엇디 범의 ᄌᆞ식을 어드리오 (忠曰: "不入虎穴, 焉得虎子?") <삼국-가정 23:33> ▼窟 ‖ 비의 일신이 ᄂᆞᆷ의 나그내 되엿ᄂᆞᆫ디라 엇디 감샹ᄒᆞ야 탄식디 아니ᄒᆞ리오 쵸료[뱁새라]도 오히려 ᄒᆞᆫ 가지의 평안호미 잇고 교토ᄂᆞᆫ 능히 세 굼글 ᄒᆞ야[톳기 간사ᄒᆞ야 세 굼글 ᄒᆞ야 두고 나드닷 말이라]이시니 ᄒᆞ믈며 사ᄅᆞᆷ이ᄯᆞ녀 (備一身寄客, 未嘗不傷感嘆而嘆息. 嘗思"鷦鷯尙存一枝, 狡兎猶藏三窟", 何況人乎?) <삼국-가정 19:115>

【굼적기-】 동 꿈적이다. 꿈틀거리다.¶ ▼動 ‖ 조ㅣ 칼을 ᄲᅡ혀 스ᄉᆞ로 죽기고져 ᄒᆞ니 조의 ᄇᆡ후로 ᄒᆞᆫ ᄉᆞᄅᆞᆷ이 팔을 붓ᄌᆞᆸ고 압희 괴왈 승상은 손을 굼적기지 말나 ᄒᆞ니 (操大怒曰: "敗將安敢辱吾!" 拔劍在手, 親自來殺張遼, 遼全無懼色, 引頸待殺, 曹操背後一人攀住臂膊, 一人跪於面前, 說道: "丞相且莫動手!") <삼국-모종 3:83>

【굽히오-】 동 굽혔다 펴다.¶ 伸舒 ‖ 이제는 ᄑᆞᆯ 굽히오기 여구ᄒᆞ니 아조 아프지 아니타 (此臂伸舒如故, 並無痛矣.) <삼국-규장 17:45>

【굽힐오-】 동 굽혔다 펴다.¶ 伸舒 ‖ 이제ᄂᆞᆫ ᄑᆞᆯ 굽힐오기 여구ᄒᆞ니 아조 알프디 아니타 (此臂伸舒如故, 並無痛矣.) <삼국-가정 24:103>

【굿타여】 부 구태여. 굳이.¶ ▼必 ‖ 너 죽은 후이라도 네 가쇽은 ᄂᆡ 각별 연휼ᄒᆞ여 달마ᄃᆞ 음녹을 쥴 거시니 네 굿타여 괘렴치 말ᄂᆞ (汝死後, 汝之家小, 吾按月給與祿糧, 汝不必掛心矣.) <삼국-국중 15:109>

【굿ᄐᆞ야】 부 구태여. 굳이.¶ ▼强 ‖ 너희 등이 병법을 아디 몯ᄒᆞ고 다만 혈긔지용을 미더 굿ᄐᆞ야 나 싸화 대패ᄒᆞ니 이후란 일졀이 망녕도이 움즉이디 말라 (汝等不知兵法, 只憑血氣之勇, 强欲出戰, 致有此敗. 今後切不許妄動!) <삼국-가정 32:94> ▼勉强 ‖ 내 공명의 계규 이시믈 혜아리고 망녕도이 움즉이디 아니ᄒᆞ거ᄂᆞᆯ 너희 등이 밋디 아니ᄒᆞ야 굿ᄐᆞ야 ᄯᆞᆯ와 대ᄉᆞᄅᆞᆯ 그ᄅᆞᆺ 민글거다 (吾料諸葛亮有計, 汝等不信, 勉强追來, 却誤了大事!) <삼국-가정 32:93>

【굿ᄒᆞ여】 부 구태여. 굳이.¶ ▼決意 ‖ 유 ᄃᆡ경 왈 ᄎᆞ인은 결단코 그져 두지 못할 거스니 ᄂᆡ 굿ᄒᆞ여 버히리라 (瑜大驚曰: "此人決不可留, 吾決意斬之.") <삼국-모종 8:2> ▼堅執 ‖ ᄐᆡᄉᆞᄌᆞ 굿ᄒᆞ여 가고져 ᄒᆞ거ᄂᆞᆯ 권이 송겸을 죽으믈 상감ᄒᆞ여 급히 원슈ᄅᆞᆯ 갑고져 ᄒᆞ야 ᄃᆞᄋᆞ여 ᄐᆡᄉᆞᄌᆞ로 오천 병을 그어 가게 ᄒᆞ라[다] (太史慈堅執要行, 權因傷感宋謙之死, 急要報讎, 遂令太史慈引兵五千, 去爲外應.) <삼국-모종 9:35> 셩니 좃지 아니ᄒᆞ니 쇼 굿ᄒᆞ여 가기을 요구ᄒᆞ거날 셩니 노왈 이갓치 호령을 듯지 아니ᄒᆞ니 ᄂᆡ 엇지 제즁을 제어ᄒᆞ리요 (盛不從, 韶

堅執要去, … 盛怒曰: "汝如此不聽號令, 吾安能制諸將乎?") <삼국-모종 14:58>

【궁노-살ᄒ】 명 ((군기)) 궁노(弓弩) 화살. 쇠뇌 화살.¶ ▼弩箭 ‖ 인이 급히 오ᄇᆡᆨ 궁노슈ᄅᆞᆯ 블러 위의 휘개 아래ᄅᆞᆯ ᄇᆞ라며 쏘라 ᄒᆞ니 위 급히 ᄆᆞᆯ을 도로혀다가 올ᄒᆞᆫ폴히 궁노살ᄒᆞᆯ 마자 ᄆᆞᆯ게 ᄂᆞ려디다 (仁急招五百弓弩手, 望麾盖下一齊射之. 公急勒回馬時, 右臂上中一弩箭, 翻身落馬.) <삼국-가정 24:96>

【궁노슈】 명 ((인류)) 궁노수(弓弩手). 활과 쇠뇌를 쏘던 군사.¶ ▼弓弩手 ‖ 인이 급히 오ᄇᆡᆨ 궁노슈ᄅᆞᆯ 블러 위의 휘개 아래ᄅᆞᆯ ᄇᆞ라며 쏘라 ᄒᆞ니 위 급히 ᄆᆞᆯ을 도로혀다가 올ᄒᆞᆫ폴히 궁노살ᄒᆞᆯ 마자 ᄆᆞᆯ게 ᄂᆞ려디다 (仁急招五百弓弩手, 望麾盖下一齊射之.公急勒回馬時, 右臂上中一弩箭, 翻身落馬.) <삼국-가정 24:96>

【궁듕】 명 ((궁궐)) 궁중(宮中).¶ ▼禁庭 ‖ 노식이 ᄯᅩᄒᆞᆫ 간ᄒᆞ되 샹셔 식이 본ᄃᆡ 동탁의 위인을 아ᄂᆞ니 ᄂᆞᆺ촌 됴호나 ᄆᆞᄋᆞᆷ은 싀랑이니 ᄒᆞᆫ 번 궁듕 드러오면 반ᄃᆞ시 환난을 내리니 (盧植亦諫曰: "植素知董卓爲人, 面善心狠; 一入禁庭, 必生禍患.") <삼국-가정 1:116>

【궁창】 명 ((천문)) 궁창(穹蒼). 맑고 푸른 하늘.¶ ▼穹蒼 ‖ 삼가 척소의 써 우흐로 궁창[하늘이라]의 고ᄒᆞ노니 업디여 ᄇᆞ라건대 황텬은 신의 혜아리믈 곡사ᄒᆞ샤 우흐로 선뎨의 은덕을 갑프며 아래로 ᄉᆡᆼ민의 것구로 ᄃᆞᆯ린 거ᄉᆞᆯ 구ᄒᆞ긔 ᄒᆞ쇼셔 (謹書尺素, 上告穹蒼: 伏望天慈, 曲賜臣算, 上報先帝之恩德, 下救生民之倒懸.) <삼국-가정 34:63>

【권권-ᄒᆞ-】 형 권권하다(惓惓 /綣綣). 생각하는 정이 두터워 서로 잊지 못하거나 떨어질 수 없다.¶ ▼현덕이 ᄌᆞᆫ을 드러 숑을 권ᄒᆞ여 왈 ᄃᆡ부의 ᄠᅳᆺ밧 권ᄒᆞ물 인ᄒᆞ야 삼일을 유련ᄒᆞ고 오날ᄂᆞ 상별ᄒᆞ니 아지 못거라 어ᄂᆞ ᄣᅵ 다시 어더 뵈리요 (玄德擧酒酌松曰: "甚荷大夫不外, 留敘三日, 今日相別, 不知何時再得聽教.") <삼국-모종 10:60>

【권당】 명 ((인류)) 권당(眷黨). 친척(親戚).¶ ▼親人 ‖ 오날 오시의 맛당이 ᄒᆞᆫ 늘근 권당의 사람이 동방으로브터 오ᄃᆡ 돗틔 고기 ᄒᆞᆫ 다리와 탁쥬 ᄒᆞᆫ 병을 가지고 와 빈쥐 ᄒᆞᆫ가지로 먹으려니와 우음 가온ᄃᆡ 져근 놀나오미 이시리라 (今日午時, 當有一老親人, 從東方携猪肉一肩、濁酒一瓶, 主賓共飮, 笑中當有小驚.) <삼국-가정 22:84>

【권도】 명 권도(權道). 그때 그때의 형편에 따라 일을 처리해 나가는 방도. 임시방편.¶ ▼權變 ‖ 시졀이 요란ᄒᆞᆫ ᄣᅢᄂᆞᆫ 반ᄃᆞ시 권도ᄅᆞᆯ 조차 ᄒᆞᄂᆞ니 만일 샹햇 도리ᄅᆞᆯ 조ᄎᆞ려 ᄒᆞ시면 반ᄃᆞ시 ᄉᆞᄅᆞᆯ 그릇ᄒᆞ시리이다 (離亂之時, 宜從權變; 若守常道, 必誤大事.) <삼국-가정 24:7> 쥬공이 아직 권도ᄅᆞᆯ 조차 왕위예 나아가쇼셔 신 등이 ᄉᆞᄉᆞ로 표ᄅᆞᆯ ᄆᆡᆫᄃᆞ라 텬ᄌᆞᄭᅴ 알외리이다 (主公可宜從權變, 進位漢中王, 臣等自作表章, 申奏天子.) <삼국-가정 24:7>

【권변-ᄒᆞ-】 동 권변(權變)하다. 임기응변하다.¶ ▼權變 ‖ 관 댱 됴운은 비록 만인덕을 두어시나 권변ᄒᆞᆯ 지죄 아니오 (關、張、趙雲之類, 雖有萬人之敵, 而非權變之才.) <삼국-가정 12:18>

【권셥-ᄒᆞ-】 동 권섭(權攝)하다. 남을 대신하여 사무 따위를 임시로 맡아보다.¶ ▼權攝 ‖ 도ᄉᆞ군니 세상을 바리ᄆᆡ 쥬사를 총독ᄒᆞᆯ 사ᄅᆞᆷ이 업기로 비로 ᄒᆞ여곰 쥬ᄉᆞ를 권셥ᄒᆞ엿더니 이제 다ᄒᆡᆼ이 장군니 이의 이르럿스니 맛당히 상양ᄒᆞ리라 (陶使君新逝, 無人管領徐州, 因令備權攝州事. 今幸將軍至此, 合當相讓.) <삼국-국중 3:79> 조죄 일면으로 궁중 불을 구완ᄒᆞ고 하ᄐᆡ후를 쳥ᄒᆞ여 ᄃᆡᄉᆞ를 권셥ᄒᆞ고 군ᄉᆞ를 보ᄂᆡ여 댱냥 등을 잡고 소제를 찻더라 (曹操一面救滅宮中之火, 請何太后權攝大事, 遣兵追襲張讓等, 尋覓少帝.) <삼국-모종 1:43>

【권의】 명 권의(權宜). 임시적인 편의.¶ ▼權宜 ‖ 종실이 미약ᄒᆞ고 졔족이 무의ᄒᆞ니 이제 맛당이 옛 법을 침죽ᄒᆞ여 권의를 비러 신을 ᄃᆡᄉᆞ마 한즁[중]왕을 숨으니 (既宗室微弱, 帝族無位, 斟酌古式, 依假權宜, 上臣爲大司馬漢中王.) <삼국-국중 13:5>

【권-ᄒᆞ-】 동 권(勸)하다. 어떤 일을 하도록 부추기다. 달래다.¶ ▼勸 ‖ 이제 두 범이 싸호면 반ᄃᆞ시 ᄒᆞ나히 샹ᄒᆞᆯ 거시니 내 너희 두 사ᄅᆞᆷ을 권ᄒᆞ여 프니 ᄃᆞ토디 말라 (今兩虎共鬪, 必有一傷, 須誤了我大事. 吾與你二人勸解, 休得爭論.) <삼국-가정 20:69>

【권ᄒᆡ-ᄒᆞ-】 동 권해(勸解)하다. 위로(慰勞)하다. 달래다.¶ ▼勸解 ‖ ᄐᆡᄉᆞ 날을 죽이려 ᄒᆞᆫ다 ᄒᆞ기로 위 그 말을 듯고 황망이 원중의 드러가 ᄐᆡᄉᆞ를 권ᄒᆡ코져 ᄒᆞ엿더니 이제 ᄐᆡᄉᆞ와 마조쳣시니 사죄ᄒᆞᄂᆞ라 ("太師殺我!" 儒慌趕入園中勸解, 不意誤撞恩相. 死罪! 死罪!) <삼국-국중 2:92>

【궤계】 명 궤계(詭計). 간사하게 남을 속이는 꾀.¶ ▼譎計 ‖ 블가ᄒᆞ다 이제 외 우리로 ᄒᆞ여곰 위ᄅᆞᆯ 침노코져 ᄒᆞ고 위 ᄯᅩᄒᆞᆫ 우리로 ᄒᆞ여곰 오ᄅᆞᆯ 침노코져 ᄒᆞ여 각ᄀᆞᆨ 궤계ᄅᆞᆯ 머거 빈 ᄠᅢᄅᆞᆯ 타 도모코져 ᄒᆞ니 (不可. 方今吳欲令我兵侵魏, 魏亦令我兵侵吳, 各懷譎計, 乘隙而圖之.) <삼국-가정 25:78>

【궤산-ᄒᆞ-】 동 궤산(潰散)하다. 무너져 흩어지다.¶ ▼潰散 ‖ 위연이 ᄲᆞᆯ오ᄃᆡ 못ᄒᆞ야 본딘의 도라가 군식 궤산ᄒᆞ믈 보고 더욱 노ᄒᆞ야 두어 사ᄅᆞᆷ을 ᄲᆞ와 죽이더라 (延復回, 見衆兵潰散, 延轉怒, 拍馬赶上, 殺了數人.) <삼국-가정 34:115>

【귀】 명 ((신체)) 귀. 사람이나 동물의 머리 양옆에서 듣는 기능을 하는 감각 기관.¶ ▼耳 ‖ 졔쟝의 귀의 다이고 계칙을 말ᄒᆞ고 어시의 셩샹의 항긔를 곳고 장익 요화 등을 거ᄂᆞ려 종회 ᄎᆡ중의 나ᄋᆞ가 항복ᄒᆞ니 (姜維與諸將附耳低言, 說了計策. 即於劍閣關遍豎降旗, 先令人報入鍾會寨中, 說姜維引張翼、廖化、董厥前來降.) <삼국-국중 17:102>

【귀경-ᄒᆞ-】 동 구경(求景)하다. 흥미나 관심을 가지고 보다.¶ ▼賞 ‖ 츈삼월의 방임원의 ᄇᆡᆨ화 만발하거날 예 곽부인으로 더부러 원즁의 이르러 귀경ᄒᆞ며 질기더니 (是歲春三月, 芳林園中百花爭放叡同郭夫人到園中賞玩飮酒.) <삼국-모종 17:52>

【귀구-ᄒᆞ-】 동 귀구(歸咎)하다. 자기 허물을 남에게 돌려 씌우다.¶ ▼歸罪 ‖ 변홍이 칼을 씌고 문 밧게 ᄯᅡ라ᄂᆞ와 곳 손익을 죽이니 쥬람 ᄃᆡ원니 변홍의계 귀구ᄒᆞ고 졔ᄌᆞ의 버히고 (邊洪帶刀跟出門外, 即抽刀砍死孫翊, 嬀覽、戴員乃歸罪邊洪, 斬之於市.) <삼국-모종 6:95>

【귀-밋치】 명 ((신체)) 귀밑.¶ ▼腮 ‖ 즈 왈 ᄃᆡ왕은 엇지 쇽기난요 쳔ᄒᆞ 노어 다만 두 귀미치요 오직 숑강 노어난 네 귀밋치라 즁관니 보니 과연 네 귀미치라 (慈曰: “大王何相欺耶? 天下鱸魚只有兩腮, 惟松江鱸魚有四腮, 此可辨也.” 衆官視之, 果是四腮.) <삼국-모종 11:83>

【귀슌-ᄒᆞ-】 동 귀순(歸順)하다. 적이었던 사람이 반항심을 버리고 스스로 돌아서서 복종하거나 순종하다.¶ ▼順 ‖ 님의 류비의게 귀슌ᄒᆞ엿스니 반ᄃᆞ시 동심ᄒᆞ여 가리니 ᄶᅩ로ᄂᆞᆫ 장쉬 만닐 군쥬를 보면 엇디 하슈ᄒᆞ리오 (既肯順劉備, 必同心而去. 所追之將, 若見郡主, 豈肯下手?) <삼국-국중 10:78>

【귀신】 명 귀신(鬼神). 사람이 죽은 뒤에 남는다는 넋.¶ ▼神鬼 ‖ 승샹의 신긔묘산은 귀신도 측냥키 어렵도소이다 만일 우리 등이면 반ᄃᆞ시 셩을 ᄇᆞ리고 ᄃᆞ라나링이다 (丞相之機, 神鬼莫測! 若以某等之心, 必棄城而走矣.) <삼국-가정 31:37>

【귀우】 명 ((기물)) 구유. 소나 말 따위의 가축들에게 먹이를 담아 주는 그릇.¶ ▼棧豆 ‖ 늘근 ᄆᆞᆯ이 귀우ᄅᆞᆯ ᄉᆡᆼ각ᄒᆞ니 반ᄃᆞ시 ᄡᅳ디 아니ᄒᆞ링이다 (駑馬戀棧豆, 必不能用也.) <삼국-가정 35:90>

【귀유】 명 ((기물)) 구유. 소나 말 따위의 가축들에게 먹이를 담아 주는 그릇.¶ ▼槽 ‖ 조조 병이 졈〻 더 듕ᄒᆞ여 이날 밤의 ᄭᅮᆷ을 ᄭᅮ니 세 ᄆᆞᆯ이 ᄒᆞᆫ 귀유의 잇거ᄂᆞᆯ (操病轉加, 是夜子時, 夢三馬同槽.) <삼국-가정 25:96>

【굽피-】 동 굽히다.¶ ▼屈 ‖ ᄂᆡ 능히 쥬인을 가리지 못ᄒᆞ여 원소으게 몸을 굽펴 말을 듯지 아니ᄒᆞ고 게교를 좃지 아니ᄒᆞ거ᄂᆞᆯ 이졔 바리고 와 고인을 보노라 (某不能擇主, 屈身袁紹, 言不聽, 計不從, 今特棄之來見故人.) <삼국-모종 5:56>

【귓것】 명 귓것. 귀신(鬼神). 귀(鬼)-+-ㅅ+것.¶ ▼鬼 ‖ 네 조종이 ᄉᆞᄇᆡᆨ여 년을 한됴의 쟉녹ᄒᆞ엿거ᄂᆞᆯ 갑흘 일란 ᄉᆡᆼ각디 아니ᄒᆞ고 도로혀 도적을 좃고져 ᄒᆞᄂᆞ냐 네 가 고변ᄒᆞ라 우리 등이 죽어도 ᄯᅩᄒᆞᆫ 한나라 귓거시 되리라 (汝祖宗食祿漢朝四百餘年, 不思報本, 反欲縱賊耶? 汝去告變, 吾等死亦漢家鬼也!) <삼국-가정 2:22> 이제 조의 가쇽과 부곡이 다 주거 나므니 업ᄉᆞ니 푀 의로온 도적이라 귓거시며 쥬검이 되엿도다 (而祖家屬部曲, 掃地無餘. 表孤特之虜, 成鬼行屍.) <삼국-가정 10:18> 네 아비ᄂᆞᆫ ᄇᆞᆯ셔 머리 업ᄉᆞᆫ 귓거시 되엿거ᄃᆞᆫ 네 엇디 감히 예 와 착ᄒᆞᆫ 톄ᄒᆞᄂᆞ다 (汝父已作無頭之鬼, 安敢引兵到此, 自送命耶!) <삼국-가정 27:7>

【규간-ᄒᆞ-】 동 규간(規諫)하다. 옳은 도리나 이치로써 웃어른이나 왕의 잘못을 고치도록 말하다.¶ ▼規諫 ‖ 공명이 모든 환관을 ᄭᅵ츌ᄒᆞ고 ᄯᅩ 쟝완과 비위 등의 능히 간ᄉᆞ를 ᄉᆞ찰ᄒᆞ고 쳔ᄌᆞ를 규간치 못ᄒᆞ믈 심칙ᄒᆞ니 즁인니 유〻복죄ᄒᆞ더라 (孔明將妄奏的宦官誅戮, 餘皆廢出宮外; 又深責蔣琬、費禕等不能覺察奸邪, 規諫天子. 二人唯唯服罪.) <삼국-국중 16:14>

【규찬】 명 ((기물)) 규찬(圭瓚). 종묘나 문묘 따위의 나라 제사에서 강신(降神)할 때에 쓰던 술잔.¶ ▼圭瓚 ‖ 구왈 거턍과 규찬이니 거턍은 졔ᄒᆞᆯ 제 강신ᄒᆞᄂᆞᆫ 울턍쥬오 규찬은 울턍쥬 ᄡᅡ히 브을 제 담ᄂᆞᆫ 놋구ᄒᆞᆫ 쥬젼ᄌᆞ라 (九, 秬鬯圭瓚. 秬鬯一卣, 圭瓚副焉. 秬, 黑黍也. 鬯, 香酒, 灌地以求神於陰. 卣, 中樽也. 圭瓚, 宗廟祭器, 以祀先王也.) <삼국-가정 20:29>

【균】 명 ((건축)) 균(囷). (둥근 모양의) 곳집.¶ ▼囷 ‖ 냥식이 업셔 도으믈 구ᄒᆞᆫᄃᆡ 그 집의 ᄡᆞᆯ을 두 도의 두어시니 각 삼쳔 셕이라 유의 말을 듯고 즉시 ᄒᆞᆫ 균을 쥬더이다 (因無糧食, 往求稍助. 其家有兩囷穀米, 各三千斛, 見瑜言, 即指一囷與之.) <삼국-가정 10:52>

【균형】 명 ((관직)) 균형(均衡). 정승(政丞).¶ ▼均衡 ‖ 승샹이 균형[정승이란 말이라]의 듕임을 맛다 ᄉᆞ〻로 멀리 졍벌ᄒᆞ미 맛당티 아니ᄒᆞ고 (丞相是均衡之重任, 而自遠征, 非所宜也.) <삼국-가정 28:62> ▼鈞衡 ‖ 신이 부셩이 우졸ᄒᆞ고 간난ᄒᆞᆫ ᄯᆡ를 만나 부[병뷔라]를 ᄂᆞᆫ호며 졀월을 ᄡᅧ 균형[저울이니 큰 소임이란 말이라]을 젼쟝ᄒᆞ매 군ᄉᆞᄅᆞᆯ 니ᄅᆞ혀 븍벌ᄒᆞ야 공을 일우디 못ᄒᆞ엿더니 병이 고항의 이셔 명이 됴셕의 드리오믈 엇디 긔약ᄒᆞ리오 (臣賦性愚拙, 時遭艱難, 分符擁節, 專掌鈞衡, 興師北伐, 未獲成功. 何期病在膏肓, 命垂旦夕!) <삼국-가정 34:72>

【그】 관 앞에서 이미 이야기하였거나 듣는 이가 생각하고 있는 사람이나 사물을 가리킬 때 쓰는 말. 그[其].¶ ▼其 ‖ 현덕이 보니 그 사ᄅᆞᆷ이 신댱이 구쳑 오촌이오 슈염이 ᄒᆞᆫ 자 여ᄃᆞᆲ치오 ᄂᆞᆺ츤 므른 대조빗 ᄀᆞᆺ고 입시울은 쥬사 딕은 ᄃᆞᆺᄒᆞ고 단봉 눈이오 누은 누에 눈섭이오 샹뫼 당〻ᄒᆞ고 위풍이 늠〻ᄒᆞ더라 (玄德看其人, 身長九尺三寸, 髯長一尺八寸, 面如重棗, 唇若抹朱, 丹鳳眼, 臥蠶眉, 相貌堂堂, 威風凜凜.) <삼국-가정 1:24>

【그 ᄯᅳᆮᄒᆞ디 아니ᄒᆞᆫ ᄃᆡ 나며 그 방비ᄒᆞ미 업ᄉᆞᆫ ᄃᆡᄅᆞᆯ 티라】 관귀 그 뜻하지 아니한 데 나며 그 방비함이 없은 데를 치라. 불의에 적을 공격하다.¶ ▼出其不意, 攻其不備 ‖ 병법의 닐오ᄃᆡ 그 ᄯᅳᆮᄒᆞ디 아니ᄒᆞᆫ ᄃᆡ 나며 그 방비ᄒᆞ미 업ᄉᆞᆫ ᄃᆡᄅᆞᆯ 티라 ᄒᆞ미니 졍히 이ᄅᆞᆯ 니ᄅᆞ미라 (兵法云: ‘出其不意, 攻其不備’, 正謂此也.) <삼국-가정 32:55>

【그 ᄒᆞ나흘 알고 둘흘 아디 못ᄒᆞᆫ다】 속 하나만 알고 둘은 모른다.¶ ▼知其一不知其二 ‖ 공이 다만 그 ᄒᆞ나흘 알고 둘흘 아디 못ᄒᆞᄂᆞᆫ도다 쇼의 병이 비록 만ᄒᆞ

나 군법이 경티 아니ᄒᆞ고 ᄒᆞ물며 뎐풍은 강ᄒᆞ야 우흘 범ᄒᆞ고 허유ᄂᆞᆫ 탐ᄒᆞ야 다ᄉᆞ리디 못ᄒᆞ고 심빅ᄂᆞᆫ ᄌᆞ젼ᄒᆞ야 ᄭᅬ 업고 방긔ᄂᆞᆫ 결단이 이시나 ᄡᅳᆯ ᄃᆡ 업ᄉᆞ니 (公只知其一不知其二. 紹兵雖多, 而法不正. 田豐剛而犯上, 許攸貪而不知, 審配專而無謀, 逢紀果而自用.) <삼국-가정 8:16> 그ᄃᆡ 그 ᄒᆞ나흔 알고 그 둘흔 아디 못ᄒᆞᄂᆞᆫ도다 진이 샹앙의 모딘 법을 ᄡᅥ 텬하ᄅᆞᆯ 보채니 만민이 다 원ᄒᆞ거ᄂᆞᆯ 고죄 관인ᄒᆞ샤 너ᄅᆞ므로ᄡᅥ 다ᄉᆞ려 겨시거니와 (君知其一未知其二. 秦朝用臣商鞅, 酷法暴虐, 萬民皆怨, 匹夫大呼, 天下土崩; 高祖寬仁, 可以弘濟.) <삼국-가정 21:80> 현경은 다만 그 ᄒᆞ나흘 알고 그 둘흘 아디 못ᄒᆞᄂᆞᆫ다 (賢卿止知其一, 不知其二也.) <삼국-가정 37:46>

【그-날】 명 그 일이 있었거나 있을 날. 그(지시 대명사, 當)+날(날, 日).¶ ▼其時 ‖ 원쥐 그날 ᄭᅮᆷ의 ᄒᆡ 둘히 원 뒤히 ᄠᅥ러뎌 뵈거ᄂᆞᆯ 놀라 ᄭᆡ드라 오ᄉᆞᆯ 닙의ᄎᆞ고 나와 두로 보니 원 뒤 플무덕이 우희 화광이 하ᄂᆞᆯ히 다핫ᄂᆞᆫ디라 (莊主是夜夢兩紅日墜于莊後, 莊主驚覺, 披衣出戶, 四下觀望, 見莊後草堆上火起衝天.) <삼국-가정 1:131>

【그니-】 동 기이다. 속이다. 어떤 일을 숨기고 바른 대로 말하지 않다.¶ ▼隱諱 ‖ 쇼동이 도라가 주인의게 고ᄒᆞᆫᄃᆡ 주인니 그니지 못ᄒᆞ여 됴ᄌᆞ의게 고ᄒᆞ니 됴 그 ᄒᆡᆼ용을 글려 각쳐의 잡으라 ᄒᆞ니 (小童歸告主人, 主人不敢隱諱, 報知曹操, 操畫影圖形, 各處捉拏左慈.) <삼국-모종 11:84>

【그두-】 동 거두다.¶ ▼收 ‖ 허도의 도라가 군ᄉᆞ를 길너 명츈을 가다려 원소를 처 파한 후의 형양을 취ᄒᆞ면 남북에 이를 ᄒᆞᆫ 번 드러 그두리라 (不如還兵許都, 養軍蓄銳, 待來年春煖, 然後引兵先破袁紹, 後取荊襄, 南北之利, 一舉可收也.) <삼국-모종 5:75>

【그라-】 형 그르다. 사리에 맞지 아니하다.¶ ▼失 ‖ 젼닐 관공을 파함도 다 빅언의 계칙이니 쥬샹이 만닐 쓰시면 촉 파ᄒᆞ기 반듯ᄒᆞ리니 만닐 그라미 이시면 신니 죄를 한ᄀᆞ지 당ᄒᆞ리이다 (前破關公, 其謀皆出於伯言. 主上若能用之, 破蜀必矣. 如或有失, 臣願與同罪.) <삼국-국중 14:35>

【그러치-】 동 그르치다. 잘못하여 일을 그릇되게 하다.¶ ▼誤 ‖ 쉬 왈 공문 업스면 승상ᄭᅴ 품ᄒᆞ여 보ᄂᆡ리라 공이 왈 승상ᄭᅴ 품할 ᄉᆞ이예 나의 힝장이 그러치리라 (秀曰: "既無文憑, 待我差人稟過丞相, 方可放行." 關公曰: "待去稟時, 須誤了我行程.") <삼국-모종 5:6>

【그릇】 부 그릇. 그르게.¶ ▼誤 ‖ 원소ᄂᆞᆫ 쥬장업ᄂᆞᆫ ᄉᆞ름이라 현덕의 말을 듯고 저수를 ᄭᅮ지저 왈 그럿 네 마를 듯고 호인을 쥭길 번ᄒᆞ여다 (袁紹是個沒主張的人, 聞玄德之言, 責沮授曰: "誤聽汝言, 險殺好人.") <삼국-모종 4:67> 앗가 동반 두원이 산에 나려 수초ᄒᆞ다가 그럿 두 부인을 겁약ᄒᆞ여 왓ᄂᆞᆫ 고로 그 증자다려 무르니 이 ᄃᆡᄒᆞᆫ 뉴황숙의 부인이요 (恰纔同伴杜遠下山巡哨, 誤將兩夫人劫掠上山, 吾問從者, 知是大漢劉皇叔夫人.) <삼국-모종 5:4>

【그렇-】 형 그르다. 사리에 맞지 아니하다.¶ ▼差 ‖ 뫼 왈 형의 말ᄉᆞᆷ이 그러토다 장부가 세상의 잇서 경즁을 분별할 거시니 현덕이 형을 ᄃᆡ졉ᄒᆞ미 ᄯᅩᄒᆞᆫ 승상에서 지ᄂᆡ지 아니ᄒᆞ니 엇지 갈 ᄠᅳᆮ을 두ᄂᆞᆫ야 (遼曰: "兄言差矣. 處世不分輕重, 非丈夫也, 玄德待兄, 未必過於丞相, 兄何故只懷去志?") <삼국-모종 4:60>

【그름】 명 그림자.¶ ▼影 ‖ ᄎᆞ일 평명의 관ᄒᆞ 북쇼ᄅᆡ 진동ᄒᆞ며 마초병니 오거날 현덕니 관상의서 보던니 문긔 그름 속의 마초 창을 가지고 말을 노와 온니 (次日天明, 關下鼓聲大震, 馬超兵到, 玄德在關上看時, 門旗影裏, 馬超縱騎持鎗而出.) <삼국-모종 11:19>

【그름이】 명 그림자. 경상 방언.¶ ▼影 ‖ ᄇᆡ후의 종신니 창을 가지고 좃ᄎᆞ와 말고리 서로 무러 저 창이 담언 조운의 등의 잇서 그름이를 놀니ᄂᆞᆫ지ᄅᆞ (背後鍾紳持戟趕來, 馬尾相啣, 那枝戟只在趙雲後心內弄影.) <삼국-모종 7:63>

【그릇】 부 그르게. 잘못.¶ ▼誤 ‖ 쇼인은 셰작이 아니라 긔밀ᄒᆞᆫ 일이 이셔 도독긔 뵈오려 오더니 그릇 복노군의 잡피믈 닙은디라 ᄇᆞ라건대 좌우를 믈리쇼셔 (小人不是奸細, 有機密事來見都督, 誤被伏路軍捉來, 乞退左右.) <삼국-규장 22:23> 뎌적의 그릇 졔갈냥의 계규를 만나 몸을 굴헝 가온대 ᄲᅡ디오고 노모를 ᄉᆞ렴ᄒᆞ매 ᄒᆞ로 디내미 ᄒᆡ ᄀᆞᆮᄐᆞ더라 (昨日誤遭諸葛亮之計, 陷身於顛崖之中, 思念老母, 日久號啕.) <삼국-규장 22:24>

【그릇-치-】 동 그르치다. 잘못하여 그릇되게 하다.¶ ▼差失 ‖ 장군이 ᄂᆞ가면 진궁 고슌이 엇지 능히 셩지를 구지 ᄃᆡ희리오 만일 그릇치미 잇스면 뉘웃쳐도 밋지 못ᄒᆞ리이다 (將軍若出, 陳宮、高順安能堅守城池? 倘有差失, 悔無及矣!) <삼국-국중 4:135>

【그리-】 동 그리다. 붓 따위로 어떤 사물의 모양을 그와 닮게 선이나 색으로 나타내다.¶ ▼畫 ‖ 이번의 위ᄅᆞᆯ 티미 ᄯᅩ 그린 ᄯᅥᆨ이 되리로다 (今番伐魏, 又成畫餅矣!) <삼국-가정 37:59> 조시 종족은 다 블근 오ᄉᆞᆯ 닙고 종족 아니니ᄂᆞᆫ 다 녹포ᄅᆞᆯ 닙엇더라 각ᄀᆞ 그림 그린 활과 긴 살흘 ᄯᅴ고 ᄆᆞᆯ을 타 기ᄃᆞ리더라 (曹氏宗族俱穿紅, 外枝將士皆穿綠; 各帶雕弓長箭, 跨鞍勒馬, 聽候指揮.) <삼국-가정 18:26>

【그림】 명 ((회화)) 그림. 선이나 색채를 써서 사물의 형상이나 이미지를 평면 위에 나타낸 것.¶ ▼조시 종족은 다 블근 오ᄉᆞᆯ 닙고 종족 아니니ᄂᆞᆫ 다 녹포ᄅᆞᆯ 닙엇더라 각ᄀᆞ 그림 그린 활과 긴 살흘 ᄯᅴ고 ᄆᆞᆯ을 타 기ᄃᆞ리더라 (曹氏宗族俱穿紅, 外枝將士皆穿綠; 各帶雕弓長箭, 跨鞍勒馬, 聽候指揮.) <삼국-가정 18:26>

【그ᄅᆞ-】 형 그르다. 어떤 일이 사리에 맞지 아니하다.¶ ▼差錯 ‖ 통은 부ᄉᆞᆯ 잡아 뎍이고 슈례 두며 입을 니ᄅᆞ며 귀로 드ᄅᆞ되 곡딕을 낫ᄂᆞ치 골ᄒᆡ여 호리도 그ᄅᆞ디 아니킈 결ᄒᆞ니 (統執筆簽押, 口中發落, 耳內聽詞, 曲直分

明, 幷無分毫差錯.) <삼국-가정 18:88> 그도 고디듣디 아니ᄒᆞ니 조적은 본ᄃᆡ 간사ᄒᆞᆫ ᄉᆞᄅᆞᆷ이라 엇디 그ᄅᆞᆺ 봉ᄒᆞ여 보낼 리 이시리오 (吾又不信. 曹賊是個奸雄之人, 豈有差錯?) <삼국-가정 19:48>

【그ᄅᆞᆺ】 명 ((기물)) 그릇. 음식이나 물건 따위를 담는 기구를 통틀어 이르는 말.¶ ▼器 ‖ 니졔 공이 큰 ᄌᆡ조ᄅᆞᆯ 싸고 큰 그ᄅᆞ슬 싸고 ᄉᆞᄉᆞ로 관듕 악의ᄒᆞᆫᄃᆡ 비교져 ᄒᆞ니 엇디ᄒᆞ므로 하ᄂᆞᆯ을 거ᄉᆞ리고 ᄉᆞᄅᆞᆷ을 ᄇᆡ반ᄒᆞ여 일을 ᄒᆡᆼ코져 ᄒᆞᄂᆞ냐 (今公蘊大才, 抱大器, 自欲比於管、樂, 何乃强欲逆天理, 背人情而行事耶?) <삼국-모종 15:77>

【그ᄅᆞᆺ】 부 그릇. 그르게. 잘못.¶ ▼倪失 ‖ 다만 ᄎᆔ후의 쥬공을 늙다 ᄒᆞ여 그ᄅᆞᆺ 니ᄅᆞ나 이ᄂᆞᆫ 복이 미혹ᄒᆞ고 어린 타시라 (頗以被酒, 倪失'老'語. 此僕之下愚薄慮所致.) <삼국-가정 25:126> ▼誤 ‖ 쇼인은 셰작이 아니라 긔밀ᄒᆞᆫ 일이 이셔 도독긔 뵈오려 오더니 그ᄅᆞᆺ 복노군의 잡피믈 닙은디라 ᄇᆞ라건대 좌우ᄅᆞᆯ 믈리쇼셔 (小人不是奸細, 有機密事來見都督, 誤被伏路軍捉來, 乞退左右.) <삼국-가정 32:11> 뎌적의 그ᄅᆞᆺ 졔갈량의 계규ᄅᆞᆯ 만나 몸을 굴헝 가온대 싸디오고 노모ᄅᆞᆯ ᄉᆞ렴ᄒᆞ매 ᄒᆞᄅᆞ 디내미 ᄒᆡ ᄀᆞᄐᆞᆫ디라 (昨日誤遭諸葛亮之計, 陷身於顚崖之中, 思念老母, 日久號啕.) <삼국-가정 32:13>

【그ᄅᆞᆺ-되-】 동 그릇되다. 어떤 일이나 형편이 잘못되다.¶ ▼陵替 ‖ 업데여 보니 됴뎡이 그ᄅᆞᆺ되고 긔강이 믄허뎌 모ᄃᆞᆫ 영웅이 나라ᄒᆞᆯ 어즈러이고 사오나온 당뉴 님금을 소기니 비 ᄆᆞᄋᆞᆷ이 알프고 간담이 믜여디ᄂᆞᆫ디라 (伏睹朝廷陵替, 綱紀崩摧, 群雄亂國, 惡黨欺君, 備心膽俱裂.) <삼국-가정 12:92>

【그ᄅᆞᆺ-호-】 동 그릇하다. 잘못하다. 그ᄅᆞᆺ+-ᄒᆞ-+-오(삽입모음)-.¶ ▼疏虞 ‖ 다ᄉᆞᆺ ᄌᆞ식 듕의 이 웃듬이니 만일 그ᄅᆞᆺ호미 이시면 뉘우쳐도 밋디 못ᄒᆞᆯ가 ᄒᆞ노라 (吾子之中, 惟有此子生得最異, 倘有疏虞, 悔之晚矣!) <삼국-가정 8:102>

【그믈】 명 ((기물)) 그물.¶ ▼증ᄌᆞᄂᆞᆫ 그믈이란 ᄌᆞ라 (罾) <삼국-가정 24:81>

【그믈-부리】 명 ((기물)) 그물부리. 부리는 병과 같이 속이 비고 한끝이 막혀 있는 물건에서 가느다라며 터진 다른 한끝 부분을 이르는 말.¶ ▼罾口 ‖ 고기 그믈 부리예 드러시니 엇디 ᄃᆞ라나리오 ('魚'入'罾口', 豈能走乎?) <삼국-가정 24:81>

【그믐】 명 그믐. 음력에서 그달의 마지막날.¶ ▼晦日 ‖ 지아비 죽어 오히려 뭇디 못ᄒᆞ야시니 네 아직 이 그믐을 기다려 지아ᄇᆡ게 졔ᄒᆞ고 거상을 벗고 서ᄅᆞ 친호미 더ᄃᆡ디 아니ᄒᆞ니라 (夫死尙猶未月. 汝可待至晦日, 設祭祀, 那時除其夫孝, 作親不遲.) <삼국-가정 13:11> ▼盡間 ‖ 이ᄣᅢ 구월 그믐이라 텬긔 급작저이 치워 거믄 구롬이 엉긔여 년일ᄒᆞ여 됴티 아니ᄒᆞ니 일로 인ᄒᆞ야 냥군이 아직 싸홈을 긋쳣더라 (時遇九月盡間, 天氣暴冷, 彤雲密布, 連日不開, 因此兩軍罷戰.) <삼국-가정 19:27>

【그여니】 부 기어이. 기어코.¶ ▼只是 ‖ 공명니 ᄌᆡᄉᆞᆷ 말유ᄒᆞ다가 황츙의 그여니 가고저 ᄒᆞ멀 보고 공명 왈 ᄂᆡ 일닌으로 감군ᄒᆞ니 ᄒᆞᆫ가지 가라 (孔明再三不容, 黃忠只是要去, 孔明曰: "卽將軍要去, 吾使一人爲監軍同去, 若何?") <삼국-모종 12:17>

【그여이】 부 기어이. 기어코.¶ ▼조적이 긔군망상ᄒᆞ니 ᄂᆡ 그여이 쥬기여 국가의 ᄒᆡ를 덜고저 ᄒᆞ엿더니 형이 엇지 안졉ᄒᆞᆫ고 (操賊欺君罔上, 我欲殺之, 爲國除害, 兄何止我?) <삼국-모종 3:86>

【그여-히】 부 기어이.¶ ▼왕이 ᄃᆡ경 왈 ᄂᆞ을 그여히 불의에 싸지게 ᄒᆞ기난 다 경등이로다 (漢中王驚曰: "陷孤於不義, 皆卿等也.") <삼국-모종 13:49>

【그으기】 부 그윽이.¶ ▼竊 ‖ 금운니 ᄆᆞ히고 그윽ᄒᆞ더니 홀연니 놉고 항직ᄒᆞᆫ 곡죠 일너나니 반다시 영웅이 잇셔 그으기 듯ᄂᆞᆫ도다 (琴韻淸幽, 音中忽起高抗之調, 必有英雄竊聽.) <삼국-모종 6:41>

【그으키】 부 그윽이.¶ ▼竊 ‖ ː제 폐ᄒᆞ셔 위을 두어 뭇지 아니하시고 도로여 동오을 치고져 ᄒᆞ시니 그으키 폐ᄒᆞ 위ᄒᆞ여 취치 안니ᄒᆞ노니다 (今陛下魏不問, 反欲伐吳, 竊爲陛下不取.) <삼국-모종 13:66> ▼뎡셔장군 등ᄋᆡᄂᆞᆫ 글월을 호위장군 졔갈사원 휘하의 부치노니 그으키 보니 근ᄃᆡ 현ᄌᆡ 공의 존부 갓ᄐᆞ니 업ᄂᆞ니 (征西將軍鄧艾, 致書於行軍護衛將軍諸葛思遠麾下: 切觀近代賢才, 未有如公之尊父也.) <삼국-국중 17:92>

【그윽-ᄒᆞ-】 형 그윽하다. 깊숙하여 아늑하고 고요하다. 으슥하다.¶ ▼幽 ‖ 금운니 ᄆᆞ히고 그윽ᄒᆞ더니 홀연니 놉고 항직ᄒᆞᆫ 곡죠 일너나니 반다시 영웅이 잇셔 그으기 듯ᄂᆞᆫ도다 (琴韻淸幽, 音中忽起高抗之調, 必有英雄竊聽.) <삼국-모종 6:41>

【그이-】 동 기이다. 어떤 일을 숨기로 바른 대로 말하지 않다.¶ ▼隱諱 ‖ 슈경이 소왈 공은 그이지 말나 공이 ː제 난의 도망ᄒᆞ여 이예 이ᄅᆞ려도다 (水鏡笑曰: "公不必隱諱. 公今必逃難至此.") <삼국-모종 6:42>

【그즛-ᄒᆞ-】 동 거짓하다.¶ ▼佯 ‖ 현덕이 죠ː 알가 져어ᄒᆞ야 이예 그즛ᄒᆞ여 왈 죠승상이 나라을 다사리니 웃지 ᄐᆡ평치 못ᄒᆞ믈 근심ᄒᆞ리요 (玄德恐是曹操使他來試探, 乃佯言曰: "曹丞相治國, 爲何憂不太平?") <삼국-모종 4:2>

【그짓】 부 거짓으로.¶ ▼그짓 실슈ᄒᆞᄂᆞᆫ 체 (賣箇破綻) <삼국-어람 109b> ▼假意 ‖ 푀 초션을 쳥ᄒᆞ여 안지라 ᄒᆞ거ᄂᆞᆯ 초션이 그짓 드러가려 ᄒᆞ니 륜 왈 댱군은 나의 지위라 ᄒᆡ아ᄂᆞᆫ 안지미 무어시 방ᄒᆡ로리오 (布請貂蟬坐, 貂蟬假意欲入, 允曰: "將軍吾之至友, 孩兒便坐何妨?") <삼국-모종 2:7>

【그치-】 동 끊어지다. 계속되던 일이나 움직임이 멈추거나 끝나다. (자동사).¶ ▼住 ‖ 이제 츄위 년면ᄒᆞ여 여러 날이로ᄃᆡ 그치디 아니ᄒᆞ니 양강 믈이 반ᄃᆞ시 탕일ᄒᆞᆯ 거시니 (方今秋雨連綿, 數日, 襄江之水必然泛漲.) <삼국-규장 17:32>

【그혀히】 부 기어(期於)이.¶ ▼必 ‖ 위 듸로 왈 닉 그혀히 이 환관은 주기리라 (維大怒曰: "我必殺此宦豎!") <삼국-모종 19:21>

【근각】 명 근각(根脚). '뿌리와 다리'를 함께 이른 말로, 어떤 일의 '근거'나 '기미'를 뜻하는 말. 근본(根本). 출신(出身). 까닭.¶ ▼根脚 ‖ 뉴현위는 근각이 엇던 사름인다 (劉縣尉是何根脚?) <삼국-가정 1:75>

【근노-ᄒᆞ-】 동 근로(勤勞)하다. 수고하다. 부지런히 일하다. 심신을 수고롭게 하여 일에 힘쓰다.¶ ▼勤勞 ‖ 뉴시의 텬해라 우리 쥬는 셩이 뉴니 분의 올코 네 쥬는 셩이 손이니 아조 븟디 아닐 ᄲᅮᆫ 아니라 젹벽 싸홈의 우리 쥐 근노ᄒᆞ시미 만코 즁쟝이 다 힘을 써시니 엇디 ᄒᆞᆫ갓 너희 동오 힘 ᄲᅮᆫ이리오 (劉氏天下, 我主姓劉到無分, 汝主姓孫合情佃也? 況赤壁破曹兵, 我主多負勤勞, 衆將幷皆用命, 豈獨是汝東吳之力耶?) <삼국-가정 17:77>

【근신-ᄒᆞ-】 동 근신(謹愼)하다. 말이나 행동을 삼가고 조심하다.¶ ▼謹愼 ‖ 이딜이 동힝ᄒᆞ면 심히 묘ᄒᆞ도다 ᄃᆞ만 근신ᄒᆞ고 조ᄎᆞᄒᆞ미 불가ᄒᆞ니라 (二姪同去甚妙. 但須謹愼, 不可造次.) <삼국-국중 14:12>

【근심-ᄒᆞ-】 동 근심하다. 해결되지 않은 일 때문에 속을 태우거나 우울해 하다.¶ ▼旰食 ‖ 이거시 ᄉᆞ태우의 근심ᄒᆞᆯ 때오 지존의 념녀ᄒᆞᆯ 시졀이라 (此朝士旰食之秋, 至尊垂慮之日也.) <삼국-가정 18:67>

【글】 명 글. 어떤 생각이나 일 따위의 내용을 글자로 나타낸 기록.¶ ▼書 ‖ 호반이 드러가 보니 운댱이 좌슈로 슈염을 다ᄃᆞᄆᆞ며 궤예 지혀 등 아래셔 글을 보거ᄂᆞᆯ (胡班往觀, 見關公左手綽髯, 憑几於燈下看書.) <삼국-가정 9:108>

【글을 너비 보고 긔록ᄒᆞ기ᄅᆞᆯ 힘써 ᄒᆞ-】 관구 들은 것이 많고 기억력이 뛰어나다.¶ ▼博聞强記 ‖ 찬이 글을 너비 보고 긔록ᄒᆞ기ᄅᆞᆯ 힘써 ᄒᆞ니 사름이 밋디 못ᄒᆞ더라 (粲博聞强記, 人皆不及.) <삼국-가정 13:82>

【글그-】 동 긁다.¶ ▼刮 ‖ 태 칼흘 드러 ᄉᆞᆯ흘 버혀 좌우로 헤혀고 바ᄅᆞ 쌔의 니ᄅᆞ니 쌔 블셔 프ᄅᆞ렁거ᄂᆞᆯ 태 칼흘 글그니 쌔 긁는 소리 멀리 들리은[는]디라 (佗下刀割開皮肉, 直至于骨, 骨上已靑. 佗用刀刮之有聲.) <삼국-가정 24:102>

【글-귀】 명 글귀(-句).¶ ▼句 ‖ 손건 미툭 간옹의 뉴는 빅면셔싱이라 글귀ᄅᆞᆯ ᄯᅳᆺ져기는 쟈근 션ᄇᆡ라 경눈제세[세상을 거ᄂᆞ리고 나라흘 민다라 내단 말이라]ᄒᆞᆯ 션ᄇᆡ 아니니 엇디 패업을 일울 사름이리오 (孫乾、糜竺、簡雍之輩, 乃白面書生, 尋章摘句小儒, 非經綸濟世之士, 豈成霸業之人也?) <삼국-가정 12:18>

【글ㄴ-】 동 «그ᄅᆞ다» 끄르다. (맨 것이나 맺은 것 또는 두르거나 감거나 한 것을) 풀다.¶ ▼解 ‖ 니위 독칙을 맛치ᄆᆡ 탁이 좌우를 ᄭᅮ지져 뎨를 븟드러 뎐궐의 나리오고 옥식를 글너 북면 댱궤ᄒᆞ여 신히 일ᄏᆞ라 명을 드르라 ᄒᆞ고 ᄯᅩ 티후를 블너 옷슬 바리고 칙지를 드르라 ᄒᆞ니 뎨와 휘 다 통곡ᄒᆞ고 군신이 비참치 아니리 업더라 (李儒讀策畢, 卓叱左右扶帝下殿, 解其璽綬, 北面長跪, 稱臣聽命.) <삼국-모종 1:59>

【글ᄂᆡ】 명 근래(近來). 요즈음.¶ ▼近 ‖ 쇠 ᄯᅩ 왈 글ᄂᆡ 드르니 운장이 조ᄌᆞᄅᆞᆯ 써나 하북에 오고저 ᄒᆞᆫ다 ᄒᆞ니 ᄂᆡ 맛당히 죽기여 안량 문취의 셜치ᄒᆞ리라 (紹又曰: "近聞關雲長已離了曹操, 欲來河北, 吾當殺之, 以雪顔良、文醜之恨!") <삼국-모종 5:30>

【글-디오-】 동 끄리게 드리우다.¶ ▼垂 ‖ 딤은 옷기ᄉᆞᆯ 글디오고 병풍을 져 위예 이션디 이십여 년이라 (朕用垂拱負扆, 二十有餘載矣.) <삼국-가정 25:105>

【글ㄹ-】 형 그르다.¶ ▼敗 ‖ 셰샹 일이 임의 글럿거ᄂᆞᆯ 오히려 스ᄉᆞ로 힘만 잇브게 ᄒᆞᄂᆞ도다 (世事敗矣! 尙自努力!) <삼국-가정 36:76>

【글리-】 동 그리게 하다.¶ ▼畫 ‖ 쇼동이 도라가 주인의게 고ᄒᆞᆫᄃᆡ 주인니 그니지 못ᄒᆞ여 됴ᄌᆞ의게 고ᄒᆞ니 되 그 행용을 글려 각처의 잡으라 ᄒᆞ니 (小童歸告主人, 主人不敢隱諱, 報知曹操, 操畫影圖形, 各處捉拏左慈.) <삼국-모종 11:84> 왕평니 병을 ᄡᅳ어 뫼을 십니을 써나 치성을 ᄒᆞ고 지형을 글려 급피 공명의게 사람 보ᄂᆡ여 마쇽니 산상의 둔병ᄒᆞ난 일을 가초 알외엿더라 (王平引兵離山十里下寨, 畫成圖本, 星夜差人去稟孔明, 具說馬謖自於山上下寨.) <삼국-모종 16:6>

【글월】 명 ((간찰)) 편지. 서신(書信).¶ ▼書 ‖ 쇼인은 관하의 ᄉᆞ환ᄒᆞᄂᆞᆫ 쇼졸이러니 노부인 글월을 맛다오이다 (某乃館下走卒, 奉老夫人言語, 有書上達.) <삼국-가정 12:54> 강좌 감녕이 쥬유의게 욕을 보고 븟그려 ᄂᆡ응호믈 원ᄒᆞ고 황개도 곤댱 오십을 맛고 감틱으로 ᄒᆞ여곰 납항ᄒᆞᄂᆞᆫ 글월이 와시나 밋브디 못ᄒᆞ니 뉘 감히 쥬유의 채듕의 드러가 ᄌᆞ셔히 아라 올고 (江左甘寧被周瑜恥辱, 亦願內應; 黃盖受責五十, 却令闞澤納降, 又有書到此: 未可深信. 誰敢直入周瑜寨中走一遭?) <삼국-가정 15:111> 공명이 글월을 써 비위ᄅᆞᆯ 주어ᄂᆞᆯ 비위 글월을 가지고 건업으로 가 오쥬 손권을 보고 글월을 올린대 권이 떠혀 보니 (禕持書徑到建業, 入見吳主孫權, 呈狀孔明之書. 權拆封視之.) <삼국-가정 33:115> 그 군ᄉᆡ 위채예 와 ᄉᆞ마의ᄅᆞᆯ 보고 글월을 올리니 ᄉᆞ마의 글월을 다 보고 무로ᄃᆡ (其人持書徑來魏寨, 人報知司馬懿. 懿喚入, 接書拆封看畢.) <삼국-가정 34:3> 감군 구본 한 글월노 다릐라 ᄒᆡ 그 말ᄃᆡ로 일봉셔랄 보ᄂᆡ니 (監軍丘本曰: "何不作一書以誘之?" 艾從其言, 遂作書一封, 遣使送入蜀寨.) <삼국-모종 19:50>

【글으-】 형 그르다. 어떤 일이 사리에 맞지 아니하다.¶ ▼錯 ‖ 졔공 말숨이 글으도ᄃᆞ 쥬공의 위엄이 비록 쳔하의 진동ᄒᆞ나 ᄉᆞ막 ᄉᆞ람이 그 변방 멀기만 밋고 방비치 아니ᄒᆞ리니 급히 가 치면 파ᄒᆞ리라 (諸公所言錯矣. 主公雖威震天下, 沙漠之人, 恃其邊遠, 必不設備, 乘其無備, 卒然擊之, 必可破也.) <삼국-모종 6:14>

【글으-치-】 동 그르치다.¶ ▼誤 ‖ 공명 왈 어제 글을 보오니 장군의 우국ᄒᆞᄂᆞᆫ 마음을 아오나 양이 나히 어리고

직조 셧그려 하문ᄒᆞ시ᄂᆞᆫ 말ᄉᆞᆷ을 글으치미 한니로소이다 (孔明曰: "昨觀書意, 足見將軍憂民憂國之心, 但恨亮年幼才疎, 有誤下問.") <삼국-모종 6:87>

【글읏】 뮈 그릇. 그르게. 잘못되게.¶ ▼誤 ‖ ᄒᆞ후연 일군니 산뒤로 초략ᄒᆞ여 지ᄂᆡ던니 ᄃᆡ무 중에 글읏 냥앙의 시전에 일은니 (夏侯淵一軍抄過山後, 見重霧垂空, 又聞人語馬嘶, 恐有伏兵, 急催人馬行動, 大霧中誤走到楊昂寨前.) <삼국-모종 11:54>

【글읏-치-】 동 그르치다.¶ ▼誤 ‖ 포 ᄃᆡ경 왈 진궁이 날을 글읏쳐다 ᄒᆞ고 급피 장요를 명ᄒᆞ여 병을 ᄭᅥ어 조ᄌᆞ[ᄎᆞ]가 삼십 이 박게 이르러 혼힝 다려오고 (布大驚曰: "陳宮誤我!" 急令張遼引兵追趕, 至三十里之外將女搶歸.) <삼국-모종 3:33>

【글이-】 동 그리다.¶ ▼畫 ‖ 장익이 간왈 장군이 임의 공을 일우여 위셩이 ᄃᆡ진ᄒᆞ니 가히 긋치라 이제 젼진ᄒᆞ여 ᄒᆞᆨ의치 못ᄒᆞ면 글인 ᄇᆡ암이 발 더홈 갓ᄐᆞ이라 (張翼諫曰: "將軍功績已成, 威聲大震, 可以止矣. 今若前進, 倘不如意, 正如畫蛇添足也.") <삼국-모종 18:54>

【긁-】 동 긁다. 손톱이나 뾰족한 기구 따위로 바닥이나 거죽을 문지르다.¶ ▼刮 ‖ 태 칼흘 드러 ᄉᆞᆯ흘 버혀 좌우로 헤혀고 바ᄅᆞ 쎄의 니ᄅᆞ니 쎼 볼셔 프ᄅᆞ럿거ᄂᆞᆯ 태 칼흘 글그니 쎄 긁ᄂᆞᆫ 소ᄅᆡ 멀리 들리ᄋᆞᆫ디라 (佗下刀割開皮肉, 直至于骨, 骨上已靑, 佗用刀刮之有聲.) <삼국-가정 24:102> ▼割 ‖ ᄃᆞᄂᆞᆫ 칼로 ᄉᆞᆯ흘 버혀 져혀고 쎄의 다ᄃᆞ라 독약의 긔운을 글거 ᄇᆞ리고 됴흔 약을 ᄇᆞᄅᆞ고 창구ᄅᆞᆯ 감텨 두면 ᄌᆞ연 됴흐려니와 (吾用尖利之器割開皮肉, 直至於骨, 刮去藥毒, 用藥敷之, 以線縫其口, 自然無事.) <삼국-가정 24:101>

【금관셩】 명 ((지리)) 금관성(錦官城). 성 이름. 비단 짜는 일을 관장하는 관서가 있었던 데서 붙여진 이름으로, 옛터는 사천성 성도(成都)의 남쪽에 있으며, 뒤에 성도의 별칭으로 쓰였다. 금관(錦官). 금리(錦里). 금부(錦府). 금성(錦城).¶ ▼錦官城 ‖ 승샹 ᄉᆞ당을 어ᄂᆞ 곳의 ᄎᆞᄌᆞ리오 금관셩 밧긔 잣남기 ᄉᆞᆷᄉᆞᆷ훈 ᄃᆡ로다 (丞相祠堂何處尋, 錦官城外栢森森.) <삼국-가정 34:127>

【금물】 명 ((기물)) 그물.¶ ▼網 ‖ 나ᄂᆞᆫ 용의 ᄉᆡ요 금물의 고기라 이 힝홈이 고기는 바다에 들고 ᄉᆡ 운소의 올은ᄂᆞᆫ쏘다 (吾乃籠中鳥, 網中魚. 此一行如魚入大海, 鳥上青霄, 不受籠網之羈絆也!) <삼국-모종 4:10>

【금비젼】 명 ((기물)) 금비전(金鈚箭). 사냥 전용 화살. 화살대는 대나무로 길게 만들고 화살촉은 비교적 얇고 넓게 하여 금을 박아 넣었음. 대부분 제왕이 사용함.¶ ▼金鈚箭 ‖ 텬ᄌᆡ 쇼요마ᄅᆞᆯ ᄐᆞ시고 됴궁[아로사겨 그림 그린 활이라]과 금비젼[가괴에 금칠ᄒᆞᆫ 살히라]을 ᄎᆞ고 셩의 나가시니 현덕 관 댱도 엄심을 속의 닙고 궁젼과 긔계ᄅᆞᆯ 가지고 슈가ᄒᆞ여 가더라 (帝卽上逍遙馬, 帶雕弓、金鈚箭, 排鑾駕出城. 玄德與關、張各彎弓插箭, 內穿掩心甲, 各持兵器, 引數十騎隨駕出許昌.) <삼국-가정 7:77> 손권이 금비젼 ᄒᆞ나흘 가져다가 것거 ᄆᆡᆼ셰ᄒᆞ야 닐오ᄃᆡ (權取金鈚箭一枝, 折之爲誓曰.) <삼국-가정 35:4>

【금쇼-ᄒᆞ-】 형 검소(儉素)하다. 사치하지 않고 꾸밈없이 수수하다.¶ ▼儉 ‖ 금쇼ᄒᆞ미 아니라 구포ᄂᆞᆫ 류황슉이 쥬신 비라 (某非儉也, 舊袍乃劉皇叔所賜.) <삼국-국중 6:14>

【금심-ᄒᆞ-】 동 근심하다.¶ ▼憂 ‖ 죠ᄌᆞ 화타 죽긴 후로 병셰난 더ᄒᆞ고 ᄯᅩ 오 촉 금심ᄒᆞ더니 흘연 동오 사ᄌᆞ 와 글을 올니거날 보니 (曹操自殺華佗之後, 病勢愈重, 又憂吳、蜀之事, 正慮間, 近臣忽奏東吳遣使上書.) <삼국-모종 13:23>

【금쥬-보픠】 명 ((복식)) 금주보패(金珠寶貝).¶ ▼金珠寶貝 ‖ 가형 ᄆᆡᆼ확이 승상의 활명ᄒᆞ신 은혜를 감동ᄒᆞ야 가히 갑흘 죠각이 업ᄂᆞᆫ지라 이졔 금쥬보픠 약간 거ᄉᆞᆯ 밧드러 승상의 상군ᄒᆞᄂᆞᆫ 직물을 돕고 (家兄孟獲, 感丞相活命之恩, 無可奉獻, 輒具金珠寶貝若干, 權爲賞軍之資.) <삼국-국중 14:132>

【금지-옥엽】 명 ((인류)) 금지옥엽(金枝玉葉). 금으로 된 가지와 옥으로 된 잎이라는 뜻으로, 임금의 자손이나 귀한 자손 또는 집안을 높여 이르는 말.¶ ▼金枝玉葉 ‖ 조도독은 금지옥엽이라 엇디 반적으로 더브러 서로 보리오 (曹都督乃金枝玉葉, 安肯與反賊相見耶?) <삼국-가정 32:18> 하후부마ᄂᆞᆫ 금지옥엽이라 만일 위틱ᄒᆞ미 이시면 우리 등이 구티 아닌 죄ᄅᆞᆯ 닙을디라 (夏侯駙馬爲金枝玉葉, 倘有疏虞, 難道坐視之罪.) <삼국-가정 30:33>

【금창】 명 ((질병)) 금창(金瘡). 칼, 창, 화살 따위로 생긴 상처.¶ ▼金瘡 ‖ 칰이 거울을 ᄇᆞ리고 크게 쇼ᄅᆡ지르되 요인이 왓다 ᄒᆞ더니 금창이 ᄢᅵ여뎌 긔졀ᄒᆞ거ᄂᆞᆯ (策拍鏡, 大叫一聲'妖人', 金瘡迸裂, 昏絶而死.) <삼국-가정 10:41>

【금창약】 명 ((한방)) 금창약(金瘡藥). 칼, 창, 화살 따위로 생긴 상처에 바르는 약. 석회를 나무나 풀의 줄기와 잎에 섞어 이겨서 만든다.¶ ▼金瘡藥 ‖ 의원을 블너 집게로 살밋틀 지버 싸이고 금창약을 바르니 (喚行軍醫者用鐵鉗子鉗出箭頭來, 將金瘡藥掩塞瘡口.) <삼국-가정 16:91>

【금-활】 명 ((기물)) 금활(金-). 금으로 만든 활.¶ ▼金弓 ‖ 위 왈 내 보매ᄂᆞᆫ 금활과 옥살 ᄀᆞᄐᆞ이다 (公答曰: '猶金弓玉矢耳!') <삼국-가정 9:37>

【급급-히】 뮈 급급(急急)히. 매우 급하게.¶ ▼急 ‖ 조병이 볼셔 져근 길로 ᄉᆞ모차 관ᄂᆡ의 드러시니 셔쥐ᄅᆞᆯ 일흘가 두려ᄒᆞ노니 공 등은 급ᄀᆞ히 도라오라 (曹兵抄下小路, 已到城內, 恐彭城有失, 公等急回.) <삼국-가정 7:17>

【급-말】 명 급말(急-). 말을 빨리 몲.¶ ▼驟馬 ‖ 적병이 츄지ᄒᆞ여 조안민니 난군 중의 쥭으니 됴죄 급말을 달녀 닷더니 적병의 살의 됴ᄌᆞ의 탄 말의 눈을 맛치니 말이 싸히 걱구러지거ᄂᆞᆯ (賊兵追至, 安民被砍爲肉泥. 操急驟馬衝波過河, 纔上得岸, 賊兵一箭射來, 正中馬眼, 那馬撲地倒了.) <삼국-국중 4:71>

【급약-ᄒᆞ-】 동 겁략(劫掠)하다. 위협을 하거나 폭력 따위

를 써서 강제로 빼앗다.¶ ▼劫 ‖ 또 숭산 뇌박 진란이 전곡을 급약ᄒᆞ여 가고 수츈으로 도라가다가 또 군ᄉᆡ 엄습ᄒᆞ여 다만 강정의 머문이 (又被嵩山雷薄、陳蘭劫去錢糧草料, 欲回壽春, 又被羣盜所襲, 只得住於江亭.) <삼국-모종 4:12>

【급작-저이】 부 급작스레.¶ ▼暴 ‖ 이때 구월 그믐이라 텬긔 급작저이 치워 거믄 구롬이 엉긔여 년일ᄒᆞ여 됴티 아니ᄒᆞ니 일로 인ᄒᆞ야 냥군이 아직 싸홈을 긋쳣더라 (時遇九月盡間, 天氣暴冷, 彤雲密布, 連日不開, 因此兩軍罷戰.) <삼국-가정 19:27>

【급주마】 명 ((동물)) 급주마(急走馬). 파발(擺撥).¶ ▼流星馬 ‖ 급주마ᄅᆞᆯ 셰워 뎡탐ᄒᆞ더라 (流星馬探聽得, 報將袁紹大寨裏來.) <삼국-가정 2:81>

【급피】 부 급(急)히. 조금도 지체할 겨를이 없이.¶ ▼急 ‖ 댱뇌 급피 머리ᄅᆞᆯ 수기더니 ᄒᆞᆫ 살이 투고ᄅᆞᆯ 마쳐 상모ᄅᆞᆯ ᄂᆞ리티니 (張遼低頭急躲, 一箭射中頭盔, 將簪纓射去.) <삼국-가정 9:51>

【급-ᄒᆞ-】 형 급(急)하다. 사정이나 형편이 조금도 지체할 겨를이 없이 빨리 처리하여야 할 상태에 있다.¶ ▼驟 ‖ 텬ᄉᆡᆨ이 발가오ᄃᆡ 거믄 구름이 짜ᄒᆡ 더펏고 동남풍이 그쳐 브는ᄃᆡ 급ᄒᆞᆫ 비 동희로 붓ᄃᆞ시 오ᄂᆞᆫ지라 (天色微明, 黑雲罩地, 東南風尙然不息. 驟雨大降, 渾似盆傾瓮倒.) <삼국-가정 16:64>

【긋-】 동 차려 놓다.¶ ▼置 ‖ 조인이 술을 긋고 죠로 더부러 회민ᄒᆞ더니 즁모ᄉᆞ 다 좌의 잇ᄂᆞᆫ지라 죄 홀연 안연ᄃᆡ통ᄒᆞ니 (曹仁置酒與操解悶, 衆謀士俱在座, 操忽仰天大慟.) <삼국-모종 8:66>

【긋ᄡᆡ】 명 그때. 앞에서 이미 이야기한 시간상의 어떤 점이나 부분. '그ᄢᆡ'의 중철표기 형태.¶ ▼當時 ‖ 긋ᄡᆡ 즉시 쵀모의 머리를 버혀 현제의게 보ᄂᆡ고져 ᄒᆞ더니 즁인니 만뉴ᄒᆞ므로 아직 용셔ᄒᆞ엿스니 현제ᄂᆞᆫ 죄를 쥬지 말ᄂᆞ (當時卽欲斬蔡瑁之首, 以獻賢弟. 因衆人告免, 故姑恕之. 弟幸勿見罪.) <삼국-국중 8:53> ▼那時 ‖ ᄂᆡ 비록 만인이나 병법을 아니 만닐 승상이 노아 보ᄂᆡ시면 ᄂᆡ 맛당이 군마를 정돈ᄒᆞ야 한 번 승부를 결ᄒᆞ리니 긋ᄡᆡ의 잡히이면 ᄂᆡ 맛당이 마음을 기우리고 담을 토ᄒᆞ야 긔항ᄒᆞ리이다 (吾雖蠻人, 頗知兵法; 若丞相端的肯放吾回洞中, 吾當率兵再決勝負. 若丞相這番再擒得我, 那時傾心吐膽歸降, 並不敢改也.) <삼국-국중 14:130>

【긋재】 부 아울러. 함께. 모두. 모조리. 통째로. 남김없이.¶ ▼盡 ‖ 공명이 그 ᄇᆡᄅᆞᆯ 긋재 블디ᄅᆞ고 번셩으로 나아가다 (孔明教將船筏放火燒毁, 軍馬盡赴樊城去了.) <삼국-가정 13:101> ᄎᆡᆨ이 내 군마ᄅᆞᆯ 비러 일을 니ᄅᆞ혀 오ᄂᆞᆯ날 강동을 어더시니 병갑이 십여 만이라 긋재 앗고져 ᄒᆞ니 엇더ᄒᆞ뇨 (策借我軍馬起事, 今日盡得江南地面, 兵甲有十餘萬, 吾欲幷吞之, 若何?) <삼국-가정 5:178> 조인과 순욱을 머믈워 허도ᄅᆞᆯ ᄃᆡ희오고 군ᄉᆞᄅᆞᆯ 긋재 거두워 관도로 나아가다 (遂留曹仁、荀彧守許都; 盡撥軍馬, 前赴官渡.) <삼국-가정 11:20> 원쇠 오소로 구병 보내기를 아니ᄒᆞ고 긋재 남으로 보내여 조영을 티더라 (袁紹不遣人去接應烏巢, 盡撥望南.) <삼국-규장 7:150> 가속이 긋재 이 도적의 해호믈 닙으니 원컨대 승상은 듀륙ᄒᆞ야 ᄡᅧ 죽으니ᄅᆞᆯ 위로ᄒᆞ쇼셔 (家屬八十餘口, 盡遭此賊殺害. 願丞相戮之, 以祭魂耳!) <삼국-가정 11:62> 뉴비 여람의 이셔 뉴벽 공도의 수만지듕을 어더 승샹의 군ᄉᆞ를 긋재 거ᄂᆞ리고 하북의 가 정벌ᄒᆞᄆᆞᆯ 듯고 뉴벽으로 여람을 직희오고 뉴비 승허ᄒᆞ야 허창을 티려 ᄒᆞᆫ다 (劉備在汝南得劉辟、龔都數萬之衆. 聽知丞相盡提軍馬河北出征, 見今令劉劈守汝南, 劉備乘虛引軍來攻許昌也.) <삼국-규장 8:18> 이 밤의 븍풍이 크게 니러나거ᄂᆞᆯ 죄 군ᄉᆞᄅᆞᆯ 긋재 모라내여 흙을 져 셩을 ᄡᅡ며 믈을 씻텨 어루라 (是夜, 北風大作. 操盡驅兵士擔土潑水.) <삼국-가정 19:29> ▼並 ‖ 텬ᄌᆞ 죠명을 ᄂᆞ리니 죄ᄅᆞᆯ 샤ᄒᆞ고 관쟉을 주신디라 엇디 오디 아니ᄒᆞ리오 본영 군ᄉᆞᄅᆞᆯ 긋재 거ᄂᆞ려 와 동승으로 더브러 언약ᄒᆞ야 다시 홍농을 아ᄉᆞ려 ᄒᆞ더라 (三處軍聞天子赦罪賜官, 如何不來; 並拔本營軍士, 來與董承約會一齊再取弘農.) <삼국-가정 5:45> ᄎᆡᆨ이 내 군마ᄅᆞᆯ 비러 일을 니ᄅᆞ혀 오ᄂᆞᆯ날 강동을 어더시니 병갑이 십여 만이라 긋재 앗고져 ᄒᆞ니 엇더ᄒᆞ뇨 (策借我軍馬起事, 今日盡得江南地面, 兵甲有十餘萬, 吾欲並吞之, 若何?) <삼국-가정 5:178> ▼全 ‖ 만일 안병ᄒᆞ고 움즉이디 아니ᄒᆞ면 ᄒᆞᆯ 일이 업거니와 이제 군ᄉᆞᄅᆞᆯ 긋재 거ᄂᆞ려 오니 계귀 하칙의 나미라 내 반ᄃᆞ시 조인을 사ᄅᆞ자브리라 (曹仁若按兵不動, 未可便得; 今全師而來, 此出何也, 吾必擒曹仁矣.) <삼국-가정 12:39> 황튱의 일군은 긋재 긴 칼흘 들고 ᄀᆞᆯ 속의 업데여 다만 ᄆᆞᆯ굽만 버히니 (黃忠一軍, 各用長刀, 伏在蘆葦內, 只剁馬蹄.) <삼국-가정 21:17> 내 비록 ᄂᆞᄌᆞᆫ 벼ᄉᆞᆯ의 이시나 승상이 젼량의 듕ᄒᆞᆫ 거ᄉᆞᆯ 긋재 맛뎌 겨시니 조만의 승샹의 ᄀᆞᄅᆞ치시믈 만히 닙으니 극히 ᄉᆡᆨ훤ᄒᆞᆫ 일이 만흔디라 부러 이 벼ᄉᆞᆯ의 잇노라 (某雖居下僚, 丞相委以軍政錢糧之重, 早晚多蒙丞相教誨, 極有開發, 故就此職耳.) <삼국-가정 19:83> 이제 쟝군이 공 ᄃᆡ접호ᄆᆞᆯ 조의게셔 더ᄒᆞᆫ 일이 업거ᄂᆞᆯ 이제 온셩의 쳐ᄌᆞᄅᆞᆯ 긋재 맛디고 외로온 군ᄉᆞᄅᆞᆯ 멀리 나가다가 만일 일됴의 변이 이시면 엇디 쳡이 쟝군의 쳬 되리오 (今將軍厚公臺不過曹操, 而欲委全城, 捐妻子, 孤軍遠出, 若一旦有變, 妾豈得爲將軍之妻乎?) <삼국-가정 7:32> ▼頗 ‖ 포의 노쇠 긋재 여긔 이시니 심복의 사ᄅᆞᆷ이 만흔가 ᄒᆞ노라 (布老小在此, 必有心腹頗多.) <삼국-가정 7:12> ▼一應 ‖ 브득이 ᄒᆞ야 이 고을히 가나 졍ᄉᆞᄅᆞᆯ 다ᄉᆞ리디 아니ᄒᆞ고 날이 뭇도록 술 먹기ᄅᆞᆯ 즐기고 젼량이며 옥숑을 긋재 폐ᄒᆞ엿더니 (統到此縣, 不理政事, 終日嗜酒爲樂; 一應錢糧詞訟, 幷不理會.) <삼국-가정 18:85> 술을 가져다가 댱하의 긋재 버리고 군ᄉᆞ들로 ᄒᆞ여곰 크게 긔치ᄅᆞᆯ 버리며 고각[쥬라과 븍이라]을 울리며 크게 먹더니 (教將酒擺列于帳下, 令軍士大開旗鼓而飮之.) <삼국-가정 23:8> ▼遂 ‖ 찬이 ᄃᆞ라날 길히 업서 몬져 쳐ᄌᆞᄅᆞᆯ 죽이고 스

ᄉᆞ로 목ᄆᆡ야 죽으니 긋재 블딜러 ᄇᆞ리고 (瓚無走路. 先殺妻子, 然後自縊, 遂被一火焚之.) <삼국-가정 7:135>

【긋직】 부 아울러. 함께. 모두. 모조리.¶ 盡 ‖ 뉴비 여람의 이셔 뉴벽 공도의 수만지듕을 어더 승샹의 군ᄉᆞ를 긋직 거ᄂᆞ리고 하븍의 가 졍벌ᄒᆞ믈 듯고 뉴벽으로 여람을 직희오고 뉴비 승허ᄒᆞ야 허창을 치려 ᄒᆞᆫ다 (劉備在汝南得劉辟、龔都數萬之衆. 聽知丞相盡提軍馬河北出征, 見今令劉劈守汝南, 劉備乘虛引軍來攻許昌也.) <삼국-가정 10:113> 원쇼 오쇼로 구병 보ᄂᆡ기를 아니ᄒᆞ고 긋직 남으로 보ᄂᆡ여 조영을 티더라 (袁紹不遣人去接應烏巢, 盡撥望南.) <삼국-가정 10:86> 특별이 공ᄌᆞ를 쳥ᄒᆞ여 졉응ᄒᆞ라 ᄒᆞ고 나는 강하로 가 군ᄉᆞ를 긋직 니르혀 이리 와 졉응ᄒᆞᄂᆞ이다 (特請公子來接應, 某往夏口, 盡起兵前來接應.) <삼국-가정 14:36> 조인이 우금으로 ᄒᆞ여금 션봉을 삼고 스ᄉᆞ로 듕군이 되고 조홍 조슌으로 후군을 삼고 군ᄉᆞ를 긋직 니르혀 (曹仁撥牛金爲先鋒, 自爲中軍, 曹洪、曹純爲合後, 盡數起兵.) <삼국-가정 16:107> 우리 쥬공이 그 ᄢᅴ를 타 동쳔을 취ᄒᆞ고 형쥐 왼 짜흘 긋직 다 보ᄂᆡ라 ᄒᆞᄂᆞ니 (吾主公若取了漢中, 卽還荊州全土地.) <삼국-가정 22:25> 뎨 활을 ᄡᅡ혀 ᄡᅩ니 ᄌᆡ 양무리 가온ᄃᆡ 드리ᄃᆞ르며 간 ᄃᆡ 업거늘 뎨 그 양무리를 다 긋직 즈텨 죽이고 도라가니 (褚取箭射之, 慈走入群羊之內卽不見. 褚將羊盡行殺之回去.) <삼국-가정 22:77> ▼頓 ‖ 션ᄉᆡᆼ의 말이 ᄂᆡ 속의 막힌 거슬 긋직 열티니 ᄂᆡ 뜻지 발셔 뎡ᄒᆞ엿ᄂᆞᆫ지라 (先生之言, 頓開茅塞. 吾意已決, 再不復議. 卽日起兵, 共滅曹操!) <삼국-가정 14:88> ▼專 ‖ 앗가 모든 사람의 뜻을 긋직 쟝군의 일을 그릇 ᄆᆡᆫ들고져 ᄒᆞ니 족키 ᄡᅧ ᄃᆡᄉᆞ를 도모치 못ᄒᆞ리라 (却才衆人之意, 專誤將軍, 不足以圖大事.) <삼국-가정 14:52> ▼全 ‖ 만일 안병ᄒᆞ고 움즉이지 아니ᄒᆞ면 ᄒᆞᆯ 일이 업거니와 이졔 군ᄉᆞ를 긋직 거ᄂᆞ려 오니 계귀 하칙의 나미라 ᄂᆡ 반ᄃᆞ시 조인을 사로잡으리라 (曹仁若按兵不動, 未可便得; 今全師而來, 此出何也, 吾必擒曹仁矣.) <삼국-규장 8:147>

【긋ᄎᆞ-】 동 «긏다» 끊다.¶ ▼拆 ‖ ᄂᆡ 계규를 일토다 뎨 다리를 긋ᄎᆞᆫ믄 겁ᄒᆞ미라 <삼국-가정 14:30> ᄂᆡ 계규를 일토다 뎨 다리를 긋ᄎᆞ믄 겁ᄒᆞ미라 (吾失計較矣! 他既拆橋斷梁, 乃心怯也.) <삼국-규장 10:29>

【긋채】 부 아울러. 함께. 모두. 모조리.¶ ▼俱 ‖ 양봉 동승이 두 편으로 죽어 ᄡᅡ화 텬ᄌᆞ와 황후의 ᄐᆞ신 수ᄅᆡ를 계유 구ᄒᆞ야 내니 ᄇᆡᆨ관과 궁인과 병부와 인슈와 뎐젹 문믈과 일응 어용ᄒᆞ시ᄂᆞᆫ 거ᄉᆞᆯ 다 내여 ᄇᆞ리니 긋채 곽ᄉᆞ의 군병이 챵냑ᄒᆞ야 간다라 죽은 재 그 수를 아디 못ᄒᆞᆯ러라 (楊奉、董承兩邊死戰, 剛保天子皇后車出; 百官宮人, 符策典籍, 一應御用之物, 盡皆拋棄. 俱被傕、汜兵卒搶去, 死者不知其數.) <삼국-가정 5:44>

【긋처-디-】 동 끊어지다.¶ ▼斷絶 ‖ 츄위 년면ᄒᆞ야 잔되다 긋처뎌시니 촉인이 엇디 우리 퇴병ᄒᆞᆷ을 알리오 (連綿秋雨, 棧道斷絶, 蜀人豈知吾等退軍耶?) <삼국-가정 33:4>

【긋ᄎᆞ-】 동 끊다. (타동사).¶ ▼拆 ‖ ᄂᆡ 계규를 일토다 뎨 다리를 긋ᄎᆞᆫ믄 겁ᄒᆞ미라 (吾失計較矣! 他既拆橋斷梁, 乃心怯也.) <삼국-가정 14:30>

【긋치-】[1] 동 그치다. 끊어지다. (자동사).¶ ▼止 ‖ 이제 츄위 년면ᄒᆞ여 여러 날이로ᄃᆡ 긋치디 아니ᄒᆞ니 양강 믈이 반ᄃᆞ시 턍일ᄒᆞᆯ 거시니 (方今秋雨連綿, 數日, 襄江之水必然泛漲.) <삼국-가정 24:83>

【긋치-】[2] 동 그치다. 계속되던 일이나 움직임을 멈추거나 끝내다. (타동사).¶ ▼已 ‖ 술곳 취ᄒᆞ면 남다히를 ᄇᆞ라고 니를 골며 노ᄒᆞ기를 마디 아니ᄒᆞ다가 술곳 ᄭᆡ면 방셩통곡ᄒᆞ며 셜워ᄒᆞ기를 긋치디 아니ᄒᆞ더니 (每醉, 望南切齒睜目, 怒恨甚急; 酒醉醒時, 放聲痛哭, 悲傷不已.) <삼국-가정 26:66>

【-긋치】 접 -같이.¶ ▼다만 보니 ᄒᆞᆫ 거믄 긔를 별긋치 옹위ᄒᆞ고 와 일원 강장이 손의 쳘퇴를 쥐고 크게 워 왈 소장은 가디 말나 나ᄂᆞᆫ 이 월길 원수로라 (但見一簇皂旗, 蜂擁而來, 一員羌將, 手提鐵鎚大叫曰: "小將休走! 吾乃越吉元帥也!") <삼국-모종 15:86>

【긋치】 부 아울러. 함께. 모두. 모조리.¶ ▼俱 ‖ ᄇᆡᆨ관과 궁인과 병부와 인수와 젼젹 문믈과 일응 어용ᄒᆞ시ᄂᆞᆫ 거슬 다 ᄂᆡ여 바리니 긋치 곽ᄉᆞ의 군병이 창냑ᄒᆞ야 간지라 죽은 재 그 수를 아디 못ᄒᆞᆯ러라 (百官宮人, 符策典籍, 一應御用之物, 盡皆拋棄. 俱被傕、汜兵卒搶去, 死者不知其數.) <삼국-규장 4:31>

【긋ᄐᆡ-아ᄌᆞ미】 명 ((인류)) 숙모(叔母).¶ ▼叔母 ‖ 괘 가온ᄃᆡ 닐러시되 그ᄃᆡ 집 분묘 가온ᄃᆡ 겨집귀신이니 그ᄃᆡ의 맛아ᄌᆞ미곳 아니면 곳 긋ᄐᆡ아ᄌᆞ미라 (卦中有君家本墓中女鬼, 非君伯母卽叔母也.) <삼국-가정 22:83>

【긔】 명 ((기물)) 기(旗). 헝겊이나 종이 따위에 글자나 그림, 색깔 따위를 넣어 어떤 뜻을 나타내거나 특정한 단체를 나타내는 데 쓰는 물건. 깃발.¶ ▼旗 ‖ 원쇼의 몬져 뎨탐 보내엿던 사ᄅᆞᆷ이 와 회보호ᄃᆡ 국의 쟝슈를 버히고 긔를 ᄆᆡ티고 패ᄒᆞᆫ 군ᄉᆞ를 ᄯᅩᆯ온다 (袁紹先使探馬看時, 回報麴義斬將搴旗, 追兵敗兵.) <삼국-가정 3:20>

【긔-】 동 기다. 가슴과 배를 바닥으로 향하고 손이나 팔다리 따위를 놀려 앞으로 나아가다.¶ ▼긔어 올녀간단 말 (扒上) <삼국-어람 108a>

【긔거-ᄒᆞ-】 동 기거(起居)하다.¶ ▼起居 ‖ 당일 헌제 말을 달여 허젼의 니르니 류현덕이 도방의셔 긔거ᄒᆞ거ᄂᆞᆯ (當日獻帝馳馬到許田, 劉玄德起居道傍.) <삼국-국중 5:7>

【긔걸-ᄒᆞ-】 동 명령(命令)하다. 분부(分付)하다. 시키다. 부탁하다.¶ ▼提撥調用 ‖ 죄 이 ᄢᅢ예 슈순이 정졔티 못호믈 보고 ᄉᆞᄉᆞ로 강변의 와 긔걸ᄒᆞ더니 (操此時因見水軍未整, 自到江邊提撥調用.) <삼국-가정 15:70>

【긔것-ᄒᆞ-】 동 일어나다.¶▼ 起身 ‖ 순욱이 왈 명[네]형이

오면 우리 긔것치 못ᄒᆞ리라 형이 이르러 드러가 보니 즁이 다 단좌ᄒᆞ엿스니 형이 방셩ᄃᆡ곡ᄒᆞᆫᄃᆡ (荀彧曰: “如禰衡來, 不可起身.” 衡至, 下馬入見, 衆皆端坐, 衡放聲大哭.) <삼국-모종 4:33>

【긔경-ᄒᆞ-】 형 기경(機警)하다. 재빠르고 재치가 있다.¶ ▼機警 ‖ 저머셔브ᄃᆡ 긔경ᄒᆞ고 권쉬 잇고 ᄌᆞ래기ᄅᆞᆯ 부졀히 ᄒᆞᆫ대 (少機警, 有權數, 游蕩無度.) <삼국-가정 1:43>

【긔고】 명 기고(旗鼓). 병력(兵力)과 군세(軍勢)를 비유적으로 이르는 말.¶ ▼旗鼓 ‖ 아니라 그ᄃᆡ로 더브러 긔고를 서로 결우고져 ᄒᆞ노라 (吾自與卿旗鼓相當.) <삼국-가정 22:82>

【긔괴-ᄒᆞ-】 형 기괴(奇怪)하다. 외관이나 분위기가 괴상하고 기이하다.¶ ▼猥瑣 ‖ 죄 쳐엄을오 숑을 보ᄆᆡ 형상이 긔괴ᄒᆞ믈 보고 십분 불희ᄒᆞ다가 츙동ᄒᆞᄂᆞᆫ 말을 드르ᄆᆡ 노긔 발ᄒᆞ여 ᄉᆞᄆᆡ를 ᄯᅥᆯ치고 니러ᄂᆞ 후당으로 드러가니 (操先見張松人物猥瑣, 五分不喜; 又聞語言衝撞, 遂拂袖而起, 轉入後堂.) <삼국-국중 11:34>

【긔구-ᄒᆞ-】 형 기구(崎嶇)하다. 산길이 험하다.¶ 崎嶇 ‖ 삼군을 죠발ᄒᆞ여 뇨셔로 향ᄒᆞᆯᄉᆡ 황ᄉᆡ 막〻ᄒᆞ고 광풍이 사긔ᄒᆞ며 도뢰 긔구ᄒᆞ여 인ᄆᆡ 힝키 어려온디라 (遂率大小三軍, 車數千輛, 望前進發. 但見黃沙漠漠, 狂風四起; 道路崎嶇, 人馬難行.) <삼국-국중 7:90>

【긔궁-ᄒᆞ-】 형 기궁(奇窮)하다. 몹시 기구하고 곤궁하다.¶ ▼多蹇 ‖ 현덕 왈 명도 긔궁ᄒᆞ여 이예 일렷노라 슈경 왈 불연ᄒᆞ다 ᄃᆡ기 장군의 좌우의 사ᄅᆞᆷ을 엇지 못ᄒᆞ미라 (玄德曰: “命途多蹇, 所以至此.” 水鏡曰: “不然. 蓋因將軍左右不得其人耳.”) <삼국-모종 6:42>

【긔근】 명 기근(飢饉, 饑饉). 흉년으로 먹을 양식이 모자라 굶주림.¶ ▼饑饉 ‖ 년〻의 젼벌ᄒᆞ니 갑듀의 긔슬이 나고 한ᄌᆡ와 황듕이 년ᄒᆞ여 환이 되어 긔근이 심ᄒᆞᆫ디라 (連年戰伐, 甲胄生蟣虱; 加之旱蝗, 饑饉幷臻.) <삼국-가정 11:42>

【긔냑-ᄒᆞ-】 동 기약(期約)하다.¶ ▼期 ‖ 현덕이 용냑ᄒᆞ여 왈 엇지 ᄃᆡ현니 눈 압헤 잇기ᄅᆞᆯ 긔냑ᄒᆞ리요 션ᄉᆡᆼ의 말ᄉᆞᆷ곳 아니면 ᄂᆡ 눈이 잇셔도 ᄆᆡᆼ안과 갓ᄒᆞ리로다 (玄德踴躍曰: “今日方知伏龍、鳳雛之語, 何期大賢只在目前, 非先生言, 備有眼如盲也.”) <삼국-모종 6:68>

【긔년】 명 기년(朞年). 만 일 년이 되는 날. 여기서는 상기(喪期)를 마치는 해를 이름. 일주년(一周年).¶ ▼朞年 ‖ 어믜 거상을 닙언 디 긔년이 못ᄒᆞ니 동병을 못ᄒᆞ리라 (見居母喪, 未及朞年, 不可動兵.) <삼국-가정 13:17>

【긔ᄂᆡ-】[1] 동 지내다.¶ ▼過 ‖ 황권이 왈 연야로 병을 보ᄂᆡ여 낙현의 둔주ᄒᆞ야 인후길을 막으면 뉴비 비록 정병 ᄆᆡᆼ장이 잇스나 능히 긔ᄂᆡ지 못ᄒᆞ리이다 (黃權曰: “可連夜遣兵屯雒縣, 塞住咽喉之路, 劉備雖有精兵猛將, 不能過也.”) <삼국-모종 10:108>

【긔-ᄂᆡ-】[2] 동 화내다.¶ ▼氣 ‖ 주유 공명이 남군을 엄습ᄒᆞ믈 보고 ᄯᅩ 형양 엄습ᄒᆞ물 듯고 엇지 긔ᄂᆡ지 아니ᄒᆞ리요 (周瑜見孔明襲了南郡, 又聞他襲了荊襄, 如何不氣?) <삼국-모종 9:1>

【긔다리-】 동 기다리다.¶ ▼等候 ‖ 졔댱이 명을 ᄇᆞ다 낫〻치 ᄯᆞ르더니 홀연니 산파 후 고셩이 나ᄂᆞᆫ 곳의 일ᄃᆡ 인ᄆᆡ가 나ᄅᆞ 나와 크게 웨여 왈 ᄂᆡ 예셔 긔다린 지 오ᄅᆞ도다 (衆將領令, 一個個奮威追趕. 忽山坡後鼓聲響處, 一隊軍馬飛出, 大叫曰: “我在此等候多時了!”) <삼국-모종 7:69>

【긔도-ᄒᆞ-】 동 기도(祈禱)하다.¶ ▼祈禱 ‖ 스ᄉᆞ로 허물을 ᄉᆡᆼ각ᄒᆞ야 면젼 ᄌᆞ수ᄒᆞᆫ 연후에 긔도ᄒᆞ고 긔도일을 주장ᄒᆞ난 ᄌᆞ난 호랄 갈영좨주라 ᄒᆞ고 (自思已過, 當面陳首, 然後爲之祈禱, 主祈禱之事者, 號爲‘姦令祭酒’.) <삼국-모종 10:45>

【긔둑】 명 ((군기)) 기둑(旗纛). 쇠꼬리로 장식한 큰 군기. 군대의 행진에 따르는 여러 깃발들.¶ ▼纛旗 ‖ 유 ᄒᆞ여곰 강변의 니ᄅᆞ러 거문 긔둑 아ᄅᆡ 슐을 드리고 조희ᄅᆞᆯ 살으고 ᄒᆞᆫ 칼노 ᄎᆡ화ᄅᆞᆯ 벼려 피로써 긔예 제 지ᄂᆡ긔ᄅᆞᆯ 마ᄎᆞ매 (瑜令捉至江邊皂纛旗下, 奠酒燒紙, 一刀斬了蔡和, 用血祭旗畢.) <삼국-모종 8:54>

【긔ᄃᆡ】 명 ((기물)) 깃대.¶ ▼竿 ‖ 손의 장간을 집고[장간은 긴 긔ᄃᆡ라] 간상의 계우를[계우ᄂᆞᆫ 닭의 깃시라] ᄆᆡ여 풍신을 부르게 ᄒᆞ고 (手執長竿, 竿尖上用雞羽葆, 以招風信.) <삼국-국중 9:113>

【긔렴-ᄒᆞ-】 동 기념(記念)하다. 잊지 않고 생각하다. 유의하다.¶ ▼記念 ‖ 졔가 분명 믈이 못 갓슬 거시니 ᄂᆡ가 직의 인정간의 젼숑ᄒᆞ리니 네 먼져 가셔 머물너 날을 기달ᄂᆞ 작별ᄒᆞ라 ᄒᆞ고 노비와 젼포을 쥬어 후일 긔렴케 ᄒᆞ리라 (想他去此不遠, 我一發結識他做個人情, 汝可先去請住他, 待我與他送行, 更以路費征袍贈之, 使爲後日記念.) <삼국-모종 5:2>

【긔록-】 동 기록(記錄)하다. 기억(記憶)하다.¶ ▼記 ‖ 국ᄐᆡ 왈 네 엇지 우리 형님 임죵에 말을 긔록지 못ᄒᆞ나야 손권니 취ᄒᆞᆫ 거시 ᄭᆡᆫ ᄃᆞᆺᄒᆞ고 ᄭᅮᆷ이 ᄭᆡᆫ 듯ᄒᆞᆫ지라 (吳國太曰: “汝何不記吾姐臨終之語乎?” 孫權如醉方醒, 似夢初覺.) <삼국-모종 7:96>

【긔록-ᄒᆞ-】 동 기록(記錄)하다. 기억(記憶)하다.¶ ▼記 ‖ 후쥬 그 말을 긔록ᄒᆞ고 연셕의 드러가 술이 쟝ᄎᆞᆺ 취ᄒᆞ매 쇠 ᄯᅩ 무로ᄃᆡ (後主記之, 入席. 酒將微醉, 昭又問曰.) <삼국-가정 39:43> 이럴진ᄃᆡ 형쥐 위ᄐᆡᄒᆞ리로ᄃᆞ 여ᄃᆞᆲ 글ᄌᆡ 이시니 장군은 구지 긔록ᄒᆞ면 형쥐를 가히 보젼ᄒᆞ리라 (若如此, 荊州危矣. 吾有八個字, 將軍牢記, 可保守荊州.) <삼국-국중 11:105>

【긔롱-ᄒᆞ-】 동 기롱(譏弄)하다. 실없는 말로 놀리다. 조롱(嘲弄)하다. 희롱(戲弄)하다.¶ ▼欺 ‖ 츙이 노왈 슈ᄌᆡ 나의 연노함을 긔롱ᄒᆞ나 ᄂᆞ의 슈즁 보검은 늑지 아니ᄒᆞ엿노라 (忠怒曰: “豎子欺吾年老! 吾手中寶刀卻不老!”) <삼국-국중 12:101>

【긔린】 명 ((동물)) 기린(麒麟). 기린과의 포유동물. 키는 6미터 정도로 포유류 가운데 가장 크며, 누런 흰색에 갈색의 얼룩점이 있다. 목과 다리가 특히 길고 이마

양쪽에 짧은 뿔이 있으며, 3-4월에 한 마리의 새끼를 낳는다. 또는 고대 중국의 전설에 나오는 상상의 영수(靈獸). 봉황과 마찬가지로 이것이 출현하면 세상에 성왕(聖王)이 나올 길조라고 여겼다.¶ ▼麒麟 ‖ 엇디 내 집의 긔린 ᄀᆞᆺᄐᆞᆫ 아희 이실 줄을 알리오 (不意吾家又出麒麟兒矣!) <삼국-가정 30:110>

【긔-막하-】 동 기(氣)막히다. 기가 막히다. 숨이 막히다.¶ ▼날을 긔막혀 죽게 ᄒᆞᆫ단 말 (枉氣殺我.) <삼국-어람 109b>

【긔미】 명 기미(機微). 사물의 움직임의 미세한 징후. 낌새.¶ ▼機 ‖ 엇디 너희 긔미를 일허 간계의 써러딜 줄 헤리ᄋᆞ오 (何期汝等偶失兵機, 緣落奸計.) <삼국-가정 29:68>

【긔-발】 명 ((기물)) 깃발. 깃대에 달린 천이나 종이로 된 부분.¶ ▼旗 ‖ 장ᄎᆞ 삼경 시분의 가ᄌᆞᆨᄒᆞ여 홀년 풍셩을 드ᄅᆞ니 긔번이 움작이ᄂᆞᆫ지라 유 당의 나가 볼 쎄예 긔발이 다 셔북을 힝ᄒᆞ여 붓치이니 즘시간의 동남풍이 ᄃᆡ긔ᄒᆞᄂᆞᆫ지라 (將近三更時分, 忽聽風聲響, 旗旛轉動, 瑜出帳看時時, 旗帶竟飄西北, 霎時間東南風大起.) <삼국-모종 8:45> ▼旗角 ‖ 죠 들어 알고 곳 긔발을 씨져 목을 ᄡᅳ고 다ᄅᆞᄂᆞ더니 ᄇᆡ후의 일긔 한킈ᄒᆞ거ᄂᆞᆯ 도라보니 정히 이 마쵸ᄅᆞ (操聞知, 卽扯旗角包頸而, 曹操正走之間, 背後一騎趕來, 回頭視之, 正是馬超.) <삼국-모종 10:13>

【긔별】 명 기별(寄別). 소식(消息). 다른 곳에 있는 사람에게 소식을 전함. 또는 소식을 적은 종이.¶ ▼消息 ‖ 비 사ᄅᆞᆷ으로 ᄒᆞ여곰 술을 나오라 ᄒᆞ여 좌우로 더브러 ᄒᆞᆫ가지로 먹더니 대취ᄒᆞ야 댱듕의 덧거ᄂᆞᆯ 범・댱 이적이 이 긔별을 듯고 각ᄀᆞ 댜ᄅᆞᆫ 칼을 몸의 ᄀᆞᆷ초고 밤이 초경은 ᄒᆞ여 ᄀᆞ만이 댱듕의 드러가 (飛令人將酒來, 與部曲同飮, 不覺大醉, 臥于帳中. 范、張二賊探知消息, 各藏短刀, 夜至初更, 密入帳中.) <삼국-가정 26:83> ▼信 ‖ 손권니 이 긔별을 알고 이예 문무다려 일너 왈 뉵빅언은 촘 신산니로다 ᄂᆡ 만일 망영되니 움즉이던들 ᄯᅩ 셔쵹의 원을 ᄆᆡ즐 번ᄒᆞ여도다 (孫權知了此信, 乃謂文武曰: "陸伯言眞神算也. 孤若妄動, 夕又結怨於西蜀矣.") <삼국-모종 14:46>

【긔산】 명 ((지리)) 기산(祁山). 감숙성 예현(禮縣) 동쪽에 있다. 삼국시대 촉(蜀)의 제갈량이 여러 차례 위(魏)를 공격하였던 곳이다.¶ ▼祁山 ‖ 내 긔산의 가 거즛 운량ᄒᆞᄂᆞᆫ 톄ᄒᆞ고 ᄆᆞᄅᆞᆫ ᄀᆞᆯ과 남긔 뉴황과 염쵸ᄅᆞᆯ 므텨 술위예 싯고 거즛 닐오ᄃᆡ 농셔 냥식을 슈운ᄒᆞ라 ᄒᆞ면 쵹병이 냥식이 업ᄉᆞᆫ디라 일뎡 와 아ᄉᆞ리니 술위예 블을 노코 복병으로 벼 티면 가히 이긔믈 어드리라 (某去祁山虛妝做運糧兵, 車上盡裝乾柴茅草, 以硫黃焰硝灌之, 却敎人虛報隴西運糧到. 若蜀人無糧, 必然來搶. 待入其中, 却放火燒車, 外以伏兵應之, 可取勝矣.) <삼국-가정 32:27> 신 제갈량이 다ᄉᆞᆺ 번 긔산의 나가 촌토ᄅᆞᆯ 엇디 못ᄒᆞ니 죄 가ᄇᆡ얍디 아닌더라 (臣諸葛亮五出祁山, 未得寸土, 負罪非輕!) <삼국-가정 33:100>

【긔샹】 명 기상(氣像). 사람이 타고난 꿋꿋한 바탕이나 올곧은 마음씨. 또는 그것이 겉으로 드러난 모양.¶ ▼氣像 ‖ 이 계귀 ᄀᆞ장 됴타 경이 이번 가 동오 긔샹을 일티 말라 (此計最善. 卿此去, 休失了東吳氣象.) <삼국-가정 26:109>

【긔수】 명 기수(氣數). 저절로 오고 가고 한다는 길흉화복의 운수.¶ ▼氣數 ‖ 윤이 어려셔븟터 텬문을 잠깐 비화 아더니 밤마다 텬상을 보니 한나라 긔쉬 ᄇᆞᆯ셔 진ᄒᆞ엿고 태ᄉᆞ의 덕이 텬하의 진동ᄒᆞ니 슌이 요의게 밧닷ᄒᆞ며 슌을 닛ᄃᆞᆺ ᄒᆞ미 졍히 텬심과 인심의 합당ᄒᆞ링이다 (允自幼頗習天文, 夜觀乾象, 漢家氣數到此盡矣. 太師之德震于天下, 若舜之受堯, 禹之繼舜, 正合天心人意也.) <삼국-가정 3:74> 신 등은 직쟝이 하ᄂᆞᆯ홀 ᄀᆞ음아라시매 밤의 텬문을 보오니 염한의 긔수ᄂᆞᆫ ᄇᆞᆯ셔 진ᄒᆞ엿ᄂᆞ디라 (臣等職掌司天, 夜觀乾象, 見炎漢氣數已終.) <삼국-가정 26:26>

【긔슬】 명 ((곤충)) 기슬(蟣虱). 서캐와 이를 아울러 이르는 말.¶ ▼蟣虱 ‖ 년ᄂᆞ의 젼벌ᄒᆞ니 갑듀의 긔슬이 나고 한지와 황듕이 년ᄒᆞ여 환이 되어 긔근이 심ᄒᆞᆫ디라 (連年戰伐, 甲胄生蟣虱; 加之旱蝗, 饑饉幷臻.) <삼국-가정 11:42>

【긔ᄯᅢ】 명 ((기물)) 깃대(旗-).¶ ▼竿 ‖ 적장 화웅이 쳘긔를 거ᄂᆞ리고 관의 나려와 숀장군의 불근 슈건을 긔ᄯᅢ 쉬여 들고 치칙 압희 와 ᄃᆡᄆᆡᄒᆞ며 싸홈을 직촉ᄒᆞᆫ다 (華雄引鐵騎下關, 用長竿挑著孫太守赤幘, 來寨前大罵搦戰.) <삼국-국중 2:14>

【긔양-ᄒᆞ-】 동 기양(祈禳)하다. 복은 오고 재앙은 물러가라고 빌다. 풍년을 기원하는 기곡(祈穀)이나 기풍(祈豐) 의식도 기양 의식의 일종이고 민간에서 행해졌던 액막이굿도 이에 해당된다.¶ ▼祈禳 ‖ 비록 긔양ᄒᆞᄂᆞᆫ 법이 니시나 다만 쳔의를 아지 못ᄒᆞ노라 (吾素諳祈禳之法, 但未知天意如何.) <삼국-국중 16:52>

【긔역-】 동 기억(記憶)하다. '긔역ᄒᆞ다'의 수의적 교체형.¶ ▼記 ‖ 현덕 왈 한좌장군 의셩졍후 예쥬목 황슉 뉴비 특별이 와 션싱을 뵈고ᄌᆞ ᄒᆞ노라 동ᄌᆞ 왈 ᄂᆡ 그 허다ᄒᆞᆫ 명ᄍᆞᄅᆞᆯ 긔역지 못ᄒᆞ노라 (玄德曰: "漢左將軍宜城亭侯領豫州牧皇叔劉備特來拜見先生." 童子曰: "我記不得許多名字.") <삼국-모종 6:72>

【긔역-ᄒᆞ-】 동 기억(記憶)하다.¶ ▼記得 ‖ 무ᄉᆞ 장요를 ᄭᅳ어 오니 외 조죠다려 왈 복양성의서 ᄂᆞ로 맛나 엇지 이갓ᄒᆞ고 죄 소왈 네 긔역ᄒᆞᄂᆞ야 (武士擁張遼至, 操指遼曰: "這人好生面善." 遼曰: "濮陽城中曾相遇, 如何忘卻?" 操笑曰: "你原來也記得.") <삼국-모종 3:83> 승언 왈 노부 사회 집에 잇셔 양보음을 드러 일편을 긔역ᄒᆞ기로 소교ᄅᆞᆯ 지ᄂᆡ다가 ᄆᆡ화ᄅᆞᆯ 보고 감동ᄒᆞ여 외엿노라 (承彦曰: "老夫在小婿家觀«梁父吟», 記得這一篇, 適過小橋, 偶見籬落間梅花, 故感而誦之.") <삼국-모종 6:83>

【긔우】 부 기위(旣爲). 이미. 벌써.¶ ▼旣 ‖ 긔우 장군니 먼저 가면 ᄂᆡ 맛당히 서로 도호린니 시각을 언약ᄒᆞ여

장군니 그 ᄊᆡᆨ을 의지ᄒᆞ여 도라오면 ᄂᆡ 병을 안나 움작기지 못ᄒᆞ고 (旣將軍先去, 某當相助, 可約定時刻, 如將軍依時而還, 某按兵不動.) <삼국-모종 12:29>

【긔이-】 동 속이다. 어떤 일을 숨기고 바른 대로 말하지 않다.¶ ▼隱 ‖ 일뎡 황슉이 주거시되 슉이 우리 ᄌᆞᄆᆡ 셜위ᄒᆞᆯ가 ᄒᆞ야 긔이고 니ᄅᆞ니 아닛ᄂᆞᆫ쏘다 (想皇叔休矣! 二叔恐我姊妹煩惱, 故隱而不言.) <삼국-가정 9:62>

【긔졀-ᄒᆞ-】 동 기절(氣絶)하다. 한때 정신을 잃고 숨이 막히다.¶ ▼昏絶 ‖ ᄎᆡᆨ이 거울을 ᄇᆞ리고 크게 쇼ᄅᆡ지르되 요인이 왓다 ᄒᆞ더니 금창이 믜여뎌 긔졀ᄒᆞ거ᄂᆞᆯ (策拍鏡, 大叫一聲'妖人', 金瘡迸裂, 昏絶而死.) <삼국-가정 10:41>

【긔졍-ᄒᆞ-】 동 기정(起程)하다. 길을 떠나다.¶ ▼起程 ‖ 잇ᄊᆡᆨ 방덕이 병이 드러 능히 힝치 못ᄒᆞ고 한중의 머믈너 잇스니 장뇌 양ᄇᆡᆨ으로 ᄒᆞ야곰 군ᄉᆞ를 보궤ᄒᆞ니 마쵸 마ᄃᆡ로 더부러 날을 가ᄅᆡ여 긔졍ᄒᆞ더라 (此時龐德臥病不能行, 留於漢中. 張魯令楊柏監軍. 超與弟馬岱選日起程.) <삼국-국중 11:133>

【긔최】 명 ((기물)) 기추(箕箒). 쓰레받기와 비. '키'와 '비'를 이르는 말로 본래 키로 곡식을 까불고 비질하여 청소하는 등의 가사를 뜻하는 말이었으나 뒤에 아내를 지칭하는 말로 쓰였다. 키(箕)는 곡식 따위를 까불러 쭉정이나 티끌을 골라내는 도구.¶ ▼箕帚 ‖ 오휘 한 누의 잇스니 아름답고 현슉ᄒᆞᄆᆡ 족히 긔최를 밧들 만ᄒᆞᆫ지라 (吾主吳侯有一妹, 美而賢, 堪奉箕帚.) <삼국-국중 10:55>

【긔츌】 명 ((인류)) 기출(己出). 자기가 낳은 자식.¶ ▼己出 ‖ 날을 긔츌갓치 여기ᄉᆞ 쳡을 장군의게 허ᄒᆞ시믈 보고 쳡이 평ᄉᆡᆼ의 원이 업실가 ᄒᆞ엿더니 (我雖非王司徒親女, 然待之如己出. 自見將軍, 許侍箕帚, 妾已生平願足.) <삼국-국중 2:88>

【긔치】 명 ((기물)) 기치(旗幟). 군대에서 쓰던 깃발.¶ ▼旗 ‖ 술을 가져다가 댱하의 굿재 버리고 군ᄉᆞ들로 ᄒᆞ여곰 크게 긔치ᄅᆞᆯ 버리며 고각[쥬라과 북이라]을 울리며 크게 먹더니 (敎將酒擺列于帳下, 令軍士大開旗鼓而飮之.) <삼국-가정 23:8>

【긔틀】 명 ((기물)) 기틀. 기미. 낌새. 또는 어떤 일의 가장 중요한 계기나 조건.¶ ▼機 ‖ 폐하의 신긔ᄒᆞᆫ 긔틀과 묘한 ᄭᅬ 졔신니 밋지 못ᄒᆞ리로소이다 (陛下神機妙算, 諸臣不及也.) <삼국-국중 14:44> 최 왈 부친은 만일 가도 경히 경ᄉᆞ의 드러가지 못ᄒᆞᆯ 거시니 맛ᄃᆞᆼ이 긔틀을 보와 응변ᄒᆞ야 그 동졍을 보쇼셔 (超曰: "父親欲往, 切不可輕入京師, 當隨機應變, 觀其動靜.") <삼국-모종 9:111>

【긔항-ᄒᆞ-】 동 귀항(歸降)하다. 싸움에 져서 적에게 항복하다.¶ ▼歸降 ‖ ᄂᆡ 비록 만인이나 병법을 아니 만닐 승샹이 노아 보ᄂᆡ시면 ᄂᆡ 맛당이 군마를 졍돈ᄒᆞ야 한 번 승부를 결ᄒᆞ리니 굿ᄊᆡᆨ의 잡히이면 ᄂᆡ 맛당이 마음을 기우리고 담을 토ᄒᆞ야 긔항ᄒᆞ리이다 (吾雖蠻人, 頗知兵法; 若丞相端的肯放吾回洞中, 吾當率兵再決勝負. 若丞相這番再擒得我, 那時傾心吐膽歸降, 並不敢改也.) <삼국-국중 14:130>

【긔히-ᄒᆞ-】 형 기이(奇異)하다.¶ ▼異 ‖ 시야에 ᄇᆡᆨ학 일쳑이 관가 집 우에 날여와 여려 번 울고 셔으로 나라가고 긔히ᄒᆞᆫ 향긔 집에 가득ᄒᆞ고 (是夜有白鶴一隻, 飛來縣衙屋上, 高鳴四十餘聲, 望西飛去. 臨分娩時, 異香滿室.) <삼국-모종 6:27>

【긔-ᄒᆞ-】 형 기(奇)하다. 기이하다.¶ ▼奇 ‖ 너의를 잡으미 엇지 긔ᄒᆞ리오 네 도라가 사마의다려 일너 병셔를 다시 읽고 진법을 ᄃᆞ시 ᄇᆡ온 후 자웅을 결ᄒᆞ미 늣지 아니타 ᄒᆞ라 (吾縱然捉得汝等, 何足爲奇. 吾放汝等回見司馬懿, 敎他再讀兵書, 重觀戰策, 那時來決雌雄未爲遲也.) <삼국-국중 16:10>

【길】 명 ((지리)) 길.¶ ▼路 ‖ 손이 ᄃᆡ경 왈 ᄂᆡ 졔갈냥의 쇠여 ᄲᆡ젓다 ᄒᆞ고 급히 도라오고졔 ᄒᆞᆯ ᄊᆡᆨ에 가히 ᄂᆞ갈 길이 업난지라 (遜大驚: "吾中諸葛之計也!" 急欲回時, 無路可出.) <삼국-모종 14:21>

【길우-】 동 기르다.¶ ▼養 ‖ 드〻여 ᄎᆡ를 ᄲᅢ나 북으로 힝ᄒᆞ여 평원의 니르러 현덕으로 ᄒᆞ야금 평원상을 ᄉᆞᆷ고 찬은 스〻로 ᄯᅡ흘 직희고 군ᄉᆞ를 길우더라 (遂拔寨北行, 至平原, 令玄德爲平原相, 自去守地養軍.) <삼국-모종 1:107>

【김성】 명 ((동물)) 짐승. '짐승'의 방언형.¶ ▼그 부모 금치 못ᄒᆞ고 항상 니로ᄃᆡ 집에 달과 들에 ᄯᅡ옥기도 오히려 ᄊᆡᆨ을 아나니 ᄒᆞ물며 ᄉᆞ람니야 김성만 못ᄒᆞ리요 (父母不能禁止, 常云: "家雞野鵠, 尙有自知時, 何況爲人在世乎?") <삼국-모종 11:86>

【깃】 명 ((조류)) 깃. 깃털.¶ ▼翎 ‖ 이경은 ᄒᆞ야 게우 깃 일ᄇᆡᆨ을 가져다가 각〻 투고 우희 ᄭᆞᆺ자 보람ᄒᆞ고 일시의 갑 입고 믈긔 올나 (約有二更時候, 取白鵝翎一百根, 插于盔上爲號.) <삼국-가정 22:42> ▼羽 ‖ 일층의ᄂᆞᆫ 넷 ᄉᆞᄅᆞᆷ으로 쇽발관을 쓰고 거문 깁옷슬 닙고 븕은 신과 모ᄂᆞᆫ 치마로 젼좌의 ᄒᆞᆫ ᄉᆞᄅᆞᆷ이 잇셔 댱간을 잡아 간후의 닭의 긧ᄉᆞᄅᆞᆯ ᄡᅥ 덥허 ᄡᅥ 풍신을 부ᄅᆞ고 (上一層用四人, 各人戴束髮冠, 穿皂羅袍, 鳳衣博帶, 朱履方裾, 前左立一人, 手執長竿, 竿尖上用雞羽葆, 以招風信.) <삼국-모종 8:43>

【기-】 동 깁다. 떨어지거나 해어진 곳을 꿰매다. 정비하다.¶ ▼繕置 ‖ 다시 ᄒᆞᄂᆡ예 쥬집을 더ᄒᆞ고 군긔를 기여 졍병을 보ᄂᆡ여 변비에 둔진ᄒᆞ면 삼년지ᄂᆡ예 ᄃᆡᄉᆞ를 졍ᄒᆞ리라 (更於河內增益舟楫, 繕置軍器, 分遣精兵, 屯紮邊鄙, 三年之中, 大事可定也.) <삼국-모종 4:18>

【기-】 형 길다.¶ ▼長 ‖ 신의 슈염이 ᄌᆞ못 기므로 승상이 금낭을 쥬어 쓰이미니이다 (臣髯頗長, 丞相賜囊貯之.) <삼국-국중 6:16>

【긴 한숨과 쟈ᄅᆞᆫ 탄식 ᄒᆞ다】 관귀 탄식을 거듭하다. 연달아 한숨만 쉬다.¶ ▼長吁短歎 ‖ 홀연 드ᄅᆞ니 ᄒᆞᆫ 사ᄅᆞᆷ이 모란뎡 ᄀᆞ의셔 긴 한숨과 쟈ᄅᆞᆫ 탄식ᄒᆞ리 잇거ᄂᆞᆯ

윤이 ᄀᆞ만이 거러가 여어보니 이는 부듕의 가무ᄒᆞᄂᆞᆫ 미인 됴션이라 (忽聞有人在牡丹亭畔長吁短歎, 允潛步窺之, 乃府中歌舞美人貂蟬女也.) <삼국-가정 3:61>

【-기】 미 -기. 명사형 어미.¶ ▼뎨 조조ᄅᆞᆯ 보시고 ᄯᅥᆯ기ᄅᆞᆯ 마디 아니ᄒᆞ시더니 (帝見曹操, 戰慄不已.) <삼국-가정 21:111>

【기군-ᄒᆞ-】 동 기군(棄軍)하다. 군사를 버리다.¶ ▼棄軍 ‖ 시야의 우뵈 심복인 호져가ᄅᆞᆯ 불너 상의 왈 여포의 효용은 만일 ᄯᅩ 당치 못할지라 니곽 등을 속니고 금주ᄅᆞᆯ 감쵸고 친슈 삼오 인으로 더부러 기군ᄒᆞ고 가려 ᄒᆞ니 (是夜牛輔喚心腹人胡赤兒商議曰: "呂布驍勇, 萬不能敵, 不如瞞了李傕等四人, 暗藏金珠, 與親隨三五人棄軍而去.") <삼국-모종 2:32>

【기니-】 동 기이다. 어떤 일을 숨기로 바른 대로 말하지 않다.¶ ▼隱匿 ‖ 근니 머리를 안고 숨어 도라와 오후을 보고 감히 기니지 못ᄒᆞ여 실상으로 고ᄒᆞᆫᄃᆡ (瑾抱頭鼠竄, 回見吳侯, 不敢隱匿, 遂以實告.) <삼국-모종 12:54>

【기ᄂᆡ-】 동 지나다.¶ ▼過 ‖ ᄂᆡ 드ᄅᆞ니 금병산의 ᄒᆞᆫ 이인이 잇셔 도호ᄂᆞᆫ 자허상인ᄃᆡ 사ᄅᆞᆷ ᄉᆡᆼ사 귀천을 안다 ᄒᆞ니 오날 ᄒᆡᆼ군이 금병산으로 기ᄂᆡᄂᆞᆫ지라 엇지 뭇지 안니ᄒᆞ리요 (吾聞錦屛山中有一異人, 道號'紫虛上人', 知人生死貴賤, 吾輩日行軍, 正從錦屛山過, 何不試往問之?) <삼국-모종 10:108>

【기동】 명 ((건축)) 기둥. 건축물에서, 주춧돌 위에 세워 보·도리 등을 받치는 것.¶ ▼柱 ‖ 맛당이 괴요ᄒᆞᆫ 고ᄃᆡ 기동을 박고 기동의 큰 원환을 박고 군후의 ᄑᆞᆯ흘 골회예 녀허 ᄆᆡ이 ᄆᆡᆫ 후의 니블로 머리ᄅᆞᆯ ᄡᅳ고 (當於靜處立一標柱, 上釘大環, 請君侯將臂穿於環中, 以繩係之, 然後以被蒙其首.) <삼국-가정 24:101> 신니 보오니 하ᄂᆞᆯ 기동 밧들 ᄉᆞᄅᆞᆷ이 잇거ᄂᆞᆯ 엇지 쓰지 ᄋᆞ니ᄒᆞ시ᄂᆞ니잇가 (見有擎天之柱, 如何不用耶?) <삼국-국중 14:35> ᄋᆞᆼ의 군ᄉᆡ 적ᄌᆞ을 바라고 ᄯᆞ로거ᄂᆞᆯ 견은 쇼로ᄌᆞ 좃ᄎᆞ 피ᄒᆞ고 무ᄂᆞᆫ 궁의 ᄡᅡ로ᄂᆞᆫ 거슬 닙어 급히 적ᄌᆞ을 가져 인가의 반은 탄 기동 우희 걸고 슈플 가온ᄃᆡ로 숨엇더니 (雄軍只望赤幘者追趕, 堅乃從小路得脫, 祖茂被華雄追急, 將赤幘挂於人家燒不盡的庭柱上, 卻入樹林潛躲.) <삼국-모종 1:84>

【기들】 명 기틀. 기미. 낌새. 또는 어떤 일의 가장 중요한 계기나 조건.¶ ▼機 ‖ 순뉴 순욱과 곽가 정칙[욱]은 기드리 깁푸고 지혜 널너 비록 소하 진평이라도 밋지 못ᄒᆞᆯ 거시오 (荀彧、荀攸、郭嘉、程昱, 機深智遠, 雖蕭何、陳平不及也.) <삼국-모종 4:30>

【기ᄃᆞ리-】 동 기다리다. 어떤 사람이나 때가 오기를 바라다. '기들오-/기들우-'의 제2음절의 모음이 'ᆞ'로 변화하고 종성 'ㄹ'이 연철되었다.¶ ▼候 ‖ 동탁의 됴회 드러오믈 기ᄃᆞ려 집 아래 다ᄃᆞᆺ거ᄂᆞᆯ 다른 칼흘 ᄲᅡ혀 바ᄅᆞ 탁을 디ᄅᆞ더니 (候董卓入朝, 孚迎到閣下, 掣出短刀, 直刺卓.) <삼국-가정 2:17>

【기럼-길】 명 ((지리)) 지름길.¶ ▼近路 ‖ 나ᄂᆞᆫ 기럼길노 가셔 형장을 ᄎᆞ질 거시니 너ᄂᆞᆫ 와우산으로 가 인마를 거ᄂᆞ리고 ᄃᆡ로ᄌᆞ 와 졉응ᄒᆞ라 (我今抄近路去尋兄長. 汝可往臥牛山招此一枝人馬, 從大路上接來.) <삼국-국중 6:98>

【기렁】 명 ((지리)) 개울. 도랑.¶ ▼澗 ‖ 젼일의 당막을 ᄯᆞᄅᆞ 장하인으로 불화ᄒᆞ여 슈십 인을 죽니고 산듕의 도망ᄒᆞ엿더니 돈니 나가 젼읍[렵]ᄒᆞᄃᆞ가 위 범을 조ᄎᆞ 기렁을 지ᄂᆡᄂᆞᆫ 걸 보고 듕군의 거두어 이제 공의게 쳔거ᄒᆞ노ᄅᆞ (舊跟張邈, 與帳下人不和, 手殺數十人, 逃竄山中, 惇出射獵, 見韋逐鹿過澗, 因收於軍中, 今特薦之於公.) <삼국-모종 2:48>

【기렴-질】 명 지름길.¶ ▼徑路 ‖ 이제 ᄋᆞᆼ[능]ᄉᆞᄌᆞ로 ᄒᆞ여곰 회남을 즉키여 기렴질을 막고 박그로 원술을 막을 거시니 이제 산동의 장픠 손관의 무리 다 슌치 못ᄒᆞ니 막기 ᄯᅩᄒᆞᆫ 조련치 못ᄒᆞ리라 (今可使能事者守住淮南徑路, 內防呂布, 外當袁術, 況今山東尙有臧霸、孫觀之未曾歸順, 防之亦不可忽也.) <삼국-모종 3:75>

【기리】 명 길이.¶ ▼長 ‖ 과연 그 말의 온 몸이 숫불 피온 듯ᄒᆞ야 됴곰도 잡털이 업고 머리의로셔 ᄭᅩ리예 이르기 기리 ᄒᆞᆫ 쟝이오 놉기 여달 ᄌᆞ이라 (果然那馬渾身上下, 火炭般赤, 無半根雜毛; 從頭至尾長一丈, 從蹄至頂鬃高八尺.) <삼국-규장 1:110>

【기리-】 동 기리다. (잘하는 일이나 우수한 점을) 찬양하여 말하다. 칭찬(稱讚)하다.¶ ▼稱揚 ‖ 원샹이 얼골이 어위ᄎᆞᆫ지라 쇠 심히 ᄉᆞ랑ᄒᆞ니 뉴시 ᄆᆡ양 쇼의 압히셔 샹을 기리되 ᄌᆡ덕이 잇다 ᄒᆞ니 (袁尙生得形貌俊偉, 紹甚愛之, 劉氏常於紹前稱揚尙有才德, 紹故留在身邊.) <삼국-가정 10:99> ▼美 ‖ 내 드ᄅᆞ니 월나라 셔시ᄂᆞᆫ 비록 잘 헐ᄲᅮ리ᄂᆞᆫ 사ᄅᆞᆷ이라도 그 고으믈 ᄀᆞᆷ초디 못ᄒᆞ고 졔나라 무염 녀ᄌᆞᄂᆞᆫ 비록 잘 기리ᄂᆞᆫ 사ᄅᆞᆷ이라도 그 보긔 슬키ᄅᆞᆯ 덥디 못ᄒᆞᆫ다 ᄒᆞ고 (吾聞越之西子, 善毁者不能閉其美; 齊之無鹽, 善美者不能掩其醜. 修短者不能用其長, 造惡者不能爲其善.) <삼국-가정 21:65>

【기ᄅᆞ마】 명 ((기물)) 길마. 짐을 싣거나 수레를 끌기 위하여 소나 말 따위의 등에 얹는 안장(鞍裝). '기ᄅᆞ마(gölme)'는 중세몽고어 차용어.¶ ▼鞍 ‖ 분연히 올라안자 청뇽도를 것구로 잡고 ᄃᆞᆯ려 토산의 ᄂᆞ려가 투고ᄅᆞᆯ 버서 기ᄅᆞ마 압가지예 ᄢᅴ오고 단봉의 눈을 두려디 ᄠᅳ고 와줌미ᄅᆞᆯ 니ᄅᆞ혀 세오고 바ᄅᆞ 딘젼의 니ᄅᆞ니 (奮然上馬, 倒提青龍刀, 跑下土山來, 將盔取下放於鞍前, 鳳目圓睜, 蠶眉直竪, 來到陣前.) <삼국-가정 9:38> 두 사ᄅᆞᆷ이 경히 가더니 일니ᄂᆞᆫ 가셔 보니 녀ᄇᆡᆨ새 나귀 기ᄅᆞ마의 술 두 병을 ᄃᆞᆯ고 과실 남글 안고 오다가 보고 (二人行不到二里, 見伯奢驢鞍前鞽懸酒二瓶, 手抱果木而來.) <삼국-가정 2:36> ᄉᆞᆼ과 쥰이 각각 인병ᄒᆞ야 븍티며 도적의 딘을 즛디ᄅᆞ니 화염이 턍텬ᄒᆞ고 적즁이 경황ᄒᆞ야 ᄆᆞᆯ게 기ᄅᆞ마ᄅᆞᆯ 밋처 짓디 못ᄒᆞ고 갑오ᄉᆞᆯ 밋처 닙디 못ᄒᆞ야 ᄉᆞ면으로 헤여뎌 분주ᄒᆞ거ᄂᆞᆯ (嵩、儁各引兵操鼓,

殺奔賊寨, 火焰張天. 賊衆驚慌, 馬不及鞍, 人不及甲, 四散奔走.) <삼국-가정 1:40>

【기르마-가지】 명 ((기물)) 길맛가지. 길마의 몸체를 이루는 말굽 모양의 구부정한 나무. 길마는 짐을 실으려고 소의 등에 안장처럼 얹는 제구를 말함. '기르마(gölme)'는 중세몽고어 차용어.¶ ▼鞍鞽 ‖ 흠이 머리를 두로혀 보니 대목이 투고를 버서 기르마가지예 걸고 채로 ᄀᆞᄅᆞ쳐 왈 (欽回頭視之, 大目除了盔, 放于鞍鞽之前, 以鞭指之曰.) <삼국-가정 36:75>

【기름】 명 기름. 물보다 가볍고 불을 붙이면 잘 타는 액체. 약간 끈기가 있고 미끈미끈하며 물에 잘 풀리지 않는다. 동물의 살, 뼈, 가죽에 엉기어 있기도 하고 식물의 씨앗에서 짜내기도 하는데, 원료에 따라서 빛깔과 성질이 다르고 쓰임새가 매우 다양하다.¶ ▼酥 ‖ 신댱이 팔쳑이오 양지 아ᄅᆞᆷ다온 옥 ᄀᆞᆺ고 몸이 기름 어릐니 ᄀᆞᆺ더라 벼ᄉᆞᆯ은 딘셔쟝군이니라 (身長八尺, 面如美玉, 體似凝酥, 官領鎭西將軍) <삼국-가정 27:51>

【기릐】 명 길이. 길[長]+-의(명사형 어미).¶ ▼長 ‖ 과연 그 ᄆᆞᆯ의 온 몸이 숫블 픠온 ᄃᆞᆺᄒᆞ야 죠곰도 잡털이 업고 머리로셔 ᄭᅩ리예 니ᄅᆞ히 기릐 ᄒᆞᆫ 댱이오 놉기 여ᄃᆞᆲ 자히라 <삼국-가정 1:151> 제강남의 근쳘이 마ᄂᆞ니 가히 쳘싀으로 고리를 믿드러 연강 긴요쳐의 강슈를 횡졀ᄒᆞ고 ᄯᅩ 쳘토 슈만을 지어 기릐 슈십 장이 되게 ᄒᆞ여 강중의 세워 두면 (江南多鐵, 可打連環索百余條, 長數百丈, 每環重二三十斤, 於沿江緊要去處橫截之.) <삼국-국중 17:137>

【기ᄉᆡᆨ】 명 기색(伎色). 기예와 미모.¶ ▼色伎 ‖ 초션니 어려셔븟터 부중의 드러와 츔과 노릐를 가르쳐 이제 연니 ᄉᆞ팔이오 기ᄉᆡᆨ이 다 아ᄅᆞᆷ다온더라 (其女自幼選入府中, 教以歌舞, 年方二八, 色伎俱佳.) <삼국-국중 2:73>

【기우-】 동 기우다. 채우다.¶ ▼鑲 ‖ 여러보니 이의 ᄒᆞᆫ 옥싀라. 방원이 사 촌이오 우희 오룡을 삭이고 겻헤 일각이 나지러져 황금으로 기윗ᄂᆞᆫ지라 (啓視之, 乃一玉璽. 方圓四寸, 上鐫五龍交紐, 傍缺一角, 以黃金鑲之.) 삼국-모종 1:103>

【기치-】 동 끼치다. 남기다.¶ ▼遺 ‖ 밋지 아닐가 두려 죽은 아비 기친 옥싀를 들러 볼모를 삼고져 ᄒᆞᄂᆞ이다 (恐伯父不信, 有亡父遺下玉璽, 權爲質當.) <삼국-규장 4:88> ▼留 ‖ 만병이 이ᄀᆞᆺ치 완악ᄒᆞ니 화공 아니면 엇지 이기리요 오과국인으로 ᄒᆞ여곰 동유를 기치지 아니ᄒᆞᆷ은 이 ᄂᆡ의 ᄃᆡ죄로다 (蠻兵如此頑, 皮非火攻安能取勝? 使烏戈國之人不留種類者, 是吾之大罪也.) <삼국-모종 15:22>

【기티-】 동 끼치다. 남기다.¶ ▼遺 ‖ 밋디 아닐가 두려 죽은 아비 기틴 옥싀를 드려 볼모를 삼고져 ᄒᆞ노이다 (恐伯父不信, 有亡父遺下玉璽, 權爲質當.) <삼국-가정 5:119> 이제 촉신 졔갈량이 신을 가ᄇᆡ야이 너기믈 노예[종이라]ᄀᆞ티 ᄒᆞ고 신 ᄃᆡ졉ᄒᆞ믈 부인ᄀᆞ티 ᄒᆞ야 건국으로ᄡᅥ 기텨 티욕ᄒᆞ미 심ᄒᆞ니 신이 몬져 셩총의 주달ᄒᆞ고 됴셕의 주그믈 ᄇᆞ려 ᄒᆞᆫ 번 싸화 션뎨의 큰 은혜와 폐하의 듕ᄒᆞᆫ 녹을 갑고져 ᄒᆞ노니 신이 격졀ᄀᆡ건ᄒᆞ믈 이긔디 못ᄒᆞ여이다 (今者, 蜀臣諸葛亮輕臣如奴隷, 待臣如婦人, 遺以巾幗, 恥辱至甚!) <삼국-가정 34:55>

【긔거-ᄒᆞ-】 동 기뻐하다.¶ ▼喜 ‖ 회 드듸여 활쌀 썩거 ᄆᆡᆼ셰ᄒᆞ여 결[결]위형졔ᄒᆞ고 인ᄒᆞ여 예갓치 병을 거나리게 ᄒᆞ니 위 심중의 긔거ᄒᆞ더라 (會遂折箭爲盟, 與維結爲兄弟, 情愛甚密, 仍令照舊領兵, 維暗喜.) <삼국-모종 19:59>

【긴급-ᄒᆞ-】 형 긴급(緊急)하다. 긴요하고 급하다.¶ ▼緊急 ‖ 내 혜아리니 졔갈량이 우리 대패ᄒᆞᆫ 줄을 알면 반ᄃᆞ시 허ᄒᆞᆫ 때를 타 댱안을 취ᄒᆞᆯ디라 만일 농셰 긴급ᄒᆞ면 뉘 능히 구ᄒᆞ리오 (吾料諸葛亮知吾兵敗, 必乘虛來取長安也. 倘隴西緊急, 何人救之?) <삼국-가정 31:87>

【긴슈-ᄒᆞ-】 동 긴수(緊守)하다. 긴히 지키다.¶ ▼緊守 ‖ 장임이 왈 셩동 남산벽의 일조로 잇셔 가쟝 요긴ᄒᆞᆫ 빅 되니 뫼 일군을 ᄡᅥ 직힐 거시니 졔공은 낙셩을 긴슈ᄒᆞ야 니ᄅᆞ미 잇지 말나 (張任曰: "城東南山僻有一條小路, 最爲要緊, 芋自弔一軍守之, 諸公緊守雒城, 勿得有失.") <삼국-모종 10:123>

【긴요-처】 명 긴요처(緊要處). 중요한 곳. 전쟁에서 자기편에 꼭 중요한 곳.¶ ▼緊要 ‖ 강남의 근쳘이 마ᄂᆞ니 가히 쳘싀으로 고리를 믿드러 연강 긴요쳐의 강슈를 횡졀ᄒᆞ고 ᄯᅩ 쳘토 슈만을 지어 기릐 슈십 장이 되게 ᄒᆞ여 강중의 세워두면 (江南多鐵, 可打連環索百余條, 長數百丈, 每環重二三十斤, 於沿江緊要去處橫截之.) <삼국-국중 17:137>

【긴요-ᄒᆞ-】 형 긴요(緊要)하다. 꼭 필요하고 중요하다.¶ ▼緊要 ‖ 긴요ᄒᆞᆫ 곳 (緊要去處.) <삼국-어람 109a> 운장은 고이히 넉이지 말나 ᄂᆡ 족ᄒᆞᄅᆞᆯ 셔겨 가장 긴요ᄒᆞᆫ 익구를 직히고져 ᄒᆞ나 져기 걸이미 이셔 감히 보ᄂᆡ지 못ᄒᆞ노라 (雲長勿怪. 某本欲煩足下把一個最緊要的隘口, 怎奈有些礙處, 不敢教去.) <삼국-모종 8:51>

【긷】 명 ((지리)) 땅굴.¶ ▼地道 ‖ 공명니 ᄃᆡ로ᄒᆞ야 ᄉᆞ람을 흙을 운젼ᄒᆞ야 성 밋 모살 메우고 밤으로 삼천 군으로 기들 파 가만니 셩ᄂᆡ의 들어가라 ᄒᆞ니 (孔明又令人運土塡城壕, 教廖化引三千鍬钁軍, 從夜間掘地道, 暗入城去.) <삼국-모종 16:28>

【길】 [1] 명 ((지리)) 사람이나 동물 또는 수레 따위가 지나갈 수 있게 땅 위에 낸 일정한 너비의 공간.¶ ▼路 ‖ 길을 ᄎᆞ져 (奪路) <삼국-어람 108a> 죠 곽가를 역쥐예 머믈워 양병ᄒᆞ라 ᄒᆞ고 길 아ᄂᆞᆫ 사ᄅᆞᆷ을 ᄎᆞᄌᆞ니 (操遂留郭嘉于易州養病, 求鄕導官以引路.) <삼국-가정 11:88>

【길】 [2] 명의 길. 길이의 단위. 10(尺). 장(丈).¶ ▼丈 ‖ 뫼밧이 ᄯᅩ 믈의 ᄌᆞᆷ기니 아니 죽으리 업고 평디예 믈이 길 밧씌 가더라 (山脚漂流, 莫不喪命, 平地水深丈餘.) <삼국-가정 24:85>

【길거-】 형 즐겁다. 경상 방언. 길(←즐-: 樂)+-거(→-겁-: 형용사 파생 접미사)-.¶ ▼悅 ‖ 통이 현덕을 보고 기

리 읍ᄒᆞ고 겯ᄒᆞ지 아니ᄒᆞ니 현덕이 통의 얼골이 더러옴을 보고 ᄯᅩᄒᆞᆫ 길거지 아니ᄒᆞ여 (統見玄德, 長揖不拜, 玄德見統貌陋, 心中亦不悅.) <삼국-모종 9:103>

【길거-ᄒᆞ-】 동 즐거워하다. 기뻐하다. 경상 방언. 길(←즐-: 樂)+-거(→-겁-: 형용사 파생 접미사)+-ᄒᆞ(명사 파생 접미사)-.¶ ▼樂 ‖ 강남을 수복ᄒᆞᆫ 후의 텬ᄒᆞ의 일이 업거든 제공으로 한가지로 부귀를 뉴려 틱평 길거ᄒᆞ리라 (收服江南之後, 天下無事, 與諸公共享富貴, 以樂太平.) <삼국-모종 8:30> ▼喜 ‖ 권이 보고 머리을 그덕이고 가만이 길거ᄒᆞ여 왈 뉘 가히 둥미홀고 (權看畢, 點頭暗喜, 尋思: "誰人可去?") <삼국-모종 9:44>

【길름】 명 기름. 물보다 가볍고 불을 붙이면 잘 타는 액체. 약간 끈기가 있고 미끈미끈하며 물에 잘 풀리지 않는다. 동물의 살, 뼈, 가죽에 엉기어 있기도 하고 식물의 씨앗에서 짜내기도 하는데, 원료에 따라서 빛깔과 성질이 다르고 쓰임새가 매우 다양하다.¶ ▼油 ‖ 사름이 키야 길름의 담간 지 반 연의 바야흐로 나여 말유워 다시 담기를 십여 ᄎᆞ를 ᄒᆞᆫ 후의 갑오ᄉᆞᆯ 지으니 (國人採取浸於油中, 半年方取出晒之, 晒乾復浸, 凡十餘遍, 卻纔造成藤甲.) <삼국-모종 15:12>

【길마】 명 ((기물)) 길마. 짐을 싣거나 수레를 끌기 위하여 소나 말 따위의 등에 얹는 안장(鞍裝). '길마(gölme)'는 중세몽고어 차용어.¶ ▼鞍 ‖ 그 비를 제어티 못ᄒᆞ니 쏠니 믈 가온대 비 도더니 허뎨 홀노 신위를 분발ᄒᆞ야 두 다리로 빈 치를 쪄 흔들며 ᄒᆞᆫ 손으로 비를 저으며 ᄒᆞᆫ 손으로 길마를 들혀 살흘 ᄀᆞ리오더라 (其船反撑不定, 於急水中旋轉. 許褚獨奮神威, 將兩腿夾柁搖撼, 一手使篙撑船, 一手擧鞍遮護曹操.) <삼국-규장 13:46>

【길오-】 동 기르다. 키우다. (생명을) 길게 하다.¶ ▼養 ‖ 니 천탕산은 양초 둔 뫼요 ᄯᅩ 미창산은 양식 둔취ᄒᆞᆫ 싸니ᄂᆞ 이ᄂᆞᆫ ᄒᆞᆫ중 군ᄉᆞ 명 길오난 근원니라 만일 ᄂᆞ호면 한중 업사리라 맛당히 보됸ᄒᆞ기놀 싱각ᄒᆞ라 (此天蕩山, 乃糧草之所, 更接米倉山, 亦屯糧之地, 是漢中軍士養命之源. 倘若疏失, 是無漢中也. 當思所以保之.) <삼국-모종 12:13>

【길이-】 동 기리다. (잘하는 일이나 우수한 점을) 찬양하여 말하다. 칭찬(稱讚)하다.¶ ▼讚 ‖ 홍이 무사로 잡아ᄂᆡ여 버히니 조필이 ᄭᅮ진난 쇼릭 ᄭᅳᆫ치지 안니ᄒᆞ고 죽으니 후인이 글노 길이니라 (洪喝令武士推出斬之, 祖弼大罵不絶口而死, 後人有詩讚曰.) <삼국-모종 13:43>

【길ᄒᆞ】 명 ((지리)) 길.¶ ▼견으로 ᄒᆞ야곰 남문을 티라 ᄒᆞ고 현덕으로 븍문을 티라 ᄒᆞ고 쥬쥰은 셔문을 티고 동문으란 도적의 ᄃᆞ라날 길흘 두엇더니 (便令堅攻打南門, 玄德打北門, 朱儁打西門, 留東門與賊走.) <삼국-가정 1:69> 냥쳔 빅셩이 태평호믈 즐겨 밤의 문을 닷디 아니ᄒᆞ며 길히 드른 거ᄉᆞᆯ 줏디 아니ᄒᆞ고 히마다 풍념ᄒᆞ니 (益州之民, 欣樂太平, 夜不閉戶, 路不拾遺. 幸是連年大熟, 老幼皆鼓腹謳歌.) <삼국-가정 28:58> ▼路 ‖ 양쳔 빅셩니 틱평을 즐겨ᄒᆞ냐 밤의 문을 닷지 아니ᄒᆞ고 길희 드른 거ᄉᆞᆯ 쥽지 아니코 (兩川之民, 忻樂太平, 夜不閉戶, 路不拾遺.) <삼국-모종 14:64>

【길히 드른 거ᄉᆞᆯ 줏디 아니ᄒᆞ다】 구 길에 떨어진 것을 줍지 않는다.¶ ▼路不拾遺 ‖ 냥쳔 빅셩이 태평호믈 즐겨 밤의 문을 닷디 아니ᄒᆞ며 길히 드른 거ᄉᆞᆯ 줏디 아니ᄒᆞ고 히마다 풍념ᄒᆞ니 (益州之民, 欣樂太平, 夜不閉戶, 路不拾遺. 幸是連年大熟, 老幼皆鼓腹謳歌.) <삼국-가정 28:58>

【길히 드른 거ᄉᆞᆯ 쥽디 아니ᄒᆞ다】 구 길에 떨어진 것을 줍지 않는다.¶ ▼路不拾遺 ‖ 냥쳔 빅셩이 태평ᄒᆞ믈 즐겨 밤의 문을 닷디 아니ᄒᆞᆫ 길히 드른 거ᄉᆞᆯ 쥽디 아니ᄒᆞ고 히마다 풍념ᄒᆞ니 (益州之民, 欣樂太平, 夜不閉戶, 路不拾遺. 幸是連年大熟, 老幼皆鼓腹謳歌.) <삼국-규장 20:2>

【길희 드른 거ᄉᆞᆯ 쥽지 아니ᄒᆞ다】 구 길에 떨어진 것을 줍지 않는다.¶ ▼路不拾遺 ‖ 양쳔 빅셩니 틱평을 즐겨ᄒᆞ냐 밤의 문을 닷지 아니ᄒᆞ고 길희 드른 거ᄉᆞᆯ 쥽지 아니코 ᄯᅩ 다힝니 연ᄂᆞ의 풍등ᄒᆞ니 (兩川之民, 忻樂太平, 夜不閉戶, 路不拾遺, 又幸連年大熟.) <삼국-모종 14:64>

【깁】 명 ((복식)) 깁. 명주실로 바탕을 조금 거칠게 짠 비단.¶ ▼絹帛 ‖ 하ᄂᆡ태슈 댱양이 ᄡᆞᆯ을 보내여 텬ᄌᆞᄭᅴ 드리고 하동태슈 왕읍이 깁을 보내여 옷ᄒᆞ쇼셔 ᄒᆞ니 이례로 ᄒᆞ야 뎨 사라나시다 (河內太守張楊送米肉與天子, 河東太守王邑送絹帛以衣之. 如此, 帝得活.) <삼국-가정 5:52> ▼練 ‖ 텬ᄉᆡᆨ이 늣고 동ᄉᆞᆫ의 달이 올나 골ᄂᆞ이 빅일 갓고 댱강 일ᄃᆡᄂᆞᆫ 흰 깁을 편 닷ᄒᆞ니 죠 ᄃᆡ션 우희 안ᄌᆞ 좌우의 시어ᄒᆞᄂᆞᆫ 직 구빅 인니라 (天色向晩, 東山月上, 皎皎如同白日, 長江一帶, 如橫素練, 操坐大船之上, 左右侍御者數百人.) <삼국-모종 8:30>

【깁-보태-】 동 깁고 보태다. 보완(補完)하다.¶ ▼補完 ‖ 쇼진이 뉵국인을 ᄎᆞ고 댱의 두 번 진나라 경승이 되야 샤직을 븟들고 텬지 깁보탤 수단을 두어시니 ᄒᆞᆫ갓 남글 직희여셔 톳기를 기ᄃᆞ리듯 ᄒᆞ며 칼과 검을 두려ᄒᆞᄂᆞᆫ 뉘 아니라 (蘇秦佩六國之璽綬, 張儀二次相秦, 皆有匡扶社稷之機, 補完天地之手, 非比守株待兎、畏刀避劍之人耳.) <삼국-규장 10:62>

【깁-보틱-】 동 깁고 보태다. 보완(補完)하다.¶ ▼補完 ‖ 쇼진이 뉵국인을 ᄎᆞ고 댱의 두 번 진나라 경승이 되야 샤직을 븟들고 텬지 깁보틸 수단을 두어시니 ᄒᆞᆫ 낫 남글 직희여셔 톳기를 기ᄃᆞ리듯 ᄒᆞ며 칼과 검을 두려ᄒᆞᄂᆞᆫ 뉘 아니라 (蘇秦佩六國之璽綬, 張儀二次相秦, 皆有匡扶社稷之機, 補完天地之手, 非比守株待兎、畏刀避劍之人耳.) <삼국-가정 14:68>

【깁부-】 형 기쁘다.¶ ▼喜 ‖ 관공 왈 고쥬 비록 잇스나 어더 보지 못ᄒᆞ니 엇지 깁부리요 뇌 왈 형이 헌덕을 더부러 형제 되니 제 형으로 더부러 사괴과 엇더ᄒᆞᆫ요 (關公曰: "故主雖在, 未得一見, 何喜之有?" 遼曰: "兄與玄德交, 比弟與兄交何如?") <삼국-모종 4:75>

【깁-슈건】 명 ((복식)) 깁수건. 비단 수건.¶ ▼香羅 ‖ 툐션이 두 눈섭을 찡긔여 시름ᄒᆞᄂᆞᆫ 티도ᄅᆞᆯ 지으며 깁슈건으로ᄡᅥ ᄌᆞ조 눈을 ᄀᆞ리오거ᄂᆞᆯ (貂蟬故蹙雙眉, 做憂愁不樂之態, 復以香羅頻拭眼淚.) <삼국-가정 3:84>

【깁-이】 부 깊히.¶ ▼深 ‖ ᄂᆡ 이 창을 가져 황건을 파ᄒᆞ고 녀포ᄅᆞᆯ ᄉᆞ로잡고 원술ᄅᆞᆯ 멸ᄒᆞ고 원쇼ᄅᆞᆯ 거두고 깁이 식북의 드러가고 바로 요동의 다:라 천ᄒᆞ의 종힝ᄒᆞ니 (我持此槊, 破黃巾、擒呂布、滅袁術、收袁紹, 深入塞北, 直抵遼東, 縱橫天下.) <삼국-모종 8:32>

【깁푸-】 형 «깊다» (어떤 상태가) 시간적으로 오래 되어 정도가 심하다. 깁(←깊다: 깊다, 深)+-우(어미)-.¶ ▼深 ‖ 순뉴 순욱과 곽가 정칙[욱]은 기드리 깁푸고 지혜 널너 비록 소하 진평이라도 밋지 못ᄒᆞᆯ 거시오 (荀彧、荀攸、郭嘉、程昱, 機深智遠, 雖蕭何、陳平不及也.) <毛三國 4:30>

【깁프-】 형 «깊다» (어떤 상태가) 시간적으로 오래 되어 정도가 심하다. 깁(←깊다: 깊다, 深)+-으(어미)-.¶ ▼隆 ‖ ᄇᆞ람은 텬디의 호흡ᄒᆞᄂᆞᆫ 긔운이라 이제 깁픈 겨ᄋᆞᆯ히 삭풍이 급히 불 적이니 큰 긔 브러디기 엇디 족히 괴이ᄒᆞ리오 (風乃天地呼吸之氣, 方今隆冬, 朔風暴起, 折斷大旗, 何足爲怪?) <삼국-가정 3:43>

【깃】[1] 명 보금자리. 둥지. 외양간, 마구간, 닭둥우리 따위에 깔아 주는 짚이나 마른풀.¶ ▼巢 ‖ 허러딘 기ᄉᆡ 엇디 알히 ᄣᅢ려디디 아니ᄒᆞ리오 (那有巢毁而卵不破者乎?) <삼국-가정 13:70>

【깃】[2] 명 ((복식)) 깃. 옷깃의 준말. 옷의 목을 둘러 앞에서 여밀 수 있도록 댄 부분.¶ ▼襟 ‖ 츌ᄉᆞᄒᆞ야 이긔디 못ᄒᆞ야셔 몸이 몬져 죽으니 기리 영웅으로 ᄒᆞ여곰 눈믈이 기ᄉᆡ ᄀᆞ득ᄒᆞᄂᆞᆫ도다 (出師未捷身先死, 長使英雄淚滿襟.) <삼국-가정 34:128>

【깃거-ᄒᆞ-】 동 기뻐하다.¶ ▼欣喜 ‖ 관위 ᄀᆞ장 깃거ᄒᆞ고 강동을 슬희여ᄒᆞᄂᆞᆫ 일이 업ᄉᆞ니 시름이 업더이다 (關羽欣喜, 無復憂江東之意也.) <삼국-가정 24:123> ▼喜 ‖ 조됴 호언으로 무위ᄒᆞ고 부듕의 이ᄅᆞ려 좌정ᄒᆞᄆᆡ 곳 괴월을 불너 압희 갓가이 ᄒᆞ여 왈 ᄂᆡ 형쥬 어든 거시 깃겁지 아여 니도 어드미 깃겁도다 (曹操俱用好言撫諭, 入城至府中坐定, 卽召蒯越近前, 撫慰曰: "吾不喜得荊州, 喜得異度也.") <삼국-모종 7:49>

【깃긔-】 동 기뻐하다. 깄(기뻐하다, 喜)+-의(어미)-.¶ ▼喜 ‖ 다라 박하변의 니ᄅᆞ려 하슈 심히 깁지 아니ᄒᆞ믈 깃긔여 인ᄆᆡ 다 하의 나려 믈을 먹으니 사ᄅᆞᆷ이 서로 숫두어리고 말이 다 울거날 (奔至白河邊, 喜得河水不甚深, 人馬都下河吃水, 人相喧嚷, 馬盡嘶鳴.) <삼국-모종 7:38>

【깃-들이-】 동 깃들이다. (짐승이) 보금자리를 만들고 그 속에 들어 살다.¶ ▼쵹즁의 잇ᄂᆞᆫ 쇼리를 과히 포쟝ᄒᆞ시니 심히 불안ᄒᆞᆫ지라 연이나 ᄃᆡ기 들으니 말은 ᄇᆡᆨ낙을 만ᄂᆞ며 소ᄅᆡ를 ᄂᆡ고 조작은 나무를 가리여 깃들이ᄂᆞ니 ᄉᆞᄅᆞᆷ이 디긔를 만ᄂᆞ미 엇지 위연ᄒᆞ리요 ("蜀中小吏, 何足道哉! 蓋聞馬逢伯樂而嘶, 人遇知己而死.") <국도관 삼국 11:53-60> ▼棲 ‖ 옛날의 변홰 형산 아ᄅᆡ 봉황이 셕상의 깃드리믈 보고 돌을 가져 초 문왕게 드리니 ᄡᅡ기여 과연 옥을 어더ᄂᆞᆫ지라 (此玉是昔日卞和於荊山之下, 見鳳凰棲於石上, 載而進之楚文王, 解之, 果得玉.) <삼국-모종 1:103>

【깃-듸리-】 동 깃들이다. (짐승이) 보금자리를 만들고 그 속에 들어 살다.¶ ▼棲 ‖ ᄂᆡ ᄉᆡᆼ각건ᄃᆡ 가시쩔기ᄂᆞᆫ 봉의 깃듸릴 곳이 아니: 독우를 죽이고 벼ᄉᆞᆯ을 바리고 :향의 도라가 별노 원ᄃᆡᄒᆞᆫ ᄭᅬ를 도모ᄒᆞ쇼셔 (吾思枳棘叢中, 非棲鸞鳳之所, 不如殺督郵, 棄官歸鄉, 別圖遠大之計.) <삼국-모종 1:26>

【깃바-ᄒᆞ-】 동 기뻐하다. 깃(←깄-: 기뻐하다, 歡)+-ㅂ(←-ᄇᆞ-: 형용사 파생 접미사)+-아(연결 어미)+-ᄒᆞ(동사 파생 접미사)-.¶ ▼喜 ‖ 감군 위관니 깁히 호연의 ᄭᅬ랄 깃바ᄒᆞ여 인마랄 정돈하고 구건으로 호열의게 보한니 열리 제ᄌᆼ으게 알게 ᄒᆞ다 (監軍衛瓘深喜胡淵之謀, 卽整頓了人馬, 令丘建傳與胡烈, 烈報知諸將.) <삼국-모종 19:68>

【깃-발】 명 깃발.¶ ▼旗幡 ‖ 삼경은 ᄒᆞ야 믄득 드르니 바람 쇼ᄅᆡ 나며 깃발이 부치거ᄂᆞᆯ (漸漸近三更時分, 忽聽得風聲響, 旗幡動轉) <삼국-가정 16:36>

【깃버-ᄒᆞ-】 동 기뻐하다. 기쁘게 여기다. 깃(←깄-: 기뻐하다, 歡)+-ㅂ(←-ᄇᆞ-: 형용사 파생 접미사)+-어(연결 어미)+-ᄒᆞ(동사 파생 접미사)-.¶ ▼喜 ‖ 관뢰의 ᄌᆞᄂᆞᆫ 공명니: 평원닌니라 용모 추약[악]ᄒᆞ고 밋친 닷ᄒᆞ고 어린 ᄢᅥ로붓터 성신 보기을 깃버ᄒᆞ여 밤에 ᄌᆞ지 안니ᄒᆞ니 (管輅字公明, 平原人也. 容貌麤醜, 好酒疎狂, … 輅自幼便喜仰視星辰, 夜不能寐.) <삼국-모종 11:85>

【깃부-】 형 기쁘다. 깃(←깄-: 기뻐하다, 歡)+-ㅂ(←-ᄇᆞ-: 형용사 파생 접미사)+-우(어미).¶ ▼懽 ‖ ᄇᆡᆨ셩이 깃거ᄒᆞ여 소와 슐을 가지고 위로ᄒᆞ거ᄂᆞᆯ 칙이 금과 명쥬로 갑픈이 깃분 소ᄅᆡ 들에 펴엿더라 (人民皆悅, 齎牛酒到寨勞軍, 策以金帛答之, 懽聲遍野.) <삼국-모종 3:16>

【깃시】 명 ((조류)) 둥지. 외양간, 마구간, 닭둥우리 따위에 깔아 주는 짚이나 마른풀.¶ ▼巢 ‖ 허러딘 기ᄉᆡ 엇디 알히 ᄣᅢ려디디 아니ᄒᆞ리오 (那有巢毁而卵不破者乎?) <삼국-가정 13:70>

【깃-살】 명 ((군기)) 깃살.¶ ▼羽箭 ‖ 유 가만이 깃살로 쏘니 그 소장이 임의 보고 활줄 소ᄅᆡ 나난 곳의 몸을 굽혀 피ᄒᆞ여 우젼을 지ᄂᆡ보ᄂᆡ난지라 (暗取雕弓羽箭射之, 那小將眼乖, 早已見了, 弓弦響處, 把身望前一倒, 放過羽箭.) <삼국-모종 18:77>

【깃치-】 동 끼치다. 남기다.¶ ▼致 ‖ 서로 막은 지 월려에 냥식이 다ᄒᆞ여 손칙의게 글을 깃처 냥미 십만 석을 청ᄒᆞ니 (操軍相拒月餘, 糧食將盡. 致書於孫策, 借得糧米十萬斛, 不敷支散.) <삼국-모종 3:53>

【깃티-】[1] 동 끼치다. 뿌리다.¶ ▼潑 ‖ 요ᄉᆞ이 년ᄒᆞ야 음운이 집피고 삭풍이 니러나니 반ᄃᆞ시 크게 얼리니, ᄇᆞ

람이 니러난 후의 군ᄉᆞ를 모라 믈을 깃텨 셩을 ᄆᆡᆫᄃᆞᆯ면 ᄒᆞᄅᆞ밤의 가히 일우리라 (連日陰雲布合, 朔風一起, 必大凍矣. 風起之後, 驅兵士運土潑水, 比及天明, 城已就矣.) <삼국-가정 19:28>

【깃티-】² 동 끼치다. 남기다.¶ ▼餘 ‖ 공이 ᄒᆞᆫ 번 보매 깃틴 거시 업다 (公一覽無餘耳.) <삼국-가정 19:86>

【깃피】 부 깊히.¶ ▼深 ‖ 온휘 깃피 공 등의 압흘 향치 아니물 고히 너겨 날노 ᄡᅧ겨 ᄭᅮ짓고 이별ᄒᆞ기로 왓노라 (溫侯深怪公等不肯向前, 要來責罰.) <삼국-모종 3:71>

【깄-】 동 기뻐하다.¶ ▼喜 ‖ 겸이 깃거 몬져 딘등을 쳥쥐로 보내고 미튝을 조ᄎᆞ 보내고 (謙喜, 先送陳元龍靑州去了, 然後命糜竺行.) <삼국-가정 4:47>

【ᄀᆞ다듬-】 동 가다듬다. 정신, 생각, 마음 따위를 바로 차리거나 다잡다.¶ ▼抖擻 ‖ 등 뒤히 수ᄇᆡᆨ 위쟝이 위엄을 ᄀᆞ다듬고 ᄆᆞᆯ을 노화 ᄯᆞ롸 (背後數千員魏將, 抖擻精神, 驟馬追來.) <삼국-가정 36:72> 이인이 졍신을 ᄀᆞ다ᄃᆞ마 싸화 삼ᄉᆞ십 합이나 호되 쇼쟝의 창법이 죠곰도 그ᄅᆞ디 아니ᄒᆞ거ᄂᆞᆯ (二人抖擻精神, 戰到三四十合, 不分勝負. 那小將軍槍法無半點放閑.) <삼국-가정 37:55>

【ᄀᆞ래-】 동 날뛰다. 함부로 행동하다. 장난치다. 까불다. 방탕(放蕩)히 놀다.¶ ▼遊蕩 ‖ 져머셔브터 긔경ᄒᆞ고 권쉬 잇고 ᄀᆞ래기ᄅᆞᆯ 무졀히 ᄒᆞᆫ대 (少機警, 有權數, 遊蕩無度.) <삼국-가정 1:43>

【ᄀᆞ랴오-】 형 가렵다. 몸을 긁고 싶은 마음이 있다.¶ ▼痒 ‖ ᄯᅩ ᄒᆞᆫ 사ᄅᆞᆷ이 눈섭 ᄉᆞ이예 ᄒᆞᆫ 혹이 나 ᄀᆞ랴와 견ᄃᆡ디 못ᄒᆞ여 타로 ᄒᆞ여곰 보라 ᄒᆞᆫ대 (又有一人, 眉間生一瘤, 痒不可當, 令佗視之.) <삼국-가정 25:87>

【ᄀᆞ랍-】 형 가렵다. 몸을 긁고 싶은 마음이 있다.¶ ᄯᅩ ᄒᆞᆫ 사ᄅᆞᆷ이 길희셔 그 발가락을 개게 믈리니 즉시 주먹ᄀᆞ티 크며 ᄀᆞ랍고 알프믈 견ᄃᆡ디 못ᄒᆞ여 ᄒᆞ거ᄂᆞᆯ (又有一人在途被犬咬其足指, 隨長一塊, 痛痒不可當.) <삼국-가정 25:86>

【ᄀᆞ리-】 동 가리다. 막다. 격(隔)하다.¶ ▼隔 ‖ 셤의 비최ᄂᆞᆫ 플은 플은 ᄉᆞᄉᆞ로 봄비ᄎᆞᆯ 가졋고 닙흘 ᄀᆞ렷ᄂᆞᆫ 누른 굇고리ᄂᆞᆫ 쇽졀업시 됴흔 소ᄅᆡᄅᆞᆯ ᄒᆞ놋다 (映階碧草自春色, 隔葉黃鸝空好音.) <삼국-가정 34:127>

【ᄀᆞ리ᄭᅵ-】 동 거리끼다. 막히다. 가리다.¶ ▼塞 ‖ 쵹듕의 이러ᄐᆞᆺ ᄒᆞᆫ 쥰걸이 만하 강논ᄒᆞ기ᄅᆞᆯ ᄇᆞᆰ이 ᄒᆞ니 날로 ᄒᆞ여곰 ᄀᆞ리ᄭᅵᆫ 거ᄉᆞᆯ 헤틸 ᄃᆞᆺ도다 (不意蜀中多出俊傑. 恰聞講論, 使僕頓開茅塞也.) <삼국-가정 28:37>

【ᄀᆞᄅᆞ】 명 가루. 딱딱한 물건을 부드러울 정도로 잘게 부수거나 갈아서 만든 것. 분말(粉末). ※ 중세어에서 휴지 앞, 또는 자음으로 시작된 조사 앞에서는 'ᄀᆞᄅᆞ'로 나타나나, 모음으로 시작된 조사나 계사 앞에서는 'ᄀᆞᆯㅇ'로 표기되었다. 이 같은 특수어간 교체는 고대형으로 '가ᄅᆞㄱ'을 재구케 한다. 평안, 함경, 강원, 경상 방언에 널리 퍼져 있는 '갈구, 갈그, 갈기'는 재구형 'ᄀᆞᄅᆞㄱ'의 특징을 보여준다.¶ ▼粉 ‖ 손권이 현덕을 깁히 ᄒᆞᆫᄒᆞ야 분노ᄒᆞ미 심ᄒᆞ야 안샹의 노핫ᄂᆞᆫ ᄇᆡᆨ옥 벼로돌흘 싸히 더디니 ᄀᆞᄅᆞᄀᆞ티 ᄲᅡ려디거ᄂᆞᆯ (孫權深恨玄德, 忿怒轉加, 將案上玉石硯摔爲粉碎.) <삼국-가정 17:126> 이 셩을 ᄃᆡ희여 몸이 비록 ᄀᆞᄅᆞᄀᆞ티 ᄇᆞ아딜디라도 ᄯᅩᄒᆞᆫ 항티 아니ᄒᆞᆯ 거시니 (死據此城, 城雖粉碎, 身亦不降也.) <삼국-가정 25:45>

【ᄀᆞᄅᆞ치-】 동 가르치다. 지식이나 기능, 이치 따위를 깨닫거나 익히게 하다.¶ ▼教誨 ‖ 내 비록 ᄂᆞ즌 벼ᄉᆞᆯ의 이시나 승샹이 젼량의 듕ᄒᆞᆫ 거ᄉᆞᆯ 긋재 맛뎌 겨시니 조만의 승샹의 ᄀᆞᄅᆞ치시믈 만히 닙으니 극히 ᄉᆡᆨ훤ᄒᆞᆫ 일이 만흔디라 부러 이 벼ᄉᆞᆯ의 잇노라 (某雖居下僚, 丞相委以軍政錢糧之重, 早晚多蒙丞相教誨, 極有開發, 故就此職耳.) <삼국-가정 19:83>

【ᄀᆞᄅᆞᆺ치-】 동 가르치다. 지식이나 기능, 이치 따위를 깨닫거나 익히게 하다.¶ ▼教 ‖ 죄 장ᄃᆡ 우희셔 조련ᄒᆞ믈 보고 심듕의 ᄃᆡ희ᄒᆞ야 ᄡᅧ 반다시 (이)길 법이라 ᄒᆞ고 ᄯᅩ ᄀᆞᄅᆞᆺ쳐 돗찰 거두고 각ᄀᆞᆨ ᄎᆞ셔ᄅᆞᆯ 의지ᄒᆞ여 ᄉᆡ예 도라가라 ᄒᆞ더라 (操立於將臺之上, 觀看調練, 心中大喜, 以爲必勝之法, 教且收住帆幔, 各依次序回寨.) <삼국-모종 8:35>

【ᄀᆞ마니】 부 가만히. 남몰래. 은밀히.¶ ▼潛 ‖ 극히 쉬오니 몬져 ᄒᆞᆫ 사ᄅᆞᆷ으로 ᄒᆞ여곰 오ᄇᆡᆨ군을 거ᄂᆞ려 샹고의 ᄆᆡᄡᅵᄅᆞᆯ ᄒᆞ고 ᄀᆞ마니 형쥐 니르러 ᄒᆞᆫ 봉 밀셔ᄅᆞᆯ 부인ᄭᅴ 드리되 (極易也. 先差一人, 只帶五百軍, 扮做商人, 潛到荊州, 下一封密書與夫人.) <삼국-가정 20:12>

【ᄀᆞ마이】 부 가만히. 남몰래. 은밀히.¶ ▼密 ‖ 승샹이 임죵의 ᄀᆞ마이 ᄂᆡ겨 부탁ᄒᆞᄃᆡ 위연이 반다시 다른 ᄯᅳᆺ이 이시리라 ᄒᆞᆫ 고로 ᄂᆡ 이제 병부로ᄡᅥ 그 모음을 탐지ᄒᆞ미러이(丞相臨終, 曾密囑我曰: '魏延必有異志.' 今我以兵符往, 實欲探其心耳.) <삼국-모종 17:38>

【ᄀᆞ만-이】 부 가만히. 은밀히. 움직이지 않거나 아무 말 없이.¶ ▼冷 ‖ 오딘 듕의 담웅이라 ᄒᆞᆫ 쟝쉬 댱포의 영웅을 보고 니이 이긔디 못ᄒᆞᆯ가 두려 ᄀᆞ만이 살흘 ᄡᅡ혀 ᄡᅩ니 졍히 댱포의 ᄆᆞᆯ가ᄉᆞᆷ을 마치니 ᄆᆞᆯ이 알프믈 견ᄃᆡ디 못ᄒᆞ야 본딘으로 ᄃᆞᆺ더니 (吳軍中一裨將姓譚名雄, 見張苞英勇, 李異不能勝, 却放一冷箭, 正射中苞馬胸膛, 那馬負痛奔回本陣.) <삼국-가정 27:9> ▼暗 ‖ 삼노 군매 일긔ᄅᆞᆯ 언약ᄒᆞ고 ᄀᆞ만이 동오ᄅᆞᆯ 엄습ᄒᆞ라 딤이 미조차 졉응ᄒᆞ리라 ᄒᆞ더라 (三路軍馬會合日期, 暗襲東吳. 朕後自來接應.) <삼국-가정 27:78> ▼潛 ‖ 늉이 뉴비 뉴표로 더브러 심히 후ᄒᆞ야 샹ᄉᆞᆼ의 음신이 왕ᄂᆡᄒᆞ고 늉이 손권의 ᄉᆞ쟈ᄅᆞᆯ ᄃᆡᄒᆞ야 됴뎡을 헷ᄲᅳ리고 쇼식을 ᄀᆞ만이 통ᄒᆞ니 이ᄂᆞᆫ 대역브되니이다 (融與劉備、劉表甚厚, 常常音信往來. 融又對孫權使謗論朝廷, 潛通消息. 此可見融大逆不道之情也.) <삼국-가정 13:70> ▼擅(越) ‖ 이제 위연이 승샹의 유령을 좃디 아니ᄒᆞ고 ᄉᆞᄉᆞ로 본부 인마ᄅᆞᆯ 거ᄂᆞ려 ᄀᆞ만이 너머 몬져 한듕의 드러가 잔도ᄅᆞᆯ 블딜러 긋처ᄇᆞ리고 승샹 녕구ᄅᆞᆯ 겁틱ᄒᆞ야 위구ᄅᆞᆯ 역죵ᄒᆞ야 그 도라갈 길흘 막으니 (今魏延不遵丞相遺語, 自

提本部人馬, 攙越先入漢中, 卽日放火燒斷棧道, 劫丞相靈車, 逆從魏兵, 阻其歸路.) <삼국-가정 34:109>

【ᄀᆞ만-ᄒᆞ-】 형 가만하다. 움직임 따위가 그다지 드러나지 않을 만큼 조용하고 은은하다. 은밀(隱密)하다. 비밀(秘密)하다.¶ ▼暗 ‖ 나ᄌᆞᆫ 숨고 밤은 힝ᄒᆞ야 덕도셩 동남의 고산심곡 듕의 ᄆᆡ복ᄒᆞ야 ᄀᆞ만ᄒᆞᆫ 병세를 삼아 군ᄉᆞ 오기를 기ᄃᆞ려 일시의 고각으로 응ᄒᆞ고 밤이면 블을 들여 방포ᄒᆞ여 ᄡᅧ 놀래려 ᄒᆞ더라 (日伏夜行, 去狄道城東南高山深谷中埋伏, 爲暗兵之勢, 只待兵來, 一齊鳴鼓角爲應, 夜則擧火放炮以驚之.) <삼국-가정 36:92>

【ᄀᆞ믈】 명 ((천문)) 가뭄. 오랫동안 계속해서 비가 내리지 않아 메마른 날씨.¶ ▼旱 ‖ 조승샹이 션ᄇᆡ 구ᄒᆞ믈 큰 ᄀᆞ믈의 구름 ᄇᆞ라ᄃᆞᆺ ᄒᆞᆫ다 ᄒᆞ더니 (人言曹丞相之求士, 如大旱之望雲霓.) <삼국-가정 15:96>

【ᄀᆞ부여-이】 부 가볍게.¶ ▼輕 ‖ 어시의 됴운으로 ᄒᆞ여곰 우[위]연을 도와 ᄉᆡ를 직히여 ᄀᆞ부여이 나지 말나 ᄒᆞ고 (於是令趙雲助魏延守寨, 且休輕出.) <삼국-모종 15:15>

【ᄀᆞ뷔여-이】 부 가볍게.¶ ▼輕易 ‖ 네 술을 먹으면 ᄉᆞ졸을 편달ᄒᆞ고 또 ᄆᆡᄉᆞ를 ᄀᆞ뷔여이 ᄒᆞ여 ᄉᆞᄅᆞᆷ의 간ᄒᆞᄂᆞᆫ 말을 좃디 아니ᄒᆞ니 ᄂᆡ 엇디 마음을 노흐리오 (你一者酒後剛强, 鞭打士卒; 二者作事輕易, 不從人諫. 吾不於心.) <삼국-국중 3:134>

【ᄀᆞ온ᄃᆡ】 명 가운데.¶ ▼中 ‖ 여몽니 본니 두 ᄉᆞ람니 각〻 됴흔 ᄯᅳ지 업난지라 문듯 ᄒᆞᆫ 손으로 ᄑᆡ을 잡고 또 한 손으로 칼을 닛그러 그 ᄀᆞ온ᄃᆡ 서 가로ᄃᆡ 니공니 비록 다 능ᄒᆞ나 다 ᄂᆡ의 공교ᄒᆞᆷ만 갓지 못ᄒᆞ리라 (呂蒙見二人各無好意, 便一挽牌, 一手提刀, 立於其中曰: "二公雖能, 皆不如我巧也.") <삼국-모종 11:65>

【ᄀᆞ을-비】 명 ((천문)) 가을비.¶ ▼秋雨 ‖ 공명이 ᄀᆞ을비 쟝ᄎᆞᆺ 긋칠 줄을 헤아리고 ᄉᆞ〻로 일군을 거ᄂᆞ려 셩고의 둔ᄒᆞ고 (却說孔明計算一月秋雨, 天氣未晴, 乃自提一軍, 屯于城固.) <삼국-가정 32:117>

【ᄀᆞ을-ᄇᆞ람】 명 ((천문)) 가을바람.¶ ▼商飇 ‖ 이 ᄯᅢ 칠월ᄉᆞ이라 ᄀᆞ을ᄇᆞ람이 날회여 부니 길 가기 졍히 됴터라 (是夜, 秋七月間, 商飇徐起, 人馬趲行.) <삼국-가정 13:56>

【ᄀᆞ을ㅎ】 명 ((천문)) 가을.¶ ▼秋 ‖ 후의 텬해 대란호믈 만나 병들롸 ᄒᆞ고 고향의 도라가 정사[초당 ᄀᆞᄐᆞᆫ 집이라]를 쵸동 오십 니예 지어 녀름과 ᄀᆞ을ᄒᆡ 글을 닑고 봄과 겨울히 활 쏘며 산영ᄒᆞ여 (後値天下大亂, 故以病回鄕里, 築精舍於譙東五十里, 欲秋夏讀書, 春冬射獵.) <삼국-가정 18:36>

【ᄀᆞ음-알-】 동 가말다. 관장(管掌)하다. 다스리다.¶ ▼管 ‖ 네 당하의 블과 ᄒᆞᆫ 쇼쟝으로셔 엇디 감히 내 짓 일을 ᄀᆞ음알려 ᄒᆞᄂᆞ뇨 (量汝只是帳下一武夫, 安敢管我家事!) <삼국-가정 20:19> 믈읫 집 다ᄉᆞ리ᄂᆞᆫ 되 반ᄃᆞ시 노[사나히 죵이라]로 ᄒᆞ여곰 밧갈기를 ᄀᆞ음알며 비ᄂᆞᆫ 밥짓기를 ᄀᆞ음알며 ᄃᆞᆰ은 새배를 ᄀᆞ음알며 개ᄂᆞᆫ 도적을 즈ᄌᆞ며 쇼ᄂᆞᆫ 므거온 거ᄉᆞᆯ 시ᄅᆞ며 ᄆᆞᆯ은 먼 ᄃᆡ 힝ᄒᆞ야 (凡治家之道, 必使奴執耕, 婢典爨, 鷄司晨, 犬吠盜, 牛負重, 馬涉遠.) <삼국-가정 34:50> ▼領 ‖ 방이 듯디 아니ᄒᆞ고 부ᄌᆞ 삼인으로 국ᄉᆞ를 ᄒᆞᆫ가지로 ᄀᆞ음알게 ᄒᆞ고 이ᄌᆞ를 각〻 듕권을 맛디니 ᄉᆞ마의 샤은ᄒᆞ고 도라오다 (芳不准, 令父子三人同領國事, 二子各受重權.) <삼국-규장 24:93> 다만 됴뎡의 ᄉᆡ로 두 사ᄅᆞᆷ이 이셔 다 나히 져무니 만일 병ᄆᆞ를 ᄀᆞ음알면 오촉의 ᄃᆡ환이 되리이다 (但朝中新出二人正在妙齡之際, 若領兵馬, 實吳、蜀之大患也.) <삼국-규장 25:4> ▼司 ‖ 신 등은 직쟝이 하ᄂᆞᆯ흘 ᄀᆞ음아라시매 밤의 텬문을 보오니 염한의 긔수ᄂᆞᆫ 불셔 진ᄒᆞ엿ᄂᆞᆫ디라 (臣等職掌司天, 夜觀乾象, 見炎漢氣數已終.) <삼국-가정 26:26> 믈읫 집 다ᄉᆞ리ᄂᆞᆫ 되 반ᄃᆞ시 노[사나히 죵이라]로 ᄒᆞ여곰 밧갈기를 ᄀᆞ음알며 비ᄂᆞᆫ 밥짓기를 ᄀᆞ음알며 ᄃᆞᆰ은 새배를 ᄀᆞ음알며 개ᄂᆞᆫ 도적을 즈ᄌᆞ며 쇼ᄂᆞᆫ 므거온 거ᄉᆞᆯ 시ᄅᆞ며 (凡治家之道, 必使奴執耕, 婢典爨, 鷄司晨, 犬吠盜, 牛負重, 馬涉遠.) <삼국-가정 34:50>

【ᄀᆞ올-곡식】 명 ((식물)) 가을곡식.¶ ▼秋穀 ‖ 우리 군ᄉᆡ 긔산으로 나가면 ᄀᆞ올곡식을 거두어 군량을 ᄒᆞ리니 그 가히 이긔미 다ᄉᆞ시라 (吾兵自出祁山, 掠抄秋穀爲食, 五可勝也.) <삼국-가정 36:103>

【ᄀᆞ올ㅎ】 명 ((천문)) 가을.¶ ▼秋 ‖ 뎨 명ᄒᆞ여 각영을 다 산림 무셩ᄒᆞᆫ 고ᄃᆡ 올마 시냇믈을 갓가이 딘ᄒᆞ엿다가 녀름이 디나고 ᄀᆞ올히 오나ᄃᆞᆫ 병녁ᄒᆞ여 진병ᄒᆞᆯ 거시라 (先主命各營皆移於山林茂盛之地, 近溪傍澗, 待過夏到秋, 幷力進兵.) <삼국-가정 27:65>

【ᄀᆞᄋᆞᆷ-아-】 동 가말다. 관장(管掌)하다. 다스리다.¶ ▼司 ‖ ᄎᆡᆨ은 드ᄅᆞ니 샹텬이 허믈 ᄀᆞᄋᆞᆷ아ᄂᆞᆫ 별을 삼겻고 셩왕이 감히 간ᄒᆞᄂᆞᆫ 북과 비방ᄒᆞᄂᆞᆫ 남글 베퍼 궐실[허믈히라] 경계호믈 급히 호믄 반ᄃᆞ시 소당곳 이시면 소단이 이시미라 (策聞蓋上天垂司過之星, 聖王建敢諫之鼓, 設非謗之備, 急箴闕之言, 何哉?) <삼국-가정 6:90> ▼현덕이 손부인 방듕의 도창검극이 이시믈 보고 실ᄉᆡᆨᄒᆞᆫ대 관가ᄑᆡ[집일 ᄀᆞᄋᆞᆷ아ᄂᆞᆫ 겨집 사ᄅᆞᆷ이라] 나아와 닐오ᄃᆡ (却說玄德見孫夫人房中, 兩邊槍刀森列如麻, 玄德失色. 管家婆進曰.) <삼국-가정 17:111> ▼管 ‖ 이러로셔 낙셩 가기예 관ᄋᆡ과 채ᄎᆡᆨ이 믈읫 삼십여 체로ᄃᆡ 다 노부의 ᄀᆞᄋᆞᆷ안 배라 ᄃᆡᆨ흰 쟝쉬 다 내 쟝악 듕의 이시니 (從此取雒城, 凡守御關隘, 計寨柵共三十餘處, 都是老夫所管官軍, 皆出於掌握之中.) <삼국-가정 21:2> ▼管領 ‖ 죄 왈 젼션이 언머나 ᄒᆞ며 뉘 ᄀᆞᄋᆞᆷ아ᄂᆞ뇨 뫼 왈 투감몽동 대쇼 젼션이 칠쳔여 쳑이오 모등 이인의 쥬관ᄒᆞᄂᆞᆫ 배로소이다 (操曰: "戰船多少? 原是何人管領?" 瑁曰: "鬪艦艨艟、大小戰船七千餘隻, 原是瑁等二人管領.") <삼국-가정 13:117>

【ᄀᆞᄋᆞᆷ-알-】 동 가말다. 관장(管掌)하다. 일을 헤아려 처리하다.¶ ▼督 ‖ 후쥬 공명의 유언을 조차 쟝완을 더ᄒᆞ야 승샹 대쟝군 샹셔ᄉᆞ를 녹ᄒᆞ고 비위로 샹셔령을 삼아 ᄒᆞᆫ가지로 승샹ᄉᆞ를 ᄀᆞᄋᆞᆷ알고 오의로 거긔쟝군을 삼아 절월을 빌려 한듕을 ᄀᆞᄋᆞᆷ알게 ᄒᆞ고 (遂依孔明遺言, 加

蔣琬爲大將軍, 錄尙書事; 加費禕爲尙書令, 同理政事. 加吳懿爲車騎將軍, 假節督漢.) <삼국-가정 35:5> ▼總督 ‖ 내 아ᄋᆞ 원슐은 냥초ᄅᆞᆯ ᄀᆞᄋᆞᆷ아라 모든 영의 년쇽ᄒᆞ야 주어 긋처디〻 아니케 ᄒᆞ고 (吾弟袁術總督糧草, 應付諸營, 無使有缺.) <삼국-가정 2:57> ▼掌 ‖ 뉴비의 ᄒᆞᆫ 몸이 엇디 허다 셩디ᄅᆞᆯ ᄀᆞᄋᆞᆷ알리오 (劉備隻身, 如何掌許多城池?) <삼국-가정 4:119> ▼鎭 ‖ 쥬유ᄅᆞᆯ ᄇᆡᄒᆞ야 대도독을 ᄒᆞ이여 강동 슈륙 군마ᄅᆞᆯ ᄀᆞᄋᆞᆷ알긔 ᄒᆞ다 (拜周瑜爲大都督, 鎭江東水陸軍馬.) <삼국-가정 13:15> ▼領 ‖ 방이 듯디 아니ᄒᆞ고 부ᄌᆞ 삼인으로 국ᄉᆞᄅᆞᆯ ᄒᆞᆫ가지로 ᄀᆞᄋᆞᆷ알게 ᄒᆞ고 이ᄌᆞᄅᆞᆯ 각〻 듕권을 맛디니 ᄉᆞ마의 샤은ᄒᆞ고 도라오다 (芳不准, 令父子三人同領國事, 二子各受重權.) <삼국-가정 35:110> 다만 됴뎡의 새로 두 사ᄅᆞᆷ이 이셔 다 나히 졈으니 만일 병ᄆᆞᄅᆞᆯ ᄀᆞᄋᆞᆷ알면 오쵹의 대환이 되링이다 (但朝中新出二人正在妙齡之際, 若領兵馬, 實吳、蜀之大患也.) <삼국-가정 35:115>

【ᄀᆞ장】 부 가장. 아주. 매우. 여럿 가운데 어느 것보다 정도가 높거나 세게.¶ ▼甚 ‖ 동탁을 구ᄒᆞ야 내여 채예 도라와 삼인이 동탁을 뵌대 탁이 무로ᄃᆡ 므ᄉᆞᆫ 벼ᄉᆞᆯ ᄒᆞ엿ᄂᆞᆫ다 현덕이 ᄃᆡ왈 ᄇᆡᆨ신이로라[ᄇᆡᆨ신은 아ᄆᆞ 벼슬도 업닷 말이라] 탁이 ᄀᆞ장 가ᄇᆡ야이 너겨 샹도 주디 아니ᄒᆞ고 업슈이 너기거ᄂᆞᆯ (救了董卓回寨. 三人來見董卓, 卓問: 現居何職?" 玄德對曰: '白身.' 卓甚輕之, 不與賞賜.) <삼국-가정 1:52> 또 보호ᄃᆡ 관공이 큰 공을 엇고 강변의 연ᄃᆡᄅᆞᆯ 만히 세워 방비호믈 ᄀᆞ장 구디 ᄒᆞ니 일만의 ᄒᆞ나토 일흘 근심이 업더라 ᄒᆞᆫ대 (忽又探馬到來, 報說關公全獲其功, 江邊墩臺提防甚密, 萬無一失.) <삼국-가정 25:69> ▼最 ‖ 제군의 나히 다 고와 ᄀᆞᄐᆞ되 오직 봉회 ᄀᆞ장 져므니 내 후ᄉᆞ로ᄡᅥ 의탁고져 ᄒᆞ더니 이제 듕년의 요졀[단명ᄒᆞ단 말이라]ᄒᆞ니 내 심댱이 ᄆᆡ여디ᄂᆞᆫ ᄃᆞᆺᄒᆞ여라 (諸君年齒皆孤等輩, 惟奉孝最少, 吾欲託以後事. 不期中年夭折, 使吾心腸崩裂矣!) <삼국-가정 11:93> ▼관위 ᄀᆞ장 깃거ᄒᆞ고 강동을 슬희여ᄒᆞᄂᆞᆫ 일이 업ᄉᆞ니 시름이 업더이다 (關羽欣喜, 無復憂江東之意也.) <삼국-가정 24:123>

【ᄀᆞ쟝】 부 가장. 아주. 매우.¶ ▼甚 ‖ 현덕이 ᄀᆞ쟝 깃거 마량으로 죵ᄉᆞ관을 삼고 이젹으로 버곰을 ᄒᆞ이다 (玄德甚喜, 遂用馬良爲從事官, 伊籍副之.) <삼국-규장 11:140> 셔량병이 ᄀᆞ쟝 건장ᄒᆞ고 오로 쟝창을 ᄡᅳ니 궁노 잘 ᄡᅩᄂᆞᆫ 군ᄉᆞᄅᆞᆯ ᄲᅡ ᄃᆡ뎍ᄒᆞᆯ 거시라 (凉州之兵甚是强壯, 盡使長槍, 若非選弓弩迎之, 則不可當也.) <삼국-규장 13:40>

【ᄀᆞᄌᆞ-】 형 갖다. 갖추어져 있다. 구비(具備)되어 있다.¶ ▼兼全 ‖ 만일 세 가지 일이 ᄀᆞᄌᆞ면 내 보야흐로 ᄀᆡ가ᄒᆞ련노라 ᄒᆞ니 (若三件兼全, 我方嫁之.) <삼국-가정 17:31>

【ᄀᆞᄌᆞᆨ-이】 부 가지런히. 나란히.¶ ▼齊 ‖ 믈읫 우리 동ᄆᆡᆼ ᄒᆞᄂᆞᆫ 사ᄅᆞᆷ들히 ᄆᆞᄋᆞᆷ을 ᄀᆞᄌᆞᆨ이 ᄒᆞ고 힘을 ᄒᆞᆫ가지로 ᄒᆞ야 ᄡᅥ곰 신하의 졀을 극진이 ᄒᆞ야 (凡我同盟, 齊心戮力, 以致臣節.) <삼국-가정 2:54>

【ᄀᆞᄌᆞᆨ-ᄒᆞ-】[1] 형 가지런하다. 나란하다. 여럿이 층이 나지 않고 고르게 되어 있다.¶ ▼彌 ‖ 대쟝군이 나라ᄒᆞᆯ 도와 공덕이 하ᄂᆞᆯ희 ᄀᆞᄌᆞᆨᄒᆞ니 가히 위국을 ᄃᆡᄒᆞ야 션위ᄅᆞᆯ 바담즉ᄒᆞ다 ᄒᆞ니 노픈 ᄠᅳ디 엇더ᄒᆞ뇨 (大將軍三輩輔國, 功德彌天, 可以禪代魏國. 未審鈞意若何?) <삼국-가정 37:8>

【ᄀᆞᄌᆞᆨ-ᄒᆞ-】[2] 형 가깝다.¶ ▼近 ‖ 졈〻 ᄀᆞᄌᆞᆨᄒᆞ며 다만 보니 운무 듕의 ᄒᆞᆫ ᄃᆡ쟝이 이셔 ᄂᆞᆺᄎᆞᆫ 듕도 ᄀᆞᆺ고 눈셥은 와줌 ᄀᆞᆺ고 녹포금개로 쳥뇽도ᄅᆞᆯ ᄭᅳ으고 젹퇴말을 타고 손으로 미렴을 흔든디라 (看看至近, 只見雲霧之中, 隱隱有一大將, 面如重棗, 眉若臥蠶, 綠袍金鎧, 提靑龍刀, 騎赤兔馬, 手綽美髥.) <삼국-모종 15:87>

【ᄀᆞ초-】 동 갖추다. 있어야 할 것을 골고루 준비하여 가지거나 차리다.¶ ▼辦 ‖ 근년의 녀ᄅᆞᆷ이 됴흐니 즁관을 양〻의 모도와 티병ᄒᆞ며 뎐렵ᄒᆞ야 보고져 ᄒᆞ야 이제 다 ᄀᆞ초와시니 쳥컨대 쥬인은 힝ᄒᆞ쇼셔 (近年成熟, 合聚衆官於襄陽, 就馳騁人馬游獵. 今日已辦畢, 請主人主持.) <삼국-가정 11:121> ▼韜 ‖ 만일 사오나오므로ᄡᅧ 베프거ᄃᆞᆫ 쟝군이 위엄을 내고 군ᄉᆞᄅᆞᆯ ᄀᆞ초와 텬명을 기ᄃᆞ릴 거시니 므슴 볼모ᄅᆞᆯ 보내리오 (若圖爲暴亂, 兵猶火也, 不戢將自焚. 將軍韜略抗威, 以待天命, 何送質之有!) <삼국-가정 13:7> ▼排 ‖ 죄 반ᄉᆞᄒᆞ야 허도의 도라온대 헌뎨 난가ᄅᆞᆯ ᄀᆞ초와 셩의 나가 맛고 조로 ᄒᆞ여곰 절ᄒᆞ고 제 일홈을 브ᄅᆞ디 말며 됴회예 드러올 제 ᄃᆞᆺ디 말며 칼 ᄎᆞ고 신 신고 뎐의 오ᄅᆞ기ᄅᆞᆯ 한승샹 쇼하의 고ᄉᆞᄀᆞ티 ᄒᆞ라 ᄒᆞ니 일로브터 위엄이 더옥 듕외예 진동ᄒᆞ더라 (操班師回都, 獻帝排鑾駕出廓迎接, 令操贊拜不名, 入朝不趨, 劍履上殿, 如漢相蕭何故事. 自此威震中外.) <삼국-가정 19:66> ▼整 ‖ 이 고셩을 ᄇᆞ리고 셔쳔으로 드러가 다시 군ᄉᆞᄅᆞᆯ ᄀᆞ초와 나와 한샹 ᄊᆞ홈 회복ᄒᆞ미 늣디 아니ᄒᆞ니이다 (何不棄此孤城, 奔入益州, 再整兵來收復漢上, 未爲晩矣.) <삼국-가정 25:44>

【-ᄀᆞ티】 조 -같이. -처럼. ᄀᆞᇀ(←ᄀᆞᆮᄒᆞ다: 같다, 如) + -이(조사 파생 접미사).¶ ▼如 ‖ 됴회예 드러올 제 ᄃᆞᆺ디 말며 칼 ᄎᆞ고 신 신고 뎐의 오ᄅᆞ기ᄅᆞᆯ 한승샹 쇼하의 고ᄉᆞᄀᆞ티 ᄒᆞ라 ᄒᆞ니 일로브터 위엄이 더옥 듕외예 진동ᄒᆞ더라 (入朝不趨, 劍履上殿, 如漢相蕭何故事. 自此威震中外.) <삼국-가정 19:66> ▼이 셩을 ᄃᆡ희여 몸이 비록 ᄀᆞᄅᆞᄀᆞ티 ᄇᆞ아딜디라도 ᄯᅩᄒᆞᆫ 항티 아니ᄒᆞᆯ 거시니 (死據此城, 城雖粉碎, 身亦不降也.) <삼국-가정 25:45> ᄯᅩ ᄒᆞᆫ 사ᄅᆞᆷ이 길희셔 그 발가락을 개게 믈리니 즉시 주먹ᄀᆞ티 크며 ᄀᆞ렵고 알프믈 견ᄃᆡ디 못ᄒᆞ여 ᄒᆞ거ᄂᆞᆯ (又有一人在途被犬咬其足指, 隨長一塊, 痛痒不可當.) <삼국-가정 25:87>

【ᄀᆞᄐᆞ-】 형 같다. ᄀᆞᇀ(←ᄀᆞᆮᄒᆞ다: 같다, 如) + -ᄋᆞ(매개 모음).¶ ▼덕ᄌᆞᄅᆞᆯ 세오고 버곰을 세오디 아니호믄 녜븟터 덧〻ᄒᆞᆫ 도리라 엇디 날ᄃᆞ려 뭇ᄂᆞ뇨 봉은 명녕[명녕은 관

애란 버려지라] ᄀᆞᄐᆞᆫ ᄌᆞ식이라 (立嫡不立庶, 古之常理, 又何必問于我乎? 封乃螟蛉之子, 使住山城之遠, 免遺禍于親骨肉也.) <삼국-가정 25:36> 일희 ᄀᆞᄐᆞᆫ 무리ᄅᆞᆯ 엇디 치리오 반ᄃᆞ시 후회 되리이다 (狼子不可養, 後必有害.) <삼국-가정 25:51>

【ᄀᆞᆫ계】 명 간계(奸計). 간사한 꾀.¶ ▼이ᄂᆞᆫ 류비의 ᄀᆞᆫ게라 됴되 셔쳔을 취ᄒᆞᆯ가 두려 ᄎᆞ모를 힝ᄒᆞ미라 (此是劉備恐曹操取西川, 故爲此謀.) <삼국-국중 12:38>

【ᄀᆞᆯ】 명 ((식물)) 갈대. 볏과의 여러해살이풀. 줄기는 단단하고 속이 비어 있으며 발, 삿자리 따위의 재료로 쓴다.¶ ▼蘆葦 ‖ 황튱의 일군은 긋재 긴 칼ᄒᆞᆯ 들고 ᄀᆞᆯ 속의 업데여 다만 ᄆᆞᆯ굽만 버히니 (黃忠一軍, 各用長刀, 伏在蘆葦內, 只剁馬蹄.) <삼국-가정 21:17>

【ᄀᆞᆯ-】 동 갈다. 낟알이나 덩이를 가루로 만들거나 잘게 부수기 위해 단단한 두 물체 사이에 넣어 문지르다.¶ ▼切 ‖ 술곳 취ᄒᆞ면 남다히ᄅᆞᆯ ᄇᆞ라고 니ᄅᆞᆯ ᄀᆞᆯ며 노ᄒᆞ기ᄅᆞᆯ 마디 아니ᄒᆞ다가 술곳 ᄭᆡ면 방셩 통곡ᄒᆞ며 셜워ᄒᆞ기ᄅᆞᆯ 긋치디 아니ᄒᆞ더니 (每醉, 望南切齒睜目, 怒恨甚急; 酒醉醒時, 放聲痛哭, 悲傷不已.) <삼국-가정 26:66>

【ᄀᆞᆯᄂᆞ】 명 «ᄀᆞᄅᆞ» 가루. 딱딱한 물건을 부드러울 정도로 잘게 부수거나 갈아서 만든 것.¶ ▼齏粉 ‖ 이제 뉴비 신야 ᄇᆡᆨ셩을 다 옴겨 번셩의 드러시니 ᄒᆞᆫ 번 대병이 님ᄒᆞᆫ 휘면 두 고을 ᄉᆡᆼ녕이 ᄀᆞᆯ니 되리니 (目今劉備盡遷新野百姓入樊城, 一概盡起兵, 二縣爲齏粉矣.) <삼국-규장 9:131>

【ᄀᆞᆯ리】 명 가루. 딱딱한 물건을 부드러울 정도로 잘게 부수거나 갈아서 만든 것. 분말(粉末).¶ ▼粉 ‖ 네 맛당이 수이 가 일즉이 관을 내게 드리라 ᄒᆞ라 그러티 아니ᄒᆞ면 ᄲᅧ ᄀᆞᆯ리 되고 몸이 ᄇᆞ아디리라 (汝當速去, 早獻關, 饒你性命! 倘若遲誤, 粉骨碎身!) <삼국-가정 2:94> ▼齏粉 ‖ 만일 승샹부의 가면 골육이 다 ᄀᆞᆯ리 되리니 ᄇᆞ라건대 냥냥은 슈죠ᄅᆞᆯ ᄂᆞ리와 대쟝군을 불러 드러오라 ᄒᆞ샤 그 일을 프러 니ᄅᆞ쇼셔 (若到相府, 骨肉皆爲齏粉矣, 望娘娘賜手詔, 宣大將軍入宮, 解釋其事.) <삼국-가정 1:118> 이제 뉴비 신야 ᄇᆡᆨ셩을 다 옴겨 번셩의 드러시니 ᄒᆞᆫ 번 대병이 님ᄒᆞᆫ 휘면 두 고을 ᄉᆡᆼ녕이 ᄀᆞᆯ리 되리니 (目今劉備盡遷新野百姓入樊城, 一概盡起兵, 二縣爲齏粉矣.) <삼국-가정 13:102> ᄂᆡ 조조의 ᄇᆡᆨ만지듕 보믈 ᄀᆡ야미 뭉긴 것가치 ᄒᆞᄂᆞ니 냥이 ᄒᆞᆫ 번 손을 들면 다 ᄀᆞᆯ리 되리라 (吾視曹操百萬之衆, 如群蟻耳! 但亮擧手, 則皆爲齏粉矣!) <삼국-가정 14:85> 만일 조병이 ᄒᆞᆫ 번 니ᄅᆞ면 강남이 ᄀᆞᆯ리 되리니 (倘操兵一至, 江南爲齏粉矣!) <삼국-가정 18:64> 네 즉위ᄒᆞᆫ 삼십의 만일 우리 부형곳 아니런ᄃᆞᆯ 네 블셔 ᄀᆞᆯ리 되어실너니라 (汝卽位三十餘年, 若不得吾父兄, 汝爲齏粉矣!) <삼국-가정 26:30>

【ᄀᆞᆯ리-】 동 갈리다. 가루가 되다.¶ ▼粉身 ‖ 이인이 다 하복의 샹이 아니니 조만의 ᄲᅧ ᄀᆞᆯ리고 몸이 ᄇᆞ아뎌 홰 삼족의 미ᄎᆞ리니 엇디 죡히 두려ᄒᆞ리오 (二人早晩粉身碎骨, 累及三族, 何足畏也!) <삼국-가정 35:76>

【ᄀᆞᆯ-숩ᄑ】 명 ((지리)) 갈대숲. 갈대가 우거진 숲. ᄀᆞᆯ(갈대, 葦)+숩ᄑ(숲, 林).¶ ▼蘆葦 ‖ 우금 니뎐이 미처 와 조븐 골의 니르니 냥편이 오로 ᄀᆞᆯ숩피어ᄂᆞᆯ (于禁、李典趕到窄狹處, 兩邊都是蘆葦.) <삼국-규장 9:96>

【ᄀᆞᆯ오】 동 «ᄀᆞᆲ다» 가루다. 나란히 하다. 함께 하다.¶ ▼并 ‖ 손 뉴 이인이 혁을 ᄀᆞᆯ와 도라가니 남셔 ᄇᆡᆨ셩이 칭찬티 아니리 업더라 (二人幷轡而回, 京城之民無不稱賞.) <삼국-가정 17:109> 숑이 대희ᄒᆞ야 ᄆᆞᆯ게 올라 황슉과 ᄒᆞᆫ가지로 혁을 ᄀᆞᆯ와 형쥐 드러가 셜연관ᄃᆡᄒᆞ더라 (松大喜, 遂上馬. 皇叔等與張松幷轡而入江陵, 設宴管待.) <삼국-가정 19:96> 형뎡이 황망이 술위에 ᄂᆞ려 권으로 더브러 서ᄅᆞ 보고 술위ᄅᆞᆯ ᄀᆞᆯ와 셩으로 드러오더니 (邢貞慌忙下車, 與孫權相見, 幷車入城.) <삼국-가정 26:120>

【ᄀᆞᆯ온】 관 이른바. 세상에서 말하는 바.¶ ▼曰 ‖ ᄒᆞᆫ ᄆᆞᆯ이 이시니 일홈은 ᄀᆞᆯ온 젹퇴라 ᄒᆞᄅᆞ 쳔니ᄅᆞᆯ 가ᄂᆞ니 (有良馬一匹, 日行千里, 渡水登山, 若履平地, 名曰'赤兎'.) <삼국-가정 1:148>

【ᄀᆞᆯ치-】 동 가리키다.¶ ▼指 ‖ 손으로 우연을 ᄀᆞᆯ쳐 ᄭᅮ짓거ᄂᆞᆯ 연이 말을 ᄲᆡ여 문득 다라니 만병이 크게 나ᄃᆞᄂᆞᆫ디라 (手指魏延大罵, 延撥馬便走, 後面蠻兵大進.) <삼국-모종 15:19>

【ᄀᆞᆯᄒᆡ-】 동 가리다. 분별(分別)하다. 구별하다.¶ ▼相 ‖ 어딘 새ᄂᆞᆫ 남글 ᄀᆞᆯᄒᆡ야 깃드리고 어딘 신하ᄂᆞᆫ 님군을 ᄀᆞᆯᄒᆡ여 돕ᄂᆞ니 청츈이 다시 오디 아니ᄒᆞ니 늘근 후의 뉘웃처도 밋디 못ᄒᆞ리라 (肅笑曰: "良禽相木而栖, 賢臣擇君而佐. 靑春不再, 悔之晩矣.") <삼국-가정 1:153>

【ᄀᆞᆲ】 부 나란히. 함께. 똑같이.¶ ▼并 ‖ 현덕의 눈믈이 비오ᄃᆞᆺ ᄒᆞ야 ᄎᆞ마 서ᄅᆞ ᄯᅥ나디 못ᄒᆞ야 ᄯᅩᄒᆞᆫ 길ᄒᆞᆯ ᄒᆞᆷ긔 갈ᄉᆡ 현덕이 셔셔로 더브러 혁을 ᄀᆞᆲ 자바 가더니 (玄德淚如雨下, 不忍相離. 又送一程, 彼各上馬, 玄德與徐庶幷轡而行.) <삼국-가정 12:61> 동탁으로브터 ᄲᅧ 오므로 호걸이 ᄀᆞᆲ 니러나 쥬군을 년ᄒᆞ야 두엇ᄂᆞᆫ 재 이긔여 헤디 못ᄒᆞᆯ디라 (自董卓以來, 豪傑幷起, 跨州連郡者, 不可勝計.) <삼국-가정 12:108> 권이 슉을 쳥ᄒᆞ야 ᄆᆞᆯ게 오ᄅᆞ라 ᄒᆞ고 혁을 ᄀᆞᆲ 자바 가더니 (權請肅上馬, 幷轡而行.) <삼국-가정 17:61> ▼내 드ᄅᆞ니 쵹되 긔구ᄒᆞ여 쳔산만슈라 술위 ᄀᆞᆲ 가디 못ᄒᆞ고 ᄆᆞᆯ이 버러셔디 못ᄒᆞᆫ다 ᄒᆞ니 (備聞蜀道崎嶇, 千山萬水, 車不能方軌, 馬不得聯轡.) <삼국-가정 19:103>

【ᄀᆞᆲ-숩ᄑ】 명 ((지리)) «ᄀᆞᆲ숲» 갈대숲. ᄀᆞᆯ(갈대: 蘆)+숩ᄑ(숲, 林).¶ ▼蘆葦 ‖ 우금 니뎐이 미처 와 조븐 골의 니ᄅᆞ니 냥편이 오로 ᄀᆞᆲ숩피어ᄂᆞᆯ (于禁、李典趕到窄狹處, 兩邊都是蘆葦.) <삼국-가정 13:59> 드ᄅᆞ니 등 뒤희 함셩이 대진ᄒᆞ고 ᄒᆞᆫ 줄 블빗치 니러나며 좌우편 ᄀᆞᆲ숩픠 블이 니러나고 ᄉᆞ면팔방의 화광이 둘럿ᄂᆞᆫᄃᆡ 광풍이 대작ᄒᆞ니 (只聽背後喊聲震起, 早望見一派火光燒着, 隨後兩邊蘆葦亦着, 四面八方盡皆是火, 狂風大作.) <삼국-가

정 13:60>

【ᄀᆞᆷ초-】 [동] 감추다. 남이 보거나 찾아내지 못하도록 가리거나 숨기다.¶ ▼졍긔를 ᄀᆞᆷ초고 졔군이 ᄀᆞ만이 셩텹을 딕희여 망녕도이 츌입ᄒᆞ며 소ᄅᆡᄒᆞᄂᆞᆫ 쟈를 참ᄒᆞ리라 (諸將各守城鋪, 如有妄行出入, 及高聲言語者, 立斬.) <삼국-가정 35:33>

【ᄀᆞᆷ초오-】 [동] 감추다. 남이 보거나 찾아내지 못하도록 가리거나 숨기다.¶ ▼伏 ‖ 녀몽이 슈군을 다 흰오ᄉᆞᆯ 닙펴 샹고의 ᄆᆡᆸ씨를 ᄒᆞ고 졍병은 빗장 속의 ᄀᆞᆷ초와 무ᄐᆡ 니ᄅᆞ러 몬져 봉슈ᄃᆡ 딕흰 군ᄉᆞ를 몬져 자바 ᄆᆡ매 블을 드디 못ᄒᆞ다 ᄒᆞᄂᆞ이다 (呂蒙將水手盡穿白衣, 扮作客商渡江, 精兵伏于𦪇艫之中, 先擒了守臺士卒, 因此不得擧火.) <삼국-가정 25:18>

【ᄀᆞᆲ】 [부] 나란히. 함께.¶ ▼雙 ‖ 슈륙으로 나아가 ᄇᆡ와 말 타니 ᄀᆞᆲ 힝ᄒᆞ니 (水陸幷進, 船騎雙行.) <삼국-규장 10:37>

【ᄀᆞᆸ작-되-】 [형] 갑작스럽다.¶ ▼驟 ‖ 술이 반만 취호매 거믄 구ᄅᆞᆷ이 네 녁흐로셔 못고 ᄀᆞᆸ작된 비 오더니 (酒至半酣, 忽陰雲漠漠, 驟雨將來.) <삼국-가정 7:121>

【ᄀᆞᆸ작-저이】 [부] 갑작스레.¶ ▼暴 ‖ 이ᄯᆡ 구월 그믐이라 텬긔 ᄀᆞᆸ작저이 치워 검은 구ᄅᆞᆷ이 엉긔여 련일ᄒᆞ여 됴티 아니ᄒᆞ니 일노 인ᄒᆞ야 냥군이 아직 싸홈을 긋쳣더라 (時遇九月盡間, 天氣暴冷, 彤雲密布, 連日不開, 因此兩軍罷戰.) <삼국-규장 13:54> ▼驟 ‖ 산싊 ᄀᆞᆸ작저이 니ᄅᆞ러시니 엇디 오래 이시리오 열흘이 못ᄒᆞ여 절로 믈러 가리라 (山水驟至, 豈能長存? 不旬日自退矣.) <삼국-가정 24:93>

【ᄀᆞᆽ-】[1] [형] 갖추어져 있다. 구비(具備)되어 있다.¶ ▼備 ‖ ᄎᆞᄌᆞ ᄉᆞ마의의 ᄌᆞᄂᆞᆫ 듕달이니 죄 명ᄒᆞ야 문혹연을 ᄒᆞ이여 사ᄅᆞᆷ ᄀᆞᆯ히ᄂᆞᆫ 소임을 맛디니 문관이 크게 ᄀᆞᆽ더라 (次子司馬懿, 字仲達, 操命爲文學掾, 幷掌典選擧之職, 文官大備.) <삼국-가정 13:46>

【ᄀᆞᆽ-】[2] [형] «ᄀᆞᆮ다» 같다.¶ ▼如 ‖ ᄇᆡᆨ셩이 피뢰ᄒᆞ면 소요ᄒᆞ미 나고 우히 게어ᄅᆞ며 아래 사오나오면 와히ᄒᆞᄂᆞ니 샹담의 닐오ᄃᆡ 뽀와 여러 번 마치디 못ᄒᆞ미 ᄉᆞᆯ펴 발홈만 ᄀᆞᆽ디 못ᄒᆞ다 ᄒᆞ니 (夫民疲勞, 則騷擾之兆生; 上慢下暴, 則瓦解之形起. 諺曰: '射幸數跌, 不如審發.') <삼국-가정 37:48>

【ᄀᆞᆽ-나-】 [동] 갓 나다. 갓 태어나다.¶ ▼初生 ‖ 쇽담의 닐오ᄃᆡ ᄀᆞᆽ난 숑아지 범을 두려 아니ᄒᆞᆫ다 ᄒᆞᄂᆞ니 부친이 비록 덕을 참ᄒᆞ나 블과 강호의 ᄒᆞᆫ 쇼졸이라 관겨티 아니ᄒᆞ고 힝혀 허소ᄒᆞ미 이시면 ᄇᆡᆨ부의 의탁ᄒᆞᆫ 강산의 듕ᄒᆞᆫ 거ᄉᆞᆯ 엇디 홍모ᄀᆞ티 가ᄇᆡ야이 너기리오 (俗云: '初生之犢, 不懼於虎.' 父親縱然斬了此人, 只是羌胡一小卒耳. 倘有疏虞, 且以伯父所托江山之重, 等閑輕如鴻毛也?) <삼국-가정 24:74>

【ᄀᆞᆽ난 숑아지 범을 두려 아니ᄒᆞᆫ다】 [속] 하룻강아지 범 무서운 줄 모른다.¶ 初生之犢不懼於虎 ‖ 쇽담의 닐오ᄃᆡ ᄀᆞᆽ난 숑아지 범을 두려 아니ᄒᆞᆫ다 ᄒᆞᄂᆞ니 부친이 비록 덕을 참ᄒᆞ나 블과 강호의 ᄒᆞᆫ 쇼졸이라 관겨티 아니ᄒᆞ고 힝혀 허소ᄒᆞ미 이시면 ᄇᆡᆨ부의 의탁ᄒᆞᆫ 강산의 듕ᄒᆞᆫ 거ᄉᆞᆯ 엇디 홍모ᄀᆞ티 가ᄇᆡ야이 너기리오 (俗云: '初生之犢不懼於虎.' 父親縱然斬了此人, 只是羌胡一小卒耳. 倘有疏虞, 且以伯父所托江山之重, 等閑輕如鴻毛也?) <삼국-가정 24:74>

【ᄀᆞᆺㅂ-】 [형] 가쁘다. 지치다. 피곤하다.¶ ▼辛苦 ‖ 운댱이 길히 ᄀᆞᆺ바 이수를 쳥ᄒᆞ야 방의 드려 쉬라 ᄒᆞ고 죵쟈를 분부ᄒᆞ야 젹토마를 ᄇᆡ블리 머기라 ᄒᆞ고 갑 벗고 쉬더니 (關公見於路辛苦, 請二嫂正房歇定. 從者各自安歇, 飽喂赤兎馬, 幷駕車馬數匹. 關公亦解甲少歇.) <삼국-가정 9:106>

【ᄀᆞᆺ바-ᄒᆞ-】 [동] 피곤해 하다.¶ ▼녜 병길이 힝도의 죽은 사ᄅᆞᆷ을 뭇디 아니ᄒᆞ고 우쳔[우쳔은 쇠 숨을 헐〻ᄒᆞ미라]을 근심ᄒᆞ고[한승샹 병길이 길히 가다가 사ᄅᆞᆷ이 싸화 죽음을 보ᄃᆡ 뭇디 아니ᄒᆞ고 겨울히 쇠 숨을 ᄀᆞᆺ바ᄒᆞ거ᄂᆞᆯ 병길이 근심ᄒᆞᆫ대 사ᄅᆞᆷ이 그 연고를 뭇거ᄂᆞᆯ 병길이 답왈 사ᄅᆞᆷ의 싸화 죽으믄 각〻 다ᄉᆞ릴 사ᄅᆞᆷ이 잇거니와 겨울의 날이 덥디 아니ᄒᆞ거ᄂᆞᆯ 쇠 숨을 ᄀᆞᆺ바ᄒᆞ니 이ᄂᆞᆫ 괴이ᄒᆞᆫ 일이라 직샤의 근심홀 배라 ᄒᆞ더라] (昔丙吉不問橫道死人, 而憂牛喘.) <삼국-가정 34:51>

【ᄀᆞᆺ브-】 [형] 가쁘다. 힘들다. 피곤(疲困)하다.¶ ▼勞 ‖ 하후연의 군ᄉᆡ 니ᄅᆞ거든 내 흰 기를 드러 마ᄎᆞᆯ 거시니 뎨와 싸호쟈 ᄒᆞ거든 움즉이디 말고 뎨 믈러가 ᄆᆞᄋᆞᆷ을 프러 ᄇᆞ려 예비ᄒᆞ미 업거든 내 ᄯᅩ ᄇᆡᆨ긔를 들 거시니 쟝군이 그제야 뫼히 ᄂᆞ려와 티면 이ᄂᆞᆫ 평안ᄒᆞ므로ᄡᅥ ᄀᆞᆺ븐 일을 ᄃᆡ뎍ᄒᆞᄂᆞᆫ 계귀라 (待夏侯淵兵至, 吾擧白旗爲號. 他來搦戰, 我却按兵不動, 待他退兵無備, 吾將白旗一擧, 將軍却下山擊之: 以逸待勞.) <삼국-가정 23:64> 우리ᄂᆞᆫ 놉픈 셩 우희 안자 남으로 대강을 님ᄒᆞ고 븍으로 대산을 등두어시니 평안ᄒᆞ므로ᄡᅥ ᄀᆞᆺ븐 일을 기ᄃᆞ려 쥬인으로 손을 졔어홀 거시니 이ᄂᆞᆫ ᄇᆡᆨ젼ᄇᆡᆨ승홀 셰라 (吾與汝等坐占高城, 南臨大江, 北背山險, 以逸待勞, 此乃百戰百勝之勢也.) <삼국-가정 27:114> ▼勞困 ‖ 황한승이 이번 가매 반ᄃᆞ시 그릇ᄒᆞ미 이실 거시니 경 등이 ᄀᆞᆺ브믈 ᄉᆡᆼ각디 말고 ᄲᆞᆯ리 가 도ᄋᆞ라 (黃漢升此去, 必然有失. 賢侄休辭勞困, 可去相助.) <삼국-가정 27:20> ▼辛苦 ‖ 운댱이 길히 ᄀᆞᆺ바 이수를 쳥ᄒᆞ야 방의 드려 쉬라 ᄒᆞ고, 죵쟈를 분부ᄒᆞ야 젹토마를 ᄇᆡ블리 머기라 ᄒᆞ고 갑 벗고 쉬더니 (關公見於路辛苦, 請二嫂正房歇定. 從者各自安歇, 飽喂赤兎馬, 幷駕車馬數匹. 關公亦解甲少歇.) <삼국-가정 9:106>

【ᄀᆞᆺ-지-】 [동] 옆에 끼다. 임(臨)하다.¶ ▼傍 ‖ 이제 강을 써 영을 옮겨 칠ᄇᆡᆨ니를 죵횡ᄒᆞ여 ᄉᆞ십여 채를 호ᄃᆡ 냇믈을 ᄀᆞᆺ져 깁픈 수플의 다 드럿ᄂᆞ니라 (今移營夾江, 橫占七百里, 下四十餘屯, 皆依溪傍澗、林木茂盛之處.) <삼국-가정 27:78> 기관의 거의 니ᄅᆞ러 손이 마샹의셔 보니 젼면의 뫼흘 의지ᄒᆞ고 믈을 ᄀᆞᆺ져 ᄒᆞᆫ 딘이 이시니 살긔 튱텬ᄒᆞ여 긔록이 니러나거ᄂᆞᆯ (前離夔關不遠, 遜在馬上看見前面臨山傍江, 一陣殺氣衝天而起.) <삼국-가정 27:98>

【ᄀᆞᆽ초-】 동 갖추다. 있어야 할 것을 골고루 준비하여 가지거나 차리다.¶ ▼備 ‖ 뎌적의 이긔디 못ᄒᆞ야 도라오믄 다 군ᄉᆡ 더ᄃᆡ믈 인ᄒᆞ미라 병법의 닐오ᄃᆡ 그 ᄀᆞᆽ초디 아니ᄒᆞᆫ ᄃᆡ롤 티고 그 ᄠᅳᆺᄒᆞ디 아닌 ᄃᆡ롤 나가라 ᄒᆞ니 (向者不克而還, 皆因軍出甚遲也. 兵法云: '攻其無備, 出其不意.') <삼국-가정 36:84>

【ᄀᆞᆽ쵸-】 동 갖추다. 있어야 할 것을 골고루 준비하여 가지거나 차리다.'ᄀᆞᆽ초다'의 'ㅛ'형.¶ ▼備 ‖ 어시의 양마와 명응 쥰견을[양ᄆᆡ와 산양ᄒᆞᄂᆞᆫ ᄀᆡ라] 다 ᄀᆞᆽ쵸고 만져 군ᄉᆞ를 셩외의 모도고 죄 드러가 쳔ᄌᆞ게 젼렵ᄒᆞ기를 청ᄒᆞ니 (於是揀選良馬、名鷹、俊犬, 弓矢俱備, 先聚兵城外, 操入請天子田獵.) <삼국-국중 5:7>

【-ᄀᆞᆽ티】 조 -같이. -처럼. ᄀᆞᆽᄒᆞ(←ᄀᆞᆮᄒᆞ다: 같다, 如) + -이 (조사 파생 접미사).¶ ▼如 ‖ 쟝군이 뎨실의 웃듬이오 신의 ᄉᆞ히예 나타나니 영웅을 모도와 어디니 ᄉᆡᆼ각호믈 목ᄆᆞ롬ᄀᆞᆽ티 ᄒᆞ니 (將軍既帝室之冑, 信義著於四海, 總攬英雄, 思賢如渴.) <삼국-가정 12:109>

【ᄀᆡ】 명 ((동물)) 개.¶ ▼犬 ‖ 또 일인이 ᄀᆡ게 발가락을 물여 살이 두 덩이 되더니 일은 압흐고 일은 가려워 견ᄃᆡ지 못ᄒᆞ거날 (有一人被犬咬足指, 隨長肉二塊, 一痛一癢, 俱不可忍.) <삼국-모종 13:21>

【ᄀᆡ가-ᄒᆞ-】 동 개가(改嫁)하다. 결혼하였던 여자가 남편과 사별하거나 이혼하여 다른 남자와 결혼하다.¶ ▼再嫁 ‖ 됴운 왈 임의 됴범으로 더부러 형제를 ᄆᆡ즈ᄆᆡ 이제 그 아쥬미를 취ᄒᆞ면 ᄉᆞ름의 우호미 되리니 ᄒᆞᄂᆞ이오 그 지어미 ᄀᆡ가ᄒᆞᆫ즉 ᄃᆡ절을 닐케 ᄒᆞ리니 둘이오 (雲曰: "趙範既與某結爲兄弟, 今若娶其嫂, 惹人唾罵, 一也; 其婦再嫁, 使失大節, 二也.") <삼국-국중 10:22>

【ᄀᆡᄃᆞᆺ-】 동 «ᄀᆡᄃᆞᆮ다» 깨닫다.¶ ▼省 ‖ 돈니 놀나 ᄀᆡᄃᆞᆺ고 말을 도로혀 군마로 하여곰 나오지 말나 말이 맛지 못ᄒᆞ여 다만 ᄇᆡ후의 함셩이 니러ᄂᆞ며 일파화광이 냥변 노위예 니러ᄂᆞ니 (夏侯惇猛省, 即回馬令軍馬勿進, 言未已, 只聽背後喊聲震起, 早望見一派火光燒著, 隨後兩邊蘆葦亦著.) <삼국-모종 7:18>

【ᄀᆡ산대부】 명 ((군기)) 개산대부(開山大斧). 자루가 긴 도끼.¶ ▼開山大斧 ‖ 위군 듕의셔 ᄒᆞᆫ 소ᄅᆡ 납함의 셔질이 ᄆᆞᆯ을 내여 ᄀᆡ산대부롤 두로거ᄂᆞᆯ (魏兵吶喊一聲, 徐質出馬, 使開山大斧.) <삼국-가정 36:25>

【ᄀᆡᄡᅧ-】 동 깨치다. 깨뜨리다. 쪼개다.¶ ▼剖 ‖ ᄌᆡ 쇼왈 엇디 ᄎᆞᄉᆡ 잇스리오 ᄒᆞ고 감ᄌᆞ를 가저 ᄀᆡᄡᅧ니 ᄯᅩ한 공각이라 (慈笑曰: "豈有此事?" 取柑剖之, 內皆有肉, 其味甚甛. 但操自剖者, 皆空殼.) <삼국-국중 12:58>

【ᄀᆡ똥-버러지】 명 ((곤충)) 개똥벌레. 반딧불.¶ ▼螢 ‖ 이 ᄀᆡ똥버러지 불이 쳔ᄇᆡᆨ이나 ᄯᅦᄒᆞ여 광망됴요ᄒᆞᆫ지라 다만 뎨의 압헤 잇셔 날거ᄂᆞᆯ (忽有流螢千百成群, 光芒照耀, 只在帝前飛轉.) <삼국-모종 1:43>

【ᄀᆡ아미】 명 ((곤충)) 개미.¶ ▼蟻 ‖ 사방의 도적이 ᄀᆡ아미 갓치 오ᄆᆡ 뉵합의 간웅이 ᄃᆞ ᄆᆡ갓치 날더라 (四方盜賊如蟻聚, 六合奸雄皆鷹揚.) <삼국-국중 17:147>

【ᄀᆡ암이】 명 ((곤충)) 개미.¶ ▼蟻 ‖ ᄉᆞ방 도적은 ᄀᆡ암이갓치 모이고 육합 간웅은 다 ᄆᆡ가치 들치도다 (四方盜賊如蟻聚, 六合奸雄皆鷹揚.) <삼국-모종 19:97>

【ᄀᆡ야미】 명 ((곤충)) 개미.¶ 蟻 ‖ 현덕이 졍히 말 사이의 믄득 강 남녁히 ᄇᆡ들이 ᄀᆡ야미 븟듯 슌풍의 돗다라 오며 금괴 진동ᄒᆞ거ᄂᆞᆯ (玄德正訴之間, 忽見江南上舟船如蟻, 順風揚帆而來, 大鳴戰鼓.) <삼국-가정 14:34> 쇠 이젼 일을 말ᄒᆞ니 의거 이예 거산ᄒᆞᆫ 즁을 불너 효뉴ᄒᆞ니 군ᄉᆡ 다 ᄀᆡ야미갓치 모와 병세 다시 ᄯᅥᆯ치더라 (紹以前事訴與義渠, 義渠乃招諭離散之衆, 衆聞紹在, 又皆蟻聚, 軍勢復振.) <삼국-모종 5:63> ▼螻蟻 ‖ 크게 비휴[모즌 짐싱이니 군ᄉᆞ의 비ᄒᆞ니라]를 모라 쟝찻 누의[ᄀᆡ야미니 도적의 비ᄒᆞᆫ 말이라]를 ᄡᅳ러 바리니 (大擧貔貅, 將除螻蟻.) <삼국-가정 29:67>

【ᄀᆡ유-ᄒᆞ-】 동 개유(開諭)하다. 사리를 알아듣도록 잘 타이르다. 깨우치다.¶ ▼曉諭 ‖ ᄉᆞ마의 조상 등을 멸ᄒᆞ고 방을 내여 ᄀᆡ유ᄒᆞ니 됴뎡 관원과 낙양 ᄇᆡᆨ셩이 다 조상이 젼권모반ᄒᆞ다가 듀륙ᄒᆞ믈 닙다 ᄒᆞ야 ᄆᆞ음을 펴 의심을 아니ᄒᆞᄃᆡ (却說司馬懿滅了曹爽等衆, 出榜曉諭朝中官員, 做洛陽人民知道, 說曹爽專權謀反, 因此戮之, 衆皆安心無疑.) <삼국-가정 35:111>

【ᄀᆡ졔-ᄒᆞ-】 동 개제(開濟)하다. 열어서 돕다.¶ ▼開濟 ‖ 세 번 도라보미 빈번ᄒᆞ믄 텬하롤 계규ᄒᆞ미오 냥됴[소렬과 후쥬라]의 ᄀᆡ졔ᄒᆞ믄 노신의 ᄆᆞ음이로다 (三顧頻繁天下計, 兩朝開濟老臣心.) <삼국-가정 34:128>

【ᄀᆡ탁-ᄒᆞ-】 동 개탁(開坼)하다. 봉한 편지나 서류 따위를 뜯어보다.¶ ▼開坼 ‖ 승상은 글월을 븟치ᄂᆞ니 쥬도독은 ᄀᆡ탁ᄒᆞ라 (漢大丞相付周都督開拆.) <삼국-국중 9:34>

【ᄀᆡ-ᄒᆞ-】 동 해몽(解夢)하다.¶ ▼圓夢 ‖ 현덕이 놀라 ᄭᆡ드ᄅᆞ니 ᄒᆞᆫ ᄭᅮᆷ이라 이ᄣᅢ 졍히 삼경이러라 현덕이 대경ᄒᆞ여 급히 편뎐의 나와 사ᄅᆞᆷ으로 ᄒᆞ여곰 공명을 쳥ᄒᆞ야 ᄭᅮᆷ을 ᄀᆡᄒᆞ라 ᄒᆞᆫ대 (玄德忽然驚覺, 乃是一夢, 時正三鼓. 玄德大疑, 急出前殿, 使人請孔明圓夢.) <삼국-가정 25:71>

【ᄀᆡᆨ녜】 명 객례(客禮). 손님을 대하는 예의.¶ ▼만일 블러 쵹듕의 니ᄅᆞ러 부곡으로 ᄃᆡ졉ᄒᆞ면 뉴비 엇디 즐겨 ᄒᆞ며 ᄀᆡᆨ녜로 ᄃᆡ졉ᄒᆞ면 일국의 엇디 두 님금이 이시리오 (若召到蜀中, 以部曲待之, 劉備安肯伏低做小?) <삼국-가정 19:110>

【ㄴ】

【-ㄴ괘라】 미 -ㄴ과이라. (주로 동사, 형용사 어간 뒤에 붙어) (주로 일인칭 주어와 함께 쓰여) 감탄형 종결어미.¶ ▼耳 ‖ ᄉᆞ졔 죠ᄌᆞ의 참남ᄒᆞᆷ을 보고 발노ᄒᆞᆷ을 ᄭᅢ닷지 못ᄒᆞᆫ괘라 (舍弟見操僭越, 故不覺發怒耳.) <삼국-국중 5:29>

【-ㄴ뎌】 미 (어간이나 어미 뒤에 붙어) 감탄을 나타내는 종결 어미. -ㄴ 것이여. -로구나.¶ ▼乎 ‖ 그러티 아니ᄒᆞ니이다 조비ᄂᆞᆫ 아힛 거시로ᄃᆡ 오히려 ᄉᆞᄉᆞ로 셧거든 ᄒᆞ믈며 왕샹은 뎨실의 웃듬이신뎌 (非也. 曹丕豎子尙且自立, 何況王上乃漢室之苗裔乎?) <삼국-가정 26:53> 어ᄃᆞᆷ 알고 일ᄒᆞᆷ을 아디 못ᄒᆞ며 이시ᄆᆞᆯ 알고 업ᄉᆞᆷ을 아디 못ᄒᆞ노니 득실존망을 아라 그 셩ᄒᆞᆷ을 일티 아니ᄒᆞᆷ 그 오직 셩인이신뎌 (亢之爲言, 知得而不知喪, 知存而不知亡; 知得失存亡而不失其正者, 其惟聖人乎!) <삼국-가정 38:116>

【나-】 동 날다.¶ ▼飛 ‖ 나는드시 ᄂᆞ려와 (飛將下來.) <삼국-어람 108a> 쟝ᄎᆞᆺ 뫼흘 디나게 되엿더니 ᄒᆞᆫ 소릐 방포의 오ᄇᆡᆨ군이 ᄂᆡ다라 피을 ᄲᅮ리니 다만 공중의 됴희 사ᄅᆞᆷ과 풀로 ᄆᆡᆫ든 ᄆᆞᆯ이 어즈러이 ᄡᅡ히 ᄲᅥ러지며 바람과 우레 즉시 긋치고 모래도 나지 아니ᄒᆞ더라 (將過山頭, 一聲炮響, 五百軍穢物齊潑. 但見空中紙人草馬, 紛紛墜地, 風雷頓息, 砂石不飛.) <삼국-규장 1:40>

【나괴】 명 ((동물)) 나귀.¶ ▼騾 ‖ 강호병이 궁노 창검과 뉴셩퇴를 잘 쓰고 ᄯᅩ 젼게 이시니 술위를 다 쇠로 ᄡᅡ 냥초긔계를 싯고 약대과 나괴를 메워 군둥의 ᄃᆞᆫ니ᄂᆞᆫ 일홈을 털거병이라 ᄒᆞ더라 (羌胡兵二十五萬, 皆慣使弓弩、槍逃走鐵蒺藜、流星錘等器. 又有戰車, 其車用鐵葉裹釘, 裝載糧食軍器什物, 或用駱駝駕車, 或用騾馬駕車, 一歇行數千里不乏, 因此號爲'鐵車兵'.) <삼국-가정 30:81>

【나귀】 명 ((동물)) 말과의 포유동물. 말과 비슷한데 몸은 작고 앞머리의 긴 털이 없으며 귀가 길다. 털빛은 대부분 누런 갈색·잿빛 황색·잿빛 흑색이며, 어깨·다리에 짙은 줄무늬가 있고 요추골이 다섯 개이다. 병에 대한 저항력이 강하여 부리기에 적당하다.¶ ▼驢 ‖ 두 사ᄅᆞᆷ이 경히 가더니 일니ᄂᆞᆫ 가셔 보니 녀ᄇᆡᆨ새 나귀 기ᄅᆞ마의 술 두 병을 ᄃᆞᆯ고 과실 남글 안고 오다가 보고 (二人行不到二里, 見呂伯奢驢鞍前鞽懸酒二瓶, 手抱果木而來.) <삼국-가정 2:36>

【나-니-】 동 나아가다. 나가다.¶ ▼出 ‖ 슈하 이ᄇᆡᆨ인이 다 둥군의 나니거ᄂᆞᆯ (手下二百人盡趕出中軍.) <삼국-가정 20:56> 죄 눈으로 텬ᄌᆞ를 보고 위엄을 짓고 나니거ᄂᆞᆯ (操目視天子, 作威而出.) <삼국-가정 21:113>

【나-ᄂᆞ-】 동 나오다.¶ ▼出 ‖ 장비 ᄉᆞᄉᆞ로 ᄉᆡᆼ각ᄒᆞᄃᆡ 종일 규ᄆᆡᆨᄒᆞ여도 다만 나ᄂᆞ지 안ᄒᆞ니 엇지ᄒᆞ리요 ᄆᆡᆼ연이 ᄉᆡᆼ각ᄒᆞ야 ᄒᆞᆫ ᄭᅬ를 어더 (張飛在寨中, 自思: '終日叫罵, 彼只不出, 如之奈何?' 猛然思得一計.) <삼국-모종 10:134>

【나-달-】 동 «나닫다» 내닫다.¶ ▼走 ‖ 비ᄂᆞᆫ 서황을 만나 크게 좃차니 악진이 막ᄂᆞᆫ지라 바로 적은 길을 어더 에운 거셜 돌격ᄒᆞ고 나다ᄅᆞ니 다만 수십 긔라 (飛正殺間, 逢著徐晃大殺一陣, 後面樂進趕到, 飛殺條血路突圍而走, 只有數十騎跟定.) <삼국-모종 4:48>

【-나든】 미 (('오다'의 어간 뒤에 붙어)) -거든. '어떤 일이 사실이면, 어떤 일이 사실로 실현되면'의 뜻을 나타내는 연결 어미.¶ ▼밧일은 ᄋᆞ직 ᄒᆞᆯ 거시니 만일 녀푀 패ᄒᆞ야 오나든 부친이 미튝을 쳥ᄒᆞ야 ᄒᆞᆫ가지로 의논ᄒᆞ야 셩문을 딕희고 포를 드리디 말라 (外面之事, 兒子爲之; 倘呂布敗回, 便請糜竺一同守把城門, 休放布入.) <삼국-가정 7:12> 내 몬져 가셔 조ᄌᆞ의 허실을 보고 오나든 쥬공이 가히 갈 거시라 (容某先去看曹操虛實, 主公却才可行.) <삼국-가정 7:14>

【-나ᄃᆞᆫ】 미 (('오다'의 어간 뒤에 붙어)) -거든. '어떤 일이 사실이면, 어떤 일이 사실로 실현되면'의 뜻을 나타내는 연결 어미.¶ ▼곽쇠 셩샹의 이셔 쵹병의 운뎨 니ᄅᆞ혀믈 보고 삼쳔군을 녕ᄒᆞ야 각ᄌᆞ 화젼을 가젓다가 운뎨 셩의 갓가이 오나ᄃᆞᆫ ᄒᆞᆷᄭᅴ ᄡᅩ라 ᄒᆞ더라 (郝昭在敵樓上望見蜀兵裝起雲梯, 四面而來, 卽令三千軍各執火箭, 分在四面, 待雲梯近城, 一齊射之.) <삼국-가정 32:3>

【나라】 명 ((지리)) 일정한 영토와 거기에 사는 사람들로 구성되고, 주권에 의한 하나의 통치 조직을 가지고 있는 사회 집단.¶ ▼國 ‖ 효인동태휘 쥬군의 교통ᄒᆞ야 직믈을 뫼호니 님됴텽졍ᄒᆞ미 가티 아니ᄒᆞ니 하간역의 옴겨 안티ᄒᆞᆯ 거시라 (孝仁董太后交通州郡, 辜較財利, 不宜臨朝聽政, 合遷于河間安置, 限日下出國門.) <삼국-가정 1:102>

【나라-니-】 동 날아가다.¶ ▼去 ‖ 홍포 입은 지 부살 ᄂᆡ여 구ᄶᅳᆯ 더 쓰고 향풍이 니러나며 화ᄒᆞ야 두 ᄇᆡᆨ학이 되여 하날로 나라니거늘 (穿紅者出筆添訖, 香風過處, 化作二白鶴, 衝天而去.) <삼국-가정 22:92>

【나라ㅎ】 명 ((지리)) 나라. 일정한 영토와 거기에 사는 사람들로 구성되고, 주권에 의한 하나의 통치 조직을 가지고 있는 사회 집단. ※ 사이시옷이나 휴지(休止) 앞에서는 'ㅎ'이 탈락하여 '나라'로 나타난다.¶ ▼國 ‖ 나라히ᄂᆞᆫ ᄒᆞᄅᆞ도 님군이 업디 못ᄒᆞ리라 (國不可一日無君, 請立嗣君以承漢統.) <삼국-가정 27:128> 이졔 주공이 만일 ᄒᆞᆫ시 분으로 ᄡᅧ 치면 뫼 반다시 뷘 거ᄉᆞᆯ 타 와셔 칠 거시니 나라히 위틱ᄒᆞ리이다 (今主公若以一時

之忿, 自相呑倂, 操必乘虛來攻, 國勢危矣.) <삼국-모종 9:76>

【나라】 명 ((지리)) 나라. 일정한 영토와 거기에 사는 사람들로 구성되고, 주권에 의한 하나의 통치 조직을 가지고 있는 사회 집단.¶ ▼國 ‖ 첨은 살 마ㅈ 낙마ᄒᆞ여 ᄃᆡ구[규] 왈 ᄂᆡ 힘이 다ᄒᆞ니 맛당히 ᄒᆞᆫ 번 죽어 나라을 갑흐리라 허고 스사로 목 질너 죽은니 (瞻中箭落馬, 乃大呼曰: "吾人竭矣, 當以一死報國!" 遂拔劍自刎而死.) <삼국-모종 19:52>

【나룻】 명 ((신체)) 나룻. 성숙한 남자의 입 주변이나 턱 또는 뺨에 나는 털. 수염(鬚髥).¶ ▼鬚 ‖ 신 ᄑᆞ라먹던 쟈근 아ᄒᆡ 엇디 ᄆᆡ양 가ᄌᆞ로 ᄒᆞ여곰 ᄃᆡ덕ᄒᆞᄂᆞ뇨 내 만일 나룻 노른 아ᄒᆡ를 블러오면 네 가ᄌᆞ를 즛텨 육쟝을 민돌리라 (賣履小兒, 常使假子據敵! 吾若喚黃鬚來, 汝假子爲骨醬肉泥也!) <삼국-가정 23:101> ▼髥 ‖ 나룻 무스려 뎌르게 ᄒᆞᆫ 거시 조죄라 (短髥者是曹操!) <삼국-규장 13:38>

【나류-】 동 내리다. '나리다'의 'ㅜ'형.¶ ▼下 ‖ 이 ᄉᆞ룸이 일즉 ᄌᆞ복 등 ᄉᆞ인을 붓드러 나류거놀 ᄂᆡ 임의 정위의게 가두오고 ᄒᆞᆫ ᄉᆞ룸을 줍지 못ᄒᆞᆫ다 (此人曾拏下王子服等四人, 吾已拏下廷尉, 尙有一人, 未曾捉獲.) <삼국-모종 4:42> 죠죄 금빅과 냥식을 뉴씨를 쥬고 영얼 나류어 ᄀᆞᆯ오ᄃᆡ 하북 ᄇᆡᆨ셩이 병난얼 만나 금년 조 ᄂᆡᆨᄒᆞᆫᄃᆞ (操以金帛糧米賜紹妻劉氏, 乃下令曰: "河北居民遭兵革之難, 盡免今年租賦.") <삼국-모종 6:3>

【나류우-】 동 내리게 하다. '나리우다'의 'ㅜ'형.¶ ▼下 ‖ 푀 그 말 듯고 즉시 명ᄒᆞ여 진등 부ᄌᆞ를 사로ᄌᆞᆸ아 나류우니 진등이 ᄃᆡ소 왈 ᄂᆡ 칠노 군ᄉᆞ를 보니 엇지 족히 기의ᄒᆞ리요 (布聽其言, 卽命擒下陳珪、陳登. 陳登大笑曰: "何如是之懦也? 吾觀七路之兵, 如七堆腐草, 何足介意?") <삼국-모종 3:47>

【나룻】 명 ((신체)) 나룻. 수염(鬚髥).¶ ▼髥 ‖ 죄 ᄎᆞᆫ 칼홀 ᄲᅢ혀 그 날으ᄉᆞᆯ 무즈리고 ᄃᆞᆺ더니 사룸이 이셔 조의 나룻 버히ᄂᆞᆫ 줄을 보고 마툐의게 고ᄒᆞᄃᆡ (操就掣所佩劍斷其髥. 軍中有一人將操割髥之事告於馬超.) <삼국-규장 13:38>

【나리-】 동 ❶ 내리다. 눈, 비, 이슬, 서리 따위가 오다.¶ ▼죄 친히 성하의 이르러 제군 직촉ᄒᆞ여 돌과 흘걸 운전ᄒᆞ녀 성과 ᄉᆡ도랑을 머운이 성상의 활살이 비갓치 나리ᄂᆞᆫ지라 (操親自至城下, 督諸軍搬土運石, 塡壕塞塹, 城上矢石如雨.) <삼국-모종 3:54> ❷탈 것에서 밖이나 땅으로 옮아가다.¶ ▼下 ‖ 다만 드ᄅᆞ니 사람이 ᄒᆞᆷᄒᆞ고 ᄆᆞᆯ이 우러 버리갓치 ᄉᆡ려 오며 션ᄉᆞᆼ의 ᄒᆞᆫ 즁쉬 몸으로 ᄯᅱ여 두덕의 올나 불너 왈 적이 니ᄅᆞ럿시니 청컨ᄃᆡ ᄉᆞᆼᄉᆞᆼ은 ᄇᆡ의 나리쇼셔 (只聽得人喊馬嘶, 蜂擁而來, 船上一將躍身上岸, 呼曰: "賊至矣, 請丞相下船!") <삼국-모종 10:18> ❸ 먹은 음식물 따위가 소화되다.¶ ▼下 ‖ 슉 왈 일즉 무슨 약을 쎳ᄂᆞ냐 유 왈 구역증이 잇서 약을 능히 나리지 못ᄒᆞ노라 (肅曰: "曾服何藥餌?" 瑜曰: "心中嘔逆, 藥不能下.") <삼국-모종 8:40> ❹ 위에서 아래로 움직이다.¶ ▼下 ‖ 일야의 다라나 평명에 밋처 그 성의 니르러 문을 열나 한니 ᄯᅵ예 성상에 활쌀 쏘와 나리난지라 (走了一夜, 北及平明, 到得冀城叫門時, 城上亂箭射下.) <삼국-모종 11:12>

【나리오-】 동 ❶ 높은 데서 낮은 데로 옮기거나 또는 위에서 아래로 옮기다.¶ ▼下 ‖ 니위 독칙을 맛치ᄆᆡ 탁이 좌우를 ᄭᅮ지져 뎨를 붓드러 ᄃᆡ궐의 나리오고 옥식를 글너 북면 당궤ᄒᆞ여 신하 일ᄏᆞ라 명을 드르라 ᄒᆞ고 (李儒讀策畢, 卓叱左右扶帝下殿, 解其璽綬, 北面長跪, 稱臣聽命.) <삼국-모종 1:59> ❷ 명령이나 지시 따위를 선포하거나 알려주다.¶ ▼賜 ‖ 만일 승샹부의 가면 골육이 다 갈리 되니 ᄇᆞ라건ᄃᆡ 냥냥은 슈죠을 나리와 ᄃᆡ쟝군을 블너 드러오라 ᄒᆞ샤 그 일을 푸러 니르쇼셔 (若到相府, 骨肉皆爲齏粉矣, 望娘娘賜手詔, 宣大將軍入宮, 解釋其事.) <삼국-규장 1:84> 네 간ᄉᆡ이 황친이라 일ᄏᆞᆺ고 헛 공적을 고ᄒᆞ여 이졔 조정이 됴셔을 나리와 뎡히 이런 남관 라오리를 ᄉᆞ틔ᄒᆞᆫ다 (汝詐稱皇親, 虛報功績, 目今朝廷降詔, 正要沙汰這等濫官汙吏.) <삼국-모종 1:24>

【나리우-】 동 ❶ 높은 데서 낮은 데로 옮기거나 또는 위에서 아래로 옮기다. (타동사).¶ 표 흘연 눈물을 나리우거날 현덕이 그 연고를 무르니 표 왈 젼일에 알외고ᄌᆞ ᄒᆞ나 편당홈을 엇지 못ᄒᆞ엿노ᄅᆞ (表忽潸然下淚, 玄德問其故, 表曰: "吾有心事, 前者欲訴與賢弟, 未得其便.") <삼국-모종 6:29> ❷ 명령이나 지시 따위를 선포하거나 알려주다.¶ ▼降 ‖ 죠정의서 죠셔를 나리워 군공이 ᄋᆞᆺ셔 장니를 제슈ᄒᆞᆫ ᄌᆞᄂᆞᆫ ᄉᆞ틔ᄒᆞ라 ᄒᆞ니 (朝廷降詔, 凡有軍功爲長吏者當沙汰.) <삼국-국중 1:37> ▼드ᄋᆞ여 젼지를 나리워 ᄇᆡᆨ졔성의 머물ᄉᆡ 관녁을 곳쳐 영안궁을 삼다 (遂傳旨就白帝城住紮, 將館驛改爲永安宮.) <삼국-국중 14:67>

【나리-치-】 동 내리치다.¶ ▼擲下 ‖ 위 ᄃᆡ로ᄒᆞ야 쌍슈로 ᄐᆡ후를 지쥬ᄒᆞ야 바로 루의 나리치고 무ᄉᆞ를 ᄭᅮ지져 당비를 교살ᄒᆞ고 짐쥬로써 소뎨게 ᄃᆡ여 죽이고 도라와 동탁의게 갑흐니 (儒大怒, 雙手扯住太后, 直擲下樓, 叱武士絞死唐妃, 以鴆酒灌殺少帝, 還報董卓.) <삼국-모종 1:63> ▼下 ‖ 시야의 장뇌 ᄒᆞᆫ 살노 황기를 쏘ᄋᆞ 물의 나리치고 죠ᄋᆞ를 구ᄒᆞ여 언덕의 올ᄂᆞ 마필을 어더 다라ᄂᆞ니 잇ᄯᅢ 군ᄉᆡ 임의 ᄃᆡ란분쥬ᄒᆞᄂᆞᆫ디라 (當夜張遼一箭射黃蓋下水, 救得曹操登岸, 尋着馬匹走時, 軍已大亂.) <삼국-국중 9:133>

【나리-치우-】 동 내리치다. 떨어지게 하다.¶ ▼落 ‖ 조운니 바로 즁군의 쇄입ᄒᆞ냐 졍히 금환삼결[절] 원슈을 만나 다만 일합의 창으로 질너 말겨 나리치우고 그 슈급을 버히니 (趙雲直殺入中軍, 正逢金環三結元帥, 交馬只一合, 被雲一鎗刺落馬下, 就梟其首級.) <삼국-모종 14:77>

【나리-티-】 동 내리치다.¶ ▼ᄒᆞᆫ 쟝싊 손의 큰 도치를 들

고 말을 달려 최용의게 나아가 ᄒᆞᆫ 합이 못ᄒᆞ야 용을 베혀 ᄆᆞᆯ 아ᄅᆡ 나리티고 군듕의 달려드려 무수히 뭇지르니 (一將手執大斧, 飛驟驊騮, 直取崔勇. 兩馬相交, 只一合, 斬崔勇於馬下. 殺入軍中, 砍死無數.) <서울대 三國 4:27>

【나ᄅᆞ】 명 ((지리)) 나라. 일정한 영토와 거기에 사는 사람들로 구성되고, 주권에 의한 하나의 통치 조직을 가지고 있는 사회 집단.¶ ▼國 ‖ 통 왈 나무 나ᄅᆞᄅᆞᆯ 치며 질겨ᄒᆞ문 인자의 병이 아니ᄂᆞ다 (龐統曰: "伐人之國而以爲樂, 非仁者之兵也.") <삼국-모종 10:106>

【나ᄅᆞᆺ】 명 ((신체)) 나룻.¶ ▼髯 ‖ 죄 ᄎᆞᆫ 칼흘 ᄲᆡ혀 그 날 오ᄉᆞᆯ 무즈리고 ᄃᆞᆺ더니 사ᄅᆞᆷ이 이셔 조의 나ᄅᆞᆺ 버히ᄂᆞᆫ 줄을 보고 마툐의게 고ᄒᆞᆫ대 <삼국-가정 19:3>

【나ᄅᆡ】 명 ((조류)) 날개. 새나 곤충의 몸 양쪽에 붙어서 날아다니는 데 쓰는 기관.¶ ▼翅 ‖ 진긔 왈 ᄂᆡ가 ᄒᆞ후장군 병[명]으로 관ᄋᆡᆨ을 직히니 네 비록 나ᄅᆡ 잇서도 날나가지 못ᄒᆞ리라 (琪曰: "吾奉夏侯將軍將令, 守把關隘, 你便插翅, 也不過去!") <삼국-모종 5:14>

【나마】 명 나머지.¶ ▼餘 ‖ 나의 념녀ᄒᆞ난 바ᄂᆞᆫ 류비 ᄉᆞᆫ권니라 그 나마ᄂᆞᆫ 족히 근심ᄒᆞᆯ ᄇᆡ 업난지라 (吾所慮者, 劉備、孫權耳; 餘皆不足介意.) <삼국-국중 8:70> 문장은 상여의 시부 잇고 무예ᄂᆞᆫ 복파의 ᄌᆡ죠 이스며 즁경의 ᄋᆡ술과 군평의 복식 이시며 그 나마 표일한 ᄌᆡ죠ᄂᆞᆫ 불가승슈니라 (文有相如之賦, 武有伏波之才, 醫有仲景之能, 卜有君平之隱. 九流三教, '出乎其類, 拔乎其萃'者, 不可勝記, 豈能盡數!) <삼국-국중 11:36>

【나마지】 명 나머지.¶ ▼餘 ‖ 건석이 나를 모히ᄒᆞ엿스니 그 집을 족멸ᄒᆞ고 그 나마지ᄂᆞᆫ 망녕되이 잔히치 말나 (蹇碩設謀害我, 可族滅其家, 其餘不必妄加殘害.) <삼국-모종 1:33>

【나모】 명 나무. 집을 짓거나 가구, 그릇 따위를 만들 때 재료로 사용하는 재목. ※ 휴지(休止) 앞에서나 자음으로 시작하는 조사와 공동격 조사 '와' 앞에서 나타나며, 그 밖에 모음으로 시작하는 조사 앞에서는 '낢'으로 나타난다.¶ ▼木 ‖ 견이 년ᄒᆞ야 두 살을 ᄡᅩ되 화웅이 피ᄒᆞ야 맛디 아니ᄒᆞ거ᄂᆞᆯ 긔운과 힘을 다ᄒᆞ야 ᄯᅩ ᄡᅩ더니 너모 ᄆᆡ이 ᄃᆞᆼ의여 활이 브러디거ᄂᆞᆯ 견이 활을 ᄇᆞ리고 ᄆᆞᆯ을 노하 나모 서리로 ᄃᆞᆺ더니 (堅連放兩箭, 皆被華雄躲過; 盡氣力放第三箭, 力大拽折了鵲畫弓, 棄弓縱馬穿林而走.) <삼국-가정 2:67> 비록 위병니 감히 오지 못할지라도 가히 이 다섯 길 어귀을 나아가 군ᄉᆞ로 ᄒᆞ야곰 나모을 버혀 치성을 ᄒᆞ여 오ᄅᆡ 머물 계교을 ᄒᆞ라 (雖然魏兵不敢來, 可就此五路總口下寨, 卻令軍士伐木爲柵, 以圖久計.) <삼국-모종 16:5>

【나모-가지】 명 ((식물)) 나뭇가지. 나모(나무, 樹)+가지(枝).¶ ▼枝柯 ‖ 쟝비 조조의 군이 믈너가믈 보고 감히 ᄯᆞᆯ오지 못ᄒᆞ야 나모가지 ᄭᅳ으든 군ᄉᆞ를 블너 다리 가의 와 말게 나려 다리를 다 헌 후의 도라와 현덕을 뵌ᄃᆡ (却說張飛見曹操軍一擁而退, 不敢追趕, 速掣回曳塵人馬, 去其枝柯, 來到橋邊下馬, 拆斷橋梁後, 上馬來見玄德.) <삼국-가정 14:30> ▼樹枝 ‖ 비 ᄒᆞᆫ ᄭᅬ를 ᄂᆡ여 이십여 긔로 ᄒᆞ여곰 나모가지를 버혀 말ᄭᅩ리에 달고 슈림 가온ᄃᆡ 잇서 오며 가며 달여 진토를 니ᄅᆞ려 의병을 삼고 (飛生一計, 教所從二十餘騎, 都砍下樹枝, 拴在馬尾上, 在樹林內往來馳騁, 沖起塵土, 以爲疑兵.) <삼국-모종 7:55>

【나모-신】 명 ((복식)) 나막신. 진 땅에서 신도록 나무를 파서 만든, 앞뒤에 높은 굽이 있는 신. 나모(나무, 木)+신(신, 履).¶ ▼木履 ‖ 좌ᄌᆡ 나모신을 신고 넌즈ᄌᆞ 가거ᄂᆞᆯ (左慈穿木履在前, 慢步而行.) <삼국-가정 22:77>

【나무기】 명 나머지.¶ ▼餘 ‖ 공명니 몬져 ᄉᆡ중의 니ᄅᆞ러 만병과 및 제젼 츄장 동정을 초항ᄒᆞ니 잇ᄃᆡ의 ᄐᆡ반니나 다 본향으로 도ᄅᆞ가고 그 나무기난 귀항[항]ᄒᆞᄂᆞᆫ지라 (孔明先到寨中, 招安蠻兵, 并諸甸酋長洞丁, 此時大半皆歸本鄉去了, 除死傷外, 其餘盡皆歸降.) <삼국-모종 14:104>

【나붓-그러-】 동 나부끼다.¶ ▼飄 ‖ 그 창니 전신에 비ᄭᆞᆺ갓치 츔추고 두로 몸에 어즈러니 ᄒᆞ면 구름갓치 나붓그러니 장합[합] 서황니 마음에 놀납고 담니 ᄯᅥ러 감히 저적지 못ᄒᆞ거날 (那鎗渾身上下, 若舞梨花, 遍體紛紛, 如飄瑞雪, 張郃、徐晃心驚膽戰, 不敢迎戰.) <삼국-모종 12:31>

【나붓-ᄭᅴ리-】 동 나부끼다.¶ ▼招颭 ‖ 진시 후에 강면 상의 일척선 오ᄆᆡ 초공 수ᄂᆞ 다만 두어 ᄉᆞ람니라 일면 홍긔 바람 가온ᄃᆡ 나붓ᄭᅴ려 일ᄀᆡ 큰 관ᄌᆞ을 썻더라 (辰時後, 見江面上有一隻船來, 梢公水手只數人, 一面紅旗, 風中招颭, 顯出一個大'關'字來.) <삼국-모종 11:41>

【나-솟-】 동 솟다. 솟아나다.¶ ▼湧 ‖ 다만 괴셕이 ᄎᆞ라[아]ᄒᆞ야 검극과 ᄀᆞᆺ고 모ᄅᆡ가 빗ᄀᆡ고 흙이 셔 듕첩ᄒᆞ기랄 손 갓고 강이 소ᄅᆡᄒᆞ고 물이 나소ᄉᆞ 천병만마 소ᄅᆡ 잇난지라 (但見怪石嵯峨, 槎枒似劍, 橫沙立土, 重疊如山, 江聲浪湧, 有如劍鼓之聲.) <삼국-모종 14:21>

【나쇼오-】 동 내다. 나아가게 하다.¶ ▼進 ‖ 되 병을 나쇼와 동관을 치려 ᄒᆞ니 조인이 왈 가히 몬져 ᄉᆡ를 ᄂᆞ리온 후의 치미 더ᄃᆡ지 아니ᄂᆞ라 (操進兵直叩潼關, 曹仁曰: "可先下定寨柵, 然後打關未遲.") <삼국-모종 10:11> 드ᄂᆞ여 술 나쇼와 현덕을 권ᄒᆞᆫᄃᆡ 현덕 왈 이장군을 맛당이 ᄌᆞᆫ을 마시라 (遂進酒勸玄德, 玄德曰: "二將軍守關不易, 當先飲此盃.") <삼국-모종 10:105>

【나수-】 동 나아가게 하다.¶ ▼進 ‖ ᄉᆞᆫ니 ᄃᆡ희ᄒᆞ여 ᄉᆞᄌᆞ로 탐지ᄒᆞ니 과연 관공니 형주병을 ᄐᆡ반니나 거더 번성에 닷고 전창 낫기을 기다려 병을 나수고저 ᄒᆞ난지라 (遜大喜, 密遣人探得關公果然撤荊州大半兵赴樊城聽調, 只待箭瘡痊可, 便欲進兵.) <삼국-모종 12:84>

【나슈-ᄒᆞ-】 동 나슈(拿囚)하다. 죄인을 잡아 가두다.¶ ▼拿下 ‖ 이 사람과 왕ᄌᆞ복 등 ᄉᆞ인을 ᄂᆡ 임의 정위의 나슈ᄒᆞ엿스되 오히려 ᄒᆞᆫ ᄉᆞ람이 잇스나 잡지 못ᄒᆞ엿노라 (此人曾攀下王子服等四人, 吾已拿下廷尉. 尚有一人, 未

曾捉獲.) <삼국-국중 5:100>

【나아-니-】 동 나아가다.¶ ▼出 ‖ 내 닉일 몬져 흔 군을 거느려 나아니거든 네 정병을 거느려 뒤히 잇다가 뎌의 복병이 나거든 네 분병흐여 뎌 헤티고 (我明日先引一軍, 汝却引精兵于後, 待伏兵出, 汝可分兵擊之.) <삼국-가정 23:13>

【나오-】 동 ❶ 나오다. 안에서 밖으로 나오다.¶ ▼出 ‖ 처음으로 나오믹 믄득 녁ㆍ흔 공적을 드리오니 스ᄉ로 솟발을 난화 고궁흐미 이스믹 웅흐엿도다 (初出便能垂偉績, 自應分鼎在孤窮.) <삼국-국중 1:18> ❷ 어떤 태도를 취하여 겉으로 드러내다.¶ ▼승상이 엇지 가배야이 나오리오 (丞相豈肯輕見你!) <국도관 三國 5:66-22> ❸ (음식을) 차려 내오게 하다.¶ ▼進 ‖ 중관이 모다 간흐니 현덕이 보야흐로 음식을 나오더라 (衆官齊諫, 玄德方才進膳.) <삼국-가정 25:79> ▼用 ‖ 뎨 쏘흔 통곡흐시고 음식을 나오디 아니흐시니 (先主哀哭至甚, 飮食少用.) <삼국-가정 26:86>

【나오-혀-】 동 나오게 하다. 인접(引接)하다.¶ ▼近前 ‖ 비싀어 나오혀고 보니 머리를 플고 눗치 띡를 뭇티고 잇거늘 비 ᄉ매로 그 눗출 슷고 보니 견시 옥 ᄀ튼 술히 곳 ᄀ튼 얼골이 경국지식이어늘 (丕拖近前, 見披髮垢面. 丕以衫袖拭其面而觀之, 見甄氏玉肌花貌, 有傾國之色.) <삼국-가정 11:65>

【나외-】[1] 동 부르다.¶ ▼喚 ‖ 공명이 제장을 불너 샹의 흘식 됴운 위연을 나외여 분부 왈 여ᄎㆍㆍ흐라 (孔明先喚趙雲、魏延入帳, 向耳畔低言, 吩咐如此如此.) <삼국-국중 14:139>

【나외-】[2] 동 내오다. 내다.¶ ▼取 ‖ 현덕이 술을 나외여 딕접흐니 (玄德命取酒相待.) <삼국-국중 5:28> ▼進 ‖ 젼일의 포장군의 아외 군령을 듯디 아니흐고 천ᄌ이 군ᄉ를 나외다가 살신상명흐고 허혀 ᄃ 군ᄉ를 썩거ᄡ니 (前日鮑將軍之弟不遵調遣, 擅自進兵, 殺身喪命, 折了許多軍士.) <삼국-국중 2:13> 양식이 업셔 촌가를 차져 밥을 어더 먹으니 다만 류예쥬란 말을 드르면 도쳐의 음식을 다토와 나외더라 (途次絶糧, 嘗往村中求食. 但到處, 聞劉豫州, 皆爭進飮食.) <삼국-국중 4:122>

【나으-】 형 낫다. 낫다[優]. 보다 더 좋거나 앞서 있다.¶ ▼勝 ‖ 만일 뉴표를 어드면 뉴벽도곤 나으리라 (若得劉表, 勝劉辟多矣.) <삼국-가정 10:7> 강능은 형쥐 요긴흔 ᄯ히라 젼량이 만히 이시니 강능을 취흐야 집을 삼으면 양ㆍ 어듬도곤 나으리라 (江陵乃荊州緊要錢糧之地, 不如先取江陵爲家, 勝襄陽多矣!) <삼국-가정 13:111> ▼勝如 ‖ 내게 흔 꾀 이시니 수십만 병도곤 나은디라 죄 비록 늘라나 엇디 ᄃ라라리오 (某有一計, 勝如二十萬兵. 布雖勇, 不能逃也.) <삼국-가정 7:48> 오늘밤의 분병흐야 겁채흐면 빅일의 싀살흐ᄂ니도곤 나으리이다 (今日夜間分兵劫寨, 勝如白日厮殺.) <삼국-가정 21:4>

【나적-이】 부 나직이. 낮게.¶ ▼低 ‖ 등이 왈 네 조적으로 호인이라 흐는요 승이 왈 공은 소릭를 나적이 흐라 (騰大怒曰: "汝尙以曹賊爲好人耶?" 承曰: "耳目甚近, 請公低聲.") <삼국-모종 3:92>

【나죄】 명 ((천문)) 저녁.¶ ▼當晩 ‖ 나죄 후당의 잔치를 빅셜흐니 등촉이 형황흐엿는딕 공경들이 다 왓더라 (當晩, 就後堂設宴, 燈燭熒煌, 公卿皆至.) <삼국-가정 2:20>

【나쥬-흐-】 동 나주(拏住)하다. 붙잡다.¶ ▼拏住 ‖ 위 왈 동모흔 ᄌ 잇슬 거시니 조ㆍ를 나쥬흐면 알지라 (儒曰: "此必有同謀者, 待拏住曹操便可知矣.") <삼국-모종 1:69> 죄 왈 연작이 엇지 홍곡의 ᄯ즐 알니오 네 나를 나쥬흐여 경ᄉ로 보닉여 청샹헐 거시여늘 엇지 여러 번 뭇ᄂ뇨 (操曰: "'燕雀安知鴻鵠志哉'! 汝旣拏住我, 便當解去請賞. 何故自取其禍?") <삼국-모종 1:69> ▼拿 ‖ 비 크게 웨딕 나는 반다시 동탁이 ᄶ름이라 녀포는 무슴 강흐미 잇스리오 몬져 동탁을 나쥬흐면 나는 플을 버히고 ᄲ리를 덜미라 (張飛大叫: "此必董卓! 追呂布有甚强處! 不如先拿董賊, 便是斬草除根!") <삼국-모종 1:93>

【나ᄌ기】 부 나직이. 작은 소리로.¶ ▼低 ‖ 현덕이 계교를 무르니 복이 귀예 다히고 나ᄌ기 갈오딕 여ᄎㆍㆍ흐라 (玄德問計, 福附耳低言: "如此如此.") <삼국-모종 6:53>

【나초오-】 동 낮추다.¶ ▼降 ‖ 만일 긔쥬가 공슌치 안니면 맛당이 마암을 나초와 서로 좃ᄎ 일이 졍흔 후 천하로 하여금 그 곡직을 평ㆍ이 홈이 놉흔 의 아니랴 (若冀州不弟, 當降心相從, 待事定之後, 使天下平其曲直, 不亦高義耶?) <삼국-모종 6:6>

【나츌-흐-】 동 나출(拏出)하다.¶ ▼拏出 ‖ 쵸 셩의 드러 셩중 빅셩을 다 죽이고 강셔의 집의 ᄀ 셔의 노모를 나츌흐니 기뫼 안식을 변치 안코 쵸를 딕믹흐니 쵸 딕로흐여 스ᄉ로 칼을 다리여 ᄎ흐고 (超從城南門邊殺起, 盡洗城中百姓. 至姜敍宅, 拏出老母. 母全無懼色, 指馬超而大罵. 超大怒, 自取劍殺之.) <삼국-국중 11:131>

【나타-흐-】 형 나타(懶惰)하다. 힘이 없다. 행동이 느리고 게으르다.¶ ▼懶 ‖ ㆍ제 병을 길우기 오릭 흐여 싸오지 못한 즉 나타흐고 나ᄐ흔 즉 병이 난니 하물며 군사난 죽기랄 본밧고져 흐고 즁수는 명을 쓴코져 한니 (今養兵日久, 不戰則懶, 懶則致病, 況今軍思效死, 將思用命.) <삼국-모종 19:13>

【나ㅎ】 명 나이.¶ ▼年 ‖ 탁이 잔을 밧고 머믈워 ᄀ로딕 네 나히 언머나 흐뇨 션이 딕왈 천쳡의 나히 정히 스믈이 못흐엿ᄂ이다 (卓擎杯問曰: '春色幾何?' 貂蟬曰: '賤妾年未二旬.') <삼국-가정 3:77> ▼年紀 ‖ 노쟝들히 나히 언마나 흐뇨 (老丈多少年紀?) <삼국-가정 10:102> ▼壽 ‖ 오직 손듕뫼 얼골이 어위ᄎ고 골범이 비샹흐니 반ᄃ시 딕귀흐고 ᄯ 노픈 나흘 누리ㆍ라 (惟孫仲謀形貌奇偉, 骨體非常, 有大貴之表, 又享高壽.) <삼국-가정 10:46> ▼春色 ‖ 탁이 잔을 밧고 머믈워 ᄀ로딕 네 나히 언머나 흐뇨 션이 딕왈 천쳡의 나히 정히 스믈이 못흐엿ᄂ이다 (卓擎杯問曰: "春色幾何?" 貂蟬曰: "賤妾年未

二旬.") <삼국-가정 3:77> ▼年齒 ‖ 제군의 나히 다 고와 갓트되 오직 봉회 가쟝 져므니 ᄂᆡ 후ᄉᆞ로뼈 의탁고져 ᄒᆞ더니 (諸君年齒皆孤等輩, 惟奉孝最少, 吾欲託以後事.) <삼국-규장 8:91> ▼時年 ‖ 탁니 드러가 모의게 ᄒᆞ즉ᄒᆞ니 모의 나히 구십여 세라 (卓入辭其母. 母時年九十餘矣.) <삼국-모종 2:24>

【나-ᄒᆞ-】 형 나(懦)하다. 연약하다.¶ ▼懦 ‖ ᄉᆞᄅᆞᆷ이 ᄃᆞ 그 나함을 말ᄒᆞ되 괴 불신ᄒᆞ엿더니 이졔 그 말ᄒᆞᆷ을 보니 과연 나치 아니ᄯᅩ다 (諸將皆上書言其懦, 孤獨不信. 今觀其言, 果非懦也.) <삼국-국중 14:48>

【나하-ᄒᆞ-】 동 나하(拿下)하다. 붇잡아 내리다.¶ ▼擒 ‖ 공명이 ᄃᆡ갈 왈 져놈을 나하ᄒᆞ라 (孔明大喝曰: "吾擒下!") <삼국-국중 15:11>

【낙막-ᄒᆞ-】 형 낙막(落寞)하다. 마음이 쓸쓸하다. 희망이 없고 막막하다.¶ ▼冷淡 ‖ 승샹이 만일 이 벼ᄉᆞᆯ을 밧디 아니면 쟝ᄉᆞ의 ᄆᆞᄋᆞᆷ이 낙막ᄒᆞ리라 (丞相若不受職. 冷淡了將士之心也.) <삼국-가정 32:80>

【낙수-ᄃᆡ】 명 ((기물)) 낚시대. 경상 방언.¶ ▼釣竿 ‖ 지왈 무어시 어려우리요 ᄒᆞ고 낙수ᄃᆡ를 가ᄌᆞ 당젼 어지예 낙ᄀᆞ 경각에 수십 수 큰 노어을 가저 전상의 노으니 (慈曰: "此亦何難取?" 敎把釣竿來, 於堂下魚池中釣之, 頃刻釣出數十尾大鱸魚, 放在殿上.) <삼국-모종 11:82>

【낙시-ᄃᆡ】 명 ((기물)) 낚싯대.¶ ▼釣竿 ‖ 낙시ᄃᆡ를 가져오라 ᄒᆞ야 당하의 못가의 ᄂᆞ려가 낙시를 이윽이 녀헛더니 가쟝 큰 노어 슈십 미를 년ᄒᆞ야 보가 뎐샹의 올닌ᄃᆡ (敎取釣竿來, 于堂下忽有一池水, 姿持竿, 頃刻釣數十尾大鱸魚, 放在殿上.) <삼국-가정 22:74>

【낙양】 명 ((지리)) 낙양(洛陽). 중국 하남성(河南省)에 있는 도시로서, 주(周), 후한(後漢), 진(晋), 수(隋), 후당(後唐)의 도읍지였음.¶ ▼洛陽 ‖ 건녕 사년 츈이월의 낙양의 디진ᄒᆞ니 각사 마을 담들리 다 믈허디고 바다믈이 다 넘ᄶᅵ니 등 ᄂᆡ 긔 밀 네 고을히 믈결의 후믈리니 ᄇᆡᆨ셩이 다 바다히 ᄡᅡ디거ᄂᆞᆯ (建寧四年二月, 洛陽地震, 省垣皆倒, 海水泛濫, 登、萊、沂、密盡被大浪卷掃居民入海.) <삼국-가정 1:4> 건령 사년 츈이월의 낙양의 디진ᄒᆞ니 각사 마을 담들이 다 문허지고 바다믈이 다 넘ᄶᅵ니 등 ᄂᆡ 긔 밀 네 고을이 믈결의 휘믈리니 ᄇᆡᆨ셩이 다 바다히 ᄡᅦ디거ᄂᆞᆯ (建寧四年二月, 洛陽地震, 省垣皆倒, 海水泛濫, 登、萊、沂、密盡被大浪卷掃居民入海.) <삼국-규장 1:4>

【낙이】 명 내기. 금품을 거는 등 일정한 약속 아래에서 승부를 다툼 이긴 사람이 걸어 놓은 물품이나 돈을 차지한다. 도박(賭博).¶ ▼賭 ‖ 여러 날 큰 비예 즐거 도라가지 안니ᄒᆞ고 ᄯᅩ 이예 머무러 구ᄒᆞ여 낙이을 닷토고 관군을 도라보지 안니ᄒᆞ난도다 (大雨淋了許多時, 不肯回去今又在這裏頓住, 强要賭賽, 却不苦了官軍!) <삼국-모종 16:50>

【낙초-ᄒᆞ-】 동 낙초(落草)하다. 도적이 되다.¶ ▼落草 ‖ 댱비 망당산 듕의 드러 표탕ᄒᆞ야 낙초[도적질ᄒᆞᆫ단 말이라]ᄒᆞ더니 하븍으로 가려 ᄒᆞ야 고셩을 디나더니 셩의 드러가 양식을 비니 현관이 주디 아니ᄒᆞ거ᄂᆞᆯ 댱비 노ᄒᆞ야 원을 주기고 인을 아ᄉᆞ니 사ᄅᆞᆷ이 다 ᄃᆞ라나거ᄂᆞᆯ (張飛自芒碭山中飄蕩落草, 待投河北去, 路經古城過, 入縣借糧; 縣官不肯, 就殺入去, 奪了縣印, 縣官逃去.) <삼국-가정 9:133>

【낚-】 동 낚다.¶ ▼釣 ‖ 류비를 유인ᄒᆞ여 가두고 형쥬를 탈취ᄒᆞᆫ 후 류비를 죽이고져 ᄒᆞ미니 이ᄂᆞᆫ 부인으로 미ᄭᅵ를 삼아 비를 낙그고져 ᄒᆞ미로ᄃᆡ (乃欲幽困劉備而奪荊州耳. 奪了荊州, 必將殺備. 是以夫人爲香餌而釣備也.) <삼국-국중 10:80>

【난가】 명 ((교통)) 난가(鑾駕). 천자의 수레. 연(輦). 임금이 거둥할 때 타고 다니던 가마. 옥개(屋蓋)에 붉은 칠을 하고 황금으로 장식하였으며, 둥근기둥 네 개로 작은 집을 지어 올려놓고 사방에 붉은 난간을 달았다. 난로(鑾輅). 난여(鑾輿).¶ ▼鑾駕 ‖ 죄 반ᄉᆞᄒᆞ야 허도의 도라온대 헌뎨 난가를 ᄀᆞ초와 셩의 나가 맛고 조로 ᄒᆞ여곰 절ᄒᆞ고 제 일홈을 브ᄅᆞ디 말며 됴회예 드러올 제 ᄃᆞᆺ디 말며 칼 ᄎᆞ고 신 신고 뎐의 오ᄅᆞ기를 한승샹 쇼하의 고ᄉᆞᄀᆞ티 ᄒᆞ라 ᄒᆞ니 일로 브터 위엄이 더옥 듕외예 진동ᄒᆞ더라 (操班師回都, 獻帝排鑾駕出廓迎接, 令操贊拜不名, 入朝不趨, 劍履上殿, 如漢相蕭何故事. 自此威震中外.) <삼국-가정 19:66> 문무 관뢰 즉시 난가를 ᄀᆞᆺ초와 남익문 밧긔 가 절ᄒᆞ야 마ᄌᆞᆫ대 (文武官僚卽備鑾駕, 於南掖門外拜迎.) <삼국-가정 36:54>

【난듀-ᄒᆞ-】 동 난주(攔住)하다. 막다.¶ ▼攔住 ‖ 단니 길흘 아ᄉᆞ 도라ᄂᆞ니 군ᄉᆞ ᄐᆡ반울 ᄶᅡᆨ은지라 졍히 ᄃᆞ랄 ᄉᆞ이예 산후 일듀[표] 만병니 난듀ᄒᆞ니 이난 번댱 ᄉᆞ마기라 (丹奪路而走, 折其大半, 正走之間, 山後一彪蠻兵攔住, 爲首番將沙摩柯.) <삼국-모종 14:9>

【난젼】 명 난전(亂箭). 유시(流矢). 누가 어디서 쏘았는지 모르게 날아오는 화살.¶ ▼亂箭 ‖ 위셩 듕의 블이 니러나믈 보고 ᄆᆞᄋᆞᆷ의 놀라 밤의 여러 번 ᄂᆞ려와 츙돌호ᄃᆡ 다 난젼의 인매 만히 샹ᄒᆞᆫ더라 (關公見下邳火起, 心下驚惶, 連夜衝下幾番, 皆被亂箭射回, 人馬盡皆傷折.) <삼국-가정 9:5>

【난호-】 동 나누다.¶ ▼分 ‖ 공손찬이 니믜 원쇠 긔쥬를 웅거ᄒᆞᆷ을 알고 아오 공손원[월]을 보ᄂᆡ여 소를 보고 그 ᄯᅡ흘 난호고져 ᄒᆞ니 쇠 왈 가히 네 형을 쳥ᄒᆞ여 오라 ᄂᆡ 상의ᄒᆞ미 잇스리라 (公孫瓚佑袁紹已據冀州, 遣弟公孫越來見紹, 欲分其地, 紹曰: "可請汝兄自來, 吾有商議.") <삼국-모종 1:111>

【난호-】 동 나누다.¶ ▼分 ‖ 이제 장제병이 댱안의 웅거ᄒᆞ니 가바야이 움즉이지 못할 거시니 ᄂᆡ 너와 승간ᄒᆞ냐 일쳐의 합병ᄒᆞ냐 홍농의 니ᄅᆞ러 함[한]군을 죽이고 텬ᄌᆞ를 난호면 엇지 올치 아니ᄒᆞ리요 (今張濟兵據長安,

未可輕動, 我和你乘間合兵一處, 至弘農殺了漢君, 平分天下, 有何不可?) <삼국-모종 2:105>

【날】 대 나를. 1인칭 대명사 '나'에 목적격 조사 '-ㄹ'이 결합한 형태.¶ ▼我 ‖ 너희 등이 날을 블의예 빠디과다 ᄒᆞᄂᆞ다 내 몸이 죽을 ᄯᆞᄅᆞᆷ이라 (汝等陷我于不義也? 吾身死矣!) <삼국-가정 4:86>

【날을 알고 뎌를 알면 ᄇᆡᆨ번 싸화도 ᄇᆡᆨ번 이긘다】 속 지피지기면 백전백승.¶ ▼知己知彼, 百戰百勝. ‖ 손ᄌᆞ[손빈이라] 닐오ᄃᆡ 날을 알고 뎌를 알면 ᄇᆡᆨ번 싸화도 ᄇᆡᆨ번 이긘다 ᄒᆞ니 우리 다 승샹만 ᄀᆞᆺ디 못ᄒᆞᆫ디라 승샹도 오히려 듕원을 회복디 못ᄒᆞ여시니 엇디 ᄒᆞ믈며 우리ᄯᆞ녀 (孫子云: '知己知彼, 百戰百勝.' 我等皆不如丞相遠矣.) <삼국-가정 35:119>

【날】[1] 명 ((천문)) 해.¶ ▼日 ‖ 댱안은 함곡관의 험ᄒᆞ미 잇고 농우 다히 갓가오니 나모 돌 벽디애ᄂᆞᆫ 날 뎡코 쟝만ᄒᆞ리니 궁실이나 관부ᄂᆞᆫ ᄃᆞᆯ이 못ᄒᆞ여셔 가히 지을 거시니 (長安有崤函之險; 更近隴右, 木石磚瓦克日可辦, 宮室官府不須月餘.) <삼국-가정 2:98> 공손찬이 연 ᄃᆡ 군ᄉᆞ를 거ᄂᆞ려 댱구ᄒᆞ야 오니 그 봉망을 가히 당티 못ᄒᆞᆯ 거시오 겸ᄒᆞ야 뉴비 관댱의 도으미 이시니 긔쥐ᄂᆞᆫ 날 혜고 파ᄒᆞᆯ디라 (公孫瓚將燕、代之衆, 長驅而來, 其鋒不可當. 兼有劉備、關、張助之, 冀州指日休矣.) <삼국-가정 3:5> 이에 황개로 ᄒᆞ여곰 몬져 강변의 가 젼션 오ᄇᆡᆨ 쳑을 ᄉᆞ미되 군긔와 군량을 만히 싯게 ᄒᆞ고 큰 ᄇᆡ예ᄂᆞᆫ 젼마를 시려 날을 뎡코 군ᄉᆞ를 내려 ᄒᆞ더니 (於是差黃盖先來江邊安排戰船五百隻, 多裝軍器糧草, 大船載馬, 克日興師.) <삼국-가정 3:33>

【날】[2] 명 ((기물)) 날. 연장의 가장 얇고 날카로운 부분. 베거나 찍거나 깎거나 파거나 뚫을 수 있도록 되어 있다.¶

【날을 마져 스ᄉᆞ로 풀니다】 속 칼날을 만나면 저절로 갈라진다. 일이 쉽게 풀린다는 뜻.¶ ▼迎刃而解 ‖ 이졔 병위 ᄃᆡ진ᄒᆞ야 대 ᄯᆞ림 갓ᄐᆞ니 두어 마ᄃᆡ 지ᄂᆞ면 날을 마져 스ᄉᆞ로 풀니ᄂᆞ니 엇디 다시 착슈ᄒᆞᆯ 곳이 니스리오 (今兵威大振, 如破竹之勢, 數節之後, 皆迎刃而解, 無復有著手處也.) <삼국-국중 17:139>

【날기】 명 ((조류)) 날개.¶ ▼翅 ‖ 위딘 문긔 브치ᄂᆞᆫ 고ᄃᆡ셔 황이 ᄆᆞᆯ을 ᄂᆡ니 뒤히 날란 쟝슈 열히 기러기 날기 편 ᄃᆞ시 셧더라 (魏營門旗颭處, 徐晃出馬, 背後十員驍將, 雁翅擺在兩邊.) <삼국-규장 17:74>

【날나-】 형 날래다. 날렵하다.¶ ▼勇 ‖ 여푀 비록 날나나 ᄭᅬ 업ᄉᆞ니 죡히 염여ᄒᆞ지 아니리라 나ᄂᆞᆫ 군ᄉᆞ를 그으고 곳구를 직혀 졀노 더부러 싀살할 거시니 곽쟝군은 가히 그 뒤을 쳐 핑월이 초을 흔드ᄂᆞᆫ 법을 본바다 금을 울여 군ᄉᆞ을 나오고 북을 쳐 군ᄉᆞ를 거두고 (呂布雖勇, 然而無謀, 不足爲慮. 我引軍守任谷口, 每日誘他廝殺, 郭將軍可領軍抄擊其後, 效彭越撓楚之法, 鳴金進兵, 擂鼓收兵.) <삼국-모종 2:32>

【날뉴-】 동 내리다. '날니다'의 'ㅜ'형.¶ ▼下 ‖ 졔 다 결박ᄒᆞ고 부ᄒᆞ ᄃᆡ쇼 관원을 다 가져 도라오니 비 녕을 날뉴어 양졍을 다 버히니 (褚皆縛之, 載於車上, 并將府下大小屬官, … 丕下令, 先將丁儀、丁廙等盡皆誅戮.) <삼국-모종 13:31>

【날ᄂᆞ-】 형 날카롭다. 예리(銳利)하다.¶ ▼尖 ‖ 날ᄂᆞᆫ 칼로 ᄇᆡ를 ᄯᅳ고 오장뉵부를 약믈로 씨스되 그 사람이 됴곰도 올픈 쥴을 아지 못ᄒᆞ거든 (却用尖刀剖開其腹, 以藥湯洗臟腑, 剝肺剜心, 其病人略無疼痛.) <삼국-규장 18:8>

【날ᄂᆡ-】[1] 형 날래다. (칼 등이) 날카롭다. 예리하다.¶ ▼銳 ‖ 졔로병은 임의 군ᄉᆞ로 졉응ᄒᆞ엿스니 익쥐자ᄉᆞ 왕쥰니 젼션 슈만으로 슌유이하ᄒᆞ면 기봉이 심이 날ᄂᆡᆫ지라 엇지 근심ᄒᆞᆯ ᄇᆡ 아니리오 (晉兵大至, 諸路已有兵迎之. 爭奈王濬率兵數萬, 戰船齊備, 順流而下, 其鋒甚銳, 朕因此憂也.) <삼국-국중 17:137>

【날ᄂᆡ-】[2] 형 날래다. 사람이나 동물의 움직임이 나는 듯이 빠르다.¶ ▼勇 ‖ 푀 ᄊᆞ올 마음은 업고 다만 길을 아ᄉᆞ 가고져 ᄒᆞ니 현덕이 좃ᄎᆞ와 냥군이 ᄃᆡ젼ᄒᆞ니 푀 비록 날ᄂᆡ나 ᄂᆡ힝이 상ᄒᆞᆯ가 ᄒᆞ여 감히 츙돌치 못ᄒᆞ더라 (布無心戀戰, 只顧奪路而行, 玄德自引一軍殺來, 兩軍混戰, 呂布雖勇, 終是縛一女在身上, 只恐有傷, 不敢衝突重圍.) <삼국-모종 3:78> ▼精 ‖ 숀ᄎᆡᆨ이 강동의 웅거ᄒᆞ여 군ᄉᆡ 날ᄂᆡ고 양식이 넉〻ᄒᆞᄆᆡ 건안 ᄉᆞ년의 여강을 엄습ᄒᆞ야 유훈을 ᄑᆡᄒᆞ고 (孫策自霸江東, 兵精糧足. 建安四年, 襲取廬江, 敗劉勳.) <삼국-국중 6:107>

【날라】 명 ((지리)) 나라. 일정한 영토와 거기에 사는 사람들로 구성되고, 주권에 의한 하나의 통치 조직을 가지고 있는 사회 집단.¶ ▼國 ‖ 셕의 노 쇼공이 계씨랄 참지 못하여 다라나 날라을 일려 스니 〻제 권셰 임의 삼아씨으게 도라가 (昔魯昭公不忍季氏, 敗走失國, 今重權已歸司馬氏久矣.) <삼국-모종 19:4>

【날-마당】 부 날마다. 그날그날. 또는 하루도 빠짐없이 매일.¶ ▼관공이 거증을 호위ᄒᆞ고저 ᄒᆞ여 날마당 슴십이를 언약ᄒᆞ여 가다가 문듯 거장을 보지 못ᄒᆞ니 마음에 황망ᄒᆞ여 말을 노와 ᄉᆞ면으로 ᄎᆞ스니 (關公來趕車仗, 約行三十里, 卻只不見, 雲長心慌, 縱馬四下尋之.) <삼국-모종 5:3>

【날-빗ㅊ】 명 ((천문)) 날빛. 햇빛.¶ ▼日光 ‖ 조죄 군ᄉᆞ 정졔ᄒᆞ기를 맛치ᄆᆡ 슴졍군을 논화 압흐로 위ᄒᆞ를 건널ᄉᆡ 인ᄆᆡ ᄒᆞ구의 니ᄅᆞ니 날빗치 쳐음으로 니ᄅᆞᄂᆞᆫ지라 (曹操整兵已畢, 分三停軍, 前渡渭河, 比乃人馬到河口時, 日光初起.) <삼국-모종 10:17>

【날아】 명 ((지리)) 나라. 일정한 영토와 거기에 사는 사람들로 구성되고, 주권에 의한 하나의 통치 조직을 가지고 있는 사회 집단.¶ ▼國 ‖ ᄂᆡ의 망부 날아 젼ᄒᆞᆫ 옥식 잇스니 일로 블모ᄒᆞ리라 (吾有亡父留下傳國玉璽, 以爲質當.) <삼국-모종 3:5> 그 직조 뉴비를 어거치 못ᄒᆞ기를 스ᄉᆞ로 아니 즁히 맛기면 능히 졔어치 못ᄒᆞ고 경히 막기면 쓰이기 되지 아니ᄒᆞ리니 비록 날아를 비

우고 멀니 갈지ᄅᆞ도 공은 염녀 말나 (自知才不足以御劉備, 重任之, 則恐不能制, 輕任之, 則備不爲用, 雖虛國遠征, 公無憂也.) <삼국-모종 6:14>

【날여-오-】 동 내려오다.¶ ▼飛來 ‖ 시야에 ᄇᆡᆨ학 일쳑이 관가 집 우에 날여와 여러 변 울고 셔으로 나라가고 긔히ᄒᆞᆫ 향긔 집에 가득ᄒᆞ고 (是夜有白鶴一隻, 飛來縣衙屋上, 高鳴四十餘聲, 望西飛去. 臨分娩時, 異香滿室.) <삼국-모종 6:27>

【날이-】 동 내리다. ·>ㅏ의 예 (ᄂᆞ리->나리-).¶ ▼下 ‖ 공명이 허락ᄒᆞ고 와 공ᄌᆞ의 ᄐᆡᆨ젼의 일으러 말게 날여 들어가 공ᄌᆞ를 보니 공ᄌᆡ 마ᄌᆞ 후당의 드려가 좌를 정ᄒᆞ고 녜를 파ᄒᆞᄆᆡ (孔明允諾, 來至公子宅前, 下馬入見公子, 公子邀入後堂, 茶罷.) <삼국-모종 7:7>

【날ᄋᆡ】 명 날개. '날개'의 방언.¶ ▼翼 ‖ 소의 군ᄉᆡ 마ᄌᆞ 양편의 전세 일위니 심ᄇᆡ 바로 일만 군으로 두 날ᄋᆡ예 복병허고 궁전수 오천으로 문긔 안에 복노허여 언약허고 (紹軍來迎, 兩邊排成陣勢, 審配撥弩手一萬, 伏於兩翼, 弓箭手五千, 伏於門旗內.) <삼국-모종 5:49>

【날호여】 부 천천히. 용언 '날호-'의 활용형이 부사로 굳어진 것.¶ ▼徐徐 ‖ 그런 후의 날호여 나아가면 가히 듕원을 도모ᄒᆞ리이다 (若此則蜀兵不乏也, 然後徐徐而進, 中原可圖矣.) <삼국-가정 33:48>

【날회-】 동 느리게 하다. 천천히 하다. 멈추다. 그만두다.¶ ▼住 ‖ 아ᄋᆞᆫ 아직 날회고 내 뎌 쟝슈 버혀오ᄂᆞᆫ 양을 보와 내 ᄆᆞᄋᆞᆷ을 알라 (兄弟且住! 你看我斬來將, 以表我眞心.) <삼국-가정 9:137> ▼緩 ‖ 공명이 날회여 가라 단의 올나 방위를 두로 보고 향노의 분향ᄒᆞ며 쇼라의 믈을 븟고 하날흘 우러러 츅ᄒᆞ다가 (孔明緩步登壇, 觀瞻方位已定, 焚香于爐, 注水于盂, 仰天暗祝.) <삼국-가정 16:34>

【남】 명 ((인류)) 자기 이외의 다른 사람. 타인(他人).¶ ▼人 ‖ 통 왈 나무 나ᄅᆞ를 치며 질겨ᄒᆞ문 인자의 병이 아니ᄌᆞ다 (龐統曰: "伐人之國而以爲樂, 非仁者之兵也.") <삼국-모종 10:106>

【남-다히】 명 ((지리)) '남(南)'과 '다히'[向]가 결합한 합성명사. 남녘(南-). 남쪽.¶ ▼(望)南 ‖ 술곳 취ᄒᆞ면 남다히를 ᄇᆞ라고 니를 ᄀᆞᆯ며 노ᄒᆞ기를 마디 아니ᄒᆞ다가 술곳 ᄭᆡ면 방셩 통곡ᄒᆞ며 셜워ᄒᆞ기를 긋치디 아니ᄒᆞ더니 (每醉, 望南切齒睜目, 怒恨甚急; 酒醉醒時, 放聲痛哭, 悲傷不已.) <삼국-가정 26:66>

【남무】 명 ((식물)) 나무.¶ ▼木 ‖ 만일 남무와 돌을 ᄡᅡ아 동구를 막으면 비록 ᄇᆡᆨ만 군ᄉᆞᄅᆞ도 능히 드러오지 못할 거시니 (若以木石壘斷洞口, 雖有百萬之衆, 不能進也.) <삼국-모종 14:106>

【남아지】 명 나머지.¶ ▼餘 ‖ ᄂᆡ 아오 슐이 량초를 총독ᄒᆞ야 제령의 응부ᄒᆞ야 결핍ᄒᆞ미 업게 ᄒᆞ고 다시 ᄒᆞᆫ ᄉᆞ람이 션봉이 되여 ᄉᆞ슈관의 다ᄌᆞ라 ᄊᆞ홈을 도ᄌᆞ고 남아지ᄂᆞᆫ 각ᄌᆞ 험요ᄒᆞᆫ 거슬 직희여 ᄡᅧ 졉응ᄒᆞ라 (吾弟袁術總督糧草, 應付諸營, 無使有缺, 更須一人爲先鋒, 直抵汜水關挑戰, 餘各據險要, 以爲接應.) <삼국-모종 1:81>

【남어지】 부 나머지.¶ ▼餘 ‖ 허제 조를 가ᄅᆞ쳐 ᄇᆡ의 나릴 ᄯᅴ의 ᄇᆡ가 임의 두덕을 ᄒᆞᆫ 발 남어지 ᄯᅥ난지라 졔 조를 업고 ᄒᆞᆫ 번 ᄯᅱ여 ᄇᆡ의 오ᄅᆞ니 (許褚拖操下船時, 船已離岸一丈有餘, 褚負操一躍上船.) <삼국-모종 10:18>

【남역ㅎ】 명 ((지리)) 남(南)녘.¶ ▼南 ‖ 이제 ᄆᆡᆼ확니 노슈 남역히 둔ᄒᆞ냐 구슈물 ᄡᅬ를 ᄒᆞ니 우리 군ᄉᆞ을 거나리고 이에 니라러 엇지 헛도이 도ᄅᆞ가리오 (今孟獲兵屯瀘水之南, 深溝高壘, 以拒我兵, 吾旣提兵至此, 如何空回?) <삼국-모종 14:85>

【남우】 명 ((식물)) 나무.¶ ▼樹 ‖ 현덕이 유시의 향중 소아로 더브러 남우 아릭 희롱ᄒᆞ여 갈오ᄃᆡ (玄德幼時, 與鄕中小兒戱於樹下, 曰.) <삼국-모종 1:5>

【남ᄋᆞ-】 동 남다.¶ ▼孑遺 ‖ 팔구년 간의 쇠코져 ᄒᆞ야 십삼년의 니ᄅᆞ러 남은 거시 업도다 ᄆᆞᄎᆞᆷ내 텬명이 도라갈 ᄃᆡ 이시니 즌흙 가온대 서린 뇽이 하ᄂᆞᆯ흘 향ᄒᆞ야 ᄂᆞᄂᆞᆫ또다 (八九年間始欲衰, 至十三年無孑遺. 到頭天命有所歸, 泥中蟠龍向天飛.) <삼국-가정 12:20>

【남으지】 명 나머지.¶ ▼餘 ‖ 옹주병이 ᄉᆞ면으로 에우거날 흠이 죽도록 충돌ᄒᆞ여 ᄒᆞᆫᄌᆞ 계오 버셔나고 남으지ᄂᆞᆫ 다 난군 중의 죽엇ᄂᆞᆫ지라 (雍州兵四面圍合, 欽奪死衝突, 方纔得脫, … 餘皆沒於亂軍之中.) <삼국-모종 18:14>

【남을】 명 ((음식)) 나물. 남새.¶ ▼圃 ‖ 현덕이 놀ᄂᆡ여 면ᄉᆡᆨ이 여토ᄒᆞ니 죄 현덕의 손을 잡고 바로 후원의 이르러 왈 현덕이 남을 숨기ᄌᆞ를 ᄇᆡ호니 슆지 아니토다 (諕得玄德面如土色, 操執玄德手, 直至後園曰: "玄德學圃不易.") <삼국-모종 4:3>

【남저시】 부 남짓이.¶ ▼餘 ‖ 숀권니 서너 길 남저시 말을 돌여 다시 ᄉᆞ비을 놋코 치을 친니 말리 한 번 날나 ᄯᅱ여 다리을 지ᄂᆡ더라 (孫權回馬來有三丈餘遠, 然後縱轡加鞭, 那馬一跳飛過橋南.) <삼국-모종 11:67>

【남즛】 명 ((수량을 나타내는 말 뒤에 쓰여)) 크기, 수효, 부피 따위가 어느 한도에 차고 조금 남는 정도임을 나타내는 말. 나마. 남짓.¶ ▼餘 ‖ 동ᄌᆡ 현덕을 ᄭᅳ어 일니 남즛 장원에 이ᄅᆞ어 중문에 드려가다가 드ᄅᆞ니 거문고 쇼ᄅᆡ 심히 아름다온지ᄅᆞ (童子便引玄德, 行二里餘, 到莊前下馬, 入至中門, 忽聞琴聲甚美.) <삼국-모종 6:41>

【낡】 명 ❶ ((식물)) «나모» 나무. 줄기나 가지가 목질로 된 여러해살이 식물.¶ ▼樹 ‖ 좌우 ᄃᆡ왈 가미괴 달 ᄇᆞᆰ은 거살 보고 날이 ᄉᆡᆫ가 의심ᄒᆞ여 남긔 ᄯᅥ나 우나니라 (左右答曰: "鴉見月明, 疑是天曉, 故離樹而鳴也.") <삼국-모종 8:32> ❷ 집을 짓거나 가구, 그릇 따위를 만들 때 재료로 사용하는 재목.¶ ▼木 ‖ 죄 대희ᄒᆞ야 동쟉ᄃᆡ를 쟝하 우히 지을ᄉᆡ 즉일의 흙을 ᄑᆞ며 남글 베히며 디애를 구으며 벽을 ᄀᆞ라 일년 공역을 혜아려 ᄆᆞᄎᆞ라 ᄒᆞ더라 (操大喜, 遂令造銅雀臺於漳河之上. 卽日破土斷木, 燒瓦磨磚, 計一年而工畢.) <삼국-가정 11:101> ❸

땔나무.¶ ▼柴 ‖ 당안 셩듕이 흙이 굿고 믈이 ᄧᅳ니 ᄀᆞ장 사오납고 ᄯᅩ 남기 업ᄉᆞᆫᄃᆡ 이제 열흘을 ᄲᅡ시니 군민이 두려ᄒᆞᄂᆞᆫ디라 (長安城中土硬水鹹, 甚不堪食, 更兼無柴.) <삼국-가정 18:115>

【남글 직희여셔 톳기를 기ᄃᆞ리다】 [속] 수주대토(守株待兎).¶ ▼守株待兎 ‖ 그ᄃᆡ 쇼진 쟝의를 번신 쥴은 알고 호걸지신 쥴를 아지 못ᄒᆞᄂᆞᆫ도다 쇼진이 뉵국인을 ᄎᆞ고 댱의 두번 진나라 졍승이 되야 샤직을 븟들고 텬지 깁보틸 수단을 두어시니 ᄒᆞᆫ 낫 남글 직희여셔 톳기를 기ᄃᆞ리듯 ᄒᆞ며 칼과 검을 두려ᄒᆞᄂᆞᆫ 뉘 아니라 (蘇秦佩六國之璽綬, 張儀二次相秦, 皆有匡扶社稷之機, 補完天地之手, 非比守株待兎、畏刀避劍之人耳.) <삼국-가정 14:68>

【납관】 [명] 납관(納款). 투항. 귀순.¶ ▼納款 ‖ 숑의 이 힝ᄒᆞ미 젼혀 조의게 납관을 ᄒᆞ고져 ᄒᆞ엿더니 역적이 간웅을 방ᄌᆞ히 브려 님금을 업슈이너기고 우흘 소겨 ᄆᆞᆺᄎᆞᆷ내 한됴의 큰 홰 될 거시니 (松此一行, 專欲納款于操; 何期逆賊恣逞奸雄, 欺君罔上, 終爲漢朝大禍.) <삼국-가정 19:101>

【납항-ᄒᆞ-】 [동] 납항(納降)하다. 항복을 받아들이다.¶ ▼納降 ‖ 강좌 감녕이 쥬유의게 욕을 보고 븟그려 ᄂᆡ응호믈 원ᄒᆞ고 황개도 곤댱 오십을 맛고 감퇵으로 ᄒᆞ여곰 납항ᄒᆞᄂᆞᆫ 글월이 와시나 밋브디 못ᄒᆞ니 뉘 감히 쥬유의 채듕의 드러가 ᄌᆞ셰히 아라올고 (江左甘寧被周瑜恥辱, 亦願內應; 黃蓋受責五十, 却令闞澤納降, 又有書到此: 未可深信. 誰敢直入周瑜寨中走一遭?) <삼국-가정 15:111>

【낫】[1] [명] 낮. 해가 뜰 때부터 질 때까지의 동안.¶ ▼日中 ‖ 평명으로셔 낫ᄭᆞ지 싸호다가 셩 밧 군ᄉᆡ 잠간 무ᄅᆞ거ᄂᆞᆯ (從平明打到日中, 城外軍退.) <삼국-가정 7:56> ▼晝 ‖ 푀 쳘긔를 ᄡᅳ어 엄쇄ᄒᆞ니 조군이 ᄃᆡ픽ᄒᆞ야 형양을 바라고 다라날ᄉᆡ ᄒᆞᆫ 산하의 니르니 ᄯᅢ가 거의 이경이오 월ᄉᆡᆨ이 낫 갓튼지라 (布引鐵騎掩殺, 操軍大敗, 回望滎陽而走, 走至一荒山脚下, 時約二更, 月明如晝.) <삼국-모종 1:100>

【낫】[2] [명] ((기물)) 낫. 곡식, 나무, 풀 따위를 베는 데 쓰는 농기구.¶ ▼鎌 ‖ 공명이 ᄯᅩ 삼만군으로 ᄒᆞ여곰 낫과 칼과 노흘 가져 보리 뷔믈 예비ᄒᆞ고 (孔明又令三萬軍皆執鎌刀馱繩, 伺候割麥.) <삼국-가정 33:56>

【낫-】 [형] ❶ 낫다. 견주는 대상보다 좋거나 앞서 있다.¶ ▼勝 ‖ 날을 써르쳐시니 과연 유궁 후예를 쇼기고 원승이 불너시니 침 양유긔도곤 낫더라 (落日果然欺后羿, 號猿直欲勝由基.) <삼국-국중 4:50> ❷ 병이나 부스럼이나 다친 데 등이 고쳐져서 본래의 상태로 되다. 또는 마음의 괴로움이 덜하여 풀어지다.¶ ▼愈 ‖ 숭이 믈어 왈 네 아ᄌᆞ비 말ᄒᆞ되 네가 바ᄅᆞᆷ마ᄌᆞ짜 ᄒᆞ더니 이제 임의 낫ᄂᆞ냐 (嵩曰: "叔言汝中風, 今已愈乎?") <삼국-국중 1:21>

【낫ᄂᆞᆺ치】 [부] 낱낱이.¶ ▼一個個 ‖ 제댱이 명을 ᄇᆞ다 낫ᄂᆞᆺ치 ᄯᆞ르더니 홀연니 산파 후 고셩이 나ᄂᆞᆫ 곳의 일ᄃᆡ 인ᄆᆡ가 나ᄅᆞ 나와 크게 웨여 왈 ᄂᆡ 예셔 긔다린지 오ᄅᆞ도다 (衆將領令, 一個個奮威追趕. 忽山坡後鼓聲響處, 一隊軍馬飛出, 大叫曰: "我在此等候多時了!") <삼국-모종 7:69>

【낫비】 [부] 나쁘게.¶ ▼鄙 ‖ 관녕이 그 위인을 낫비 여겨 드ᆢ여 ᄌᆞ리를 버여 분좌ᄒᆞ더라 (寧自此鄙歆之爲人, 遂割席分坐.) <삼국-국중 12:21>

【낫-빗ㅅ】 [명] ((신체)) 낯빛.¶ ▼容 ‖ 범 왈 이ᄂᆞᆫ 형슈 번씨라 ᄒᆞᆫᄃᆡ ᄌᆞ룡이 낫빗슬 곳치고 공경ᄒᆞᆫᄃᆡ (範曰: "家嫂樊氏也." 子龍改容敬之.) <삼국-국중 10:18>

【낫-빗ㅊ】 [명] ((신체)) 낯빛.¶ ▼面 ‖ 유장 놀ᄂᆡ여 낫빗치 흑빗 갓고 긔가 나 성상의 써구려진니 즁관니 구ᄒᆞ여 ᄭᆡ우거날 (劉璋驚得面如土色, 氣倒於城上, 衆官救醒.) <삼국-모종 11:28>

【낫ㅅ】 [명] ((기물)) 낫. 곡식, 나무, 풀 따위를 베는 데 쓰는 농기구.¶ ▼鎌刀 ‖ 공명니 ᄯᅩ 삼만 군으로 ᄒᆞ여곰 다 낫설 잡고 발을 가지고 가만ᆢ 보리을 뷔라 ᄒᆞ고 (孔明又令三萬軍皆執鎌刀、馱繩, 伺候割麥.) <삼국-모종 17:3>

【낫ㅊ】 [명] ((신체)) 낯. 얼굴.¶ ▼面 ‖ 이 ᄌᆞ식이 과연 불초ᄒᆞ도다 ᄂᆡ 노옹의 낫쳘 보와 안셔ᄒᆞ노라 (我看翁面, 且姑恕之.) <삼국-국중 6:84> 양니 엇지 혼ᄌᆞ ᄉᆞ리요 주공은 냥의 낫쳘 보와 형주을 보ᄂᆡ여 양 혜[형]제지정의 ᄉᆞᆫ케 ᄒᆞ옵쇼서 (兄死, 亮豈能獨生? 望主公看亮之面, 將荊州還了東吳, 全亮兄之情.) <삼국-모종 11:36> 위쥬 ᄃᆡ[희]ᄒᆞ여 왕쌍을 불너보니 신댱이 구쳑이오 낫치 검고 눈쳥이 누르고 곰의 허리요 범의 등이라 (睿大喜, 便召王雙上殿, 視之, 身長九尺, 面黑睛黃, 熊腰虎背.) <삼국-국중 15:127>

【낫ㅌ】 [명] ((신체)) 낯. 얼굴.¶ ▼面 ‖ 현덕니 서ᆢ 왈 군ᄉᆞ의 낫털 보와 형주 일반을 난와 장소 영능 계량을 주리라 (玄德徐徐曰: "旣如此, 看軍師面, 分荊州一半還之, 將長沙、零陵、桂楊三郡與他.") <삼국-모종 11:36>

【낫타-나-】 [동] 나타나다. 드러나다.¶ ▼見 ‖ 이제 후쥬ᄅᆞᆯ 봉ᄒᆞ야 부풍왕을 삼고져 ᄒᆞ믄 이ᄂᆞᆫ 촉 인심을 ᄆᆡᄌᆞ미니 반졍이 임의 낫타낫ᄂᆞᆫ디라 진공의 의심ᄒᆞ미 맛당ᄒᆞ니라 (今欲封後主爲扶風王, 乃大結蜀人之心, 其反情不言而可見矣.) <삼국-가정 39:16> 원컨ᄃᆡ 순션 이십 쳑을 비러 바로 남강구의 가 긔호ᄅᆞᆯ 아ᄉᆞ 도라와 북군이 능히 승쥬ᄒᆞ물 낫타나게 ᄒᆞ리이다 (今願借巡船二十隻, 直至北江口, 奪旗鼓而還, 以顯北軍亦能乘舟也.) <삼국-모종 8:36>

【낫타-ᄂᆞ-】 [동] 나타나다. 드러나다.¶ ▼著 ‖ 니제 됴ᆢ 권세을 오을게 ᄒᆞ니 ᄇᆡᆨ셩니 님의 임군 업던니 주공니 인의 천ᄒᆞ에 낫타ᄂᆞ고 니제 ᄯᅩ 양천을 두워신니 (今曹操專權, 百生無主, 主公仁義著於天下, 今已撫有兩川之地.) <삼국-모종 12:49>

【낫ㅎ】 명 ((신체)) 낯.¶ ▼面 ‖ 먼져 손건으로 ᄒᆞ여곰 녀범과 ᄒᆞᆫ가지로 가 오후ᄅᆞᆯ 보고 낫ᄒᆞᆯ 허락ᄒᆞᆫ 후의 날을 갈히여 혼인을 정ᄒᆞ리라 (先敎孫乾和呂範回見吳侯, 面許已定, 擇日便去就親.) <삼국-모종 9:47> 문무듕관니 다 문 외예 셧ᄃᆞ가 후쥬 낫희 희ᄉᆡᆨ니 이시물 보고 ᄃᆞ 의혹ᄒᆞ여 정치 못ᄒᆞᄃᆡ (衆官皆環立於門外, 見後主面有喜色, … 衆皆疑惑不定.) <삼국-모종 14:43>

【낫-ᄒᆞ-】 동 낫[面]하다. 대면(對面)하다.¶ ▼面 ‖ ᄎᆞ일에 현덕이 임군ᄭᅴ 낫ᄒᆞ여 아뢰ᄃᆡ 죄가 현덕으로 오만 인마를 거라리고 또 쥬령 노소로 ᄒᆞᆫ가지로 힝ᄒᆞ니 뎨가 울겨[며] 현덕을 보ᄂᆡ더라 (次日, 玄德面奏君, 操令玄德總督五萬人馬, 又差朱靈・路昭二人同行, 玄德辭帝, 帝泣送之.) <삼국-모종 4:9>

【낭려-ᄒᆞ-】 형 낭려(狼戾)하다. 이리처럼 욕심이 많고 도리에 어긋남이 있다.¶ ▼狼戾 ‖ 동탁이 긔천망지ᄒᆞ고 멸국시군ᄒᆞ고 궁금의 더러이 음란ᄒᆞ고 ᄉᆡᆼ령을 잔ᄒᆡᄒᆞ고 낭려ᄒᆞ야 어지〻 못ᄒᆞ고 죄악이 ᄊᆞ이니 (董卓欺天罔地, 滅國弑君, 穢亂宮禁, 殘害生靈, 狼戾不仁, 罪惡充積.) <삼국-모종 1:75>

【낭묘】 명 ((관청)) 낭묘(廊廟). 조정의 정무(政務)를 돌보던 전각(殿閣).¶ ▼廊廟 ‖ 쟝ᄎᆞᆺ 문죄ᄒᆞᄂᆞᆫ 군ᄉᆞᄅᆞᆯ 니ᄅᆞ혀려 ᄒᆞ시매 낭묘ㅣ ᄒᆞᆫ가지로 ᄭᅬᄒᆞ여 모다 분노ᄒᆞ여 의논호ᄃᆡ (將興問罪之師, 廊廟同謀, 悉起發忿之議.) <삼국-가정 26:77>

【낭일】 명 낭일(曩日). 말하는 때 이전의 지나간 차례나 때.¶ ▼曩日 ‖ 현덕이 됴운으로 더브러 니별ᄒᆞᆯ 제 손을 잡고 눈물을 흘녀 참아 ᄯᅥ나지 못ᄒᆞ니 운이 탄왈 뇌 낭일의 공손찬을 녕웅으로 알앗더니 이제 ᄒᆞᄂᆞᆫ 바를 보니 ᄯᅩ 원소의 물이라 (玄德與趙雲分別, 執手垂淚, 不忍相離, 雲歎曰: "某曩日誤認公孫瓚爲英雄, 今觀所爲, 亦袁紹等輩耳!") <삼국-모종 1:118>

【낭쟈-이】 형 낭자(狼藉)히. 여기저기 흩어져 어지럽게.¶ ▼狼藉 ‖ 위 오ᄉᆡ 업드려 낭쟈이 토ᄒᆞ니 간니 엇지ᄒᆞ야 ᄌᆞ리요 벼ᄀᆡ의 업드려 드ᄅᆞ니 쥬유 비식이 여뢰ᄒᆞᆫ지라 (瑜和衣臥倒, 嘔吐狼藉, 蔣幹如何睡得著? 伏枕聽時, … 看周瑜時, 鼻息如雷.) <삼국-모종 7:130>

【낭패-ᄒᆞ-】 동 낭패(狼狽)하다. 계획한 일이 실패로 돌아가거나 기대에 어긋나 매우 딱하게 되다.¶ ▼狼狽 ‖ 현덕이 멀리 와 날을 구티 아니ᄒᆞ던ᄃᆞᆯ 거의 낭패ᄒᆞ리랏다 (若非玄德遠來救我, 幾乎狼狽!) <삼국-가정 3:24>

【낭ᄑᆡ-ᄒᆞ-】 동 낭패(狼狽)하다. 계획한 일이 실패로 돌아가거나 기대에 어긋나 매우 딱하게 되다.¶ ▼狼狽 ‖ 좌위 급히 구ᄒᆞ니 쇼 닙으로 피를 토ᄒᆞ며 탄식ᄒᆞ여 왈 ᄂᆡ 슈십 장을 ᄊᆞ호ᄆᆡ 오ᄂᆞᆯ〻의 낭ᄑᆡᄒᆞ미 이의 이르믈 엇지 ᄯᅳᆺᄒᆞ엿스리오 (衆人急救, 紹口吐鮮血不止, 歎曰: "吾自歷戰數十場, 不意今日狼狽至此!") <삼국-국중 7:37>

【낫】[1] 명 저녁.¶ ▼晚 ‖ 나졔 후당의 잔치ᄅᆞᆯ 빈셜ᄒᆞ니 등촉이 형황ᄒᆞ엿ᄂᆞᆫᄃᆡ 공경들이 다 왓더라 (當晚, 就後堂設宴, 燈燭熒煌, 公卿皆至.) <삼국-규장 1:132>

【낫】[2] 명 낮. 해가 뜰 때부터 질 때까지의 동안.¶ ▼明 ‖ 만됴 대신이 밤의 우러 ᄇᆞᆰ도록 니ᄅᆞ고 나지 우러 져물매 니ᄅᆞ나 우러 동탁이 죽더냐 (滿朝大臣, 夜哭到明, 明哭到夜, 還能哭死董卓否?) <삼국-가정 2:22> ▼正午 ‖ 날이 정히 나존ᄒᆞ야 쟝미파의 니ᄅᆞ러 (時日當正午, 來到鵲尾坡.) <삼국-가정 13:95>

【내】 대 ((인류)) 내가. '나(나, 我, 인칭 대명사)+-ㅣ(주격조사).¶ ▼某 ‖ 내게 ᄒᆞᆫ ᄭᅬ 이시니 수십만 병도곤 나은디라 죄 비록 ᄂᆞᆯ라나 엇디 ᄃᆞ라라리오 (某有一計, 勝如二十萬兵. 布雖勇, 不能逃也.) <삼국-가정 7:48> 내 박망파의 니ᄅᆞ러 뎍군을 만나 진녁ᄒᆞ야 뉴비ᄅᆞᆯ 잡으려 ᄒᆞ더니 졔갈량이 블로 티니 블 니러나ᄂᆞᆫ 고ᄃᆡ ᄉᆞ〻로 ᄇᆞᆯ와 주그니 열희셔 네다여시 샹ᄒᆞ엿ᄂᆞ이다 (某至博望坡下遇敵軍, 欲盡力去取劉備, 被諸葛亮用火攻; 火起處, 自相殘害, 十傷四五.) <삼국-가정 13:64> ▼孤 ‖ 내 깁히 아ᄂᆞ니 만ᄇᆡᆨ녕의 모ᄎᆡᆨ이 사ᄅᆞᆷ을 디난 고로 뎌긔 머믈워 두엇거니와 병법을 채 모를가 두려ᄒᆞᄂᆞ니, 내 너ᄅᆞᆯ 칠군을 주노니 다 정년ᄒᆞᆫ 군ᄉᆡ라 네 삼가 ᄡᅳ라 (孤深知滿伯寧良策過人, 故留在彼, 然恐兵法未盡其奧妙. 吾與汝七軍, 皆精練之士, 令汝調用.) <삼국-가정 24:57>

【내-】 동 내다. 꺼내다.¶ ▼取 ‖ ᄆᆡᆼ확 사ᄅᆞ잡기ᄂᆞᆫ ᄂᆞᄆᆞᆺ 가온대 것 냄 ᄀᆞᄐᆞ니 머어시 어려오리오 (吾擒此人, 如囊中取物耳.) <삼국-가정 28:94>

【내-ᄃᆞᄅᆞ-】 동 «내ᄃᆞᆮ다» 내닫다. 내달리다.¶ ▼出 ‖ 초경은 ᄒᆞ여 삼십여 리ᄂᆞᆫ 가니 뫼 움쑥ᄒᆞᆫ ᄃᆡ셔 블과 붑소ᄅᆡ 진동ᄒᆞ고 ᄒᆞᆫ 군ᄉᆡ 내ᄃᆞᄅᆞ니 (只見山凹處, 火鼓齊鳴, 喊聲大震, 一彪軍出.) <삼국-가정 25:46>

【내-ᄃᆞᆮ-】 동 «내ᄃᆞᆮ다» 내닫다. 내달리다. 나(나다, 出)-+-ㅣ(사동사 파생 접미사)-+ᄃᆞᆮ(닫다, 走).¶ ▼來 ‖ ᄌᆞ룡이 급피 ᄯᆞᆯ온대 위 딘듕의 여ᄃᆞᆲ 대쟝이 일시의 내ᄃᆞ라 마자 싸호니 (子龍趕去, 魏陣中八員將一齊來迎.) <삼국-가정 30:12>

【내미-】 동 내밀다. 신체나 물체의 일부분이 밖이나 앞으로 나가게 하다.¶ ▼그 남글 우러〻 보니 곳고 고다 큰 냥산을 폇ᄂᆞᆫᄃᆞᆺ ᄒᆞ며 바ᄅᆞ 구름의 다핫ᄂᆞᆫ ᄃᆞᆺ호ᄃᆡ ᄒᆞᆫ 곳도 내민 구비 업거ᄂᆞᆯ (仰觀其樹, 亭亭如華蓋, 直侵雲漢, 並無曲節.) <삼국-가정 25:81>

【내응-ᄒᆞ-】 동 내응(內應)하다.¶ ▼內應 ‖ 강좌 감녕이 쥬유의게 욕을 보고 붓그려 ᄂᆡ응호믈 원ᄒᆞ고 황개도 곤댱 오십을 맛고 감ᄐᆡᆨ으로 ᄒᆞ여곰 납항ᄒᆞᄂᆞᆫ 글월이 와시나 밋브디 못ᄒᆞ니 뉘 감히 쥬유의 채듕의 드러가 ᄌᆞ셔히 아라올고 (江左甘寧被周瑜恥辱, 亦願內應; 黃蓋受責五十, 却令闞澤納降, 又有書到此: 未可深信. 誰敢直入周瑜寨中走一遭?) <삼국-가정 15:111>

【내ㅎ】 명 ((지리)) 내.¶ ▼渠 ‖ 현덕이 듕군으로 믈러 드로고 냥노군이 살출ᄒᆞ니 져근덧 ᄉᆞ이예 죽엄이 들희 ᄀᆞ득ᄒᆞ고 피 흘러 내히 되더라 (玄德退步, 兩路軍殺出來, 殺得尸橫遍野, 血流成渠.) <삼국-가정 7:153>

【냇-어귀】 명 ((지리)) 내어귀.¶ ▼川口 ‖ 이제 우리 대군이 냇어귀예 둔ᄒᆞ엿고 디셰 ᄀᆞ장 ᄂᆞᄌᆞ니 비록 건넌편의 토산이 이시나 영의셔 먼디라 (今大軍屯於川口, 地勢甚低, 雖有土山, 離營稍遠.) <삼국-가정 24:83>

【냥】 명의 쯤. 무렵.¶ ▼유 올나가 충돌코져 ᄒᆞ니 ᄉᆞᆫ상 포셕이 심히 험ᄒᆞ여 능히 나오지 못ᄒᆞ고 삼경 냥에 일으러 도라오고져 ᄒᆞ더니 (維欲上山衝殺, 山上砲石甚嚴, 不能得進, 守至三更, 欲回.) <삼국-모종 18:61>

【냥공】 명 ((인류)) 양공(良工). 훌륭한 기술자.¶ ▼良工 ‖ 내 ᄒᆞᆫ 뎐을 짓고 일홈을 건시뎐이라 ᄒᆞ고져 호ᄃᆡ 냥공이 업ᄉᆞ믈 ᄒᆞᆫᄒᆞ노라 (吾欲起一殿, 名建始殿, 恨無良工.) <삼국-가정 25:80>

【냥냥】 명 ((인류)) 낭낭(娘娘, niángniang). 황후(皇后). (중국어 직접 차용어).¶ ▼娘娘 ‖ 만일 승샹부의 가면 골육이 다 ᄀᆞᆯ리 되리니 ᄇᆞ라건대 냥〻은 슈죠ᄅᆞᆯ ᄂᆞ리와 대쟝군을 불러 드러오라 ᄒᆞ샤 그 일을 프러 니ᄅᆞ쇼셔 (若到相府, 骨肉皆爲齏粉矣, 望娘娘賜手詔, 宣大將軍入宮, 解釋其事.) <삼국-가정 1:118>

【냥뇨】 명 양료(糧料).¶ ▼糧料 ‖ 내 반쥰의 위인을 아노니 불셔 ᄒᆞ이여시니 므ᄉᆞ므라 고티며 됴루도 냥뇨ᄅᆞᆯ 맛다시니 ᄯᅩᄒᆞᆫ 듕ᄒᆞᆫ 소임이라 (吾素知潘濬之爲人.既而差定, 何必改之? 趙累見掌糧料, 亦事之重者.) <삼국-가정 24:51>

【냥됴】 명 ((인류)) 양조(兩朝). 두 임금.¶ ▼兩朝 ‖ 세 번 도라보미 빈번ᄒᆞ믄 텬하ᄅᆞᆯ 계규ᄒᆞ미오 냥됴[소렬과 후쥐라]의 긔졔ᄒᆞ믄 노신의 ᄆᆞ음이로다 (三顧頻煩天下計, 兩朝開濟老臣心.) <삼국-가정 34:128>

【냥산】 명 ((기물)) 양산(陽傘). 햇볕을 가리기 위하여 쓰는 우산 모양의 큰 물건.¶ ▼華蓋 ‖ 그 남글 우러〻 보니 곳고 고다 큰 냥산을 폇ᄂᆞᆫᄃᆞᆺ ᄒᆞ며 바ᄅᆞ 구름의 다핫ᄂᆞᆫᄃᆞᆺ 호ᄃᆡ ᄒᆞᆫ 곳도 내민 구ᄇᆡ 업거ᄂᆞᆯ (仰觀其樹, 亭亭如華蓋, 直侵雲漢, 並無曲節.) <삼국-가정 25:81>

【냥식】 명 ((음식)) 양식(糧食). 사람의 먹을거리.¶ ▼糧 ‖ 식을 슈운ᄒᆞ라 ᄒᆞ면 쵹병이 냥식이 업ᄉᆞᆫ디라 일뎡 와 아ᄉᆞ리니 술위예 블을 노코 복병으로 뻐 티면 가히 이긔믈 어드리라 (却教人虛報隴西運糧到. 若蜀人無糧, 必然來搶. 待入其中, 却放火燒車, 外以伏兵應之, 可取勝矣.) <삼국-가정 32:27>

【냥초】 명 양초(糧草). 군대가 먹을 양식과 말을 먹일 꼴. 군량과 마초(馬草).¶ ▼車仗 ‖ 문츄의 군ᄉᆡ 임의 냥초 술의ᄅᆞᆯ 엇고 ᄯᅩ ᄆᆞᆯ을 아ᄉᆞ니 군ᄉᆡ ᄃᆡ오ᄅᆞᆯ 좃디 아니ᄒᆞ여 서ᄅᆞ 요란ᄒᆞ야 노략ᄒᆞ기ᄅᆞᆯ 급히 ᄒᆞ고 싸홀 ᄆᆞ음이 업거ᄂᆞᆯ (文醜軍既得車仗, 又來搶馬, 軍士不依隊伍, 自相離亂.) <삼국-가정 9:50>

【냥초긔계】 명 양초기계(糧草器械).¶ ▼糧食軍器 ‖ 강호병이 궁노 창검과 뉴셩퇴ᄅᆞᆯ 잘 쓰고 ᄯᅩ 젼게 이시니 술위ᄅᆞᆯ 다 쇠로 빠 냥초긔계ᄅᆞᆯ 싯고 약대과 나괴ᄅᆞᆯ 메워 군듕의 ᄃᆞᆫ니〻 일홈을 텰거병이라 ᄒᆞ더라 (羌胡兵二十五萬, 皆慣使弓弩、槍逃走鐵蒺藜、流星鍾等器. 又有戰車, 其車用鐵葉裹釘, 裝載糧食軍器什物, 或用駱駝駕車, 或用騾馬駕車, 一歇行數千里不乏, 因此號爲'鐵車兵'.) <삼국-가정 30:81>

【너로】 부 널리. 넓게.¶ ▼廣 ‖ 동오가 일노붓터 젼션을 너로 짓고 군ᄉᆞᄅᆞᆯ 논하 강안을 직히고 손정을 명ᄒᆞ여 일지군을 거ᄂᆞ려 싀샹의 진치니 (東吳自此廣造戰船, 分兵守把江岸, 又命孫靜引一枝軍守吳會, 孫權自領大軍, 屯柴桑.) <삼국-모종 7:4> 권이 ᄃᆡ희ᄒᆞ야 즉일의 동부ᄅᆞᆯ 슈리ᄒᆞ야 너로 화쵸ᄅᆞᆯ 심우고 셩히 기용을 베푸고 현덕과 누의ᄅᆞᆯ 쳥ᄒᆞ야 거쳐ᄒᆞ고 (權大喜, 即日修整東府, 廣栽花木, 盛設器用, 請玄德與妹居住.) <삼국-모종 9:61>

【너르-】 동 넓히다.¶ ▼廣 ‖ 네 초국이 처엄의 형산하의 봉ᄒᆞ니 싸히 ᄇᆡᆨ니 못ᄒᆞ더니 후ᄌᆞ손이 어디러 싸흘 너르고 긔업을 세워 형 양을 웅거ᄒᆞ야 남히예 니ᄅᆞ러 나라히 오래기 구ᄇᆡᆨ여 년을 ᄒᆞ엿더니 (昔楚國初封于荊山之側, 不滿百里之地, 繼嗣賢能, 廣土開境, 立基于□, 遂據荊、揚, 至于南海, 傳業延祚, 九百餘年.) <삼국-가정 13:6>

【너른-길】 명 ((지리)) 넓은길.¶ ▼通衢 ‖ 믄득 광풍이 니러나니 ᄇᆡᆨ셩이 와 보리 엇지 쳔만ᄲᅮᆫ 이리오 너른 길 긔리 몌엿더라 (忽然狂風就起, 百姓看者, 何止數萬人, 塡塞通衢.) <삼국-가정 10:32>

【너ᄅᆞ-】 형 너르다. 공간이 두루 다 넓다.¶ ▼廣 ‖ 노부난 나히 늘고 두 ᄌᆞ식은 부ᄌᆡ하냐 국가 듕님을 당치 못할 거시오 뉴공은 뎨실지주로 덕이 너ᄅᆞ고 ᄌᆡ죄 놉흐니 가히 셔주ᄅᆞᆯ 거ᄂᆞ리고 노부ᄂᆞᆫ 한가로이 병을 기라리ᄅᆞ (老夫年邁, 二子不才, 不堪國家重任. 劉公乃帝室之胄, 德廣才高, 可領徐州, 老夫情願乞閒養病.) <삼국-모종 2:67>

【너모】 부 너무.¶ ▼好生 ‖ 션이 ᄇᆡ고 왈 국ᄐᆡ 병이 너모 중ᄒᆞ야 조셕으로 부인을 ᄉᆡᆼ각ᄒᆞ니 만일 더ᄃᆡ면 상면 못ᄒᆞᆯ가 져허ᄒᆞᄂᆞ이다 (周善拜訴曰: "國太好生病重, 旦夕只是思念夫人, 倘去得遲, 恐不能相見.") <삼국-모종 10:84>

【너무】 부 일정한 정도나 한계에 지나치게. 넘(넘다, 越)-+-우(부사 파생 접미사).¶ ▼너무 소견 읍단 말 (忒沒分曉.) <삼국-어람 108b> 너무 착ᄒᆞ단 말 (忒好.) <삼국-어람 108a>

【너뷔】 명 너비. 평면이나 넓은 물체의 가로로 건너지른 거리.¶ ▼闊 ‖ 공명니 곳 십만 인을 써 산에 드러가 ᄃᆡ 슈십만 근을 비혀 물노 나리와 하수 좁은 곳의 쥭교ᄅᆞᆯ 무으니 너뷔 십여 장니라 (孔明即調三萬人入山, 伐竹數十蔑萬根, 順水下, 於河面狹處, 搭起竹橋, 闊十餘丈.) <삼국-모종 14:100>

【너브-】 형 넓다.¶ ▼闊 ‖ 홀연 보니 뎡동으로 일표 군이 〻르니 위슈일쟝이 너른 이마오 너븐 낫치오 범의 몸이오 곰의 허리니 오군 부츈인이니 셩은 소[손]이오 명은 견이오 ᄌᆞᄂᆞᆫ 문ᄃᆡ니 손무ᄌᆞ의 휘라 (忽見正東一彪

人馬到來, 爲首一將, 生得廣額闊面, 虎體熊腰, 吳郡富春人也, 姓孫, 名堅, 字文臺, 乃孫武子之後.) <삼국-모종 1:20>

【너비】 부 널리. 넓게.¶ ▼廣 ‖ 부형의 긔업을 니어 너비 현ᄉᆞᄅᆞᆯ 드리고 듕히 모신을 ᄡᅥ 손 맛ᄂᆞᆫ 집을 여러 고옹·댱굉으로 ᄉᆞ방의 션ᄇᆡᄅᆞᆯ ᄃᆡ졉ᄒᆞ니 (自承父兄基業, 廣納賢士, 重用謀臣, 開賓館於吳縣, 顧雍、張紘接待諸賓.) <삼국-가정 13:2> 뉴비 쳔듕의 드러오므로브터 너비 은덕을 베퍼 민심을 거두니 이 사ᄅᆞᆷ의 ᄠᅳᆺ이 ᄀᆞ장 용티 아니ᄒᆞ더이다 (劉備自從入蜀, 廣布恩德, 以收民心, 此人之意, 甚是不善.) <삼국-가정 20:46>

【너-으】 대 너희. 듣는 이가 친구나 아랫사람일 때, 그 사람들을 가리키는 2인칭 대명사. 너(인칭 대명사)+-으(←-희: 복수 접미사).¶ ▼汝 ‖ 쇠 ᄃᆡ로ᄒᆞ여 급히 이인을 부르니 곽도 몬져 ᄉᆞᄅᆞᆷ으로 이인ᄋᆞ게 고ᄒᆞᄃᆡ 쥬공이 쟝ᄎᆞᆺ 너으를 죽기리라 (紹大怒, 遂遣使急召二人歸寨問罪, 郭圖先使人報二人云: "主公將殺汝矣.") <삼국-모종 5:60>

【너쟝】 명 ((주거)) 여장(女墻). 성곽 위의 낮게 쌓은 담. 여기에 몸을 숨기고 적을 감시하거나 공격하거나 함. 성가퀴. 보원(堡垣).¶ ▼女墻 ‖ 유 쟝ᄃᆡ의 올나 보니 너쟝 ᄀᆞ의 헷 긔치를 ᄭᅩ자시니 직흰 사람이 업고 ᄯᅩ 군ᄉᆞ마ᄃᆞ 작〻 얼ᄆᆡ야진 거슬 보고 (瑜上將臺觀看, 見女墻邊虛搠旌旗, 無人守護; 又見軍士腰下各束縛包裹.) <삼국-규장 11:121>

【너호-】 동 «너흘다» 물다. 물어뜯다. 씹다.¶ ▼啖 ‖ 이제 일죠의 네 간계의 ᄲᅢ지니 ᄂᆡ ᄉᆞ라 너희 고기를 너호디 못ᄒᆞ고 죽으니 맛당이 녀적의 혼을 ᄯᆞ랏ᄂᆞ니 ᄂᆞ난 이의 한슈졍후 관운쟝이로라 (今被汝一旦以奸計圖我, 我生不能啖汝之肉, 死當追呂賊之魂. 一一我乃漢壽亭侯關雲長也.) <삼국-국중 13:84>

【너흘-】 동 깨물다. 물어뜯다. 씹다.¶ ▼噬 ‖ 내 조공을 보고 닐오ᄃᆡ 쟝군을 비컨대 범 ᄀᆞᆺᄐᆞ니 맛당이 고기ᄅᆞᆯ ᄇᆡ브ᄅᆞ 먹이라 ᄇᆡ브ᄅᆞ디 아니ᄒᆞ면 쟝ᄎᆞᆺ 사ᄅᆞᆷ을 너흘가 ᄒᆞ노라 (吾見曹公, 把將軍說了臂如養虎, 當飽其肉; 不飽, 則將噬人.) <삼국-가정 6:66> ▼嚼 ‖ 너호러 ᄆᆡᆼ셰ᄒᆞ야 국적을 죽이려 호라 (嚼以爲誓, 誓殺國賊!) <삼국-가정 8:86> ▼啖 ‖ 현덕이 임의 아비 너흘믈 아랏시니 다토아 머믈너 조만을 ᄒᆡᄒᆞ게 ᄒᆞ리오 (玄德既知能啖父, 爭如留取害曹瞞.) <삼국-국중 4:154> 손권니 딤의 ᄋᆞ을 ᄒᆡᄒᆞ고 ᄯᅩ 겸ᄒᆞ여 부ᄉᆞ인과 미방 번쟝 마츙이 ᄃᆞ 졀치 지쉬 이스니 그 고기를 너흘고 그 결ᄅᆡ를 멸ᄒᆞ야 딤의 한을 싸스리니 경이 엇디 막ᄂᆞ냐 (孫權害了朕, 弟又兼傅士仁、糜芳、潘璋、馬忠皆有切齒之讎; 啖其肉而滅其族, 方雪朕恨. 卿何阻耶?) <삼국-국중 13:145>

【너-희】 대 ((인류)) 너희. 듣는 이가 친구나 아랫사람일 때, 그 사람들을 가리키는 2인칭 대명사. 너(인칭 대명사)+-희(복수 접미사).¶ ▼汝 ‖ 내 너희ᄅᆞᆯ 위ᄒᆞ여 도적을 파ᄒᆞ노라 힘과 ᄆᆞᄋᆞᆷ을 허비ᄒᆞ여 잇브게 ᄒᆞ거ᄂᆞᆯ 네 이제 ᄌᆡ믈을 앗겨 군ᄉᆞᄅᆞᆯ 주디 아니ᄒᆞ니 엇디 ᄉᆞ태우로 ᄒᆞ여곰 주거 싸호게 ᄒᆞ리오 (吾爲汝破敵, 費力勞心. 汝今積財吝賞, 何以使士大夫死戰乎?) <삼국-가정 20:48> ▼汝輩 ‖ 의 왈 너희가 엇디 ᄃᆡᄉᆞᄅᆞᆯ 알니오 사마ᄉᆞ 왈 아니 위쥬 쓰지 아니믈 탄ᄒᆞ시ᄂᆞ이잇가 (懿曰: "汝輩豈知大事耶?" 司馬師曰: "莫非歎魏主不用乎?") <삼국-모종 15:99>

【넋】 명 사람의 몸에 있으면서 몸을 거느리고 정신을 다스리는 비물질적인 것. 혼백(魂魄).¶ ▼魂 ‖ 승이 놀라 ᄭᆡᄃᆞ라보니 죠셰 업거ᄂᆞᆯ 넉시 몸의 븟디 아니ᄒᆞ야 아ᄆᆞ리 ᄒᆞᆯ 줄을 몰라 ᄒᆞ더니 (承驚覺, 不見詔書, 魂不附體, 手脚慌張.) <삼국-가정 7:100> 노슉을 잇글고 ᄒᆞᆫ가지로 ᄇᆡ예 ᄂᆞ려가니 노슉의 넉시 몸의 븟디 아니ᄒᆞ여 ᄒᆞ더라 (魯肅魂不附體, 被雲長扯至江邊.) <삼국-가정 21:106>

【넌즛-넌즛】 부 느릿느릿.¶ ▼慢 ‖ 좌직 나모신을 신고 넌즛넌즛 가거늘 (左慈穿木履在前, 慢步而行.) <삼국-가정 22:77>

【널】 명 ❶ ((기물)) 널. 널빤지. 넓게 켠 나무판대기.¶ ▼闊板 ‖ 만일 대쇼 젼션을 각〻 모도와 혹 삼십으로 ᄒᆞᆫ 뻬ᄅᆞᆯ ᄒᆞ며 혹 오십으로 ᄒᆞᆫ 뻬ᄅᆞᆯ ᄒᆞ야 슈미의 쇠골회ᄅᆞᆯ 바가 년ᄒᆞ야 ᄌᆞ믈고 우ᄒᆡ 널을 ᄭᆞ라 너ᄅᆞ긔 ᄒᆞ면 사ᄅᆞᆷ이 평디 ᄃᆞᆫ니ᄃᆞᆺ 편ᄒᆞᆯ ᄲᅮᆫ이 아니라 ᄆᆞᆯ이라도 ᄯᅩᄒᆞᆫ ᄃᆞᆯ리이다 (若以大船小船, 各皆配搭, 或三十爲一排, 或五十爲一排, 首尾用鐵環連鎖, 上鋪闊板, 休言人可渡, 馬亦可走矣.) <삼국-가정 15:121> ❷ 칠성판(七星板). 관(棺) 속 바닥에 까는 얇은 널조각. 북두칠성을 본떠서 일곱 개의 구멍을 뚫어 놓는다.¶ ▼櫬 ‖ 덕니 ᄇᆡᄉᆞᄒᆞ고 집의 도라와 ᄃᆡ목으로 ᄒᆞ야곰 ᄒᆞᆫ 널을 짓고 ᄎᆞ일 제붕을 청ᄒᆞ고 그 널을 장중의 버리니 (德拜謝回家, 令匠人造一木櫬, 次日, 請諸友赴席, 列櫬於堂.) <삼국-모종 12:65>

【널이】 부 널리. 넓게.¶ ▼廣 ‖ 부형의 긔업을 니어 널이 현ᄉᆞᄅᆞᆯ 드리고 듕히 모신으로 ᄡᅥ 손 맛ᄂᆞᆫ 집을 여러 고옹·댱굉으로 ᄉᆞ방의 션ᄇᆡᄅᆞᆯ ᄃᆡ졉ᄒᆞ니 (自承父兄基業, 廣納賢士, 重用謀臣, 開賓館於吳縣, 顧雍丶張紘接待諸賓.) <삼국-규장 13:2>

【널프-】 형 넓히다.¶ ▼廣 ‖ 네 초국이 처엄의 형산하의 봉ᄒᆞ니 ᄡᅡ히 ᄇᆡᆨ니 못ᄒᆞ더니 홋ᄌᆞ손이 어디러 ᄡᅡ흘 널프고 긔업을 셰워 형 양을 웅거ᄒᆞ야 남ᄒᆡ예 니르러 나라히 오래기 구ᄇᆡᆨ여 년을 ᄒᆞ엿더니 (昔楚國初封于荊山之側, 不滿百里之地, 繼嗣賢能, 廣土開境, 立基于□, 遂據荊、揚, 至于南海, 傳業延祚, 九百餘年.) <삼국-규장 9:54>

【넘-】 동 넘다. 넘치다. 초과하다.¶ ▼長 ‖ 픠 보니 과연 그 말이 혼신이 숫불갓치 불ᄭᅳᆫ ᄒᆞᆫ 졈 잡털이 업고 머리로 ᄭᅩ리가지 길이 ᄒᆞᆫ 길이 넘고 놉히 팔 쳑이라 (布便令牽過來看, 果然那馬渾身上下, 火炭般赤, 無半根雜毛, 從頭至尾, 長一丈, 從蹄至項, 高八尺.) <삼국-모종 1:52>

【넘ᄠᅵ-】 동 넘치다. 가득 차서 밖으로 흘러나오거나 밀려나다.¶ ▼泛 ‖ ᄀᆞ올로브터 겨올히 니ᄅᆞ되 님위 오디 아니ᄒᆞ니 회슈 넘ᄠᅵ디 아니ᄒᆞ고 셩듕의 냥식이 졈〻 진ᄒᆞ야 가더라 (自秋至冬, 幷無霖雨, 淮水不泛.) <삼국-가정 37:32>

【넘ᄶᅵ-】 동 넘치다. 가득 차서 밖으로 흘러나오거나 밀려나다.¶ ▼泛濫 ‖ 건녕 사년 츈이월의 낙양의 디진ᄒᆞ니 각사 마을 담들리 다 믈허디고 바다믈이 다 넘ᄶᅵ니 등 ᄂᆡ 긔 밀 네 고올히 믈결의 후믈리니 ᄇᆡᆨ셩이 다 바다히 ᄲᆞ디거ᄂᆞᆯ (建寧四年二月, 洛陽地震, 省垣皆倒, 海水泛濫, 登、萊、沂、密盡被大浪卷掃居民入海.) <삼국-가정 1:4> 건령 사년 츈이월의 낙양의 디진ᄒᆞ니 각사 마을 담들이 다 문허지고 바다믈이 다 넘ᄶᅵ니 등 ᄂᆡ 긔 밀 네 고을이 믈결의 휘믈리니 ᄇᆡᆨ셩이 다 바다히 ᄲᅵ디거ᄂᆞᆯ (建寧四年二月, 洛陽地震, 省垣皆倒, 海水泛濫, 登、萊、沂、密盡被大浪卷掃居民入海.) <삼국-규장 1:4>

【네기-】 동 여기다.¶ ▼然 ‖ 죄 그려이 네겨 죽이지 아니ᄒᆞ고 별실에 두고 길으니 졍욱이 날마다 가 문안ᄒᆞ고 일직 셔〻로 결의형제로ᄅᆞ ᄒᆞ고 셔모ᄅᆞᆯ 친모갓치 ᄃᆡ접ᄒᆞ고 (操然其言, 遂不殺徐母, 送於別室養之, 程昱日往問候, 詐言曾與徐庶結爲兄弟, 待徐母如親母.) <삼국-모종 6:61>

【녀간】 명 여간(如干). 보통의 것. 웬만한 것. 어지간한 것.¶ ▼頗 ‖ 녀아의 녀간 장념ᄒᆞᄂᆞᆫ 긔명은 츄후로 보ᄂᆡ리라 (小女頗有粧奩, 待過將軍府下, 便當送至.) <삼국-국중 2:84>

【녀-나ᄆᆞᆫ】 관 여남은. 다른.¶ ▼他 ‖ 우리 형 뉴현덕은 녀나ᄆᆞᆫ 사ᄅᆞᆷ과 다ᄅᆞ니라 (吾兄劉玄德非比他人也.) <삼국-가정 20:7>

【녀댱】 명 ((기물)) 여장(藜杖). 명아주지팡이.¶ ▼藜杖 ‖ 각이 처음의 동당진딘 션ᄇᆡ로셔 산듕의 드러가 약 ᄏᆡ더니 ᄒᆞᆫ 노닌을 만나니 눈이 프르고 아ᄒᆡ 얼골이오 손의 녀댱을 잡아더라 (<張角>因入山採藥, 遇一老人, 碧眼童顔, 手執藜杖.) <삼국-가정 1:11> ▼藜頭杖 ‖ 하ᄂᆞᆯ로셔 ᄒᆞᆫ 사ᄅᆞᆷ이 ᄂᆞ리니 신댱이 삼댱이 남고 발자최 삼쳑 이촌이오 ᄇᆡᆨ발창염의 황건황포의 녀댱을 딥고 (天降一人, 身長三丈餘, 脚迹長三尺二寸, 白髮蒼髯, 着黃單衣, 裹黃巾, 拄藜頭杖.) <삼국-가정 39:46>

【녀름】 명 농사(農事). 수확(收穫).¶ ▼成熟 ‖ 근년의 녀름이 됴흐니 즁관을 양〻의 모도와 티병ᄒᆞ며 뎐렵ᄒᆞ야 보고져 ᄒᆞ야 이제 다 갓초와시니 쳥컨ᄃᆡ 쥬인은 힘ᄒᆞ쇼셔 (近年成熟, 合聚衆官於襄陽, 就馳騁人馬游獵. 今日已辦畢, 請主人主持.) <삼국-가정 11:121> ▼成熟 ‖ 근년의 녀름이 됴흐니 즁관을 양〻의 모도와 티병ᄒᆞ며 뎐렵ᄒᆞ야 보고져 ᄒᆞ야 이제 다 갓초와시니 쳥컨ᄃᆡ 쥬인은 힘ᄒᆞ쇼셔 (近年成熟, 合聚衆官於襄陽, 就馳騁人馬游獵. 今日已辦畢, 請主人主持.) <삼국-가정 규장 8:114>

【녀름】[1] 명 ((천문)) 여름. 일년의 네 철 가운데 두 번째 철. 봄과 가을 사이의 낮이 길고 더운 계절. ※ 녀름> 녀름 "ᄋ>ㅡ" 음운변화의 역표기.¶ ▼夏 ‖ 후의 텬해 대란호믈 만나 병들롸 ᄒᆞ고 고향의 도라가 졍사[초당 ᄀᆞᄐᆞᆫ 집 이래]ᄅᆞᆯ 쵸동 오십니예 지어 녀름과 ᄀᆞ을히 글을 닑고 봄과 겨을히 활 ᄡᅩ며 산영ᄒᆞ여 (後値天下大亂, 故以病回鄕里, 築精舍於譙東五十里, 欲秋夏讀書, 春冬射獵.) <삼국-가정 18:36>

【녀름】[2] 명 농사(農事). 수확(收穫).¶ ▼(屯)田 ‖ ᄇᆡᆨ여 일이 못ᄒᆞ야셔 됴안ᄒᆞᆫ 군ᄉᆡ 삼십만이오 남녜 ᄇᆡᆨ여 귀어ᄂᆞᆯ 졍예ᄒᆞᆫ 쟈ᄅᆞᆯ 뫼화 일홈을 쳥쥐병이라 ᄒᆞ고 그 나ᄆᆞᆫ ᄇᆡᆨ셩은 다 녀름을 짓게 ᄒᆞ니 (不到百餘日, 操招安到降兵三十餘萬、男女百萬餘口. 收到精銳者, 號爲"靑州兵", 其餘百姓盡皆屯田.) <삼국-가정 4:21> ▼成熟 ‖ 근년의 녀름이 됴흐니 즁관을 양〻의 모도와 티병ᄒᆞ며 뎐렵ᄒᆞ야 보고져 ᄒᆞ야 이제 다 ᄀᆞ초와시니 쳥컨대 쥬인은 힘ᄒᆞ쇼셔 (近年成熟, 合聚衆官於襄陽, 就馳騁人馬游獵. 今日已辦畢, 請主人主持.) <삼국-가정 11:121>

【녀름-지으-】 동 «녀름짓다» 농사짓다. 녀름(농사, 農)+지(ㅅ불규칙 용언: 作)-+-으-.¶ ▼修農 ‖ 쟝군은 산하의 구드믈 웅거ᄒᆞ고 ᄉᆞ쥐의 ᄇᆡᆨ셩을 거ᄂᆞ려 영웅을 사괴고 안흐로 녀름지으며 싸홈 긔구ᄅᆞᆯ ᄀᆞ촌 후의 그 졍예ᄅᆞᆯ ᄀᆞᆯᄒᆡ여 긔병을 ᄆᆡᆫᄃᆞ라 (將軍據山河之固, 擁四州之衆, 外結英雄, 內修農戰, 然後揀其精銳, 分爲奇兵, 乘虛迭出, 以擾河南.) <삼국-가정 9:29> ▼務農 ‖ 맛당이 몬져 사ᄅᆞᆷ을 보내여 텬ᄌᆞ의 하례ᄒᆞ고 힘써 녀름지어 ᄇᆡᆨ셩을 평안케 호ᄃᆡ (宜先遣人獻捷天子, 務農逸民.) <삼국-가정 8:7>

【녀름지이-ᄒᆞ-】 동 농사짓다.¶ ▼農事 ‖ 노뷔 대〻로 션ᄇᆡ 노ᄅᆞᆺ ᄒᆞ더니 텬해 어즈럽거ᄂᆞᆯ 은거ᄒᆞ야 녀름지이ᄒᆞ더니 다만 이 ᄒᆞᆫ ᄌᆞ식이 이시되 시셔ᄅᆞᆯ 일삼디 아니ᄒᆞ고 유렵ᄒᆞ기ᄅᆞᆯ 즐기니 가문의 블힝이로소이다 (老夫世本儒流, 因天下荒亂, 隱居務農, 一生止有此子, 不學儒業, 惟務遊獵爲樂, 是家門大不幸也!) <삼국-가정 9:123>

【녀름-짓-】 동 농사짓다. 녀름(농사, 農)+짓(ㅅ불규칙 용언: 作)-.¶ ▼農 ‖ 댱ᄌᆞ 샹과 ᄎᆞᄌᆞ 웅이 이시나 일을 ᄀᆞ음알 사ᄅᆞᆷ이 아니라 오직 가히 녀름짓기예 도라갈디니 노뷔 죽은 후의 ᄇᆞ라건대 ᄀᆞᄅᆞ쳐 왕ᄉᆞᄅᆞᆯ ᄀᆞ음알게 말라 (長子商, 次子應, 皆非仕宦之人, 只可歸農. 老夫死後, 望玄德公敎誨, 切勿令掌王事.) <삼국-가정 4:119> ᄒᆞᆫ 쟝슈 섬 아래 셔시니 그 사ᄅᆞᆷ이 져머셔 녀름짓기ᄅᆞᆯ 힘ᄡᅥ 아니ᄒᆞ고 ᄌᆞ란 후의 용을 됴히 너기니 (一將立於階下. 其人少不務農, 長而好勇.) <삼국-가정 24:56>

【녀ᄆᆡ-】 동 여미다.¶ ▼衽 ‖ 공ᄌᆡ 일ᄏᆞ라 ᄀᆞᆯ오샤ᄃᆡ 관듕곳 아니면 우리 그 머리ᄅᆞᆯ 플고 좌임[오랑캐ᄂᆞᆫ 오ᄉᆞᆯ 외오 녀ᄆᆡᄂᆞ니래]ᄒᆞ리랏다 ᄒᆞ시고 (孔子稱之曰: "微管仲, 吾其披髮左衽矣.") <삼국-가정 12:75>

【녀어-보-】 동 여어보다. 엿보다.¶ ▼窺 ‖ ᄂᆡ 관운장의 일홈을 들은 지 오ᄅᆡ로되 모양을 보지 못ᄒᆞ엿스니 아모

커ᄂᆞ 한 번 녀어보리라 (我久聞關雲長之名, 不識如何模樣, 試往窺之.) <삼국-국중 6:71>

【녀쟝】 명 ((주거)) 여장(女墻). 성가퀴. 성곽 위의 낮게 쌓은 담. 여기에 몸을 숨기고 적을 감시하거나 공격하거나 함. 보원(堡垣).¶ ▼女墻 ‖ 워 쟝ᄃᆡ의 올나 보니 녀쟝 ᄀᆞ의 헷 긔치를 ᄭᅩ자시니 직흰 사람이 업고 ᄯᅩᄒᆞᆫ 군사마다 작〻 열ᄆᆡ야진 거슬 보고 (瑜上將臺觀看, 見女墻邊虛搠旌旗, 無人守護; 又見軍士腰下各束縛包裹.) <삼국-가정 16:97>

【녀지】 명 ((식물)) 여지(荔子 lìzhi). 여지(荔枝). 무환자나뭇과의 상록 교목. 혹은 그 과일. 중국 남방의 열대 과일의 하나.¶ ▼荔芰 ‖ 위왕궁이 일거늘 쳐인을 각쳐의 보ᄂᆡ여 귀ᄒᆞᆫ 실과나모와 긔이ᄒᆞᆫ 초목을 뫼호더니 ᄉᆞ직 오의 드러가 복건 농안 녀지와 온쥐 감ᄌᆞ를 가질나 가 (魏王宮成, 差人往各處取果木珍奇之物. 使人入吳地, 往福建取荔芰、龍眼, 溫州取柑子.) <삼국-가정 22:66>

【녁슈】 명 역수(歷數).¶ ▼歷數 ‖ ᄯᅩ ᄂᆡ 녯사람의 그윽ᄒᆞᆫ 의논을 드르니 텬운을 니어 뉴시를 ᄃᆡᄒᆞ리ᄂᆞᆫ 반다시 동남으로셔 니러나리라 ᄒᆞ니 ᄉᆞ세를 밀위여 보건ᄃᆡ 그 녁슈를 당ᄒᆞ야 마ᄎᆞᆷᄂᆡ 뎨업을 일워 텬시를 맛긔 ᄒᆞ리니 (且吾聞先哲秘論, 承天運代劉氏者, 必興於東南, 推步事勢, 當其歷數, 終成帝基, 以協天心.) <삼국-가정 10:51>

【년남-ᄒᆞ-】 동 연람(延攬)하다. 초빙하다. 초치(招致)하다. 자기편으로 끌어들이다.¶ ▼總攬 ‖ 장군니 이미 한실지 쥬로 신과 의가 ᄉᆞ희예 난타나니 영웅을 년남ᄒᆞ여 만일 형 익을 두어 그 험조ᄒᆞ물 보젼ᄒᆞ고 (將軍既帝室之胄, 信義著於四海, 總攬英雄, 思賢如渴, 若跨有荊、益, 保其巖阻.) <삼국-모종 6:89>

【년노】 명 ((군기)) 연노(連弩). 한번에 열 발을 연속으로 쏠 수 있는 병기.¶ ▼連弩 ‖ 내 년뇌[궁노라] ᄒᆞᄂᆞᆫ 법을 일즙 ᄡᅳ디 못ᄒᆞ야시나 네 후의 반ᄃᆞ시 ᄡᅳ되 쇠를 두ᄃᆞ려 ᄆᆡᆫᄃᆞ라 쇠살히 당히 팔촌이오 ᄒᆞᆫ 궁노의 열 살흘 발ᄒᆞ리라 도본을 다 그려시니 법대로 ᄆᆡᆫᄃᆞ라 ᄡᅳ라 (吾有連弩之法, 副曾用得, 汝後必用. 以鐵折疊燒打而成, 鐵矢長八寸, 一弩可發十矢, 皆畫成圖本, 汝可如法造之.) <삼국-가정 34:68>

【년면-ᄒᆞ-】 형 연면(連綿)하다. 혈통, 역사, 산맥 따위가 끊어지지 않고 계속 잇닿아 있다. 면연(綿延)하다.¶ ▼連綿 ‖ 이제 츄위 년면ᄒᆞ여 여러 날이로ᄃᆡ 긋치디 아니ᄒᆞ니 양강 물이 반ᄃᆞ시 턍일ᄒᆞᆯ 거시니 (方今秋雨連綿, 數日, 襄江之水必然泛漲.) <삼국-가정 24:83> 츄위 년면ᄒᆞ야 잔되 다 긋처뎌시니 촉인이 엇디 우리 퇴병ᄒᆞ믈 알리오 (連綿秋雨, 棧道斷絕, 蜀人豈知吾等退軍耶?) <삼국-가정 33:4>

【년십-ᄒᆞ-】 동 연습(練習)하다.¶ ▼練 ‖ 조〻 긔쥬에 현무지를 파고 슈군을 년십ᄒᆞ니 필야 강남을 침노ᄒᆞ고ᄌᆞ ᄒᆞ미니 가히 밀〻이 ᄉᆞ름을 보ᄂᆡ여 허실을 탐지ᄒᆞ라 (曹操於冀州作玄武池以練水軍, 必有侵江南之意, 可密令人過江探聽虛實.) <삼국-모종 6:92>

【년작】 명 ((조류)) 연작(燕雀). 제비와 참새를 아울러 이르는 말.¶ ▼燕雀 ‖ 중상시 황호 일을 쓰고 공경이 다 아쳠ᄒᆞ여 직언이 업고 그 ᄇᆡᆨ셩이 긔ᄉᆡᆨ이 잇스니 일은 바 년작이 마로에 쳐ᄒᆞ여 집 타난 줄 아지 [못]ᄒᆞᆫ다 (近日中常等黃皓用事, 公卿多阿附之, 入其朝, 不聞直言, 經其野, 民有菜色, 所謂 “燕雀處堂, 不知大廈之將焚”者也.) <삼국-모종 18:85>

【년주】 명 ((복식)) 연주(胭硃). 연지(臙脂). 여자가 화장할 때에 입술이나 뺨에 찍는 붉은 빛깔의 염료. 또는 자주와 빨강의 중간색. 또는 그 색의 물감.¶ ▼硃 ‖ 위진 일소장이 경창종마ᄒᆞ여 나오니 나히 이십 남직ᄒᆞ고 얼골은 분 발은 듯ᄒᆞ고 닙소을은 년주 찍은 듯ᄒᆞᆫ지라 (只見魏陣中一小將, 全裝慣帶, 挺槍縱馬而出, 約年二十餘歲, 面如傅粉, 唇似抹硃.) <삼국-모종 18:77>

【년치】 명 연치(年齒). ‘나이’의 높임말. 연세(年歲).¶ ▼年齒 ‖ 죄 마시기를 파ᄒᆞ고 단의 ᄂᆞ려 모다 원쇼를 붓드러 댱듕의 안치고 각〻 힝녜ᄒᆞᆫ 후의 관쟉과 년치를 조차 좌우로 분녈ᄒᆞ야 좌뎡ᄒᆞ매 (及歃血已罷, 下壇. 衆皆扶紹升帳. 待坐, 各施禮罷, 兩行依爵位年齒, 分列而坐.) <삼국-가정 2:56>

【년환-계】 명 연환계(連環計). 간첩을 적에게 보내어 계교를 꾸미게 하고, 그사이에 자신은 승리를 얻는 계교.¶ ▼連環計 ‖ 대강 우히 비록 ᄒᆞᆫ ᄇᆡ 블이 브트나 남은 ᄇᆡ 네 녁흐로 흐터디면 엇디ᄒᆞ야 다 ᄐᆡ오리오 년환계를 ᄡᅥ 뎔로 ᄒᆞ여곰 ᄇᆡ예 모ᄉᆞᆯ 바가 ᄒᆞᆫ 고ᄃᆡ 모ᄃᆞᆫ 후의 가히 블로ᄡᅥ 티리라 (大江面上, 一船着火, 餘船四散, 如何燒得? 除非獻連環計, 教他釘作一處, 然後可用火攻.) <삼국-가정 15:112> 네 ᄀᆞ장 열이 크다 황개ᄂᆞᆫ 고육계를 ᄡᅥ 감ᄐᆡᆨ을 사항셔를 드리고 너ᄂᆞᆫ ᄯᅩ 와 년환계를 드려 브ᄃᆡ 가 ᄐᆡ오려 ᄒᆞᄂᆞᆫ다 (你好大膽! 黃蓋用苦肉計, 闞澤下詐降書, 你又來獻連環計: 只恐燒不盡絕!) <삼국-가정 15:124>

【념간】 명 염간(念間). 스무날께. 스물을 뜻하는 한어 “廿”(二十)의 중국 속음이 “念”과 더불어 “niàn”으로 같아지면서 “念”으로써 “廿”을 대신해서 적는 속습이 생김.¶ ▼下旬 ‖ 이윽고 긔졀ᄒᆞ야 죽으니 쉬 뉵십 뉵 세라 이ᄣᅢ 건안 이십오년 츈졍월 념간이러라 (氣絕而亡. 壽六十六歲. 時建安二十五年春正月下旬也.) <삼국-가정 25:101>

【념찰-ᄒᆞ-】 동 염찰(廉察)하다. 염탐(廉探)하다. 몰래 남의 사정을 살피다.¶ ▼採訪 ‖ 죄 블러드려 무러 ᄀᆞᆯ오ᄃᆡ 하븍의 가 념찰ᄒᆞ니 민믈이 엇더ᄒᆞ더뇨 (吾差汝去河北採訪民物何如?) <삼국-가정 7:133>

【념통】 명 ((신체)) 염통. 주기적인 수축에 의하여 혈액을 몸 전체로 보내는, 순환계의 중심적인 근육 기관.¶ ▼心窩 ‖ 댱비 골희눈을 브ᄅᆞᄯᅳ고 댱팔모를 들고 나니 손을 드ᄂᆞᆫ 고ᄃᆡ 등무의 념통을 딜러 ᄆᆞᆯ게 ᄡᅥ러디다 (張飛睜環眼, 挺丈八矛, 手起處, 刺中心窩, 鄧茂翻身落馬.)

<삼국-가정 1:32> 퇴 몸을 두로혀 피ᄒᆞ고 창으로 허뎌의 념통을 니ᄅᆞ더니 허뎌 스리텨 피ᄒᆞ며 (超閃過, 一槍望褚心窩刺來, 被褚閃過.) <삼국-가정 19:35>

【녕낙-ᄒᆞ-】 동 영락(零落)하다. 세력이나 살림이 줄어들어 보잘 것 없이 되다.¶ ▼零落 ‖ 내 이제 병이 듕ᄒᆞ니 현뎨이게 외탁고져 ᄒᆞ노니 내 ᄌᆞ식이 ᄌᆡ조 업고 졔쟝이 녕낙ᄒᆞ니 내 주근 후의 현뎨 가히 형줘를 다ᄉᆞ리라 (吾今病在膏肓, 托孤于賢弟. 我子無才, 諸將零落; 我死之後, 賢弟可攝荊州.) <삼국-가정 13:73>

【녕통】 명 ((신체)) 염통. 심장(心腸).¶ ▼心 ‖ 신도 ᄶᅡ 원의 안히 ᄆᆡ양 두풍을 알코 그 아들이 녕통을 알하 온 집이 ᄆᆡ양 놀나ᄆᆡ 민망ᄒᆞ야 뢰를 청ᄒᆞ야 졈ᄒᆞ라 ᄒᆞᆫᄃᆡ (因信都令妻常患頭風, 其子心痛, 擧家常驚恐, 請輅卜之.) <삼국-가정 22:84>

【녜】 명 예. 아주 먼 과거. 옛적. 옛날.¶ ▼좌샹의 굉뉘교착[잔과 산이 섯겨 헤텃단 말이라 녜는 술 먹을 제 잔을 ᄡᅳ더니라]ᄒᆞ더라 ᄒᆞᆫ 사ᄅᆞᆷ이 잔을 잡아 권ᄒᆞᆯ 적이면 반ᄃᆞ시 제 ᄌᆡ릉을 쟈랑ᄒᆞ니 쥬유 대쇼ᄒᆞ고 마시더라 (席上觥籌交錯, 但是一個起來把盞, 必須誇其才能. 周瑜大笑而暢飮.) <삼국-가정 15:50>

【녜비-ᄒᆞ-】 동 예비(豫備)하다.¶ ▼豫備 ‖ ᄶᅥᆨ난 팔원이라 수일 비오거날 공니 ᄇᆡ와 ᄯᅦ을 녜비ᄒᆞ니 관평니 문왈 육지 엇지 수구 수습ᄒᆞ여 무어세 ᄡᅵ리요 (時值八月秋天, 驟雨數日, 公令人預備船筏, 收拾水具, 關平問曰: "陸地相持, 何用水具?") <삼국-모종 12:71>

【녜ᄉᆞ】 명 예사(例事). 보통 있는 일.¶ ▼凡 ‖ 예쥐 홀로 됴흔 뜻이 업고 덕이 업서 이제 셔쳔을 가지고 ᄯᅩ 형줘를 아오로고져 ᄒᆞ니 이는 녜ᄉᆞ 사ᄅᆞᆷ의 ᄎᆞ마 못ᄒᆞᆯ 일이어늘 엇디 ᄒᆞ믈며 왕쟈의 ᄒᆞᆯ 배리오 (豫州私獨飾情, 愆德隳好. 今已籍于西川矣, 又欲剪幷荊州之土. 斯蓋凡夫所不忍行, 而況整頓人物之主乎!) <삼국-가정 21:104> ▼等閒 ‖ 댱합은 위나라 명쟝이라 녜ᄉᆞ 사ᄅᆞᆷ은 ᄃᆡ덕디 못ᄒᆞᆯ 거시니 익덕곳 아니면 당티 못ᄒᆞ리라 (張郃乃魏之名將, 非等閒可及, 不着翼德, 無人可當.) <삼국-가정 23:21>

【녜장】 명 예장(禮粧). 혼수(婚需).¶ ▼嫁資 ‖ 오휘 임의 ᄆᆡ자 친권이 되어시니 일개라 만일 현덕이 ᄎᆞ마 티디 못ᄒᆞ면 우리 동외 긔병ᄒᆞ여 셔쳔을 텨 혼인ᄒᆞᆯ 적 녜장을 삼고 형줘는 밧고와 오려 ᄒᆞᆫ다 ᄒᆞ면 이 계귀 엇더ᄒᆞ뇨 (既然孫將軍結爲親眷, 便是一家; 若不忍去取西川, 我東吳起軍發馬去取; 取得西川時, 以爲嫁資, 却把荊州交還東吳.) <삼국-가정 18:51> 셔쳔을 취ᄒᆞ야 형줘와 밧고되 친이ᄒᆞᆫ 졍을 ᄉᆡᆼ각ᄒᆞ야 일로ᄡᅧ 혼인의 녜장을 사므려 ᄒᆞ시니 다만 군매 디나갈 제 젼량을 만히 내여 도으쇼셔 (取了西川, 却換荊州. 想念愛親之故, 以此爲嫁資. 但軍馬經過, 却望應些錢糧.) <삼국-가정 18:53>

【노】 명 ((인류)) 노(奴). 남자종.¶ ▼奴 ‖ 믈읫 집 다ᄉᆞ리는 되 반ᄃᆞ시 노로 ᄒᆞ여곰 밧갈기를 ᄀᆞ음알며 비는 밥짓기를 ᄀᆞ음알며 ᄃᆞᆰ은 새배를 ᄀᆞ음알며 개는 도적을 즈즈며 쇼는 므거온 거ᄉᆞᆯ 시ᄅᆞ며 ᄆᆞᆯ은 먼ᄃᆡ ᄒᆡᆼᄒᆞ야 (凡治家之道, 必使奴執耕, 婢典爨, 鷄司晨, 犬吠盜, 牛負重, 馬涉遠.) <삼국-가정 34:50>

【노각】 명 ((군사)) 녹각(鹿角). 군사 장애물. 나뭇가지를 뾰족하게 깍아 진지 앞에 반쯤 땅에 묻은 목책. 모양이 사슴뿔 같다고 해서 녹각이라 함. 녹채(鹿砦).¶ ▼鹿角 ‖ 딘창 어귀예 ᄒᆞᆫ 셩을 ᄡᅡ 대쟝 곽쇠 딕희여시니 히지 깁흐며 셩이 놉고 노각을 베펴 십분 엄졍ᄒᆞ니 급히 티디 못ᄒᆞᆯ디라 (陳倉口築起一城, 內有大將郝昭守之, 深溝高壘, 遍排鹿角, 十分謹嚴.) <삼국-가정 31:105>

【노고-ᄒᆞ-】 동 노고(勞苦)하다. 힘들여 수고하고 애쓰다.¶ ▼勞 ‖ 한중을 만닐 일흐면 즁원니 진동ᄒᆞ리니 ᄃᆡ왕은 노고함을 ᄉᆡ양 말고 반ᄃᆞ시 친히 ᄀᆞ 치소셔 (漢中若失, 中原震動. 大王休辭勞, 必須親自征討.) <삼국-국중 12:113>

【노긔】 명 노기(怒氣).¶ ▼氣 ‖ 푀 노긔 가ᄉᆞᆷ의 막딜려 긔졀ᄒᆞ야 것구러디거ᄂᆞᆯ 윤이 급피 븟드러 구ᄒᆞ야 (布就氣倒于地上, 允慌忙急救之.) <삼국-가정 3:108>

【노둔-ᄒᆞ-】 형 노둔(魯鈍, 駑鈍)하다. 둔하고 어리석어 미련하다.¶ ▼駑鈍 ‖ ᄌᆞ포는 어질고 통달ᄒᆞᆫ 션비라 쟝군이 맛당이 스승의 녜로ᄡᅧ ᄃᆡ졉ᄒᆞ라 유는 노둔ᄒᆞ고 ᄌᆡ죄 업ᄉᆞ니 긔탁ᄒᆞᆫ 즁임을 져발일가 ᄒᆞ노라 원컨ᄃᆡ 일인을 쳔ᄒᆞ야 ᄡᅧ 쟝군을 도으리라 (子布賢達之士, 將軍可以師傅之禮待之. 瑜駑鈍不才, 恐負倚托之重, 願薦一人以輔將軍.) <삼국-가정 10:48> 쟝군은 샤직지신이라 엇디 ᄉᆞ양ᄒᆞ믈 이러ᄐᆞ시 ᄒᆞᄂᆞ뇨 노신이 비록 노둔ᄒᆞ나 원컨대 쟝군을 조차 가리라 (將軍乃社稷之臣, 不可固辭也. 老臣雖駑鈍, 願將軍上邊.) <삼국-가정 30:59> 졔 남방을 임의 졍ᄒᆞ고 갑이 임의 족ᄒᆞᄆᆡ 맛당이 삼군을 장솔ᄒᆞ야 북으로 즁원을 졍ᄒᆞᆯ지니 거의 노둔ᄒᆞ믈 ᄃᆞᄒᆞ여 간흉을 양제ᄒᆞ고 한실을 흥복ᄒᆞ여 구도의 도라ᄀᆞ미 (今南方已定, 甲兵已足, 當獎帥三軍, 北定中原, 庶竭駑鈍, 攘除姦兇, 興復漢室, 還於舊都.) <삼국-국중 15:39>

【-노매라】 미 ((동사, 어간 뒤에 붙어)) -는구나. 감탄형 종결어미.¶ ▼마초와 가지 긋틔 ᄆᆡ실이 프르러시니 믄득 거년의 댱슈 틸 적 이리 ᄉᆡᆼ각ᄒᆞ이노매라 (適來見枝頭梅子青青, 忽感去年征張綉時.) <삼국-가정 7:119>

【노쇼】 명 ((인류)) 노소(老少).‖ 늙은이와 젊은이를 아울러 이르는 말.¶ ▼老小 ‖ 포의 노쇠 긋재 여긔 이시니 심복의 사ᄅᆞᆷ이 만흔가 ᄒᆞ노라 (布老小在此, 必有心腹頗多.) <삼국-가정 7:12>

【노신】 명 ((인류)) 노신(老臣). 늙은 신하.¶ ▼老臣 ‖ 세 번 도라보미 빈번ᄒᆞ믄 텬하를 계규ᄒᆞ미오 냥됴[소렬과 후쥬라]의 ᄀᆡ졔ᄒᆞ믄 노신의 ᄆᆞᄋᆞᆷ이로다 (三顧頻煩天下計, 兩朝開濟老臣心.) <삼국-가정 34:128>

【노어】 명 ((어패)) 노어(鱸魚). 농어. 농엇과의 바닷물고기. 몸의 길이는 50-90cm이고, 등은 검푸르고 배는 희며, 어릴 때는 등과 등지느러미에 검은 갈색의 작은 점이 많다. 몸은 옆으로 납작하며 주둥이가 크고, 아래

털이 위턱보다 길며, 온몸에 잔비늘이 많다. 가을과 겨울철에 강어귀에 산란하며 어릴 때에는 민물에서 살다가 첫겨울에 바다로 나간다.¶ ▼鱸魚 ‖ 낙시ᄃᆡ를 가져오라 ᄒᆞ야 당하의 못가의 ᄂᆞ려가 낙시를 이윽이 녀헛더니 가쟝 큰 노어 슈십 미를 년ᄒᆞ야 보가 뎐샹의 올닌ᄃᆡ (敎取釣竿來, 于堂下忽有一池水, 姿持竿, 頃刻釣數十尾大鱸魚, 放在殿上.) <삼국-가정 22:74> ▼鱸 ‖ 텬하의 노에 다 두 쌤이로ᄃᆡ 오직 숑강 노어는 네 쌤이니 (天下鱸魚只兩腮, 惟有松江鱸有四腮.) <삼국-가정 22:75>

【노ᄌᆞ】 명 노자(路資). 먼 길을 떠나 오가는 데 드는 비용.¶ ▼路資 ‖ 특별이 노ᄌᆞ를 ᄀᆞᆺ쵸와 젼별코ᄌᆞ ᄒᆞᄂᆞ이다 (恐將軍途中乏用, 等具路資相送.) <삼국-국중 6:56>

【노ᄒᆞ】 명 ((기물)) 노. 끈. 동아줄.¶ ▼軟索 ‖ 촉병이 각〻 댜른 ᄃᆞ리와 노흘 가지고 듕군의 호령을 기ᄃᆞ려 ᄒᆞᆷᄭᅴ 셩의 오ᄅᆞ려 ᄒᆞ더라 (蜀軍各抱短梯軟索, 只候軍中擂鼓, 一齊上城.) <삼국-가정 32:3> ▼索 ‖ ᄃᆞ〻여 이십 쳑 션을 명ᄒᆞ여 긴 노호로 셔로 년ᄒᆞ여 북역 두덕을 보라 ᄒᆞ고 나아가니 이날 밤의 ᄃᆡ무 ᄒᆞ날의 다하 장강 가온ᄃᆡ 안ᄀᆡ 긔운이 심ᄒᆞ니 지척을 셔로 보지 못ᄒᆞ난지라 (遂命將二十隻船, 用長索相連, 逕望北岸進發, 是夜大霧漫天, 長江之中, 霧氣更甚, 對面不相見.) <삼국-모종 8:5> ▼篾 ‖ 사ᄅᆞᆷ으로 ᄒᆞ여곰 각의 주검을 삿그로 ᄡᆞ고 노흐로 동여 쟈근 술의에 시러 셩 남문밧 셕ᄌᆞ강 숫한 무덤 가온대 ᄇᆞ리다 (令人用蘆席包恪尸首, 又用篾束之, 用小車載出, 棄於城南門外石子岡亂冢坑內.) <삼국-가정 36:19>

【노-희-】 동 노(怒)하다.¶ ▼怒 ‖ 아히 드ᄅᆞ니 샹말의 닐오ᄃᆡ 당낭[물좃구으리란 말이라]이 아므리 노호와도 술위바퀴를 당티 못ᄒᆞᆫ다 ᄒᆞ엿고 ᄒᆞ믈며 슈후의 구슬[야광쥐라]로 가히 새를 뽀디 못ᄒᆞᆯ 거시오 ᄑᆞ리를 노희여 칼흘 ᄲᆞ히디 못ᄒᆞᆯ 거시니 ᄒᆞᆫ갓 신위만 잇브게 ᄒᆞ리이다 (兒聞世人有云: "螳螂之忿, 安當車轍?" 況隋侯之珠, 不可彈雀; 怒蠅拔劍, 徒費神威.) <삼국-가정 24:69>

【노-ᄒᆞ-】 동 노(怒)하다.¶ ▼睜目 ‖ 술곳 취ᄒᆞ면 남다히를 ᄇᆞ라고 니를 골며 노ᄒᆞ기를 마디 아니ᄒᆞ다가 술곳 ᄭᆡ면 방셩 통곡ᄒᆞ며 셜워ᄒᆞ기를 긋치디 아니ᄒᆞ더니 (每醉, 望南切齒睜目, 怒恨甚急; 酒醉醒時, 放聲痛哭, 悲傷不已.) <삼국-가정 26:66>

【녹각】 명 ((군사)) 녹각(鹿角). 군사 장애물. 나뭇가지를 뾰족하게 깍아 진지 앞에 반쯤 땅에 묻은 목책. 모양이 사슴뿔 같다고 해서 녹각이라 함.¶ ▼鹿角 ‖ 동남 모희 셩 ᄡᅡᆫ 빗치 ᄒᆞᆫ골ᄀᆞᆺ디 아니ᄒᆞ야 구더 ᄇᆡ디 아니ᄒᆞ고 셩 밧긔 녹각 심은 거시 반남아 석어 허소ᄒᆞ니 그러로 친병을 ᄒᆞ고져 ᄒᆞ야 (他見城東南角土上有二色, 新舊不等, 鹿角多半朽爛, 意在此處容易進城.) <삼국-가정 6:128> 양〻셩 동문의 니ᄅᆞ니 셩샹의 긔를 두로 곳고 히ᄌᆞ ᄀᆞ의 녹각[사름 드디 못ᄒᆞ긔 셜핀 남글 바가 ᄀᆞ리온 거시라]을 베프고 들ᄃᆞ리를 드렷거ᄂᆞᆯ (轉至襄陽東門, 城上遍挿旌旗, 壕邊密布鹿角, 拽起吊橋.) <삼국-가정 13:108>

【녹녹-ᄒᆞ-】 형 녹록(碌碌)하다. 평범하고 보잘것없다. 만만하고 상대하기 쉽다.¶ ▼碌碌 ‖ 그 나믄 녹〻ᄒᆞᆫ 무리ᄂᆞᆫ 비록 ᄇᆡᆨ만이 잇스나 엇지 족히 말ᄒᆞ리오 (其餘碌碌等輩, 縱有百萬, 何足道哉!) <삼국-국중 5:64>

【녹마】 명 ((천문)) 녹마(祿馬). 팔자 보는 데 가장 길한 별. "六馬"의 諧音. 조조가 한 밤에 세 필씩 두 번 말 꿈을 꾸었으므로 "六馬"라 함. 祿馬는 길조를 나타냄.¶ ▼綠馬 ‖ 녹마[팔ᄌᆞᄒᆞᄂᆞᆫ ᄃᆡ ᄀᆞ장 길ᄒᆞᆫ 별이라] ᄀᆞ장 길ᄒᆞᆫ 딩되이니다 (祿馬尙于曹, 王上何必疑焉?) <삼국-가정 25:96>

【논-실】 명 ((지리)) 충청북도 진천군에 딸린 마을.¶ ▼세동치 칠년 무딘 츄칠월 시ᄌᆞᆨᄒᆞ여 신미 ᄆᆡᆼ츈 원월일 필ᄒᆞ다 샹치 말고 ᄃᆡ〻 유뎐할디어다 딘쳔 논실 신ᄉᆞ간ᄃᆡ 칙 <삼국-국중 1:107>

【논으-】 동 ❶ 나누다. 몫으로 따로따로 되게 가르다.¶ ▼分 ‖ 죄 여포를 가라쳐 왈 ᄂᆡ 널노 원쉬 업더니 네 엇지 ᄂᆡ의 쥬군을 쎗앗ᄂᆞ요 푀 왈 한나라 셩지를 모든 ᄉᆞ름이 논으니 너만 호올노 어드랴 (操指呂布而言曰: "吾與汝自來無讎, 何得奪吾州郡?" 布曰: "漢家城池, 諸人有分, 偏爾合得?") <삼국-모종 2:70> ❷ 승부를 가르다.¶ ▼分 ‖ 죄 보니 서황의 위풍이 늠〻ᄒᆞᆫ지라 암〻이 층찬ᄒᆞ고 허제로 ᄒᆞ여곰 말을 ᄂᆡ여 셔황으로 더부러 ᄊᆞ와 오십여 합의 승부를 논으지 못ᄒᆞᆫ지ᄅᆞ (操出馬覘之, 見徐晃威風凜凜, 暗暗稱奇, 便令許褚出馬與徐晃交鋒, 刀斧相交, 戰五十餘合, 不分勝敗.) <삼국-모종 2:119>

【놓-】 동 나누다.¶ ▼分 ‖ 동오가 일노붓터 젼션을 너로 짓고 군ᄉᆞ를 논하 강안을 직히고 손정을 명ᄒᆞ여 일지군을 거ᄂᆞ려 싀샹의 진치니 (東吳自此廣造戰船, 分兵守把江岸, 又命孫靜引一枝軍守吳會, 孫權自領大軍, 屯柴桑.) <삼국-모종 7:4> ▼列 ‖ 쥬[슈]유의 문관 무장이 각〻 금의를 입고 냥항으로 논아 드러오니 유 ᄒᆞ여금 서로 보로보고 양편으로 논하 안ᄌᆞ니 (須臾, 文官武將, 各穿錦衣, … 分兩行而入, 瑜都敎相見畢, 就列於兩傍而坐.) <삼국-모종 7:127>

【놀】 명 ((동물)) «노ᄅᆞ» 노루[獐]. 사슴과의 포유동물. 여름에는 누런 갈색이고, 겨울에는 누런 흙색으로 꽁무니에 흰 반점이 나타난다.¶ ▼獐 ‖ ᄂᆡ 오날〻 산영ᄒᆞ야 그 ᄆᆞᆯ을 ᄡᅩ고져 ᄒᆞ더니 그릇 ᄒᆞᆫ 놀을 맛쳣ᄂᆞ니[ᄉᆞ마의는 말의 비ᄒᆞ고 당합은 놀ᄂᆡ 비ᄒᆞ니라](吾今日圍獵, 欲射一"馬", 誤中一"獐".) <삼국-규장 23:28>

【놀나-】 동 놀라다. 뜻밖의 일로 가슴이 두근거리다.¶ ▼驚 ‖ 감히 텬ᄌᆞᄒᆞ야 방위를 ᄯᅥ나지 말며 머리를 연ᄒᆞ여 귀를 다혀 ᄉᆞᄉᆞᆺ말을 말며 쇼ᄅᆡᄒᆞ야 난언을 말며 놀나 괴히〻 구지 말나 녕을 어그릇ᄂᆞᆫ ᄌᆞ는 참ᄒᆞ리라 (不許擅離方位, 不許交頭接耳, 不許失口亂言, 不許失驚打怪. 如違吾令者斬之!) <삼국-가정 16:33>

【놀ㄹ】 명 ((동물)) «노ᄅᆞ» 노루. 사슴과의 포유동물. 여름에는 누런 갈색이고, 겨울에는 누런 흙색으로 꽁무니에 흰 반점이 나타난다. 놀ㄹ(←노ᄅᆞ: 노루, 獐).¶ ▼獐

‖ 내 오늘날 산영ᄒᆞ야 그 ᄆᆞᆯ을 ᄲᅩ고져 ᄒᆞ더니 그릇 ᄒᆞᆫ 놀롤 맛쳣노니[사마의는 말의 비ᄒᆞ고 당함은 놀릭 비ᄒᆞ니라] (吾今日圍獵, 欲射一"馬", 誤中一"獐".) <삼국-가정 33:88>

【놀라-이】 부 놀랍게. 놀라(←놀랍다, ㅂ불규칙 용언)+-이(부사 파생 접미사).¶ ▼驚疑 ‖ 뎨 놀라이 너기샤 시신으로 ᄒᆞ여곰 보라 ᄒᆞ시더라 (先主驚疑, 遂令侍臣看之.) <삼국-가정 26:87>

【놀래-】 동 놀라게 하다. 놀래(놀라다)+-이(사동사 파생 접미사)-.¶ ▼驚動 ‖ 현덕 왈 아직 놀래디 말라 (玄德曰: "且不可驚動.") <삼국-가정 12:102>

【놀읏】 명 노릇.¶ ▼事 ‖ 졔 통곡 왈 경등이 다 한나라 녹을 먹고 중간에 다 한조 공신으로 차마 엇지 일은 놀읏 ᄒᆞ난야 (帝痛哭曰: "卿等皆食漢祿久矣, 中間多有漢朝功臣子孫, 何忍作此不臣之事?") <삼국-모종 13:42>

【놉-】 형 높다. 아래에서 위까지의 길이가 길다. '높-'의 이형태.¶ ▼峻 ‖ 이제 ᄯᅩ 대위 오래 오니 산뇌 놉고 믯그러워 군ᄉᆡ 나아가디 못ᄒᆞ고 냥식을 닛디 못ᄒᆞ니 (今又加之以霖雨, 山坡峻滑, 衆逼而不展, 糧懸而難繼.) <삼국-가정 32:115>

【놉푸-】 형 높다.¶ ▼슈레 졈ᄌᆞ 멀니 가거ᄂᆞᆯ 녀픠 놉픈 언덕의 올나 슈레 가ᄂᆞᆫ 씃글을 바라보며 한탄ᄒᆞᆯᄉᆡ (車已去遠, 布緩轡於土岡之上, 眼望車塵, 歎惜痛恨.) <삼국-국중 2:96>

【놉프-】 형 높다.¶ ▼高 ‖ 오래 태우의 놉픈 일홈을 우레 ᄀᆞ티 드러시나 운산이 아ᄋᆞ라ᄒᆞ여 서로 보디 못ᄒᆞᄆᆞᆯ 흔ᄒᆞ더니 (久聞大夫高名, 如雷灌耳. 恨雲山迢遠, 不得聽敎.) <삼국-가정 19:96>

【놉픠】 명 높이.¶ ▼高 ‖ ᄉᆞ당 겨틔 큰 ᄇᆡ남기 이시니 놉픠 십여 댱이라 건시뎐 ᄆᆞᄅᆞᆯ ᄒᆞ염즉 ᄒᆞ니이다 (祠傍有一株大梨樹, 高十餘丈, 堪作建始殿之梁.) <삼국-가정 25:80>

【놉희】 명 높이.¶ ▼高 ‖ ᄉᆞ당 겨틔 큰 ᄇᆡ남기 이시니 놉희 십여 쟝이라 건시뎐 보를 ᄒᆞ염즉 ᄒᆞ니이다 (祠傍有一株大梨樹, 高十餘丈, 堪作建始殿之梁.) <삼국-규장 18:5>

【놋-】 동 대상으로 삼다.¶ ▼捨 ‖ 퍼 왈 ᄂᆡ 황조로 더브러 심복지괴라 놋난 거시 의 아니라 ᄒᆞ고 드드여 환히를 보ᄂᆡ여 령의 도라가 상약ᄒᆞ야 손견의 시슈로 황조를 밧고려 ᄒᆞ니 (表曰: "吾與黃祖心腹之交, 捨之不義." 遂送桓階回營, 相約以孫堅屍換黃祖.) <삼국-모종 2:1>

【-놋다】 미 (동사, 형용사 어간이나 어미 뒤에 붙어) -는구나. 혼잣말에 쓰여, 화자가 새롭게 알게 된 사실에 주목함을 나타내는 감탄형 종결 어미. -ᄂᆞ(현재 시제 선어말 어미)+-오(대상법 선어말 어미)+-옷(느낌 표현의 선어말 어미)+-다(감탄형 종결 어미).¶ ▼어진 교화를 우듀간의 베프미여 셕ᄉᆞ이 공슌ᄒᆞᄆᆞᆯ 샹경[황뎨 거신 ᄃᆡ라]의 다ᄒᆞ놋다 (揚仁化於宇宙兮, 盡肅恭於上京.) <삼국-가정 14:106> 섬의 비최ᄂᆞᆫ 플은 플은 ᄉᆞᄉᆞ로 봄비ᄎᆞᆯ 가졋고 닙흘 ᄀᆞ렷ᄂᆞᆫ 누른 굇고리ᄂᆞᆫ 쇽졀업시 됴흔 소ᄅᆡ를 ᄒᆞ놋다 (映階碧草自春色, 隔葉黃鸝空好音.) <삼국-가정 34:127>

【놋ᄒᆞ-】 동 ❶ 놓다. 물건을 일정한 곳에 두다.¶ ▼擁 ‖ 양[당]일의 병마랄 졸련ᄒᆞ고 집의 도라와 긔쳐 이씨로 다려 화로랄 놋코 술 마신니 (當日操練人馬回家, 與妻李氏擁爐飲酒.) <삼국-모종 19:45> ❷ 설치하다.¶ ▼修理 ‖이난 다 메 험한 ᄯᅡ이라 군사로 하여곰 도로랄 닥가 평ᄒᆞ하게 ᄒᆞ고 교량을 놋코 머랄 ᄯᅳᆯ고 돌을 씨여 걸님 업게 ᄒᆞ고 (此皆崎嶇山險之地, 當令軍塡平道路, 修理橋梁, 鑿山破石, 勿使阻礙.) <삼국-모종 19:28> ❸ 불을 지르거나 피우다.¶ ▼放 ‖ 탁이 림힝의 궁문의 불을 놋코 ᄇᆡᆨ셩의 집을 ᄐᆡ우고 종묘와 남북 냥궁의 불을 노흐니 화렴이 댱안의 ᄊᆡᆺ치더라 (卓臨行, 敎諸門放火, 焚燒居民房屋, 並放火燒宗廟宮府, 南北兩宮, 火焰相接.) <삼국-모종 1:97> ❹ 대상으로 삼다.¶ ▼픠 왈 황조 져긔 잇ᄉᆞ니 엇지 참하 발이리오 량 왈 ᄒᆞᆫ 무지ᄒᆞᆫ 황조를 놋코 강동을 취ᄒᆞ미 엇지 불가ᄒᆞ리오 (表曰: "吾有黃祖在彼營中, 安忍棄之?" 良曰: "捨一無謀黃祖而取江東, 有何不可?") <삼국-모종 2:1>

【농】 명 ((기물)) 농(籠). 버들, 싸리의 채를 만들어 종이로 바른 함 비슷한 그릇. 옷이나 물건을 넣는 데 쓰이는 상자. 장롱(欌籠).¶ ▼擔 ‖ 사람을 은휘 보ᄂᆡ며 굴근 감ᄌᆞ 마흔아믄 농으로 싸 ᄲᆡᆼ이 업군으로 보ᄂᆡ라 ᄒᆞᆫᄃᆡ (那時孫權正尊讓魏王, 便令人于本城選了大柑子四十餘擔, 星夜送往鄴城.) <삼국-가정 22:67> ▼籠 ‖ ᄉᆞ람니 알가 저허ᄒᆞ여 큰 농에 오질을 감직ᄒᆞ고 다만 일오ᄃᆡ 이견필을 두워 보[부]중의 드러간다 ᄒᆞ니 (因恐有人知覺, 乃用大籠藏吳質於中, 只說是絹疋在內, 載入府中.) <삼국-모종 12:45>

【농가셩진-ᄒᆞ-】 동 농가성진(弄假成眞)하다. 장난삼아 한 것이 진심으로 한 것같이 되다.¶ ▼弄假成眞 ‖ 우리 모친이 쥬댱ᄒᆞ야 ᄆᆞᄎᆞᆷ내 뉴비로 사회를 삼으니 농가셩진[거즛 거ᄉᆞᆯ 희롱ᄒᆞ다가 진짓 일이 되단 말이라]ᄒᆞ니 이 일이 엇더ᄒᆞ뇨 (我母親力主, 已將吾妹聘嫁劉備. 不想弄假成眞, 此事還復如何?) <삼국-가정 17:113>

【농셔】 명 ((지리)) 농서(隴西).¶ ▼隴西 ‖ 내 혜아리니 졔갈량이 우리 대패ᄒᆞᆫ 줄을 알면 반ᄃᆞ시 허ᄒᆞᆫ ᄣᅢ를 타 댱안을 취ᄒᆞᆯ디라 만일 농셰 긴급ᄒᆞ면 뉘 능히 구ᄒᆞ리오 (吾料諸葛亮知吾兵敗, 必乘虛來取長安也. 倘隴西緊急, 何人救之?) <삼국-가정 31:87> 내 긔산의 가 거즛 운량ᄒᆞᄂᆞᆫ 톄ᄒᆞ고 ᄆᆞ른 ᄀᆞᆯ과 남긔 뉴황과 염쵸를 므텨 술위예 싯고 거즛 닐오ᄃᆡ 농셔 냥식을 슈운ᄒᆞ라 ᄒᆞ면 촉병이 냥식이 업ᄉᆞᆫ디라 일뎡 와 아ᄉᆞ리니 술위예 블을 노코 복병으로 ᄡᅧ 티면 가히 이긔믈 어드리라 (某去祁山虛妝做運糧兵, 車上盡裝乾柴茅草, 以硫黃焰硝灌之, 却敎人虛報隴西運糧到. 若蜀人無糧, 必然來搶.待入其中, 却放火燒車, 外以伏兵應之, 可取勝矣.) <삼국-가정 32:27>

【농즙】 명 ((질병)) 농즙(膿汁). 고름.¶ ▼濃水 ‖ 쥬유 이때예 젼의 살 마즌 터히 ᄒᆞ려 덕지 지고 농즙이 나디 아니ᄒᆞ니 몸이 편ᄒᆞ더라 (周瑜此時箭瘡結了白痂, 濃水無出, 身軀無事.) <삼국-가정 18:56>

【뇌갈-허-】 동 뇌갈(雷喝)하다. 우레처럼 외치다. 심하게 꾸짖다.¶ ▼見怪 ‖ 운이 몇 번이나 가고저 허나 원소ᄂᆞᆫ 과히 뇌갈허기로 ᄉᆞ히에 뢰박허여 용신헐 ᄯᅡ히 업더니 우연이 〻 곳 지ᄂᆡ다가 ᄇᆡ원소가 ᄂᆡ 말을 앗고저 ᄒᆞ거ᄂᆞᆯ (雲幾番欲來相投, 只恐袁紹見怪, 四海飄零, 無容身之地, 前偶過此處, 適遇裴元紹下山來欲奪吾雲.) <삼국-모종 5:33>

【뇌고-ᄒᆞ-】 동 뇌고(擂鼓)하다. 여러 사람이 다 함께 북 치다.¶ ▼擂鼓 ‖ 비 친히 뇌고ᄒᆞᄂᆞᆫᄃᆡ 일통고 파지 못ᄒᆞ여 관공의 칼 빗나ᄂᆞᆫ 곳의 쵀양의 머리 ᄯᅡ희 ᄠᅥ러지ᄂᆞᆫ지라 (張飛親自擂鼓. 只見一通鼓未盡, 關公刀起處, 蔡陽頭已落地.) <삼국-국중 6:94>

【뇌력-ᄒᆞ-】 동 노력(努力)하다.¶ ▼努力 ‖ ᄂᆡ 이제 명을 밧드러 치ᄂᆞ니 졔군은 다 뇌력ᄒᆞ여 힝ᄒᆞ되 ᄃᆡ군니 이르ᄂᆞᆫ 곳의 ᄇᆡᆨ셩을 요동치 말고 공 잇나니를 상 쥬고 죄 잇ᄂᆞᆫ ᄌᆞ를 벌ᄒᆞ리니 사졍이 업ᄉᆞ리라 (吾今奉命討之, 諸君幸皆努力向前. 大軍到處, 不得擾民. 賞勞罰罪, 並不徇縱.) <삼국-국중 9:19>

【뇌롱-ᄒᆞ-】 동 뇌롱(撈籠, 牢籠)하다. 농락(籠絡)하다. 남을 자기 마음대로 쓰다. 또는 남을 자기 수중에 넣어 마음대로 놀리다.¶ ▼撈籠 ‖ 이제 조죄 ᄯᆞᆯ로ᄡᅥ 허혼ᄒᆞ나 그 뜻이 밋부지 아니ᄒᆞ고 ᄯᅩ 광 샹을 다 봉ᄒᆞ야 녈후를 삼으니 이ᄂᆞᆫ 하북 인심을 뇌롱ᄒᆞᄂᆞᆫ 뜻이라 (今曹操以女許婚, 恐其虛意. 又帶呂曠、呂翔去, 皆封列侯, 此是撈籠河北人心, 終久不容主公也.) <삼국-가정 규장 8:55> 이제 조죄 ᄯᆞᆯ로ᄡᅥ 허혼ᄒᆞ나 그 ᄠᅳᆮ이 밋브디 아니ᄒᆞ고 ᄯᅩ 광 샹을 다 봉ᄒᆞ야 녈후를 삼으니 이ᄂᆞᆫ 하북 인심을 뇌롱ᄒᆞᄂᆞᆫ ᄠᅳᆮ이라 (今曹操以女許婚, 恐其虛意. 又帶呂曠、呂翔去, 皆封列侯, 此是撈籠河北人心, 終久不容主公也.) <삼국-가정 11:46>

【-뇨】 미 -냐. -느냐. 해라할 자리에 쓰여, 의문을 나타내는 종결 어미.¶ ▼싸호디도 아니ᄒᆞ고 믈너가지도 아니ᄒᆞ니 이난 무삼 연고뇨 (戰又不戰, 退又不退, 卻是何故!) <삼국-국중 8:122>

【뇨긔-ᄒᆞ-】 동 요기(療飢)하다. 시장기를 겨우 면할 정도로 조금 먹다.¶ ▼充飢 ‖ 나ᄂᆞᆫ 싸호던 쟝슈로 길흘 일코이에 니ᄅᆞ러시니 밥을 어더 먹어 뇨긔ᄒᆞ여지라 (吾是戰將, 失迷到此, 求一飯充飢.) <삼국-가정 27:33>

【뇨뇨-이】 부 요요(嫋嫋, 裊裊)히. 하늘하늘하게.¶ ▼裊裊 ‖ 고은 풀의 연긔 푸르게 엉긔여시니 뇨〻이 쌍으로 나ᄂᆞᆫ 제비로다 (嫩草綠凝煙, 裊裊雙飛燕) <삼국-국중 1:81>

【뇨량-ᄒᆞ-】 형 요량(嘹喨)하다. 소리가 맑고 낭랑하다.¶ ▼嘹亮 ‖ 모황휘 ᄒᆞᆫ ᄃᆞᆯ이 남으되 조예 졍궁의 드러오디 아니믈 보고 십여 궁인으로 더브러 취화누 우히 와 한가히 ᄃᆞᆫ니더니 풍뉴소ᄅᆡ 뇨량ᄒᆞ믈 듯고 (毛皇后見睿一月餘日不入正宮, 是日引十餘個宮人, 來翠花樓上消遣, 只聽得樂聲嘹亮.) <삼국-가정 35:29>

【뇨ᄒᆞ】 명 ((복식)) 요(褥). 침구의 하나. 깔개.¶ ▼裀褥 ‖ ᄶᅵ예 쳔긔 극한이라 원샹이 평샹 우희 뇨히 업ᄉᆞ물 보고 왈 좌셕을 펴라 ᄒᆞ니 (時天氣嚴寒, 尙見床榻上無裀褥, 謂康曰: "願鋪坐席.") <삼국-모종 6:19>

【농납-】 동 용납(容納)하다. '농납ᄒᆞ다'의 수의적 교체형.¶ ▼容 ‖ 숀권니 임의 기ᄆᆡ로ᄡᅥ ᄂᆡ게 보ᄂᆡ고 져즘ᄭᅴ ᄂᆡ 형쥬의 업ᄂᆞᆫ ᄯᅢ를 타 ᄀᆞ마니 누의를 다려 가시니 정니의 농납디 못ᄒᆞᆯ ᄇᆡ요 (孫權既以妹嫁我, 卻乘我不在荊州, 竟將妹子潛地取去, 情理難容!) <삼국-국중 12:3>

【농납-ᄒᆞ-】 동 용납(容納)하다.¶ ▼容 ‖ 엇지 남의 아ᄅᆡ 되기를 즐겨ᄒᆞ며 ᄯᅩ 한 ᄂᆞ라의 두 님군을 농납ᄒᆞᆯ ᄇᆡ 이스리오 (劉備安肯伏低做小? 若以客禮待之, 又一國不容二主.) <삼국-국중 11:51>

【농봉지ᄌᆞ】 명 용봉지자(龍鳳之姿). 더할 나위 없이 뛰어난 훌륭한 모습.¶ ▼龍鳳之姿 ‖ 현덕은 농봉지ᄌᆡ오 텬일지푀오 어딘 덕이 텬하의 베퍼시니 국태 이런 아름다온 사회ᄅᆞᆯ 어드시면 진실로 경하ᄒᆞ염즉ᄒᆞ이다 (玄德有龍鳳之姿, 天日之表, 更兼仁德布於天下. 國太得此佳婿, 眞可慶也!) <삼국-가정 17:102>

【농안】 명 ((식물)) 용안(龍眼). 열대 지방에서 나는 상록 교목. 그 열매.¶ ▼龍眼 ‖ 위왕궁이 일거ᄂᆞᆯ 치인을 각쳐의 보ᄂᆡ여 귀ᄒᆞᆫ 실과나모와 긔이ᄒᆞᆫ 초목을 뫼호더니 ᄉᆞ지 오의 드러가 복건 농안 녀지와 온쥐 감ᄌᆞ를 가질나 가 (魏王宮成, 差人往各處取果木珍奇之物. 使人入吳地, 往福建取荔枝、龍眼, 溫州取柑子.) <삼국-가정 22:66>

【누】 대 누구.¶ ▼誰 ‖ 황시랑이 금일의 군경을 상의ᄒᆞ고 도라오므로 심히 분한ᄒᆞ여 ᄒᆞ니 누를 위ᄒᆞ민지 아지 못ᄒᆞ리로다 (黃侍郎今日商議軍情回, 意甚憤恨, 不知爲誰?) <삼국-국중 10:135>

【누거-ᄒᆞ-】 동 느슨해지다. 안심하다. 분위기나 기세 따위가 부드러워지다.¶ ▼寬 ‖ 현덕의 일힝이 싀상을 ᄠᅥ나 멀리 가니 ᄆᆞᄋᆞᆷ이 적 누거ᄒᆞ더니 (却說玄德一行人馬離柴桑較遠, 來到劉郎浦, 心才稍寬.) <삼국-가정 18:13> ▼安 ‖ 죄 싱녁군을 엇고 마음이 잠간 누거ᄒᆞ더라 (操得這枝生力軍馬, 心中稍安.) <삼국-가정 16:62>

【누구-러이】 부 천천히.¶ ▼緩 ‖ 불가ᄒᆞ이다 ᄯᅩ 맛당이 누구러이 도모ᄒᆞᆯ 거시오 급히 한즉 변니 ᄂᆞ리이다 가히 이인을 올녀 군슈를 삼ᄋᆞ 각〻 난화 간 연후의 가히 ᄉᆞ로잡으리이다 (不可. 且宜緩圖之. 急則生變矣. 可陞此二人爲郡守, 分調開去. 然後可擒.) <삼국-국중 13:11>

【누그-럽-】 동 마음씨가 따뜻하고 부드러우며 융통성이 있다.¶ ▼寬 ‖ 현덕이 일힝 인ᄆᆡ 싀상을 ᄯᅥ나 먼니 유랑포의 니ᄅᆞ러 마음이 졈〻 누그럽더니 강안의 올나 건너고져 ᄒᆞᄃᆡ 강쉬 미만ᄒᆞ고 ᄯᅩ 션척이 업ᄂᆞᆫ지라 (玄德一行人馬, 離柴桑較遠, 來到劉郎浦, 心纔稍寬, 沿著江岸

尋渡, 一望江水瀰漫、並無船隻.) <삼국-모종 9:72>

【누글업-】 형 누그럽다. 마음씨가 따뜻하고 부드러우며 융통성이 있다.¶ ▼緩 ‖ 원릭예 장특이 군ᄉ 누글업게 ᄒᆞ여 계교을 써 오병을 물니고 드듸 셩중 방옥을 허러 셩 ᄡᅵ여진 곳의 수보ᄒᆞ고 (原來張特用緩兵之計, 哄退吳兵, 遂拆城中房屋, 於破城處, 修補完備.) <삼국-모종 18:24>

【누긔】 대 누구.¶ ▼誰 ‖ 염표[포] 왈 너 조ᄌᆞ의 수ᄒᆞ 제장 딕적할 ᄉᆞ람을 천거ᄒᆞ리라 뇌 문왈 누긔야 (閻圃曰: "某保一人, 可敵曹操手下諸將." 魯問: "是誰?") <삼국-모종 11:56>

【누기-】 동 ❶ 눅이다. 느슨하게 하다. 누그러뜨리다. 늦추다.¶ ▼緩 ‖ 믹기를 어이 이리 급히 ᄒᆞᄂᆞ뇨 빌건대 누기라 (縛太急, 乞緩之!) <삼국-가정 7:58> ❷ 마음을 너그럽게 하다.¶ ▼너희 등이 죽을 죄를 당ᄒᆞ야 날을 짐즛 말로 누기고 ᄃᆞ라나고져 ᄒᆞᄂᆞ냐 (汝等罪不容誅, 以言寬我, 將欲逃遁也?) <삼국-가정 6:76> ▼遲 ‖ 쇼의 셩이 누거 의심이 만흐니 대ᄉᆞ를 결티 못ᄒᆞ고 (紹性遲而多疑未決.) <삼국-가정 8:99> ▼安 ‖ 죄 싱녁군을 엇고 마음이 잠간 누긔 ᄒᆞ더라 (操得這枝生力軍馬, 心中稍安.) <삼국-가정 16:62>

【누란】 명 누란(累卵). 층층이 쌓아 놓은 알이란 뜻으로, 몹시 위태로운 형편을 비유적으로 이르는 말.¶ ▼壘卵 ‖ 샤직이 누란[알홀 포집단 말이라]의 위틱ᄒᆞ미 잇고 싱녕이 도현[것구로 ᄃᆞᆯ리단 말이라]지급이 잇거ᄂᆞᆯ (社稷有壘卵之危, 生靈有倒懸之急.) <삼국-가정 30:65> 부친이 벼ᄉᆞᆯ이 방면[외방이라]의 잇ᄂᆞ니라 ᄉᆞ마식 폐쥬젼권ᄒᆞ메 국개 뎐복ᄒᆞ야 누란의 위틱로오미 잇거ᄂᆞᆯ 엇디 앙연히 ᄉᆞᄉᆞ로 딕희여 쟝춧 ᄉᆞ히 싱녕의 춤밧고 ᄲᆞ지ᄌᆞ믈 바ᄃᆞ려 ᄒᆞ시ᄂᆞ닝잇고 (父親官居方面, 司馬師廢主專權, 國家顚覆, 有壘卵之危, 安可晏然自守?) <삼국-가정 36:57>

【누르-】 형 누르다. 누렇다. 황금이나 놋쇠의 빛깔과 같이 다소 밝고 탁하다.¶ ▼黃 ‖ 니확 등이 누른 개를 ᄇᆞ라고 군ᄉᆞ로 더브러 ᄒᆞᆫ가지로 만셰를 브ᄅᆞᆫ대 (李傕等望見黃蓋, 與軍士同呼萬歲.) <삼국-가정 3:143> 뫼 ᄎᆡᆨ의 날로 누르고 여의믈 보고 둥의게 저ᄒᆞ며 도ᄉᆞ의게 쵸ᄒᆞ야 명복을 비더니 (母見孫策日漸黃瘦, 轉求修設齋醮以禳之.) <삼국-가정 10:37>

【누으】 명 ((인류)) 누이동생. 남자가 손아래 여자 형제를 이르는 말.¶ ▼妹 ‖ 조ᄌᆞ 또 칼을 ᄎᆡ고 궁의 드러가 동귀비를 죽기고져 ᄒᆞ니 귀비ᄂᆞᆫ 동승의 누으라 (曹操既殺了董承等衆人, 怒氣未消, 遂帶劍入宮, 來弑董貴妃, 貴妃乃董承之妹.) <삼국-모종 4:44>

【누으-】 동 눕다.¶ ▼臥 ‖ ᄲᅡ딕 칼흘 ᄲᅢ혀 티고져 ᄒᆞ되 탁의 힘이 센 줄을 두려 감히 하슈티 못ᄒᆞ더니 탁이 ᄉᆞᆯ히 하 지매 오래 안잣기를 못ᄒᆞ야 ᄃᆞ딕야 누으되 두로 텨 조의 다히로 둥을 두고 눕거ᄂᆞᆯ ((意欲拔刀, 懼卓有力, 不敢下手, 卓胖大, 不耐久坐, 遂倒身而臥, 轉身背劫.)) <삼국-규장 2:25>

【누은-누에】 명 ((곤충)) 누은 누에.¶ ▼臥蠶 ‖ 현덕이 보니 그 사름이 신댱이 구쳑 오촌이오 슈염이 ᄒᆞᆫ 자 여둛 치오 ᄂᆞᆺ촌 므른 대조빗 ᄀᆞᆺ고 입시울은 쥬사 딕은 ᄃᆞᆺᄒᆞ고 단봉 눈이오 누은 누에 눈섭이오 샹뫼 당ᄃᆞᆼᄒᆞ고 위풍이 늠ᄂᆞᆷᄒᆞ더라 (玄德看其人, 身長九尺三寸, 髯長一尺八寸, 面如重棗, 唇若抹朱, 丹鳳眼, 臥蠶眉, 相貌堂堂, 威風凛凛.) <삼국-가정 2:24>

【누의】 명 ((곤충)) 누의(螻蟻). 땅강아지와 개미같이 보잘 것 없는 것.¶ ▼螻蟻 ‖ 임의 공복이 목숨을 ᄇᆞ려 동오를 갑프려 ᄒᆞ니 감틱이 엇디 누의[개야미라]ᄀᆞ튼 인싱을 앗기리오 (既公覆舍命而報東吳, 闞澤何惜螻蟻之微生哉!) <삼국-가정 15:95>

【누의디력】 명 누의지력(螻蟻之力). 개미의 힘.¶ ▼螻蟻之力 ‖ 류비 제갈냥이 누의디력[누의지력은 가야미 힘이라]을 헤아리지 아니ᄒᆞ고 틱순을 막고져 ᄒᆞ니 엇지 그 어리뇨 (劉備、諸葛亮: 汝不料螻蟻之力, 欲撼泰山, 何其愚耶!) <삼국-국중 9:96>

【누츄-ᄒᆞ-】 형 누추(陋醜)하다. 지저분하고 더럽다. 못생기다.¶ ▼陋 ‖ 기모 황씨ᄂᆞᆫ 곳 황승언의 녜라 얼골이 심이 누츄ᄒᆞ나 긔직 이셔 샹통텬문ᄒᆞ고 하달디리ᄒᆞ고 (其母黃氏, 卽黃承彦之女. 母貌甚陋, 而有奇才, 上通天文, 下察地照.) <삼국-국중 17:89>

【눅-】 형 눅다. 느슨하다.¶ ▼寬緩 ‖ 쇼ᄂᆞᆫ 군ᄉᆞ 제어호믈 눅게 ᄒᆞ야 법녕이 셔디 아니ᄒᆞ니 ᄉᆞ졸이 비록 비록 만흐나 그 실은 ᄡᅳ기 어렵거ᄂᆞᆯ (紹御軍寬緩, 法令不立, 士卒雖衆, 其實難用.) <삼국-가정 6:156> ▼緩 ‖ 승이 말을 눅게 ᄒᆞ야 시험ᄒᆞ야 보니 둥의 ᄯᅳ디 과연 튱셩 되거ᄂᆞᆯ (承緩言相探, 騰果忠義.) <삼국-가정 7:108> 군ᄉᆞ의 샹계ᄂᆞᆫ 너모 급박ᄒᆞ고 하계ᄂᆞᆫ 너모 눅고 듕계ᄂᆞᆫ ᄀᆞ장 마ᄌᆞ니 가히 힝ᄒᆞᆯ 거시라 (軍師上計太促, 下計太緩; 中計不遲不疾, 可以行之.) <삼국-가정 20:49> ▼遲 ‖ 쇼의 셩이 누거 의심이 만흐니 대ᄉᆞ를 결티 못ᄒᆞ고 (紹性遲而多疑未決.) <삼국-가정 8:99>

【눈】 명 ((신체)) 빛의 자극을 받아 물체를 볼 수 있는 감각 기관.¶ ▼目 ‖ 최염이 눈을 브르ᄯᅳ고 나로살 거사리며 조ᄌᆞ를 딕믜ᄒᆞ딕 한나라흘 도적ᄒᆞᆫ 간적이라 ᄒᆞᆫ딕 (崔琰虎目虯鬚, 只是大罵曹操簒漢奸賊.) <삼국-가정 22:59>

【눈르-】 형 누르다.¶ ▼黃 ‖ 의 즁군 ᄌᆞ하의 드러가 ᄉᆞᆫ으로 눈룬 기을 잡고 좌우을 불은니 군ᄉᆞ 움직이더니 ᄒᆞᆫ 진을 비포ᄒᆞ거날 (懿入中軍帳下, 手執黃旗, 招颭左右軍動, 排成一陣.) <삼국-모종 16:58>

【눈-망울】 명 ((신체)) 눈알 앞쪽의 도톰한 곳. 또는 눈동자가 있는 곳.¶ ▼眼 ‖ 만왕 사마개ᄂᆞᆫ ᄂᆞᆺ치 피 ᄲᅮᆷ은 ᄃᆞᆺᄒᆞ고 프른 눈망울이 브러뎌 내밀고 텰지려골태라 ᄒᆞᄂᆞᆫ 텰퇴를 ᄡᅳ고 허리의 궁젼을 ᄯᅴ여시니 위풍이 늠ᄂᆞᆷᄒᆞ더라 (爲首乃是胡王沙摩柯, 生得面如噀血, 碧眼突出, 使一個鐵蒺藜骨朶, 腰帶兩張弓, 威風抖擻.) <삼국-가정 27:31>

【눈-믈】 명 눈물.¶ ▼淚 ‖ 송헌 위쇽이 와 보거ᄂᆞᆯ 셩이 ᄀᆞ만이 눈믈을 흘리고 닐오ᄃᆡ 공 등곳 아니런들 셩이 죽엇더니라 (是宋憲、魏續共來探視, 成濟然下淚曰: “非公等, 則成死矣!”) <삼국-가정 7:52> 이 ᄆᆞᆯ이 눈 아래 눈믈 바들 거시 잇고 귀미틔 흰털이 나시니 일홈을 뎍노매라 ᄒᆞᄂᆞ니 ᄐᆞ면 님자의게 아쳐로오니 당회 이 ᄆᆞᆯ로 ᄒᆞ야 죽어시니 쥬공이 ᄐᆞ디 말라 (此馬眼下有淚槽, 額邊生白點, 名爲“的盧馬”也, 騎則妨主. 張虎爲此馬而亡. 主公不可乘之.) <삼국-가정 11:109> ▼涕 ‖ 윤이 옹을 잡아 옥의 ᄂᆞ리와 목ᄌᆞᆯ라 죽이니 이ᄣᅢ예 ᄉᆞ태우들이 옹의 죽으믈 듯고 비록 아디 못ᄒᆞ나 다 눈믈을 흘니며 (允遂將邕下獄中縊死. 當時士大夫聞邕死, 識與不識, 盡皆流涕.) <삼국-가정 3:131>

【눈-섭】 명 ((신체)) 눈썹.¶ ▼眉 ‖ ᄯᅩ ᄒᆞᆫ 사ᄅᆞᆷ이 눈섭 ᄉᆞ이예 ᄒᆞᆫ 혹이 나 ᄀᆞ랴와 견ᄃᆡ디 못ᄒᆞ여 타로 ᄒᆞ여곰 보라 ᄒᆞᆫ대 (又有一人, 眉間生一瘤, 痒不可當, 令佗視之.) <삼국-가정 25:87>

【눈-셥】 명 ((신체)) 눈썹. 두 눈두덩 위나 눈시울에 가로로 모여 난 짧은 털.¶ ▼眉 ‖ ᄯᅩ ᄒᆞᆫ 사람이 눈셥 사이의 ᄒᆞᆫ 혹이 나 가랴와 견ᄃᆡ디 못ᄒᆞ여 타로 ᄒᆞ여곰 보라 ᄒᆞᆫᄃᆡ (又有一人, 眉間生一瘤, 痒不可當, 令佗視之.) <삼국-규장 18:9> 장이 왈 젹병이 지경을 범ᄒᆞ면 눈셥 사ᄂᆞᆫ 급하미 잇실 거시오 시쳥ᄒᆞ기ᄅᆞᆯ 기ᄃᆞ리문 이 만게라 (璋曰: “賊兵犯界, 有燒眉之急, 若待時淸, 則是慢計也.”) <삼국-모종 10:66>

【눈-주-】 동 가만히 약속의 뜻을 보여 눈짓하다. 눈길 주다. 눈길을 보내다.¶ ▼目視 ‖ 죄 변ᄉᆡᆨᄒᆞ야 보ᄃᆡ 숑이 조곰도 두려ᄒᆞ미 업ᄉᆞ니 쉬 ᄌᆞ죠 숑을 눈주더라 (操變色視之. 松全無懼意. 楊修頻以目視松.) <삼국-모종 10:55>

【눈-쥬우-】 동 눈치하다.¶ ▼目視 ‖ 됴범이 만면슈참ᄒᆞ여 ᄃᆡ답ᄒᆞ되 ᄂᆡ 호의로 말ᄒᆞ미여ᄂᆞᆯ 엇지 무례ᄒᆞ뇨 ᄃᆞᄃᆞ여 좌우를 눈쥬워 ᄒᆡᄒᆞᆯ ᄯᅳᆺ이 잇거ᄂᆞᆯ (趙範羞慚滿面, 答曰: “我好意相待, 如何這般無禮!” 遂目視左右, 有相害之意.) <삼국-국중 10:19>

【눈-ᄌᆞ의】 명 ((신체)) 눈자위.¶ ▼眼睛 ‖ 돈이 살을 ᄢᅢ틴대 눈ᄌᆞ의 무더 나왓거ᄂᆞᆯ (惇拔箭, 帶出眼睛.) <삼국-가정 6:173>

【눈-청】 명 ((신체)) 눈동자. 눈망울.¶ ▼睛 ‖ 위쥐 ᄃᆡ[희]ᄒᆞ여 왕쌍을 불너보니 신댱이 구쳑이오 낫치 검고 눈청이 누르고 곰의 허리요 범의 등이라 (睿大喜, 便召王雙上殿, 視之, 身長九尺, 面黑睛黃, 熊腰虎背.) <삼국-국중 15:127>

【눌】 대 누구. 누구를. ‘눌’은 의문대명사 ‘누’에 목적격 조사 ‘ㄹ’이 연결된 형태임.¶ ▼誰 ‖ 디모지ᄉᆡ 각각 의심ᄒᆞ야 도라가 님자ᄅᆞᆯ ᄀᆞᆯᄒᆡ면 일이 위ᄐᆡᄒᆞ리니 쥬공이 눌로 더브러 텬하ᄅᆞᆯ 뎡ᄒᆞ리오 (則智謀將士自疑, 回心擇主, 主公誰與定天下乎?) <삼국-가정 6:39>

【눌】 명의 가리. 단으로 묶은 곡식이나 장작 따위를 둥그렇게 차곡차곡 쌓은 더미를 세는 단위.¶ ▼囷 ‖ 슉이 한 눌을 허락ᄒᆞ니 그 강ᄀᆡᄒᆞ미 이러ᄒᆞ고 (肅卽指一囷相贈. 其慷慨如此.) <삼국-국중 6:131> 양식이 핍ᄒᆞ야 노슉의게 ᄇᆡᆨ미 삼천 셕식 두 눌 잇난 양을 알고 드러가 양식을 쳥ᄒᆞ엿더니 (因乏糧, 聞魯肅家有兩囷米, 各三千斛, 因往求助.) <삼국-국중 6:131>

【눌으-】 형 누르다. 누렇다. 황금이나 놋쇠의 빛깔과 같이 다소 밝고 탁하다.¶ ▼黃 ‖ 환제시예 눌은 별리 촌[초]나라와 송나라 분야예 뵈이니 요동 ᄉᆞᄅᆞᆷ 은구 천문의 익어 이곳서 자다가 (桓帝時, 有黃星見於楚、宋之分, 遼東人殷馗善觀天文, 夜宿於此.) <삼국-모종 5:65>

【눕픠】 명 높이.¶ ▼高 ‖ 찬이 소로 다려 ᄊᆞ음ᄒᆞ여 이치 아니ᄒᆞ여 성을 ᄊᆞ고 성ᄒᆞ에 누를 세운이 눕픠는 십 ᄌᆞᆼ이요 명은 역경뉘라 ᄒᆞ고 (瓚與紹戰不利, 築城圍圈, 捲上建樓, 高十丈, 名曰易京樓) <삼국-모종 4:8>

【뉘우추-】 동 뉘우치다.¶ ▼懊悔 ‖ ᄉᆈ 긔쥐에 드러와 한복으로ᄡᅥ 분위쟝군을 ᄒᆞ이고 ᄇᆡᆨ셩을 평안케 ᄒᆞ며 어딘 사ᄅᆞᆷ을 ᄡᅧ 뎐풍 졔슈와 허유 방긔로ᄡᅥ 벼ᄉᆞᆯ을 분ᄒᆞ야 맛디고 한복의 권을 다 아ᄉᆞ니 복이 이에 니ᄅᆞ러 뉘우추믈 마디 아니ᄒᆞ나 슈하의 ᄒᆞᆫ 사ᄅᆞᆷ도 업ᄉᆞ더라 (紹入冀州, 以馥爲奮威將軍, 安民用賢, 以田豊、沮授、許攸、逢紀分掌事務, 盡奪韓馥之權. 馥懊悔時, 手下無一人矣.) <삼국-가정 3:8>

【뉘웃-】 동 «뉘읓다» 뉘우치다. 스스로 제 잘못을 깨닫고 마음속으로 가책을 느끼다.¶ ▼悔 ‖ ᄎᆡ모 병을 거나이고 관ᄉᆞ의 가 보니 현덕이 임의 갓ᄂᆞᆫ지라 ᄎᆡ모 뉘웃고 한ᄒᆞ여 벽상에 ᄒᆞᆫ 마리 시ᄅᆞᆯ ᄡᅥ 붓치고 (比及蔡瑁領軍到館舍時, 玄德已去遠矣. 瑁悔恨無及, 乃寫詩一首於壁間.) <삼국-모종 6:32> ▼追悔 ‖ 노슉이 비록 댱쟈의 풍ᄎᆡ 이시나 제 일이 급ᄒᆞ여시니 엇디 ᄉᆡ랑의 ᄆᆞᄋᆞᆷ을 내디 아니ᄒᆞ리오 쟝군이 가ᄇᆡ야이 가 뉘웃디 말라 (魯肅雖有長者之風, 于中事急, 不容不生狼心耳. 將軍不可輕往, 恐悔之不及.) <삼국-가정 21:99>

【뉘웃브-】 형 뉘우쁘다. 뉘우치는 생각이 있다. 후회(後悔)스럽다. 뉘웃(←뉘읓다: 뉘우치다, 悔)-+-브(형용사 파생 접미사)-.¶ ▼군휘 이를 의심ᄒᆞ야 힝치 아니ᄒᆞ면 후의 뉘웃브미 이실가 ᄒᆞ나이다 (將軍疑而不行, 曹操必南征, 此時恐措手不及.) <삼국-가정 22:25>

【뉘웃치-】 동 뉘우치다.¶ ▼悔 ‖ 만일 셩지를 한 번 파ᄒᆞ면 뉘웃쳐도 밋지 못ᄒᆞ리니 일작이 항복ᄒᆞ여 한가지로 왕실을 븟들면 봉후 지위를 일치 아니ᄒᆞ리라 (倘城池一破, 悔之晩矣! 若早來降, 共扶王室, 當不失封侯之位.) <삼국-국중 4:133> ▼懊悔 ‖ 죠운이 병을 ᄭᅳ어 진희든니 홀련 마량이 이르려 ᄃᆡ군이 ᄑᆡ함을 보고 뉘웃쳐뮬 밋지 못ᄒᆞ여 공명의 말노ᄡᅧ 션쥬게 고한ᄃᆡ (趙雲引兵據守. 忽馬良至, 見大軍已敗, 懊悔不及, 將孔明之言, 奏知先主.) <삼국-모종 14:24>

【뉘읓-】 동 뉘우치다.¶ ▼懊悔 ‖ 위 애ᄃᆞ롸 뉘우처 닐오ᄃᆡ

(瑜懊悔曰.) <삼국-가정 15:57>

【뉴독】 副 유독(唯獨, 惟獨). 많은 것 가운데 홀로 두드러지게.¶ ▼獨 ‖ 숙ㆍ이 허도를 써는 후에 길에 홀노 힝ᄒᆞ여 다소 간험을 지ᄂᆡ나 군마 서로 ᄯᆞᆯ오나니 업고 요화을 임의 물이치니 이제 뉴독 주창을 용납ᄒᆞ리요 (叔叔自離許都, 於路獨行至此, 歷過多少艱難, 未嘗要軍馬相隨, 前廖化欲相投, 叔旣卻之, 今何獨容周倉之衆耶?) <삼국-모종 5:22>

【뉴락-ᄒᆞ-】 동 유락(流落)하다. 타향살이하다. 유랑(流浪)하다.¶ ▼流落 ‖ 나ᄂᆞᆫ 본ᄃᆡ 듕원 사ᄅᆞᆷ으로 황난ᄒᆞᆷ를 인ᄒᆞ야 촉듕의 뉴락ᄒᆞ엿더니 (某乃中原之人, 流落蜀中.) <삼국-가정 34:4>

【뉴셩퇴】 명 ((군기)) 유성추(流星鎚). 긴 쇠사슬 양끝에 쇠뭉치가 달려 있는 무기.¶ ▼流星錐 ‖ 강호병이 궁노창검과 뉴셩퇴를 잘 ᄡᅳ고 (羌胡兵二十五萬, 皆慣使弓弩、槍逃走鐵蒺藜、流星錐等器.) <삼국-가정 30:81> 신이 요ᄉᆞ이 ᄒᆞᆫ 대쟝을 어드니 뉵십근 대도를 ᄡᅳ고 두셤 무긔 활을 ᄃᆞᆯ의며 뉴셩퇴를 ᄂᆞᆯ려 빅발빅듕ᄒᆞ고 만뷔 당티 못ᄒᆞᆯ 용이 이시니 (臣近得一員大將, 使六十斤大刀, 騎千里征　馬, 開兩石鐵胎弓, 暗藏三個流星鍾, 百發百中, 有萬夫不當之勇.) <삼국-가정 31:104>

【뉴황】 명 ((광물)) 유황(硫黃). 비금속 원소의 하나. 누런색의 결정(結晶)으로 천연적으로 홑원소 물질로 존재함. 공기 중에서 가열하면 푸르스름한 불꽃을 내며 타는데, 의약품, 화약, 성냥, 약재의 원료로 씀.¶ ▼硫黃 ‖ 내 긔산의 가 거즛 운량ᄒᆞᄂᆞᆫ 톄ᄒᆞ고 ᄆᆞ른 ᄂᆞᆯ과 남긔 뉴황과 염쵸를 므텨 술위예 싯고 거즛 닐오ᄃᆡ 농셔 냥식을 슈운ᄒᆞ라 ᄒᆞ면 촉병이 냥식이 업ᄉᆞᆫ디라 일뎡 와 아ᄉᆞ리니 술위예 블을 노코 복병으로 ᄡᅧ 티면 가히 이긔믈 어드리라 (某去祁山虛妝做運糧兵, 車上盡裝乾柴茅草, 以硫黃焰硝灌之, 却教人虛報隴西運糧到. 若蜀人無糧, 必然來搶. 待入其中, 却放火燒車, 外以伏兵應之, 可取勝矣.) <삼국-가정 32:27>

【뉵뎡-뉵갑】 명 육정육갑(六丁六甲). 육정신(六丁神)과 육갑신(六甲神). 둔갑술을 할 때에 부르는 도교(道教)의 신장(神將)의 이름.¶ ▼六丁六甲 ‖ 공명이 팔문둔갑을 잘ᄒᆞ야 능히 뉵뎡뉵갑을 브리며 ᄇᆞᄅᆞᆷ과 비를 브ᄅᆞ고 ᄉᆞ매예 건곤을 녀흐니 이ᄂᆞᆫ 뉵갑텬셔의 축디[ᄯᆞ흘 주리단 말이라]ᄒᆞᄂᆞᆫ 법이라 (諸葛亮善會"八門遁甲", 能驅六丁六甲之神, 亦能懷揣日月乾坤. 此乃六甲天書內"縮地"之法也.) <삼국-가정 33:60>

【뉵디채】 명 ((지리)) 육지채(陸地寨).¶ ▼旱寨 ‖ 조죄 뉵디채예 잇더니 군ᄉᆡ 보ᄒᆞ거ᄂᆞᆯ (曹操在旱寨內, 軍士報入來.) <삼국-가정 15:96>

【뉵살-ᄒᆞ-】 동 육살(戮殺)하다. 살륙하다.¶ ▼戮殺 ‖ 오즉 됴ㆍ를 효제치 못ᄒᆞ여 국권을 쳔롱ᄒᆞ여 방ᄌᆞ히 국난을 지어 황후를 뉵살ᄒᆞ고 황ᄌᆞ를 침히ᄒᆞ니 (惟獨曹操久未梟除, 侵擅國權, 恣心極亂. 臣昔與車騎將軍董承圖謀討操, 事不密, 承見陷害. 臣播越失據, 忠義不果, 遂使操窮凶極逆. 主后戮殺, 皇子鴆害.) <삼국-국중 13:5>

【뉵친】 명 ((인류)) 육친(肉親). 조부모, 부모, 형제 등과 같이 혈족 관계가 있는 사람.¶ ▼六親 ‖ ᄂᆡ 황제긔 쥬ᄒᆞ고 삼군을 녕ᄒᆞ야 잠간 용졍[황뎨 겨신 ᄯᅳ리라]니별ᄒᆞᄆᆡ 친귀 조젼[젼별이라]ᄒᆞ니 뉵친을[결ᄂᆡ라]ᄇᆞ리며 가국을 니별ᄒᆞ고 (吾奏君王, 請三軍暫別龍庭; 諸公祖餞, 棄六親遠辭家國.) <삼국-가정 29:67>

【뉵합】 명 ((지리)) 육합(六合). 천지와 사방을 통틀어 이르는 말. 하늘과 땅, 동ㆍ서ㆍ남ㆍ북. 육허(六虛).¶ ▼六合 ‖ 우리 태조무황뎨[조죄라]뉵합을 ᄡᅳ러 ᄆᆞᆰ게 ᄒᆞ시고 팔황을 돗 ᄆᆞᆯ 둣 ᄒᆞ시니 만셩이 ᄆᆞᄋᆞᆷ을 기우리며 ᄉᆞ방이 그 덕을 우러디 아니 리 업ᄉᆞᆫ디라 (我太祖武皇帝掃淸六合, 席卷八荒, 萬里傾心, 四方仰德.) <삼국-가정 30:65>

【뉵후-ᄒᆞ-】 형 육후(肉厚)하다. 살이 많다. 살이 두툼하다.¶ ▼有肉 ‖ 죄 쇼왈 엇지 니 일이 잇사리요 ᄒᆞ고 감ᄌᆞ을 가저 ᄯᅩ긔니 다 뉵후ᄒᆞ고 그 마시 심히 다니 다만 조의 ᄡᅩᆨ긴 바난 공각니라 (慈笑曰: "豈有此事?" 取柑剖之, 內皆有肉, 其味甚甛, 但操自剖者, 皆空殼.) <삼국-모종 11:80>

【눈건】 명 ((복식)) 윤건(綸巾). 비단으로 만든 두건.¶ ▼綸巾 ‖ 현덕이 보니 공명의 신댱이 팔쳑이오 양ᄌᆡ 관옥ᄀᆞᆺ더라 머리의 눈건을 쓰고 몸의 학챵의를 니버시니 눈섭의ᄂᆞᆫ 강산의 ᄲᅡ여난 거ᄉᆞᆯ 모도왓고 가ᄉᆞᆷ의ᄂᆞᆫ 텬디의 틀을 ᄀᆞᆷ초와시니 표표히 당셰예 신션이러라 (玄德見孔明身長八尺, 面如冠玉, 頭戴綸巾, 身披鶴氅, 眉聚江山之秀, 胸藏天地之機, 飄飄然當世之神仙也.) <삼국-가정 12:104> 이쟝이 대경ᄒᆞ야 ᄆᆞᆯ을 잡고 ᄇᆞ라보니 ᄒᆞᆫ 사ᄅᆞᆷ이 눈건 학챵의예 우션을 들고 셩샹의셔 크게 블러 닐오ᄃᆡ (二人大驚, 勒馬視之, 見一人綸巾羽扇, 鶴氅道袍, 放聲大叫曰.) <삼국-가정 32:54>

【눈상-ᄒᆞ-】 동 윤상(淪喪)하다. 몰락하여 망하다. 또는 상실(喪失)하다.¶ ▼淪喪 ‖ 샤직이 눈상ᄒᆞ고 ᄉᆞ히 뎐복ᄒᆞᆯ가 크게 두려 쇼 둥이 의병을 뫼화 ᄒᆞᆫ가지로 국난을 구ᄒᆞ려 ᄒᆞ니 (紹等懼社稷淪喪, 糾合義兵, 并赴國難.) <삼국-가정 2:54>

【눌연-ᄒᆞ-】 동 율연(慄然)하다. 두려워하다.¶ ▼栗然 ‖ 셔황이 ᄆᆞᆯ을 내여 냥과 이십여 합을 싸호다가 패ᄒᆞ야 본딘으로 도라오니 졔쟝이 눌연ᄒᆞ야 ᄯᅥᆯ거ᄂᆞᆯ 죄 군ᄉᆞ를 거두고 냥도 믈러가다 (徐晃出馬, 與顏良戰二十合, 敗歸本陣. 諸將栗然. 曹操收軍, 良亦引軍退去.) <삼국-가정 9:34>

【느릐히-】 동 늘어뜨리다.¶ ▼引 ‖ 이제 번셩이 곤ᄒᆞᆷ를 닙어 목을 느릐혀 구원ᄒᆞᆷ을 비ᄅᆞ니 ᄉᆞᄅᆞᆷ으로 글을 써 군심을 관뉴ᄒᆞ고 ᄯᅩ 관공으로 ᄒᆞ여곰 동의 형쥬를 엄습ᄒᆞᄂᆞᆫ 쥴 알면 ᄇᆞᆫᄃᆞ시 형쥬 닐을ᄭᅡ 두려ᄒᆞ여 퇴병ᄒᆞ리니 셔황으로 ᄒᆞ여곰 승세 엄술ᄒᆞ면 젼공을 어드리라 (今樊城被困, 引頸望救, 不如令人將書射入樊城, 以寬軍

心; 且使關公知東吳將襲荊州. 彼恐荊州有失, 必速退兵, 卻令徐晃乘勢掩殺, 可獲全功.) <삼국-국중 13:58>

【느리우-】 동 늘어뜨리다.¶ ▼舒 ‖ 마쵸 마상의셔 니몽을 사로잡으니 원ᄂᆡ 마쵸 니몽의 ᄯᅡ르믈 알되 즘짓 갓가이 오믈 기다려 니몽이 창을 드러 질을 지음의 마쵸 ᄒᆞᆫ 편으로 비쳐서며 두 말이 ᄒᆞᆫᄃᆡ 다앗난지라 마쵸 원비를 느리워 싱금ᄒᆞ니 (原來馬超明知李蒙追趕, 卻故意俄延; 等他馬近擧鎗刺來, 超將身一閃, 李蒙搠個空, 兩馬相並, 被馬超輕舒猿臂, 生擒過去.) <삼국-국중 3:6> ▼下 ‖ 듕군이 함계 ᄭᅮ지ᄌᆞᄃᆡ ᄇᆡ 돗ᄯᅥᆨ를 느리우라 언미필의 활쥴이 쇼ᄅᆡ 나ᄂᆞᆫ 곳의 문빙이 살을 맛고 것구러져 션즁의 잇ᄂᆞᆫ지라 (衆軍齊喝: "快下了篷!" 言未絶, 弓弦響處, 文聘被箭射中左臂, 倒在船中.) <삼국-모종 8:55>

【느리-하-】 동 길게 하다. 늘어뜨리다.¶ ▼欠 ‖ 평이 몸을 느리혀 대궐을 ᄇᆞ라며 절ᄒᆞ야 닐오ᄃᆡ (平欠身望闕拜曰.) <삼국-가정 8:88>

【느자기】 부 느즉이.¶ ▼晩 ‖ ᄯᅩ 고왈 이졔 느자기 풍습이 빈 ᄶᅵᆨ을 타 숀장군의 ᄉᆡ 엄습ᄒᆞ기로 언약ᄒᆞ여 불 들기로 군호ᄒᆞ니라 (小卒曰: "今晩馮習乘虛要劫孫軍營寨, 約定擧火爲號.") <삼국-모종 13:77>

【느즉-이】 부 느직이. 느슨하게.¶ ▼푀 ᄆᆞᆯ혁을 느즉이 잡고 놉픈 ᄃᆡ 올라 ᄇᆞ라며 우더니 뒤히 ᄒᆞᆫ 사ᄅᆞᆷ이 닐오ᄃᆡ 온휘 무어ᄉᆞᆯ ᄇᆞ라며 셜워ᄒᆞᄂᆞᆫ다 (呂布正望之間, 背後一人在馬上云: "溫侯何故遙望而發悲耶?") <삼국-가정 3:106>

【느즉-ᄒᆞ-】 형 느즈막하다. 느직하다. 여유가 있다.¶ ▼晩 ‖ 진등이 올타ᄒᆞᆫ ᄒᆞ고 느즉ᄒᆞ여 관의 올나 바라보니 조병이 바로 관ᄒᆞ의 좃거날 이예 밤을 타 세 봉지 글을 써 활노 쏘아 관의 날여 가고 (陳登唯唯, 至晩, 上關而望, 見曹兵直逼關下, 乃乘夜連寫三封書, 拴在箭上, 射下關去.) <삼국-모종 3:71>

【느직-이】 부 느즈막하게. 일정한 때보다 좀 늦게.¶ ▼晩 ‖ 광[관]공이 ᄇᆡᄉᆞᄒᆞ고 거장을 직촉ᄒᆞ여 느직이 ᄒᆞᆫ 촌장의 더러[저] 편히 쉬더니 장듀 나와 마즈니 수발이 다 희더라 (雲長將曹操贈袍事, 告知二嫂, 催促車仗前行, 至天晩, 投一村莊安歇, 莊主出迎, 鬚髮皆白.) <삼국-모종 5:5>

【늙-】 형 늙다.¶ ▼老 ‖ 츙이 노왈 슈지 나의 연노함을 긔롱ᄒᆞ나 ᄂᆡ의 슈중 보검은 늙지 아니ᄒᆞ엿노라 (忠怒曰: "豎子欺吾年老! 吾手中寶刀卻不老!") <삼국-국중 12:101>

【늑뎡-ᄒᆞ-】 동 늑정(勒定)하다. 강제로 거짓을 하게 하다.¶ ▼勒 ‖ 이튼날 독위 몬져 아젼을 잡아드려 늑뎡ᄒᆞ야 현위 ᄇᆡᆨ셩을 보채다 니ᄅᆞ라 ᄒᆞ거ᄂᆞᆯ (次日, 督郵先提縣吏去, 勒要文書, 教指縣尉害民.) <삼국-가정 1:77>

【늑징-ᄒᆞ-】 동 늑징(勒徵)하다. 강제로 거짓 증거를 대게 하다.¶ ▼勒 ‖ 이튼날 독위 몬져 아젼을 잡아들여 늑징ᄒᆞ야 현위 ᄇᆡᆨ셩을 보친다 닐르라 ᄒᆞ거ᄂᆞᆯ (次日, 督郵先提縣吏去, 勒要文書, 教指縣尉害民.) <삼국-규장 1:53>

【늑형-ᄒᆞ-】 동 늑형(勒刑)하다. 강제로 형벌을 내리다.¶ ▼逼勒 ‖ 독위 현니를 늑형ᄒᆞ야 유공을 ᄒᆡ코져 ᄒᆞᆷ으로 우리 등이 ᄇᆡᆨ활ᄒᆞ랴 ᄒᆞ되 문이 막혀 드러가지 못ᄒᆞ노라 (督郵逼勒縣吏, 欲害劉公; 我等皆來苦告, 不得放入, 反遭把門人趕打!) <삼국-국중 1:39>

【늘그-】 형 늙다. 동물 따위가 나이를 많이 먹다.¶ ▼駑 ‖ 늘근 ᄆᆞᆯ이 귀우를 ᄉᆡᆼ각ᄒᆞ니 반ᄃᆞ시 ᄡᅳ디 아니ᄒᆞ링이다 (駑馬戀棧豆, 必不能用也.) <삼국-가정 35:90>

【늠늠-ᄒᆞ-】 형 ❶ 늠름(凜凜)하다. 추위가 살을 엘 듯이 심하다.¶ ▼凜凜 ‖ 슈리를 ᄒᆡᆼᄒᆞ더니 홀연 삭풍이 늠ᆞᆞᄒᆞ고 셔셜이 비ᆞᆞᄒᆞ여 산은 옥이 ᄡᆞ힘과 ᄀᆞᆺ고 슈풀은 은으로 단장ᄒᆞᆷ ᄀᆞᆺ더라 (行無數里, 忽然朔風凜凜, 瑞雪霏霏; 山如玉簇, 林似銀床.) <삼국-국중 8:12> ❷ 늠름(凜凜)하다. 생김새나 태도가 의젓하고 당당하다.¶ ▼凜凜 ‖ 현덕이 보니 그 사ᄅᆞᆷ이 신댱이 구쳑 오촌이오 슈염이 ᄒᆞᆫ 자 여ᄃᆞᆲ 치오 ᄂᆞᆺ촌 ᄆᆞ른 대조빗 ᄀᆞᆺ고 입시울은 쥬사 딕은ᄃᆞᆺ ᄒᆞ고 단봉 눈이오 누은 누에 눈섭이오 샹뫼 당ᆞᆞᄒᆞ고 위풍이 늠ᆞᆞᄒᆞ더라 (玄德看其人, 身長九尺三寸, 髯長一尺八寸, 面如重棗, 唇若抹朱, 丹鳳眼, 臥蠶眉, 相貌堂堂, 威風凜凜.) <삼국-가정 1:24>

【늣거우-】 형 «늣겁다» 느껍다. 어떤 느낌이 마음에 북받쳐서 벅차다.¶ ▼愴然 ‖ 내 이 두 사ᄅᆞᆷ의 말을 닐그매 늣거워 일즙 뉴톄티 아닐 적이 업ᄉᆞ니 괴 엇디 찬역ᄒᆞᆯ ᄆᆞᄋᆞᆷ이 이시리오 (時讀此二人之書, 未嘗不愴然流涕也. 孤安有簒逆之心哉?) <삼국-가정 18:40>

【늣고-】 동 늦추다.¶ ▼緩 ‖ 동이기를 너무 급히 ᄒᆞ니 잠간 늣고기를 비노라 (縛太急, 乞緩之!) <삼국-국중 4:148>

【늣기-】[1] 동 느끼다. 마음속으로 어떤 감정 따위를 체험하고 맛보다.¶ ▼感 ‖ 됴 관의 계륵 이심을 보고 인ᄒᆞ여 늣기며 정히 침음ᄒᆞ더니 ᄒᆞ후돈니 입장ᄒᆞ여 품뎡ᄒᆞᄃᆡ 야 침음ᄒᆞ믄 무산 닐을 ᄉᆡᆼ각ᄒᆞ시ᄂᆞᆫ잇가 됴 입을 ᄯᆞ라 응ᄒᆞ야 왈 계륵 ᆞᆞ이라 (操見碗中有雞肋, 因而有感於懷. 正沈吟間, 夏侯惇入帳, 稟請夜間口號. 操隨口曰: "雞肋! 雞肋!" 惇傳令衆官, 都稱"雞肋".) <삼국-국중 12:147> 셔셔 현덕의 뉴련ᄒᆞᄂᆞᆫ 정을 늣계 공명이 즐계 산의 나가 돕지 아니할가 져허ᄒᆞ여 드듸여 와룡강의 바로 가 초려에 들여가 공명을 보니 (徐庶旣別玄德, 感其留戀之情, 恐孔明不肯出山輔之, 遂乘馬直至臥龍岡下, 入草廬見孔明.) <삼국-모종 6:68>

【늣기-】[2] 동 서럽거나 감격에 겨워 울다. 흐느끼다.¶ ▼憾 ‖ 나ᄂᆞᆫ ᄃᆡ장부라 나히 오십이 도엿스니 쥭은들 엇[디] 늣기리요 (吾大丈夫年近六旬, 卽死何憾!) <삼국-국중 13:15>

【능ᄉᆞ-ᄒᆞ-】 동 능사(能事)하다. 일에 능하다. 자기에게 알맞아 잘해 낼 수 있는 일을 하다.¶ ▼能事 ‖ 이졔 능ᄉᆞᄒᆞᆫ ᄉᆞᄅᆞᆷ으로 ᄒᆞ여곰 회남경노를 막오 안호로 녀포를 막고 밧그로 원슐을 당ᄒᆞ게 ᄒᆞ미 ᄀᆞᄒᆞᆯ가 ᄒᆞᄂᆞ이다 (今可使能事者守住淮南徑路, 內防呂布, 外當袁術.) <삼국-

국중 4:131>

【능지쳐참-ᄒᆞ-】 동 능지처참(陵遲處斬)하다. 죄인을 죽인 뒤 시신의 머리, 몸, 팔, 다리를 토막 쳐서 각지에 돌려 보이다.¶ ▼凌遲處死 ‖ 황호의 두국히민한 죄를 무러 져ᄌᆞ의 능지쳐참ᄒᆞ니라 (昭因黃皓蠹國害民, 令武士押出市曹, 凌遲處死.) <삼국-국중 17:115>

【능체-하-】 동 능체(陵替)하다. 쇠락하다. 아랫사람이 윗사람의 권한을 침해하다.¶ ▼陵替 ‖ 조신의 도리 점〻 능체한니 위로써 사랑ᄒᆞ면 위극ᄒᆞ면 잔잉ᄒᆞ고 은혜로써 순케 ᄒᆞ여 은혜 다ᄒᆞ면 만홀ᄒᆞ리니 펴단 되기난 일노써 홈니라 (君臣之道, 漸以陵替, 寵之以位, 位極則殘, 順之以恩, 恩竭則慢, 所以致弊, 實由於此.) <삼국-모종 11:32>

【능체-ᄒᆞ-】 동 능체(陵替)하다. 쇠락하다. 아랫사람이 윗사람의 권한을 침해하다.¶ ▼陵替 ‖ 비ᄂᆞᆫ 한죠 묘예로 범남이 명작의 참네ᄒᆞ여 업ᄃᆡ여 보건ᄃᆡ 됴정이 능체ᄒᆞ고 긔강이 문허지ᄆᆡ 군웅이 나라를 어즈러이고 (竊念備漢朝苗裔, 濫叨名爵, 伏觀朝廷陵替, 綱紀崩摧, 群雄亂國.) <삼국-국중 8:19>

【능침】 명 ((지리)) 능침(陵寢). 임금이나 왕후의 무덤. 능(陵). 능묘(陵墓).¶ ▼陵寢 ‖ 또 녀포로 ᄒᆞ여곰 션뎨와 후비들히 능침을 다 파내야 금은 보패ᄅᆞᆯ 가지니 (又差呂布發掘先皇及后妃陵寢, 取其金寶.) <삼국-가정 2:104>

【능톄-ᄒᆞ-】 동 능체(陵替)하다. 쇠락하다. 아랫사람이 윗사람의 권한을 침해하다.¶ ▼陵替 ‖ 녯날 환 녕이 미약ᄒᆞ매 한통이 능톄ᄒᆞ야 나라히 어즈러오며 ᄒᆡᄂᆡ 흉왕ᄒᆞ고 ᄉᆞ방이 요란ᄒᆞ야 (昔日桓、靈微弱, 漢統陵替, 國亂歲凶, 四方擾攘.) <삼국-가정 30:68>

【니】[1] 명 ((신체)) 이. 척추동물의 입 안에 있으며 무엇을 물거나 음식물을 씹는 역할을 하는 기관. 니> 이.¶ ▼술곳 취ᄒᆞ면 남다히ᄅᆞᆯ ᄇᆞ라고 니ᄅᆞᆯ ᄀᆞᆯ며 노ᄒᆞ기ᄅᆞᆯ 마디 아니ᄒᆞ다가 술곳 ᄭᆡ면 방셩 통곡ᄒᆞ며 셜워ᄒᆞ기ᄅᆞᆯ 긋치디 아니ᄒᆞ더니 (每醉, 望南切齒睁目, 怒恨甚急; 酒醉醒時, 放聲痛哭, 悲傷不已.) <삼국-가정 26:66>

【니】[2] 명 이(理). 이치(理致).¶ ▼理 ‖ 내 드ᄅᆞ니 월나라 셔시ᄂᆞᆫ 비록 잘 헛ᄲᅳ리ᄂᆞᆫ 사ᄅᆞᆷ이라도 그 고으믈 ᄀᆞᆷ초디 못ᄒᆞ고 졔나라 무염 녀ᄌᆞᄂᆞᆫ 비록 잘 기리ᄂᆞᆫ 사ᄅᆞᆷ이라도 그 보긔 슬키ᄅᆞᆯ 덥디 못ᄒᆞᆫ다 ᄒᆞ고 ᄒᆡ 가온대 오면 기울고 ᄃᆞᆯ이 ᄎᆞ면 이저디니 이ᄂᆞᆫ 텬하의 덧덧ᄒᆞᆫ 니라 (吾聞越之西子, 善毁者不能閉其美; 齊之無鹽, 善美者不能掩其醜.修短者不能用其長, 造惡者不能爲其善. 日中則昃, 月滿則虧, 此天下之常理也.) <삼국-가정 21:65>

【니-】[1] 동 가다. 다니다.¶ ▼去 ‖ 곽샹이 밤들게야 믈러 니거ᄂᆞᆯ (郭常相陪至更深, 各人歇去.) <삼국-가정 9:123> 조군이 대패ᄒᆞ야 관도로 믈러 니거ᄂᆞᆯ (曹軍大敗, 盡退官渡去訖.) <삼국-가정 10:61> 뉴비 반시ᄅᆞᆯ 벽샹의 쓰고 하딕디 아니ᄒᆞ고 니거이다 (劉備有反亂之意, 書反詩於壁上, 不辭而去.) <삼국-가정 11:119> 감영이 그 계규를 드러 니거ᄂᆞᆯ (甘寧領計去了.) <삼국-가정 16:41> 범강 댱달이 신의 아비ᄅᆞᆯ 죽여 머리ᄅᆞᆯ 가지고 오로 니거이다 (范疆、張達殺了臣父, 將首級投吳去矣!) <삼국-가정 26:86>

【니-】[2] 동 일어나다.¶ ▼上 ‖ 쟝군은 동티 말라 내 일쳔군을 거ᄂᆞ려 산도로 올라 니거든 쟝군이 인병ᄒᆞ여 와 젼후로 협공ᄒᆞ면 조병을 반ᄃᆞ시 파ᄒᆞ리이다 (將軍休動鈞意. 待某引一千軍, 從山小路抄上, 將軍引兵來戰, 兩下夾攻, 曹兵必敗.) <삼국-가정 23:57>

【-니】 미 -냐. -니. ((계사의 어간이나 용언의 어간이나 어미 뒤에 붙어)) 반말의 의문형 종결 어미.¶ ▼也 ‖ 오ᄂᆞᆯ 공근이 공복을 듕히 췩호ᄃᆡ 우리ᄂᆞᆫ 그의 부해라 감히 세워 말리디 못ᄒᆞ엿거니와 션ᄉᆡᆼ은 손이어ᄂᆞᆯ 엇디 ᄑᆞᆯ당 곳고 겨틔셔 보며 ᄒᆞᆫ 말도 아니ᄒᆞ더니 (今日公謹責問於公覆, 我等皆是他負荷, 不敢冒犯苦勸; 先生是客, 何苦袖手傍觀, 不發一言也?) <삼국-가정 16:90> ▼적이 오나 므어시 관겨ᄒᆞ니 (賊至何妨?) <삼국-가정 19:14>

【니간-ㅎ-】 동 이간(離間)하다. 두 사람이나 나라 따위의 사이를 헐뜯어 서로 멀어지게 하다.¶ ▼동탁의 양ᄌᆞ 녀푀 이시니 만뷔 당티 못ᄒᆞ고 용이 이시나 다 쥬ᄉᆡᆨ의 빠디ᄂᆞᆫ 무리라 이제 서ᄅᆞ 니간케 ᄆᆡᆫᄃᆞᆯ 계규ᄅᆞᆯ ᄡᅳ고져 ᄒᆞ노니 너ᄅᆞᆯ 몬져 녀포의게 허ᄒᆞ고 조초 동탁을 줄 거시니 (董卓手下一義兒, 姓呂名布, 有萬夫不當之勇. 我觀二人皆是酒色之徒, 今欲用連環之計, 先將汝許嫁呂布, 然後獻與董卓.) <삼국-가정 3:66>

【니간-ᄒᆞ-】 동 이간(離間)하다. 두 사람이나 나라 따위의 사이를 헐뜯어 서로 멀어지게 하다.¶ ▼分顔 ‖ 네 그 ᄉᆞ이예 형셰ᄅᆞᆯ 보와 뎌 부ᄌᆞ로 ᄒᆞ여곰 니간ᄒᆞ야 서ᄅᆞ ᄇᆡ반케 ᄒᆞ야 녀포로 ᄒᆞ여곰 동탁을 죽여 큰 사오나온 놈을 업시ᄒᆞ고 (汝于中取便, 諜間太父子分顔, 令布殺卓, 以絶大惡.) <삼국-가정 3:66>

【니긔-】 동 이기다.¶ ▼勝 ‖ 네 무ᄉᆞᆫ ᄭᅬ 이셔 니긔리오 (汝有何策勝之?) <삼국-국중 14:10> 마초의 용ᄆᆡᆼ은 천ᄒᆞ 다 아난니 위교의 세 번 싸와 조〻 수엄을 버히고 녹표[포]을 바리고 긔호 죽을 번ᄒᆞ니 운장도 또 니긔〻 긔필 못ᄒᆞ리라 (今馬超之勇, 天下皆知, 渭橋六戰, 殺得曹操割鬚棄袍, 幾乎喪命, 非等閒之比, 雲長且必可勝.) <삼국-모종 11:17>

【-니라】 미 -니라. -리라. -니(객관적 믿음의 선어말 어미) + -라(→ -다: 평서형 종결 어미).¶ ▼이ᄂᆞᆫ ᄉᆞ마의 부러 투고ᄅᆞᆯ 수풀 동편의 ᄇᆞ리고 믄득 서로 ᄃᆞ라나니 이러므로 뇨홰 ᄲᆞᆯ와 밋디 못ᄒᆞ니라 (原來司馬懿將金盔落於林東, 却往西走.) <삼국-가정 34:24>

【니령】 명 이녕(泥濘). 진창.¶ ▼泥濘 ‖ 죄 ᄃᆡ로ᄒᆞ여 ᄭᅮ지져 왈 군ᄉᆞᄂᆞᆫ ᄉᆞᆫ을 만나면 길을 열고 물을 만나면 다리ᄅᆞᆯ 노흘 거시니 엇지 니령의 단이지 못할니 잇시리요 (操大怒, 叱曰: "軍旅逢山開路, 遇水疊橋, 豈有泥濘不堪行之理.") <삼국-모종 8:63>

【니령-ᄒᆞ-】 형 이녕(泥濘)하다. 진흙투성이다. 질편하다. 길이 질다.¶ ▼泥濘 ‖ 비 그치디 아니ᄒᆞ야 영듕이 니령

ᄒᆞ니 군ᄉᆞ를 가히 머믈우디 못ᄒᆞ리니 압뫼 우히 옴겨 지이다 (雨水不住, 營中泥濘, 軍不可停, 欲移于前面山上.) <삼국-가정 35:46>

【니론】 관 이른바.¶ ▼曰 ‖ 쟝군이 비록 눌라나 쐬를 쁨만 ᄀᆞᆺ디 못ᄒᆞ니 이제 허도를 새로 뎡ᄒᆞ매 군ᄉᆞ를 가ᄇᆡ야이 동티 못ᄒᆞ리니 욱이 ᄒᆞᆫ 계규를 두어시니 니론 두 범이 서ᄅᆞ 밥을 ᄃᆞ토ᄂᆞᆫ 법이라 (將軍勇則勇矣, 不知用謀. 今許都新定, 未可造次用兵. 彧有一計, 名曰: "二虎競食"之計.) <삼국-가정 5:85>

【니르혀-】 동 일으키다. 닐(일다, 起)-+-으(사동사 파생 접미사)-+-혀(강조 접미사)-.¶ ▼起 ‖ 곽쇠 셩샹의 이셔 촉병의 운뎨 니르혀믈 보고 삼천군을 녕ᄒᆞ야 각ᄀᆞ 화젼을 가졋다가 운뎨 셩의 갓가이 오나든 ᄒᆞᆷᄭᅴ 쏘라 ᄒᆞ더라 (郝昭在敵樓上望見蜀兵裝起雲梯, 四面而來, 卽令三千軍各執火箭, 分在四面, 待雲梯近城, 一齊射之.) <삼국-규장 22:18>

【니르-히】 부 이르도록. 이르기까지.¶ ▼到 ‖ 광무로브터 이에 니르히 이ᄇᆡᆨ년의 ᄇᆡᆨ셩이 편안ᄒᆞ연 디 오란디라 간괘 니러나니 이ᄂᆞᆫ 다ᄉᆞ림을 말ᄆᆡ아마 어즈러온 ᄃᆡ 들미라 (光武至今二百年, 民安已久, 故起干戈, 此乃治入于亂也.) <삼국-규장 9:25> 그ᄃᆡ 말이 그르다 강동 긔엽을 파로쟝군으로브터 창긔ᄒᆞ야 이제 니르히 발셔 세 ᄃᆡ라 엇지 일조의 폐ᄒᆞ리오 (君言差矣! 江東基業自破虜將軍開創到今, 已歷三世, 豈可一旦而廢之?) <삼국-가정 14:98> 텬ᄌᆞ로브터 아ᄅᆡ 셔인의 니르히 고를 두려 아니ᄒᆞ리 업거늘 (上至天子, 下及庶人, 無不懼孤.) <삼국-규장 18:6>

【니ᄅᆞ】 부 ((주로 뒤에 오는 '몯ᄒᆞ다 /못ᄒᆞ다' 따위의 부정어와 함께 쓰여)) 이루. 온통. 다. 여간하여서는 도저히.¶ ▼可 ‖ 승ᄇᆡᆨ셩 일ᄃᆡ예 군ᄉᆞ 일ᄃᆡ식 섯거 서르 직촉ᄒᆞ야 밀며 ᄭᅳ으며 가니 즌펄이와 굴헝의 업더뎌 죽을 재 니ᄅᆞ 혜디 못ᄒᆞ고 (每百姓一隊, 間軍一隊, 互相推拖, 死于溝壑中者不可勝數.) <삼국-가정 2:102>

【니ᄅᆞ-】[1] 동 이르다. 무엇이라고 말하다.¶ ▼指出 ‖ 이거시 네 ᄆᆞᄋᆞᆷ으로 저즌 거시 아니라 사ᄅᆞᆷ이 ᄀᆞᄅᆞ쳐시니 ᄲᆞᆯ리 니ᄅᆞ라 내 네 죄를 샤호리라 (據此情, 非汝所爲, 可速指出, 吾免你罪.) <삼국-가정 8:80> ▼發落 ‖ 통은 부ᄉᆞᆯ 잡아 뎍이고 슈례 두며 입을 니ᄅᆞ며 귀로 드ᄅᆞ되 곡딕을 낫ᄂᆞ치 ᄀᆞᆯ히여 호리도 그ᄅᆞ디 아니킈 결ᄒᆞ니 (統執筆簽押, 口中發落, 耳內聽詞, 曲直分明, 并無分毫差錯.) <삼국-가정 18:88>

【니ᄅᆞ-】[2] 동 이르다. 어떤 장소나 시간에 닿다. 다다르다. 도달하다.¶ ▼抵 ‖ 공명이 우쟝군 현도후 고샹으로 ᄒᆞ여곰 일천 병을 인ᄒᆞ야 목우뉴마를 모라 검각으로브터 냥초를 슈운ᄒᆞ야 긔산 대채예 니ᄅᆞ니 촉병의 지용ᄒᆞ미 핍졀티 아닌디라 모ᄃᆞᆫ 군식 공명의 은덕 갑프믈 싱각ᄒᆞ야 나 싸홈을 원ᄒᆞ더라 (孔明令右將軍、玄都侯高翔, 引一千兵駕木牛流馬, 自劍閣直抵祁山大寨, 往來搬運糧草, 供給蜀兵用度.) <삼국-가정 34:13>

【니ᄅᆞ혀-】 동 ❶ 잡아 당기다. 붙들어 일으키다. 닐(일다, 起)-+-ᄋᆞ(사동사 파생 접미사)-+-혀(강조 접미사)-.¶ ▼興 ‖ 쟝ᄎᆞᆺ 문죄ᄒᆞᄂᆞᆫ 군ᄉᆞ를 니ᄅᆞ혀려 ᄒᆞ시매 낭뫼 ᄒᆞᆫ 가지로 ᄭᅬᄒᆞ여 모다 분노ᄒᆞ여 의논호ᄃᆡ (將興問罪之師, 廊廟同謀, 悉起發忿之議.) <삼국-가정 26:77> ❷ 어떤 기구를 거두거나 세우거나 집을 짓다.¶ ▼起 ‖ 곽쇠 셩샹의 이셔 촉병의 운뎨 니ᄅᆞ혀믈 보고 삼천군을 녕ᄒᆞ야 각ᄀᆞ 화젼을 가젓다가 운뎨 셩의 갓가이 오나ᄃᆞᆫ ᄒᆞᆷᄭᅴ 쏘라 ᄒᆞ더라 (郝昭在敵樓上望見蜀兵裝起雲梯, 四面而來, 卽令三千軍各執火箭, 分在四面, 待雲梯近城, 一齊射之.) <삼국-가정 32:3>

【니ᄅᆞ-히】 부 이르도록. 이르기까지.¶ ▼至 ‖ 과연 그 ᄆᆞᆯ의 온 몸이 숫블 픠온 ᄃᆞᆺᄒᆞ야 죠곰도 잡털이 업고 머리로셔 ᄭᅩ리예 니ᄅᆞ히 기릐 ᄒᆞᆫ 댱이오 놉기 여ᄃᆞᆲ 자히라 (果然那馬渾身上下, 火炭般赤, 無半根雜毛; 從頭至尾長一丈, 從蹄至頂鬃高八尺.) <삼국-가정 1:151> 대군을 항거ᄒᆞ리 이시면 일문을 듀륙ᄒᆞ고 쟝교로브터 셔민의 니ᄅᆞ히 녀포의 머리를 드리ᄂᆞᆫ 재면 벼ᄉᆞᆯ과 샹을 듕히 ᄒᆞ리라 (如有抗拒大軍者, 滿門誅戮. 城內上至將校, 下至庶民, 如獻呂布之首者, 重加官賞.) <삼국-가정 7:54> 광무로브터 이예 니ᄅᆞ히 이ᄇᆡᆨ년의 ᄇᆡᆨ셩이 편안ᄒᆞ연 디 오란디라 간괘 니러나니 이ᄂᆞᆫ 다ᄉᆞ림을 말ᄆᆡ아마 어즈러온 ᄃᆡ 들미라 (光武至今二百年, 民安已久, 故起干戈, 此乃治入于亂也.) <삼국-가정 12:81> 복희시 티세ᄒᆞ므로브터 이제 니ᄅᆞ히 목우뉴마 잇단 말을 듯디 못ᄒᆞ엿ᄂᆞ니 청컨대 승상은 ᄀᆞᄅᆞ치쇼셔 (自伏羲治世, 相傳至今, 未聞有木牛流馬之事, 請丞相教之.) <삼국-가정 34:12>

【니뫼】 부 이미.¶ ▼已 ‖ ᄉᆞ마의 길을 ᄇᆡᄒᆞ여 힝ᄒᆞ야 팔일레 니뫼 신셩의 이르럿난지라 밍달니 단슈을 못ᄒᆞ고 난군의 죽닌 ᄇᆡ 되고 (司馬懿倍道而行, 八日已到新城, 孟達措手不及, … 孟達被亂軍所殺.) <삼국-모종 16:2>

【니별-ᄒᆞ-】 동 이별(離別)하다.¶ ▼離 ‖ ᄂᆡ 황졔ᄭᅴ 쥬ᄒᆞ고 삼군을 녕ᄒᆞ야 잠간 용정[황뎨 겨신 ᄃᆡ라] 니별ᄒᆞᄆᆡ 친귀조젼[젼별이라]ᄒᆞ니 뉵친[결ᄂᆡ라]을 ᄇᆞ리며 가국을 니별ᄒᆞ고 (吾奏君王, 請三軍暫別龍庭; 諸公祖餞, 棄六親遠辭家國.) <삼국-가정 29:67>

【니블】 명 ((기물)) 이불.¶ ▼됴뎡이 위량신을 보내야 금국의 맛당이 괴요ᄒᆞᆫ 고ᄃᆡ 기동을 박고 기동의 큰 원환을 박고 군후의 ᄑᆞᆯ흘 골회예 녀허 ᄆᆡ이 ᄆᆡᆫ 후의 니블로 머리를 ᄡᆞ고 (當於靜處立一標柱, 上釘大環, 請君侯將臂穿於環中, 以繩係之, 然後以被蒙其首.) <삼국-가정 24:101>

【니위-】 동 일으키다.¶ ▼興 ‖ 부왈 용밍은 잇시나 쐬 업신니 도모케 쉬우니 ᄂᆡ 임의 냥관 조구로 약정ᄒᆞ야ᄉᆞᆫ니 만일 형이 병을 니위면 니인이 ᄂᆡ응ᄒᆞ리라 (阜曰: "有勇無謀, 易圖也. 吾已暗約下梁寬、趙衢, 兄若肯興兵, 二人必爲內應.") <삼국-모종 11:10>

【니윽-ᄒᆞ-】 형 시간이 조금 지나다. 오래지 아니하다.¶ ▼不多時 ‖ 쇠 급히 나아가 ᄊᆞ호라 ᄒᆞ니 반봉이 손의 ᄃᆡ

부를 들고 말게 올나 가더니 ㆍㆍ윽ᄒᆞ여 비믜 와 보ᄒᆞᄃᆡ 반봉이 ᄯᅩ 화웅의게 죽엇다 (紹急令出戰. 潘鳳手提大斧上馬. 去不多時, 飛馬來報: '潘鳳又被華雄斬了.') <삼국-가정 1:86>

【니지러-지-】 동 이지러지다. 일그러지다.¶ ▼缺 ‖ 여러보니 이의 ᄒᆞᆫ 옥싀라 방원이 사 촌이오 우희 오룡을 사이고 겻혜 일각이 니지러져 황금으로 기웟ᄂᆞᆫ지라 (啓視之, 乃一玉璽. 方兩四寸, 上鐫五龍交紐, 傍缺一角, 以黃金鑲之.) <삼국-모종 1:103>

【니-ᄒᆞ-】 형 이(利)하다. 이롭다.¶ ▼諧 ‖ 위병이 구디 딕희고 움즉이디 아니ᄒᆞ매 쵹병이 도로 뫼희 올라오니 마속이 일이 니티 아니믈 보고 채문을 구디 딕희여 외웅을 기ᄃᆞ리더라 (魏兵端然副動, 蜀兵又退上山去. 馬謖見事不諧, 敎軍謹守寨門, 只等外應.) <삼국-가정 31:21>

【니확】 명 ((인명)) 이각(李傕). 동탁(董卓) 수하의 장수.¶ ▼李傕 ‖ 니확이 머리를 ᄡᅡ고 쥐 숨ᄃᆞᆺ ᄃᆞ라나 동탁을 보고 손견의 이러ᄐᆞ시 무례ᄒᆞ던 일을 닐오ᄃᆡ (李傕抱頭鼠竄, 回見董卓, 說孫堅如此無禮.) <삼국-가정 2:94> 니확 곽식 니몽 왕방이 다 마툐의게 죽은 줄을 알고 보야흐로 가허의 션견이 붉은 줄을 씨ᄃᆞ라 다시 그 계규를 써 요긴ᄒᆞᆫ ᄃᆡ를 ᄃᆡ희여 뎨 싸홈을 보야되 나디 아니ᄒᆞ니 과연 셔량병이 냥쵸 긋처딘디라 (李傕、郭汜聽知李蒙、王方皆被馬超殺了, 方信賈詡有先見之明, 重用其計, 只理會緊守關防, 從他搦戰, 並然不出. 果然涼州軍未及兩月, 糧草俱乏, 商議回軍.) <삼국-가정 4:12>

【니회-ᄒᆞ-】 동 이회(理會)하다. 이해하다. 상관하다.¶ ▼料理 ‖ 주공은 근심치 마ᄅᆞ소셔 귀체를 ᄉᆞᆼ할가 져허ᄒᆞ고 ᄯᅩ ᄃᆡᄉᆞ를 다ᄉᆞ려 ᄉᆞ람을 갈희여 져게 가 셩지를 직히고 ᄌᆞᆼᄉᆞ를 다ᄉᆞ릴 일을 니회ᄒᆞ소셔 (主公勿憂, 恐傷貴體, 且理大事, 可急差人到彼守禦城池, 幷料理葬事.) <삼국-모종 9:38>

【닉기-】 동 이기다.¶ ▼勝 ‖ 현덕니 ㆍㆍ새을 직히지 못ᄒᆞ야 일변 싸호며 일변 다라나 비관에 도라온니 쵹병니 닉기멀 타 추한ᄒᆞ기을 긴급피 ᄒᆞ난지라 (玄德守不住二寨, 且戰且走, 奔回涪關, 蜀兵得勝, 迤邐追趕.) <삼국-모종 10:126>

【닐기】 명 일개(一介). ((관형사적 용법)) 보잘것없는. 한낱. 하찮은.¶ ▼一介 ‖ ᄂᆡ 한 계교 잇ᄉᆞ니 셩디를 드리고 인슈를 밧드러 항복지 아니ᄒᆞ고 다만 닐기 산ᄉᆞ로 ᄒᆞ여곰 젼쥬를 타고 두 ᄉᆞ룸을 강상의 보ᄂᆡ리니 (愚有一計: 並不勞牽羊擔酒, 納土獻印; 亦不須親自渡江; 只須遣一介之使, 扁舟送兩個人到江上.) <삼국-국중 9:8>

【닐ᄢᅥ-나-】 동 벌떡 일어나다.¶ ▼躍起 ‖ ᄒᆞᄅᆞᆫ 죄 득침ᄒᆞᆯ 식 니블이 버서뎌 상 아래 ᄂᆞ려뎟거ᄂᆞᆯ ᄒᆞᆫ 근시 나아가 니블을 거두어 덥더니 죄 닐ᄢᅥ나 칼흘 ᄲᅢ혀 그 사ᄅᆞᆷ을 텨 죽이고 도로 누어 자기를 ᄒᆞ다가 (一日, 晝寢於帳中, 落被於地, 一近侍慌取覆之. 操躍起, 拔劍斬之, 復上床睡.) <삼국-가정 23:115>

【닐ᄶᅥ-나-】 동 벌떡 일어나다.¶ ▼跳起 ‖ 위 취ᄒᆞ야 뎟더니 쑴 속의 금고와 함셩이 ᄃᆡ진호믈 듯고 닐ᄶᅥ나 상ᄀᆞ의 빵극을 어드니 업고 (韋醉倒在帳中, 夢中聽得金鼓喊殺之聲, 忽跳起, 床邊尋雙戟不見.) <삼국-규장 4:162>

【닐온】 관 이른바. 닐(니ᄅᆞ다: 이르다, 曰)+-오(대상법 선어말 어미)+-ㄴ(관형격 전성 어미).¶ ▼曰 ‖ 병법의 닐오ᄃᆡ 빈ᄃᆞ시 이긜 거시 다ᄉᆞ시 이시니 ᄒᆞ나흔 닐온 혜아리미오 둘흔 닐온 쟝냥호미오 세흔 닐온 숣쉬오 네흔 닐온 맛ᄀᆞᄌᆞ미오 다ᄉᆞᄉᆞᆫ 닐온 이긔미니 (兵法云: 必勝有五: 一曰'度', 二曰'量', 三曰'數', 四曰'稱', 五曰'勝'.) <삼국-가정 24:82>

【닐우-】 동 이루다.¶ ▼致 ‖ 위 블러 드려오라 ᄒᆞ니 튝이 직ᄇᆡᄒᆞ고 현덕의 공경ᄒᆞᄂᆞᆫ ᄠᅳᆺ을 직삼 닐우고 양쥬를 올리니 (瑜召入, 竺再拜, 致玄德再三相敬之意, 獻上酒禮.) <삼국-규장 10:122>

【닐웨】 명 이레. 칠일.¶ ▼七日 ‖ 년ᄒᆞ야 닐웨를 가도와 두고 음식을 쥬지 아니ᄒᆞᄃᆡ (連監禁七日, 並不與食.) <삼국-가정 22:72>

【닐위-】[1] 동 이루어지게 하거나 일어나게 하다.¶ ▼致 ‖ 공은 법녕이 붉고 샹벌이 분명ᄒᆞ니 ᄉᆞ졸이 비록 쟉으나 다 죽으믈 닐위고져 ᄒᆞ니 이ᄂᆞᆫ 무로 이긔미오 (公法令既明, 賞罰必行, 士卒雖寡, 皆爭致死, 比武勝也.) <삼국-가정 6:157>

【닐위-】[2] 동 이르다. 말하다[謂].¶ ▼致 ‖ 위 블러 드려오라 ᄒᆞ니 튝이 직ᄇᆡᄒᆞ고 현덕의 공경ᄒᆞᄂᆞᆫ ᄠᅳᆺ을 직삼 닐위고 양쥬를 올리니 (瑜召入, 竺再拜, 致玄德再三相敬之意, 獻上酒禮.) <삼국-가정 15:27> 한군ᄉᆞ 듕낭쟝 졔갈량은 글월을 대도독 공근션ᄉᆡᆼ 휘하의 닐위ᄂᆞ니 (漢軍師中郎將諸葛亮, 致書于大都督公瑾先生麾下.) <삼국-가정 18:62>

【닐의】 명 ((동물)) 이리.¶ ▼狼 ‖ 탁이 보니 그 ᄉᆞ람이 신댱이 구 쳑이오 범의 몸의 닐의 허리오 표범의 머리오 잔납의 팔이라 관셔 ᄉᆞ룸이니 셩명은 화웅이라 (卓視之, 其人身長九尺, 虎體狼腰, 豹頭猿臂, 關西人也, 姓華, 名雄.) <삼국-모종 1:82>

【닐캇-】 동 «닐캇다» 일컫다. 기리다.¶ ▼졔도 죠랄 보고 전율ᄒᆞ니 됴 왈 손권 유비 각ㆍㆍ 일방의 웃듬을 닐캇고 조정을 돕지 안니ᄒᆞ니 엇지ᄒᆞ을릿가 (帝見曹操, 戰慄不已, 操曰: "孫權、劉備各霸一方, 不尊朝庭, 當如之何?") <삼국-모종 11:45>

【닐흐-】 동 잃다.¶ ▼失 ‖ 이호ᄒᆞᄂᆞᆫ 소ᄅᆡ 천지의 진동ᄒᆞᄂᆞᆫ지라 ᄇᆡᆨ관이 젼률ᄒᆞ야 시져를 닐흐되 탁은 음식과 담쇠 ᄌᆞ약ᄒᆞ고 (哀號之聲震天, 百官戰慄失筯, 卓飮食談笑自若.) <삼국-모종 2:3>

【닐흐이-】 동 일으키다.¶ ▼起 ‖ 푀 그러히 넉여 황죠로 ᄒᆞ야곰 쥰비ᄒᆞ고 뒤를 ᄯᅡ라 ᄃᆡ군을 닐흐이더라 (表然之, 令黃祖設備, 隨後便起大軍.) <삼국-모종 1:119>

【닒드-】 동 벌떡 일어나다.¶ ▼起來 ‖ 조휘 쟝뇨의 등 뒤히 번듯 ᄂᆡ다라 ᄒᆞᆫ 살로 능통의 말가삼을 쏘니 그 말이 고즉이 닒덧다가 잣바지니 능통이 말게 ᄲᅥ러져거ᄂᆞᆯ

(曹休閃在張遼背後, 開弓一箭, 正射中凌統馬胸膛, 那馬直立起來, 把凌統掀在地上.) <삼국-가정 22:45>

【닒떠-나-】 동 벌떡 일어서다.¶ ▼跳起 ‖ 위 취ᄒᆞ여 덧더니 ᄭᅮᆷ 속의 금고와 함셩이 대진호믈 듯고 닒떠나 상ᄀᆞ의 쌍극을 어드니 업고 (韋醉倒在帳中, 夢中聽得金鼓喊殺之聲, 忽跳起, 床邊尋雙戟不見.) <삼국-가정 6:52>

【닒떠-셔-】 동 벌떡 일어서다.¶ ▼起身 ‖ 쇼 불연 변ᄉᆡᆨᄒᆞ고 닒떠셔며 닐오ᄃᆡ (昭勃然變色, 起身而言曰.) <삼국-가정 31:108>

【닒써-나-】 동 벌떡 일어나다.¶ ▼起 ‖ 조 대로ᄒᆞ야 닒써나 닐오ᄃᆡ 슈ᄌᆞ로 더브러 족히 ᄭᅬᄒᆞᆯ디 못ᄒᆞ리로다 (操大怒而起, 曰: "豎子不足與謀!") <삼국-가정 2:107>

【님군】 명 ((인류)) 임금. 군주국가에서 나라를 다스리는 원수.¶ ▼君 ‖ 나라히ᄂᆞᆫ ᄒᆞᄅᆞ도 님군이 업디 못ᄒᆞ리라 (國不可一日無君, 請立嗣君以承漢統.) <삼국-가정 27:128> 폐해 덕이 업고 복이 업시셔 대위예 거ᄒᆞ니 잔폭ᄒᆞᆫ 님군도곤 심ᄒᆞ도다 (陛下無德無福, 而居大位, 甚于殘暴之君也!) <삼국-규장 18:52> ▼요ᄉᆞ이 드ᄅᆞ니 십샹시 작난ᄒᆞᆯ 제 쇼졔ᄅᆞᆯ 겁틱ᄒᆞ야 븍망으로 나가 도라올 제 이 옥ᄉᆡ를 일헛다 ᄒᆞ더니 이제 하ᄂᆞᆯ이 쥬공ᄭᅴ 도라보내시니 이ᄂᆞᆫ 반ᄃᆞ시 님군 되실 경샹이니 (近聞十常侍作亂, 劫少帝出北邙, 回宮失此寶, 今天授主公, 必有登九五之分.) <삼국-가정 2:122>

【님금】 명 ((인류)) 임금. 군주 국가에서 나라를 다스리는 우두머리.¶ ▼君 ‖ 폐해 덕이 업고 복이 업시셔 대위예 거ᄒᆞ니 잔폭ᄒᆞᆫ 님금도곤 심ᄒᆞ도다 (陛下無德無福, 而居大位, 甚于殘暴之君也!) <삼국-가정 26:32>

【님니】 부 이미.¶ ▼已 ‖ 니제 님니 가만니 도라와 허도에 닛신니 만일 서로 도와 도적을 치ᄌᆞ ᄒᆞ면 맛당히 응둉ᄒᆞ리라 (今已潛歸許都, 若使相助討賊, 無有不從.) <삼국-모종 11:95>

【님니-ᄒᆞ-】 형 임리(淋漓)하다. 피, 땀, 물 따위의 액체가 흘러 흥건하다. 가득 넘치다. 뚝뚝 떨어지다.¶ ▼流 ‖ 좌ᄌᆞ 룡의 빗ᄉᆞᆨ으로셔 간 ᄒᆞᆫ 부를 ᄲᅡ혀 닋여오니 블근 피 님니ᄒᆞ야 듯거ᄂᆞᆯ (左慈于龍腹中提出龍肝一副, 鮮血尙流.) <삼국-가정 22:73> ᄉᆞ ᄃᆡ경ᄒᆞ여 마음이 타난 듯ᄒᆞ고 눈에 체뉵이 창구에 쇼ᄉᆞ나고 유혈이 님니ᄒᆞ니 군심이 경동할가 저허ᄒᆞ더라 (師大驚, 心如火烈, 眼珠從肉瘤瘡口內迸出, 血流遍地, 疼痛難當, 又恐有亂軍心.) <삼국-모종 18:47>

【님아】 명 ((신체)) 이마.¶ ▼額 ‖ 퇴[뇌] 답왈 님아에 주골 업고 눈에 직힌 동ᄌᆞ 업고 코에 기동 업고 다리예 ᄃᆡ근 업고 등에 삼갑 업고 ᄇᆡ예 삼왕 업신니 다만 감히 틱산귀신 다ᄉᆞ리고 능히 ᄉᆡᆼ인을 다ᄉᆞ리지 못ᄒᆞ리라 (答曰: "輅額無主骨, 眼無守睛, 鼻無梁柱, 脚無天根, 背無三甲, 腹無三壬, 只可泰山治鬼, 不能治生人也.") <삼국-모종 11:91>

【님의】 부 이미.¶ ▼已 ‖ ᄂᆡ 전자에 점ᄒᆞ여 본니 금연에 강성니 서방에 닛서 군ᄉᆞ의게 불니ᄒᆞ고 천구가 오군을 범ᄒᆞ고 틱ᄇᆡᆨ니 낙성에 님ᄒᆞ여기로 님의 주공으게 ᄇᆡ서ᄒᆞ여 삼가니 방비ᄒᆞ라 ᄒᆞ여던니 (吾前者算今罡星在西方, 不利於軍師, 天狗犯於吾軍, 太白臨於雒城, 已拜書主公, 敎謹防之.) <삼국-모종 10:127>

【님자】 대 ((인류)) 임자. 임금.¶ ▼主 ‖ 채뫼 도부슈로 ᄒᆞ여곰 니규ᄅᆞᆯ 미러 내여 참ᄒᆞ고 뉴종을 셰워 님자ᄅᆞᆯ 삼고 뉴긔 현덕의게 부음을 뎐티 아니ᄒᆞ고 (蔡瑁令推出斬之, 將首級獻于階下. 遂立劉琮爲主, 不報劉琦與玄德知.) <삼국-가정 13:76>

【닙】 명 ((신체)) 입.¶ ▼口 ‖ 좌위 급히 구ᄒᆞ니 쇠 닙으로 피를 토ᄒᆞ며 탄식ᄒᆞ여 왈 ᄂᆡ 슈십 장을 ᄊᆞ호ᄆᆡ 오ᄂᆞᆯᄂᆞᆯ의 낭픽ᄒᆞ미 이의 이르믈 엇지 ᄯᅳᆺᄒᆞ엿스리오 (衆人急救, 紹口吐鮮血不止, 歎曰: "吾自歷戰數十場, 不意今日狼狽至此!") <삼국-국중 7:37>

【닙소을】 명 ((신체)) 입술.¶ ▼唇 ‖ 위진 일소장이 정창종마ᄒᆞ여 나오니 나히 이십 남직ᄒᆞ고 얼골은 분 발은 듯ᄒᆞ고 닙소을은 년주 ᄶᅵᆨ은 듯ᄒᆞᆫ지라 (只見魏陣中一小將, 全裝慣帶, 挺槍縱馬而出, 約年二十餘歲, 面如傅粉, 唇似抹硃.) <삼국-모종 18:77>

【닙수얼】 명 입술.¶ ▼唇 ‖ 기인의 형뫼 낫치 둥글고 귀 크고 입이 모지고 닙수얼이 두터운ᄃᆡ (那人生得圓面大耳, 方口厚唇.) <삼국-국중 16:105>

【닙-시우리】 명 ((신체)) 입술.¶ ▼唇舌 ‖ 냥이 아나니 ᄉᆞ군이 심복읫 사람이 적고 손쟝군과 본ᄃᆡ 아로미 업ᄉᆞ니 두려ᄒᆞ건ᄃᆡ 헛 닙시우리만 잇ᄇᆞ게 ᄒᆞᆯ가 ᄒᆞ노라 (亮知使君又少心腹, 孫將軍自來無舊, 恐虛費唇舌也.) <삼국-가정 14:48>

【닙의ᄎᆞ-】 동 여미어 입다.¶ ▼披 ‖ 원쥐 그 날 ᄭᅮᆷ의 히 둘히 원 뒤히 ᄯᅥ러뎌 뵈거ᄂᆞᆯ 놀라 ᄭᆡᄃᆞ라 오ᄉᆞᆯ 닙의ᄎᆞ고 나와 두로 보니 원 뒤 플무덕이 우히 화광이 하ᄂᆞᆯ히 다핫ᄂᆞᆫ디라 (莊主是夜夢兩紅日墜于莊後, 莊主驚覺, 披衣出戶, 四下觀望, 見莊後草堆上火起沖天.) <삼국-가정 1:131>

【닙피-】 동 입히다.¶ ▼穿 ‖ 녀몽이 슈군을 다 흰오ᄉᆞᆯ 닙펴 샹고의 ᄆᆡᆸᄲᅵ를 ᄒᆞ고 정병은 빗장 속의 ᄀᆞᆷ초와 무ᄐᆡ니ᄅᆞ러 몬져 봉슈ᄃᆡ 딕흰 군ᄉᆞᄅᆞᆯ 몬져 자바 ᄆᆡ매 블을 드디 못ᄒᆞ다 ᄒᆞᄂᆞ이다 (呂蒙將水手盡穿白衣, 扮作客商渡江, 精兵伏于䑴艫之中, 先擒了守臺士卒, 因此不得擧火.) <삼국-가정 25:18>

【닙히-】 동 입히다. 입게 하다.¶ ▼穿 ‖ 녀몽이 슈군을 다 흰오살 닙혀 샹고의 밋ᄲᅵ를 ᄒᆞ고 정병은 빗장 속의 감초와 (呂蒙將水手盡穿白衣, 扮作客商渡江, 精兵伏于䑴艫之中.) <삼국-규장 17:76>

【-닝이다】 미 -ㅂ니다. -(었)습니다. -은 것입니다. 상대 높임의 평서법 어미.¶ ▼온휘 새로 패호매 군ᄉᆡ 싸홀 마ᄋᆞᆷ이 업ᄉᆞ니 군을 인ᄒᆞ야 낙양으로 도라가 황뎨를 댱안으로 옴겨 동오를 응홈만 ᄀᆞᆺ디 못ᄒᆞ닝이다 (溫侯新敗, 兵無戰心. 不若引兵回洛陽, 遷帝于長安, 以應謠兆.) <삼국-가정 2:95> 탁 왈 이 겨집이 엇던 사ᄅᆞᆷ고 윤이

ᄃᆡ왈 풍뉴 ᄒᆞᄂᆞᆫ 아희 툐션이닝이다 (卓曰: "此女何人也?" 允曰: "樂童貂蟬也.") <삼국-가정 3:76> 양평관을 ᄯᅩ 일흘가 두려 급히 도라와 ᄃᆡ희니 이ᄂᆞᆫ 나의 간티 아니미 아니닝이다 (某恐失却陽平關, 因此急來回守. 非某之不諫也.) <삼국-가정 31:53> 딘평이 젼곡의 수를 아디 못ᄒᆞ고 다만 닐오ᄃᆡ ᄉᆞᄉᆞ로 쥬ᄒᆞᆯ 재 잇다 ᄒᆞ니[한데 승상 딘평ᄃᆞ려 곡식과 젼량 수를 무ᄅᆞ시니 딘평이 답왈 티속ᄂᆡᄉᆞᄃᆞ려 무ᄅᆞ쇼셔 직샹은 음양을 니ᄅᆞ며 ᄉᆞ시를 슌ᄒᆞᆯ ᄯᆞᄅᆞᆷ이닝이다 ᄒᆞ니라](陳平不知錢穀之數, 云: "自有主者也.") <삼국-가정 34:52>

【-닝잇고】 [미] -(었)습니까. -은 것입니까. 상대높임의 의문법 어미.¶ ▼승이 ᄀᆞᆯ오ᄃᆡ 태뷔 엇디 병을 이리 어더 겨시닝잇고 (勝曰: "太傅如何病得這等了?") <삼국-가정 35:79>

【ᄂᆞ】 [대] 나. 남이 아닌 자기 자신.¶ ▼我 ‖ 장군은 쟝하 일무뷔라 ᄀᆞᆺ타여 ᄂᆞ의 가ᄉᆞ를 참네ᄒᆞᄂᆞ뇨 (量汝只是帳下一武夫, 安敢管我家事!) <삼국-국중 11:67>

【ᄂᆞ-】 [동] «ᄂᆞᆯ다» 날다. 공중에 떠서 어떤 위치에서 다른 위치로 움직이다.¶ ▼飛 ‖ 팔구년 간의 쇠코져 ᄒᆞ야 십삼년의 니ᄅᆞ러 남은 거시 업도다 ᄆᆞᄎᆞᆷ내 텬명이 도라갈 ᄃᆡ 이시니 즌흙 가온대 서린 뇽이 하ᄂᆞᆯ흘 향ᄒᆞ야 ᄂᆞᄂᆞᆫᄯᅩ다 (八九年間始欲衰, 至十三年無孑遺.到頭天命有所歸, 泥中蟠龍向天飛.) <삼국-가정 12:20> 뫼 우희셔 ᄒᆞᆫ 소ᄅᆡ 포향이 나며 살히 ᄂᆞᄂᆞᆫ 버러지 ᄀᆞᆺᄐᆞ야 다만 ᄇᆡᆨ마 ᄐᆞ니만 ᄇᆞ라고 ᄡᅩ니 가련홉다 방통이 난젼지하의 죽으니 (山坡前一聲炮響, 箭如飛蝗, 只望騎白馬者便死. 可憐龐統死於亂箭之下.) <삼국-가정 20:96>

【-ᄂᆞ냐】 [미] (의문사가 없는 의문문에 쓰여) -느냐. -는가. 의문형 종결 어미.¶ ▼ᄂᆞ난 됴씨의 동뇩이어ᄂᆞᆯ 여등이 감이 막ᄂᆞ냐 ("吾乃曹氏宗族, 汝何敢阻當耶?") <삼국-국중 12:25>

【-ᄂᆞ니】 [미] -느냐. 반말의 의문형 종결 어미. -ᄂᆞ-(현재 시제 선어말 어미)+-니(의문형 종결 어미).¶ ▼也 ‖ 내 션ᄉᆡᆼ으로 더브러 도강ᄒᆞ야 오매 일즙 소긴 일이 업거ᄂᆞᆯ 엇디 이런 말을 ᄒᆞᄂᆞ니 (某與先生渡江以來, 未嘗有事相欺, 何故出此言也?) <삼국-가정 16:90> ▼공ᄌᆡ 이시면 엇디ᄒᆞ고 업ᄉᆞ면 엇디ᄒᆞ려 ᄒᆞᄂᆞ니 (公子若在, 如何? 不在, 如何?) <삼국-가정 17:8> 엇디 이리 변ᄒᆞ엿ᄂᆞ니 (如何變得恁的!) <삼국-가정 21:61>

【-ᄂᆞ닝잇고】 [미] ((주로 의문사와 함께 쓰여)) -습니까. -ㅂ니까. -ᄂᆞ-(현재 시제 선어말 어미)+-닝(객관적 믿음의 선어말 어미)+-잇(상대 높임 선어말 어미)+-고(의문형 종결 어미).¶ ▼노신이 긔산의 나가 쟝ᄎᆞᆺ 댱안을 취코져 ᄒᆞ더니 폐해 죠셔를 ᄂᆞ리와 브ᄅᆞ시니 므슴 대ᄉᆡ 잇ᄂᆞ닝잇고 (老臣出了祁山, 欲取長安, 忽承陛下詔回, 有何大事也?) <삼국-가정 33:46> 네 션공이 둥달로 더브러 ᄒᆞᆫ가지로 쵹병을 파ᄒᆞᆯ 때예 여러 번 이 사ᄅᆞᆷ의 해ᄒᆞ믈 니버 인ᄒᆞ야 죽어시니 쥬공이 엇디 ᄉᆞᆯ피디 아니ᄒᆞ시ᄂᆞ닝잇고 (昔日先公與仲達破蜀兵之時, 累受此人之氣, 因而致死. 主公如何不察也?) <삼국-가정 35:69>

【ᄂᆞ라-나-】 [동] 날아가다.¶ ▼颺去 ‖ 내 온후 ᄃᆡ졉호믈 매 치기ᄀᆞᆺ티 ᄒᆞ노니 여ᄋᆞ 숡이 업디 아니ᄒᆞ여시니 가히 몬져 ᄇᆡ브ᄅᆞ게 못ᄒᆞ리라 주리면 사ᄅᆞᆷ의게 븟좃고 ᄇᆡ브ᄅᆞ면 ᄂᆞ라나리라 (吾待溫侯如養鷹耳; 狐兔未息, 不可先飽; 飢則爲用, 飽則颺去.) <삼국-가정 6:66>

【ᄂᆞ라-니-】 [동] 날아가다.¶ ▼去 ‖ 홍포 닙은 재 부슬 내여 구ᄧᅳ를 더 ᄡᅳ고 향풍이 니러나며 화ᄒᆞ야 두 ᄇᆡᆨ학이 되여 하ᄂᆞᆯ로 ᄂᆞ라니거ᄂᆞᆯ (穿紅者出筆添訖, 香風過處, 化作二白鶴, 衝天而去.) <삼국-규장 15:126>

【ᄂᆞ려-디-】 [동] 내려지다. 떨어지다.¶ ▼倒 ‖ ᄒᆞᆫ 프른 ᄇᆡ얌이 들보 우흐로셔 ᄂᆞ리니 기리 이십여 댱이나 ᄒᆞ더라 어탑의 셔리니 녕데 보시고 놀라 것구러디거ᄂᆞᆯ 무ᄉᆡ 급히 구ᄒᆞ야 내니 문무 ᄇᆡᆨ관이 서로 밀리여 단디예 ᄂᆞ려딜 재 쉬 업더라 (見一條青蛇, 從梁上飛下來, 約二十餘丈長, 蟠于椅上. 靈帝驚倒, 武士急慌救出, 文武互相推擁, 倒于丹墀者無數.) <삼국-가정 1:3> ▼落 ‖ ᄒᆞᄅᆞᆫ 죄 드침ᄒᆞᆯᄉᆡ 니블이 버서뎌 상 아래 ᄂᆞ려뎌거ᄂᆞᆯ ᄒᆞᆫ 근시 나아가 니블을 거두어 덥더니 죄 닐ᄢᅥ나 칼흘 ᄲᅡ혀 그 사ᄅᆞᆷ을 텨 죽이고 도로 누어 자기를 ᄒᆞ다가 (一日, 晝寢於帳中, 落被於地, 一近侍慌取覆之. 操躍起, 拔劍斬之, 復上床睡.) <삼국-가정 23:115> 인이 급히 오ᄇᆡᆨ 궁노슈를 블러 위의 휘개 아래를 ᄇᆞ라며 ᄡᅩ라 ᄒᆞ니 위 급히 ᄆᆞᆯ을 도로혀다가 올ᄒᆞᆫ풀히 궁노살흘 마자 ᄆᆞᆯ게 ᄂᆞ려디다 (仁急招五百弓弩手, 望麾蓋下一齊射之. 公急勒回馬時, 右臂上中一弩箭, 翻身落馬.) <삼국-가정 24:96> 다만 보니 금투괴 수풀 ᄀᆞ의 ᄂᆞ려뎌거ᄂᆞᆯ 뇨홰 투고를 엇고 동다히를 ᄇᆞ라고 ᄯᆞᆯ오ᄃᆡ 종젹이 업더라 (但見金盔落在林邊. 化取盔捎在馬上, 望東趕來, 全無踪迹.) <삼국-가정 34:24>

【ᄂᆞ류우-】 [동] 내리게 하다. '나리우다'의 'ㅜ'형.¶ ▼降 ‖ 가허[후] 왈 위왕이 반다시 폐ᄒᆞ을 져바리지 안이ᄒᆞ리니 폐ᄒᆞᄂᆞᆫ 급히 조셔을 ᄂᆞ류워 즁심을 편케 ᄒᆞ소셔 (賈詡曰: "魏王必不負陛下, 陛下可急降詔, 以安衆心.") <삼국-모종 13:43>

【ᄂᆞ리-】 [동] 내리다. 앉아 있던 곳이나 탈것에서 밖이나 땅으로 옮아가다.¶ ▼避 ‖ 죄 돗긔 ᄂᆞ려 공경ᄒᆞ야 ᄀᆞᆯ오ᄃᆡ 공의 큰 일홈을 드런 디 오라더니 다ᄒᆡᆼ이 서ᄅᆞ 보과라 (曹操避席起敬曰: "聞公大名久矣! 幸得於此相見.") <삼국-가정 5:70> ▼飛下來 ‖ ᄒᆞᆫ 프른 ᄇᆡ얌이 들보 우흐로셔 ᄂᆞ리니 기리 이십여 댱이나 ᄒᆞ더라 어탑의 셔리니 녕데 보시고 놀라 것구러디거ᄂᆞᆯ 무ᄉᆡ 급히 구ᄒᆞ야 내니 문무 ᄇᆡᆨ관이 서로 밀리여 단디예 ᄂᆞ려딜 재 쉬 업더라 (見一條青蛇, 從梁上飛下來, 約二十餘丈長, 蟠于椅上. 靈帝驚倒, 武士急慌救出, 文武互相推擁, 倒于丹墀者無數.) <삼국-가정 1:3>

【ᄂᆞ리-우-】 [동] (비, 이슬, 서리, 물 같은 것을) 내리다.¶ ▼下 ‖ [익ᄅᆞ]기를 마ᄎᆞᄆᆡ 공명이 방셩ᄃᆡ곡ᄒᆞ니 삼군니 다 눈물을 ᄂᆞ리우더라 (讀畢祭文, 孔明放聲大哭, 極其痛切, 情動三軍, 無不下淚.) <삼국-국중 15:28>

【나리-티-】 동 내리치다.¶ ▼ᄒᆞᆫ 쟝쉬 손의 큰 도ᄎᆡ를 들고 ᄆᆞᆯ을 도로혀 최용의게 나아가 ᄒᆞᆫ 합이 못ᄒᆞ야 용을 버혀 ᄆᆞᆯ 아래 ᄂᆞ리티고 군듕의 ᄃᆞᆯ려드러 무수히 죽티니 (一將手執大斧, 飛驟驊騮, 直取崔勇. 兩馬相交, 只一合, 斬崔勇於馬下. 殺入軍中, 砍死無數.) <三國 5:38>

【ᄂᆞᄅᆞ】[1] 명 ((지리)) 나라. 일정한 영토와 거기에 사는 사람들로 구성되고, 주권에 의한 하나의 통치 조직을 가지고 있는 사회 집단.¶ ▼國 ‖ 일제 물너가 즁관ᄃᆞ려 닐너 왈 왕공은 그 긋치 업슬진져 션인은 ᄂᆞᄅᆞ의 별니요 제쟉은 나라의 볍이라 달의ᄅᆞᆯ 제ᄒᆞ고 볍을 업시ᄒᆞ니 엇지 능히 오ᄅᆡ리요 (日磾無言而退, 私謂衆官曰: "王允其無後乎! 善人, 國之紀也. 制作, 國之典也. 滅紀廢典, 豈能久乎?") <삼국-모종 2:29>

【ᄂᆞᄅᆞ】[2] 명 ((지리)) 나루. 강이나 좁은 바다 물목에서, 배가 들어와 닿거나 떠나는 곳. ※ 휴지(休止) 앞에서나 자음으로 시작하는 조사 앞에서 나타나며, 모음으로 시작하는 조사 앞에서는 'ᄂᆞᆯ'로 나타난다.¶ ▼渡 ‖ 조인이 즁쟝을 ᄃᆞ리고 슈세 뜬 ᄃᆡ를 ᄎᆞ자 박능 ᄂᆞᄅᆞ 어귀에 니ᄅᆞ니 (曹仁引衆將望水勢慢處奪路而走, 行到白河渡口.) <삼국-가정 13:100>

【ᄂᆞᄅᆡ】 명 ((조류)) 날개.¶ ▼翼 ‖ 류비 효웅ᄒᆞ니 오ᄅᆡ 쵹의 유ᄒᆞᆫ죽 범을 노화 집의 드리미라 이졔 군마와 젼량을 더으면 이ᄂᆞᆫ 범의 ᄂᆞᄅᆡ를 더음 갓흔디라 (劉備雄, 久留於蜀而不遣, 是縱虎入室矣. 今更助之以軍馬錢糧, 何異與虎添翼乎?) <삼국-국중 11:80> 죄 왈 이 곽 이적니 가ᄆᆡ 어더할고 쇼 왈 범이 발톱이 업고 ᄉᆡ가 ᄂᆞᄅᆡ 업ᄉᆞ니 불구의 명(공)의 ᄉᆞ로잡힌 ᄇᆡ 되리라 (操又曰: "李、郭二賊此去若何?" 昭曰: "虎無爪, 鳥無翼, 不久當爲明公所擒, 無足介意.") <삼국-모종 2:117> 셔셰 왈 장군은 현덕을 가부야이 보지 말나 이졔 현덕이 제갈양을 어더 도으믈 삼으니 범이 ᄂᆞᄅᆡ 남 ᄃᆞᆺᄒᆞᆫ지라 (徐庶曰: "將軍勿輕視劉玄德. 今玄德得諸葛亮爲輔, 如虎生翼矣.") <삼국-모종 7:11>

【ᄂᆞᄅᆡ-ᄒᆞ-】 동 나래(拿來)하다. (죄인을) 잡아 오다.¶ ▼押 ‖ 현덕이 황츙을 즁상ᄒᆞ고 ᄉᆞᄅᆞᆷ으로 닝포를 장하의 ᄂᆞᄅᆡᄒᆞ여 그 결박ᄒᆞᆫ 거ᄉᆞᆯ 풀고 쥬식을 쥬어 왈 네 즐겨 항복ᄒᆞ랴 (玄德重賞黃忠. 使人押冷苞到帳下, 玄德去其縛, 賜酒壓驚, 問曰: "汝肯降否?") <삼국-국중 11:92>

【ᄂᆞ무기】 명 나머지.¶ ▼餘 ‖ 경욱과 순욱은 머무러 군ᄉᆞ 삼만을 거ᄂᆞ려 견셩 범현 동아를 직히고 그 ᄂᆞ무기ᄂᆞᆫ 셔쥬로 쇄리ᄒᆞᆯ식 하후돈 우금 젼위로 션봉을 삼고 (遂留荀彧、程昱領軍三萬守鄄城、范縣、東阿三縣, 其餘盡殺奔徐州來, 夏侯惇、于禁、典韋爲先鋒.) <삼국-모종 2:51>

【ᄂᆞ물】 명 ((음식)) 나물. 사람이 먹을 수 있는 풀이나 나뭇잎. 남새.¶ ▼菜 ‖ 이히예 흉황ᄒᆞ여 ᄇᆡᆨ셩이 다 ᄃᆡ쵸와 ᄂᆞ물을 먹으니 아ᄉᆞᄒᆞᆫ 지 들의 가득ᄒᆞ니 ᄒᆞᄂᆡᄐᆡ슈 댱앵은 미육을 드리고 ᄒᆞ등[동]ᄐᆡ슈 왕읍은 견ᄇᆡᆨ을 드리니 뎨 죠곰 편ᄒᆞ더라 (是歲大荒, 百姓皆食棗菜, 餓莩遍野, 河內太守張楊獻米肉, 河東太守王邑獻絹帛, 帝稍得寧.) <삼국-모종 2:109>

【ᄂᆞ믈】 명 ((음식)) 나물. 사람이 먹을 수 있는 풀이나 나뭇잎. 남새.¶ ▼小菜 ‖ 이 ᄒᆡ 크게 긔황ᄒᆞ니 ᄇᆡᆨ셩이 다 대조와 ᄂᆞ믈로 년명ᄒᆞᄂᆞᆫ디라 굴머 죽은 거시 드ᄅᆞ히 ᄀᆞ득ᄒᆞ엿더라 (是歲大飢荒, 百姓皆食棗菜, 餓死者遍地.) <삼국-가정 5:52>

【ᄂᆞᄆᆞᆺ】 명 ((복식)) «ᄂᆞᄆᆞᆽ» 주머니. 자루.¶ ▼囊 ‖ ᄆᆡᆼ확 사ᄅᆞ잡기ᄂᆞᆫ ᄂᆞᄆᆞᆺ 가온대 것 냄 ᄀᆞᄐᆞ니 머어시 어려오리오 (吾擒此人, 如囊中取物耳.) <삼국-가정 28:94>

【ᄂᆞᄆᆞᆺ 가온대 것 냄 ᄀᆞᆮ다】 속 주머니의 것 꺼내는 것처럼 쉽다.¶ ▼囊中取物 ‖ ᄆᆡᆼ확 사ᄅᆞ잡기ᄂᆞᆫ ᄂᆞᄆᆞᆺ 가온대 것 냄 ᄀᆞᄐᆞ니 머어시 어려오리오 (吾擒此人, 如囊中取物耳.) <삼국-가정 28:94>

【ᄂᆞᄆᆞᆺ치】 명 ((복식)) «ᄂᆞᄆᆞᆽ» 주머니. 자루.¶ ▼囊 ‖ ᄃᆞᆰ 죽이기에 엇디 쇼잡ᄂᆞᆫ 칼홀 ᄡᅳ리오 구ᄐᆡ여 온후의 범 ᄀᆞᆺᄐᆞᆫ 위엄을 슈고롭긔 말고 내 모ᄃᆞᆫ 졔후의 슈급 버혀오믈 ᄂᆞᄆᆞᆺ치 녀흔 것 내ᄃᆞᆺ ᄒᆞ리라 (殺鷄焉用牛刀? 不必溫侯有勞虎威. 吾觀斬衆諸侯首級, 如探囊取物.) <삼국-가정 2:59>

【ᄂᆞᄆᆞᆺ치 녀흔 것 ᄂᆡᄃᆞᆺ ᄒᆞ-】 속 주머니의 것 꺼내는 것처럼 쉽다.¶ ▼囊中取物 ‖ 구ᄐᆡ여 온후의 범 ᄀᆞᆺᄐᆞᆫ 위엄을 슈고롭긔 말고 내 모ᄃᆞᆫ 졔후의 슈급 버혀오믈 ᄂᆞᄆᆞᆺ치 녀흔 것 내ᄃᆞᆺ ᄒᆞ리라 (吾觀斬衆諸侯首級, 如囊中取物.) <삼국-가정 2:59>

【ᄂᆞᄆᆞᆽ】 명 ((복식)) 주머니. 자루.¶ ▼囊 ‖ ᄒᆞᆫ 부인의 신톄이셔 날이 오래되 석디 아녓고 궁듕 모양으로 단장을 ᄒᆞ엿ᄂᆞᆫᄃᆡ 목 아래 비단 ᄂᆞᄆᆞᄎᆞᆯ 차시되 (撈起一婦人尸首, 雖然日久, 其尸不爛, 宮樣粧束, 項下帶一錦囊.) <삼국-가정 2:118>

【ᄂᆞ쇼-】 명 내오다.¶ ▼排上 ‖ 숑이 ᄆᆞᆯ긔 ᄂᆞ려 운ᄌᆞᆼ 조운으로 더부러 ᄒᆞᆫ가지 관ᄉᆞ의 드러가 녜ᄅᆞᆯ 맛고 슐을 ᄂᆞ쇼와 두 ᄉᆞ람이 은근이 셔로 권ᄒᆞ야 (松下馬, 與雲長、趙雲同入館舍, 講禮敘坐, 須臾, 排上酒筵, 二人慇懃相勸.) <삼국-모종 10:58>

【ᄂᆞᄉᆡᆨ】 명 ((기물)) 노색(-索). 노끈. 밧줄.¶ ▼索 ‖ 장비 셤과ᄒᆞ고 당장입거ᄒᆞ야 엄안의 갑옷 ᄭᅳᆫ을 지주ᄒᆞ야 사로잡아 ᄯᅡ의 던지니 즁군이 와 ᄂᆞᄉᆡᆨ으로 결박ᄒᆞ다 (張飛閃過, 撞將入去, 扯住嚴顏勒甲, 生擒過來, 擲於地下, 衆軍向前, 用索綁縛住了.) <삼국-모종 10:136>

【ᄂᆞ오-】 동 내다. 내오다.¶ ▼進 ‖ 이제 군ᄉᆞ를 ᄂᆞ오고져 ᄒᆞ나 능히 이긔지 못ᄒᆞᆯ 거시니 물너ᄀᆞ고져 ᄒᆞ나 ᄉᆞᄅᆞᆷ의 우음이 엇슬가 두리미라 이에 잇스나 유익ᄒᆞᆷ이 업ᄉᆞ니 위왕 반ᄃᆞ시 분ᄉᆞᄒᆞ리라 (今進不能勝, 退恐人笑, 在此無益, 不如早歸: 來日魏王必班師矣.) <삼국-국중 12:147>

【ᄂᆞ일】 명 내일. ᄂᆞ실> ᄂᆞ일.¶ ▼來日 ‖ ᄂᆞ일 나 ᄡᅡ홀 제 ᄯᅩ 패ᄒᆞ야 ᄃᆞ라나고 ᄆᆡ복계를 쓰면 반ᄃᆞ시 이긔링이다

(來日出戰, 再詐敗而走, 却用埋伏之計, 必然勝矣.) <삼국-가정 36:26>

【ᄂᆞᄌᆞ-】 형 낮다.¶ ▼下 ‖ 내 비록 ᄂᆞᄌᆞᆫ 벼ᄉᆞᆯ의 이시나 승샹이 젼량의 듕ᄒᆞᆫ 거ᄉᆞᆯ 긋재 맛뎌 겨시니 조만의 승샹의 ᄀᆞᄅᆞ치시믈 만히 닙으니 극히 싀훤ᄒᆞᆫ 일이 만흔 디라 부러 이 벼ᄉᆞᆯ의 잇노라 (某雖居下僚, 丞相委以軍政錢糧之重, 早晚多蒙丞相敎誨, 極有開發, 故就此職耳.) <삼국-가정 19:83> ▼低 ‖ 이제 우리 대군이 냇어귀예 둔ᄒᆞ엿고 디셰 ᄀᆞ장 ᄂᆞᄌᆞ니 비록 건넌편의 토산이 이시나 영의셔 먼디라 (今大軍屯於川口, 地勢甚低, 雖有土山, 離營稍遠.) <삼국-가정 24:83>

【ᄂᆞ픗ᄂᆞ픗-ᄒᆞ-】 동 나풀나풀하다. 바람에 날리어 자꾸 가볍게 움직이다.¶ ▼招飄 ‖ 쟝비 골희눈을 두려시 ᄯᅳ고 젹진 뒤흘 바라보니 청나산이 ᄂᆞ픗ᄂᆞ픗ᄒᆞ고 ᄇᆡᆨ모황월과 졍긔검극이 ᄂᆞ다시 오거ᄂᆞᆯ (却說張飛睜圓環眼, 隱隱見後軍靑羅傘盖招飄之勢, 白旗黃鉞, 戈戟旌幢來到.) <삼국-가정 14:27>

【ᄂᆞ히】 명 나이.¶ ▼年 ‖ 현덕 왈 ᄂᆡ ᄂᆞ히 임의 반ᄇᆡᆨ이오 오후의 ᄆᆡ제ᄂᆞᆫ 졍히 쳥츈니라 두리건ᄃᆡ 합당치 아니ᄒᆞᆯ가 ᄒᆞ노라 (玄德曰: "吾年已半百, 鬢髮斑白; 吳侯之妹, 正當妙齡: 恐非配偶.") <삼국-국중 10:55> 원ᄂᆡ 이 장슈ᄂᆞᆫ 마등의 아달 마쵸니 ᄌᆞᄂᆞᆫ ᄆᆡᆼ긔라 ᄂᆞ히 바냐흐로 십칠 세예 영용니 대젹ᄒᆞ리 업더라 (原來那將卽馬騰之子馬超, 字孟起, 年方十七歲, 英勇無敵.) <삼국-모종 2:41> ▼영의 ᄂᆞ히 어려 능이 국ᄉᆞ를 총니치 못ᄒᆞ리니 정후 숀호를 셰움만 ᄀᆞᆺ디 못ᄒᆞ다 ([雨$單]幼不能專政, 不若取烏程侯孫皓立之.) <삼국-국중 17:125>

【-ᄂᆞᆫ도다】 미 -는도다. -는구나. -ᄂᆞ(현재 시제 선어말 어미)+-ㄴ(관형사형 전성 어미)+-도(느낌 표현의 선어말 어미)+-다(감탄형 종결 어미). -놋도다> -ᄂᆞ쏘다> -ᄂᆞᆫ쏘다/-ᄂᆞᆫ도다.¶ ▼ᄆᆞᄎᆞᆷᄂᆡ 텬명이 도라갈 ᄃᆡ 이시니 즌흙 가온ᄃᆡ 서린 뇽이 하ᄂᆞᆯ흘 향ᄒᆞ야 ᄂᆞᄂᆞᆫ도다 (到頭天命有所歸, 泥中蟠龍向天飛.) <삼국-규장 8:131> 텬하의 놉픈 소견은 반ᄃᆞ시 서로 합ᄒᆞᄂᆞᆫ도다 문화[가허의 ᄌᆞ라]의 ᄭᅬ 내 ᄆᆞᄋᆞᆷ과 맛치 ᄀᆞᆺ다 (天下高見, 必多相合. 文和之謀, 吾心腹之事也.) <삼국-규장 13:64> 그ᄃᆡᄂᆞᆫ 위왕의 빗속을 아ᄂᆞᆫ도다 (公知魏王肺腑也.) <삼국-규장 16:98>

【-ᄂᆞᆫ쏘다】 미 -(는)도다. -는구나. 감탄형 종결 어미. -ᄂᆞ(현재 시제 선어말 어미)+-ㄴ(관형사형 전성 어미)+-쏘(←-도: 느낌 표현의 선어말 어미)+-다(감탄형 종결 어미). -놋도다> -ᄂᆞ쏘다> -ᄂᆞᆫ쏘다/-ᄂᆞᆫ도다.¶ ▼여등이 문사를 희롱ᄒᆞ여 무ᄉᆞ를 경히 여기니 날노 ᄒᆞ여곰 ᄃᆡ의를 일케 ᄒᆞᄂᆞᆫ쏘다 (汝等弄文輕武, 使我失大義!) <삼국-국중 6:22> 텬하의 놉픈 소견은 반ᄃᆞ시 서ᄅᆞ 합ᄒᆞᄂᆞᆫ쏘다 문화[가허의 ᄌᆞ라]의 ᄭᅬ 내 ᄆᆞᄋᆞᆷ과 마치 ᄀᆞᆺ다 (天下高見, 必多相合. 文和之謀, 吾心腹之事也.) <삼국-가정 19:40> 그ᄃᆡᄂᆞᆫ 위왕의 빗속을 아ᄂᆞᆫ쏘다 (公知魏王肺腑也.) <삼국-가정 23:110> 문 ᄌᆞ 속의 활 ᄌᆞᄅᆞᆯ 써시니 이ᄂᆞᆫ 너ᄅᆞ라 ᄒᆞᄂᆞᆫ 활 ᄌᆞ니 승샹이 일뎡 너모 너ᄅᆞ게 너기시ᄂᆞᆫ쏘다 ('門'內添'活'字, 乃'闊'字也. 丞相嫌闊.) <삼국-가정 23:113> 콩 ᄉᆞᆷ기ᄅᆞᆯ 콩줄기ᄅᆞᆯ ᄶᅵᄂᆞ니 콩이 가마 가온ᄃᆡ셔 우ᄂᆞᆫ쏘다 (煮豆燃豆萁, 豆在釜中泣.) <삼국-가정 25:118>

【ᄂᆞᆫ쥬-ᄒᆞ-】 동 난주(攔住)하다. 막다. 차단하다.¶ ▼攔住 ‖ 젼면의 ᄯᅩ 일군니 ᄂᆞᆫ쥬ᄒᆞ니 이난 오ᄌᆞᆼ 졍봉니ᄅᆞ 양변으로 협공ᄒᆞ니 션뒤 ᄃᆡ경ᄒᆞ여 ᄉᆞ면으로 길희 업더니 (前面一軍攔住, 乃是吳將丁奉. 兩下夾攻, 先主大驚, 四面無路.) <삼국-모종 14:13>

【ᄂᆞᆫ호-】 동 나누다. 여러 가지가 섞인 것을 구분하여 분류하다.¶ ▼分作 ‖ 이에 쥬션을 블러 ᄀᆞ만이 보낼ᄉᆡ 오ᄇᆡᆨ인을 ᄂᆞᆫ화 다ᄉᆞᆺ ᄇᆡ예 싯고 샹고의 ᄆᆡᄡᅵᄅᆞᆯ ᄒᆞ여 가되 거ᄌᆞᆺ 구의 문셔ᄅᆞᆯ ᄆᆡᆫᄃᆞ라 의외에 ᄆᆞᆺᄂᆞᆫ 일을 예비ᄒᆞ고 (於是密遣周善, 將五百人, 分作五船, 扮爲商人. 於中更詐修國書, 以備盤詰.) <삼국-가정 20:13>

【ᄂᆞᆯ】 명 ((천문)) 해.¶ ▼日 ‖ 뉵손니 임의 파쵹할 ᄭᅬᄅᆞᆯ 졍ᄒᆞ고 드〻여 ᄉᆞᄌᆞᄅᆞᆯ 보ᄂᆡ야 손권겨 쥬문ᄒᆞᆫᄃᆡ ᄂᆞᆯ을 가라쳐 쵹을 파할 뜻절 말ᄒᆞ니 (陸遜已定了破蜀之策, 遂修箋遣使奏聞孫權, 言指日可破蜀之意.) <삼국-모종 14:4>

【ᄂᆞᆯ-개】 명 ((조류)) 날개.¶ ▼翅 ‖ 위딘 문긔 부치ᄂᆞᆫ 고대 셔황이 ᄆᆞᆯ을 내니 뒤희 ᄂᆞᆯ란 쟝슈 열히 기러긔 ᄂᆞᆯ개 편 ᄃᆞ시 셧더라 (魏營門旗颭處, 徐晃出馬, 背後十員驍將, 雁翅擺在兩邊.) <삼국-가정 25:14>

【ᄂᆞᆯ라-】[1] 형 날카롭다. 예리(銳利)하다.¶ ▼强 ‖ 노슉 황개 등 여ᄃᆞᆲ 쟝싊 각〻 ᄂᆞᆯ란 잠기와 센 궁뇌ᄅᆞᆯ 가지고 오ᄅᆞ니 (隨行有魯肅、黃盖等八員將, 皆帶强硬弩, 一齊上船.) <삼국-가정 15:43> ▼尖 ‖ ᄂᆞᆯ란 칼로 그 ᄇᆡᄅᆞᆯ ᄠᆞ고 오장뉵부ᄅᆞᆯ 약믈로 시스되 그 사ᄅᆞᆷ이 죠곰도 알ᄑᆞᆫ 줄을 아디 못ᄒᆞ거든 (却用尖刀剖開其腹, 以藥湯洗臟腑, 剝肺剜心, 其病人略無疼痛.) <삼국-가정 25:84>

【ᄂᆞᆯ라-】[2] 형 날래다. 날렵하다.¶ ▼驍 ‖ 그 사ᄅᆞᆷ이 신댱이 구쳑이오 ᄂᆞᆺ치 피 ᄲᅮᆷ은 ᄃᆞᆺᄒᆞ고 범의 몸이오 낭의 허리오 표의 머리오 진납의 ᄑᆞᆯ히니 관셔 사ᄅᆞᆷ이라 셩은 홰오 명은 웅이니 탁의 댱젼의 웃듬 ᄂᆞᆯ란 쟝쉬러라 (其人身長九尺, 面如噀血, 虎體狼腰, 豹頭猿臂. 關西人也.姓華名雄, 卓帳前第一員驍將.) <삼국-가정 2:60> 슈하의 ᄂᆞᆯ란 쟝슈 오ᄇᆡᆨ인이 잇ᄂᆞᆫ디라 (手下驍將五百人.) <삼국-가정 24:64> ▼快 ‖ 다만 내 아ᄒᆡ 관평으로 ᄒᆞ여곰 ᄂᆞᆯ란 ᄇᆡ 십쳑을 ᄀᆞᆯᄒᆡ여 잘ᄒᆞᄂᆞᆫ 슈군 오ᄇᆡᆨ을 시러 강샹의셔 등후ᄒᆞ다가 내 긔ᄅᆞᆯ 보고 믄득 건너오라 (只敎吾兒關平, 選快船十隻, 藏善水軍五百, 於江上等侯. 看吾認旗起處, 便過江來.) <삼국-가정 21:100> 녀몽이 뉵손의게 긔별ᄒᆞ여 ᄇᆡᆨ의인으로 ᄒᆞ여곰 ᄂᆞᆯ란 ᄇᆡ 십여 쳑의 시러 심양강으로 나아갈ᄉᆡ 듀야의 ᄇᆡ도ᄒᆞ여 븍녁 언덕의 니ᄅᆞ러 (呂蒙預先傳報陸遜, 後發白衣人駕快船十餘隻, 往潯陽去, 晝夜趲行, 直抵北岸.) <삼국-가정 24:126>

【ᄂᆞᆯ리-】 동 날리다. '날다'의 사동사. 공중에 떠서 어떤 위치에서 다른 위치로 움직이다.¶ ▼霏霏 ‖ 두어 니 못 가셔 삭풍이 름〻ᄒᆞ고 눈이 ᄂᆞᆯ리니 뫼ᄒᆞᆫ 옥 ᄀᆞᆺ고 수플은 은 ᄀᆞᄐᆞ더라 (行無數里, 忽然朔風凜凜, 瑞雪霏霏; 山如玉簇, 林似銀粧.) <삼국-가정 12:85>

【ᄂᆞᆯ릐-ᄒᆞ-】 동 나래(拿來)하다. 잡아오다.¶ ▼取 ‖ 죠정이 진노ᄒᆞ시고 중랑장 동탁을 보ᄂᆡ여 ᄂᆡ ᄃᆡ신ᄒᆞ고 날을 ᄂᆞᆯ릐ᄒᆞ여 문죄ᄒᆞᆫ다 (因此朝廷震怒, 遣中郞將董卓來代將我兵, 取我回京問罪.) <삼국-국중 1:23>

【ᄂᆞᆰ-】 형 낡다.¶ ▼舊 ‖ 형이 압흘 당ᄒᆞ야 ᄂᆞᆯ가 ᄒᆡ야던 오ᄉᆞᆯ 다 벗고 몸을 드러내고 셔시니 (衡當面脫下舊破衣服, 裸體而立, 渾身皆露.) <삼국-가정 8:52> ᄒᆞᄅᆞᆫ 죄 운댱의 닙은 녹젼푀 ᄂᆞᆯ간ᄂᆞᆫ 양을 보고 외요셔 그 몸의 댱단을 혜아려 긔이ᄒᆞᆫ 비단으로 젼포ᄅᆞᆯ 지어준대 (一日, 操見雲長所穿綠錦戰袍, 覺已舊, 操度其身品, 取異錦做戰袍一領賜之.) <삼국-가정 9:20>

【ᄂᆞᆲ-ᄠᅳ-】 동 날뛰다. 날 듯이 껑충껑충 뛰다. 또는 함부로 덤비거나 거칠게 행동하다.¶ ▼騰 ‖ 과연 그 ᄆᆞᆯ의 온몸이 숫블 픠온 ᄃᆞᆺᄒᆞ야 죠곰도 잡털이 업고 머리로셔 ᄭᅩ리예 니ᄅᆞ히 기릐 ᄒᆞᆫ 댱이오 놉기 여ᄃᆞᆲ 자히라 우르적시고 ᄂᆞᆲᄠᅳᄂᆞᆫ 양이 반공의 오ᄅᆞᄂᆞᆫ ᄃᆞᆺᄒᆞ며 바다ᄒᆡ ᄠᅳᄂᆞᆫ ᄃᆞᆺᄒᆞ니 (果然那馬渾身上下, 火炭般赤, 無半根雜毛; 從頭至尾長一丈, 從蹄至頂鬃高八尺; 嘶喊咆哮, 有騰空入海之狀.) <삼국-가정 1:151> ▼踴躍 ‖ 븍군들이 ᄇᆡ 우ᄒᆡ 이셔 ᄂᆞᆲᄠᅳ며 용ᄆᆡᆼ을 ᄂᆡ여 창도 두르며 환도도 ᄡᅳ거ᄂᆞᆯ (北軍在船上, 踴躍施勇, 刺槍使刀.) <삼국-가정 16:15>

【ᄂᆞᆲ-ᄯᅳ-】 동 날뛰다. 날 듯이 껑충껑충 뛰다. 또는 함부로 덤비거나 거칠게 행동하다.¶ ▼鷹揚 ‖ 녀푀 텬하ᄅᆞᆯ 범 보ᄃᆞᆺ ᄒᆞ야 도적이 벌 니러나ᄃᆞᆺ ᄒᆞ며 간웅이 매 ᄂᆞᆲᄯᅳᄃᆞᆺ ᄒᆞᄂᆞᆫ디라 (呂布虎呑天下, 盜賊蜂起, 奸雄鷹揚.) <삼국-가정 30:65> ▼騰空 ‖ 과연 그 말의 온 몸이 숫불 픠온 듯ᄒᆞ야 됴곰도 잡털이 업고 머리이셔 ᄭᅩ리예 이르기 기리 ᄒᆞᆫ 쟝이오 놉기 여달 ᄌᆞ이라 우르적시고 ᄂᆞᆲᄯᅳ는 양이 반공의 오르는 듯ᄒᆞ며 바다ᄒᆡ ᄯᅳ는 듯ᄒᆞ니 (果然那馬渾身上下, 火炭般赤, 無半根雜毛; 從頭至尾長一丈, 從蹄至頂鬃高八尺; 嘶喊咆哮, 有騰空入海之狀.) <삼국-규장 1:110>

【ᄂᆞᆾ치】 명 ((신체)) 낯. 얼굴.¶ ▼面 ‖ 현덕이 보니 그 사ᄅᆞᆷ이 신댱이 구쳑 오촌이오 슈염이 ᄒᆞᆫ 자 여ᄃᆞᆲ 치오 ᄂᆞᆾ촌 ᄆᆞᄅᆞᆫ 대조빗 ᄀᆞᆺ고 입시울은 쥬사 ᄃᆡ은 ᄃᆞᆺᄒᆞ고 단봉눈이오 누은 누에 눈섭이오 샹뫼 당〻ᄒᆞ고 위풍이 늠〻ᄒᆞ더라 (玄德看其人, 身長九尺三寸, 髥長一尺八寸, 面如重棗, 脣若抹朱, 丹鳳眼, 臥蠶眉, 相貌堂堂, 威風凜凜.) <삼국-가정 1:24> 권이 보니 그 사ᄅᆞᆷ이 눈셥이 만코 코히 거두ᄎᆞ고 ᄂᆞᆾ치 검고 슈염이 뎌ᄅᆞ고 형용이 고괴ᄒᆞ거ᄂᆞᆯ (權見其人濃眉撇鼻, 黑面短髥, 形容古怪.) <삼국-가정 18:80> 믄득 ᄒᆞᆫ 사ᄅᆞᆷ이 ᄂᆞᆾ촌 ᄆᆞᄅᆞᆫ 대조빗 ᄀᆞᆺ고 단봉안이오 와줌미오 세 가래 나로ᄉᆞᆯ 붓치고 녹포 금갑의 청뇽도ᄅᆞᆯ 들고 문 밧그로셔 드러오거ᄂᆞᆯ (忽門外一人, 面如重棗, 丹鳳眼, 臥蠶眉, 飄三縷美髥, 綠袍金鎧, 按劍而入.) <삼국-가정 27:36> 셩니 왈 ᄯᅩᄒᆞᆫ ᄃᆡ왕의 ᄂᆞᆾ촐 보아 ᄉᆞ죄을 부쳐두ᄂᆞ니다 권니 손소로 ᄒᆞ여곰 ᄇᆡᄉᆞᄒᆞ라 ᄒᆞ니 (盛曰: "且看大王之面, 寄下死罪." 權令孫韶拜謝.) <삼국-모종 14:60> ▼이제 샹쟝군을 죽이면 뉴황슉이 어ᄂᆞ ᄂᆞᆾᄎᆞ로 다시 형쥐 오리오 (不爭殺其上將, 劉皇叔再不敢赴襄陽矣.) <삼국-가정 12:27>

【ᄂᆞᆾ】 명 ((신체)) 낯. 얼굴.¶ ▼面皮 ‖ 흥패 네 아비ᄅᆞᆯ ᄡᅩ와 주겨시나 그적의ᄂᆞᆫ 각〻 제 님자ᄅᆞᆯ 위ᄒᆞ니 엇디 진녁디 아니ᄒᆞ리오 이제ᄂᆞᆫ 임의 ᄒᆞᆫ 고ᄃᆡ 와시니 믄득 형뎨라 엇디 원슈ᄅᆞᆯ 념녀ᄒᆞ리오 만ᄉᆞᄅᆞᆯ 다 내 ᄂᆞᆾ촐 보라 (興霸射死你父親, 彼時爲主, 不容不盡力.既然今日一處, 便是弟兄, 何必記仇? 萬事皆看吾之面皮.) <삼국-가정 13:34> ▼首 ‖ 옹이 엇디 나라흘 ᄇᆡ반ᄒᆞ고 동탁을 ᄉᆡᆼ각ᄒᆞ리오마ᄂᆞᆫ 어리고 미친 말이 그ᄅᆞᆺ 입의셔 낫ᄂᆞ니 몸이 비록 튱셩되디 못ᄒᆞ나 원컨대 ᄂᆞᆾ촐 ᄌᆞ직ᄒᆞ고 발을 버혀 죄ᄅᆞᆯ 쇽ᄒᆞ야 한나라 ᄉᆞ긔ᄅᆞᆯ ᄆᆡᆫᄃᆞ라지라 (邕豈肯背國而向卓也! 狂瞽之辭, 謬出於口, 身雖不忠, 願黥首刖足, 續成漢史.) <삼국-가정 3:129>

【ᄂᆡ】 대 내. 나.¶ ▼吾 ‖ ᄂᆡ 한나라 정승이 되엿스니 한ᄂᆞ라ᄂᆞᆫ 즉 ᄂᆡ라 이ᄂᆞᆫ 가히 좃츠리로다 (吾爲漢相, 漢卽吾也. 此可從之.) <삼국-국중 6:8> ▼吾 ‖ ᄂᆡ 한나라 정승이 되엿스니 한ᄂᆞ라ᄂᆞᆫ 즉 ᄂᆡ라 이ᄂᆞᆫ 가히 좃츠리로다 (吾爲漢相, 漢卽吾也. 此可從之.) <삼국-국중 6:8>

【ᄂᆡ】[1] 명 내. 물건이 탈 때에 일어나는 부옇고 매운 기운. 연기.¶ ▼煙火 ‖ 죠〻 셔황 장합을 시겨 됴운을 ᄃᆡ젹ᄒᆞ라 ᄒᆞ고 스ᄉᆞ로 ᄂᆡ를 무릅쓰고 불을 ᄎᆞ고 닷거ᄂᆞᆯ ᄌᆞ룡이 ᄡᅡ로지 아니코 다만 긔치ᄅᆞᆯ 앗고 쥽더라 (操敎徐晃、張郃雙敵趙雲, 自己冒煙突火而去, 子龍不來追趕, 只顧搶奪旗幟.) <삼국-모종 8:60>

【ᄂᆡ】[2] 명 ((지리)) 내. 시내보다는 크지만 강보다는 작은 물줄기.¶ ▼溝 ‖ 조군이 좃ᄎᆞ 밋지 못ᄒᆞ고 그 거장 금ᄇᆡᆨ 등 무를 엇고 죽긴 ᄇᆡ 팔만 인이라 뉴혈이 ᄂᆡ가 되고 물의 ᄲᅡᄌᆞ 죽ᄂᆞᆫ ᄌᆡ 무수허더라 (操軍追之不及, 盡獲遺下之物, 所殺八萬餘人. 血流盈溝, 溺水死者不計其數.) <삼국-모종 5:62>

【ᄂᆡ】[3] 명 ((지리)) 내(萊).¶ ▼萊 ‖ 건녕 사년 츈이월의 낙양의 디진ᄒᆞ니 각사 마을 담들리 다 믈허디고 바다믈이 다 넘ᄶᅵ니 등 ᄂᆡ 긔 밀 네 고을히 믈결의 후믈리니 ᄇᆡᆨ셩이 다 바다ᄒᆡ ᄲᅡ디거ᄂᆞᆯ (建寧四年二月, 洛陽地震, 省垣皆倒, 海水泛濫, 登、萊、沂、密盡被大浪卷掃居民入海.) <삼국-가정 1:4> 건령 사년 츈이월의 낙양의 디진ᄒᆞ니 각사 마을 담들이 다 문허지고 바다믈이 다 넘ᄶᅵ니 등 ᄂᆡ 긔 밀 네 고을이 믈결의 휘믈리니 ᄇᆡᆨ셩이 다 바다ᄒᆡ ᄲᅵ디거늘 (建寧四年二月, 洛陽地震, 省垣皆倒, 海水泛濫, 登、萊、沂、密盡被大浪卷掃居民入海.) <삼국-규장 1:4>

【ᄂᆡ관】 명 ((관직)) 내관(內官). 궁중의 환관. 임금의 시중을 들거나 숙직 따위의 일을 맡아보았으며, 모두 거세된 사람이었음. 내시(內侍).¶ ▼宦官 ‖ 쳡이 ᄂᆡ관들 듕의 구ᄒᆞ여 ᄒᆞᆫ 사ᄅᆞᆷ을 어드니 튱의지졀을 두어 조ᄅᆞᆯ 졔데ᄒᆞᆯ ᄆᆞ음이 잇더이다 (妾于宦官求之, 近得一人, 抱忠義之節, 有除操之心.) <삼국-가정 21:114>

【ᄂᆡ-다르-】 동 내닫다. 내달리다.¶ ▼出 ‖ 하후무ᄂᆞᆫ 고량ᄌᆞ뎨오 유약ᄒᆞ야 쐬 업ᄉᆞᆫ지라 졍병 오쳔을 빌리셔든 포듕으로 됴ᄎᆞ 나가 진령 동편으로 됴ᄎᆞ ᄌᆞ오곡 븍으로 ᄂᆡ다르면 열흘이 못ᄒᆞ야 쟝안의 니ᄅᆞ리니 (夏侯楙乃高粱子弟, 懦弱無謀. 可賜精兵五千, 直取路出褒中, 循秦嶺以東, 當子午谷而投北, 十日之中, 可到長安.) <삼국-규장 21:2>

【ᄂᆡ-달-】 동 «내ᄃᆞᆮ다» 내닫다. 내달리다.¶ ▼來 ‖ ᄌᆞ룡이 급히 ᄯᆞᆯ온ᄃᆡ 위 진듕의 여ᄃᆞᆲ ᄃᆡ쟝이 일시의 ᄂᆡ다라 마자 싸호니 (子龍趕去, 魏陣中八員將一齊來迎.) <삼국-규장 21:8> ▼쟝ᄎᆞᆺ 뫼흘 디나게 되엿더니 ᄒᆞᆫ 소ᄅᆡ 방포의 오ᄇᆡᆨ군이 ᄂᆡ다라 피을 ᄲᅳ리니 다만 공듕의 됴회사ᄅᆞᆷ과 풀로 ᄆᆡᆫ든 ᄆᆞᆯ이 어즈러이 ᄯᅡ히 ᄯᅥ러지며 바람과 우레 즉시 긋치고 모래도 나지 아니ᄒᆞ더라 (將過山頭, 一聲炮響, 五百軍穢物齊潑. 但見空中紙人草馬, 紛紛墜地, 風雷頓息, 砂石不飛.) <삼국-규장 1:40>

【ᄂᆡ도-ᄒᆞ-】 형 판이(判異)하다. 매우 다르다. 크게 다르다.¶ ▼他 ‖ 하비로 ᄃᆞ라나 관우ᄅᆞᆯ 보고 머믈워 ᄂᆡ응ᄒᆞ긔 ᄒᆞ고 우ᄅᆞᆯ 혀내여 와 싸화 거ᄌᆞᆺ 패ᄒᆞ야 유인ᄒᆞ야 ᄂᆡ도ᄒᆞᆫ 고드로 더브러 가고 졍병으로 도라갈 길흘 막은 후의 혹 ᄉᆡᆼ금ᄒᆞ거나 혹 달래미 가ᄒᆞ니라 (入下邳去見關羽, 種禍於城內; 却引關羽出戰, 詐敗佯輸, 誘入他處, 却以精兵截其歸路, 然後或擒或說可也.) <삼국-가정 9:43>

【ᄂᆡ류-】 동 내리다. 'ᄂᆡ리다'의 'ㅜ'형.¶ ▼下 ‖ 말을 맛츠ᄆᆡ 크게 우셔 왈 ᄂᆡ 만일 ᄉᆞ마의 되면 반ᄃᆞ시 물너가지 안니리라 인ᄒᆞ여 영을 ᄂᆡ류여 서셩을 써나 ᄒᆞᆫ즁으로 도라간이라 (言訖, 拍手大笑, 曰: "吾若爲司馬懿, 必不便退也." 遂下令, 敎西城百姓, 隨軍入漢中.) <삼국-모종 16:13>

【ᄂᆡ영-ᄒᆞ-】 동 내영(來迎)하다. 마중 나오다.¶ ▼來迎 ‖ 유봉이 ᄃᆡ로 졍창취마ᄒᆞ야 드립더 죠를 취ᄒᆞ니 뙤 셔황으로 ᄂᆡ영ᄒᆞ거ᄂᆞᆯ 봉이 사ᄑᆡᄒᆞ여 ᄃᆞ라ᄂᆞ니라 (劉封大怒, 挺鎗驟馬, 逕取曹操. 操令徐晃來迎, 封詐敗而走.) <삼국-국중 12:143>

【ᄂᆡ음-ᄉᆡ】 명 냄새. 코로 맡을 수 있는 온갖 기운.¶ ▼臭 ‖ 죽은 만병이 다 쥬먹을 펴고 다리ᄅᆞᆯ 쌧치고 ᄐᆡ반이나 쳘표[포]로 마ᄌᆞ 머리가 부셔져 곡즁의 싸이여 ᄂᆡ음ᄉᆡ을 가히 ᄆᆞᆺ지 못ᄒᆞᆯ지라 (只見蠻兵被火燒的伸拳舒腿, 大半被鐵砲打的頭臉粉碎, 皆死於谷中, 臭不可聞.) <삼국-모종 15:20>

【ᄂᆡ의-ᄒᆞ-】 동 내의(來儀)하다. 태평성세에 봉황이 제왕의 덕에 감동하여 와서 춤을 추다.¶ ▼來儀 ‖ 위왕이 즉위ᄒᆞ므로 긔린니 강ᄉᆡᆼᄒᆞ고 봉황이 ᄂᆡ의ᄒᆞ고 황뇽이 츌현ᄒᆞ고 가홰 울ᄉᆡᆼᄒᆞ고 감뇌 하강ᄒᆞ니 이ᄂᆞᆫ ᄃᆞ 샹쳔니 상셔를 뵈여 위 맛당이 한을 ᄃᆡ신할 징죄라 (自魏王卽位以來, 麒麟降生, 鳳凰來儀, 黃龍出現, 嘉禾蔚生, 甘露下降. 此是上天示瑞, 魏當代漢之象也.) <삼국-국중 13:127>

【ᄂᆡ인】 명 ((인류)) 여인(女人). 아낙네.¶ ▼女 ‖ 비 왈 이 ᄂᆡ인언 엇더ᄒᆞᆫ ᄉᆞᄅᆞᆷ이냐 유씨 왈 이ᄂᆞᆫ ᄎᆞ남 원희의 쳐 견씨로 희가 유쥬에 가 진압ᄒᆞ기예 견씨 멀니 가기ᄅᆞᆯ 즐겨 아니ᄒᆞ기로 이예 머문다 (丕曰: "此女何人?" 劉氏曰: "此次男袁熙之妻甄氏也. 因熙出鎭幽州, 甄氏不肯遠行, 故留於此.") <삼국-모종 6:1>

【ᄂᆡ일】 명 내일(來日).¶ ▼來日 ‖ 이거시 다 요ᄉᆞᆯ이니 ᄂᆡ일 양과 돗틀 잡아 군ᄉᆞ로 ᄒᆞ여곰 그 피ᄅᆞᆯ 가지고 뫼우희 복병ᄒᆞ얏다가 도적이 ᄯᆞᆯ오ᄂᆞᆫ ᄯᅢᄅᆞᆯ 기ᄃᆞ려 놉흔 언덕의셔 ᄲᅳ리면 그 법을 가히 프러 ᄇᆞ리리라 (此妖術也. 來日可宰猪羊血, 令軍伏于山頭, 候賊赶來, 高坡上潑之, 其法可解.) <삼국-가정 1:56> ᄂᆡ일로 네 ᄀᆞ초와 내여야만정 만일 내 녕을 어그ᄅᆞᄎᆞ면 너희ᄅᆞᆯ 다 죽여 다ᄅᆞᆫ 군ᄉᆞᄅᆞᆯ 뵈리라 (來日俱要完備! 若違了吾令, 卽殺汝二人, 以示衆軍!) <삼국-가정 26:81> ᄂᆡ일 나 싸홀 졔 ᄯᅩ ᄑᆡᄒᆞ야 ᄃᆞ라나고 ᄆᆡ복게를 쓰면 반ᄃᆞ시 이긔리이다 (來日出戰, 再詐敗而走, 却用埋伏之計, 必然勝矣.) <삼국-가정 규장 25:35>

【ᄂᆡ죵】 명 ((질병)) 내종(內腫). 내장에 난 종기. 농흉(膿胸)과 같은 말.¶ ▼內疽 ‖ 흉듕의 버러지 두어 되 이셔 ᄂᆡ죵이 되고져 ᄒᆞ니 이ᄂᆞᆫ 비린 거ᄉᆞᆯ 즐겨 먹ᄂᆞᆫ 타시라 (胸中有蟲數升, 欲作內疽, 盖爲食腥之故.) <삼국-가정 25:86>

【ᄂᆡᆼ궁】 명 ((궁궐)) 냉궁(冷宮). 총애를 잃은 후비(后妃)가 거처하는 궁궐.¶ ▼冷宮 ‖ 데 ᄯᅩ ᄀᆞᆯ오샤ᄃᆡ ᄂᆡᆼ궁의 가도왓다가 ᄌᆞ식을 나흔 후의 죽이미 더ᄃᆡ디 아니ᄒᆞ리라 (后告曰: "貶於冷宮, 待分娩了, 殺之未遲.") <삼국-가정 8:94>

【ㄷ】

【다】 [부] 더불어. 함께. 모두. 있는 것 전부.¶ ▼ᄂᆡ일로 네 ᄀᆞ초와 내여야만정 만일 내 녕을 어그ᄅᆞᄎᆞ면 너희ᄅᆞᆯ 다 죽여 다ᄅᆞᆫ 군ᄉᆞᄅᆞᆯ 뵈리라 (來日俱要完備! 若違了吾令, 卽殺汝二人, 以示衆軍!) <삼국-가정 26:81>

【-다가】 [미] -다가. 어떤 동작이나 상태 따위가 중단되고 다른 동작이나 상태로 바뀜을 나타내는 연결 어미.¶ ▼문듯 관공을 ᄡᅴ어 나서 ᄊᆞ호다가 거즛 픠ᄒᆞ여 또 다ᄅᆡ여 타처의 드러가고 (卻引關公出戰, 詐敗佯輸, 誘入他處.) <삼국-모종 4:51>

【다ᄃᆞᄆᆞ-】 [동] 쓰다듬다.¶ ▼綽 ‖ 호반이 드러가 보니 운댱이 좌슈로 슈염을 다ᄃᆞᄆᆞ며 궤예 지혀 등 아래셔 글을 보거ᄂᆞᆯ (胡班往觀, 見關公左手綽髥, 憑几於燈下看書.) <삼국-가정 9:108>

【다ᄃᆞᆺ-】 [동] «다ᄃᆞᆮ다» 다다르다. 목적한 곳에 이르다.¶ ▼到 ‖ 동탁의 됴회 드러오믈 기ᄃᆞ려 집 아래 다ᄃᆞᆺ거ᄂᆞᆯ 다ᄅᆞᆫ 칼흘 ᄲᅡ혀 바ᄅᆞ 탁을 디ᄅᆞ더니 (候董卓入朝, 孚迎到閣下, 掣出短刀, 直刺卓.) <삼국-가정 2:17>

【다라-】 [형] 다르다.¶ ▼ᄒᆞᆫ 쟝쉬 이셔 압흘 막아 왈 승상의 명이 잇서 다란 사ᄅᆞᆷ을 소부의 드리지 말나 ᄒᆞ다 (有一將當之曰: "丞相有命, 諸人不許入紹府.") <삼국-모종 5:87>

【다람】 [명][의] 따름. '그뿐'의 뜻을 나타낸다.¶ ▼ᄂᆡ 드ᄅᆞ니 조죄 모기와 우금을 슈군도독을 삼앗다 ᄒᆞ니 져 냥인은 ᄂᆡ 댱듕의 잇난지라 제 군ᄉᆞ의 목숨만 ᄒᆡ할 다람이니라 (吾聞曹操換毛玠、于禁爲水軍都督, 則這兩個手裏, 好歹送了水軍性命.) <삼국-모종 8:1>

【다러-ᄂᆞ-】 [동] 달아나다.¶ ▼走 ‖ 됴진니 ᄃᆡ경황망ᄒᆞ야 동문으로 다러ᄂᆞ더니 ᄇᆡ후의 촉병이 엄ᄉᆞᆯᄒᆞ야 거의 ᄯᆞ르ᄂᆞᆫ지라 (衆將保曹眞望東而走, 背後蜀兵趕來.) <삼국-국중 16:4>

【다ᄅᆡ-】 [동] 이끌다. 인솔하다.¶ ▼引 ‖ 장합이 응낙ᄒᆞ고 군을 다ᄅᆡ여 힝ᄒᆞ니라 (張郃授計, 引軍而行.) <삼국-국중 15:95>

【다ᄅᆡ-】 [동] 데리다. 거느리다.¶ ▼分 ‖ 됴〻 손권이 병녁이 ᄂᆡᄒᆞ면 엇지 막으려 ᄒᆞᄂᆞ뇨 운장 왈 병을 다ᄅᆡ여 막어리이ᄃᆞ (孔明又曰: "儻曹操、孫權, 齊起兵來, 如之奈何?" 雲長曰: "分兵拒之.") <삼국-국중 11:105>

【다리비질-ᄒᆞ-】 [동] 다리미질하다.¶ ▼鏖 ‖ 냥군니 납함ᄒᆞ고 천ᄇᆡᆨ 횃불을 일위니 됴요ᄒᆞ여 ᄇᆡᆨ일 갓튼니 양닌이 또 진전을 힝ᄒᆞ여 다리비질ᄒᆞ야 싸온니 십여 합의 마초 회마ᄒᆞ여 닷거날 (兩軍吶喊, 點起千百火把, 照耀如白日, 兩將又向陣前鏖戰, 到二十餘合, 馬超撥回馬便走.) <삼국-모종 11:20>

【다리-ᄉᆞᆯㅎ】 [명] ((신체)) 다리살.¶ ▼髀肉 ‖ 현덕이 말 그ᄅᆞᆺᄒᆞᆫ 줄을 ᄭᆡᄃᆞᆺ고 니러 측간의 갓더니 다리ᄉᆞᆯ흘 ᄆᆞᆫ지고 탄ᄒᆞ여 눈믈을 흘리더니 (玄德自覺語失, 遂起身入厠, 嘆髀肉復生, 潸然流涕不住.) <삼국-가정 11:116> 비 일즙 몸이 기ᄅᆞ마의 ᄠᅥ나디 아니ᄒᆞ니 다리ᄉᆞᆯ히 다 스러뎟더니 이제 오래 ᄆᆞᆯ을 ᄐᆞ디 아니ᄒᆞ니 다리 속의 ᄉᆞᆯ히 도로 나니 셰월이 차타[ᄉᆞᆯ : 가닷 말이라]ᄒᆞ야 늘그매 니ᄅᆞ되 공업을 일우디 못ᄒᆞ니 이러모로 슬허ᄒᆞ노라 (備往常身不離鞍, 髀肉皆散; 今不復騎, 髀裏肉生. 日月蹉跎, 老將至矣! 而功業不建, 是以悲耳!) <삼국-가정 11:116>

【다ᄅᆡ-】 [동] 달래다. 꾀다. 유혹하다. 또는 슬퍼하거나 고통스러워하거나 흥분한 사람을 어르거나 타일러 기분을 가라앉히다.¶ ▼誘 ‖ 문듯 관공을 ᄡᅴ어 나서 ᄊᆞ호다가 거즛 픠ᄒᆞ여 또 다ᄅᆡ여 타처의 드러가고 졍병으로 그 도라오ᄂᆞᆫ 길을 ᄭᅳᆫ코 다시 달ᄂᆡ기가 〻ᄒᆞᆫ이라 (卻引關公出戰, 詐敗佯輸, 誘入他處, 以精兵截其歸路, 然後說之可也.) <삼국-모종 4:51> ▼싱니 도라와 알외되 학쇼난 말노 다ᄅᆡ지 못할너이다 공명니 갈오ᄃᆡ 네 가히 다시 가보고 이히로 말ᄒᆞ라 (祥回告孔明曰: "郝昭未等某開言, 便先阻卻." 孔明曰: "汝可再去見他, 以利害說之.") <삼국-모종 16:27>

【다만】 [부] 다른 것이 아니라 오로지.¶ ▼只消 ‖ 다만 (只消) <삼국-어람 109b> ▼只得 ‖ 또 졀영 왈 군ᄉᆞ마다 옷 ᄒᆞᆫ 복의 흙을 ᄊᆞ라 업난 ᄌᆞᄂᆞᆫ 버히리라 즁군은 그 뜻을 아디 못ᄒᆞ고 다만 시려곰 영을 의디ᄒᆞ더라 (又傳令曰: '每軍衣襟一幅, 包土一包, 無者立斬.' 衆軍亦不知其意, 只得依令預備.) <삼국-모종 15:4>

【다맛】 [부] 더불어. 함께.¶ ▼與 ‖ 늉 왈 녜제 공ᄌᆡ 노ᄌᆞ계 문예ᄒᆞ냐 겨시니 늉과 다맛 군이 엇지 누세 통개 아니리요 응니 크겨 긔이〻 너기니 (融曰: "昔孔子曾問禮於老子, 融與君豈非累世通家?" 膺大奇之.) <삼국-모종 2:55>

【다뭇】 [부] 또. 그리고. 명사구 접속의 기능.¶ ▼只 ‖ 명공은 진짓과 다뭇 간샤ᄒᆞᆷ을 뭇지 말고 다만 그 셰를 의논ᄒᆞ라 원시의 형뎨 셔로 티니 뉘 능히 그 ᄉᆞ이예 들리오 (明公勿問眞與詐也, 只當論其勢耳. 袁氏本兄弟相伐, 非他人能間其間, 乃謂天下可定于己也.) <삼국-규장 8:50> 너의 무리 날을 셰워 쥬인을 삼앗ᄃᆞ가 만일 형과 다뭇 슉이 병을 니ᄅᆞ혀 죄를 무르면 엇지ᄒᆞ리요 (汝等立我爲主, 倘兄與叔興兵問罪, 如何解釋?) <삼국-모종 7:26> 초와 다뭇 슉뷔 군ᄉᆞ를 고로와 슉은 조를 향ᄒᆞ고 초ᄂᆞᆫ 셔황을 향ᄒᆞ고 명일은 초ᄂᆞᆫ 조를 향ᄒᆞ고 슉은 셔황을 향ᄒᆞ야 머리를 논화 그 간ᄉᆞᄒᆞ믈 막게 ᄒᆞ쇼셔 (超與叔父輪流調兵, 今日叔向操, 超向徐晃, 明日超向

操, 叔向徐晃, 分頭隄備, 以防其詐.) <삼국-모종 10:32> ▼幷 ‖ 오휘 신으로 ᄒᆞ여곰 ᄉᆞ신을 삼아 부인을 도라보ᄂᆡ고 항댱과 다못 형쥬 구교를 박환ᄒᆞ고 (今吳侯令臣爲使, 願送歸夫人, 縛還降將, 幷將荊州仍舊交還.) <삼국-국중 14:2>

【다믄】 🄟 다만.¶ ▼但 ‖ 내 블셔 아노니 그ᄃᆡᄂᆞᆫ 몬셔 노라가라 맛당이 양쟝군으로 더브러 냥노로 ᄂᆡ응ᄒᆞ려니와 다믄 블 니러나믈 보고 온휘 응ᄒᆞ라 ᄒᆞ더라 (吾已知之矣. 公先回, 吾與楊奉兩路縱兵擊之, 但看火起爲號, 溫侯以兵應之.) <삼국-가정 6:82> ▼只 ‖ 두 ᄉᆞᄅᆞᆷ이 졍히 침음할 즈음의 다믄 보니 목녹ᄃᆡ왕이 구듕의 아디 못게라 무ᄉᆞᆷ 염쥬ᄅᆞᆯ ᄒᆞ고 손의 톄[체]죵을 흐드니 (二人正沈吟之際, 只見木鹿大王, 口中不知念甚咒語, 手搖蒂鐘.) <삼국-모종 15:8>

【다밋】 🄟 또. 그리고. 명사구 접속의 기능.¶ ▼與 ‖ 태ᄉᆡ 내 ᄯᆞᆯ을 음난ᄒᆞ고 쟝군의 안해ᄅᆞᆯ 아ᄉᆞ니 진실로 텬해 우을 배로다 엇디 ᄒᆞᆫ갓 태ᄉᆞ만 우으리오 윤과 다밋 쟝군을 우으리니 (太師淫吾之女, 奪將軍之妻, 誠可爲天下之笑端. 非笑大師, 笑允與將軍耳!) <삼국-가정 3:108> 이적의 녀포와 다밋 댱막 댱툐만 셩듕의 잇고 고슌 댱뇨 장패 후셩은 바다ᄒᆞᆯ 슌힝ᄒᆞ야 도라오디 못ᄒᆞ야시매 나 ᄃᆡ덕디 아니ᄒᆞ더라 (時呂布與張邈、張超盡在城中, 高順、張遼、臧霸、侯成巡海打糧未回.) <삼국-가정 4:139> 형쥐 뉴표와 다밋 쟝군이 국ᄉᆞ의 풍치 잇다 (荊州劉表與將軍有國士之風.) <삼국-가정 8:41> 명공은 진짓과 다밋 간사ᄒᆞᆷ을 뭇디 말고 다만 그 세ᄅᆞᆯ 의논ᄒᆞ라 원시의 형뎨 서ᄅᆞ 티니 뉘 능히 그 ᄉᆞ이예 들니오 (明公勿問眞與詐也, 只當論其勢耳. 袁氏本兄弟相伐, 非他人能間其間, 乃謂天下可定于已也.) <삼국-가정 11:41>

【다살이-】 🄓 다스리다.¶ ▼理 ‖ 근ᄅᆡ 조졍이 주ᄉᆡᆨ에 침익ᄒᆞ여 중귀 황호를 신님ᄒᆞ고 군[국]ᄉᆞ난 다살이지 아니ᄒᆞ고 (近來朝廷溺於酒色, 信任中貴黃皓, 不理國事, 只圖歡樂.) <삼국-모종 18:74>

【다삿】 🄚 다섯. 수 관형사.¶ 후성이 말 오십 필을 조인의게 일코 쪼ᄎᆞ가 후조인을 쥭기고저 ᄒᆞ나 여포를 두려워ᄒᆞ여 몬저 술 다삿 병을 표의게 드리고 ᄉᆞ년을 말ᄒᆞ니 (侯成有馬十五匹, 被後槽人盜去, 欲獻與玄德, 侯成知覺, 追殺後槽人, 將馬奪回, 諸將與侯作賀, 侯成釀得五六斛酒, 欲與諸將會飲, 恐呂布見罪, 乃先以酒五瓶詣布府, 稟曰: "託將軍虎威, 追得失馬, 衆將皆來作賀, 釀得些酒, 未敢擅飲, 特先奉上微意.") <삼국-모종 3:79> 죄 듯고 좌우를 각〻 다삿 ᄯᅦ식 난와 좌ᄃᆡᄂᆞᆫ ᄒᆞ후돈 장요 이전 악진 ᄒᆞ후연이요 우ᄃᆡᄂᆞᆫ 조홍 장합 서황 우금 고람이요 중군 허저ᄂᆞᆫ 선봉 도여 (操然其計, 左右各分五隊, 左一隊夏侯惇, 二隊張遼, 三隊李典, 四隊樂進, 五隊夏侯淵, 右一隊曹洪, 二隊張郃, 三隊徐晃, 四隊于禁, 五隊高覽, 中軍許褚爲先鋒.) <삼국-모종 5:67>

【다시리-】 🄓 다스리다.¶ ▼治 ‖ 만일 환관의 죄를 다시리고져 ᄒᆞᆯ진ᄃᆡ 맛당이 원악만 덜지니 한 옥리 족ᄒᆞᆫ지라 엇지 분분이 밧게 군ᄉᆞ를 부르리오 (若欲治罪, 當除元惡, 但付一獄吏足矣, 何必紛紛召外兵乎?) <삼국-모종 1:37>

【다ᄉᆞ리-】 🄓 다스리다. 나라나 고을의 일을 보살펴 관리하고 통제하다.¶ ▼攝 ‖ 내 이제 병이 듕ᄒᆞ니 현뎨의게 의탁고져 ᄒᆞ노니 내 ᄌᆞ식이 ᄌᆡ조 업고 졔쟝이 녕낙ᄒᆞ니 내 주근 후의 현뎨 가히 형쥐ᄅᆞᆯ 다ᄉᆞ리라 (吾今病在膏肓, 托孤于賢弟. 我子無才, 諸將零落; 我死之後, 賢弟可攝荊州.) <삼국-가정 13:73>

【다ᄉᆞ오-】 🄓 «다ᄉᆞᆯ다» 다스리다.¶ ▼治 ‖ 도독이 슈군을 다ᄉᆞ와기예 ᄌᆞᆨ히 잇브랴 (都督治水軍勞神.) <삼국-가정 15:3>

【다ᄉᆞ-ᄒᆞ-】 🄗 따스하다. 알맞게 따뜻하다.¶ ▼溫 ‖ 조공이 형쥐 이실 제ᄂᆞᆫ 슈하의 ᄇᆡᆨ만지즁을 거ᄂᆞ려시니 다ᄉᆞ호미 극ᄒᆞᆫ디라 엇디 사ᄅᆞᆷ ᄃᆡ졉ᄒᆞᆯ 결을이 이시리오 (曹公在荊州時, 手下領百萬之衆, 事猶蝟集, 豈有閑暇待人耶?) <삼국-가정 19:75>

【다ᄉᆞᆯ-】 🄓 다스려지다. 자동사.¶ ▼治 ‖ 고죄 ᄇᆡᆨ샤ᄅᆞᆯ 참ᄒᆞ고 의병을 니ᄅᆞ혀 진나라 어즈러오믈 티고 다ᄉᆞᆯ매 드럿더니 ᄋᆡ평지세예 니ᄅᆞ러 이ᄇᆡᆨ년 태평이 오라더니 왕망이 찬역ᄒᆞ니 이ᄂᆞᆫ 다ᄉᆞᆯ믈 말ᄆᆡ아마 어즈러운 ᄃᆡ 들미오 (自高祖斬白蛇, 起義兵, 襲秦之亂, 而入于治也. 至哀平之世二百年, 太平日久, 王莽纂逆, 又由治而入亂也.) <삼국-가정 12:81>

【다ᄉᆞᆯ이-】 🄓 다스리다.¶ ▼治 ‖ 니마의 쥬ᄒᆞᆫ ᄲᅧ 업고 눈의 직흰 정신이 업고 코의 모로ᄲᅧ 업고 다리의 천근이 업고 등의 삼갑이 업고 ᄇᆡ의 삼임이 업ᄉᆞ니 가히 ᄐᆡ산의 가 귀신을 다ᄉᆞᆯ일 거시오 능히 산 사람은 다사리지 못ᄒᆞ리니다 (輅額無主骨, 眼無守睛, 鼻無梁柱, 脚無天根, 背無三甲, 腹無三壬, 只可泰山治鬼, 不能治生人也.) <삼국-가정 22:97>

【다ᄉᆞᆱ】 '다스려짐'의 명사형.¶ ▼治 ‖ 녜로브터 ᄡᅥ 오므로 다ᄉᆞᆯ미 극ᄒᆞ면 난이 나고 난이 극ᄒᆞ면 다ᄉᆞᆯ미 나 음양이 ᄉᆞ라디며 기ᄂᆞᆫ 도리와 치위와 더위 왕ᄂᆡᄒᆞᄂᆞᆫ 니 ᄀᆞᆺᄐᆞ니 난이 극ᄒᆞ면 다ᄉᆞᄂᆞᆫ ᄃᆡ 들미 (自古以來, 治極生亂, 亂極生治, 如陰陽消長之道, 寒暑往來之理. 治不能無亂, 亂極而入于治也.) <삼국-가정 12:81> 고죄 ᄇᆡᆨ샤ᄅᆞᆯ 참ᄒᆞ고 의병을 니ᄅᆞ혀 진나라 어즈러오믈 티고 다ᄉᆞᆯ매 드럿더니 ᄋᆡ평지세예 니ᄅᆞ러 이ᄇᆡᆨ년 태평이 오라더니 왕망이 찬역ᄒᆞ니 이ᄂᆞᆫ 다ᄉᆞᆯ믈 말ᄆᆡ아마 어즈러운 ᄃᆡ 들미오 (自高祖斬白蛇, 起義兵, 襲秦之亂, 而入于治也. 至哀平之世二百年, 太平日久, 王莽纂逆, 又由治而入亂也.) <삼국-가정 12:81> 내 이제 법으로ᄡᅥ 위엄을 세워 법이 힝ᄒᆞ면 은혜ᄅᆞᆯ 알고 벼슬로 ᄒᆞᆫᄒᆞ야 벼슬이 더으면 그 영화ᄅᆞᆯ 아ᄂᆞ니 영화와 은혜 다 나타나면 샹해 동심ᄒᆞ여 다ᄉᆞᆯ미 ᄇᆞᆯ그리라 (吾今威之以法, 法行則知恩; 限之以爵, 爵加則知榮. 榮恩幷著, 上下同心, 爲治之道, 于斯明矣.) <삼국-가정 21:81>

【다숫】 ㊀ 다섯. 넷에 하나를 더한 수.¶ ▼五 ‖ 뉴부인이 상ᄉᆞ를 출혀 못 미처 무더셔 쇼의 ᄋᆡ통ᄒᆞ던 쳡 다ᄉᆞᄉᆞᆯ 죽이되 녕혼이 구천하의 가 쇼를 볼가 노ᄒᆞ야 그 머리를 모ᄌᆞ리고 그 ᄂᆞᆺ출 히야ᄇᆞ리고 죽엄을 샹히오니 그 식을 새오미 이러ᄐᆞᆺ ᄒᆞ더라 (劉夫人舉喪, 未及遷葬, 將袁紹所愛寵妾五人殺之; 恐陰魂於九泉之下再與紹相見, 髡其頭, 刺其面, 毀其屍: 其妒忌如此.) <삼국-가정 11:24>

【다숫】 ㊁ 다섯. 수 관형사.¶ ▼五 ‖ ᄒᆞᆫ 옥인이 이시되 ᄉᆞ면이 네 치오 우희 다ᄉᆞᆺ 뇽이 얼거뎟ᄂᆞᆫ 양으로 사기고 ᄒᆞᆫ 모히 이즈러딘 ᄃᆡ를 황금으로ᄡᅧ ᄢᅢ엿고 (見一玉璽, 方圓四寸, 上鐫五龍交紐, 方缺一角, 以黃金鑲之.) <삼국-가정 2:119> 져구ᄂᆞᆫ 다ᄉᆞᆺ 가지 ᄆᆡ온 것 담ᄂᆞᆫ 그ᄅᆞ시니 바ᄃᆞᆯ 슈ᄌᆞ변의 ᄆᆡ올 신 ᄌᆞ 이 슈신이란 말이니 말ᄉᆞᆷ ᄉᆞ ᄌᆞ라 ('齏臼', 乃受五辛之器也.受傍辛字, 是'辭'字.) <삼국-가정 23:52>

【다엿】 ㊁ 대엿. 대여섯.¶ ▼五六 ‖ 셩이 술 다엿 셤을 빗고 돗 여라믄을 잡아시되 감히 쳔ᄌᆞᄒᆞ야 먹디 못ᄒᆞ야 (成釀五六斛酒, 殺十餘口猪, 未敢就飲.) <삼국-가정 7:50>

【다이-】[1] ㊂ 대다. 몸이나 물건을 어떤 것에 닿게 하다.¶ ▼附 ‖ 졔쟝의 귀의 다이고 계칙을 말ᄒᆞ고 어시의 셩샹의 항긔를 ᄭᅩᆺ고 장익 요화 등을 거ᄂᆞ려 죵회 ᄎᆡ즁의 나ᄋᆞ가 항복ᄒᆞ니 (姜維與諸將附耳低言, 說了計策. 卽於劍閣關遍豎降旗, 先令人報入鍾會寨中, 說姜維引張翼、廖化、董厥前來降.) <삼국-국도 17:102> ▼扯住 ‖ 평이 일리 누설할 쥴 알고 거러 압흘 향ᄒᆞ여 조의 귀예 다이니 죄 약을 미처 ᄲᅡ의 부으니 박석이 다 ᄭᆡ야 지ᄂᆞᆫ지라 (平知事已泄, 縱步向前, 扯住操耳而灌之, 操推藥潑地, 磚皆迸裂.) <삼국-모종 4:40>

【다이-】[2] ㊂ 베다. 잡아 죽이다.¶ ▼梟 ‖ 옹긔 수셰 급하여 환으 한 창으로 말 아릐 질어 수급을 다이니 긔의 수하 군ᄉᆞ 다 고졍긔 항복ᄒᆞᆫ지라 (雍闓措手不及, 被煥一戟刺於馬下, 就梟其首級, 闓部下軍士皆降高定.) <삼국-모종 14:71>

【다이-】[3] ㊂ 닿다. 이루다. 되다.¶ ▼爲 ‖ ᄃᆞᆼ니 보니 이 오군인 셩은 장니오 명은 온니요 ᄌᆞ금 듕낭쟝니 다여난지라 (衆視之, 乃吳郡吳人, 姓張, 名溫, 字惠恕, 見爲中郎將.) <삼국-모종 14:50>

【다이ᄌᆞ-】 ㊂ 부딪다. 부딪치다. 치다. 때리다.¶ ▼交 ‖ 조죄 원군의 긔치를 다 아사 거즛 슌우경의 ᄑᆡ군이 오ᄂᆞᆫ 톄ᄒᆞ고 산벽 쇼로의 니르러 쟝긔 군병을 만나 셔로 다이ᄌᆞ며 지나가니 (曹操移奪袁軍旗幟, 僞作淳于瓊下敗軍回寨, 至山僻狹路, 正遇蔣奇軍馬, 奔走交肩而過.) <삼국-가정 10:86>

【다죠-ᄒᆞ-】 ㊂ 다조(多造)하다.¶ ▼多造 ‖ 한즁왕이 위연으로 군마를 통독ᄒᆞ야 동천을 수어ᄒᆞ라 ᄇᆡᆨ관을 거ᄂᆞ리고 셩도의 도라ᄀᆞ 궁젼 관ᄉᆞ를 다ᄉᆞ려 셩도로븟터 ᄇᆡᆨ슈의 이르러 ᄉᆞᄇᆡᆨ여 쳐 관ᄉᆞ 경우를 셰우고 양초를 광젹ᄒᆞ고 군긔를 다죠ᄒᆞ야 즁원 진취ᄒᆞ기를 도모ᄒᆞ더라 (漢中王令魏延總督軍馬, 守禦東川, 遂引百官回成都, 差官起造宮庭, 又置館舍. 自成都至白水, 共建四百餘館舍郵亭. 廣積糧草, 多造軍器, 以圖進取中原.) <삼국-국중 13:11>

【다즐니-】 ㊂ 부딪히다.¶ ▼截斷 ‖ 퇴 크게 소ᄅᆡ 디르고 하븍으로 즛텨 ᄃᆞ라드니 조ᄎᆞᆫ 군ᄉᆡ 다즐니여 미처 가디 못ᄒᆞ고 퇴 홀노 딘듕의 이셔 좌츙우돌ᄒᆞ야 길흘 ᄎᆞ자 나가되 (超于橋上大呼一聲, 殺入河北, 從騎皆被截斷. 超獨在陣中尋路而出.) <삼국-규장 13:76>

【다즐리-】 ㊂ 부딪히다.¶ ▼截斷 ‖ 퇴 크게 소ᄅᆡ 디ᄅᆞ고 하븍으로 즛텨 ᄃᆞ라드니 조ᄎᆞᆫ 군ᄉᆡ 다즐리여 미처 가디 못ᄒᆞ고 퇴 홀로 딘듕의 이셔 좌츙우돌ᄒᆞ야 길흘 ᄎᆞ자 나가되 (超于橋上大呼一聲, 殺入河北, 從騎皆被截斷. 超獨在陣中尋路而出.) <삼국-가정 19:58>

【다질너-】 ㊂ «다지르다» 부딪다. 부딪치다.¶ ▼觸 ‖ 최부인 왈 왕을 부친을 위ᄒᆞ여 죽고 쳡은 지아비을 위ᄒᆞ여 죽거 그 의 ᄒᆞᆫ가지이 엇지 물으리오 하고 기동의 머리랄 다질너 죽은니 (崔夫人曰: "王死父, 妾死夫, 其義同也, 夫亡妻死, 何必問焉?" 言訖, 觸柱而死.) <삼국-모종 19:57>

【다티-】 ㊂ 닥치다. 다물다. 닫히다.¶ ▼緘 ‖ 네 아직 다텨시라 내 짐쟉호리라 (你且緘口, 我有斟酌.) <삼국-가정 13:78>

【다ㅎ】 ㊃ ((지리)) 땅.¶ ▼地 ‖ 우리ᄂᆞᆫ 한실 종친으로 형쥐 다흘 두엇더니 (吾乃漢室宗親, 劉荊州之地.) <삼국-가정 13:75> 낭즁이 다히 악ᄒᆞ고 산 험ᄒᆞ니 ᄀᆞ히 ᄡᅥ ᄆᆡ복홀 거시니 장군니 인군츌젼ᄒᆞ면 ᄂᆡ 긔병으로 셔로 도으면 합을 ᄀᆞ히 ᄉᆞ로잡으리라 (閬中地惡山險, 可以埋伏. 將軍引兵出戰, 我出奇兵相助, 郃可擒矣.) <삼국-국중 12:88> 셩하의 시쵸가 ᄊᆞ혀 다히 가득히 불이 니러나니 위 창으로ᄡᅥ 헤치고 말을 노하 연화를 무릅쓰고 먼져 나오거날 죄 뒤흘 ᄯᆞᄅᆞ 셩문변의 니ᄅᆞ니 (城下推下柴草, 遍地都是火, 韋用戟撥開, 飛馬冒煙突火先出, 曹操隨後亦出, 方到門道邊.) <삼국-모종 2:77>

【다히-】[1] ㊂ ❶ 대다. 몸이나 물건을 어떤 것에 닿게 하다. 닿(닿다: 觸)-+-이(사동 파생 접미사)-.¶ ▼이튼날 영마다 서너식 다여 모다 머리를 모호며 귀를 다혀 말ᄒᆞ더니 (次日, 寨中三三五五, 交頭接耳而說.) <삼국-가정 16:3> ▼附 ‖ 현덕이 계교를 무르니 복이 귀예 다히고 나ᄌᆞ기 갈오ᄃᆡ 여ᄎᆞᆺᄎᆞᆺᄒᆞ라 (玄德問計, 福附耳低言: "如此如此.") <삼국-모종 6:53> 또 관흥 장포을 불어 귀의 다히고 갓만니 일너 왈 여ᄎᆞᆺᄎᆞᆺ ᄒᆞ라 (又喚關興、張苞至, 附耳低言, 如此如此.) <삼국-모종 16:36> ❷ 대다. (차, 배 따위의 탈 것을) 멈추어 서게 하다.¶ ▼繫 ‖ 손견이 ᄑᆡ군을 엄살ᄒᆞ야 바로 한슈의 니르러 황긔를 명ᄒᆞ여 션쳑을 가져와 한강의 다히더라 (孫堅掩殺敗軍, 直到漢水, 命黃蓋將船隻進泊漢江.) <삼국-모종 1:122> ▼위 마음의 의심ᄒᆞ야 ᄇᆡ를 가져 두ᄃᆞᆨ의 다히고

친히 두듥의 올나 말을 타고 감영 셔셩 졍봉 일반 군관을 띄고 (瑜心疑, 教把船傍岸, 親自上岸乘馬, 帶了甘寧、徐盛、丁奉一班軍官.) <삼국-모종 9:93>

【다히-】[2] 동 (짐승을) 잡다. 잡아 죽이다. 도살(屠殺)하다.¶ ▼刲宰 ‖ 븍녁 시닉 셧녁히 이시딕 닐곱 사람이 다허 먹으니 쌀이 가 ᄎᆞ즈면 피육이나 마시리라 (在北溪之西, 七人宰之. 疾速去尋, 皮肉尙存.) <삼국-가정 22:87> ▼屠 ‖ 셔황은 가히 도틀 다히며 개를 죽염즉ᄒᆞ고 (徐晃可使屠猪殺狗.) <삼국-가정 8:49> ▼屠殺 ‖ 여건은 칼이나 갈고 진[짓]고 만총은 술이나 먹고 우금은 판이나 지고 담이나 ᄊᆞ고 서황은 돗치나 다히고 기나 죽기고 (呂虔可使磨刀鑄劍, 滿寵可使飮酒食糟, 于禁可使負版築牆, 徐晃可使屠殺豬狗.) <삼국-모종 4:31>

【-다히】 접 -쪽. -편.¶ ▼望 ‖ 이날 밤의 빅학 ᄒᆞ나히 고을 아집 우히 와 마은아믄 번 소릭를 울고 셔다히로 ᄂᆞ라가니 아 딕흰 군ᄉᆞ들이 다 괴이ᄒᆞᆫ 즘싱이라 ᄒᆞ더라 (是夜, 有白鶴一隻棲於縣衙屋上, 鳴四十餘聲, 望西飛去.) <삼국-가정 11:111> 술곳 취ᄒᆞ면 남다히를 ᄇᆞ라고 니를 골며 노ᄒᆞ기를 마디 아니ᄒᆞ다가 술곳 씨면 방셩통곡ᄒᆞ며 셜워ᄒᆞ기를 긋치디 아니ᄒᆞ더니 (每醉, 望南切齒睜目, 怒恨甚急; 酒醉醒時, 放聲痛哭, 悲傷不已.) <삼국-가정 26:66> ▼往 ‖ 군ᄉᆞ들히 닐오딕 ᄒᆞᆫ 딘 인매 현산다히를 ᄇᆞ라보고 간다 ᄒᆞ거늘 (軍士說有一彪人馬殺將出來, 望峴山而去.) <삼국-가정 3:47> ▼投 ‖ 현덕이 패ᄒᆞᆫ 후의 산동 연쥐다히로 ᄃᆞ라나니 (呂布既殺散玄德軍, 自投兗州境上.) <삼국-가정 7:5> ▼到 ‖ 드딕여 칼흘 도로 ᄭᅩᆺ고 ᄆᆞᆯ게 올라 하ᄂᆞᆯ히 ᄇᆞᆰ디 아냐셔 동군다히로 가니라 (宮插劍入鞘上馬, 未及天明, 自到東郡去了.) <삼국-가정 2:39> 드딕여 칼흘 도로 ᄭᅩᆺ고 ᄆᆞᆯ게 올라 하ᄂᆞᆯ히 ᄇᆞᆰ디 아냐셔 동군다히로 가니라 (宮插劍入鞘上馬, 未及天明, 自到東郡去了.) <삼국-가정 2:39> ▼上 ‖ 탁이 ᄉᆞᆯ히 하 지매 오래 안잣기를 못ᄒᆞ야 드딕야 누으되 두로텨 조의다히로 등을 두고 눕거ᄂᆞᆯ (卓胖大, 不耐久坐, 遂倒身而臥, 轉身背卻.) <삼국-가정 2:25> 댱안은 함곡관의 험ᄒᆞ미 잇고 농우다히 갓가오니 나모 돌 벽디애 ᄂᆞᆫ 날 뎡코 쟝만ᄒᆞ리니 궁실이나 관부ᄂᆞᆫ ᄃᆞᆯ이 못ᄒᆞ여셔 가히 지을 거시니 (長安有崤函之險; 更近隴右, 木石磚瓦克日可辦, 宮室官府不須月餘.) <삼국-가정 2:98>

【다히리-】 동 닿다.¶ ▼觸 ‖ 공ᆞ씨겨 니ᄅᆞ러 ᄊᆞ홈ᄒᆞ다가 픽ᄒᆞ냐 머리가 부쥬산의 다허려 하날 기동니 부ᄅᆞ지고 별이 ᄌᆞ라져 ᄒᆞ날니 이 임의 서북으로 기우러지고 ᄯᅡ희 동남으로 ᄲᅢ젓다 ᄒᆞ니 (至共工氏戰敗, 頭觸不周山, 天柱折, 地維缺, 天傾西北, 地陷東南.) <삼국-모종 14:53>

【닥더리-】 동 맞닥뜨리다.¶ ▼撞 ‖ 닥더려 것구루친 ᄉᆞ람은 뎡히 니뉘라 뉘 동탁을 니르혀셔 원즁의 니르러 좌졍의 (撞倒董卓的人, 正是李儒. 當下李儒扶起董卓, 至書院中坐定.) <삼국-모종 2:17>

【닭】 명 ((조류)) 닭.¶ ▼雞 ‖ 손의 쟝간을 집고[쟝간은 긴 긔ᄃᆡ라] 간상의 계우를[계우ᄂᆞᆫ 닭의 깃시라] 믹여 풍신을 부르게 ᄒᆞ고 (手執長竿, 竿尖上用雞羽葆, 以招風信.) <삼국-국중 9:113>

【단긔】 명 단기(單騎). 혼자서 말을 타고 감. 또는 그 사람.¶ ▼單騎 ‖ 녀공이 니믜 산림 총잡ᄒᆞᆫ 곳의 상하로 믹복ᄒᆞ엿ᄂᆞᆫ지라 견의 말이 쾌ᄒᆞ야 단긔로 홀노 오믹 견군이 머지 아니ᄒᆞᆫ지라 (呂公已於山林叢雜去處, 上下埋伏. 堅馬快, 單騎獨來, 前軍不遠.) <삼국-모종 1:125>

【단니-】 동 다니다.¶ ▼行 ‖ 또 젼게 이시니 술위를 다 쇠로 ᄡᅡ 냥초긔게를 싯고 약딕과 나괴를 메워 군듕의 단니ᆞ 일홈을 텰거병이라 ᄒᆞ더라 (又有戰車, 其車用鐵葉裹釘, 裝載糧食軍器什物, 或用駱駝駕車, 或用騾馬駕車, 一歇行數千里不乏, 因此號爲'鐵車兵'.) <삼국-규장 21:50> 삼인이 울ᆞ불낙ᄒᆞ여 거리의셔 한유이 단니더니 낭즁 댱균의 슈릭를 맛나 현덕이 보고 ᄉᆞᄉᆞ로 공적을 말ᄒᆞ거ᄂᆞᆯ (三人鬱鬱不樂, 上街閒行, 正值郎中張鈞車到, 玄德見之, 自陳功績.) <삼국-모종 1:22>

【단디】 명 ((건축)) 단지(丹墀). 계단. 섬돌.¶ ▼丹墀 ‖ ᄒᆞᆫ 프른 빅얌이 들보 우흐로셔 ᄂᆞ리니 기리 이십여 댱이나 ᄒᆞ더라 어탑의 서리니 녕뎨 보시고 놀라 것구러디거ᄂᆞᆯ 무ᄉᆡ 급히 구ᄒᆞ야 내니 문무 빅관이 서로 밀리여 단디예 ᄂᆞ려딜 재 쉬 업더라 (見一條青蛇, 從梁上飛下來, 約二十餘丈長, 蟠于椅上. 靈帝驚倒, 武士急慌救出, 文武互相推擁, 倒于丹墀者無數.) <삼국-가정 1:3>

【단만】 부 다만.¶ ▼只 ‖ 장비 ᄉᆞᄉᆞ로 ᄆᆞᆯ을 타고 산의 올나 셩중을 ᄒᆞ시ᄒᆞ니 군ᄉᆡ 다 피게ᄒᆞ고 딕오를 노아 셩중의 잇고 단만 나지 아니ᄒᆞ고 (張飛自乘馬登山, 下視城中, 見軍士盡皆披挂, 分列隊伍, 伏在城中, 只是不出.) <삼국-모종 10:133>

【단봉】 명 ((조류)) 단봉(丹鳳). 목과 날개가 붉은 봉황(鳳凰).¶ ▼鳳 ‖ 분연히 올라안자 청농도를 것구로 잡고 ᄃᆞᆯ려 토산의 ᄂᆞ려가 투고를 버서 기ᄅᆞ마 압가지예 씌오고 단봉의 눈을 두려디 ᄠᅳ고 와즘미를 니ᄅᆞ혀 셰오고 바ᄅᆞ 딘젼의 니ᄅᆞ니 (奮然上馬, 倒提青龍刀, 跑下土山來, 將盔取下放於鞍前, 鳳目圓睜, 蠶眉直竪, 來到陣前.) <삼국-가정 9:38> 분연히 올라안ᄌᆞ 청룡도를 걱고로 잡고 달려 토산의 ᄂᆞ려가 투고를 버서 기르마 압가지예 씌오고 단봉의 눈을 두려지 ᄠᅳ고 와즘미를 니ᄅᆞ혀 셰우고 바로 진젼의 이르니 (奮然上馬, 倒提青龍刀, 跑下土山來, 將盔取下放於鞍前, 鳳目圓睜, 蠶眉直竪, 來到陣前.) <삼국-규장 6:141>

【단봉-눈】 명 ((조류)) 단봉(丹鳳)의 눈. 목과 날개가 붉은 봉황의 눈.¶ ▼丹鳳眼 ‖ 현덕이 보니 그 사룸이 신댱이 구척 오촌이오 슈염이 ᄒᆞᆫ 자 여ᄃᆞᆲ 치오 ᄂᆞᆾ촌 므른 대조빗 ᄀᆞᆺ고 입시울은 쥬사 딕은 ᄃᆞᆺᄒᆞ고 단봉눈이오 누은 누에 눈섭이오 샹뫼 당ᆞᄒᆞ고 위풍이 ᄂᆞᆷᆞᄒᆞ더라 (玄德看其人, 身長九尺三寸, 髯長一尺八寸, 面如重棗, 唇若抹朱, 丹鳳眼, 臥蠶眉, 相貌堂堂, 威風凜凜.) <삼국-

가정 2:24>

【단봉안】 명 ((조류)) 단봉안(丹鳳眼). 목과 날개가 붉은 봉황의 눈.¶ ▼丹鳳眼 ‖ 믄득 ᄒᆞᆫ 사ᄅᆞᆷ이 ᄂᆞᆺ촌 므ᄅᆞᆫ 대조빗 ᄀᆞᆺ고 단봉안이오 와ᄌᆞᆷ미오 세 가래 나로ᄉᆞᆯ 붓치고 녹포금갑의 쳥뇽도ᄅᆞᆯ 들고 문 밧그로셔 드러오거ᄂᆞᆯ (忽門外一人, 面如重棗, 丹鳳眼, 臥蠶眉, 飄三縷美髯, 綠袍金鎧, 按劍而入.) <삼국-가정 27:36>

【단쇼-ᄒᆞ-】 형 단소(短小)하다. 짧고 작다.¶ ▼短小 ‖ 모다 보니 이에 산양 고평 샤ᄅᆞᆷ 셩은 왕이요 명은 찬니오 ᄌᆞᄂᆞᆫ 듕션니 용뫼 슈약ᄒᆞ고 신ᄌᆡ 단쇼ᄒᆞᆫ지ᄅᆞ (衆視之, 乃山陽高平人, 姓王, 名粲, 字仲宣, 粲容貌瘦弱, 身材短小.) <삼국-모종 7:29>

【단쇽-ᄒᆞ-】 동 단속(團束)하다. 주의를 기울여 다잡거나 보살피다.¶ ▼結束 ‖ 현덕니 관상의 서 보던니 문긔 그름 쇽의 마초 창을 가지고 말을 노와 온니 사지 투고요 수ᄃᆡ운[은]갑을 단쇽ᄒᆞ니 비범한 인ᄌᆡ라 (玄德在關上看時, 門旗影裏, 馬超縱騎持鎗而出, 獅盔獸帶, 銀甲白袍, 一來結束非凡, 二者人才出衆.) <삼국-모종 11:19>

【단슈】 명 단수(斷手). 완필(完畢). 완전하게 끝마침.¶ ▼斷手 ‖ ᄉᆞ마의 길을 ᄇᆡᄒᆞ여 힝ᄒᆞ야 팔일레 니뫼 신셩의 이르럿난지라 ᄆᆡᆼ달니 단슈을 못ᄒᆞ고 난군의 죽닌 ᄇᆡ 되고 (司馬懿倍道而行, 八日已到新城, 孟達措手不及, … 孟達被亂軍所殺.) <삼국-모종 16:2>

【단ᄉᆞ-호쟝】 명 ((음식)) 단사호장(簞食壺漿). 대나무로 만든 밥그릇에 담은 밥과 병에 넣은 마실 것이라는 뜻으로, 넉넉하지 못한 사람의 거친 음식을 이르는 말.¶ ▼簞食壺漿 ‖ 이ᄯᆡ의 이긘 군ᄉᆞ를 거ᄂᆞ리고 하샹의 와 진치니 ᄇᆡᆨ셩들이 단ᄉᆞ호쟝으로셔 왕ᄉᆞ를 맛거ᄂᆞᆯ 죄 부로 수인을 블너 나아오라 ᄒᆞ니 슈발이 다 셰ᄒᆞ더라 (此時操引得勝之兵, 陳列於河上, 有土人簞食壺漿, 以迎王師.操見父老數人, 鬚髮盡白.) <삼국-가정 10:102> 쟝군은 몸소 익쥐군ᄉᆞᄅᆞᆯ 거ᄂᆞ려 진천[디명이라]으로 나아가면 ᄇᆡᆨ셩이 뉘 단ᄉᆞ호쟝으로ᄡᅧ 쟝군을 맛디 아니ᄒᆞ리오 (將軍身率益州之衆以出秦川, 百姓孰敢不簞食壺漿以迎將軍者乎?) <삼국-가정 12:110> 연노 인민이 단ᄉᆞ[당솕의 밥이라]호쟝[병읫 믈이라]으로 왕ᄉᆞ를 맛더라 (沿道之民, 簞食壺漿以迎王師.) <삼국-가정 29:97>

【단여-오-】 동 다녀오다.¶ ▼去 ‖ 쟝군의 이번 단여오미 족히 노적의 간담을 ᄶᅥ러 ᄇᆞ리려니와 괴 경을 헐히 너겨 보닌 줄을 아니라 경의 열이 크믈 보고져 ᄒᆞ미러니라 (將軍此去, 足以驚駭老賊也. 非孤相舍, 正欲觀卿膽耳.) <삼국-가정 22:44>

【단연-이】 부 단연(斷然)히.¶ ▼斷 ‖ 현덕이 방통을 ᄎᆡᆨ왈 공등은 엇지 비ᄅᆞᆯ 불의예 홈ᄒᆞ게 ᄒᆞᄂᆞ냐 이 뒤ᄂᆞᆫ 단연이 ᆢ리 말나 (玄德歸寨, 責龐統曰: "公等奈何欲陷備於不義耶? 今後斷勿爲此.") <삼국-모종 10:81>

【단젹-히】 부 단적(端的)히. 확실히. 분명히.¶ ▼端的 ‖ 현덕 왈 오ᄃᆡ[제] 의긔 심즁ᄒᆞ니 만일 조죠 화룡도로 가면 다만 단젹히 노흐리라 (玄德曰: "吾弟義氣深重, 若曹操果然投華容道去時, 只恐端的放了.") <삼국-모종 8:52>

【단좌-ᄒᆞ-】 동 단좌(端坐)하다. 단정하게 앉다.¶ ▼端坐 ‖ 순욱이 왈 명[녜]형이 오면 우리 긔것치 못ᄒᆞ리라 형이 이르러 드러가 보니 즁이 다 단좌ᄒᆞ엿스니 형이 방셩ᄃᆡ곡ᄒᆞᆫᄃᆡ (荀彧曰: "如禰衡來, 不可起身." 衡至, 下馬入見, 衆皆端坐, 衡放聲大哭.) <삼국-모종 4:33>

【단쥬-ᄒᆞ-】 동 단주(斷酒)하다. 술을 끊다.¶ ▼斷 ‖ 내 쥬ᄉᆡᆨ의 샹ᄒᆞ야 이러ᄒᆞ여시니 오ᄂᆞᆯ로브터 단쥬ᄒᆞᆯ 거시니 셩듕의 술 먹ᄂᆞᆫ니 이시면 참ᄒᆞ리라 (吾被酒色傷矣! 自今日斷之. 城中但飮酒者皆斬.) <삼국-가정 7:49>

【단쳔-ᄒᆞ-】 형 단천(短淺)하다. 지혜, 학문 따위가 짧고 얕다.¶ ▼淺短 ‖ 한실이 경픽ᄒᆞ여 간신이 명을 도둑ᄒᆞ거날 네 힘을 헤아리지 못ᄒᆞ고 ᄃᆡ의ᄅᆞᆯ 폐고ᄌᆞ ᄒᆞ나 지슐이 단쳔ᄒᆞ여 이젹지 일윈 바 업ᄉᆞ니 오직 션ᄉᆡᆼ은 그 어르셕은 거슬 여러 그 ᄋᆡᆨ을 건지게 ᄒᆞ면 만힝이 되리이다 (漢室傾頹, 奸臣竊命, 備不量力, 欲伸大義於天下, 而智術淺短, 迄無所就, 惟先生開其愚而拯厄, 實爲萬幸.) <삼국-모종 6:88>

【단칠】 명 단칠(丹漆). 붉은 칠.¶ ▼丹漆 ‖ 각ᆢ 진주와 금보와 단칠과 약ᄌᆡ와 우마ᄅᆞᆯ 보ᄂᆡ여 ᄡᅥ 군영을 ᄌᆞ려ᄒᆞ고 ᄆᆡᆼ세코 다시 반치 아니ᄒᆞ려 ᄒᆞ니 (各送珍珠金寶丹漆藥材, 耕牛戰馬, 以資軍用, 誓不再反.) <삼국-모종 15:24>

【단ᄎᆞᆷ-의】 부 단번에.¶ ▼早晚 ‖ 현덕이 왈 회람 원술이 병정냥족ᄒᆞ니 가히 영웅인이라 죄 소왈 무덤 가온ᄃᆡ ᄲᅢ라 ᄂᆡ 단ᄎᆞᆷ의 ᄉᆞ로ᄌᆞᆸ으리라 (玄德曰: "淮南袁術, 兵糧足備, 可爲英雄?" 操笑曰: "塚中枯骨, 吾早晚必擒之!") <삼국-모종 4:5>

【단판】 명 ((음악)) 단판(檀板). 악기의 이름으로, 박자를 치는데 쓰는 널빤지 모양의 것으로, 참빗살나무(檀)를 사용하여 만듦.¶ ▼檀板 ‖ 윤이 툐션을 명ᄒᆞ야 노래ᄅᆞᆯ 브ᄅᆞ라 ᄒᆞᆫ대 툐션이 손의 단판을 잡고 ᄂᆞᄌᆞᆨ이 노래 ᄒᆞᆫ 곡됴ᄅᆞᆯ 브ᄅᆞ니 (允令貂蟬手執檀板, 低謳一曲.) <삼국-가정 3:77>

【달】 명 ((조류)) 닭.¶ ▼雞 ‖ 전국시예 됴인 ᆢ숑여 달 묵글 힘을 가지ᆢ 못ᄒᆞ여도 진국 군신을 ᄉᆞ지ᆢ니 (昔戰國時趙人藺相如, 無縛雞之力, 於澠池會上, 覰秦國君臣如無物.) <삼국-모종 11:39> 함게 두 발리랄 가쵸와 셩야의 셩도의 와 달 울기의 미쳐 ᄋᆡ의 부ᄌᆞᆼ이 경[격]문을 보고 다라와 위관으 말 압헤 절ᄒᆞ니 (隨備檻車兩乘, 星夜望成都而來, 比及鷄鳴, 艾部將見檄文者, 皆來投拜於衛瓘馬前.) <삼국-모종 19:63>

【달-】 동 «닫다» 달리다. 달려가다. 달아나다.¶ ▼赴 ‖ 군신이 정분 잇스니 숭이 이제 장군을 셤겨 비록 탕화의 다라도 명ᄒᆞᆫ 바로 ᄒᆞ리니 (君臣各有定分, 嵩今事將軍, 雖赴湯蹈火, 一唯所命.) <삼국-모종 4:35>

【달ᄂᆡ-】 동 달래다. 좋고 옳은 말로 잘 이끌어 꾀다.¶ ▼說 ‖ 네 날을 달ᄂᆡ여 항ᄒᆞ과져 ᄒᆞ거니와 바다히 마르

고 돌히 녹지 아닌 젼의는 쉽지 아니ᄒᆞ니라 (汝要說吾降, 除非海枯石爛!) <삼국-규장 11:29> 그ᄃᆡ 번양 장간이 와 달닐 ᄯᅢ의 말근 량과 놉흔 ᄯᅳᆺ으로 음쥬자약ᄒᆞ고 그ᄃᆡ 홍지와 문무쥬략으로 불노 쳐 도젹을 파ᄒᆞ미 강ᄒᆞ므로 냑ᄒᆞ믈 삼고 (弔君鄱陽, 蔣幹來說; 灑揮自如, 雅量高志. 弔君弘才, 文武籌略; 火攻破敵, 挽强爲弱.) <삼국-국중 10:118> 공명이 ᄒᆞ여곰 그 동힌 거ᄉᆞᆯ 풀고 옷ᄉᆞᆯ 닙히고 슐을 먹이고 ᄒᆞ여곰 셩의 드러가 아비를 달ᄂᆡ여 투항ᄒᆞ라 (孔明令釋其縛, 與衣穿了, 賜酒壓驚, 教人送入城說父投降.) <삼국-모종 9:10>

【달래-】 동 달래다. 꾀다.¶ ▼說 ‖ 하비로 ᄃᆞ라나 관우를 보고 머믈워 ᄂᆡ응ᄒᆞ긔 ᄒᆞ고, 우를 혀내여 와 싸화 거즛 패ᄒᆞ야 유인ᄒᆞ야 ᄂᆡ도ᄒᆞᆫ 고드로 더브러 가고 정병으로 도라갈 길흘 막은 후의 혹 싱금ᄒᆞ거나 혹 달래미 가ᄒᆞ니라 (入下邳去見關羽, 種禍於城內; 却引關羽出戰, 詐敗佯輸, 誘入他處, 却以精兵截其歸路, 然後或擒或說可也.) <삼국-가정 9:43> ▼啜誘 ‖ 현덕이 ᄃᆞᆫ 말과 됴흔 ᄉᆞ셜로 달래니 손부인이 대희ᄒᆞ더라 (玄德以甛言蜜語啜誘孫夫人, 夫人歡喜.) <삼국-가정 17:113>

【달ᄅᆡ-】 동 달래다. 꾀다.¶ ▼說 ‖ 공명의 달ᄅᆡ는 말을 드러 망녕도히 병갑을 동티 말라 이 닐은 섭플 안고 블를 ᄭᅳ미라 (休聽孔明之說詞, 妄動兵甲. 此謂'負薪救火'也.) <삼국-가정 14:89>

【-달려】 조 -에게.¶ ▼셔죠연 쇼졔 밀ᄒᆡ 리 사마쇼달려 일너 왈 쥬공이 십만 병으로 죵회랄 보ᄂᆡ여 쵹을 친니 ᄂᆡ 헤아리건ᄃᆡ 죵회 ᄯᅳᆺ지 크고 마음이 놉흔이 큰 병권을 훌노 맛기볼가 한니라 (西曹掾邵悌密謂司馬昭曰: “今主公遣鍾會領十萬兵伐蜀, 愚料會志大心高, 不可使獨掌大權.”) <삼국-모종 19:27>

【달연-ㅎ-】 동 단련하다.¶ ▼練 ‖ 무릇 굿지 못ᄒᆞᆫ 셩곽과 달연치 못ᄒᆞᆫ 군ᄉᆞ와 부죡ᄒᆞᆫ 양식으로 박망의 소둔ᄒᆞ고 ᄇᆡᆨ하의 용슈ᄒᆞ야 하후돈 조인비로 심경담녈케 ᄒᆞ니 (夫以甲兵不完, 城郭不固, 軍不經練, 糧不繼日, 然而博望燒屯, 白河用水, 使夏侯惇、曹仁輩心驚膽裂.) <삼국-모종 7:82>

【달연-ᄒᆞ-】 동 단련하다.¶ ▼練 ‖ ᄒᆞᆫ중 정ᄒᆞᆫ 후에 군ᄉᆞ을 달연ᄒᆞ고 곡셕을 ᄊᆞ아 □을 길우면 나아가도 가히 도젹을 치고 물너가도 가히 직히리니 (既定漢中, 然後練兵積粟, 觀釁伺隙, 進可討賊, 退可自守.) <삼국-모종 12:16>

【달오-】 동 달리다.¶ ▼走 ‖ 운니 황츙을 구원ᄒᆞ여 ᄂᆞ오고 ᄯᅩ ᄊᆞ호고 달온니 니란 곳마다 감히 막그리 업더라 (雲救出黃忠, 且戰且走, 所到之處, 無人敢阻.) <삼국-모종 12:31>

【달음】 명의 따름. '그뿐'의 뜻을 나타낸다.¶ ▼而已 ‖ ᄂᆡ 유황숙으로 더부러 결의도원ᄒᆞ여 ᄒᆞᆫ가지 한실을 붓잡기 ᄆᆡᆼ셔ᄒᆞ니 엇지 너 반젹으로 더부러 항오 되리오 ᄂᆡ 이졔 너의 간게에 ᄲᅡ져쓰니 죽을 달음이라 (吾與劉皇叔桃園結義, 誓扶漢室, 豈與汝叛漢之賊爲伍耶? 我今誤中奸計, 有死而已, 何必多言!) <삼국-모종 13:5> ⇒ 다람, 다름, 달람, 달음, 닷름, ᄃᆞ름, ᄃᆞ롬, ᄃᆞᆯ음, ᄯᅡ르, ᄯᅡ름, ᄯᅳ람, ᄯᅳ름, ᄯᅳᆯ음, ᄯᅳᆯ음

【달히-】 동 달이다. 액체 따위를 끓여서 진하게 만들다.¶ ▼煎 ‖ 본시 ᄒᆞᆫ 불휘예셔 낫거ᄂᆞᆯ 서ᄅᆞ 달히기를 엇디 이내ᄃᆞ록 급히 ᄒᆞᄂᆞ뇨 (本是同根生, 相煎何太急?) <삼국-가정 25:118>

【담】 명 ((복식)) 담(毯). 짐승의 털을 물에 빨아 짓이겨 평평하고 두툼하게 짠 깔개. 담요 따위의 재료로 씀.¶ ▼氈衫 ‖ 등애 ᄒᆞ야곰 몬져 군긔를 뫼 아래 ᄂᆞ리고 스ᄉᆞ로 담의 ᄡᅵ이여 뫼히 드리워 ᄂᆞ리오고 모든 군ᄉᆡ 담이 잇ᄂᆞᆫ 쟈ᄂᆞᆫ 담의 몸을 ᄡᅡ ᄂᆞ리오고 담이 업ᄉᆞᆫ 쟈ᄂᆞᆫ 노흐로 허리를 ᄆᆡ고 남글 븟잡아 고기 ᄢᅦ온ᄃᆞ시 ᄂᆞ리니 (艾令先將軍器攛將下去. 艾取氈自裹其身, 先滾下去. 副將有氈衫者, 裹身滾下; 無氈衫者, 各用繩索束腰, 攀木掛樹, 魚貫而進.) <삼국-가정 38:87>

【담부】 명 담부(擔負). 어깨에 메고 등에 짐.¶ ▼擔負 ‖ 졔군이 비로소 나아가매 믄득 대우의 환이 이셔 험ᄒᆞᆫ ᄃᆡ 머믈미 날이 오란디라 뎐운의 슈고로옴과 담부[담부ᄂᆞᆫ 메고 지닷 말이라]의 고로오미 허비ᄒᆞᆫ 배 만ᄒᆞ니 (諸軍始進, 便有天雨之患, 稽閡山險, 以積日矣.轉運之勞, 擔負之苦, 所費已多.) <삼국-가정 32:113>

【담안】 부 다만.¶ ▼只 ‖ 됴운니 버서나 댱판교를 ᄇᆞ라고 닷더니 담안 드르니 후면에 함셩이 ᄃᆡ진ᄒᆞ니 원ᄂᆡ 문빙이 군ᄉᆞ를 ᄭᅳ으고 조ᄎᆞ오ᄂᆞᆫ지라 (趙雲得脫, 望長板橋而走, 只聞後面喊聲大震, 原來文聘引軍趕來.) <삼국-모종 7:64>

【담은】 부 다만.¶ ▼只 ‖ 뇌 왈 현덕은 담은 니 좌장군니라 엇지 날노ᄡᅥ 한 영왕을 ᄉᆞᆷ으리요 (魯曰: “玄德只是左將軍, 如何保得我爲漢寧王?”) <삼국-모종 11:22> ᄉᆡ 직힌 군ᄉᆡ 담은 쵹병이 와 ᄉᆡ를 겁ᄒᆞᆫ다 일너 황망이 호화를 드니 좌변의 조쥰[진]이 ᄉᆔ지ᄒᆞ고 우변이 곽쥰[회] ᄉᆔ지ᄒᆞ야 스ᄉᆞ로 다 인[엄]ᄉᆞᆯᄒᆞ고 (守寨軍士只道蜀兵來劫寨, 慌忙放起號火, 左邊曹眞殺至, 右邊郭淮殺至, 自相掩殺.) <삼국-모종 15:83>

【답-】 동 답(答)하다. '답ᄒᆞ다'의 수의적 교체형.¶ ▼報 ‖ 원술이 ᄑᆡᄒᆞ여 회람의 도라와 사람을 강동의 보ᄂᆡ여 손칙의 병을 비러 원수 답기를 무르니 (袁術敗回淮南, 遣人往江東問孫策借兵報讎.) <삼국-모종 3:50>

【답화-ᄒᆞ-】 동 답화(答話)하다. 대답하다.¶ ▼答話 ‖ 뇌고 삼셩의 현덕을 불너 답화ᄒᆞ니 현덕이 뉴봉 ᄆᆡᆼ달과 아모라 쳔중 제상을 거ᄂᆞ려 ᄂᆞ오거ᄂᆞᆯ (擂鼓三通, 喚玄德答話. 玄德引劉封、孟達幷川中諸將而出.) <삼국-국중 12:139>

【닷-】 동 «닫다» 달리다. 달려가다.¶ ▼趕 ‖ 됴운이 ᄃᆡ답 아니ᄒᆞ고 강ᄀᆞ으로 십여 리나 닷더니 ᄒᆞᆫ 여흘 가의 다ᄃᆞ르니 고기 잡ᄂᆞᆫ ᄇᆡ ᄆᆡ엿거ᄂᆞᆯ (趙雲不答, 沿江趕到十餘里, 灘半斜纜一隻漁船.) <삼국-규장 14:12> ▼奔 ‖ 소ᄅᆡ 우레 ᄀᆞᆺ고 형세ᄂᆞᆫ 닷넌 말 ᄀᆞᆺᄐᆞᆫ지라 (身長八尺, 豹

頭環眼, 燕頷虎鬚, 聲若巨雷, 勢如奔馬.) <삼국-국중 1:9>

【닷거-】 동 글 따위를 지어 짓다.¶ ▼修 ‖ 일면으로 밀셔를 닷거 사마소씌 보ᄒᆞ고 일면으로 졔쟝을 쟝하의 불너 (鄧艾一面修密書遣使馳報司馬昭, 一面聚諸將於帳下.) <삼국-국중 17:83>

【-닷다】 미 -었도다. -었더구나. 감탄을 나타내는 종결어미. -다(←-더-: 회상의 선어말 어미)+-ㅅ(←-옷-: 느낌의 선어말 어미)+-다(평서형 종결 어미).¶ ▼우읍다 황권 왕누 등이여 종형의 ᄆᆞᄋᆞᆷ을 아디 못ᄒᆞ고 망명도이 싀긔ᄒᆞ닷다 (可笑黃權、王累等輩, 不知宗兄之心, 妄相猜疑.) <삼국-가정 19:128> 도적의 대채로 가ᄂᆞᆫ 길흘 무른 후 죽이미 늣디 아니ᄒᆞ닷다 (他說東北大路, 不知離此多遠? 還該問明白, 殺他不遲.)

【닷토-】 동 ❶ 다투다. 의견이나 이해의 대립으로 서로 따지며 싸우다.¶ ▼爭競 ‖ 냥궁이 셔로 닷토니 댱냥 등이 권ᄒᆞ여 각각 궁의 도라가니라 (兩宮互相爭競, 張讓等各勸歸宮.) <삼국-모종 1:35> ❷ 어떤 일을 남보다 먼저 하려고 경쟁적으로 서두르다.¶ ▼爭 ‖ 이 그제야 방심ᄒᆞ고 츄한ᄒᆞ기를 마지 안터니 견면의 관홍이 ᄂᆡ다러 거로를 막다가 발마회쥬ᄒᆞ거ᄂᆞᆯ 합이 승〻츄지ᄒᆞ니 촉병이 의갑과 즙물을 ᄇᆞ리고 닷거ᄂᆞᆯ 위병이 닷토아 의갑을 취하더라 (郃奮怒追來, 又被關興抄在前面, 截住去路. 郃大怒, 拍馬交鋒. 戰有十合, 蜀兵盡棄衣甲什物等件, 塞滿道路. 魏軍皆下馬爭取.) <삼국-국중 16:27>

【닷토오-】 동 ❶ 다투다. 의견이나 이해의 대립으로 서로 따지며 싸우다.¶ ▼爭 ‖ 원씨 형제 불화ᄒᆞ여 각〻 당을 쏙겨 급ᄒᆞᆫ즉 구ᄒᆞ고 완ᄒᆞᆫ즉 닷토오니 군ᄉᆞ를 드러 뉴포[표]를 치면 원씨 형제의 변을 기다려 치면 ᄒᆞᆫ 번 드러 정ᄒᆞ리라 (袁氏廢長立幼, 而兄弟之間, 權力相併, 各自樹黨, 急之則相救, 緩之則相爭, 不如擧兵南向荊州, 征討劉表, 以候袁氏兄弟之變, 變成而後擊之, 可一擧而定也.) <삼국-모종 5:79> ❷ 어떤 일을 남보다 먼저 하려고 경쟁적으로 서두르다.¶ ▼爭 ‖ 호런 강상 ᄆᆡᆼ풍이 ᄃᆡ작ᄒᆞ여 흰 물결리 ᄒᆞ날을 흔들어 흉용ᄒᆞ니 큰 ᄇᆡ 쟝찻 업더지난지라 닷토와 동선에 나려 도명ᄒᆞ니 (忽然江上猛風大作, 白浪掀天, 波濤洶湧, 軍士見大船將覆, 爭下脚艦逃命.) <삼국-모종 11:73>

【당낭】 명 ((곤충)) 당랑(螳螂). 버마재비. 사마귀.¶ ▼螳螂 ‖ 아희 드ᄅᆞ니 샹말의 닐오ᄃᆡ 당낭[물종구으리란 말이라]이 아ᄆᆞ리 노호와도 술위바회ᄅᆞᆯ 당티 못ᄒᆞᆫ다 ᄒᆞ엿고 ᄒᆞ믈며 슈후의 구슬[야광쥬라]로 가히 새를 ᄡᅩ디 못ᄒᆞᆯ 거시오 ᄑᆞ리ᄅᆞᆯ 노희여 칼흘 ᄲᅢ히디 못ᄒᆞᆯ 거시니 ᄒᆞᆫ갓 신위만 잇ᄇᆞ게 ᄒᆞ리이다 (兒聞世人有云: '螳螂之怒, 安當車轍?' 況隋侯之珠, 不可彈雀; 怒蠅拔劍, 徒費神威.) <삼국-가정 24:69>

【당뉴】 명 ((인류)) 당류(黨類). 무리. 같은 무리나 편에 드는 사람들.¶ ▼黨 ‖ 업데여 보니 됴뎡이 그ᄅᆞᆺ되고 긔강이 믄허뎌 모든 영웅이 나라흘 어즈러이고 사오나온 당뉘 님금을 소기니 ᄇᆡ ᄆᆞᄋᆞᆷ이 알프고 간담이 ᄠᅴ여디ᄂᆞ더라 (伏睹朝廷陵替, 綱紀崩摧, 群雄亂國, 惡黨欺君, 備心膽俱裂.) <삼국-가정 12:92>

【당당정정-ᄒᆞ-】 형 정정당당(正正堂堂)하다.¶ ▼井井 ‖ 내 모려의셔 나므로브터 싸화 이긔디 못ᄒᆞᆫ 적이 업고 텨 항복밧디 못ᄒᆞᆫ 곳이 업서 병을 ᄡᅳ며 쟝슈ᄅᆞᆯ ᄇᆞ리매 당〻정〻ᄒᆞ야 긔률리 잇거ᄂᆞᆯ 너ᄂᆞᆫ ᄒᆞᆫ 만이로 엇디 항복디 아니ᄒᆞᄂᆞᆫ다 (吾自出茅廬, 戰無不勝, 攻無不取, 用兵命將, 井井有條. 汝蠻夷之人, 何爲不服?) <삼국-가정 28:109>

【당당-ᄒᆞ-】 형 당당(堂堂)하다. 위엄이 있고 떳떳하다.¶ ▼堂堂 ‖ 현덕이 보니 그 사ᄅᆞᆷ이 신댱이 구쳑 오촌이오 슈염이 ᄒᆞᆫ 자 여ᄃᆞᆲ치오 ᄂᆞᆺ촌 므른 대조빗 ᄀᆞᆮ고 입시울은 쥬사 ᄃᆞᆫ은 ᄃᆞᆺᄒᆞ고 단봉 눈이오 누은 누에 눈섭이오 샹뫼 당〻ᄒᆞ고 위풍이 늠〻ᄒᆞ더라 (玄德看其人, 身長九尺三寸, 髯長一尺八寸, 面如重棗, 唇若抹朱, 丹鳳眼, 臥蠶眉, 相貌堂堂, 威風凜凜.) <삼국-가정 2:24> 공명이 지삼 ᄉᆞ양ᄒᆞ다가 ᄒᆞᆫ 가의 안ᄌᆞ 현덕의 부러 보ᄂᆡᆫ ᄠᅳᆺ을 니르고 눈을 흘긔쳐 권을 보니 눈이 푸르고 나로시 븕고 당〻ᄒᆞᆫ 일표 인ᄌᆡ어ᄂᆞᆯ (謙讓數次, 遂坐于側, 乃致玄德之意, 偸目觀看孫權: 碧眼紫鬚, 堂堂一表人才.) <삼국-규장 10:72>

【당두-ᄒᆞ-】 동 당두(當頭)하다. 직면하다.¶ ▼當頭 ‖ 홀연이 보니 일표 군마가 다 홍긔를 밧고 당두ᄒᆞ여 가ᄂᆞᆫ 길을 절쥬ᄒᆞ고 (忽見一彪軍馬, 盡打紅旗, 當頭來到, 截往去路) <삼국-모종 1:13> 문취 하수를 년ᄒᆞ여 막다가 호련이 보니 십여 긔마의 긔호 변듯ᄒᆞ고 ᄒᆞᆫ 장수 당두ᄒᆞ여 마를 나리고 칼을 ᄭᅳ어 오니 이ᄂᆞᆫ 운장이라 (文醜沿河趕來, 忽見十餘騎馬, 旗號翩翻, 一將當頭提刀飛馬而來, 乃關雲長也.) <삼국-모종 4:70>

【당면-ᄒᆞ-】 동 당면(當面)하다. 바로 눈앞에 당하다. 대면(對面)하다.¶ ▼當面 ‖ 회 소왈 너 가히 도라가 본초 ᄒᆞ고 일노ᄃᆡ 형제 형도 오히려 용납지 못ᄒᆞ니 엇지 능히 쳔ᄒᆞ 국ᄉᆞ를 용납ᄒᆞ리요 ᄒᆞ고 당면ᄒᆞ여 그 글을 파쇄ᄒᆞ고 ᄉᆞᄌᆞ를 ᄭᅮ즛쳐 물이라 (詡大笑曰: "汝可便回見本初, 道: '汝兄弟尙不能容, 何能容天下國士乎!'" 當面扯碎書, 叱退來使.) <삼국-모종 4:28> ᄂᆡ 당면ᄒᆞ여 쳔ᄌᆞ께 청ᄒᆞ여 젼부 션봉 되어 효복 걸고 오날 쳐 역적을 살로잡아 이형께 졔고ᄒᆞ여 써 ᄆᆡᆼ셔을 발으리라 (吾當面見天子, 願爲前部先鋒, 挂孝伐吳, 生擒逆賊, 祭告二兄, 以踐前盟!) <삼국-모종 13:53>

【당선-ᄒᆞ-】 동 당선(當先)하다. 앞장서다. 남보다 앞서다.¶ ▼當先 ‖ 현덕니 분주니 새 중에 일라니 장임의 군마 또 쇼로〻 좃ᄎᆞ 쇄출ᄒᆞ고 오란 뇌동니 당선ᄒᆞ야 온니 (玄德軍馬比及奔到寨中, 張任軍馬又從小路裡截出, 劉璝、吳蘭、雷銅當先趕來.) <삼국-모종 10:126>

【당션-ᄒᆞ-】 동 당선(當先)하다. 앞장서다. 남보다 앞서다.¶ ▼當先 ‖ 뉘 능이 당션ᄒᆞ여 적진을 헤치고 나가리요 (誰可當先破圍而出?) <삼국-국중 4:60> 제ᄌᆞᆼ이 ᄉᆞ〻

로 ᄉᆞᆼ의 왈 승ᄉᆞᆼ이 졍젼ᄒᆞ야 오무로 마양 당션ᄒᆞ더니 이졔 마초긔 ᄑᆡᄒᆞ고 엇지 이ᄃᆞᆺ지 약ᄒᆞ뇨 (諸將皆私相議曰: "丞相目來征戰, 一身當先, 今敗於馬超, 何如此之弱也?") <삼국-모종 10:15>

【당안】 명 ((지리)) 장안(長安). 중국 산시성(陝西省) 시안시(西安市)의 옛 이름.¶ ▼長安 ‖ 탁니 슈ᄅᆡ의 올나 젼ᄎᆞ후옹ᄒᆞ냐 당안을 바라고 올ᄉᆡ 슴십 니ᄅᆞᆯ 이ᄅᆞ지 못한 슈ᄅᆡ가 홀연니 ᄒᆞᆫ 박회가 걱거지거ᄂᆞᆯ 탁니 수ᄅᆡ의 나려 말을 탓더니 (卓出塢上車, 前遮後擁, 望長安來, 行不到三十里, 所乘之車, 忽折一輪, 卓下車乘馬.) <삼국-모종 2:25>

【당-ᄌᆞᆰ】 명 ((기물)) 당작(唐-). 버들 가지나 싸리 가지로 얽어 만든 상자나 그릇. 음식을 담는 함지. 오늘날 경상 방언에서 '당새기' 또는 '당시기'로 쓰인다.¶ ▼簞 ‖ 쟝군은 몸소 익쥐 군ᄉᆞᄅᆞᆯ 거ᄂᆞ려 진쳔[디명이라]으로 나아가면 ᄇᆡᆨ셩이 뉘 단ᄉᆞ[당ᄌᆞᆰ의 밥이라] 호쟝[병읫 믈이라]으로ᄡᅥ 쟝군을 맛디 아니ᄒᆞ리오 (將軍身率益州之衆以出秦川, 百姓孰敢不簞食壺漿以迎將軍者乎?) <삼국-가정 12:110>

【당츌-ᄒᆞ-】 동 당출(撞出)하다. 돌진하여 나오다.¶ ▼撞出 ‖ 정희 ᄒᆡᆼᄒᆞᄂᆞᆫ ᄉᆞ이에 산파 하에 양지군니 당츌ᄒᆞ니 이 하후돈의 부당 종신 종진 두 ᄉᆞᄅᆞᆷ이ᄅᆞ 일긔ᄂᆞᆫ 큰 독긔ᄅᆞᆯ 부리고 일긔ᄂᆞᆫ 창을 부리ᄂᆞᆫ지라 (正行間, 山坡下又撞出兩枝軍, 乃夏侯惇部將鍾縉、鍾紳兄弟二人, 一個使大斧, 一個使畫戟.) <삼국-모종 7:63> 관공이 ᄃᆡ로ᄒᆞ야 산의 올나 ᄃᆞ 죽이고져 ᄒᆞ더니 산ᄂᆡ의 ᄯᅩ 양군니 당츌ᄒᆞ니 좌변은 정봉이오 우변은 셔황[셩]이라 (關公大怒, 欲上岡殺之. 山崦內又有兩軍撞出, 左邊丁奉, 右邊徐盛.) <삼국-국중 13:69>

【당황-ᄒᆞ-】 동 당황(唐惶)하다. 놀라거나 다급하여 어찌할 바를 모르다.¶ ▼恍惚 ‖ 장비 장막 즁에 잇셔 경신이 산란ᄒᆞ여 동지 당황ᄒᆞ여 부장다려 문왈 ᄂᆡ 이제 심신이 황홀ᄒᆞ여 좌와불안ᄒᆞ니 괴히ᄒᆞ다 (張飛在帳中, 神思昏亂, 動止恍惚, 乃問部將曰: "吾今心驚肉顫, 坐臥不安, 此何意也?") <삼국-모종 13:58>

【당-ᄒᆞ-】 동 ❶ 당(當)하다. 어떤 때나 형편에 이르거나 처하다.¶ ▼到 ‖ 의논을 정당ᄒᆞᆫ 후의 관공이 관하의 당ᄒᆞ엿다 ᄒᆞ거ᄂᆞᆯ (商議停當, 人報關公車仗已到.) <삼국-국중지 6:64> ▼너희 등이 죽을 죄ᄅᆞᆯ 당ᄒᆞ야 날을 짐ᄌᆞᆺ 말로 누기고 ᄃᆞ라나고져 ᄒᆞᄂᆞ냐? (汝等罪不容誅, 以言寬我, 將欲逃遁也?) <삼국-가정 6:76> ❷ 감당(勘當)하다. 일을 맡아서 능히 해내다.¶ ▼支當 ‖ 내 일군을 거ᄂᆞ려 강유ᄅᆞᆯ 졉응ᄒᆞ야 공을 일오면 다 도독의게 도라보내고 만일 간사ᄒᆞ미 이시면 내 스〻로 당ᄒᆞ리라 (某願引一軍, 接引姜維. 如是成功, 盡歸都督; 倘有奸計, 某自支當.) <삼국-가정 32:15> ▼當 ‖ 승상이 ᄒᆞᆫ 문명지ᄉᆞᄅᆞᆯ 어더 사ᄌᆞᄅᆞᆯ 보ᄂᆡ고져 ᄒᆞ니 공이 〻 쇼임을 당ᄒᆞᆯ숀야 (丞相欲得一有文名之士, 以備行人之選. 公可當此任否?) <삼국-국중 5:78>

【대】 명 ((식물)) 대[竹]. 초본 식물의 줄기.¶ ▼竹 ‖ 이졔 병위 ᄃᆡ진ᄒᆞ야 대 ᄶᅩ림 갓ᄐᆞ니 두어 마ᄃᆡ 지ᄂᆞ면 날을 마져 스ᄉᆞ로 풀니ᄂᆞ니 엇디 다시 착슈ᄒᆞᆯ 곳이 니스리오 (今兵威大振, 如破竹之勢, 數節之后, 皆迎刃而解, 無復有著手處也.) <삼국-국중 17:139>

【대란-호-】 형 대란(大亂)하다. 크게 어지럽다. 대란(大亂)+-ᄒᆞ+-오(삽입 모음)-.¶ ▼亂 ‖ 내 대병을 거ᄂᆞ려 딘셰ᄅᆞᆯ 베폇다가 쵹병이 대란홈을 기ᄃᆞ려 대ᄃᆡ 인마ᄅᆞᆯ 모라 젼후로 협공ᄒᆞ면 쵹 영채ᄅᆞᆯ 가히 아ᄉᆞᆯ 거시니 이고ᄃᆞᆯ 어드면 그 나ᄆᆞᆫ 영채 파ᄒᆞ미 머어시 어려오리오 (吾却引兵在前布陣, 只待蜀兵勢亂, 吾大驅士馬攻殺進去: 如此兩軍并力, 可奪蜀兵之營寨也.) <삼국-가정 32:74>

【대샹-ᄒᆞ-】 동 대상(大賞)하다. 크게 상 주다.¶ ▼大賞 ‖ 왕경이 딘태 등애ᄅᆞᆯ 영졉ᄒᆞ야 셩의 드러와 ᄒᆡ위ᄒᆞᆫ 일을 ᄇᆡ샤ᄒᆞ고 셜연ᄒᆞ야 서ᄅᆞ ᄃᆡ졉ᄒᆞ며 삼군을 대샹ᄒᆞ다 (王經迎接陳泰、鄧艾入城, 拜謝解圍之事, 設宴相待, 大賞三軍.) <삼국-가정 36:96> 등애 쵹병이 믈러가믈 보고 딘태로 더브로 셜연ᄒᆞ야 서ᄅᆞ 티하ᄒᆞ며 삼군을 대샹ᄒᆞ고 <삼국-가정 37:3>

【대쟝】 명 ((군사)) 대장(大將). 한 무리의 우두머리.¶ ▼上將 ‖ 내 이만 오천 정병을 발ᄒᆞ고 ᄯᅩᄒᆞᆫ 대쟝을 보내여 너ᄅᆞᆯ 돕게 ᄒᆞ리라 (吾與汝二萬五千精兵, 再撥一員上將相助你去.) <삼국-가정 31:9>

【대조】 명 ((식물)) 대조(大棗). 대추.¶ ▼棗 ‖ 이 사ᄅᆞᆷ은 신당이 구쳑이오 ᄂᆞᆺ치 므른 대조 ᄀᆞᆺ고 눈이 ᄆᆞᆰ근 별 ᄀᆞᄐᆞ니 관운댱의 얼골 ᄀᆞᆺ고 무예 ᄲᅢ혀나니 (身長九尺, 面如重棗, 目似朗星, 如關雲長模樣, 武藝獨冠.) <삼국-가정 13:109>

【대조-빗】 명 ((색채)) 대추빛.¶ ▼棗 ‖ 현덕이 보니 그 사ᄅᆞᆷ이 신당이 구척 오촌이오 슈염이 ᄒᆞᆫ 자 여ᄃᆞᆲ치오 ᄂᆞᆺ촌 므른 대조빗 ᄀᆞᆺ고 입시울은 쥬사 ᄃᆡ은 ᄃᆞᆺᄒᆞ고 단봉눈이오 눈은 누에 눈섭이오 샹뫼 당〻ᄒᆞ고 위풍이 늠〻ᄒᆞ더라 (玄德看其人, 身長九尺三寸, 髯長一尺八寸, 面如重棗, 唇若抹朱, 丹鳳眼, 臥蠶眉, 相貌堂堂, 威風凜凜.) <삼국-가정 1:24>

【대조-빗ㅊ】 명 ((색채)) 대추빛.¶ ▼棗 ‖ 현덕이 보니 그 사모다 보니 그 사ᄅᆞᆷ의 ᄂᆞᆺ치 므른 대조빗치오 눈이 ᄆᆞᆰ근 별 ᄀᆞᆺ고 긔골이 헌앙ᄒᆞ고 샹뫼 비샹ᄒᆞ야 관운댱 ᄀᆞᄐᆞ니 (百姓視之, 其人面如重棗, 目若朗星, 器宇軒昂, 貌類非俗, 宛似關將.) <삼국-가정 17:53>

【대패-ᄒᆞ-】 동 대패(大敗)하다. 크게 패하다.¶ ▼大破 ‖ 위도독 조휘 셕뎡의셔 뉵손의게 대패ᄒᆞ야 거댱마필과 군ᄌᆞ긔계ᄅᆞᆯ 다 일코 근심ᄒᆞ고 두려 밤낫 ᄃᆞᆯ려 도라오더니 낙양의 니ᄅᆞ러 등의 죵긔 내여 죽으니 (魏都督曹休被陸遜大破於石亭, 車仗馬匹、軍資器械并皆罄盡. 休惶恐太甚, 連夜奔走, 因此氣憂成病, 到洛陽發背而死.) <삼국-가정 31:87>

【다르-】 형 짧다.¶ ▼短 ‖ 동탁의 됴회 드러오ᄆᆞᆯ 기ᄃᆞ려 집 아래 다ᄃᆞᆺ거ᄂᆞᆯ 다른 칼홀 ᄲᅢ혀 바ᄅᆞ 탁을 디ᄅᆞ더니

(候董卓入朝, 孚迎到閣下, 掣出短刀, 直刺卓.) <삼국-가정 2:17>

【댜ᄅᆞ-】 형 짧다.¶ ▼短 ‖ 인ᄉᆡᆼ이 비록 죽으나 길며 댜ᄅᆞ미 다 명이라 진실로 앗갑디 아니ᄒᆞ거니와 (人生有死, 修短命矣, 誠不足惜.) <삼국-가정 18:67> 범 댱 이적이 이 긔별을 듯고 각〻 댜ᄅᆞᆫ 칼을 몸의 곰초고 밤이 초경은 ᄒᆞ여 ᄀᆞ만이 댱듕의 드러가 (范、張二賊探知消息, 各藏短刀, 夜至初更, 密入帳中.) <삼국-가정 26:83> 쵹병이 각〻 댜ᄅᆞᆫ ᄃᆞ리와 노흘 가지고 듕군의 호령을 기ᄃᆞ려 ᄒᆞᆫ긔 셩의 오ᄅᆞ려 ᄒᆞ더라 (蜀軍各抱短梯軟索, 只候軍中擂鼓, 一齊上城.) <삼국-가정 32:3>

【댝양-ᄒᆞ-】 동 작량(酌量)하다. 짐작하여 헤아리다.¶ ▼酌量 ‖ ᄂᆡ 댝양ᄒᆞ여 ᄒᆞᆫ ᄉᆞ람을 어더 형주의 보ᄂᆡ여 ᄃᆡ신ᄒᆞ고 관장군니 도라와야 가히 ᄃᆡ적ᄒᆞ리라 (吾欲酌量著一人去荊州, 替回關將軍來, 方可敵之.) <삼국-모종 12:17>

【댤르-】 형 짧다.¶ ▼短 ‖ 기인이 신댱이 팔쳑이오 용뫼 ᄀᆞ장 어위ᄎᆞ되 머리털이 댤라 계유 목의 ᄂᆞ려디고 의복이 졍졔티 못ᄒᆞ거ᄂᆞᆯ (見其人身長八尺, 形貌甚偉, 頭髮截短, 披于頸上, 衣服不甚整齊.) <삼국-가정 20:81>

【댭피-】 동 섞다.¶ ▼雜 ‖ 공명니 기산의 오리 머물 계교을 ᄒᆞ여 쵹병으로 ᄒᆞ여곰 위민을 ᄒᆞᆫ가지 댭피니 밧츨 갈라 농ᄉᆞ을 ᄒᆞᆫᄃᆡ 서로 침범ᄒᆞ지 안니ᄒᆞ니 군ᄉᆞ와 ᄇᆡᆨ셩니 다 안심ᄒᆞ더라 (孔明在祁山, 欲爲久駐之計, 乃令蜀兵與魏民相雜種田, 軍一分, 民二分, 並不侵犯, 魏民皆安心樂業.) <삼국-모종 17:23>

【댱】[1] 명 ((관직)) 장(長).¶ ▼댱은 원 ᄀᆞᆮ튼 거시라 (長) <삼국-가정 11:48>

【댱】[2] 명의 장(丈). 길이의 단위.¶ ▼丈 ‖ 프ᄅᆞᆫ ᄇᆡ얌이 들보 우흐로셔 ᄂᆞ리니 기리 이십여 댱이나 ᄒᆞ더라 어탑의 셔리니 녕뎨 보시고 놀라 것구러디거ᄂᆞᆯ 무ᄉᆡ 급히 구ᄒᆞ야 내니 문무 ᄇᆡᆨ관이 서로 밀리여 단디예 ᄂᆞ려딜 재 쉬 업더라 (見一條青蛇, 從梁上飛下來, 約二十餘丈長, 蟠于椅上. 靈帝驚倒, 武士急慌救出, 文武互相推擁, 倒于丹墀者無數.) <삼국-가정 1:3> 과연 그 말의 온 몸이 숫불 픠온 듯ᄒᆞ야 됴곰도 잡털이 업고 머리의로셔 ᄭᅩ리예 이르기 기리 ᄒᆞᆫ 댱이오 놉기 여덜 ᄌᆞ이라 (果然那馬渾身上下, 火炭般赤, 無半根雜毛; 從頭至尾長一丈, 從蹄至頂鬃高八尺.) <삼국-규장 1:110>

【댱가-드리-】 동 «댱가들이다» 장가(丈家)들이다. 장가보내다.¶ ▼婚 ‖ 아ᄃᆞᆯ이 ᄌᆞ라면 댱가드리고 ᄯᆞᆯ이 ᄌᆞ라면 셔방 마치ᄂᆞᆫ 거시 고금 샹녜라 날을 어미라 ᄒᆞ면 엇디 날ᄃᆞ려 니ᄅᆞ디 아니ᄒᆞ고 뉴현덕을 사회 사ᄆᆞ려 ᄒᆞ고 더브러다가 두어시되 날을 긔이ᄂᆞᆫ다 (男大須婚, 女大必嫁, 古今常禮, 我爲你母親, 事當稟命於我. 你招劉玄德爲婿, 如何瞞我? 女兒須是我的!) <삼국-가정 17:97>

【댱구ᄃᆡ진-ᄒᆞ-】 동 장구대진(長驅大進)하다. 말을 멀리 몰아서 단번에 많이 나아가다.¶ ▼長驅大進 ‖ ᄂᆡ 번셩을 취ᄒᆞ미 목젼의 잇ᄉᆞ니 번셩을 취ᄒᆞᆫ 후의 곳 댱구ᄃᆡ진ᄒᆞ야 지릅더 허도의 이라러 됴적을 쇼명ᄒᆞ고 ᄡᅧ 한실을 편하게 ᄒᆞ리니 엇지 쇼창을 인ᄒᆞ여 ᄃᆡᄉᆞ를 그르게 ᄒᆞ리오 (吾取樊城, 只在目前, 取了樊城, 即當長驅大進, 逕到許都, 剿滅操賊, 以安漢室. 豈可因小瘡而誤大事.) <삼국-국중 13:41>

【댱구-ᄒᆞ-】 동 장구(長驅)하다. 말을 타고 멀리 달려가다.¶ ▼長驅 ‖ 공손찬이 연 ᄃᆡ 군ᄉᆞ를 거ᄂᆞ려 댱구ᄒᆞ야 오니 그 봉망을 가히 당티 못ᄒᆞᆯ 거시오 겸ᄒᆞ야 뉴비관 댱의 도으미 이시니 긔줘ᄂᆞᆫ 날 혜고 파ᄒᆞᆯ디라 (公孫瓚將燕、代之衆, 長驅而來, 其鋒不可當. 兼有劉備、關、張助之, 冀州長驅休矣.) <삼국-가정 3:5> 날이 치우니 용병을 못ᄒᆞᆯ 거시니 아직 봄이 덥기를 기ᄃᆞ려 긔줘가 쟝ᄒᆞᆫ 믈 인ᄒᆞ야 ᄒᆞᆫ 모ᄉᆞᆯ ᄆᆡᆫᄃᆞᆯ고 일홈을 현무디라 ᄒᆞ야 슈군을 게셔 조련ᄒᆞᆫ 후의 댱구ᄒᆞ야 나아가면 가히 돗 ᄆᆞ듯 ᄒᆞ리이다 (天寒未可用兵. 姑待春暖, 可往冀州, 引鑿漳河之水作一池, 名'玄武池', 于內教練水軍, 然後長驅大進, 可席卷而得矣.) <삼국-가정 12:71>

【댱궤-ᄒᆞ-】 동 장궤(長跪)하다. 두 무릎을 땅에 디딘 자세에서 허벅지와 상체를 곧게 일으켜 세우는 자세로 예를 취하다.¶ ▼長跪 ‖ 니유 독칙을 맛치ᄆᆡ 탁이 좌우를 ᄭᅮ지져 뎨를 붓드러 ᄃᆡ궐의 나리오고 옥시를 글너 북면 댱궤ᄒᆞ여 신하 일ᄏᆞ라 명을 드르라 ᄒᆞ고 (李儒讀策畢, 卓叱左右扶帝下殿, 解其璽綬, 北面長跪, 稱臣聽命.) <삼국-모종 1:59>

【댱단】 명 장단(長短).¶ ▼品 ‖ ᄒᆞᆯᄅᆞᆫ 죄 운댱의 닙은 녹젼푀 ᄂᆞᆯ갓ᄂᆞᆫ 양을 보고 외요셔 그 몸의 댱단을 혜아려 긔이ᄒᆞᆫ 비단으로 젼포를 지어준대 (一日, 操見雲長所穿綠錦戰袍, 覺已舊, 操度其身品, 取異錦做戰袍一領賜之.) <三國 9:20>

【댱댱졍졍-ᄒᆞ-】 형 당당정정(堂堂正正)하다.¶ ▼井井有條 ‖ 내 모려의셔 나므로브터 싸화 이긔디 못ᄒᆞᆫ 적이 업고 텨 항복밧디 못ᄒᆞᆫ 곳이 업서 병을 ᄡᅳ며 쟝슈를 브리매 댱〻졍〻ᄒᆞ야 긔률리 잇거ᄂᆞᆯ 너ᄂᆞᆫ ᄒᆞᆫ 만이로 엇디 항복디 아니ᄒᆞᄂᆞᆫ다 (吾自出茅廬, 戰無不勝, 攻無不取, 用兵命將, 井井有條. 汝蠻夷之人, 何爲不服?) <삼국-가정 28:109>

【댱ᄃᆡ-ᄒᆞ-】 형 장대(長大)하다. 길고 크다.¶ ▼長大 ‖ 초션이 창하의 닐어나 머리를 빗다가 홀연이 보니 창밧 못가의 ᄒᆞᆫ ᄉᆞ람이 빗최니 그림ᄌᆡ 극히 댱ᄃᆡᄒᆞ고 머리의 속발관을 썻ᄂᆞᆫ지라 (時貂蟬起於窗下梳頭, 忽見窗外池中照一人影, 極長大, 頭戴束髮冠.) <삼국-모종 2:12>

【댱마】 명 ((천문)) 장마. 여름철에 여러 날을 계속해서 비가 내리는 현상이나 날씨. 또는 그 비. 구우(久雨). 임우(霖雨).¶ ▼霖 ‖ 고기 남양의 니ᄅᆞ러 ᄇᆡ야흐로 믈을 엇고 뇽이 텬한의 ᄂᆞᆯ매 믄득 댱매 되도다 이 ᄒᆞᆫ귀ᄂᆞᆫ 뉴션쥐 공명을 어더 쓰단 말이라 (魚到南陽方得水, 龍飛天漢便爲霖.) <삼국-가정 34:78>

【댱명계】 명 ((조류)) 장명계(長鳴鷄). 길게 우는 닭.¶ ▼鳴鷄 ‖ 권이 봉쟉을 밧고 문무관이 하례를 ᄆᆞᄎᆞ매 명ᄒᆞ

야 미옥과 명쥬와 셔각과 ᄃᆡ모와 비취와 공쟉과 투압[싸홈ᄒᆞᄂᆞᆫ 올히라]과 댱명계[길게 우ᄂᆞᆫ ᄃᆞᆰ이라]와 산티[금계라] 등믈을 슈습ᄒᆞ여 사ᄅᆞᆷ을 보내여 가져다 샤은ᄒᆞ고 ᄒᆞ다 (孫權受了封爵, 衆文武官僚拜賀已畢, 命收拾美玉明珠、犀角、玳瑁、翡翠孔雀、鬪鴨鳴鷄山雉等件, 遣人賫進謝恩.) <삼국-가정 26:121>

【댱비】 명 ((인명)) 장비(張飛). 중국 삼국 시대 촉한의 무장. 자는 익덕(益德). 유비, 관우와 함께 도원(桃園)에서 결의하고 왕인 유비를 항상 섬겼던 용장(勇將)으로, 후에 파서(巴西) 태수가 되었다.¶ ▼張飛 ‖ 현덕을 졀ᄒᆞ야 형을 삼고 관우로 버거를 삼고 댱비로 아ᅀᆞᆯ 삼다 (共拜玄德爲兄, 關羽次之, 張飛爲弟.) <삼국-가정 1:27> 현덕을 졀ᄒᆞ여 형을 삼고 관우로 버거를 삼고 댱비로 아오를 삼다 (共拜玄德爲兄, 關羽次之, 張飛爲弟.) <삼국-규장 1:19> 본ᄃᆡ 교오ᄒᆞ더니 당일의 현덕을 만홀이 ᄒᆞ니 댱비 믄득 죽이고져 ᄒᆞ거ᄂᆞᆯ (自來驕傲, 當日怠慢了玄德, 張飛性發, 便欲殺之.) <삼국-모종 1:17>

【댱셩-ᄒᆞ-】 동 장성(長成)하다. 자라서 어른이 되다.¶ ▼長成 ‖ ᄯᆞᆯ이 이셔 댱셩ᄒᆞᄆᆡ 믄득 시ᄂᆡ의 모욕ᄒᆞ여 남녀 ᄉᆞᄉᆞ로 혼잡ᄒᆞ여 ᄉᆞᄉᆞ로 ᄇᆡ합ᄒᆞᆷ을 맛겨 부모 금치 아니ᄒᆞ고 (有女長成, 卻於溪中沐浴, 男女自相混淆, 任其自配, 父母不禁.) <삼국-모종 15:1>

【댱쇽-ᄒᆞ-】 동 장속(裝束)하다. 입고 매고 하여 차림새를 갖추다.¶ ▼되 ᄇᆡᆨ마금안을 타고 옥ᄃᆡ금의을 댱쇽ᄒᆞ고 무ᄉᆞ로 ᄃᆡ홍나 일산을 잡으니 (操騎白馬金鞍, 玉帶錦衣, 武士手執大紅羅銷金傘蓋.) <삼국-모종 12:19>

【댱ᄉᆞ-ᄒᆞ-】 동 장사하다.¶ ▼買賣 ‖ 댱ᄉᆞ 미튝이 일즙 낙양의 가 댱ᄉᆞᄒᆞ야 도라올 ᄉᆡ 수ᄅᆡ를 타 오더니 길ᄀᆞ의 ᄒᆞᆫ 미인이 이셔 ᄌᆡᄇᆡᄒᆞ고 튝을 쳥ᄒᆞ야 ᄒᆞᆫᄃᆡ 가믈 구ᄒᆞ거ᄂᆞᆯ (糜竺嘗往洛陽買賣回歸, 竺坐于車, 路傍見一婦人, 甚有顏色, 來求同載.) <삼국-가정 4:44>

【댱안】 명 ((지리)) 장안(長安). 중국 산시성(陝西省) 시안시(西安市)의 옛 이름.¶ ▼長安 ‖ 온휘 새로 패호매 군ᄉᆡ 싸홀 마음이 업ᄉᆞ니 군을 인ᄒᆞ야 낙양으로 도라가 황뎨를 댱안으로 옴겨 동오를 응홈만 ᄀᆞᆺ디 못ᄒᆞ닝이다 <삼국-가정 2:95> 온휘 새로 패ᄒᆞ매 군ᄉᆡ 싸홀 마음이 업ᄉᆞ니 군을 인ᄒᆞ야 낙양으로 도라가 황뎨를 댱안으로 옴겨 동오를 응홈만 ᄀᆞᆺ디 못ᄒᆞ리이다 (溫侯新敗, 兵無戰心. 不若引兵回洛陽, 遷帝于長安, 以應謠兆.) <삼국-규장 2:40>

【댱ᄌᆞ】 명 ((인류)) 장자(長子). 장남.¶ ▼長子 ‖ 댱ᄌᆞ 댱ᄌᆞ샹과 ᄎᆞᄌᆞ 응이 이시나 일을 ᄀᆞ음알 사ᄅᆞᆷ이 아니라 오직 가히 녀ᄅᆞᆷ짓기예 도라갈디니, 노뷔 죽은 후의 ᄇᆞ라건대 ᄀᆞᄅᆞ쳐 왕ᄉᆞ를 ᄀᆞ음알게 말라 (長子商, 次子應, 皆非仕宦之人, 只可歸農. 老夫死後, 望玄德公敎誨, 切勿令掌王事.) <삼국-가정 4:119>

【댱팔모】 명 ((군기)) 장팔사모(丈八蛇矛). 뱀의 모양을 닮은 길이가 1장 8척 정도 되는 창.¶ ▼丈八蛇矛 ‖ 겻트로셔 ᄒᆞᆫ 쟝슈 골희눈을 브ᄅᆞᄠᅳ고 범의 나ᄅᆞᆺ슬 거ᄉᆞ리고 댱팔모로 빗기고 ᄆᆞᆯ을 ᄃᆞᆯ려 크게 소ᄅᆡ 딜러 웨되 (傍邊一將, 圓睜環眼, 倒竪虎鬚, 挺丈八蛇矛, 飛馬大叫.) <삼국-가정 2:87>

【댱팔ᄉᆞ모】 명 ((군기)) 장팔사모(丈八蛇矛). 뱀의 모양을 닮은 길이가 1장 8척 정도 되는 창.¶ ▼丈八蛇矛 ‖ 겻트로셔 ᄒᆞᆫ 쟝슈 골희눈을 불룹ᄠᅳ고 범의 나로ᄉᆞᆯ 거ᄉᆞ리고 댱팔ᄉᆞ모로 빗기고 ᄆᆞᆯ을 ᄃᆞᆯ려 크게 소ᄅᆡ 딜너 웨되 (傍邊一將, 圓睜環眼, 倒竪虎鬚, 挺丈八蛇矛, 飛馬大叫.) <삼국-규장 2:36> 겻헤 ᄒᆞᆫ 쟝슈 고리눈을 구울니고 호슈를 거ᄉᆞ리고 댱팔ᄉᆞ모를 ᄲᅡ혀 말을 날녀 크게 부르되 (傍邊一將, 圓睜環眼, 倒竪虎鬚, 挺丈八蛇矛, 飛馬大叫) <삼국-모종 1:92>

【댱팔쟝표】 명 ((군기)) 장팔장표(丈八長標). 길이가 1장 8척 정도 되는 창.¶ ▼丈八長標 ‖ 튝[축]늉부인이 등의 오구 비도를 ᄯᅩᆺ고 손의 댱팔쟝표를 잡고 권모젹ᄐᆡ[퇴] 말을 타시니 댱억이 보고 ᄀᆞ만이 그이히 너기더라 (祝融夫人背插五口飛刀, 手挺丈八長標, 坐下捲毛赤兔馬, 張嶷見之, 暗暗稱奇.) <삼국-모종 15:5>

【더니】 명 남은 것.¶ ▼奇 ‖ 만일 큰 ᄇᆡ를 쓰면 엇지 가히 더니 ᄒᆞ리오 쇼선 이십여 쳑을 빌이소셔 (若用大船, 何足爲奇? 乞付小舟二十餘隻.) <삼국-모종 8:37>

【-더니】 미 -더냐. 해라할 자리에 쓰여, 과거에 경험하여 새로이 알게 된 사실에 대해 묻는 종결 어미.¶ 오▼ᄂᆞᆯ 공근이 공복을 듕히 ᄎᆡᆨ호ᄃᆡ 우리ᄂᆞᆫ 그의 부해라 감히 셰워 말리디 못ᄒᆞ엿거니와 션ᄉᆡᆼ은 손이어ᄂᆞᆯ 엇디 ᄑᆞᆯ댱 곳고 겨ᄐᆡ셔 보며 ᄒᆞᆫ 말도 아니ᄒᆞ더니 (今日公謹責問於公覆, 我等皆是他負荷, 不敢冒犯苦勸; 先生是客, 何苦袖手傍觀, 不發一言也?) <삼국-가정 16:90>

【-더닝잇고】 미 ((주로 의문사와 함께 쓰여)) -읍디까. -습디까.¶ ▼폐해 작일의 븍원의 가 노ᄅᆞ시니 그 즐거오미 엇더ᄒᆞ더닝잇고 (陛下昨賞北園, 其樂不淺也.) <삼국-가정 35:30>

【더드-】 형 더디다.¶ ▼관공이 급히 긋쳐 왈 여쟝군 쥬의 날 보고 각〻 엉[영]의 도라와 시쇄ᄒᆞ기 더드지 아니ᄒᆞ니라 려령이 분을 이기지 못ᄒᆞ거ᄂᆞᆯ 장비 곳 시쇄코져 ᄒᆞ니 (關公急止之曰: "且看呂將軍如何主意, 那時各回營寨廝殺未遲." 呂布曰: "我請你兩家解鬥, 須不敎你廝殺." 這邊紀靈大忿, 那邊張飛只要廝殺.) <삼국-모종 3:28>

【더듸】 부 더디게. 움직임이 느리고 시간이 걸리는 모양. 느리게. 늦게.¶ ▼遲 ‖ 현덕이 대희ᄒᆞ야 머믈워 술 먹더니 ᄒᆞᆫ 사ᄅᆞᆷ이 일냥 쇼거를 미러 문 밧긔 와 쉬며 상목등 좌ᄋᆡ의 안자 쥬보를 블러 술을 수이 가져오나든 먹고 셩의 드러가 군 ᄲᆡᄂᆞᆫ ᄃᆡ 드러가려 ᄒᆞ니 더듸 말라 (玄德甚喜, 留飮. 酒間, 見一大漢推一輛小車, 到店門外歇下車子, 入來飮酒, 坐在桑木凳上, 喚酒保: "即釃酒來, 我待赶入城去充軍, 怕遲了.") <삼국-가정 1:24>

【더ᄃᆡ】 부 더디. 더디게. 움직임이 느리고 시간이 걸리는 모양.¶ ▼遲 ‖ 운댱이 즐겨 머믈우디 아닐 ᄲᅮᆫ이 아니라 더ᄃᆡ 가ᄂᆞ니는 주기려 ᄒᆞ매 마디 못ᄒᆞ여 오이다 (關雲

長不肯相容, 俱各趕逐回吳, 遲後者必戮.) <삼국-가정 21:94>

【더듸-】 형 더디다. 어떤 움직임이나 일에 걸리는 시간이 오래다.¶ ▼遲 ‖ 흠의 가온대 아ᄃᆞᆯ 문슉의 ᄌᆞᄂᆞᆫ 아앙이니 말 우희셔 채 쓰기를 잘ᄒᆞ야 만뷔브당지용이 잇ᄂᆞᆫ디라 샹해 ᄉᆞ마ᄉᆞ의 형뎨를 주겨 조샹의 보슈를 ᄒᆞ고져 ᄒᆞᄂᆞᆫ ᄆᆞᄋᆞᆷ이 잇더니 이에 니ᄅᆞ러 병을 니ᄅᆞ혀 급히 가고 더듸디 못ᄒᆞ링이다 (欽中子文淑, 小子阿鴦, 馬上使鞭槍, 有萬夫不當之勇, 常欲殺司馬師兄弟, 與曹爽報仇. 今可起兵急去, 不可遲也!) <삼국-가정 36:58> ▼逗留 ‖ 신이 믄득 쥬쟈와 밋 황문을 틱ᄒᆞ야 알외오니 ᄒᆞ여곰 상과 희와 훈의 병을 파ᄒᆞ야 ᄡᅧ 집의 나아가게 ᄒᆞ고 머므러 거가를 더듸게 못ᄒᆞ링이다 감히 머므로미 이시면 믄득 군법으로ᄡᅥ 힝ᄒᆞ링이다 (臣輒敕主者及黃門令, 罷爽、羲、訓吏兵, 以侯就第, 不得逗留, 以稽車駕. 敢有稽留, 便以軍法從事.) <삼국-가정 35:95>

【더러-오-】 형 더럽다. 때나 찌꺼기 따위가 있어서 지저분하다. 더러(←더럽다, ㅂ불규칙 용언)+-업(형용사 파생 접미사)+-오(선어말어미)-.¶ ▼穢 쟝춧 뫼흘 디나긔 되엿더니 ᄒᆞᆫ 소릐 방포의 오빅군이 일시예 피과 더러온 것들흘 쓰리니 다만 공듕의 죠히 사ᄅᆞᆷ과 플로 ᄆᆡᆫᄃᆞᆫ ᄆᆞᆯ이 어즈러이 ᄧᅡ히 ᄲᅥ러디며 ᄇᆞ람과 우레 즉시 긋치고 모래 ᄃᆞ ᄂᆞ디 아니ᄒᆞ더라 (將過山頭, 一聲炮響, 五百軍穢物齊潑. 但見空中紙人草馬, 紛紛墜地, 風雷頓息, 砂石不飛.) <삼국-가정 1:58>

【더레-】 동 더럽히다.¶ ▼汙 ‖ 셔작의 무리를 엇지 칼을 더레리오 (量鼠雀之輩, 何足汙刀!) <삼국-국중 5:84>

【-더러】 조 어떤 행동이 미치는 대상을 나타내는 격조사. -더러. -에게.¶ ▼對 ‖ 공명이 거짓 듯난 체 안니ᄒᆞ고 현덕더러 왈 니제 마초 관익을 침범ᄒᆞ니 ᄃᆡ적할 ᄉᆞ람니 업신니 형주의 가 운장을 청ᄒᆞ여 가히 ᄃᆡ적ᄒᆞ리라 (孔明佯作不聞, 對玄德曰: "今馬超侵犯關隘, 無人可敵, 除非往荊州取關雲長來, 方可與敵.") <삼국-모종 11:17>

【더류지우-】 동 질질 끌다.¶ ▼拖 ‖ 방덕이 발마ᄒᆞ여 도망ᄒᆞ며 칼을 더류지우거ᄂᆞᆯ 관공이 ᄯᆞ라 츄한ᄒᆞ니 관평이 소실이 니슬가 두려 ᄯᅩ한 슈후ᄒᆞ여 한거ᄒᆞ더라 (龐德撥回馬, 拖刀而走. 關公從後追趕. 關平恐有疏失, 亦隨後趕去.) <삼국-국중 13:29>

【더벙-머리】 명 ((신체)) 더벅머리. 더부룩하게 난 머리털.¶ ▼豎 ‖ 슈ᄌᆞᄂᆞᆫ[슈ᄌᆞᄂᆞᆫ 더벙머리 ᄋᆞᄒᆡ라] 족히 더부러 ᄭᅬᄒᆞ지 못ᄒᆞ리로다 (豎子不足與謀!) <삼국-국중 7:12> 츙성 말이 귀예 거스리니 더벙머리 ᄌᆞ식은 더부러 ᄭᅬ 못ᄒᆞ리로다 ᄂᆡ의 자질이 심비의 히를 보니 ᄂᆡ 무슨 낫츠로 다시 긔쥬 ᄉᆞᄅᆞᆷ을 보리요 (忠言逆耳, 豎子不足與謀! 吾子姪已遭審配之害, 吾何顏復見冀州之人乎!) <삼국-모종 5:55> ▼豎子 ‖ 포 크게 ᄭᅮ지져 왈 더벙머리 숀환은 죽기 당두ᄒᆞ니 엇지 천병을 항거ᄒᆞ리요 (苞大罵曰: "孫桓豎子, 死在臨時, 尙敢抗拒天兵乎?") <삼국-모종 13:74>

【더브러】 부 더불어. 함께. 한가지로.¶ ▼與 ‖ 부인이 흔연이 말게 올나 종당의 밍댱 슈빅 원과 동병 오만을 싀읏고 은깅궁궐의 나와 촉병[병]을 더브러 ᄃᆡ적할식 (夫人忻然上馬, 引宗黨猛將數百員, 生力洞兵五萬, 出銀坑宮闕, 來與蜀兵對敵.) <삼국-모종 15:5>

【더오-】 형 덥다.¶ ▼亢炎 ‖ 촉을 가히 티디 못ᄒᆞ리이다 이제 텬긔 극히 더오니 촉병이 반ᄃᆞ시 나오디 아닐 거시오 (蜀未可攻也; 方今天道亢炎, 蜀兵必不出.) <삼국-가정 31:64>

【더옥】 부 더욱. 정도나 수준 따위가 한층 심하거나 높게.¶ ▼愈 ‖ ᄎᆡᆨ이 더옥 셩ᄂᆡ여 속ᄉᆞ히 잡아오라 허니 좌우 부득이 허여 나아가 우길을 옹위허여 누상에 이르거ᄂᆞᆯ (策愈怒, 喝令: "速速擒來! 違者斬!" 左右不得已, 只得下樓, 擁于吉至樓上.) <삼국-모종 5:37>

【더우러】 부 더불어.¶ ▼현덕 왈 ᄂᆡ 즉금 동오로 더우러 결호ᄒᆞ야 조죠를 ᄒᆞᆫ가지로 파ᄒᆞ려 ᄒᆞ니 쥬위 날을 보고ᄌᆞ ᄒᆞ거날 ᄂᆡ 가지 아니면 동밍ᄒᆞᆫ ᄯᅳᆺ이 아니라 (玄德曰: "我今結東吳以共破曹操, 周郎欲見我, 我若不往, 非同盟之意.") <삼국-모종 7:119>

【더욱】 부 더욱. 정도나 수준 따위가 한층 심하거나 높게. 더으[增]+-우+-ㄱ(강세 접사).¶ ▼더욱 (越) <삼국-어람 108a>

【더위】 명 여름철의 더운 기운.¶ ▼暑 ‖ 마ᄃᆡ 촉으로 더브러 군량 마초와 더위예 먹ᄂᆞᆫ 약을 거ᄂᆞ려 왓거ᄂᆞᆯ (忽報蜀中差馬岱解暑藥幷糧米到.) <삼국-가정 28:97>

【더위-잡-】 동 높은 곳에 오르려고 무엇을 끌어 잡다. 붙잡다. 끌어잡다. 움켜잡다.¶ ▼爬 ‖ 딘유왕이 뎨로 더브러 오ᄉᆞᆯ 서ᄅᆞ ᄆᆡ고 언덕을 더위잡아 오ᄅᆞ니 가싀 덩울이 얼거뎌 갈 길흘 보디 못ᄒᆞᄂᆞᆫ디라 (陳留王與帝以衣相結, 爬上岸邊. 滿地荊棘, 不見行路.) <삼국-가정 1:130>

【-더이다】 미 ((동사, 형용사 어간 뒤에 붙어)) -더이다. -읍디다. -습디다.¶ ▼뉴비 쳔듕의 드러오므로브터 너비 은덕을 베퍼 민심을 거두니 이 사ᄅᆞᆷ의 ᄠᅳᆮ이 ᄀᆞ장 용티 아니ᄒᆞ더이다 (劉備自從入蜀, 廣布恩德, 以收民心, 此人之意, 甚是不善.) <삼국-가정 20:46>

【더프-】 동 덮다.¶ ▼滿 ‖ 믄득 ᄉᆞ면의 함셩이 대진ᄒᆞ며 고각이 졔명ᄒᆞ고 촉병이 뫼흘 더프며 ᄃᆞᄅᆞ히 ᄀᆞ득ᄒᆞ야 오고 (忽然四面喊聲大震, 鼓角齊鳴, 蜀兵滿山遍野而來.) <삼국-가정 32:16>

【더-ᄒᆞ-】 동 더하다. 보태어 늘리거나 많게 하다.¶ ▼增 ‖ 이제 과연 손빙의 브억 감ᄒᆞ던 법을 본바다 ᄆᆡ일의 군ᄉᆞ를 뎜ᄒᆞ며 브억을 더ᄒᆞ야 의심티 아니킈 ᄒᆞ니 내 만일 ᄯᆞ오면 반ᄃᆞ시 방연의 마릉 환을 만나니라 (今果每日添兵增竈. 吾若盡力追之, 必遭龐涓馬陵之患矣.) <삼국-가정 33:44>

【덕대】 명 ((기물)) 덕. 널이나 막대기 따위를 나뭇가지나 기둥 사이에 얹어 만든 시렁이나 선반.¶ ▼木架 ‖ 조예

대회ᄒᆞ야 마균을 명ᄒᆞ야 일만 인을 거ᄂᆞ려 댱안의 가 남글 버혀 뎍대ᄅᆞᆯ ᄆᆡ야 ᄇᆡᆨ냥ᄃᆡᄅᆞᆯ 두로고 오천 인으로 ᄒᆞ여곰 줄을 자바 둘러 오ᄅᆞ고 (睿大喜, 卽命馬鈞引一萬人, 星夜徑到長安, 令人夫搭起木架, 周圍上柏梁臺去, 先拆銅人. 不移時間, 用五千人連繩引索, 旋環而上.) <삼국-가정 35:14>

【덕지】 명 딱지. 헌데나 상처에서 피, 고름, 진물 따위가 나와 말라붙어 생긴 껍질.¶ ▼白痂 ‖ 쥬유 이때예 젼의 살 마즌 터히 ᄒᆞ려 덕지 지고 농즙이 나디 아니ᄒᆞ니 몸이 편ᄒᆞ더라 (周瑜此時箭瘡結了白痂, 濃水無出, 身軀無事.) <삼국-가정 18:56>

【던이-】 동 던지다.¶ ▼投 ‖ 졔쟝이 우금의 압푸로 향ᄒᆞ물 보고 각〻 군ᄉᆞ를 ᄡᅥ 치니 수군이 ᄃᆡ픽ᄒᆞ여 ᄇᆡᆨ여 리을 다라나 형세 궁ᄒᆞ고 힘이 외로와 픽ᄒᆞᆫ 군ᄉᆞ를 거두어 슈[유]포어 던이더라 (左右諸將, 見于禁向前, 前各引兵擊之, 繡軍大敗, 追殺百餘里. 繡勢窮力孤, 引敗兵投劉表去了.) <삼국-모종 3:42>

【덜】 명 ((지리)) 들. 논이나 밭으로 되어 있는 넓은 땅.¶ ▼野 ‖ 팔노 병셰 식암 솟덧 ᄒᆞ여 시살ᄒᆞ니 져 오군의 죽음이 덜에 두로ᄒᆞ고 유혈이 물이 되더라 (那八路兵, 劫如泉湧, 殺的那吳軍屍橫遍野, 血流成河.) <삼국-모종 13:84>

【덤이】 명 더미. 많은 물건이 한데 모여 쌓인 큰 덩어리.¶ ▼堆 ‖ 강변의 다만 어즈러온 돌 무던 거시 팔구십 덤이 잇고 인마ᄂᆞᆫ ᄒᆞ나토 업더이다 (江邊止有亂石八九十堆, 幷無人馬.) <삼국-가정 27:99>

【덥ᄒᆞ-】 동 덮다.¶ ▼葆 ‖ 일층의ᄂᆞᆫ 넷 ᄉᆞᄅᆞᆷ으로 쇽발관을 쓰고 거문 깁옷슬 닙고 븕은 신과 모ᄂᆞᆫ 치마로 젼좌의 ᄒᆞᆫ ᄉᆞᄅᆞᆷ이 잇셔 댱간을 잡아간 후의 닭의 긔ᄉᆞᄅᆞᆯ 써 덥허써 풍신을 부ᄅᆞ고 (上一層用四人, 各人戴束髮冠, 穿皂羅袍, 鳳衣博帶, 朱履方裾, 前左立一人, 手執長竿, 竿尖上用雞羽葆, 以招風信.) <삼국-모종 8:43>

【덧】 명 동안. 사이. 때. 얼마 안 되는 퍽 짧은 시간.¶ 현덕이 ᄆᆡ양 원문 샤극지은을 ᄉᆡᆼ각ᄒᆞ야 밥 먹을 덧 닛디 못ᄒᆞ더니 쟝군은 어엿비 너기라 (玄德常想轅門射戟之恩, 一飯之間, 未嘗忘也. 將軍憐之!) <삼국-가정 7:4>

【-덧】 미 -듯이. 용언의 어간에 붙어, '그 어간이 뜻하는 내용과 같게'의 뜻을 나타내는 연결어미.¶ ▼如 ‖ 팔노 병셰 식암 솟덧 ᄒᆞ여 시살ᄒᆞ니 져 오군의 죽음이 덜에 두로ᄒᆞ고 유혈이 물이 되더라 (那八路兵, 劫如泉湧, 殺的那吳軍屍橫遍野, 血流成河.) <삼국-모종 13:84>

【덧덧시】 부 늘. 한결같이. 항상(恒常).¶ ▼多 ‖ 대국의 이셔 환이 업ᄉᆞᆫ 쟈ᄂᆞᆫ 덧〻시 게으르미 만코 쇼국의 이셔 근심이 잇ᄂᆞᆫ 쟈ᄂᆞᆫ 덧〻시 어디니ᄅᆞᆯ ᄉᆡᆼ각ᄒᆞᄂᆞ니 게으르미 만ᄒᆞ면 난이 나고 어딘 일을 ᄉᆡᆼ각ᄒᆞ면 다ᄉᆞ리미 나믄 니의 덧〻ᄒᆞᆫ 일이라 (處大國無患者, 恒多慢; 處小國有憂者, 恒思善. 多慢則生亂, 思善則生治, 理之常也.) <삼국-가정 37:44>

【덧덧-ᄒᆞ-】 형 떳떳하다. 늘 그러하다. 한결같다.¶ ▼常 ‖ 내 드ᄅᆞ니 월나라 셔시ᄂᆞᆫ 비록 잘 헐ᄲᅳ리ᄂᆞᆫ ᄉᆞᄅᆞᆷ이라도 그 고으믈 ᄀᆞᆷ초디 못ᄒᆞ고 졔나라 무염 녀ᄌᆞᄂᆞᆫ 비록 잘 기리ᄂᆞᆫ ᄉᆞᄅᆞᆷ이라도 그 보긔 슬키ᄅᆞᆯ 덥디 못ᄒᆞᆫ다 ᄒᆞ고 ᄒᆡ 가온대 오면 기울고 ᄃᆞᆯ이 ᄎᆞ면 이저디니 이ᄂᆞᆫ 텬하의 넛덧ᄒᆞᆫ 니라 (吾聞越之西子, 善毁者不能閉其美; 齊之無鹽, 善美者不能掩其醜. 修短者不能用其長, 造惡者不能爲其善. 日中則昃, 月滿則虧, 此天下之常理也.) <삼국-가정 21:65> 뎍ᄌᆞᄅᆞᆯ 셰오고 버곰을 셰오디 아니호믄 네붓터 덧〻ᄒᆞᆫ 도리라 엇디 날ᄃᆞ려 뭇ᄂᆞ뇨 봉은 명녕[명녕은 관애란 버러지라] ᄀᆞᄐᆞᆫ ᄌᆞ식이라 (立嫡不立庶, 古之常理, 又何必問于我乎? 封乃螟蛉之子, 使住山城之遠, 免遺禍于親骨肉也.) <삼국-가정 25:36> 신은 업더여 드ᄅᆞ니 ᄉᆞᄉᆡᆼ이 덧〻ᄒᆞ미 잇고 뎡수ᄅᆞᆯ 도망키 어려오니 죽으미 쟝ᄎᆞᆺ 니ᄅᆞ매 원컨대 어린 튱셩을 다ᄒᆞ노이다 (伏聞生死有常, 難逃定數; 死之將至, 願盡愚忠.) <삼국-가정 34:72> 쥬샹이 날을 명ᄒᆞ야 ᄃᆡ쟝을 ᄉᆞᆷ아 군마를 총독ᄒᆞ야 쵹을 파ᄒᆞ라 ᄒᆞ시니 군싀 덧〻ᄒᆞᆫ 법이 잇ᄂᆞᆫ지라 공 등은 각〻 맛당이 쥰슈ᄒᆞ라 (主上命吾爲大將, 督軍破蜀. 軍有常法, 公等各宜遵守.) <삼국-국중 14:38>

【덧치-】 동 더하다. 낫거나 나아가던 병세가 다시 나빠지다.¶ ▼加 ‖ 곽가 왈 츈츄지 예법이 놉픈 ᄃᆡ예 덧치지 아닌다 ᄒᆞ니 승상은 엇지 ᄉᆞᄉᆞ로 죄ᄒᆞ리요 (郭嘉曰: "古者«春秋»之義, 法不加於尊. 丞相總統大軍, 豈可自戕?") <삼국-모종 3:56>

【덩울】 명 ((식물)) 덩굴.¶ ▼攀 ‖ 딘유왕이 뎨로 더브러 오ᄉᆞᆯ 서ᄅᆞ ᄆᆡ고 언덕을 더위잡아 오ᄅᆞ니 가싀 덩울이 얼거뎌 갈 길흘 보디 못ᄒᆞᄂᆞᆫ더라 (陳留王與帝以衣相結, 爬上岸邊. 滿地荊棘, 不見行路.) <삼국-가정 1:130>

【덮-】 동 덮다.¶ ▼蓋 ‖ 이날 대위 오거ᄂᆞᆯ 녀몽이 ᄆᆞᆯ게 올라 수긔ᄅᆞᆯ 거ᄂᆞ리고 ᄉᆞ문을 보ᄉᆞᆯ피더니 믄득 보니 ᄒᆞᆫ ᄉᆞᄅᆞᆷ이 민간의 삿가ᄉᆞᆯ 아사다가 투고ᄅᆞᆯ 더펏거ᄂᆞᆯ (是日大雨, 蒙上馬引數騎點看四門. 忽見一人取民間箬笠以蓋鎧甲.) <삼국-가정 24:129>

【뎌】 대 저. 저사람. 3인칭 대명사.¶ ▼他 ‖ 나ᄂᆞᆫ 반되블 ᄀᆞᆺ고 뎌ᄂᆞᆫ ᄇᆞᆯ근 ᄃᆞᆯ빗 ᄀᆞᄐᆞ니 셔ᄅᆞ 엇디 감히 냥의게 비ᄒᆞ리오! (某乃螢火之光, 他如皓月之明, 庶安敢比亮哉!) <삼국-가정 13:48>

【뎌ᄅᆞᆯ 알면 ᄇᆡᆨ번 싸화도 ᄇᆡᆨ번 이긘다】 속 지피지기(知彼知己)면 백전백승(百戰百勝)이라.¶ 知己知彼, 百戰百勝. ‖ 손ᄌᆡ[손빈이라] 닐오ᄃᆡ 날을 알고 뎌ᄅᆞᆯ 알면 ᄇᆡᆨ번 싸화도 ᄇᆡᆨ번 이긘다 ᄒᆞ니 우리 다 승샹만 ᄀᆞᆺ디 못ᄒᆞᆫ더라 승샹도 오히려 듕원을 회복디 못ᄒᆞ여시니 엇디 ᄒᆞ믈며 우리ᄯᆞ녀 (孫子云: '知己知彼, 百戰百勝.' 我等皆不如丞相遠矣.) <삼국-가정 35:119>

【뎌-것】 대 저것.¶ ▼兀的 ‖ 비 손을 드러 ᄀᆞᄅᆞ치며 닐오ᄃᆡ 뎌거시 군마 아녀 머엇고 (飛把手一指: "兀的不是軍馬來也!") <삼국-가정 9:137>

【뎌군】 명 ((인류)) 저군(儲君). 태자(太子).¶ ▼儲君 ‖ 집의

당지 잇고 나라히 뎌군이 이시니 션왕 ᄉᆡ슈도 군후의 무를 배 아니라 ᄆᆞᆺᄂᆞᆫ 뜻이 므슴 뜻고 (家有長子, 國有儲君, 先王璽綬, 非君侯之所有也.) <삼국-가정 25:109>

【뎌당-ᄒᆞ-】 동 저당(抵擋)하다. 막다.¶ ▼守把 ‖ 황죄 보니 강동 션쳑이 다 함몰ᄒᆞ고 졔쟝이 헤여디니 뎌당티 못ᄒᆞᆯ 줄을 알고 강하를 ᄇᆞ리고 형줘로 ᄃᆞ라나되 (却說黃祖在江中船隻盡陷, 諸將皆休, 情知守把不住, 遂棄夏口, 望荊州而走.) <삼국-가정 13:28>

【뎌-덕】 명 접때.¶ ▼昔 ‖ 뎌덕의 ᄃᆡ군을 긔산 긔곡의 둔ᄒᆞ엿실 ᄯᅢ예 우리 군ᄉᆡ 적병도곤 만흐되 능히 젹국을 파치 못ᄒᆞ고 도로혀 패ᄒᆞ야 도라오니 (昔大軍屯于祁山、箕谷之時, 我兵多如賊兵, 而不能破賊, 反遭賊兵所破.) <삼국-규장 21:115>

【뎌ᄅᆞ-】 형 짧다.¶ ▼短 ‖ 권이 보니 그 사ᄅᆞᆷ이 눈셥이 만코 코히 거두ᄎᆞ고 ᄂᆞᆺ치 검고 슈염이 뎌ᄅᆞ고 형용이 고괴ᄒᆞ거ᄂᆞᆯ (權見其人濃眉撅鼻, 黑面短髥, 形容古怪.) <삼국-가정 18:80> 이 사ᄅᆞᆷ은 광한 사ᄅᆞᆷ이니 셩은 핑이오 명은 양이오 ᄌᆞᄂᆞᆫ 영년이니 쵹듕 호걸이라 언어로 뉴쟝을 훼방ᄒᆞ니 쟝이 머리를 무ᄌᆞ러 죵을 ᄆᆡᆫᄃᆞ랏ᄂᆞᆫ디라 이러므로 머리 뎌ᄅᆞ다 (此公乃廣漢人也, 姓彭名羕, 字永年, 是蜀中之豪傑. 因言語毁謗劉璋, 被璋髠鉗爲徒隸, 因此髮短.) <삼국-가정 20:83>

【뎌-적】 명 저적. 접때. 지난번.¶ ▼昔 ‖ 뎌적의 대군을 긔산 긔곡의 둔ᄒᆞ여실 ᄈᆡ예 우리 군ᄉᆡ 적병도곤 만흐되 능히 덕국을 파티 못ᄒᆞ고 도로혀 패ᄒᆞ야 도라오니 (昔大軍屯于祁山、箕谷之時, 我兵多如賊兵, 而不能破賊, 反遭賊兵所破.) <삼국-가정 31:62> ▼昨日 ‖ 뎌적의 그ᄅᆞᆺ 졔갈량의 계규를 만나 몸을 굴형 가온대 ᄲᅡ디오고 노모를 ᄉᆞ렴ᄒᆞ매 ᄒᆞᄅᆞ 디내미 ᄒᆡ ᄀᆞᄐᆞᆫ더라 (昨日誤遭諸葛亮之計, 陷身於顚崖之中, 思念老母, 日久號啕.) <삼국-가정 32:13> ▼向 ‖ 뎌적의 옹쥐를 티다가 이긔디 못ᄒᆞ야 도라왓더니 이제 두 번 나가면 반ᄃᆞ시 쥰비ᄒᆞ미 이실 거시니 (向取雍州, 不克而還, 今若再出, 必有準備.) <삼국-가정 36:22> 뎌적의 이긔디 못ᄒᆞ야 도라오믄 다 군ᄉᆡ 더ᄃᆡ믈 인ᄒᆞ미라 병법의 닐오ᄃᆡ 그 ᄀᆞᆺ초디 아니ᄒᆞᆫ ᄃᆡ를 티고 그 ᄠᅳᆺᄒᆞ디 아닌 ᄃᆡ를 나가라 ᄒᆞ니 (向者不克而還, 皆因軍出甚遲也. 兵法云: '攻其無備, 出其不意.') <삼국-가정 36:84>

【뎌즈음-긔】 부 저즈음께. 전일(前日)에.¶ ▼向日 ‖ 뎌즈음긔 소비곳 아니런들 블셔 굴형의 업더뎌 주거시리니 몸이 엇디 쟝군 휘하의 니ᄅᆞ리오 (某向日若不得蘇飛, 則骨塡于溝壑矣, 安能致命于將軍麾下哉?) <삼국-가정 13:31>

【뎌즈음-ᄭᅴ】 부 저즈음께. 전일(前日)에.¶ ▼昨 ‖ 뎌즈음ᄭᅴ 챠뒤 뉴비를 해코져 호매 마디 못ᄒᆞ야 죽엿더니 (昨因車冑欲害劉備, 不容不誅.) <삼국-가정 8:34> ▼向者 ‖ 뎌즈음ᄭᅴ 이긔디 못ᄒᆞ고 도라야 도라오믄 강호병이 니ᄅᆞ디 아니ᄒᆞ미라 (向者不克而還, 盖因羌胡兵不至.) <삼국-가정 36:23>

【뎌ᄌᆞ음-긔】 부 저즈음께. 전일(前日)에.¶ ▼向者 ‖ 제 므슴 ᄭᅬ 이시리오 다만 겁ᄒᆞ미라 뎌ᄌᆞ음긔 ᄌᆞ로 패ᄒᆞ여시니 이제 엇디 감히 나오리오 (彼有何謀? 但怯敵耳. 向者數敗, 今安敢再出?) <삼국-가정 27:64>

【뎍국】 명 ((지리)) 적국(敵國).¶ ▼敵 ‖ 관위 영웅을 미더 ᄉᆞᄉᆞ로 혜오ᄃᆡ 뎍쉬 업다 ᄒᆞ니 반ᄃᆞ시 사ᄅᆞᆷ의게 패ᄒᆞ리라 병법의 닐오ᄃᆡ 뎍국을 업슈이너기ᄂᆞᆫ 쟈ᄂᆞᆫ 반ᄃᆞ시 망ᄒᆞᆫ다 ᄒᆞ니 그 써려 념녀ᄒᆞᄂᆞᆫ 쟈ᄂᆞᆫ 오직 쟝군이라 (關羽倚恃英雄, 自料無敵, 必敗於人. 兵法云: '欺敵者亡'. 所慮惟將軍也.) <삼국-가정 24:115>

【뎍노마】 명 ((동물)) 말이름. 적로(的盧). 據伯樂«相馬經»: "馬白額入口至齒者名曰楡雁, 一名的盧. 如乘客死, 主乘棄市, 凶馬也.¶ ▼的盧馬 ‖ 이 ᄆᆞᆯ이 눈 아래 눈믈 바들 거시 잇고 귀미틔 흰털이 나시니 일홈을 뎍노매라 ᄒᆞᄂᆞ니 ᄐᆞ면 님자의게 아쳐로오니 당회 이 ᄆᆞᆯ로 ᄒᆞ야 죽어시니 쥬공이 ᄐᆞ디 말라 (此馬眼下有淚槽, 額邊生白點, 名爲'的盧馬'也, 騎則妨主. 張虎爲此馬而亡. 主公不可乘之.) <삼국-가정 11:109>

【뎍누】 명 ((군사)) 적루(敵樓). 적대(敵臺). 성문 양옆에 외부로 돌출시켜 옹성과 성문을 적으로부터 지키는 네모꼴의 대(臺).¶ ▼敵樓 ‖ 고순의 병이 니ᄅᆞ거ᄂᆞᆯ 현덕이 뎍누 샹의 올라보니 무수ᄒᆞᆫ 군이 셩디를 둘러ᄡᆞᆺᄂᆞᆫ디라 (高順軍至, 玄德在敵樓上見雄兵猛將困住城池.) <삼국-가정 6:166> 조인이 뎍누 샹의 이셔 보니 위 휘개 아래 셔시되 다만 엄심갑만 닙고 프른 젼포를 메와다시니 방약무인ᄒᆞ더라 (曹仁在敵樓上見關公在麾盖之下, 身上止披掩心甲, 斜袒綠袍, 傍若無人, 欲催士卒打城.) <삼국-가정 24:96>

【뎍실-ᄒᆞ-】 형 적실(的實)하다. 분명(分明)하다. 틀림이 없이 확실하다.¶ ▼的實 ‖ ᄉᆞ마의 뎍실ᄒᆞᆫ 쇼식을 알고 졔쟝으로 ᄒᆞ여곰 인병ᄒᆞ여 알ᄑᆡ셔 ᄯᆞ오라 ᄒᆞ고 의 뒤흘 조차 나아가더니 (却說司馬懿問了的實, 遂令衆將引兵在前追赶, 懿隨後而來.) <삼국-가정 34:99>

【뎍이-】 동 적게 하다. 제기다. 소장(訴狀) 따위에 제사(題辭)를 적다.¶ ▼簽押 ‖ 통은 부ᄉᆞᆯ 잡아 뎍이고 슈례두며 입을 니ᄅᆞ며 귀로 드ᄅᆞ되 곡딕을 낫낫치 ᄀᆞᆯ히여 호리도 그ᄅᆞ디 아니킈 결ᄒᆞ니 (統執筆簽押, 口中發落, 耳內聽詞, 曲直分明, 幷無分毫差錯.) <삼국-가정 18:88>

【뎐렵-ᄒᆞ-】 동 전렵(畋獵)하다. 사냥하다.¶ ▼畋獵 ‖ 조상이 하안 등양으로 더브러 ᄆᆡ양 술먹고 심듕이 번뢰ᄒᆞ면 나가 뎐렵ᄒᆞ더니 그 아ᄋᆞ 조희 간왈 (却說曹爽嘗與何晏、鄧颺每日飮酒, 心中常出畋獵.) <삼국-가정 35:76> 이적의 조상이 아ᄋᆞ 조희 조훈 조언과 심복 하안 등양 뎡시 필궤 니승 등 일반 조아[엄니와 발톱ᄀᆞᆺ티 ᄂᆞᆯ란 뉘란 말이라]와 밋 어림군으로 더브러 다 유쥬 조방을 조차 셩의 나가 명뎨 묘의 뵈고 뎐렵ᄒᆞ려 ᄒᆞ더니 (却說司馬懿見曹爽同弟曹羲、曹訓、曹彦, 幷心腹何晏、鄧颺、丁謐、畢軌、李勝等一班牙爪及御林軍, 隨幼主曹芳出城, 謁明帝墓, 就去畋獵.) <삼국-가정 35:83>

【뎐령-ᄒᆞ-】 동 전령(傳令)하다.¶ ▼傳令 ‖ 공명이 그 말을 조차 즉시 뎐령ᄒᆞ여 ᄉᆞ면 군말ᄅᆞᆯ 각ᄀᆞ 니십 니ᄅᆞᆯ 물녀 ᄉᆡᄅᆞᆯ 세우니 (孔明從其言, 卽傳令, 敎四面軍馬各退二十里下寨.) <삼국-모종 15:56>

【뎐복-ᄒᆞ-】 동 전복(顚覆)하다.¶ ▼샤직이 눈상ᄒᆞ고 ᄉᆞ히 뎐복ᄒᆞᆯ가 크게 두려 쇼 등이 의병을 뫼화 ᄒᆞᆫ가지로 국난을 구ᄒᆞ려 ᄒᆞ니 (紹等懼社稷淪喪, 糾合義兵, 幷赴國難.) <삼국-가정 2:54>

【뎐셰】 명 전세(田稅). 논밭에 부과되는 조세.¶ ▼科稅 ‖ 허위 긔ᄌᆔ 잇슬 제 민간의 ᄌᆡ믈을 밧고 범남히 ᄌᆞ데로 ᄒᆞ여금 ᄇᆡᆨ셩의게 뎐셰 곡셕을 만히 바다 가졋거ᄂᆞᆯ 다 잡아다가 두고 져쥬니 승복ᄒᆞᆫ 토ᄉᆡ 명ᄇᆡᆨᄒᆞ다 ᄒᆞᆫᄃᆡ (後盡皆言許攸在冀州時取受民間財, 濫令子侄輩多科稅, 糧入己, 盡皆收下獄中鞫問.) <삼국-가정 10:72>

【뎜고-ᄒᆞ-】 동 점고(點考)하다. 명부에 일일이 점을 찍어 가며 수효를 조사하다.¶ ▼點 ‖ 몽이 ᄇᆡ샤ᄒᆞ고 삼만 군병을 뎜고ᄒᆞ고 경쾌ᄒᆞᆫ ᄇᆡ 팔십 쳑을 거ᄂᆞ려 ᄇᆡ 저을 사ᄅᆞᆷ은 다 흰 오ᄉᆞᆯ 닙펴 샹고의 ᄆᆡᆫᄃᆞ리ᄅᆞᆯ ᄒᆞ고 군ᄉᆞ란 ᄇᆡ하장 깁픈ᄃᆡ 곰초고 (蒙拜謝, 點兵三萬, 快船八十餘隻, 會水者皆穿白衣, 扮作商人, 却將精兵伏於𦩋𦪇船中.) <삼국-가정 24:125>

【뎜탕-ᄒᆞ-】 동 점탕(點湯)하다. 물 먹이란 말로 손님 쫓아 보내다.¶ ▼點湯 ‖ 현덕이 죵쟈ᄅᆞᆯ 블러 뎜탕[믈 먹이란 말이니 존긱은 차 밧ᄌᆞ오라 ᄒᆞ고 믜온 사ᄅᆞᆷ은 뎜탕ᄒᆞ라 ᄒᆞ면 쪼차 보ᄂᆡᄂᆞᆫ 뜻이라]ᄒᆞ라 ᄒᆞ니 (玄德喚從者點湯.) <삼국-가정 12:30>

【뎡녕-히】 부 정녕(叮嚀)히. 틀림없이. 꼭.¶ ▼叮嚀 ‖ 내 여러 번 뎡녕히 경계ᄒᆞ되 가뎡은 나의 근본이라 ᄒᆞ니 (吾累次叮嚀告誡: 街亭是吾根本.) <삼국-가정 31:52>

【뎡당-ᄒᆞ-】 형 정당(停當)하다. 합당하다.¶ ▼停當 ‖ 범ᄉᆞᄅᆞᆯ 샹의ᄒᆞ야 뎡당ᄒᆞᆫ 후의 ᄒᆡᆼᄒᆞ고 경이히 말라 (凡事商議停當而行, 不可輕易. 如所守無危, 則是取長安第一之功也.) <삼국-가정 31:10>

【뎡탈-ᄒᆞ-】 동 정탈(定奪)하다. 재결(裁決)하다. 결정(決定)하다.¶ ▼定奪 ‖ 곽쇼 날로 더브러 ᄀᆞ장 후ᄒᆞ더니 이제 병이 듕ᄒᆞ여시니 쟝군이 ᄲᆞᆯ리 가 딘창을 ᄃᆡ희라 내 ᄉᆞᄉᆞ로 표ᄅᆞᆯ 써 됴뎡의 신주ᄒᆞ야 각별이 뎡탈ᄒᆞ리라 (郃昭與我至厚, 今病重, 你可速去替他. 我自寫表申奏朝廷, 別行定奪.) <삼국-가정 32:53>

【뎡티】 명 정치(鼎峙). 세발솥의 발처럼 셋이 벌려서는 것.¶ ▼鼎峙 ‖ 텬되 삼십 년의 ᄒᆞᆫ 번 변ᄒᆞᄂᆞ니 엇디 ᄆᆞ양 뎡티[뎡족지셰란 말이라]되리오 (天道三十年一變, 豈得常爲鼎峙乎?) <삼국-가정 35:137>

【도】 명 ((건축)) 원형(圓形)의 곡식 창고.¶ ▼囷 ‖ 냥식이 업셔 도으믈 구ᄒᆞᆫᄃᆡ 그 집의 ᄊᆞᆯ을 두 도의 두어시니 각 삼천 셕이라 유의 말을 듯고 즉시 ᄒᆞᆫ 균을 쥬더이다 (因無糧食, 往求稍助. 其家有兩囷穀米, 各三千斛, 見瑜言, 卽指一囷與之.) <삼국-가정 10:52>

【도】 부 또.¶ ▼又 ‖ ᄎᆞ일의 위연 도 가 ᄉᆡ을 셔우니 만병 쵸탐ᄒᆞ고 또 물을 거너와 사호거ᄂᆞᆯ 연이 나 마ᄃᆞ가 슈합이 못ᄒᆞ야 또 픠쥬ᄒᆞ니 (次日, 魏延又去立了營寨, 蠻兵哨得, 又有衆軍渡過河來戰, 延出迎之, 不數合, 延敗走.) <삼국-모종 15:17>

【-도곤】 조 -보다. 비교를 나타내는 부사격 조사.¶ ▼于 ‖ 조비 위왕이 된 후로 범녕이 더옥 새로워 한뎨 핍박ᄒᆞ기ᄅᆞᆯ 그 아비도곤 심히 ᄒᆞ더라 (曹丕自卽魏王之位, 法令一新, 威逼漢帝, 甚于其父.) <삼국-가정 25:119> 폐해 덕이 업고 복이 업시셔 대위예 거ᄒᆞ니 잔폭ᄒᆞᆫ 님금도곤 심ᄒᆞ도다 (陛下無德無福, 而居大位, 甚于殘暴之君也!) <삼국-가정 26:32> ▼勝 ‖ 온 셩듕의 블이 니러 낫ᄀᆞ티 ᄇᆞᆯᄀᆞ니 이 블은 박망쇼 둔ᄒᆞ던 블도곤 더 거룩ᄒᆞ더라 (滿縣火起, 上下通紅. 當夜之火, 又勝博望燒屯之火.) <삼국-가정 13:98> 강능은 형ᄌᆔ 요긴ᄒᆞᆫ 싸히라 젼량이 만히 이시니 강능을 ᄎᆔᄒᆞ야 집을 삼으면 양ᄋᆞ 어듬도곤 나으리라 (江陵乃荊州緊要錢糧之地, 不如先取江陵爲家, 勝襄陽多矣!) <삼국-가정 13:111> 오후의 누의ᄂᆞᆫ 비록 녀ᄌᆞ의 몸이나 뜻이 ᄉᆞ나히도곤 나은디라 (孫將軍之妹, 身雖女子, 志勝男兒.) <삼국-가정 17:90> 오ᄂᆞᆯ밤의 분병ᄒᆞ야 겁채ᄒᆞ면 ᄇᆡᆨ일의 ᄉᆡ살ᄒᆞᄂᆞ니도곤 나으리이다 (今日夜間分兵劫寨, 勝如白日厮殺.) <삼국-가정 21:4> 쳠하의 의지ᄒᆞ야 빗최고 글 닑으니 빗치 밀도록 낫고 돌흘 ᄡᅳ리티고 노겨 마시니 심믈도곤 낫도다 (倚檐映讀光逾蠟, 掃石烹嘗味勝泉.) 만일 뉴표를 어드면 뉴벽도곤 나으리라 (若得劉表, 勝劉辟多矣.) <삼국-가정 10:7> ▼如 ‖ 내게 ᄒᆞᆫ 쇠 이시니 수십만 병도곤 나은디라 죄 비록 ᄂᆞᆯ라나 엇디 ᄃᆞ라나리오 (某有一計, 勝如二十萬兵. 布雖勇, 不能逃也.) <삼국-가정 7:48> ᄇᆡ마다 살이 ᄉᆞ오천이나 박혀시니 강동 반분지녁도 허비티 아니ᄒᆞ고 십여 만 젼을 어더시니 일로 도로혀 븍군을 쏘면 ᄉᆞᄉᆞ로 힘드려 ᄆᆡᆫᄃᆞ니도곤 아니 나으랴 (每船上箭, 可夠四五千矣. 不費江東半分之力, 已得十數萬箭. 明日却將來射北軍, 强如自己用工造作.) <삼국-가정 15:73> 뎌적의 대군을 긔산 긔곡의 둔ᄒᆞ여실 ᄢᅢ예 우리 군ᄉᆡ 적병도곤 만흐되 능히 뎍국을 파티 못ᄒᆞ고 도로혀 패ᄒᆞ야 도라오니 (昔大軍屯于祁山、箕谷之時, 我兵多如賊兵, 而不能破賊, 反遭賊兵所破.) <삼국-가정 31:62> ▼조ᄌᆞᄅᆞᆯ 잡으면 샹쟝 일천을 죽이ᄂᆞ니도곤 나으더라 (拿住曹操, 抵一千員上將!) <삼국-가정 22:16>

【도다지】 명 ((동물)) 돼지.¶ ▼猪 ‖ ᄆᆞ올 사ᄅᆞᆷ이 ᄒᆞᆫ 도다지ᄅᆞᆯ 일코 졀의 집 돗티 ᄀᆞᆺ다 ᄒᆞ고 와 ᄎᆞᆺ거ᄂᆞᆯ 졀이 ᄃᆞ토디 아니ᄒᆞ고 주어 보내엿더니 (有隣人失去一猪, 與節家猪相類, 登門認之, 節不與爭, 使驅之去.) <삼국-가정 1:41>

【도도-】 동 ❶ 돋우다. 밑을 괴거나 쌓아 올려 도드라지거나 높아지게 하다.¶ ▼高 ‖ 벼개ᄅᆞᆯ 도도고 시름 말라 만일 븍병이 침노ᄒᆞ미 이시면 황숙이 ᄌᆞ연이 믈리티리라 (敎高枕無憂, 若但有北兵侵犯, 皇叔自有退兵之策.)

<삼국-가정 18:107> ❷ 싸홈을 돋구다.¶ ▼搦 ‖ 이튼날 하후돈을 션봉을 ᄒᆞ야 군ᄉᆞ 오쳔을 거ᄂᆞ려 하비예 와 싸홈을 도ᄌᆞ니 (次日, 夏侯惇爲先鋒, 領兵五千, 徑來下邳搦關公戰.) <삼국-가정 9:2> 명일 하후돈니 오쳔군을 거ᄂᆞ리고 싸홈을 도ᄌᆞ니 관공이 나지 아니ᄒᆞ거ᄂᆞᆯ (次日, 夏侯惇爲先鋒, 領兵五千來搦戰. 關公不出.) <삼국-국중 6:2> 명일 하후돈니 오쳔 군을 거ᄂᆞ리고 싸홈을 도ᄌᆞ니 관공이 나지 아니ᄒᆞ거ᄂᆞᆯ (次日, 夏侯惇爲先鋒, 領兵五千來搦戰. 關公不出.) <삼국-국중 6:2>

【도도-ᄒᆞ-】 동 돋구다.¶ ▼罵 ‖ 녕이 경ᄎᆞᆼ출마ᄒᆞ야 진젼의셔 ᄊᆞ홈 도ᄃᆞᄒᆞ거ᄂᆞᆯ 운즁이 ᄃᆡ로ᄒᆞ여 말을 달니고 칼을 춤추고 바로 냥녕을 취ᄒᆞ니 (楊齡挺鎗出馬, 立於陣前罵戰, 雲長大怒, 更不打話, 飛馬舞刀, 直取楊齡.) <삼국-모종 9:22>

【도독】 명 ((관직)) 도독(都督). 큰 부대의 지휘관. 또는 몇 개 주의 군사통수권을 맡은 관직의 하나.¶ ▼都督 ‖ 강븍 ᄇᆡᆨ만지듕이 범이 웅거ᄒᆞ며 고ᄅᆡ 삼키듯 ᄒᆞ거늘 이ᄯᅢ예 도독이 이러ᄒᆞ니 만일 조병이 오면 엇지ᄒᆞ리오 (江北百萬之衆, 虎踞鯨吞. 不爭都督如此, 倘若曹兵一至, 如之奈何?) <삼국-가정 16:24> 도독[웃듬쟝슈라]은 ᄆᆞᄋᆞᆷ이 믄허디며 담이 ᄆᆡ여디고 쟝군[모ᄃᆞᆫ 쟝슈라]은 쥐 숨으며 ᄉᆡ랑이 ᄃᆞ라남 ᄀᆞᄐᆞ니 관듕의 부로ᄅᆞᆯ 볼 ᄂᆞ치 업ᄉᆞᆫ디라 엇디 샹부의 묘당의 도라가리오 (都督心崩而膽裂, 將軍鼠竄而狼忙, 無顔見關中之父老, 何面歸相府之廟堂!) <삼국-가정 33:26>

【도독-ᄒᆞ-】 동 도둑하다.¶ ▼偸 ‖ 초션이 창하의 닐어나 머리를 빗다가 홀연이 보니 창밧 못가의 ᄒᆞᆫ ᄉᆞ람이 빗최니 그림ᄌᆡ 극히 댱ᄃᆡᄒᆞ고 머리의 속발관을 ᄡᅧᆺᄂᆞᆫ지라 눈을 도독ᄒᆞ여 보니 뎡히 녀포라 (時貂蟬起於窗下梳頭, 忽見窗外池中照一人影, 極長大, 頭戴束髮冠, 偸眼視之, 正是呂布.) <삼국-모종 2:12>

【도두】 명 ((기물)) 조두(刁斗). 군대에서 야경을 돌 때에 치는 바라.¶ ▼刁斗 ‖ 이 ᄣᅢ 졍히 팔월 반간이라 이 밤의 은해 경ᄌᆞᄒᆞ고 츄뢰 녕ᄌᆞᄒᆞ며 졍긔 움즉이디 아니ᄒᆞ고 도둬 소ᄅᆡ 업더라 (時値八月半間, 是夜銀河耿耿, 玉露零零, 旌旗不動, 刁斗無聲.) <삼국-가정 34:61>

【도두-】 동 돋우다. 성이 나게 하다. 감정이나 기색 따위가 생겨나게 하다.¶ ▼搦 ‖ 현덕이 장비로 ᄊᆞ오기를 도두나 조병이 아니나거ᄂᆞᆯ 헌[현]덕이 ᄋᆞ심ᄒᆞ더니 (玄德再使張飛搦戰, 操兵亦不出, 玄德愈疑.) <삼국-모종 5:70>

【도득-ᄒᆞ-】 동 도득(圖得)하다. 꾀하여 얻다. 또는 얻으려고 꾀하다.¶ ▼盜 ‖ 쥬공은 명일의 가히 제를 청ᄒᆞ여 술을 먹기여 ᄒᆞ여곰 이 취ᄒᆞ여 도라가게 ᄒᆞ면 그ᄯᅴ예 ᄂᆡ 저를 ᄯᅡ라 군ᄉᆞ의 석기여 가마니 장즁의 드러가 그 창을 도득ᄒᆞ면 족히 두려올쎄 업씨리라 (主公明日可請他來吃酒, 使盡醉而歸, 那時某便溷入他跟來軍士數內, 偸入帳房, 先盜其戟, 此人不足畏矣.) <삼국-모종 3:39>

【도량】 명 ((지리)) 도랑.¶ ▼溝 ‖ 관도 창정의 ᄑᆡ를 보고 군심이 ᄯᅥᆯ치지 못ᄒᆞ니 급히 도량을 치고 진을 놉피 ᄒᆞ여 군마를 기라기 맛당타 (舊歲官渡、倉亭之敗, 軍心未振, 尙當深溝高壘, 以養軍民之力.) <삼국-모종> 뎡건니 수[유]장을 권ᄒᆞ여 들곡석과 각처 곳집을 ᄐᆡ우고 파서 ᄇᆡᆨ성을 거나려 부수 서의 피ᄒᆞ여 깁피 도량 ᄒᆞ고 놉피 진처 안이 싸운다 (鄭度勸劉璋盡燒野穀, 幷各處倉廩, 率巴西之民, 避於涪水西, 深溝高壘而不戰.) <삼국-모종 11:15>

【도로여】 부 도리어. 예상이나 기대 또는 일반적인 생각과는 반대되거나 다르게.¶ ▼到 ‖ 도로여 아모 실속 읍고 (倒無分.) <삼국-어람 108b>

【도로티-】 동 돌이키다. 돌아서다.¶ ▼倒轉 ‖ 이러 굴 ᄉᆞ이예 녀푀 볼셔 ᄆᆞᆯ을 잇그러 왓고 조의 환도ᄂᆞᆫ 갑플에 ᄲᅡ혓ᄂᆞᆫ디라 즉시 환도 집을 도로티며 (呂布已牽馬在閣外, 操刀已出鞘, 就倒轉刀靶.) <삼국-가정 2:26> ▼閃 ‖ 녀푀 창을 드러 막ᄌᆞᄅᆞᆯ 뎡티 못ᄒᆞ야 현덕의 ᄂᆞᆺ출 ᄇᆞ라고 디ᄅᆞ려 ᄒᆞ거ᄂᆞᆯ 현덕이 급히 도로틴대 녀푀 단 ᄒᆞᆫ 모흘 헤티고 화극을 것구로 ᄭᅳᄋᆞ고 ᄃᆞ라나거ᄂᆞᆯ (呂布架隔遮攔不定, 看着玄德面相刺一戟. 玄德急閃. 呂布蕩開陣角, 倒拖畵戟, 飛馬便走. 三個那裏肯舍, 拍馬趕來.) <삼국-가정 2:89>

【도로-혀-】 동 돌리다. 돌이키다. 원래의 상태로 돌아가게 하다.¶ ▼班 ‖ 대긔 브러디미 병가긔 큰 금긔라 아직 잠싼 군ᄉᆞᄅᆞᆯ 도로혈 거시라 (中軍'帥'字旗竿被風吹折, 于軍不利也, 可暫班師.) <삼국-가정 3:43> ▼回 ‖ 좌우 함[감]ᄐᆡᆨ을 가져 나려가거ᄂᆞᆯ ᄐᆡᆨ이 얼골을 변치 아니ᄒᆞ고 앙천ᄃᆡ쇼ᄒᆞ난지라 죄 ᄒᆞ여곰 ᄭᅳ어 도로혀고 (左右將闞澤簇下, 澤面不改容, 仰天大笑, 操敎牽回.) <삼국-모종 8:17>

【도로혀-티-】 동 돌이키다.¶ ▼閃 ‖ 녀포 창을 들러 막ᄌᆞ로믈 뎡티 못ᄒᆞ야 현덕의 ᄂᆞᆺ출 ᄇᆞ라고 디르려 ᄒᆞ거ᄂᆞᆯ 현덕이 급히 도로혀틴대 (呂布架隔遮攔不定, 看着玄德面相刺一戟. 玄德急閃.) <삼국-가정 규장 2:37>

【도로-히-】 동 돌이키다.¶ ▼斡旋 ‖ 장군니 공명으로 ᄒᆞ여곰 쳔디를 도로히고 건곤을 보쳘ᄒᆞᆯ디라도 한갓 심녁만 허비ᄒᆞ리니 (將軍欲使孔明斡旋天地, 補綴乾坤, 恐不易爲, 徒費心力耳.) <삼국-국중 8:10>

【도롱용】 명 ((동물)) 도룡뇽.¶ ▼虯 ‖ 죄 ᄃᆡ로ᄒᆞ여 감을 거두워 옥에 나리오고 물우니 담니 범의 눈을 부릅ᄯᅳ고 도롱용 수염을 거ᄉᆞ리고 크게 ᄭᅮ지저 왈 됴ᄌᆞ난 긔군간적니라 ᄒᆞ니 (操大怒, 收琰下獄問之, 琰虎目虯髯, 只是大罵: "曹操欺君奸賊.") <삼국-모종 11:77>

【도망-ᄒᆞ-】 동 도망(逃亡)하다. 피하거나 쫓기어 달아나다.¶ ▼逃 ‖ ᄉᆞ군이 연셕으로셔 도망ᄒᆞ야 가니 아ᄆᆞ드러 간 줄 아디 못ᄒᆞ노라 (使君逃席, 不知何往.) <삼국-가정 12:11> ▼逃竄 ‖ 디난 고ᄋᆞᆯ들흘 다 블디ᄅᆞ고 사ᄅᆞᆷ을 겁냑ᄒᆞ니 관원들이 ᄇᆞ람을 ᄇᆞ라고 도망ᄒᆞ야 숨더라 (逢州遇縣放火劫人, 所在官吏望風逃竄.) <삼국-가정 1:17>

【도모지】 뮈 도무지. 모두.¶ ▼都 ‖ 원쇼와 조ᄌᆞ 무리를 도모지 막아 궁문 밧게 머무르고 하진이 앙연이 드러가 가덕문의 니르니 (將袁紹、曹操等都阻住宮門外, 何進昂然直入. 至嘉德殿門.) <삼국-모종 1:40> 오형이 갈 ᄯᅢ예 날을 분부ᄒᆞᄃᆡ 적이 음쥬ᄒᆞ여 일을 그릇치지 말나 ᄒᆞ니 듕관니 오날은 ᄒᆞᆫ 번 취ᄒᆞ고 명일은 도모지 각각 ᄉᆞᆯ을 경셰ᄒᆞ여 날을 도아 셩을 직히ᄅᆞ (我兄臨去時, 分付我少飮酒, 恐致失事, 衆官今日盡此一醉, 明日都各戒, 酒幇我守城.) <삼국-모종 2:129> ▼只管 ‖ 도모지 큰 길을 뒤더퍼 간단 말 (只管望大路趲行.) <삼국-어람 108b>

【도아지】 명 ((동물)) 돼지.¶ ▼豬 ‖ 삼팔둉횡은 니 건안 니십ᄉᆞ연니요 누른 도아지 범만난 거난 니 기히연니요 정군남은 ᄌᆞ 정군산 남니ᄌᆞ ᄒᆞᆫ 수뇩 썩그멀 실허ᄒᆞ여 동긔 갓더라 ('三八縱橫', 乃建安二十四年也, '黃豬遇虎', 乃歲在己亥正月也, '定軍之南', 乃定軍山之南也, 傷折一股, 乃淵與操有兄弟之情也.) <삼국-모종 12:27>

【도야지】 명 ((동물)) 돼지. 멧돼짓과의 포유동물. 몸무게는 200-250kg이며, 다리와 꼬리가 짧고 주둥이가 삐죽하다. 잡식성으로 온순하며 건강하다.¶ ▼豬 ‖ 중장으로 도야지와 양의 피을 가저 발나 성남 교장에 압숑ᄒᆞ고 뫼 스ᄉᆞ로 오ᄇᆡᆨ 갑병을 ᄭᅳ어 에워ᄊᆞ고 다 버힌니 (操令衆將, 將豬羊血潑之, 押送城南教場, 曹操親引甲兵五百人圍住, 盡皆斬之.) <삼국-모종 11:84>

【도예】 명 ((인류)) 도예(徒隸). 복역중인 죄수. 또는 천역(賤役)에 종사하는 사람.¶ ▼徒隸 ‖ 직언을 표ᄒᆞ여 류장을 간ᄒᆞᄆᆡ 장이 불열ᄒᆞ여 죄를 더ᄒᆞ여 머리를 버혀 도예를 민드니 일노 인ᄒᆞ여 터럭이 ᄌᆞ르다 (<彭羕>因直言觸忤劉璋, 被璋髡鉗爲徒隸, 因此短髮.) <삼국-국중 11:96>

【도원】 명 ((지리)) 도원(桃源). 복사꽃이 만발한 동산. 유비(劉備), 관우(關羽), 장비(張飛)가 도원에서 의형제를 맺음.¶ ▼桃園 ‖ 괴 관당으로 더브러 도원의셔 결의ᄒᆞᆯ 제 ᄒᆞᆷᄭᅴ 죽으므로 ᄆᆡᆼ셰ᄒᆞ엿더니 이제 운댱이 볼셔 주거시니 내 엇디 홀로 부귀ᄅᆞᆯ 누리리오 만일 ᄒᆞᆫ을 싯디 아니ᄒᆞ면 이 ᄆᆡᆼ셰ᄅᆞᆯ 지어ᄇᆞ리미라 (孤與關、張二弟在桃園結義時, 誓同生死. 今雲長已亡, 孤豈能獨享富貴乎? 若不雪恨, 乃負當日之盟也!) <삼국-가정 25:76>

【도읍-】 동 «돕다» 돕다.¶ ▼助 ‖ 임의 도읍지 아니ᄒᆞᆯ진ᄃᆡ 엇지ᄒᆞ여 ᄌᆞ긔 일으럿ᄂᆞ뇨 (既不助我, 來此何幹?) <삼국-국중 6:4>

【도읨】 명 도움.¶ ▼輔 ‖ 됴죄 군ᄉᆞᄅᆞᆯ 도로혀니 죠인니 영졉하여 왈 여포의 셰 크고 ᄯᅩ 진궁의 도의미 이셔 연쥬 복앵을 임의 일코 견셩 동아 범현 세 곳을 슌욱 정보[욱]의 게교ᄅᆞᆯ 협[힘]입어 셩곽을 직히엿ᄃᆞ ᄒᆞ니 (曹操回軍, 曹仁接著, 言: "呂布勢大, 更有陳宮爲輔, 兗州、濮陽已失, 其鄄城、東阿、范縣三處, 賴荀彧、程昱二人設計相連, 死守城郭.") <삼국-모종 2:68>

【도이-】[1] 동 되다[爲].¶ ▼爲 ‖ 그 후의 쵸장왕이 진나라 군ᄉᆞ의게 곤ᄒᆞᆫ ᄇᆡ 도엿더니 장웅이 졀영ᄒᆞᆫ 음덕을 ᄉᆡᆼ각ᄒᆞ여 그 위틱ᄒᆞ믈 죽기로쎠 구ᄒᆞ엿ᄂᆞ니 (後爲秦兵所困, 得其死力相救.) <삼국-국중 2:92> ᄉᆡᆼ각건ᄃᆡ ᄉᆞᄉᆞ로 동탁을 치고 황건을 쇼멸ᄒᆞ므로븟터 원슐을 졔ᄒᆞ고 녀포를 파ᄒᆞ고 원쇼를 멸ᄒᆞ고 류표를 졍ᄒᆞᄆᆡ 드ᄃᆡ여 천하를 졍ᄒᆞ고 몸이 지상이 도엿시니 인신니 귀ᄒᆞ미 님의 극진ᄒᆞᆫ지라 (念自討董卓、剿黃巾以來, 除袁術、破布、滅袁紹、定劉表遂平天下, 身爲宰相, 人臣之已極, 又復何望哉?) <삼국-국중 10:98> ▼被 ‖ 나의 형이 무죄이 조적의게 죽은 ᄇᆡ 도엿ᄂᆞᆫ지라 (吾兄無罪, 被操賊所殺.) <삼국-국중 9:63>

【도이-】[2] 동 돌리다.¶ ▼回 ‖ 원ᄅᆡ 마초 장비을 엇지 못ᄒᆞ고 한 게교을 ᄂᆡ여 거즛 ᄑᆡᄒᆞ여 장비 쇽게 좃ᄎᆞ오게 ᄒᆞ고 가만니 구리쇠 방마치을 ᄭᅳ어 몸을 도여 ᄶᅡ르고저 ᄒᆞ니 (原來馬超見贏不得張飛, 心生一計, 詐敗佯輸, 賺張飛趕來, 暗掣銅鎚在手, 紐回身覷著張飛便打來.) <삼국-모종 11:21>

【-도이】 접 (일부 명사 뒤에 붙어) '-답게', '-되게', '-스레'의 뜻을 더하고 부사를 만드는 접미사.¶ ▼녀푀 보검 ᄒᆞ나흘 미튝을 주며 닐오ᄃᆡ 잡도이 문의 오ᄂᆞ니 잇거든 참ᄒᆞ라 (呂布賜竺寶劍一口, 但登門者, 卽斬之.) <삼국-가정 7:5>

【도장】 명 ((주거)) 규방(閨房). 부녀자가 거처하는 방. 안방.¶ ▼閨 ‖ 쳡이 깁픈 도장의 이셔 쟝군의 일홈 듯기ᄅᆞᆯ 우레 귀예 들리ᄃᆺ ᄒᆞ니 ᄡᅧ곰 너기되 당금의 ᄒᆞᆫ 사ᄅᆞᆷ ᄲᅮᆫ인가 ᄒᆞ엿더니 뉘 도로혀 다ᄅᆞᆫ 사ᄅᆞᆷ의 졔어ᄒᆞ이믈 바ᄃᆞᆯ 줄을 알리오 (妾在深閨, 聞將軍之名, 如轟雷灌耳. 以爲當世一人而已. 誰想反受他人之制乎!) <삼국-가정 3:95>

【도적-놈】 명 ((인류)) 남의 물건을 훔치거나 빼앗는 따위의 나쁜 짓을 하는 사람. 도둑놈.¶ ▼賊 ‖ 쥐 ᄀᆞᄐᆞᆫ 도적놈아 칼 ᄭᅳ으ᄂᆞᆫ 계규ᄅᆞᆯ ᄡᅳ고져 ᄒᆞᄂᆞ냐 내 엇디 두리리오 (鼠賊欲使拖刀計, 吾豈懼哉!) <삼국-가정 24:75>

【도적질-ᄒᆞ-】 동 도적(盜賊)질하다. 남의 물건을 훔치거나 빼앗다.¶ ▼寇 ‖ 오왕 손권이 오라디 아니ᄒᆞ야셔 반ᄃᆞ시 존호ᄅᆞᆯ 춤칭ᄒᆞ고 폐해 졍벌ᄒᆞ실가 두려 몬져 드러와 도적질ᄒᆞ리니 신이 기ᄃᆞ려 막아 폐하의 근심을 덜고져 ᄒᆞ노이다 (吳王不久必僭稱尊號; 如稱尊號, 恐陛下伐之, 定然先入寇也, 臣故待之. 陛下免憂.) <삼국-가정 32:24> 이제 공명이 지조와 디혜ᄅᆞᆯ 밋고 텬도ᄅᆞᆯ 거ᄉᆞ려 ᄯᅩ 드러와 도적질ᄒᆞ니 이ᄂᆞᆫ ᄉᆞᄉᆞ로 주그믈 취ᄒᆞ미라 (今諸葛亮負才智, 逆天道, 又來入寇, 乃自覓死也.) <삼국-가정 33:102>

【도지】 뮈 도시(都是). '도시'의 속음.¶ ▼都是 ‖ 현덕니 ᄃᆡ희ᄒᆞ여 산전산후에 험한 길을 보고 흔연니 공명다려 왈 ᄌᆞ룡의 ᄒᆞᆫ 몸니 도지 담니라 ᄒᆞ더라 (玄德大喜, 看了山前山後險峻之路, 欣然謂孔明曰: "子龍一身都是膽也.") <삼국-모종 12:34>

【도춤】 명 도참(圖讖). 미래의 길흉에 관하여 예언하는 술법이나, 또는 그러한 내용이 적힌 책.¶ ▼圖讖 ‖ 위국 건샹은 하ᄂᆞᆯ과 ᄯᅡ히 다ᄃᆞ시 셩ᄒᆞ여시니 말로 다 알외디 못ᄒᆞᆯ소이다 ᄒᆞ믈며 우흐로 도츰의 응ᄒᆞ여시니 (魏國乾象, 極天際地, 言之難盡. 更兼上應圖讖.) <삼국-가정 26:26>

【도치】 명 ((기물)) 도끼. 나무를 찍거나 패는 데 쓰는 도구.¶ ▼斧 ‖ ᄒᆞᆫ 쟝슈 손의 큰 도치ᄅᆞᆯ 들고 ᄆᆞᆯ을 도로혀 최용의게 나아가 ᄒᆞᆫ 합이 못ᄒᆞ야 용을 버혀 ᄆᆞᆯ 아래 ᄂᆞ리티고 군듕의 ᄃᆞᆯ려드러 무수히 죽티니 (一將手執大斧, 飛驟驊騮, 直取崔勇. 兩馬相交, 只一合, 斬崔勇於馬下. 殺入軍中, 砍死無數.) <삼국-가정 5:38> 죄 대희ᄒᆞ여 즉시 공쟝을 보내여 버히라 ᄒᆞ니 톱으로 혀도 드디 아니ᄒᆞ고 도치로 버혀도 드디 아닛ᄂᆞᆫ다 ᄒᆞ거ᄂᆞᆯ (操大喜. 即令人工砍伐, 鋸解不開, 斧砍不入.) <삼국-가정 25:81> 내 ᄒᆞᆫ 법이 이시니 몬져 마폐탕을 ᄡᅳᆫ 후의 드ᄂᆞᆫ 도치로 ᄃᆡ골 뒤흘 죠곰 ᄣᆡ리고 ᄇᆞᄅᆞᆷ독을 내면 이 병이 즉시 ᄒᆞ리고 다시 나디 아니ᄒᆞ리이다 (某有一法: 先砍'麻肺湯', 然後用利斧砍開腦袋, 取出風涎, 此病可以除根.) <삼국-가정 25:88> 믄득 일표 만병이 니ᄅᆞ니 사ᄅᆞᆷ마다 머리ᄅᆞᆯ 플고 발을 벗고 혹 궁노도 쏘며 혹 댱창도 가져시며 혹 방패도 들고 도치도 가져시며 (一彪蠻兵驟至, 人皆披髮跣足, 或使弓弩長槍, 旁牌刀斧.) <삼국-가정 27:31> ▼鈇鉞 ‖ 칠왈 부월이니 부월[부월은 도치 ᄀᆞᄐᆞᆫ 거시라]각 ᄒᆞ나흘 위의예 셰오미라 (七, 鈇鉞. 鈇, 音甫. 鈇鉞各一. □, 即斧也. 鉞, 斧屬.) <삼국-가정 20:29> ▼舞刀 ‖ 말을 맛지 못ᄒᆞ여 허재 ᄉᆞᄇᆡᆨ 근 도치ᄅᆞᆯ 들고 ᄂᆡ다라 혼젼ᄒᆞ여 ᄇᆡᆨ여 합의 불분승뷔라 (言未絶, 許褚拍馬舞刀而出. 馬超挺鎗接戰. 鬪了一百餘合, 勝負不分.) <삼국-국중 11:21>

【도텬-ᄒᆞ-】 동 도천(滔天)하다. 큰물이 하늘에까지 차서 넘치다는 뜻으로, 악행 등이 극심하다.¶ ▼滔天 ‖ 이제 조죄 흉포잔잉ᄒᆞ야 국모ᄅᆞᆯ 살육ᄒᆞ고 대악이 도텬ᄒᆞ더니[하ᄂᆞᆯ히 다탓 말이라](今曹操阻兵殘忍, 戮殺主后, 滔天滅夏, 罔顧天顯.) <삼국-가정 26:59>

【도트-】 동 다투다.¶ ▼爭 ‖ ᄂᆡ 유쟝으로 더부러 서천을 도트니 나난 너로 더부려 보수ᄒᆞ미라 가히 니간ᄒᆞ난 말을 청신치 안닐 거신니 일니 정ᄒᆞᆫ 후에 너로 한 영왕을 삼으리라 (吾與劉璋爭西川, 是與汝報讎, 不可聽信離間之語, 事定之後, 保汝爲漢寧王.) <삼국-모종 11:22>

【도현지급】 명 도현지급(倒懸之急). 거꾸로 매달린 위급함. 절박한 고난.¶ ▼倒懸 ‖ 샤직이 누란[알흘 포집단 말이라]의 위ᄐᆡᄒᆞ미 잇고 싱녕이 도현지급[것구로 ᄃᆞᆯ리단 말이라]이 잇거ᄂᆞᆯ (社稷有壘卵之危, 生靈有倒懸之急.) <삼국-가정 30:65>

【도형】 명 도형(圖形).¶ ▼圖本 ‖ 폐해 엇디 각 채 이영ᄒᆞᆫ 도형을 그려 승샹ᄃᆞ려 믓디 아니ᄒᆞ시ᄂᆞ니잇고 (陛下何不將各營移居之地, 畫成圖本, 問於丞相, 可乎?) <삼국-가정 27:66> 경이 ᄉᆞᄉᆞ로 가 각 영 도형을 그려 동쳔의 드러가 승샹ᄃᆞ려 무ᄅᆞ라 만일 블편타 ᄒᆞ거든 급히 와 보ᄒᆞ라 (卿可自去各營, 畫成四至八道圖本, 親到漢中去問丞相.如有不便, 可急來報知.) <삼국-가정 27:67> ▼圖像 ‖ 죄 월을 블러 건시던 도형을 ᄒᆞ라 ᄒᆞᆫ대 월이 아홉 간 큰 뎐을 그리고 젼후의 낭무ᄅᆞᆯ ᄀᆞ초니 (操命召入, 令畫圖像. 蘇越畫成九間大殿, 前後廊廡.) <삼국-가정 25:80>

【독긔】 명 ((기물)) 도끼. 나무를 찍거나 패는 데 쓰는 도구.¶ ▼斧 ‖ 정희 힝ᄒᆞᄂᆞᆫ ᄉᆞ이에 산파 하에 양지군니 당츌ᄒᆞ니 이 하후돈의 부댱 종신 종진 두 ᄉᆞᄅᆞᆷ이ᄅᆞ 일ᄀᆡᄂᆞᆫ 큰 독긔ᄅᆞᆯ 부리고 일ᄀᆡᄂᆞᆫ 창을 부리ᄂᆞᆫ지라 (正行間, 山坡下又撞出兩枝軍, 乃夏侯惇部將鍾縉、鍾紳兄弟二人, 一個使大斧, 一個使畫戟.) <삼국-모종 7:63>

【독기】 명 ((기물)) 도끼. 나무를 찍거나 패는 데 쓰는 도구.¶ ▼斧 ‖ 한 장슈 숀의 큰 독기ᄅᆞᆯ 들고 화류말을 달여 바로 쳐 용을 취ᄒᆞ여 다만 한합의 쳐 용을 마하의 버히거날 (一將手執大斧, 飛驟驊騮, 直取崔勇, 兩馬相交, 只一合, 斬崔勇於馬下.) <삼국-모종 2:103> 니리 급피 와 큰 독기을 둘너 장포의 뇌두을 씩더니 홀연 불근 빗치 번듯ᄒᆞᆫ 곳에 니리의 머리 뚝 썰어지니 (李異急向前掄起大斧, 望張苞腦袋便砍, 忽一道紅光閃處, 李異頭早落地.) <삼국-모종 13:75>

【돈식-ᄒᆞ-】 동 돈식(頓息)하다. 갑자기 멈추다.¶ ▼頓息 ‖ ᄎᆞ일의 죵회 졔젼을 ᄆᆞᆺ츄어 ᄐᆡ뢰로 묘젼의 가 지ᄇᆡ치 졔ᄒᆞ여 졔필의 광풍이 돈식ᄒᆞ고 수운니 스러지며 세위 분〻ᄒᆞ여 (祭畢, 狂風頓息, 愁雲四散. 忽然清風習習, 細雨紛紛.) <삼국-국중 17:77>

【돌격-ᄒᆞ-】 동 돌격(突擊)하다. 갑자기 냅다 치다.¶ ▼突入 ‖ ᄎᆡᆨ이 공경ᄒᆞ여 교위 사마 션봉을 지어 셜예ᄅᆞᆯ 치니 무 십수 긔ᄅᆞᆯ ᄡᅳ어 돌격ᄒᆞ여 머리 오십여 급을 버히니 셜예 진문을 닷고 감히 나지 못ᄒᆞ더라 (策甚敬愛之, 拜爲校尉, 使作先鋒, 攻薛禮, 武引十數騎突入陣去, 斬首級五十餘顆, 薛禮閉門不敢出.) <삼국-모종 3:13>

【돌겍-ᄒᆞ-】 동 돌격(突擊)하다. 갑자기 냅다 치다.¶ ▼突 ‖ ᄇᆡ후에 ᄒᆞ후연니 돌겍ᄒᆞ여 나와 진식을 ᄉᆞ로잡아 식예 도라가고 부ᄃᆞᆯ리 다 항복ᄒᆞ난지라 (背後夏侯淵引兵突出, 陣式不能抵當, 被夏侯淵生擒回寨, 部卒多降.) <삼국-모종 12:23>

【돌-덩이】 명 돌덩이.¶ ▼石 ‖ 부친이 삼십년 영웅의 풍치ᄅᆞᆯ 가히 ᄒᆞᆫ 말의 욕디 못ᄒᆞᆯ 거시니 엇디 태산의 듕호믈 ᄇᆞ리고 져근 돌덩이로 더브러 고하ᄅᆞᆯ ᄃᆞ토링잇고 (父親守三十年之英風, 不可因一言之辱, 而棄泰山之重, 與頑石爭高下也.) <삼국-가정 24:68>

【돌려-가-】 동 돌려가다. 차례로 옮겨가다.¶ ▼輪流 ‖ 마툐의 군식 밤낫 열번의 ᄡᅡ 돌려가며 ᄉᆞ지ᄌᆞ니 조홍은 나 싸호고져 호ᄃᆡ 셔황이 괴로이 말려 아흐래ᄅᆞᆯ 디내엿더니 (馬超軍日夜輪流幾番來罵.曹洪只要廝殺, 徐晃苦苦當住.) <삼국-가정 18:120>

【돌리-】 동 돌리다.¶ ▼輪流 ‖ 마툐의 군식 밤낫 열번의

짜 돌려가며 ᄊᆞ지ᄌᆞ니 조홍은 나 싸호고져 호ᄃᆡ 셔황이 괴로이 말려 아호래ᄅᆞᆯ 디내엿더니 (馬超軍日夜輪流幾番來罵. 曹洪只要厮殺, 徐晃苦苦當住.) <삼국-가정 18:120>

【돌문】 명 ((건축)) 돌문(突門). 성밑 작은 문. 수성하기 위해 만든 문으로 돌격할 때 쓰기도 함.¶ ▼突門 ‖ 돌문 안희 흙이 둣거오니 가히 디도ᄅᆞᆯ ᄑᆞ고 드러가 블을 노흘 거시라 (突門內土厚, 可掘地道而入放火, 城可拔也.) <삼국-가정 11:51>

【돌-비】 명 ((기물)) 돌비(-碑). 돌로 만든 비석. 석비(石碑).¶ ▼石碣 ‖ 믄득 보니 길ᄀᆞ의 ᄒᆞᆫ 돌비 잇고 그 우희 삭여시되 졔갈무후 ᄉᆞᄉᆞ로 쓰노라 ᄒᆞ고 (忽見道傍有一石碣, 上刻'丞相諸葛武侯親題'.) <삼국-가정 38:87>

【돌ᄯᅥ-】 동 돌아서다.¶ ▼回顧 ‖ 니붕이 급히 ᄃᆡ도로 첨의 뇌후를 찍으니 첨이 몸을 날녀 피ᄒᆞ고 돌ᄯᅥ셔 쳘편으로 붕의 면샹을 치니 두 눈니 ᄲᅵ져 마하의 죽거ᄂᆞᆯ (鵬趕上擧刀待砍, 傅僉偸身回顧, 向李鵬面門只一簡, 打的眼珠迸出, 死於馬下.) <삼국-국중 17:17>

【돌치-】 동 돌아서다. 돌이키다. 돌리다.¶ ▼回 ‖ 위연으로 교젼ᄒᆞ야 십여 합의 마ᄃᆡ 쏘한 픽쥬ᄒᆞ다 ᄀᆞ만니 몸을 돌쳐 위연을 쏘ᄋᆞ 좌편 팔을 맛치니 (魏延只道是馬超, 舞刀躍馬迎之. 與馬岱戰不十合, 岱敗走. 延趕去, 被岱回身一箭, 中了魏延左臂.) <삼국-국중 11:137> ▼顧 ‖ 이졔 등익로 ᄒᆞ여곰 강유를 답중의 반쥬ᄒᆞ야 동으로 돌치게 못ᄒᆞ고 (今吾已令鄧艾引關外隴右之兵十餘萬, 絆住姜維於沓中, 使不得東顧.) <삼국-국중 17:65>

【돌츌-ᄒᆞ-】 동 돌출(突出)하다. 뚫고 나오다.¶ ▼衝突 ‖ 녀푀 비록 용밍이 잇스나 녀ᄋᆞ를 몸의 품엇ᄂᆞᆫ지라 상할가 져허ᄒᆞ여 감히 중위를 돌츌치 못ᄒᆞ고 (呂布雖勇, 終是縛一女在身上, 只恐有傷, 不敢衝突重圍.) <삼국-국중 4:141>

【돌ㅎ】 명 돌.¶ ▼石 ‖ 덕조와 원덕은 세샹의 노픈 션ᄇᆡ오 냥은 밧 가ᄂᆞᆫ 농뷔라 엇디 감히 텬하ᄉᆞᄅᆞᆯ 의논ᄒᆞ리오 이공이 쳔거ᄅᆞᆯ 그ᄅᆞᆺᄒᆞ니 쟝군이 미옥을 ᄇᆞ리고 못ᄡᅳᆯ 돌흘 취ᄒᆞ도다 (德操、元直, 世之高士. 亮乃一耕夫耳, 安敢談天下之事? 二公差擧矣. 將軍舍美玉而就頑石, 此皆誤矣!) <삼국-가정 12:106>

【돌혀】 부 도리어. 예상이나 기대 또는 일반적인 생각과는 반대되거나 다르게.¶ ▼還是 ‖ 그ᄃᆡ 날을 쳥ᄒᆞᆫ 거시 호의 아니요 돌혀 날을 히코ᄌᆞ ᄒᆞᄂᆞᆫ다 (卞君請關某, 是好意, 還是歹意?) <삼국-국중 6:68>

【돍】 명 돌. 대구 방언에서 '돍이 /돍으로 /돍을'로 곡용한다.¶ ▼石 ‖ 또 보니 빅셩이 오고 가며 돍을 운젼ᄒᆞ야 셩 직히기ᄅᆞᆯ 도으거ᄂᆞᆯ 장비 ᄒᆞ여곰 ᄆᆞ군은 ᄆᆞᆯ을 ᄂᆞ리고 보군은 다 안ᄌᆞ 져ᄅᆞᆯ ᄭᅳ어 나오게 ᄒᆞ여도 동정이 업고 (又見民夫來來往往, 搬磚運石, 相助守城, 張飛敎馬軍下馬, 步軍皆坐, 引他出敵, 並無動靜.) <삼국-모종 10:133> 만일 남무와 돍을 ᄡᅡ아 동구ᄅᆞᆯ 막으면 비록 빅만 군ᄉᆞ로도 능히 드러오지 못할 거시니 (若以木石壘斷洞口, 雖有百萬之衆, 不能進也.) <삼국-모종 14:106>

【돗】[1] 명 ((기물)) «돘» 돗자리. 자리.¶ ▼席 ‖ 우리 태조 무황뎨[조조라] 뉵합을 ᄡᅳ러 ᄆᆞᆰ게 ᄒᆞ시고 팔황[뉵합 팔황은 다 텬해라]을 돗 ᄆᆞᆺ ᄒᆞ시니 만셩이 ᄆᆞᄋᆞᆷ을 기우리며 ᄉᆞ방이 그 덕을 우러더 아니 리 업ᄉᆞ더라 (我太祖武皇帝掃淸六合, 席卷八荒, 萬里傾心, 四方仰德.) <삼국-가정 30:65>

【돗】[2] 명 ((동물)) 돼지. 멧돼짓과의 포유동물. 몸무게는 200-250kg이며, 다리와 꼬리가 짧고 주둥이가 삐죽하다. 잡식성으로 온순하며 건강하다.¶ ▼彘 ‖ 내 너ᄅᆞᆯ 죽이면 개 돗 ᄀᆞᄐᆞᆫ 거ᄉᆡ 피ᄅᆞᆯ 칼히 무티기 더럽다 (吾殺汝, 猶狗彘耳, 枉汚刀斧也.) <삼국-가정 24:90> 공니 쇼왈 너랄 죽기면 ᄀᆡ 돗 죽기ᄀᆞ 예 다르리요 겔박ᄒᆞ여 형주에 보ᄂᆡ고 또 방덕을 잡아드리니 덕니 셩ᄂᆡ고 서ᄉᆞ ᄊᆞ지 안니ᄒᆞ거날 (公綽髥笑曰: "吾殺汝, 猶殺狗彘耳, 空汗刀斧." 令人縛送荊州大牢內監候, … 關公又令押過龐德. 德睜眉怒目, 立而不跪.) <삼국-모종 12:74> ▼豚 ‖ 조ᄌᆞ단은 귀신 ᄀᆞᄐᆞᆫ 사ᄅᆞᆷ이오 너히 형뎨 세 사ᄅᆞᆷ은 진짓 돗과 쇼야지 ᄀᆞᄐᆞᆫ디라 엇디 오ᄂᆞᆯ날 그 멸족ᄒᆞᆷ을 긔약ᄒᆞ리오 (曹子丹鬼怪人也, 汝兄弟三人, 眞豚犢耳!) <삼국-가정 35:102>

【돗-ᄯᅢ】 명 ((기물)) 돛대.¶ ▼篷 ‖ 등군이 함게 ᄊᆞ지ᄌᆞᄃᆡ ᄲᅡᆯ니 돗ᄯᅢᄅᆞᆯ 느리우라 언미필의 활쥴이 쇼ᄅᆡ 나ᄂᆞᆫ 곳의 문빙이 살을 맛고 것구러져 션중의 잇ᄂᆞᆫ지라 (衆軍齊喝: "快下了篷!" 言未絶, 弓弦響處, 文聘被箭射中左臂, 倒在船中.) <삼국-모종 8:55>

【돗-ᄌᆞ리】 명 ((기물)) 돗자리. 왕골이나 골풀의 줄기를 재료로 하여 만든 자리.¶ ▼帆幔 ‖ 또 일즉 셔쳔 비단으로써 돗ᄌᆞ리를 ᄒᆞ니 ᄲᅦ 사ᄅᆞᆷ이 다 금범적이라 ᄒᆞ니 녕이 후회ᄒᆞ여 그젼 ᄒᆡᆼ실을 고치고 무리ᄅᆞᆯ ᄭᅳ어 뉴표의게 더지여 (又嘗以西川錦作帆幔, 時人皆稱爲'錦帆賊', 後悔前非, 改行從善, 引衆投劉表.) <삼국-모종 6:100>

【돗ㅊ】[1] 명 ((교통)) 돛. 배 바닥에 세운 기둥에 매어 펴 올리고 내리고 할 수 있도록 만든 넓은 천. 바람을 받아 배를 가게 한다.¶ ▼帆慢 ‖ 죄 장ᄃᆡ 우희셔 조련ᄒᆞᆷ물 보고 심듕의 ᄃᆡ희ᄒᆞ야 써 반다시 (이)길 법이라 ᄒᆞ고 또 ᄀᆞᄅᆞᆺ쳐 돗찰 거두고 각ᄀᆞ ᄎᆞ셔ᄅᆞᆯ 의지ᄒᆞ여 시예 도라가라 ᄒᆞ더라 (操立於將臺之上, 觀看調練, 心中大喜, 以爲必勝之法, 敎且收住帆慢, 各依次序回寨.) <삼국-모종 8:35>

【돗ㅊ】[2] 명 ((동물)) «돝» 돼지.¶ ▼猪 ‖ 이거시 다 요슐이니 ᄂᆡ일 양과 돗츨 잡아 군ᄉᆞ로 ᄒᆞ여금 그 피ᄅᆞᆯ 가지고 뫼 우희 복병ᄒᆞ엿다가 (此妖術也. 來日可宰猪羊血, 令軍伏于山頭.) <삼국-규장 1:38> ▼豬 ‖ 홀련 ᄒᆞᆫ 돗치 쇼갓치 크고 전신이 거문 거시 다라 댱중의 드러와 운장 발을 물거날 (忽見一豬, 其大如牛, 渾身黑色, 奔入中, 逕咬雲長之足.) <삼국-모종 12:58>

【돗ㅌ】 명 ((동물)) «돝» 돼지.¶ ▼猪 ‖ 이거시 다 요슐이

니 ᄂᆡ일 양과 돗틀 잡아 군ᄉᆞ로 ᄒᆞ여곰 그 피를 가지고 뫼 우히 복병ᄒᆞ얏다가 도적이 ᄯᆞᆯ오ᄂᆞᆫ ᄣᅢ를 기ᄃᆞ려 놉흔 언덕의셔 ᄲᅳ리면 그 법을 가히 프러 ᄇᆞ리리라 (此妖術也. 來日可宰猪羊血, 令軍伏于山頭, 候賊赶來, 高坡上潑之, 其法可解.) <삼국-가정 1:56> 셔황은 가히 돗틀 다히며 ᄀᆡ를 죽염즉 ᄒᆞ고 (徐晃可使屠猪殺狗.) <삼국-규장 6:64>

【돗틔-고기】 명 ((음식)) 돼지고기. 돗ㅌ[猪]+-ᄋᆡ(관형격조사)+고기[肉].¶ ▼猪肉 ‖ 오날 오시의 맛당이 ᄒᆞᆫ 늘근 권당의 사람이 동방으로브터 오ᄃᆡ 돗틔고기 ᄒᆞᆫ 다리와 탁쥬 ᄒᆞᆫ 병을 가지고 와 빈쥐 ᄒᆞᆫ가지로 먹으려니와 우음 가온ᄃᆡ 져근 놀나오미 이시리라 (今日午時, 當有一老親人, 從東方携猪肉一肩、濁酒一瓶, 主賓共飮, 笑中當有小驚.) <삼국-가정 22:84>

【돗】[1] 명 ((기물)) 돗자리. 자리.¶ ▼席 ‖ 즉시 뎐령ᄒᆞ야 ᄲᆞᆯ리 군ᄉᆞ를 니ᄅᆞ혀니 현덕이 안즌 돗기 덥디 못ᄒᆞ야셔 또 홰 쟝ᄎᆞᆺ 니ᄅᆞ니라 (即傳號令, 克日起兵.玄德坐不暖席, 禍又將來.) <삼국-가정 4:122> 죄 돗긔 ᄂᆞ려 공경ᄒᆞ야 ᄀᆞᆯ오ᄃᆡ 공의 큰 일홈을 드런디 오라더니 다ᄒᆡᆼ이 서ᄅᆞ 보과라 (曹操避席起敬曰: "聞公大名久矣! 幸得於此相見.") <삼국-가정 5:70> 현덕이 좌우를 믈리고 돗긔 나아가 고ᄒᆞ야 닐오ᄃᆡ (玄德屛退左右, 趨席而告曰.) <삼국-가정 12:107> ▼帆幔 ‖ 죄 쟝ᄃᆡ 우히셔 보기를 맛고 다 돗글 디오며 ᄇᆡ를 거두어 ᄎᆡ로 도라오고 (操立於將臺之上, 觀看調練已畢, 敎收住帆幔, 各依次序回寨.) <삼국-가정 16:15>

【돗】[2] 명 ((교통)) 돛. 배 바닥에 세운 기둥에 매어 펴 올리고 내리고 할 수 있도록 만든 넓은 천. 바람을 받아 배를 가게 한다.¶ ▼帆幔 ‖ 죄 쟝ᄃᆡ 우히셔 보기를 맛고 다 돗글 디오며 ᄇᆡ를 거두어 ᄎᆡ로 도라오고 (操立於將臺之上, 觀看調練已畢, 敎收住帆幔, 各依次序回寨.) <삼국-가정 16:15>

【동개】 명 ((군기)) 동개(筒介). 활과 화살을 꽂아 넣어 등에 지도록 가죽으로 만든 물건.¶ ▼壺 ‖ 강유 손의 군긔 업고 허리예 다만 궁젼이 잇더니 황망히 ᄃᆞ라날 제 살히 다 ᄲᅡ디고 뷘 동개만 잇ᄂᆞᆫ디라 (維手無器械, 腰間止有一副弓箭, 走得慌忙, 箭皆落了, 只有空壺.) <삼국-가정 36:38>

【동긔】 명 ((인류)) 동기(同氣). 형제. 형제와 자매, 남매를 통틀어 이르는 말.¶ ▼삼팔둉힝은 니 건안 니십ᄉᆞ연니요 누른 도아지 범만난 거난 니 기히연니요 정군남은 ᆢ 정군산 남니ᆢ ᄒᆞᆫ 수독 썩그멀 실허ᄒᆞ여 동긔 갓더라 ('三八縱橫', 乃建安二十四年也, '黃猪遇虎', 乃歲在己亥正月也, '定軍之南', 乃定軍山之南也, 傷折一股, 乃淵與操有兄弟之情也.) <삼국-모종 12:28>

【동-다히】 명 ((지리)) '동(東)'과 '다히'[向]가 결합한 합성명사. 동녘. 동쪽.¶ ▼東 ‖ 쥰이 십니 밧긔 딘티고 정히 싸호고져 ᄒᆞ더니 동다히로 일표 인매 오니 (儁離十里下寨, 正欲攻打, 見正東一彪人馬到來.) <삼국-가정 1:66>

【동댱-디-】 동 동당(東堂)지다. 낙방(落榜)하다.¶ ▼不第 ‖ 각이 쳐음의 동당딘 션ᄇᆡ로셔 (那張角本是個不第秀才.) <삼국-가정 1:11>

【동도-ᄒᆞ-】 동 동도하다.¶ ▼駕至 ‖ 원ᄂᆡ 양봉이 니곽의게 픠ᄒᆞ므로붓터 군ᄉᆞ를 거ᄂᆞ리고 죵남산의 둔쳐 잇더니 ᆢ제 텬ᄌᆡ 동도ᄒᆞ시믈 듯고 특별이 와 보호ᄒᆞᄂᆞᆫ디라 (原來楊奉自爲李傕所敗, 便引軍屯終南下; 今聞駕至, 特來保護.) <삼국-국중 3:100>

【동동-ᄒᆞ-】 형 동동(童童)하다. 거칠다.¶ ▼童童 ‖ 집 동남 모희 ᄒᆞᆫ 뽕남기 이시니 놉기 오댱이 남으니 ᄇᆞ라보매 동동ᄒᆞ야[동동은 무둑ᄒᆞ야 거츤 톄라] 쟈근 술위예 개 밧틴 ᄃᆞᆺᄒᆞ니 (舍東南角上, 有一大桑樹, 高五丈餘, 遙望見童童如小車蓋.) <삼국-가정 1:20>

【동모】 명 ((인류)) 동무. 늘 친하게 어울리는 사람. 또는 어떤 일을 짝이 되어 함께 하는 사람.¶ ▼伴儅 ‖ 두 손이 이셔 여라믄 동모를 인ᄒᆞ야 ᄒᆞᆫ 물 ᄆᆞᆯ을 모라온다 (有兩客人引十數伴儅, 赶一群馬, 投莊上來.) <삼국-가정 1:28>

【동ᄆᆡᆼ】 명 동맹(同盟). 둘 이상의 개인이나 단체, 또는 국가가 서로의 이익이나 목적을 위하여 동일하게 행동하기로 맹세하여 맺는 약속이나 조직체. 또는 그런 관계를 맺음.¶ ▼同盟 ‖ 뎍국이 ᄌᆞ로 패ᄒᆞ니 니ᄒᆞ미 동ᄆᆡᆼ[동ᄆᆡᆼ은 ᄒᆞᆫ가지로 사괴ᄂᆞᆫ ᄉᆞ이라]의 잇ᄂᆞᆫ디라 (敵國敗迹, 利在同盟.) <삼국-가정 24:120>

【동븍-다히】 명 ((지리)) 동북녘. 동북쪽.¶ ▼(投)東北 ‖ 급히 수하 무ᄉᆞ를 블러 길을 베혀 ᄯᅡ히 ᄂᆞ리티니 다만 ᄒᆞᆫ 줄 프른 긔운이 동븍다히로 가더라 (策急叱手下武士, 一刀斬頭落地. 只見一道青氣, 投東北去了.) <삼국-가정 10:34>

【동ᄉᆡᆼ】 명 ((인류)) 동생(同生).¶ ▼弟 ‖ 원쇠 날을 달ᄂᆡ여 긔병ᄒᆞ여 한복을 치게ᄒᆞ고 져ᄂᆞᆫ 믄득 그 가온ᄃᆡ 닐을 취ᄒᆞ고 이졔 또 동탁의 병이라 속이고 ᄂᆡ 동ᄉᆡᆼ을 쥭이니 이 원통ᄒᆞᆫ 거슬 엇지 갑지 아니ᄒᆞ리오 (袁紹誘我起兵攻韓馥, 他卻就裏取事, 今又詐董卓兵射死吾弟, 此冤如何不報!) <삼국-모종 1:111>

【동역ㅎ】 명 ((지리)) 동녘.¶ ▼東 ‖ ᄉᆡ 공경을 노하 영의 ᄂᆞ오니 곽[각]이 거가를 슈습ᄒᆞ냐 동역흐로 나올ᄉᆡ 녯 어림군 슈ᄇᆡᆨ을 보ᄂᆡ여 난여를 호송ᄒᆞ여 픽릉의 니ᄅᆞ니 (汜放公卿出營, 傕收拾車駕東行, 遣舊有御林軍數百, 持戟護送, 鑾輿過新豐, 至霸陵.) <삼국-모종 2:102> 온 왈 날니 동역희 ᄂᆞ나냐 복 왈 비록 동역희 ᄂᆞ도 셔역희 지ᄂᆞ니다 (溫又問曰: "日生於東乎?" 宓對曰: "雖生於東, 而沒於西.") <삼국-모종 14:53>

【동요-ᄒᆞ-】 동 동요(童謠)하다.¶ ▼諺 ‖ 그 즁 가장 어진 ᄌᆞᄂᆞᆫ 미간의 흰 털이 잇스니 일홈은 량이오 ᄌᆞᄂᆞᆫ 계상이라 향니의셔 동요ᄒᆞ여 왈 마씨오상의 ᄇᆡᆨ미[ᄇᆡᆨ미ᄂᆞᆫ 흰 눈썹이라] 가장 어질다 ᄒᆞ니 ("其最賢者, 眉間有白毛, 名良, 字季常. 鄕里爲之諺曰: '馬氏五常, 白眉最良'." <삼

국-국중 10:6>

【동우】 명 ((기물)) 동이. 질그릇의 하나. 양옆에 손잡이가 있으며 모양이 둥글고 아가리가 넓은 그릇. 흔히 물 긷는데 쓴다.¶ ▼盆 ‖ 퇴 칼을 들고 쇼교로 ᄒᆞ야곰 큰 동우를 팔 밋틱 다여 피을 밧고 틱 칼노 글거 왈 군후난 놀닉지 말나 (佗取尖刀在手, 令一小校, 捧一大盆於臂下接血, 佗曰: "某便下手, 君侯勿驚.") <삼국-모종 12:78>

【동의】 명 ((기물)) 동이. 질그릇의 하나. 양옆에 손잡이가 있으며 모양이 둥글고 아가리가 넓은 그릇. 흔히 물 긷는데 쓴다.¶ ▼盆 ‖ 홀연 광풍이 딕작ᄒᆞ고 흑운니 폐[편]천ᄒᆞ며 ᄒᆞᆫ 소릭 벽역의 급한 비 동의을 기우리난 듯 ᄒᆞ니 곡중의 타난 불니 일시예 멸ᄒᆞ고 (忽然狂風大作, 黑氣漫空, 一聲霹靂響處, 驟雨傾盆, 滿谷之火, 盡皆澆滅.) <삼국-모종 17:27>

【동이-】 동 동이다. 끈이나 실 따위로 감거나 둘러 묶다.¶ ▼縛 ‖ 수십 옥졸을 블러 평을 잡아 후원의 가 져 줄시 죄 뎡ᄌᆞ의 안고 평을 동여 디오고 무ᄅᆞ니 (遂喚二十個精壯獄卒, 執本來後園拷問. 操坐於亭上, 將本縛倒而問之.) <삼국-가정 8:77>

【동지】 명 동지(動止). 행동거지(行動擧止)를 이르는 말.¶ ▼動止 ‖ 졔갈각의 쳐 졍히 방듕의 이셔 심신이 황홀ᄒᆞ고 동지 평안티 아녀ᄒᆞ더니 (却說諸葛恪妻正在房中, 心神恍惚, 動止不寧.) <삼국-가정 36:19> ▼졔갈각이 회람으로븟터 집의 도라오매 심신이 황홀ᄒᆞ고 동지 평안티 아니ᄒᆞ더니 ᄒᆞᄅᆞᆫ 거러 듕당의 니ᄅᆞ니 ᄒᆞᆫ 상복ᄒᆞᆫ 사ᄅᆞᆷ이 드러오거ᄂᆞᆯ (却說諸葛恪自淮南回宅, 心神恍惚. 一日, 步行至中堂, 忽見一人披麻掛孝而入.) <삼국-가정 36:11>

【동ᄌᆞ】 명 ((신체)) 동자(瞳子). 눈동자. 눈알의 한가운데에 있는, 빛이 들어가는 부분.¶ ▼瞳 ‖ 니의 학발홍안이오 눈이 프ᄅᆞ고 동ᄌᆞ 모져 광칙 사ᄅᆞᆷ의게 뽀이고 몸이 늘근 잣나모 ᄀᆞᆺ더라 (見李意鶴髮紅顏, 碧眼方瞳, 灼灼有光, 身如古柏之狀.) <삼국-가정 25:93>

【동치】 명 ((역사)) 동치(同治). 청나라 제10대 황제인 목종(穆宗)의 연호(1862-74). 서태후가 섭정함.¶ ▼셰 동치 칠년 츄칠월 시작ᄒᆞ여 신미 밍츈 원월일 필ᄒᆞ다 샹치 말고 딕ᄃᆡ 유젼할디어다 던쳔 논실 신ᄉᆞ간딕 칙 <삼국-국중 5:120>

【동통-ᄒᆞ-】 형 동통(疼痛)하다. 몸이 쑤시고 아프다.¶ ▼疼痛 ‖ 신인니 칼을 집고 죠를 지르고져 ᄒᆞ니 죄 딕규일셩의 홀연 경각ᄒᆞ니 두뢰 동통ᄒᆞ야 한 병을 어덧ᄂᆞᆫ지라 (皂衣人仗劍欲砍操. 操大叫一聲, 忽然驚覺, 頭腦疼痛不可忍.) <삼국-국중 13:98>

【동희】 명 ((기물)) 동이. 질그릇의 하나. 양옆에 손잡이가 있으며 모양이 둥글고 아가리가 넓은 그릇. 흔히 물 긷는데 쓴다.¶ ▼盆 ‖ 텬식이 발가오딕 거믄 구름이 ᄡᅡ흘 더폇고 동남풍이 그져 브ᄂᆞᆫ딕 급ᄒᆞᆫ 비 동희로 붓드시 오ᄂᆞᆫ지라 (天色微明, 黑雲罩地, 東南風尙然不息. 盆傾瓮倒大降, 渾似盆傾瓮倒.) <삼국-가정 16:64>

【큰비 동희로 붓ᄃᆞ시 오ᄂᆞᆫ디라】 관구 큰비가 물동이를 붓듯이 세차게 오는 모양.¶ 天雨大降, 急若盆傾 ‖ 조진이 그 말을 올히 너겨 사ᄅᆞᆷ을 시겨 남글 버히며 돌흘 나ᄅᆞ더니 반ᄃᆞᆯ이 못ᄒᆞ야 큰비 동희로 붓ᄃᆞ시 오ᄂᆞᆫ디라 (眞令人伐木搭之. 未及半月, 天雨大降, 急若盆傾, 淋漓不住.) <삼국-가정 32:108>

【되오-】 동 휘두르다.¶ ▼揮 ‖ 죵진니 당선ᄒᆞ여 딕부ᄅᆞᆯ 되오며 와 마ᄌᆞ니 두 말이 서로 ᄉᆞ귀여 슈합이 못ᄒᆞ야 됴운의 ᄒᆞᆫ 창의 질너 ᄆᆞᆯ 아릭 ᄯᅥ러진지라 (鍾縉當先揮大斧來迎, 兩馬相交, 戰不三合, 被雲一鎗刺落馬下.) <삼국-모종 7:63>

【됴갓치】 명 조각. 기회(機會).¶ ▼機 ‖ 노장니 비록 영웅니나 ᄒᆞ후연은 장합의 유 안니ᄋᆞ 연니 육도ᄉᆞᆷ약을 통달ᄒᆞ고 군ᄉᆞ 됴갓칠 ᄉᆡ다르니 됴ᄌᆞ 서랑을 ᄉᆞᆷ아 (老將軍雖英勇, 然夏侯淵非張郃之比也, 淵深通韜略, 善曉兵機, 曹操所倚之爲西涼藩蔽.) <삼국-모종 12:17>

【됴교】 명 ((건축)) 적교(吊橋). 현수교(懸垂橋).¶ ▼吊橋 ‖ 칼흘 드러 문 딕흰 쟝슈ᄅᆞᆯ 주기고 셩문을 열고 됴교[들ᄂᆞ리라]ᄅᆞᆯ 디오고 (輪刀砍死守門將, 遂開城門, 放下吊橋.) <삼국-가정 13:110>

【됴궁】 명 ((군기)) 조궁(雕弓). 그림을 아로새긴 활.¶ ▼雕弓 ‖ 텬직 쇼요마ᄅᆞᆯ ᄐᆞ시고 됴궁[아로사겨 그림 그린 활이라]과 금비젼[가뢰에 금칠ᄒᆞᆫ 살히라]을 ᄎᆞ고 셩의 나가시니 현덕 관, 댱도 엄심을 속의 닙고 궁젼과 긔계ᄅᆞᆯ 가지고 슈가ᄒᆞ여 가더라 (帝卽上逍遙馬, 帶雕弓、金鈚箭, 排鑾駕出城.玄德與關、張各彎弓揷箭, 內穿掩心甲, 各持兵器, 引數十騎隨駕出許昌.) <삼국-가정 7:77>

【됴련-ᄒᆞ-】 동 조련(調練)하다.¶ ▼調練 ‖ 이인이 궁마의 닉고 무예가 경통ᄒᆞ거ᄂᆞᆯ 죄 딕희ᄒᆞ여 ᄎᆞᆫ중의 군마를 됴련ᄒᆞ고 위홍은 가직를 닉여 의복과 긔번을 판비ᄒᆞ고 사방이 군량 보닉ᄂᆞᆫ 직 불게기슈라 (二人弓馬熟嫻, 武藝精通, 操大喜, 調練軍馬. 衛弘盡出家財, 置辦衣甲旗旛, 四方送糧食者, 不計其數.) <삼국-모종 1:75>

【됴리-ᄒᆞ-】 동 조리(調理)하다. 조섭(調攝)하다. 건강이 회복되도록 몸을 보살피고 병을 다스리다.¶ ▼調理 ‖ 우리 군후의 우비 샹ᄒᆞ시믈 보고 모다 의논ᄒᆞ니 닐오딕 님덕ᄒᆞ야 노ᄅᆞᆯ 동ᄒᆞ면 ᄀᆞ장 샹ᄒᆞᆯ 거시니 잠간 형줘 도라가 됴리ᄒᆞ쇼셔 (某等因見君侯右臂損傷, 恐臨敵致怒, 衝突不便. 衆議之, 可暫班師, 回荊州調理.) <삼국-가정 24:98> ▼調治 ‖ 됴ᄌᆞ 악진의 살 마진딕 보고 장중에 드러가 됴리ᄒᆞ게 ᄒᆞ다 (曹操見樂進中箭, 令自到帳中調治.) <삼국-모종 11:73>

【됴발-ᄒᆞ-】 동 조발(調發)하다. 군사로 쓸 사람을 강제로 뽑아 모으다. 징발(徵發)하다.¶ ▼借使 ‖ 밍확이 분노ᄒᆞ야 은깅동 등의 드러가 팔번구십삼뎐 등쳐의 만이 부락을 다 됴발ᄒᆞ니 패도뇨뎡군[방패 쓰ᄂᆞᆫ 군ᄉᆞ라]이 수십만이러라 (却說孟獲受了三擒之氣, 忿怒歸到銀坑山洞中, 卽差心腹人賫金珠寶貝, 往八番九十三甸等處幷蠻夷部落, 借使牌刀獠丁軍健數十萬.) <삼국-가정 28:127>

【됴보-ᄒᆞ-】 [동] 조보(調保, 調補)하다. 몸조리(調理)하다. 조섭(調攝)하다.¶ ▼善保 ‖ 원컨대 폐하ᄂᆞᆫ 뇽톄ᄅᆞᆯ 잘 됴보ᄒᆞ샤 ᄡᅥ 텬하의 ᄇᆞ라ᄂᆞᆫ 거ᄉᆞᆯ 맛긔 ᄒᆞ쇼셔 (願陛下善保龍體, 以副天下之望!) <삼국-가정 27:120>

【됴슈불급-ᄒᆞ-】 [동] 조수불급(措手不及)하다.¶ ▼未及相迎 ‖ 연니 됴슈불급ᄒᆞ여 다만 경젹ᄒᆞ더니 츙의 보되 언듯 씩어 년을 픠하의 죽이다 (淵未及相迎, 黃忠寶刀已落, 連頭帶肩, 砍爲兩段.) <삼국-국중 12:124>

【됴요-ᄒᆞ-】 [동] 조요(照耀)하다. 밝게 비쳐 빛나다.¶ ▼照耀 ‖ 냥군이 납함ᄒᆞ고 일시의 홰를 쳔ᄇᆡᆨ ᄌᆞ로나 혀 드니 됴요ᄒᆞ야 발그미 ᄇᆡᆨ쥬 갓더라 (兩軍吶喊, 點起千百火把, 照耀如同白日.) <삼국-규장 14:133> ▼遮映 ‖ 긔령이 군ᄉᆞ를 일우의[어] 소ᄐᆡ[ᄑᆡ]에 이르러 ᄉᆡ[ᄎᆡ]을 셰워 나지면 경기를 버려 산천을 됴요ᄒᆞ고 밤이면 화고ᄂᆞᆯ 베푸러 쳔지를 진동ᄒᆞᆫ지라 (紀靈起兵長驅大進, 已到沛縣東南, 箚下營寨, 晝列旌旗, 遮映山川, 夜設火鼓, 震崩天地.) <삼국-모종 3:26>

【됴용-ᄒᆞ-】 [동] 조용(調用)하다. 등용하다. 적재적소에 배치하다.¶ ▼調遣 ‖ 죄 ᄉᆞᆯ을 ᄒᆡᆼᄒᆞ여 두어 슌ᄇᆡ의 니ᄅᆞ니 말ᄒᆞ여 왈 금일 이믜 ᄆᆡᆼ쥬를 셰웟시니 각각 됴용ᄒᆞ믈 들어 ᄒᆞᆫ가지로 국가를 븟들고 강약으로ᄡᅥ 교계치 말나 (操行酒數巡, 言曰: "今日既立盟主, 各聽調遣, 同扶國家, 勿以强弱計較.") <삼국-모종 1:80>

【됴챠-ᄒᆞ-】 [동] 결탁하다.¶ ▼勾結 ‖ 허도의 셰작이 엇디 여긔 업ᄉᆞ리오 만일 손 뉴 블목ᄒᆞ믈 알면 조죄 반ᄃᆞ시 사ᄅᆞᆷ을 브려 뉴비과 됴챠ᄒᆞ리니 (許都豈無細作在此? 若知孫、劉不睦, 操必使人勾結劉備矣.) <삼국-가정 18:20>

【됴초】 [부] 좇아. 따라. 뒤따라.¶ ▼隨後 ‖ ᄉᆞ직 와 현덕을 보고 이 말을 다 닐르고 군냥은 됴초 오리라 ᄒᆞᆫᄃᆡ (使者先別楊懷, 回到葭萌關來見玄德, 具言此事, 隨後送糧至.) <삼국-규장 14:36>

【됴치-】 [동] 좇다.¶ ▼追趕 ‖ 후면에 댱비 급피 됴치니 합니 말을 바리고 길을 ᄎᆞᄌᆞ 게우 버서 다라난니 ᄯᅡ라오난 ᄌᆡ 다만 십여 닌니라 (後面張飛追趕甚急, 郃棄馬上山, 尋逕而逃, 方得走脫, 隨行只有十餘人.) <삼국-모종 12:7>

【됴탁-ᄒᆞ-】 [동] 조탁(調度)하다. 관리하고 배치하다. 지도하다.¶ ▼調度 ‖ 신이 밧긔 이시매 각별이 됴탁ᄒᆞ미 업ᄉᆞ니 몸의 의식은 다 구외예 우러럿ᄂᆞᆫ디라 ᄉᆡᆼ애ᄅᆞᆯ 다ᄉᆞ려 쳑촌도 길우디 아니ᄒᆞ엿ᄂᆞ니 (至于臣在外任, 無別調度, 隨身衣食, 悉仰于官, 不別治生, 以長尺寸.) <삼국-가정 34:74>

【됴폐-ᄒᆞ-】 [동] 조폐(雕弊, 凋弊)하다. 쇠미하다. 퇴락하다. 곤궁하다.¶ ▼雕弊 ‖ 녜 셩뎨명왕이 궁실의 놉흐며 빗나므로ᄡᅥ ᄇᆡᆨ셩의 ᄌᆡ력을 됴폐케 ᄒᆞᆯ 재 잇디 아니ᄒᆞ니이다 (古之聖帝明王, 未有宮室之高麗, 以雕弊百姓之財力者也.) <삼국-가정 35:16>

【됴호-】 [동] 좋아지다. (병이) 낫다. 차도가 있다. 됴ᄒᆞ-+-오(삽입 모음)-.¶ ▼瘥 ‖ 네 듕풍ᄒᆞ엿다 ᄒᆞ더니 ᄇᆞᆯ셔 됴홧ᄂᆞ냐 (汝中風已瘥乎?) <삼국-가정 1:43>

【됴호-】 [형] 좋다.¶ ▼褒獎 ‖ 수플을 의지ᄒᆞ며 뫼흘 겻져 젼후ᄅᆞᆯ ᄇᆞ라보고 츌입의 문이 잇고 진퇴예 곡졀이 이시니 비록 녜 손외 ᄌᆡᆨᄉᆡᆼᄒᆞ고 양제 다시 올디라도 이예셔 디나디 못ᄒᆞ리니 이제 통이 부러 ᄠᅳ더내야 됴호니 구ᄌᆞ니 ᄒᆞ면 통의 진짓 ᄆᆞ음이 아니니이다 (傍山依林, 前後顧盼, 出入有門, 進退曲折, 雖古之孫、吳再生, 穰苴復出, 亦不過于此矣. 非統曲爲褒獎, 乃眞心也.) <삼국-가정 15:118> 예쥐 홀로 됴흔 ᄠᅳᆺ이 업고 덕이 업서 이제 셔쳔을 가지고 ᄯᅩ 형쥐ᄅᆞᆯ 아오로고져 ᄒᆞ니 이ᄂᆞᆫ 네ᄉᆞ 사ᄅᆞᆷ의 ᄎᆞ마 못ᄒᆞᆯ 일이어ᄂᆞᆯ 엇디 ᄒᆞ믈며 왕쟈의 ᄒᆞᆯ 배리오 (而豫州私獨飾情, 愆德隳好. 今已籍于西川矣, 又欲剪幷荊州之土. 斯蓋凡夫所不忍行, 而況整頓人物之主乎!) <삼국-가정 21:104>

【됴흠-구ᄌᆞᆷ】 [명] 좋고 나쁨.¶ ▼好歹 ‖ 죄 다 두로보고 됴흠구ᄌᆞ믈 니ᄅᆞ디 아니ᄒᆞ고 다만 부ᄉᆞᆯ 자펴다가 ᄒᆞᆫ 활ᄌᆞᄅᆞᆯ 쓰고 가니 아ᄆᆞ도 그 ᄠᅳᆺ을 모ᄅᆞ되 (操看罷, 不言好歹, 只取筆於門上書一'活'字而去. 人皆不曉.) <삼국-가정 23:113>

【됴희-사ᄅᆞᆷ】 [명] 종이 사람.¶ ▼紙人 ‖ 쟝ᄎᆞᆺ 뫼흘 디나게 되엿더니 ᄒᆞᆫ 소ᄅᆡ 방포의 오ᄇᆡᆨ군이 ᄂᆡ다라 피ᄋᆞᆯ ᄲᅳ리니 다만 공즁의 됴희사ᄅᆞᆷ과 풀로 ᄆᆡᆫ든 ᄆᆞᆯ이 어즈러이 ᄯᅡ히 ᄯᅥ러지며 바람과 우레 즉시 긋치고 모래도 나지 아니ᄒᆞ더라 (將過山頭, 一聲炮響, 五百軍穢物齊潑. 但見空中紙人草馬, 紛紛墜地, 風雷頓息, 砂石不飛.) <삼국-규장 1:40>

【됴희-ᄉᆞᄅᆞᆷ】 [명] 종이 사람.¶ ▼紙人 ‖ 관댱의 복병이 졔츌ᄒᆞ여 일시의 피ᄅᆞᆯ ᄲᅳ리니 다만 공즁으로 됴희ᄉᆞᄅᆞᆷ과 풀말이 분〻히 ᄯᅡ의 ᄯᅥ러지ᄂᆞᆫ지라 (關、張伏軍放起號, 穢物齊潑, 但見空中紙人草馬, 紛紛墜地.) <삼국-모종 1:18>

【됵-히】 [부] 족(足)히. 능히. 충분히. 넉넉히.¶ ▼足 ‖ 이ᄂᆞᆫ 됵히 ᄡᅥ 사ᄅᆞᆷ의 ᄆᆞ음을 ᄆᆡᆺ노니 이제 공헌ᄒᆞᄂᆞᆫ 거시 다 디애며 돌 ᄀᆞᄐᆞᆫ 거시라 머어시 죡히 앗가오리오 (利足以結人心. 今貢獻之物, 皆瓦石之類耳, 何足惜哉!) <삼국-가정 26:121> 비 왈 이등 무리 엇지 됵히 이라리요 ᄂᆡ가 이갓치 ᄉᆞ로잡아 오리라 현덕 왈 다만 저를 죽겨 ᄂᆡ의 ᄃᆡᄉᆞ를 그러칠가 ᄒᆞ노라 (飛曰: "量此輩何足道哉! 我也似二哥生擒將來便了!" 玄德曰: "只恐壞了他性命, 誤我大事.") <삼국-모종 4:24>

【됫-】 [동] 좇다. 따라가다. 따르다.¶ ▼追 ‖ 임 왈 ᄂᆡ 냥앙을 간ᄒᆞ여 조병을 됫지 말나 ᄒᆞ니 제 듯고 밋지 안니ᄒᆞ기로 ᄑᆡᄒᆞ여신니 ᄂᆡ 일군으로 가 ᄊᆞ와 조〻을 버히오린니 만일 이기지 못ᄒᆞ면 군율을 당ᄒᆞ리라 (任曰: "某曾諫楊昂, 休追操兵, 他不肯聽信, 故有此敗, 任再乞一軍前去挑戰, 必斬曹操, 如不勝, 甘當軍令.") <삼국-모종 11:55>

【동】 명 ((인류)) 종(從). 예전에, 남의 집에 딸려 천한 일을 하던 사람.¶ ▼婢 ‖ 한 종이 협의 뜨즐 거ᄉᆞ리거날 협이 명ᄒᆞ여 뜰 아릐예 안치니 ᄒᆞᆫ 동이 ᄒᆞ롱ᄒᆞ여 왈 엇지 진흑 가온ᄃᆡ ᄒᆞ엿ᄂᆞᆫ가 (一婢嘗忤玄音, 玄命長跪階前, 一婢戱謂之曰: "胡爲乎泥中?") <삼국-모종 4:17>

【동독】 명 ((인류)) 종족(宗族).¶ ▼宗族 ‖ ᄂᆡ난 됴씨의 동독이어ᄂᆞᆯ 여등이 감이 막ᄂᆞ냐 (吾乃曹氏宗族, 汝何敢阻當耶?) <삼국-국중 12:25>

【동선】 명 ((군사)) 종선(從船).¶ ▼脚艦 ‖ 호련 강상 밍풍이 ᄃᆡ작ᄒᆞ여 흰 물겔리 ᄒᆞ날을 흔들어 흉용ᄒᆞ니 큰 ᄇᆡ 장찻 업더지난지라 닷토와 동선에 나려 도명ᄒᆞ니 (忽然江上猛風大作, 白浪掀天, 波濤洶湧, 軍士見大船將覆, 爭下脚艦逃命.) <삼국-모종 11:73>

【동용-니】 부 조용히.¶ ▼慢 ‖ 제 뭇ᄎᆞ 성문에 일으니 좌ᄌᆞ난 나무신 ᄉᆞ고 동용니 거러 힝ᄒᆞ고 제난 말을 달여 좃ᄎᆞ가나 밋지 못ᄒᆞ난지라 (褚上馬引軍趕至城門, 望見左慈穿木履在前, 慢步而行, 諸飛馬追之, 卻只追不上.) <삼국-모종 11:84>

【동ᄋᆡ-ᄒᆞ-】 동 종애(鍾愛)하다. 사랑하다.¶ ▼鍾愛 ‖ 소픽의 거ᄒᆞᆯ 졔 조표의 녀 아으게 장가들어 죠씨 무ᄌᆞ 조망ᄒᆞᆫ지라 여포 엄씨 일녀를 동ᄋᆡᄒᆞ더니 (及居小沛時, 又娶曹豹之女爲次妻, 曹氏先亡無出. 貂蟬亦無所出, 惟嚴氏生有一女, 布最鍾愛.) <삼국-모종 3:30>

【되】 명 죄(罪). ㄷ구개음화의 과도교정.¶ ▼罪 ‖ 중관니 싱각ᄒᆞᄃᆡ 구화한 ᄌᆞᄂᆞᆫ 반ᄃᆞ시 되 업스리라 ᄒᆞ고 다 홍긔 ᄒᆞ로 닷거ᄂᆞᆯ ᄇᆡ긔 ᄒᆞ의ᄂᆞᆫ 다만 슈인니라 (衆官自思救火必無罪, 於是多奔紅旗之下. 三停內只有一停立於白旗下.) <삼국-국중 12:85>

【두】 관 두(二). 수 관형사.¶ ▼三 ‖ 뎨 두 손을 머리 우희 언저 니ᄅᆞ샤ᄃᆡ 이ᄂᆞᆫ 하늘히 주시미오 둘재 아ᄋᆡ 신녕이 도으미라 (先主兩手加額曰: '此天之所賜, 亦由三弟之靈也!') <삼국-가정 27:45>

【두-】 동 두다. 일정한 곳에 놓다.¶ ▼너ᄂᆞᆫ 그 금포를 게 둣다가 날을 달라 (你將錦袍那裏去? 早早留下與我!) <삼국-가정 18:29>

【두강】 명 ((음식)) 두강(杜康). 두강주(杜康酒). 중국의 두강이란 사람이 빚던 방법으로 만든 술. 고급 청주로, 술의 발효에 필요한 시간이 6~10일로, 비교적 단시간에 빚어진다. 밑술을 죽으로 하고, 덧술은 고두밥으로 하여 술을 빚는다.¶ ▼杜康 ‖ 시름이 만흔지라 엇지 ᄡᅧ플이오 다만 두강이 잇도다 (何以解憂, 惟有杜康.) <삼국-가정 16:10>

【두던】 명 ((지리)) 언덕. 두덩. 둔덕.¶ ▼岸 ‖ ᄇᆡ가 두던의 이르ᄆᆡ 슉이 공명을 청ᄒᆞ여 관역 즁의 감간 쉬라 ᄒᆞ고 먼저 가 손권을 보더라 (及船到岸, 肅請孔明於館驛中暫歇, 先自往見孫權.) <삼국-모종 7:78>

【두덩】 명 ((지리)) 둔덕. 언덕. 우묵하게 빠진 땅의 가장자리로 두두룩한 곳.¶ ▼岸邊 ‖ 이의 두 ᄉᆞ름이 옷슬 셔로 ᄆᆡ고 긔여 두덩의 올나가니 ᄡᅡ의 가득ᄒᆞᆫ 형극이라 흑암ᄒᆞᆫ 가온ᄃᆡ 길을 보지 못ᄒᆞ여 엇지ᄒᆞᆯ 슈 업더라 (於是二人以衣相結, 爬上岸邊, 滿地荊棘, 黑暗之中, 不見行路, 正無奈何.) <삼국-모종 1:43>

【두두어리-】 동 더듬거리다. 버벅거리다. 말을 하거나 글을 읽을 때 자연스럽게 하지 못하고 자꾸 틀리거나 머뭇거리다. 또는 중중거리다. 몹시 원망하듯 남이 알아들을 수 없는 군소리로 자꾸 중얼거리다.¶ ▼吃 ‖ 그 사ᄅᆞᆷ이 신댱이 칠쳑이오 ᄂᆞᆺ치 너ᄅᆞ며 귀 크고 ᄐᆞᆨ이 모지며 입이 크되 다만 말이 건삽ᄒᆞ니 시졀 사ᄅᆞᆷ이 브ᄅᆞ기를 등흘[두두어리닷 말이라]이라 ᄒᆞᄂᆞ니라 (其人身長七尺, 闊面大耳, 方頤大口. 但言語蹇澀, 時人呼爲'鄧吃'也.) <삼국-가정 37:41>

【두둙】 명 ((지리)) 두둑.¶ ▼阜 ‖ ᄎᆞ일의 놉흔 두둙의 올나 보니 쳘거가 열낙브[부]졀ᄒᆞ고 마ᄃᆡ 장억을 불너 분부ᄒᆞᄃᆡ 여ᄎᆞ이ᄋᆞ ᄒᆞ라 ᄒᆞ고 (次日上高阜處觀看, 見鐵車連絡不絶, …喚馬岱、張翼分付如此如此.) <삼국-모종 15:89> ▼岸邊 ‖ ᄃᆞᄋᆞ여 노수 두둘기 와 보니 과연 음픙이 ᄃᆡ긔ᄒᆞ여 파되 흉ᄋᆞᄒᆞ여 인ᄆᆡ 다 놀ᄂᆡ더라 (遂自到瀘水岸邊觀看, 果見陰風大起, 波濤洶湧, 人馬皆驚.) <삼국-모종 15:25>

【두듥】 명 ((지리)) 둔덕. 언덕.¶ ▼岸 ‖ 장흠 진무 일즉 젹은 ᄇᆡ[비]을 타고 하수 두듥으로조ᄎᆞ 지ᄂᆡ다가 화살이 군ᄉᆞ를 쏘아 두듥 우의 ᄶᅥᆨ구러진이 (蔣欽、陳武早駕小舟從河岸邊殺過橋裏, 亂箭射倒岸上軍.) <삼국-모종 3:18>

【두듥】 명 ((지리)) 두둑이나 언덕.¶ ▼岸 ‖ 위 마음의 의심ᄒᆞ야 ᄇᆡ를 가져 두듥의 다히고 친히 두듥의 올나 말을 타고 감영 셔셩 졍봉 일반 군관을 ᄯᅴ고 (瑜心疑, 教把船傍岸, 親自上岸乘馬, 帶了甘寧、徐盛、丁奉一班軍官.) <삼국-모종 9:93> ▼堤 ‖ 명일의 녀포 와 반ᄃᆞ시 수풀을 ᄉᆞ거시니 두듥 밋 군ᄉᆡ 그 뒤흘 ᄭᅳᆫ으면 표[포]를 가히 사로잡으리ᄅᆞ (明日呂布必來燒林, 堤中軍斷其後, 布可擒矣.) <삼국-모종 2:88>

【두러-ᄒᆞ-】 동 두려워하다.¶ ▼懼 ‖ 나ᄂᆞᆫ 셔북의 거ᄒᆞ고 져희 병은 남안의 잇스니 이제 만일 불으 쓰면 이ᄂᆞᆫ ᄉᆞᄉᆞ로 져의 병을 살지라 ᄂᆡ 엇지 두러ᄒᆞ리오 (吾居於西北之上, 彼兵皆在南岸, 彼若用火, 是燒自己之兵也, 吾何懼哉?) <삼국-모종 8:36> ▼畏懼 ‖ 비 ᄎᆞᆼ을 ᄢᅡ혀 금션을 크게 ᄉᆞ짓거ᄂᆞᆯ 션이 부즁ᄃᆞ려 무ᄅᆞᄃᆡ 뉘 감히 나가 ᄊᆞ홀고 즁이 다 두러ᄒᆞ야 감히 압셜 지 업ᄂᆞᆫ지ᄅᆞ (飛挺矛立馬, 大喝金旋. 旋問部將, "誰敢出戰?" 衆皆畏懼, 莫敢向前.) <삼국-모종 9:19>

【두로】 부 두루. 빠짐없이. 골고루.¶ ▼槃 ‖ ᄇᆞ라건대 폐하ᄂᆞᆫ 아당ᄒᆞᄂᆞᆫ 신하를 믈리치고 ᄲᆞᆯ리 어딘 신하를 블러 ᄡᅳ시고 두로 노리ᄒᆞ기를 긋치시면 모든 ᄌᆡ변이 스러디리이다 (唯陛下斥遠佞巧之臣, 速征鶴鳴之士, 斷絶尺一, 抑止槃游. 冀上天還威, 衆變可弭.) <삼국-가정 1:7>

【두로-티-】 동 돌이키다. 돌리다. 원래 향하고 있던 방향에서 반대쪽으로 돌리다.¶ ▼閃 ‖ ᄊᆞ화 수 합이 못ᄒᆞ야

황개 채를 드러틴대 뫼 급히 두로티다가 등의 브틴 호심경이 마자 반이 ᄣ려디거ᄂᆞᆯ (鬪到數合, 黃盖提鞭去打, 瑁急閃, 正中後心, 護心鏡打缺一半.) <삼국-가정 2:134>

【두로-ᄒᆞ-】 동 두루 있다.¶ ▼橫遍 ‖ 팔노 병셰 식암 솟덧ᄒᆞ여 시살ᄒᆞ니 져 오군의 죽음이 덜에 두로ᄒᆞ고 유혈이 물이 되더라 (那八路兵, 劫如泉湧, 殺的那吳軍屍橫遍野, 血流成河.) <삼국-모종 13:84>

【두로-혀-】 동 돌이키다. 돌리다.¶ ▼斡旋 ‖ 쟝군이 공명을 보와 ᄒᆞ여금 텬디를 두로혀고 건곤을 정킈 호미 쉽디 못ᄒᆞᆯ가 두려ᄒᆞ노라 (將軍欲見孔明, 而使之斡旋天地, 扭捏乾坤, 恐不易爲也.) <삼국-가정 12:82>

【두뢰】 명 두뇌(頭腦). 머리. 생각.¶ ▼頭腦 ‖ 신인니 칼을 집고 죠를 지르고져 ᄒᆞ니 죄 ᄃᆡ규 일셩의 홀연 경각ᄒᆞ니 두뢰 동통ᄒᆞ야 한 병을 어더ᄂᆞᆫ지라 (皂衣人仗劍欲砍操. 操大叫一聲, 忽然驚覺, 頭腦疼痛不可忍.) <삼국-국중 13:98> ▼頭額 ‖ 달이 ᄃᆡ경ᄒᆞ야 급히 활을 다리여 황을 쏘니 정히 두뢰를 마쳐ᄂᆞᆫ지라 (達大怒, 急開弓射之, 正中徐晃頭額.) <삼국-국중 15:91>

【두루-】 동 휘두르다. 둥그렇게 내저어 흔들다. 이리저리 마구 내두르다.¶ ▼指 ‖ 하후뮈 산샹의 이셔 됴운이 동으로 가면 긔를 동으로 두루고 셔로 가면 긔를 셔로 두루거ᄂᆞᆯ (只見楙在山上指揮三軍, 子龍投東則望東指, 傍邊執法官把旗望東指, 軍馬就望東圍.) <삼국-가정 30:13>

【두루이-】 동 돌리다. 돌이키다.¶ ▼顧 ‖ 거듭 슈션ᄃᆡ젼 일을 힝ᄒᆞᄆᆡ 머리를 당년의 두루이니 다만 스ᄉᆞ로 슬푸더라 (重行受禪臺前事, 顧首當年止自傷.) <삼국-국중 17:124>

【두루혀-】 동 돌이키다. 돌리다. 두르다. 원래 향하고 있던 방향에서 반대쪽으로 돌리다.¶ ▼回 ‖ 모든 궁관을 일시의 죽이니 휘 ᄃᆡ경ᄒᆞ여 수릐를 두루혀 가거ᄂᆞᆯ 이튼날 됴지를 나리워 모씨를 폐ᄒᆞ여 ᄉᆞ사ᄒᆞ고 곽씨를 셰워 황후를 삼다 (喝令宮官將諸侍奉人盡斬之. 毛后大驚, 回車至宮, 叡卽降詔賜毛皇后死, 立郭夫人爲皇后.) <삼국-국중 16:81> ▼ᄂᆡ 공명의 장하의 이셔 군모를 도으ᄆᆡ 상미의 녜로 ᄃᆡ졉ᄒᆞᆯᄉᆡ 날노 ᄒᆞ여곰 그ᄃᆡ를 보아 마음 두루혀게 ᄒᆞ미니라 (吾在西蜀孔明帳下, 參贊軍機, 待以上賓之禮. 特令某來見公, 有言相告.) <삼국-국중 15:128>

【두류-ᄒᆞ-】 동 두류(逗留 /逗遛)하다. 머물러 있고 떠나지 아니하다. 체류(滯留)하다.¶ ▼遍 ‖ 공이 왈 형장이 ᄯᅩ 원소를 ᄡᅡ라갓다 ᄒᆞ니ᄂᆡ 이제 천하에 두류ᄒᆞ여 좃고저 ᄒᆞ노라 (關公曰: "聞兄長又不在袁紹處, 吾今將遍天下尋之.") <삼국-모종 5:18>

【두리-】 동 두려워하다. 겁내다.¶ ▼懼 ‖ 쇼 왈 가히 앗갑도다 ᄂᆡ 상장 안량 문츄 이르지 못ᄒᆞ엿도다 한나만 여긔 잇스면 엇지 화웅을 두리ᄋᆞ오 (紹曰: "可惜吾上將顏良、文醜未至! 得一人在此, 何懼華雄?") <삼국-모종 1:87> 참군 마속이 왈 헤아리건ᄃᆡ 조예를 엇디 두리ᄋᆞ오 만일 오면 가히 사로잡을 거신이 승샹은 무ᄉᆞᆫ 연고로 놀ᄂᆡᄂᆞ뇨 (參軍馬謖曰: "量曹叡何足道? 若來長安, 可就而擒之, 丞相何故驚訝?") <삼국-모종 15:96>

【두벌-ᄒᆞ-】 동 두벌하다.¶ ▼倍 ‖ 진궁니 급히 드러와 왈 셜난니 년주를 반ᄃᆞ시 직히지 못할 거시요 일노 남으로 가 일ᄇᆡᆨ팔십 이의 ᄐᆡ산 길이 험ᄒᆞ니 가히 정병 만인을 복병ᄒᆞ엿다가 조죄 연쥬 일흐물 드ᄅᆞ면 반ᄃᆞ시 길흘 두벌ᄒᆞ여 나올 거시니 그 반나나 지ᄂᆡ기를 기ᄃᆞ려 한 번 처 가히 ᄉᆞ로잽으리라 (宮曰:"差矣. 薛蘭必守兗州不住. 此去正南一百八十里, 泰山路險, 可伏精兵萬人在彼, 曹兵聞失兗州, 必然倍道而進, 待其過半, 一擊可擒也.") <삼국-모종 2:69>

【두어】 관 둘쯤 되는 수의.¶ ▼數 ‖ 죄 슐을 힝ᄒᆞ여 두어 슌비의 니르니 말ᄒᆞ여 왈 금일 이믜 ᄆᆡᆼ쥬를 셰웟시니 각각 됴용ᄒᆞ믈 들어 ᄒᆞᆫ가지로 국가를 붓들고 강약으로 써 교계치 말나 (操行酒數巡, 言曰: "今日旣立盟主, 各聽調遣, 同扶國家, 勿以强弱計較.") <삼국-모종 1:80>

【두져-보-】 동 뒤져보다.¶ ▼搜 ‖ 푀 왈 ᄂᆡ 네 말을 밋을진ᄃᆡ 네 말게 ᄂᆞ리라 ᄂᆡ 두져보리라 견이 노왈 네 엇지 나을 적게 넉이ᄂᆞ뇨 (表曰: '汝若要我聽信, 將隨軍行李, 任我搜看.' 堅怒曰: '汝有何力, 敢小我!') <삼국-모종 1:108>

【두지-】 동 뒤지다.¶ ▼搜 ‖ 푀 왈 ᄂᆡ 네 말을 밋을진ᄃᆡ 네 말게 ᄂᆞ리라 ᄂᆡ 두져보리라 견이 노왈 네 엇지 나을 적게 넉이ᄂᆞ뇨 (表曰: "汝若要我聽信, 將隨軍行李, 任我搜看." 堅怒曰: "汝有何力, 敢小我!") <삼국-모종 1:108>

【두집-】 동 뒤집다.¶ ▼翻 ‖ 언미필의 거러 당겨 두지버심을 입어 목원진 되예 울냥ᄒᆞ여 오다가 둔상의 불을 보고 급히 오니 (言未已, 早被撓鈎拖翻, 眭元進、趙叡運糧方回, 見屯上火起, 急來救應.) <삼국-모종 5:58>

【두텁-】 형 두껍다. 두텁다.¶ ▼厚 ‖ 일야의 북풍이 ᄎᆞᆺ스니 만니의 동운니 두텁도다 (一夜北風寒, 萬里彤雲厚.) <삼국-국중 8:20> ▼현덕의 젼군이 불셔 면강의 니ᄅᆞ니 니ᄅᆞᆫ 곳마다 셔천의셔 공궤ᄒᆞᄂᆞᆫ 것도 두텁고 현덕의 호령이 엄명ᄒᆞ여 망녕도이 ᄇᆡᆨ셩의 거ᄉᆞᆯ 취ᄒᆞᄂᆞᆫ 재면 참ᄒᆞ니 (所到之處, 一者是益州供給; 二者是玄德號令嚴明, 如有妄取百姓一物者斬之.) <삼국-가정 19:127>

【두테-이】 부 두터이.¶ ▼厚 ‖ 죠ᄌᆞ의 부하 졔장이 댱요박긔 다만 셔황이 운장으로 두테이 ᄉᆞ괴고 오직 ᄎᆡ양이 관공을 항복지 아닌 고로 쫏고져 ᄒᆞ니 (曹操部下諸將中, 自張遼而外, 只有徐晃與雲長交厚, 其餘亦皆敬服, 獨蔡陽不服關公, 故今日聞其去, 欲住追之.) <삼국-모종 5:1>

【두풍】 명 ((질병)) 두풍(頭風). 머리 아픈 것이 오랫동안 치유되지 않고 수시로 발작하거나 멎는 증상.¶ ▼頭風 ‖ 신도 ᄡᅡ 원의 안히 ᄆᆡ양 두풍을 알코 그 아들이 넝통을 알하 온 집이 ᄆᆡ양 놀나ᄆᆡ 민망ᄒᆞ야 뢰를 청ᄒᆞ야

졈ᄒᆞ라 ᄒᆞᄃᆡ (因信都令妻常患頭風, 其子心痛, 擧家常驚恐, 請略卜之.) <삼국-가정 22:84> 조적이 상히 두풍을 알난지라 국귀 ᄒᆞ[ᄒᆞᆫ] 번 쳔거ᄒᆞ면 반다시 평을 부를지라 ᄒᆞᆫ 번 독약을 먹이면 반다시 쥭으리니 엇지 병인을 더레이리오 (操賊常患頭風, 痛入骨髓; 纔一擧發, 便召某醫治. 如早晩有召, 只用一服毒藥, 必然死矣, 何必擧刀兵乎?) <삼국-국중 5:93>

【두호-ᄒᆞ-】 동 두호(斗護)하다. 남을 두둔하여 감싸다. 돌보다.¶ ▼護 ‖ 현덕 가권을 승샹이 사ᄅᆞᆷ으로 ᄒᆞ여곰 두호ᄒᆞ여 놀래ᄂᆞᆫ 쟈ᄂᆞᆫ 참ᄒᆞ라 ᄒᆞ니 (玄德家眷, 丞相差人護之, 驚擾者斬.) <삼국-가정 9:7> ▼遮蔽 ‖ 댱냥 등이 동ᄐᆡ후 이믜 폐ᄒᆞ믈 보고 드ᄃᆡ여 금쥬완호로써 하진의 아오 하묘를 ᄆᆡᄌᆞ ᄒᆞ여곰 하ᄐᆡ후게 드러가 말을 잘ᄒᆞ여 두호ᄒᆞ라 ᄒᆞ니 일노 인ᄒᆞ여 십샹시 또 근힝ᄒᆞ더라 (張讓、段珪見董后一枝已廢, 遂皆以金珠玩好結搆何進弟何苗幷其母舞陽君, 令早晩入何太后處, 善言遮蔽, 因此十常侍又得近幸.) <삼국-모종 1:35>

【둑】 명 ((기물)) 둑(纛). 소꼬리 또는 꿩의 꽁지를 장식한 큰 기. 임금이 타고 가던 가마 또는 군대의 대장 앞에 세웠다. 아악에서는 춤추는 사람을 인도하는 기로 쓰였다. '纛(tuq /tuɤ)'은 중세몽고어 차용어.¶ ▼纛 ‖ 단하의 이십사인으로 각각 졍긔 보기와 장창 ᄃᆡ극과 황모 ᄇᆡᆨ월과 쥬번 죠둑을 들고[쥬번은 븕근 긔오 죠둑은 거문 둑이라] (壇下二十四人, 各持旌旗、寶蓋、大戟、長戈、黃鉞、白旄、朱旛、皂纛.)<삼국-국중 9:114> ▼旄 ‖ 이튼날 삼층 ᄃᆡ를 뭇고 오방 긔치를 세우고 우희 흰 둑과 누른 졀월과 병부와 쟝인을 비셜ᄒᆞ고 (次日, 築臺三層, 遍列五方旗幟, 上建白旄黃鉞, 兵符將印.) <삼국-가정 2:53>

【둔군-ᄒᆞ-】 형 둔군(屯軍)하다. 군대를 주둔시키다.¶ ▼屯軍 ‖ 이제 현덕이 또 구완을 쳥ᄒᆞ니 ᄂᆡ 헤아리건ᄃᆡ 현덕이 쇼픽의 둔군ᄒᆞ면 반다시 날을 ᄒᆡ치 아니ᄒᆞᆯ 거시요 (今玄德又來求救, 吾想玄德屯軍小沛, 未必遂能爲我害.) <삼국-국중 4:44>

【둔듀-ᄒᆞ-】 동 둔주(屯駐)하다. 주둔(駐屯)하다.¶ ▼屯扎 ‖ 네 일만군을 거ᄂᆞ려 나아가 가뎡 동븍의 ᄒᆞᆫ 셩이 이시되 일홈은 녈류셩이라 이 산벽 쇼뢰니 이곳의 둔듀ᄒᆞ엿다가 가뎡이 위ᄐᆡᄒᆞ미 잇거든 인병ᄒᆞ야 구ᄒᆞ라 (街亭東北上有一城, 名列柳城, 乃山僻小路, 此可以屯軍扎寨. 與汝一萬兵, 去此城屯扎. 但街亭危, 可引兵救之.) <삼국-가정 31:10> 네 본부병을 인ᄒᆞ야 가뎡 뒤희 둔듀ᄒᆞ엿다가 가뎡을 졉응ᄒᆞ라 (汝可引本部兵, 去街亭之後屯扎. 待兵來, 汝可應之.) <삼국-가정 31:11> 위병이 반나마 강호 부닉예 섯겨 촉채예 오니 위 대병으로 ᄒᆞ여곰 채 밧긔 둔듀ᄒᆞ라 ᄒᆞ거ᄂᆞᆯ (却說魏兵多半雜在羌胡部內, 行到蜀寨前, 維令大兵皆寨外屯扎.) <삼국-가정 36:37>

【둔병-ᄒᆞ-】 동 둔병(屯兵)하다. 군사가 주둔하다.¶ ▼屯兵 ‖ 이제 류비 셔쥐의 둔병ᄒᆞ고 스ᄉᆞ로 쥬ᄉᆞ를 총영ᄒᆞ며 근ᄌᆞ의 녀푀 병픽ᄒᆞ므로 셔쥐의 도라ᄀᆞ니 (劉備屯兵徐州, 自領州事; 近呂布以兵敗投之.) <삼국-국중 3:128>

【둔적-ᄒᆞ-】 동 둔적(屯積)하다. 사서 쟁이다.¶ ▼屯積 ‖ 셩곽을 싸아시니 고하 후빅이 장안과 갓고 궁실 창고의 이십 년 양식을 둔적ᄒᆞ고 (其城郭高下厚薄一如長安、內蓋宮室倉庫, 屯積二十年糧食.) <삼국-국중 2:71>

【둔-치-】 동 둔(屯)치다. 주둔(駐屯)하다.¶ ▼屯 ‖ 드ᄃᆡ여 송헌 위쇽으로 ᄒᆞ여곰 쳐쇼를 보호ᄒᆞ여 젼양을 하비의 옴겨 둔치게 ᄒᆞ고 스ᄉᆞ로 군ᄉᆞ를 거ᄂᆞ려 진등으로 더부러 쇼관을 구완ᄒᆞᆯᄉᆡ (遂令宋憲、魏續保護妻小與錢糧移屯下邳; 面自引軍與陳登往救蕭關.) <삼국-국중 4:125> 죠인으로 ᄃᆡ군을 총독ᄒᆞ여 관도의 둔치게 ᄒᆞ고 (曹仁總督大軍, 屯於官渡.) <삼국-국중 5:63> 원ᄂᆡ 양봉이 니곽의게 픽ᄒᆞ므로븟터 군ᄉᆞ를 거ᄂᆞ리고 죵남산의 둔쳐 잇더니 이제 텬ᄌᆡ 동도ᄒᆞ시믈 듯고 특별이 와 보호ᄒᆞᄂᆞᆫ디라 (原來楊奉自爲李傕所敗, 便引軍屯終南下; 今聞駕至, 特來保護.) <삼국-국중 3:100>

【둔치-ᄒᆞ-】 동 둔취(屯聚)하다. 여러 사람이 한곳에 모여 있다.¶ ▼屯 ‖ 이제 왕랑이 셩을 구지 딕히고 나디 아니ᄒᆞ니 졸연니 치기 어려운디라 회계 젼량이 티반이나 사독의 둔치ᄒᆞ엿ᄂᆞ니 (王朗負固守城, 難可卒拔; 會稽錢糧, 大半屯於查瀆.) <삼국-국중 4:35>

【둔찰-ᄒᆞ-】 동 둔찰(屯札)하다. 여러 사람이 한곳에 모여 있다.¶ ▼屯箚 ‖ 완셩의 드러가 둔찰ᄒᆞ고 그 남은 군ᄉᆞᄂᆞᆫ 셩외의 둔치고 슈일을 머무ᄅᆞᆯᄉᆡ (引兵入宛城屯箚, 餘軍分屯城外.) <삼국-국중 4:65>

【둔-ᄒᆞ-】 동 둔(屯)하다. 주둔(駐屯)하다.¶ ▼屯 ‖ 조조의 졔 군마를 다 니르러 관도의 둔ᄒᆞ야 우리로 더브러 샹거ᄒᆞ야시니 허창이 뷔엿ᄂᆞᆫ지라 (曹操起軍馬, 盡屯官渡, 與我軍相拒, 許都必是空虛.) <삼국-가정 10:71>

【둘으-】 동 뚫다.¶ ▼刺 ‖ 여푀 긔[거]후로졷ᄎᆞ 소리ᄅᆞᆯ 가다듬아 ᄂᆞ와 갈오ᄃᆡ 됴셔 이셔 적을 친다 ᄒᆞ고 ᄒᆞᆫ 충을 바로 인후ᄅᆞᆯ 둘으니 니슉이 머리ᄅᆞᆯ 버혀 손의 가지고 (呂布從車後厲聲出曰: "有詔討賊!" 一戟直刺咽喉, 李肅早割頭在手.) <삼국-모종 2:27>

【둣거오-】 형 두텁다. 두껍다.¶ ▼厚 ‖ 돌문 안희 흙이 둣거오니 가히 디도ᄅᆞᆯ 프고 드러가 블을 노흘 거시라 (突門內土厚, 可掘地道而入放火, 城可拔也.) <삼국-가정 11:51>

【둙】 명 ((지리)) 둑. 두둑.¶ ▼堤 ‖ 픠 임즁의 복병의 잇난가 의심ᄒᆞ니 가히 임둥의 졍기ᄅᆞᆯ 만희 ᄭᅩᄌᆞ 의심켜ᄒᆞ고 싀[치] 셔편의 긴 둙 미ᄃᆡ 가히 졍병을 ᄆᆡ복ᄒᆞ리라 <삼국-모종 2:99>

【둣터오-】 형 두텁다. 신의, 믿음, 인정 따위가 굳고 깊다.¶ ▼厚 ‖ 니위 녀포 더부러 친ᄒᆞᆷ이 둣터온 고로 이 계교를 베푸러 ᄐᆡᄉᆞ의 체면과 쳔쳡의 셩명을 도라보지 아니ᄒᆞᆷ이라 (儒與布交厚, 故設此計; 卻不顧惜太師體面與賤妾性命.) <삼국-국중 2:94>

【둣텁-】 형 두텁다. 신의, 믿음, 인정 따위가 굳고 깊다.¶ ▼厚 ‖ ᄂᆡ 어려셔 도란ᄒᆞ여 강호에 유락ᄒᆞ여 신야에 일으려 현덕으로 ᄃᆞ려 교분니 둣텁더니 노모 이예 잇셔 다ᄒᆡᆼ이 ᄌᆞ렴을 입으스니 불승감격ᄒᆞ노라 (某幼逃難, 流落江湖, 偶至新野, 遂與玄德交厚, 老母在堂, 幸蒙慈念, 不勝愧感.) <삼국-모종 6:69> 선황게 호[효]도을 다ᄒᆞ고 ᄉᆡᆼ민의게 인(仁)을 펴고 천[현]양을 나오고 간ᄉᆞ을 물여 써곰 풍쇽을 둣텁게 ᄒᆞ소서 (達孝道於先皇, 布仁恩於宇下, 提拔幽隱, 以進賢良, 屛斥奸邪, 以厚風俗.) <삼국-모종 17:34>

【둥굴니-】 동 둥굴리다. 물건이 둥그르르 굴러가게 하다.¶ ▼擂 ‖ 둥굴녀 보ᄂᆡᆫ단 말 (擂將下去.) <삼국-어람 109b>

【둥글-】 동 뒹굴다.¶ ▼滚 ‖ 즁ᄀᆡ 웅낙ᄒᆞ니 이의 만져 군긔를 가져 산하의 ᄂᆞ리치고 담털노 몸을 ᄊᆞ 둥그러 ᄂᆞ려가고 (艾令先將軍器擂將下去. 艾取氈自裹其身, 先滚下去.) <삼국-국중 17:85>

【뒤-】 동 뒤지다. 찾다.¶ ▼搜 ‖ 영채를 일우고 군ᄉᆞ로 ᄒᆞ여금 뫼흘 뒤며 일변으로 ᄇᆡᆨ하 믈을 메오라 ᄒᆞ고 (操教軍士一面搜山, 一面填塞白河.) <삼국-가정 13:102> 좌우를 ᄭᅮ지저 뒤라 ᄒᆞ니 온몸을 뒤되 아뭇 것도 업거ᄂᆞᆯ (操喝左右搜之, 遍搜無物.) <삼국-가정 21:117> 그 사지 녀포 부하의 ᄉᆞᄅᆞᆷ인 쥴 알고 황겁ᄒᆞ야 능히 ᄃᆡ답지 못ᄒᆞ거ᄂᆞᆯ 진궁이 ᄉᆞᄌᆞ로 그 몸을 뒤니 현덕이 죠ᄌᆞ의게 밀셔 회답이 잇거ᄂᆞᆯ (陳宮令搜其身, 得玄德回答曹操密書一封.) <삼국-국중 4:112>

【뒤깐】 명 ((주거)) 뒷간. 뒤[後]+ㅅ+간(間).¶ ▼廁 ‖ 현덕이 ᄭᆡ치고 곳 일어나 뒤깐에 가니 이젹이 급히 후원의 드려가 현덕의 귀예 다이고 왈 (玄德會意, 卽起如廁, 伊籍把盞畢, 疾入後園, 接著玄德, 附耳報曰) <삼국-모종 6:36>

【뒤ᄉᆞᆫ】 명 ((주거)) 뒷간. 측간.¶ ▼廁 ‖ 현덕이 ᄭᆡ치고 곳 일어나 뒤깐에 가니 이젹이 급히 후원의 드려가 현덕의 귀예 다이고 왈 (玄德會意, 卽起如廁, 伊籍把盞畢, 疾入後園, 接著玄德, 附耳報曰) <삼국-모종 6:36>

【뒤어-보-】 동 뒤져보다.¶ ▼搜 ‖ 되 의심ᄒᆞ여 좌우로 그 머리털을 뒤어본니 복완의 글리 닛난지라 (操心疑, 令左右搜其頭髮中, 搜出伏完書來.) <삼국-모종 11:47>

【뒤웅-박】 명 ((기물)) 뒤웅박. 쪼개지 아니하고 꼭지 근처에 구멍만 뚫고 속을 파낸 바가지.¶ ▼葫蘆 ‖ 현덕이 보니 ᄒᆞᆫ 사ᄅᆞᆷ이 이엄을 쓰고 호구를 닙고 나귀를 ᄐᆞ고 아히 ᄒᆞ나흘 더블고 뒤웅박의 술을 녀허 들리고 눈을 ᄇᆞᆲ고 오며 (玄德視之, 見一人暖帽遮頭, 狐裘被體, 騎一驢, 後隨帶一青衣小童, 携一葫蘆酒, 踏雪而來.) <삼국-가정 12:94>

【뒤-치-】 동 뒤집다. 엎어진 것을 젖혀 놓거나 자빠진 것을 엎어 놓다.¶ ▼反 ‖ 날노ᄡᅧ 볼진ᄃᆡ 한상지ᄌᆞᆯ 취ᄒᆞ미 쉽기 숀바닥 뒤침과 ᄀᆞᆺ흔지라 (吾觀取漢上之地, 易如反掌.) <삼국-국중 8:140> 아둥의 일셩 포행의 ᄉᆞ문의 열홰가 하날의 ᄊᆡᆺ쳐 니러나고 금괴 졔명ᄒᆞ고 학[함]셩니 바다가 ᄭᅳᆯ코 강이 뒤치ᄂᆞᆫ ᄃᆞᆺ ᄒᆞᆫ지라 (州衙中一聲礮響, 四門烈火, 轟天而起, 金鼓齊鳴, 喊聲如江翻海沸.) <삼국-모종 2:75>

【뒤혀-】 동 뒤집다.¶ ▼反 ‖ 내 표긔를 틱ᄒᆞ면 네 형의 머리 버히기 손바당 뒤혐 ᄀᆞᆺᄐᆞ리라 (吾敕驃騎斷汝兄首, 如反掌耳!) <삼국-가정 1:101> 이제 명공의 신무로ᄡᅥ 하삭의 싸홈 웅거ᄒᆞ야 조적을 티미 손바당 뒤혀기 ᄀᆞᆺ거ᄂᆞᆯ 엇디 구ᄀᆞ히 셰월을 쳔연ᄒᆞ여 취티 아니호리오 (今以明公之神武, 跨河朔之强暴, 以伐曹賊, 易如反掌, 何必區區遷延日月?) <삼국-가정 8:9> 허도로 도라가 군ᄉᆞ의 힘을 쳐 어름이 녹고 봄이 덥거ᄃᆞᆫ 인병 븍향ᄒᆞ야 몬져 원쇼를 파ᄒᆞ고 이긘 군ᄉᆞ를 도로혀 형양을 티면 남븍의 니호미 손바당 뒤혐 ᄀᆞᄐᆞ디라 (不如還兵許都, 少養軍士之力, 待凍消春暖, 引兵向北, 先破袁紹; 回得勝之師, 來攻荊襄, 南北之利, 易如反掌.) <삼국-가정 11:20>

【듀뎌-ᄒᆞ-】 동 주저(躊躇)하다. 머뭇거리며 망설이다.¶ ▼躊躇 ‖ 졍히 듀뎌ᄒᆞᆯ ᄉᆞ이예 ᄣᅢ 임의 초경이라 쵹병이 셩을 급히 티거ᄂᆞᆯ (正躊躇之間, 時值初更, 蜀兵又來攻城.) <삼국-가정 30:48> 졍히 듀뎌ᄒᆞ더니 믄득 젼군이 보ᄒᆞ되 (正躊躇未決, 忽前軍來報.) <삼국-가정 36:115>

【듀륙-ᄒᆞ-】 동 주륙(誅戮)하다. 죄인을 죽이다. 또는 죄로 몰아 죽이다.¶ ▼滅 ‖ 만일 즐겨 와 항ᄒᆞ면 죄를 면ᄒᆞ고 벼ᄉᆞᆯ을 주려니와 ᄆᆞᄎᆞᆷ내 미혹ᄒᆞ야 귀순티 아니ᄒᆞ면 군ᄉᆞ와 ᄇᆡᆨ셩과 ᄒᆞᆫ가지로 듀륙ᄒᆞᆯ 거시니 옥이며 돌히 다 ᄐᆞ리라 (如肯來歸降, 免罪賜爵; 如若執迷不順, 軍民共滅, 玉石俱焚.) <삼국-가정 13:104> ▼戮 ‖ ᄉᆞ마의 조상 등을 멸ᄒᆞ고 방을 내여 ᄀᆡ유ᄒᆞ니 됴뎡 관원과 낙양 ᄇᆡᆨ셩이 다 조상이 젼권 모반ᄒᆞ다가 듀륙ᄒᆞ믈 닙다 ᄒᆞ야 ᄆᆞ음을 펴 의심을 아니ᄒᆞᄃᆡ (却說司馬懿滅了曹爽等衆, 出榜曉諭朝中官員, 做洛陽人民知道, 說曹爽專權謀反, 因此戮之, 衆皆安心無疑.) <삼국-가정 35:111>

【듀리-】 동 굶주리다. 먹을 것이 없어서 배를 곯다.¶ ▼餓 ‖ 잇ᄶᅢ여 일기 덥고 양식이 다ᄒᆞ여 보리 삼십 곡으로 군ᄉᆞ의게 분파ᄒᆞ고 가니 인마 만히 듀려 죽ᄂᆞᆫ지라 (時當盛暑, 糧食盡絶, 只剩麥三十斛, 分派軍士, 家人無食, 多有餓死者.) <삼국-모종 4:12>

【듀야】 명 주야(晝夜). 밤낮.¶ ▼晝夜 ‖ 녀몽이 늌손의게 긔별ᄒᆞ여 ᄇᆡᆨ의인으로 ᄒᆞ여곰 ᄂᆞᆯ란 ᄇᆡ 십여 쳑의 시러 심양강으로 나아갈시 듀야의 ᄇᆡ도ᄒᆞ여 븍녁 언덕의 니ᄅᆞ러 (呂蒙預先傳報陸遜, 後發白衣人駕快船十餘隻, 往潯陽去, 晝夜趲行, 直抵北岸.) <삼국-가정 24:126>

【듀채-ᄒᆞ-】 동 주채(駐寨)하다. 주둔(駐屯)하다. 군대가 임무 수행을 위하여 일정한 곳에 집단적으로 얼마 동안 머무르다.¶ ▼駐扎 ‖ 네 ᄂᆡ일 인병ᄒᆞ야 몬져 듕도의가 듀채ᄒᆞ고 후일의 교젼ᄒᆞ되 군병으로 ᄒᆞ야곰 힘을 진케 말라 (汝次日先進, 到半途駐扎, 後日交戰, 使兵力不乏.) <삼국-가정 32:84> ▼住扎 ‖ 대위 ᄀᆞᆺ 긋쳣거ᄂᆞᆯ

오히려 즐겨 도라가디 아니ᄒᆞ고 이제 ᄯᅩ 듀채ᄒᆞ야 브졀업시 긔약을 뎡ᄒᆞ야 우리 군ᄉᆞ를 고롭게 ᄒᆞᄂᆞ뇨 (大雨淋了許多時, 不肯回去, 今又在這裡住扎, 强要賭賽, 却不苦了官軍!) <삼국-가정 33:6>

【듀탁-ᄒᆞ-】 동 주탁(籌度)하다. 헤아리다.¶ ▼籌度 ‖ 양의 위인이 비록 셩이 급ᄒᆞ야 능히 믈을 용납디 못ᄒᆞ나 냥초를 듀탁ᄒᆞ며 군긔를 도으매 승샹으로 더브러 일 혜아리믈 오래ᄒᆞ얏고 승샹이 님종의 대ᄉᆞ로ᄡᅥ 맛디니 의를 져ᄇᆞ릴 사ᄅᆞᆷ이 아니오 (楊儀爲人, 雖然稟性太急, 不能容物, 至於籌度糧草, 參贊軍機, 與丞相辦事多時, 今丞相臨終委以大事, 非背反之人也.) <삼국-가정 34:110>

【듀-ᄒᆞ-】 동 주(誅)하다. 죽이다.¶ ▼誅 ‖ 삼군은 엇기 쉽거니와 ᄒᆞᆫ 쟝슈ᄂᆞᆫ 엇기 어렵다 ᄒᆞ니 댱합이 비록 죄 이시나 위왕의 ᄀᆞ장 ᄉᆞ랑ᄒᆞᄂᆞᆫ 사ᄅᆞᆷ이라 듀ᄒᆞ기 맛당티 아니ᄒᆞ니 (三軍易得, 一將難求, 張郃雖然有罪, 乃魏王深愛者也, 不可誅之.) <삼국-가정 23:19>

【듕국】 명 ((지리)) 중국(中國). 중원(中原). 황하(黃河) 유역.¶ ▼中國 ‖ 권이 만일 쵹병을 믈리틴 후의 밧그로ᄂᆞᆫ 녜로 듕국을 셤기고 안흐로ᄂᆞᆫ 정셩의 ᄆᆞ음이 업서 졈졈 틱만ᄒᆞ야 짐즛 폐하로 ᄒᆞ여곰 노를 내긔 ᄒᆞ야 (孫權若退蜀兵之後, 外盡禮以事中國, 而內心無誠心, 卽漸怠慢, 故使陛下生怒.) <삼국-가정 26:116> 듕국이 화친을 허ᄒᆞ고 쵹병을 믈리티믈 쳥ᄒᆞ니 가히 발병ᄒᆞ야 응ᄒᆞ염즉ᄒᆞ니이다 (中國許以和親, 要退兵寇, 理合依准.) <삼국-가정 30:80>

【듕권】 명 중권(重權). 중요한 권력.¶ ▼重權 ‖ 셕의 노쇼공이 계씨의 욕을 ᄎᆞᆷ지 못ᄒᆞᄆᆡ 픽ᄒᆞ여 실국ᄒᆞ기의 이르니 이졔 듕권 이믜 사마씨게 도라갓ᄂᆞᆫ지라 (昔魯昭公不忍季氏, 敗走失國. 今重權已歸司馬氏久矣.) <삼국-국중 17:39>

【듕낭장】 명 ((관직)) 중랑장(中郎將). 중국에서, 대궐을 지키는 오관서(五官署)·좌서(左署)·우서(右署) 따위를 통할하던 벼슬.¶ ▼中郎將 ‖ 식 ᄃᆡ로ᄒᆞ냐 칼을 ᄲᅢ셔 츄[표]를 죽이고져 ᄒᆞ니 듕낭장 (양)밀이 힘ᄡᅥ 말이거ᄂᆞᆯ 식 이에 양츄[표]와 주쥰을 노코 기여ᄂᆞᆫ 다 영즁의 가돗ᄂᆞᆫ지라 (汜大怒, 便拔劍欲殺彪, 中郎將楊密力勸, 汜柔於了楊彪、朱雋, 其餘都監在營中.) <삼국-모종 2:97>

【듕낭ᄌᆞᆼ】 명 ((관직)) 중랑장(中郎將). 중국에서, 대궐을 지키는 오관서(五官署)·좌서(左署)·우서(右署) 따위를 통할하던 벼슬.¶ ▼中郎將 ‖ 듕낭ᄌᆞᆼ 일노부터 일홈을 어더 후에 듕낭쟝니 되야 북해태수로 올무니 항상 말ᄒᆞ대 좌상의 긱상만이요 쥰즁의 쥬불공니니 ᄂᆡ 원니ᄅᆞ (自此得名, 後爲中郎將, 累遷北海太守, 極好賓客, 常曰: "座上客常滿, 樽中酒不空, 吾之願也.") <삼국-모종 2:55>

【듕년】 명 중년(中年). 사람의 일생에서 중기, 곧 장년·중년의 시절을 이르는 말.¶ ▼中年 ‖ 제군의 나히 다 고와 ᄀᆞᄐᆞ되 오직 봉회 ᄀᆞ장 져므니 내 후ᄉᆞ로ᄡᅥ 의탁고져 ᄒᆞ더니, 이제 듕년의 요졀[단명ᄒᆞ단 말이라]ᄒᆞ니 내 심댱이 믜여디ᄂᆞᆫ돗 ᄒᆞ여라 (諸君年齒皆孤等輩, 惟奉孝最少, 吾欲託以後事. 不期中年夭折, 使吾心腸崩裂矣!) <삼국-가정 11:93> 졔군의 나히 다 고와 갓트되 오직 봉회 가쟝 져므니 닉 후ᄉᆞ로ᄡᅧ 의탁고져 ᄒᆞ더니, 이제 듕년의 요졀[단명ᄒᆞ단 말이라]ᄒᆞ니 내 심쟝이 믜여지ᄂᆞᆫ돗 ᄒᆞ예라 (諸君年齒皆孤等輩, 惟奉孝最少, 吾欲託以後事. 不期中年夭折, 使吾心腸崩裂矣!) <삼국-규장 8:91>

【듕노】 명 중로(中路). 오가는 길의 중간.¶ ▼中途 ‖ 죵회 ᄯᅩ 듕노의 가 등애 표를 아사다가 등애 글시톄로 곳티ᄃᆡ[죵회 본ᄃᆡ 글을 잘 ᄡᅥ 온갓 톄를 다 잘 쓰매 일로 인ᄒᆞ야 표를 곳티ᄃᆡ]오만ᄒᆞᆫ 뜻과 십분 패악ᄒᆞᆫ 말을 써 보낸대 (會又令人于中途截了鄧艾表文, 按艾筆法, 改寫傲慢之意, 十分悖惡之辭.) <삼국-가정 39:18>

【듕님】 명 중임(重任). 중요한 임무.¶ ▼重任 ‖ 노부난 나히 늘고 두 ᄌᆞ식은 부직하냐 국가 듕님을 당치 못할 거시오 뉴공은 뎨실지주로 덕이 너ᄅᆞ고 ᄌᆡ죄 놉흐니 가히 셔주를 거ᄂᆞ리고 노부는 한가로이 병을 기라리ᄅᆞ (老夫年邁, 二子不才, 不堪國家重任. 劉公乃帝室之胄, 德廣才高, 可領徐州, 老夫情願乞閒養病.) <삼국-모종 2:67>

【듕당】[1] 명 ((주거)) 중당(中堂). 가운데 집채.¶ ▼中堂 ‖ 제갈각이 회람으로븟터 집의 도라오매 심신이 황홀ᄒᆞ고 동지 평안티 아니ᄒᆞ더니 ᄒᆞᄅᆞᆫ 거러 듕당의 니ᄅᆞ니 ᄒᆞᆫ 상복ᄒᆞᆫ 사ᄅᆞᆷ이 드러오거ᄂᆞᆯ (却說諸葛恪自淮南回宅, 心神恍惚. 一日, 步行至中堂, 忽見一人披麻掛孝而入.) <삼국-가정 36:11>

【듕당】[2] 명 (군사)) 중장(衆將). 많은 무리의 장군.¶ ▼衆將 ‖ 숙이 청컨ᄃᆡ 명을 밧들고 강하의 가 죠상ᄒᆞ고 인ᄒᆞ여 뉴비를 달ᄂᆡ여 뉴표의 듕댱을 어룹쓸어 ᄒᆞᆫ가지로 조됴를 파ᄒᆞ쟈 ᄒᆞ여 (肅請奉命往江夏弔喪, 因說劉備使撫劉表衆將, 同心一意, 共破曹操.) <삼국-모종 7:74>

【듕모ᄉᆞ】 명 (인류)) 중모사(衆謀士).¶ ▼衆謀士 ‖ 만일 오월의 무즈로ᄡᅥ 듕국으로 항형ᄒᆞᆯ진ᄃᆡ 일즉 더부러 쎄기만 갓지 못ᄒᆞ고 만일 능치 못ᄒᆞ면 엇지 듕모ᄉᆞ의 의논을 좃ᄎᆞ 병을 안고 갑오ᄉᆞᆯ 뭇거 북면ᄒᆞ여 섬기지 아니ᄒᆞᄂᆞ뇨 (若能以吳、越之衆, 與中國抗衡, 不如早與之絶, 若其不能, 何不從衆謀士之論, 按兵束甲, 北面而事之?) <삼국-모종 7:91>

【듕ᄆᆡ-ᄒᆞ-】 동 중매(仲媒)하다. 혼인이 이루어지도록 중간에서 소개하다.¶ ▼作伐 ‖ ᄌᆞ형곳 아니면 듕ᄆᆡᄒᆞ리 업ᄉᆞ니 ᄲᆞᆯ리 형쥐로 나아가 혼ᄉᆞ를 도모ᄒᆞ라 (非子衡不可爲媒, 望作伐往荊州一行.) <삼국-가정 17:87>

【듕샹】 명 중상(重賞) 상을 후하게 줌.¶ ▼重賞 ‖ 운댱이 대공을 세워시되 일즙 듕샹을 못ᄒᆞ야시니 엇디 ᄯᅩ 잇브게 ᄒᆞ리오 (雲長建立大功, 未曾重賞, 何故又欲征進?) <삼국-가정 9:57> 날을 해ᄒᆞ려 ᄒᆞ던 쟈ᄂᆞᆫ 딘응 표룡이오 중군의게ᄂᆞᆫ 븟디 아니ᄒᆞ니 너희 내 계규를 드러 ᄒᆡᆼᄒᆞ면 다 듕샹이 이시리라 (要害吾者, 陳應丶鮑龍也, 不干衆軍之事. 汝等聽吾行計, 皆有重賞.) <삼국-가정

17:31>

【듕씨-ᄒᆞ-】 동 무찌르다. 미상.¶ ▼殺過 ‖ 한뇨ᄅᆞᆯ 사로잡아 진의 도라왈 다시 말을 노화 창을 취ᄒᆞ여 적진을 듕씨ᄒᆞ니 학[한]덕이 ᄉᆞ즤 다 조운의 손의 니ᄅᆞ물 보고 (生擒韓瑤歸陣, 復縱馬取鎗殺過陣來, 韓德見四子皆喪趙雲之手.) <삼국-모종 15:46>

【듕연】 명 ((관직)) 중연(中涓). 환관(宦官). 태감(太監).¶ ▼中涓 ‖ 후한 환뎨 붕ᄒᆞ시거ᄂᆞᆯ 녕뎨 즉위ᄒᆞ시니 년 이십이 셰라 됴뎡의 대쟝군 두무와 태부 딘번과 ᄉᆞ도 호광이 이셔 ᄒᆞᆫ가지로 돕더니 추구월의 니르러 듕연[환관의 벼살리라]됴졀 왕뵈 농권ᄒᆞ거ᄂᆞᆯ 두무와 딘번이 도모ᄒᆞ야 죽이랴 ᄒᆞ다가 거ᄉᆡ 딘밀티 못ᄒᆞ야 도로혀 죠졀 왕보의 해ᄒᆞᆫ 배 되니 듕연이 일로브터 권을 어더 (後漢桓帝崩, 靈帝卽位, 時年二十二歲. 朝廷有大將軍竇武、太傅陳蕃、司徒胡廣共相輔佐. 至秋九月, 中涓[中官也]曹節、王甫弄權, 竇武、陳蕃預謀誅之, 機謀不密, 反被曹節、王甫所害. 中涓自此得權.) <삼국-가정 1:2>

【듕원】 명 ((지리)) 중원(中原). 황하 유역.¶ ▼中原 ‖ 몬져 형쥐ᄅᆞᆯ 취ᄒᆞ야 근본을 삼고 버거 셔천을 취ᄒᆞ야 나라ᄒᆞᆯ 셰워 솟발의 셰 되면 가히 듕원을 도모ᄒᆞ리이다 (先取荊州爲家, 後取益州建皇都, 以成鼎足之勢, 然後可圖中原也.) <삼국-가정 12:111> 하후뮈 우리 군ᄉᆞ의 대로ᄌᆞ로 나아가 블 드ᄅᆞ면 반ᄃᆞ시 관듕 병을 다 니ᄅᆞ혀 막을디라 ᄒᆞᆫ갓 ᄉᆡᆼ녕을 샹히올 ᄲᅮᆫ이니 어ᄂᆡ 날 듕원을 어드리오 (丞相從大路進發, 彼必盡起關中之兵, 于路迎敵, 則徒損生靈, 何日而得中原也?) <삼국-가정 30:4>

【듕쟝】 명 ((관청)) 중장(中藏). 중장부(中藏府)의 준말. 한나라 때 궁중의 내고(內庫).¶ ▼中藏 ‖ 일ᄌᆞ은 셔원의 가 ᄆᆡ실을 먹다가 황문으로 ᄒᆞ여곰 듕쟝의 가 ᄭᅮᆯ을 가져오라 ᄒᆞ야 ᄆᆡ실을 달혀 먹으려 ᄒᆞ더니 (一日出西苑, 因食生梅, 令黃門于中藏取蜜煎梅食之.) <삼국-가정 37:61>

【듕쳡-ᄒᆞ-】 동 중첩(重疊)하다. 거듭 겹치거나 포개어지다.¶ ▼重疊 ‖ 다만 괴셕이 ᄎᆞ라[아]ᄒᆞ야 검극과 ᄀᆞᆺ고 모ᄅᆡ가 빗ᄀᆡ고 흙이 셔 듕쳡ᄒᆞ기랄 ᄉᆞᆫ 갓고 강이 소ᄅᆡᄒᆞ고 물이 나소ᄉᆞ 쳔병만마 소ᄅᆡ 잇난지라 (但見怪石嵯峨, 槎枒似劍, 橫沙立土, 重疊如山, 江聲浪湧, 有如劍鼓之聲.) <삼국-모종 14:21>

【듕풍】 명 ((질병)) 중풍(中風). 뇌혈관의 장애로 갑자기 정신을 잃고 넘어져서 구안괘사, 반신불수, 언어 장애 따위의 후유증을 남기는 병.¶ ▼卒中風 ‖ 죄 ᄆᆞ음의 ᄒᆞᆫ 계규ᄅᆞᆯ 내여 ᄒᆞᆯᄅᆞᆫ 아자비 보ᄂᆞᆫᄃᆡ 거ᄌᆺ ᄡᅡ히 업더져 ᄂᆞᆺ치 다 ᄒᆡ야디고 입을 힝그리텨시니 아자비 놀라 무ᄅᆞᆫ대 죄 왈 듕풍이로소이다 ᄒᆞᆫ대 (一日見叔父來, 詐倒于地, 敗面喎口. 叔父慌問之, 操曰: ‘卒中風耳.’) <삼국-가정 1:43>

【듕풍-ᄒᆞ-】 동 중풍(中風)하다. 중풍(中風)에 걸리다.¶ ▼中風 ‖ 네 듕풍ᄒᆞ엿다 ᄒᆞ더니 불셔 됴핫ᄂᆞ냐? (汝中風已瘥乎?) <삼국-가정 1:43>

【듕-ᄒᆞ-】 형 ❶ 중(重)하다. 무겁다. 소중하다.¶ ▼顯 ‖ 쵀모 댱윤은 텸녕ᄒᆞᄂᆞᆫ 무리어ᄂᆞᆯ 엇디 이대ᄃᆞ록 듕ᄒᆞᆫ 벼ᄉᆞᆯ을 ᄒᆞ이며 슈군도독지이 겸킈 ᄒᆞ시ᄂᆞ니잇고? (蔡瑁丶張允乃諂佞之徒, 何故加封如此顯官, 更教都督水軍乎?) <삼국-가정 13:118> ▼重 ‖ 공지 부명을 밧들고 강하ᄅᆞᆯ 진슈ᄒᆞ니 소임이 지극히 듕ᄒᆞ거날 이졔 직슈ᄅᆞᆯ 쳔단니 ᄶᅥ나니 만일 동오병이 니ᄅᆞ면 엇지ᄒᆞ리요 (公子奉父命鎭守江夏, 其任至重, 今擅離職守, 倘東吳兵至, 如之奈何?) <삼국-모종 7:25> ❷ 중(重)하다. (병이) 위중하다.¶ ▼膏肓 ‖ 내 이졔 병이 듕ᄒᆞ니 현뎨의게 의탁고져 ᄒᆞ노니 내 ᄌᆞ식이 ᄌᆡ조 업고 졔쟝이 녕낙ᄒᆞ니 내 주근 후의 현뎨 가히 형쥐ᄅᆞᆯ 다ᄉᆞ리라 (吾今病在膏肓, 托孤于賢弟. 我子無才, 諸將零落; 我死之後, 賢弟可攝荊州.) <삼국-가정 13:73>

【듕흥-ᄒᆞ-】 동 중흥(中興)하다. 쇠퇴하였던 것이 다시 일어나다. 또는 다시 일어나게 하다.¶ ▼中興 ‖ 광무황뎨 듕흥ᄒᆞ여 긔업을 거ᄌᆺ 뎡졔ᄒᆞ니 이ᄂᆞᆫ 다시 난으로부터 다ᄉᆞ리기의 드러가 지금 이ᄇᆡᆨ 년의 오ᄅᆡ ᄇᆡᆨ셩이 편ᄒᆞᆫ고로 간과 다시 ᄉᆞ방의 이러나니 (光武中興, 重整基業, 復由亂而入治, 至今二百年, 民安已久, 故干戈又復四起.) <삼국-모종 6:76>

【드-】[1] 동 들다. 날이 날카로워 물건이 잘 베어지다.¶ ▼利 ‖ 뉴봉이 두 사ᄅᆞᆷ의 몸의셔 다 드ᄂᆞᆫ 칼ᄒᆞᆯ 뒤여내니 (劉封於二人身畔, 各搜出利刃二口.) <삼국-가정 20:57>

【드-】[2] 동 «들다» 덜다. 일정한 수량이나 정도에서 얼마를 떼어 줄이다.¶ ▼除 ‖ ᄎᆡᆨ이 ᄃᆡ희ᄒᆞ여 화타을 ᄉᆞ례ᄒᆞ고 군사를 나와 산적을 드니 강남 다 평ᄒᆞᆫ지라 (策大喜, 厚謝華佗, 遂進兵殺除山賊, 江南皆平.) <삼국-모종 3:24>

【드드여】 부 드디어.¶ ▼遂 ‖ 드ᄌᆞ여 말게 나려 관공으로 더부러 녜필 후 산상의 좌를 정ᄒᆞ니 (遂棄刀下馬, 與關公敘禮畢, 坐於山頂.) <삼국-국중 6:4> 됴운니 ᄉᆡᆼ각ᄒᆞᄃᆡ 고군 져적디 못ᄒᆞᆯᄀᆞ 두려ᄒᆞ여 드ᄌᆞ여 한수 셔의 물너와 양군니 물을 디음ᄒᆞ고 상거ᄒᆞ더라 (趙雲恐孤軍難立, 遂退於漢水之西. 兩軍隔水相拒.) <삼국-국중 12:138>

【드듸-】 형 더디다.¶ ▼遲 ‖ 소ᄂᆞᆫ 성품이 드듸고 으심이 만ᄒᆞ여 모ᄉᆞ 각ᄌᆞ 투기ᄒᆞ니 족히 근심 아니라 뉴비ᄂᆞᆫ 군병을 ᄉᆡ로 정제ᄒᆞ나 즁심이 불복ᄒᆞ니 승상이 동으로 치면 ᄒᆞᆫ 변 ᄡᅡ와 정ᄒᆞ리라 (紹性遲而多疑, 某謀士各相妒忌, 不足憂也. 劉備新整軍兵, 衆心未服, 丞相引兵東征, 一戰可定矣.) <삼국-모종 4:46>

【드듸허】 부 드디어.¶ ▼遂 ‖ 회 노왈 군법은 폐치 못하리라 ᄒᆞ고 드듸허 버히다 (會怒曰: “軍法不明, 何以令衆?” 遂令斬首示衆.) <삼국-모종 19:33>

【드러】 부 곳으로.¶ ▼조인이 크게 쇼ᄅᆡ지르고 말을 달녀여든 드러 건너 치니 (只見曹仁大呼一聲, 躍馬飛過天溝.) <삼국-가정 16:91>

【드러-니-】 동 들어가다.¶ ▼入去 ‖ 쵹병이 놀라 ᄃᆞ라나거ᄂᆞᆯ 새ᄃᆞ록 ᄧᆞᆯ와 낙셩의 니ᄅᆞ니, 셩듕 병이 나와 마자

드러니거ᄂᆞᆯ (蜀兵奔走, 連夜直赶到雒城, 城中兵接應入去.) <삼국-가정 21:4>

【드러셔】 [조] 곳으로부터. 곳에서부터. –데서.¶ ▼내 ᄇᆞᆯ셔 사ᄅᆞᆷ을 보내여 각쳐 믈어귀ᄅᆞᆯ 마갓ᄂᆞᆫ디라 슈 턍ᄒᆞ기ᄅᆞᆯ 기ᄃᆞ려 ᄇᆡᄅᆞᆯ ᄐᆞ고 놉픈 드러셔 믈을 ᄠᅧ ᄌᆞᄆᆞ면 번셩과 증구천 군ᄉᆡ 다 어별이 되리라 (吾待水發時, 乘高就船, 放水一淹, 則樊城、罾口川之兵, 皆爲魚鱉矣.) <삼국-가정 24:83>

【드럽써】 [부] 들입다. 냅다. 마구 무리하게.¶ ▼逕 ‖ 위 마ᄋᆞᆷ의 의심ᄒᆞ야 ᄇᆡᄅᆞᆯ 가져 두득의 다히고 친히 두듥의 올나 말을 타고 감영 셔셩 졍봉 일반 군관을 ᄯᅴ고 친슈 졍병을 삼십만을 거ᄂᆞ리고 드럽써 형주셩 ᄒᆞ의 니ᄅᆞ니 (瑜心疑, 敎把船傍岸, 親自上岸乘馬, 帶了甘寧、徐盛、丁奉一班軍官, 引親隨精軍三千人, 逕望荊州來, 旣至城下.) <삼국-모종 9:93>

【드레-】 [동] 더럽히다. 더러워지게 하다.¶ ▼淫汚 ‖ 〻제 ᄐᆡᄉᆞ 불냥ᄒᆞᆫ 마음으로 쳡의 몸을 드렐 쥴을 엇지 ᄉᆡᆼ각ᄒᆞ엿시리요 (誰想太師起不良之心, 將妾淫汚.) <삼국-국중 2:88>

【드레오-】 [동] 더럽히다.¶ ▼汚 ‖ ᄐᆡᄉᆞ ᄂᆡ 녀아를 드레오고 장군의 쳐를 ᄲᅦ셧시니 진실노 천하의 치소요 윤과 장군의 슈치라 (太師淫吾之女, 奪將軍之妻, 誠爲天下恥笑——非笑太師, 笑允與將軍耳!) <삼국-국중 2:98>

【드르-】 [동] «듣다» 흘리다. 떨어지다. 떨어뜨리다.¶ ▼遺 ‖ 형쥐 ᄇᆡᆨ셩들이 아니 감격ᄒᆞ리 업고 군듕이 진뉼ᄒᆞ여 드른 거ᄉᆞᆯ 줍지 아니ᄒᆞ더라 (荊州居民皆感其德, 軍中震慄, 路不拾遺.) <삼국-규장 17:62> 냥천 ᄇᆡᆨ셩이 태평호믈 즐겨 밤의 문을 닷디 아니ᄒᆞ며 길ᄒᆡ 드른 거ᄉᆞᆯ 줏디 아니ᄒᆞ고 ᄒᆡ마다 풍념ᄒᆞ니 (益州之民, 欣樂太平, 夜不閉戶, 路不拾遺. 幸是連年大熟, 老幼皆鼓腹謳歌.) <삼국-가정 28:58>

【드르-ᄀᆞᆯ멱이】 [명] ((조류)) 들갈매기.¶ ▼野鵠 ‖ 집ᄃᆞᆰ과 드르ᄀᆞᆯ멱이도 오히려 ᄣᅢ를 알거든 허믈며 사람이 되어 이셔 엇지 모르리오 (家鷄野鵠, 尙自知時, 何況爲人在世乎?) <삼국-가정 22:80>

【드르ㅎ】 [명] ((지리)) 들. 편평하고 넓게 트인 땅. 또는 논이나 밭으로 되어 있는 넓은 땅.¶ ▼畎畝 ‖ 시졀의 은툥을 닙어 서로 천진ᄒᆞ야 슈월 ᄉᆞ이예 툐탁ᄒᆞ야 블ᄎᆞ로 탁용ᄒᆞ고 ᄉᆞ태우로 ᄒᆞ야곰 드르ᄒᆡ ᄇᆞ리여 ᄡᅳ이디 못ᄒᆞ니 이ᄂᆞᆫ 갓과 신이 밧고이듯 ᄒᆞ얏ᄂᆞᆫ지라 (見寵于時, 更相薦說, 旬月之間, 幷各拔擢: 樂松處常伯, 任芝居納言, 郤儉、梁鵠各受豐爵不次之寵, 而令搢紳之徒委伏畎畝, 口誦堯舜之言, 身蹈絶俗之行, 棄捐溝壑, 不見逮及, 冠履倒易, 陵谷代處.) <삼국-가정 1:6> ▼野 ‖ 완셩의 다ᄃᆞᄅᆞ니 됴홍이 한튱을 보내여 영졉ᄒᆞ여 각 드르ᄒᆡ 딘텻더니 (比及前至宛城, 趙弘遣韓忠前來迎戰, 各陳兵于野.) <삼국-가정 1:62> 견이 대군을 모라 크게 즛디ᄅᆞ니 죽엄미 드르ᄒᆡ ᄭᆞᆯ렷더라 (堅驅大軍, 殺得尸橫遍野.) <삼국-가정 3:42>

【드릅더】 [부] 들입다. 냅다. 마구 무리하게.¶ ▼逕 ‖ 유봉이 ᄃᆡ로 졍창취마ᄒᆞ야 드릅더 죠를 취ᄒᆞ니 죄 셔황으로 ᄂᆡ영ᄒᆞ거ᄂᆞᆯ 봉이 사픽ᄒᆞ여 ᄃᆞ라ᄂᆞ니라 (劉封大怒, 挺鎗驟馬, 逕取曹操. 操令徐晃來迎, 封詐敗而走.) <삼국-국중 12:143>

【드리뻐】 [부] 들입다. 냅다. 마구 무리하게.¶ ▼一把 ‖ 몽이 술을 바다 먹고져 ᄒᆞ더니 믄득 잔을 ᄊᆞ히 ᄇᆞ리고 손권을 드리뻐 븟들고 소ᄅᆡ 딜러 ᄭᆞ지저 닐오ᄃᆡ (于是呂蒙接酒欲飮, 忽然擲杯于地, 一把揪住孫權, 厲聲大罵曰.) <삼국-가정 25:61>

【드립뻐】 [부] 들입다. 냅다. 마구 무리하게 힘을 들여서.¶ ▼그 창 ᄌᆞᆯᄂᆞᆯ 드립뻐 잡고 제 잡앗던 칼을 내여ᄇᆞ리고 둘리 ᄆᆞᆯ 우히셔 창대를 서로 힐히워 아ᄉᆞ려 ᄒᆞ더니 (將槍挾住, 便棄刀. 兩個在馬上奪槍.) <삼국-규장 13:60>

【드ᄅᆞ】 [명] ((지리)) 들. 편평하고 넓게 트인 땅. 또는 논이나 밭으로 되어 있는 넓은 땅.¶ ▼野 ‖ 이번의 만히 패티 아니ᄒᆞ여시니 우리 채칙을 못 일워시믈 업슈이 어겨 반ᄃᆞ시 와 우리 드ᄅᆞᆺ 영을 겁탁ᄒᆞᆯ 거시니 (賊折不多, 欺我未立寨柵, 必然來劫野營.) <삼국-가정 19:23> 이제 뉴비 멀리 드러와 우리ᄅᆞᆯ 엄습ᄒᆞ니 병이 만의 ᄎᆞ디 못ᄒᆞ고 ᄉᆞ즁이 븟졷디 아니ᄒᆞᄂᆞᆫ디라 드ᄅᆞᆺ 곡식으로 ᄌᆞ뢰ᄒᆞ니 군듕의 칙듕이 업ᄉᆞ리라 (今劉備來襲我, 兵不滿萬, 士衆未附, 野穀是資, 軍無輜重.) <삼국-가정 21:23> 뎨 멀리 ᄇᆞ라보시니 블이 드ᄅᆞ과 뫼히 ᄀᆞ득ᄒᆞ엿고 죽엄이 ᄡᅡ혀 강을 막아 ᄂᆞ려오더라 (先主遙望, 遍野火光不絶, 死屍重疊, 塞江而下.) <삼국-가정 27:90>

【드ᄅᆞ-】[1] [동] 듣다. 소리를 귀로 느끼다.¶ 정이 위급ᄒᆞᆯ 제 홀연 드ᄅᆞ니 고각이 헌쳔ᄒᆞᄂᆞᆫ 곳의 위병이 분〻니 퇴ᄒᆞ거ᄂᆞᆯ (正慌急之間, 忽聽的喊聲大震, 鼓角喧天, 只見魏兵紛紛倒退.) <삼국-국중 17:57>

【드ᄅᆞ-】[2] [동] «듣다» 흘리다. 떨어지다. 떨어뜨리다.¶ ▼형쥐 ᄇᆡᆨ셩ᄃᆞᆯ이 아니 감격ᄒᆞ리 업고 군듕이 진뉼ᄒᆞ여 드ᄅᆞᆫ 거ᄉᆞᆯ 줏디 아니ᄒᆞ더라 (荊州居民皆感其德, 軍中震慄, 路不拾遺.) <삼국-가정 24:131>

【드ᄅᆞㅎ】 [명] ((지리)) 들. 편평하고 넓게 트인 땅. 또는 논이나 밭으로 되어 있는 넓은 땅.¶ ▼野 ‖ 현덕 관、댱이 ᄆᆞᆯ을 채텨 놉흔 봉의 올라 ᄇᆞ라보니 한군이 대패ᄒᆞ야 뫼히 허여디고 드ᄅᆞ히 몌엿ᄂᆞᆫ디라 (玄德引關、張縱馬上高崗望之, 見漢軍大敗, 後面漫山塞野.) <삼국-가정 1:51> 믄득 ᄉᆞ면의 함셩이 대진ᄒᆞ며 고각이 졔명ᄒᆞ고 촉병이 뫼흘 더프며 드ᄅᆞ히 ᄀᆞ득ᄒᆞ야 오고 (忽然四面喊聲大震, 鼓角齊鳴, 蜀兵滿山遍野而來.) <삼국-가정 32:16>

【-드면】 [미] –더라면. –었으면. 과거에 지속되었으리라던 사실을 가정하여 뒤에 이어주는 뜻을 가진다. –드(← –더: 시상 선어말어미) + -면(← -라면: 조건의 접속어미).¶ ▼공이 아니드면 관이 위ᄐᆡᄒᆞᆯ 번ᄒᆞ엿도다 (非公則此關休矣.) <삼국-국중 4:127> 후셩이 울며 왈 공 등이

아니드면 닉 죽을 번ᄒᆞ엿도다 (侯成泣曰: '非公等則吾死矣!') <삼국-국중 4:145> 현덕이 ᄉᆞ례 왈 만닐 노장군곳 아니드면 오애 엇디 이에 와 날을 구ᄒᆞ여시리오 ᄒᆞ고 인ᄒᆞ여 신상의 황금쇄ᄌᆞ갑을 버셔 쥬니 (玄德謝曰: "若非老將軍, 吾弟安能到此?" 卽脫身上黃金鎖子甲以賜之.) <삼국-국중 11:117>

【드므-】 형 «드믈다» 드물다.¶ ▼稀 ‖ 한 번 보고 이즈미 업ᄂᆞᆫ 직죠ᄂᆞᆫ 세상의 드믄 ᄇᆡ라 뉘 셔신니 쳔긔를 누셜ᄒᆞᆯ 쥴 알니오 (一覽無遺世所稀, 誰知書信泄天機.) <삼국-국중 11:83>

【득침-ᄒᆞ-】 동 득침(得寢)하다. 잠자다. 취침하다.¶ ▼寢 ‖ ᄒᆞᄅᆞᆫ 죄 득침ᄒᆞᆯᄉᆡ 니블이 버서뎌 상 아래 ᄂᆞ려뎟거ᄂᆞᆯ ᄒᆞᆫ 근시 나아가 니블을 거두어 덥더니 죄 닐뻐나 칼흘 ᄲᅢ혀 그 사ᄅᆞᆷ을 뎌 죽이고 도로 누어 자기ᄅᆞᆯ ᄒᆞ다가 (一日, 晝寢於帳中, 落被於地, 一近侍慌取覆之. 操躍起, 拔劍斬之, 復上床睡.) <삼국-가정 23:115>

【들】 명 ((지리)) 편평하고 넓게 트인 땅. 또는 논이나 밭으로 되어 있는 넓은 땅.¶ ▼野 ‖ 뎨 먼니 ᄇᆞ라보시니 블이 들과 뫼히 가득ᄒᆞ엿고 쥭엄이 ᄡᅡ혀 강믈을 마가 나려오더라 (先主遙望, 遍野火光不絶, 死屍重疊, 塞江而下.) <삼국-규장 19:56>

【들-】[1] 동 들다. 아래에 있는 것을 위로 올리다.¶ ▼綽 ‖ 이ᄅᆞᆯ 인ᄒᆞ야 급히 창을 들고 ᄆᆞᆯ게 올라 삼ᄇᆡᆨ군을 거ᄂᆞ리고 셩으로 나오더니 채모ᄅᆞᆯ 만나 (因此火急綽槍上馬, 引三百軍出城, 迎見蔡瑁.) <삼국-가정 12:11> 흥이 ᄯᅩᄒᆞᆫ ᄆᆞᆯ게 올라 집의 뎐ᄒᆞ던 큰 칼흘 들고 ᄆᆞᆯ을 노하 나아와 (興亦上馬, 綽家傳大砍刀, 縱馬而出.) <삼국-가정 26:97>

【들-】[2] 동 덜다.¶ ▼絶 ‖ 노하 원쇼의게 ᄀᆞ면 이ᄂᆞᆫ 븜의게 우익을 더ᄒᆞ미라 죠차 가 쥭이여 후한을 들 거시니라 (若縱之使歸袁紹, 是與虎添翼也, 不若追而殺之, 以絶後患.) <삼국-모종 5:1>

【들-가마귀】 명 ((조류)) 들가마귀.¶ ▼野鵠 ‖ 집ᄃᆞᆰ과 들가마귀도 오히려 ᄯᅢ를 알거든 ᄒᆞ믈며 사ᄅᆞᆷ이 되여 이셔 엇디 모르리오 (家鷄野鵠, 尙自知時, 何況爲人在世乎?) <삼국-규장 15:116>

【들-곡셕】 명 ((곡식)) 들곡식(-穀食).¶ ▼野穀 ‖ 뎡건니 수[유]장을 권ᄒᆞ여 들곡셕과 각쳐 곳집을 ᄐᆡ우고 파서 ᄇᆡᆨ셩을 거나려 부수 서의 피ᄒᆞ여 깁피 도량ᄒᆞ고 놉피 진 처 안이 싸운다 (鄭度勸劉璋盡燒野穀, 并各處倉廩, 率巴西之民, 避於涪水西, 深溝高壘而不戰.) <삼국-모종 11:15>

【들네-】 동 들레다. 큰소리로 떠들다. 야단스럽게 떠들다.¶ ▼喧天 ‖ ᄯᅩ 산곡 중으로 함성니 진동ᄒᆞ며 고각니 들네니 긔상의 써시ᄃᆡ 용양장군 관홍이라 (山谷中喊聲震地, 鼓角喧天, 前面一杆大旗, 上書: '左護衛使龍驤將軍關興'.) <삼국-모종 16:13>

【들-ᄃᆞ리】 명 ((건축)) 적교(吊橋). 현수교(懸垂橋).¶ ▼吊橋 ‖ 양ᄋᆞ셩 동문의 니ᄅᆞ니 셩샹의 긔를 두로 곳고 히ᄌᆞᆺ긔 녹각[사ᄅᆞᆷ 드디 못ᄒᆞ게 셜편 남글 바가 ᄀᆞ리온 거시라]을 베프고 들ᄃᆞ리를 드릿거ᄂᆞᆯ (轉至襄陽東門, 城上遍揷旌旗, 壕邊密布鹿角, 拽起吊橋.) <삼국-가정 13:108> 칼흘 드러 문 딕흰 쟝슈ᄅᆞᆯ 주기고 셩문을 열고 됴교[들ᄃᆞ리라]ᄅᆞᆯ 디오고 (輪刀砍死守門將, 遂開城門, 放下吊橋.) <삼국-가정 13:110> 댱임이 급히 도로텨 ᄃᆞᆺ거ᄂᆞᆯ 댱비 ᄯᆞᆯ와 셩하의 니ᄅᆞ니, 댱임이 ᄃᆞᆯ러 셩듕의 들고 들ᄃᆞ리를 드더라 (張任火急回身, 張飛直趕到城下. 張任退入城中, 拽起吊橋.) <삼국-가정 21:8>

【들러-나-】 동 탄로(綻露)나다. 발각(發覺)되다.¶ ▼露 ‖ 서로 잡으려 ᄒᆞᄂᆞᆫ 일이 블셔 이럿고 형셰 ᄯᅩᄒᆞᆫ 들러낫ᄂᆞᆫᄃᆡ 쟝군이 오히려 드러가려 ᄒᆞ니 엇지 일즉이 결티 아니ᄒᆞᄂᆞ뇨 (交持已成, 形勢已露, 將軍尙欲入宮議事?) <삼국-규장 1:85>

【들려-나-】 동 탄로(綻露)나다. 발각(發覺)되다.¶ ▼露 ‖ 서로 잡으려 ᄒᆞᄂᆞᆫ 일이 블셔 이럿고 형셰 ᄯᅩᄒᆞᆫ 들려낫ᄂᆞᆫᄃᆡ 쟝군이 오히려 드러가려 ᄒᆞ니 엇디 일즉이 결티 아니ᄒᆞᄂᆞ뇨 (交持已成, 形勢已露, 將軍尙欲入宮議事?) <삼국-가정 1:120>

【들-보】 명 ((건축)) 건물의 칸과 칸 사이의 두 기둥 위를 건너지른 나무.¶ ▼梁 ‖ 보야흐로 쇼좌의 오르 거ᄒᆞ더니 홀연 뎐 말르로셔 밋친 ᄇᆞ람이 크게 니러나며 ᄒᆞᆫ 프ᄅᆞᆫ ᄇᆡ얌이 들보 우흐로셔 ᄂᆞ리니 기리 이십여 댱이나 ᄒᆞ더라 어탑의 셔리니 녕뎨 보시고 놀라 것구러디거ᄂᆞᆯ 무ᄉᆡ 급히 구ᄒᆞ야 내니 (方欲升座, 殿角狂風大作, 見一條靑蛇, 從梁上飛下來, 約二十餘丈長, 蟠于椅上. 靈帝驚倒, 武士急慌救出.) <삼국-가정 1:3>

【들ᄡᅵ】 명 ((건축)) 들보. 건물의 칸과 칸 사이의 두 기둥 위를 건너지른 나무.¶ ▼梁 ‖ 범 왈 ᄉᆞ람이 안히 업ᄉᆞ면 집의 들ᄡᅵ 업삼과 갓하니 엇지 가히 둥도의 인륜을 페ᄒᆞ리요 (範曰: "人若無妻, 如屋無梁, 豈可中道而廢人倫?") <삼국-모종 9:45>

【들업-】 형 더럽다.¶ ▼穢 ‖ ᄎᆞ일의 댱비 군닌으로 ᄇᆡᆨ반 들업게 ᄉᆞ지ᄋᆞ니 합비 산상의서 ᄉᆞ진난지라 장비 ᄇᆡᆨ고 업서 (飛使軍人百般穢罵, 郃在山上亦罵, 張飛尋思, 無計可施.) <삼국-모종 12:2>

【들에-】 동 들레다. 큰소리로 떠들다. 야단스럽게 떠들다.¶ ▼喧鬧 ‖ 잇ᄯᅵ의 현덕이 졍히 민망이 디ᄂᆡ든 ᄎᆞ의 들에ᄂᆞᆫ 쇼리를 듯고 좌우다려 무르니 (玄德正納悶間, 聽得縣前喧鬧, 問左右.) <삼국-국중 1:39>

【들이-】 동 들이다. '주다'의 높임말.¶ ▼獻 ‖ 손칙은 인의 군ᄉᆞ를 쓰고 ᄇᆡᆨ호 다 포학ᄒᆞᆫ 무리라 맛당이 ᄇᆡᆨ호를 ᄉᆞ로ᄌᆞᆸ아 손칙의게 들이라 (孫策用仁義之師, 白虎乃暴虐之衆, 還宜擒白虎以獻孫策.) <삼국-모종 3:19>

【들ㅎ】 명 ((지리)) 들. 편평하고 넓게 트인 땅. 또는 논이나 밭으로 되어 있는 넓은 땅.¶ ▼野 ‖ 완셩의 다ᄃᆞ르니 됴홍이 한퉁을 보ᄂᆡ여 영졉ᄒᆞ여 각 들히 딘텻더니 (比及前至宛城, 趙弘遣韓忠前來迎戰, 各陳兵于野.) <삼국-규장 1:43> ▼畎畝/畎 ‖ 시졀의 은퉁을 닙어 서로 천

진ᄒᆞ야 츈월 ᄉᆞ이의 툐탁ᄒᆞ야 블ᄎᆞ로 탁용ᄒᆞ고 ᄉᆞ틱우로 ᄒᆞ여금 들히 바리여 쓰이지 못ᄒᆞ니 이ᄂᆞᆫ 갓과 신이 밧고이듯 ᄒᆞ얏ᄂᆞᆫ지라 (見寵于時, 更相薦說, 旬月之間, 并各拔擢: 樂松處常伯, 任芝居納言, 郤儉、梁鵠各受豐爵不次之寵, 而令搢紳之徒委伏畎畮, 口誦堯舜之言, 身蹈絶俗之行, 棄捐溝壑, 不見逮及, 冠履倒易, 陵谷代處.) <삼국-가정 규장 1:4>

【듯】 명 뜻.¶ ▼意 ‖ 사직을 붓들면 이ᄂᆞᆫ 다 네 공이라 네 듯이 엇더ᄒᆞ뇨 (重扶社稷, 再立江山, 皆汝之力也. 不知汝意若何?) <삼국-국중 2:75> ▼心 ‖ 단양독장 규람과 군승 ᄃᆡ원이 항상 익이를 죽일 듯이 잇더니 익의 종인 변홍으로 다려 심복이 되여 한가지 익을 모슐ᄒᆞ더니 (丹陽督將嬀覽、郡丞戴員二人, 常有殺翊之心, 乃與翊從人邊洪結爲心腹, 共謀殺翊.) <삼국-모종 6:95>

【듯-】[1] 동 «듣다» 눈물, 빗물 따위의 액체가 방울져 떨어지다.¶ ▼流 ‖ 좌ᄌᆡ 룡의 빗슉으로셔 간 ᄒᆞᆫ 부를 ᄢᅢ혀 너여오니 블근 피 님니ᄒᆞ야 듯거ᄂᆞᆯ (左慈于龍腹中提出龍肝一副, 鮮血尙流.) <삼국-가정 22:73>

【듯-】[2] 동 들다.¶ ▼入 ‖ 네 숨천 군을 거나려 위병의 둔양ᄒᆞ난 곳에 이로러 가되 영즁의 듯지 못할 거시요 바람 머리예 불을 노하 (汝引三千軍徑到魏兵屯糧之所, 不可入營, 但於上風頭放火.) <삼국-모종 16:33>

【-듯】 미 뒤 절의 내용이 앞 절의 내용과 거의 같음을 나타내는 연결 어미.¶ ▼시졀의 은툥을 닙어 서로 천진ᄒᆞ야 츈월 ᄉᆞ이의 툐탁ᄒᆞ야 블ᄎᆞ로 탁용ᄒᆞ고 ᄉᆞ틱우로 ᄒᆞ여금 들히 바리여 쓰이지 못ᄒᆞ니 이ᄂᆞᆫ 갓과 신이 밧고이듯 ᄒᆞ얏ᄂᆞᆫ지라 (見寵于時, 更相薦說, 旬月之間, 并各拔擢: 樂松處常伯, 任芝居納言, 郤儉、梁鵠各受豐爵不次之寵, 而令搢紳之徒委伏畎畮, 口誦堯舜之言, 身蹈絶俗之行, 棄捐溝壑, 不見逮及, 冠履倒易.) <삼국-규장 1:4>

【듯글】 명 티끌. 먼지.¶ ▼塵頭 ‖ 현덕이 샤례ᄒᆞ고 가더니 믄득 보니 듯글이 히를 ᄀᆞ리오고 군매 만산폐야ᄒᆞ야 오거ᄂᆞᆯ (忽見塵頭蔽日, 漫山塞野軍馬來到.) <삼국-가정 7:12> ▼塵 ‖ 巾은 뻐곰 듯글과 ᄑᆞ리를 辟ᄒᆞᄂᆞᆫ 거시라 (巾者, 以辟塵蠅也.) 폐하로 ᄒᆞ여금 듯글을 무릅고 근심 가온대 쳐ᄒᆞ샤 뷘 ᄯᅡ히 가도와시니 사ᄅᆞᆷ과 신녕이 다 님재 업ᄉᆞ더라 (令陛下蒙塵憂厄, 幽處虛邑, 人神無主.) <삼국-가정 24:10> 네 진문공이 쥬양왕을 바ᄃᆞ매 텬해 슌히 좃고 한고죄 의데를 위ᄒᆞ야 거상 닙으매 텬해 ᄆᆞᄋᆞᆷ을 도라보내엿ᄂᆞ니 이제 텬지 듯글 둥의 겨시니 쟝군이 몬져 의병을 니ᄅᆞ혀 (昔日晉文公納周襄王, 而諸侯義從; 漢高祖爲義帝縞素, 而天下歸心. 今天子蒙塵, 將軍首倡義兵.) <삼국-가정 5:58>

【듯-보-】 동 알아보다. 살펴보다.¶ ▼哨探 ‖ ᄃᆞᄃᆡ여 허락ᄒᆞᆫ대 비외 오만병을 거ᄂᆞ려 야곡을 ᄇᆞ라고 오다가 군마를 잠간 머믈오고 쵹병의 쇼식을 듯보더니 (行了兩三程, 屯下軍馬, 令人哨探.) <삼국-가정 32:16> ▼打聽 ‖ 쉐 둥군의 ᄃᆞ러가 딘홀ᄉᆡ 네 채예 ᄂᆞᆫ화 버렷더니 듯보니 조의 댱젼의 뎐위 이시니 극히 용밍ᄒᆞ고 텰창 둘흘 쓰니 둥이 팔십 근이라 겨ᄐᆡ 나아가기 어렵다 ᄒᆞ더라 (綉乃屯軍於高道, 分爲四寨. 數日之內, 打聽操帳前有典韋極勇, 使兩柄鐵戟, 重八十斤, 急難近傍.) <삼국-가정 6:49> 현덕이 허뎌 댱뇨의게 잡혀가더란 말을 듯고 황망히 샹부의 와 듯보니 후원의 잇나 ᄒᆞ거ᄂᆞᆯ (聽得玄德被張遼、許褚請將去了, 慌忙來相府打聽, 知在後園.) <삼국-가정 7:129>

【듯-보오-】 동 알아보다. 살펴보다.¶ ▼訪 ‖ 이제 쥬공이 큰 권을 잡으매 ᄉᆞ방 인심이 반ᄃᆞ시 평안티 아녀 ᄒᆞᄂᆞ이다 맛당이 듯보와 볼 거시닝이다 (今主公掌握大柄, 四方人心必然未安, 且當暗訪.) <삼국-가정 37:6> ▼探 ‖ 이거시 비록 달랜 말이나 일변으로 만툥을 보내여 조공과 언약ᄒᆞ여 슈미로 서ᄅᆞ 티쟈 ᄒᆞ고 일변으로 사ᄅᆞᆷ을 보내여 관우의 동정을 듯보와 힝ᄉᆞᄒᆞ미 가타 (雖是說詞, 其中有理. 一邊送滿寵回, 約會曹公, 首尾相擊; 一邊使人過江探雲長動靜, 方可行事.) <삼국-가정 24:30> ▼暗訪 ‖ 이제 쥬공이 큰 권을 잡으매 ᄉᆞ방 인심이 반ᄃᆞ시 평안티 아녀 ᄒᆞᄂᆞ이다 맛당이 듯보와 볼 거시닝이다 (今主公掌握大柄, 四方人心必然未安, 且當暗訪.) <삼국-가정 37:6>

【등】[1] 명 ((신체)) 등. 사람이나 동물의 몸통에서 가슴과 배의 반대쪽 부분.¶ ▼背 ‖ 위도독 조휘 셕뎡의셔 뉵손의게 대패ᄒᆞ야 거댱마필과 군ᄌᆞ긔계를 다 일코 근심ᄒᆞ고 두려 밤낫 ᄃᆞᆯ려 도라오더니 낙양의 니ᄅᆞ러 등의 죵긔 내여 죽으니 (魏都督曹休被陸遜大破於石亭, 車仗馬匹、軍資器械并皆罄盡. 休惶恐太甚, 連夜奔走, 因此氣憂成病, 到洛陽發背而死.) <삼국-가정 31:87> 네 엇디 감히 쟝슈의 녕을 어그릇ᄂᆞ뇨 ᄒᆞ고 군ᄉᆞ를 ᄭᅮ지저 잡아내여 가 등 일ᄇᆡᆨ을 티라 ᄒᆞᆫ대 ('你違將令, 該打一百背花.' 喝軍捉下.) <삼국-가정 5:101>

【등】[2] 명 ((지리)) 등(登).¶ ▼登 ‖ 건녕 사년 츈이월의 낙양의 디진ᄒᆞ니 각사 마을 담들리 다 믈허디고 바다믈이 다 넘ᄶᅵ니 등 닉 긔 밀 네 고을히 믈결의 후믈리니 ᄇᆡᆨ셩이 다 바다히 ᄲᅡ디거ᄂᆞᆯ (建寧四年二月, 洛陽地震, 省垣皆倒, 海水泛濫, 登、萊、沂、密盡被大浪卷掃居民入海.) <삼국-가정 1:4> 건령 사년 츈이월의 낙양의 디진ᄒᆞ니 각사 마을 담들이 다 문허지고 바다물이 다 넘ᄶᅵ니 등 닉 긔 밀 네 고을이 물결의 휘물리니 ᄇᆡᆨ셩이 다 바다히 ᄲᅵ디거ᄂᆞᆯ (建寧四年二月, 洛陽地震, 省垣皆倒, 海水泛濫, 登、萊、沂、密盡被大浪卷掃居民入海.) <삼국-규장 1:4>

【등-두-】 동 등지다.¶ ▼背 ‖ 내 보니 쵹병이 한슈를 등두어 영을 ᄒᆞ니 의심ᄒᆞ엿더니 이제 ᄯᅩ 마필 긔계를 만히 ᄇᆞ려시니 이거시 두 가지 의심된 일이라 (吾見蜀兵背漢水安營, 而疑之一也; 多棄馬匹軍器者, 疑之二也.) <삼국-가정 23:95> 우리ᄂᆞᆫ 놉픈 셩 우희 안자 남으로 대강을 님ᄒᆞ고 븍으로 대산을 등두어시니 평안ᄒᆞ므로ᄡᅥ ᄀᆞᆺ븐 일을 기ᄃᆞ려 쥬인으로 손을 졔어홀 거시니 이ᄂᆞᆫ

ᄇᆡᆨ젼ᄇᆡᆨ승ᄒᆞᆯ 셰라 (吾與汝等坐占高城, 南臨大江, 北背山險, 以逸待勞, 此乃百戰百勝之勢也.) <삼국-가정 27:114>

【등-두우-】 동 등지다.¶ ▼背 ‖ ᄃᆞᄃᆡ여 현덕을 쳥ᄒᆞ여 친히 한슈ᄅᆞᆯ 건너 믈을 등두워 영을 ᄆᆡᆫᄃᆞ니 (遂請玄德親渡漢水, 背水結營.) <삼국-가정 23:93>

【등ᄃᆡ-ᄒᆞ-】 동 등대(等待)하다. 미리 준비하고 기다리다. 대령(待令)하다. 등후(等候)하다.¶ ▼等候 ‖ 관평과 뉴봉은 오ᄇᆡᆨ 군을 거ᄂᆞ려 미리 불 뎡길 거ᄉᆞᆯ 갓쵸와 박망파의 가셔 등ᄃᆡᄒᆞ다가 쵸경의 군ᄉᆡ 일아거든 불얼 노호ᄅᆞ (關平、劉封可引兵五百軍, 預備引火之物, 於博望坡後兩邊等候, 至初更兵到, 便可放火矣.) <삼국-모종 7:15> ▼等分 ‖ 경죠일의 네 만져 군ᄉᆞ를 거ᄂᆞ리고 셩외의 나가 등ᄃᆡᄒᆞ여 ᄂᆡ 죠상의 졔ᄒᆞ믈 칭탁ᄒᆞ고 부인으로 더부러 함게 다라ᄂᆞ리라 (正旦日, 你先引軍士出城, 於官道等分. 吾推祭祖, 與夫人同走.) <삼국-국중 10:76>

【등-살】 명 ((신체)) 등에 있는 힘살.¶ ▼등살이 드러나두룩 ᄡᅧ려 (背花) <삼국-어람 108b>

【등-칡】 명 ((식물)) 등칡. 쥐방울덩굴과의 낙엽 활엽 덩굴나무.¶ ▼藤葛 ‖ 홀연 보니 남녀 수인니 각〻 짐을 지고 산벽노에 등칠글 붓들고 가거날 쟝비 ᄎᆡ로써 위연을 가라쳐 왈 와구관 엇기난 저 ᄇᆡᆨ셩의게 닛다 (忽見男女數人, 各背小包, 於山僻路攀藤附葛而走, 飛於馬上用鞭指與魏延曰: "奪瓦口關, 只在這幾個百姓身上.") <삼국-모종 11:6>

【등한-ᄒᆞ-】 형 등한(等閑)하다. 예사롭다. 범상하다. 또는 무엇에 관심이 없거나 소홀하다.¶ ▼等閑 ‖ ᄒᆞ믈며 ᄉᆞ마의ᄂᆞᆫ 등한ᄒᆞᆫ 무리 아니오 ᄯᅩ 션봉 당합은 위국 명쟝이라 디용이 과인ᄒᆞ니 네 능히 ᄃᆡ뎍디 못ᄒᆞᆯ가 두려ᄒᆞ노라 (況司馬懿非等閑之輩, 更有先鋒張部之勇, 智謀過人, 乃魏之名將也, 恐汝不能敵之.) <삼국-가정 31:8>

【등흘】 명 ((인명)) 등흘(鄧吃).¶ ▼鄧吃 ‖ 그 사ᄅᆞᆷ이 신댱이 칠쳑이오 ᄂᆞᆺ치 너ᄅᆞ며 귀 크고 ᄐᆞᆨ이 모지며 입이 크되 다만 말이 건삽ᄒᆞ니 시졀 사ᄅᆞᆷ이 브ᄅᆞ기ᄅᆞᆯ 등흘[두두어리닷 말이라]이라 ᄒᆞᄂᆞ니라 (其人身長七尺, 闊面大耳, 方頤大口. 但言語蹇澀, 時人呼爲'鄧吃'也.) <삼국-가정 37:41>

【ᄃᆡ드여】 부 드디어.¶ ▼遂 ‖ ᄃᆡ드여 다 봉ᄒᆞ고 시야 니경에 쟝노 젼가 노쇽[쇼]을 다리고 남문을 열고 쇄출ᄒᆞ니 (遂盡封鎖, 是夜二更, 張魯引全家老小, 開南門殺出.) <삼국-모종 11:59>

【ᄃᆡᄃᆡ여】 부 드디어.¶ ▼遂 ‖ 죠 왈 고쥬을 잇지 아니ᄒᆞ여 거릐 명ᄇᆡᆨᄒᆞ니 참 쟝부라 너희 물이 다 본바드라 ᄃᆡ〻여 ᄎᆡ양을 물이다 (操曰: "不忘故主, 來去明白, 眞丈夫也. 汝等皆當效之." 遂叱退蔡陽, 不令去趕.) <삼국-모종 5:1> 오의 왈 금안교라 한니 공명 ᄃᆡ〻여 말을 타고 교변에 가 ᄒᆞ수을 도라보고 ᄎᆡ중에 도라와 (吳懿曰: "金雁橋." 孔明遂乘馬至橋邊, 遶河看了一遍, 回到寨中.) <삼국-모종 11:4>

【ᄃᆡᄃᆞ여】 부 드디어.¶ ▼遂 ‖ 제 위연 ᄒᆞᆫ가지로 셩지ᄂᆞᆯ 들여 ᄂᆡ의 친형을 ᄒᆡ케 ᄒᆞ니 〻제 만나 셩지을 회복ᄒᆞ고 당〻히 원수을 갑푸리라 ᄃᆡᄃᆞ여 ᄒᆞ후상으로 다려 진[신]군을 ᄡᅳ어 젼진ᄒᆞ다 ("他和魏延獻了城池, 害吾親兄, 今旣相遇, 必當報讎." 遂與夏侯尙引新軍離寨前進.) <삼국-모종 12:11>

【ᄃᆡᄃᆡ여】 부 드디어.¶ ▼遂 ‖ ᄃᆡᄃᆡ여 밤을 타 가만니 ᄎᆡ영을 ᄲᅡ혀 다 ᄒᆞᆫ즁으로 도라가니 공명니 간릐 오일만의 ᄉᆞ마의 듯고 (遂傳號令, 教當夜暗暗拔寨, 皆回漢中, 孔明去了五日, 懿方得知.) <삼국-모종 16:46>

【ᄃᆡᆨ글】 명 티끌. 티와 먼지.¶ ▼塵頭 ‖ 홀년 젼군이 와 보호ᄃᆡ ᄉᆞᆫ후에 ᄃᆡᆨ글이 크게 일어나니 반다시 복병이 잇스리라 (忽前軍來報: "山後塵頭大起, 必有伏兵.") <삼국-모종 18:62>

【ᄃᆡᆨᄭᅳᆯ】 명 티끌. 티와 먼지.¶ ▼塵頭 ‖ 보국ᄃᆡ쟝 동철[궐]리 이만 병을 ᄡᅳ어 검각을 직히던니 당일의 ᄃᆡᆨᄭᅳᆯ이 일러나거날 (輔國大將軍董厥, 聞魏兵十餘路入境, 乃引二萬兵守住劍閣, 當日望見塵頭大起.) <삼국-모종 19:39>

【디-】[1] 동 ❶ 쓰러지다. 넘어지다. 거꾸러지다.¶ ▼倒 ‖ 이윽ᄒᆞ야 네녁희 블이 일시예 니러나거ᄂᆞᆯ 급히 뎐위ᄅᆞᆯ 브ᄅᆞ니 위 취ᄒᆞ여 덧더니 ᄭᅮᆷ 속의 금고와 함셩이 대진호믈 듯고 닐ᄠᅥ나 상ᄀᆞ의 쌍극을 어드니 업고 (須臾, 四下裏火起時, 速喚典韋. 韋醉倒在帳中, 夢中聽得金鼓喊殺之聲, 忽跳起, 床邊尋雙戟不見.) <삼국-가정 6:52> 즉시 부듕으로 드러가니 조식이 뎡의 뎡이 등으로 더브러 다 취ᄒᆞ여 덧거ᄂᆞᆯ (徑到府堂, 只見曹植與丁儀、丁廙等盡皆醉倒.) <삼국-가정 25:113> ▼臥 ‖ 비 사ᄅᆞᆷ으로 ᄒᆞ여곰 술을 나오라 ᄒᆞ여 좌우로 더브러 ᄒᆞᆫ가지로 먹더니 대취ᄒᆞ야 댱듕의 덧거ᄂᆞᆯ 범 댱 이적이 이 긔별을 듯고 각〻 뎌ᄅᆞᆫ 칼을 몸의 ᄀᆞᆷ초고 밤이 초경은 ᄒᆞ여 ᄀᆞ만이 댱듕의 드러가 (飛令人將酒來, 與部曲同飮, 不覺大醉, 臥于帳中. 范、張二賊探知消息, 各藏短刀, 夜至初更, 密入帳中.) <삼국-가정 26:83> ▼우리 두 사ᄅᆞᆷ이 죽디 아닐 ᄣᅢ면 뎨 취ᄒᆞ야 상샹의 더실 거시니 우리 죽을 ᄣᅢ면 뎨 취티 아니리라 (我兩個若不當死, 則他醉于床上; 若當死, 則他不醉.) <삼국-가정 26:82>손림이 대취ᄒᆞ야 덧더니 우쥬ᄅᆞᆯ 알ᄑᆡ 버리믈 보고 비슥이 누어 포ᄃᆞ려 닐오되 (綝大醉, 見牛酒列於前, 乃斜臥與布曰.) <삼국-가정 37:71> ❷ 떨어지다. (해나 달이) 지다.¶ ▼平 ‖ 현덕이 ᄒᆡ 셔의 디믈 보고 후군을 몬져 므ᄅᆞ라 ᄒᆞ니 군ᄉᆡ 보야호로 몸을 도로혀더니 (玄德見紅日平西, 教後軍先退, 軍士方回身.) <삼국-가정 21:6>

【디-】[2] 동 지다. 어떤 현상이나 상태가 이루어지다. 끼다.¶ ▼션ᄉᆡᆼ은 진짓 신인이로다 엇디 오ᄂᆞᆯ날 이리 대무딜 줄을 아뇨 (先生神人也! 何以知今日如此大霧?) <삼국-가정 15:73>

【디-】[3] 동 이르다. 지나다.¶ ▼至 ‖ 술이 세 슌 디거ᄂᆞᆯ 문빙 왕위 드러가 됴운을 쳥ᄒᆞ야 부연ᄒᆞ라 ᄒᆞ거ᄂᆞᆯ 운이 ᄉᆞ양ᄒᆞ고 가디 아니ᄒᆞ니 (酒至三巡, 文聘、王威入請

趙雲赴席, 雲推辭不去.) <삼국-가정 12:7> 양이 마자ᄃᆞ려 술을 두어 ᄃᆡ졉ᄒᆞ더니 술이 두어 슌 디거ᄂᆞᆯ 말로ᄡᅥ 도〻와 닐오ᄃᆡ (羕接入, 以酒待之. 酒至數巡, 超以言挑之曰.) <삼국-가정 25:122>

【디거티-】 동 내닫다.¶ ▼飛走 ‖ 녀푀 젹토마ᄅᆞᆯ 노화 ᄯᆞ오니 그 ᄆᆞᆯ이 ᄒᆞᄅᆞ 쳔니ᄅᆞᆯ 가ᄂᆞᆫ디라 ᄂᆞᄂᆞᆫ ᄃᆞ시 ᄃᆞᆯ려 ᄇᆞ람ᄀᆞᆺ티 디거티니 (呂布縱赤兎馬趕來. 那馬日行千里, 飛走如風.) <삼국-가정 2:87>

【디금】 명 지금(至今).¶ ▼至今 ‖ 한군ᄉᆞ 즁낭쟝 졔갈냥은 동오 ᄃᆡ도독 공근션ᄉᆡᆼ 휘하의 글을 보내ᄂᆞ니 냥이 시상의 ᄒᆞᆫ 번 니별ᄒᆞ므로븟터 디금 년〻불망ᄒᆞᆫ지라 (漢軍師中郎將諸葛亮, 致書於東吳大都督公瑾先生麾下: 亮自柴桑一別, 至今戀戀不忘.) <삼국-국중 10:113> ▼現在 ‖ 강유 듯고 마쥰의게 ᄋᆡ근이 고ᄒᆞ여 왈 ᄂᆡ 묘친이 디금 긔셩의 이시니 ᄂᆡ ᄒᆞᆫ 군ᄉᆞᄅᆞᆯ 비러 가 이 셩을 구ᄒᆞ고 노모ᄅᆞᆯ 보젼ᄒᆞ려 (姜維聞之, 哀告馬遵曰: "維母現在冀城, 恐母有失, 維乞一軍往救此城, 兼保老母.") <삼국-모종 15:66>

【디긔】 명 ((인류)) 지기(知己). 자기를 알아주는 사람. 벗.¶ ▼知己 ‖ 대댱뷔 셰샹의 쳐ᄒᆞ야 디긔지쥬[디긔ᄂᆞᆫ 내 직조ᄅᆞᆯ 깁피 아라 밋고 ᄉᆞ랑ᄒᆞᄂᆞᆫ 말이라]ᄅᆞᆯ 만나 밧그로 군신지의ᄅᆞᆯ 의탁ᄒᆞ고 안흐로 골육지은을 ᄆᆡᄌᆞ 말ᄉᆞᆷ을 반ᄃᆞ시 ᄒᆡᆼᄒᆞ고 계규ᄅᆞᆯ 반ᄃᆞ시 조ᄎᆞ며 화복을 ᄒᆞᆫ가지로 ᄒᆞ니 (大丈夫出世, 遇知己之主, 外托君臣之義, 內結骨肉之恩, 言必行, 計必從, 禍福共之.) <삼국-가정 15:52> 촉즁의 잇ᄂᆞᆫ 쇼리ᄅᆞᆯ 과히 포쟝ᄒᆞ시니 심히 불안ᄒᆞᆫ지라 연이나 ᄃᆡ기 들으니 말은 ᄇᆡᆨ낙을 만ᄂᆞ며 소ᄅᆡᄅᆞᆯ ᄂᆡ고 조작은 나무ᄅᆞᆯ 가리여 깃들이ᄂᆞ니 ᄉᆞᄅᆞᆷ이 디긔ᄅᆞᆯ 만ᄂᆞ미 엇지 위연ᄒᆞ리요 (蜀中小吏, 何足道哉! 蓋聞馬逢伯樂而嘶, 人遇知己而死.) <삼국-국중 11:53>

【디나-】 동 지나다.¶ ▼至 ‖ 양이 마자ᄃᆞ려 술을 부어 ᄃᆡ졉ᄒᆞ더니 술이 두어 슌 디나거ᄂᆞᆯ 툐 말로ᄡᅥ 조〻와 닐오ᄃᆡ (羕接入, 以酒待之. 酒至數巡, 超以言挑之曰.) <삼국-규장 18:30>

【디도】 명 ((지리)) 지도(地道). 땅을 파서 적을 치는 길.¶ ▼地道 ‖ 심ᄇᆡ ᄯᅩ 계규ᄅᆞᆯ 드려 군ᄉᆞ로 ᄒᆞ여곰 ᄀᆞ마니 디도ᄅᆞᆯ 파 조 영듕의 ᄉᆞᄆᆞᆺ게 ᄒᆞ더니 (審配又獻一計, 令軍人用鐵鍬暗打地道, 直透曹營內.) <삼국-가정 10:63> 돌문 안히 흙이 둣거오니 가히 디도ᄅᆞᆯ ᄑᆞ고 드러가 블을 노흘 거시라 (突門內土厚, 可掘地道而入放火, 城可拔也.) <삼국-가정 11:51>

【디디-】 동 디디다. 뛰어들다.¶ ▼投 ‖ 젼면의 고함소ᄅᆡ 진쳔ᄒᆞᄂᆞᆫ 곳의 쥬연의 군ᄉᆡ 분〻니 간수의 ᄲᅥ러지며 곤〻이 암간의 디〻ᄂᆞᆫᄃᆡ (前面喊聲震天, 朱然軍紛紛落澗, 滾滾投巖.) <삼국-국중 14:57>

【디레】 부 지레. 곧장.¶ ▼徑 ‖ 위쥐 ᄃᆡ희ᄒᆞ여 즉시 ᄉᆞᄌᆞᄅᆞᆯ 발ᄒᆞ야 각쳐의 분송ᄒᆞ고 ᄯᅩ 됴진을 명ᄒᆞ야 ᄃᆡ도독을 ᄉᆞᆷᄋᆞ 십만 병을 거ᄂᆞ려 디레 양평관을 진공ᄒᆞ게 ᄒᆞ다 (丕大喜, 隨卽密遣能言官四員爲使前去. 又命曹眞爲大都督, 領兵十萬, 徑取陽平關.) <삼국-국중 14:80>

【디ᄅᆞ-】 동 찌르다.¶ ▼刺 ‖ 동탁의 됴회 드러오ᄆᆞᆯ 기ᄃᆞ려 집 아래 다ᄃᆞᆺ거ᄂᆞᆯ 댜ᄅᆞᆫ 칼ᄒᆞᆯ ᄲᅡ혀 바ᄅᆞ 탁을 디ᄅᆞ더니 (候董卓入朝, 孚迎到閣下, 掣出短刀, 直刺卓.) <삼국-가정 2:17>

【디애】 명 ((건축)) 기와. 지붕을 이는 데에 쓰기 위하여 흙을 구워 만든 건축 자재.¶ ▼瓦 ‖ 댱안은 함곡관의 험ᄒᆞ미 잇고 농우 다히 갓가오니 나모 돌 벽 디애ᄂᆞᆫ 날뎡코 쟝만ᄒᆞ리니 궁실이나 관부ᄂᆞᆫ ᄃᆞᆯ이 몯ᄒᆞ여셔 가히 지을 거시니 (長安有崤函之險; 更近隴右, 木石磚瓦克日可辦, 宮室官府不須月餘.) <삼국-가정 2:98> 내 보매ᄂᆞᆫ 흙 ᄃᆞᆰ과 디애 개 ᄀᆞᄐᆞ이다 (以吾觀之, 如土鷄瓦犬耳!) <삼국-가정 9:37> 오ᄂᆞᆯ날 우희ᄂᆞᆫ ᄒᆞᆫ 조각 디애 덥픈 거시 업고 아래ᄂᆞᆫ 송곳 고ᄌᆞᆯ ᄯᅡ히 업ᄉᆞ니 진실로 ᄆᆞᄎᆞᆷ내 졔군의 젼뎡을 그릇ᄒᆞᆯ가 ᄒᆞ노니 (今日上無片瓦蓋頂, 下無置錐之地, 誠恐有誤諸公.) <삼국-가정 11:12> 조 대희ᄒᆞ야 동쟉ᄃᆡᄅᆞᆯ 쟝하 우희 지을ᄉᆡ 즉일의 흙을 ᄑᆞ며 남글 베히며 디애ᄅᆞᆯ 구으며 벽을 ᄀᆞ라 일년 공역을 혜아려 ᄆᆞᄎᆞ라 ᄒᆞ더라 (操大喜, 遂令造銅雀臺於漳河之上. 卽日破土斷木, 燒瓦磨磚, 計一年而工畢.) <삼국-가정 11:101> 구룸이 ᄑᆞ른 디애예 나니 옥뇽이 ᄂᆞᄂᆞᆫ도다 (雲生碧瓦玉龍飛.) <삼국-가정 18:33> 이ᄂᆞᆫ 녹히 ᄡᅥ 사ᄅᆞᆷ의 ᄆᆞᄋᆞᆷ을 ᄆᆡᆺᄂᆞ니 이제 공헌ᄒᆞᄂᆞᆫ 거시 다 디애며 돌 ᄀᆞᄐᆞᆫ 거시라 머어시 죡히 앗가오리오 (利足以結人心. 今貢獻之物, 皆瓦石之類耳, 何足惜哉!) <삼국-가정 26:121>

【디애-개】 명 ((기물)) 흙으로 빚어 구워 만든 개.¶ ▼瓦犬 ‖ 내 보매ᄂᆞᆫ 흙ᄃᆞᆰ과 디애개 ᄀᆞᄐᆞ이다 (以吾觀之, 如土鷄瓦犬耳!) <삼국-가정 9:37>

【디오-】[1] 동 묶다.¶ ▼縛 ‖ ᄆᆞᆫ득 ᄒᆞᆫ 소ᄅᆡ 호령의 ᄆᆡᆼ확을 ᄆᆡ야 디오니 (一聲號起, 將孟獲執縛已畢.) <삼국-가정 28:120>

【디오-】[2] 동 ❶ 떨어뜨리다. 던지다. 내려뜨리다. 넘어뜨리다.¶ ▼倒 ‖ 수십 옥졸을 블러 평을 잡아 후원의 가져줄ᄉᆡ 죄 뎡ᄌᆞ의 안고 평을 동여 디오고 무ᄅᆞ니 (遂喚二十個精壯獄卒, 執本來後園拷問. 操坐於亭上, 將本縛倒而問之.) <삼국-가정 8:77> ▼卜 ‖ 익의 쳐 셔시 ᄀᆞ장 총명ᄒᆞ고 얼굴이 곱고 졈복ᄒᆞ기ᄅᆞᆯ 잘ᄒᆞ더니 이날의 셔시 괘ᄅᆞᆯ 디오니 극히 흉커ᄂᆞᆯ 손을 뫼호디 말라 호ᄃᆡ (翊妻徐氏極聰明, 顏色美貌, 更善卜«易». 是日, 徐氏卜卦象大凶, 不可會客.) <삼국-가정 13:10> ▼放下 ‖ 칼흘 드러 문 ᄃᆞ킨 쟝슈ᄅᆞᆯ 주기고 셩문을 열고 됴교[들ᄃᆞ리라]ᄅᆞᆯ 디오고 (輪刀砍死守門將, 遂開城門, 放下吊橋.) <삼국-가정 13:110> ▼收住 ‖ 죄 쟝ᄃᆡ 우희셔 보기ᄅᆞᆯ 맛고 다 돗글 디오며 ᄇᆡᄅᆞᆯ 거두어 ᄎᆞ로 도라오고 (操立於將臺之上, 觀看調練已畢, 敎收住帆幔, 各依次序回寨.) <삼국-가정 16:15> ▼偃 ‖ 너히 두 사ᄅᆞᆷ이 각〻 삼천 졍병을 거ᄂᆞ려 긔ᄅᆞᆯ 디오며 붑을 그쳐 뫼 우희 ᄆᆡ복ᄒᆞ엿다가 위병이 왕평 댱익을 ᄡᅡ 십분 위급ᄒᆞ거든 나아가 구

티 말고 금낭을 여러 보면 ᄉᆞᄉᆞ로 됴흔 모칙이 이시리라 (與汝二人一個錦囊收受, 各引三千精兵, 偃旗息鼓, 伏于前山之上.) <삼국-가정 32:88> ❷ 늘어뜨리다. 치다. 드리우다.¶ ▼垂 ‖ 딤은 옷기슭글 디오고 병풍을 져 위예 이션 디 이십여 년이라 (朕用垂拱負扆, 二十有餘載矣.) <삼국-가정 25:105>

【디오-】[3] [동] 주조(鑄造)하다. 쇠를 끓여 녹이다.¶ ▼鑄 ‖ 나라히 됴흔 금이 업거ᄂᆞᆯ 내 집의 금을 내여 인을 디오고 나라히 됴흔 인ᄭᅵᆫ이 업거ᄂᆞᆯ 내 ᄎᆞ던 긴을 보내여 ᄡᅥ 촌심을 표ᄒᆞ노니 (國家無好金, 孤自取家藏金以鑄印; 國家無好紫綬, 所取自帶紫綬以表寸心.) <삼국-가정 6:60>

【디우-】[1] [동] 떨어뜨리다. 넘어뜨리다.¶ ▼倒 ‖ 댱비 대로ᄒᆞ야 골희눈을 두려디 ᄠᅳ고 니ᄅᆞᆯ ᄀᆞᆯ며 ᄆᆞᆯ게 ᄂᆞ려 드리ᄃᆞᄅᆞ니 독위 겹히 뎡샹의 안자셔 아젼을 동여 디웟거ᄂᆞᆯ (張飛大怒, 睜圓環眼, 咬碎鋼牙, 滾眼下馬, 徑入舘驛. 把門人見了, 皆遠躲避. 直奔後堂, 見督郵坐于廳上, 將縣吏綁倒在地.) <삼국-가정 1:78>

【디우-】[2] [동] 주조(鑄造)하다. 쇠를 끓여 녹이다.¶ ▼鑄 ‖ 조죄 운댱의 안량 참호믈 보고 더옥 공경ᄒᆞ며 ᄉᆞ랑ᄒᆞ야 텬ᄌᆞᄭᅴ 엿ᄌᆞᆸ고 운댱을 봉ᄒᆞ야 슈뎡후ᄅᆞᆯ ᄒᆞ이고 인을 디워 관우의게 보내니 (知說曹操爲雲長斬了顔良, 倍加欽敬, 表奏朝廷, 封雲長爲漢壽亭侯, 鑄印送關公.) <삼국-가정 9:46> 뫼흘 디워 돈을 ᄆᆡᆫᄃᆞᆯ고 바다흘 고와 소금을 ᄒᆞ니 (鑄山爲銅, 煮海爲鹽.) <삼국-가정 13:6> 조예 사ᄅᆞᆷ으로 ᄒᆞ여곰 구리 기동을 ᄇᆞᄋᆞ텨 낙양의 슈운ᄒᆞ야 두 큰 사ᄅᆞᆷ을 디워 ᄉᆞ마 문밧긔 셰오고 일홈을 옹듕이라 ᄒᆞ고 (睿令人打碎銅柱, 運來洛陽. 又鑄兩個銅人, 號爲'翁仲'.) <삼국-가정 35:15>

【디우-ᄒᆞ-】 [동] 지우(知遇)하다. 남이 자신의 인격이나 재능을 알고 잘 대우하다.¶ ▼知遇 ‖ 신이 이제 군ᄉᆞᄅᆞᆯ 무휼ᄒᆞ야 삼년이 디나매 냥쵸 풍족ᄒᆞ고 군긔 완비ᄒᆞ며 인매 강장ᄒᆞ니 가히 위ᄅᆞᆯ 텨 션뎨의 디우ᄒᆞ신 은혜ᄅᆞᆯ 갑프리니 (臣今存恤軍士, 已經三年, 糧草豊足, 軍器完備, 人馬强壯, 可以伐魏, 以報先帝知遇之恩.) <삼국-가정 33:96>

【디위-ᄒᆞ-】 [동] 지회(知委, 知會zhīhuì)하다. 알리다. 중국어 직접 차용어.¶ ▼告示 ‖ 심히 깃거 미리 궁젼 갑병을 쥰비ᄒᆞ고 각채예 디위ᄒᆞ더라 (綉甚喜, 預先準備弓箭甲兵, 告示各寨.) <삼국-가정 6:51>

【디위】 [명] 지유(地維). 대지(大地)를 버티어 받든다고 하는 상상의 밧줄.¶ ▼地維 ‖ 공ᄀᆞ시 젼패ᄒᆞ매 텬듀[하ᄂᆞᆯ 기동이라]브러디고 디위[ᄯᅡ 얽미인 거슬 니ᄅᆞ미라]믜여딘디라 하ᄂᆞᆯ이 셔븍으로 기울고 ᄯᅡ히 동남이 ᄲᅥ디니 (至共工氏戰敗, 頭觸不周山, 天柱折, 地維缺, 天傾西北, 地陷東南.) <삼국-가정 28:36>

【디음】 [명][의] 즈음. 일이 어찌 될 무렵.¶ ▼무식 류도ᄅᆞᆯ 옹출ᄒᆞ여 힝형코져 ᄒᆞᆯ 디음의 일위 ᄃᆡ신이 급디ᄅᆞ왈 (武士擁陶出, 方欲行刑, 一大臣喝住曰:) <삼국-국중 1:35> 부쳠이 거ᄌᆞᆺ 말긔 ᄂᆞ려지니 왕진니 창을 드러 지르려 ᄒᆞᆯ 디음의 부쳠이 몸을 쇼ᄅᆞ아 진의 창을 앗고 사로잡아 본진으로 도라올ᄉᆡ (戰不十合, 僉賣個破綻, 王眞便挺槍來刺. 傅僉閃過, 活捉鎭於馬上, 便回本陣.) <삼국-국중 17:17>

【디음-ᄒᆞ-】[1] [동] 사이 두다. 격(隔)하다.¶ ▼隔 ‖ 되 ᄃᆡ로왈 스ᄉᆞ로 ᄃᆡ군을 거ᄂᆞ리고 와 한슈 ᄎᆡ칙을 아ᄉᆞ스니 됴운니 ᄉᆡᆼ각ᄒᆞᄃᆡ 고군 져적디 못ᄒᆞᆯᄀᆞ 두려ᄒᆞ여 ᄃᆞᄅᆞ여 한수 셔의 물너와 양군니 물을 디음ᄒᆞ고 상거ᄒᆞ더라 (操大怒, 親統大軍來奪漢水寨柵. 趙雲恐孤軍難立, 遂退於漢水之西. 兩軍隔水相拒.) <삼국-국중 12:138>

【디음-ᄒᆞ-】[2] [동] 지음(知音)하다. 남의 생각을 알다.¶ ▼知 ‖ 내 비록 ᄉᆞ광[녜 총명ᄒᆞ던 사ᄅᆞᆷ이라]의게 밋티 못ᄒᆞ나 풍뉴ᄅᆞᆯ 듯고 그 ᄠᅳ들 아노라[디음ᄒᆞ노라 말이니 남의 먹은 ᄆᆞᄋᆞᆷ을 아노라 말이라] (吾雖不及師曠之聰, 聞弦歌而知雅意也.) <삼국-가정 15:48>

【디이-】 [동] 지이다. 짓게 하다.¶ ▼造 ‖ ᄉᆞᆫ변 바란 곳의 가 퉁노ᄀᆡᄅᆞᆯ 뭇고 밥을 디이고 말고기ᄅᆞᆯ 버혀 구어 먹고 다 져ᄌᆞᆫ 오ᄉᆞᆯ 버셔 바람의 말유우고 (便就山邊揀乾處埋鍋造飯, 割馬肉燒吃. 盡皆脫去濕衣, 於風頭吹晒.) <삼국-모종 8:61>

【디진-ᄒᆞ-】 [동] 지진(地震)하다. 지진이 일어나다.¶ ▼地震 ‖ 건녕 사년 츈이월의 낙양의 디진ᄒᆞ니 각사 마을 담들리 다 믈허디고 바다믈이 다 넘ᄶᅧ니 등 ᄂᆡ 긔 밀 네 고을히 믈결의 후믈리니 ᄇᆡᆨ셩이 다 바다히 ᄲᅡ디거ᄂᆞᆯ (建寧四年二月, 洛陽地震, 省垣皆倒, 海水泛濫, 登、萊、沂、密盡被大浪卷掃居民入海.) <삼국-가정 1:4>

【디쳬-되-】 [동] 지체되다.¶ ▼遲滯 ‖ 신의의 ᄀᆞ마니 고ᄒᆞ믈 듯고 폐하긔 쥬문ᄒᆞ고져 ᄒᆞᄃᆡ 왕복ᄒᆞ기 디쳬될디라 셩교ᄅᆞᆯ 디ᄃᆞ리디 아니코 셩야의 가 (臣聞申儀密告反情, 意欲表奏陛下, 恐往復遲滯, 故不待聖旨, 星夜而去.) <삼국-모종 15:104>

【디함】 [명] ((지리)) 지함(地陷). 땅을 파서 굴과 같이 만든 큰 구덩이. 함정(陷穽).¶ ▼陷坑 ‖ 죄 디함을 ᄑᆞ고 ᄀᆞ만이 올가지 가진 군ᄉᆞᄅᆞᆯ 숨기고 (操急引軍退五里, 掘下陷坑, 暗伏鉤手.) <삼국-가정 4:131>

【디혜】 [명] 지혜(智慧). 사물의 이치를 빨리 깨닫고 사물을 정확하게 처리할 수 있는 방도를 잘 생각해 내는 슬기.¶ ▼知 ‖ 댱수 되는 졔 디혜가 사ᄅᆞᆷ의게 더ᄒᆞᆫ 즉 능히 ᄉᆞᄅᆞᆷ을 졔어ᄒᆞᄂᆞ니 신이 혀아리건ᄃᆡᆫ 조진이 비록 용병ᄒᆞᆫ지 오려나 졔갈양의 적쉬가 아니ᄅᆞ (凡爲將者, 知過於人, 則能制人, … 臣量曹眞雖久用兵, 非諸葛亮對手.) <삼국-모종 15:93> ▼樞機 ‖ 이 사ᄅᆞᆷ이 우흐로 텬문을 통ᄒᆞ고 아래로 디리ᄅᆞᆯ 알며 모략이 관듕 악의의게 디디 아니ᄒᆞ고 디혜 손ᄌᆞ 오자의게 ᄧᅡᆨᄒᆞ염즉ᄒᆞ니 (此人上通天文, 下曉地理; 謀略不減于管、樂, 樞機可并於孫、吳.) <삼국-가정 18:79>

【디휘-ᄒᆞ-】 [동] 지휘(指揮)하다.¶ ▼指揮 ‖ 하후무 산상의 이셔 삼군을 디휘ᄒᆞ여 됴운이 동으로 간 즉 동을 ᄇᆞ려

며 가라치고 셔흘 바르며 가르치니 (只見夏侯楙在山上指揮三軍, 趙雲投東則望東指, 投西則望西指.) <삼국-모종 15:50>

【딕고-ᄒᆞ-】 동 직고(直告)하다. 바른 대로 고하여 알리다.¶ ▼自首 ‖ 이제 비록 느저시나 ᄌᆞ슈[딕고ᄒᆞᆫ닷 말이라]ᄒᆞ면 오히려 용셔ᄒᆞ려니와 일이 다 발ᄒᆞᆫ 휘면 어려우리라 (今晩自首, 尙猶可恕; 若待事發, 其實難容.) <삼국-가정 8:83>

【딕희-】 동 지키다. 잃지 않도록 감시하다.¶ ▼守 ‖ 원컨대 쟝군은 견듸여 이 셩을 딕희여 국가를 위ᄒᆞ야 보쟝이 되라 (願將軍耐守此城, 以爲國家之保障.) <삼국-가정 24:94> 쥰이 그 말을 듯고 졍병을 주어 보니고 ᄉᆞᄉᆞ로 양건으로 다려 셩의 나가 등후ᄒᆞ고 기ᄃᆞ리고 양셔 뉸상으로 ᄒᆞ여곰 셩을 딕희다 (遵用其計, 付精兵與姜維去訖, 然後自與梁虔引出城等候, 只留梁緖、尹賞守城.) <삼국-모종 15:63> ▼堅守 ‖ 너희 문관의 말데로 미양 딕희고만 이시면 언제 공명을 후세에 세오리오 병법의 닐오듸 군이 믈을 반만 건너거든 티라 ᄒᆞ니 이제 운댱의 군이 양강을 막 건너니 엇디 티디 아니ᄒᆞ리오 (據汝等文官之言, 只宜堅守, 似此何能立功名於後世乎? 豈不兵法云: '軍半渡可擊.' 今關羽軍半渡襄江, 何不擊之?) <삼국-가정 24:53> ▼把守 ‖ 대로의는 블셔 쟝슈로 딕희엿고 븍믄의 오직 노약 군ᄉᆞ로 딕희워시니 (其餘大路, 已遣將士把守, 惟北門只用弱兵守之.) <삼국-가정 25:43> ▼守把 ‖ 밧일은 ᄋᆞ직 홀 거시니 만일 녀꾀 패ᄒᆞ야 오나든 부친이 미튝을 쳥ᄒᆞ야 ᄒᆞᆫ가지로 의논ᄒᆞ야 셩문을 딕희고 포를 드리디 말라 (外面之事, 兒子爲之; 倘呂布敗回, 便請糜竺一同守把城門, 休放布入.) <삼국-가정 7:12> 이러로셔 샹용이 갓가오니 뉴봉 밍달이 딕희엿ᄂᆞᆫ디라 가히 사ᄅᆞᆷ을 보내여 구병을 구ᄒᆞ야 (此近上庸, 劉封、孟達守把, 可速差人求救爲上.) <삼국-가정 25:31> 곽회 ᄯᅩᄒᆞᆫ 인병ᄒᆞ야 긔곡 가뎡을 막ᄌᆞᄅᆞ고 제로 군마를 됴발ᄒᆞ야 각쳐 험익ᄒᆞᆫ 곳을 딕희더라 (郭淮引兵提調箕谷、街亭, 令諸路軍馬守把險要.) <삼국-가정 32:27> 확이 흔연이 글을 싸 보니고 문득 타사딕왕으로 ᄒᆞ여곰 삼강셩을 딕희여 젼면 명[병]댱을 삼다 (獲忻然, 令國舅賫書而去, 却令朵思大王守把三江城, 以爲前面屛障.) <삼국-모종 15:2> ▼據 ‖ 이 셩을 딕희여 몸이 비록 ᄀᆞᄅᆞᄀᆞ티 ᄇᆞ아딜디라도 ᄯᅩᄒᆞᆫ 항티 아니홀 거시니 (死據此城, 城雖粉碎, 身亦不降也.) <삼국-가정 25:45> 정긔를 곰초고 제군이 ᄀᆞ만이 셩텹을 딕희여 망녕도이 츌입ᄒᆞ며 소릐ᄒᆞᄂᆞᆫ 쟈를 참ᄒᆞ리라 (諸將各守城鋪, 如有妄行出入, 及高聲言語者, 立斬.) <삼국-가정 35:33>

【딕ᄒᆞ-】 동 지키다. 잃지 않도록 감시하다.¶ ▼鎭壓 ‖ 됴흔 집이 업서 뎨와 휘 초옥 등의 머므ᄅᆞ시고 ᄯᅩᄒᆞᆫ 문회 업ᄉᆞᆫ디라 ᄉᆞ면의 형극을 ᄭᅩ자 울섭을 ᄒᆞ엿더라 뎨 대신으로 더브러 일을 의논ᄒᆞ시거든 니락 한셤 등은 군ᄉᆞ로 더브러 울섭 밧긔 와 ᄇᆞ라보며 서ᄅᆞ 딕희여 웃더라 (又無高房, 帝后居於茅屋中; 又無門關閉, 四邊旋揷荊棘籬落.帝與大臣議事於茅屋之中. 李樂、韓暹兵於籬外觀望, 互相鎭壓, 以爲歡喜.) <삼국-가정 5:51>

【딘동-ᄒᆞ-】 동 진동하다.¶ ▼起 ‖ 조 쥰 이인니 길을 아ᄉᆞ ᄃᆞᆺ더니 홀연 함셩이 딘동ᄒᆞ니 우[위]연이 ᄯᅩ 일족군을 ᄭᅳ어 니ᄅᆞ거ᄂᆞᆯ (曹、朱二人奪路而走, 忽喊聲又起, 魏延又引一彪軍殺到.) <삼국-모종 15:83>

【딘디】 명 ((음식)) 진지. '밥'의 높임말.¶ ▼飯 ‖ 됴셕으로 딘디를 올니거ᄂᆞᆯ 엇지 ᄯᅩ 다른 거ᄉᆞᆯ 구ᄒᆞᄂᆞ뇨 (朝夕上飯, 何又他求?) <삼국-국중 3:88>

【딘멸-ᄒᆞ-】 동 진멸(殄滅)하다.¶ ▼殄滅 ‖ 신이 원컨대 듕달로 더브러 ᄒᆞᆫ가지로 대군을 거ᄂᆞ려 한듕의 드러가 간당을 딘멸ᄒᆞ고 변경을 ᄆᆞᆰ게 ᄒᆞ여지라 (臣願與仲達同領大軍, 徑入漢中, 殄滅奸黨, 以淸邊境.) <삼국-가정 32:98> 너희 등이 힝혀 날을 만나매 오ᄂᆞᆯ날이 잇도다 만일 오한의 무리를 만나던들 너희 뉘 다 딘멸ᄒᆞ리라 (汝等幸遇我, 有今日耳. 如遭吳漢之道, 皆殄滅矣.) <삼국-가정 39:5>

【딘밀-ᄒᆞ-】 형 진밀(縝密)하다. 신중(愼重)하다. 은밀(隱密)하다.¶ ▼密 ‖ 추구월의 니르러 듕연[환관의 벼살리라] 됴졀 왕뵈 농권ᄒᆞ거ᄂᆞᆯ 두무와 진번이 도모ᄒᆞ야 죽이랴 ᄒᆞ다가 거ᄉᆡ 딘밀티 못ᄒᆞ야 도로혀 죠졀 왕보의 해ᄒᆞᆫ 배 되니 (至秋九月, 中涓曹節、王甫弄權, 竇武、陳蕃預謀誅之, 機密不密, 反被曹節、王甫所害.) <삼국-가정 1:2> 군신이 서로 딘밀티 아니ᄒᆞ면 우흔 말노 누셜ᄒᆞᄂᆞᆫ 경계 잇고 아릐 사ᄅᆞᆷ은 상신ᄒᆞᆯ 홰 잇ᄂᆞ니 원컨대 신의 표를 번거히 마라 진튱ᄒᆞᄂᆞᆫ 신하로 ᄒᆞ아곰 간신의게 원을 엇게 마르쇼셔 (夫君臣不密, 上有漏言之戒, 下有失身之禍. 願寢臣表, 無使盡忠之吏, 受怨奸仇.) <삼국-가정 1:9>

【딘세】 명 진세(陣勢). 군진(軍陣)의 세력.¶ ▼陣 ‖ 너희 두 사ᄅᆞᆷ이 각ᄀᆞᆨ 일만 졍병을 거ᄂᆞ려 오ᄂᆞᆯ밤의 ᄀᆞ만이 쵹 영 뒤흘 엄습ᄒᆞ여든 내 대병을 거ᄂᆞ려 딘세를 베펏다가 쵹병이 대란홈을 기ᄃᆞ려 대ᄃᆡ 인마를 모라 젼후로 협공ᄒᆞ면 쵹 영채를 가히 아ᄉᆞᆯ 거시니 이 고ᄃᆞᆯ 어드면 그 나믄 영채 파ᄒᆞ미 머어시 어려오리오 (汝二人各引一萬精兵, 今夜起身, 抄在蜀兵營後, 各一齊奮勇殺將過來; 吾却引兵在前布陣, 只待蜀兵勢亂, 吾大驅士馬攻殺進去: 如此兩軍幷力, 可奪蜀兵之營寨也.) <삼국-가정 32:74>

【딘시】 부 진시(趁時). 진작. 제때에.¶ ▼卽 ‖ 이제 텬ᄌᆞ 조비의 시역ᄒᆞᆫ 배 되엿거ᄂᆞᆯ 왕샹이 딘시 위예 즉ᄒᆞ야 흥ᄉᆞ 문죄를 아니ᄒᆞ시면 이ᄂᆞᆫ 블튱블회라 (今漢天子已被曹丕所弑, 王上不卽帝位而興師討逆, 是不忠不孝也.) <삼국-가정 26:53> ▼趁時 ‖ 이제 쵹병이 네녁흐로 흐터 영채를 셰오고 각쳐의 둔뎐ᄒᆞ야 오랄 계규를 ᄒᆞ니 만일 딘시 초멸티 아니ᄒᆞ야 뎔로 ᄒᆞ여곰 날이 오라 근뎌를 견고킈 ᄒᆞ면 요동키 어려올가 ᄒᆞᄂᆞ이다 (今蜀兵四散結營, 各處屯田, 以爲久計.若不趁時除之, 縱彼安居日久, 深根固蔕, 難以動搖.) <삼국-가정 34:31>

【딘천】 명 ((지리)) 진천(鎭川). 충청북도 북서쪽 끝에 있는 군.¶ ▼세 동치 칠년 무딘 츄칠월 시죽ᄒᆞ여 신미 밍츈 원월일 필ᄒᆞ다 샹치 말고 ᄃᆡᆨ〻 유뎐할디어다 딘천 논실 신ᄉᆞ간ᄃᆡᆨ 칙 <삼국-국중 1:107>

【딘-흙】 명 진흙.¶ ▼泥 ‖ 산벽쇼로의 ᄃᆡ위 ᄂᆞ리미 굴헝의 물이 잇고 길이 이령ᄒᆞ여[이령은 딘흙이 되여 지단 말이라] 말이 능히 힝치 못ᄒᆞ리로소이다 (前面山僻路小, 因早晨下雨, 坑塹內積水不流, 泥陷馬蹄, 不能前進.) <삼국-국중 9:143>

【딤】 대 ((인류)) 짐(朕). 임금이 스스로를 지칭하는 말.¶ ▼朕躬 ‖ 뎨 ᄯᅥᆯ으시며 닐오샤ᄃᆡ 딤은 아디 못ᄒᆞ노라 (帝乃戰栗曰: '朕躬不知.') <삼국-가정 8:93>

【딤쥬】 명 ((음식)) 짐주(鴆酒). 짐독(鴆毒)을 섞은 술.¶ ▼鴆酒 ‖ 나위 무ᄉᆞ를 블러 당비를 목ᄌᆞᆯ라 죽이고 딤쥬로 쇼뎨의 입의 브어 죽이다 (儒喚武士絞死唐妃, 以鴆酒灌殺少帝.) <삼국-가정 2:15>

【딥-】 동 «딮다» 짚다.¶ ▼拄 ‖ 하ᄂᆞᆯ로셔 ᄒᆞᆫ 사ᄅᆞᆷ이 ᄂᆞ리니 신댱이 삼댱이 남고 발자최 삼척 이촌이오 ᄇᆡᆨ발창염의 황건황포의 녀댱을 딥고 (天降一人, 身長三丈餘, 脚迹長三尺二寸, 白髮蒼髯, 着黃單衣, 裹黃巾, 拄藜頭杖.) <삼국-가정 39:46>

【딥ㅎ】 명 ((식물)) «딮» 짚. 벼, 밀, 보리, 조 따위의 이삭을 떨어낸 줄기와 잎.¶ ▼葉 ‖ 섬의 비최ᄂᆞᆫ 플은 플은 ᄉᆞ〻로 봄비출 가졋고 딥흘 ᄀᆞ렷ᄂᆞᆫ 누른 꾀고리ᄂᆞᆫ 쇽졀업시 됴흔 소릐를 ᄒᆞ놋다 (映階碧草自春色, 隔葉黃鸝空好音.) <삼국-가정 34:127>

【딩됴】 명 징조(徵兆).¶ ▼徵 ‖ 녹마[팔ᄌᆞᄒᆞᄂᆞᆫ ᄃᆡ ᄀᆞ장 길ᄒᆞᆫ 별이라] ᄀᆞ장 길ᄒᆞᆫ 딩되이니다 (祿馬尙于曹, 王上何必疑焉?) <삼국-가정 25:96>

【ᄃᆞ】 부 다. 모두. 더불어. 함께.¶ ▼관공이 ᄃᆡ로ᄒᆞ야 산의 올나 ᄃᆞ 죽이고져 ᄒᆞ더니 산ᄂᆡ의 ᄯᅩ 양군니 당츌ᄒᆞ니 좌변은 졍봉이오 우변은 셔황[셩]이라 (關公大怒, 欲上岡殺之. 山崦內又有兩軍撞出, 左邊丁奉, 右邊徐盛.) <삼국-국중 13:69>

【ᄃᆞ라-】 형 다르다.¶ ▼別 ‖ 위 ᄀᆞᆯ오ᄃᆡ 션ᄉᆡᆼ은 무ᄉᆞᆫ 연고로 웃ᄂᆞ냐 공명이 왈 냥이 ᄃᆞ란 ᄉᆞ름을 웃지 아여 ᄌᆞ경이 시무를 아지 못ᄒᆞᄂᆞᆫ 거ᄉᆞᆯ 웃노라 (瑜曰: "先生何故哂笑?" 孔明曰: "亮不笑別人, 笑子敬不識時務耳.") <삼국-모종 7:101>

【ᄃᆞ라-라-】 동 달아나다.¶ ▼逃 ‖ 내게 ᄒᆞᆫ 쐬 이시니 수십만 병도곤 나은디라 죄 비록 놀라나 엇디 ᄃᆞ라라리오 (某有一計, 勝如二十萬兵. 布雖勇, 不能逃也.) <삼국-가정 7:48>

【-ᄃᆞ록】 미 -게. -도록. 앞의 내용이 뒤에서 가리키는 사태의 목적이나 결과, 방식, 정도 따위가 됨을 나타내는 연결 어미. -을 때까지. -ᄃᆞ록> -도록.¶ ▼그날 밤의 동탁이 툐션을 ᄃᆞ려 자고 이튼날 오시 패 곳ᄃᆞ록 니디 아니ᄒᆞ니 (當夜, 卓幸貂蟬, 次日午牌未起.) <삼국-가정 3:83> 샹이 인슈와 졀월과 의갑과 츼듕을 ᄇᆞ리고 새ᄃᆞ록 듕산을 ᄇᆞ라고 ᄃᆞ라나다 (尙盡棄印綬節鉞、衣甲輜重, 連夜望中山而逃.) <삼국-가정 11:58>

【-ᄃᆞ록】 접 '-처럼'의 뜻을 더하고 부사를 만드는 접미사.¶ ▼如 ‖ 엇디 속이기를 이대ᄃᆞ록 심히 ᄒᆞᄂᆞ뇨 (直如此相欺之甚也!) <삼국-가정 5:17> 네 어이 날을 이대ᄃᆞ록 혜디 아닌ᄂᆞᆫ다 우리 형이 죽을 제 너ᄃᆞ려 머어시라 니ᄅᆞ더니 (你直如此將我看承得如無物! 我姐姐臨危之時, 分付你甚話來?) <삼국-가정 17:97> 채모 댱윤은 텸녕ᄒᆞᄂᆞᆫ 무리어ᄂᆞᆯ 엇디 이대ᄃᆞ록 듕ᄒᆞᆫ 벼ᄉᆞᆯ을 ᄒᆞ이며 슈군도독지이 겸킈 ᄒᆞ시ᄂᆞ니잇고 (蔡瑁、張允乃諂佞之徒, 何故加封如此顯官, 更敎都督水軍乎?) <삼국-가정 13:118>

【ᄃᆞ리】 명 ((기물)) 다리[橋]. 사닥다리.¶ ▼梯 ‖ 쵹병이 각〻 댜ᄅᆞᆫ ᄃᆞ리와 노흘 가지고 듕군의 호령을 기ᄃᆞ려 ᄒᆞᆷ긔 셩의 오ᄅᆞ려 ᄒᆞ더라 (蜀軍各抱短梯軟索, 只候軍中擂鼓, 一齊上城.) <삼국-가정 32:3> ▼胡梯 ‖ 공명이 노ᄒᆞ야 니러나 보니 블셔 ᄃᆞ리를 ᄠᅦ혀 아삿거ᄂᆞᆯ (孔明怒而便起身, 見閣門口胡梯而去.) <삼국-가정 13:41>

【ᄃᆞ리-】 동 데리다. 더불다. 거느리다.¶ ▼引 ‖ 마준니 허ᄒᆞ니 드〻여 삼천 군을 ᄃᆞ리여 지셩의 드러갈ᄉᆡ (馬遵從之, 遂令姜維引三千軍去保冀城.) <삼국-국중 15:58> 황건적 하의 황소가 조병니 오난 쥴 알고 듕을 ᄃᆞ리고 양산의 모이여 ᄃᆡ적ᄒᆞ니 잇ᄯᅢ예 적병니 비록 만흐나 다 ᄃᆡ오와 항열이 업거날 (黃巾何儀、黃劭知曹兵到, 引衆來迎, 會於羊山, 時賊兵雖衆, 都是狐群狗黨, 並無隊伍行列.) <삼국-모종 2:82>

【ᄃᆞᄅᆞ-나-】 동 달아나다.¶ ▼走 ‖ 죄 곳 젼위로 ᄒᆞ여곰 말을 ᄂᆡ여 바로 후셩을 취ᄒᆞ니 후셩니 ᄃᆡ젹지 못ᄒᆞ여 셩즁을 바라 ᄃᆞᄅᆞ나니 위 죠ᄎᆞ 죠교변의 니ᄅᆞ니 고슌니 ᄯᅩᄒᆞᆫ 당치 못ᄒᆞ여 믈너 셩즁의 드러가난지ᄅᆞ (操卽使典韋出馬, 直取侯成, 侯成抵敵不過, 回馬望城中走, 韋趕到吊橋邊, 高順亦攔擋不住, 都退入城中去了.) <삼국-모종 2:75>

【ᄃᆞᄅᆞᆷ】 명의 따름. 오로지 그것뿐이고 그 이상은 아님을 나타내는 말.¶ ▼믈읫 집 다ᄉᆞ리ᄂᆞᆫ 되 반ᄃᆞ시 노[사나히 죵이라]로 ᄒᆞ여곰 밧갈기를 ᄀᆞ음알며 비ᄂᆞᆫ 밥짓기를 ᄀᆞ음알며 ᄃᆞᆰ은 새배를 ᄀᆞ음알며 개ᄂᆞᆫ 도적을 즈즈며 쇼ᄂᆞᆫ 므거온 거ᄉᆞᆯ 시ᄅᆞ며 ᄆᆞᆯ은 먼 ᄃᆡ 힝ᄒᆞ야 가업이 뷘 일이 업ᄉᆞ□□ 구ᄒᆞᄂᆞᆫ 바의 다 족ᄒᆞ거든 그 가쥬ᄂᆞᆫ 죵용히 ᄉᆞ〻로 이셔 벼개를 놉히고 음식ᄒᆞᆯ ᄃᆞᄅᆞᆷ이라 (凡治家之道, 必使奴執耕, 婢典爨, 鷄司晨, 犬吠盜, 牛負重, 馬涉遠, 私業無曠, 所求皆足. 其家主從容自在, 高枕飲食而已.) <삼국-가정 34:51>

【ᄃᆞᄅᆡ이-】 동 끌다. 당기다.¶ ▼拽 ‖ 튱이 어제 주기디 아닌 은혜를 ᄉᆡᆼ각ᄒᆞ야 ᄎᆞ마 ᄡᅩ디 못ᄒᆞ여 활을 ᄃᆞᄅᆡ야 헛시욹글 ᄡᅳ니 (忠想昨日不殺之恩, 不忍便射, 帶住刀, 把弓虛拽.) <삼국-가정 17:51>

【ᄃᆞ시】 부 다시. 또. 하던 것을 되풀이해서.¶ ▼再 ‖ 직 모명을 밧드러 셔로 돕더니 이제 다행이 근심이 업고 앵

쥬ᄌᆞᄉᆞ 유위 ᄌᆞ로 더부러 동군니라 글이 이셔 와 부ᄅᆞ니 감히 가지 아니치 못할지라 ᄃᆞ시 보기를 도모ᄒᆞ리라 (慈奉母命前來相助, 今幸無虞, 有揚州刺史劉繇, 與慈同郡, 有書來喚, 不敢不去, 容圖再見.) <삼국-모종 2:61>

【ᄃᆞ언-ᄒᆞ-】 동 다언(多言)하다. 말이 많다.¶ ▼多言 ‖ 이ᄂᆞᆫ 국가의 ᄃᆡᄉᆞ라 네 엇디 감히 ᄃᆞ언ᄒᆞ나뇨 가히 쇽히 갈지어다 (此國家之事, 汝何敢多言! 可速去!) <삼국-국중 12:12>

【ᄃᆞ음-ᄒᆞ-】 동 다음으로 하다.¶ ▼副 ‖ 현덕이 마량으로 종ᄉᆞᄅᆞᆯ 삼고 이젹으로 ᄃᆞ음ᄒᆞ고 공명을 쳥ᄒᆞ야 ᄉᆞᆼ의ᄒᆞ니 뉴긔랄 형양으로 보ᄂᆡ고 운ᄌᆞᆼ으로 형주의 도ᄅᆞ가 (玄德遂用馬良爲從事, 伊籍副之, 請孔明商議送劉琦回襄陽, 替雲長回荊州.) <삼국-모종 9:6>

【ᄃᆞ이-】 동 대다.¶ ▼至 ‖ 어시의 용쥬를 강안의 ᄃᆞ이고 션상의 일월용봉긔를 셰우고 난예 금극이 광치 죠요ᄒᆞᆫ지라 (於是大開江道, 放龍舟直至大江, 泊於江岸. 船上建龍鳳日月五色旌旗, 儀鑾簇擁, 光耀射目.) <삼국-국중 14:102>

【ᄃᆞᆫ녀-오-】 동 다녀오다. ᄃᆞᆫ니(다니다, 行)-+-어(연결 어미)-+-오(오다, 來)-.¶ ▼去 ‖ 쟝군의 이번 ᄃᆞᆫ녀오미 죡히 노적의 간담을 ᄡᅥ러 ᄇᆞ리려니와 괴 경을 헐히 너겨 보낸 줄을 아니라 경의 열이 크믈 보고져 ᄒᆞ미러니라 (將軍此去, 足以驚駭老賊也. 非孤相舍, 正欲觀卿膽耳.) <삼국-규장 15:84>

【ᄃᆞᆫ니-】 동 다니다. 어떤 볼일이 있어 일정한 곳을 정하여 놓고 드나들다.¶ ▼강호병이 궁노 창검과 뉴셩퇴ᄅᆞᆯ 잘 ᄡᅳ고 ᄯᅩ 젼게 이시니 술위ᄅᆞᆯ 다 쇠로 ᄣᅡ 냥초긔계ᄅᆞᆯ 싯고 약대과 나괴ᄅᆞᆯ 메워 군듕의 ᄃᆞᆫ니ᄃᆞᆫ니 일홈을 털거병이라 ᄒᆞ더라 (羌胡兵二十五萬, 皆慣使弓弩、槍逃走鐵蒺藜、流星錘等器. 又有戰車, 其車用鐵葉裹釘, 裝載糧食軍器什物, 或用駱駝駕車, 或用騾馬駕車, 一歇行數千里不乏, 因此號爲'鐵車兵'.) <삼국-가정 30:81>

【ᄃᆞᆫ-말】 명 단말. 달콤한 말. 듣기 좋은 말.¶ ▼甛言 ‖ 이날 밤의 현덕이 손부인으로 더브러 혼녜ᄅᆞᆯ 일오니 현덕이 ᄃᆞᆫ말과 됴흔 ᄉᆞ셜로 달래니 손부인이 대희ᄒᆞ더라 (當夜玄德與孫夫人成親.玄德以甛言美語啜誘孫夫人, 夫人歡喜.) <삼국-가정 17:113>

【ᄃᆞᆫ-이슬】 명 단이슬. 감로(甘露). 천하가 태평할 때에 하늘에서 내린다고 하는 단 이슬.¶ ▼甘露 ‖ 위왕이 즉위ᄒᆞ므로 브터 긔린이 나고 봉황이 오고 황뇽이 뵈고 아ᄅᆞᆷ다온 벼와 샹셔의 플과 ᄃᆞᆫ이슬이 ᄂᆞ리니 (自魏王卽位以來, 麒麟降生, 鳳凰來儀, 黃龍出現, 嘉禾瑞草, 甘露下降.) <삼국-가정 26:25>

【ᄃᆞᆯ리-】[1] 동 달리다.¶ ▼走 ‖ 일 대쇼 젼션을 각각 모도와 혹 삼십으로 ᄒᆞᆫ ᄠᅦᄅᆞᆯ ᄒᆞ며 혹 오십으로 ᄒᆞᆫ ᄠᅦᄅᆞᆯ ᄒᆞ야 슈미의 쇠골회ᄅᆞᆯ 바가 년ᄒᆞ야 ᄌᆞᄆᆞᆯ고 우희 널을 ᄭᆞ라 너ᄅᆞ긔 ᄒᆞ면 사ᄅᆞᆷ이 평디 ᄃᆞᆫ니ᄃᆞᆺ 편ᄒᆞᆯ ᄲᅮᆫ이 아니라 ᄆᆞᆯ이라도 ᄯᅩᄒᆞᆫ ᄃᆞᆯ리이다 (若以大船小船, 各皆配搭, 或三十爲一排, 或五十爲一排, 首尾用鐵環連鎖, 上鋪闊板, 休言人可渡, 馬亦可走矣.) <삼국-가정 15:121>

【ᄃᆞᆯ리-】[2] 동 달리다[懸]. 매이다.¶ ▼干係 ‖ 예 ᄃᆞᆯ린 소임이 오로 쟝군 신샹의 잇ᄂᆞ니라 (這干係都在將軍身上.) <삼국-가정 20:102>

【ᄃᆞᆯ이-】 동 닳다.¶ ▼隳 ‖ 셩변의 니ᄅᆞ러 절영 왈 만일 디완이 치면 예긔가 ᄃᆞᆯ이여 파키 어려오리라 이예 ᄃᆡ군이 바로 셩ᄒᆞ의 니ᄅᆞ려 보니 (將到城邊, 孔明傳令曰: "… 若遲延日久, 銳氣盡隳, 急難破矣." 於是大軍逕到城下.) <삼국-모종 15:65>

【ᄃᆞᆰ】 명 ((조류)) 닭. 꿩과의 새. 머리에 붉은 볏이 있고 날개는 퇴화하여 잘 날지 못하며 다리는 튼튼하다.¶ ▼鷄 ‖ 믄득 음식ᄒᆞᄂᆞᆫ 관원이 계탕을 드렷거ᄂᆞᆯ 죄 보니 ᄃᆞᆰ긔 힘줄이 잇ᄂᆞᆫ디라 ᄆᆞᄋᆞᆷ의 감동ᄒᆞ미 이셔 팀음ᄒᆞ더니 (忽値庖官進鷄湯, 操見碗中有鷄肋, 因而有感於懷.) <삼국-가정 23:108> 오ᄂᆞᆯ밤 군호ᄅᆞᆯ 알롸 계륵은 ᄃᆞᆰ긔 힘줄이니 먹기예ᄂᆞᆫ 고기 업고 ᄇᆞ리기예ᄂᆞᆫ 마시 이시니 이제 나아가ᄂᆞᆫ 이긔디 못ᄒᆞ고 믈러가기예ᄂᆞᆫ 사ᄅᆞᆷ이 우을가 시브거니와 예 이셔 무익ᄒᆞ니 일즉이 도라감만 ᄀᆞᆺ디 못ᄒᆞ더라 (以今夜號令, 便可知也. '鷄肋'者, 食之無肉, 棄之有味.) <삼국-가정 23:110>

【ᄃᆞᆰ 죽이기에 엇디 쇼 잡ᄂᆞᆫ 칼흘 ᄡᅳ리오】 속 닭 잡는 데 어찌 소 잡는 칼을 쓰랴. 작은 일을 처리하는 데 큰 힘을 들일 필요가 없다는 뜻.¶ ▼殺鷄焉用牛刀 ‖ ᄃᆞᆰ 죽이기에 엇디 쇼 잡ᄂᆞᆫ 칼흘 ᄡᅳ리오 구틔여 온후의 범 ᄀᆞᄐᆞᆫ 위엄을 슈고롭긔 말고 내 모든 졔후의 슈급 버혀오믈 ᄂᆞ뭇치 너흔 것 내ᄃᆞᆺ ᄒᆞ리라 (殺鷄焉用牛刀? 不必溫侯有勞虎威. 吾觀斬衆諸侯首級, 如探囊取物.) <삼국-가정 2:59>

【ᄃᆞᆰ 죽이기예 엇디 쇠 칼흘 ᄡᅳ리오】 속 닭 잡는 데 어찌 소 잡는 칼을 쓰랴. 작은 일을 처리하는 데 큰 힘을 들일 필요가 없다는 뜻.¶ ▼割鷄焉用牛刀 ‖ 이제 이쟝이 죽고 허다 인마ᄅᆞᆯ 업시ᄒᆞ야시니 이런 적은 고들 엇디 승샹긔 보ᄒᆞ며 ᄃᆞᆰ 죽이기예 엇디 쇠 칼흘 ᄡᅳ리오 내 널로 더브러 뉴비ᄅᆞᆯ ᄉᆡᆼ금ᄒᆞ리라 (目今二將已亡, 又折許多人馬, 量一新野小可之地., 何必經由丞相? '割鷄焉用牛刀', 吾與汝擒劉備.) <삼국-가정 12:36>

【ᄃᆞᆰ의-알ㅎ】 명 달걀.¶ ▼鷄子 ‖ 조조ᄂᆞᆫ 역적이라 오ᄂᆞᆯ날 항ᄒᆞ면 ᄃᆞᆰ의알ᄒᆞᆯ 돌히 더딤 ᄀᆞᄐᆞ니 엇디 보젼ᄒᆞ리오 (逆賊曹操, 何等之人? 今日若降, 如鷄子投石, 豈得全乎!) <삼국-가정 7:29>

【ᄃᆞᆶ오-】 동 따르다.¶ ▼趕 ‖ 채모 댱윤이 ᄃᆞᆶ오거ᄂᆞᆯ (後面蔡瑁、張允又趕.) <삼국-가정 13:112>

【ᄃᆞᆺ-】 동 «ᄃᆞᆮ다» 달리다. 빨리 뛰어가다. 달아나다.¶ ▼趨 ‖ 죄 반ᄉᆞᄒᆞ야 허도의 도라온대 헌뎨 난가ᄅᆞᆯ ᄀᆞ초와 셩의 나가 맛고 조로 ᄒᆞ여곰 절ᄒᆞ고 제 일홈을 브ᄅᆞ디 말며 됴회예 드러올 제 ᄃᆞᆺ디 말며 칼 ᄎᆞ고 신 신고 뎐의 오ᄅᆞ기ᄅᆞᆯ 한승샹 쇼하의 고ᄉᆞᄀᆞ티 ᄒᆞ라 ᄒᆞ니 일로 브터 위엄이 더옥 듕외예 진동ᄒᆞ더라 (操班師回都, 獻帝排鑾駕出廓迎接, 令操贊拜不名, 入朝不趨, 劍履上殿,

如漢相蕭何故事. 自此威震中外.) <삼국-가정 19:66> 대쟝군 ᄉᆞ마ᄉᆞᄅᆞᆯ 졀월을 빌려 됴회예 드러올 제 ᄃᆞ디 말며 일을 알외매 일홈 브ᄅᆞ디 말며 칼흘 ᄎᆡ고 뎐의 오ᄅᆞ게 ᄒᆞ고 (假大將軍司馬師黃鉞, 入朝不趨, 奏事不名, 帶劍上殿.) <삼국-가정 36:56> ▼奔 ‖ 니이 이긔디 못ᄒᆞᆯ가 두려 ᄀᆞ만이 살흘 ᄡᅢ혀 ᄲᅩ니 졍히 댱포의 ᄆᆞᆯ가ᄉᆞᆷ을 마치니 ᄆᆞᆯ이 알프믈 견ᄃᆡ디 못ᄒᆞ야 본딘으로 ᄃᆞ더니 (李異不能勝, 却放一冷箭, 正射中苞馬胸膛, 那馬負痛奔回本陣.) <삼국-가정 27:9> ▼趕 ‖ 됴운이 ᄃᆡ답 아니ᄒᆞ고 강ᄀᆞ으로 십여 리나 ᄃᆞ더니 ᄒᆞᆫ 여흘 ᄉᆡ의 다ᄃᆞᄅᆞ니 고기 잡ᄂᆞᆫ ᄇᆡ ᄆᆡ엿거ᄂᆞᆯ (趙雲不答, 沿江趕到十餘里, 灘半斜纜一隻漁船.) <삼국-가정 20:16>

【-ᄃᆞᆺ】 미 -듯. -듯이. 용언의 어간에 붙어, '그 어간이 뜻하는 내용과 같게'의 뜻을 나타내는 연결어미.¶ ▼니확이 머리ᄅᆞᆯ ᄡᅡ고 쥐 숨ᄃᆞᆺ ᄃᆞ라나 동탁을 보고 손견의 이러ᄐᆞ시 무례ᄒᆞ던 일을 닐오ᄃᆡ (李傕抱頭鼠竄, 回見董卓, 說孫堅如此無禮.) <삼국-가정 2:94> 확 등이 머리ᄅᆞᆯ ᄡᅡ고 쥐 숨ᄃᆞᆺ ᄃᆞ라나다 (孟獲等抱頭鼠竄, 望本洞而去.) <삼국-가정 28:125> 우리 태조무황뎨[조조라] ᄂᆞᆨ합을 ᄡᅳ러 ᄆᆞᆰ게 ᄒᆞ시고 팔황[ᄂᆞᆨ합 팔황은 다 텬해라]을 돗 ᄆᆞᄃᆞᆺ ᄒᆞ시니 만셩이 ᄆᆞᄋᆞᆷ을 기우리며 ᄉᆞ방이 그 덕을 우러디 아니리 업ᄉᆞ더라 (我太祖武皇帝掃淸六合, 席卷八荒, 萬里傾心, 四方仰德.) <삼국-가정 30:65>

【ᄃᆞᆼ긔-】 동 당기다.¶ ▼開 ‖ 황튱이 본ᄃᆡ 두 셤 무긔 활을 ᄃᆞᆼ긔여 ᄇᆡᆨ발ᄇᆡᆨ듕ᄒᆞ더라 (原來黃忠能開二石弓之弓, 百發百中.) <삼국-가정 17:45>

【ᄃᆡ】[1] 명 ((식물)) 대. 볏과의 상록 교목을 통틀어 이르는 말. 높이는 30미터 정도로 볏과에서 가장 큰데 줄기는 꼿꼿하고 속이 비었으며 두드러진 마디가 있다. 드물게 황록색의 꽃이 피기도 하는데 꽃이 핀 후에는 말라 죽는다. 어린싹은 식용하고 줄기는 건축재, 가구재, 낚싯대 따위로 쓴다.¶ ▼ᄃᆡ군이 구름 못듯 ᄒᆞᄆᆡ 미친 도적이 어름 스듯 ᄒᆞ야 계유 ᄃᆡ ᄡᅳ리ᄂᆞᆫ 듯ᄒᆞᆫ 위엄을 펴ᄆᆡ 믄득 고기 ᄆᆞᆯ을 일흔 듯ᄒᆞᆫ 셰ᄅᆞᆯ 보리로다 (大軍雲集, 狂寇冰消; 才聞破竹之聲, 便是失猿之勢.) <삼국-가정 29:68>

【ᄃᆡ】[2] 명 때. 시간의 어떤 순간이나 부분.¶ ▼時 ‖ 합이 왈 공니 관의 나올 ᄃᆡ의 날노 선봉을 삼더이 이제 공을 일울 ᄯᅢ의난 ᄡᅥ지 안니문 엇지요 (郃曰: "都督出關之時, 命吾爲先鋒, 今日是立功之際, 卻不用吾, 何也?") <삼국-모종 17:8>

【ᄃᆡ겡-ᄒᆞ-】 동 대경(大驚)하다. 크게 놀라다. 경상 방언.¶ ▼大驚 ‖ 현덕니 ᄃᆡ겡ᄒᆞᆫ니 공명 왈 장 됴 니장니라야 가히 저적ᄒᆞ리라 (玄德大驚, 孔明曰: "須是張、趙二將, 方可與敵.") <삼국-모종 11:17>

【ᄃᆡ골】 명 ((신체)) 대가리. 머리통.¶ ▼腦袋 ‖ 문이 병근이 두뢰 속의 ᄇᆞᄅᆞᆷ이 만히 드러 나디 못ᄒᆞ여 그러ᄒᆞ니 내 ᄒᆞᆫ 법이 이시니 몬져 마폐탕을 ᄡᅳᆫ 후의 드ᄂᆞᆫ 도치로 ᄃᆡ골 뒤흘 죠곰 ᄣᅢ리고 ᄇᆞᄅᆞᆷ독을 내면 이 병이 즉시 ᄒᆞ리고 다시 나디 아니ᄒᆞ리이다 (病根在腦袋中, 風涎不能出. 枉服湯藥, 不可治療. 某有一法: 先砍'痲肺湯', 然後用利斧砍開腦袋, 取出風涎, 此病可以除根.) <삼국-가정 25:88> ᄑᆞᆯ은 알파도 가히 ᄲᅧᄅᆞᆯ 글그려니와 ᄃᆡ골을 ᄣᅢ리랴 (臂痛可刮骨, 孤腦袋安可比臂也?) <삼국-가정 25:89> 팔은 압파도 가히 ᄲᅧ를 글그려니와 ᄃᆡ골을 ᄯᅢ리랴 (臂痛可刮骨, 孤腦袋安可比臂也?) <삼국-규장 18:11>

【ᄃᆡ긔-ᄒᆞ-】 동 대기(大起)하다. 크게 일어나다. (자동사).¶ ▼大起 ‖ 어시의 공명이 친이 노슈 어덕의 이르니 과연 음풍이 ᄃᆡ긔ᄒᆞ며 파되 흉용ᄒᆞᆫ지라 (遂自到瀘水岸邊觀看. 果見陰風大起, 波濤洶湧.) <삼국-국중 15:25>

【ᄃᆡ기】 부 대개(大槪). 대체로.¶ ▼蓋 ‖ 쵹중의 잇ᄂᆞᆫ 쇼리ᄅᆞᆯ 과히 포쟝ᄒᆞ시니 심히 불안ᄒᆞᆫ지라 연이나 ᄃᆡ기 들으니 말은 ᄇᆡᆨ낙을 만ᄂᆞ며 소ᄅᆡ를 ᄂᆡ고 조작은 나무를 가리여 깃들이ᄂᆞ니 ᄉᆞᄅᆞᆷ이 디긔를 만ᄂᆞ미 엇지 위연ᄒᆞ리요 (蜀中小吏, 何足道哉! 蓋聞馬逢伯樂而嘶, 人遇知己而死.) <삼국-국중 11:53>

【ᄃᆡ단-ᄒᆞ-】 형 대단(大段)하다. 보통 정도보다 비길 바 없이 더하거나 심하다.¶ ▼大振 ‖ 이제 원술이 회람의 잇서 형세 ᄃᆡ단ᄒᆞ니 장군이 일즉 서로 더부러 혼인 언약ᄒᆞ엿스니 이제 다시 ᄀᆞᆺ치 아니ᄒᆞᄂᆞᆫ고 (今袁術在淮南, 聲勢大振, 將軍舊曾與彼約婚, 今何不仍求之?) <삼국-모종 3:77>

【ᄃᆡ덕-】 동 대적(對敵)하다. 'ᄃᆡ뎍ᄒᆞ다'의 수의적 교체형.¶ ▼抵擋 ‖ 이쟝이 비록 착ᄒᆞ나 군ᄉᆡ ᄃᆡ덕디 못ᄒᆞ야 몬져 ᄃᆞ라나니 일로 인ᄒᆞ여 이쟝이 대패ᄒᆞ여 동을 ᄇᆞ라고 ᄃᆞ더이다 (二將雖能, 軍士先走, 因此抵擋不住, 大敗望東去了.) <삼국-가정 21:9> ▼展轉 ‖ 즁군이 일시의 함셩ᄒᆞ고 관흥을 여러 ᄇᆞᆯ ᄡᅡ니 흥의 힘이 고단ᄒᆞ여 능히 ᄃᆡ덕디 못ᄒᆞ더니 (衆軍一聲喊起, 將關興圍在垓心. 興力孤, 不能展轉.) <삼국-가정 27:37> 즁군이 일시의 함셩ᄒᆞ고 관흥을 여러 벌 ᄡᅡ니 흥의 힘이 고단ᄒᆞ야 능히 ᄃᆡ덕지 못ᄒᆞ더니 <삼국-규장 19:24>

【ᄃᆡ딘-ᄒᆞ-】 동 대진(對陣)하다.¶ ▼對圓 ‖ 냥군이 ᄃᆡ딘ᄒᆞ고 한덕이 ᄆᆞᆯ을 내니 ᄉᆞ지 융장을 엄숙히 ᄒᆞ고 좌우의 버럿더라 (兩陣對圓, 韓德出馬, 四子列於兩邊.) <삼국-가정 30:5>

【ᄃᆡ로-ᄒᆞ-】 동 대노(大怒)하다.¶ ▼大怒 ‖ 관공이 ᄃᆡ로ᄒᆞ야 산의 올나 ᄃᆞ 쥭이고져 ᄒᆞ더니 산닉의 ᄯᅩ 양군니 당츌ᄒᆞ니 좌변은 정봉이오 우변은 셔황[셩]이라 (關公大怒, 欲上岡殺之. 山崦內又有兩軍撞出, 左邊丁奉, 右邊徐盛.) <삼국-국중 13:69>

【ᄃᆡ면-ᄌᆞᆨ별】 명 대면작별(對面作別). 얼굴을 마주보고 작별함.¶ ▼相辭 ‖ 됴죄 부장 악진으로 ᄒᆞ여곰 인병ᄒᆞ야 쳥니진의 니ᄅᆞ니 중장이 져젹분[부]주ᄒᆞᆫ지라 맛당이 ᄂᆡ 친히 막을 거시ᄆᆡ ᄃᆡ면ᄌᆞᆨ별 못ᄒᆞ고 글노ᄡᅥ ᄃᆡ신ᄒᆞ노라 (曹操令部將樂進引兵至靑泥鎭, 衆將抵敵不住, 吾當親往拒之, 不及面會, 特書相辭.) <삼국-모종 10:102>

【ᄃᆡᄆᆡ-ᄒᆞ-】 동 대매(大罵)하다. 크게 욕하며 꾸짖다.¶ ▼大罵 ‖ 적장 화웅이 쳘긔를 거ᄂᆞ리고 관의 나려와 손장군의 불근 슈건을 긔씍 쥐여 들고 ᄎᆡᄎᆡᆨ 압희 와 ᄃᆡᄆᆡᄒᆞ며 싸홈을 ᄌᆡ촉ᄒᆞᆫ다 (華雄引鐵騎下關, 用長竿挑著孫太守赤幘, 來寨前大罵搦戰.) <삼국-국중 2:14>

【ᄃᆡ작-ᄒᆞ-】 동 대작(大作)하다. 바람, 구름, 아우성 따위가 크게 일어나다.¶ ▼大作 ‖ ᄎᆞ야의 북풍이 ᄃᆡ작ᄒᆞ니 죄 군ᄉᆞ로 ᄒᆞ여곰 흙을 져 물을 부어 셩을 ᄊᆞ니 ᄊᆞᄂᆞᆫ 족〻 어름이 구더 돌 갓흔지라 (是夜北風大作, 操盡驅兵士擔土潑水; 爲無盛水之具, 作盛水澆之, 隨築隨凍.) <삼국-국중 11:20>

【ᄃᆡ-장ᄯᆡ】 명 ((기물)) 대장대.¶ ▼竹竿 ‖ 네게 흑유궈거 십양을 주니 ᄃᆡ장ᄯᆡ 일쳔 낫흘 써 궈 안의 물을 여ᄎᆞ〻이 ᄒᆞ고 본부병을 거ᄂᆞ려 가 반사곡을 직희여 볍을 의지ᄒᆞ여 ᄒᆡᆼᄒᆞ다 (與汝黑油櫃車十輛, 須用竹竿千條, 櫃內之物, 如此如此, 可將本部兵去把住盤蛇谷兩頭, 依法而行.) <삼국-모종 15:15>

【ᄃᆡ적-ᄒᆞ-】 동 대적(對敵)하다.¶ ▼敵 ‖ ᄂᆡ 닥양ᄒᆞ여 ᄒᆞᆫ ᄉᆞ람을 어더 형주의 보ᄂᆡ여 ᄃᆡ신ᄒᆞ고 관장군니 도라와야 가히 ᄃᆡ적ᄒᆞ리라 (吾欲酌量著一人去荊州, 替回關將軍來, 方可敵之.) <삼국-모종 12:17>

【ᄃᆡ졉-호-】 동 대접(待接)하다. 마땅한 예로써 대하다. ᄃᆡ졉(待接)+-ᄒᆞ-+-오(삽입 모음)-.¶ ▼待 ‖ 내 온후 ᄃᆡ졉호믈 매치기ᄀᆞᆺ티 ᄒᆞ노니 여ᄋᆞ ᄉᆞᆰ이 업디 아니ᄒᆞ여시니 가히 몬져 ᄇᆡ브ᄅᆞ게 못ᄒᆞ리라 주리면 사ᄅᆞᆷ의게 븟좃고 ᄇᆡ브ᄅᆞ면 ᄂᆞ라나리라 (吾待溫侯如養鷹耳; 狐兎未息, 不可先飽; 飢則爲用, 飽則颺去.) <삼국-가정 6:66>

【ᄃᆡ졍】 명 ((인류)) 대장(大匠). 장인의 높임말.¶ ▼匠工 ‖ 오쥬 ᄃᆡ희ᄒᆞ여 ᄃᆡ졍을 발ᄒᆞ야 쥬야로 쳘삭 쳘츄랄 치어 강의 ᄀᆞᆯ코 세우다 (皓大喜, 傳令撥匠工于江邊連夜造成鐵索、鐵錐, 設置停當.) <삼국-모종 19:88>

【ᄃᆡ쵸】 명 ((식물)) 대추. 대조(大棗).¶ ▼棗 ‖ 모다 보니 그 ᄉᆞ람이 신당이 구 쳑이오 염당이 니 쳑이오 얼골은 무른 ᄃᆡ쵸 갓고 단봉안이오 와잠미라 (衆視之, 見其人身長九尺, 髯長二尺, 丹鳳眼, 臥蠶眉, 面如重棗, 聲如巨鐘, 立於帳前.) <삼국-모종 1:87> 이ᄒᆡ예 흉황ᄒᆞ여 ᄇᆡᆨ셩이 다 ᄃᆡ쵸와 ᄂᆞ물을 먹으니 아ᄉᆞᄒᆞᆫ ᄌᆡ 들의 가득ᄒᆞ니 ᄒᆞᄂᆡᄐᆡ슈 댕앵은 미육을 드리고 ᄒᆞ등[동]ᄐᆡ슈 왕읍은 견ᄇᆡᆨ을 드리니 뎨 죠곰 편ᄒᆞ더라 (是歲大荒, 百姓皆食棗菜, 餓莩遍野, 河內太守張楊獻米肉, 河東太守王邑獻絹帛, 帝稍得寧.) <삼국-모종 2:109>

【ᄃᆡᆼ당이-관】 명 ((복식)) 댕댕이관(-冠).¶ ▼白藤冠 ‖ 각부들이 정히 메고 가다가 피곤ᄒᆞ야 뫼 압히셔 쉬더니 믄득 보니 ᄒᆞᆫ 션ᄉᆡᆼ이 ᄒᆞᆫ 눈이 멀고 ᄒᆞᆫ 발이 졀고 흰 ᄃᆡᆼ당이관을 ᄡᅳ고 프른 헌 오살 닙고 와 각부들의게 네ᄒᆞ고 (脚夫正挑担而行, 衆人疲困, 歇于山脚下. 見一先生, 眇一目, 跛一足, 白藤冠, 青懶衣, 來與脚夫作禮.) <삼국-가정 22:67> 셩 안과 셩 밧게 자븐 ᄒᆞᆫ 눈 멀고 ᄒᆞᆫ 발 졀고 흰 ᄃᆡᆼ당이관 ᄡᅳ고 프른 ᄒᆞ여진 옷 닙고 나모신 신은 션ᄉᆡᆼ이 마치 ᄒᆞᆫ 모양의 치 삼ᄉᆞᄇᆡᆨ이어늘 (城裏城外, 所捉眇一目、跛一足、白藤冠、青懶衣、穿履鞋先生, 都一般模樣者有三四百個.) <삼국-가정 22:78>

【ㄹ】

【-ㄹ고】 [미] ((의문사와 함께 쓰여)) -ㄹ까. 현재 정해지지 않은 일에 대하여 자기나 상대편의 의사를 묻는 종결 어미. -ㄹ고(←-ㅭ고).¶ ▾강좌 감녕이 쥬유의게 욕을 보고 붓그려 ᄂᆡ응호믈 원ᄒᆞ고 황개도 곤댱 오십을 맛고 감ᄐᆡᆨ으로 ᄒᆞ여곰 납항ᄒᆞᄂᆞᆫ 글월이 와시나 밋브디 못ᄒᆞ니 뉘 감히 쥬유의 채듕의 드러가 ᄌᆞ셔히 아라올고? (江左甘寧被周瑜恥辱, 亦願內應; 黃盖受責五十, 却令闞澤納降, 又有書到此: 未可深信. 誰敢直入周瑜寨中走一遭?) <삼국-가정 15:111> 이제 류비 강하로 갓시니 두리건ᄃᆡ 동오로 더부러 결연ᄒᆞᆯ지라 맛당이 무ᄉᆞᆷ 계교를 파ᄒᆞᆯ고 (今劉備已投江夏, 恐結連東吳, 是滋蔓也. 當用何計破之?) <삼국-국중 8:129>

【-ㄹ낫다】 [미] -리랏다. -ㄹ 뻔 하였다. -하였을 것이다. -ㄹ(←-ㅭ: 관형사형 전성 어미) + -ᄂᆞ(현재 시제 선어말 어미) + -ㅅ(느낌 표현의 선어말 어미) + -다(감탄형 종결 어미).¶ ▾矣 ‖ 내 만일 누의게 뭇디 아니ᄒᆞ던ᄃᆞᆯ 대의ᄅᆞᆯ 일흘낫다 (吾若不問于姐, 失其大義矣!) <삼국-규장 24:92>

【-ㄹ너니라】 [미] -겠더라. -ㄹ(←-ㅭ: 관형사형 전성 어미) + -너(←-러-/-더-: 회상의 선어말 어미) + -니(객관적 믿음의 선어말 어미) + -라(연결 어미).¶ ▾矣 ‖ 네 즉위ᄒᆞᆫ 삼십의 만일 우리 부형곳 아니런ᄃᆞᆯ 네 ᄇᆞᆯ셔 ᄀᆞᆯ리 되어실너니라! (汝卽位三十餘年, 若不得吾父兄, 汝爲齏粉矣!) <삼국-가정 26:30>

【-ㄹ너라】 [미] -ㄹ레라. -겠더라. -ㄹ(←-ㅭ: 관형사형 전성 어미) + -너(←-러-/-더-: 회상의 선어말 어미) + -라(평서형 종결 어미).¶ ▾이슉의 군ᄉᆡ 이르러 불을 노으니 숀견의 군ᄉᆡ 황〻분쥬ᄒᆞ여 셔로 즛바라 죽ᄂᆞᆫ ᄌᆡ 그 슈ᄅᆞᆯ 아지 못ᄒᆞᆯ너라 (後面李肅軍到, 竟令軍士放起火來. 堅軍亂竄. 衆將各自混戰.) <삼국-국중 2:11> 위 왈 너ᄂᆞᆫ 셩 의[외]예 이셔 그[구]군을 ᄌᆡ촉ᄒᆞ라 ᄂᆡ 드러가 주공을 ᄎᆞᄌᆞ리ᄅᆞ ᄒᆞ고 셩듕의 쇄닙ᄒᆞ여 심먹ᄒᆞᄃᆡ 보지 못할너라 (韋曰: "汝在城外催救軍, 我入去尋主公." 李典去了. 典韋殺入城中, 尋覓不見.) <삼국-모종 2:76>

【-ㄹ너이다】 [미] -겠습디다. -겠더군요. -ㄹ(←-ㅭ: 관형사형 전성 어미) + -너(←-러-/-더-: 회상의 선어말 어미) + -이(상대 높임 선어말 어미) + -다(종결 어미).¶ ▾드〻여 치쥬샹ᄃᆡᄒᆞ고 순욱으로 더부러 호련 셔로 모이더라 호련니 ᄉᆞᄅᆞᆷ니 보왈 일족 군니 동으로 가니 엇던 ᄉᆞᄅᆞᆷ인 줄 이지 못할너이다 (遂置酒帳中相待, 令與荀彧相會, 忽人報曰: "一隊軍往東而去, 不知何人.") <삼국-모종 2:116>

【-ㄹᄂᆞᆺ다】 [미] -리랏다. -ㄹ 뻔 하였다. -하였을 것이다. -ㄹ(←-ㅭ: 관형사형 전성 어미) + -ᄂᆞ(현재 시제 선어말 어미) + -ㅅ(느낌 표현의 선어말 어미) + -다(감탄형 종결 어미).¶ ▾矣 ‖ ᄂᆡ 져를 으더 외원을 삼으니 엇디 죠〻와 장노를 근심ᄒᆞ리오 장숑곳 아니면 일을 일우지 못ᄒᆞᆯᄂᆞᆺ다 (吾得他爲外援, 又何慮曹操、張魯耶? 非張松則失之矣.) <삼국-국중 11:58>

【-ㄹ다】 [미] ((주로 2인칭 주어와 함께 쓰여)) -ㄹ 것이냐. -겠느냐. -려느냐. 의문형 종결 어미. -ㄹ다(←-ㅭ다).¶ ▾내 ᄒᆞᆫ 글월이 이시니 그ᄃᆡ로 ᄒᆞ여곰 동오의 가과댜 ᄒᆞ노니 그ᄃᆡ 즐겨 갈다 (吾有一書, 正欲煩你去東吳一會, 你肯去否?) <삼국-가정 33:115> 네 므ᄉᆞᆷ 능ᄒᆞ미 잇관ᄃᆡ 이 쇼임을 감당ᄒᆞᆯ다 (你有何能, 敢當此任?) <삼국-가정 26:96>

【-ㄹ돠】 [미] -겠구나. -겠도다. -ㄹ(←-ㅭ: 관형사형 전성 어미) + -도(느낌 표현의 선어말 어미) + -아(감탄형 종결 어미). '-리로다'에서 변화한 꼴.¶ ▾신이 연왕을 셤기미 대왕 셤김 ᄀᆞᄐᆞ니 ᄎᆞᆯ히 죽을디언뎡 블의예 일을 못ᄒᆞᆯ돠 (臣事燕王, 猶事大王, 寧死不爲非義之事.) <삼국-가정 18:39>

【-ㄹ디어다】 [미] (동사, 형용사 어간 뒤에 붙어) -ㄹ지어다. -해야 할 것이다. -ㄹ(←-ㅭ: 관형사형 전성 어미)#ᄃᆞ(것: 의존 명사)+-ㅣ(서술격 조사) + -어(←-거-: 주관적 믿음의 선어말 어미) + -다(명령형 종결 어미).¶ ▾셰동치 칠년 츄칠월 시작ᄒᆞ여 신미 ᄆᆡᆼ츈 원월일 필ᄒᆞ다 샹치 말고 ᄃᆡ〻 유젼할디어다 딘쳔 논실 신ᄉᆞ간ᄃᆡᆨ 칙 <삼국-국중 5:120>

【-ㄹ디언뎡】 [미] -ㄹ지언정. 뒤 절을 강하게 시인하기 위하여 뒤 절의 일과는 대립적인 앞 절의 일을 시인함을 나타내는 연결 어미. '비록 그러하지만 그러나' 혹은 '비록 그러하다 하여도 그러나'에 가까운 뜻을 나타낸다. -ㄹ(←-ㅭ: 관형사형 전성 어미)#ᄃᆞ(것: 의존 명사)+-ㅣ(서술격 조사) + -언뎡(-을지언정: 연결 어미).¶ ▾寧 ‖ 탁 왈 ᄎᆞᆯ히 죽을디언뎡 너ᄅᆞᆯ 보젼ᄒᆞ리라 (卓曰: '吾寧捨性命, 必當保汝!') <삼국-가정 3:104> 신이 연왕을 셤기미 대왕 셤김 ᄀᆞᄐᆞ니 ᄎᆞᆯ히 죽을디언뎡 블의예 일을 못ᄒᆞᆯ돠 (臣事燕王, 猶事大王, 寧死不爲非義之事.) <삼국-가정 18:39> 탁 왈 ᄎᆞ라히 죽을디언뎡 너ᄅᆞᆯ 보젼ᄒᆞ리라 (卓曰: '吾寧捨性命, 必當保汝!') <삼국-규장 3:5>

【-ㄹ딘대】 [미] -ㄹ진대. -ㄹ 것 같으면. -ㄴ다면. 앞절을 인정하면서, 그것을 뒤 절 일의 조건이나 이유, 근거로 삼음을 나타내는 연결어미. -ㄹ(←-ㅭ: 관형사형 전성 어미)#ᄃᆞ(것: 의존 명사)+-ㅣ(서술격 조사) + -ㄴ대(연결 어미).¶ ▾다만 두리건대 두 아이 복죵티 아닐가 ᄒᆞ노니 냥으로 ᄒᆞ여곰 계규ᄅᆞᆯ 쓰과댜 ᄒᆞᆯ딘대 모ᄅᆞ미 겸과 인

을 빌리쇼셔 (但恐二弟不肯賓服. 如欲亮行兵, 須假劍印.) <삼국-가정 13:52> ▼比如 ‖ 제 우리를 죽일단대 우리 저를 죽이미 엇더ᄒᆞ뇨 (比如他殺我, 不如我殺他!) <삼국-가정 26:82>

【-ㄹ랏다】 [미] -리랏다. -ㄹ 뻔 하였다. -하였을 것이다. -ㄹ(←-ㄹㆆ: 관형사형 전성 어미)+-ᄂᆞ(현재 시제 선어말 어미)+-ㅅ(느낌 표현의 선어말 어미)+-다(감탄형 종결 어미).¶ ▼矣 ‖ 내 만일 누의게 뭇디 아니ᄒᆞ던들 대의를 일흘랏다! <삼국-가정 35:109>

【-ㄹ러라】 [미] -ㄹ레라. -겠더라. -ㄹ(←-ㄹㆆ: 관형사형 전성 어미)+-러(←-더-: 회상의 선어말 어미)+-라(평서형 종결 어미).¶ ▼ᄉᆞ면팔방의 대쉬 펴뎌 둘려드니 칠군이 어즈러이 ᄃᆞ라나 믈결을 조차 헤디ᄅᆞᄂᆞᆫ 재 그 수를 아디 못ᄒᆞᆯ러라 (四面八方, 大水驟至, 七軍亂竄, 隨波逐浪者, 不計其數.) <삼국-가정 24:85> 또 관흥 댱포의 ᄉᆡᆼ녁군이 ᄲᆞᆯ오ᄂᆞᆫ디라 위병이 ᄉᆞᄉᆞ로 즛ᄇᆞᆯ와 죽은 재 그 수를 아디 못ᄒᆞᆯ러라 (背後關興生力軍趕來, 魏兵自相踐踏及落澗身死者, 不知其數.) <삼국-가정 32:19>

【-ㄹ숀냐】 [미] -ㄹ 것이냐. -겠느냐. 그럴 법이 없음을 강하게 주장하기 위하여 반문하는 종결 어미. ㄹ(←-ㄹㆆ: 관형사형 전성 어미)#ᄉᆞ(것: 의존 명사)+-요(←-오-: 대상법 선어말 어미)+-ㄴ야(의문형 종결 어미).¶ ▼否 ‖ 쉬 ᄒᆞᆫ 계교 이ᄉᆞ니 블과 삼월의 원쇼의 ᄇᆡᆨ만지즁으로 ᄒᆞ여곰 ᄡᅡ호디 아니ᄒᆞ여 스ᄉᆞ로 파케 ᄒᆞ리니 명공이 즐겨 들을숀냐 (攸有一策, 不過三日, 使袁紹百萬之衆, 不戰自破. 明公還肯聽否?) <삼국-국중 7:15>

【-ㄹ숀야】 [미] -ㄹ 것이냐. -겠느냐. 그럴 법이 없음을 강하게 주장하기 위하여 반문하는 종결 어미. ㄹ(←-ㄹㆆ: 관형사형 전성 어미)#ᄉᆞ(것: 의존 명사)+-요(←-오-: 대상법 선어말 어미)+-ㄴ야(의문형 종결 어미).¶ ▼否 ‖ 승상이 ᄒᆞᆫ 문명지ᄉᆞ를 어더 사ᄌᆞ를 보ᄂᆡ고져 ᄒᆞ니 공이 ᄂᆞᆷ 쇼임을 당ᄒᆞᆯ숀야 (丞相欲得一有文名之士, 以備行人之選. 公可當此任否?) <삼국-국중 5:78>

【-ㄹᄉᆡ】 [미] -ㄴ데. 전제, 배경을 제시하는 뜻을 나타내는 연결어미.¶ ▼이에 쥬션을 블러 ᄀᆞ만이 보낼ᄉᆡ 오ᄇᆡᆨ인을 ᄂᆞᆫ화 다ᄉᆞᆺ ᄇᆡ예 싯고 샹고의 ᄆᆡᄡᅵ를 ᄒᆞ여 가되 거즛 구의 문서를 ᄆᆡᆫᄃᆞ라 의외예 ᄆᆞᆺᄂᆞᆫ 일을 예비ᄒᆞ고 (於是密遣周善, 將五百人, 分作五船, 扮爲商人. 於中更詐修國書, 以備盤詰.) <삼국-가정 20:13>

【-ㄹ에라】 [미] -ㄹ레라. -구나. -ㄹ(←-ㄹㆆ: 관형사형 전성 어미)+-에라(감탄형 종결 어미).¶ ▼귀를 고다마 시니 부루디디고 하ᄂᆞᆯ이 놀ᄂᆡ고 아올나 ᄯᅡ이 실펴ᄒᆞ더라 샹산 됴ᄌᆞ룡이 일신니 도모디 담일에라 (鬼哭與神號, 天驚幷地慘. 常山趙子龍, 一身都是膽!) <삼국-국중 12:134>

【-ㄹ와】 [미] -(었)다. -도다. -는구나. 종결 어미. '-롸'의 변이형. -ㄹ(←-ㄹㆆ: 관형사형 전성 어미)+-와(감탄형 종결 어미).¶ ▼녯날의ᄂᆞᆫ 명공이나 내 다 홍곡이러니 명공이 변ᄒᆞ야 봉황이 될 줄을 ᄉᆡᆼ각디 못ᄒᆞᆯ와 (昔日嵩與明公皆鴻鵠, 不意明公變爲鳳凰耳.) <삼국-규장 2:100> 조죄 셔쥐 이셔 딘규를 칙ᄒᆞ야 ᄀᆞᆯ오ᄃᆡ 네 이제 ᄋᆡᄆᆡᄒᆞᆯ와 ᄒᆞ니 너히 부ᄌᆞ의 챠듀 주긴 죄를 샤ᄒᆞ노라 ᄒᆞ니 규 오히려 ᄋᆡᄆᆡᄒᆞᆯ와 ᄒᆞ더라 (曹操在彭城責陳珪曰: "今爾辯無事, 恕你父子殺車胄之罪." 珪力辯無事, 商量取下邳.) <삼국-가정 9:2>

【-ㄹ지어다】 [미] ❶ -ㄹ지어다. 해야 할 것이다. 명령형 종결어미. -ㄹ(←-ㄹㆆ: 관형사형 전성 어미)#ᄌᆞ(←ᄃᆞ: 의존 명사)+-ㅣ(서술격 조사)+-어다(명령형 종결 어미).¶ ▼이ᄂᆞᆫ 국가의 ᄃᆡᄉᆞ라 네 엇디 감히 ᄃᆞ언ᄒᆞᄂᆞ뇨 가히 쇽히 갈지어다 ("此國家之事, 汝何敢多言! 可速去!") <삼국-국중 12:12> ❷ …기를 바랍니다. 소망형 종결어미.¶ ▼계미 만츈의 시작ᄒᆞ야 팔월 초길의 필셔ᄒᆞ니 그 가온ᄃᆡ 졀묘호사 만호나 자필노 박초ᄒᆞ고 급히 번등ᄒᆞᄆᆡ 삼국 사젹을 ᄃᆡ강 긔록ᄒᆞ니 보ᄂᆞᆫ 지 용사ᄒᆞᆯ지어다 <삼국지-16-한옥션86-350 필사기>

【-ㄹ진저】 [미] -ㄹ진저. -구나. -ㄹ(←-ㄹㆆ: 관형사형 전성 어미)#ᄌᆞ(←ᄃᆞ: 의존 명사)+-ㅣ(서술격 조사)+-ㄴ저(감탄형 종결 어미).¶ ▼乎 ‖ 성인이 ᄂᆞᆯ로ᄃᆡ 귀신의 덕이 그 셩할진저 또 이르ᄃᆡ 상하실진저 빈다 허시니 네가 우선싱을 쥬기여ᄉᆞ니 엇지 보원 아니허랴 (聖人云: '鬼神之爲德, 其盛矣乎!' 又云: '禱爾于上下神祇', 鬼神之事,

【-라】 [미] -라. -이라. -다. -이다. 평서형 종결 어미.¶ ▼태조 무황뎨 일즉 신ᄃᆞ려 닐너 왈 사마의 ᄆᆡ군[눈]이요 ᄉᆡ랑의 목이라 가히 병권을 부치지 못ᄒᆞᆯ 거시니 오라면 필연 국가 ᄃᆡ화 졀나 ᄒᆞ시더니 금일의 반졍이 님의 ᄆᆡᆼ얼ᄒᆞ니 급히 버히소셔 (先時太祖武皇帝嘗謂臣曰: "司馬懿鷹視狼顧, 不可付以兵權, 久必爲國家大禍." 今日反情已萌, 可速誅之.) <삼국-모종 15:33>

【락타】 [명] ((동물)) 낙타(駱駝).¶ ▼駱駝 ‖ 군식 다 궁뇌 창도를 즐 쓰고 또 젼거의 군긔 즙물을 싸아 혹 락타로 슈릐를 메고 혹 나귀로 메여 형세 심이 강셩ᄒᆞ니 이러무로 일홈을 쳘긔병이라 (皆慣使弓弩、鎗刀、蒺藜、飛鎚等器; 又有戰車, 用鐵葉裹釘, 裝載糧食軍器什物: 或用駱駝駕車, 或用騾馬駕車, 號爲'鐵車兵'.) <삼국-국중 15:75>

【-란】 [조] ((받침 없는 체언류나 'ㄹ' 받침으로 끝나는 체언류 뒤에 붙어)) -일랑. '-는/은'의 뜻을 특히 강조하여 쓰는 주격조사.¶ ▼도적으로 ᄒᆞ야곰 니ᄒᆞ야신 졔란 졔 ᄆᆞᄋᆞᆷ굿 겁냑ᄒᆞ다가 일이 그릇되거든 항복ᄒᆞ야 (使得得利, 恣意劫掠: 賊若失利, 便使投降.) <삼국-가정 1:64> 네 조종이 ᄉᆞᄇᆡᆨ여 년을 한됴의 쟉녹ᄒᆞ엿거ᄂᆞᆯ 갑흘 일란 ᄉᆡᆼ각디 아니ᄒᆞ고 도로혀 도적을 조고져 ᄒᆞᄂᆞ냐? 네 가 고변ᄒᆞ라 우리 등이 죽어도 ᄯᅩᄒᆞᆫ 한나라 귓거시 되리라 (汝祖宗食祿漢朝四百餘年, 不思報本, 反欲縱賊耶? 汝去告變, 吾等死亦漢家鬼也!) <삼국-가정 2:22>

【-랄】 조 -를. 대격 조사.¶ ▼우리 쳔ᄉ만ᄉᆡᆼ게 ᄒᆞ여 피나계 싸와 이 셩지랄 어더시니 네 엇지 감히 자량ᄒᆞ리요 (吾等千生萬死, 身冒血戰, 奪得城池, 汝安敢誇口!) <삼국-모종 6:3> 이제 셔으로 치다가 아니 뉴비 뉴표 승허ᄒᆞ여 허도랄 엄십ᄒᆞ면 ᄂᆡ 밋쳐 구완치 못ᄒᆞ여 화되기 젹지 아니ᄒᆞ리니 (我今引兵西擊, 倘劉備、劉表乘虛襲許都, 我救應不及, 爲禍不淺矣.) <삼국-모종 6:13>

【-랏다】 미 ((계사 어간 뒤에 붙어)) -구나. -었었구나. 혼잣말에 쓰여, 화자가 새롭게 알게 된 사실에 주목함을 나타내는 종결어미. 흔히 감탄의 뜻이 수반된다.¶ ▼也 ‖ 힝혀 됴뎡 홍복으로 큰 비 와 문당의 목숨을 보젼ᄒᆞᆯ시 만졍 만일 소루ᄒᆞ미 잇던들 내 ᄒᆞᆫ 폴을 일흐미랏다 (幸朝廷福大, 天降驟雨, 方才保全. 倘有疏虞, 又失吾右臂也.) <삼국-가정 34:43>

【략쇽】 명 약속(約束).¶ ▼約束 ‖ ᄐᆡ슈 왕광 왈 이제 ᄃᆡ의를 밧드러 반드시 ᄆᆡᆼ쥬를 셰워 무리의 략쇽을 들은 연후의 진병ᄒᆞ리라 (太守王匡曰: "今奉大義, 必立盟主, 衆聽約束, 然後進兵.") <삼국-모종 1:79>

【-러니】 미 지금의 사실이 과거의 경험으로 알았던 사실과 다름을 나타내는 연결 어미. -더니. -었으니. -었는데.¶ ▼녯날의ᄂᆞᆫ 명공이나 내 다 홍곡이러니 명공이 변ᄒᆞ야 봉황이 될 줄을 ᄉᆡᆼ각디 못ᄒᆞᆯ와 (昔日嵩與明公皆鴻鵠, 不意明公變爲鳳凰耳.) <삼국-규장 2:100>

【련일-ᄒᆞ-】 동 연일(連日)하다. 여러 날을 계속하다.¶ ▼連日 ‖ 이때 구월 그믐이라 텬긔 갑작져이 치워 검은 구룸이 엉긔여 련일ᄒᆞ여 됴티 아니ᄒᆞ니 일노 인ᄒᆞ야 냥군이 아직 싸홈을 긋쳣더라 (時遇九月盡間, 天氣暴冷, 彤雲密布, 連日不開, 因此兩軍罷戰.) <삼국-규장 13:54>

【령구】 명 ((기물)) 영구(靈柩). 시체를 담은 관(棺).¶ ▼靈柩 ‖ 손칙이 황조를 도라보ᄂᆡ고 령구를 영졉ᄒᆞ야 싸홈을 파ᄒᆞ고 강동의 도라가 부친을 곡아 언덕의 장ᄉᆞᄒᆞ고 상ᄉᆞ를 이믜 맛치ᄆᆡ 군ᄉᆞ를 ᄉᆞᆯ고 강도의 거ᄒᆞ야 초현납ᄉᆞᄒᆞ고 굴긔ᄃᆡ인ᄒᆞ니 사방 호걸이 졈졈 도라가더라 (劉表換回黃祖, 孫策迎接靈柩, 罷戰回江東, 葬父於曲阿之原. 喪事已畢, 引軍居江都, 招賢納士, 屈己待人, 四方豪傑, 漸漸投之.) <삼국-모종 2:1>

【-로-다려】 조 -와 더불어.¶ ▼與 ‖ 관공 왈 ᄎᆞ인이 나의 발은 말의 감동ᄒᆞ여 우리로다려 싸호지 아니ᄒᆞᆫ이라 비가 ᄭᆡ각ᄒᆞ여 다만 셩문을 굿게 직히더라 (關公曰: "此人武藝不在你我之不, 因我以正言感之, 頗有自悔之心, 故不與我等戰耳." 飛乃悟, 只令士卒堅守東門, 更不出戰.) <삼국-모종 3:65>

【-로라】 미 '이다', '아니다'의 어간에 붙어서, 자기의 동작을 의식적으로 쳐들어 말할 때 '-다'의 뜻을 나타내는 연결 어미.¶ ▼너 ᄀᆞᄐᆞᆫ 샹놈이 황친이로라 사칭ᄒᆞ고 거즛 공젹을 보ᄒᆞ야시니 이제 죠졍이 죠셔 ᄂᆞ리오니ᄂᆞᆫ 졍히 너 갓흔 놈을 무러 외람이 벼ᄉᆞᆯᄒᆞ야 탐ᄒᆞᄂᆞᆫ 쟈를 사ᄐᆡᄒᆞ라 ᄒᆞ시미라 (亂道! 你這厮詐稱皇親, 虛報功績! 目今朝廷降詔書, 正要問這等人, 沙汰濫官汚吏耳!) <삼국-가정 규장 1:52>

【-로롸】 미 ((주로 1인칭 주어와 함께 쓰여)) -로다.¶ ▼너 ᄀᆞᄐᆞᆫ 샹놈이 황친이로롸 사칭ᄒᆞ고 거즛 공젹을 보ᄒᆞ야시니 이제 됴뎡이 죠셔 ᄂᆞ리오기ᄂᆞᆫ 졍히 너 ᄀᆞᄐᆞᆫ 놈을 무러 외람히 벼ᄉᆞᆯᄒᆞ야 탐ᄒᆞᄂᆞᆫ 쟈ᄅᆞᆯ 사태ᄒᆞ라 ᄒᆞ시미라 (亂道! 你這厮詐稱皇親, 虛報功績! 目今朝廷降詔書, 正要問這等人, 沙汰濫官汚吏耳!) <삼국-가정 1:76>

【-로-브터】 조 -로부터.¶ ▼自 ‖ 죄 반ᄉᆞᄒᆞ야 허도의 도라온대 헌뎨 난가ᄅᆞᆯ ᄀᆞ초와 셩의 나가 맛고 조로 ᄒᆞ여곰 절ᄒᆞ고 제 일홈을 브ᄅᆞ디 말며 됴회예 드러올 제 ᄃᆞᆺ디 말며 칼 ᄎᆞ고 신 신고 뎐의 오ᄅᆞ기ᄅᆞᆯ 한승샹 쇼하의 고ᄉᆞᄀᆞ티 ᄒᆞ라 ᄒᆞ니 일로브터 위엄이 더욱 듕외예 진동ᄒᆞ더라 (操班師回都, 獻帝排鑾駕出廓迎接, 令操贊拜不名, 入朝不趨, 劍履上殿, 如漢相蕭何故事. 自此威震中外.) <삼국-가정 19:66>

【-로셔】 조 ❶ -로부터. -에서부터. 어떤 동작이 일어나거나 시작되는 곳을 나타내는 격조사.¶ ▼이러로셔 븍녁흐로 가면 디셰 엇더ᄒᆞ뇨 (此去往北, 地勢若何?) <삼국-가정 25:45> 이러로셔 낙셩 가기예 관ᄋᆡ과 채ᄎᆡᆨ이 믈읫 삼십여 체로ᄃᆡ 다 노부의 ᄀᆞ음안 배라 ᄃᆡ흰 쟝슈다 내 쟝악 듕의 이시니 (從此取雒城, 凡守御關隘, 計寨柵共三十餘處, 都是老夫所管官軍, 皆出於掌握之中.) <삼국-가정 21:2> 과연 그 ᄆᆞᆯ의 온 몸이 숫블 ᄢᅵ온 ᄃᆞᆺᄒᆞ야 죠곰도 잡털이 업고 머리로셔 ᄭᅩ리예 니ᄅᆞ히 기릐 ᄒᆞᆫ 댱이오 놉기 여ᄃᆞᆲ 자히라 (果然那馬渾身上下, 火炭般赤, 無半根雜毛; 從頭至尾長一丈, 從蹄至頂鬃高八尺.) <삼국-가정 1:151> ❷ -로서. 지위나 신분 또는 자격을 나타내는 격조사.¶ ▼각이 쳐음의 동당진 딘 션비로셔 (那張角本是個不第秀才.) <삼국-가정 1:11> 이ᄯᅴ의 이긘 군ᄉᆞ를 거ᄂᆞ리고 하샹의 와 진치니 ᄇᆡᆨ셩들이 단ᄉᆞ호쟝으로셔 왕ᄉᆞ를 맛거ᄂᆞᆯ, 죄 부로 수인을 블너 나아오라 ᄒᆞ니 슈발이 다 셰ᄒᆞ더라 (此時操引得勝之兵, 陳列於河上, 有土人簞食壺漿, 以迎王師. 操見父老數人, 鬚髮盡白.) <삼국-가정 10:102> 댱하의 블과 ᄒᆞᆫ 쇼쟝으로셔 엇디 감히 내 짓 일을 ᄀᆞ음알려 ᄒᆞᄂᆞ뇨! (量汝只是帳下一武夫, 安敢管我家事!) <삼국-가정 20:19>

【-롸】 미 ((1인칭 주어와 함께 쓰여)) -(었)다. -았노라. -었노라.¶ ▼이제 병들롸 ᄒᆞ고 나디 아니ᄒᆞ니 반ᄃᆞ시 형쥐 군ᄉᆡ 졍졔ᄒᆞᆫ 줄을 의심ᄒᆞ고 연강의 봉화ᄃᆡ를 아쳐ᄒᆞ미라 (今推病不出, 必疑荊州兵整肅, 沿江有烽火臺之警乎?) <삼국-가정 24:114> 녯날의ᄂᆞᆫ 명공이나 내나 다 홍곡이러니 명공이 변ᄒᆞ야 봉황이 될 줄을 ᄉᆡᆼ각디 못ᄒᆞ롸 (昔日嵩與明公皆鴻鵠, 不意明公變爲鳳凰耳.) <삼국-가정 3:57> 네 비록 쳥결ᄒᆞ롸 ᄒᆞ나 엇디 더리 더러오뇨 (汝爲淸潔之人, 何人汚濁?) <삼국-가정 8:53> 그 즁이 비록 만흐나 그 ᄆᆞ음이 ᄒᆞᆫᄀᆞᆯᄀᆞᆺ디 아니ᄒᆞ니 니산ᄒᆞ기 쉬온디라 ᄒᆞᆫ 번 드러 가히 멸ᄒᆞᆯ 고로 내 깃거ᄒᆞ롸 (兵多將累, 一擧可滅之矣. 吾故喜也.) <삼국-가정

19:65> 내 혜아리니 졔갈량이 우리 대패훈 줄을 알면 반드시 허훈 빼를 타 댱안을 취홀디라 만일 농셰 긴급 호면 뉘 능히 구호리오 내 이러므로 급히 도라오롸 (吾料諸葛亮知吾兵敗, 必乘虛來取長安也. 倘隴西緊急, 何人救之? 吾故回耳.) <삼국-가정 31:87>

【룡포】 명 ((복식)) 용포(龍袍). 임금이 입던 성복.¶ ▼龍袍 ‖ 정이 경아호더니 홀연 광풍이 딕작호야 빅낭이 흔천 흔딕 물결이 쭈여 룡포를 적시는지라 (正驚訝間, 忽然狂風大作, 白浪滔天, 江水濺濕龍袍, 大船將覆.) <삼국-국중 14:103>

【류비】 명 ((인명)) 유비(劉備). 중국 삼국 시대 촉한의 제1대 황제(161~223). 자는 현덕(玄德). 시호는 소열제(昭烈帝).¶ ▼劉備 ‖ 이제 류비 셔쥐의 둔병호고 스스로 쥬스를 총영호며 근즈의 녀포 병핑호므로 셔쥐의 도라 フ니 (劉備屯兵徐州, 自領州事; 近呂布以兵敗投之.) <삼국-국중 3:128>

【-리라】 미 -리라. -ㄹ 것이다. 상황에 대한 화자의 추측을 나타내는 어미.¶ ▼공늉 왈 원공노난 무덤 가온딕 마란 쎄라 엇지 죡히 말호리요 하날이 쥬난 거슬 취치 아니호면 후회 이시리라 (孔融曰: "袁公路塚中枯骨, 何足挂齒! 今日之事, 天與不取, 悔不可追.") <삼국-모종 2:67>

【리루-】 동 이르다. 도착(到着)하다.¶ ▼到 ‖ 삼경 시후의 조군 슈싀의 리루니 슌강호는 군스 잡아 조죠긔 밧치니 (三更時候, 早到曹軍水寨, 巡江軍士拏住, 連夜報知曹操.) <삼국-모종 8:15>

【-리오】 미 사리로 미루어 판단하건대 어찌 그러할 것이냐고 반문하는 뜻을 나타내는 종결 어미. 한탄하는 뜻이 들어 있을 때도 있으며, '-랴'보다 장중한 느낌이 있다. -겠는가. -리(미래 시제 선어말 어미)-+-오(-까: 의문형 종결 어미).¶ ▼乎 ‖ 딕쟝뷔 힝군거젹호미 엇지 산야 스룸의게 무르리오 (大丈夫行兵拒敵, 逗可問於山野之人乎?) <삼국-국중 11:86>

【-리이다】 미 -리다. -ㄹ 것입니다. -겠습니다.¶ ▼矣 ‖ 승상의 신긔묘산은 귀신도 충양키 어렵도쇼이다 만일 우리 등이면 반드시 셩을 바리고 드라나리이다 (丞相之機, 神鬼莫測! 若以某等之心, 必棄城而走矣.) <삼국-규장 21:99> ▼쥬공의 은혜 감격호딕 갑홀 길히 업亽니 원컨딕 일지군을 거느려 가밍관의 나아가 뉴비의 뒤홀 엄습호면 가히 싱금호고 이십쥐를 버혀 도라오리이다 (感主公之恩, 無可上報. 願引一軍攻取葭萌關, 襲劉備之後, 可生擒之, 此時必要割二十縣而還.) <삼국-규장 14:122>

【-리잇가】 미 -리까. -겠습니까. 합쇼할 자리에 쓰여, 추측을 묻는 종결 어미. -리(미래 시제 선어말 어미)-+-잇(←-이-: 상대 높임 선어말 어미)-+-가(니까: 의문형 종결 어미. 판정).¶ ▼아름다온 옥이 여긔 이시니 궤예 녀허 두리잇가 됴흔 갑슬 구호야 풀 리잇가 (有美玉于斯, 韞櫝而藏諸, 求善價而沽諸?) <삼국-가정 12:23> ▼乎 ‖ 쥬공은 가히 한 편지을 지여 가 마쵸을 믹져 쵸로 호여곰 군亽을 일흐여 관의 드러가면 죄 쏘한 웃씨 강남의 나려오믈 겯을 호리잇가 (主公可作一書, 往結馬超, 使超興兵入關, 則操又何暇下江南乎?) <삼국-모종 10:3>

【-리잇고】 미 -리까. -겠습니까. -ㄹ 것입니까. 합쇼할 자리에 쓰여, 추측을 묻는 종결 어미. -리(미래 시제 선어말 어미)-+-잇(←-이-: 상대 높임 선어말 어미)-+-고(니까: 의문형 종결 어미. 판정).¶ ▼신이 엇지 뎌를 두리ㅣ잇고 딕슌도 오히려 본밧고져 호거든 호믈며 졔갈량이뜬녀 (臣何畏彼哉! 大舜尙猶可效, 何況今人乎!) <삼국-규장 19:101> ▼矣 ‖ 불효한 즈식의 죄 자모게 밋즈오니 천지의 엇디 용납호리잇고 (不孝子累及慈母矣!) <삼국-국중 17:43>

【-링이다】 미 -리다. -ㄹ 것입니다. -겠습니다. '-리이다'의 이표기. 상대높임의 평서법 어미.¶ ▼也 ‖ 윤이 어려셔붓터 텬문을 잠깐 비화 아더니 밤마다 텬샹을 보니 한나라 긔쉬 불셔 진호엿고 태亽의 덕이 텬하의 진동호니 슌이 요의게 밧닷 호며 슌을 닛돗 호미 졍히 텬심과 인심의 합당호링이다 (允自幼頗習天文, 夜觀乾象, 漢家氣數到此盡矣. 太師之德震于天下, 若舜之受堯, 禹之繼舜, 正合天心人意也.) <삼국-가정 3:74> ▼矣 ‖ 승샹의 신긔묘산은 귀신도 측냥키 어렵도소이다 만일 우리 등이면 반드시 셩을 브리고 드라나링이다 (丞相之機, 神鬼莫測! 若以某等之心, 必棄城而走矣.) <삼국-가정 31:37> ▼쥬공은 몰게 누려 옷옷과 갑오슬 버스쇼셔 홍이 쥬공을 업고 믈을 건너링이다 (主公下馬, 脫去袍鎧, 洪負主公渡水.) <삼국-가정 2:114> 닉일 아젹의 블러 금빅으로뻐 주고 됴흔 말로 위로호면 즈연 무亽호링이다 (來朝喚入, 賜以金帛, 以好言慰之, 自然無事.) <삼국-가정 3:89> 노슉이 튱녈호여 일을 님호야 구챠티 아니호니 가히 뻐 유의 소임을 딕호링이다 (魯肅忠烈, 臨事不苟, 可以代瑜之任.) <삼국-가정 18:68> 쥬공의 은혜 감격호딕 갑플 길히 업亽니 원컨대 일지군을 거누려 가밍관의 나아가 뉴비의 뒤흘 엄습호면 가히 싱금호고 이십쥐를 버혀 도라오링이다 (感主公之恩, 無可上報. 願引一軍攻取葭萌關, 襲劉備之後, 可生擒之, 此時必要割二十縣而還.) <삼국-가정 21:41> 오늘밤 황혼의 부친은 이천 오빅 군을 인호야 셩 남녁으로조차 오고 쇼즈는 이천 오빅 군을 인호야 셩 븍녁흐로조차 와 삼경의 위채로 와 모드링이다 (今夜黃昏, 父親引二千五百兵, 從城南殺來; 兒引二千五百兵, 從城北殺來; 三更時分, 要在魏寨會合.) <삼국-가정 36:69>

【-링잇고】 미 -리꼬. -리까. -겠습니까. '-리잇고'의 이표기. 상대높임의 의문법 어미.¶ ▼也 ‖ 부친이 삼십년 영웅의 풍치를 가히 흔 말의 욕디 못홀 거시니 엇디 태산의 듕호믈 브리고 져근 돌뎡이로 더브러 고하를 드토링잇고 (父親守三十年之英風, 不可因一言之辱, 而棄泰山之重, 與頑石爭高下也.) <삼국-가정 24:68> ▼哉 ‖

신이 엇디 뎌ᄅᆞᆯ 두리링잇고 대슌도 오히려 본밧고져 ᄒᆞ거ᄃᆞᆫ ᄒᆞ믈며 졔갈량이ᄯᆞ녀 (臣何畏彼哉! 大舜尙猶可效, 何況今人乎!) <삼국-가정 28:30> 신이 폐하의 홍복을 의탁ᄒᆞ여시니 연을 손의 춤밧고 잡으리니 폐해 엇디 죡히 념녀ᄒᆞ시링잇고 (臣托陛下之洪福, 公孫淵唾手而擒, 陛下何足慮哉?) <삼국-가정 35:38> ▼耶 ‖ 이제 만일 이 도적을 업시ᄒᆞ면 신의 형이 반ᄃᆞ시 도라오리니 신은 이 국가 구쳑이라 엇디 감히 간적을 안자셔 보링잇고 (今若剿除此賊, 臣叔必回也. 臣乃國家舊戚, 安敢坐視奸賊耶?) <삼국-가정 36:43> ▼쥬공이 만긔 뎐금ᄒᆞᄂᆞᆫ 군ᄉᆞᄅᆞᆯ 거ᄂᆞ려 맛당이 형뎨 다 나가미 가티 아니ᄒᆞ닝이다 만일 간셰ᄒᆞᆫ 사ᄅᆞᆷ이 이셔 셩문을 다ᄃᆞ면 엇디ᄒᆞ링잇고 (主公總萬機, 典禁之兵, 不宜兄弟皆出. 倘有奸細之人閉其城門, 當如之何?) <삼국-가정 35:82>

【ㅁ】

【마-】[1] [동] 매다.¶ ▼繫 ‖ 젼상의 ᄒᆞᆫ ᄉᆞᄅᆞᆷ이 잇셔 당간을 잡아 단 우희 칠셩호긔[ᄃᆡ]ᄅᆞᆯ 마야 써 풍식을 표ᄒᆞ고 (前右立一人, 手執長竿, 竿上繫七星號帶, 以表風色.) <삼국-모종 8:43>

【마-】[2] [동] 막다.¶ ▼拒 ‖ 숀니 쇼왈 ᄂᆡ 요량의 나지 안니한니 ᄂᆡ 님의 병으로 하여곰 마아다 ᄒᆞ더라 (遜笑曰: “不出吾之所料. 吾已令兵拒之矣.”) <삼국-모종 14:23>

【마-굽】[명] ((동물)) 마굽(馬-). 말굽. 말의 발톱.¶ ▼馬蹄 ‖ 회 급히 발마쥬회ᄒᆞᆯ식 관샹의 노손니 오ᄇᆡᆨ 군을 거ᄂᆞ려 오거ᄂᆞᆯ 회 박마과교ᄒᆞᆯ식 다리 우희 마굽이 ᄲᆡ졋ᄂᆞᆫ지라 (會拍馬過橋, 橋上土塌, 陷住馬蹄, 爭些兒掀下馬來.) <삼국-국중 17:72>

【마그-】[동] 막다. 방어하다. 외부의 공격이나 침입 따위에 버티어 지키다.¶ ▼遏 ‖ 또 녀포로 ᄒᆞ여곰 졍병을 거ᄂᆞ려 뒤ᄒᆞᆯ 마그라 ᄒᆞᆫ대 (又令呂布引精兵遏後.) <삼국-가정 2:108>

【마니】[부] 많이.¶ ▼多 ‖ 통이 듯고 더옥 의심ᄒᆞ야 좌우ᄅᆞᆯ 명ᄒᆞ야 주식을 나아오니 그 ᄉᆞ람이 니러나 겸양도 안니ᄒᆞ고 마니 먹고 ᄌᆞ거ᄂᆞᆯ (統聞之愈疑, 命左右進酒食, 其人起而便食, 並無謙遜, 飲食其多, 食罷又睡.) <삼국-모종 10:118>

【마닐】[명] 만일(萬一). 혹시 있을지도 모르는 뜻밖의 경우에.¶ ▼若 ‖ 조죄 쳔자의 명을 밧들어 부친을 부르니 이제 마닐 가지 아니ᄒᆞ면 반다시 역명으로 나를 ᄎᆡᆨ망ᄒᆞᆯ지라 (操奉天子之命以召父親, 今若不往, 彼必以逆命責我矣.) <삼국-국중 10:132>

【마ᄂᆞᆯ-즙】[명] ((음식)) 마늘즙(-汁).¶ ▼蒜齏汁 ‖ 태 ᄒᆞ여곰 마ᄂᆞᆯ즙 서 되ᄅᆞᆯ ᄒᆞ여 먹으라 ᄒᆞ니 그 사ᄅᆞᆷ이 집의 가 그대로 ᄒᆞ여 먹으니 ᄇᆡ얌 ᄒᆞ나ᄒᆞᆯ 토ᄒᆞ니 기릐 두어 자히나 ᄒᆞ더라 (佗令取蒜齏汁三升, 病即當愈. 其人歸家飲之, 吐蛇一條, 長二三尺, 飲食即下.) <삼국-가정 25:85>

【마듸】[1] [명] 마디. 대나 나무 등의 줄기에서 가지나 잎이 나는 곳. 잘룩하거나 도드라져 있다.¶ ▼節 ‖ 이제 병위 ᄃᆡ진ᄒᆞ야 대 ᄲᆞ림 갓ᄐᆞ니 두어 마듸 지ᄂᆞ면 날을 마져 스ᄉᆞ로 풀니ᄂᆞ니 엇디 다시 착슈ᄒᆞᆯ 곳이 니스리오 (今兵威大振, 如破竹之勢, 數節之后, 皆迎刃而解, 無復有著手處也.) <삼국-국중 17:139> 일[옥]은 ᄲᆞ서져도 그 의ᄀᆡ난 곤치지 안니ᄒᆞ고 ᄃᆡ가 타고[도] 그 마듸난 변치 안니ᄒᆞ난니 몸니 비록 죽기로니 일홈은 죽ᄇᆡᆨ에 젼ᄒᆞ리니 다시 말 ː나 (玉可碎而不可改其白, 竹可焚而不可毀其節, 身雖殞, 名可垂於竹帛也, 汝勿多言, 速請出城.) <삼국-모종 12:101>

【마듸】[2] [명의] 말이나 글 또는 노래의 한 토막.¶ ▼聲 ‖ 이ᄂᆞᆯ 밤의 ᄇᆡᆨ학이 옥상의 나라와 놉히 사십여 마듸를 울고 셔ᄒᆞᆯ 바라고 나라ᄀᆞ고 (是夜有劉禪一隻, 飛來縣衙屋上, 高鳴四十餘聲, 望西飛去.) <삼국-국중 7:105>

【마ᄃᆼ】[명] ((지리)) 집의 앞이나 뒤에 평평하게 닦아 놓은 땅.¶ ▼場 ‖ ᄌᆞᆼ뇌 날을 속이기ᄅᆞᆯ ᄐᆡ심이 ᄒᆞ니 네 졍보군이 오물 듯고 사ᄅᆞᆷ으로 ᄊᆞ홈을 도ː미ᄅᆞ ᄂᆡ일 ᄂᆡ 신군을 쓰지 아니ᄒᆞ고 크게 ᄒᆞᆫ 마ᄃᆼ ᄊᆞ호물 보라 (張遼欺吾太甚, 汝聞程普軍來, 故意使人搦戰. 來日吾不用新軍赴敵, 看我大戰一場!) <삼국-모종 9:31>

【마람-쇠】[명] ((군기)) 마름쇠[菱鐵]. 도둑이나 적을 막기 위하여 흩어 두는 끝이 송곳처럼 뾰족한 서너 개의 발을 가진 쇠못.¶ ▼鐵蒺莉 ‖ 유 패 이인이 스ᄉᆞ로 군을 거ᄂᆞ려 길희 마람쇠ᄅᆞᆯ ᄭᆞᆯ며 채 밧긔 녹각을 만히 베퍼 오래 이실 계규ᄅᆞᆯ 뵈니 (維、霸二人自引兵, 于路撒下鐵蒺莉, 寨外多排鹿角, 示以久計.) <삼국-가정 36:27>

【마로】[명] ((주거)) 마루. 집 또는 건물 안에 널판지로 깔아놓은 바닥.¶ ▼堂 ‖ 륜이 조복을 갓초아 나와 맛고 ᄌᆡᄇᆡ 문안ᄒᆞ니 탁이 슈ᄅᆡ의 나려 좌우의 창 가진 갑ᄉᆞ ᄇᆡᆨ여 인이 족옹ᄒᆞ여 마로의 드러와 량방으로 분립ᄒᆞ거ᄂᆞᆯ (允具朝服出迎, 再拜起居, 卓下車, 左右持戟甲士百餘, 簇擁入堂, 分列兩傍.) <삼국-모종 2:8> 니 마로 서각 두 신체 닛신니 일남은 창을 가지고 일남은 활살을 가저 머리난 벽안에 닛고 다리난 벽 박게 잇서 (此堂之西角有二死屍, 一男持矛, 一男持弓箭, 頭在壁內, 脚在壁外.) <삼국-모종 11:87>

【마름】[명] ((식물)) 마름과의 한해살이풀. 진흙 속에서 자라고, 흰꽃이 피며 열매는 식용한다.¶ ▼苹 ‖ 유ː이 사심이 울미여 들의 마름을 먹난도다 (呦呦有鹿鳴, 食野之苹.) <삼국-국중 9:99>

【마리】[명의] ❶ 짐승이나 물고기, 벌레 따위를 세는 단위.¶ ▼條 ‖ 일ː은 ᄐᆡ 길 가더니 ᄒᆞᆫ 사람 신음ᄒᆞ난 쇼ᄅᆡ 듯고 왈 이난 음식 나리지 못ᄒᆞ난 병이라 만을 정구지 집 삼승을 마시이니 이삼 쳑 되난 ᄇᆡ암 ᄒᆞᆫ 마리을 토ᄒᆞ고 (一日, 佗行於道上, 聞一人呻吟之聲, 佗曰: “此飲食不下之病”. 問之果然, 佗令取蒜韭汁三升飲之, 吐蛇一條, 長二三尺, 飲食即下.) <삼국-모종 13:20> ▼隻 ‖ 언미이에 홀연 두상에 일힝 기려기 지ᄂᆡ가거날 흥 왈 ᄂᆡ 져 나ᄂᆞᆫ 기려기을 쏘리라 ᄒᆞ고 ᄒᆞᆫ 살에 셰 마리을 쏘아 나려지니 (正言問, 忽值頭上一行雁過, 興指曰: “吾射這飛雁第三隻”, 一箭射去, 那隻雁應弦而落.) <삼국-모종 13:63> ❷ ‘시(詩)’를 세는 단위명사.¶ ▼首 ‖ ᄎᆡ모 병을 거나이고 관ᄉᆞ의 가 보니 현덕이 임의 갓ᄂᆞᆫ지라 ᄎᆡ모 뉘웃고 한ᄒᆞ여 벽상에 ᄒᆞᆫ 마리 시ᄅᆞᆯ 써 붓치고 (比及蔡瑁領軍到館舍時, 玄德已去遠矣. 瑁悔恨無及, 乃寫詩一首於壁間.) <삼국-모종 6:32>

【마시-】 동 물이나 술 따위의 액체를 목구멍으로 넘기다.¶ ▼歃 ‖ 닑기를 파ᄒᆞ매 피를 마시니 모든 사ᄅᆞᆷ이 그 글의 강개ᄒᆞ믈 인ᄒᆞ야 드ᄃᆡ여 나 톄읍이 횡뉴ᄒᆞ고 (讀畢, 歃血. 衆等因其辭氣慷慨, 遂皆涕泣橫流.) <삼국-가정 2:55> ▼飮 ‖ 우리 무리 기리 슈파람ᄒᆞ고 부졀업시 손을 치며 촌졈의 이르러 촌쥬를 마시닌또다 (吾儕長嘯空拍手, 悶來村店飮村酒.) <삼국-국중 8:14>

【마시-우-】 동 마시게 하다. 마시-+-우(사동사 파생 접미사)-.¶ ▼飮 ‖ 무슈한 촉병이 ᄃᆡ통을 가져 물을 거러 말을 마시우며 밥을 짓ᄂᆞᆫ지라 (只見蜀兵安然無事, 大桶小擔, 搬運水漿, 飮馬造飯.) <삼국-국중 14:152>

【마알】 명 ((관청)) 마을. 관청(官廳).¶ ▼府 ‖ 홀연 셔량ᄐᆡ슈 한쉬 사람으로 ᄒᆞ야곰 마쵸을 청ᄒᆞ여 왕견케 ᄒᆞᆫᄃᆡ 쵸 슈의 마알의 이르거ᄂᆞᆯ 쉬 죠죠의 편지을 가져 ᄂᆡ여 보이니 (忽西涼太守韓遂, 使人請馬超往見, 超至遂府, 遂將出曹操書示之.) <삼국-모종 10:5>

【마암】 명 마음.¶ ▼心 ‖ 이곽[각]이 탐ᄒᆞ고 꾀 업ᄉᆞ이 이제 군식 헛터져 마암의 겁ᄂᆡᄒᆞᆫ지라 가히 벼슬노써 낙굴지니 (李傕貪而無謀, 今兵散心怯, 可以重爵餌之.) <삼국-모종 2:100> 인니 노왈 공이 두 마암이 잇도다 ᄂᆡ 반다시 유비를 샤로잡으리라 젼니 왈 장군니 가면 ᄂᆡ 번셩을 직히리라 (仁怒曰: "公懷二心耶? 吾必欲生擒劉備!" 典曰: "將軍若去, 某守樊城.") <삼국-모종 6:53>

【마양】 부 늘. 항상(恒常).¶ ▼每 ‖ 심빈 풍네 항복ᄒᆞ므로붓터 마양 밤마다 친히 셩의 올나 군마를 졈고ᄒᆞ더니 (却說審配自馮禮出降之後, 每夜親自登城點視軍馬.) <삼국-국중 7:66> ▼졔중이 ᄉᆞ〻로 승의 왈 승상이 졍젼ᄒᆞ야 오무로 마양 당션ᄒᆞ더니 이졔 마초긔 픽ᄒᆞ고 엇지 이ᄃᆞᆺ지 약ᄒᆞ뇨 (諸將皆私相議曰: "丞相自來征戰, 一身當先, 今敗於馬超, 何如此之弱也?") <삼국-모종 10:15>

【마은-아믄】 관 사십여(四十餘).¶ ▼四十餘 ‖ 이날 밤의 ᄇᆡᆨ학 ᄒᆞ나히 고을 아집 우희 와 마은아믄 번 소릐를 울고 셔다히로 ᄂᆞ라가니 아 ᄃᆡ흰 군ᄉᆞ들이 다 괴이ᄒᆞᆫ 즘ᄉᆡᆼ이라 ᄒᆞ더라 (是夜, 有白鶴一隻棲於縣衙屋上, 鳴四十餘聲, 望西飛去.) <삼국-가정 11:111>

【마을】 명 ((관청)) 관아(官衙). 부서(部署).¶ ▼府 ‖ 태휘 왈 너의 둥이 ᄃᆡ장군 마을의 나아가 사죄ᄒᆞ라 (太后曰: "汝等可詣大將軍府謝罪.") <삼국-국중 1:57>

【마음】 명 마음.¶ ▼心 ‖ 온휘 새로 패ᄒᆞ매 군식 ᄡᅡ홀 마음이 업ᄉᆞ니 군을 인ᄒᆞ야 낙양으로 도라가 황뎨를 댱안으로 옴겨 동오를 응홈만 ᄀᆞᆺ디 못ᄒᆞ리이다 (溫侯新敗, 兵無戰心. 不若引兵回洛陽, 遷帝于長安, 以應謠兆.) <삼국-규장 2:40>

【마음이 번민ᄒᆞ고 ᄠᅳ이 어즈럽다】 관귀 심란하다.¶ ▼心煩意亂 ‖ 원쇠 긔쥐 도라오니 마음이 번민ᄒᆞ고 ᄠᅳ이 어즈러워 졍ᄉᆞ을 다ᄉᆞ리지 아니ᄒᆞ거ᄂᆞᆯ 그 쳐 뉴시 권ᄒᆞ야 후ᄉᆞ를 셰워 군중 ᄃᆡ권을 ᄒᆞᆫ가지로 가음알게 ᄒᆞ라 ᄒᆞ더라 (袁紹回鄴縣, 心煩意亂, 不理政事. 其妻劉氏勸立後嗣, 共掌軍權.) <삼국-가정 10:99>

【마음-으로】 부 마음대로. 멋대로. 마음(心)+으로(부사격조사 ▷부사 파생 접미사).¶ ▼妄 ‖ 냥식은 가히 주려니와 군마는 가히 마음으로 쥬디 못ᄒᆞ리로다 (糧食可以應付, 軍馬不敢妄動.) <삼국-규장 1:25>

【마이】 부 매우. 심하게. 단단히.¶ ▼맛당이 고요ᄒᆞᆫ 고ᄃᆡ 기동을 박고 기동의 큰 원환을 박고 군후의 ᄑᆞᆯ흘 골회예 녀허 마이 ᄆᆡᆫ 후의 니블로 머리를 ᄡᆞ고 (當於靜處立一標柱, 上釘大環, 請君侯將臂穿於環中, 以繩係之, 然後以被蒙其首.) <삼국-규장 17:43>

【마이-】 동 매다.¶ ▼繫 ‖ 젼상의 ᄒᆞᆫ ᄉᆞᄅᆞᆷ이 잇셔 댱간을 잡야 단 우희 칠셩호기[ᄃᆡ]를 마야 써 풍식을 표ᄒᆞ고 (前右立一人, 手執長竿, 竿上繫七星號帶, 以表風色.) <삼국-모종 8:43>

【마일】 명 매일(每日). 날마다. 하루하루마다.¶ ▼每日 ‖ 비 산젼의 치를 나와 세우고 마일 음쥬 욕ᄒᆞ고 ᄉᆞ짓더라 (飛就在山前紮住大寨; 每日飮酒, 飮至大醉, 坐在山前辱罵.) <삼국-국중 12:90> 쥰은 집의 도ᄅᆞ가 병드러 죽으니 이후로 마일의 냥인니 싀살ᄒᆞ여 오십여 일의 ᄉᆞ직 부지기쉬라 (雋歸家成病而死, 自此以後, 傕、汜每日廝殺, 一連五十餘日, 死者不知其數.) <삼국-모종 2:97>

【마ᄋᆞᆯ】 명 ((관청)) 관아(官衙).¶ ▼府 ‖ 마ᄋᆞᆯ을 써나 ᄇᆡᆨ여보ᄂᆞᆫ 오더니 멀리셔 ᄇᆞ라보니 두 줄 홍사쵹농이 ᄇᆞ이엿ᄂᆞᆫᄃᆡ (離府行不到百餘步, 遙見兩行紅沙照道.) <삼국-가정 3:79> ᄯᆞᆯ의 죠고만 향념과 슈식이 잇더니 쟝군이 마ᄋᆞᆯ로 갈 제 보내고져 ᄒᆞ노라 (小女頗有粧奩首飾, 待將軍過府下, 便當送至.) <삼국-가정 3:83> 그 안해 뉴시 급히 텽의 나와 마ᄋᆞᆯ 딕희엿ᄂᆞᆫ 관군을 블러 믈오ᄃᆡ (其妻劉氏急出廳前, 喚守府官軍問曰.) <삼국-가정 35:85> 궁노슈 수십 인을 거ᄂᆞ려 다락의 올라 ᄇᆞ라보니 졍히 ᄉᆞ마의 병을 거ᄂᆞ려 마ᄋᆞᆯ 알플 디나거ᄂᆞᆯ (乃引弓弩手數十人, 登樓望之, 正見司馬懿引兵過府前.) <삼국-가정 35:86>

【마ᄋᆞᆷ】 명 마음.¶ ▼心 ‖ 온휘 새로 패호매 군식 ᄡᅡ홀 마ᄋᆞᆷ이 업ᄉᆞ니 군을 인ᄒᆞ야 낙양으로 도라가 황뎨를 댱안으로 옴겨 동오를 응홈만 ᄀᆞᆺ디 못ᄒᆞᆫ닝이다 (溫侯新敗, 兵無戰心. 不若引兵回洛陽, 遷帝于長安, 以應謠兆.) <삼국-가정 2:95>

【마조-치-】 동 마주치다.¶ ▼撞 ‖ ᄐᆡᄉᆡ 날을 죽이려 ᄒᆞᆫ다 ᄒᆞ기로 위 그 말을 듯고 황망이 원즁의 드러가 ᄐᆡᄉᆞ를 권히코져 ᄒᆞ엿더니 이제 ᄐᆡᄉᆞ와 마조 쳣시니 사죄〻〻라 ('太師殺我!' 儒慌趕入園中勸解, 不意誤撞恩相. 死罪! 死罪!) <삼국-국중 2:92>

【마주-ᄃᆡ】 명 마주(馬柱-). 말말뚝.¶ ▼거무스름ᄒᆞᆫ 마주ᄃᆡ (庭柱) <삼국-어람 108a>

【마쥬-ᄯᅵ】 명 마주(馬柱)대. 말말뚝.¶ ▼馬樁 ‖ 발셔 장비가 머리를 홈켜 잡고 즈르르 ᄭᅳ러ᄂᆡ여다가 숨뭄 압헤 마쥬ᄯᅵ다가 잔뜩이 빗그러 ᄆᆡ고 (早被張飛揪住頭髮, 扯出館驛, 直到縣前馬樁上縛住.) <삼국-가정 108a>

【마지】 명 ((인류)) 맏이. 나이가 남보다 많음. 또는 그런

사람.¶ ▼長 ‖ 슉질이니 덕공의 ᄌᆞᄂᆞᆫ ᄉᆞᆫ민이니 오ᄉᆞ의계 십년 마지요 방통의 ᄌᆞᄂᆞᆫ ᄉᆞ원이니 오ᄉᆞ의계 오년 아ᄅᆡ로 (叔姪也, 龐德公字山民, 長俺師父十歲, 龐統字士元, 少俺師父五歲.) <삼국-모종 6:41>

【마ᄌᆞᆷ】 부 마침. 어떤 경우나 기회에 알맞게.¶ ▼正値 ‖ 관당 등 삼인이 울〻블낙ᄒᆞ야 져제 거리의 가 ᄃᆞ니더니 마ᄌᆞᆷ 낭듕 댱균이 술위 ᄐᆞ고 가거ᄂᆞᆯ (三人鬱鬱不樂, 上街閑行, 正値郎中張鈞車到.) <삼국-가정 1:71> ▼오ᄂᆞᆯ이 마ᄌᆞᆷ 노부의 ᄉᆡᆼ일이라 져녁 ᄢᅢ예 잠간 한가커든 더러온 집의 니ᄅᆞ시면 져근 셜쟉을 ᄒᆞ고져 ᄒᆞᄂᆞ이다 (今日老夫賤降, 晚間少閑, 欲屈衆大臣就舍下少酌, 幸勿見阻.) <삼국-가정 2:20>

【마참】 부 마침. 어떤 경우나 기회에 알맞게.¶ ▼適 ‖ 마참 표[포]관니 게탕을 나오거날 됴 ᄉᆞ발 가온ᄃᆡ 게륵을 보고 침울ᄒᆞᆯ 제 ᄒᆞ후돈니 문듯 와 야곡 구한을 정ᄒᆞ니 (適庖官進雞湯. 操見碗中有雞肋, 因而有感於懷, 正沈吟間, 夏侯惇入帳, 稟請夜間口號.) <삼국-모종 12:43> 노뷔 마참 산 우희셔 쟝군이 ᄉᆞ문을 좃ᄎᆞ 드러가 보고 헤아리건ᄃᆡ 이 진을 아지 못ᄒᆞ야 반다시 앗출ᄒᆞᆫ 비 될지라 (老夫適於山之上, 見將軍從死門而入, 料想不識此陣, 必爲所迷.) <삼국-모종 14:22>

【마초와】 부 마침. 어떤 경우나 기회에 알맞게.¶ ▼適 ‖ 마초와 신의 하라비ᄅᆞᆯ 무ᄅᆞ시니 일로 감샹ᄒᆞ여이다 (適蒙聖問, 因此傷感.) <삼국-가정 7:71> 승 왈 마초와 텬ᄌᆞ 명을 밧ᄌᆞ와 드러오니 금포와 옥ᄃᆡᄅᆞᆯ 주시더라 (適蒙天子命宣, 賜以錦袍玉帶.) <삼국-가정 7:93> ▼適來 ‖ 마초와 가지 긋ᄐᆡ ᄆᆡ실이 프르러시니 믄득 거년의 댱슈 틸 적 이리 ᄉᆡᆼ각ᄒᆞ이노매라 (適來見枝頭梅子青青, 忽感去年征張繡時.) <삼국-가정 7:119> ▼況兼 ‖ 마초와 ᄇᆞᄅᆞᆷ이 슌ᄒᆞ고 믈이 급ᄒᆞᆫ디라 ᄇᆡ ᄂᆞᄂᆞᆫ ᄃᆞ시 가거ᄂᆞᆯ (況兼風順水急, 水流而去.) <삼국-가정 20:16> ▼正 ‖ 관흥이 그날 딘샹의셔 뎍딘 듕의 ᄢᅦ텨 드러가 싸호더니 마초와 반쟝을 만나 ᄆᆞᆯ을 텨 ᄯᅩᄎᆞ니 (原來關興殺入吳陣, 正遇仇人潘璋, 驟馬趕來.) <삼국-가정 27:32>

【마치-】 동 (목표물을) 맞히다. 목표에 맞게 하다.¶ ▼ᄇᆡᆨ셩이 피뢰ᄒᆞ면 소요ᄒᆞ미 나고 우히 게어ᄅᆞ며 아래 사오나오면 와히ᄒᆞᄂᆞ니 샹담의 닐오되 ᄡᅩ와 여러 번 마치디 못ᄒᆞ미 ᄉᆞᆯ펴 발홈만 ᄀᆞᆺ디 못ᄒᆞ다 ᄒᆞ니 (夫民疲勞, 則騷擾之兆生; 上慢下暴, 則瓦解之形起.諺曰: "射幸數跌, 不如審發.") <삼국-가정 37:48>

【마ᄎᆞ-】 동 마치다. 끝내다.¶ ▼罷 ‖ 유 듯긔ᄅᆞᆯ 마ᄎᆞᆷᄋᆡ 상우ᄒᆞ셔 분먼[연]히 ᄣᅱ여나 왈 ᄃᆡ장부 임의 국녹을 먹고 맛당이 젼장의 쥭어 말가쥭으로ᄡᅧ 쥭엄을 ᄊᆞ 도라올 거시여ᄂᆞᆯ 엇지 나 ᄉᆞᄅᆞᆷ을 위ᄒᆞ야 국가 ᄃᆡᄉᆞᄅᆞᆯ 폐ᄒᆞ리요 (瑜聽罷, 於床上奮然躍起曰: "大丈夫既食君祿, 當死於戰場, 以馬革裹屍還, 幸也, 豈可爲我一人, 而廢國家大事乎?") <삼국-모종 8:80>

【마ᄎᆞᆷ】 부 마침. 우연히. 공교롭게.¶ ▼正値 ‖ 관 댱 등 삼인이 울〻블낙ᄒᆞ야 져ᄌᆡ 거리의 가 ᄃᆞᆫ니더니 마ᄎᆞᆷ 낭듕 댱균이 술ᄅᆡ 타고 가거ᄂᆞᆯ (三人鬱鬱不樂, 上街閑行, 正値郎中張鈞車到.) <삼국-규장 1:49> ▼適 ‖ 김위 이 말을 듯고 ᄉᆞᄆᆡ를 ᄲᅥᆯ치고 이러 나갈ᄉᆡ 마ᄎᆞᆷ 시동이 다를 ᄂᆞ오니 김위 그 다를 바다 ᄯᅡ희 업즈르니 (禕拂袖而起. 適從者奉茶至, 便將茶潑於地上.) <삼국-국중 12:78>

【마폐-탕】 명 ((의약)) 마폐탕(麻肺湯). 마비산탕약(麻沸散湯藥). 마취제.¶ ▼麻肺湯 ‖ 문이 병근이 두뢰 속의 ᄇᆞᄅᆞᆷ이 만히 드러 나디 못ᄒᆞ여 그러ᄒᆞ니, 내 ᄒᆞᆫ 법이 이시니 몬져 마폐탕을 ᄡᅳᆫ 후의 드ᄂᆞᆫ 도치로 ᄃᆡ골 뒤흘 죠곰 ᄲᆞ리고 ᄇᆞᄅᆞᆷ독을 내면 이 병이 즉시 ᄒᆞ리고 다시 나디 아니ᄒᆞ리이다 (病根在腦袋中, 風涎不能出. 枉服湯藥, 不可治療. 某有一法: 先砍'麻肺湯', 然後用利斧砍開腦袋, 取出風涎, 此病可以除根.) <삼국-가정 25:88>

【마ᄒᆞᆫ-아믄】 관 사십여(四十餘).¶ ▼四十餘 ‖ 사람을 은쥐 보ᄂᆡ며 굴근 감ᄌᆞ 마ᄒᆞᆫ아믄 농으로 ᄡᅡ ᄊᆞᆯ이 업군으로 보ᄂᆡ라 ᄒᆞᆫᄃᆡ (那時孫權正尊讓魏王, 便令人于本城選了大柑子四十餘担, 星夜送往鄴城.) <삼국-가정 22:67>

【마히-】 동 매다.¶ ▼係 ‖ 조상의 젼가 비록 다 벼히나 오히려 ᄒᆞ후픽 잇셔 옹주 등 곳을 직키고 상의 친족의 마히여스니 만일 급희 작난ᄒᆞ면 엇지 방비할고 (曹爽全家雖誅, 尙有夏侯霸守備雍州等處, 係爽親族, 倘驟然作亂, 如何隄備?) <삼국-모종 18:9>

【막】 명 ((건축)) 막(幕). 비바람이나 가릴 정도로 임시로 지은 집. 여막(廬幕).¶ ▼窩鋪 ‖ 막을 놉다락케 짓ᄂᆞᆫ단 말 (搭起窩鋪.) <삼국-어람 103b>

【막기-】 동 맡기다.¶ ▼託 ‖ 손외 ᄌᆡ죄 군슈ᄅᆞᆯ 다ᄉᆞ릴지언정 ᄃᆡᄉᆞ를 막기기 불가ᄒᆞ이다 (遜才堪治郡耳, 若託以大事, 非其宜也.) <삼국-국중 14:36>

【막-딜리-】 동 가로막히다. 막-+-디르-+-이(피동 접미사)-.¶ ▼塡 ‖ 독위 ᄌᆞ약히 ᄆᆞᆯ 우희 안자 채로 ᄀᆞᄅᆞ쳐 회답ᄒᆞ니 관 댱이 노긔 가ᄉᆞᆷ의 막딜려 말을 못ᄒᆞ더라 (督郵坐在馬上, 惟微以鞭指回答. 關、張氣塡胸臆, 敢怒而不敢言.) <삼국-가정 1:75> ▼푀 노긔 가ᄉᆞᆷ의 막딜려 긔졀ᄒᆞ야 것구러디거ᄂᆞᆯ 윤이 급피 붓드러 구ᄒᆞ야 (布就氣倒于地上, 允慌忙急救之.) <삼국-가정 3:108>

【막-딜이-】 동 막질리다. 막히다. '막지르다'의 피동사.¶ ▼푀 노긔 가ᄉᆞᆷ의 막딜여 긔졀ᄒᆞ야 것구러디거ᄂᆞᆯ 윤이 급피 붓드러 구ᄒᆞ야 (布就氣倒于地上, 允慌忙急救之.) <삼국-규장 3:8>

【막막-ᄒᆞ-】 형 막막(漠漠)하다. 아득하고 막연하다.¶ ▼漠漠 ‖ 삼군을 죠발ᄒᆞ여 뇨셔로 향ᄒᆞᆯᄉᆡ 황ᄉᆡ 막〻ᄒᆞ고 광풍이 사긔ᄒᆞ며 도뢰 긔구ᄒᆞ여 인ᄆᆡ 힝키 어려온디라 (遂率大小三軍, 車數千輛, 望前進發. 但見黃沙漠漠, 狂風四起; 道路崎嶇, 人馬難行.) <삼국-국중 7:90>

【막으-】 동 막다.¶ ▼니엄의 관쟉을 샥탈ᄒᆞ고 옴겨 셔인을 사마 ᄂᆡ외 간당의 길흘 막으쇼셔 삼가 표ᄅᆞᆯ 올리ᄂᆞ이다 (可將本人削去官職, 徙爲庶人, 以杜內外奸黨之路!) <삼국-가정 33:95> ▼防 ‖ 산동의 오히려 장픽 숀관의

무리 귀순치 못ᄒᆞ여스니 막으믈 ᄀᆞ히 범홀이 못ᄒᆞ리이다 (況今山東尙有臧霸、孫觀之徒未曾歸順, 防之亦不可忽也.) <삼국-국중 4:132>

【막-질리-】 동 막히다.¶ ▼塡 ‖ 독위 ᄌᆞ약회 ᄆᆞᆯ 우히 안저 ᄎᆡ로 ᄀᆞᄅᆞ쳐 회답ᄒᆞ니 관댱이 노긔 가삼의 막질려 말을 못ᄒᆞ더라 (督郵坐在馬上, 惟微以鞭指回答. 關、張氣塡胸臆, 敢怒而不敢言.) <삼국-규장 1:52>

【막-ᄌᆞ라-】 동 막다. 앞질러 막다.¶ ▼攔住 ‖ 일셩고향의 관 장 이인니 가ᄂᆞᆫ 길을 막ᄌᆞ라며 크게 불너 왈 (一聲鼓響, 關、張二人攔住去路, 大叫.) <삼국-국중 4:141>

【막ᄌᆞ르-】 동 ❶ «막ᄌᆞᄅᆞ다» 막다. 통하지 못하게 하다. 앞질러 막다.¶ ▼關防 ‖ 쥬위 막ᄌᆞ르기를 ᄆᆡ이 ᄒᆞ니 탈신ᄒᆞᆯ 계규 업더니 (周瑜關防得緊, 因此無計脫身.) <삼국-가정 16:51> ❷ 외부의 공격이나 침입 따위에 버티어 지키다.¶ ▼提防 ‖ ᄇᆡ를 련ᄒᆞ야 ᄒᆞᆫ듸 ᄆᆡ야시니 편ᄒᆞ거니와 다만 화공[불노 치단 말이라]을 막ᄌᆞ르쇼셔 조키 어러울가 ᄒᆞᄂᆞ이다 (船皆連鎖, 固是平穩, 且提防火攻, 難以回避.) <삼국-가정 16:16>

【막-ᄌᆞᄅᆞ-】 동 ❶ «막ᄌᆞᄅᆞ다» 막다. 통하지 못하게 하다. 외부의 공격이나 침입 따위에 버티어 지키다.¶ ▼提防 ‖ 이제 만일 블 븟ᄃᆞ시 군ᄉᆞᄅᆞᆯ 나와 위인으로 ᄒᆞ여곰 능히 막ᄌᆞᄅᆞ디 못ᄒᆞ게 ᄒᆞ면 반ᄃᆞ시 이긔링이다 (今若火速進兵, 使魏人不能提防, 必然全勝矣.) <삼국-가정 36:84> ▼종요로운 ᄊᆞ히 당셰예 영웅곳 아니면 가히 막ᄌᆞᄅᆞ디 못ᄒᆞᆯ디라. 이제 황건이 솟틔 믈 ᄭᅳᆯᆺ ᄒᆞ니 뉘 가히 평안이 ᄒᆞ리오? (衝要之地, 非當世英雄, 莫能據也. 今黃巾鼎沸, 誰可安之?) <삼국-가정 4:18> ❷ 어떤 일이나 행동을 못하게 하다.¶ ▼推阻 ‖ 쟝군이 ᄉᆡᆼ각ᄒᆞ야 보라 태ᄉᆞ 친히 왓거든 노뷔 엇디 감히 막ᄌᆞᄅᆞ리오 (將軍尋思, 太師親臨, 老夫焉敢推阻.) <삼국-가정 3:82> ❸ (어떤 현상이나 변고가) 일어나거나 생기지 못하게 하다.¶ ▼防護 ‖ 구군ᄉᆞ십이쥐 관원이 다 모다시니 내 샹쟝군이 되야 엇디 의외옛 변을 막ᄌᆞᄅᆞ디 아니ᄒᆞ리오 (九郡四十二州縣官僚在此, 吾爲上將, 豈可不防護也?) <삼국-가정 12:12> ❹ (창 따위를 무엇으로) 막아내다.¶ ▼遮攔 ‖ 녀푀 창을 드러 막ᄌᆞᄅᆞᆯ 뎡티 못ᄒᆞ야 현덕의 ᄂᆞᆺ촐 ᄇᆞ라고 디ᄅᆞ려 ᄒᆞ거ᄂᆞᆯ 현덕이 급히 도로텬대 녀푀 던 ᄒᆞᆫ 모홀 헤티고 화극을 것구로 ᄊᆞ으고 ᄃᆞ라나거ᄂᆞᆯ (呂布架隔遮攔不定, 看着玄德面相刺一戟. 玄德急閃.) <삼국-가정 2:89>

【막-ᄌᆞᆯ나-】 동 «막ᄌᆞᄅᆞ다» 막다. 막지르다. 잘라 막다. 앞질러 가로막다. 외부의 공격이나 침입 따위에 버티어 지키다.¶ ▼防 ‖ 오ᄂᆞᆯ 슉뷔 조ᄌᆞ의게로 향ᄒᆞ면 됴ᄂᆞᆫ 셔황의게로 가고 ᄂᆡ일 됴ᄂᆞᆫ 조ᄌᆞ의게로 가면 슉뷔 셔황의게 가 냥편으로 쥰비ᄒᆞ여 막ᄌᆞᆯ나 ᄡᅧ 그 간사ᄒᆞᆷ믈 막을 거시라 (今日叔向操, 超向徐晃; 明日超向操, 叔向徐晃: 兩下提備, 以防其詐.) <삼국-규장 13:64>

【막-ᄌᆞᆯ라-】 동 «막ᄌᆞᄅᆞ다» 막아 끊다.¶ ▼攔住 ‖ 정히 당냥 댱보의 패ᄒᆞ야 ᄃᆞ라나ᄂᆞᆫ ᄣᅢ를 만나 조죄 막ᄌᆞᆯ라 ᄒᆞᆫ 딘을 크게 즛디ᄅᆞ니 (正值張梁、張寶敗走, 曹操攔住, 大殺一陣.) <삼국-가정 1:46> ▼防 ‖ 오ᄂᆞᆯ 슉뷔 조ᄌᆞ의게로 향ᄒᆞ면 됴ᄂᆞᆫ 셔황의게로 가고 ᄂᆡ일 됴ᄂᆞᆫ 조ᄌᆞ의게로 가면 슉뷔 셔황의게 가 냥편으로 쥰비ᄒᆞ야 막ᄌᆞᆯ라 ᄡᅧ 그 간사호믈 막을 거시라 (今日叔向操, 超向徐晃; 明日超向操, 叔向徐晃: 兩下提備, 以防其詐.) <삼국-가정 19:41>

【막히-】 동 '막다'의 피동형. 말문이 막히다.¶ ▼茅塞 ‖ 션ᄉᆡᆼ의 말ᄉᆞᆷ이 막힌 거ᄉᆞᆯ 여니 비로 ᄒᆞ여금 구름을 헤티고 쳥텬을 보미로소이다 (先生之言, 頓開茅塞, 使備撥散雲霧而仰面睹青天耳.) <삼국-가정 12:111> 션ᄉᆡᆼ의 말이 ᄂᆡ 속의 막힌 거슬 ᄀᆞᆺ치 열티니 ᄂᆡ ᄠᅳᆺ지 발셔 뎡ᄒᆞ엿ᄂᆞᆫ지라 (先生之言, 頓開茅塞. 吾意已決, 再不復議. 卽日起兵, 共滅曹操!) <삼국-가정 14:88>

【만】 명의 -기만. 뿐(한정됨).¶ ▼只管 ‖ 바야흐로 이제 텬히 어즈럽거ᄂᆞᆯ 다만 울 만 ᄒᆞ고 ᄃᆡᄉᆞ를 폐ᄒᆞ잇가 (方天下未定, 休只管哭而廢大事.) <삼국-가정 10:45>

【만니】 부 많이.¶ ▼多 ‖ 원쇼의 듕 어든 ᄇᆡ ᄯᅩᄒᆞᆫ 칠팔만의 긋치나 오히려 만니 의심을 품어 항복지 아니ᄒᆞ니 무릇 오릐 병든 순ᄉᆞ와 호의ᄒᆞᄂᆞᆫ 듕으로ᄡᅥ 그 슈가 비록 만흐나 죡히 두렵지 아니ᄒᆞ니 (所得袁氏之衆, 亦止七八萬耳, 尙多懷疑未服, 未以久疲之卒, 御狐疑之衆, 其數雖多, 不足畏也.) <삼국-모종 7:109> 됴ᄌᆞ 평ᄉᆡᆼ 위인니 의심 만ᄒᆞ니 비록 병은 능히 ᄡᅥ나 의심ᄒᆞᆫ직 만니 픽ᄒᆞᄂᆞ니 ᄂᆡ 의병으로ᄡᅥ 니기여노라 (操平生爲人多疑, 雖能用兵, 疑則多敗, 吾以疑兵勝之.) <삼국-모종 12:39>

【만닐】 명 만일(萬一).¶ ▼若 ‖ 즉금 난셰예 만닐 무예 정통ᄒᆞ면 족히 공명을 취ᄒᆞ리니 엇지 불ᄒᆡᆼ이라 ᄒᆞ리오 (方今亂世, 若武藝精熟, 亦可以取功名, 何云不幸?) <삼국-국중 6:83> ▼儻 ‖ 만닐 오병이 나의 방비 아니ᄒᆞᆷ믈 헤아리고 뷘 ᄭᅴ를 타 치면 엇디 응ᄒᆞ리오 금야의 방비ᄒᆞ미 다른 ᄭᅴ보다 더 삼ᄀᆞᄒᆞ리라 (儻吳兵度我無備, 乘虛攻擊, 何以應之? 今夜儻, 當比每夜更加謹愼.) <삼국-국중 10:42>

【만당-ᄒᆞ-】 형 마땅하다.¶ ▼合 ‖ 쇠 죠셔를 바다 쵹병을 물이려오니 만일 쇠 죽긔 만당ᄒᆞ면 식음이 고갈ᄒᆞ리니 ᄂᆡ 스ᄉᆞ로 목 질너 죽어 부병으로 다 항복계 ᄒᆞ고 (昭奉詔來退蜀兵, 若昭合死, 令甘泉枯竭, 昭自當刎頸, 敎部軍盡降.) <삼국-모종 18:33>

【만도】 명 ((음식)) 만두(饅頭). 밀가루 따위를 반죽하여 소를 넣어 빚은 음식.¶ ▼饅頭 ‖ 곳 힝주을 불너 우마를 잡고 갈ᄂᆞᆯ 뭉쳐 인두를 ᄆᆡᆫ다ᄅᆞ 안의 우양고기를 너코 일홈은 만도라 ᄒᆞ더라 (喚行廚宰殺牛馬, 和麵爲劑, 塑成人頭, 內以牛羊等肉代之, 名曰'饅頭'.) <삼국-모종 15:26>

【만두】 명 ((음식)) 만두(饅頭). 밀가루 따위를 반죽하여 소를 넣어 빚은 음식.¶ ▼饅頭 ‖ 군즁의 분부ᄒᆞ야 우마를 죽이고 갈로을 뭉긔여 사람의 머리를 ᄆᆡᆼ그라 우양의 고기로ᄡᅧ 쇼를 너코 일홈을 만둬[세속 만둬 일노 조차 나

니라라 ᄒᆞ다 (喚行廚宰殺牛馬, 和麵爲劑, 塑成人頭, 內以牛羊等肉代之, 名曰饅頭.) <삼국-가정 29:66>

【만만-니】 [부] 만만(慢慢)히. 천천히. (중국어 간접 차용어).¶ ▼慢慢 ‖ 위병이 ᄯᅩ 박마한ᄂᆡᄒᆞ거ᄂᆞᆯ 공명이 ᄯᅩ 회거ᄒᆞ야 만〻니 가ᄂᆞᆫ지라 (魏兵猶豫良久, 又放馬趕來. 孔明復回車慢慢而行.) <삼국-국중 16:20>

【만병】 [명] ((군사)) 만병(蠻兵).¶ ▼蠻兵 ‖ 이날 밤의 광풍이 ᄃᆡ작ᄒᆞ고 사면의 블이 니러나며 촉병이 ᄌᆞ쳐 드러오니 만병이 ᄉᆞᄉᆞ로 셔로 ᄌᆞᆺ발와 죽은 ᄌᆡ 쉬 업ᄉᆞᆫ더라 (是日, 狂風大起, 四壁廂火明鼓響, 蜀兵殺到.蠻兵獠丁, 自相衝突.) <삼국-가정 29:7>

【만을】 [명] ((식물)) 마늘. 백합과의 여러해살이풀. 잎은 가늘고 길며 땅속에 든 줄기는 여러 쪽으로 된 덩이를 이룬다. 비늘줄기에 독특한 냄새가 있어 양념과 반찬에 널리 쓰인다.¶ ▼蒜 ‖ 일〻은 ᄐᆡ 길 가더니 ᄒᆞᆫ 사람 신음ᄒᆞ난 쇼ᄅᆡ 듯고 왈 이난 음식 나리지 못ᄒᆞ난 병이라 만을 경구지 집 삼승을 마시이니 이삼 쳑 되난 ᄇᆡ암 ᄒᆞᆫ 마리을 토ᄒᆞ고 (一日, 佗行於道上, 聞一人呻吟之聲, 佗曰: "此飮食不下之病". 問之果然, 佗令取蒜韭汁三升飮之, 吐蛇一條, 長二三尺, 飮食卽下.) <삼국-모종 13:20>

【만이】 [부] 많이.¶ ▼多 ‖ ᄂᆡ 맛당이 이어 인마를 블ᄒᆞ여 만이 군양을 싯고 경의 후응이 되리라 경의 젼군니 만일 여의치 못ᄒᆞ거든 문득 ᄂᆡ게 도ᄅᆞ오면 (孤當續發人馬, 多載資糧, 爲卿後應. 卿前軍倘不如意, 便還就孤.) <삼국-모종 7:110>

【만인뎍】 [명] 만인적(萬人敵). 만인을 대적할 수 있는 작전 방략.¶ ▼萬人敵 ‖ 네 츈츄 적의 됴나라 닌샹예 몸의 ᄃᆞᆰ 밀 힘도 업ᄉᆞ되 능히 면디 못ᄀᆞ지예 가 진국 군신을 업슨 것ᄀᆞᆺ티 너겨 보왓거든 내 ᄒᆞ믈며 일즙 만인뎍을 ᄇᆡ홧고 임의 허락ᄒᆞ여시니 엇디 실신ᄒᆞ리오 (昔春秋時, 趙國藺相如無縛鷄之力, 于澠池會上, 秦國君臣有如無物, 況吾曾學萬人敵?) <삼국-가정 21:99>

【만일】 [부] 만일(萬一). 혹시 있을지도 모르는 뜻밖의 경우에. 만약(萬若).¶ ▼倘 ‖ 만일 조병이 ᄒᆞᆫ 번 니ᄅᆞ면 강남이 ᄀᆞ리 되리니 (倘操兵一至, 江南爲齏粉矣!) <삼국-가정 18:24>

【만져】 [부] 먼저.¶ ▼先 ‖ 낫의ᄂᆞᆫ 가히 지나지 못ᄒᆞ리니 야반의 우리 두리 만져 ᄒᆡᆼᄒᆞ고 혁장군은 뒤흘 당ᄒᆞ라 (日間不可過. 夜半吾二人先行, 郝將軍斷後.) <삼국-국중 4:138> 녀포의게 죄를 입을가 져허ᄒᆞ여 만져 슐 다ᄉᆞᆺ 병을 포의 부즁의 나아ᄀᆞ 픔ᄒᆞ여 왈 (恐呂布見罪, 乃先以酒五瓶詣布府, 稟曰:) <삼국-국중 4:144> 어시의 양마와 명웅 쥰견을[양마와 산양ᄒᆞᄂᆞᆫ 개라] 다 ᄀᆞᆺ쵸고 만져 군ᄉᆞ를 셩외의 모도고 죄 드러가 쳔ᄌᆞ게 젼렵ᄒᆞ기를 쳥ᄒᆞ니 (於是揀選良馬、名鷹、俊犬, 弓矢俱備, 先聚兵城外, 操入請天子田獵.) <삼국-국중 5:7> 장뇌 응낙고 ᄃᆞ〻여 말게 올나 도라와 됴〻를 보고 만져 한나라의 항복ᄒᆞ고 됴공긔 항복지 아니ᄒᆞ므로 말ᄒᆞᆫᄃᆡ (張遼應諾, 遂上馬, 回見曹操, 先說降漢不降曹之事.) <삼국-국중 6:8> 만져 쇼졸노 ᄒᆞ여곰 거즛 항병의 모양으로 쥬연의게 가 겁치ᄒᆞ랴더라 (不如先使小卒詐作降兵, 却將刼寨事告與朱然.) <삼국-국중 14:15> 위 됴지를 밧드러 퇴병ᄒᆞᆯᄉᆡ 만져 죠양으로 퇴ᄒᆞ고 쟝익으로 더부러 셔〻이 퇴ᄒᆞ니 (維只得遵命, 先令洮陽兵退, 次後與張翼徐徐而退.) <삼국-국중 17:58>

【만졍】 [명][의] ((주로 어미 '-기의', '-여아', '-여야', '-와야' 뒤에 쓰여)) (('망정이지'의 꼴로 쓰여)) 괜찮거나 잘된 일이라는 뜻을 나타내는 말. 망정.¶ ▼ᄂᆡ일로 네 ᄀᆞ초와 내여야 만졍 만일 내 녕을 어그ᄅᆞᄎᆞ면 너히를 다 죽여 다ᄅᆞᆫ 군ᄉᆞ를 뵈리라 (來日俱要完備! 若違了吾令, 卽殺汝二人, 以示衆軍!) <삼국-가정 26:81>

【만츈】 [명] 만춘(晩春). 음력 3월쯤의 늦은 봄. 늦봄.¶ ▼계미 만츈의 시작ᄒᆞ야 팔월 초길의 필셔ᄒᆞ니 그 가온ᄃᆡ 결묘호사 만흐나 자필노 박초ᄒᆞ고 급히 번등ᄒᆞᄆᆡ 삼국사젹을 ᄃᆡ강 긔록ᄒᆞ니 보ᄂᆞᆫ ᄌᆡ 용사ᄒᆞᆯ지어다 <삼국지-16-한옥선86-350 필사기>

【만홀-이】 [부] 만홀(慢忽)히. 소홀(疏忽)히.¶ ▼怠慢 ‖ 본ᄃᆡ 교오ᄒᆞ더니 당일의 현덕을 만홀이 ᄒᆞ니 댱비 믄득 죽이고져 ᄒᆞ거ᄂᆞᆯ (自來驕傲, 當日怠慢了玄德, 張飛性發, 便欲殺之.) <삼국-모종 1:17>

【만홀-ᄒᆞ-】 [동] 만홀(慢忽)하게 하다. 소홀히 하다.¶ ▼慢 ‖ 조인니 ᄃᆡ로ᄒᆞ여 왈 네 병을 ᄂᆡ지 아닐 졔 임의 우리 군ᄉᆞ 마음을 만홀케 ᄒᆞ고 이졔 ᄯᅩ 진을 파ᄒᆞ니 죄 맛당히 버희리로다 (曹仁大怒曰: "汝未出軍時, 已慢吾軍心, 今又賣陣, 罪當斬首!") <삼국-모종 6:54>

【만홀-ᄒᆞ-】 [형] 만홀(慢忽)하다. 한만하고 소홀하다.¶ ▼慢 ‖ 조신의 도리 점〻 능체한니 위로써 사랑ᄒᆞ면 위극ᄒᆞ면 잔잉ᄒᆞ고 은혜로써 순케 ᄒᆞ여 은혜 다ᄒᆞ면 만홀ᄒᆞ리니 (君臣之道, 漸以陵替, 寵之以位, 位極則殘, 順之以恩, 恩竭則慢.) <삼국-모종 11:32>

【만ᄒᆞ-】 [형] 많다. 수효나 분량이 어떤 기준을 넘다.¶ ▼多 ‖ 됴〻 평ᄉᆡᆼ 위인니 의심 만ᄒᆞ니 비록 병은 능히 씨나 의심ᄒᆞᆫ즉 만니 픽ᄒᆞᄂᆞ니 ᄂᆡ 의병으로써 니기여노라 (操平生爲人多疑, 雖能用兵, 疑則多敗, 吾以疑兵勝之.) <삼국-모종 12:39>

【말-】[1] [동] 말다. 금지를 나타낸다.¶ ▼休 ‖ 한즁을 만닐 일흐면 즁원니 진동ᄒᆞ리니 ᄃᆡ왕은 노고함을 ᄉᆡ양 말고 반ᄃᆞ시 친히 ᄀᆞ 치소셔 (漢中若失, 中原震動. 大王休辭勞, 必須親自征討.) <삼국-국중 12:113> ᄂᆡ 일을 아른 체 마라 (休來管我.) <삼국-어람 108a>

【말-】[2] [동] 마르다. 물기가 날아나서 없어지다.¶ ▼枯 ‖ 공늉 왈 원공노난 무덤 가온ᄃᆡ 마란 ᄲᅨ라 엇지 죡히 말ᄒᆞ리요 하날이 쥬난 거ᄉᆞᆯ 취치 아니ᄒᆞ면 후회 이시리라 (孔融曰: "袁公路塚中枯骨, 何足挂齒! 今日之事, 天與不取, 悔不可追.") <삼국-모종 2:67>

【말-가족】 [명] 말가죽.¶ ▼馬革 ‖ ᄃᆡ쟝뷔 임의 님군의 녹을 먹으니 맛당이 젼장의셔 죽어 말가족으로ᄡᅧ 주검을 ᄡᆞ

이 다힝ᄒᆞ니 엇지 나 ᄒᆞᆫ 사람을 위ᄒᆞ야 국가ᄃᆡᄉᆞ를 폐ᄒᆞ리오 (大丈夫旣食君祿, 當死於戰場, 以馬革裹尸還, 幸也! 豈可爲吾一人, 而廢國家之大事乎?) <삼국-가정 16:104>

【말-굽】 명 ((동물)) 말굽. 말의 발톱.¶ ▼馬蹄 ‖ 황튱의 일군은 긋재 긴 칼흘 들고 갈 속의 업더여 다만 말굽만 버히니 (黃忠一軍, 各用長刀, 伏在蘆葦內, 只剁馬蹄.) <삼국-규장 14:104>

【말뇌오-】 동 말리다.¶ ▼曬晾 ‖ 저즌 오슬 버셔 바람의 말뇌오며 말도 기르마 벗겨 들히 노하 플블희를 ᄠᅳ더 먹게 ᄒᆞ고 조조도 말게 ᄂᆞ려 쉬더니 (盡皆脫去濕衣, 於風頭曬晾. 馬皆摘鞍野放, 咽咬草根.) <삼국-가정 16:66>

【말뉴-ᄒᆞ-】 동 만류(挽留)하다. 붙들고 못하게 말리다.¶ ▼勸 ‖ 쇠 ᄃᆡ로ᄒᆞ여 버히고저 ᄒᆞ니 현덕이 말뉴ᄒᆞ여 옥에 가두오니 저슈 또ᄒᆞᆫ 전풍을 ᄒᆞ옥ᄒᆞᆷ을 보고 그 종족을 모하 가ᄉᆞᆫ을 다 흣고 (紹大怒, 欲斬之, 玄德力勸, 乃囚於獄中, 沮授見田豐下獄, 乃會其宗族, 盡散家財.) <삼국-모종 4:62>

【말능】 명 ((지리)) 말릉(秣陵). 지금의 남경(南京).¶ ▼秣陵 ‖ ᄉᆞᆫ칙이 군ᄉᆞ를 다시 말능을 향ᄒᆞ여 공격ᄒᆞᆯᄉᆡ 칙이 셩하의 이르러 셜네를 불너 항복ᄒᆞ라 ᄒᆞᆫᄃᆡ (孫策還兵復攻秣陵, 親到城壕邊, 招諭薛禮投降.) <삼국-국중 4:23> 칙이 말능의 드러가 ᄇᆡᆨ셩을 안무ᄒᆞ고 군ᄉᆞ를 거ᄂᆞ려 경현의 나ᄋᆞ가 ᄐᆡᄉᆞ자를 츄습ᄒᆞᆯᄉᆡ (策入秣陵, 安輯居民; 移兵至涇縣來捉太史慈.) <삼국-국중 4:25>

【말-다ᄅᆡ】 명 ((교통)) 말다래. 말을 탄 사람의 옷에 흙이 튀지 아니하도록 가죽 같은 것을 말의 안장 양쪽에 늘어뜨려 놓은 기구.¶ ▼馬鞍 ‖ 마춰 하안의 이르러 보니 ᄇᆡ 임의 중뉴의 잇ᄂᆞᆫ디라 중장을 명ᄒᆞ여 무슈이 쏘니 살이 비 갓ᄒᆞᆫ지라 허졔 급히 말다ᄅᆡ를 ᄲᅦ혀 살을 막으니 ᄎᆈ 보고 그 츙절을 칭찬ᄒᆞ더라 (見船已流在半河, 遂拈弓搭箭, 喝令驍將遶河射之, 矢如雨急. 褚恐傷曹操, 以左手擧馬鞍遮之.) <삼국-국중 11:16>

【말르】 명 ((건축)) 마루. 마룻보. 대들보 위의 동자기둥 또는 고주(高柱)에 얹히어 중도리와 마룻대를 받치는 들보.¶ ▼梁 ‖ 보야흐로 좌의 오르거 ᄒᆞ더니 홀연 뎐 말르로셔 밋친 ᄇᆞ람이 크게 니러나며 ᄒᆞᆫ 프ᄅᆞᆫ ᄇᆡ얌이 들보 우흐로셔 ᄂᆞ리니 기리 이십여 댱이나 ᄒᆞ더라 어탑의 셔리니 녕뎨 보시고 놀라 것구러디거ᄂᆞᆯ 무시 급히 구ᄒᆞ야 내니 (方欲升座, 殿角狂風大作, 見一條靑蛇, 從梁上飛下來, 約二十餘丈長, 蟠于椅上. 靈帝驚倒, 武士急慌救出.) <삼국-가정 1:3>

【말마-옴-】 동 말미암다.¶ ▼由 ‖ 위쥬 비록 쳔ᄌᆞ나 능히 주장 못ᄒᆞ여 졍사 다 사셰로 말마옴으니 감히 좃지 아니치 못ᄒᆞ여 (時奐名爲天子, 實不能主張, 政皆由司馬氏, 不敢不從.) <삼국-모종 19:72>

【말ᄆᆡ-암-】 동 말미암다. 어떤 현상이나 사물 따위가 원인이나 이유가 되다.¶ ▼由 ‖ 업더여 ᄇᆞ라건대 황텬은 신의 헤아리믈 곡사ᄒᆞ샤 우흐로 선뎨의 은덕을 갑프며 아래로 싱민의 것구로 ᄃᆞᆯ린 거ᄉᆞᆯ 구ᄒᆞ긔 ᄒᆞ쇼셔 감히 망녕되이 빌미 아니라 진실로 ᄀᆞᆫ졀ᄒᆞ믈 말ᄆᆡ아ᄆᆞ미니 하졍의 병영ᄒᆞ믈 이긔디 못ᄒᆞ여이다 (伏望天慈, 曲賜臣算, 上報先帝之恩德, 下救生民之倒懸. 非敢妄祈, 實由懇切. 下情不勝屛營之至.) <삼국-가정 34:64> 젼일 황건이 반ᄒᆞ믄 다 십상시가 관작을 팔기로 말ᄆᆡ아마 써 쳔히 ᄃᆡ란을 니르니 (昔黃巾造反, 其原皆由十常侍賣官鬻爵, 非親不用, 非讎不誅, 以致天下大亂.) <삼국-모종 1:22> 나난 제군을 거나리고 야곡으로 말ᄆᆡ아마 미셩을 취할 거신니 만닐 미성을 어드면 장ᄒᆞᆫ[ᄋᆞᆫ]을 가히 파ᄒᆞ리라 (吾自統大軍, 由斜谷逕取郿城: 若得郿城, 長安可破矣.) <삼국-모종 16:4>

【말ᄆᆡ-얌-】 동 말미암다. 까닭이 되다. 계기가 되다.¶ ▼由 ‖ 신이 드르니 천하 난녁이 ᄭᅳᆫ치지 아니ᄒᆞᆷ은 즁상시로 말ᄆᆡ야믄 연괴라 (竊聞天下所以亂逆不止者, 皆由黃門常侍張讓等侮慢天常之故.) <삼국-국중 1:55>

【말유-우-】 동 말리다. '말이다'의 'ㅜ'형.¶ ▼吹晒 ‖ ᄉᆞᆫ변바란 곳의 가 퉁노긔ᄅᆞᆯ 뭇고 밥을 디이고 말고기ᄅᆞᆯ 버혀 구어 먹고 다 져ᄌᆞᆫ 오ᄉᆞᆯ 버셔 바람의 말유우고 말은 다 안장을 ᄲᅦ여 들의 노와 먹이고 (便就山邊揀乾處埋鍋造飯, 割馬肉燒吃. 盡皆脫去濕衣, 於風頭吹晒. 馬皆摘鞍野放, 咽咬草根.) <삼국-모종 8:61> ▼晒乾 ‖ 사ᄅᆞᆷ이 키야 길름의 담간 지 반연의 바야흐로 나여 말유워 다시 담기를 십여 ᄎᆞ를 ᄒᆞᆫ 후의 갑오ᄉᆞᆯ 지으니 (國人採取浸於油中, 半年方取出晒之, 晒乾復浸, 凡十餘遍, 卻纔造成藤甲.) <삼국-모종 15:12> ▼曬 ‖ 공명니 군ᄉᆞ을 거나려 노성으로 도라와 보리을 ᄯᅳ드려 말유우더니 홀연 제장을 불너 일너 왈 오늘밤의 도적이 반다시 올 거신니 (孔明引軍在鹵城打曬小麥, 忽喚諸將聽令曰: "今夜敵人必來攻城.") <삼국-모종 17:5>

【말유-ᄒᆞ-】 동 만류(挽留)하다. 붙들고 못하게 말리다.¶ ▼挽留 ‖ 위가 소ᄆᆡ를 ᄯᅥᆯ처 이러나 왈 나ᄂᆞᆫ 졍성으로 왓더니 공이 쏘기미 엇지 ᄂᆡ의 소망이리요 죄 말유ᄒᆞ여 왈 가[자]원은 ᄉᆞᆺ짓지 말나 실상을 말ᄒᆞ리라 (攸拂袖而起, 趨步出帳曰: "吾以誠相投, 而公見欺如是, 豈吾所望哉!" 操挽留曰: "子遠勿嗔, 尙容實訴.") <삼국-모종 5:56> ▼留 ‖ 긔령이 시[치]예 드러와 현덕이 와 상의 안진 걸 보고 ᄃᆡ경ᄒᆞ여 문듯 도라가고져 ᄒᆞ니 와[좌]우가 말유ᄒᆞ되 가ᄂᆞᆫ지라 (紀靈下馬入寨, 卻見玄德在帳上坐, 大驚, 抽身便回, 左右留之不住.) <삼국-모종 3:27>

【말으-】 동 마르다. 강이나 우물, 샘 따위의 물이 줄어 없어지다.¶ ▼枯 ‖ 운니 여성 왈 부인니 ᄂᆡ 말을 듯지 아니ᄒᆞ다가 츄병이 만일 니ᄅᆞ면 엇지ᄒᆞ리요 부인니 이에 아두를 ᄯᅡ희 놋코 몸을 ᄠᅱ여 말은 시음 가온ᄃᆡ ᄲᅥ저 죽더라 (雲厲聲曰: "夫人不聽吾言, 追軍若至, 爲之奈何?" 糜夫人乃棄阿斗於地, 翻身投入枯井中而死.) <삼국-모종 7:61>

【말이】 명의 시(詩)를 세는 단위.¶ ▼首 ‖ 이제 너을 한경ᄒᆞ여 칠보 ᄂᆡ예 시 ᄒᆞᆫ 말이을 지으되 능히 ᄒᆞ면 죽기

을 면ᄒᆞ고 능히 못ᄒᆞ면 용셔 안이코 즁죄 ᄒᆞ리라 (吾今限汝行七步吟詩一首, 若果能, 則免一死, 若不能, 則從重治罪, 決不姑恕.) <삼국-모종 13:32>

【말이-】 동 말리다. (타이르거나 권하거나 또는 억지다짐으로) 다른 사람이 하고자 하는 것을 못 하게 방해하다.¶ ▼勸 ‖ ᄉᆡ ᄃᆡ로ᄒᆞ냐 칼을 ᄲᆡ셔 츄[표]ᄅᆞᆯ 죽이고져 ᄒᆞ니 듕낭장 [양]밀이 힘써 말이거ᄂᆞᆯ ᄉᆡ 이에 양츄[표]와 주쥰을 노코 기여ᄂᆞᆫ 다 영즁의 가돗ᄂᆞᆫ지라 (汜大怒, 便拔劍欲殺彪, 中郎將楊密力勸, 汜柔於了楊彪、朱儁, 其餘都監在營中.) <삼국-모종 2:97>

【말-치】 명 ((기물)) 말채찍.¶ ▼鞭 ‖ 환범이 부교의 일으니 ᄉᆞ마의 마상의셔 말치로 가라쳐 왈 환ᄃᆡ부 ᄒᆞ고로 여ᄎᆞ ; ; ᄒᆞ난고 (桓範至浮橋邊, 懿在馬上以鞭指之曰: '桓大夫何故如此?') <삼국-모종 18:7>

【말-ᄒᆞ-】 동 말하다. 생각이나 느낌 따위를 말로 나타내다.¶ ▼말ᄒᆞᄌᆞ (打話) <삼국-어람 109a> ▼分付 /分咐 ‖ 무엇시라고 말ᄒᆞ든야 (分付 /分咐甫甚來?) <삼국-가정 24:52>

【맛-】[1] 동 «맛다» 마치다. 끝내다.¶ ▼畢 ‖ 죄 쟝ᄃᆡ 우ᄒᆡ셔 보기를 맛고 다 돗글 디오며 ᄇᆡ를 거두어 ᄎᆡ로 도라오고 (操立於將臺之上, 觀看調練已畢, 敎收住帆幔, 各依次序回寨.) <삼국-가정 16:15>

【맛-】[2] 동 매를 맛다.¶ ▼受責 ‖ 강좌 감녕이 쥬유의게 욕을 보고 붓그려 ᄂᆡ응호믈 원ᄒᆞ고 황개도 곤댱 오십을 맛고 감ᄐᆡᆨ으로 ᄒᆞ여곰 납항ᄒᆞᄂᆞᆫ 글월이 와시나 밋브디 못ᄒᆞ니 뉘 감히 쥬유의 채듕의 드러가 ᄌᆞ셔히 아라올고? (江左甘寧被周瑜恥辱, 亦願內應; 黃盖受責五十, 却令闞澤納降, 又有書到此: 未可深信. 誰敢直入周瑜寨中走一遭?) <삼국-가정 15:111>

【맛-】[3] 동 «맛다» 맞이하다.¶ ▼迎 ‖ 쟝군은 몸소 익쥐 군ᄉᆞᄅᆞᆯ 거ᄂᆞ려 진쳔[디명이라]으로 나아가면 ᄇᆡᆨ셩이 뉘 단ᄉᆞ[당즮의 밥이라]호쟝[병읫 믈이라]으로ᄡᅥ 쟝군을 맛디 아니ᄒᆞ리오? (將軍身率益州之衆以出秦川, 百姓孰敢不簞食壺漿以迎將軍者乎?) <삼국-가정 12:110> 륜이 조복을 갓초아 나와 맛고 ᄌᆡᄇᆡ 문안ᄒᆞ니 탁이 슈ᄅᆡ의 나려 좌우의 창 가진 갑ᄉᆞ ᄇᆡᆨ여 인이 족옹ᄒᆞ여 마로의 드러와 량방으로 분립ᄒᆞ거ᄂᆞᆯ (允具朝服出迎, 再拜起居, 卓下車, 左右持戟甲士百餘, 簇擁入堂, 分列兩傍.) <삼국-모종 2:8>

【밝히-】 동 밝게 하다.¶ ▼淸 ‖ 원컨ᄃᆡ 정병 오천을 거ᄂᆞ려 관을 버히고 안의 드러가 신군을 세우고 환관을 버혀 조정을 밝히고 천하를 편케 ᄒᆞ리라 (願借精兵五千, 斬關入內, 冊立新君, 盡誅閹豎, 掃淸朝廷, 以安天下.) <삼국-모종 1:32>

【맛긔-】 동 맡기다.¶ ▼인슈을 맛긔고 벼ᄉᆞᆯ을 바리고 삼인이 밤낫 탁군으로 가니 (還官印綬, 吾已去矣. 玄德、關、張連夜回涿郡.) <삼국-규장 1:56> ▼委 ‖ 공명 왈 도독니 맛긔시니 가히 수고로믈 혀아리지 아니할 거시니 십만 살을 어ᄂᆞᆫ ᄯᅢ의 쓰기의 밋ᄎᆞ리오 (孔明曰: "都督見委, 自當效勞, 敢問十萬枝箭, 何時要用?") <삼국-모종 8:3>

【맛ᄀᆞᄌᆞ-】 형 «맛ᄀᆞᆺ다» 맞다. 알맞다.¶ ▼稱 ‖ 병법의 닐오ᄃᆡ 반ᄃᆞ시 이긜 거시 다ᄉᆞ시 이시니 ᄒᆞ나흔 닐온 혜아리미오 둘흔 닐온 쟝냥호미오 세흔 닐온 슐쉬오 네흔 닐온 맛ᄀᆞᄌᆞ미오 다ᄉᆞᄉᆞᆫ 닐온 이긔미니 (兵法云:必勝有五:一曰'度', 二曰'量', 三曰'數', 四曰'稱', 五曰'勝'.) <삼국-가정 24:82>

【맛당희】 부 마땅히.¶ ▼宜 ‖ 공명 왈 주공은 맛당희 권변을 좃ᄎᆞ 먼저 한중 왕위에 ᄂᆞ아가고 천ᄌᆞ게 아리기 더듸지 안니ᄒᆞ니라 (孔明曰: "主公宜從權變, 先進位漢中王, 然後表奏天子, 未爲遲也.") <삼국-모종 12:50>

【맛디-】 동 맡기다. '맜-'의 사동사.¶ ▼인슈ᄅᆞᆯ 맛디고 벼ᄉᆞᆯ을 ᄇᆞ리고 삼인이 밤낫 탁군으로 가니 (還官印綬, 吾已去矣. 玄德、關、張連夜回涿郡.) <삼국-가정 1:81> ▼委 ‖ 원쇼ᄂᆞᆫ 외로온 손이오 궁진ᄒᆞᆫ 군이라 우리의 코김을 울얼고 이시니 비컨대 어린 아ᄒᆡ 손바당 우ᄒᆡ 잇ᄂᆞ니 ᄀᆞᄐᆞ니 젓 먹이기ᄅᆞᆯ 긋치면 즉시 주려 죽을 거시어ᄂᆞᆯ 엇디 고ᄋᆞᆯ 일을 일로ᄡᅥ 맛디고져 ᄒᆞᄂᆞ뇨 (袁紹孤客窮軍, 仰我鼻息, 譬如嬰孩在股掌之上, 絶其乳哺, 立可餓死.奈何欲以州事委之?) <삼국-가정 3:6>

【맛ᄃᆞᆼ이】 부 마땅히.¶ ▼合當 ‖ 다ᄒᆡᆼ이 동외 조병을 물니고 황슉을 구ᄒᆞ엿스니 형양 구군은 맛ᄃᆞᆼ이 동오의 도ᄅᆞ보ᄂᆡᆯ 거시어ᄂᆞᆯ 이제 황슉이 궤계ᄅᆞᆯ 써 형양을 ᄲᆡ아ᄉᆞ니 (幸得東吳殺退曹兵, 救了皇叔, 所有荊州九郡, 合當歸於東吳, 今皇叔用詭計, 奪占荊襄.) <삼국-모종 9:3>

【맛-아ᄌᆞ미】 명 ((인류)) 큰아주머니. 백모(伯母).¶ ▼伯母 ‖ 괘 가온ᄃᆡ 닐러시되 그ᄃᆡ 집 분묘 가온ᄃᆡ 겨집귀신이니 그ᄃᆡ의 맛아ᄌᆞ미곳 아니면 곳 긋ᄐᆡ 아ᄌᆞ미라 (卦中有君家本墓中女鬼, 非君伯母卽叔母也.) <삼국-가정 22:83>

【맛참ᄂᆡ】 부 마침내. 드디어 마지막에는.¶ ▼竟 ‖ 류요의 장녕을 기다리지 아니ᄒᆞ고 맛참ᄂᆡ 피괘상마ᄒᆞ여 숀의. 창을 들고 영치의 나가며 크게 워여 왈 (遂不候劉繇將令, 竟自披挂上馬, 綽鎗出營, 大叫曰.) <삼국-국중 4:16> ▼終 ‖ 이ᄂᆞᆫ 쥬인을 구ᄒᆞ미오 쥬인을 ᄒᆡᄒᆞ미 아니ᄂᆞ 맛참ᄂᆡ 쥬인의게 방ᄒᆡ로오미 잇스리니 ᄂᆡ 한 법이 닛스니 가히 방녜ᄒᆞ리이다 (此乃救主, 非妨主也; 終必妨一主. 某有一計可禳.) <삼국-국중 7:130>

【맛치】 부 마치. 거의 비슷하게. 흡사(恰似).¶ ▼텬하의 놉픈 소견은 반ᄃᆞ시 서ᄅᆞ 합ᄒᆞᄂᆞᆫ도다 문화[가허의 ᄌᆞ라]의 ᄭᅬ 내 ᄆᆞ음과 맛치 ᄀᆞᆺ다 (天下高見, 必多相合. 文和之謀, 吾心腹之事也.) <삼국-규장 13:64>

【맛치-】[1] 동 마치다. 끝내다.¶ ▼畢 ‖ 니유 독칙을 맛치ᄆᆡ 탁이 좌우를 ᄭᅮ지져 뎨를 붓드러 ᄃᆡ궐의 나리오고 옥식를 글너 북면 댱궤ᄒᆞ여 신히 일ᄏᆞ라 명을 드르라 ᄒᆞ고 (李儒讀策畢, 卓叱左右扶帝下殿, 解其璽綬, 北面長跪, 稱臣聽命.) <삼국-모종 1:59> 손칙이 황조를 도라보ᄂᆡ고 령구를 영졉ᄒᆞ야 ᄊᆞ홈을 파ᄒᆞ고 강동의 도라가

부친을 곡아 언덕의 장ᄉᆞᄒᆞ고 상ᄉᆞ를 이믜 맛치ᄆᆡ 군ᄉᆞ를 쓸고 강도의 거ᄒᆞ야 초현납ᄉᆞᄒᆞ고 굴긔ᄃᆡ인ᄒᆞ니 사방 호걸이 점점 도라가더라 (劉表換回黃祖, 孫策迎接靈柩, 罷戰回江東, 葬父於曲阿之原. 喪事已畢, 引軍居江都, 招賢納士, 屈己待人, 四方豪傑, 漸漸投之.) <삼국-모종 2:1>

【맛치-】[2] 동 맞히다. 적중하게 하다.¶ ▼中 ‖ 위엄이 그 님금을 진동ᄒᆞ고 공이 일국을 덥퍼시니 엇디 능히 오라리오 ᄒᆞ더니 그 말을 맛치다 ("威震其主, 功盖一國, 何能久乎?" 亦中其言.) <삼국-가정 36:21> ▼뎌 ᄂᆞᄂᆞᆫ 기럭이 셋재 치ᄅᆞᆯ 맛치리라 (吾射這飛雁第三隻.) <삼국-가정 26:97>

【맛침】 부 마침. 우연히. 공교롭게.¶ ▼맛침 (恰) <삼국-어람 108a> 맛침 (恰好) <삼국-어람 108a>

【맛ᄎᆞ-】 동 마치다. 끝내다.¶ ▼畢 ‖ 뉵군 관군을 병진ᄒᆞ여 슈륙으로 나아가리라 조발ᄒᆞ기ᄅᆞᆯ 맛ᄎᆞᄆᆡ 졔댱이 각ː 선쳑과 군긔ᄅᆞᆯ 슈십ᄒᆞ여 긔힝ᄒᆞ더라 (催督六部官軍, 水陸並進, 剋期取齊. 調撥已畢, 諸將各自收拾船隻軍器起行.) <삼국-모종 7:111>

【맛ᄎᆞᆷ-ᄂᆡ】 부 마침내. 드디어 마지막에는.¶ ▼終 ‖ 고죠ᄂᆞᆫ 지혜로 이긔고 항우ᄂᆞᆫ 비록 강ᄒᆞ나 맛ᄎᆞᆷᄂᆡ 사로잡혀스니 소ᄂᆞᆫ 열 번 픽ᄒᆞᆯ 일이 잇고 공은 열 번 이길 이리 잇스니 (高祖惟智勝, 項羽雖强, 終爲所擒, 今紹有十敗, 公有十勝.) <삼국-모종 3:62>

【맛트-】 동 «맡다» 맡다.¶ ▼掌 ‖ 조죄 병을 두로혀 ᄂᆞ[낙]양셩 의[외]예 둔진ᄒᆞ니 양봉 ᄒᆞᆫ셤이 상의ᄒᆞᄃᆡ 이제 조죄 ᄃᆡ공을 일위니 반ᄃᆞ시 즁권을 맛틀지라 엇지 우리ᄅᆞᆯ 용납ᄒᆞ리요 (曹操回兵仍屯於洛陽城外. 楊奉、韓暹兩個商議: "今曹操成了大功, 必掌重權, 如何容得我等?") <삼국-모종 2:115>

【맜-】 동 «맡다» 맡다. 어떤 일에 대한 책임을 지고 담당하다.¶ ▼看 ‖ 호령ᄒᆞ야 탁의 주엄을 통ᄒᆞᆫ 길 ᄀᆞ의 ᄇᆞ려시니 동탁이 극히 ᄉᆞᆯ진디라 주엄 맜든 군ᄉᆡ 빗복의 블을 혀 등을 삼ᄋᆞ니 빗치 블가 아ᄎᆞᆷ의 니ᄅᆞ고 기ᄅᆞᆷ이 흘러 싸히 ᄀᆞᄃᆞᆨᄒᆞ엿더라 (號令卓屍通道. 卓極肥胖, 看屍軍士以火置其臍中以爲燈光, 明照達旦, 膏流滿地.) <삼국-가정 3:126>

【망녕-도이】 부 망령(妄靈)되이. 망령(妄靈)스럽게.¶ ▼妄 ‖ 현덕의 젼군이 ᄇᆞᆯ셔 뎐강의 니ᄅᆞ니 니ᄅᆞᄂᆞᆫ 곳마다 셔쳔의셔 공궤ᄒᆞᄂᆞᆫ 것도 두텁고 현덕의 호령이 엄명ᄒᆞ여 망녕도이 ᄇᆡᆨ셩의 거ᄉᆞᆯ 취ᄒᆞᄂᆞᆫ 재면 참ᄒᆞ니 (所到之處, 一者是益州供給; 二者是玄德號令嚴明, 如有妄取百姓一物者斬之.) <삼국-가정 19:127> 국가 불힝ᄒᆞ여 엄환이 롱권ᄒᆞ여 ᄇᆡᆨ셩이 도탄의 든지라 네 쳑촌만 공이 업고 엇지 감히 망녕도이 말ᄒᆞ여 조정을 불안케 ᄒᆞᄂᆞ냐 (國家不幸, 閹官弄權, 以致萬民塗炭. 爾無尺寸之功, 焉敢妄言廢立, 欲亂朝廷?) <삼국-모종 1:51>

【망녕-도히】 부 망령(妄靈)되이. 망령(妄靈)스럽게.¶ ▼妄 ‖ 공명의 달ᄅᆡᄂᆞᆫ 말을 드러 망녕도히 병갑을 동티 말라 이 닐은 셥플 안고 블를 ᄭᅳ미라 (休聽孔明之說詞, 妄動兵甲. 此謂'負薪救火'也.) <삼국-가정 14:89>

【망녕-되-】 형 망령(妄靈)되다. 말과 행동이 주책 없다.¶ ▼謬 ‖ 네 강을 건너가 착ᄒᆞᆫ 사람을 더브러 왓ᄂᆞᆫ가 너기더니 엇지 이리 허소코 망녕된 거ᄉᆞᆯ 다려왓ᄂᆞ뇨 (今汝渡江, 只道帶一箇好人來助吾, 豈知如是虛謬之人也!) <삼국-가정 14:85>

【망녕-되이】 부 망령(妄靈)되이. 망령(妄靈)스럽게.¶ ▼됴뎡의 ᄌᆞ연 공논이 이시리니 네 엇디 즈러 망녕되이 조급히 구ᄂᆞ뇨 (朝廷自有公論, 弟豈可躁暴!) <삼국-가정 1:50> ▼妄 ‖ 건셕이 나를 모히ᄒᆞ엿스니 그 집을 족멸ᄒᆞ고 그 나마지ᄂᆞᆫ 망녕되이 잔히치 말나 (蹇碩設謀害我, 可族滅其家, 其餘不必妄加殘害.) <삼국-모종 1:33>

【망당산】 명 ((지리)) 망당산(芒碭山). 망산(芒山)은 개봉부(開封府) 귀덕주(歸德州)에, 탕산(碭山)은 서주(徐州) 탕산현(碭山縣)에 있음.¶ ▼芒碭山 ‖ 현덕은 긔쥬로 ᄃᆞ라나고 댱비ᄂᆞᆫ 망당산으로 가고 (劉玄德兵敗小沛, 匹馬奔冀州, 投袁紹. 張飛引數十騎, 往芒碭山去了.) <삼국-가정 9:2>

【망울】 명 ((신체)) 눈망울. 눈알 앞쪽의 도톰한 곳. 또는 눈동자가 있는 곳.¶ ▼내 평ᄉᆡᆼ의 눈이 이셔도 망울이 업서 영웅을 아디 못ᄒᆞ도다 녯날 날을 조차 젼댱의 ᄃᆞᆫ니던 쟝슈 다 날을 ᄇᆞ리고 ᄃᆞ라나되 오직 쟝군이 이에 이시니 (吾平生有眼如盲, 不識好人. 舊日隨吾戰將, 皆棄吾而去, 惟公在焉.) <삼국-가정 34:115>

【망-ᄒᆞ-】 동 망(亡)하다.¶ ▼亡 ‖ 이ᄂᆞᆫ 하ᄂᆞᆯ이 망케 할 ᄯᅢ라 ᄒᆞᆫ 번 ᄊᆞ화 쳔하를 뎡ᄒᆞᆯ 거시니 졔공은 엇지 ᄊᆞ호지 아니ᄒᆞᄂᆞ뇨 (此天亡之時也, 一戰而天下定矣. 諸公何疑而不進?) <삼국-모종 1:98>

【망-ᄒᆞ-】 동 망(亡)하다. 개인, 가정, 단체 따위가 제 구실을 하지 못하고 끝장이 나다. (자동사).¶ ▼亡 ‖ 쵹병은 밧걸 치고 위병은 그 안을 치면 오국이 순일 ᄂᆡ예 망ᄒᆞ고 오국이 망ᄒᆞ면 쵹이 고단ᄒᆞ리니 폐ᄒᆞ 엇지 일즉 도모치 아니하ᄂᆞᆫ고 (蜀攻其外, 魏攻其內, 吳國之亡, 不出旬日, 吳亡則蜀孤矣. 陛下何不早圖之?) <삼국-모종 13:70>

【맞-】 동 맺다.¶ ▼結 ‖ 쉬 그 말을 좃ᄎᆞ 뉴렵을 청ᄒᆞ여 보니 렵이 조의 덕을 층송ᄒᆞ고 ᄎᆞ왈 승상이 옛 원을 기록ᄒᆞ면 엇지 날노 와 장군으게 조흠을 마즈리요 (繡從其言, 請劉曄相見, 曄盛稱操德, 且曰: "丞相若記舊怨, 安肯使某來結好將軍乎?") <삼국-모종 4:29>

【매】 명 ((조류)) 매.¶ ▼鷹 ‖ 녀푀 텬하를 범 보ᄃᆞᆺ ᄒᆞ야 도적이 벌 니러나ᄃᆞᆺ ᄒᆞ며 간웅이 매 ᄂᆞᆯ쓰ᄃᆞᆺ ᄒᆞᄂᆞᆫ디라 (呂布虎呑天下, 盜賊蜂起, 奸雄鷹揚.) <삼국-가정 30:65>

【매-치기】 명 매치기. 매 키우기.¶ ▼養鷹 ‖ 내 온후 ᄃᆡ졉호믈 매치기ᄀᆞᆺ티 ᄒᆞ노니 여ᄋᆞ ᄉᆞᆲ이 업디 아니ᄒᆞ여시니 가히 몬져 ᄇᆡ브ᄅᆞ게 못ᄒᆞ리라 주리면 사ᄅᆞᆷ의게 븟좃고

ᄇᆡ브ᄅᆞ면 ᄂᆞ라나리라 (吾待溫侯如養鷹耳; 狐兎未息, 不可先飽; 飢則爲用, 飽則颺去.) <삼국-가정 6:66>

【머】 명 ((지리)) 뫼. 산(山). 평지보다 높이 솟아 있는 땅의 부분.¶ ▼山 ‖ 회 왈 반다시 한 ᄃᆡ장을 기다려 션봉하이여 머랄 만난즉 길랄 열고 물을 만난 즉 다리랄 두면 뉘 감히 당하리요 (會曰: "必須一大將爲先鋒, 逢山開路, 遇水疊橋, 誰敢當之?") <삼국-모종 19:28>

【머기-】 동 먹이다. '먹다'의 사동사.¶ ▼喂 ‖ 곽샹은 손건과 관공으로 더브러 당샹의셔 술 머그며 일변 ᄒᆡᆼ니ᄅᆞᆯ ᄆᆞᆯ뇌오고 ᄆᆞᆯ을 검텩ᄒᆞ야 머기더라 (郭常與關公、孫乾三人於草堂飮酒.一邊烘焙行李, 一面喂養馬匹.) <삼국-가정 9:122>

【머리】 명 ❶ ((신체)) 머리. 사람이나 동물의 목 위의 부분. 눈, 코, 입 따위가 있는 얼굴을 포함하며 머리털이 있는 부분을 이른다.¶ 頭 ‖ 침[심]이 이의 스사로 그 삼ᄌᆞ랄 주기고 아우나 기쳐 머리랄 버히 가지고 쇼렬황졔 사당의 가 (諶乃自殺其三子, 並割妻頭, 提至昭烈廟中.) <삼국-모종 19:57> ❷ ((신체)) 머리카락. 머리털[髮].¶ ▼髮 ‖ 현덕·관·당이 ᄆᆞᆯ을 ᄃᆞᆯ려 청쥐 가 먼니 ᄇᆞ라보니 도적이 다 머리ᄅᆞᆯ 플고 누른 깁으로ᄡᅥ 머리ᄅᆞᆯ ᄡᆞ고 팔과ᄅᆞᆯ 그어 표ᄅᆞᆯ ᄒᆞ엿더라 (玄德、關、張上馬, 投青州來, 遙望見賊人皆披髮, 以黃絹抹額, 畵以八卦文爲號.) <삼국-가정 1:34> 휘 머리ᄅᆞᆯ 프러ᄇᆞ리고 발 벗고 두 군ᄉᆡ 미러내여 오더니 밧뎐의 니ᄅᆞ러 뎨 후ᄅᆞᆯ ᄇᆞ라보시고 뎐의 ᄂᆞ리ᄃᆞ라 후ᄅᆞᆯ 븟들고 우ᄅᆞ시거ᄂᆞᆯ (后披髮跣足, 二甲士推擁而出.至外殿前, 帝望見后, 乃下殿抱后而哭.) <삼국-가정 21:121> 믄득 일표 만병이 니ᄅᆞ니 사ᄅᆞᆷ마다 머리ᄅᆞᆯ 플고 발을 벗고 혹 궁노도 ᄡᅩ며 혹 당창도 가져시며 혹 방패도 들고 도치도 가져시며 (一彪蠻兵驟至, 人皆披髮跣足, 或使弓弩長槍, 傍牌刀斧.) <삼국-가정 27:31>

【머리ᄅᆞᆯ ᄡᆞ고 쥐 숨ᄃᆞᆺ ᄃᆞ라나-】 속 머리를 싸매고 쥐 숨듯 달아나다.¶ ▼抱頭鼠竄 ‖ 니확이 머리ᄅᆞᆯ ᄡᆞ고 쥐 숨ᄃᆞᆺ ᄃᆞ라나 동탁을 보고 손견의 이러ᄐᆞ시 무례ᄒᆞ던 일을 닐오ᄃᆡ (李傕抱頭鼠竄, 回見董卓, 說孫堅如此無禮.) <삼국-가정 2:94> 확 등이 머리ᄅᆞᆯ ᄡᆞ고 쥐 숨ᄃᆞᆺ ᄃᆞ라나다 (孟獲等抱頭鼠竄, 望本洞而去.) <삼국-가정 28:125>

【머리-공】 명 으뜸 공. 머리(으뜸, 頭)+공(功).¶ ▼頭功 ‖ 뎨북상 포신이 ᄉᆡᆼ각ᄒᆞ되 손견이 젼부되여 머리공을 아슬가 져허ᄒᆞ야 아오 포츙으로 몬져 마보군 ᄉᆞᆷ천을 거ᄂᆞ리고 쇼〻로 다라 바로 관하의 니르러 ᄊᆞ홈을 도〻니 (衆諸侯內有濟北相鮑信, 尋思孫堅旣爲前部, 怕他奪了頭功, 暗撥其弟鮑忠, 先將馬步軍三千, 逕抄小路, 直到關下搦戰.) <삼국-모종 1:82>

【머리-털】 명 ((신체)) 머리털. 머리에 난 털. 머리(머리, 頭)+털(털, 髮).¶ ▼髮 ‖ ᄉᆞ인이 좌뎡호매 감녕이 니ᄅᆞᆯ ᄀᆞᆯ며 노ᄒᆞᄂᆞᆫ 머리털이 숫그러ᄒᆞ되 말을 아니ᄒᆞ거ᄂᆞᆯ (四人坐定, 甘寧但咬牙恨齒, 怒髮衝冠而不言.) <삼국-가정 15:107>

【머믈-】 동 머물다. 도중에 멈추거나 일시적으로 어떤 곳에 묵다. (자동사).¶ ▼운당이 즐겨 머믈디 아닐 분이 아니라 더ᄃᆡ 가ᄂᆞ니ᄂᆞᆫ 죽이려 ᄒᆞ매 마디 못ᄒᆞ여 오이다 (關雲長不肯相容, 俱各趕逐回吳, 遲後者必戮.) <삼국-규장 15:25> ▼留 ‖ 노식 군즁의 이르러 장즁의 드러가 녜필 후 온 뜻즐 가초 고ᄒᆞ니 노식이 ᄃᆡ희ᄒᆞ여 장즁의 머믈ᄉᆡ (至盧植軍中, 入帳施禮, 具道來意. 盧植大喜, 留在帳前聽調.) <삼국-국중 1:18>

【머믈-우-】 동 머무르다. 머물게 하다. 머믈-+-우(사동사 파생 접미사)-.¶ ▼운당이 즐겨 머믈우디 아닐 ᄲᅮᆫ이 아니라 더ᄃᆡ 가ᄂᆞ니ᄂᆞᆫ 주기려 ᄒᆞ매 마디 못ᄒᆞ여 오이다 (關雲長不肯相容, 俱各趕逐回吳, 遲後者必戮.) <삼국-가정 21:94> ▼留 ‖ 농우병 이만과 촉병 이만을 머믈워 소곰을 굽고 돈을 디워 군용의 종요로이 ᄡᅳᆯ거ᄉᆞᆯ 삼고 션쳑을 만다라 슌뉴ᄒᆞᆯ 일을 예비ᄒᆞᆫ 후의 (留隴右兵二萬、蜀兵二萬, 煮鹽興治, 爲軍旅要用, 幷作舟船, 預順流之事.) <삼국-규장 27:50>

【머엇-ᄒᆞ-】 동 무엇하다.¶ ▼何 ‖ 강이 눈을 브ᄅᆞᄠᅳ고 닐오ᄃᆡ 너희 두 사ᄅᆞᆷ의 머리 쟝ᄎᆞᆺ 만리예 갈 거시니 자리ᄒᆞ야 머엇ᄒᆞ리오 (康瞋目言曰: "汝二人之頭, 將行萬里! 何席之有!") <삼국-가정 11:97> 형당이 임의 ᄌᆞ식이 잇거ᄂᆞᆯ 이 의ᄌᆞᄅᆞᆯ ᄒᆞ야 머엇ᄒᆞ려 ᄒᆞᄂᆞ뇨 후의 반ᄃᆞ시 난이 이시리라 (兄長旣有子, 何必用螟蛉? 後必有亂也.) <삼국-가정 12:46>

【머우-】[1] 동 메우다. 메꾸다. 채우다.¶ ▼塡 ‖ 죄 친히 셩하의 이르러 제군 직촉ᄒᆞ여 돌과 흘걸 운전ᄒᆞ녀 셩과 ᄉᆡ도랑을 머운이 셩상의 활살이 비갓치 나리ᄂᆞᆫ지라 (操親自至城下, 督諸軍搬土運石, 塡壕塞塹, 城上矢石如雨.) <삼국-모종 3:54>

【머우-】[2] 동 머무다.¶ ▼住 ‖ 부의 형제 칠인니 일제니 와 싸온니 마ᄃᆡ 방덕니 후군 저적ᄒᆞ여 머우니 부제 칠인니 다 마초의게 죽고 (阜兄弟七人, 一齊來助戰, 馬岱、龐德敵住後軍, 阜兄弟七人, 皆被馬超殺死.) <삼국-모종 11:13>

【머이-】[1] 동 메다. 메게 하다.¶ ▼扛擡 ‖ 손칙이 한슈의 니르러 바야흐로 부친이 란젼의 쥭어 시슈 니믜 유표의 군ᄉᆡ 머여 셩의 드러가믈 알고 방셩ᄃᆡ곡ᄒᆞ니 (孫策回到漢水, 方知父親被亂箭射死, 屍首已被劉表軍士扛擡入城去了, 放聲大哭.) <삼국-모종 1:126>

【머이-】[2] 동 (화살을 활시위에) 메우다.¶ ▼滿 ‖ 여포 소ᄆᆡ을 것고 살을 머여 ᄒᆞᆫ 소ᄅᆡ예 활이 달갓고 살이 별갓치 흘너 화극 져근 가지ᄂᆞᆯ 맛치니 장상장하 장교드리 제셩 갈치ᄒᆞ더라 (只見呂布挽起袍袖, 搭上箭, 扯滿弓, 叫一聲'著'! 正是弓開如秋月行天, 箭去似流星落地, 一箭正中畫戟小枝, 帳上帳下將校, 齊聲喝采.) <삼국-모종 3:28>

【머이-】[3] 동 메우다. 메꾸다. 채우다.¶ ▼塡 ‖ 양원 비장

이 몸을 피ᄒᆞ거ᄂᆞᆯ 조죄 친히 칼을 ᄲᅡ혀 두 ᄉᆞᄅᆞᆷ의 머리를 버히고 ᄉᆞᄉᆞ로 말을 나려 흙을 가져 머이니 (有兩員裨將畏避而回, 操掣劍親斬於城下, 遂自下馬接土塡坑.) <삼국-국중 4:94>

【머츄-】 동 멈추다. 사물의 움직임이나 동작이 그치다.¶ ▼勒 ‖ 숀건은 거장을 보호ᄒᆞ여 몬져 힝ᄒᆞ라 ᄒᆞ고 공은 말을 머츄고 칼을 안고 문왈 (孫乾保車仗前行, 關公回身勒馬按刀問曰.) <삼국-국중 6:79> 현덕이 ᄆᆞᆯ을 머츄고 농부ᄅᆞᆯ 불너 왈 이 노ᄅᆡ 뉘 지엇ᄂᆞᆫ고 답왈 와룡션ᄉᆡᆼ이 지으니라 (玄德聞歌, 勒馬喚農夫問曰: "此歌何人所作?" 答曰: "乃臥龍先生所作也.") <삼국-모종 6:74>

【머히-】 동 메우다. 메꾸다. 채우다.¶ ▼塡 ‖ 녕이 향일의 만일 쇼비곳 아니면 녕의 골육이 구학의 머힐지라 (某向日若不得蘇飛, 則骨塡溝壑矣.) <삼국-국중 8:50> ▼塞 ‖ 길이 목욕ᄒᆞ고 옷슬 곳치고 노흘 취ᄒᆞ야 ᄉᆞᄉᆞ로 결박ᄒᆞ고 더운 볏희 안ᄌᆞ스니 ᄇᆡᆨ셩 보ᄂᆞᆫ 쟈 거리예 머힌지라 (吉領命, 卽沐浴更衣, 取繩自縛於烈日之中. 百姓觀者, 塡街塞巷.) <삼국-국중 6:117>

【먹】 명 ((기물)) 먹[墨]. 벼루에 물을 붓고 갈아서 글씨를 쓰거나 그림을 그릴 때 사용하는 검은 물감.¶ ▼墨 ‖ 부ᄉᆡ 먹을 므텨 분쟝 우희 룡 ᄒᆞᄂᆞ흘 그리고 사ᄆᆡ로 ᄒᆞᆫ 번 ᄠᅳ리티더니 룡의 ᄇᆡ 졀노 열니거ᄂᆞᆯ (取墨筆于粉墻上面一條龍, 以袍袖一拂, 龍腹自開.) <삼국-가정 22:73>

【먹음-】 동 머금다. 삼키지 않고 입 속에 넣고만 있다.¶ ▼吃 ‖ 젼면 군ᄉᆡ 졔셩함기ᄒᆞ거ᄂᆞᆯ 운즁이 ᄒᆞᆫ 번 놀나물 먹음고 술을 ᄯᅦ고 ᄉᆡ의 도ᄅᆞ와 (前面軍齊聲喊起, 雲長吃了一驚, 帶箭回寨.) <삼국-모종 9:25>

【먹질ㄴ-】 동 «멱지ᄅᆞ다» 목찌르다.¶ ▼自刎 ‖ 셩의 ᄯᅥ러뎌 죽거ᄂᆞᆯ 쥬창이 ᄯᅩᄒᆞᆫ 하날을 브르며 먹질너 죽으니 (王甫乃墜城而死, 周倉自刎而亡.) <삼국-규장 17:100>

【먼니】 부 멀리.¶ ▼遠 ‖ 쥬공이 먼니 졍벌ᄒᆞ야 밧긔 겨시니 오병의 이번 오믄 우리를 파ᄒᆞ미 반ᄃᆞᆺ다 ᄒᆞᄂᆞ니 (主公遠征在外, 吳兵以爲破我必矣.) <삼국-규장 15:74> 촉병이 쳔니예 먼니 와 그 니ᄒᆞ미 ᄲᆞᆯ니 싸호매 잇거ᄂᆞᆯ 이제 싸호디 아니ᄒᆞ니 반ᄃᆞ시 꾀 잇ᄂᆞᆫ디라 농셔 제로의 밋븐 쇼식이 잇ᄂᆞ냐 (蜀兵千里而來, 利在速戰, 今來此不戰, 必有謀也. 隴西諸路, 曾有信息否?) <삼국-규장 22:58> ᄂᆡ일 평명의 장찻 ᄃᆡᄉᆡ예 이ᄅᆞ러 ᄇᆡᄅᆞᆯ 강변상의 나여 먼니 세를 ᄒᆞ고 문빙을 보ᄂᆡ여 ᄯᅩ 숨십 척을 거ᄂᆞ려 네 졉응이 되리라 (到來日天明, 將大寨到江面上, 遠爲之勢, 更差文聘亦領三十隻巡船接應汝回.) <삼국-모종 8:37> ▼遙 ‖ 뎨 먼니 ᄇᆞ라보시니 블이 들과 뫼히 가득ᄒᆞ엿고 죽엄이 ᄡᅡ혀 강믈을 마가 나려오더라 (先主遙望, 遍野火光不絶, 死屍重疊, 塞江而下.) <삼국-규장 19:56>

【먼여】 부 먼저.¶ ▼先 ‖ 간이 먼여 드러가 보고 젼ᄉᆞᄅᆞᆯ ᄀᆡ비히 말ᄒᆞ니 죠 봉추션ᄉᆡᆼ이 왓단 말을 듯고 친히 당의 나와 마ᄌᆞ드려 빈쥬를 분ᄒᆞ여 좌졍ᄒᆞᄆᆡ (幹先入見, 備述前事, 操聞鳳雛先生來, 親自出帳迎入, 分賓主坐定.) <삼국-모종 8:24>

【먼이】 부 멀리.¶ ▼遠 ‖ 쥬공이 먼이 졍벌ᄒᆞ야 밧긔 겨시니 오병의 이번 오믄 우리를 파ᄒᆞ미 반ᄃᆞᆺ다 ᄒᆞᄂᆞ니 (主公遠征在外, 吳兵以爲破我必矣.) <삼국-가정 22:32>

【멀-】 동 시력이나 청력 따위를 잃다.¶ ▼眇 ‖ 믄득 보니 ᄒᆞᆫ 션ᄉᆡᆼ이 ᄒᆞᆫ 눈이 멀고 ᄒᆞᆫ 발이 졀고 흰 ᄃᆡᆼ당이 관을 ᄡᅳ고 프른 헌 오살 닙고 와 각부들의게 네ᄒᆞ고 (見一先生, 眇一目, 跛一足, 白藤冠, 靑懶衣, 來與脚夫作禮.) <삼국-가정 22:67> 셩안과 셩밧게 자븐 ᄒᆞᆫ 눈 멀고 ᄒᆞᆫ 발 졀고 흰 ᄃᆡᆼ당이 관 ᄡᅳ고 프른 ᄒᆞ여진 옷 닙고 나모신 신은 션ᄉᆡᆼ이 마치 ᄒᆞᆫ 모양의 치 삼ᄉᆞᄇᆡᆨ이어ᄂᆞᆯ (城裏城外, 所捉眇一目、跛一足、白藤冠、靑懶衣、穿履鞋先生, 都一般模樣者有三四百個.) <삼국-가정 22:78>

【멀니】 명 ((신체)) 머리.¶ ▼頭 ‖ 셩문 안밧게 다만 스무나문 ᄇᆡᆨ셩니 멀니을 숙니고 길을 쓸 다람이라 (城門內外, 有二十餘百姓, 低頭灑掃, 傍若無人.) <삼국-모종 16:12>

【멀이】 명 ((신체)) 머리. 머리털.¶ ▼頭 ‖ 뉘 이 계교를 들여 원공으로 ᄒᆞ여곰 봉션으로 달여 년인ᄒᆞ니 ᄯᅳ지 현덕의 멀이 취ᄒᆞᄂᆞᆫ ᄃᆡ 잇ᄂᆞᆫ가 (誰獻此計? 敎袁公與奉先聯姻, 意在取劉玄德之頭乎?) <삼국-모종 3:30> ▼首 ‖ 승이 놀ᄂᆡ ᄭᆡ여 보니 조서 업거ᄂᆞᆯ 수각의 황망ᄒᆞᆫ지라 ᄌᆞ복 왈 네 조ᄌᆞᄅᆞᆯ 죽기고저 ᄒᆞ면 ᄂᆡ 멀이예 나리라 (承驚覺, 不見詔書, 魂不附體, 手脚慌亂. 子服曰: "汝欲殺曹公, 吾當出首.") <삼국-모종 3:90>

【멀-이】 부 멀리. 한 지점에서 거리가 몹시 떨어져 있는 상태로.¶ ▼遠 ‖ ᄐᆡ 막아 창과 말을 ᄲᅢᆺ고 손권을 구완ᄒᆞ니 여적이 멀이 닷고 ᄐᆡ의 몸의도 열두 창을 입어 명이 경각의 잇ᄂᆞᆫ지라 (被泰扯住鎗, 拖下馬來, 奪了鎗馬, 殺條血路, 救出孫權, 餘賊遠遁, 周泰身被十二鎗, 金瘡發脹, 命在須臾.) <삼국-모종 3:23>

【멀이치-】 동 물리치다.¶ ▼退 ‖ 광[관]공이 좌우를 멀이치고 숀건다려 왈 공이 흣터진 후로 일향 종적을 모로더니 이제 어ᄃᆡ 잇ᄂᆞᆫ요 (關公叱退左右, 問乾曰: "公自潰散之後, 一向跡不聞, 今何爲在此處?") <삼국-모종 4:73>

【멋】 관 몇. 그리 많지 않은 얼마만큼의 수를 막연하게 이르는 말.¶ ▼幾 ‖ 운장 왈 ᄂᆡ ᄒᆡ[히]쥬 잇서 쇼식을 탐지ᄒᆞᆫ 고로 왓노라 장비 왈 졔ᄂᆞᆫ 망당[탕]산의 머문 지 멋 ᄯᅢ예 금일의 다ᄒᆡᆼ이 서로 만나다 ᄒᆞ고 (雲長曰: "我在海州路上住紮, 探得消息, 故來至此." 張飛曰: "弟在芒碭山住了這幾時, 今日幸得相遇.") <삼국-모종 3:74>

【멍아】 명 ((기물)) 멍에. 말이나 소의 목에 얹고 수레나 쟁기를 끌게 하는 'ㅅ' 모양의 가로 나무.¶ ▼駕 ‖ 현덕 왈 엇지 션ᄉᆡᆼ의 멍아을 굽히리요 슈일 후ᄂᆡ 맛당히 다시 오리라 원컨ᄃᆡ 지필을 쥬면 한 글을 두어 은근한 뜻을 표ᄒᆞ리라 (玄德曰: "豈敢望先生枉駕? 數日之後, 備當再至, 願借紙筆作一書, 留達令兄, 以表劉備慇懃之意.")

<삼국-모종 6:82>

【멍ᄋᆡ】 명 ((기물)) 멍에. 말이나 소의 목에 얹고 수레나 쟁기를 끌게 하는 'ㅅ' 모양의 가로 나무.¶ ▼駕 ‖ 문듯 심복쟝슈 이곽 곽ᄉᆞ 댱제 번(조) ᄉᆞ인을 명ᄒᆞ야 비웅군 ᄉᆞᆷ천을 거나려 미오ᄅᆞᆯ 직히고 즉일의 멍ᄋᆡᄅᆞᆯ 안ᄇᆡᄒᆞ야 경ᄉᆞ로 도ᄅᆞ올ᄉᆡ (便命心腹將李傕、郭汜、張濟、樊稠四人領飛熊軍三千守郿塢, 自己卽日排駕回京.) <삼국-모종 2:24>

【메】 명 ((지리)) 뫼. 산(山). 평지보다 높이 솟아 있는 땅의 부분.¶ ▼山 ‖ 이난 다 메 험한 ᄯᅡ이라 군사로 하여곰 도로랄 닥가 평ᄒᆞ게 ᄒᆞ고 교량을 ᄂᆞᆺ코 머랄 ᄯᅳᆯ고 돌을 ᄊᆡ여 걸님 업게 ᄒᆞ고 (此皆崎嶇山險之地, 當令軍塡平道路, 修理橋梁, 鑿山破石, 勿使阻礙.) <삼국-모종 19:28>

【메-니마】 명 ((지리)) 산꼭대기.¶ ▼山頂 ‖ 졔장니 보ᄒᆞᄃᆡ 댱합비 메니마에 와 본다 ᄒᆞ니 쟝비 쟝중에 안ᄌᆞ ᄌᆞ약히 마시고 두 쇼됼노 압헤서 ᄌᆞ로 히롱ᄒᆞ거날 (有細作報上山來, 張郃自來山頂觀望, 見張飛坐於帳下飮酒, 令二小卒於面前相撲爲戲.) <삼국-모종 11:3>

【메완-】 동 (공경하는 뜻을 보이기 위해) 한 쪽 어깨를 드러내다.¶ ▼袒 ‖ 조인이 뎍누 샹의 이서 보니 위 휘개 아래 셔시되 다만 엄심갑만 닙고 프른 젼포ᄅᆞᆯ 메와다시니 방약무인ᄒᆞ더라 (曹仁在敵樓上見關公在麾盖之下, 身上止披掩心甲, 斜袒綠袍, 傍若無人, 欲催士卒打城.) <삼국-가정 24:96>

【메왓-】 동 «메밧다» (공경하는 뜻을 나타내기 위해) 한 쪽 어깨를 드러내다.¶ ▼袒 ‖ 이날 황튱, 황튱이을 구ᄒᆞ고 ᄇᆡᆨ셩을 블러 ᄒᆞᆫ가지로 한현을 주기랴 ᄒᆞ야 ᄑᆞᆯ흘 메와ᄉᆞ니 듕히 조ᄎᆞᆯ 재 수ᄇᆡᆨ인이러라 (當日救了黃忠, 敎百姓同殺韓玄, 袒臂一呼, 相從者數百餘人.) <삼국-가정 17:54> ▼袒 ‖ 위 오ᄉᆞᆯ 메왓고 ᄑᆞᆯ흘 내여 뵌대 (公袒下衣袍, 伸臂令佗看視.) <삼국-가정 24:100>

【멧】 관 몇. (의문문에 쓰여) 뒤에 오는 말과 관련된 수를 물을 때 쓰는 말.¶ ▼幾 ‖ 만닐 국가의 고한 ᄉᆞᄅᆞᆷ이 업던들 졍히 아지 못게라 멧 ᄉᆞᄅᆞᆷ이 졔라 일커르며 멧 ᄉᆞᄅᆞᆷ이 왕이라 일커러스리오 (如國家無孤一人, 正不知幾人稱帝, 幾人稱王.) <삼국-국중 10:98> ▼甚 ‖ 공명 왈 멧 장수와 군ᄉᆞᄅᆞᆯ 잡아왓ᄂᆞ냐 운장 왈 다 잡지 못ᄒᆞ엿노라 (孔明曰: "拏得甚將士來?" 雲長曰: "皆不曾拏.") <삼국-모종 8:68>

【멧-날】 명 몇날.¶ ▼幾日 ‖ ᄇᆡ후의 곽ᄉᆡ ᄯᅩ 쇄두ᄒᆞ냐 여포을 격동ᄒᆞ냐 이갓치 ᄒᆞᆫ지 멧날의 ᄊᆞ홈ᄒᆞ고져 ᄒᆞᄃᆡ 엇지 못ᄒᆞ고 긋치고져 ᄒᆞᄃᆡ 엇지 못ᄒᆞ여 졍히 격노ᄒᆞ더니 (背後郭汜又領軍殺到, 及至呂布來時, 卻又擂鼓收軍去了, 激得呂布怒氣塡胸, 一連如此幾日, 欲戰不得, 欲止不得, 正在惱怒.) <삼국-모종 2:33>

【며-】 동 메다. 짊어지다.¶ ▼擔 ‖ 듀 담부 ᄃᆡ희ᄒᆞ여 허락ᄒᆞ니 선싱니 미담을 각ᄀᆞᆨ 오리식 며고 간니 선싱니 며고 가난 담은 도모지 가부여우니 도[두] 담군니 다 놀ᄂᆡ고 의심ᄒᆞ더라 (衆人大喜, 於是先生每擔各挑五里, 但是先挑過的擔兒都輕了, 衆皆驚疑.) <삼국-모종 11:79>

【며ᄂᆞ리】 명 ((인류)) 며느리. 아들의 아내.¶ ▼婦 ‖ 네 비록 구고ᄅᆞᆯ 아디 못ᄒᆞ나 댱부와 ᄒᆞᆫ가지로 가 졔ᄒᆞ면 죡히 며ᄂᆞ리 도ᄅᆞᆯ 츌히미라 (汝雖不識舅姑, 可同汝夫前去一祭, 足見爲婦之禮也.) <삼국-가정 17:124>

【머리】 명 ((신체)) 머리.¶ ▼頭 ‖ 회 쇼왈 장군의 화 며지 안이ᄒᆞ이 다만 저허ᄒᆞ논이 능히 ᄂᆡ 머리을 시험치 못ᄒᆞ고 쟝ᄎᆞᆺ 시ᄉᆞ로 시험ᄒᆞ리라 (恢笑曰: "將軍之禍不遠矣, 但恐新磨之劍, 不能試吾之頭, 將欲自試也.") <삼국-모종 11:25>

【며이-】[1] 동 메다. 어떤 장소에 가득 차다.¶ ▼荷 ‖ 명공의 관ᄃᆡᄒᆞᆫ 은혜를 며여 가히 갑흘 기리 업ᄂᆞᆫ지라 ᄒᆞᆫ 심복ᄒᆞᆫ ᄉᆞᄅᆞᆷ으로 밀서를 가져가 운장을 보아 비의 소식을 알게 ᄒᆞ면 (荷明公寬大之恩, 無可補報, 欲令一心腹人持密書去見雲長, 使知劉備消息.) <삼국-모종 4:71>

【며이-】[2] 동 메이다. 가득 채워지다.¶ ▼鋪 ‖ 손견이 몬져 낙양으로 드러오며 먼니 ᄇᆞ라보니 화염이 하ᄂᆞᆯ의 다핫고 거믄 ᄂᆡ ᄯᅡ히 며여시니 삼ᄇᆡᆨ니 ᄉᆞ이의 계견도 업ᄉᆞ더라 (孫堅飛奔洛陽, 遙望火焰衝天, 黑烟鋪地, 二三百里幷無鷄犬人烟.) <삼국-가정 2:105>

【멱-딜르-】 동 «멱디ᄅᆞ다» 목찌르다.¶ ▼自刎 ‖ 셩의 ᄲᅥ러뎌 죽거ᄂᆞᆯ 쥬창이 ᄯᅩᄒᆞᆫ 하ᄂᆞᆯ을 브ᄅᆞ며 멱딜러 죽으니 (王甫乃墜城而死, 周倉自刎而亡.) <삼국-가정 25:53>

【면ᄇᆡᆨ-ᄒᆞ-】 동 면백(面白)하다. 면대하여 아뢰다.¶ ▼辨 ‖ 의 왈 이ᄂᆞᆫ 오 쵹 반간ᄒᆞᆫ 쐬라 우리 군신으로 ᄒᆞ여곰 셔로 잔히케 ᄒᆞ고 문득 허ᄒᆞᆫ 걸 타 엄십고져 ᄒᆞ미라 ᄂᆡ ᄉᆞᄉᆞ로 텬ᄌᆞᄅᆞᆯ 뵈와 면ᄇᆡᆨᄒᆞᆯ나 (懿曰: "此吳、蜀奸細反間之計, 欲使我君臣自相殘害, 彼却乘虛而襲. 某當自見天子辨之.") <삼국-모종 15:35>

【면이】 부 멀리.¶ ▼遠遠 ‖ ᄂᆡ ᄊᆞ호지 안니ᄒᆞ난 ᄒᆞ[고]로 이 계교을 ᄒᆞ여 ᄡᅥ어 달ᄂᆡ난 일인니 가히 ᄉᆞ람으로 ᄒᆞ여곰 면이 탐지ᄒᆞ리라 (彼見吾連日不戰, 故作此計引誘, 可令人遠遠哨之.) <삼국-모종 16:42>

【멀니】 부 멀리. 한 지점에서 거리가 몹시 떨어져 있는 상태로.¶ ▼遙 ‖ 돈니 우금과 니젼으로 ᄒᆞ여곰 진을 머츄고 진 압희 ᄆᆞᆯ을 나여 멀니 군ᄉᆞ 오ᄂᆞᆫ 거ᄉᆞᆯ ᄇᆞᄅᆞ보고 돈니 홀연 ᄃᆡ쇼ᄒᆞ니 (惇令于禁、李典押住陣脚, 親自出馬陣前, 遙望軍馬來到, 惇忽然大笑.) <삼국-모종 7:16>

【명녕】 명 ((곤충)) 명령(螟蛉). 나비와 나방의 애벌레.¶ 명녕; 명녕은 관애란 버러지라 ‖ ▼螟蛉 ‖ 뎍ᄌᆞᄅᆞᆯ 셰오고 버곰을 셰오디 아니호믄 녜븟터 덧ᄃᆞᆺᄒᆞᆫ 도리라 엇디 날ᄃᆞ려 뭇ᄂᆞ뇨 봉은 명녕ᄀᆞᄐᆞᆫ ᄌᆞ식이라 (立嫡不立庶, 古之常理, 又何必問于我乎? 封乃螟蛉之子, 使住山城之遠, 免遺禍于親骨肉也.) <삼국-가정 25:36>

【명녕-아달】 명 ((인류)) 명령아들(螟蛉-). 양아들.¶ ▼螟蛉之子 ‖ 한중왕니 ᄉᆞ람 보ᄂᆡ여 관공다려 무른니 관공니 장군을 명녕 아달노 참남니 서지 못ᄒᆞ리라 ᄒᆞ니 (漢中

王遂遣人至荊州問關公, 關公以將軍乃螟蛉之子, 不可僭立.) <삼국-모종 12:100>

【명뎡언슌-ᄒᆞ-】 형 명정언순(名正言順)하다. 명분이 바르고 말이 사리에 맞다.¶ ▼名正言順 ‖ 반다시 죠ᄌᆞ의 죄악을 슈죄ᄒᆞ여 각쳐 군현의 격셔를 보ᄂᆡ면 명뎡언슌ᄒᆞᆯ가 ᄒᆞᄂᆞ이다 (以明公大義伐操, 必須數操之惡, 馳檄各郡, 聲罪致討, 然後名正言順.) <삼국-국중 5:60>

【명셰지직】 명 ((인류)) 명세지재(命世之才). 일세의 걸출한 인재.¶ ▼命世之才 ‖ 텬해 쟝ᄎᆞᆺ 어즈럽긔 되야시니 명셰지ᄌᆡ곳 아니면 능히 견디디 못ᄒᆞᆯ 거시니 편안케 ᄒᆞ믄 다 그ᄃᆡ의게 잇ᄂᆞ니라 (<喬玄>謂操曰: '天下將亂, 非命世之才不能治也.能安之者, 其在君乎?') <삼국-가정 1:44>

【명아】 명 ((기물)) 멍에. 말이나 소의 목에 얹고 수레나 쟁기를 끌게 하는 'ᐱ' 모양의 가로 나무.¶ ▼駕 ‖ ᄉᆞ군니 급히 명아ᄅᆞᆯ 굽혀 가 보와 만일 ᄎᆞ인니 즐겨 셔로 도으면 쳔하 졍ᄒᆞ기랄 엇지 근심ᄒᆞ리요 (使君急宜枉駕見之, 若此人肯相輔佐, 何愁天下不定乎?) <삼국-모종 6:67>

【명에】 명 ((기물)) 멍에. 말이나 소의 목에 얹고 수레나 쟁기를 끌게 하는 'ᐱ' 모양의 가로 나무.¶ ▼駕 ‖ 션주 ᄒᆞ령ᄒᆞ여 오반으로 션봉ᄒᆞ고 장 관으로 명에을 호위ᄒᆞ여 수륙병진ᄒᆞ여 호ᄒᆞ탕ᄒᆞ히 동오에 다라가다 (先主下詔使吳班爲先鋒, 令張苞、關興護駕, 水陸並進, 船騎雙行, 浩浩蕩蕩, 殺奔吳國來.) <삼국-모종 13:64>

【명익】 명 ((기물)) 멍에. 말이나 소의 목에 얹고 수레나 쟁기를 끌게 하는 'ᐱ' 모양의 가로 나무.¶ ▼駕 ‖ 진왈 천자 션옹을 보고져 ᄒᆞ시니 다힝이 학의 명익을 ᄋᆡᆨ기지 말고 가ᄉᆞ이다 ᄌᆡ삼 돈쳥ᄒᆞ니 이의 바야흐로 힝ᄒᆞ여 어영에 이르려 션주을 보니 (震曰: "天子急欲見仙翁一面, 幸勿吝鶴駕." 再三敦請, 李意方行, 旣至御營, 入見先主.) <삼국-모종 13:61>

【명졍언슌-ᄒᆞ-】 형 명정언순(名正言順)하다. 명분이 바르고 말이 사리에 맞다.¶ ▼名正言順 ‖ 일홈이 졍티 아니ᄒᆞ면 말이 슌티 아니ᄒᆞ고 말이 슌티 아니ᄒᆞ면 일이 되디 아닛ᄂᆞᆫ다 ᄒᆞ니 이제 쥬샹은 명졍언슌ᄒᆞ시니 엇디 가티 아니미 이시리잇고 ('名不正, 則言不順: 言不順, 則事不成.' 今主公名正言順, 有何不可?) <삼국-가정 26:56>

【명지】 명 ((복식)) 명주(明紬). 명주실로 무늬 없이 짠 피륙. 면주(綿紬). 강원, 경기, 충북 방언형.¶ ▼帛 ‖ 명지로 팔을 ᄊᆞ고 오ᄅᆡ 머무지 못ᄒᆞ여 밤에 긔수관의 더저 오더니 (關公割帛束住箭傷, 於路恐人暗算, 不敢久住, 連夜投沂水關來.) <삼국-모종 5:8>

【메오-】 동 메우다. 메꾸다. 채우다.¶ ▼充 ‖ 조죄 심복인 삼천을 ᄲᅢ 어림군의 메오고 조홍으로 ᄒᆞ여곰 거ᄂᆞ리라 ᄒᆞ다 (曹公撥心腹人三千充御林軍, 令曹洪總領之.) <삼국-가정 8:96> ▼塡 ‖ 이 세 가지 위틱ᄒᆞ믈 두고 조공으로 더브러 ᄃᆞ토려 ᄒᆞ니 졍히 ᄒᆞᆫ 덩이 흙으로 대히ᄅᆞᆯ 메옴 ᄀᆞᄐᆞ니 엇디 어렵디 아니ᄒᆞ며 (有此三危, 而欲與曹公爭衡, 正如以一塊土而塡大海, 豈不難乎?) <삼국-가정 13:80>

【메-왓-】 동 «메밧다» 한 쪽 어깨를 드러내다.¶ ▼坦 ‖ 이 날 황튱, 황튱이을 구ᄒᆞ고 ᄇᆡᆨ셩을 블러 ᄒᆞᆫ가지로 한현을 주기라 ᄒᆞ야 팔흘 메와ᄉᆞ니 됴히 조ᄎᆞᆯ ᄌᆡ 수ᄇᆡᆨ인이러라 (當日救了黃忠, 敎百姓同殺韓玄, 坦臂一呼, 相從者數百餘人.) <삼국-규장 12:24>

【메이-】 동 메이다. 뚫려 있거나 비어 있던 곳이 묻히거나 막히다.¶ ▼塞 ‖ 삼군을 지휘ᄒᆞ야 바ᄅᆞ 신야로 오니 병셰 셩ᄒᆞ야 뫼히 ᄀᆞ득ᄒᆞ고 드ᄅᆞ히 메엿더라 (揮動三軍, 盡至新野, 漫山塞野.) <삼국-가정 13:102>

【모】 명 ((인류)) 모(母). 어머니.¶ ▼母 ‖ 탁니 드러가 모의게 ᄒᆞ즉ᄒᆞ니 모의 나히 구십여 세라 (卓入辭其母. 母時年九十餘矣.) <삼국-모종 2:24>

【모게】 명 ((지리)) 목. 길목.¶ ▼咽喉要路 ‖ 조죄 채둥의 셔 븍군이 와 토산 ᄡᆞ믈 보고 댱뇨 허뎌 등이 와 츙돌ᄒᆞ거ᄂᆞᆯ 심ᄇᆡ 궁노슈를 발ᄒᆞ야 모게를 ᄃᆡ희여 어즈러이 ᄡᅩ니 능히 나아가디 못ᄒᆞ여 (曹操見袁軍壘土山, 張遼、許褚等皆要出城衝突, 被審配弓弩手當住咽喉要路, 不能前進.) <삼국-가정 10:62>

【모기-탁】 명 ((신체)) 모개턱. 네모진 턱.¶ ▼方頤 ‖ 손권의 위인이 모기탁이요 큰 입이요 푸른 눈이요 불근 수염이니 한ᄉᆞ 뉴완이 손씨으 모든 곤제 인물을 평논허여 왈 (孫權生得方頤大口, 碧眼紫髯, 昔漢使劉琬入吳, 見孫家諸昆仲, 因語人曰.) <삼국-모종 5:43>

【모-나-】 형 모나다. 모지다.¶ ▼嵯峨 ‖ 다만 보니 괴셕을 무딘 거시 놉픈ᄃᆡ 돌히 모나 칼 ᄀᆞᆺ고 듕ᄒᆞ텹ᄒᆞ야 담 ᄀᆞᆺᄐᆞ며 강믈 소ᄅᆡ와 믈결 브ᄃᆞ잇ᄂᆞᆫ 소ᄅᆡ 일만 병매 싸호ᄂᆞᆫ ᄃᆞᆺᄒᆞ니 (但見怪石嵯峨, 槎枒似劍; 橫沙立土, 重疊如牆; 江聲浪涌, 有如劍鼓之聲.) <삼국-가정 27:100

【모냥】 명 모양(模樣). 겉으로 나타나는 생김새나 모습. 또는 어떠한 형편이나 되어 나가는 꼴.¶ ▼扮作 ‖ 마ᄃᆡ 일쳔 군을 거ᄂᆞ려 뒤희 잇더니 일즉 허챵셩의 도망ᄒᆞ여 도라오ᄂᆞᆫ 군ᄉᆡ 마ᄃᆡ긔 보ᄒᆞ니 ᄃᆡ 대경ᄒᆞ야 병마를 바리고 ᄌᆞᆼᄉᆞ 모냥 ᄒᆞ야 도망ᄒᆞ여 가니라 (馬岱自引一千兵在後. 早中許昌城外逃回軍士, 報知馬岱, 岱大驚, 只得棄了兵馬, 扮作客商, 連夜逃遁去了.) <삼국-모종 9:115>

【모냥-ᄒᆞ-】 동 모양(模樣)하다. 어떤 생김새나 모습을 갖추다.¶ ▼扮做 ‖ 마ᄃᆡ 일쳔 군을 거ᄂᆞ려 뒤희 잇더니 일즉 허챵셩의 도망ᄒᆞ여 도라오ᄂᆞᆫ 군ᄉᆡ 마ᄃᆡ긔 보ᄒᆞ니 ᄃᆡ 대경ᄒᆞ야 병마를 바리고 ᄌᆞᆼᄉᆞ 모냥ᄒᆞ야 도망ᄒᆞ여 가니라 (馬岱自引一千兵在後. 早中許昌城外逃回軍士, 報知馬岱, 岱大驚, 只得棄了兵馬, 扮做客商, 連夜逃遁去了.) <삼국-모종 9:115>

【모다】 부 모두.¶ ▼皆 ‖ 모다 글월을 보고 ᄠᅱ놀며 칭찬ᄒᆞ더라 (衆皆踴躍稱善.) <삼국-가정 11:99> 모다 글월을 보고 ᄯᅱ놀며 칭찬ᄒᆞ더라 (衆皆踴躍稱善.) <삼국-규장

8:96> ▼衆 ‖ 모다 보니 이예 산양 고평 사롬 셩은 왕이요 명은 찬니오 ᄌᆞ는 듕션니 용뫼 슈약ᄒᆞ고 신직 단쇼ᄒᆞ지ᄅᆞ (衆視之, 乃山陽高平人, 姓王, 名粲, 字仲宣, 粲容貌瘦弱, 身材短小.) <삼국-모종 7:29>

【모도】 閅 모두.¶ ▼都 ‖ 아이오 조인 니젼 하후연 하후돈 악진 댱요 장합 허졔의 무리 모도 니ᄅᆞ려 비의 셩닌 눈으로 창을 빗기고 교상의 ᄆᆞᆯ을 세운 거ᄉᆞᆯ 보고 (俄而曹仁、李典、夏侯惇、夏侯淵、樂進、張遼、張郃、許褚等都至, 見飛怒目橫矛, 立馬於橋上.) <삼국-모종 7:65>

【모도-】[1] 동 모으다. (타동사).¶ ▼聚 ‖ 어시의 양마와 명응 츈견을[양미와 산양ᄒᆞ는 기라] 다 ᄀᆞᆺ쵸고 만져 군ᄉᆞ를 셩외의 모도고 죄 드러가 천ᄌᆞ게 젼렵ᄒᆞ기를 쳥ᄒᆞ니 (於是揀選良馬、名鷹、俊犬, 弓矢俱備, 先聚兵城外, 操入請天子田獵.) <삼국-국중 5:7>

【모도-】[2] 동 모이다. (자동사).¶ ▼到 ‖ ᄇᆡᆨ관이 다 모도ᄆᆡ 탁이 셔ᄼᆞ이 원문의 니ᄅᆞ러 말게 나려 칼을 ᄯᅴ고 ᄌᆞ리의 드러와 ᄉᆞᆯ이 두어 ᄉᆞᆫ 이ᄅᆞᄆᆡ 탁이 명ᄒᆞ여 ᄉᆞᆯ을 긋치고 풍뉴를 긋치고 이에 소ᄅᆡ를 가다드마 왈 (卓待百官到了, 然後徐徐到園門下馬, 帶劍入席, 酒行數巡, 卓敎停酒止樂, 乃厲聲曰.) <삼국-모종 1:48>

【모도-】[3] 동 맞추다.¶ ▼中 ‖ 달이 ᄃᆡ호[로]ᄒᆞ여 급히 활을 여러 쏘아 졍히 셔황의 니마을 모돈니 위장이 구완ᄒᆞ여 가ᄂᆞᆫ디라 (達大怒, 急開弓射之, 正中徐晃頭額, 魏將救去.) <삼국-모종 15:102>

【모도오-】 동 모으다. (타동사).¶ ▼會 ‖ 만닐 류비 셔천을 취ᄒᆞ려 ᄒᆞ거든 승상이 맛당이 군병을 일위고 합비의 잇난 병마를 모도와 지럼길노 죤ᄎᆞ 만져 강동을 취ᄒᆞᆫ즉 ᄉᆞᆫ권니 반ᄃᆞ시 류비의 구병을 쳥ᄒᆞ리니 ("若劉備欲取西川, 丞相可命上將提兵, 會合淝之衆, 逕取江南, 則孫權必求救於劉備. 備意在西川, 必無心救權.") <삼국-국중 11:1> ▼聚 ‖ 현덕이 보니 공명의 신댱이 팔쳑이오 양지관옥 ᄀᆞᆺ더라 머리의 뉸건을 쓰고 몸의 학챵의를 니버시니 눈셥의는 강산의 ᄲᅡ여난 거ᄉᆞᆯ 모도왓고 가ᄉᆞᆷ의는 텬디의 틀을 ᄀᆞᆷ초와시니 표표히 당셰예 신션이러라 (玄德見孔明身長八尺, 面如冠玉, 頭戴綸巾, 身披鶴氅, 眉聚江山之秀, 胸藏天地之機, 飄飄然當世之神仙也.) <삼국-가정 12:104>

【모도이-】 동 모이다.¶ ▼네 엇지 회피ᄒᆞ리오 뉵인이 일쳐의 모도여 글 쓰는 양을 보앗시니 엇지 져뢰ᄒᆞ리오 (你迴避了衆人, 六人在一處畫字, 如何賴得?) <삼국-국중 5:99>

【모되-】 동 모이다. 모도[會]+-이(피동 접미사)-.¶ ▼聚 ‖ 뭇 도적은 사방의 가얌이 모되듯 ᄒᆞ고 간웅의 무리는 다 응양ᄒᆞ난도다 (群盜四方如蟻聚, 奸雄百輩皆鷹揚.) <삼국-국중 8:14> ▼會 ‖ 셔로 모되고져 ᄒᆞ미 오ᄅᆡ되 긔회를 엇지 못ᄒᆞ엿더니 이졔 셔로 볼진ᄃᆡ 실노 다힝ᄒᆞ미로다 (久欲相會, 而不可得. 今肯惠顧, 實爲幸甚.) <삼국-국중 7:47>

【모득-ᄒᆞ-】 동 모득(謀得)하다. 얻는 방법을 꾀하다.¶ ▼賺得 ‖ 졍욱이 셔모의 필젹을 모득ᄒᆞ여 그 ᄌᆞ체를 갓게 ᄒᆞ여 간사이 가셔 일봉을 닥가 한 심복 일인을 쥬어 신야에 가 (程昱賺得徐母筆跡, 乃倣其字體, 詐修家書一封, 差一心腹人, 持書逕奔新野縣.) <삼국-모종 6:62>

【모디-】 형 «모딜다» 모질다. 사납다.¶ ▼猛 ‖ 손견은 강동의 모딘 범 ᄀᆞᄐᆞ니 만일 낙양을 텨 이긔고 동탁을 죽이면 이는 일히를 업시ᄒᆞ고 큰 범을 엇는 쟉이라 (孫堅乃江東之猛虎, 若打破洛陽, 殺了董卓, 正是除狼而得虎也.) <삼국-가정 2:64> ▼크게 비휴[모딘 즘싱이니 군ᄉᆞ의 비ᄒᆞ니라]를 모라 쟝ᄎᆞᆺ 누의[개아미니 도적의 비ᄒᆞᆫ 말이라]를 ᄡᅳ러 ᄇᆞ리니 (大擧貔貅, 將除螻蟻.) <삼국-규장 20:89>

【모라-】 동 모르다.¶ ▼不識 ‖ ᄂᆡ ᄌᆞ룡 문장을 보ᄂᆡ고져 ᄒᆞ되 이인니 지리랄 모란니 감히 씨지 못ᄒᆞ노라 (吾欲令子龍、文長去取, 二人不識地理, 故未敢用之.) <삼국-모종 14:75>

【모ᄅᆞ-】 동 모르다.¶ ▼모ᄅᆞ게지마는 (不爭) <삼국-어람 109b> ▼不知 ‖ 이숙은 너의 하락을 모ᄅᆞ는 고로 ᄌᆞᆷ간 조씨의게 몸을 의지ᄒᆞ엿더니 이제 너의 가ᄼᆞ 여람의 잇서 험[험]조ᄒᆞ물 알고 우리를 보ᄂᆡ여 이에 이르니 ᄉᆞᆷ숙은 그치라 (二叔因不知你等下落, 故暫時棲身曹氏, 今知你哥哥在汝南, 特不避險阻, 送我們們到此, 三叔休錯見了.) <삼국-모종 5:25>

【모로미】 閅 모름지기. 사리를 따져 보건대 마땅히. 또는 반드시.¶ ▼쟝군은 모로미 젼승ᄒᆞᆫ 후의 경젹디 말나 ᄒᆞ는 경계를 ᄉᆡᆼ각ᄒᆞ여 가지록 조심ᄒᆞ쇼셔 (軍勝彌警, 願將軍廣爲方計, 以全獨克.) <삼국-규장 17:57> ▼須 ‖ 뫼드르니 쥬공이 명마 일필이 잇ᄉᆞ니 일흠은 젹퇴라 날노 천리를 힝ᄒᆞᆫ다 ᄒᆞ니 모로미 니 말을 가지고 두 번 금쥬로써 그 마ᄋᆞᆷ을 밋고 뫼 다시 니ᄅᆞ러 달ᄂᆡ면 녀푀 반다시 졍원을 반ᄒᆞ고 쥬공의게 니를지라 (某聞主公有名馬一匹, 號曰'赤兎', 日行千里, 須得此馬, 再用金珠, 以利結其心, 某更進說詞, 呂布必反丁原, 來投主公矣.) <삼국-모종 1:51>

【모로-ᄲᅧ】 명 ((신체)) 마루뼈. 콧대.¶ ▼梁柱 ‖ 니마의 쥬ᄒᆞᆫ ᄲᅧ 업고 눈의 직흰 정신이 업고 코의 모로ᄲᅧ 업고 다리의 천근이 업고 등의 삼갑이 업고 ᄇᆡ의 삼임이 업ᄉᆞ니 가히 ᄐᆡ산의 가 귀신을 다ᄉᆞᆯ일 거시오 능히 산 사람은 다사리지 못ᄒᆞ리니다 (輅額無主骨, 眼無守睛, 鼻無梁柱, 脚無天根, 背無三甲, 腹無三壬, 只可泰山治鬼, 不能治生人也.) <삼국-가정 22:97>

【모롬니】 閅 모름지기.¶ ▼須 ‖ 니제 파촉 ᄉᆞ십일주을 어더씨니 모롬니 한상 제군을 엇다가 만일 돌여보ᄂᆡ지 안니ᄒᆞ면 곳 간과을 움직니여 결단ᄒᆞ리라 (今已得巴蜀四十一州, 須用取索漢上諸郡, 如其不還, 卽動干戈.) <삼국-모종 11:34>

【모롬이】 閅 모름지기.¶ ▼須 ‖ 수군니 병이 만호니 모롬이 냥의로 다ᄉᆞ릴지라 (水軍多疾, 須用良醫治之.) <삼국-국중 9:88>

【모ᄅᆞ미】 [부] 모름지기.¶ ▼須 ‖ 반ᄃᆞ시 마디 못ᄒᆞᆯ 병은 신속ᄒᆞ미 귀ᄒᆞ니 이제 쳔리의 가 사ᄅᆞᆷ을 엄습ᄒᆞ려 호ᄃᆡ 츼듕이 만하 나아가기 어려오니 경긔로 ᄇᆡ도ᄒᆞ야 그 방비티 아니호믈 엄습ᄒᆞ야 노ᄅᆞᆯ 금흠만 ᄀᆞᆺ디 못ᄒᆞ니 모ᄅᆞ미 길 아ᄂᆞᆫ 쟈ᄅᆞᆯ 어더 향도ᄅᆞᆯ ᄒᆞ라 (兵貴神速. 今千里襲人, 輜重多, 難以趨利; 不如輕兵兼道以出, 掩其不備. 虜可擒也. 須得曾識徑路者以引之.) <삼국-가정 11:88> 금일 강변의 가 북역흘 바ᄅᆞ고 멀니 졔 지ᄂᆡ고져 ᄒᆞ니 모ᄅᆞ미 모친게 고ᄒᆞ여 알게 ᄒᆞ나이다 (今日欲往江邊, 望北遙祭, 須告母親得知.) <삼국-모종 9:65> 모ᄅᆞ미 밤이 고요ᄒᆞ고 물이 ᄎᆞ 독기 이지 안니한 ᄢᅴ을 기다려 죠[포]식ᄒᆞ고 건너면 바야흐로 무사ᄒᆞ리라 (須待夜靜水冷, 毒氣不起, 飽食渡之, 方可無事.) <삼국-모종 14:86>

【모시-ᄒᆞ-】 [동] 모시(侮視)하다. 업신여기거나 하찮게 여겨 깔보다.¶ ▼藐視 ‖ 미슈를 거ᄂᆞ려 쳔하 영웅이 ᄂᆡ 일홈을 들면 외복지 아니ᄒᆞ리 업거ᄂᆞᆯ 방덕 쇼ᄌᆡ 엇지 감히 날을 모시ᄒᆞᄂᆞ뇨 (天下英雄, 聞吾之名, 無不畏服; 龐德豎子, 何敢藐視吾耶!) <삼국-국중 13:26>

【모ᄉᆡᆨ-ᄒᆞ-】 [형] 모색(茅塞)하다. 마음이 물욕에 가리여 생각함이 어둡고 답답하다.¶ ▼茅塞 ‖ 다 환관의 말이라 이러므로 승샹을 블러 도라왓더니 금일의야 딤이 보야호로 ᄉᆡᆨᄃᆞᄅᆞᆫ디라 뉘우쳐도 밋디 못ᄒᆞᆫ디라 (皆宦官之所言, 取丞相回還.今日朕茅塞方開, 悔之不及矣!) <삼국-가정 33:46>

【모욕-ᄒᆞ-】 [동] 목욕(沐浴)하다. 머리를 감으며 온몸을 씻다.¶ ▼沐浴 ‖ ᄯᆞᆯ이 이셔 댱셩ᄒᆞᄆᆡ 문득 시ᄂᆡ의 모욕ᄒᆞ여 남녀 스ᄉᆞ로 혼잡ᄒᆞ여 스ᄉᆞ로 ᄇᆡ합ᄒᆞ믈 맛겨 부모 금치 아니 ᄒᆞ고 (有女長成, 卻於溪中沐浴, 男女自相混淆, 任其自配, 父母不禁.) <삼국-모종 15:1>

【모즈-】 [형] «모즐다» 모질다. 사납다.¶ ▼크게 비휴[모즌 짐싱이니 군ᄉᆞ의 비ᄒᆞ니라]를 모라 쟝찻 누의[ᄀᆡ야미니 도적의 비ᄒᆞᆫ 말이라]를 ᄡᅳ러바리니 (大擧貔貅, 將除螻蟻.) <삼국-가정 29:67>

【모ᄌᆞ】 [명] ((건축)) 모자(茅茨). 띠로 지붕을 이은 초라한 집.¶ ▼茅茨 ‖ 신은 드ᄅᆞ니 뎨요 모ᄌᆞᄅᆞᆯ 슝샹ᄒᆞ시매 만국이 그 살믈 평안히 ᄒᆞ고 하우시 궁실을 ᄂᆞᆺ게 ᄒᆞ시니 텬해 그 업을 즐겨ᄒᆞ더니 (臣聞堯尙茅茨而萬國安其居, 禹卑宮室而天下樂其業.) <삼국-가정 35:16>

【모ᄌᆞ리-】 [동] 끊다. 자르다.¶ ▼髡 ‖ 뉴부인이 상ᄉᆞᄅᆞᆯ 출혀 못 미처 무더셔 쇼의 ᄋᆡ통ᄒᆞ던 쳡 다ᄉᆞ술 죽이되 넝혼이 구천하의 가 쇼ᄅᆞᆯ 볼가 노ᄒᆞ야 그 머리ᄅᆞᆯ 모ᄌᆞ리고 그 ᄂᆞᆺ출 히야ᄇᆞ리고 죽엄을 샹히오니 그 ᄉᆡᆨ을 새오미 이러ᄐᆞᆺ ᄒᆞ더라 (劉夫人擧喪, 未及遷葬, 將袁紹所愛寵妾五人殺之; 恐陰魂於九泉之下再與紹相見, 髡其頭, 刺其面, 毁其屍: 其妒忌如此.) <삼국-가정 11:24>

【모쳐】 [부] 마침. 모처럼.¶ ▼偶 ‖ 비 오기ᄂᆞᆫ 하날히 뎡ᄒᆞᆫ 쉬니 요인이 모쳐 그ᄢᅴ를 만낫거늘 (雨乃天地之定數, 妖人偶遇其便.) <삼국-가정 10:34>

【모퉁이】 [명] 모퉁이. 구부러지거나 꺾어져 돌아간 자리. 변두리나 구석진 곳.¶ ▼角 ‖ 죄 급히 칼노 공중을 바라보고 치니 홀연 일셩이 나며 젼 우의셔 담 모퉁이 무너지난지라 (操急拔劍望空砍去, 忽然一聲響亮, 震塌殿宇西南一角.) <삼국-모종 13:25>

【모ㅎ】 [명] 모서리. 구부러지거나 꺾어져 돌아간 자리. 모퉁이.¶ ▼角 ‖ ᄒᆞᆫ 옥인이 이시되 ᄉᆞ면이 네 치오 우희 다ᄉᆞᆺ 뇽이 얼거뎟ᄂᆞᆫ 양으로 사기고 ᄒᆞᆫ 모히 이즈러딘 ᄃᆡᄅᆞᆯ 황금으로ᄡᅥ ᄣᅢ엿고 (見一玉璽, 方圓四寸, 上鐫五龍交鈕, 方缺一角, 以黃金鑲之.) <삼국-가정 2:119> 후의 왕망이 찬역ᄒᆞ고 졔 효원황태휘 옥ᄉᆡ로 왕심과 소헌을 티다가 ᄒᆞᆫ 모히 이즈러디거ᄂᆞᆯ 금으ᄅᆞᄡᅥ ᄣᅢ엿더니 (後至王莽簒逆, 孝元皇太后將印打王尋、蘇獻, 崩其一角, 以金鑲之.) <삼국-가정 2:121>

【모호-】 [동] 모으다. 한데 합치다.¶ ▼會 ‖ 이튼날 쥬유 제장을 장하의 크게 모호고 공명이 ᄯᅩ한 이르럿ᄂᆞᆫ디라 (次日, 周瑜鳴鼓大會諸將於帳下. 孔明亦在座.) <삼국-국중 9:66>

【목고】 [명] ((기물)) 목고(木篙). 상앗대. 배질을 할 때 쓰는 긴 막대.¶ ▼木篙 ‖ 급히 ᄇᆡᄅᆞᆯ 가져 물을 바라고 져어가며 허졔 션두의 셔ᄼᆞ 급히 목고로 져어며 조ᄂᆞᆫ 져의 다리가의 업더리더라 (急將船望下水棹去, 許褚立於梢上, 忙用木篙撐之, 操伏在許褚脚邊.) <삼국-모종 10:19>

【목극】 [명] ((복식)) 목극(木屐). 나막신.¶ ▼木履 ‖ 시일의 즁관이 위왕궁의 이르러 ᄃᆡ연을 ᄇᆡ셜ᄒᆞ고 질길ᄉᆡ 좌ᄌᆡ 목극을 신을고 연상의 셧시니 즁관이 경괴ᄒᆞ더라 (是日, 諸官皆至王宮大宴. 正行酒間, 左慈足穿木履, 立於筵箭. 衆官驚怪.) <삼국-국중 12:60>

【목심】 [명] 목숨. 사람이나 동물이 숨을 쉬며 살아 있는 힘.¶ ▼命 ‖ 후 울며 제게 왈 다시 나를 살니지 못ᄒᆞ랴 제 왈 ᄂᆡ 목심도 아지 못한다 ᄒᆞ니 갑ᄉᆞ 후을 옹위ᄒᆞ고 간니 제 가슴을 두다리고 ᄃᆡ곡ᄒᆞ며 (后哭謂帝曰: "不能復相活耶?" 帝曰: "我命亦不知在何時也." 甲士擁后而去, 帝搥胸大慟.) <삼국-모종 11:49>

【목-ᄌᆞᆯㄴ-】 [동] «목ᄌᆞ르다» 목조르다. 목매다.¶ ▼縊 ‖ 윤이 옹을 잡아 옥의 ᄂᆞ리와 목ᄌᆞᆯ나 죽이니 이ᄣᅢ예 ᄉᆞ태우들이 옹의 죽으믈 듯고 비록 아디 못ᄒᆞ나 다 눈물을 흘니며 (允遂將邕下獄中縊死. 當時士大夫聞邕死, 識與不識, 盡皆流涕.) <삼국-규장 3:25>

【목-ᄌᆞᆯㄹ-】 [동] «목ᄌᆞ르다» 목조르다. 목매다.¶ ▼絞 ‖ 니유 무ᄉᆞᄅᆞᆯ 블러 당비ᄅᆞᆯ 목ᄌᆞᆯ라 죽이고 딤쥬로 쇼뎨의 입의 브어 죽이다 (儒喚武士絞殺唐妃, 以鴆酒灌殺少帝.) <삼국-가정 2:15> 조예 대로ᄒᆞ야 궁관을 ᄭᅮ지저 모황후ᄅᆞᆯ 자바내여 목ᄌᆞᆯ라 죽이고 모황후 뫼셧던 궁인을 다 죽이고 곽귀인을 세워 황후ᄅᆞᆯ 삼다 (睿大怒, 叱宮官將毛后絞死, 遂捉昨日侍奉人到, 一齊殺之, 乃立郭夫人爲皇后.) <삼국-가정 35:30> 이윽ᄒᆞ야 당황후ᄅᆞᆯ 동화문 안히 가 흰 깁으로 목ᄌᆞᆯ라 죽이니 위쥬 조방이 크게

셜워ᄒᆞ더라 (不時, 張皇后在東華門內, 被司馬師用白練絞死.) <삼국-가정 36:51> ▼縊 ‖ 당슌을 딜러죽여 머리ᄅᆞᆯ 가지고 군ᄉᆞᄅᆞᆯ 거ᄂᆞ려 와 항ᄒᆞ니 댱게 셰 패ᄒᆞᆫ 줄을 보고 스ᄉᆞ로 목ᄌᆞᆯ라 죽으니 (刺殺張純, 將頭納獻, 引衆來降. 張擧見勢敗, 亦自縊死.) <삼국-가정 1:89> 윤이 옹을 잡아 옥의 ᄂᆞ리와 목ᄌᆞᆯ라 죽이니 이ᄣᆡ예 ᄉᆞ태우들이 옹의 죽으믈 듯고 비록 아디 못ᄒᆞ나 다 눈믈을 흘니며 (允遂將邕下獄中縊死. 當時士大夫聞邕死, 識與不識, 盡皆流涕.) <삼국-가정 3:131>

【몬뎌】 [부] 먼저.¶ ▼先 ‖ 녀몽이 슈군을 다 흰오살 닙혀 샹고의 ᄆᆡᆺ씨를 ᄒᆞ고 정병은 빗장 속의 감초와 무ᄐᆡ 니르러 몬뎌 봉슈ᄃᆡ 직흰 군ᄉᆞ를 몬져 자바 ᄆᆡ매 블을 드지 못ᄒᆞ다 ᄒᆞ나이다 (呂蒙將水手盡穿白衣, 扮作客商渡江, 精兵伏于艣艫之中, 先擒了守臺士卒, 因此不得擧火.) <삼국-가정 17:76>

【몬여】 [부] 먼저.¶ ▼先 ‖ 공명 왈 몬여 그 긔운을 슌케 ᄒᆞ고 다ᄉᆞ릴 거시니 긔운이 슌ᄒᆞᆫ즉 호흡지간의 스ᄉᆞ로 나흐리라 (孔明曰: "須先理其氣; 氣若順, 則呼吸之間, 自然痊可.") <삼국-모종 8:41>

【몬져】 [부] 먼저. 시간적으로나 순서상으로 앞서서.¶ ▼先 ‖ 내 님딘호므로브터 몸이 ᄉᆞ졸의게셔 몬져 아니 나갈 적이 업거ᄃᆞᆫ 엇디 ᄒᆞᆫ 방덕을 혜리오 (吾自血戰以來, 未嘗不身先士卒. 龐德何等之人也, 焉敢辱吾!) <삼국-가정 24:69> 녀몽이 슈군을 다 흰오ᄉᆞᆯ 닙펴 샹고의 ᄆᆡᆸ씨ᄅᆞᆯ ᄒᆞ고 정병은 빗장 속의 ᄀᆞᆷ초와 무ᄐᆡ 니ᄅᆞ러 몬져 봉슈ᄃᆡ 딕흰 군ᄉᆞᄅᆞᆯ 몬져 자바 ᄆᆡ매 블을 드디 못ᄒᆞ다 ᄒᆞᄂᆞ이다 (呂蒙將水手盡穿白衣, 扮作客商渡江, 精兵伏于艣艫之中, 先擒了守臺士卒, 因此不得擧火.) <삼국-가정 25:18>

【몬졔】 [명] 먼저. 시간적으로나 순서상으로 앞선 때.¶ ▼先 ‖ 이졔 몬졔 셔촉을 경ᄒᆞ고 순유ᄒᆞ여 숙[슈]륙으로 나아가 동오랄 치면 (今先定西蜀, 乘順流之勢, 水陸並進, 併呑東吳.) <삼국-모종 19:25>

【몯-】 [동] 모으다.¶ ▼聚 ‖ ᄆᆡ와 ᄀᆡ와 화살을 갓초아 몬저 성의 병을 모다 두고 사시예 전렵ᄒᆞ여 무ᄉᆞ를 강ᄒᆞᆯ ᄯᅳ즈로 청ᄒᆞ니 뎨 마지 못ᄒᆞ여 난가를 타고 성의 나니 (於是揀選良馬·名鷹·俊犬, 弓矢俱備, 先聚兵城外, 操入請天子田獵, ……, 排鑾駕出城.) <삼국-모종 3:85>

【몰-】 [동] 몰다. 말을 채찍질하여 달리게 하다.¶ ▼驅 ‖ ᄯᅩ ᄒᆞᆫ 계귀 이시니 범을 모라 일히ᄅᆞᆯ ᄉᆞᆷ씨미라 (又有一計, 名曰'驅虎呑狼'之計.) <삼국-가정 5:92>

【몰내-ᄯᅡᇂ】 [명] ((지리)) 모래땅.¶ ▼沙土 ‖ 몰내ᄯᅡ히라 하도 되디 아니ᄒᆞ니 (沙土之地, 築壘不成.) <삼국-규장 13:55>

【몰래】 [명] ((지리)) 모래. 자연히 잘게 부스러진 돌 부스러기.¶ ▼沙土 ‖ 몰래 ᄯᅡ히라 ᄡᅡ도 되디 아니ᄒᆞ니 (沙土之地, 築壘不成.) <삼국-가정 19:28>

【몰래-ᄯᅡᇂ】 [명] ((지리)) 모래땅.¶ ▼沙土 ‖ 몰래ᄯᅡ히라 ᄡᅡ도 되디 아니ᄒᆞ니 (沙土之地, 築壘不成.) <삼국-가정 19:28>

【몰슈-이】 [부] 몰수(沒數)이. 있는 수효대로 몽땅 다.¶ ▼盡情都 ‖ 여등 ᄲᆞᆯ니 ᄂᆞ아가 슈ᄅᆡ와 ᄉᆞᄅᆞᆷ을 몰슈이 잡ᄋᆞ 오라 (汝等疾去, 連車帶人, 盡情都捉來!) <삼국-국중 16:19>

【몸-긔】 [명] ((군사)) 몸기(-旗). 장수가 자기의 군사들을 지휘하는 데 쓰는 깃발. 인기(認旗).¶ ▼認旗 ‖ 운댱이 ᄯᆞᆯ와가 채양의 잉긔[몸긔라] 자밧던 군ᄉᆞᄅᆞᆯ 자바다가 긔별을 뭇고 다ᄅᆞ니ᄂᆞᆫ 흐터 보내다 (雲長趕上, 活捉蔡陽執認旗的過來, 取問消息. 其餘潰散.) <삼국-가정 9:138>

【못-】 [동] «몯다» 모이다.¶ ▼會 ‖ 요ᄉᆞ이 드ᄅᆞ니 셔원딕이 ᄉᆞ군의 고대 잇다 ᄒᆞ매 ᄒᆞᆫ 번 못고져 ᄒᆞ야 오이다 (近聞徐元直在使君處, 特來一會.) <삼국-가정 12:72> 세 견마의 슈고ᄅᆞᆯ 본바다 ᄉᆞ군을 갑지 못ᄒᆞ고 이졔 맛당이 고귀ᄒᆞ니 이후에 다시 못기ᄅᆞᆯ 도모ᄒᆞ노라 (非不欲效犬馬之勞, 以報使君, 奈慈親被執, 不得盡力, 今當告歸, 容圖後會.) <삼국-모종 6:63> ▼布合 ‖ 시졀이 초동이라 음운이 네 녁흐로 못고 셜홰 어즈러이ᄂᆞ니 군매 눈을 무룹고 딘을 베프더라 (又值初冬, 陰雲布合, 雪花亂飄, 軍馬皆冒雪布陣.) <삼국-가정 8:26>

【못거지】 [명] 모꼬지. 모임. 놀이나 잔치 또는 그 밖의 일로 여러 사람이 모이는 일.¶ ▼相會 ‖ 요ᄉᆞ이 댱영년의 밀셰 왓거ᄂᆞᆯ 보니 이 부셩 못거지예 ᄲᆞᆯ니 도모ᄒᆞ면 대ᄉᆡ 즉시 뎡ᄒᆞ리니 긔회를 일티 말라 (近張松使密書到此, 今於涪城相會, 疾便可圖之, 大事卽定矣.) <삼국-규장 13:128> ▼會 ‖ 연셕의 죠흔 연셕이 업고 못거지 죠흔 못거지 업ᄂᆞ니 가지 아니ᄒᆞ니만 ᄀᆞᆺ지 못ᄒᆞ니이다 (筵無好筵, 會無好會, 不如休去.) <삼국-국중 7:113>

【못거지-ᄒᆞ-】 [동] 모꼬지하다. 모이다. 잔치하다.¶ ▼會 ‖ 휘 왈 셔원직이 이예 잇다 ᄒᆞ기로 한갓 와 ᄒᆞᆫ 번 못거지ᄒᆞ고져 ᄒᆞ노라 (徽曰: "聞徐元直在此, 特來一會.") <삼국-모종 6:71> 호준이 셔주에 잇셔 ᄉᆡᄅᆞᆯ 세우니 ᄣᆡ 엄ᄒᆞᆫ니라 ᄃᆡ셜이 오거날 호준이 중장을 모와 놉히 못거지ᄒᆞ더니 (胡遵在徐州下寨, 時値嚴寒, 天降大雪, 胡遵與衆將設席高會.) <삼국-모종 18:21>

【못고지】 [명] 모꼬지. 모임. 놀이나 잔치 또는 그 밖의 일로 여러 사람이 모이는 일.¶ ▼會 ‖ 이ᄂᆞᆫ 다 강좌 호걸이니 오ᄂᆞᆯ 못고지ᄂᆞᆫ 가히 군영회라 니르리로다 (此皆江左之豪傑. 今日此會, '群英會'耳!) <삼국-규장 10:142>

【못ᄀᆞ지】 [명] 모꼬지. 모임. 놀이나 잔치 또는 그 밖의 일로 여러 사람이 모이는 일.¶ ▼會 ‖ ᄂᆡ일 못ᄀᆞ지 다흉쇼길ᄒᆞ니 운이 스ᄉᆞ로 오ᄇᆡᆨ 군ᄉᆞᄅᆞᆯ 거ᄂᆞ려 보호ᄒᆞ리이다 (來日此會, 多凶少吉. 雲自引五百部從保之.) <삼국-가정 17:101> 이ᄂᆞᆫ 다 강좌 호걸이니 오ᄂᆞᆯ 못ᄀᆞ지ᄂᆞᆫ 가히 군영회라 니ᄅᆞ리로다 (此皆江左之豪傑. 今日此會, '群英會'耳!) <삼국-가정 15:53> 오ᄂᆞᆯ 못ᄀᆞ지 가히 즐거오냐 (今日之會, 可爲樂乎?) <삼국-가정 20:59>

【못-ᄒᆞ-】 [동][조] 못하다. 앞말이 뜻하는 행동에 대하여 그것이 이루어지지 않거나 그것을 이룰 능력이 없음을

나타내는 말. 보조적 연결 어미 '-디/-지'와 함께 쓰이어, 부정의 뜻을 나타냄.¶ ▼상관을 못ᄒᆞ게 ᄒᆞᆫ단 말 (不能勾得.) <삼국-어람 109a>

【몽동】 명 ((교통)) 몽동(艨艟). 전쟁에 필요한 장비를 갖춘 배. 병선(兵船).¶ ▼艨艟 ‖ 딘ᄎᆔ 등농이 각ᄀᆞ 몽동 젼감을 거ᄂᆞ려 면슈 어귀ᄅᆞᆯ 딕희고 기여 쇼쥬ᄂᆞᆫ 다 믈어귀에 둔ᄒᆞ고 젼션 우희 센 활과 구든 손의 쳔여 댱을 베프고 (陳就、鄧龍各引一隊艨艟, 截住沔口, 其餘小舟盡屯灣港內, 艨艟上各設强弓硬弩千餘張.) <삼국-가정 13:25>

【뫼】 명 ((지리)) 산(山). 평지보다 높이 솟아 있는 땅의 부분.¶ ▼山坡 ‖ 위연과 고상니 돌연니 싸이여 몸을 버서나기을 잇[엇]지 못ᄒᆞ던니 홀여 뫼 뒤흐로 함셩니 우릐 갓타며 일푸[표]군니 급피 다라든니 곳 왕평이라 (把魏延、高翔圍在垓心, 二人往來衝突, 不得脫身, 忽聽得山坡後喊聲若雷, 一彪軍殺入, 乃是王平.) <삼국-모종 16:9>

【뫼-도적】 명 ((인류)) 산적(山賊).¶ ▼山賊 ‖ 규람이 오왕 손권의 뫼도적 티라 나가ᄆᆞᆯ 보고 익의 죵인 변홍으로 더브러 의논ᄒᆞ야 익을 주기고져 ᄒᆞ더니 (媯覽因見吳王孫權出討山賊, 却與翊從人邊洪商議, 謀殺孫翊.) <삼국-가정 13:9>

【뫼-ᄭᆞᆯ】 명 ((지리)) 뫼골. 산골.¶ ▼山谷 ‖ 문츄 바ᄅᆞ 공손찬을 ᄯᆞ론대 찬이 딘 뒤흐로 내ᄃᆞ라 뫼ᄭᆞᆯ로 도망ᄒᆞ거ᄂᆞᆯ (文醜直將公孫瓚趕出陣後, 瓚向山谷而逃.) <삼국-가정 3:12>

【뫼-어덕】 명 ((지리)) 산 언덕.¶ ▼山坡 ‖ 함니 또 삼십여리을 좃ᄎᆞ가니 복병니 업던니 홀런 뫼어덕으로서 함성니 ᄃᆡ진하며 일초[표]군니 나온니 이난 관흥이라 (郃又追趕三十餘里, 勒馬回顧, 全無伏兵, 又策馬前追, 方轉過山坡, 忽喊聲大起, 一彪軍閃出, 爲首大將, 乃關興也.) <삼국-모종 17:8>

【뫼오-】 동 «뫼다» 모으다. (타동사).¶ ▼聚集 ‖ 이윽고 위쥬 보호위 쵸ᄇᆡᆨ으로 하여곰 젼중 숙위 창두 관동 삼ᄇᆡᆨ여 인을 뫼와 고조하여 나가고 (少頃, 魏主曹髦出內, 令護衛焦伯, 聚集殿中宿衛蒼頭官童三百餘人, 鼓譟而出.) <삼국-모종 19:4>

【뫼ᄒᆞ】[1] 명 ((지리)) 메. 산(山).¶ ▼山頭 ‖ 이거시 다 요슐이니 ᄂᆡ일 양과 돗틀 잡아 군ᄉᆞ로 ᄒᆞ여곰 그 피를 가지고 뫼 우희 복병ᄒᆞ얏다가 도적이 ᄯᆞ오ᄂᆞᆫ 쌔를 기ᄃᆞ려 놉흔 언덕의셔 ᄡᅳ리면 그 법을 가히 프러 ᄇᆞ리리라 (此妖術也. 來日可宰猪羊血, 令軍伏于山頭, 候賊赶來, 高坡上潑之, 其法可解.) <삼국-가정 1:56> 쟝ᄎᆞ 뫼흘 디나긔 되엿더니 ᄒᆞᆫ 소릐 방포의 오ᄇᆡᆨ군이 일시예 피과 더러온 것들흘 ᄡᅳ리니 다만 공듕의 죠희 사ᄅᆞᆷ과 플로 ᄆᆡᆫᄃᆞᆫ ᄆᆞᆯ이 어즈러이 ᄯᅡ히 ᄯᅥ러디며 ᄇᆞ람과 우레 즉시 긋치고 모래 ᄃᆞ ᄂᆞ디 아니ᄒᆞ더라 (將過山頭, 一聲炮響, 五百軍穢物齊潑.但見空中紙人草馬, 紛紛墜地, 風雷頓息, 砂石不飛.) <삼국-가정 1:58>

【뫼콰 ᄃᆞ르히 ᄀᆞ득ᄒᆞ-】 관구 산과 들에 가득하다. 굉장히 많다.¶ ▼漫山塞野 ‖ 믈ᄉᆡ의 가 ᄇᆞ라보니 군매 뫼콰 ᄃᆞ르히 ᄀᆞ득ᄒᆞ엿거ᄂᆞᆯ (隔河望見軍馬, 漫山遍野.) <삼국-가정 8:109>

【뫼흘 더프며 ᄃᆞ르히 ᄀᆞ득ᄒᆞ-】 관구 산과 들에 가득하다. 굉장히 많다.¶ ▼漫山塞野 ‖ 믄득 ᄉᆞ면의 함셩이 대진ᄒᆞ며 고각이 졔명ᄒᆞ고 촉병이 뫼흘 더프며 ᄃᆞ르히 ᄀᆞ득ᄒᆞ야 오고 (忽然四面喊聲大震, 鼓角齊鳴, 蜀兵滿山遍野而來.) <삼국-가정 32:16>

【뫼히 ᄀᆞ득ᄒᆞ고 ᄃᆞ르히 메-】 관구 산과 들에 가득하다. 굉장히 많다.¶ ▼漫山塞野 ‖ 삼군을 지휘ᄒᆞ야 바ᄅᆞ 신야로 오니 병셰 셩ᄒᆞ야 뫼히 ᄀᆞ득ᄒᆞ고 ᄃᆞ르히 메엿더라 (揮動三軍, 盡至新野, 漫山塞野.) <삼국-가정 13:102>

【뫼ᄒᆞ】[2] 명 ((지리)) 묘(墓). 무덤.¶ ▼墓 ‖ 길이 뉴표의 뫼흘 지나ᄂᆞᆫ지ᄅᆞ 현덕이 듕장을 거나려 묘전의 울고 고ᄒᆞ여 왈 욕졔 비ᄂᆞᆫ 무지무덕ᄒᆞ야 형의 긔탁ᄒᆞᆫ 듕ᄒᆞᆫ 거ᄉᆞᆯ 저ᄇᆞ려시니 죄 비의 일신의 잇ᄂᆞᆫ지라 (路過劉表之墓, 玄德率衆將拜於墓前, 哭告曰: "辱弟備無德無才, 負兄寄託之重, 罪在備一身.") <삼국-모종 7:45>

【뫼-호-】 동 모으다. 뫼ᄒᆞ+-오(삽입 모음)-.¶ ▼辜較 ‖ 효인동태휘 쥬군의 교통ᄒᆞ야 ᄌᆡ믈을 뫼호니 님됴텽경ᄒᆞ미 가티 아니ᄒᆞ니 하간역의 옴겨 안티홀 거시라 (孝仁董太后交通州郡, 辜較財利, 不宜臨朝聽政, 合遷于河間安置, 限日下出國門.) <삼국-가정 1:102> ▼合 ‖ 황보슝 쥬쥰이 거즛 공을 뫼홧고 실은 공이 업ᄉᆞ니이다 (皇甫嵩、朱儁皆是捏合功勞, 並無實迹.) <삼국-가정 1:82>

【묏-도적】 명 ((인류)) 산적(山賊). 산속에 근거지를 두고 드나드는 도둑.¶ ▼山賊 ‖ ᄃᆡ여 군ᄉᆞᄅᆞᆯ 나와 묏도적을 업시ᄒᆞ니 강남이 일로뻐 평안ᄒᆞ다 (遂進兵殺除山賊, 江南皆以平靖.) <삼국-가정 5:177>

【묏-발】 명 ((지리)) 산자락.¶ ▼山脚 ‖ 묏발이 또 믈의 ᄌᆞᆷ기니 아니 죽으리 업고 평디예 믈이 길밧긔 가더라 (山脚漂流, 莫不喪命, 平地水深丈餘.) <삼국-가정 24:85>

【묘ᄆᆡᆨ】 명 묘맥(苗脈). 싹과 핏줄이라는 뜻으로, 일의 실마리. 일이 곧 일어날 싹수. 일이 내비치는 실마리. 연유(緣由). 까닭.¶ ▼理 ‖ 비록 말은 그러ᄒᆞᄂᆞ 그 ᄀᆞ온ᄃᆡ 필연 묘ᄆᆡᆨ이 니슬 거시니 이제 일면으로 만총을 도라보ᄂᆡ여 슈미로 상격ᄒᆞᄌᆞ 낙회ᄒᆞ고 일면으로 사ᄅᆞᆷ을 보ᄂᆡ여 강을 건너 운댱의 거동을 탐지ᄒᆞᆫ 후의 가히 일을 힝ᄒᆞ리이다 (雖是說詞, 其中有理, 今可一面送滿寵回, 約會曹操, 首尾相擊; 一面使人過江探雲長動靜, 方可行事.) <삼국-국중 13:8>

【뫼】 명 ((지리)) 산(山).¶ ▼山 ‖ 홀런 뫼 곗ᄐᆡ 일포[표]인마 가난 길을 막고 머리 일원 ᄃᆡ장니 ᄃᆡ규 왈상산됴ᄌᆞ룡니 여게 닛다 ᄒᆞ니 (忽然山傍閃出一彪人馬, 當住去路, 爲首一員大將, 大叫: "常山趙子龍在此.") <삼국-모종 12:27>

【뫼시-】 동 뫼시다.¶ ▼侍 ‖ 숭이 도라와 포를 보고 조ㆍ의 성덕을 층송ᄒᆞ고 포를 권ᄒᆞ여 아달을 보ᄂᆡ여 뫼시라 ᄒᆞ니 (嵩回見表, 稱頌朝廷盛德, 勸表請子入侍.) <삼국-모종 4:35>

【무-】 동 쌓다. 뭉치다.¶ ▼築 ‖ 군ᄉᆞ로 ᄒᆞ여곰 흙뫼흘 무어 셩과 갓치 ᄒᆞ고 칠 거시라 (可差軍築起土山而攻之.) <삼국-가정 22:27> ▼搭起 ‖ 그 산의 ᄃᆡ가 만흔니 ᄃᆡᄌᆞᄂᆞᆫ 두어 아롬이라 가히 ᄉᆞ름으로 ᄒᆞ여곰 버혀 하상의 쥭교를 무어 써 군마를 건너라 (其山多竹, 大者數圍, 可令人伐之, 於河上搭起竹橋, 以渡軍馬.) <삼국-모종 14:100>

【무긔】 명 무게.¶ ▼황튱이 본ᄃᆡ 두 셤 무긔 활을 ᄃᆞᆼ긔여 빅발빅듕ᄒᆞ더라 (原來黃忠能開二石弓之弓, 百發百中.) <삼국-가정 17:45>

【무기】 명 무게.¶ ▼重 ‖ 강남 쇠로써 연화삭 빅 가달리 장이 수빅 질 되고 무기 삼십 근 되게 지어 연강 요긴ᄒᆞᆫ 곳을 빗기 ᄭᅳᆫ코 (江南多鐵, 可打連環索百余條, 長數百丈, 每環重二三十斤, 于沿江緊要去處橫截之.) <삼국-모종 19:88>

【무단-니】 부 무단(無端)히. 괜히. 공연히, 아무런 까닭없이.¶ ▼無端 ‖ ᄂᆡ 무단니 참언으로 착한 ᄉᆞ롬을 모히코져 ᄒᆞᄂᆞᆫ다 (汝無端獻讒, 欲害好人耶?) <삼국-국중 4:111> ▼승상의 공문도 업고 네가 길의셔 무단니 ᄉᆞ롬을 죽이고 ᄯᅩ ᄂᆡ의 부장을 죽엿스니 가장 무례ᄒᆞᆫ지라 (丞相無明文傳報, 汝於路殺人, 又斬吾部將, 無禮太甚!) <삼국-국중 6:79>

【무단-ᄒᆞ-】 형 무단(無端)하다. 아무 사유가 없다.¶ ▼無端 ‖ 이제 대병 빅만과 샹쟝 천원이 스므 길로 ᄂᆞᆫ화 셩도로 드러가거ᄂᆞᆯ 너ᄂᆞᆫ ᄒᆞᆫ 무단ᄒᆞᆫ 필뷔라 일즉이 항티 아니ᄒᆞ고 오히려 항형ᄒᆞ니 죽기를 기ᄃᆞ리ᄂᆞᆫ다? (吾今大兵百萬, 上將千員, 分二路而進, 已都成都, 汝乃無端匹夫, 不思早降, 猶自抗衡, 欲待梟首耶?) <삼국-가정 38:64>

【무당】 명 ((인류)) 무당. 귀신을 섬겨 길흉을 점치고 굿을 하는 것을 업으로 하는 여자.¶ ▼師巫 ‖ 이ᄂᆞᆫ 조아의 비니 네 환뎨 적의 회계 샹우현의 ᄒᆞᆫ 조위란 무당이 이셔 능히 신령을 잘 쳥ᄒᆞ더니 (此乃曹娥之碑也. 昔桓帝朝時, 會稽上虞有一師巫, 名曹盱, 能婆娑樂神.) <삼국-가정 23:49>

【무덕이】 명 무더기. 한데 수북이 쌓였거나 뭉쳐 있는 더미나 무리.¶ ▼堆 ‖ 심중의 의심하여 다시 심복인으로 ᄒᆞ니 도라와 보ᄒᆞᄃᆡ 다만 강소[변]의 어ᄌᆞ러온 돌 팔수[구]십 무덕이가 잇고 인마 업다 (心中猶豫, 令心腹人再往探看, 回報: "江邊止有亂石八九十堆, 並無人馬.") <삼국-모종 14:19>

【무득-무득】 부 무더기무더기.¶ ▼童童 ‖ 집 동남 모희 ᄒᆞᆫ 뽕남기 이시니 놉기오 댱이 남으니 ᄇᆞ라보메 동동ᄒᆞ야 [동동은 무득ㆍ ᄒᆞ야 거츤 톄라] 쟈근 술위예 개 밧틴 ᄃᆞᆺᄒᆞ니 (舍東南角上有一童童, 高五丈餘, 遙望見童童如小車蓋.) <삼국-가정 1:20>

【무듸-】 형 무디다.¶ ▼刴 ‖ 만일 ᄂᆡ 형주의 도라가물 엇고 왕업을 니루리라 ᄒᆞ거든 ᄒᆞᆫ 칼노 돌을 쳐 양단니 되게 ᄒᆞ고 만일 이 ᄯᅡ의셔 죽으리라 ᄒᆞ거든 칼이 무드러 열니지 마ᄅᆞ소셔 (若劉備能勾回荊州, 成王霸之業, 一劍揮石爲兩段, 如死於此地, 劍剁石不開.) <삼국-모종 9:55>

【무듬-비】 명 무덤비(-碑).¶ ▼題墓道 ‖ ᄃᆞㆍ여 ᄯᅳᆺ을 고쳐 나라흘 위ᄒᆞ야 도적을 치고 공을 셰워 ᄉᆞ후의 무듬비의 쓰ᄃᆡ 한고졍셔중군조후지묘라 ᄒᆞ미 평싱 원니 족ᄒᆞᆫ지라 (遂更其意, 專欲爲國家討賊立功, 圖死後得題墓道曰: "漢故征西將軍曹侯之墓", 平生願足矣.) <삼국-모종 9:82>

【무듸】 명 무더기.¶ ▼堆 ‖ 쟝군이 엇디 이리 겁ᄒᆞᄂᆞ뇨 내 보니 칠로병이 닐곱 무듸 서근 플 ᄀᆞᆺᄐᆞ니 엇디 념녀ᄒᆞ리오 (何如是之懦也? 吾觀七路之兵, 如七堆腐草, 何足介意!) <삼국-가정 6:75>

【무듸-】 동 쌓다.¶ ▼堆 ‖ 강변의 다만 어즈러온 돌 무듼 거시 팔구십 덤이 잇고 인마ᄂᆞᆫ ᄒᆞ나토 업더이다 (江邊止有亂石八九十堆, 幷無人馬.) <삼국-가정 27:99> 이 돌 무듼 거시 엇디ᄒᆞᆫ 것고 (亂石作堆者, 何也?) <삼국-가정 27:99> 다만 보니 괴셕을 무듼 거시 놉픈 ᄃᆡ 돌히 모나 칼 ᄀᆞᆺ고 듕ㆍ텹ㆍᄒᆞ야 담 ᄀᆞᆺᄐᆞ며 강물 소ᄅᆡ와 믈결 브ᄃᆞ잇ᄂᆞᆫ 소ᄅᆡ 일만 병매 싸회ᄂᆞᆫ ᄃᆞᆺᄒᆞ니 (但見怪石嵯峨, 槎峨似劍; 橫沙立土, 重疊如墻; 江聲浪湧, 有如劍鼓之聲.) <삼국-가정 27:100>

【무디게】 명 ((천문)) 무지개.¶ ▼虹 ‖ 중추 칠월의 옥당의 무디게 보이고 오원ᄉᆞᆫ니 다 문어지며 이 ᄀᆞᆺ튼 불상지죄 죵ㆍ 잇ᄂᆞᆫ디라 (秋七月, 有虹見於玉堂.) <삼국-국중 1:2>

【무로-녹-】 동 무르녹다. 몹시 짙어지다.¶ ▼濃 ‖ 공손찬이 언덕의 긔여올나가 보니 져 소년이 신댱이 팔 척이오 무로녹은 눈셥이오 낫치 널고 턱이 거듭이니 위풍이 름ㆍᄒᆞ더라 (公孫瓚扒上坡去, 看那少年, 生得身長八尺, 濃眉大眼, 闊面重頤, 威風凜凜.) <삼국-모종 1:113>

【무로-이】 부 무료(無聊)히. 열없게. 열적게.¶ ▼승상 안면을 보지 아니면 네 수급을 버힐 써시어날 용서ᄒᆞ여 보ᄂᆡ니 가 숀권다려 젼하여 죽기 ᄂᆞ아오라 ᄒᆞ라 근이 무로이 도라오다 (不看丞相之面, 先斬汝首, 今且放汝回, 去說與孫權, 洗頸就戮. 謹見先主不聽, 只得自回江南.) <삼국-모종 13:67>

【무롭】 명 ((신체)) 무릎.¶ ▼膝 ‖ 공명이 무롭 안고 ᄑᆞ람 불며 네 사롬을 ᄀᆞᄅᆞ쳐 닐오ᄃᆡ (孔明自抱膝長嘯, 而指四人曰.) <삼국-가정 12:74>

【무롭-】 동 무릅쓰다.¶ ▼冒 ‖ 시졀이 초동이라 음운이 네 녁흐로 뫼고 셜홰 어즈러이 ᄂᆞ니 군매 눈을 무롭고 딘을 베프더라 (又値初冬, 陰雲布合, 雪花亂飄, 軍馬皆冒雪布陣.) <삼국-가정 8:26> 후면 산벽 협칙ᄒᆞᆫ 고ᄃᆡ ᄯᅩ 거댱이 잇고 블빗치 니러나거ᄂᆞᆯ 질이 ᄂᆡ롤 무롭고 블을 츙돌ᄒᆞ야 ᄃᆞ라나더니 (後面山僻窄狹處, 亦有車仗,

火光迸起. 質等冒烟突火, 縱馬而出.) <삼국-가정 36:29> ▼蒙 ‖ 폐하로 ᄒᆞ여금 듯글을 무룹고 근심 가온대 쳐ᄒᆞ샤 뷘 싸히 가도와시니 사ᄅᆞᆷ과 신녕이 다 님재 업ᄉᆞᆫ디라 (令陛下蒙塵憂厄, 幽處虛邑, 人神無主.) <삼국-가정 24:10>

【무룹-쓰-】 동 무릅쓰다.¶ ▼冒 ‖ 하후돈이 ᄂᆡ를 무룹ᄡᅳ고 블을 쎄텨 ᄃᆞᆺ더니 ᄌᆞ룡이 군ᄉᆞ를 거ᄂᆞ려 싸오니 ᄃᆞ라날 길히 업더라 (夏侯惇冒烟突火而走, 背後子龍趕來, 軍馬擁兵, 如何得退?) <삼국-가정 13:61> ▼蒙 ‖ 폐하로 ᄒᆞ여곰 듯글을 무룹ᄡᅳ고 근심 가온대 쳐ᄒᆞ샤 뷘 싸히 가도와시니 사ᄅᆞᆷ과 신녕이 다 님재 업ᄉᆞᆫ디라 (令陛下蒙塵憂厄, 幽處虛邑, 人神無主.) <삼국-규장 11:112>

【무룹-쓰-】 동 무릅쓰다. 뒤집어쓰다.¶ ▼蒙 ‖ 죠군니 다 방픽를 무룹쓰고 싸히 업듸니 쇼군니 납함ᄒᆞ며 크게 웃난지라 (曹軍皆蒙楯伏地, 袁軍吶喊而笑.) <삼국-국중 7:5>

【무룹ㅎ】 명 ((신체)) 무릎.¶ ▼膝 ‖ 즉 공명이 ᄃᆡ략이 잇셔 상히 무룹흘 안고 양보음을 부르며 네 ᄉᆞ룸을 가릇쳐 왈 (唯孔明獨觀其大略. 嘗抱膝長吟, 而指四人曰.) <삼국-국중 8:5>

【무뢰】 명 ((천문)) 누리. 무리. 큰 물방울이 공중에서 갑자기 찬 기운을 만났을 때 얼어서 떨어지는 덩어리. ‘우박(雨雹)’의 함경 방언.¶ ▼雹 ‖ 져근덧 ᄉᆞ이예 빅양은 업서디고 텬지의 크게 우레ᄒᆞ고 큰비 거록이 오며 어름덩이와 무뢰 홈ᄭᅴ 섯거 ᄂᆞ리다가 밤듕 후의야 긋치니 셩듕 인개 수쳔여 간이 문허지다 (須臾不見, 片時大雷大雨, 降以氷雹, 到半夜方住, 東都城中壞却房屋數千餘間.) <삼국-가정 1:3>

【무루-녹-】 동 무르녹다. 매우 짙어지다.¶ ▼濃 ‖ 일쳔의 무루녹은 안기 장강의 가득ᄒᆞ엿ᄉᆞ니 원근을 분변ᄒᆞ기 어렵고 물이 묘망ᄒᆞ도다 (一天濃霧滿長江, 遠近難分水渺茫.) <삼국-국중 9:59>

【무르-】 동 무르다. 있던 자리에서 뒤로 옮겨가게 하다. 물러나다.¶ ▼退 ‖ ᄂᆡ 별회 봉취오 지명이 낙봉픽니 내 벅ᄇᆡ이 마츠리로다 ᄒᆞ야 ᄲᆞᆯ니 후군을 무르라 ᄒᆞ니 (‘吾道號鳳雛, 此處名落鳳坡, 應吾休矣!’ 令後軍疾退.) <삼국-규장 14:72>

【무릅-】 동 무릅쓰다.¶ ▼冒 ‖ 후면 산벽 협칙ᄒᆞᆫ 고ᄃᆡ 또 거당이 잇고 블빗치 니러나거ᄂᆞᆯ 질이 ᄂᆡ를 무룹고 블을 츙돌ᄒᆞ야 ᄃᆞ라나더니 (後面山僻窄狹處, 亦有車仗, 火光迸起.質等冒烟突火, 縱馬而出.) <삼국-가정 36:29>

【무릅-시-】 동 무릅쓰다.¶ ▼冒 ‖ 감영니 쳘연을 잡고 시석을 무릅시고 올나간니 주광니 궁뇌수로 일제니 쏘거날 감영니 살 수풀을 허치고 한 쳘년으로 처 주광니 써구러저 (甘寧手執鐵鍊, 冒矢石而上, 朱光令弓弩手齊射, 甘寧撥開箭林, 一鍊打倒朱光.) <삼국-모종 11:64> ᄂᆡ외로 쎄 치니 위병니 ᄃᆡ픽ᄒᆞ야 인마 무수니 죽은지라 손예 불을 무릅시고 연기을 ᄯᅮ여 다라나더라 (內外夾攻, 魏兵大敗. 火緊風急, 人馬亂竄, 死者無數. 孫禮引中傷軍, 突煙冒火而走.) <삼국-모종 16:34>

【무릅-쓰-】 동 무릅쓰다. 뒤집어쓰다. 덮어쓰다.¶ ▼蒙 ‖ 죠군니 다 방픽를 무릅쓰고 싸히 업듸니 쇼군니 납함ᄒᆞ며 크게 웃난지라 (曹軍皆蒙楯伏地, 袁軍吶喊而笑.) <삼국-국중 7:5>

【무릇】 부 무릇. 대체로 헤아려 생각하건대.¶ ▼凡 ‖ 일노 죠ᄎᆞ 낙셩을 취ᄒᆞ랴 ᄒᆞ면 무릇 관익을 직힌 장슈ᄂᆞᆫ 노부의 젼닐 거ᄂᆞ렷던 군ᄉᆡ라 (從此取雒城, 凡守禦關隘, 都是老夫所管, 官軍皆出於掌握之中.) <삼국-국중 11:113> ▼夫 ‖ 한승상 무향후 졔갈양은 위 ᄃᆡᄉᆞ마 됴ᄌᆞ단 장ᄒᆞ의 글을 드리나니 무릇 장슈된 직 능이 버리고 능이 ᄂᆞ아가고 능이 유호고능이 강ᄒᆞ며 능히 약ᄒᆞ고 (漢丞相、武鄕侯諸葛亮, 致書於大司馬曹子丹之前: 切謂夫爲將者, 能去能就, 能柔能剛; 能進能退, 能弱能强.) <삼국-국중 16:5>

【무ᄅᆞ-】[1] 동 묻다.¶ ▼問 ‖ 젼의 내 ᄉᆞ명을 죽이고 혼인을 져ᄇᆞ렷더니 이제 와 무ᄅᆞ믄 엇디오 (前者殺吾使命, 賴吾婚姻. 今復相問, 何也?) <삼국-가정 7:39>

【무ᄅᆞ-】[2] 동 물러나다. 후퇴(後退)하다.¶ ▼退 ‖ 평명으로셔 낫ᄀᆞ지 싸호다가 셩 밧 군ᄉᆡ 잠간 무ᄅᆞ거ᄂᆞᆯ (從平明打到日中, 城外軍退.) <삼국-가정 7:56>

【무범-ᄒᆞ-】 동 무범(無犯)하다. 범하지 않다.¶ ▼無犯 ‖ ᄃᆡ되 인ᄆᆡ 각ᄀᆞ 항오랄 으지ᄒᆞ여 행ᄒᆞ냐 지ᄂᆞᆫ 바의 츄호를 무범ᄒᆞ더라 (大隊人馬, 各依隊伍而行, … 所經之處, 秋毫無犯.) <삼국-모종 14:67>

【무상-ᄒᆞ-】 형 무상(無狀)하다. 무례하다. 아무렇게나 함부로 행동하여 버릇이 없다.¶ ▼無狀 ‖ 양쥐ᄌᆞᄉᆞ 악신이 간사히 신을 달래며 오로 더브러 교통ᄒᆞ고 또 닐오되 죠셔를 바다 신의 벼ᄉᆞᆯ을 ᄃᆡᄒᆞ노라 ᄒᆞ고 무상ᄒᆞ미 날로 더은디라 (揚州刺史樂綝專詐, 說臣與吳交通, 又言被詔當代近臣位, 無狀日久.) <삼국-가정 37:13>

【무신-ᄒᆞ-】 형 무신(無信)하다. 서로 정이 없다. 신의가 없다.¶ ▼無信 ‖ 긔령이 녀푀 류비를 구완ᄒᆞ믈 알고 급히 글을 닷가 녀포 칙칙의 보ᄂᆡ여 그 무신ᄒᆞ믈 칙ᄒᆞ니 (紀靈知呂布領兵來救劉備, 急令人致書於呂布, 責其無信.) <삼국-국중 4:45>

【무ᄉᆞ】 명 ((인류)) 무사(武士). 무예를 익히어 그 방면에 종사하는 사람.¶ ▼武士 ‖ 급히 수하 무ᄉᆞ를 블러 길을 베혀 싸히 ᄂᆞ리티니 다만 ᄒᆞᆫ 줄 프른 긔운이 동븍다히로 가더라 (策急叱手下武士, 一刀斬頭落地.只見一道青氣, 投東北去了.) <삼국-가정 10:34>

【무어-지-】 동 무너지다.¶ ▼崩倒 ‖ 후쥐 일몽을 어드니 셩도의 검병ᄉᆞᆫ니 무어지거ᄂᆞᆯ 크게 경ᄋᆞᄒᆞ야 문무졔신을 모아 몽ᄉᆞ를 일ᄋᆞᆫ신 (後主在成都寢食不安, 動止不寧, 後作一夢, 夢見成都錦屛山崩倒, 遂驚覺, 坐而待旦, 聚集文武入朝圓夢.) <삼국-국중 16:67>

【무여-지-】 동 ❶ 해어져 구멍이 나다. 찢어지다.¶ ▼迸裂 ‖ ᄃᆡ규 일셩의 금창이 무여져 션상의 혼도ᄒᆞ거ᄂᆞᆯ 중장이 급히 구ᄒᆞ니 인사를 살피지 못ᄒᆞᄂᆞᆫ지라 (大叫一聲,

金瘡迸裂, 倒於船上. 衆將急救, 卻早不省人事.) <삼국-국중 10:89> ❷ (비유적으로) 가슴이 찢어질 듯이 심한 고통이나 슬픔을 느끼다. 미어지다. 찢어지다.¶ ▼裂 ‖ 군웅이 나라를 어즈러이고 악당이 임군을 속이니 비의 심담이 무여지ᄂᆞᆫ 듯ᄒᆞ더라 (群雄亂國, 惡黨欺君, 備心膽俱裂.) <삼국-국중 8:19> ▼碎裂 ‖ 함셩이 긋치지 아니ᄒᆞ니 죠〻 겻히 하후걸이 간담이 무여져 말게 ᄯᅥ러지ᄂᆞᆫ지라 (喊聲未絶, 曹操身邊夏侯傑驚得肝膽碎裂, 倒撞於馬下. 操便回馬而走.) <삼국-국중 8:122>

【무염】 명 ((인명)) 무염(無鹽). 제선왕(齊宣王)의 비(妃)로 추녀(醜女)였으나 덕행이 높았음.¶ ▼無鹽 ‖ 내 드ᄅᆞ니 월나라 셔시ᄂᆞᆫ 비록 잘 헛ᄲᅳ리ᄂᆞᆫ ᄉᆞᄅᆞᆷ이라도 그 고으믈 곰초디 못ᄒᆞ고 졔나라 무염 녀ᄌᆞᄂᆞᆫ 비록 잘 기리ᄂᆞᆫ ᄉᆞᄅᆞᆷ이라도 그 보긔 슬키ᄅᆞᆯ 덥디 못ᄒᆞᆫ다 ᄒᆞ고 (吾聞越之西子, 善毀者不能閉其美; 齊之無鹽, 善美者不能掩其醜. 修短者不能用其長, 造惡者不能爲其善.) <삼국-가정 21:65>

【무즈리-】 동 끊다. 자르다.¶ ▼斷 ‖ 죄 ᄎᆞᆫ 칼흘 ᄲᅡ혀 그 날오ᄉᆞᆯ 무즈리고 ᄃᆞ더니 ᄉᆞᄅᆞᆷ이 이셔 조의 나ᄅᆞᆺ 버히ᄂᆞᆫ 줄을 보고 마툐의게 고ᄒᆞᆫ대 (操就掣所佩劍斷其髯. 軍中有一人將操割髯之事告於馬超.) <삼국-가정 19:3> ▼割 ‖ 동관의셔 슈염 무즈리고 옷 버서 ᄇᆞ릴 적이 (割鬚棄袍於潼關.) <삼국-가정 19:91>

【무지게】 명 ((천문)) 무지개. 공중에 떠 있는 물방울이 햇빛을 받아 나타내는 반원 모양의 일곱 빛깔의 줄.¶ ▼霓 ‖ 하ᄂᆞᆯ이 므지게ᄅᆞᆯ 비시의 ᄂᆡ시ᄆᆞᆫ 텬해 원망ᄒᆞ고 ᄒᆡᄂᆡ 어즈러오면 그 변이 난다 (天投霓, 天下怨, 海內亂.) <삼국-가정 1:5> 하ᄂᆞᆯ 한나라히 은근ᄒᆞᆷ을 마디 아니ᄒᆞᄂᆞᆫ 고로 여러번 지변을 내여 ᄡᅥ 칙ᄒᆞ시ᄂᆞᆫ ᄠᅳ들 뵈여 인군으로 ᄒᆞ야곰 감동ᄒᆞ야 ᄭᆡᄃᆞ라 위틱ᄒᆞᆫ ᄃᆡ를 면ᄒᆞ야 편안ᄒᆞᆫᄃᆡ 가나 쳐ᄒᆞ시ᄂᆞᆫ 일이니 아 무지게 나고 암ᄃᆞᆰ이 수 되ᄂᆞᆫ 일이 다 부인이 졍ᄉᆞ를 간예ᄒᆞᆫ 타시니이다 (天于大漢, 慇懃不已, 故屢出妖變, 以當譴責, 欲令人君感悟, 改爲卽安. 今霓墮鷄化, 皆婦人干政之所致也.) <삼국-가정 1:8>

【무ᄌᆞ리-】 동 끊다. 자르다.¶ ▼短 ‖ 나로ᄉᆞᆯ 무ᄌᆞ려 뎌ᄅᆞ게 ᄒᆞᆫ 거시 조죄라 (短髯者是曹操!) <삼국-가정 19:4> ▼髡鉗 ‖ 이 ᄉᆞᄅᆞᆷ은 광한 ᄉᆞᄅᆞᆷ이니 셩은 핑이오 명은 양이오 ᄌᆞᄂᆞᆫ 영년이니 쵹듕 호걸이라 언어로 뉴쟝을 훼방ᄒᆞ니 쟝이 머리ᄅᆞᆯ 무ᄌᆞ려 죵을 ᄆᆡᆫᄃᆞ랏ᄂᆞᆫ더라 (此公乃廣漢人也, 姓彭名羕, 字永年, 是蜀中之豪傑. 因言語毀謗劉璋, 被璋髡鉗爲徒隸.) <삼국-가정 20:83>

【무티-】 동 묻히다. 가루, 풀, 물 따위가 그보다 큰 다른 물체에 들러붙거나 흔적이 남게 하다.¶ ▼枉 ‖ 내 너ᄅᆞᆯ 죽이면 개 돗 ᄀᆞᄐᆞᆫ 거싀 피ᄅᆞᆯ 칼히 무티기 더럽다 (吾殺汝, 猶狗彘耳, 枉汚刀斧也.) <삼국-가정 24:90>

【무휼-ᄒᆞ-】 동 무휼(撫恤)하다. 어려운 처지에 있는 사람을 불쌍히 여겨 위로하고 물질을 베풀어 도와주다.¶ ▼存恤 ‖ 냥초ᄅᆞᆯ ᄡᅡ흐며 문무를 강논ᄒᆞ고 군긔ᄅᆞᆯ 졍티ᄒᆞ며 쟝ᄉᆞᄅᆞᆯ 무휼ᄒᆞ야 (積草屯粮, 講陣論武, 整治軍器, 存恤將士.) <삼국-가정 33:96>

【무흐-】 동 쌓다. 만들다.¶ ▼築 ‖ 폐히 ᄀᆞ히 수션ᄃᆡ를 무흐고 공경과 셔민을 모호고 명일의 션위ᄒᆞ오면 폐하의 ᄌᆞ〻손〻니 위은을 몽피ᄒᆞ리이다 (陛下可築一臺, 名曰'受禪臺', 聚集公卿庶民, 明白禪位, 則陛下子子孫孫, 必蒙魏恩矣.) <삼국-국중 13:134>

【묽-】 동 묶다.¶ ▼束 ‖ 관공의 ᄠᅳᆺ이 본ᄃᆡ 우리ᄅᆞᆯ 주기려 ᄒᆞᆫ 일이니 엇디 손을 묽거 주그리오 (關羽此意, 正要斬我二人, 安可束手受死也?) <삼국-가정 25:4>

【문니】 명 ((관직)) 문리(門吏). 문을 지키던 구실아치.¶ ▼把門人 ‖ 독위 고을 아젼을 잡아드려 우김질로 핍박ᄒᆞ야 뉴현위 ᄇᆡᆨ셩을 보챈다 ᄒᆞ고 ᄡᅳ니 우리 등이 드러가 니ᄅᆞ고져 ᄒᆞ되 문니티고 ᄯᅩᄎᆞ니 드러가디 못ᄒᆞ야 ᄒᆞ노라 (督郵逼勒縣吏, 欲害劉玄德, 我等皆來苦告, 不得放入, 反遭把門人赶打.) <삼국-가정 1:77>

【문덕】 명 문덕(文德). 문인(文人)이 갖춘 위엄과 덕망.¶ ▼文 ‖ 맛당이 문덕을 닷그며 무예ᄅᆞᆯ 긋치고 ᄒᆞᆨ교ᄅᆞᆯ ᄇᆡ셜ᄒᆞ야 민심을 평안킈 ᄒᆞ고 (只宜修文偃武, 增設學校, 以安民心.) <삼국-가정 32:48>

【문방ᄉᆞ보】 명 ((기물))((문방)) 문방사우(文房四寶). 서재에 꼭 있어야 할 네 벗. 즉 종이, 붓, 벼루, 먹을 말함.¶ ▼文房四寶 ‖ 공명이 문방ᄉᆞ보[필 묵 벼로 죠희라]ᄅᆞᆯ 나와 탑 우히셔 유표를 ᄡᅳ니 그 표의 ᄒᆞ여시되 (孔明令取文房四寶, 於臥榻上寫遺表, 以達後主.) <삼국-가정 34:72>

【문셔】 명 문서(文書). 글자나 숫자 따위로 일정한 뜻을 나타낸 것. 문부(文簿). 문권(文券).¶ ▼文書 ‖ 이ᄯᅡ위 문셔ᄅᆞᆯ 엇다 ᄡᅳ계ᄂᆞ냐 (這樣文書要他何用?) <삼국-어람 109a> 노슉이 말을 듯고 반시나 어린 ᄃᆞᆺᄒᆞ여 말을 못ᄒᆞ다가 문셔ᄅᆞᆯ ᄯᅡ히 더디고 (魯肅聞言, 癡呆了半晌, 將文書擲於地下.) <삼국-가정 17:83>

【문어-지-】 동 무너지다.¶ ▼倒 ‖ 다시 ᄉᆞ토가 실치 못ᄒᆞ믈 인ᄒᆞ야 셩을 ᄊᆞ흐면 문득 문어지거ᄂᆞᆯ 죄 ᄭᅬᄅᆞᆯ 가히 베푸지 못ᄒᆞ더라 (更兼沙土不實, 築起便倒, 操無計可施.) <삼국-모종 10:25>

【문졔】 부 먼저.¶ ▼先 ‖ 시년 추 팔월의 문졔 쵹장 구안 니흠으로 ᄒᆞᆫ가지 일만 오천 병을 ᄡᅥ어 국ᄉᆞᆫ 젼의 가두 셩을 ᄊᆞ (是年秋八月, 先差蜀將句安、李歆同引一萬五千兵, 往麴山前連築二城.) <삼국-모종 18:13>

【문져】 부 먼저.¶ ▼先 ‖ 종회 ᄃᆡ군이 ᄒᆞᆫ즁을 바ᄅᆞ보고 나온니 션봉 허의 수공 셰우고져 ᄒᆞ여 문져 남졍관의 일으려 (鍾會大軍, 迤邐望漢中進發, 前軍先鋒許儀, 要立頭功, 先領兵至南鄭關.) <삼국-모종 19:31>

【문지】 명 먼지.¶ ▼輕塵 ‖ 그 집이 경황ᄒᆞ여 왈 세상의 ᄉᆞᄅᆞᆷ이 나가 문지가 약ᄒᆞᆫ 플의 안기와 갓ᄒᆞ니 엇지 ᄌᆞ고여ᄎᆞ오 (其家驚惶, 謂之曰: "人生世間, 如輕塵棲弱草, 何至自苦如此?") <삼국-모종 18:8>

【문직니】 명 ((인류)) 문지기.¶ ▼守門者 ‖ ᄉᆞ겡 전후에 역셩의 일은니 문직니 다만 강서병니 도라온 줄 알고 문

을 열거날 (四更前後, 走到歷城下, 守門者只道姜敍回, 大開門接入.) <삼국-모종 11:12>

【문허-디-】 동 무너지다. 쌓여 있거나 서 있는 것이 허물어져 내려앉다.¶ ▼崩 ‖ 각ᄉᆡᆨ 화포ᄅᆞᆯ 시러 ᄉᆞ면으로 티니 그 소ᄅᆡ 하ᄂᆞᆯ히 ᄢᅥ디며 ᄯᅡ히 ᄆᆡ여디며 뫼히 믄허디며 바다히 ᄭᅳᆯ른 ᄃᆞᆺ ᄒᆞᆫ디라 (大將軍各色火炮, 齊擧打城, 猶如天塌地陷, 山崩海沸.) <삼국-가정 32:3>

【문허-지-】 동 무너지다. 쌓여 있거나 서 있는 것이 허물어져 내려앉다.¶ ▼倒 ‖ 건령 사년 츈이월의 낙양의 디진ᄒᆞ니 각사 마을 담들이 다 문허지고 바다믈이 다 넘ᄶᅵ니 등 ᄂᆡ 긔 밀 네 고을이 믈결의 휘믈리니 ᄇᆡᆨ셩이 다 바다히 씨디거늘 (建寧四年二月, 洛陽地震, 省垣皆倒, 海水泛濫, 登、萊、沂、密盡被大浪卷掃居民入海.) <삼국-규장 1:4> ▼崩 ‖ 비 왈 금년의 허창 셩문이 무고히 문허지니 이도 불상ᄒᆞᆫ 징죄라 반ᄃᆞ시 죽을 줄 아노라 (丕曰: “今年許昌城門無故自崩, 乃不詳之兆, 朕故自知必死也.”) <삼국-모종 15:30>

【문회】 명 무늬. 문양(文樣).¶ ▼花 ‖ 두 ᄆᆞᆯ이 어우러뎌 서ᄅᆞ 교젼ᄒᆞᄂᆞᆫ 양이 비단 문회 혈란ᄒᆞᄂᆞᆫ ᄃᆞᆺᄒᆞ더라 (兩馬相交, 花錦相似.) <삼국-가정 3:13>

【물】 명의 무리를 세는 단위.¶ ▼群 ‖ 두 손이 이셔 여라믄 동모ᄅᆞᆯ 인ᄒᆞ야 ᄒᆞᆫ 물 ᄆᆞᆯ을 모라온다 ᄒᆞ니 (人報有兩客人, 人十數伴當, 趕一群馬, 投莊上來.) <삼국-가정 1:28>

【물-】 동 «묻다» 묻다[問].¶ ▼問 ‖ 겸니 조ᄎᆞ 드듸여 글두 봉을 써 댱하의 무라되 뉘 감히 쳥쥬의 가 구원을 구ᄒᆞ리오 일인니 응셩ᄒᆞ거날 (謙從之, 遂寫書二封, 問: “帳下誰人敢去青州求救?” 一人應聲願往.) <삼국-모종 2:55>

【물-겔】 명 물결.¶ ▼浪 ‖ 호련 강상 ᄆᆡᆼ풍이 ᄃᆡ작ᄒᆞ여 흰 물겔리 ᄒᆞᄂᆞᆯ을 흔들어 흉용ᄒᆞ니 큰 ᄇᆡ 장찻 업더지난지라 닷토와 동선에 나려 도명ᄒᆞ니 (忽然江上猛風大作, 白浪掀天, 波濤洶湧, 軍士見大船將覆, 爭下脚艦逃命.) <삼국-모종 11:73>

【물너-지-】 동 패퇴(敗退)하다. 물러나다.¶ ▼潰 ‖ 현덕이 군ᄉᆞ를 ᄂᆞ어 두 길노 졉응ᄒᆞᆫᄃᆡ 여표 군ᄉᆞ를 ᄂᆞᆫ와 ᄇᆡ후로좃ᄎᆞ 쳐 오니 관 장 양군이 다 물너지ᄂᆞᆫ지라 (玄德引兵兩路接應, 呂布分軍從背後殺來, 關、張兩軍皆潰.) <삼국-모종 3:67>

【물니-】 동 (무엇을) 다른 자리로 옮겨놓거나 다른 곳으로 가져가게 하다.¶ ▼去 ‖ ᄭᅳᆯᄂᆞᆫ 물을 긋치기ᄂᆞᆫ 나무ᄅᆞᆯ 물니〻만 ᄀᆞᆺ디 못ᄒᆞ고 파죵ᄒᆞ미 비록 알푸나 독을 기르니보다 낫다 ᄒᆞ오니 (臣聞揚湯止沸, 不如去薪; 潰癰雖痛, 勝於養毒.) <삼국-국중 1:55>

【물례-ᄒᆞ-】 형 무례하다.¶ ▼無禮 ‖ 등지 도라와 공명을 보고 위연 진식니 이갓치 물례ᄒᆞᆫ 말을 알외니 (鄧芝回見孔明, 言魏延、陳式如此無禮.) <삼국-모종 16:52>

【물-미-】 동 물밀다.¶ ▼湧 ‖ 사ᄅᆞᆷ은 죠슈 물밈과 ᄀᆞᆺ고 말은 산니 문허짐과 갓ᄒᆞ여 스ᄉᆞ로 발바 분쥬ᄒᆞᄂᆞᆫ지라 (人如潮湧, 馬似山崩, 自相踐踏.) <삼국-국중 8:122>

【물-부작】 명 물부적.¶ ▼符水 ‖ 이ᄂᆞᆫ 성명이 우길이라 동방에 우거허야 오호[회]에 왕ᄂᆡ허여 물부작으로 ᄉᆞᄅᆞᆷ의 병을 낫게 허니 당세 신인이라 (此人姓于, 名吉. 寓居東方, 往來吳會, 普施符水, 救人萬病, 無有不驗, 當世呼爲神仙, 未可輕瀆.) <삼국-모종 5:37>

【물-씨-】 동 무리짓다. 무리를 이루다.¶ ▼成群 ‖ 홀연 반되 수ᄇᆡᆨ이 물ᄶᅧ 오니 ᄇᆞᆰ근 빗치 죠요ᄒᆞ거ᄂᆞᆯ (但有流螢, 千百成群, 光芒照耀, 只在帝前.) <삼국-가정 1:130>

【물어-가-】 동 물러가다.¶ ▼退 ‖ 오병이 감히 나아가지 못ᄒᆞ고 슈리ᄅᆞᆯ 물어가니 감녕이 동습다려 왈 임의 이예 이로니 나아가지 아니치 못ᄒᆞ리라 (兵不敢進, 約退數里水面, 甘寧謂董襲曰: “事已至此, 不得不進.”) <삼국-모종 6:102> 방통이 경왈 ᄂᆡ 도회 봉취요 이곳 지명이 낙봉픠라 ᄂᆡ게 니치 안니ᄒᆞ다 ᄒᆞ고 후군으로 ᄒᆞ여곰 ᄲᆞᆯ니 물어가더니 (龐統驚曰: “吾道號鳳雛, 此處名落鳳坡, 不利於吾.” 令後軍疾退.) <삼국-모종 10:124>

【물음】 명 ((신체)) 무릎.¶ ▼膝 ‖ 명일의 군신이 나가 항복ᄒᆞ니 사직이 죵ᄎᆞ 진멸ᄒᆞ린니 ᄂᆡ 면져 지ᄒᆞ의 가 션졔게 보옵고 타인의게 물음을 ᄭᅮᆯ지 안니ᄒᆞ리라 (明日君臣出降, 社稷從此殄滅, 吾欲先死以見先帝於地下, 不屈膝於他人也!) <삼국-모종 19:56>

【물이】 명 ((인류)) 무리. 떼. 많은 사람.¶ ▼輩 ‖ ᄌᆞ경은 튱후독실ᄒᆞᆫ 사ᄅᆞᆷ이어니와 뉴비ᄂᆞᆫ 효웅[용건ᄒᆞ단 말이라]ᄒᆞᆫ 물이오 졔갈량은 간활ᄒᆞᆫ 뉘라 (子敬乃誠實篤厚人也. 劉備乃梟雄之輩, 諸葛亮乃奸猾之徒.) <삼국-가정 17:83> 됴운은 비록 용이 이시나 ᄭᅬ 업ᄉᆞᆫ 물이라 (某料趙雲有勇無謀之輩.) <삼국-가정 30:10> ᄌᆞ 왈 총명특달ᄌᆡ 팔구십 인이오 신의 물이 갓ᄐᆞᆫ 이ᄂᆞᆫ 거ᄌᆡ두량이라도 불가승수니이다 (咨曰: “聰明特達者八九十人, 如臣之輩, 車載斗量, 不可勝數.”) <삼국-모종 13:69>

【물이-】 동 물러나게 하다.¶ ▼退 ‖ 곽기 왈 주공은 인정을 파라 뉴비로 군ᄉᆞᄅᆞᆯ 물이고 가 연주ᄅᆞᆯ 회복ᄒᆞ라 ᄒᆞ니 죄 즉시의 뉴비의겨 답셔ᄒᆞ여 뉴비로 더부러 퇴병ᄒᆞ다 (郭嘉曰: “主公正好賣個人情與劉備, 退軍去復兗州.” 操然之, 卽時答書與劉備, 拔寨退兵.) <삼국-모종 2:67>

【물이오-】 동 물리다. 물러나게 하다.¶ ▼退 ‖ 이젼의 고죄가 관중을 보젼ᄒᆞ고 광뮈가 한ᄋᆡᄅᆞᆯ 운거ᄒᆞ여 다 ᄲᅮᆯ이ᄅᆞᆯ 깁겨 ᄒᆞ고 근본을 굿겨 ᄒᆞ여 나아가면 족히 ᄃᆡ적을 물이오면 죡히 굿겨 직힌 년고로 비록 간ᄒᆞ미 이시나 마ᄎᆞᆷᄂᆡ ᄃᆡ업을 일워시니 (昔高祖保關中, 光武據河內, 皆深根固本, 以正天下, 進足以勝敵, 退足以堅守, 故雖有困, 終濟大業.) <삼국-모종 2:81>

【뭇】 명의 묶음. 나무, 장작, 채소 따위의 묶음을 세는 단위.¶ ▼束 ‖ 마되 이ᄅᆞᆯ 듯고 군ᄉᆞ로 ᄒᆞ여곰 각〻 플

ᄒᆞᆫ 뭇식 가지이고 (人暗報與馬超, 超教軍士各挾草一束, 帶火種去燒操車.) <삼국-가정 19:26>

【뭇-】 동 무으다. 쌓다.¶ ▼築 ‖ 이튼날 삼층 ᄃᆡ를 뭇고 오방 긔치를 셰우고 우희 흰 둑과 누른 졀월과 병부와 쟝인을 벌셜ᄒᆞ고 (次日, 築臺三層, 遍列五方旗幟, 上建旄黃鉞, 兵符將印.) <삼국-가정 2:53>

【뭇-길】 명 ((지리)) 육로(陸路).¶ ▼旱路 ‖ 쥬공아 일이 급ᄒᆞ여시니 일변으로 ᄎᆡ인을 셩도의 보내여 구병을 구ᄒᆞ게 ᄒᆞ고 뭇길로 나아가 형쥐를 취ᄒᆞ게 ᄒᆞ쇼셔 (主公事急矣, 可一面差人往成都求救, 卽從旱路去取荊州.) <삼국-가정 25:19>

【뭇-길ㅎ】 명 ((지리)) 육로(陸路).¶ ▼旱路 ‖ 이제 조의 뎨 조인이 군ᄉᆞ를 양〻 번셩의 둔ᄒᆞ여시니 ᄉᆞ이예 댱강의 험ᄒᆞ미 업고 뭇길히 바ᄅᆞ니 형쥐 취호미 됴커ᄂᆞᆯ 엇디 ᄒᆞ여 저ᄂᆞᆫ 움즉이디 아니ᄒᆞ고 믄득 쥬공으로 ᄒᆞ여곰 동병ᄒᆞ라 ᄒᆞ니 그 ᄠᅳᆺ을 가히 알리로소이다 (今操弟曹仁, 見屯兵於襄陽、樊城, 又無長江之險, 旱路可取荊州, 如何不取, 却令主公動兵? 只此便見其心也.) <삼국-가정 24:34>

【뭇듯】 부 문득. 생각이나 느낌 따위가 갑자기 떠오르는 모양.¶ ▼却當 ‖ 후쥬 왈 또 보와 과연 쇼실 잇ᄊᆞ면 뭇듯 막으리라 쵸쥬 직삼 간하나 듯지 안니한니 (後主曰: "且看此行若何, 果然有失, 却當阻之." 譙周再三諫勸不從.) <삼국-모종 19:14>

【뭇-디ᄅᆞ-】 동 무찌르다.¶ ▼坑 ‖ 오병의 가족이 다 동남 강회 싸히 이시니 이제 만일 뎌를 살오면 오란 후의 반ᄃᆞ시 변이 날 거시니 다 뭇디름만 ᄀᆞᆺ디 못ᄒᆞ니라 (吳兵老小盡在東南江、淮之地, 今若留之, 久必爲變, 不如坑之!) <삼국-가정 37:38> 녜 용병ᄒᆞᄂᆞᆫ 재 나라흘 평안ᄒᆞ므로ᄡᅥ 웃ᄯᅳᆷ을 삼고 그 원악을 주길 ᄯᆞᄅᆞᆷ이라 만일 다 뭇디ᄅᆞ면 이ᄂᆞᆫ 어디〻 못ᄒᆞ미니 노하 강남의 도라보내여 듕국의 관대ᄒᆞᆫ 은혜를 알게 홈만 ᄀᆞᆺ디 못ᄒᆞ닝이다 (古之用兵者, 全國爲上, 戮其元惡而已. 若盡坑之, 是不仁也. 不如放歸江南, 以顯中國之寬大耶.) <삼국-가정 37:39> 내 보니 제쟝이 복종티 아니ᄒᆞ니 다 뭇디롬만 ᄀᆞᆺ디 못ᄒᆞᆯ가 ᄒᆞ노라 (我見諸將不服, 請坑之.) <삼국-가정 39:30>

【뭇ᄃᆞᆮ-】 동 «뭇ᄃᆞᆮ다» 무리지어 달리다.¶ ▼관위 ᄯᅩᄒᆞᆫ 말 리니 군ᄉᆞ들이 뭇ᄃᆞ라 노식을 옹위ᄒᆞ야 가니라 (關公亦當住. 軍士簇擁盧植去了.) <삼국-가정 1:50>

【뭇-ᄉᆞ롬】 명 ((인류)) 많은 사람.¶ ▼衆 ‖ 휘가 명영을 의지ᄒᆞ여 적근 휘로 분산ᄒᆞ니 되 가만이 탐문ᄒᆞᆫ즉 과년 군ᄉᆞ덜이 원망ᄒᆞ여 왈 승상이 뭇ᄉᆞ롬을 쏙인다 (垕依命, 以小斛分散, 操暗使人各寨探聽, 無不嗟怨, 皆言: "丞相欺衆.") <삼국-모종 3:53>

【뭇-ᄶᅵᄅᆞ-】 동 무찌르다.¶ ▼마속은 진짓 필뷔로다 반ᄃᆞ시 우리 군ᄉᆞ를 죽을 ᄃᆡ ᄲᅡ디워 댱평의 화를[녜 진쟝 빅긔 됴군이 십여 만을 댱평의 가 뭇찌ᄅᆞ니라] 만나리로다 (馬謖眞匹夫! 坑陷吾軍, 早晚必有長平之禍也!) <삼국-가정 31:30>

【뭇쓸-】 동 무찌르다. 죽이다.¶ ▼坑 ‖ 위 왈 제쟝이 항복지 안니ᄒᆞ니 다 뭇쓸리라 회 왈 ᄂᆡ 임의 궁즁의 가감을 팟ᄉᆞᆫ니 좃지 안니하ᄂᆞᆫ ᄌᆞᄂᆞᆫ 다 죽기 무드리라 (維曰: "我見諸將不服, 請坑之." 會曰: "吾已令宮中掘一坑, 置大棒數千, 如不從者, 打死坑之.") <삼국-모종 19:67>

【뭇씰으-】 동 무찌르다.¶ ▼坑 ‖ 다 뭇씰으면 이ᄂᆞᆫ 어지〻 못ᄒᆞ니 노와 강남에 보ᄂᆡ여 써 중국 관ᄃᆡᄒᆞᆫ ᄠᅳᆺ을 보이라 (若盡坑之, 是不仁也, 不如放歸江南, 以顯中國之寬大.) <삼국-모종 18:73>

【뭇ᄌᆞ】 명 ((인류)) 무리.¶ ▼衆 ‖ 그 중 머리 되난 ᄌᆞᄂᆞᆫ 쇄주라 ᄒᆞ고 뭇절 거나리난 ᄌᆞᄂᆞᆫ 호랄 치주[두]ᄃᆡ쇄주라 ᄒᆞ야 힘써 성신ᄒᆞ무로 위주ᄒᆞ고 쇽기고 간ᄉᆞ치 못ᄒᆞ게 하고 (爲首者號爲'祭酒', 領衆多者號'治頭大祭酒', 務以誠信爲主, 不許欺詐.) <삼국-모종 10:45>

【뭇지르-】 동 무찌르다. 닥치는 대로 남김없이 마구 쳐 없애다. 시살(厮殺)하다.¶ ▼砍死 ‖ ᄒᆞᆫ 쟝쉬 손의 큰 도치를 들고 말을 달려 쵀용의게 나아가 ᄒᆞᆫ 합이 못ᄒᆞ야 용을 베혀 ᄆᆞᆯ 아ᄅᆡ 나리티고 군듕의 달려드러 무수히 뭇지ᄅᆞ니 (一將手執大斧, 飛驟驊騮, 直取崔勇. 兩馬相交, 只一合, 斬崔勇於馬下. 殺入軍中, 砍死無數.) <삼국-규장 4:27> ▼坑 ‖ ᄂᆡ 임의 궁즁의 일항을 파고 ᄃᆡ봉 슈쳔을 ᄆᆡᆫ드러 불죵자ᄂᆞᆫ 쳐 죽여 뭇지르리라 (吾已令宮中掘一坑, 置大棒數千, 如不從者, 打死坑之.) <삼국-국중 17:112> 오병의 가속이 다 동남 강회 ᄯᅡ히 이시니 이제 만일 뎌를 살오면 오란 후의 반다시 변이 날 거시니 다 뭇지름만 갓지 못ᄒᆞ니라 (吳兵老小盡在東南江、淮之地, 今若留之, 久必爲變, 不如坑之!) <삼국-규장 26:11> ▼厮殺 ‖ ᄒᆞᆫ 쟝쉬 손의 큰 도치를 들고 말을 달려 쵀용의게 나아가 ᄒᆞᆫ 합이 못ᄒᆞ야 용을 베혀 ᄆᆞᆯ 아ᄅᆡ 나리티고 군듕의 달려드러 무수히 뭇지ᄅᆞ니 (一將手執大斧, 飛驟驊騮, 直取崔勇. 兩馬相交, 只一合, 斬崔勇於馬下. 殺入軍中, 砍死無數.) <삼국-규장 4:27> ▼擊 ‖ 조군이 양식을 겁약ᄒᆞ니 조〻 피른 친히 가고 시ᄂᆞᆫ 빌 거시니 병을 노아 조식를 뭇지르면 죄 듯고 피랴 속히 도라오리니 (曹軍劫糧, 曹操必然親往, 操既自出, 寨必虛空, 可縱兵先擊曹操之寨, 操聞之, 必速還.) <삼국-모종 5:59>

【뭇ㅌ】 명 ((지리)) 뭍. 육지(陸地).¶ ▼陸 ‖ 니제 공명 익덕이 두 길노 천을 엇고 낙성의 모와 한가지 성도의 드러가ᄌᆞ ᄒᆞ고 물과 뭇테 ᄇᆡ와 수리를 준비ᄒᆞ야 칠월 이십일에 길을 긔약한니 (今孔明、翼德分兩路取川, 會於雒城, 同入成都, 水陸舟車, 已於七月二十日起程.) <삼국-모종 11:1>

【뭇ㅎ】 명 ((지리)) 뭍. 육지(陸地).¶ ▼陸 ‖ 권니 능통 곡니을 상주고 병을 거두워 유수에 도라가 선척을 정돈ᄒᆞ고 상의ᄒᆞ여 물과 뭇호로 ᄂᆞ오고 (權乃重賞凌統、谷利, 收軍回濡須, 整頓船隻, 商議水陸並進.) <삼국-모종 11:68>

【묷-】 동 묶다.¶ ▼束 ‖ 관공의 뜻이 본ᄃᆡ 우리ᄅᆞᆯ 주기려 ᄒᆞᆫ 일이니 엇디 손을 뭇거 주그리오 (關羽此意, 正要斬我二人, 安可束手受死也?) <삼국-가정 25:4> 류종이 숀을 뭇거 항복ᄒᆞ고 형양 ᄇᆡᆨ셩이 망풍귀슌ᄒᆞᆫ지라 (劉琮束手; 荊襄之民, 望風歸順.) <삼국-국중 8:136>

【뭉긔-】 동 뭉치다. 합치다. 엉겨서 무더기를 이루다.¶ ▼相結 ‖ ᄒᆞᆫ 쩨 ᄇᆡᆨ셩 남녀 슈ᄇᆡᆨ인이 뭉긔여 가거ᄂᆞᆯ (只見一伙百姓, 男女數百人, 相結而走.) <삼국-가정 14:11> ▼擁 ‖ 함셩과 ᄆᆞᆯ소ᄅᆡ 덤〻 갓가오며 벌 뭉긔ᄃᆞᆺ ᄃᆞ라오거ᄂᆞᆯ (只聽得人喊馬嘶, 蜂擁而來.) <삼국-가정 19:13> 마퇴 뒤흘 조차 방덕 마ᄃᆡ로 더브러 삼노 병을 ᄂᆞᆫ화 벌 뭉긔ᄃᆞᆺ ᄃᆞ라드더라 (馬超從背後與龐德、馬岱兵分三路, 蜂擁殺來.) <삼국-가정 19:25> 믄득 ᄒᆞᆫ 때 거믄 긔 벌 뭉긔ᄃᆞᆺ 오며 (但見一簇皂旗蜂擁而來.) <삼국-가정 30:84> ▼감 미 이부인이 술의에 ᄂᆞ려 초당의 오ᄅᆞ거ᄂᆞᆯ 운당이 차슈[두 손을 뭉긔여 공슈ᄒᆞᄃᆞᆺ ᄒᆞ미라]ᄒᆞ고 셧거ᄂᆞᆯ (甘、糜二夫人下車上草堂, 關公叉手立於二夫人之側.) <삼국-가정 9:91>

【뭉기-】 동 뭉치다.¶ ▼群 ‖ ᄂᆡ 조〻의 ᄇᆡᆨ만지듕 보믈 ᄀᆡ야미 뭉긴 것가치 ᄒᆞᄂᆞ니 냥이 ᄒᆞᆫ 번 손을 들면 다 ᄀᆞᆯ리 되리라 (吾視曹操百萬之衆, 如群蟻耳! 但亮擧手, 則皆爲齏粉矣!) <삼국-가정 14:85>

【뮈여-지-】 동 찢어지다.¶ ▼扯 ‖ 조죄 급히 ᄉᆞ람으로 ᄒᆞ여금 풀어 말니〻 져 금포 임의 쪽〻이 뮈여진지라 죄 이인을 ᄒᆞ여금 다 ᄃᆡ의 오ᄅᆞ라 ᄒᆞ니 (操急使人解開, 那領錦袍已是扯得粉碎, 操令二人都上臺.) <삼국-모종 9:80>

【뮈워-ᄒᆞ-】 동 미워하다. 밉게 여기거나 밉게 여기는 생각을 직접 행동으로 드러내다.¶ ▼惡 ‖ 조죄 평ᄉᆡᆼ의 뮈워ᄒᆞᄂᆞᆫ 바ᄂᆞᆫ 여표 뉴표 원소 원슐과 예쥬와 다믓 괴리니 이제 슈웅이 멸ᄒᆞᄆᆡ 예쥬와 다믓 괴 오히려 잇스니 (曹操平生所惡者, 呂布、劉表、袁紹、袁術、豫州與孤耳, 今數雄已滅, 獨豫州與孤尙存.) <삼국-모종 7:93>

【므르-】 동 물러나다. 후퇴(後退)하다. ※ 자음으로 시작하는 어미로 활용할 때 쓰이며, 모음으로 시작하는 어미 앞에서는 어간이 '믈ㄹ'의 형태가 된다.¶ ▼退步 ‖ 젼군이 이긔거든 죽어 ᄯᆞᆯ오ᄃᆡ 종소ᄅᆡ를 듯고 ᄇᆞ야흐로 므르라 (如前軍得勝追趕, 只待鳴金方許退步.) <삼국-가정 16:98>

【므르-】 형 무르다. 검붉다.¶ ▼重 ‖ 현덕이 보니 그 사ᄅᆞᆷ이 신당이 구쳑 오촌이오 슈염이 ᄒᆞᆫ 자 여ᄃᆞᆲ 치오 ᄂᆞᆺ츤 므른 대조빗 ᄀᆞᆺ고 입시울은 쥬사 ᄃᆡ은ᄃᆞᆺ ᄒᆞ고 단봉눈이오 눈은 누에 눈섭이오 샹뫼 당〻ᄒᆞ고 위풍이 늠〻ᄒᆞ더라 (玄德看其人, 身長九尺三寸, 髥長一尺八寸, 面如重棗, 唇若抹朱, 丹鳳眼, 臥蠶眉, 相貌堂堂, 威風凜凜.) <삼국-가정 1:24> 이 사ᄅᆞᆷ은 신당이 구쳑이오 ᄂᆞᆺ치 므른 대조 ᄀᆞᆺ고 눈이 ᄆᆞᆯ근 별 ᄀᆞᄐᆞ니 관운당의 얼골 ᄀᆞᆺ고 무예 ᄲᅡ혀나니 (身長九尺, 面如重棗, 目似朗星, 如關雲長模樣, 武藝獨冠.) <삼국-가정 13:109> 모다 보니 그 사ᄅᆞᆷ의 ᄂᆞᆺ치 므른 대조빗치오 눈이 ᄆᆞᆯ근 별 ᄀᆞᆺ고 긔골이 헌앙ᄒᆞ고 샹뫼 비샹ᄒᆞ야 관운당 ᄀᆞᄐᆞ니 (百姓視之, 其人面如重棗, 目若朗星, 器宇軒昂, 貌類非俗, 宛似關將.) <삼국-가정 17:53>

【므르-ᄃᆞᆺ-】 동 «므르ᄃᆞᆮ다» 물러 달아나다.¶ ▼退 ‖ 믄득 홍광과 ᄌᆞ뮈 굴헝 가온ᄃᆡ로셔 니러나며 말이 ᄯᅱ여 굴헝 밧게 ᄂᆡ다ᄅᆞ니 당합이 ᄃᆡ경ᄒᆞ야 므르ᄃᆞᆺ거ᄂᆞᆯ (忽然紅光紫霧從土坑中滾起, 那匹馬一踊而起. 人馬踊出土坑, 張郃大驚而退.) <삼국-가정 14:19>

【므리】 명 ((인류)) 무리.¶ ▼等 ‖ 공명이 ᄃᆡ희ᄒᆞ여 니풍의 므리ᄅᆞᆯ 후샹ᄒᆞ더라 홀연 셰작이 보ᄒᆞᄃᆡ 위주 조예 일면으로 친히 당안의 가고 (孔明大喜, 厚賞李豐等, 忽細作入報說: "魏主曹叡, 一面駕幸長安.") <삼국-모종 15:96>

【므ᄅᆞ】 부 무릇. 대체로 헤아려 생각하건대.¶ ▼庶 ‖ 이ᄂᆞᆫ 조죄 졔후ᄅᆞᆯ 좀으ᄂᆞᆫ 법이니 만일 볼모ᄅᆞᆯ 머믈워 두면 므ᄅᆞ 일을 니ᄅᆞᄂᆞᆫ 대로 ᄒᆞᆯ 거시오 보내디 아니ᄒᆞ면 죄 흥병ᄒᆞ야 강동을 틸 거시니 셰 반ᄃᆞ시 위ᄐᆡᆨᄒᆞ리라 (是操鎖諸侯之法也. 若留其質, 一聽所使. 如不令去, 恐操興兵來下江東, 勢必危矣.) <삼국-가정 13:5>

【므ᄅᆞ-】[1] 동 물러나다.¶ ▼退 ‖ 마퇴 당비의 오믈 보고 창으로 뒤흘 ᄇᆞ라며 ᄒᆞᆫ 번 두로티니 군ᄉᆡ ᄒᆞᆫ 살 동안은 므ᄅᆞ거ᄂᆞᆯ (馬超見張飛軍到, 把槍望後一招, 約退軍有一箭之地.) <삼국-가정 21:52> 군ᄉᆡ 만일 믈을 건넛다가 급히 므ᄅᆞᆯ 일곳 이시면 엇디ᄒᆞ리오 (軍若渡水, 倘要急退, 如之奈何?) <삼국-가정 23:86>

【므ᄅᆞ-】[2] 동 물러나게 하다.¶ ▼退 ‖ 내 별회 봉취오 디명이 낙봉패니 내 벽〻이 ᄆᆞᄎᆞ리로다 ᄒᆞ고 ᄲᆞᆯ리 후군을 므ᄅᆞ라 ᄒᆞ니 ('吾道號鳳雛, 此處名落鳳坡, 應吾休矣!' 令後軍疾退.) <삼국-가정 20:94> 현덕이 ᄒᆡ 셔의 디믈 보고 후군을 몬져 므ᄅᆞ라 ᄒᆞ니 군ᄉᆡ ᄇᆞ야흐로 몸을 도로혀더니 (玄德見紅日平西, 教後軍先退, 軍士方回身.) <삼국-가정 21:6>

【므ᄅᆞ-ᄃᆞᆺ-】 동 «므ᄅᆞᄃᆞᆮ다» 물러 달아나다.¶ ▼退 ‖ 당뵈 제 법 프러 ᄇᆞ리ᄂᆞᆫ 줄을 알고 급히 인병ᄒᆞ야 뫼 뒤흐로 므ᄅᆞᄃᆞᆺ더니 (張寶見解了法, 急引兵退山後.) <삼국-가정 1:58> ᄆᆞᆯ을 텨 나아든대 표 즉시 므ᄅᆞᄃᆞᆺ거ᄂᆞᆯ (拍馬冲進. 劉表便退. 堅赶將去.) <삼국-가정 2:135> 믄득 홍광과 ᄌᆞ뮈 굴헝 가온ᄃᆡ로셔 니러나며 말이 ᄯᅱ여 굴헝 밧게 ᄂᆡ다ᄅᆞ니 당합이 ᄃᆡ경ᄒᆞ야 므르ᄃᆞᆺ거ᄂᆞᆯ (忽然紅光紫霧從土坑中滾起, 那匹馬一踊而起. 人馬踊出土坑, 張郃大驚而退.) <삼국-가정 14:19>

【므스므라】 부 무슨 까닭으로.¶ ▼이ᄂᆞᆫ 나라 일이라 ᄉᆞ〻잔치ᄒᆞᄂᆞᆫ ᄉᆞ이예 므스므라 의논ᄒᆞ리오 (此國家之事, 筵間不必論之.) <삼국-가정 21:103>

【므ᄉᆞ무라】 부 무슨 까닭으로.¶ ▼何必 ‖ 내 반쥰의 위인을 아노니 불셔 ᄒᆞ이여시니 므ᄉᆞ무라 고티며 됴루도 냥뇨ᄅᆞᆯ 맛다시니 ᄯᅩᄒᆞᆫ 듕ᄒᆞᆫ 소임이라 (吾素知潘濬之爲人. 既而差定, 何必改之? 趙累見掌糧料, 亦事之重者.)

<삼국-규장 17:13>

【므ᄉᆞ므라】 [부] 무슨 까닭으로.¶ ▼何必 ‖ 듕션[왕찬]의 말과 공뎨[부손]의 쐬와 이도[괴월]의 소견이 서ᄅᆞ ᄀᆞᄐᆞ니 므ᄉᆞ므라 내게 고ᄒᆞ리오 (仲宣之言, 公悌之謀, 異度之見: 興廢之事所見相同, 何必告我.) <삼국-가정 13:84> 므ᄉᆞ므라 경ᄉᆞ 군ᄉᆞ를 동ᄒᆞ리오 사ᄅᆞᆷ을 브려 셔량쥐 보내여 마등을 블러 녕병 남졍ᄒᆞ라 ᄒᆞ면 가히 졔후의 ᄆᆞᄋᆞᆷ을 어드리이다 (不必動京師之兵, 可差人往凉州取馬騰, 取領兵南征, 可得諸侯之心也.) <삼국-가정 18:93> 너희 므ᄉᆞ므라 결오리오 이제 녕포 등현이 각〻 채칙을 세윗다 ᄒᆞ니 각〻 본부 군마를 거ᄂᆞ리고 나아가 ᄒᆞᆫ 채식 몬져 엇ᄂᆞ니로 웃듬 공이 되라 (汝二人不必相爭, 卽目冷苞、鄧賢下兩個下寨. 今汝二人, 自領本部軍馬, 各打一寨. 如先獲得將者, 便爲頭功.) <삼국-가정 20:69> 내 반쥰의 위인을 아노니 블셔 ᄒᆞ이여시니 므ᄉᆞ므라 고티며 됴루도 냥됴를 맛다시니 또ᄒᆞᆫ 듕ᄒᆞᆫ 소임이라 (吾素知潘濬之爲人. 既而差定, 何必改之? 趙累見掌糧料, 亦事之重者.) <삼국-가정 24:51>

【므ᄉᆞ-일】 [대] 무슨일.¶ ▼何事 ‖ 너희ᄂᆞᆫ 아당ᄒᆞᄂᆞᆫ 무리라 텬ᄌᆞ로 더브러 밀실의셔 우던 배 므ᄉᆞ일이러뇨 (汝等乃口諛之人! 適間與天子在密室中所哭何事?) <삼국-가정 36:45>

【므슴-일】 [대] 무슨일.¶ ▼何事 ‖ 너희ᄂᆞᆫ 아당ᄒᆞᄂᆞᆫ 무리라 텬ᄌᆞ로 더브러 밀실의셔 우던 ᄇᆡ 므슴 이리런뇨 (汝等乃口諛之人! 適間與天子在密室中所哭何事?) <삼국-규장 25:47>

【므지게】 [명] ((천문)) 무지개.¶ ▼虹 ‖ 츄칠월의 므지게 옥당의 셔고 오원 산이 다 믈허디니 (秋七月, 有虹見于玉堂, 五原山岸, 盡皆崩裂.) <삼국-가정 1:4>

【믁】 [명] ((문방))((기물)) 묵(墨). 먹. 벼루에 물을 붓고 갈아서 글씨를 쓰거나 그림을 그릴 때 사용하는 검은 물감.¶ ▼墨 ‖ 부식 믁을 므텨 분쟝 우희 룡 ᄒᆞ나흘 그리고 ᄉᆞ매로 ᄒᆞᆫ 번 ᄡᅳ리티더니 룡의 ᄇᆡ 절노 열니거ᄂᆞᆯ (取墨筆于粉墻上面一條龍, 以袍袖一拂, 龍腹自開.) <삼국-가정 22:73>

【믁특】 [명] ((인명)) 믁특(墨特, B.C.209-174). 흉노의 임금. «三國志、魏志、武帝紀»에는 "蹋頓"으로 되어 있음. 용비어천가 78장에는 "冒頓"을 "默特"으로 읽는다는 기록이 보임.¶ ▼冒頓 ‖ 또 원쇠 번방의 은혜 잇고 샹의 형뎨 오히려 나마 이시니 이를 ᄇᆞ리고 남졍ᄒᆞ면 샹의 형뎨 오환의 도으믈 인ᄒᆞ야 녯 신하를 블러 믁특의 ᄆᆞᄋᆞᆷ을 내여 엿볼 계규를 ᄒᆞ면 긔쥐 디방이 우리의 둔배 되디 아닐 거시오 (且袁紹於烏丸有恩, 而尙兄弟猶存. 今舍烏丸而往南征, 尙兄弟因烏丸之助, 招死主之臣, 以生冒頓之心, 成覬覦之計, 恐靑、冀非已之有也.) <삼국-가정 11:86>

【믄경지교】 [명] 문경지교(刎頸之交). 생사를 같이 하는 절친한 사귐.¶ ▼刎頸之交 ‖ 비 족하로 더브러 도원의셔 믄경지교를 ᄆᆡᄌᆞ니 ᄒᆞᆷᄭᅴ 주그므로ᄡᅥ ᄆᆡᆼ셰ᄒᆞ엿더니 (備與足下, 自桃園共結刎頸之交, 雖不同生, 誓以同死.) <삼국-가정 9:68>

【믄득】 [부] 문득. 생각이나 느낌 따위가 갑자기 떠오르는 모양. 갑자기.¶ ▼輒 ‖ 신이 믄득 쥬쟈와 밋 황문을 틱ᄒᆞ야 알외오니 ᄒᆞ여곰 샹과 희와 훈의 병을 파ᄒᆞ야 ᄡᅧ 집의 나아가게 ᄒᆞ고 머므러 거가를 더듸게 못ᄒᆞ링이다 감히 머므로미 이시면 믄득 군법으로ᄡᅥ 힝ᄒᆞ링이다 (臣輒敕主者及黃門令, 罷爽、羲、訓吏兵, 以侯就第, 不得逗留, 以稽車駕. 敢有稽留, 便以軍法從事.) <삼국-가정 35:95> ▼忽 ‖ 믄득 조죄 사ᄅᆞᆷ으로 ᄒᆞ여곰 ᄒᆞᆫ 음식 녀흔 합을 보내여시되 조죄 친필로 합 우희 봉표ᄒᆞ고 보람ᄒᆞ엿거ᄂᆞᆯ (忽曹操使人送飮食一盒至, 盒上有曹親筆封記.) <삼국-가정 20:31>

【믄허-디-】 [동] 무너지다.¶ ▼陵替 ‖ 이제 뉴쟝은 암약ᄒᆞ야 부ᄌᆞ 서ᄅᆞ 니어 법되 믄허디고 덕졍이 업서 긔강이 식〻디 아니ᄒᆞ니 군신의 되 블셔 폐ᄒᆞ엿ᄂᆞᆫ디라 (今劉璋暗弱, 父子相承, 有累世之恩, 法度陵替, 德政不擧, 刑威不肅, 君臣之道, 盡已廢矣.) <삼국-가정 21:80>

【믈】 [명] ((지리)) 물.¶ ▼水 ‖ 냥안의 도수이셔 여러 ᄒᆡ를 믈 가온ᄃᆡ 입히 다 ᄡᅧ려져 만니 타국인이 마시면 다 죽고 오작 오가[과]국인니 마시면 정신이 두별 더ᄒᆞᆫ려ᄂᆞᆫ디라 (兩岸有桃樹, 歷年落葉於水中, 若別國人飮之盡死, 惟烏國人飮之, 倍添精神.) <삼국-모종 15:13>

【믈이 오면 흙으로 막고 군ᄉᆡ 오면 쟝슈 막ᄂᆞᆫ다】 [속] 물이 오면 흙으로 막고 군사 오면 장수로 막는다.¶ ▼水來土掩, 將至兵迎 ‖ 너뎨엿 션ᄇᆡ 말을 엇디 취신ᄒᆞ리오 샹해 닐오ᄃᆡ 믈이 오면 흙으로 막고 군ᄉᆡ 오면 쟝슈 막ᄂᆞᆫ다 ᄒᆞ니 우리 군ᄉᆡ 쉬연 ᄃᆡ 오라니 엇디 죡히 두리리오 (汝是秀才之言, 不曉破敵. 豈不聞'水來土掩, 將至兵迎'? 我軍以逸待勞, 何足懼之?) <삼국-가정 24:46>

【믈-결】 [명] ((지리)) 물결.¶ ▼波/浪 ‖ ᄉᆞ면팔방의 대쉬 펴뎌 ᄃᆞᆯ려드니 칠군이 어즈러이 ᄃᆞ라나 믈결을 조차 헤디ᄅᆞᄂᆞᆫ 재 그 수를 아디 못ᄒᆞᆯ러라 (四面八方, 大水驟至, 七軍亂竄, 隨波逐浪者, 不計其數.) <삼국-가정 24:85>

【믈니-】 [동] '무르다'의 사동형. 뒤로 물러서게 하거나 옮겨지게 하다.¶ ▼去 ‖ 현덕 왈 이ᄂᆞᆫ 부인의 볼 닐이 아니라 ᄂᆡ 마음의 심히 셔늘ᄒᆞ니 가히 잠간 믈니라 (玄德曰: "非夫人所觀之事, 吾甚心寒, 可命暫去.") <삼국-국중 10:70>

【믈-묘리】 [명] 물묘리(-妙理).¶ ▼水性 ‖ 황기 믈묘리를 깁히 알ᄆᆡ 그런 치위의 갑조ᄎᆞ 닙고 믈의 ᄲᅡ지되 종시 죽지 아니ᄒᆞ여 구완ᄒᆞ여 ᄂᆡ다 (只爲黃盖深知水性, 大寒之時, 和甲墮江, 也逃得性命.) <삼국-가정 16:58> 창이 본ᄃᆡ 믈묘리를 알고 또 형쥐 이션 디 오라니 더옥 강하의 닉더라 (倉素知水性, 又在荊州住了數年, 愈加慣熟, 又兼力大, 因此擒了龐德.) <삼국-가정 24:89>

【믈-밀-】 [동] «믈밀다» 물밀다.¶ ▼湧 ‖ 사ᄅᆞᆷ은 죠슈 물밈

과 ᄀᆞᆺ고 말은 산니 문허짐과 갓ᄒᆞ여 스ᄉᆞ로 발바 분쥬ᄒᆞᄂᆞᆫ지라 (人如潮湧, 馬似山崩, 自相踐踏.) <삼국-국중 8:122>

【믈-ᄀᆞᆺ】 명 ((지리)) 물가.¶ ▼河 ‖ 믈ᄀᆞᆺ의 가 ᄇᆞ라보니 군매 뫼과 ᄃᆞᄅᆞ히 ᄀᆞ득ᄒᆞ엿거ᄂᆞᆯ (隔河望見軍馬, 漫山遍野.) <삼국-가정 8:109>

【믈어-디-】 동 물러나다.¶ ▼回 ‖ 녀포 죽ᄃᆞ록 싸화 버서나 계유 ᄃᆞ라나 믈어뎌 복양의 도라와 두 편 군ᄉᆡ 서ᄅᆞ 벙으리왓고 각각 싸호디 아니ᄒᆞ더니 (呂布死戰得脫, 走回濮陽. 兩邊拒定, 各不進兵.) <삼국-가정 4:116>

【믈허-디-】 동 무너지다.¶ ▼倒 ‖ 건녕 사년 츈이월의 낙양의 디진ᄒᆞ니 각사 마을 담들리 다 믈허디고 바다믈이 다 넘ᄶᅵ니 등닉긔밀 네 고을히 믈결의 후믈리니 ᄇᆡᆨ셩이 다 바다히 ᄲᅡ디거ᄂᆞᆯ (建寧四年二月, 洛陽地震, 省垣皆倒, 海水泛濫, 登、萊、沂、密盡被大浪卷掃居民入海.) <삼국-가정 1:4> ▼崩裂 ‖ 츄칠월의 므지게 옥당의 셔고 오원 산이 다 믈허디니 (秋七月, 有虹見于玉堂, 五原山岸, 盡皆崩裂.) <삼국-가정 1:4> ▼崩摧 ‖ 한 샤직이 믈허디ᄂᆞᆫ 양을 셔셔 보긔 ᄒᆞ엿ᄂᆞ니이다 (漢社稷立見崩摧矣!) <삼국-가정 1:87> ▼傾頹 ‖ 뫼 이시되 불셔 믈허뎌 졔ᄒᆞᆯ 사ᄅᆞᆷ이 업ᄉᆞᆸᄂᆞᆼ이다 (有廟, 已傾頹, 無人祭祀.) <삼국-가정 5:130>

【믜여-디-】 동 ❶ 해어져 구멍이 나다. 찢어지다.¶ ▼裂 ‖ 티기ᄅᆞᆯ 두 시나 ᄒᆞ니 가족이 ᄢᅥ디고 ᄉᆞᆯ이 믜여뎌 죄 섬의 흐르니 (打到兩個時辰, 皮開肉裂, 血流滿階.) <삼국-가정 8:78> ▼迸裂 ‖ ᄎᆡᆨ이 거울을 ᄇᆞ리고 크게 쇼ᄅᆡ지르되 요인이 왓다 ᄒᆞ더니 금창이 믜여뎌 긔졀ᄒᆞ거ᄂᆞᆯ (策拍鏡, 大叫一聲'妖人', 金瘡迸裂, 昏絶而死.) <삼국-가정 10:41> ▼粉碎 ‖ 둘히 다 창을 ᄇᆞ리고 서ᄅᆞ 븟드러 주머괴로 티ᄂᆞᆫ디라 젼푀 다 믜여뎌 분ᄒᆞ이 ᄂᆞ니 이ᄯᅢ ᄌᆞ의 나흔 삼십이오 ᄎᆡᆨ의 나흔 이십일 셰러라 (慈年三十歲, 策年二十一歲, 兩個揪住戰袍, 扯得粉碎.) <삼국-가정 5:137> ▼開 ‖ 중관이 황개ᄅᆞᆯ 븟드러 니ᄅᆞ혀니 매 마ᄌᆞᆫ ᄃᆡ 가족이 믜여디고 ᄉᆞᆯ히 ᄢᅥ뎌 션혈이 님니ᄒᆞ더라 븟드러 제 댱막의 가니 곰ᄇᆡ님ᄇᆡ 긔졀ᄒᆞ니 듯ᄂᆞᆫ 사ᄅᆞᆷ이 아니 눈믈 디리 업더라 (衆官扶起黃盖, 打得皮開肉綻, 鮮血迸流, 扶到帳中, 昏絶幾番. 動問之人, 無不下淚.) <삼국-가정 15:89> ❷ (비유적으로) 가슴이 찢어질 듯이 심한 고통이나 슬픔을 느끼다. 미어지다. 찢어지다.¶ ▼裂 ‖ 도공조ᄂᆞᆫ 이 셩실ᄒᆞᆫ 군ᄌᆡ라 이 일을 드ᄅᆞ매 간담이 다 믜여디ᄂᆞᆫ ᄃᆞᆺᄒᆞ야 ᄒᆞᄂᆞ니 (陶恭祖乃誠實君子, 聞知則肝膽皆裂.) <삼국-가정 3:76> 엇디 이디 못ᄒᆞ야 일이 일매 님ᄒᆞ야 병의 얽ᄆᆡ야 운상ᄒᆞ니 딤이 샹도ᄒᆞ야 심간이 믜여디ᄂᆞᆫ 듯ᄒᆞ도다 (如何不吊, 事臨垂克, 遘疾殞喪! 朕用傷悼, 肝心若裂.) <삼국-가정 34:126> ▼崩裂 ‖ 제군의 나히 다 고와 ᄀᆞᄐᆞ되 오직 봉회 ᄀᆞ장 져므니 내 후ᄉᆞ로ᄡᅥ 의탁고져 ᄒᆞ더니 이제 듕년의 요졀[단명ᄒᆞ단 말이라]ᄒᆞ니 내 심댱이 믜여디ᄂᆞᆫ ᄃᆞᆺᄒᆞ여라 (諸君年齒皆孤等輩, 惟奉孝最少, 吾欲託以後事. 不期中年夭折, 使吾心腸崩裂矣!) <삼국-가정 11:93>

【믜여-보-】 동 흘려보다.¶ ▼睨視 ‖ 계옥이 비록 용ᄒᆞ나 그 쟝슈 뉴퇴 댱임 등이 각ᄀᆞ 블평호믈 품어 쥬공을 믜여 보니 듕간의 길흉을 측냥티 못ᄒᆞᆯ러이다 (季玉雖善, 其劉璝、張任等各抱不平, 睨視主公, 中間吉凶未可保也.) <삼국-가정 19:130>

【믜여-지-】 동 ❶ 해어져 구멍이 나다. 찢어지다.¶ ▼裂 ‖ 티기ᄅᆞᆯ 두 시나 ᄒᆞ니 가죡이 터지고 살이 믜여져 죄 섬의 흘으니 (打到兩個時辰, 皮開肉裂, 血流滿階.) <삼국-규장 6:83> ❷ (비유적으로) 가슴이 찢어질 듯이 심한 고통이나 슬픔을 느끼다. 미어지다. 찢어지다.¶ ▼崩裂 ‖ 제군의 나히 다 고와 갓트되 오직 봉회 가쟝 져므니 ᄂᆡ 후ᄉᆞ로ᄡᅥ 의탁고져 ᄒᆞ더니 이제 듕년의 요졀[단명ᄒᆞ단 말이라]ᄒᆞ니 내 심쟝이 믜여지ᄂᆞᆫ ᄃᆞᆺᄒᆞ예라 (諸君年齒皆孤等輩, 惟奉孝最少, 吾欲託以後事. 不期中年夭折, 使吾心腸崩裂矣!) <삼국-규장 8:91>

【믜여-ᄒᆞ-】 동 미워하다.¶ ▼忌 ‖ 조의 평ᄉᆡᆼ 위인이 ᄌᆡ조잇ᄂᆞᆫ 사ᄅᆞᆷ 쓰기ᄅᆞᆯ 됴히 너기나 기실은 제게셔 나은 사ᄅᆞᆷ을 ᄆᆡ양 ᄉᆡᆼ긔ᄒᆞ여 믜여ᄒᆞ더라 (操平生爲人, 雖然用才能之人, 心甚忌之, 只恐人高如己.) <삼국-가정 23:112>

【믜치-】 동 미어뜨리다. 찢어버리다.¶ ▼扯毁 ‖ ᄃᆡ여 글월을 믜치고 크게 ᄭᅮ지ᄌᆞ니 ᄉᆞᄌᆡ 새도록 셩도로 도라가다 (遂扯毁回書, 大罵而起. 使者連夜逃回成都.) <삼국-규장 14:36>

【믜티-】 동 미어뜨리다. 세게 찢다. 팽팽한 가죽이나 종이 따위를 세게 건드리어 구멍을 내다.¶ ▼搴 ‖ 원쇼의 몬져 뎨탐 보내엿던 사ᄅᆞᆷ이 와 회보호ᄃᆡ 국의 쟝슈ᄅᆞᆯ 버히고 긔ᄅᆞᆯ 믜티고 패ᄒᆞᆫ 군ᄉᆞᄅᆞᆯ ᄶᅩ온다 (袁紹先使探馬看時, 回報麴義斬將搴旗, 追兵敗兵.) <삼국-가정 3:20> ▼扯毁 ‖ 드듸여 글월을 믜티고 크게 ᄭᅮ지ᄌᆞ니 ᄉᆞᄌᆡ 새ᄃᆞ록 셩도로 도라가다 (遂扯毁回書, 大罵而起. 使者連夜逃回成都.) <삼국-가정 20:48>

【믯그러우-】 형 «믯그럽다» 미끄럽다.¶ ▼滑 ‖ 이제 ᄯᅩ 대위 오래 오니 산뫼 놉고 믯그러워 군ᄉᆡ 나아가디 못ᄒᆞ고 냥식을 닛디 못ᄒᆞ니 이ᄂᆞᆫ ᄒᆡᆼ군ᄒᆞᄂᆞᆫ 큰 금긔오 조진이 발병ᄒᆞ얀디 ᄃᆞᆯ이 디나고 반도의 니ᄅᆞ러 길흘 곳티매 군ᄉᆡ 슈고로온디라 (今又加之以霖雨, 山坡峻滑, 衆逼而不展, 糧懸而難繼, 實行軍者之大忌也.) <삼국-가정 32:115>

【미】 명의 미(尾). 마리. 물고기나 벌레 따위를 세는 단위.¶ ▼尾 ‖ 낙시ᄃᆡᄅᆞᆯ 가져오라 ᄒᆞ야 당하의 못가의 ᄂᆞ려가 낙시를 이윽이 녀헛더니 가쟝 큰 노어 슈십 미를 년ᄒᆞ야 보가 뎐샹의 올닌ᄃᆡ (敎取釣竿來, 于堂下忽有一池水, 妾持竿, 頃刻釣數十尾大鱸魚, 放在殿上.) <삼국-가정 22:74>

【미러-내-】 동 밀어내다.¶ ▼推轉 ‖ 내 너ᄃᆞ려 가디 말라 ᄒᆞ니 네 문장을 ᄆᆡᆫᄃᆞ라 두고 ᄇᆞᄃᆡ히 가더니 오ᄂᆞᆯ날 대병을 다 업시ᄒᆞ고 오히려 죽디 아니호믄 엇디오 ᄒᆞ고

미러 내여 참ᄒᆞ라 ᄒᆞᆫ대 (吾教汝休去, 汝取下文狀要去. 今日折盡大兵, 尙不自死, 推轉斬之!) <삼국-가정 23:18>

【미렴】 명 ((신체)) 미염(美髥). 수염.¶ ▼髥 ‖ 호반니 가마니 청젼의 일으러 보니 관공이 좌슈로 미렴을 만지며 등하의 글 보ᄂᆞᆫ지라 (胡班潛至廳前, 見關公左手綽髥, 於燈下几看書.) <삼국-국중 6:71>

【미시】 명 ((음식)) 찹쌀이나 멥쌀 또는 보리쌀 따위를 찌거나 볶아서 가루로 만든 식품. 미숫가루.¶ ▼乾糧 ‖ 각군이 미시과 건량을 각〻 싸 길히 가며 먹고 잠간도 머므디 말아 듀야로 ᄯᅩ차 뉴비ᄅᆞᆯ 사ᄅᆞ잡고 말라 ᄒᆞᆫ대 즁쟝이 텽령ᄒᆞ고 각〻 믈러가다 (各軍預帶乾糧, 不許暫退, 晝夜追襲, 只擒了劉備方止.) <삼국-가정 27:85>

【미ᄭᅮ리】 명 ((어류)) '미꾸라지'의 강원, 경기, 충청 방언.¶ ▼鰍 ‖ 우물 밋히 셔리여 거ᄒᆞ니 미ᄭᅮ리와 고기 그 압희서 춤츄더라 (蟠居於井底, 鰍鱔舞其前.) <삼국-국중 17:38>

【미ᄭᅵ】 명 미끼. 낚시 끝에 꿰는 물고기의 먹이. 주로 지렁이, 새우, 밥알 따위를 사용한다.¶ ▼香餌 ‖ 셕일의 오휘 쥬유로 함게 ᄭᅬᄒᆞ여 부인을 류비의게 허ᄒᆞ미 실노 부인을 위ᄒᆞ미 아니라 류비를 유인ᄒᆞ여 가두고 형쥬를 탈취ᄒᆞᆫ 후 류비를 쥭이고져 ᄒᆞ미니 이ᄂᆞᆫ 부인으로 미ᄭᅵ를 삼아 비를 낙그고져 ᄒᆞ미로ᄃᆡ (昔日吳侯與周瑜同謀, 將夫人招嫁劉備, 實非爲夫人計, 乃欲幽困劉備而奪荊州耳. 奪了荊州, 必將殺備. 是以夫人爲香餌而釣備也.) <삼국-국중 10:80>

【미조차】 부 뒤이어.¶ ▼後 ‖ 삼노 군매 일긔ᄅᆞᆯ 언약ᄒᆞ고 ᄀᆞ만이 동오ᄅᆞᆯ 엄습ᄒᆞ라 딤이 미조차 졉응ᄒᆞ리라 ᄒᆞ더라 (三路軍馬會合日期, 暗襲東吳. 朕後自來接應.) <삼국-가정 27:78> ▼조죄 미조차 나가더니 셩문의 다ᄃᆞ라 문이 믈허뎌 큰 들보히 조조의 ᄆᆞᆯ 뒷다리예 티이니 (曹操却好到門道邊, 城樓上崩下一條梁來, 正打在曹操戰馬後胯.) <삼국-가정 4:114>

【미츠-】 동 미치다. 공간적 거리나 수준 따위가 일정한 선에 닿다.¶ ▼及 ‖ ᄂᆡ 이예 올 제 신냐의 사ᄅᆞᆷ의 노ᄅᆡ랄 드르니 갈오ᄃᆡ 신야목 뉴황숙이 ᄉᆞᄉᆞ로 오시니 우리 ᄇᆡᆨ셩이 풍죡ᄒᆞ리라 ᄒᆞ니 이예 가히 ᄉᆞ군의 어진 덕을 사ᄅᆞᆷ의게 미츠물 볼 거시니라 (吾自潁上來此, 聞新野之人歌曰: '新野牧, 劉皇叔. 自到此, 民豐足.' 可見使君之仁德及人也.) <삼국-모종 6:50>

【미-히】 부 미(微)히. 살짝.¶ ▼微 ‖ 현덕이 셩의 나가 영졉ᄒᆞᆯᄉᆡ 례를 베푸니 독워 말 우희 안ᄌᆞ 치로써 가라쳐 미히 회답ᄒᆞ니 관 댱 이공이 ᄃᆡ로ᄒᆞ더라 (玄德出郭迎接, 見督郵施禮, 督郵坐於馬上, 惟微以鞭指回答, 關、張二公俱怒.) <삼국-모종 1:24>

【민망-ᄒᆞ-】 형 민망(憫惘)하다. 보기에 답답하고 딱하여 걱정스럽다.¶ ▼納悶 ‖ 현덕이 민망ᄒᆞ야 안잣더니 관문 밧긔 숫두어리ᄂᆞᆫ 소ᄅᆡ 잇거ᄂᆞᆯ 급히 좌우ᄃᆞ려 무ᄅᆞ니 (玄德正納悶間, 聽得縣前鼎沸, 慌問左右.) <삼국-가정 1:79> 현덕이 민망ᄒᆞ여 안잣더니 관문 밧게 숫어리ᄂᆞᆫ 소ᄅᆡ 잇거ᄂᆞᆯ 급피 좌우ᄃᆞ려 무르니 (玄德正納悶間, 聽得縣前鼎沸, 慌問左右.) <삼국-규장 1:54> ▼慌 ‖ 관평이 민망ᄒᆞ여 즁쟝으로 더브러 의논ᄒᆞ여 ᄀᆞᆯ오ᄃᆡ (關平慌與衆將商議曰.) <삼국-가정 24:97>

【민멸-ᄒᆞ-】 동 민멸(泯滅)하다. 자취나 흔적이 아주 없어지다.¶ ▼泯 ‖ 천고의 놉흔 일흠이 쌕〻이 민멸치 안ᄒᆞ리니 기리 외로운 달을 ᄯᆞ로 강남의 비치더ᄅᆞ (千古高名應不泯, 長隨孤月照江南.) <삼국-모종 9:28>

【민믈】 명 민물(民物). 민정(民情). 민심(民心).¶ ▼民物 ‖ 죄 블러드려 무러 ᄀᆞᆯ오ᄃᆡ 하븍의 가 념찰ᄒᆞ니 민믈이 엇더ᄒᆞ더뇨 (吾差汝去河北採訪民物何如?) <삼국-가정 7:133>

【민민-ᄒᆞ-】 형 민민(悶悶)하다. 우울하다. 울적하다.¶ ▼悶悶 ‖ 궁이 민〻ᄒᆞ야 죵쟈 수긔를 더블고 쇼패 싸희 가 산힝ᄒᆞ더니 (宮悶悶無言, 帶領數騎於小沛地面圍獵.) <삼국-가정 6:161>

【민업】 명 민업(民業).¶ ▼民業 ‖ 이졔 화곡이 밧히 잇스니 두리건ᄃᆡ 민업을 폐ᄒᆞ리니 아직 츄셩ᄒᆞ믈 기다려 취ᄒᆞ미 늣지 아니ᄒᆞ다 (見今禾稼在田, 恐廢民業, 姑待秋成後取之未晚.) <삼국-국중 7:38>

【민쳡-ᄒᆞ-】 형 민첩(敏捷)하다.¶ ▼辨給 ‖ 집이 가난ᄒᆞ여 학업을 조히 녀겨 상히 사ᄅᆞᆷ의 ᄎᆡᆨ을 비러 ᄒᆞᆫ 번 보ᄆᆡ 믄득 긔역ᄒᆞ고 구ᄌᆡ 민쳡ᄒᆞ고 졀머셔붓터 담긔 잇ᄂᆞᆫ지라 (家貧好學, 與人傭工, 嘗借人書來看. 看過一遍, 更不遺忘. 口才辨給, 少有膽氣.) <삼국-국중 9:71>

【밀-믈】 명 ((지리)) 밀물. 하루 두 번씩 일정한 때에 밀어 들어오는 바닷물. 조수의 간만으로 해면이 상승하는 현상.¶ ▼潮生 ‖ 대강 듕의 밀믈이 오ᄅᆞ며 혈믈이 ᄂᆞ려 풍낭이 그치디 아니ᄒᆞ니 (盖因大江之中, 潮生潮落, 風浪不息.) <삼국-가정 15:121>

【밀셔】 명 밀서(密書). 몰래 보내는 편지나 문서. 밀함(密函).¶ ▼密書 ‖ 그 사ᄌᆡ 녀포 부하의 ᄉᆞᄅᆞᆷ인 쥴 알고 황겁ᄒᆞ야 능히 ᄃᆡ답지 못ᄒᆞ거ᄂᆞᆯ 진궁이 ᄉᆞᄌᆞ로 그 몸을 뒤니 현덕이 죠〻의게 밀셔 회답이 잇거ᄂᆞᆯ (陳宮令搜其身, 得玄德回答曹操密書一封.) <삼국-국중 4:112>

【밀실】 명 ((주거)) 밀실(密室). 남이 함부로 출입하지 못하게 하여 비밀로 쓰는 방.¶ ▼密室 ‖ 너히ᄂᆞᆫ 아당ᄒᆞᄂᆞᆫ 무리라 텬ᄌᆞ로 더브러 밀실의셔 우던 배 므ᄉᆞ일이러뇨 (汝等乃口諛之人! 適間與天子在密室中所哭何事?) <삼국-가정 36:45>

【밀우-】 동 미루다. (일이나 책임, 죄 등을) 남에게 넘기다. 전가하다.¶ ▼推調 ‖ 공명이 가마니 ᄉᆡᆼ각ᄒᆞ되 이ᄂᆞᆫ 날을 달ᄂᆡ되 듯지 아니물 인ᄒᆞ여 계교ᄅᆞᆯ 버려 날을 히ᄒᆞ미라 ᄂᆡ 만일 밀우면 반ᄃᆞ시 웃ᄂᆞᆫ ᄇᆡ 되리니 응ᄒᆞ고 별노 계교 ᄒᆞ기만 갓지 못ᄒᆞ다 (孔明暗思: "此因說我不動, 設計害我. 我若推調, 必爲所笑, 不如應之, 別有計議.") <삼국-모종 7:115>

【밀위-】 동 ❶ 미루다. (일이나 책임, 죄 등을) 남에게 넘기다. 전가하다.¶ ▼推却 ‖ 샹이 둘 듕의 ᄒᆞ나흘 가라

ᄒᆞ니 둘히 서ᄅᆞ 밀위거ᄂᆞᆯ 샹이 졉이 잡아 가라 ᄒᆞ니 방긔 갈 졉이ᄅᆞᆯ 잡아ᄂᆞᆯ (尙敎二人內一人去, 二人都推却. 尙敎拈鬮, 拈着逢紀.) <삼국-가정 11:26> ❷ 미루어 헤아리다. 미루어 생각하다.¶ ▼推 ‖ 또 ᄂᆡ 녯사람의 그윽ᄒᆞᆫ 의논을 드ᄅᆞ니 텬운을 니어 뉴시를 ᄃᆡᄒᆞ리ᄂᆞᆫ 반다시 동남으로셔 니러나리라 ᄒᆞ니 ᄉᆞ셰를 밀위여 보건ᄃᆡ 그 녁슈를 당ᄒᆞ야 마ᄎᆞᆷᄂᆡ 뎨업을 일워 텬시를 맛긔ᄒᆞ리니 (且吾聞先哲秘論, 承天運代劉氏者, 必興於東南, 推步事勢, 當其歷數, 終成帝基, 以協天心.) <삼국-가정 10:51>

【밀잊-】 동 밀다. 밀치다.¶ ▼推 ‖ 북군이 비록 보와도 어두온 밤의 긔치도 다르지 아니ᄒᆞ니 서로 밀이저도 의심치 아니ᄒᆞ더라 (北軍看之, 果是自家旗號. 從間道小路迤邐前進, 凡過數處, 皆雲蔣奇護糧. 你我相推, 并不阻當.) <삼국-가정 10:82>

【밀쳥-ᄒᆞ-】 동 밀청(密請)하다. 몰래 청하다.¶ ▼密請 ‖ 됴비 알고 됴가장 오길[질]을 밀쳥ᄒᆞ야 ᄂᆡ부의 드리며 다만 말ᄒᆞ여 왈 혹 즁의 비단니 잇다 ᄒᆞ고 부즁으로 드러오거ᄂᆞᆯ 양쉬 알고 지룹더 죠의게 고ᄒᆞᆫᄃᆡ (曹丕知之, 密請朝歌長吳質入內府商議; 因恐有人知覺, 乃用大簏藏吳質於中, 只說是絹疋在內, 載入府中. 修知其事, 逕來告操.) <삼국-국중 12:150>

【밋-】 동 «밋다» 미치다. 공간적 거리나 수준 따위가 일정한 선에 닿다.¶ ▼及 ‖ 불효한 ᄌᆞ식의 죄 자모게 밋ᄌᆞ오니 천지의 엇디 용납ᄒᆞ리잇고 (不孝子累及慈母矣!) <삼국-국중 17:43>

【밋긔】 명 미끼. 낚시 끝에 꿰는 물고기의 먹이. 주로 지렁이, 새우, 밥알 따위를 사용한다.¶ ▼餌 ‖ 이ᄂᆞᆫ 정히 도적의 밋긔라 무ᄉᆞᆷ 연고로 물너가리오 (此正可以餌敵, 何故反退?) <삼국-국중 6:33> ▼香餌 ‖ 공명 왈 주공은 관심ᄒᆞ고 강노를 준비ᄒᆞ여 ᄆᆡᆼ호를 ᄉᆞ로잡고 밋긔를 안비ᄒᆞ여 식오를 낙그리니 주위 여긔 니ᄅᆞ러 죽지 아니ᄒᆞ면 구분이나 탈긔ᄒᆞ리니다 (孔明曰: "主公寬心, 只顧'準備窩弓以擒猛虎, 安排香餌以釣鰲魚', 等周瑜到來, 他便不死, 也九分無氣.") <삼국-모종 9:91>

【밋-부-】 형 미쁘다. 미덥다. 믿음성이 있다. 밋(←믿-: 믿다, 信) + -부(형용사 파생 접미사)-.¶ ▼信 ‖ 엇지 듯지 못ᄒᆞ엿ᄂᆞᆫ다 병법의 닐오ᄃᆡ 밋분 군ᄉᆡ야 실로 싸혼다 ᄒᆞ니 우리 쥬 뉴예쥬 수천 인의지ᄉᆞ를 두엇ᄂᆞᆫ지라 엇지 능히 ᄇᆡᆨ만 잔초ᄒᆞᆫ 군ᄉᆞ를 ᄃᆡ젹ᄒᆞ리오 (豈不聞兵法云: '信兵實戰.' 吾主劉豫州有數千仁義之士, 安能敵百萬暴殘之衆?) <삼국-가정 14:67> ▼眞實 ‖ 반ᄃᆞ시 쵀듕、쵀헤 황개의 슈당ᄒᆞᆫ 쇼식을 보ᄒᆞ니 내 일이 밋분 줄을 깃거 ᄒᆞᄂᆞ도다 (必是蔡中、蔡和來報黃盖受刑消息, 操故喜其事眞實也.) <삼국-가정 15:105> ▼이제 조죄 ᄯᆞᆯ로ᄡᅥ 허혼ᄒᆞ나 그 ᄠᅳᆮ이 밋부지 아니ᄒᆞ고 ᄯᅩ 광 샹을 다 봉ᄒᆞ야 녈후를 삼으니 이ᄂᆞᆫ 하북 인심을 뇌롱ᄒᆞᄂᆞᆫ ᄠᅳᆮ이라 (今曹操以女許婚, 恐其虛意. 又帶呂曠、呂翔去, 皆封列侯, 此是撈籠河北人心, 終久不容主公也.) <삼국-규장 8:55>

【밋-브-】 형 미쁘다. 미덥다. 참되고 믿음성이 있다. 밋(←믿-: 믿다, 信) + -브(형용사 파생 접미사)-.¶ ▼信 ‖ 처엄으로 쵹듕의 드러와 은혜와 밋브믈 베프디 못ᄒᆞ여시니 엇디 이런 일을 ᄒᆞ리오 (初入蜀中, 恩信未立, 此事決不可行.) <삼국-가정 20:2> 강좌 감녕이 쥬유의게 욕을 보고 붓그려 ᄂᆡ응호믈 원ᄒᆞ고 황개도 곤댱 오십을 맛고 감ᄐᆡᆨ으로 ᄒᆞ여곰 납항ᄒᆞᄂᆞᆫ 글월이 와시나 밋브디 못ᄒᆞ니 뉘 감히 쥬유의 채듕의 드러가 ᄌᆞ셔히 아라올고 (江左甘寧被周瑜恥辱, 亦願內應; 黃盖受責五十, 却令闞澤納降, 又有書到此: 未可深信. 誰敢直入周瑜寨中走一遭?) <삼국-가정 15:111> 이 사ᄅᆞᆷ이 본ᄃᆡ 밋븐 힝실이 업ᄉᆞ니 즐겨 파병티 아니호믄 그 ᄠᅳᆮ이 반ᄃᆞ시 반ᄒᆞ려 ᄒᆞ미라 (此人素無信行, 不肯罷兵, 其意必反.) <삼국-가정 21:59> 위공 됴승샹이 오ᄅᆡ 셩덕을 ᄉᆞ모ᄒᆞᄂᆞᆫ지라 부러 나를 보ᄂᆡ여 황금갑으로 밋븐 거ᄉᆞᆯ 삼고 밀세 잇ᄂᆞ니이다 (魏公曹丞相久聞盛德, 故使某送金甲爲信, 更有密書.) <삼국-가정 22:15> 구든 거ᄉᆞᆯ 닙으며 ᄂᆞᆯ란 거ᄉᆞᆯ 자바 어려온 ᄃᆡ 님ᄒᆞ여 몸을 도라보디 아니ᄒᆞ고 ᄉᆞ졸의셔 몬져 ᄃᆞ라들고 샹이 반ᄃᆞ시 힝ᄒᆞ고 벌이 반ᄃᆞ시 밋브게 ᄒᆞ리이다 (披堅執銳, 臨難不顧, 身先士卒. 賞必行, 罰必信.) <삼국-가정 23:104> 쵹병이 쳔리예 멀리 와 그 니ᄒᆞ미 ᄲᆞᆯ리 싸호매 잇거ᄂᆞᆯ 이제 싸호디 아니ᄒᆞ니 반ᄃᆞ시 ᄭᅬ 잇ᄂᆞᆫ디라 농셔 졔로의 밋븐 쇼식이 잇ᄂᆞ냐 (蜀兵千里而來, 利在速戰, 今來此不戰, 必有謀也. 隴西諸路, 曾有信息否?) <삼국-가정 32:67> 엇지 듯지 못ᄒᆞ엿ᄂᆞᆫ다 병법의 닐오ᄃᆡ 밋븐 군ᄉᆡ야 실로 싸혼다 ᄒᆞ니 우리 쥬 뉴례쥐 수쳔 인의지ᄉᆞ를 두엇ᄂᆞᆫ지라 엇지 능히 ᄇᆡᆨ만 잔류ᄒᆞᆫ 군ᄉᆞ를 ᄃᆡ적ᄒᆞ리오 (豈不聞兵法云: '信兵實戰.' 吾主劉豫州有數千仁義之士, 安能敵百萬暴殘之衆?) <삼국-규장 10:61> ▼眞實 ‖ 반ᄃᆞ시 쵀듕、쵀헤 황ᄀᆡ의 슈댱ᄒᆞᆫ 쇼식을 보ᄒᆞ니 ᄂᆡ 일이 밋븐 쥴를 깃거 ᄒᆞᄂᆞᆫ도다 (必是蔡中、蔡和來報黃盖受刑消息, 操故喜其事眞實也.) <삼국-규장 11:23> ▼이제 조죄 ᄯᆞᆯ로ᄡᅥ 허혼ᄒᆞ나 그 ᄠᅳᆮ이 밋브디 아니ᄒᆞ고 ᄯᅩ 광 샹을 다 봉ᄒᆞ야 녈후를 삼으니 이ᄂᆞᆫ 하북 인심을 뇌롱ᄒᆞᄂᆞᆫ ᄠᅳᆮ이라 (今曹操以女許婚, 恐其虛意. 又帶呂曠、呂翔去, 皆封列侯, 此是撈籠河北人心, 終久不容主公也.) <삼국-가정 11:46>

【밋븜】 명 미쁨. 미더움. 신용(信用). 밋(믿다, 信) + -음(명사형 파생 접미사).¶ ▼信 ‖ 처엄으로 쵹듕의 드러와 은혜와 밋브믈 베프디 못ᄒᆞ여시니 엇디 이런 일을 ᄒᆞ리오 (初入蜀中, 恩信未立, 此事決不可行.) <삼국-가정 20:2>

【밋비】 부 미쁘게. 미덥게.¶ ▼信 ‖ 브ᄃᆡ 밋비 ᄒᆞ려 ᄒᆞ면 ᄯᆞᆯ을 보내여야 ᄒᆞᆯ디라 (若要信從, 可送女來.) <삼국-가정 6:169>

【밋ㅊ-】 [동] 미치다. 공간적 거리나 수준 따위가 일정한 선에 닿다.¶ ▼趕[赶] ‖ 적병이 밋쳐 오면 네 또ᄒᆞᆫ 사디 못ᄒᆞᆯ가 ᄒᆞ노라 (賊兵趕上, 汝却怎生?) <삼국-가정 2:113>

【밋치-】 [동] 미치다. 정신이 나가다. 정신에 이상이 생겨 말과 행동이 보통 사람과 다르게 되다.¶ ▼狂 ‖ 보야흐로 쇼좌의 오르 거ᄒᆞ더니 홀연 뎐 말르로셔 밋친 ᄇᆞ람이 크게 니러나며 ᄒᆞᆫ 프른 ᄇᆡ얌이 들보 우흐로셔 ᄂᆞ리니 기리 이십여 댱이나 ᄒᆞ더라 (方欲升座, 殿角狂風大作, 見一條青蛇, 從梁上飛下來, 約二十餘丈長.) <삼국-가정 1:3> 공이 ᄃᆡ소 왈 밋친 도적아 네 임의 장각을 좃ᄎᆞ 도적이 도여스니 또 뉴 관 장 성명을 알이라 (關公大笑曰: "無知狂賊! 汝既從張角爲盜, 亦知劉、關、張兄弟三人名字否?") <삼국-모종 5:20>

【밋ㅎ】 [명] 밑. 물체의 아래나 아래쪽.¶ ▼下面 ‖ ᄂᆡ 보니 다만 반사곡이 일됴로오 양변의 산은 다 이 돌이오 수목이 업고 밋히ᄂᆞᆫ 다 사트[토]라 (吾見盤蛇谷止一條路, 兩壁廂皆是光石, 並無樹木, 下面都是沙土.) <삼국-모종 15:22>

【ᄆᆞᄅᆞ-】 [동] 마르다. 물기가 다 날아가서 없어지다.¶ ▼乾 ‖ 각ㆍ 홰 ᄒᆞᆫ ᄌᆞᄅᆞ식 가져오라 ᄒᆞ고 ᄆᆞ른 셥과 재ᄅᆞᆯ 만히 날라 관문 밧긔 싸터니 (各人要火把一束, 俱要乾柴引燥之物, 先搬於館驛門首.) <삼국-가정 9:107> 내 긔산의 가 거즛 운량ᄒᆞᄂᆞᆫ 톄ᄒᆞ고 ᄆᆞ른 ᄀᆞᆯ과 남긔 뉴황과 염쵸ᄅᆞᆯ ᄆᆞ텨 술위예 싯고 거즛 닐오ᄃᆡ 농셔 냥식을 슈운ᄒᆞ라 ᄒᆞ면 쵹병이 냥식이 업ᄉᆞᆫ디라 일뎡 와 아ᄉᆞ리니 술위예 블을 노코 복병으로 ᄡᅧ 티면 가히 이긔믈 어드리라 (某去祁山虛妝做運糧兵, 車上盡裝乾柴茅草, 以硫黃焰硝灌之, 却教人虛報隴西運糧到. 若蜀人無糧, 必然來搶. 待入其中, 却放火燒車, 外以伏兵應之, 可取勝矣.) <삼국-가정 32:27>

【ᄆᆞ른 셥플 안고 븟ᄂᆞᆫ 블 우히 드러가-】 [속] 마른 섶을 안고 불 속에 들어가다. 마른 나무에 거센 불. 일촉즉발.¶ ▼乾柴烈火 ‖ 이제 군마 젼량을 구ᄒᆞ나 일졀이 주디 마ᄅᆞ쇼셔 만일 서ᄅᆞ 도으면 이ᄂᆞᆫ ᄆᆞ른 셥플 안고 븟ᄂᆞᆫ 블 우희 드러가미니 ᄀᆞ장 ᄭᅳ기 어려오리이다 (今求軍馬錢糧, 却不可與. 如若相助, 似抱乾柴於烈火之上, 急難滅也.) <삼국-가정 20:46>

【ᄆᆞ암】 [명] 마음.¶ ▼心 ‖ 원쇼 잇실 ᄯᅵ 항ᄉᆞᆼ 요동 ᄉᆞᆷ킬 ᄆᆞ암이 잇더니 이졔 이원니 병픽장망ᄒᆞ여 의지 업셔 이예 왓시니 이ᄂᆞᆫ 비들기갓치 기슬 아슬 뜻이라 (袁紹存日, 常有吞遼東之心, 今袁熙、袁尙兵敗將亡, 無處依棲, 來此相投, 是鳩鵲巢之意也.) <삼국-모종 6:18>

【ᄆᆞ양】 [부] 매양. 매번. 번번이. 또는 늘. 항상(恒常).¶ ▼每 ‖ 신이 보니 션뎨 ᄆᆞ양 ᄃᆡ장군 조진을 ᄡᅧ 니르ᄂᆞᆫ 바의 반다시 어[이]긔지 아니 ㆍ제 폐히 엇디 ᄃᆡ도독을 ᄇᆡᄒᆞ여 쵹병을 물니디 아니시ᄂᆞ뇨 (臣觀先帝每用大將軍曹眞, 所到必克, 今陛下何不拜爲大都督, 以退蜀兵?) <삼국-모종 15:73>

【ᄆᆡ이】 [부] 매우. 심하게. 많이.¶ ▼厲 ‖ 댱임이 녀셩ᄒᆞ여 ᄆᆡ이 ᄭᅮ짓거ᄂᆞᆯ (張任厲聲高罵.) <삼국-가정 20:19>

【ᄆᆞᄋᆞᆷ】 [명] 마음. 사람이 본래부터 지닌 성격이나 품성.¶ ▼心 ‖ 조적이 ᄆᆞᄋᆞᆷ이 허겁ᄒᆞ야 도망ᄒᆞ야 가도다 (操賊心虛, 逃竄而去.) <삼국-가정 2:28> 엄안이 파군의 이셔 뉴쟝이 법졍을 보내여 현덕을 쳥ᄒᆞ야 천듕의 드려오믈 듯고 ᄆᆞᄋᆞᆷ을 어ᄅᆞᄆᆞ져 탄ᄒᆞ여 닐오ᄃᆡ (却說嚴顏在巴郡, 聞劉璋差法正請玄德入蜀, 拊心而嘆曰.) <삼국-가정 20:107>

【ᄆᆞᄋᆞᆷ이 놀랍고 ᄉᆞᆯ히 ᄠᅥᆯ리다】 [관구] 매우 두려워 전전긍긍하다. 무서워서 벌벌 떨다.¶ ▼心驚肉顫 ‖ 오ᄂᆞᆯ ᄆᆞᄋᆞᆷ이 놀랍고 ᄉᆞᆯ히 ᄠᅥᆯ려 좌와블안ᄒᆞ니 엇디 그러ᄒᆞ뇨 (吾今日心驚肉顫, 坐臥不安, 如之何也?) <삼국-가정 26:82> 이 날 밤의 뎨 ᄆᆞᄋᆞᆷ이 놀랍고 ᄉᆞᆯ히 ᄠᅥᆯ려 좌와블안ᄒᆞ시거ᄂᆞᆯ 댱의 나와 텬문을 우러ㆍ 보시더니 (是夜, 先主心驚肉顫, 寢臥不安, 出帳仰觀天文.) <삼국-가정 26:84>

【ᄆᆞᄋᆞᆷ-ᄀᆞ지】 [부] 마음껏. 마음대로. ᄆᆞᄋᆞᆷ(마음, 心)+-ᄀᆞᆺ(-껏: 접미사) +-이(부사 파생 접미사).¶ ▼恣意 ‖ 일로 인ᄒᆞ야 죄 방탕ᄒᆞ기ᄅᆞᆯ ᄆᆞᄋᆞᆷᄀᆞ지 ᄒᆞ고 힝업을 힘ᄡᅳ니 아니ᄒᆞ니 (因此操得恣意放蕩, 不務行業.) <삼국-가정 1:44>

【ᄆᆞᄋᆞᆷ-으로】 [부] 마음대로. 멋대로. ᄆᆞᄋᆞᆷ(마음, 心)+으로(부사격 조사 ▷부사 파생 접미사).¶ ▼妄 ‖ 냥식은 가히 주려니와 군마ᄂᆞᆫ 가히 ᄆᆞᄋᆞᆷ으로 쥬디 못ᄒᆞ리로다 (糧食可以應付, 軍馬不敢妄動.) <삼국-가정 1:37>

【ᄆᆞ죠-치-】 [동] 마주치다.¶ ▼拍 ‖ 운니 급히 말머리ᄅᆞᆯ 두류혀니 흉당이 서로 ᄆᆞ죠치ᄂᆞᆫ지라 운니 좌슈로 창을 가저 화극을 막고 우슈로 청강검을 ᄲᅵ여 ᄡᅥᆨ으니 (雲急撥轉馬頭, 恰好兩胸相拍. 雲左手持鎗隔過畫戟, 右手拔出青釭寶劍砍去.) <삼국-모종 7:63>

【ᄆᆞᄎᆞ-】 [동] 마치다. 끝내다.¶ ▼休 ‖ 내 별회 봉취오 디명이 낙봉패니 내 벅ㆍ이 ᄆᆞᄎᆞ리로다 (吾道號'鳳雛', 此處名落鳳坡, 應吾休矣!) <삼국-가정 20:94> ▼畢 ‖ 손건 간옹을 명ᄒᆞ여 경희연셕을 쥰비ᄒᆞᄅᆞ ᄒᆞ니라 말ᄒᆞ물 ᄆᆞᄎᆞᄆᆡ 현덕이 또ᄒᆞᆫ 의심을 뎡치 못ᄒᆞ더ᄅᆞ (命孫乾、簡雍: "準備慶喜筵席, 安排'功勞簿'伺候." 派撥已畢, 玄德亦疑惑不定.) <삼국-모종 7:16>

【ᄆᆞᆯ】 [명] ((동물)) 말. 말과의 포유동물. 발굽이 통 굽으로 되고 목이 갈기가 있다. ᄆᆞᆯ> 말.¶ ▼馬 ‖ 바ᄅᆞ ᄠᅳᆯ와 편ᄒᆞᆫ 싸히 니ᄅᆞ러 ᄌᆡ ᄆᆞᆯ을 도로혀 또 오십여 합이나 싸호더니 ᄎᆡᆨ이 창으로 디ᄅᆞᆫ대 ᄌᆡ 몸을 기우리텨 창대ᄅᆞᆯ ᄡᅧ 잡거ᄂᆞᆯ ᄌᆡ 또 창으로 디ᄅᆞ니 ᄎᆡᆨ이 또 기우리텨 창대ᄅᆞᆯ ᄡᅧ 잡아 (一直趕到平川之地. 慈兜回馬再戰, 又到五十合. 策一鎗搠去, 慈閃過, 挾住鎗; 慈也一鎗搠去, 策亦閃過, 挾住鎗.) <삼국-가정 5:137>

【ᄆᆞᆯ-굽】 [명] ((동물)) 말굽. 말의 발톱.¶ ▼馬蹄 ‖ 황튱의 일군은 긋재 긴 칼홀 들고 ᄀᆞᆯ 속의 업데여 다만 ᄆᆞᆯ굽

만 버히니 (黃忠一軍, 各用長刀, 伏在蘆葦內, 只剁馬蹄.) <삼국-가정 21:17>

【ᄆᆞᆯ긋ᄆᆞᆯ긋-ᄒᆞ-】 혱 반짝반짝하다. 말똥말똥하다.¶ ▼光芒 ‖ ᄉᆞ마의 밤의 텬문을 보더니 ᄒᆞᆫ 큰 별이 빗치 불그며 ᄆᆞᆯ긋〻ᄒᆞ야 ᄲᅳᆯ이 이셔 동북으로브터셔 남으로 흘러 촉영의 ᄯᅥ러니뇌 세 번 ᄯᅥ러뎌 누 번 니러나며 ᄯᅥ러딜 제ᄂᆞᆫ 크고 니러날 제ᄂᆞᆫ 져거 은〻히 소ᄅᆡ 잇거ᄂᆞᆯ (司馬懿夜觀天文, 見一大星赤色, 光芒有角, 自東北方流于西南方, 墜于蜀營內, 三投再起, 投大起小, 隱隱有聲.) <삼국-가정 34:85>

【ᄆᆞᆯ뇌오-】 동 말리다.¶ ▼烘焙 ‖ 곽샹은 손건과 관공으로 더브러 당샹의셔 술 머그며 일변 힝니ᄅᆞᆯ ᄆᆞᆯ뇌오고 ᄆᆞᆯ을 검틱ᄒᆞ야 머기더라 (郭常與關公、孫乾三人於草堂飮酒. 一邊烘焙行李, 一面喂養馬匹.) <삼국-가정 9:122>

【ᄆᆞᆯᄅᆞ】 명 ((건축)) «ᄆᆞᄅᆞ» 지붕이나 산의 가장 높은 자리. 용마루. 기둥.¶ ▼梁 ‖ ᄉᆞ당 겨틔 큰 ᄇᆡ남기 이시니 놉픠 십여 댱이라 건시뎐 ᄆᆞᆯᄅᆞᆯ ᄒᆞ염즉ᄒᆞ니이다 (祠傍有一株大梨樹, 高十餘丈, 堪作建始殿之梁.) <삼국-가정 25:80>

【ᄆᆞᆯ똥-구으리】 명 ((곤충)) 말똥구리.¶ ▼螳螂 ‖ 아ᄒᆡ 드ᄅᆞ니 샹말의 닐오ᄃᆡ 당낭[ᄆᆞᆯ똥구으리란 말이라]이 아ᄆᆞ리 노호와도 술위바회ᄅᆞᆯ 당티 못ᄒᆞᆫ다 ᄒᆞ엿고 ᄒᆞ믈며 슈후의 구슬[야광쥬라]로 가히 새ᄅᆞᆯ ᄡᅩ디 못ᄒᆞᆯ 거시오 ᄑᆞ리ᄅᆞᆯ 노희여 칼ᄒᆞᆯ ᄲᆡ히디 못ᄒᆞᆯ 거시니 ᄒᆞᆫ갓 신위만 잇브게 ᄒᆞ리이다 (兒聞世人有云:'螳螂之忿, 安當車轍?' 況隋侯之珠, 不可彈雀; 怒蠅拔劍, 徒費神威.) <삼국-가정 24:69>

【ᄆᆞᆺ-】 동 «ᄆᆞᆾ다» 마치다. 끝내다.¶ ▼畢 ‖ 번시 ᄌᆞᆫ ᄌᆞᆸ기ᄅᆞᆯ ᄆᆞᆺ고 후당으로 믈너가거ᄂᆞᆯ 운 왈 현졔난 엇지 슈시로 ᄒᆞ여곰 ᄌᆞᆫ을 들게 ᄒᆞᄂᆞ뇨 (樊氏把盞畢, 範令就坐, 雲辭謝. 樊氏辭歸後堂, 雲曰: "賢弟何必煩令嫂擧杯耶?") <삼국-모종 9:14> ▼休 ‖ 우리집 노쇠 다 ᄆᆞᆺ게 ᄒᆞ엿ᄂᆞ니라 (吾一家老小休矣!) <삼국-가정 21:87>

【ᄆᆞᆺᄃᆞᆼ니】 부 마땅히.¶ ▼當 ‖ 즉금 촉과 위와 외 ᄉᆞᆷ국을 난화시니 두 나라ᄒᆞᆯ 쳐 일통코져 할진ᄃᆡ ᄆᆞᆺᄃᆞᆼ니 어나 ᄂᆞ라을 몬져 칠고 (今蜀、魏、吳分三國, 一統中興, 當先伐何國?) <삼국-모종 14:43>

【ᄆᆞᆺᄎᆞᆷ-ᄂᆡ】 부 마침내.¶ ▼竟 ‖ 현덕 왈 비 병미댱과ᄒᆞ야 ᄒᆞᆫ 번 죄 니ᄅᆞᆫ다 말을 듯고 곳 다라나 ᄆᆞᆺᄎᆞᆷᄂᆡ 저 허실을 아지 못ᄒᆞ노라 (玄德曰: "備兵微將寡, 一聞操至卽走, 竟不知彼虛實.") <삼국-모종 7:76>

【ᄆᆡ】 명 ((지리)) 뫼. 산(山). 평지보다 높이 솟아 있는 땅의 부분.¶ ▼山 ‖ 셩명은 등ᄋᆡ요 ᄌᆞᄂᆞᆫ ᄉᆞᄌᆡ니 어려셔 실부ᄒᆞ고 본ᄃᆡ ᄏᆞᆫ ᄯᅳᆺ 잇셔 놉ᄒᆞᆫ ᄆᆡ나 큰 못 잇스면 문듯 혜아리고 가라쳐 (姓鄧, 名艾, 字士載, 幼年失父, 素有大志, 但見高山大澤, 輒窺度指畫.) <삼국-모종 18:11>

【ᄆᆡ-】[1] 동 매다. 묶다. 끈이나 줄 따위의 두 끝을 엇걸고 잡아당기어 풀어지지 아니하게 마디를 만들다.¶ ▼纜 ‖ 됴운이 ᄃᆡ답 아니ᄒᆞ고 강ᄀᆞ으로 십여 리나 ᄌᆞᆺ더니 ᄒᆞᆫ 여흘 ᄉᆡ의 다ᄃᆞᄅᆞ니 고기 잡ᄂᆞᆫ ᄇᆡ ᄆᆡ엿거ᄂᆞᆯ (趙雲不答, 沿江趕到十餘里, 灘半斜纜一隻漁船.) <삼국-가정 20:16> ▼縛 ‖ ᄆᆡ기ᄅᆞᆯ 어이 이리 급히 ᄒᆞᄂᆞ뇨 빌건대 누기라 (縛太急, 乞緩之!) <삼국-가정 7:58> 범 ᄆᆡ기ᄅᆞᆯ 시러곰 급히 아니티 못ᄒᆞ리라 (縛虎不得不急也!) <삼국-가정 7:58>

【ᄆᆡ-】[2] 동 매다. 논밭에 난 잡풀을 뽑다.¶ ▼種 ‖ 일〻의 영이 흠으로 더부러 ᄒᆞᆫ가지 원소랄 ᄆᆡᆺ더니 ᄯᆡ의 금을 보고 영은 홈의ᄅᆞᆯ 둘너 도ᄅᆞ보지 안니ᄒᆞ고 흠은 주어 보고 더지더라 (一日, 寧與歆共種園蔬, 鋤地見金, 寧揮鋤不顧, 歆拾而視之, 然後擲下.) <삼국-모종 11:48>

【ᄆᆡ렴】 명 매념(每念).¶ ▼念 ‖ 공 왈 승상의 후은은 감ᄉᆞᄒᆞ나 다만 황숙 ᄉᆡᆼ각이 ᄆᆡ렴의 잇노라 (公曰: "深感丞相厚意, 只是吾身雖在此, 心念皇叔, 未嘗去懷.") <삼국-모종 4:60>

【ᄆᆡ믈-ᄒᆞ-】 혱 못생기다. 오종종하다.¶ ▼猥瑣 ‖ 죄 몬져 댱숑의 인믈을 보니 풍ᄎᆡ ᄀᆞ장 ᄆᆡ믈ᄒᆞᆫ디라 오분이나 깃거 아니ᄒᆞ더니 (操先見張松人物猥瑣, 五分不喜.) <삼국-가정 19:79>

【ᄆᆡ복-호-】 동 매복(埋伏)하다. 상대편의 동태를 살피거나 불시에 공격하려고 일정한 곳에 몰래 숨어 있다. ᄆᆡ복(埋伏)+-ᄒᆞ-+-오(삽입 모음)-.¶ ▼埋伏 ‖ 일천군을 거ᄂᆞ려 가되 각〻 뵈쟐ᄅᆞᆯ 가지고 ᄇᆡᆨ하 샹뉴의 가 ᄆᆡ복호ᄃᆡ 쟐ᄅᆡ 흙과 돌흘 녀허 ᄇᆡᆨ핫믈을 막앗다가 ᄂᆡ일 삼경 후의 믈 아래셔 사ᄅᆞᆷ이 지져괴거ᄃᆞᆫ 급히 쟐ᄅᆞᆯ 아사 믈을 노하ᄇᆞ리고 ᄂᆞ려오며 싀살ᄒᆞ라 (引一千人各帶布袋, 去白河上流頭埋伏, 用布袋裝上磚石土泥, 堰住白河之水. 到來日三更後, 只聽下流頭人馬喊嘶, 此是曹兵敗矣, 急取布袋, 放水淹之, 卻順水殺將下來接應.) <삼국-가정 13:92>

【ᄆᆡ복-ᄒᆞ-】 동 매복(埋伏)하다. 상대편의 동태를 살피거나 불시에 공격하려고 일정한 곳에 몰래 숨어 있다.¶ ▼埋伏 ‖ 낭듕이 다 히악ᄒᆞ고 산험ᄒᆞ니 ᄀᆞ히 ᄡᅥ ᄆᆡ복ᄒᆞᆯ 거시니 장군니 인군츌젼ᄒᆞ면 ᄂᆡ 긔병으로 셔로 도으면 합을 ᄀᆞ히 ᄉᆞ로잡으리라 ("閬中地惡山險, 可以埋伏. 將軍引兵出戰, 我出奇兵相助, 郃可擒矣.") <삼국-국중 12:88>

【ᄆᆡᄲᅵ】 명 맵시. 아름답고 보기 좋은 모양새.¶ ▼扮作 ‖ ᄐᆡᆨ이 바다가지고 이 밤의 ᄒᆞᆫ 고기 잡ᄂᆞᆫ 사ᄅᆞᆷ의 ᄆᆡᄲᅵᄅᆞᆯ ᄒᆞ고 ᄒᆞᆫ 사람으로 져근 ᄇᆡᄅᆞᆯ 저어가다 (澤領了書, 只就當夜扮作漁翁, 一人駕小舟, 望北岸循水而行.) <삼국-가정 15:95> 션듕의 ᄀᆡᆨ샹의 ᄆᆡᄲᅵ ᄒᆞ엿ᄂᆞᆫ 거ᄉᆞᆫ 다 형쥐 슈군이러라 (船中扮作客人的, 皆是荊州水軍.) <삼국-가정 18:14> 극히 쉬오니 몬져 ᄒᆞᆫ 사ᄅᆞᆷ으로 ᄒᆞ여곰 오ᄇᆡᆨ군을 거ᄂᆞ려 샹고의 ᄆᆡᄲᅵᄅᆞᆯ ᄒᆞ고 ᄀᆞ마니 형쥐 니르러 ᄒᆞᆫ 봉 밀셔ᄅᆞᆯ 부인씌 드리되 (極易也. 先差一人, 只帶五百軍, 扮作商人, 潛到荊州, 下一封密書與夫人.) <삼국-가정 20:12>

【ᄆᆡ실】 명 ((식물)) 매실(梅實). 매실나무의 열매.¶ ▼梅子 ‖ 마촘 ᄆᆡ화가지의 ᄆᆡ실이 쳥〻ᄒᆞ믈 보ᄆᆡ 홀연 거년의

장슈 칠 씩의 도상의 믈이 업셔 군ᄉᆡ 다 목이 말나 ᄒᆞ기로 (適見枝頭梅子青青, 忽感去年征張繡時, 道上缺水, 將士皆渴.) <삼국-국중 5:31> ▼梅 ‖ 이제 ᄆᆡ실을 보니 귀경티 아니티 못ᄒᆞᆯ 거시오 쟈쥐 졍히 니거시니 현뎨로 더브러 쟈근 뎡ᄌᆞ의 가 놀고져 ᄒᆞ노라 (今見此梅, 不可不賞. 又値煮酒正熟, 同邀賢弟小亭一會, 以洽其情.) <삼국-가정 7:120>

【ᄆᆡ야지】 명 ((동물)) 망아지. 새끼말.¶ ▼駒 ‖ 죄 대희 왈 이ᄂᆞᆫ 우리집 쳔리 ᄆᆡ야지라 (操在臺上大喜曰: '此吾家千里駒也!') <삼국-가정 18:25> 그러티 아니ᄒᆞ다 인ᄉᆡᆼ이 세샹의 쳐ᄒᆞ매 흰 ᄆᆡ야지 틈 ᄀᆞᆺᄐᆞ니 일월을 쳔연ᄒᆞ고 어ᄂᆞ ᄢᅢ예 듕원을 회복ᄒᆞ리오 (不然. 人生處世, 如白駒過隙, 似此遷延日月, 何時恢復中原也?) <삼국-가정 35:119> 인ᄉᆡᆼ의 흰 ᄆᆡ야지 틈의 지ᄂᆡ가기와 갓트니 쳔년세월ᄒᆞ고 어난 날 중원을 회복ᄒᆞ리요 (人生如白駒過隙, 似此遷延歲月, 何日恢復中原乎?) <삼국-모종 18:12>

【ᄆᆡ양】 부 ᄆᆡ양(每樣). 늘. 항상(恒常). 번번이 또는 언제나 한 모양으로.¶ ▼常 ‖ 현덕의 아자비 뉴원긔 현덕의 집이 가난ᄒᆞᆫ 줄을 보고 샹해 ᄆᆡ양 ᄡᆞᆯ 거ᄉᆞᆯ 준대 (德然父劉元起見玄德家貧, 常資給之.) <삼국-가정 1:21> 각각 집의셔 사니 엇디 ᄆᆡ양 주리오 (各自一家, 何能常耳!) <삼국-가정 1:21> ᄂᆞᆯ근 오ᄉᆞᆫ 뉴황슉의 준 배니 ᄆᆡ양 우ᄒᆡ 닙어 형의 얼굴을 보ᄂᆞᆫ ᄃᆞᆺᄒᆞ니 엇디 감히 승샹의 새로 준 거ᄉᆞ로ᄡᅧ 형의 녜 준 거ᄉᆞᆯ 니ᄌᆞ리오 (舊袍乃劉皇叔所賜, 常穿衣上, 如見兄面, 豈敢以丞相之新賜而忘兄長之舊賜乎?) <삼국-가정 9:20> 신도 ᄯᅡ 원의 안ᄒᆡ ᄆᆡ양 두풍을 알코 그 아들이 녕통을 알하 온집이 ᄆᆡ양 놀나ᄆᆡ 민망ᄒᆞ야 뢰를 쳥ᄒᆞ야 졈ᄒᆞ라 ᄒᆞᆫᄃᆡ (因信都令妻常患頭風, 其子心痛, 擧家常驚恐, 請輅卜之.) <삼국-가정 22:84>

【ᄆᆡ이】 부 매우. 매섭게. 심하게. 힘껏.¶ ▼緊 ‖ 쥬유 막ᄌᆞ르기를 ᄆᆡ이 ᄒᆞ니 탈신ᄒᆞᆯ 게규 업더니 (周瑜關防得緊, 因此無計脫身.) <삼국-가정 16:51> ▼驟 ‖ 초경은 ᄒᆞ여 동남풍이 ᄆᆡ이 니러나더니 어영으로셔 좌편 채예 블이 니러나거ᄂᆞᆯ (初更時分, 東南風驟起, 只見御營左屯火發.) <삼국-가정 27:87> ▼痛 ‖ 나ᄌᆡ 져므도록 술을 먹으며 ᄒᆞᆫ 군ᄉᆞ를 잡아 거ᄌᆞᆺ 죄를 핑계ᄒᆞ야 ᄆᆡ이 티고 ᄆᆡ야두고 (日間却在帳中飮酒, 詐推醉, 尋軍士風流罪過, 痛打一頓, 縛在營中.) <삼국-가정 8:31> ▼위왕 조죄 군ᄉᆞ를 야곡구의 믈리고 허도로 도라가고져 ᄒᆞ더니 또 위연의게 살 마자 인듕[웃입시울이라]이 ᄆᆡ이 샹ᄒᆞ니 (魏王曹操退兵至斜谷, 却還許都, 又被魏延一箭射中人中, 因此收軍班師.) <삼국-가정 24:2> 맛당이 괴요ᄒᆞᆫ 고ᄃᆡ 기동을 박고 기동의 큰 원환을 박고 군후의 ᄑᆞᆯ흘 골회예 녀허 ᄆᆡ이 ᄆᆡᆫ 후의 니블로 머리를 ᄡᆞ고 (當於靜處立一標柱, 上釘大環, 請君侯將臂穿於環中, 以繩係之, 然後以被蒙其首.) <삼국-가정 24:101>

【ᄆᆡ제】 명 ((인류)) 매제(妹弟). 손아래누이의 남편.¶ ▼妹 ‖ 현덕 왈 ᄂᆡ ᄂᆞ히 임의 반ᄇᆡᆨ이오 오후의 ᄆᆡ제ᄂᆞᆫ 졍히 쳥츈니라 두리건ᄃᆡ 합당치 아니ᄒᆞᆯ가 ᄒᆞ노라 (玄德曰: "吾年已半百, 鬢髮斑白; 吳侯之妹, 正當妙齡: 恐非配偶.") <삼국-국중 10:55>

【ᄆᆡᆨ기-】 동 맡기다.¶ ▼委託 ‖ 하안니 상게 고ᄒᆞ여 왈 쥬공이 병권을 가히 타인의의게 밀위여 ᄆᆡᆨ기지 못할 거신니 후환니 잇실가 저허ᄒᆞ노라 (何晏告爽曰: "主公大權, 不可委託他人, 恐生後患.") <삼국-모종 17:54>

【ᄆᆡᆨ-밧-】 동 «ᄆᆡᆨ받다» 살피다. 일의 속내를 은근히 살피다. 시험(試驗)하다.¶ ▼相探 ‖ 등이 죄 부러 시겨 ᄆᆡᆨ밧ᄂᆞᆫ 일인가 ᄒᆞ여 급히 말려 닐오ᄃᆡ (騰恐是操使來相探, 急止之曰.) <삼국-가정 18:99>

【ᄆᆡᆫ달-】 동 만들다. 노력이나 기술 따위를 들여 목적하는 사물을 이루다.¶ ▼爲 ‖ 드ᆢ여 만병을 거ᄂᆞ려 ᄒᆞ 북안의 둔진ᄒᆞ고 또 ᄉᆞᄅᆞᆷ으로 ᄒᆞ여곰 산상의 가 ᄃᆡ를 버혀 ᄲᅦ를 ᄆᆡᆫ다라 ᄡᅧ ᄒᆞ슈 건너기를 가쵸고 (遂將蠻兵屯於河岸, 又使人去山上砍竹爲筏, 以備渡河.) <삼국-모종 14:103>

【ᄆᆡᆫᄃᆞ리】 명 차림새. 옷을 입고 매만진 맵시. 분장(扮裝).¶ ▼扮作 ‖ 몽이 ᄇᆡ샤ᄒᆞ고 삼만 군병을 뎜고ᄒᆞ고 경쾌ᄒᆞᆫ ᄇᆡ 팔십 쳑을 거ᄂᆞ려 ᄇᆡ 저을 사ᄅᆞᆷ은 다 흰오ᄉᆞᆯ 닙펴 샹고의 ᄆᆡᆫᄃᆞ리를 ᄒᆞ고 군ᄉᆞ란 ᄇᆡ하장 깁픈 ᄃᆡ ᄀᆞᆷ초고 (蒙拜謝, 點兵三萬, 快船八十餘隻, 會水者皆穿白衣, 扮作商人, 却將精兵伏於𦨭䑩船中.) <삼국-가정 24:125>

【ᄆᆡᆸ씨】 명 맵시. 모양.¶ ▼扮作 ‖ 녀몽이 슈군을 다 흰오ᄉᆞᆯ 닙펴 샹고의 ᄆᆡᆸ씨를 ᄒᆞ고 정병은 빗장 속의 ᄀᆞᆷ초와 무틔 니ᄅᆞ러 몬져 봉슈ᄃᆡ 딕흰 군ᄉᆞ를 몬져 자바 ᄆᆡ매 블을 드디 못ᄒᆞ다 ᄒᆞᄂᆞ이다 (呂蒙將水手盡穿白衣, 扮作客商渡江, 精兵伏于𦨭䑩之中, 先擒了守臺士卒, 因此不得擧火.) <삼국-가정 25:18>

【ᄆᆡᆺ씨】 명 맵시. 모양.¶ ▼扮作 ‖ 녀몽이 슈군을 다 흰오살 닙혀 샹고의 ᄆᆡᆺ씨를 ᄒᆞ고 정병은 빗장 속의 감초와 무틔 니르러 몬뎌 봉슈ᄃᆡ 직흰 군ᄉᆞ를 몬져 자바 ᄆᆡ매 블을 드지 못ᄒᆞ다 ᄒᆞ나이다 (呂蒙將水手盡穿白衣, 扮作客商渡江, 精兵伏于𦨭䑩之中, 先擒了守臺士卒, 因此不得擧火.) <삼국-규장 17:76>

【ᄆᆡᆼ됴】 명 맹조(萌兆). 어떤 일이 벌어질 조짐(兆朕)이 싹틈. 조짐(兆朕)은 좋거나 나쁜 일이 생길 기미가 보이는 현상.¶ ▼兆 ‖ 셩도의 잣남기 밤의 우니 그 소ᄅᆡ 사ᄅᆞᆷ마다 드럿ᄂᆞ니 이 두어 가지 일이 다 블샹ᄒᆞᆫ ᄆᆡᆼ되라 (成都人人皆聞柏樹夜哭. 有此數事, 不祥之兆.) <삼국-가정 33:99>

【ᄆᆡᆼ얼-ᄒᆞ-】 동 맹얼(萌蘖)하다. 싹트다. 어떤 생각이나 일이 일어나기 시작하다.¶ ▼萌 ‖ 태조 무황뎨 일즉 신ᄃᆞ려 닐너 왈 사마의 ᄆᆡ군[눈]이요 싀랑의 목이라 가히 병권을 부치지 못ᄒᆞᆯ 거시니 오라면 필연 국가 ᄃᆡ화 절나 ᄒᆞ시더니 금일의 반정이 님의 ᄆᆡᆼ얼ᄒᆞ니 급히 버히소셔 (先時太祖武皇帝嘗謂臣曰: "司馬懿鷹視狼顧, 不可付以兵權, 久必爲國家大禍." 今日反情已萌, 可速誅之.)

<삼국-모종 15:33>

【ᄆᆡᆼ지-ᄒᆞ-】 동 맹지(萌知)하다. 비로소 알다. 미리 알다.¶ ▼先知 ‖ 바ᄅᆡ건ᄃᆡ ᄌᆞ경은 공근의게 냥이 ᄎᆞᄉᆞᄅᆞᆯ ᄆᆡᆼ지 ᄒᆞ물 이ᄅᆞ지 말나 공근의 셩품이 시긔ᄒᆞ니 필경 날을 ᄒᆡ코져 ᄒᆞ리라 (望子敬在公瑾面前勿言亮先知此事. 恐公瑾心懷妒忌, 又要尋事害亮.) <삼국-보종 8:2>

【ㅂ】

【바】 명의 바.¶ ▼所 ‖ ᄂᆡ 의병을 니르혀 오므로부터 국가를 위ᄒᆞ야 흉ᄒᆞᆫ 거슬 업시ᄒᆞ고 ᄒᆡ로온 거슬 더러 ᄆᆡᆼ세ᄒᆞ야 사ᄒᆡ를 ᄡᅳ러 바리고 쳔하를 삭평ᄒᆞᄃᆡ 다만 못 어든 밧 ᄌᆞ는 강남이라 (吾自起義兵以來, 與國家除凶去害, 誓願掃淸四海, 削平天下, 所未得者, 江南也.) <삼국-가정 16:6>

【바ᄂᆞᆯ-방셕】 명 바늘방석. 앉아 있기에 아주 불안스러운 자리를 비유적으로 이르는 말.¶ ▼왕ᄌᆞ복 등이 서ᄅᆞ 도라보고 바ᄂᆞᆯ 방셕의 안ᄌᆞᆺᄃᆞᆺ ᄒᆞ더라 (王子服等面面相覷, 坐如針氈.) <삼국-가정 8:81>

【바다-믈】 명 ((지리)) 바닷물.¶ ▼海水 ‖ 건녕 사년 츈이월의 낙양의 디진ᄒᆞ니 각사 마을 담들리 다 믈허디고 바다믈이 다 넘ᄶᅵ니 등·ᄂᆡ·긔·밀 네 고을히 믈결의 후믈리니 ᄇᆡᆨ셩이 다 바다ᄒᆡ ᄲᅡ디거ᄂᆞᆯ (建寧四年二月, 洛陽地震, 省垣皆倒, 海水泛濫, 登丶萊丶沂丶密盡被大浪卷掃居民入海.) <삼국-가정 1:4>

【바다ㅎ】 명 ((지리)) 바다¶ ▼海 ‖ 건녕 사년 츈이월의 낙양의 디진ᄒᆞ니 각사 마을 담들리 다 믈허디고 바다믈이 다 넘ᄶᅵ니 등·ᄂᆡ·긔·밀 네 고을히 믈결의 후믈리니 ᄇᆡᆨ셩이 다 바다ᄒᆡ ᄲᅡ디거ᄂᆞᆯ (建寧四年二月, 洛陽地震, 省垣皆倒, 海水泛濫, 登丶萊丶沂丶密盡被大浪卷掃居民入海.) <삼국-가정 1:4>

【바다히 ᄆᆞᄅᆞ고 돌이 녹다】 속 바다가 마르고 돌이 불타다.¶ ▼海枯石爛 ‖ 네 날을 달래여 항ᄒᆞ과댜 ᄒᆞ거니와 바다히 ᄆᆞᄅᆞ고 돌히 녹디 아닌 젼의ᄂᆞᆫ 쉽디 아니ᄒᆞ니라 (汝要說吾降, 除非海枯石爛!) <삼국-가정 15:113> 네 날을 달ᄂᆡ여 항ᄒᆞ과져 ᄒᆞ거니와 바다히 마르고 돌히 녹지 아닌 젼의ᄂᆞᆫ 쉽지 아니ᄒᆞ니라 (汝要說吾降, 除非海枯石爛!) <삼국-규장 11:29>

【바돌】 명 ((민속)) 바둑. 두 사람이 검은 돌과 흰 돌을 나누어 가지고 바둑판 위에 번갈아 하나씩 두어 가며 승부를 겨루는 놀이.¶ ▼棋 ‖ 네 가히 청주 일호와 녹표[포] 일괴을 어더 가지고 가면 남산 중 ᄃᆡ수 ᄒᆞ에 반석상에 두 노인니 바돌 둘ᄶᅥ신니 (汝可備淨酒一瓶, 鹿脯一塊, 來日齎往南山之中, 大樹之下, 看盤石上有二人奕棋.) <삼국-모종 11:89>

【바라-】 동 어떤 것을 향하여 보다.¶ ▼向 ‖ 장비 고리눈을 부릅ᄯᅳ고 호슈를 거ᄉᆞ리고 우레ᄀᆞᆺ치 쇼ᄅᆡᄒᆞ며 창을 드러 관공을 바라고 지르거ᄂᆞᆯ (只見張飛圓睜環眼, 倒豎虎鬚, 吼聲如雷, 揮矛向關公便搠.) <삼국-국중 6:92> ▼望 ‖ 범강 댱달을 결박ᄒᆞ야 함거의 싯고 졍병으로 ᄒᆞ야곰 사신을 ᄉᆞᆷ아 국셔를 쥬어 호졍을 바라고 오ᄃᆡ (綁歸范疆、張達, 囚於檻車之內, 令程秉爲使, 齎國書望猇亭而來.) <삼국-국중 14:33>

【바람】[1] 명 ((천문)) 바람.¶ ▼風 ‖ 쟝ᄎᆞᆺ 뫼흘 디나게 되엿더니 ᄒᆞᆫ 소ᄅᆡ 방포의 오ᄇᆡᆨ군이 ᄂᆡ다라 피을 ᄲᅮ리니 다만 공즁의 됴회사ᄅᆞᆷ과 풀로 ᄆᆡᆫ든 ᄆᆞᆯ이 어즈러이 ᄯᅡᄒᆡ ᄯᅥ러지며 바람과 우레 즉시 긋치고 모래도 나지 아니ᄒᆞ더라 (將過山頭, 一聲炮響, 五百軍穢物齊潑. 但見空中紙人草馬, 紛紛墜地, 風雷頓息, 砂石不飛.) <삼국-규장 1:40>

【바람】[2] 명 ((기물)) 표지(標識). 증거(證據).¶ ▼標 ‖ ᄂᆡ 안량을 보니 바람을 ᄭᅩᆺ자 머리 팔나 가ᄂᆞᆫ 사ᄅᆞᆷ ᄀᆞ트이다 (吾觀顏良, 如挿標賣首耳!) <삼국-규장 6:141>

【바로】 부 시간적인 간격을 두지 아니하고 곧.¶ ▼徑 ‖ ᄒᆞᄅᆞᆫ 뎨 후원의셔 십샹시로 더부러 잔ᄎᆡᄒᆞ더니 간의ᄐᆡ우 뉴되 바로 뎨 알ᄑᆡ 와 통곡ᄒᆞ거ᄂᆞᆯ (一日, 帝在後園, 與十常侍飮宴, 諫議大夫劉陶, 徑到帝前大慟.) <삼국-규장 1:58> ▼急 ‖ 바로 하후무의게 다라든ᄃᆡ 하후뮈 황망이 본진으로 다라나거ᄂᆞᆯ (急撥馬直取夏侯楙, 楙慌閃入本陣.) <삼국-규장 20:7>

【바르-】 동 바르다.¶ ▼掩塞 ‖ 의원을 블너 집게로 살밋틀 지버 ᄲᅡ이고 금창약을 바르니 (喚行軍醫者用鐵鉗子鉗出箭頭來, 將金瘡藥掩塞瘡口.) <삼국-가정 16:91> ▼敷 ‖ 드는 칼로 ᄉᆞᆯ흘 버혀 져히고 ᄲᅧ의 다ᄃᆞ라 독약의 긔운을 글거 바리고 됴ᄒᆞᆫ 약을 바르고 창구ᄅᆞᆯ 감쳐 두면 ᄌᆞ연 됴흐려니와 (吾用尖利之器割開皮肉, 直至於骨, 刮去藥毒, 用藥敷之, 以線縫其口, 自然無事.) <삼국-규장 17:44>

【바리】 명의 마소의 등에 잔뜩 실은 짐을 세는 단위.¶ ▼輛 ‖ 현덕이 ᄃᆡ희ᄒᆞ여 드ᄃᆡ여 ᄒᆞᆫ가지로 촌졈의 드러가 슐을 마시더니 뎡음간의 ᄒᆞᆫ 큰 ᄉᆞᄅᆞᆷ이 ᄒᆞᆫ 바리 슈ᄅᆡᄅᆞᆯ 미러 졈문의 이르러 쉴ᄉᆡ 졈의 드러와 안즈ᄆᆡ (玄德甚喜, 遂與同入村店中飮酒, 正飮間, 見一大漢, 推著一輛車子, 到店門首歇了, 入店坐下.) <삼국-모종 1:6>

【바리-】[1] 동 버리다.¶ ▼還 ‖ 인슈을 맛긔고 벼ᄉᆞᆯ을 바리고 삼인이 밤낫 탁군으로 가니 (還官印綬, 吾已去矣. 玄德丶關丶張連夜回涿郡.) <삼국-규장 1:56>

【바리-】[2] 동보 ((‘-어 버리다’ 구성으로 쓰여)) 앞 말이 나타내는 행동이 이미 끝났음을 나타내는 말.¶ ▼이거시 다 요슐이니 ᄂᆡ일 양과 돗츨 잡아 군ᄉᆞ로 ᄒᆞ여금 그 피ᄅᆞᆯ 가지고 뫼 우ᄒᆡ 복병ᄒᆞ엿다가 도젹이 ᄯᅡ르는 ᄯᅢᄅᆞᆯ 기다려 놉흔 언덕의셔 ᄲᅮ리면 그 법을 가히 프러 바리리라 (此妖術也. 來日可宰猪羊血, 令軍伏于山頭, 候賊赶來, 高坡上潑之, 其法可解.) <삼국-규장 1:38> ᄉᆞ쟈 보ᄂᆞᆫ ᄃᆡ 글월을 ᄶᅵ뎌 바리고 ᄭᅮ지져 믈이티니 (當面扯碎書, 叱退使.) <삼국-규장 6:60>

【바리이-】 동 버림받다. 버려지다. 깊은 관계에 있는 사람과의 관계를 끊고 돌보지 아니하다. (피동사).¶ ▼委 ‖ 시절의 은툥을 닙어 서로 쳔진ᄒᆞ야 슌월 ᄉᆞ이의 툐탁ᄒᆞ야 블ᄎᆞ로 탁용ᄒᆞ고 ᄉᆞ티우로 ᄒᆞ여금 들히 바리여 ᄡᅳ이지 못ᄒᆞ니 이ᄂᆞᆫ 갓과 신이 밧고이듯 ᄒᆞ얏ᄂᆞᆫ지라 (見寵丁時, 更相薦說, 旬月之間, 幷各拔擢: 樂松處常伯, 任芝居納言, 郤儉、梁鵠各受豐爵不次之寵, 而令搢紳之徒委伏畎畝, 口誦堯舜之言, 身蹈絶俗之行, 棄捐溝壑, 不見逮及, 冠履倒易.) <삼국-규장 1:4>

【바ᄅᆞ】[1] 부 바로. 시간적인 간격을 두지 아니하고 곧. 바ᄅᆞ(바르다, 正) + -∅(부사 파생 접미사).¶ ▼直 ‖ 됴홍이 ᄆᆞᆯ을 ᄯᅱ여 창을 두로고 바ᄅᆞ 손견을 취ᄒᆞ거ᄂᆞᆯ (趙弘飛馬突槊, 直取孫堅.) <삼국-가정 1:70> 동탁의 됴회 드러오ᄆᆞᆯ 기ᄃᆞ려 집 아래 다ᄃᆞᆺ거ᄂᆞᆯ ᄃᆞ른 칼흘 ᄲᅢ혀 바ᄅᆞ 탁을 디ᄅᆞ더니 (候董卓入朝, 孚迎到閣下, 掣出短刀, 直刺卓.) <삼국-가정 2:17> ▼徑 ‖ ᄒᆞᄅᆞᆫ 뎨 후원의셔 십샹시로 더브러 잔취ᄒᆞ더니 간의태우 뉴되 바ᄅᆞ 뎨 알픠 와 통곡ᄒᆞ거ᄂᆞᆯ (一日, 帝在後園, 與十常侍飮宴, 諫議大夫劉陶, 徑到帝前大慟.) <삼국-가정 1:83> ▼已 ‖ 내 ᄯᅳᆺ의ᄂᆞᆫ 바ᄅᆞ 관우ᄅᆞᆯ ᄉᆞᆷ키고져 ᄒᆞ거든 엇디 힘드렁이 죽으리오 (吾心中已有呑關羽之意, 豈死於等閑乎?) <삼국-가정 24:67> ▼急 ‖ 바ᄅᆞ 하후무의게 ᄃᆞ라든대 뮈 황망이 본딘으로 ᄃᆞ라나거ᄂᆞᆯ (急撥馬直取夏侯楙, 楙慌閃入本陣.) <삼국-가정 30:9>

【바ᄅᆞ】[2] 부 바로. 비뚤어지거나 굽은 데가 없이 곧게.¶ ▼正 ‖ 우리 쥬인 오휘 ᄒᆞᆫ 누의ᄅᆞᆯ 두어 겨시니 아ᄅᆞᆷ답고 크게 용ᄒᆞᆫ디라 가히 뷔와 키ᄅᆞᆯ 밧드럼즉ᄒᆞ니 만일 두 집이 진ᄌᆡ[쥬적 졔후ᄃᆞᆯ이 다 동셩이매 서ᄅᆞ 혼인을 못호ᄃᆡ 오직 진ᄌᆡ 두 나라히 이셩이라 ᄆᆡ양 두 나라과 혼인을 ᄒᆞ더라]의 즐거오믈 ᄆᆡᄌᆞ면 조적이 감히 동남을 바ᄅᆞ 보디 못ᄒᆞ리니 나라히며 집의 엇디 아ᄅᆞᆷ답디 아니ᄒᆞ리오 (吾主人孫將軍有一妹, 美而大賢, 堪可以奉箕箒. 若兩家共結秦、晉之歡, 則曹賊不敢正視東南也. 家國之事, 幷皆全美.) <삼국-가정 17:89>

【바ᄅᆞ-】 동 바라다. 소망하다.¶ ▼冀 ‖ 그러나 됴졍이 파쳔ᄒᆞ엿ᄃᆞ가 ᄉᆡ로 경ᄉᆞ의 도ᄅᆞ오ᄆᆡ 원근이 앙망ᄒᆞ여 일됴의 평ᄒᆞ믈 바ᄅᆞ니 이제 ᄃᆞ시 가ᄅᆞᆯ 옴기면 즁심의 항복되지 아니할 거시니 (然朝廷播越, 新還京師, 遠近仰望, 以冀一朝之安, 今復徙駕, 不厭衆心.) <삼국-모종 2:117>

【바ᄅᆞᆷ】 명 ((천문)) 바람.¶ ▼風 ‖ 만일 사람이 오리 이시면 량이 ᄒᆞᆫ 돗 바ᄅᆞᆷ을 비러 강동의게 가 셰 치 석지 아닐 혀를 놀려 남북 냥군이 셔로 ᄉᆞᆷ겨 다토긔 ᄒᆞ면 우리 무ᄉᆞᄒᆞ려니와 (若有人到, 亮借一風帆, 直到江東, 憑三寸不爛之舌, 說南北兩軍互相呑幷, 吾則無事矣.) <삼국-가정 14:43>

【바ᄅᆞᆷ-마ᄌᆞ-】 동 풍병(風病) 들다.¶ ▼中風 ‖ 숭이 물어 왈 네 아ᄌᆞ비 말ᄒᆞ되 네가 바ᄅᆞᆷ마ᄌᆞ짜 ᄒᆞ더니 이제 임의 낫ᄂᆞ냐 (嵩曰: '叔言汝中風, 今已愈乎?') <삼국-국중 1:21>

【바아-디-】 동 부수어지다.¶ ▼碎 ‖ 듕군 제쟝이 다 심담이 바아디ᄂᆞᆫ 듯ᄒᆞ야 긔고와 쟝금을 바리고 다라나거ᄂᆞᆯ (中軍衆將, 心膽皆碎, 抛旗棄鼓而走.) <삼국-규장 6:142>

【바야-으로】 부 바야흐로. 바야[催] #으 + -로(부사 파생 접미사).¶ ▼方 ‖ 조ㅣ 먼저 허제 조인 젼위로 ᄒᆞ여곰 삼ᄇᆡᆨ 쳘기ᄅᆞᆯ 거ᄂᆞ려 곽[각]의 진즁의 세 번을 충돌ᄒᆞ고 바야으로 진을 펴난지라 (操先令許褚、曹仁、典韋領三百鐵騎, 於傕陣中衝突三遭, 方纔布陣.) <삼국-모종 2:114>

【바야-흐로】 부 바야흐로. 바야[催] #으 + -로(부사 파생 접미사).¶ ▼方 ‖ ᄎᆡᆨ이 바야흐로 혁을 거두쳐 가더니 ᄒᆞᆫ 사람이 창으로 ᄎᆡᆨ의 왼다리를 지르니 (策方擧轡而行, 一人拈槍望策左腿便搠.) <삼국-가정 10:21> 바야흐로 이제 텬히 어즈럽거ᄂᆞᆯ 다만 울 만 ᄒᆞ고 ᄃᆡᄉᆞ를 폐ᄒᆞ잇가 (方天下未定, 休只管哭而廢大事.) <삼국-가정 10:45>

【바ᄌᆞ】 명 ((기물)) 바자(笆子). 대, 갈대, 수수깡, 싸리 따위로 발처럼 엮거나 결어서 만든 물건. 울타리를 만드는 데 쓴다.¶ ▼어시의 마최 한슈 방덕을 불너 오만 군을 거ᄂᆞ려 위만의 가 죠ᄎᆞ 군ᄉᆞ를 즛치라 ᄒᆞᆯᄉᆡ 죠죄 만저 길가의 무슈한 정을 파고 바ᄌᆞ를 ᄡᅡ랏ᄂᆞᆫ지라 (於是韓遂龐德將兵五萬, 直奔渭南. 操令衆將於甬道兩誘之.) <삼국-국중 11:17>

【바ᄒᆞ】 명 ((기물)) 바. 삼이나 칡 따위로 세 가닥을 지어 굵다랗게 드린 줄. 참바. 밧줄.¶ ▼索 ‖ 죄 적쟝ᄃᆞᆯ을 잡아 오라 ᄒᆞ니 포ᄂᆡ 비록 킈 크나 긴 바흐로 ᄆᆡ야 동그리킈 ᄆᆡ야시니 (呂布雖然身長一丈, 被數條索縛作一團.) <삼국-가정 7:58>

【바회】 명 바위. 부피가 매우 큰 돌.¶ ▼巖 ‖ 가만이 ᄎᆞᄌᆞ가 보니 바회 가의 쵸옥슈간이 잇고 안의 등광이 쏘이고 다만 ᄒᆞᆫ ᄉᆞᄅᆞᆷ이 칼을 등젼의 걸고 숀 오 병셔를 외오ᄂᆞᆫ지라 (信步尋去, 見山巖畔有草屋數椽, 內射燈光, 幹往窺之, 只見一人挂劍燈前, 誦孫、吳兵書.) <삼국-모종 8:23> 션쥐 졍히 황겁할 ᄉᆞ이예 텬ᄉᆡᆨ이 님의 발ᄂᆞᆫ지ᄅᆞ ᄃᆞ만 보니 젼면의 학[함]셩니 ᄃᆡ진ᄒᆞ며 쥬연의 군ᄉᆡ 분ᄌᆞ이 거렁과 바회예 ᄯᅥ러진지라 (先主正慌急之間, 此時天色已微明, 只見前面喊聲震天, 朱然軍紛紛落澗, 滾滾投巖.) <삼국-모종 14:15>

【박-】 동 ❶ 박다. 두들겨 치거나 틀어서 꽂히게 하다.¶ ▼양ᄌᆡ셩 동문의 니ᄅᆞ니 셩샹의 긔ᄅᆞᆯ 두로 곳고 히ᄌᆞᄉᆡ의 녹각[사ᄅᆞᆷ ᄃᆞ디 못ᄒᆞ긔 셜핀 남글 바가 ᄀᆞ리온 거시라]을 베프고 들ᄃᆞ리ᄅᆞᆯ 드럿거ᄂᆞᆯ (轉至襄陽東門, 城上遍插旌旗, 壕邊密布鹿角, 拽起吊橋.) <삼국-가정 13:108> ❷ 박다. 글자나 그림을 집어넣다.¶ ▼죄 위연이 보니 ᄇᆞᄅᆞᆷ의 ᄒᆞᆫ 비문 박은 족ᄌᆡ 걸렷거ᄂᆞᆯ (操偶見壁間懸一碑文圖軸.) <삼국-가정 24:49>

【박계-ᄒᆞ-】 동 박계(縛雞)하다. 닭을 잡다.¶ ▼縛雞 ‖ 석의

인상녀ᄂᆞᆫ 박계ᄒᆞᆫ 힘이 업ᄉᆞᄃᆡ 민지회상의 진국 군신을 ᄉᆞ디저 감히 동치 못ᄒᆞ게 ᄒᆞ엿ᄉᆞ니 ᄂᆡ 일즉 만인적을 ᄇᆡ워ᄉᆞ니 무ᄉᆞᆫ 겁ᄒᆞ미 잇ᄉᆞ리오 (昔戰國時趙人藺相如, 無縛雞之力, 於澠池會上, 秦國君臣如無物, 況吾曾學萬人敵者乎!) <삼국-국중 12:9>

【박고통금-ᄒᆞ-】 동 박고통금(博古通今)하다. 옛일에도 밝고 시무(時務)에 능통하다.¶ ▼博古通今 ‖ 비 팔세의 글을 능히 짓고 표일ᄒᆞᆫ ᄌᆡ조 잇서 박고통금ᄒᆞ고 말타고 활쏘기를 잘ᄒᆞ고 칼치기를 조화ᄒᆞ더라 (丕八歲能屬文, 有逸才, 博古通今, 善騎射, 好擊劍.) <삼국-모종 5:87>

【박녜】 명 박례(薄禮). 볼품 없는 예물. 인사로 주는 약간의 돈이나 물품.¶ ▼薄禮 ‖ 쥬공이 영달이 기세ᄒᆞ믈 듯고 박녜를 갓쵸와 ᄉᆞᆯ을 보ᄂᆡ여 치졔ᄒᆞ고 쥬도독이 류황슉 졔갈션ᄉᆡᆼ게 ᄌᆡ삼 치의ᄒᆞ믈 말ᄒᆞᄃᆡ ("主公聞令姪棄世, 特具薄禮, 遣某前來致祭. 周都督再三致意劉皇叔、諸葛先生.") <삼국-국중 10:46>

【박석】 명 박석(礡石). 벽돌. 또는 얇고 넓적한 돌. 불에 구은 중국식 벽돌.¶ ▼礡 ‖ 평이 일리 누설할 쥴 알고 거러 압흘 향ᄒᆞ여 조의 귀예 다이니 죄 약을 미처 ᄊᆞ의 부으니 박석이 다 ᄭᆡ야지ᄂᆞᆫ지라 (平知事已泄, 縱步向前, 扯住操耳而灌之, 操推藥潑地, 礡皆迸裂.) <삼국-모종 4:40>

【박셕】 명 박석(礡石). 벽돌. 또는 얇고 넓적한 돌. 불에 구은 중국식 벽돌.¶ ▼礡石 ‖ 승샹이 님죵의 명ᄒᆞᄃᆡ 뎡군산의 장ᄒᆞ고 쟝원과 박셕을 쓰디 말며 졔믈을 베프디 말라 ᄒᆞ더이다 (丞相臨終, 命葬于定軍山爲墓, 不用牆垣礡石, 亦不用一切祭物.) <삼국-가정 34:124>

【박망파】 명 ((지리)) 박망파(博望坡).¶ ▼博望坡 ‖ 내 박망파의 니ᄅᆞ러 덕군을 만나 진녁ᄒᆞ야 뉴비ᄅᆞᆯ 잡으려 ᄒᆞ더니 졔갈량이 블로 티니 블 니러나ᄂᆞᆫ 고ᄃᆡ ᄉᆞᄉᆞ로 블와 주그니 열히셔 네다여시 샹ᄒᆞ엿ᄂᆞ이다 (某至博望坡下遇敵軍, 欲盡力去取劉備, 被諸葛亮用火攻; 火起處, 自相殘害, 十傷四五.) <삼국-가정 13:64> 관평과 뉴봉은 오ᄇᆡᆨ 군을 거ᄂᆞ려 미리 불 뎡길 거ᄉᆞᆯ 갓쵸와 박망파의 가셔 등ᄃᆡᄒᆞ다가 쵸경의 군ᄉᆡ 일아거든 불얼 노흐ᄅᆞ (關平、劉封可引兵五百軍, 預備引火之物, 於博望坡後兩邊等候, 至初更兵到, 便可放火矣.) <삼국-모종 7:15>

【박초-ᄒᆞ-】 동 박초(薄抄)하다. 아무렇게나 베끼다.¶ ▼계미 만춘의 시작ᄒᆞ야 팔월 초길의 필셔ᄒᆞ니 그 가온ᄃᆡ 결묘호사 만흐나 자필노 박초ᄒᆞ고 급히 번등ᄒᆞᄆᆡ 삼국사적을 ᄃᆡ강 긔록ᄒᆞ니 보ᄂᆞᆫ ᄌᆡ 용사ᄒᆞᆯ지어다 <삼국지-16 필사기 한옥션86-350>

【박쾨】 명 ((교통)) 바퀴.¶ ▼輪 ‖ 슬푸다 헌졔 바다 집을 이어 불근 박쾨 셔으로 함지 것헤 ᄯᅥ러지다 (哀哉獻帝紹海宇, 紅輪西墜咸池旁.) <삼국-모종 19:96>

【박퀴】 명 ((교통)) 바퀴.¶ ▼軌 ‖ 비 드ᄅᆞ니 촉되 기구ᄒᆞ야 천산만슈의 슈ᄅᆡ가 박퀴ᄅᆞᆯ 바로ᄒᆞᆯ 길 업고 말이 곳비ᄅᆞᆯ 연ᄒᆞᆯ 길 업다 ᄒᆞ니 비록 취코져 ᄒᆞ나 무ᄉᆞᆫ 양칙을 ᄡᅳ리요 (備聞蜀道崎嶇, 千山萬水, 車不能方軌, 馬不能聯轡, 雖欲取之, 用何良策?) <삼국-모종 10:62>

【박환-ᄒᆞ-】 동 박환하다. 미상.¶ ▼還 ‖ 오휘 신으로 ᄒᆞ여곰 ᄉᆞ신을 삼아 부인을 도라보ᄂᆡ고 항댱과 다못 형쥬 구교를 박환ᄒᆞ고 (今吳侯令臣爲使, 願送歸夫人, 縛還降將, 幷將荊州仍舊交還.) <삼국-국중 14:2>

【박회】 명의 바퀴. 둘레나 또는 여러 군데를 빙 도는 횟수를 나타내는 단위.¶ ▼輪 ‖ 탁니 슈ᄅᆡ의 올나 젼ᄎᆞ후옹ᄒᆞ야 댱안을 바라고 올ᄉᆡ ᄉᆞᆷ십 니ᄅᆞᆯ 이ᄅᆞ지 못ᄒᆞᆫ 슈ᄅᆡ가 홀연니 ᄒᆞᆫ 박회가 걱거지거ᄂᆞᆯ 탁니 수ᄅᆡ의 나려 말을 탓더니 (卓出塢上車, 前遮後擁, 望長安來, 行不到三十里, 所乘之車, 忽折一輪, 卓下車乘馬.) <삼국-모종 2:25>

【박히-】 동 박히다. 꽂히다.¶ ▼비마다 좌우편 플 뭇거 셰온 ᄃᆡ 고ᄉᆞᆷ돗ᄐᆡ 살 박히ᄃᆞᆺ ᄒᆞ엿ᄂᆞᆫ디라 (二十隻船上兩邊束草上, 排滿箭枝.) <삼국-가정 15:70> ᄇᆡ마다 좌우편 플 뭇거 셰온 ᄃᆡ 고ᄉᆞᆷ돗ᄐᆡ 살 박힌ᄃᆞᆺ ᄒᆞ엿ᄂᆞᆫ디라 (二十隻船上兩邊束草上, 排滿箭枝.) <삼국-규장 10:157>

【밖】 명 밖. 바깥.¶ ▼外 ‖ 담이 거샹ᄒᆞ고 ᄯᅩ 박겨 거ᄒᆞ니 쥬공이 장ᄌᆞ를 폐ᄒᆞ고 유ᄌᆞ를 세운이 ᄋᆞᄂᆞᆫ 어지려온 조갓치라 (譚爲長, 今又居外, 主公若廢長立幼, 此亂萌也.) <삼국-모종 5:64>

【반】 명 반(半). 둘로 똑같이 나눈 것의 한 부분.¶ ▼半 ‖ 푀 술이 반만 취ᄒᆞ매 니ᄅᆞ러 ᄀᆞᆯ오ᄃᆡ 푀 ᄇᆞ라건대 조만의 ᄉᆞ되 텬ᄌᆞ의 쳔거ᄒᆞ시과다 ᄒᆞᄂᆞ이다 (布酒至半酣, 曰: '布早晩亦望司徒于天子處保奏.) <삼국-가정 3:69>

【반공】 명 반공(半空). 반공중(半空中).¶ ▼空 ‖ 과연 그 ᄆᆞᆯ의 온 몸이 숫블 픠온 ᄃᆞᆺᄒᆞ야 죠곰도 잡털이 업고 머리로셔 ᄭᅩ리예 니ᄅᆞ히 기릐 ᄒᆞᆫ 댱이오 놉기 여ᄃᆞᆲ 자히라 우르적시고 ᄂᆞᆯ뛰ᄂᆞᆫ 양이 반공의 오ᄅᆞᄂᆞᆫ ᄃᆞᆺᄒᆞ며 바다히 ᄯᅳᄂᆞᆫ ᄃᆞᆺᄒᆞ니 (果然那馬渾身上下, 火炭般赤, 無半根雜毛; 從頭至尾長一丈, 從蹄至頂鬃高八尺; 嘶喊咆哮, 有騰空入海之狀.) <삼국-가정 1:151>

【반남아】 부 반나마. 반이 조금 넘게.¶ ▼多半 ‖ 동남 모희 셩 ᄲᅥᆫ 빗치 ᄒᆞᆫᄀᆞᆯᄀᆞᆺ디 아니ᄒᆞ야 구더 ᄇᆡ디 아니ᄒᆞ고 셩 밧긔 녹각 심은 거시 반남아 석어 허소ᄒᆞ니 그러로 친병을 ᄒᆞ고져 ᄒᆞ야 (他見城東南角土上有二色, 新舊不等, 鹿角多半朽爛, 意在此處容易進城.) <삼국-가정 6:128>

【반다시】 부 반드시.¶ ▼必 ‖ 조죄 쳔자의 명을 밧들어 부친을 부르니 이졔 마닐 가지 아니ᄒᆞ면 반다시 역명으로 나를 칙망ᄒᆞᆯ지라 (操奉天子之命以召父親, 今若不往, 彼必以逆命責我矣.) <삼국-국중 10:132>

【반닷-】 형 틀림없다.¶ ▼必 ‖ 쥬공이 먼이 졍벌ᄒᆞ야 밧긔 겨시니 오병의 이번 오믄 우리를 파ᄒᆞ미 반닷다 ᄒᆞᄂᆞ니 (主公遠征在外, 吳兵以爲破我必矣.) <삼국-가정 22:32>

【반되】 명 ((곤충)) 반딧불이.¶ ▼流螢 ‖ 홀연 반되 수ᄇᆡᆨ이 물ᄲᅧ 오니 블근 빗치 죠요ᄒᆞ거ᄂᆞᆯ (但有流螢, 千百成群, 光芒照耀, 只在帝前.) <삼국-가정 1:130> ▼螢 ‖ 반되 가

ᄂᆞᆫ ᄃᆡ를 조차가니 졈ᄾᆞ 길히 잇ᄂᆞᆫ ᄃᆺᄒᆞ야ᄂᆞᆯ 둘히 븟들고 거름마다 업드ᄅᆞ며 오경이 되도록 가니 발이 알파 능히 것디 못ᄒᆞ야 (隨螢火而行, 漸漸見路. 二帝相扶, 一步一跌, 奔出山路而走.) <삼국-가정 1:130>

【반되-블】 명 ((곤충)) 반딧불이.¶ ▼螢火 ‖ 나ᄂᆞᆫ 반되블 ᄀᆞᆺ고 더ᄂᆞᆫ ᄇᆞᆰ근 ᄃᆞᆯ빗 ᄀᆞᄐᆞ니 서ᄅᆞᆯ 엇디 감히 냥의게 비ᄒᆞ리오 (某乃螢火之光, 他如皓月之明, 庶安敢比亮哉!) <삼국-가정 13:48> 이제 우리 대위 ᄃᆡ갑이 ᄇᆡᆨ만이오 ᄆᆡᆼ쟝이 쳔원이라 측의 비ᄒᆞ건대 서근 플의 반되블과 하ᄂᆞᆯ 가온대 빗나나 ᄃᆞᆯ ᄀᆞᄐᆞᆫ디라 (今我大魏帶甲百萬, 良將千員, 量腐草之螢光, 怎及天心之皓月?) <삼국-가정 30:67>

【반듯-ᄒᆞ-】 형 반듯하다. 어떤 일이 틀림없이 그러하다.¶ ▼必 ‖ ᄂᆡ 날노 오십 이를 ᄌᆞᆨ힝ᄒᆞ니 ᄂᆡ의 계ᄎᆡᆨ이 임의 정ᄒᆞ여스니 수를 파ᄒᆞ미 반듯ᄒᆞ더라 (吾日行數里, 非不知賊來追我, 然吾計晝已定, 若到安衆, 破繡必矣.) <삼국-모종 3:59>

【반ᄃᆞ시】 부 반드시. 틀림없이 꼭.¶ ▼必 ‖ 쇽어의 닐오ᄃᆡ 둘히 다 모딜면 반ᄃᆞ시 ᄒᆞ나히 샹ᄒᆞᆫ다 ᄒᆞᄂᆞ니 이거시 변방을 평안킈 ᄒᆞᆯ 모ᄎᆡᆨ이 아니로소이다 (俗云: '兩强共鬪, 必有一傷', 非安邊塞之良策也.) <삼국-가정 24:65>

【반ᄃᆞᆺ-】 형 «반ᄃᆞᆺᄒᆞ다» 틀림없다.¶ ▼無疑 ‖ 괴 왕ᄌᆞ균[ᄌᆞ균은 왕평의 ᄌᆞ라]을 엇고 됴흔 모ᄎᆡᆨ을 드ᄅᆞ니 한듕 어드미 반ᄃᆞᆺ다 (孤仰王子均陳言良策, 吾得漢中無疑矣!) <삼국-가정 23:90> ▼必 ‖ 쥬공이 먼니 정벌ᄒᆞ야 밧긔 겨시니 오병의 이번 오ᄆᆞᆫ 우리를 파ᄒᆞ미 반ᄃᆞᆺ다 ᄒᆞᄂᆞ니 (主公遠征在外, 吳兵以爲破我必矣.) <삼국-규장 15:74>

【반ᄃᆞᆺ-ᄒᆞ-】 형 틀림없다. 분명하다.¶ ▼卽目 ‖ 나롯 노른 아히 멀리셔 오니 뉴비 파ᄒᆞ미 반ᄃᆞᆺᄒᆞ도다 (黃鬚兒遠來, 破劉備在卽目矣!) <삼국-가정 23:105>

【반ᄃᆡ-불】 명 ((곤충)) 반딧불이.¶ ▼螢火 ‖ 셔ᄂᆞᆫ 형화[형화ᄂᆞᆫ 반ᄃᆡ불이라]의 빗과 ᄀᆞᆺ고 냥은 호월[호월은 ᄇᆞᆰ근 ᄃᆞᆯ이라]의 □으미라 (庶如螢火之光, 亮乃皓月之明也.) <삼국-국중 8:59>

【반복-ᄒᆞ-】 동 반복(反覆)하다. 발뺌하다. 언행이나 일 따위를 이랬다저랬다 하여 자꾸 고치다.¶ ▼反覆 ‖ ᄒᆞ믈며 관우의 군신이 그 간사ᄒᆞᆫ 힘을 쟈랑ᄒᆞ여 반복ᄒᆞ여 밋브디 아니ᄒᆞ니 심복으로 ᄡᅥ ᄃᆡ접디 못ᄒᆞ리이다 (況關羽君臣矜其詐力, 所在反覆不定, 不可以心腹待也.) <삼국-가정 24:110>

【반ᄇᆡᆨ】 명 반백(半百). 오십(五十).¶ ▼半百 ‖ 현덕 왈 ᄂᆡ ᄂᆞ히 임의 반ᄇᆡᆨ이오 오후의 ᄆᆡ졔ᄂᆞᆫ 정히 쳥츈니라 두리건ᄃᆡ 합당치 아니ᄒᆞᆯ가 ᄒᆞ노라 (玄德曰: "吾年已半百, 鬢髮斑白; 吳侯之妹, 正當妙齡: 恐非配偶.") <삼국-국중 10:55>

【반션-ᄒᆞ-】 동 반선(盤旋)하다. 빙빙 돌다.¶ ▼盤旋 ‖ 후쥐 분향ᄇᆡᆨ츅ᄒᆞᆫᄆᆡ 사픠 홀연 피발션족ᄒᆞ고 젼샹의 나ᄋᆞ가 슈십 번을 뛰더니 용샹 압희 ᄂᆞ려 반션ᄒᆞ거ᄂᆞᆯ (後主焚香祝畢, 師婆忽然披髮跣足, 就殿上跳躍數十遍, 盤旋於案上.) <삼국-국중 17:71>

【반시】 명 반시(半時).¶ ▼半晌 ‖ 노긔 대발ᄒᆞ여 젼창이 ᄢᅥ뎌 반시나 긔졀ᄒᆞ엿다가 ᄭᆡ니 (氣傷箭瘡, 半晌方蘇.) <삼국-가정 17:2> 노긔 대발ᄒᆞ야 젼창이 터져 반시나 긔졀ᄒᆞ엿다가 ᄭᆡ니 (氣傷箭瘡, 半晌方蘇.) <삼국-규장 11:113>

【반ᄉᆞ-ᄒᆞ-】 동 반사(班師)하다. 개선(凱旋)하다. 군사를 이끌고 돌아오다. 군대를 철수시키다.¶ ▼班師 ‖ 죄 반ᄉᆞᄒᆞ야 허도의 도라온대 헌뎨 난가ᄅᆞᆯ ᄀᆞ초와 셩의 나가 맛고 조로 ᄒᆞ여곰 절ᄒᆞ고 제 일홈을 브ᄅᆞ디 말며 됴회예 드러올 제 ᄃᆺ디 말며 칼 ᄎᆞ고 신 신고 뎐의 오ᄅᆞ기를 한승샹 쇼하의 고ᄉᆞᄀᆞ티 ᄒᆞ라 ᄒᆞ니 (操班師回都, 獻帝排鑾駕出廓迎接, 令操贊拜不名, 入朝不趨, 劍履上殿, 如漢相蕭何故事.) <삼국-가정 19:66> 너희 두 사ᄅᆞᆷ이 긔산 대채ᄅᆞᆯ 굿게 딕희엿다가 ᄉᆞ명이 오믈 기ᄃᆞ려 한듕으로 반ᄉᆞᄒᆞ라 (汝二人堅守祁山大寨, 待使命至, 便班師回漢中.) <삼국-가정 37:99>

【반을】 명 ((복식)) 바늘.¶ ▼針 ‖ ᄐᆡ 왈 압흐기난 쇽에 열 낫 반을 잇고 가렵기난 쇽에 흑ᄇᆡᆨ 바돌 두 낫 잇다 ᄒᆞ고 칼노 갈나 보니 과연 그려ᄒᆞ니 (佗曰: "痛者內有針十個, 癢者內有黑白棋子二枚", 人皆不信, 佗以刀割開, 果應其言.) <삼국-모종 13:21> 위주 방이 ᄆᆡ조에 ᄉᆞ마ᄉᆞ를 보면 젼률ᄒᆞ여 반을이 등을 지르난 듯ᄒᆞ더니 (魏主曹芳每見師入朝, 戰慄不已, 如針刺背.) <삼국-모종 18:36>

【반좌-ᄒᆞ-】 동 반좌(反坐)하다. 무고죄(誣告罪)에 연루되다.¶ ▼反坐 ‖ 니예 맛당히 반좌ᄒᆞᆯ디니 ᄇᆞ라건대 대쟝군은 용셔ᄒᆞ쇼셔 (理合抵罪反坐, 望大將軍恕之!) <삼국-가정 36:50>

【반-ᄒᆞ-】 동 반(叛)하다. 배반하다.¶ ▼反 ‖ 위연이 곡뒤예 반ᄒᆞᆯ ᄲᅧ 이시니 오란 후의라도 반ᄃᆞ시 반ᄒᆞᆯ 거시니 주겨 ᄡᅥ 후환을 긋고져 ᄒᆞ노이다 (吾觀魏延腦後有反骨, 久後必反, 故先斬之, 以絶禍根.) <삼국-가정 16:58> ▼造反 ‖ 이 사ᄅᆞᆷ이 반ᄃᆞ시 몬져 텬ᄌᆞ긔 표ᄅᆞᆯ 올려 우리 등을 반ᄒᆞᆫ다 ᄒᆞ고 잔도ᄅᆞᆯ 블딜러 도라갈 길흘 막앗노니 우리 ᄯᅩᄒᆞᆫ 표ᄅᆞᆯ 올려 위연의 반경을 베픈 후의 도모ᄒᆞ리라 (此人必先捏奏天子, 誣吾等造反, 故燒絶棧道, 阻遏歸路.) <삼국-가정 34:102> 태뷔 반ᄒᆞ니 네 가히 ᄲᆞᆯ리 날을 조차 오라 앗가 조셔ᄂᆞᆫ 거ᄌᆺ 거시라 (太傅造反, 汝可速隨吾去, 却才假詔也.) <삼국-가정 35:89>

【발】[1] 명 ((신체)) 발[足]. 사람이나 동물의 다리 맨 끝 부분.¶ ▼足 ‖ 옹이 엇디 나라흘 ᄇᆡ반ᄒᆞ고 동탁을 ᄉᆡᆼ각ᄒᆞ리오마ᄂᆞᆫ 어리고 미친 말이 그ᄅᆺ 입의셔 낫ᄂᆞ니 몸이 비록 튱셩되디 못ᄒᆞ나 원컨대 ᄂᆞᄎᆞᆯ ᄌᆞ자ᄒᆞ고 발을 버혀 죄ᄅᆞᆯ 쇽ᄒᆞ야 한나라 ᄉᆞ긔ᄅᆞᆯ ᄆᆡᆫᄃᆞ라지라 (邕豈肯背國而向卓也! 狂瞽之辭, 謬出於口, 身雖不忠, 願黥首刖足, 續成漢史.) <삼국-가정 3:129>

【발】[2] 명 줄.¶ ▼馱繩 ‖ 공명니 ᄯᅩ 삼만 군으로 ᄒᆞ여곰 다 낫설 잡고 발을 가지고 가만ᄀᆞᄀᆞ 보리을 뷔라 ᄒᆞ

고 (孔明又令三萬軍皆執鎌刀、馱繩, 伺候割麥.) <삼국-모종 17:3>

【발-】 혱 밝다.¶ ▼明 ‖ 우리 ᄃᆡ한황졔 위엄은 오ᄑᆡ의 지ᄂᆞ시고 발으믄 삼왕을 이으시ᄆᆡ 준〻한 만방이 왕화를 거ᄉᆞ리니 (我大漢皇帝, 威勝五霸, 明繼三王. 昨自遠方侵境, 異俗起兵. 縱蠆尾以興妖, 恣狼心而逞亂.) <삼국-국중 15:27>

【발검ᄎᆞᆷ지-ᄒᆞ-】 동 발검참지(拔劍斬之)하다. 검을 뽑아서 사람을 죽이다.¶ ▼拔劍斬之 ‖ 숀네 일즉 위왕을 죠ᄎᆞ ᄃᆡ젹션의 산양ᄒᆞᆯ시 홀연 ᄆᆡᆼ호 어젼의 다ᄃᆞ라거ᄂᆞᆯ ᄎᆞ인니 발검ᄎᆞᆷ지ᄒᆞ니 일노 죠ᄎᆞ 상장군을 봉ᄒᆞ니 이ᄂᆞᆫ 됴진의 심복인니라 (此人曾隨魏主出獵於大石山, 忽驚起一猛虎, 直奔御前, 孫禮下馬拔劍斬之, 從此封爲上將軍. 乃曹眞心腹人也.) <삼국-국중 15:138>

【발괄-ᄒᆞ-】 동 발괄[白活]하다. 관아에 억울한 사정을 하소연하다. 관(官)에 청원서나 진정서를 올리다. 진정(陳情)하다. (이두어).¶ ▼詞訟 ‖ 아젼ᄃᆞᆯ이 어즈러이 공ᄉᆞᄅᆞᆯ 안고 텽의 오ᄅᆞ고 발괄ᄒᆞᄂᆞ니 숑ᄉᆞᄒᆞᄂᆞ니 ᄂᆞᆷ과 싸혼 유ᄃᆞᆯ이 섬 아래 수업시 모다 ᄭᅮ러안자 각〻 어즈러이 말ᄒᆞ거ᄂᆞᆯ (吏皆紛然把卷上廳, 將詞訟原被告人等環跪階下.) <삼국-가정 18:88>

【발긔】 명 ((문서)) 발기[件記]. 단자(單子). 사람이나 물건의 이름을 죽 적어 놓은 글.¶ ▼抄寫 ‖ 위 다 ᄉᆞ양치 아니ᄒᆞ고 바다 이수의게 드리고 금은 긔명과 비단 등믈을 일〻히 발긔를 명ᄇᆡᆨ히 ᄒᆞ야 고의 녀코 ᄡᅳ지 아니ᄒᆞ더라 (雲長不能推托, 將所賜美女盡送入內門, 令服侍二嫂嫂; 金銀緞匹抄寫明白歸庫.) <삼국-규장 6:125>

【발노-ᄒᆞ-】 동 발노(發怒)하다. 성을 내다. 화를 내다.¶ ▼發怒 ‖ ᄉᆞ졔 죠〻의 참남ᄒᆞ믈 보고 발노ᄒᆞ믈 ᄭᆡ닷지 못ᄒᆞᆫ괘라 (舍弟見操僭越, 故不覺發怒耳.) <삼국-국중 5:29>

【발람】 명 ((천문)) 바람.¶ ▼風 ‖ 더듸 미결 ᄌᆞ난 안 왈 ᄂᆞ도 항복한니 ᄒᆞ물며 너의야 항복 안니리요 일노 좃ᄎᆞ 발람을 ᄯᅡ라 귀순ᄒᆞ여 다 한바탕 시쇄 아니더라 (有遲疑未決者, 顔曰: “我尙且投降, 何況汝乎.” 自是望風歸順, 並不曾廝殺一場.) <삼국-모종 11:1>

【발로】 부 바로.¶ ▼直 ‖ 졔갈상이 필마단창으로 정신을 수십ᄒᆞ여 싸와 이인을 물니치고 양익병을 지휘ᄒᆞ여 발로 위진의 들려가 좌츙우돌하여 시살ᄒᆞ니 (諸葛尙匹馬單槍, 抖擻精神, 戰退二人, 諸葛瞻指揮兩掖兵衝出, 直撞入魏陣中, 左衝右突, 往來殺有數十番.) <삼국-모종 19:50>

【발마-ᄒᆞ-】 동 발마(撥馬)하다. 말을 출발하다.¶ ▼撥馬 ‖ 방덕이 발마ᄒᆞ여 도망ᄒᆞ며 칼을 더류지우거ᄂᆞᆯ 관공이 ᄯᆞ라 츄한ᄒᆞ니 관평이 소실이 니슬가 두려 ᄯᅩ한 슈후ᄒᆞ여 한거ᄒᆞ더라 (龐德撥回馬, 拖刀而走. 關公從後追趕. 關平恐有疏失, 亦隨後趕去.) <삼국-국중 13:29>

【발명-ᄒᆞ-】 동 발명(發明)하다. 무죄(無罪)를 변명(辨明)하다. 죄나 잘못이 없음을 말하여 밝히거나 또는 그리하여 발뺌하려 하다.¶ ▼分說 ‖ 강위 능히 발명티 못ᄒᆞ야 앙텬탄식ᄒᆞ며 눈믈을 흘리고 ᄆᆞᆯ을 도로혀 댱안을 ᄇᆞ라고 ᄃᆞᆺ더니 (姜維不能分說, 仰天長嘆, 兩眼流淚, 便撥馬望長安而走.) <삼국-가정 30:52>

【발ᄆᆞ-ᄒᆞ-】 동 발마(撥馬)하다. 말을 출발하다.¶ ▼撥馬 ‖ ᄒᆞ후연이 슈십 긔ᄅᆞᆯ ᄃᆞᆯ어 니ᄅᆞ거ᄂᆞᆯ 쵸 혀아린 ᄇᆡ 될가 져허ᄒᆞ야 이예 발ᄆᆞᄒᆞ야 도ᄅᆞ가니ᄅᆞ (夏侯淵引數十騎隨到, 馬超獨自一人, 恐被所算, 乃撥馬而回.) <삼국-모종 10:14>

【발-보-】 동 바로 보다.¶ ▼正視 ‖ 이제 위병이 패ᄒᆞ야 감히 발보디 못ᄒᆞ믈 타 우리 군ᄉᆡ 믈러나면 조진이 반ᄃᆞ시 아디 못ᄒᆞ리라 (今乘魏兵新敗, 不敢正視蜀兵, 便可退去, 曹眞料吾必不走也.) <삼국-가정 32:36>

【발-뵈-】[1] 동 팔다[賣]. 무슨 일을 극히 적은 부분만 잠깐 드러내 보이다. 또는 남에게 자랑하기 위하여 자기가 가진 재주를 일부러 드러내 보이다. ‘발보이다’의 준말.¶ ▼逞 ‖ 도겸 장슈와 공숀찬을 각〻 웅ᄌᆡ를 발뵈아 일방의 졈거ᄒᆞ더라 (陶謙張繡公孫瓚, 各逞雄才占一方.) <삼국-국중 17:147> 이제 수십만지즁을 드러 댱강ᄉᆡ의 가 막히여 이시면 적이 구드믈 밋고 기리 수머시리니 ᄉᆞ졸이 능히 그 능호믈 발뵈디 못ᄒᆞ고 (今擧數十萬之衆, 頓長江之濱, 若賊負固深藏, 則士馬不能逞其能.) <삼국-가정 21:111> 이제 만닐 슈만 병을 일우여 장강의 흠을 취ᄒᆞ면 두리건ᄃᆡ 적이 흠을 웅거ᄒᆞ여 우리 사마로 ᄒᆞ여곰 그 긔변을 발뵈디 못ᄒᆞᆫ즉 쳔위 굴ᄒᆞᆯ지라 (今若擧數十萬之衆, 頓長江之濱, 儻賊憑險深藏, 使我士馬不得逞其能, 奇變無所用其權, 則天威屈矣.) <삼국-국중 12:15>

【발-뵈-】[2] 동 바로 보이다.¶ ▼正視 ‖ 이제 위병이 패ᄒᆞ야 감히 발뵈디 못ᄒᆞ믈 타 우리 군ᄉᆡ 믈러나면 조진이 반ᄃᆞ시 아디 못ᄒᆞ리라 (今乘魏兵新敗, 不敢正視蜀兵, 便可退去, 曹眞料吾必不走也.) <삼국-규장 22:38>

【발상-ᄒᆞ-】 동 발상(發喪)하다. 상례에서 죽은 사람의 혼을 부르고 나서 상제가 머리를 풀고 슬피 울어 초상난 것을 알리다.¶ ▼發喪 ‖ 위병이 믈러가믈 기ᄃᆞ려 ᄇᆡ야흐로 발상ᄒᆞ되 상거 우ᄒᆡ 감[탑이라]을 ᄆᆡᆫ드라 술위 우ᄒᆡ 노하 (魏兵退去, 方可發喪. 喪車上可作一龕, 坐於車上.) <삼국-가정 34:75> ᄉᆞ마쇠 대권을 거ᄂᆞ린 후의 발상ᄒᆞ니 위쥬 조뫼 ᄉᆞ마ᄉᆞ의 죽은 줄을 듯고 ᄉᆞᄅᆞᆯ 보내여 죠셔ᄅᆞᆯ 가져 허챵의 오니 (於是司馬昭掌了大權, 然後發喪, 魏主曹髦聞知司馬師已亡, 遣使特詔到許昌.) <삼국-가정 36:80>

【발샹거ᄋᆡ-ᄒᆞ-】 동 발상거애(發喪擧哀)하다. 초상이 났음을 알리고 슬픔을 밖으로 드러내다.¶ ▼發喪/擧哀 ‖ 양의 승샹 영구를 ᄇᆞᆺ드러 곡즁의 드러 발샹거ᄋᆡᄒᆞ니 쵹인니 ᄋᆡ통참달ᄒᆞ여 슬허ᄒᆞ지 아니리 업더라 (楊儀、姜維排成陣勢, 緩緩退入棧閣道口, 然後更衣發喪, 揚旛擧哀. 蜀軍皆撞跌而哭, 至有哭死者.) <삼국-국중 16:66>

【발셔】 副 벌써. 예상보다 빠르게 어느새. 이미 오래 전에.¶ ▼已 ‖ 강동의 발셔 션쳑을 쥰비ᄒᆞ여시니 부인은 술위예 올나 셩의 나가사이다 (大江之中, 已準備下船隻, 至今便請夫人上車出城.) <삼국-규장 14:11> ᄐᆡ 칼흘 드러 살흘 버혀 좌우로 헤치고 바로 쎠의 니르니 쎄 발서 프ᄅᆞ럿거늘 ᄃᆡ 갈로 글그니 쎄 긁ᄂᆞᆫ 소ᄅᆡ 밀니 들니ᄂᆞᆫ지라 (佗下刀割開皮肉, 直至于骨, 骨上已靑. 佗用刀刮之有聲.) <삼국-규장 17:44> 괴 관 쟝으로 더브러 도원의셔 결의ᄒᆞᆯ 제 ᄒᆞᆷᄭᅴ 죽으믈 ᄆᆡᆼ셰ᄒᆞ엿더니 이제 운쟝이 발셔 죽어쓰니 내 엇지 홀로 부귀를 누리ᄅᆞ오 (孤與關、張二弟在桃園結義時, 誓同生死. 今雲長已亡, 孤豈能獨享富貴乎?) <삼국-규장 18:2> 오호대쟝 뉴의 발셔 셰히 죽어쓰ᄃᆡ 짐이 오히려 보슈를 못ᄒᆞ니 가쟝 셟다 (五虎大將, 已亡三人, 朕尙不能復仇, 深可痛哉!) <삼국-규장 19:17> ▼早 ‖ 발셔 쟝비가 머리를 훔켜 잡고 즈르르 ᄭᅳ러ᄂᆡ여다가 ᄉᆞᆷ뭄 압헤 마쥬ᄯᅵ다가 잔뜩이 빗그러 ᄆᆡ고 (早被張飛揪住頭髮, 扯出館驛, 直到縣前馬椿上縛住.) <삼국-어람 108a>

【발셥-ᄒᆞ-】 動 발섭(跋涉)하다. 산을 넘고 물을 건너 길을 가다. 여러 곳을 두루 돌아다니다.¶ ▼涉 ‖ 뉴비 분병ᄒᆞ야 험ᄒᆞᆫᄃᆡ 나 멀니 발셥ᄒᆞ니 슈히 왕환 못ᄒᆞᆯ지라 (劉備分兵遠涉山險而去, 未易往還.) <삼국-모종 10:82>

【발오】 副 바로. 곧바로. 즉시(卽時).¶ ▼直 ‖ 현덕이 군ᄉᆞ를 두루혀 발오 츙돌ᄒᆞ니 댱뵈 말 우헤셔 머리를 헛치고 칼을 집고 요법을 지으니 (玄德麾軍直衝過去, 張寶就馬上披髮仗劍, 作起妖法.) <삼국-모종 1:17>

【발으-】 動 밟다.¶ ▼踐 ‖ ᄂᆡ 당면ᄒᆞ여 쳔ᄌᆞ께 쳥ᄒᆞ여 젼부 션봉 되어 효복 걸고 오날 쳐 역젹을 살로잡아 이 형쎄 졔고ᄒᆞ여 써 ᄆᆡᆼ셔을 발으리라 (吾當面見天子, 願爲前部先鋒, 挂孝伐吳, 生擒逆賊, 祭告二兄, 以踐前盟!) <삼국-모종 13:53>

【발으-】 形 바르다. 말이나 행동 따위가 사회적인 규범이나 사리에 어긋나지 아니하고 들어맞다.¶ ▼正 ‖ 관공 왈 ᄎᆞ인이 나의 발은 말의 감동ᄒᆞ여 우리로다려 ᄊᆞ호지 아니ᄒᆞᄂᆞᆫ이라 비가 ᄃᆡ각ᄒᆞ여 다만 셩문을 굿게 직히더라 (關公曰: "此人武藝不在你我之不, 因我以正言感之, 頗有自悔之心, 故不與我等戰耳." 飛乃悟, 只令士卒堅守東門, 更不出戰.) <삼국-모종 3:65>

【발이-】 動 버리다.¶ ▼棄 ‖ 표 왈 황조 져긔 잇스니 엇지 참하 발이리오 량 왈 ᄒᆞᆫ 무지ᄒᆞᆫ 황조를 놋코 강동을 취ᄒᆞ미 엇지 불가ᄒᆞ리오 (表曰: "吾有黃祖在彼營中, 安忍棄之?" 良曰: "捨一無謀黃祖而取江東, 有何不可?") <삼국-모종 2:1> ▼捨 ‖ 탁이 왈 ᄂᆡ 웃지 참아 너를 발이리요 초션 왈 비록 ᄐᆡᄉᆞ의 은ᄋᆡᄒᆞ믈 무릅쓰나 다만 이 곳이 오ᄅᆡ 거ᄒᆞ지 못할지라 반다시 여포의 히한 ᄇᆡ될가 져어ᄒᆞ노이다 (卓曰: "吾安忍捨汝耶?" 蟬曰: "雖蒙太師憐愛, 但恐此處不宜久居, 必被呂布所害.") <삼국-모종 2:19>

【발젹-ᄒᆞ-】 動 발적(發跡)하다. 성공하다. 출세하다.¶ ▼崢嶸 ‖ ᄆᆡ양 쇼패예 이셔 언제 발젹ᄒᆞ리오 이ᄢᅢᄅᆞᆯ 취티 아니ᄒᆞ면 궁이 반ᄃᆞ시 가리라 (只在小沛, 何日崢嶸? 今若不取, 宮必去了.) <삼국-가정 5:103>

【발키-】 動 밝히다.¶ ▼靖 ‖ 폐하ᄂᆞᆫ 근심 마르소셔 신니 양장군으로 더부러 이젹을 버혀 쳔하를 발키리이다 (陛下免憂. 臣與楊將軍誓斬二賊, 以靖天下.) <삼국-국중 1:102>

【발-톱】 名 ((신체)) 발톱.¶ ▼爪 ‖ 공명이 그 궤ᄅᆞᆯ 가자 여니 다 이 남글 삭이고 ᄎᆡᄉᆡᆨ을 그린 큰 즘ᄉᆡᆼ이라 오ᄉᆡᆨ 실노 털을 ᄒᆞ고 강쳘노 니와 발톱을 ᄒᆞ여시니 ᄒᆞ나흘 가히 열 사람이나 탈녀라 (孔明將櫃打開, 皆是木刻綵畫巨獸, 俱用五色絨線爲毛衣, 鋼鐵爲牙爪, 一固可騎坐十人.) <삼국-모종 15:9>

【발피-】 動 밟히다.¶ ▼踐踏 ‖ ᄉᆡ놀 ᄊᆡ치고 바로 드러간니 ᄉᆞ람니 밋처 혀드지 못ᄒᆞ여 니당니 각〻 도망ᄒᆞ니 군마 서로 발피여 죽난 ᄌᆡ 무수ᄒᆞ고 (被黃忠破寨直入, 人不及甲, 馬不及鞍, 二將各自逃命而走, 軍馬自相踐踏, 死者無數.) <삼국-모종 12:13>

【발-호-】 動 (명을) 발(發)하다. 발(發)+-ᄒᆞ-+-오(삽입 모음)-.¶ ᄇᆡᆨ셩이 피뢰ᄒᆞ면 소요ᄒᆞ미 나고 우히 게어ᄅᆞ며 아래 사오나오면 와히ᄒᆞᄂᆞ니 샹담의 닐오ᄃᆡ ᄡᅩ와 여러 번 마치디 못ᄒᆞ미 ᄉᆞᆯ펴 발홈만 ᄀᆞᆮ디 못ᄒᆞ다 ᄒᆞ니 (夫民疲勞, 則騷擾之兆生; 上慢下暴, 則瓦解之形起. 諺曰: '射幸數跌, 不如審發.') <삼국-가정 37:48>

【발-ᄒᆞ-】 動 발(發)하다. 쏘다.¶ ▼조죄 채둥의셔 븍군이 와 토산 ᄡᆞ믈 보고 댱뇨·허뎌 등이 와 츙돌ᄒᆞ거ᄂᆞᆯ 심ᄇᆡ 궁노슈를 발ᄒᆞ야 모게를 딕희여 어즈러이 ᄡᅩ니 능히 나아가디 못ᄒᆞ여 (曹操見袁軍壘土山, 張遼丶許褚等皆要出城衝突, 被審配弓弩手當住咽喉要路, 不能前進.) <삼국-가정 10:62>

【발ᄒᆡᆼ-ᄒᆞ-】 動 발행(發行)하다. 출발(出發)하다.¶ ▼起程 ‖ 태휘 ᄉᆞ마쇼ᄅᆞᆯ 두려 허락ᄒᆞᆫ대 이튼날 위쥬 조모ᄅᆞᆯ 쳥ᄒᆞ야 발ᄒᆡᆼᄒᆞ려 ᄒᆞ거ᄂᆞᆯ (太后畏懼, 遂從之. 次日, 昭請魏主曹髦起程.) <삼국-가정 37:18> ▼行藏 ‖ 슉이 근일의 발ᄒᆡᆼᄒᆞ기ᄅᆞᆯ 엇디ᄒᆞᄂᆞ뇨 (叔叔近日行藏若何?) <삼국-가정 9:72>

【밤-낫】 副 밤과 낮을 가리지 않고 늘. 밤[夜]+낫(낮, 日)+Ø(부사 파생 접미사).¶ ▼星夜 ‖ 너희 두 사ᄅᆞᆷ이 오쳔병을 녕ᄒᆞ야 밤낫 ᄃᆞᆯ려 딘창 셩하의 가 셩듕의 블이 니러나믈 보고 병녁ᄒᆞ야 셩을 티라 (汝二人領五千兵, 星夜直奔陳倉城下, 如見火起, 幷力取城.) <삼국-가정 32:52> ▼連夜 ‖ 인슈ᄅᆞᆯ 맛디고 벼ᄉᆞᆯ을 ᄇᆞ리고 삼인이 밤낫 탁군으로 가니 (還官印綬, 吾已去矣. 玄德、關、張連夜回涿郡.) <삼국-가정 1:81> 위도독 조휴 셕뎡의셔 뉵손의게 대패ᄒᆞ야 거댱마필과 군ᄌᆞ긔계ᄅᆞᆯ 다 일코 근심ᄒᆞ고 두려 밤낫 ᄃᆞᆯ려 도라오더니 낙양의 니ᄅᆞ러 등의 죵긔 내여 죽으니 (魏都督曹休被陸遜大破於石亭,

車仗馬匹、軍資器械幷皆罄盡. 休惶恐太甚, 連夜奔走, 因此氣憂成病, 到洛陽發背而死.) <삼국-가정 31:87>

【밤-낮】 명 밤낮. 밤[夜]+낮(낮, 晝).¶ ▼夙夜 ‖ 오ᄂᆞᆯ날 일은 실로 밤나ᄌᆡ 분ᄒᆞ야 ᄒᆞᄂᆞᆫ 배라 (今日之事, 實夙夜之所懷也.) <삼국-가정 13:12>

【밥】 명 ((음식)) 쌀, 보리 따위의 곡식을 씻어서 솥 따위의 용기에 넣고 물을 알맞게 부어, 낟알이 풀어지지 않고 물기가 잦아들게 끓여 익힌 음식.¶ ▼飯 ‖ 이 뫼히 니ᄅᆞ러 산쉬 됴흠믈 보고 초암을 짓고 이셔 날마다 참션ᄒᆞ고 도ᄅᆞᆯ 강논ᄒᆞ니 다만 ᄒᆞᆫ 힝재 이셔 잇다감 뫼ᄒᆡ ᄂᆞ려가 밥을 비러다가 먹이더라 (來到此山, 見山明水秀, 就此結草爲庵, 每日坐禪參道. 止有一小行者, 化飯度日.) <삼국-가정 25:53>

【밥비】 부 바삐. 일이 많거나 또는 서둘러서 할 일로 인하여 겨를이 없이.¶ ▼速 ‖ 관공이 ᄃᆡ로 왈 이 ᄉᆞᄅᆞᆷ이 ᄒᆞᆫ갓 달ᄂᆡ는 마리로다 ᄂᆡ 이제 죽어 볼 거시니 도라가기만 갓지 못ᄒᆞ니라 네 밥비 가라 (關公怒曰: "此言特說我也. 吾今雖處絶地, 視死如歸. 汝當速去, 吾卽下山迎戰.") <삼국-모종 4:52> ▼催 ‖ 원공이 조만의 황제위의 나아가고 동궁을 세울 거시니 밥비 황비를 취ᄒᆞ여 회남의 일으라 (袁公早晩卽皇帝位, 立東宮, 催取皇妃早到淮南.) <삼국-모종 3:43>

【밥-지으-】 동 밥 짓다.¶ ▼爨 ‖ 녯 글의 닐오ᄃᆡ 천리의 냥식을 ᄡᆞ매 군ᄉᆡ 주린 빗치 잇고 남글 어든 후의 밥 지으매 군ᄉᆡ 비브ᄅᆞ디 못ᄒᆞᆫ다 ᄒᆞ니 이ᄂᆞᆫ 편ᄒᆞᆫ 길히 힝ᄒᆞ믈 니ᄅᆞ미라 (前志有之: '千里饋糧, 士有飢色; 樵蘇後爨, 師不宿飽.' 此謂平途之行軍者也.) <삼국-가정 32:115>

【밥-짓기】 명 ((음식)) 밥짓기. 밥을 하는 일.¶ ▼爨 ‖ 믈읫 집 다ᄉᆞ리ᄂᆞᆫ 되 반ᄃᆞ시 노[사나희 죵이라]로 ᄒᆞ여곰 밧 갈기ᄅᆞᆯ ᄀᆞ음알며 비ᄂᆞᆫ 밥짓기ᄅᆞᆯ ᄀᆞ음알며 ᄃᆞᆰ은 새배ᄅᆞᆯ ᄀᆞ음알며 개ᄂᆞᆫ 도적을 즈ᄌᆞ며 쇼ᄂᆞᆫ 므거온 거ᄉᆞᆯ 시ᄅᆞ며 ᄆᆞᆯ은 먼ᄃᆡ 힝ᄒᆞ야 가업이 뷘 일이 업ᄉᆞ□□ 구ᄒᆞᄂᆞᆫ 바의 다 죡ᄒᆞ거든 그 가쥬ᄂᆞᆫ 죵용히 스ᄉᆞ로 이셔 벼개ᄅᆞᆯ 놉히고 음식ᄒᆞᆯ ᄃᆞᄅᆞᆷ이라 (凡治家之道, 必使奴執耕, 婢典爨, 鷄司晨, 犬吠盜, 牛負重, 馬涉遠, 私業無曠, 所求皆足. 其家主從容自在, 高枕飮食而已.) <삼국-가정 34:50>

【밟-】 동 밟다. 한 걸음씩 힘들여 발을 떼어 놓다.¶ ▼躡 ‖ ᄃᆡ왕니 강동에 ᄉᆞᄌᆞ을 보ᄂᆡ여 니ᄒᆡ을 베푸러 숀권으로 가만니 병을 닐우워 운장의 뒤을 밟고 일리 평ᄒᆞᆫ 후에 강동을 벼혀 숀권을 봉ᄒᆞ면 번성니 스ᄉᆞ로 풀니리라 (大王可遣使去東吳陳說利害, 令孫權暗暗起兵躡雲長之後, 許事平之日, 割江南之地以封孫權, 則樊城之危自解矣.) <삼국-모종 12:80>

【밧】[1] 명 ((지리)) 밭. 물을 대지 아니하거나 필요한 때에만 물을 대어서 야채나 곡류를 심어 농사를 짓는 땅.¶ ▼田 ‖ 이튼날 현덕이 관 장과 즁인으로 더부러 늉즁으로 향ᄒᆞᆯᄉᆡ 밧가의 두어 ᄉᆞ람이 호뮈를 메고 밧 갈며 노ᄅᆡᄒᆞ여 왈 (次日, 玄德同關、張幷從人等來隆中. 遙望山畔數人, 荷鋤耕於田間, 而作歌曰.) <삼국-국중 8:6>

【밧】[2] 명 밖. 바깥.¶ ▼外面 ‖ 밧일은 ᄋᆞ직 ᄒᆞᆯ 거시니 만일 녀픠 패ᄒᆞ야 오나든 부친이 미튝을 쳥ᄒᆞ야 ᄒᆞᆫ가지로 의논ᄒᆞ야 셩문을 딕희고 포ᄅᆞᆯ 드리디 말라 (外面之事, 兒子爲之; 倘呂布敗回, 便請糜竺一同守把城門, 休放布入.) <삼국-가정 7:12> ▼外 ‖ 평명으로셔 낫ᄀᆞ지 싸호다가 셩 밧 군ᄉᆡ 잠간 무ᄅᆞ거ᄂᆞᆯ (從平明打到日中, 城外軍退.) <삼국-가정 7:56>

【밧-】[1] 동 ❶ 받다. 물건 따위를 가지다. 수령(受領)하다.¶ ▼受 ‖ 허유 긔쥬 잇슬 제 민간의 ᄌᆡ믈을 밧고 범남히 ᄌᆞ뎨로 ᄒᆞ여금 ᄇᆡᆨ셩의게 뎐셰 곡셕을 만히 바다 가졋거늘 다 잡아다 가두고 져쥬니 승복ᄒᆞᆫ 토ᄉᆡ 명ᄇᆡᆨᄒᆞ다 ᄒᆞᆫᄃᆡ (後盡皆言許攸在冀州時取受民間財, 濫令子侄輩多科稅, 糧入己, 盡皆收下獄中鞫問.) <삼국-가정 10:72> ❷ (우산이나 양산 같은 것을) 펴 들다.¶ ▼打 ‖ 홀연이 보니 일표 군마가 다 홍긔를 밧고 당두ᄒᆞ여 가ᄂᆞᆫ 길을 절쥬ᄒᆞ고 (忽見一彪軍馬, 盡打紅旗, 當頭來到, 截住路) <삼국-모종 1:13> ❸ 명(命)을 받다. 받아들이다.¶ ▼受 ‖ 위ᄅᆞᆯ 슌의게 젼ᄒᆞ신대 슌이 구디 ᄉᆞ양ᄒᆞ고 밧디 아니ᄒᆞ거ᄂᆞᆯ 드ᄃᆡ여 이녀로ᄡᅧ 쳐ᄒᆞ시니 후셰 대셩인의 덕이라 칭ᄒᆞᄂᆞ니 이제 폐해 ᄯᅩᄒᆞᆫ 두 공쥬ᄅᆞᆯ 두어 겨시니 엇디 당뇨ᄅᆞᆯ 본바다 위왕의게 쳐티 못ᄒᆞ시ᄂᆞ니잇고 (爲禪位于舜, 舜堅辭不受, 遂以二女妻之, 後世稱爲大聖之德. 今陛下亦有二公主, 何不效唐堯以妻魏王乎?) <삼국-가정 26:38>

【밧-】[2] 동 «뱉다» 뱉다.¶ ▼唾 ‖ 짐니 군ᄉᆞ로ᄡᅧ 싸홈을 도을ᄂᆞ 가탁ᄒᆞ고 삼노랄 ᄒᆞᆸᄒᆞ냐 일쳐희 진병ᄒᆞ면 동오ᄅᆞᆯ 숀의 춤 밧고 가히 취ᄒᆞ리ᄅᆞ (朕虛託以兵助戰, 今三路一齊進兵, 東吳唾手可取也.) <삼국-모종 14:6>

【밧-갈-】 동 밭 갈다.¶ ▼耕 ‖ 네 여긔셔 몸소 밧가라 텬시ᄅᆞᆯ 즐기고 뎐묘ᄅᆞᆯ 거츨디 말라 (汝可躬耕于此, 以樂天時, 勿得荒蕪田畝.) <삼국-가정 12:114> 노부 밧갈고 글이나 일거 전가ᄒᆞ더니 이 ᄌᆞ식은 본업을 힘씨지 아니ᄒᆞ고 뉴렵을 일삼으니 가문이 불힝ᄒᆞ노라 (老夫耕讀傳家, 止生此子, 不務本業, 惟以游獵爲事. 是家門不幸也.) <삼국-모종 5:19> 공명이 그 아히 균으로 남양의 몸쇼 밧갈고 일즉 양보음을 조하ᄒᆞ고 그 곳에 와룡강이 잇기로 ᄌᆞ호ᄅᆞᆯ 와룡션ᄉᆡᆼ이라 ᄒᆞ니 (亮與弟諸葛均躬耕於南陽, 嘗好爲梁父吟, 所居之地有一岡, 名臥龍岡, 因自號爲'臥龍先生'.) <삼국-모종 6:67>

【밧고-】 동 바꾸다. 원래 있던 것을 없애고 다른 것으로 채워 넣거나 대신하게 하다. (타동사). 밧고다> 밧구다> 바꾸다.¶ ▼易 ‖ ᄂᆡ 번양호ᄅᆞᆯ ᄯᅥ나무로부터 문득 북벌ᄒᆞᆯ 마암이 잇스니 비록 칼과 독긔가 머리예 다힌ᄃᆡ도 그 마암은 밧고지 아니ᄒᆞ리라 (吾自離鄱陽湖, 便有北伐之心, 雖刀斧加頭, 不易其志也.) <삼국-모종 7:104>

【밧고-이-】 동 바뀌다.¶ ▼易 ‖ 텬디 밧고이미여 일월이 뒤집혀도다 (天地易兮日月翻.) <삼국-국중 1:86> ▼倒易 ‖ 시졀의 은통을 닙어 서로 쳔진ᄒᆞ야 슌월 ᄉᆞ이예 툐탁ᄒᆞ야 블ᄎᆞ로 탁용ᄒᆞ고 ᄉᆞ태우로 ᄒᆞ야곰 드ᄅᆞ히 ᄇᆞ리여 ᄡᅳ이디 못ᄒᆞ니 이ᄂᆞᆫ 갓과 신이 밧고이ᄃᆞᆺ ᄒᆞ얏ᄂᆞᆫ지라 (見寵于時, 更相薦說, 旬月之間, 幷各拔擢: 樂松處常伯, 任芝居納言, 郤儉丶梁鵠各受豊爵不次之寵, 而令搢紳之徒委伏畎畝, 口誦堯舜之言, 身蹈絶俗之行, 棄捐溝壑, 不見逮及, 冠履倒易.) <삼국-가정 1:6>

【밧구-】 동 바꾸다.¶ ▼換 ‖ 현덕이 평ᄉᆡᆼ의 다만 자식 ᄒᆞ나히 잇스니 ᄒᆞ여곰 다려오게 ᄒᆞ면 현덕이 형주ᄅᆞᆯ 가져와 아두ᄅᆞᆯ 밧구어 갈 거시오 (玄德平生只有一子, 就教帶來, 那時玄德定把荊州來換阿斗.) <삼국-모종 10:84>

【밧기이-】 동 빼앗기다.¶ ▼奪 ‖ 관공이 길을 밧기이고 냥편으로 복병이 〻러나고 서황 허져 나와 접젼ᄒᆞ거ᄂᆞᆯ (關公奪路而走, 兩邊伏兵排下硬弩百張, 箭如飛蝗, 關公不過, 勒兵再回, 徐晃丶許褚接住交戰.) <삼국-모종 4:51>

【밧-뎐】 명 ((주거)) 바깥 전(殿). 외전(外殿). 임금이 거처하는 전각(殿閣)을 내전(內殿)에 상대하여 이르는 말.¶ ▼外殿 ‖ 휘 머리ᄅᆞᆯ 프러 ᄇᆞ리고 발 벗고 두 군ᄉᆡ 미러 내여 오더니 밧뎐의 니ᄅᆞ러 뎨 후ᄅᆞᆯ ᄇᆞ라보시고 뎐의 ᄂᆞ리ᄃᆞ라 후ᄅᆞᆯ 븟들고 우ᄅᆞ시거ᄂᆞᆯ (后披髮跣足, 二甲士推擁而出. 至外殿前, 帝望見后, 乃下殿抱后而哭.) <삼국-가정 21:121>

【밧들-】 동 받들다.¶ ▼奉 ‖ 우리 쥬인 오휘 ᄒᆞᆫ 누의ᄅᆞᆯ 두어 겨시니 아ᄅᆞᆷ답고 크게 용ᄒᆞᆫ더라 가히 뷔와 키ᄅᆞᆯ 밧드럼즉 ᄒᆞ니 만일 두 집이 진〻[쥬적 제후ᄃᆞᆯ이 다 동셩이매 서ᄅᆞ 혼인을 못ᄒᆞ되 오직 진〻 두 나라히 이셩이라 ᄆᆡ양 두나라과 혼인을 ᄒᆞ더라]의 즐거오믈 ᄆᆡᄌᆞ면 조적이 감히 동남을 바ᄅᆞ보디 못ᄒᆞ리니 나라히며 집의 엇디 아ᄅᆞᆷ답디 아니ᄒᆞ리오 (吾主人孫將軍有一妹, 美而大賢, 堪可以奉箕箒. 若兩家共結秦丶晉之歡, 則曹賊不敢正視東南也.家國之事, 幷皆全美.) <삼국-가정 17:89> 졔환공과 진문공을 이제 니ᄅᆞ히 일ᄏᆞᄅᆞᆫ 그 병셰 크되 오히려 쥬실을 밧드러 셤기고 (齊桓公丶晉文公所以垂稱至今日者, 以其兵勢廣大, 猶能奉事周室也.) <삼국-가정 18:38>

【밧-말】 명 밖의 말.¶ ▼外言 ‖ 괴 ᄌᆞ유로 더부러 가위 신교라 밧말이 시러곰 ᄉᆞ이홀 ᄇᆡ ᄋᆞ니라 (孤與子瑜, 可謂神交, 非外言所得間也.) <삼국-국중 14:4>

【밧비】 부 바삐. 일이 많거나 또는 서둘러서 할 일로 인하여 겨를이 없이.¶ ▼緊 ‖ 밧비 걸면 ᄌᆞ로 업듯ᄂᆞ니 맛당이 쳔〻이 도모홀 거시라 (緊行無好步, 當緩圖之.) <삼국-가정 24:77> ▼ᄉᆞ군이 멀리 보내믈 잇ᄡᅳ게 마ᄅᆞ쇼셔 셰 맛당이 밧비 가 노모ᄅᆞᆯ 보려 ᄒᆞ노이다 <삼국-가정 12:61> (不勞使君遠送, 庶當星夜而行, 見老母矣.) <삼국-규장 9:9>

【밧ᄭᅩ-】 동 바꾸다.¶ ▼換 ‖ 각이 노ᄒᆞ야 그 죵을 참ᄒᆞ고 ᄯᅩ 오ᄉᆞᆯ 가져오라 ᄒᆞ니 죵이 오ᄉᆞᆯ 가져와시되 오ᄉᆡ 핏내 잇거ᄂᆞᆯ 년ᄒᆞ야 두어 번을 밧ᄭᅩ되 내 ᄒᆞᆫ가지로 나니 각이 툐탕ᄒᆞ기ᄅᆞᆯ 마디 아니ᄒᆞ더니 (恪大怒, 立斬侍婢. 又令取衣穿, 侍婢進衣, 亦有血臭, 連換數次, 皆臭無異. 惆悵不已.) <삼국-가정 36:13>

【밧ᄌᆞ오-】 동 받잡다. 받들다.¶ ▼蒙 ‖ 마초와 텬ᄌᆞ 명을 밧ᄌᆞ와 드러오니 금포와 옥ᄃᆡᄅᆞᆯ 주시더라 (適蒙天子命宣, 賜以錦袍玉帶.) <삼국-가정 7:93>

【밧치-】 동 바치다. 무엇을 위하여 아낌없이 내놓거나 드리다.¶ ▼拜納 ‖ 유 왈 션ᄉᆡᆼ은 상냥컨ᄃᆡ 몃 날이나 되면 가히 판비ᄒᆞ겟난야 공명 왈 ᄉᆞᆷ일 ᄂᆡ의 가히 십만 젼을 밧칠지이라 (瑜曰: "先生料幾日可完辦?" 孔明曰: "只消三日, 便可拜納十萬枝箭.") <삼국-모종 8:3>

【밧ᄒᆡ】 명 ((지리)) 밭.¶ ▼田 ‖ 이제 화곡이 밧ᄒᆡ 잇스니 두리건ᄃᆡ 민업을 폐ᄒᆞ리니 아직 츄셩ᄒᆞ믈 기다려 취ᄒᆞ미 늣지 아니ᄒᆞ다 (見今禾稼在田, 恐廢民業, 姑待秋成後取之未晩.) <삼국-국중 7:38>

【바ᇧ】 명 밖. 바깥.¶ ▼外 ‖ 우리 집의 ᄒᆞᆫ 놈이 셩 밧긔 벼 시므라 갓다가 ᄒᆞᆫ 漢ㅅ 사ᄅᆞᆷ과 싸홧더니 (我家裏一箇漢子, 城外種稻子來, 和一箇漢兒人廝打來.) <박언하:15b> 쥬공이 먼이 졍벌ᄒᆞ야 밧긔 겨시니 오병의 이번 오믄 우리를 파ᄒᆞ미 반닷다 ᄒᆞᄂᆞ니 (主公遠征在外, 吳兵以爲破我必矣.) <삼국-가정 22:32>

【방】[1] 명 방(榜). 어떤 일을 알리기 위하여 사람들이 다니는 길거리나 많이 모이는 곳에 써 붙이는 글. 방문(榜文).¶ ▼榜 ‖ ᄉᆞ마의 조상 등을 멸ᄒᆞ고 방을 내여 기유ᄒᆞ니 됴뎡 관원과 낙양 ᄇᆡᆨ셩이 다 조상이 젼권 모반ᄒᆞ다가 듀륙ᄒᆞ믈 닙다 ᄒᆞ야 ᄆᆞᄋᆞᆷ을 펴 의심을 아니ᄒᆞᄃᆡ (却說司馬懿滅了曹爽等衆, 出榜曉諭朝中官員, 做洛陽人民知道, 說曹爽專權謀反, 因此戮之, 衆皆安心無疑.) <삼국-가정 35:111> 후쥬ᄅᆞᆯ 궁으로 도라보내고 방 브텨 ᄇᆡᆨ셩을 안무ᄒᆞ며 창고ᄅᆞᆯ 교부ᄒᆞ고 (請後主還宮, 出榜安民, 交割倉庫.) <삼국-가정 38:130>

【방】[2] 명 ((인류)) 방(方). 장군(將軍).¶ ▼方 ‖ 각의 도당과 뎨ᄌᆞ 오ᄇᆡᆨ여 인이라 ᄉᆞ방의 두로 돌며 병을 곳티니 졈졈 그 무리 극히 만ᄒᆞᆫ더라 각이 삼십뉵방을 셰워 대쇼ᄅᆞᆯ 분ᄒᆞ니[방이라 ᄒᆞᄂᆞᆫ 말은 쟝군이라 ᄒᆞ기 ᄀᆞᆺᄐᆞᆫ 말이라]대방은 만여인오 쇼방은 뉵칠젼이라 각각 쟝슈ᄅᆞᆯ 뎡ᄒᆞ엿더라 (角有徒弟五百餘人, 雲游四方救病. 次後徒衆極多, 角立三十六方, 分布天下. 方者, 乃將軍之稱也. 大方萬餘人, 小方六七千, 各立渠帥.) <삼국-가정 1:13>

【방강-ᄒᆞ-】 형 방강(方剛)하다. 왕성하다.¶ ▼方剛 ‖ 위연 왈 노지 근력으로 능ᄒᆞ믈 못ᄒᆞᄂᆞ니 ᄂᆡ 드ᄅᆞ니 ᄂᆡᆼ포 등현은 촉중 명장이요 혈긔 방강ᄒᆞ니 져어ᄒᆞ건ᄃᆡ 노장군이 가즉이ᄅᆞᆯ 못홀 거시니 엇지 주공 ᄃᆡᄉᆞᄅᆞᆯ 그ᄅᆞ치지 안니ᄒᆞ리요 (魏延曰: "老者不以筋骨爲能, 吾聞泠苞丶鄧賢乃蜀中名將, 血氣方剛, 恐老將軍近他不得, 豈不誤了主公大事?") <삼국-모종 10:110>

【방귀-ᄒᆞ-】 동 방귀(放歸)하다. 돌아가게 놓아두다.¶ ▼罷歸 ‖ 가히 병권을 쥬지 못ᄒᆞ리니 젼니의 방귀ᄒᆞ소셔

(不可付之兵權. 可卽罷歸田里.) <삼국-국중 15:35>

【방네-ᄒᆞ-】 동 방해하다.¶ ▼禳 ‖ 이ᄂᆞᆫ 쥬인을 구ᄒᆞ미오 쥬인을 ᄒᆡᄒᆞ미 아니ᄂᆞ 맛참ᄂᆡ 쥬인의게 방ᄒᆡ로오미 잇스리니 ᄂᆡ 한 법이 닛스니 가히 방네ᄒᆞ리이다 (此乃救主, 非妨主也; 終必妨一主. 某有一計可禳.) <삼국-국중 7:130>

【방당】 명 ((주거)) 방장(方丈). 주지의 처소.¶ ▼方丈 ‖ 댱뇌 운당을 청ᄒᆞ야 방당[승당 ᄀᆞᄐᆞᆫ디라]의 가 차ᄅᆞᆯ 권ᄒᆞ거ᄂᆞᆯ (長老請方丈內待茶.) <삼국-가정 9:103>

【방-마치】 명 ((기물)) 방망이. 망치. 짤막한 몽둥이.¶ ▼鎚 ‖ 원ᄅᆡ 마초 장비을 엇지 못ᄒᆞ고 한 게교을 ᄂᆡ여 거즛 픠ᄒᆞ여 장비 쇽게 좃ᄎᆞ오게 ᄒᆞ고 가만니 구리쇠 방마치을 ᄡᅥ어 몸을 도여 ᄡᅡ르고저 ᄒᆞ니 (原來馬超見贏不得張飛, 心生一計, 詐敗佯輸, 賺張飛趕來, 暗掣銅鎚在手, 紐回身覷著張飛便打來.) <삼국-모종 11:20>

【방면】 명 ((지리)) 방면(方面). 관찰사가 다스리는 행정 구역.¶ ▼方面 ‖ 부친이 벼ᄉᆞᆯ이 방면[외방이라]의 잇ᄂᆞᆫ디라 ᄉᆞ마ᄉᆡ 폐쥬젼권ᄒᆞ매 국개 뎐복ᄒᆞ야 누란의 위ᄐᆡ로오미 잇거ᄂᆞᆯ 엇디 앙연히 스ᄉᆞ로 ᄃᆡ희여 쟝ᄎᆞᆺ ᄉᆞᄒᆡ ᄉᆡᆼ녕의 춤밧고 ᄭᅮ지ᄌᆞ믈 바ᄃᆞ려 ᄒᆞ시ᄂᆞ닝잇고 (父親官居方面, 司馬師廢主專權, 國家顚覆, 有方面之危, 安可晏然自守?) <삼국-가정 36:57>

【방문】 명 방(榜文). 어떤 일을 알리기 위하여 사람들이 다니는 길거리나 많이 모이는 곳에 써 붙이는 글.¶ ▼榜 ‖ 천하호걸을 결교ᄒᆞ기를 죠와ᄒᆞ더니 앗가 공이 방문을 보고 탄식ᄒᆞᄂᆞᆫ 고로 그 연고를 뭇노라 (專好結交天下豪傑. 恰纔見公看榜而歎, 故此相問.) <삼국-국중 1:9>

【방비】 명 방비(防備). 외적에 대한 대비.¶ ▼提備 ‖ 각쳐의 뎐령ᄒᆞ야 방비ᄅᆞᆯ 힘ᄡᅥ ᄒᆞ라 ᄒᆞ고 (傳檄各處, 令提備.) <삼국-가정 23:40>

【방비-ㅎ-】 동 방비(防備)하다. 적의 침입이나 피해를 막기 위하여 미리 지키고 대비하다.¶ ▼備 ‖ 병은 신속ᄒᆞ미 귀ᄒᆞ니 이제 쳔리의 가 사ᄅᆞᆷ을 엄습ᄒᆞ려 호ᄃᆡ 츼듕이 만하 나아가기 어려오니 경긔로 ᄇᆡ도ᄒᆞ야 그 방비티 아니호믈 엄습ᄒᆞ야 노ᄅᆞᆯ 금홈만 ᄀᆞᆺ디 못ᄒᆞ니 모ᄅᆞ미 길 아ᄂᆞᆫ 쟈ᄅᆞᆯ 어더 향도ᄅᆞᆯ ᄒᆞ라 (兵貴神速. 今千里襲人, 輜重多, 難以趨利; 不如輕兵兼道以出, 掩其不備. 虜可擒也. 須得曾識徑路者以引之.) <삼국-가정 11:87>

【방비-ᄒᆞ-】 동 방비(防備)하다. 적의 침입이나 피해를 막기 위하여 미리 지키고 대비하다.¶ ▼防備 ‖ 만닐 오병이 나의 방비 아니ᄒᆞ믈 혜아리고 뷘 ᄢᅴᄅᆞᆯ 타 치면 엇디 응ᄒᆞ리오 금야의 방비ᄒᆞ미 다른 ᄢᅴ보다 더 삼ᄀᆞᄒᆞ리라 (儻吳兵度我無備, 乘虛攻擊, 何以應之? 今夜防備, 當比每夜更加謹愼.) <삼국-국중 10:42> ▼守 ‖ ᄉᆞ마쇠 도라와 고ᄒᆞᄃᆡ 가뎡의 방비ᄒᆞ미 잇더이다 (司馬昭回見父曰: '街亭有兵守把.') <삼국-가정 31:17> ▼提防 ‖ 각쳐 군현이 십분 용심ᄒᆞ야 듀야로 방비ᄒᆞ니 다른 일이 업ᄉᆞ믈 셰작이 임의 도라와 보ᄒᆞ엿거니와 다만 무도 음평이 두 곳 쇼식을 오히려 듯디 못ᄒᆞ엿ᄂᆞ이다 (已有細作探得, 各郡十分用心, 日夜提防, 并無一事.只有武都、陰平, 此二郡未曾回報.) <삼국-가정 32:68> ▼提備 ‖ 남안 갓가이 ᄒᆞᆫ 뫼히 이시니 일홈은 무셩산이라 만일 이 고들 몬져 어드면 가히 남안 형셰ᄅᆞᆯ 아ᄉᆞ려니와 다만 두려ᄒᆞ건대 등애 ᄭᅬ 만흐니 몬져 방비ᄒᆞ엿ᄂᆞᆫ가 ᄒᆞ노라 (近南安有一山, 名武城山, 若先得了, 可奪南安之勢. 只恐鄧艾多謀, 必先提備.) <삼국-가정 36:110>

【방셕】 명 ((기물)) 방석(方席). 깔고 앉는 네모난 작은 자리.¶ ▼墩 ‖ ᄉᆞ인이 올라가 암ᄌᆞ 알ᄑᆡ 니ᄅᆞ니 ᄒᆞᆫ 도동이 나와 마자 셩명을 뭇고 인ᄒᆞ여 드려가거ᄂᆞᆯ 보니 ᄌᆞ허샹인이 챵포 방셕의 안잣거ᄂᆞᆯ (四人至庵前, 見一道童出迎. 問了姓名, 引入庵中, 正見紫虛上人坐於蒲墩之上.) <삼국-가정 20:63>

【방셩ᄃᆡ곡-ᄒᆞ-】 동 방성대곡(放聲大哭)하다. 목소리를 놓아 크게 울다. 대성통곡(大聲痛哭)하다.¶ ▼放聲大哭 ‖ 읽기를 마ᄎᆞᄆᆡ 공명이 방셩ᄃᆡ곡ᄒᆞ니 삼군니 다 눈물을 ᄂᆞ리우더라 (讀畢祭文, 孔明放聲大哭, 極其痛切, 情動三軍, 無不下淚.) <삼국-국중 15:28>

【방셩통곡-ᄒᆞ-】 동 방성대곡(放聲痛哭)하다. 큰 소리로 몹시 슬프게 울다. 대성통곡(大聲痛哭)하다.¶ ▼放聲痛哭 ‖ 술곳 취ᄒᆞ면 남다히ᄅᆞᆯ ᄇᆞ라고 니ᄅᆞᆯ ᄀᆞᆯ며 노ᄒᆞ기ᄅᆞᆯ 마디 아니ᄒᆞ다가 술곳 ᄭᆡ면 방셩통곡ᄒᆞ며 셜워ᄒᆞ기ᄅᆞᆯ 긋치디 아니ᄒᆞ더니 (每醉, 望南切齒睜目, 怒恨甚急; 酒醉醒時, 放聲痛哭, 悲傷不已.) <삼국-가정 26:66>

【방심-ᄒᆞ-】 동 방심(放心)하다. 마음을 다잡지 아니하고 풀어 놓아 버리다.¶ ▼放心 ‖ 쥰이 각의 심복 사ᄅᆞᆷ으로 ᄒᆞ여곰 각의 손조 지은 약술을 가져오니 각이 방심ᄒᆞ야 먹더니 (峻令恪心腹人卽取恪自製藥酒到, 恪方才放心飮之.) <삼국-가정 36:17>

【방약무인-ᄒᆞ-】 형 방약무인(傍若無人)하다. 곁에 사람이 없는 것처럼 아무 거리낌 없이 함부로 말하고 행동하는 태도가 있다.¶ ▼傍若無人 ‖ 조인이 뎍누 샹의 이셔 보니 위 휘개 아래 셔시되 다만 엄심갑만 닙고 프른 젼포ᄅᆞᆯ 메와다시니 방약무인ᄒᆞ더라 (曹仁在敵樓上見關公在麾盖之下, 身上止披掩心甲, 斜袒綠袍, 傍若無人, 欲催士卒打城.) <삼국-가정 24:96>

【방울】 명 ((기물)) 방울. 쇠붙이나 그밖의 소리나는 재료로 둥글고 속이 비게 만들고 안에 다른 단단한 물건을 넣어 흔들면 소리가 나게 한 물건.¶ ▼鑾鈴 ‖ 이윽ᄒᆞ야 건장ᄒᆞᆫ 사ᄅᆞᆷ이 큰 ᄆᆞᆯ을 잇그러 오니 그 ᄆᆞᆯ의 비치 온몸이 숫블 픠온 ᄃᆞᆺᄒᆞ고 눈이 방울 드리온 ᄃᆞᆺᄒᆞ더라 (須臾, 使官署漢牽至, 身如火炭, 眼似鑾鈴.) <삼국-가정 9:24>

【방장】 명 ((주거)) 방장(方丈). 주지의 처소(處所).¶ ▼方丈 ‖ 보정이 ᄃᆡ답ᄒᆞ고 관공을 청ᄒᆞ여 방장의 드러와 보정이 삭칼을 드러 관공을 눈치ᄒᆞ니 공이 ᄭᆡ닷고 좌우를 명ᄒᆞ여 칼을 가지고 ᄯᆞᆯ으게 ᄒᆞ다 (普淨敎取茶先奉夫人, 然後請關入方丈, 普淨以手擧所佩戒刀, 以目視關公, 公會意, 命左右持刀緊隨.) <삼국-모종 5:10>

【방즈-히】 㝵 방자(放恣)히. 방자하게.¶ ▼오즉 됴ㅎ를 효제치 못ㅎ여 국권을 쳔롱ㅎ여 방즈히 국난을 지어 황후를 뉵슬ㅎ고 황즈를 침히ㅎ니 (惟獨曹操久未梟除, 侵擅國權, 恣心極亂. 臣昔與車騎將軍董承圖謀討操, 事不密, 承見陷害. 臣播越失據, 忠義不果, 遂使操窮凶極逆. 主后戮殺, 皇子鴆害.) <삼국-국중 13:5>

【방즈-ㅎ-】 㔖 방자(放恣)하다. 무례하고 건방지다.¶ ▼放蕩 ‖ 그 후로 슉뷔 됴의 허물을 말ㅎ믹 슉이 고지듯지 아니ㅎ니 죄 실어금 방즈ㅎ더라 (後叔父但言操過, 嵩並不聽. 因此, 操得恣意放蕩.) <삼국-모종 1:14>

【방ㅈㅇ】 㝵 방장(方將). 바야흐로. 막.¶ ▼方 ‖ 회 방ㅈㅇ 탐지ㅎ던니 함셩 진동하며 사면팔방의 무한 군병이 일으거날 위 왈 이난 반다시 제ㅈㅇ 작경인니 가히 몬져 버히리라 (會方令人探時, 喊聲大震, 四面八方, 無限兵到, 維曰: "此必是諸將作惡, 可先斬之.") <삼국-모종 19:68>

【방찰-ㅎ-】 㔖 방찰(防察)하다. 막아 살피다.¶ ▼防察 ‖ ㄸㅗ 심복인 삼천을 발ㅎ여 어림군의 츙슈ㅎ고 조홍으로 ㅎ여곰 통녕ㅎ여 방찰ㅎ게 ㅎ다 (又撥心腹人三千充御林軍, 令曹洪統領, 以爲防察.) <삼국-국중 5:108>

【방쳔-극】 㓵 ((군기)) 방천극(方天戟). 언월도(偃月刀)나 창 모양으로 만든 중국 무기의 하나.¶ ▼方天戟 ‖ 경이 디로ㅎ야 방쳔극을 들고 죵마한녀ㅎ믹 운니 가마니 일젼을 발ㅎ니 한경이 몸을 번듯쳐 말긔 써러지거늘 (瓊大怒, 仍綽方天戟, 縱馬趕來, 却被雲一箭射中面門, 落馬而死.) <삼국-국중 15:48>

【방촌】 㓵 방촌(方寸). 사람의 마음은 가슴속의 한 치 사방의 넓이에 깃들어 있다는 뜻으로, '마음'을 달리 이르는 말.¶ ▼方寸 ‖ 본디 ㅅ군으로 더브러 왕패의 긔업을 일우고져 ㅎ더니 노모의 연고로 셔의 방촌[ᄆᆞ음이라]이 어즈러운디라 (本欲與使君共圖王霸之基者, 以此方寸也. 今以失老母之故, 方寸亂矣.) <삼국-가정 12:59> 셔 본디 쟝군으로 더브러 ᄒᆞᆫ가지로 왕패의 긔업을 도모ㅎ야 이 ᄆᆞ음을 다ㅎ려 ㅎ더니 노뫼 믄득 죽으니 방촌[ᄆᆞ음이라]이 어즈러운디라 비록 셰샹의 잇다 ᄆᆞᄉᆞᆷ 유익ᄒᆞᆫ 일이 이시리오 (本欲與將軍共圖王霸之業, 以此方寸之地也. 今老母已喪, 方寸亂矣, 無益于事.) <삼국-가정 13:105>

【방탕-ㅎ-】 㕍 방탕(放蕩)하다. 행실이 좋지 못하다.¶ ▼放蕩 ‖ 일로 인ㅎ야 죄 방탕ㅎ기를 ᄆᆞ음ᄀᆞ지 ㅎ고 힝업을 힘쓰니 아니ㅎ니 (操得恣意放蕩, 不務行業.) <삼국-가정 1:44>

【방텬-화극】 㓵 ((군기)) 방천화극(方天畫戟). 언월도(偃月刀)나 창 모양으로 만든 중국 무기의 하나.¶ ▼方天戟 ‖ 궁시를 ᄎᆞ고 손의 방텬화극을 잡고 ᄇᆞ람의 우짓거리ᄂᆞᆫ 젹토마를 타시니 과연 사ᄅᆞᆷ 둥의ᄂᆞᆫ 녀뵈오 ᄆᆞᆯ 둥의ᄂᆞᆫ 젹퇴라 (弓箭隨身着體, 手持畫干方天戟, 坐下嘶風赤兔馬, 果然是'人中呂布, 馬中赤兔'!) <삼국-가정 2:82>

【방편】 㓵 방편(方便). 그때그때의 경우에 따라 편하고 쉽게 이용하는 수단과 방법.¶ ▼方便 ‖ 이제 번양호의 식로 량식을 운젼ㅎ고 쥬위 황긔로 ㅎ여곰 슌초ㅎ게 ㅎ니 님의 방편이 잇ᄂᆞᆫ지라 (今有鄱陽湖新運到糧, 周瑜差蓋巡哨, 已有方便.) <삼국-국중 9:129>

【방패】 㓵 ((군기)) 방패(防牌/旁牌). 전쟁 때에 적의 칼, 창, 화살 따위를 막는 데에 쓰던 무기. 원방패(圓防牌)와 장방패(長防牌)가 있음.¶ ▼傍牌 ‖ 믄득 일표 만병이 니ᄅᆞ니 사ᄅᆞᆷ마다 머리를 플고 발을 벗고 혹 궁노도 ᄡᅩ며 혹 댱창도 가져시며 혹 방패도 들고 도치도 가져시며 (一彪蠻兵驟至, 人皆披髮跣足, 或使弓弩長槍, 傍牌刀斧.) <삼국-가정 27:31> ▼楯 ‖ 붑을 티며 살흘 급히 ᄡᅩ와 비오ᄃᆞᆺ ㅎ니 다 방패를 무롭고 ᄡᅡ히 업데거ᄂᆞᆯ (一聲梆子響處, 矢下如雨, 皆蒙楯伏地, 寨中亂竄.) <삼국-가정 10:62> ▼牌 ‖ 국의 활 ᄡᅩᄂᆞᆫ 군으로 ㅎ여곰 다 방패 아릭 숨어 움즉이디 말라 ㅎ엿더니 (麴義令弓手皆伏於遮箭牌下, 號令勿動.) <삼국-가정 3:18>

【방포】 㓵 방포(放砲). 포나 총을 쏨.¶ ▼炮 ‖ 쟝ᄎᆞᆺ 뫼흘 디나긔 되엿더니 ᄒᆞᆫ 소릭 방포의 오빅군이 일시예 피과 더러온 것들흘 ᄲᅳ리니 다만 공듕의 죠히사ᄅᆞᆷ과 플로 ᄆᆡᆫ든 ᄆᆞᆯ이 어즈러이 ᄡᅡ히 ᄯᅥ러디며 ᄇᆞ람과 우레 즉시 긋치고 모래 ᄃᆞ ᄂᆞ디 아니ㅎ더라 (將過山頭, 一聲炮響, 五百軍穢物齊潑. 但見空中紙人草馬, 紛紛墜地, 風雷頓息, 砂石不飛.) <삼국-가정 1:58>

【방포-ㅎ-】 㔖 방포(放砲)하다. 포나 총을 쏘다.¶ ▼放炮 ‖ 나즌 숨고 밤은 힝ㅎ야 덕도셩 동남의 고산심곡 둥의 ᄆᆡ복ㅎ야 ᄀᆞ만ᄒᆞᆫ 병셰를 삼아 군ᄉᆞ 오기를 기ᄃᆞ려 일시의 고각으로 응ㅎ고 밤이면 블을 들여 방포ㅎ여 ᄲᅧ놀래려 ㅎ더라 (日伏夜行, 去狄道城東南高山深谷中埋伏, 爲暗兵之勢, 只待兵來, 一齊鳴鼓角爲應, 夜則擧火放炮以驚之.) <삼국-가정 36:92>

【방픽】 㓵 ((군기)) 방패(防牌/旁牌). 전쟁 때에 적의 칼, 창, 화살 따위를 막는 데에 쓰던 무기. 원방패(圓防牌)와 장방패(長防牌)가 있음.¶ ▼楯 ‖ 죠군니 다 방픽를 무롭쓰고 ᄡᅡ히 업듸니 쇼군니 납함ㅎ며 크게 웃난지라 (曹軍皆蒙楯伏地, 袁軍吶喊而笑.) <삼국-국중 7:5>

【방히-로오-】 㕍 «방히롭다» 방해(妨害)롭다.¶ ▼妨 ‖ 이ᄂᆞᆫ 쥬인을 구ㅎ미오 쥬인을 히ㅎ미 아니ᄂᆞ 맛참닉 쥬인의게 방히로오미 잇스리니 닉 한 법이 닛스니 가히 방녜ㅎ리이다 (此乃救主, 非妨主也; 終必妨一主. 某有一計可禳.) <삼국-국중 7:130>

【버거】 㓵 ((인류)) 둘째. 다음. 다음 사람.¶ ▼次 ‖ 현덕을 졀ㅎ야 형을 삼고 관우로 버거를 삼고 댱비로 아울 삼다 (共拜玄德爲兄, 關羽次之, 張飛爲弟.) <삼국-가정 1:27>

【버거】 㝵 버금으로. 둘째로. 다음으로. ※ '버거'는 원래 '벅-'의 부사형 '버거'가 어휘화하여 부사가 된 것. 이것이 다시 명사로 영파생되기도 한다.¶ ▼次 ‖ 뎨 대장군 하진을 블러 군ᄉᆞ를 됴발ㅎ야 몬져 마원의를 사ᄅᆞ잡아 참ㅎ고 버거 봉셔 등 젹당을 다 잡아 가도시니 (帝召大將軍何進調兵, 先擒馬元義斬之, 次收封諝等一干

人下獄.) <삼국-가정 1:15> 버거 조안민의게 졔ᄒᆞ고 버거 당ᄌᆞ 조앙의게 졔ᄒᆞ고 ᄯᅩ 졀영마의게 졔ᄒᆞ니 (次祭侄曹安民, 末祭長男曹昂. 又祭絶影馬.) <삼국-가정 6:134>

【버곰】 명 버금. 으뜸의 바로 아래. 둘째.¶ ▼副 ‖ 현덕이 ᄀᆞ장 깃거 마량으로 죵ᄉᆞ관을 삼고 이젹으로 버곰을 ᄒᆞ이다 (玄德甚喜, 遂用馬良爲從事官, 伊籍副之.) <삼국-가정 17:13>

【버근】 관 둘째의. 다음의.¶ ▼次 ‖ 권이 몽을 ᄉᆞ양ᄒᆞ야 올라 안ᄌᆞ라 ᄒᆞᆫ대 몽이 직삼 ᄉᆞ양ᄒᆞ고 버근 좌의 안다 (權讓蒙上坐, 蒙再三推辭, 坐于其次.) <삼국-가정 25:60>

【버근-안해】 명 ((인류)) 둘째부인. 첩(妾).¶ ▼次妻 ‖ 미튝은 누의로써 현덕의 버근안해를 삼고 가동 십여 인과 금ᄇᆡᆨ 젼량으로써 ᄌᆞ뢰ᄒᆞᄂᆞ더라 (因麋竺以妹嫁玄德爲次妻, 便以僮僕二千人、金帛糧食資給用費.) <삼국-가정 6:165>

【버근-쳐】 명 ((인류)) 둘째처(-妻). 첩(妾).¶ ▼次妻 ‖ 오부인의 아이 ᄯᅩᄒᆞᆫ 견의 버근쳐라 ᄒᆞᆫ 아ᄃᆞᆯ과 ᄒᆞᆫ ᄯᆞᆯ을 나흐니 ᄌᆞ의 일홈은 낭이오 ᄌᆞᄂᆞᆫ 조안이오 녀의 일홈은 인이오 (吳夫人妹, 孫堅次妻, 亦生一兒一女: 子名朗, 字早安, 女名仁.) <삼국-가정 3:33>

【버금-쳐】 명 ((인류)) 둘째처(-妻). 첩(妾).¶ ▼次妻 ‖ 원ᄂᆡ 미축이 한 누의 잇셔 현덕의 버금쳐이 된 고로 (原來麋竺有一妹, 嫁與玄德爲次妻.) <삼국-국중 5:114>

【버덕글니】 부 버릇없이.¶ ▼衝撞 ‖ 네 ᄉᆞ명이 되여 와셔 엇디 승샹 뜻을 아디 못ᄒᆞ고 그리 버덕글니 구ᄂᆞ뇨 (汝爲使命, 不會啓丞相意, 一味衝撞.) <삼국-규장 13:90>

【버덕글리】 부 버릇없이.¶ ▼衝撞 ‖ 네 ᄉᆞ명이 되어 와셔 엇디 승샹 뜻을 아디 못ᄒᆞ고 그리 버덕글리 구ᄂᆞ뇨 (汝爲使命, 不會啓丞相意, 一味衝撞.) <삼국-가정 19:80>

【버들-가지】 명 ((식물)) 버드나무가지. 양류지(楊柳枝).¶ ▼柳條 ‖ 버들가지를 것거 독워 허틔 이ᄇᆡᆨ을 티니 버들가지 수십 되 브러디더라 (飛攀下柳條, 去督郵兩腿上鞭打到二百, 打折柳枝十數條.) <삼국-가정 1:78>

【버러-셔-】 동 벌려서다. 둘 사이를 넓게 하여 서다. 정렬(整列)하여 서다.¶ ▼聯轡 ‖ 내 드ᄅᆞ니 쵹되 긔구ᄒᆞ여 쳔산만쉬라 술위 굷 가디 못ᄒᆞ고 ᄆᆞᆯ이 버러셔디 못ᄒᆞᆫ다 ᄒᆞ니 (備聞蜀道崎嶇, 千山萬水, 車不能方軌, 馬不得聯轡.) <삼국-가정 19:103>

【버러지】 명 ((곤충)) 벌레. 곤충을 비롯하여 기생충과 같은 하등 동물을 통틀어 이르는 말.¶ ▼虫 ‖ 날은 비록 쟉셰라 ᄒᆞ나 오히려 인셩이 잇거니와 너히ᄂᆞᆫ 진짓 벌거버슨 버러지로다 (吾乃鼠雀, 尙有人性; 汝等眞蜾虫耳!) <삼국-가정 8:56> ▼蟲 ‖ 흉듕의 버러지 두어 되 이셔 ᄂᆡ죵이 되고져 ᄒᆞ니 이ᄂᆞᆫ 비린 거ᄉᆞᆯ 즐겨 먹ᄂᆞᆫ 타시라 (胸中有蟲數升, 欲作內疽, 盖爲食腥之故.) <삼국-가정 25:86>

【버려지】 명 ((곤충)) 벌레.¶ ▼蟲 ‖ 광능ᄐᆡ수 진동[등]이 심중이 번만ᄒᆞ여 얼골이 불고 음식 먹지 못ᄒᆞ거날 ᄐᆡ약을 마시이니 버려지 셔 되을 토하니 다 머리 불고 숨이 움자기난지라 (廣陵太守陳登, 心中煩懣, 面赤, 不能飮食, 求佗醫治, 佗以藥飮之, 吐蟲三升, 皆赤頭, 首尾動搖.) <삼국-모종 13:21>

【버례-집】 명 벌레집.¶ ▼蜂窠 ‖ 제갈원니 밋지 안니ᄒᆞ고 가만니 제비알과 버례집과 검의을 세 합 가운ᄃᆡ 눈아 덥고 뢰로 졈ᄒᆞ라 ᄒᆞ니 (諸葛原不信, 暗取燕卵、蜂窠、蜘蛛三物分置三盒之中, 令輅卜之.) <삼국-모종 11:87>

【버리】 명 ((곤충)) 벌.¶ ▼蜂 ‖ 다만 드ᄅᆞ니 사람이 ᄒᆞᆷᄒᆞ고 ᄆᆞᆯ이 우러 버리 갓치 ᄭᅵ려 오며 션승의 ᄒᆞᆫ 증쉬 몸으로 뛰여 두덕의 올나 불너 왈 적이 니ᄅᆞ럿시니 청컨ᄃᆡ 승승은 ᄇᆡ의 나리쇼셔 (只聽得人喊馬嘶, 蜂擁而來, 船上一將躍身上岸, 呼曰: "賊至矣, 請丞相下船!") <삼국-모종 10:18>

【버리-】[1] 동 벌리다. 우므러진 것을 펴지거나 열리게 하다.¶ ▼張 ‖ 촉진 중의 무슈한 큰 즘싱이 모라 오ᄂᆞᆫᄃᆡ 구중의 화광을 토ᄒᆞ고 코의 흑연니 나ᄂᆞᆫᄃᆡ 몸의 방울을 흔들고 입을 버리고 발톱을 드러오거ᄂᆞᆯ (蜀陣中假獸擁出, 蠻洞眞獸見蜀陣巨獸口吐火焰, 鼻出黑煙, 身搖銅鈴, 張牙舞爪而來.) <삼국-국중 15:11>

【버리-】[2] 동 벌리다. 차리다. 여러 가지 물건을 늘어놓다.¶ ▼버려 논는단 말 (擺出) <삼국-어람 108b>

【버ᄅᆡ-쎄】 명 벌떼.¶ ▼蜂 ‖ 사마의 오만 ᄃᆡ병을 모라 버ᄅᆡ쎄갓치 온ᄃᆞ (司馬懿引大軍十五萬, 望西城蜂擁而來) <삼국-국중 15:103>

【버이-】 동 베다. 날이 있는 연장 따위로 무엇을 끊거나 자르거나 가르다.¶ ▼誅 ‖ 금일 화ᄂᆞᆫ 다 잠혼의 죄라 원 폐하ᄂᆞᆫ 혼을 버여써 군민을 ᄉᆞ례ᄒᆞ소셔 신등이 츌셩일젼ᄒᆞ리이다 (今日之禍, 皆岑昏之罪, 請陛下誅之. 臣等出城決一死戰.) <삼국-국중 17:142>

【버죰】 명 ((질병)) 버짐. 흔히 얼굴에 생기는 피부병의 한 가지. 살갗이 까슬까슬하게 벗겨지는 것과 진물이 나는 것이 있다.¶ ▼疥癬 ‖ 댱노의 범경호믄 버죰 ᄀᆞᄐᆞᆫ 병이오 뉴비를 쳔듕의 드려오믄 심복의 대환이라 (張魯犯界, 乃疥癬之疾; 劉備入蜀, 是心腹之大患也.) <삼국-가정 19:112>

【버죰-병】 명 ((질병)) 버짐병. 흔히 얼굴에 생기는 피부병의 한 가지. 살갗이 까슬까슬하게 벗겨지는 것과 진물이 나는 것이 있다.¶ ▼疥癩 ‖ 내 위왕 녕지를 바다 네 아비 머리를 가지라 와시니 네뎨엿 버죰병 ᄀᆞᄐᆞᆫ 져근 아히ᄂᆞᆫ 내 더러워 죽이디 아니ᄒᆞ니 ᄲᆞᆯ리 네 아비를 블러오라 (吾奉魏王旨, 來取汝父之首. 汝乃疥癩小兒, 吾不殺汝, 快換汝父來!) <삼국-가정 24:71> ▼疥癬 ‖ 원쇠 ᄉᆞ식이 셕ᄉᆞ이ᄒᆞ나 담냥이 쟉고 쇠를 됴히 너기나 결단이 업고 큰일을 호ᄃᆡ 몸을 앗기고 져근 니곳 보면 목

숨을 ᄇᆞ리ᄂᆞ니 이ᄂᆞᆫ 버좀병 ᄀᆞᄐᆞᆫ 뉘니 영웅이 아니라 (袁紹色厲膽薄, 好謀無斷; 幹大事而惜身, 見小利而忘命: 乃疥癬之輩, 非英雄也.) <삼국-가정 7:124> 블가ᄒᆞ다 뉴비ᄂᆞᆫ 버좀병 ᄀᆞᆺ고 조조ᄂᆞᆫ 강덕이니 몬져 파치 아니치 못ᄒᆞᆯ 거시니 (不可. 劉備乃疥癬之疾耳. 曹操乃是勁敵, 不可不先除也.) <삼국-가성 10:15> 조죄 ᄇᆡᆨ만 호랑지즁을 거ᄂᆞ려 텬ᄌᆞ로ᄡᅥ 일홈을 ᄒᆞ나 내 오히려 버좀병만 너기거ᄃᆞᆫ 엇디 쥬랑 ᄀᆞᄐᆞᆫ 아ᄒᆡᄅᆞᆯ 두려ᄒᆞ리오 (曹操統百萬虎狼之衆, 動以天子爲名, 吾亦以爲疥癬之疾. 豈懼周郞乎!) <삼국-가정 17:80>

【버희-】 [동] 베다. 날이 있는 기구로 자르거나 끊다.¶ ▼斬 ‖ 이제 양위장군 손ᄉᆡ 군법을 좃지 아니ᄒᆞ냐 영을 어기니 맛당니 버흴지라 ᄃᆡ왕은 무ᄉᆞᆫ 연고로 노흐시니잇고 (今揚威將軍孫韶, 不遵軍法, 違令當斬, 大王何故赦之?) <삼국-모종 14:59>

【버히-】 [동] ❶ 베다. 날이 있는 연장 따위로 무엇을 끊거나 자르거나 가르다. 끊다.¶ ▼砍 ‖ 기듕의 열 큰 재ᄃᆞ라드다가 운댱의게 버힌 배 되니 (數內有膽大者, 就欲向前, 皆被關公砍之.) <삼국-가정 9:104> 죄 대희ᄒᆞ여 즉시 공쟝을 보내여 버히라 ᄒᆞ니 톱으로 혀도 드디 아니ᄒᆞ고 도ᄎᆡ로 버혀도 드디 아닛ᄂᆞᆫ다 ᄒᆞ거ᄂᆞᆯ (操大喜. 卽令人工砍伐, 鋸解不開, 斧砍不入.) <삼국-가정 25:81> ▼剁 ‖ 황튱의 일군은 ᄀᆞᆺ재 긴 칼흘 들고 ᄀᆞᆯ 속의 업데여 다만 ᄆᆞᆯ굽만 버히니 (黃忠一軍, 各用長刀, 伏在蘆葦內, 只剁馬蹄.) <삼국-가정 21:17> ▼梟 ‖ 댱각의 관곽을 파내야 그 머리ᄅᆞᆯ 버혀 경ᄉᆞ로 보내니 (發張角之棺, 戮尸梟首, 送往京師.) <삼국-가정 1:60> ▼刖 ‖ 옹이 엇디 나라흘 ᄇᆡ반ᄒᆞ고 동탁을 ᄉᆡᆼ각ᄒᆞ리오마ᄂᆞᆫ 어리고 미친 말이 그ᄅᆞᆺ 입의셔 낫ᄂᆞ니 몸이 비록 튱셩되디 못ᄒᆞ나 원컨대 ᄂᆞ출 ᄌᆞ직ᄒᆞ고 발을 버혀 죄ᄅᆞᆯ 쇽ᄒᆞ야 한나라 ᄉᆞ긔ᄅᆞᆯ ᄆᆡᆫᄃᆞ라지라 (邕豈肯背國而向卓也! 狂瞽之辭, 謬出於口, 身雖不忠, 願黥首刖足, 續成漢史.) <삼국-가정 3:129> ❷ 나누다. 구획(區劃)하다.¶ ▼劃 ‖ 부ᄌᆞᆼ 이감이 왈 ᄯᅡᄅᆞᆯ 버혀 쳥화ᄒᆞ기만 갓지 못ᄒᆞ니 양ᄀᆡ 각〻 파병ᄒᆞ고 동천을 지ᄂᆡ 츈란의 니ᄅᆞ러 별노 게의ᄒᆞ리니이다 (部將李堪曰: "不如劃地請和, 兩家且各罷兵, 捱過冬天, 到春天煖別作計議.") <삼국-모종 10:31>

【벅벅-이】 [부] 반드시. 분명히. 틀림없이.¶ ▼應 ‖ 내 별회 봉취오 디명이 낙봉패니 내 벅〻이 ᄆᆞᄎᆞ리로다 (吾道號'鳳雛', 此處名落鳳坡, 應吾休矣!) <삼국-가정 20:94> 이ᄂᆞᆫ 허챵의 이셔 벅〻이 한나라 션위ᄅᆞᆯ 바드리라 (此是魏在許昌, 應受漢禪也.) <삼국-가정 26:27> 이제 맛ᄎᆞᆷ 강상의 위ᄐᆡᄒᆞᆫ 님군을 붓드럿시니 쳥ᄉᆞ의 벅〻이 일만히 일홈을 젼ᄒᆞ리로다 (今朝江上扶危主, 靑史應傳萬載名.) <삼국-국중 11:70> ▼定要 ‖ ᄌᆞᆼ비 항복지 아니ᄒᆞ고 벅〻이 가기랄 요구ᄒᆞ거ᄂᆞᆯ 공명이 ᄒᆞ여곰 져비ᄅᆞᆯ ᄲᅩᆸ아 ᄲᅩᆸᄂᆞ니 가리ᄅᆞ ᄒᆞ니 됴ᄌᆞ룡이 ᄲᅩᆸ아ᄂᆞᆫ지ᄅᆞ (張飛不服, 定要去取, 孔明敎拈鬮, 拈著的便去, 又是子龍拈著.) <삼국-모종 9:10> ▼再不可 ‖ 경여등언 진[진]실노 고졍의 부힐진ᄃᆡ 벅〻이 반심이 업슬지라 (汝等旣是高定部下軍, 吾放汝等回去, 再不可背反.) <삼국-국중 14:111>

【벅벅-ᄒᆞ-】 [형] 틀림없다. 분명(分明)하다.¶ ▼當 ‖ 신ᄉᆡᆼ과 위급은 벅〻ᄒᆞᆫ 덕ᄌᆞ로도 오히려 화ᄅᆞᆯ 니벗거ᄃᆞᆫ (故申生、衛伋、御寇、楚建禀受形之氣, 當嗣立之正, 而猶如此.) <삼국-가정 26:10> ▼녯날 삼황오뎨 덕으로ᄡᅥ 서ᄅᆞ ᄉᆞ양ᄒᆞ여시니 덕이 업ᄉᆞ니ᄂᆞᆫ 덕을 둣ᄂᆞᆫ ᄃᆡ ᄉᆞ양ᄒᆞ미 벅〻ᄒᆞ니이다 (昔日三皇、五帝以德相讓, 無德讓有德.) <삼국-가정 26:27>

【번거-히】 [부] 번거로이.¶ ▼煩 ‖ 죄 왈 감히 장군을 번거히 못ᄒᆞ니 조만의 일이 잇슬 거시니 맛당히 와 서로 쳥ᄒᆞ리라 ᄒᆞ고 죄 이제 십오만 군병을 ᄭᅳ어 셋 쎄예 나와 힝ᄒᆞ더라 (操曰: "未敢煩將軍, 早晩有事, 當來相請." 關公乃退, 操引兵十五萬, 分三面隊行.) <삼국-모종 4:62>

【번거-ᄒᆞ-】 [형] 번거롭다. 복잡하고 어수선하다.¶ ▼煩 ‖ 현덕 왈 가히 번거ᄒᆞ나 원직은 날을 위ᄒᆞ여 쳥ᄒᆞ여 서로 보게 ᄒᆞ라 (玄德曰: "敢煩元直爲備請來相見.") <삼국-모종 6:66>

【번그럽-】 [형] 번거롭다. 일의 갈피가 어수선하고 복잡하다.¶ ▼煩 ‖ 선ᄉᆡᆼ이 오ᄅᆡ 한상의 거ᄒᆞ야 지리ᄅᆞᆯ 임의 아니 감히 선ᄉᆡᆼ을 번그럽게 ᄒᆞᄂᆞ니 관 장 ᄌᆞ룡ᄇᆡ로 더부러 ᄂᆡ 또ᄒᆞᆫ 군ᄉᆞ 천인을 도와 셩야로 취쳘산의 가 조의 양도ᄅᆞᆯ ᄭᅳᆫ흐라 (先生久居漢上, 熟知地理, 敢煩先生與關、張、子龍輩, 吾亦助兵千人, 星夜往聚鐵山斷操糧道.) <삼국-모종 7:115>

【번ᄀᆡ】 [명] ((천문)) 번개.¶ ▼雷電 ‖ 믄득 거문 연긔 ᄒᆞᆫ 쥴이 공즁의 사못ᄎᆞ더니 일셩 벽녁의 번ᄀᆡ 치며 (忽見黑煙一過, 沖上空中, 一聲響喨, 雷電齊發..) <삼국-국중 6:118>

【번덧】 [부] 번듯. 무엇이 슬쩍 갑자기 나타나는 모양.¶ ▼閃 ‖ 연니 활을 ᄇᆞ리고 말을 달여 뫼 두덕에 올나 됴〻을 죽기려 ᄒᆞ니 ᄒᆞᆫ 장수 번덧 나와 ᄃᆡ규 왈 오주을 상케 말나 보니 〻난 방덕니라 (延棄弓綽刀, 驟馬上山坡來殺曹操, 刺斜裏閃出一將, 大叫: "休傷吾主!" 視之, 乃龐德也.) <삼국-모종 12:48>

【번득이-】 [동] 뒤집어지다.¶ ▼翻 ‖ 죠죄 즁군의 거ᄒᆞ여 먼니 ᄇᆞ라보니 강을 격ᄒᆞ여 월ᄉᆡᆨ이 강수의 죠요ᄒᆞᄆᆡ 반젼 금ᄉᆡ 물결의 번득여 희롱함과 ᄀᆞᆺᄒᆞᆫ디라 (操在中軍, 遙望隔江, 看看月色照耀江水, 如萬道金蛇, 翻波戱浪.) <삼국-국중 9:130>

【번듯-치-】 [동] 뒤집다.¶ ▼翻 ‖ 공은 반다시 숀 번듯치ᄂᆞᆫ 사이의 잇스니 현뎨가 즐겨ᄒᆞ지 아닐가 ᄒᆞ노라 (功在翻手之間, 公不肯爲耳.) <삼국-국중 1:76> ▼경이 ᄃᆡ로ᄒᆞ야 방천극을 들고 죵마한ᄂᆡᄒᆞᄆᆡ 운니 가마니 일젼을 발ᄒᆞ니 한경이 몸을 번듯쳐 말긔 써러지거ᄂᆞᆯ (瓊大怒, 仍綽方天戟, 縱馬趕來, 却被雲一箭射中面門, 落馬而死.) <삼국-국중 15:48>

【번등-ᄒᆞ-】 동 번등(飜謄)하다. 베끼다.¶ ▼계미 만춘의 시작ᄒᆞ야 팔월 초길의 필셔ᄒᆞ니 그 가온ᄃᆡ 절묘호사 만흐나 자필노 박초ᄒᆞ고 급히 번등ᄒᆞᄆᆡ 삼국 사적을 ᄃᆡ강 긔록ᄒᆞ니 보ᄂᆞᆫ 쟈 용사ᄒᆞᆯ지어다 <삼국지-16 필사기 한옥션86-350>

【번듯-ᄒᆞ-】 동 번쩍하다.¶ ▼起處 ‖관공이 저근 칼을 ᄡᅥ어 바로 공수를 취ᄒᆞ여 쏘와 일합에 칼이 번듯ᄒᆞ며 공수의 죽엄이 마ᄒᆞ의 빗기ᄂᆞᆫ지라 (關公約退車仗, 縱馬提刀, 竟不打話, 直取孔秀, 秀挺鎗來迎, 兩馬相交, 只一合, 鋼刀起處, 孔秀屍橫馬下.) <삼국-모종 5:6> 장비 친히 뇌고ᄒᆞ여 다만 일통고에 관공의 칼이 번듯ᄒᆞ여 치양의 머리 ᄯᅥ러지고 군ᄉᆡ 다 닷거ᄂᆞᆯ 관공이 그 긔 잡은 군ᄉᆞ를 살게ᄒᆞ야서 온 년고를 무르니 (張飛親自擂鼓, 只見一通鼓未盡, 關公刀起處, 蔡陽頭已落地, 衆軍士俱走, 關公活捉執認旗的小卒過來, 問取來由.) <삼국-모종 5:26>

【번만-ᄒᆞ-】 동 번만(煩滿)하다. 마음이 번거롭고 답답하여 괴로워하다.¶ ▼煩滿 ‖ 광능ᄐᆡ수 진동[등]이 심중이 번만ᄒᆞ여 얼골이 불고 음식 먹지 못ᄒᆞ거날 ᄐᆡ 약을 마시이니 버려지 셔 되을 토하니 다 머리 불고 숨이 움자기난지라 (廣陵太守陳登, 心中煩懣, 面赤, 不能飮食, 求佗醫治, 佗以藥飮之, 吐蟲三升, 皆赤頭, 首尾動搖.) <삼국-모종 13:21>

【번민-ᄒᆞ-】 동 번민(煩悶)하다. 마음이 번거롭고 답답하여 괴로워하다.¶ ▼煩 ‖ 원쇼 긔쥐 도라오니 마음이 번민ᄒᆞ고 ᄯᅳ이 어즈러워 정ᄉᆞ을 다ᄉᆞ리지 아니ᄒᆞ거늘 그 쳐 뉴시 권ᄒᆞ야 후ᄉᆞ를 세워 군즁 ᄃᆡ권을 ᄒᆞᆫ가지로 가음알게 ᄒᆞ라 ᄒᆞ더라 (袁紹回冀縣, 心煩意亂, 不理政事. 其妻劉氏勸立後嗣, 共掌軍權.) <삼국-가정 10:99> ▼煩積 ‖ 도독의 심듕이 번민ᄒᆞ냐 (都督心中似覺煩積乎?) <삼국-가정 16:28>

【번방】 명 ((지리)) 번방(蕃邦).¶ ▼烏桓 ‖ ᄯᅩ 원쇼 번방의 은혜 잇고 샹의 형뎨 오히려 나마 이시니 이를 ᄇᆞ리고 남경ᄒᆞ면 샹의 형뎨 오환의 도으믈 인ᄒᆞ야 녯 신하를 블러 믁특의 ᄆᆞᄋᆞᆷ을 내여 엿볼 계규를 ᄒᆞ면 긔쥐 디방이 우리의 둔 배 되디 아닐 거시오 (且袁紹於烏桓有恩, 而尙兄弟猶存. 今舍烏桓而往南征, 尙兄弟因烏丸之助, 招死主之臣, 以生冒頓之心, 成覬覦之計, 恐靑、冀非己之有也.) <삼국-가정 11:86>

【번신낙마-ᄒᆞ-】 동 번신낙마(翻身落馬)하다. 몸을 번드치고 말에서 떨어지다.¶ ▼翻身落馬 ‖ 쥬유 급히 말을 도로힐 ᄶᅵ의 한 살이 정히 좌협을 마져[좌협은 좌편 가리ᄶᅵ라] 번신낙마ᄒᆞ거ᄂᆞᆯ (周瑜急勒馬回時, 被一弩箭, 正射中左肋, 翻身落馬.) <삼국-국중 9:164> 정히 ᄃᆞ를 ᄉᆞ이의 일셩 포향의 양하 복병이 돌츌ᄒᆞ야 구삭으로 관공의 좌하 말을 얼거 것구루치니 공이 번신낙마ᄒᆞ야 번쟝의 부쟝 ᄆᆞ츙의게 잡힌 빈 되니 ᄶᅵᄂᆞᆫ 임의 오경이 지닌지라 (正走之間, 一聲喊起, 兩下伏兵盡出, 長鈎套索, 一齊並擧, 先把關公坐下馬絆倒. 關公翻身落馬, 被潘璋部將馬忠所獲.) <삼국-국중 13:78>

【번-ᄒᆞ-】 형 뻔하다. 앞말이 뜻하는 상황이 실제 일어나지는 않았지만 그럴 가능성이 매우 높았음을 나타내는 말.¶ ▼그릇 네 말을 듯던들 ᄒᆞ마 ᄋᆡ뎨를 주길 번ᄒᆞ여라 (誤聽汝言, 險殺愛弟.) <삼국-가정 9:43> 후셩이 울며 왈 공 등이 아니드면 ᄂᆡ 죽을 번ᄒᆞ엿도다 (侯成泣曰: "非公等則吾死矣!") <삼국-국중 4:145>

【벌】[1] 명 ((곤충)) 벌[蜂]. 벌목의 곤충 가운데 개미류를 제외한 곤충을 통틀어 이르는 말. 몸의 길이는 0.1-2cm이며, 몸은 머리, 가슴, 배의 세 부분으로 되어 있다. 머리에는 한 쌍의 겹눈과 더듬이, 세 개의 홑눈이 있고 가슴에는 두 쌍의 막질 날개와 세 쌍의 다리가 있으며 배는 많은 환절로 되어 있다. 입은 씹거나 꿀 따위를 빨기에 알맞고 대개는 몸 끝에 산란관의 독침이 있어 적을 쏜다.¶ ▼蜂 ‖ 함셩과 ᄆᆞᆯ소ᄅᆡ 뎜ᄌᆞ 갓가오며 벌 뭉긔ᄃᆞᆺ ᄃᆞ라오거ᄂᆞᆯ (只聽得人喊馬嘶, 蜂擁而來.) <삼국-가정 19:13> 마됴 뒤흘 조차 방덕 마ᄃᆡ로 더브러 삼노병을 ᄂᆞ화 벌 뭉긔ᄃᆞᆺ ᄃᆞ라드더라 (馬超從背後與龐德、馬岱兵分三路, 蜂擁殺來.) <삼국-가정 19:25> 믄득 ᄒᆞᆫ ᄠᅦ 거믄 긔 벌 뭉긔ᄃᆞᆺ 오며 (但見一簇皀旗蜂擁而來.) <삼국-가정 30:84>

【벌】[2] 명의 벌. 같은 일을 거듭해서 할 때에 거듭되는 일의 하나하나를 세는 단위. 배.¶ ▼倍 ‖ 홀연 반부 듕의 ᄐᆡ[ᄐᆡ]ᄉᆞ 쇠쥐 쥬왈 신이 밤의 텬문을 보니 북방의 왕긔 잇고 별비치 두 벌 ᄇᆞᆰ으니 가히 도모치 못ᄒᆞᆯ지라 (忽班部中太史譙周出奏曰: "臣夜觀天象, 北方旺氣正盛, 星曜倍明, 未可圖也.") <삼국-모종 15:38> ▼즁군이 일시의 함셩ᄒᆞ고 관흥을 여러 벌 ᄊᆞ니 흥의 힘이 고단ᄒᆞ야 능히 ᄃᆡ뎍지 못ᄒᆞ더니 (衆軍一聲喊起, 將關興圍在垓心. 興力孤, 不能展轉.) <삼국-규장 19:24>

【벌-】 동 «벌다» 벌여 있다. 늘어서다. (자동사).¶ ▼列 ‖ 냥군이 ᄃᆡ딘ᄒᆞ고 한덕이 ᄆᆞᆯ을 내니 ᄉᆞ지 융장을 엄슉히 ᄒᆞ고 좌우의 버럿더라 (兩陣對圓, 韓德出馬, 四子列于兩邊.) <삼국-가정 30:5>

【벌거-버스-】 동 발가벗다.¶ ▼裸 ‖ 날은 비록 쟉셰라 ᄒᆞ나 오히려 인셩이 잇거니와 너희ᄂᆞᆫ 진짓 벌거버ᄉᆞᆫ 버러지로다 (吾乃鼠雀, 尙有人性; 汝等眞蜾虫耳!) <삼국-가정 8:56>

【벌러-셔-】 동 정렬(整列)하여 서다. 늘어 서다.¶ ▼聯轡 ‖ 내 드ᄅᆞ니 쵹되 긔구ᄒᆞ여 천산만쉬라 술위 ᄀᆞᆲ 가디 못ᄒᆞ고 ᄆᆞᆯ이 벌러셔디 못ᄒᆞᆫ다 ᄒᆞ니 (備聞蜀道崎嶇, 千山萬水, 車不能方軌, 馬不得聯轡.) <삼국-규장 13:108>

【범】 명 ((동물)) 범. 호랑이(虎狼-). 고양잇과의 포유동물. 몸의 길이는 2미터 정도이며, 등은 누런 갈색이고 검은 가로무늬가 있으며 배는 흰색이다.¶ ▼虎 ‖ ᄯᅩ ᄒᆞᆫ 계귀 이시니 범을 모라 일히를 ᅀᆞᆷᄭᅵ미라 (又有一計, 名曰'驅虎呑狼'之計.) <삼국-가정 5:92> 강북 ᄇᆡᆨ만지듕이 범이 웅거ᄒᆞ며 고ᄅᆡ 삼키듯 ᄒᆞ거늘 이ᄶᅵ예 도독이 이

러ᄒᆞ니 만일 조병이 오면 엇지ᄒᆞ리오 (江北百萬之衆, 虎踞鯨呑. 不爭都督如此, 倘若曹兵一至, 如之奈何?) <삼국-가정 16:24> 범 ᄀᆞᄐᆞᆫ 아비게는 개 ᄀᆞᄐᆞᆫ ᄌᆞ식이 업도다 (虎父無犬子) <삼국-가정 27:30>

【범의 굼긔 드러가디 아니ᄒᆞ면 엇디 범의 ᄌᆞ식을 어드리오】 㫖 호랑이를 잡으려면 호랑이굴로 들어가야 한다.¶ ▼不入虎穴, 難得虎子 ‖ 튱 왈 범의 굼긔 드러가디 아니ᄒᆞ면 엇디 범의 ᄌᆞ식을 어드리오 (忠曰: '不入虎穴, 焉得虎子?') <삼국-가정 23:33>

【범남-이】 副 범람(汎濫)이. 흘러 넘쳐서.¶ ▼濫 ‖ 또 허유 긔쥬의 잇실 ᄯᅢ예 인만와[민의] 지물을 범남이 밧고 ᄯᅩ ᄌᆞ질노 전곡을 확취ᄒᆞ기로 이제 임의 그 자질을 거두어 ᄒᆞ옥ᄒᆞ엿단 말ᄒᆞ니 (後言許攸在冀州時, 嘗濫受民間財物, 且縱令子姪輩多科稅錢糧入已, 今已收其子姪下獄矣.) <삼국-모종 5:54>

【범뉴】 名 ((인류)) 범류(凡流). 평범한 사람.¶ ▼凡品 ‖ 노숙을 범뉴의셔 ᄲᅳ니 이 총ᄒᆞ미오 녀몽을 항던의셔 발ᄒᆞ니 이 명ᄒᆞ미오 (納魯肅於凡品, 是其聰也; 拔呂蒙於行陣, 是其明也.) <삼국-가정 26:111>

【범홀-이】 副 범홀(泛忽)히. 데면데면하여 탐탁치 않게.¶ ▼忽 ‖ 산동의 오히려 장픽 손관의 무리 귀슌치 못ᄒᆞ여스니 막으믈 ᄀᆞ히 범홀이 못ᄒᆞ리이다 (況今山東尙有臧霸、孫觀之徒未曾歸順, 防之亦不可忽也.) <삼국-국중 4:132>

【법】 名 법(法). 방법이나 방식.¶ ▼法 ‖ 댱뵈 제 법 프러ᄇᆞ리ᄂᆞᆫ 줄을 알고 급히 인병ᄒᆞ야 뫼 뒤흐로 므ᄅᆞᆺ더니 (張寶見解了法, 急引兵退山後.) <삼국-가정 1:58>

【법-바ᄃᆞ-】 動 본받다.¶ ▼鑒 ‖ 이러므로 병을 내여 틈을 여어보ᄂᆞ니 만일 텬시 니ᄅᆞ디 아니ᄒᆞ면 주 무왕의 반ᄉᆞᄒᆞ시믈[쥬 무왕이 듀를 티라 가시다가 관의 니ᄅᆞ러 반ᄉᆞᄒᆞ시니라] 이에 비로소 법바ᄃᆞ리라 (是以觀兵以窺其釁. 若天時未至, 周武還師, 乃前事之鑒.) <삼국-가정 32:112> ▼效 ‖ 이제 몬져 오ᄅᆞᆯ 멸ᄒᆞ고 버거 위ᄅᆞᆯ 취ᄒᆞ야 텬하ᄅᆞᆯ 일통ᄒᆞ여 광무의 듕흥ᄒᆞ시믈 법바ᄃᆞ미 딤의 원이라 (今先滅吳, 次却收魏, 一統天下, 效光武之中興, 是所願也.) <삼국-가정 27:46>

【법-받-】 動 본받다.¶ ▼法 ‖ 가히 ᄡᅧ 하ᄂᆞᆯ흘 응ᄒᆞ고 사ᄅᆞᆷ을 슌ᄒᆞ며 뇨 슌의게 션위ᄒᆞ시던 일을 법바다 황뎨 위예 즉ᄒᆞ야 명졍언슌킈 ᄒᆞ야 ᄡᅧ 국적을 티시매 (可以應天順人, 法堯禪舜, 卽皇帝位, 名正言順, 以討國賊.) <삼국-가정 24:4> 세조 문뎨 신문셩무ᄒᆞ야 ᄡᅧ 대통을 니어 하ᄂᆞᆯ을 응ᄒᆞ고 ᄉᆞᄅᆞᆷ을 슌케 ᄒᆞ여 요가 슌의게 젼위ᄒᆞ믈 법바다 듕국의 쳐ᄒᆞ야 ᄡᅧ 만방을 다ᄉᆞ리니 (世祖文帝, 神文聖武, 以膺大統, 應天合人, 法堯禪舜, 處中國以臨萬邦.) <삼국-모종 15:77>

【벗-】 動 벗다. (쓰거나 입거나 걸치거나 신은 것 따위를) 몸에서 떼어 내다.¶ ▼解 ‖ 운댱이 길히 ᄀᆞᆺ바 이수ᄅᆞᆯ 쳥ᄒᆞ야 방의 드러 쉬라 ᄒᆞ고, 죵쟈ᄅᆞᆯ 분부ᄒᆞ야 적토마ᄅᆞᆯ ᄲᆞᆯ리 머기라 ᄒᆞ고 갑 벗고 쉬더니 (關公見於路辛苦, 請二嫂正房歇定. 從者各自安歇, 飽喂赤免馬, 幷駕車馬數匹. 關公亦解甲少歇.) <삼국-가정 9:106> ▼跣 ‖ 죄 바야흐로 오ᄉᆞᆯ 벗고 쉬려 ᄒᆞ더니 허유 ᄃᆞ라나왓다 듯고 ᄃᆡ희ᄒᆞ야 신을 미쳐 신지 못ᄒᆞ야 발을 벗고 나가 (操大喜, 不及穿履, 跣足出迎之.) <삼국-가정 10:74>

【벗기-】 動 몸 또는 몸의 일부에 착용한 것을 몸에서 떼어내게 하다.¶ ▼摘 ‖저즌 오슬 버셔 바람의 말뇌오며 말도 기르마 벗겨 들희 노하 플불희를 ᄠᅳ더 먹게 ᄒᆞ고 조조도 말게 ᄂᆞ려 쉬더니 (盡皆脫去濕衣, 於風頭曬晾. 馬皆摘鞍野放, 烟咬草根.) <삼국-가정 16:66> ▼去 ‖ 현덕이 ᄃᆡ경ᄒᆞ여 상빈으로 ᄃᆡ접ᄒᆞ니 복이 왈 ᄉᆞ군의 탄바 말을 다시 보고ᄌᆞ ᄒᆞ노라 현덕이 명ᄒᆞ여 안ᄌᆡᆼ를 벗기고 당하에 몰아 ᄂᆡ니 (玄德大喜, 待爲上賓, 單福曰: "適使君所乘之馬, 再乞一觀." 玄德命去鞍牽於堂下.) <삼국-모종 6:48> ▼진양이 요하의 한 칼의 ᄇᆡ허물 마난이 공명이 항졸을 잡아 후군의 굴유ᄒᆞ고 그 의갑을 벗겨 촉병 오천 인을 입혀 위병의 모양으로 ᄭᅮ며 (秦良死戰被廖化一刀斬於馬下, 孔明把降兵拘於後軍, 却將魏兵衣甲與蜀兵五千人穿了, 扮作魏兵.) <삼국-모종 16:53>

【벗ㅅ】 名 ((인류)) 벗. 친구.¶ ▼友 ‖ 숑이 심복ᄒᆞᆫ 벗시 잇ᄉᆞ니 법졍 ᄆᆡᆼ달이라 이 두 사람이 반다시 셔로 도을 거시니 두 사람이 형주의 니ᄅᆞ거든 가히 심사로ᄡᅧ 의논ᄒᆞ쇼셔 (松有心腹契友二人, 法正、孟達. 此二人必能相助, 如二人到荊州時, 可以心事共議.) <삼국-모종 10:63>

【벗ᄌᆞ】 名 ((인류)) 벗. 친구.¶ ▼交 ‖ 현덕이 쇼왈 ᄌᆞ경은 날노 더부러 옛 벗지라 엇지 반ᄃᆞ시 겸양ᄒᆞᄂᆞ뇨 (玄德笑曰: "子敬與我舊交, 何必太謙?") <삼국-모종 9:87>

【병어리-ᄒᆞ-】 動 «병어리완다» 막다. 항거(抗拒)하다. 거절하다.¶ ▼拒 ‖ ᄂᆡ 한령왕을 ᄌᆞ층ᄒᆞ고 병을 동독ᄒᆞ야 됴조ᄅᆞᆯ 병어리ᄒᆞ고져 ᄒᆞ나니 졔군은 엇더ᄒᆞᄂᆞ (我欲自稱爲漢寧王, 督兵拒曹操, 諸軍以爲何如?) <삼국-모종 10:46>

【병으리-】 動 막다. 맞서 버티다. 항거(抗拒)하다.¶ ▼拒 ‖ ᄯᅢ 황보숭 쥬쥰이 군ᄉᆞᄅᆞᆯ 거ᄂᆞ리고 도적을 병으리니 도적이 이긔지 못ᄒᆞ여 믈너 장ᄉᆞ의 드러가 영을 ᄆᆡᄌᆞ니 (時皇甫嵩、朱儁領軍拒賊, 賊戰不利, 退入長社, 依草結營) <삼국-모종 1:12>

【병으리완-】 動 거역하다. 막다. 맞서 버티다. 대적(對敵)하다.¶ ▼拒 ‖ 만일 ᄒᆡᄌᆞᄅᆞᆯ 깁게 ᄒᆞ고 셩을 놉게 ᄒᆞ야 구디 ᄃᆡ희여 병으리와드면 ᄇᆡᆨ일이 못ᄒᆞ야 냥식이 진ᄒᆞ야 ᄌᆞ연 ᄉᆞᄉᆞ로 ᄃᆞ라날 거시니 (若深溝高壘, 堅守而拒之, 彼兵不過百日, 糧食盡絶, 自然遁去.) <삼국-가정 4:7> 긔령이 믈러가 회음 하구ᄅᆞᆯ ᄃᆡ희여 감히 싸호디 못ᄒᆞ고 군ᄉᆞᄅᆞᆯ ᄀᆞᄅᆞ쳐 영채ᄅᆞᆯ 겁틱ᄒᆞ더니 ᄯᅩ 셔쥐 군ᄉᆞ의 패ᄒᆞᆫ 배 되니 두 편이 서ᄅᆞ 병으리와다 승부ᄅᆞᆯ 결티 못ᄒᆞ더라 (紀靈退守淮陰河口, 並不敢交戰; 時只教軍士來偸營劫寨, 皆被徐州兵殺敗.兩軍相拒, 勝負未分.) <삼국-가정 5:99> 슬픈 글월을 ᄆᆡᆫᄃᆞ라 강하의 보내여

대공ᄌᆞᄅᆞᆯ 청ᄒᆞ야 형쥐 임자ᄅᆞᆯ 삼고 뉴현덕과 ᄒᆞᆫ가지로 일을 다ᄉᆞ리면 븍으로 가히 조조ᄅᆞᆯ ᄃᆡ덕ᄒᆞ고 남으로 손권을 벙으리와ᄃᆞᆯ 거시니 (可急發哀書, 報知江夏, 就請大公子爲荊州之主, 就教劉玄德一同理事, 北可以敵曹操, 南可以拒孫權. 此萬全之計也.) <삼국-가정 13:76> 조조ᄂᆞᆫ ᄉᆡ랑과 범 ᄀᆞᆺ고 텬ᄌᆞᄅᆞᆯ 껴 ᄉᆞ방의 졍토ᄒᆞ되 됴뎡으로ᄡᅧ 일홈을 삼고 요ᄉᆞ이 형쥐ᄅᆞᆯ 어드니 위엄과 셰 ᄀᆞ장 크고 우리의 조병을 벙으리와드믄 젼혀 댱강을 미덧거ᄂᆞᆯ (曹操, 豺虎也, 挾天子而征四方, 動以朝廷爲名, 近得荊州, 威勢甚大. 吾以江東可以拒操者, 長江也.) <삼국-가정 15:4> 쟝군이 이제 조조ᄅᆞᆯ 벙으리와드니 젼ᄉᆡ 언머나 ᄒᆞ뇨 (將軍今拒曹操, 得戰卒幾何?) <삼국-가정 15:33> 량이 ᄌᆡ죄 업ᄉᆞ나 계규와 ᄭᅬᄅᆞᆯ 구ᄒᆞ여 오ᄅᆞᆯ 돕고 조ᄅᆞᆯ 벙으리와ᄃᆞ며 한을 돕고 뉴ᄅᆞᆯ 평안킈 ᄒᆞ여 (亮也不才, 丐計求謀, 助吳拒操, 輔漢安劉.) <삼국-가정 18:74> ᄇᆡᆨ셩이 ᄉᆞ군을 존ᄒᆞ여 한녕왕을 삼아 ᄡᅧ 조조ᄅᆞᆯ 벙으리와들 거시라 (百姓欲尊師君爲漢寧王, 以拒曹操.) <삼국-가정 19:70> 쥬공이 ᄉᆞ쟈ᄅᆞᆯ 브려 사괴여 ᄆᆡ자 외완이 되면 죡히 조조와 댱노ᄅᆞᆯ 벙으리와ᄃᆞᆯ 거시오 (主公何不遣使賫書以結好之, 使爲外援, 足可以拒曹操、張魯, 蜀中可安矣.) <삼국-가정 19:108> 블연ᄒᆞ다 내 뉴현덕을 사괴려 호믄 실로 댱노ᄅᆞᆯ 벙으리와드려 ᄒᆞ미라 (不然. 吾結好劉玄德, 實欲拒張魯也.) <삼국-가정 19:111> 운댱 왈 힘으로 벙으리와드리라 (雲長曰: "以力拒之.") <삼국-가정 20:103> 셩을 ᄇᆞ리고 미리 ᄃᆞ라나면 샹계오 뇨동을 ᄃᆡ희여 대군을 벙으리와드면 이듕계오 양평을 ᄃᆡ희여 움즉이디 아니ᄒᆞ면 그 하계 되리니 반ᄃᆞ시 신의게 잡힌 배 되리이다 (棄城豫走, 爲上計也; 守遼東拒大軍, 其爲次也.) <삼국-가정 35:39> ᄒᆞ로ᄂᆞᆫ 됴인이 스ᄉᆞ로 ᄃᆡ군을 거ᄂᆞ려 나와 북치며 납함ᄒᆞ고 싸호믈 도〻되 뎡뵈 벙으리와다 응치 아니ᄒᆞ더니 (一日, 曹仁自引大軍, 擂鼓吶喊, 前來搦戰. 程普拒住不出.) <삼국-규장 11:125> 즉시 뉴퇴 녕포 댱임 등현으로 오만 ᄃᆡ군을 졈고ᄒᆞ야 ᄉᆡ도록 낙현으로 나아가 뉴비ᄅᆞᆯ 벙으리와드라 ᄒᆞ더라 (遂遣差劉□、冷苞、張任、鄧賢點五萬大軍, 星夜起步, 進守雒縣, 以拒劉備.) <삼국-규장 14:47> ▼相拒 ‖ 등애 갈옹을 버히고 군ᄉᆞᄅᆞᆯ 거ᄂᆞ려 즛텨오니 무구검이 죽도록 싸화 벙으리와ᄃᆞ되 강회병이 대패ᄒᆞ엿ᄂᆞᆫ디라 (却說鄧艾斬了葛雍, 引兵殺過陣來. 毋丘儉死戰相拒, 江、淮兵大敗.) <삼국-가정 36:77> ▼據 ‖ ᄉᆞ마의 부교ᄅᆞᆯ 블디ᄅᆞ고 북편 언덕을 벙으리와다 굿게 ᄃᆡ희더라 (懿燒斷浮橋, 據住北岸.) <삼국-가정 34:41>

【벙으리왓-】 동 «벙으리왇다» 막다. 맞서 버티다. 대적(對敵)하다.¶ ▼拒定 ‖ 녀푀 죽ᄃᆞ록 싸화 버서나 계유 ᄃᆞ라나믈 어더 복양의 도라와 두 편 군ᄉᆡ 서ᄅᆞ 벙으리왓고 각각 싸호디 아니ᄒᆞ더니 (呂布死戰得脫, 走回濮陽. 兩邊拒定, 各不進兵.) <삼국-가정 4:116> ▼拒 ‖ 장늉 셜례 권ᄒᆞ야 죄ᄅᆞᆯ 면ᄒᆞ고 군ᄉᆞᄅᆞᆯ 녕능셩의 둔ᄒᆞ야 ᄎᆡᆨ을 벙으리왓거ᄂᆞᆯ (笮融、薛禮勸免, 使屯兵零陵城拒策.) <삼국-가정 5:130> 가히 사ᄅᆞᆷ을 ᄌᆞ경의게 보내여 급피 글월을 써 형쥐 보내여 현덕으로 ᄒᆞ여곰 동녁ᄒᆞ여 조조ᄅᆞᆯ 벙으리왓긔 ᄒᆞ면 강남의 ᄒᆞᆫ을 가히 플리이다 (可差人往子敬處, 教急發書荊州, 使玄德同力拒曹.) <삼국-가정 18:106> 뇨홰 ᄒᆞᆫ 군을 거ᄂᆞ려 와 항ᄒᆞ거ᄂᆞᆯ 현덕이 뇨화로 ᄒᆞ여곰 운댱을 도와 조〻ᄅᆞᆯ 벙으리왓게 ᄒᆞ다 (廖化引一軍來降, 玄德教廖化補佐雲長以拒曹操.) <삼국-가정 19:120> 이제 조공이 흥병ᄒᆞ야 텬ᄌᆞ로ᄡᅧ 일홈을 사므니 그 군ᄉᆞ를 가히 벙으리왓기 어렵고 그 셰를 가히 져알키 어려오니 싸호면 파키 쉽고 항ᄒᆞ면 평안키 쉬오니 ᄂᆡ 발셔 뎡ᄒᆞ엿ᄂᆞᆫ지라 (今曹公興兵, 以天子爲名, 師不可拒, 勢不可遏; 戰則易敗, 降則易安.) <삼국-가정 14:97> 즉시 뉴퇴 녕포 댱임 등현으로 오만 대군을 덤고ᄒᆞ여 새ᄃᆞ록 낙현으로 나아가 뉴비ᄅᆞᆯ 벙으리왓드라 ᄒᆞ더라 (遂遣差劉□、冷苞、張任、鄧賢點五萬大軍, 星夜起步, 進守雒縣, 以拒劉備.) <삼국-가정 20:62> 반ᄃᆞ시 몬져 뇨동을 벙으리왓고 후의 양평을 ᄃᆡ희리니 신의 혜아림의 나디 아니ᄒᆞ리이다 (必先拒遼東, 後守襄平, 安能逃出臣之所度也.) <삼국-가정 35:39> 압희 적이 이셔 셩을 굿게 ᄃᆡ희여 ᄡᅧ 벙을 벙으리왓고 (前有敵兵, 固城以拒.) ▼相拒 ‖ 벙으리왓ᄂᆞᆫ 재면 창으로 디ᄅᆞ고 채로 티니 죽ᄂᆞᆫ 재 쉬 업더라 (有相拒者, 槍搠鞭打, 死者無數.) <삼국-가정 36:70>

【벙으리-ᄒᆞ-】 동 막다. 맞서 버티다.¶ ▼拒 ‖ 뉴경승이 병드려 위즁ᄒᆞ다 ᄒᆞ니 가히 이 긔회ᄅᆞᆯ 타 형쥬ᄅᆞᆯ 취ᄒᆞ여 안신할 싸흘 ᄒᆞ면 거의 가히 조죠ᄅᆞᆯ 벙으리ᄒᆞ리이ᄃᆞ (近聞劉景升病在危篤, 可乘此機會, 取彼荊州爲安身之地, 庶可拒曹操也.) <삼국-모종 7:20> 조죄 ᄇᆡᆨ만 군ᄉᆞᄅᆞᆯ 거나려 천ᄌᆞᄅᆞᆯ 껴 ᄉᆞ방을 치니 벙으리ᄒᆞ기 슌치 아니코 ᄯᅩ 쥬공의 ᄃᆡ세 가히 조ᄅᆞᆯ ᄃᆡ적ᄒᆞᆯ쟈ᄂᆞᆫ 장강일너니 (曹操擁百萬之衆, 借天子之名, 以征四方, 拒之不順, 且主公大勢可以拒操者, 長江也.) <삼국-모종 7:78>

【벙을-】 동 막다. 항거(抗拒)하다.¶ ▼拒住 ‖ 사 그 말 좃ᄎᆞ 드듸여 ᄉᆞ마쇼로 ᄒᆞ여곰 일군을 ᄉᆞᆯ어 곽회을 도와 강유을 막고 모구검 호준으로 오병을 벙으랏다 (師然其言, 遂令司馬昭引一軍助郭淮防姜維, 毋丘儉、胡遵拒住吳兵.) <삼국-모종 18:23>

【벗】 명 ((인류)) 벗. 친구.¶ ▼友 ‖ 장슈ᄌᆞ 왈 우리ᄂᆞᆫ 와룡 아니라 다 와룡의 버지니 나ᄂᆞᆫ 영쥬 석광원니요 져ᄂᆞᆫ 녀남 ᄆᆡᆼ공위니라 (長鬚者曰: "公何人? 欲尋臥龍之友也, 吾乃潁川石廣元, 此位是汝南孟公威.") <삼국-모종 6:80> ▼交 ‖ 푀 왈 나ᄂᆞᆫ 현덕의 옛 버지라 내 엇지 ᄎᆞ마 그 쳐ᄌᆞ를 히호리요 미축으로 ᄒᆞ여곰 현덕의 처ᄌᆞ를 ᄉᆞᆯ어 서쥬로 가 편히 두고 (布曰: "吾與玄德舊交, 豈忍害他妻子?" 便令糜竺引玄德妻小, 去徐州安置.) <삼국-모종 3:68> 능통니 머리을 두들려 녕의게 ᄇᆡ왈 공의 니갓탄 은혜을 ᄉᆡᆼ각지 못ᄒᆞ리요 ᄒᆞ고 감으로 ᄉᆞᄉᆡᆼ 버지 되다

(凌統乃頓首拜寧曰: "不想公能如此垂恩?" 自此與甘寧結爲生死之交.) <삼국-모종 11:73>

【베-믈-】 동 베어 물다.¶ ▼咬 ‖ 평이 드ᄃᆡ여 ᄒᆞᆫ 손가락을 베므러 ᄆᆡᆼ셰ᄒᆞ거ᄂᆞᆯ (本遂咬下一指, 以爲盟誓.) <삼국-가정 8:71>

【베ᄉᆞᆯ】 명 벼슬.¶ ▼官 ‖ 그 딜 슌뉴의 ᄌᆞᄂᆞᆫ 공달이니 ᄒᆡᄂᆡ 명ᄉᆞ로 일즉 황문시랑이 되엿ᄃᆞ가 베ᄉᆞᆯ을 바리고 행이의 도ᄅᆞ왓더니 이제 그 슉으로 ᄒᆞᆫ가지 됴의겨 도ᄅᆞ오니 죄 행군교슈ᄅᆞᆯ 숨다 (其姪荀攸, 字公達, 海內名士, 曾拜黃門侍郎, 後棄官歸鄕, 今與其叔同投曹操, 操以爲行軍敎授.) <삼국-모종 2:46> ▼職 ‖ 비ᄂᆞᆫ 즁산졍왕디후로 탁군의 거ᄒᆞ엿더니 황건적을 쇼륙ᄒᆞᆫ 공으로 이제 이 베ᄉᆞᆯ의 잇노라 (備乃中山靖王之後; 自涿郡剿戮黃巾, 大小三十餘戰, 頗有微功, 因得除今職.) <삼국-국중 1:38> 슈 왈 공이 무ᄉᆞᆫ 베ᄉᆞᆯ의 거ᄒᆞᄂᆞ냐 숑 왈 츰남이 별가지님의 잇셔 심히 층직지 못ᄒᆞ노라 (修曰: "公近居何職?" 松曰: "濫充別駕之任, 甚不稱職.") <삼국-모종 10:52>

【베프-】 동 베풀다. 일을 차리어 벌이다.¶ ▼施 ‖ 죄 밧비 드러오더니 승을 만나니 승이 피ᄒᆞᆯ ᄃᆡ 업서 몸을 숫그러ᄒᆞ야 녜ᄅᆞᆯ 베픈대 (承出閣過宮門, 操正來, 急無躱路, 立於路側, 栗然施禮.) <삼국-가정 7:93> ▼揚 ‖ 어진 교화를 우듀간의 베프미여 ᄉᆡᆨᄉᆡᆨ이 공슌ᄒᆞ믈 샹경[황뎨 겨신 ᄃᆡ라]의 다ᄒᆞ놋다 (揚仁化於宇宙兮, 盡肅恭於上京.) <삼국-가정 14:106>

【베히-】 동 베다. 트다. 열다.¶ ▼誅戮 ‖ 대쇼 쟝괴 ᄆᆡᆨ뎐의 디날 제 즛ᄇᆞᆯ와 샹킈 ᄒᆞ노니ᄅᆞᆯ 참슈ᄒᆞ고 쳔ᄌᆞᄒᆞ야 사ᄅᆞᆷ의 저믈 노략ᄒᆞᄂᆞ니ᄅᆞᆯ 다 베힐 거시니 (大小將校, 凡過麥田, 但有作踐者, 幷皆斬首; 擅自擄掠人財物者, 幷皆誅戮.) <삼국-가정 6:122> ▼誅 ‖ 죄 빈녜로 ᄃᆡ졉ᄒᆞ거ᄂᆞᆯ 현덕이 여포 일을 말ᄒᆞ니 죠 왈 포ᄂᆞᆫ 무의ᄒᆞᆫ 무리라 ᄂᆡ 현제로 다려 힘을 아올나 포를 베히리라 현덕이 치ᄉᆞᄒᆞ더라 (操待以上賓之禮, 玄德備訴呂布之事, 操曰: "布乃無義之輩, 吾與賢弟倂力誅之." 玄德稱謝.) <삼국-모종 3:35>

【벳쳐이-】 동 뻗치다.¶ ▼亘 ‖ 동적의 죄난 하날의 ᄎᆞ고 ᄯᅡ의 벳쳐여 이긔여 말ᄒᆞ지 못(ᄒᆞ)리라 버히난 날의 댱안 ᄉᆞ민니 다 셔로 경하ᄒᆞ니 네 호올노 듯지 아니ᄒᆞ여ᄂᆞ냐 (董賊之罪, 彌天亘地, 不可勝言. 受誅之日, 長安士民, 皆相慶賀, 汝獨不聞乎?) <삼국-모종 2:36>

【벼-개】 명 ((복식)) 베개. '베는 것'이라는 어원적 의미를 갖는다.¶ ▼枕 ‖ 그 가쥬ᄂᆞᆫ 죵용히 ᄉᆞᄉᆞ로 이셔 벼개ᄅᆞᆯ 놉히고 음식ᄒᆞᆯ ᄯᆞᄅᆞᆷ이라 (其家主從容自在, 高枕飮食而已.) <삼국-가정 34:50>

【벼개ᄅᆞᆯ 놉피고 근심이 업다】 숙 근심과 걱정이 없다. 태평스럽게 지내다.¶ ▼高枕無憂 ‖ 내 봉션을 두어시니 벼개ᄅᆞᆯ 놉피고 근심이 업ᄉᆞ리로다 (吾有奉先, 高枕無憂!) <삼국-가정 2:59>

【벼개ᄅᆞᆯ 도도고 시름말라】 숙 근심과 걱정이 없다. 태평스럽게 지내다.¶ ▼高枕無憂 ‖ 벼개ᄅᆞᆯ 도도고 시름말라 만일 븍병이 침노ᄒᆞ미 이시면 황슉이 ᄌᆞ연이 믈리티리라 (敎高枕無憂, 若但有北兵侵犯, 皇叔自有退兵之策.) <삼국-가정 18:107>

【벼-기】 명 ((복식)) 베개. 잠을 자거나 누울 때에 머리를 괴는 물건.¶ ▼枕 ‖ 그 가쥬ᄂᆞᆫ 죵용이 스스로 이셔 벼기를 놉히고 음식ᄒᆞᆯ ᄯᆞ름이라 (其家主從容自在, 高枕飮食而已.) <삼국-규장 23:81> 유 오ᄉᆡ 업드려 낭쟈이 토ᄒᆞ니 간니 엇지ᄒᆞ야 ᄌᆞ리요 벼기의 업드려 드ᄅᆞ니 쥬유 비식이 여뢰ᄒᆞᆫ지라 (瑜和衣臥倒, 嘔吐狼藉, 蔣幹如何睡得著? 伏枕聽時, … 看周瑜時, 鼻息如雷.) <삼국-모종 7:130>

【벼로-돌ᄒ】 명 ((기물)) 벼룻돌.¶ ▼硯 ‖ 손권이 현덕을 깁히 ᄒᆞᆫᄒᆞ야 분노ᄒᆞ미 심ᄒᆞ야 안샹의 노핫ᄂᆞᆫ ᄇᆡᆨ옥 벼로돌ᄒᆞᆯ ᄯᅡ히 더디니 ᄀᆞᄅᆞᄀᆞ티 ᄢᅳ려디거ᄂᆞᆯ (孫權深恨玄德, 忿怒轉加, 將案上玉石硯摔爲粉碎.) <삼국-가정 17:126>

【벼살】 명 ((관직)) 벼슬.¶ ▼官 ‖ ᄃᆡ장군 조 ; 서를 바다 여포를 치니 장교나 ᄇᆡᆨ셩이나 능히 여포를 잡아 드리면 상과 벼사를 더ᄒᆞ리라 (大將軍曹, 特奉明詔, 征伐呂布, 如有抗拒大軍者, 破城之日, 滿門誅戮, 上至將校, 下至庶民, 有能擒呂布來獻, 或獻其首級者, 重加官賞.) <삼국-모종 3:80>

【벼ᄉᆞᆯ】 명 ((관직)) 벼슬. 관아에 나가서 나랏일을 맡아 다스리는 자리.¶ ▼職 ‖ 문ᄃᆡ 용ᄆᆡᆼᄒᆞ니 가히 이 벼ᄉᆞᆯ의 당ᄒᆞ리라 (文臺勇烈, 可稱此職.) <삼국-가정 2:57>

【벼퓨-】 동 베풀다. 어떤 일을 차리어 벌이다. 또는 (주로 일부 명사와 함께 쓰여 은혜, 배려 등을) 받아 누리게 하거나 끼치어 주다. '벼푸다'의 'ㅜ'형.¶ ▼設 ‖ ᄂᆡ ᄌᆡ조 적고 지혜 엿흐나 ᄉᆞ군의 깁히 쓰기ᄅᆞᆯ 입더니 불힝이 반도에 이별ᄒᆞ미 노모의 연고로라 비록 조 ; 핍박ᄒᆞᆯ지라도 ᄂᆡ 죵신토록 한 계교 벼퓨지 아니ᄒᆞ리라 (某才微智淺, 深荷使君重用, 今不幸半途而別, 實爲老母故也. 縱使曹操相逼, 庶亦終身不設一謀.) <삼국-모종 6:65> ▼張 ‖ 유 ᄒᆞ여금 서로 보로보고 양편으로 논하 안ᄌᆞ니 크게 연석을 벼퓨고 승전곡을 아리고 쥬비ᄅᆞᆯ 힝ᄒᆞ니 (瑜都敎相見畢, 就列於兩傍而坐, 大張筵席, 奏軍中得勝之樂, 輪換行酒.) <삼국-모종 7:128>

【벼히-】 동 베다. 날이 있는 연장 따위로 무엇을 끊거나 자르거나 가르다.¶ ▼斬 ‖ 유 ᄃᆡ경 왈 ᄎᆞ인은 결단코 그저 두지 못할 거스니 ᄂᆡ 굿ᄒᆞ여 벼히리라 (瑜大驚曰: "此人決不可留, 吾決意斬之.") <삼국-모종 8:2> ᄂᆡ 주공의 명을 밧드러 군ᄉᆞᄅᆞᆯ 독촉ᄒᆞ여 도적을 파ᄒᆞ려 ᄒᆞ니 감히 두 번 항복ᄒᆞ기를 말ᄒᆞᄂᆞᆫ 지 잇시면 반다시 벼히리라 ᄒᆞ니 (吾奉主公之命, 督兵破曹, 敢有再言降者必斬.) <삼국-모종 8:11>

【벽】 명 ((건축)) 벽(甓). 벽돌.¶ ▼磚 ‖ 당안은 함곡관의 험ᄒᆞ미 잇고 농우 다히 갓가오니 나모 돌 벽 디애ᄂᆞᆫ 날 뎡코 쟝만ᄒᆞ리니 궁실이나 관부ᄂᆞᆫ ᄃᆞᆯ이 못ᄒᆞ여셔

가히 지을 거시니 (長安有崤函之險; 更近隴右, 木石磚瓦克日可辦, 宮室官府不須月餘.) <삼국-가정 2:98> 죄 대희ᄒᆞ야 동쟉ᄃᆡ를 쟝하 우히 지을시 즉일의 홁을 픽며 남글 베히며 디애를 구으며 벽을 ᄀᆞ라 일년 공역을 혜아려 ᄆᆞᄎᆞ라 ᄒᆞ더라 (操大喜, 遂令造銅雀臺於漳河之上. 卽日破土斷木, 燒瓦磨磚, 計一年而工畢.) <삼국-가정 11:101>

【벽기-】 동 벗기다.¶ ▼剝去 ‖ 션주 몬져 마충의 수급을 밧들어 친히 졔ᄉᆞᄒᆞ고 또 관흥으로 미방 부사인을 의복 벽기고 영위 젼에 ᄭᅮ리고 친히 칼노 깍가여 졔ᄉᆞᄒᆞ니 (先主親捧馬忠首級, 詣前祭祀, 又令關興將糜芳、傅士仁剝去衣服, 跪於靈前, 親自用刀剮之, 以祭關公.) <삼국-모종 13:89>

【벽의】 명 ((주거)) 벽의(壁衣). 벽에 장막을 친 것. 그 뒤에 많은 사람을 숨겨 둘 수 있음.¶ ▼壁衣 ‖ 운댱이 보니 벽의[ᄇᆞ룸의 댱톄로 틴 거시라] 뒤히 사ᄅᆞᆷ이 만히 잇고 가칼홀 자밧거ᄂᆞᆯ (關公見壁衣之後多人密布, 皆掣劍在手.) <삼국-가정 9:103> 공손강이 몬져 도부슈를 벽의 등의 ᄀᆞᆷ초고 이원을 쳥ᄒᆞ야 (公孫康大喜, 乃先伏刀斧手於壁衣中, 使二袁入.) <삼국-가정 11:97>

【변뎡】 명 ((지리)) 변정(邊庭). 변경(邊境).¶ ▼邊庭 ‖ 내 변뎡의 이실 제 본ᄃᆡ 손권을 아ᄂᆞ니 권이 무챵의 이셔 서로 강하를 조차 동으로 녀강을 취ᄒᆞ고 ᄆᆡ양 드러와 도적질ᄒᆞ니 (吾在邊庭, 素知孫權在武昌, 西從江夏, 東取廬江, 常時入寇.) <삼국-가정 31:68> 변뎡이 비보ᄒᆞᄃᆡ 동오 젼종이 수만 병을 인ᄒᆞ야 파구 어귀예 둔ᄒᆞ니 아ᄆᆞ 뜻인 줄 아디 못ᄒᆞᆯ소이다 ᄒᆞ엿노이다 (邊庭飛報, 東吳全琮引兵數萬, 屯于巴丘, 未知何意.) <삼국-가정 34:128>

【변듯-ᄒᆞ-】 동 번득하다. 나부끼다.¶ ▼翩翻 ‖ 문취 하수를 년ᄒᆞ여 막다가 호련이 보니 십여 긔마의 긔호 변듯ᄒᆞ고 ᄒᆞᆫ 장수 당두ᄒᆞ여 마를 나리고 칼을 ᄯᅳ어 오니 이ᄂᆞᆫ 운장이라 (文醜沿河趕來, 忽見十餘騎馬, 旗號翩翻, 一將當頭提刀飛馬而來, 乃關雲長也.) <삼국-모종 4:70>

【변방】 명 ((지리)) 변방(邊方). 나라의 경계가 되는 변두리의 땅.¶ ▼邊鄙 ‖ 확은 변방 사ᄅᆞᆷ이라 되 풍쇽이 닉으니, 오ᄂᆞᆯ날 스ᄉᆞ로 역젹의 범호믈 아ᄂᆞᆫ디라 샹해 앙ᄋᆞᆼᄒᆞᆫ ᄠᅳ디 이시므로 거가를 도와 황ᄇᆡᆨ셩의 가 ᄡᅧ 그 분원ᄒᆞᆫ ᄠᅳ들 펴고져 ᄒᆞᄂᆞ니 폐하ᄂᆞᆫ ᄎᆞᄆᆞ쇼셔 (傕乃邊鄙之人, 習於夷風. 今日自知所犯悖逆, 常有怏怏之色, 欲輔駕幸黃白城, 以舒其憤怨. 陛下忍之, 豈可顯其罪也.) <삼국-가정 5:18>

【변장ᄌᆞ】 명 ((인명)) 변장자(卞莊子). 춘추시대 노(魯)나라의 대부. 그가 호랑이를 잡으려 하자 서동이 말리면서 호랑이 두 마리가 소를 잡아먹을 때 서로 많이 먹으려고 다투는데, 그러면 틀림없이 큰놈은 상처를 입게 되고 작은 놈은 죽게 될 것이니, 그때 상처 입은 놈을 잡으면 두 마리를 동시에 잡을 수 있다고 조언하였다. 변장자는 서동의 말을 옳다고 여기고 잠시 기다렸는데, 정말로 두 호랑이 가운데 한 놈이 죽고 다른 한 놈은 상처를 입었기에 두 마리 모두 잡았다.¶ ▼卞莊 ‖ 원컨대 폐하ᄂᆞᆫ 진복의 금옥 ᄀᆞᄐᆞᆫ 말을 드리시고 변장ᄌᆞ의 범 잡던 용ᄆᆡᆼ을 억졔ᄒᆞ샤 ᄡᅧ ᄉᆞ졸의 힘을 쳐 각별이 도모ᄒᆞ시면 샤직이 ᄒᆡᆼ심ᄒᆞ고 텬해 ᄒᆡᆼ심ᄒᆞᆯ가 ᄒᆞ노이다 (願陛下納秦宓金玉之言, 抑卞莊刺虎之勇, 以養士卒之力, 別作良圖, 則社稷幸甚! 天下幸甚!) <삼국-가정 26:78>

【별】 명 ((곤충)) 벌.¶ ▼蜂 ‖ 다만 보니 ᄒᆞᆫ 거믄 긔를 별긋치 옹위ᄒᆞ고 와 일원 강장이 손의 쳘퇴를 쥐고 크게 워 왈 소장은 가디 말나 나ᄂᆞᆫ 이 월길 원수로라 (但見一簇皂旗, 蜂擁而來, 一員羌將, 手提鐵鎚大叫曰: "小將休走! 吾乃越吉元帥也!") <삼국-모종 15:86>

【별노-이】 부 별(別)로. 따로. 특별하게.¶ ▼別 ‖ 관공이 손건으로 이십여 긔를 거ᄂᆞ리고 하북 지경에 이르니 손건 왈 장군은 경선이 말고 이제 즘간 쉬면 ᄂᆡ가 몬져 드러가 황숙를 보고 별노이 상의ᄒᆞ리라 (關公與孫乾只帶二十餘騎投河北來, 將至界首, 乾曰: "將軍未可輕入, 只在此間暫歇, 待某先入見皇叔, 別作商議.") <삼국-모종 5:29>

【별ᄂᆡ】 명 별래(別來). 헤어진 뒤. 이별한 이후 지금까지의 자초지종. 다시 만나서 나누는 지난 이야기.¶ ▼別來 ‖ 졍 왈 이ᄂᆞᆫ 츅 ᄑᆡᆼ영언이란 ᄉᆞᄅᆞᆷ이 아니냐 상하의 이르니 기인니 보고 ᄯᅱ여 이러ᄂᆞ 왈 효직이 별ᄂᆡ 무양ᄒᆞ냐 (法正曰: "莫非彭永言乎?" 陞階視之. 其人躍起曰: "孝直別來無恙!") <삼국-국중 11:96>

【별살】 명 ((관직)) 벼슬.¶ ▼職 ‖ 운장이 왕충을 잡아 서쥬의 와 현덕을 보이니 현덕이 문왈 네 엇던 ᄉᆞᄅᆞᆷ이 무ᄉᆞᆫ 별살의 거ᄒᆞ여 감히 거즛 승상을 일캇ᄂᆞ야 (雲長押解王忠, 回徐州見玄德, 玄德問: "爾乃何人, 見居何職, 敢詐稱曹丞相?") <삼국-모종 4:24>

【별살-ᄒᆞ-】 동 벼슬하다. 벼슬아치가 되거나 벼슬길에 오르다.¶ ▼爲官 ‖ 죄 왈 쳥쥬ᄂᆞᆫ 제도의 갓가오니 널노 ᄒᆞ여곰 됴졍의 드려가 별살ᄒᆞ고 형양의 잇셔 ᄉᆞᄅᆞᆷ의 모ᄒᆡᄒᆞ물 면케 ᄒᆞ노라 (操曰: "青州近帝都, 教你隨朝爲官, 免在荊襄被人圖害.") <삼국-모종 7:50>

【별슬】 명 벼슬.¶ ▼爵 ‖ 원ᄂᆡ 정보의 나희 유보다 만흔지라 이졔 유의 별슬이 제 우희 잇다 ᄒᆞ여 심중의 즐겨 아니ᄒᆞ더니 이날 칭병ᄒᆞ고 장ᄌᆞ 뎡ᄌᆞ로 ᄃᆡ신ᄒᆞ다 (原來程普年長於瑜. 今瑜爵居其上, 心中不樂, 是日乃託病不出, 令長子程咨自代.) <삼국-모종 7:111>

【별-일홈】 명 별이름.¶ ▼너히로 ᄒᆞ여곰 가라 ᄒᆞ믄 쥬ᄒᆞᆫ 소견이 이시미라 내 어제 밤의 텬문을 보니 필슊[별일홈이라]태음의 드러시니 이 ᄃᆞᆯ ᄂᆡ에 반ᄃᆞ시 대위 올디라 (吾令汝等此去, 自有主見: 吾昨夜仰觀天文, 見畢星躔于太陰之分, 此月內必有大雨淋漓.) <삼국-가정 32:105>

【별질】 명 ((질병)) 벽질(躄疾). 앉은뱅이.¶ ▼躄疾 ‖ 곽은의 형뎨 삼인니 다 별질이 잇거ᄂᆞᆯ 관뇌를 쳥ᄒᆞ여 복지ᄒᆞ니 (後有居民郭恩者, 兄弟三人, 皆得躄疾, 請輅卜之.)

<삼국-국중 12:67>

【범】 명 ((동물)) 범.¶ ▼虎 ‖ 여표 그러나 크게 불너 왈 결박ᄒᆞ기 너무 급ᄒᆞ니 조곰 누그러이 ᄒᆞ라 죄 왈 범을 동히기ᄂᆞᆫ 급히 ᄒᆞᄂᆞᆫ이라 (布叫曰: "縛太急, 乞緩之!" 操曰: "縛虎不得不急.") <삼국-모종 3:81>

【뱁새】 명 ((조류)) 뱁새. 붉은머리오목눈이. 휘파람샛과의 하나. 등 쪽은 진한 붉은 갈색, 배 쪽은 누런 갈색이고 부리는 짧으며 꽁지는 길다. 우리나라에는 흔한 텃새이다.¶ ▼鷦鷯 ‖ 비의 일신이 ᄂᆞᆷ의 나그내 되엿ᄂᆞᆫ디라 엇디 감샹ᄒᆞ야 탄식디 아니ᄒᆞ리오 쵸료[뱁새라]도 오히려 ᄒᆞᆫ 가지의 평안호미 잇고 교토ᄂᆞᆫ ᄂᆞᆼ히 세 굼글 ᄒᆞ야[톳기 간사ᄒᆞ야 세 굼글 ᄒᆞ야 두고 나드닷 말이라] 이시니 ᄒᆞ믈며 사ᄅᆞᆷ이ᄯᆞ녀 (備一身寄客, 未嘗不傷感嘆而嘆息. 嘗思'鷦鷯尙存一枝, 狡兎猶藏三窟', 何況人乎?) <삼국-가정 19:115>

【벗-】 동 벗다.¶ ▼脫 ‖ 부치니 문듯 미축을 쳥ᄒᆞ여 ᄒᆞᆫ가[지]로 셩을 즉히여 표을 드러오지 못ᄒᆞ게 ᄒᆞ면 아희 스ᄉᆞ로 몸을 벼슬 게교 잇노라 (父親便請糜竺一同守城, 休放布入, 兒自布脫身之計.) <삼국-모종 3:71>

【병】[1] 명 ((질병)) 병(病). 생물체의 전신이나 일부분에 이상이 생겨 정상적 활동이 이루어지지 않아 괴로움을 느끼게 되는 현상.¶ ▼病 ‖ 내 이제 병이 듕ᄒᆞ니 현뎨의게 의탁고져 ᄒᆞ노니 내 ᄌᆞ식이 ᄌᆡ조 업고 졔쟝이 녕낙ᄒᆞ니 내 주근 후의 현뎨 가히 형쥬를 다ᄉᆞ리라 (吾今病在膏肓, 托孤于賢弟. 我子無才, 諸將零落; 我死之後, 賢弟可攝荊州.) <삼국-가정 13:73>

【병】[2] 명 ((군사)) 병(兵). 군사(軍士).¶ ▼兵 ‖ 부 왈 용밍은 잇시나 ᄭᅬ 업신니 도모케 쉬우니 ᄂᆡ 임의 냥관 조구로 약정ᄒᆞ야슨니 만일 형이 병을 니위면 니인이 ᄂᆡ응ᄒᆞ리라 (阜曰: "有勇無謀, 易圖也. 吾已暗約下梁寬、趙衢, 兄若肯興兵, 二人必爲內應.") <삼국-모종 11:10>

【병은 신속ᄒᆞ미 귀ᄒᆞ다】 속 병법은 빨리 하는 것이 중요하다.¶ ▼兵貴神速 ‖ 병은 신속ᄒᆞ미 귀ᄒᆞ니 이제 천리의 가 사ᄅᆞᆷ을 엄습ᄒᆞ려 호ᄃᆡ 츼듕이 만하 나아가기 어려오니 경긔로 빅도ᄒᆞ야 그 방비티 아니호를 엄습ᄒᆞ야 노를 금홈만 ᄀᆞᆺ디 못ᄒᆞ니 모ᄅᆞ미 길 아ᄂᆞᆫ 쟈를 어더 향도를 ᄒᆞ라 (兵貴神速. 今千里襲人, 輜重多, 難以趨利; 不如輕兵兼道以出, 掩其不備. 虜可擒也. 須得曾識徑路者以引之.) <삼국-가정 11:87>

【병갑】 명 ((군기)) 병갑(兵甲). 병기(兵器)와 갑옷투구를 아울러 이르는 말.¶ ▼兵甲 ‖ ᄎᆡᆨ이 내 군마를 비러 일을 니ᄅᆞ혀 오ᄂᆞᆯ날 강동을 어더시니 병갑이 십여 만이라 ᄀᆞᆺ재 앗고져 ᄒᆞ니 엇더ᄒᆞ뇨? (策借我軍馬起事, 今日盡得江南地面, 兵甲有十餘萬, 吾欲幷呑之, 若何?) <삼국-가정 5:178>

【병강-ᄒᆞ-】 형 병강(兵强)하다. 병력(兵力)이 강하다. 군대가 강하다.¶ ▼兵强 ‖ 회쵸 병강ᄒᆞ니 만일 타인 보ᄂᆡ면 만히 이치 아니ᄒᆞ리니 아니 셕은 근심 잇스면 ᄃᆡᄉᆞ 폐ᄒᆞ리라 (淮楚兵强, 其鋒甚銳, 若遣人領兵去退, 多是不利, 倘有疏虞, 則大事廢矣.) <삼국-모종 18:44>

【병거】 명 ((군사)) 병거(兵車). 전쟁할 때 쓰는 수레.¶ ▼兵車 ‖ 됴진니 간필의 ᄃᆡ규 일셩의 분긔 막히여 ᄎᆞ시의 ᄉᆞᆫ너지니 사마의 병거의 시러 낙양의 보ᄂᆡ여 안장ᄒᆞ니라 (曹眞看畢, 恨氣塡胸, 至晩死於軍中. 司馬懿用兵車裝載, 差人送赴洛陽安葬.) <삼국-국중 16:6>

【병권】 명 ((군사)) 병권(兵權). 군을 편제, 통수할 수 있는 권력.¶ ▼兵權 ‖ 가히 병권을 쥬지 못ᄒᆞ리니 젼니(田里)의 방귀ᄒᆞ소셔 (不可付之兵權. 可卽罷歸田里.) <삼국-국중 15:35>

【병긔】 명 ((군기)) 병기(兵器). 전쟁에 쓰는 기구를 통틀어 이르는 말.¶ ▼兵器 ‖ 손부인이 우셔 왈 ᄉᆡᆨ슬ᄒᆞᆫ 반싱의 오히려 병긔를 두려ᄒᆞ나냐 (孫夫人曰: "廝殺半生, 尙懼兵器乎?") <삼국-모종 9:59>

【병긔-ᄒᆞ-】 동 병기(竝起)하다. 두 가지 이상의 것이 함께 일어나다.¶ ▼並起 ‖ 우리 고황졔 ᄇᆡ얌을 버히고 의를 니ᄅᆞ혀무로부터 긔업을 여러 지금가지 젼ᄒᆞ여더니 불힝이 간웅이 병긔ᄒᆞ야 각ː 일방을 웅거ᄒᆞ니 (自我高皇帝斬蛇起義, 開基立業, 傳至於今, 不奸雄並起, 各據一方.) <삼국-모종 9:39>

【병냥】 명 ((군사)) 병량(兵糧). 군대의 양식. 군량(軍糧).¶ ▼糧食 ‖ 그 비를 도[됴]가 져어ᄒᆞ니 이제 병냥을 보ᄂᆡ여 그 마음을 ᄆᆡᆺ고 그 군ᄉᆞ를 안고 움쥬기지 아니ᄒᆞ면 유비를 가히 ᄉᆞ로잡으리라 (恐其助備, 今當令人送與糧食, 以結其心, 使其按兵不動, 則劉備可擒.) <삼국-모종 3:25>

【병녁-ᄒᆞ-】 동 병력(幷力)하다. 힘을 아우르다.¶ ▼幷力 ‖ 셰작이 왕상의게 보ᄒᆞᆫ대 상이 크게 군마를 모라 병녁ᄒᆞ야 ᄯᆞᆯ오더니 (早有細作報與王雙. 雙大驅軍馬, 幷力追趕.) <삼국-가정 32:38> 너희 두 사ᄅᆞᆷ이 오쳔병을 녕ᄒᆞ야 밤낫 ᄃᆞᆯ려 딘창 셩하의 가 셩듕의 블이 니러나믈 보고 병녁ᄒᆞ야 셩을 티라 (汝二人領五千兵, 星夜直奔陳倉城下, 如見火起, 幷力取城.) <삼국-가정 32:52>

【병-들-】 동 병들다. 몸에 병이 생기다.¶ ▼病 ‖ 이제 병들롸 ᄒᆞ고 나디 아니ᄒᆞ니 반ᄃᆞ시 형쥬 군ᄉᆡ 정졔ᄒᆞᆫ 줄을 의심ᄒᆞ고 연강의 봉화ᄃᆡ를 아쳐ᄒᆞ미라 (今推病不出, 必疑荊州兵整肅, 沿江有烽火臺之警乎?) <삼국-가정 24:114> 조죄 회군코ᄌᆞ ᄒᆞ야 곽가다려 무르니 긔 ᄯᅩᄒᆞᆫ 슈토의 익지 못ᄒᆞ여 병드려 슐의예 누어ᄂᆞᆫ지라 (操有回軍之心, 問於郭嘉, 嘉此時不服水土, 臥病車中.) <삼국-모종 6:14>

【병마긔계】 명 ((군기)) 병마기계(兵馬器械). 병사와 군마와 관련된 기계를 통틀어 이르는 말.¶ ▼兵馬器械 ‖ 션쥬 직삼 구문한ᄃᆡ 의 이에 디필을 ᄎᆞᄌᆞ 병마긔계 사십여 쟝을 그리고 그리기를 맛ᄎᆞ미 ᄂᆞᆺːᄎᆡ ᄯᅳ 쳑고 (先主再三求問, 意乃索畫兵馬器械四十餘張, 畫畢便二扯碎.) <삼국-국중 13:157>

【병미댱과-ᄒᆞ-】 형 병미장과(兵微將寡)하다. 군사는 미약하고 장군은 적다. 군대의 힘이 매우 약함을 이르는 말.¶ ▼兵微將寡 ‖ 조조 향일의 병미댱과ᄒᆞ여도 오히려 능히 ᄒᆞᆫ 북의 원쇼ᄅᆞᆯ 이긔엿거든 ᄒᆞ믈며 오ᄂᆞᆯᄂᆞᆯ의 ᄇᆡᆨ만 즁을 거ᄂᆞ려 남으로 치니 엇지 가히 가ᄇᆡ야이 ᄃᆡ적ᄒᆞ리요 (曹操向日兵微將寡, 尙能一鼓克袁紹, 何況今日擁百萬之衆南征, 豈可輕敵?) <삼국-모종 7:95>

【병법】 명 ((군사)) 병법(兵法). 군사를 지휘하여 전쟁하는 방법.¶ ▼兵法 ‖ 병법의 닐오ᄃᆡ 밋분 군ᄉᆡ야 실로 싸혼다' ᄒᆞ니 우리 쥬 뉴예쥬 수쳔 인의지ᄉᆞ를 두엇ᄂᆞᆫ지라 엇지 능히 ᄇᆡᆨ만 잔초ᄒᆞᆫ 군ᄉᆞ를 ᄃᆡ적ᄒᆞ리오 (豈不聞兵法云: '信兵實戰.' 吾主劉豫州有數千仁義之士, 安能敵百萬暴殘之衆?) <삼국-가정 14:67>

【병법의 ᄲᆞᄅᆞ미 귀ᄒᆞ다】 속 병법은 빨리 하는 것이 중요하다.¶ ▼兵貴神速 ‖ 승샹이 임의 병법의 묘ᄒᆞᆫ 줄을 아나 엇디 병법의 ᄲᆞᄅᆞ미 귀ᄒᆞᆫ 줄을 모ᄅᆞ시ᄂᆞ뇨 승샹이 긔병ᄒᆞ매 쳔연ᄒᆞ여 오라게야 여긔 니른 고로 권이 시러곰 쥰비ᄒᆞ여 유슈구ᄅᆞᆯ 쳐 셩을 ᄒᆞ여시니 ᄀᆞ장 유리ᄒᆞ이다 (丞相旣知兵法玄妙, 豈不知'兵貴神速'乎? 丞相起兵, 遷延日久, 故孫權得以準備, 夾濡須水口爲塢, 甚是有理.) <삼국-가정 20:35>

【병변】 명 ((군사)) 병변(兵變). 나라 안에서 싸움질하는 난리.¶ ▼兵變 ‖ 이면으로 장위을 가르처 군ᄉᆞ을 저구ᄒᆞ여 관익을 지키여 마초의 병변을 막으라 (一面敎張衛點軍守把關隘, 防馬超兵變.) <삼국-모종 11:23>

【병부】 명 ((군사)) 병부(兵符). 군대를 동원하는 표지로 쓰던 동글납작한 나무패. 한 면에 '발병(發兵)'이란 글자를 쓰고 또 다른 한 면에 '관찰사(觀察使)', '절도사(節度使)' 따위의 글자를 기록하였음. 가운데를 쪼개서 오른쪽은 그 책임자에게 주고 왼쪽은 임금이 가지고 있다가 군사를 동원할 때, 교서(敎書)와 함께 그 한 쪽을 내리면 지방관이 두 쪽을 맞추어 보고 틀림없다고 인정하여 군대를 동원하였음. 발병부(發兵符).¶ ▼兵符 ‖ 이튼날 삼층 ᄃᆡ를 뭇고 오방 긔치를 세우고 우희 휜둑과 누른 졀월과 병부와 쟝인을 ᄇᆡ셜ᄒᆞ고 (次日, 築臺三層, 遍列五方旗幟, 上建旄黃鉞, 兵符將印.) <삼국-가정 2:53> 제갈량이 남군을 엇고 병부 쓰는 사게를 힝ᄒᆞ여 형쥐셩 직흰 군마를 조발ᄒᆞ여 나아와 구완ᄒᆞ라 ᄒᆞ고 쟝비 일군이 ᄇᆡᆫ틈을 타 형쥐셩을 아사니 조병이 북으로 다라나거ᄂᆞᆯ 댱비 머믈워 직희엿다 (諸葛亮自得了南郡, 遂用兵符詐調荊州守城軍馬來救, 着張飛一陣殺敗. 曹軍北逃, 張飛就在荊州城中駐扎.) <삼국-가정 16:109>

【병역토적-ᄒᆞ-】 동 병력토적(竝力討賊)하다. 힘을 한데 모아서 적군을 토벌하다.¶ ▼倂力討賊 ‖ 삼인니 헌제의 겨 가마니 엿쥬와 마등을 봉ᄒᆞ여 졍셔댱군을 삼고 ᄒᆞᆫ슈로 진셔댱군을 삼아 각〻 밀됴를 바다 병역토적ᄒᆞ더라 (三人密奏獻帝, 封馬騰爲征西將軍, 韓遂爲鎭西將軍, 各受密詔, 倂力討賊.) <삼국-모종 2:39>

【병위】 명 ((군사)) 병위(兵威). 군대의 위력이나 위세.¶ ▼兵威 ‖ 이졔 병위 ᄃᆡ진ᄒᆞ야 대 ᄡᆞ림 갓ᄐᆞ니 두어 마듸 지ᄂᆞ면 날을 마져 스ᄉᆞ로 풀니ᄂᆞ니 엇디 다시 착슈ᄒᆞᆯ 곳이 니스리오 (今兵威大振, 如破竹之勢, 數節之后, 皆迎刃而解, 無復有著手處也.) <삼국-국중 17:139>

【병으리-】 동 막다.¶ ▼拒住 ‖ 공명 왈 이제 ᄆᆡᆼ확이 노슈의 병으려 가희 건널 슈 업ᄉᆞ니 ᄂᆡ 몬져 그 양도을 ᄭᅳᆫ코져 ᄒᆞ노라 (孔明曰: "今孟獲拒住瀘水, 無路可渡, 吾欲先斷其糧道, 令彼軍自亂.") <삼국-모종 14:86>

【병으리왇-】 동 막다. 항거(抗拒)하다.¶ ▼拒住 ‖ ᄒᆞ로ᄂᆞᆫ 됴인이 스ᄉᆞ로 ᄃᆡ군을 거ᄂᆞ려 나와 북치며 납함ᄒᆞ고 싸호믈 도〻되 뎡뵈 병으리와다 응치 아니ᄒᆞ더니 (一日, 曹仁自引大軍, 擂鼓吶喊, 前來搦戰. 程普拒住不出.) <삼국-가정 16:102>

【병-잠기】 명 ((군기)) 병장기(兵仗器). 병사들이 쓰던 온갖 무기.¶ ▼兵 ‖ 모든 아히들이 병잠기를 희롱ᄒᆞ야 이 젹벽을 더러엿도다 (群兒戲兵, 汚此赤壁.) <삼국-가정 3:7> ▼刀 ‖ 병잠기예 피를 뭇티디 아니ᄒᆞ고 평뎡ᄒᆞᆫ 고디 만흐니 군셰 대진ᄒᆞ더라 (兵不曾血刀, 將不用施謀, 軍勢洋洋, 直到宜都.) <삼국-가정 27:5> ▼干戈 ‖ 영웅이 모ᄃᆞ면 각〻 그 ᄆᆞᄋᆞᆷ이 다ᄅᆞᆯ더라 니ᄅᆞᆫ바 병잠기를 ᄂᆞᆯ흘 잡고 ᄌᆞᄅᆞ로ᄡᅧ ᄂᆞᆷ을 줌 ᄀᆞᆺᄐᆞ니 공이 일뎡 이디 못ᄒᆞ고 대란이 나리라 (英雄聚會, 各懷一心, 所謂倒持干戈, 授人以柄, 功必不成, 生大亂矣.) <삼국-가정 1:108>

【병쟝기】 명 ((군기)) 병장기(兵仗器). 병사들이 쓰던 온갖 무기.¶ ▼干戈 ‖ 영웅이 모ᄃᆞ면 각〻 그 ᄆᆞᄋᆞᆷ이 다ᄅᆞᆯ디라 니란바 병쟝기를 ᄂᆞᆯ을 잡고 ᄌᆞ로로ᄡᅧ ᄂᆞᆷ을 줌 ᄀᆞᆺ타니 공니 일뎡 이디 못ᄒᆞ고 ᄃᆡ란이 나리라 (英雄聚會, 各懷一心, 所謂倒持干戈, 授人以柄, 功必不成, 生大亂矣.) <삼국-규장 1:75>

【병정냥족-ᄒᆞ-】 형 병정량족(兵精糧足)하다. 군사는 잘 훈련되고 군량도 넉넉하다.¶ ▼兵糧足備 ‖ 현덕이 왈 회람 원술이 병정냥족ᄒᆞ니 가히 영웅인이라 죄 소왈 무덤 가온ᄃᆡ 썌라 ᄂᆡ 단츰의 ᄉᆞ로즙으리라 (玄德曰: "淮南袁術, 兵糧足備, 可爲英雄?" 操笑曰: "塚中枯骨, 吾早晚必擒之!") <삼국-모종 4:5>

【병창】 명 ((질병)) 병창(病瘡).¶ ▼病瘡 ‖ 공근의 병창이 낫기 젼의 촉노ᄒᆞ미 업게 ᄒᆞ므로 의지 말ᄒᆞ기로 됴병이 싸흠을 도〻되 감히 보치 못ᄒᆞ미로라 (吾見公瑾病瘡, 醫者言勿觸怒, 故曹兵搦戰, 不敢報知.) <삼국-국중 9:166>

【병퇴-ᄒᆞ-】 동 병퇴(屛退)하다. 물리치다.¶ ▼屛退 ‖ 병퇴 현덕이 보기를 맛치ᄆᆡ ᄃᆡ희ᄒᆞ야 법졍을 셜연ᄉᆞᆼᄃᆡᄒᆞᆯᄉᆡ 슐리 슈슌이 지ᄂᆡᄆᆡ 현덕이 좌우를 병퇴ᄒᆞ고 (玄德看畢大喜, 設宴相待法正, 酒過數巡, 玄德屛退左右.) <삼국-모종 10:68>

【병ᄐᆞᆫ-ᄒᆞ-】 동 병탄(倂呑)하다. 남의 재물이나 다른 나라의 영토를 한데 아울러서 제 것으로 만들다.¶ ▼呑幷 ‖ 뉴비 뉴표의게 의지ᄒᆞ여실 제 오히려 병ᄐᆞᆫᄒᆞᆯ 뜻을 두

엇거든 뉴쟝을 혜랴 이리 츄됴ᄒᆞ면 노형의게 허믈이 밋출가 두려ᄒᆞ노라 (當初劉備依劉表時, 常有呑幷之意, 何況益州劉璋乎? 似此推調, 未免累及老兄矣.) <삼국-가정 18:50>

【병풍】 명 ((기물)) 병풍(屛風). 바람을 막거나 무엇을 가리거나 또는 장식용으로 방안에 치는 물건.¶ ▼딤은 옷기슬 글디오고 병풍을 져 위예 이션디 이십여 년이라 (朕用垂拱負扆, 二十有餘載矣.) <삼국-가정 25:105> ▼屛風 ‖ 병풍 뒤흐로죠ᄎᆞ 수인니 공ᄌᆞ를 븟[드]러 ᄂᆞ오ᄂᆞᆫ지라 (只見兩從者從屛風後扶出劉琦.) <삼국-국중 10:4>

【병ᄑᆡ장망-ᄒᆞ-】 동 병패장망(兵敗將亡)하다. 군대는 패하고 장수는 죽다.¶ ▼兵敗將亡 ‖ 원쇼 잇실 ᄯᅢ 항ᄉᆞᆼ 요동 ᄉᆞᆷ킬 ᄆᆞ암이 잇더니 이졔 이원니 병ᄑᆡ장망ᄒᆞ여 의지 업셔 이예 왓시니 이ᄂᆞᆫ 비들기 갓치 기슬 아슬 ᄯᅳᆺ이라 (袁紹存日, 常有呑遼東之心, 今袁熙・袁尙兵敗將亡, 無處依棲, 來此相投, 是鳩鵲巢之意也.) <삼국-모종 6:18>

【병ᄑᆡ-ᄒᆞ-】 동 병패(兵敗)하다. 군대가 패하다.¶ ▼兵敗 ‖ 이졔 류비 셔쥐의 둔병ᄒᆞ고 스ᄉᆞ로 쥬ᄉᆞ를 총영ᄒᆞ며 근ᄌᆞ의 녀푀 병ᄑᆡᄒᆞ므로 셔쥐의 도라ᄀᆞ니 (劉備屯兵徐州, 自領州事; 近呂布以兵敗投之.) <삼국-국중 3:128> 원ᄅᆡ 조비 우금이 병ᄑᆡᄒᆞ여 절에 죽지 못ᄒᆞ고 젹군에 황복ᄒᆞ여 다시 도라오던 일을 마음에 후[위]인을 심히 더려히 너계 몬져 능옥분벙[벽]에 즘즛 그려 우금으로 가 보고 붓글업게 ᄒᆞ미라 (原來曹丕以于禁兵敗被擒, 不能死節, 旣降敵而復歸, 心鄙其爲人, 故先令人圖畫陵屋粉壁, 故意使之往見以愧之.) <삼국-모종 13:30>

【벗】 명 ((인류)) 벗. 친구¶ ▼交 ‖ 공 왈 나ᄂᆞᆫ 형으로 다려 벼지요 ᄂᆡ 현덕으로 다려 붕우요 형졔요 군신이 ᄂᆞ니 엇지 가히 의논ᄒᆞ리요 (公曰: "我與兄, 朋友之交也, 我與玄德, 是朋友而兄弟、兄弟而主臣者也, 豈可共論乎?") <삼국-모종 4:76>

【베살】 명 벼슬.¶ ▼爵祿 ‖ 조정의 아당ᄒᆞ야 써 베사를 구ᄒᆞ엿다가 오날날 화를 군ᄉᆞ의 옴게시니 두 ᄉᆞᄅᆞᆷ의 머리를 벼혀 원슈[술]의게 드리면 그 군ᄉᆞ 스ᄉᆞ로 물너가리라 (媚朝廷以求爵祿, 今日移禍於將軍, 可斬二人之頭獻袁術, 其軍自退.) <삼국-모종 3:47>

【베ᄉᆞᆯ】 명 벼슬.¶ ▼仕 ‖ ᄯᅴ예 동[동]긔 밧게 베ᄉᆞᆯ 나가고 다만 ᄎᆡ담 닛셔 급피 나가 됴ᄌᆞ를 영졉ᄒᆞ여 당상의 일으러 ᄒᆞᆫ원을 맛고 겟헤 묘서더라 (時董紀出仕於外, 止有蔡琰在家, 琰聞操至, 忙出迎接, 操至堂, 琰起居畢, 侍立於側.) <삼국-모종 12:20>

【베-ᄯᅴ】 명 ((복식)) 베띠.¶ ▼麻帶 ‖ ᄐᆡ ᄃᆡ곡 왈 사람으ᄂᆞᆫ논 ᄐᆡ로써 외삼촌의계 비ᄒᆞ던니 ᄂᆞ졔 귀 ᄐᆡ만 갓지 못하다 ᄒᆞ고 베ᄯᅴ와 호[효]복을 갓쵸고 들려가 운니 (泰大哭曰: "論者以泰比舅, 今舅實不如泰也." 乃披麻帶孝而入, 哭拜於靈前.) <삼국-모종 19:6>

【베히-】 동 베이다. '베다'의 피동사.¶ ▼斬 ‖ 푀 임의 한 눈을 거나리여 푸러 허도의 가 조죠의게 베힌 빅 도엿단 말을 듯고 이예 ᄃᆡ로ᄒᆞ여 (却聞布已將韓胤解赴許都, 爲曹操所斬, 乃大怒.) <삼국-모종 3:46>

【보】 명 ((건축)) 들보. 칸과 칸 사이의 두 기둥을 건너질러 도리와는 'ㄴ'자 모양, 마룻대와는 '十'자 모양을 이루는 나무.¶ ▼梁 ‖ ᄉᆞ당 겨ᄐᆡ 큰 ᄇᆡ남기 이시니 놉희 십여 쟝이라 건시뎐 보를 ᄒᆞ염즉ᄒᆞ니이다 (祠傍有一株大梨樹, 高十餘丈, 堪作建始殿之梁.) <삼국-규장 18:5>

【보권】 명 ((인류)) 보권(寶眷). 남의 가속(家屬)을 높여 부르는 말.¶ ▼寶眷 ‖ 형쥐 셩듕의 군후의 보권[가쇽이라]과 제쟝의 가쇽이 다 무양ᄒᆞ고 의식을 죠곰도 브죡디 아니킈 ᄒᆞ니 념녀 마ᄅᆞ쇼셔 ᄒᆞ더이다 (荊州城中, 君侯寶眷幷諸將家家無恙, 供給不少, 不必憂念.) <삼국-가정 25:26> ▼妻母 ‖ 형쥐 셩듕의 군후의 보권[가쇽이라]과 졔쟝의 가쇽이 다 무양ᄒᆞ고 의식을 죠곰도 브죡디 아니킈 ᄒᆞ니 념녀 마ᄅᆞ쇼셔 ᄒᆞ더이다 (荊州城中, 君侯寶眷幷諸將家家無恙, 供給不少, 不必憂念.) <삼국-가정 25:26>

【-보담】 조 -보다. 비교를 나타내는 부사격 조사.¶ ▼於 ‖ 내 혜아리니 제쟝들은 그 계규를 아지 못ᄒᆞ려니와 홀로 뎨갈량이 날보담 나으니 이 ᄭᅬᄅᆞᆯ 소기지 못ᄒᆞᆯ 거시니 (吾料諸將不知此計, 獨有諸葛亮勝於吾見, 想此謀亦不可瞞也.) <삼국-규장 10:148>

【보됸-ᄒᆞ-】 동 보존(保存)하다.¶ ▼保 ‖ 니 천당산은 양초 둔 뫼요 또 미창산은 양식 둔쥐ᄒᆞᆫ ᄊᆞ니ᄂᆞ 이ᄂᆞᆫ ᄒᆞᆫ중 군ᄉᆞ 명 길오난 근원니라 만일 ᄂᆞ흐면 한중 업사리라 맛당히 보됸ᄒᆞ기ᄂᆞᆯ ᄉᆡᆼ각ᄒᆞ라 (此天蕩山, 乃糧草之所, 更接米倉山, 亦屯糧之地, 是漢中軍士養命之源. 倘若疏失, 是無漢中也. 當思所以保之.) <삼국-모종 12:14>

【보-두오-】 동 보(保)두다. 보증(保證)서다.¶ ▼保 ‖ 신은 젼가로써 양의를 보두오니 ᄇᆞᄃᆞ시 반치 아니리라 ᄒᆞ노이다 (臣願將全家良賤, 保楊儀不反, 實不敢保魏延.) <삼국-국중 16:70>

【보람】 명 어떤 대상을 딴 대상과 구별하기 위하여 그것에 표를 하는 것. 또는 그렇게 하여 생긴 표. 표식(標識).¶ ▼標 ‖ 내 안량을 보니 보람을 ᄭᅩ자 머리 ᄑᆞᆯ라 가ᄂᆞᆫ 사ᄅᆞᆷ ᄀᆞᄐᆞ이다 (吾觀顔良, 如揷標賣首耳!) <삼국-가정 9:37>

【보람-ᄒᆞ-】 동 표지(標識)를 하다. 증거(證據)를 삼다.¶ ▼號 ‖ 이경은 ᄒᆞ야 게우 긧 일ᄇᆡᆨ을 가져다가 각ᄂᆞ 투고 우희 ᄭᅩ자 보람ᄒᆞ고 일시의 갑 입고 ᄆᆞᆯ긔 올나 (約有二更時候, 取白鵝翎一百根, 揷于盔上爲號.) <삼국-가정 22:42>

【보리】 명 ((식물))((곡식)) 볏과의 두해살이풀. 줄기는 높이가 1미터 정도이고 곧고 속이 비었으며, 마디가 길다. 잎은 어긋나고 긴 선 모양으로 겉이 매끄러우며 나란히 맥이 있다. 꽃은 5월에 수상(穗狀) 꽃차례로 달리는데 이삭에는 까끄라기가 있다. 알이 껍질에서 잘 떨어지는지에 따라 쌀보리와 겉보리로, 파종 시기에 따라 가을보리와 봄보리로 나눈다.¶ ▼麥 ‖ 이 근쳐 군

현이 다 년ᄂᆞ의 흉황ᄒᆞ야시니 군ᄉᆞ의 먹을 거시 업ᄉᆞ디라 아직 허도의 도라가 ᄅᆡ년 봄의 보리 닉오믈 기ᄃᆞ려 도모ᄒᆞᆯ 거시라 (此間接連十數郡, 皆荒旱不收, 更若進兵, 勞軍損民, 倘未見勝, 欲退急難. 不若暫回許都, 待來春麥熟, 軍糧足備, 方可圖之.) <삼국-가정 6:117> 내 혜아리니 한듕이 젼년희 크게 풍념ᄒᆞ고 금년의 보리 닉어 냥쳐 풍족ᄒᆞ니 비록 뎐운ᄒᆞ기 어려오나 ᄯᅩᄒᆞᆫ 반년을 견ᄃᆡᆯ디라 뎨 엇디 즐겨 ᄃᆞ라나리오 (吾料諸葛亮上年大收, 今年麥熟, 糧草豐足; 雖然轉運艱難, 亦可支吾半載, 彼安肯便走也?) <삼국-가정 32:83> ▼小麥 ‖ 공명이 반ᄃᆞ시 농셔로 와 보리ᄅᆞᆯ 뷔여 군량을 사믈 거시니 네 긔산의 영을 셰워 구디 딕희라 (此人定來割隴西小麥, 以資軍糧, 汝可結營以守祁山.) <삼국-가정 33:53>

【보리-ᄀᆞᄅᆞ】 명 ((음식)) 보릿가루.¶ ▼麥屑 ‖ 냥식이 그처뎌 다만 보리ᄀᆞᄅᆞ 삼십여 셕이 잇ᄂᆞᆫ디라 군ᄉᆞᄅᆞᆯ 계유 ᄂᆞᆫ화 주고 집 사ᄅᆞᆷ은 먹을 거시 업서 굴머 죽으리 만터라 (糧食盡絶, 止有麥屑三十斛, 分派與軍士家. 人無食, 多有餓死者.) <삼국-가정 7:154>

【보ᄅᆞ-ᄒᆞ-】 동 뽑다.¶ ▼撥 ‖ 공명이 ᄃᆡ희ᄒᆞ야 곳 졍병 오쳔과 부쟝 십원을 보ᄅᆞᄒᆞ야 등지를 ᄯᆞ라 가게 ᄒᆞ고 (孔明大喜, 卽撥精兵五千, 副將十員, 隨趙雲、鄧芝去訖.) <삼국-모종 15:41>

【보ᄇᆡ】 명 보배(寶貝). 매우 귀하고 소중한 물건. '보ᄇᆡ(貝, bèi)'는 중국어 직접 차용어.¶ ▼寶 ‖ 광뮈 이 보ᄇᆡᄅᆞᆯ 의양의 어덧더니 근ᄅᆡ 드ᄅᆞ니 십상시 작란ᄒᆞ여 쇼뎨를 무리쳐 북망의 나갓다가 궁의 도라와 이 식를 일헛더니 (光武得此寶於宜陽, 傳位至今, 近聞十常侍作亂, 劫少帝出北邙, 回宮失此寶.) <삼국-모종 1:104>

【보슈-ᄒᆞ-】[1] 동 보수(報讐)하다. 복수하다.¶ ▼報讎 ‖ 니ᄯᅴ ᄯᅩ 황건의 여당 됴홍 한츙 손즁 삼인이 무리 슈만을 모화 댱각을 위ᄒᆞ여 보슈ᄒᆞᆫ다 ᄒᆞ고 군현을 침범ᄒᆞᄂᆞᆫ지라 (時又黃巾餘黨三人趙弘、韓忠、孫仲, 聚衆數萬, 望風燒劫, 稱與張角報讎.) <삼국-모종 1:20> [2]報仇 ‖ 왕샹이 맛당이 만금 ᄀᆞᄐᆞᆫ 몸을 보젼ᄒᆞ여 쳔ᄂᆞ이 보슈ᄒᆞᆯ 일을 ᄉᆡᆼ각ᄒᆞ쇼셔 (王上且宜保守萬金之軀, 徐徐報仇.) <삼국-가정 25:76> 내 관공을 위ᄒᆞ여 보슈ᄒᆞ려 ᄒᆞ니 적쟝은 ᄃᆞᆺ디 말라 (吾與關公報仇, 休得走也!) <삼국-가정 27:24>

【보슈-ᄒᆞ-】[2] 동 보수(保守)하다. 보전하여 지키다.¶ ▼保守 ‖ 공명 왈 만일 이러ᄒᆞ면 형줘 위틱ᄒᆞ리라 ᄂᆡ 여덜ᄍᆞ 잇스니 장군은 뇌긔ᄒᆞ면 가히 형주ᄅᆞᆯ 보슈ᄒᆞ리라 (孔明曰: "若如此, 荊州危矣. 吾有八個字, 將軍牢記, 可保守荊州.") <삼국-모종 10:129>

【보십】 명 ((농기)) 보습. 쟁기나 극젱이의 술바닥에 맞추는 삽 모양의 쇳조각. 땅을 갈아서 흙덩이를 일으키는 연장.¶ ▼耒耜 ‖ ᄇᆡ야흐로 공명이 초려 가온대 쇼연ᄒᆞ야 호ᄆᆡ와 보시프로 의식을 ᄌᆞ뢰ᄒᆞ며 무롭플 안고 기리 ᄑᆞ람ᄒᆞ야 문달을 구티 아니ᄒᆞ니 (方孔明蕭然草廬之中, 資衣食于耒耜之業, 擁膝長吟, 不求聞達.) <삼국-가정 34:82>

【보야-】 동 보채다. 재촉하다.¶ ▼搦 ‖ 니확 곽ᄉᆡ 니몽 왕방이 다 마툐의게 죽은 줄을 알고 보야흐로 가허의 션견이 붉근 줄을 ᄭᆡᄃᆞ라 다시 그 계규ᄅᆞᆯ ᄡᅥ 요긴ᄒᆞᆫ ᄃᆡᄅᆞᆯ 딕희여 뎌 싸홈을 보야되 나디 아니ᄒᆞ니 과연 셔량병이 냥쳐 긋처딘디라 (李傕、郭汜聽知李蒙、王方皆被馬超殺了, 方信賈詡有先見之明, 重用其計, 只理會緊守關防, 從他搦戰, 並然不出. 果然涼州軍未及兩月, 糧草俱乏, 商議回軍.) <삼국-가정 4:12> 곽ᄉᆡ 뒤히 이셔 밤낫 어즈러이 ᄯᆞᆯ오고 알ᄑᆡᄂᆞᆫ 니확이 싸홈을 보야ᄂᆞᆫ디라 녀푀 싸홀 ᄆᆞ음이 업서ᄒᆞ더니 (郭汜又背後擾亂, 前面李傕不時搦戰, 呂布欲戰不得.) <삼국-규장 3:31> ▼催督 ‖ 젼후 좌우군이 다 ᄇᆡ를 시험ᄒᆞᆯᄉᆡ 긔치 어즈럽지 아니ᄒᆞ고 ᄯᅩ 즈근 ᄇᆡ 오십여 쳑이 왕ᄂᆡᄒᆞ야 슌경ᄒᆞ며 최촉ᄒᆞ야 보야거ᄂᆞᆯ (前後左右軍皆試船, 旗幡不雜. 又有小船五十餘隻, 往來巡警催督.) <삼국-가정 16:15>

【보야-흐로】 부 바야흐로. 보야[催]-#ᄒᆞ-+-으-+-로(부사파생 접미사).¶ ▼方 ‖ 보야흐로 쇼좌의 오ᄅᆞ려 ᄒᆞ더니 홀연 뎐 말르로셔 밋친 ᄇᆞ람이 크게 니러나며 ᄒᆞᆫ ᄑᆞ른 ᄇᆡ얌이 들보 우흐로셔 ᄂᆞ리니 기리 이십여 댱이나 ᄒᆞ더라 어탑의 셔리니 녕뎨 보시고 놀라 것구러디거ᄂᆞᆯ 무ᄉᆡ 급히 구ᄒᆞ야 내니 (方欲升座, 殿角狂風大作, 見一條青蛇, 從梁上飛下來, 約二十餘丈長, 蟠于椅上. 靈帝驚倒, 武士急慌救出.) <삼국-가정 1:3> 승샹이 만일 날을 노흐면 내 다시 군마ᄅᆞᆯ 졍돈ᄒᆞ야 ᄌᆞ웅을 결ᄒᆞ리니 이ᄢᅢ예 날을 ᄉᆡᆼ금ᄒᆞ면 보야흐로 항복ᄒᆞ리라 (汝若放回吾去, 再整軍馬, 共決雌雄. 若能再擒, 吾心方服也.) <삼국-가정 28:91> 보야흐로 이제 텬해 어즈럽거ᄂᆞᆯ 다만 울만ᄒᆞ고 대ᄉᆞ를 폐ᄒᆞ리잇가 (方天下未定, 休只管哭而廢大事.) <삼국-규장 7:111> 즁관이 모다 간ᄒᆞ니 현덕이 보야흐로 음식을 나오더라 (衆官齊諫, 玄德方才/方纔進膳.) <삼국-가정 25:79> ▼始 ‖ 원컨대 지존의 위덕이 ᄉᆞ히예 더으고 구쥐ᄅᆞᆯ 두어 뎨업을 일운 후의 안거포륜[안거는 편안ᄒᆞᆫ 수ᄅᆡ오 포륜은 수ᄅᆡ박회를 부들로 ᄡᅡ 푹ᄂᆞᄒᆞ야 구을기를 잘ᄒᆞ게 ᄒᆞ미라]을 브ᄅᆞ시면 슉이 보야흐로 현달ᄒᆞᆯ가 ᄒᆞ노이다 (願至尊威德加於四海, 總括九州, 克成帝業, 那時以安車蒲輪征召, 肅始當顯矣.) <삼국-가정 17:61>

【보장】 명 ((지리)) 보장(堡障, 保障). 옛날 성밖 요지에 소규모로 설치한 요새. 또는 변방 진영. 목책(木柵)을 둘러치고 속에는 병영을 이루었다.¶ ▼保障 ‖ 원컨대 쟝군은 견ᄃᆡ여 이 셩을 딕희여 국가ᄅᆞᆯ 위ᄒᆞ야 보쟝이 되라 (願將軍耐守此城, 以爲國家之保障.) <삼국-가정 24:94>

【보지】 명 ((신체)) 보지. 여자의 음부. 여자의 외성기.¶ ▼칙쥬인 보아라 칙쥬인 어미 보지와 너 조지 네 어미 보지로 털러 가니 ᄉᆡᆼ피가 아니야 니기거 ᄯᅩ 노아너 나온던구 양믈 너허ᄂᆞᆫ구나 <삼국-동양 40:9>

【보진-ᄒᆞ-】 동 포진(鋪陳)하다. 자리를 펴다.¶ ▼設席 ‖ 그 밤의 셔씨 시비ᄅᆞᆯ 보ᄂᆡ여 규람을 청ᄒᆞ여 당즁에 보진

ᄒᆞ고 술을 마시여 임의 취ᄒᆞ기의 미처 셔시 규람을 마ᄌᆞ 침실에 드려가니 (至夜, 徐氏遣婢妾請覽入府, 設席堂中飮酒, 飮旣醉, 徐氏乃邀覽入密室.) <삼국-모종 6:97>

【보채-】 동 보채다. 어떠한 것을 요구하며 성가시게 조르다.¶ ▼攪擾 ‖ 관우ᄅᆞᆯ 조차 츌졍ᄒᆞᆫ 쟝ᄉᆞ의 집이어든 오병이 싱심도 보채디 못ᄒᆞ긔 ᄒᆞ고 ᄃᆞᆯ마다 양식을 주어 굼디 아니킈 ᄒᆞ고 (隨關公出征將士之家, 不許吳兵攪擾. 按月給糧, 依例應付.) <삼국-가정 25:24>

【보-ᄒᆞ-】 동 보(報)하다. 알리다.¶ ▼報知 ‖ 공근의 병창이 낫기 젼의 측노ᄒᆞ미 업게 ᄒᆞ므로 의진 말ᄒᆞ기로 됴병이 싸홈을 도ᄋᆞ되 감히 보치 못ᄒᆞ미로라 (吾見公瑾病瘡, 醫者言勿觸怒, 故曹兵搦戰, 不敢報知.) <삼국-국중 9:166>

【보-ᄒᆞ-】 동 보(報)하다. 기별하거나 알리다.¶ ▼知會 ‖ 이제 이쟝이 뎍을 업슈이 너기다가 죽어시니 맛당이 군ᄉᆞᄅᆞᆯ 거두워 움즈이디 말고 승샹ᄭᅴ 보ᄒᆞ야 대군을 니ᄅᆞ혀 쵸멸ᄒᆞ미 샹칙이라 (今二將欺敵而亡, 只宜按兵不動, 申報丞相知會, 可起大軍而來剿捕, 此爲上策.) <삼국-가정 12:36> 나ᄂᆞᆫ 위국 항병이라 ᄲᆞᆯ리 쥬쟝ᄭᅴ 보ᄒᆞ라 (我是魏國降兵, 可報與主帥知會.) <삼국-가정 37:121>

【복녹】 명 복록(福祿). 타고난 복과 벼슬아치의 녹봉이라는 뜻으로, 복되고 영화로운 삶을 이르는 말.¶ ▼祚 ‖ 한나라 복녹이 블셔 ᄆᆞᄎᆞᆺ다 ᄒᆞ니 ᄇᆞ라건대 폐하ᄂᆞᆫ 요순의 도리ᄅᆞᆯ 본바다 강산과 샤직을 위왕긔 주시면 우흐로 텬심의 합ᄒᆞ고 아래로 민심의 합ᄒᆞᆯ 거시니 폐해 한가ᄒᆞ샤 시름이 업ᄉᆞ리니 (言漢祚已終, 伏望陛下效堯、舜之道, 以山川社稷禪與魏王, 上合天心, 下合民意, 則陛下安閑無憂矣!) <삼국-가정 26:24>

【복병】 명 ((군사)) 복병(伏兵). 적을 기습하기 위하여 적이 지날 만한 길목에 군사를 숨김. 또는 그 군사.¶ ▼伏兵 ‖ 내 긔산의 가 거즛 운량ᄒᆞᄂᆞᆫ 톄ᄒᆞ고 ᄆᆞᄅᆞᆫ 플과 남긔 뉴황과 염쵸ᄅᆞᆯ ᄆᆞ텨 술위예 싯고 거즛 닐오ᄃᆡ 농셔 냥식을 슈운ᄒᆞ라 ᄒᆞ면 쵹병이 냥식이 업ᄉᆞᆫ디라 일뎡 와 아ᄉᆞ리니 술위예 블을 노코 복병으로 ᄡᅧ 티면 가히 이긔믈 어드리라 (某去祁山虛妝做運糧兵, 車上盡裝乾柴茅草, 以硫黃焰硝灌之, 却敎人虛報隴西運糧到. 若蜀人無糧, 必然來搶. 待入其中, 却放火燒車, 外以伏兵應之, 可取勝矣.) <삼국-가정 32:27>

【복심】 명 ((인류)) 복심(腹心). 마음놓고 부리거나 일을 맡길 수 있는 사람. 심복(心腹).¶ ▼心腹 ‖ 져 조황비전마를 타고 십만 즁을 ᄡᅥ 쳔ᄌᆞ로 더부러 힝ᄒᆞ니 무수ᄒᆞᆫ 즁관은 다 조의 복심이라 (曹操騎爪黃飛電馬, 引十萬之衆, 與天子獵於許田, 軍士排開圍場, 週廣二百餘里, 操與天子並馬而行, 只爭一馬頭, 背後都是操之心腹將校.) <삼국-모종 3:85>

【복종-ᄒᆞ-】 동 복종(服從)하다. 남의 명령이나 의사를 그대로 따라서 좇다.¶ ▼賓服 ‖ 다만 두리건대 두 아이 복종티 아닐가 ᄒᆞ노니 냥으로 ᄒᆞ여곰 계규ᄅᆞᆯ ᄡᅳ과댜 ᄒᆞᆯ던대 모ᄅᆞ미 검과 인을 빌리쇼셔 (但恐二弟不肯賓服.如欲亮行兵, 須假劍印.) <삼국-가정 13:52>

【복패-ᄒᆞ-】 동 복패(覆敗)하다. 엎어지거나 깨어지다.¶ ▼覆敗 ‖ 근ᄂᆡ의 형쥐 복패ᄒᆞ미 ᄃᆡ신니 실졀ᄒᆞ야 ᄇᆡᆨ의 ᄒᆞᄂᆞ도 도라오지 아니ᄒᆞ되 오직 은일을 아라 ᄉᆞᄉᆞ로 방능 상용의 이ᄅᆞ더[러] ᄃᆞ시 ᄌᆞ명ᄒᆞ기를 비노니 (邇者, 荊州覆敗, 大臣失節, 百無一還; 惟臣尋事, 自致房陵、上庸, 而復乞身自放於外.) <삼국-국중 13:120>

【본부-병】 명 ((군사)) 본부병(本府兵). 자신이 속한 관부의 병사.¶ ▼本部 ‖ 이리로 일ᄇᆡᆨ 오십 니를 ᄀᆞ면 노슈하류라 물이 엿터 가히 ᄠᅦ로 건너리니 그ᄃᆡ 본부병 삼쳔을 거ᄂᆞ려 ᄇᆞ로 만동의 드러가 만져 그 양도를 끈으라 (離此一百五十里, 瀘水下流沙口, 此處水慢, 可以紮筏而渡. 汝提本部三千軍渡水, 直入蠻洞, 先斷其糧.) <삼국-국중 14:125>

【본-밧-】 동 본받다.¶ ▼效 ‖ ᄉᆞ군을 잘 셤기여 일홈을 죽ᄇᆡᆨ에 드리우고 공을 쳥ᄉᆞ의 표ᄒᆞ여 나의 시종 업ᄉᆞ물 본밧지 말나 (願諸公善事使君, 以圖名垂竹帛, 功標靑史, 切勿效庶之無始終也.) <삼국-모종 6:65>

【볼모】 명 ((인류)) 약속 이행의 담보로 상대편에 잡혀두는 사람.¶ ▼質 ‖ 이ᄂᆞᆫ 조죄 제후ᄅᆞᆯ 줌으ᄂᆞᆫ 법이니 만일 볼모ᄅᆞᆯ 머믈워 두면 므ᄅᆞ 일을 니ᄅᆞᄂᆞᆫ 대로 ᄒᆞᆯ 거시오 보내디 아니ᄒᆞ면 죄 흥병ᄒᆞ야 강동을 틸 거시니 셰 반ᄃᆞ시 위틱ᄒᆞ리라 (欲遣赴許都, 是操鎖諸侯之法也. 若留其質, 一聽所使. 如不令去, 恐操興兵來下江東, 勢必危矣.) <삼국-가정 13:5> ▼質當 ‖ 원컨대 태위ᄂᆞᆫ 뇌뎡 ᄀᆞᄐᆞᆫ 노ᄅᆞᆯ 긋치며 호랑 ᄀᆞᄐᆞᆫ 위엄을 긋치셔 셩문 열기ᄅᆞᆯ 용납ᄒᆞ셔든 몬져 셰ᄌᆞ 공손슐을 보내여 볼모ᄅᆞᆯ ᄒᆞᆫ 후의 군신이 ᄉᆞᄉᆞ로 ᄆᆡ이여 와 항복ᄒᆞ리이다 (願太尉息雷霆之怒, 罷虎狼之威, 容臣開門, 克日先送世子公孫修爲質當, 然後君臣自縛來降.) <삼국-가정 35:56>

【볼모-잡-】 동 볼모를 잡아두다. 약속 이행의 보장을 받으려고 볼모를 받아 두다.¶ ▼人質 ‖ ᄒᆞᆫ 사ᄅᆞᆷ은 텬ᄌᆞᄅᆞᆯ 겁박ᄒᆞ고 ᄒᆞᆫ 사ᄅᆞᆷ은 공경을 볼모잡아 무ᄉᆞ 일을 ᄒᆞ고져 ᄒᆞᄂᆞ뇨 (一人劫天子, 一人質公卿, 乃何行也?) <삼국-가정 5:21>

【볼모-ᄒᆞ-】 동 볼모로 삼다. 인질(人質)로 잡다. 인질을 삼다.¶ ▼質 ‖ 원슐이 회람의 잇셔 ᄶᅡ히 넙고 양식이 족ᄒᆞ고 또 숀칙이 볼모ᄒᆞᆫ 옥시 잇ᄉᆞ니 드ᄋᆞ여 칭제ᄒᆞᆯ 싱각을 ᄒᆞ고 (却說袁術在淮南, 地廣糧多, 又有孫策所質玉璽, 遂思僭稱帝號.) <삼국-국중 4:77> ▼質當 ‖ 네 브ᄃᆡ 가고져 ᄒᆞ거든 두 부인을 머믈워 볼모ᄒᆞ라 (汝要過去, 留下老小質當.) <삼국-가정 9:95>

【봄-노솟-】 동 뛰놀다. 뛰놀며 용솟음치다.¶ ▼湧 ‖ 이튼날 현덕과 추졍이 군ᄉᆞᄅᆞᆯ 거ᄂᆞ려 북티고 ᄡᅡ홀시 도적이 크게 함셩ᄒᆞ고 나아드니 밀믈결이 봄노솟ᄃᆞᆺ ᄒᆞ더라 (次日, 玄德、鄒靖引軍鼓噪而進. 賊衆大喊, 如潮湧到.) <삼국-가정 1:35>

【봉만】 명 ((곤충)) 봉만. 전갈류 독충의 꼬리.¶ ▼蠆尾 ‖ 원방이 긔경을 침노ᄒᆞ미 병갑이 다토아 니러나 봉만이 독을 베퍼 뼈 요얼을 지으며 싀랑이 마음을 죵ᄌᆞ히 ᄒᆞ야 화란을 일우ᄂᆞᆫ지라 (縱蠆尾以興妖, 恣狼心而逞亂.) <삼국-가정 29:66>

【봉슈ᄃᆡ】 명 ((건축)) 봉수대(烽燧臺).¶ ▼烽火臺 ‖ 녀몽이 슈군을 다 흰오ᄉᆞᆯ 닙펴 샹고의 ᄆᆡᆸ씨를 ᄒᆞ고 정병은 빗장 속의 ᄀᆞᆷ초와 무틔 니ᄅᆞ러 몬져 봉슈ᄃᆡ 딕흰 군ᄉᆞ를 몬져 자바 ᄆᆡ매 블을 드디 못ᄒᆞ다 ᄒᆞᄂᆞ이다 (呂蒙將水手盡穿白衣, 扮作客商渡江, 精兵伏于𦪇艫之中, 先擒了守臺士卒, 因此不得擧火.) <삼국-가정 25:18>

【봉와】 명 봉와(蜂窩). 벌집.¶ ▼蜂窩 ‖ 제갈원니 불신ᄒᆞ고 가마니 연란과[제비 알] 봉와[벌의 집]와 지쥬[거믜] 삼물을 가져 각ᄀᆞ 분즁의 감초고 뇌를 불너 졈ᄒᆞ니 (諸葛原不信, 暗取燕卵、蜂窩、蜘蛛三物分置三盒之中, 令輅卜之.) <삼국-국중 12:69>

【뵈-】 동 뵈다. 보이다. 보게 하다. '보다'의 사동사. 보(보다, 見)-+-이(사동사 파생 접미사)-.¶ ▼示 ‖ ᄂᆡ일로네 ᄀᆞ초와 내여야만졍 만일 내 녕을 어그ᄅᆞᄎᆞ면 너히를 다 죽여 다ᄅᆞᆫ 군ᄉᆞ를 뵈리라 (來日俱要完備! 若違了吾令, 卽殺汝二人, 以示衆軍!) <삼국-가정 26:81>

【뵈아-】 동 재촉하다. 돈구다. 보채다. 어떠한 것을 요구하며 성가시게 조르다.¶ ▼歸 ‖ 위병이 오래 고로오믈 바다 도라갈 뜻이 뵈아니 엇디 즐겨 싸홈을 ᄉᆡᆼ각ᄒᆞ리오 (今魏兵久受勞苦, 皆是思歸, 豈肯戀戰?) <삼국-가정 33:9>

【뵈야-】 동 재촉하다. 돈구다. 보채다. 어떠한 것을 요구하며 성가시게 조르다.¶ ▼搦 ‖ 녀포 군ᄉᆞ를 거ᄂᆞ려 뫼 아래 니ᄅᆞ니 확이 인병ᄒᆞ야 와 싸호믈 뵈야거ᄂᆞᆯ 포 분노ᄒᆞ야 ᄡᅦ텨 즛티고 디나간대 (却說呂布勒兵到山下, 李傕引軍搦戰. 布忿怒, 衝殺過去.) <삼국-가정 3:138> 곽ᄉᆡ 뒤히 이셔 밤낫 어즈러이 ᄯᆞ오고 알픠ᄂᆞᆫ 니확이 싸홈을 뵈야ᄂᆞᆫ디라 녀포 싸홀 ᄆᆞᄋᆞᆷ이 업서 ᄒᆞ더니 (郭汜又背後擾亂, 前面李傕不時搦戰, 呂布欲戰不得.) <삼국-가정 3:139>

【뵈오-】 동 뵈다. 뵙다. 웃어른을 대하여 보다.¶ ▼起居 ‖ 헌뎨 허뎐의 니ᄅᆞ시거ᄂᆞᆯ 현덕이 길ᄀᆞ의셔 뵈온대 (當日獻帝馳馬到許田, 劉玄德起居道傍.) <삼국-가정 7:78>

【뵈-쟐ㄴ】 명 ((기물)) «뵈쟈ᄅᆞ» 베자루. 베로 만든 자루.¶ ▼布袋 ‖ 일쳔 군을 거ᄂᆞ려 가되 각ᄀᆞ 뵈쟐ᄂᆞᆯ 가지고 ᄇᆡᆨ하 샹뉴의 가 ᄆᆡ복ᄒᆞᄃᆡ 쟐ᄂᆡ 흙과 돌흘 녀허 ᄇᆡᆨ하믈을 막앗다가 ᄂᆡ일 삼경 후의 믈 아래셔 사ᄅᆞᆷ이 지져괴거ᄃᆞᆫ 급히 쟐ᄂᆞᆯ 아사 믈을 노하 ᄇᆞ리고 ᄂᆞ려오며 ᄉᆡ살ᄒᆞ라 (引一千人各帶布袋, 去白河上流頭埋伏, 用布袋裝上磚石土泥, 堰住白河之水. 到來日三更後, 只聽下流頭人馬喊嘶, 此是曹兵敗矣, 急取布袋, 放水淹之, 卻順水殺將下來接應.) <삼국-규장 9:122>

【뵈-쟐ㄹ】 명 ((기물)) «뵈쟈ᄅᆞ» 베자루. 베로 만든 자루.¶ ▼布袋 ‖ 일쳔 군을 거ᄂᆞ려 가되 각ᄀᆞ 뵈쟐를 가지고 ᄇᆡᆨ하 샹뉴의 가 ᄆᆡ복호ᄃᆡ 쟐ᄅᆡ 흙과 돌흘 녀허 ᄇᆡᆨ핫믈을 막앗다가 ᄂᆡ일 삼경 후의 믈 아래셔 사ᄅᆞᆷ이 지져괴거ᄃᆞᆫ 급히 쟐ᄅᆞᆯ 아사 믈을 노하 ᄇᆞ리고 ᄂᆞ려오며 ᄉᆡ살ᄒᆞ라 (引一千人各帶布袋, 去白河上流頭埋伏, 用布袋裝上磚石土泥, 堰住白河之水. 到來日三更後, 只聽下流頭人馬喊嘶, 此是曹兵敗矣, 急取布袋, 放水淹之, 卻順水殺將下來接應.) <삼국-가정 13:91, 92>

【부교】 명 ((건축)) 부교(浮橋). 교각을 사용하지 아니하고 배나 뗏목 따위를 잇대어 매고, 그 위에 널빤지를 깔아서 만든 다리.¶ ▼浮橋 ‖ 조죄 위슈 ᄉᆡ의 이셔 ᄇᆡ와 ᄠᅦ롤 뫼화 부교 세흘 ᄆᆡ야 남편 언덕의 년ᄒᆞ고 (曹操在渭河內, 將船筏鎖練, 作浮橋三條, 接連南岸.) <삼국-가정 19:25>

【부딮-】 동 부딧치다. 세게 부딪다.¶ ▼頓 ‖ 위황은 얼골을 ᄯᅡ에 부더쳐 왈 가ᄒᆞᆫ ᄒᆞᄒᆞ 니로다 니ᄂᆞᆯ 가라 부서져 죽다 (韋晃以面頰頓地曰: "可恨, 可恨!" 咬牙而死.) <삼국-모종 11:98>

【부드-치-】 동 부딧치다. 세게 부딪다.¶ ▼撞 ‖ 공명이 직삼 말니ᄃᆡ 긋치지 아니ᄒᆞ고 ᄀᆞᆯ오ᄃᆡ 만일 날노 션봉을 아니ᄒᆞ면 계ᄒᆞ의 부드쳐 죽ᄉᆞ오리이다 (孔明再三苦勸不住, 雲曰: "如不敎我爲先鋒, 就撞死於階下!") <삼국-모종 15:41>

【부듸잇-】 동 부딪다. 물체가 서로 힘있게 마주치다.¶ ▼涌 ‖ 다만 보니 괴셕을 무던 거시 놉픈ᄃᆡ 돌히 모나 칼 ᄀᆞᆺ고 듕ᄀᆞ텹ᄀᆞᄒᆞ야 담 ᄀᆞᆺᄐᆞ며 강믈 소ᄅᆡ와 믈결 부듸잇ᄂᆞᆫ 소ᄅᆡ 일만 병매 ᄉᆞᆯ뢰ᄂᆞᆫ ᄃᆞᆺᄒᆞ니 (但見怪石嵯峨, 槎岈似劍; 橫沙立土, 重疊如墻; 江聲浪涌, 有如劍鼓之聲.) <삼국-규장 19:63>

【부듸-지-】 동 부딧치다. 물체가 서로 힘있게 마주치다.¶ ▼觸 ‖ 드ᄀᆞ여 기둥의 머리를 부듸져 죽거ᄂᆞᆯ 침이 ᄃᆡ곡ᄒᆞ고 칼을 ᄲᆡ여 그 아들 삼인을 죽이고 (言訖, 觸柱而死. 諶乃自殺其三子.) <삼국-국중 17:98>

【부듸-치-】 동 부딧치다. 세게 부딪다.¶ ▼拍 ‖ 운이 급히 말을 도로히니 두 가ᄉᆞᆷ이 셔로 부듸치ᄆᆡ 운이 좌수로 창을 들어 화극을 막고 (雲急撥轉馬頭, 恰好兩胸相拍. 雲左手持鎗隔過畫戟.) <삼국-국중 8:118>

【부디-ᄒᆞ-】 동 부지(扶持)하다. 상당히 어렵게 보존하거나 유지하여 나아가다.¶ ▼支持 ‖ 내 블튱ᄒᆞᆫ 줄이 아니라 셰 위틱ᄒᆞ고 힘이 곤ᄒᆞ매 능히 부디티 못ᄒᆞ야 블셔 오후의게 항ᄒᆞ엿노라 (吾非不忠, 奈勢危力困, 不能支持, 我今已降孫車騎.) <삼국-가정 25:2>

【부ᄃᆡ】 부 부디. 남에게 청하거나 부탁할 때 바라는 마음이 간절함을 나타내는 말. 바라건대. 꼭. 아무쪼록.¶ ▼切 ‖ 되 ᄉᆞ람니 모히할가 ᄒᆞ여 항상 좌우을 겡계ᄒᆞ되 ᄂᆡ 몽중의 살닌ᄒᆞ기을 조와ᄒᆞ니 ᄂᆡ 잠들 ᄯᅢ예 부ᄃᆡ 갓가니 말나 (操恐人暗中謀害己身, 常分付左右: "吾夢中好殺人, 凡吾睡著, 汝等切勿近前.") <삼국-모종 12:45>

【부라-】 동 부르다.¶ ▼呼 ‖ 젹병니 ᄂᆡ경을 ᄊᆞ기를 급히 ᄒᆞ니 시신니 천ᄌᆞ롤 쳥ᄒᆞ냐 션평문의 올나 ᄂᆞᆫ을 긋치

시라 ᄒᆞ니 이곽 등니 황기를 바라고 군ᄉᆞ을 머무라고 만세를 부라거날 헌뎨 누를 비겨 문왈 (賊兵圍繞內庭至急, 侍臣請天子上宣平門止亂, 李傕等望見黃蓋, 約住軍士, 口呼萬歲, 獻帝倚樓問曰.) <삼국-모종 2:35>

【부란-ᄒᆞ-】 형 불안(不安)하다.¶ ▼不安 ‖ 저점쩌 아희 병으로 구원치 못ᄒᆞ여 마음의 부란ᄒᆞ여 ᄒᆞ더니 이제 다ᄒᆡᆼ이 서로 보니 평ᄉᆡᆼ 말을 ᄉᆡᆼ각ᄒᆞ여 위로ᄒᆞ노라 (昨爲小兒抱病, 有失救援, 於心怏怏不安, 今幸得相見, 大慰平生渴想之思.) <삼국-모종 4:49> 상이 마지 못ᄒᆞ여 방긔로 인ᄉᆞᆫ을 ᄊᆞ고 곽도로 ᄒᆞᆫ가지 담의 군즁의 가니 담이 병 업난지라 방긔 부란ᄒᆞ여 인ᄉᆞᆫ을 드리니 담이 ᄃᆡ로ᄒᆞ여 방긔를 버히고저 ᄒᆞ니 (尙卽命逢紀齎印綬, 同郭圖赴袁譚軍中, 紀隨圖至譚軍, 見譚無病, 心中不安, 獻上印綬, 譚大怒, 欲斬逢紀.) <삼국-모종 5:78>

【부러】 부 일부러. 실없이 거짓으로. 짐짓.¶ ▼故 ‖ 내 비록 ᄂᆞ즌 벼ᄉᆞᆯ의 이시나 승샹이 젼량의 듕ᄒᆞᆫ 거ᄉᆞᆯ 긋재 맛뎌 겨시니 조만의 승샹의 ᄀᆞᄅᆞ치시믈 만히 닙으니 극히 ᄉᆡ훤ᄒᆞᆫ 일이 만흔디라 부러 이 벼ᄉᆞᆯ의 잇노라 (某雖居下僚, 丞相委以軍政錢糧之重, 早晚多蒙丞相敎誨, 極有開發, 故就此職耳.) <삼국-가정 19:83>

【부러-디-】 형 튀어나오다.¶ ▼突 ‖ 그 사ᄅᆞᆷ의 ᄂᆞᆺ치 둥그러ᄒᆞ고 눈이 부러디고 신댱이 팔쳑이라 (其人生得面圓睛突, 身長八尺, 見爲八部首將.) <삼국-가정 18:109> ▼钁 ‖ 별가 벼ᄉᆞᆯ을 ᄒᆞ아시니 셩은 댱이오 명은 숑이오 ᄌᆞᄂᆞᆫ 영년이니 그 사ᄅᆞᆷ이 니매 부러디고 머리 ᄲᆡ고 코 추혀들고 니 드러나고 킈 대 자히 못ᄒᆞ되 말소ᄅᆡ 큰 쇠북 소ᄅᆡ ᄀᆞᆺ더라 (其人生得額钁頭尖, 鼻偃齒露, 身短不滿五尺, 言語有若銅鐘.) <삼국-규장 13:86>

【부러-ᄠᅳᆫ-】 동 부러뜨리다.¶ ▼曲 ‖ 수플을 의지ᄒᆞ며 뫼흘 겻져 젼후를 ᄇᆞ라보고 츌입의 문이 잇고 진퇴예 곡졀이 이시니 비록 네 손·외 직ᄉᆡᆼᄒᆞ고 양졔 다시 올디라도 이예셔 디나디 못ᄒᆞ리니 이제 통이 부러ᄠᅳ더 내야 됴흐니 구ᄌᆞ니 ᄒᆞ면 통의 진짓 ᄆᆞ음이 아니니이다 (傍山依林, 前後顧盼, 出入有門, 進退曲折, 雖古之孫、吳再生, 穰苴復出, 亦不過于此矣. 非統曲爲褒獎, 乃眞心也.) <삼국-가정 15:118>

【부러-터리-】 동 부러뜨리다.¶ ▼吹折 ‖ 조ᄎᆡ 소픽로 가더니 호련이 광풍이 ᄂᆞ러나 일면 아긔를 부러터려 ᄡᅥ거지니 조ᄎᆡ 모ᄉᆞ로 길흉을 무른ᄃᆡ (曹操引軍往小沛來, 正行間, 狂風驟至, 忽聽一聲響亮, 將一面牙旗吹折, 操便令軍兵且住, 聚衆謀士問吉凶.) <삼국-모종 4:47>

【부럿ᄯᅳ-】 동 부릅뜨다. 무섭고 사납게 눈을 크게 뜨다.¶ ▼圓睜 ‖ 관공이 장비 오ᄂᆞᆫ 걸 보고 ᄃᆡ희ᄒᆞ여 칼을 주창을 쥬며 말을 달여 와 맛즈니 장비 고리눈을 부럿ᄡᅥ고 범의 수염을 거ᄉᆞ리고 우ᄅᆡ 갓ᄒᆞᆫ 쇼ᄅᆡᄒᆞ고 창을 드러 관공을 지르고저 ᄒᆞ거날 (關公望見張飛到來, 喜不自勝, 付刀與周倉接了, 拍馬來迎, 只見張飛圓睜環眼, 倒豎虎鬚, 吼聲如雷, 揮矛向關公便搠.) <삼국-모종 5:24>

【부럿-ᄯᅳ-】 동 부릅뜨다. 무섭고 사납게 눈을 크게 뜨다.¶ ▼圓睜 ‖ 관공이 ᄲᅧᆯ처 말게 올나 청용도를 빗거 들고 산ᄒᆞ의 나려서 봉의 눈을 부럿ᄯᅳ고 와 잠미를 거ᄉᆞ리고 바로 전진의 츙돌ᄒᆞ니 (關公奮然上馬, 倒提靑龍刀, 跑下山來, 鳳目圓睜, 蠶眉直豎, 直衝彼陣.) <삼국-모종 4:65>

【부로】 명 ((인류)) 부로(父老). 한 동네에서 나이가 많은 남자 어른을 높여 이르는 말.¶ ▼父老 ‖ 도독[웃듬장쉬라]은 ᄆᆞ음이 믄허디며 담이 ᄢᅵ여디고 쟝군[모ᄃᆞᆫ 장쉬라]은 쥐 숨으며 ᄉᆡ랑이 ᄃᆞ라남 ᄀᆞᄐᆞ니 관듕의 부로를 볼 ᄂᆞ치 업ᄉᆞᆫ디라 엇디 샹부의 묘당의 도라가리오 (都督心崩而膽裂, 將軍鼠竄而狼忙, 無顏見關中之父老, 何面歸相府之廟堂!) <삼국-가정 33:26>

【부롭-ᄯᅳ-】 동 부릅뜨다. 무섭고 사납게 눈을 크게 뜨다.¶ ▼圓睜 ‖ 다만 장비 호슈를 거ᄉᆞ리고 고ᄅᆡ눈을 부롭ᄯᅳ고 ᄉᆞᆫ의 사모창을 빗기고 말을 다리 우희 세오고 (只見張飛倒豎虎鬚, 圓睜環眼, 手綽蛇矛, 立馬橋上.) <삼국-국중 8:120>

【부루-디디-】 동 부르짖다.¶ ▼號 ‖ 귀를 고다마 시니 부루디디고 하ᄂᆞᆯ이 놀ᄂᆡ고 아올나 ᄯᅡ이 실퍼ᄒᆞ더라 샹산 됴ᄌᆞ룡이 일신니 도모디 담일에라 (鬼哭與神號, 天驚幷地慘. 常山趙子龍, 一身都是膽!) <삼국-국중 12:134>

【부르-지지-】 동 부르짖다. 큰 기쁨이나 슬픔, 고통 따위의 격한 감정을 억누르지 못하여 소리 높여 크게 떠들다.¶ ▼叫喚 ‖ ᄉᆞᆫ건으로 더부러 칼을 들고 나가 보니 관상의 ᄋᆞᄃᆞᆯ은 ᄲᅡ희 것구러져 부르지〻고 죵ᄌᆞ들은 장ᄀᆡᆨ으로 더부러 닷토난지라 (乃與孫乾提劍往視之. 只見郭常之子倒在地上叫喚, 從人正與莊客廝打.) <삼국-국중 6:84>

【부릅-ᄯᅳ-】 동 부릅뜨다. 무섭고 사납게 눈을 크게 뜨다.¶ ▼睜 ‖ 댱비 골희눈을 부릅ᄯᅳ고 댱팔모를 빗겨 들고 나니 손을 드ᄂᆞᆫ 고ᄃᆡ 등무의 념통을 딜러 믈게 ᄡᅥ러디다 (張飛睜環眼, 挺丈八矛, 手起處, 刺中心窩, 鄧茂翻身落馬.) <삼국-규장 1:22> 관공이 분연니 말게 올나 청뇽도를 빗기고 토산의 나려 봉목을 부릅ᄯᅳ고 와잠비를 거ᄉᆞ리고 바로 젹진을 츙ᄉᆞᆯᄒᆞ니 (關公奮然上馬, 倒提靑龍刀, 跑下山來, 鳳目圓睜, 蠶眉直豎, 直衝彼陣.) <삼국-국중 6:27>

【부릇-ᄯᅡ-】 동 부릅뜨다. 무섭고 사납게 눈을 크게 뜨다.¶ ▼張 ‖ 당야에 이젹이 보니 그 두발이 것츨ᄒᆞ고 눈을 부릇ᄯᅧᆫᄂᆞᆫ지라 이젹이 불감하수ᄒᆞ고 들으니 코 고ᄂᆞᆫ 쇼ᄅᆡ 우레 갓ᄐᆞᆫ지라 (當夜寢於帳中, 二賊見他鬚豎目張, 本不敢動手, 汏聞鼻息如雷.) <삼국-모종 13:58>

【부릇-ᄯᅳ-】 동 부릅뜨다. 무섭고 사납게 눈을 크게 뜨다.¶ ▼睜開 ‖ 조ᄎᆡ 말을 노아 천ᄌᆞ의 압흘 막아 마ᄌᆞ 바드니 뭇 ᄉᆞᄅᆞᆷ이 다 살ᄉᆡᆨᄒᆞ고 운장은 ᄃᆡ로ᄒᆞ여 와잠미를 거ᄉᆞ리고 단봉눈을 부릇ᄯᅳ고 칼을 ᄲᆡ어 나와 조〻를 버이고저 ᄒᆞ니 (曹操縱馬直出, 遮於天子之前以迎受

之, 群皆生色, 玄德背後雲長大怒, 剔起臥蠶眉, 睜開丹鳳眼, 提刀拍馬便, 出要斬曹操.) <삼국-모종 3:86>

【부ᄅᆞ지-】 동 부러지다. 단단한 물체가 꺾여서 둘로 겹쳐지거나 동강이 나다.¶ ▼折 ‖ 공ᆢ씨겨 니ᄅᆞ러 ᄊᆞ홈ᄒᆞ다가 ᄑᆡᄒᆞ냐 머리가 부쥬산의 다혀려 하날 기동니 부ᄅᆞ지고 별이 ᄌᆞ라져 ᄒᆞ날니 이 임의 서북으로 기우러지고 ᄯᅡ희 동남으로 ᄲᅢᆺ졋다 ᄒᆞ니 (至共工氏戰敗, 頭觸不周山, 天柱折, 地維缺, 天傾西北, 地陷東南.) <삼국-모종 14:53>

【부마】 명 ((인류)) 부마(駙馬). 임금의 사위.¶ ▼위쥬 조예 부마 하후무로 ᄒᆞ여곰 관듕 졔로 군마ᄅᆞᆯ 거ᄂᆞ려 영덕ᄒᆞᆫ다 (魏主曹睿遣駙馬夏侯楙, 調關中諸路軍馬, 前來拒敵.) <삼국-가정 30:2>

【부븨-】 동 비비다.¶ ▼摩擦 ‖ 듕장이 쳥영ᄒᆞ고 다 팔을 것고 숀을 부븨여 시쇄ᄒᆞ물 기다리더라 (衆兵將得令, 一個個磨拳擦掌, 準備廝殺.) <삼국-모종 8:45>

【부ᄭᅳ럽-】 형 부끄럽다. 일을 잘 못하거나 양심에 거리끼어 볼 낯이 없거나 매우 떳떳하지 못하다.¶ ▼羞 ‖ 권이 우ᄉᆞ 왈 이 말이 엇지 부ᄭᅳ럽지 아니리요 쳔하의 뉘가 네 협쳔ᄌᆞ 영제후ᄒᆞᄂᆞᆫ 줄 모로리요 (孫權笑曰: "此言豈不羞乎? 天下豈不知你挾天子、令諸侯?") <삼국-모종 10:95>

【부억】 명 ((주거)) 부엌. 일정한 시설을 갖추어 놓고 음식을 만들고 설거지를 하는 등 식사에 관련된 일을 하는 곳.¶ ▼廚 ‖ 현덕이 표[포]식ᄒᆞ고 ᄉᆞ기예 장ᄎᆞᆺ 후원의 가 말을 취ᄒᆞ다가 호련이 보니 부억의 ᄒᆞᆫ 부인이 죽고 팔독 고기ᄂᆞᆫ 다 버혀 간ᄂᆞᆫ지라 (玄德不疑, 乃飽食了一頓, 天晚就宿, 至曉將去, 往後院取馬, 忽見一婦人殺於廚下, 臂上肉已都割去.) <삼국-모종 3:69>

【부역-ᄒᆞ-】 동 부역(赴役)하다. 병역이나 부역(賦役)을 치르러 나가다.¶ ▼赴役 ‖ 쥬공의 별영이 대궐 남녁히 잇고 농장이 낙양셩 밧긔 이시니 만일 ᄒᆞᆫ 번 브ᄅᆞ면 즉시 와 부역ᄒᆞ리니 (主公別營, 近在闕南, 洛陽典農, 治在城外, 若一呼之, 卽來赴役.) <삼국-가정 35:99>

【부월】 명 ((기물)) 부월(斧鉞, 鈇鉞). 작은 도끼와 큰 도끼. 출정하는 대장에게 통솔권의 상징으로 임금이 손수 주던 작은 도끼와 큰 도끼.¶ ▼鈇鉞 ‖ 칠왈 부월[부월은 도치 ᄀᆞᆺ튼 거시라]이니 부월 각 ᄒᆞ나흘 위의예 셰오미라 (七, 鈇鉞. 鈇, 音甫. 鈇鉞各一. 鈇, 卽斧也. 鉞, 斧屬.) <삼국-가정 20:29>

【부인】[1] 명 ((인류)) 부인(夫人). 남의 아내를 높여 이르는 말.¶ ▼夫人 ‖ 쥬랑의 묘계야 묘계야 부인도 일코 허다 인마도 다 죽고 현덕도 ᄃᆞ라나거다 (周郎妙計高天下, 賠了夫人又折兵!) <삼국-가정 18:17>

【부인】[2] 명 ((인류)) 부인(婦人). 결혼한 여자.¶ ▼婦人 ‖ 하ᄂᆞᆯ 한나라히 은근ᄒᆞ믈 마디 아니ᄒᆞᄂᆞᆫ 고로 여러번 지변을 내여 ᄡᅧ ᄎᆡᆨᄒᆞ시ᄂᆞᆫ ᄠᅳ들 뵈여 인군으로 ᄒᆞ야곰 감동ᄒᆞ야 ᄭᆡᄃᆞ라 위ᄐᆡᄒᆞᆫ ᄃᆡ를 면ᄒᆞ야 편안ᄒᆞᆫᄃᆡ 가나쳐ᄒᆞ시ᄂᆞᆫ 일이니 아 무지게 나고 암ᄃᆞᆰ이 수 되ᄂᆞᆫ 일이다 부인이 졍ᄉᆞ를 간예ᄒᆞᆫ 타시니이다 (天于大漢, 慇懃不已, 故屢出妖變, 以當譴責, 欲令人君感悟, 改爲卽安. 今蜺墮鷄化, 皆婦人干政之所致也.) <삼국-가정 1:8>

【부작】 명 ((민속)) 부작(符作). 부적(符籍)의 변한 말. 부적(符籍)은 잡귀를 쫓고 재앙을 물리치기 위하여 붉은 색으로 글씨를 쓰거나 그림을 그려 몸에 지니거나 집에 붙이는 종이.¶ ▼符水 ‖ 동방의 우거ᄒᆞ고 오회예 왕ᄂᆡᄒᆞ며 약과 부작을 쥬어 사ᄅᆞᆷ의 병을 구완ᄒᆞ미 영험ᄒᆞ옵기로 셰상이 다 신션으로 ᄃᆡ졉ᄒᆞ니 가히 경이 못ᄒᆞ리이다 (寓居東方, 往來吳會. 普施符水, 救人萬病, 無有不驗. 當世呼爲神仙, 未可輕瀆.) <삼국-국중 6:114> ▼능히 병인의 ᄉᆞᄉᆡᆼ을 알고 부작으로ᄡᅥ 병을 낫게 ᄒᆞ고 복을 비러 (如有病者, 卽設壇使病人居於靜室之中, 自思已過, 當面陳首, 然後爲之祈禱.) <삼국-국중 11:31>

【부절-업시】 부 부질없이.¶ ▼枉 ‖ 강포ᄒᆞ여 부절읍시 젼국시를 ᄌᆞ랑ᄒᆞ고 교ᄉᆞᄒᆞ미 망녕도이 쳔상을 응ᄒᆞᆫᄃᆞ 말ᄒᆞᄂᆞᆫ도다 (强暴枉誇傳國璽, 驕奢妄說應天祥.) <삼국-국중 5:50>

【부질언-ᄒᆞ-】 형 부지런하다. 몸을 움직이거나 일하는 품이 꾸준하고 열성이 있다.¶ ▼勤 ‖ 되 왈 왕필은 ᄂᆡ 가시ᄂᆞᆯ 헤치고 가난을 지ᄂᆡᆯ ᄯᆡ예 서로 ᄯᅡ른 ᄉᆞ람니ᆢ 츙성 닛고 부질언ᄒᆞ고 마암니 금석 갓타니 특히 서로 당ᄒᆞ리라 (操曰: "王必是孤披荊棘歷艱難時相隨之人, 忠而且勤, 心如鐵石, 最足相當.") <삼국-모종 11:92>

【부ᄌᆞᆯ-업시】 부 부질없이. 헛되이. 보람없이.¶ ▼空 ‖ ᄃᆡ세 가미여 부ᄌᆞᆯ업시 눈물만 흐르난도다 (大勢去兮空淚潸.) <삼국-국중 1:87> ▼枉自 ‖ 간웅이 ᄯᅩ한 서로 용셔치 아니ᄒᆞ니 부ᄌᆞᆯ업시 도모ᄒᆞ여 쇼인을 지엇도다 (奸雄亦不相容恕, 枉自圖謀作小人.) <삼국-국중 10:139>

【부ᄌᆡ-ᄒᆞ-】 동 부재(不在)하다.¶ ▼不在 ‖ 딤이 비록 부ᄌᆡᄒᆞ나 ᄯᅩᄒᆞᆫ 과악이 업ᄉᆞᆫ디라 엇디 ᄎᆞ마 조종 대업을 힘드렁이 ᄇᆞ리리오 너히 ᄇᆡᆨ관들히 다시 공번된 의논을 ᄒᆞ라 (朕雖不才, 又無過惡, 安忍將祖宗大業等閑棄了? 汝百官再從公計議.) <삼국-규장 18:47>

【부출】 명 붙임.¶ ▼셰작이 이 ᄠᅳᆺ을 동관의 가 보ᄒᆞᆫ대 마최 ᄯᅩ 이만 ᄉᆡᆼ녁병[새 부출의 군ᄉᆡ라]을 더ᄒᆞ여 싸호니 이ᄂᆞᆫ 강호 부락 오랑캐러라 (潼關馬超又添二萬生力兵, 乃是羌胡部落前來助戰.) <삼국-가정 19:8>

【부치-】 동 나부끼다.¶ ▼動轉 ‖ 삼경은 ᄒᆞ야 믄득 드르니 바람 쇼ᄅᆡ 나며 깃발이 부치거ᄂᆞᆯ (漸漸近三更時分, 忽聽得風聲響, 旗幡動轉.) <삼국-가정 16:36> ▼颭 ‖ 위딘 문긔 부치ᄂᆞᆫ 고대 셔황이 ᄆᆞᆯ을 내니 뒤히 ᄂᆞᆯ란 쟝슈 열히 기러긔 ᄂᆞᆯ개 편 ᄃᆞ시 셧더라 (魏營門旗颭處, 徐晃出馬, 背後十員驍將, 雁翅擺在兩邊.) <삼국-가정 25:14>

【부치이-】 동 나부끼다.¶ ▼颭 ‖ 홀연 산곡 슈목 무셩ᄒᆞᆫ 곳즐 ᄇᆞ라보니 은ᆢ이 결칙ᄒᆞ엿ᄂᆞᆫᄃᆡ 정긔 바람의 부치이ᄂᆞᆫ지라 (卻使人遠望, 果見樹陰之中, 旌旗招颭.) <삼국-국중 15:18>

【부출-ᄒᆞ-】 동 부찰(俯察)하다. 굽어 살피다.¶ ▼俯察 ‖ 이

제 천샹을 우러ᆢ보고 민심을 부츌ᄒᆞ니 념한 쉬 ᄃᆞᄒᆞ고 됴씨의 운니 셩ᄒᆞ니 이ᄂᆞᆫ 션왕이 임의 신무ᄒᆞᆫ 공젹을 심으고 금왕이 ᄯᅩ 광위명덕ᄒᆞ야 ᄀᆞ히 녁슈를 응ᄒᆞᆯ디라 (然今仰瞻天象, 俯察民心, 炎精之數既終, 行運在乎曹氏. 是以前王既樹神武之蹟, 今王又光耀明德, 以應其期. 曆數昭明, 信可知矣.) <삼국-국중 13:131>

【부탕-도화】 명 부탕도화(赴湯蹈火). 끓는 물이나 뜨거운 불도 가리지 않고 밟고 간다는 뜻으로, 아주 어렵고 힘겨운 곤욕이나 수난을 겪음을 이르는 말.¶ ▼赴湯蹈火 ‖ 군신이 각각 뎡ᄒᆞᆫ 분이 이시니 죽으므로ᄡᅥ 딕희ᄂᆞᆫ디라 명ᄒᆞᄂᆞᆫ 배 이시면 비록 부탕도화ᄅᆞᆯ ᄒᆞᆯ디라도 ᄉᆞ양티 아니ᄒᆞᄂᆞ니 (夫君臣各有定分, 以死守之, 有所命, 雖赴湯蹈火, 死無辭也.) <삼국-가정 8:60>

【부평초】 명 ((식물)) 부평초(浮萍草). 개구리밥. 또는 물 위에 떠 있는 풀이라는 뜻으로 정처 없이 떠돌아다니는 신세를 이르는 말.¶ ▼萍水 ‖ 오래 승샹의 대은을 감격ᄒᆞ니 져근 슈고로ᄡᅥ 죡히 갑프리오 타일의 부평초ᄀᆞ티 만나면 각별이 갑프리이다 (某久感丞相大恩, 微勞不足補報; 異日萍水相逢, 別當酬之.) <삼국-가정 9:85>

【북】 명 ((악기)) 북. 타악기의 하나. 나무나 쇠붙이 따위로 만든 둥근 통의 양쪽 마구리에 가죽을 팽팽하게 씌우고, 채로 가죽 부분을 쳐서 소리를 낸다.¶ ▼噪 ‖ 이튼날 현덕과 추정이 군ᄉᆞᄅᆞᆯ 거ᄂᆞ려 북 티고 ᄡᅡ홀ᄉᆡ 도적이 크게 함셩ᄒᆞ고 나아드니 밀믈결이 봄노솟ᄃᆞᆺ ᄒᆞ더라 (次日, 玄德與鄒靖, 引軍鼓噪而進. 賊衆大喊, 如潮湧到.) <삼국-가정 1:35>

【북-소ᄅᆡ】 명 북소리.¶ ▼鼓 ‖ 초경은 ᄒᆞ여 삼십여 리ᄂᆞᆫ 가니 뫼 움속ᄒᆞᆫ ᄃᆡ셔 블과 북소ᄅᆡ 진동ᄒᆞ고 ᄒᆞᆫ 군ᄉᆡ ᄂᆡ다ᄅᆞ니 (只見山凹處, 火鼓齊鳴, 喊聲大震, 一彪軍出.) <삼국-규장 17:96>

【북역ㅎ】 명 ((지리)) 북녘. 북쪽.¶ ▼北 ‖ 신니 ᄯᅩ 관흥 쟝포 등을 머물워 각쳐 구응을 ᄒᆞ라 ᄒᆞ여시니 신니 먼져가 남방을 평졍ᄒᆞᆫ 후의 북역흐로 쳐 즁원을 도모ᄒᆞ리니다 (臣又留關興、張苞等分兩軍爲救應, 保陛下萬無一失, 今臣先去掃蕩蠻方, 然後北伐, 以圖中原.) <삼국-모종 14:65>

【북-ᄌᆞᆨ】 명 ((지리)) 북쪽(北-).¶ ▼北 ‖ 북ᄌᆞᆨ을 가ᄅᆞ쳐 ᄀᆞᆯ오ᄃᆡ 제갈냥니 비록 지혜 이시나 써 ᄉᆞ천 물을 시설ᄒᆞ기 어려올 거시니 족히 써 ᄑᆡ병의 한을 갑흐리라 (又望北指曰: "任諸葛亮神機妙算, 難以施設, 四泉之水, 足以報敗兵之恨也!") <삼국-모종 14:108>

【분】[1] 명의 분(分). 몫. 할(割). 전체를 몇 몫으로 나눈 중의 한 몫. 또는 몫을 세는 단위.¶ ▼停 ‖ 조의 나믄 군ᄉᆡ 삼분으로셔 일반은 ᄠᅥ러져 오지 못ᄒᆞ고 일 분은 굴헝의 업더져 메오고 일 분은 조조를 밋쳐 가더라 (華容道上三停人馬, 一停落後, 一停塡了溝壑, 一停跟隨曹操.) <삼국-가정 16:71>

【분】[2] 명의 (용언 밑에 쓰여) '다만 어떠하거나 어찌할 따름'이라는 뜻을 나타내는 말. 뿐. 만.¶ ▼만일 산벽 쇼로ᄅᆞᆯ 막아 티면 ᄒᆞᆫ갓 오쳔 인매 샹ᄒᆞᆯ 분 아니라 우리 예긔ᄅᆞᆯ 크게 것거 ᄇᆞ리리니 결단코 이 계규ᄅᆞᆯ 쓰디 못ᄒᆞ리라 (倘有人進言, 于山僻中以軍截之, 非令五千人受害, 亦大傷其銳氣也. 決不可用之.) <삼국-가정 30:3>

【분-갈】 명 분가루(粉-).¶ ▼粉 ‖ 이제 다행이 여긔 서로 만나시니 네 가히 힘을 ᄡᅥᆯ쳐 압흐로 가 ᄉᆞᄅᆞᆷ과 말을 연ᄒᆞ냐 ᄶᅵᆨ어 분갈을 ᄆᆡᆫ들아 (今幸得這裏相遇, 汝等奮力前去, 連人帶車砍爲粉碎!) <삼국-모종 14:104>

【분궤-ᄒᆞ-】 동 분궤(奔潰)하다. 싸움에 져서 흩어져 달아나다.¶ ▼奔潰 ‖ 홀연 동남으로붓터 함셩 ᄃᆡ진ᄒᆞ여 한 장쉬 말을 노화 살ᄂᆡᄒᆞ거ᄂᆞᆯ 젹즁이 분궤ᄒᆞᄂᆞᆫ디라 (忽然東南上喊聲大震, 一將引軍縱馬殺來. 賊衆奔潰.) <삼국-국중 3:10>

【분녁-ᄒᆞ-】 동 분력(奮力)하다. 힘을 떨쳐 일으키다.¶ ▼奮力 ‖ 다시 몸을 두루혀 드러가 구ᄒᆞ여 ᄂᆡ고 졍히 장흠이 길 막ᄂᆞᆫ 거살 만나 조인이 우금으로 더부러 분녁ᄒᆞ여 충살ᄒᆞ고 (遂復翻身殺入, 救出重圍, 正遇蔣欽攔路, 曹仁與牛金奮力衝散.) <삼국-모종 8:73>

【분야】 명 분야(分野). 열두 별자리의 위치와 지상의 고을이나 나라의 위치를 대응시키는 것을 말함. ※ 하늘의 별을 가르는 것을 '分星'이라 하고 지상의 고을이나 나라를 가르는 것을 '分野'라 하는데, 옛사람들은 천문의 변화로 고을이나 나라의 길흉을 점쳤다.¶ ▼分 ‖ 요ᄉᆞ이 샹풍과 경운이 잇고 셩도 셔북 모희 누른 긔운이 이셔 공둥의 다핫고 뎨셩이 측 분야의 ᄇᆞᆯ가시니 이ᄂᆞᆫ 한듕왕이 뎨위예 올라 한통을 니을 샹셰오 이제 ᄯᅩ 옥식를 어더시니 하ᄂᆞᆯ히 주심이라 엇디 의심ᄒᆞ리오 (近有祥風慶雲, 從空中旋下; 成都西北角有黃氣數十丈, 衝霄而起; 帝星見于畢、胃、昴之分, 煌煌如月, 此所應漢中王當卽帝位, 以繼漢統.) <삼국-가정 26:50> ▼分野 ‖ 내 밤의 텬문을 보니 장셩이 ᄒᆞ마 ᄯᅥ러디게 되야시니 분야로 혜아리건대 일뎡 손견의게 응ᄒᆞᆯ러이다 (某夜仰觀, 見一將星欲墜地. 以分野度之, 必應孫堅也.) <삼국-가정 3:44>

【분쟝】 명 ((건축)) 분장(粉墻). 갖가지 색깔로 화려하게 꾸민 담.¶ ▼粉墻 ‖ 무ᄉᆡ 먹을 므텨 분쟝 우희 룡 ᄒᆞᄂᆞ흘 그리고 사ᄆᆡ로 ᄒᆞᆫ 번 ᄡᅳ리티더니 룡의 ᄇᆡ 절노 열니거ᄂᆞᆯ (取墨筆于粉墻上面一條龍, 以袍袖一拂, 龍腹自開.) <삼국-가정 22:73>

【분좌-ᄒᆞ-】 동 분좌(分坐)하다. 나누어 앉다.¶ ▼分坐 ‖ 관녕이 그 위인을 낫비 여겨 드ᆢ여 ᄌᆞ리를 버혀 분좌ᄒᆞ더라 (寧自此鄙歆之爲人, 遂割席分坐.) <삼국-국중 12:21>

【분토】 명 분토(糞土). 썩은 흙. 똥을 섞은 흙.¶ ▼糞土 ‖ 위연이 원언을 내여 승샹이 저 보기ᄅᆞᆯ 분토ᄀᆞ티 ᄒᆞ야 샹해 업슈이 너기더니 짐즛 위슈의 ᄉᆡᆨ살ᄒᆞ라 ᄒᆞ야 이 패ᄒᆞ믈 닐위다 ᄒᆞ더이다 (魏延口出怨言, 說丞相看他如糞土, 時常有欺瞞, 故令渭水厮殺, 因此心怨, 方有此失.) <삼국-가정 33:114>

【분한-ᄒᆞ-】 형 분한(忿恨, 憤恨)하다.¶ ▼憤恨 ‖ 황시랑이 금일의 군경을 상의ᄒᆞ고 도라오므로 심히 분한ᄒᆞ여 ᄒᆞ니 누를 위ᄒᆞ민지 아지 못ᄒᆞ리로다 (黃侍郎今日商議軍情回, 意甚憤恨, 不知爲誰?) <삼국-국중 10:135> 그 첩 니츈향이 규의 쳐제 묘틱으로 사통ᄒᆞ여 틱이 츈향을 엇고져 ᄒᆞ되 경히 계교 업더니 첩이 황규의 분한ᄒᆞ믈 보고 틱을 ᄃᆡᄒᆞ여 왈 (不料其妾李春香, 與奎妻弟苗澤私通. 澤欲得春香, 正無計可施. 妾見黃奎憤恨, 遂對澤曰.) <삼국-국중 10:135>

【불】 명 물질이 산소와 화합하여 높은 온도로 빛과 열을 내면서 타는 것.¶ ▼火 ‖ 종유의 아ᄋᆞ 종진이 셔문을 직히다가 ᄉᆞᆷ경이 갓가와 셩문 속으로 ᄒᆞᆫ 불이 니ᄅᆞᄂᆞ거ᄂᆞᆯ (鍾繇弟鍾進, 守把西門, 約近三更, 城門裡一把火起.) <삼국-모종 10:7>

【불그럼】 명 횃불.¶ ▼火把 ‖ 다만 보니 양변 산 우희 불그럼이 어즈러이 ᄂᆞ려지니 불그럼 니ᄅᆞᄂᆞᆫ 고ᄃᆡ 또 가온ᄃᆡ 약실의 다 븟터 ᄯᅡ의 쳘표가 나라 니려나니 (只見山上兩邊亂丢火把, 火把到處, 地中藥線皆着, 就地飛起鐵砲) <삼국-모종 15:20>

【불닌-ᄒᆞ-】 형 불인(不仁)하다. 몸이 한 부분이 마비되어 움직이기 거북하다.¶ ▼不用 ‖ 틱 창처를 보ᄌᆞ ᄒᆞ거ᄂᆞᆯ 공니 팔을 폐여 보니니 틱 왈 니난 살에 상ᄒᆞᆫ 비라 일직 치료 안니면 팔리 불닌ᄒᆞ리라 (佗請臂視之, 公袒下衣袍, 伸臂令佗看視, 佗曰: "此乃弩箭所傷, 其中有烏頭之藥, 直透入骨, 若不早治, 此臂無用矣.") <삼국-모종 12:77>

【불란-ᄒᆞ-】 형 불안하다.¶ ▼煩亂 ‖ 원소 긔쥬의 도라와 심신이 불란ᄒᆞ여 정ᄉᆞ를 못 다ᄉᆞ리니 그쳐 유씨 후ᄉᆞ 세우기를 권ᄒᆞ니 (袁紹回冀州, 心煩意亂, 不理政事, 其妻劉氏勸立後嗣.) <삼국-모종 5:64>

【불릅-ᄠᅳ-】 동 부릅뜨다. 무섭고 사납게 눈을 크게 뜨다.¶ ▼睜 ‖ 겻트로셔 ᄒᆞᆫ 장슈 골희눈을 불릅ᄠᅳ고 범의 나로ᄉᆞᆯ 거ᄉᆞ리고 당팔ᄉᆞ모로 빗기고 ᄆᆞᆯ을 ᄃᆞᆯ려 크게 소ᄅᆡ딜너 웨되 (傍邊一將, 圓睜環眼, 倒竪虎鬚, 挺丈八蛇矛, 飛馬大叫.) <삼국-규장 2:87>

【불분승부】 명 불분승부(不分勝負). 승패를 가리지 못함.¶ ▼不分勝負 ‖ 기령이 ᄃᆡ로ᄒᆞ여 칼을 두루혀 와 현덕을 취ᄒᆞ니 관공니 ᄃᆡ갈 왈 필뷔 강ᄒᆞ물 ᄌᆞ랑치 말나 ᄒᆞ고 긔령으로 더부러 ᄃᆡ젼 ᄉᆞᆷ십여 합의 불분승뷔라 (紀靈大怒, 拍馬舞刀, 直取玄德, 關公大喝曰: '匹夫休得逞强!' 出馬與紀靈大戰, 一連三十合, 不分勝負.) <삼국-모종 2:128>

【불-살으-】 동 불사르다.¶ ▼燒除 ‖ 이졔 ᄉᆞᄅᆞᆷ을 보ᄂᆡ여 쥐군의 창늠을 다 불살으고 셩을 긴이 닷고 ᄊᆞ호디 말면 불과 ᄇᆡᆨ일의 ᄃᆡ병이 퇴쥬ᄒᆞᆯ 거시니 경병을 ᄂᆡ여 그 뒤를 츙돌ᄒᆞ면 유비를 가히 잡으리이다 (其倉廩野穀, 盡皆燒除, 深溝高壘, 靜以待之. 彼至請戰, 勿許. 久無所資, 不過百日, 彼兵自走. 我乘虛擊之, 備可擒也.) <삼국-국중 11:124>

【불어-지-】 동 부러지다. 단단한 물체가 꺾여서 둘로 겹쳐지거나 동강이 나다.¶ ▼折 ‖ 각〻 스〻로 ᄊᆞ호고 다만 조뮈 손견을 ᄯᅡ라 달을 ᄉᆡ 견이 연ᄒᆞ야 두 살을 노흐니 화웅이 다 피ᄒᆞᆫ지라 졔ᄉᆞᆷ젼을 노흘 ᄯᅴ 작화궁이 불어지거ᄂᆞᆯ 활을 바리고 다라날ᄉᆡ (堅取箭, 連放兩箭, 皆被華雄躲過. 再放第三箭時, 因用力太猛, 拽折了鵲畫弓, 只得棄弓縱馬而奔.) <삼국-모종 1:84>

【불워-ᄒᆞ-】 동 부러워하다. 남이 잘되는 것이나 좋은 것을 보고 자기도 그렇게 되고 되고 싶어하다.¶ ▼羨 ‖ 락슈가 ᄒᆞᆫ 오리 프루러시니 언덕 우희 ᄉᆞᄅᆞᆷ이 불워ᄒᆞ더라 (洛水一條靑, 陌上人稱羨.) <삼국-모종 1:61>

【불으-】 동 부르다.¶ ▼見招 ‖ 륜이 조당의 동탁을 보고 녀포 업ᄂᆞᆫ ᄯᅵ를 타 복지비쳥 왈 륜이 ᄐᆡᄉᆞ를 굽혀 초ᄉᆞ의 니르러 부연ᄒᆞ고져 ᄒᆞ니 균의 엇더ᄒᆞ뇨 탁 왈 ᄉᆞ되 불으니 곳 츄부ᄒᆞ리라 (允在朝堂, 見了董卓, 趁呂布不在側, 伏地拜請曰: "允欲屈太師車騎, 到草舍赴宴, 未審鈞意若何?" 卓曰: "司徒見招, 卽當趨赴.") <삼국-모종 2:8> ▼喚 ‖ 이졔 노모 조〻의 간계에 속아 허창에 가슈금ᄒᆞ여 히코져 ᄒᆞ기로 노모 슈셔 보ᄂᆡ여 불으시니 셰 견마의 슈고ᄅᆞᆯ 본바다 ᄉᆞ군을 갑지 못ᄒᆞ고 (爭奈老母今被曹操奸計, 賺至許昌囚禁, 將欲加害, 老母手書來喚, 庶不容不去, 非不欲效犬馬之勞, 以報使君.) <삼국-모종 6:63>

【불으즐너-】 동 분지르다. 부러뜨리다.¶ ▼折 ‖ 션주 직시 관흥으로 포의게 절ᄒᆞ고 호형ᄒᆞ라 ᄒᆞ니 이인이 활살 불으즐너 기리 셔로 구완ᄒᆞᄌᆞ ᄆᆡᆼ셔ᄒᆞ니 (先主卽命興拜苞爲兄, 二人就帳前折箭爲誓, 永相救護.) <삼국-모종 13:64>

【불으지-】 동 부러지다. 단단한 물체가 꺾여서 둘로 겹쳐지거나 동강이 나다.¶ ▼折 ‖ 홀연 일진 ᄃᆡ풍니 이러나 ᄯᅳᆯ 압픠 솔이 불으지니 좌우 ᄃᆡ경ᄒᆞ난지라 (忽一陣大風, 自東北角上而起, 把庭前松樹吹折.) <삼국-모종 16:24>

【불이-】 동 부리다.¶ ▼使 ‖ 북히ᄐᆡ슈 공륭의 부댱 무안국이 쳘퇴을 불이ᄂᆞᆫ지라 비마ᄒᆞ여 나오거ᄂᆞᆯ 녀푀 챵을 드러 영젼ᄒᆞ야 십여 합의 니르러 ᄒᆞᆫ 챵의 안국의 손목을 ᄶᅵᆨ흐니 쳘퇴를 바리고 다라나거ᄂᆞᆯ (北海太守孔融部將武安國, 使鐵鎚飛馬而出, 呂布揮戟拍馬來迎, 戰到十餘合, 一戟砍斷安國手腕, 棄鎚於地而走) <삼국-모종 1:92> ▼用 ‖ 사ᄅᆞᆷ으로 ᄒᆞ여곰 그 어미ᄅᆞᆯ 쥭이고 그 아ᄃᆞᆯ을 불이미 불인이요 가지 못ᄒᆞ게 ᄒᆞ여 모ᄌᆞ의 도를 ᄭᅳᆫ케 ᄒᆞ미 불의니 ᄂᆡ 쥭어도 불인불의지사ᄂᆞᆫ ᄒᆞ지 아니리라 (使人殺其母, 而吾用其子, 不仁也, 留之不使去, 以絶其子母之道, 不義也, 吾寧死, 不爲不仁不義之事.) <삼국-모종 6:64>

【불이-】 형 붉다.¶ ▼赤 ‖ ᄉᆞ마의 박겨 쳔문을 본이 ᄒᆞᆫ ᄃᆡ셩이 불이은 볘치 광망이 ᄲᆞᆯ이 잇셔 동북방으로셔 서남방의 흘너 촉영외 ᄲᅥ러지매 (司馬懿夜觀天文, 見一大

星, 赤色, 光芒有角, 自東北方流於西南方, 墜於蜀營內.) <삼국-모종 17:36>

【불희】 명 ((식물)) 뿌리.¶ ▼根 ‖ 이 반ᄃᆞ시 동탁이라 녀포ᄅᆞᆯ ᄇᆞ리고 몬져 동탁을 잡아야 플을 버혀도 불희ᄅᆞᆯ 업시ᄒᆞ미라 (關上必是董卓! 追趕呂布, 有甚强處? 不如先拿董賊, 便是斬根除根!) <삼국-가정 2:89>

【불ᄒᆡ】 명 ((식물)) 뿌리.¶ ▼根 ‖ 본시 ᄒᆞᆫ 불ᄒᆡ예셔 낫거ᄂᆞᆯ 서ᄅᆞ 달히기ᄅᆞᆯ 엇디 이대도록 급히 ᄒᆞᄂᆞ뇨 (本是同根生, 相煎何太急?) <삼국-가정 25:118>

【붑】 명 ((악기)) 북. 붑> 북.¶ ▼鼓 ‖ 몸쇼 진을 인ᄒᆞ야 존ᄌᆞ 붑을 텨 빠호ᄂᆞᆫ 셰를 가ᄌᆞ기 ᄒᆞ니 나ᄉᆡ 분격ᄒᆞ야 용약ᄒᆞ미 ᄇᆡᄇᆡᄒᆞᆫ지라 (身跨馬一陣, 手擊急鼓, 以齊戰勢. 吏士奮激, 踊躍百倍.) <삼국-가정 10:17> 뇌 그 경상을 뭇고 마견의셔 참ᄒᆞ다 드ᄅᆞ니 셩 밧긔셔 증 붑 소ᄅᆡ와 함셩이 대진ᄒᆞ거ᄂᆞᆯ (只聽得城門外鳴鑼擊鼓, 喊聲大震.) <삼국-가정 17:70>

【붑-소ᄅᆡ】 명 북소리.¶ ▼鼓 ‖ 드ᄅᆞ니 셩 밧긔셔 증 붑소ᄅᆡ와 함셩이 대진ᄒᆞ거ᄂᆞᆯ (只聽得城門外鳴鑼擊鼓, 喊聲大震.) <삼국-가정 17:70>

【붓】 명 ((문방))((기물)) 글씨를 쓰거나 그림을 그리거나 칠을 할 때 쓰는 도구의 하나.¶ ▼筆 ‖ 간담의 말을 다 쓰니 붓과 죠희 모ᄌᆞ라ᄂᆞᆫ도다 (披肝瀝膽, 筆楮難窮.) <삼국-가정 9:71>

【붓거렵-】 형 부끄럽다. 일을 잘 못하거나 양심에 거리끼어 볼 낯이 없거나 매우 떳떳하지 못하다.¶ ▼羞 ‖ ᄎᆞ일의 ᄒᆡᆼᄒᆞ다가 방긔가 군ᄉᆞ를 ᄭᅳ어 와 인졉ᄒᆞ거ᄂᆞᆯ 쇠왈 ᄂᆡ가 전풍의 마를 듯지 아니코 이 지경의 이르니 ᄉᆞᄅᆞᆷ 보기 붓거렵도다 (次日, 上馬正行間, 逢紀引軍來接, 紹對逢紀曰: "吾不聽出豐之言, 致有此敗, 吾今歸去, 羞見此人.") <삼국-모종 5:63>

【붓그렵-】 형 부끄럽다. 일을 잘 못하거나 양심에 거리끼어 볼 낯이 없거나 매우 떳떳하지 못하다.¶ ▼羞赧 ‖ 내 널로 더브러 ᄒᆞᆫ ᄇᆡ예셔 난 형뎨로 각ᄀᆞ 그 님금을 셤기ᄂᆞᆫ디라 됴셕의 서ᄅᆞ 보디 못ᄒᆞ니 이 졔의게 비컨대 엇디 붓그렵디 아니ᄒᆞ리오 (我思與爾同胞共乳, 各事其主, 不能早晚相隨, 視夷、齊之位인, 豈不羞赧乎?) <삼국-가정 15:17>

【붓그렵-】 형 부끄럽다. 일을 잘 못하거나 양심에 거리끼어 볼 낯이 없거나 매우 떳떳하지 못하다.¶ ▼恥 ‖ 도로혀 현덕을 한지녁신이라 ᄒᆞ고 오아로 ᄒᆞ여곰 발근 걸 ᄇᆡ반ᄒᆞ고 어두온 ᄃᆡ 던지이고ᄌᆞ ᄒᆞ니 붓그렵지 아니냐 (乃反以玄德爲逆臣, 欲使吾兒背明投暗, 豈不自恥乎!) <삼국-모종 6:61> 쥬공이 모ᄉᆞ의 말을 듯고 조죠의계 항복고ᄌᆞ ᄒᆞ니 이거시 참 가히 붓그렵고 앗갑고 익삭ᄒᆞᆫ 일이라 (今主公聽謀士之言, 欲降曹操, 此眞可恥可惜之事!) <삼국-모종 7:98> ▼羞 ‖ 우리 이인니 션봉이 되엿다가 지리랄 몰란다 ᄒᆞ여 ᄡᅥ지 안니ᄒᆞ고 이 후비을 ᄡᅥᆫ니 아등이 엇지 붓그렵지 안니리요 (吾二人爲先鋒, 卻說不識地理而不肯用, 今用此後輩, 吾等豈不羞乎?) <삼국-모종 14:76>

【붓글럽-】 형 부끄럽다. 일을 잘 못하거나 양심에 거리끼어 볼 낯이 없거나 매우 떳떳하지 못하다.¶ ▼慚愧 ‖ 당하 여포 각ᄀᆞ ᄃᆡ소ᄒᆞ고 활을 던지고 긔령 현덕의 손을 잡고 왈 이ᄂᆞᆫ 하나리 너의 양가로 병을 파ᄒᆞ게 ᄒᆞ미라 ᄒᆞ고 군ᄉᆞ로 슐을 가져와 각ᄀᆞ 마시니 현덕이 가마니 붓글럽고 긔령은 잠ᄌᆞᄒᆞ고 (當下呂布射中畫戟小枝, 呵呵大笑, 擲弓於地, 執紀靈、玄德之手曰: "此天令你兩家罷兵也!" 喝教軍士斟酒來, 各飮一大觥. 玄德暗稱慚愧. 紀靈默然半晌.) <삼국-모종 3:29>

【붓글업-】 형 부끄럽다. 일을 잘 못하거나 양심에 거리끼어 볼 낯이 없거나 매우 떳떳하지 못하다.¶ ▼愧 ‖ 원ᄅᆡ 조비 우금이 병ᄑᆡᄒᆞ여 절에 죽지 못ᄒᆞ고 젹군에 황복ᄒᆞ여 다시 도라오던 일을 마음에 ᄒᆞ[위]인을 심히 더려히 너계 몬져 능옥분벽[벽]에 즘즛 그려 우금으로 가보고 붓글업게 ᄒᆞ미라 (原來曹丕以于禁兵敗被擒, 不能死節, 旣降敵而復歸, 心鄙其爲人, 故先令人圖畫陵屋粉壁, 故意使之往見以愧之.) <삼국-모종 13:30>

【붓-들-】 동 붙들다. 안정시키다.¶ ▼安 ‖ ᄂᆡ 그ᄃᆡ로써 동ᄒᆡ지빈의 셰거ᄒᆞ야 ᄒᆡᆼ실을 닥그ᄆᆡ 쳐음의 효염의 드러 한됴의 벼슬ᄒᆞᄆᆡ 맛당이 인군을 광구ᄒᆞ고 국가를 보호ᄒᆞ여 한실을 붓들니라 ᄒᆞ엿더니 (吾素知汝所行: 世居東海之濱, 初擧孝廉入仕, 理合匡君輔國, 安漢興劉.) <삼국-국중 15:69>

【붓ㅅ】 명 ((기물)) 붓.¶ ▼筆 ‖ 죄 듯고 슈각이 황난ᄒᆞ야 붓슬 ᄯᅡ의 더지니 졍욱 왈 승ᄉᆞᆼ이 만군지중의 잇셔 싀셕이 셔로 쳐도 동심치 아니터니 이졔 뉴비 형주 어드물 듯고 엇지 이갓치 놀ᄂᆡᄂᆞ뇨 (操聞之, 手脚慌亂, 投筆於地, 程昱曰: "丞相在萬軍之中, 矢石交攻之際, 未嘗動心, 今聞劉備得了荊州, 何故如此失驚?") <삼국-모종 9:84>

【붓치-】[1] 동 붙어살다. 의탁하다.¶ ▼居 ‖ 조의 쳐로[소]가 경ᄉᆞ의 잇지 아니ᄒᆞ고 혼ᄌᆞ 붓치엿시니 이졔 ᄉᆞ람을 ᄎᆞ졍ᄒᆞ여 불너 만일 졔 의심업시 오면 이ᄂᆞᆫ 칼을 ᄃᆡ리고져 ᄒᆞ미어니와 만일 오지 아니ᄒᆞ면 짐짓 ᄒᆡ코져 ᄒᆞ미라 (操無妻小在京, 只獨居寓所, 今差人往召, 如彼無疑而便來, 則是獻刀, 如推託不來, 則必是行刺.) <삼국-모종 1:68>

【붓치-】[2] 동 나부끼다. 일렁이다.¶ ▼飄動 ‖ 녀포의 군매관을 ᄇᆞ라고 좃거ᄂᆞᆯ 현덕 관댱이 ᄯᆞ와 바ᄅᆞ 관하의 니ᄅᆞ러 보니 셔풍의 프른 깁 냥산이 붓치거ᄂᆞᆯ (玄德、關、張直趕呂布到關下. 張飛看見關上西風飄動靑羅傘蓋.) <삼국-가정 2:89> ▼飄 ‖ 믄득 ᄒᆞᆫ 사ᄅᆞᆷ이 ᄂᆞᄎᆞᆫ 므ᄅᆞᆫ 대조빗 ᄀᆞᆺ고 단봉안이오 와줌미오 세 가래 나로ᄅᆞᆯ 붓치고 녹포금갑의 쳥뇽도ᄅᆞᆯ 들고 문 밧그로셔 드러오거ᄂᆞᆯ (忽門外一人, 面如重棗, 丹鳳眼, 臥蠶眉, 飄三縷美髯, 綠袍金鎧, 按劍而入.) <삼국-가정 27:36> 쥬위 장외의 나와 보니 긔발이 셔북으로 붓치며 삼시간의 동남

풍이 크게 이러나거ᄂᆞᆯ (瑜出帳看時時, 旗帶竟飄西北——霎時間東南風大起.) <삼국-국중 9:116> ▼飄起 ‖ 가온대 누른 긔 ᄇᆞ람의 븟치고 크게 써시되 안셔쟝군 등애라 ᄒᆞ엿거ᄂᆞᆯ (中央風飄起一面黃旗, 大書'鄧艾'字樣.) <삼국-가정 36:110>

【븟친】 명 ((인류)) 부친(父親).¶ ▼父親 ‖ ᄉᆞ마ᄉᆡ 갈오ᄃᆡ 븟친은 엇진 연고로 허[여] 기뒤을 치고져 ᄒᆞ시난이이곳 (司馬師曰: "父親何故反欲攻其後?") <삼국-모종 17:25>

【븟치】 명 ((기물)) 부채. 손으로 흔들어 바람을 일으키는 물건.¶ ▼扇 ‖ ᄃᆞ만 보니 진듕의 일족 황긔 잇고 긔 열이ᄂᆞᆫ 곳의 ᄉᆞ륜거가 ᄂᆞ오니 머리의 윤건을 쓰고 몸의 학챵의를 입고 손의 우션을 쥐고 븟치로 도영을 불너 (只見對陣中, 一簇黃旗出, 旗開處, 推出一輛四輪車, 車中端坐一人, 頭戴綸巾, 身披鶴氅, 手執羽扇, 用扇招邢道榮.) <삼국-모종 9:7>

【뷔】 명 ((기물)) 비. 먼지나 쓰레기를 쓸어 내는 기구. 빗자루. 뷔> 비.¶ ▼箒 ‖ 우리 쥬인 오휘 ᄒᆞᆫ 누의를 두어 겨시니 아름답고 크게 용ᄒᆞᆫ디라 가히 뷔와 키를 밧드럼즉ᄒᆞ니 (吾主人孫將軍有一妹, 美而大賢, 堪可以奉箕箒.) <삼국-가정 17:89>

【뷔-】 동 베다. 날이 있는 연장 따위로 무엇을 끊거나 자르거나 가르다.¶ ▼割 ‖ 공명이 반ᄃᆞ시 농셔로 와 보리를 뷔여 군량을 사믈 거시니 네 긔산의 영을 셰워 구디 딕희라 (此人定來割隴西小麥, 以資軍糧, 汝可結營以守祁山.) <삼국-가정 33:53> ▼樵 ‖ 샹셔랑 이히 다 셩의 ᄂᆞ가 나무 뷔고 ᄂᆞ물 킈ᄃᆞ가 문허진 담과 은허진 벽 ᄉᆞ이예 쥭ᄂᆞ니 만터라 (尙書郞以下, 皆自出城樵採, 多有死於頹牆壞壁之間者.) <삼국-모종 2:111>

【뷔-】 형 비다. 아무 것도 없다. 일정한 공간에 사람, 사물 따위가 들어 있지 아니하게 되다.¶ ▼空虛 ‖ 녀푀 님의 여양의 가고 셩듕이 뷔여시니 바라ᄂᆞ니 밧비 오소셔 맛당이 ᄂᆡ웅니 되리라 셩상의 ᄇᆡᆨ기를 ᄭᅩᆺ즈 크겨 의ᄌᆞ를 써 암호를 삼으리ᄅᆞ (呂布已往黎陽, 城中空虛, 萬望速來, 當爲內應. 城上插白旗, 大書'義'字, 便是暗號.) <삼국-모종 2:74> ▼虛 ‖ 오ᄂᆞᆯ 져녁의 풍습이 뷘 ᄯᅢ를 타 손쟝군의 영채를 겁틱ᄒᆞ려 ᄒᆞ니 반ᄃᆞ시 블을 드러 웅ᄒᆞ리라 (今晩馮習乘虛要劫孫將軍營寨, 必定放火也.) <삼국-가정 27:15> ▼無曠 ‖ 믈읫 집 다ᄉᆞ리ᄂᆞᆫ 되 반ᄃᆞ시 노[사나히 죵이라]로 ᄒᆞ여곰 밧갈기를 ᄀᆞ음알며 비ᄂᆞᆫ 밥짓기를 ᄀᆞ음알며 ᄃᆞᆰ은 새배를 ᄀᆞ음알며 개ᄂᆞᆫ 도적을 즈즈며 쇼ᄂᆞᆫ 므거온 거ᄉᆞᆯ 시ᄅᆞ며 ᄆᆞᆯ은 먼ᄃᆡ 힝ᄒᆞ야 가업이 뷘 일이 업ᄉᆞ□□ 구ᄒᆞᄂᆞᆫ 바의 다 족ᄒᆞ거ᄃᆞᆫ 그 가쥬ᄂᆞᆫ 죵용히 ᄉᆞ〻로 이셔 벼개를 놉히고 음식ᄒᆞᆯ ᄃᆞ름이라 (凡治家之道, 必使奴執耕, 婢典爨, 鷄司晨, 犬吠盜, 牛負重, 馬涉遠, 私業無曠, 所求皆足. 其家主從容自在, 高枕飮食而已.) <삼국-가정 34:50>

【브드이-ᄒᆞ-】 형 부득이(不得已)하다.¶ ▼只得 ‖ 근이 브드이ᄒᆞ여 현덕을 보고 운당이 죽이려 ᄒᆞ던 일을 울며 니ᄅᆞᆫ대 (瑾只得再見玄德, 哭告云長欲殺之事.) <삼국-가정 21:92>

【브드잇-】 동 부딪다. 부딪치다.¶ ▼撞 ‖ 탐이 머리를 셤의 브드이즈며 간ᄒᆞ니 (陳耽以頭撞階而諫.) <삼국-가정 1:87> 절ᄒᆞ기를 ᄆᆞᆺᄎᆞ매 셤의 브드이저 죽거ᄂᆞᆯ (拜畢, 撞階而死.) <삼국-가정 8:88> 그 시비 눈을 브ᄅᆞᄠᅳ고 니를 ᄀᆞᆯ며 ᄠᅱ여 드러 머리를 기동의 브드이ᄌᆞ며 (其婢反目切齒, 飛身跳躍, 頭撞屋梁.) <삼국-가정 36:20> ▼頓 ‖ 위황이 낫츨 싸히 브드이ᄌᆞ며 닐오ᄃᆡ (韋晃以面頓頓地曰.) <삼국-가정 22:110>

【브득이】 부 부득이.¶ ▼不得已 ‖ 공명이 ᄉᆡ즁의 드라가 장의 올나가 듕장ᄃᆞ려 일너 왈 ᄂᆡ 이졔 이 게교를 브득이 쓰미라 크게 음덕을 더려ᄯᅩᄃᆞ (孔明歸到寨中, 升帳而坐, 謂衆將曰: "吾今此計, 不得已而用之, 大損陰德.") <삼국-모종 15:21>

【브득이-ᄒᆞ-】 형 부득이(不得已)하다.¶ ▼只得 ‖ 근이 브득이ᄒᆞ여 현덕을 보고 운당이 죽이려 ᄒᆞ던 일을 울며 니ᄅᆞᆫ대 (瑾只得再見玄德, 哭告云長欲殺之事.) <삼국-규장 15:24>

【브듲-】 동 부딪다. 부딪치다.¶ ▼撞 ‖ 탐이 머리를 브드즈며 간ᄒᆞ니 (陳耽以頭撞階而諫.) <삼국-규장 1:61>

【브ᄃᆞ잇-】 동 «브ᄃᆞ잇다» 부딪다. 부딪치다.¶ ▼涌 ‖ 다만 보니 괴셕을 무딘 거시 놉픈ᄃᆡ 돌히 모나 칼 ᄀᆞᆺ고 듕〻텹〻ᄒᆞ야 담 ᄀᆞᆺᄐᆞ며 강믈 소ᄅᆡ와 믈결 브ᄃᆞ잇ᄂᆞᆫ 소ᄅᆡ 일만 병매 쓰ᄅᆡᄂᆞᆫ ᄃᆞᆺᄒᆞ니 (但見怪石嵯峨, 槎峨似劍; 橫沙立土, 重疊如墻; 江聲浪涌, 有如劍鼓之聲.) <삼국-가정 27:100>

【브ᄃᆞ이ᄌᆞ-】 동 부딪다. 부딪치다.¶ ▼頓 ‖ 위황이 낫츨 싸히 브ᄃᆞ이ᄌᆞ며 닐오ᄃᆡ (韋晃以面頓頓地曰.) <삼국-가정 22:110>

【브러-디-】 동 튀어나오다. 벌어지다. 불거지다.¶ ▼钁 ‖ 별가 벼슬을 ᄒᆞ여시니 셩은 댱이오 명은 숑이오 ᄌᆞᄂᆞᆫ 영년이니 그 사ᄅᆞᆷ이 니매 브러디고 머리 ᄲᆡ고 쾨 추혀 들고 니 드러나고 킈 대 자히 못호ᄃᆡ 말소ᄅᆡ 큰 쇠붑 소ᄅᆡ ᄀᆞᆺ더라 (其人生得額钁頭尖, 鼻偃齒露, 身短不滿五尺, 言語有若銅鐘.) <삼국-가정 19:74> ▼突出 ‖ 만왕 사마개ᄂᆞᆫ ᄂᆞᆺ치 피 ᄲᅮᆷ은 ᄃᆞᆺᄒᆞ고 프른 눈망울이 브러뎌 내밀고 텰지려골태라 ᄒᆞᄂᆞᆫ 텰퇴를 ᄡᅳ고 허리의 궁견을 ᄢᅴ여시니 위풍이 늠〻ᄒᆞ더라 (爲首乃是胡王沙摩柯, 生得面如噀血, 碧眼突出, 使一個鐵蒺藜骨朶, 腰帶兩張弓, 威風抖擻.) <삼국-가정 27:31>

【브러-지-】 동 튀어나오다. 벌어지다. 불거지다.¶ ▼突出 ‖ 만왕 사마기ᄂᆞᆫ ᄂᆞᆺ치 피 ᄲᅮᆷ은 ᄃᆞᆺᄒᆞ고 프른 눈망울이 브러져 ᄂᆡ밀고 텰지려골태라 ᄒᆞᄂᆞᆫ 텰퇴를 ᄡᅳ고 허리의 궁견을 ᄢᅴ여시니 위풍이 늠〻ᄒᆞ더라 (爲首乃是胡王沙摩柯, 生得面如噀血, 碧眼突出, 使一個鐵蒺藜骨朶, 腰帶兩張弓, 威風抖擻.) <삼국-규장 19:20>

【브르-】 동 부르다.¶ ▼宣 ‖ ᄐᆡ후 특별이 ᄃᆡ장군을 브르고 다른 사람은 드러오지 말나 (太后特宣大將軍, 餘人不許

輒入.) <삼국-모종 1:40>

【브르-쓰-】 동 부릅뜨다. 무섭고 사납게 눈을 크게 뜨다.¶ ▼睜眉怒目 ‖ 셔황은 노ᄒᆞᄂᆞᆫ 눈을 브르쓰고 허뎌ᄂᆞᆫ 니를 ᄀᆞ니 다 싸호고져 ᄒᆞᄂᆞᆫ 뜻이 잇거ᄂᆞᆯ (晃睜眉怒目, 褚切齒咬牙, 皆有相持之意.) <삼국-가정 12:101>

【브르-지지-】 동 부르짖다. 큰 기쁨이나 슬픔, 고통 따위의 격한 감정을 억누르지 못하여 소리 높여 크게 떠들다.¶ ▼叫 ‖ 원쇠 진이 오릐 나오지 아니ᄒᆞᆷ을 보고 이에 궁문을 밧게 크게 브르지져 왈 쳥컨ᄃᆡ 댱군은 슈릐의 오르라 (袁紹久不見進出, 乃於宮門外大叫曰: "請將軍上車!") <삼국-모종 1:41>

【브릅-쁘-】 동 부릅뜨다. 무섭고 사납게 눈을 크게 뜨다.¶ ▼瞪 ‖ 뷔 눈을 브릅쁘고 크게 웨여 닐오ᄃᆡ (孚瞪目大叫.) <삼국-규장 1:130>

【브릅-쓰-】 동 부릅뜨다. 무섭고 사납게 눈을 크게 뜨다.¶ ▼瞋 ‖ 강이 눈을 브릅쓰고 닐오ᄃᆡ (康瞋目言曰.) <삼국-규장 8:94>

【브리-】 동 부리다. 시키다. 마소나 다른 사람을 시켜 일을 하게 하다. 브리다> 부리다.¶ ▼差 ‖ 승샹이 급ᄒᆞᆫ 공ᄉᆞ로 날을 브리니 밧비 가노라 ᄒᆞ고 ᄆᆞᆯ을 노하 ᄃᆞᆺ더라 (相國差他有緊急公事, 縱馬而出.) <삼국-가정 2:28> ▼呼喚 ‖ 이 동남 팔납동의 동쥬ᄂᆞᆫ 목녹ᄃᆡ왕이니 깁히 볍수를 통ᄒᆞ고 나간즉 상을 타고 능히 풍우를 브리고 호표와 싀랑과 독사와 악가리 항상 ᄯᆞ오고 (此去西南八納洞洞主木鹿大王, 深知法術, 出則騎馬, 能呼風喚雨, 常有虎豹豺狼, 毒蛇惡蝎跟隨.) <삼국-모종 15:2>

【브ᄅᆞ-도티-】 동 부르돋게 하다.¶ ▼突 ‖ 허뎨 분노ᄒᆞᆷ을 이긔디 못ᄒᆞ야 ᄃᆞᆫ듕으로 도라가 투고와 갑과 오ᄉᆞᆯ 다 벗고 온 몸의 힘줄을 브ᄅᆞ도티고 버드ᄃᆞᆫ 몸으로 칼흘 들고 ᄆᆞᆯ게 올라 ᄂᆞᄂᆞᆫ ᄃᆞ시 ᄃᆞᆯ려드러 마툐과 싸화 ᄌᆞ웅을 결ᄒᆞ려 ᄒᆞ니 냥군이 아니 놀라리 업더라 (許褚性起, 飛回陣中, 卸了盔甲, 渾身筋突, 赤體提刀, 翻身上馬, 來與馬超決戰雌雄.) <삼국-가정 19:34>

【브ᄅᆞ-쁘-】 동 부릅뜨다. 무섭고 사납게 눈을 크게 뜨다.¶ ▼瞪 ‖ 뷔 눈을 브ᄅᆞ쁘고 크게 웨여 닐오ᄃᆡ (孚瞪目大叫.) <삼국-가정 2:17> ▼睜 ‖ 겻트로셔 ᄒᆞᆫ 쟝슈 골희눈을 브ᄅᆞ쁘고 범의 나ᄅᆞᄉᆞᆯ 거ᄉᆞ리고 댱팔모를 빗기고 ᄆᆞᆯ을 ᄃᆞᆯ려 크게 소릐딜러 웨되 (傍邊一將, 圓睜環眼, 倒竪虎鬚, 挺丈八蛇矛, 飛馬大叫.) <삼국-가정 2:87> 겻트로셔 ᄒᆞᆫ 쟝슈 골희눈을 브ᄅᆞ쁘고 범의 나ᄅᆞᄉᆞᆯ 거ᄉᆞ리고 댱팔모를 빗기고 ᄆᆞᆯ을 ᄃᆞᆯ려 크게 소릐 딜러 웨되 (傍邊一將, 圓睜環眼, 倒竪虎鬚, 挺丈八蛇矛, 飛馬大叫.) <삼국-가정 2:87> 푀 윤을 보고 ᄆᆞᆯ 우히셔 가ᄇᆡ야이 긴 ᄑᆞᆯ로 윤의 오ᄉᆞᆯ 잡고 골희 ᄀᆞᄐᆞᆫ 눈을 브ᄅᆞ쁘고 ᄒᆞᆫ 손으로 허리예 보검을 쌔혀 (布見王允, 就馬上輕舒猿臂, 一把揪住衣襟, 睜圓環眼, 手掣腰間寶劍.) <삼국-가정 3:79> ▼瞋 ‖ 강이 눈을 브ᄅᆞ쁘고 닐오ᄃᆡ (康瞋目言曰.) <삼국-가정 11:97> ▼睜眉怒目 ‖ 셔황은 노ᄒᆞᄂᆞᆫ 눈을 브ᄅᆞ쁘고 허뎌ᄂᆞᆫ 니를 ᄀᆞ니 다 싸호고져 ᄒᆞᄂᆞᆫ 뜻이 잇거ᄂᆞᆯ (晃睜眉怒目, 褚切齒咬牙, 皆有相持之意.) <삼국-가정 18:30> ▼反 ‖ 그 시비 눈을 브ᄅᆞ쁘고 니를 ᄀᆞᆯ며 뛰여 드러 머리를 기동의 브드이ᄌᆞ며 (其婢反目切齒, 飛身跳躍, 頭撞屋梁.) <삼국-가정 36:20> ▼怒目 ‖ 댱하 졔쟝이 일시의 원ᄒᆞ며 노ᄒᆞ야 니를 ᄀᆞᆯ며 눈을 브ᄅᆞ쁘고 머리털이 거ᄉᆞ리 니러셔더라 (帳下衆將聽知, 一齊怨恨, 咬牙怒目, 鬚髮倒竪, 拔刀砍石.) <삼국-가정 38:131>

【브ᄅᆞ-쓰-】 동 부릅뜨다. 무섭고 사납게 눈을 크게 뜨다.¶ ▼睜 ‖ 댱비 골희눈을 브ᄅᆞ쓰고 댱팔모를 들고 나니 손을 드ᄂᆞᆫ 고ᄃᆡ 등무의 념통을 딜러 ᄆᆞᆯ게 쌔러디다 (張飛睜環眼, 挺丈八矛, 手起處, 刺中心窩, 鄧茂翻身落馬.) <삼국-가정 1:32>

【브억】 명 ((주거)) 부엌. 일정한 시설을 갖추어 놓고 음식을 만들고 설거지를 하는 등 식사에 관련된 일을 하는 곳. 브ᅀᅿᆨ> 브ᅀᅥᆸ> 브억.¶ ▼竈 ‖ 네 손빙이 방연을 버힐 제 군ᄉᆞ를 더으고 브억을 감ᄒᆞᄂᆞᆫ 법을 써 이긔믈 취ᄒᆞ엿더니 이제 ᄯᅩ 승샹이 퇴병ᄒᆞ매 브억을 더ᄒᆞ믄 엇디오 (昔孫臏捉龐涓, 用'添兵減竈'之法而取勝. 今丞相退兵, 何故添竈也?) <삼국-가정 33:42> 내 혜아리니 공명이 꾀 만흔디라 이제 과연 손빙의 브억 감ᄒᆞ던 법을 본바다 ᄆᆡ일의 군ᄉᆞ를 텸ᄒᆞ며 브억을 더ᄒᆞ야 의심티 아니킈 ᄒᆞ니 내 만일 ᄲᆞᆯ오면 반ᄃᆞ시 방연의 마릉 환을 만나니라 (吾料諸葛亮多謀, 今果每日添兵增竈. 吾若盡力追之, 必遭龐涓馬陵之患矣.) <삼국-가정 33:44>

【브이-】 형 붉다.¶ ▼赤 ‖ 신니 어제밤의 천문을 울어러보오니 한 별니 브이은 빗치 광망히 잇고 ᄲᅮᆯ이 잇서 동북으로서 서남의 써러지니 (臣昨夜仰觀天文, 見一星, 赤色, 光芒有角, 自東北落於西南.) <삼국-모종 17:42>

【브직-ᄒᆞ-】 동 부재(不在)하다.¶ ▼不在 ‖ 딤이 비록 브직ᄒᆞ나 ᄯᅩᄒᆞᆫ 과악이 업ᄉᆞᆫ디라 엇디 ᄎᆞ마 조종 대업을 힘드렁이 ᄇᆞ리리오 너희 ᄇᆡᆨ관ᄃᆞᆯ이 다시 공번되이 의논ᄒᆞ라 (朕雖不才, 又無過惡, 安忍將祖宗大業等閑棄了? 汝百官再從公計議.) <삼국-가정 26:25>

【브치-】 동 나부끼다.¶ ▼颭 ‖ 위딘 문긔 브치ᄂᆞᆫ 고ᄃᆡ 셔황이 ᄆᆞᆯ을 ᄂᆡ니 뒤히 날란 장슈 열히 기러기 날ᄀᆡ 편드시 셧더라 (魏營門旗颭處, 徐晃出馬, 背後十員驍將, 雁翅擺在兩邊.) <삼국-규장 17:74>

【븍궁】 명 ((궁궐)) 북궁(北宮).¶ ▼北宮 ‖ 댱양 단규 조졀 후람이 태후와 태ᄌᆞ와 딘뉴왕을 ᄃᆞ리고 궁쇽ᄃᆞᆯ을 겁틱ᄒᆞ야 뒷길로 조차 븍궁으로 ᄃᆞᆺ더니 (張讓、段珪、曹節、侯覽, 將太后及太子幷陳留王劫去, 內省官屬從後道走北宮.) <삼국-가정 1:125>

【블】 명 불[火]이나 등(燈). 블> 불.¶ ▼火 ‖ ᄒᆞᆫ 잔 믈로 엇디 온 술위예 블을 ᄭᅳ리오 쟝군을 ᄲᆞᆯ리 도라가 각별이 구완ᄒᆞ고 더ᄃᆡ게 말라 (一杯之水, 安能救一車薪之火乎? 將軍可速回別求, 勿致遲矣.) <삼국-가정 25:37>

【블그-】 형 붉다.¶ ▼赤 ‖ 공의 두샹의 블근 두건이 눈의 표ᄒᆞ매 웅이 ᄇᆞ라보고 ᄆᆞᄋᆞᆷ을 노티 아냐 이리 ᄯᆞᆯ닌

니 가히 두건을 버서 날을 ᄡᅴ오라 (主公頭上赤幘射目, 雄望之, 心不舍. 可脫幘與茂戴之.) <삼국-가정 2:67>

【블니-ᄒᆞ-】 형 불리(不利)하다. 이롭지 아니하다.¶ ▼不利 ‖ ᄂᆡ 젼년의 금년 슈를 졈ᄒᆞ니 강셩이 셔방의 잇ᄉᆞ니 군ᄉᆞ의게 블니ᄒᆞ고 ᄐᆡᄇᆡᆨ이 낙셩의 임ᄒᆞ니 반ᄃᆞ시 흉죄라. 이졔 셔방의 셩츄ᄒᆞ니 필연 방ᄉᆞ원이 군즁의 죽을지라 (“吾前者算今罡星在西方, 不利於軍師; 天狗犯於吾軍, 太白臨於雒城, 己拜書主公, 教謹防之. 誰想今夕西方星墜, 龐士元命必休矣!”) <삼국-국중 11:103>

【블모지디】 명 ((지리)) 불모지지(不毛之地). 아무런 식물도 자라지 못하는 메마른 땅.¶ ▼不毛之地 ‖ 남방은 블모지디오 쟝역지향이라[블모ᄂᆞᆫ 더워도 플이 나디 못ᄒᆞ미오 쟝역은 쟝긔의 샹ᄒᆞᆫ 병이라](南方不毛之地, 瘴疫之鄉.) <삼국-가정 28:62>

【블모-ᄒᆞ-】 동 볼모로 삼다. 인질(人質)로 잡다. 인질을 삼다.¶ ▼質 ‖ 이졔 홀련이 구혼ᄒᆞ니 그 ᄠᅳᆺ지 ᄃᆡᄀᆡ 공의 ᄯᆞᆯ노ᄡᅥ 블모ᄒᆞ고 쥐[뒤]를 ᄯᆞᆯ와 현덕을 치고 소ᄑᆡ를 취코져 ᄒᆞ민이 소ᄑᆡ 망ᄒᆞ면 셔쥬 위ᄐᆡᄒᆞᆯ 거시오 (今忽來求親, 其意蓋欲以公女爲質, 隨後就來攻玄德而取小沛, 小沛亡, 徐州危矣.) <삼국-모종 3:32>

【블으-】 동 부르다.¶ ▼喚 ‖ 탁이 올히 너겨 즉시 옥졸 ᄉᆞ오인으로 급히 조ᄅᆞᆯ 블을라 ᄒᆞ니 오라지 아야 회보ᄒᆞᄃᆡ (卓然其說, 差獄卒四五人往喚多時, 回覆云.) <삼국-규장 1:139>

【블츙-ᄒᆞ-】 형 불충(不忠)하다. 충성스럽지 못하다.¶ ▼不忠 ‖ ᄂᆡ 블츙ᄒᆞᆫ 거시 아니라 셰 위ᄐᆡᄒᆞ고 힘이 곤ᄒᆞᄆᆡ 능히 부디티 못ᄒᆞ야 블셔 오후의게 항ᄒᆞ엿노라 (吾非不忠, 奈勢危力困, 不能支持, 我今已降孫車騎.) <삼국-규장 17:66>

【블ᄎᆞ】 명 불차(不次). 순서를 따르지 않음.¶ ▼시졀의 은툥을 닙어 서로 쳔진ᄒᆞ야 슌월 ᄉᆞ이예 툐탁ᄒᆞ야 블ᄎᆞ로 탁용ᄒᆞ고 ᄉᆞ태우로 ᄒᆞ야곰 ᄃᆞ르히 ᄇᆞ리여 ᄡᅳ이디 못ᄒᆞ니 이ᄂᆞᆫ 갓과 신이 밧고이ᄃᆞᆺ ᄒᆞ얏ᄂᆞᆫ지라 (見寵于時, 更相薦說, 旬月之間, 幷各拔擢: 樂松處常伯, 任芝居納言, 郤儉丶梁鵠各受豊爵不次之寵, 而令縉紳之徒委伏畎畝, 口誦堯舜之言, 身蹈絶俗之行, 棄捐溝壑, 不見逮及, 冠履倒易.) <삼국-가정 1:6>

【블튱블의】 명 불충불의(不忠不義). 충성스럽지 못하고 또한 의롭지 못함.¶ ▼不忠不孝 ‖ 경 등이 고ᄅᆞᆯ 블튱블의예 ᄡᅡ디오고져 ᄒᆞᄂᆞ냐? (卿等欲陷孤爲不忠不孝之人耶?) <삼국-가정 26:53>

【블튱블효】 명 불충불효(不忠不孝). 충성스럽지 못하고 효성스럽지 못함.¶ ▼不忠不孝 ‖ 이졔 텬ᄌᆞ 조비의 시역ᄒᆞᆫ 배 되엿거ᄂᆞᆯ 왕샹이 딘시 위예 즉ᄒᆞ야 홍ᄉᆞ 문죄ᄅᆞᆯ 아니ᄒᆞ시면 이ᄂᆞᆫ 블튱블회라 (今漢天子已被曹丕所弑, 王上不卽帝位而興師討逆, 是不忠不孝也.) <삼국-가정 26:53>

【블튱-ᄒᆞ-】 형 불충(不忠)하다. 충성스럽지 못하다.¶ ▼不忠 ‖ 내 블튱ᄒᆞᆫ 줄이 아니라 셰 위ᄐᆡᄒᆞ고 힘이 곤ᄒᆞᄆᆡ 능히 부디티 못ᄒᆞ야 블셔 오후의게 항ᄒᆞ엿노라 (吾非不忠, 奈勢危力困, 不能支持, 我今已降孫車騎.) <삼국-가정 25:2>

【븜】 명 ((동물)) 범. 호랑이.¶ ▼虎 ‖ 노하 원쇼의게 ᄀᆞ면 이ᄂᆞᆫ 븜의게 우익을 더ᄒᆞ미라 죠차가 죽이여 후한을 들 거시니라 (若縱之使歸袁紹, 是與虎添翼也, 不若追而殺之, 以絶後患.) <삼국-모종 5:1>

【븜-ᄒᆞ-】 동 범(犯)하다.¶ ▼犯 ‖ 군ᄉᆞ 마ᄂᆞ나 부졍ᄒᆞ고 젼풍은 강ᄒᆞ야 우흘 븜ᄒᆞ고 허유ᄂᆞᆫ 탐ᄒᆞ야 지혜 읍고 심ᄇᆡ 올흐나 무모ᄒᆞ고 방긔ᄂᆞᆫ 관ᄃᆡᄒᆞ나 무용ᄒᆞ니 (紹兵多而不整, 田豐剛而犯上, 許攸貪而不智, 審配專而無謀, 逢紀果而無用.) <삼국-모종 4:21>

【븟-】 동 붙다[附]. 관계되다.¶ ▼干 ‖ 날을 해ᄒᆞ려 ᄒᆞ던 쟈ᄂᆞᆫ 딘웅 표룡이오 즁군의게ᄂᆞᆫ 븟디 아니ᄒᆞ니 너히 내 계규ᄅᆞᆯ 드러 ᄒᆡᆼᄒᆞ면 다 듕샹이 이시리라 (要害吾者, 陳應、鮑龍也, 不干衆軍之事. 汝等聽吾行計, 皆有重賞.) <삼국-가정 17:31> 텬하ᄂᆞᆫ 본ᄃᆡ 뉴시의 텬해라 우리 쥬ᄂᆞᆫ 셩이 뉴니 분의 올코 네 쥬ᄂᆞᆫ 셩이 손이니 아조 븟디 아닐 ᄲᅮᆫ 아니라 젹벽 ᄡᅡ홈의 우리 쥐 근노ᄒᆞ시미 만코 즁쟝이 다 힘을 ᄡᅥ시니 엇디 ᄒᆞᆫ갓 너희 동오 힘 ᄲᅮᆫ이리오 (劉氏天下, 我主姓劉到無分, 汝主姓孫合情佃也? 況赤壁破曹兵, 我主多負勤勞, 衆將幷皆用命, 豈獨是汝東吳之力耶?) <삼국-가정 17:77>

【븟그려-ᄒᆞ-】 동 부끄러워하다.¶ ▼羞慚 ‖ 댱쇼 등이 븟그려 ᄒᆞ더라 (張昭等滿面羞慚.) <삼국-가정 26:108>

【븟닷-】 동 «븟닫다» 나아오다.¶ ▼권니 승을 삼ᄋᆞ ᄐᆡ슈의 일을 ᄒᆡᆼᄒᆞ게 ᄒᆞ니 일노븟터 숀권의 위엄이 강동의 진동ᄒᆞ고 ᄇᆡᆨ셩이 븟닷더라 (權以爲丞, 行太守事. 自是孫權威震江東, 深得民心.) <삼국-국중 6:135>

【븟-좇-】 동 «븟좇다» 붙좇다. 붙따르다. 가까이 붙어 다니며 따르다.¶ ▼附 ‖ 고조ᄂᆞᆫ 진항이 병닙[진은 나라히오 항은 항위라]ᄒᆞ야 텬해 대란ᄒᆞ야 ᄇᆡᆨ셩이 뎡ᄒᆞᆫ 님금이 업섯ᄂᆞᆫ디라 그러므로 항ᄒᆞᄂᆞ니ᄅᆞᆯ 밧고 븟좃ᄂᆞ니ᄅᆞᆯ 샹 주어 ᄡᅥ곰 오ᄂᆞ니ᄅᆞᆯ 권ᄒᆞ엿거니와 (昔秦、項之際, 天下大亂, 民無定主, 故招降賞附, 以勸來耳.) <삼국-가정 1:64> 이제 뉴비 멀리 드러와 우리ᄅᆞᆯ 엄습ᄒᆞ니 병이 만의 ᄎᆞ디 못ᄒᆞ고 ᄉᆞ즁이 븟좃디 아니ᄒᆞᄂᆞᆫ디라 드릇 곡식으로 ᄌᆞ뢰ᄒᆞ니 군듕의 칙듕이 업ᄉᆞ리라 (今劉備來襲我, 兵不滿萬, 士衆未附, 野穀是資, 軍無輜重.) <삼국-가정 21:23> ▼用 ‖ 내 온후 ᄃᆡ접호믈 매치기ᄀᆞᆺ티 ᄒᆞ노니 여ᄋᆞ ᄉᆞᆰ이 업디 아니ᄒᆞ여시니 가히 몬져 ᄇᆡ브ᄅᆞ게 못ᄒᆞ리라 주리면 사ᄅᆞᆷ의게 븟좃고 ᄇᆡ브ᄅᆞ면 ᄃᆞ라나리라 (吾待溫侯如養鷹耳; 狐兎未息, 不可先飽; 飢則爲用, 飽則颺去.) <삼국-가정 6:66>

【븟-좃ᄎᆞ-】 동 «븟좇다» 붙좇다. 따르다. 추종하다.¶ ▼阿附 ‖ 요ᄉᆞ이 듕샹시 황호 등이 용ᄉᆞᄒᆞ야 공경이 다 당ᄒᆞ야 븟조ᄎᆞ되 (近日中常侍黃皓等用事, 公卿多阿附之.) <삼국-가정 37:79>

【븨-】 형 비다.¶ ▼空 ‖ 감ᄌᆞ 가진 ᄉᆞᄅᆞᆷ이 업군의 니르러 조의게 올인ᄃᆡ 죄 친히 감ᄌᆞ를 ᄡᅡ리니 숙이 뵈고 빈 겁질만 잇거ᄂᆞᆯ 고이히 너겨 ᄂᆞᆼ마다 여러 보니 다 그러ᄒᆞ거ᄂᆞᆯ (取柑人至鄴城見操, 呈上柑子. 操親剖之, 但只空殼子, 內幷無肉.) <삼국-가정 22:68>

【븨히-】 동 베다.¶ ▼斬 ‖ 진양이 요하의 한 칼의 븨히물 마난이 공명이 항졸을 잡아 후군의 굴유ᄒᆞ고 그 의갑을 벗겨 촉병 오천 인을 입혀 위병의 모양으로 쒸며 (秦良死戰被廖化一刀斬於馬下, 孔明把降兵拘於後軍, 却將魏兵衣甲與蜀兵五千人穿了, 扮作魏兵.) <삼국-모종 16:53>

【비】 명 ((천문)) 비[雨]. 대기 중의 수증기가 높은 곳에서 찬 공기를 만나 식어서 엉기어 땅 위로 떨어지는 물방울.¶ ▼雨 ‖ 두어 날은 ᄒᆡᆼᄒᆞ더니 큰 비 만히 와 ᄒᆡᆼ장을 적시니 (行了數日, 正値大雨滂沱, 行裝盡濕.) <삼국-가정 9:121>

【비-】[1] 동 베다.¶ ▼伐 ‖ 공명니 ᄒᆞ여곰 남글 비혀 ᄠᅦ를 ᄆᆡᆫ다라 건너겨 ᄒᆞ니 그 남기 물의 니ᄅᆞᄆᆡ 다 잠기ᄂᆞᆫ지라 (孔明令伐木爲筏而渡, 其木到水皆沈.) <삼국-모종 14:100> ▼刈 ‖ 죄 순욱을 머물너 허도의 두고 ᄉᆞᄉᆞ로 ᄃᆡ군을 거나려 발ᄒᆡᆼᄒᆞᆯ세 모ᄆᆡᆨ이 임의 익어ᄂᆞᆫᄃᆡ ᄇᆡᆨ성이 도피ᄒᆞ여 모ᄆᆡᆨ을 감히 비지 못ᄒᆞ거날 (操留荀彧在許都, 調遣兵將, 自統大軍進發, 行軍之次, 見一路麥已熟, 民因兵至, 逃避在外, 不敢刈麥.) <삼국-모종 3:56>

【비-】[2] 동 빌다. 바라는 바를 이루게 해 달라고 간절히 청하다. 기원(祈願)하다.¶ ▼祈禳 ‖ 내 일즙 드ᄅᆞ니 네 능히 비ᄂᆞᆫ 재 잇다 ᄒᆞ더니 오직 승샹이 잘ᄒᆞ시ᄂᆞᆫ디라 이제 엇디 그 명을 비디 아니ᄒᆞ시ᄂᆞ뇨 (昔聞能禳者, 有丞相善爲之, 今何不祈禳也?) <삼국-가정 34:60>

【비고】 명 ((군기)) 비고(鼙鼓). 군대에서 쓰는 작은 북의 일종.¶ ▼鼙鼓 ‖ 비고 쇼ᄅᆡ 들너여 ᄯᅡ흘 진동ᄒᆞ여 오니 오나라 군ᄉᆞ 이르ᄂᆞᆫ 곳의 귀신도 슬허ᄒᆞ더라 (鼙鼓聲喧震地來, 吳師到處鬼神哀!) <삼국-국중 12:46>

【비날】 명 비늘. 물고기나 뱀 따위의 표피를 덮고 있는 얇고 단단하게 생긴 작은 조각.¶ ▼介 ‖ 용이 능이 올나다가 나려다가 ᄒᆞ고 ᄯᅩ 능히 ᄲᅧᆺ다가 적어다가 ᄒᆞ고 능히 큰 즉 구룸을 이루고 안ᄀᆡ를 토ᄒᆞ고 적은즉 비나를 숨기고 얼골을 감츄ᄂᆞᆫ이 (龍能大能小, 能升能隱, 大則興雲吐霧, 小則隱介藏形.) <삼국-모종 4:4>

【비ᄂᆞᆯ】 명 ((어패)) 비늘. 물고기나 뱀 따위의 표피를 덮고 있는 얇고 단단하게 생긴 작은 조각.¶ ▼鱗甲 ‖ 올돌골이 상을 타고 압희 이셔 머리의난 일월낭수모를 쓰고 몸의ᄂᆞᆫ 금쥬영낙을 입고 두 자감 아ᄅᆡ 비ᄂᆞᆯ이 드러나고 눈 가온ᄃᆡ 광망이 잇ᄂᆞᆫ디라 (兀突骨騎象當先, 頭戴日月狼鬚帽, 身披金珠纓絡, 兩肋下露出生鱗甲, 眼目中微露光芒.) <삼국-모종 15:19>

【비단-ᄂᆞᄆᆞᆾ】 명 ((복식)) 비단주머니(緋緞-).¶ ▼錦囊 ‖ ᄒᆞᆫ 부인의 신톄 이셔 날이 오래되 석디 아녓고 궁둥 모양으로 단장을 ᄒᆞ엿ᄂᆞᆫᄃᆡ 목 아래 비단ᄂᆞᄆᆞᄎᆞᆯ 차시되 (撈起一婦人屍首, 雖然日久, 其尸不爛, 宮樣粧束, 項下帶一錦囊.) <삼국-가정 2:118>

【비단-문회】 명 ((복식)) 비단무늬(緋緞-).¶ ▼花錦 ‖ 두 ᄆᆞᆯ이 어우러뎌 서ᄅᆞ 교젼ᄒᆞᄂᆞᆫ 양이 비단 문회 혈란ᄒᆞᄂᆞᆫ ᄃᆞᆺᄒᆞ더라 (兩馬相交, 花錦相似.) <삼국-가정 3:13>

【비둔-ᄒᆞ-】 형 비대하다. 살이 쪄서 몸놀림이 날래지 못하다. 비대하다.¶ ▼肥胖 ‖ 녀푀 임의 멀니 닷거ᄂᆞᆯ 탁이 본ᄃᆡ 몸이 비둔ᄒᆞᆫ지라 화극을 더져 녀포을 지르니 녀푀 화극을 ᄡᅡ려 ᄯᅡ히 ᄯᅥ러지거ᄂᆞᆯ (呂布走得快, 卓肥胖趕不上, 擲戟刺布. 布打戟落地.) <삼국-국중 2:91> 탁이 노ᄒᆞ여 ᄃᆡ갈일셩의 푀 ᄃᆡ경ᄒᆞ여 몸을 두루혀 믄득 다라나니 탁이 화극을 ᄎᆔᄒᆞ여 ᄶᅩᄎᆞ오니 녀푀 닷기를 급히 ᄒᆞ니 탁이 비둔ᄒᆞ여 다라가지 못ᄒᆞᄂᆞᆫ지라 (卓怒, 大喝一聲, 布見卓至, 大驚, 回身便走, 卓搶了畫戟, 挺著趕來, 呂布走得快, 卓肥胖趕不上.) <삼국-모종 2:16>

【비들기】 명 ((조류)) 비둘기.¶ ▼鳩 ‖ 원쇠 이실 제 샹해 뇨동 솜킬 ᄆᆞᄋᆞᆷ을 두어시되 결을이 업ᄉᆞᆷ을 ᄒᆞᆫᄒᆞ더니 이제 희샹이 패망ᄒᆞᆫ 그ᄃᆡ 의탁ᄒᆞᆯ 고ᄃᆡ 업서 우리 뇨동의 와시니 이ᄂᆞᆫ 비들기 가치집을 앗ᄂᆞᆫ ᄠᅳ디라 (袁紹在日, 常有呑遼東之心; 恨未有暇也.今袁熙、袁尙兵敗將亡, 無處依棲, 來投遼東, 此是鳩奪鵲巢之意也.) <삼국-가정 11:95> 원쇼 잇실 ᄶᅥᆨ 항승 요동 숨킬 ᄆᆞ암이 잇더니 이졔 이원니 병픽장망ᄒᆞ여 의지 업셔 이에 왓시니 이ᄂᆞᆫ 비들기 갓치 기슬 아슬 뜻이라 (袁紹存日, 常有呑遼東之心, 今袁熙、袁尙兵敗將亡, 無處依棲, 來此相投, 是鳩鵲巢之意也.) <삼국-모종 6:18>

【비들키】 명 ((조류)) 비둘기.¶ ▼鳩 ‖ 승상이 ᄒᆡᆼᄒᆞ다가 호련 비들키 나ᄂᆞᆫ 소ᄅᆡ예 말이 놀ᄂᆡ여 ᄆᆡᆨ전으로 드러가ᄂᆞᆫ지라 (操乘馬正行, 忽田中驚起一鳩, 那馬眼生, 竄入麥中, 踐壞一大塊麥田.) <삼국-모종 3:56>

【비ᄃᆡ-ᄒᆞ-】 형 비대(肥大)하다. 살찌다.¶ ▼胖大 ‖ 탁의 긔운이 ᆢ시물 두려 감히 경동치 못ᄒᆞ더니 탁이 본ᄃᆡ 비ᄃᆡᄒᆞᆫ 고로 오래 안기ᄅᆞᆯ 어려워ᄒᆞᄂᆞᆫ디라 (懼卓力大, 未敢輕動. 卓胖大不耐久坐.) <삼국-국중 1:93> ▼肥胖 ‖ 쳡이 비ᄃᆡᄒᆞ여 능히 닷지 못ᄒᆞ고 슝이 쳡으로 더부러 칙듕의 슘어더니 필경 난군의 죽은 ᄇᆡ 되니라 (妾肥胖不能出, 嵩慌急, 與妾躲於廁中, 被亂軍所殺.) <삼국-국중 3:16>

【비라삼】 명 비롯됨. 발원(發源).¶ ▼始 ‖ ᄃᆡ져 그 난니의 비라삼은 환·영 이제로부터 나미라 (推其致亂之由, 殆始於桓, 靈二帝.) <삼국-국중 1:1>

【비범-ᄒᆞ-】 형 비범(非凡)하다.¶ ▼非俗 ‖ ᄎᆞ일의 장요 서문을 치거ᄂᆞᆯ 운장이 일너 왈 공의 의표 비범ᄒᆞ거ᄂᆞᆯ 엇지 도적의게 몸을 일허ᄂᆞᆫ요 장요 머리를 굽히고 말을 못ᄒᆞ거ᄂᆞᆯ (次日, 張遼引兵攻打西門, 雲長在城上謂之曰: "公表非俗, 何故失身於賊?" 張遼低頭不語.) <삼국-모종 3:65>

【비보-ᄒᆞ-】 동 비보(飛報)하다. 급히 전하다. 아주 빨리 보고하다.¶ ▼飛報 ‖ 등지 던식의 가믈 듯고 공명의게

비보ᄒᆞ다 (鄧芝聽知陳式去遠, 只得飛報孔明.) <삼국-가정 33:11> 변방이 비보호ᄃᆡ 촉병 삼십ᄉᆞ만이 다ᄉᆞᆺ 길흘 ᄂᆞᆫ화 긔산으로 나온다 ᄒᆞ노이다 (邊官飛報, 說蜀兵三十四萬, 分五路復出祁山.) <삼국-가정 33:101> 젼쥬와 장뇨 ᄇᆡᆨ낭산의 일으러 졍히 원희 원상 묵특 등 슈만 긔를 만ᄂᆞ 됴ᆢ의게 비보ᄒᆞᆫᄃᆡ ᄌᆈ 스ᄉᆞ로 놉흔 ᄃᆡ 올나 바라보니 (田疇引張遼前至白狼山, 正遇袁熙, 袁尙會合冒頓等數萬騎前來. 張遼飛報曹操. 操自勒馬登高望之.) <삼국-국중 7:92>

【비비-ᄒᆞ-】 ㊍ 비비(霏霏)하다. 비가 부슬부슬 내리거나 눈이 펄펄 내리는 모양.¶ ▼霏霏 ‖ 슈리를 ᄒᆡᆼᄒᆞ더니 홀연 삭풍이 늠ᆢᄒᆞ고 셔셜이 비ᆢᄒᆞ여 산은 옥이 싸힘과 ᄀᆞᆺ고 슈풀은 은으로 단장ᄒᆞᆷ ᄀᆞᆺ더라 (行無數里, 忽然朔風凜凜, 瑞雪霏霏; 山如玉簇, 林似銀床.) <삼국-국중 8:12>

【비사주셕-ᄒᆞ-】 ㊍ 비사주석(飛砂走石)하다. 모래를 날리고 돌을 굴리다. 바람이 세차게 부는 모양.¶ ▼飛砂走石 ‖ 믄득 ᄃᆡ ᄀᆞ으로셔 일딘광풍이 니러나 비사주셕ᄒᆞ야 급ᄒᆞ미 취우 ᄀᆞᆺ고 ᄒᆞᆫ 소ᄅᆡ 크게 나니 하ᄂᆞᆯ히 믄허디며 싸히 ᄩᅧ여디ᄂᆞᆫ 듯ᄒᆞ고 (忽然臺邊一陣狂風起處, 飛砂走石, 急若驟雨, 一聲響亮, 就如天崩地裂.) <삼국-가정 35:14>

【비스기】 ㊐ 비스듬히.¶ ▼斜刺 ‖ 괴 열합이 못ᄒᆞ야 비스기 ᄃᆞᆯ려 나니 댱비 ᄯᅩ 와 싸호니 (戰不十合, 布斜刺便走, 張飛早引一軍來迎.) <삼국-가정 7:44> ▼刺斜 ‖ 두 말이 셔로 어우러 삼합이 못ᄒᆞ야셔 샹이 말을 도로혀 비스기 ᄃᆞ르니 (兩騎相交, 不三合, 尙撥回馬刺斜而走.) <삼국-가정 10:106>

【비ᄉᆞᆨ-이】 ㊐ 비스듬히.¶ ▼斜 ‖ 손림이 대취ᄒᆞ야 덧더니 우쥬ᄅᆞᆯ 알ᄑᆡ 버리믈 보고 비ᄉᆞᆨ이 누어 포ᄃᆞ려 닐오ᄃᆡ (綝大醉, 見牛酒列於前, 乃斜臥與布曰.) <삼국-가정 37:71>

【비ᄡᆞᆯ】 ㊒ ((천문)) 빗발. 거센 빗줄기처럼 쏟아지거나 떨어지는 것을 비유적으로 이르는 말.¶ ▼각이 ᄃᆡ로ᄒᆞ야 즁군을 일졔이 나ᄋᆞ가니 셩상의 시셕이 비ᄡᆞᆯ ᄀᆞᆺᄐᆞ여 졍이 졔갈각의 이마를 마치니 각이 번신낙마ᄒᆞ거ᄂᆞᆯ (恪大怒, 催兵打城, 城下亂箭射下. 恪額上正中一箭, 翻身落馬.) <삼국-국중 16:110>

【비여-지-】 ㊍ 비어져 나오다. 겉으로 드러나다.¶ ▼엽희셔 썩 비여져 ᄂᆞ와 (刺斜裏也來.) <삼국-어람 108a>

【비왓-】 ㊍ «비왇다» 뱉다. 입 속에 있는 것을 입 밖으로 내보내다.¶ ▼吐哺 ‖ 쥬공이 토포[먹은 거슬 비왓단 말이라] ᄒᆞ니 텬히 귀심ᄒᆞᄂᆞᆫ도다 (周公吐哺, 天下歸心.) <삼국-가정 16:11>

【비컨대】 ㊐ 비(比)컨대. 비교하여 보건대. 또는 비유하자면.¶ ▼譬如 ‖ 원쇼ᄂᆞᆫ 외로온 손이오 궁진ᄒᆞᆫ 군이라 우리의 코김을 울얼고 이시니 비컨대 어린 아희 손바당 우희 잇ᄂᆞ니 ᄀᆞᆺᄐᆞ니 졋 먹이기ᄅᆞᆯ 긋치면 즉시 주려 죽을 거시어ᄂᆞᆯ 엇디 고올 일을 일로ᄡᅥ 맛디고져 ᄒᆞᄂᆞ뇨 (袁紹孤客窮軍, 仰我鼻息, 譬如嬰孩在股掌之上, 絶其乳哺, 立可餓死. 奈何欲以州事委之?) <삼국-가정 3:6>

【비휴】 ㊒ ((동물)) 비휴(貔貅). 범과 비슷하다고도 하고 곰과 비슷하다고도 하는 맹수. 비는 수컷이고 휴는 암컷이다. 용맹한 군대를 비유함.¶ ▼貔貅 ‖ 삼쳔검패ᄂᆞᆫ[환도 ᄎᆞᆫ단 말이니 문관이라]황도의 추쥬[황도ᄂᆞᆫ 황어뢰라]ᄒᆞ고 ᄇᆡᆨ만 비휴ᄂᆞᆫ[범과 곰이니 무장이라]ᄌᆞ미[황뎨 계신ᄃᆡ라]의 현달ᄒᆞ도다 (三千劍佩走黃道, 百萬貔貅現紫微.) <삼국-가정 18:33> 크게 비휴를 모라 쟝ᄎᆞᆺ 누의[기야미니 도적의 비ᄒᆞᆫ 말이라]를 ᄡᅳ러바리니 (大擧貔貅, 將除螻蟻.) <삼국-가정 29:67> 크게 비휴를 모라 쟝ᄎᆞᆺ 누의[개아미니 도적의 비ᄒᆞᆫ 말이라]를 ᄡᅳ러ᄇᆞ리니 (大擧貔貅, 將除螻蟻.) <삼국-규장 20:89> 냥이 난세예 나 농적의 숨엇더니 션뎨 삼고ᄒᆞ신 은혜ᄅᆞᆯ 닙어 유쥬의 외로온 몸을 맛디시믈 바ᄃᆞ니 일로 인ᄒᆞ야 견마의 슈고로오믈 갈진ᄒᆞ며 비휴의 무리ᄅᆞᆯ 통녕ᄒᆞ야 여ᄉᆞᆺ 번 긔산의 나와 도적을 티믈 ᄆᆡᆼ셰ᄒᆞ엿더니 (亮生于亂世, 銀于農迹.承先帝三顧之恩, 托幼主孤身之重, 因此盡竭犬馬之勞, 統領貔貅之衆, 六出祁山, 誓以討賊.) <삼국-가정 34:62>

【비히-】 ㊍ 베다.¶ ▼伐 ‖ 공명니 ᄒᆞ여곰 남글 비혀 ᄠᅦ롤 ᄆᆡᆫ다라 건너져 ᄒᆞ니 그 남기 물의 니ᄅᆞᄆᆡ 다 잠기ᄂᆞᆫ지라 (孔明令伐木爲筏而渡, 其木到水皆沈.) <삼국-모종 14:100>

【빈도】 ㊌ ((인류)) 빈도(貧道). 덕(德)이 적다는 뜻으로, 중이나 도사가 자기를 낮추어 이르는 일인칭 대명사.¶ ▼貧道 ‖ 너희 메여 가기 ᄌᆞᆨ히 슈골오야 빈되[빈도ᄂᆞᆫ 도ᄉᆞ의 ᄌᆞ칭ᄒᆞᄂᆞᆫ 말이라]너희 갑시 메여다가 쥬리라 (你等挑担生受, 貧道都替你挑一肩.) <삼국-가정 22:67>

【빈번-ᄒᆞ-】 ㊍ 빈번(頻煩)하다.¶ ▼頻煩 ‖ 세 번 도라보미 빈번ᄒᆞ믄 텬하ᄅᆞᆯ 계규ᄒᆞ미오 냥됴[소렬과 후쥐라]의 ᄀᆡ졔ᄒᆞ믄 노신의 ᄆᆞᄋᆞᆷ이로다 (三顧頻煩天下計, 兩朝開濟老臣心.) <삼국-가정 34:128>

【빌미-ᄒᆞ-】 ㊍ 빌미하다. 불행이나 탈의 원인이 되다.¶ ▼害 ‖ 쇼 소왈 ᄂᆡ 공의 병이 젼국ᄉᆡ의 빌미ᄒᆞᆫ 쥴 아노라 견이 실ᄉᆡᆨᄒᆞ여 왈 이 말이 어ᄃᆡ로좃ᄎᆞ 왓ᄂᆞ뇨 (紹笑曰: "吾知公疾, 乃害傳國璽耳." 堅失色曰: "此言何來?") <삼국-모종 1:104>

【빌이-】 ㊍ 빌리다. 남의 물건을 공짜로 달라고 호소하여 얻다. 또는 도로 주기로 하고 얻어 쓰다.¶ ▼假 ‖ 제 다만 조ᄎᆞ 니곽[각]을 봉ᄒᆞ냐 거긔장군 지앵후ᄅᆞᆯ 봉ᄒᆞ고 ᄉᆞ예교위ᄅᆞᆯ 거나려 졀월을 빌이고 곽ᄉᆞ로 후쟝군을 삼아 졀월을 빌여 ᄒᆞᆫ가지로 졍ᄉᆞ을 잡고 (帝只得從之, 封李傕爲車騎對軍池陽侯, 領司隸校尉, 假節鉞, 郭汜爲後將軍美陽侯, 假節鉞, 同秉朝政.) <삼국-모종 2:37>

【빗-】 ㊍ (술을) 빚다. 지에밥과 누룩을 버무려 술을 담그다.¶ ▼셩이 술 다엿 셤을 빗고 돗 여라믄을 잡아시되 감히 쳔ᄌᆞᄒᆞ야 먹디 못ᄒᆞ야 (成釀五六斛酒, 殺十餘口猪, 未敢就飮.) <삼국-가정 7:50>

【빗긔-】 ㊍ 기대다.¶ ▼憑 ‖ 공명이 현덕다려 일너 왈 이

제 마초 정히 진퇴양난ᄒᆞ니 ᄂᆡ 숨촌불난지설을 빗긔여 친히 초의 ᄉᆡ예 가 마초을 달ᄂᆡ여 항복께 ᄒᆞ리라 (孔明謂玄德曰: "今馬超正在進退兩難之際, 亮憑三寸不爛之舌, 親往超寨, 說馬超來降.") <삼국-모종 11:23>

【빗기-】 동 비스듬히 하다. 비끼다.¶ ▼橫 ‖ 송헌니 영낙ᄒᆞ고 창을 늘고 말게 올나 진젼의 나셔니 안량이 칼을 빗기고 문긔 ᄋᆞ릐 셧더니 (宋憲領諾, 綽鎗上馬, 直出陣前. 顏良橫刀立馬於門旗下.) <삼국-국중 6:24>

【빗더-서-】 동 비켜서다.¶ ▼閃過 ‖ ᄎᆡᆨ이 창을 더져 ᄐᆡᄉᆞ자를 디르니 ᄐᆡᄉᆞᄌᆡ 빗더셔며 그 창을 써 잡으며 ᄐᆡᄉᆞᄌᆡ 쏘한 창을 더져 ᄉᆞᆫᄎᆡᆨ을 디르니 ᄎᆡᆨ이 쏘한 몸을 빗켜며 그 창을 잡으니 (策一鎗搠去, 慈閃過, 挾住鎗; 慈也一鎗搠去, 策亦閃過, 挾住鎗.) <삼국-국중 4:18>

【빗최-】 동 비치다. 빛이 나서 환하게 되다.¶ ▼照 ‖ 초션이 창하의 닐어나 머리를 빗다가 홀연이 보니 창밧 못가의 ᄒᆞᆫ ᄉᆞ람이 빗최니 그림ᄌᆡ 극히 댱ᄃᆡᄒᆞ고 머리의 속발관을 썻ᄂᆞᆫ지라 (時貂蟬起於窗下梳頭, 忽見窗外池中照一人影, 極長大, 頭戴束髮冠.) <삼국-모종 2:12>

【빗키-】 동 비키다. 피하다.¶ ▼閃過 ‖ ᄎᆡᆨ이 창을 더져 ᄐᆡᄉᆞ자를 디르니 ᄐᆡᄉᆞᄌᆡ 빗더셔며 그 창을 써 잡으며 ᄐᆡᄉᆞᄌᆡ 쏘한 창을 더져 ᄉᆞᆫᄎᆡᆨ을 디르니 ᄎᆡᆨ이 쏘한 몸을 빗켜며 그 창을 잡으니 (策一鎗搠去, 慈閃過, 挾住鎗; 慈也一鎗搠去, 策亦閃過, 挾住鎗.) <삼국-국중 4:18>

【빗티-】 동 비키다. 피하다.¶ ▼閃 ‖ 흥이 노긔 듕텬ᄒᆞ여 쳥농도를 드러 튱의 ᄃᆡ골을 쎄티려 ᄒᆞ니 튱이 빗텨 ᄃᆞ라나거ᄂᆞᆯ (興見馬忠是害父仇人, 氣衝牛鬪, 擧青龍刀望忠便砍. 忠閃過, 敗走.) <삼국-가정 27:36>

【빙ᄋᆡ】 명 ((지리)) 빙애(砯崖). 벼랑.¶ ▼崖 ‖ 이졔 요힝이 음평 빗긴 길노 남글 붓들고 빙ᄋᆡ의 달니여 나려와 이 ᄃᆡ공을 일우니 ᄌᆞ 죠흔 ᄭᅬ 안니라 실상 국가 큰 복을 힘입은 일린니 (今僥倖自陰平斜徑, 攀木懸崖, 成此大功, 非出良謀, 實賴國家洪福耳.) <삼국-모종 19:60>

【빋】 명 ((색채)) 빛.¶ ▼色 ‖ 공명니 무ᄉᆞ를 ᄭᅮ지써[저] 미러ᄂᆡ여 버히ᄅᆞ ᄒᆞ니 확니 정히 두려ᄒᆞᆫ 비티 업고 공명을 도라보아 갈오ᄃᆡ (孔明叱武士推出斬之, 獲全無懼色, 回顧孔明曰.) <삼국-모종 14:105>

【ᄇᆞ둑】 명 ((민속)) 바둑. 두 사람이 검은 돌과 흰 돌을 나누어 가지고 바둑판 위에 번갈아 하나씩 두어 가며 승부를 겨루는 놀이.¶ ▼弈棋 ‖ 늉이 두 아다리 잇스니 나희 오히려 어린지라 ᄯᅢ예 바야흐로 집에 잇셔 ᄃᆡᄒᆞ여 안ᄌᆞ ᄇᆞ둑 두더니 (融有二子, 年尙少, 時方在家, 對坐弈棋.) <삼국-모종 7:23>

【ᄇᆞ라-】 동 어떤 것을 향하여 보다. 바라보다. 향하다.¶ ▼看着 ‖ 녀푀 창을 드러 막ᄌᆞᄅᆞᄅᆞᆯ 뎡티 못ᄒᆞ야 현덕의 ᄂᆞᆺ출 ᄇᆞ라고 디ᄅᆞ려 ᄒᆞ거ᄂᆞᆯ 현덕이 급히 도로틘대 (呂布架隔遮攔不定, 看着玄德面相刺一戟.玄德急閃.) <삼국-가정 2:89> ᄉᆞ마의 뒤희 이셔 촉채예 화광이 니러나며 함셩이 긋디 아니ᄒᆞᄆᆞᆯ 보고 승부를 아디 못ᄒᆞ야 군ᄉᆞ를 직촉ᄒᆞ야 화광을 ᄇᆞ라며 ᄃᆞᆯ려가더니 믄득 함셩이 니러나며 강유 위연이 좌우로 즛텨 내ᄃᆞ라 일딘을 흔살ᄒᆞ니 (懿引兵正望火光中殺來, 忽然喊聲大震, 左有魏延, 右有姜維, 兩路殺出.) <삼국-가정 34:7> 뉴비를 주기면 이ᄂᆞᆫ 문을 ᄇᆞ라ᄂᆞᆫ 과뷔 되리니 뉘 다시 혼인ᄒᆞ쟈 ᄒᆞ리오 내 ᄯᆞᆯ의 일ᄉᆡᆼ을 그릇 믿ᄃᆞᆯ리로다 (殺了劉備, 便是望門寡, 明日再怎的說親? 須誤了我女兒一世!) <삼국-가정 17:99> 디난 고올ᄃᆞᆯ흘 다 블 디ᄅᆞ고 사ᄅᆞᆷ을 겁냑ᄒᆞ니 관원들이 ᄇᆞ람을 ᄇᆞ라고 도망ᄒᆞ야 숨더라 (逢州遇縣放火劫人, 所在官吏望風逃竄.) <삼국-가정 1:17> 인이 급히 오ᄇᆡᆨ 궁노슈를 블러 위의 휘개 아래를 ᄇᆞ라며 쏘라 ᄒᆞ니 위 급히 ᄆᆞᆯ을 도로혀다가 올ᄒᆞᆫ풀히 궁노살흘 마자 ᄆᆞᆯ게 ᄂᆞ려디다 (仁急招五百弓弩手, 望麾蓋下一齊射之. 公急勒回馬時, 右臂上中一弩箭, 翻身落馬.) <삼국-가정 24:96>

【ᄇᆞ람】 명 ((천문)) 바람.¶ ▼風 ‖ 디난 고올ᄃᆞᆯ흘 다 블 디ᄅᆞ고 사ᄅᆞᆷ을 겁냑ᄒᆞ니 관원들이 ᄇᆞ람을 ᄇᆞ라고 도망ᄒᆞ야 숨더라 (逢州遇縣放火劫人, 所在官吏望風逃竄.) <삼국-가정 1:17> 셩샹의 창검이 ᄒᆡ예 ᄇᆡ이고 졍긔 ᄇᆞ람의 부치니 (城樓上槍刀耀日, 遍城盡挿旌旗號帶.) <삼국-가정 28:53>

【ᄇᆞ람-벽】 명 ((주거)) 벽(壁). 방이나 칸살의 옆을 둘러막은 둘레의 벽.¶ ▼현덕이 당샹을 ᄇᆞ라보니 션ᄉᆡᆼ이 몸을 뒤텨 닐녀 ᄒᆞ다가 ᄇᆞ람벽을 향ᄒᆞ야 도라눕거ᄂᆞᆯ (却說玄德凝望堂上, 見先生翻身, 將及起, 又朝裏壁睡着.) <삼국-규장 9:41>

【ᄇᆞ리-】[1] 동 버리다. 가지거나 지니고 있을 필요가 없는 물건을 내던지거나 쏟거나 하다.¶ ▼還 ‖ 인슈를 맛디고 벼ᄉᆞᆯ을 ᄇᆞ리고 삼인이 밤낫 탁군으로 가니 (還官印綬, 吾已去矣. 玄德、關、張連夜回涿郡.) <삼국-가정 1:81> ▼棄 ‖ 젹이 관병이 ᄂᆞ른다 ᄒᆞ여 ᄌᆡ믈을 ᄇᆞ리고 다라나거ᄂᆞᆯ 견이 좃ᄎᆞ 올나가 ᄒᆞᆫ 도젹을 쥭이니 니러므로 군현이 일홈을 아라 천거ᄒᆞ여 교위를 숨고 (賊以爲官兵至, 盡棄財物奔走, 堅趕上, 殺一賊, 由是郡縣知名, 薦爲校尉.) <삼국-모종 1:21>

【ᄇᆞ리-】[2] 동보 보조적 연결어미 '-아', '-어'와 함께 쓰이어, 앞 말이 나타내는 행동이 이미 끝났음을 나타내는 말.¶ ▼이거시 다 요술이니 ᄂᆡ일 양과 돗틀 잡아 군ᄉᆞ로 ᄒᆞ여곰 그 피를 가지고 뫼 우히 복병ᄒᆞ얏다가 도적이 ᄶᅩ차오ᄂᆞᆫ ᄯᅢ를 기ᄃᆞ려 놉흔 언덕의셔 ᄲᅳ리면 그 법을 가히 프러 ᄇᆞ리리라 (此妖術也. 來日可宰猪羊血, 令軍伏于山頭, 候賊赶來, 高坡上潑之, 其法可解.) <삼국-가정 1:56> ᄉᆞ쟈 보ᄂᆞᆫ ᄃᆡ 글월을 ᄶᅵ텨 ᄇᆞ리고 ᄭᅮ지저 믈니티니 (當面扯碎書, 叱退使.) <삼국-가정 8:42> 공명이 둔갑법을 ᄡᅥ 음운이 ᄭᅵ이고 하ᄂᆞᆯ히 어둡게 ᄒᆞ엿더니 군ᄉᆞ를 거둔 후의 하ᄂᆞᆯ히 다시 청명ᄒᆞ니 이ᄂᆞᆫ 공명이 뉵뎡뉵갑을 모라 부운을 ᄡᅳ러 ᄇᆞ리미라 (此時司馬懿奔入本寨, 人報初更時陰雲暗黑, 乃孔明用遁甲之法; 後來收兵已了, 天復晴朗, 乃孔明驅六丁六甲, 掃蕩浮雲也.) <삼국-가정 34:8>

【ᄇᆞ리이-】 동 버림받다. 버려지다. 버림을 받다.¶ ▼시절의 은통을 닙어 서로 천진ᄒᆞ야 슈월 ᄉᆞ이예 됴탁ᄒᆞ야 블ᄎᆞ로 탁용ᄒᆞ고 ᄉᆞ태우로 ᄒᆞ야곰 드르히 ᄇᆞ리여 쓰이디 못ᄒᆞ니 이ᄂᆞᆫ 갓과 신이 밧고이듯 ᄒᆞ얏ᄂᆞᆫ지라 (見寵于時, 更相薦說, 旬月之間, 幷各拔擢: 樂松處常伯, 任芝居納言, 郤儉、梁鵠各受豊爵不次之寵, 而令搢紳之徒委伏畎畝, 口誦堯舜之言, 身蹈絶俗之行, 棄捐溝壑, 不見逮及, 冠履倒易.) <삼국-가정 1:6>

【ᄇᆞᄅᆞ-】 동 바르다. (헝겊, 종이 등에 풀칠을 하여) 일정한 물체 위에 붙이다. 또는 (액체, 가루 등을) 다른 물체에 문질러서 묻히거나 입히다. ᄇᆞᄅᆞ다> 바르다.¶ ▼擦抹 ‖ 드ᄂᆞᆫ 칼로 ᄉᆞᆯ흘 버혀 져혀고 쌔의 다ᄃᆞ라 독약의 긔운을 글거 ᄇᆞ리고 됴ᄒᆞᆫ 약을 ᄇᆞᄅᆞ고 창구ᄅᆞᆯ 감텨 두면 ᄌᆞ연 됴흐려니와 (吾用尖利之器割開皮肉, 直至於骨, 刮去藥毒, 用藥敷之, 以線縫其口, 自然無事.) <삼국-가정 24:101>

【ᄇᆞᄅᆞᆷ】[1] 명 ((천문)) 바람.¶ ▼風 ‖ ᄂᆡ일 황혼의 반다시 큰 ᄇᆞᄅᆞᆷ이 불 거시니 ᄇᆞᄅᆞᆷ 이ᄂᆞᆫ 거ᄉᆞᆯ 보고 서 남 북 삼문 복병으로 ᄒᆞ여금 다 화전을 가저 성안을 쏘와 (來日黃昏後, 必有大風, 但看風起, 便令西、南、北三門伏軍盡將火箭射入城去.) <삼국-모종 7:34>

【ᄇᆞᄅᆞᆷ】[2] 명 ((건축)) 벽(壁). 방이나 칸살의 옆을 둘러막은 둘레의 벽.¶ ▼壁衣 ‖ 운당이 보니 벽의[ᄇᆞᄅᆞᆷ의 댱톄로 된 거시라] 뒤히 사ᄅᆞᆷ이 만히 잇고 다 칼흘 자밧거ᄂᆞᆯ (關公見壁衣之後多人密布, 皆掣劍在手.) <삼국-가정 9:103> ▼壁 ‖ 뫼 ᄒᆞᆫᄒᆞ기ᄅᆞᆯ 마디 아니ᄒᆞ야 글 ᄒᆞ나ᄒᆞᆯ ᄇᆞᄅᆞᆷ의 쓰고 (瑁悔恨至甚, 遂寫詩一首於壁間.) <삼국-가정 11:119>

【ᄇᆞᄅᆞᆷ-독】 명 ((질병)) 바람독. 바람을 맞아 입은 독.¶ ▼風涎 ‖ 문이 병근이 두뢰 속의 ᄇᆞᄅᆞᆷ이 만히 드러 나디 못ᄒᆞ여 그러ᄒᆞ니 내 ᄒᆞᆫ 법이 이시니 몬져 마폐탕을 쁜 후의 드ᄂᆞᆫ 도ᄎᆡ로 ᄃᆡ골 뒤흘 죠곰 ᄲᆞ리고 ᄇᆞᄅᆞᆷ독을 내면 이 병이 즉시 ᄒᆞ리고 다시 나디 아니ᄒᆞ리이다 (病根在腦袋中, 風涎不能出.枉服湯藥, 不可治療.某有一法: 先砍'麻肺湯', 然後用利斧砍開腦袋, 取出風涎, 此病可以除根.) <삼국-가정 25:88>

【ᄇᆞᄅᆞᆷ-마즈-】 동 바람맞다. 중풍(中風)에 걸리다.¶ ▼中風 ‖ 일〻은 죄 한 계교ᄅᆞᆯ ᄉᆡᆼ각ᄒᆞ여 아ᄌᆞ비 오믈 보고 거즛 싸희 업더져 ᄇᆞᄅᆞᆷ마즌 형상을 뵈이니 (操忽心生一計: 見叔父來, 詐倒於地, 作中風之狀.) <삼국-국중 1:21>

【ᄇᆞᄅᆞᆷ-벽】 명 ((건축)) 벽(壁). 바람벽. 방이나 칸살의 옆을 둘러막은 둘레의 벽. 'ᄇᆞᄅᆞᆷ'[壁]은 'ᄇᆞᄅᆞᆷ'[風]과 동음어인데 동음충돌을 피하기 위해 한자어 '벽'(壁)을 접미한 것이다.¶ ▼壁 ‖ 현덕이 당샹을 ᄇᆞ라보니 션ᄉᆡᆼ이 몸을 뒤텨 닐려 ᄒᆞ다가 ᄇᆞᄅᆞᆷ벽을 향ᄒᆞ야 도라 눕거ᄂᆞᆯ (却說玄德凝望堂上, 見先生翻身, 將及起, 又朝裏壁睡着.) <삼국-가정 12:102>

【ᄇᆞᄅᆞᆷ-병】 명 ((질병)) 중풍(中風). 뇌혈관 장애로 갑자기 정신을 잃고 넘어져서 구안와사(口眼喎斜), 반신불수, 언어장애 따위의 후유증을 남기는 병.¶ ▼風息 ‖ 이ᄂᆞᆫ ᄇᆞᄅᆞᆷ병이로쇼이다 (此時王上風息所患之病也.) <삼국-가정 25:88>

【ᄇᆞ아-디-】 동 부서지다.¶ ▼碎 ‖ 툐션이 또 손으로ᄡᅧ 동탁을 ᄀᆞᄅᆞ치고 눈믈을 스서 ᄀᆞᆷ초니 뫼 ᄆᆞ옴이 ᄇᆞ아디ᄂᆞᆫ ᄃᆞᆺᄒᆞ더라 (貂蟬以手指董卓, 强擦淚眼. 布心如碎.) <삼국-가정 3:87> 듕군 졔쟝이 다 심담이 ᄇᆞ아디ᄂᆞᆫ ᄃᆞᆺᄒᆞ야 긔고와 창검을 ᄇᆞ리고 ᄃᆞ라나거ᄂᆞᆯ (中軍衆將, 心膽皆碎, 抛旗棄鼓而走.) <삼국-가정 9:39> ▼粉碎 ‖ 길일을 ᄀᆞᆯᄒᆡ여 미오의 옴겨 뭇더니 하ᄂᆞᆯ히 크게 우레ᄒᆞ며 비 오니 싸히 믈 깁ᄑᆡ 두어 자히라 벽녁ᄒᆞ야 탁의 무덤을 헤텨 관 밧긔 내여 가족과 ᄲᅧ 다 ᄇᆞ아디거ᄂᆞᆯ (臨葬之期, 天降大雷雨, 平地水深數尺, 霹靂震開卓墓, 提出棺外, 皮骨皆粉碎.) <삼국-가정 4:5>

【ᄇᆞ아-지-】 동 부서지다.¶ ▼粉碎 ‖ 이 셩을 직희여 몸이 비록 가로갓치 ᄇᆞ아질디라도 ᄯᅩᄒᆞᆫ 항치 아니ᄒᆞᆯ 거시니 (死據此城, 城雖粉碎, 身亦不降也.) <삼국-규장 17:95>

【ᄇᆞ야-흐로】 부 바야흐로. ᄇᆞ야[催]-#ᄒᆞ-+-으-+-로(부사파생 접미사).¶ ▼方 ‖ 이제 봄믈이 ᄇᆞ야흐로 니르니 공은 맛당이 ᄲᆞᆯ이 가 각〻 편안ᄒᆞ믈 도모ᄒᆞ라 (卽目春水方生, 公當速去, 各圖安逸.) <삼국-가정 20:41>

【ᄇᆞᄋᆞ티-】 동 부서뜨리다.¶ ▼打碎 ‖ 조예 사ᄅᆞᆷ으로 ᄒᆞ여곰 구리 기동을 ᄇᆞᄋᆞ텨 낙양의 슈운ᄒᆞ야 두 큰 사ᄅᆞᆷ을 디워 ᄉᆞ마 문밧긔 셰오고 일홈을 옹듕이라 ᄒᆞ고 (睿令人打碎銅柱, 運來洛陽. 又鑄兩個銅人, 號爲'翁仲'.) <삼국-가정 35:15>

【ᄇᆡ-】 동 빛나다. 눈부시다.¶ ▼映 ‖ ᄒᆞᆫ 길 군ᄉᆡ 창과 환되 ᄒᆡ예 ᄇᆡ고 북소ᄅᆡ 싸히 진동ᄒᆞ야 나아와 거가ᄅᆞᆯ 구ᄒᆞᆫ다 (有一路軍馬, 鎗刀映日, 金鼓震天, 前來救駕.) <삼국-가정 5:18> ▼照 ‖ 마ᄋᆞᆯ을 ᄯᅥ나 ᄇᆡᆨ여 보ᄂᆞᆫ 오더니 멀리셔 ᄇᆞ라보니 두 줄 홍사 쵹농이 ᄇᆡ엿ᄂᆞᆫᄃᆡ (離府行不到百餘步, 遙見兩行紅沙照道.) <삼국-가정 3:79> ▼耀 ‖ 셩샹의 창검이 ᄒᆡ예 ᄇᆡ고 졍긔 ᄇᆞ람의 부치니 (城樓上槍刀耀日, 遍城盡挿旌旗號帶.) <삼국-가정 28:53>

【ᄇᆞᆯ히-】 동 따르다. 지키다. 이행하다.¶ ▼踐 ‖ ᄂᆡ 맛당이 텬ᄌᆞᄅᆞᆯ 보고 젼부션봉을 원ᄒᆞ여 괘효벌오ᄒᆞ야 역적을 ᄉᆡᆼ금ᄒᆞ여 ᄡᅥ 이형의 졔고ᄒᆞ야 젼ᄆᆡᆼ을 ᄇᆞᆯ히리라 (吾當面見天子, 願爲前部先鋒, 掛孝伐吳, 生擒逆賊, 祭告二兄, 以踐前盟!) <삼국-국중 13:146>

【ᄇᆞᆫ다시】 부 반드시.¶ ▼必 ‖ 공명 왈 이ᄂᆞᆫ ᄇᆞᆫ다시 강동이 황조ᄅᆞᆯ 파ᄒᆞᆫ 고로 쥬공을 쳥ᄒᆞ여 보슈ᄒᆞᆯ 일을 샹의코ᄌᆞ ᄒᆞ미라 (孔明曰: "此必因江東破了黃祖, 故請主公商議報讐之策也.") <삼국-모종 7:5>

【ᄇᆞᆫᄃᆞ시】 부 반드시.¶ ▼必 ‖ ᄯᅩ 관공으로 ᄒᆞ여곰 동의 형쥬를 엄습ᄒᆞᄂᆞᆫ 쥴 알면 ᄇᆞᆫᄃᆞ시 형쥬 닐을까 두려ᄒᆞ여 퇴병ᄒᆞ리니 셔황으로 ᄒᆞ여곰 승세 엄ᄉᆞᆯᄒᆞ면 젼공을 어드리라 (且使關公知東吳將襲荊州. 彼恐荊州有失, 必速退兵, 卻令徐晃乘勢掩殺, 可獲全功.) <삼국-국중 13:58>

한회 말을 달녀 압희 나아가 간ᄒᆞ여 왈 조운니 젹국을 달ᄂᆡ니 ᄆᆡ복이 ᄇᆞᆫᄃᆞ시 잇슬가 져허ᄒᆞ노ᄅᆞ (韓浩拍馬向前諫曰: “趙雲誘敵, 恐有埋伏.”) <삼국-모종 7:17>

【ᄇᆞᆫᄉᆞ-ᄒᆞ-】 동 반사(班師)하다. 전쟁에 나갔던 군사를 거느리고 돌아가거나 돌아오다.¶ ▼班師 ‖ 이제 군ᄉᆞ를 ᄂᆞ오고셔 ᄒᆞ나 능히 이긔지 못ᄒᆞᆯ 거시니 물너ᄀᆞ고저 ᄒᆞ나 ᄉᆞᄅᆞᆷ의 우음이 엇슬가 두리미라 이에 잇스나 유익ᄒᆞᆷ이 업ᄉᆞ니 위왕 반ᄃᆞ시 ᄇᆞᆫᄉᆞᄒᆞ리라 (今進不能勝, 退恐人笑, 在此無益, 不如早歸: 來日魏王必班師矣.) <삼국-국중 12:147>

【ᄇᆞᆯ】 명의 겹. 곱.¶ ▼層 ‖ 즁군이 일시의 함셩ᄒᆞ고 관흥을 여러 ᄇᆞᆯ ᄡᅡ니 흥의 힘이 고단ᄒᆞ여 능히 ᄃᆡ덕디 못ᄒᆞ더니 (衆軍一聲喊起, 將關興圍在垓心. 興力孤, 不能展轉.) <삼국-가정 27:37>

【블그-】 형 ❶ 밝다. 불빛 따위가 환하다.¶ ▼通紅 ‖ 온 셩둥의 블이 니러 낫ᄀᆞ티 블그니 이 블은 박망쇼둔ᄒᆞ던 블도곤 더 거록ᄒᆞ더라 (滿縣火起, 上下通紅. 當夜之火, 又勝博望燒屯之火.) <삼국-가정 13:98> ❷ 생각이나 태도가 분명하고 바르다.¶ ▼明 ‖ 영화와 은혜 다 나타나면 샹해 동심ᄒᆞ여 다ᄉᆞᆯ미 블그리라 (榮恩幷著, 上下同心, 爲治之道, 于斯明矣.) <삼국-가정 21:81>

【블긔】 명 발기[件記]. 물품 즉 음식, 복식, 기명 등의 목록을 적은 문서.¶ ▼抄寫 ‖ 위 다 ᄉᆞ양티 아니ᄒᆞ고 바다 이수의게 드리고 금은 긔명과 비단 등물은 일〻히 블긔ᄅᆞᆯ 명ᄇᆡᆨ히 ᄒᆞ야 고의 녀코 쓰디 아니ᄒᆞ더라 (雲長不能推托, 將所賜美女盡送入內門, 令服侍二嫂嫂; 金銀緞匹抄寫明白歸庫.) <삼국-가정 9:19>

【블셔】 부 벌써. 블셔> 벌써.¶ ▼已 ‖ 강둥의 블셔 션쳑을 쥰비ᄒᆞ여시니 부인은 술위예 올라 셩의 나가사이다 (大江之中, 已準備下船隻, 至今便請夫人上車出城.) <삼국-가정 20:14> 태 칼흘 드러 ᄉᆞᆯ흘 버혀 좌우로 헤혀고 바ᄅᆞ 쌔의 니ᄅᆞ니 쎄 블셔 프ᄅᆞ럿거ᄂᆞᆯ 태 칼흘 글그니 쌔 긁ᄂᆞᆫ 소ᄅᆡ 멀리 들리ᄂᆞᆫ디라 (佗下刀割開皮肉, 直至于骨, 骨上已青. 佗用刀刮之有聲.) <삼국-가정 24:102> 괴 관 당으로 더브러 도원의셔 결의ᄒᆞᆯ 제 ᄒᆞᆷ긔 죽으므로 ᄆᆡᆼ세ᄒᆞ엿더니 이제 운당이 블셔 주거시니 내 엇디 홀로 부귀ᄅᆞᆯ 누리리오 (孤與關、張二弟在桃園結義時, 誓同生死. 今雲長已亡, 孤豈能獨享富貴乎?) <삼국-가정 25:76>

【블오】 부 바로.¶ ▼直 ‖ 운이 창을 쌔혀 블오 강유ᄅᆞᆯ 취ᄒᆞ여 싸홀ᄉᆡ 수합이 못ᄒᆞ야 유의 졍신이 ᄇᆡ승ᄒᆞᄂᆞᆫ디라 (雲挺鎗直取姜維, 戰不數合, 維精神倍長.) <삼국-모종 15:64>

【블오-】 동 «ᄇᆞᆲ다» 밟다.¶ ▼내 박망파의 니ᄅᆞ러 뎍군을 만나 진녁ᄒᆞ야 뉴비ᄅᆞᆯ 잡으려 ᄒᆞ더니 제갈량이 블로 티니 블 니러나ᄂᆞᆫ 고ᄃᆡ ᄉᆞ〻로 블와 주그니 열희셔 네다여시 상ᄒᆞ엿ᄂᆞ이다 (某至博望坡下遇敵軍, 欲盡力去取劉備, 被諸葛亮用火攻; 火起處, 自相殘害, 十傷四五.) <삼국-가정 13:64>

【블ᄒᆞ-】 동 바라다. 소망(所望)하다.¶ ▼希圖 ‖ 너희 등이 엇지 부긔를 블ᄒᆞ야 모역ᄒᆞᄂᆞ뇨 (俱是汝等亂賊, 希圖富貴, 共造逆謀!) <삼국-국중 13:129>

【ᄇᆞᆰ으-】 형 밝다. 생각이나 태도가 분명하고 바르다.¶ ▼明 ‖ 영화와 은혜 다 나타나면 샹해 동심ᄒᆞ여 다ᄉᆞᆯ미 ᄇᆞᆰ으리라 (榮恩幷著, 上下同心, 爲治之道, 于斯明矣.) <삼국-규장 15:16>

【ᄇᆞᆰ-히】 부 밝히. 밝게. 분명히. 일정한 일에 대하여 똑똑하고 분명하게.¶ ▼明 ‖ 글노써 양봉을 쥬어 그 마음을 편켜 ᄒᆞ고 ᄃᆡ신을 ᄇᆞᆰ히 고ᄒᆞ여 경ᄉᆞ의 양식 업기로 거ᄀᆡ 허도로 간ᄃᆞ ᄒᆞ면 대신니 듯고 맛당이 흔연니 조ᄎᆞ리라 (以書與奉, 先安其心, 明告大臣, 以京師無糧, 欲車駕幸許都, 近魯陽, 轉運糧食, 庶無欠缺懸隔之憂, 大臣聞之, 當欣從也.) <삼국-모종 2:118>

【ᄇᆞᆺᄀ】 명 밖. 바깥.¶ ▼外 ‖ 감녕이 황조 반ᄃᆞ시 형쥬로 ᄃᆞ라날 줄 알고 이예 동문 ᄇᆞᆺᄀᆡ 복병ᄒᆞ야 기다리더니 죄 슈십 긔ᄅᆞᆯ 거나리고 동문으로 돌츌ᄒᆞ야 (甘寧料得黃祖必走荊州, 乃於東門外伏兵等候, 祖帶數十騎突出東門.) <삼국-모종 7:1>

【ᄇᆞᆺ비】 부 바삐. 일이 많거나 또는 서둘러서 할 일로 인하여 겨를이 없이.¶ ▼連忙 ‖ 감녕이 강하의 잇슬 ᄯᆡ의 제 부친 능조ᄅᆞᆯ 쏘와 죽이무로 오날ᄂᆞᆯ 셔로 보고 원슈ᄅᆞᆯ 갑고ᄌᆞ ᄒᆞ거날 권니 ᄇᆞᆺ비 권ᄒᆞ며 머무ᄅᆞ고 (因甘寧在江夏時, 射死他的父親凌操, 今日相見, 故欲報讎, 權連忙勸住.) <삼국-모종 7:4>

【ᄇᆡ】[1] 명 ((교통)) 배. 사람이나 짐 따위를 싣고 물 위로 떠다니도록 나무나 쇠로 만든 물건.¶ ▼船 ‖ 됴운이 ᄃᆡ답 아니ᄒᆞ고 강ᄀᆞ으로 십여 리나 ᄯᅩᆺ더니 ᄒᆞᆫ 여흘 ᄉᆡ의 다ᄃᆞᄅᆞ니 고기 잡ᄂᆞᆫ ᄇᆡ ᄆᆡ엿거ᄂᆞᆯ (趙雲不答, 沿江趕到十餘里, 灘牛斜纜一隻漁船.) <삼국-가정 20:16>

【ᄇᆡ】[2] 명 ((복식)) 베.¶ ▼布 ‖ ᄒᆞᆫ 도인이 청포ᄇᆡᆨ건으로 손의 댱간을 잡고 우희 ᄇᆡ 한 ᄉᆞᆺ출 ᄆᆡ고 두 머리의 닙구ᄌᆞᄅᆞᆯ 셧ᄂᆞᆫ지라 (忽見一道人, 青袍白巾, 手執長竿, 上縛布一丈, 兩頭各書一‘口’字.) <삼국-모종 2:26>

【ᄇᆡ-고믈】 명 ((교통)) 뱃고물. 배의 뒷부분.¶ ▼後梢 ‖ ᄇᆡ고믈의 드러 수멋더니 이ᄢᅢ예 당ᄒᆞ여 ᄇᆡᄅᆞᆯ 저어 슌풍의 급피 ᄂᆞ려가니 (周善在後梢挾住舵, 放船下水, 風順水急, 船望中流而去.) <삼국-가정 20:20>

【ᄇᆡ-낡】 명 ((식물)) 배나무. ※ 모음으로 시작하는 조사 가운데 ‘와’를 제외한 조사 앞에서 나타나며, 휴지(休止) 앞에서나 자음으로 시작하는 조사와 공동격 조사 ‘와’ 앞에서는 ‘ᄇᆡ나모’로 나타난다.¶ ▼梨樹 ‖ ᄉᆞ당 겨틔 큰 ᄇᆡ남기 이시니 놉픠 십여 댱이라 건시뎐 ᄆᆞᄅᆞᆯ ᄒᆞ염즉ᄒᆞ니이다 <삼국-가정 25:80> 사당 잇고 그 겻틔 ᄒᆞᆫ 주 ᄇᆡ남긔 잇스니 킈 십여 장이니 건시젼을 보ᄒᆞ기 가하니라 (祠傍有一株大梨樹, 高十餘丈, 堪作建始殿之梁.) <삼국-모종 13:19>

【ᄇᆡ도-ᄒᆞ-】 동 배도(倍道)하다. 하루에 보통 사람의 갑절 거리를 걷다. 이틀에 갈 길을 하루에 걷다.¶ ▼倍道 ‖

신의 형 죄 적병이 잣가이 니ᄅᆞ믈 알고 하후돈이 힘이 젹어 능히 ᄃᆡ뎍기 어려올가 ᄒᆞ야 또 신을 보내여 ᄇᆡ도ᄒᆞ야 와 도으라 ᄒᆞ더이다 (臣兄聽知賊兵至近, 恐夏侯惇孤力難爲, 又差臣倍道而愛協助.) <삼국-가정 5:63> 군ᄉᆞᄅᆞᆯ 지촉ᄒᆞ야 밤낫 ᄇᆡ도ᄒᆞ야 신셩으로 ᄃᆞ려가더라 (星夜倍道催趲軍行.) <삼국-가정 30:115> ᄀᆞ만이 한듕으로 나가 또ᄒᆞᆫ 군듕의 숨어 밤낫 ᄇᆡ도ᄒᆞ야 ᄃᆞᆫ창 셩하의 니ᄅᆞ러 멀로 ᄒᆞ여곰 능히 쥰비티 못ᄒᆞ긔 ᄒᆞ고 (暗出漢中, 是吾藏於軍中, 星夜倍道, 徑到城下, 使彼副能調兵也.) <삼국-가정 32:55> ▼兼道 ‖ 병은 신속ᄒᆞ미 귀ᄒᆞ니 이제 쳔리의 가 사ᄅᆞᆷ을 엄습ᄒᆞ려 호ᄃᆡ 츼듕이 만하 나아가기 어려오니 경긔로 ᄇᆡ도ᄒᆞ야 그 방비티 아니호믈 엄습ᄒᆞ야 노ᄅᆞᆯ 금홈만 ᄀᆞᆺ디 못ᄒᆞ니 모ᄅᆞ미 길 아ᄂᆞᆫ 쟈ᄅᆞᆯ 어더 향도ᄅᆞᆯ ᄒᆞ라 (兵貴神速. 今千里襲人, 輜重多, 難以趨利; 不如輕兵兼道以出, 掩其不備. 虜可擒也. 須得曾識徑路者以引之.) <삼국-가정 11:87> ▼趲行 ‖ 녀몽이 뉵손의게 긔별ᄒᆞ여 ᄇᆡᆨ의인으로 ᄒᆞ여곰 ᄂᆞᆯ란 ᄇᆡ 십여 쳑의 시러 심양강으로 나아갈ᄉᆡ 듀야의 ᄇᆡ도ᄒᆞ여 븍녁 언덕의 니ᄅᆞ러 (呂蒙預先傳報陸遜, 後發白衣人駕快船十餘隻, 往潯陽去, 晝夜趲行, 直抵北岸.) <삼국-가정 24:126>

【ᄇᆡ-ᄃᆡ】 명 ((교통)) 상앗대. 노(櫓). 배질을 할 때 쓰는 긴 막대. 배를 댈 때나 띄울 때, 또는 물이 얕은 곳에서 배를 밀어 나갈 때 쓴다.¶ ▼棹 ‖ 어시예 간으로 더부러 년야의 ᄉᆞᆫ의 나려 강변의 이ᄅᆞ러 ᄇᆡᄅᆞᆯ ᄎᆞᄌᆞ ᄇᆡᄃᆡᄅᆞᆯ 날여 강북의 더져 임의 조ᄉᆡ예 이ᄅᆞᄆᆡ (於是與幹連夜下山, 至江邊尋著原來船隻, 飛棹投江北, 既至操寨.) <삼국-모종 8:24>

【ᄇᆡ반-ᄒᆞ-】 동 배반(背叛)하다.¶ ▼分顔 ‖ 동탁의 양ᄌᆞ 녀포 이시니 만뷔 당티 못ᄒᆞ고 용이 이시나 다 쥬ᄉᆡᆨ의 ᄶᅡ디ᄂᆞᆫ 무리라, 이제 서ᄅᆞ 니간케 ᄆᆞᆫ들 계규ᄅᆞᆯ ᄡᅳ고져 ᄒᆞ노니 너ᄅᆞᆯ 몬져 녀포의게 허ᄒᆞ고 조초 동탁을 줄 거시니 네 그 ᄉᆞ이예 형세ᄅᆞᆯ 보와 뎌 부ᄌᆞ로 ᄒᆞ여곰 니간ᄒᆞ야 서ᄅᆞ ᄇᆡ반케 ᄒᆞ야 녀포로 ᄒᆞ여곰 동탁을 죽여 큰 사오나온 놈을 업시ᄒᆞ고 (董卓手下一義兒, 姓呂名布, 有萬夫不當之勇. 我觀二人皆是酒色之徒, 今欲用連環之計, 先將汝許嫁呂布, 然後獻與董卓. 汝于中取便, 諜間太父子分顔, 令布殺卓, 以絶大惡.) <삼국-가정 3:66>

【ᄇᆡ-부ᄅᆞ-】 형 배부르다. 더 먹을 수 없이 양이 차다.¶ ▼飽 ‖ ᄌᆡ 주육을 찻거날 술을 주워 오두을 마셔도 취치 안니ᄒᆞ고 안주 양 ᄒᆞᆫ 바리을 먹어도 ᄇᆡ부루지 안니ᄒᆞ난지라 (慈索酒肉, 操令與之, 飲酒五斗不醉, 肉食全羊不飽.) <삼국-모종 11:80>

【ᄇᆡᄉᆞ-ᄒᆞ-】 동 배사(拜辭)하다. 작별을 고하다.¶ ▼拜辭 ‖ 관공이 ᄌᆞ수써 고ᄒᆞ고 상부의 가 조ᄌᆞᄅᆞᆯ ᄇᆡᄉᆞ코저 ᄒᆞ니 죄가 그 ᄯᅳ즐 알고 이예 혼금ᄒᆞ니 (關公入內告知二嫂, 隨卽至相府, 拜辭曹操, 操知來意, 乃懸回避於門.) <삼국-모종 4:77>

【ᄇᆡ-ᄉᆞᆸ】 명 ((신체)) 배꼽. 탯줄이 떨어지면서 배의 한가운데에 생긴 자리.¶ ▼臍 ‖ 또 동탁의 시슈ᄅᆞᆯ 져ᄌᆞ거리의 호령ᄒᆞᆯᄉᆡ 탁이 몸이 근본 비ᄃᆡᄒᆞᆫ지라 그 시ᄅᆞᆯ 보ᄂᆞᆫ 군ᄉᆡ 불을 가져 그 ᄇᆡᄉᆞᆸ 가온ᄃᆡ 노하 등잔을 삼으니 기름이 흘너 ᄯᅡ히 ᄀᆞ득ᄒᆞᆫ지라 (卓屍肥胖, 看屍軍士以火置其臍中爲燈, 膏流滿地.) <삼국-국중 2:108>

【ᄇᆡ-ᄭᅩᆺ】 명 ((식물)) 배꽃. 배나무의 꽃.¶ ▼梨花 ‖ 그 창니 전신에 ᄇᆡᄭᅩᆺ갓치 춤추고 두로 몸에 어즈러니 ᄒᆞ면 구름갓치 나붓그러니 장함[합] 서황니 마음에 놀납고 담니 ᄯᅥ러 감히 저적지 못ᄒᆞ거날 (那鎗渾身上下, 若舞梨花, 遍體紛紛, 如飄瑞雪, 張郃、徐晃心驚膽戰, 不敢迎戰.) <삼국-모종 12:31>

【ᄇᆡ-ᄯᅵ】 명 ((교통)) 상앗대. 노(櫓). 배질을 할 때 쓰는 긴 막대.¶ ▼棹槳 ‖ 이장이 슈명ᄒᆞ여 셔셩은 ᄇᆡ예 나려 일ᄇᆡᆨ 도부슈가 ᄇᆡᄯᅵᄅᆞᆯ 젓고 정봉은 말계 올나 일ᄇᆡᆨ 궁노슈가 각ᄀᆞ 말을 타고 남병산을 향ᄒᆞ여 오더라 (二將領命, 徐盛下船, 一百刀斧手, 蕩開棹槳, 丁奉上馬, 一百弓弩手, 各跨征駒, 往南屛山來.) <삼국-모종 8:46>

【ᄇᆡ야-흐로】 부 바야흐로. 이제 한창. 또는 지금 바로. ᄇᆡ아[催]#-ᄒᆞ-+-으-+-로(부사 파생 접미사). ¶ ▼方 ‖ 탁이 왈 ᄂᆡ 명일의 널로 더부러 미오의 도라가 ᄒᆞᆫ가지로 쾌락ᄒᆞ리니 근심치 말라 션이 ᄇᆡ아흐로 눈물을 거두고 ᄇᆡᄉᆞᄒᆞ더라 (卓曰: "吾明日和你歸郿塢去, 同受快樂, 愼勿憂疑." 蟬方收淚拜謝.) <삼국-모종 2:19>

【ᄇᆡ암】 명 ((동물)) 뱀. 파충강 뱀과의 동물을 통틀어 이르는 말. 몸은 원통형으로 가늘고 길며, 다리와 눈꺼풀, 귓구멍이 없다.¶ ▼蛇 ‖ 고죠 ᄇᆡ암을 버히고 의병을 일위여 무도ᄒᆞᆫ 진나ᄅᆞ을 버히니 이ᄂᆞᆫ 난으로부터 다ᄉᆞ리기의 드러가고 (自高祖斬蛇起義, 誅無道秦, 是由亂而入治也.) <삼국-모종 6:76>

【ᄇᆡ야-】 동 보채다. 재촉하다. 돋구다. 어떠한 것을 요구하며 성가시게 조르다.¶ ▼搦 ‖ 손의 ᄒᆞᆫ 쇠막대 ᄶᅢᄅᆞᆯ 드러시니 일홈은 절텬야채 하만이라 딘젼의 이셔 싸홈을 ᄇᆡ야거ᄂᆞᆯ (手提鐵棒一條, 名號'截天夜叉'何曼, 陣前搦戰.) <삼국-가정 4:127>

【ᄇᆡ얌】 명 ((동물)) 뱀. 파충강 뱀과의 동물을 통틀어 이르는 말. 몸은 원통형으로 가늘고 길며, 다리와 눈꺼풀, 귓구멍이 없다.¶ ▼蛇 ‖ 보야흐로 쇼좌의 오ᄅᆞ 거ᄒᆞ더니 홀연 뎐 말로로셔 밋친 ᄇᆞ람이 크게 니러나며 ᄒᆞᆫ 프ᄅᆞᆫ ᄇᆡ얌이 들보 우흐로셔 ᄂᆞ리니 기리 이십여 댱이나 ᄒᆞ더라 어탑의 셔리니 녕뎨 보시고 놀라 것구러디거ᄂᆞᆯ 무ᄉᆡ 급히 구ᄒᆞ야 내니 (方欲升座, 殿角狂風大作, 見一條青蛇, 從梁上飛下來, 約二十餘丈長, 蟠于椅上. 靈帝驚倒, 武士急慌救出.) <삼국-가정 1:3> 태 ᄒᆞ여곰 마ᄂᆞᆯ즙 서 되ᄅᆞᆯ ᄒᆞ여 먹으라 ᄒᆞ니 그 사ᄅᆞᆷ이 집의 가 그대로 ᄒᆞ여 먹으니 ᄇᆡ얌 ᄒᆞ나ᄒᆞᆯ 토ᄒᆞ니 기ᄅᆡ 두어 자히나 ᄒᆞ더라 (佗令取蒜齏汁 三升, 病卽當愈. 其人歸家飲之, 吐蛇一條, 長二三尺, 飲食卽下.) <삼국-가정 25:85> 우리 고황졔 ᄇᆡ얌을 벼희고 의ᄅᆞᆯ 니ᄅᆞ혀무로부터 긔업을 여

러 지금가지 젼ᄒᆞ여더니 불힝이 간웅이 병긔ᄒᆞ야 각ᄀᆞ 일방을 웅거ᄒᆞ니 (自我高皇帝斬蛇起義, 開基立業, 傳至於今, 不奸雄並起, 各據一方.) <삼국-모종 9:39>

【ᄇᆡ얌을 버히다가 발을 샹히오미라】 옥 화사첨족(畵蛇添足).¶ ▼畵蛇添足 ‖ 쟝군이 공적을 일워 위엄이 크게 진동ᄒᆞ여시니 가히 긋칠디라 이제 만일 나가다가 그릇ᄒᆞ미 이실딘대 이 공명이 다 업ᄉᆞᆯ디니 졍히 니ᄅᆞᆫ바 ᄇᆡ얌을 버히다가 발을 샹히오미라 (今若前進, 倘不蹉跌, 此功名皆廢矣. 正所謂畵蛇添足也.) <삼국-가정 36:88>

【ᄇᆡ우-】 동 배우다. 새로운 지식이나 교양을 얻거나, 새로운 기술을 익히다.¶ ▼學 ‖ 석의 인상녀ᄂᆞᆫ 박계ᄒᆞᄂᆞᆫ 힘이 업ᄉᆞᄃᆡ 민지회상의 진국 군신을 ᄭᅮ디저 감히 동치 못ᄒᆞ게 ᄒᆞ엿스니 ᄂᆡ 일즉 만인 적을 ᄇᆡ워스니 무ᄉᆞᆫ 겁ᄒᆞ미 잇스리오 (昔戰國時趙人藺相如, 無縛雞之力, 於澠池會上, 秦國君臣如無物, 況吾曾學萬人敵者乎!) <삼국-국중 12:9>

【ᄇᆡ치】 명 ((교통)) 노(櫓). 상앗대. 물을 헤쳐 가는 기구.¶ ▼柁 ‖ 그 ᄇᆡ를 졔어티 못ᄒᆞ니 ᄲᆞᄅᆞᆫ 믈 가온대 ᄇᆡ 도더니 허뎌 홀로 신위를 분발ᄒᆞ야 두 다리로 ᄇᆡ치를 쎠흔들며 ᄒᆞᆫ 손으로 ᄇᆡ를 저으며 ᄒᆞᆫ 손으로 기ᄅᆞ마를 드러 살흘 ᄀᆞ리오더라 (其船反撑不定, 於急水中旋轉.許褚獨奮神威, 將兩腿夾柁搖撼, 一手使篙撑船, 一手擧鞍遮護曹操.) <삼국-가정 19:16>

【ᄇᆡ하장】 명 ((교통)) 배의 아랫부분. 갑판 밑.¶ ▼艣艫 ‖ 몽이 ᄇᆡ샤ᄒᆞ고 삼만 군병을 뎜고ᄒᆞ고 경쾌ᄒᆞᆫ ᄇᆡ 팔십 쳑을 거ᄂᆞ려 ᄇᆡ 저을 사ᄅᆞᆷ은 다 흰오ᄉᆞᆯ 닙펴 샹고의 민ᄃᆞ리를 ᄒᆞ고 군ᄉᆞ란 ᄇᆡ하장 깁픈 ᄃᆡ 곰초고 (蒙拜謝, 點兵三萬, 快船八十餘隻, 會水者皆穿白衣, 扮作商人, 却將精兵伏於艣艫船中.) <삼국-가정 24:125>

【ᄇᆡ하쟝】 명 ((교통)) 배의 아랫부분. 갑판 밑.¶ ▼艣艫 ‖ 몽이 ᄇᆡ샤ᄒᆞ고 삼만 군병을 뎜고ᄒᆞ고 경쾌ᄒᆞᆫ ᄇᆡ 팔십 쳑을 거ᄂᆞ려 ᄇᆡ 저을 사람은 다 흰 오ᄉᆞᆯ 닙펴 샹고의 민ᄃᆞ리를 ᄒᆞ고 군ᄉᆞ란 ᄇᆡ하쟝 깁흔 ᄃᆡ 감초고 (蒙拜謝, 點兵三萬, 快船八十餘隻, 會水者皆穿白衣, 扮作商人, 却將精兵伏於艣艫船中.) <삼국-규장 17:59>

【ᄇᆡ호-】 동 배우다. 새로운 지식이나 교양을 얻거나, 새로운 기술을 익히다.¶ ▼學 ‖ 네 츈츄 적의 됴나라 닌샹예 몸의 ᄃᆞᆰ 밀 힘도 업ᄉᆞ되 능히 면디 못ᄀᆞ지예 가 진국 군신을 업ᄉᆞᆫ 것ᄀᆞᆺ티 너겨 보왓거ᄂᆞᆫ 내 ᄒᆞ믈며 일즙 만인뎍을 ᄇᆡ홧고 임의 허락ᄒᆞ여시니 엇디 실신ᄒᆞ리오 (昔春秋時, 趙國藺相如無縛鷄之力, 于澠池會上, 覷秦國君臣有如無物, 況吾曾學萬人敵?) <삼국-가정 21:99>

【ᄇᆡᆨ낙】 명 ((인명)) 백락(伯樂). 춘추시대 진(秦)나라 목공(穆公) 때의 인물. 본명은 손양(孫陽). «전국책(全國策)»에 백락이 명마를 잘 식별하였다는 고사가 실려 있다.¶ ▼伯樂 ‖ 촉듕 져근 아젼을 엇디 족히 니ᄅᆞ리오 드ᄅᆞ니 ᄆᆞᆯ이 ᄇᆡᆨ낙을 만나 울고 사ᄅᆞᆷ이 용ᄒᆞᆫ 님금을 만나 죽ᄂᆞᆫ다 ᄒᆞ니 댱별가의 말을 쟝군이 엇더킈 너기ᄂᆞ뇨 (蜀中小吏, 何足道哉! 蓋聞'馬逢伯樂而嘶, 人遇知己而死'. 張別駕昔日之言, 將軍復有意乎?) <삼국-가정 19:115> 연이나 ᄃᆡ기 들으니 말은 ᄇᆡᆨ낙을 만ᄂᆞ며 소ᄅᆡ를 ᄂᆡ고 조작은 나무를 가리여 깃들이ᄂᆞ니 ᄉᆞᄅᆞᆷ이 디긔를 만ᄂᆞ미 엇지 위연ᄒᆞ리요 (蓋聞馬逢伯樂而嘶, 人遇知己而死.) <삼국-국중 11:53>

【ᄇᆡᆨ듀】 명 백주(白晝). 대낮.¶ ▼白日 ‖ 냥군이 납함ᄒᆞ고 일시의 홰ᄅᆞᆯ 쳔ᄇᆡᆨ 줄리나 혀 드니 죠요ᄒᆞ여 ᄇᆞᆯᄀᆞ미 ᄇᆡᆨ듀 ᄀᆞᆺ더라 (兩軍吶喊, 點起千百火把, 照耀如同白日.) <삼국-가정 21:55>

【ᄇᆡᆨ등관】 명 ((복식)) 백등관(白藤冠).¶ ▼白藤冠 ‖ 중노의 이르러 감ᄌᆞ 멘 역뷔 곤ᄒᆞ여 산각 ᄋᆞ릭 쉬더니 홀연 보니 일인니 잇셔 묘일목 피일죡ᄒᆞᆫᄃᆡ 머리의 ᄇᆡᆨ등관을 쓰고 몸의 쳥ᄂᆞ의를 닙어스니 형용이 비범ᄒᆞᆫ지라 (至中途, 挑役夫疲困, 歇於山脚下, 見一先生, 眇一眼, 跛一足, 頭戴白藤冠, 身穿青懶衣, 來與脚夫作禮.) <삼국-국중 12:57>

【ᄇᆡᆨ모-황월】 명 ((기물)) 백모황월(白旄黃鉞). 털이 긴 쇠꼬리를 장대 끝에 매달아 놓은 기와 황금으로 장식한 도끼.¶ ▼白旄黃鉞 ‖ 쟝비 골히눈을 두려시 쓰고 적진 뒤흘 바라보니 쳥나산이 ᄂᆞᆺᄂᆞᆺ ᄒᆞ고 ᄇᆡᆨ모황월과 경긔검극이 ᄂᆞ다시 오거ᄂᆞᆯ (却說張飛睜圓環眼, 隱隱見後軍青羅傘盖招飄之勢, 白旄黃鉞, 戈戟旌幢來到.) <삼국-가정 14:27>

【ᄇᆡᆨ문】 명 백문(白文). 백지 답안지.¶ ▼ᄇᆡᆨ문와 갓ᄐᆞᆫ 말(白身) <삼국-가정 108a>

【ᄇᆡᆨ미】 명 ((음식)) 백미(白米). 흰쌀.¶ ▼白米 ‖ 군량이 긋쳐더시니 남군과 공안의 잇ᄂᆞᆫ ᄇᆡᆨ미 십만 셕을 두 쟝군이 친히 거ᄂᆞ려 와 군젼의 교활호ᄃᆡ (目今軍士缺糧, 特來南郡、公安二處, 取白米十萬, 星夜令二將軍解赴軍前.) <삼국-가정 25:3>

【ᄇᆡᆨ셩】 명 ((인류)) 백성(百姓). 나라의 근본을 이루는 일반 국민.¶ ▼居民 ‖ 건녕 사년 츈이월의 낙양의 디진ᄒᆞ니 각사 마을 담들리 다 믈허디고 바다믈이 다 넘ᄶᅥ니 등 ᄂᆡ 긔 밀 네 고을히 믈결의 후믈리니 ᄇᆡᆨ셩이 다 바다히 ᄲᅡ디거ᄂᆞᆯ (建寧四年二月, 洛陽地震, 省垣皆倒, 海水泛濫, 登、萊、沂、密盡被大浪卷掃居民入海.) <삼국-가정 1:4> 건령 사년 츈이월의 낙양의 디진ᄒᆞ니 각사 마을 담들이 다 문허지고 바다믈이 다 넘ᄶᅥ니 등 ᄂᆡ 긔 밀 네 고을이 믈결의 휘믈리니 ᄇᆡᆨ셩이 다 바다히 ᄲᅡ디거ᄂᆞᆯ (建寧四年二月, 洛陽地震, 省垣皆倒, 海水泛濫, 登、萊、沂、密盡被大浪卷掃居民入海.) <삼국-규장 1:4>

【ᄇᆡᆨ신】 명 ((인류)) 백신(白身). 벼슬이 없는 사람.¶ ▼白身 ‖ 동탁을 구ᄒᆞ야 내여 채예 도라와 삼인이 동탁을 뵌대 탁이 무로ᄃᆡ ᄆᆞᄉᆞᆫ 벼ᄉᆞᆯ ᄒᆞ엿ᄂᆞᆫ다 현덕이 ᄃᆡ왈 ᄇᆡᆨ신이로라[ᄇᆡᆨ신은 아모 벼ᄉᆞᆯ도 업닷 말이라] 탁이 ᄀᆞ장 가ᄇᆡ야이 너겨 샹도 주디 아니ᄒᆞ고 업슈이 너기거ᄂᆞᆯ (救了董卓

回寨. 三人來見董卓, 卓問: 現居何職?" 玄德對曰: '白身.' 卓甚輕之, 不與賞賜.) <삼국-가정 1:52>

【ᄇᆡᆨᄉᆞ】 명 ((동물)) 백사(白蛇). 흰뱀.¶ ▼蛇 ‖ 우리 고황졔 ᄇᆡᆨᄉᆞ를 버히고 의를 이르켜 긔업을 셰워 지금가지 젼ᄒᆞ엿더니 불힝이 간웅이 ᄉᆞ면의 이러나 각〻 일방을 웅거ᄒᆞ엿시나 쳔도를 아지 못ᄒᆞᄂᆞᆫ지라 (自我高皇帝斬蛇起義, 開基立業, 傳至於今; 不奸雄並起, 各據一方; 少不得天道好還.) <삼국-국중 10:47>

【ᄇᆡᆨ우-션】 명 ((기물)) 백우선(白羽扇). 흰 새의 깃으로 만든 부채. 청담을 일삼던 진(晋)나라의 귀족들과 제갈공명이 애용하였다고 함.¶ ▼羽扇 ‖ 거상의 일인니 단졍이 안져시니 머리의 윤건을 쓰고 몸의 학창의를 닙고 숀의 ᄇᆡᆨ우션을 들고 우션으로 형도녕을 불너 왈 (車中端坐一人, 頭戴綸巾, 身披鶴氅, 手執羽扇, 用扇招邢道榮曰.) <삼국-국중 10:9>

【ᄇᆡᆨ쥬】 명 백주(白晝). 대낮.¶ ▼白日 ‖ 냥군이 납함ᄒᆞ고 일시의 홰를 쳔ᄇᆡᆨ ᄌᆞ로나 혀 드니 됴요ᄒᆞ야 발그미 ᄇᆡᆨ쥬 갓더라 (兩軍吶喊, 點起千百火把, 照耀如同白日.) <삼국-규장 14:133>

【ᄇᆡᆨ활-ᄒᆞ-】 동 백활(白活)하다. 발괄하다. 이두어.¶ ▼苦告 ‖ 독워 현니를 늑형ᄒᆞ야 유공을 ᄒᆡ코져 ᄒᆞᆷ으로 우리 등이 ᄇᆡᆨ활ᄒᆞ랴 ᄒᆞ되 문이 막혀 드러가지 못ᄒᆞ노라 (督郵逼勒縣吏, 欲害劉公; 我等皆來苦告, 不得放入, 反遭把門人趕打!) <삼국-국중 1:39>

【ᄇᆡᆺ-머리】 명 ((교통)) 뱃머리. 배의 앞 끝.¶ ▼船頭上 ‖ 부인이 시비를 ᄭᅮ지져 됴운을 ᄭᅳ지버 업디ᄅᆞ라 ᄒᆞ니 운이 밀티고 드리ᄃᆞ라 아두를 품 가온대셔 ᄲᅢ텨 아사 안고 ᄇᆡᆺ머리예 나와 (夫人喝侍婢向前揪捽, 被趙雲推倒, 就懷中奪了阿斗, 抱出船頭上.) <삼국-가정 20:19>

【ᄇᆡᆺ복】 명 ((신체)) 배꼽.¶ ▼臍中 ‖ 호령ᄒᆞ야 탁의 죽엄을 통ᄒᆞᆫ 길 ᄀᆞ의 ᄇᆞ려시니 동탁이 극히 ᄉᆞᆯ진디라 죽엄 맛든 군ᄉᆡ ᄇᆡᆺ복의 블을 혀 등을 삼으니 ᄇᆡᆺ치 ᄇᆞᆯ가 아ᄎᆞᆷ의 니ᄅᆞ고 기ᄅᆞᆷ이 흘러 ᄯᅡ히 ᄀᆞ득ᄒᆞ엿더라 (號令卓屍通道.卓極肥胖, 看屍軍士以火置其臍中以爲燈光, 明照達旦, 膏流滿地.) <삼국-가정 3:126> 호령ᄒᆞ야 탁의 죽엄을 통ᄒᆞᆫ 길ᄀᆞ의 ᄇᆞ려시니 동탁이 극히 ᄉᆞᆯ진디라 죽엄 맛든 군ᄉᆡ ᄇᆡᆺ복의 블을 혀 등을 삼으니 ᄇᆡᆺ치 ᄇᆞᆯ가 아ᄎᆞᆷ의 니ᄅᆞ고 기ᄅᆞᆷ이 흘러 ᄯᅡ히 ᄀᆞ득ᄒᆞ엿더라 (號令卓屍通道. 卓極肥胖, 看屍軍士以火置其臍中以爲燈光, 明照達旦, 膏流滿地.) <삼국-가정 3:126>

【ᄇᆡᆺ-장】 명 ((교통)) 갑판 밑.¶ ▼艨艟 ‖ 이경은 ᄒᆞ여 ᄇᆡᆺ장의 드럿던 군ᄉᆞ들이 일시의 나 봉화ᄃᆡ 딕흰 군ᄉᆞ를 다 잡아ᄆᆡ고 (約至二更, 艨艟中精兵齊出, 將烽火臺上官軍縛倒.) <삼국-가정 24:126> 녀몽이 슈군을 다 흰오ᄉᆞᆯ 닙펴 샹고의 ᄆᆡᆸᄡᅵ를 ᄒᆞ고 졍병은 ᄇᆡᆺ장 속의 ᄀᆞᆷ초와 무ᄐᆡ 니ᄅᆞ러 몬져 봉슈ᄃᆡ 딕흰 군ᄉᆞ를 몬져 자바 ᄆᆡ매 블을 드디 못ᄒᆞ다 ᄒᆞᄂᆞ이다 (呂蒙將水手盡穿白衣, 扮作客商渡江, 精兵伏于艨艟之中, 先擒了守臺士卒, 因此不得擧火.) <삼국-가정 25:18>

【ᄲᅩᆽ-】 동 «ᄲᅩᆽ다» 꽂다.¶ ▼入 ‖ 드ᄃᆡ여 칼흘 도로 ᄲᅩᆽ고 ᄆᆞᆯ게 올라 하ᄂᆞᆯ히 ᄇᆞᆰ디 아냐셔 동군 다히로 가니라 (宮揷劍入鞘上馬, 未及天明, 自到東郡去了.) <삼국-가정 2:39> ▼揷 ‖ 운이 칼흘 ᄲᅩᆽ고 ᄃᆡᄒᆞ여 닐오ᄃᆡ (雲揷劍聲喏曰.) <삼국-가정 20:18>

【ᄲᅳᇡ-】 동 끊다. 길 따위의 통로를 막다.¶ ▼斷 ‖ 또 신탐과 신으로 ᄒᆞ여곰 먼저 믈길을 ᄲᅳᆫ흐라 ᄒᆞ고 ᄉᆞ마의난 ᄃᆡ군을 거나리고 뫼을 ᄉᆞ면으로 둘너ᄡᅡ니 (又令申耽、申儀引兩路兵圍山, 先斷了汲水道路, … 司馬懿大驅軍馬, 一擁而進, 把山四面圍定.) <삼국-모종 16:7>

【ᄣᅢ】 명 때. 시간의 어떤 순간이나 부분.¶ ▼隙 ‖ 이제 외 우리로 ᄒᆞ여곰 위를 침노콰댜 ᄒᆞ고 위 ᄯᅩᄒᆞᆫ 우리로 ᄒᆞ여곰 오를 침노콰댜 ᄒᆞ여 각〻 궤계를 머거 뷘 ᄣᅢ를 타 도모코져 ᄒᆞ니 (方今吳欲令我兵侵魏, 魏亦令我兵侵吳, 各懷譎計, 乘隙而圖之.) <삼국-가정 25:78> ▼이제 운뮈 ᄉᆞ식ᄒᆞ고 삭풍이 긴급ᄒᆞ니 졍히 내 계규를 베플 ᄣᅢ라 (況今彤雲密布, 朔風緊急, 吾計可施矣.) <삼국-가정 30:89>

【ᄣᅢ-】 동 때우다. 액때움하다.¶ ▼놈을 ᄐᆡ와 죽거든 ᄣᅢᆫ 쟈시니 그 후의 ᄐᆞ면 ᄌᆞ연 됴흐리라 (使親近乘之, 待妨死了那人, 方可乘之, 自然無事.) <삼국-가정 12:29>

【ᄣᅥ디-】 동 터지다. 무너지다.¶ ▼塌 ‖ 각ᄉᆡᆨ 화포를 시러 ᄉᆞ면으로 티니 그 소ᄅᆡ 하ᄂᆞᆯ히 ᄣᅥ디며 ᄯᅡ히 ᄆᆡ여디며 뫼히 믄허디며 바다히 ᄭᅳᆯ른 ᄃᆞᆺ ᄒᆞᆫ디라 (大將軍各色火炮, 齊擧打城, 猶如天塌地陷, 山崩海沸.) <삼국-가정 32:3>

【ᄣᅥ러-디-】 동 떨어지다. (해나 달이) 서쪽으로 지는 것을 수평선 밑으로 내려간다는 뜻에서 이르는 말.¶ ▼墜 ‖ 원쥐 그날 ᄭᅮᆷ의 ᄒᆡ 둘히 원 뒤히 ᄣᅥ러뎌 뵈거ᄂᆞᆯ 놀라 ᄭᆡᄃᆞ라 오ᄉᆞᆯ 닙의ᄎᆞ고 나와 두로 보니 원 뒤 플무덕이 우희 화광이 하ᄂᆞᆯ히 다핫ᄂᆞᆫ디라 (莊主是夜夢兩紅日墜于莊後, 莊主驚覺, 披衣出戶, 四下觀望, 見莊後草堆上火起衝天.) <삼국-가정 1:131>

【ᄣᅥ러-지-】 동 떨어지다.¶ ▼墜 ‖ 말이 맛지 못ᄒᆞ야 셔냥편의셔 북쇼ᄅᆡ 진동ᄒᆞ고 블과 ᄂᆡ와 하날흘 더펴 니러나거ᄂᆞᆯ 죄 놀나 거의 말게 ᄣᅥ러질 번ᄒᆞ더라 (說猶未了, 兩邊鼓聲響處, 火烟竟天而起, 驚得曹操幾乎墜馬.) <삼국-가정 16:64>

【ᄣᅥ혀-】 동 떼다.¶ ▼拆 ‖ 공명이 글월을 써 비위를 주어ᄂᆞᆯ 비위 글월을 가지고 건업으로 가 오쥬 손권을 보고 글월을 올린대 권이 ᄣᅥ혀 보니 (褘持書徑到建業, 入見吳主孫權, 呈狀孔明之書. 權拆封視之.) <삼국-가정 33:115>

【ᄣᅥᆯ-】 동 떨리다[顫]. 물체가 작은 폭으로 빠르게 반복하여 흔들리다. (자동사).¶ ▼戰慄 ‖ 뎨 ᄣᅥᆯ으시며 닐오샤ᄃᆡ 딤은 아디 못ᄒᆞ노라 (帝乃戰慄曰: "朕躬不知.") <삼국-가정 8:93> 뎨 조를 보시고 ᄣᅥᆯ기를 마디 아니ᄒᆞ시더니 (帝見曹操, 戰慄不已.) <삼국-가정 21:111>

【ᄠᅥᆯ기】 명 ((식물)) 떨기. 풀이나 꽃, 나무 따위의 더부룩한 무더기.¶ ▼叢中 ‖ 내 ᄉᆡᆼ각ᄒᆞ니 가싀나모 ᄠᅥᆯ기ᄂᆞᆫ 본ᄃᆡ 난봉의 깃드릴 곳이 아니라 ᄒᆞ니 이제 독위ᄅᆞᆯ 죽이고 벼ᄉᆞᆯ을 ᄇᆞ리고 고향의 도라가 각별이 큰 계규ᄅᆞᆯ 도모ᄒᆞᆷ만 ᄀᆞᆺ디 못ᄒᆞ다 (吾思枳棘叢中, 非栖鳳凰之所; 不如殺督郵, 棄官歸鄕, 別圖遠大之計.") <삼국-가정 1:80>

【ᄠᅥᆯ티-】 동 떨치다. 세게 흔들어 떨어지게 하다. ᄠᅥᆯ티다> ᄯᅥᆯ치다> 떨치다.¶ ▼拂 ‖ ᄉᆞ매ᄅᆞᆯ ᄠᅥᆯ티고 드러가니 (拂袖而入.) <삼국-가정 12:67> ᄉᆡ ᄉᆞ매ᄅᆞᆯ ᄠᅥᆯ티고 나와 닐오ᄃᆡ 이 무리 날을 해ᄒᆞ려 ᄒᆞ니 엇디 죽기ᄅᆞᆯ 면ᄒᆞ리오 죽이디 아니면 대당뷔 아니라 (師拂袖出內, 曰: "此輩害吾, 豈得免之? 無毒不丈夫!") <삼국-가정 36:50>

【ᄠᅦ】[1] 명 떼[群]. 무리.¶ ▼排 ‖ 만일 대쇼 젼션을 각〻 모도와 혹 삼십으로 ᄒᆞᆫ ᄠᅦᄅᆞᆯ ᄒᆞ며 혹 오십으로 ᄒᆞᆫ ᄠᅦᄅᆞᆯ ᄒᆞ야 슈미의 쇠골회ᄅᆞᆯ 바가 년ᄒᆞ야 ᄌᆞᄆᆞᆯ고 우희 널을 ᄭᆞ라 너ᄅᆞ긔 ᄒᆞ면 사ᄅᆞᆷ이 평디 ᄃᆞ니ᄃᆞᆺ 편ᄒᆞᆯ ᄲᅮᆫ이 아니라 ᄆᆞᆯ이라도 ᄯᅩᄒᆞᆫ ᄃᆞᆯ리이다 (若以大船小船, 各皆配搭, 或三十爲一排, 或五十爲一排, 首尾用鐵環連鎖, 上鋪闊板, 休言人可渡, 馬亦可走矣.) <삼국-가정 15:121>

【ᄠᅦ】[2] 명 ((교통)) 뗏목.¶ ▼筏 ‖ 조죄 위슈 ᄉᆡ의 이셔 ᄇᆡ와 ᄠᅦᄅᆞᆯ 뫼화 부교 세흘 ᄆᆡ야 남편 언덕의 년ᄒᆞ고 (曹操在渭河內, 將船筏鎖練, 作浮橋三條, 接連南岸.) <삼국-가정 19:25> ▼木筏 ‖ 몬져 사ᄅᆞᆷ으로 ᄒᆞ여곰 남글 버혀 ᄠᅦ ᄆᆡ여 칙을 ᄆᆡᆫᄃᆞ라 우희 ᄆᆞᄅᆞᆫ 플을 싯고 믈의 니근 군ᄉᆞ 오쳔을 ᄐᆡ와 (遂先令人扎木筏百餘隻, 上載草把, 選慣熟水手五千人駕之.) <삼국-가정 33:107>

【ᄠᅦ혀-】 동 떼다. 뜯다.¶ ▼믄득 등홰 ᄯᅴ에 ᄂᆞ려뎌 뒤 ᄇᆞᆫ금단이 ᄐᆞ거ᄂᆞᆯ 승이 놀라 ᄭᆡ텨 보니 ᄒᆞᆫ 모히 블 타 흰 깁이 죠곰 내밀고 은〻히 혈젹이 잇거ᄂᆞᆯ 칼로 ᄠᅦ혀 보니 과연 밀죄러라 (忽然燈花卸落於帶鞓上, 燒着背襯.承驚醒, 視之, 燒破一處, 微露素絹, 隱見血迹.) <삼국-가정 7:96>

【ᄠᅮᆶ-】 동 «ᄠᅮᆶ다» 뚫다.¶ ▼鑿 ‖ 곽쇠 급히 돌ᄒᆞᆯ 슈운ᄒᆞ야 돌히 굼글 ᄠᅮ러 츩으로 ᄆᆡ야 ᄂᆞᆯ려티니 술게 다 브러디거ᄂᆞᆯ (郝昭急命運石鑿眼, 用葛繩穿定飛打, 其車皆折.) <삼국-가정 32:4>

【ᄠᅱ-】 동 뛰다. 발을 몹시 재게 움직여 빨리 나아가다.¶ ▼濺 ‖ 친히 ᄎᆞᆫ 검을 ᄲᅢ혀 남글 티니 징〻ᄒᆞ여 소ᄅᆡ 잇더니 피 ᄠᅱ여 몸의 ᄀᆞ득ᄒᆞ거ᄂᆞᆯ (拔所佩劍, 親自砍之, 錚錚有聲, 血濺滿身.) <삼국-가정 25:82> 믄득 광풍이 대작ᄒᆞ여 흰 믈결이 하ᄂᆞᆯ히 다핫ᄂᆞᆫᄃᆡ 강쉬 ᄠᅱ여 농포의 젓고 농쥐 쟝ᄎᆞᆺ 업티게 되엿거ᄂᆞᆯ (忽然狂風大作, 白浪滔天, 江水濺濕龍袍, 大船將覆.) <삼국-가정 28:53>

【ᄠᅱ-놀-】 동 뛰놀다. ᄠᅱ(뛰다, 踊)-+놀(놀다, 遊)-. ᄠᅱ놀다> ᄯᅱ놀다> 뛰놀다.¶ ▼踴躍 ‖ 죄 대희ᄒᆞ야 ᄠᅱ놀며 닐오ᄃᆡ (操大喜, 踴躍而言曰.) <삼국-가정 11:44> 모다 글월을 보고 ᄠᅱ놀며 칭찬ᄒᆞ더라 (衆皆踴躍稱善.) <삼국-가정 11:99> 현덕이 ᄠᅱ놀며 깃거 닐오ᄃᆡ (玄德踴躍而長嘆曰.) <삼국-가정 12:66>

【ᄠᅱ여들-】 동 뛰어들다.¶ ▼跳 ‖ 오ᄉᆞᆯ 거두들고 유확의 ᄠᅱ여들고져 ᄒᆞ거ᄂᆞᆯ (撩衣下殿, 望油鼎中便跳.) <삼국-가정 28:29>

【ᄠᅳ-】 동 (눈을) 뜨다. 감았던 눈을 벌리다.¶ ▼睜 ‖ 댱비 대로ᄒᆞ야 골희눈을 두려디 ᄠᅳ고 니ᄅᆞᆯ ᄀᆞᆯ며 ᄆᆞᆯ게 ᄂᆞ려 드리ᄃᆞᄅᆞ니 독위 졍히 텽상의 안자셔 아젼을 동여 디윗거ᄂᆞᆯ (張飛大怒, 睜圓環眼, 咬碎鋼牙, 滾眼下馬, 徑入館驛. 把門人見了, 皆遠躱避. 直奔後堂, 見督郵坐于廳上, 將縣吏綁倒在地.) <삼국-가정 1:78>

【ᄠᅳ-】 형 굼뜨다. 느리거나 더디다.¶ ▼慢 ‖ 일쳔군을 거ᄂᆞ려 ᄇᆡᆨ하 ᄂᆞᄅᆞ 어귀예 가 ᄆᆡ복ᄒᆞ라 조군이 믈의 ᄧᅩ치면 여긔 슈셰 ᄀᆞ장 ᄠᅳ니 반ᄃᆞ시 이러로 ᄃᆞ라날 거시니 승셰ᄒᆞ야 ᄌᆞᆺ디ᄅᆞ고 운댱을 졉응ᄒᆞ라 (引一千軍白河渡口埋伏. 曹軍被淹, 此處水勢最慢, 人馬必從此逃難, 可乘勢殺來接應雲長.) <삼국-가정 13:92>

【ᄠᅳ더-내-】 동 뜯어내다.¶ ▼曲 ‖ 수플을 의지ᄒᆞ며 뫼ᄒᆞᆯ 겻져 젼후ᄅᆞᆯ ᄇᆞ라보고 츌입의 문이 잇고 진퇴예 곡졀이 이시니 비록 녜 손 외 ᄌᆡᄉᆡᆼᄒᆞ고 양졔 다시 올디라도 이예셔 디나디 못ᄒᆞ리니 이제 통이 부러 ᄠᅳ더내야 됴흐니 구ᄌᆞ니 ᄒᆞ면 통의 진짓 ᄆᆞ음이 아니니이다 (傍山依林, 前後顧盼, 出入有門, 進退曲折, 雖古之孫、吳再生, 穰苴復出, 亦不過于此矣. 非統曲爲褒奬, 乃眞心也.) <삼국-가정 15:118>

【ᄠᅳᆮ】 명 뜻. 무엇을 하겠다고 속으로 먹는 마음.¶ ▼意 ‖ 내 쵀쟝군을 보면 ᄌᆞ연 닐러 플 거시니 승샹의 관홍ᄒᆞᆫ ᄠᅳ들 막디 말라 (我見蔡將軍, 自有分解.旣丞相美度, 敎關雲長去, 不可廢丞相寬洪之意.) <삼국-가정 9:120> ▼色 ‖ 확은 변방 사ᄅᆞᆷ이라 되 풍쇽이 닉으니 오ᄂᆞᆯ날 ᄉᆞᄉᆞ로 역적의 범호믈 아ᄂᆞᆫ디라 샹해 앙〻ᄒᆞᆫ ᄠᅳ디 이시므로 거가ᄅᆞᆯ 도와 황ᄇᆡᆨ셩의 가 ᄡᅧ 그 분원ᄒᆞᆫ ᄠᅳ들 펴고져 ᄒᆞᄂᆞ니 폐하ᄂᆞᆫ ᄎᆞᄆᆞ쇼셔 (傕乃邊鄙之人, 習於夷風. 今日自知所犯悖逆, 常有怏怏之色, 欲輔駕幸黃白城, 以舒其憤怨. 陛下忍之, 豈可顯其罪也.) <삼국-가정 5:18>

【ᄠᅳᆺ】 명 뜻. 무엇을 하겠다고 속으로 먹는 마음.¶ ▼心中 ‖ 내 ᄠᅳᆺ의ᄂᆞᆫ 바ᄅᆞ 관우ᄅᆞᆯ ᄉᆞᆷᄭᅵ고져 ᄒᆞ거ᄃᆞᆫ 엇디 힘드렁이 죽으리오 (吾心中已有呑關羽之意, 豈死於等閑乎?) <삼국-가정 24:67> ▼意 ‖ ᄀᆞ장 내 ᄠᅳᆺ의 합ᄒᆞ니 ᄲᆞᆯ리 ᄒᆡᆼᄒᆞ라 (甚合吾意, 可卽行之.) <삼국-가정 21:95> 노슉의 쳥ᄒᆞ미 반ᄃᆞ시 사오나온 ᄠᅳᆺ이 잇거ᄂᆞᆯ 부친이 엇디 허ᄒᆞ시니잇고 (魯肅相邀, 必有惡意, 父親何故許之?) <삼국-가정 21:97>

【ᄠᅳᆺ져기-】 동 뜯적이다. 끄적이다.¶ ▼尋章摘句 ‖ 손건 미튝 간옹의 뉴ᄂᆞᆫ ᄇᆡᆨ면셔ᄉᆡᆼ이라 글귀ᄅᆞᆯ ᄠᅳᆺ져기ᄂᆞᆫ 쟈근 션ᄇᆡ라 경뉸졔셰[세샹을 거ᄂᆞ리고 나라ᄒᆞᆯ ᄆᆡᆫ다라 내단 말이라]ᄒᆞᆯ 션ᄇᆡ 아니니 엇디 패업을 일울 사ᄅᆞᆷ이리오 (孫乾、糜竺、簡雍之輩, 乃白面書生, 尋章摘句小儒, 非經綸濟世之士, 豈成霸業之人也?) <삼국-가정 12:18>

【ᄶᅵ-】 동 찌다. 뜨거운 김으로 익히거나 데우다.¶ ▼蒸 ‖ 셩 남녁 ᄆᆞ올 ᄇᆡᆨ셩의 집의셔 밥을 짓다가 솟 가온대

ᄒᆞᆫ 쟈근 아ᄒᆡ 삐여 죽어시니 두 블샹ᄒᆞᆫ 일이오 (城南鄕民造飯, 飯甑之中, 有一小兒蒸死于內, 二不祥也.) <삼국-가정 35:35>

【ᄣᅳ-】 동 따다. 가르다.¶ ▼剖開 ‖ ᄂᆞᆯ란 칼로 그 ᄇᆡ를 ᄣᅳ고 오장뉵부를 약믈로 시스되 그 사ᄅᆞᆷ이 죠곰도 알ᄑᆞᆫ 줄을 아디 못ᄒᆞ거든 (却用尖刀剖開其腹, 以藥湯洗臟腑, 剝肺剜心, 其病人略無疼痛.) <삼국-가정 25:84>

【ᄣᅳ려-디-】 동 부서지다. 깨지다.¶ ▼破 ‖ 허러딘 기ᄉᆡ 엇디 알히 ᄣᅳ려디디 아니ᄒᆞ리오 (那有巢毀而卵不破者乎?) <삼국-가정 13:70> ▼粉碎 ‖ 손권이 현덕을 깁히 ᄒᆞᆫᄒᆞ야 분노ᄒᆞ미 심ᄒᆞ야 안샹의 노햣ᄂᆞᆫ ᄇᆡᆨ옥 벼로돌흘 ᄊᆞ히 더디니 ᄀᆞᄅᆞᄀᆞ티 ᄣᅳ려디거ᄂᆞᆯ (孫權深恨玄德, 忿怒轉加, 將案上玉石硯摔爲粉碎.) <삼국-가정 17:126>

【ᄣᅳ리-】 동 쪼개다. 부수다. 깨뜨리다.¶ ▼ᄑᆞᆯ은 알파도 가히 ᄲᅧ를 글그려니와 ᄃᆡ골을 ᄣᅳ리랴 (臂痛可刮骨, 孤腦袋安可比臂也?) <삼국-가정 25:89>

【ᄯᆞᆯ오-】 동 따르다. 따라가다.¶ ▼趕 ‖ 댱임이 급히 도로 텨 ᄃᆞᆺ거ᄂᆞᆯ 댱비 ᄯᆞᆯ와 셩하의 니ᄅᆞ니, 댱임이 믈러 셩듕의 들고 들ᄃᆞ리를 드더라 (張任火急回身, 張飛直趕到城下. 張任退入城中, 拽起吊橋.) <삼국-가정 21:8> ᄌᆞ룡이 급피 ᄯᆞᆯ온대 위 딘듕의 여ᄃᆞᆲ 대쟝이 일시의 내ᄃᆞ라 마자 ᄡᆞ호니 (子龍趕去, 魏陣中八員將一齊來迎.) <삼국-가정 30:12>

【ᄣᅵ】 명 때. 시간의 어떤 순간이나 부분.¶ ▼텬ᄉᆡᆨ이 황혼ᄣᅵ여 위 네 녁 뫼 우흘 ᄇᆞ라보니 다 형쥐 토병이라 (比及天色黃昏, 關公遙望四山之上, 皆是荊州土兵也.) <삼국-가정 25:30>

【ㅄ-】 동 «ᄡᅳ다» 쓰다. 붓 따위로 획을 그어 글자를 이루다. 또는 짓다.¶ ▼寫下 ‖ 뉴긔 지삼 ᄇᆡ문ᄒᆞ니 자헤 ᄃᆞᄃᆞ여 도동을 명ᄒᆞ야 지필을 가져 팔귀를 ᄡᅧ 주거ᄂᆞᆯ (劉再三拜問, 紫虛遂命道童取紙筆, 寫下八句言語, 付與劉.) <삼국-모종 10:108>

【ᄡᅡ호-】 동 싸우다.¶ ▼殺 ‖ 관흥이 그날 진단샹의셔 뎍진듕의 ᄢᅦ쳐 드러가 ᄡᅡ호더니 마초와 반장을 만나 말을 쳐 ᄶᅩᄎᆞ니 (原來關興殺入吳陣, 正遇仇人潘璋, 驟馬趕來.) <삼국-규장 19:21> ▼칼흘 두르고 ᄃᆞ라드러 툐의 믈을 ᄀᆞ로막아 ᄡᅡ호니 죄 시러곰 버서나 ᄃᆞ라나다 (輪刀縱馬, 攔住馬超. 操得命走脫.) <삼국-가정 19:5> 젼후 다ᄉᆞᆺ 길 군ᄆᆡ 어우러 ᄡᅡ호니 함셩이 텬지 진동ᄒᆞ고 고각이 짓괴니 관위 히심 듕의 ᄡᅧ여 인ᄂᆞᆫ더라 (前後五路軍馬, 喊聲震地, 鼓角喧天, 將關公圍在垓心.) <삼국-규장 17:84>

【ᄡᅡ호-】 동 «ᄡᅡ흘다» 썰다.¶ ▼割 ‖ 승이 안자셔 보ᄆᆡ 마음이 칼로 ᄡᅡ흐ᄂᆞᆫ ᄃᆞᆺᄒᆞ더라 (承在座觀之, 心如刀割.) <삼국-규장 6:86>

【ᄡᅡ흘-】 동 썰다.¶ ▼剮 ‖ 너희 등이 내 부형을 해ᄒᆞ여시니 일만 번 ᄡᅡ흐라도 오히려 가ᄇᆡ압다 (汝等害吾父兄, 萬剮猶輕!) <삼국-규장 9:71>

【ᄡᅧ-곰】 부 ~(으로)써. ~하여. ᄡᅳ[用]-+-어(연결 어미)+-곰(강세 접미사).¶ 'ᄡᅧ'의 힘줌말.¶ ▼以 ‖ 이제 한나라 운쉬 쟝ᄎᆞᆺ 진케 되얏고 큰 셩인이 나시니 너희 맛당이 하ᄂᆞᆯ을 슌ᄒᆞ야 졍ᄒᆞᆫ 일을 조차 ᄡᅧ곰 태평의 즐거오미 되라 (今漢運數將終, 大聖人出, 汝等皆宜順天從正, 以樂太平.) <삼국-가정 1:16> 고조ᄂᆞᆫ 진·항이 병닙[진은 나라히오 항은 항위라]ᄒᆞ야 텬해 대란ᄒᆞ야 ᄇᆡᆨ셩이 뎡ᄒᆞᆫ 님금이 업섯ᄂᆞᆫ디라 그러므로 항ᄒᆞᄂᆞ니를 밧고 븟좃ᄂᆞ니를 샹주어 ᄡᅧ곰 오ᄂᆞ니를 권ᄒᆞ엿거니와 (昔秦、項之際, 天下大亂, 民無定主, 故招降賞附, 以勸來耳.) <삼국-가정 1:64> 운이 원컨대 인의엣 님군을 조차 텬하를 평안케 ᄒᆞ고져 ᄒᆞ니 ᄒᆞᆫ갓 원시를 ᄇᆡ반ᄒᆞᆯ ᄲᅮᆫ 아니라 ᄡᅧ곰 볼근 님군을 엇고져 ᄒᆞ미라 (雲願從仁義之主, 以安天下, 非特背袁氏以投明公.) <삼국-가정 3:15>

【ᄡᅧ-호-】 동 «ᄡᅧᄒᆞ다» 여기다. ᄡᅧ+-ᄒᆞ-+-오(삽입 모음)-.¶ ▼以爲 ‖ 군신 쟝ᄉᆞ들이 ᄡᅧ호ᄃᆡ 종묘샤직이 멸망ᄒᆞ여시니 (群臣將士, 以爲社稷墮廢.) <삼국-가정 26:60> 이제 신의 졔 쟝좌들이 ᄡᅧ호ᄃᆡ (今臣群僚以爲.) <삼국-가정 24:18> 위 ᄡᅧ호ᄃᆡ 심복의 사ᄅᆞᆷ이라 ᄒᆞ여 의심티 아니ᄒᆞ여 머믈워 두더라 (公遂以爲心腹, 留而不疑.) <삼국-가정 9:3>

【ᄡᅧ-ᄒᆞ-】 동 ('以爲'를 逐字譯하여) 여기다. 생각하다.¶ ▼以爲 ‖ 군신 쟝ᄉᆞ들이 ᄡᅧᄒᆞᄃᆡ 종묘샤직이 멸망ᄒᆞ여시니 (群臣將士, 以爲社稷墮廢.) <삼국-규장 18:69>

【ᄡᅧ】 부 써. 하여.¶ ▼以 ‖ 비ᄂᆞᆫ 맛당이 형양 무리로 더부러 ᄡᅧ 죠의 압흘 막으면 역죠을 가히 사루잡고 간당을 가이 멸ᄒᆞ고 (備當擧荊襄之衆, 以遏操之前, 則逆操可擒, 姦黨可滅.) <삼국-모종 10:5>

【ᄡᅧ흘-】 동 썰다.¶ ▼剮 ‖ 댱픠 스ᄉᆞ로 드ᄂᆞᆫ 칼을 가지고 범강 댱달을 잡아 일만 졈의 ᄡᅧ흘고 능지ᄒᆞ야 아ᄇᆡ 신녕의 제ᄒᆞ다 (張苞自仗利刀, 將范疆、張達萬剮凌遲, 祭父之靈.) <삼국-규장 19:29>

【ᄡᅩ-】 동 쏘다. 발사하다. 활이나 총, 대포 따위를 일정한 목표를 향하여 발사하다.¶ ▼射 ‖ ᄇᆡᆨ셩이 피뢰ᄒᆞ면 소요ᄒᆞ미 나고 우히 게어ᄅᆞ며 아래 사오나오면 와히ᄒᆞᄂᆞ니 샹담의 닐오되 ᄡᅩ와 여러 번 마치디 못ᄒᆞ미 ᄉᆞᆯ펴 발홈만 ᄀᆞᆺ디 못ᄒᆞ다 ᄒᆞ니 (夫民疲勞, 則騷擾之兆生; 上慢下暴, 則瓦解之形起. 諺曰: '射幸數跌, 不如審發.') <삼국-가정 37:48>

【ᄡᅩ와 여러 번 마치디 못ᄒᆞ미 ᄉᆞᆯ펴 발홈만 ᄀᆞᆺ디 못ᄒᆞ-】 속 여러 번 활 쏘아 맞추지 못하느니 살펴 쏘는 것이 낫다.¶ ▼射幸數跌, 不如審發 ‖ ᄇᆡᆨ셩이 피뢰ᄒᆞ면 소요ᄒᆞ미 나고 우히 게어ᄅᆞ며 아래 사오나오면 와히ᄒᆞᄂᆞ니 샹담의 닐오되 ᄡᅩ와 여러 번 마치디 못ᄒᆞ미 ᄉᆞᆯ펴 발홈만 ᄀᆞᆺ디 못ᄒᆞ다 ᄒᆞ니 (夫民疲勞, 則騷擾之兆生; 上慢下暴, 則瓦解之形起. 諺曰: "射幸數跌, 不如審發.") <삼국-가정 37:48>

【ᄡᅩ기-】 동 속이다. 거짓을 참으로 곧이듣게 하다.¶ ▼賺 ‖ 공명니 눈물을 ᄲᅳ려 마쇽을 버히고 쥬방니 털을 ᄭᅳᆫ

허 조후을 쏘기다 (孔明揮淚斬馬謖 周魴斷髮賺曹休.) <삼국-모종 16:15>

【뽀이-】 동 쏘이다. 얼굴이나 몸에 바람이나 연기, 햇빛 따위를 직접 받다. 또는 기운을 드러내거나 받다.¶ ▼光 ‖ 니의 학발홍안이오 눈이 프루고 동지 모져 광치 사름의게 뽀이고 몸이 늘근 잣나모 곳더라 (見李意鶴髮紅顔, 碧眼方瞳, 灼灼有光, 身如古柏之狀.) <삼국-가정 25:93>

【쓰-】 동 쓰다. 사람을 부리다. 또는 사람을 어떤 일정한 직위나 자리에 임명하여 일을 하게 하다.¶ ▼用 ‖ 원컨딕 승상은 순니 곤니을 죽이고 우를 쁜 일을 싱각ᄒᆞ시면 닉 비록 죽으나 구천의 ᄒᆞᆫ니 업슬가 ᄒᆞ나이다 (願丞相思舜帝殛鯀用禹之義, 某雖死亦無恨於九泉.) <삼국-모종 16:17>

【쓰레질-ᄒᆞ-】 동 쓰레질하다. 비로 쓸어서 깨끗이 하다.¶ ▼灑掃 ‖ 셩문 닉외예 스므나믄 빅셩이 머리를 숙이고 쓰레질ᄒᆞ되 방약무인ᄒᆞ야 죠곰도 두려ᄒᆞᄂᆞᆫ 비치 업거늘 ᄉᆞ마의 크게 의심ᄒᆞ야 듕군의 도라와 후군으로 젼군을 삼고 젼군으로 후군을 삼아 븍산 길흘 ᄇᆞ라고 ᄃᆞ라난대 (城門內外, 有二十餘百姓, 低頭灑掃, 傍若無人. 懿看畢大疑, 便到中軍, 敎後軍作前軍, 前軍作後軍, 望北山路而退.) <삼국-가정 31:34>

【쓰리-치-】 동 쓸어버리다. 뿌리치다. 떼치다. 달라붙는 것을 떼어 물리치다.¶ ▼拂 ‖ 됴뎡의 고구ᄃᆡ신과 산림의 은거ᄒᆞ엿ᄂᆞᆫ 션비 다 눈을 쓰고 기다려 놉흔 하ᄂᆞᆯ히 가리온 구름을 쓰리치고 일월의 광치를 우러ᄒᆞ 빅셩을 수하듕의 건질가 ᄒᆞ거늘 (朝廷故舊大臣, 山林隱迹之士, 皆拭目而待: 拂高天之雲翳, 仰日月之光輝, 拯民于水火之中, 措之于袵席之上.) <삼국-가정 14:60>

【쓰리-티-】 동 쓸어버리다. 스치다. 제거되다.¶ ▼화젼을 쓰리티고 칠언ᄉᆞ운시를 지어 드리니 그 글의 ᄒᆞ여시되 (繇援筆立寫七言八句詩以進之.) <삼국-가정 18:32> ▼拂 ‖ 은젼을 쓰리티고 붓을 드러 쓰되 (拂箋寫云.) <삼국-가정 18:41> ᄉᆞᄆᆡ를 쓰리티고 가거늘 (遂拂袖而去.) <삼국-가정 22:68> 무ᄉᆡ 먹을 므텨 분쟝 우희 룡 ᄒᆞᄂᆞ흘 그리고 사ᄆᆡ로 ᄒᆞᆫ 번 쓰리티더니 룡의 ᄇᆡ 졀노 열니거늘 (取墨筆于粉墻上面一條龍, 以袍袖一拂, 龍腹自開.) <삼국-가정 22:73> ▼掃 ‖ 내 아희 ᄒᆞᆫ 번 븍방을 쓰리텨 수천리를 다 평뎡ᄒᆞ고 이긘 군ᄉᆞ를 거ᄂᆞ려 와시니 엇디 이긔디 못ᄒᆞ리오 (吾兒一掃北方, 數千里皆平. 今幸勝兵之來助, 安有不勝之理?) <삼국-가정 23:106>

【쁠리-】 동 쓸게 하다.¶ ▼打掃 ‖ 쥰이 녕ᄒᆞ야 피 무든 싸흘 쁠리고 다시 텬ᄌᆞ를 쳥ᄒᆞ야 잔치ᄒᆞ고 (峻令打掃血地, 復請天子宴飮.) <삼국-가정 36:19> –

【쁫-】 동 씻다. 닦다. 훔치다.¶ ▼拭 ‖ 됴뎡의 고구ᄃᆡ신과 산림의 은거ᄒᆞ엿ᄂᆞᆫ 션비 다 눈을 쁫고 기다려 놉흔 하ᄂᆞᆯ히 가리온 구름을 쓰리치고 일월의 광치를 우러ᄒᆞ 빅셩을 수하중의 건질가 ᄒᆞ거늘 (朝廷故舊大臣, 山林隱迹之士, 皆拭目而待: 拂高天之雲翳, 仰日月之光輝, 拯民于水火之中, 措之于袵席之上.) <삼국-규장 10:55>

【-삐】 접 -씨. (몇몇 명사 뒤에 붙어) 태도 또는 모양을 뜻을 더하는 접미사.¶ ▼扮作 ‖ 튁이 바다가지고 이 밤의 ᄒᆞᆫ 고기 잡ᄂᆞᆫ 사ᄅᆞᆷ의 ᄆᆡ삐를 ᄒᆞ고 ᄒᆞᆫ 사람으로 져근 ᄇᆡ를 저어가다 (澤領了書, 只就當夜扮作漁翁, 一人駕小舟, 望北岸循水而行.) <삼국-가정 15:95> 션듕의 긱샹의 ᄆᆡ삐 ᄒᆞ엿ᄂᆞᆫ 거ᄉᆞᆫ 다 형쥐 슈군이러라 (船中扮作客人的, 皆是荊州水軍.) <삼국-가정 18:14> 이에 쥬션을 블러 ᄀᆞ만이 보낼ᄉᆡ 오ᄇᆡᆨ인을 ᄂᆞᆫ화 다ᄉᆞᆺ ᄇᆡ에 싯고 샹고의 ᄆᆡ삐를 ᄒᆞ여 가되 거ᄌᆞᆺ 구의 문셔를 ᄆᆡᆫᄃᆞ라 의외예 뭇ᄂᆞᆫ 일을 예비ᄒᆞ고 (於是密遣周善, 將五百人, 分作五船, 扮爲商人. 於中更詐修國書, 以備盤詰.) <삼국-가정 20:12> 녀몽이 슈군을 다 ᄒᆡᆫ오ᄉᆞᆯ 닙펴 샹고의 ᄆᆡᆸ삐를 ᄒᆞ고 정병은 빗장 속의 ᄀᆞᆷ초와 무티 니ᄅᆞ러 몬져 봉슈ᄃᆡ 딕흰 군ᄉᆞ를 몬져 자바 ᄆᆡ매 블을 드디 못ᄒᆞ다 ᄒᆞᄂᆞ이다 (呂蒙將水手盡穿白衣, 扮作客商渡江, 精兵伏于艕艟之中, 先擒了守臺士卒, 因此不得擧火.) <삼국-가정 25:18>

【싸-】 동 싸다. 어떤 물체의 주위를 가리거나 막다. 에워싸다.¶ ▼圍裹 ‖ ᄉᆞ마의 병이 니ᄅᆞ러 왕평 댱익을 ᄡᆞ거든 너히 두 사ᄅᆞᆷ이 병을 ᄂᆞᆫ화 즐러 ᄉᆞ마의 본영을 엄습ᄒᆞ라 (若司馬懿兵來, 圍裹王平、張翼至急, 汝二人可分兵兩枝, 徑襲司馬懿之營.) <삼국-가정 32:92> ▼圍 ‖ 봉이 패주ᄒᆞ거ᄂᆞᆯ 뇨홰 승셰ᄒᆞ야 구디 ᄡᆞᆫ ᄃᆡ를 헤티고 나가 샹용으로 가다 (奉大敗, 廖化乘勢殺出重圍, 投上庸去訖.) <삼국-가정 25:33>

【ᄡᆞᆯ】 명 ((곡식)) 쌀. 벼에서 껍질을 벗겨 낸 알맹이.¶ ▼米 ‖ 만일 이 네 고을흘 어드면 이ᄂᆞᆫ 고기와 ᄡᆞᆯ 나ᄂᆞᆫ 싸히라 한상을 가히 댱구히 보존ᄒᆞ리이다 (若取得這四郡, 乃魚米之鄕, 漢上可保長久矣.) <삼국-가정 17:12> ▼穀米 ‖ 냥식이 업셔 도으믈 구ᄒᆞᆫᄃᆡ 그 집의 ᄡᆞᆯ을 두 도의 두어시니 각 삼천 셕이라 유의 말을 듯고 즉시 ᄒᆞᆫ 균을 쥬더이다 (因無糧食, 往求稍助. 其家有兩囷穀米, 各三千斛, 見瑜言, 即指一囷與之.) <삼국-가정 10:52>

【ᄧᅡᆨ-ᄒᆞ-】 동 짝하다. 나란히 하다.¶ ▼并 ‖ 이 사ᄅᆞᆷ이 우흐로 텬문을 통ᄒᆞ고 아래로 디리를 알며 모략이 관듕 악의의게 디디 아니ᄒᆞ고 디혜 손ᄌᆞ 오자의게 ᄧᅡᆨᄒᆞ염즉ᄒᆞ니 (此人上通天文, 下曉地理; 謀略不減于管、樂, 樞機可并於孫、吳.) <삼국-가정 18:79>

【ᄧᅩᆺᄎᆞ-】 동 좇다. 어떤 대상을 잡거나 만나기 위하여 뒤를 급히 따르다.¶ ▼赶 ‖ 독위 고을 아젼을 잡아드려 우김질로 핍박ᄒᆞ야 뉴현위 빅셩을 보챈다 ᄒᆞ고 쓰니 우리 등이 드러가 니ᄅᆞ고져 ᄒᆞ되 문니 티고 ᄧᅩᆺᄎᆞ니 드러가디 못ᄒᆞ야 ᄒᆞ노라 (督郵逼勒縣吏, 欲害劉玄德, 我等皆來苦告, 不得放入, 反遭把門人赶打.) <삼국-가정 1:77>

【ᄧᅴ-】 동 째다. 찢다.¶ ▼剜 ‖ 살흘 무러 ᄡᅢ히니 살밋치

살히 박히고 나지 아니ᄒᆞ거늘 당이 급히 져즌 오슬 벗기고 칼노 ᄢᅧ고 살밋출 ᄂᆡ고 긔를 ᄆᆡ여 동이고 제 젼포를 버셔 황기를 입히고 (咬出箭頭, 箭頭陷在肉內. 當急脫去濕衣, 用刀剜出箭頭, 扯旗束之, 脫自己戰袍與黃蓋穿.) <삼국-가정 16:58>

【ᄢᅧ여-디-】 동 째지다. 찢어지다.¶ ▼裂 ‖ 믄득 ᄃᆡ ᄀᆞ으로셔 일딘광풍이 니러나 비사주셕ᄒᆞ야 급ᄒᆞ미 취우 ᄀᆞᆺ고 ᄒᆞᆫ 소ᄅᆡ 크게 나니 하ᄂᆞᆯ히 믄허디며 ᄯᅡ히 ᄢᅧ여디ᄂᆞᆫ 듯ᄒᆞ고 (忽然臺邊一陣狂風起處, 飛砂走石, 急若驟雨, 一聲響亮, 就如天崩地裂.) <삼국-가정 35:14> 긔쥐 고을들히 원쇼의 ᄃᆡ픽ᄒᆞ믈 듯고 다 놀나 담이 ᄢᅧ여뎌 조조의 군젼의 와 투항ᄒᆞ니 죄 다 위로ᄒᆞ고 안무ᄒᆞ더라 (冀州城邑聞操大破袁紹, 盡皆膽裂, 詣軍前投降. 操皆撫慰之.) <삼국-가정 10:95>

【ᄢᅧ티-】 동 세게 째다. 세게 찢다.¶ ▼毁 ‖ 이제 원쇼ᄂᆞᆫ 강ᄒᆞ고 조조ᄂᆞᆫ 약ᄒᆞ거ᄂᆞᆯ 글월을 ᄢᅧ티고 ᄉᆞ명을 욕ᄒᆞ니 만일 원쇠 노ᄒᆞ야 긔병ᄒᆞ야 오면 엇디ᄒᆞ리오 (方今袁强曹弱, 今毁書叱使, 袁紹若至, 當如之何?) <삼국-가정 8:42> ▼扯 ‖ ᄉᆞ쟈 보ᄂᆞᆫ ᄃᆡ 글월을 ᄢᅧ텨 ᄇᆞ리고 ᄭᅮ지저 믈니티니 (當面扯碎書, 叱退使.) <삼국-가정 8:42>

【ᄣᅳ-】 동 트다. 터놓다.¶ ▼放 ‖ 당비 관우의 믈 ᄢᅥ ᄇᆞ리믈 보고 군ᄉᆞ를 거ᄂᆞ리고 아래로 ᄂᆞ려와 조인을 마가 티더니 (却說張飛因關公放了上流水, 遂引軍從下流殺將來, 截住曹仁混殺.) <삼국-가정 13:101> ▼放走 ‖ 셩을 ᄡᅡ 삼면을 티고 다만 동문 길만 ᄢᅥ 두고 세 고ᄃᆡ 각ᄀᆞ 복병ᄒᆞ여시면 적 이에 니ᄅᆞ러 사ᄅᆞᆷ과 ᄆᆞᆯ이 다 곤ᄒᆞ야 반ᄃᆞ시 잡피리라 (瑜令三面攻縣, 只留東門放走; 離縣三條路, 各伏其軍, 離城二十五里, 太史慈到那裏, 人馬困乏, 必然擒也.) <삼국-가정 5:150>

【ᄢᅥ-디-】 동 터지다.¶ ▼迸裂 ‖ 죄 섬 알픠 밀텨 업티니 벽과 돌이 다 ᄢᅥ뎌 ᄣᅳ려디더라 (推跌於地, 磚皆迸裂.) <삼국-가정 8:76> ▼綻 ‖ 즁관이 황개를 븟드러 니ᄅᆞ혀니 매 마ᄌᆞᆫ ᄃᆡ 가족이 ᄆᆡ여디고 ᄉᆞᆯ히 ᄢᅥ뎌 션혈이 님니ᄒᆞ더라 븟드러 제 댱막의 가니 곰비님비 긔졀ᄒᆞ니 듯ᄂᆞᆫ 사ᄅᆞᆷ이 아니 눈믈 디리 업더라 (衆官扶起黃盖, 打得皮開肉綻, 鮮血迸流, 扶到帳中, 昏絶幾番. 動問之人, 無不下淚.) <삼국-가정 15:89> ▼塌 ‖ 황튱이 압셔 ᄂᆞ리ᄃᆞ리니 그 셰 하ᄂᆞᆯ히 믄허디며 ᄯᅡ히 ᄢᅥ디ᄂᆞᆫ ᄃᆞᆺᄒᆞ더라 (黃忠一馬當先, 驟下山來, 猶如天崩地塌.) <삼국-가정 23:64>

【ᄢᅥ디우-】 동 터뜨리다. 터지게 하다.¶ ▼打 ‖ 너희로 션봉을 ᄒᆞ이엿거든 군ᄉᆡ 나가디 아니ᄒᆞ여셔 허다ᄒᆞᆫ 군긔와 냥초를 다 ᄐᆡ오고 화포를 ᄢᅥ디워 군ᄉᆞ를 만히 샹히와시니 너희를 머어시 ᄡᅳ리오 (吾令汝二人作先鋒, 不曾出軍, 先將許多軍器糧草燒毀, 火炮打死本部軍人. 如此誤事, 要你二人何用?) <삼국-가정 24:41>

【ᄢᅥ-ᄇᆞ리-】 동 터져버리다.¶ ▼放 ‖ 당비 관우의 믈 ᄢᅥᄇᆞ리믈 보고 군ᄉᆞ를 거ᄂᆞ리고 아래로 ᄂᆞ려와 조인을 마가 티더니 (却說張飛因關公放了上流水, 遂引軍從下流殺將來, 截住曹仁混殺.) <삼국-가정 13:101>

【ᄣᅳ-】 동 트다. 갈라지면서 틈이 생기다. 살가죽이 갈라지다. ᄣᅳ다> 트다.¶ ▼決 ‖ 죄 대희ᄒᆞ야 즉시 일만 군을 시겨 두 믈을 ᄣᅳ라 ᄒᆞ고 제군은 다 놉픈 ᄃᆡ 딘티고 믈이 하비로 흘러 들믈 보더라 (操大喜, 差一萬人, 卽決兩河之水. 諸軍皆居高原, 坐視水淹下邳.) <삼국-가정 7:48>

【ᄥᅳ-】 동 ❶ 타다. 치다.¶ ▼拊 ‖ 깃브믈 듯고 손등을 ᄥᅳ니 ᄉᆡᆼ각건대 돗 ᄆᆞᆺ 듯 ᄒᆞ여 ᄒᆞᆫ가지로 한실을 븟들가 ᄒᆞ노이다 (聞慶拊節, 想遂席卷, 共獎王綱.) <삼국-가정 24:121> ❷ 활을 튕기어 쏘다.¶ ▼拽 ‖ 튱이 어제 주기디 아닌 은혜를 ᄉᆡᆼ각ᄒᆞ야 ᄎᆞ마 ᄡᅩ디 못ᄒᆞ여 활을 ᄃᆞ릐야 헛시욹글 ᄥᅳ니 (忠想昨日不殺之恩, 不忍便射, 帶住刀, 把弓虛拽.) <삼국-가정 17:51>

【ᄠᅵ오-】 동 태우다.¶ ▼燒 ‖ ᄉᆡ초를 ᄡᅡ코 블을 디ᄅᆞ니 조병이 견ᄃᆡ디 못ᄒᆞ여 채를 ᄇᆞ리고 ᄃᆞ라나니 그런 수뢰와 부교를 다 ᄠᅵ온디라 (堆積草把, 放起烈火. 操兵抵敵不住, 棄寨而走. 車乘浮橋, 盡被燒毀.) <삼국-가정 19:26> 당비 위연으로 두 길흘 ᄂᆞᆫ화 조조의 냥식 오ᄂᆞᆫ 길흘 ᄀᆞᆺ고 황튱 됴운으로 냥노병을 ᄂᆞᆫ화 뫼히 블을 노화 ᄠᅵ오면 량과 쵸 다 진ᄒᆞ리니 엇디 오래 이시리오 (便差張飛、魏延分兵兩路, 去截曹操糧道; 令黃忠、趙雲分兵兩路, 去放火燒山. 糧草盡絶, 豈能久住乎?) <삼국-가정 23:97> 이제 쵹병이 원근의 길흘 다 막앗고 ᄉᆡ초흘 뫼히 블을 다 노하 ᄠᅵ와시니 군ᄉᆡ 아ᄆᆞ ᄃᆡ 잇ᄂᆞᆫ 줄을 아디 못ᄒᆞᆯ러라 (今蜀軍將遠近小路盡皆塞斷, 砍柴去處盡放火燒絶, 不知兵在何處.) <삼국-가정 23:98> 네 삼쳔 병을 인ᄒᆞ야 위군의 운량ᄒᆞᄂᆞᆫ 곳의 가ᄇᆡ야이 그 영의 드러가디 말고 ᄇᆞᄅᆞᆷ 우흘 조차 블을 노하 뎌의 거당을 ᄠᅵ오면 위병이 반ᄃᆞ시 와 ᄡᅡ리라 (汝引三千兵, 徑到魏軍屯糧之所, 不可入其營, 但于狀風頭放火. 若燒着車仗, 魏兵必來圍吾寨.) <삼국-가정 32:30>

【ㅅ】

【사-】 동 사다[買].¶ ▼沽 ‖ 현덕이 현령을 뫼셔 ᄆᆞᄋᆞᆷ 노화 편히 안자시라 내 집의 됴ᄒᆞᆫ 술이 업ᄉᆞ니 셧녁촌의 가 ᄒᆞᆫ 준 술을 사다가 현령을 ᄃᆡ졉ᄒᆞ리라 (賢侄相陪陳公, 寬懷安坐.老夫家無好酒, 客往西村沽一樽以待陳公.) <삼국-가정 2:35>

【사괴-】 동 사귀다. 가까이하다. 서로 얼굴을 익히고 친하게 지내다.¶ ▼交 ‖ 형이 현덕으로 더부러 사괴과 형이 이졔로 더부러 사괴미 엇더ᄒᆞ뇨 (兄與玄德交, 比弟與兄交何如?) <삼국-국중 6:45>

【사나ᄒᆡ】 명 ((인류)) 사나이. 남자.¶ ▼奴 ‖ 믈읫 집 다ᄉᆞ리ᄂᆞᆫ 되 반ᄃᆞ시 노[사나히 죵이라]로 ᄒᆞ여곰 밧갈기ᄅᆞᆯ ᄀᆞ음알며 비ᄂᆞᆫ 밥짓기ᄅᆞᆯ ᄀᆞ음알며 ᄃᆞᆰ은 새배ᄅᆞᆯ ᄀᆞ음알며 개ᄂᆞᆫ 도적을 즈ᄌᆞ며 쇼ᄂᆞᆫ 므거온 거ᄉᆞᆯ 시ᄅᆞ며 ᄆᆞᆯ은 먼ᄃᆡ ᄒᆡᆼᄒᆞ야 (凡治家之道, 必使奴執耕, 婢典爨, 鷄司晨, 犬吠盜, 牛負重, 馬涉遠.) <삼국-가정 34:50>

【사돈】 명 ((인류)) 사돈(査頓). 혼인한 두 집안의 부모들 사이 또는 그 집안의 같은 항렬이 되는 사람들 사이에 서로 상대편을 이르는 말. '사돈(sadun)'은 몽고어·만주어 차용어.¶ ▼兩親家 ‖ 영양태슈 왕식은 한복과 사돈이라 한복의 집 사ᄅᆞᆷ이 그 ᄠᅳ들 블셔 와 니ᄅᆞ니 (滎陽令王植却與韓福是兩親家, 比及雲長來到, 韓福家先使人通報了.) <삼국-가정 9:105>

【사락】 명 하락(下落 xiàluò). 행방(行方). 소재(所在). '사(下, xià)'는 중국어 직접 차용어.¶ ▼下落 ‖ 이슉이 황슉과 삼슉의 사락 아지 못ᄒᆞ야 잠간 죠씨의게 의지ᄒᆞ엿다가 (二叔因不知你等下落, 故暫時棲身曹氏.) <삼국-국중 6:92> 운장형이 숀건과 함ᄭᅴ 이슈를 뫼시고 와셔 임의 가〻의 사락을 아랏노라 (雲長兄與孫乾送二嫂方到, 已知哥哥下落.) <삼국-국중 6:96>

【사렵-ᄒᆞ-】 동 사렵(射獵)하다. 활사냥하다.¶ ▼獵 ‖ 향일 허젼의 사렵ᄒᆞᆯ ᄯᅢ의 만닐 ᄂᆡ ᄯᅳᆺ을 죠ᄎᆞ더면 엇지 오ᄂᆞᆯ〻 환이 잇스리오 (曩日獵於許田時, 若從吾意, 可無今日之患.) <삼국-국중 8:126>

【사로-잡-】 동 사로잡다.¶ ▼擒 ‖ 각군이 미시과 건량을 각〻 ᄡᅡ 길히 가며 먹고 잠간도 머므지 마라 쥬야로 ᄶᅩᆺ차 뉴비ᄅᆞᆯ 사로잡고 말라 ᄒᆞᆫᄃᆡ 즁장이 텽녕ᄒᆞ고 각〻 믈너가다 (各軍預帶乾糧, 不許暫退, 晝夜追襲, 只擒了劉備方止.) <삼국-규장 19:54>

【사루-잡-】 동 사로잡다.¶ ▼擒 ‖ 비ᄂᆞᆫ 맛당이 형양 무리로 더부러 ᄡᅧ 죠의 압흘 막으면 역죠을 가히 사루잡고 간당을 가이 멸ᄒᆞ고 (備當擧荊襄之衆, 以遏操之前, 則逆操可擒, 姦黨可滅.) <삼국-모종 10:5>

【사ᄅᆞ-잡-】 동 사로잡다.¶ ▼擒 ‖ 각군이 미시과 건량을 각〻 ᄡᅡ 길히 가며 먹고 잠간도 머므디 말아 듀야로 ᄶᅩᆺ차 뉴비ᄅᆞᆯ 사ᄅᆞ잡고 말라 ᄒᆞᆫ대 즁쟝이 텽녕ᄒᆞ고 각〻 믈러가다 (各軍預帶乾糧, 不許暫退, 晝夜追襲, 只擒了劉備方止.) <삼국-가정 27:85> ▼擒捉 ‖ 내 졍히 왕샹을 위ᄒᆞ야 힘을 ᄡᅧ 관우ᄅᆞᆯ 사ᄅᆞ잡아 화하ᄅᆞᆯ 편안킈 ᄒᆞ고져 ᄒᆞ거ᄂᆞᆯ 엇디 ᄡᅳ디 아니ᄒᆞᄂᆞ뇨 (某正欲與王出力, 擒捉關羽, 以安華夏, 王上何不用某?) <삼국-가정 24:59>

【사ᄅᆞᆷ】 명 ((인류)) 사람. 생각을 하고 언어를 사용하며, 도구를 만들어 쓰고 사회를 이루어 사는 동물.¶ ▼人 ‖ 우리 형 뉴현덕은 녀나믄 사ᄅᆞᆷ과 다ᄅᆞ니라 (吾兄劉玄德非比他人也.) <삼국-가정 20:7>

【사못치-】 동 사무치다. 깊이 파고 들어가 끝까지 미치다. 통달하다.¶ ▼沖上 ‖ 믄득 거문 연긔 ᄒᆞᆫ 줄이 공즁의 사못ᄎᆞ더니 일셩 벽녁의 번ᄀᆡ 치며 (忽見黑煙一過, 沖上空中, 一聲響喨, 雷電齊發.) <삼국-국중 6:118> ▼彌 ‖ 사마ᄃᆡ장군은 삼셰보국ᄒᆞᄆᆡ 공덕이 하ᄂᆞᆯ의 사못ᄎᆞ니 가히 위통을 니을더라 (司馬大將軍三世輔國, 功德彌天, 可以禪代魏統.) <삼국-국중 17:6>

【사못ᄎᆞ-】 동 사무치다. 깊이 파고 들어가 끝까지 미치다. 통달하다.¶ ▼彌 ‖ 사마ᄃᆡ장군은 삼셰보국ᄒᆞᄆᆡ 공덕이 하ᄂᆞᆯ의 사못ᄎᆞ니 가히 위통을 니을더라 (司馬大將軍三世輔國, 功德彌天, 可以禪代魏統.) <삼국-국중 17:6>

【사ᄆᆡ】 명 ((복식)) 소매. 위옷의 좌우에 있는 두 팔을 꿰는 부분.¶ ▼袖 ‖ 등이 사ᄆᆡᄅᆞᆯ 쩔쳐 이러나 가며 ᄎᆞ탄왈 다 국가의 구원ᄒᆞᆯ ᄉᆞᄅᆞᆷ이로다 허젼의 ᄉᆞ렵 일은 ᄂᆡ 긔운이 흉당의 ᄆᆡ쳐다 ᄒᆞ니 (騰拂袖便起, 嗟歎下階曰: "皆非救國之人也!" 承感其言, 挽留之, 問曰: "公謂何人非救國之人?" 騰曰: "許田射獵之事, 吾尙氣滿胸膛.") <삼국-모종 3:92> 요화 통곡ᄒᆞ고 청ᄒᆞ니 봉 달니 다 사ᄆᆡ을 쩔쳐 가난지라 요화 니윽히 ᄉᆡᆼ각ᄒᆞ여 한즁왕게 고ᄒᆞ여 구원을 구ᄒᆞ리라 ᄒᆞ고 성도을 바ᄅᆡ보고 가다 (化大慟告求. 劉封、孟達皆拂袖而入, 廖化知事不諧, 尋思須告漢中王求救, 遂上馬大罵出城, 望成都而去.) <삼국-모종 12:100>

【사사-로이】 부 사사(私私)롭게.¶ ▼私 ‖ 구의 갑듀ᄅᆞᆯ 적실가 두려 아직 가져다가 더퍼시미오 사〻로이 ᄡᅳ미 아니니 빌건대 쟝군은 고향의 졍을 ᄉᆡᆼ각ᄒᆞ여 에엿비 너기라 (某恐雨濕官鎧, 故取遮盖, 非爲私用. 乞將軍念故鄕以憐之!) <삼국-가정 24:130>

【사쇼-ᄒᆞ-】 형 사소(些小)하다. 매우 작거나 적다. 보잘것없다.¶ ▼些小 ‖ 대장이 아니라 사쇼ᄒᆞᆫ 군ᄉᆞᄅᆞᆯ 죽여 머어시 유익ᄒᆞ리오 (量此些小之兵, 又非大將, 殺之無益.) <삼국-가정 34:33> 미처 온 군ᄉᆡ 비록 사쇼ᄒᆞ나 각〻

냥미ᄅᆞᆯ 씌여시되 인매 믈이 업ᄉᆞ더라 (令隨行軍士, 雖些小稍帶糧米, 奈何六千人馬, 缺水爲飮.) <삼국-가정 36:32>

【사심】 명 ((동물)) 사슴.¶ ▼鹿 ‖ 유〻이 사심이 울미여 들의 마름을 먹난도다 (呦呦有鹿鳴, 食野之苹.) <삼국-국중 9:99> 명공이 쓰고ᄌᆞ ᄒᆞ기로 불너ᄉᆞ오니 엇지 쥭이고ᄌᆞ ᄒᆞ며 또 안량 문츄ᄂᆞᆫ 두 사심 ᄀᆞᆺ고 운장은 ᄆᆡᆼ호라 (明公前欲用之, 吾故召之. 今何又欲殺之耶? 且顏良、文醜比之二鹿耳, 雲長乃一虎也.) <삼국-국중 6:100>

【사ᄉᆞᆷ】 명 ((동물)) 사슴.¶ ▼鹿 ‖ 조비 조예로 더브러 산힝ᄒᆞ야 나가 노다가 두 사름을 만나니 ᄒᆞ나흔 어이오 ᄒᆞ나흔 삿기어ᄂᆞᆯ 조비 그 어이 사ᄉᆞᆷ을 몬져 ᄡᅩ와 마치고 조예로 ᄒᆞ여곰 그 삿기를 ᄡᅩ라 ᄒᆞᆫ대 (丕帶睿出獵. 行於山塢之間, 趕出子母二鹿. 丕一箭射倒母鹿. 丕回視小鹿, 臥於曹睿馬下. 丕大呼曰: “吾兒何不射之?”) <삼국-가정 29:73>

【사오나오-】 형 ❶ «사오납다» 사납다. 나쁘다. 생각이나 사람이 나쁘다.¶ ▼惡 ‖ 노슉의 청ᄒᆞ미 반ᄃᆞ시 사오나온 ᄠᅳᆺ이 잇거ᄂᆞᆯ 부친이 엇디 허ᄒᆞ시니잇고 (魯肅相邀, 必有惡意, 父親何故許之?) <삼국-가정 21:97> 현뎔은 호의ᄒᆞ디 말라 내 본ᄃᆡ 사오나온 ᄆᆞ음이 업ᄉᆞ롸 (賢侄休狐疑, 我無歹心.) <삼국-가정 19:50> ❷ (짐승이) 사납다.¶ ▼劣 ‖ 내 ᄐᆞᄂᆞᆫ ᄇᆡᆨ매 셩이 슌량ᄒᆞ고 싸홈의 닉으니 군ᄉᆞᄂᆞᆫ 가히 ᄐᆞ라 만분의 ᄒᆞ나토 그ᄅᆞ미 업ᄉᆞ리니 사오나온 ᄆᆞᆯ을 내 ᄉᆞ〻로 ᄐᆞ리라 (吾騎白馬, 性馴熟, 軍師可騎, 萬無一失. 劣馬吾自乘之.) <삼국-가정 20:92> ❸ 음식이 형편없다. 거칠다.¶ ▼粗糲 ‖ ᄃᆞᄅᆞ히 늘근 ᄇᆡᆨ셩이 속반을 드리니 샹과 휘 자시되 하 사오나오니 ᄎᆞ마 목의 ᄂᆞ리디 아녀 ᄒᆞ시더라 (野老進粟飯, 上與后共食, 粗糲不能下咽喉.) <삼국-가정 5:49> ▼粗 ‖ 술이 밥이 사오나와 목의 너머 드디 아니ᄒᆞ고 시졀이 또 셩셰라 밀슈ᄅᆞᆯ 달라 ᄒᆞᆫ대 (術嫌飯粗, 不能下咽, 乃求蜜水之渴.) <삼국-가정 7:154>

【사오납-】 형 사납다. 나쁘다. 형편없다. 맛이 없다. ※ 모음으로 시작하는 어미 앞에서는 ‘사오나오-’가 된다.¶ ▼粗糲 ‖ 댱안 셩듕이 흙이 굿고 믈이 ᄧᆞ니 ᄀᆞ장 사오납고 또 남기 업ᄉᆞᄃᆡ 이제 열흘을 ᄡᅡ시니 군민이 두려ᄒᆞᄂᆞ더라 (長安城中土硬水鹹, 甚不堪食, 更兼無柴.) <삼국-가정 18:115>

【사외】 명 ((인류)) 사위. 딸의 남편을 이르는 말.¶ ▼壻 ‖ 또 현덕이 동오의 사외 되엿시니 또 의가 용ᄉᆞ치 못ᄒᆞ리니 만일 현덕이 와 셔로 도으면 강동이 가히 근심 읍씔가 ᄒᆞ노이다 (且玄德旣爲東吳之壻, 亦義不容辭, 若玄德來相助, 江南可無患矣.) <삼국-모종 10:2>

【사졍】 명 사정(私情). 개인의 사사로운 정.¶ ▼사졍 (面皮) <삼국-어람 108b> ▼私情 ‖ 왕윤이 쵸션을 친녀로 ᄃᆡ졉ᄒᆞ더니 이 밤의 왕윤이 그 장우단탄ᄒᆞᆷ을 듯고 ᄭᅮ지져 왈 천인니 무ᄉᆞᆷ 사졍이 잇ᄂᆞᆫᄃᆞ (允以親女待之. 是夜允聽良久, 喝曰: “賤人將有私情耶?”) <삼국-국중 2:73>

【사ᄌᆡ】 명 ((동물)) 사자(獅子).¶ ▼獅 ‖ 현덕니 관상의 서 보던니 문긔 그름 쇽의 마초 창을 가지고 말을 노와 온니 사ᄌᆡ 투고요 수ᄃᆡ운[은]갑을 단쇽ᄒᆞ니 비범한 인ᄌᆡ라 (玄德在關上看時, 門旗影裏, 馬超縱騎持鎗而出, 獅盔獸帶, 銀甲白袍, 一來結束非凡, 二者人才出衆.) <삼국-모종 11:19>

【사직】 명 사직(社稷). 나라 또는 조정을 이르는 말.¶ ▼社稷 ‖ 사직을 붓들면 이ᄂᆞᆫ 다 네 공이라 네 듯이 엇더ᄒᆞ뇨 (重扶社稷, 再立江山, 皆汝之力也. 不知汝意若何?) <삼국-국중 2:75>

【사ᄌᆞ】 명 ((인류)) 사자(使者). 명령이나 부탁을 받고 심부름하는 사람.¶ ▼使命 ‖ 궁이 의심ᄒᆞ여 죵ᄌᆞ 슈긔를 거ᄂᆞ려 쇼로〻 죠ᄎᆞ와 무러 왈 네 어ᄂᆞ 곳 사ᄌᆡ뇨 (宮疑之, 棄了圍場, 引從騎從小路趕上, 問曰: ‘汝是何處使命?’) <삼국-국중 4:112>

【사쳔-ᄃᆡ】 명 ((관청)) 사천대(司天臺). 천문(天文)에 관한 일을 맡아보던 관아.¶ ▼司天臺 ‖ 신의 쇼임이 사쳔ᄃᆡ의 거ᄒᆞ오ᄆᆡ 무릇 화복을 쥬달치 아니치 못ᄒᆞ올지라 (臣今職掌司天臺, 但有禍福, 不可不奏.) <삼국-국중 16:31>

【사태-ᄒᆞ-】 동 사태(沙汰)하다. 파면시키다. 벼슬아치를 대폭 감원시켜서 떨어내다.¶ ▼沙汰 ‖ 쥬군의 죠셔 오되 군공으로 원 되엿ᄂᆞᆫ 쟈ᄅᆞᆯ 사태ᄒᆞ라 ᄒᆞ니 (州郡被詔: “其郡有軍功爲長吏者, 當沙汰.”) <삼국-가정 1:74> 너 ᄀᆞᆺᄐᆞᆫ 샹놈이 황친이로롸 사칭ᄒᆞ고 거ᄌᆞᆺ 공적을 보ᄒᆞ야시니 이제 됴뎡이 죠서 ᄂᆞ리오기ᄂᆞᆫ 졍히 너 ᄀᆞᆺᄐᆞᆫ 놈을 무러 외람히 벼슬ᄒᆞ야 탐ᄒᆞᄂᆞᆫ 쟈ᄅᆞᆯ 사태ᄒᆞ라 ᄒᆞ시미라 (亂道! 你這厮詐稱皇親, 虛報功績! 目今朝廷降詔書, 正要問這等人, 沙汰濫官汚吏耳!) <삼국-가정 1:76>

【사통-ᄒᆞ-】 동 사통(私通)하다. 부부가 아닌 남녀가 몰래 서로 정을 통하다.¶ ▼私通 ‖ 그 쳡 니츈향이 규의 쳐제 묘틱으로 사통ᄒᆞ여 틱이 츈향을 엇고져 ᄒᆞ되 졍히 계교 업더니 쳡이 황규의 분한ᄒᆞᆷ을 보고 틱을 ᄃᆡᄒᆞ여 왈 (不料其妾李春香, 與奎妻弟苗澤私通. 澤欲得春香, 正無計可施. 妾見黃奎憤恨, 遂對澤曰.) <삼국-국중 10:135>

【사틱-ᄒᆞ-】 동 사태(沙汰)하다. 파면시키다. 벼슬아치를 대폭 감원시켜서 떨어내다.¶ ▼沙汰 ‖ 내 거짓 황친니라 일ᄏᆞᆺ고 또한 공적을 헛도이 보ᄒᆞ여 이제 조졍이 죠셔ᄅᆞᆯ 나리워 저 ᄀᆞᆺᄐᆞᆫ 남관오리ᄅᆞᆯ ᄉᆞ틱ᄒᆞ라 ᄒᆞ엿ᄂᆞ니라 (汝詐稱皇親, 虛報功績! 目今朝廷降詔, 正要沙汰這等濫官汙吏!) <삼국-국중 1:38> 쥬군의 죠셔 오되 군공으로 원 되엿ᄂᆞᆫ 자ᄅᆞᆯ 사틱ᄒᆞ라 ᄒᆞ니 (州郡被詔: “其郡有軍功爲長吏者, 當沙汰.”) <삼국-규장 1:51>

【사패-ᄒᆞ-】 동 사패(詐敗)하다. 거짓 패하다.¶ ▼詐敗 ‖ 평이 창을 두로며 마자 싸화 두어 합이 못ᄒᆞ야 평이 사패ᄒᆞ야 ᄃᆞ라나거ᄂᆞᆯ 위연이 ᄠᆞ와오더니 궁뇌 일시예 졔발ᄒᆞ니 (平揮刀來迎. 戰有數合, 平詐敗而走. 延隨後赶來, 衆軍弓弩齊發.) <삼국-가정 34:115>

【사ᄑᆡ-ᄒᆞ-】 동 사패(詐敗)하다. 거짓 패하다.¶ ▼詐敗 ‖ 유봉이 ᄃᆡ로 경창쥐마ᄒᆞ야 드릅더 죠를 취ᄒᆞ니 되 셔황으로 ᄂᆡ영ᄒᆞ거ᄂᆞᆯ 봉이 사ᄑᆡᄒᆞ여 ᄃᆞ라ᄂᆞ니라 (劉封大怒, 挺鎗驟馬, 逕取曹操. 操令徐晃來迎, 封詐敗而走.) <삼국-국중 12:143>

【사흘】 명 사흘. 삼일(三日). 사[三]+-ᄒᆞᆯ(-흘: 날짜 접미사).¶ ▼三日 ‖ ᄒᆞ로를 더ᄃᆡ게 ᄒᆞ면 ᄉᆞ십을 티고 이틀를 더ᄃᆡ면 팔십을 티고 사흐리 더ᄃᆡ면 참ᄒᆞ리라 (遲誤一日, 杖四十; 二日, 杖八十; 三日, 立斬.) <삼국-규장 17:66>ᄒᆞᆯ를 더ᄃᆡ게 ᄒᆞ면 ᄉᆞ십을 티고 이틀을 더ᄃᆡ면 팔십을 티고 사ᄒᆞᆯ이 더ᄃᆡ면 참ᄒᆞ리라 (遲誤一日, 杖四十; 二日, 杖八十; 三日, 立斬.) <삼국-가정 24:3>

【사ᄒᆡᆨ-ᄒᆞ-】 동 사핵(査覈)하다. 실제 사정을 자세히 조사하여 밝히다. 점고(點考)하다.¶ ▼그른 일을 사ᄒᆡᆨᄒᆞ여 알외게 ᄒᆞᆫ 말이라 (糾彈) <삼국-가정 39:70>

【삭】 명 ((식물)) 싹. 씨, 줄기, 뿌리 따위에서 처음 돋아나는 어린잎이나 줄기.¶ ▼苗 ‖ 탁이 ᄌᆞ제 장군을 어드미 가믐이 삭의 감우를 어드미라 (卓今得將軍, 如旱苗之得甘雨也.) <삼국-국중 1:77>

【삭기】 명 ((기물)) 새끼. 짚으로 꼬아 줄처럼 만든 것.¶ ▼索 ‖ 진취 등농이 각ᄀᆞ 일ᄃᆡ 몽츙젼션을 ᄭᅳ어 면슈어구를 막고 젼션 우헤 굿센 활 쳔여 장을 베퓨고 큰 삭기로 젼션을 물 우희 ᄆᆡ고 (陳就、鄧龍各引一隊艨艟截住沔口, 艨艟上各設强弓硬弩千餘張, 將大索繫定艨艟於水面上.) <삼국-모종 6:102>

【삭이-】 동 ❶ 새기다.¶ ▼篆 ‖ 진나라 이십뉵 년의 ᄯᅩ와식를 만드라 니ᄉᆞ 그 우희 여덟 ᄌᆞ를 삭엿더니 (秦二十六年, 令玉工琢爲璽, 李斯篆此八字於其上.) <삼국-모종 1:103> 홀연 보니 됴방의 한 셕비 잇ᄂᆞᆫ ᄃᆡ 비 우의 삭여스되 승샹무후 졔갈공명이 글을 써스니 ᄒᆞ여스되 (忽見道傍有一石碣, 上刻'丞相諸葛武侯題'.) <삼국-국중 17:85> ▼刻 ‖ 공명이 그 궤를 가자 여니 다 이 남글 삭이고 치ᄉᆡᆨ을 그린 큰 즘ᄉᆡᆼ이라 오ᄉᆡᆨ 실노 털을 ᄒᆞ고 강쳘노 니와 발틉을 ᄒᆞ여시니 ᄒᆞ나흘 가히 열 사람이나 탈녀라 (孔明將櫃打開, 皆是木刻綵畫巨獸, 俱用五色絨線爲毛衣, 鋼鐵爲牙爪, 一固可騎坐十人.) <삼국-모종 15:9> ❷ 잊지 아니하도록 마음속에 깊이 기억하다.¶ ▼銘 ‖ 운장 군ᄉᆞ의 말ᄉᆞᆷ을 맛당이 폐부의 삭이리라 (雲長曰: "軍師之言, 當銘肺腑.") <삼국-국중 11:105>

【삭-칼】 명 ((기물)) 비구니가 갖고 다니는 작은 칼.¶ ▼戒刀 ‖ 보정이 ᄃᆡ답ᄒᆞ고 관공을 청ᄒᆞ여 방장의 드러와 보정이 삭칼을 드러 관공을 눈치ᄒᆞ니 공이 ᄭᅵ닷고 좌우를 명ᄒᆞ여 칼을 가지고 ᄯᆞ으게 ᄒᆞ다 (普淨敎取茶先奉夫人, 然後請關入方丈, 普淨以手擧所佩戒刀, 以目視關公, 公會意, 命左右持刀緊隨.) <삼국-모종 5:10>

【삭풍】 명 ((천문)) 삭풍(朔風). 겨울철에 북쪽에서 불어오는 찬바람.¶ ▼朔風 ‖ 요ᄉᆞ이 년ᄒᆞ야 음운이 집픠고 삭풍이 니러나니 반ᄃᆞ시 크게 얼리니 ᄇᆞ람이 니러난 후의 군ᄉᆞ를 모라 믈을 깃텨 셩을 ᄆᆡᆫ둘면 ᄒᆞᄅᆞ밤의 가히 일우리라 (連日陰雲布合, 朔風一起, 必大凍矣. 風起之後, 驅兵士運土潑水, 比及天明, 城已就矣.) <삼국-가정 19:28>

【산각】 명 ((지리)) 산각(山脚).¶ ▼山脚 ‖ 즁노의 이르러 감ᄌᆞ 멘 역뷔 곤ᄒᆞ여 산각 ᄋᆞᄅᆡ 쉬더니 홀연 보니 일인니 잇셔 됴일목 피일죡ᄒᆞᆫᄃᆡ 머리의 ᄇᆡᆨ등관을 쓰고 몸의 쳥ᄂᆞ의를 닙어스니 형용이 비범ᄒᆞᆫ지라 (至中途, 挑役夫疲困, 歇於山脚下, 見一先生, 眇一眼, 跛一足, 頭戴白藤冠, 身穿青懶衣, 來與脚夫作禮.) <삼국-국중 12:57>

【산게-털】 명 ((조류)) 산계모(山鷄毛). 꿩깃.¶ ▼山鷄毛 ‖ 노부 관퇴[뇌]의 신통ᄒᆞᆫ 점을 말ᄉᆞᆷ ᄒᆞ니 유분니 밋지 안니ᄒᆞ고 퇴[뇌]을 청ᄒᆞ여 점을 식히고 인주먼니와 산게털을 합에 감직ᄒᆞ고 무ᄅᆞ니 (婦告以管輅之神卜, 劉邠不信, 請輅至府, 取印囊及山鷄毛藏於盒中, 令卜之.) <삼국-모종 11:88>

【산계-ᄒᆞ-】 동 산계(算計)하다. 수를 헤아리다. 또는 어떤 일을 예상하거나 고려하다.¶ ▼考較 ‖ 곽개 마ᄋᆞᆯ의 가젼량을 산계ᄒᆞ더니 (時郭嘉考較錢糧方回.) <삼국-가정 7:139>

【산곡】 명 ((지리)) 산곡(山谷). 산골짜기.¶ ▼山崦 ‖ 현덕의 거ᄆᆡ 머지 아니ᄒᆞᆷ을 보고 쥬위 힘을 다ᄒᆞ여 ᄶᅩ로더니 경히 일셩 푸향의 산곡 ᄉᆞ이로 도부쉬 ᄂᆡ다르니 위슈 ᄃᆡ장은 관운장이라 (望見玄德軍馬不遠, 瑜令併力追襲. 正趕之間, 一聲鼓響, 山崦內一彪刀手擁出, 爲首一員大將, 乃關雲長也.) <삼국-국중 10:88>

【산-니마】 명 ((지리)) 산이마.¶ ▼山頂 ‖ 글 삼통을 지어 일홈을 삼관수서라 ᄒᆞ야 일통은 산니마의 ᄂᆞ서 ᄒᆞ날에 아리고 (作文三通, 名爲'三官手書', 一通放於山頂以奏天.) <삼국-모종 10:45>

【산슈】 명 산수(山水). 산과 물이라는 뜻으로, 경치를 이르는 말.¶ ▼山水 ‖ 이 뫼히 니ᄅᆞ러 산슈 됴흐믈 보고 초암을 짓고 이셔 날마다 참션ᄒᆞ고 도를 강논ᄒᆞ니 다만 ᄒᆞᆫ 힝재 이셔 잇다감 뫼히 ᄂᆞ려가 밥을 비러다가 먹이더라 (來到此山, 見山明水秀, 就此結草爲庵, 每日坐禪參道. 止有一小行者, 化飯度日.) <삼국-가정 25:53>

【산양-ᄒᆞ-】 동 사냥하다. 총이나 활 또는 길들인 매나 올가미 따위로 산이나 들의 짐승을 잡다.¶ ▼獵 ‖ 숀네 일죽 위왕을 죠ᄎᆞ ᄃᆡ젹션의 산양ᄒᆞᆯᄉᆡ 홀연 ᄆᆡᆼ회 어젼의 다ᄃᆞ라거ᄂᆞᆯ ᄎᆞ인니 발검츰지ᄒᆞ니 일노 죠ᄎᆞ 상장군을 봉ᄒᆞ니 이ᄂᆞᆫ 됴진의 심복인니라 (此人曾隨魏主出獵於大石山, 忽驚起一猛虎, 直奔御前, 孫禮下馬拔劍斬之, 從此封爲上將軍. 乃曹眞心腹人也.) <삼국-국중 15:138>

【산영-ᄒᆞ-】 동 사냥하다.¶ ▼射獵 ‖ 녀름과 ᄀᆞ을히 글을 닑고 봄과 겨올히 활 ᄡᅩ며 산영ᄒᆞ여 (欲秋夏讀書, 春冬射獵.) <삼국-가정 18:36> ▼畋獵 ‖ 이제 형이 ᄆᆡ양 풍뉴만 ᄒᆞ고 위셰로ᄡᅧ 텬하의 덥퍼시니 댱구ᄒᆞᆯ 계귀 아니라 밧긔 나가 산영ᄒᆞ니 만일 사ᄅᆞᆷ의 해ᄒᆞ믈 닙으면 뉘우ᄎᆞᆫ들 엇디 미ᄎᆞ리오 (今兄每日作樂, 以威勢加于天

下, 非長久之計也. 又出外畋獵, 倘被人謀害, 悔之何及?) <삼국-가정 35:76>

【산졍】 명 ((지리)) 산정(山頂).¶ ▼山頂 ‖ 장합이 스ᄉᆞ로 산졍의 ᄂᆞ아가 ᄇᆞ라보니 장비 장하의 안ᄌᆞ 음쥬ᄒᆞ며 두 쇼졸노 ᄒᆞ여곰 면젼의 와 희악ᄒᆞ거ᄂᆞᆯ (張郃自來山頂觀望, 見張飛坐於帳下飮酒, 令二小卒於面前相撲爲戲.) <삼국-국중 12:92>

【산티】 명 ((조류)) 산치(山雉). 산에서 잡아 온 꿩이나 새 같은 것.¶ ▼山雉 ‖ 권이 봉쟉을 밧고 문무관이 하례를 ᄆᆞᄎᆞ매 명ᄒᆞ야 미옥과 명쥬와 셔각과 ᄃᆡ모와 비취와 공쟉과 투압[싸홈ᄒᆞᄂᆞᆫ 올히라]과 당명계[길게 우ᄂᆞᆫ ᄃᆞᆰ이라]와 산티[금계라]등물을 슈습ᄒᆞ여 사ᄅᆞᆷ을 보내여 가져다 샤은ᄒᆞ긔 ᄒᆞ다 (孫權受了封爵, 衆文武官僚拜賀已畢, 命收拾美玉明珠、犀角、玳瑁、翡翠孔雀、鬪鴨鳴鷄山雉等件, 遣人賫進謝恩.) <삼국-가정 26:121>

【산힝-ᄒᆞ-】 동 산행(山行)하다. 사냥하다.¶ ▼圍獵 ‖ 궁이 민〻ᄒᆞ야 죵쟈 수긔를 더블고 쇼패 싸희 가 산힝ᄒᆞ더니 (宮悶悶無言, 帶領數騎於小沛地面圍獵.) <삼국-가정 6:161> ▼獵 ‖ 이ᄂᆞᆫ 산힝ᄒᆞᄂᆞᆫ 사ᄅᆞᆷ 뉴안이라 ᄒᆞᆫ가지 겨레로 예쥐 니ᄅᆞ믈 듯고 들희 가 져므ᄃᆞ록 즘ᄉᆡᆼ을 엇다가 몯ᄒᆞ야 그 안해ᄅᆞᆯ 죽여 먹이니 (乃獵戶劉安也. 聞是同宗豫州牧至, 遍尋野味不得, 殺其妻以食之.) <삼국-가정 7:7> ▼會獵 ‖ ᄒᆞᄅᆞᆫ 군ᄉᆞ를 거ᄂᆞ리고 단도현 셔산 즁의 가 산힝ᄒᆞ더니 사ᄉᆞᆷ의 무리를 만나 졔쟝이 다 각〻 쫄와가고 (一日, 引軍會獵於丹徒之西山中, 趕起群鹿, 各爭趕射.) <삼국-가정 10:20>

【살-】 동 사르다. 불에 태우다.¶ ▼燒 ‖ 죄 왈 고인도 ᄂᆡ의 마ᄋᆞᆷ과 합ᄒᆞ미 잇ᄃᆞᆫ가 ᄒᆞ고 곳 그 글을 살다 (操曰: "莫非古人與我暗合否?" 令扯碎其書燒之.) <삼국-모종 10:54>

【살게-잡-】 동 사로잡다.¶ ▼生擒 ‖ 나도 둘직 형임이 살게잡어 오듯 하겟소 (我也似二哥生擒將來便了.) <삼국-어람 109a>

【살게-즙-】 동 사로잡다.¶ ▼活捉 ‖ 장비 친히 뇌고ᄒᆞ여 다만 일통고에 관공의 칼이 번듯ᄒᆞ여 ᄎᆡ양의 머리 써러지고 군ᄉᆡ 다 닷거ᄂᆞᆯ 관공이 그 긔 잡은 군ᄉᆞ를 살게즙아서 온 년고를 무르니 (張飛親自擂鼓, 只見一通鼓未盡, 關公刀起處, 蔡陽頭已落地, 衆軍士俱走, 關公活捉執認旗的小卒過來, 問取來由.) <삼국-모종 5:26>

【살ᄂᆡ-ᄒᆞ-】 동 살래(殺來)하다. 짓찌르며 돌진해 오다.¶ ▼殺來 ‖ 홀연 동남으로붓터 함셩 ᄃᆡ진ᄒᆞ여 한 장쉬 말을 노화 살ᄂᆡᄒᆞ거ᄂᆞᆯ 젹즁이 분궤ᄒᆞᄂᆞᆫ디라 (忽然東南上喊聲大震, 一將引軍縱馬殺來. 賊衆奔潰.) <삼국-국중 3:10> 산 뒤흐로조차 북소ᄅᆡ 나며 한 장쉬 나오ᄂᆞᆫ ᄃᆡ 일면 ᄃᆡ긔의 큰 ᄌᆞ로 써시되 ᄃᆡ한냥봉이라 쳐여 군마를 거ᄂᆞ려 살ᄂᆡᄒᆞᄂᆞᆫ디라 (山背後轉出一將, 當先一面大旗, 上書'大漢楊奉'四字, 引軍千餘殺來.) <삼국-국중 3:99> 홀연 ᄇᆡ후의 고각이 헌쳔ᄒᆞ며 양노병이 살ᄂᆡᄒᆞ니 이ᄂᆞᆫ 강유라 (忽鼓角喧天, 喊聲四起, 兩路兵殺來, 乃魏延、姜維也.) <삼국-국중 16:40> ▼趕來 ‖ 정히 숑헌 위쇽을 만나ᄆᆡ 익덕이 일진살퇴ᄒᆞ여 그 에음을 버셔나니 후면으로 장외 살ᄂᆡᄒᆞ니 관공이 살퇴ᄒᆞᆯᄉᆡ (正遇宋憲、魏續, 被翼德一陣殺退, 得出重圍. 後面張遼趕來, 關公敵住.) <삼국-국중 4:61>

【살로-잡-】 동 사로잡다.¶ ▼生擒 ‖ ᄂᆡ 당면ᄒᆞ여 텬ᄌᆞ께 쳥ᄒᆞ여 젼부 션봉 되어 효복 걸고 오날 쳐 역적을 살로잡아 이형께 졔고ᄒᆞ여 써 ᄆᆡᆼ셔을 발으리라 (吾當面見天子, 願爲前部先鋒, 挂孝伐吳, 生擒逆賊, 祭告二兄, 以踐前盟!) <삼국-모종 13:53>

【살-밋치】 명 ((군기)) «살밑» 살밑. 화살촉.¶ ▼箭頭 ‖ 살흘 무러 ᄲᅢ히니 살밋치 살히 박히고 나지 아니ᄒᆞ거ᄂᆞᆯ 당이 급히 져즌 오슬 벗기고 칼노 ᄠᅵ고 살밋츨 ᄂᆡ고 긔를 ᄆᆡ여 동이고 제 젼포를 버셔 황긔를 입히고 (咬出箭頭, 箭頭陷在肉內. 當急脫去濕衣, 用刀剜出箭頭, 扯旗束之, 脫自己戰袍與黃蓋穿.) <삼국-가정 16:58>

【살-밋ㅌ】 명 ((군기)) «살밑» 살밑. 화살촉.¶ ▼箭頭 ‖ 의원을 블너 집게로 살밋틀 지버 ᄲᅢ이고 금창약을 바르니 (喚行軍醫者用鐵鉗子鉗出箭頭來, 將金瘡藥掩塞瘡口.) <삼국-가정 16:91>

【살오-】 동 사르다. 불에 태워 없애다.¶ ▼燎 ‖ 환관 쥭이기ᄂᆞᆫ 반다시 모발을 홍노의 살오ᄂᆞᆫ 것 ᄀᆞᆺᄐᆞᆯ지라 (若欲誅宦官, 如鼓洪爐燎毛髮耳.) <삼국-국중 1:53> ▼焚 ‖ ᄃᆞ〻여 명ᄒᆞ여 다 불 살오라 ᄒᆞ고 다시 뭇지 아니ᄒᆞ니라 (遂命盡焚之, 更不再問.) <삼국-국중 7:26>

【살츌-ᄒᆞ-】 동 살출(殺出)하다. 힘차게 돌진하여 나가다.¶ ▼殺出 ‖ 쥬ᄐᆡ 군즁으로죠ᄎᆞ 살츌ᄒᆞ여 강변의 이르러 권을 ᄎᆞᆺ더니 권니 간 ᄃᆡ 업ᄂᆞᆫ지라 (周泰從軍中殺出到江邊, 不見孫權, 勒回馬, 從外又殺入陣中, 問本部軍.) <삼국-국중 12:50>

【살ᄑᆡ-ᄒᆞ-】 동 살패(殺敗)하다. 죽여 패배하게 하다.¶ ▼殺敗 ‖ ᄇᆡᆨ회 다라나며 ᄇᆡᆨ을 겁약ᄒᆞᄆᆡ 사[토]인 능죄 향인을 모화 ᄇᆡᆨ회를 살ᄑᆡᄒᆞ니 ᄇᆡᆨ회 져당치 못ᄒᆞ여 회계를 바라보고 닷더라 (白虎奔餘杭, 於路劫掠, 被土人凌操領鄉人殺敗, 望會稽而走.) <삼국-국중 4:32>

【살ㅎ】 명 ((신체)) 살.¶ ▼皮肉 ‖ ᄐᆡ 칼흘 드러 살흘 버혀 좌우로 헤치고 바로 ᄲᅧ의 니르니 ᄲᅧ 발셔 프ᄅᆞ렷거ᄂᆞᆯ ᄐᆡ 칼로 글그니 ᄲᅧ 긁ᄂᆞᆫ 소ᄅᆡ 멀니 들니ᄂᆞᆫ지라 (佗下刀割開皮肉, 直至于骨, 骨上已青. 佗用刀刮之有聲.) <삼국-규장 17:44>

【삷】 명 ((기물)) 삽. 땅을 파고 흙을 뜨는 데 쓰는 연장.¶ ▼鐵鍬 ‖ 이에 각영의 힘센 군ᄉᆞ를 ᄲᅡ 삷과 광이를 가지고 나아가 흙을 ᄲᅡ화 뫼흘 ᄆᆡᆫᄃᆞ니 (於各寨內選調有力軍人, 用鐵鍬土擔, 齊來曹操寨邊, 壘土成山.) <삼국-가정 10:61>

【삼광】 명 ((천문)) 삼광(三光). 해와 달과 별의 세 가지를 이르는 말.¶ ▼三光 ‖ 너ᄅᆞ미 ᄉᆞ희 ᄀᆞᆺ고 빗나미 삼광 ᄀᆞᄐᆞ며 (浩渺如四海, 眩曜如三光.) <삼국-가정 33:26>

【삼군】 명 ((군사)) 삼군(三軍).¶ ▼三軍 ‖ 주장은 이의 삼

군의 명이 ᄆᆡ인 ᄇᆡ라 맛당이 적은 도적을 보고 경적디 마르시고 원컨ᄃᆡ 장군은 몸을 즁이 여기쇼셔 (夫主將乃三軍之所繫命, 不宜輕敵小寇. 願將軍自重.) <삼국-국중 4:29>

【삼군은 엇기 쉽거니와 ᄒᆞᆫ 쟝슈ᄂᆞᆫ 엇기 어렵다】 [속] 삼군(三軍)은 얻기 쉽거니와 한 장수는 얻기 어렵다.¶ ▼三軍易得, 一將難求 ‖ 삼군은 엇기 쉽거니와 ᄒᆞᆫ 쟝슈ᄂᆞᆫ 엇기 어렵다 ᄒᆞ니 댱합이 비록 죄 이시나 위왕의 ᄀᆞ장 ᄉᆞ랑ᄒᆞᄂᆞᆫ 사ᄅᆞᆷ이라 듀ᄒᆞ기 맛당티 아니ᄒᆞ니 (三軍易得, 一將難求, 張郃雖然有罪, 乃魏王深愛者也, 不可誅之.) <삼국-가정 23:19>

【삼긔】 [명] 삼기(三紀). 삼십육 세. 중국 고대에는 십이년을 일기(一紀)로 삼았음.¶ ▼三紀 ‖ 튱의옛 ᄆᆞ음과 영녕ᄒᆞᆫ 긔운이 다만 삼긔[삼십이라]예 ᄆᆞᄎᆞ나 일홈은 ᄇᆡᆨ세예 드리웟도다 (忠義之心, 英靈之氣, 命終三紀, 名垂百歲.) <삼국-가정 18:74>

【삼기-】 [동] 생기다. 없던 것이 새로 있게 되다. 태어나다. 타고나다.¶ ▼垂 ‖ ᄎᆡᆨ은 드ᄅᆞ니 샹텬이 허믈 ᄀᆞ음아ᄂᆞᆫ 별을 삼겻고 셩왕이 감히 간ᄒᆞᄂᆞᆫ 북과 비방ᄒᆞᄂᆞᆫ 남글 베퍼 궐실[허믈하라] 경계호믈 급히 호믄 반ᄃᆞ시 소댱곳 이시면 소단이 이시미라 (策聞盖上天垂司過之星, 聖王建敢諫之鼓, 設非謬之備, 急箴闕之言, 何哉?) <삼국-가정 6:90>

【삼ᄀᆞ-ᄒᆞ-】 [동] 삼가하다. 삼가다.¶ ▼謹愼 ‖ 만닐 오병이 나의 방비 아니ᄒᆞ믈 혜아리고 뷘 ᄯᆡ를 타 치면 엇디 응ᄒᆞ리오 금야의 방비ᄒᆞ미 다른 ᄯᆡ 보다 더 삼ᄀᆞᄒᆞ리라 (儻吳兵度我無備, 乘虛攻擊, 何以應之? 今夜防備, 當比每夜更加謹愼.) <삼국-국중 10:42>

【삼노】 [명] ((지리)) 삼로(三路). 세거리.¶ ▼前後 ‖ 왕평이 ᄯᅩᄒᆞᆫ 군을 도로혀 삼노로 쪄 티니 만병이 대패ᄒᆞ거ᄂᆞᆯ (王平、關索復兵殺回. 前後夾攻, 蠻兵大敗.) <삼국-가정 28:89>

【삼-대】 [명] ((식물)) 삼대(麻-). 삼줄기. ※ '삼대 셔듯'은 '삼대 들어서듯 빽빽이 모여 선 모양'을 비유적으로 이르는 말이다.¶ ▼麻 ‖ 믄득 뒤채예셔 블이 니러나며 반ᄒᆞᆫ다 ᄒᆞ고 소ᄅᆡᄅᆞᆯ 디ᄅᆞ니 보ᄒᆞᄂᆞᆫ 재 삼대 ᄀᆞᆺ거ᄂᆞᆯ (後寨火起, 一片聲叫反, 報者如麻.) <삼국-가정 17:69>

【삼ᄆᆡ】 [명] ((복식)) 소매.¶ ▼袖 ‖ 마ᄎᆞᆷᄂᆡ 서실의 드러가 보니 승이 안석에 비겨 ᄭᆡ지 아니〻 조복이 동승의 삼ᄋᆡ 밋ᄐᆡ 밀히 흰 비단의 짐 ᄶᆞ를 보고 ᄋᆞ심ᄒᆞ여 가저 보고 삼ᄆᆡ예 감초고 (竟入書院, 見承伏不醒, 袖底壓著素絹, 微露'朕'字, 子服疑之, 默取看畢, 藏於袖中.) <삼국-모종 3:90>

【삼셩】 [명] ((천문)) 삼성(參星). 이십팔수 가운데 스물한째 별자리의 별들. 오리온자리에 있으며, 중앙에 나란히 이쓴 세 개의 큰 별들. 삼형제 별이라 한다.¶ ▼參星 ‖ 룡이 움즉이면 샹셔의 구름이 이러나고 범이 ᄑᆞ람블면 화ᄒᆞᆫ 바람이 니르니 이 ᄲᅧ 화셩이라 ᄒᆞᄂᆞᆫ 거ᄉᆞᆫ 뇽이오 삼셩이라 ᄒᆞᄂᆞᆫ 거ᄉᆞᆫ 범이니 홰 나며 구름이 응ᄒᆞ고 ᄉᆞᆷ이 나면 바람이 니르니 이ᄂᆞᆫ 음양이 감화ᄒᆞ미라 룡호의 니르ᄂᆞᆫ ᄇᆡ 아니라 (龍動則景雲起, 虎嘯則谷風至, 所以爲火星者龍, 參星者虎. 火出則雲應, 參出則風到, 此乃陰陽之感化, 非龍虎之所致也.) <삼국-가정 22:94>

【삼-ᄊᆡ】 [명] ((식물)) 삼대. 삼줄기.¶ ▼麻 ‖ 쇼ᄌᆡ 어려셔븟터 부친을 뫼시고 젼장의 나ᄆᆡ ᄉᆞᄅᆞᆷ 쥭이기를 삼ᄊᆡ 버히듯 ᄒᆞ되 화 되ᄂᆞᆫ 바 업ᄉᆞ오니 (兒自幼隨父出征, 殺人如麻, 何曾有爲禍之理?) <삼국-국중 6:120>

【삼웃치-】 [동] 사무치다. 깊이 파고 들어가 끝까지 미치다. 찔리다.¶ ▼搠透 ‖ 안쥬를 입에 너어 씹고 다시 ᄎᆞᆼ을 빗겨 조셩을 취ᄒᆞ니 조셩의 면문에 창이 삼웃처 마ᄒᆞ에 쥭으니 냥변 군ᄉᆡ 다 놀ᄂᆡ더라 (遂納於口內啖之, 仍復挺鎗縱馬, 直取曹性, 性不及提防, 早被一搶搠透面門, 死於馬下, 兩邊軍士見者, 無不駭然.) <삼국-모종 3:67>

【삼ᄋᆡ】 [명] ((복식)) 소매.¶ ▼袖 ‖ 마ᄎᆞᆷᄂᆡ 서실의 드러가 보니 승이 안석에 비겨 ᄭᆡ지 아니〻 조복이 동승의 삼ᄋᆡ 밋ᄐᆡ 밀히 흰 비단의 짐 ᄶᆞ를 보고 ᄋᆞ심ᄒᆞ여 가저 보고 삼ᄆᆡ예 감초고 (竟入書院, 見承伏不醒, 袖底壓著素絹, 微露'朕'字, 子服疑之, 默取看畢, 藏於袖中.) <삼국-모종 3:90>

【삼치-】 [동] 삼키다.¶ ▼吞 ‖ 우리 등이 능히 분을 쩔쳐 주공을 위ᄒᆞ여 위을 아우리고 쵹을 삼치지 못ᄒᆞ고 주공으로 위졔의 봉작을 밧긔 ᄒᆞ니 ᄯᅩᄒᆞᆫ 욕이 안인야 (吾等不能奮身捨命, 爲主併魏吞蜀, 乃令主公受人封爵, 不亦辱乎?) <삼국-모종 13:71>

【삽혈동ᄆᆡᆼ-ᄒᆞ-】 [동] 삽혈동맹(歃血同盟)하다. 굳은 약속의 표시로 개나 돼지, 말 따위의 피를 서로 나누어 마시거나 입에 발라 함께 맹세하다.¶ ▼設盟歃血 ‖ 녯날 단의 올라 삽혈동ᄆᆡᆼᄒᆞ야 ᄒᆞᆫ가지로 대의ᄅᆞᆯ 닐혈 제 엇디 서ᄅᆞ 이리ᄒᆞ쟈 ᄒᆞ여시리오 (昔日登壇設盟歃血, 共擧大義, 豈可自相吞并乎?) <삼국-가정 2:126>

【삿ᄀᆡ】 [명] ((기물)) 삿자리. 갈대를 엮어서 만든 자리.¶ ▼蘆席 ‖ 사ᄅᆞᆷ으로 ᄒᆞ여곰 각의 주검을 삿그로 ᄡᆞ고 노호로 동여 쟈근 술의예 시러 셩 남문 밧 셕ᄌᆞ강 숫한 무덤 가온대 ᄇᆞ리다 (令人用蘆席包恪尸首, 又用篾束之, 用小車載出, 棄於城南門外石子岡亂冢坑內.) <삼국-가정 36:19>

【삿-갓】 [명] ((복식)) 삿갓. 비나 햇볕을 막기 위하여 대오리나 갈대로 거칠게 엮어서 만든 갓.¶ ▼箬笠 ‖ 이날 대위 오거ᄂᆞᆯ 녀몽이 ᄆᆞᆯ게 올라 수긔ᄅᆞᆯ 거ᄂᆞ리고 ᄉᆞ문을 보ᄉᆞᆯ피더니 믄득 보니 ᄒᆞᆫ 사ᄅᆞᆷ이 민간의 삿가ᄉᆞᆯ 아사다가 투고ᄅᆞᆯ 더펏거ᄂᆞᆯ (是日大雨, 蒙上馬引數騎點看四門. 忽見一人取民間箬笠以盖鎧甲.) <삼국-가정 24:129>

【삿-것】 [명] ((복식)) 삿갓. 비나 햇볕을 막기 위하여 대오리나 갈대로 거칠게 엮어서 만든 갓.¶ ▼箬笠 ‖ 일〻은 ᄃᆡ위 오거ᄂᆞᆯ 몽이 상마ᄒᆞ여 ᄉᆞ문의 나가 졈험ᄒᆞ여 살피더니 홀연 보니 일인니 삿거ᄉᆞᆯ 취ᄒᆞ여 긔갑 덥더라

(一日大雨, 蒙上馬引數騎點看四門. 忽見一人取民間箬笠以蓋鎧甲.) <삼국-국중 13:54>

【삿기】 명 ((기물)) 새끼. 새끼줄. 짚으로 꼬아 줄처럼 만든 것.¶ ▼索 ‖ 원ᄂᆡ 마ᄃᆡ ᄆᆡ복ᄒᆞ여 잇다가 말 얽ᄂᆞᆫ 삿기로써 말을 써구리치고 부인을 사로잡아 ᄃᆡ치로 오니 (原來馬岱埋伏在此, 用絆馬索絆倒, 就裏擒縛, 解投大寨而來.) <삼국-모종 15:7>

【상거】 명 상거(相距/相去). 서로 떨어진 거리(距離).¶ ▼隔 ‖ ᄇᆡ가 ᄃᆡ션과 상게 발 남어지 되니 오병이 ᄎᆞᆼ으로 난쳑ᄒᆞ거ᄂᆞᆯ 조운이 ᄎᆞᆼ을 바리고 ᄎᆞᆫ 바 청강검을 드러 ᄎᆞᆼ을 밧으며 오션을 바라 몸을 쇼ː아 ᄒᆞᆫ 번 쒸니 일즉 ᄃᆡ션의 오ᄅᆞᆫ지라 (離大船懸隔丈餘, 吳兵用鎗亂刺, 趙雲棄鎗在小船上, 掣所佩青釭劍在手, 分開鎗搠, 望吳船湧身一跳, 早登大船.) <삼국-모종 10:86>

【상냥-ᄒᆞ-】 동 상량(商量)하다. 헤아려 생각하다.¶ ▼料 ‖ 유 왈 션ᄉᆡᆼ은 상냥컨ᄃᆡ 몃 날이나 되면 가히 판비ᄒᆞ겟난야 공명 왈 ᄉᆞᆷ일 ᄂᆡ의 가히 십만 젼을 밧칠지이라 (瑜曰: "先生料幾日可完辦?" 孔明曰: "只消三日, 便可拜納十萬枝箭.") <삼국-모종 8:3>

【상냥-ᄒᆞ-】 동 상량(商量)하다. 헤아려 생각하다.¶ ▼思 ‖ 그ᄃᆡ 너무 ᄌᆡ촉지 말나 ᄂᆡ 쟝ᄎᆞᆺ 상냥ᄒᆞ리라 (多官忽太催逼, 待吾細細思之.) <삼국-국중 16:97>

【상디-ᄒᆞ-】 동 솟구치다.¶ ▼竪 ‖ 등을 마ᄌᆞ 셔원의 드러가 됴셔를 뵈니 등이 독필의 모발이 상디ᄒᆞ고 이를 갈며 입살을 ᄭᆡ미러 피를 흘리며 (騰讀畢, 毛髮倒竪, 咬齒嚼脣, 滿口流血.) <삼국-국중 5:25>

【상모】 명 ((복식)) 상모. 벙거지의 꼭지에다 참대와 구슬로 장식하고 그 끝에 해오라기의 털이나 긴 백지 오리를 붙인 것.¶ ▼簪纓 ‖ 댱뇨 급피 머리를 수기더니 ᄒᆞᆫ 살이 투고를 마쳐 상모를 ᄂᆞ리티니 (張遼低頭急躱, 一箭射中頭盔, 將簪纓射去.) <삼국-가정 9:51> ▼纓 ‖ 어제 ᄆᆞᆯ이 업더디되 너를 죽이디 아니ᄒᆞ니 반ᄃᆞ시 서ᄅᆞ 왕ᄂᆡᄒᆞ미 잇고 오ᄂᆞᆯ 두 번 헛 활을 ᄲᆞ고 세 번재 투고 샹모를 마치니 엇디 ᄂᆡ외 샹통티 아니호미리오 (昨日馬失, 他不殺汝, 必然往來; 今日兩番虛拽弓弦, 第三箭射他盔纓, 如何不是外通內連?) <삼국-가정 17:52>

【상복-ᄒᆞ-】 동 상복(喪服)하다. 상복을 입다.¶ ▼披麻掛孝 ‖ ᄒᆞᄅᆞᆫ 거러 듕당의 니ᄅᆞ니 ᄒᆞᆫ 상복ᄒᆞᆫ 사ᄅᆞᆷ이 드러오거ᄂᆞᆯ 각이 급히 ᄭᅮ짓고 무ᄅᆞᆫ대 (一日, 步行至中堂, 忽見一人披麻掛孝而入.) <삼국-가정 36:11>

【상신-ᄒᆞ-】 동 상신(喪身)하다. 실신(失身)하다.¶ ▼失身 ‖ 군신이 서로 딘밀티 아니ᄒᆞ면 우흔 말 누셜ᄒᆞᄂᆞᆫ 경계 잇고 아ᄅᆡ 사ᄅᆞᆷ은 상신ᄒᆞᆯ 홰 잇ᄂᆞ니 원컨대 신의 표를 번거히 마라 진튱ᄒᆞᄂᆞᆫ 신하로 ᄒᆞ야곰 간신의게 원을 엇게 마르쇼셔 (夫君臣不密, 上有漏言之戒, 下有失身之禍. 願寢臣表, 無使盡忠之吏, 受怨奸仇.) <삼국-가정 1:9>

【상약-ᄒᆞ-】 동 상약(相約)하다. 서로 약속하다.¶ ▼約 ‖ 셕의 영형황슉이 형쥬를 비러 잠쥬ᄒᆞᄃᆞ가 셔천을 취ᄒᆞᆫ 후 환숑ᄒᆞ리라 ᄒᆞ여 우리 쥬공 압희서 슉으로 더부러 정녕 상약ᄒᆞ엿더니 (有一言訴與君侯, 幸垂聽焉: 昔日令兄皇叔, 使肅於吾主之前, 保借荊州暫住, 約於取西川之後歸還.) <삼국-국중 12:10> 됴자단니 날노 더부러 상약ᄒᆞᆫ 닐이 잇스니 ᄂᆡ 셔출을 부치려 ᄒᆞ니 여등이 젼ᄒᆞ라 (曹子丹與吾有約, 吾有一書, 汝等帶回送與子丹, 必有重賞.) <삼국-국중 16:5>

【상으-ᄒᆞ-】 동 상의(商議)하다. 어떤 일을 서로 의논하다.¶ ▼商議 ‖ 조ː가 헌제를 폐ᄒᆞ고 다시 뉴덕ᄒᆞᆫ ᄌᆞ를 세우기를 상으ᄒᆞ니 정칙이 간ᄒᆞ여 긋치고 (曹操見了衣帶詔, 與衆謀士商議, 欲廢卻獻帝, 更擇有德者立之, 程昱諫曰: … 操乃止.) <삼국-모종 4:44>

【상토】 명 ((복식)) 상투[上頭]. 예전에, 장가든 남자가 머리털을 끌어 올려 정수리 위에 틀어 감아 맨 것.¶ ▼髻 ‖ 순니 그 글얼 상토 속게 감초고 궁에 도라오던니 원ᄂᆡ ᄉᆞ람니 됴ː의게 보ᄒᆞ여 알게 ᄒᆞ니 (順乃藏於頭髻內, 辭完回宮, 原來早有人報知曹操.) <삼국-모종 11:46>

【상핍-】 동 상핍(相逼)하다. 적으로 대하다. '상핍ᄒᆞ다'의 수의적 교체형.¶ ▼相逼 ‖ 녀푀 ᄯᅩᄒᆞᆫ 장비의 용ᄆᆡᆼ을 아ᄂᆞᆫ디라 감히 상핍지 못ᄒᆞ거ᄂᆞᆯ (呂布素知飛勇, 亦不敢相逼.) <삼국-국중 3:141>

【상화-ᄒᆞ-】 동 상화(相和)하다. 서로 잘 어울리다.¶ ▼和 ‖ 이제 천ᄌᆞ 날로써 공으로 더부러 동향 사람이라 ᄒᆞ시고 특별이 날노 ᄒᆞ여곰 양공을 권ᄒᆞ여 상화ᄒᆞ라 ᄒᆞ신ᄃᆡ (今天子以某是西凉人, 與公同鄕, 特令某來勸和二公.) <삼국-국중 3:93>

【상회-ᄒᆞ-】 동 상회(相會)하다. 만나다.¶ ▼相會 ‖ 드ː여 장즁의 슐을 두워 상ᄃᆡᄒᆞ며 슌욱으로 더부러 상회ᄒᆞᆯᄉᆡ (遂置酒帳中相待, 令與荀彧相會.) <삼국-국중 3:119>

【상희】 부 늘. 항상.¶ ▼常 ‖ 그 후 죠정을 교결ᄒᆞ여 드ː여 현관의 일으러 셔쥐 ᄃᆡ군이 십만을 통영ᄒᆞ여시되 상희 불신지심이 잇더니 (後又結託朝貴, 遂任顯官, 統西州大軍二十萬, 常有不臣之心.) <삼국-국중 1:55>

【삽프】 명 ((농기)) 삽(鍤). 땅을 파고 흙을 뜨는 데 쓰는 연장.¶ ▼鍬 ‖ 부강 믈이 ᄀᆞ장 급ᄒᆞ고 한군의 영채 ᄒᆞᆫ 디셰 ᄂᆞᄌᆞ니 가히 오천군을 빌려든 각ː 호믜와 삽플 가지고 밤의 ᄀᆞ만이 가 부강 믈을 트면 뉴비의 군ᄉᆞ를 다 믈의 ᄌᆞᄆᆞ리라 (此間一代正靠涪江, 江水大急; 前面寨占山脚, 其形最低. 可先乞五千軍, 各帶鍬钁, 當夜潛去決涪江之水, 可盡淹死劉備之軍也.) <삼국-가정 20:79>

【새-도록】 부 새도록. 밤새도록.¶ ▼連夜 ‖ 드ᄃᆡ여 글월 ᄒᆞᆫ 봉을 써 심복의 사ᄅᆞᆷ으로 ᄒᆞ여곰 새도록 형쥐 가 ᄌᆞᄉᆞ 뉴표를 주라 ᄒᆞ니 그 글월의 길ᄒᆡ 즐러 아ᄉᆞ라 ᄒᆞ엿더라 (遂寫書一封, 差心腹人連夜往荊州, 送與刺史劉表, 就路上截住而奪之.) <삼국-가정 2:127> 드ᄃᆡ여 글월을 ᄆᆡ치고 크게 ᄭᅮ지즈니 ᄉᆞ지 새도록 셩도로 도라가다 (遂扯毁回書, 大罵而起. 使者連夜逃回成都.) <삼국-규장 14:36>

【새-ᄃᆞ록】 부 새도록. 밤새도록.¶ ▼星夜 ‖ 오왕 손권이

군마ᄅᆞᆯ 거ᄂᆞ리고 새ᄃᆞ록 ᄃᆞᆯ려 단양의 니ᄅᆞ니 (吳主孫權自領軍馬星夜至丹陽.) <삼국-가정 13:14> ▼連夜 ‖ 샹이 인슈와 졀월과 의갑과 츼듕을 ᄇᆞ리고 새ᄃᆞ록 듕산을 ᄇᆞ라고 ᄃᆞ라나다 (尙盡棄印綬節鉞、衣甲輜重, 連夜望中山而逃.) <삼국-가정 11:58> 드듸여 글월을 믜티고 크게 ᄭᆞ지ᄌᆞ니 ᄉᆞ쟤 새ᄃᆞ록 셩도로 도라가다 (遂扯毁回書, 大罵而起. 使者連夜逃回成都.) <삼국-가정 20:48>

【새배】 명부 새벽(에).¶ ▼早晨 ‖ 새배 디나가시니 ᄇᆞᆯ셔 반일이나 ᄒᆞ더라 (早晨過去, 多半日矣.) <삼국-가정 18:12>

【새오-】 동 시샘하다. 토라지다. 시기하다. 질투하다.¶ ▼妬色 ‖ 네 왕미인을 딤살ᄒᆞ고 황음ᄒᆞ고 ᄂᆞᆷ을 새오더니 (汝鴆死王美人, 荒淫妬色.) <삼국-가정 1:101> ▼妬忌 ‖ 뉴부인이 상ᄉᆞᄅᆞᆯ 출혀 못 미처 무더셔 쇼의 ᄋᆡ통ᄒᆞ던 쳡 다ᄉᆞᄉᆞᆯ 죽이되 녕혼이 구천하의 가 쇼ᄅᆞᆯ 볼가 노ᄒᆞ야 그 머리ᄅᆞᆯ 모ᄌᆞ리고 그 ᄂᆞᆺ출 ᄒᆡ야ᄇᆞ리고 죽엄을 샹ᄒᆡ오니 그 ᄉᆡᆷ을 새오미 이러ᄐᆞᆺ ᄒᆞ더라 (劉夫人擧喪, 未及遷葬, 將袁紹所愛寵妾五人殺之; 恐陰魂於九泉之下再與紹相見, 其頭, 刺其面, 毁其屍: 其妬忌如此.) <삼국-가정 11:24> ▼嫉妬 ‖ 네 엇디 참언을 드려 어디니ᄅᆞᆯ 새오ᄂᆞᆫ가 (爾何獻讒言而嫉賢妬能耶?) <삼국-가정 11:18> ▼妒忌 ‖ 뉴부인이 상ᄉᆞᄅᆞᆯ 출혀 못 미처 무더셔 쇼의 ᄋᆡ통ᄒᆞ던 쳡 다ᄉᆞᄉᆞᆯ 죽이되 녕혼이 구천하의 가 쇼ᄅᆞᆯ 볼가 노ᄒᆞ야 그 머리ᄅᆞᆯ 모ᄌᆞ리고 그 ᄂᆞᆺ출 ᄒᆡ야ᄇᆞ리고 죽엄을 샹ᄒᆡ오니 그 ᄉᆡᆷ을 새오미 이러ᄐᆞᆺ ᄒᆞ더라 (劉夫人擧喪, 未及遷葬, 將袁紹所愛寵妾五人殺之; 恐陰魂於九泉之下再與紹相見, 其頭, 刺其面, 毁其屍: 其妬忌如此.) <삼국-가정 11:24>

【새-초】 명 ((식물)) 새초(-草). 새. 띠풀. 이엉.¶ ▼草 ‖ 군ᄉᆞ로 ᄒᆞ야곰 사ᄅᆞᆷ마다 새초 ᄒᆞᆫ 단식 뭇거 ᄃᆡ령ᄒᆞ야시라 ᄒᆞ얏더니 (目今令軍士每人束草一把.) <삼국-가정 1:39>

【샤공】 명 ((인류)) 사공(沙工). 뱃사공.¶ ▼梢工 ‖ 슉이 사ᄅᆞᆷ으로 ᄒᆞ여곰 언덕 우희 올라 ᄇᆞ라보라 ᄒᆞ더니 진시ᄂᆞᆫ ᄒᆞ여 강샹의 ᄇᆡ ᄒᆞᆫ 쳑이 오ᄃᆡ 샤공과 조ᄎᆞᆫ 사ᄅᆞᆷ이 다만 두서히오 (肅令人于岸口遙望. 辰時後, 見江面上一隻船來, 梢工水手只數人.) <삼국-가정 21:101>

【샤려-ᄒᆞ-】 동 사례(謝禮)하다. 언행이나 선물 따위로 상대에게 고마운 뜻을 나타내다.¶ ▼謝 ‖ 권이 드듸여 그 말ᄃᆡ로 ᄉᆞᄌᆞᄅᆞᆯ 샤려ᄒᆞ고 아ᄃᆞᆯ을 아니 보ᄂᆡ니 일노부터 조〻 강남을 나릴 ᄯᅳᆺ이 잇스나 다만 북방이 편치 아니ᄒᆞ기로 남정ᄒᆞ기ᄅᆞᆯ 결단 못ᄒᆞ더라 (權遂從其言, 謝使者, 不遣子, 自此曹操有下江南之意, 但正値北方未寧, 無暇南征.) <삼국-모종 6:94> 유 샤려ᄒᆞ고 나와 가마니 ᄉᆡᆼ각ᄒᆞ되 공명이 일즉 오후의 마암을 혜아리니 그 계획이 나의게 ᄒᆞᆫ 머리가 놉ᄒᆞ시니 오ᄅᆡ면 반ᄃᆞ시 강동의 근심이 될 거시라 (周瑜謝出, 暗忖曰: '孔明早已料著吳侯之心. 其計畫又高我一頭, 久必爲江東之患.') <삼국-모종 7:110>

【샤례-ᄒᆞ-】 동 사례(謝禮)하다. 언행이나 선물 따위로 상대에게 고마운 뜻을 나타내다.¶ ▼謝 ‖ 뉴표 왈 그리ᄒᆞ면 엇지ᄒᆞ여 써 샤려ᄒᆞ리요 현덕 왈 가히 원씨 형졔의게 글을 쥬어 화ᄒᆡᄒᆞ기로 일홈ᄒᆞ고 완슈케 ᄒᆞ여 샤례ᄒᆞ라 (表曰: "然則何以謝之?" 玄德曰: "可作書與袁氏兄弟, 以和解爲名, 婉詞謝之.") <삼국-모종 6:5>

【샤오-】 동 싸우다.¶ ▼戰 ‖ 조인니 쥭다록 샤오고 니젼니 보호ᄒᆞ여 하슈ᄅᆞᆯ 건너니 조군이 ᄐᆡ반이나 ᄲᆞᄌᆞ 죽고 ᄐᆡ반언 두득에 올나 다라나 번셩에 일아려 사ᄅᆞᆷ으로 문의 불으더니 (曹仁死戰, 李典保護曹仁下船渡河, 曹軍大半淹死水中, 曹仁渡過河面, 上岸奔至樊城, 令人叫門.) <삼국-모종 6:57>

【샤일】 명 ((민속)) 사일(社日). 입춘이나 입추가 지난 뒤 각각 다섯째의 무일(戊日). 입춘 뒤를 춘사(春社), 입추 뒤를 추사(秋社)라 하는데, 춘사에는 곡식이 잘 자라기를 빌고 추사에는 곡식의 수확을 감사하는 의례를 지낸다.¶ ▼社 ‖ ᄒᆞᄅᆞᆫ 양셩이란 ᄯᅡ히 니ᄅᆞ니 그ᄢᅢ 졍히 이월이라 촌민들이 샤일의 졔ᄒᆞ노라 남네 만히 모닷더니 (前行到陽城, 時當二月, 村民社賽, 男女皆集.) <삼국-가정 2:15>

【샤직】 명 사직(社稷). 나라 또는 조정을 이르는 말.¶ ▼社稷之機 ‖ 그ᄃᆡ 쇼진 장의를 변ᄉᆞᆫ 줄은 알고 호걸지ᄉᆞᆫ 줄를 아지 못ᄒᆞᄂᆞᆫ도다 쇼진이 뉵국인을 ᄎᆞ고 댱의 두번 진나라 졍승이 되야 샤직을 븟들고 텬지 깁보털 수단을 두어시니 ᄒᆞᆫ 낫 남글 직희여셔 톳기를 기ᄃᆞ리듯 ᄒᆞ며 칼과 검을 두려 ᄒᆞᄂᆞᆫ 뉘 아니라 (蘇秦佩六國之璽綬, 張儀二次相秦, 皆有匡扶社稷之機, 補完天地之手, 非比守株待免、畏刀避劍之人耳.) <삼국-가정 14:68>

【샹고】 명 ((인류)) 상고(商賈). 장사하는 사람. 상인(商人).¶ ▼商人 ‖ 극히 쉬오니 몬져 ᄒᆞᆫ 사ᄅᆞᆷ으로 ᄒᆞ여곰 오ᄇᆡᆨ군을 거ᄂᆞ려 샹고의 ᄆᆡᄡᅵᄅᆞᆯ ᄒᆞ고 ᄀᆞ마니 형쥬 니르러 ᄒᆞᆫ 봉 밀셔ᄅᆞᆯ 부인ᄭᅴ 드리되 (極易也. 先差一人, 只帶五百軍, 扮做商人, 潛到荊州, 下一封密書與夫人.) <삼국-가정 20:12> 이에 쥬션을 블러 ᄀᆞ만이 보낼ᄉᆡ 오ᄇᆡᆨ인을 ᄂᆞᆫ화 다ᄉᆞᆺ ᄇᆡ예 싯고 샹고의 ᄆᆡᄡᅵᄅᆞᆯ ᄒᆞ여 가되 거ᄌᆞᆺ 구의 문셔ᄅᆞᆯ ᄆᆡᆼᄃᆞ라 의외예 뭇ᄂᆞᆫ 일을 예비ᄒᆞ고 (於是密遣周善, 將五百人, 分作五船, 扮爲商人. 於中更詐修國書, 以備盤詰.) <삼국-가정 20:13> 몽이 ᄇᆡ샤ᄒᆞ고 삼만 군병을 뎜고ᄒᆞ고 경쾌ᄒᆞᆫ ᄇᆡ 팔십 쳑을 거ᄂᆞ려 ᄇᆡ 저을 사ᄅᆞᆷ은 다 흰 오ᄉᆞᆯ 닙펴 샹고의 ᄆᆡᆼᄃᆞ리ᄅᆞᆯ ᄒᆞ고 군ᄉᆞ란 ᄇᆡ하장 깁픈 ᄃᆡ ᄀᆞᆷ초고 (蒙拜謝, 點兵三萬, 快船八十餘隻, 會水者皆穿白衣, 扮作商人, 却將精兵伏於𦪇艫船中.) <삼국-가정 24:125> ▼客人 ‖ 녀몽이 슈군을 다 흰오ᄉᆞᆯ 닙펴 샹고의 ᄆᆡᆸᄡᅵᄅᆞᆯ ᄒᆞ고 졍병은 ᄇᆡᆺ장 속의 ᄀᆞᆷ초와 무ᄐᆡ 니ᄅᆞ러 몬져 봉슈ᄃᆡ 딕흰 군ᄉᆞᄅᆞᆯ 몬져 자바 ᄆᆡ매 블을 드디 못ᄒᆞ다 ᄒᆞᄂᆞ이다 (呂蒙將水手盡穿白衣, 扮作客人渡江, 精兵伏于𦪇艫之中, 先擒了守臺士卒, 因此不得擧火.) <삼국-가정 25:18>

【샹국】 [명] ((관직)) 상국(相國). 정승.¶ ▼相國 ‖ 구셰예 즉위ᄒᆞ야 동탁으로 샹국을 삼아 일홈을 브ᄅᆞ디 아니ᄒᆞ며 됴회예 들 제 좃디 아니ᄒᆞ고 칼 ᄎᆞ고 뎐의 오ᄅᆞ게 ᄒᆞ고 (九歲卽位, 董卓爲相國, 贊拜不名, 入朝不趨, 劍履上殿.) <삼국-가정 2:10>

【샹녜-롭-】 [동] 상례(常例)롭다. 범상(凡常)하다. 예사롭다.¶ ▼常 ‖ 신이 녁질ᄒᆞ야 병을 거ᄂᆞ려 낙슈부교의 둔ᄒᆞ야 기ᄃᆞ리미 샹녜롭디 아니ᄒᆞᆫ디라 삼가 표ᄅᆞᆯ 올리ᄂᆞ이다 (臣輒力疾將兵, 屯于洛水浮橋, 伺察非常, 謹表上聞.) <삼국-가정 35:96>

【샹-놈】 [명] ((인류)) 상놈(常-). 신분이 낮은 남자를 낮잡는 뜻으로 이르던 말.¶ ▼這廝 ‖ 너 ᄀᆞᆺᄐᆞᆫ 샹놈이 황친이로라 사칭ᄒᆞ고 거즛 공젹을 보ᄒᆞ야시니 이제 됴뎡이 죠셔 ᄂᆞ리오기ᄂᆞᆫ 졍히 너 ᄀᆞᆺᄐᆞᆫ 놈을 무러 외람히 벼ᄉᆞᆯᄒᆞ야 탐ᄒᆞᄂᆞᆫ 쟈ᄅᆞᆯ 사태ᄒᆞ라 ᄒᆞ시미라 (亂道! 你這廝詐稱皇親, 虛報功績! 目今朝廷降詔書, 正要問這等人, 沙汰濫官汚吏耳!) <삼국-가정 1:76> 너 ᄀᆞᆺᄐᆞᆫ 샹놈이 황친이로라 사칭ᄒᆞ고 거즛 공젹을 보ᄒᆞ야시니 이제 죠졍이 죠셔 ᄂᆞ리오니ᄂᆞᆫ 졍히 너 갓ᄒᆞᆫ 놈을 무러 외람이 벼ᄉᆞᆯᄒᆞ야 탐ᄒᆞ는 쟈ᄅᆞᆯ 사ᄐᆡᄒᆞ라 ᄒᆞ시미라 (亂道! 你這廝詐稱皇親, 虛報功績! 目今朝廷降詔書, 正要問這等人, 沙汰濫官汚吏耳!) <삼국-규장 1:52>

【샹도-ᄒᆞ-】 [동] 상도(傷悼)하다. 슬퍼하다.¶ ▼傷悼 ‖ 엇디 이디 못ᄒᆞ야 일이 일매 님ᄒᆞ야 병의 얽ᄆᆡ야 운상ᄒᆞ니 딤이 샹도ᄒᆞ야 심간이 믜여디ᄂᆞᆫ 듯ᄒᆞ도다 (如何不吊, 事臨垂克, 遘疾殞喪! 朕用傷悼, 肝心若裂.) <삼국-가정 34:126>

【샹디-ᄒᆞ-】 [동] 상지(相持)하다. 대치(對峙)하다. 맞서다.¶ ▼相持 ‖ 뉘 능히 션봉이 되야 바ᄅᆞ 긔슈관하의 니ᄅᆞ러 도적을 달래여 샹디ᄒᆞ긔 ᄒᆞᄂᆞᆫ고 (誰肯爲前部先鋒, 直抵汜水關下, 誘賊相持?) <삼국-가정 2:57> ▼守 ‖ 조도 ᄯᅩᄒᆞᆫ 감히 가ᄇᆡ야이 나아가디 못ᄒᆞᄂᆞᆫ디라 팔월로셔 십월ᄀᆞ지 샹디ᄒᆞ엿더라 (操亦不敢輕進.自八月守至十月.) <삼국-가정 8:19>

【샹딕】 [명] 상직(上直). 당직(當直).¶ ▼宿帳 ‖ 각 셩문 밧긔셔 그 머리ᄅᆞᆯ 다 블디ᄅᆞ고 부녀와 ᄌᆡ믈로ᄡᅥ 다 흣터 제게 샹딕 자ᄂᆞᆫ 군ᄉᆞᄅᆞᆯ 주더라 (各城門外焚燒其頭, 以婦女財物盡散其宿帳軍士.) <삼국-가정 2:16>

【샹-말】 [명] ((언어)) 상말(常-). 속담(俗談).¶ ▼아ᄒᆡ 드ᄅᆞ니 샹말의 닐오ᄃᆡ 당낭[믈좃구으리란 말이라]이 아ᄆᆞ리 노호와도 술위바퀴ᄅᆞᆯ 당티 못ᄒᆞᆫ다 ᄒᆞ엿고 ᄒᆞ믈며 슈후의 구ᄉᆞᆯ[야광쥐라]로 가히 새ᄅᆞᆯ ᄡᅩ디 못ᄒᆞᆯ 거시오 ᄑᆞ리ᄅᆞᆯ 노희여 칼흘 ᄲᅡ히디 못ᄒᆞᆯ 거시니 ᄒᆞᆫ갓 신위만 잇브게 ᄒᆞ리이다 (兒聞世人有云: ‘螳螂之忿, 安當車轍?’ 況隋侯之珠, 不可彈雀; 怒蠅拔劍, 徒費神威.) <삼국-가정 24:69>

【샹모】 [명] ((복식)) 상모. 벙거지의 꼭지에다 참대와 구슬로 장식하고 그 끝에 해오라기의 털이나 긴 백지 오리를 붙인 것.¶ ▼纓 ‖ 황튱이 ᄯᅩ ᄡᅩ니 시욹 소ᄅᆡ 나며 살히 졍히 운댱의 투고 샹모 미틀 마치니 (黃忠在橋上, 搭箭開弓, 弦響箭到, 正射在雲長盔纓根上.) <삼국-가정 17:51> 어제 ᄆᆞᆯ이 업더디되 너ᄅᆞᆯ 죽이디 아니ᄒᆞ니 반ᄃᆞ시 서ᄅᆞ 왕ᄂᆡᄒᆞ미 잇고 오ᄂᆞᆯ 두 번 헛 활을 ᄡᅧ고 세번재 투고 샹모ᄅᆞᆯ 마치니 엇디 ᄂᆡ외 샹통티 아니호미리오 (昨日馬失, 他不殺汝, 必然往來; 今日兩番虛拽弓弦, 第三箭射他盔纓, 如何不是外通內連?) <삼국-가정 17:52>

【샹-ᄆᆞᆯ】 [명] ((동물)) 상말(常-). 둔한 말.¶ ▼駑馬 ‖ 날로ᄡᅥ 이 사ᄅᆞᆷ의게 비컨대 샹ᄆᆞᆯ게 긔린 ᄀᆞᆺ고 가마괴 난봉 ᄀᆞᄐᆞ니 셔ᄀᆞᄐᆞ니야 엇디 족히 니ᄅᆞ리오 이 사ᄅᆞᆷ은 텬하의 ᄒᆞ나히라 (吾比此人, 如駑馬以幷麒麟, 寒鴉以配鸞鳳. 庶何足言之. 此人乃天下一人耳!) <삼국-가정 12:64>

【샹보】 [명] ((천문)) 상보(相輔). 별이름.¶ ▼相輔 ‖ 내 보니 삼ᄐᆡ셩 가온대 ᄀᆡᆨ셩이 ᄇᆡ히 분명ᄒᆞ며 쥬셩이 흐미ᄒᆞ고 샹뵈[별 일홈이라] 그 비ᄎᆞᆯ 변ᄒᆞ여시니 족히 내 명을 알리로다 (吾見三台星中, 客星倍明, 主星幽隱, 相輔列曜, 少變其色, 足知吾命矣!) <삼국-가정 34:60>

【샹신-ᄒᆞ-】 [동] 상신(喪身)하다. 실신(失身)하다.¶ ▼失身 ‖ 군신이 서로 진밀티 아니ᄒᆞ면 우ᄒᆞᆫ 말 누셜ᄒᆞᄂᆞᆫ 경계 잇고 아ᄅᆡ 사ᄅᆞᆷ은 샹신ᄒᆞᆯ 희 잇ᄂᆞ니 원컨ᄃᆡ 신의 표ᄅᆞᆯ 번거히 마라 진튱ᄒᆞᄂᆞᆫ 신하로 ᄒᆞ여금 간신의게 원을 엇게 마르쇼셔 (夫君臣不密, 上有漏言之戒, 下有失身之禍. 願寢臣表, 無使盡忠之吏, 受怨奸仇.) <삼국-규장 1:7>

【샹ᄉᆞ-ᄒᆞ-】 [동] 상사(賞賜)하다. 칭찬하여 상으로 물품을 내려 주다. 하사하다.¶ ▼賞勞 ‖ 식이 세 사ᄅᆞᆷ을 블러 당의 드러오라 ᄒᆞ야 녜ᄅᆞᆯ ᄆᆞᆺ고 현덕의 ᄒᆡᆼ장을 믓거ᄂᆞᆯ 현덕이 일일이 니ᄅᆞᆫ대 노식이 대희ᄒᆞ야 샹ᄉᆞᄒᆞ고 당젼의 이셔 브리믈 기ᄃᆞ리라 ᄒᆞ더라 (植喚三人入帳. 施禮罷, 植問玄德行藏, 玄德說了. 盧植大喜, 賞勞了畢, 着在帳前聽調.) <삼국-가정 1:37> ▼俵散 ‖ 공명이 죠셔 보기ᄅᆞᆯ 다ᄒᆞ매 일〻히 흐터 샹ᄉᆞᄒᆞ니 즁군이 흔희ᄒᆞ더라 (孔明觀詔已畢, 依命一一俵散. 衆軍欣喜而受訖.) <삼국-가정 28:77>

【샹양-ᄒᆞ-】 [동] 상량(商量)하다. 헤아려 생각하다.¶ ▼諒 ‖ 통이 쇼왈 원직의 여ᄎᆞ 고견으로 엇지 이를 샹양ᄒᆞ미 어려오미 잇시리오 (統笑曰: “元直如此高見遠識, 諒此有何難哉!”) <삼국-모종 8:28>

【샹잡-ᄒᆞ-】 [동] 상잡(相雜)하다. 서로 뒤섞이다.¶ ▼相雜 ‖ 공명이 쵹병으로 ᄒᆞ여곰 위민으로 더브러 샹잡ᄒᆞ야 밧틀 가되 죠곰도 침범티 아니ᄒᆞ고 (孔明欲爲久駐之計, 乃令蜀兵與魏民相雜種田: 軍一分, 民二分, 幷不侵犯.) <삼국-가정 34:25>

【샹쟝군】 [명] ((관직)) 상장군(上將軍).¶ ▼上將 ‖ 이제 샹쟝군을 죽이면 뉴황슉이 어ᄂᆞ ᄂᆞᆺᄎᆞ로 다시 형쥐 오리오 (不爭殺其上將, 劉皇叔再不敢赴襄陽矣.) <삼국-가정 12:27>

【샹제-ᄒᆞ-】 [동] 상제(相濟)하다. 서로 돕다.¶ ▼相濟 ‖ 이제 몽의 ᄌᆡ죠가 쥬유의 밋디 못ᄒᆞ고 슉명의 친졀ᄒᆞ미 졍

보의셔 나흐니 반ᄃᆞ시 능히 샹제치 못ᄒᆞᆯᄀᆞ 져허ᄒᆞᄂᆞ이다 (今蒙之才不及瑜, 而叔明之親勝於晋, 恐未必能相濟也.) <삼국-국중 13:52>

【샹ᄌᆞ】 명 ((기물)) 상자(箱子). 물건을 넣어 두기 위하여 나무, 대나무, 두꺼운 종이 같은 것으로 만든 네모난 그릇.¶ ▼籠 ‖ 조비 이 긔별을 듣고 됴가태슈 오질을 쳥ᄒᆞ여다가 이 일을 의논ᄒᆞᆯᄉᆡ ᄂᆞᆷ이 알가 두려 깁 담ᄂᆞᆫ 큰 샹ᄌᆞ의 오질을 다마 드렷더니 (曹丕知其謀, 請朝歌太守吳質議事, 恐有人見, 用盛絹大籠藏吳質入府.) <삼국-가정 23:116> 므슴 근심을 ᄒᆞᄂᆞ뇨 ᄂᆡ일 큰 샹ᄌᆞ의 ᄯᅩ 깁을 녀허 드려다가 속일 거시라 (何必憂患? 明日用大籠裝絹, 再入以惑之.) <삼국-가정 23:117>

【샹토】 명 ((복식)) 상투. 예전에 장가든 남자가 머리털을 끌어 올려 정수리 위에 틀어 감아 맨 것.¶ ▼頭髻 ‖ 복완이 글월을 써 슌을 준대 슌이 샹토 속의 깁피 ᄀᆞᆷ초고 궁으로 도라가더니 (伏完取紙寫書付順, 順于頭髻內深藏. 順辭完回宮.) <삼국-가정 21:117>

【샹통텬문-ᄒᆞ-】 동 상통천문(上通天文)하다. 위로 천문에 통하다.¶ ▼上通天文 ‖ 기모 황씨ᄂᆞᆫ 곳 황승언의 녜라 얼골이 심이 누츄ᄒᆞ나 긔지 이셔 샹통텬문ᄒᆞ고 하달디리ᄒᆞ고 (其母黃氏, 卽黃承彦之女. 母貌甚陋, 而有奇才, 上通天文, 下察地照.) <삼국-국중 17:89>

【샹표-ᄒᆞ-】 동 상표(上表)하다. 임금에게 글을 올리다.¶ ▼上表 ‖ ᄌᆞᄉᆞ 장민이 샹표ᄒᆞ야 손견의 공젹을 알외니 견으로 염독승도 ᄒᆞ이고 우틱승도 ᄒᆞ이며 하비승도 ᄒᆞ엿더니 (刺史臧旻上表, 奏孫堅功績. 除堅爲鹽瀆丞, 又除盱眙丞、下邳丞.) <삼국-가정 1:69>

【샹-ㅎ-】 동 상(傷)하다. 헐거나 못쓰게 되다.¶ 셰 동치 칠년 츄칠월 시작ᄒᆞ여 신미 밍츈 원월일 필ᄒᆞ다 샹치 말고 ᄃᆡ〻 유젼할디어다 단쳔 논실 신ᄉᆞ간ᄃᆡ 칙 <삼국-국중 5:120>

【샹해】 부 늘. 항상(恒常).¶ ▼常 ‖ 현덕의 아자비 뉴원긔 현덕의 집이 가난ᄒᆞᆫ 줄을 보고 샹해 ᄆᆡ양 ᄡᆞᆯ 거ᄉᆞᆯ 준대 (德然父劉元起見玄德家貧, 常資給之.) <삼국-가정 1:21> ▼時常 ‖ 위연이 원언을 내여 승샹이 저 보기를 분토ᄀᆞ티 ᄒᆞ야 샹해 업슈이 너기더니 짐줏 위슈의 ᄉᆡ살ᄒᆞ라 ᄒᆞ야 이 패ᄒᆞ믈 닐위다 ᄒᆞ더이다 (魏延口出怨言, 說丞相看他如糞土, 時常有欺瞞, 故令渭水廝殺, 因此心怨, 方有此失.) <삼국-가정 33:114>

【샹-ᄒᆞ-】 동 상(傷)하다. 다쳐서 상처가 나다.¶ ▼傷 ‖ 쇽어의 닐오ᄃᆡ 둘히 다 모딜면 반ᄃᆞ시 ᄒᆞ나히 샹ᄒᆞᆫ다 ᄒᆞᄂᆞ니 이거시 변방을 평안킈 ᄒᆞᆯ 모칙이 아니로소이다 (俗云: '兩强共鬪, 必有一傷', 非安邊塞之良策也.) <삼국-가정 24:65>

【샹히】 부 상해(常-). 항상. 늘. '-히'는 '-ᄒᆞ여'의 준말. 동사를 만드는 접미사 '-ᄒᆞ다'의 부사형.¶ ▼常 ‖ 곽회 망ᄌᆞ존ᄃᆡ 샹히 살퇴지심이 니슨 고로 스ᄉᆞ로 ᄂᆡ항ᄒᆞ노라 (郭淮妄自尊大, 常有殺泰之心, 故來投降.) <삼국-국중 16:120>

【샹히오-】 동 다치다. 상(傷)하게 하다.¶ ▼毁 ‖ 그 ᄂᆞᆺ촐 히야ᄇᆞ리고 죽엄을 샹히오니 그 ᄉᆡᆨ을 새오미 이러ᄐᆞᆺ ᄒᆞ더라 (刺其面, 毁其屍: 其妒忌如此.) <삼국-가정 11:24> ▼傷 ‖ 우리 쥬인을 샹히오디 말라 (勿傷吾主! 曹洪在此.) <삼국-가정 15:5> ▼損 ‖ 하후뮈 우리 군ᄉᆞ의 대로로 나아가믈 드ᄅᆞ면 반ᄃᆞ시 관듕 병을 다 니ᄅᆞ혀 막을디라 ᄒᆞᆫ갓 ᄉᆡᆼ녕을 샹히올 ᄲᅮᆫ이니 어ᄂᆡ 날 듕원을 어드리오 (丞相從大路進發, 彼必盡起關中之兵, 于路迎敵, 則徒損生靈, 何日而得中原也?) <삼국-가정 30:4> ▼折 ‖ 이인이 졍히 가고져 ᄒᆞ더니 믄득 보호ᄃᆡ 됴운 등지 ᄒᆞᆫ 사ᄅᆞᆷ ᄒᆞᆫ ᄆᆞᆯ도 샹히오디 아니ᄒᆞ고 ᄯᅩᄒᆞᆫ 츼듕긔계를 일티 아니ᄒᆞ고 도라온다 ᄒᆞ거ᄂᆞᆯ (二人正欲起身, 忽報趙雲、鄧芝到來, 並不曾折一人一騎, 輜重等器亦無遺失.) <삼국-가정 31:48>

【서너】 관 서넛. 그 수량이 셋이나 넷쯤 되는 수.¶ ▼三三五五 ‖ 이튼날 영마다 서너식 다여 모다 머리를 모호며 귀를 다혀 말ᄒᆞ더니 (次日, 寨中三三五五, 交頭接耳而說.) <삼국-가정 16:3>

【서럿-】 동 «설엇다» 거두어 치우다. 정리(整理)하다. '설-+엇(<것-)'. '설다'와 '것다'의 합성어인데, 모두 '치우다, 수습하다, 정리하다'의 의미를 갖는다.¶ ▼掃除 ‖ 견이 군ᄉᆞ로 ᄒᆞ여곰 궁뎐의 와륵을 서러져 업시ᄒᆞ고 ᄯᅩ 탁의 ᄶᅡᄒᆡ 틴 능침을 몌오고 (堅令軍士掃除宮殿瓦礫, 但有卓開掘陵寢, 盡皆掩閉塞.) <삼국-가정 2:116> ▼撥 ‖ 허챵의 니ᄅᆞ러 죄 마을 ᄒᆞ나흘 서러저 운댱을 들라 ᄒᆞ거ᄂᆞᆯ (已到許昌, 軍馬各還營寨, 操撥一府, 另與雲長居住.) <삼국-가정 9:18>

【서로】 부 서로.¶ ▼相 ‖ 쟝이 드ᄅᆞ니 길흉을 서로 구ᄒᆞ고 환난의 서로 븟들믄 븡우도 오히려 그러커든 ᄒᆞᄆᆞᆯ며 종족이ᄯᆞ녀 (璋聞'吉凶相救, 患難相扶', 朋友尙然, 況宗族乎?) <삼국-규장 13:116>

【서리】 명 서리. 사이. 틈. 무엇이 많이 모여 있는 무더기의 가운데.¶ ▼견이 년ᄒᆞ야 두 살을 ᄲᅩᆺ되 화웅이 피ᄒᆞ야 맛디 아니ᄒᆞ거ᄂᆞᆯ 긔운과 힘을 다ᄒᆞ야 ᄯᅩ ᄲᅩᆺ더니 너모 ᄆᆡ이 ᄃᆞᆼ의여 활이 브러디거ᄂᆞᆯ 견이 활을 ᄇᆞ리고 ᄆᆞᆯ을 노하 나모 서리로 ᄃᆞᆺ더니 (堅連放兩箭, 皆被華雄躱過; 盡氣力放第三箭, 力大拽折了鵲畵弓, 棄弓縱馬穿林而走.) <삼국-가정 2:67> 조뮈 ᄃᆞ라나다가 화웅이 못 밋첫거ᄂᆞᆯ 블근 두건을 버서 블 븟튼 마듀희 ᄡᅴ이고 나모 서리 뒤흐로 ᄀᆞ만이 ᄲᅡ뎌 ᄃᆞᄅᆞ니 (祖茂被華雄追趕不及, 將赤幘掛于人家燒不盡庭柱上, 却于樹後潛躱.) <삼국-가정 2:68>

【서리-】 동 서리다. 용이나 뱀 따위가 몸을 똬리처럼 둥그렇게 감다.¶ ▼蟠 ‖ ᄆᆞᄎᆞᆷ내 텬명이 도라갈 ᄃᆡ 이시니 즌흙 가온대 서린 뇽이 하ᄂᆞᆯ흘 향ᄒᆞ야 ᄂᆞᄂᆞᆫ또다 (到頭天命有所歸, 泥中蟠龍向天飛.) <삼국-가정 12:20>

【서ᄅᆞ】 부 서로. 관계를 이루는 둘 이상의 대상 사이에서 각각 그 상대에 대하여. 또는 쌍방이 번갈아서.¶ ▼相 ‖ 긔령이 믈러가 회음 하구를 ᄃᆡ희여 감히 싸호디

못ᄒᆞ고 군ᄉᆞ를 ᄀᆞᄅᆞ쳐 영채를 겁틱ᄒᆞ더니 ᄯᅩ 셔쥐 군ᄉᆞ의 패ᄒᆞᆫ 배 되니 두 편이 서ᄅᆞ 병으리와다 승부를 결티 못ᄒᆞ더라 (紀靈退守淮陰河口, 並不敢交戰; 時只敎軍士來偸營劫寨, 皆被徐州兵殺敗. 兩軍相拒, 勝負未分.) <삼국-가정 5:99> 쟝이 드ᄅᆞ니 길흉을 서ᄅᆞ 구ᄒᆞ고 환난의 서ᄅᆞ 븟들믄 븡우도 오히려 그러커ᄂᆞᆫ ᄒᆞ믈며 종족이ᄯᆞ녀 (璋聞'吉凶相救, 患難相扶', 朋友尙然, 況宗族乎?) <삼국-가정 19:113>

【석-】 동 썩다.¶ ▼朽 ‖ 묘당 우희ᄂᆞᆫ 서근 남기 벼ᄉᆞᆯ을 ᄒᆞ며 (因廟堂之上, 朽木爲官.) <삼국-가정 30:68> ▼爛 ‖ ᄒᆞᆫ 부인의 신톄 이서 날이 오래되 석디 아녓고 궁듕 모양으로 단장을 ᄒᆞ엿ᄂᆞᆫ듸 목 아래 비단 ᄂᆞᄆᆞᆺ출 차시되 (撈起一婦人屍首, 雖然日久, 其屍不爛, 宮樣粧束, 項下帶一錦囊.) <삼국-가정 2:118>

【선-ᄒᆞ-】 형 선(善)하다.¶ ▼善 ‖ 식 쟝ᄎᆞᆺ 죽으ᄆᆡ 그 명ᄒᆞ미 익ᄒᆞ고 ᄉᆞ름이 쟝ᄎᆞᆺ 죽으ᄆᆡ 그 말이 선타 (鳥之將死, 其鳴也哀; 人之將死, 其言也善.) <삼국-국중 14:74>

【설설-히】 부 설설히. 시원시원하게.¶ ▼援 ‖ 당하 어명ᄒᆞ여 격셔을 초ᄒᆞ여 조ᄌᆞ의 죄악을 설ᄉᆞ히 기록ᄒᆞ니 모다 보고 ᄃᆡ경ᄒᆞ여 즉시 격셔를 가지고 두로 쥬[쥬]군의 힝ᄒᆞ니 (當下命草檄, 援筆立就, 其文曰: ……紹覽檄大喜, 卽命使將此檄遍行州郡.) <삼국-모종 4:20>

【설픠-】 형 설피다. 성기다. 짜거나 엮은 것이 거칠고 성기다. 촘촘하지 않다.¶ ▼稀 ‖ 양ᄌᆞ셩 동문의 니ᄅᆞ니 셩샹의 긔를 두로 곳고 히ᄌᆞ ᄉᆡ의 녹각[사름 드디 못ᄒᆞ긔 설핀 남글 바가 ᄀᆞ리온 거시라]을 베프고 들ᄃᆞ리를 드럿거ᄂᆞᆯ (轉至襄陽東門, 城上遍揷旌旗, 壕邊密布鹿角, 拽起吊橋.) <삼국-가정 13:108>

【섬】 명 ((건축)) 섬돌. 지대(址臺). 건축물을 세우기 위하여 터를 잡고 돌로 쌓은 부분. 또는 계단.¶ ▼堦 ‖ 절ᄒᆞ기를 ᄆᆞᆺᄎᆞ매 섬의 브드이저 죽거ᄂᆞᆯ (拜畢, 撞堦而死.) <삼국-가정 8:88> 휘 섬의 ᄂᆞ려 하딕고 가거ᄂᆞᆯ 현덕이 청호ᄃᆡ 머므디 아니ᄒᆞ더라 (徽就下堦, 相辭便行, 玄德相留不住.) <삼국-가정 12:76> 섬의 비최ᄂᆞᆫ 플은 플은 스ᄉᆞ로 봄비ᄎᆞᆯ 가졋고 닙흘 ᄀᆞ렷ᄂᆞᆫ 누른 굇고리ᄂᆞᆫ 쇽졀업시 됴흔 소리를 ᄒᆞ놋다 (映堦碧草自春色, 隔葉黃鸝空好音.) <삼국-가정 34:127>

【섭】 명 섶. 잎나무, 풋나무, 물거리 따위의 땔나무를 통틀어 이르는 말.¶ ▼柴薪 ‖ 죄 군ᄉᆞ로 ᄒᆞ여곰 흙을 날라 히ᄌᆞ를 메오고 흙을 ᄯᅩ 쟐ᄅᆡ 녀코 ᄆᆞᄅᆞᆫ 섭과 플을 뷔여 셩 밋티 싸코 (操令軍兵運土塡壕; 又用做土布袋幷柴薪草把相雜, 來城邊作凳梯.) <삼국-가정 6:126> 죄 군ᄉᆞ로 ᄒᆞ여곰 흙을 날라 히ᄌᆞ를 메오고 흙을 ᄯᅩ 쟈로의 녀코 ᄆᆞᄅᆞᆫ 섭과 플을 뷔여 셩 밋티 싸코 (操令軍兵運土塡壕; 又用做土布袋幷柴薪草把相雜, 來城邊作凳梯.) <삼국-규장 5:35>

【섭ᄑᆞ】 명 «섶» 섶. 잎나무, 풋나무, 물거리 따위의 땔나무를 통틀어 이르는 말.¶ ▼薪 ‖ 섭픠 블을 디ᄅᆞ며 ᄡᆞ히 폐ᄇᆡᆨ을 무더 텬디 신기긔 고ᄒᆞᄂᆞ니 한가의 복녹을 주샤 ᄉᆞ히를 기리 평안킈 ᄒᆞ쇼셔 (修燔瘞, 告類于天神, 惟神饗祚于漢家, 永綏四海!) <삼국-가정 26:61>

【섭플 안고 블를 ᄭᅳ-】 속 섶을 지고 불에 뛰어들다. 앞뒤를 가리지 못하고 위험하게 행동하는 사람을 비웃어 이르는 말.¶ ▼負薪救火 ‖ 조공이 녯날 병이 미ᄒᆞ고 쟝쉬 적으되 오히려 ᄒᆞᆫ 번 북텨 원쇼를 파ᄒᆞ엿거든 ᄒᆞ믈며 이졔 ᄇᆡᆨ만지듕을 거ᄂᆞ려 위명이 ᄃᆡ진ᄒᆞ니 엇지 ᄃᆡ적ᄒᆞ리오 공명의 달ᄅᆡᄂᆞᆫ 말을 드러 망녕도히 병갑을 동티 말라 이 닐은 섭플 안고 블를 ᄭᅳ미라 (曹公向日兵微將寡, 尙能一鼓克袁紹. 何況今日擁百萬之衆南征, 足食足兵, 威名大振, 焉可敵之? 休聽孔明之說詞, 妄動兵甲. 此謂'負薪救火'也.) <삼국-가정 14:89>

【섭ᄒᆞ】 명 «섶» 섶. 잎나무, 풋나무, 물거리 따위의 땔나무를 통틀어 이르는 말.¶

【섭흘 지고 불을 구ᄒᆞ다】 속 섶을 지고 불에 뛰어들다. 앞뒤를 가리지 못하고 위험하게 행동하는 사람을 비웃어 이르는 말.¶ ▼負薪救火 ‖ 만일 졔갈냥의 말을 듯고 갑병을 이ᄅᆞ혀면 이 니ᄅᆞᆫ바 섭흘 지고 불을 구ᄒᆞ미니이다 (若聽諸葛亮之言, 妄動甲兵, 此所謂'負薪救火'也.) <삼국-모종 7:95>

【섯-ᄭᅳᆯ르-】 동 «섯끓다» 솟끓다. 용솟음치게 끓다.¶ ▼沸 ‖ 뎐위 쌍극을 두로고 조조의 ᄆᆞᆯ 알픠 잇더니 금괴 졔명ᄒᆞ며 함셩이 대진ᄒᆞ니 강이 뒤티며 바다히 섯ᄭᅳᆯ른 ᄃᆞᆺᄒᆞᆫ더라 (典韋使雙戟在曹操馬前, 聽得金鼓齊鳴, 聲喊如江翻海沸.) <삼국-가정 4:110>

【성식】 명 성식(聲息). 소식이나 소문.¶ ▼초 가서 양부와 윤보[봉] 됴앙니 회합ᄒᆞ여 일을 든단 성식을 듯고 직시 됴월을 버히고 방덕 마ᄃᆡ로 역셩의 다라온니 (馬超聞姜敍、楊阜會合尹奉、趙昂擧事, 大怒, 卽將趙月斬之, 令龐德、馬岱盡起軍馬, 殺奔歷城來.) <삼국-모종 11:11>

【세-】 형 세다. 거칠다. 굳다. 빳빳하다. 강경하다.¶ 强硬 ‖ ᄯᅩ 댱임이 귀로를 막아 센 손외로 ᄡᅩ니 위연이 황망ᄒᆞ야 ᄒᆞ더니 (又被張任截斷歸路, 只在高阜處用强弓硬弩射之, 魏延心慌.) <삼국-가정 20:95>

【세탕-ᄒᆞ-】 동 세탕(洗蕩)하다. 깨끗이 씻기다.¶ ▼洗蕩 ‖ 곽 등니 그 말을 드러 드ᄃᆡ여 셔량쥬의 말을 흘여 왈 왕윤이 이 방의 ᄉᆞ름을 다 세탕코져 ᄒᆞᆫ다 ᄒᆞ니 등이 다 경황ᄒᆞ거날 (傕等然其說, 遂流言於西涼州曰: "王允將欲洗蕩此方之人矣." 衆皆驚惶.) <삼국-모종 2:30>

【세ᄒᆞ】 수 셋. 둘에 하나를 더한 수.¶ ▼三人 ‖ 오호대쟝뉴의 볼셔 세히 죽어시되 오히려 보슈를 못ᄒᆞ니 ᄀᆞ장 셟다 (五虎大將, 已亡三人, 朕尙不能復仇, 深可痛哉!) <삼국-가정 27:27>

【셍야】 명 성야(星夜). 한밤중.¶ ▼星夜 ‖ 죄 ᄃᆡ히ᄒᆞ여 직시 글얼 닥가 마[만]총으로 ᄒᆞ야곰 셍야에 강동의 가 숀권을 보고저 ᄒᆞ니 권니 ᄃᆡᄌᆞ여 모ᄉᆞ로 상의ᄒᆞᆫ듸 (操大喜, 卽修書令滿寵爲使, 星夜投江東來見孫權, 權知滿寵到, 遂與謀士商議.) <삼국-모종 12:52>

【셔】 명 ((신체)) 혀.¶ ▼舌頭 ‖ 반ᄃᆞ시 위병이 ᄂᆡᄃᆞ러 아ᄉᆞ가리니 여등이 급히 우마의 셔를 ᄡᅦ여 둘너 박으라 그런즉 우ᄆᆡ 능이 힝치 못ᄒᆞ리니 (此處必有魏兵追趕, 汝便將木牛流馬口內舌頭扭轉, 牛馬就不能行動.) <삼국-국중 16:39>

【셔-】 동 «스다» 글이나 글씨를 쓰다.¶ ▼書 ‖ 즁앙에 ᄒᆞᆫ 누룬 긔예 등ᄋᆡ라고 크게 셧난지라 촉병이 ᄃᆡ경ᄒᆞ고 뫼로 두어 곳 졍병이 모라 나려오니 당치 못ᄒᆞ여 젼군이 ᄃᆡ픽라 (中央風飄起一黃旗, 大書'鄧艾'字樣. 蜀兵大驚, 山上數處精兵殺下, 勢不可當, 前軍大敗.) <삼국-모종 18:61>

【-셔】 조 ((받침 없는 부사, 부사어 뒤에 붙어)) -서. -에서.¶ ▼폐해 덕이 업고 복이 업시셔 대위예 거ᄒᆞ니 잔폭ᄒᆞᆫ 님금도곤 심ᄒᆞ도다 (陛下無德無福, 而居大位, 甚于殘暴之君也!) <삼국-가정 26:32> 괴 비록 경뎨의 손ᄌᆡ나 실은 탁군 ᄡᅡ ᄒᆞᆫ 촌뷔라 보텬지하와 솔토지빈의 일즙 반분도 은틱을 기틴 일이 업시셔 이제셔 텬ᄌᆞ 되면 이ᄂᆞᆫ 찬탈홈과 ᄒᆞᆫ가지라 (孤雖是景帝之孫, 實乃涿郡一村夫, 于普天之下、率土之濱, 幷不曾有半分德澤以布萬民.) <삼국-가정 26:54>

【셔기-】 동 시키다.¶ ▼煩 ‖ 운장은 고이히 넉이지 말나 ᄂᆡ 족ᄒᆞᄅᆞᆯ 셔겨 가장 긴요ᄒᆞᆫ 익구ᄅᆞᆯ 직히고져 ᄒᆞ나 져기 걸이미 이셔 감히 보ᄂᆡ지 못ᄒᆞ노라 (雲長勿怪. 某本欲煩足下把一個最緊要的隘口, 怎奈有些礙處, 不敢敎去.) <삼국-모종 8:51>

【셔-녁ㅎ】 명 ((지리)) 서녘(西-). 네 방위의 하나. 해가 지는 쪽이다. 셔(西)+녁ㅎ(녘, 쪽, 向: 의존 명사).¶ ▼西 ‖ 션인 분뫼 다 촉즁의 잇스니 셔녁흘 바라ᄆᆡ 마음이 슬퍼 일야도 능히 ᄎᆞᆷ지 못ᄒᆞ노라 (先人墳墓, 遠在蜀地, 乃心西悲, 無日不思.) <삼국-국중 17:116>

【셔늘-ᄒᆞ-】 형 서늘하다. 물체의 온도나 기온이 꽤 찬 느낌이 있다.¶ ▼寒 ‖ 현덕 왈 이ᄂᆞᆫ 부인의 볼 닐이 아니라 ᄂᆡ 마음의 심히 셔늘ᄒᆞ니 가히 잠간 믈니라 (玄德曰: "非夫人所觀之事, 吾甚心寒, 可命暫去.") <삼국-국중 10:70>

【셔-다히】 명 ((지리)) '서(西)'과 '다히'[向]가 결합한 합성명사. 서쪽. 서편.¶ ▼西 ‖ 이날 밤의 ᄇᆡᆨ학 ᄒᆞ나히 고을 아집 우히 와 마은아믄 번 소ᄅᆡᄅᆞᆯ 울고 셔다히로 ᄂᆞ라가니 아 ᄃᆡ흰 군ᄉᆞ돌이 다 긔이ᄒᆞᆫ 즘ᄉᆡᆼ이라 ᄒᆞ더라 (是夜, 有白鶴一隻棲於縣衙屋上, 鳴四十餘聲, 望西飛去.) <삼국-가정 11:111>

【셔러지-】 동 거두어 치우다. 정리(整理)하다.¶ ▼掃除 ‖ 견이 군ᄉᆞ로 ᄒᆞ여금 궁뎐의 와륵을 셔러져 업시ᄒᆞ고 ᄯᅩ 탁의 좌헤 틴 능침을 ᄆᆡ오고 (堅令軍士掃除宮殿瓦礫, 但有卓開掘陵寢, 盡皆掩閉塞.) <삼국-규장 2:52>

【셔련-ᄒᆞ-】 동 설연(設宴)하다.¶ ▼筵宴 ‖ 제갈냥니 비록 지혜 이시나 ᄡᅥ ᄉᆞ천 물을 시설ᄒᆞ기 어려올 거시니 족히 ᄡᅥ ᄑᆡ병의 한을 갑흐리라 ᄒᆞ고 일노부터 ᄆᆡᆼ확 ᄆᆡᆼ우 타사ᄃᆡ왕을 더부러 셔련ᄒᆞ더라 ("任諸葛亮神機妙算, 難以施設, 四泉之水, 足以報敗兵之恨也!" 自此, 孟獲、孟優終日與朵思大王筵宴.) <삼국-모종 14:108>

【셔리-】 동 서리다. 둘둘 감다. 몸을 둥그렇게 포개어 감다.¶ ▼蟠 ‖ 홀연 뎐 말르로셔 밋친 ᄇᆞ람이 크게 니러나며 ᄒᆞᆫ 프른 ᄇᆡ얌이 들보 우흐로셔 ᄂᆞ리니 기리 이십여 댱이나 ᄒᆞ더라 어탑의 셔리니 녕뎨 보시고 놀라 것구러디거ᄂᆞᆯ 무ᄉᆡ 급히 구ᄒᆞ야 내니 (殿角狂風大作, 見一條青蛇, 從梁上飛下來, 約二十餘丈長, 蟠于椅上. 靈帝驚倒, 武士急慌救出.) <삼국-가정 1:3> 우물 밋희 셔리여 거ᄒᆞ니 미ᄶᅮ리와 고기 그 압희서 춤츄더라 (蟠居於井底, 鰍鱔舞其前.) <삼국-국중 17:38>

【셔미】 명 ((인류)) 서미(胥靡). 노예. 죄수.¶ ▼胥靡 ‖ 미형의 죄ᄂᆞᆫ 셔미왓 갓ᄒᆞᄂᆞ 족히 명쥬의 ᄭᅮᆷ을 발치 못ᄒᆞ리라 (禰衡罪同胥靡, 不足發明王之夢.) <삼국-국중 5:83>

【셔방-마치-】 동 결혼시키다. 시집보내다.¶ ▼嫁 ‖ 아ᄃᆞᆯ이 ᄌᆞ라면 댱가 드리고 ᄯᆞᆯ이 ᄌᆞ라면 셔방마치ᄂᆞᆫ 거시 고금 샹녜라 날을 어미라 ᄒᆞ면 엇디 날ᄃᆞ려 니ᄅᆞ디 아니ᄒᆞ고 뉴현덕을 사회 사ᄆᆞ려 ᄒᆞ고 더브러다가 두어시되 날을 긔이ᄂᆞᆫ다 (男大須婚, 女大須嫁, 男大須婚, 女大必嫁, 古今常禮, 我爲你母親, 事當稟命於我. 你招劉玄德爲婿, 如何瞞我? 女兒須是我的!) <삼국-가정 17:97> 내 일ᄉᆡᆼ의 이 ᄯᆞᆯ ᄒᆞ나만 잇ᄂᆞ더라 뉴비의게 셔방마쳐 형쥐예 이시니 됴셕의 보디 못홈도 ᄒᆞᆫᄒᆞ거ᄃᆞᆫ 만일 동병ᄒᆞ면 내 ᄯᆞᆯ의 셩명이 엇더ᄒᆞ리오 (吾一生惟有此女, 嫁與劉備, 見在荊州. 若是動兵, 吾女性命如何?) <삼국-가정 20:10>

【셔셔-이】 부 서서(徐徐)히. 동작이나 태도가 급하지 않고 느리게. 천천히.¶ ▼徐徐 ‖ 위 됴지를 밧드러 퇴병홀ᄉᆡ 만져 죠양으로 퇴ᄒᆞ고 쟝익으로 더부러 셔셔이 퇴ᄒᆞ니 (維只得遵命, 先令洮陽兵退, 次後與張翼徐徐而退.) <삼국-국중 17:58>

【셔시】 명 ((인명)) 서시(西施). 중국 춘추시대 월(越)나라의 미인. 오(吳)나라에게 패한 월나라 왕 구천(句踐)이 서시를 부차(夫差)에게 헌상, 부차가 그 용모에 빠져 있는 사이에 오나라를 멸망시켰음.¶ ▼西子 ‖ 내 드ᄅᆞ니 월나라 셔시ᄂᆞᆫ 비록 잘 헐ᄡᅳ리ᄂᆞᆫ 사ᄅᆞᆷ이라도 그 고으믈 곰초디 못ᄒᆞ고 졔나라 무염 녀ᄌᆞᄂᆞᆫ 비록 잘 기리ᄂᆞᆫ 사ᄅᆞᆷ이라도 그 보긔 슬키ᄅᆞᆯ 덥디 못ᄒᆞᆫ다 ᄒᆞ고 ᄒᆡ 가온대 오면 기울고 ᄃᆞᆯ이 ᄎᆞ면 이저디니 이ᄂᆞᆫ 텬하의 덧덧ᄒᆞᆫ 니라 (吾聞越之西子, 善毁者不能閉其美; 齊之無鹽, 善美者不能掩其醜. 修短者不能用其長, 造惡者不能爲其善. 日中則昃, 月滿則虧, 此天下之常理也.) <삼국-가정 21:65>

【셔역ㅎ】 명 ((지리)) 서녘. 서쪽.¶ ▼西 ‖ 온 왈 날니 동역희 ᄂᆞ나냐 복 왈 비록 동역희 ᄂᆞ도 셔역희 지ᄂᆞ니다 (溫又問曰: "日生於東乎?" 宓對曰: "雖生於東, 而沒於西.") <삼국-모종 14:53>

【셔오-】 동 세우다.¶ ▼勒 ‖ ᄌᆞ룡이 슈ᄅᆡ 겻희 말을 셔오고 ᄉᆞ졸을 거ᄂᆞ려 파ᄀᆡᄒᆞ야 기ᄃᆞ리더니 오ᄂᆞᆫ 즁슈 사

원이 손부인을 보고 다만 말게 느려 공슈ᄒᆞ고 셔니 (子龍勒馬於車傍, 將士卒擺開, 專候來將, 四員將見了孫夫人, 只得下馬, 叉手而立.) <삼국-모종 9:70>

【셔우-】 동 세우다.¶ ▼揚起 ‖ 세즉이 보ᄒᆞᄃᆡ 형주셩 가온ᄃᆡ 흰 긔를 셔우고 셩 밧게 무덤을 ᄉᆡ로 쓰고 군ᄉᆡ 각ᄀᆞ 괘효ᄒᆞ다 ᄒᆞᆫᄃᆡ (細作回報: "荊州城中揚起布旛做好事, 城外別建新墳, 軍士各挂孝.") <삼국-모종 9:43> ▼築 ‖ 공명이 또 댱닉을 불너 별노 일군을 ᄲᅵ어 ᄀᆞᄅᆞ치 바곳을 의지ᄒᆞ여 ᄉᆡ을 셔우고 댱억 마츙으로 ᄒᆞ여곰 본동 항졸 천인을 ᄲᅵ어 여ᄎᆞ이 ᄒᆡᆼᄒᆞ라 (孔明又喚張翼另引一軍, 依所指之處, 築立柵去了, 卻令張嶷、馬忠, 引本洞降千人, 如此行之.) <삼국-모종 15:16>

【셔찰】 명 ((간찰)) 서찰(書札). 편지. 자기의 소식, 의사, 용무 따위를 어떤 사람에게 알리고자 써서 보내는 글.¶ ▼書札 ‖ ᄐᆡ ᄉᆡᆼ야의 평원의 와 유현덕을 보고 공북회 피우ᄒᆞᆫ 일을 말ᄒᆞ고 셔찰을 올니니 현덕니 간필의 문왈 죡하난 하인고 (太史慈得脫, 星夜投平原來見劉玄德, 施禮罷, 具言孔北海被圍求救之事, 呈上書札, 玄德看畢, 問慈曰: "足下何人?") <삼국-모종 2:58>

【셔회-ᄒᆞ-】 동 서회(敍懷)하다. 회포를 풀어 말하다.¶ ▼敍 ‖ 차일의 다시 뉴장으로 더부러 셩중의 즌치ᄒᆞ고 피ᄎᆞ 충곡을 셔회ᄒᆞ야 정히 심밀ᄒᆞ더니 (次日, 復與劉璋宴於城中, 彼此細敍衷曲, 情好甚密.) <삼국-모종 10:79>

【셕】 명의 섬. 석(石). 부피의 단위. 곡식, 가루, 액체 따위의 부피를 잴 때 쓴다. 한 섬은 한 말의 열 배로 약 180리터에 해당한다.¶ ▼斛 ‖ 냥식이 업셔 도으믈 구ᄒᆞᆫᄃᆡ 그 집의 ᄡᆞᆯ을 두 도의 두어시니 각 삼천 셕이라 유의 말을 듯고 즉시 ᄒᆞᆫ 균을 쥬더이다 (因無糧食, 往求稍助.其家有兩囷穀米, 各三千斛, 見瑜言, 即指一囷與之.) <삼국-가정 10:52>

【셕그-】 형 소홀(疏忽)하다. 성기다.¶ ▼疏 ‖ 쇼졸의 말을 밋지 못ᄒᆞ리니 아니 셕근 ᄆᆞ심 잇스면 수륙군이 다 죽을 써스니 (小卒之言, 未可深信. 倘有疏虞, 水陸二軍盡皆休矣.) <삼국-모종 13:77>

【셕으-】 동 ❶ 썩다.¶ ▼腐 ‖ 곽[각]이 노왈 됴셕의 밥을 올니니 엇지 또 다른 거슬 구ᄒᆞ나요 이에 셕은 고(기)와 후ᄡᅵᄒᆞᆫ 양식으로ᄡᅥ 쥬니 (傕怒曰: "朝夕上飯, 何又他求?" 乃以腐肉朽糧與之, 皆臭不可食.) <삼국-모종 2:95> ❷ 사회의 조직이나 기관, 또는 사람의 사고방식이나 생각 따위가 건전하지 못하고 부정이나 비리를 저지르는 상태가 되다.¶ ▼腐 ‖ 강유 보고 ᄃᆡ로 왈 이난 셔근 션ᄇᆡ의 논이라 ᄒᆞ고 쳔병을 ᄲᅵ어 중원을 취할 제 (姜維看畢, 大怒曰: "此腐儒之論也!" 擲之於地, 遂提川兵來取中原.) <삼국-모종 18:75>

【션득】 부 섬뜩. 갑자기 놀라서 마음에 서늘한 느낌이 드는 모양.¶ ▼閃 ‖ 또 삼십여 합의 양장의 긔운이 졈ᄌᆞ 승ᄌᆞᄒᆞᆫ지라 허졔 ᄃᆡ호 일셩의 도치를 드러 마쵸를 ᄶᅵᆨ으니 마최 션득 비켜셔며 장창으로 허졔 가슴을 지른ᄃᆡ (兩個又鬪到三十餘合, 褚奮威舉刀便砍馬超. 超閃過, 一鎗望褚心窩刺來.) <삼국-국중 11:22>

【션부】 명 ((인류)) 선비.¶ ▼士 ‖ 숑이 쉬 셜변지신 줄 알고 유심히 ᄎᆞ란ᄒᆞ니 쉬 또ᄒᆞᆫ 그 ᄌᆡ조만 밋고 천하 션부를 젹게 보더니 (松知修是個舌辯之士, 有心難之, 修亦自恃其才, 小覷天下之士.) <삼국-모종 10:50>

【션비】 명 ((인류)) 선배(先輩). 선비. 예전에, 학식은 있으나 벼슬하지 않은 사람을 이르던 말. 선비. 션ᄇᆡ> 션븨> 선비.¶ ▼儒生 ‖ 이 사ᄅᆞᆷ이 비록 션ᄇᆡ나 영웅의 ᄌᆡ조와 큰 모략을 두어시니 신의 소견으로ᄡᅥ 니ᄅᆞ건대 쥬랑의 아래 되디 아니ᄒᆞᆯ가 ᄒᆞ노이다 (此人名雖儒生, 足有雄才大略. 以臣論之, 不在周郎之下.) <삼국-가정 27:48> ▼秀才 ‖ 너톄엿 션ᄇᆡ 말을 엇디 취신ᄒᆞ리오 샹해 닐오ᄃᆡ 믈이 오면 흙으로 막고 군ᄉᆡ 오면 쟝싊 막는다 ᄒᆞ니 우리 군ᄉᆡ 쉬연 ᄃᆡ 오라니 엇디 족히 두리리오 (汝是秀才之言, 不曉破敵, 豈不聞'水來土掩, 將至兵迎'? 我軍以逸待勞, 何足懼之?) <삼국-가정 24:46> ▼下士 ‖ 뉴황슉이 어딘 션ᄇᆡ를 녜로 ᄃᆡ졉ᄒᆞ니 내 그대 업을 일울 줄을 안 고로 뉴쟝을 ᄇᆞ리고 도라가시니 공은 엇디 어두온 ᄃᆡ를 ᄇᆞ리고 ᄇᆞᆯ근 ᄃᆡ 나아가 우흐로 부모의 원슈를 갑고 아래로 금셕 ᄀᆞᄐᆞᆫ 공을 세워 만세예 공명을 드리오디 아니ᄒᆞᄂᆞ뇨 (劉皇叔禮賢下士, 吾知其必成, 故捨劉璋而歸之, 公何不背暗投明, 以圖上報父母之仇, 下立金玉之節? 可彰萬世之高名也.) <삼국-가정 21:67>

【션역ㅎ】 명 ((지리)) 서녘. 서쪽.¶ ▼西 ‖ 나는 믄득 동방을 됴차오고 승상은 군마를 크게 모라 야곡으로부터 나온즉 함양 션역흔 ᄒᆞᆫ 변 드러 가히 졍ᄒᆞ리이다 (某卻從東方而來, 丞相可大驅士馬, 自斜谷而進, 如此行之, 則咸陽以西, 一舉可定也.) <삼국-모종 15:44>

【션위-ᄒᆞ-】 동 선위(禪位)하다. 선양(禪讓)하다. 임금이 자리를 물려주다.¶ ▼禪位 ‖ 폐히 ᄀᆞ히 수션ᄃᆡ를 무흐고 공경과 셔민을 모흐고 명일의 션위ᄒᆞ오면 폐하의 ᄌᆞᄌᆞ 손ᄌᆞ니 위은을 몽피ᄒᆞ리이다 (陛下可築一臺, 名曰'受禪臺', 聚集公卿庶民, 明白禪位, 則陛下子子孫孫, 必蒙魏恩矣.) <삼국-국중 13:134>

【션을-ᄒᆞ-】 형 서늘하다. 기분이 유쾌할 정도로 좀 선선하다.¶ ▼寒 ‖ 션주 ᄃᆡ희 젼지ᄒᆞ여 ᄎᆈ우는 버히고 삼군을 상ᄉᆞᄒᆞ니 이로붓터 위풍이 진동ᄒᆞ여 강남 졔장이 다 담이 션을ᄒᆞ더라 (先主大喜, 傳旨就崔禹斬訖, 大賞三軍, 自此威風震動, 江南諸將, 無不膽寒.) <삼국-모종 13:78>

【션장】 명 선장(仙莊). 신선이 사는 곳.¶ ▼仙莊 ‖ 산곡 깁픈 고ᄃᆡ 드러가 멀리 션장을 ᄇᆞ라보니 청운이 은ᄌᆞᄒᆞ고 셔긔 등ᄌᆞᄒᆞ더라 (令鄉人引入山谷深處, 遙望仙莊, 淸雲隱隱, 瑞氣非凡.) <삼국-가정 26:91>

【션쳑】 명 ((교통)) 선척(船隻). 배.¶ ▼船隻 ‖ 강둥의 ᄇᆞᆯ셔 션쳑을 쥰비ᄒᆞ여시니 부인은 술위예 올라 셩의 나가사

이다 (大江之中, 已準備下船隻, 至今便請夫人上車出城.) <삼국-가정 20:14>

【션혹-ᄒᆞ-】 동 선혹(煽惑)하다. 부추겨 현혹하게 하다.¶ ▼煽惑 ‖ 광되 엇지 감히 인심을 션혹ᄒᆞᄂᆞᆫ다 (狂道怎敢煽惑人心!) <삼국-국중 6:114>

【셜-마은】 관 수량이 서른이나 마흔인. 삼사십(三四十).¶ ▼三四十 ‖ 조죄 도라올 제 텬긔 칩고 ᄀᆞ믄디라 이삼ᄇᆡᆨ니예 믈이 업고 군량이 ᄯᅩ 그처디니 ᄆᆞᆯ 수쳔 필을 잡아먹고 ᄡᅡ홀 셜마은 길을 파야 믈이 나더라 (操領兵回, 時天氣寒且旱, 二百里無復水, 軍又乏糧, 殺馬數千匹爲食; 鑿池三四十丈乃得水.) <삼국-가정 11:91>

【셜변지ᄉᆞ】 명 ((인류)) 설변지사(舌辯之士). 변론가. 논설가.¶ 숑이 쉬 셜변지ᄉᆞᆫ 줄 알고 유심히 ᄎᆞ란ᄒᆞ니 쉬 ᄯᅩ ᄒᆞᆫ 그 ᄌᆡ조만 밋고 쳔하 션부ᄅᆞᆯ 젹게 보더니 (松知修是個舌辯之士, 有心難之, 修亦自恃其才, 小覷天下之士.) <삼국-모종 10:50>

【셜분-ᄒᆞ-】 동 설분(雪憤)하다. 분한 마음을 풀다.¶ ▼雪憤 ‖ 노ᄌᆞ경이 강하의 가 뉴비의 군ᄉᆞ 졔갈냥을 ᄃᆞ려 니ᄅᆞ려 제 셜분ᄒᆞ고ᄌᆞ ᄒᆞ여 말노ᄡᅥ 쥬공을 도ᄃᆞᆫ니 ᄌᆞ경이 고집ᄒᆞ야 ᄭᆡᄃᆞᆺ지 못ᄒᆞᄂᆞᆫ지라 (不想魯子敬從江夏帶劉備軍師諸葛亮至此, 彼因自欲雪憤, 特下說詞以激主公, 子敬卻執迷不悟.) <삼국-모종 7:97>

【셜연관ᄃᆡ-ᄒᆞ-】 동 설연관대(設宴款待)하다. 연회를 열어 정성껏 대접하다.¶ ▼設宴款待 ‖ 현덕이 대희ᄒᆞ야 뉴긔ᄅᆞᆯ 셜연관ᄃᆡᄒᆞ더니 긔 믄득 눈믈을 디거ᄂᆞᆯ <삼국-가정 12:27> 현덕이 대희ᄒᆞ야 뉴긔ᄅᆞᆯ 셜연관ᄃᆡᄒᆞ더니 긔 믄득 눈믈을 지거ᄂᆞᆯ (玄德大喜, 設宴款待劉琦. 琦忽然墮淚.) <삼국-규장 8:137>

【셜연-ᄒᆞ-】 동 설연(設宴)하다. 잔치를 베풀다.¶ ▼設宴 ‖ 가츙이 삼군을 위로ᄒᆞ기ᄅᆞᆯ ᄆᆞᆺᄎᆞ매 졔갈탄이 셜연ᄒᆞ야 ᄃᆡ졉ᄒᆞ더니 (賈充慰勞三軍畢, 誕設宴待之.) <삼국-가정 37:7>

【셜워-ᄒᆞ-】 동 서러워하다. 서럽게 여기다.¶ ▼叫苦 ‖ 조죄 셜워ᄒᆞᄂᆞᆫ 소ᄅᆡᄅᆞᆯ 지르고 (操叫苦連聲.) <삼국-가정 16:56> ▼發悲 ‖ 뢰 ᄆᆞᆯ혁을 느즉이 잡고 놉픈 ᄃᆡ 올라 ᄇᆞ라며 우더니 뒤히 ᄒᆞᆫ 사ᄅᆞᆷ이 닐오ᄃᆡ 온휘 무어ᄉᆞᆯ ᄇᆞ라며 셜워ᄒᆞᄂᆞᆫ다 (呂布正望之間, 背後一人在馬上云: "溫侯何故遙望而發悲耶?") <삼국-가정 3:106> ▼悲傷 ‖ 술곳 취ᄒᆞ면 남다히ᄅᆞᆯ ᄇᆞ라고 니ᄅᆞᆯ ᄀᆞᆯ며 노ᄒᆞ기ᄅᆞᆯ 마디 아니ᄒᆞ다가 술곳 ᄭᆡ면 방셩통곡ᄒᆞ며 셜워ᄒᆞ기ᄅᆞᆯ 긋치디 아니ᄒᆞ더니 (每醉, 望南切齒睜目, 怒恨甚急; 酒醉醒時, 放聲痛哭, 悲傷不已.) <삼국-가정 26:66>

【셜은-마은】 관 삼사십(三四十).¶ ▼三四十 ‖ 조죄 도라올 제 텬긔 칩고 ᄀᆞ믄지라 이삼ᄇᆡᆨ 이예 믈이 업고 군량이 ᄯᅩ 그처디니 ᄆᆞᆯ 수쳔 필을 잡아먹고 ᄡᅡ홀 셜은마은 길을 파야 믈이 나더라 (操領兵回, 時天氣寒且旱, 二百里無復水, 軍又乏糧, 殺馬數千匹爲食; 鑿池三四十丈乃得水.) <삼국-규장 8:90>

【셜쟉】 명 설작(設酌). 술자리를 마련함.¶ ▼酌 ‖ 오ᄂᆞᆯ이 마ᄎᆞᆷ 노부의 ᄉᆡᆼ일이라 져녁 ᄣᆡ예 잠간 한가커든 더러온 집의 니ᄅᆞ시면 져근 셜쟉을 ᄒᆞ고져 ᄒᆞᄂᆞ이다 (今日老夫賤降, 晚間少閑, 欲屈衆大臣就舍下少酌, 幸勿見阻.) <삼국-가정 2:20>

【셜-ᄒᆞ-】 동 설(雪)하다. 누명이나 치욕을 벗다. 마음에 맺혀 있는 것을 해결하여 없애거나 품고 있는 것을 이루다.¶ ▼雪 ‖ 슈인을 ᄃᆞ 죽여시니 그 한을 셜ᄒᆞ미오 졍병이 오부인과 형쥬를 도라보ᄂᆡ고 기리 ᄆᆡᆼ호ᄅᆞᆯ ᄆᆡᄌᆞ 함긔 위명ᄒᆞ기를 도모하ᄌᆞ ᄒᆞ니 셩디를 복방ᄒᆞᄂᆞ니다 (讐人盡戮, 其恨可雪矣. 吳大夫程秉到此, 欲還荊州, 送回夫人, 永結盟好, 共圖滅魏, 伏侯聖旨.) <삼국-국중 14:34>

【셟-】 형 서럽다. 원통한 일을 겪거나 불쌍한 일을 보고 마음이 아프고 괴롭다. 셟(←셟다, ㅂ불규칙 용언: 셟다, 慟)-.¶ ▼痛 ‖ 오호대쟝 뉴의 블셔 세히 죽어시되 오히려 보슈ᄅᆞᆯ 못ᄒᆞ니 ᄀᆞ장 셟다 (五虎大將, 已亡三人, 朕尙不能復仇, 深可痛哉!) <삼국-가정 27:27>

【셤】[1] 명 미상.¶ 舵 ‖ 한당이 모연돌화ᄒᆞ야 슈ᄎᆡᄅᆞᆯ 치더니 홀연 드ᄅᆞ니 ᄉᆞ졸이 갑호ᄃᆡ 뒤ᄇᆡ 셤 우희 ᄒᆞᆫ ᄉᆞᄅᆞᆷ이 장군의 ᄌᆞᄅᆞᆯ 부란다 (韓當冒煙突火來攻水寨, 忽聽得士卒報道: "後梢舵上一人, 高叫將軍表字.") <삼국-모종 8:57>

【셤】[2] 명의 섬. 석(石). 부피의 단위. 곡식, 가루, 액체 따위의 부피를 잴 때 쓴다. 한 섬은 한 말의 열 배로 약 180리터에 해당한다.¶ ▼石 ‖ 황튱이 본ᄃᆡ 두 셤 무긔 활을 ᄃᆡᆼ긔여 ᄇᆡᆨ발ᄇᆡᆨ듕ᄒᆞ더라 (原來黃忠能開二石弓之弓, 百發百中.) <삼국-가정 17:45> ▼斛 ‖ 셩이 술 다엿 셤을 빗고 돗 여라믄을 잡아시되 감히 쳔ᄌᆞᄒᆞ야 먹디 못ᄒᆞ야 (成釀五六斛酒, 殺十餘口猪, 未敢就飮.) <삼국-가정 7:50>

【셤어-ᄒᆞ-】 동 섬어(譫語)하다. 잠꼬대하다. 헛소리하다.¶ ▼含糊 ‖ 간니 급히 불을 업시ᄒᆞ고 자리의 나아가니 쥬위 입으로 셤어ᄒᆞ여 왈 ᄌᆞ익은 슈일지ᄂᆡ의 죠젹의 머리 버혀 오믈 보라 (幹急滅燈就寢. 瑜口內含糊曰: "子翼, 我數日之內, 教你看曹賊之首!") <삼국-국중 9:45>

【셥ㅎ】 명 섶. 땔나무.¶ ▼草薪 ‖ 원소의 긔호를 븟치고 군ᄉᆡ 셥흘 짓고 황혼 ᄢᅴ예 오소를 바ᄅᆡ보고 가다 (打著袁軍旗號, 軍士皆束草負薪, 人銜枚, 馬勒口, 黃昏時分, 望烏巢進發.) <삼국-모종 5:57> ▼薪 ‖ 만닐 졔갈냥의 말을 듯고 망녕도이 병갑을 동ᄒᆞ면 이ᄂᆞᆫ 셥흘 지고 불을 구ᄒᆞ미니이다 (若聽諸葛亮之言, 妄動甲兵, 此所謂負薪救火也.) <삼국-국중 8:158> 이제 군마 젼냥 구ᄒᆞᄂᆞᆫ 거ᄉᆞᆯ 가히 주지 못ᄒᆞᆯ 거시니 만일 주면 이ᄂᆞᆫ 셥흘 가져 불을 돕ᄂᆞᆫ 거시니이다 (今求軍馬錢糧, 切不可與, 如若相助, 是把薪助火也.) <삼국-모종 10:100>

【셧그리-】 형 성글다.¶ ▼疎 ‖ 공명 왈 어졔 글을 보오니 장군의 우국ᄒᆞᄂᆞᆫ 마ᄋᆞᆷ을 아오나 양이 나히 어리고 ᄌᆡ조 셧그려 하문ᄒᆞ시ᄂᆞᆫ 말ᄉᆞᆷ을 글ᄋᆞ치미 한니로소이다 (孔明曰: "昨觀書意, 足見將軍憂民憂國之心, 但恨亮年幼

才疎, 有誤下問.") <삼국-모종 6:87>

【셧글-】 혱 성글다.¶ ▼疎 ‖ 진이 주왈 신이 직죄가 셧글고 지혜 업ᄉᆞ니 그 직분의 맛지 못ᄒᆞ도소이다 (眞奏曰: "臣才疎智淺, 不稱其職.") <삼국-모종 15:74>

【셧기-】 동 섞이다.¶ ▼雜 ‖ 졍뵈 말을 노화 바로 진젼의 와 황조를 잡으려 ᄒᆞ니 황죄 투구와 젼마를 바리고 보군의 셧기여 도명ᄒᆞ거늘 (程普縱馬直來陣前捉黃祖, 黃祖棄卻頭盔、戰馬, 雜於步軍內逃命.) <삼국-모종 1:122>

【셧역】 명 서녘. 서편. 서쪽.¶ ▼西 ‖ 그 말이 슈중에 몸을 쇼샤 일어나 한 번 세 길을 쒸여 ᄂᆞ라 셧역 두둑에 오르니 현덕이 운무 즁으로조ᄎᆞ 일어나는 것갓치 쒸여 (那馬忽從水中湧身而起, 一躍三丈, 飛上西岸, 玄德如從雲霧中起.) <삼국-모종 6:37> 조진이 대군을 거ᄂᆞ리고 댱안의 니ᄅᆞ러 위슈 셧역을 지나 하식ᄒᆞ고 진이 왕낭 곽회로 더부러 회병ᄒᆞᆯ 쇠를 ᄒᆞᆫ가지 의논할ᄉᆡ (曹眞領大軍來到長安, 過渭河之西下寨, 眞與王朗、郭淮共議退兵之策.) <삼국-모종 15:75>

【셩】[1] 명 성(性). 성미. 성깔. 성품.¶ ▼生性 ‖ 당합이 셩이 급ᄒᆞᆫ듸 위연을 ᄡᅳ듸 잡으려 ᄒᆞ엿ᄂᆞᆫ디라 엇디 이 말을 드ᄅᆞ리오 날이 어둡ᄃᆞ록 ᄯᆞ로오더니 (郃生性急暴, 只管追之.) <삼국-가정 33:87>

【셩】[2] 명 ((건축)) 성(城). 예전에, 적을 막기 위하여 흙이나 돌 따위로 높이 쌓아 만든 담. 또는 그런 담으로 둘러싼 구역.¶ ▼城池 ‖ 너희 등이 쥐무리 ᄀᆞᆺᄐᆞᆫ 거ᄉᆞ로 엇디 일즉이 항티 아니ᄒᆞᄂᆞ뇨 셩이 파ᄒᆞ면 ᄒᆞᆫ 치 플도 머므로디 아니호리라 (汝等鼠輩, 不來早降, 更待何時? 如打破城池, 寸草不留!) <삼국-가정 24:96>

【셩디】 명 ((지리)) 성지(城池). 성과 그 주위에 파 놓은 못.¶ ▼城池 ‖ 촉병이 블셔 셩디를 파ᄒᆞ여시면 엇디 병을 밧긔 베프리오 이 반ᄃᆞ시 계귀 이시리라 ᄲᆞᆯ리 믈러감만 ᄀᆞᆺ디 못ᄒᆞ다 (蜀兵旣已打破了城池, 如何陳兵于外?) <삼국-가정 32:69>

【셩문】 명 ((건축)) 성문(城門). 성곽의 문.¶ ▼城門 ‖ 밧일은 ᄋᆞ지 ᄒᆞᆯ 거시니 만일 녀푀 패ᄒᆞ야 오나든 부친이 미튝을 쳥ᄒᆞ야 ᄒᆞᆫ가지로 의논ᄒᆞ야 셩문을 딕희고 포를 드리디 말라 (外面之事, 兒子爲之; 倘呂布敗回, 便請糜竺一同守把城門, 休放布入.) <삼국-가정 7:12>

【셩세】 명 성세(聲勢). 실속은 없으면서 큰소리치거나 허세를 부림.¶ ▼虛張聲勢 ‖ 군즁의 젼령ᄒᆞ여 오경의 밥을 먹고 셩상의 경긔를 두루 ᄭᅩᆺ고 셩세를 허장ᄒᆞ고 ᄃᆡ쇼군ᄆᆡ 다 셩을 바리고 세 문으로 난화 나가게 ᄒᆞ니라 (便傳令敎五更造飯; 平明, 大小軍馬, 盡皆棄城; 城上遍挿旌旗, 虛張聲勢, 軍分三門而出.) <삼국-국중 9:162>

【셩야-로】 부 성야(星夜)로. 급히. 별빛이 총총한 밤을 타서 급히.¶ ▼星夜 ‖ 녀포를 인ᄒᆞ야 셩야로 낙양의 도라가 쳔도ᄒᆞᆯ 일을 의논ᄒᆞᆯᄉᆡ (引溫侯呂布星夜回洛陽, 商議遷都.) <삼국-가정 2:96>

【셩츄-ᄒᆞ-】 동 성추(星墜)하다. 별이 떨어지다.¶ ▼星墜 ‖ 닉 젼년의 금년 슈를 졈ᄒᆞ니 강셩이 셔방의 잇ᄉᆞ니 군ᄉᆞ의게 블니ᄒᆞ고 텬긱이 낙셩의 임ᄒᆞ니 반ᄃᆞ시 흉죄라 이졔 셔방의 셩츄ᄒᆞ니 필연 방ᄉᆞ원이 군즁의 쥭을지라 (吾前者算今罡星在西方, 不利於軍師; 天狗犯於吾軍, 太白臨於雒城, 已拜書主公, 敎謹防之. 誰想今夕西方星墜, 龐士元命必休矣!) <삼국-국중 11:103>

【셩텹】 명 ((건축)) 성첩(城堞). 성 위에 낮게 쌓은 담. 몸을 숨기고 적을 감시하거나 공격하는 용도로 쓰였음.¶ ▼城鋪 ‖ 졍긔를 ᄀᆞᆷ초고 졔군이 ᄀᆞ만이 셩텹을 딕희여 망녕도이 츌입ᄒᆞ며 소ᄅᆡᄒᆞᄂᆞᆫ 쟈를 참ᄒᆞ리라 (諸將各守城鋪, 如有妄行出入, 及高聲言語者, 立斬.) <삼국-가정 35:33>

【세】 관 세[三].¶ ▼三 ‖ 그듸 말이 그르다! 강동 긔업을 파로쟝군으로브터 창긔ᄒᆞ야 이졔 니르히 발셔 세 ᄃᆡ라 엇지 일조의 폐ᄒᆞ리오? (君言差矣! 江東基業自破虜將軍開創到今, 已歷三世, 豈可一旦而廢之?) <삼국-가정 14:98> ᄐᆡᄉᆞ 만일 쵸션으로써 녀포을 쥬면 푀 반ᄃᆞ시 ᄃᆡ은을 감츅ᄒᆞ여 쥭기로써 ᄐᆡᄉᆞ를 보ᄒᆞ리니 ᄐᆡᄉᆞᄂᆞᆫ 세 번 ᄉᆡᆼ각ᄒᆞ라 (太師若就此機會, 以蟬賜布, 布感大恩, 必以死報太師. 太師請自三思.) <삼국-국중 2:93>

【세 치 석지 아닐 혀】 속 능수능란한 언변. 말재주.¶ ▼三寸不爛之舌 ‖ 만일 사람이 오리 이시면 량이 ᄒᆞᆫ 돗바름을 비러 강동의게 가 셰 치 석지 아닐 혀를 놀려 남북 냥군이 셔로 숨겨 다토긔 ᄒᆞ면 우리 무ᄉᆞᄒᆞ려니와 (若有人到, 亮借一風帆, 直到江東, 憑三寸不爛之舌, 說南北兩軍互相呑幷, 吾則無事矣.) <삼국-가정 14:43> 군병을 ᄡᅳ디 아니ᄒᆞ여도 내 세 치 혀로 부ᄉᆞ인을 달래여 와 항킈 ᄒᆞ리이다 (不須張弓隻箭, 某憑三寸不爛之舌, 說公安士仁來降, 可乎?) <삼국-가정 24:132>

【셰셰-이】 부 서서(徐徐)히. 천천히.¶ ▼徐徐 ‖ 가령 이십만 군니면 십만을 거ᄂᆞ려 삼월이 지ᄂᆞ면 도 십만을 ᄃᆡ신ᄒᆞ고 이젼 군ᄉᆞᄂᆞᆫ 환송ᄒᆞ여 삼월 만의 체대ᄒᆞ라 ᄒᆞ여 이ᄀᆞᆺ치 ᄒᆞ면 벽녁이 곤치 아니리니 즁원을 셰〻이 가히 도모ᄒᆞ리이다 (且如二十萬之兵, 只領十萬出祁山, 住了三個月, 却敎這十萬替回, 循環相輔. 若此則兵力不乏, 然後徐徐而進, 中原可圖矣.) <삼국-국중 16:15>

【셰쇄-ᄒᆞ-】 혱 세쇄(細瑣)하다. 자잘하다. 시시하고 자질구레하다.¶ ▼細 ‖ 앗가 우리 주인이 오ᄅᆡ 답지 아니ᄒᆞᆫ ᄌᆞᄂᆞᆫ ᄌᆞ경이 고명ᄒᆞᆫ 션ᄇᆡ로써 셰쇄ᄒᆞᆫ 말을 기ᄃᆡ리지 아니ᄒᆞ미니 공은 엇지 ᄉᆞᆯ피지 못ᄒᆞᄂᆞ뇨 (適來我主人不卽答應者, 以子敬乃高明之士, 不待細說, 何公不察之甚也?) <삼국-모종 9:41>

【셰숫-믈】 명 세숫물.¶ ▼盥漱 ‖ 각이 놀라 ᄶᅡ히 것ᄭᅮ러뎟다가 이윽ᄒᆞ야 ᄭᆡ얏더니 잇ᄐᆞᆫ날 셰숫믈의 핏내 나거ᄂᆞᆯ 각이 죵을 ᄭᅮ지저 년ᄒᆞ야 두어 번을 밧ᄭᅩ와 오되 다 핏내 나니 (恪驚倒在地, 良久方蘇. 次早盥漱, 聞水血臭. 恪叱侍婢換水, 連換數盆, 皆臭無異.) <삼국-가정 36:13>

【셰오-】 동 세우다. 이루다.¶ ▼立 ‖ 너희 문관의 말뎨로 ᄆᆡ양 딕희고만 이시면 언제 공명을 후셰예 셰오리오 병법의 닐오ᄃᆡ 군이 믈을 반만 건너거든 티라 ᄒᆞ니 이

제 운댱의 군이 양강을 막 건너니 엇디 티디 아니ᄒᆞ리오 (據汝等文官之言, 只宜堅守, 似此何能立功名於後世乎? 豈不兵法云: '軍半渡可擊.' 今關羽軍半渡襄江, 何不擊之?) <삼국-가정 24:53>

【셰우-】 동 세우다. 어떤 역할을 맡아서 하게 하다. 셔[立]-+-ㅣ우(사동 접미사)-.¶ ▼立 ‖ 태ᄌᆞ 변이 시년이 구셰라 녕뎨 태ᄌᆞ 협을 쳑ᄉᆞ랑ᄒᆞ야 셰우고져 ᄒᆞ더니 (皇子辨時年九歲, 靈帝偏愛皇子協, 欲立之.) <삼국-규장 1:63>

【셰작】 명 ((인류)) 세작(細作). 첩자(諜者).¶ ▼細作 ‖ 운댱이 여람의 가 영채를 일웟더니 밤의 슌라ᄒᆞᄂᆞᆫ 군식 셰작[ᄀᆞ마니 탐텽ᄒᆞᄂᆞᆫ 군ᄉᆡ라] 두 사ᄅᆞᆷ을 잡왓거ᄂᆞᆯ 운댱이 보니 ᄒᆞ나흔 아ᄂᆞᆫ 사ᄅᆞᆷ이러라 (當夜營外拿了兩個細作人來, 雲長視之, 內中認的一人.) <삼국-가정 9:58> ▼打細人 ‖ 믄득 셰작이 도라와 보호ᄃᆡ (忽報新城打細人到來.) <삼국-가정 31:6> ▼奸細 ‖ 쇼인은 셰작이 아니라 긔밀ᄒᆞᆫ 일이 이셔 도독긔 뵈오려 오더니 그릇 복노군의 잡피믈 닙은디라 ᄇᆞ라건대 좌우ᄅᆞᆯ 믈리쇼셔 (小人不是奸細, 有機密事來見都督, 誤被伏路軍捉來, 乞退左右.) <삼국-가정 32:11> ▼哨 ‖ 이인이 졍히 말ᄒᆞ며 힝ᄒᆞ더니 믄득 셰작이 도라와 보호ᄃᆡ (二人正言間, 忽哨報來說.) <삼국-가정 32:69> ▼哨軍 ‖ ᄉᆞ마의 졍히 민망ᄒᆞ야 근심ᄒᆞ더니 믄득 셰작이 보ᄒᆞᄃᆡ (却說司馬懿正憂悶至急之間, 忽報哨軍報說.) <삼국-가정 34:13>

【셰ㅎ】 수 셋. 둘에 하나를 더한 수.¶ ▼三 ‖ 오호대쟝 뉴의 발셔 셰히 죽어쓰ᄃᆡ 짐이 오히려 보슈를 못ᄒᆞ니 가쟝 셟다 (五虎大將, 已亡三人, 朕尙不能復仇, 深可痛哉!) <삼국-규장 19:17>

【셰-ᄒᆞ-】 동 세다. 희어지다.¶ ▼白 ‖ 이ᄣᅴ의 이긘 군ᄉᆞ를 거ᄂᆞ리고 하샹의 와 진치니 ᄇᆡᆨ셩들이 단ᄉᆞ호쟝으로셔 왕ᄉᆞ를 맛거ᄂᆞᆯ 죄 부로 수인을 블너 나아오라 ᄒᆞ니 슈발이 다 셰ᄒᆞ더라 (此時操引得勝之兵, 陳列於河上, 有土人簞食壺漿, 以迎王師. 操見父老數人, 鬚髮盡白.) <삼국-가정 10:102>

【소견】 명 소견(所見). 어떤 일이나 사물을 살펴보고 가지게 되는 생각이나 의견.¶ ▼分曉 ‖ 너무 소견 읍단 말 (忒沒分曉.) <삼국-어람 108b>

【소기-】 동 속이다. 거짓을 참으로 곧이듣게 하다.¶ ▼瞞 ‖ 내 혜아리니 졔쟝ᄃᆞᆯ은 그 계규ᄅᆞᆯ 아디 못ᄒᆞ려니와 홀로 졔갈량이 날도곤 나으니 이 꾀ᄅᆞᆯ 소기디 못ᄒᆞᆯ 거시니 (吾料諸將不知此計, 獨有諸葛亮勝於吾見, 想此謀亦不可瞞也.) <삼국-가정 15:61> ▼賺 ‖ 장비 왈 네 형장을 ᄇᆡ반ᄒᆞ고 조ᄌᆞᄅᆞᆯ 좃ᄎᆞ 항복ᄒᆞ여 후를 봉ᄒᆞ고 이제 나를 소기고저 ᄒᆞᄂᆞ야 (飛曰: "你背了兄長, 降了曹操, 封侯賜爵, 今又來賺我!") <삼국-모종 5:24>

【소-낢】 명 ((식물)) 소나무.¶ ▼松 ‖ 소남기 놉하 쇠잔ᄒᆞᆫ 이슬이 자로 ᄣᅥ러져시니 의심컨ᄃᆡ 당년의 눈물 ᄣᅥ러치ᄂᆞᆫ ᄉᆞᄅᆞᆷ인가 (松高殘露頻頻滴, 疑是當年墮淚人.) <삼국-국중 17:133> ▼松樹 ‖ 믄득 일딘 대풍이 동븍으로조차 니러나 ᄠᅳᆯ 알ᄑᆡ 큰 소남글 것거ᄇᆞ린대 (忽一陣大風自東北角上而起, 把庭前松樹吹折.) <삼국-가정 31:88>

【소님】 명 소임(所任). 맡은 바 직책이나 임무.¶ ▼任 ‖ 유왈 ᄂᆡ ᄉᆞᄉᆞ로 구코져 ᄒᆞᄃᆡ 다만 엇던 ᄉᆞᄅᆞᆷ을 머무러 이예 잇셔 ᄂᆡ 소님을 ᄃᆡ신ᄒᆞ리오 (瑜曰: "吾欲自往救之, 但留何人在此, 代當吾任?") <삼국-모종 8:74>

【소루-ᄒᆞ-】 형 소루(疏漏, 踈漏)하다. 생각이나 행동 따위가 꼼꼼하지 않고 거칠다. 소홀(疏忽)하다¶ ▼疏虞 ‖ 폐해 이제 촉황뎨 되야 엇디 ᄉᆞᄉᆞ로 이리 가ᄇᆡ야이 나오시ᄂᆞ뇨 만일 소루ᄒᆞ미 이시면 뉘우쳐도 밋디 못ᄒᆞ시리이다 (陛下今爲蜀主, 何自輕出? 倘有疏虞, 悔之何及!) <삼국-가정 27:28> 깁히 듕디의 드러갓다가 이긔면 가ᄒᆞ거니와 만일 소루ᄒᆞ미 이시면 인매 고로오믈 밧고 비록 믈러오고져 ᄒᆞ나 ᄯᅩᄒᆞᆫ 어려올디라 (若深入重地, 常勝則可, 倘有疏虞, 人馬受苦, 要退則難.) <삼국-가정 32:107> 부친이 죠고만 글월을 미더 듕디에 드러갓다가 소루ᄒᆞ미 이시면 엇디ᄒᆞ리오 <삼국-가정 34:6> 부친은 무슴 연고로 ᄒᆞᆫ 소질으 편지을 미더 친히 즁위의 드러가 만일 소루ᄒᆞᆫ 일니 잇시면 엇지ᄒᆞ시려 ᄒᆞ난잇고 (父親何故據片紙而親入重地? 倘有疎虞, 如之奈何?) <삼국-모종 17:17>

【소삭-ᄒᆞ-】 형 소삭(蕭索)하다. 초췌하다. 얼굴이나 몸이 많이 상하다.¶ ▼消減 ‖ 즁군이 여포의게 아리니 푀 왈 ᄂᆡ 적토말를 타고 평지갓치 단이리라 ᄒᆞ고 처쳡을 다리고 술만 먹어 쥬식의 상ᄒᆞ여 형용이 소삭ᄒᆞ더라 (衆軍飛報呂布, 布曰: "吾有赤免馬, 渡水如平地, 又何懼哉!" 乃日與妻妾痛飮美酒, 因酒色過傷, 形容消減.) <삼국-모종 3:79>

【소옴-옷】 명 ((복식)) 솜옷.¶ ▼綿衣 ‖ 군ᄉᆞᄅᆞᆯ ᄂᆞᆫ화 융장을 츌히더니, 이ᄣᅢ 겨올히라 소옴오ᄉᆞᆯ 만히 가져가더라 (遂議分兵.包歸府, 收拾戎裝.此時冬寒, 在側從人多帶綿衣.) <삼국-가정 7:31>

【소옴-의복】 명 ((복식)) 솜옷.¶ ▼綿衣 ‖ 드듸여 부즁이 드러가 군장 긔계를 수습ᄒᆞ니 ᄣᅴ가 바야흐로 동ᄒᆞᆫ이라 각ᄀᆞ 소음의복을 입으라 ᄒᆞ니 (遂歸府收拾戎裝, 時方冬寒, 分付從人多帶綿衣.) <삼국-모종 3:76>

【소유】 명 ((음식)) 소유(酥油). 우유로 만든 버터 모양의 기름. 먹거나 몸에 바르기도 함.¶ ▼酥 ‖ ᄯᅩ ᄒᆞᆯ른 븍방의셔 소유[만난 기름 어린 거시라]ᄒᆞᆫ 합을 보내엿거ᄂᆞᆯ 죄 됴히 너겨 합 밧긔 쓰되 일합이라 ᄒᆞ엿더니 (又一日, 塞北送酥一盒, 操喜, 遂寫'一盒酥'三字於盒上.) <삼국-가정 23:113>

【소져-ᄒᆞ-】 형 소저(素著)하다. 줄곧 분명하게 드러나다.¶ ▼素著 ‖ 정욱 왈 ᄂᆡ 본ᄃᆡ 운장은 ᄋᆞ원이 분명ᄒᆞ고 인의 소져ᄒᆞ믈 아ᄂᆞ니 승상은 구일의 졔계 은혀 잇시니 이제 친히 가 빌면 가히 난을 버ᄉᆞ리이다 (程昱曰: "某素知雲長 … 恩怨分明, 信義素著, 丞相舊日有恩於彼, 今只親自告之, 可脫此難.") <삼국-모종 8:64>

【속절-업시】 부 속절없이. 아무리 하여도 단념할 수밖에는 별 도리가 없이. 속절(속절: 불완전 어근)+없(←없다: 無)-+-이(부사 파생 접미사).¶ ▼空 ‖ 승상이 일즉 쟉셔의 비ᄒᆞ야 죽이지 아니ᄒᆞ얏시니 우리 엇지 속절업시 도부를 더러이리오 (丞相尙以爲鼠雀之輩而不殺, 吾等空汚刀耳.) <삼국-규장 6:69>

【속절-읍시】 부 속절없이. 아무리 하여도 단념할 수밖에는 별 도리가 없이. 속절(속절: 불완전 어근)+읎(없다, 無)-+-이(부사 파생 접미사).¶ 속절읍시 (顧不得) <삼국-어람 109b>

【쇽절-업시】 부 속절없이. 아무리 하여도 단념할 수밖에는 별 도리가 없이. 쇽절(속절: 불완전 어근)+없(←없다: 無)-+-이(부사 파생 접미사).¶ ▼空 ‖승샹이 일즙 쟉셔의 비ᄒᆞ야 죽이디 아니ᄒᆞ여시니 우리 엇디 쇽절업시 도부ᄅᆞᆯ 더러이리오 (丞相尙以爲鼠雀之輩而不殺, 吾等空汚刀耳.) <삼국-가정 8:56>

【손】 명 ((신체)) 사람의 팔목 끝에 달린 부분. 손등, 손바닥, 손목으로 나누며 그 끝에 다섯 개의 손가락이 있어, 무엇을 만지거나 잡거나 한다.¶ ▼손이 번듯ᄒᆞ드니 (手起處) <삼국-어람 108a>

【손의 춤밧고 언-】 속 손에 춤 뱉고 얻다.¶ ▼唾手可得 ‖ 한복은 ᄭᅬ 업ᄉᆞᆫ 무리라 일뎡 쟝군을 쳥ᄒᆞ야 고ᄋᆞᆯ 일을 녕ᄒᆞ라 ᄒᆞᆯ 거시니 그 ᄣᅢ예 취ᄒᆞ면 손의 춤밧고 어드링이다 (韓馥無謀之輩, 必請將軍領州事, 就中取事, 唾手可得.) <삼국-가정 2:4>

【손이 도로혀 님재 되ᄂᆞᆫ 계귀】 속 손님이 도리어 임자 되는 계규.¶ ▼反客爲主 ‖ 연의 위인이 경조ᄒᆞ여 용만 밋고 ᄭᅬ 업ᄉᆞ니 가히 도돌 거시라 ᄉᆞ졸을 년영ᄒᆞ여 졈〻 나아가며 거ᄅᆞᆷ마다 영을 ᄆᆡᆫᄃᆞ라 연을 다래여 와 ᄡᅡ호게 ᄒᆞ면 이ᄂᆞᆫ 손이 도로혀 님재 되ᄂᆞᆫ 계귀니 연이 ᄒᆞᆫ 번 오면 가히 ᄉᆡᆼ금ᄒᆞ리라 (淵爲人輕躁, 恃勇少謀, 可激士卒連營稍進, 步步爲營, 誘淵來戰.此乃'反客爲主'之計.淵一至, 可擒矣.) <삼국-가정 23:59>

【손-등】 명 ((신체)) 손등.¶ ▼節 ‖ 깃브믈 듯고 손등을 ᄡᅳ니 ᄉᆡᆼ각건대 돗 ᄆᆞᆺ듯 ᄒᆞ여 ᄒᆞᆫ가지로 한실을 븟들가 ᄒᆞ노이다 (聞慶拊節, 想遂席卷, 共獎王綱.) <삼국-가정 24:121>

【손-바당】 명 ((신체)) 손바닥. 손의 안쪽. 곧 손금이 새겨진 쪽.¶ ▼股掌 ‖ 원쇼ᄂᆞᆫ 외로온 손이오 궁진ᄒᆞᆫ 군이라 우리의 코김을 울얼고 이시니 비컨대 어린 아ᄒᆡ 손바당 우히 잇ᄂᆞ니 ᄀᆞᆺᄐᆞ니 젓 먹이기ᄅᆞᆯ 긋치면 즉시 주려 죽을 거시어ᄂᆞᆯ 엇디 고ᄋᆞᆯ 일을 일로ᄡᅥ 맛디고져 ᄒᆞᄂᆞ뇨 (袁紹孤客窮軍, 仰我鼻息, 譬如嬰孩在股掌之上, 絶其乳哺, 立可餓死. 奈何欲以州事委之?) <삼국-가정 3:6> ▼掌 ‖ 이제 명공의 신무로ᄡᅥ 하삭의 ᄯᅡ흘 웅거ᄒᆞ야 조적을 티미 손바당 뒤혀기 ᄀᆞᆺ거ᄂᆞᆯ 엇디 구〻히 셰월을 쳔연ᄒᆞ여 취티 아니호리오 (今以明公之神武, 跨河朔之强暴, 以伐曹賊, 易如反掌, 何必區區遷延日月?) <삼국-가정 8:9> 허도로 도라가 군ᄉᆞ의 힘을 쳐 어ᄅᆞᆷ이 녹고 봄이 덥거ᄃᆞᆫ 인병 븍향ᄒᆞ야 몬져 원쇼ᄅᆞᆯ 파ᄒᆞ고 이긘 군ᄉᆞᄅᆞᆯ 도로혀 형양을 티면 남븍의 니호미 손바당 뒤혐 ᄀᆞᄐᆞᆫ디라 (不如還兵許都, 少養軍士之力, 待凍消春暖, 引兵向北, 先破袁紹; 回得勝之師, 來攻荊襄, 南北之利, 易如反掌.) <삼국-가정 11:20>

【손-발】 명 ((신체)) 손발.¶ ▼手脚 ‖ 죄 듯고 손발을 ᄯᅥᆯ며 부ᄉᆞᆯ ᄯᅡ히 더디거ᄂᆞᆯ (曹聞之, 手脚慌亂, 投筆於地.) <삼국-가정 18:42>

【손외】 명 ((군기)) 쇠뇌. 쇠로 된 발사 장치가 달린 활. 여러 개의 화살을 연달아 쏘게 되어 있다.¶ ▼弓弩 ‖ 또 댱임이 귀로ᄅᆞᆯ 막아 센 손외로 ᄡᅩ니 위연이 황망ᄒᆞ야 ᄒᆞ더니 (又被張任截斷歸路, 只在高阜處用强弓硬弩射之, 魏延心慌.) <삼국-가정 20:95>

【손의】 명 ((군기)) 쇠뇌. 쇠로 된 발사 장치가 달린 활.¶ ▼弩 ‖ 딘취 등농이 각〻 몽동 젼감을 거ᄂᆞ려 면슈 어귀ᄅᆞᆯ 딕희고 기여 쇼쥬ᄂᆞᆫ 다 믈어귀예 둔ᄒᆞ고 젼션 우희 센 활과 구든 손의 쳔여 댱을 베프고 (陳就、鄧龍各引一隊艨艟, 截住沔口, 其餘小舟盡屯灣港內, 艨艟上各設强弓硬弩千餘張.) <삼국-가정 13:25>

【손조】 부 몸소. 손수. '자신의 손으로 직접'.의 뜻으로 높여 이르는 말.¶ ▼自 ‖ 쥰이 각의 심복 사ᄅᆞᆷ으로 ᄒᆞ여곰 각의 손조 지은 약술을 가져오니 각이 방심ᄒᆞ야 먹더니 (峻令恪心腹人卽取恪自製藥酒到, 恪方才放心飮之.) <삼국-가정 36:17> ▼親 ‖ 개 죽을 제 이 글월을 손조 ᄡᅥ 봉ᄒᆞ야 주며 닐오ᄃᆡ 승샹이 내 말을 조ᄎᆞ면 뇨동을 절로 뎡ᄒᆞ리라 ᄒᆞ더이다 (郭公臨往, 親筆書此. 丞相從之, 遼東自定矣.) <삼국-가정 11:93>

【손죠】 부 손수. '자신의 손으로 직접'.의 뜻으로 높여 이르는 말.¶ ▼手 ‖ ᄣᆡ로 식물을 보ᄂᆡᆯ 제 손죠 글을 ᄡᅥ 짓치니 셔모도 ᄯᅩ 손조 친히 답셔ᄅᆞᆯ ᄡᅥ 보ᄂᆡᄂᆞᆫ지라 (時常餽送物件, 必具手啓, 徐母因亦作手啓答之.) <삼국-모종 6:61>

【솔】 명 ((복식)) 솔기.¶ ▼帶襯 ‖ ᄒᆞᆫ 계교 잇ᄉᆞ니 오ᄉᆞᆯ 짓고 옥ᄃᆡ 어더 ᄒᆞᆫ 솔의 가마니 조서를 너어 동승을 쥬어 집에 가 보고 쥬야로 획칙ᄒᆞ면 귀신도 아지 못ᄒᆞ리이다 (臣有一計, 陛下可製衣一領, 取玉帶一條, 密賜董承, 卻於帶襯內縫一密詔以賜之, 令到家見詔, 可以晝夜畫策, 神鬼不覺矣.) <삼국-모종 3:88>

【솟】 명 ((기물)) 솥. 밥을 짓거나 국 따위를 끓이는 그릇.¶ ▼飯甑 ‖ 셩 남녁 ᄆᆞ을 ᄇᆡᆨ셩의 집의셔 밥을 짓다가 솟 가온대 ᄒᆞᆫ 쟈근 아ᄒᆡ ᄶᅵ여 죽어시니 두 블샹ᄒᆞᆫ 일이오 (城南鄕民造飯, 飯甑之中, 有一小兒蒸死于內, 二不祥也.) <삼국-가정 35:35>

【솟-발】 명 ((기물)) 솥발. 옛날 솥 밑에 달린 세 개의 발. 셋이 사이좋게 나란히 있는 모양을 비유할 때 쓴다.¶ ▼鼎足 ‖ 내 복양의 가 둔병ᄒᆞ야 ᄡᅥ 솟발의 셰ᄅᆞᆯ 일우려 ᄒᆞ노라 (吾欲屯兵濮陽, 以成鼎足之勢.) <삼국-가정 4:90> 몬져 형쥬ᄅᆞᆯ 취ᄒᆞ야 근본을 삼고 버거 셔쳔을 취ᄒᆞ야 나라흘 세워 솟발의 셰 되면 가히 듕원을

도모ᄒᆞ리이다 (先取荊州爲家, 後取益州建皇都, 以成鼎足之勢, 然後可圖中原也.) <삼국-가정 12:111>

【솟ㅌ】 명 ((기물)) 다리가 달린 솥.¶ ▼鼎 ‖ 죵요로운 싸히 당셰예 영웅곳 아니면 가히 막ᄌᆞᄅᆞ디 못ᄒᆞᆯ디라 이제 황건이 솟ᄐᆡ 믈 끌틋 ᄒᆞ니 뉘 가히 평안이 ᄒᆞ리오 (衝要之地, 非當世英雄莫能據也. 今黃巾鼎沸, 誰可安之?) <삼국-가정 4:18>

【솟ㅎ】 명 ((기물)) 솥.¶ ▼鼎 ‖ 몬져 젼젼의 큰 솟ᄒᆞᆯ 걸고 아ᄅᆡ 숫불을 피우고 기름 수ᄇᆡᆨ 근을 ᄭᅳ리고 무ᄉᆞ 일쳔인으로 각ᄀᆞᆨ 손의 칼을 들고 (先於殿前立一大鼎, 貯油數百斤, 下用炭燒, 待其油沸, 可選身長面大武士一千人, 各執刀在手.) <삼국-모종 14:46>

【송곳】 명 ((기물)) 작은 구멍을 뚫는 데 쓰는 연장.¶ ▼錐 ‖ 양쉬 됴상 가셔 울며 닐오ᄃᆡ 그ᄃᆡ 주머니의 든 송고실로다 ᄒᆞ니 (惟脩知之, 臨喪嘆曰: '君乃囊中之錐也!') <삼국-가정 23:116>

【송장】 명 '사람의 주검'을 이르는 말.¶ ▼屍 ‖ 사마개 ᄒᆞᆫ 살로 감녕의 목을 쏘니 살ᄒᆞᆯ 씌고 ᄃᆞᆺ더니 부디귀라 ᄒᆞᄂᆞᆫ ᄃᆡ 니ᄅᆞ러 나모 아래 안자셔 죽으니 남긔 수 업ᄉᆞᆫ 가마괴 지져괴며 송장을 둘러 울거ᄂᆞᆯ (被沙摩柯一箭射中寧頭, 帶箭而走, 到於富池口, 坐在大樹之下而死. 樹上群鴉數百, 以繞其屍.) <삼국-가정 27:32>

【송정-ᄒᆞ-】 동 송정(送情)하다. 정을 주다. 추파를 던지다.¶ ▼送情 ‖ 륜 왈 됴만의 ᄒᆞᆫ 냥신을 갈이여 부즁의 보ᄂᆡ리라 픠 흔희ᄒᆞ여 ᄌᆞ조 눈으로써 초션을 보니 초션이 ᄯᅩ 츄파로 송졍ᄒᆞ더라 (允曰: "早晩選一良辰, 送至府中." 布欣喜無限, 頻以目視貂蟬, 貂蟬亦以秋波送情.) <삼국-모종 2:7>

【쇄ᄌᆞ-갑】 명 ((복식)) 쇄자갑(鎖子甲). 사슬갑옷. 다섯 개의 쇠고리를 이어서 한 고리에 화살이 맞으면 나머지 고리들이 함께 화살을 막아 들어가지 못하도록 만든 것으로, 정교하게 만든 갑옷을 두루 이르는 말.¶ ▼鎖子甲 ‖ 즉시 닙엇던 황금쇄ᄌᆞ갑을 버서 주니 엄안이 ᄇᆡ샤ᄒᆞ더라 (卽時便脫身上黃金鎖子甲以賜之. 嚴顏得賜拜謝.) <삼국-가정 20:8>

【쇄츌-ᄒᆞ-】 동 살출(殺出)하다. 힘차게 돌진하여 나가다.¶ ▼截出 ‖ 현덕니 분주니 새 즁에 일라니 장임의 군마 ᄯᅩ 쇼로ᄀᆞᆨ 좃ᄎᆞ 쇄츌ᄒᆞ고 오란 뇌동니 당션ᄒᆞ야 온니 (玄德軍馬比及奔到寨中, 張任軍馬又從小路裡截出, 劉璝、吳蘭、雷銅當先趕來.) <삼국-모종 10:126>

【쇠-갈공】 명 ((기물)) 쇠갈고리. 쇠로 만든 갈고리.¶ ▼鋼鉤 ‖ 오경은 ᄒᆞ야 챠뒤 ᄉᆞᄉᆞ로 갑 닙고 ᄆᆞᆯ게 오ᄅᆞ니 ᄂᆞᆺ치 블근 칠ᄒᆞᆫ ᄃᆞᆺᄒᆞ고 손이 쇠갈공 ᄀᆞᆺ더라 (看看俄到五更, 城外一片聲叫開門. 車冑自披掛了上馬. 冑生得面如紫礦, 手如鋼鉤.) <삼국-가정 7:160>

【쇠-골회】 명 ((기물)) 쇠고리.¶ ▼鐵環 ‖ 만일 대쇼 젼션을 각ᄀᆞᆨ 모도와 혹 삼십으로 ᄒᆞᆫ ᄢᅦ롤 ᄒᆞ며 혹 오십으로 ᄒᆞᆫ ᄢᅦ롤 ᄒᆞ야 슈미의 쇠골회롤 바가 년ᄒᆞ야 ᄌᆞᄆᆞᆯ고 우희 널을 ᄭᆞ라 너ᄅᆞ긔 ᄒᆞ면 사ᄅᆞᆷ이 평디 ᄃᆞᆫ니ᄃᆞᆺ 편ᄒᆞᆯ ᄲᅮᆫ이 아니라 ᄆᆞᆯ이라도 ᄯᅩᄒᆞᆫ ᄃᆞᆯ리이다 (若以大船小船, 各皆配搭, 或三十爲一排, 或五十爲一排, 首尾用鐵環連鎖, 上鋪闊板, 休言人可渡, 馬亦可走矣.) <삼국-가정 15:121>

【쇠-북】 명 ((악기)) 쇠북. 종(鐘). 시간 또는 시각을 알리거나 신호를 하기 위하여 치거나 흔들어 소리를 내는 금속 기구.¶ ▼銅鐘 ‖ 별가 벼ᄉᆞᆯ을 ᄒᆞ아시니 셩은 댱이오 명은 숑이오 ᄌᆞᄂᆞᆫ 영년이니 그 사ᄅᆞᆷ이 니매 부러디고 머리 ᄲᅢ고 쾨 추혀들고 니 드러나고 킈 대 자히 못ᄒᆞᄃᆡ 말소ᄅᆡ 큰 쇠북 소ᄅᆡ ᄀᆞᆺ더라 (其人生得額钁頭尖, 鼻偃齒露, 身短不滿五尺, 言語有若銅鐘.) <삼국-규장 13:86>

【쇠-붑】 명 ((기물)) 쇠북. 종(鐘).¶ ▼銅鐘 ‖ 별가 벼ᄉᆞᆯ을 ᄒᆞ여시니 셩은 댱이오 명은 숑이오 ᄌᆞᄂᆞᆫ 영년이니 그 사ᄅᆞᆷ이 니매 브러디고 머리 ᄲᅢ고 쾨 추혀들고 니 드러나고 킈 대 자히 못호ᄃᆡ 말 소ᄅᆡ 큰 쇠붑 소ᄅᆡ ᄀᆞᆺ더라 (其人生得額钁頭尖, 鼻偃齒露, 身短不滿五尺, 言語有若銅鐘.) <삼국-가정 19:74>

【쇼겐】 명 소견(所見). 어떤 일이나 사물을 살펴보고 가지게 되는 생각이나 의견.¶ ▼見 ‖ ᄂᆡ 누세 ᄒᆞᆫ신으로 엇지 도적을 좃치리요 공등니 ᄒᆞᆫ실을 붓들고저 ᄒᆞ면 무ᄉᆞᆷ 놉푼 쇼겐 닌난요 (吾累世漢臣, 安能從賊? 公等欲扶漢, 有何高見?) <삼국-모종 11:94>

【쇼견】 명 소견(所見). 어떤 일이나 사물을 살펴보고 가지게 되는 생각이나 의견.¶ ▼너무 소견 읍단 말 (忒沒分曉.) <삼국-어람 108b> ▼所見 ‖ 탁이 ᄐᆡ부 원외다려 닐너 왈 네 족히 무례ᄒᆞ되 ᄂᆡ 너의 낫츨 보아 용셔ᄒᆞᄂᆞ니 폐립ᄒᆞᆯ 릴이 엇더ᄒᆞ뇨 외 왈 ᄐᆡ위 쇼견이 올흐다 (卓謂太傅袁隗曰: "汝姪無禮, 吾看汝面, 姑恕之. 廢立之事若何?" 隗曰: "太尉所見是也.") <삼국-모종 1:56>

【쇼교】 명 ((인류)) 소교(小校). 소졸(小卒).¶ ▼小校 ‖ 태긋 ᄀᆞᄂᆞᆫ 칼ᄒᆞᆯ 잡고 쇼교로 ᄒᆞ여곰 큰 반을 ᄑᆞᆯ 아래 바텨 피ᄅᆞᆯ 바드라 ᄒᆞ고 (佗取尖刀在手, 令一小校捧一大盆於臂下接血.) <삼국-가정 24:102>

【쇼-나무】 명 ((식물)) 소나무.¶ ▼松 ‖ 현덕이 보니 숑형학비요[숑형학비는 쇼나무 형용이요, 학의 등이란 말이라] 긔우불범ᄒᆞᆫ지라 (玄德視其人: 松形鶴骨, 器宇不凡.) <삼국-국중 7:122>

【쇼라】 명 ((기물)) 소라. 소래기. 대야.¶ ▼盂 ‖ 공명이 날회여 가라 단의 올나 방위를 두로 보고 향노의 분향ᄒᆞ며 쇼라의 믈을 븟고 하날흘 우러러 츅ᄒᆞ다가 (孔明緩步登壇, 觀瞻方位已定, 焚香于爐, 注水于盂, 仰天暗祝.) <삼국-가정 16:34>

【쇼류-ᄒᆞ-】 동 소류(笑留)하다. 소납(笑納)하다. 편지글에서, 보잘것없는 물건이지만 웃으며 받아달라는 뜻으로 겸손하게 이르다.¶ ▼笑留 ‖ 뉵쟝군니 글월과 녜물을 ᄀᆞᆺ쵸아 쟝군의게 보ᄂᆡ고 양가 호화ᄒᆞ기를 구ᄒᆞᄂᆞ니 비ᄂᆞ니 쇼류ᄒᆞ소서 (陸將軍呈書備禮, 一來與君侯作賀, 二來求兩家和好, 幸乞笑留.) <삼국-국중 13:50>

【쇼리】 명 ((관직)) 소리(小吏). 아전(衙前).¶ ▼小吏 ‖ 이제 오후는 젼당 쇼리의 아달노 본디 죠졍의 공덕이 업거늘 셰력을 의지ᄒᆞ여 뉵군 팔십일 쥬를 웅거ᄒᆞ고 오히려 탐심이 부죡ᄒᆞ여 한토를 아올나 삼키고져 ᄒᆞ나뇨 (汝主乃錢塘小吏之子, 素無功德於朝廷; 今倚勢力, 占據六郡八十一州, 尙自貪心不足, 而欲倂呑漢土.) <삼국-국중 10:47>

【쇼매】 명 ((복식)) 소매.¶ ▼袖 ‖ 숑이 쇼매 가온디로셔 ᄒᆞᆫ 그림을 ᄂᆡ여 현덕을 주어 왈 숑이 명공의 셩덕을 감동ᄒᆞ야 이 그림을 드리나니 다만 이것만 보면 쵹즁 도로ᄅᆞᆯ 알리이다 (松於袖中取出一圖, 遞與玄德曰: "松怠明公盛德, 敢獻此圖, 但看此圖, 便知蜀中道路矣.") <삼국-모종 10:62>

【쇼모-ㅎ-】 동 소모(召募)하다. 불러 모으다.¶ ▼招募 ‖ 밤낫 ᄃᆞᆯ려 딘뉴의 가 제 아비ᄅᆞᆯ 보와 디난 일을 다 니ᄅᆞ고 가지ᄅᆞᆯ 흣터 의병을 쇼모코져 ᄒᆞ거ᄂᆞᆯ (操連夜到陳留, 尋見父親, 說上項事, 欲散家資, 招募義兵.) <삼국-가정 2:40>

【쇼모-ᄒᆞ-】 동 소모(召募)하다. 불러 모으다.¶ ▼招募 ‖ 이제 의ᄉᆞᄅᆞᆯ 쇼모ᄒᆞ야 황건적을 티려 ᄒᆞᆫ다 듯고 응모ᄒᆞ라 가려 ᄒᆞ노라 (今聞招募義士破黃巾賊, 欲往應募.) <삼국-가정 1:25> 공명 왈 가히 ᄲᆞᆯ니 민병을 쇼모ᄒᆞ여 냥이 스ᄉᆞ로 ᄀᆞ로치면 가히 써 ᄃᆡ적ᄒᆞ리이ᄃᆞ (孔明曰: "可速招募民兵, 亮自教之, 可以待敵.") <삼국-모종 7:13>

【쇼쇄-ᄒᆞ-】 동 소쇄(掃灑)하다. 청소하다. 물을 뿌리고 비로 쓸다.¶ ▼撥 ‖ 임의 허챵의 이르ᄆᆡ 죠죄 ᄒᆞᆫ 부즁을 쇼쇄ᄒᆞ여 관공으로 거ᄒᆞ게 ᄒᆞ니 (既到許昌, 操撥一府與關公居住.) <삼국-국중 6:13>

【쇼쇼-】 동 솟구치다.¶ ▼閃 ‖ 부쳠이 거짓 말긔 ᄂᆞ려지니 왕진니 창을 드러 지르려 ᄒᆞᆯ 디음의 부쳠이 몸을 쇼ᄉᆞ아 진의 창을 앗고 사로잡아 본진으로 도라올ᄉᆡ (戰不十合, 僉賣個破綻, 王眞便挺槍來刺. 傅僉閃過, 活捉鎖於馬上, 便回本陣.) <삼국-국중 17:17>

【쇼식】 명 소식(消息). 안부나 어떤 형세 따위를 알리거나 통지하는 것.¶ 죄 왈 두샹의 반ᄃᆞ시 쇼식이 잇도다 (操曰: '頭上必有消息!') <삼국-가정 21:118>

【쇼ᄉᆞ-나-】 동 솟아나다.¶ ▼湧 ‖ 홀연 각하의 시암이 쇼ᄉᆞ나 슈세 용츌ᄒᆞᄂᆞ더라 (忽於脚下迸出一泉, 水勢上湧.) <삼국-국중 17:67>

【쇼ᄉᆞ-ᄂᆞ-】 동 솟아나다.¶ ▼推出 ‖ 죄 불응ᄒᆞ고 궤의 의지ᄒᆞ여 죠으더니 홀연 드르니 강쉬 흉융ᄒᆞᆫ디 좌셩이 도ᄃᆞᄒᆞᆫ ᄀᆞ온디 일뉸 홍일이 쇼ᄉᆞᄂᆞ 광치 ᄉᆞ름의게 쏘이고 (操伏几而臥, 忽聞潮聲洶湧, 如萬馬爭奔之狀. 操急視之, 見大江中推出一輪紅日, 光華射目.) <삼국-국중 11:75>

【쇼-야지】 명 ((동물)) 송아지.¶ ▼豚犢 ‖ 조ᄌᆞ단은 귀신 ᄀᆞᆺᄐᆞᆫ 사ᄅᆞᆷ이오 너희 형뎨 세 사ᄅᆞᆷ은 진짓 돗과 쇼야지 ᄀᆞᆺᄐᆞᆫ더라 엇디 오ᄂᆞᆯ날 그 멸족ᄒᆞᆷ물 긔약ᄒᆞ리오 (曹子丹鬼怪人也, 汝兄弟三人, 眞豚犢耳!) <삼국-가정 35:102>

【쇼위-ᄒᆞ-】 동 소우(疏虞)하다. 소홀(疏忽)하다. 조심하지 아니하여 잘못을 저지르다.¶ ▼疏虞 ‖ 부친니 이 ᄉᆞᄅᆞᆷ을 버히ᄂᆞ 이ᄂᆞᆫ 곳 서강 일쇼졸이라 족히 ᄒᆞᄌᆞ홀 거시 업고 만닐 쇼위ᄒᆞ미 잇ᄉᆞ면 ᄇᆡᆨ부의 부탁ᄒᆞᆫ ᄇᆡ 아니라 (父親縱然斬了此人, 只是西羌一小卒耳, 倘有疏虞, 非所以重伯父之託也.) <삼국-국중 13:29>

【쇼장】 명 소장(蕭墻). 밖에서 집 안이 들여다보이지 않도록 대문이나 중문 안쪽에 가로막아 놓은 담. 밖에서 남이 들어와 일으킨 것이 아니라 내부에서 일어난 변고나 화근. 계손(季孫)의 근심거리는 소장(蕭墻) 안에 있다는 공자의 말에서 유래함.¶ ▼蕭墻 ‖ 폐해 텬하로ᄡᅥ 위예 주디 말고져 ᄒᆞ시거니와 됴셕의 쇼쟝지ᄂᆡ예 큰 홰 이실 거시니 신둥이 폐하긔 튱셩되디 아니타 니ᄅᆞ디 마ᄅᆞ쇼셔 (陛下之意, 不以天下禪于魏, 旦夕蕭墻有禍, 非臣等不忠于陛下也.) <삼국-가정 26:30>

【쇼졸】 명 ((인류)) 소졸(小卒). 힘없고 하찮은 졸병.¶ ▼小卒 ‖ 장합이 스ᄉᆞ로 산졍의 ᄂᆞ아가 ᄇᆞ라보니 장비 장하의 안ᄌᆞ 음쥬ᄒᆞ며 두 쇼졸노 ᄒᆞ여곰 면젼의 와 히악ᄒᆞ거ᄂᆞᆯ (張郃自來山頂觀望, 見張飛坐於帳下飮酒, 令二小卒於面前相撲爲戱.) <삼국-국중 12:92>

【쇼ᄌᆡ】 명 ((주거)) 소재(小齋). 서재(書齋).¶ ▼小齋 ‖ 쳐와 ᄯᆞᆯ로ᄡᅥ 초당의 나와 두 부인을 ᄃᆡ졉ᄒᆞ라 ᄒᆞ고 노인이 스ᄉᆞ로 쇼ᄌᆡ예 가 관공을 ᄃᆡ졉ᄒᆞ더라 (遂教妻女於草堂上相待二夫人, 老人於小齋款待關公.) <삼국-가정 9:92>

【쇼취-ᄒᆞ-】 동 소취(嘯聚)하다. 군호(軍號)로 많은 사람을 불러 모으다.¶ ▼嘯聚 ‖ 셩은 ᄇᆡ오 명은 원쇼니 댱각이 주근 후의 일향 님재 업서 산림의 쇼취ᄒᆞ야 여긔 수머 사더니 (裴元紹也. 自張角死後, 一向無主, 嘯聚山林, 權於此處藏伏.) <삼국-가정 9:127> 본ᄃᆡ 황건적 댱보의 부하쟝이 되엿더니 댱뵈 죽으매 산림의 쇼취ᄒᆞ야 (原在黃巾張寶部下爲將, 張寶死, 嘯聚山林.) <삼국-가정 9:128>

【쇼황문】 명 ((관직)) 소황문(小黃門). 나이 어린 환관(宦官). 황문(黃門)은 중국 후한(後漢) 시대에 금문(禁門)을 맡아보는 관리였는데 이를 내시(內侍)가 맡아보면서 환관의 칭호로 바뀌었음.¶ ▼小黃門 ‖ 황샹이 쇼황문[환관이래]좌픙을 보내여 톄탐ᄒᆞ야 오라 ᄒᆞ시니 날ᄃᆞ려 회뢰ᄅᆞᆯ 밧고져 ᄒᆞ거ᄂᆞᆯ (今上差小黃門左豊前來體探, 問我要賄賂.) <삼국-가정 1:48>

【쇽쇽-히】 부 속속(速速)히. 빨리.¶ ▼速 ‖ 이의 슈즁으로 지도를 ᄂᆡ여 보여 왈 쵹즁이 험익ᄒᆞ여 도ᄂᆡ 긔구ᄒᆞᆫ지라 이를 보면 가히 산천의 험익과 참[창]고의 허실을 알지라 명공은 의심치 말고 쇽쇽히 ᄒᆞ라 (玄德略展視之, 上面盡寫著地理行程: 遠近闊狹, 山川險要, 府庫錢糧, 一一俱載明白. 松曰: "明公可速圖之.") <삼국-국중 11:49>

【쇽절-업시】 뷔 속절없이. 헛되이. 어쩔 도리 없이. 쇽절(속절: 불완전 어근)+없(없다, 無)+-이(부사 파생 접미사).¶ ▼空 ‖ 대댱뷔 엇지 쇽졀업시 무텨시리오 (空埋了大丈夫耳!) <삼국-가정 2:51> 승샹이 일즉 쟉셔의 비ᄒᆞ야 죽이디 아니ᄒᆞ여시니 우리 엇디 쇽졀업시 도부ᄅᆞᆯ 더러이리오 (丞相尙以爲鼠雀之輩而不殺, 吾等空汚刀耳.) <삼국-가정 8:56> 섬의 비최ᄂᆞᆫ 플은 플은 ᄉᆞᄉᆞ로 봄비ᄎᆞᆯ 가졋고 닙흘 ᄀᆞ렷ᄂᆞᆫ 누른 굇고리ᄂᆞᆫ 쇽졀업시 됴흔 소ᄅᆡᄅᆞᆯ ᄒᆞᄂᆞᆺ다 (映階碧草自春色, 隔葉黃鸝空好音.) <삼국-가정 34:127>

【쇽치-ᄒᆞ-】 동 단단히 매다.¶ ▼束 ‖ 군ᄉᆡ 득녕ᄒᆞ고 포숀 일돈ᄒᆞ야 ᄆᆞᆯ은 방울을 업시ᄒᆞ고 사람은 임을 머금고 긔ᄅᆞᆯ 것고 갑옷슨 쇽치ᄒᆞ고 암지의 가 ᄉᆡ를 겁흘ᄉᆡ (軍士得令, 都飽餐一頓, 馬摘鈴, 人銜枚, 捲旗束甲, 暗地去劫寨.) <삼국-모종 10:112>

【숀】 명 ((인류)) 손님.¶ ▼客 ‖ 냥이 숀을 이의 븟쳐 잇스니 엇지 감히 ᄉᆞᄅᆞᆷ의 골육ᄉᆞ의 간녜ᄒᆞ리오 (亮客寄於此, 豈敢與人骨肉之事.) <삼국-국중 8:55>

【숀권】 명 ((인명)) 손권(孫權). 중국 삼국 시대 오(吳)나라의 초대 황제(182~252). 자는 중모(仲謀). 손견(孫堅)의 아들로 유비와 더불어 조조를 적벽에서 무찌르고 위와 제휴하여 제위에 오름.¶ ▼孫權 ‖ 어시의 노슉이 방통을 청ᄒᆞ여 숀권게 뵈니 통이 네필의 권니 보니 눈셥이 길고 코이 놉고 얼골이 검고 슈염이 ᄌᆞ르고 형용이 고괴ᄒᆞᆫ지라 (於是魯肅邀請龐統入見孫權, 施禮畢. 權見其人濃眉掀鼻, 黑面短髯, 形容古怪, 心中不喜.) <삼국-국중 10:122>

【숀슈-ᄒᆞ-】 동 손수(損壽)하다. 명을 단축시키다.¶ ▼損壽 ‖ ᄂᆡ 비록 나라흘 위ᄒᆞ야 차노를 힝ᄒᆞ나 반ᄃᆞ시 숀슈ᄒᆞ리로다 (吾雖有功於社稷, 必損壽矣!) <삼국-국중 15:20>

【숀-짜락】 명 ((신체)) 손가락.¶ ▼指 ‖ 어시의 방이 용봉 한삼을 버서 숀짜락을 ᄭᆡ미러 혈됴를 써 장읍을 쥬고 (芳脫下龍鳳汗衫, 咬破指尖, 寫了血詔, 授與張緝.) <삼국-국중 16:125>

【숑-아치】 명 ((동물)) 송아지.¶ ▼犢 ‖ 등이 본ᄃᆡ 미쳔ᄒᆞ여 숑아치 기르던 ᄉᆞᄅᆞᆷ으로 이졔 요힝 음평관의 반목연이ᄒᆞ여 ᄃᆡ공을 일우니 이ᄂᆞᆫ 국가의 홍복이오 졔의 직죄 아니라 (愚聞鄧艾出身微賤, 幼爲農家養犢, 今僥倖自陰平斜徑, 攀木懸崖, 成此大功, 非出良謀, 實賴國家洪福耳.) <삼국-국중 17:106>

【숑연-ᄒᆞ-】 형 송연(悚然)하다. 두려워 몸을 옹송그릴 정도로 오싹 소름이 끼치다.¶ ▼悚然 ‖ 이윽고 슈급을 댱하의 드리니 즁쟝이 다 숑연ᄒᆞ더라 (須臾, 獻首帳下, 衆將悚然.) <삼국-가정 33:8>

【쇠총】 명 ((동물)) 쇠총. 쇼(소, 牛)+-ㅣ(관형격 조사)+총(꼬리, 尾).¶ ▼犛牛尾 ‖ 현덕이 평ᄉᆡᆼ의 감토 ᄆᆡᆺ기를 됴ᄒᆞᄒᆞ더니 ᄒᆞᄅᆞᆫ 늠의게셔 ᄀᆞᄂᆞᆫ 쇠총을 보내엿거ᄂᆞᆯ 현덕이 ᄆᆡᆺ더니 (玄德平生愛結帽. 或一日, 有人送犛牛尾至, 玄德見尾, 自結之.) <삼국-가정 13:49>

【수】 명 수(數). 셀 수 있는 사물의 크기를 나타내는 값.¶ ▼數 ‖ ᄉᆞ면팔방의 대싊 펴뎌 ᄃᆞᆯ려드니 칠군이 어즈러이 ᄃᆞ라나 믈결을 조차 헤디ᄅᆞᄂᆞᆫ 재 그 수ᄅᆞᆯ 아디 몯ᄒᆞᆯ러라 (四面八方, 大水驟至, 七軍亂竄, 隨波逐浪者, 不計其數.) <삼국-가정 24:85>

【수과-ᄒᆞ-】 동 수고(受苦)하다.¶ ▼劬勞 ‖ 강유 홀노 기력 놉기랄 비계 구별[벌] 즁원ᄒᆞ여 한간 수과ᄒᆞ도다 (姜維獨憑氣力高, 九伐中原空劬勞.) <삼국-모종 19:98>

【수그러니】 부 수고(受苦)스럽게.¶ ▼勞 ‖ 일닌 츌반 간왈 ᄃᆡ왕은 불가ᄒᆞ다 일시 성쇠 모로거날 수그러니 멀니 치리요 신니 한 게교 닛신니 유비로 ᄒᆞ야곰 촉에 닛서 ᄉᆞᄉᆞ로 그 병역니 쇠진ᄒᆞ기ᄅᆞᆯ 기다리면 ᄒᆞᆫ 장수로 가처 가히 성공ᄒᆞ리라 (一人出班諫曰: "大王不可. 因一時之怒, 親勞車駕遠征? 臣有一計, 不須張弓隻箭, 令劉備在蜀自受其禍, 侍其兵衰力盡, 只須一將往征之, 便可成功.") <삼국-모종 12:51>

【수그러워-ᄒᆞ-】 동 수고스러워하다. 번뇌(煩惱)하다.¶ ▼煩惱 ‖ 현덕이 원소의게 잇서 조적[석]의 수그러워ᄒᆞ니 쇠 왈 헌덕은 무ᄉᆞᆫ 년고로 근심ᄒᆞᄂᆞᆫ고 (玄德在袁紹處, 旦夕煩惱, 紹曰: "玄德何故常憂?") <삼국-모종 4:61>

【수념】 명 ((신체)) 수염(鬚髥).¶ ▼髥 ‖ 관공니 발연 변ᄉᆡᆨᄒᆞ여 수념을 거ᄉᆞ리고 ᄃᆡ로 왈 천ᄒᆞ 영웅니 다 날을 두려워ᄒᆞ거날 방덕은 수ᄌᆞ로 엇지 감히 나을 겡히 보리요 (關公聞言, 勃然變色, 美髯飄動, 大怒曰: "天下英雄, 聞吾之名, 無不畏服, 龐德豎子, 何敢藐視吾耶?") <삼국-모종 12:67> 공명이 눈을 드러 보니 위진 젼의 삼개 긔상의 크게 셩명을 즁안[앙]의 써시ᄃᆡ 수념 흰 쟈ᄂᆞᆫ 이예 ᄉᆞ도 왕낭이라 ᄒᆞ여거ᄂᆞᆯ (孔明擧目見魏陣前三個麾蓋, 旗上大書姓名, 中央白髥老者, 乃軍師司徒王朗.) <삼국-모종 15:76>

【수려】 명 ((교통)) 수레.¶ ▼車 ‖ 공명이 급히 슈려의 ᄂᆞ려 복지 직비 왈 신이 능히 남방을 ᄲᆞᆯ니 형[평]치 못ᄒᆞ고 주샹을 근심케 ᄒᆞ니 신의 죄로소이다 (孔明慌下車伏道而言曰: "臣不能速平南方, 使主上懷憂, 臣之罪也.") <삼국-모종 15:28>

【수뢰】 명 ((교통)) 수레.¶ ▼車 ‖ 싀초ᄅᆞᆯ 싸코 블을 디ᄅᆞ니 조병이 견ᄃᆡ디 못ᄒᆞ여 채를 ᄇᆞ리고 ᄃᆞ라나니 그런 수뢰와 부교ᄅᆞᆯ 다 ᄲᆡ온디라 (堆積草把, 放起烈火. 操兵抵敵不住, 棄寨而走. 車乘浮橋, 盡被燒毁.) <삼국-가정 19:26>

【수리】 명 ((교통)) 수레.¶ ▼車 ‖ 니제 공명 익덕이 두 길노 천을 엇고 낙성의 모와 한가지 성도의 드러가ᄌᆞ ᄒᆞ고 물과 뭇테 ᄇᆡ와 수리을 준비ᄒᆞ야 칠월 이십일에 길을 긔약한니 (今孔明、翼德分兩路取川, 會於雒城, 同入成都, 水陸舟車, 已於七月二十日起程.) <삼국-모종 11:1> 공명이 수리ᄅᆞᆯ ᄇᆞ리고 보힝ᄒᆞ야 ᄒᆞᆫ ᄉᆞᆫ의 올나 ᄇᆞ라니 ᄒᆞᆫ 고리 쟝ᄉᆞ 형승과 ᄀᆞᆺᄒᆞᆫ디라 (孔明棄車步行,

忽到一山, 望見一谷, 形如長蛇.) <삼국-모종 15:15> 이 ᄃᆡ경ᄒᆞ여 평승의 나려오거날 관니 무ᄉᆞ로 하여곰 수리 우의 결박ᄒᆞ니 기ᄌᆞ 등츙이 나와 뭇다가 ᄯᅩ 잡피여 결박ᄒᆞ니 (艾大驚, 滾下牀來, 叱武士縛於車上, 其子鄧忠出問, 亦被捉下, 縛於車上.) <삼국-모종 19:64>

【수릭-박퀴】 명 ((교통)) 수레바퀴.¶ ▼輪 ‖ 원컨대 지존의 위덕이 ᄉᆞ히예 더으고 구쥬ᄅᆞᆯ 두어 뎨업을 일운 후의 안거포륜[안거는 편안ᄒᆞᆫ 수릭오 포륜은 수릭박퀴를 부들로 ᄡᅡ 푹ᄒᆞ야 구을기를 잘ᄒᆞ게 ᄒᆞ미라]을 브ᄅᆞ시면 슉이 보야흐로 현달ᄒᆞᆯ가 ᄒᆞ노이다 (願至尊威德加於四海, 總括九州, 克成帝業, 那時以安車蒲輪征召, 肅始當顯矣.) <삼국-가정 17:61>

【수어-ᄒᆞ-】 동 수어(守禦)하다. 밖에서 쳐들어오는 적의 침입을 막다.¶ ▼守禦 ‖ 한즁왕이 위연으로 군마를 통독ᄒᆞ야 동천을 수어ᄒᆞ라 ᄇᆡᆨ관을 거ᄂᆞ리고 셩도의 도라ᄀᆞ 궁젼 관ᄉᆞ를 다ᄉᆞ려 (漢中王令魏延總督軍馬, 守禦東川, 遂引百官回成都, 差官起造宮庭, 又置館舍.) <삼국-국중 13:11>

【수이】 부 쉬이. 쉽게. 가벼이. 빨리. 얼른. 쉽이> 쉬비> 수비> 수비> 수이.¶ ▼速 ‖ 네 맛당이 수이 가 일즉이 관을 내게 드리라 ᄒᆞ라. 그러티 아니ᄒᆞ면 ᄲᅧ 골리 되고 몸이 ᄇᆞ아디리라! (汝當速去, 早獻關, 饒你性命! 倘若遲誤, 粉骨碎身!) <삼국-가정 2:94> 내 앗가 태ᄉᆞᄅᆞᆯ 조차 대궐의 갓다가 계유 틈을 어더와시니 두려ᄒᆞ건대 노적이 의심ᄒᆞᆯ가 ᄒᆞ노니 브ᄃᆡ 수이 가리라 (我在內庭偷空而來, 恐老賊見疑, 必當速去.) <삼국-가정 3:94>

【수이-】 동 쉬다. 피로를 풀려고 몸을 편안히 두다.¶ ▼憩 ‖ 푀 친히 ᄃᆡ적ᄒᆞ여 이르니 조병이 점〻 물너가니 푀 적근 문누의 수여 조으더니 송헌이 좌우로 물이치고 창을 도적ᄒᆞ여 (布只得親自抵敵, 從平明直打到日中, 曹兵稍退, 布少憩門樓, 不覺睡著在椅上, 宋憲趕退左右, 先盜其畫戟.) <삼국-모종 3:80> ▼歇 ‖ 비 긋처 한가지 성에 올나 현덕 왈 네 성품니 급ᄒᆞ기로 뒤을 ᄯᆞ라 왓노라 임니 마ᄃᆡ을 니긘니 ᄯᅩ 수여 ᄂᆡ일 마초로 ᄡᅡ호라 (飛遂不趕. 一同上關, 玄德曰: "恐你性躁, 故我隨後趕來到此. 既然勝了馬岱, 且歇一宵, 來日戰馬超.") <삼국-모종 11:19>

【순시각】 명 순시각(瞬時刻). 이내.¶ ▼不移時 ‖ ᄌᆞ복이 왈 두 공은 잇스라 ᄂᆡ가 오ᄌᆞ란을 청ᄒᆞ리라 ᄒᆞ고 가더니 순시각에 ᄌᆞ복이 ᄌᆞ란을 다리고 오더니 (子服曰: "二公在此少待, 吾去請吳子蘭來." 子服去不多時, 即同子蘭至.) <삼국-모종 3:91>

【술】 명 ((음식)) 술. 주(酒).¶ ▼酒 ‖ 양이 마자드려 술을 두어 ᄃᆡ졉ᄒᆞ더니 술이 두어 순 디거ᄂᆞᆯ 말로ᄡᅥ 도〻와 닐오ᄃᆡ (羕接入, 以酒待之. 酒至數巡, 超以言挑之曰.) <삼국-가정 25:122>

【술리】 명 ((교통)) 수레.¶ ▼車 ‖ 등익 친니 그 면박을 풀고 한 술리의 타이고 셩의 드려온니 후인니 글 지어 ᄌᆞ탄ᄒᆞ니라 (鄧艾扶起後主, 親解其縛, 焚其輿櫬, 並車入城, 後人有詩讚曰.) <삼국-모종 19:57>

【술릭】 명 ((교통)) 수레.¶ ▼車 ‖ 마츰 낭즁 댱균이 술릭 타고 가거ᄂᆞᆯ 현덕이 술릭ᄅᆞᆯ 븟드러 머믈우고 공적을 니ᄅᆞᄃᆡ (正値郎中張鈞車到, 玄德攔住說功績.) <삼국-규장 1:49>

【술위】 명 ((교통)) 수레.¶ ▼車 ‖ 마즘 낭듕 댱균이 술위 ᄐᆞ고 가거ᄂᆞᆯ 현덕이 술위ᄅᆞᆯ 붓드러 머믈우고 공적을 니ᄅᆞᆫ대 (正値郎中張鈞車到, 玄德攔住說功績.) <삼국-가정 1:71>

【술위-바퀴】 명 ((교통)) 수레바퀴.¶ ▼車轍 ‖ 아히 드ᄅᆞ니 샹말의 닐오ᄃᆡ '당낭[몰똥구으리란 말이라]이 아ᄆᆞ리 노호와도 술위바퀴ᄅᆞᆯ 당티 못ᄒᆞᆫ다' ᄒᆞ엿고 ᄒᆞ믈며 슈후의 구슬[야광쥐라]로 가히 새를 ᄡᅩ디 못ᄒᆞᆯ 거시오 ᄑᆞ리ᄅᆞᆯ 노희여 칼흘 ᄲᅡ히디 못ᄒᆞᆯ 거시니 ᄒᆞᆫ갓 신위만 잇ᄇᆞ게 ᄒᆞ리이다 (兒聞世人有云: '螳螂之忿, 安當車轍?' 況隋侯之珠, 不可彈雀; 怒蠅拔劍, 徒費神威.) <삼국-가정 24:69>

【술위-박퀴】 명 ((교통)) 수레바퀴.¶ ▼車轍 ‖ 아히 드르니 샹말의 닐오ᄃᆡ 당낭[몰똥구으리란 말이라]이 아ᄆᆞ리 노호와 술위박퀴를 당티 못ᄒᆞᆫ다 ᄒᆞ엿고 ᄒᆞ믈며 슈후의 구슬[야광쥐라]로 가히 새를 ᄡᅩ디 못ᄒᆞᆯ 거시오 ᄑᆞ리를 노희여 칼흘 ᄲᅡ히디 못ᄒᆞᆯ 거시니 ᄒᆞᆫ갓 신위만 잇ᄇᆞ게 ᄒᆞ리이다 (兒聞世人有云: '螳螂之忿, 安當車轍?' 況隋侯之珠, 不可彈雀; 怒蠅拔劍, 徒費神威.) <삼국-규장 17:24>

【술의】 명 ((교통)) 수레.¶ ▼車 ‖ 져근덧 ᄒᆞ야 ᄇᆡᆨ여 인이 술의ᄅᆞᆯ ᄡᅧ ᄂᆞ려오거ᄂᆞᆯ 위 뭅게 ᄂᆞ려 칼흘 잡고 술의 압픠 나아가 무로ᄃᆡ (不移時, 百餘人簇擁車仗前來, 關公下馬停刀, 叉手於車前問候曰.) <삼국-가정 9:88> 드듸여 ᄇᆡᆨ관을 거ᄂᆞ려 셩에 ᄂᆞ가 영졉ᄒᆞ니 형졍이 상국쳔ᄉᆞ의 셰ᄒᆞ고 문에 들 제 술의에 ᄂᆞ리지 아니ᄒᆞ니 (遂率百官出城迎接, 邢貞自恃上國天使, 入門不下車.) <삼국-모종 13:71>

【술이】 명 ((교통)) 수레.¶ ▼車 ‖ 냥방의 ᄇᆡᆨ여 인니 나와 창을 ᄶᅵ여 지라니 탁이 속의 갑오ᄉᆞᆯ 입어 드러가지 아니ᄒᆞ난지라 팔을 생히 와 술이예 ᄯᅥ러져 ᄃᆡ호 왈 오아 봉션이 어ᄃᆡ 잇나냐 (兩旁轉出百餘人, 持戟挺槊刺之, 卓裹甲不入, 傷臂墮車, 大呼曰: "吾兒奉先何在?") <삼국-모종 2:27>

【숨기-】[1] 동 숨기다. 어떤 사실이나 행동을 남이 모르게 감추다.¶ ▼暗伏 ‖ 죄 디함을 ᄑᆞ고 ᄀᆞ만이 올가지 가진 군ᄉᆞᄅᆞᆯ 숨기고 (操急引軍退五里, 掘下陷坑, 暗伏鉤手.) <삼국-가정 4:131> ▼隱 ‖ 용이 능이 올나다가 나려다가 ᄒᆞ고 ᄯᅩ 능히 ᄸᅥᆺ다가 적어다가 ᄒᆞ고 능히 큰 즉 구룸을 이루고 안ᄀᆡ를 토ᄒᆞ고 적은 즉 비나를 숨기고 얼골을 감츄ᄂᆞ니 (龍能大能小, 能升能隱, 大則興雲吐霧, 小則隱介藏形.) <삼국-모종 4:4>

【숨기-】[2] 동 심다.¶ ▼圃 ‖ 현덕이 놀ᄂᆡ여 면ᄉᆡᆨ이 여토ᄒᆞ니 죄 현덕의 손을 잡고 바로 후원의 이르러 왈 현덕이 남을 숨기〻를 빅호니 슙지 아니토다 (諕得玄德面如土色, 操執玄德手, 直至後園曰: "玄德學圃不易.") <삼

국-모종 4:3>

【숩ㅎ】 명 ((지리)) 숲. 나무들이 무성하게 우거지거나 꽉 들어찬 것. 숩ㅎ(←숳).¶ ▼林 ‖ 곽회 또 부당 만경으로 죠운을 쫄으라 ᄒᆞ니 힝ᄒᆞ야 ᄒᆞᆫ 큰 숩흘 지ᄂᆡ더니 뒤흐로 ᄒᆞᆫ 쇼ᄅᆡ 크게 질너 왈 조자룡니 이예 잇노라 (淮傳令教軍急趕, 政令數百騎壯士趕來, 行至一大林, 忽聽得背後大喝一聲曰: "趙子龍在此!") <삼국-모종 16:14>

【숫그러-ᄒᆞ-】 동 ❶ 두려워하다.¶ ▼悚然 ‖ 만군이 다 숫그러ᄒᆞ여 길히 츄호를 범티 못ᄒᆞ더라 (萬軍悚然. 沿道之民, 秋毫不犯.) <삼국-가정 6:124> ❷ 곤두서다. 치솟다.¶ ▼栗然 ‖ 죄 밧비 드러오더니 승을 만나니 승이 피홀 ᄃᆡ 업서 몸을 숫그러ᄒᆞ야 녜롤 베픈대 (承出閣過宮門, 操正來, 急無躲路, 立於路側, 栗然施禮.) <삼국-가정 7:93> ▼倒竪 ‖ 청ᄒᆞ야 셔원의 드러가 죠셔를 뵌대 등이 터럭이 숫그러ᄒᆞ고 니를 골며 입시욹을 너흐니 피 입의 ᄀᆞ득ᄒᆞ여 흐ᄅᆞ더라 (遂邀騰入書院, 取詔示之. 騰毛髮倒竪, 咬齒嚼唇, 滿口血流.) <삼국-가정 7:109> ▼衝 ‖ ᄉᆞ인이 좌뎡호매 감녕이 니롤 골며 노ᄒᆞᆫ 머리털이 숫그러ᄒᆞ되 말을 아니ᄒᆞ거ᄂᆞᆯ (四人坐定, 甘寧但咬牙恨齒, 怒髮衝冠而不言.) <삼국-가정 15:107>

【숫두리-】 동 웅성웅성하다. 큰소리로 떠들다. 고함치다.¶ ▼鼓噪 ‖ 막 볼그매 관우과 중쟝들이 다 긔를 두르며 붑티고 숫두리며 큰 ᄇᆡ롤 ᄐᆞ고 오니 (比及平明, 關公及衆將皆搖旗鼓噪, 乘大船而來.) <삼국-규장 17:34>

【숫두어리-】 동 웅성웅성하다. 큰소리로 떠들다. 고함치다.¶ ▼鼎沸 ‖ 현덕이 민망ᄒᆞ야 안잣더니 관문 밧긔 숫두어리ᄂᆞᆫ 소ᄅᆡ 잇거ᄂᆞᆯ 급히 좌우ᄃᆞ려 무ᄅᆞ니 (玄德正納悶間, 聽得縣前鼎沸, 慌問左右.) <삼국-가정 1:79> ▼鼓噪 ‖ 막 볼그매 관우과 즁쟝들히 다 긔롤 두ᄅᆞ며 붑티고 숫두어리며 큰 ᄇᆡ롤 ᄐᆞ고 오니 (比及平明, 關公及衆將皆搖旗鼓噪, 乘大船而來.) <삼국-가정 24:86>

【숫-블】 명 숯불. 숯이 타는 불.¶ ▼火炭 ‖ 이윽ᄒᆞ야 건장ᄒᆞᆫ 사ᄅᆞᆷ이 큰 ᄆᆞᆯ을 잇그러 오니 그 ᄆᆞᆯ의 비치 온몸이 숫블 피온 ᄃᆞᆺᄒᆞ고 눈이 방울 드리온 ᄃᆞᆺᄒᆞ더라 (須臾, 使官署漢牽至, 身如火炭, 眼似鑾鈴.) <삼국-가정 9:24>

【숫어리-】 동 웅성웅성하다. 큰소리로 떠들다. 고함치다.¶ ▼鼎沸 ‖ 현덕이 민망ᄒᆞ여 안잣더니 관문 밧게 숫어리는 소ᄅᆡ 잇거ᄂᆞᆯ 급피 좌우ᄃᆞ려 무르니 (玄德正納悶間, 聽得縣前鼎沸, 慌問左右.) <삼국-규장 1:54>

【숭년】 명 흉년(凶年). 곡식 따위 산물이 잘되지 아니하여 주리게 된 해.¶ ▼荒旱 ‖ 됴병 십칠만이 냥식 허비가 호ᄃᆡᄒᆞ고 모든 고을이 또 숭년이 ᄌᆞ심ᄒᆞ여 접제예 밋지 못ᄒᆞᄂᆞᆫ지라 (曹兵十七萬, 日費糧食浩大, 諸郡又荒旱, 接濟不及.) <삼국-모종 3:53>

【쉬-】 동 쉬다. 피로를 풀려고 몸을 편안히 두다.¶ ▼歇定 ‖ 운댱이 길히 ᄀᆞᆺ바 이수롤 청ᄒᆞ야 방의 드러 쉬라 ᄒᆞ고, 죵쟈롤 분부ᄒᆞ야 젹토마롤 ᄇᆡ블리 머기라 ᄒᆞ고 갑 벗고 쉬더니 (關公見於路辛苦, 請二嫂正房歇定. 從者各自安歇, 飽喂赤兔馬, 幷駕車馬數匹. 關公亦解甲少歇.) <삼국-가정 9:106>

【쉬려-ᄒᆞ-】 동 쇄래(殺來)하다. 죽이면서 달려들다. 한꺼번에 오다. 몰려들다.¶ ▼殺來 ‖ 홀연 보니 양노병이 쉬려ᄒᆞ여 긔 우히 신탐 신의라 썻ᄂᆞᆫ지라 ᄆᆡᆼ달이 다만 구군이 온다 니ᄅᆞ고 (忽見兩路兵自外殺來, 旗上大書'申耽'、'申儀'. 孟達只道是救軍到.) <삼국-모종 15:103>

【쉬ᄅᆡ-ᄒᆞ-】 동 쇄래(殺來)하다. 죽이면서 달려들다. 한꺼번에 오다. 몰려들다.¶ ▼殺來 ‖ 쵸마 보ᄒᆞᄃᆡ 젼면의 관홍이 가ᄂᆞᆫ 길을 ᄯᅳᆫ코 ᄇᆡ후의 댱픽 쉬ᄅᆡᄒᆞᆫ다 ᄒᆞᄃᆡ 안정 군ᄉᆡ ᄉᆞ방으로 도망ᄒᆞᄂᆞᆫ지라 (哨馬報道: "前面關興截住去路, 背後張苞殺來!" 安定之兵四下逃竄.) <삼국-모종 15:55>

【쉬오-】 형 쉽다. 어렵거나 힘들지 않다.¶ ▼易 ‖ 이제 조공이 흥병ᄒᆞ야 텬ᄌᆞ로ᄡᅧ 일홈을 사므니 그 군ᄉᆞ를 가히 병으리왓기 어렵고 그 셰를 가히 져알키 어러오니 싸호면 파키 쉽고 항ᄒᆞ면 평안키 쉬오니 ᄂᆡ 발셔 뎡ᄒᆞ엿ᄂᆞᆫ지라 (今曹公興兵, 以天子爲名, 師不可拒, 勢不可遏; 戰則易敗, 降則易安.) <삼국-가정 14:97>

【쉬우-】 동 쉬게 하다.¶ ▼歇養 ‖ 마퇴 군ᄉᆞᄅᆞᆯ 쉬워 천 디오란디라 여긔 니ᄅᆞ러 위엄을 내여 즛티니 셰롤 당티 못ᄒᆞ리라 (超兵歇養日久, 到此耀武揚威, 勢不可當.) <삼국-가정 23:107>

【쉬입-ᄒᆞ-】 동 쇄입(殺入)하다. 맹렬한 기세로 돌입하다.¶ ▼殺入 ‖ 조쥰이 몬져 ᄉᆡ예 쉬입ᄒᆞ니 문득 이 빈 ᄉᆡ오 한 ᄉᆞᄅᆞᆷ도 업ᄂᆞᆫ디라 계교의 마즌 줄 알고 급히 군ᄉᆞ롤 거두어 물너갈ᄉᆡ ᄉᆡ즁의 불이 니려ᄂᆞ며 (曹遵先殺入寨, 卻是空寨, 並無一人, 料知中計, 急撤軍回, 寨中火起.) <삼국-모종 15:82>

【쉬츌-ᄒᆞ-】 동 쇄출(殺出)하다. 맹렬한 기세로 나가다.¶ ▼殺出 ‖ 인ᄒᆞ여 다시 모로 ᄒᆞ여곰 듕위롤 쉬츌ᄒᆞ여 이예 와 고급ᄒᆞ니 가히 셩야의 긔병ᄒᆞ야 외응이 되라 (因復差某殺出重圍, 來此告急, 可星夜起兵爲外應.) <삼국-모종 15:54>

【쉽살-이】 부 쉽게. 만만하게.¶ ▼군듕의ᄂᆞᆫ 희롱ᄒᆞᄂᆞᆫ 말이 업ᄉᆞ니 운댱이 쉽살이 말라 (軍中無戲言!) <삼국-가정 9:38>

【쉽살-ᄒᆞ-】 형 쉽다. 만만하다. 평이(平易)하다.¶ ▼易簡 ‖ 공은 밧그로 비록 쉽살ᄒᆞᆫ ᄃᆞᆺᄒᆞ나 안흐로 분명호매 의심ᄒᆞᄂᆞᆫ 일이 업고 친소롤 뭇디 아니ᄒᆞ고 ᄌᆡ조 잇ᄂᆞ니롤 다 ᄡᅳ니 (公言外易簡而內機明, 用人無疑, 惟才所宜, 不問遠近.) <삼국-가정 6:150> ▼容易 ‖ 뉴비의 위엄이 텬하의 진동ᄒᆞ여시니 조조도 오히려 두려ᄒᆞ거든 이제 우리 디경을 범ᄒᆞ니 실로 쉽살ᄒᆞᆫ 뎍국이 아니라 (劉備威震天下, 曹操尙且懼怕, 今入東吳境內, 實非容易之敵也.) <삼국-가정 27:58>

【슈거-려이】 부 수고로이. 수고롭게.¶ ▼勞 ‖ 년ᄂᆡ예 냥식이 간핍ᄒᆞ니 만일 군ᄉᆞ를 슈거려이 ᄒᆞ고 ᄇᆡᆨ셩을 덜면 반다시 이가 업슬 거시니 잠간 허도의 도라가 ᄂᆡ년 ᄆᆡᆨ

츄[슉]를 기다려 가히 도모ᄒᆞ리라 (年來荒旱, 糧食艱難, 若更進兵, 勞軍損民, 未必有利, 不若暫回許都, 待來春麥熟, 軍糧足備, 方可圖之.) <삼국-모종 3:55>

【슈결-두-】 동 수결(手決)두다. 자기의 성명이나 직함 아래에 도장 대신에 자필로 글자를 직접 쓰던 일.¶ ▼슈결 둔단 말 (畵字) <삼국-어람 108b>

【슈골오-】 형 «슈고롭다» 수고(受苦)롭다.¶ ▼生受 ‖ 너희 메여 가기 즈히 슈골오야 빈되 너희 갑시 메여다가 쥬리라 (你等挑担生受, 貧道都替你挑一肩.) <삼국-가정 22:67>

【슈구-로오-】 형 수고(受苦)스럽다.¶ ▼勞 ‖ 이제 됴병이 오ᄆᆡ 그 ᄎᆡ칙이 졍치 못ᄒᆞᆫ ᄯᅢ를 타 편안ᄒᆞ므로 슈구로오믈 치면 이긔지 아니미 업스리라 (今操兵方來, 可乘其寨柵未定, 以逸擊勞.) <삼국-국중 4:132>

【슈군】 명 ((군사)) 수군(水軍). 바다에서 국방과 치안을 맡아보던 군대. 수군에 속한 병졸.¶ ▼水手 ‖ 녀몽이 슈군을 다 흰 오ᄉᆞᆯ 닙펴 샹고의 밉씨를 ᄒᆞ고 경병은 빗장 속의 ᄀᆞᆷ초와 무ᄐᆡ 니ᄅᆞ러 몬져 봉슈ᄃᆡ 딕흰 군ᄉᆞ를 몬져 자바 ᄆᆡ매 블을 드디 못ᄒᆞ다 ᄒᆞᄂᆞ이다 (呂蒙將水手盡穿白衣, 扮作客人渡江, 精兵伏于䑸艫之中, 先擒了守臺士卒, 因此不得擧火.) <삼국-가정 25:18>

【슈군도독】 명 ((관직)) 수군도독(水軍都督). 수군을 거느리고 감독하는 관원.¶ ▼都督水軍 ‖ ᄎᆡ모 댱윤은 텸녕ᄒᆞᄂᆞᆫ 무리어ᄂᆞᆯ 엇디 이대ᄃᆞ록 듕ᄒᆞᆫ 벼ᄉᆞᆯ을 ᄒᆞ이며 슈군도독지이 겸킈 ᄒᆞ시ᄂᆞ니잇고? (蔡瑁丶張允乃諂佞之徒, 何故加封如此顯官, 更敎都督水軍乎?) <삼국-가정 13:118> ▼水軍都督 ‖ ᄂᆡ 드ᄅᆞ니 조죄 모기와 우금을 슈군도독을 삼앗다 ᄒᆞ니 져 냥인은 ᄂᆡ 댱듕의 잇난지라 제 군ᄉᆞ의 목숨만 ᄒᆡ할 다람이니라 (吾聞曹操換毛玠、于禁爲水軍都督, 則這兩個手裏, 好歹送了水軍性命.) <삼국-모종 8:1>

【슈군-ᄒᆞ-】 동 수군(收軍)하다. 군대를 철수하다.¶ ▼收兵 ‖ 하후돈니 응셩ᄒᆞ여 ᄂᆞ오거ᄂᆞᆯ 도겸니 급히 진의 드러오니 하후돈니 쫏ᄎᆞ오난지ᄅᆞ 조픠 경창냉마하여 영적할ᄉᆡ 두 말니 셔로 ᄉᆞ괴ᄆᆡ 홀연이 광풍이 대작ᄒᆞ여 비ᄉᆞ주셕ᄒᆞ니 앵군니 어즈러워 각〻 슈군ᄒᆞᆫ지ᄅᆞ (夏侯惇應聲而出, 陶謙慌走入陣, 夏侯惇趕來, 曹豹挺鎗躍馬, 前來迎敵, 兩馬相交, 忽然狂風大作, 飛沙走石, 兩軍皆亂, 各自收兵.) <삼국-모종 2:53>

【슈금-ᄒᆞ-】 동 수금(囚禁)하다. 죄인을 잡아 가두다.¶ ▼囚禁 ‖ 이졔 노모 조〻의 간계에 속아 허창에 가 슈금ᄒᆞ여 히코져 ᄒᆞ기로 노모 슈셔 보ᄂᆡ여 블으시니 셰 견마의 슈고를 본바다 ᄉᆞ군을 갑지 못ᄒᆞ고 (爭奈老母今被曹操奸計, 賺至許昌囚禁, 將欲加害, 老母手書來喚, 庶不容不去, 非不欲效犬馬之勞, 以報使君.) <삼국-모종 6:63>

【슈댱-ᄒᆞ-】 동 수장(受杖)하다. 매를 맞다. 형벌을 받다.¶ ▼受刑 ‖ 반ᄃᆞ시 ᄎᆡ듕·ᄎᆡ화 황개의 슈댱ᄒᆞᆫ 쇼식을 보ᄒᆞ니 내 일이 밋분 줄을 깃거 ᄒᆞᄂᆞᆫ도다 (必是蔡中丶蔡和來報黃蓋受刑消息, 操故喜其事眞實也.) <삼국-가정 15:105> 반ᄃᆞ시 ᄎᆡ듕·ᄎᆡ화 황ᄀᆡ의 슈댱ᄒᆞᆫ 쇼식을 보ᄒᆞ니 ᄂᆡ 일이 밋븐 줄를 깃거 ᄒᆞᄂᆞᆫ도다 (必是蔡中丶蔡和來報黃蓋受刑消息, 操故喜其事眞實也.) <삼국-규장 11:23>

【슈달-ᄒᆞ-】 형 수달(秀達)하나. 빼어나나.¶ ▼秀達 ‖ ᄂᆡ 숀씨 형졔를 보니 비록 다 ᄌᆡ긔ᄂᆞᆫ 슈달ᄒᆞ나 복녹이 장원치 못ᄒᆞ고 (吾遍觀孫氏兄弟, 雖各才氣秀達, 然皆祿祚不終.) <삼국-국중 6:128>

【슈래】 명 ((교통)) 수레.¶ ▼車 ‖ 일즉 나[낙]양의 가 ᄆᆡ〻ᄒᆞ고 술이를 타고 도ᄅᆞ오더니 길의 ᄒᆞᆫ 미인을 만나 한가지로 실이기를 구ᄒᆞ거날 츅이 니에 슈래의 나려 보행ᄒᆞ고 슈래를 ᄉᆞ앵ᄒᆞ냐 부인을 태오니 (嘗往洛陽買賣, 乘車而回, 路遇一美婦人, 來求同載, 竺乃下車步行, 讓車與婦人坐.) <삼국-모종 2:54>

【슈려】 명 ((교통)) 수레.¶ ▼車 ‖ 공명이 급히 슈려의 ᄂᆞ려 복지 ᄌᆡᄇᆡ 왈 신이 능히 남방을 쏄니 형[평]치 못ᄒᆞ고 주상을 근심케 ᄒᆞ니 신의 죄로소이다 (孔明慌下車伏道而言曰: "臣不能速平南方, 使主上懷憂, 臣之罪也.") <삼국-모종 15:28>

【슈례-두-】 동 수례(手例)두다. 서명(署名)하다.¶ ▼押字 ‖ 현덕이 ᄯᅩᄒᆞᆫ 좌장군 뉴비라 쓰고 슈례두어ᄂᆞᆯ (玄德亦書'左將軍劉備', 押了字, 付承收訖.) <삼국-가정 7:116> ▼簽押 ‖ 죄 명ᄒᆞ야 방을 쓰고 슈례두어 준대 (操命寫簽, 簽押付統.) <삼국-가정 15:124> 현덕이 친히 쓰고 슈례두고 졔갈공명으로 증인ᄒᆞ여 ᄯᅩ 슈례두라 ᄒᆞᆫ대 (玄德親筆寫成, 押了字, 代保人諸葛孔明也押了字.) <삼국-가정 17:81> 통은 부ᄉᆞᆯ 잡아 뎍이고 슈례두며 입을 니ᄅᆞ며 귀로 드ᄅᆞ되 곡딕을 낫〻치 ᄀᆞᆯᄒᆡ여 호리도 그ᄅᆞ디 아니킈 결ᄒᆞ니 (統執筆簽押, 口中發落, 耳內聽詞, 曲直分明, 幷無分毫差錯.) <삼국-가정 18:88>

【슈루루】 부 수르르. 새처럼 가볍게 움직이는 모양.¶ ▼슈루루 (溜) <삼국-어람 109b>

【슈륙-딘미】 명 ((음식)) 수륙진미(水陸珍味). 물속과 땅에서 나는 진귀한 맛의 음식. 산해진미(山海珍味).¶ ▼水陸 ‖ 윤이 절ᄒᆞ야 샤례ᄒᆞ고 집의 도라가 슈륙딘미를 다 ᄀᆞᆺ초고 듕당의 탁의 좌를 ᄇᆡ셜호ᄃᆡ 금슈를 ᄊᆞ히 ᄭᆞᆯ고 ᄂᆡ외예 각〻 댱막을 ᄇᆡ셜ᄒᆞ야 기ᄃᆞ리더니 (允拜謝歸家, 水陸畢陳, 于前廳正中設座, 錦繡鋪地, 內外各設幃幔.) <삼국-가정 3:73>

【슈션-ᄒᆞ-】 동 수선(受禪)하다. 임금의 자리를 물려받다.¶ ▼受禪 ‖ 졔 이예 ᄐᆡ상관을 보ᄂᆡ여 변[번]양에 텃 닷고 삼칭ᄃᆡ을 짓고 십월 경오일 인시로 ᄐᆡᆨ길ᄒᆞ고 위왕을 청ᄒᆞ여 ᄃᆡ에 올나 슈션ᄒᆞ라 ᄒᆞ고 (乃遣太常院官, 卜地於繁陽, 築起三層高臺, 擇於十月庚午日寅時禪讓, 至期, 獻帝請魏王曹丕登臺受禪.) <삼국-모종 13:45>

【슈셰】 명 수세(水勢). 물이 흘러내리는 힘이나 형세.¶ ▼水勢 ‖ 조인이 즁쟝을 ᄃᆞ리고 슈셰 뜬 ᄃᆡ를 ᄎᆞ자 박능ᄂᆞᄅᆞ 어귀예 니ᄅᆞ니 (曹仁引衆將望水勢慢處奪路而走,

行到白河渡口.) <삼국-가정 13:100>

【슈쇄-ᄒᆞ-】 [동] 수쇄(收殺)하다. 거두다. 끝장내다.¶ ▼殺 ‖ 원술이 겁ᄂᆡ여 닷고 나문 군ᄉᆞᄂᆞᆫ 헛터지니 운즁이 크게 한 진을 슈쇄ᄒᆞ니 원술이 ᄑᆡᄒᆞᆫ 군ᄉᆞ를 거두어 회람으로 다라나더라 (袁術慌走, 餘衆四散奔逃, 被雲長大殺了一陣, 袁術收拾敗軍, 奔回淮南去了.) <삼국-모종 3:49>

【슈슈과슬-ᄒᆞ-】 [동] 수수과슬(垂手過膝)하다. 무릎 아래까지 닿을 정도로 팔이 길다.¶ ▼兩手過膝 ‖ 쟝은 사마염이니 인물이 괴위ᄒᆞ여 셔ᄆᆡ 머리털이 싸의 드리우고 슈〻과슬ᄒᆞ고 총명영무ᄒᆞ여 (長曰司馬炎, 人物魁偉, 立髮垂地, 兩手過膝, 聰明英武, 膽量過人.) <삼국-국중 17:118>

【슈식】 [명] ((음식)) 수식(水食).¶ ▼水食 ‖ 젼의 싸핫던 나모와 셔쳔의셔 모ᄃᆞᆫ 남글 아올라 사ᄅᆞᆷ으로 ᄒᆞ여곰 목우뉴마ᄅᆞᆯ ᄆᆡᆫᄃᆞ라 냥초ᄅᆞᆯ 슈운ᄒᆞ면 가히 편ᄒᆞ고 슈식을 먹이디 아니ᄒᆞ리니 듀야로 운뎐ᄒᆞ여도 근심이 업ᄉᆞ리라 (前者所積木植, 幷益州收買下的木植, 敎人置造木牛流馬, 搬運糧草, 甚是便益. 牛馬皆不用水食, 可以轉運, 晝夜不絶也.) <삼국-가정 34:11>

【슈십-ᄒᆞ-】 [동] 수습(收拾)하다. 거두다.¶ ▼收拾 ‖ 채뫼 밧긔 잇셔 쳘통갓치 슈십ᄒᆞ고 현덕의 군ᄉᆞ 삼ᄇᆡᆨ 명이 관녁의 잇난디라 (蔡瑁在外收拾得鐵桶相似, 將玄德帶來三百軍, 都遣歸館舍.) <삼국-국중 7:116> 호져개 응윤ᄒᆞ거날 시야의 금쥬ᄅᆞᆯ 슈십ᄒᆞ고 영을 바리고 다라나니 슈힝ᄌᆡ ᄉᆞᆷᄉᆞ 인니라 (胡赤兒應允, 是夜收拾金珠, 棄營而走, 隨行者三四人.) <삼국-모종 2:32> 현덕이 운얼 ᄌᆞ리예 ᄂᆞ아가라 ᄒᆞ니 운니 강잉ᄒᆞ여 ᄂᆞ아가니 ᄎᆡ모 밧게 잇다가 쳘통갓치 슈십ᄒᆞ고 현덕의 ᄉᆞᆷᄇᆡᆨ 군ᄉᆞᄅᆞᆯ 다 가져 햐쳐의 보ᄂᆡ고 (玄德令雲就席, 雲勉强應命而出, 蔡瑁在外收拾得鐵桶相似, 將玄德帶來三百軍, 都遣歸館舍.) <삼국-모종 6:36>

【슈ᄶᅳ긔】 [명] ((군기)) 수자기(帥字旗). 대장(大將)에 딸린 기. 진중(陣中)이나 영문(營門)의 뜰에 세우던 대장의 군기(軍旗). 누런 바탕에 검은색으로 수자(帥字)가 쓰여져 있으며 드림이 달려 있음. 수기(帥旗).¶ ▼帥字旗 ‖ 슈ᄶᅳ긔 아ᄅᆡ 주유 스ᄉᆞ로 슈군을 거ᄂᆞ리고 왼쪽의 황긔 잇고 올흔쪽의 한당이 이셔 셰가 ᄂᆞᄂᆞᆫ ᄆᆞᆯ ᄀᆞᆺ고 ᄲᆞ라긔 흐ᄅᆞᄂᆞᆫ 별 갓ᄒᆞᆫ지라 (帥字旗下, 周瑜自領慣戰水軍, 左有黃蓋, 右有韓當, 勢如飛馬, 疾似流星.) <삼국-모종 9:74>

【슈약-ᄒᆞ-】 [형] 수약(瘦弱)하다. 몸이 여위고 약하다.¶ ▼瘦弱 ‖ 슈약ᄒᆞ 다 보니 이예 산양 고평 샤ᄅᆞᆷ 셩은 왕이요 명은 찬니오 ᄌᆞᄂᆞᆫ 듕션니 용뫼 슈약ᄒᆞ고 신ᄌᆡ 단쇼ᄒᆞᆫ지ᄅᆞ (衆視之, 乃山陽高平人, 姓王, 名粲, 字仲宣, 粲容貌瘦弱, 身材短小.) <삼국-모종 7:29>

【슈양-가지】 [명] 수양가지. 버드나무의 가지. 버들가지.¶ ▼垂楊枝 ‖ 죠ᄌᆈ 무예를 보고져 ᄒᆞ여 이의 근시로 ᄒᆞ여곰 셔천 홍금젼포를 가져오라 ᄒᆞ여 슈양가지 우희 걸고 그 아ᄅᆡ ᄉᆞᄃᆡ를 ᄆᆡᆫ들어 ᄇᆡᆨ보로 한을 삼고 (操欲觀武官比試弓箭, 乃使近侍將西川紅錦戰袍一領, 挂於垂楊枝上, 下設一箭垜, 以百步爲界.) <삼국-국중 10:92>

【슈염】 [명] ((신체)) 수염(鬚髥). 성숙한 남자의 입 주변이나 턱 또는 뺨에 나는 털.¶ ▼髥 ‖ 슈염을 시다듬고 (綽髥) <삼국-어람 108b> 현덕이 보니 그 사ᄅᆞᆷ이 신당이 구쳑 오촌이오 슈염이 ᄒᆞᆫ 자 여ᄃᆞᆲ치오 ᄂᆞᆺᄎᆞᆫ ᄆᆞᄅᆞᆫ 대조빗 ᄀᆞᆺ고 입시울은 쥬사 ᄃᆡᆨ은 ᄃᆞᆺᄒᆞ고 단봉 눈이오 누은 누에 눈섭이오 샹뫼 당〻ᄒᆞ고 위풍이 늠〻ᄒᆞ더라 (玄德看其人, 身長九尺三寸, 髥長一尺八寸, 面如重棗, 唇若抹朱, 丹鳳眼, 臥蠶眉, 相貌堂堂, 威風凜凜.) <삼국-가정 1:24>

【슈운-ᄒᆞ-】 [동] 수운(輸運)하다. 운반(運搬)하다. 강이나 바다를 이용하여 사람이나 물건을 배로 실어 나르다. 운송(運送)하다.¶ ▼運 ‖ 공명이 ᄯᅩ 정난[놉흔 ᄃᆞ리라]을 세오고 셩듕을 ᄲᅩ며 흙을 슈운ᄒᆞ야 ᄒᆡᄌᆞᄅᆞᆯ 몌온대 곽쇠 셩듕의 겹셩을 ᄡᅡ 막거ᄂᆞᆯ (孔明又取井蘭百丈, 以射城中; 又令人運土塡壕. 郝昭又于城中築起重墻以御之.) <삼국-가정 32:5> 내 긔산의 가 거즛 운량ᄒᆞᄂᆞᆫ 톄ᄒᆞ고 ᄆᆞᄅᆞᆫ ᄀᆞᆯ과 남긔 뉴황과 염쵸ᄅᆞᆯ ᄆᆞ텨 술위예 싯고 거즛 닐오ᄃᆡ 농셔 냥식을 슈운ᄒᆞ라 ᄒᆞ면 쵹병이 냥식이 업ᄉᆞᆫ디라 일뎡 와 아ᄉᆞ리니 (某去祁山虛裝做運糧兵, 車上盡裝乾柴茅草, 以硫黃焰硝灌之, 却敎人虛報隴西運糧到. 若蜀人無糧, 必然來搶.) <삼국-가정 32:27> ▼搬運 ‖ 이제 군량이 다 검각의 이시되 인부와 우마의 슈운ᄒᆞ기 편티 못ᄒᆞ고 비록 나ᄌᆞ로 힝ᄒᆞ고 밤으로 머물워 힘을 허비ᄒᆞ나 지용ᄒᆞ미 죡디 못ᄒᆞ니 엇디ᄒᆞ리오 (卽今糧米皆在劍閣, 人夫牛馬, 搬運不便. 雖日行夜住, 費力甚難. 總然易到, 不敷支用, 如之奈何?) <삼국-가정 34:11> 공명이 우쟝군 현도후 고샹으로 ᄒᆞ여곰 일쳔 병을 인ᄒᆞ야 목우뉴마ᄅᆞᆯ 모라 검각으로브터 냥초ᄅᆞᆯ 슈운ᄒᆞ야 긔산 대채예 니ᄅᆞ니 쵹병의 지용ᄒᆞ미 핍졀티 아닌디라 모ᄃᆞᆫ 군ᄉᆡ 공명의 은덕 갑프믈 ᄉᆡᆼ각ᄒᆞ야 나 싸홈을 원ᄒᆞ더라 (孔明令右將軍、玄都侯高翔, 引一千兵駕木牛流馬, 自劍閣直抵祁山大寨, 往來搬運糧草, 供給蜀兵用度.) <삼국-가정 34:13>

【슈이-】 [동] 쉬게 하다. 타동사.¶ ▼息 ‖ 날이 임의 져무럿스니 군ᄉᆡ 멀니 와 뇌곤ᄒᆞᆯ지라 잠간 슈이소셔 (日已西沈矣, 軍皆遠來勞困, 且宜暫息.) <삼국-국중 12:108> 어시의 젼녕ᄒᆞ여 군ᄉᆞ로 ᄒᆞ여곰 긔를 누이고 북을 슈여ᄃᆞ만 셩상의 파수ᄒᆞᄂᆞᆫ ᄉᆞᄅᆞᆷ을 보지 못ᄒᆞ게 ᄒᆞ더라 (於是傳令, 敎衆軍偃旗息鼓, 只作無人守把之狀.) <삼국-국중 14:70>

【슈졍】 [명] 수정(守睛). 수정(守精).¶ ▼守睛 ‖ ᄂᆡ ᄋᆡᆨ상의 쥬골이 업고 눈의 슈졍이 업고 비의 양쥬 업스며 다리의 쳔근이 업스며 등의 삼갑이 업고 ᄇᆡ의 삼임이 업ᄉᆞ니 다만 ᄐᆡᄉᆞᆫ의 긔신을 다ᄉᆞ림이 ᄀᆞᄒᆞ고 능히 ᄉᆡᆼ인을 ᄃᆞᄉᆞ리디 못ᄒᆞ노라 ("輅額無主骨, 眼無守睛; 鼻無梁柱, 脚無天根; 背無三甲, 腹無三壬. 只可泰山治鬼, 不能治生

人也.") <삼국-국중 12:74>

【슈죄-ᄒᆞ-】 동 수죄(數罪)하다. 범죄 행위를 들추어 세어 내다.¶ ▼數 ‖ 반다시 죠ᄌᆞ의 죄악을 슈죄ᄒᆞ여 각쳐 군현의 격셔를 보ᄂᆡ면 명뎡언슌ᄒᆞᆯ가 ᄒᆞᄂᆞ이다 (以明公大義伐操, 必須數操之惡, 馳檄各郡, 聲罪致討, 然後名正言順.) <삼국-국중 5:60>

【슈죠】 명 수조(手詔). 제왕이 직접 쓴 조서(詔書).¶ ▼手詔 ‖ 만일 승샹부의 가면 골육이 다 ᄀᆞᆯ리 되리니 ᄇᆞ라건대 낭낭은 슈죠ᄅᆞᆯ ᄂᆞ리와 대쟝군을 불러 드러오라 ᄒᆞ샤 그 일을 프러 니ᄅᆞ쇼셔 (若到相府, 骨肉皆爲齏粉矣, 望娘娘賜手詔, 宣大將軍入宮, 解釋其事.) <삼국-가정 1:118> 만일 승샹부의 가면 골육이 다 갈리 되니 ᄇᆞ라건ᄃᆡ 냥냥은 슈죠을 나리와 ᄃᆡ쟝군을 블너 드러오라 ᄒᆞ샤 그 일을 푸러 니르쇼셔 (若到相府, 骨肉皆爲齏粉矣, 望娘娘賜手詔, 宣大將軍入宮, 解釋其事.) <삼국-규장 1:84>

【슈쥬】 명 ((음식)) 수주(壽酒). 오래 살기를 기원하고 축하하는 술.¶ ▼壽酒 ‖ 위 노왈 네 마시지 아니ᄒᆞ랴ᄂᆞ냐 좌우를 블너 졀은 칼과 깁을 압헤 더져 왈 슈쥬를 마시지 아니ᄒᆞ거든 이 두 가지를 거ᄂᆞ리라 (儒怒曰: "汝不飮耶?" 呼左右持短刀白練於前曰: "壽酒不飮, 可領此二物!") <삼국-모종 1:61>

【슈즙-】 동 수즙(修葺)하다. 수리(修理)하다. '슈즙ᄒᆞ다'의 수의적 교체형.¶ ▼修葺 ‖ 동되 황폐ᄒᆞᆫ 지 오리여 가히 슈즙지 못ᄒᆞᆯ 거시오 겸ᄒᆞ여 양쵸를 수운ᄒᆞ기 간신ᄒᆞ디라 (東都荒廢久矣, 不可修葺; 更兼轉運糧食艱辛.) <삼국-국중 3:123>

【슈ᄌᆞ】 명 ((인류)) 수자(豎子). 특별하지 않고 보통의 더벅머리 총각. '풋내기'라는 뜻으로, 남을 낮잡아 이르는 말.¶ ▼豎子 ‖ 죄 쇼왈 내 슈ᄌᆞ[아히라]ᄅᆞᆯ 죽이면 이ᄂᆞᆫ 쥐와 새ᄅᆞᆯ 죽이미라 (操笑曰: '吾殺豎子, 是殺鼠雀耳.') <삼국-가정 8:54> 튱셩된 말이 귀예 거ᄉᆞ리니 슈ᄌᆡ[아히라]듯지 아니ᄒᆞ고 ᄌᆞ질이 심비의 ᄒᆡ를 닙으니 어나 낫ᄎᆞ로 텬하 사람을 보리오 (忠言逆耳, 豎子不納! 吾子侄已遭審配之害, 吾有何面目見天下之人乎!) <삼국-가정 10:73>

【슈참-ᄒᆞ-】 형 수참(羞慚)하다. 매우 부끄럽다.¶ ▼惶恐 ‖ 슈참ᄒᆞ- ‖ 진니 슈참ᄒᆞ야 긔질을 어더 상ᄉᆞ의 누어 이지 못ᄒᆞ더라 (曹眞甚是惶恐, 氣成疾病, 臥牀不起.) <삼국-국중 16:4>

【슈채】 명 ((군사)) 수채(水寨). 수군(水軍)의 근거지.¶ ▼水寨 ‖ 이제 모로미 몬져 슈채ᄅᆞᆯ 베프고 븍군으란 그 가온대 두고 슈군으란 밧그로 둘러 정히 니긴 후의 가히 ᄡᅳ리이다 (如今先下水寨, 令北軍在中, 荊州水軍在外, 每日教習. 水軍精熟, 方可用之.) <삼국-가정 15:41>

【슈칙-ᄒᆞ-】 동 수칙(修飭)하다. 보수하고 정비하다.¶ ▼修理 ‖ 우군은 자오곡으로 나아갈식 네 맛당이 도로ᄅᆞᆯ 젼평ᄒᆞ고 교량을 슈칙ᄒᆞ여 됴ᄋᆡ함이 업게 ᄒᆞ라 (右軍出子午谷. 此皆崎嶇山險之地, 當令軍塡平道路, 修理橋梁, 鑿山破石, 勿使阻礙.) <삼국-국중 17:67>

【슈튝-ᄒᆞ-】 동 수축(修築)하다. 헐어진 곳을 고쳐 짓거나 보수하다.¶ ▼修葺 ‖ 현덕은 관 댱으로 더브러 쇼패예 와 셩곽을 슈튝ᄒᆞ고 거민을 블러 뫼호다 (玄德與關、張共來小沛, 修葺城垣, 招諭居民.) <삼국-가정 4:88>

【슈파람-ᄒᆞ-】 동 휘파람 불다.¶ ▼嘯 ‖ 우리 무리 기리 슈파람ᄒᆞ고 부졀업시 숀을 치며 촌졈의 이르러 촌쥬를 마시난ᄯᅩ다 (吾儕長嘯空拍手, 悶來村店飮村酒.) <삼국-국중 8:14>

【슈플】 명 ((지리)) 수풀. 나무들이 무성하게 우거지거나 꽉 들어찬 것. 슈(←숳: 숲)+플(풀, 草).¶ ▼林 ‖ 힝ᄒᆞ기 슈리 못ᄒᆞ여 흘연 삭픙[풍]이 늠ᄂᆞᆷᄒᆞ고 한셜이 비ᄇᆡᄒᆞ여 산은 옥발 갓고 슈프리 은장식ᄒᆞᆫ 닷ᄒᆞᆫ지라 (行無數里, 忽然朔風凜凜, 瑞雪霏霏, 山如玉簇, 林似銀床.) <삼국-모종 6:78>

【슈한지ᄌᆡ】 명 수한지재(水旱之災). 홍수와 가뭄의 재앙.¶ ▼水旱 ‖ 수츈은 ᄒᆡ마다 슈한지ᄌᆡ 잇셔 ᄇᆡᆨ셩의 양식이 졀핍[ᄒᆞ엿]ᄒᆞ여시니 ᄯᅩ제 군ᄉᆞ를 움ᄌᆞ여 ᄇᆡᆨ셩을 흔들면 ᄇᆡᆨ셩이 원망ᄒᆞ리니 맛당히 거젹ᄒᆞ기 어려울지라 (壽春水旱連年, 人皆缺食. 今又動兵擾民, 民旣生怨, 兵至難以拒敵.) <삼국-국중 4:91>

【슈회-ᄒᆞ-】 동 수회(收回)하다. 회수(回收)하다.¶ ▼收回 ‖ 촉인니 ᄒᆡ마ᄃᆞ 동병ᄒᆞᆷ을 괴로와 다 원망ᄒᆞᄂᆞᆫ 마음이 잇스니 차시를 타 인마ᄅᆞᆯ 슈회ᄒᆞ여 민심을 안무함만 ᄀᆞᆺ지 못ᄒᆞ다 (蜀人爲大將軍連年動兵, 皆有怨望, 不如乘此得勝之時, 收回人馬, 以安民心, 再作良圖.) <삼국-국중 17:35>

【슈후】 명 ((인류)) 수후(隋侯). 수(隋)나라의 임금.¶

【슈후의 구슬】 관 수후(隋侯)의 구슬. 수후(隋侯)가 상처 입은 큰 뱀의 상처를 치료해 주었는데, 나중에 그 뱀이 야광주를 물어다 주어 은혜를 갚았다는 전설이 있다.¶ ▼隋侯之珠 ‖ 아히 드ᄅᆞ니 샹말의 닐오ᄃᆡ 당낭[물종구으리란 말이라]이 아ᄆᆞ리 노호와도 술위바퀴ᄅᆞᆯ 당티 못ᄒᆞᆫ다 ᄒᆞ엿고 ᄒᆞᄆᆞᆯ며 슈후의 구슬로[야광쥐라] 가히 새ᄅᆞᆯ 뽀디 못ᄒᆞᆯ 거시오 ᄑᆞ리ᄅᆞᆯ 노ᄒᆞ여 칼ᄒᆞᆯ ᄲᅢ히디 못ᄒᆞᆯ 거시니 ᄒᆞᆫ갓 신위만 잇브게 ᄒᆞ리이다 (兒聞世人有云: '螳螂之忿, 安當車轍?' 況隋侯之珠, 不可彈雀; 怒蠅拔劍, 徒費神威.) <삼국-가정 24:69>

【슈후-ᄒᆞ-】 동 수후(隨後)하다. 뒤를 따르다.¶ ▼隨後 ‖ 방덕이 발마ᄒᆞ여 도망ᄒᆞ며 칼을 더류지우거ᄂᆞᆯ 관공이 ᄯᅩ라 츄한ᄒᆞ니 관평이 소실이 니슬가 두려 ᄯᅩ한 슈후ᄒᆞ여 한거ᄒᆞ더라 (龐德撥回馬, 拖刀而走. 關公從後追趕. 關平恐有疏失, 亦隨後趕去.) <삼국-국중 13:29> 이곽니 슈후ᄒᆞ여 엄습ᄒᆞ니 곽ᄉᆞ의 병이 물너간지라 거가 셩을 나와 ᄭᅳ려 이곽의 영듕의 니ᄅᆞ니 곽시 영군ᄒᆞ고 궁의 드러가 궁빈과 치여ᄅᆞᆯ 노략ᄒᆞ고 불을 노하 궁젼을 ᄉᆞ더라 (李傕隨後掩殺, 郭汜兵退, 車駕冒險出城, 不由分說, 竟擁到李傕營中, 郭汜領兵入宮, 盡搶擄宮嬪采女入

營, 放火燒宮殿.) <삼국-모종 2:94>

【슈-히】 囝 쉽게. 쉽이> 쉬비> 수비> 수이> 쉬.¶ ▼易 ‖ 뉴비 분병ᄒᆞ야 험ᄒᆞᆫ듸 나 멀니 발셥ᄒᆞ니 슈히 왕환 못 ᄒᆞᆯ지라 (劉備分兵遠涉山險而去, 未易往還.) <삼국-모종 10:82>

【슉ᄆᆡᆨ】 명 ((식물)) 숙맥(菽麥). 콩과 보리를 아울러 이르는 말.¶ ▼菽麥 ‖ 복이 그러나 ᄌᆞ못 슉ᄆᆡᆨ 블변ᄒᆞᆯ 줄을 아노니 (況僕頗別菽麥者哉!) <삼국-가정 25:125>

【슉한-ᄒᆞ-】 형 숙한(熟嫺)하다. 익숙하다.¶ ▼熟嫺 ‖ 궁마의 슉한ᄒᆞ야 샹히 오왕으로 ᄃᆞ라 졍토ᄒᆞ야 긔 공을 여러 번 세웟ᄂᆞᆫ지라 (弓馬熟嫺, 常從吳王征討, 累立奇功.) <삼국-국중 14:10>

【슌략-ᄒᆞ-】 동 순략(巡略)하다. 정해진 어느 지역을 두루 돌아보다.¶ ▼巡略 ‖ 내 곽회로 더브러 텬슈 제군을 슌략ᄒᆞ야 촉병의 보리 뷔믈 막으리라 (吾與郭淮巡略天水諸郡, 以防蜀兵割麥也.) <삼국-가정 33:53>

【슌슈-ᄒᆞ-】 동 순수(巡守, 巡狩)하다. 천자가 나라 안을 순행하며 제후국의 정치와 민정 등을 시찰하다.¶ ▼狩 ‖ 이십팔 년의 시황이 슌슈ᄒᆞ야 동뎡호의 니ᄅᆞ러 풍낭이 대작ᄒᆞ야 ᄇᆡ 쟝ᄎᆞᆺ ᄇᆡ게 되엿거ᄂᆞᆯ 시황이 급ᄒᆞ야 그 옥시를 믈의 드리티니 ᄇᆞ람이 긋치고 믈결이 잣더니 (二十八年, 始皇狩至洞庭湖, 風浪大作, 舟船將覆. 始皇急投玉璽於水, 風平浪靜.) <삼국-가정 2:120>

【슌ᄉᆞ-ᄒᆞ-】 동 순사(循私, 徇私)하다. 사사로운 일이나 감정 때문에 공도(公道)를 돌아보지 아니하다.¶ ▼徇私 ‖ 나ᄂᆞᆫ 위국 편쟝이라 진랑으로 더브러 ᄒᆞᆫ가지로 병마를 거ᄂᆞ렷더니 ᄉᆞ마의 슌ᄉᆞᄒᆞ야 진랑은 젼쟝군을 삼고 날 보기를 초개ᄀᆞ티 ᄒᆞ고 또 해ᄒᆞ려 ᄒᆞᄂᆞᆫ디라 이러므로 승샹 휘하의 항ᄒᆞ야 술위 알픠 ᄒᆞᆫ 쇼졸이 되믈 원ᄒᆞ노이다 (不料懿徇私偏向, 加秦朗爲前將軍, 視文如草芥, 待之如糞土, 又行陷害, 因此十分虧負, 來投丞相.) <삼국-가정 33:120>

【슌초-ᄒᆞ-】 동 순초(巡哨)하다. 돌아다니면서 적의 사정이나 정세를 살피다.¶ ▼巡哨 ‖ 이제 번양호의 ᄉᆡ로 량식을 운젼ᄒᆞ고 쥬유 황기로 ᄒᆞ여곰 슌초ᄒᆞ게 ᄒᆞ니 님의 방편이 잇ᄂᆞᆫ지라 (今有鄱陽湖新運到糧, 周瑜差蓋巡哨, 已有方便.) <삼국-국중 9:129> 회 크게 의심ᄒᆞ여 스ᄉᆞ로 슈ᄇᆡᆨ 긔를 거ᄂᆞ려 셔람의 슌초ᄒᆞ니 다만 보니 산우의 살긔 츙천ᄒᆞᆫ 곳의 슈운니 합ᄒᆞ고 흑뮈 산두를 잠거ᄂᆞᆫ지라 (會驚疑不定, 乃自引數百騎, 俱全裝貫帶, 望西南巡哨. 前至一山, 只見殺氣四面突起, 愁雲布合, 霧鎖山頭.) <삼국-국중 17:75>

【슌쵸-ᄒᆞ-】 동 순초(巡哨)하다. 돌아다니면서 적의 사정이나 정세를 살피다.¶ ▼巡哨 ‖ ᄀᆞ만이 사ᄅᆞᆷ을 보내여 왕샹으로 ᄒᆞ여곰 인병ᄒᆞ여 쇼로의 슌쵸ᄒᆞ면 쵹병이 운량티 못ᄒᆞ야 ᄒᆞᆫ ᄃᆞᆯ만 ᄒᆞ면 냥식이 진ᄒᆞ야 반ᄃᆞ시 ᄃᆞ라나리니 승셰ᄒᆞ야 ᄯᆞᆯ오면 엇디 이긔디 못ᄒᆞᆯ 리 이시리오 (可密令人去敎王雙引兵於小路巡哨, 自然糧不敢運.待一月終, 糧可盡絶, 蜀兵自走矣. 乘勢追之, 有何不勝也?) <삼국-가정 32:26> 가히 왕쌍으로 ᄒᆞ여곰 즁노의 슌쵸ᄒᆞ야 양식 길을 긋ᄒᆞ면 쵹병이 양진퇴거ᄒᆞ리니다 (可密令人去敎王雙, 引兵於小路巡哨, 彼自不敢運糧. 待其糧盡兵退.) <삼국-국중 15:137>

【슐ㄹ】 명 ((음식)) 술.¶ ▼酒 ‖ 현덕이 보기를 맛치ᄆᆡ ᄃᆡ희ᄒᆞ야 법졍을 셜연승ᄃᆡᄒᆞᆯᄉᆡ 슐리 슈슌이 지ᄂᆡᄆᆡ 현덕이 좌우를 병퇴ᄒᆞ고 (玄德看畢大喜, 設宴相待法正, 酒過數巡, 玄德屛退左右.) <삼국-모종 10:68>

【슐업】 명 ((무속)) 술업(術業). 음양(陰陽), 복술(卜術) 따위의 술법에 종사하는 일.¶ ▼術 ‖ 이ᄂᆞᆫ 공명의 혹인ᄒᆞᄂᆞᆫ 슐업이라 무슨 유익ᄒᆞ미 잇ᄉᆞ리오 (此乃惑人之術耳, 有何益焉!) <삼국-국중 14:63>

【슐의】 명 ((교통)) 수레.¶ ▼車 ‖ 조죄 회군코ᄌᆞ ᄒᆞ야 곽가다려 무르니 긔 ᄯᅩᄒᆞᆫ 슈토의 익지 못ᄒᆞ여 병드려 슐의예 누어ᄂᆞᆫ지라 (操有回軍之心, 問於郭嘉, 嘉此時不服水土, 臥病車中.) <삼국-모종 6:14>

【슐ᄋᆡ】 명 ((교통)) 수레.¶ ▼車 ‖ 양표와 황완과 순샹을 폐ᄒᆞ여 셔민을 숨고 탁이 나가 슐ᄋᆡ의 올나가니 두 ᄉᆞ람이 슈ᄅᆡ를 바라고 읍ᄒᆞ니 이ᄂᆞᆫ 샹셔 쥬비와 셩문교위 오경이라 (卽日罷楊彪、黃琬、荀爽爲庶民, 卓出上車, 只見二人望車而揖, 視之, 乃尙書周毖、城門校尉伍瓊也.) <삼국-모종 1:96>

【슙-】 형 «슙다» 쉽다.¶ ▼易 ‖ 현덕이 놀ᄂᆡ여 면ᄉᆡᆨ이 여토ᄒᆞ니 죄 현덕의 손을 잡고 바로 후원의 이르러 왈 현덕이 남을 숨기ᄂᆞᆫ를 ᄇᆡ호니 슙지 아니토다 (諕得玄德面如土色, 操執玄德手, 直至後園曰: "玄德學圃不易.") <삼국-모종 4:3>

【슙ㅎ】 명 ((지리)) «숲» 숲. 나무들이 무성하게 우거지거나 꽉 들어찬 것. 슙ㅎ(←숳: 숲).¶ ▼林 ‖ 셔서도 울며 이별ᄒᆞ니 현덕이 슙헤 말을 셰우고 셔서의 ᄆᆞᆯ타기를 보니 종ᄌᆞ 총ᄒᆞ히 가ᄂᆞᆫ지라 (庶亦涕泣而別, 玄德立馬於林畔, 看徐庶乘馬與從者匆匆而去.) <삼국-모종 6:66>

【슛드리-】 동 수군거리다. 웅성웅성하다.¶ ▼鬧 ‖ ᄒᆞᆫ변 군ᄉᆞ ᄇᆡ의 오ᄅᆞ기를 ᄃᆞ토ᄂᆞᆫ 쇼ᄅᆡ 긋치지 아니ᄒᆞᄃᆡ 조ᄂᆞᆫ 오히려 안ᄌᆞ 움ᄌᆞᆨ이지 아니ᄒᆞ고 칼을 안고 슛드리지 못ᄒᆞ게 언약ᄒᆞ더니 (河邊軍爭上船者, 聲喧不止, 操猶坐而不動, 按劍指約休鬧.) <삼국-모종 10:18>

【슛두어리-】 동 수군거리다. 떠들썩하다. 웅성웅성하다.¶ ▼喧嚷 ‖ 다라 박하변의 니ᄅᆞ려 하슈 심히 깁지 아니ᄒᆞ믈 깃거여 인ᄆᆡ 다 하의 나려 물을 먹으니 사ᄅᆞᆷ이 서로 슛두어리고 말이 다 울거날 (奔至白河邊, 喜得河水不甚深, 人馬都下河吃水, 人相喧嚷, 馬盡嘶鳴.) <삼국-모종 7:39>

【슛ᄌᆞ긔】 명 ((군기)) 수자기(帥字旗). 대장(大將)에 딸린 기. 진중(陣中)이나 영문(營門)의 뜰에 세우던 대장의 군기(軍旗). 누런 바탕에 검은색으로 수자(帥字)가 쓰여져 있으며 드림이 달려 있음. 수기(帥旗).¶ ▼帥字旗 ‖ 믄득 회로리ᄇᆞ람이 니러나 ᄆᆞᆯ 알픠 슛ᄌᆞ긔를 것구리티거ᄂᆞᆯ (忽起旋風, 吹倒馬前帥字旗.) <삼국-가정 20:54>

【쉬도-ᄒᆞ-】 동 쇄도(殺到)하다. 적을 무찌르면서 세차게 몰려들다.¶ ▼殺到 ‖ 급히 병을 합할 ᄯᅴ의 홀연 ᄉᆞ면 함셩이 크게 진동ᄒᆞ며 왕평 마ᄃᆡ 댱닉 댱익이 쉬도ᄒᆞ니 조 쥰 이인이 심복군 ᄇᆡ여 긔ᄅᆞᆯ ᄡᅳ으고 ᄃᆡ로ᄅᆞᆯ 바라 분쥬ᄒᆞ더니 (急合兵時, 忽四面喊聲大震, 王平、馬岱、張嶷、張翼殺到, 曹、朱二人引心腹軍百餘騎, 望大路奔走.) <삼국-모종 15:82> 위병이 쉬도ᄒᆞ야 다 워여 왈 됴운은 급히 황복ᄒᆞ라 ᄒᆞ니 운이 말게 올나 ᄃᆡ적ᄒᆞ더니 (魏兵殺到, 皆叫曰: "趙雲早降!" 雲急上馬迎敵.) <삼국-모종 15:50>

【쉬지-ᄒᆞ-】 동 쇄지(殺至)하다. 적을 무찌르면서 한꺼번에 세차게 몰려들다.¶ ▼殺至 ‖ ᄉᆡ 직힌 군ᄉᆡ 담은 촉병이 와 ᄉᆡᄅᆞᆯ 겁ᄒᆞᆫ다 일너 황망이 호화ᄅᆞᆯ 드니 좌변의 조쥰[진]이 쉬지ᄒᆞ고 우변이 곽쥰[회] 쉬지ᄒᆞ야 ᄉᆞᄉᆞ로 다 인[엄]살ᄒᆞ고 (守寨軍士只道蜀兵來劫寨, 慌忙放起號火, 左邊曹眞殺至, 右邊郭淮殺至, 自相掩殺.) <삼국-모종 15:83>

【쉬출-ᄒᆞ-】 동 쇄출(殺出)하다. 적을 무찌르면서 힘차게 돌진하여 나가다.¶ ▼殺 ‖ 촉댱이 군ᄉᆞᄅᆞᆯ 동독ᄒᆞ여 길홀 난화 쉬출ᄒᆞ니 공명이 삼강셩을 취ᄒᆞ고 어든 ᄇᆡ 보ᄇᆡ와 보ᄇᆡᄅᆞᆯ 다 삼군을 상 주다 (蜀將督軍分路剿殺, 孔明取了三江城, 所得珍寶, 皆賞三軍.) <삼국-모종 15:4>

【쉬퇴-ᄒᆞ-】 동 쇄퇴(殺退)하다. 적을 무찌면서 물러나다.¶ ▼殺 ‖ 유 쳔수셩으로 다ᄅᆞ니 슈하의 일즉 십여 긔가 잇ᄂᆞᆫ디라 ᄯᅩ 댱푀 일진을 쉬퇴ᄒᆞ믈 만나 다만 필마단창으로 쳔수셩의 니ᄅᆞ려 (維殺條奔天水城, 手下尙有十餘騎, 又遇張苞殺了一陣, 維止剩得匹馬單鎗.) <삼국-모종 15:70>

【ᄡᅳ-】[1] 동 쓰다. 사람이나 군사를 부리다.¶ ▼用 ‖ 조인 왈 이갓치 의심ᄒᆞ고 엇지 병을 ᄡᅳ리요 드듸여 니젼의 말을 듯지 아니ᄒᆞ고 ᄉᆞᄉᆞ로 병을 ᄡᅥ어 압ᄒᆞ고 이젼으로 후응ᄒᆞ여 당야 이경의 ᄎᆡᄅᆞᆯ 겁냑ᄒᆞ다 (仁曰: "若如此多疑, 何以用兵?" 遂不聽李典之言, 自引軍爲前隊, 使李典爲後應, 當夜二更劫寨.) <삼국-모종 6:56>

【ᄡᅳ-】[2] 동 «슬다» 스러지다. 녹다.¶ ▼消 ‖ ᄃᆡ군이 구름 못듯 ᄒᆞ미 미친 도적이 어름 ᄉᆞ듯 ᄒᆞ야 계유 ᄃᆡ ᄡᅳ리ᄂᆞᆫ 듯ᄒᆞᆫ 위엄을 펴ᄆᆡ 믄득 고기 믈을 일흔 듯ᄒᆞᆫ 셰를 보리로다 (大軍雲集, 狂寇冰消; 才聞破竹之聲, 便是失猿之勢.) <삼국-가정 29:68>

【스러-디-】 동 스러지다. 사라지다. 형체나 현상 따위가 차차 희미해지면서 없어지다.¶ ▼弭 ‖ ᄇᆞ라건대 폐하ᄂᆞᆫ 아당ᄒᆞᄂᆞᆫ 신하를 믈리치고 ᄲᆞᆯ리 어딘 신하를 블러 ᄡᅳ시고 두로 노리ᄒᆞ기를 긋치시면 모든 ᄌᆡ변이 스러디리이다 (唯陛下斥遠佞巧之臣, 速征鶴鳴之士, 斷絶尺一, 抑止槃游. 冀上天還威, 衆變可弭.) <삼국-가정 1:7>

【스리-티-】 동 사리다. 몸을 감추거나 피하다.¶ ▼閃過 ‖ 퇴 몸을 두로혀 피ᄒᆞ고 창으로 허뎌의 념통을 디ᄅᆞ더니 허뎨 스리텨 피ᄒᆞ며 (超閃過, 一槍望褚心窩刺來, 被褚閃過.) <삼국-가정 19:35>

【스므-】 동 심다. 초목의 뿌리나 씨앗 따위를 흙 속에 묻다.¶ ▼種 ‖ 우쉬가 고ᄅᆞᆫ[른] 즉 오곡을 스므고 만일 닉디 아니ᄒᆞ면 ᄇᆡ암을 잡아 국을 ᄒᆞ고 상을 구어 밥을 ᄒᆞ더라 (年歲雨水均調, 則種稻穀, 倘若不熟, 殺蛇爲羹, 煮象爲飯.) <삼국-모종 15:2>

【스사로】 부 스스로.¶ ▼自 ‖ 공명 왈 주공니 형주얼 직힐 제 북으로 조ᄌᆞ을 두려ᄒᆞ고 동으로 숀권을 써리던니 효직을 힘닙어 보익도 엇고 니제 엇지 호[효]직을 금ᄒᆞ여 그 ᄯᅳᆺ을 ᄒᆡ케 못ᄒᆞ리요 법정니 듯고 스사로 암쇼ᄒᆞ더라 (孔明曰: "昔主公困守荊州, 北畏曹操, 東憚孫權, 賴孝直爲之輔翼, 遂翻然翱翔, 不可復制, 今奈何禁止孝直, 使不得少行其意耶?" 因竟不問, 法正聞之, 亦自斂戢.) <삼국-모종 11:22>

【스ᄉᆞ-로】 부 스스로.¶ ▼自 ‖ ᄯᅩ 관흥 댱포의 ᄉᆡᆼ녁군이 ᄲᆞᆯ오ᄂᆞᆫ디라 위병이 ᄉᆞᄉᆞ로 ᄌᆞᆺᄇᆞᆯ와 죽은 ᄌᆡ 그 수ᄅᆞᆯ 아디 못ᄒᆞᆯ러라 (背後關興生力軍趕來, 魏兵自相踐踏及落澗身死者, 不知其數.) <삼국-가정 32:19> 곽쇠 날로 더브러 ᄀᆞ장 후ᄒᆞ더니 이제 병이 듕ᄒᆞ여시니 쟝군이 ᄲᆞᆯ리 가 딘창을 ᄃᆡ희라 내 ᄉᆞᄉᆞ로 표ᄅᆞᆯ ᄡᅥ 됴뎡의 신주ᄒᆞ야 각별이 뎡탈ᄒᆞ리라 (郤昭與我至厚, 今病重, 你可速去替他. 我自寫表申奏朝廷, 別行定奪.) <삼국-가정 32:53>

【스시로】 부 스스로.¶ ▼自 ‖ 기ᄌᆞ 상을 머물너 상셔 쟝준으로 다려 셩을 직히고 쳠이 스시로 검갑을 갓추고 삼군을 거나려 삼문을 열고 돌츌ᄒᆞ니 (遂留子尙與尙書張遵守城, 瞻自披掛上馬, 引三軍大開三門殺出.) <삼국-모종 19:52>

【스ᄉᆞ로】 부 스스로. 제 힘으로.¶ ▼自 ‖ ᄯᅩ 관흥 댱포의 ᄉᆡᆼ녁군이 ᄲᆞᆯ오ᄂᆞᆫ디라 위병이 ᄉᆞᄉᆞ로 ᄌᆞᆺᄇᆞᆯ와 죽은 ᄌᆡ 그 수를 아디 못ᄒᆞ더라 (背後關興生力軍趕來, 魏兵自相踐踏及落澗身死者, 不知其數.) <삼국-규장 22:27> 곽쇠 날노 더브러 ᄀᆞ장 후ᄒᆞ더니 이제 병이 듕ᄒᆞ여시니 쟝군이 ᄲᆞᆯ니 가 딘창을 ᄃᆡ희라 내 ᄉᆞᄉᆞ로 표를 ᄡᅥ 됴뎡의 신주ᄒᆞ야 각별이 뎡탈ᄒᆞ리라 (郤昭與我至厚, 今病重, 你可速去替他. 我自寫表申奏朝廷, 別行定奪.) <삼국-규장 22:48>

【스ᄉᆞᆯ-ᄒᆞ-】 동 시살(厮殺)하다. 무찌르다. 죽이다.¶ ▼厮殺 ‖ 범이 급히 진응 표룡[포룡]을 불너 ᄉᆞᆼ의ᄒᆞ니 응 왈 됴운이 ᄃᆡ로ᄒᆞ여 가니 다만 져로 더부러 스ᄉᆞᆯᄒᆞᆯ지니ᄅᆞ (範急喚陳應、鮑隆商議, 應曰: "這人發怒去了, 只索與他廝殺.") <삼국-모종 9:15>

【슬거오-】 형 «슬겁다» 슬기롭다. 슬기가 있다. 지혜롭다.¶ ▼仁義 ‖ 현덕이 그 ᄠᅳ들 알고 머리ᄅᆞᆯ 흔들고 눈을 주어 말라 ᄒᆞᆫ대 운댱은 슬거온 사ᄅᆞᆷ이라 그 ᄠᅳ들 아라 보고 그치다 (玄德會其意, 搖首送目, 不肯令出. 關公乃仁義之人, 見兄如此, 便不敢動.) <삼국-가정 7:80> ▼智 ‖ 텬ᄌᆡᄂᆞᆫ 우희셔 응ᄒᆞ고 인ᄉᆞᄂᆞᆫ 아래셔 곤ᄒᆞ니 ᄇᆡᆨ셩이 슬거오며 어리니 업시 다 토붕와ᄒᆡᄒᆞᆯ 줄을 아니 이ᄂᆞᆫ 하ᄂᆞᆯ히 원시ᄅᆞᆯ 멸ᄒᆞᄂᆞᆫ ᄠᆡ라 (天災應於上, 人事困於下: 民無問愚者智者, 皆知土崩瓦解, 此乃天滅袁氏之時也.)

<삼국-가정 11:42> 동오 쟝ᄉᆞ의 어리며 슬거오니 업시 블가호믈 아로ᄃᆡ (東吳將吏, 無有愚智, 皆知其不可.) <삼국-가정 15:99>

【슬상】 명 실상(實狀). 실제의 상태나 내용.¶ ▼實 ‖ ᄂᆡ 마쇽을 위ᄒᆞ야 울미 안니라 션졔 임붕의 ᄂᆡ게 졍[젼]영ᄒᆞᆫ 말슴이 마쇽니 말이 슬상과 달르니 가히 크게 쓰지 못ᄒᆞ리라 ᄒᆞ시던니 (吾非爲馬謖而哭, 吾想先帝在白帝城臨危之時, 曾囑吾曰: "馬謖言過其實, 不可大用.") <삼국-모종 16:17>

【슬ᄉᆞ】 부 스스로.¶ 自 ‖ 쥬유 비록 창을 알흐나 심즁의ᄂᆞᆫ 슬ᄉᆞ 쥬장이 잇ᄂᆞᆫ지라 임의 조군이 항상 식젼의 쥬ᄆᆡᆨᄒᆞ믈 아ᄆᆡ 문득 즁장의 와 품ᄒᆞ믈 보지 못ᄒᆞ더니 (周瑜雖患痛, 心中自主張, 已知曹兵常來寨前叫罵, 卻不見衆將來稟.) <삼국-모종 8:79>

【슬적】 부 슬쩍. 힘들이지 않고 가볍게.¶ 슬적 도라스며 (閃過) <삼국-어람 109b>

【슬ᄏᆞ지】 부 실컷. 싫도록. 한껏.¶ ▼痛 ‖ ᅗᅬ 왈 내게 젹토매 이시니 믈 건너기ᄅᆞᆯ 평디ᄀᆞᆺ티 ᄒᆞ니 엇디 두리ː오 됴흔 술을 슬ᄏᆞ지 먹어 텬시ᄅᆞᆯ 기ᄃᆞ릴 거시라 (布曰: '吾有赤免馬, 渡水如平地, 吾何懼哉!' 痛飮美酒, 以待天時.) <삼국-가정 7:48>

【슬허-ᄒᆞ-】 동 슬퍼하다. 마음 아파하다.¶ ▼悲 ‖ 볼기예 살이 다 ᄉᆞ라졋더니 이제 오ᄅᆡ 타지 아니ᄒᆞ기로 볼기ᄉᆞ리[라]나니 일월 ᄎᆞ타ᄒᆞ여 장ᄎᆞ 늘ᄭᅴ예 일으러 공업을 셰우지 못ᄒᆞ니 일노 슬허ᄒᆞ노라 (髀肉皆散, 今久不騎, 髀裡肉生, 日月蹉跎, 老將至矣, 而功業不建, 是以悲耳.) <삼국-모종 6:30> ▼양의 승샹 영구를 볏드러 곡즁의 드러 발샹거이ᄒᆞ니 촉인니 이통참달ᄒᆞ여 슬허ᄒᆞ지 아니리 업더라 (楊儀、姜維排成陣勢, 緩緩退入棧閣道口, 然後更衣發喪, 揚旛擧哀. 蜀軍皆撞跌而哭, 至有哭死者.) <삼국-국중 16:66>

【슬혀-ᄒᆞ-】[1] 동 싫어하다. 싫게 여기다.¶ ▼悼 ‖ 복샹컨ᄃᆡ 젼하도 ᄯᅩ한 셩은으로 감오ᄒᆞ야 신의 ᄆᆞᄋᆞᆷ을 민망이 너기고 신의 거지를 슬혀ᄒᆞ리이다 (伏想殿下聖恩感悟, 愍臣之心, 悼臣之擧.) <삼국-국중 13:121>

【슬혀-ᄒᆞ-】[2] 동 슬퍼하다. 슬프게 여기다.¶ ▼悼 ‖ 복샹컨ᄃᆡ 젼하도 ᄯᅩ한 셩은으로 감오ᄒᆞ야 신의 ᄆᆞᄋᆞᆷ을 민망이 너기고 신의 거지를 슬혀ᄒᆞ리이다 (伏想殿下聖恩感悟, 愍臣之心, 悼臣之擧.) <삼국-국중 13:121>

【슬희여-ᄒᆞ-】 동 싫어하다.¶ ▼懼 ‖ 뉴비 동오ᄅᆞᆯ 슬희여ᄒᆞ면 반ᄃᆞ시 조의게 투항ᄒᆞ리이다 (備懼東吳, 必投曹操.) <삼국-가정 18:20> 뉴비 동오ᄅᆞᆯ 슬희여ᄒᆞ면 반ᄃᆞ시 조의게 투항ᄒᆞ리이다 (備懼東吳, 必投曹操.) <삼국-가정 18:20> ▼憂 ‖ 관위 ᄀᆞ장 깃거ᄒᆞ고 강동을 슬희여ᄒᆞᄂᆞᆫ 일이 업ᄉᆞ니 시름이 업더이다 (關羽欣喜, 無復憂江東之意也.) <삼국-가정 24:123>

【습취-ᄒᆞ-】 동 습취(襲取)하다. 습격하여 빼앗다.¶ ▼襲 ‖ 원슐이 여포가 셔쥬를 음습홈을 알고 셩야의 ᄉᆞᄅᆞᆷ을 ᄎᆞ졍ᄒᆞ여 여포 곳의 가 양식 오만 곡과 말 오ᄇᆡᆨ 필과 금은 일만 양과 치단 일쳔 필로ᄡᅥ ᄒᆞ락ᄒᆞ여 (袁術知呂布襲了徐州, 星夜差人至呂布處, 許以糧五萬斛, 馬五百匹, 金銀一萬兩, 綵緞一千疋.) <삼국-모종 3:1> 여등이 ᄂᆡ 긔호를 가져 차치의 견슈ᄒᆞ되 날마ᄃᆞ ᄇᆡᆨ여 긔로 츌쵸ᄒᆞ되 의갑과 긔호를 밧고어 츌쵸ᄒᆞ야 져로 ᄒᆞ여곰 군ᄉᆞ 만느믈 뵈라 ᄂᆡ ᄃᆡ병을 다리여 남안을 습취ᄒᆞ리라 (汝等可虛張吾旗號, 據此谷口下寨, 每日令百餘騎出哨, 每出哨一回, 換一番衣甲旗號, 按靑、黃、赤、白、黑五方旗幟更換. 吾却提大兵偸出董亭, 逕襲南安去也.) <삼국-국중 17:2>

【ᄉᆞᆺ-】 동 씻다. 닦다. 문지르다.¶ ▼拭 ‖ 비 ᄭᅳ어 나오혀고 보니 머리를 플고 ᄂᆞᆺ치 ᄢᅵᄅᆞᆯ 뭇티고 잇거ᄂᆞᆯ 비 ᄉᆞ매로 그 ᄂᆞᆺ촐 ᄉᆞᆺ고 보니 견시 옥 ᄀᆞᄐᆞᆫ ᄉᆞᆯ히 곳 ᄀᆞᄐᆞᆫ 얼골이 경국지ᄉᆡᆨ이어ᄂᆞᆯ (丕拖近前, 見披髮垢面. 丕以衫袖拭其面而觀之, 見甄氏玉肌花貌, 有傾國之色.) <삼국-가정 11:65>

【승】 명의 승(乘). 수레 따위를 세는 단위.¶ ▼乘 ‖ 군듕의 운데 수ᄇᆡᆨ 승을 내니 ᄒᆞᆫ 승의 가히 여라믄 사ᄅᆞᆷ이 오ᄅᆞᆯ러라 (于是軍中起數百乘雲梯, 一乘上可立十數人.) <삼국-가정 32:2>

【승-ᄂᆡ-】 동 성내다.¶ ▼怒 ‖ 현덕이 슘기지 못ᄒᆞ여 왈 사제 죠ː의 참남ᄒᆞ믈 승ᄂᆡ미라 승이 얼골을 덥고 우러 왈 죠정의 신자가 운장 갓트면 읏지 근심ᄒᆞ리요 (玄德不能隱諱, 遂曰: "舍弟見操僭越, 故不覺發怒耳." 承掩面而哭曰: "朝廷臣子, 若盡如雲長, 何憂不太平哉!") <삼국-모종 4:2>

【승당】 명 ((주거)) 승당(僧堂). 중이 좌선(坐禪)하며 거처하는 집.¶ ▼方丈 ‖ 댱뇌 운댱을 쳥ᄒᆞ야 방댱[승당 ᄀᆞᄐᆞᆫ 디래]의 가 차ᄅᆞᆯ 권ᄒᆞ거ᄂᆞᆯ (長老請方丈內待茶.) <삼국-가정 9:103> ᄂᆡ일 감노ᄉᆞ 방댱[승당이래]의 가 셜연ᄒᆞ고 국태 뉴비ᄅᆞᆯ 보시긔 ᄒᆞ라 (來日甘露寺方丈設宴, 國太要見劉備.) <삼국-가정 17:100>

【승부】 명 승부(勝負). 이기고 지는 것. 승패(勝敗).¶ ▼次第 ‖ 그ᄢᅴ 댱각의 군 십오만은 광종의 둔ᄒᆞ엿고 노식의 군은 오만여 즁이라 비록 년ᄒᆞ야 여러 딘을 이긔나 승부ᄅᆞᆯ 뎡티 못ᄒᆞ얏더니 (時張角賊衆十五萬, 屯廣宗.盧植兵五萬餘衆, 雖然勝幾陣, 未見次第.) <삼국-가정 1:38>

【승샹】 명 ((관직)) 승상(丞相). 우리나라의 정승에 해당하는 중국의 옛 벼슬.¶ ▼丞相 ‖ 승샹 ᄉᆞ당을 어ᄂᆞ 곳의 ᄎᆞᄌᆞ리오 금관셩 밧긔 잣남기 숩ː흔 ᄃᆡ로다 (丞相祠堂何處尋, 錦官城外柏森森.) <삼국-가정 34:127>

【승셰-ᄒᆞ-】 동 승세(乘勢)하다. 세(勢)를 타다.¶ ▼乘勢 ‖ 봉이 패주ᄒᆞ거ᄂᆞᆯ 뇨홰 승셰ᄒᆞ야 구디 싼 ᄃᆡᄅᆞᆯ 헤티고 나가 샹용으로 가다 (奉大敗, 廖化乘勢殺出重圍, 投上庸去訖.) <삼국-가정 25:33>

【승시-ᄒᆞ-】 동 승시(乘時)하다. 적당한 때를 타다. 기회를 얻다.¶ ▼乘時 ‖ 뉴ᅗᅬ 젼의 내 도라오ᄂᆞᆫ 길 즈ᄅᆞ던 줄을 ᄒᆞᆫᄒᆞᄂᆞ니 이제 승시ᄒᆞ야 갑디 아니ᄒᆞ면 ᄯᅩ 언제ᄅᆞᆯ 기

ᄃᆞ리리오 (叵耐劉表昔日斷吾歸路, 今不乘時報恨, 又待何年!) <삼국-가정 3:30>

【승ᄉᆞ】 명 승사(勝事). 뛰어난 사적(事跡). 또는 훌륭한 일. 좋은 일.¶ ▼勝事 ‖ 너희 문관들은 글만 닑근 션ᄇᆡ라 이 놉픈 ᄃᆡ예 올라 엇디 아ᄅᆞᆷ다온 글을 지어 써 일시의 승ᄉᆞ를 긔록디 아니ᄒᆞᄂᆞ뇨 (汝文官乃飽學之士, 登此高臺, 何不進佳章, 以紀一時之勝事乎?) <삼국-가정 18:31>

【승허-ᄒᆞ-】 동 승허(乘虛)하다. 허점을 이용하다.¶ ▼乘虛 ‖ 뉴비 여람의 이셔 뉴벽 공도의 수만지둥을 어더 승샹의 군ᄉᆞ를 긋지 거ᄂᆞ리고 하븍의 가 정벌ᄒᆞ믈 듯고 뉴벽으로 여람을 직희오고 뉴비 승허ᄒᆞ야 허창을 치려 ᄒᆞᆫ다 (劉備在汝南得劉辟、龔都數萬之衆. 聽知丞相乘虛提軍馬河北出征, 見今令劉辟守汝南, 劉備乘虛引軍來攻許昌也.) <삼국-가정 10:113>

【싀긔-ᄒᆞ-】 동 시기(猜忌)하다. 남이 잘되는 것을 샘하여 미워하다.¶ ▼嫉妒 ‖ 뎨 또 왕미인을 ᄉᆞ랑ᄒᆞ여 황ᄌᆞ 협을 나흐니 하휘 싀긔ᄒᆞ여 왕미인을 짐살ᄒᆞ고 황ᄌᆞ 협은 동틱후 궁중의 가 길으니 (帝又寵幸王美人, 生皇子協, 何后嫉妒, 鴆殺王美人, 皇子協養於董太后宮中.) <삼국-모종 1:30> ▼사마쇠 남필의 크게 의심ᄒᆞ여 등ᄋᆡ의 마음을 싀긔ᄒᆞ여 이의 위관으로 ᄒᆞ여곰 슈됴를 밧드러 젼ᄒᆞ니 (司馬昭覽畢, 深疑鄧艾有自專之心, 乃先發手書與衛瓘, 隨後降封艾.) <삼국-국중 17:103>

【싀랑】 명 ((동물)) 시랑(豺狼). 승냥이와 이리. 욕심이 많고 무자비한 사람. 또는 간악하고 잔혹한 사람을 비유적으로 이르는 말.¶ ▼豺狼 ‖ ᄒᆞ믈며 간웅이 다토아 니러나 싀랑이 길히 ᄀᆞ득ᄒᆞ여시니 지친의 정을 슬혀 ᄒᆞᆫ갓 네제만 돌보면 이는 문을 열고 도적을 읍ᄒᆞ야 드리미니 인ᄒᆞ미 아니라 (況今奸宄競起, 豺狼滿道, 乃哀親戚, 顧禮制, 有開門而揖盜, 未可以爲仁也.) <삼국-가정 10:45> ▼狼 ‖ 원방이 긔경을 침노ᄒᆞᄆᆡ 병갑이 다토아 니러나 봉만이 독을 베퍼써 요얼을 지으며 싀랑이 마음을 종ᄌᆞ히 ᄒᆞ야 화란을 일우ᄂᆞᆫ지라 (縱蠆尾以興妖, 恣狼心而逞亂.) <삼국-가정 29:66>

【싀랑의 ᄆᆞᄋᆞᆷ이오 개 ᄒᆡᆼ실】 관귀 시랑(豺狼)의 마음이오 개 같은 행실이라.¶ ▼狼心狗行 ‖ 녯날 낙양의셔 널로써 튱의옛 ᄉᆞᄅᆞᆷ인가 ᄒᆞ야 모다 ᄆᆡᆼ쥬를 사맛더니 이제 ᄒᆞᄂᆞᆫ 양을 보니 진실로 싀랑의 ᄆᆞᄋᆞᆷ이오 개 ᄒᆡᆼ실이라 어ᄂᆡ 면목으로 텬디간의 셜다 (昔日洛陽以汝爲忠義之人, 推爲盟主. 今之所爲, 眞狼心狗行之徒, 尙何面目立于天地之間!) <삼국-가정 3:11>

【싀립-ᄒᆞ-】 동 시립(侍立)하다. 모시고 서다.¶ ▼侍立 ‖ 당중 ᄃᆡ션숭 청나산 ᄒᆞ의 손권이 안고 문뮈 좌우 싀립ᄒᆞ여거늘 (當中大船上靑羅傘下, 坐著孫權, 左右文武, 侍立兩邊.) <삼국-모종 10:93>

【싀비】 명 ((주거)) 시비(柴扉). 사립문.¶ ▼籬 ‖ 현덕이 도라오더니 믄득 보니 동ᄌᆞ 싀비예 나와 블러 닐오ᄃᆡ (玄德上馬, 忽見童子招手籬外, 叫曰.) <삼국-가정 12:92> ▼戶 ‖ 싀비를 두다리니 그 ᄉᆞᄅᆞᆷ이 문을 열고 나와 영졉ᄒᆞ니 의푀 쇽인과 다른지라 (叩戶請見. 其人開門出迎, 儀表非俗.) <삼국-국중 9:85>

【싀살-ᄒᆞ-】 동 시살(厮殺)하다. 무찌르다. 죽이다. 싸움터에서 마구 치다.¶ ▼厮殺 ‖ 위연이 원언을 내여 승샹이 져 보기를 분토ᄀᆞ티 ᄒᆞ야 샹해 업슈이 너기더니 짐즛 위슈의 싀살ᄒᆞ라 ᄒᆞ야 이 패ᄒᆞ믈 닐위다 ᄒᆞ더이다 (魏延口出怨言, 說丞相看他如糞土, 時常有欺瞞, 故令渭水厮殺, 因此心怨, 方有此失.) <삼국-가정 33:114> ▼殺 ‖ 일천군을 거ᄂᆞ려 가되 각ᄀᆞ 뵈쟐를 가지고 ᄇᆡᆨ하 상뉴의 가 ᄆᆡ복호ᄃᆡ 쟐ᄋᆡ 흙과 돌흘 녀허 ᄇᆡᆨ핫믈을 막앗다가 ᄂᆡ일 삼경 후의 믈 아래셔 사ᄅᆞᆷ이 지져괴거든 급히 쟐를 아사 믈을 노하ᄇᆞ리고 ᄂᆞ려오며 싀살ᄒᆞ라 (引一千人各帶布袋, 去白河上流頭埋伏, 用布袋裝上磚石土泥, 堰住白河之水. 到來日三更後, 只聽下流頭人馬喊嘶, 此是曹兵敗矣, 急取布袋, 放水淹之, 卻順水殺將下來接應.) <삼국-가정 13:92>

【싀새오-】 동 시새우다. 시샘하다. 자기보다 잘되거나 나은 사람을 공연히 미워하고 싫어하다.¶ ▼嫉妬 ‖ 나는 원시의 고리ᄋᆞ 직릉이 ᄯᅩᄒᆞᆫ 본초와 ᄀᆞᆺ디 못ᄒᆞ니 녜 사ᄅᆞᆷ이 오히려 어딘 일을 ᄀᆞᆯ희여 ᄉᆞ양ᄒᆞ엿ᄂᆞ니 졔군이 엇디 싀새오기를 과히 ᄒᆞᄂᆞ뇨 (吾乃袁氏之故吏, 才能又不如本初. 古人尙擇賢者而讓之, 諸君何嫉妬焉?) <삼국-가정 3:7>

【싀쉬-ᄒᆞ-】 동 시살(厮殺)하다. 무찌르다. 죽이다.¶ ▼大殺 ‖ ᄇᆡ후의 숨노 촉병이 쉬도ᄒᆞ니 듕왕의 우[위]연이오 좌변의 관흥이오 우변의 장표[포]라 크게 일진을 싀쉬ᄒᆞ니 위병이 십여 리를 픽쥬ᄒᆞ고 위쟝 죽은 직 극히 만흔지라 (背後三路蜀兵殺到, 中央魏延, 左邊關興, 右邊張苞, 大殺一陣, 魏兵敗走十餘里, 魏將死者極多.) <삼국-모종 15:83>

【싀술-ᄒᆞ-】 동 시살(厮殺)하다. 무찌르다. 죽이다.¶ ▼厮殺 ‖ 손부인이 우셔 왈 싀술ᄒᆞᆫ 반ᄉᆡᆼ의 오히려 병긔를 두려ᄒᆞ나냐 (孫夫人曰: “厮殺半生, 尙懼兵器乎?”) <삼국-모종 9:59>

【싀엄-ᄒᆞ-】 동 시험하다.¶ ▼試 ‖ 드ᄅᆞ니 형주 뉴현덕이 인의 멀니 페인 졔 오ᄅᆞᄀᆞ 지릇 가 이 ᄉᆞ람이 엇더ᄒᆞᆫ고 싀엄ᄒᆞ야 보리라 (吾聞荊州劉玄德仁義遠播久矣, 不如逕由那條路回, 試看此人如何, 我自有主見.) <삼국-모종 10:57>

【싀집-오-】 동 시집오다.¶ ▼嫁 ‖ 또 오ᄆᆡ 나와 한가지 너의 부친계 싀집와시니 또 네계 어미라 나 죽은 후 날 갓치 셤기고 (吾妹與我共嫁汝父, 則亦汝之母也, 吾死之後, 事吾妹如事我.) <삼국-모종 6:99>

【싀초】 명 시초(柴草). 땔나무로 쓰는 풀.¶ ▼草把 ‖ 싀초를 싸코 블을 디ᄅᆞ니 조병이 견ᄃᆡ디 못ᄒᆞ여 채를 ᄇᆞ리고 ᄃᆞ라나니 그런 수릐와 부교를 다 ᄢᅳ온디라 (堆積草把, 放起烈火. 操兵抵敵不住, 棄寨而走. 車乘浮橋, 盡被燒毀.) <삼국-가정 19:26>

【싀훤-ᄒᆞ-】 형 시원하다. 막힌 데가 없이 활짝 트이어 마음이 후련하다. 답답한 마음이 풀리어 흐뭇하고 가뿐하다.¶ ▼開發 ‖ 내 비록 ᄂᆞ즌 벼ᄉᆞᆯ의 이시나 승샹이 젼량의 듕ᄒᆞᆫ 거ᄉᆞᆯ 긋재 맛뎌 겨시니 조만의 승샹의 ᄀᆞᄅᆞ치시믈 만히 닙으니 극히 싀훤ᄒᆞᆫ 일이 만흔디라 부러 이 벼ᄉᆞᆯ의 잇노라 (某雖居下僚, 丞相委以軍政錢糧之重, 早晚多蒙丞相敎誨, 極有開發, 故就此職耳.) <삼국-가정 19:83>

【싁싁-】 형 씩씩하다. 엄숙하다. 굳세고 위엄스럽다. 장엄하다. '싁싁ᄒᆞ다'의 수의적 교체형.¶ ▼肅 ‖ 이제 뉴쟝은 암약ᄒᆞ야 부ᄌᆞ 서ᄅᆞ 니어 법되 믄허디고 덕졍이 업서 긔강이 싁ᄉᆡ디 아니ᄒᆞ니 군신의 되 볼셔 폐ᄒᆞ엿ᄂᆞ디라 (今劉璋暗弱, 父子相承, 有累世之恩, 法度陵替, 德政不擧, 刑威不肅, 君臣之道, 盡已廢矣.) <삼국-가정 21:81>

【싁싁-이】 부 씩씩하게. 엄하게. 엄숙(嚴肅)하게. 장엄하게.¶ ▼抖擻 ‖ 창을 드러 뒤흘 ᄇᆞ라며 ᄒᆞᆫ 번 두로니 셔량 ᄌᆞ데병이 정신을 싁ᄉᆡ이 ᄒᆞ여 츙살ᄒᆞ여 나아오니 조병이 대패ᄒᆞᆫ디라 (超把槍望後一招, 凉州子弟兵抖擻精神, 出殺過來. 操兵大敗.) <삼국-가정 19:3>

【싁싁-ᄒᆞ-】 형 씩씩하다. 엄숙하다. 장엄하다. 굳세고 위엄스럽다.¶ ▼厲 ‖ 원쇠 ᄉᆡᆨ이 싁ᄉᆡᄒᆞ나 담냥이 쟉고 ᄭᅬ를 됴히 너기나 결단이 업고 큰 일을 호ᄃᆡ 몸을 앗기고 져근 니곳 보면 목숨을 ᄇᆞ리ᄂᆞ니 이ᄂᆞᆫ 버좀병 ᄀᆞᄐᆞᆫ 뉘니 영웅이 아니라 (袁紹色厲膽薄, 好謀無斷; 幹大事而惜身, 見小利而忘命: 乃疥癬之輩, 非英雄也.) <삼국-가정 7:124> ▼그 쟝슈의 창법이 졈ᄌᆞ 싁ᄉᆡᄒᆞ야 일호 실쉬 업ᄂᆞᆫ지라 (那小將軍槍法無半點放閒.) <삼국-국중 17:18>

【싓-】 동 «싣다» 싣다.¶ ▼載 ‖ ᄒᆞ후연이 ᄉᆞᄉᆞ로 힝ᄒᆞ여 농서 ᄇᆡᆨ셩을 쓰다듬고 강서 등으로 각ᄌᆞ 직히고 냥부을 싓고 허도의 가 조ᄌᆞ을 보이니 (夏侯淵自行安撫西諸州人民, 令姜敍等各各分守, 用車載楊阜赴許都, 見曹操.) <삼국-모종 11:13>

【시긔-ᄒᆞ-】 동 시기(猜忌)하다. 남이 잘되는 것을 샘하여 미워하다.¶ ▼妬忌 ‖ 바ᄅᆡ건ᄃᆡ ᄌᆞ경은 공근의게 냥이 ᄎᆞᄉᆞ를 밍지ᄒᆞ믈 이ᄅᆞ지 말나 공근의 셩품이 시긔ᄒᆞ니 필경 날을 히코져 ᄒᆞ리라 (望子敬在公瑾面前勿言亮先知此事. 恐公瑾心懷妒忌, 又要尋事害亮.) <삼국-모종 8:2>

【시기-】 동 시키다. 어떤 일이나 행동을 하게 하다.¶ ▼使 ‖ ᄎᆞ냥인이 가권을 거ᄂᆞ려지 안여스니 춤 항복ᄒᆞᆫ 거시 아니라 조쥐 시계 허실을 탐지ᄒᆞᄂᆞᆫ 지니 ᄂᆡ 이제 졀노 ᄒᆞ여곰 쇼식을 통할 거스니 (此二人不帶家小, 非眞投降, 乃曹操使來爲奸細者, 吾今欲將計就計, 敎他通報消息.) <삼국-모종 8:9> ▼令 ‖ 현덕이 ᄉᆞ람으로 시겨 셩의 나가 여포의게 이르러 실정 말ᄒᆞ고 마를 다 돌여보ᄂᆡ고 두리 서로 군ᄉᆞ를 파ᄒᆞᄌᆞ ᄒᆞ니 푀 좃고져 ᄒᆞᆫᄃᆡ (玄德隨令人出城, 至呂布營中說情, 願送還馬匹, 兩相罷兵, 布欲從之.) <삼국-모종 3:34>

【시ᄂᆡ-물】 명 ((지리)) 시냇물. 시내에서 흐르는 물.¶ ▼溪澗 ‖ ᄃᆡ우 폭쥬ᄒᆞ야 경각 ᄉᆞ히예 평지가 강이 되고 시ᄂᆡ물이 창일ᄒᆞ야 죡키 삼쳑이 되ᄂᆞᆫ디라 (大雨如注. 頃刻之間, 街市成河, 溪澗皆滿, 足有三尺甘雨.) <삼국-국중 6:119>

【시다듬-】 동 쓰다듬다.¶ ▼슈염을 시다듬고 (綽髯) <삼국-어람 108b>

【시량】 명 시량(柴糧). 땔나무와 먹을 양식을 아울러 이르는 말.¶ ▼柴 ‖ 장안 셩중의 흙이 단ᄌᆞᄒᆞ고 물이 쓰ᄆᆡ ᄇᆡᆨ셩이 견ᄃᆡ여 먹을 길 업고 또 임의 에운 지 십여 일이 지나ᄆᆡ 시량이 구[궁]핍ᄒᆞ여 군ᄉᆡ 긔황의 곤ᄒᆞ니 모로미 군ᄉᆞ를 잠간 거둬어 (長安城中土硬水, 甚不堪食, 更兼無柴. 今圍十日, 軍民饑謊, 不如暫且收軍.) <삼국-국중 11:7>

【시러-곰】 부 능(能)히. 실-(←싣-)[得]+-어곰.¶ ▼得 ‖ 칼흘 두로고 ᄃᆞ라드러 툐의 물을 ᄀᆞ로막아 싸호니 죄 시러곰 버서나 ᄃᆞ라나다 (輪刀縱馬, 攔住馬超. 操得命走脫.) <삼국-가정 19:5> 내 짐즛 듕병을 다 동관 알ᄑᆡ 모도와 적으로 ᄒᆞ여곰 다 남녀흘 딕희고 하셔ᄅᆞᆯ 쥰비티 아니케 ᄒᆞᆫ 고로 셔황 쥬령이 시러곰 건너니 (吾故盛兵皆聚于潼關前, 使賊盡皆守南, 而河西不準備, 故徐晃、朱靈得渡也.) <삼국-가정 19:63> 뉴익쥐 ᄯᅩᄒᆞᆫ 뎨실 종친이라 은튁이 촉듕의 베펀디 오라니 다른 사ᄅᆞᆷ이 시러곰 요동ᄒᆞ리오 (劉益州亦帝室宗親, 恩澤布蜀中久矣. 他人豈可得而動搖乎?) <삼국-가정 19:100> 허뎨 힘ᄡᅥ 두 쟝슈ᄅᆞᆯ ᄃᆡ뎍ᄒᆞ니 조죄 시러곰 버서나 채예 도라가다 (許褚縱馬舞刀, 敵住二將, 曹操得奪歸寨.) <삼국-가정 20:34> 딤이 그 의ᄅᆞᆯ ᄉᆞ모ᄒᆞ야 이제 위ᄅᆞᆯ 옴겨 승샹 위왕을 주노니 시러곰 ᄉᆞ양티 말라 (朕羨而慕焉, 今其追踵堯典, 禪位于丞相魏王, 無得辭言.) <삼국-가정 26:35>

【시러금】 부 능히. 하여금.¶ ▼得 ‖ 독위 현리를 핍륵ᄒᆞ여 유공을 히코져 ᄒᆞ니 아등이 다 와 괴로이 고ᄒᆞ려 ᄒᆞ되 시러금 드러가지 못ᄒᆞ고 도로혀 문졸의 난타ᄒᆞ믈 맛나노라 (督郵逼勒縣吏, 欲害劉公, 我等皆來苦告, 不得放入, 反遭把門人趕打.) <삼국-모종 1:25>

【시려곰】 부 시러곰.¶ ▼得 ‖ ᄯᅩ 젼령 왈 군ᄉᆞ마다 옷 ᄒᆞᆫ 복의 흙을 싸라 업난 ᄌᆞᄂᆞᆫ 버히리라 즁군은 그 뜻을 아디 못ᄒᆞ고 다만 시려곰 영을 의디ᄒᆞ더라 (又傳令曰: "每軍衣襟一幅, 包土一包, 無者立斬." 衆軍亦不知其意, 只得依令預備.) <삼국-모종 15:4>

【시무-】 동 심다. 초목의 뿌리나 씨앗 따위를 흙 속에 묻다.¶ ▼竪起 ‖ 홀연 일셩 방ᄌᆞ향의 셩승 군병이 일졔히 창검을 시무고 젹누 우희 됴운이 츌왈 도독의 이길이 단적희 무어ᄉᆞᆯ 위ᄒᆞᄂᆞ뇨 (忽一聲梆子響, 城上一齊都竪起鎗刀, 敵樓上趙雲出曰: "都督此行, 端的爲何?") <삼국-모종 9:93>

【시방】 명 시방(時方). 지금. 말하는 바로 이때.¶ ▼쇼의 아자비 원외 시방 태부벼ᄉᆞᆯ을 ᄒᆞ엿ᄂᆞᆫ디라 힝혀 ᄂᆡ외 샹응ᄒᆞ긔 되면 대ᄉᆡᆨ 되리니 ᄇᆞᄃᆡ 몬져 젼톄ᄒᆞᆯ 거시라 (紹叔袁隗見爲太傅, 倘或裏應外合, 深爲不便, 可先除之.) <삼국-가정 2:79>

【시부-】 형보 (체언이나 용언의 '-ㄴ가', '-ㄹ가' '-듯' 등의 형 아래에 쓰여) 그와 같이 생각된다.¶ ▼심복장 ᆢ 약이 가만이 고왈 오날 궁중의 ᄌᆞᆫ치홈이 조흔 뜻 아닌가 시부니 주공은 경이 드러가지 말나 (心腹將張約進車前密告曰: "今日宮中設宴, 未知好歹, 主公不可輕入.") <삼국-모종 18:27>

【시사로】 부 스스로.¶ ▼自 ‖ 픽 밋지 안니하고 시사로 죵마ᄒᆞ여 셩남을 도라본니 다만 셩후의 ᄇᆡᆨ셩 노소 무수히 셔북으로 다라나거날 (霸未信, 自縱孁於城南視之, 只見後老小無數, 皆望西北而逃.) <삼국-모종 19:16>

【시산-ᄒᆞ-】 동 시산(弑散)하다. 무찔러 흩어지게 하다.¶ ▼殺散 ‖ 위연 일천 장졸을 ᄭᅳ어 좌변의 ᄆᆡ복ᄒᆞ고 황충은 일천 도수을 ᄭᅳ어 우변의 ᄆᆡ복ᄒᆞ여 저 군ᄉᆞ랄 시산ᄒᆞ면 장임이 반다시 산동 쇼로 오리니 (魏延引一千鎗手伏於左, 單戳馬上將, 黃忠引一千刀手伏於右, 單砍坐下馬, 殺散彼軍, 張任必投山東小路而來.) <삼국-모종 11:4>

【시셰】 명 시세(時勢). 그 당시의 형세나 세상의 형편.¶ ▼時務 ‖ 슉이 쏘ᄒᆞᆫ 악연히 놀라 무로ᄃᆡ 공명이 엇지 도로혀 날을 시셰를 모른다 ᄒᆞ고 웃ᄂᆞᆫ뇨 (肅亦愕然, 曰; '孔明如何反笑我不識時務?') <삼국-가정 14:99>

【시솨-ㅎ-】 동 시살(厮殺)하다. 무찌르다. 죽이다.¶ ▼厮殺 ‖ 관공이 급히 긋쳐 왈 여장군 쥬의날 보고 각ᆢ 엉[영]의 도라와 시솨ᄒᆞ기 더드지 아니ᄒᆞ니라 긔령이 분을 이기지 못ᄒᆞ거ᄂᆞᆯ 장비 곳 시솨코져 ᄒᆞ니 (關公急止之曰: "且看呂將軍如何主意, 那時各回營寨厮殺未遲." 呂布曰: "我請你兩家解鬥, 須不敎你厮殺." 這邊紀靈大忿, 那邊張飛只要厮殺.) <삼국-모종 3:28>

【시솨-ᄒᆞ-】 동 시살(厮殺)하다. 무찌르다. 죽이다.¶ ▼厮殺 ‖ 관공이 급히 긋쳐 왈 여장군 쥬의날 보고 각ᆢ 엉[영]의 도라와 시솨ᄒᆞ기 더드지 아니ᄒᆞ니라 긔령이 분을 이기지 못ᄒᆞ거ᄂᆞᆯ 장비 곳 시솨코져 ᄒᆞ니 (關公急止之曰: "且看呂將軍如何主意, 那時各回營寨厮殺未遲." 呂布曰: "我請你兩家解鬥, 須不敎你厮殺." 這邊紀靈大忿, 那邊張飛只要厮殺.) <삼국-모종 3:28>

【시쇄-ᄒᆞ-】 동 시살(厮殺)하다. 무찌르다. 죽이다.¶ ▼厮殺 ‖ 듕장이 청영ᄒᆞ고 다 팔을 것고 숀을 부븨여 시쇄ᄒᆞ물 기다리더라 (衆兵將得令, 一個個磨拳擦掌, 準備厮殺.) <삼국-모종 8:45>

【시수-】 동 쉬우다.¶ ▼息 ‖ 공이 일군을 ᄭᅳ어 죠양의 ᄆᆡ복하고 지[긔]랄 눕피고 북을 시수고 사문을 열고 여ᄎᆞ ᆢ ᆢ 힝하라 (公引一軍伏於洮陽, 偃旗息鼓, 大開四門, 如此如此而行) <삼국-모종 19:15>

【시승】 명 ((인류)) 스승. 경상 방언.¶ ▼師 ‖ 현덕 왈 공명은 나의 시승이라 잠시도 써나기 어려오니 엇지 가리요 슉이 공명과 함계 가기ᄅᆞᆯ 고집히 청ᄒᆞ거날 현덕이 거ᄌᆞᆺ 허락지 아니ᄒᆞ니 (玄德曰: "孔明是吾之師, 頃刻不可相離, 安可去也?" 肅堅請孔明同去, 玄德佯不許.) <삼국-모종 7:77> ᄋᆡ 보고 ᄃᆡ경황망ᄒᆞ여 셕간의 ᄌᆡᄇᆡ 왈 무후난 참 신인이로다 셕ᄌᆡ라 ᄋᆡ 능히 시승으로 셤기지 못하도다 (艾觀訖大驚, 慌忙對碣再拜曰: "武侯眞神人也! 艾不能以師事之, 惜哉!") <삼국-모종 19:44>

【시ᄉᆞ-로】 부 스스로.¶ ▼各自 ‖ 언미필의 활쥴이 쇼ᄅᆡ 나ᄂᆞᆫ 곳의 문빙이 살을 맛고 것구러져 션즁의 잇ᄂᆞᆫ지라 션상이 ᄃᆡ란ᄒᆞ야 각ᆢ 시ᄉᆞ로 도라오더라 (言未絶, 弓弦響處, 文聘被箭射中左臂, 倒在船中, 船上大亂, 各自奔回.) <삼국-모종 8:55> ▼自己 ‖ 장임이 오란 뇌동으로 북문으로 나가 동문으로 도라 황충 위연을 ᄃᆡ적ᄒᆞ고 시ᄉᆞ로 남문으로 나가 서문으로 도라 현덕을 맛고 (張任敎吳蘭、雷銅二將引兵出北門, 轉東門, 敵黃忠、魏延, 自己卻引軍出南門, 轉西門, 單迎玄德.) <삼국-모종 11:2>

【시엄-ᄒᆞ-】 동 시험(試驗)하다. 사물의 성질이나 기능을 실지로 증험하여 보다.¶ ▼試 ‖ 최 왈 ᄂᆡ 갑즁의 보금을 ᄉᆡ로 가라신이 네 시엄ᄒᆞ여 말ᄒᆞ라 (超曰: "吾匣中寶劍新磨, 汝試言之. ….") <삼국-모종 11:25>

【시역-ᄒᆞ-】 동 시역(弑逆)하다. 임금이나 부모를 죽이다.¶ ▼弑 ‖ 이제 텬ᄌᆡ 조비의 시역ᄒᆞᆫ 배 되엿거ᄂᆞᆯ 왕상이 딘시 위예 즉ᄒᆞ야 홍ᄉᆞ 문죄ᄅᆞᆯ 아니ᄒᆞ시면 이ᄂᆞᆫ 블튱블회라 (今漢天子已被曹丕所弑, 王上不卽帝位而興師討逆, 是不忠不孝也.) <삼국-가정 26:53>

【시염-ᄒᆞ-】 동 시험(試驗)하다. 사물의 성질이나 기능을 실지로 증험하여 보다.¶ ▼試 ‖ 슈 왈 공이 변우의 거ᄒᆞ야 승ᄉᆞᆼ ᄃᆡ지ᄅᆞᆯ 아리요 ᄂᆡ 공을 위ᄒᆞ야 시염ᄒᆞ야 보이리라 (修曰: "公居邊隅, 安知丞相大才乎? 吾試令公觀之.") <삼국-모종 10:53>

【시욹】 명 ((군기)) 시위. 활시위 활대에 걸어서 켕기는 줄. 화살을 여기에 걸어서 잡아당기었다가 놓으면 화살이 날아간다. 궁현(弓弦).¶ ▼弦 ‖ ᄎᆡᆨ이 ᄂᆞ치 마친 살을 ᄲᅡ히고 도라 뽀니 그 사람이 시욹을 응ᄒᆞ야 것구러지거늘 (策就拔下面上箭, 取寶雕弓回射, 放箭之人應弦而倒.) <삼국-가정 10:21>

【시욹ㄱ】 명 ((기물)) 시울. 시위.¶ ▼弓 ‖ 튱이 어제 주기디 아닌 은혜ᄅᆞᆯ ᄉᆡᆼ각ᄒᆞ야 ᄎᆞ마 뽀디 못ᄒᆞ여 활을 ᄃᆞᄅᆡ야 헛 시욹글 ᄲᅳ니 (忠想昨日不殺之恩, 不忍便射, 帶住刀, 把弓虛拽.) <삼국-가정 17:51>

【시져】 명 ((기물)) 시저(匙筯). 수저. 숟가락과 젓가락.¶ ▼匙筯 ‖ 현덕 드르ᄆᆡ 놀나 슈즁의 시졔 ᄯᅥ러지ᄂᆞᆫ 줄 ᄭᆡ닷지 못ᄒᆞᆫ지라 (玄德聞言, 吃了一驚, 手中所執匙筯, 不覺落於地下.) <삼국-국중 5:36>

【시졀】 명 시절(時節). 일정한 시기나 때.¶ ▼時務 ‖ 셰쇽의 션비 엇디 시졀 일을 알리오 시무ᄅᆞᆯ 아ᄂᆞ니ᄂᆞᆫ 쥰걸

의 잇ᄂᆞ니라 (儒生俗士, 不識時務; 識時務者, 在乎俊傑也.) <삼국-가정 12:19>

【시험-ᄒᆞ-】 동 시험(試驗)하다.¶ ▼試 ‖ 현덕이 ᄃᆡ경ᄒᆞ여 왈 만일 운장 ᄆᆡ그로 더부러 시험ᄒᆞ면 형세 두리 서지 못ᄒᆞ리라 (玄德大驚曰: "若雲長入蜀, 與孟起比試, 勢不兩立.") <삼국-모종 11:33> ᄌᆞ건 입을 열면 글월장이 인다 ᄒᆞ니 왕은 불너들여 ᄌᆡ조로 시험ᄒᆞ여 능히 못ᄒᆞ거든 죽이고 (人皆言子建出口成章, 臣未深信, 主上可召入, 以才試之, 若不能, 卽殺之.) <삼국-모종 13:32>

【시황】 명 ((색채)) 시황(柹黃). 누런 감색.¶ ▼시황 (柹黃) <삼국-가정 3:33a>

【-식】 접 -씩. 그 수량이나 크기로 나뉘거나 되풀이 됨의 뜻을 더하는 접미사.¶ ▼이튼날 영마다 서너식 다여 모다 머리를 모호며 귀를 다혀 말ᄒᆞ더니 (次日, 寨中三三五五, 交頭接耳而說.) <삼국-가정 16:3>

【식이-】 동 시키다. 어떤 일이나 행동을 하게 하다.¶ ▼教 ‖ 관공이 거장죵인을 식여 ᄃᆡ로로 가라 ᄒᆞ고 ᄉᆞᄉᆞ로 머물너 문왈 나을 좃고자 ᄒᆞᄂᆞ냐 (關公敎車仗從人, 只管望大路緊行, 自己勒住赤兔馬, 按定青龍刀, 問曰: "文遠莫非欲追我回乎?") <삼국-모종 5:2> ▼使令 ‖ 륜이 왈 네 가히 한 쳔하 싱령을 불상이 녁이라 언흘의 눈물이 식암 솟듯 ᄒᆞ니 초션 왈 다만 식이는 닐이 잇스면 만ᄉᆞ불ᄉᆞ로소이다 (允曰: "汝可憐天下生靈!" 言訖, 淚如泉湧, 貂蟬曰: "適間賤妾曾言, 但有使令, 萬死不辭.") <삼국-모종 2:5> ▼拜爲 ‖ 만일 영웅을 모하 니러나면 산동은 공의 두미 아니ᄅᆞ라 만일 져를 ᄉᆞᄒᆞ야 ᄒᆞᆫ 군슈를 식이면 반다시 환이 업스리라 (倘收豪傑以聚徒衆, 英雄因之而起, 山東非公有也. 不如赦之, 拜爲一郡守, 則紹喜於免罪, 必無患矣.) <삼국-모종 1:57>

【식히-】 동 시키다. 어떤 일이나 행동을 하게 하다.¶ ▼노부 관뢰의 신통ᄒᆞᆫ 점을 말ᄉᆞᆷᄒᆞ니 유분니 밋지 안니ᄒᆞ고 뢰을 청ᄒᆞ여 점을 식히고 인주먼니와 산계털을 합에 감직ᄒᆞ고 무른니 (婦告以管輅之神卜, 劉邠不信, 請輅至府, 取印囊及山雞毛藏於盒中, 令卜之.) <삼국-모종 11:88>

【신긔-러오-】 형 «신긔럽다» 신기(神奇)롭다. 신비롭고 기이하다.¶ ▼神 ‖ 이인니 보ᄆᆡ 공명이라 황밍니 말게 나러 ᄊᆞ헤 업더져 가로ᄃᆡ 승상니 진실로 신긔러온 계교로쇼이다 (二人視之, 乃孔明也, 二人慌忙下馬, 拜伏於地曰: "丞相眞神計也!") <삼국-모종 16:37>

【신긔-ᄒᆞ-】 형 신기(神奇)하다. 믿을 수 없을 정도로 색다르고 놀랍다.¶ ▼神 ‖ 폐하의 신긔ᄒᆞᆫ 긔틀과 묘한 ᄊᆡ 계신니 밋지 못ᄒᆞ리로소이다 (陛下神機妙算, 諸臣不及也.) <삼국-국중 14:44>

【신브림】 명 심부름. 남이 시키는 일을 하여 주는 일.¶ ▼使令 ‖ 손을 가히 밧 고을히 두어 신브림은 ᄒᆞ려니와 대ᄉᆞ로ᄡᅥ 의탁ᄒᆞ기는 맛당티 아니ᄒᆞ여이다 (遜只可在於別郡聽使令而已. 若托以大事, 非其宜也.) <삼국-가정 27:50>

【신실-ᄒᆞ-】 형 신실(信實)하다. 믿음직하고 착실하다.¶ ▼誠實 ‖ 숀권 왈 제갈근 신실ᄒᆞᆫ ᄉᆞ람니라 엇지 그 노쇼의 걸니리요 쇼 왈 그 계교을 발서 알게 ᄒᆞ면 ᄌᆞ연 방심ᄒᆞ리라 (權曰: '諸葛瑾乃誠實君子, 安忍拘其老小?' 昭曰: '明敎知是計策, 自然放心.') <삼국-모종 11:35>

【신주-ᄒᆞ-】 동 신주(申奏)하다. 임금에게 아뢰다.¶ ▼申奏 ‖ 곽쇠 날로 더브러 ᄀᆞ장 후ᄒᆞ더니 이제 병이 듕ᄒᆞ여시니 쟝군이 ᄲᆞᆯ리 가 딘창을 ᄃᆡ회라 내 ᄉᆞᄉᆞ로 표ᄅᆞᆯ ᄡᅥ 됴뎡의 신주ᄒᆞ야 각별이 뎡탈ᄒᆞ리라 (郃昭與我至厚, 今病重, 你可速去替他. 我自寫表申奏朝廷, 別行定奪.) <삼국-가정 32:53>

【신청-ᄒᆞ-】 동 신청(信聽)하다. 믿고 곧이듣다.¶ ▼寵幸 ‖ 근닐 촉쥬 류션니 즁귀 황호를 신청ᄒᆞ고 쥬ᄉᆡᆨ의 침혹ᄒᆞ니 가히 반간계를 써 강유를 쇼환케 ᄒᆞ면 차위를 가히 풀니라 (近日蜀主劉禪, 寵幸中貴黃皓, 日夜以酒色爲樂, 可用反間計召回姜維, 此危可解.) <삼국-국중 17:34>

【신화】 명 ((화폐)) 신화(新貨). 일본이 대한제국의 화폐 발행권을 장악하고, 대한제국의 화폐 기준을 일본 화폐로 대체하려고 융통시킨 새 화폐를 말함. 1905년 대한제국의 화폐 정리에 필요한 비용을 일본이 차관으로 빌려주고 대신에 일체의 사무를 일본 제일은행이 위임받으며, 일본 조폐국에서 대한제국의 화폐를 발행한다는 화폐 정리 계약을 체결하였다. 이로써 대한제국의 국고 업무와 화폐 발행권을 일본이 완전히 장악하였다.¶ ▼칙쥬인 아□ 너무 칙셤을 만니 바긔로 욕을 허여 쓰즉 니거슬 보고 만일 또 젼과 가치 바드면 상ᄃᆡ을 가막서의 보ᄂᆡ여 종신지역 허겨 ᄒᆞᆯ 더니이 조심허여 이후로는 ᄆᆡ권 신화 오리 식만 바다 머고 다시는 이런 힝실 ᄒᆞᆯ진ᄃᆡ 이 죄을 며치 모ᄐᆞᆯ이라 <삼국-동양 40:9>

【실-】 동 «싣다» 물체를 운반하기 위하여 배, 수레, 짐승의 등 따위에 올리다.¶ ▼ᄉᆞ환은 불을 노아 양거를 ᄐᆡ운이 소군이 서북의 화광을 보고 ᄃᆡ경ᄒᆞ여 양식 실고 오던 ᄑᆡ군이 고ᄒᆞ니 (徐晃催軍燒盡輜量, 袁紹軍中, 望見西北上火起, 正驚疑間, 敗軍報來糧草被劫.) <삼국-모종 5:53>

【실긔-ᄒᆞ-】 동 실기(失期)하다. 시기를 놓치다.¶ ▼有誤相持 ‖ ᄋᆡ 답왈 ᄂᆡ 몸의 병이 잇셔 실긔ᄒᆞ니 ᄂᆡ일노 모아 싸우ᄌᆞ (艾以酒食待使, 答曰: "微軀小疾, 有誤相持, 明日會戰.") <삼국-모종 18:78>

【실녕】 명 신령(神靈). 풍습으로 숭배하는 모든 신.¶ ▼靈 ‖ 권니 목갑으로ᄡᅥ 담아 강동의 도ᄅᆞ가믈 기ᄃᆞ려 망부의 실녕ᄭᅴ 졔헌할나 ᄒᆞ고 샴군을 즁ᄉᆞᆼᄒᆞ고 감영으로 도위를 삼고 (權命以木匣盛貯, 待回江東祭獻於亡父靈前, 重賞三軍, 陞甘寧爲都尉.) <삼국-모종 7:2>

【실는-ᄒᆞ-】 동 실랑이하다.¶ ▼廝打 ‖ 관공이 급히 종인을 불너 손견으로 가[다]려가 보니 곽상의 자는 ᄊᆞ에 ᄡᅥᆨ구러지고 종인과 실는ᄒᆞ거늘 공이 그 년고를 무르니 (關公急喚從人, 卻都不應, 乃與孫乾提劍往視之, 只見郭常

之子倒在地上叫喚, 從人正與莊客廝打, 公問其故.) <삼국-모종 5:19>

【실령】 명 ((기물)) 시렁.¶ ▼架 ‖ 현덕이 보니 실령 우희 셔칙이요 창 밧게 송쥭이요 셕상의 일장금이 빗기 노엿시니 맑은 긔운이 표연ᄒᆞ더라 (玄德見架上滿堆書卷, 窗外盛栽松竹, 橫琴於石床之上, 淸氣飄然.) <삼국-모종 6:42>

【실속】 명 군더더기가 없는, 실지의 알맹이가 되는 내용.¶ ▼도로여 아모 실속 읍고 (倒無分.) <삼국-어람 108b>

【실수-ᄒᆞ-】 동 실수(失守)하다. 함락되다.¶ ▼失守 ‖ 하비의 실수ᄒᆞ민 청한 바 세 가지 일을 임의 허락ᄒᆞᆫ 빅라 (前者下邳失守, 所請三事, 已蒙恩諾.) <삼국-국중 6:50>

【실어금】 부 능히. 하여금.¶ ▼得 ‖ 그 후로 슉뷔 됴의 허믈을 말ᄒᆞ믹 슉이 고지듯지 아니ᄒᆞ니 죄 실어금 방ᄌᆞᄒᆞ더라 (後叔父但言操過, 嵩並不聽. 因此, 操得恣意放蕩.) <삼국-모종 1:14>

【실이-】 동 쓸게 하다.¶ ▼灑掃 ‖ 크게 넷 문을 열고 문ᄉᆞ마다 이십 군ᄉᆞ을 빅성 모양과 갓치 ᄒᆞ야 길을 실이고 공명은 학창의을 입고 윤건을 쓰고 난간의 비겨 안ᄌᆞ 거문고을 타거날 (大開四門, 每一門上用二十軍士, 扮作百姓, 灑掃街道, … 孔明乃披鶴氅, 戴綸巾, … 憑欄而坐, 焚香操琴.) <삼국-모종 16:11>

【실퍼-ᄒᆞ-】 동 슬퍼하다.¶ ▼哀 ‖ 공명 나 마ᄌᆞ 긱관에 가 절ᄒᆞ고 예필에 근니 ᄃᆡ곡ᄒᆞ니 양 왈 형장은 일리 나 말숨ᄒᆞ린니 엇지 실퍼ᄒᆞ난고 (孔明出郭接瑾, 不到私宅, 逕入賓館, 參拜畢, 瑾放聲大哭, 亮曰: "兄長有事但說, 何故發哀?") <삼국-모종 11:35>

【실푸-】 형 슬프다. 경상 방언.¶ ▼傷心 ‖ 검 왈 ᄉᆞ마사 젼권폐주ᄒᆞ여 천지변복ᄒᆞ니 엇지 실푸지 아니리요 (儉曰: "司馬師專權廢主, 天地反覆, 安得不傷心乎?") <삼국-모종 18:43> ▼嗟 ‖ 실푸다 어 무지ᄒᆞᆫ 후빅난 우흐로 창현을 거ᄉᆞ려 난역을 도아 낙양의 예호을 일컷고 (嗟爾! 無學後輩, 上逆穹蒼, 助篡國之反賊, 稱帝號於洛陽.) <삼국-모종 16:55>

【실피】 부 슬피. 원통한 일을 겪거나 불쌍한 일을 보고 마음이 아프고 괴롭게. 경상 방언.¶ ▼哀 ‖ 이인니 서로 보고 감히 가지 못ᄒᆞ며 실피 고ᄒᆞ여 왈 승숭니 우리 두 ᄉᆞ람을 쥭이고져 ᄒᆞ시거던 이예서 쥭기을 청ᄒᆞ나이다 (嶷與平面面相, 皆不敢去, … 二人又哀告曰: "丞相欲殺某二人, 就此請殺, 只不敢去.") <삼국-모종 16:47>

【실하】 명 슬하(膝下). 무릎의 아래라는 뜻으로, '보살핌을 받는 웃어른의 아래'를 이르는 말.¶ ▼膝下 ‖ 현덕이 고ᄒᆞ여 왈 만닐 ᄃᆡ장을 버히면 셩친의 니치 못ᄒᆞᆯ 거시오 류비 오ᄅᆡ 실하의 거ᄒᆞ기 어려올가 ᄒᆞᄂᆞ이다 (玄德告曰: "若斬大將, 於親不利, 備難久居膝下矣.") <삼국-국중 10:65>

【실함-ᄒᆞ-】 동 실함(失陷)하다. 함락되다.¶ ▼여몽이 멀니 즁군의 불 니러나믈 ᄇᆞ릐보고 십여 쳐의 불을 노하 감녕을 졉응ᄒᆞ고 반당[장]과 동습이 각ᄀᆞ 불을 노하 실함ᄒᆞ고 넷 녁혀 북쇼릐 크계 진동ᄒᆞᆫ지라 (呂蒙遙望中軍火起, 也放十數處火, 接應甘寧, 潘璋、董襲分頭放火吶喊, 四下裏鼓聲大震.) <삼국-모종 8:58>

【실허-ᄒᆞ-】 동 슬퍼하다.¶ ▼厭 ‖ 또 관 장 니제랄 우러 그 병이 더옥 깁고 두 눈니 어두어 시종ᄒᆞᄂᆞᆫ 신ᄒᆞᄅᆞᆯ 보기 실허ᄒᆞᄂᆞᆫ지라 (又哭關、張二弟, 其病愈深, 兩目昏花, 厭見侍從之人.) <삼국-모종 14:30> ▼현덕이 듯고 엄면ᄃᆡ곡ᄒᆞ니 슉이 경왈 황슉이 무숨 연고로 이ᄀᆞᆺ치 실허ᄒᆞᄂᆞ뇨 (玄德聞言, 掩面大哭, 肅驚曰: "皇叔何故如此?") <삼국-모종 9:87>

【심】 명 힘[力]. '힘'의 구개음화된 형태.¶ ▼力 ‖ 수를 권ᄒᆞ여 만여 병을 ᄡᅳ어 ᄒᆞᆫ가지로 좃ᄌᆞ ᄒᆞ니 십여 일의 죠군을 조ᄎᆞ니 죠군이 심을 써 졉젼ᄒᆞ니 뉴표의 두 군ᄉᆞ ᄃᆡ픽ᄒᆞ여 도라가더라 (力勸繡引軍萬餘同往追之, 約行十餘里, 趕上曹軍後隊, 曹軍奮力接戰, 繡、表兩軍大敗而還.) <삼국-모종 3:60>

【심당】 명 ((신체)) 심장(心腸). 마음의 속내.¶ ▼心腸 ‖ 제군의 나히 다 고와 ᄀᆞᄐᆞ되 오직 봉회 ᄀᆞ장 져므니 내 후ᄉᆞ로써 의탁고져 ᄒᆞ더니 이제 듕년의 요졀[단명ᄒᆞ단 말이라]ᄒᆞ니 내 심당이 믜여디ᄂᆞᆫ ᄃᆞᆺᄒᆞ여라 (諸君年齒皆孤等輩, 惟奉孝最少, 吾欲託以後事. 不期中年夭折, 使吾心腸崩裂矣!) <삼국-가정 11:93>

【심복】 명 ((인류)) 심복(心腹). 마음놓고 부리거나 일을 맏길 수 있는 사람. 심복지인(心腹之人).¶ ▼心腹 ‖ 드ᄃᆡ여 글월 ᄒᆞᆫ 봉을 ᄡᅥ 심복의 사ᄅᆞᆷ으로 ᄒᆞ여곰 새도록 형쥐 가 ᄌᆞᄉᆞ 뉴표ᄅᆞᆯ 주라 ᄒᆞ니 그 글월의 길히 즐러 아ᄉᆞ라 ᄒᆞ엿더라 (遂寫書一封, 差心腹人連夜往荊州, 送與刺史劉表, 就路上截住而奪之.) <삼국-가정 2:127> 포의 노쇠 긋재 여긔 이시니 심복의 사ᄅᆞᆷ이 만흔가 ᄒᆞ노라 (布老小在此, 必有心腹頗多.) <삼국-가정 7:12>

【심샹-ᄒᆞ-】 형 심상(尋常)하다. 대수롭지 않고 예사롭다.¶ ▼等閑 ‖ 승샹의 지략은 텬지를 다 ᄡᅡ 녀허시니 엇지 심샹ᄒᆞᆫ 쇼견의 밋츨 ᄇᆡ리오 (丞相智略, 包羅天地, 豈等閑之可及哉!) <삼국-가정 16:17>

【심-쓰-】 동 힘쓰다.¶ ▼務 ‖ 저수 나가 탄왈 우리[히] ᄡᅳ지 ᄎᆞ고 일[알]은 공을 심써니 뉴ᄀᆞ 황ᄒᆞ여 ᄂᆡ 웅히 것넬가 (沮授出, 歎曰: "上盈其志, 下務其功, 悠悠黃河, 吾其濟乎!") <삼국-모종 4:67>

【심여】 명 심려(心慮). 마음을 쓰며 걱정하는 것.¶ ▼憂慮 ‖ 미창산은 오숙 ᄒᆞ후연니 수호ᄒᆞ고 게서 정군산 불원ᄒᆞ니 반다시 심여 안일 거시오 (米倉山有吾叔夏侯淵分兵守護, 那裡正接定軍山, 不必憂慮.) <삼국-모종 12:14>

【심쟝뎍구】 명 심장적구(尋章摘句). 다른 사람의 글귀를 따서 글을 지음.¶ ▼尋章摘句 ‖ 져기 한가ᄒᆞᆫ ᄢᅢ 이시면 경뎐과 녁ᄃᆡ ᄉᆞ긔ᄅᆞᆯ 박남ᄒᆞ고 일골이 긔이ᄒᆞᆫ 사ᄅᆞᆷ이라 셔싱의 심쟝뎍구ᄅᆞᆯ 본밧디 아니ᄒᆞ니이다 (少有餘閑, 博覽經傳歷代史籍, 乃豊采奇異之人, 不效書生尋章摘句而已.) <삼국-가정 8:2>

【심통】 명 ((신체)) 염통. 심장(心臟). 가슴.¶ ▼心 ‖ 반이 보니 이ᄂᆞᆫ 관공이라 ᄃᆡ규 일셩에 신혼이 경산ᄒᆞ여 몸을 돌니고져 ᄒᆞ다가 관흥이 칼을 던져 버히고 그 심통을 질너 피을 걸너 관공의 화상 젼에 제ᄉᆞ 지ᄂᆡ고 (璋見是關公顯聖, 大叫一聲, 神魂驚散, 欲待轉身, 早被關興手起劍落, 斬於地上, 取心瀝血, 就關公神像前祭祀.) <삼국-모종 13:86>

【십상시】 명 ((인류)) 십상시(十常侍). 중국 후한 말 영제 때에 저우건을 잡은 열 명의 중상시(中常侍).¶ ▼十常侍 ‖ 그 후의 댱양 됴튱 봉셔 단규 조졀 후람 건셕 뎡광 하휘 곽승 열 사ᄅᆞᆷ이 됴뎡 긔강을 다 잡아시니 일로브터 텬하 권이 다 십샹시의 문하로셔 나니 (後張讓、趙忠、封諝、段珪、曹節、侯覽、蹇碩、程曠、夏惲、郭勝這十人執掌朝綱. 自此天下桃李, 皆出于十常侍門下.) <삼국-가정 1:10>

【십실지읍】 명 ((지리)) 십실지읍(十室之邑). 집이 열 채 쯤 되는 작은 마을.¶ ▼十室之邑 ‖ 공이 엇디 듯디 아니ᄒᆞ엿ᄂᆞ뇨 공ᄌᆡ 니ᄅᆞ샤ᄃᆡ 십실지읍[ᄀᆞ장 쟈근 고을히라]의도 반ᄃᆞ시 튱신이 잇다 ᄒᆞ니 이젠들 엇디 업ᄉᆞ리오 (公豈不聞孔子有云: ‘十室之邑, 必有忠臣.’ 何謂今時無也?) <삼국-가정 12:19>

【십-허-】 동 씹하다. 성교(性交)하다. 비속어.¶ ▼이후로ᄂᆞᆫ ᄆᆡ권 신화 오리 식만 바다 머고 다시ᄂᆞᆫ 이런 힝실 ᄒᆞᆯ진ᄃᆡ 이 죄을 며치 모ᄐᆞᆯ이라 ᄯᅩ 좌편의 이ᄂᆞᆫ 보지와 자지ᄂᆞᆫ 네와 네 엄미와 십허ᄂᆞᆫ 거시라 <삼국-동양 40:9>

【싯-】[1] 동 싣다[載]. 물체를 운반하기 위하여 배, 수레, 짐승의 등 따위에 올리다.¶ ▼裝 ‖ 믄득 황긔를 보ᄂᆡ여 강변의 가 젼션을 안ᄇᆡᄒᆞ야 군긔와 량초를 싯고 대션의ᄂᆞᆫ 뎐마를 싯고 즉일의 흥병ᄒᆞ려 ᄒᆞ니 (便差黃蓋先來江邊, 安排戰船, 多裝軍器糧草, 大船裝載戰馬, 剋日興師.) <삼국-모종 1:119>

【싯-】[2] 동 씻다. 닦다.¶ ▼洗 ‖ ᄂᆞᆯ란 칼로 그 ᄇᆡᄅᆞᆯ ᄧᅢ고 오장뉵부ᄅᆞᆯ 약믈로 시스되 그 사ᄅᆞᆷ이 죠곰도 알ᄑᆞᆫ 줄을 아디 못ᄒᆞ거ᄃᆞᆫ (却用尖刀剖開其腹, 以藥湯洗臟腑, 剝肺剜心, 其病人略無疼痛.) <삼국-가정 25:84>

【싱부】 명 승부(勝負). 이기고 짐.¶ ▼勝負 ‖ 장비 ᄃᆡ로ᄒᆞ여 두 말리 일제니 나오고 두 창니 아울나 들어 싸홀식 수여 합의 싱부를 겔단치 못ᄒᆞ니 (張飛大怒, 兩馬齊出, 二鎗並擧, 約戰百餘合, 不分勝負.) <삼국-모종 11:19>

【싱상】 명 ((관직)) 승상(丞相). 정승.¶ ▼丞相 ‖ 되 그 연고을 물으니 쉬 왈 합 우에 일인일ᄌᆡ라 발거 써신니 엇지 싱상의 명을 거ᄉᆞ리니요 되 비록 우시나 심히 미워ᄒᆞ더라 (操問其故, 修答曰: “盒上明書‘一人一口酥’, 豈敢違丞相之命乎?” 操雖喜笑, 而心惡之.) <삼국-모종 12:44>

【싱세-ᄒᆞ-】 동 승세(乘勢)하다.¶ ▼乘勢 ‖ 숀니 갈오ᄃᆡ ᄂᆡ 군ᄉᆞ 만일 급피 가면 위군니 싱세ᄒᆞ야 ᄯᆞᆯ올 거신니 이난 픠ᄒᆞ기 쉬오리라 (遜曰: “吾軍欲退, 當徐徐而動, 今若便退, 魏人必乘勢追趕, 此取敗之道也.”) <삼국-모종 17:23>

【싱천】 명 승천(陞遷). 직위나 직책이 오르는 것. 승직(陞職).¶ ▼陞遷 ‖ 공니 흥으로 제관에 공 세운 문서을 ᄊᆞ가지고 성도의 가 한왕께 각〻 벼살 싱천을 구ᄒᆞ니 흥니 ᄒᆞ직ᄒᆞ고 성도에 도라가다 (公就令興齎諸官立功文書去成都, 見漢中王, 各求陞遷, 興拜辭父親, 逕投成都去訖.) <삼국-모종 12:75>

【ᄉᆞ-】 동 «ᄉᆞᆯ다» 사르다. 태우다.¶ ▼燒 ‖ 이곽니 슈후ᄒᆞ여 엄습ᄒᆞ니 곽ᄉᆞ의 병이 물너간지라 거가 셩을 나와 ᄭᅳᆯ려 이곽의 영듕의 니ᄅᆞ니 곽ᄉᆡ 영군ᄒᆞ고 궁의 드러가 궁빈과 ᄎᆡ여ᄅᆞᆯ 노락ᄒᆞ고 불을 노하 궁젼을 ᄉᆞ더라 (李傕隨後掩殺, 郭汜兵退, 車駕冒險出城, 不由分說, 竟擁到李傕營中, 郭汜領兵入宮, 盡搶擄宮嬪采女入營, 放火燒宮殿.) <삼국-모종 2:94>

【ᄉᆞ게-】 동 새기다.¶ ▼鐫 ‖ 쳡부 ᄎᆡ옹니 듯고 가 볼ᄉᆡ 날리 어두어 숀으로 만저 일고 그 등에 여덜 글ᄌᆞ을 크게 씐니 후인니 팔ᄌᆞ을 겸ᄒᆞ여 ᄉᆞ게난니다 (妾父蔡邕聞而往觀, 時日已暮, 乃於暗中以手摸碑文而讀之, 索筆大書八字於其背, 後人鐫石, 幷鐫此八字.) <삼국-모종 12:21>

【ᄉᆞ괴-】 동 사귀다. 가까이하다. 서로 얼굴을 익히고 친하게 지내다.¶ ▼交 ‖ 유 포로 더브러 ᄉᆞ괴미 둣터은 고로 이 계교를 베플고 믄득 ᄐᆡᄉᆞ의 쳬면과 쳡의 셩명을 도라보지 아니ᄒᆞ니 쳡이 맛당이 그 고기를 씹우리라 (儒與布交厚, 故設此計, 卻不顧惜太師體面與賤妾性命, 妾當生噬其肉!) <삼국-모종 2:18>

【ᄉᆞ교이-】 동 사귀다. 가까이하다. 서로 얼굴을 익히고 친하게 지내다.¶ ▼交 ‖ 운중이 위풍을 슈십ᄒᆞ고 충으로 더부려 말을 ᄉᆞ교여 ᄊᆞ호다가 ᄉᆞᆷ십여 합의 니ᄅᆞ지 못ᄒᆞ야 충이 거즛 픠ᄒᆞ거ᄂᆞᆯ 운중이 ᄯᆞᄅᆞ오니 (雲長兩日戰黃忠不下, 十分焦燥, 抖擻威風, 與忠交馬, 戰不到三十餘合, 忠詐敗, 雲長趕來.) <삼국-모종 9:24>

【ᄉᆞ긔】 명 ((책명)) «사기(史記)». 중국 전한(前漢)의 역사가 사마천(司馬遷, ?B.C.145-86)이 엮은 역사서. 상고(上古)의 황제로부터 전한(前漢) 무제까지의 역대 왕조의 사적을 담았다. 중국 이십오사(二十五史)의 하나로, 중국 정사(正史)와 기전체의 효시이며, 사서(史書)로서 높이 평가될 뿐만 아니라 문학적인 가치도 높다. 130권.¶ 史 ‖ 원컨ᄃᆡ 공은 옹의 발을 ᄭᅳᆫ어 형벌ᄒᆞ고 옹으로 ᄒᆞ여곰 한나라 ᄉᆞ긔를 지여 그 허물을 쇽ᄒᆞ면 이ᄂᆞᆫ 옹의 다힝ᄒᆞᆷ이라 (倘得黥首刖足, 使續成漢史, 以贖其辜, 邕之幸也.) <삼국-국중 2:110>

【ᄉᆞ기-】 동 새기다.¶ ▼鐫 ‖ 쳡부 ᄎᆡ옹니 듯고 가 볼ᄉᆡ 날리 어두어 숀으로 만저 일고 그 등에 여덜 글ᄌᆞ을 크게 씐니 후인니 팔ᄌᆞ을 겸ᄒᆞ여 ᄉᆞ게난니다 (妾父蔡邕聞而往觀, 時日已暮, 乃於暗中以手摸碑文而讀之, 索筆大書八字於其背, 後人鐫石, 幷鐫此八字.) <삼국-모종

12:21>

【ᄉᆞ년】 명 사연(事緣). 일어난 일의 앞뒤 사정과 까닭.¶ ▼후성이 말 오십 필을 조인의게 일코 쪼ᄎᆞ가 후조인을 죽기고저 ᄒᆞ나 여포를 두려워ᄒᆞ여 몬저 술 다삿 병을 표의게 드리고 ᄉᆞ년을 말ᄒᆞ니 (侯成有馬十五匹, 被後槽人盜去, 欲獻與玄德, 侯成知覺, 追殺後槽人, 將馬奪回, 諸將與侯作賀, 侯成釀得五六斛酒, 欲與諸將會飮, 恐呂布見罪, 乃先以酒五甁詣布府, 稟曰: "託將軍虎威, 追得失馬, 衆將皆來作賀, 釀得些酒, 未敢擅飮, 特先奉上微意.") <삼국-모종 3:79>

【ᄉᆞ니】 명 사이. 한 때로부터 다른 때까지의 시간적인 동안. 겨를이나 시간적 여유.¶ ▼間 ‖ 정히 말할 ᄉᆞ니예 ᄉᆞ람니 보ᄒᆞ되 장님니 군을 ᄭᅳ어 성ᄒᆞ에 일으러 도전 ᄒᆞᆫ다 ᄒᆞ거날 황츙 위연니 각ᄭᅡᆨ나 싸호고저 ᄒᆞ거날 (正說之間, 人報: "張任引軍直臨城下戰", 黃忠、魏延皆西要出戰.) <삼국-모종 10:127>

【ᄉᆞ당】 명 ((건축)) 사당(祠堂). 조상의 신주(神主)를 모셔 놓은 집.¶ ▼祠 ‖ ᄉᆞ당 겨ᄐᆡ 큰 ᄇᆡ남기 이시니 놉픠 십여 댱이라 건시뎐 ᄆᆞᄅᆞᆯ ᄒᆞ염즉 ᄒᆞ니이다 (祠傍有一株大梨樹, 高十餘丈, 堪作建始殿之梁.) <삼국-가정 25:80> 승샹 ᄉᆞ당을 어ᄂᆡ 곳의 ᄎᆞᄌᆞ리오 금관셩 밧긔 잣남기 ᄉᆞᆷᄉᆞᆷᄒᆞᆫ ᄃᆡ로다 (丞相祠堂何處尋, 錦官城外栢森森.) <삼국-가정 34:127>

【ᄉᆞᄃᆡ】 명 사대(射臺). 활터.¶ ▼箭垜 ‖ 죠죄 무예를 보고져 ᄒᆞ여 이의 근시로 ᄒᆞ여곰 셔천 홍금젼포를 가져오라 ᄒᆞ여 슈양가지 우희 걸고 그 아ᄅᆡ ᄉᆞᄃᆡ를 ᄆᆡᆫ들어 ᄇᆡᆨ보로 한을 삼고 (操欲觀武官比試弓箭, 乃使近侍將西川紅錦戰袍一領, 挂於垂楊枝上, 下設一箭垜, 以百步爲界.) <삼국-국중 10:92>

【ᄉᆞ랑-ᄒᆞ-】 동 사랑하다. 이성의 상대에게 끌려 열렬히 좋아하다.¶ ▼愛 ‖ ᄉᆞᄅᆞᆷ이 닐오ᄃᆡ 뉴현덕이 관인ᄒᆞ여 ᄀᆡᆨ을 ᄉᆞ랑ᄒᆞᆫ다 ᄒᆞ더니 이제 과연 이리 멀리 보내여 마ᄌᆞ니 엇디 조ᄌᆞ의 오만무례ᄒᆞᆫ 쟈과 비ᄒᆞ리오 (人言劉玄德寬仁愛客, 今果如此遠接, 却不比那曹操傲慢我!) <삼국-가정 19:94>

【ᄉᆞ랑-허-】 동 사랑하다.¶ ▼愛 ‖ 쇠 왈 ᄂᆡ가 ᄉᆞ랑허여 희롱 마리로다 공은 다시 불너 급히 오게 허라 (紹笑曰: "吾實愛之, 故戲言耳. 公可再使人召之, 令其速來.") <삼국-모종 5:30>

【ᄉᆞ랑-ᄒᆞ-】 동 사랑하다.¶ ▼愛 ‖ 져ᄂᆞᆫ 원술의 곳에 잇신이 ᄉᆞ랑ᄒᆞ여 회의교위 ᄉᆞᆷ고 군ᄉᆞ를 ᄭᅳ어 ᄐᆡᆨᄉᆞ 죠랑을 쳐 이긔고 이제 ᄯᅩ 륙강을 쳐 이긘지라 (自己卻投袁術, 術甚愛之, 常歎曰: "使術有子如孫郎, 死復何恨!" 因使爲懷義校尉, 引兵攻涇縣大帥祖郎得勝, 術見策勇, 復使攻陸康, 今又得勝而回.) <삼국-모종 3:4>

【ᄉᆞ렴-ᄒᆞ-】 동 사념(思念)하다. 생각하다. 근심하고 염려하다.¶ ▼思念 ‖ 이ᄂᆞᆫ 군휘 관공을 ᄉᆞ렴ᄒᆞ시매 이러ᄒᆞ도 쇼이다 (此是君侯思念關公, 以致如此.) <삼국-가정 26:83> 뎌적의 그ᄅᆞᆺ 제갈량의 계규를 만나 몸을 굴헝 가온대 ᄲᅡ디오고 노모를 ᄉᆞ렴ᄒᆞ매 ᄒᆞᄅᆞ 디내미 ᄒᆡ ᄀᆞᄐᆞ더라 (昨日誤遭諸葛亮之計, 陷身於顚崖之中, 思念老母, 日久號啕.) <삼국-가정 32:13>

【ᄉᆞ르-】 동 사르다. 불에 태우다.¶ ▼燒化 ‖ 노인니 번쟝의 시체를 거두어 불 노아 ᄉᆞ르더라 (老人自將潘璋之屍, 拖出燒化.) <삼국-국중 14:29> ▼燒 ‖ 동적이 궁실을 ᄉᆞ르고 쳔ᄌᆞ를 겁쳔ᄒᆞ니 ᄒᆡᄂᆡ가 진동ᄒᆞ여 도라갈 바를 아지 못ᄒᆞ니 이ᄂᆞᆫ 하날이 망케 할 ᄯᅢ라 ᄒᆞᆫ 번 ᄊᆞ화 쳔하를 뎡ᄒᆞᆯ 거시니 뎨공은 엇지 ᄊᆞ호지 아니ᄒᆞᄂᆞ뇨 (董賊焚燒宮室, 劫遷天子, 海內震動, 不知所歸; 此天亡之時也, 一戰而天下定矣. 諸公何疑而不進?) <삼국-모종 1:98>

【ᄉᆞ마귀】 명 ((질병)) 사마귀.¶ ▼瘤 ‖ 그 ᄉᆞᄅᆞᆷ이 나기를 둥근 낫 큰 귀 모진 입 둣터온 입소오리요 눈 아ᄅᆡ 거문 ᄉᆞ마귀 잇고 ᄉᆞ마귀 우에 거문 털 수십기 낫스니 (那人生得圓面大耳, 方口厚脣, 左目下生個黑瘤, 瘤上生數十根黑毛.) <삼국-모종 18:17>

【ᄉᆞ마-문】 명 ((궁궐)) 사마문(司馬門). 황궁(皇宮)의 외문(外門). 궁궐을 출입할 때 여기서부터는 모두 걸어가야 했음.¶ ▼司馬門 ‖ ᄌᆞ건이 ᄒᆞᆯᄅᆞᆫ 술을 취ᄒᆞ고 조ᄌᆞ의 술위를 ᄐᆞ고 ᄉᆞ마문으로 나가니 사ᄅᆞᆷ이 다 죄 나오ᄂᆞ니라 ᄒᆞ여 길ᄉᆡ의 업데여 맛더니 갓가이 오거ᄂᆞᆯ 보니 ᄌᆞ건이러라 (子建帶酒, 乘操車, 出司馬門. 人皆以爲操出, 伏道而迎之, 至近方知是子建.) <삼국-가정 23:120>

【ᄉᆞ매】 명 ((복식)) 소매.¶ ▼袖 ‖ 하ᄂᆞᆯ 향내를 잇그러 ᄉᆞ매예 ᄀᆞ득ᄒᆞ여 도라가ᄂᆞᆫ도다 (携得天香滿袖歸.) <삼국-가정 18:33>

【ᄉᆞ명】 명 ((인류)) 사명(使命). 명령을 받은 사신(使臣).¶ ▼使命 ‖ 젼의 내 ᄉᆞ명을 죽이고 혼인을 져ᄇᆞ렷더니 이제 와 무ᄅᆞᆷ은 엇디오 (前者殺吾使命, 賴吾婚姻. 今復相問, 何也?) <삼국-가정 7:39> 네 ᄉᆞ명이 되어 와셔 엇디 승샹 뜻을 아디 못ᄒᆞ고 그리 버덕글리 구ᄂᆞ뇨 (汝爲使命, 不會啓丞相意, 一味衝撞.) <삼국-가정 19:80> 권이 그 말을 조차 ᄉᆞ명을 쳔듕의 보내여 후쥬를 보고 이 일을 주ᄒᆞᆫ대 (權從其言, 卽令使命星夜入蜀, 來見後主.) <삼국-가정 32:48> 너희 두 사ᄅᆞᆷ이 긔산 대채를 굿게 딕희엿다가 ᄉᆞ명이 오믈 기ᄃᆞ려 한듕으로 반ᄉᆞᄒᆞ라 (汝二人堅守祁山大寨, 待使命至, 便班師回漢中.) <삼국-가정 37:99> 젼자의 ᄂᆡ 사명을 죽엿더니 이제 ᄯᅩ 와 물으믄 무삼인뇨 (前者殺吾使命, 賴我姢姻, 今又來相問, 何也?) <삼국-국중 4:137>

【ᄉᆞ모】 명 ((복식)) 사모(紗帽). 고려 말에서 조선 시대에 걸쳐 벼슬아치들이 관복을 입을 때에 쓰던 모자.¶ ▼帽 ‖ 일ᄋᆞᆯ언 ᄉᆞᄅᆞᆷ이 잇셔 이우 ᄭᅩ리를 보ᄂᆡ거날 현덕이 ᄭᅩ리를 취ᄒᆞ여 친히 스ᄉᆞ로 ᄉᆞ모를 ᄆᆡᄌᆞ니 공명이 드려와 보고 뎡ᄉᆡᆨ 왈 명공이 다시 먼 뜻이 업고 다만 이를 일ᄉᆞᆷ을 ᄊᆞᄅᆞᆷ이냐 (一日, 有人送犛生尾至, 玄德取尾親自結帽, 孔明入見, 正色曰: "明公無復有遠志, 但事此而已耶?") <삼국-모종 7:13> 위 의관을 정제ᄒᆞ고 죵쟈

슈ᄇᆡᆨ을 거나리니 다 비단 오시요 ᄭᅩᆺ ᄉᆞ뫼라 전후의 ᄭᅳ리고 나오니 (瑜整衣冠, 引從者數百, 皆錦衣花帽, 前後簇擁而出.) <삼국-모종 7:127>

【ᄉᆞ모ᄎᆞ-】 동 사무치다. 깊이 파고 들어가 끝까지 미치다.¶ ▼透 ‖ 현덕이 문득 이 산의 나아가 머무ᄅᆞ니 ᄯᆡ예 츄말동쵸ᄅᆞ ᄎᆞᆫᄇᆞᄅᆞᆷ이 ᄲᅧᄅᆞᆯ ᄉᆞ모ᄎᆞ니 댱차 황혼니 된지라 우ᄂᆞᆫ 소ᄅᆡ 들의 가득ᄒᆞ더ᄅᆞ (玄德便教就此山紮住, 時秋末冬初, 涼風透骨, 黃昏將近, 哭聲遍野.) <삼국-모종 7:53>

【ᄉᆞ못-】 동 «ᄉᆞ몿다» 사무치다. 깊이 파고 들어가 끝까지 미치다. 통달하다.¶ ▼達 ‖ 구 븍평 ᄯᆡ히 평강되란 길히 이시니 노룡ᄉᆡ로나 뉴셩ᄉᆞ의 ᄉᆞ못거니와 (舊北平郡治在平岡, 道出盧龍, 達於柳城.) <삼국-규장 8:87>

【ᄉᆞᄆᆞᄎᆞ-】 동 사무치다. 깊이 파고 들어가 끝까지 미치다. ᄉᆞᄆᆞᆾ[達]+-ᄋᆞ(연결어미)-.¶ ▼透 ‖ 쥬ᄐᆡ 몸으로 가로마가 좌우로 가리와 몸의 두어 창을 맛고 살히 듯거온 갑오슬 ᄉᆞᄆᆞᄎᆞᄃᆡ 헤지 아니ᄒᆞ고 숀권을 구ᄒᆞ야 (周泰橫身左右遮護, 身被數槍, 箭透重鎧, 救得孫權.) <삼국-가정 22:51>

【ᄉᆞᄆᆞᆺ-】 동 «ᄉᆞᄆᆞᆾ다» 사무치다. 깊이 파고 들어가 끝까지 미치다. 꿰뚫다.¶ ▼達 ‖ 구 븍평 ᄯᅡ히 평강되란 길히 이시니 노룡ᄉᆡ포나 뉴셩ᄉᆞ의 ᄉᆞᄆᆞᆺ거니와 (舊北平郡治在平岡, 道出盧龍, 達於柳城.) <삼국-가정 11:88> ▼濕 ‖ 큰비 블의예 오거ᄂᆞᆯ ᄒᆞᆫ 녯 뎔의 드러 쉴ᄉᆡ 즁 다여시 나와 마자 드러가고 댱개의 군마ᄂᆞᆫ 두 편 힝낭의 딘 텻더니 비 오ᄉᆡ ᄉᆞᄆᆞᆺᄂᆞᆫ디라 군ᄉᆡ 다 원망ᄒᆞ더니 (大雨驟至, 望華、費間投一古寺宿歇. 寺僧三五人, 邀于方丈安頓宅眷. 張闓軍馬屯於兩廊. 雨濕衣裝, 軍士皆怨.) <삼국-가정 4:33> ▼夾 ‖ 후쥐 듯고 대경ᄒᆞ야 ᄯᆞᆷ이 흘러 등의 ᄉᆞᄆᆞᆺ더라 즉시 사ᄅᆞᆷ을 보내여 공명을 블러 드러와 됴회ᄒᆞ라 ᄒᆞᆫ대 (後主聽罷大驚, 汗流夾背, 卽差人宣孔明入朝.) <삼국-가정 28:7>

【ᄉᆞᄆᆞᆾ-】 동 사무치다. 통(通)하다. 멀리까지 미치거나 깊이 꿰뚫다.¶ ▼抄 ‖ 조병이 ᄇᆞᆯ셔 져근 길로 ᄉᆞᄆᆞ차 관ᄂᆡ의 드러시니 셔쥐ᄅᆞᆯ 일흘가 두려ᄒᆞ노니 공 등은 급〻히 도라오라 (曹兵抄下小路, 已到城內, 恐彭城有失, 公等急回.) <삼국-가정 7:17>

【ᄉᆞ벨-ᄒᆞ-】 동 사별(辭別)하다. 죽어서 이별하다.¶ ▼辭 ‖ 죄 노왈 공니 젼일의 날을 바리고 가더니 이제 무ᄉᆞᆫ 면목으로 와 보ᄂᆞ요 진궁니 ᄉᆞ벨ᄒᆞ고 나가 탄왈 ᄂᆡ 도겸[겸]을 볼 낫치 업ᄃᆞ (操怒曰: "公昔棄我而去, 今有何面目復來相見? 陶謙殺吾一家, 誓當摘膽剜心, 以雪吾恨! 公雖爲陶謙游說, 其如吾不聽何?" 陳宮辭出, 歎曰: "吾亦無面目見陶謙也!") <삼국-모종 2:52>

【ᄉᆞ셜】 명 사설(辭說). 늘어놓는 말이나 이야기. 또는 잔소리나 푸념의 말.¶ ▼語 ‖ 이날 밤의 현덕이 손부인으로 더브러 혼녜ᄅᆞᆯ 일오니 현덕이 ᄃᆞᆫ 말과 됴흔 ᄉᆞ셜로 달래니 손부인이 대희ᄒᆞ더라 (當夜玄德與孫夫人成親. 玄德以甛言美語啜誘孫夫人, 夫人歡喜.) <삼국-가정 17:113>

【ᄉᆞᄉᆞ-로이】 부 사사(私私)롭게.¶ ▼私 ‖ 구의 갑듀ᄅᆞᆯ 적실가 두려 아직 가져다가 더퍼시미오 구의 갑쥬를 적실가 두려 아직 가져다가 더퍼시미오 ᄉᆞ〻로이 ᄡᅳ미 아니니 빌건ᄃᆡ 쟝군은 고향의 졍을 ᄉᆡᆼ각ᄒᆞ여 에엿비 너기라 (某恐雨濕官鎧, 故取遮盖, 非爲私用. 乞將軍念故鄉以憐之!) <삼국-규장 17:62> 내 ᄒᆞ믈며 모친과 거〻씌 니ᄅᆞ고 형쥐ᄅᆞᆯ 도라가니 ᄉᆞ〻로이 도망호미 아니어ᄂᆞᆯ (我已對母親、哥哥說知回荊州去, 幷不是私奔至此.) <삼국-가정 18:6>

【ᄉᆞᄉᆡᆨ-ᄒᆞ-】 동 사색(四塞)하다. 사방이 막히다. 사방에 깔리다.¶ ▼密布 ‖ 이제 운뮈 ᄉᆞᄉᆡᆨᄒᆞ고 삭풍이 긴급ᄒᆞ니 졍히 내 계규ᄅᆞᆯ 베플 ᄯᅢ라 (況今彤雲密布, 朔風緊急, 吾計可施矣.) <삼국-가정 30:89>

【ᄉᆞ오나오-】 형 «ᄉᆞ오납다» 사납다. 거칠다.¶ ▼粗糲 ‖ 들히 늘근 ᄇᆡᆨ셩이 속반을 드리니 샹과 휘 자시되 하 ᄉᆞ오나오니 ᄎᆞ마 목의 ᄂᆞ리디 아녀 ᄒᆞ시더라 (野老進粟飯, 上與后共食, 粗糲不能下咽喉.) <삼국-규장 4:35>

【ᄉᆞ우나오-】 형 사납다.¶ ▼虐 ‖ 졔갈각이 권세을 오르고 방ᄌᆞᄒᆞ고 ᄉᆞ우나와 공경을 살히ᄒᆞ고 장ᄎᆞᆺ 신ᄒᆞ 안인 마ᄋᆞᆷ 잇스니 공이 오주 종실노 엇지 도모치 아니ᄒᆞ리요 (諸葛恪專權恣虐, 殺害公卿, 將有不臣之心, 公係宗室, 何不早早圖之?) <삼국-모종 18:25>

【ᄉᆞ의】 명 사이. 한 때로부터 다른 때까지의 시간적인 동안. 겨를이나 시간적 여유.¶ ▼間 ‖ 정히 주져ᄒᆞᆯ ᄉᆞ의 ᄯᆡ 임의 초경이라 촉병이 ᄯᅩ 와 셩을 친이 화광 듕의 보니 강유 셩ᄒᆞ의 이셔 정창늑마ᄒᆞ고 (正躊躇間, 時已初更, 蜀兵又來攻城, 火光中見姜維在城下挺鎗勒馬.) <삼국-모종 15:68>

【ᄉᆞ졸】 명 ((군사)) 사졸(士卒). 군사. 병사.¶ ▼士卒 ‖ 내 님딘호므로브터 몸이 ᄉᆞ졸의게셔 몬져 아니 나갈 적이 업거ᄃᆞᆫ 엇디 ᄒᆞᆫ 방덕을 혜리오 (吾自血戰以來, 未嘗不身先士卒. 龐德何等之人也, 焉敢辱吾!) <삼국-가정 24:69>

【ᄉᆞ즁】 명 ((군사)) 사중(士衆). 군사 무리. 또는 병졸.¶ ▼士衆 ‖ 이제 뉴비 멀리 드러와 우리ᄅᆞᆯ 엄습ᄒᆞ니 병이 만의 ᄎᆞ디 못ᄒᆞ고 ᄉᆞ즁이 븟좃디 아니ᄒᆞᄂᆞᆫ디라 드ᄅᆞᆺ 곡식으로 ᄌᆞ뢰ᄒᆞ니 군듕의 치듕이 업ᄉᆞ리라 (今劉備來襲我, 兵不滿萬, 士衆未附, 野穀是資, 軍無輜重.) <삼국-가정 21:23>

【ᄉᆞ지】[1] 명 ((신체)) 사지(四肢). 사람의 두 팔과 두 다리를 통틀어 이르는 말.¶ ▼四體 ‖ 직샹과 ᄃᆡ신은 인군의 ᄉᆞ지 ᄀᆞᆺᄐᆞ니 쇼인의 말을 드러 니간케 아니시면 사ᄅᆞᆷ마다 쳔거ᄒᆞ며 쳥탁ᄒᆞ기를 감히 니르디 못ᄒᆞᆫ 거시니 (夫宰相大臣, 君之四體, 不宜聽納小吏, 雕琢大臣也. 且選擧請託, 衆莫敢言.) <삼국-가정 1:8>

【ᄉᆞ지】[2] 명 ((기물)) 딱따기. 서로 마주쳐서 '딱딱' 소리를 내게 만든 두 짝의 나무토막.¶ ▼梆子 ‖ 조의 군ᄉᆡ

두려ᄒᆞ여 방픽로 막고 어거ᄒᆞ더니 토산 우에 ᄉᆞ지 갓ᄒᆞᆫ 소ᄅᆡ예 사리 비 오닷 ᄒᆞ니 조의 군ᄉᆡ 방픽를 무릅쓰고 업더리거ᄂᆞᆯ 소의 군ᄉᆡ 납홈ᄒᆞ고 ᄃᆡ소허더라 (曹軍大懼, 皆頂著遮箭牌守禦, 土山上一聲梆子響處, 箭下如雨, 曹軍皆蒙楯伏地, 袁軍吶喊而笑.) <삼국-모종 5:51>

【ᄉᆞ태우】 명 ((인류)) 사대부(士大夫). 사(士)와 대부(大夫)를 아울러 이르는 말. 문무 양반(文武兩班)을 일반 평민층에 상대하여 이르는 말.¶ ▼士大夫 ‖ 내 너히ᄅᆞᆯ 위ᄒᆞ여 도적을 파ᄒᆞ노라 힘과 ᄆᆞᄋᆞᆷ을 허비ᄒᆞ여 잇브게 ᄒᆞ거ᄂᆞᆯ 네 이제 ᄌᆡ믈을 앗겨 군ᄉᆞᄅᆞᆯ 주디 아니ᄒᆞ니 엇디 ᄉᆞ태우로 ᄒᆞ여곰 주거 싸호게 ᄒᆞ리오 (吾爲汝破敵, 費力勞心. 汝今積財吝賞, 何以使士大夫死戰乎?) <삼국-가정 20:48>

【ᄉᆞ통-ᄒᆞ-】 동 사통(私通)하다. 부부가 아닌 남녀가 남몰래 정을 주고받다.¶ ▼染 ‖ 곽쟝군이 니ᄉᆞ마 부인과 ᄉᆞ통ᄒᆞ미 이시니 그 정이 심히 비밀ᄒᆞ다 (郭將軍與李司馬夫人有染, 其情甚密.) <삼국-가정 5:12>

【ᄉᆞ틱-ᄒᆞ-】 동 사태(沙汰)하다. 파면시키다.¶ ▼沙汰 ‖ 죠정의셔 죠셔ᄅᆞᆯ 나리워 군공이 ᄒᆞ셔 장니ᄅᆞᆯ 제슈ᄒᆞᆫ ᄌᆞᄂᆞᆫ ᄉᆞ틱ᄒᆞ라 ᄒᆞ니 (朝廷降詔, 凡有軍功爲長吏者當沙汰.) <삼국-국중 1:37> 내 거짓 황친니라 일ᄏᆞᆮ고 또한 공적을 헛도이 보ᄒᆞ여 이제 조정이 죠셔ᄅᆞᆯ 나리워 져 ᄀᆞᆺ튼 남관오리ᄅᆞᆯ ᄉᆞ틱ᄒᆞ라 ᄒᆞ엿ᄂᆞ니라 (汝詐稱皇親, 虛報功績! 目今朝廷降詔, 正要沙汰這等濫官汙吏!) <삼국-국중 1:38>

【ᄉᆞ회】 명 ((인류)) 사위. 딸의 남편을 이르는 말.¶ ▼婿 ‖ 나 죽은 후 날갓치 셤기고 네 누의도 또 ᄉᆞ랑ᄒᆞ여 아름다온 ᄉᆞ회ᄅᆞᆯ 구ᄒᆞ여 싀집보ᄂᆡ라 (吾死之後, 事吾妹如事我, 汝妹亦當恩養, 擇佳婿以嫁之.) <삼국-모종 6:99>

【ᄉᆞ히】 명 사이. 한 때로부터 다른 때까지의 시간적인 동안. 겨를이나 시간적 여유.¶ ▼間 ‖ 현덕 왈 맛당이 엇지ᄒᆞ여야 웅졉ᄒᆞᆯ고 복 왈 제 만일 병을 다 ᄡᅥ어 번셩이 공허ᄒᆞ리니 가히 ᄉᆞ히ᄅᆞᆯ 타 아ᄉᆞ라 (玄德曰: "當何以迎之?" 福曰: "彼若盡提兵而來, 樊城空虛, 可乘間奪之.") <삼국-모종 6:53>

【ᄉᆞᆨ탈-ᄒᆞ-】 동 삭탈(削奪)하다. 삭탈관직하다.¶ ▼黜罷 ‖ 죠죄 이의 ᄉᆞ죄ᄅᆞᆯ 면ᄒᆞ여 관작을 ᄉᆞᆨ탈ᄒᆞ고 스ᄉᆞ로 군ᄉᆞᄅᆞᆯ 거나려 현덕을 치고져 ᄒᆞ거ᄂᆞᆯ (操乃免其死, 黜罷爵祿, 欲自起兵伐玄德.) <삼국-국중 5:74>

【ᄉᆞᆯ게-잡-】 동 사로잡다.¶ ▼生擒 ‖ 현덕이 의복과 쥬식을 쥬고 잠간 뉴ᄃᆡᄅᆞᆯ 잡기럴 기다리라 ᄒᆞ고 다시 ᄉᆞᆼ의ᄒᆞ니 운ᄌᆞᆼ 왈 ᄂᆡ가 형의 화히ᄒᆞᆫ ᄠᅳᄃᆞᆯ 알고 즘즛 ᄉᆞᆯ게잡아 왓노라 (玄德教付衣服酒食, 且暫監下, 待捉了劉岱, 再作商議, 雲長曰: "某知兄有和解之意, 故生擒將來.") <삼국-모종 4:24>

【ᄉᆞᆯ-지-】 형 살지다. 살이 많고 튼실하다. ᄉᆞᆯ(←살ㅎ: 살, 肉)+지(지다, 肥).¶ ▼肥胖 ‖ 호령ᄒᆞ야 탁의 죽엄을 통ᄒᆞᆫ 길ᄀᆞ의 ᄇᆞ려시니 동탁이 극히 ᄉᆞᆯ진디라 죽엄 맛든 군ᄉᆡ 빗복의 블을 혀 등을 삼으니 빗치 블가 아촘의 니ᄅᆞ고 기름이 흘러 싸히 ᄀᆞ득ᄒᆞ엿더라 (號令卓屍通道. 卓極肥胖, 看屍軍士以火置其臍中以爲燈光, 明照達旦, 膏流滿地.) <삼국-가정 3:126>

【ᄉᆞᆯ피-】 동 살피다. 두루두루 주의하여 자세히 보다.¶ ▼審 ‖ ᄇᆡᆨ셩이 피뢰ᄒᆞ면 소요ᄒᆞ미 나고 우히 게어ᄅᆞ며 아래 사오나오면 와히ᄒᆞᄂᆞ니 샹담의 닐오되 ᄡᅩ와 여러 번 마치디 못ᄒᆞ미 ᄉᆞᆯ펴 발홈만 ᄀᆞᆺ디 못ᄒᆞ다 ᄒᆞ니 (夫民疲勞, 則騷擾之兆生; 上慢下暴, 則瓦解之形起. 諺曰: '射幸數跌, 不如審發.') <삼국-가정 37:48>

【ᄉᆞᆯㅎ】 명 ((신체)) 살. 살갗. 사람이나 동물의 뼈를 싸서 몸을 이루는 부드러운 부분.¶ ▼肉 ‖ 현덕이 말 그ᄅᆞᆺᄒᆞᆫ 줄을 ᄭᆡᄃᆞᆺ고 니러 측간의 갓더니 다리 ᄉᆞᆯ흘 ᄆᆞᆫ지고 탄ᄒᆞ여 눈믈을 흘리더니 (玄德自覺語失, 遂起身入厠, 嘆髀肉復生, 潸然流涕不住.) <삼국-가정 11:116> 비 일즙 몸이 기ᄅᆞ마의 ᄯᅥ나디 아니ᄒᆞ니 다리 ᄉᆞᆯ히 다 스러뎟더니 이제 오래 ᄆᆞᆯ을 ᄐᆞ디 아니ᄒᆞ니 다리 속의 ᄉᆞᆯ히 도로 나니 세월이 차타[ᄉᆞᆯ ; 가닷 말이라]ᄒᆞ야 늘그매 니ᄅᆞ되 공업을 일우디 못ᄒᆞ니 이러모로 슬허ᄒᆞ노라 (備往常身不離鞍, 髀肉皆散; 今不復騎, 髀裏肉生. 日月蹉跎, 老將至矣! 而功業不建, 是以悲耳!) <삼국-가정 11:116> 왕뵈 ᄆᆡᆨ셩의 이셔 ᄲᅧ 놀라고 ᄉᆞᆯ히 ᄯᅥᆯ리거ᄂᆞᆯ (却說王甫在麥城中, 骨顫肉驚.) <삼국-가정 25:52> ▼皮肉 ‖ 태 칼흘 드러 ᄉᆞᆯ흘 버혀 좌우로 헤혀고 바ᄅᆞ ᄲᅧ의 니ᄅᆞ니 ᄲᅧ 블셔 프ᄅᆞ럿거ᄂᆞᆯ 태 칼흘 글그니 ᄲᅧ 긁ᄂᆞᆫ 소리 멀리 들리ᄂᆞᆫ디라 (佗下刀割開皮肉, 直至于骨, 骨上已青. 佗用刀刮之有聲.) <삼국-가정 24:102>

【ᄉᆞᆰ】 명 ((동물)) 삵. 살쾡이. 고양잇과의 포유동물. 고양이와 비슷한데 몸의 길이는 55-90㎝이며, 갈색 바탕에 검은 무늬가 있다. 꼬리는 길고 사지는 짧으며 발톱은 작고 날카롭다. 밤에 활동하고 꿩, 다람쥐, 물고기, 닭 따위를 잡아먹는다. 5월경 2-4마리의 새끼를 낳고 산림지대의 계곡과 암석층 가까운 곳에 산다.¶ ▼내 온후 ᄃᆡ졉호믈 매 치기ᄀᆞᆺ티 ᄒᆞ노니 여ᄋᆞ ᄉᆞᆰ이 업디 아니ᄒᆞ여시니 가히 몬져 ᄇᆡ브ᄅᆞ게 못ᄒᆞ리라 주리면 사ᄅᆞᆷ의게 븟좃고 ᄇᆡ브ᄅᆞ면 ᄃᆞ라나리라 (吾待溫侯如養鷹耳; 狐兔未息, 不可先飽; 飢則爲用, 飽則颺去.) <삼국-가정 6:66>

【ᄉᆞᆱ기-】 동 삶기다. ᄉᆞᆱ(삶다, 煮)-+-기(피동사 파생 접미사)-.¶ ▼烹 ‖ ᄃᆡᆼ은 ᄃᆞ르니 대댱부의 ᄆᆞᄋᆞᆷ은 두 ᄠᅳ디 업슨디라 가히 뎡확의 ᄉᆞᆱ길디라도 고티디 아니ᄒᆞᄂᆞ니 (靈聞大丈夫之志, 心無二意, 專在一圖, 可赴鼎鑊之烹.) <삼국-가정 6:10>

【ᄉᆞᆲ-】 동 사뢰다. 웃어른에게 말씀을 올리다.¶ ▼啓 ‖ 우러ᄅᆞ 션ᄉᆡᆼ긔 ᄉᆞᆲ노니 인ᄌᆞ 측은ᄒᆞᆫ ᄆᆞᄋᆞᆷ과 튱의 개연ᄒᆞᆫ ᄠᅳ들 내여 녀망의 ᄌᆡ조ᄅᆞᆯ 다ᄒᆞ며 ᄌᆞ방의 긔량을 베프라 (仰啓先生, 仁慈惻隱, 忠義慨然, 展呂望之良才, 施子房之大器.) <삼국-가정 12:93> 우리 등이 녯날 부군의 은혜 감격호ᄃᆡ 즉시 난의 죽디 아니호믄 그저 죽으미 무익ᄒᆞᆫ디라 계규ᄅᆞᆯ ᄉᆡᆼ각호ᄃᆡ 일우디 못ᄒᆞ야시매 감히

부인긔 숣디 못ᄒᆞ엿더니 오ᄂᆞᆯ날 일은 실로 밤나지 분ᄒᆞ야 ᄒᆞᄂᆞᆫ 배라 (吾等昔日感府君恩遇, 不卽死難者, 以死無益; 欲思想計謀, 計謀未就, 不敢啓夫人耳. 今日之事, 實夙夜之所懷也.) <삼국-가정 13:12>

【숢-】 동 삶다. 물에 넣고 끓이다.¶ ▼煮 ‖ 콩 숨기를 콩 줄기를 ᄯᅵᄂᆞ니 콩이 가마 가온ᄃᆡ셔 우ᄂᆞᆫ또다 (煮豆燃豆萁, 豆在釜中泣.) <삼국-가정 25:118> ▼烹 ‖ 相公의 숣ᄂᆞ니 므슴 鈞旨 늘근 거복을 숨다가 닉디 아니ᄒᆞ거늘 화ᄅᆞᆯ 이운 ᄲᅩᆼ남긔 옴기다 (老龜烹不爛, 移花于枯桑.) <삼국-가정 25:64>

【숨기-】 동 삼키다. 남의 것을 부당하게 가로채어 제 것으로 만들다.¶ ▼呑 ‖ 조죄 밧그로 텬하를 숨기고 안흐로 대신을 잔해ᄒᆞ니 됴뎡의ᄂᆞᆫ 됴셕의 위틱ᄒᆞ미 이쇼되 졔어ᄒᆞᆯ 사ᄅᆞᆷ이 업ᄉᆞ니 실로 한심ᄒᆞ여이다 (操外呑天下, 內殘群僚, 朝廷有蕭墻之危, 而御侮未建, 可爲寒心.) <삼국-가정 11:114>

【숨-노】 명 ((기물)) 삼노. 삼노끈.¶ ▼麻繩 ‖ 댱비 왈 가ᄌᆞ 그르도다 이 궁촌우부를 엇지 ᄃᆡ현이리요 가ᄀᆡ 갈 거시 아니라 졔 만일 아니오면 ᄂᆡ ᄒᆞᆫ 오리 숨노를 다만 가져 결박ᄒᆞ여 오리라 (張飛曰: "哥哥差矣. 量此村夫, 何足爲大賢? 今番不須哥哥去, 他如不來, 我只用一條麻繩將來.) <삼국-모종 6:84>

【숨숨-ᄒᆞ-】 형 삼삼(森森)하다. 빽빽하다. 무성하다.¶ ▼森森 ‖ 승샹 ᄉᆞ당을 어ᄂᆞ 곳의 ᄎᆞᄌᆞ리오 금관셩 밧긔 잣남기 숨ᄉᆞᄒᆞᆫ ᄃᆡ로다 (丞相祠堂何處尋, 錦官城外栢森森.) <삼국-가정 34:127>

【숨ᄭᅵ-】 동 ❶ 삼키다. 무엇을 입에 넣어서 목구멍으로 넘기다.¶ ▼呑 ‖ ᄯᅩ ᄒᆞᆫ 계귀 이시니 범을 모라 일히를 숨ᄭᅵ미라 (又有一計, 名曰'驅虎呑狼'之計.) <삼국-가정 5:92> ❷ 남의 것을 부당하게 가로채어 제 것으로 만들다.¶ ▼呑 ‖ 조죄 빅만지즁을 인ᄒᆞ야 강 한을 숨ᄭᅵ고져 ᄒᆞ니 이 위틱ᄒᆞ미 세히라 (曹操引百萬之衆, 欲呑江、漢, 此三利害也.) <삼국-가정 13:78> 내 ᄠᅳᆺ의ᄂᆞᆫ 바로 관우를 숨ᄭᅵ고져 ᄒᆞ거든 엇디 힘드렁이 죽으리오 (吾心中已有呑關羽之意, 豈死於等閑乎?) <삼국-가정 규장 17:22> 조죄 밧그로 텬하를 숨ᄭᅵ고 안흐로 대신을 잔해ᄒᆞ니 됴뎡의ᄂᆞᆫ 됴셕의 위틱ᄒᆞ미 이쇼되 졔어ᄒᆞᆯ 사ᄅᆞᆷ이 업ᄉᆞ니 실로 한심ᄒᆞ여이다 (操外呑天下, 內殘群僚, 朝廷有蕭墻之危, 而御侮未建, 可爲寒心.) <삼국-가정 24:13> 우리 능히 몸을 분발ᄒᆞ야 명을 ᄇᆞ려 쥬공으로 더브러 위를 아오로고 쵹을 숨ᄭᅵ디 못ᄒᆞ여 님군으로 ᄒᆞ여곰 ᄂᆞᆷ의 봉쟉을 밧긔 ᄒᆞ니 엇디 욕ᄒᆞ미 아니리오 (吾等不能奮身舍命, 與主公幷魏呑蜀, 令主公受人封爵, 豈不辱乎!) <삼국-가정 26:120> ▼呑幷 ‖ 내 ᄒᆞᆫ 계귀 이시니 손 뉴로 ᄒᆞ여곰 ᄌᆞᄌᆞ로 서ᄅᆞ 숨ᄭᅵ게 ᄒᆞ고 승샹이 가온대를 조차 ᄒᆞᆫ 번 티면 가히 엇긔 ᄒᆞ리이다 (某有一計, 使孫、劉自相呑幷, 丞相於中一擊而可得也.) <삼국-가정 18:42>

【숨열-ᄒᆞ-】 형 삼렬(森列)하다. 촘촘하게 늘어서 있다.¶ ▼森布 ‖ 조ᄌᆞ 산ᄒᆞ의 안량의 진세를 헛치고 긔치 선명ᄒᆞ고 충검이 숨열ᄒᆞᆷ을 보고 관공다려 왈 하북 인믹 저갓치 웅중ᄒᆞ도다 (曹操指山下顔良排的陣勢, 旗幟鮮明, 鎗刀森布, 嚴整有威, 乃謂關公曰: "河北人馬, 如此雄壯!") <삼국-모종 4:64>

【숨이-】 동 새기다.¶ ▼雕 ‖ ᄯᅩ 영을 ᄂᆞ리와 동탁의 시슈를 츄심ᄒᆞ냐 부거[서]진 피골을 어더 향목으로 숨여 형체을 일위고 크겨 제ᄉᆞ을 베풀고 왕ᄌᆞ의 의금관곽을 써 길일을 갈히여 미오의 영장할ᄉᆡ (又下令追尋董卓屍首, 獲得些零碎皮骨, 以香木雕成形體, 安湊停當, 大設祭祀, 用王者衣冠棺槨, 選擇吉日, 遷葬郿塢.) <삼국-모종 2:38>

【숨치-】 동 삼키다. 무엇을 입에 넣어서 목구멍으로 넘기다.¶ ▼平呑 ‖ 장비 마초을 숨치지 못ᄒᆞ여 한탄ᄒᆞ거날 현덕니 저ᄉᆞ 머무르고 간ᄂᆞ니 오후을 기다려 현덕니 바라본니 마초 인마 점ᄌᆞ 게으러거날 (關上張飛恨不得平呑馬超, 三五番皆被玄德當住, 看看午後, 玄德望見馬超陣上人馬皆倦.) <삼국-모종 11:19>

【숭히】 부 늘. 항상.¶ ▼常 ‖ 마최 무용을 의즁ᄒᆞ고 숭히 주공을 긔롱ᄒᆞᄂᆞᆫ 마음이 잇고 됴조를 니겨시니 엇지 질거이 ᄉᆞ양ᄒᆞ리요 (馬超倚仗武勇, 常有欺凌主公之心, 便勝得曹操, 怎肯相讓?) <삼국-모종 10:37>

【숭히우-】 동 상(傷)하게 하다.¶ ▼傷 ‖ 최 ᄆᆞᆯ을 노아 ᄒᆞᆫᄅᆡᄒᆞ니 손피 가흐로 ᄒᆞᆫ 즁쉬 ᄃᆡ규ᄒᆞᄃᆡ 오주를 숭히우지 말나 조홍이 ᄌᆞ의 잇노라 (超縱馬趕來, 山坡邊轉過一將, 大叫: "勿傷吾主! 曹洪在此!") <삼국-모종 10:14>

【ᄉᆡ-도록】 부 새도록. (날이) 샐 때까지. 밤새도록.¶ ▼連夜 ‖ 샹이 인수와 졀월과 의갑과 치듕을 바리고 ᄉᆡ도록 듕산을 ᄇᆞ라고 ᄃᆞ라나다 (尙盡棄印綬節鉞、衣甲輜重, 連夜望中山而逃.) <삼국-규장 8:64> ▼星夜 ‖ 즉시 뉴퇴 녕포 댱임 등현으로 오만 ᄃᆡ군을 졈고ᄒᆞ야 ᄉᆡ도록 낙현으로 나아가 뉴비를 벙으리와드라 ᄒᆞ더라 (遂遣差劉□、冷苞、張任、鄧賢點五萬大軍, 星夜起步, 進守雒縣, 以拒劉備.) <삼국-규장 14:47>

【ᄉᆡ-로】 부 새로. 처음으로.¶ ▼新 ‖ ᄂᆡ 칼집의 보검을 ᄉᆡ로 가라시니 네 말이 ᄀᆞᆫ작 니여니와 불연즉 ᄂᆡ 이 칼을 시험ᄒᆞ리라 (吾匣中寶劍新磨. 汝試言之. 其言不通, 便請試劍!) <삼국-국중 11:143>

【ᄉᆡ로-잡-】 동 사로잡다.¶ ▼擒 ‖ 원쇠 ᄃᆡ로 왈 뉘 가히 ᄉᆡ로잡으리오 언미필의 문츄 ᄎᆡ마 뎡창ᄒᆞ여 다리의 좃쳐 오르거ᄂᆞᆯ 공손찬이 교봉ᄒᆞ여 십여 합의 찬이 져당치 못ᄒᆞ여 다라나거ᄂᆞᆯ (袁紹大怒曰: "誰可擒之?" 言未畢, 文醜策馬挺鎗, 直殺上橋. 公孫瓚就橋邊與文醜交鋒. 戰不到十餘合, 瓚抵擋不住, 敗陣而走.) <삼국-모종 1:112>

【ᄉᆡ베】 명 새벽.¶ ▼曉 ‖ ᄉᆡ베로좃ᄎᆞ 점무도록 주심[식]을 힝치 안니ᄒᆞ니 좌상 빈긱니 다 탄복ᄒᆞ여 호를 신동니

라 ᄒᆞ더라 (從曉至暮, 酒食不行, 子春及衆賓客, 無不歎服, 於是天下號爲'神童'.) <삼국-모종 11:86>

【ᄉᆡ벼】 명 새벽.¶ ▼晨 ‖ 기니난 산에 ᄉᆡ 닛신니 비단 몸니요 불근 몸니〻 우익니 헨황ᄒᆞ고 우러 ᄉᆡ벼을 일치 안니ᄒᆞ니 〻난 산게모니라 (其二曰: "巖巖有鳥, 錦體朱衣, 羽翼玄黃, 鳴不失晨, 此山雞毛也.") <삼국-모종 11:88>

【ᄉᆡ벽】 명 새벽.¶ ▼晨 ‖ 동승이 보고 눈물을 덥고 ᄐᆞᆼ야를 ᄌᆞᆷ즈지 못ᄒᆞ고 ᄉᆡ벽의 이러나 다시 죠서를 보니 게교 업ᄂᆞᆫ지라 (董承覽畢, 涕淚交流, 一夜寢不能寐, 晨起, 復至書院中, 將詔再三觀看, 無計可施.) <삼국-모종 3:89> ▼早晨 ‖ 이ᄌᆞᆼ이 문왈 너의 무리 뉴비를 보앗ᄂᆞ냐 ᄉᆞᄌᆞᆼ 왈 ᄉᆡ벽의 예긔 지나 임의 반일이 되엿ᄂᆞ니라 (二將問曰: "你等曾見劉備否?" 四人曰: "早晨過去, 已半日矣.") <삼국-모종 9:71>

【ᄉᆡ비】 부 새벽에.¶ ▼曉 ‖ 이튼날 밤의 풍우 ᄃᆡ작ᄒᆞ더니 ᄉᆡ비 보니 길의 머리와 쥬검이 업거ᄂᆞᆯ (是夜風雨交作, 及曉, 不見于吉屍首.) <삼국-가정 10:34>

【ᄉᆡ슈】 명 ((기물)) 새수(璽綬). 옥새와 인끈.¶ ▼璽綬 ‖ 션왕의 ᄉᆡ쉬[인이라]어ᄃᆡ 잇ᄂᆞ뇨 (先王璽綬安在?) <삼국-가정 26:109> ᄉᆡ슈 평명의 입궁ᄒᆞ여 어림장군을 명ᄒᆞ여 만져 황후의 ᄉᆡ슈를 거두라 ᄒᆞ니라 (平明, 使御林軍郗慮持節入宮, 先收皇后璽綬.) <삼국-국중 12:19> ▼印綬 ‖ 즁셔랑 니숭으로 그 ᄉᆡ슈를 거두니 양이 ᄃᆡ곡이거ᄒᆞ니라 (叱中書郎李崇奪其印綬, 令鄧程收之. 亮大哭而去.) <삼국-국중 17:25>

【ᄉᆡ암】 명 ((지리)) 샘. 물이 땅에서 솟아 나오는 곳. 또는 그 물.¶ ▼泉 ‖ 홀연 각하의 ᄉᆡ암이 쇼ᄉᆞ나 슈세 용츌ᄒᆞᄂᆞᆫ디라 (忽於脚下迸出一泉, 水勢上湧.) <삼국-국중 17:67>

【ᄉᆡ얌】 명 ((지리)) 샘. 물이 땅에서 솟아 나오는 곳. 또는 그 물.¶ ▼泉 ‖ 셔세 보기를 다ᄒᆞᄆᆡ 눈물이 ᄉᆡ얌 솟듯 ᄒᆞᄂᆞᆫ지라 (徐庶覽畢, 淚如泉湧.) <삼국-국중 7:146>

【ᄉᆡ양】 명 사양(辭讓). 겸손하여 받지 아니하거나 응하지 아니함.¶ ▼辭 ‖ 한즁을 만닐 일흐면 즁원니 진동ᄒᆞ리니 ᄃᆡ왕은 노고함을 ᄉᆡ양 말고 반ᄃᆞ시 친히 ᄀᆞ 치소셔 (漢中若失, 中原震動. 大王休辭勞, 必須親自征討.) <삼국-국중 12:113>

【ᄉᆡ양-ᄒᆞ-】 동 사양(辭讓)하다.¶ ▼辭 ‖ 댱ᄉᆞ 유렵 왈 ᄒᆞᆫ즁을 일으면 즁원니 진동ᄒᆞ리니 ᄃᆡ왕니 수고을 ᄉᆡ양치 말고 친히 가 치라 (長史劉曄進曰: "漢中若失, 中原震動, 大王休辭勞, 必須親自征討.") <삼국-모종 12:19>

【ᄉᆡ양-ᄒᆞ-】 동 사양(辭讓)하다. 남에게 양보하다.¶ ▼辭 ‖ 푀 거즛 ᄉᆡ양ᄒᆞ거ᄂᆞᆯ 현덕이 ᄉᆞ별ᄒᆞ고 소픽로 가니 관즁이 심즁이 불평ᄒᆞ거ᄂᆞᆯ (布假意仍讓玄德力辭, 還沛住紮, 關、張心中不忿.) <삼국-모종 3:3>

【ᄉᆡ이】 명 사이. 한 때로부터 다른 때까지의 시간적인 동안. 겨를이나 시간적 여유.¶ ▼間 ‖ 탁 왈 나도 과연 의심ᄒᆞ엿노라 뎡히 말ᄒᆞᆯ ᄉᆡ이의 니워 니르거ᄂᆞᆯ 탁이 니 닐노써 고ᄒᆞ니 (卓曰: "吾亦疑之." 正說話間, 適李儒至, 卓以其事告之.) <삼국-모종 1:68>

【ᄉᆡ옴】 명 ((지리)) 샘. 물이 땅에서 솟아 나오는 곳. 또는 그 물.¶ ▼泉 ‖ ᄯᅢ에 수ᄒᆞ에 뉵쳔 인니 강유계 길을 막히이고 산상 ᄉᆡ옴이 물 적어 인마고갈ᄒᆞ니 (此時昭手下有六千人, 被姜維絶其路口, 山上泉水不敷, 人馬枯椺.) <삼국-모종 18:33> ▼井 ‖ 운니 여성 왈 부인니 ᄂᆡ 말을 듯지 아니ᄒᆞ다가 츄병이 만일 니ᄅᆞ면 엇지ᄒᆞ리요 부인니 이에 아두ᄅᆞᆯ ᄯᅡ희 놋코 몸을 ᄯᅱ여 말은 ᄉᆡ옴 가온ᄃᆡ ᄲᅡ저 죽더라 (雲厲聲曰: "夫人不聽吾言, 追軍若至, 爲之奈何?" 糜夫人乃棄阿斗於地, 翻身投入枯井中而死.) <삼국-모종 7:61>

【ᄉᆡᆨ】 명 색(色). 색정(色情). 여색(女色).¶ ▼色 ‖ 뉴부인이 상ᄉᆞᄅᆞᆯ 츌혀 못 미처 무더셔 쇼의 ᄋᆡ통ᄒᆞ던 쳡 다ᄉᆞᄉᆞᆯ 죽이되 녕혼이 구천하의 가 쇼ᄅᆞᆯ 볼가 노ᄒᆞ야 그 머리ᄅᆞᆯ 모ᄌᆞ리고 그 ᄂᆞᆺ츨 히야ᄇᆞ리고 죽엄을 샹히오니 그 ᄉᆡᆨ을 새오미 이러ᄐᆞᆺ ᄒᆞ더라 (劉夫人擧喪, 未及遷葬, 將袁紹所愛寵妾五人殺之; 恐陰魂於九泉之下再與紹相見, 髡其頭, 刺其面, 毁其屍, 其妒忌如此.) <삼국-가정 11:24>

【ᄉᆡᆨ기】[1] 명 ((동물)) 새끼. 짐승의 어린 것.¶ ▼子 ‖ 황충 왈 범의 굴에 드지 안니ᄒᆞ면 엇지 범의 ᄉᆡᆨ기을 어드리요 말을 치 처 모라 노으니 ᄉᆞ람니 다 힘써 압흐로 힝ᄒᆞ니 (忠曰: "不入虎穴, 焉得虎子?" 策馬先進, 士卒皆努力向前.) <삼국-모종 12:13>

【ᄉᆡᆨ기】[2] 명 ((기물)) 새끼. 짚으로 꼬아 줄처럼 만든 것.¶ ▼繩索 ‖ 푀 적근 문누의 수여 조으더니 송헌이 좌우로 물이치고 창을 도적ᄒᆞ여 위속으로 다려 일제이 여표을 잡아 ᄉᆡᆨ기로 긴〻히 결박ᄒᆞ니 (布少憩門樓, 不覺睡著在椅上, 宋憲趕退左右, 先盜其畫戟, 便與魏續一齊動手, 將呂布繩纏索綁, 緊緊縛住.) <삼국-모종 3:80>

【ᄉᆡᆨ이-】 동 새기다.¶ ▼刻 ‖ ᄃᆡ왕이 관공의 머리을 가져 목향으로 몸을 ᄉᆡᆨ여 ᄃᆡ신의 녜로 장ᄉᆞᄒᆞ면 유비 알고 반ᄃᆞ시 숀권을 ᄒᆞᆫᄒᆞ여 힘을 다ᄒᆞ여 남으로 치리니 (大王可將關公首級, 刻一香木之軀以配之, 葬以大臣之禮, 劉備知之, 必深恨孫權, 盡力南征.) <삼국-모종 13:12>

【ᄉᆡᆷ】 명 ((지리)) 샘. 물이 땅에서 솟아 나오는 곳. 또는 그 물.¶ ▼井 ‖ ᄒᆞᆫ 군ᄉᆡ 가ᄅᆞ쳐 왈 뎐 남녁히 오ᄉᆡᆨ 빗치 심 가온ᄃᆡ로 니러난다 ᄒᆞ거ᄂᆞᆯ 견이 군ᄉᆞ로 불을 밝히고 ᄉᆡ암의 나려가 ᄒᆞᆫ 부인의 시슈를 건져 ᄂᆡ니 (傍有軍士指曰: "殿南有五色毫光起於井中." 堅喚軍士點起火把, 下井打撈, 撈起一婦人屍首.) <삼국-모종 1:102>

【ᄉᆡᆼ가-ᄒᆞ-】 동 생각하다.¶ ▼念 ‖ 결활잠년의 활별ᄒᆞ나 담쇼ᄒᆞ나 신념구은이라 마음의ᄂᆞᆫ 옛 은혀를 ᄉᆡᆼ가ᄒᆞᄂᆞᆫ도다 (契闊談讌, 心念舊恩.) <삼국-모종 8:33>

【ᄉᆡᆼ강】 명 ((음식)) 생강(生薑). 생강과의 여러해살이풀. 높이는 30~50cm이며, 잎은 두 줄로 어긋나고 피침 모양이다. 우리나라에서는 꽃이 피지 않으나 열대 지방에서는 8월경에 길이 20cm 정도의 꽃줄기 끝에서 잎집

에 싸인 꽃이 수상(穗狀) 꽃차례로 핀다. 뿌리는 맵고 향기가 좋아서 향신료와 건위제로 쓴다.¶ ▼芽薑 ‖ 지 왈 숑강 노어 ᄉᆞᆷ씨난 불근 ᄉᆡᆼ강니 가ᄒᆞ니라 ᄯᅬ 왈 네 ᄯᅩ 능히 가져오랴 지 왈 쉽다 ᄒᆞ고 (慈曰: "烹松江鱸魚, 須紫芽薑方可." 操曰: "汝亦能取否?" 慈曰: "易耳.") <삼국-모종 11:83>

【ᄉᆡᆼ겨-나-】 동 생겨나다.¶ ▼ᄉᆡᆼ겨낫단 말 (幹出) <삼국-어람 108a>

【ᄉᆡᆼ금-ᄒᆞ-】 동 생금(生擒)하다. 사로잡다. 산 채로 잡다. 생포(生捕)하다. 생획(生獲)하다. 활착(活捉)하다.¶ ▼生擒 ‖ 원ᄂᆡ 마쵸 니몽의 ᄯᅡ르믈 알되 즘짓 잣가이 오믈 기다려 니몽이 창을 드러 질을 지음의 마쵸 ᄒᆞᆫ 편으로 비쳐서며 두 말이 ᄒᆞᆫᄃᆡ 다앗난지라 마쵸 원비를 느리워 ᄉᆡᆼ금ᄒᆞ니 (原來馬超明知李蒙追趕, 卻故意俄延; 等他馬近舉鎗刺來, 超將身一閃, 李蒙搠個空, 兩馬相並, 被馬超輕舒猿臂, 生擒過去.) <삼국-국중 3:6> ᄂᆡ 맛당이 천ᄌᆞ를 보고 젼부션봉을 원ᄒᆞ여 괘효벌오ᄒᆞ야 역젹을 ᄉᆡᆼ금ᄒᆞ여 써 이형의 졔고ᄒᆞ야 젼ᄆᆡᆼ을 ᄇᆞᆲ히리라 (吾當面見天子, 願爲前部先鋒, 掛孝伐吳, 生擒逆賊, 祭告二兄, 以踐前盟!) <삼국-국중 13:146> ▼擒 ‖ 하비로 ᄃᆞ라나 관우를 보고 머물워 ᄂᆡ응ᄒᆞ긔 ᄒᆞ고 우를 혀내여 와 싸화 거즛 패ᄒᆞ야 유인ᄒᆞ야 ᄂᆡ도ᄒᆞᆫ 고드로 더브러 가고 경병으로 도라갈 길흘 막은 후의 혹 ᄉᆡᆼ금ᄒᆞ거나 혹 달래미 가ᄒᆞ니라 (入下邳去見關羽, 種禍於城內; 却引關羽出戰, 詐敗佯輸, 誘入他處, 却以精兵截其歸路, 然後或擒或說可也.) <삼국-가정 9:43> ▼押往 ‖ 장비 혁ᄆᆡᆼ을 ᄉᆡᆼ금ᄒᆞ여 현덕게 뵌ᄃᆡ 현덕이 ᄃᆡ채로 보ᄂᆡᆫᄃᆡ (張飛解郝明來見玄德, 玄德押往大寨見曹操.) <삼국-국중 4:138>

【ᄉᆡᆼ각-ᄒᆞ-】 동 생각하다.¶ ▼憐 ‖ 경이 능히 한나라를 ᄉᆡᆼ각ᄒᆞ여 짐의 명을 구ᄒᆞ기ᄂᆞᆫ냐 (卿能憐漢朝, 救朕命乎?) <삼국-국중 3:91>

【ᄉᆡᆼ녁병】 명 ((군사))_생력병(生力兵). 신예(新銳) 부대. 새로 투입되어 활력을 불어넣는 군사.¶ ▼生力兵 ‖ 셰작이 이 뜻을 동관의 가 보ᄒᆞᆫ대 마ᄐᆡ ᄯᅩ 이만 ᄉᆡᆼ녁병[새 부츌의 군ᄉᆡ라]을 더ᄒᆞ여 싸호니 이ᄂᆞᆫ 강호 부락 오랑캐러라 (潼關馬超又添二萬生力兵, 乃是羌胡部落前來助戰.) <삼국-가정 19:8>

【ᄉᆡᆼ녕】 명 ((인류)) 생령(生靈). '살아 있는 넋'이라는 뜻으로, 생명을 이르는 말. 또는 살아 있는 백성. 생민(生民).¶ ▼生靈 ‖ 적신 조죄 뎨를 허도의 가도와시니 샤직이 경위ᄒᆞ고 ᄉᆡᆼ녕이 도탄ᄒᆞᄂᆞᆫ더라 (賊臣曹操, 幽帝許都, 社稷傾危, 生靈塗炭.) <삼국-가정 8:4> 형의 무예 사ᄅᆞᆷ의게 ᄲᅢ여나고 경ᄉᆞ를 ᄯᅩ 능히 아니 일즙 긔약ᄒᆞᆫ ᄃᆡ 한실을 붓들고 ᄉᆡᆼ녕을 구ᄒᆞ야 ᄉᆞ군을 동ᄋᆞ려 ᄒᆞ미어ᄂᆞᆯ 이제 ᄭᅳᆯ른 믈의 ᄃᆞ라들며 블을 ᄇᆞᆲ듯 ᄒᆞ야 ᄲᅧ 필부의 용을 일워 우흐로 조종을 져ᄇᆞ리고 아래로 님금을 욕머기니 엇디 의 되리오 (兄武藝超群, 更兼深通經史, 不思期共使君, 匡扶漢室, 蒸救生靈; 徒欲赴湯蹈火, 以成匹夫之勇, 上負祖宗, 下辱其主, 安得爲義?) <삼국-가정 9:9> 하후뮈 우리 군ᄉᆞ의 대로〻로 나아가 블 드ᄅᆞ면 반ᄃᆞ시 관듕병을 다 니ᄅᆞ혀 막을디라 ᄒᆞᆫ갓 ᄉᆡᆼ녕을 샹히올 ᄲᅮᆫ이니 어ᄂᆡ 날 듕원을 어드리오 (丞相從大路進發, 彼必盡起關中之兵, 于路迎敵, 則徒損生靈, 何日而得中原也?) <삼국-가정 30:4>

【ᄉᆡᆼ의-ᄒᆞ-】 동 상의(商議)하다.¶ ▼商議 ‖ ᄂᆡᆺᄃᆡ 조〻의 위세 점〻 날노 ᄂᆡᆨ심ᄒᆞ더라 ᄃᆡ신 모아 오을 치고 촉을 멸할 일을 ᄉᆡᆼ의ᄒᆞ니 (此時曹操威勢日甚, 會大臣商議收吳滅蜀之事.) <삼국-모종 11:50>

【ᄉᆡᆼ청】 명 ((음식)) 생청(生淸). 벌의 꿀물에서 떠낸, 가공하지 아니한 그대로의 꿀.¶ ▼蜜 ‖ 일〻은 셔원에 나가 ᄆᆡ실을 먹고져 ᄒᆞ여 황문으로 ᄉᆡᆼ청를 건져오라 ᄒᆞ여 즘간 가져오니 ᄉᆡᆼ청에 쥐ᄯᅩᆼ이 잇거날 (一日出西苑, 因食生梅, 令黃門取蜜, 須臾取至, 見蜜內有鼠糞數枚.) <삼국-모종 18:79>

【ᄉᆡᆼ피】 명 상피(相避). 가까운 친척 사이의 남녀가 성적 관계를 맺는 일.¶ ▼칙쥬인 보아라 칙쥬인 어미 보지와 너 ᄯᅩ지 네 어미 보지로 털러 가니 ᄉᆡᆼ피가 아니야 니기거 ᄯᅩ 노아너 나온던구 양믈 너허ᄂᆞᆫ구나 <삼국-동양낙서 40:9>

【ᄭᅡ여-지-】 동 깨어지다.¶ ▼碎 ‖ 초션이 상후의 반신을 드러ᄂᆡ여 포를 바라 손으로써 가ᄉᆞᆷ을 가르치고 ᄯᅩ 손으로써 동탁을 가르쳐 눈믈을 ᄲᅮ리기를 긋치지 아니ᄒᆞ니 포의 마음이 ᄭᅡ여지ᄂᆞᆫ ᄒᆞᄂᆞᆫ지라 (貂蟬於床後探半身望布, 以手指心, 又以手指董卓, 揮淚不止, 布心如碎.) <삼국-모종 2:13>

【ᄭᅡᆫ사-ᄒᆞ-】 형 간사(奸詐)하다. 교활하게 거짓으로 남의 비위를 맞추다.¶ ▼詐 ‖ 두 ᄉᆞ람니 상의ᄒᆞ여 왈 임의 성을 파하면 ᄯᅩ 엇지 밧게 군ᄉᆞ알 둔치리요 이난 반다시 ᄭᅡᆫ사ᄒᆞᆫ 게교 업시미니 ᄲᅡᆯ니 물너가기만 못ᄒᆞ다 (禮曰: "蜀兵既已打破了城池, 如何陳兵於外? 必有詐也, 不如速退.") <삼국-모종 16:39>

【ᄭᅡᆫᄉᆞ-ᄒᆞ-】 형 간사(奸詐)하다. 교활하게 거짓으로 남의 비위를 맞추다.¶ 詐 ‖ 노숙이 쥬유다려 왈 ᄎᆡ즁 ᄎᆡ화 항복ᄒᆞᆫ 거시 ᄭᅡᆫᄉᆞᄒᆞᆫ 거시니 가히 쓰지 못ᄒᆞ리이다 (魯肅入見周瑜曰: "蔡中、蔡和之降, 多應是詐, 不可收用.") <삼국-모종 8:9>

【ᄭᅡᆯ니-】 동 깔리다.¶ ▼橫遍 ‖ 십니를 힝치 못ᄒᆞ여 좌변 악진니오 우변 우금이 살츌ᄒᆞ여 쇼군의 쥭엄이 들의 ᄭᅡᆯ니고 피 흘너 ᄂᆡ이 되여ᄂᆞᆫ지라 (又行不到十里, 左邊樂進, 右邊于禁殺出, 殺得袁軍屍橫遍野, 血流成渠.) <삼국-국중 7:37>

【-ᄭᅥ】 조 -께.¶ ▼손건은 ᄒᆞ비에 가 관공ᄭᅴ 고하를 ᄯᅡ라 소ᄑᆡ예 가 현덕ᄭᅥ 고ᄒᆞ니 현덕이 손건으로 상의 왈 이 반다시 원소ᄋᆞ게 구원ᄒᆞ여야 가히 위틱ᄒᆞᆷ을 풀이라 (孫乾先往下邳報知關公, 隨至小沛報知玄德, 玄德與孫乾計議曰: "此必求救於袁紹, 方可解危.") <삼국-모종 4:47>

【ᄭᅥ거-지-】 동 꺾어지다.¶ ▼折 ‖ 죄 소ᄑᆡ로 가더니 호련

이 광풍이 ː러나 일면 아긔를 부러터려 써거지니 죄모ᄉᆞ로 길흉을 무른ᄃᆡ (曹操引軍往小沛來, 正行間, 狂風驟至, 忽聽一聲響亮, 將一面牙旗吹折, 操便令軍兵且住, 聚衆謀士問吉凶.) <삼국-모종 4:47>

【써디-】 동 꺼지다. (어떤 평면이) 내려앉다.¶ ▼陷 ‖ 공ː시 젼패ᄒᆞ매 텬뒤[하ᄂᆞᆯ 기동이라] 브러디고 디위[ᄯᅡ 얽ᄆᆡ인 거ᄉᆞᆯ 니ᄅᆞ미라] 믜여딘디라 하ᄂᆞᆯ이 셔븍으로 기울고 ᄯᅡ히 동남이 써디니 (至共工氏戰敗, 頭觸不周山, 天柱折, 地維缺, 天傾西北, 地陷東南.) <삼국-가정 28:36>

【써을-】 동 끌다. 바닥에 댄 채로 잡아당기다.¶ ▼扯 ‖ 독위 밋쳐 말을 못ᄒᆞ여 장비 두 발을 잡ᄋᆞ ᄂᆞ리워 관녁압흐로 써을고 나와 큰 나모의 놉히 달고 버들가지ᄅᆞᆯ 썩거 독우의 두 다리ᄅᆞᆯ 거두치고 (督郵未及開言, 早被張飛揪住頭髮, 扯出館驛, 直到縣前馬樁上縛住; 攀下柳條, 去督郵兩腿上著力鞭打.) <삼국-국중 1:39>

【-써지】 조 -까지.¶ ▼ᄉᆞᆷ인이 ᄆᆡ불절구ᄒᆞ고 계ᄌᆞ에 가기써지 쉬지 아니 치기ᄅᆞᆯ 닙어 써러져 죽다 (三人罵不絶口, 比臨東市中, 牙齒盡被打落, 各人含糊數罵而死.) <삼국-모종 18:39>

【썩거-지-】 동 꺾어지다. 꺾이다.¶ ▼折 ‖ 창이 썩거져 모ᄅᆡ의 잠기ᄆᆡ 쳘이 ᄉᆞ라지ː 아니ᄒᆞ엿스니 스ᄉᆞ로 갈고 씨스ᄆᆡ 젼죠를 알니로다 (折戟沈沙鐵未消, 自將磨洗認前朝.) <삼국-국중 9:97>

【쓶-】 동 끊다.¶ ▼絶 ‖ 효도로 처[천]ᄒᆞ 다ᄉᆞ라ᄂᆞᆫ ᄌᆞᄂᆞᆫ 남의 부모를 히치 아니코 어진 정ᄉᆞᄒᆞᄂᆞᆫ ᄌᆞᄂᆞᆫ 남의 제ᄉᆞ를 썬케 아니ᄒᆞᄂᆞᆫ이 노모와 처ᄌᆞ의 존망은 명공의게 잇스니 청컨ᄃᆡᆫ 죽어지라 (吾聞以孝治天下者, 不害人之親, 施仁政於天下者, 不絶人之祀, 老母妻子之存亡, 亦在於明公耳, 吾身既被擒, 請卽就戮, 並無掛念.) <삼국-모종 3:82>

【썹-치-】 동 껴치다. 협공(挾攻)하다.¶ ▼夾攻 ‖ 닛ᄯᅴ예 조정 충의 닌난 신ᄒᆞ을 구ᄒᆞ여 ᄒᆞᆫ가지 ᄭᅬᄒᆞ여 ᄂᆡ외예 썹치면 가히 건지리라 (此時卻求在朝忠義之臣, 一同謀之, 內外夾攻, 庶可有濟.) <삼국-모종 11:46>

【썻-】 동 «썪다» 꺾다. 경기나 싸움 따위에서 상대를 이기다.¶ ▼折 ‖ 장쉬 ᄇᆡ로 좃처 발기예 이르러 군ᄉᆞ를 거두어 성의 들거날 죄 픠군을 점고ᄒᆞ니 오만여 병을 썻고 치즁도 일코 ᄯᅩᄒᆞᆫ 우금이 각ː 상ᄒᆞ엿더라 (張繡直殺至天明方收軍入城, 曹操計點敗軍, 折兵五萬餘人, 失去輜重無數, 呂虔·于禁, 俱各被傷.) <삼국-모종 3:58>

【썻거-지-】 동 꺾어지다.¶ ▼摧 ‖ 듕제후 들으니 관 밧게 고셩이 ᄃᆡ진ᄒᆞ고 함셩이 ᄃᆡ긔ᄒᆞ여 하날이 문허지고 ᄯᅡ히 썻거지고 산악이 흔들니ᄂᆞᆫ지라 (衆諸侯聽得關外鼓聲大振, 喊聲大擧, 如天摧地塌, 岳撼山崩, 衆皆失驚.) <삼국-모종 1:88>

【썻구-】 동 경기나 싸움에서 상대를 이기다.¶ ▼折 ‖ 량변의 복병이 함게 니러나ᄆᆡ ᄇᆡ후의 치뫼 괴월이 급히 와 손견을 가져 히심의 곤케 ᄒᆞ거ᄂᆞᆯ 정보 황ᄀᆡ 한당이 죽도록 ᄊᆞ화 구ᄒᆞ니 군ᄉᆞ 썻구미 ᄐᆡ반이라 (兩山後伏兵齊起, 背後蔡瑁、蒯越趕來, 將孫堅困在垓心, 孫堅被劉表圍住, 虧得程普、黃蓋、韓當三將死救得脫, 折兵大半.) <삼국-모종 1:108>

【쎄오-】 동 꿰다.¶ ▼貫 ‖ 등애 ᄒᆞ야곰 몬져 군긔ᄅᆞᆯ 뫼 아래 ᄂᆞ리고 스ᄉᆞ로 담의 ᄡᅡ이여 뫼히 드리워 ᄂᆞ리오고 모든 군ᄉᆡ 담이 잇ᄂᆞᆫ 쟈ᄂᆞᆫ 담의 봄을 ᄡᅡ ᄂᆞ리오고 남이 업ᄉᆞᆫ 쟈ᄂᆞᆫ 노흐로 허리ᄅᆞᆯ ᄆᆡ고 남글 븟잡아 고기 쎄온 ᄃᆞ시 ᄂᆞ리니 (艾令先將軍器攛將下去. 艾取氈自裹其身, 先滾下去. 副將有氈衫者, 裹身滾下; 無氈衫者, 各用繩索束腰, 攀木掛樹, 魚貫而進.) <삼국-가정 38:87>

【쎄치-】 동 꿰뚫다.¶ ▼殺 ‖ 관흥이 그날 진딘샹의셔 뎍진즁의 쎄쳐 드러가 빠호더니 마초와 반장을 만나 말을 쳐 ᄶᅩᄎᆞ니 (原來關興殺入吳陣, 正遇仇人潘璋, 驟馬趕來.) <삼국-규장 19:21> ▼貫 ‖ 담양은 셔촉의 읏듬이오 문장은 ᄐᆡ허를 쎄치도다 (膽量魁西蜀, 文章貫太虛.) <삼국-국중 11:39>

【쎄-티-】 동 꿰뚫다. 꿰찌르다. 꿰어 치다. 사무치다.¶ ▼殺 ‖ 관흥이 그날 딘샹의셔 뎍딘 듕의 쎄텨 드러가 싸호더니 마초와 반쟝을 만나 ᄆᆞᆯ을 텨 ᄶᅩᄎᆞ니 (原來關興殺入吳陣, 正遇仇人潘璋, 驟馬趕來.) <삼국-가정 27:32>

【쎠-치-】 동 협공(挾攻)하다. 양쪽에서 끼고 공격하다.¶ ▼夾攻 ‖ 우리 군ᄉᆡ 패ᄒᆞ믈 미더 일뎡 쥰비티 아녀시리니 오ᄂᆞᆯ밤의 ᄀᆞ만이 가 겁채ᄒᆞ면 포의 군ᄉᆡ 반ᄃᆞ시 난ᄒᆞᆯ 거시니 두 길로 쎠티면 이 읏듬 계귀라 (今夜彼將謂我軍敗走, 必不準備, 可引兵一半劫之. 若得寨, 布軍必懼. 兩下夾攻, 此爲上策.) <삼국-가정 4:97> 만일 원쇠 븍으로 니러나 젼후의 쎠치면 뉴푀ᄂᆞᆫ 뉴비의 도으미 잇고 원쇼ᄂᆞᆫ 삼ᄌᆞ의 힘이 잇시니 ᄃᆡᄉᆡ 그릇 될 거시니 (倘袁紹從北而起, 兩下夾攻: 劉表有劉備之助, 袁紹有三子之力, 則大事去矣.) <삼국-규장 8:32>

【쎠-티-】 동 협공(挾攻)하다. 양쪽에서 끼고 공격하다.¶ ▼夾攻 ‖ 만일 원쇠 븍으로 니러나 젼후의 쎠티면 뉴표ᄂᆞᆫ 뉴비의 도으미 잇고 원쇼ᄂᆞᆫ 삼ᄌᆞ의 힘이 이시니 대ᄉᆡ 그릇 될 거시니 (倘袁紹從北而起, 兩下夾攻: 劉表有劉備之助, 袁紹有三子之力, 則大事去矣.) <삼국-가정 11:20> 믄득 위병이 대란ᄒᆞ며 강유의 일지군매 ᄯᅩ 좃텨 내ᄃᆞ라 세 길로 쎠티니 ᄉᆞ마의 급피 퇴군ᄒᆞ거ᄂᆞᆯ (忽然魏兵大亂, 只見姜維引一枝軍悄地殺來. 蜀兵三路夾攻. 懿大驚, 急退軍.) <삼국-가정 33:14> ▼掩殺 ‖ 능통이 예 이시니 젼후의 쎠티라 (十個頭領引了大小軍士, 掩殺過去.) <삼국-가정 16:60>

【ᄭᅬ】1 명 꾀. 계책(計策).¶ ▼策 ‖ 손칙이 ᄂᆡ 군말을 빌어 긔ᄉᆞᄒᆞ여 이졔 강동을 다 엇고 이예 보본ᄒᆞ기 ᄉᆡᆼ각지 아니ᄒᆞ고 도로혀 옥ᄉᆡ를 ᄎᆞ진이 심히 무례ᄒᆞᆫ지라 무신 ᄭᅬ로 도모할고 (孫策借我軍馬起事, 今日盡得江東地面, 乃不思報本, 而反來索璽, 殊爲無禮. 當以何策圖之?) <삼국-모종 3:24> ▼조ː가 비를 명공의 ᄭᅬ예 잇슴을 알고 공을 도울가 저어ᄒᆞᄂᆞᆫ 고로 특별이 운장으로 두 장슈를 죽기여 공이 성을 ᄂᆡ도록 ᄒᆞ여 뉴비를 죽기고저 홈

이라 (曹操素忌備, 今知備在明公處, 恐備助公, 故特使雲長誅殺二將, 公知必怒, 此借公之手以殺劉備也.) <삼국-모종 4:71>

【ᄭᅩ】[2] 명 ((신체)) 코.¶ ▼鼻 ‖ 몽즁의 청승 슈십 ᄭᅩ 우의 모어스니 무ᄉᆞᆫ 몽죄뇨 (連夢青蠅數十來集鼻上, 此是何兆?) <삼국-국중 16:90>

【ᄭᅩ리】 명 꼬리. 동물의 꽁무니나 몸뚱이의 뒤끝에 붙어서 조금 나와 있는 부분.¶ ▼尾 ‖ 일〻은 ᄉᆞᄅᆞᆷ이 닛셔 거문 쇼 ᄭᅩ리를 보ᄂᆡ엿거ᄂᆞᆯ 현덕이 그 ᄭᅩ리로 친히 감토를 ᄆᆡᆺ더니 (一日, 有人送犛生尾至, 玄德取尾親自結帽.) <삼국-국중 8:60>

【ᄭᅩ비】 명 ((교통)) 고삐.¶ ▼轡 ‖ 숀권니 서너 길 남저시 말을 돌여 다시 ᄭᅩ비을 늣코 ᄎᆡᆨ을 친니 말리 한 번 날나 ᄲᅱ여 다리을 지ᄂᆡ더라 (孫權回馬來有三丈餘遠, 然後縱轡加鞭, 那馬一跳飛過橋南.) <삼국-모종 11:67>

【ᄭᅩᄌᆞ-】 동 꽂다. 쓰러지거나 빠지지 아니하게 박아 세우거나 끼우다.¶ ▼挿 ‖ 쵸경 후의 발ᄒᆞ여 바로 쥬유 ᄃᆡ ᄎᆡ의 이르니 ᄎᆡ문의 ᄒᆞᆫ ᄉᆞᄅᆞᆷ도 업고 다만 거ᄌᆞᆺ 정긔를 ᄭᅩᄌᆞ난지라 (初更後出城, 逕投周瑜大寨. 來到寨門, 不見一人, 但見虛挿旗鎗而已.) <삼국-국중 9:170>

【ᄭᅩᆸ-】 동 꽂다.¶ ▼挿 ‖ 니ᄅᆞᆯ 인ᄒᆞ야 강동 명장을 벼혀 머리ᄅᆞᆯ 가져 와 항복ᄒᆞ니 다만 금야 이경의 ᄇᆡ후의 청용 아긔ᄅᆞᆯ 가져와 ᄭᅩᆸ은 ᄌᆡ 곳 양션이라 (好歹殺江東名將, 獻首來降, 只在今晚二更, 船上挿青龍牙旗者, 卽糧船也.) <삼국-모종 8:53>

【ᄭᅩᆸ히-】 동 꽂히다.¶ ▼布 ‖ 쥬유 정보 등군을 거두어 남군 셩ᄒᆞ의 니ᄅᆞ러 보니 정긔 가ᄌᆞᆨ히 ᄭᅩᆸ히고 (周瑜、程普收住衆軍, 逕到南郡城下, 見旌旗布滿.) <삼국-모종 8:83>

【ᄭᅩᆽ-】 동 꽂다. 쓰러지거나 빠지지 아니하게 박아 세우거나 끼우다.¶ ▼挿 ‖ 내 안량을 보니 보람을 ᄭᅩ자 머리 ᄑᆞᆯ라가ᄂᆞᆫ 사ᄅᆞᆷ ᄀᆞᄐᆞ이다 (吾觀顏良, 如挿標賣首耳!) <삼국-가정 9:37>

【ᄭᅪᆨ】 부 꽉. 자꾸 힘을 주어 누르거나 잡거나 매거나 묶거나 박는 모양을 나타내는 말. 가득 들어차거나 막힌 모양을 나타내는 말.¶ ▼ᄭᅪᆨ 막어 (搵住) <삼국-어람 108a>

【ᄭᅬ】 명 꾀. 일을 잘 꾸며내거나 해결해 내거나 하는, 묘한 생각이나 수단.¶ ▼算 ‖ 폐하의 신긔ᄒᆞᆫ 긔틀과 묘한 ᄭᅬ 졔신니 밋지 못ᄒᆞ리로소이다 (陛下神機妙算, 諸臣不及也.) <삼국-국중 14:44> ▼이리로 일ᄇᆡᆨ 오십 니를 ᄀᆞ면 노슈 하류라 물이 엿터 가히 ᄭᅬ로 건너리니 그ᄃᆡ 본부병 삼쳔을 거ᄂᆞ려 ᄇᆡ로 만동의 드러가 만져 그 양도를 ᄭᅳᆫ으라 (離此一百五十里, 瀘水下流沙口, 此處水慢, 可以紮筏而渡. 汝提本部三千軍渡水, 直入蠻洞, 先斷其糧.) <삼국-국중 14:125>

【ᄭᅬ-ᄒᆞ-】 동 꾀하다. 어떤 일을 이루려고 뜻을 두거나 힘을 쓰다. 도모(圖謀)하다.¶ ▼謀 ‖ 셕일의 오휘 쥬유로 함게 ᄭᅬᄒᆞ여 부인을 류비의게 허ᄒᆞ미 실노 부인을 위ᄒᆞ미 아니라 류비를 유인ᄒᆞ여 가두고 형쥬를 탈취ᄒᆞᆫ 후 류비를 쥭이고져 ᄒᆞ미니 이ᄂᆞᆫ 부인으로 미끼를 삼아 비를 낙그고져 ᄒᆞ미로ᄃᆡ (昔日吳侯與周瑜同謀, 將夫人招嫁劉備, 實非爲夫人計, 乃欲幽困劉備而奪荊州耳. 奪了荊州, 必將殺備. 是以夫人爲香餌而釣備也.) <삼국-국중 10:80>

【ᄭᅮ-】 동 «ᄭᅮᆯ다» 꿇다.¶ ▼跪 ‖ 공니 쇼왈 너랄 죽기면 ᄀᆡ돗 죽기〻예 다르리요 곌박ᄒᆞ여 형주에 보ᄂᆡ고 ᄯᅩ 방덕을 잡아드리니 덕니 셩ᄂᆡ고 서〻 ᄭᅮ지 안니ᄒᆞ거날 (公綽髯笑曰: '吾殺汝, 猶殺狗彘耳, 空汙刀斧.' 令人縛送荊州大牢內監候, … 關公又令押過龐德. 德睜眉怒目, 立而不跪.) <삼국-모종 12:74>

【ᄭᅮ러-앉-】 동 꿇어앉다.¶ ▼跪 ‖ 일일의 관공이 부의 잇다가 호련이 〻부인의 통곡ᄒᆞᆷ을 듯고 급피 ᄂᆡ문 박게 ᄭᅮ러안ᄌᆞ 통곡ᄒᆞᄂᆞᆫ 연고를 무르니 (一日, 關公在府, 忽報: "內院二夫人哭倒於地, 不知爲何, 請將軍速入." 關公乃整衣跪於內門外, 問二嫂爲何悲泣.) <삼국-모종 4:58>

【ᄭᅮ미-】 동 꾸미다. 모양이 나게 매만져 차리거나 손질하다.¶ ᄭᅮ며 (扮做 /扮作) <삼국-어람 108b>

【ᄭᅮ이-】 동 꾸이다. 꾸어 주다. 남에게 다음에 받기로 하고 돈이나 물건 따위를 빌려 주다.¶ ▼饒 ‖ 너의 ᄒᆡ민ᄒᆞ믈 보건ᄃᆡ 맛당이 죽일 거시로ᄃᆡ 아직 너의 셩명을 ᄭᅮ이고 ᄂᆡ 닌슈를 돌녀보ᄂᆡ고 일노좃ᄎᆞ 가노라 (據汝害民, 本當殺卻, 今姑饒汝命. 吾繳還印綬, 從此去矣.) <삼국-모종 1:26>

【ᄭᅮ즞-】 동 꾸짖다.¶ ▼罵 ‖ ᄎᆡᆨ이 말을 ᄂᆡ니 장영이 크게 ᄭᅮ즈슨ᄃᆡ 황ᄀᆡ 장영으로 다려 싸움ᄒᆞ여 수합이 못ᄒᆞ여 홀연 장영의 군즁이 ᄃᆡ란ᄒᆞ여 ᄉᆡ즁 ᄉᆞᄅᆞᆷ 이셔 불 노ᄂᆞᆫ다 ᄒᆞ거ᄂᆞᆯ (孫策出馬, 張英大罵, 黃蓋便出與張英戰, 不數合, 忽然張英軍中大亂, 報說寨中有人放火.) <삼국-모종 3:7>

【ᄭᅮ즞처-】 동 꾸짖다.¶ ▼叱 ‖ 회 소왈 너 가히 도라가 본초 ᄒᆞ고 일노ᄃᆡ 형제 형도 오히려 용납지 못ᄒᆞ니 엇지 능히 천ᄒᆞ 국ᄉᆞ를 용납ᄒᆞ리요 ᄒᆞ고 당면ᄒᆞ여 그 글을 파쇄ᄒᆞ고 ᄉᆞᄌᆞ를 ᄭᅮ즞처 물이라 (詡大笑曰: "汝可便回見本初, 道: '汝兄弟尙不能容, 何能容天下國士乎!'" 當面扯碎書, 叱退來使.) <삼국-모종 4:28>

【ᄭᅮ지ᄅᆞᆷ】 명 꾸지람. 아랫사람의 잘못을 꾸짖는 말.¶ ▼喝 ‖ 비 왈 졔 나의 ᄒᆞᆫ ᄭᅮ지ᄅᆞᆷ의 슈리ᄅᆞᆯ 다ᄅᆞᄂᆞ니 엇지 감히 싸로리요 (飛曰: "他被我一喝, 倒退數里, 何敢再追?") <삼국-모종 7:68>

【ᄭᅮ짓ㅅ-】 동 «ᄭᅮ짖다» 꾸짖다.¶ ▼責 ‖ 긔령이 여포가 유비를 구원ᄒᆞ물 알고 ᄉᆞᄅᆞᆷ으로 ᄒᆞ여곰 여포의게 글을 쥬어 무신ᄒᆞ물 ᄭᅮ지씨니 (紀靈知呂布領兵來救劉備, 急令人致書於呂布, 責其無信.) <삼국-모종 3:26>

【ᄭᅮᄌᆞᆽ-】 동 «ᄭᅮᄌᆞᆽ다» 꾸짖다.¶ ▼喝 ‖ 조죄 친히 군ᄉᆞᄅᆞᆯ 거ᄂᆞ리고 당션ᄒᆞ냐 크겨 ᄭᅮᄌᆞ시ᄃᆡ ᄂᆡ 여긔 이셔 등후ᄒᆞ미 오라다 ᄒᆞ니 양봉이 ᄃᆡ경ᄒᆞ냐 급히 회군ᄒᆞ다가 조병의 ᄊᆞ이물 반ᄂᆞᆫ지ᄅᆞ (曹操親自引軍當先, 大喝: "我

在此等候多時, 休敎走脫!" 楊奉大驚, 急待回軍, 早被曹兵圍住.) <삼국-모종 2:121>

【꿀】 명 ((음식)) 꿀. 꿀벌이 꽃에서 빨아들여 벌집 속에 모아 두는, 달콤하고 끈끈한 액체.¶ ▼蜜 ‖ 일ㅣ은 서원의 가 믹실을 먹다가 황문으로 ᄒᆞ여곰 듕쟝[너무 과래]의 가 꿀을 가져오라 ᄒᆞ야 믹실을 달혀 먹으려 ᄒᆞ더니 (一日出西苑, 因食生梅, 令黃門于中藏取蜜煎梅食之.) <삼국-가정 37:61>

【꿇-】 동 꿇다.¶ ▼跪下 ‖ 장비 부르지지되 빅셩을 죽이지 말ᄂᆞ ᄒᆞ고 출방안민ᄒᆞ니 군도쉬 엄안을 잡아 니르거ᄂᆞᆯ 비 청상의 안즈니 엄안이 꿇지 아니ᄒᆞ거ᄂᆞᆯ (張飛叫休殺百姓, 出榜安民, 群刀手把嚴顔推至, 張飛坐於廳上, 嚴顔不肯跪下.) <삼국-모종 10:137>

【꿀-믈】 명 ((음식)) 꿀물.¶ ▼蜜水 ‖ 슐이 밥이 사오나와 목의 너머 드디 아니ᄒᆞ고 시졀이 또 셩셰라 밀슈를 달라 ᄒᆞᆫ대 포인[음식ᄒᆞᄂᆞᆫ 사ᄅᆞᆷ이라]이 닐오되 핏물이 잇디 엇디 꿀믈이 이시리오 (術嫌飯粗, 不能下咽, 乃求蜜水止渴. 庖人曰: '止有血水, 安有蜜水!') <삼국-가정 7:155>

【꿈】 명 꿈. 잠자는 동안에 깨어 있을 때와 마찬가지로 여러 가지 사물을 보고 듣는 정신 현상. 몽(夢).¶ ▼夢 ‖ 현덕이 놀라 씨ᄃᆞᄅᆞ니 ᄒᆞᆫ 꿈이라 이때 정히 삼경이러라 현덕이 대경ᄒᆞ여 급히 편뎐의 나와 사ᄅᆞᆷ으로 ᄒᆞ여곰 공명을 청ᄒᆞ야 꿈을 기ᄒᆞ라 ᄒᆞᆫ대 (玄德忽然驚覺, 乃是一夢, 時正三鼓. 玄德大疑, 急出前殿, 使人請孔明圓夢.) <삼국-가정 25:71>

【꿈이-】 동 꾸미다. 모양이 나게 매만져 차리거나 손질하다.¶ ▼扮作 ‖ 방덕니 필연 믈너가 셩의 드르가린니 ᄒᆞᆫ 말 잘ᄒᆞ난 ᄉᆞ람을 어더 져 군ᄉᆞ 모양으로 꿈여 진즁의 석겨 셩의 드러가게 ᄒᆞ라 (龐德必退入城, 卻選一能言軍士, 扮作彼軍, 雜在陣中, 便得入城.) <삼국-모종 11:57>

【꿋-】 형 «굳다» 굳다.¶ ▼堅 ‖ 총 왈 운장은 호장니라 지모 족ㅣᄒᆞ니 되적지 못ᄒᆞ리니 꿋게 직히기 맛당ᄒᆞᆫ니라 (寵曰: "雲長虎將, 足智多謀, 不可輕敵, 只宜堅守.") <삼국-모종 12:61>

【뀌이-】 동 꿰다. 꽂다.¶ ▼挑 ‖ 적장 화웅이 쳘긔를 거ᄂᆞ리고 관의 나려와 숀장군의 불근 슈건을 긔찌 뀌여 들고 처칙 압희 와 되미ᄒᆞ며 싸홈을 적촉ᄒᆞᆫ다 (華雄引鐵騎下關, 用長竿挑著孫太守赤幘, 來寨前大罵搦戰.) <삼국-국중 2:14> ▼着 ‖ 정언간의 위연니 이르러 ᄊᆞ홈을 도ㅣ며 젼닐 일흔 투구를 창의 뀌여 들고 무슈이 질욕ᄒᆞ니 (正議間, 忽報魏延將着元帥前日所失金盔, 前來罵戰.) <삼국-국중 16:44>

【꿰치-】 동 강하게 꿰다.¶ ▼貫 ‖ 제의 머무지 못ᄒᆞ기ᄂᆞᆫ 근이 가지 아니ᄒᆞ기와 갓다ᄒᆞ니 그 말이 족히 신명을 꿰치리니 이제 엇지 촉에 항복ᄒᆞ리오 (弟之不留, 猶謹之不往, 其言足貫神明, 今日豈肯降蜀乎?) <삼국-모종 13:67>

【뀌-】 동 꿰다. 어떤 물체를 꼬챙이 따위에 맞뚫리게 찔러서 꽂다.¶ ▼穿 ‖ 포되를 다 푸러 일영의 비추여 세ㅣ히 자세 보고 제 몸의 뀌고 되고 (操親自以手提起, 對日影中細細詳看, 看畢, 自己穿在身上, 繫了玉帶.) <삼국-모종 3:89>

【뀌이-】 동 꾸이다. 다음에 돌려받기로 하고 돈이나 물건을 빌려주다.¶ ▼寄 ‖ 맛당히 버힘 즉 ᄒᆞᄂᆞᆫ[ᄂᆞ] 이제 권도로 네 머리를 뀌이니 속히 물너가라 (本當斬首, 今權且寄頭在項, 可速退出, 今後不許相見!) <삼국-모종 5:55>

【ᄭᅳ러-내-】 동 끌어내다.¶ ▼ᄭᅳ러내여 (攞) <삼국-어람 108a> ᄭᅳ러내여 (挨出) <삼국-어람 109b>

【ᄭᅳ럼이】 명의 꾸러미. (수량을 나타내는 말 뒤에 쓰여) 꾸리어 싼 물건을 세는 단위.¶ ▼把 ‖ 젼일 ᄒᆞᆫ ᄭᅳ럼이 불노 하후돈 틱반 인마를 ᄉᆞᆯ아시니 이졔 조군니 또 오면 반ᄃᆞ시 젼노 ᄒᆞ여금 닉의 꾀에 빠지리라 (前番一把火, 燒了夏侯惇大半人馬, 今番曹軍又來, 必敎他中這條計.) <삼국-모종 7:33>

【ᄭᅳ리-】 동 기리다. 칭찬하다.¶ ▼讚美 ‖ 만닐 ᄐᆞ인니 뉵구의 가 비ᄉᆞ로써 관공을 ᄭᅳ려 그 ᄆᆞ음을 교만ᄒᆞ면 관공이 반ᄃᆞ시 형쥬병을 ᄃᆞ 거ᄂᆞ리고 번셩을 향ᄒᆞ리니 (使他人卑辭讚美關公, 以驕其心, 彼必盡撤荊州之兵, 以向樊城.) <삼국-국중 13:49>

【ᄭᅳ어-】 동 «ᄭᅳ으다» 끌다.¶ ▼擁 ‖ 무ᄉᆞ를 불너 군문의 참ᄒᆞ라 ᄒᆞ니 도부쉬 숀쇼를 ᄭᅳ어 가니라 (叱武士推出斬之. 刀斧手擁孫韶出轅門之外.) <삼국-국중 14:100> ▼揪 ‖ 부인이 시비를 ᄭᅮ지져 됴운을 ᄭᅳ어 업지르라 ᄒᆞ니 운이 밀치고 드리다라 아두를 품 가온되셔 쌔텨 아사 안고 빅머리예 나와 (夫人喝侍婢向前揪捽, 被趙雲推倒, 就懷中奪了阿斗, 抱出船頭上.) <삼국-규장 14:14> ▼拖 ‖ 좌우로 ᄒᆞ여금 ᄭᅳ어 업디ᄅᆞ고 등 일빅을 텨 그 죄를 정킈 ᄒᆞ라 ᄒᆞ니 (左右拖翻, 打一百脊杖, 以正其罪!) <삼국-가정 15:88>

【ᄭᅳ어-내-】 동 끌어내다.¶ ▼捉出 ‖ 방이 되곡ᄒᆞ며 ᄉᆞᆯ기를 구ᄒᆞ니 ᄉᆞ 불응ᄒᆞ고 좌우를 명ᄒᆞ야 만져 황후를 ᄭᅳ어 닉여 동화문 닉의셔 빅년으로 목믹여 죽이다 (芳大哭求免. 師不從, 叱左右將張后捉出, 至東華門內, 用白練絞死.) <삼국-국중 16:128>

【ᄭᅳ으-】 동 끌다.¶ ▼拖 ‖ 노쟝 황튱의 일홈이 허뎐이 아니로다 일빅 합을 싸화도 그릇ᄒᆞ미 업ᄉᆞ니 닉일은 반ᄃᆞ시 칼 ᄭᅳ으ᄂᆞᆫ 계규를 써 뒤흐로셔 버히리라 (老將黃忠, 名不虛傳, 鬪一百合, 全無破綻. 來日必用拖刀計, 背砍贏之.) <삼국-가정 17:47>

【ᄭᅳ을-】 동 끌다.¶ ▼提 ‖ 믄득 칼을 ᄭᅳ을고 댱의 드러가 동탁을 죽이려 ᄒᆞ더라 (便要提刀入帳來殺董卓.) <삼국-모종 1:16>

【ᄭᅳ지-】 동 꺼지다.¶ ▼澆滅 ‖ 졍이 통곡ᄒᆞ더니 홀연 광풍이 되작ᄒᆞ며 흑운니 만공한 곳의 벽녁 쇼릭 이러ᄂᆞ며 급한 비 ᄂᆞ리니 곡즁 화염이 일시의 ᄭᅳ지난지라 (正哭

之間, 忽然狂風大作, 黑氣漫空, 一聲霹靂響處, 驟雨傾盆, 滿谷之火盡皆澆滅.) <삼국-국중 16:47>

【-ᄭᆞ지】 조 -까지.¶ ▼至 ‖ 승상이 이 물을 지ᄂᆡ여 가신 후로부허 밤마다 수변의 귀신이 울어 황혼부허 ᄉᆡ긔ᄭᆞ지 곡셩이 부졀ᄒᆞ고 댱연 속의 음귀가 무수ᄒᆞ여 (自丞相經過之後, 夜夜只聞得水邊鬼哭神號, 自黃昏直至天曉, 哭聲不絶, 瘴烟之內, 陰鬼無數.) <삼국-모종 15:25>

【ᄭᆞ-집-】 동 끌어잡다.¶ ▼捽揪 ‖ 부인이 시비를 ᄭᅮ지저 됴운을 ᄭᆞ지버 업디ᄅᆞ라 ᄒᆞ니 운이 밀티고 드리ᄃᆞ라 아두를 품 가온대셔 ᄲᅢ텨 아사 안고 빗머리에 나와 (夫人喝侍婢向前揪捽, 被趙雲推倒, 就懷中奪了阿斗, 抱出船頭上.) <삼국-가정 20:19>

【ᄭᆞᆫ】 명 ((기물)) 끈. 물건을 매거나 꿰거나 하는 데 쓰는 가늘고 긴 물건.¶ ▼纓 ‖ 장ᄎᆞᆺ 죠교의 갓ᄀᆞ오ᄆᆡ 황츙이 교상의셔 활을 한 번 다려 쏘니 시위를 응ᄒᆞ여 졍히 운장의 투고 ᄭᆞᆫ을 맛치며 젼군의 함셩이 〻러나거ᄂᆞᆯ (將近弔橋, 黃忠在橋上搭箭開弓, 弦響箭到, 正射在雲長盔纓根上. 前面軍齊聲喊起.) <삼국-국중 10:31>

【ᄭᆞᆫ너-지-】 동 끊어지다. 죽다.¶ ▼死 ‖ 됴진니 간필의 ᄃᆡ규 일셩의 분긔 막히여 ᄎᆞ시의 ᄭᆞᆫ너지니 사마의 병거의 시러 낙양의 보ᄂᆡ여 안장ᄒᆞ니라 (曹眞看畢, 恨氣塡胸, 至晩死於軍中. 司馬懿用兵車裝載, 差人送赴洛陽安葬.) <삼국-국중 16:6>

【ᄭᆞᆫᄂᆞ-】 동 «ᄭᅳᆶ다» 끊다.¶ ▼提 ‖ 긔령이 ᄉᆡ[ᄎᆡ]예 드러와 현덕이 와 상의 안진 걸 보고 ᄃᆡ경ᄒᆞ여 문듯 도라가고져 ᄒᆞ니 와[좌]우가 말유ᄒᆞ되 가ᄂᆞᆫ지라 뢰 압흐로 향ᄒᆞ여 지쥬ᄒᆞ여 아히갓치 ᄭᆞᆫᄂᆞᆫ지라 (紀靈下馬入寨, 卻見玄德在帳上坐, 大驚, 抽身便回, 左右留之不住. 呂布向前一把扯回, 如提童稚.) <삼국-모종 3:27>

【ᄭᆞᆫ으-】 동 끊다.¶ ▼斷 ‖ ᄂᆡ 스ᄉᆞ로 일만군을 거ᄂᆞ려 취쳘산의 가 죠〻의 량도를 ᄭᆞᆫ으리라 (我自引一萬馬軍, 往聚鐵山斷操糧道.) <삼국-국중 9:26>

【ᄭᆞᆫ치-】 동 끊기다. 끊어지다.¶ ▼息 ‖ 이졔 밧긔 근심이 ᄭᆞᆫ치지 아니ᄒᆞ니 안 닐을 블가블 일즉 졍ᄒᆞᆯ지라 (今外患未息, 內事不可不早定.) <삼국-국중 7:31>

【ᄭᅳᆯ-】[1] 동 끌다.¶ ▼ᄭᅳᆯ고 (推) <삼국-어람 108a> ᄭᅳ러 거구로 박어 (揪倒) <삼국-어람 108a>

【ᄭᅳᆯ-】[2] 동 끓다. 액체가 몹시 뜨거워져서 소리를 내면서 거품이 솟아오르다.¶

【ᄭᅳᆯ른 믈의 ᄃᆞ라들며 블을 볿ᄃᆞᆺ ᄒᆞ-】 동 끓는 물이라도 사양하지 않다.¶ ▼赴湯蹈火 ‖ 형의 무예 사ᄅᆞᆷ의게 ᄲᅡ여나고 경ᄉᆞ를 ᄯᅩ 능히 아니 일즙 긔약ᄒᆞᄃᆡ 한실을 붓들고 싱녕을 구ᄒᆞ야 ᄉᆞ군을 동ᄋᆞ려 ᄒᆞ미어ᄂᆞᆯ, 이제 ᄭᅳᆯ른 믈의 ᄃᆞ라들며 블을 볿ᄃᆞᆺ ᄒᆞ야 ᄲᅧ 필부의 용을 일워 우흐로 조종을 져ᄇᆞ리고 아래로 님금을 욕 머기니 엇디 의 되리오 (兄武藝超群, 更兼深通經史, 不思期共使君, 匡扶漢室, 蒸救生靈; 徒欲赴湯蹈火, 以成匹夫之勇, 上負祖宗, 下辱其主, 安得爲義?) <삼국-가정 9:9>

【ᄭᅳᆯ퇴-】 동 들끓다.¶ ▼爭奔 ‖ 죄 궤에 업더여 조으더니 믄득 드ᄅᆞ니 믈 미ᄂᆞᆫ 소ᄅᆡ 흉용ᄒᆞ여 만매 ᄃᆞ토와 ᄭᅳᆯ퇴ᄂᆞᆫ ᄃᆞᆺᄒᆞ거ᄂᆞᆯ (操伏几而臥, 忽聞潮聲洶湧, 如萬馬爭奔之狀.) <삼국-가정 20:36> 다만 드ᄅᆞ니 쳔병만매 ᄭᅳᆯ퇴고 징고 소ᄅᆡ 진동ᄒᆞ거ᄂᆞᆯ (只聽得萬馬爭奔, 征鼙震地.) <삼국-가정 24:85> ▼다만 보니 괴셕을 무딘 거시 놉픈 ᄃᆡ 돌히 모나 칼 ᄀᆞᆺ고 둥〻텹〻ᄒᆞ야 담 ᄀᆞᆺᄐᆞ며 강믈 소ᄅᆡ와 믈결 브ᄃᆞ잇ᄂᆞᆫ 소ᄅᆡ 일만 병매 ᄭᅳᆯ퇴ᄂᆞᆫ ᄃᆞᆺᄒᆞ니 (但見怪石嵯峨, 槎峨似劍; 橫沙立土, 重疊如墻; 江聲浪涌, 有如劍鼓之聲.) <삼국-가정 27:101>

【ᄭᅳᆶ-】 동 들끓다. 거품이 솟아오르다.¶ ▼沸 ‖ 아듕의 일셩 포행의 ᄉᆞ문의 열홰가 하날의 쌧쳐 니러나고 금괴제명ᄒᆞ고 학[함]셩니 바다가 ᄭᅳᆯ코 강이 뒤치ᄂᆞᆫ ᄃᆞᆺ ᄒᆞᆫ지라 (州衙中一聲礮響, 四門烈火, 轟天而起, 金鼓齊鳴, 喊聲如江翻海沸.) <삼국-모종 2:75>

【ᄭᅳᆺ-】[1] 동 «ᄭᅳᆺ다» 끊다. 그치다.¶ ▼截斷 ‖ 이예 함셩이 ᄃᆡ긔ᄒᆞ며 좌변 장억과 우변 장익 양노병이 나와 ᄃᆡ로을 ᄭᅳᆺ코 왕평 관삭이 다시 돌라 (忽然喊聲大起, 左有張嶷, 右有張翼, 兩路兵殺出, 截斷歸路, 王平、關索復兵殺回.) <삼국-모종 14:80>

【ᄭᅳᆺ-】[2] 동 끌다.¶ ▼引 ‖ 이예 죠운 위연을 불너 계칙을 주어 각〻 오천 병을 ᄭᅳᆺ어 가고 ᄯᅩ 왕평 당억을 불너 한가지 일군을 ᄭᅳᆺ어 겨고을 주어 가고 (乃喚趙雲、魏延至, 付與計策, 各引五千兵去了, 又喚王平、關索同引一軍, 授計而去.) <삼국-모종 14:79>

【ᄭᅳᆺ치-】 동 끊어지다.¶ ▼絶 ‖ 즉일의 남녀노쇠 셔로 붓들고 호읍ᄒᆞ며 힝ᄒᆞ여 급히 강을 건너니 두 언덕의 곡셩이 ᄭᅳᆺ치지 아니ᄒᆞᄂᆞᆫ지라 (卽日號泣而行. 扶老攜幼, 將男帶女, 滾滾渡河; 兩岸哭聲不絶.) <삼국-국중 8:93>

【ᄭᅳᆺᄒᆡ】 명 끝. (시간, 공간, 사물 따위에서) 마지막 한계가 되는 곳.¶ ▼段 ‖ 타니 관공을 뉴인ᄒᆞ거ᄂᆞᆯ 공이 싱각지 못ᄒᆞ고 마를 노와 좃ᄎᆞ와 칼노 질너 두 ᄭᅳᆺ흘 ᄒᆞ고 공이 도라오더니 한복이 문듯 문에 잇서 활노 쏘아 공으 왼팔을 마자 뉴혈리 ᄭᆞᆫ치지 아니ᄒᆞ니 (孟坦只指望引誘關公, 不想關公馬快, 早已趕上, 只一刀, 砍爲兩段, 關公勒馬回來, 韓福閃在門首, 盡力放了一箭, 正射中關公左臂.) <삼국-모종 5:8>

【ᄭᅳᆺᄒᆞ-】 동 «ᄭᅳᆺ다» 끊다. 그치다.¶ ▼截斷 ‖ 이예 함셩이 ᄃᆡ긔ᄒᆞ며 좌변 장억과 우변 장익 양노병이 나와 ᄃᆡ로을 ᄭᅳᆺ코 왕평 관삭이 다시 돌라 (忽然喊聲大起, 左有張嶷, 右有張翼, 兩路兵殺出, 截斷歸路, 王平、關索復兵殺回.) <삼국-모종 14:80>

【-ᄭᅴ】 조 -께. -에게. 존칭 여격조사. ※ 관형격 표지 'ㅅ'과 의존 명사 '긔'가 결합하여 동작이 미치는 처소를 나타낸다.¶ ▼이 옥이 네 변홰란 사ᄅᆞᆷ이 형산 아래셔 봉황이 돌 우희 깃드렷거ᄂᆞᆯ 보고 어더 가져다가 초문왕ᄭᅴ 드려 ᄡᅳ리니 과연 옥뎡이어ᄂᆞᆯ 두엇더니 진시황 이십뉵 년의 잘ᄒᆞᄂᆞᆫ 옥공으로 ᄒᆞ여곰 ᄆᆡᆫᄃᆞᆯ고 (此玉是昔卞和于荊山之下, 見鳳凰棲於石上, 載而進之楚文王.

解之, 果得玉璞, 秦始皇二十六年, 令良工琢爲璽.) <삼국-가정 2:119> 픠 술이 반만 취ᄒᆞ매 니ᄅᆞ러 ᄀᆞᆯ오ᄃᆡ 픠 ᄇᆞ라건대 조만의 ᄉᆞ되 텬ᄌᆞᄭᅴ 천거ᄒᆞ시과댜 ᄒᆞᄂᆞ이다 (布酒至半酣, 曰: '布早晩亦望司徒于天子處保奏.) <삼국-가정 3:69> 가히 본부병을 거ᄂᆞ려 셩의 나가 텬ᄌᆞᄭᅴ 뵈오리라 (可引本部兵出城去見天子.) <삼국-가정 35:87> ᄎᆞ일에 현덕이 임군ᄭᅴ 낫ᄒᆞ여 아뢰ᄃᆡ 죄가 현덕으로 오만 인마를 거라리고 또 쥬령 노소로 ᄒᆞᆫ가지로 힝ᄒᆞ니 뎨가 울겨[며] 현덕을 보ᄂᆡ더라 (次日, 玄德面奏君, 操令玄德總督五萬人馬, 又差朱靈、路昭二人同行, 玄德辭帝, 帝泣送之.) <삼국-모종 4:9>

【ᄭᅴ-들-】 동 껴들다.¶ ▼夾 ‖ 왕평[평]이 일군을 거ᄂᆞ리고 또 이ᄅᆞ려 냥화로 ᄭᅴ드려 치니 유 힘이 궁ᄒᆞ여 ᄃᆡ젹지 못ᄒᆞ고 길을 아ᅀᅡ 셩의 도라가니 (王平引一軍又到, 兩下夾攻, 維力窮抵敵不住, 奪路歸城.) <삼국-모종 15:70>

【ᄭᅵ-】[1] 동 ❶ 끼다. 옹위(擁衛)하다. 좌우에서 부축하며 지키고 보호하다.¶ ▼簇擁 ‖ 이윽ᄒᆞ야 마튱이 운댱을 ᄡᅧ 니ᄅᆞ럿거ᄂᆞᆯ (少時, 馬忠簇擁關公至前.) <삼국-가정 25:49> ❷ 덮다.¶ ▼蓋 ‖ 한군이 대패ᄒᆞ야 뫼히 허여디고 ᄃᆞᄅᆞ히 몌엿ᄂᆞᆫ디라 황건적이 ᄯᅡ흘 덥ᄃᆞ시 ᄡᅧ 오며 (見漢軍大敗, 後面漫山塞野, 黃巾蓋地而來.) <삼국-가정 1:51> ❸ 곁에 가까이 두거나 데리고 있다.¶ ▼夾 ‖ 승샹이 긔병ᄒᆞ매 쳔연ᄒᆞ여 오라게야 여긔 니른 고로 권이 시러곰 쥰비ᄒᆞ여 유슈구를 ᄡᅧ 셩을 ᄒᆞ여시니 ᄀᆞ장 유리ᄒᆞ이다 (丞相起兵, 遷延日久, 故孫卷得以準備, 夾濡須水口爲塢, 甚是有理.) <삼국-가정 20:35> ❹ 얼굴이나 목소리에 어떤 기미가 어리어 돌다.¶ ▼懷 ‖ 귀 반만 취ᄒᆞᄆᆡ 말ᄒᆞ여 왈 우리 부친 황완이 니곽 곽사의 난의 죽어 일즉 분통을 ᄭᅧᆺ더니 오날 또 임군 속인 도적을 만나도다 (奎酒半酣而言曰: "吾父黃琬死於李、郭汜之難, 嘗懷痛恨. 不想今日又遇欺君之賊.") <삼국-모종 9:112>

【ᄭᅵ-】[2] 동 (살이) 찌다.¶ ▼肨大 ‖ 칼흘 ᄲᅢ혀 티고져 ᄒᆞ되 탁의 힘이 센 줄을 두려 감히 하슈티 못ᄒᆞ더니 탁이 ᄉᆞᆯ히 ᄭᅵ매 오ᄅᆡ 안잣지 못ᄒᆞ야 드ᄃᆡ여 누으ᄆᆡ 두로텨 조의 압희로 등을 두고 눕거ᄂᆞᆯ (意欲拔刀, 懼卓有力, 不敢下手, 卓肨大, 不耐久坐, 遂倒身而臥, 轉身背却.) <삼국-규장 1:137>

【ᄭᅵ이-】 동 끼다. 안개나 연기 따위가 퍼져서 서리다.¶ ▼ 공명이 둔갑법을 ᄡᅥ 음운이 ᄭᅵ이고 하ᄂᆞᆯ히 어둡게 ᄒᆞ엿더니 군ᄉᆞ를 거둔 후의 하ᄂᆞᆯ히 다시 쳥명ᄒᆞ니 이ᄂᆞᆫ 공명이 뉵뎡뉵갑을 모라 부운을 ᄡᅳ러ᄇᆞ리미라 (此時司馬懿奔入本寨, 人報初更時陰雲暗黑, 乃孔明用遁甲之法; 後來收兵已了, 天復晴朗, 乃孔明驅六丁六甲, 掃蕩浮雲也.) <삼국-가정 34:8>

【ᄭᅵ티-】 동 끼치다. 끼얹다. 뿌리다.¶ ▼潑 ‖ 이제 뎔로 션봉을 삼아 대군을 거ᄂᆞ리게 ᄒᆞ니 이ᄂᆞᆫ 기름을 ᄭᅵᆺ텨 블을 구ᄒᆞ미라 (今使他爲先鋒而領大軍, 是潑油而救火也.) <삼국-가정 24:59>

【ᄭᅵᆺ치-】 동 끼치다. 남에게 손해를 입히거나, 번거로움이나 괴로움을 주다.¶ ▼忝 ‖ 이제 황제 승사ᄒᆞ여 ᄒᆡᄂᆡ의 앙망ᄒᆞᆫ ᄇᆡ여ᄂᆞᆯ 졔의 ᄌᆞ품이 경죠ᄒᆞ고 위의 부정ᄒᆞ며 거상 ᄒᆡᄐᆡᄒᆞ여 비덕이 임의 드러나고 ᄃᆡ위 누를 ᄭᅵᆺ칫ᄂᆞᆫ디라 (皇帝承嗣, 海內側望. 而帝天資輕佻, 威儀不恪, 居喪慢惰: 否德既彰, 有忝大位.) <삼국-국중 1:81>

【ᄭᅵᆺ티-】 동 끼치다. 끼얹다. 뿌리다.¶ ▼潑 ‖ 이 밤의 븍풍이 크게 니러나거ᄂᆞᆯ 죄 군ᄉᆞ를 긋재 모라내여 흙을 져 셩을 ᄡᅡ며 믈을 ᄭᅵᆺ텨 어루라 믈과 믈그ᄅᆞ시 업거ᄂᆞᆯ 깁을 포지버 쟐를 지어 믈을 다마 ᄭᅵᆺ티니 ᄡᅡᄂᆞᆫ 족〻 어ᄂᆞᆫ디라 (是夜, 北風大作. 操盡驅兵士擔土潑水, 爲無盛水之具, 作縑囊盛水澆之, 隨築隨凍.) <삼국-가정 19:29> 이제 뎔로 션봉을 삼아 대군을 거ᄂᆞ리게 ᄒᆞ니 이ᄂᆞᆫ 기름을 ᄭᅵᆺ텨 블을 구ᄒᆞ미라 (今使他爲先鋒而領大軍, 是潑油而救火也.) <삼국-가정 24:59>

【ᄭᆞ】 명 가. 가장자리.¶ ▼됴운이 ᄃᆡ답 아니ᄒᆞ고 강ᄭᆞ으로 십여 리나 ᄯᅩᆺ더니 ᄒᆞᆫ 여흘 ᄭᆞ의 다ᄃᆞᄅᆞ니 고기 잡ᄂᆞᆫ ᄇᆡ ᄆᆡ엿거ᄂᆞᆯ (趙雲不答, 沿江趕到十餘里, 灘半斜纜一隻漁船.) <삼국-가정 20:16>

【-ᄭᆞ지】 조 -까지. 이미 어떤 것이 포함되고 그 위에 더함의 뜻을 나타내는 보조사.¶ ▼ᄭᆞ지 (連) <삼국-어람 109b>

【ᄭᆞᆯ-】 동 깔다.¶ ▼鋪 ‖ 만일 대쇼 젼션을 각〻 모도와 혹 삼십으로 ᄒᆞᆫ ᄩᅦ를 ᄒᆞ며 혹 오십으로 ᄒᆞᆫ ᄩᅦ를 ᄒᆞ야 슈미의 쇠골회를 바가 년ᄒᆞ야 ᄌᆞᆷ고 우희 널을 ᄭᆞ라 너ᄅᆞ긔 ᄒᆞ면 사ᄅᆞᆷ이 평디 ᄃᆞᆫ니ᄃᆞᆺ 편ᄒᆞᆯ ᄲᅮᆫ이 아니라 ᄆᆞᆯ이라도 ᄯᅩᄒᆞᆫ ᄃᆞᆯ리이다 (若以大船小船, 各皆配搭, 或三十爲一排, 或五十爲一排, 首尾用鐵環連鎖, 上鋪闊板, 休言人可渡, 馬亦可走矣.) <삼국-가정 15:121>

【ᄭᆡ-】 동 깨다. 의식을 잃었거나 취했다가 정신이 맑아지다.¶ ▼醒 ‖ 술곳 취ᄒᆞ면 남다히를 ᄇᆞ라고 니를 ᄀᆞᆯ며 노ᄒᆞ기를 마디 아니ᄒᆞ다가 술곳 ᄭᆡ면 방셩통곡ᄒᆞ며 셜워ᄒᆞ기를 긋치디 아니ᄒᆞ더니 (每醉, 望南切齒睜目, 怒恨甚急; 酒醉醒時, 放聲痛哭, 悲傷不已.) <삼국-가정 26:66>

【ᄭᆡ다ᄅᆞ-】 동 «ᄭᆡ닫다» 깨다.¶ ▼覺 ‖ 홀연 보니 강심의 잇던 홍일이 곳 나ᄅᆞ ᄭᆞ져 산중의 ᄲᅥ러치며 그 쇼ᄅᆡ 우ᄅᆡ 갓거ᄂᆞᆯ 놀ᄂᆡ ᄭᆡ다ᄅᆞ니 원ᄅᆡ 장중의 잇셔 ᄒᆞᆫ ᄭᅮᆷ을 지엇ᄂᆞᆫ지라 (忽見江心那輪紅日, 直飛起來, 墜於寨前山中, 其聲如雷, 猛然驚覺, 原來在帳中做了一夢.) <삼국-모종 10:95>

【ᄭᆡ-밀-】 동 깨물다.¶ ▼咬 ‖ 어시의 방이 용봉한삼을 버서 손ᄭᅡ락을 ᄭᆡ미러 혈됴를 ᄡᅥ 장즙을 쥬고 (方脫下龍鳳汗衫, 咬破指尖, 寫了血詔, 授與張緝.) <삼국-국중 16:125> ▼嚼 ‖ ᄭᆡ미러 국젹을 죽이고져 ᄆᆡᆼ셰ᄒᆞ미로라 (嚼以爲誓, 誓殺國賊!) <삼국-국중 5:101>

【ᄭᆡ아-지-】 동 깨어지다. 단단한 물건이 여러 조각이 나다.¶ ▼破 ‖ 당픠 급히 ᄯᆞ로다가 산곡의 말이 업더저 두골이 ᄭᆡ아지니 후군니 구ᄒᆞ여 회치ᄒᆞ니 공명이 ᄎᆞ상ᄒᆞ

믈 마지 ᄋᆞ니코 셩도의 보ᄂᆡ여 죠병ᄒᆞ게 ᄒᆞ다 (張苞望見, 驟馬趕來, 不期連人帶馬跌入澗內. 後軍急忙救起, 頭已跌破. 孔明令人送回成都養病.) <삼국-국중 15:147>

【쎗돗-】 동 «쎗돗다» 깨닫다.¶ ▼悟 ‖ 노ᄌᆞ경이 강하의 가 뉴비의 군ᄉᆞ 졔갈냥을 ᄃᆞ려 니ᄅᆞ려 졔 셜분ᄒᆞ고ᄌᆞ ᄒᆞ여 말노써 쥬공을 도ᄃᆞ니 ᄌᆞ경이 고집ᄒᆞ야 쎗돗지 못ᄒᆞᄂᆞᆫ지라 (不想魯子敬從江夏帶劉備軍師諸葛亮至此, 彼因自欲雪憤, 特下說詞以激主公, 子敬卻執迷不悟.) <삼국-모종 7:97>

【싸개-】 동 짜개다.¶ ▼剖 ‖ 죠병니 셰대ᄒᆞ여 대적ᄒᆞ기 어려오니 ᄂᆡ 맛당이 ᄉᆞᄉᆞ로 묵거 죠병의 가 그 싸개고 버히믈 맛셔 써 셔쥬 ᄇᆡᆨ셩의 명을 구완ᄒᆞ리ᄅᆞ (曹兵勢大難敵, 吾當自縛往操營, 任其剖割, 以救徐州一郡百姓之命.) <삼국-모종 2:53>

【싸루-】 동 (뒤를) 따르다. 주시하다.¶ ▼追 ‖ 이ᄂᆞᆫ 숀칙이 져[적]국을 달ᄂᆡᄂᆞᆫ 쐬라 가히 싸루지 말나 (此必是孫策誘敵之計, 不可追之.) <삼국-모종 3:9>

【싸리-】[1] 동 때리다. 손이나 손에 든 물건 따위로 아프게 치다.¶ ▼打 ‖ 픠 다만 마시지 아니ᄒᆞ거날 비 ᄃᆡ로 왈 네 ᄂᆡ의 장녕을 어기니 합당이 일ᄇᆡᆨ을 싸리로라 군ᄉᆞ를 불너 ᄭᅳ어 ᄂᆞ리오니 (豹再三不飮, 飛醉後使酒, 便發怒曰: "你違我將令, 該打一百!" 便喝軍士拏下.) <삼국-모종 2:129>

【싸리-】[2] 동 쪼개다. 깨다.¶ ▼剖 ‖ 감ᄌᆞ 가진 ᄉᆞᄅᆞᆷ이 업군의 니르러 조의게 올인ᄃᆡ 죄 친히 감ᄌᆞ를 싸리니 숙이 뷔고 빈 겁질만 잇거늘 고이히 너겨 농마다 여러 보니 다 그러ᄒᆞ거늘 (取柑人至鄴城見操, 呈上柑子. 操親剖之, 但只空殼, 內并無肉.) <삼국-가정 22:68>

【싸리-】[3] 동 따르다.¶ ▼跟 ‖ 현덕이 황망ᄒᆞ니 됴운 왈 쥬공은 으심 말고 나를 싸려소서 됴운이 충을 빗기고 말을 써워 저근 길을 열어 가니 현덕이 아두를 다리고 칼을 ᄭᅳ어 싸르더니 (趙雲曰: "主公勿憂, 但跟某來." 趙雲挺鎗躍馬, 殺開條路, 玄德掣雙股劍後隨.) <삼국-모종 5:71>

【싸우기】 명 ((조류)) 저어샛과의 겨울 철새. 백조와 비슷하게 생겼으나 부리가 더 크고 아래로 굽었으며 온몸이 발그레한 흰색이다. 대가리는 털이 없이 붉고 다리는 누르스름하다. 낮에는 논이나 물가에서 개구리, 게, 물고기 같은 것을 잡아먹는다.¶ ▼野鵠 ‖ 그 부모 금치 못ᄒᆞ고 항상 니로ᄃᆡ 집에 달과 들에 싸우기도 오히려 쎠을 아나니 ᄒᆞ믈며 ᄉᆞ람니 야김성만 못ᄒᆞ리요 (父母不能禁止, 常云: "家雞野鵠, 尙有自知時, 何況爲人在世乎?") <삼국-모종 11:86>

【싸ᄒᆞ】 명 ((지리)) 땅. 곳. 장소.¶ ▼地 ‖ 우리ᄂᆞᆫ 한실 종친으로 형줘 싸흘 두엇더니 (吾乃漢室宗親, 劉荊州之地.) <삼국-규장 9:109>

【ᄯᆞᆯ우-】 동 따르다.¶ ▼隨 ‖ 이예 문취 칠만얼 거나려 몬저 힝ᄒᆞ고 현덕이 솜만 군을 ᄭᅳ어 뒤예 ᄯᆞᆯ우다 (於是文醜自領七萬軍先行, 令玄德引三萬軍隨後.) <삼국-모종 4:68>

【ᄯᆞᆯ으-】 동 따르다.¶ ▼隨 ‖ 보정이 ᄃᆡ답ᄒᆞ고 관공을 청ᄒᆞ여 방장의 드러와 보정이 삭칼을 드러 관공을 눈치ᄒᆞ니 공이 �닷고 좌우를 명ᄒᆞ여 칼을 가지고 ᄯᆞᆯ으게 ᄒᆞ다 (普淨敎取茶先奉夫人, 然後請關入方丈, 普淨以手擧所佩戒刀, 以目視關公, 公會意, 命左右持刀緊隨.) <삼국-모종 5:10>

【ᄯᆡ】 명 때. 시간의 어떤 순간이나 부분.¶ ▼우리 두 사ᄅᆞᆷ이 죽디 아닐 ᄯᆡ면 뎨 취ᄒᆞ여 상상의 뎌실 거시니 우리 죽을 ᄯᆡ면 뎨 취티 아니리라 (我兩個若不當死, 則他醉于床上; 若當死, 則他不醉.) <삼국-규장 18:82>

【ᄯᆡ-】 동 때다. '때우다'의 준말. 뚫리거나 깨진 곳을 다른 조각으로 대어 막다.¶ ▼鑲 ‖ ᄒᆞᆫ 옥인이 이시되 ᄉᆞ면이 네 치오 우ᄒᆡ 다ᄉᆞᆺ 뇽이 얼거뎟ᄂᆞᆫ 양으로 사기고 ᄒᆞᆫ 모히 이즈러딘 ᄃᆡ롤 황금으로ᄡᅥ ᄯᆡ엿고 (見一玉璽, 方兩四寸, 上鐫五龍交鈕, 方缺一角, 以黃金鑲之.) <삼국-가정 2:119> 후의 왕망이 찬역ᄒᆞ고 졔 효원황태위 옥시로 왕심과 소헌을 티다가 ᄒᆞᆫ 모히 이즈러디거ᄂᆞᆯ 금으로ᄡᅥ ᄯᆡ엿더니 (後至王莽簒逆, 孝元皇太后將印打王尋、蘇獻, 崩其一角, 以金鑲之.) <삼국-가정 2:121>

【ᄶᆞ기-】 동 짜개다.¶ ▼解 ‖ 옛날의 변혜 형산 아릐 봉황이 셕상의 깃드리믈 보고 돌을 가져 초 문왕게 드리니 ᄶᆞ기여 과연 옥을 어덧ᄂᆞᆫ지라 (此玉是昔日卞和於荊山之下, 見鳳凰棲於石上, 載而進之楚文王, 解之, 果得玉.) <삼국-모종 1:103>

【ᄺᅥ】 명 떼. 무리.¶ ▼彪 ‖ 관공이 그 말ᄃᆡ로 녀람으로 가더니 ᄇᆡ후에 풍진이 닐며 한 ᄺᅥ 군식 막거ᄂᆞᆯ ᄒᆞ후돈이 당전ᄒᆞ여 ᄭᅮ짓저 왈 관뫼ᄂᆞᆫ 가지 말나 ᄒᆞ니 (關公依言, 不投河北去, 逕取汝南來, 正行之間, 背後塵埃起處, 一彪人馬趕來, 當先夏侯惇大叫: "關某休走!") <삼국-모종 5:16>

【ᄺᅥ러-디-】 동 떨어지다. (물건이나 물체 같은 것이) 위에서 아래로 내려지다.¶ ▼墜 ‖ 셩의 ᄺᅥ러뎌 죽거ᄂᆞᆯ 쥬창이 ᄯᅩᄒᆞᆫ 하날을 브ᄅᆞ며 멱질너 죽으니 (王甫乃墜城而死, 周倉自刎而亡.) <삼국-규장 17:100>

【ᄺᅥ러-치-】 동 떨어치다. 떨어뜨리다. 세차게 힘을 들여서 떨어지게 하다.¶ ▼墮 ‖ 소남기 놉하 쇠잔ᄒᆞᆫ 이슬이 자로 ᄺᅥ러저시니 의심컨ᄃᆡ 당년의 눈물 ᄺᅥ러치ᄂᆞᆫ ᄉᆞᄅᆞᆷ인가 (松高殘露頻頻滴, 疑是當年墮淚人.) <삼국-국중 17:133>

【ᄺᅥ르치-】 동 떨어뜨리다. 위에 있는 것을 아래로 내려가게 하다.¶ ▼落 ‖ 날을 ᄺᅥ르쳐시니 과연 유궁 후예를 쇼기고 원숭이 불너시니 침 양유긔도곤 낫더라 (落日果然欺后羿, 號猿直欲勝由基.) <삼국-국중 4:50>

【ᄺᅥ이-】 동 떼다. 뜯다.¶ ▼開 ‖ 쥬위 ᄃᆡ로ᄒᆞ여 ᄃᆞ시 ᄺᅥ여 보지 아니ᄒᆞ고 글월을 ᄶᅵ져 ᄯᅡᄒᆡ 더지고 사ᄌᆞ를 ᄭᅮ져져 버히라 ᄒᆞ니 (瑜大怒, 更不開看, 將書扯碎, 擲於地上, 喝斬來使.) <삼국-국중 9:34> ▼拆 ‖ 죄 글을 ᄺᅥ여 보고 졈두ᄎᆞ탄ᄒᆞ니 졔인니 다 그 ᄯᅳᆮ즐 아지 못ᄒᆞᆯ너라

(操拆書視之, 點頭嗟歎. 諸人皆不知其意.) <삼국-국중 7:94> 죄 왈 글이 어ᄃᆡ 잇ᄂᆞ냐 ᄐᆡᆨ이 글를 취ᄒᆞ여 드리거ᄂᆞᆯ 죄 글을 ᄠᅥ여 등ᄒᆞ의 나아가 보니 (操曰: "書在何處?" 闞澤取書呈上, 操拆書, 就燈下觀看.) <삼국-모종 8:16>

【ᄠᅥ희-】 동 떼다. (편지나 방문, 고시 등) 봉한 것을 뜯어서 열다.¶ ▼拆開 ‖ 금낭 봉ᄒᆞᆫ 거설 ᄠᅥ희니 우회 ᄡᅥ시ᄃᆡ 위연으로 ᄃᆡ적할 ᄃᆡ을 기다려 마상의서 여러 보라 하여거날 (遂出錦囊拆開看時, 題曰: "待與魏延對敵, 馬上方許拆開.") <삼국-모종 17:47>

【ᄯᅥᆫ지-】 동 던지다.¶ ▼擲 ‖ 말과 갓한 별리 서천으로좃ᄎᆞ 나려ᄶᅵᆷ을 보고 공명니 ᄃᆡ겡ᄒᆞ여 잔을 ᄯᅡ에 ᄯᅥᆫ지고 ᄃᆡ곡ᄒᆞ여 가로ᄃᆡ 이지 통지라 ᄒᆞ거날 (只見正西上一星, 其大如斗, 從天墜下, 流光四散, 孔明失驚, 擲盃於地, 掩面哭曰: "哀哉, 痛哉!") <삼국-모종 10:127>

【ᄯᅥᆯ-】 동 떨다. 겁내거나 두려워하다.¶ ▼戰慄 ‖ 뎨 조를 보시고 ᄯᅥᆯ기를 마디 아니ᄒᆞ시더니 (帝見曹操, 戰慄不已.) <삼국-규장 15:39>

【ᄯᅥᆯ치-】 동 떨치다. 세게 흔들어서 떨어지게 하다.¶ 拂 ‖ 김위 이 말을 듯고 ᄉᆞᄆᆡ를 ᄯᅥᆯ치고 이러 나갈ᄉᆡ 마ᄎᆞᆷ 시동이 다를 ᄂᆞ오니 김위 그 다를 바다 ᄯᅡ희 업즈러니 (禕拂袖而起. 適從者奉茶至, 便將茶潑於地上.) <삼국-국중 12:78-69>

【ᄯᅥᆯ티-】 동 떨치다. 세게 흔들어서 떨어지게 하다.¶ ▼拂 ‖ ᄉᆞ매를 ᄯᅥᆯ티고 드러가니 (拂袖而入.) <삼국-규장 9:14>

【ᄠᅦ】[1] 명 떼. 무리. 사람, 동물 또는 어떤 사물이 한데 많이 몰려 있는 것.¶ ▼群 ‖ 쇽니 듯지 안니터니 홀연 산중 ᄇᆡᆨ성니 ᄠᅦ을 일우어 급피 와 아릐ᄃᆡ 위병니 이른럿다 ᄒᆞ거날 (馬謖不從, 忽然山中居民, 成群結隊, 飛奔而來, 報說: "魏兵已到.") <삼국-모종 16:5>

【ᄠᅦ】[2] 명 ((교통)) 떼. 나무나 대나무 따위의 일정한 토막을 엮어 물에 띄워서 타고 다니는 것. 뗏목.¶ ▼筏 ‖ 이곳 슈세 ᄠᅳ니 본부 삼쳔병을 인ᄒᆞ야 ᄠᅦ로 건너 (此處水慢, 堪可扎筏渡之.) <삼국-규장 20:25> ᄯᅢ난 팔월이라 수일 비오거날 공니 ᄇᆡ와 ᄠᅦ을 네비ᄒᆞ니 관평니 문왈 육지 엇지 수구 수습ᄒᆞ여 무어세 ᄡᅳ리요 (時值八月秋天, 驟雨數日, 公令人預備船筏, 收拾水具, 關平問曰: "陸地相持, 何用水具?") <삼국-모종 12:71>

【ᄯᅩ】 부 또. 어떤 일이 거듭하여.¶ ▼更兼 ‖ 긔산은 댱안의 웃듬 머리라 농셔 졔군의 구병이 만일 오면 다 이곳을 디날 거시오 ᄯᅩ 압프로 위슈를 님ᄒᆞ엿고 뒤흐로 야곡을 당ᄒᆞ야 좌우 젼후의 가히 복병ᄒᆞ염즉ᄒᆞ니 이ᄂᆞᆫ 용무ᄒᆞᆯ ᄯᅡ히라 (祁山乃長安之首也, 隴西諸郡倘有兵來, 必經由此地. 更兼前臨渭濱.) <삼국-가정 33:3>

【-ᄯᅩ다】 미 -도다. -구나. 해라할 자리에 쓰여, 감탄을 나타내는 종결 어미. 장중한 어조를 띤다.¶ ▼耶 ‖ ᄆᆡᆼ덕이 ᄯᅩᄒᆞᆫ ᄉᆞ의를 품난ᄯᅩ다 (何進怒曰: "孟德亦懷私意耶?") <삼국-국중 1:53>

【-ᄯᅩ소이다】 미 -군요. '-도소이다'의 이표기.¶ ▼了 ‖ 등왈 이 ᄯᅩᄒᆞᆫ 계교 잇ᄯᅩ쇼이다 (登曰: '兒亦有計了.') <삼국-국중 4:125>

【ᄲᅩ시-】 동 쪼개다.¶ ▼剖 ‖ ᄌᆞ 쇼왈 엇지 니 일이 잇사리요 ᄒᆞ고 감ᄌᆞ을 가저 ᄲᅩᄭᅵ니 다 뉵후ᄒᆞ고 그 마시 심히 다니 다만 조의 ᄲᅩᆺ긴 바난 공각니라 (慈笑曰: "豈有此事?" 取柑剖之, 內皆有肉, 其味甚甛, 但操自剖者, 皆空殼.) <삼국-모종 11:80>

【ᄲᅩᆺ기-】 동 쪼개다.¶ ▼剖 ‖ ᄌᆞ 쇼왈 엇지 니 일이 잇사리요 ᄒᆞ고 감ᄌᆞ을 가저 ᄲᅩᄭᅵ니 다 뉵후ᄒᆞ고 그 마시 심히 다니 다만 조의 ᄲᅩᆺ긴 바난 공각니라 (慈笑曰: "豈有此事?" 取柑剖之, 內皆有肉, 其味甚甛, 但操自剖者, 皆空殼.) <삼국-모종 11:80>

【ᄯᅪᄒᆞ】 명 ((지리)) 땅. 곳. 장소.¶ ▼地 ‖ 양ᄋᆞ을 임의 졍ᄒᆞᄆᆡ 슌위 나아가 왈 강능은 형양 즁지라 젼양이 극히 만ᄒᆞ니 뉴비 만일 잇 ᄯᅪ흘 웅거ᄒᆞ면 급히 요동ᄒᆞ기 어러우리이다 (襄陽既定, 荀攸進言曰: "江陵乃荊襄重地, 錢糧極廣, 劉備若據此地, 急難動搖.") <삼국-모종 7:51>

【ᄯᅬ-】 동 되다.¶ ▼爲 ‖ 왕낭이 쥬왈 사마의ᄂᆞᆫ 깁히 도략의 ᄇᆞᆰ고 본ᄃᆡ 큰 ᄯᅳᆺ지 이시니 일즉 더디 아니ᄒᆞ면 반ᄃᆞ시 회 ᄯᅬ리라 (王朗奏曰: "司馬懿深明韜略, 善曉兵機, 素有大志, 若不早除, 久必爲禍.") <삼국-모종 15:33>

【ᄶᅩᆺ기-】 동 쫓기다.¶ ▼追 ‖ ᄎᆞ일 ᄯᅩ 와 ᄊᆞ홈을 도ᄃᆞ오니 ᄒᆞ후돈 적원니 일졔니 나 마진니 형주병니 ᄯᅩ 픽ᄒᆞ여 니십 니예 ᄶᅩᆺ기난지라 (次日, 又來搦戰, 夏侯存、翟元, 一齊出迎, 荊州兵又敗, 又追殺二十餘里.) <삼국-모종 12:60>

【ᄶᅩᆺᄎᆞ-오-】 동 좇아오다.¶ ▼從背後殺來 ‖ 되 ᄃᆞ라나거날 촉병니 뒤랄 엄습ᄒᆞ고 장비 됴운니 각ᄀᆞ 일지병으로 ᄶᅩᆺᄎᆞ오고 황충은 그 뒤로 ᄶᅩᆺᄎᆞ오니 (操正走之間, 前面張飛引一枝兵截住, 趙雲引一枝兵從背後殺來, 黃忠又引兵從褒州殺來.) <삼국-모종 12:41>

【ᄯᅮ다리-】 동 뚜드리다. 세게 두드리다.¶ ▼叩 ‖ 권이 머리를 ᄯᅮ다리고 피를 흘녀 장의 옷살 입으로 물고 간ᄒᆞᆫᄃᆡ 장이 ᄃᆡ로ᄒᆞ야 옷살 ᄯᅥᆯ쳐 니러나되 (權叩首流血, 近前口啣璋衣而諫, 璋大怒, 扯衣而起.) <삼국-모종 10:73>

【ᄯᅱ여-ᄂᆞ리-】 동 뛰어내리다.¶ ▼躍而下 ‖ 문앙문회 기부의 쥭으믈 보고 분노ᄒᆞ야 단도를 들고 장하인 슈십 인을 쥭이고 비신상셩ᄒᆞ야 ᄯᅱ여ᄂᆞ려 위치의 투항ᄒᆞ니 (文鴦、文虎見父被殺, 各拔短刀, 立殺數十人, 飛身上城, 一躍而下, 越濠赴魏寨投降.) <삼국-국중 17:12>

【ᄯᅱ여-들-】 동 뛰어들다.¶ ▼跳 ‖ 언흘의 옷슬 벗고 젼하의 ᄂᆞ려 유졍의 ᄯᅱ여들고져 ᄒᆞ니 권니 급히 ᄉᆞ룸으로 ᄒᆞ여 붓드러 후젼의 드러와 샹빈의 예로 ᄃᆡ졉ᄒᆞᆯᄉᆡ (言訖, 撩衣下殿, 望油鼎中便跳. 權急命止之, 請入後殿, 以上賓之禮相待.) <삼국-국중 14:91>

【ᄯᅱ이-】[1] 동 뛰다.¶ ▼躍 ‖ 졍 왈 이ᄂᆞᆫ 쵹 핑영언이란 ᄉᆞ룸이 아니냐 상하의 이르니 기인니 보고 ᄯᅱ여 이러ᄂᆞ 왈 효직이 별니 무양ᄒᆞ냐 (法正曰: "莫非彭永言乎?" 陞

階視之. 其人躍起曰: "孝直別來無恙!") <삼국-국중 11:96> ▼跳 ‖ 순우경이 취ᄒᆞ여 장즁의 누엇다가 고조 소릐를 듯고 ᄯᅮ여 이러나 왈 엇지 요란ᄒᆞ고 (時淳于瓊方與衆將飮了酒, 醉臥帳中, 聞鼓譟之聲, 連忙跳起問: "何故喧鬧?") <삼국-모종 5:58> ▼穿 ‖ 현덕이 형셰 급ᄒᆞᆷ을 보고 밋쳐 집의 가지 못ᄒᆞ여 쳐소을 바리고 셩을 ᄯᅮ여 셔문으로 나가 필마로 도쥬ᄒᆞ니 (玄德見勢已急, 到家不及, 只得棄了妻小, 穿城而過, 走出西門, 匹馬逃難.) <삼국-모종 2:68>

【ᄯᅮ이-】 [2] 동 튀다.¶ ▼濺 ‖ 졍이 경아ᄒᆞ더니 홀연 광풍이 ᄃᆡ작ᄒᆞ야 ᄇᆡᆨ낭이 흔쳔ᄒᆞᄃᆡ 물결이 ᄯᅮ여 룡포ᄅᆞᆯ 젹시ᄂᆞᆫ지라 (正驚訝間, 忽然狂風大作, 白浪滔天, 江水濺濕龍袍, 大船將覆.) <삼국-국중 14:103>

【ᄯᅮᆨ】 부 뚝. 크고 단단한 물체가 부러지거나 끊어지는 소리. 또는 그 모양.¶ ▼ᄯᅮᆨ 써러져 (倒撞) <삼국-어람>

【ᄯᅱ-】 [1] 동 뛰다. 있던 자리로부터 몸을 높이 솟구쳐 오르다.¶ ▼踊 ‖ 믄득 홍광과 ᄌᆞ뮈 굴헝 가온ᄃᆡ로셔 니러나며 말이 ᄯᅱ여 굴헝 밧게 ᄂᆡ다ᄅᆞ니 댱합이 ᄃᆡ경ᄒᆞ야 므르ᄃᆞᆺ거ᄂᆞᆯ (忽然紅光紫霧從土坑中滾起, 那匹馬一踊而起. 人馬踊出土坑, 張郃大驚而退.) <삼국-가정 14:19>

【ᄯᅱ-】 [2] 동 튀다.¶ 친히 ᄎᆞᆫ 검을 ᄲᅢ혀 남글 치니 징〻ᄒᆞ여 소릐 잇더니 피 ᄯᅱ여 몸의 ᄀᆞ득ᄒᆞ거ᄂᆞᆯ (拔所佩劍, 親自砍之, 錚錚有聲, 血濺滿身.) <삼국-규장 18:6> 믄득 광풍이 ᄃᆡ작ᄒᆞ여 흰 물결이 하ᄂᆞᆯ희 다핫ᄂᆞᆫᄃᆡ 강싊 ᄯᅱ여 농포의 젓고 농쥐 쟝ᄎᆞᆺ 업티게 되엿거ᄂᆞᆯ (忽然狂風大作, 白浪滔天, 江水濺濕龍袍, 大船將覆.) <삼국-규장 19:117>

【ᄯᅱ-놀-】 동 뛰놀다. 날뛰다. ᄯᅱ(뛰다, 踊)-+놀(놀다, 遊)-.¶ ▼踴躍 ‖ 죄 대희ᄒᆞ야 ᄯᅱ놀며 닐오ᄃᆡ (操大喜, 踴躍而言曰.) <삼국-규장 8:53> 모다 글월을 보고 ᄯᅱ놀며 칭찬ᄒᆞ더라 (衆皆踴躍稱善.) <삼국-규장 8:96>

【ᄯᅱ여-들-】 동 뛰어들다.¶ ▼跳 ‖ 오ᄉᆞᆯ 거두들고 유확의 ᄯᅱ여들고져 ᄒᆞ거ᄂᆞᆯ (撩衣下殿, 望油鼎中便跳.) <삼국-가정 28:29>

【ᄯᅱ우-】 동 뛰게 하다.¶ ▼躍 ‖ 탁이 칼을 안고 원문의 셧더니 홀연 ᄒᆞᆫ ᄉᆞ람이 원문 밧게 말을 ᄯᅱ우고 창을 가져 왕ᄂᆡᄒᆞ고 달니ᄂᆞᆫ지라 (卓按劍立於園門, 忽見一人躍馬持戟, 於園門外往來馳驟.) <삼국-모종 1:50>

【ᄯᅳ-】 형 뜨다. 행동 따위가 느리고 더디다.¶ ▼慢 ‖ 조인이 즁쟝을 ᄃᆞ리고 슈셰 ᄯᅳᆫ ᄃᆡᄅᆞᆯ ᄎᆞ자 박능 ᄂᆞᄅᆞ 어귀예 니ᄅᆞ니 (曹仁引衆將望水勢慢處奪路而走, 行到白河渡口.) <삼국-가정 13:100> 이곳 슈셰 ᄯᅳ니 본부 삼쳔병을 인ᄒᆞ야 ᄠᅦ로 건너 (此處水慢, 堪可扎筏渡之.) <삼국-가정 28:98> 슈셰 비록 ᄯᅳ나 션쳑이 업거ᄂᆞᆯ (水勢雖慢, 並無一隻船筏.) <삼국-가정 29:2>>

【ᄯᅳ이-】 동 (물 위에) 띄우다.¶ ▼泛 ‖ 이졔 명공의 ᄃᆡ훈니 나ᄐᆞ나미 위엄이 임의 진쥬한디라 엇지 검강의 ᄇᆡ를 ᄯᅳ이고 아미의 자최를 ᄭᅳᆫ어 젹숑ᄌᆞ를 조ᄎᆞ 노지 아니ᄂᆞ뇨 (今公大勳已就, 威震其主, 何不泛舟絶迹, 登峨嵋之嶺, 而從赤松子遊乎?) <삼국-국중 17:109>

【ᄯᅳᆨ글】 명 티끌. 티와 먼지.¶ ▼塵 ‖ 현덕이 ᄉᆞ례ᄒᆞ고 냥셩으로 나가다가 호련 ᄯᅳᆨ글 머리예 일표 ᄃᆡ군이 이르거날 현덕이 조〻의 군산 쥴 알고 (玄德稱謝而別, 取路出梁城. 忽見塵頭蔽日, 一彪大軍來到, 玄德知是曹操之軍.) <삼국-모종 3:69> 현덕이 후면을 보니 다만 ᄯᅳᆨ글 머리 이러ᄂᆞᆫ지라 관 장다려 일너 왈 이 반다시 죄 병이 좃ᄂᆞᆫ다 (玄德正行之間, 只見後面塵頭驟起, 謂關、張曰: "此必曹兵追至也.") <삼국-모종 4:10>

【ᄯᅳᆨ글-머리】 명 티끌. 티와 먼지.¶ ▼塵頭 ‖ 현덕이 ᄉᆞ례ᄒᆞ고 냥셩으로 나가다가 호련 ᄯᅳᆨ글 머리예 일표 ᄃᆡ군이 이르거날 현덕이 조〻의 군산 쥴 알고 (玄德稱謝而別, 取路出梁城. 忽見塵頭蔽日, 一彪大軍來到, 玄德知是曹操之軍.) <삼국-모종 3:69> 현덕이 후면을 보니 다만 ᄯᅳᆨ글머리 이러ᄂᆞᆫ지라 관 장다려 일너 왈 이 반다시 죄 병이 좃ᄂᆞᆫ다 (玄德正行之間, 只見後面塵頭驟起, 謂關、張曰: "此必曹兵追至也.") <삼국-모종 4:10>

【ᄯᅳᆲ-】 동 뚫다.¶ ▼突 ‖ 조운니 군ᄉᆞᄅᆞᆯ 도로혀 ᄡᆞ니 시살ᄒᆞ니 하후돈니 연긔ᄅᆞᆯ 무릅고 불을 ᄯᅳᆯ버 닷더ᄅᆞ (趙雲回軍趕殺, 夏侯惇冒煙突火而走.) <삼국-모종 7:19>

【ᄯᅳᆷ】 명 ((한방)) 뜸. 약쑥을 비벼서 쌀알 크기로 빚어 살 위의 혈(穴)에 놓고 불을 붙여서 열기가 살 속으로 퍼지게 한다.¶ ▼灸 ‖ 병든 사ᄅᆞᆷ을 혹 약을 쓰며 혹 침을 주며 혹 ᄯᅳᆷ을 ᄒᆞ면 다 손을 조차 됴코 (但有患者, 或用藥, 或用針, 或用灸, 隨手而愈.) <삼국-가정 25:84>

【ᄯᅳᆺ】 [1] 명 뜻. 무엇을 하겠다고 속으로 먹는 마음.¶ ▼意 ‖ 내 ᄯᅳᆺ의ᄂᆞᆫ 바로 관우를 ᄉᆞᆷ씨고져 ᄒᆞ거든 엇디 힘드렁이 죽으리오 (吾心中已有呑關羽之意, 豈死於等閑乎?) <삼국-규장 17:22>

【ᄯᅳᆺ】 [2] 명 조각.¶ ▼段 ‖ 번희 감히 뉴셩퇴를 던지거ᄂᆞᆯ 관공이 한 칼노 번희를 ᄶᅵᆨ어 두 ᄯᅳᆺ ᄂᆡ고 도라와 이수를 뫼오니 일쪽 군ᄉᆡ 왓다가 ᄉᆞᄉᆞ로 헛터지더라 (卞喜暗取飛鎚擲打關公, 關公用刀隔開鎚, 趕將入去, 一刀劈卞喜爲兩段, 隨卽回身來看二嫂, 早有軍人圍住, 見關公來, 四下奔走.) <삼국-모종 5:10>

【ᄯᅳᆺ-】 동 «ᄠᅳᆮ다» 뜯다. 찢다.¶ ▼毁 ‖ 조죄 쥬유의 글을 ᄯᅳᆺ고 ᄉᆞᄌᆞ 버힘을 알고 ᄃᆡ로ᄒᆞ야 ᄎᆡ모 댱뉸으로 전부ᄅᆞᆯ 삼고 죄 스ᄉᆞ로 후군니 되여 전선을 독촉ᄒᆞ야 삼강구의 니ᄅᆞ려 (曹操知周瑜毁書斬使, 大怒, 便喚蔡瑁、張允等一班荊州降將爲前部, 操自爲後軍, 催督戰船, 到三江口.) <삼국-모종 7:123>

【ᄯᅳᆺ글】 명 티끌. 티와 먼지.¶ ▼塵 ‖ 이제 텬ᄌᆞ ᄯᅳᆺ글을 무릅쓰니 댕군니 맛당이 의병을 수챙ᄒᆞ여 텬ᄌᆞᄅᆞᆯ 밧드러 즁망을 조출지니 일즉 도모치 아니면 ᄉᆞᄅᆞᆷ이 ᄂᆞ 먼져 ᄒᆞ리라 (今天子蒙塵, 將軍誠因此時首倡義兵, 奉天子以從衆望, 不世之略也, 若不早圖, 人將先我而爲之矣.) <삼국-모종 2:111> ▼塵頭 ‖ 젼면의 홀연이 ᄯᅳᆺ글이 니러ᄂᆞ거날 돈니 ᄇᆞᄅᆞ보고 인마를 긋치고 향도관ᄃᆞ려 무려

왈 이 싸흔 무슨 고지뇨 (人馬趲行之間, 望見前面塵頭忽起, 惇便將人馬擺開, 問鄕導官曰: "此間是何處?") <삼국-모종 7:16>

【뜻ㅅ】 명 뜻. '뜻'의 'ㅅ' 중철 표기 형태.¶ ▼셔황 허졔다 니롤 갈며 문을 부릅쓰고 셔로 싸홀 뜻시 잇거놀 죄 소왈 닉 특별이 공둥의 용녁을 보려 ᄒᆞ미라 엇지 ᄒᆞᆫ 금포롤 앗기리요 (各有相鬥之意, 操笑曰: "孤特視公等之勇耳, 豈惜一錦袍哉?") <삼국-모종 9:80>

【뜻지】 명 뜻.¶ ▼意 ‖ 괴 쏘한 뉵빅언을 아나니 긔직라 고의 뜻즤 결ᄒᆞ엿스니 경 등은 말을 말나 (孤亦素知陸伯言乃奇才也. 孤意已決, 卿等勿言.) <삼국-국중 14:36>

【띄】 명 ((복식)) 띠. 옷 위로 허리를 둘러매는 끈. 또는 너비가 좁고 기다랗게 생긴 물건을 통틀어 이르는 말.¶ ▼帶 ‖ 아관[노픈 관이라]박딕[너븐 띄라]예 샹뫼 비상ᄒᆞᆫ 션싱이 와 뵈믈 구ᄒᆞᄂᆞ이다 (門外有一先生, 峨冠博帶, 道貌非常, 特來相探.) <삼국-가정 12:71> 제장니 분역ᄒᆞ냐 위쥬롤 구안ᄒᆞ냐 회슈을 건ᄂᆞ여 삼십 이을 못 가셔 회하 중 ᄒᆞᆫ 띄 갈딕에 어유를 부어 다 불을 부쳐 (諸將奮力救出魏主, 魏主渡淮河, 行不三十里, 淮河中一帶蘆葦, 預灌魚油, 盡皆火著.) <삼국-모종 14:63> ▼帶鞓 ‖ 문득 둥홰 띄예 ᄂᆞ려뎌 뒤 뽄 금단이 ᄐᆞ거놀 승이 놀라 씌텨 보니 ᄒᆞᆫ 모히 블 타 흰 깁이 죠곰 내밀고 은 : 히 혈젹이 잇거놀 칼로 빼혀 보니 과연 밀죄러라 (忽然燈花卸落於帶鞓上, 燒着背襯. 承驚醒, 視之, 燒破一處, 微露素絹, 隱見血迹.) <삼국-가정 7:96>

【띄-】 동 띠다. 띠나 끈 따위를 두르다. 차다. 몸에 지니다.¶ ▼係 ‖ 확이 머리예 감보ᄌᆞ금관을 쓰고 몸의 영낙홍금포롤 닙고 허리예 뎐옥ᄉᆞᄌᆞ딕롤 띄고 발의 응췌만록훠롤 신고 ᄇᆞ람의 우로적시ᄂᆞᆫ 젹토마롤 ᄐᆞ고 송문샹보검을 ᄎᆞ고 (中間孟獲出馬, 頭頂嵌寶紫金冠, 身披纓絡紅錦袍, 腰係碾玉獅子帶, 脚穿鷹嘴抹綠靴. 騎一匹卷毛赤兔馬, 懸兩口松紋鑲寶劍.) <삼국-가정 28:87> ▼繫 ‖ 군즁의 이스믜 경구를 입고 완딕를 띄고 긔갑을 입지 ᄋᆞ니코 시위ᄒᆞᆫ 지 불과 십여 인이러라 (祜在軍, 嘗着輕裘, 繫寬帶, 不披鎧甲, 帳前侍衛者不過十餘人.) <삼국-국중 17:128> ▼帶 ‖ 두 공지 양편으로 분좌ᄒᆞ고 그 나믄 즁관니 각 : ᄎᆞ례로 좌를 정ᄒᆞ니 됴운니 칼을 띄고 현덕 겻히 셧난지라 (二公子兩邊分坐, 其餘各依次而坐. 趙雲帶劍立於玄德之側.) <삼국-국중 7:115>

【띄글】 명 티끌. 티와 먼지.¶ ▼塵頭 ‖ 젼면의 띄글이 일믈 보고 위병인가 의심ᄒᆞ여 군ᄉᆞ롤 직촉ᄒᆞ여 관문을 파슈ᄒᆞ더니 이놀 강유 장익 요화 오믈 보고 딕희ᄒᆞ여 셔로 합병ᄒᆞ여 병ᄉᆞ롤 샹의ᄒᆞ더라 (當日望見塵頭大起, 疑是魏兵, 急引軍把住關口, 董厥自臨軍前視之, 乃姜維、廖化、張翼也.) <삼국-국중 17:81> 능통이 명을 가저 삼천 인마을 의어 유수구 써나갈식 띄글 멀니 닐너나난 곳제 됴병니 일른니 (凌統領命, 引著三千人馬, 離濡須塢, 塵頭起處, 曹兵早到.) <삼국-모종 11:70> ▼塵土 ‖ 공명니 성의 올나 ᄇᆞ릭본니 과연 위병니 두 길노 난화 오난딕 띄글이 하날의 다하난지라 (孔明登城望之, 果然塵土沖天, 魏兵分兩路望西城縣殺來.) <삼국-모종 16:11>

【씟글】 명 티끌. 티와 먼지.¶ ▼塵 ‖ 슈레 졈 : 멀니 가거놀 녀뫼 놉픈 언덕의 올나 슈레 가ᄂᆞᆫ 씟글을 바라보며 한탄ᄒᆞ시 (車已去遠, 布緩轡於土岡之上, 眼望車塵, 歎惜痛恨.) <삼국-국중 2:96>

【찌-】 동 찌다[蒸]. 뜨거운 김으로 익히거나 데우다.¶ ▼燃 ‖ 콩 숨기롤 콩줄기롤 찌ᄂᆞ니 콩이 가마 가온딕셔 우ᄂᆞᆫ쏘다 (煮豆燃豆萁, 豆在釜中泣.) <삼국-가정 25:118>

【찍-】 동 찍다. 날이 있는 연장으로 내리치다.¶ ▼砍 ‖ ᄐᆡ곳 몸을 날여 ᄒᆞᆫ 번 쒸믹 바로 댱남의 빅롤 건나 와 숀이 : 러나고 칼이 써러지믹 당남을 슈듕의 찍고 어지러이 가주ᄒᆞᆫ 군ᄉᆞ롤 죽이니 뭇빅 급히 도라가ᄂᆞᆫ지라 (泰卽飛身一躍, 直躍過張南船上, 手起刀落, 砍張南於水中, 亂殺駕舟軍士, 衆船飛棹急回.) <삼국-모종 8:38>

【ᄡᆞ-】[1] 동 까다. 따다.¶ ▼剖開 ‖ 날ᄂᆞᆫ 칼로 빅를 ᄡᆞ고 오장뉵부를 약믈로 씨스되 그 사람이 됴곰도 올픈 줄을 아지 못ᄒᆞ거든 (却用尖刀剖開其腹, 以藥湯洗臟腑, 剝肺剜心, 其病人略無疼痛.) <삼국-규장 18:8>

【ᄡᆞ-】[2] 동 트다.¶ ▼決 ‖ 닝뫼 왈 이 ᄡᆞ히 빅강을 의지ᄒᆞ고 젼면식ᄂᆞᆫ 산각이 심히 ᄂᆞ즈니 뫼 오쳔 군을 비러 각 : 추셔를 가져가 빅강물을 ᄡᆞ면 뉴비 병을 가히 압사케 ᄒᆞ리이다 (冷苞曰: "此間一帶, 正靠涪江, 江水大急, 前面寨占山脚, 其形最低, 某乞五千軍, 各帶鍬鋤前去, 決涪江之水, 可盡淹死劉備之兵也.") <삼국-모종 10:117>

【-ᄡᆞ냐】 미 -랴. -겠느냐. -ㄹ까 보냐. 이미 있는 사실을 인정하는 어미.¶ ▼乎 ‖ 사름의 무졍ᄒᆞ미 엇디 이러틋ᄒᆞ뇨 비록 제갈량으로 ᄒᆞ여곰 도으나 쏘ᄒᆞᆫ 능히 오라디 못ᄒᆞ려든 ᄒᆞ믈며 강유ᄡᆞ냐 (人之無情, 乃至于此! 雖使諸葛亮在, 亦不能輔之久全, 何況姜維乎?) <삼국-가정 39:42>

【-ᄡᆞ녀】 미 ((체언 뒤에 붙어)) -랴. -겠느냐. -ㄹ까보냐. 이미 있는 사실을 인정하는 어미.¶ ▼乎 ‖ 비록 튱신 효직라도 능히 면티 못ᄒᆞ야 어버이와 님군이 변ᄒᆞ여 원쉬 되ᄂᆞ니 ᄒᆞ믈며 그딕 친골육이 아니니ᄡᆞ녀 (雖忠臣不能移之于君, 孝子不能變之于父者也. 勢利所加, 改親爲仇, 況非親親乎?) <삼국-가정 26:10> ▼哉 ‖ 우리 형 오후도 오히려 날을 혜거든 ᄒᆞ믈며 쥬유 촌필부ᄡᆞ녀 (我兄吳侯尙自怕我, 何況周瑜村匹夫哉!) <삼국-가정 18:7>

【ᄡᆞ려-디-】 동 쪼개지다. 부서지다.¶ ▼打缺 ‖ 싸화 수합이 못ᄒᆞ야 황개 채롤 드러틴대 뫼 급히 두로티다가 등의 브틴 호심경이 마자 반이 ᄡᆞ려디거놀 (鬪到數合, 黃蓋提鞭去打, 瑁急閃, 正中後心, 護心鏡打缺一半.) <삼국-가정 2:134>

【ᄡᆞ리-】 동 쪼개다. 부수다. 깨뜨리다.¶ ▼劈 ‖ 조죄 이긘 군ᄉᆞ롤 거ᄂᆞ려 셩듕의 드러가니 세 대 ᄡᆞ림 ᄀᆞᆺ더라 (曹操將得勝之兵, 連夜殺入城中, 勢如劈竹.) <삼국-가정

4:143> ▼破 ‖ ᄃᆡ군이 구름 못듯 ᄒᆞᄆᆡ 미친 도적이 어름 스듯 ᄒᆞ야 계유 ᄃᆡ ᄡᆞ리ᄂᆞᆫ 듯ᄒᆞᆫ 위엄을 펴ᄆᆡ 믄득 고기 믈을 일흔 듯ᄒᆞᆫ 셰를 보리로다 (大軍雲集, 狂寇冰消; 才聞破竹之聲, 便是失猿之勢.) <삼국-가정 29:68> ▼剖 ‖ 감ᄌᆞ 가진 ᄉᆞᄅᆞᆷ이 업군의 니르러 조의게 올닌대 죄 친히 감ᄌᆞ를 ᄡᆞ리니 숙이 뵈고 빈 겁질만 잇거ᄂᆞᆯ 고이히 너겨 농마다 여러 보니 다 그러ᄒᆞ거ᄂᆞᆯ (取柑人至鄴城見操, 呈上柑子. 操親剖之, 但只空殼, 內幷無肉.) <삼국-규장 15:106> ▼팔은 압파도 가히 쌔를 글그려니와 ᄃᆡ골을 ᄡᆞ리랴 (臂痛可刮骨, 孤腦袋安可比臂也?) <삼국-규장 18:11>

【ᄯᆞᄅᆞᆷ】 명의 따름. 오로지 그것뿐이고 그 이상은 아님을 나타내는 말.¶ ▼而已 ‖ 신이 다시 대병을 거ᄂᆞ려 ᄀᆡ산의 나가 심녁을 갈진ᄒᆞ야 한적을 쵸별ᄒᆞ고 듕원을 회복ᄒᆞᆯ디니 오직 주글 ᄯᆞᄅᆞᆷ이니이다 (今臣復統全師, 再出祁山, 誓竭力盡心, 剿滅漢賊, 恢復中原, 惟死而已!) <삼국-가정 33:100>

【-ᄯᆞ여】 조 -랴. -겠느냐. -ㄹ까보냐.¶ ▼耶 ‖ 비록 됴비 ᄌᆞᄅᆡᄒᆞ여도 죡히 근심ᄒᆞᆯ ᄇᆡ 아니여든 하믈며 됴인의 무리ᄯᆞ여 (雖曹丕自來, 尙不足憂, 況仁等耶?) <삼국-국중 14:70>

【ᄯᆞᆯ】 명 ((인류)) 딸. 여자로 태어난 자식.¶ ▼女 ‖ 아ᄃᆞᆯ이 ᄌᆞ라면 댱가 드리고 ᄯᆞᆯ이 ᄌᆞ라면 셔방 마치ᄂᆞᆫ 거시 고금 샹녜라 날을 어미라 ᄒᆞ면 엇디 날ᄃᆞ려 니ᄅᆞ디 아니ᄒᆞ고 뉴현덕을 사회 사ᄆᆞ려 ᄒᆞ고 더브러다가 두어시되 날을 ᄀᆡ이ᄂᆞᆫ다 (男大須婚, 女大須嫁, 古今常禮, 我爲你母親, 事當稟命於我. 你招劉玄德爲婿, 如何瞞我? 女兒須是我的!) <삼국-가정 17:97> ▼女兒 ‖ 쥬유 필부야 네 뉵군 팔십일쥬 대도독이 되야 ᄒᆞᆫ 형쥬 아ᄉᆞᆯ 모ᄎᆡᆨ이 업서 내 ᄯᆞᆯ로ᄡᅥ 일홈을 사마 미인계ᄅᆞᆯ ᄒᆞ려 ᄒᆞᄂᆞ냐 뉴비ᄅᆞᆯ 주기면 이ᄂᆞᆫ 문을 ᄇᆞ라ᄂᆞᆫ 과뷔 되리니 뉘 다시 혼인ᄒᆞ쟈 ᄒᆞ리오 내 ᄯᆞᆯ의 일ᄉᆡᆼ을 그ᄅᆞᆺ ᄆᆡᆫᄃᆞᆯ리로다 (汝做六郡八十三縣大都督, 直恁無條計策去荊州, 却將我女兒爲名, 使美人計! 殺了劉備, 便是望門寡, 明日再怎的說親? 須誤了我女兒一世!) <삼국-가정 17:98>

【ᄯᆞᆯ오-】 동 따르다.¶ ▼赶來 ‖ 이거시 다 요술이니 ᄂᆡ일 양과 돗틀 잡아 군ᄉᆞ로 ᄒᆞ여곰 그 피ᄅᆞᆯ 가지고 뫼 우ᄒᆡ 복병ᄒᆞ얏다가 도적이 ᄯᆞᆯ오ᄂᆞᆫ ᄯᅢᄅᆞᆯ 기ᄃᆞ려 놉흔 언덕의셔 ᄲᅳ리면 그 법을 가히 프러 ᄇᆞ리리라 (此妖術也. 來日可宰豬羊血, 令軍伏于山頭, 候賊赶來, 高坡上潑之, 其法可解.) <삼국-가정 1:56>

【ᄯᆞᆯ흐-】 동 따르다.¶ ▼追 ‖ 공명 왈 만일 이갓ᄒᆞ면 확의 말의 마즌지ᄅᆞ ᄂᆡ 군ᄉᆡ 물너가면 제 세ᄅᆞᆯ 타 ᄯᆞᆯ흘지라 엇지 도라가리요 (孔明曰: "若如此, 正中孟獲之計也. 吾軍一退, 彼必乘勢追之. 今已到此, 安有復回之理?") <삼국-모종 14:109>

【ᄯᆞᆷ】 명 ((신체)) 땀. 사람의 피부나 동물의 살가죽에서 나오는 찝찔한 액체.¶ ▼汗 ‖ 후쥬 듯고 대경ᄒᆞ야 ᄯᆞᆷ이 흘러 등의 ᄉᆞᄆᆞᆺ더라 즉시 사ᄅᆞᆷ을 보내여 공명을 블러 드러와 됴회ᄒᆞ라 ᄒᆞᆫ대 (後主聽罷大驚, 汗流浹背, 卽差人宣孔明入朝.) <삼국-가정 28:7>

【ᄣᅵ】[1] 명 때. 시간의 어떤 순간이나 부분.¶ ▼隙 ‖ 이졔의 우리로 ᄒᆞ여금 위를 침노콰ᄌᆞ ᄒᆞ고 위 ᄯᅩᄒᆞᆫ 우리로 ᄒᆞ여금 오를 침노콰ᄌᆞ ᄒᆞ여 각ː 궤계를 머거 빈 ᄣᅵᄅᆞᆯ 타 도모코져 ᄒᆞ니 (方今吳欲令我兵侵魏, 魏亦令我兵侵吳, 各懷譎計, 乘隙而圖之.) <삼국-규장 18:4> ▼이졔 운뮈 ᄉᆞᄉᆡᆨᄒᆞ고 삭풍이 긴급ᄒᆞ니 졍히 ᄂᆡ 계규를 베플 ᄣᅵ라 (況今彤雲密布, 朔風緊急, 吾計可施矣.) <삼국-규장 18:56>

【ᄣᅵ】[2] 명 ((지리)) 땅.¶ ▼地 ‖ 복이 왈 ᄂᆡ가 승상의 명을 바다 이 ᄣᅵ를 즉히니 왕ᄂᆡ지인이 공문 업스면 도망ᄒᆞᄂᆞᆫ ᄉᆞ람이라 (韓福曰: "吾奉丞相鈞命, 鎭守此地, 專一盤詰往來奸細. 若無文憑, 卽係逃竄.") <삼국-모종 5:7>

【ᄣᅵ】[3] 명의 떼. 무리. (수량을 나타내는 말 뒤에 쓰여) 편제된 무리를 세는 단위.¶ ▼枝 ‖ 가히 본부 군마ᄅᆞᆯ 거ᄂᆞ려 논화 넷 ᄣᅵᄅᆞᆯ ᄒᆞ여 나ᄂᆞᆫ 일군을 ᄭᅳ어 셩봉[동]의 ᄆᆡ복ᄒᆞ엿다가 군ᄉᆡ 니ᄅᆞ거든 ᄭᅳᆫ코 (今可將本部軍馬, 分爲四枝, 某引一軍伏於城東, 如彼兵到則截之.) <삼국-모종 15:64>

【ᄣᅵ-】[1] 동 때우다. 큰 액운을 작은 괴로움으로 면하다.¶ ▼남을 ᄐᆡ와 쥭거든 ᄣᅵᆫ 쟈시니 그 후의 ᄐᆞ면 ᄌᆞ연 됴흐리라 (使親近乘之, 待妨死了那人, 方可乘之, 自然無事.) <삼국-규장 8:140>

【ᄣᅵ-】[2] 동 떼다.¶ ▼摘去 ‖ 무ᄉᆞ로 ᄒᆞ야곰 사십 장식 치고 선봉장닌을 ᄣᅵ고 변[벌]ᄒᆞ여 미방은 남군을 직히고 부ᄉᆞ닌 공안을 직히게 ᄒᆞ고 (乃喚武士各杖四十, 摘去先鋒印綬, 罰糜芳守南郡, 傅士仁守公安.) <삼국-모종 12:57>

【ᄣᅵᆷ】 명 ((신체)) 땀. 사람의 피부나 동물의 살가죽에서 나오는 찝찔한 액체.¶ ▼汗 ‖ 등ᄋᆡ 야몽 즁의 놉픈 뫼의 올나 한즁을 바라보던니 홀련 다리 아ᄅᆡ 한 ᄉᆡ암이 쇼사나난지라 놀ᄂᆡ ᄭᆡᆫ니 혼신의 ᄣᅵᆷ이 흘려난지라 (鄧艾夜作一夢, 夢見登高山, 望漢中, 忽於脚下迸出一泉, 水勢上湧, 須臾驚覺, 渾身汗流.) <삼국-모종 19:29>

【ᄲᅢ-】 동 여럿 가운데서 뽑다. 발탁하다.¶ ▼撥 ‖ 공명이 죵지ᄒᆞ여 졍병 이만오쳔을 쥬어 보ᄂᆡ고 다시 일원 ᄃᆡ장을 ᄲᅢ 부장을 ᄉᆞᆷ아 돕게 ᄒᆞᆯᄉᆡ (吾與汝二萬五千精兵, 再撥一員上將, 相助你去.) <삼국-국중 15:96>

【ᄲᅡ-디-】 동 빠지다.¶ ▼陷 ‖ 브러 내게 브리믄 내 손을 비러 죽여 날로ᄡᅥ 어딘 사ᄅᆞᆷ 해ᄒᆞ다 ᄒᆞᄂᆞᆫ 일홈을 어더 블의예 ᄲᅡ디과댜 호미니 (故令作使於我, 欲借我手殺之, 以爲我害賢, 而陷我於不義也.) <삼국-가정 8:58> ▼入 ‖ 건녕 사년 츈이월의 낙양의 디진ᄒᆞ니 각사 마을 담들리 다 믈허디고 바다믈이 다 넘ᄶᅵ니 등 ᄂᆡ ᄀᆡ 밀 네 고을히 믈결의 후믈리니 ᄇᆡᆨ셩이 다 바다히 ᄲᅡ디거ᄂᆞᆯ (建寧四年二月, 洛陽地震, 省垣皆倒, 海水泛濫, 登、萊、沂、密盡被大浪卷掃居民入海.) <삼국-가정 1:4> ▼迸 ‖ ᄉᆡ 대경ᄒᆞ야 ᄆᆞ음이 븟ᄂᆞᆫ 블 ᄀᆞᆺᄐᆞᆫ디라 눈망울이

창구로조차 ᄡᅢ디니 피흘러 ᄯᅡ히 ᄀᆞ득ᄒᆞ엿고 알프기ᄅᆞᆯ 참디 못ᄒᆞ되 (師大驚, 心如烈火, 眼珠從肉瘤瘡口內迸出, 血流滿地, 疼痛難當.) <삼국-가정 36:70> ▼殢 ‖ 뎐렵지ᄉᆞᄅᆞᆯ 나도 오히려 노호온 긔운이 속의 막혓거ᄂᆞᆯ 그ᄃᆡᄂᆞᆫ 국구로셔 쥬ᄉᆡᆨ의만 ᄡᅢ뎌 분ᄒᆞᆫ 줄을 모ᄅᆞᄂᆞ냐 이러커든 엇디 듀셕지ᄌᆡ라 ᄒᆞ리오 (田獵之事, 吾尙氣滿肺腑; 汝乃國舅近戚, 猶自殢於酒色而不思報本乎? 安得爲皇家柱石之才也!) <삼국-가정 7:107>

【ᄡᅢ디-오-】 동 빠지다. (자동사).¶ ▼陷 ‖ 경 등이 고ᄅᆞᆯ 블튱블의예 ᄡᅢ디오고져 ᄒᆞᄂᆞ냐 (卿等欲陷孤爲不忠不孝之人耶?) <삼국-가정 26:53> 뎌적의 그ᄅᆞᆺ 졔갈량의 계규ᄅᆞᆯ 만나 몸을 굴헝 가온대 ᄡᅢ디오고 노모ᄅᆞᆯ ᄉᆞ렴ᄒᆞ매 ᄒᆞᄅᆞ 디내미 ᄒᆡ ᄀᆞᄐᆞᆫ디라 (昨日誤遭諸葛亮之計, 陷身於顚崖之中, 思念老母, 日久號啕.) <삼국-가정 32:13>

【ᄡᅢ디-우-】 동 빠지게 하다. 빠뜨리다.¶ ▼坑陷 ‖ 마속은 진짓 필뷔로다 반ᄃᆞ시 우리 군ᄉᆞᄅᆞᆯ 죽을 ᄃᆡ ᄡᅢ디워 당평의 화ᄅᆞᆯ[녜 진쟝 ᄇᆡᆨ긔 됴군이 십여 만을 당평의 가 뭇씨ᄅᆞ니라] 만나리로다 (馬謖眞匹夫! 坑陷吾軍, 早晩必有長平之禍也!) <삼국-가정 31:30>

【ᄡᅢ여-나-】 형 빼어나다. 여럿 가운데서 두드러지게 뛰어나다.¶ ▼秀 ‖ 현덕이 보니 공명의 신댱이 팔쳑이오 양ᄌᆡ 관옥 ᄀᆞᆺ더라 머리의 눈건을 쓰고 몸의 학챵의ᄅᆞᆯ 니버시니 눈섭의ᄂᆞᆫ 강산의 ᄡᅢ여난 거ᄉᆞᆯ 모도왓고 가ᄉᆞᆷ의ᄂᆞᆫ 텬디의 틀을 ᄀᆞᆷ초와시니 표표히 당셰예 신션이러라 (玄德見孔明身長八尺, 面如冠玉, 頭戴綸巾, 身披鶴氅, 眉聚江山之秀, 胸藏天地之機, 飄飄然當世之神仙也.) <삼국-가정 12:104>

【ᄡᅢ치-】 동 빠뜨리다.¶ ▼陷 ‖ 이졔외 쇼식을 아지 못ᄒᆞ고 쳐ᄌᆞ를 됴적의게 ᄡᅢ쳐스니 우흐로 능히 나라을 갑지 못ᄒᆞ고 아ᄅᆡ로 능히 집을 보젼치 못ᄒᆞ니 (二弟不知音耗, 妻小陷於曹賊, 上不能報國, 下不能保家.) <삼국-국중 6:20>

【ᄡᅢ혀-나-】 형 빼어나다. 여럿 가운데서 두드러지게 뛰어나다.¶ ▼獨冠 ‖ 이 사ᄅᆞᆷ은 신댱이 구쳑이오 ᄂᆞᆺ치 ᄆᆞ른 대조 ᄀᆞᆺ고 눈이 ᄆᆞᆯ근 별 ᄀᆞᄐᆞ니 관운댱의 얼골 ᄀᆞᆺ고 무예 ᄡᅢ혀나니 (身長九尺, 面如重棗, 目似朗星, 如關雲長模樣, 武藝獨冠.) <삼국-가정 13:109> ▼做得好 ‖ 소개 나히 졈고 인믈이 쥰슈ᄒᆞ며 시ᄌᆡ ᄡᅢ혀나니 만일 뎌과 ᄒᆞᆫ가지로 가면 믄득 우리 등이 뎌의 위요ᄅᆞᆯ ᄒᆞ리로다 (況他年又少, 人物又生得俊秀, 詩又做得好, 若同他去, 却不是我們轉替他做墊頭了?)

【ᄡᅢ혀-먹-】 동 빼먹다.¶ ▼啖 ‖ 돈이 살을 ᄡᅢ틴대 눈ᄌᆞ의 무더 나왓거ᄂᆞᆯ 돈이 크게 소ᄅᆡᄒᆞ야 닐오ᄃᆡ 부모의 유톄거ᄂᆞᆯ 엇디 ᄇᆞ리리오 ᄒᆞ고 입으로 ᄡᅢ혀먹더라 (惇拔箭, 帶出眼睛.惇大呼曰: '父精母血, 不可棄之!' 於口內啖之.) <삼국-가정 6:173>

【ᄡᅢ히-】 동 뽑다. 빼다. 속에 들어 있거나 끼여 있거나 박혀 있는 것을 밖으로 나오게 하다.¶ ▼掣出 ‖ 동탁의 됴회 드러오ᄆᆞᆯ 기ᄃᆞ려 집 아래 다ᄃᆞᆺ거ᄂᆞᆯ 다른 칼흘 ᄡᅢ혀 바ᄅᆞ 탁을 디ᄅᆞ더니 (候董卓入朝, 孚迎到閣下, 掣出短刀, 直刺卓.) <삼국-가정 2:17> ▼掣 ‖ 쥬방이 대곡ᄒᆞ고 쥬인의 ᄎᆞᆫ 칼흘 ᄡᅢ혀 ᄌᆞ문코져 ᄒᆞ거ᄂᆞᆯ 조휘 급히 말린대 쥬방이 칼흘 딥고 닐오ᄃᆡ (周魴大哭, 急掣從人所佩劍欲自刎.) <삼국-가정 31:74>

【ᄲᆞᆯᄂᆡ】 명 빨래. 더러운 옷이나 피륙 따위를 물에 빠는 일.¶ ▼練 ‖ 드듸여 술의를 타고 부에 나가다가 보니 일도 ᄇᆡᆨ홍아 ᄯᅡ에 일어나 흰 ᄲᆞᆯᄂᆡ갓치 츙천ᄒᆞ거ᄂᆞᆯ 각이 심히 경괴ᄒᆞ니 (遂乘車出府, 行不數步, 見車前一道白虹, 自地而起, 如白練沖天而去, 恪甚驚怪.) <삼국-모종 18:27>

【ᄲᆞᆯ-이】 부 빨리. 걸리는 시간이 짧게.¶ ▼星夜 ‖ 사람을 은쥐 보ᄂᆡ며 굴근 감ᄌᆞ 마흔아믄 농으로 ᄯᅡ ᄲᆞᆯ이 업군으로 보ᄂᆡ라 ᄒᆞᆫᄃᆡ (那時孫權正尊讓魏王, 便令人于本城選了大柑子四十餘擔, 星夜送往鄴城.) <삼국-가정 22:67> ▼疾速 ‖ 븍녁 시ᄂᆡ 셧녁희 이시ᄃᆡ 닐곱 사람이 다혀 먹으니 ᄲᆞᆯ이 가 ᄎᆞ즈면 피육이나 마시리라 (在北溪之西, 七人宰之. 疾速去尋, 皮肉尙存.) <삼국-가정 22:87> ▼速 ‖ ᄂᆡ일의 이인이 맛당히 ᄒᆞᆫ 진을 헛도히 ᄑᆡᄒᆞᆯ 거시니 공이 ᄲᆞᆯ이 두 부인을 ᄭᅳ어 원소의게 가 현덕으로 서로 보게 ᄒᆞ라 (來日二人當虛敗一陣, 公可速引二夫人投袁紹處, 與玄德公相見.) <삼국-모종 4:73> ▼儘 ‖ ᄂᆡ 혀아리건ᄃᆡ 조죄 비록 ᄂᆡ 쇠예 두 번 속아시나 반다시 갓초미 업살 거시니 도독은 ᄲᆞᆯ이 힝ᄒᆞᄂᆞᆫ 거시 올흔니라 (吾料曹操雖兩番經我這條計, 然必不爲備, 今都督儘行之可也.) <삼국-모종 8:8>

【ᄲᅡᆺ지-】 동 (땅이) 꺼지다. (자동사).¶ ▼陷 ‖ ᄒᆞ날니 이임의 서북으로 기우러지고 ᄯᅡ희 동남으로 ᄲᅡᆺ젓다 ᄒᆞ니 ᄒᆞ날니 임의 경쳥ᄒᆞ냐 우흐로 ᄯᅥ시면 엇지 ᄡᅥ 서북니 기우러젓ᄂᆞ요 (天傾西北, 地陷東南, 天旣輕淸而上浮, 何以傾其西北乎?) <삼국-모종 14:53>

【ᄲᅣᆷ】 명 아가미.¶ ▼腮 ‖ 텬하의 노에 다 두 ᄲᅣᆷ이로ᄃᆡ 오직 숑강 노어는 네 ᄲᅣᆷ이니 (天下鱸魚只兩腮, 惟有松江鱸魚有四腮.) <삼국-가정 22:75>

【ᄲᅥᆨᄲᅥᆨ-이】 부 당연(當然)히. 응당(應當).¶ ▼應 ‖ 천고의 놉흔 일흠이 ᄲᅥᆨ〻이 민멸치 안ᄒᆞ리니 기리 외로운 달을 ᄯᆞᄅᆞ 강남의 비치더ᄅᆞ (千古高名應不泯, 長隨孤月照江南.) <삼국-모종 9:28>

【ᄲᅥᆺ치-】 동 뻗치다. 강하게 뻗다.¶ ▼沖 ‖ 츙의ᄂᆞᆫ 가연니 우주의 ᄲᅥᆺ쳣스니 영웅이 일노 죠ᄎᆞ 강ᄉᆞᆫ의 딘동ᄒᆞ리로다 (忠義慨然沖宇宙, 英雄從此震江山.) <삼국-국중 6:76> ▼接 ‖ 탁이 림힝의 궁문의 불을 놋코 ᄇᆡᆨ셩의 집을 ᄐᆡ우고 죵묘와 남북 냥궁의 불을 노흐니 화렴이 당안의 ᄲᅥᆺ치더라 (卓臨行, 敎諸門放火, 焚燒居民房屋, 並放火燒宗廟宮府, 南北兩宮, 火焰相接.) <삼국-모종 1:97> ▼漫漫 ‖ 견이 ᄎᆡ의 도라오니 〻날 밤의 달이 발근지라 칼을 안고 천문을 보니 ᄌᆞ미원 가온ᄃᆡ ᄇᆡᆨ긔가 ᄲᅥᆺ쳣거ᄂᆞᆯ 견이 탄왈 (堅歸寨中, 是夜星日交輝, 乃按劍

露坐, 仰觀天文, 見紫微垣中白氣漫漫, 堅歎曰.) <삼국-모종 1:102>

【ᄲᅨ】 명 ((신체)) 뼈. 척추동물의 살 속에서 그 몸을 지탱하는 단단한 물질.¶ ▼骨 ‖ 관평 일진니 관공을 구원ᄒᆞ여 ᄉᆡ예 도라가 살을 ᄲᆡ다 원ᄂᆡ 살독니 ᄲᅨ예 들러 팔을 운동치 못ᄒᆞ니 (被關平一陣殺回, 救關公歸寨, 拔出臂箭. 原來箭頭有藥, 毒已入骨, 右臂青腫, 不能運動.) <삼국-모종 12:76>

【ᄲᅧ】 명 ((신체)) 뼈. 척추동물의 살 속에서 그 몸을 지탱하는 단단한 물질.¶ ▼骨 ‖ 네 맛당이 수이 가 일즉이 관을 내게 드리라 ᄒᆞ라, 그러티 아니ᄒᆞ면 ᄲᅨ ᄀᆞᆯ리 되고 몸이 ᄇᆞ아디리라 (汝當速去, 早獻關, 饒你性命! 倘若遲誤, 粉骨碎身!) <삼국-가정 2:94> 태 칼홀 드러 ᄉᆞᆯ홀 버혀 좌우로 헤혀고 바ᄅᆞ ᄲᅧ의 니ᄅᆞ니 ᄲᅨ 블셔 프ᄅᆞ럿거ᄂᆞᆯ 태 칼홀 글그니 ᄲᅧ 긁ᄂᆞᆫ 소ᄅᆡ 멀리 들리ᄋᆞ디라 (佗下刀割開皮肉, 直至于骨, 骨上已青. 佗用刀刮之有聲.) <삼국-가정 24:102> 현덕이 문득 이 산의 나아가 머무ᄅᆞ니 ᄯᆡ예 츄말동쵸ᄅᆞ ᄎᆞᆫᄇᆞᄅᆞᆷ이 ᄲᅧᆯ를 ᄉᆞ모ᄎᆞ니 댱차 황혼니 된지라 우ᄂᆞᆫ 소ᄅᆡ 들의 가득ᄒᆞ더ᄅᆞ (玄德便敎就此山紮住, 時秋末冬初, 涼風透骨, 黃昏將近, 哭聲遍野.) <삼국-모종 7:53>

【ᄲᅧ ᄀᆞᆯ리고 몸이 ᄇᆞ아디다】 관귀 분골쇄신(粉骨碎身). 몸이 산산조각이 나도록 목숨을 다 바치다.¶ ▼粉骨碎身 ‖ 이인이 다 하복의 샹이 아니니 조만의 ᄲᅧ ᄀᆞᆯ리고 몸이 ᄇᆞ아뎌 홰 삼족의 미ᄎᆞ리니 엇디 죡히 두려ᄒᆞ리오 (二人早晚粉骨碎身, 累及三族, 何足畏也!) <삼국-가정 35:76>

【ᄲᅧ호-】 동 베고 찌르다. 찍다.¶ ▼砍 ‖ 운이 청강검을 ᄲᅡ혀 여즈러이 ᄲᅧ호니 손을 들며 갑옷좃ᄎᆞ 외 버히듯 ᄒᆞᄂᆞᆫ지라 (趙雲拔青釭劍亂砍步軍, 手起, 衣甲平過, 血如涌泉, 染滿袍甲; 所到之處, 猶如砍瓜截瓠, 不損半毫.) <삼국-가정 14:20>

【ᄲᅨ】 명 ((신체)) 뼈. 척추동물의 살 속에서 그 몸을 지탱하는 단단한 물질.¶ ▼骨 ‖ 왕뵈 ᄆᆡᆨ셩의 이셔 ᄲᅨ 놀라고 ᄉᆞᆯ히 ᄯᅥᆯ리거ᄂᆞᆯ (却說王甫在麥城中, 骨顫肉驚.) <삼국-가정 25:52> 관평 일진니 관공을 구원ᄒᆞ여 ᄉᆡ예 도라가 살을 ᄲᆡ다 원ᄂᆡ 살독니 ᄲᅨ예 들러 팔을 운동치 못ᄒᆞ니 (被關平一陣殺回, 救關公歸寨, 拔出臂箭. 原來箭頭有藥, 毒已入骨, 右臂青腫, 不能運動.) <삼국-모종 12:76>

【ᄡᅩᆫ】 명 본(本). 본보기.¶ ▼效 ‖ 좌상의 ᄯᅩ ᄒᆞᆫ 사ᄅᆞᆷ이 무러 왈 공명은 의 진의 ᄡᅩᆫ을 ᄇᆞ다 동오를 달ᄂᆡ고ᄌᆞ ᄒᆞᄂᆞ냐 (座間又一人問曰: "孔明欲效儀、秦之舌, 游說東吳耶?") <삼국-모종 7:84>

【ᄡᅩᆫ-밧-】 동 «ᄡᅩᆫ받다» 본받다.¶ ▼效 ‖ 향중 부로 길을 막고 술을 들여 한 고죠 픽중에 도라오던 일을 ᄡᅩᆫ밧더니 ᄃᆡ장군 하후돈의 병이 위ᄐᆡᄒᆞ다 ᄒᆞ거ᄂᆞᆯ 비 급히 업군에 도라오니 (鄉中父老, 揚塵遮道, 奉觴進酒, 效漢高祖還沛之事, 人報大將軍夏侯惇病危, 丕卽還鄴郡.) <삼국-모종 13:39>

【ᄲᅢᆸ-】 동 뽑다.¶ ▼拈 ‖ 장비 항복지 아니ᄒᆞ고 벅ᄇᆞ이 가기랄 요구ᄒᆞ거ᄂᆞᆯ 공명이 ᄒᆞ여곰 져비를 ᄲᅢᆸ아 ᄲᅢᆸᄂᆞ니 가리ᄅᆞ ᄒᆞ니 됴ᄌᆞ룡이 ᄲᅢᆸ아ᄂᆞᆫ지ᄅᆞ (張飛不服, 定要去取, 孔明教拈鬮, 拈著的便去, 又是子龍拈著.) <삼국-모종 9:10>

【ᄲᅩᆼ】 명 ((식물)) 뽕. 뽕나무. 뽕나뭇과의 낙엽 활엽 교목. 높이는 3-4미터이며, 잎은 어긋나고 끝이 뾰족한 달걀 모양인데 가장자리에 톱니가 있다. 암수딴그루 또는 암수한그루로 봄에 잎겨드랑이에 누런 녹색의 꽃이삭이 달리고, 열매는 자줏빛을 띤 검은색의 핵과(核果)로 6월 무렵에 맺는데, 단맛이 있어 식용한다. 잎은 누에의 사료로 쓰고 나무껍질은 노란색 염료, 목재는 가구재로 쓴다.¶ ▼桑 ‖ 일일은 사뷔 슈상의셔 ᄎᆡ상[ᄎᆡ상은 ᄲᅩᆼ을 ᄯᅡ단 말이라]ᄒᆞ시더니 방통이 ᄎᆞ르러 나무 아ᄅᆡ셔 ᄎᆞ로 의논ᄒᆞᄆᆡ (一日, 我師父在樹上採桑, 適龐統來相訪, 坐於樹下, 共相議論.) <삼국-국중 7:121>

【ᄲᅩᆼ-낡】 명 ((식물)) 뽕나무.¶ ▼桑 ‖ 늘근 거복을 ᄉᆞᆷ다가 닉디 아니ᄒᆞ거ᄂᆞᆯ 화를 이운 ᄲᅩᆼ남긔 옴기다 (老龜烹不爛, 移花于枯桑.) <삼국-가정 25:64> ▼桑樹 ‖ 집 동남모희 ᄒᆞᆫ ᄲᅩᆼ남기 이시니 놉기오 댱이 남으니 ᄇᆞ라보매 동동ᄒᆞ아[동동은 무둑ᄒᆞᆨ ᄒᆞ야 거츤 뎨라]쟈근 슐위예 개 밧틴 ᄃᆞᆺᄒᆞ니 (舍東南角上有一桑樹, 高五丈餘, 遙望見童童如小車蓋.) <삼국-가정 1:20>

【ᄲᅮ그럽-】 형 부끄럽다.¶ ▼羞 ‖ 조진니 촉병 오기을 밋지 안니ᄒᆞ고 마암니 ᄒᆡ틔ᄒᆞ야 군ᄉᆞ을 노화 쉬우고 다만 십일 무ᄉᆞᄒᆞ기을 기다려 ᄉᆞ마의을 ᄲᅮ그럽게 ᄒᆞ고져 ᄒᆞ더니 (曹眞心中不信蜀兵來, 以此怠慢, 縱令軍士歇息, 只等十日無事要羞司馬懿.) <삼국-모종 16:53>

【ᄲᅮ리-】 동 뿌리다. 곳곳에 흩어지도록 던지거나 떨어지게 하다.¶ ▼揮 ‖ 난을 임ᄒᆞ여 어진 마음이 ᄇᆡᆨ셩을 두니 ᄇᆡ의 올나 눈물을 ᄲᅮ리ᄆᆡ 삼군을 동ᄒᆞᄂᆞᆫ도다 (臨難仁心存百姓, 登舟揮淚動三軍.) <삼국-국중 8:98>

【ᄲᅮ므-】 동 뿜다. 속에 있는 것을 밖으로 세차게 밀어내다.¶ ▼噀 ‖ 만왕 사마개ᄂᆞᆫ ᄂᆞᆺ치 피 ᄲᅮ믄 듯ᄒᆞ고 프른 눈망울이 브러뎌 내밀고 텰지려골태라 ᄒᆞᄂᆞᆫ 텰퇴를 ᄡᅳ고 허리의 궁젼을 ᄢᅦ여시니 위풍이 늠ᄂᆞᆷᄒᆞ더라 (爲首乃是胡王沙摩柯, 生得面如噀血, 碧眼突出, 使一個鐵蒺藜骨朵, 腰帶兩張弓, 威風抖擻.) <삼국-가정 27:31>

【ᄲᅮᆯ리】 명 뿌리.¶ ▼根 ‖ 진유 귀명 안악의 이니 왕후공작이 ᄲᅮᆯ리 이삭을 좃도다 (陳留歸命與安樂, 王侯公爵從根苗.) <삼국-모종 19:98>

【ᄲᅳᆷ-】 동 뿜다. 속에 있는 것을 밖으로 세차게 밀어내다.¶ ▼噀 ‖ 탁이 보니 그 사ᄅᆞᆷ이 신댱이 구쳑이오 ᄂᆞᆺ치 피 ᄲᅳᆷ은 ᄃᆞᆺᄒᆞ고 범의 몸이오 낭의 허리오 표의 머리오 진납의 ᄑᆞᆯ히니 관셔 사ᄅᆞᆷ이라 (卓視之, 其人身長九尺, 面如噀血, 虎體狼腰, 豹頭猿臂. 關西人也.) <삼국-가정 2:60>

【ᄲᆞᆫ리-】 동 뿌리다. 또는 눈이나 비 따위가 날려서 떨어지다.¶ ▼潑 ‖ 이거시 다 요슐이니 ᄂᆡ일 양과 돗틀 잡아

군ᄉᆞ로 ᄒᆞ여곰 그 피ᄅᆞᆯ 가지고 뫼 우희 복병ᄒᆞ얏다가 도적이 ᄶᅩᆺ오ᄂᆞᆫ ᄣᅢᄅᆞᆯ 기ᄃᆞ려 놉흔 언덕의셔 ᄲᅮ리면 그 법을 가히 프러 ᄇᆞ리리라 (此妖術也. 來日可宰猪羊血, 令軍伏于山頭, 候賊赶來, 高坡上潑之, 其法可解.) <삼국-가정 1:56>

【쎙-】 동 베고 찌르다.¶ ▼砍 ‖ 일즙 강듕의 이셔 황조의 슌강ᄒᆞᄂᆞᆫ 쟝슈 댱셕을 만나 도젼을 피티 아니ᄒᆞ고 ᄇᆡ예 뛰여올라 셕을 주기고 그 나ᄆᆞ니ᄅᆞᆯ 다 쎄허 ᄇᆞ리고 그 슌쵸션을 아사 도라오니 (曾在江中遇祖巡江將張碩, 其人不避刀箭, 跳過船殺碩于江中, 余皆砍于水內, 奪其巡船而還.) <삼국-가정 13:33>

【ᄲᆡ-】 동 뽑다. 선택하다.¶ ▼充 ‖ 술을 수이 가져오나든 먹고 셩의 드러가 군 ᄲᆡᄂᆞᆫ ᄃᆡ 드러가려 ᄒᆞ니 더듸 말라 (卽釃酒來, 我待赶入城去充軍, 怕遲了.) <삼국-가정 1:24>

【ᄲᆡ-】 형 가늘고 뾰족하다. 끝이 차차 가늘어져 뾰족하다.¶ ▼尖 ‖ 별가 벼ᄉᆞᆯ을 ᄒᆞ여시니 셩은 댱이오 명은 숑이오 ᄌᆞᄂᆞᆫ 영년이니 그 사ᄅᆞᆷ이 니매 브러디고 머리 ᄲᆡ고 쾨 추혀들고 니 드러나고 킈 대 자히 못호ᄃᆡ 말 소ᄅᆡ 큰 쇠붑 소ᄅᆡ ᄀᆞᆺ더라 (其人生得額钁頭尖, 鼻偃齒露, 身短不滿五尺, 言語有若銅鐘.) <삼국-가정 19:74>

【ᄲᆡ디-오-】 동 빠뜨리다.¶ ▼陷 ‖ 경 등이 고ᄅᆞᆯ 블튱블의예 ᄲᅡ디오고져 ᄒᆞᄂᆞ냐 (卿等欲陷孤爲不忠不孝之人耶?) <삼국-가정 26:53>

【ᄲᆡᄅᆞᆫ-비】 명 ((천문)) 빠른 비. 급작스럽게 내리는 비.¶ ▼驟雨 ‖ 댱합 ᄃᆡ릉이 인병ᄒᆞ야 나아오니 그 셰 모딘 ᄇᆞᄅᆞᆷ과 ᄲᆡᄅᆞᆫ비 ᄀᆞᆺ더라 (却說張郃、戴陵引兵如猛風驟雨而來.) <삼국-가정 32:89>

【ᄲᆡ이-】 동 ❶ 뽑히다. 선발되다.¶ ▼充 ‖ 뉴현덕을 조차 궁마슈의 ᄲᆡ엿ᄂᆞ니이다 (跟隨玄德充馬弓手.) <삼국-가정 2:75> ▼擧 ‖ 졈어셔브터 담긔 잇고 응답호믈 흐ᄅᆞᄂᆞᆫ ᄃᆞ시 ᄒᆞ니 효렴의 ᄲᆡ이여 젼당댱을 ᄒᆞ엿더니 (少有膽氣, 對答如流. 擧孝廉, 除錢塘長.) <삼국-가정 15:94> ▼ ❷ 뽑히다. 잡아당겨 빼내다.¶ ▼拔 ‖ 션능의 심은 숑ᄇᆡᆨ이 바람의 ᄲᆡ여 나러와 건업셩남문의 거ᄭᅮ루 셔 (先陵所種松柏, 盡皆拔起, 直飛到建業城南門外, 倒插於道上.) <삼국-국중 16:107>

【ᄲᆡ지-】 동 빠지다. (그럴 듯한 말이나 꼬임에) 속아 넘어가다.¶ ▼中 ‖ 나ᄂᆞᆫ 곳 상산 됴ᄌᆞ룡이라 너의 ᄂᆡ 계규의 ᄲᆡ져시니 급히 셩을 드리면 쥬육ᄒᆞ기를 면ᄒᆞ리라 (吾乃常山趙子龍也! 汝知中計, 早獻城池, 免遭誅戮.) <삼국-국중 15:55>

【ᄲᆡ치-】 동 빼치다.¶ ▼ᄲᆡ치고 가단 말 (丢下) <삼국-어람 109a>

【ᄲᆡ히-】 동 빼다. 뽑다. 속에 들어 있거나 끼여 있거나, 박혀 있는 것을 밖으로 나오게 하다.¶ ▼拈鬮 ‖ 이인니 한가디로 쥬공을 위ᄒᆞ여 만져 ᄀᆞ고져 ᄒᆞ니 맛당히 졉이를 ᄲᆡ혀 션후를 졍ᄒᆞ리라 (我與你都一般爲主公出力, 何必計較? 我二人拈鬮, 拈着的先去.) <삼국-국중 12:128>

【ᄲᆞᆯ-】 형 뾰족하다. 끝이 차차 가늘어져 뾰족하다.¶ ▼尖 ‖ 형용이 긔괴ᄒᆞ여 머리 ᄲᆞᆯ고 코 ᄶᅳ르고 건슌노치의 신장이 오쳑의 밋지 못ᄒᆞᄂᆞᆫ지라 (其人生得額钁頭尖, 鼻偃齒露, 身短不滿五尺.) <삼국-국중 11:32>

【ᄲᆞᆯ니】 부 빨리. 걸리는 시간이 짧게.¶ ▼星夜 ‖ 사ᄅᆞᆷ을 은쥐 보내여 굴근 감ᄌᆞ 마흔아믄 농으로 ᄊᆞ ᄲᆞᆯ니 업군으로 보내라 ᄒᆞᆫ대 (那時孫權正尊讓魏王, 便令人于本城選了大柑子四十餘擔, 星夜送往鄴城.) <삼국-가정 22:67> ▼速 ‖ 곽쇠 날노 더브러 ᄀᆞ장 후ᄒᆞ더니 이제 병이 듕ᄒᆞ여시니 쟝군이 ᄲᆞᆯ니 가 ᄃᆡ창을 ᄃᆡ희라 내 스ᄉᆞ로 표를 ᄡᅧ 됴뎡의 신주ᄒᆞ야 각별이 뎡탈ᄒᆞ리라 (郃昭與我至厚, 今病重, 你可速去替他. 我自寫表申奏朝廷, 別行定奪.) <삼국-규장 22:48> 공명 왈 가히 ᄲᆞᆯ니 민병을 쇼모ᄒᆞ여 냥이 스ᄉᆞ로 ᄀᆞ로치면 가히 ᄡᅥ ᄃᆡ적ᄒᆞ리이ᄃᆞ (孔明曰: "可速招募民兵, 亮自教之, 可以待敵.") <삼국-모종 7:13>

【ᄲᆞᆯ리】 부 빨리. 걸리는 시간이 짧게.¶ ▼神速 ‖ 이 다 너희 등이 군심을 ᄐᆡ만킈 ᄒᆞ야 세월을 천연ᄒᆞ야 대ᄉᆞᄅᆞᆯ 못 일우과댜 ᄒᆞ미라 군병은 ᄲᆞᆯ리 ᄒᆞ미 귀ᄒᆞ닷 말을 못 드럿ᄂᆞ냐 (皆是汝等遲緩軍心, 遷延日月, 有妨大事! 豈不聞'兵貴神速'乎?) <삼국-가정 9:44> ▼速 ‖ 사람을 은쥐 보ᄂᆡ며 굴근 곽쇠 날로 더브러 ᄀᆞ장 후ᄒᆞ더니 이제 병이 듕ᄒᆞ여시니 쟝군이 ᄲᆞᆯ리 가 ᄃᆡ창을 ᄃᆡ희라 내 스ᄉᆞ로 표ᄅᆞᆯ ᄡᅥ 됴뎡의 신주ᄒᆞ야 각별이 뎡탈ᄒᆞ리라 (郃昭與我至厚, 今病重, 你可速去替他. 我自寫表申奏朝廷, 別行定奪.) <삼국-가정 32:53>

【ᄲᅦ엿-】 동 빼앗다.¶ ▼簒 ‖ 오부 공긔히ᄂᆡᄒᆞ고 위진쳔ᄒᆞᄒᆞᄃᆡ 신긔을 감히 참[찬]절치 안이ᄒᆞ더니 이졔 오형이 위을 이어 문듯 황졔을 ᄲᅦ엿고져 ᄒᆞ니 ᄒᆞ나리 분명 미워ᄒᆞ리라 (吾父功蓋寰區, 威震天下, 然且不敢簒竊神器, 今吾兄嗣位未幾, 輒思簒漢, 皇天必不祚爾.) <삼국-모종 13:42>

【ᄲᅦ치-】 동 빼치다. 강하게 빼다. 억지로 빼다.¶ ▼抽 ‖ 문득 보니 현덕이 장상의 안잣거ᄂᆞᆯ 긔령이 ᄃᆡ경실ᄉᆡᆨᄒᆞ여 몸을 ᄲᅦ쳐 도로 나ᄀᆞ거ᄂᆞᆯ (卻見玄德在帳上坐, 大驚, 抽身便回.) <삼국-국중 4:46>

【ᄲᅦ히-】 동 뽑다.¶ ▼掣 ‖ 양원 비장이 몸을 피ᄒᆞ거ᄂᆞᆯ 조죄 친히 칼을 ᄲᅦ혀 두 ᄉᆞᄅᆞᆷ의 머리를 버히고 스ᄉᆞ로 말을 나려 흙을 가져 머이니 (有兩員裨將畏避而回, 操掣劍親斬於城下, 遂自下馬接土塡坑.) <삼국-국중 4:94>

【ᄲᅦᆨᄲᅦᆨ-】 형 빽빽하다. 'ᄲᅦᆨᄲᅦᆨᄒᆞ다'의 수의적 교체형.¶ ▼密 ‖ 이인니 이날 밤 이경으로 기약ᄒᆞ더니 그 이리 ᄲᅦᆨᄲᅦᆨ지 못ᄒᆞ냐 이곽[각]이 알고 ᄃᆡ로ᄒᆞ냐 ᄉᆞᄅᆞᆷ으로 ᄒᆞ냐곰 송ᄃᆞ[과]ᄅᆞᆯ ᄌᆞ바 쥭이고 ᄯᅩ 양봉이 영군ᄒᆞ고 밧겨 잇셔 호ᄒᆞᄅᆞᆯ 보지 못ᄒᆞᆫ지라 (二人約定是夜二更時分擧事, 不料其事不密, 有人報知李傕, 傕大怒, 令人擒宋果先殺之, 楊奉引兵在外, 不見號火.) <삼국-모종 2:101>

【쎅쎅-ᄒᆞ-】 형 빽빽하다.¶ ▼密 ‖ 또 보마 일얼어 고호ᄃᆡ 관공이 강변에 ᄃᆡ셩과 제방 두어 심히 쎅ㆍᄒᆞ여 만무 일실이라 ᄒᆞ니 현덕이 방심ᄒᆞ더니 (忽又報馬到來, 報說關公於江邊多設墩臺, 隄防甚密, 萬無一失.) <삼국-모종 13:14>

【쎗-】 동 빼앗다.¶ ▼奪 ‖ 죄 여포ᄅᆞᆯ 가라쳐 왈 ᄂᆡ 널노 원쉬 업더니 네 엇지 ᄂᆡ의 쥬군을 쎗앗ᄂᆞ요 푀 왈 한나라 셩지ᄅᆞᆯ 모든 ᄉᆞᄅᆞᆷ이 논으니 너만 호을노 어드랴 (操指呂布而言曰: "吾與汝自來無讎, 何得奪吾州郡?" 布曰: "漢家城池, 諸人有分, 偏爾合得?") <삼국-모종 2:70>

【싸호-】 동 싸우다. 말, 힘, 무기 따위를 가지고 서로 이기려고 다투다.¶ ▼전후 다ᄉᆞᆺ 길 군매 어우러 싸호니 함셩이 텬디 진동ᄒᆞ고 고각이 짓ᄭᅬ니 관위 ᄒᆡ심 듕의 ᄡᆞ여 잇ᄂᆞᆫ디라 (前後五路軍馬, 喊聲震地, 鼓角喧天, 將關公圍在垓心.) <삼국-가정 25:30>

【싸홈】 명 싸움. 전쟁.¶ ▼戰 ‖ 곽ᄉᆡ 뒤히 이셔 밤낫 어즈러이 쏠오고 알ᄑᆡᄂᆞᆫ 니확이 싸홈을 보야ᄂᆞᆫ디라 녀푀 싸홀 ᄆᆞ음이 업서 ᄒᆞ더니 (郭汜又背後擾亂, 前面李傕不時搦戰, 呂布欲戰不得.) <삼국-규장 3:31> 공명이 긔산채 듕의 이셔 날마다 사ᄅᆞᆷ으로 ᄒᆞ야곰 싸홈을 도도되 위병이 구디 딕희고 나디 아니ᄒᆞ거ᄂᆞᆯ (却說孔明在祁山寨中, 每日令人搦戰, 魏兵堅守副出.) <삼국-가정 32:28>

【싸흐-】 동 «싸흘다» 썰다.¶ ▼割 ‖ 승이 안자셔 보매 ᄆᆞ음이 칼로 싸흐ᄂᆞᆫ ᄃᆞᆺᄒᆞ더라 (承在座觀之, 心如刀割.) <삼국-가정 8:86>

【싸흘-】 동 썰다.¶ ▼剮 ‖ 너희 등이 내 부형을 해ᄒᆞ여시니 일만 번 싸흐라도 오히려 가ᄇᆡ얍다 (汝等害吾父兄, 萬剮猶輕!) <삼국-가정 13:27> 댱푀 스ㆍ로 드ᄂᆞᆫ 칼흘 가지고 범강 댱달을 잡아 일만 뎜의 싸흘고 능디ᄒᆞ야 아ᄇᆡ 신녕의 졔ᄒᆞ다 (張苞自仗利刀, 將范疆、張達萬剮凌遲, 祭父之靈.) <삼국-가정 27:45>

【ᄉᆞᆱ-】 명 삶다. 물에 넣고 끓이다.¶ ▼烹 ‖ 등지을 불너드려 말ᄒᆞ기을 기다리지 말고 녁이긔 제나라 달ᄂᆡ던 옛일노써 ᄉᆞ지져 쌀무려 ᄒᆞ여 그 ᄉᆞᄅᆞᆷ니 엇더캐 ᄃᆡ답ᄒᆞᄂᆞᆫ고 보ᄅᆞ (休等此人開言下說詞, 責以酈食其說齊故事, 效此例烹之, 看其人如何對答.) <삼국-모종 14:47>

【썽-ᄂᆡ-】 동 성내다. 노여움을 나타내다.¶ ▼怒 ‖ 듀유 듯고 크게 썽ᄂᆡ야 북녁흘 가ᄅᆞ처 ᄀᆞᆯ오ᄃᆡ 노적이 날을 속이기ᄅᆞᆯ 심히 ᄒᆞᄂᆞᆫ도다 (周瑜聽罷, 勃然大怒, 離座指北而罵曰: "老賊欺吾太甚!") <삼국-모종 7:104>

【셋】 관 세[三].¶ ▼三 ‖ 죄 왈 감히 장군을 번거히 못ᄒᆞ니 조만의 일이 잇슬 거시니 맛당히 와 서로 청ᄒᆞ리라 ᄒᆞ고 죄 이제 십오 만 군병을 ᄭᅳ어 셋 ᄧᅦ예 나와 힝ᄒᆞ더라 (操曰: "未敢煩將軍, 早晚有事, 當來相請." 關公乃退, 操引兵十五萬, 分三面隊行.) <삼국-모종 4:62>

【셔기-】 동 섞이다.¶ ▼交錯 ‖ 사람이 말하되 제갈양이 용병을 잘ᄒᆞᆫ다 ᄒᆞ던이 ㆍ제 이진을 본이 정긔 어지룹고 항오가 셔기고 창금[검] 긔계ᄀᆞ ᄒᆞ나토 날을 이길 직업신이 (人每說諸葛亮善能用兵, 今觀此陣, 旌旗雜亂, 隊伍交錯, 刀鎗器械, 無一可能勝吾者.) <삼국-모종 14:80>

【써-ᄒᆞ-】 동 써하다.¶ ▼爲 ‖ 공명이 거상의셔 크게 우셔 갈오ᄃᆡ ᄂᆡ 써ᄒᆞᄃᆡ 한ᄂᆞ라 됴정의 ᄃᆡ로원민[신]이 반ᄃᆞ시 고론이 잇다 ᄒᆞ녓더니 엇지 이 더러온 말 날 쥴 아라시리요 (孔明在車上大笑曰: "吾爲漢朝大老元臣, 必有高論, 豈期出此鄙言?") <삼국-모종 15:78>

【셧기-】 동 섞이다.¶ ▼雜 ‖ 엄안이 셩중의 잇셔 연일 장비 동정을 보지 못ᄒᆞ여 심중의 의혹ᄒᆞ야 십슈기 쇼군을 장비 ᄌᆞᆨᄉᆡᄒᆞᄂᆞᆫ 군ᄉᆞ 모냥을 ᄭᅮ며 가만니 셩의 나가 ᄌᆞᆨᄉᆡ군의 셧겨 ᄉᆡ의 드러가 탐졍ᄒᆞ니 (嚴顏在城中, 連日不見張飛動靜, 心中疑惑, 著十數個小軍, 扮作張飛砍柴的軍, 潛地出城, 雜在軍內, 入山中探聽.) <삼국-모종 10:134>

【썽】 명 성. 화.¶ ▼嗔 ‖ 권니 썽을 도로혀 즐게 가로ᄃᆡ 원ᄂᆡ 공명이 양칙이 잇ᄂᆞᆫ 연고로 언ᄉᆞ로써 날을 격동ᄒᆞᄂᆞᆫ 거ᄉᆞᆯ ᄂᆡ 일시 천견으로 거의 ᄃᆡᄉᆞᄅᆞᆯ 그ᄅᆞ칠 번ᄒᆞ도다 (權回嗔作喜曰: "原來孔明有良謀, 故以言詞激我, 我一時淺見, 幾誤大事.") <삼국-모종 7:93>

【썽-ᄂᆡ-】 동 성내다. 노여움을 나타내다.¶ ▼怒 ‖ 가히 ᄉᆞᄅᆞᆷ을 원슐의겨 보ᄂᆡ여 보호ᄃᆡ 뉴비 밀됴ᄅᆞᆯ 올여 남군을 치기ᄅᆞᆯ 요구ᄒᆞᆫ다 ᄒᆞ면 슐이 반ᄃᆞ시 썽ᄂᆡ여 비ᄅᆞᆯ 칠 거시니공이 발게 됴셔하여 뉴비로 ᄒᆞ여곰 원슐을 치라 ᄒᆞ면 (可暗令人往袁術處通問, 報說劉備上密表, 要略南郡, 術聞之, 必怒而攻備, 公乃明詔劉備討袁術.) <삼국-모종 2:125>

【쏙이-】 동 속이다.¶ ▼欺 ‖ 휘가 명영을 의지ᄒᆞ여 적근 휘로 분산ᄒᆞ니 됴 가만이 탐문ᄒᆞᆫ즉 과년 군ᄉᆞ덜이 원망ᄒᆞ여 왈 승상이 뭇ᄉᆞᄅᆞᆷ을 쏙인다 (垕依命, 以小斛分散, 操暗使人各寨探聽, 無不嗟怨, 皆言: "丞相欺衆.") <삼국-모종 3:53>

【쑥-ᄃᆡ】 명 ((식물)) 쑥대.¶ ▼蒿草 ‖ 뎨 나[낙]앵의 드러가 보니 궁실이 쇼진ᄒᆞ고 가ᄉᆡ가 황무ᄒᆞ고 눈의 가득이 다 쑥ᄃᆡ요 궁원 가온ᄃᆡ 다만 이 문허진 담과 ᄭᆡ여진 벽이라 (帝入洛陽, 見宮室燒盡, 街市荒蕪, 滿目皆是蒿草, 宮院中只有頹牆壞壁.) <삼국-모종 2:110>

【쓰-다ᄃᆞᆷ-】 동 쓰다듬다.¶ ▼撫 ‖ 권니 유의 등을 쓰다ᄃᆞ마 ᄀᆞᆯ오ᄃᆡ 공근의 이 말이 죡히 ᄂᆡ 의심을 노흐리로다 (權撫瑜背曰: "公瑾此言, 足釋吾疑.") <삼국-모종 7:109>

【쓰-담-】 동 쓰다듬다.¶ ▼綽 ‖ 호반이 가마니 청전의 가 보니 공이 안석의 비겨 좌수로 수염을 쓰담고 글을 보거ᄂᆞᆯ 반이 탄왈 참 천인이러다 (胡班潛至廳前, 見關公左手綽髯, 於燈下几看書, 班見了, 失聲歎曰: "眞大人也!") <삼국-모종 5:12>

【쓰ᄉᆞ-】 동 씻다. 닦다. 훔치다.¶ ▼洗 ‖ 즉금 쥬상니 쳐음으로 위에 오라ᄆᆡ 인심니 경치 못ᄒᆞ니 맛당니 동오로 더부러 년화ᄒᆞ나 ᄒᆞᆫ번 션제의 구원을 쓰ᄉᆞ미 니 장구ᄒᆞᆫ ᄭᅬ니이다 (今主上初登寶位, 民心未安, 當與東吳連合

結爲脣齒, 一洗帝舊怨, 此乃長久之計也.) <삼국-모종 14:44>

【쓸-】 동 쓸다.¶ ▼쓰러져 온다 (殺來) <삼국-어람 108a> ▼掃 ‖ 위나라 오나라이 닷토와 자웅을 결단ᄒᆞᄆᆡ 적벽의 누션니 한 번 쓰러 뷔엿도다 (魏吳爭鬥決雌雄, 赤壁樓二掃空.) <삼국-국중 9:135>

【씹-】 동 씹다.¶ ▼啖 ‖ 조적은 긔군망숭ᄒᆞ니 죄ᄅᆞᆯ 버혀도 용납지 못ᄒᆞᆯ 거시어ᄂᆞᆯ 또 ᄂᆡ의 아비와 아ᄋᆞᄅᆞᆯ 히ᄒᆞ여 시니 불공ᄃᆡ천지쉬ᄅᆞᆯ ᄂᆡ 맛당이 ᄉᆞ로잡아 네 고긔ᄅᆞᆯ 씹으리라 (操賊欺君罔上, 罪不容誅, 害我父弟, 不共戴天之讎, 吾當活捉生啖汝肉!) <삼국-모종 10:12>

【씃-】 동 씻다. 닦다. 훔치다.¶ ▼拭 ‖ 호려니 등화 써러져 옥ᄃᆡ예 부리 타거날 승이 놀ᄂᆡ 쓰서 보니 ᄒᆞᆫ 셕야진 곳의 은ᄋᆞ이 비단의 피 흔적이 보이거날 칼노 ᄣᅦ여 보니 천ᄌᆞ 손가락 피로 쓴 밀되라 (忽然燈花落於帶上, 燒著背襯, 承驚拭之, 已燒破一處, 微露素絹, 隱見血跡. 急取刀拆開視之, 乃天子手書血字密詔也.) <삼국-모종 3:89>

【씨-】[1] 동 쓰다. (물건, 재료, 도구 같은 것을) 어떤 목적에 이롭게 다루다. 사용하다. 치찰음 뒤의 전설음화 (스>시).¶ ▼備用 ‖ 혀[허]도난 셩곽궁실과 졀양민물이 족히 가히 씨기ᄅᆞᆯ 갓듈 거시니 원컨ᄃᆡ 피[폐]ᄒᆞᄂᆞᆫ 허도로 가 힝ᄒᆞ소셔 (許都地近魯陽, 城宮宮室, 錢糧民物, 足可備用, 臣敢請駕幸許都, 惟陛下從之.) <삼국-모종 2:119>

【씨-】[2] 동 글이나 글씨를 쓰다.¶ ▼書 ‖ ᄌᆞ복 등이 다 은휘ᄒᆞ니 죄 경동을 씨겨 증거ᄒᆞ니 경동 왈 너의 뉵인이 일체로 글자 씨기는 무ᄉᆞᆫ 일린요 (子服等皆隱諱, 操敎喚出慶童對證, …慶童曰: "你迴避了衆人, 六人在一處畫字, 如何賴得?") <삼국-모종 4:42>

【씨-】[3] 동 (머리에) 쓰다.¶ ▼戴 ‖ 이졔 셩ᄂᆡ 인가의 ᄀᆡ가 건적을 씨고 홍의를 닙고 집의 올나 당기고 또 셩남 향민니 밥을 지을ᄉᆡ 홀연 속 가온ᄃᆡ 한 아히 죽고 (近有犬戴巾幘, 身披紅衣, 上屋作人行. 又塊南鄕民造飯, 飯瓦之中, 忽有一小兒蒸死於內.) <삼국-국중 16:82>

【씨기-】 동 시키다. 어떤 일이나 행동을 하게 하다. 경상 방언.¶ ▼使 ‖ 푀 왈 네 장비로 씨겨 ᄂᆡ의 호마 일ᄇᆡᆨ 오십 필을 아ᄉᆞ갓다 ᄒᆞ니 장비 창을 비기고 말을 나려 왈 ᄂᆡ 네의 말을 아ᄉᆞᄂᆞᆫ지라 네 이졔 시쇄ᄒᆞ물 기다리라 (布曰: "你便使張飛奪了我好馬一百五十匹, 尙自抵賴!" 張飛挺鎗出馬曰: "是我奪了你好馬. 你今待怎麽?") <삼국-모종 3:34> ▼敎喚 ‖ ᄌᆞ복 등이 다 은휘ᄒᆞ니 죄 경동을 씨겨 증거ᄒᆞ니 경동 왈 너의 뉵인이 일체로 글자 씨기는 무ᄉᆞᆫ 일린요 (子服等皆隱諱, 操敎喚出慶童對證, …慶童曰: "你迴避了衆人, 六人在一處畫字, 如何賴得?") <삼국-모종 4:42>

【씨-다듬-】 동 쓰다듬다. 손으로 살살 쓸어 어루만지다.¶ ▼撫 ‖ 주ᄐᆡ의 구호한 공을 감동ᄒᆞ여 존ᄎᆞᆯ을 베풀어 관ᄃᆡᄒᆞ고 권니 친히 주ᄐᆡ을 잡고 그 상ᄒᆞᆫ 등을 씨다드무며 눈물을 흘여 (又感周泰救之功, 設宴款之, 權親自把盞, 撫其背, 淚流滿面.) <삼국-모종 11:76>

【씨-담-】 동 쓰다듬다.¶ ▼綽 ‖ 공이 술을 취ᄒᆞ여 그 수염을 씨담으며 왈 사라 국가를 갑지 못ᄒᆞ고 그 형을 빈반ᄒᆞ니 엇지 ᄉᆞ룸이라 ᄒᆞ리요 (公醉, 自綽其髯而言曰: "生不能報國家, 而背其兄, 徒爲人也!") <삼국-모종 4:59>

【씨름】 명 ((민속)) 두 사람이 샅바를 잡고 힘과 재주를 부리어 먼저 넘어뜨리는 것으로 승부를 겨루는 우리 고유의 운동.¶ ▼相撲 ‖ 당합이 친히 뫼 긋ᄐᆡ ᄂᆞ려와 여어보니 당비 당하의 안자 술을 먹으며 두 군ᄉᆞ로 ᄒᆞ여곰 씨름 브티고 보거ᄂᆞᆯ (張郃自來山頂觀望, 見張飛坐於帳下飮酒, 令二小卒於面前相撲爲戲.) <삼국-가정 23:8>

【씨스-】 동 씻다.¶ ▼洗 ‖ 날ᄂᆞᆫ 칼로 ᄇᆡ를 ᄯᅳ고 오장뉵부를 약물로 씨스되 그 사람이 됴곰도 올픈 쥴을 아지 못ᄒᆞ거든 (却用尖刀剖開其腹, 以藥湯洗臟腑, 剝肺剜心, 其病人略無疼痛.) <삼국-규장 18:8>

【씨이-】 동 씌우다.¶ ▼釘 ‖ 드듸여 ᄉᆞᄌᆞ를 쥬기고 한눈을 가두어 칼을 씨이고 진등을 보ᄂᆡ여 ᄉᆞ포를 싸고 한눈을 잡아 왕칙으로 ᄒᆞᆫ가지 허도의 가 ᄉᆞ은할ᄉᆡ (遂殺來使, 將韓胤用枷釘了, 遣陳登齎謝表, 解韓胤一同王則上許都來謝恩.) <삼국-모종 3:43>

【ᄊᆞ락】 명 ((곡식)) 싸라기.¶ ▼虀 ‖ 공명 왈 ᄂᆡ가 조죠의 ᄇᆡᆨ만 즁 보기ᄅᆞᆯ 가얌이갓치 ᄒᆞ니 다만 ᄂᆡ 손을 ᄒᆞᆫ 번 든즉 다 ᄊᆞ락과 분니 되리라 (孔明曰: "吾視曹操百萬之衆, 如群蟻耳, 但我一擧手, 則皆爲虀粉矣!") <삼국-모종 7:92>

【ᄊᆞ암】 명 싸움.¶ ▼鬪 ‖ 푀 왈 ᄂᆡ 평상의 ᄊᆞ홈을 됴아 아니ᄒᆞ고 ᄊᆞ암 풀기ᄂᆞᆯ 됴아ᄒᆞ니 ᄂᆡ 이졔 양가를 위ᄒᆞ여 풀이라 (布曰: "無有此理. 布平生不好鬪, 惟好解鬪, 吾今爲兩家解之.") <삼국-모종 3:27>

【ᄊᆞ오-】 동 싸우다.¶ ▼殺 ‖ 날이 ᄉᆡ도록 ᄊᆞ와 (殺到天明.) <삼국-어람 2471>

【ᄊᆞᆷ】 명 싸움.¶ ▼戰 ‖ 하후돈이 ᄎᆞᆼ을 ᄲᆡ혀 바로 녀포를 취ᄒᆞ여 ᄊᆞᆷ이 슈합이 못ᄒᆞ야 니확이 닐군을 거ᄂᆞ려 좌변으로ᄌᆞ초 오거ᄂᆞᆯ 죄 급히 하후연으로 ᄒᆞ야금 급히 영졉[적]ᄒᆞ고 (夏侯惇挺鎗躍馬, 直取呂布, 戰不數合, 李傕引一軍, 從左邊殺來, 操急令夏侯淵迎敵.) <삼국-모종 1:99>

【ᄊᆞ-】 동 짜다. 실이나 끈 따위를 씨와 날로 결어서 천 따위를 만들다.¶ ▼織 ‖ 류예쥬ᄂᆞᆫ 비록 즁산졍왕의 묘예라 이르나 믄득 상고ᄒᆞᆯ ᄇᆡ 업고 목하의 볼진ᄃᆡ 다만 돗 ᄊᆞ고 신 파ᄂᆞᆫ 필부라 (劉豫州雖云中山靖王苗裔, 卻無可稽考, 眼見只是織蓆販屨之夫耳.) <삼국-국중 8:147>

【ᄍᆞᆨ자기】 부 서로.¶ ▼互相 ‖ ᄎᆡᆨ이 ᄃᆡ희허여 곳 제장을 모흐고 잔ᄎᆞᆯ 빅셜허여 진ᄋᆞ을 관ᄃᆡ허더니 호련 보니 제장이 ᄍᆞᆨ자기 말허고 분ᄋᆞ이 누의 ᄂᆞ리거ᄂᆞᆯ ᄎᆡᆨ이 고히 너게 무르니 (策大喜, 卽日會諸將於城樓上, 設宴款待陳震, 飮酒久間, 忽見諸將互相耳語, 紛紛下樓, 策怪問

何故.) <삼국-모종 5:37>

【쪼각】 명의 조각. 한 물건에서 따로 떼어 내거나 떨어져 나온 작은 부분을 세는 단위.¶ ▼片 ‖ 망 왈 너의 등이 무례ᄒᆞ여 ᄌᆞ조 상국을 침범ᄒᆞ니 일즉 물너가지 아니ᄒᆞ면 네 ᄒᆞᆫ 쪼각 갑옷도 〻라가지 못ᄒᆞ리라 (望大聲而答曰: "汝等無禮, 數犯上國, 如不早退, 令汝片甲不歸.") <삼국-모종 18:76>

【쪼ᄭᆡ-】 동 쪼개다.¶ ▼剖 ‖ 취감닌니 업군에 가 감ᄌᆞ을 드리거날 되 친히 쪼ᄭᆡ여 보니 다만 공각니라 되 딩겡ᄒᆞ여 취감닌다려 무루니 (取柑人至鄴郡見操, 呈上柑子, 操親剖之, 但只空殼, 內並無肉, 操大驚, 問取柑人.) <삼국-모종 11:80>

【쪼ᄎᆞ-】 동 쫓다.¶ ▼趕 ‖ 위 영명ᄒᆞ냐 출젼할ᄉᆡ 삼십 합의 니ᄅᆞ러 ᄑᆡ주ᄒᆞ니 장ᄉᆡ 쪼ᄎᆞ 이ᄅᆞ거날 진문 즁의 궁뇌 사듀ᄒᆞ고 (韋領命出戰, 戰到三十合, 敗走回陣, 壯士趕到陣門中, 弓弩射回.) <삼국-모종 2:84>

【쪽쪽-이】 부 쪽쪽. 여러 쪽이 되게.¶ ▼粉碎 ‖ 조되 급히 ᄉᆞ람으로 ᄒᆞ여금 풀어 말니〻 져 금포 임의 쪽〻이 뮈여진지라 죄 이인을 ᄒᆞ여금 다 ᄃᆡ의 오ᄅᆞ라 ᄒᆞ니 (操急使人解開, 那領錦袍已是扯得粉碎, 操令二人都上臺.) <삼국-모종 9:80>

【쪽ᄋᆡ-】 동 쪼개다.¶ ▼剖 ‖ 량 왈 이난 알기 쉬우니 만일 셔분이 오ᄅᆡ 밀즁에 잇시면 속ᄭᆞ지 져지리라 ᄒᆞ고 명ᄒᆞ여 쪽ᄋᆡ여 보니 과년 쪽은 말근지라 (亮曰: "此事易知耳, 若糞久在蜜中, 則內外皆濕, 若新在蜜中, 則外濕內燥." 命剖視之, 果然內燥.) <삼국-모종 18:80>

【쫒】 명 ((신체)) 좆. 남성의 성기를 속되게 이르는 말.¶ ▼척쥬인 보아라 척쥬인 어미 보지와 너 쪼지 네 어미 보지로 털러 가니 싱피가 아니야 니기거 쏘 노아너 나온던구 양믈 너허ᄂᆞᆫ구나 <삼국-동양 40:9>

【쪼ᄎᆞ-오-】 동 좇아오다.¶ ▼趕來 ‖ 하후돈니 응셩ᄒᆞ여 ᄂᆞ오거ᄂᆞᆯ 도겸니 급히 진의 드러오니 하후돈니 쪼ᄎᆞ오난지ᄅᆞ 조푀 경창냉마하여 영젹할ᄉᆡ 두 말니 셔로 ᄉᆞ괴ᄆᆡ 홀연이 광풍이 대작ᄒᆞ여 비ᄉᆞ주셕ᄒᆞ니 앵군니 어즈러워 각〻 슈군ᄒᆞᆫ지ᄅᆞ (夏侯惇應聲而出, 陶謙慌走入陣, 夏侯惇趕來, 曹豹挺鎗躍馬, 前來迎敵, 兩馬相交, 忽然狂風大作, 飛沙走石, 兩軍皆亂, 各自收兵.) <삼국-모종 2:53>

【쓰즈-】 동 짓다.¶ ▼例 ‖ 칼 ᄲᆡ여 도포 사ᄆᆡ을 버히고 여성 왈 곳 이졔 셰ᄌᆞ을 쳥ᄒᆞ여 위을 이오리니 즁관이 〻론ᄒᆞ난 ᄌᆞ난 이 도포갓치 쓰즈리라 (遂拔劍割下袍袖, 厲聲曰: "卽今日便請世子嗣位, 衆官有異議者, 以此袍爲例.") <삼국-모종 13:27>

【쓱-】 동 찍다.¶ ▼刺 ‖ 왕방니 그 나 어리믈 업슈 녀여 말을 달여 영젼ᄒᆞ다가 슈합니 못ᄒᆞ여 마초의 ᄒᆞᆫ 창의 말 아ᄅᆡ 쓱은지라 (王方欺他年幼, 躍馬迎戰. 戰不到數合, 早被馬超一鎗刺於馬下.) <삼국-모종 2:41> ▼砍 ‖ 늉의 댕 종뵈 챙을 ᄲᆡ하 말을 ᄂᆡ야 ᄊᆞ홈을 수합 (못)ᄒᆞᄆᆡ 관히의 한 칼의 종보ᄅᆞᆯ 말 아래 쓱으니 공늉병이 ᄃᆡ란ᄒᆞ냐 셩즁으로 드러가니 (融將宗寶挺鎗出馬, 戰不數合, 被管亥一刀, 砍宗寶於馬下, 孔融兵大亂, 奔入城中.) <삼국-모종 2:56>

【쯧-】 동 찢다.¶ ▼扯碎 ‖ 그 글을 쯧고 그 사ᄌᆞ을 버히고 ᄎᆞ일에 병을 병을 ᄂᆡ어 젼진ᄒᆞ여 싸옴을 도〻으니 밍달이 ᄃᆡ로ᄒᆞ여 쏘 병을 ᄂᆡ어 나 마ᄌᆞ (遂扯碎來書, 斬其使, 次日, 引軍前來搦戰. 孟達知劉封扯書斬使, 勃然大怒, 亦領兵出迎.) <삼국-모종 13:37>

【쯩그리-】 동 찡그리다.¶ ▼蹙 ‖ 초션이 그즛 쌍미를 쯩그려 근심ᄒᆞᄂᆞᆫ ᄐᆡ를 지으며 쏘 깁 슈건으로 눈물을 자죠 씻난다라 (貂蟬故蹙雙眉, 做憂愁不樂之態, 復以香羅頻拭眼淚.) <삼국-국중 2:85>

【쯰치-】 동 세게 찢다.¶ ▼扯碎 ‖ ᄃᆞ〻여 ᄂᆡ셔를 쯰치고 ᄉᆞᄌᆞ를 버히고 ᄎᆞ일의 인군젼진ᄒᆞ여 도젼ᄒᆞ니 달이 뉴봉의 불굴ᄒᆞ믈 보고 쏘한 녕병츌녕ᄒᆞ야 양딘니 ᄃᆡ원ᄒᆞᄃᆞ (遂扯碎來書, 斬其使. 次日, 引軍前來搦戰. 孟達知劉封扯書斬使, 勃然大怒, 亦領兵出迎. 兩陣對圓.) <삼국-국중 13:123>

【ᄶᅵ어-지-】 동 찢어지다.¶ ▼裂 ‖ 잔졸이 분픠ᄒᆞ야 의갑과 창검을 ᄡᅡ의 ᄀᆞ득히 ᄇᆞ리ᄆᆡ 도독은 마음이 ᄶᅥᆯ니고 담이 ᄶᅵ어지며 장군은 쥐 숨듯 ᄒᆞ고 (拋盈郊之戈甲, 棄滿地之刀鎗. 都督心崩而膽裂, 將軍鼠竄而狼忙.) <삼국-국중 16:6>

【ᄶᅵ여-지-】 동 찢어지다. 찢기어 갈라지다.¶ ▼裂 ‖ 형주 뉴황슉이 주공으로 더부러 동종이요 인자관후ᄒᆞ야 장ᄌᆞ의 풍이 잇고 적벽 오병ᄒᆞᆫ 후의 죄 듯고 담이 ᄶᅵ여 젓거든 ᄒᆞ물며 장뇌리요 (荊州劉皇叔, 與主公同宗, 仁慈寬厚, 有長者風, 赤壁鏖兵之後, 操聞之而膽裂, 何況張魯乎?) <삼국-모종 10:65> 잔졸이 분픠ᄒᆞ야 의갑과 창검을 ᄡᅡ의 ᄀᆞ득히 ᄇᆞ리ᄆᆡ 도독은 마음이 ᄶᅥᆯ니고 담이 ᄶᅵ어지며 장군은 쥐 숨 듯ᄒᆞ고 (拋盈郊之戈甲, 棄滿地之刀鎗. 都督心崩而膽裂, 將軍鼠竄而狼忙.) <삼국-국중 16:6> ▼迸裂 ‖ 관공니 노긔 발ᄒᆞ여 창구가 ᄶᅵ여지고 혼도ᄒᆞ여 긔절ᄒᆞ니 중장니 구ᄒᆞ여 ᄭᆡ여 (關公聞言, 怒氣沖塞, 瘡口迸裂, 昏絶於地, 衆將救醒.) <삼국-모종 12:94>

【ᄶᅵ지-】 동 찢다.¶ ▼扯碎 ‖ 쥬유 ᄃᆡ로ᄒᆞ여 ᄃᆞ시 ᄯᅥ여 보지 아니ᄒᆞ고 글월을 ᄶᅵ져 ᄯᅡ히 더지고 사ᄌᆞ를 ᄉᆞ져져 버히라 ᄒᆞ니 (瑜大怒, 更不開看, 將書扯碎, 擲於地上, 喝斬來使.) <삼국-국중 9:34> ᄃᆞ〻여 글월을 ᄶᅵ져 ᄯᅡ히 더지고 사ᄌᆞ를 ᄉᆞ지져 물니치니 (當面扯碎書, 叱退來使.) <삼국-국중 5:76>

【ᄶᅵ티-】 동 세게 째다. 세게 찢다.¶ ▼扯碎 ‖ ᄉᆞ쟈 보ᄂᆞᆫ ᄃᆡ 글월을 ᄶᅵ텨 바리고 ᄉᆞ지져 믈이티니 (當面扯碎書, 叱退使.) <삼국-규장 6:60> ▼毁 ‖ 이제 원쇼ᄂᆞᆫ 강ᄒᆞ고 조조ᄂᆞᆫ 약ᄒᆞ거ᄂᆞᆯ 글월을 ᄶᅵ티고 ᄉᆞ명을 욕ᄒᆞ니 만일 원쇠 노ᄒᆞ야 긔병ᄒᆞ야 오면 엇지ᄒᆞ리오 (方今袁强曹弱, 今毁書叱使, 袁紹若至, 當如之何?) <삼국-규장 6:60>

【찍-】 동 찍다. (무엇을 베려고) 날이 선 연장을 내리치거나 찌르다.¶ ▼砍 ‖ 의천검은 조죠 스ᄉᆞ로 차고 청강검은 하후은으로 차게 ᄒᆞ미니 쇠를 찍으ᄆᆡ 진흙과 ᄀᆞᆺ치 드니 이ᄒᆞ미 비ᄒᆞᆯ ᄃᆡ 업난지라 (倚天劍自佩之, 青釭劍令夏侯恩佩之. 那青釭劍砍鐵如泥, 鋒利無比.) <삼국-국중 8:112>

【찍기】 명 ((기물)) 집게.¶ ▼鐵鉗子 ‖ 정 셔 이장은 쥬유를 구완ᄒᆞ야 장듕의 니ᄅᆞ러 찍기로 살폭을 쎄고 금창약을 가져 창구의 붓치니 알아 가히 견ᄃᆡ지 못ᄒᆞ야 음식을 폐ᄒᆞᄂᆞᆫ지라 (丁、徐二將救得周瑜到帳中, 喚行軍醫者用鐵鉗子拔出箭頭, 將金瘡藥敷掩瘡口, 疼不可當, 飲食俱廢.) <삼국-모종 8:78>

【씹-】 동 씹다.¶ ▼哺 ‖ 쥬공이 호[토]포의 쥬공 씹던 거ᄉᆞᆯ 토ᄒᆞᄆᆡ 쳔ᄒᆞ귀심이라 쳔ᄒᆞ ᄆᆞᄋᆞᆷ이 도라가ᄂᆞᆫ도다 (周公吐哺, 天下歸心.) <삼국-모종 8:33>

【씨야지-】 동 찢어지다.¶ ▼裂 ‖ 산곡 듕으로 ᄒᆞᆫ 군ᄉᆞ 쓸어 나와 크게 부라지ːᄃᆡ 능통이 여긔 잇다 ᄒᆞ니 조죠 간담이 씨야지더니 홀연이 ᄉᆞ이로 일포군이 니ᄅᆞ러 (從山谷中擁出一軍, 大叫: “凌統在此!” 曹操肝膽皆裂, 忽刺斜裏一彪軍到.) <삼국-모종 8:58>

【쌀】 명 ((기물)) 칼.¶ ▼劍 ‖ 장비 칼늘 쎄여 스ː로 목 즐으고져 ᄒᆞ고늘 현덕이 싸를 쎄사 왈 (張飛拔劍要自刎, 玄德向前抱住, 奪劍擲地曰.) <삼국-모종 3:1>

【션-】 형 크다.¶ ▼大 ‖ 듕군이 소ᄅᆡ을 가다듬아 션게 ᄭᅮ짓ᄌᆞ니 쥬유 ᄃᆡ로ᄒᆞ야 반장으로 ᄒᆞ여곰 나와 ᄊᆞ홀ᄉᆡ 교봉ᄒᆞ기를 밋지 못ᄒᆞ여 (衆軍聲大罵, 周瑜大怒, 使潘璋出戰, 未及交鋒.) <삼국-모종 8:80> 장ᄌᆞ 사마ᄉᆞ의 ᄌᆞᄂᆞᆫ ᄌᆞ원이오 ᄎᆞᄌᆞ 사마소의 자ᄂᆞᆫ ᄌᆞ상이니 이인이 본ᄃᆡ ᄏᆞᆫ ᄯᅳ지 잇고 병셔를 통달ᄒᆞᄂᆞᆫ이라 (懿長子司馬師, 字子元, 次子司馬昭, 字子尚, 二人素有大志, 通曉兵書.) <삼국-모종 15:98>

【써디-】 동 터지다.¶ ▼塌 ‖ 황튱이 압셔 ᄂᆞ리ᄃᆞᄅᆞ니 그 셰 하ᄂᆞᆯ히 믄허디며 ᄯᅡ히 써디ᄂᆞᆫ ᄃᆞᆺᄒᆞ더라 (黃忠一馬當先, 驟下山來, 猶如天崩地塌.) <삼국-규장 16:68>

【ㅇ】

【아-】 동 알다. (주로 '아디 몯- /아디 못-'의 형태로 쓰여 '모르겠다'의 뜻을 나타낸다.¶ ▼(不)知 ‖ 또 관흥 댱포의 ᄉᆡᆼ녁군이 ᄯᆞᆯ오ᄂᆞᆫ디라 위병이 ᄉᆞᄉᆞ로 ᄌᆞᆺᄇᆞᆯ와 죽은 쟤 그 수를 아디 못ᄒᆞᆯ러라 (背後關興生力軍趕來, 魏兵自相踐踏及落澗身死者, 不知其數.) <삼국-가정 32:19> ▼(不)計 ‖ ᄉᆞ면팔방의 대쉬 펴뎌 ᄃᆞᆯ려드니 칠군이 어즈러이 ᄃᆞ라나 믈결을 조차 헤디르ᄂᆞᆫ 재 그 수를 아디 못ᄒᆞᆯ러라 (四面八方, 大水驟至, 七軍亂竄, 隨波逐浪者, 不計其數.) <삼국-가정 24:85>

【아관-박ᄃᆡ】 명 ((복식)) 아관박대(峨冠博帶). 높은 관과 넓은 띠라는 뜻으로, 사대부의 의관이나 차림을 이르는 말.¶ ▼峨冠博帶 ‖ 아관[노픈 관이라]박ᄃᆡ[너븐 ᄯᅴ라]예 샹뫼 비샹ᄒᆞᆫ 션ᄉᆡᆼ이 와 뵈믈 구ᄒᆞᄂᆞ이다 (門外有一先生, 峨冠博帶, 道貌非常, 特來相探.) <삼국-가정 12:71>

【아금-니】 명 ((신체)) 어금니.¶ ▼牙 ‖ 쵸 말을 듯고 ᄡᅡ의 울어 걱구러지거ᄂᆞᆯ 즁장이 구ᄒᆞ야 이려커니 쵸 아금니을 갈고 이을 ᄡᅳ러 죠적을 통한ᄒᆞ더니 (超聞言, 哭倒於地, 衆將救起, 起咬牙切齒, 痛恨操賊.) <삼국-모종 10:4>

【아니】 부 ❶ (용언 앞에 쓰여) 부정이나 반대의 뜻을 나타내는 말.¶ ▼[아니… -잇가] 莫非 ‖ 아니 앗가 태휘 권ᄒᆞ여 ᄌᆞ건을 죽이디 말와 ᄒᆞ더니잇가 (適來莫非太后勸王上勿廢子建乎?) <삼국-가정 25:115> 아니 앗가 태휘 권ᄒᆞ여 ᄌᆞ건을 죽이디 말와 ᄒᆞ더니잇가 (適來莫非太后勸王上勿廢子建乎?) <삼국-가정 25:115> ❷ 만약.¶ ▼倘 ‖ 이졔 셔으로 치다가 아니 뉴비 뉴표 승허ᄒᆞ여 허도랄 엄십ᄒᆞ면 ᄂᆡ 밋쳐 구완치 못ᄒᆞ여 화되기 젹지 아니ᄒᆞ리니 (我今引兵西擊, 倘劉備、劉表乘虛襲許都, 我救應不及, 爲禍不淺矣.) <삼국-모종 6:13>

【아ᄂᆡ】 명 ((인류)) 아내.¶ ▼妻 ‖ 어졔 소질리 관ᄉᆞ 겻틀 엿보니 한 부인이 잇셔 ᄌᆞᄉᆡᆨ이 심히 미려ᄒᆞᆫ지라 무르니 이ᄂᆞᆫ 장제의 아ᄂᆡ라 ᄒᆞ더이다 (昨晩小姪窺見館舍之側, 有一婦人, 生得十分美麗, 問之, 卽繡叔張濟之妻也.) <삼국-모종 3:38>

【아달】 명 ((인류)) 아들.¶ ▼子 ‖ 이졔 오후ᄂᆞᆫ 젼당 쇼리의 아달노 본ᄃᆡ 죠정의 공덕이 업거ᄂᆞᆯ (汝主乃錢塘小吏之子, 素無功德於朝廷) <삼국-국중 10:47>

【아담-ᄒᆞ-】 형 아담(雅淡, 雅澹)하다. 고상하면서 담백하다. 또는 성품이나 행동이 깔끔하고 얌전하다.¶ ▼閑雅 ‖ 죄 ᄌᆞ익을 보고 무러 왈 일이 엇더ᄒᆞᆫ뇨 간니 왈 쥬유의 아담ᄒᆞᆫ 군양과 놉흔 의치ᄂᆞᆫ 언ᄉᆞ로 요동치 못ᄒᆞᆯ너이다 (操問: "子翼幹事若何?" 幹曰: "周瑜雅量高致, 非言詞所能動也.") <삼국-모종 7:132>

【아당-ᄒᆞ-】 동 아당(阿黨)하다. 아첨(阿諂)하다. 남의 비위를 맞추거나 환심을 사려고 다랍게 아첨하다. 간사하고 공정하지 못하다.¶ ▼諂 ‖ 화흠이 본ᄃᆡ 위예 아당ᄒᆞᄂᆞᆫ디라 이 됴셔를 제 ᄆᆡᆫᄃᆞ라 헌뎨를 핍박ᄒᆞ여 조비를 주라 ᄒᆞ니 (是時華歆諂事于魏, 故草此詔, 威逼獻帝降之.) <삼국-가정 25:107> ▼佞巧 ‖ ᄇᆞ라건대 폐하ᄂᆞᆫ 아당ᄒᆞᄂᆞᆫ 신하를 믈리치고 ᄲᆞᆯ리 어딘 신하를 블러 ᄡᅳ시고 두로 노리ᄒᆞ기를 긋치시면 모든 지변이 스러디리이다 (唯陛下斥遠佞巧之臣, 速征鶴鳴之士, 斷絶尺一, 抑止槃游. 冀上天還威, 衆變可弭.) <삼국-가정 1:7> ▼阿黨 ‖ 튱신은 죽음을 두려 아니ᄒᆞ노니 우리ᄂᆞᆫ 죽어도 한나라 귀신이 되려니와 너ᄀᆞᆺ티 아당ᄒᆞᄂᆞᆫ 거ᄉᆞᆯ 더러이 너기노라 (忠臣不怕死, 怕死不忠臣! 吾等死做漢鬼, 不似你阿黨也!) <삼국-가정 7:103> ▼諛 ‖ 너희ᄂᆞᆫ 아당ᄒᆞᄂᆞᆫ 무리라 텬ᄌᆞ로 더브러 밀실의셔 우던 배 므ᄉᆞ 일이러뇨 (汝等乃口諛之人! 適間與天子在密室中所哭何事?) <삼국-가정 36:45>

【-아든】 미 -거든. '어떤 일이 사실이면, 어떤 일이 사실로 실현되면'의 뜻을 나타내는 연결 어미.¶ ▼이제 그ᄃᆡ를 위ᄒᆞ야 살와든 ᄃᆞ라나면 엇디ᄒᆞ리오 (今爲君免之, 若走去奈何?) <삼국-가정 13:29>

【아들】 명 ((인류)) 아들.¶ ▼子 ‖ ᄂᆡ 널로 더브러 의형뎨 갓트니 네 아들이 ᄂᆡ 아들이라 ᄂᆡ 엇지 ᄎᆞ마 져ᄇᆞ리리오 네 ᄲᆞᆯ리 군법의 나아가고 다시 걸리ᄭᅵ지 말라 (吾與汝義同兄弟, 汝之子卽吾之自, 吾安忍不用之? 汝速正軍法, 勿多牽掛也!) <삼국-규장 21:110>

【아ᄃᆞᆯ】 명 ((인류)) 아들. 남자로 태어난 자식.¶ ▼男 ‖ 아ᄃᆞᆯ이 ᄌᆞ라면 댱가 드리고 ᄯᆞᆯ이 ᄌᆞ라면 셔방 마치ᄂᆞᆫ 거시 고금 샹녜라 날을 어미라 ᄒᆞ면 엇디 날ᄃᆞ려 니ᄅᆞ디 아니ᄒᆞ고 뉴현덕을 사회 사ᄆᆞ려 ᄒᆞ고 더브러다가 두어시되 날을 긔이ᄂᆞᆫ다 (男大須婚, 女大須嫁, 古今常禮, 我爲你母親, 事當稟命於我. 你招劉玄德爲婿, 如何瞞我? 女兒須是我的!) <삼국-가정 17:97> ▼子 ‖ 내 널로 더브러 의형뎨 ᄀᆞᄐᆞ니 네 아ᄃᆞᆯ이 내 아ᄃᆞᆯ이라 내 엇디 ᄎᆞ마 져ᄇᆞ리리오 네 ᄲᆞᆯ리 군법의 나아가고 다시 걸리ᄭᅵ디 말라 (吾與汝義同兄弟, 汝之子卽吾之自, 吾安忍不用之? 汝速正軍法, 勿多牽掛也!) <삼국-가정 31:55>

【아레】 명 아래. 어떤 기준보다 낮은 위치.¶ ▼內 ‖ 견이 돌과 살을 마ᄌᆞ 뇌골이 쏘다져 인ᄆᆡ 다 현산 아레 죽으니 쉬 삼십칠 셰러라 (堅體中石、箭, 腦漿迸流, 人馬皆死於峴山之內, 壽止三十七歲.) <삼국-모종 1:125>

【아려】 명 아래. 어떤 기준보다 낮은 위치.¶ ▼下 ‖ 이예 쵹병 십여 만과 항[항]병 일만여 인이 싼 흙을 가져 일졔이 셩 아려 ᄇᆞ리니 흙이 ᄡᅡ혀 산이 이러 연ᄒᆞ여 셩상의 다힌디라 (於是蜀兵十餘萬, 並降兵萬餘, 將所包之

土, 一齊棄於城下, 一霎時, 積土成山, 接連城上.) <삼국-모종 15:4> 조준이 ᄃᆡ경ᄒᆞ야 말을 치쳐 싸화 삼합이 못ᄒᆞ여 위연이 ᄒᆞᆫ 칼노 말 아려 버히고 부션봉 쥬찬은 정히 ᄯᆞᆯ오더니 (曹遵大驚, 拍馬交鋒, 不三合, 被魏延一刀斬於馬下, 副先鋒朱讚引兵追趕.) <삼국-모종 15:92>

【아른-체】 명 알은체. 어떤 일에 관심을 가지는 듯한 태도를 보임. 또는 사람을 보고 인사하는 표정을 지음.¶ ▼아른체 안니ᄒᆞ고 (不睬) <삼국-어람 109b>

【아름-다이】 부 아름답게.¶ ▼신니 위신니 되ᄆᆡ ᄎᆞ마 위를 ᄇᆡ반치 못ᄒᆞ노이다 염이 아름다이 여겨 안평왕을 봉ᄒᆞ니 사마뷔 불슈ᄒᆞ더라 (“臣身爲魏臣, 終不背魏也.” 炎見孚如此, 封孚爲安平王. 孚不受而退.) <삼국-국중 17:123>

【아리-】 동 아뢰다. 윗사람에게 말씀드려 알리다.¶ ▼報 ‖ 표 즉시 병을 일위이고저 ᄒᆞ더니 호련이 탐이[마] 아리ᄃᆡ 손칙이 호구의 둔쥬ᄒᆞ엿다 ᄒᆞ니 (表得書, 卽欲起兵, 忽探馬報: “孫策屯兵湖口.”) <삼국-모종 3:58> ▼奏 ‖ 반로의 허져 호위군을 ᄡᅳ어 적주ᄒᆞ야 조롤 구ᄒᆞ야 도라가고 오병은 긔가롤 아리고 유슈로 도ᄅᆞ가다 (趕到半路, 許褚引衆虎衛軍敵住, 救回曹操, 吳兵齊奏凱歌, 回濡須去了.) <삼국-모종 10:96>

【아리-ᄶᅡ오-】 형 «아리ᄶᅡᆸ다» 아리땁다.¶ ▼嬌 ‖ 관가픠 손부인ᄃᆞ려 닐오ᄃᆡ 방듕의 병긔롤 버러시니 아리ᄶᅡ온 손이 편안티 아녀 ᄒᆞ니 아직 업시ᄒᆞ여지이다 (管家婆禀復孫夫人曰: “房中擺列兵器, 嬌客不安, 今且去之.”) <삼국-가정 17:112>

【아ᄅᆞ-사기-】 동 아로새기다. 무늬나 글자 따위를 또렷하고 정교하게 파서 새기다.¶ ▼雕 ‖ 텬직 쇼요마롤 ᄐᆞ시고 됴궁[아ᄅᆞ사겨 그림 그린 활이라]과 금비젼[가퇴예 금칠ᄒᆞᆫ 살히라]을 ᄎᆞ고 셩의 나가시니 현덕 관댱도 엄심을 속의 닙고 궁젼과 긔계롤 가지고 슈가ᄒᆞ여 가더라 (帝卽上逍遙馬, 帶雕弓、金鈚箭, 排鑾駕出城. 玄德與關、張各彎弓挿箭, 內穿掩心甲, 各持兵器, 引數十騎隨駕出許昌.) <삼국-가정 7:77>

【아롬】 명의 아름. 두 팔을 둥글게 모아서 만든 둘레의 길이를 나타내는 단위.¶ ▼圍 ‖ 뎡원의 뒤히 ᄒᆞᆫ 사롬이 셔시니 신댱이 ᄒᆞᆫ 댱이오 허리 열 아롬이오 궁매 졍숙ᄒᆞ고 미목이 쳥슈ᄒᆞ니 (時李儒見丁原背後一人, 身長一丈, 腰大十圍. 弓馬閑熟, 眉目淸秀.) <삼국-가정 1:142>

【아롬-다이】 부 아름다이. 아름답게.¶ ▼美 ‖ 그ᄃᆡ 깁히 나라흘 념녀ᄒᆞ니 딤이 심히 아롬다이 너기노라 (君深慮國計, 朕甚嘉之.) <삼국-가정 32:111>

【아ᄅᆡ-】 동 꾀다.¶ ▼誘 ‖ 쇼 왈 조ː 간ᄉᆞᄒᆞ니 이 글은 분명 적국 아ᄅᆡᄂᆞᆫ 계교라 (紹曰: “曹操詭計極多, 此書乃誘敵之計也.”) <삼국-모종 5:54>

【아마】 부 아마. 단정할 수는 없지만 미루어 짐작하거나 생각하여 볼 때 그럴 가능성이 크다는 뜻을 나타내는 말.¶ ▼아마 (管) <삼국-어람 108b>

【아모】 명 암호(暗號).¶ ▼暗號 ‖ 이겡 양에 복병니 함게 나와 봉화ᄃᆡ 수군을 다 겔박ᄒᆞ고 아모 일성에 팔십만 적병니 다 일어나 (約至二更, 中精兵齊出, 將烽火臺上官軍縛倒, 暗號一聲, 八十餘船精兵俱起.) <삼국-모종 12:86>

【아모-것】 명 아무것. 특별이 정해지지 않은 어떤 것 일체.¶ ▼홀ᄂᆞᆫ 믄득 드롤니 셕벽 듕의셔 쇼ᄅᆡ 이셔 내 일홈을 브르거ᄂᆞᆯ 나아가 보니니ᄂᆞᆫ 아모것도 업고 이텨로 ᄒᆞ기를 십여 일을 ᄒᆞ더니 (忽聞石壁中有聲, 呼我之名, 及視不見. 如此者十餘日.) <삼국-규장 15:107>

【아모-곧】 대 어디.¶ ▼何處 ‖ 믄득 가르쳐 아ᄆᆞ 고든 가히 둔병ᄒᆞ염즉 ᄒᆞ고 아ᄆᆞ 고든 가히 냥식을 ᄡᅡ함즉 ᄒᆞ고 아모 고든 가히 군ᄉᆞ롤 나왐즉 ᄒᆞ고 아모고든 가히 ᄆᆡ복ᄒᆞ염즉 ᄒᆞ다 ᄒᆞᄆᆡ (輒竊度指畫, 何處可以屯兵, 何處可以積糧, 何處可以埋伏.) <삼국-규장 25:4>

【아모-드로】 부 어느 곳으로. 어디로. 아모(아무: 지시 대명사)+ᄃᆞ(의존 명사)+-으로(부사 파생 접미사).¶ ▼何 ‖ ᄉᆞ군이 연셕으로셔 도망ᄒᆞ야 가니 아모드로 간 줄 아디 못ᄒᆞ노라 (使君逃席, 不知何往.) <삼국-규장 8:123>

【아모라】 관 아무런. 어떤.¶ ▼뇌고 삼셩의 현덕을 불너 답화ᄒᆞ니 현덕이 뉴봉 ᄆᆡᆼ달과 아모라 천중 제상을 거ᄂᆞ려 ᄂᆞ오거ᄂᆞᆯ 쾨치를 씰쳐 크게 ᄭᅮ지저 왈 (擂鼓三通, 喚玄德答話. 玄德引劉封、孟達幷川中諸將而出.) <삼국-국중 12:139>

【아모랗-】 형 아무렇다.¶

【아모라타 업/없-】 관구 아무러하다고 말할 바가 없다. 어떻다고 할 수 없다. 이루 말할 수 없다. 통어적 구문.¶ ▼사롬이 보ᄒᆞᄃᆡ 뉴황슉의 막빈 간옹이 셩하의 와 문을 열나 ᄒᆞᆫ다 ᄒᆞ거ᄂᆞᆯ 쟝이 블너드려 오라 ᄒᆞ니 옹이 술위예 안자 셩듕 사롬을 겻눈으로 보며 ᄌᆞ약ᄒᆞ미 아모라타 업거ᄂᆞᆯ (人報劉皇叔下幕賓簡雍在城下喚門, 璋開門接入, 雍坐車中, 傲睨自若.) <삼국-규장 15:10>

【아모리-ᄒᆞ-】 형 아무렇다. 아모(아무: 인칭, 지시 대명사)+-리(부사 파생 접미사)+ᄒᆞ(하다: 동사 파생 접미사)-. (주로 '…줄/바(를) 모르-/몰ㄴ-', '…줄 아지 못ᄒᆞ-'의 꼴로 쓰여) '어찌할 줄 모르다'의 뜻을 나타낸다.¶ ▼(不知)所措 ‖ 공명이 대경ᄒᆞ야 발을 구ᄅᆞ며 아모리ᄒᆞᆯ 줄을 아지 못ᄒᆞ거ᄂᆞᆯ (孔明聽畢, 頓手跌足, 不知所措.) <삼국-규장 21:64>

【아모-조록】 부 아무쪼록. 될 수 있는 대로.¶ ▼아모조록 (好歹) <삼국-어람 109a>

【-아믄】 접 -남짓. -여(餘).¶ ▼餘 ‖ 이 날 밤의 ᄇᆡᆨ학 ᄒᆞ나히 고을 아집 우희 와 마은아믄 번 소ᄅᆡ롤 울고 셔다히로 ᄂᆞ라가니 아 ᄃᆡ흰 군ᄉᆞ돌이 다 긔이ᄒᆞᆫ 즘싱이라 ᄒᆞ더라 (是夜, 有白鶴一隻棲於縣衙屋上, 鳴四十餘聲, 望西飛去.) <삼국-가정 11:111> 사람을 은쥐 보ᄂᆡ며 굴근 감ᄌᆞ 마흔아믄 농으로 ᄡᅡ 쌀이 업군으로 보ᄂᆡ라 ᄒᆞᆫᄃᆡ (那時孫權正尊讓魏王, 便令人于本城選了大柑子四十餘

担, 星夜迯往鄴城.) <삼국-가정 22:67>

【아ᄆᆞ】 관 ❶ 무슨.¶ ▼何 ‖ 변뎡이 비보ᄒᆞᄃᆡ 동오 젼종이 수만 병을 인ᄒᆞ야 파구 어귀예 둔ᄒᆞ니 아ᄆᆞ 뜻인 줄 아디 못ᄒᆞᆯ소이다 ᄒᆞ엿노이다. (邊庭飛報, 東吳全琮引兵數萬, 屯于巴丘, 未知何意.) <삼국-가정 34:128> ❷ 어느.¶ ▼何 ‖ 믄득 ᄀᆞᄅᆞ쳐 아ᄆᆞ 고든 가히 둔병ᄒᆞ염즉ᄒᆞ고 아ᄆᆞ 고든 가히 냥식을 싸함즉ᄒᆞ고 아ᄆᆞ 고든 가히 군ᄉᆞᄅᆞᆯ 나왐즉ᄒᆞ고 아ᄆᆞ 고든 가히 ᄆᆡ복ᄒᆞ염즉ᄒᆞ다 ᄒᆞ매 (輒竊度指畵, 何處可以屯兵, 何處可以積糧, 何處可以埋伏.) <삼국-가정 35:116>

【아ᄆᆞ-것】 명 아무것. 특별히 정해지지 않은 어떤 것 일체.¶ ▼一物 ‖ 믄득 조죄 사ᄅᆞᆷ으로 ᄒᆞ여곰 ᄒᆞᆫ 음식 녀흔 합을 보내여시되 조죄 친필로 합 우희 봉표ᄒᆞ고 보람ᄒᆞ엿거ᄂᆞᆯ 합을 여러보니 아ᄆᆞ것도 업더라 (忽曹操使人迯飮食一盒至, 盒上有曹親筆封記. 開盒視之, 並無一物.) <삼국-가정 20:31> ▼何物 ‖ 왕ᄂᆡᄒᆞᄂᆞᆫ 사ᄅᆞᆷ이 칼과 살호로 능히 샹히오디 못ᄒᆞ야 아ᄆᆞ거신 줄을 아디 못ᄒᆞ더니 (往來之人, 刀箭不能傷, 亦不知何物.) <삼국-가정 35:36>

【아ᄆᆞ-곧】 대 어디. 아ᄆᆞ(아무: 인칭, 지시 대명사)+곧(곳: 의존 명사).¶ ▼何處 ‖ 믄득 ᄀᆞᄅᆞ쳐 아ᄆᆞ고든 가히 둔병ᄒᆞ염즉ᄒᆞ고 아ᄆᆞ고든 가히 냥식을 싸함즉 ᄒᆞ고 아ᄆᆞ고든 가히 군ᄉᆞᄅᆞᆯ 나왐즉 ᄒᆞ고 아ᄆᆞ고든 가히 ᄆᆡ복ᄒᆞ염즉 ᄒᆞ다 ᄒᆞ매 (輒竊度指畵, 何處可以屯兵, 何處可以積糧, 何處可以埋伏.) <삼국-가정 35:116>

【아ᄆᆞ-드러】 부 어느 곳으로. 어디로. 아ᄆᆞ(아무: 지시 대명사)+드러(부사 파생 접미사).¶ ▼何 ‖ ᄉᆞ군이 연셕으로셔 도망ᄒᆞ야 가니 아ᄆᆞ드러 간 줄 아디 못ᄒᆞ노라 <삼국-가정 12:11> 즁관이 모다 우러〻 보더니 좌ᄌᆞ를 일혀 아ᄆᆞ드러 간 줄 업거늘 (衆官仰面視之, 左慈不知所往.) <삼국-가정 22:76> ▼何處 ‖ 죄 사ᄅᆞᆷ으로 ᄒᆞ여곰 관뢰ᄅᆞᆯ ᄎᆞᄌᆞ니 ᄇᆞᆯ셔 아ᄆᆞ드러 간 줄 아디 못ᄒᆞᆯ러라 (操令人尋管輅時, 不知何處去了.) <삼국-가정 23:64> ▼去向 ‖ 뇨홰 칼흘 ᄲᅢ혀들고 ᄯᆞᆯ와 가니 ᄉᆞ마의ᄂᆞᆫ 아ᄆᆞ드러 간 줄 아디 못ᄒᆞ고 다만 보니 금투괴 수풀 ᄀᆞ의 ᄂᆞ려뎟거ᄂᆞᆯ (廖化隨後赶出, 不知去向, 但見金盔落在林邊.) <삼국-가정 34:24>

【아ᄆᆞ랗-】 형 아무렇다.¶

【아ᄆᆞ라타 업/없-】 관구 아무러하다고 말할 바가 없다. 어떻다고 할 수 없다. 이루 말할 수 없다. 통어적 구문.¶ ▼사ᄅᆞᆷ이 보호ᄃᆡ 뉴황슉의 막빈 간옹이 셩하의 와 문을 열라 ᄒᆞᆫ다 ᄒᆞ거ᄂᆞᆯ 쟝이 블러드려 오라 ᄒᆞ니 옹이 수ᄅᆡ예 안자 셩듕 사ᄅᆞᆷ을 겻눈으로 보며 ᄌᆞ약호미 아ᄆᆞ라타 업거ᄂᆞᆯ (人報劉皇叔下幕賓簡雍在城下喚門, 璋開門接入, 雍坐車中, 傲睨自若.) <삼국-가정 21:73> 신의 근심이 날로 듕ᄒᆞ여 두리오미 아ᄆᆞ라타 업ᄉᆞ니 (成臣憂責碎首之負.) <삼국-가정 24:20> 툥명이 극ᄒᆞ시면 신의 ᄎᆡᆨ이 더 듕ᄒᆞᆫ디라 두립고 븟그러오미 아ᄆᆞ라타 업서 ᄒᆞ노이다 (位高寵厚, 俯思報效, 憂深責重, 驚怖累息.) <삼국-가정 24:21>

【아ᄆᆞ리-ᄒᆞ-】 동 어찌하다. 어떻게 하다. 어떠한 방법으로 하다.¶ 공명이 대경ᄒᆞ야 발을 구ᄅᆞ며 아ᄆᆞ리ᄒᆞᆯ 줄을 아디 못ᄒᆞ거ᄂᆞᆯ (孔明聽畢, 頓手跌足, 不知所措.) <삼국-가정 30:103>

【아ᄆᆞ-만】 부 어느 만큼. 얼마큼.¶ ▼多少 ‖ 쵹병이 임의 믈러가니 셩듕의 군ᄉᆡ 아ᄆᆞ만 잇ᄂᆞᆫ 줄을 아디 못ᄒᆞᆯ러이다 (蜀兵已退去了, 不知城中有多少兵.) <삼국-가정 33:80>

【아ᄆᆞ-ᄣᅢ】 대 아무때. 언제.¶ ▼何時 ‖ 내 목숨도 아ᄆᆞᄣᅢ예 잇ᄂᆞᆫ 줄을 아디 못ᄒᆞ노라 (我命亦不可知在何時也!) <삼국-가정 21:121>

【아ᄆᆞ-제】 대 아무때. 언제.¶ ▼幾時 ‖ 진실로 투항ᄒᆞᆯ ᄠᅳ디 이시면 아ᄆᆞ제 오련노라 말이 엇디 업ᄉᆞ뇨 (你旣是眞心獻書投降, 如何不明約幾時? 你今有何理說?) <삼국-가정 15:102>

【아바】 명 ((인류)) 아버지. 아비.¶ ▼父 ‖ 신의 아바 한듕의 가 죽어시ᄃᆡ 오히려 원슈를 갑디 못ᄒᆞ엿ᄂᆞᆫ디라 (臣父死於漢中, 切齒之仇, 未嘗得報.) <삼국-가정 29:98>

【아비】 명 ((인류)) 아비.¶ ▼父 ‖ 견이 아비ᄃᆞ려 그 도적을 잡아지라 ᄒᆞᆫ대 (堅謂父曰: "此人可捕之.") <삼국-가정 1:67> 일로브터 텬하 권이 다 십샹시의 문하로셔 나니 됴뎡이 열 사ᄅᆞᆷ ᄃᆡ졉긔를 스승이며 아비 ᄃᆡ졉갓치 ᄒᆞᄂᆞᆫ지라 (自此天下桃李, 皆出于十常侍門下. 朝廷待十人如師父.) <삼국-가정 1:10> 신의 아비 한듕의 가 죽어시ᄃᆡ 오히려 원슈를 갑디 못ᄒᆞ엿ᄂᆞᆫ디라 (臣父死於漢中, 切齒之仇, 未嘗得報.) <삼국-규장 20:111>

【아ᄉᆞ-】 동 앗다. 빼앗다.¶ ▼劫 ‖ 내 평ᄉᆡᆼ의 화공을 쓰ᄂᆞ니 제 엇디 능히 블로 티리오 군ᄉᆡ 냥식 시ᄅᆞᆫ 술위ᄅᆞᆯ 아ᄉᆞ면 반ᄃᆞ시 우리 영채ᄅᆞᆯ 겁틱ᄒᆞ리니 계규ᄅᆞᆯ 인ᄒᆞ야 계규ᄅᆞᆯ 힝ᄒᆞ면 가히 대ᄉᆞᄅᆞᆯ 일우리라 (吾平生專用火攻, 彼焉能用火哉? 彼若知吾軍去劫糧車, 必來劫吾寨矣.可劫而行, 大事豈不成哉!) <삼국-가정 32:30> ▼奪 ‖ 내 대병을 거ᄂᆞ려 딘세ᄅᆞᆯ 베펏다가 쵹병이 대란홈을 기ᄃᆞ려 대ᄃᆡ 인마ᄅᆞᆯ 모라 젼후로 협공ᄒᆞ면 쵹 영채ᄅᆞᆯ 가히 아ᄉᆞᆯ 거시니 이 고들 어드면 그 나ᄆᆞᆫ 영채 파ᄒᆞ미 머어시 어려오리오 (吾却引兵在前布陣, 只待蜀兵勢亂, 吾大驅士馬攻殺進去: 如此兩軍幷力, 可奪蜀兵之營寨也.) <삼국-가정 32:74>

【아오】 명 ((인류)) 아우. 같은 부모에게서 태어난 사이거나 일가 친척 가운데 항렬이 같은 남자들 사이에서 손아랫사람을 이르는 말.¶ ▼弟 ‖ ᄂᆡ 아오 장익덕은 ᄇᆡᆨ만 군즁의 드러가 상장의 머리 버히믈 탐낭취물ᄀᆞᆺ치 ᄒᆞᄂᆞᆫ지라 (吾弟張翼德於百萬軍中取上將之頭, 如探囊取物耳.) <삼국-국중 6:28>

【아오라】 부 아울러. 나란히. 동시에 함께.¶ ▼並 ‖ 뇌고 삼셩의 현덕을 불너 답화ᄒᆞ니 현덕이 뉴봉 ᄆᆡᆼ달과 아오라 천즁 제상을 거ᄂᆞ려 ᄂᆞ오거ᄂᆞᆯ (擂鼓三通, 喚玄德

答話. 玄德引劉封、孟達幷川中諸將而出.) <삼국-국중 12:139>

【아오라-ᄒᆞ-】 형 아스라하다. 아득하다.¶ ▼구름 끼인 하날이 아오라ᄒᆞ미여 우리 집의 두 가지 원을 일우리로다 (雲天垣其旣立兮, 家願得乎雙逞.) <삼국-가정 14:106> ▼迢遠 ‖ 오래 태우의 놉픈 일홈을 우레ᄀᆞᆺ티 드러시나 운산이 아오라ᄒᆞ여 서로 보디 못ᄒᆞ믈 흔ᄒᆞ더니 (久聞大夫高名, 如雷灌耳. 恨雲山迢遠, 不得聽教.) <삼국-규장 13:103>

【아오로-】 동 아우르다. 합치다.¶ ▼幷 ‖ 우리 능히 몸을 분발ᄒᆞ야 명을 ᄇᆞ려 쥬공으로 더브러 위를 아오로고 촉을 ᄉᆞᆷ끼디 못ᄒᆞ여 님군으로 ᄒᆞ여곰 ᄂᆞᆷ의 봉쟉을 밧긔 ᄒᆞ니 엇디 욕ᄒᆞ미 아니리오 (吾等不能奮身舍命, 與主公幷魏呑蜀, 令主公受人封爵, 豈不辱乎!) <삼국-가정 26:120> ▼剪幷 ‖ 예쥐 홀로 됴흔 뜻이 업고 덕이 업서 이제 셔쳔을 가지고 또 형쥐ᄅᆞᆯ 아오로고져 ᄒᆞ니 이ᄂᆞᆫ 녜ᄉᆞ 사ᄅᆞᆷ의 ᄎᆞ마 못ᄒᆞᆯ 일이어ᄂᆞᆯ 엇디 ᄒᆞ믈며 왕쟈의 ᄒᆞᆯ 배리오 (豫州私獨飾情, 愆德隳好. 今已籍于西川矣, 又欲剪幷荊州之土. 斯盖凡夫所不忍行, 而況整頓人物之主乎!) <삼국-가정 21:104>

【아올ㄴ-】 동 아우르다. 합치다.¶ ▼幷 ‖ 현덕은 비록 타심이 업ᄉᆞ나 그 부하 제장이 셔쳔을 아올나 써 부귀를 도모코져 ᄒᆞ미라 (雖玄德無此心, 他手下人皆欲呑併西川, 以圖富貴.) <삼국-국중 11:62> ▼併呑 ‖ 이제 오후ᄂᆞᆫ 젼당 쇼리의 아달노 본ᄃᆡ 죠졍의 공덕이 업거ᄂᆞᆯ 셰력을 의지ᄒᆞ여 뉵군 팔십일 쥬를 웅거ᄒᆞ고 오히려 탐심이 부족ᄒᆞ여 한토를 아올나 삼키고져 ᄒᆞ나뇨 (汝主乃錢塘小吏之子, 素無功德於朝廷; 今倚勢力, 占據六郡八十一州, 尙自貪心不足, 而欲併呑漢土.) <삼국-국중 10:47>

【아외-】 동 아뢰다. 윗사람에게 말씀드려 알리다. 경상방언.¶ ▼奏 ‖ 손칙이 중ᄉᆞ를 난와 각쳐를 직히고 일면으로 표를 써 죠졍의 아외고 일면으로 조죠ᄂᆞᆯ 사괴고 일번[변]으로 원술의게 글을 쥬어 옥시를 취ᄒᆞ다 (孫策分撥將士, 守把各處隘口, 一面寫表申奏朝廷, 一面結交曹操, 一面使人致書與袁術取玉璽.) <삼국-모종 3:24>

【아울-】 동 아우르다. 합치다.¶ ▼幷 ‖ 우리 능히 몸을 분발ᄒᆞ여 명을 ᄇᆞ려 쥬공으로 더브러 위를 아울고 촉을 ᄉᆞᆷ끼디 못ᄒᆞ야 님군으로 ᄒᆞ여곰 ᄂᆞᆷ의 봉쟉을 밧긔 ᄒᆞ니 엇디 욕ᄒᆞ미 아니리오 (吾等不能奮身舍命, 與主公幷魏呑蜀, 令主公受人封爵, 豈不辱乎!) <삼국-규장 18:105>

【아울르-】 동 아우르다. 합치다.¶ ▼併 ‖ 만일 원술리 현덕을 아울른즉 북으로 틱산 제장을 견련ᄒᆞ여 나를 도모ᄒᆞ리니 ᄂᆡ 엇지 베개를 편히 ᄒᆞ리요 (若袁術併了玄德, 則北連泰山諸將以圖我, 我不能安枕矣.) <삼국-모종 3:26>

【아으】 명 ((인류)) 아우. 동생.¶ ▼弟 ‖ 쇠가 날노 다려 왕ᄂᆡ를 통치 못ᄒᆞ고 이제 또 그 아으를 파ᄒᆞ엿스니 엇지 질거ᄒᆞ여 서로 도흐리요 (紹向與我未通往來, 今又新破其弟, 安肯相助?) <삼국-모종 4:16> ᄂᆡ의 아으 장닉덕은 ᄇᆡᆨ만군 중의 상장의 머리 취ᄒᆞ기를 주먼이 가운ᄃᆡ 물 취ᄒᆞ기 갓치 ᄒᆞᄂᆞᆫ이라 (吾弟張翼德於百萬軍中取上將之頭, 如探囊取物耳.) <삼국-모종 4:66>

【아의】 명 ((인류)) 아우. 동생.¶ ▼令弟 ‖ 당일의 ᄇᆡᆨ호 칙의 군ᄉᆞ 일음을 듯고 아의 엄예로 군ᄉᆞ를 ᄂᆡ여 풍교에 모다 예가 칼을 빗기고 말을 셩상의 세월거ᄂᆞᆯ (當日白虎聞策兵至, 令弟嚴輿出兵, 會於楓橋.) <삼국-모종 3:17>

【아이】 명 ((인류)) 아우. 남동생.¶ ▼弟 ‖ 내 드ᄅᆞ니 아이 허챵의 이실 제 조공이 일즙 쳥ᄆᆡ쟈쥬로ᄡᅥ 영웅을 의논ᄒᆞᆯᄉᆡ (吾聞弟在許昌, 曹公請嘗靑梅煮酒, 共論英雄.) <삼국-가정 11:116>

【아이-】 동 빼앗기다. 잃다.¶ ▼被奪 ‖ 습 왈 니제 정군산을 유봉 밍달의게 아이엿다 ᄒᆞ니 합니 ᄃᆡ겡ᄒᆞ여 두습으로 다려 픠병을 ᄰᅳ어 혼수의 일으러 영을 세우고 (襲曰: "今定軍山已被劉封、孟達奪了." 郃大驚, 遂與杜襲引敗兵到漢水紮營.) <삼국-모종 12:27> ▼奪 ‖ 등이를 구완ᄒᆞ여 나오니 ᄶᅥᆨ에 긔ᄉᆞᆫ 구ᄉᆡ 다 측병의게 아엿난지라 이 픠병을 ᄰᅳ어 위수에 물너가 ᄉᆡᄅᆞᆯ 세우고 (比及救出鄧艾時, 祁山九寨, 已被蜀兵所奪. 艾引敗兵, 退於渭水南下寨.) <삼국-모종 18:88>

【아이-ᄒᆞ-】 동보 ((동사 뒤에서 '-디/-지/-치 아니ᄒᆞ-'의 꼴로 쓰여)) 아니하다. 않다.¶ ▼不 ‖ 슉이 왈 ᄂᆡ 황슉이 인의에 ᄉᆞ람인 줄 아니 반ᄃᆞ시 언약을 져바리지 아이ᄒᆞ리ᄅᆞ (肅曰: "某知皇叔乃仁義之人, 必不相負.") <삼국-모종 9:42>

【아ᄋᆞ】 명 ((인류)) 아우. 동생(同生).¶ ▼弟 ‖ 각이 아ᄋᆞ 냥과 보로 더브러 의논ᄒᆞ되 (角與弟梁、寶商議云.) <삼국-가정 1:14> 현덕을 절ᄒᆞ야 형을 삼고 관우로 버거ᄅᆞᆯ 삼고 댱비로 아ᄋᆞᆯ 삼다 (共拜玄德爲兄, 關羽次之, 張飛爲弟.) <삼국-가정 1:27> 종유의 아ᄋᆞ 종진이 셔문을 직히다가 ᄉᆞᆷ경이 갓가와 셩문 속으로 ᄒᆞᆫ 불이 니ᄅᆞᄂᆞ거ᄂᆞᆯ (鍾繇弟鍾進, 守把西門, 約近三更, 城門裡一把火起.) <삼국-모종 10:7>

【아ᄋᆞ라-ᄒᆞ-】 형 아스라하다. 아득하다.¶ ▼杳 ‖ 공명이 ᄒᆞᆫ 번 간 후의 음신이 아ᄋᆞ라ᄒᆞ니 뉘 뎌긔 가 쇼식을 탐텽ᄒᆞ여 올고 (孔明一去, 杳無音信, 不知就裏何如. 誰人可去探聽虛實回報?) <삼국-가정 15:26> ▼迢遠 ‖ 오래 태우의 놉픈 일홈을 우레ᄀᆞ티 드러시나 운산이 아ᄋᆞ라ᄒᆞ여 서ᄅᆞ 보디 못ᄒᆞ믈 ᄒᆞᆫᄒᆞ더니 (久聞大夫高名, 如雷灌耳. 恨雲山迢遠, 不得聽教.) <삼국-가정 19:96>

【아자비】 명 ((인류)) 아재비. 아저씨. 아버지와 같은 항렬의 남자 친척. 숙부(叔父).¶ ▼父 ‖ 그 아자비 듯고 ᄭᅮ지저 ᄀᆞᆯ오ᄃᆡ (叔父責曰.) <삼국-가정 1:21> 현덕의 아자비 뉴원긔 현덕의 집이 가난ᄒᆞᆫ 줄을 보고 샹해 ᄆᆡ양 ᄡᆞᆯ 거ᄉᆞᆯ 준대 (德然父劉元起見玄德家貧, 常資給之.) <삼국-가정 1:21>

【아잡】 명 ((인류)) 아주비. 숙부(叔父).¶ ▼叔父 ‖ 내 본디 이 병이 업ᄉᆞ되 다만 아자븨게 괴이디 못ᄒᆞ매 ᄆᆡ양 이러ᄐᆞᆺᄒᆞᆫ 거즛말을 ᄒᆞᄂᆞ니라 (自來無此疾病, 但失愛于叔父, 故見罔耳.) <삼국-가정 1:43>

【아젹ㅎ】 명 앞.¶ ▼前 ‖ 슈긔 만장이 힘을 써 압흘 향ᄒᆞ고 확니 당션ᄒᆞ여 ᄃᆡ림 아젹히 니ᄅᆞᄆᆡ (數騎蠻兵, 猛力向前, 孟獲當先吶喊, 搶到大林之前.) <삼국-모종 14:104>

【아젹】 명 아침.¶ ▼朝 ‖ ᄂᆡ일 아젹의 블러 금ᄇᆡᆨ으로ᄡᅧ 주고 됴흔 말로 위로ᄒᆞ면 ᄌᆞ연 무ᄉᆞᄒᆞ링이다 (來朝喚入, 賜以金帛, 以好言慰之, 自然無事.) <삼국-가정 3:89>

【아젼】 명 ((관직)) 아전(衙前). 하급관리. 구실아치.¶ ▼吏 ‖ 녕이 일즙 아젼이 되엿더니 촉군승이 업슈이 너기매 벼슬을 ᄇᆞ리고 집의 도라오니 (寧爲吏, 擧計掾, 被蜀郡丞屈之, 棄官歸家.) <삼국-가정 13:18>

【아조】 부 아주. 보통 정도보다 훨씬 더 넘어선 상태로.¶ ▼일로 인ᄒᆞ야 쇼 아조 쥰비티 아니ᄒᆞ고 다만 슈하의 창 든 군ᄉᆞ 수ᄇᆡᆨ과 궁노슈 수십긔ᄅᆞᆯ 인ᄒᆞ야 (因此紹不準備, 只引帳下持戟軍士數百人, 弓箭手數十騎.) <삼국-가정 3:20>

【아쥬미】 명 ((인류)) 아주머니.¶ ▼嫂 ‖ 됴운 왈 임의 됴범으로 더부러 형제를 ᄆᆡᄌᆞᄆᆡ 이제 그 아쥬미를 취ᄒᆞ면 ᄉᆞᄅᆞᆷ의 우흐미 되리니 ᄒᆞᄂᆞ이오 그 지어미 ᄀᆡ가ᄒᆞᆫ 즉 ᄃᆡ졀을 닐케 ᄒᆞ리니 둘이오 됴범이 쳐음으로 항복ᄒᆞᄆᆡ 그 마음을 층냥치 못ᄒᆞ리니 세히라 (雲曰: "趙範旣與某結爲兄弟, 今若娶其嫂, 惹人唾罵, 一也; 其婦再嫁, 使失大節, 二也; 趙範初降, 其心難測, 三也.") <삼국-국중 10:22>

【아즉】 부 아직. 당분간. 어떤 일이나 상태 또는 어떻게 되기까지 시간이 더 지나야 함을 나타내거나, 어떤 일이나 상태가 끝나지 아니하고 지속되고 있음을 나타내는 말.¶ ▼아즉 (權且) <삼국-어람 108a> ▼且 ‖ 현덕 왈 공이 아즉 굴신ᄒᆞ여 셤기라 셔로 볼 날이 잇스리라 눈믈을 ᄲᅮ려 니별ᄒᆞ더라 (玄德曰: "公且屈身事之, 相見有日." 洒淚而別.) <삼국-모종 1:118> 운장 왈 임의 도공의 셔로 ᄉᆞ양ᄒᆞ믈 입으니 형은 아즉 쥬ᄉᆞᄅᆞᆯ 거나리ᄅᆞ 댱비 왈 ᄂᆡ 져의 주군을 강청ᄒᆞ미 아니라 제 후의를 ᄉᆞ양ᄒᆞ니 엇지 고집히 ᄉᆞ양ᄒᆞᄂᆞ요 (雲長曰: "旣承陶公相讓, 兄且權領州事." 張飛曰: "又不是我强要他的州郡, 他好意相讓, 何必苦苦推辭?") <삼국-모종 2:68>

【-아지라】 미 -고 싶다. -기 바라다. 소망을 나타내는 말. 원망형(願望形) 어미.¶ ▼請 ‖ 청컨대 죠셔를 시험ᄒᆞ야 보와지라 (請詔驗之.) <삼국-가정 35:89> ▼견이 아비ᄃᆞ려 그 도젹을 잡아지라 ᄒᆞᆫ대 (堅謂父曰: "此人可捕之.") <삼국-가정 1:67> 현덕이 거ᄂᆞ렷던 군ᄉᆞᄅᆞᆯ 다 흣터 제 집들로 가라 ᄒᆞ니 원ᄒᆞ야 조차가지라 ᄒᆞᆯ 재 이십여 인이러라 (玄德將軍四散回鄕里, 隨行二十餘人.) <삼국-가정 1:73>

【-아지이다】 미 -었으면 합니다. -기를 바랍니다. 화자의 소망을 나타내는 평서형어미 '-지라'의 'ᄒᆞ쇼셔'체.¶ ▼願 ‖ 이 말이 ᄀᆞ장 유리ᄒᆞ니 오ᄅᆞᆯ 가히 멸ᄒᆞᆯ디라 신이 원컨대 일군을 인ᄒᆞ야 조휴ᄅᆞᆯ 도와지이다 (此言極有理, 吳當滅矣! 臣願引一軍以助曹休.) <삼국-가정 31:67>

【아직】 부 또.¶ ▼且 ‖ 네 아직 허도의 가 그 동정을 보와 오나든 다시 의논호리라 (汝且去許都觀其動靜, 却作商議.) <삼국-가정 8:60> 우리 아직 부교의 블 니러나믈 보고 보야흐로 진병ᄒᆞ리라 (我等且看浮橋火起, 方可進兵.) <삼국-가정 33:113>

【아ᄌᆞ미】 명 ((인류)) 아주머니. 어머니와 같은 항렬의 여자 친척 또는 형수(兄嫂).¶ ▼嫂 ‖ 두 아ᄌᆞ미 형을 념녀ᄒᆞ야 통곡ᄒᆞ매 우의 ᄆᆞ음이 ᄯᅩᄒᆞᆫ 슬허 울롸 (二嫂思兄日久痛哭, 不由某心不悲也.) <삼국-가정 9:22> ▼家嫂 ‖ 아ᄌᆞ미 번시라 (家嫂樊氏也.) <삼국-가정 17:30>

【아ᄌᆞ비】 명 ((인류)) 아주비. 아재비. 아저씨. 작은아버지. 숙부(叔父).¶ ▼叔父 ‖ 그 아ᄌᆞ비 듯고 ᄭᅮ지저 갈오ᄃᆡ (叔父責曰.) <삼국-규장 1:21>

【아ᄌᆡ비】 명 ((인류)) 아자비.¶ ▼叔 ‖ 조ᄌᆞ 권세를 희롱ᄒᆞ여 국ᄉᆞ 다 조의게 마이여서 짐이 쥬장치 못ᄒᆞ니 이제 영웅 아ᄌᆡ비를 어더스니 짐을 도으라 (曹操弄權, 國事都不由朕主, 今得此英雄之叔, 朕有助矣!) <삼국-모종 3:84>

【아참】 명 ((천문)) 아침.¶ ▼曉 ‖ 홀연 일야 몽중에 삼마가 ᄒᆞᆫ 통에 쥭 먹거날 아참에 가허[후]다려 문왈 ᄂᆡ 몽죠 여ᄎᆞᄌᆞᄌᆞᄒᆞᆫ이 ᄌᆞ난 마등 부ᄌᆞ 화 될가 ᄒᆞ엿더니 등이 임의 죽고 ᄯᅩ 작야 몽중에 그려ᄒᆞ니 이 무산 길흉 징죈고 (忽一夜夢三馬同槽而食, 及曉, 問賈詡曰: "孤向日曾夢三馬同槽, 疑是馬騰父子爲禍, 今騰已死, 昨宵復夢三馬同槽, 主何吉凶?") <삼국-모종 13:24>

【아쳐-로오-】 형 «아쳐롭다» 해롭다.¶ ▼疑碍 ‖ 황슉이 일즙 너ᄅᆞᆯ 져ᄇᆞ리디 아녓거ᄂᆞᆯ 네 이제 조ᄌᆞ의 은혜로 치믈 바다 녯날 대의ᄅᆞᆯ 니저 ᄇᆞ리고 실졍으로ᄡᅥ 우리ᄃᆞ려 니ᄅᆞ디 아니ᄒᆞ니 우리 용심ᄒᆞ야 죽거든 숙은 영화ᄅᆞᆯ 누리미 맛당ᄒᆞ니 보검을 비러 우리 ᄌᆞᄆᆡ의 머리ᄅᆞᆯ 베혀 네 아쳐로오미 업긔 ᄒᆞ라 (皇叔未嘗負汝, 你今受曹恩養, 忘舊日之義, 不以其實情告我, 使我姊妹憂愁身死. 叔要自享榮華, 就借寶劍斬我姊妹之首, 以絶汝之疑碍.) <삼국-가정 9:63> ▼妨 ‖ 이 ᄆᆞᆯ이 눈 아래 눈믈 바들 거시 잇고 귀미티 흰털이 나시니 일홈을 뎍노매라 ᄒᆞᄂᆞ니 ᄐᆞ면 님자의게 아쳐로오니 댱회 이 ᄆᆞᆯ로 ᄒᆞ야 죽어시니 쥬공이 ᄐᆞ디 말라 (此馬眼下有淚槽, 額邊生白點, 名爲'的盧馬'也, 騎則妨主. 張虎爲此馬而亡. 主公不可乘之.) <삼국-가정 11:109>

【아쳐-ᄒᆞ-】 동 싫어하다.¶ ▼惡 ‖ 죄 ᄉᆞ신의 니ᄅᆞ믈 듯고 청ᄒᆞ야 드려오니 그 사ᄅᆞᆷ이 눈이며 눈섭이 ᄆᆞᆰ고 ᄲᅡ여나 표ᄌᆞ히 신션의 긔샹이 잇거ᄂᆞᆯ 죄 ᄆᆞ음의 아쳐ᄒᆞ야 (操聞使至, 請入幷坐, 見其人眉目淸秀, 飄飄然有神仙氣象. 操惡之.) <삼국-가정 5:69> 죄 듯고 ᄀᆞ장 아쳐ᄒᆞ더라 (操聞而惡之.) <삼국-가정 23:116> ᄉᆞ랑ᄒᆞ매 그 살

오고져 ᄒᆞ고 아쳐ᄒᆞ매 그 죽이고져 ᄒᆞᄂᆞ니 경이 엇디 ᄒᆞᆫ 환관을 용납디 아니ᄒᆞᄂᆞ다 ('愛之欲其生, 惡之欲其死.' 卿何不容一宦官耶?) <삼국-가정 38:21> 이제 병들롸 ᄒᆞ고 나디 아니ᄒᆞ니 반ᄃᆞ시 형쥐 군ᄉᆡ 정졔ᄒᆞᆫ 줄을 의심ᄒᆞ고 연강의 봉화ᄃᆡ를 아쳐ᄒᆞ미라 (今推病不出, 必疑荊州兵整肅, 沿江有烽火臺之警乎?) <삼국-가정 24:114> ▼怪 ‖ 현이 위연의 오만무례ᄒᆞ믈 아쳐ᄒᆞ야 듕히 ᄡᅳ디 아니ᄒᆞ니 여긔 팀톄ᄒᆞ여 잇더니 (玄怪魏延傲慢少禮, 不肯重用, 屈沉於此.) <삼국-가정 17:54> ▼恐 ‖ 블가ᄒᆞ다 조죄 젹벽지ᄒᆞᆫ을 갑고져 ᄒᆞ되 손유 동심ᄒᆞ믈 아쳐ᄒᆞ야 감히 흥병티 못ᄒᆞᄂᆞ니 (不可. 今曹操欲報赤壁鏖兵之恨, 但恐孫、劉同心, 因此未敢興兵.) <삼국-가정 18:19> ▼疑 ‖ 조죄 형쥐셔 도라오므로브터 젹벽지ᄒᆞᆫ을 싯고져 ᄒᆞᄂᆞᆫ ᄆᆞᄋᆞᆷ이 듕심의 ᄇᆞ린 ᄉᆞ이 업ᄉᆞ되 군병이 오히려 정돈티 못ᄒᆞ엿고 손뉴 합녁ᄒᆞ믈 아쳐ᄒᆞ야 감히 나아가디 못ᄒᆞ더라 (却說曹操自離荊州, 心中嘗欲雪赤壁之恨, 爲軍兵未曾嚴整, 又疑孫、劉并力, 因此不敢輕進.) <삼국-가정 18:22>

【아츰】 명 아침.¶ ▼旦 ‖ 빌기을 맛치며 장전의 업드러 아츰을 기다려 낫이면 부병하여 군물을 의논하고 밤이면 텬강의 거름하고 북두을 발바 비더라 (拜祝畢, 就帳中俯伏待旦, 次日, 扶病理事, 吐血不止, 日則計議軍機, 夜則布罡踏斗.) <삼국-모종 17:30>

【아프-】 형 아프다.¶ ▼痛 ‖ 이제는 ᄑᆞᆯ 굽히오기 여구ᄒᆞ니 아조 아프지 아니타 (此臂伸舒如故, 並無痛矣.) <삼국-규장 17:45>

【아회】 명 ((복식)) 투구.¶ ▼兜鍪 ‖ 죄 보기ᄅᆞᆯ 양구히 ᄒᆞᄆᆡ 아회ᄅᆞᆯ ᄯᅡ의 던져 왈 마ᄋᆡ 죽지 아니면 ᄂᆡ 장ᄉᆞᄒᆞᆯ ᄯᅡ히 업ᄉᆞ리라 (操觀良久, 擲兜鍪於地曰: "馬兒不死, 吾無葬地矣!") <삼국-모종 10:29>

【아희】 명 ((인류)) 아우. 동생.¶ ▼弟 ‖ ᄎᆡᆨ이 ；예 모 슉과 모단 아희ᄂᆞᆯ 마ᄌᆞ 곡아의 도라가고 아희 손권으로 쥬ᄐᆡᄂᆞᆯ 다리고 선셩을 직히고 ᄎᆡᆨ은 군ᄉᆞᄂᆞᆯ 거나려 남으로 오군을 취ᄒᆞ니 (策乃迎母叔諸弟俱歸曲阿, 使弟孫權與周泰守宣城. 策領兵南取吳郡.) <삼국-모종 3:17>

【아희】[1] 명 ((인류)) 아이.¶ ▼兒 ‖ 호련 ᄒᆞᆫ 손년이 수십 ᄉᆞᄅᆞᆷ을 ᄃᆞ려 바로 초당의 오르거ᄂᆞᆯ 곽ᄉᆡᆼ이 블너 왈 우리 아희ᄂᆞᆫ 장군ᄭᅴ ᄇᆡᄉᆞᄒᆞ라 ᄒᆞ고 (忽見一少年, 引數人入莊, 逕上草堂, 郭常喚曰: "吾兒來拜將軍.") <삼국-모종 5:19> ▼小童 ‖ ᄇᆞ로 ᄒᆞᆫ 산중의 니르니 목양ᄒᆞᆫ 아희 잇서 ᄒᆞᆫ ᄯᅦ 양을 모라 오거날 ᄌᆞ 다라 양ᄯᅦ 속의 드러가 다시 보니지 안니ᄒᆞ니 (直趕到一山中, 有牧羊小童, 趕著一群羊而來, 慈走入羊群內.) <삼국-모종 11:84>

【아희】[2] 명 ((인류)) 아우.¶ ▼弟 ‖ 공명이 그 아희 균으로 남양의 몸쇼 밧갈고 일즉 양보음을 조하ᄒᆞ고 그곳에 와룡강이 잇기로 ᄌᆞ호ᄅᆞᆯ 와룡션ᄉᆡᆼ이라 ᄒᆞ니 (亮與弟諸葛均躬耕於南陽, 嘗好爲梁父吟, 所居之地有一岡, 名臥龍岡, 因自號爲'臥龍先生'.) <삼국-모종 6:67>

【아희】 명 ((인류)) 아해(兒孩). 나이가 어린 사람. 아이.¶ ▼童 ‖ 탁 왈 이 겨집이 엇던 사ᄅᆞᆷ고 윤이 ᄃᆡ왈 풍뉴ᄒᆞᄂᆞᆫ 아희 툐션이닝이다 (卓曰: '此女何人也?' 允曰: '樂童貂蟬也.') <삼국-가정 3:76> ▼豎子 ‖ 죄 쇼왈 내 슈ᄌᆞ[아희라]ᄅᆞᆯ 죽이면 이ᄂᆞᆫ 쥐와 새ᄅᆞᆯ 죽이미라 (操笑曰: "吾殺豎子, 是殺鼠雀耳.") <삼국-가정 8:54> 어런 아힛거시 엇디 항ᄒᆞ란 말을 니ᄅᆞᄂᆞ뇨 (豎子! 何謂降也?) <삼국-가정 24:91> 그러티 아니ᄒᆞ니이다 조비ᄂᆞᆫ 아힛거시로ᄃᆡ 오히려 ᄌᆞ〻로 셧거든 ᄒᆞ믈며 왕샹은 뎨실의 웃듬이신뎌 (非也. 曹丕豎子尙且自立, 何況王上乃漢室之苗裔乎?) <삼국-가정 26:53>

【악갑-】 형 아깝다. 소중히 여기는 것을 잃어 섭섭하거나 서운한 느낌이 있다.¶ ▼惜 ‖ 전풍이 막ᄃᆡ로 ᄯᅡ흘 치며 왈 이런 긔회를 맛나 언린아히 병으로 ᄒᆞ여곰 ᄯᅢ를 일써 ᄒᆞ니 악갑도다 (田豐以杖擊地曰: "遭此難遇之時, 乃以嬰兒之病, 失此機會, 大事去矣! 可痛惜哉!") <삼국-모종 4:47> 군부의 설치을 ᄒᆞᄌᆞ면 비록 몸니 죽어도 악갑지 안니ᄒᆞ니 엇지 ᄌᆞ식을 ᄉᆡᆼ각ᄒᆞ리요 (雪君之父大恥, 雖喪身亦不惜, 何況一子乎?) <삼국-모종 11:11>

【악기-】 동 아끼다. ㅺ>ㄲ 변화가 일어난 것.¶ ▼이제 천ᄒᆞ 분붕ᄒᆞ여 영웅 니러나 각〻 일방에 웃듬ᄒᆞ니 ᄉᆞ히예 ᄌᆡ덕 닛난 선ᄇᆡ 죽기을 악기지 안니ᄒᆞ고 그 임군을 섬게 용을 븟들고 봉예 븟치여 공명을 세우고져 ᄒᆞ니 (方今天下分崩, 英雄並起, 各霸一方, 四海才德之士, 捨死亡生而事其上者, 皆欲攀龍附鳳, 建立名功也.) <삼국-모종 12:50>

【악-쓰-】 동 악쓰다. 악을 내어 소리를 지르거나 행동하다.¶ ▼악쓰는 소리 (喊殺之聲) <삼국-어람 108a>

【악연-ᄒᆞ-】 형 악연(愕然)하다. 몹시 놀라 정신이 아찔하다.¶ ▼愕然 ‖ 죄 악연ᄒᆞ야 뉘우처 ᄒᆞ더라 (操愕然而悔.) <삼국-가정 9:25>

【악직】 부 아직. 잠시. 이제. 때가 미처 되지 못하였거나 어떤 정도에 채 이르지 못한 것을 이르는 말.¶ ▼姑且 ‖ 비위 간하여 왈 승승은 선제의 부탁하신 일을 ᄉᆡᆼ각ᄒᆞ여 악직 용셔ᄒᆞ라 (費褘勸曰: "丞相念先帝託孤之意, 姑且寬恕.") <삼국-모종 17:11>

【안-】 동 안다. 두 팔을 벌려 가슴 쪽으로 끌어당기거나 그렇게 하여 품안에 있게 하다. 포옹(抱擁)하다.¶ ▼抱 ‖ 공명이 무룹 안고 ᄑᆞ람 불며 네 사ᄅᆞᆷ을 ᄀᆞᄅᆞ쳐 닐오ᄃᆡ (孔明自抱膝長嘯, 而指四人曰.) <삼국-가정 12:74>

【안가-ᄒᆞ-】 동 안가(晏駕)하다. 임금이 세상을 떠나다. 붕어(崩御)하다.¶ ▼晏駕 ‖ 왕이 블셔 안가ᄒᆞ여시니 텬해 진동ᄒᆞᄂᆞᆫ디라 맛당이 일즉이 ᄉᆞ군을 세워 ᄡᅧ 만국을 딘뎡ᄒᆞᆯ 거시어ᄂᆞᆯ 엇디 다만 곡읍만 ᄒᆞᄂᆞ뇨 (王已晏駕, 天下震動, 當早立嗣君, 以鎭萬國, 何但哭泣也?") <삼국-가정 25:102> 문황뎨[조비라] 업디 못ᄒᆞ시리라 ᄒᆞ더니 문황뎨 안가ᄒᆞ시매 폐해 뇽흥ᄒᆞ샤 됴뎡의 문뮈 구름 못ᄐᆞᆺ ᄒᆞ니 당합이 죽으나 엇디 ᄒᆞᆫ 댱합이 ᄯᅩ 업ᄉᆞ리오 (及至文皇帝晏駕, 今日陛下龍興, 國中文武如雨, 豈少一張郃乎?) <삼국-가정 33:90>

【안니】 뷔 아니. 만약 …면.¶ ▼倘 ‖ 근닉 ᄉᆞ람니 보ᄒᆞ되 형주병나 놉푼 두덕에 옴기고 또 수구와 전선을 녜비ᄒᆞ니 안니 강니 창일ᄒᆞ면 아군니 위틱ᄒᆞ리라 (近有人報說荊州兵移於高阜處, 又於漢水口預備戰筏, 倘江水泛漲, 我軍危矣.) <삼국-모종 12:72>

【안-다히】 명 안쪽.¶ ▼裏 ‖ 탁이 포의 말이 슌티 아니ᄒᆞ고 ᄌᆞ조 안다히를 ᄇᆞ라ᄂᆞᆫ 줄을 보고 (卓見布語言不順, 頻挪身迎裏而望.) <삼국-가정 3:85>

【안뎐】 명 ((궁궐)) 안전(-殿). 내전(內殿).¶ ▼內室 ‖ 이 날 밤의 현덕의 몸이 뻘리고 즘자기 편티 아니ᄒᆞ여 안뎐의셔 니러 두로 것니며 블 혀고 글을 보더니 (當夜, 玄德自覺渾身肉顫, 睡臥不安, 起坐內室, 秉燭看書.) <삼국-가정 25:70> 네 엇던 사ᄅᆞᆷ이완ᄃᆡ 밤을 타 안뎐의 드러왓ᄂᆞᆫ다 (汝是何人, 夤夜至吾內室?) <삼국-가정 25:70>

【안병-ᄒᆞ-】 동 안병(按兵)하다. 진군하던 군대를 한 곳에 멈추어 움직이지 않고 기다리다.¶ ▼按兵 ‖ 만일 안병ᄒᆞ고 움즉이디 아니ᄒᆞ면 ᄒᆞᆯ 일이 업거니와 이제 군ᄉᆞ를 굿재 거ᄂᆞ려 오니 계규 하칙의 나미라 내 반ᄃᆞ시 조인을 사ᄅᆞ자브리라 (曹仁若按兵不動, 未可便得; 今全師而來, 此出何也, 吾必擒曹仁矣.) <삼국-가정 12:39>

【안ᄉᆡᆼ-ᄒᆞ-】 형 안생(眼生)하다. 눈이 설거나 생소하다.¶ ▼眼生 ‖ 현덕이 방통으로 더부러 약졍ᄒᆞᆯᄉᆡ 홀연 통의 탄 말이 안ᄉᆡᆼᄒᆞ야 압흘 일어 통이 ᄆᆞᄒᆞ의 ᄂᆞ려지니 (玄德再與龐統約會, 忽坐下馬眼生前失, 把龐統掀將下來.) <삼국-모종 10:123>

【안연-ᄒᆞ-】 형 안연(晏然)하다. 평화롭고 걱정 없이 편안하다. 불안해 하거나 초조해 하지 아니하고 차분하고 침착하다.¶ ▼安堵 ‖ 군민을 다 각ᄀᆞ 가업을 평안케 ᄒᆞ니 일로 인ᄒᆞ야 ᄂᆡ외 안연ᄒᆞ야 잡말이 업더라 (軍民各守家業. 內外安堵, 無復搖扇矣.) <삼국-가정 35:109>

【안이-ᄒᆞ-】 동 아니하다. 않다. 과도 분철 표기.¶ ▼不 ‖ 본 쳬 안이ᄒᆞᆫ단 말 (只做不見.) <삼국-어람 108b>

【안잠-마누라】 명 ((인류)) 남의 집에서 먹고 자고 하면서 일을 도와주는 여자.¶ ▼안잠마누라 (管家婆) <삼국-어람 109a>

【안졉-ᄒᆞ-】 동 안접(安接)하다. 걱정 없이 편안하게 머물러 살다.¶ ▼止 ‖ 조적이 긔군망상ᄒᆞ니 ᄂᆡ 그여이 쥬기여 국가의 히를 덜고저 ᄒᆞ엿더니 형이 엇지 안졉ᄒᆞᆫ고 (操賊欺君罔上, 我欲殺之, 爲國除害, 兄何止我?) <삼국-모종 3:86>

【안집-ᄒᆞ-】 동 안집(安輯)하다. 안돈(安頓)하다. 사물이나 주변 따위를 정돈하여 안정되게 하다.¶ ▼安輯 ‖ 칙이 말능의 드러가 ᄇᆡᆨ셩을 안집ᄒᆞ고 군ᄉᆞ를 옹겨 경현의와 틱ᄉᆞᄌᆞ 잡고져 ᄒᆞ더라 (策入秣陵, 安輯居民, 移兵至涇縣來捉太史慈.) <삼국-모종 3:14>

【안ᄌᆞᆼ】 명 ((기물)) 안장(鞍裝). 말, 나귀 따위의 등에 얹어서 사람이 타기에 편리하도록 만든 도구.¶ ▼鞍 ‖ 현덕이 ᄃᆡ경ᄒᆞ여 상빈으로 ᄃᆡ졉ᄒᆞ니 복이 왈 ᄉᆞ군의 탄바 말을 다시 보고ᄌᆞ ᄒᆞ노라 현덕이 명ᄒᆞ여 안ᄌᆞᆼ를 벗기고 당하에 몰아 ᄂᆡ니 (玄德大喜, 待爲上賓, 單福曰: "適使君所乘之馬, 再乞一觀." 玄德命去鞍牽於堂下.) <삼국-모종 6:48>

【안티이-】 동 부딪치다. 앉게 하다.¶ ▼撞 ‖ 위 급피 드리ᄃᆞᆺ다가 탁의게 안티이니 탁이 ᄶᅡ히 것구러디거ᄂᆞᆯ (儒急奔入, 正撞董卓倒于地上.) <삼국-가정 3:98> ▼衝倒 ‖ 위 실로 샤직의 계규를 위ᄒᆞ야 그릇 은샹의 안티이니 죽을 죄로소이다 (儒實爲社稷之計, 衝倒太師. 死罪! 死罪!) <삼국-가정 3:99>

【안티-ᄒᆞ-】 동 안치(安置)하다.¶ ▼安置 ‖ 효인동태휘 쥬군의 교통ᄒᆞ야 ᄌᆡ믈을 뫼호니 님됴텽정ᄒᆞ미 가티 아니ᄒᆞ니 하간역의 옴겨 안티ᄒᆞᆯ 거시라 (孝仁董太后交通州郡, 辜較財利, 不宜臨朝聽政, 合遷于河間安置, 限日下出國門.) <삼국-가정 1:102>

【안한-ᄒᆞ-】 형 안한(安閑)하다. 평안하고 한가롭다.¶ ▼安閒 ‖ 젼봉으로 도적을 막ᄂᆞᆫ 소임은 편비의 일이라 이졔 널노 ᄒᆞ여곰 가정을 졉응ᄒᆞ여 한중 인후를 직희미 이ᄂᆞᆫ 쇼임이 큰지라 엇지 안한ᄒᆞ리오 (前鋒破敵, 乃偏裨之事耳. 今令汝接應街亭, 當陽平關衝要道路, 總守漢中咽喉. 此乃大任也, 何爲安閒乎?) <삼국-국중 15:97>

【안흘-ᄒᆞ-】 동 안헐(安歇)하다. 쉬다.¶ ▼安歇 ‖ 국틱 ᄒᆞ여곰 다 부중의 드러와 안흘ᄒᆞ게 ᄒᆞ니 현덕이 암희ᄒᆞ더라 (國太敎盡搬入府中安歇, 休留在館驛中, 免得生事, 玄德暗喜.) <삼국-모종 9:58>

【안히】 명 ((인류)) 아내. 혼인하여 남자의 짝이 된 여자.¶ ▼妻 ‖ 또 군ᄉᆞ를 노하 ᄉᆞ람의 안히와 량식을 ᄲᅦᆺ스니 곡셩이 쳔지의 진동ᄒᆞ더라 (又縱軍士淫人妻女, 奪人糧食, 啼哭之聲, 震動天地.) <삼국-모종 1:97>

【알】[1] 명 알. 조류, 파충류, 어류, 곤충 따위의 암컷이 낳는, 둥근 모양의 물질.¶ ▼卵 ‖ ᄇᆡᆨ셩이 것구로 ᄃᆞᆯ린 ᄃᆞᆺ한 급호미 잇고 님군과 신해 알 포지븐 ᄃᆞᆺᄒᆞᆫ 위틱호미 이시니 너곳 아니면 능히 구티 못ᄒᆞᆯ가 ᄒᆞ노라 (百姓有倒懸之危, 君臣有壘卵之急, 非汝不能救也!) <삼국-가정 3:65> 만일 조뉘 년병ᄒᆞ면 동오의ᄂᆞᆫ 알 포지븐은 ᄃᆞᆺᄒᆞᆫ 위틱ᄒᆞ미 이실 거시니 (若二處連兵, 則東吳有壘卵之危矣.) <삼국-가정 25:58>

【알】[2] 명 ((지리)) 아래. 어떤 기준보다 낮은 위치. 제주방언.¶ ▼下 ‖ 쟝ᄃᆡ의 올나 관망ᄒᆞ니 셩변의 헛 경긔를 ᄭᅩᆸ고 직희ᄂᆞᆫ ᄉᆞ름이 업고 또 군ᄉᆞ의 허리 아를 각ᄀᆞ 동이고 ᄯᅵ난지라 (瑜上將臺觀看, 只見牆邊虛搠旌旗, 無人守護, 又見軍士腰下各束縛包裹.) <삼국-모종 8:77>

【알-】 동 알다. 교육이나 경험, 사고행위를 통하여 사물이나 상황에 대한 정보나 지식을 갖추다.¶ ▼分解 ‖ 반ᄃᆞ시 뉴형쥐긔 글월을 ᄒᆞ야 이 일을 알게 ᄒᆞ라 (必投書與劉荊州, 分解此事.) <삼국-가정 12:27>

【알긔-】 동 알게 하다.¶ ▼警報 ‖ 통이 왈 이거시 알그케ᄒᆞ미라 양 고 이인인 반다시 힝쳑ᄒᆞᆯ ᄯᅳᆺ지 잇ᄉᆞ니 맛당이 막으쇼셔 (統曰: "此警報也. 楊懷、高沛二人必有行刺之意, 宜善防之.") <삼국-모종 10:104>

【알람-다오-】 형 «알람답다» 아름답다.¶ ▼美 ‖ 염 왈 착하니랄 들고 어진니랄 천거하미 알람다온나 경이 엇지 조정의 사람을 천거ᄒᆞ고 시사로 쥬문을 업시ᄒᆞ여 사람으로 아지 못ᄒᆞ게 ᄒᆞ난고 (炎曰: “擧善荐賢, 乃美事也, 卿何荐人于朝, 卽自焚奏稿, 不令人知耶?”) <삼국-모종 19:85>

【알올-】 동 아우르다.¶ ▼併 ‖ 제갈각이 신셩을 쳐 수월을 항복지 아니ᄒᆞ니 중장의계 젼령ᄒᆞ여 힘을 알오라 ᄐᆡ만ᄒᆞᄂᆞᆫ 저ᄂᆞᆫ 세우고 버히리라 (諸葛恪連月攻打新城不下, 下令衆將: “併力攻城, 怠慢者立斬!”) <삼국-모종 18:23>

【알외】 명 ((지리)) 아래. 어떤 기준보다 낮은 위치.¶ ▼下 ‖ 흥이 손이 니려나고 칼이 ᄯᅥ러지ᄆᆡ 양능을 말 알외 버히니 최양이 ᄃᆡ경ᄒᆞ야 급히 말을 달여 조교변의 니ᄅᆞ니 (興手起刀落, 斬楊陵於馬下, 崔諒大驚, 急撥馬走, 到弔橋邊.) <삼국-모종 15:59>

【알외-】 동 알리다. 알게 하다.¶ ▼知會 ‖ 쵀부인이 쵀모 댱윤으로 더브러 의논ᄒᆞ야 거즛 유언을 써 ᄎᆞᄌᆞ 뉴종으로 형쥐지쥐 되라 ᄒᆞ고 보야흐로 거ᄋᆡᄒᆞ고 문무즁관의게 알외더라 (蔡夫人與蔡瑁、張允商議, 曰: ‘假使遺詔, 令次子劉琮荊州爲主, 方擧哀文武知會.’) <삼국-가정 13:75> 사ᄅᆞᆷ을 남군의 보내여 군ᄉᆞ의 알외고야 가리라 (須是使人往南郡敎軍師知會.) <삼국-가정 20:14> ▼訴 ‖ 표 홀연 눈물을 나리우거날 현덕이 그 연고를 무르니 표 왈 젼일에 알외고ᄌᆞ ᄒᆞ나 편당흠을 엇지 못ᄒᆞ엿노ᄅᆞ (表忽潸然下淚, 玄德問其故, 表曰: “吾有心事, 前者欲訴與賢弟, 未得其便.”) <삼국-모종 6:29>

【알위-】 동 아뢰다. 말씀드려 알리다.¶ ▼報 ‖ 죠 ᄃᆡ히ᄒᆞ여 진북장군을 더ᄒᆞ이엿더니 홀연 탐ᄆᆡ 와 알위되 니젼 장연이 병쥬랄 치니 고간니 호관을 직히여 항복지 아니ᄒᆞᆫ다 (操大喜, 加爲鎭北對軍, 忽探馬來報: “樂進、李典、張燕攻打并州, 高幹守住壺關口, 不能下.”) <삼국-모종 6:11>

【알음】 명 아름. 두 팔을 둥글게 모아서 만든 둘레. 또는 둘레의 길이를 나타내는 단위.¶ ▼圍 ‖ ᄯᅩ ᄯᅦ 우의 큰 홰 여남은 알음 되게 지어 마ᄌᆞ 기름 부어 쳘삭을 만나면 불 질너 노게 ᄭᅳᆫ어지고 (又于筏上作大炬, 長十余丈, 大十余圍, 以麻油灌之, 但遇鐵索, 燃炬燒之, 須臾皆斷.) <삼국-모종 19:91>

【알ᄋᆡ】 명 아래. 어떤 기준보다 낮은 위치.¶ ▼下 ‖ 녀포 쳘긔 슈쳔을 거ᄂᆞ리고 ᄂᆞ다라 막거ᄂᆞᆯ 왕광이 군마를 가져 진세를 버리고 문긔 알ᄋᆡ 말을 세우고 볼 ᄶᅵ의 녀포ᄋᆡ 진의 나오니 (呂布帶鐵騎三千, 飛奔來迎, 王匡將軍馬列成陣勢, 勒馬門旗下看時, 見呂布出陣.) <삼국-모종 1:90>

【알푸-】 형 아프다.¶ ▼痛楚 ‖ ᄂᆡ 몸이 심히 알푼 ᄃᆡ 업ᄉᆞᄃᆡ ᄂᆡ 이러ᄒᆞᆫ 자ᄂᆞᆫ 조병으로 ᄒᆞ여곰 셩듕의 가 ᄉᆞ항ᄒᆞ여 말ᄒᆞᄃᆡ ᄂᆡ 죽엇다 ᄒᆞ면 (吾身本無甚痛楚, 吾所以爲此者, 欲令曹兵知我病危, 必然欺敵, 可使心腹軍士去城中詐降, 說吾已死.) <삼국-모종 8:81>

【알프-】 형 아프다.¶ ▼痛 ‖ 이제ᄂᆞᆫ ᄑᆞᆯ 굽힐오기 여구ᄒᆞ니 아조 알프디 아니타 (此臂伸舒如故, 並無痛矣.) <삼국-가정 24:103> 오딘 듕의 담웅이라 ᄒᆞᆫ 쟝쉬 댱포의 영웅을 보고 니이 이긔디 못ᄒᆞᆯ가 두려 ᄀᆞ만이 살흘 ᄡᅡ혀 ᄡᅩ니 졍히 댱포의 ᄆᆞᆯ가ᄉᆞᆷ을 마치니 ᄆᆞᆯ이 알프믈 견ᄃᆡ디 못ᄒᆞ야 본딘으로 ᄃᆞᆺ더니 (吳軍中一裨將姓譚名雄, 見張苞英勇, 李異不能勝, 却放一冷箭, 正射中苞馬胸膛, 那馬負痛奔回本陣.) <삼국-가정 27:9>

【알ㅎ】[1] 명 앞.¶ ▼前 ‖ 반야으로 ᄉᆞᆫ 어귀를 디나ᄆᆡ 큰 슈풀 알ᄒᆡ 수십닌 종닌이 일냥 소거를 ᄭᅳ을고 (方纔轉過山口, 見一大林之前, 數十從人, 引一輛小車.) <삼국-모종 14:103>

【알ㅎ】[2] 명 알[卵].¶ ▼卵 ‖ 이제 구덕이 안흐로 침노ᄒᆞ고 듕국이 어즈러워 샤딕의 위ᄐᆡᄒᆞ미 알흘 포집음 ᄀᆞᆺ거ᄂᆞᆯ 회 멀니 와 나라 난을 구ᄒᆞ니 그 위명의 듕ᄒᆞ미 죡히 닌국의 진동ᄒᆞᆯ디라 (今寇敵內侮, 中土紛紜, 社稷之危, 有如累卵. 會鎭撫舊都, 遠赴國難, 其威名之重, 足以震動四鄰.) <통감 9:49> 허러딘 기ᄉᆡ 엇디 알히 ᄇᆞ려디디 아니ᄒᆞ리오 (那有巢毁而卵不破者乎?) <삼국-가정 13:70>

【암약-ᄒᆞ-】 형 암약(暗弱, 闇弱)하다. 어리석고 겁이 많으며 줏대가 없다.¶ ▼闇弱 ‖ 쇼뎨 암약ᄒᆞ야 젼혀 위의 업ᄉᆞ니 ᄡᅥ 텬하를 맛담즉디 아닌ᄂᆞ디라 (少帝闇弱, 全無威儀, 不可以掌天下.) <삼국-가정 2:5>

【암찰-ᄒᆞ-】 동 암찰(暗察)하다. 몰래 살피다.¶ ▼暗訪 ‖ 이제 쥬공이 ᄃᆡ권을 총집ᄒᆞ니 가히 만져 사방 신민의 마ᄋᆞᆷ을 암찰ᄒᆞᆫ 후 셔〻이 ᄃᆡᄉᆞ를 도모할지라 (今主公掌握大柄, 四方人心必然未安; 且當暗訪, 然後徐圖大事.) <삼국-국중 17:6>

【암커ᄂᆞ】 부 아무려나.¶ ▼암커ᄂᆞ (只管) <삼국-어람 109b>

【암-탈ㄱ】 명 ((조류)) 암탉.¶ ▼牝 ‖ 다 빈신니 되여 가루를 일위엿시니[빈신은 암탈기 식벽을 가음알단 말이라] (總爲牝晨致家累.) <삼국-국중 8:75>

【압-니발】 명 ((신체)) 앞니빨.¶ ▼압니발 (門牙) <삼국-어람 109b>

【압ᄑᆡ】 명 앞.¶ ▼前 ‖ 홀연 일진 ᄃᆡ풍니 이러나 ᄯᅳᆯ 압ᄑᆡ 솔이 불으지니 좌우 ᄃᆡ경ᄒᆞ난지라 (忽一陣大風, 自東北角上而起, 把庭前松樹吹折.) <삼국-모종 16:24>

【압푸-】 형 아프다. 몸의 어느 부분이 다치거나 맞거나 자극을 받아 괴로움을 느끼다.¶ ▼痛 ‖ 만일 도라보ᄂᆡ지 아니ᄒᆞ면 존구의 면ᄉᆞᆼ의 조히 보이지 못ᄒᆞᆯ 닷ᄒᆞ니 일이 실노 양난ᄒᆞᆫ지라 이랄 인ᄒᆞ야 눈물이 나고 ᄎᆞᆼᄌᆞ가 압푸미라 (若不還時, 於尊舅面上又不好看, 事實兩難, 因此淚出痛腸.) <삼국-모종 9:88>

【압ㅎ】 명 앞.¶ ▼前 ‖ 현덕이 방통으로 더부러 약졍ᄒᆞᆯᄉᆡ 홀연 통의 탄 말이 안ᄉᆡᆼᄒᆞ야 압흘 일어 통이 ᄆᆞᄒᆞᄋᆡ ᄂᆞ려지니 (玄德再與龐統約會, 忽坐下馬眼生前失, 把龐統掀將下來.) <삼국-모종 10:123>

【압ᄒᆞ-】 형 아프다. 몸의 어느 부분이 다치거나 맞거나 자극을 받아 괴로움을 느끼다.¶ ▼痛 ‖ 또 일인이 ᄀᆡ게 발가락을 물여 살이 두 덩이 되더니 일은 압ᄒᆞ고 일은 가려워 견ᄃᆡ지 못ᄒᆞ거날 (有一人被犬咬足指, 隨長肉二塊, 一痛一癢, 俱不可忍.) <삼국-모종 13:21>

【압ᄒᆞ-ᄒᆞ-】 동 아파하다.¶ ▼痛楚 ‖ 되 십수 옥졸노 ᄎᆞᄉᆞ 바ᄃᆞ니 옥졸니 힘써 통타ᄒᆞᄂᆞ 지난 문둣 코그려 조으고 전혀 압ᄒᆞᆫ난 긔ᄉᆡᆨ이 업난지라 (操令十數獄卒, 捉下拷之, 獄卒著力痛打, 看左慈時, 卻齁齁熟睡, 全無痛楚.) <삼국-모종 11:81>

【앗-】 동 빼앗거나 가로채다.¶ ▼截 ‖ 죵회 또 ᄃᆞᆼ노의 가 등애 표ᄅᆞᆯ 아사다가 등애 글시톄로 곳티ᄃᆡ[죵회 본ᄃᆡ 글을 잘 써 온갓 톄ᄅᆞᆯ 다 잘 쓰매 일로 인ᄒᆞ야 표ᄅᆞᆯ 곳티다]오만ᄒᆞᆫ 뜻과 십분 패악ᄒᆞᆫ 말을 써 보낸대 (會又令人于中途截了鄧艾表文, 按艾筆法, 改寫傲慢之意, 十分悖惡之辭.) <삼국-가정 39:18> ▼奪 ‖양군이 가ᄂᆞᆫ 길을 막거ᄂᆞᆯ 관공이 길을 아셔 다라나더니 또 냥변 복병이 ᄂᆞ러나며 살이 비오듯 ᄒᆞ거ᄂᆞᆯ (兩隊軍截住去路. 關公奪路而走, 兩邊伏兵排下硬弩百張, 箭如飛蝗.) <삼국-국중 6:2> ▼攙越 ‖ 내 블셔 쟝녕을 드러 낫거든 네 엇디 앗ᄂᆞᆫ다 (我已領下將令, 你如何敢攙越?) <삼국-가정 20:68>

【앗가】 부 아까. 조금 전에.¶ ▼恰纔 ‖ 앗가 죄 부친을 디ᄅᆞ려 ᄒᆞᄂᆞᆫ 형상이 잇다가 ᄭᆡ텨 도라 누으시매 짐즛 칼ᄒᆞᆯ 드리ᄂᆞᆫ 톄ᄒᆞ니 해ᄅᆞᆯ 쁘디 잇더이다 (恰纔才曹操有刺父之狀, 及被喝破, 恰纔推獻刀.) <삼국-가정 2:27> ▼却纔 ‖ 앗가 당낭 아래 가 보니 방안히 도부슈ᄅᆞᆯ ᄆᆡ복ᄒᆞ여시니 반ᄃᆞ시 됴흔 뜻이 업ᄉᆞ니 국태의 고ᄒᆞ라 (却纔某於廊下巡視, 見房內有刀斧手埋伏, 必無好意.可告與國太.) <삼국-가정 17:103> ▼適 ‖ 봉이 돈슈ᄇᆡ사ᄒᆞ니 제 왈 앗가 적장을 버힌 쟈ᄂᆞᆫ 엇던 ᄉᆞᄅᆞᆷ이요 봉이 당슈ᄅᆞᆯ ᄭᅳ어 거하의 졀ᄒᆞ여 왈 ᄎᆞ인은 ᄒᆞ동 ᄉᆞᄅᆞᆷ 셔황이니 ᄌᆞᄂᆞᆫ 공명이니이다 (奉頓首拜謝, 帝曰: "適斬賊將者何人?" 奉乃引此將拜於車下曰: "此人河東楊郡人, 姓徐, 名晃, 字公明.") <삼국-모종 2:104>

【앗기-】 동 아끼다.¶ ▼惜 ‖ 공명 왈 ᄌᆞ경은 오후랄 보고 ᄒᆞᆫ 말 슈고를 앗기지 말고 이 번뇌ᄒᆞᄂᆞᆫ 정경을 가져 오후ᄭᅴ 간고ᄒᆞ여 다시 멧 히ᄅᆞᆯ 빌니라 (孔明曰: "有煩子敬, 回見吳侯, 勿惜一言之勞, 將此煩惱情節, 懇告吳侯, 再容幾時.") <삼국-모종 9:88>

【앗기-】[1] 동 아끼다. 물건이나 돈, 시간 따위를 함부로 쓰지 아니하다. 또는 소중히 여겨 잘 보살피다.¶ ▼奪 ‖ 조진니 전일 사마의게 공 앗기물 ᄉᆡᆼ각ᄒᆞ야 낙구의 이르러 곽회 손예랄 동서로 지히우고 (曹眞因思前番被司馬懿奪了功勞, 因此到洛陽分調郭淮、孫禮東西守把.) <삼국-모종 16:29>

【앗기-】[2] 동 빼앗기다.¶ ▼奪 ‖ 조진니 전일 사마의게 공 앗기물 ᄉᆡᆼ각ᄒᆞ야 낙구의 이르러 곽회 손예랄 동서로 지히우고 (曹眞因思前番被司馬懿奪了功勞, 因此到洛陽分調郭淮、孫禮東西守把.) <삼국-모종 16:29>

【앗기-이-】 동 빼앗기다.¶ ▼奪 ‖ 습 왈 졍군산니 뉴봉 ᄆᆡᆼ달의게 앗기엿ᄃᆞ (襲曰: "今定軍山已被劉封、孟達奪了.") <삼국-국중 12:125>

【앗출-ᄒᆞ-】 동 미혹(迷惑)되다.¶ ▼迷 ‖ 노뷔 마참 산 우희셔 쟝군이 ᄉᆞ문을 좃ᄎᆞ 드러가 보고 헤아리건ᄃᆡ 이 진을 아지 못ᄒᆞ야 반다시 앗출ᄒᆞᆫ 배 될지라 (老夫適於山之上, 見將軍從死門而入, 料想不識此陣, 必爲所迷.) <삼국-모종 14:22>

【애달오-】 형 «애ᄃᆞᆲ다» 애닯다. 안타깝도록 마음이 쓰리다.¶ ▼悔 ‖ 조죄 뉴셩으로셔 도라오믈 듯고 현덕이 뉴표의 모ᄎᆡᆨ 쓰지 아니ᄒᆞ호믈 애달와 ᄒᆞ더라 (聞操自柳城回, 玄德甚悔表之不用己也.) <삼국-규장 8:107>

【애ᄃᆞ로-】 형 «애ᄃᆞᆲ다» 애닯다. 애달프다. 마음이 안타깝게 쓰리거나 쓰라리다.¶ ▼焦躁 ‖ 운당이 이틀을 싸호ᄃᆡ 이긔디 못ᄒᆞ니 십분 애ᄃᆞ롸 정신을 ᄀᆞ다ᄃᆞᆷ고 위풍을 ᄇᆡ히 내여 ᄐᆞᆼ으로 더브러 교봉ᄒᆞ여 (雲長兩日戰不下黃忠, 十分焦躁, 抖擻威風, 與忠交馬.) <삼국-가정 17:50> ▼懊 ‖ 위 애ᄃᆞ롸 뉘우처 닐오ᄃᆡ (瑜懊悔曰.) <삼국-가정 15:57>

【애ᄃᆞᆯ-】 형 «애ᄃᆞᆲ다» 애닯다. 마음이 쓰여 속이 달아오르는 듯하다. 초조(焦躁)하다.¶ ▼焦燥 ‖ 운당이 이틀을 싸호ᄃᆡ 이긔디 못ᄒᆞ니 십분 애ᄃᆞ롸 정신을 ᄀᆞ다ᄃᆞᆷ고 위풍을 ᄇᆡ히 내여 ᄐᆞᆼ으로 더브러 교봉ᄒᆞ여 (雲長兩日戰不下黃忠, 十分焦燥, 抖擻威風, 與忠交馬.) <삼국-가정 17:50>

【애ᄃᆞᆯ오-】 형 애닯다. 애달프다. 마음이 안타깝게 쓰리거나 쓰라리다.¶ ▼悔 ‖ 조죄 뉴셩으로셔 도라오믈 듯고 현덕이 뉴표의 모ᄎᆡᆨ 쓰디 아니호믈 애ᄃᆞᆯ와ᄒᆞ더라 (聞操自柳城回, 玄德甚悔表之不用己也.) <삼국-가정 11:113>

【애ᄃᆞᆯ와-ᄒᆞ-】 동 애달파하다. 초조(焦躁)해하다.¶ ▼悔 ‖ 조죄 뉴셩으로셔 도라오믈 듯고 현덕이 뉴표의 모ᄎᆡᆨ 쓰디 아니호믈 애ᄃᆞᆯ와ᄒᆞ더라 (聞操自柳城回, 玄德甚悔表之不用己也.) <삼국-가정 11:113>

【야방】 명 야방(夜方).¶ ▼夜間 ‖ ᄂᆡ일의 정장으로 동남 방옥 ᄂᆡ예 감초고 ᄇᆡᆨ서[셩](으)로 거즛 서북을 즉히고 야방으로 그 들고 나은 거셜 보고 방포 일셩의 본병을 이러나면 조를 가히 사로잡으리라 (來日可令精壯之兵, 飽食輕裝, 盡藏於東南房屋內, 卻教百姓假扮軍士, 虛守西北, 夜間任他在東南角上爬城, 候其爬進城時, 一聲砲響, 伏兵齊起, 操可擒矣.) <삼국-모종 3:58>

【-야지라】 미 -고 싶다. -기 바라다. 원망형(願望形) 어미.¶ ▼願 ‖ 원컨대 가 구ᄒᆞ야지라 (願往救之.) <삼국-가정 1:33>

【약-ᄀᆞᄅᆞ】 명 ((한방)) «약ᄀᆞᄅᆞ» 약가루.¶ ▼藥末 ‖ ᄂᆞᆯ란 칼로 그 ᄇᆡᄅᆞᆯ ᄠᅢ고 오장뉵부ᄅᆞᆯ 약믈로 시스되 그 사ᄅᆞᆷ이 죠곰도 알ᄑᆞᆫ 줄을 아디 못ᄒᆞ거ᄃᆞᆫ 약실로 감티고 약ᄀᆞᄅᆞᆯ ᄇᆞᆯ라 혹 ᄒᆞᆫ ᄃᆞᆯ이어나 혹 이십일 만ᄒᆞ여도 즉시 됴흐니 (却用尖刀剖開其腹, 以藥湯洗臟腑, 剝肺剜心, 其

病人略無疼痛. 然後以藥線縫其口, 傅藥末, 或一月, 或二十日之間, 即平復矣.) <삼국-가정 25:84>

【약대】 명 ((동물)) 낙타(駱駝). 낙타과 낙타속의 짐승을 통틀어 이르는 말. 목과 다리가 길며 등에 지방을 저장하는 혹 모양의 육봉이 있다. 두꺼운 발바닥, 두 줄의 속눈썹, 열고 닫을 수 있는 콧구멍, 예민한 시각과 후각 따위를 갖고 있어 사막을 걷기에 적당하다.¶ ▼駱駝 ‖ 또 젼게 이시니 술위를 다 쇠로 빠 냥초긔계를 싯고 약대과 나괴를 메워 군듕의 드니ㅣ 일홈을 텰거병이라 ᄒᆞ더라 (又有戰車, 其車用鐵葉裹釘, 裝載糧食軍器什物, 或用駱駝駕車, 或用騾馬駕車, 一歇行數千里不乏, 因此號爲'鐵車兵'.) <삼국-가정 30:81>

【약ᄃᆡ】 명 ((동물)) 낙타(駱駝). 낙타과 낙타 속의 짐승을 통틀어 이르는 말.¶ ▼駱駝 ‖ 또 젼게 이시니 술위를 다 쇠로 빠 냥초긔게를 싯고 약ᄃᆡ과 나괴를 메워 군듕의 단니ㅣ 일홈을 텰거병이라 ᄒᆞ더라 (又有戰車, 其車用鐵葉裹釘, 裝載糧食軍器什物, 或用駱駝駕車, 或用騾馬駕車, 一歇行數千里不乏, 因此號爲'鐵車兵'.) <삼국-규장 21:50>

【약정-ᄒᆞ-】 동 약정(約定)하다.¶ ▼約會 ‖ 현덕이 방통으로 더부러 약졍ᄒᆞ실ᄉᆡ 홀연 통의 탄 말이 안싱ᄒᆞ야 압흘 일어 통이 ᄆᆞᄒᆞ의 ᄂᆞ려지니 (玄德再與龐統約會, 忽坐下馬眼生前失, 把龐統掀將下來.) <삼국-모종 10:123>

【약회-ᄒᆞ-】 동 약회(約會)하다. 만나기를 약속하다.¶ ▼約會 ‖ 일면으로 ᄉᆞ롬을 보ᄂᆡ여 장수의게 약회ᄒᆞ니 장쉬 유표의 군ᄉᆡ 임의 진발ᄒᆞ믈 알고 즉시 가허로 더부러 군ᄉᆞ를 거ᄂᆞ려 죠ᄌᆞ를 추술ᄒᆞ니라 (一面約會張繡. 繡知表兵已起, 即同賈詡引兵襲操.) <삼국-국중 4:103>

【양】 명 쪽.¶ ▼時分 ‖ 셔질이 그 영을 듯고 초경 양에 병을 ᄡᅥ어 쳘농손을 바ᄅᆡ보고 오더니 과년 촉병 이ᄇᆡᆨ여 인이 ᄌᆞᄇᆡᆨ여 두 목우 뉴마를 모라 양쵸을 싯고 오거날 (徐質領令, 初更時分, 引兵望鐵籠山來, 果見蜀兵二百餘人, 驅百餘頭木牛流馬, 裝載糧草而行.) <삼국-모종 18:31>

【양믈】 명 ((신체)) 양물(陽物). 남자의 생식기.¶ ▼칙쥬인 보아라 칙쥬인 어미 보지와 너 쏘지 네 어미 보지로 털러 가니 싱피가 아니야 니기거 또 노아너 나온던구 양믈 너허ᄂᆞᆫ구나 <삼국-동양 40:9>

【양-싹】 명 양쪽(兩-).¶ ▼兩下 ‖ 운장과 주창이 삼ᄇᆡᆨ 긔를 ᄡᅥ어 와 양싹으로 처 장합을 물이치고 각ᄌᆞ 조분 어구로 나오니 현덕이 운장으로 장비를 찻게 ᄒᆞ다 (只見雲長、關平、周倉引三百軍到, 兩下相攻, 殺退張郃, 各出隘口, 占住山險下寨, 玄德使雲長尋覓張飛.) <삼국-모종 5:72>

【양약】 명 양약(良藥). 효험이 있는 좋은 약.¶

【양약이 고구나 병의 니롭고 충언이 역이나 힝실의 니롭다】 속 양약은 쓰나 병에 좋고 충언은 거슬리나 행실에 이롭다.¶ ▼良藥苦口利於病, 忠言逆耳利於行 ‖ 익주종사 신 왕누 읍혈간고ᄒᆞ나니 드ᄅᆞ니 양약이 고구나 병의 니롭고 충언이 역이나 힝실의 니롭다 ᄒᆞ고 (益州從事臣王累, 泣血懇告, 竊聞'良藥苦口利於病, 忠言逆耳利於行'.) <삼국-모종 10:75>

【양유긔】 명 ((인명)) 양유기(養由基). 춘추시대 초나라 사람. 활을 아주 잘 쏘아 백보 밖에서 활을 쏘아 버들잎을 꿰뚫었다고 한다.¶ ▼養由基 ‖ 황튱이 또 ᄡᅩ니 시웕 소ᄅᆡ 나며 살히 졍히 운댱의 투고 샹모 미틀 마치니 군ᄉᆡ 일시의 납함ᄒᆞ거ᄂᆞᆯ 운댱이 놀라 살홀 ᄢᅵ고 본딘으로 도라와 보야흐로 황튱이 ᄇᆡᆨ보쳔양지ᄌᆡ[네 양유긔란 사ᄅᆞᆷ이 ᄇᆡᆨ보의셔 버들입흘 마치더라]를 두엇ᄂᆞᆫ 줄을 아라 닐오ᄃᆡ 어제 주기디 아닌 은혜를 갑도다 ᄒᆞ더라 (黃忠在橋上, 搭箭開弓, 弦響箭到, 正射在雲長盔纓根上. 前面軍齊聲喊起. 雲長吃了一驚, 帶箭回寨, 方知黃忠有百步穿楊之巧, 正是報昨日不殺之恩也.) <삼국-가정 17:51>

【양제-ᄒᆞ-】 동 양제(攘除)하다. 몰아내다.¶ ▼攘除 ‖ 졔 남방을 임의 졍ᄒᆞ고 갑이 임의 족ᄒᆞᄆᆡ 맛당이 삼군을 장솔ᄒᆞ야 북으로 중원을 졍홀지니 거의 노둔ᄒᆞ믈 ᄃᆞᄒᆞ여 간흉을 양졔ᄒᆞ고 한실을 흥복ᄒᆞ여 구도의 도라ᄀᆞ미 (今南方已定, 甲兵已足, 當獎帥三軍, 北定中原, 庶竭駑鈍, 攘除姦兇, 興復漢室, 還於舊都.) <삼국-국중 15:39>

【양ᄌᆞ】 명 양자(樣子). 모습. 모양(模樣). 얼굴의 모습.¶ ▼面 ‖ 현덕이 보니 공명의 신댱이 팔쳑이오 양ᄌᆡ 관옥 ᄀᆞᆺ더라 머리의 뉸건을 쓰고 몸의 학챵의를 니버시니 눈섭의ᄂᆞᆫ 강산의 ᄲᅧ여난 거ᄉᆞᆯ 모도왓고 가ᄉᆞᆷ의ᄂᆞᆫ 텬디의 틀을 ᄀᆞᆷ초와시니 표표히 당셰예 신션이러라 (玄德見孔明身長八尺, 面如冠玉, 頭戴綸巾, 身披鶴氅, 眉聚江山之秀, 胸藏天地之機, 飄飄然當世之神仙也.) <삼국-가정 12:104> 이 사ᄅᆞᆷ의 양ᄌᆞ를 본 ᄃᆞᆺᄒᆞ다 (這人好面善!) <삼국-가정 7:65>

【양ᄌᆡ-ᄒᆞ-】 동 양재(禳災)하다. 재앙(災殃)을 물리쳐 없애다.¶ ▼修禳 ‖ 녕데 이에 근심ᄒᆞ고 두려ᄒᆞ샤 ᄃᆡ여 됴셔를 ᄂᆞ리와 광녹ᄐᆡ우 양ᄉᆞ 등을 블너 금상문의 오라 ᄒᆞ샤 ᄌᆡ변의 일과 양ᄌᆡ홀 슐을 무르신대 (于是靈帝憂懼, 遂下詔, 召光祿大夫楊賜等詣金商門, 問以災異之由及修禳之術.) <삼국-가정 1:5>

【어거-ᄒᆞ-】 동 어거(禦拒)하다. 방비하다. 막다.¶ ▼禦 ‖ 이제 조ᄌᆞ 능히 군ᄉᆞ를 쓰니 현쥰이 다 도라가니 그 세가 반다시 원소를 취ᄒᆞᆫ 후의 군ᄉᆞ를 옴겨 강동을 향ᄒᆞ면 장군이 어거치 못ᄒᆞ리니 형쥬를 드러 조ᄌᆞ의게 부치면 죄 장군을 중ᄃᆡᄒᆞ리라 (今曹操善能用兵, 賢俊多歸, 其勢必先取袁紹, 然後移兵向江東, 恐將軍不能禦, 莫若擧荊州以附操, 操必重待將軍矣.) <삼국-모종 4:34>

【어거-ᄒᆞ-】 동 어거(禦拒)하다. 방비하다. 막다.¶ ▼守禦 ‖ 조의 군ᄉᆡ 두려ᄒᆞ여 방ᄑᆡ로 막고 어거ᄒᆞ더니 토산 우에 ᄉᆞ지 갓ᄒᆞᆫ 소ᄅᆡ예 사리 비 오닷 ᄒᆞ니 조의 군ᄉᆡ 방ᄑᆡ를 무릅쓰고 업더리거ᄂᆞᆯ 소의 군ᄉᆡ 납흠ᄒᆞ고 ᄃᆡ소허더라 (曹軍大懼, 皆頂著遮箭牌守禦, 土山上一聲梆子響處, 箭下如雨, 曹軍皆蒙楯伏地, 袁軍吶喊而笑.) <삼국-모종 5:51>

【어그러-이】 부 너그럽게.¶ ▼寬 ‖ 사름을 상ᄒᆞᄂᆞᆫ 주린 범을 결박ᄒᆞ믈 어그러이 말ᄂᆞ 동탁 정원의 피가 마르지 아니ᄒᆞ엿도다 (傷人餓虎縛休寬, 董卓丁原血未乾.) <삼국-국중 4:154>

【어그럽-】 형 우람하다. 넓다. 널찍하다.¶ ▼偉 ‖ 이 사름이 킈 크고 얼골이 어그럽고 거름것기예 위엄이 이시며 영웅이 개셰ᄒᆞ고 무예 모든 사름의게 ᄲᅡ여난더라 (此人身長偉貌, 行步有威, 英雄盖世, 武勇超群.) <삼국-가정 1:94>

【어그릇-】 동 «어그릇다» 어기다. 거역(拒逆)하다. 어긋나다.¶ ▼誤 ‖ 공이 수이 군ᄉᆞ를 거ᄂᆞ려 형쥐를 아ᄉᆞ라 내 더브러 돕고 인ᄒᆞ야 원쇼를 동녁ᄒᆞ야 티면 두 원슈를 가히 갑플 거시니 너ᄂᆞᆫ 형쥐를 엇고 나ᄂᆞᆫ 긔쥐를 아사 반ᄃᆞ시 어그릇디 아니리라 (公可速興兵取荊州, 吾當與助, 夾攻袁紹, 二仇可報. 汝得荊州, 吾取冀州, 切勿誤也.) <삼국-가정 규장 2:82>

【어그릇ᄎᆞ-】 동 «어그릇다» 어기다. 거역(拒逆)하다. 어긋나다.¶ ▼違 ‖ 너히 감히 ᄂᆡ 녕을 어그릇ᄎᆞᆯ다 (汝等敢違吾令!) <삼국-가정 10:27>

【어그ᄅᆞ치-】 동 어기다. 거역(拒逆)하다. 어긋나다.¶ ▼違 ‖ 국가의 뎡ᄒᆞᆫ 법이 잇고 군듕의 긔뉼 이시니 각ᄀᆞᆨ 맛당이 준슈ᄒᆞ고 어그ᄅᆞ쳐 범ᄒᆞ기를 말라 (國有常刑, 軍有紀律, 各宜遵守, 勿得違犯.) <삼국-가정 2:56>

【어그룻-】 동 «어그룻다» 어기다. 거스르다. 거역(拒逆)하다. 어긋나다.¶ ▼誤 ‖ 내 더브러 돕고 인ᄒᆞ야 원쇼를 동녁ᄒᆞ야 티면 두 원슈를 가히 갑플 거시니 너ᄂᆞᆫ 형쥐를 엇고 나ᄂᆞᆫ 긔쥐를 아사 반ᄃᆞ시 어그룻디 아니리라 (吾當與助, 夾攻袁紹, 二仇可報. 汝得荊州, 吾取冀州, 切勿誤也.) <삼국-가정 3:30>

【어그룻ᄎᆞ-】 동 «어그룻다» 어기다. 거역(拒逆)하다.¶ ▼違 ‖ 승샹의 쟝명을 엇디 어그룻ᄎᆞ리오 (丞相將命, 安敢有違.) <삼국-규장 5:78>

【어글읏츠-】 동 어기다. 거역(拒逆)하다. 어긋나다.¶ ▼推出 ‖ 내 군령을 임의 내엿거ᄂᆞᆯ 엇디 감히 내 녕을 어글읏츠리오 (吾軍令已發, 推出斬之!) <삼국-가정 35:47>

【어ᄂᆞ-곳】 대 어느곳. 어디.¶ ▼何處 ‖ 승샹 ᄉᆞ당을 어ᄂᆞ 곳의 ᄎᆞᄌᆞ리오 금관셩 밧긔 잣남기 솜ᄉᆞᆷᄒᆞᆫ ᄃᆡ로다 (丞相祠堂何處尋, 錦官城外栢森森.) <삼국-가정 34:127>

【어ᄂᆡ】 관 어느. 무슨. 똑똑히 모르거나 꼭 집어 말할 필요가 없는 대상을 가리키는 말로써 '어떤'의 뜻을 나타낸다.¶ ▼何 ‖ 녯날 낙양의셔 널로ᄡᅥ 튱의엣 ᄉᆞ름인가 ᄒᆞ야 모다 ᄆᆡᆼ쥬를 사맛더니 이제 ᄒᆞᄂᆞᆫ 양을 보니 진실로 싀랑의 ᄆᆞᄋᆞᆷ이오 개 힝실이라 어ᄂᆡ 면목으로 텬디간의 셜다 (昔日洛陽以汝爲忠義之人, 推爲盟主. 今之所爲, 眞狼心狗行之徒, 尙何面目立于天地之間!) <삼국-가정 3:11>

【어더-ᄒᆞ-】 형 어둑하다.¶ ▼反添 ‖ 또 도엽악수이셔 본국인이 마시면 정신이 어더ᄒᆞ고 타국인이 마시면 곳 죽은이 이 ᄀᆞᆺᄒᆞᆫ 만방을 비록 이기나 무ᄉᆞᆫ 유익이 이시리오 (又有桃葉惡水, 本國人飮之, 反添精神, 別國人飮之, 卽死, 如此蠻, 方縱使全勝, 有何益焉?) <삼국-모종 15:15>

【어덕】 명 ((지리)) 언덕.¶ ▼岸 ‖ 어시의 공명이 친이 노슈 어덕의 이르니 과연 음풍이 ᄃᆡ긔ᄒᆞ며 파되 흉용ᄒᆞᆫ지라 (遂自到瀘水岸邊觀看. 果見陰風大起, 波濤洶湧.) <삼국-국중 15:25> ▼嶺 ‖ 수일니 지ᄂᆡᆫ 후 목우와 유말을 다 조성ᄒᆞ니 완연이 ᄉᆞ라 운동ᄒᆞ여 산의 올으기와 어덕의 나리가기 극히 신기한지라 (過了數日, 木牛流馬皆造完備, 宛然如活者一般, 上山下嶺, 各盡其便.) <삼국-모종 17:19> ▼픽 의심ᄒᆞ여 감히 드지 못ᄒᆞ고 셩 남편 어덕의 올나 ᄇᆞ라보니 셩후의 노쇼 ᄇᆡᆨ셩이 촉병 오믈 보고 셔북을 바라고 닷ᄂᆞᆫ지라 (霸未信, 自縱馬於城南視之, 只見城後老小無數, 皆望西北而逃.) <삼국-국중 17:53>

【어두-】 형 어둡다.¶ ▼至晩 ‖ 어두ᄆᆡ 현령이 친신 ᄒᆞᆫ 사름을 보내여 조조를 블러 후원의 가 무ᄅᆞᄃᆡ (至晩, 縣令引親隨人取出曹操, 於後院問之.) <삼국-규장 1:141>

【어두오-】 형 어둡다.¶ ▼북군이 비록 보와도 어두온 밤의 긔치도 다르지 아니ᄒᆞ니 서로 밀이저도 의심치 아니ᄒᆞ더라 (北軍看之, 果是自家旗號. 從間道小路迤邐前進, 凡過數處, 皆雲蔣奇護糧. 你我相推, 并不阻當.) <삼국-가정 10:82>

【어두온 ᄃᆡ를 ᄇᆞ리고 ᄇᆞᆯ근 ᄃᆡ 나아가-】 숙 어두운 데를 버리고 밝은 데로 돌아오다. 악인이 올바른 길로 전향하다.¶ ▼背暗投明 ‖ 뉴황슉이 어딘 션ᄇᆡ를 녜로 ᄃᆡ졉ᄒᆞ니 내 그대 업을 일울 줄을 안 고로 뉴쟝을 ᄇᆞ리고 도라가시니 공은 엇디 어두온 ᄃᆡ를 ᄇᆞ리고 ᄇᆞᆯ근 ᄃᆡ 나아가 우흐로 부모의 원슈를 갑고 아래로 금셕 ᄀᆞᄐᆞᆫ 공을 세워 만셰예 공명을 드리오디 아니ᄒᆞᄂᆞ뇨 (劉皇叔禮賢下士, 吾知其必成, 故捨劉璋而歸之, 公何不背暗投明, 以圖上報父母之仇, 下立金玉之節? 可彰萬世之高名也.) <삼국-가정 21:67>

【어드-러】 부 어디로. 어느 곳으로.¶ ▼那裡 ‖ 어드러 가ᄂᆞᆫ다 (走那裡去!) <삼국-가정 21:55>

【어드러-셔】 부 어디에서. 어디로부터. 어느 곳에서. 어느 곳으로부터.¶ ▼自何 ‖ 공이 어드러셔 와 내 이 ᄒᆞᆫ 숨을 구ᄒᆞᆫ다 (公自何來, 救我一命?) <삼국-가정 3:14>

【어득-ᄒᆞ-】 형 어둑하다.¶ ▼昏 ‖ 이 날 댱비 댱듕의 이셔 정신이 어득ᄒᆞ고 요란ᄒᆞ여 거동이 슈상ᄒᆞ더라 (當日飛在帳中, 神思昏亂, 動止非常.) <삼국-규장 18:82>

【-어든】 미 -거든. 어떤 일이 사실이면, 어떤 일이 사실로 실현되면의 뜻을 나타내는 연결 어미.¶ ▼부강 믈이 ᄀᆞ장 급ᄒᆞ고 한군의 영채 ᄒᆞᆫ 디셰 ᄂᆞᄌᆞ니 가히 오천군을 빌려든 각ᄀᆞᆨ 호ᄆᆡ와 삽플 가지고 밤의 ᄀᆞ만이 가 부강 믈을 트면 뉴비의 군ᄉᆞ를 다 믈의 ᄌᆞᄆᆞ리라 (此間一代正靠涪江, 江水大急; 前面寨占山脚, 其形最低. 可先乞五千軍, 各帶鍬鋤, 當夜潛去決涪江之水, 可盡淹死劉備之軍也.) <삼국-가정 20:79>

【어디-】 형 «어딜다» 어질다. 마음이 너그럽고 착하며 슬기롭고 덕행이 높다. 현명하다.¶ ▼賢 ‖ 네 엇디 참언을 드려 어디니ᄅᆞᆯ 새오ᄂᆞᆫ가? (爾何獻讒言而嫉賢妬能耶?) <삼국-가정 11:18> ▼仁 ‖ 네 용병ᄒᆞᄂᆞᆫ 재 나라흘 평안ᄒᆞ므로ᄡᅥ 읏뜸을 삼고 그 원악을 주길 ᄯᆞᄅᆞᆷ이라 만일 다 묻디ᄅᆞ면 이ᄂᆞᆫ 어디〻 못ᄒᆞ미니 노하 강남의 도라보내여 듕국의 관대ᄒᆞᆫ 은혜ᄅᆞᆯ 알게 홈만 ᄀᆞᆺ디 못ᄒᆞᄂᆡᆼ이다 (古之用兵者, 全國爲上, 戮其元惡而已. 若盡坑之, 是不仁也. 不如放歸江南, 以顯中國之寬大耶.) <삼국-가정 37:39>

【어딘 새ᄂᆞᆫ 남글 ᄀᆞᆯᄒᆡ야(여) 깃드리고 어딘 신하ᄂᆞᆫ 님군을 ᄀᆞᆯᄒᆡ여 돕ᄂᆞ-】 속 훌륭한 새는 나무를 골라 깃들고 어진 신하는 임금을 가려 돕는다.¶ ▼良禽相木而栖, 賢臣擇君而佐 ‖ 슉 왈 어딘 새ᄂᆞᆫ 남글 ᄀᆞᆯᄒᆡ야 깃드리고 어딘 신하ᄂᆞᆫ 님군을 ᄀᆞᆯᄒᆡ여 돕ᄂᆞ니 청츈이 다시 오디 아니ᄒᆞ니 늘근 후의 뉘웃처도 밋디 못ᄒᆞ리라 (肅笑曰: '良禽相木而栖, 賢臣擇君而佐. 青春不再, 悔之晚矣.') <삼국-가정 1:153> 어딘 새ᄂᆞᆫ 남글 ᄀᆞᆯᄒᆡ여 깃드리고 어딘 신하ᄂᆞᆫ 님군을 ᄀᆞᆯᄒᆡ여 셤긴다 호믈 듯디 아니ᄒᆞ엿ᄂᆞ냐 알고 ᄒᆞ디 아니ᄒᆞ면 대댱뷔 아니라 (豈不聞'良禽相木而栖, 賢臣擇主而事'? 大丈夫知而不爲, 非丈夫也.) <삼국-가정 5:80> 어딘 새ᄂᆞᆫ 남글 ᄀᆞᆯᄒᆡ여 깃드리고 어딘 신하ᄂᆞᆫ 님금을 ᄀᆞᆯᄒᆡ야 돕ᄂᆞᆫ다 (良禽相木而栖, 智士擇君而事) <삼국-가정 21:63>

【어디럽-】 동 어지럽다.¶ ▼亂 ‖ 맛당히 밀셔 두 봉을 써 쏘아 셩듕의 드려보ᄂᆡ여 그 안으로 ᄒᆞ여곰 어디럽계 ᄒᆞ면 셩을 가히 어드리이다 (當寫密書二封, 射入城中, 使其內亂, 城可得矣.) <삼국-모종 15:71>

【어ᄃᆞᆨ-ᄒᆞ-】 형 아득하다.¶ ▼昏 ‖ 이날 댱비 댱듕의 이셔 졍신이 어ᄃᆞᆨᄒᆞ고 요란ᄒᆞ여 거동이 슈샹ᄒᆞ더라 (當日飛在帳中, 神思昏亂, 動止非常.) <삼국-가정 26:82>

【-어든】 미 ('ㅣ' 계열 이중 모음이나 'ㄹ' 받침으로 끝나는 어간 뒤에 붙어)(주로 자동사나 형용사 어간 뒤, 이다 어간 뒤에 붙어) -거든.¶ ▼내 후군의 이셔 블을 드러 긔약을 삼고 몬져 쵹병의 냥초ᄅᆞᆯ 블딜러든 도독이 군ᄉᆞᄅᆞᆯ 두로혀 엄습ᄒᆞ면 졔갈량을 가히 사ᄅᆞ잡을디라 (維當在後擧火爲號, 先燒蜀人糧草, 却以大兵翻身掩之, 則諸葛亮可擒也.) <삼국-가정 32:13>

【어ᄃᆡ】 대 어디. 어디서. 일정하게 정해져 있지 아니하거나 꼭 집어 댈 수 없는 곳을 가리키는 지시 대명사.¶ ▼那裏 ‖ 어ᄃᆡ로 가라ᄂᆞᆫ냐 (那裏去?) <삼국-어람 109a>

【어렴프시】 부 어렴풋이. 흐릿하게.¶ ▼朦朧 ‖ 쟝군이 친필로 ᄒᆞᆫ 글월을 ᄆᆡᆫᄃᆞ라 한슈ᄅᆞᆯ 주되 글월 가온대 어렴프시 글ᄌᆞ도 곳티며 요긴ᄒᆞᆫ 말 잇ᄂᆞᆫ ᄃᆡ어든 믁으로 흐리오며 곳티ᄂᆞᆫ ᄃᆞ시 ᄒᆞ야 (丞相親筆作一書, 單與韓遂, 中間朦朧字樣, 于要害處自相塗抹改易.) <삼국-가정 19:46> ▼즉시 글월을 쓰되 가허의 말ᄃᆡ로 요긴ᄒᆞᆫ 고ᄃᆞᆫ 다 어렴프시 흐리오며 곳텨 봉ᄒᆞ고 (隨寫書一封, 將緊要處盡皆改抹, 然後實封.) <삼국-가정 19:47>

【어루-】 동 얼리다.¶ ▼凍 ‖ 이 밤의 븍풍이 크게 니러나거ᄂᆞᆯ 죄 군ᄉᆞᄅᆞᆯ 긋재 모라 내여 홁을 져 셩을 ᄡᅡ며 믈을 씻텨 어루라 믈과 믈그ᄅᆞ시 업거ᄂᆞᆯ 깁을 포지버 쟐ᄅᆞᆯ 지어 믈을 다마 씻티니 ᄡᆞᄂᆞᆫ 족〻 어ᄂᆞᆫ디라 (是夜, 北風大作. 操盡驅兵士擔土潑水, 爲無盛水之具, 作縑囊盛水澆之, 隨築隨凍.) <삼국-가정 19:29>

【어룬】 명 ((인류)) 어른. 다 자란 사람. 또는 나이나 지위나 항렬이 높은 윗사람.¶ ▼老爺 ‖ 이 사ᄅᆞᆷ은 양〻 짜 어룬의 결레니 셩은 방이오 명은 통이오 ᄌᆞᄂᆞᆫ ᄉᆞ원이오 도호ᄂᆞᆫ 봉추션ᄉᆡᆼ이니이다 (斯人襄陽世家, 姓龐, 名統, 字士元, 道號'鳳雛先生'.) <삼국-가정 18:79> ▼主子 ‖ 이 사ᄅᆞᆷ은 양〻 짜 어룬의 결레니 셩은 방이오 명은 통이오 ᄌᆞᄂᆞᆫ ᄉᆞ원이오 도호ᄂᆞᆫ 봉추션ᄉᆡᆼ이니이다 (斯人襄陽世家, 姓龐, 名統, 字士元, 道號'鳳雛先生'.) <삼국-가정 18:79>

【어룬-ᄒᆞ-】 형 어눌(語訥)하다. 말을 더듬다.¶ ▼口吃 ‖ 등ᄋᆡ의 위인은 어룬ᄒᆞ여 ᄆᆡ양 일을 알뢸 제 반다시 ᄋᆡ〻라 일카으니 의 희롱ᄒᆞ여 왈 경이 ᄋᆡ〻라 일카오니 몃 ᄋᆡ 잇ᄂᆞ고 (艾爲人口吃, 每奏事必稱艾艾, 懿戲謂曰: "卿稱艾艾, 當有幾艾?") <삼국-모종 18:11>

【어르셕-】 형 어리석다.¶ ▼愚 ‖ 한실이 경픠ᄒᆞ여 간신이 명을 도둑ᄒᆞ거날 네 힘을 혜아리지 못ᄒᆞ고 ᄃᆡ의ᄅᆞᆯ 폐고ᄌᆞ ᄒᆞ나 지숣이 단쳔ᄒᆞ여 이적지 일원 바 업ᄉᆞ니 오직 션ᄉᆡᆼ은 그 어르셕은 거슬 여려 그 ᄋᆡᆨ을 건지게 ᄒᆞ면 만ᄒᆡᆼ이 되리이다 (漢室傾頹, 奸臣竊命, 備不量力, 欲伸大義於天下, 而智術淺短, 迄無所就, 惟先生開其愚而拯厄, 實爲萬幸.) <삼국-모종 6:88>

【어르-씰-】 동 어루만져 쓰다듬다.¶ ▼撫 ‖ 션주 죠지랄 젼ᄒᆞ냐 공명을 쳥ᄒᆞ야 용상 겻ᄐᆡ 안치고 그 등을 어르씰어 왈 짐니 승상을 어더 ᄃᆞ행니 뎨업을 일웟더니 (先主傳旨, 請孔明坐於龍榻之側, 撫其背曰: "朕自得丞相, 幸成帝業.") <삼국-모종 14:31>

【어른-어른】 부 얼른얼른. 차츰차츰. 어느덧.¶ ▼荏苒 ‖ 현덕이 신야의 도라간 후의 일월이 임염[세월이 어른어른 디나단 말이라]ᄒᆞ야 봄이 니ᄅᆞ거ᄂᆞᆯ (玄德回新野之後, 荏苒新春.) <삼국-가정 12:97>

【어름】 명 얼음. 물이 얼어서 굳어진 물질.¶ ▼冰 ‖ ᄃᆡ군이 구름 못ᄃᆞᆺ ᄒᆞᄆᆡ 미친 도적이 어름 스ᄃᆞᆺ ᄒᆞ야 계유 ᄃᆡ ᄶᅥ리ᄂᆞᆫ ᄃᆞᆺᄒᆞᆫ 위엄을 펴ᄆᆡ 믄득 고기 믈을 일흔 ᄃᆞᆺᄒᆞᆫ 셰ᄅᆞᆯ 보리로다 (大軍雲集, 狂寇冰消; 才聞破竹之聲, 便是失猿之勢.) <삼국-가정 29:68> ▼冰 ‖ 하슈 얼어 냥식ᄇᆡ 통치 못ᄒᆞᄂᆞᆫ지라 조죄 본쳐 ᄇᆡᆨ셩의게 젼영ᄒᆞ여 어름을 ᄭᆡᄅᆞ ᄒᆞ니 ᄇᆡᆨ셩이 ᄃᆞ 도망ᄒᆞᄂᆞᆫ지ᄅᆞ (河道盡凍, 糧船不能行動. 操令本處百姓敲冰拽船, 百姓聞令而逃.) <삼국-모종 6:6>

【어름-덩이】 명 얼음덩이.¶ ▼冰 ‖ 져근덧 ᄉᆞ이예 ᄇᆡ얌은 업서디고 텬지의 크게 우레 ᄒᆞ고 큰비 거록이 오며 어름덩이와 무릐 홈ᄭᅴ 섯거 ᄂᆞ리다가 밤듕 후의야 긋치니 셩듕 인개 수쳔여 간이 문허지다 (須臾不見, 片時大

雷大雨, 降以冰雹, 到半夜方住, 東都城中壞却房屋數千餘間.) <삼국-가정 1:3>

【어릅-쓸-】 동 어루만져 쓰다듬다.¶ ▼撫 ‖ 슉이 청컨ᄃᆡ 명을 밧들고 강하의 가 죠상ᄒᆞ고 인ᄒᆞ여 뉴비를 달닉여 뉴표의 등당을 어릅쓸어 ᄒᆞᆫ가지로 조됴를 파ᄒᆞ쟈 ᄒᆞ여 (肅請奉命往江夏弔喪, 因說劉備使撫劉表衆將, 同心一意, 共破曹操.) <삼국-모종 7:74>

【어릅-씔-】 동 어루만져 쓰다듬다.¶ ▼撫 ‖ 혜[허]제 말을 날여 가 한 칼의 이셕[셤]을 버히니 이별이 놀나 말겨 것구러지니 제 ᄯᅩᄒᆞᆫ 버혀 쌍으로 인두를 가지고 진의 도라오니 죄 져의 등을 어릅씨러 왈 ᄌᆞᄂᆡ난 나의 변쾌로다 (許褚飛馬過去, 一刀先斬李暹, 李別吃了一驚, 倒撞下馬, 褚亦斬之, 雙挽人頭回陣, 曹操撫許褚之背曰: "子眞吾之樊噲也!") <삼국-모종 2:115>

【어리-】 형 ❶ 어리석다. 생각이 모자라다. 우매하다.¶ ▼愚 ‖ 이 사ᄅᆞᆷ이 이리 용호ᄃᆡ 이 ᄌᆞ식이 이리 어리니 하ᄂᆞᆯ ᄠᅳ들 모ᄅᆞ리로다 (此老如此之賢, 此子如此之愚, 乃天意之不齊也.) <삼국-가정 9:124> 텬ᄌᆡᄂᆞᆫ 우희셔 응ᄒᆞ고 인ᄉᆞᄂᆞᆫ 아래셔 곤ᄒᆞ니 ᄇᆡᆨ셩이 슬거오며 어리니 업시 다 토븅와희ᄒᆞᆯ 줄을 아니 이ᄂᆞᆫ 하ᄂᆞᆯ히 원시를 멸ᄒᆞᄂᆞᆫ ᄢᅢ라 (天災應於上, 人事困於下: 民無問愚者智者, 皆知土崩瓦解, 此乃天滅袁氏之時也.) <삼국-가정 11:42> 군ᄉᆞ의 말이 심히 죠흐나 어린 ᄯᅳᆺ의ᄂᆞᆫ 슉부를 청ᄒᆞ여 잠간 강하의 이르러 군마를 졍돈ᄒᆞ여 다시 하구로 도라가미 늣지 아니ᄒᆞᆯ가 ᄒᆞ노라 (軍師之言甚善. 但愚意欲請叔父暫至江夏, 整頓軍馬停當, 再回夏口不遲.) <삼국-국종 8:128> ❷ 어리둥절하다. 아연(啞然)하다. 황홀하게 도취되거나 상심이 되어 얼떨떨하다.¶ ▼痴呆 ‖ 노슉이 말을 듯고 반시나 어린 ᄃᆞᆺᄒᆞ여 말을 못ᄒᆞ다가 문셔를 ᄶᅵᆨ히 더디고 (魯肅聞言, 癡呆了半晌, 將文書擲於地下.) <삼국-가정 17:83> 위병니 이십 이를 조ᄎᆞ가ᄃᆡ 담안 압혜 잇고 가지 못하난지라 다 실ᄉᆡᆨᄒᆞ고 어린 다시 말이 업난지라 (魏兵又趕了二十里, 只見在前, 不曾趕上, 盡皆癡呆.) <삼국-모종 17:4>

【어린-션ᄇᆡ】 관구 ((인류)) 나이 어린 선비.¶ ▼豎儒 ‖ 어린션ᄇᆡ 엇디 감히 내 법도를 난ᄒᆞ리오 (豎儒焉敢亂吾法度耶!) <삼국-가정 18:85> 이에 니ᄅᆞ러 죄 노왈 어린 션비 엇디 감히 내 병법을 어즈러이리오 (當時操怒曰: '豎儒! 敢亂吾兵耶!') <삼국-가정 23:121> 어린션ᄇᆡ 엇디 날을 희롱ᄒᆞ리오 반ᄃᆞ시 죽이리라 (豎儒, 安敢戲吾耶! 吾必殺之!) <삼국-가정 34:93>

【어린-아ᄒᆡ】 명 ((인류)) 나이가 어린 아이.¶ ▼豎子 ‖ 어린아ᄒᆡᆺ 거시 엇디 항ᄒᆞ란 말을 니ᄅᆞᄂᆞ뇨 (豎子! 何謂降也?) <삼국-가정 24:91>

【어ᄅᆞ-ᄆᆞᆫ지-】 동 어루만지다.¶ ▼拊 ‖ 엄안이 파군의 이셔 뉴쟝이 법졍을 보내여 현덕을 쳥ᄒᆞ야 쳔듕의 드려오믈 듯고 ᄆᆞᄋᆞᆷ을 어ᄅᆞᄆᆞᆫ져 탄ᄒᆞ여 닐오ᄃᆡ (却說嚴顔在巴郡, 聞劉璋差法正請玄德入蜀, 拊心而嘆曰.) <삼국-가정 20:107>

【어름】 명 얼음. 물이 얼어서 굳어진 물질.¶ ▼凍 ‖ 허도로 도라가 군ᄉᆞ의 힘을 쳐 어름이 녹고 봄이 덥거든 인병 븍향ᄒᆞ야 몬져 원쇼를 파ᄒᆞ고 이긘 군ᄉᆞ를 도로혀 형양을 티면 남븍의 니호미 손바당 뒤혐 ᄀᆞᄐᆞ더라 (不如還兵許都, 少養軍士之力, 待凍消春暖, 引兵向北, 先破袁紹; 回得勝之師, 來攻荊襄, 南北之利, 易如反掌.) <삼국-가정 11:20> ▼冰 ‖ ᄃᆡ군이 구름 못ᄃᆞᆺ ᄒᆞ믹 미친 도적이 어름 스듯 ᄒᆞ야 계유 ᄃᆡ ᄯᅳ리ᄂᆞᆫ 듯ᄒᆞᆫ 위엄을 펴매 믄득 고기 믈을 일흔 ᄃᆞᆺᄒᆞᆫ 셰를 보리로다 (大軍雲集, 狂寇冰消; 才聞破竹之聲, 便是失猿之勢.) <삼국-규장 20:89>

【어ᄅᆞᆺᄎᆞ-】 동 «어ᄅᆞᆺ다» 어기다. 거역(拒逆)하다.¶ ▼違 ‖ ᄉᆞ방의 뎍국은 다 내 동뉘오 그러티 아니면 ᄂᆞ존 사ᄅᆞᆷ이니 뉘 날을 어ᄅᆞᆺᄎᆞ리오 (四方之敵, 非吾匹則吾役也, 誰能違我?) <삼국-가정 6:100> 승샹의 쟝명을 엇디 어ᄅᆞᆺᄎᆞ리오 (丞相將命, 安敢有違.) <삼국-가정 7:25>

【어리-】[1] 동 엉기어 되직해지다. 굳다.¶ ▼酥 ‖ ᄯᅩ ᄒᆞᆯᄅᆞᆫ 븍방의셔 소유[만난 기름 어린 거시라] ᄒᆞᆫ 합을 보내엿거ᄂᆞᆯ 죄 됴히 너겨 합 밧긔 쓰되 일합이라 ᄒᆞ엿더니 (又一日, 塞北送酥一盒, 操喜, 遂寫'一盒酥'三字於盒上.) <삼국-가정 23:113>

【어리-】[2] 동 어리다. (어떤 현상이나 기운이) 은근히 드러가거나 나타나다. 빛이나 그림자, 모습 따위가 희미하게 비치다.¶ ▼凝 ‖ 신댱이 팔쳑이오 양ᄌᆡ 아ᄅᆞᆷ다온 옥 ᄀᆞᆺ고 몸이 기름 어리니 ᄀᆞᆺ더라 벼ᄉᆞᆯ은 딘셔쟝군이니라 (身長八尺, 面如美玉, 體似凝酥, 官領鎭西將軍.) <삼국-가정 27:51>

【어버】 명 ((인류)) 아비. 아버지.¶ ▼父 ‖ 이제 너희 두 사ᄅᆞᆷ이 형뎨의 분으로 어버의 죽으믈 념녀ᄒᆞ여 길흉의 서ᄅᆞ 구ᄒᆞ며 서ᄅᆞ 븟드러 어버의 정을 져ᄇᆞ리디 말 거시어ᄂᆞᆯ (今日你二人乃昆仲之分, 當念父喪, 凶吉相救, 患難扶持, 庶不負其親情也.) <삼국-가정 26:98>

【어버-이】 명 ((인류)) 아비. 아버지. 어버(←아비: 아버지, 父)+어이(←어ᄾᅵ: 어머니, 母).¶ ▼父親 ‖ 딤이 탁군으로브터 경등의 어버이로 더브러 이셩의 의를 ᄆᆡ자 졍이 골육 ᄀᆞᄐᆞ야 일즉 반뎜도 그ᄅᆞᆺᄒᆞ미 업더니 (朕自涿郡與卿等父親結異性之交, 甚如骨肉, 未嘗有半點差錯.) <삼국-가정 26:98>

【-어셔】 조 -에서. 처격 조사.¶ ▼於 ‖ ᄎᆞ일 숀칙이 군ᄉᆞ 끠을고 뉴유의 ᄉᆡᆨ젼의 일르니 위 군ᄉᆡ ᄭᅳ러 나와 맛거ᄂᆞᆯ 칙이 챵을 잡고 틱ᄉᆞᄌᆞ의 단창을 흔드러 진젼어셔 군ᄉᆞ로 ᄒᆞ여곰 크게 워어 왈 (次日, 孫策引軍到劉繇營前, 劉繇引軍出迎. 兩陣圓處, 孫策把鎗挑太史慈的小戟於陣前, 令軍士大叫曰) <삼국-모종 3:11>

【어엽비】 부 불쌍히. 가련히.¶ ▼憐 ‖ 현덕이 항상 원문의 창 쏘든 은혜를 ᄉᆡᆼ각ᄒᆞ여 장군을 ᄇᆡ반치 아니ᄒᆞ더니 이졔 마지 못ᄒᆞ여 조공의게 던지이니 오직 장군은 어엽비 너기라 (玄德常念轅門射戟之恩, 不敢背將軍也, 今不得已而投曹公, 惟將軍憐之.) <삼국-모종 3:68>

【어엿비】 [1]부 (‘어엿비 너기다’의 꼴로 쓰여) 불쌍히. 가엾이. 어엿브-+-이(부사 파생 접미사).¶ ▼愍 ‖ 업더여 ᄉᆡᆼ각건대 텬하의 셩은이 ᄭᆡ텨 ᄉᆡᆼ각ᄒᆞ여 신의 ᄆᆞᄋᆞᆷ을 어엿비 너기실가 ᄒᆞ노이다 (伏想殿下聖恩感悟, 愍臣之心, 悼臣之擧.) <삼국-가정 26:6>

【어우러-지-】 동 (싸움으로 서로) 뒤엉키다.¶ ▼어우러져(混) <삼국-어람 108a>

【어우로-】 동 어우르다. 여럿을 모아서 하나로 되게 하다.¶ ▼搭配 ‖ ᄃᆡ쇼 션쳑을 각〻 ᄆᆡ야 어우로고 정긔와 젼군을 다 갓초와시니 (大小船隻, 俱已搭配停當; 旌旗戰具, 一一齊備.) <삼국-가정 16:13>

【어위-차-】 형 드넓고 가득 차다. 너그럽다. 어위(넓다, 廣) -+차(차다, 滿)-.¶ ▼碩茂 ‖ 셩인의 ᄌᆞ질이 어위차 크시고 신뮈 거록ᄒᆞ시며 인덕이 사ᄅᆞᆷ의게 미ᄎᆞ시니 이러므로 ᄉᆞ히 귀심ᄒᆞᄂᆞᆫ디라 (聖姿碩茂, 神武在躬, 仁覆積德, 愛人好士, 是以四海歸心焉.) <삼국-가정 26:52>

【어위-ᄎᆞ-】 형 건장(健壯)하다. 어위(넓다, 廣) -+ᄎᆞ(←차다, 滿)-.¶ ▼奇偉 ‖ 오직 손듕뫼 얼골이 어위ᄎᆞ고 골범이 비샹ᄒᆞ니 반ᄃᆞ시 ᄃᆡ귀ᄒᆞ고 ᄯᅩ 노픈 나흘 누리〻라 (惟孫仲謀形貌奇偉, 骨體非常, 有大貴之表, 又享高壽.) <삼국-가정 10:46> ▼俊偉 ‖ 원샹이 얼골이 어위ᄎᆞᆫ지라 쇠 심히 ᄉᆞ랑ᄒᆞ니 뉴시 ᄆᆡ양 쇼의 압ᄒᆡ셔 샹을 기리되 ᄌᆡ덕이 잇다 ᄒᆞ니 (袁尙生得形貌俊偉, 紹甚愛之, 劉氏常於紹前稱贊尙有才德.) <삼국-가정 10:99> ▼雄偉 ‖ 그 사ᄅᆞᆷ은 신댱이 팔쳑이오 얼굴이 어위ᄎᆞ니 남양 완셩 ᄉᆞᄅᆞᆷ이니 (其人身長八尺, 面貌雄偉, 南陽宛城人也.) <삼국-가정 13:111> ▼雄異 ‖ 등을 나ᄒᆞ니 신댱이 팔쳑이오 얼골이 어위ᄎᆞ고 셩되 온냥ᄒᆞ니 사ᄅᆞᆷ이 공경ᄒᆞ더라 (騰身長八尺餘, 面鼻雄異, 秉性溫良, 人多敬之.) <삼국-가정 18:94> ▼偉 ‖ 기인이 신댱이 팔쳑이오 용뫼 ᄀᆞ장 어위ᄎᆞ되 머리털이 댤라 계유 목의 ᄂᆞ려디고 의복이 정졔티 못ᄒᆞ거ᄂᆞᆯ (見其人身長八尺, 形貌甚偉, 頭髮截短, 披于頸上, 衣服不甚整齊.) <삼국-가정 20:81>

【어위-크-】 형 드넓고 크다. 넉넉하다. 어위(넓다, 廣) -+크(크다, 大, 遊)-.¶ ▼魁梧 ‖ 하후돈이 ᄒᆞᆫ 대쟝을 인ᄒᆞ야 와 뵈니 그 사ᄅᆞᆷ이 얼굴이 심히 어위크고 몸이며 ᄌᆡ죄 웅장ᄒᆞ거ᄂᆞᆯ (操與諸官皆大驚. 其人形貌魁梧, 身材雄偉.) <삼국-가정 4:28> ▼魁偉 ‖ 댱왈 ᄉᆞ마염이라 인믈이 어위크며 니러셔면 머리털이 ᄯᅡ히 드리오며 두 손이 무룹흘 디나고 총명영무ᄒᆞ며 담낭이 과인ᄒᆞ고 (長曰司馬炎, 人物魁偉, 立髮垂地, 兩手過膝, 聰明英武, 膽量過人.) <삼국-가정 39:44>

【어으름】 명 어스름. 조금 어둑한 상태. 또는 그런 때.¶ ▼黃昏 ‖ 이 관은 평디의 ᄡᅡ 어으름 새벽의 간셰지도의 츌입호믈 ᄉᆞᆯ피더라 (這關是平地上創立, 晨昏守御往來奸細.) <삼국-가정 9:97>

【어슮】 명 어스름. 조금 어둑한 상태. 또는 그런 때.¶ ▼至晚 ‖ 어을ᄆᆡ 현령이 친신 ᄒᆞᆫ 사ᄅᆞᆷ을 보내여 조조ᄅᆞᆯ 블러 후원의 가 무로ᄃᆡ (至晚, 縣令引親隨人取出曹操, 於後院問之.) <삼국-가정 2:30> ▼黃昏 ‖ 어을ᄆᆡ 셩의 올라 ᄇᆞ라보니 동녁 모ᄒᆡ 군매 만티 아니ᄒᆞ거ᄂᆞᆯ ᄀᆞ만이 동문을 열고 (當夜黃昏, 城上望東角無甚人馬, 密開東門.) <삼국-가정 3:46>

【어이】 명 ((동물)) 짐승의 어미.¶ ▼母 ‖ 조비 조예로 더브러 산힝ᄒᆞ야 나가 노다가 두 사ᄉᆞᆷ을 만나니 ᄒᆞ나ᄒᆞᆫ 어이오 ᄒᆞ나ᄒᆞᆫ 삿기어ᄂᆞᆯ 조비 그 어이 사ᄉᆞᆷ을 몬져 ᄡᅩ와 마치고 조예로 ᄒᆞ여곰 그 삿기를 ᄡᅩ라 ᄒᆞᆫ대 (丕帶睿出獵. 行於山塢之間, 趕出子母二鹿. 丕一箭射倒母鹿. 丕回視小鹿, 臥於曹睿馬下. 丕大呼曰: “吾兒何不射之?”) <삼국-가정 29:73>

【어즈러-이】 부 어지러이. 모든 것이 뒤섞이거나 뒤얽혀 갈피를 잡을 수 없게. 어즐(어질: 불완전 어근) -+-어(←-업-: 형용사 파생 접미사) -+-이(부사 파생 접미사).¶ ▼亂 ‖ ᄉᆞ면팔방의 대쉬 펴뎌 ᄃᆞᆯ려드니 칠군이 어즈러이 ᄃᆞ라나 믈결을 조차 헤디ᄅᆞᄂᆞᆫ 재 그 수ᄅᆞᆯ 아디 못ᄒᆞᆯ러라 (四面八方, 大水驟至, 七軍亂竄, 隨波逐浪者, 不計其數.) <삼국-가정 24:85> ▼紛紛 ‖ 쟝ᄎᆞᆺ 뫼흘 디나긔 되엿더니 ᄒᆞᆫ 소ᄅᆡ 방포의 오ᄇᆡᆨ군이 일시예 피과 더러온 것들흘 ᄲᅳ리니 다만 공듕의 죠히 사ᄅᆞᆷ과 플로 ᄆᆡᆫᄃᆞᆫ ᄆᆞᆯ이 어즈러이 ᄯᅡ히 ᄯᅥ러디며 ᄇᆞ람과 우레 즉시 긋치고 모래 ᄃᆞ ᄂᆞ디 아니ᄒᆞ더라 (將過山頭, 一聲炮響, 五百軍穢物齊潑. 但見空中紙人草馬, 紛紛墜地, 風雷頓息, 砂石不飛.) <삼국-가정 1:58>

【어즈러-이-】 동 어지럽히다. 어즐(어질: 불완전 어근) -+-어(←-업-: 형용사 파생 접미사) -+-이(사동사 파생 접미사)-.¶ ▼亂 ‖ 이에 니ᄅᆞ러 죄 노왈 어린 션ᄇᆡ 엇디 감히 내 병법을 어즈러이리오 (當時操怒曰: “竪儒! 敢亂吾兵耶!”) <삼국-규장 16:105>

【어지-】 형 어질다. 마음이 너그럽고 착하며 슬기롭고 덕행이 높다. 현명하다.¶ ▼賢 ‖ ᄇᆞ려 ᄂᆡ게 부리믄 ᄂᆡ 손을 비러 죽여 날로ᄡᅧ 어진 사람 히ᄒᆞᆫ다 ᄒᆞᄂᆞᆫ 일홈을 어더 블의예 ᄲᅡ지게 ᄒᆞ미니 (故令作使於我, 欲借我手殺之, 以爲我害賢, 而陷我於不義也.) <삼국-규장 6:70>

【어진 ᄉᆡ난 낭글 보와 깃드리고 어진 신ᄒᆞ난 임군을 갈헤 섬긴다】 부 훌륭한 새는 나무를 골라 깃들고 어진 신하는 임금을 골라 돕는다.¶ ▼良禽相木棲, 賢臣擇主而事 ‖ 나난 드른니 어진 ᄉᆡ난 낭글 보와 깃드리고 어진 신ᄒᆞ난 임군을 갈헤 섬긴다 한니 ᄂᆡ 전일에 유익주을 간ᄒᆞᆫ ᄌᆞ난 인신의 마음을 다홈니요 임의 ᄡᅳ들 안니ᄒᆞ니 반다시 ᄑᆡ할 줄 아난지라 (吾聞: ‘良禽相木棲, 賢臣擇主而事.’ 前諫劉益州者, 以盡人臣之心, 旣不能用, 知必敗矣.) <삼국-모종 11:24>

【어지럽-】 형 어지럽다. 어질(불완전 어근) -+-읍(←-업-: 형용사 파생 접미사)-.¶ ▼雜亂 ‖ 사람이 말하되 졔갈량이 용병을 잘ᄒᆞᆫ다 ᄒᆞ던이〻제 이진을 본이 정긔 어지릅고 항오가 ᄡᅥ기고 창금[검] 긔계ᄀᆞ ᄒᆞ나토 날을 이길 ᄌᆡ 업신이 (人每說諸葛亮善能用兵, 今觀此陣, 旌旗雜亂,

隊伍交錯, 刀鎗器械, 無一可能勝吾者.) <삼국-모종 14:80>

【-어지이다】 미 -었으면 합니다. -기를 바랍니다. 화자의 소망을 나타내는 평서형어미 '-어지라'의 경어형.¶ ▼乞 ‖ 승 왈 지필을 어더 ᄒᆞᆫ 번 ᄡᅥ지이다 (勝曰: "乞紙筆一用.") <삼국-가정 35:79>

【어질-】 형 마음이 너그럽고 착하며 슬기롭고 덕행이 높다. 능력 있다. 현명하다.¶ ▼良 ‖ 그 중 가장 어진 ᄌᆞᄂᆞᆫ 미간의 흰 털이 잇ᄉᆞ니 일홈은 량이오 ᄌᆞᄂᆞᆫ 계상이라 향니의셔 동요ᄒᆞ여 왈 마씨오상의 빅미[빅미ᄂᆞᆫ 흰 눈썹이라] 가장 어질다 ᄒᆞ니 (其最賢者, 眉間有白毛, 名良, 字季常. 鄉里爲之諺曰: '馬氏五常, 白眉最良'.) <삼국-국중 10:6>

【어질-어우-】 형 «어질업다» 어지럽다. 어질(불완전 어근)+-어우(←-업-: 형용사 파생 접미사)-.¶ ▼亂 ‖ 어질어울 난 (亂) <음첩b 6b> ᄉᆞ마의 군ᄉᆞ를 ᄭᅳ어 마을 압흐로 지ᄂᆡ가거날 반거 ᄉᆞ람으로 ᄒᆞ여금 어질어운 살노 쏘아 ᄂᆞ리우니 ᄉᆞ마의 능히 지ᄂᆡ지 못ᄒᆞᆫ지라 (正見司馬懿引兵過府前, 擧令人亂箭射下, 懿不得過.) <삼국-모종 18:2>

【어질-에-】 동 어지럽히다. 어질(불완전 어근)+-어(←-업-: 형용사 파생 접미사)+-이(동사 파생 접미사)-.¶ ▼亂 ‖ ᄂᆡ 임의 너로 더부러 형뎨를 ᄆᆡᄌᆞ시니 너의 형슈ᄂᆞᆫ 곳 나의 슈 씨라 엇지 인뉸을 어질에ᄂᆞᆫ 닐을 ᄒᆡᆼᄒᆞ리오 (吾既與汝結爲兄弟, 汝嫂即吾嫂也, 豈可作此亂人倫之事乎!) <삼국-국중 10:19>

【어ᄌᆞ러-이】 부 어지러이. 어지럽게. 어ᄌᆞᆯ(←어질: 불완전 어근)+-어(←-업-: 형용사 파생 접미사)+-이(부사 파생 접미사).¶ ▼亂 ‖ ᄉᆞ면팔방의 대쉬 펴뎌 ᄃᆞᆯ려드니 칠군이 어ᄌᆞ러이 ᄃᆞ라나 믈결을 조차 헤디르ᄂᆞᆫ 재 그 수를 아디 못ᄒᆞᆯ러라 (四面八方, 大水驟至, 七軍亂竄, 隨波逐浪者, 不計其數.) <삼국-규장 17:34>

【어ᄌᆞ러이-】 동 어지럽히다. 어ᄌᆞᆯ(←어질: 불완전 어근)-+-어(←-업-: 형용사 파생 접미사)+-이(동사 파생 접미사)-.¶ ▼亂 ‖ 이에 니르러 죄 노왈 어린 션비 엇디 감히 내 병법을 어ᄌᆞ러이리오 (當時操怒曰: "豎儒! 敢亂吾兵耶!") <삼국-규장 16:105>

【어ᄌᆞ려-이】 부 어지러이. 어ᄌᆞᆯ(←어질: 불완전 어근)+-여(←-업-: 형용사 파생 접미사)+-이(부사 파생 접미사).¶ ▼亂 ‖ 조운니 힘셔 싸호니 조군니 일제히 덥허 니ᄅᆞ거날 운니 이에 청강검을 ᄲᅢ혀 어ᄌᆞ려이 ᄶᅵᆨ으니 의갑이 파쇄ᄒᆞ고 피가 솟ᄂᆞᆫ ᄉᆡ암 갓ᄒᆞᆫ지라 (趙雲力戰四將, 曹軍一齊擁至, 雲乃拔青釭劍亂砍, 手起處, 衣甲平過, 血如湧泉.) <삼국-모종 7:62>

【억숀-ᄒᆞ-】 동 억손(抑損)하다. 자만스러운 마음을 누르고 겸양(謙讓)하다. 겸손하다. 자만하지 않다.¶ ▼抑損 ‖ 신은 원컨ᄃᆡ 폐헤 긋쳐 바라시면 좌우 근신이 조차 화ᄒᆞ야 사ᄅᆞᆷ마다 스ᄉᆞ로 억숀ᄒᆞ야 ᄡᅥ 허믈이 업고져 ᄒᆞ면 텬되 슌ᄒᆞ고 귀신이 복녹을 주리이다 (臣願陛下忍而絶之, 左右近臣, 亦宜從化. 人自抑損, 以塞咎戒, 則天道虧滿, 鬼神福謙矣.) <삼국-가정 1:9>

【언건니】 부 언건(偃蹇)히. 의젓하게. 으시대는 모양.¶ ▼仰 ‖ 현덕이 셔〻히 거러 들어가니 션ᄉᆡᆼ이 초[당] 궤셕의 언건니 누엇거날 현덕이 공슈ᄒᆞ고 계ᄒᆞ에 셧더니 션ᄉᆡᆼ이 반향이 되도록 ᄭᆡ지 아니ᄒᆞ니 (玄德徐步而入, 見先生仰臥於草堂几席之上, 玄德拱立階下, 半晌, 先生未醒.) <삼국-모종 6:85>

【언듯】 부 언뜻. 문득. 지나는 결에 잠깐 나타나는 모양.¶ ▼연니 됴슈불급ᄒᆞ여 다만 경젹ᄒᆞ더니 츙의 보되 언듯 ᄶᅵᆨ어 년을 픠하의 죽이다 (淵未及相迎, 黃忠寶刀已落, 連頭帶肩, 砍爲兩段.) <삼국-국중 12:124>

【언듯-ᄒᆞ-】 동 언뜻 보이다.¶ ▼犯 ‖ 제장이 술노셔 관비ᄒᆞᄂᆞ 노긔 더ᄒᆞ여 장막 상ᄒᆞ에 사람 언듯ᄒᆞ면 편달ᄒᆞ여 만이 죽고 (諸將以酒勸解, 酒醉, 怒氣加, 帳上帳下, 但有犯者即鞭撻之, 多有鞭死者.) <삼국-모종 13:53>

【얼-】 동 얼다. 액체나 물기가 있는 물체가 찬 기운 때문에 고체 상태로 굳어지다.¶ ▼凍 ‖ 요ᄉᆞ이 년ᄒᆞ야 음운이 집픠고 삭풍이 니러나니 반ᄃᆞ시 크게 얼리니 ᄇᆞ람이 니러난 후의 군ᄉᆞ를 모라 믈을 깃텨 셩을 ᄆᆡᆫᄃᆞᆯ면 ᄒᆞᄅᆞ밤의 가히 일우리라 (連日陰雲布合, 朔風一起, 必大凍矣. 風起之後, 驅兵士運土潑水, 比及天明, 城已就矣.) <삼국-가정 19:28>

【얼거-디-】 동 얽어지다. 얼크러지다. 일이나 물건 따위가 서로 얽히다.¶ ▼交鈕 ‖ ᄒᆞᆫ 옥인이 이시되 ᄉᆞ면이 네치오 우희 다ᄉᆞᆺ 뇽이 얼거뎟ᄂᆞᆫ 양으로 사기고 ᄒᆞᆫ 모히 이즈러딘 ᄃᆡᄅᆞᆯ 황금으로ᄡᅥ ᄢᅦ엿고 (見一玉璽, 方圓四寸, 上鐫五龍交鈕, 方缺一角, 以黃金鑲之.) <삼국-가정 2:119>

【얼ᄆᆡ야-지-】 동 얽매어지다.¶ ▼束縛 ‖ 위 쟝ᄃᆡ의 올나보니 녀쟝 ᄀᆞ의 헛 긔치를 ᄭᅩ자시니 직흰 사람이 업고 ᄯᅩ 군ᄉᆞ마ᄃᆞ 작〻 얼ᄆᆡ야진 거슬 보고 (瑜上將臺觀看, 見女墻邊虛搠旌旗, 無人守護; 又見軍士腰下各束縛包裹.) <삼국-규장 11:121>

【얼여우-】 형 «얼엽다» 어렵다. ㅂ불규칙 용언.¶ ▼難 ‖ 병[병]은 신쇽ᄒᆞ미 귀ᄒᆞ니 이제 천니예 북정ᄒᆞ여 치중이 만하 이예 닷기 얼여우니 경병으로 길을 겸ᄒᆞ여 나가 불의예 음습ᄒᆞ면 필승ᄒᆞ리니 (兵貴神速, 今千里襲人, 輜重多而難以趨利, 不如輕兵兼道以出, 掩其不備.) <삼국-모종 6:15>

【얼운】 명 ((인류)) 어른. 다 자란 사람. 또는 나이나 지위나 항렬이 높은 윗사람. 얼우(시집보내다, 아양떨다, 婚)+-ㄴ(관형사형 전성 어미 ▷명사 파생 접미사).¶ ▼ ▼翁 ‖ 은혜 잇ᄂᆞᆫ 얼운이란 말이라 (恩翁) <삼국-가정 39:31>

【얼이-】 형 어리다. 나이가 적다.¶ ▼幼 ‖ ᄂᆡ 얼일 ᄶᅧ예 형남의 놀며 ᄇᆡ와 최주평 셕관[광]원을 벗ᄒᆞ여 이 진법을 강논ᄒᆞ니 오날 강유 법은 장ᄉᆞ권지진이라 (吾幼年

遊學於荊南, 曾與崔州平、石廣元爲友, 講論比陣, 今日姜維所變者, 乃'長蛇捲地陣'也.) <삼국-모종 18:89>

【얼현-ᄒᆞ-】 형 어련하다. 데면데면하다. 소홀(疎忽)하다.¶ ▼不能 ‖ ᄂᆡ 용병ᄒᆞ연 지 이십 년이니 얼현치 아니ᄒᆞ리니 네 쇼하의 듕임을 당ᄒᆞ여 날로 ᄒᆞ야곰 념녀치 말긔 ᄒᆞ라 (吾行兵二十年, 非不能也.) <삼국-가정 10:69>

【엄】[1] 명 ((신체)) 어금니. 크고 날카롭게 발달하여 있는 포유동물의 이.¶ ▼牙 ‖ 측진 듕으로셔 일ᄇᆡᆨ 슈지 입으로 블비출 토ᄒᆞ며 코로 거믄ᄂᆡ를 ᄂᆡ고 엄을 감초고 다라드니 호표셔샹의 무리 다 ᄯᅱ치여 셔로 만병을 즛발거늘 (蠻洞眞獸見蜀陣巨獸口吐火焰, 鼻出黑烟, 身搖銅鈴, 張牙舞爪而來, 不敢前進, 皆奔回本洞去了, 反將蠻兵衝倒無數.) <삼국-가정 29:43>

【엄】[2] 명 ((인류)) 어머니.¶ ▼母 ‖ 왕경이 경위쳥의 잇다가 그 엄이 결박ᄒᆞ여옴을 보고 머리랄 ᄯᅮᄶᅡ리고 ᄃᆡ곡왈 불효ᄌᆞ 〻모의계 히랄 밋치ᄯᅩ다 (王經正在廷尉廳下, 忽見縛其母至, 經叩頭大哭曰: '不孝子累及慈母矣!') <삼국-모종 19:6>

【엄습-ᄒᆞ-】 동 엄습(掩襲)하다. 뜻하지 아니하는 사이에 습격하다.¶ ▼襲 ‖ 이제 뉴비 멀리 드러와 우리를 엄습ᄒᆞ니 병이 만의 ᄎᆞ디 못ᄒᆞ고 ᄉᆞ즁이 븟졷디 아니ᄒᆞᄂᆞᆫ디라 드릇 곡식으로 ᄌᆞ뢰ᄒᆞ니 군듕의 ᄎᆡ듕이 업ᄉᆞ리라 (今劉備來襲我, 兵不滿萬, 士衆未附, 野穀是資, 軍無輜重.) <삼국-가정 21:23> ▼抄 ‖ 너희 두 사ᄅᆞᆷ이 각〻 일만 졍병을 거ᄂᆞ려 오ᄂᆞᆯ밤의 ᄀᆞ만이 촉 영 뒤흘 엄습ᄒᆞ여든 내 대병을 거ᄂᆞ려 딘셰ᄅᆞᆯ 베펏다가 촉병이 대란홈을 기ᄃᆞ려 대ᄃᆡ 인마ᄅᆞᆯ 모라 젼후로 협공ᄒᆞ면 촉 영채ᄅᆞᆯ 가히 아ᄉᆞᆯ 거시니 이 고들 어드면 그 나믄 영채 파ᄒᆞ미 머어시 어려오리오 (汝二人各引一萬精兵, 今夜起身, 抄在蜀兵營後, 各一齊奮勇殺將過來; 吾却引兵在前布陣, 只待蜀兵勢亂, 吾大驅士馬攻殺進去: 如此兩軍幷力, 可奪蜀兵之營寨也.) <삼국-가정 32:74>

【엄심】 명 ((복식)) 엄심(掩心). 가슴을 가리는 갑옷.¶ ▼掩心甲 ‖ 텬ᄌᆞ 쇼요마ᄅᆞᆯ ᄐᆞ시고 됴궁[아로사겨 그림 그린 활이라]과 금비젼[가죄에 금칠ᄒᆞᆫ 살히라]을 ᄎᆞ고 셩의 나가시니 현덕 관댱도 엄심을 속의 닙고 궁젼과 긔계ᄅᆞᆯ 가지고 슈가ᄒᆞ여 가더라 (帝卽上逍遙馬, 帶雕弓、金鈚箭, 排鑾駕出城.玄德與關、張各彎弓插箭, 內穿掩心甲, 各持兵器, 引數十騎隨駕出許昌.) <삼국-가정 7:77>

【엄심갑】 명 ((복식)) 엄심갑(掩心甲). 가슴을 가리는 갑옷.¶ ▼掩心甲 ‖ 조인이 뎍누 샹의 이셔 보니 위 휘개 아래 셔시되 다만 엄심갑만 닙고 프른 젼포ᄅᆞᆯ 메와다시니 방약무인ᄒᆞ더라 (曹仁在敵樓上見關公在麾蓋之下, 身上止披掩心甲, 斜袒綠袍, 傍若無人, 欲催士卒打城.) <삼국-가정 24:96>

【엄심경】 명 ((기물)) 엄심경(掩心鏡). 엄심갑의 단단한 부분.¶ ▼掩心鏡 ‖ 운이 갑옷 동인 ᄭᅵ를 그르고 엄심경을 들혀고 아두를 푸무며 (趙雲推土墻而掩之, 解開勒胸條, 放下掩心鏡, 將阿斗抱護在懷.) <삼국-가정 14:18>

【엄십-ᄒᆞ-】 동 엄습(掩襲)하다. 뜻하지 아니하는 사이에 습격하다. 경상 방언.¶ ▼襲 ‖ 이졔 조죄 병을 다ᄒᆞ여 북으로 치니 허창이 공허할 거시라 만일 형양병으로 사이랄 타 엄십ᄒᆞ면 ᄃᆡᄉᆞ 경ᄒᆞ리라 (今曹操悉兵北征, 許昌空虛, 若以荊襄之衆, 乘間襲之, 大事可就也.) <삼국-모종 6:27> ▼襲取 ‖ 권니 여몽을 불너 상의 왈 니제 운장니 과연 형주병을 거더 번성을 취ᄒᆞ니 겡니 게교 ᄂᆡ여 오제 숀교로 다려 ᄃᆡ군을 ᄡᅥ어 가 형주을 엄십ᄒᆞ라 (孫權召呂蒙商議曰: "今雲長果撤荊州之兵, 攻取樊城, 便可設計襲取荊州, 卿與吾弟孫皎同引大軍前去, 何如?") <삼국-모종 12:84> ▼抄襲 ‖ ᄂᆡ 적병을 요량ᄒᆞ니 날마다 방비ᄒᆞ고 급피 니기〻난 어려운니 ᄂᆡ 퇴군ᄒᆞ기로 일홈ᄒᆞ여 도적으로 게으르게 ᄒᆞ여 방비 업게 ᄒᆞᆫ 후 겡긔로 엄십ᄒᆞ면 반다시 니기리라 (吾料賊兵每日隄備, 急難取勝, 吾以退軍爲名, 使賊懈而無備, 然後分輕騎抄襲其後, 必勝賊矣.) <삼국-모종 11:53>

【엄-이】 명 ((인류)) 어미.¶ ▼母 ‖ 왕경이 경위쳥의 잇다가 그 엄이 결박ᄒᆞ여옴을 보고 머리랄 ᄯᅮᄶᅡ리고 ᄃᆡ곡왈 불효ᄌᆞ 〻모의계 히랄 밋치ᄯᅩ다 (王經正在廷尉廳下, 忽見縛其母至, 經叩頭大哭曰: "不孝子累及慈母矣!") <삼국-모종 19:6>

【업더-디-】 동 엎드러지다. 엎어지다. 앞으로 넘어지다.¶ ▼前失 ‖ 홀연 황튱의 ᄐᆞᆫ 말이 업더뎌 ᄯᅡ히 ᄂᆞ려디거ᄂᆞᆯ (見黃忠被戰馬前失, 掀在地下.) <삼국-가정 17:48> 이 말을 듯고 노긔 가슴의 막혀 금창이 다 믜여뎌 긔졀ᄒᆞ여 ᄯᅡ히 업더디거ᄂᆞᆯ (公聞言, 怒氣衝塞, 瘡口迸裂, 昏絶于地.) <삼국-가정 25:18>

【업더-이-】 동 엎드리다. 엎어지다. 배를 바닥에 붙이거나 팔다리를 짚고 몸 전체를 길게 뻗다.¶ ▼伏 ‖ 황튱의 일군은 긋재 긴 칼흘 들고 갈 속의 업더여 다만 말굽만 버히니 (黃忠一軍, 各用長刀, 伏在蘆葦內, 只剁馬蹄.) <삼국-규장 14:104>

【업더-지-】 동 엎어지다. 서 있는 사람이나 물체 따위가 앞으로 넘어지다.¶ ▼跌 ‖ 뎔이 ᄃᆡ경ᄒᆞ야 죠슈치 못ᄒᆞ거ᄂᆞᆯ 강이 일도로 좌하 말을 질어 업더지니 뎔이 번신하마ᄒᆞᄂᆞᆫ지라 군니 난도로 씩어 죽이니라 (質大驚無措, 被維一鎗刺倒坐下馬. 徐質跌下馬來, 被衆軍亂刀砍死.) <삼국-국중 16:118> ▼이 말을 듯고 노긔 가슴의 막혀 금창이 다 믜여뎌 긔졀ᄒᆞ여 ᄯᅡ히 업더지거ᄂᆞᆯ (公聞言, 怒氣衝塞, 瘡口迸裂, 昏絶于地.) <삼국-규장 17:76>

【업데이-】 동 엎디다. 엎드리다.¶ ▼伏 ‖ 황튱의 일군은 긋재 긴 칼흘 들고 ᄀᆞᆯ 속의 업데여 다만 ᄆᆞᆯ굽만 버히니 (黃忠一軍, 各用長刀, 伏在蘆葦內, 只剁馬蹄.) <삼국-가정 21:17>

【업드르-】 동 «업듣다» 엎어지다. 엎드러지다.¶ ▼顚 ‖ 두리 븟들고 거름마다 업드르며 오경이 되도록 가니 (二帝相扶, 一步一跌, 奔出山路而走.) <삼국-규장 1:94>

【업드ᄅᆞ-】 동 «업듣다» 엎어지다. 엎드러지다. 잘못하여 앞으로 넘어지다.¶ ▼跌 ‖ 둘히 븟들고 거ᄅᆞᆷ마다 업드ᄅᆞ

며 오경이 되도록 가니 <삼국-가정 1:130>

【업듯-】 동 «업듣다» 엎어지다. 엎드러지다.¶ ▼無好步 ‖ 밧비 걸면 ᄌᆞ로 업듯ᄂᆞ니 맛당이 쳔ㅅ이 도모홀 거시라 (緊行無好步, 當緩圖之.) <삼국-가정 24:77>

【업듸-】 동 엎디다. 엎드리다.¶ ▼伏 ‖ 뫼 장검승년ᄒᆞ고 좌우를 호령ᄒᆞ야 남궐의 ᄂᆞ아가니 왕경이 연 압희 업듸여 ᄃᆡ곡 왈 (髦仗劍升輦, 叱左右逕出南闕. 王經伏於輦前, 大哭而諫曰.) <삼국-국중 17:40>

【업듸리-】 동 엎드리다.¶ ▼伏 ‖ 의의 군이 엄강의 군이 오ᄂᆞᆫ 거슬 보고 다 업듸려 동치 아니ᄒᆞ더니 갓가이 오믈 보고 일셩 포향의 팔빅 궁노슈 일졔이 발ᄒᆞᄂᆞᆫ지라 (義軍見嚴綱兵來, 都伏而不動; 直到來得至近, 一聲響, 八百弓弩手一齊俱發.) <삼국-모종 1:114>

【업디르-】 동 엎어뜨리다. 엎지르다.¶ ▼翻 ‖ 믈 우희셔 ᄒᆞᆫ 쟝싂 큰 ᄇᆡ롤 저어 니르러 쟈근 ᄇᆡ를 업디르니 방덕과 그런 군ᄉᆡ 다 믈의 ᄲᅡ디거ᄂᆞᆯ (上流頭一將撑一大船而至, 將小船撞翻, 龐德幷軍士皆落於水中.) <삼국-규장 17:36>

【업-디ᄅᆞ-】 동 엎어뜨리다. 엎지르다. 엎어 달다.¶ ▼翻 ‖ 좌우로 ᄒᆞ여금 ᄭᅳ어 업디ᄅᆞ고 등 일빅을 텨 그 죄롤 졍킈 ᄒᆞ라 ᄒᆞ니 (左右拖翻, 打一百脊杖, 以正其罪!) <삼국-가정 15:88> ▼轉 ‖ 좌우로 ᄒᆞ여곰 미러내여 참ᄒᆞ라 ᄒᆞ니 뫼신 군ᄉᆡ 미러 업디ᄅᆞ고 쟝ᄎᆞᆺ 참ᄒᆞ려 ᄒᆞ더니 (便教左右, 推出斬訖報來. 左右將闞澤簇下, 推轉待斬.) <삼국-가정 15:100> ▼撞翻 ‖ 믈 우희셔 ᄒᆞᆫ 쟝ᄉᆡ 큰 ᄇᆡ롤 저어 니ᄅᆞ러 쟈근 ᄇᆡ롤 업디ᄅᆞ니 방덕과 그런 군ᄉᆡ 다 믈의 ᄲᅡ디거ᄂᆞᆯ (上流頭一將撑一大船而至, 將小船撞翻, 龐德幷軍士皆落於水中.) <삼국-가정 24:89> ▼捽 ‖ 부인이 시비롤 ᄭᅮ지저 됴운을 ᄭᅳ지버 업디ᄅᆞ라 ᄒᆞ니 운이 밀티고 드리ᄃᆞ라 아두롤 품 가온대셔 ᄲᅢ텨 아사 안고 빗머리예 나와 (夫人喝侍婢向前揪捽, 被趙雲推倒, 就懷中奪了阿斗, 抱出船頭上.) <삼국-가정 20:19>

【업수-이】 부 남을 하찮게 여기고 깔보는 데가 있게. 낮잡아서. 만만하게. 대개 '녁이다, 보다, 여기다'와 함께 쓰였다. 없(없다, 無)-+-우(사동사 파생 접미사)-+-이(부사 파생 접미사).¶ ▼藐 ‖ 한 번 바려 죽으ᄆᆡ 류씨 이으믈 두엇스니 용밍이 결단ᄒᆞ미 도로혀 녀장부를 업수이 녀기리로다 (拚將一死存劉嗣, 勇決還藐女丈夫.) <삼국-국중 8:114>

【업슈-이】 부 남을 하찮게 여기고 깔보는 데가 있게. 없(없다, 無)-+-이우(동사 파생 접미사)+-이(부사 파생 접미사).¶ ▼傲 ‖ 뎌 션ᄉᆡᆼ이 이러ᄐᆞ시 사ᄅᆞᆷ을 업슈이 너겨 거ㅅᄂᆞᆫ 계하의 셧거ᄂᆞᆯ 저놈은 놉긔 누어 자고 ᄭᆡ디 아니ᄒᆞ니 내 집 뒤희 가 횃블 ᄒᆞᆫ 줄롤 노하 집을 ᄐᆡ와 니ᄂᆞᆫ가 아니 니ᄂᆞᆫ가 볼 거시라 (這先生如何傲人! 見俺哥哥侍立于階下, 那廝高臥, 推睡不起! 等我去庵後放一把火, 看他起不起!) <삼국-가정 12:102> 뎌 션ᄉᆡᆼ이 이러ᄐᆞ시 사ᄅᆞᆷ을 업슈이 너겨 거ㅅᄂᆞᆫ 계하의 셧거ᄂᆞᆯ 저놈은 놉긔 누어 자고 ᄭᆡ디 아니ᄒᆞ니 내 집 뒤희 가 횃블 ᄒᆞᆫ ᄌᆞ로를 노하 집을 ᄐᆡ와 니ᄂᆞᆫ가 아니 니ᄂᆞᆫ가 볼 거시라 (這先生如何傲人! 見俺哥哥侍立于階下, 那廝高臥, 推睡不起! 等我去庵後放一把火, 看他起不起!) <삼국-규장 9:41>

【업시-ᄒᆞ-】 동 없애다. 없어지게 하다. 없(없다, 無)-+-이(동사 파생 접미사)+ᄒᆞ(동사 파생 접미사)-.¶ ▼折盡 ‖ 내 너ᄃᆞ려 가디 말라 ᄒᆞ니 네 문장을 ᄆᆡᆫᄃᆞ라 두고 브ᄃᆡ히 가더니 오ᄂᆞᆯ날 대병을 다 업시ᄒᆞ고 오히려 죽디 아니호믄 엇디오 ᄒᆞ고 미러내여 참ᄒᆞ라 ᄒᆞᆫ대 (吾教汝休去, 汝取下文狀要去. 今日折盡大兵, 尙不自死, 推轉斬之!) <삼국-가정 23:18> ▼剿除 ‖ 이제 만일 이 도적을 업시ᄒᆞ면 신의 형이 반ᄃᆞ시 도라오리니 신은 이 국가 구쳑이라 엇디 감히 간적을 안자셔 보링잇고 (今若剿除此賊, 臣叔必回也. 臣乃國家舊戚, 安敢坐視奸賊耶?) <삼국-가정 36:43>

【업즈르-】 동 엎지르다. 엎어뜨리다. 망치다.¶ ▼潑 ‖ 김위 이 말을 듯고 ᄉᆞᄆᆡ를 ᄯᅥᆯ치고 이러 나갈ᄉᆡ 마ᄎᆞᆷ 시동이 다를 ᄂᆞ오니 김위 그 다를 바다 ᄯᅡ희 업즈르니 (禕拂袖而起. 適從者奉茶至, 便將茶潑於地上.) <삼국-국중 12:78>

【업지르-】 동 엎어뜨리다. 엎지르다.¶ ▼捽 ‖ 부인이 시비롤 ᄭᅮ지져 됴운을 ᄭᅳ어 업지르라 ᄒᆞ니 운이 밀치고 드리다라 아두를 품 가온ᄃᆡ셔 ᄲᅢ텨 아사 안고 ᄇᆡ머리예 나와 (夫人喝侍婢向前揪捽, 被趙雲推倒, 就懷中奪了阿斗, 抱出船頭上.) <삼국-규장 14:14> ▼翻 ‖ 좌우로 ᄒᆞ여금 ᄭᅳ여 업지르고 등 일빅을 텨 그 죄롤 졍킈 ᄒᆞ라 ᄒᆞ니 (左右拖翻, 打一百脊杖, 以正其罪!) <삼국-규장 11:10>

【업지리-】 동 엎지르다. 엎어뜨리다.¶ ▼翻 ‖ 황기롤 가져 의복을 벗기고 ᄭᅳ어 업지리고 쳑댱 오십을 ᄯᅡ리니 듕관이 ᄯᅩ 괴로이 고면ᄒᆞ거날 (將黃蓋剝了衣服, 拖翻在地, 打了五十脊杖, 衆官又復苦苦求免.) <삼국-모종 8:12>

【엇-】 동 «얻다» 찾다. 수색(搜索)하다.¶ 搜簡 ‖ 네 말이 과연 올커든 네 힝니롤 내여 날로 ᄒᆞ여곰 엇게 ᄒᆞ라 (汝若要吾聽信, 將隨軍行李, 任吾搜之.) <삼국-가정 2:135>

【엇기】 명 ((신체)) 어깨. 사람의 몸에서, 목의 아래 끝에서 팔의 위 끝에 이르는 부분.¶ ▼肩窩 ‖ 잇ᄯᅴ의 풍세가 졍히 큰지라 황기 화광 듕의 잇셔 어ᄂᆞ 계울의 궁쳔[현] 쇼ᄅᆡ롤 드ᄅᆞ리오 졍히 엇기롤 마ᄌᆞ 몸을 ᄯᅱ쳐 믈의 ᄲᅥ러지더라 (此時風聲正大, 黃蓋在火光中, 那裏聽得弓弦響? 正中肩窩, 翻身落水.) <삼국-모종 8:57> ▼肩頭 ‖ 즁인니 ᄃᆡ희ᄒᆞ거ᄂᆞᆯ 어시의 기인니 감ᄌᆞ 사십여 담을 한 엇기의 머여 오 리 밧긔 노으니 즁인니 그 힝담이 심이 ᄀᆡ븨여우믈 의심ᄒᆞ더라 (衆人大喜. 於是先生每擔各挑五里. 但是先挑過的擔兒都輕了.) <삼국-국중 12:57>

【엇디】 부 어찌. 어떻게. 어떠한 이유로.¶ ▼安 ‖ 네 당하의 블과 ᄒᆞᆫ 쇼쟝으로셔 엇디 감히 내 짓 일을 ᄀᆞ음알

려 ᄒᆞᄂᆞ뇨 (量汝只是帳下一武夫, 安敢管我家事!) <삼국-가정 20:19> 조도독은 금지옥엽이라 엇디 반적으로 더브러 서로 보리오 (曹都督乃金枝玉葉, 安肯與反賊相見耶?) <삼국-가정 32:18> 이제 만일 이 도적을 업시ᄒᆞ면 신의 형이 반ᄃᆞ시 도라오리니 신은 이 국가 구척이라 엇디 감히 간적을 안자셔 보링잇고 (今若剿除此賊, 臣叔必回也. 臣乃國家舊戚, 安敢坐視奸賊耶?) <삼국-가정 36:43>

【엇디-므로】 囝 어찌하여.¶ ▼何故 ‖ 이제 대ᄉᆡ 블셔 쟝악듕의 잇거ᄂᆞᆯ 엇디므로 예롤 ᄇᆞ리고 형쥐로 즐러 가려 ᄒᆞᄂᆞ뇨 (今大事已在掌握之中, 何故欲棄此而回荊州乎?) <삼국-가정 20:51>

【엇지】 囝 어찌. 어떠한 이유로. 어떠한 방법으로.¶ ▼那裡 ‖ 엇지 (那裏) <삼국-어람 108a>

【엉금-엉금】 囝 엉금엉금. 큰 동작으로 느리게 걷거나 기는 모양.¶ ▼엉금엉금 긔여온단 말 (踉蹌而來.) <삼국-어람 109a>

【엉긔-】 동 엉기다. 점성이 있는 액체나 가루 따위가 한 덩어리가 되면서 굳어지다.¶ ▼密布 ‖ 이때 구월 그믐이라 텬긔 급작저이 치워 거믄 구롬이 엉긔여 년일ᄒᆞ여 됴티 아니ᄒᆞ니 일로 인ᄒᆞ야 냥군이 아직 싸홈을 긋첫더라 (時遇九月盡間, 天氣暴冷, 彤雲密布, 連日不開, 因此兩軍罷戰.) <삼국-가정 19:27> ▼凝 ‖ 고은 풀의 연긔 푸르게 엉긔여시니 뇨ᄂᆞ이 쌍으로 나ᄂᆞᆫ 제비로다 (嫩草綠凝煙, 裊裊雙飛燕) <삼국-국중 1:81>

【에엿비】 囝 가엾이. 불쌍히.¶ ▼可憐 ‖ 동비 유신ᄒᆞ얀 디다ᄉᆞᆺ 달이니 ᄇᆞ라건대 승샹은 에엿비 너기라 (董貴妃五個月身孕, 望丞相可憐.) <삼국-가정 8:93> ▼憐 ‖ 내 본ᄃᆡ 번셩을 즛ᄇᆞᆲ고져 호ᄃᆡ 모든 ᄇᆡᆨ셩의 목숨을 에엿비 너기노니 (吾本欲踏平樊城, 奈憐衆百姓之命.) <삼국-가정 13:104> 구의 갑듀롤 적실가 두려 아직 가져다가 더퍼시미오 사사로이 ᄡᅳ미 아니니 빌건대 쟝군은 고향의 정을 ᄉᆡᆼ각ᄒᆞ여 에엿비 너기라 (某恐雨濕官鎧, 故取遮蓋, 非爲私用. 乞將軍念故鄉以憐之!) <삼국-가정 24:130>

【에우-】 동 에워싸다. 사방을 빙 둘러싸다. 포위(包圍)하다.¶ ▼圍 ‖ 봉이 즁군을 지휘ᄒᆞ여 우금을 진즁의 너코 겹ᄂᆞ이 에우니 금이 좌우로 츙돌ᄒᆞ믹 능히 버셔ᄂᆞ지 못ᄒᆞ더라 (奉指揮衆軍一裏圍牛金於陣中. 金左右衝突, 不能得出.) <삼국-국중 9:157>

【에음】 명 에음. 둘레.¶ ▼重圍 ‖ 정히 송헌 위속을 만나믹 익덕이 일진살퇴ᄒᆞ여 그 에음을 버셔나니 후면으로 쟝뇨 살닉ᄒᆞ니 관공이 살퇴ᄒᆞᆯᄉᆡ (正遇宋憲、魏續, 被翼德一陣殺退, 得出重圍. 後面張遼趕來, 關公敵住.) <삼국-국중 4:61>

【-여】 조 ((일부 체언류 뒤에 붙어)) -에. 앞말이 시간의 부사어임을 나타내는 격조사. 일정한 범위나 한도의 안. '-예'의 변이형. 처격 조사.¶ ▼比及 ‖ 텬ᄉᆡᆨ이 황혼ᄢᅴ여 위 네 녁 뫼 우흘 ᄇᆞ라보니 다 형쥐 토병이라 (比及天色黃昏, 關公遙望四山之上, 皆是荊州比及也.) <삼국-가정 25:30>

【여닯】 관 여덟. 일곱에 하나를 더한 수의. 수 관형사.¶ ▼八 ‖ 이렬진ᄃᆡ 형쥐 위틱ᄒᆞ리로ᄃᆞ 여닯 글ᄌᆞ 이시니 쟝군은 구지 긔록ᄒᆞ면 형쥐를 가히 보젼ᄒᆞ리라 (若如此, 荊州危矣. 吾有八個字, 將軍牢記, 可保守荊州.) <삼국-국중 11:105>

【여듧】 관 여덟. 일곱에 하나를 더한 수의. 수 관형사.¶ ▼八 ‖ 이튼날 아ᄎᆞᆷ의 각채예 쟝슈롤 다 브르니 툐의 관하의 여듧 채 여듧 두목이 이시니 ᄀᆞ온 후션 뎡은 니감 당횡 냥흥 셩의 마완 양취라 (次早, 聚各寨將佐都到. 超管下八寨, 有八員頭目, 乃侯選、程銀、李堪、張橫、梁興、成宜、馬玩、楊秋也.) <삼국-가정 18:108> ᄌᆞ룡이 급피 ᄯᆞᆯ온대 위 딘듕의 여듧 대쟝이 일시의 내ᄃᆞ라 마자 싸호니 (子龍趕去, 魏陣中八員將一齊來迎.) <삼국-가정 30:12>

【-여든】 미 -거든.¶ ▼너희 두 사름이 각ᄂᆞ 일만 졍병을 거ᄂᆞ려 오ᄂᆞᆯ밤의 ᄀᆞ만이 쵹 영 뒤흘 엄습ᄒᆞ여든 내 대병을 거ᄂᆞ려 딘셰롤 베펏다가 쵹병이 대란홈을 기ᄃᆞ려 대ᄃᆡ 인마롤 모라 젼후로 협공ᄒᆞ면 쵹 영채롤 가히 아ᄉᆞᆯ 거시니 이 고들 어드면 그 나믄 영채 파ᄒᆞ미 머어시 어려오리오 (汝二人各引一萬精兵, 今夜起身, 抄在蜀兵營後, 各一齊奮勇殺將過來; 吾却引兵在前布陣, 只待蜀兵勢亂, 吾大驅士馬攻殺進去: 如此兩軍并力, 可奪蜀兵之營寨也.) <삼국-가정 32:74>

【여돏】 관 여덟. 일곱에 하나를 더한 수의. 수 관형사.¶ ▼八 ‖ 과연 그 ᄆᆞᆯ의 온 몸이 숫블 픠온 ᄃᆞᆺᄒᆞ야 죠곰도 잡털이 업고 머리로셔 ᄭᅩ리예 니ᄅᆞ히 기릭 ᄒᆞᆫ 댱이오 놉기 여돏 자히라 (果然那馬渾身上下, 火炭般赤, 無半根雜毛; 從頭至尾長一丈, 從蹄至頂鬃高八尺.) <삼국-가정 1:151> 이튼날 아ᄎᆞᆷ의 각채예 쟝슈를 다 브르니 툐의 관하의 여돏 두믁이 이시니 ᄀᆞ온 후션 뎡은 니감 당횡 냥흥 셩의 마완 양취라 (次早, 聚各寨將佐都到. 超管下八寨, 有八員頭目, 乃侯選、程銀、李堪、張橫、梁興、成宜、馬玩、楊秋也.) <삼국-규장 13:24> ᄌᆞ룡이 급히 ᄯᆞᆯ온ᄃᆡ 위 진듕의 여돏 ᄃᆡ쟝이 일시의 ᄂᆡ다라 마자 싸호니 (子龍趕去, 魏陣中八員將一齊來迎.) <삼국-규장 21:8>

【여라믄】 수 여남은. 열이 조금 넘는 수. 십여(十餘). 여(←열: 十)+람(←남다, 餘)+-은(관형사형 전성 어미 ▷ 접미사).¶ ▼十餘 ‖ ᄉᆡᆼ이 술 다엿 섬을 빗고 돗 여라믄을 잡아시되 감히 쳔ᄌᆞᄒᆞ야 먹디 못ᄒᆞ야 (成釀五六斛酒, 殺十餘口猪, 未敢就飲.) <삼국-가정 7:50> 즉시 ᄇᆡ의 ᄂᆞ리ᄂᆞᆫ 군ᄉᆞ 여라믄을 죽이더니 (卽殺下船軍士十餘人.) <삼국-가정 22:48>

【여라믄】 관 여남은. 열이 조금 넘는 수의. 십여(十餘). 여(←열: 十)+람(←남다, 餘)+-은(관형사형 전성 어미 ▷접미사).¶ ▼十數 ‖ 군듕의 운데 수빅 승을 내니 ᄒᆞᆫ

승의 가히 여라믄 사롬이 오룰러라 (于是軍中起數百乘雲梯, 一乘上可立十數人.) <삼국-가정 32:2>

【여람】 명 ((천문)) 여름. 한 해 가운데서 봄 다음에 오는 더운 철.¶ ▼夏 ‖ 쎡예 여람을 당ᄒᆞ여 녀역이 뉴행ᄒᆞ여 마보군니 열에 뉵칠은 쥭ᄂᆞᆫ지라 ᄃᆞᆯᄋᆞ여 군ᄉᆞ을 ᄯᅳᄋᆞ고 눕[낙]양의 도ᄅᆞ오니 (時值夏天, 大疫流行, 馬步軍十死六七, 遂引軍回洛陽.) <삼국-모종 14:30>

【여러-번】 명 여러번(-番).¶ ▼數 ‖ 빅셩이 피뢰ᄒᆞ면 소요ᄒᆞ미 나고 우히 게어ᄅᆞ며 아래 사오나오면 와히ᄒᆞᄂᆞ니 샹담의 닐오되 쏘와 여러번 마치디 못ᄒᆞ미 술펴 발홈만 ᄀᆞᆺ디 못ᄒᆞ다 ᄒᆞ니 (夫民疲勞, 則騷擾之兆生; 上慢下暴, 則瓦解之形起.諺曰: '射幸數跌, 不如審發.') <삼국-가정 37:48>

【여럼】 명 ((천문)) 여름. 한 해 가운데서 봄 다음에 오는 더운 철.¶ ▼夏 ‖ 이 길이 가을 여럼은 무리 엿허도 거마 통치 못ᄒᆞ고 깁허도 쥬집이 불이지 못ᄒᆞ니 (此道秋夏間有水, 淺不通車馬, 深不載舟楫, 最難行動.) <삼국-모종 6:15>

【-여셔】 조 -보다. 비교를 나타내는 부사격 조사.¶ ▼만닐 쟝합을 버히면 하후연 버히기여셔 십빅 ᄂᆞ흐리라 (若斬得張郃, 勝斬夏侯淵十倍也.) <삼국-국중 12:127>

【여ᄉᆞᆺ】 관 여섯. 다섯에 하나를 더한 수의. 수 관형사.¶ ▼六 ‖ 공명 왈 내 너룰 여ᄉᆞᆺ 변 ᄉᆞ로잡으ᄃᆡ 항복지 안니ᄒᆞ니 어나 쎡룰 기ᄃᆞ리ᄂᆞ뇨 (孔明曰: "吾擒住六番, 尙然不服, 欲待何時耶?") <삼국-모종 15:11>

【여ㅇ】 명 ((동물)) 여우.¶ ▼狐 ‖ ᄆᆡᆼ학이 슬피 빌ᄃᆡ 톳기 쥭으ᄆᆡ 여이 슬혀ᄒᆞ믄 그 뉴를 위ᄒᆞ미라 (獲曰: "兎死狐悲, 物傷其類.") <삼국-가정 29:27>

【여어-보-】 동 엿보다.¶ ▼窺 ‖ 홀연 드ᄅᆞ니 ᄒᆞᆫ 사룸이 모란뎡 ᄀᆞ의셔 긴 한숨과 쟈ᄅᆞᆫ 탄식ᄒᆞ리 잇거ᄂᆞᆯ 윤이 ᄀᆞ만이 거러가 여어보니 이ᄂᆞᆫ 부듕의 가무ᄒᆞᄂᆞᆫ 미인 됴션이라 (忽聞有人在牡丹亭畔長吁短歎, 允潛步窺之, 乃府中歌舞美人貂蟬女也.) <삼국-가정 3:61> 쥬공이 가히 공화ᄒᆞᄂᆞᆫ 녜를 베푸러 화친을 청ᄒᆞ면 송이 허도의 일으러 죠ᄌᆞ를 달니여 ᄃᆡ군을 일위여 한즁의 ᄂᆞ아ᄀᆞ 장노를 치게 ᄒᆞ면 장뇌 결을ᄒᆞ여 셔쳔을 여어보지 못ᄒᆞ리이다 (主公可備進獻之物, 松親往許都, 說曹操興兵取漢中, 以圖張魯. 則魯拒敵不暇, 何敢復窺蜀中耶?) <삼국-국중 11:33>

【여염】 명 여념(慮念). 염려(念慮).¶ ▼慮 ‖ 본초의 ᄭᅬ 업서 그ᄃᆡ의 마를 좃지 아니ᄒᆞ거ᄂᆞᆯ 그ᄃᆡ 엇지 이적지 그곳서 머무ᄂᆞᆫ고 ᄂᆡ가 족ᄒᆞ를 일즉 엇더면 천하를 족히 여염 아니ᄒᆞ리라 (本初無謀, 不用君言, 君何尙執迷耶? 吾若早得足下, 天下不足慮也.) <삼국-모종 6:62>

【여위-】 동 여위다. 살이 빠져서 앙상하고 메마르게 되다.¶ ▼羸瘦 ‖ 내 보니 뉴긔 쥬식의 샹ᄒᆞ야 병이 골슈의 드럿ᄂᆞᆫ디라 얼골이 여위고 호흡이 천촉ᄒᆞ고 피룰 토ᄒᆞ니 블과 반년의 반ᄃᆞ시 주그리니 (吾觀劉琦過於酒色, 病入四肢, 見今面色羸瘦, 氣喘嘔血, 不過半年, 其人必死.) <삼국-가정 17:9>

【여ᄋᆞ】 명 ((동물)) 여우.¶ ▼狐狸 ‖ 내 온후 ᄃᆡ졉호믈 매 치기ᄀᆺ티 ᄒᆞ노니 여ᄋᆞ 숡이 업디 아니ᄒᆞ여시니 가히 몬져 ᄇᆡ브ᄅᆞ게 못ᄒᆞ리라 주리면 사룸의게 븟좃고 ᄇᆡ브ᄅᆞ면 ᄂᆞ라나리라 (吾待溫侯如養鷹耳; 狐兎未息, 不可先飽; 飢則爲用, 飽則颺去.) <삼국-가정 6:66>

【여즁】 명 여중(餘衆). 나머지.¶ ▼餘衆 ‖ 군ᄉᆞ를 아홉 쎡예 나와 한 쎄ᄂᆞᆫ 압흘 향ᄒᆞ여 식를 비우고 여즁은 ᄆᆡ복ᄒᆞ니 이날 밤의 월ᄉᆡᆨ이 흐미ᄒᆞ더라 (遂分兵九隊, 只留一隊向前虛紮營寨, 餘衆八面埋伏. 是夜月色微明.) <삼국-모종 4:48>

【-여지이다】 미 -었으면 합니다. -기를 바랍니다. 화자의 소망을 나타내는 평서형어미 '-여지라'의 'ᄒᆞ쇼셔'체.¶ ▼願乞 ‖ 대신이 신등을 용납디 못ᄒᆞ긔 ᄒᆞ니 능히 사디 못홀디라 원컨대 셩명을 빌리셔든 향니예 도라가고 가산으로ᄡᅧ 군슈의 보태게 ᄒᆞ여지이다 (大臣不容, 臣等不能活矣! 願乞性命歸田里, 盡將家産以助軍資!) <삼국-가정 1:85> ▼관가픠 손부인ᄃᆞ려 닐오ᄃᆡ 방듕의 병긔룰 버려시니 아리ᄶᅡ온 손이 편안티 아녀 ᄒᆞ니 아직 업시ᄒᆞ여지이다 (管家婆稟復孫夫人曰: "房中擺列兵器, 嬌客不安, 今且去之.") <삼국-가정 17:112>

【여ᄎᆞ-이】 부 여차(如此)히. 이와 같게.¶ ▼如此 ‖ 공명이 또 댱닉을 불너 별노 일군을 ᄯᅳ어 ᄀᆞᄅᆞ치 바 곳을 의지ᄒᆞ여 식을 셔우고 댱억 마츙으로 ᄒᆞ여곰 본동 항졸 천인을 ᄯᅳ어 여ᄎᆞ이 힝ᄒᆞ라 (孔明又喚張翼另引一軍, 依所指之處, 築立柵去了, 卻令張嶷、馬忠, 引本洞降千人, 如此行之.) <삼국-모종 15:16>

【여흘】 명 ((지리)) 여울. 강이나 바다에 물살이 세게 흐르는 얕은 곳.¶ ▼灘 ‖ 됴운이 ᄃᆡ답 아니ᄒᆞ고 강ᄀᆞ으로 십여 리나 ᄯᅩᆺ더니 ᄒᆞᆫ 여흘 ᄉᆡ의 다ᄃᆞᄅᆞ니 고기 잡ᄂᆞᆫ ᄇᆡ ᄆᆡ엿거ᄂᆞᆯ (趙雲不答, 沿江趕到十餘里, 灘半斜纜一隻漁船.) <삼국-가정 20:16>

【여희-】 동 여의다. 부모나 사랑하는 사람이 죽어서 이별하다.¶ ▼亡 ‖ ᄂᆡ 본ᄃᆡ 오인으로 어려셔 부모 여희고 아의 오경도로 다려 월즁에 거ᄒᆞ다가 손시의계 도라와 ᄉᆞᄌᆞ룰 나으니 (我本吳人, 幼亡父母, 與弟吳景徙居越中. 後嫁與孫氏, 生四子.) <삼국-모종 6:98>

【역-】 동 엮다.¶ ▼編 ‖ 원술이 ᄆᆡ왈 자리 ᄶᅡ고 신을 역ᄂᆞᆫ 놈이 감히 나를 경히 여기리요 (袁術罵曰: "織蓆編屨小輩, 安敢輕我!") <삼국-모종 4:12>

【역부】 명 ((인류)) 역부(役夫). 공사장에서 삯일을 하는 사람.¶ ▼役夫 ‖ 즁노의 이르러 감ᄌᆞ 멘 역뷔 곤ᄒᆞ여 산각 ᄋᆞ릐 쉬더니 홀연 보니 일인니 잇셔 묘일목 피일죡ᄒᆞᄃᆡ 머리의 ᄇᆡᆨ등관을 쓰고 몸의 청ᄂᆞ의를 닙어스니 형용이 비범ᄒᆞᆫ지라 (至中途, 挑役夫疲困, 歇於山脚下, 見一先生, 眇一眼, 跛一足, 頭戴白藤冠, 身穿青懶衣, 來與脚夫作禮.) <삼국-국중 12:57>

【연노-ᄒᆞ-】 혱 연로(年老)하다. 나이가 들어서 늙다.¶ ▼年老 ‖ 츙이 노왈 슈직 나의 연노함을 긔롱ᄒᆞ나 ᄂᆞ의 슈즁 보검은 늙지 아니ᄒᆞ엿노라 (忠怒曰: "豎子欺吾年老! 吾手中寶刀卻不老!") <삼국-국중 12:101>

【연ᄃᆡ】 명 ((건축)) 연대(烟臺). 평지보다 높직하게 두드러진 평평한 땅. 돈대(墩臺).¶ ▼墩臺 ‖ 또 보호ᄃᆡ 관공이 큰 공을 엇고 강변의 연ᄃᆡ를 만히 셰워 방비호믈 ᄀᆞ장 구디 ᄒᆞ니 일만의 ᄒᆞ나토 일흘 근심이 업더라 ᄒᆞᆫ대 (忽又探馬到來, 報說關公全獲其功, 江邊墩臺提防甚密, 萬無一失.) <삼국-가정 25:69>

【연셕】 명 연석(宴席). 잔치를 베푸는 자리.¶ ▼席 ‖ ᄉᆞ군이 연셕으로셔 도망ᄒᆞ야 가니 아ᄆᆡ드러 간 줄 아디 못ᄒᆞ노라 (使君逃席, 不知何往.) <삼국-가정 12:11>

【연쇄】 명 연구(聯句).¶ ▼聯 ‖ 현덕이 ᄃᆡ희ᄒᆞ여 동ᄌᆞ를 ᄯᆞ라 즁문에 이르러 보니 문상의 ᄒᆞᆫ 연쇄 잇스니 왈 담박ᄒᆞ여 써 ᄯᅳᆺ을 발키고 영졍ᄒᆞ여 써 먼 ᄃᆡ 일위ᄂᆞ니라 (玄德大喜, 遂跟童子而入, 至中門, 只見門上大書一聯云: '淡泊以明志, 寧靜而致遠') <삼국-모종 6:80>

【열】 명 담(膽). 쓸개. 황해, 평안, 함경 방언.¶ ▼膽 ‖ 네 ᄀᆞ장 열이 크다 황개ᄂᆞᆫ 고육계를 ᄡᅥ 감ᄐᆡᆨ을 사항셔를 드리고 너ᄂᆞᆫ 또 와 년환계를 드려 ᄇᆞᄃᆡ 가 ᄐᆡ오려 ᄒᆞᄂᆞᆫ다 (你好大膽! 黃盖用苦肉計, 闞澤下詐降書, 你又來獻連環計: 只恐燒不盡絕!) <삼국-가정 15:124> 쟝군의 이번 단여오미 족히 노적의 간담을 ᄡᅥ러 ᄇᆞ리려니와 괴경을 헐히 너겨 보닌 줄을 아니라 경의 열이 크믈 보고져 ᄒᆞ미러니라 (將軍此去, 足以驚駭老賊也. 非孤相舍, 正欲觀卿膽耳.) <삼국-가정 22:44>

【열-】 혱 엷다. 얇다. 두께가 적다. 두껍지 않다. ※ 자음 어미 앞에서 어간말 'ㄼ'의 'ㅂ'이 탈락되었다.¶ ▼淺 ‖ 륜이 니러 왈 륜이 ᄎᆞ녀를 가져 ᄐᆡᄉᆞ의게 드리려 ᄒᆞ니 즐겨 용납ᄒᆞ시랴 탁 왈 이갓치 은혜로 ᄒᆞ니 엇지 써 갑흐리오 륜이 왈 ᄎᆞ네가 ᄐᆡᄉᆞ를 뫼시면 그 복이 열지 아니ᄒᆞ리로다 (允起曰: "允欲將此女獻上太師, 未審肯容納否?" 卓曰: "如此見惠, 何以報德?" 允曰: "此女得侍太師, 其福太淺.") <삼국-모종 2:10>

【열ᄆᆡ야-지-】 동 얽매어지다.¶ ▼束縛. ‖ 위 쟝ᄃᆡ의 올나 보니 너쟝 ᄀᆞ의 헷 긔치를 셰자시니 직흰 사람이 업고 또ᄒᆞᆫ 군사마다 작ᄌᆞ 열ᄆᆡ야진 거슬 보고 (瑜上將臺觀看, 見女墻邊虛搠旌旗, 無人守護; 又見軍士腰下各束縛包裹.) <삼국-가정 16:97>

【열-서ㅎ】 주 열셋.¶ ▼十三 ‖ ᄡᅥᆨ ᄒᆞᆫ단군의 ᄒᆞᆫ단순의 나니 열서히라 일필휘지예 문불가졈이라 그 무덤 겻ᄐᆡ 세우니 ᄡᅥᆨ ᄉᆞ람니 긔히니 아난지라 (時邯鄲淳年方十三歲, 文不加點, 一揮而就, 立石墓側, 時人奇之.) <삼국-모종 12:21>

【열우-】 혱 «엷다» 엷다. 두께가 적다. 두껍지 않다. ※ 자음 어미 앞에서 어간말 'ㄼ'의 'ㅂ'이 탈락되었다.¶ ▼薄 ‖ 쳔닐 마음은 거울 ᄀᆞᆺ고 츈추의ᄂᆞᆫ 구름이 열윗더라 (天日心如鏡, 春秋義薄雲.) <삼국-국중 13:80>

【열-크-】 혱 대담(大膽)하다.¶ ▼膽大 ‖ 기듕의 열큰 재 ᄃᆞ라드다가 운댱의게 버힌 배 되니 (數內有膽大者, 就欲向前, 皆被關公砍之.) <삼국-가정 9:104> 그 사ᄅᆞᆷ의 나히 이십일 셰오 신댱이 팔쳑이오 힘세고 열크더라 (其人年二十一歲, 身長八尺, 膽大力雄.) <삼국-가정 13:33>

【열-티-】 동 열치다. 힘차게 열다. 열(열다, 開)+-티(강조 접미사)-.¶ ▼開 ‖ 션ᄉᆡᆼ의 말이 ᄂᆡ 속의 막힌 거슬 ᄀᆞᆺ지 열티니 ᄂᆡ ᄯᅳᆺ지 발셔 뎡ᄒᆞ엿ᄂᆞᆫ지라 (先生之言, 頓開茅塞. 吾意已決, 再不復議. 卽日起兵, 共滅曹操!) <삼국-가정 14:88>

【열흘】 명 열흘. 열날. 열[十]+-흘(날짜 접미사).¶ ▼旬日 ‖ 산슈 ᄀᆞᆸ작저이 니ᄅᆞ러시니 엇디 오래 이시리오 열흘이 못ᄒᆞ여 절로 믈러가리라 (山水驟至, 豈能長存? 不旬日自退矣.) <삼국-가정 24:93>

【염녀-ᄒᆞ-】 동 염려(念慮)하다. 앞일에 대하여 여러 가지로 마음을 써서 걱정하다.¶ ▼恐 ‖ 원ᄂᆡ 조진니 ᄉᆞ마의 오은 공을 어들가 염녀ᄒᆞ여 군ᄉᆞ를 난화 곽회을 쥬어 가졍을 취ᄒᆞ라 ᄒᆞ여던니 (原來郭淮與曹眞商議, 恐司馬懿得了全功, 乃分淮來取街亭.) <삼국-모종 16:9>

【염여-ᄒᆞ-】 동 염려(念慮)하다. 앞일에 대하여 여러 가지로 마음을 써서 걱정하다.¶ ▼염여ᄒᆞᆯ 거 읍단 말 (不打緊) <삼국-어람 109a>

【염예-ᄒᆞ-】 동 염려(念慮)하다. 앞일에 대하여 여러 가지로 마음을 써서 걱정하다.¶ ▼慮 ‖ 죄의 평ᄉᆡᆼ 염예ᄒᆞᄂᆞᆫ 바ᄂᆞᆫ 이예 셔량 군ᄉᆞ라 이졔 죄 마등을 죽이ᄆᆡ 그 아들 마쵸 지금 셔량 무리을 거ᄂᆡ려 반다시 죠적을 절치ᄒᆞ리니 (操平生所慮者, 乃西涼之兵也. 今操殺馬騰, 其子馬超, 見統西涼之衆, 必切齒操賊.) <삼국-모종 10:3>

【염초】 명 ((기물)) 염초(焰硝). 화약(火藥).¶ ▼焰硝 ‖ 슈ᄅᆡ의 시럿던 거믄 궤 속의 오로 염초와 화약이 드럿ᄂᆞᆫ지라 (糧草之車盡皆爆發, 硫黃焰硝內有引火之物.) <삼국-가정 29:57>

【염텬】 명 ((천문)) 염천(炎天). 몹시 더운 날씨.¶ ▼亢炎 ‖ 이ᄣᅢ 경히 뉵월 염텬이라 인매 곤ᄒᆞ믈 견ᄃᆡ디 못ᄒᆞ더라 (正值六月天氣, 甚是亢炎, 人馬受熱, 汗如潑水, 只得追殺.) <삼국-가정 32:90>

【엽ㅎ】 명 옆.¶ ▼邊 ‖ ᄉᆞ짓ᄂᆞᆫ 소ᄅᆡ 긋치지 아니ᄒᆞ니 조됴의 엽희 하후걸이 놀나 간담이 쇄열ᄒᆞ여 말게 것구러지니 조죄 문득 말을 두류혀 다라ᄂᆞ니 제군 즁댱이 다 섯역흘 ᄇᆞ리고 다ᄅᆞᄂᆞ더ᄅᆞ (喊聲未絕, 曹操身邊夏侯傑驚得肝膽碎裂, 倒撞於馬下, 操便回馬而走, 於是諸軍衆將一齊望西逃奔.) <삼국-모종 7:66> ▼刺斜裏 ‖ 엽희서 ᄡᅥᆨ 비여져 ᄂᆞ와 (刺斜裏也來.) <삼국-어람 108a>

【엿-못ㅅ】 명 ((지리)) 연못(蓮-). 넓고 오목하게 팬 땅에 물이 괴어 있는 곳.¶ ▼荷花池 ‖ 언필의 곡난을 잡고 엿못슬 발이 믄득 ᄯᅱ려 ᄒᆞ니 녀푀 황망이 안으며 우러 왈 ᄂᆡ 네 마음을 알미 오ᄅᆡ되 다만 ᄒᆞᆫ가지로 말을 못ᄒᆞ미 ᄒᆞᆫ흡도다 (言訖, 手攀曲欄, 望荷花池便跳, 呂布慌

忙抱住, 泣曰: “我知汝心久矣, 只恨不能共語!”) <삼국-모종 2:15>

【엿쥬오-】 동 «엿줍다» 여쭈다. 윗사람에게 말씀을 올리다.¶ ▼奏 ‖ 삼인니 헌제의겨 가마니 엿쥬와 마등을 봉ᄒᆞ여 정셔댱군을 ᄉᆞᆷ고 ᄒᆞᆫ슈로 진셔댱군을 ᄉᆞᆷ아 각〻 밀됴ᄅᆞᆯ 바다 병역토적ᄒᆞ더라 (三人密奏獻帝, 封馬騰爲征西將軍, 韓遂爲鎭西將軍, 各受密詔, 倂力討賊.) <삼국-모종 2:39>

【엿흐-】 형 옅다. 바닥까지의 길이가 짧다.¶ ▼淺 ‖ 심ᄇᆡ 셩상의 올나 죠군니 셩외로 굴헝을 파ᄆᆡ 심히 엿흐믈 보고 가마니 우어 왈 (審配在城上見操軍在城外掘塹, 卻掘得甚淺. 配暗笑曰.) <삼국-국중 7:70>

【영기】 명 영기(令旗). 군령(軍令)을 전하는 데 쓰던 기. 사방 두 자 가량의 푸른 비단 바탕에 ‘영(令)’자를 새겨 붙이고 기의 길이는 5자로 깃대의 끝은 1자 가량의 창인(槍刃)으로 되었으며, 창인 아래에 작고 납작한 주석 방울을 끼어 흔들면 쩔렁쩔렁 소리가 났다.¶ ▼節 ‖ 두예 사람으로 하여곰 영기랄 가지고 가 진압ᄒᆞ여 쓰다듬고 추호도 볌치 안니ᄒᆞ고 드듸여 병을 나와 무창을 친니 (預令人持節安撫, 秋毫無犯, 遂進兵武昌.) <삼국-모종 19:90>

【영뎍-ᄒᆞ-】 동 영적(迎敵)하다. 적을 맞아 싸우다.¶ ▼拒敵 ‖ 위쥬 조예 부마 하후무로 ᄒᆞ여곰 관듕 졔로 군마ᄅᆞᆯ 거ᄂᆞ려 영뎍ᄒᆞᆫ다 (魏主曹睿遣駙馬夏侯楙, 調關中諸路軍馬, 前來拒敵.) <삼국-가정 30:2>

【영딜】 명 ((인류)) 영질(令姪). 남의 질녀나 조카를 높여 이르는 말.¶ ▼令姪 ‖ 쥬공이 영딜이 기세ᄒᆞ믈 듯고 박녜를 갓쵸와 숙을 보ᄂᆡ여 치졔ᄒᆞ고 쥬도독이 류황숙 제갈선ᄉᆡᆼ게 ᄌᆡ삼 치의ᄒᆞ믈 말ᄒᆞᄃᆡ (主公聞令姪棄世, 特具薄禮, 遣某前來致祭. 周都督再三致意劉皇叔、諸葛先生.) <삼국-국중 10:46>

【영긔】 명 ((기물)) 영기(令旗). 군령을 전하는데 쓰던 기.¶ ▼節 ‖ 평명에 어림장군 치려로 ᄒᆞ여 영긔을 가지고 몬저 황후의 인을 거두온니 (平明, 使御林軍郗慮持節入宮, 先收皇后璽綬.) <삼국-모종 11:47>

【영채】 명 ((군사)) 영채(營寨). 군대가 집단적으로 거처하는 집. 병영(兵營). 또는 병영의 목책(木柵).¶ ▼營寨 ‖ 내 대병을 거ᄂᆞ려 딘셰ᄅᆞᆯ 베펏다가 쵹병이 대란홈을 기ᄃᆞ려 대ᄃᆡ 인마ᄅᆞᆯ 모라 젼후로 협공ᄒᆞ면 쵹 영채ᄅᆞᆯ 가히 아ᄉᆞᆯ 거시니 이 고들 어드면 그 나믄 영채 파ᄒᆞ미 머어시 어려오리오 (吾却引兵在前布陣, 只待蜀兵勢亂, 吾大驅士馬攻殺進去: 如此兩軍幷力, 可奪蜀兵之營寨也.) <삼국-가정 32:74>

【영화-로오-】 형 영화(榮華)롭다.¶ ▼顯 ‖ 가마니 노숙다려 일너 왈 ᄂᆡ 말게 나려 영졉ᄒᆞ미 족히 공의게 영화로오뇨 숙 왈 그러치 아니ᄒᆞ니이다 (密謂曰: “孤下馬相迎, 足顯公否?” 肅曰: “未也.”) <삼국-국중 10:37>

【예】 명 예. 아주 먼 과거. 옛적. 옛날.¶ ▼舊 ‖ 요ᄉᆞ이 글을 어더 공의 츙의ᄒᆞᆫ 마음이 예ᄅᆞᆯ 잇디 아니믈 아니 심히 깃거ᄒᆞ노라 (近得書, 足知公忠義之心, 不忘故舊, 吾甚喜慰.) <삼국-모종 15:97> 회 드듸여 활쌀 썩거 ᄆᆡᆼ세ᄒᆞ여 결[결]위형제ᄒᆞ고 인ᄒᆞ여 예갓치 병을 거나리게 ᄒᆞᆫ니 위 심즁의 긔거ᄒᆞ더라 (會遂折箭爲盟, 與維結爲兄弟, 情愛甚密, 仍令照舊領兵, 維暗喜.) <삼국-모종 19:59>

【예】 감 웃사람의 말에 대답하는 말.¶ ▼예예 (喏喏) <삼국-어람 108a>

【예긔】 명 예기(銳氣). 날카롭고 굳세며 적극적인 기세.¶ ▼兵氣 ‖ 이제 셔황이 용만 밋고 오니 아직 ᄃᆡ뎍디 말고 날이 져물기ᄅᆞᆯ 기ᄃᆞ려 예긔 쇠커든 우리 분병ᄒᆞ여 티미 가ᄒᆞ니라 (今徐晃恃勇而來, 且休與敵.待日暮兵氣挫動, 你我分兵兩路擊之可也.) <삼국-가정 23:87>

【예기-】 동 여기다. 마음속으로 그러하다고 인정하거나 생각하다.¶ ▼마ᄃᆡ 〻로 왈 네 감히 나을 업수니 예기난또다 ᄒᆞ고 창을 빗기고 말을 ᄯᅴ워 (馬岱大怒曰: “你焉敢小覷我!” 挺鎗躍馬, 直取張飛.) <삼국-모종 11:18> 관공 왈 네 엇지 날을 항거ᄒᆞ리요 금 왈 군후난 ᄋᆡ궁니 예기쇼서 죽기로써 갑푸리라 (關公曰: “汝怎敢抗吾?” 禁曰: “上命差遣, 身不由己. 望君侯憐憫, 誓以死報.”) <삼국-모종 12:74>

【예부-ᄒᆞ-】 동 예비하다.¶ ▼豫備 ‖ 염이 ᄃᆡ히ᄒᆞ여 곳 죠셔랄 나리워 사명을 양〻의 보ᄂᆡ여 냥[냥]호랄 호[효]유하니 양호 군마을 예부ᄒᆞ여 기다린다 (炎大喜, 卽降詔遣使到襄陽, 宣諭羊祜, 祜奉詔, 整點軍馬, 預備迎敵.) <삼국-모종 19:80>

【-예서】 조 -에서. -보다. 비교를 나타내는 부사격 조사.¶ ▼그 ᄃᆡᄌᆡ 됴비예서 십ᄇᆡ ᄂᆞ흐니 반ᄃᆞ시 한실을 위ᄒᆞ여 ᄃᆡᄉᆞ를 정ᄒᆞᆯ지라 (君才十倍曹丕, 必能安邦定國, 終定大事.) <삼국-국중 14:74>

【예엽쎄】 부 불쌍히. 가련(可憐)히.¶ ▼憐 ‖ 공니 ᄃᆡ로ᄒᆞ여 도부로 버히고 예엽쎄 여게 영장ᄒᆞ여 주고 수세을 타다시 전선에 올나 번성을 치다 (公大怒, 喝令刀斧手推出斬之, … 關公憐而葬之, 於是乘水勢未退, 復上戰船, 引大小將校來攻樊城.) <삼국-모종 12:74>

【오ᄂᆞᆯ-밤】 명 오늘밤. 오ᄂᆞᆯ(오늘, 今日)+밤(밤, 夜).¶ ▼今夜 ‖ 너희 두 사ᄅᆞᆷ이 각〻 일만 졍병을 거ᄂᆞ려 오ᄂᆞᆯ밤의 ᄀᆞ만이 쵹 영 뒤ᄒᆞᆯ 엄습ᄒᆞ여든 내 대병을 거ᄂᆞ려 딘셰ᄅᆞᆯ 베펏다가 (汝二人各引一萬精兵, 今夜起身, 抄在蜀兵營後, 各一齊奮勇殺將過來; 吾却引兵在前布陣.) <삼국-가정 32:74>

【오두】 명 ((한방)) 오두(烏頭). 바꽃의 덩이뿌리를 한방에서 이르는 말. 독성이 많은 열성 약재. 심복통·관절통 따위에 쓴다.¶ ▼烏頭 ‖ 이는 궁노살희 샹ᄒᆞᆫ 배로ᄃᆡ 살 미틔 오뒤라 ᄒᆞᄂᆞᆫ 약을 ᄇᆞᆯ라 ᄡᅩ와시니 독ᄒᆞᆫ 긔운이 ᄲᅧ의 드럿ᄂᆞ디라 (此乃弩箭所傷, 其中有烏頭之藥, 甚透入骨.) <삼국-가정 24:100>

【오라-거야】 부 오래 되어서야. 오랜만에. 오래간만에.¶ ▼良久 ‖ 조조 오라거야 닐오ᄃᆡ (操良久曰.) <삼국-가정

15:105>

【오라-게야】 뮈 오래 되어서야. 오랜만에. 오래간만에.¶ ▼多時 ‖ 탁이 올히 너겨 즉시 옥졸 ᄉᆞ오인을 급히 조를 브ᄅᆞ라 ᄒᆞ니 오라게야 회보ᄒᆞᄃᆡ (卓然其說, 差獄卒四五人往喚多時, 回覆云.) <삼국-가정 2:28> ▼久 ‖ 간이 악연ᄒᆞ야 오라게야 닐오ᄃᆡ (干愕然, 良久曰.) <삼국-가정 15:47> 승샹이 긔병ᄒᆞ매 쳔연ᄒᆞ여 오라게야 여긔니른 고로 권이 시러곰 쥰비ᄒᆞ여 유슈구를 ᄡᅧ 셩을 ᄒᆞ여시니 ᄀᆞ장 유리ᄒᆞ이다 (丞相起兵, 遷延日久, 故孫卷得以準備, 夾濡須水口爲塢, 甚是有理.) <삼국-가정 20:35> ▼良久 ‖ 간이 악연ᄒᆞ야 오라게야 닐오ᄃᆡ (干愕然, 良久曰.) <삼국-가정 15:47> 노슉이 대경ᄒᆞ더라 슉이 믁연ᄒᆞ엿다가 오래게야 닐오ᄃᆡ (魯肅吃了一驚, 默然無語. 良久言曰.) <삼국-가정 17:7>

【오랑캐】 명 ((인류)) 오랑캐. 중국에서, 주변에 살던 이민족을 낮잡아 이르는 말. '오랑캐(兀良哈, Uriangqai)'는 몽고어 차용어. 본래 '오랑캐[兀良哈]'란 지명에서 유래한 것으로 이것이 차츰 호이(胡夷)의 통칭으로 쓰이게 되었다.¶ ▼羌胡 ‖ 공손찬이 오랑캐와 싸호기를 만히 ᄒᆞ여시매 다 ᄇᆡᆨ마를 ᄲᅢ 션봉을 삼으니 칭호ᄒᆞ기를 ᄇᆡᆨ마쟝군이라 ᄒᆞ니 (因公孫瓚多與羌胡戰, 盡選白馬爲先鋒, 號爲'白馬將軍'.) <삼국-가정 3:16> 너뎨엿 오랑캐 ᄒᆞᆫ 놈을 엇디 내 쳥뇽도의 적시리오 (量汝羌胡一匹夫, 可惜我青龍刀斬汝鼠賊!) <삼국-가정 24:72> ▼烏桓 ‖ 오랑캐들이 ᄇᆡᆨ마로 보면 믄득 ᄃᆞ라나ᄂᆞᆫ디라 일로 인ᄒᆞ야 ᄇᆡᆨ매 만터라 (烏桓但見白馬便走, 因此白馬多.) <삼국-가정 3:16>

【오래-게야】 뮈 오래 되어서야. 오랜만에. 오래간만에.¶ ▼良久 ‖ 노슉이 대경ᄒᆞ더라 슉이 믁연ᄒᆞ엿다가 오래게야 닐오ᄃᆡ (魯肅吃了一驚, 默然無語. 良久言曰.) <삼국-가정 17:7>

【오려-】 형 오래다.¶ ▼久 ‖ 욱 왈 동군 동아인 셩은 졍니요 ᄌᆞᄂᆞᆫ 듕달이니ᄅᆞ 죄 왈 ᄂᆡ 쏘ᄒᆞᆫ 일홈은 드른 지 오려다 ᄒᆞ고 ᄉᆞ롬을 보ᄂᆡ여 심문ᄒᆞ니 산듕의 이셔 글을 닑거ᄂᆞᆯ 죄 쳥ᄒᆞ냐 보고 ᄃᆡ히ᄒᆞ더ᄅᆞ (彧曰: "乃東郡東阿人: 姓程, 名昱, 字仲德." 操曰: "吾亦聞名久矣." 遂遣人於鄉中尋問, 訪得他在山中讀書, 操拜請之, 程昱來見, 曹操大喜.) <삼국-모종 2:46>

【오로】 뮈 오로지. 전부. 온전히. 모두. 전적으로. 올[全·完]+-오(부사 파생 접미사).¶ ▼盡 ‖ 셔량병이 ᄀᆞ장 건장ᄒᆞ고 오로 댱창을 ᄡᅳ니 궁노 잘 ᄡᅩᄂᆞᆫ 군ᄉᆞ를 ᄲᅢ ᄃᆡ뎍ᄒᆞᆯ 거시라 (凉州之兵甚是强壯, 盡使長槍, 若非選弓弩迎之, 則不可當也.) <삼국-가정 19:7> ▼盡是 ‖ 크게 군ᄉᆞ를 모라 곡듕으로 드러가 두로 보니 플집의 오로 ᄆᆞ른 섭플 싸핫고 젼면의 위연이 칼흘 빗기고 ᄆᆞᆯ을 자밧거ᄂᆞᆯ (大驅士馬, 皆入谷中. 懿忽見草房中盡是乾柴, 前面魏延勒馬橫刀而立.) <삼국-가정 34:38> ▼都 ‖ 예 ᄃᆞᆯ린 소임이 오로 쟝군 신샹의 잇ᄂᆞ니라 (這干係都在將軍身上.) <삼국-가정 20:102> ▼都是 ‖ 우금 니뎐이 미처 와 조븐 골의 니ᄅᆞ니 냥편이 오로 ᄀᆞᆯ숩펴어ᄂᆞᆯ (于禁、李典趕到窄狹處, 兩邊都是蘆葦.) <삼국-가정 13:59> ▼粉 ‖ 어미 사람으로 ᄒᆞ야곰 븟드러 방의 드러가 구ᄒᆞ야 ᄭᆡ오니 금창이 터뎌 오로 허여뎟거ᄂᆞᆯ (須臾策醒, 見金瘡粉碎.) <삼국-가정 10:42>

【오로-ᄒᆞ-】 동 오로지하다. 오직 한곬으로만 행하다.¶ ▼專 ‖ 이략 등이 권세를 오로ᄒᆞ여 ᄇᆡᆨ관이 조곰 촉범ᄒᆞ미 이신즉 마춤ᄂᆡ 뎨의 압히 구믹ᄒᆞ고 짐즉 탁쥬와 소ᄅᆞᆯ 뎨를 쥬이 뎨 면강ᄒᆞ여 밧더라 (李樂等專權, 百官稍有觸犯, 竟於帝前毆罵, 故意送濁酒粗食與帝勉强納之.) <삼국-모종 2:108>

【오리】 명의 오리. 가늘고 긴 조각을 세는 단위.¶ ▼條 ‖ 락슈가 ᄒᆞᆫ 오리 프ᄅᆞ러시니 언덕 우희 ᄉᆞ롬이 불워ᄒᆞ더라 (洛水一條青, 陌上人稱羨.) <삼국-모종 1:61> 댱비 왈 가ᄂᆞ 그르도다 이 궁촌우부를 엇지 ᄃᆡ현이리요 가기 갈 거시 아니라 졔 만일 아니오면 ᄂᆡ ᄒᆞᆫ 오리 숨노ᄅᆞᆯ 다만 가져 결박ᄒᆞ여 오리라 (張飛曰: "哥哥差矣. 量此村夫, 何足爲大賢? 今番不須哥哥去, 他如不來, 我只用一條麻繩將來.) <삼국-모종 6:84>

【오ᄅᆞ】 뮈 오로지. 다. 모두.¶ ▼盡 ‖ 댱비의 거ᄂᆞ린 군ᄉᆡ 다 조ᄂᆞ의 부해라 오ᄅᆞ 건너 ᄃᆞᄅᆞ니 (張飛手下兵原來舊是曹公管的軍, 盡皆過去了.) <삼국-가정 8:107>

【오ᄅᆞ-】 동 오르다. 아래에서 우를 향하여 움직이거나 그렇게 하여 우에 이르다.¶ ▼登 ‖ 태ᄌᆞ 맛당이 보위예 오ᄅᆞ려니와 다만 텬ᄌᆞ의 죠명을 엇디 못ᄒᆞ여시니 엇디 감히 간대로 ᄒᆞ리오 (太子宜登寶位, 但未得天子詔命, 豈敢造次而行耳?) <삼국-가정 25:103>

【오ᄅᆞ-】 형 오래다.¶ ▼久 ‖ 채[치]모 그 누의 치부인의게 고왈 뉴비 삼장으로 박게 거ᄒᆞ고 스ᄉᆞ로 형쥬에 거ᄒᆞ니 오ᄅᆞ지 아니ᄒᆞ여 근심되리ᄅᆞ (蔡瑁告其姊蔡夫人曰: "劉備遣三將居外, 而自居荊州, 久必爲患.") <삼국-모종 6:25>

【오ᄅᆞ-오ᄅᆞ】 뮈 오래오래.¶ ▼久 ‖ ᄃᆞᄅᆞ니 형주 뉴현덕이 인의 멀니 페인 졔 오ᄅᆞᄂᆞ 지릇 가 이 ᄉᆞ람이 엇더ᄒᆞᆫ고 ᄉᆡ엄ᄒᆞ야 보리라 (吾聞荊州劉玄德仁義遠播久矣, 不如逕由那條路回, 試看此人如何, 我自有主見.) <삼국-모종 10:57>

【오만무례-ᄒᆞ-】 형 오만무례(傲慢無禮)하다. 건방지고 거만하며 태도나 말에 예의가 없다.¶ ▼傲慢 ‖ 사ᄅᆞᆷ이 닐오ᄃᆡ 뉴현덕이 관인ᄒᆞ여 ᄀᆡᆨ을 ᄉᆞ랑ᄒᆞᆫ다 ᄒᆞ더니 이제 과연 이리 멀리 보내여 마ᄌᆞ니 엇디 조ᄂᆞ의 오만무례ᄒᆞᆫ 쟈과 비ᄒᆞ리오 (人言劉玄德寬仁愛客, 今果如此遠接, 却不比那曹操傲慢我!) <삼국-가정 19:94>

【오온】 관 온. 전체의.¶ ▼全 ‖ 장막이 ᄃᆡ희ᄒᆞ여 여표로 ᄒᆞ여곰 연쥬를 파ᄒᆞ고 복양을 웅거ᄒᆞ니 다만 견셩 동아 범현 삼쳐를 슌욱과 졍욱이 죽도록 직희여 오온 것슬 엇고 그 나무이난 다 파한지라 (張邈大喜, 便令呂布襲破兗州, 隨據濮陽, 止有鄄城、東阿、范縣三處, 被荀彧、程昱設計死守得全, 其餘俱破.) <삼국-모종 2:66>

【오을-】 동 «오올다» 온전히 하다. 오로지하다. 전횡(專橫)하다.¶ ▼專 ‖ 조죄 조상국의 후옌 즉 한ᄂᆞ라 신하 도엿ᄂᆞᆫ지라 이제 권셰ᄅᆞᆯ 오을고 방ᄌᆞᄒᆞ야 군부ᄅᆞᆯ 업슈이 넉이니 이ᄂᆞᆫ 무군ᄒᆞᆯ ᄲᅮᆫ 아니라 ᄯᅩᄒᆞᆫ 조상을 모ᄅᆞ고 (曹操旣爲曹相國之後, 則世爲漢臣矣, 今乃專權肆橫, 欺凌君父, 是不惟無君, 亦且蔑祖.) <삼국-모종 7:86>

【오이려】 부 오히려.¶ ▼猶 ‖ 석일 주 후즉은 공덕을 싸아 문왕의 이르러 천ᄒᆞ를 삼분ᄒᆞ여 그 두를 두어씨ᄃᆡ 오이려 은을 섬거시니 (昔周后稷積德累功, 至於文王, 三分天下有其二, 猶以服事殷.) <삼국-모종 3:45>

【오자-낙셔】 명 오자낙서(誤字落書). 잘못 쓴 글자, 틀린 글자와 빠뜨린 글자.¶ ▼이 ᄎᆡᆨ은 오자낙셔을 만리 하여 시리 보난 ᄉᆞᄅᆞᆷ니 부ᄃᆡ 눌너보시옵 경미 연월 ᄎᆡᆨ쥬 황일소 <삼국지-화봉 1907>

【오작】 부 오직.¶ ▼惟 ‖ 냥안의 도수이셔 여러 ᄒᆡᄅᆞᆯ 물 가온ᄃᆡ 입히 다 ᄡᅥ려져 만니 타국인이 마시면 다 죽고 오작 오가[과]국인니 마시면 졍신이 두 별 더ᄒᆞᆫ려ᄂᆞᆫ디라 (兩岸有桃樹, 歷年落葉於水中, 若別國人飮之盡死, 惟烏國人飮之, 倍添精神.) <삼국-모종 15:13>

【오ᄑᆡ】 명 ((인명)) 오패(五霸). 즉 춘추오패(春秋五霸). 여러 가지 설이 있으나 보통 제환공(齊桓工)、진문공(晋文公)、진목공(秦穆公)、송양공(宋襄公)、초장왕(楚莊王)을 일컬음.¶ ▼五霸 ‖ 우리 ᄃᆡ한황제 위엄은 오ᄑᆡ의 지ᄂᆞ시고 발으믄 삼왕을 이으시ᄆᆡ (我大漢皇帝, 威勝五霸, 明繼三王.) <삼국-국중 15:27>

【오흐려】 부 오히려.¶ ▼尙 ‖ 죄 정칙[욱]다려 왈 이제 동승 등은 버혀시나 오흐려 마등 뉴비가 잇스니 이 두 무리ᄂᆞᆫ 가히 덜이라 (操謂程昱曰: "今董承等雖誅, 尙有馬騰、劉備, 亦在此數, 不可不除.") <삼국-모종 4:45>

【오희려】 부 오히려.¶ ▼尙 ‖ 장ᄉᆡ 공명을 오희려 일위지 못ᄒᆞ고 오희ᄅᆞ 오ᄅᆡ 양춘을 만ᄂᆞ지 못ᄒᆞ도다 그ᄃᆡᄂᆞᆫ 보지 못ᄒᆞᆫ다 동히 노슈 형진을 ᄉᆞ양ᄒᆞ고 후거에 실니여 문왕으로 친ᄒᆞ도다 (壯士功名尙未成, 嗚呼久不遇陽春. 君不見, 東海老叟辭荊榛, 後車遂與文王親.) <삼국-모종 6:79> 공명 왈 손당군의 마암의 오희려 편치 못ᄒᆞ니 가히 ᄭᅬᄅᆞᆯ 결단치 못ᄒᆞ리라 유 왈 엇지 마암이 편치 못ᄒᆞ리요 (孔明曰: "孫將軍心尙未穩, 不可以決策也." 瑜曰: "何謂心不穩?") <삼국-모종 7:108>

【오히려】 부 일반적인 기준이나 예상, 짐작, 기대와는 전혀 반대가 되거나 다르게.¶ ▼猶 ‖ 죄 노왈 오히려 ᄋᆞ녀ᄌᆞ의 ᄐᆡᄅᆞᆯ ᄒᆞᄂᆞ냐 (操怒曰: '猶作兒女嬌態也!') <삼국-가정 8:94> ▼尙 ‖ 이제 오후ᄂᆞᆫ 젼당 쇼리의 아달노 본ᄃᆡ 죠정의 공덕이 업거ᄂᆞᆯ 셰력을 의지ᄒᆞ여 뉵군 팔십일 쥬를 웅거ᄒᆞ고 오히려 탐심이 부족ᄒᆞ여 한토를 아올나 삼키고져 ᄒᆞ나뇨 (汝主乃錢塘小吏之子, 素無功德於朝廷; 今倚勢力, 占據六郡八十一州, 尙自貪心不足, 而欲倂呑漢土.) <삼국-국중 10:47>

【옥】 명 ((관청)) 옥(獄).¶ ▼縲線 ‖ ᄂᆡ 드르니 네 우션ᄉᆡᆼ을 옥의 가도왓다 ᄒᆞ니 올흐냐 (我聞汝將于先生下於縲絏.) <삼국-가정 10:28>

【옥-가로】 명 옥가루(玉-). 옥을 바수어 만든 가루.¶ ▼玉屑 ‖ 이 물을 가져 옥가로을 파[타] 먹으면 가히 ᄡᅥ 늘기을 머무리고 도로혀 아히 된다 ᄒᆞ난니라 (取此水用美玉爲屑, 調和服之, 可以反老還童.) <삼국-모종 17:51>

【옥졸】 명 ((인류)) 옥졸(獄卒). 옥사쟁이[獄鎖匠-]. 감옥에 갇힌 사람을 맡아 지키는 사람.¶ ▼禁子 ‖ 옥듕의 ᄒᆞᆫ 옥졸이 이시니 셩은 외라 사ᄅᆞᆷ이 다 일ᄏᆞᆺ기ᄅᆞᆯ 오압옥[옥졸을 존칭ᄒᆞᄂᆞᆫ 말이라]이라 ᄒᆞ니 이 사ᄅᆞᆷ이 ᄆᆡ일의 쥬식으로 ᄡᅥ 화타ᄅᆞᆯ ᄃᆡ졉ᄒᆞ니 (獄中有一禁子, 姓吳, 人皆稱爲'吳押獄'.此人每日以酒食供奉華佗.) <삼국-가정 25:90>

【온】 관 전체의. 전부의. 통째.¶ ▼全 ‖ 슐은 닷 말을 먹으ᄆᆡ 취치 아니ᄒᆞ고 고기ᄂᆞᆫ 온 양을 다 먹으ᄃᆡ ᄇᆡ블너 아니ᄒᆞ거늘 (飮酒五斗不醉, 肉食全羊不飽.) <삼국-가정 22:69>

【온가지-로】 부 백방(百方)으로.¶ ▼百 ‖ 이튼날 댱비 ᄯᅩ가 싸홈을 도ː되 합이 나디 아니ᄒᆞ거ᄂᆞᆯ 비 군ᄉᆞ로 ᄒᆞ여곰 온가지로 더러이 ᄭᅮ지ᄌᆞ니 합이 ᄯᅩᄒᆞᆫ 산상의셔 ᄭᅮ짓거ᄂᆞᆯ (次日, 張飛又去搦戰, 張郃又不出. 飛使軍人百般穢罵, 郃在山上亦罵.) <삼국-가정 23:5>

【온젼-ᄒᆞ-】 형 온전(穩全)하다. 본바탕 그대로 고스란하다.¶ ▼專 ‖ 내 이 글을 어드면 이 구실을 ᄇᆞ리고 텬하의 병인을 고텨 션ᄉᆡᆼ의 덕을 온젼케 ᄒᆞ리라 (吳押獄却了差役回家, 問妻要書, 行醫治病.) <삼국-가정 25:91>

【온ᄌᆞ-히】 부 온자(蘊藉)히. 도량이 크고 온후하게.¶ ▼穩 ‖ 쇼졸의 말을 밋지 못ᄒᆞ리니 아니 셕근 ᄉᆞᆫ심 잇스면 수륙군이 다 죽을 ᄡᅥ스니 다만 장군이 수ᄉᆡᆨ을 온ᄌᆞ히 직희고 ᄂᆡ 장군 ᄃᆡ신에 ᄒᆞᆫ 변 가리라 (小卒之言, 未可深信, 倘有疎虞, 水陸二軍,盡皆休矣, 將軍只宜穩守水寨, 某願替將軍一行.) <삼국-모종 13:77>

【올-】 형 옳다. 사리에 맞고 바르다.¶ ▼是 ‖ ᄉᆞ마즁달의 말이 올은디라 만닐 지완ᄒᆞ면 제갈양이 치국ᄒᆞ미 밝고 관 장 등이 용관삼군ᄒᆞ니 쵹민니 귀슌ᄒᆞ여 험을 웅거ᄒᆞ고 관ᄋᆡᆨ을 직희면 ᄀᆞ히 도모치 못ᄒᆞ리이다 (司馬仲達之言是也: 若少遲緩, 諸葛亮明於治國而爲相, 關、張等勇冠三軍而爲將, 蜀民旣定, 據守關隘, 不可犯矣.) <삼국-국중 12:36>

【올가지】 명 ((기물)) 올가미. 새끼나 노 따위로 옭아서 고를 내어 짐승을 잡는 장치.¶ ▼鉤 ‖ 죄 디함을 ᄑᆞ고 ᄀᆞ만이 올가지 가진 군ᄉᆞᄅᆞᆯ 숨기고 (操急引軍退五里, 掘下陷坑, 暗伏鉤手.) <삼국-가정 4:131>

【올돌골】 명 ((인명)) 올돌골(兀突骨). 오과국(烏戈國)의 국주(國主).¶ ▼兀突骨 ‖ 올돌골이 상을 타고 압희 이셔 머리의난 일월낭수모ᄅᆞᆯ 쓰고 몸의ᄂᆞᆫ 금쥬영낙을 입고 두 자감 아ᄅᆡ 비ᄂᆞᆯ이 드러나고 눈 가온ᄃᆡ 광망이 잇ᄂᆞᆫ디라 (兀突骨騎象當先, 頭戴日月狼鬚帽, 身披金珠纓絡, 兩肋下露出生鱗甲, 眼目中微露光芒.) <삼국-모종 15:19>

【올라-니-】 동 올라가다.¶ ▼上 ‖ 쟝군은 동티 말라 내 일쳔군을 거ᄂᆞ려 산도로 올라니거든 쟝군이 인병ᄒᆞ여 와

젼후로 협공ᄒᆞ면 조병을 반ᄃᆞ시 파ᄒᆞ리이다 (將軍休動鈞意. 待某引一千軍, 從山小路抄上, 將軍引兵來戰, 兩下夾攻, 曹兵必敗.) <삼국-가정 23:57>

【올르-】 동 «오ᄅᆞ다» 오르다.¶ ▼登 ‖ 태ᄌᆞ 맛당이 보위의 올르려니와 다만 텬ᄌᆞ의 됴명을 엇디 못ᄒᆞ여시니 엇지 감히 간ᄃᆡ로 ᄒᆞ리오 (太子宜登寶位, 但未得天子詔命, 豈敢造次而行耳?) <삼국-규장 18:19>

【올르-】 형 옳다. 사리에 맞고 바르다.¶ ▼是 ‖ 관공이 공수와 한복 버히믈 말ᄒᆞ니 희 왈 장군이 죽기미 올르니 ᄂᆡ가 승상ᄭᅴ ᄃᆡ신ᄒᆞ여 품ᄒᆞ리라 (關公訴說斬孔秀、韓福之事, 卞喜曰: "將軍殺之是也, 某見丞相, 代稟衷曲.") <삼국-모종 5:9>

【올릐-】 형 오래다.¶ ▼多時 ‖ 짐이 셩도에 써는 지 올릐거ᄂᆞᆯ 너의 둥이 ᄏᆞ졔야 와 죄을 쳥ᄒᆞ니 이ᄂᆞᆫ 그 셰 위틱ᄒᆞ기로 와 간ᄉᆞᄒᆞᆫ 말로 셩명을 보젼코져 홈이니 (朕自離成都許多時, 你兩個如何不來請罪? 今日勢危, 故來巧言, 欲全性命.) <삼국-모종 13:89>

【올무-】 동 옮기다. 벼슬자리를 옮기다.¶ ▼遷 ‖ 일노부터 일홈을 어더 후에 듕낭쟝니 되야 북해태수로 올무니 항상 말ᄒᆞ대 [좌]상의 긱상만이요 쥰즁의 쥬불공니니 ᄂᆡ 원니ᄅᆞ (自此得名, 後爲中郎將, 累遷北海太守, 極好賓客, 常曰: "座上客常滿, 樽中酒不空, 吾之願也.") <삼국-모종 2:55> 권이 남필의 ᄃᆡ곡 왈 장ᄌᆞ강이 ᄂᆞ를 권ᄒᆞ야 말능의 올무라 ᄒᆞ니 ᄂᆡ 엇지 좃지 안야리요 (孫權覽畢大哭, 謂衆官曰: "張子綱勸吾遷居陵, 吾如何不從!") <삼국-모종 10:90>

【올아지】 부 오로지. 완전히.¶ ▼全 ‖ 빌건대 신톄를 올아지 죽이고 드러나긔 말라 (乞全尸而死, 勿令彰露.) <삼국-가정 8:94>

【올앗-】 형 «올앗다» 온전하다.¶ ▼全 ‖ ᄒᆞ여곰 고쥬의게 도라보내여 그 의를 올앗긔 ᄒᆞ리라 (使歸故主, 以全其義.) <삼국-가정 9:78> 승상이 불셔 닐오ᄃᆡ 뎨 각ᄀᆞ 님자를 위ᄒᆞ니 ᄯᆞᆯ오디 말라 ᄒᆞ야 형을 부러 보내여 그 의를 올앗긔 ᄒᆞ미라 (丞相已言'彼各爲主, 勿追也', 容兄自去, 以全其義.) <삼국-가정 9:83> 공명이 닐오ᄃᆡ 내여가 참ᄒᆞ여 그 일홈을 올앗게 ᄒᆞ라 ᄒᆞ더라 (孔明喝令斬之, 以全其名.) <삼국-가정 21:19> 저희 부모쳐ᄌᆞ 문을 의지ᄒᆞ야 날을 혜아려 기ᄃᆞ리ᄂᆞ니 내 이제 비록 큰 어려오미 이시나 결단코 머므로디 아냐 그 신을 올앗긔 ᄒᆞ리라 (其父母妻子, 倚扉而望. 吾今便有大難, 決不留他, 則全其信耳.) <삼국-가정 33:73>

【올앗-】 형 온전하다.¶ ▼全 ‖ 익쥐 뉴현덕은 졔실지쥐라 엇지 여기 위를 ᄉᆞ양치 아니ᄒᆞᄂᆞ뇨 진실로 그리ᄒᆞ면 몸이 보젼ᄒᆞ야 올아ᄌᆞ려니와 그러치 아니ᄒᆞ면 빈되 칼흘 날여 네 머리를 취ᄒᆞ리라 (益州劉玄德乃帝室之胄, 何不讓此位與之, 可保全身矣. 不然, 則貧道飛劍取汝之頭也.) <삼국-가정 22:71>

【올와지】 부 온전(穩全)히.¶ ▼全 ‖ 명공은 우쉰의 도를 싱각ᄒᆞ여 위엄을 올와지ᄒᆞ며 덕을 쳐 도로ᄡᅥ 졔어ᄒᆞ시면 국개 힝심홀가 ᄒᆞᄂᆞ이다 (惟明公思虞舜舞干戚之義, 全威養德, 以道制勝, 則國家之幸也!) <삼국-규장 15:38>

【올으-】 동 오르다. 사람이나 동물 따위가 아래에서 위쪽으로 움직여 가다.¶ ▼上 ‖ 죄 왈 ᄂᆡ 만일 직싱ᄒᆞ면 다 네 힘이라 ᄒᆞ고 죄 말게 올으거ᄂᆞᆯ 홍 이의 의갑을 벗고 칼을 ᄭᅳ을고 말을 ᄯᅡ라갈ᄉᆡ (操曰: "吾若再生, 汝之力也." 操上馬, 洪脫去衣甲, 拖刀跟馬而走.) <삼국-모종 1:100>

【올ᄋᆡ-】 형 오래다.¶ ▼久 ‖ 공명 왈 근심 마음이 타ᄂᆞᆫ 닷ᄒᆞ니 명이 올ᄋᆡ지 못할가 ᄒᆞ노라 왕 왈 군ᄉᆞ난 무ᄉᆞᆫ 일을 근심ᄒᆞᄂᆞᆫ고 (孔明答曰: "憂心如焚, 命不久矣." 漢中王曰: "軍師所憂何事?") <삼국-모종 13:48>

【올흐-】 동 오르다. 올라가다.¶ ▼上 ‖ 등이 보힝ᄒᆞ여 직의 올흔니 둥츙의 길 리[여]난 즁ᄉᆞ 다 울거날 이 문긔고 한니 (艾步行上嶺, 只見鄧忠與開路壯士盡皆哭泣, 艾問其故.) <삼국-모종 19:44>

【올흔-쪽】 명 오른쪽.¶ ▼右 ‖ 슈ᄶᆞ긔 아릭 주워 ᄉᆞᄉᆞ로 슈군을 거ᄂᆞ리고 왼ᄶᅩᆨ의 황기 잇고 올흔쪽의 한당이 이셔 셰가 ᄂᆞᄂᆞᆫ 물 ᄀᆞᆺ고 ᄲᆞᆯ라긔 흐ᄅᆞᄂᆞᆫ 별 갓ᄒᆞᆫ지라 (帥字旗下, 周瑜自領慣戰水軍, 左有黃蓋, 右有韓當, 勢如飛馬, 疾似流星.) <삼국-모종 9:74>

【올히】 명 ((조류)) 오리. 오릿과의 새를 통틀어 이르는 말.¶ ▼鴨 ‖ 권이 봉쟉을 밧고 문무관이 하례를 ᄆᆞᄎᆞ매 명ᄒᆞ야 미옥과 명쥬와 셔각과 ᄃᆡ모와 비취와 공쟉과 투압[싸홈ᄒᆞᄂᆞᆫ 올히라]과 당명계[길게 우ᄂᆞᆫ 둙이라]와 산티[금계라] 등물을 슈습ᄒᆞ여 사ᄅᆞᆷ을 보내여 가져다 샤은ᄒᆞ긔 ᄒᆞ다 (孫權受了封爵, 衆文武官僚拜賀已畢, 命收拾美玉明珠、犀角、玳瑁、翡翠孔雀、鬪鴨鳴鷄山雉等件, 遣人賫進謝恩.) <삼국-가정 26:121> 하후무를 노흐믄 ᄒᆞᆫ 올히 노흠 ᄀᆞᆺ고 강빅약을 어드믄 봉을 어듬 ᄀᆞᆺ튼디라 (吾放夏侯楙, 如放一鴨耳. 今得伯約, 得一鳳也!) <삼국-가정 30:56>

【올-히】 부 옳게.¶ ▼然 ‖ 뎨 그 말을 올히 넉여 진을 블너 궁의 드러오라 ᄒᆞ니 진이 건셕의 뷘 쥴 알고 드러가지 아니ᄒᆞ고 급히 졔ᄃᆡ신을 모하 환관을 다 버히려ᄒᆞ니 (帝然其說, 因宣進入宮, 進至宮門, 司馬潘隱謂進曰: "不可入宮, 蹇碩欲謀殺公." 進大驚, 急歸私宅, 召諸大臣, 欲盡誅宦官.) <삼국-모종 1:31>

【옮-】 동 옮기다.¶ ▼移 ‖ 우리 군ᄉᆞ 비록 만흐나 용밍을 밋지 못허고 저의 군ᄉᆞᄂᆞᆫ 비록 정허나 양초ᄂᆞᆫ 우리만 못허니 이제 ᄊᆞ홈이 급지 아니허니 맛당히 완ᄀᆞ이 올마면 저으 군시 ᄉᆞᄉᆞ로 픽허리라 (我軍雖衆, 而勇猛不及彼軍, 彼軍雖精, 而糧草不如我軍, 彼軍無糧, 利在急戰, 我軍有糧, 宜且緩守, 若能曠以日月, 則彼軍不戰自敗矣.) <삼국-모종 5:48>

【옴-병】 명 ((질병)) 옴병(-病). 옴벌레가 기생하여 일으키는 전염성 피부병. 손가락이나 발가락의 사이, 겨드랑이 따위의 연한 살에서부터 짓무르기 시작하여 온몸으로 퍼진다. 몹시 가렵고 헐기도 한다. 개선(疥癬).¶ ▼

疥瘡 ‖ 내 다ᄉᆞᆺ 아ᄃᆞᆯ이 이시ᄃᆡ 다만 어린 재 극히 내 ᄠᅳ듸 맛더니 이제 개창[옴병이라]을 어더 쟝ᄎᆞᆺ 죽긔 되어시니 내 므ᄉᆞᆷ ᄆᆞ음으로 용병을 ᄒᆞ리오 (吾生五子, 惟最小者極快吾意. 今患疥瘡, 將欲垂命, 吾有何心用兵乎?) <삼국-가정 8:101>

【옷-거리】 명 ((기물)) 옷걸이.¶ ▼衣架 ‖ 그 밧근 다 옷거리며 밥주머니며 술통이며 고기 쟐리라 (其餘皆衣架飯囊, 酒桶肉袋耳.) <삼국-가정 8:49>

【옷-기ᄉᆞᆰ】 명 ((복식)) 옷자락. 옷섶. 옷의 가장자리.¶ ▼扆 ‖ 딤은 옷기ᄉᆞᆯ글 디오고 병풍을 져 위예 이션 디 이십여 년이라 (朕用垂拱負扆, 二十有餘載矣.) <삼국-가정 25:105> ▼襟 ‖ 젼후의 츌ᄉᆞᄒᆞ매 기틴 푀 이시니 사ᄅᆞᆷ으로 ᄒᆞ여곰 ᄒᆞᆫ 번 보매 눈믈이 옷기ᄉᆡ 젓ᄂᆞᆫ도다 (前後出師遺表在, 令人一覽淚沾襟.) <삼국-가정 34:79>

【옹기-】 동 옮기다. 어떠한 일을 다음 단계로 진행시키다.¶ ▼移 ‖ ᄎᆡᆨ이 부친 쥭은 후로부터 강남의 거ᄒᆞ더니 후의 도겸의 외삼촌 오경으로 더불어 불화ᄒᆞᆷ을 인ᄒᆞ여 모친과 가속을 곡아의 옹기고 져ᄂᆞᆫ 원술의 곳에 잇신이 (孫策自父喪之後, 退居江南, 禮賢下士, 後因陶謙與策母舅丹陽太守吳景不和, 策乃移母并家屬居於曲阿, 自己卻投袁術.) <삼국-모종 3:3>

【옹듕】 명 ((인명)) 옹중(翁仲). 변방을 지키던 거구의 진나라 장수. 흉노인들이 두려워했으며, 사후에 진시황이 그를 위해 동상을 세웠으며, 그로 인해 그의 이름은 큰 동상이나 석상을 가리키는 말로 쓰임.¶ ▼翁仲 ‖ 조예 사ᄅᆞᆷ으로 ᄒᆞ여곰 구리 기동을 ᄇᆞᄋᆞ터 낙양의 슈운ᄒᆞ야 두 큰 사ᄅᆞᆷ을 디워 ᄉᆞ마 문밧긔 셰오고 일홈을 옹듕이라 ᄒᆞ고 (睿令人打碎銅柱, 運來洛陽. 又鑄兩個銅人, 號爲'翁仲'.) <삼국-가정 35:15>

【옹셩】 명 ((건축)) 옹성(瓮城). 성문을 보호하고 방어를 강화하기 위해 초승달 모양으로 성문 밖에 둘러싼 외성.¶ ▼甕城 ‖ 녀푀 승셰ᄒᆞ야 셩문의 ᄃᆞ라드니 옹셩 속의 군병이 와 맛더니 녀푀 ᄒᆞᆫ 창의 ᄒᆞ나식 딜러 죽이니 문 딕흰 군ᄉᆡ 놀라 ᄃᆞ라나거ᄂᆞᆯ (被呂布乘勢趕入城門, 瓮城裡數騎來迎, 呂布一戟一個, 殺得盡絶. 把門將士都走了.) <삼국-가정 7:3>

【옹위-ᄒᆞ-】 동 옹위(擁衛)하다. 좌우에서 부축하며 지키고 보호하다. 주위를 둘러싸다.¶ ▼簇擁 ‖ 관위 ᄯᅩᄒᆞᆫ 말리니 군ᄉᆞ들이 뭇 ᄃᆞ라 노식을 옹위ᄒᆞ야 가니라 (關公亦當住, 軍士簇擁盧植去了.) <삼국-가정 1:50> ▼擁 ‖ 다만 보니 ᄒᆞᆫ 거믄 긔ᄅᆞᆯ 별긋치 옹위ᄒᆞ고 와 일원 강장이 손의 쳘퇴ᄅᆞᆯ 쥐고 크게 워 왈 소장은 가디 말나 나ᄂᆞᆫ 이 월길 원수로라 (但見一簇皂旗, 蜂擁而來, 一員羌將, 手提鐵鎚大叫曰: "小將休走! 吾乃越吉元帥也!") <삼국-모종 15:86>

【와륵】 명 ((건축)) 와력(*瓦礫*). 기와와 자갈. 또는 깨어진 기와조각.¶ ▼*瓦礫* ‖ 견이 군ᄉᆞ로 ᄒᆞ여곰 궁뎐의 와륵을 서러져 업시ᄒᆞ고 ᄯᅩ 탁의 좌헤 틘 능침을 몌오고 (堅令軍士掃除宮殿瓦礫, 但有卓開掘陵寢, 盡皆掩閉塞.) <삼국-가정 2:116>

【와ᄌᆞᆷ미】 명 ((신체)) 와잠미(臥蠶眉). 잠자는 누에 같다는 뜻으로, 길고 굽은 눈썹을 이르는 말.¶ ▼臥蠶眉 ‖ 믄득 ᄒᆞᆫ 사ᄅᆞᆷ이 ᄂᆞᆺ촌 ᄆᆞᄅᆞᆫ 대조빗 ᄀᆞᆺ고 단봉안이오 와ᄌᆞᆷ미오 세 가래 나로ᄉᆞᆯ 붓치고 녹포금갑의 쳥뇽도ᄅᆞᆯ 들고 문 밧그로셔 드러오거ᄂᆞᆯ (忽門外一人, 面如重棗, 丹鳳眼, 臥蠶眉, 飄三縷美髯, 綠袍金鎧, 按劍而入.) <삼국-가정 27:36>

【와ᄒᆡ-ᄒᆞ-】 동 와해(*瓦解*)하다. 기와가 깨진다는 뜻으로, 조직이나 계획 따위가 산산이 무너지고 흩어짐을 이르는 말.¶ ▼*瓦解* ‖ 녯날 관공이 븍으로 ᄃᆞ톨 ᄆᆞ음이 잇거ᄂᆞᆯ 손권이 녀몽으로 ᄒᆞ여곰 형쥐ᄅᆞᆯ 엄습ᄒᆞ고 쟝ᄉᆞ의 가쇽을 무휼ᄒᆞ니 일로 인ᄒᆞ야 관공의 군세 와ᄒᆡᄒᆞ엿ᄂᆞ니 (昔日關羽有向北爭天下之意, 孫權令呂蒙襲取荊州, 撫恤將士家屬, 因此關羽軍勢*瓦解*.) <삼국-가정 36:61> 만일 대군이 ᄒᆞᆫ 번 니ᄅᆞ면 와ᄒᆡᄒᆞ링이다 (若大軍一臨, *必然瓦解矣*.) <삼국-가정 36:64>

【완완-이】 부 완완(緩緩)히. 느릿느릿하게. 천천히.¶ ▼緩緩 ‖ 이ᄯᅢ 위연 슈하 군ᄉᆡ 다만 삼십 긔라 완〻이 한즁으로 도라가니라 (延手下止有三十騎人馬, 望漢中緩緩而行.) <삼국-국중 15:140>

【왕샹】 명 ((인류)) 왕상(王上). 왕을 높여 이르는 말.¶ ▼王上 ‖ 내 졍히 왕샹을 위ᄒᆞ야 힘을 ᄡᅥ 관우ᄅᆞᆯ 사ᄅᆞ잡아 화하ᄅᆞᆯ 편안킈 ᄒᆞ고져 ᄒᆞ거ᄂᆞᆯ 엇디 ᄡᅳ디 아니ᄒᆞᄂᆞ뇨 (某正欲與王出力, 擒捉關羽, 以安華夏, 王上何不用某?) <삼국-가정 24:59> 왕샹이 맛당이 만금 ᄀᆞᄐᆞᆫ 몸을 보젼ᄒᆞ여 쳔〻이 보슈ᄒᆞᆯ 일을 ᄉᆡᆼ각ᄒᆞ쇼셔 (王上且宜保守萬金之軀, 徐徐報仇.) <삼국-가정 25:76>

【왕화】 명 왕화(王化). 임금의 덕행으로 감화하게 함. 또는 그런 감화.¶ ▼王化 ‖ 남만이 ᄯᅡ히 멀고 사ᄅᆞᆷ이 왕화ᄅᆞᆯ 닙디 못ᄒᆞ여 심히 졔어ᄒᆞ기 어려온디라 내 맛당이 친히 가야 (南蠻之地, 離國甚遠, 人多不習王化, 收伏甚難, 吾當親去征之.) <삼국-가정 28:62> 공명 왈 남만니 심히 머러 다 왕화ᄅᆞᆯ 닙지 못ᄒᆞ니 항복밧기 심히 어려온지라 ᄂᆡ 맛당히 가 쳐 별노이 침작이 잇다 (孔明曰: "南蠻之地, 離國甚遠, 人多不習王化, 收伏甚難, 吾當親去征之, 可剛可柔, 別有斟酌非可容易託人.") <삼국-모종 14:66>

【외】 명 ((식물)) '오이'의 준말. 오이는 박과에 딸린 한해살이 덩굴풀로, 덩굴손이 있어서 다른 것에 감기고 잎은 손바닥 모양으로 얕게 째지며, 여름에 노란 꽃이 핀다. 물열매를 맺는데 길고 푸르며, 익으면 빛이 누르게 변한다.¶ ▼瓜 ‖ 운이 쳥강검을 ᄲᅢ혀 어즈러이 ᄲᅢ흐니 숀을 들며 갑옷좃ᄎᆞ 외 버히듯 ᄒᆞᄂᆞᆫ지라 (趙雲拔青釭劍亂砍步軍, 手起, 衣甲平過, 血如涌泉, 染滿袍甲; 所到之處, 猶如砍瓜截瓠, 不損半毫.) <삼국-가정 14:20>

【외람-히】 부 외람(猥濫)히. 외람되게. 하는 짓이 분수에 지나친 모양.¶ ▼猥 ‖ 너 ᄀᆞᄐᆞᆫ 샹놈이 황친이로라 사칭ᄒᆞ고 거즛 공적을 보ᄒᆞ야시니 이제 됴뎡이 죠셔 ᄂᆞ리

오기ᄂᆞᆫ 정히 너 ᄀᆞᆺᄐᆞᆫ 놈을 무러 외람히 벼ᄉᆞᆯᄒᆞ야 탐ᄒᆞᄂᆞᆫ 쟈ᄅᆞᆯ 사태ᄒᆞ라 ᄒᆞ시미라 (亂道! 你這厮詐稱皇親, 虛報功績! 目今朝廷降詔書, 正要問這等人, 沙汰濫官汚吏耳!) <삼국-가정 1:76>

【외설-ᄒᆞ-】 형 외설(猥褻)하다. 어무 무람 없고 조잔하다.¶ ▼猥瑣 ‖ 죄 몬져 장송의 인물이 외셜ᄒᆞ물 보고 오분이나 깃거 안ᄒᆞ더니 또 믈이 심히 충당ᄒᆞ물 듯고 드ᄃᆞ여 소매ᄅᆞᆯ 떨쳐 후당으로 드러가니 (操先見張松人物猥瑣, 五分不喜, 又聞語言衝撞, 遂拂袖而起, 轉入後堂.) <삼국-모종 10:49>

【외양-ᄒᆞ-】 동 외양(喂養)하다. 마소를 기르다.¶ ▼喂養 ‖ ᄉᆞᆫ건은 쵸당의 영졉ᄒᆞ고 양을 삼고 슐을 부어 은근니 권ᄒᆞ며 일변 힝장을 말니며 마필을 외양ᄒᆞ더니 (孫乾於草堂飮酒. 一邊烘焙行李, 一邊喂養馬匹.) <삼국-국중 6:82>

【외오】 부 좌로. 왼쪽 방향으로.¶ ▼左 ‖ 공직 일ᄏᆞ라 ᄀᆞᆯ오샤ᄃᆡ 관둥곳 아니면 우리 그 머리ᄅᆞᆯ 플고 좌입[오랑캐ᄂᆞᆫ 오ᄉᆞᆯ 외오 녀미ᄂᆞ니라]ᄒᆞ리랏다 ᄒᆞ시고 (孔子稱之曰: "微管仲, 吾其披髮左衽矣.") <삼국-가정 12:75>

【외완】 명 외원(外援). 외부의 지원(支援).¶ ▼外援 ‖ 쥬공이 ᄉᆞ쟈ᄅᆞᆯ 브려 사괴여 ᄆᆡ자 외완이 되면 족히 조ᄌᆞ와 댱노ᄅᆞᆯ 병으리와ᄃᆞᆯ 거시오 (主公何不遣使齎書以結好之, 使爲外援, 足可以拒曹操、張魯, 蜀中可安矣.) <삼국-가정 19:108>

【외요-셔】 부 외따로. 혼자 떨어져. 멀리. '외요셔'는 부사 '외요'에 보조사 '-셔'가 붙은 것임.¶ ▼홀ᄅᆞᆫ 죄 운댱의 닙은 녹젼푀 ᄂᆞᆯ간ᄂᆞᆫ 양을 보고 외요셔 그 몸의 댱단을 혜아려 긔이ᄒᆞᆫ 비단으로 젼포ᄅᆞᆯ 지어준대 (一日, 操見雲長所穿綠錦戰袍, 覺已舊, 操度其身品, 取異錦做戰袍一領賜之.) <삼국-가정 9:20>

【외이-】 동 외다. 암송하다.¶ ▼誦 ‖ 승언 왈 노부 사회 집에 잇셔 양보음을 드러 일편을 긔역ᄒᆞ기로 소교ᄅᆞᆯ 지ᄂᆡ다가 ᄆᆡ화ᄅᆞᆯ 보고 감동ᄒᆞ여 외엿노라 (承彦曰: "老夫在小婿家觀«梁父吟», 記得這一篇, 適過小橋, 偶見籬落間梅花, 故感而誦之.") <삼국-모종 6:83>

【왼】 관 온. 전부의. 온전한.¶ ▼滿 ‖ 젼령ᄒᆞ야 왼 ᄉᆡ가 다 알게 ᄒᆞ니 탐셰군이 져ᄀᆡ 쇼식을 알고 다 셩중의 와 엄안긔 보ᄒᆞ니 (傳了令便滿寨告報, 探細的軍聽得這個消息, 盡回城中來, 報與嚴顔.) <삼국-모종 10:135> ▼全 ‖ 술은 닷 말을 먹으ᄃᆡ 취티 아니ᄒᆞ고 고기ᄂᆞᆫ 왼 양을 다 먹으ᄃᆡ 비블너 아니ᄒᆞ거ᄂᆞᆯ (飮酒五斗不醉, 肉食全羊不飽.) <삼국-규장 15:107>

【왼ᄶᅥᆨ】 명 왼쪽.¶ ▼左 ‖ 슈ᄶᆞᄀᆡ 아ᄅᆡ 주유 ᄉᆞᄉᆞ로 슈군을 거ᄂᆞ리고 왼쪽의 황기 잇고 올흔ᄶᅥᆨ의 한당이 이셔 셰가 ᄂᆞᄂᆞᆫ 믈 ᄀᆞᆺ고 ᄲᆞᄅᆞ긔 흐ᄅᆞᄂᆞᆫ 별 ᄀᆞᆺᄒᆞᆫ지라 (帥字旗下, 周瑜自領慣戰水軍, 左有黃蓋, 右有韓當, 勢如飛馬, 疾似流星.) <삼국-모종 9:74>

【왼작】 명 왼쪽.¶ ▼左 ‖ 쥬유 급히 말을 들일 ᄯᅴ의 ᄒᆞᆫ 활살의 왼작 가리ᄯᅧᄅᆞᆯ 마ᄌᆞ 몸을 뒤쳐 말게 ᄯᅥ러지ᄂᆞᆫ지라 (周瑜急勒馬回時, 被一弩箭, 正射中左肋, 翻身落馬.) <삼국-모종 8:78>

【요긔-로오-】 형 요괴(妖怪)롭다. 요괴스럽다. 요사스럽고 괴상하다.¶ ▼妖邪 ‖ 니확이 평일의 요긔로온 ᄉᆞᆯ을 됴히 너겨 겨집 무당을 군듕의 두어 북티고 귀신을 청ᄒᆞ더라 (李傕平日喜左道妖邪之術, 常使女巫擊鼓降神於軍中.) <삼국-가정 5:22>

【요로-ᄒᆞ-】 동 요로(邀路)하다. 매복하다.¶ ▼伏 ‖ 이인니 영을 바다 가 곡중의 요로ᄒᆞ여든니 과연 고상니 병을 거나리고 목우유말을 모라오거날 (二人依令, … 伏在谷中, 果見高翔引兵驅木牛流馬而來.) <삼국-모종 17:19>

【요정-ᄒᆞ-】 동 요정(了定)하다. 결판을 내어 끝마치다. 잘 처리하다.¶ ▼料理 ‖ 공명이 권ᄒᆞ여 왈 ᄉᆡᆼᄉᆡ 정ᄒᆞ미 잇나니 쥬공은 근심치 마르쇼셔 두리건ᄃᆡ 귀쳬의 상ᄒᆞ미 잇슬지라 맛당이 ᄃᆡᄉᆞ를 상의ᄒᆞ리니 급히 양ᄌᆞ의 ᄉᆞ름을 보ᄂᆡ여 셩지를 직희고 장ᄉᆞ를 요정ᄒᆞ리이다 (孔明勸曰: "生死分定. 主公勿憂, 恐傷貴體. 且理大事, 可急差人到彼守禦城池, 幷料理葬事.") <삼국-국중 10:45>

【욕-먹이-】 동 욕먹이다.¶ ▼玷辱 ‖ 네 진짓 조상을 욕 먹이ᄂᆞᆫ 무리라 ᄉᆞᆨ졀업시 텬디간의 나 므ᄉᆞ 일 ᄒᆞ리오 (玷辱祖宗之徒, 空生于天地之間耳!) <삼국-가정 12:70>

【용】 명 ((동물)) 용(龍). 상상의 동물 가운데 하나. 몸은 거대한 뱀과 비슷한데 비늘과 네 개의 발을 가지며 뿔은 사슴에, 귀는 소에 가깝다고 한다. 깊은 못이나 늪, 호수, 바다 등 물속에서 사는데 때로는 하늘로 올라가 풍운을 일으킨다고 한다.¶ ▼龍 ‖ 이제 천ᄒᆞ 분붕ᄒᆞ여 영웅 니러나 각ᄀᆞ 일방에 웅듬ᄒᆞ니 ᄉᆞ히예 ᄌᆡ덕 닛난 선비 죽기를 악기지 안니ᄒᆞ고 그 임군을 셤게 용을 붓들고 봉예 붓치여 공명을 세우고저 ᄒᆞ니 (方今天下分崩, 英雄並起, 各霸一方, 四海才德之士, 捨死亡生而事其上者, 皆欲攀龍附鳳, 建立名功也.) <삼국-모종 12:50>

【용나-ᄒᆞ-】 형 용라(慵懶)하다. 버릇이 없고 게으르다.¶ ▼慵懶 ‖ 우리ᄂᆞᆫ 다 산야의 용나ᄒᆞᆫ 무리라 치국안민지ᄉᆞᆯ을 아지 못ᄒᆞᄂᆞ니 명공은 ᄉᆞᄉᆞ로 와룡을 ᄎᆞ즈라 (吾等皆山野慵懶之徒, 不省治國安民之事, 不勞下問. 明公請自上馬尋訪臥龍.) <삼국-국중 8:16>

【용녈-ᄒᆞ-】 형 용렬(庸劣)하다. 사람이 변변하지 못하고 졸렬하다.¶ ▼猥 ‖ 뎍군이 하 용녈ᄒᆞ니 족히 두립디 아니ᄒᆞ다 (亦軍甚猥, 不足畏也!) <삼국-가정 13:59>

【용도】 명 ((건축)) 용도(甬道). 양쪽에 담을 쌓은 길. 큰 정원이나 묘지의 가운데 길.¶ ▼甬道 ‖ 각ᄀᆞ 여러 뻬예 ᄂᆞᆫ화 위슈 ᄀᆞ으로 용도ᄅᆞᆯ ᄡᆞ 채예 도을 거ᄉᆞᆯ 사므라 (渡往河西, 各分頭循河築起甬道, 暫爲寨脚.) <삼국-가정 19:18>

【용사-ᄒᆞ-】 동 용사(容赦)하다. 용서하여 놓아주다.¶ ▼계미 만춘의 시작ᄒᆞ야 팔월 초길의 필셔ᄒᆞ니 그 가온ᄃᆡ 졀묘호사 만흐나 자필노 박초ᄒᆞ고 급히 번등ᄒᆞᄆᆡ 삼국사적을 ᄃᆡ강 긔록ᄒᆞ니 보ᄂᆞᆫ ᄌᆡ 용사ᄒᆞᆯ지어다 <삼국지-16 필사기 한옥선86-350>

【용샤-ᄒᆞ-】 동 용사(容赦)하다. 용서하여 놓아주다. 용서(容恕)하다.¶ ▼見諒 ‖ 졔는 뉴예쥬를 셤기니 의예 맛당이 공ᄉᆞ를 먼져 ᄒᆞ고 사ᄉᆞ 후의 ᄒᆞᆯ지라 공ᄉᆡ 맛지 못ᄒᆞ[ᄒᆞᆫ] 고로 샤ᄉᆞ의 밋지 못ᄒᆞ엿ᄉᆞ니 ᄇᆞ로ᄂᆞ니 형은 용샤ᄒᆞ소셔 (弟旣事豫州, 理宜先公後私. 公事未畢, 不敢及私, 望兄見諒.) <삼국-모종 7:88>

【용ᄉᆞ-ᄒᆞ-】[1] 동 용사(用事)하다. 권세를 부리다. 용권(用權)하다.¶ ▼用事 ‖ 요ᄉᆞ이 듕샹시 황호 등이 용ᄉᆞᄒᆞ야 공경이 다 당ᄒᆞ야 븟조ᄎᆞ되 (近日中常侍黃皓等用事, 公卿多阿附之.) <삼국-가정 37:79>

【용ᄉᆞ-ᄒᆞ-】[2] 동 용사(容赦)하다. 용서하여 놓아주다. 용서(容恕)하다.¶ ▼恕 ‖ 앗ᄀᆞ 불공ᄒᆞ믈 용ᄉᆞᄒᆞ라 ᄂᆡ 장군의 고의를 드런 지 오ᄅᆡᆫ지라 엇지 의ᄉᆞ를 ᄒᆡᄒᆞ리오 원컨ᄃᆡ 장군은 식노ᄒᆞ라 (適來言語冒瀆, 幸勿見責. 吾素知老將軍乃豪傑之士也.) <삼국-국중 11:111>

【용약-ᄒᆞ-】 동 용약(踊躍)하다. 좋아서 뛰다.¶ ▼踴躍 ‖ 몸쇼 진을 인ᄒᆞ야 존ᄌᆞ 붑을 텨 싸호ᄂᆞᆫ 셰를 가ᄌᆞᆨ이 ᄒᆞ니 니식 분격ᄒᆞ야 용약ᄒᆞ미 ᄇᆡᆨ비 ᄒᆞᆫ지라 (身跨馬搩陣, 手擊急鼓, 以齊戰勢. 吏士奮激, 踊躍百倍.) <삼국-가정 10:17>

【용정】 명 ((궁궐)) 용정(龍庭). 황제가 머무는 궁전.¶ ▼龍庭 ‖ ᄂᆡ 황졔긔 쥬ᄒᆞ고 삼군을 녕ᄒᆞ야 잠간 용정[황뎨 거신 ᄃᆡ라] 니별ᄒᆞᄆᆡ 친귀 조젼[젼별이라]ᄒᆞ니 뉵친[결ᄂᆡ라]을 ᄇᆞ리며 가국을 니별ᄒᆞ고 (吾奏君王, 請三軍暫別龍庭; 諸公祖餞, 棄六親遠辭家國.) <삼국-가정 29:67>

【용-ㅎ-】 형 ❶ 진실(眞實)하다. 선(善)하다. 착하다.¶ ▼眞 ‖ 네 ᄆᆞᄋᆞᆷ이 용커든 내 세 번 북을 틸 ᄉᆞ이예 네 오ᄂᆞᆫ 쟝슈를 참ᄒᆞ야 드리라 (你旣有眞心, 我這裡三通鼓罷, 要你斬來將.) <삼국-가정 9:137> ▼善 ‖ 뉴비 쳔듕의 드러오므로브터 너비 은덕을 베퍼 민심을 거두니 이 사ᄅᆞᆷ의 뜻이 ᄀᆞ장 용티 아니ᄒᆞ더이다 (劉備自從入蜀, 廣布恩德, 以收民心, 此人之意, 甚是不善.) <삼국-가정 20:46> ❷ 현명(賢明)하다. 능하다. 재주가 뛰어나고 특이하다.¶ ▼賢孝 ‖ 녀희 ᄆᆡ양 헌공긔 춤소ᄒᆞ야 두 아ᄃᆞᆯ을 주기고져 호ᄃᆡ 헌공이 두 ᄌᆞ식이 다 용타 ᄒᆞ야 ᄎᆞ마 죽이디 못ᄒᆞ더니 (姬常讒譖于公, 欲斬二子. 獻公思二子賢孝, 不忍誅之.) <삼국-가정 13:43>

【용-ᄒᆞ-】 형 ❶ 신실(信實)하다. 선(善)하다. 착하다. 순하다.¶ ▼好 ‖ 내 조조를 ᄀᆞ장 용ᄒᆞᆫ가 너겨 벼ᄉᆞᆯ을 ᄇᆞ리고 ᄯᆞᆯ와 왓더니 본ᄃᆡ ᄉᆡ랑의 ᄆᆞᄋᆞᆷ이오 개 ᄒᆡᆼ실읫 거시니 이제 머믈워 두면 반ᄃᆞ시 후환이 되리라 (我將謂曹操是好人, 棄官跟將他來, 原是狼心狗倖之徒. 今日留之, 必爲後患.) <삼국-가정 2:30> ▼善 ‖ ᄂᆡ 덕화로 ᄃᆡ졉ᄒᆞ니 비록 사오나온 마음이 이실지라도 변ᄒᆞ야 용ᄒᆞ리라 (吾以德化之, 本有歹心, 亦變爲善矣.) <삼국-가정 10:89> ❷ 현명(賢明)하다. 능하다. 뛰어나다.¶ ▼賢 ‖ ᄂᆡ 심뉵칠 셰브터 아비를 조ᄎᆞ 졍별ᄒᆞ야 사람 죽이기를 삼 써듯 ᄒᆞ니 용ᄒᆞ니와 사오나온니를 엇지 수를 알리오마ᄂᆞᆫ 일즉 홰 되지 아니ᄒᆞ여시니 (兒自十六七跟父出征, 殺人如麻, 賢愚不知多少, 何曾有爲禍之理?) <삼국-가정 10:35> 형양으란 가문의 형뎨 다ᄉᆞᆺ 사ᄅᆞᆷ이 이시되 ᄒᆞ나히 ᄀᆞ장 용ᄒᆞ니 눈섭 ᄉᆞ이예 흰 터럭이 잇ᄂᆞ니이다 (荊襄世家, 弟兄五人, 惟一人大賢者, 眉間有白毛.) <삼국-가정 17:10> ▼쵹듕 져근 아젼을 엇디 죡히 니ᄅᆞ리오 드ᄅᆞ니 ᄆᆞᆯ이 ᄇᆡᆨ낙을 만나 울고 사ᄅᆞᆷ이 용ᄒᆞᆫ 님금을 만나 죽ᄂᆞᆫ다 ᄒᆞ니 댱별가의 말을 쟝군이 엇더킈 너기ᄂᆞ뇨 (蜀中小吏, 何足道哉! 盖聞'馬逢伯樂而嘶, 人遇知己而死'. 張別駕昔日之言, 將軍復有意乎?) <삼국-가정 19:115> ❸ 재주가 뛰어나고 특이하다.¶ ▼善 ‖ 계옥이 비록 용ᄒᆞ나 그 쟝슈 뉴뢰 댱임 등이 각ᄀᆞ 블평호믈 품어 쥬공을 ᄆᆡ여 보니 듕간의 길흉을 측냥티 못ᄒᆞᆯ러이다 (季玉雖善, 其劉璝、張任等各抱不平, 睨視主公, 中間吉凶未可保也.) <삼국-가정 19:130>

【우구-ᄒᆞ-】 동 우구(憂懼)하다. 근심하고 두려워하다.¶ ▼憂懼 ‖ ᄎᆞ일의 관뇌 ᄯᅩ 모다 환관으로 뎨를 쳥ᄒᆞ니 뎨 우구ᄒᆞ여 감히 ᄂᆞ지 못ᄒᆞᄂᆞᆫ더라 (次日, 官僚又集於大殿, 令宦官入請獻帝. 帝憂懼不敢出.) <삼국-국중 13:129> ᄎᆞ일에 관료 ᄯᅩ ᄃᆡ젼에 모이여 환관으로 현졔세 쳥ᄒᆞ니 제 우구ᄒᆞ여 감히 나지 못ᄒᆞ난지라 (次日, 官僚又集於大殿, 令宦官入請獻帝, 帝憂懼不敢出.) <삼국-모종 13:41>

【우김-질】 명 강제(强制). 협박(脅迫). 우격다짐.¶ ▼逼勒 ‖ 독위 고을 아젼을 잡아드려 우김질로 핍박ᄒᆞ야 뉴현위 ᄇᆡᆨ셩을 보챈다 ᄒᆞ고 쓰니 우리 등이 드러가 니ᄅᆞ고져 ᄒᆞ되 문니 티고 ᄧᅩᄎᆞ니 드러가디 못ᄒᆞ야 ᄒᆞ노라 (督郵逼勒縣吏, 欲害劉玄德, 我等皆來苦告, 不得放入, 反遭把門人赶打.) <삼국-가정 1:77>

【우년니】 부 우연(偶然)이. 뜻하지 않게.¶ ▼偶然 ‖ 일일은 됴회를 파ᄒᆞ고 니곽[각]니 ᄉᆞ를 마ᄌᆞ 연유ᄒᆞ고 밤의 니ᄅᆞ러 준쳐를 파ᄒᆞ고 ᄉᆡ 취하냐 도라와 우년니 복통이 잇거날 (一日朝罷, 李傕力邀郭汜赴家飮宴, 至夜席散, 汜醉而歸, 偶然腹痛.) <삼국-모종 2:93>

【우두】 명 ((천체)) 우두(牛斗). 이십팔수(二十八宿) 가운데 두성(斗星)과 우성(牛星)을 가리킴. 지금의 강소, 절강 안휘 등지를 가리킴.¶ ▼牛斗 ‖ 쟝셩이 우두 ᄉᆞ이예 ᄠᅥ러디니 하ᄂᆞᆯ 기동이 초 ᄯᅡᄒᆡ 것거딘디라 (損將星于牛斗, 折天柱于楚地.) <삼국-가정 26:77>

【우러-】 동 우러르다. 마음속으로 공경하여 떠받들다.¶ ▼仰 ‖ 우리 태조무황뎨[조죄라] 뉵합을 쓰러 ᄆᆞᆰ게 ᄒᆞ시고 팔황[뉵합 팔황은 다 텬해라]을 돗 ᄆᆞᆺ ᄒᆞ시니 만셩이 ᄆᆞᄋᆞᆷ을 기우리며 ᄉᆞ방이 그 덕을 우러디 아니리 업ᄉᆞᆫ디라 (我太祖武皇帝掃清六合, 席卷八荒, 萬里傾心, 四方仰德.) <삼국-가정 30:65> 뉴현덕은 인의를 ᄉᆞᄒᆡ예 베프ᄂᆞᆫ 현재라 뉘 우러디 아니ᄒᆞ며 ᄒᆞ믈며 뎨실지뉘[옷듬이라]라 (劉玄德仁義布於四海, 誰不仰之? 況乃漢室之胄.) <삼국-가정 규장 9:16>

【우레】 명 ((천문)) 천둥. 뇌성과 번개를 동반하는 대기 중의 방전 현상.¶ ▼雷 ‖ 쟝ᄎᆞᆺ 뫼흘 디나긔 되엿더니 ᄒᆞᆫ

소릐 방포의 오빅군이 일시예 피과 더러온 것들흘 쁘리니 다만 공듕의 죠히 사름과 플로 민든 물이 어즈러이 싸히 쩌러디며 ᄇ람과 우레 즉시 긋치고 모래 ᄃ ᄂ디 아니ᄒ더라 (將過山頭, 一聲炮響, 五百軍穢物齊潑. 但見空中紙人草馬, 紛紛墜地, 風雷頓息, 砂石不飛.) <삼국-가정 1:58> 오래 태우의 놉픈 일홈을 우레ᄀ티 드러시나 운산이 아ᄋ라ᄒ여 서ᄅ 보디 못ᄒ믈 ᄒᄒ더니 (久聞大夫高名, 如雷灌耳. 恨雲山迢遠, 不得聽敎.) <삼국-가정 19:96>

【우레-ᄒ-】 동 우레 치다.¶ ▼霹靂 ‖ 길일을 굴ᄒ여 미오의 옴겨 뭇더니 하ᄂᆯ히 크게 우레ᄒ며 비오니 싸히 믈 깁픠 두어 자히라 벽녁ᄒ야 탁의 무덤을 헤텨 관 밧씌 내여 가족과 쌔 다 ᄇ아디거ᄂᆯ (臨葬之期, 天降大雷雨, 平地水深數尺, 霹靂震開卓墓, 提出棺外, 皮骨皆粉碎.) <삼국-가정 4:5> ▼雷 ‖ 져근덧 ᄉ이예 비얌은 업서디고 텬지의 크게 우레ᄒ고 큰비 거록이 오며 어름덩이와 무뢰 흠씌 섯거 ᄂ리다가 밤둥 후의야 긋치니 셩듕 인개 수쳔여 간이 문허지다 (須臾不見, 片時大雷大雨, 降以冰雹, 到半夜方住, 東都城中壞却房屋數千餘間.) <삼국-가정 1:3>

【우레】 명 ((천문)) 우레.¶ ▼雷 ‖ 한실 말쥬 탁군 뉴비 오릐 션싱의 딕명을 우레갓치 듯ᄌ와 양ᄎ 나와 뵈고ᄌ ᄒ나 만나지 못ᄒ고 쳔명을 써 궤 안에 머물너삽더니 아니 보시닛가 (漢室末胄、涿郡愚夫, 久聞先生大名, 如雷貫耳, 昨兩次晉謁, 不得一見, 已書賤名於文几, 未審得入覽否?) <삼국-모종 6:87>

【우로-적시-】 동 울부짖다. 으르렁거리다.¶ ▼확이 머리예 감보ᄌ금관을 쓰고 몸의 영낙홍금포를 닙고 허리예 뎐옥ᄉᄌ딕를 찌고 발의 응췌만록휘를 신고 ᄇ람의 우로적시ᄂ 젹토마를 ᄐ고 송문샹보검을 ᄎ고 (中間孟獲出馬, 頭頂嵌寶紫金冠, 身披纓絡紅錦袍, 腰係碾玉獅子帶, 脚穿鷹嘴抹綠靴. 騎一匹卷毛赤兎馬, 懸兩口松紋鑲寶劍.) <삼국-가정 28:87>

【우르-적시-】 동 울부짖다.¶ ▼嘶喊咆哮 ‖ 과연 그 물의 온 몸이 숫블 퓌온 ᄃᆺᄒ야 죠곰도 잡털이 업고 머리로셔 ᄭ리예 니르히 기릐 ᄒ 댱이오 놉기 여ᄃᆲ 자히라 우르적시고 ᄂᆞᆯ뛰ᄂ 양이 반공의 오ᄅᄂ ᄃᆺᄒ며 바다히 ᄠᄂ ᄃᆺᄒ니 (果然那馬渾身上下, 火炭般赤, 無半根雜毛; 從頭至尾長一丈, 從蹄至頂鬃高八尺; 嘶喊咆哮, 有騰空入海之狀.) <삼국-가정 1:151> ▼그 물이 좌우로 우르적셔 티빙ᄒ야 왕닉ᄒ니 (那馬左右盤旋, 往來馳驟.) <삼국-가정 2:83>

【우리】 명 ((조류)) 오리.¶ ▼鴨 ‖ 공명 왈 닉 ᄒ후무 노키를 ᄒ 우리갓치 ᄒ고 빅약을 어드면 ᄒ 봉을 어드미라 (孔明曰: "吾放夏侯楙, 如放一鴨耳, 今得伯約, 得一鳳也.") <삼국-모종 15:73>

【우리-】 동 협박(脅迫)하다. 으르다[喝]. 위협하다.¶ ▼唬 ‖ 닉 본딕 너를 치고져 아니ᄒ더니 네 여포을 가져 날을 우리니 닉 반ᄃ시 니를 치리ᄅ 너를 치미 문득 이 여포를 치미니라 (我本不欲打你, 你把呂布來唬我, 我偏要打你! 我打你, 便是打呂布.) <삼국-모종 2:130>

【우리-치-】 동 협박(脅迫)하다.¶ ▼勒 ‖ ᄎ일의 독위가 몬져 현리를 잡아가 우리쳐 ᄒ야금 현위의 히민ᄒ 닐을 가르치라 ᄒ니 현덕이 몃 번 ᄉ ᄉ로 가 면ᄒ기를 구ᄒ려 ᄒ딕 문졸이 막으믈 닙어 드러가지 못ᄒ더라 (次日, 督郵先提縣吏去, 勒令指稱縣尉害民, 玄德幾番自往求免, 俱被門役阻住, 不肯放參.) <삼국-모종 1:24>

【우믈】 명 우물.¶ ▼井 ‖ 견이 군ᄉ로 ᄒ여곰 블을 혀 잡히고 우믈의 ᄂ려가 휘휘 저으라 ᄒ니 (堅喚軍士點其火把, 下井打撈.) <삼국-가정 2:118> 견이 군ᄉ로 ᄒ여금 블을 혜여 잡히고 우믈의 ᄂ려가 휘휘 져으라 ᄒ니 (堅喚軍士點其火把, 下井打撈.) <삼국-규장 2:53>

【우믈 미틔 개고리】 속 우물 안 개구리. '견문이 좁아서 세상 형편을 모르는 사람'을 비유하여 이르는 말.¶ ▼井底之蛙 ‖ 너ᄂ ᄒ 우믈 미틔 개고리라 엇디 그 현묘ᄒ 법을 알리오 (汝乃是井底之蛙, 安知玄奧哉?) <삼국-가정 37:95>

【우솜】 명 웃음. 웃음. 웃는 일. 또는 그런 소리나 표정. 웃(ㅅ불규칙 용언, 笑)-+-옴(명사 파생 접미사).¶ ▼笑 ‖ 죄 문왈 이인은 엇지 왓ᄂ요 운장 왈 승상이 형으로 다려 음쥬흠을 듯고 와서 칼츔 츄어 ᄒ 우솜을 돕노라 (操問二人何來. 雲長曰: "聽知丞相和兄飮酒, 特來舞劍, 以助一笑.") <삼국-모종 4:7> 외 딕소 왈 형의 마리 쳔ᄒ에 우솜이 아니 되랴 공 왈 닉 충으로 집허 쥬그면 엇지 천ᄒ의 무[우]솜 되리요 (張遼大笑曰: "兄此言豈不爲天下笑乎?" 公曰: "吾仗忠義而死, 安得爲天下笑?") <삼국-모종 4:52>

【우업-】 형 우습다. 못마땅하여 보기 거북하다. 우(←웃다: ㅅ불규칙 용언, 笑)-+-업(형용사 파생 접미사)-.¶ ▼笑 ‖ 장이 듕관ᄃ려 닐너 왈 가히 우업다 황권 왕누 빅ᄂ 종형의 마옴을 모로고 망녕되이 싀의ᄒ더니 이졔 보니 ᄎ 인의지인이라 (璋謂衆官曰: "可笑. 黃權、王累等輩, 不知宗兄之心, 妄相猜疑, 吾今日見之, 眞仁義之人也.) <삼국-모종 10:76>

【우으-】 동 웃다. 우(←웃다: ㅅ불규칙 용언, 笑)-+-으(연결 어미)-.¶ ▼笑 ‖ 태ᄉ 내 ᄯᆯ을 음난ᄒ고 쟝군의 안해를 아ᄉ니 진실로 텬해 우을 배로다 엇디 ᄒ갓 태ᄉ만 우으리오 윤과 다뭇 쟝군을 우으리니 (太師淫吾之女, 奪將軍之妻, 誠可爲天下之笑端. 非笑太師, 笑允與將軍耳!) <삼국-가정 3:108>

【우짓-거리-】 동 울부짖다.¶ ▼嘶 ‖ 궁시를 ᄎ고 손의 방텬화극을 잡고 ᄇ람의 우짓거리ᄂ 젹토마를 타시니 과연 사름 듕의ᄂ 녀뢰오 물 듕의ᄂ 젹퇴라 (弓箭隨身着體, 手持畵干方天戟, 坐下嘶風赤兎馬, 果然是'人中呂布, 馬中赤兎'!) <삼국-가정 2:82> ▼啼哭 ‖ 주려 죽을 재 ᄯ호 만흔디라 주거미 들헤 ᄭᆯ렷고 우짓거리ᄂ 소릐 텬디 진동ᄒ고 (飢餓自盡者死尸遍野. 啼哭之聲, 震動天地.) <삼국-가정 2:103>

【우ㅎ】 명 위. 어떤 기준보다 더 높은 쪽. 또는 사물의 중간 부분보다 더 높은 쪽. ※ 휴지(休止) 앞에서는 'ㅎ'이 탈락하여 '우'로 나타난다.¶ ▼上 ‖ 원쇼ᄂᆞᆫ 외로온 손이오 궁진ᄒᆞᆫ 군이라 우리의 코김을 울얼고 이시니 비컨대 어린 아ᄒᆡ 손바당 우히 잇ᄂᆞ니 ᄀᆞᆺᄐᆞ니 졋 먹이기ᄅᆞᆯ 긋치면 즉시 주려 죽을 거시어ᄂᆞᆯ 엇디 고ᄋᆞᆯ 일을 일로ᄡᅥ 맛디고져 ᄒᆞᄂᆞ뇨 (袁紹孤客窮軍, 仰我鼻息, 譬如嬰孩在股掌之上, 絶其乳哺, 立可餓死. 奈何欲以州事委之?) <삼국-가정 3:6>

【운금】 명 ((복식)) 운금(雲錦). 구름 무늬의 천.¶ ▼雲錦 ‖ 믈 북편을 바라노니 ᄒᆞᆫ 쎄 토셩이 잇고 셩 압히 큰 영치를 세우고 긔치 정졔ᄒᆞ야 운금[구름과 금의라]펴ᄂᆞᆫ 듯ᄒᆞ거ᄂᆞᆯ (望見河北岸上, 寨中旗幟整齊如故, 燦若雲錦.) <삼국-가정 29:6>

【운긔】 명 운기(運氣). 인간의 능력을 초월하는 천운(天運)과 기수(氣數). 운수(運數).¶ ▼氣運 ‖ 한나라 운긔 쇠진ᄒᆞ미 엇디 이의셔 더 심ᄒᆞ리오 (漢末氣運之衰, 無甚於此.) <삼국-국중 3:111>

【운냥-ᄒᆞ-】 동 운량(運糧)하다. 식량을 옮기다.¶ ▼屯糧 ‖ 네 삼천병을 인ᄒᆞ야 위군의 운냥ᄒᆞᄂᆞᆫ 곳의 가 가ᄇᆡ야이 그 영의 드러가디 말고 ᄇᆞᄅᆞᆷ 우흘 조차 블을 노하뎌의 거댱을 ᄐᆡ오면 위병이 반ᄃᆞ시 와 ᄡᆞ리라 (汝引三千兵, 徑到魏軍屯糧之所, 不可入其營, 但于狀風頭放火. 若燒着車仗, 魏兵必來圍吾寨.) <삼국-규장 22:35>

【운댱】 명 ((인명)) 운장(雲長). 관우(關羽).¶ ▼關公 ‖ 운댱이 보니 벽의[ᄇᆞᄅᆞᆷ의 댱톄로 틴 거시라] 뒤히 사ᄅᆞᆷ이 만히 잇고 다 칼흘 자밧거ᄂᆞᆯ (關公見壁衣之後多人密布, 皆掣劍在手.) <삼국-가정 9:103>

【운뎨】 명 ((기물)) 운제(雲梯). 성을 공격할 때 썼던 높은 사다리.¶ ▼雲梯 ‖ 군듕의 운뎨 수ᄇᆡᆨ 승을 내니 ᄒᆞᆫ 승의 가히 여라믄 사ᄅᆞᆷ이 오ᄅᆞᆯ러라 (于是軍中起數百乘雲梯, 一乘上可立十數人.) <삼국-가정 32:2>

【운량-ᄒᆞ-】 동 운량(運糧)하다. 식량을 옮기다.¶ ▼屯糧 ‖ 네 삼천병을 인ᄒᆞ야 위군의 운량ᄒᆞᄂᆞᆫ 곳의 가ᄇᆡ야이 그 영의 드러가디 말고 ᄇᆞᄅᆞᆷ 우흘 조차 블을 노하 뎌의 거댱을 ᄯᅴ오면 위병이 반ᄃᆞ시 와 ᄡᆞ리라 (汝引三千兵, 徑到魏軍屯糧之所, 不可入其營, 但于狀風頭放火. 若燒着車仗, 魏兵必來圍吾寨.) <삼국-가정 32:30>

【운젼-ᄒᆞ-】 동 운전(運轉)하다. 옮기다.¶ ▼運 ‖ 이제 번양호의 ᄉᆡ로 량식을 운젼ᄒᆞ고 쥬유 황긔로 ᄒᆞ여곰 슌초ᄒᆞ게 ᄒᆞ니 님의 방편이 잇ᄂᆞᆫ지라 (今有鄱陽湖新運到糧, 周瑜差蓋巡哨, 已有方便.) <삼국-국중 9:129> ▼搬 ‖ 군ᄉᆞ로 흙과 돌을 운젼ᄒᆞ여 머히고 ᄯᅩ 남글 버혀 셩하의 운제를 셰워 셩중을 엿보게 ᄒᆞ며 (督諸軍搬搬土運石, 塡壕塞塹. 城上矢石如雨.) <삼국-국중 4:100>

【운제】 명 ((기물)) 운제(雲梯). 고가 사다리.¶ ▼雲梯 ‖ 운제를 셰우거나 무지게 다리를 민다라 셩중을 구버보며 칠 거시라 (可竪雲梯, 造虹橋, 下觀城中而攻之.) <삼국-가정 22:27>

【운쥬-ᄒᆞ-】 동 운주(運籌)하다. 이리저리 궁리하고 계획하다.¶ ▼運籌 ‖ 유악지즁의 운쥬ᄒᆞ여 쳔니지외의 결승ᄒᆞ믈 엇지 듯지 못ᄒᆞ엿나냐 (豈不聞運籌帷幄之中, 決勝千里之外?) <삼국-국중 8:63>

【운치-ᄒᆞ-】 동 운치(運致)하다. 물건을 운반하다. 옮겨 두다.¶ ▼屯 ‖ 황충 왈 니난 그 병을 교만케 ᄒᆞ난 게교니 금야에 일닌 모라 모단 영을 회복ᄒᆞ고 그 양식 마필을 아ᄉᆞ오리라 나난 ᄉᆡ을 빌녀 짐바리ᄂᆞᆯ 운치ᄒᆞ기 ᄒᆞ미니 쇼댱은 보라 (忠笑曰: "此老夫驕兵之計也, 看今夜一陣, 可盡復諸營, 奪其糧食馬匹. 此是借寨與彼屯輜重耳 …小將軍看我破敵.") <삼국-모종 12:13>

【울】 명 ((건축)) '울타리'의 준말. 풀이나 나무 따위를 얽거나 엮어서 담 대신에 경계를 지어 막는 물건.¶ ▼籬 ‖ 뎨와 휘 다 모옥 가온ᄃᆡ 거ᄒᆞ니 ᄯᅩ 문이 업ᄂᆞᆫ지라 ᄉᆞ변의 형극을 쏩아 병폐를 ᄒᆞ니 뎨 대신으로 더부러 모옥 아ᄅᆡ 일 의논ᄒᆞ고 뎨장은 울 밧긔 군ᄉᆞ를 그으고 진압ᄒᆞ더라 (帝后都居於茅屋中, 又無門關閉, 四邊揷荊棘以爲屛蔽, 帝與大臣議事於茅屋之下, 諸將引兵於籬外鎭壓.) <삼국-모종 2:108>

【울러러-】 동 우러르다.¶ ▼仰 ‖ 마[만]셩이 ᄆᆞᄋᆞᆷ을 기우리고 ᄉᆞ방이 덕을 울러ᄋᆞ니 권셰로ᄡᅥ 취ᄒᆞ미 아니라 텬명이 도라온 ᄇᆡ라 (萬姓傾心, 四方仰德, 非以權勢取之, 實天命所歸也.) <삼국-모종 15:77>

【울-섭】 명 ((주거)) 울타리섶.¶ ▼籬 ‖ 됴흔 집이 업셔 뎨와 휘 초옥 듕의 머므ᄅᆞ시고 ᄯᅩᄒᆞᆫ 문회 업ᄉᆞ더라 ᄉᆞ면의 형극을 ᄭᅩ자 울섭을 ᄒᆞ엿더라 뎨 대신으로 더브러 일을 의논ᄒᆞ시거든 니락 한셤 등은 군ᄉᆞ로 더브러 울섭 밧긔 와 ᄇᆞ라보며 서ᄅᆞ ᄃᆡ히여 웃더라 (又無高房, 帝后居於茅屋中; 又無門關閉, 四邊旋揷荊棘籬落. 帝與大臣議事於茅屋之中. 李樂、韓暹兵於籬外觀望, 互相鎭壓, 以爲歡喜.) <삼국-가정 5:51>

【울ᄉᆡᆼ-ᄒᆞ-】 동 울생(蔚生)하다. 울창하게 나다.¶ ▼蔚生 ‖ 위왕이 즉위ᄒᆞ므로 긔린니 강ᄉᆡᆼᄒᆞ고 봉황이 ᄂᆡ의ᄒᆞ고 황뇽이 츌현ᄒᆞ고 가홰 울ᄉᆡᆼᄒᆞ고 감뇌 하강ᄒᆞ니 이ᄂᆞᆫ ᄃᆞ 샹쳔니 상셔를 뵈여 위 맛당이 한을 ᄃᆡ신할 징죄라 (自魏王卽位以來, 麒麟降生, 鳳凰來儀, 黃龍出現, 嘉禾蔚生, 甘露下降. 此是上天示瑞, 魏當代漢之象也.) <삼국-국중 13:127>

【울아-】 형 오래다.¶ ▼久 ‖ 공뇌 이걸 엇고져 ᄒᆞᆫ 제 울안지라 일로 블모ᄒᆞ면 반다시 병을 빌니니라 (公路欲得此久矣! 以此相質, 必肯發兵.) <삼국-모종 3:5>

【울어-】 동 «울얼다» 우러르다.¶ ▼仰 ‖ 뉴현덕은 인의ᄅᆞᆯ ᄉᆞ히예 베프ᄂᆞᆫ 현재라 뉘 울어디 아니ᄒᆞ며 ᄒᆞ믈며 뎨실지뒤[웃듬이라]라 (劉玄德仁義布於四海, 誰不仰之? 況乃漢室之冑.) <삼국-가정 12:69> 보졍이 울어ᄋᆞ ᄃᆞ시 보니 공중에 ᄒᆞᆫ 사람이 젹토마을 타고 쳥룡도을 들고 좌편에 ᄒᆞᆫ ᄇᆡᆨ면장군이 잇고 우편에 ᄒᆞᆫ 흑검규염인니 셔로 싸라 (普靜仰面諦視, 只見空中一人, 騎赤兎馬, 提靑龍刀, 左有一白面將軍, 右有一黑臉虯髯之人相隨.) <삼국

-모종 13:7>

【울얼-】 동 우러르다. 마음속으로 공경하여 떠받들다.¶ ▼仰 ‖ 원쇼ᄂᆞᆫ 외로온 손이오 궁진ᄒᆞᆫ 군이라 우리의 코김을 울얼고 이시니 비컨대 어린 아ᄒᆡ 손바당 우ᄒᆡ 잇ᄂᆞ니 ᄀᆞᆺᄐᆞ니 젓 먹이기ᄅᆞᆯ 긋치면 즉시 주려 죽을 거시어ᄂᆞᆯ 엇디 고ᄋᆞᆯ 일을 일로ᄡᅥ 맛디고저 ᄒᆞᄂᆞ뇨 (袁紹孤客窮軍, 仰我鼻息, 譬如嬰孩在股掌之上, 絶其乳哺, 立可餓死. 奈何欲以州事委之?) <삼국-가정 3:6>

【울에】 명 ((천문)) 우레.¶ ▼雷 ‖ 현덕이 그 ᄉᆞ람을 도라보니 신쟝이 팔 쳑이오 표두환안이오 연함호슈오 소ᄅᆡᄂᆞᆫ 큰 울에 갓고 긔세ᄂᆞᆫ 닷ᄂᆞᆫ 말 갓튼지라 (玄德回視其人, 身長八尺, 豹頭環眼, 燕頷虎鬚, 聲若巨雷, 勢如奔馬.) <삼국-모종 1:5>

【울이】 대 ((인류)) 우리. 말하는 이가 자기와 듣는 이 또는 자기와 듣는 이를 포함한 여러 사람을 가리키는 일인칭 대명사.¶ ▼吾 ‖ 유봉이 ᄃᆡ로 왈 ᄎᆞ적이 울이 숙질을 이간ᄒᆞ고 우리 부ᄌᆞ지친을 ᄯᅩ 이간ᄒᆞ여 날노 불츙불효케 ᄒᆞᆫ다 (劉封覽書大怒曰: "此賊誤吾叔姪之義, 又間吾父子之親, 使吾爲不忠不孝之人也!") <삼국-모종 13:37>

【울이-】 동 울리다.¶ ▼鳴 ‖ 정보 ᄃᆡ호[로]ᄒᆞ여 창을 빗겨 바로 ᄐᆡᄉᆞᄌᆞ를 취ᄒᆞ여 두 말이 셔로 ᄡᅡ와 삼십 합의 일으러 뉴유 급히 북을 울이여 군ᄉᆞ를 거둔이 ᄐᆡᄉᆞᄌᆞ 쇼왈 (程普大怒, 挺鎗直取太史慈, 兩馬相交, 戰到三十合, 劉繇急鳴金收軍, 太史慈曰) <삼국-모종 3:12>

【움속-ᄒᆞ-】 형 움푹하다.¶ ▼凹 ‖ 초경은 ᄒᆞ여 삼십여 리ᄂᆞᆫ 가니 뫼 움속ᄒᆞᆫ ᄃᆡ셔 블과 북소ᄅᆡ 진동ᄒᆞ고 ᄒᆞᆫ 군ᄉᆡ ᄂᆡ다르니 (只見山凹處, 火鼓齊鳴, 喊聲大震, 一彪軍出.) <삼국-규장 17:96>

【움쇽-ᄒᆞ-】 형 움푹하다.¶ ▼凹 ‖ 초경은 ᄒᆞ여 삼십여 리ᄂᆞᆫ 가니 뫼 움쇽ᄒᆞᆫ ᄃᆡ셔 블과 붑소ᄅᆡ 진동ᄒᆞ고 ᄒᆞᆫ 군ᄉᆡ 내ᄃᆞᄅᆞ니 (只見山凹處, 火鼓齊鳴, 喊聲大震, 一彪軍出.) <삼국-가정 25:46>

【움자기-】 동 움직이다.¶ ▼麾動 ‖ 현덕이 물너가고저 ᄒᆞ다가 보니 산머리예 불근 긔가 움자기며 ᄃᆡ장 고람이 나오니 (玄德方欲退後, 只見山頭上紅旗麾動, 一軍從山塢內擁出, 爲首大將, 乃高覽也.) <삼국-모종 5:72>

【움작기-】 동 움직이다.¶ ▼動 ‖ 긔우 장군니 먼저 가면 ᄂᆡ 맛당히 서로 도흐린니 시각을 언약ᄒᆞ여 장군니 그 ᄯᆡ을 의지ᄒᆞ여 도라오면 ᄂᆡ 병을 안나 움작기지 못ᄒᆞ고 (既將軍先去, 某當相助, 可約定時刻, 如將軍依時而還, 某按兵不動.) <삼국-모종 12:29>

【움작이-】 동 움직이다.¶ ▼動 ‖ 운장이 금을 봉ᄒᆞ며 인을 걸고 갓스니 ᄌᆡ물도 그 마음을 움작이지 못ᄒᆞ고 벼ᄉᆞᆯ도 그 뜻을 옴기지 못ᄒᆞᆯ ᄉᆞᄅᆞᆷ이라 (雲長封金挂印, 財賄不以動其心, 爵祿不以移其志.) <삼국-국중 6:54>

【움적니-】 동 움직이다.¶ ▼動 ‖ 황충 나 마ᄌᆞ ᄡᅡ오고저 ᄒᆞ니 아장 진식 왈 댱군은 움적니지 말나 ᄂᆡ 당ᄒᆞ리라 (黃忠恰待引軍出迎, 牙將陳式曰: "將軍休動, 某願當之.") <삼국-모종 12:23>

【움쥬기-】 동 움직이다.¶ ▼動 ‖ 그 비를 도[됴]가 져어ᄒᆞ니 이졔 병냥을 보ᄂᆡ여 그 마음을 ᄆᆡᆺ고 그 군ᄉᆞ를 안고 움쥬기지 아니쎄 ᄒᆞ면 유비를 가히 ᄉᆞ로잡ᄋᆞ리라 (恐其助備, 今當令人送與糧食, 以結其心, 使其按兵不動, 則劉備可擒.) <삼국-모종 3:25>

【움즉기-】 동 움직이다.¶ ▼動 ‖ 이장이 젹병의계 속아 망ᄒᆞ니 이졔 다만 군ᄉᆞᄅᆞᆯ 안고 움즉기지 말고 승샹의계 보ᄒᆞ여 ᄃᆡ병을 일우여 와 치기 맛당ᄒᆞᆫ 상ᄎᆡᆨ이니라 (二將欺敵而亡, 今只宜按兵不動, 申報丞相, 起兵來征剿, 乃爲上策.) <삼국-모종 6:52>

【움치-혀-】 동 움츠리다. 움츠러뜨리다.¶ ▼縮 ‖ 텬하 영웅이 내 일홈을 드ᄅᆞ면 다 목을 움치혀고 ᄃᆞ라나거ᄂᆞᆯ 방덕 슈ᄌᆡ 엇디 감히 날을 젹게 너겨 보ᄂᆞ뇨 (天下英雄聞吾之名, 盡皆縮頸而奔. 龐德豎子, 何敢來藐視吾也!) <삼국-가정 24:68>

【웃-손】 명 ((인류)) 윗손님.¶ ▼上賓 ‖ 권이 웃손을 잡으니 근이 손권을 권허여 원소ᄂᆞᆫ 통치 말고 조〻를 슌허게 헌 후에 편당홈을 타서 도모허라 (權拜之爲上賓, 瑾勸權: "勿通袁紹, 且順曹操, 然後乘便圖之.") <삼국-모종 5:46>

【웃지-허-】 동 어찌하다. 어떻게 하다.¶ ▼怎麽 ‖ 이졔 웃지헐 터인야 (今待怎麽.) <삼국-어람 108b>

【웃지-ᄒᆞ-】 동 어찌하다. 어떻게 하다.¶ ▼웃지ᄒᆞ리요 (爭奈) <삼국-어람 109b>

【웅거-ᄒᆞ-】 동 웅거(雄據)하다. 일정한 지역을 차지하고 굳게 막아 지키다.¶ ▼據 ‖ 우리 고황졔 ᄇᆡᆨᄉᆞ를 버히고 의를 이르켜 긔업을 셰워 지금가지 젼ᄒᆞ엿더니 불힝이 간웅이 ᄉᆞ면의 이러나 각〻 일방을 웅거ᄒᆞ엿시나 쳔도를 아지 못ᄒᆞᄂᆞᆫ지라 (自我高皇帝斬蛇起義, 開基立業, 傳至於今; 不奸雄並起, 各據一方; 少不得天道好還.) <삼국-국중 10:47>

【워이-】 동 외치다. 소리치다. 부르짖다.¶ ▼叫 ‖ 마음의 황〻ᄒᆞ야 말을 노아 ᄉᆞ면으로 ᄎᆞᆺ더니 믄득 뫼 우희셔 한 ᄉᆞᄅᆞᆷ이 워여 왈 (雲長心慌, 縱馬四下尋之. 忽見山頭一人, 高叫.) <삼국-국중 6:58> 션상 군ᄉᆞ로 일제히 쇼ᄅᆡᄒᆞ여 워여 왈 승상의 살을 ᄉᆞ례ᄒᆞ노라 쇼ᄅᆡ 조군의 ᄎᆡᆨ의 밋ᄎᆞᄆᆡ 물이 급ᄒᆞ고 ᄇᆡ가 ᄲᆞᆯ나 이십여 리랄 도라오니 (孔明令各船上軍士齊聲叫曰: "謝丞相箭!" 比及曹軍寨內報知曹操時, 這裏船輕水急, 已放回二十餘里, 追之不及.) <삼국-모종 8:6>

【원】 명 원(院). 조선시대에 관원이 공무로 다닐 때에 숙식을 제공하던 곳.¶ ▼莊 ‖ 원쥐 그 날 ᄭᅮᆷ의 ᄒᆡ 둘히 원 뒤ᄒᆡ ᄲᅥ러뎌 뵈거ᄂᆞᆯ 놀라 ᄭᆡᄃᆞ라 오ᄉᆞᆯ 닙의ᄎᆞ고 나와 두로 보니 원 뒤 플무덕이 우ᄒᆡ 화광이 하ᄂᆞᆯᄒᆡ 다핫ᄂᆞᆫ디라 (莊主是夜夢兩紅日墜于莊後, 莊主驚覺, 披衣出戶, 四下觀望, 見莊後草堆上火起衝天.) <삼국-가정 1:131> 원뒤 그 날 ᄭᅮᆷ의 ᄒᆡ 두리 원 뒤ᄒᆡ ᄡᅥ러져 뵈거ᄂᆞᆯ 놀나

셔딕라 오술 닙의즈고 나와 두로 보니 원 뒤 플무더니 우히 화광이 하놀히 다핫는디라 (莊主是夜夢兩紅日墜于莊後, 莊主驚覺, 披衣出戶, 四下觀望, 見莊後草堆上火起衝天.) <삼국-규장 1:94>

【원도-ᄒᆞ-】 동 원두(園頭)하다. 채마밭 가꾸다. 농사짓다.¶ ▼學圃 ‖ 내 보니 뉴비 한가ᄒᆞᆫ 가온대 원도ᄒᆞ기를 빅호고 취ᄒᆞᆫ 후의 우레를 두려ᄒᆞ니 므솜 ᄉᆞ업을 일울 사ᄅᆞᆷ이리오 근심 말라 (吾觀劉備閑中學圃, 醉後畏雷, 亦非成事業之人, 何憂之有?) <삼국-가정 7:141> 원도ᄒᆞ기 빅호믄 부러 승샹을 속이미오 우레 두려ᄒᆞᆫ믄 본정이 아니라 승샹이 명죠텬하ᄒᆞ며 엇지 뉴비의게 속ᄂᆞ뇨 (學圃者, 故瞞丞相耳; 畏雷聲者, 非其本情也. 丞相明照天下, 何被劉備瞞過?) <삼국-규장 6:20>

【원두-ᄒᆞ-】 동 원두(園頭)하다. 채마밭 가꾸다. 농사짓다.¶ ▼學圃 ‖ 원두ᄒᆞ기 빅호믄 부러 승샹을 속이미오 우레 두려호믄 본정이 아니라 승샹이 명죠텬하ᄒᆞ며 엇디 뉴비의게 속ᄂᆞ뇨 (學圃者, 故瞞丞相耳; 畏雷聲者, 非其本情也. 丞相明照天下, 何被劉備瞞過?) <삼국-가정 7:142>

【원망-ᄒᆞ-】 동 원망(怨望)하다. 못마땅하게 여겨 탓하거나 불평을 품고 미워하다.¶ ▼生怨 ‖ 수츈은 ᄒᆡ마다 슈한지직 잇셔 빅셩의 양식이 졀핍ᄒᆞ여시니 ᄌᆞ제 군ᄉᆞ를 움ᄌᆞ여 빅셩을 흔들면 빅셩이 원망ᄒᆞ리니 맛당히 거적ᄒᆞ기 어려울지라 (壽春水旱連年, 人皆缺食. 今又動兵擾民, 民旣生怨, 兵至難以拒敵.) <삼국-국중 4:91>

【원문】 명 ((건축)) 원문(轅門). 군영(軍營)이나 영문(營門)을 이르던 말. 군문(軍門).¶ ▼轅門 ‖ 무ᄉᆡ 마속을 미러 원문의 나오니 삼군이 감탄ᄒᆞ믈 마디 아니ᄒᆞ더라 (左右推出馬謖于轅門之外, 三軍感慟不已.) <삼국-가정 31:55>

【원비】 명 ((신체)) 원비(猿臂). 원숭이의 팔이라는 뜻으로, 길고 힘이 있어 활쏘기에 좋은 팔을 이르는 말.¶ ▼猿臂 ‖ 원ᄂᆡ 마쵸 니몽의 ᄶᅡ르믈 알되 즘즛 갓가이 오믈 기다려 니몽이 창을 드러 질을 지음의 마쵸 ᄒᆞᆫ 편으로 비쳐서며 두 말이 ᄒᆞᆫ딕 다앗난지라 마쵸 원비를 느리워 싱금ᄒᆞ니 (原來馬超明知李蒙追趕, 卻故意俄延; 等他馬近舉鎗刺來, 超將身一閃, 李蒙搠個空, 兩馬相並, 被馬超輕舒猿臂, 生擒過去.) <삼국-국중 3:6>

【원슈】 명 ((인류)) 원수(怨讐). 원한이 맺힐 정도로 자기에게 해를 끼친 사람이나 집단.¶ ▼원슈 (對頭) <삼국-어람 108b>

【원악】 명 ((인류)) 원악(元惡). 악한 일을 꾸미는 우두머리. 원흉(元兇).¶ ▼元惡 ‖ 녜 용병ᄒᆞᄂᆞᆫ 재 나라흘 평안ᄒᆞ므로ᄡᅥ 읏뜸을 삼고 그 원악을 주길 ᄯᆞᄅᆞᆷ이라 만일 다 믓디ᄅᆞ면 이ᄂᆞᆫ 어디ᄌᆞ 못ᄒᆞ미니 노하 강남의 도라 보내여 듕국의 관대ᄒᆞᆫ 은혜를 알게 홈만 ᄀᆞᆺ디 못ᄒᆞ닝이다 (古之用兵者, 全國爲上, 戮其元惡而已. 若盡坑之, 是不仁也. 不如放歸江南, 以顯中國之寬大耶.) <삼국-가정 37:39>

【원업】 명 원업(冤業). 과거 또는 전세(前世)에 뿌린 악(惡)의 씨.¶ ▼冤業 ‖ 못쁠 ᄌᆞ식이 ᄉᆞ경 ᄞᅢ예 ᄯᅩ 무뢰지도 수인을 ᄃᆞ리고 아ᄆᆞ드러 간 줄 아디 못ᄒᆞ니 이ᄂᆞᆫ 샹의 젼싱 원업[죄 둥ᄒᆞ다 말이라]인가 ᄒᆞᄂᆞ이다 (冤業四更時分, 又引數個無徒, 不知何處去了.乃前生冤業也!) <삼국-가정 9:125>

【원원】 명 ((인류)) 원원(元元). 모든 백성. 서민(庶民).¶ ▼元元 ‖ 빅셩을 거ᄂᆞ려 뻐 은혜를 기ᄃᆞ려 원원[빅셩이라]의 명을 보젼코져 ᄒᆞ노니 (百姓布野, 餘糧棲畝, 以俟後來之惠, 全元元之命.) <삼국-가정 38:122>

【원쥬】 명 ((인류)) 원주(園主). 장원 주인.¶ ▼莊主 ‖ 원쥐 그 날 쑴의 ᄒᆡ 둘히 원 뒤히 ᄢᅥ러뎌 뵈거늘 놀라 셔ᄃᆞ라 오술 닙의ᄎᆞ고 나와 두로 보니 원 뒤 플무덕이 우히 화광이 하놀히 다핫ᄂᆞᆫ디라 (莊主是夜夢兩紅日墜于莊後, 莊主驚覺, 披衣出戶, 四下觀望, 見莊後草堆上火起衝天.) <삼국-가정 1:131>

【원찬-ᄒᆞ-】 동 원찬(遠竄)하다. 먼 곳으로 유배하다.¶ ▼遠竄 ‖ 군쥐 황슉으로 더부러 장판의 픽ᄒᆞ믹 셰궁녁갈ᄒᆞ여 장ᄎᆞᆺ 원찬코져 ᄒᆞᆯ시 오쥐 황슉을 념ᄒᆞ여 토디를 익ᄭᅵ지 아니코 ᄎᆞ쥐를 쥬어 ᄡᅧ 후공을 도모케 ᄒᆞ미라 (君侯始與皇叔同敗於長坂, 計窮慮極, 將欲遠竄, 吾主矜愍皇叔身無處所, 不愛土地, 使有所託足, 以圖後功.) <삼국-국중 12:11>

【월나ᄆᆞᆯ】 명 ((동물)) 얼룩말. 털빛이 얼룩얼룩한 말.¶ ▼월나ᄆᆞᆯ이라 (五花馬) <삼국-가정 10:20>

【월ᄂᆡ】 부 원래(原來). 본래부터.¶ ▼原來 ‖ 월ᄂᆡ 장비 처음으로 관상의 일으러 관전의 시쇄ᄒᆞ여 오거날 본니 위연니 활 마ᄌᆞ 다라나난지라 급피 말을 달여 와 위연을 구원ᄒᆞ고 (原來是張飛初到關上, 聽得關前廝殺, 便來看時, 正見魏延中箭, 因驟馬下關, 救了魏延.) <삼국-모종 11:18>

【월의】 부 원래(原來). 본래부터.¶ ▼原來 ‖ 월의 졔갈쳠의 ᄌᆞ난 사연[원]인니 긔모 황씨난 곳 황승언의 여라 (原來武侯之子諸葛瞻, 字思遠, 其母黃氏, 卽黃承彦之女.) <삼국-모종 19:47>

【웨-】 동 외치다. 소리치다. 남의 주의를 끌거나 다른 사람에게 어떤 행동을 하도록 하기 위하여 큰 소리를 지르다.¶ ▼叫 ‖ 비 크게 웨딕 니는 반다시 동탁이 ᄶᅡ름이라 녀포는 무슴 강ᄒᆞ미 잇스리오 몬져 동탁을 나쥬ᄒᆞ면 니는 플을 버히고 ᄲᅮᆯ이를 덜미라 (張飛大叫: "此必董卓! 追呂布有甚强處! 不如先拿董賊, 便是斬草除根!") <삼국-모종 1:93>

【웨우-】 동 에워싸다.¶ ▼圍 ‖ 경긔 위황니 각ᄌᆞ 가동 삼ᄉᆞ빅니 잇신니 미리 기게을 갓초오고 길막 형졔도 삼빅 인을 모와 다만 미루어 웨위 산영ᄒᆞ기늘 빅정ᄒᆞ다 (耿紀、韋晃二人, 各有家僮三四百, 預備器械, 吉邈兄弟, 亦聚三百人口, 只推圍獵, 安排已定.) <삼국-모종 11:96>

【웨위-ᄡᅡ-】 동 에워싸다.¶ ▼圍捕 ‖ 네 우리 쥬인을 청ᄒᆞ야 두고 므슴 연고로 군ᄉᆞ를 내여 웨위ᄡᅡᆺ던다 (汝請吾

主, 何故引着軍馬圍捕?) <삼국-가정 12:11>

【위】 명 위(位). 지위(地位). 자리.¶ ▼位 ‖ 딤이 그 의롤 스모ᄒᆞ야 이제 위롤 옴겨 승샹 위왕을 주노니 시러곰 스양티 말라 (朕羨而慕焉, 今其追踵堯典, 禪位于丞相魏王, 無得辭言.) <삼국-가정 26:35>

【위긔-ᄒᆞ-】 동 위기(圍棋)하다. 바둑 두다.¶ ▼圍棋 ‖ 진쥬 의윤ᄒᆞ고 이러 입궁ᄒᆞ여 비셔 승장회[화]로 더부러 위긔ᄒᆞ더니 근신니 쥬표ᄒᆞ니 (晉主依其奏, 乃降詔止兵莫動. 退入后宮, 與秘書丞張華圍棋消遣. 近臣奏邊庭有表奏到.) <삼국-국중 17:135>

【위연-이】 부 우연(偶然)히. 아무런 인과관계가 없이 뜻하지 아니하게.¶ ▼偶 ‖ 죄 위연이 보니 ᄇᆞᄅᆞᆷ의 ᄒᆞᆫ 비문 박은 족ᄌᆞ 걸렷거ᄂᆞᆯ (操偶見壁間懸一碑文圖軸.) <삼국-가정 24:49> ▼偶爾 ‖ 위연이 이리로 지나다가 ᄒᆞᆫ 쇼동의 가르치믈 인ᄒᆞ야 존안을 뵈오니 블승만힝ᄒᆞ여이다 (偶爾經由此地, 因一小童相指, 得拜尊顏, 不勝萬幸!) <삼국-규장 8:128>

【위연-히】 부 우연(偶然)히. 아무런 인과 관계가 없이 뜻하지 아니하게.¶ ▼偶然 ‖ 녯날 형의 쳔거ᄒᆞ므로 시방 평원현령이 되얏ᄂᆞ디라 셩의 나 한가히 ᄃᆞᆫ니다가 위연히 존형의 니ᄅᆞ믈 만나니 큰 다힝ᄒᆞᆫ 일이라 (舊日蒙兄保委備爲平原縣令, 因此出城閑行, 偶遇尊兄到此, 乃大幸也.) <삼국-가정 2:50> ▼不期 ‖ 각별이 와 서ᄅᆞ 조ᄎᆞ려 ᄒᆞ더니 위연히 이 ᄯᅡ히 와 만날 줄을 긔약디 아니ᄒᆞ이다 (今見袁紹無匡扶救民之心, 特來相投, 不期此處相見.) <삼국-가정 3:14> ▼偶爾 ‖ 위연히 이러로 디나가다가 ᄒᆞᆫ 쇼동의 ᄀᆞᄅᆞ치믈 인ᄒᆞ야 존안을 뵈오니 블승만힝ᄒᆞ여이다 (偶爾經由此地, 因一小童相指, 得拜尊顏, 不勝萬幸!) <삼국-가정 12:17> 공명이 위연히 강변의 나왓더니 현덕이 도독으로 더브러 서ᄅᆞ 모닷다 니ᄅᆞ리 잇거ᄂᆞᆯ (却說孔明偶來江邊, 見說玄德與都督相會.) <삼국-가정 15:25>

【위연-ᄒᆞ-】 형 우연(偶然)하다. 아무런 인과 관계가 없이 뜻하지 아니하게.¶ ▼偶然 ‖ 연이나 ᄃᆡ기 들으니 말은 빅낙을 만ᄂᆞ며 소릐를 ᄂᆡ고 조작은 나무를 가리여 깃들이ᄂᆞ니 ᄉᆞᄅᆞᆷ이 디긔를 만ᄂᆞ미 엇지 위연ᄒᆞ리요 (蓋聞馬逢伯樂而嘶, 人遇知己而死.) <삼국-국중 11:53>

【위의-ᄒᆞ-】 형 위의(危疑)하다. 또는 마음이 편하지 아니하고 의심스럽다. 또는 불안정하다.¶ ▼違礙 ‖ 운장 왈 무ᄉᆞᆫ 위의ᄒᆞ미 잇ᄂᆞ뇨 원컨ᄃᆡ 곳 효유ᄒᆞ라 (雲長曰: “有何違礙? 願卽見諭.”) <삼국-모종 8:51>

【위이-】 동 외치다. 소리치다. 경상 방언.¶ ▼叫 ‖ 숀칙이 군ᄉᆞ 시을고 뉴유의 식젼의 일르니 위 군식 쓰러 나와 맛거ᄂᆞᆯ 칙이 충을 즙고 티ᄉᆞᄌᆞ의 단창을 흔드러 진젼어셔 군ᄉᆞ로 ᄒᆞ여곰 크게 위여 왈 (孫策引軍到劉繇營前, 劉繇引軍出迎, 兩陣圓處, 孫策把鎗挑太史慈的小戟於陣前, 令軍士大叫曰.) <삼국-모종 3:11>

【위이-ᄒᆞ-】 형 위이(逶迤)하다. 구불구불 구부러지다. 에두른 길이 구불구불하다.¶ ▼迤邐 ‖ 현덕이 말을 쒸여 시ᄂᆡ랄 지ᄂᆡ나 취ᄒᆞᆫ 닷 희미ᄒᆞᆫ 닷 싱각ᄒᆞ니 니 너른 시ᄂᆡ를 한 번 쒸여 지ᄂᆡ기 엇지 천의 아니랴 위이ᄒᆞ여 장남을 ᄇᆞᄅᆞ보고 말을 칙쳐 가더니 ᄂᆞᆯ이 ᄌᆞᆷᄎᆞ 져무ᄂᆞᆫ지라 (玄德躍馬過溪, 似醉如癡, 想: ‘此闊澗一躍而過, 豈非天意!’ 迤邐望南漳策馬而行, 日將沈西.) <삼국-모종 6:40>

【위인】 명 위인(爲人). 사람의 됨됨이.¶ ▼爲人 ‖ 내 반쥰의 위인을 아노니 블셔 ᄒᆞ이여시니 므ᄉᆞ므라 고티며 됴루도 냥뇨롤 맛다시니 또ᄒᆞᆫ 듕ᄒᆞᆫ 소임이라 (吾素知潘濬之爲人. 既而差定, 何必改之? 趙累見掌糧料, 亦事之重者.) <삼국-가정 24:51> 식이 본ᄃᆡ 동탁의 위인을 아ᄂᆞ니 한 번 금졍의 들면 반다시 환난니 날씨니 긋치니만 ᄀᆞᆺ지 못ᄒᆞ다 (植素知董卓爲人, 面善心狠; 一入禁庭, 必生禍患. 不如止之勿來, 免致生亂.) <삼국-국중 1:55>

【위ᄌᆞ슈】 명 ((인류)) 위자수(圍子手). 위숙군(圍宿軍)의 속칭. 원대(元代) 초기에는 황성(皇城)을 짓지 못해 조회 때 군사들로 빙 둘러서 호위하게 하였는데, 이를 위숙군이라고 했음.¶ ▼圍子手 ‖ 공명니 임의 우양을 잡아 잔치을 벼풀고 문득 장듕의 칠중 위ᄌᆞ슈을 파케 ᄒᆞ고 도창검극이 상셜 갓고 (孔明早已殺牛宰馬, 設宴在寨, 卻教帳中排開七重圍子手, 刀鎗劍戟, 燦若霜雪.) <삼국-모종 14:81>

【위터-ᄒᆞ-】 형 위태(危殆)하다. 어떤 형세가 마음을 놓을 수 없을 만큼 위험하다.¶ ▼危 ‖ 그 씌예 ᄃᆡ왕니 병을 일위여 ᄒᆞᆫ천을 취ᄒᆞ여 뉴비 ᄒᆞ여곰 수미을 서로 구원치 못ᄒᆞ게 ᄒᆞ면 세 위터ᄒᆞ리라 (那時大王興兵去取漢川, 令劉備首尾不能相救, 勢必危矣.) <삼국-모종 12:52>

【위틱-ᄒᆞ-】 형 위태(危殆)하다. 어떤 형세가 마음을 놓을 수 없을 만큼 위험하다.¶ ▼弄險 ‖ ᄉᆞ마의 나의 평싱의 조심ᄒᆞᄂᆞᆫ 줄을 아ᄂᆞᆫ디라 계귀 잇ᄂᆞᆫ가 두려 ᄉᆞᄉᆞ로 믈러가미니 내 위틱ᄒᆞᆫ 일을 ᄒᆞ디 아닐 거시로ᄃᆡ 마디 못ᄒᆞ야 이 계규롤 ᄡᅥ노라 (此人料吾平生謹慎, 必不弄險, 見如此規模, 疑有伏兵, 故退去. 吾非行險, 蓋因不得已而用之.) <삼국-가정 31:36>

【유류-ᄒᆞ-】 동 유루(遺漏)하다. 빠뜨리다.¶ ▼遺漏 ‖ 조인 왈 이ᄂᆞᆫ 반다시 군ᄉᆞ 밥 짓다가 조심 아여 유류ᄒᆞᆫ 부리니 가히 경동치 말나 (曹仁曰: “此必軍士造飯不小心, 遺漏之火, 不可自驚.”) <삼국-모종 7:37>

【유ᄉᆞ】 명 ((관청)) 유사(有司, 攸司). 관련 부서. 또는 단체의 사무를 맡아보는 직무.¶ ▼有司 ‖ 황권이 강북병을 인ᄒᆞ야 위예 항ᄒᆞ다 ᄒᆞ니 그 가쇽을 유ᄉᆞ로 ᄒᆞ여곰 잡아 죄롤 무ᄅᆞ라 ᄒᆞ여지이다 (黃權引江北之兵, 降魏去了. 陛下可將彼家屬送有司問罪.) <삼국-가정 27:107>

【유아-ᄒᆞ-】 형 유나(幼懦)하다. 유약하다. 부드럽고 약하며 겁이 많다.¶ ▼幼懦 ‖ 쇼 왈 이제 숀권이 죽고 숀량이 유아ᄒᆞ니 가히 그 틈을 타리라 (昭曰: “今孫權新亡, 孫亮幼懦, 其隙正可乘也.”) <삼국-모종 18:19>

【유약-ᄒᆞ-】 형 유약(柔弱)하다. 부드럽고 약하다. 나약하다.¶ ▼懦弱 ‖ 하후무ᄂᆞᆫ 고량ᄌᆞ뎨오 유약ᄒᆞ야 쐬 업ᄉᆞᆫ디라 (夏侯楙乃膏粱子弟, 懦弱無謀.) <삼국-가정 30:2>

【유예-ᄒᆞ-】 동 유예(猶豫)하다. 망설이다.¶ ▼猶豫 ‖ 건안 칠년의 원쇼ᄅᆞᆯ 파ᄒᆞ고 ᄉᆞ명을 강동의게 보내여 손권으로 ᄒᆞ여곰 ᄌᆞ식을 보내여 드러와 됴회ᄒᆞ라 ᄒᆞ니 권이 유예[의심ᄒᆞ닷 말이라]ᄒᆞ야 결티 못ᄒᆞ더니 (時建安七年, 曹操破袁紹, 差使命往江東, 命孫權令子入朝爲官. 以隨大駕. 權猶豫未決.) <삼국-가정 13:5>

【유유-ᄒᆞ-】 동 유유(唯唯)하다. 시키는 대로 하다. 예예 대답하다.¶ ▼唯唯 ‖ 푀 이 말을 드ᄅᆞ미 다만 유ᄋᆞᄒᆞ고 차일의 궁닉의 드러가 손휴ᄃᆞ려 고ᄒᆞ니 (布聞言, 唯唯而已. 次日, 布入宮密奏孫休.) <삼국-국중 17:27>

【유확】 명 ((기물)) 유확(油鑊). 끓는 기름 가마솥. 옛날에 죄인을 끓는 기름 솥에 넣어 삶아 죽일 때 쓰던 형벌 기구.¶ ▼油鼎 ‖ 몬져 뎐젼의 유확을 베프고 무ᄉᆞ 일천인으로 창검을 들려 좌우의 셰온 후의 (權從其言, 遂立油鼎, 命武士以列于左右.) <삼국-가정 28:24>

【육단-ᄒᆞ-】 동 육단(肉袒)하다. 윗옷 한쪽을 벗는다는 뜻으로, 사죄하겠다는 뜻을 나타낸다.¶ ▼肉袒 ‖ 혹이 쎠호ᄃᆡ 초와 뎡이 녈국이로ᄃᆡ 뎡빅이 오히려 육단ᄒᆞ고 양을 잇그러 마ᄌᆞ거ᄂᆞᆯ (昔楚、鄭列國, 而鄭伯猶肉袒牽羊迎之.) <삼국-가정 35:54>

【육쟝】 명 초주검. 육니(肉泥).¶ ▼肉醬 ‖ 도적이 ᄯᆞ와 하변의 니ᄅᆞ러 안민이 잡히니 ᄌᆞ텨 육쟝을 ᄆᆡᆫᄃᆞ더라 (後賊赶到河邊, 安民被賊赶上, 砍爲肉醬.) <삼국-가정 6:55> 쥰이 몸을 두로티며 ᄒᆞᆫ 칼로 댱약의 올ᄒᆞᆫ 폴흘 버힌대 무ᄉᆡ 일시의 내ᄃᆞ라 댱약을 잡아 육쟝을 ᄆᆡᆫᄃᆞᆯ고 (峻轉身一刀, 砍中張約右臂, 武士一齊擁出, 砍倒張約, 剁爲肉泥.) <삼국-가정 36:19>

【육쟝-ᄒᆞ-】 동 육장(肉醬)하다. 초주검을 만들다.¶ ▼肉泥 ‖ 졍히 위급ᄒᆞ더니 믄득 뎡뵈 수긔를 거ᄂᆞ리고 니ᄅᆞ러 허공의 가ᄀᆡᆨ을 삼인을 쎠흐러 육쟝ᄒᆞ얏거ᄂᆞᆯ (正危急之中, 程普引數騎至, 將許貢家客三人砍爲肉泥.) <삼국-가정 10:22>

【윤건】 명 ((복식)) 윤건(綸巾). 윤자(綸子)로 만든 두건의 한 가지.¶ ▼綸巾 ‖ 거상의 일인니 단졍이 안져시니 머리의 윤건을 쓰고 몸의 학챵의ᄅᆞᆯ 닙고 ᄉᆞᆫ의 ᄇᆡᆨ우션을 들고 우션으로 형도녕을 블너 왈 (車中端坐一人, 頭戴綸巾, 身披鶴氅, 手執羽扇, 用扇招邢道榮曰.) <삼국-국중 10:9>

【-으】 접 -희. 2인칭 복수 접미사.¶ ▼(汝) ‖ 쇠 ᄃᆡ로ᄒᆞ여 급히 이인을 부ᄅᆞ니 곽도 몬져 ᄉᆞᄅᆞᆷ으로 이인으게 고ᄒᆞᄃᆡ 쥬공이 장ᄎᆞᆺ 너으ᄅᆞᆯ 죽기리라 (紹大怒, 遂遣使急召二人歸寨問罪, 郭圖先使人報二人云: "主公將殺汝矣.") <삼국-모종 5:60>

【으논-ᄒᆞ-】 동 의논(議論)하다. 각자 의견을 주장하거나 논의하다.¶ ▼議 ‖ 낭이 그 으논을 으지ᄒᆞ여 호[회]계를 굿게 직키고 나지 아니ᄒᆞ니 손칙이 수일을 쳐서 공을 이루지 못ᄒᆞ여 즁쟝으로 더부러 으논ᄒᆞ니 (朝依其議, 乃固守會稽城而不出, 孫策一連攻了數日, 不能成功, 乃與衆將計議.) <삼국-모종 3:21>

【-으니】 미 -으니. 앞말의 뒷말의 원인나 근거, 전제 따위가 됨을 나타내는 연결 어미.¶ ▼견이 돌과 살을 마ᄌᆞ 뇌골이 쏘다져 인ᄆᆡ 다 현산 아례 죽으니 쉬 삼십칠 셰러라 (堅體中石、箭, 腦漿迸流, 人馬皆死於峴山之內, 壽止三十七歲.) <삼국-모종 1:125>

【-으란】 조 -일랑. -은. 끝 음절의 모음이 'ᄋᆞ', '어', '우'인 체언 뒤에 붙는 어미. '란'의 변이형. 주제나 대조를 나타내는 보조사.¶ ▼견으로 ᄒᆞ야곰 남문을 티라 ᄒᆞ고 현덕으로 븍문을 티라 ᄒᆞ고 쥬쥰은 셔문을 티고 동문으란 도적의 ᄃᆞ라날 길흘 두엇더니 (便令堅攻打南門, 玄德打北門, 朱儁打西門, 留東門與賊走.) <삼국-가정 1:69> 이제 모로미 몬져 슈채ᄅᆞᆯ 베프고 븍군으란 그 가온대 두고 슈군으란 밧그로 둘러 졍히 니긴 후의 가히 ᄡᅳ리이다 (如今先下水寨, 令北軍在中, 荊州水軍在外, 每日教習. 水軍精熟, 方可用之.) <삼국-가정 15:41>

【-으로-셔】 조 -으로부터. 부사격 조사.¶ ▼믄득 왕낭의 후군이 ᄉᆞᄉᆞ로 어즈러오며 ᄒᆞᆫ 군ᄉᆡ ᄌᆞ텨 나오거ᄂᆞᆯ 낭이 크게 놀라 ᄆᆞᆯ을 도로혀 마ᄌᆞ니 이ᄂᆞᆫ 쥬유 뎡뵈 인군ᄒᆞ야 뒤흐로셔 텨 오미러라 (忽王朗陣後先亂, 一彪軍從背後抄將過來. 朗大驚, 急撥回馬來迎: 却是周瑜、程普引軍斜刺裡殺來, 前後交攻.) <삼국-가정 5:166>

【으로우-】 형 «으롭다» 외롭다.¶ ▼孤 ‖ ᄇᆡᆨ도 형제야 ᄂᆡ의 츙언을 들으라 네 ᄒᆞᆫ 으로운 셩으로 엇지 수십만 즁을 ᄃᆡ젹ᄒᆞ리요 (伯道賢弟! 聽吾忠言. 汝據守一孤城, 怎拒數十萬之衆?) <삼국-모종 16:27>

【-으로-조차】 조 -으로부터.¶ ▼以 ‖ 졍병 오쳔을 빌리셔든 포듕으로 조차 나가 진령 동편으로조차 ᄌᆞ오곡 븍으로 내ᄃᆞᄅᆞ면 열흘이 못ᄒᆞ야 댱안의 니ᄅᆞ리니 (可賜精兵五千, 直取路出褒中, 循秦嶺以東, 當子午谷而投北, 十日之中, 可到長安.) <삼국-가정 30:2>

【-으로-죠ᄎᆞ】 조 -으로부터.¶ ▼從 ‖ 믄득 좌우를 명ᄒᆞ여 공ᄌᆞ를 쳥ᄒᆞ니 병풍 뒤흐로죠ᄎᆞ 수인니 공ᄌᆞ를 븟[드]러 ᄂᆞ오ᄂᆞᆫ지라 (便命左右: "請公子出來." 只見兩從者從屛風後扶出劉琦.) <삼국-국중 10:4>

【-으리오】 미 -겠는가. -ㄹ까. -으리(미래 시제 선어말 어미)-+-오(-까: 의문형 종결 어미).¶ ▼乎 ‖ ᄃᆡ쟝뷔 힝군거젹ᄒᆞ미 엇지 산야 ᄉᆞᄅᆞᆷ의게 무르리오 (大丈夫行兵拒敵, 逗可問於山野之人乎?) <삼국-국중 11:86>

【으원】 명 ((인류)) 의원(醫員).¶ ▼醫人 ‖ ᄂᆡ 비록 으원이나 일즉 한나라를 잇지 못ᄒᆞ니 ᄂᆡ 날마다 국구의 ᄎᆞ탄ᄒᆞᆷ을 보고 감히 뭇지 못ᄒᆞ여더니 이제 ᄭᅮᆷ 가온ᄃᆡ 말이 진정이라 (某雖醫人, 未嘗忘漢, 某連日見國舅嗟歎, 不敢動問, 恰纔夢中之言, 已見眞情.) <삼국-모종 4:38>

【으지-ᄒᆞ-】 동 의지(依支)하다.¶ ▼依 ‖ 푀 왈 공이 엇지 나를 셔민의 예을 으지코져 ᄒᆞᄂᆞᆫ요 궁 왈 아니라 (布笑曰: "公豈欲吾依庶民例耶?" 宮曰: "非也.") <삼국-모

종 3:31>

【으지-ᄒᆞ-】 동 의지(依支)하다.¶ ▼依 ‖ ᄃᆡ되 인ᄆᆡ 각〻 항오랄 으지ᄒᆞ여 행ᄒᆞ냐 지ᄂᆞᆫ 바의 츄호ᄅᆞᆯ 무범ᄒᆞ더라 (大隊人馬, 各依隊伍而行, … 所經之處, 秋毫無犯.) <삼국-모종 14:67>

【은부-ᄒᆞ-】 형 은부(殷富)하다. 넉넉하고 풍성하다.¶ ▼殷富 ‖ 형쥬ᄂᆞᆫ 동으로 지경이 졉ᄒᆞ고 강산이 험ᄒᆞ고 ᄇᆡᆨ셩이 은부ᄒᆞ니 만닐 이를 웅거ᄒᆞ면 이ᄂᆞᆫ 졔왕의 ᄌᆞ뢰ᄒᆞ미라 (荊州與國鄰接, 江山險固, 士民殷富. 吾若據而有之, 此帝王之資也.) <삼국-국중 8:130>

【은ᄐᆡᆨ】 명 은택(恩澤). 은혜와 덕택을 아울러 이르는 말.¶ ▼恩澤 ‖ 뉴익쥐 ᄯᅩᄒᆞᆫ 뎨실 종친이라 은ᄐᆡᆨ이 쵹듕의 베펀디 오라니 다ᄅᆞᆫ 사ᄅᆞᆷ이 시러곰 요동ᄒᆞ리오 (劉益州亦帝室宗親, 恩澤布蜀中久矣, 他人豈可得而動搖乎?) <삼국-가정 19:100>

【은허-지-】 동 무너지다.¶ ▼壞 ‖ 샹서랑 이히 다 셩의 ᄂᆞ가 나무 븨고 ᄂᆞ물 ᄏᆡᄃᆞ가 문허진 담과 은허진 벽 ᄉᆞ이예 죽ᄂᆞ니 만터라 (尙書郎以下, 皆自出城樵採, 多有死於頹牆壞壁之間者.) <삼국-모종 2:111>

【은헤】 명 은혜(恩惠). 고맙게 베풀어 주는 신세나 혜택.¶ ▼恩 ‖ 장니 ᄃᆡ로ᄒᆞ여 그 글을 씻고 크게 ᄭᅮ지저 왈 법졍니 임군을 파라 영화을 구ᄒᆞ고 은헤을 닛고 의을 비반ᄒᆞ난 도적니로다 (劉璋大怒, 扯毁其書, 大罵: "法正賣主求榮, 忘恩背義之賊.") <삼국-모종 11:8>

【은혀】 명 은혜(恩惠). 고맙게 베풀어 주는 신세나 혜택.¶ ▼恩 ‖ ᄀᆡ 왈 ᄂᆡ 승상의 은혀 감격ᄒᆞ니 죽어도 능히 만일도 갑지 못ᄒᆞ리이다 (嘉曰: "某感丞相大恩, 雖死不能報萬一.") <삼국-모종 6:15> ᄎᆡ모 임의 벼히ᄆᆡ ᄎᆡ시 종족이 다 군듕의 잇셔 ᄎᆡ모의 족제 ᄎᆡ즁 ᄎᆡ화 부장이 되엿스니 승상은 가히 은혀로 ᄆᆡᄌᆞ 동오의 가 사항ᄒᆞ면 의심치 아니ᄒᆞ리라 (蔡瑁被誅, 蔡氏宗族, 皆在軍中, 瑁之族弟蔡中、蔡和現爲副將, 丞相可以恩結之, 差往詐降東吳, 必不見疑.) <삼국-모종 8:8>

【은휘-ᄒᆞ-】 동 은휘(隱諱)하다. 꺼리어 감추거나 숨기다.¶ ▼隱諱 ‖ 내 너ᄅᆞᆯ 알거든 엇디 은휘ᄒᆞᄂᆞ뇨 ᄂᆡ일 잡아다가 나라히 드리고 만호후ᄅᆞᆯ 내 ᄒᆞ고 쳔금으란 모든 사ᄅᆞᆷ을 ᄂᆞᆫ화 주리라 (我認得你, 如何隱諱? 且把來監下, 來日起解. 萬戶侯我做, 千金賞分與衆人.) <삼국-가정 2:30>

【읃-】 동 얻다.¶ ▼獲 ‖ 흥ᄑᆡ 이의 니르러스니 ᄂᆡ 마음의 크게 으드미 잇난지라 엇지 한을 긔역ᄒᆞ리오 (興霸來此, 大獲我心, 豈有記恨之理?) <삼국-국중 8:45> ▼得 ‖ 츙이 왈 ᄂᆡ가 널로 한가지로 군ᄉᆞ을 ᄭᅳ어 가리라 ᄒᆞ고 츙이 다만 일반 군마을 으더 와 셔쥬을 치니 (忠曰: "我和你同引兵去." ……, 只得分一半軍馬, 來攻徐州.) <삼국-모종 4:22>

【-을다】 미 ((주로 2인칭 주어와 함께 쓰여)) -ㄹ 것이냐. -겠느냐. -려느냐.¶ ▼ᄂᆔ가 능히 ᄉᆞ로잡을다 (誰人與我擒之?) <삼국-국중 6:65>

【-을디어ᄃᆞ】 미 -ㄹ지어다. -해야 할 것이다.¶ ▼ᄂᆡ 명일의 황샹ᄭᅴ 쥬문ᄒᆞ여 그ᄃᆡ로 ᄒᆞ야곰 동오의 보ᄂᆡ리니 구지 사양치 마을디어ᄃᆞ (吾來日奏知天子, 便請伯苗一行, 切勿推辭.) <삼국-국중 14:86>

【-을숀냐】 미 -ㄹ 것이냐. -겠느냐.¶ ▼ᄂᆡ ᄒᆞᆫ 계교 이ᄉᆞ니 블과 삼월의 원쇼의 ᄇᆡᆨ만지즁으로 ᄒᆞ여곰 ᄡᅡ호디 아니ᄒᆞ여 스ᄉᆞ로 파케 ᄒᆞ리니 명공이 즐겨 들을숀냐 (攸有一策, 不過三日, 使袁紹百萬之衆, 不戰自破. 明公還肯聽否?) <삼국-국중 7:15>

【-을씨니】 미 -ㄹ지니. -ㄹ 것이니.¶ ▼현뎨의 경천가히지ᄌᆡᄅᆞᆯ 사ᄒᆡ의 흠경 아니ᄒᆞ리 업스니 공명부귀ᄂᆞᆫ 탐랑취물 ᄀᆞᆺ틀씨니 엇지 부득이라 ᄒᆞ고 남의 숀 아ᄅᆡ 잇ᄂᆞ뇨 (賢弟有擎天駕海之才, 四海孰不欽敬? 功名富貴, 如探囊取物, 何言無奈而在人之下乎?) <삼국-국중 1:74>

【-을지은정】 미 '-ㄹ지언정'의 변이형.¶ ▼우리 등이 ᄎᆞ라이 죽을지은정 욕되지 아니할 거시니 도독은 쥬공을 권ᄒᆞ야 계교ᄅᆞᆯ 결단ᄒᆞ야 군ᄉᆞᄅᆞᆯ 니ᄅᆞ혀라 (吾等寧死不辱, 望都督勸主公決計興兵.) <삼국-모종 7:98>

【을퓨-】 동 읊다. '을푸다'의 'ㅜ'형.¶ ▼吟 ‖ 난모 쓰고 호구 입고 나귀ᄅᆞᆯ 타고 한 쳥의소동이 일호쥬ᄅᆞᆯ 가지고 눈을 발ᄇᆞ 와 일슈시ᄅᆞᆯ 을퓨니 (一人煖帽遮頭, 狐裘蔽體, 騎著一驢後隨一靑衣小童, 攜一葫蘆酒, 踏雪而來, 轉過小橋, 口吟詩一首.) <삼국-모종 6:82>

【음쉬-ᄒᆞ-】 동 엄살(掩殺)하다. 별안간 습격하여 죽이다.¶ ▼掩殺 ‖ 등지 조운의 크게 이기믈 보고 쵹병을 거ᄂᆞ려 음쉬ᄒᆞ니 셔량병이 ᄃᆡ패ᄒᆞ여 닷고 (鄧芝見趙雲大勝, 率蜀兵掩殺, 西涼兵大敗而走.) <삼국-모종 15:47>

【음습-ᄒᆞ-】 동 음습(陰襲)하다. 남몰래 습격하다.¶ ▼襲 ‖ 원슐이 여포가 셔쥬를 음습ᄒᆞᆷ을 알고 셩야의 ᄉᆞᄅᆞᆷ을 ᄎᆞ정ᄒᆞ여 여포 곳의 가 양식 오만 곡과 말 오ᄇᆡᆨ 필과 금은 일만 양과 ᄎᆡ단 일천 필로써 ᄒᆞ락ᄒᆞ여 (袁術知呂布襲了徐州, 星夜差人至呂布處, 許以糧五萬斛, 馬五百匹, 金銀一萬兩, 綵緞一千疋.) <삼국-모종 3:1>

【음식-ᄒᆞ-】 동 음식(飮食)하다. 음식을 만들다.¶ ▼庖 ‖ 믄득 음식ᄒᆞᄂᆞᆫ 관원이 계탕을 드렷거ᄂᆞᆯ 죄 보니 ᄃᆞᆯᄀᆡ 힘줄이 잇ᄂᆞᆫ디라 ᄆᆞᄋᆞᆷ의 감동ᄒᆞ미 이셔 팀음ᄒᆞ더니 (忽値庖官進鷄湯, 操見碗中有鷄肋, 因而有感於懷.) <삼국-가정 23:108>

【음신】 명 음신(音信) 소식(消息). 먼 곳에서 전하는 소식이나 편지. 성식(聲息). 신식(信息). 음모(音耗).¶ ▼音耗 ‖ 한슝이 동졍을 ᄉᆞᆯ피라 왓고 져근 공이 업거ᄂᆞᆯ 엇디 이런 듕ᄒᆞᆫ 벼ᄉᆞᆯ을 ᄒᆞ이며 녜형의 음신이 업ᄉᆞ되 뭇디 아니믄 엇디오 (韓嵩來觀動靜, 未有微功, 重加此職. 禰衡又無音耗, 丞相遣而不問, 何也?) <삼국-가정 8:62>

【음십-ᄒᆞ-】 동 엄습(掩襲)하다. 뜻하지 않는 사이에 습격하다.¶ ▼掩 ‖ 병[병]은 신쇽ᄒᆞ미 귀ᄒᆞ니 이졔 쳔니예 븍정ᄒᆞ여 치즁이 만하 이예 닷기 얼여우니 경병으로 길을 겸ᄒᆞ여 나가 불의예 음십ᄒᆞ면 필승ᄒᆞ리니 (兵貴神速, 今千里襲人, 輜重多而難以趨利, 不如輕兵兼道以

出, 掩其不備.) <삼국-모종 6:15>

【읇흐-】 동 읊다. 억양을 넣어서 소리를 내어 시를 읽거나 외다.¶ ▼吟 ‖ 공명이 계오 셰여 ᄒᆞᆫ 결괴 시롤 읇흐니 갈오ᄃᆡ ᄃᆡ몽을 뉘 몬져 ᄭᆡ리 평ᄉᆡᆼ을 ᄂᆡ ᄉᆞᄉᆞ로 아ᄂᆞ도다 초당에 봄잠이 족ᄒᆞ니 창 박계 날이 더듸고 더듸도다 (孔明纔醒, 口吟詩曰: 大夢誰先覺? 平生我自知. 草堂春睡足, 窗外日遲遲.) <삼국-모종 6:86>

【읎-】 형 없다.¶ ▼無 ‖ 류예쥐 군ᄉᆡ 약ᄒᆞ고 장쉬 적고 겸ᄒᆞ여 신야셩이 젹으ᄆᆡ 양식이 읍시니 엇지 능히 됴ᄌᆞ로 더부러 상지ᄒᆞ리요 (劉豫州兵微將寡, 更兼新野城小無糧, 安能與曹操相持?) <삼국-국중 8:152>

【읏들이-】 동 붙들리다.¶ ▼把持 ‖ 황문이 항복ᄒᆞ니 그 총명이 ᄃᆡ져 여ᄎᆞᄒᆞ나 문듯 손님의계 읏들이여 능히 주장치 못ᄒᆞ더라 (黃門服罪, 亮之聰明, 大抵如此, 雖然聰明, 卻被孫綝把持, 不能主張.) <삼국-모종 18:80>

【읏듬】 명 으뜸. 많은 것 가운데 가장 뛰어난 것. 근본(根本).¶ ▼頭 ‖ 너희 므ᄉᆞ므라 겯오리오 이제 녕포 등현이 각ᄀᆞ 채칙을 세윗다 ᄒᆞ니 각ᄀᆞ 본부 군마롤 거ᄂᆞ리고 나아가 ᄒᆞᆫ 채식 몬져 엇ᄂᆞ니로 읏듬 공이 되라 (汝二人不必相爭, 卽目冷苞、鄧賢下兩個下寨. 今汝二人, 自領本部軍馬, 各打一寨. 如先獲得將者, 便爲頭功.) <삼국-가정 20:69> ▼魁 ‖ 담양은 셔촉의 읏듬이오 문장은 ᄐᆡ허를 ᄭᅦ치도다 (膽量魁西蜀, 文章貫太虛.) <삼국-국중 11:39>

【읏듬-허-】 동 으뜸하다.¶ ▼覇 ‖ 손칙이 강동에 읏듬허기로 군ᄉᆞᄂᆞᆫ 정허고 양식은 족허니 건안 ᄉᆞ년에 녀강을 업습허여 뉴훈을 픽허고 (孫策自霸江東, 兵精糧足, 建安四年, 襲取廬江, 敗劉勳.) <삼국-모종 5:34>

【읏듬-ᄒᆞ-】 동 으뜸하다. 으뜸으로 여기다.¶ ▼覇 ‖ 졔 동탁이 젼권ᄒᆞᄆᆡ 쳔ᄌᆞ 나약ᄒᆞ고 ᄒᆡᄂᆡ ᄃᆡ란ᄒᆞ야 각각 일방의 읏듬ᄒᆞ니 강동이 바야흐로 조곰 편ᄒᆞᆫ지라 (今董卓專權, 天子懦弱, 海內大亂, 各霸一方, 江東方稍寧.) <삼국 모종 1:120>

【읏쩌-ᄒᆞ-】 형 어떠하다.¶ ▼何 ‖ 동승이 왈 공이 읏쪄ᄒᆞᆫ ᄉᆞ람을 쓰고져 ᄒᆞᄂᆞ냐 마등이 왈 예쥐목 뉴현덕이 잇나이다 (董承等問馬騰曰: "公卻用何人?" 馬騰曰: "見有豫州牧劉玄德在此, 何不求之?") <삼국-모종 4:1>

【읏찌】 부 어찌.¶ ▼何 ‖ 현덕이 슐을 명ᄒᆞ야 ᄃᆡ졉ᄒᆞ니 승이 왈 전일 위장의 운장이 죠ᄌᆞ을 죽이고져 ᄒᆞ거ᄂᆞᆯ 장군이 눈치ᄒᆞ야 물이치기ᄂᆞᆫ 읏지ᄒᆞᆫ 연고잇가 현덕이 ᄃᆡ경 왈 읏찌 아ᄂᆞᆫ야 (玄德命取酒相待, 承曰: "前日圍場之中, 雲長欲殺曹操, 將軍動目搖頭而退之, 何也?" 玄德失驚曰: "公何以知之?") <삼국-모종 4:2>

【읏지】 부 어찌. 어떠한 이유로. 어떻게.¶ ▼安 ‖ 탁이 왈 ᄂᆡ 읏지 참아 너를 발이리요 초션 왈 비록 ᄐᆡᄉᆞ의 은이ᄒᆞ믈 무릅쓰나 다만 이 곳이 오ᄅᆡ 거ᄒᆞ지 못할지라 반다시 여포의 히한 빈 될가 져어ᄒᆞ노이다 (卓曰: "吾安忍捨汝耶?" 蟬曰: "雖蒙太師憐愛, 但恐此處不宜久居, 必被呂布所害.") <삼국-모종 2:19>

【읏지-ᄒᆞ-】 동 어찌하다. 어떻게 하다.¶ ▼何 ‖ 현덕이 슐을 명ᄒᆞ야 ᄃᆡ졉ᄒᆞ니 승이 왈 젼일 위장의 운장이 죠ᄌᆞ을 죽이고져 ᄒᆞ거ᄂᆞᆯ 장군이 눈치ᄒᆞ야 물이치기ᄂᆞᆫ 읏지ᄒᆞᆫ 연고잇가 현덕이 ᄃᆡ경 왈 읏찌 아ᄂᆞᆫ야 (玄德命取酒相待, 承曰: "前日圍場之中, 雲長欲殺曹操, 將軍動目搖頭而退之, 何也?" 玄德失驚曰: "公何以知之?") <삼국-모종 4:2>

【응변-ᄒᆞ-】 동 응변(應變)하다. 그때그때 처한 사태에 마주어 즉각 그 자리에서 결정하거나 처리하다. 임기응변하다.¶ ▼應變 ‖ 아모 거ᄉᆡ도 거리ᄭᅵ디 아니ᄒᆞ야 일을 조차 가며 응변ᄒᆞ기롤 잘ᄒᆞᄂᆞ이다 (不必拘執, 隨機應變.) <삼국-가정 18:80>

【응양-ᄒᆞ-】 동 응양(鷹揚)하다. 매가 날개를 치고 날아오르듯 큰 뜻을 펼치다.¶ ▼鷹揚 ‖ 목야 ᄒᆞᆫ ᄊᆞ홈의 피 흘너 임니ᄒᆞ엿스니 녁ᄀᆞᄒᆞᆫ 공녈을 응양ᄒᆞᄆᆡ 무신의 읏듬이 도엿도다 (牧野一戰血流杵, 鷹揚偉烈冠武臣.) <삼국-국중 8:13>

【응완-ᄒᆞ-】 동 응원(應援)하다.¶ ▼救應 ‖ 조조로 ᄒᆞ야곰 군을 거ᄂᆞ려 왕ᄂᆡᄒᆞ며 응완ᄒᆞ라 ᄒᆞ니 팔도 제휘 녕을 듯고 각ᄀᆞ 군을 거ᄂᆞ려 가니라 (操引軍往來救應, 八路諸侯得令, 各自起兵.) <삼국-가정 2:81>

【응췌만록훠】 명 ((복식)) 응췌말녹화(鷹嘴抹綠靴).¶ ▼鷹嘴抹綠靴 ‖ 확이 머리예 감보ᄌᆞ금관을 쓰고 몸의 영낙홍금포롤 닙고 허리예 뎐옥ᄉᆞᄌᆞᄃᆡ롤 ᄯᅴ고 발의 응췌만록훠롤 신고 ᄇᆞ람의 우로적시ᄂᆞᆫ 젹토마롤 ᄐᆞ고 숑문샹보검을 ᄎᆞ고 (中間孟獲出馬, 頭頂嵌寶紫金冠, 身披纓絡紅錦袍, 腰係碾玉獅子帶, 脚穿鷹嘴抹綠靴. 騎一匹卷毛赤兎馬, 懸兩口松紋鑲寶劍.) <삼국-가정 28:87>

【-의】 조 -의. 속격 조사. 앞 체언이 관형사 구실을 하게 한다.¶ ▼之 ‖ 통 왈 나무 나ᄅᆞ롤 치며 질겨ᄒᆞ문 인자의 병이 아니ᄅᆞ다 (龐統曰: "伐人之國而以爲樂, 非仁者之兵也.") <삼국-모종 10:106>

【의각-ᄒᆞ-】 동 의각(犄角)하다. 서로 대치하다.¶ ▼犄角 ‖ 마등은 서량의 둔진ᄒᆞ니 경히 못ᄒᆞᆯ지라 다만 글노써 위로ᄒᆞ여 의심 업게 ᄒᆞ고 경ᄉᆞ의 다려다가 도모ᄒᆞ고 뉴비ᄂᆞᆫ 서쥬의 잇서 ᄅᆞ로 의각ᄒᆞ니 경히 ᄃᆡ적지 못ᄒᆞᆯ 거시오 (馬騰屯軍西凉, 未可輕取, 但當以書慰勞, 勿使生疑, 誘入京師圖之, 可也, 劉備現在徐州, 分布犄角之勢, 亦不可輕敵.) <삼국-모종 4:45>

【-의게셔】 조 -보다. 비교를 나타내는 부사격 조사.¶ ▼이제 쟝군이 공 ᄃᆡ졉호ᄆᆞᆯ 조의게셔 더ᄒᆞᆫ 일이 업거ᄂᆞᆯ 이제 온셩의 쳐ᄌᆞ롤 긋재 맛디고 외로온 군ᄉᆞ롤 멀리 나가다가 만일 일됴의 변이 이시면 엇디 쳡이 쟝군의 쳬 되리오? (今將軍厚公臺不過曹操, 而欲委全城, 捐妻子, 孤軍遠出, 若一旦有變, 妾豈得爲將軍之妻乎?) <삼국-가정 7:32>

【의곽-ᄒᆞ-】 동 의각(犄角)하다. 서로 대치하다.¶ ▼犄角 ‖ 상이 삼만 병으로 선봉 삼아 여양의 이르니 담이 ᄃᆡ희ᄒᆞ여 항복할 ᄯᅳ즐 파ᄒᆞ고 성즁의 둔진ᄒᆞ니 상이 성외

예 둔진ᄒᆞ여 의곽ᄒᆞ더니 (尙點兵三萬, 使爲先鋒, 先至黎陽, 譚聞尙自來, 大喜, 遂罷降曹之議, 譚屯兵城中, 尙屯兵城外, 爲犄角之勢.) <삼국-모종 5:79>

【-의긔】 조 -에게.¶ ▼與 ‖ 셕일의 경이 형쥬를 보 두어 류비의긔 빌녀시나 이졔 류비 쳔년ᄒᆞ고 돌녀 보ᄂᆡ지 아니ᄒᆞ니 엇디ᄒᆞ리오 (汝昔保荊州與劉備, 今備遷延不還, 等待何時?) <삼국-국중 10:101>

【의디-ᄒᆞ-】 동 의지(依支)하다. 다른 것에 마음을 기대어 도움을 받다.¶ ▼依 ‖ 방덕은 셔량 용장이라 이졔 장노의게 의디ᄒᆞ미 ᄋᆞᆼ양 칭심치 못ᄒᆞ더라 (龐德乃西凉勇將, 原屬馬超; 今雖依張魯, 未稱其心.) <삼국-국중 12:31> 듕댱은 그 뜻을 아디 못ᄒᆞ고 듕군은 영을 의디ᄒᆞ여 예비ᄒᆞ엿더니 초경 시분의 또 결영 왈 군ᄉᆞ마다 옷 ᄒᆞᆫ 복의 흙을 싸라 업난 ᄌᆞᄂᆞᆫ 버히리라 (諸將皆不知其意, 衆軍依令預備, 初更時分, 又傳令曰: "每軍衣襟一幅, 包土一包, 無者立斬.") <삼국-모종 14:4>

【의믜】 부 이미.¶ ▼已 ‖ 이졔 후쥬 혼약하여 왕긔 임의 다ᄒᆞ기로 ᄋᆡ 쳔ᄌᆞ의 명을 바다 촉을 쳐 의믜 그 ᄯᅡ을 다 어든니 (今後主昏弱, 王氣已終, 艾奉天子之命, 以重兵伐蜀, 已皆得其地矣.) <삼국-모종 19:51>

【의방-ᄒᆞ-】 동 의방(依倣)하다. 남의 것을 모방하여 본받다. 흉내내다.¶ ▼倣 ‖ 폐히 만일 의심ᄒᆞ시거던 가히 ᄒᆞᆫ 고졔 운몽[몽]의 거즛 노 일을 의망[방]ᄒᆞ여 어겨[가] 안업[읍]을 가시면 (如陛下心疑, 可倣漢高僞游雲夢之計, 御駕幸安邑.) <삼국-모종 15:34>

【의병】 명 ((군사)) ((인류)) 의병(疑兵). 가짜 군사.¶ ▼疑兵 ‖ 조의 위인이 평ᄉᆡᆼ의 의심이 하니 비록 용병을 잘 ᄒᆞ나 의심곳 하면 패ᄒᆞ므로 내 의병을 베퍼 이긔니이다 (操平生爲人多疑, 雖能用兵, 疑則多敗. 吾以疑兵勝之.) <삼국-가정 23:97>

【-의셔】 조 -보다. 비교를 나타내는 부사격 조사.¶ ▼强些 ‖ 비 위를 니은 후로븟터 법녕이 일신ᄒᆞ고 한뎨를 위엄으로 핍박ᄒᆞ미 그 아비의셔 심ᄒᆞ니 (曹丕自繼位之後, 法令一新, 威逼漢帝, 甚於其父.) <삼국-국중 13:116> 이졔 몽의 ᄌᆡ죠가 쥬유의 밋디 못ᄒᆞ고 슉명의 친졀ᄒᆞ미 정보의셔 나흐니 반ᄃᆞ시 능히 샹졔치 못ᄒᆞᆯᄀᆞ 져허ᄒᆞᄂᆞ이다 (今蒙之才不及瑜, 而叔明之親勝於普, 恐未必能相濟也.) <삼국-국중 13:52> ▼勝 ‖ 만일 운장을 어드면 안량 문츄의셔 십비나 ᄒᆞ흐리로다 (吾得雲長, 勝顔良、文醜十倍也.) <삼국-국중 6:38> 원은 ᄇᆡᆨ니지ᄌᆡ 아니라 흉즁의 ᄇᆡ혼 ᄇᆡ 냥의셔 십비가 ᄂᆞ으니 냥이 일즉 쳔거ᄒᆞᆫ 글을 닷가 사원의게 븟쳣ᄂᆞᆫ지라 (士元非百里之才, 胸中之學, 勝亮十倍. 亮曾有薦書在士元處, 曾達主公否?) <삼국-국중 10:129>

【의심-ᄒᆞ-】 동 의심(疑心)하다. 확실히 알 수 없어서 믿지 못하는 마음이 있다.¶ ▼猜疑 ‖ 가쇼롭다 황권과 왕누의 말이여 죵형의 ᄆᆞ음을 아지 못ᄒᆞ고 망녕도이 셔로 의심ᄒᆞᄂᆞᆫ도다 ᄂᆡ 이졔 현덕을 보니 참 인의지인니라 (可笑黃權、王累等輩, 不知宗兄之心, 妄相猜疑. 吾今日見之, 眞仁義之人也.) <삼국-국중 11:58>

【의외】 명 의외(意外). 생각했거나 예상했던 것과는 전혀 달리 뜻밖.¶ ▼不虞 ‖ 또 대영 뒤히 동원[디명이라]의 ᄒᆞᆫ 셩을 싸 의외옛 변을 방비ᄒᆞ더라 (又于大營之後東原築起一城, 以防不虞.) <삼국-가정 33:105>

【의위-씨-】 동 에워싸다.¶ ▼圍 ‖ 젼군 니보로 악셩을 의위씨고 호군 순지[긔]로 한셩을 싸고 시사로 ᄃᆡ병을 ᄭᅳ어 양평관을 취한니 (前軍李輔圍樂城, 護軍荀愷圍漢城, 自引大軍取陽平關.) <삼국-모종 19:33>

【의지-ᄒᆞ-】 동 의지(依支)하다. 다른 곳에 몸을 기대다.¶ ▼憑 ‖ 죄 현덕으로 더브러 난간의 의지ᄒᆞ여 보더니 (操與玄德憑欄觀之.) <삼국-가정 규장 6:8>

【의ᄌᆞ】 명 ((인류)) 의자(義子). 의붓아들. 남편의 전처가 낳은 아들. 또는 개가하여 온 아내가 데리고 들어온 아들.¶ ▼螟蛉 ‖ 형댱이 임의 ᄌᆞ식이 잇거ᄂᆞᆯ 이 의ᄌᆞᄅᆞᆯ ᄒᆞ야 머엇 ᄒᆞ려 ᄒᆞᄂᆞ뇨 후의 반ᄃᆞ시 난이 이시리라 (兄長旣有子, 何必用螟蛉? 後必有亂也.) <삼국-가정 12:46>

【의체-ᄒᆞ-】 동 거리끼다. 방해하다.¶ ▼礙 ‖ 오적이 담낙ᄒᆞ니 딤이 장구ᄃᆡ진ᄒᆞ면 무어시 의체ᄒᆞ리오 (吳賊膽落, 朕長驅大進, 有何礙乎?) <삼국-국중 14:48>

【-읫】 조 -엣. -의. 체언과 체언의 합성에 관여하여, 앞의 명사 어근이 뒤의 명사를 수식·한정함을 보여준다.¶ ▼내 조조ᄅᆞᆯ ᄀᆞ장 용ᄒᆞᆫ가 너겨 벼ᄉᆞᆯ을 ᄇᆞ리고 ᄯᆞᆯ와 왓더니 본ᄃᆡ 싀랑의 ᄆᆞᄋᆞᆷ이오 개 힝실읫 거시니 이졔 머믈워 두면 반ᄃᆞ시 후환이 되리라 (我將謂曹操是好人, 棄官跟將他來, 原是狼心狗倖之徒. 今日留之, 必爲後患.) <삼국-가정 2:30> 쟝군은 몸소 익쥐 군ᄉᆞᄅᆞᆯ 거ᄂᆞ려 진쳔[디명이라]으로 나아가면 ᄇᆡᆨ셩이 뉘 단ᄉᆞ[댱ᄌᆞ리의 밥이라] 호쟝[병읫 믈이라]으로ᄡᅥ 쟝군을 맛디 아니ᄒᆞ리오 (將軍身率益州之衆以出秦川, 百姓孰敢不簞食壺漿以迎將軍者乎?) <삼국-가정 12:110> ᄂᆡ 사랑ᄒᆞᄂᆞᆫ 고로 희롱읫 말이니 공은 ᄉᆞᄅᆞᆷ을 다시 보ᄂᆡ여 쇽히 불너오쇼셔 (吾實愛之, 故戱言耳. 公可再使人召之, 令其速來.) <삼국-국중 6:100>

【이-】 동 «일다» 일어나다. 누웠다가 앉거나 앉았다가 서다.¶ ▼起 ‖ 진니 슈참ᄒᆞ야 긔질을 어더 상ᄋᆞᆼ의 누어 이지 못ᄒᆞ더라 (曹眞甚是惶恐, 氣成疾病, 臥牀不起.) <삼국-국중 16:4> ᄃᆞᄋᆞᆼ여 군ᄉᆞ로 ᄒᆞ여곰 각각 풀 ᄒᆞᆫ 단식 가지고 암지의 ᄆᆡ복ᄒᆞ엿더니 그날 밤의 ᄃᆡ풍이 홀연 이ᄂᆞᆫ지라 (遂令軍士, 每人束草一把, 暗地埋伏, 其夜大風忽起.) <삼국-모종 1:12>

【이간-ᄒᆞ-】 동 이간(離間)하다. 두 사람이나 나라 등의 사이를 헐뜯어 서로 멀어지게 하다.¶ ▼諜間 ‖ 네 즁간의 져의 부ᄌᆞᄅᆞᆯ 이간ᄒᆞ여 려포로 ᄒᆞ여곰 동탁을 죽여 ᄃᆡ악을 멸ᄒᆞ고 (汝於中取便, 諜間他父子反顔, 令布殺卓, 以絶大患.) <삼국-국중 2:75>

【이긔-】 동 이기다. 내기나 시합, 싸움 따위에서 재주나 힘을 겨루어 상대를 꺾다.¶ ▼捷 ‖ 츌ᄉᆞᄒᆞ야 이긔디 못

ᄒᆞ야셔 몸이 몬져 죽으니 기리 영웅으로 ᄒᆞ여곰 눈믈이 기ᄉᆡ ᄀᆞ득ᄒᆞᄂᆞᆫ도다 (出師未捷身先死, 長使英雄淚滿襟.) <삼국-가정 34:128> ▼贏 ‖ 십일 ᄂᆡ예 동경을 보디 못ᄒᆞ면 이ᄂᆞᆫ 내 벼 이긔미라 (十日之內, 不見動靜, 才是吾贏!) <삼국-가정 33:16>

【이-놈】 대 이놈. 말하는 이에게 가까이 있거나 말하는 이가 생각하고 있는 남자를 비속하게 이르는 3인칭 대명사.¶ ▼이놈 (這厮) <삼국-어람 108a>

【이-다암】 명 이다음.¶ ▼이다암의 (下次) <삼국-어람 108b>

【이-다지】 부 이다지. 이렇게까지.¶ ▼이다지 ᄌᆞ경은 날노 더부러 고구디교라 엇지 이다지 겸양ᄒᆞ나뇨 (子敬與我舊交, 何必太謙?) <삼국-국중 10:103>

【이-다히】 명 이땅. 이쪽. 이편.¶ ▼此間 ‖ 이다히ᄂᆞᆫ 다 존신의 다ᄉᆞ리던 디방이라 사라 겨신 적브터 집마다 봉양ᄒᆞ던 거시니 엇디 이제ᄲᅮᆫ이리오 (此間皆是尊神地方. 在生之日, 家家侍奉, 何況今日爲神乎?) <삼국-가정 27:34>

【이대-ᄃᆞ록】 부 이토록.¶ ▼如此 ‖ 엇디 속이기ᄅᆞᆯ 이대ᄃᆞ록 심히 ᄒᆞᄂᆞ뇨 (直如此相欺之甚也!) <삼국-가정 5:17> 네 어이 날을 이대ᄃᆞ록 헤디 아닌ᄂᆞᆫ다 우리 형이 죽을 제 너ᄃᆞ려 머어시라 니ᄅᆞ더니 (你直如此將我看承得如無物! 我姐姐臨危之時, 分付你甚話來?) <삼국-가정 17:97> 채모 댱윤은 텸녕ᄒᆞᄂᆞᆫ 무리어ᄂᆞᆯ 엇디 이대ᄃᆞ록 듕ᄒᆞᆫ 벼ᄉᆞᆯ을 ᄒᆞ이며 슈군도독지이 겸킈 ᄒᆞ시ᄂᆞ니잇고 (蔡瑁、張允乃諂佞之徒, 何故加封如此顯官, 更敎都督水軍乎?) <삼국-가정 13:118>

【이ᄃᆞᆺ지】 부 이다지.¶ ▼如此 ‖ 졔쟝이 ᄉᆞᄉᆞ로 승의 왈 승상이 정젼ᄒᆞ야 오무로 마양 당션ᄒᆞ더니 이졔 마초ᄭᅴ 픽ᄒᆞ고 엇지 이ᄃᆞᆺ지 약ᄒᆞ뇨 (諸將皆私相議曰: "丞相自來征戰, 一身當先, 今敗於馬超, 何如此之弱也?") <삼국-모종 10:15>

【이ᄃᆡ-도록】 부 이토록. 이러한 정도로까지.¶ ▼如此 ‖ 공은 한샹이오 유ᄂᆞᆫ 포의라 엇지 이ᄃᆡ도록 겸손ᄒᆞᄂᆞ뇨 (公乃漢相也, 吾乃布衣, 公何謙遜如此?) <삼국-가정 10:74>

【이-ᄃᆡ지】 부 이다지. 이러한 정도로. 또는 이렇게까지. 이토록.¶ ▼나ᄂᆞᆫ 촉즁 일 유싱으로 특별이 오국을 위ᄒᆞ야 이히를 진셜ᄒᆞ랴 ᄒᆞ거ᄂᆞᆯ 이의 유경과 무ᄉᆞ를 베펴 써 방비ᄒᆞ니 엇지 국냥이 이ᄃᆡ지 ᄉᆞ름을 놓납지 못ᄒᆞ나뇨 (吾乃蜀中一儒生, 特爲吳國利害而來. 乃陳兵設鼎, 以拒一使, 何其局量之不能容物耶?) <삼국-국중 14:90>

【이라혀-】 동 일으키다. 일(일다, 起)-+-아(사동사 파생 접미사)-+-혀(강조 접미사)-.¶ ▼起 ‖ 이ᄂᆞᆫ 하날이 날노 ᄒᆞ여곰 복얭을 어드미라 ᄒᆞ고 ᄂᆡ인을 즁샹ᄒᆞ고 일면으로 병을 이라혀니 유엽 왈 픽 비록 무모ᄒᆞ나 궁니 겨교 만흐니 간싸ᄒᆞ미 이실가 져허ᄒᆞ나니 맛당니 이 예반[방]할 거시라 (操大喜曰: "天使吾得濮陽也!" 重賞來人, 一面收拾起兵, 劉曄曰: "布雖無謀, 陳宮多計, 只恐其中有詐, 不可不防.") <삼국-모종 2:74>

【이러】 대 이곳. 이쪽.¶ ▼此 ‖ 일천군을 거ᄂᆞ려 ᄇᆡᆨ하 ᄂᆞᄅᆞ 어귀예 가 ᄆᆡ복ᄒᆞ라 조군이 믈의 ᄲᅡ치면 여긔 슈셰 ᄀᆞ장 ᄠᅳ니 반ᄃᆞ시 이러로 ᄃᆞ라날 거시니 승셰ᄒᆞ야 즛디ᄅᆞ고 운댱을 졉응ᄒᆞ라 (引一千軍白河渡口埋伏. 曹軍被淹, 此處水勢最慢, 人馬必從此逃難, 可乘勢殺來接應雲長.) <삼국-가정 13:92> 이러로셔 븍녁흐로 가면 디셰 엇더ᄒᆞ뇨 (此去往北, 地勢若何?) <삼국-가정 25:45> ▼這裡 ‖ 이러로셔 낙셩 가기예 관ᄋᆡᆨ과 채ᄎᆡᆨ이 믈읫 삼십여 ᄎᆡ로ᄃᆡ 다 노부의 ᄀᆞ음안 배라 ᄃᆡ흰 쟝쉬 다 내 쟝악 듕의 이시니 (從此取雒城, 凡守御關隘, 計寨柵共三十餘處, 都是老夫所管官軍, 皆出於掌握之中.) <삼국-가정 21:2>

【이러-로셔】 부 이로부터.¶ ▼從此 ‖ 이러로셔 낙셩 가기예 관ᄋᆡᆨ과 채ᄎᆡᆨ이 믈읫 삼십여 ᄎᆡ로ᄃᆡ 다 노부의 ᄀᆞ음안 배라 ᄃᆡ흰 쟝쉬 다 내 쟝악 듕의 이시니 (從此取雒城, 凡守御關隘, 計寨柵共三十餘處, 都是老夫所管官軍, 皆出於掌握之中.) <삼국-가정 21:2>

【이려-타시】 부 이렇듯이. '이려ᄒᆞ다시'의 준말.¶ ▼如此 ‖ 숀권니 글을 취ᄒᆞ여 유를 쥬니 위 보고 우서 왈 노적이 강동의 ᄉᆞ름이 업다 ᄒᆞ여 감히 이려타시 업슈이 넉이ᄂᆞ냐 (權卽取檄文與周瑜看. 瑜看畢, 笑曰: "老賊以我江東無人, 敢如此相侮耶!") <삼국-모종 7:105>

【이령-ᄒᆞ-】 형 니령(泥濘)하다. 진창길이다.¶ ▼泥 ‖ 산벽쇼로의 ᄃᆡ위 ᄂᆞ리ᄆᆡ 굴헝의 물이 잇고 길이 이령ᄒᆞ여 [이령은 딘흙이 되여 지단 말이라] 말이 둥히 힝치 못ᄒᆞ리로소이다 (前面山僻路小, 因早晨下雨, 坑塹內積水不流, 泥陷馬蹄, 不能前進.) <삼국-국중 9:143>

【이르혀-】 동 일으키다. 일(일다, 起)-+-으(사동사 파생 접미사)-+-혀(강조 접미사)-.¶ ▼翻 ‖ 부인니 이의 아두를 ᄯᅡ희 바리고 몸을 이르혀 우물의 ᄲᅡ져 죽으니라 (糜夫人乃棄阿斗於地, 翻身投入枯井中而死.) <삼국-국중 8:114>

【이리】 대 이곳. 이쪽.¶ ▼這裏 ‖ 이리로셔 븍녁흐로 가면 지셰 엇더ᄒᆞ뇨 (此去往北, 地勢若何?) <삼국-규장 17:95>

【이멸-ᄒᆞ-】 동 이멸(夷滅)하다. 멸하여 없애다.¶ ▼夷 ‖ ᄉᆞ마쇠 셩듕의 드러가 제갈탄의 가족 노쇼ᄅᆞᆯ 다 참ᄒᆞ고 삼족을 이멸ᄒᆞ다 (司馬昭入得壽春, 將諸葛誕老小盡皆斬之, 夷其三族.) <삼국-가정 37:37> 죠셔ᄅᆞᆯ 바다 둥애ᄅᆞᆯ 잡고 그 나ᄆᆞ니ᄂᆞᆫ 각각 무ᄅᆞᆯ 죄 업ᄉᆞ니 만일 일즉이 도라오면 쟉샹을 바ᄃᆞ려니와 감히 어그릇ᄂᆞᆫ 재 이시면 삼족을 이멸ᄒᆞ리라 (奉詔收艾, 其餘各無所問. 若早來歸, 爵賞如先. 敢有不出者, 夷其三族.) <삼국-가정 39:22>

【이믜】 부 이미.¶ ▼ᄉᆞ마의와 장합니 이믜 공을 이루믈 듯고 병을 ᄡᅳ어 열유셩을 엄십ᄒᆞ미라 (聞知司馬懿、張郃成上此功, 遂引兵逕襲列柳城.) <삼국-모종 16:9>

【이믜】 囝 이미. 벌써. 다 끝나거나 지난 일을 이를 때 쓰는 말.¶ ▼已 ‖ 셕의 노쇼공이 계씨의 욕을 츰지 못ᄒᆞ미 픽ᄒᆞ여 실국ᄒᆞ기의 이르니 이졔 듕권 이믜 사마씨게 도라갓ᄂᆞᆫ지라 (昔魯昭公不忍季氏, 敗走失國. 今重權已歸司馬氏久矣.) <삼국-국중 17:39> 현덕과 조운니 뒤호로 물너 ᄃᆞᄅᆞᄂᆞ거날 잇ᄶᅴ의 이믜 쳔ᄉᆡᆨ이 져물고 구름이 폐천ᄒᆞ여 월ᄉᆡᆨ이 업ᄂᆞᆫ지ᄅᆞ (玄德、趙雲退後便走, 時天色已晩, 濃雲密布, 又無月色.) <삼국-모종 7:17> ᄂᆡ 가경을 살펴본니 길을 당ᄒᆞ여 칙성을 안니ᄒᆞ고 군ᄉᆞ 다 산상의 둔을 처신니 가히 파ᄒᆞ기 어렵지 안일 쥴을 이믜 혜아려나이다 (男親自哨見, 當道並無寨柵, 軍皆屯於山上, 故知可破也.) <삼국-모종 16:6> 상ᄉᆞ를 이믜 맛치믹 군ᄉᆞ를 쓸고 강도의 거ᄒᆞ야 초현납ᄉᆞᄒᆞ고 굴긔ᄃᆡ인ᄒᆞ니 사방 호걸이 졈졈 도라가더라 (喪事已畢, 引軍居江都, 招賢納士, 屈己待人, 四方豪傑, 漸漸投之.) <삼국-모종 2:1> 운당이 십슈 리ᄅᆞᆯ ᄯᅩ르다가 군ᄉᆞᄅᆞᆯ 도로혀 현덕을 보호ᄒᆞ여 한 진의 니ᄅᆞ니 이믜 션쳑이 기ᄃᆞ리ᄂᆞᆫ지라 (雲長追趕十數里, 卽回軍保護玄德等到漢津, 已有船隻伺候.) <삼국-모종 7:69>

【-이ᄯᆞ녀】 回 -이랴. -이겠느냐. -일까보냐. -이ᄯᆞᆫ(-이야: 보조사, 강조)+-여(←-이여: 호조, 감탄). ※ 반어와 영탄을 나타내는 의문형 어미처럼 쓰인다.¶ ▼乎 ‖ 쟝이 드ᄅᆞ니 길흉을 서로 구ᄒᆞ고 환난의 서로 븟들믄 븡우도 오히려 그러커든 ᄒᆞ믈며 종족이ᄯᆞ녀 (璋聞'吉凶相救, 患難相扶', 朋友尙然, 況宗族乎?) <삼국-규장 13:116>

【이셩-족하】 명 ((인류)) 이성(異姓)조카. 외사촌 조카. 생질(甥姪).¶ ▼外甥 ‖ 모다 보니 이ᄂᆞᆫ 쥬티의 이셩 족하 호위쟝군ᄒᆞ엿ᄂᆞᆫ 단양 고쟝 사ᄅᆞᆷ 쥬연이러라 (衆視之, 乃朱治外甥, 官拜武衛都尉, 丹陽故障人也, 姓朱, 名然, 字義封.) <삼국-가정 17:4>

【이십】 㖈 이십(二十). 스물.¶ ▼二十 ‖ 보야흐로 쇼좌의 오ᄅᆞ 거ᄒᆞ더니 홀연 뎐 말르로셔 밋친 ᄇᆞ람이 크게 니러나며 ᄒᆞᆫ 프ᄅᆞᆫ ᄇᆡ얌이 들보 우흐로셔 ᄂᆞ리니 기리 이십여 댱이나 ᄒᆞ더라 어탑의 셔리니 녕뎨 보시고 놀라 것구러디거ᄂᆞᆯ 무ᄉᆡ 급히 구ᄒᆞ야 내니 (方欲升座, 殿角狂風大作, 見一條青蛇, 從梁上飛下來, 約二十餘丈長, 蟠于椅上. 靈帝驚倒, 武士急慌救出.) <삼국-가정 1:3>

【-이ᄯᆞ녀】 囹 -이랴. -이겠느냐. -일까보냐. 반어와 영탄을 나타내는 의문형 어미. -이ᄯᆞᆫ(-이야: 보조사, 강조)+-여(←-이여: 호격 조사, 감탄). ※ 반어와 영탄을 나타내는 의문형 어미처럼 쓰인다.¶ ▼乎 ‖ 쟝이 드ᄅᆞ니 길흉을 서ᄅᆞ 구ᄒᆞ고 환난의 서ᄅᆞ 븟들믄 븡우도 오히려 그러커든 ᄒᆞ믈며 종족이ᄯᆞ녀 (璋聞'吉凶相救, 患難相扶', 朋友尙然, 況宗族乎?) <삼국-가정 19:113> 비의 일신이 ᄂᆞᆷ의 나그내 되엿ᄂᆞᆫ디라 엇디 감샹ᄒᆞ야 탄식디 아니ᄒᆞ리오 쵸료[볍새라]도 오히려 ᄒᆞᆫ 가지의 평안호미 잇고 교토ᄂᆞᆫ 능히 세 굼글 ᄒᆞ아[톳기 간사ᄒᆞ야 세 굼글 ᄒᆞ야 두고 나드닷 말이라] 이시니 ᄒᆞ믈며 사ᄅᆞᆷ이ᄯᆞ녀 (備一身寄客, 未嘗不傷感嘆而嘆息. 嘗思'鷦鷯尙存一枝, 狡兎猶藏三窟', 何況人乎?) <삼국-가정 19:115> 신이 엇디 뎌ᄅᆞᆯ 두리링잇고 대슌도 오히려 본밧고져 ᄒᆞ거든 ᄒᆞ믈며 졔갈량이ᄯᆞ녀 (臣何畏彼哉! 大舜尙猶可效, 何況今人乎!) <삼국-가정 28:30> ᄯᅩ 겸ᄒᆞ야 ᄉᆞ마듕달이 능히 용병ᄒᆞ기ᄅᆞᆯ 잘ᄒᆞ야 졔갈무후도 오히려 이긔디 못ᄒᆞ거ᄂᆞᆯ 엇디 ᄒᆞ믈며 쥬공이ᄯᆞ녀 (又兼司馬仲達善能用兵, 諸葛武侯尙且不得取勝, 何況主公乎?) <삼국-가정 35:34> 다ᄅᆞᆫ 사ᄅᆞᆷ이라도 오히려 구ᄒᆞ려든 ᄒᆞ믈며 너의 쥬인이ᄯᆞ녀 맛당히 오래 머므디 못ᄒᆞ리니 가히 셩의 나가 도으라 (別人有事, 尙且救之, 何況汝之主人乎?) <삼국-가정 35:88> ▼何況…乎 ‖ 너ᄂᆞᆫ 겨집이로ᄃᆡ 오히려 시비ᄅᆞᆯ 알거든 ᄒᆞ믈며 내ᄯᆞ녀 나의 ᄒᆞᆫᄒᆞᄂᆞᆫ 바ᄂᆞᆫ 조ᄌᆞᄅᆞᆯ 죽이고져 ᄒᆞ미라 (汝乃婦人, 尙自知禮, 何況我乎? 吾所恨者, 欲殺曹操也?) <삼국-가정 18:101> ▼何況…乎 ‖ 너ᄂᆞᆫ 겨집이로ᄃᆡ 오히려 시비ᄅᆞᆯ 알거든 ᄒᆞ믈며 내ᄯᆞ녀 나의 ᄒᆞᆫᄒᆞᄂᆞᆫ 바ᄂᆞᆫ 조ᄌᆞᄅᆞᆯ 죽이고져 ᄒᆞ미라 (汝乃婦人, 尙自知禮, 何況我乎? 吾所恨者, 欲殺曹操也!) <삼국-가정 18:101> 신이 ᄯᅩᄒᆞᆫ 뎐하ᄅᆞᆯ 셤기모로브터 죄례 뫼ᄀᆞ티 싸혓ᄂᆞᆫ디라 신도 오히려 알거든 ᄒᆞ믈며 뎐해ᄯᆞ녀 (臣委質以來, 愆慮山積, 臣猶自知, 況于君乎?) <삼국-가정 26:3> 쵹듕의 오쳑 쇼ᄋᆞ도 오히려 ᄒᆞᆨ의 나아가거든 ᄒᆞ믈며 이 진ᄒᆞᆨᄉᆡᄯᆞ녀 (蜀中三尺童, 尙皆就學, 何況于我乎!) <삼국-가정 28:34> ▼矣 ‖ 손ᄌᆡ[손빈이라] 닐오ᄃᆡ 날을 알고 뎌ᄅᆞᆯ 알면 ᄇᆡᆨ번 싸화도 ᄇᆡᆨ번 이긘다 ᄒᆞ니 우리 다 승샹만 ᄀᆞᆺ디 못ᄒᆞᆫ디라 승샹도 오히려 듕원을 회복디 못ᄒᆞ여시니 엇디ᄒᆞ믈며 우리ᄯᆞ녀 (孫子云: '知己知彼, 百戰百勝.' 我等皆不如丞相遠矣.) <삼국-가정 35:119> ▼耶 ‖ 졔환공은 졔후로도 야인을 다ᄉᆞᆺ 번 가 보야흐로 보왓거든 ᄒᆞ믈며 내 공명을 보미ᄯᆞ녀 (齊桓公乃諸侯也, 欲見野人, 而猶五返方得一面. 何況于吾, 欲見孔明大賢耶.) <삼국-가정 12:99> ▼哉 ‖ 군부의 원슈ᄅᆞᆯ 갑프면 몸이 죽어도 관겨티 아니ᄒᆞ거든 ᄒᆞ믈며 ᄒᆞᆫ ᄌᆞ식이ᄯᆞ녀 (雪君父之大恥, 喪身不足爲重, 何況一子哉?) <삼국-가정 21:33>

【이엄】 명 ((복식)) 이엄(耳掩). 관복(官服)을 입을 때에 사모(紗帽) 밑에 쓰던, 모피로 된 방한구.¶ ▼暖帽遮頭 ‖ 현덕이 보니 ᄒᆞᆫ 사ᄅᆞᆷ이 이엄을 쓰고 호구ᄅᆞᆯ 닙고 나귀ᄅᆞᆯ ᄐᆞ고 아ᄒᆡ ᄒᆞ나흘 더블고 뒤웅박의 술을 너허 들리고 눈을 ᄇᆞᆲ고 오며 (玄德視之, 見一人暖帽遮頭, 狐裘被體, 騎一驢, 後隨帶一青衣小童, 携一葫蘆酒, 踏雪而來.) <삼국-가정 12:94>

【이-예】 囝 이에. 이리하여서 곧.¶ ▼乃 ‖ 이 고ᄃᆞᆫ 이에 졀디라 만일 위병이 믈길흘 긋ᄎᆞ면 군이 ᄉᆞᄉᆞ로 난ᄒᆞ리라 (今觀此山, 乃絶地也: 若魏兵斷其汲水之道, 軍不戰自亂矣.) <삼국-가정 31:15>

【이우-】[1] 동 잇다. 끼니 따위를 잇다.¶ ▼繼 ‖ 곽[각]이 제후의 거가ᄅᆞᆯ 미오의 옴기고 뎔 이셕[셤]으로 ᄒᆞ여곰 보ᄉᆞᆯ피고 ᄂᆡᄉᆞᄅᆞᆯ ᄡᅥ 음식을 이우지 아니ᄒᆞ니 시신 다

긔ᄉᆡᆨ이 잇난지라 (傕乃移帝后車駕於郿塢, 使姪李暹監之, 斷絶內使, 飮食不繼, 侍臣皆有飢色.) <삼국-모종 2:95>

【이우-】[2] [동] «이울다» 이울다. 시들다. 꽃이나 잎이 시들다.¶ ▼枯 ‖ 원공노ᄂᆞᆫ 무덤 가온대 이운 ᄲᅧ ᄀᆞᆮᄐᆞ니 엇디 나라ᄒᆞᆯ 근심ᄒᆞ야 집을 니ᄌᆞ리오 ᄠᅳᄃᆡ 거리ᄭᅵ디 말라 (袁公路冢中枯骨, 豈憂國忘家者? 何足介意!) <삼국-가정 4:85> 원슐은 무덤 가온대 이운 ᄲᅧ라 내 조만의 사ᄅᆞ잡으리라 (冢中枯骨, 吾早晩必擒之!) <삼국-가정 7:124> 늘근 거복을 ᄉᆞᆷ다가 닉디 아니ᄒᆞ거ᄂᆞᆯ 화ᄅᆞᆯ 이운 ᄲᅩᆼ남긔 옴기다 (老龜烹不爛, 移花于枯桑.) <삼국-가정 25:64> ▼旱 ‖ 탁이 이제 쟝군을 어드니 이운 플의 ᄃᆞᆫ비 어듬 ᄀᆞᆮ도다 (卓今得將軍, 如旱苗之得甘雨也.) <삼국-가정 1:157>

【이위-】[동] 일으키다. 이(←일다: 일다, 起)-+-우(사동사 파생 접미사)-+-이(강조 접미사)-.¶ ▼起 ‖ 됴〻 왈 정히 ᄂᆡ ᄯᅳ제 합당ᄒᆞ다 ᄒᆞ고 병을 이위여 서으로 치다 (曹操曰: "正合吾意." 遂起兵西征.) <삼국-모종 11:51>

【이으키】[부] 이윽고. 이윽하게.¶ ▼良久 ‖ 언미이에 관공이 입을 녈고 눈을 움자기고 수발이 것츨ᄒᆞᆫ이 죄 경동ᄒᆞ엿다가 이으키 ᄭᆡ여 중관다려 왈 운장은 쳔신이로다 (言未訖, 只見關公口開目動, 鬚髮皆張, 操驚倒, 衆官急救, 良久方醒, 顧謂衆官曰: "關將軍眞天神也!") <삼국-모종 13:12>

【이윽ᄭᅩ】[부] 이윽고.¶ ▼良久 ‖ 후쥬 이윽ᄭᅩ 왈 짐이 경을 의심 안니한니 경이 ᄯᅩ한 한즁의 도라와 위국 변 나긔을 긔다려 치기 가한니라 (後主良久乃曰: "朕不疑卿, 卿且回漢中, 矣魏國有變, 再伐之可也.") <삼국-모종 19:2>

【이윽키】[부] 이윽하게.¶ ▼ᄉᆞ마사 뫼를 마즈니 뫼 먼져 절ᄒᆞᆫᄃᆡ ᄉᆡ 부익ᄒᆞ여 이윽키 문안ᄒᆞ고 ᄐᆡ후ᄭᅴ 뵈오니 (司馬師迎看, 髦先下拜, 師急扶起, 問候已畢, 引見太后.) <삼국-모종 18:42>

【이윽-히】[부] 이윽하게. 즉 어떤 일이 있은 뒤에 지난 시간이 꽤 오래되어. 한참토록.¶ ▼뉵ᄉᆞᆫ니 쳥파의 슈십 긔를 ᄃᆞ리여 셕진을 탐간ᄒᆞᆯᄉᆡ 산변의 말을 세우고 이윽히 보니 다만 난셕이 니셔 ᄉᆞ면팔방의 ᄃᆞ 문회 잇ᄂᆞᆫ디라 (陸遜聽罷, 上馬引數十騎來看石陣, 立馬於山坡之上, 但見四面八方, 皆有門有戶.) <삼국-국중 14:63> ▼熟 ‖ 현령이 조〻를 이윽히 보고 왈 ᄂᆡ 낙양의 잇셔 구ᄉᆞᄒᆞᆯ ᄶᅥᆨ 네 조죤 쥴 아라스니 엇지 은휘ᄒᆞᄂᆞ뇨 명일의 경ᄉᆞ의 보ᄂᆡ여 쳥샹ᄒᆞ리라 (縣令熟視曹操, 沈吟半晌, 乃曰: "吾前在洛陽求官時, 曾認得汝是曹操, 如何隱諱! 且把來監下, 明日解去京師請賞.") <삼국-모종 1:69>

【이윽-ᄒᆞ-】[형] 이슥하다. 시간이 조금 지나다. 어떤 일이 있은 뒤에 지난 시간이 꽤 오래다. 또는 밤이 꽤 깊다.¶ ▼少頃 ‖ 이윽ᄒᆞ야 푀 ᄯᅩ 드러가니 탁이 듕당의 안잣다가 포의 오ᄂᆞᆫ 양을 보고 무러 ᄀᆞᆯ오ᄃᆡ (少頃, 布又入, 卓坐于中堂, 見布來, 問曰.) <삼국-가정 3:84> ▼須臾 ‖ 이윽ᄒᆞ야 삼십 옥졸이 평을 미러 계하의 니ᄅᆞ니 이 닐른 길을 세 번 져주미러라 (須臾, 三十獄卒推至階下. 此爲三勘吉平.) <삼국-가정 8:85> 이윽ᄒᆞ야 건장ᄒᆞᆫ 사ᄅᆞᆷ이 큰 ᄆᆞᆯ을 잇그러 오니 그 ᄆᆞᆯ의 비치 온몸이 숫블 픠온 ᄃᆞᆺᄒᆞ고 눈이 방울 드리온 ᄃᆞᆺᄒᆞ더라 (須臾, 使官署漢牽至, 身如火炭, 眼似鑾鈴.) <삼국-가정 9:24> ▼不多時 ‖ 간 지 이윽ᄒᆞ야 ᄯᅩ 산 뒤희셔 블이 니러나믈 보고 군ᄉᆡ 다 사쇼ᄒᆞᆫ 냥식을 어더왓거늘 죄 다 말게 시르라 ᄒᆞ고 나아가더니 (去不多時, 又聽得山後火起, 軍士皆回, 尋得些小糧米, 操敎載在馬上而行.) <삼국-가정 16:65> ▼不時 ‖ 이윽ᄒᆞ야 군매 니ᄅᆞ러 각의 합가ᄅᆞᆯ 져제거리의 가 참ᄒᆞ고 그 삼족을 이멸ᄒᆞ다 (不時軍馬至, 將恪合家縛于市曹斬之, 夷其三族.) <삼국-가정 36:20>

【이웃키】[부] 이윽하게.¶ ▼尋 ‖ 흥이 〻웃키 ᄉᆡᆼ각ᄒᆞ니 지 직ᄎᆞ산즁이라 오락가락ᄒᆞ여 찻다가 날이 져물너 기리 희미ᄒᆞ더니 다ᄒᆡᆼ이 별달빗치 발거ᄂᆞᆯ (興尋思只在山裏, 往來尋覓不見, 看看天晩, 迷蹤失路, 幸得星月有光.) <삼국-모종 13:85>

【이저-디-】[동] 이지러지다. 한쪽 귀퉁이가 떨어져 없어지다.¶ ▼缺 ‖ 우리 원공 부ᄌᆞ의 후은을 닙엇더니 이제 님재 패망호매 디혜ᄂᆞᆫ 능히 구티 못ᄒᆞ고 용은 능히 죽디 못ᄒᆞ니 의예 이저뎟ᄂᆞᆫ디라 (吾受袁公父子厚恩, 今主敗亡, 智不能救, 勇不能死, 於義缺矣!) <삼국-가정 11:80> ▼虧 ‖ ᄒᆡ 가온대 오면 기울고 ᄃᆞᆯ이 ᄎᆞ면 이저디니 이ᄂᆞᆫ 텬하의 덧덧ᄒᆞᆫ 니라 (日中則昃, 月滿則虧, 此天下之常理也.) <삼국-가정 21:65>

【이적-지】[부] 이제까지. 이제껏. 여태껏. 경상 방언.¶ ▼尙 ‖ 본초의 ᄭᅬ 업서 그ᄃᆡ의 마를 좃지 아니ᄒᆞ거ᄂᆞᆯ 그ᄃᆡ 엇지 이적지 그곳서 머무ᄂᆞᆫ고 ᄂᆡ가 족ᄒᆞ를 일즉 엇더면 천하를 족히 여염[염여] 아니ᄒᆞ리라 (本初無謀, 不用君言, 君何尙執迷耶? 吾若早得足下, 天下不足慮也.) <삼국-모종 6:62>

【이제】[명][부] 이제. 말하는 바로 이때.¶ ▼今 ‖ 복희시 티세ᄒᆞ므로브터 이제 니ᄅᆞ히 목우뉴마 잇단 말을 듯디 못ᄒᆞ엿ᄂᆞ니 쳥컨대 승상은 ᄀᆞᄅᆞ치쇼셔 (自伏羲治世, 相傳至今, 未聞有木牛流馬之事, 請丞相敎之.) <삼국-가정 34:12> ▼方今 ‖ 블가ᄒᆞ다 이제 외 우리로 ᄒᆞ여곰 위ᄅᆞᆯ 침노콰다 ᄒᆞ고 위 ᄯᅩᄒᆞᆫ 우리로 ᄒᆞ여곰 오ᄅᆞᆯ 침노콰다 ᄒᆞ여 각〻 궤계ᄅᆞᆯ 머거 뷘 ᄣᅢᄅᆞᆯ 타 도모코져 ᄒᆞ니 (不可, 方今吳欲令我兵侵魏, 魏亦令我兵侵吳, 各懷譎計, 乘隙而圖之.) <삼국-가정 25:78>

【이즈러-디-】[동] 이지러지다. 한쪽 귀퉁이가 떨어져 없어지다.¶ ▼缺 ‖ ᄒᆞᆫ 옥인이 이시되 ᄉᆞ면이 네 치오 우희 다ᄉᆞᆺ 농이 얼거뎟ᄂᆞᆫ 양으로 사기고 ᄒᆞᆫ 모히 이즈러딘 ᄃᆡᄅᆞᆯ 황금으로ᄡᅥ ᄢᅢ엿고 (見一玉璽, 方圓四寸, 上鐫五龍交鈕, 方缺一角, 以黃金鑲之.) <삼국-가정 2:119> ▼崩 ‖ 후의 왕망이 찬역ᄒᆞ고 제 효원황태휘 옥ᄉᆡ로 왕심과 소헌을 티다가 ᄒᆞᆫ 모히 이즈러디거ᄂᆞᆯ 금으로ᄡᅥ ᄢᅢ엿더

니 (後至王莽簒逆, 孝元皇太后將印打王尋、蘇獻, 崩其一角, 以金鑲之.) <삼국-가정 2:121>

【익기-】 동 이기다. 내기나 시합, 싸움 따위에서 재주나 힘을 겨루어 상대를 꺾다.¶ ▼勝 ‖ 이 ᄃᆡ로ᄒᆞ여 곳 나와 싸우고져 ᄒᆞ니 구본니 간왈 증군은 경션히 나지 말고 긔병으로 익기라 (艾大怒, 卽欲出戰, 丘本諫曰: "將軍不可輕出, 當用奇兵勝之.") <삼국-모종 19:51>

【익의-】 동 이기다. 내기나 시합, 싸움 따위에서 재주나 힘을 겨루어 상대를 꺾다.¶ ▼取勝 ‖ 남 왈 이 일이 쉬우니 가히 관 장 이인으로 각ᄀᆞ 오천 병을 ᄭᅳ어 산곡 즁에 ᄆᆡ복ᄒᆞ고 주연이 와 구완ᄒᆞ거던 좌우 양군이 ᄂᆞ셔 치면 필연 익의리라 (南曰: "此事至易. 可敎關、張二將軍, 各引五軍, 伏於山谷中, 如朱然來救, 左右兩軍齊出夾攻, 必然取勝.") <삼국-모종 13:76>

【익-이】 부 익히. 익숙하게. 어떤 일을 여러 번 해 보아서 서투르지 않게.¶ ▼熟 ‖ 만일 ᄌᆞ 경ᄒᆞᆫ 후 의로ᄡᅥ ᄃᆡ국을 봉ᄒᆞ면 무어시 신의 져바리미 되리요 구[주]공은 익이 ᄉᆡᆼ각ᄒᆞ쇼셔 (若事定之後, 報之以義, 封爲大國, 何負於信? … 主公幸熟思焉.) <삼국-모종 10:71>

【익이-】 동 이기다. 내기나 시합, 싸움 따위에서 재주나 힘을 겨루어 상대를 꺾다.¶ ▼勝 ‖ 탁이 군ᄉᆞ를 명ᄒᆞ여 다 죽이고 부녀와 ᄌᆡ믈 노략ᄒᆞ여 거샹의 싯고 머리 쳔여 ᄀᆡ를 버혀 거ᄒᆞ의 달고 도읍의 드러와 양언ᄒᆞᄃᆡ 도젹을 쳐 크게 익이고 도라왓다 ᄒᆞ고 (卓命軍士圍住, 盡皆殺之, 掠婦女財物, 裝載車上, 懸頭千餘顆於車下, 連軫還都, 揚言殺賊大勝而回) <삼국-모종 1:63>

【인듕】 명 ((신체)) 인중(人中). 코와 윗입술 사이의 우묵한 곳.¶ ▼人中 ‖ 위왕 조죄 군ᄉᆞ롤 야곡구의 믈리고 허도로 도라가고져 ᄒᆞ더니 ᄯᅩ 위연의게 살 마자 인듕[웃입시울이라]이 ᄆᆡ이 샹ᄒᆞ니 (魏王曹操退兵至斜谷, 却還許都, 又被魏延一箭射中人中, 因此收軍班師.) <삼국-가정 24:2>

【인상녀】 명 ((인명)) 인상여(藺相如). 전국시대 조(趙)나라 사람. 원래 조나라의 환자(宦者) 영무현(令繆縣)의 사인(舍人)이었다.¶ ▼藺相如 ‖ 석의 인상녀ᄂᆞᆫ 박계ᄒᆞᄂᆞᆫ 힘이 업ᄉᆞᄃᆡ 민지회상의 진국 군신을 ᄊᆞ디저 감히 동치 못ᄒᆞ게 ᄒᆞ엿스니 ᄂᆡ 일즉 만인젹을 ᄇᆡ웟스니 무슨 겁ᄒᆞ미 잇스리오 (昔戰國時趙人藺相如, 無縛雞之力, 於澠池會上, 秦國君臣如無物, 況吾曾學萬人敵者乎!) <삼국-국중 12:9>

【인슈】 명 ((복식)) 인수(印綬). 병권(兵權)을 가진 무관이 발병부(發兵符) 주머니를 매어 차던 길고 넓적한 녹비끈. 인끈.¶ ▼印綬 ‖ 인슈롤 맛디고 벼슬을 ᄇᆞ리고 삼인이 밤낫 탁군으로 가니 (還官印綬, 吾已去矣。玄德、關、張連夜回涿郡.) <삼국-가정 1:81>

【인-ᄭᅳᆫ히】 명 ((복식)) 인끈(印-).¶ ▼印綬 ‖ 현덕이 인ᄭᅳᆫ홀 독위 목의 걸고 ᄎᆡᆨᄒᆞ야 일오ᄃᆡ (玄德取印綬, 掛于督郵之頸, 責之曰.) <삼국-가정 1:80>

【인졍】 명 인정(人情). 낯. 체면(體面).¶ 인졍 볼 것 업시 (翻了面皮.) <삼국-어람 108b>

【인-주먼니】 명 ((복식)) 도장주머니.¶ ▼印囊 ‖ 노부 관뢰[뇌]의 신통ᄒᆞᆫ 점을 말ᄉᆞᆷ ᄒᆞ니 유분니 밋지 안니ᄒᆞ고 뢰[뇌]을 청ᄒᆞ여 점을 식히고 인주먼니와 산계털을 함에 감직ᄒᆞ고 무른니 (婦告以管輅之神卜, 劉邠不信, 請輅至府, 取印囊及山雞毛藏於盒中, 令卜之.) <삼국-모종 11:88>

【인ᄒᆡ】 부 이내. 곧바로. 시간적으로 지체없이 곧장.¶ ▼便 ‖ 몬져 됴조롤 셤겨 문득 모ᄒᆡᄒᆞ믈 ᄉᆡᆼ각ᄒᆞ고 뒤의 손권을 좃ᄎᆞ 인ᄒᆡ 형주롤 아ᄉᆞ 심슐이 ᄋᆡ러ᄒᆞ니 엇지 동쳐ᄒᆞ리요 (先事曹操, 便思謀害, 後從孫權, 便奪荊州, 心術如此, 安可同處乎?) <삼국-모종 10:67>

【일】 명 일.¶

【일을 ᄭᅬᄒᆞ믄 사ᄅᆞᆷ의게 잇고 일을 일오믄 하ᄂᆞᆯ히 잇도다】 속 일을 꾀함은 사람에게 있고 일을 이루는 것은 하늘에 달려있다.¶ ▼謀事在人, 成事在天 ‖ 공명이 앙텬댱탄 왈 일을 ᄭᅬᄒᆞ믄 사ᄅᆞᆷ의게 잇고 일을 일오믄 하ᄂᆞᆯ히 잇도다 (孔明聞知, 仰天嘆曰: 謀事在人, 成事在天!) <삼국-가정 34:42>

【일】 부 일찍.¶ ▼早 ‖ 뉴비 아비 일 죽으매 어미 셤기기롤 지효로 호ᄃᆡ 집이 가난ᄒᆞ야 신 ᄑᆞᆯ고 돗ᄧᅡ기로 ᄉᆡᆼ업ᄒᆞ더라 (備早喪父, 事母至孝, 家寒, 販屨織席爲業.) <삼국-가정 1:20> 뉴비 아비 일 죽으매 어미 셤기기롤 지효로 호ᄃᆡ 집이 가난ᄒᆞ야 신 ᄑᆞᆯ고 돗 ᄧᅡ기로 ᄉᆡᆼ업ᄒᆞ더라 (備早喪父, 事母至孝, 家寒, 販屨織席爲業.) <삼국-가정 1:20>

【일갓-】 동 일컫다. 이르다.¶ ▼稱 ‖ ᄯᅴ예 엄빅호가 ᄉᆞᄉᆞ로 동오덕왕이라 일갓고 오군을 웅거ᄒᆞ고 부장을 보ᄂᆡ여 오졍과 가흥을 직희더니 (時有嚴白虎, 自稱'東吳德王'據吳郡, 遣部將守住烏程、嘉興.) <삼국-모종 3:17> 네 ᄂᆡ외로 붕모ᄒᆞ야 거즛 뉴명이ᄅᆞ 일갓고 쟝ᄌᆞ롤 폐ᄒᆞ고 유ᄋᆞ롤 세우니 눈으로 형양구군니 ᄎᆡ시의 손의 망ᄒᆞ믈 볼지라 (汝內外朋謀, 假稱遺命, 廢長立幼, 眼見荊襄九郡, 送於蔡氏之手!) <삼국-모종 7:27>

【일ᄀᆞ르-】 동 일컫다. 이르다.¶ ▼爲 ‖ 현덕이 다리고 도라와 운장과 익덕의계 졀ᄒᆞ이고 슉부라 일ᄀᆞ르니 운장 왈 형장이 임의 아들 잇스니 엇지 명영을 쓰리요 후에 반다시 난이 잇스리라 (玄德帶回, 令拜雲長、翼德爲叔, 雲長曰: "兄長既有子, 何必用螟蛉? 後必生亂.") <삼국-모종 6:58>

【일ᄏᆞᆺ-】 동 일컫다. 칭찬하거나 칭송하다.¶ ▼稱 ‖ 일면으로 마 보 슈군을 겸고ᄒᆞ니 팔십 삼만 니라 거즛 ᄇᆡᆨ만 니라 일ᄏᆞᆺ고 슈륙으로 나올ᄉᆡ ᄇᆡ와 말이 쌍으로 힝ᄒᆞ야 연강ᄒᆞ니 (一面計點馬步水軍共八十三萬, 詐稱一百萬, 水陸並進, 船騎雙行, 沿江而來.) <삼국-모종 7:73>

【일ᄉᆡᆼ】 명 일생(一生). 살아 있는 동안.¶ ▼一世 ‖ 쥬유 필부야 네 뉵군 팔십일쥬 대도독이 되야 ᄒᆞᆫ 형ᄎᆔ 아술 모ᄎᆡᆨ이 업서 내 ᄯᆞᆯ로ᄡᅥ 일홈을 사마 미인계롤 ᄒᆞ려 ᄒᆞ

ᄂᆞ냐 뉴비를 주기면 이는 문을 ᄇᆞ라는 과뷔 되리니 뉘 다시 혼인ᄒᆞ쟈 ᄒᆞ리오 내 ᄯᆞᆯ의 일ᄉᆡᆼ을 그릇 민ᄃᆞᆯ리로다 (汝做六郡八十三縣大都督, 直恁無條計策去荊州, 却將我女兒爲名, 使美人計! 殺了劉備, 便是望門寡, 明日再怎的說親? 須誤了我女兒一世!) <삼국-가정 17:98>

【일아리-】 동 이르다. 도착하다.¶ ▼至 ‖ 정위 일아려 늉의 가솔을 거두고 이ᄌᆞ를 아울나 다 버히고 늉의 시신으로 졔자에 호령ᄒᆞ니 (廷尉又至, 盡收融家小, 幷二子皆斬之, 號令融屍於市.) <삼국-모종 7:23>

【일엇-타시】 부 이렇듯이. '일엇ᄒᆞ다시'가 줄어든 말.¶ ▼如此 ‖ 옛 쥬 문왕의 강ᄌᆞ아 뵈던 일을 듯지 못ᄒᆞ엿ᄂᆞ냐 문왕도 ᄯᅩᄒᆞᆫ 일엇타시 현인을 공경ᄒᆞ니 네 엇지 가장 무례ᄒᆞ냐 (汝豈不聞周文王謁姜子牙之事乎? 文王且如此敬賢, 汝何太無禮!) <삼국-모종 6:84>

【일우-】 동 이루다. 어떤 대상이 일정한 상태나 결과를 생기게 하거나 일으키거나 만들다.¶ ▼諧 ‖ 불가ᄒᆞ다 운장은 세지호장이라 슈이 도모키 어렵고 만닐 일우지 못ᄒᆞ면 저로 더부러 햐극이 ᄒᆞ슬ᄀᆞ ᄒᆞ노라 (不可: 關雲長乃世之虎將, 非等閒可及. 恐事不諧, 反遭其害.) <삼국-국중 12:7>

【일위이-】 동 일으키다. 일(일다, 起)-+-우(사동사 파생 접미사)-+-이(강조 접미사)-.¶ ▼起 ‖ 가회[후] 조죠의 픠쥬ᄒᆞ믈 보고 급피 장수를 권ᄒᆞ여 뉴표의게 글을 깃처 군ᄉᆞ를 이뤄여 그 질을 ᄭᅳᆫ흐라 ᄒᆞ니 픠 즉시 병을 일위이고저 ᄒᆞ더니 (賈詡見操敗走, 急勸張繡遣書劉表, 來起兵截其後路, 表得書, 卽欲起兵.) <삼국-모종 3:58>

【일으-】 동 이르다. 도착(到着)하다.¶ ▼至 ‖ 역양의 일을어 일 ᄶᅥᆨ 군미 일음을 보니 당션 일인은 ᄌᆞ질이 수련ᄒᆞᆫ지라 (行至歷陽, 見一軍到, 當先一人, 姿質風流, 儀容秀麗.) <삼국-모종 3:5>

【일으혀-】 동 일으키다. 일(일다, 起)-+-으(사동사 파생 접미사)-+-혀(강조 접미사)-.¶ ▼起 ‖ 이ᄯᅢ의 됴셔를 엇고 ᄃᆡ희ᄒᆞ여 군마를 일으혀 륙속 치힝헐식 중낭쟝 우보로 셔쥬를 직히고 져는 니확 곽ᄉᆞ 댱졔 번조 등으로 병을 거ᄂᆞ리고 낙양으로 올ᄉᆡ (是時得詔大喜, 點起軍馬, 陸續便行, 使其中郎將牛輔, 守住陝西, 自己卻帶李傕、郭汜、張濟、樊稠等提兵望洛陽進發.) <삼국-모종 1:38>

【일음】 명 이름.¶ ▼名 ‖ 충 왈 죠ᄌᆞ ᄃᆡ로 한조랄 바다 찬역 일음을 두려ᄒᆞ여 이 말을 하여 조비 쳔ᄌᆞ 되기 발키미니라 (充曰: "操世受漢祿, 恐人議論簒逆之名, 故出此言, 乃明敎曹丕爲天子也.") <삼국-모종 19:74>

【일의-】 [1] 동 이르게 하다. 이루다. ※ 중세국어의 '니르위-'(니르-+-위-[사동])에 소급할 어형이다.¶ 致 ‖ 유궁 후예난 그 잘 쏘난 걸 밋고 활[환]난을 염여치 아니ᄒᆞ다가 써 멸망ᄒᆞᆷ을 일의고 근ᄂᆡ예 동태사의 강ᄒᆞᆷ문 그ᄃᆡ의 눈으로 보미라 (昔有窮后羿, 恃其善射, 不思患難, 以致滅亡, 近董太師之强, 君所目見也.) <삼국-모종 2:98>

【일의-】 [2] 동 일으키다. 일(일다, 起)-+-으(사동사 파생 접미사)-+-이(강조 접미사)-.¶ ▼興 ‖ 근일의 군ᄉᆞ를 일의혀 조ᄌᆞ를 친다 ᄒᆞ더니 셩뷔 엇더ᄒᆞ뇨 (近日興兵破曹操, 勝負如何?) <삼국-국중 5:75> ▼起 ‖ 칙 왈 ᄂᆡ 이졔 쥰비ᄒᆞ여 셩 취ᄒᆞ미 다만 금양[야]의 잇다 ᄒᆞ고 군마를 일의여 가다 (策曰: "吾今準備下了, 取城只在今夜." 遂令軍馬起行.) <삼국-모종 3:21>

【일의혀-】 동 일으키다. 일(일다, 起)-+-의(사동사 파생 접미사)-+-혀(강조 접미사)-.¶ ▼起 ‖ 각진 졔휘 군ᄉᆞ를 다 일희여 응ᄒᆞ더라 (各鎭諸侯, 皆起兵相應.) <삼국-모종 1:76>

【일일】 명 일일(一日). 하루.¶ ▼一日 ‖ 일일의 관공이 부의 잇다가 호련이 ᄂᆡ부인의 통곡ᄒᆞᆷ을 듯고 급피 ᄂᆡ문 박게 ᄭᅮ러안ᄌᆞ 통곡ᄒᆞ는 연고를 무르니 (一日, 關公在府, 忽報: "內院二夫人哭倒於地, 不知爲何, 請將軍速入." 關公乃整衣跪於內門外, 問二嫂爲何悲泣.) <삼국-모종 4:58>

【일일의 적국을 노흐면 만세예 근심된다】 속 하루라도 적을 놓아 주면 만대 후환이 된다.¶ ▼一日縱敵, 萬世之患 ‖ 승상이 비록 죽기지 아니ᄒᆞ나 가게 ᄒᆞ기 맛당치 아니ᄒᆞ니 옛말에 일ᄂᆡ의 적국을 노흐면 만세예 근심되니 승상은 ᄉᆞᆯ펴보라 (丞相縱不殺備, 亦不當使之去, 古人云: '一日縱敵, 萬世之患', 望丞相察之.) <삼국-모종 4:10>

【일작-이】 부 일찍. 일찍이.¶ ▼早 ‖ 만일 셩지를 한 번 파ᄒᆞ면 뉘웃쳐도 밋지 못ᄒᆞ리니 일작이 항복ᄒᆞ여 한가지로 왕실을 붓들면 봉후 지위를 일치 아니ᄒᆞ리라 (倘城池一破, 悔之晚矣! 若早來降, 共扶王室, 當不失封侯之位.) <삼국-국중 4:133>

【일져-이】 부 일제(一齊)히.¶ ▼一齊 ‖ 너 두리 일져이 오니 ᄂᆡ ᄒᆞ나이라도 너를 두렵지 아니ᄒᆞ니 만일 너를 두려워ᄒᆞ면 손빅부가 아니라 (你兩個一齊來併我一個, 我不懼你, 我若怕你, 非孫伯也!) <삼국-모종 3:10>

【일졀-이】 부 일절(一切). 아주, 전혀, 절대로. 흔히 행위를 그치게 하거나 어떤 일을 하지 않을 때에 쓴다.¶ ▼切 ‖ 일졀이 싸호디 말고 삼가 딕희엿다가 쵹병이 믈러가거든 보야흐로 티라 (切不可戰, 務在謹守; 只待蜀兵退去, 方許擊之.) <삼국-가정 32:24>

【일즉】 부 일찍. 일찌기. 일정한 시간보다 이르게.¶ ▼早 ‖ 고의 쟝ᄌᆞ 조앙은 뉴시의 소ᄉᆡᆼ이러니 블ᄒᆡᆼᄒᆞ여 완셩의가 일즉 죽고 (孤長子曹昂, 劉氏所生, 不幸早年歿于宛城.) <삼국-규장 18:18>

【일즙】 부 일찍이. 일찌감치.¶ ▼嘗 ‖ 미툭이 일즙 낙양의 가 댱ᄉᆞᄒᆞ야 도라올ᄉᆡ 수뤼를 타 오더니 길ᄀᆞ의 ᄒᆞᆫ 미인이 이셔 지빅ᄒᆞ고 툭을 쳥ᄒᆞ야 ᄒᆞᆫᄃᆡ 가믈 구ᄒᆞ거ᄂᆞᆯ (糜竺嘗往洛陽買賣回歸, 竺坐于車, 路傍見一婦人, 甚有顏色, 來求同載.) <삼국-가정 4:44> 내 션ᄉᆡᆼ으로 더브러 도강ᄒᆞ야 오매 일즙 소긴 일이 업거ᄂᆞᆯ 엇디 이런 말을 ᄒᆞᄂᆞ니 (某與先生渡江以來, 未嘗有事相欺, 何故出此言

也?) <삼국-가정 16:90> ▼久 ‖ 일즙 드르니 쟝군이 관듕의 이셔 어가를 보호ᄒᆞ야 세샹을 덥흘 공이 잇고 몸의 죄악이 업ᄉᆞ니 덕이 잇고 쳥빅ᄒᆞᆫ 션비어ᄂᆞᆯ 이제 엇디 원슐을 돕ᄂᆞ뇨 (久聞將軍關中保駕, 有蓋世之功, 身無罪惡, 乃有德淸白之士. 今却佐袁術.) <삼국-가정 6:79> 그 쟝군이 조의게 뵈니 얼굴이 여외고 건장ᄒᆞ고 긔골이 헌앙ᄒᆞ니 일즙 황건적을 텨 파ᄒᆞ고 대공을 세위 (那將軍來見操, 生得身軀瘦健, 筋骨軒昂, 破黃巾曾立大功.) <삼국-가정 6:145> ▼先 ‖ 조조로 더브러 일즙 원슈 이시니 엇디ᄒᆞ리오 (先與操有仇, 何能收留乎?) <삼국-가정 8:42> ▼平生 ‖ 졔갈량이 평ᄉᆡᆼ의 조심ᄒᆞ며 삼가 일즙 험ᄒᆞᆫ ᄃᆡ를 희롱티 아니ᄒᆞ더니 이제 셩문을 크게 여러시니 반ᄃᆞ시 ᄆᆡ복이 잇ᄂᆞᆫ디라 (亮平生謹愼, 不曾弄險; 今大開城門, 必有埋伏.) <삼국-가정 35:35> 그 쟝군이 조의게 뵈니 얼굴이 여외고 건장ᄒᆞ고 긔골이 헌앙ᄒᆞ니 일즙 황건적을 텨 파ᄒᆞ고 대공을 세위 (那將軍來見操, 生得身軀瘦健, 筋骨軒昂, 破黃巾曾立大功.) <삼국-가정 6:145>

【일직】 뭐 일찍. 일찍이.¶ ▼早 ‖ 이튼날 일직 밥 ᄒᆞ야 먹고 셩하의 와 싸호쟈 ᄒᆞᆫ대 (次日早飯畢, 又來城下搦戰.) <삼국-규장 12:20>

【일쳬희】 뭐 일제(一齊)히.¶ ▼一齊 ‖ 짐니 군ᄉᆞ로써 싸홈을 도음ᄂᆞ 가탁ᄒᆞ고 삼노랄 흡ᄒᆞ냐 일쳬희 진병ᄒᆞ면 동오를 숀의 춤 밧고 가회 취ᄒᆞ리ᄅᆞ (朕虛託以兵助戰, 今三路一齊進兵, 東吳唾手可取也.) <삼국-모종 14:6>

【일칼으-】 동 일컫다. 칭찬하거나 칭송하다.¶ ▼稱 ‖ 죄졔중다려 일너 왈 도적이 또ᄒᆞᆫ 중강은 이에 호후인 줄 아ᄂᆞᆫ도다 일노븟터 군중이 다 져를 일칼으ᄃᆡ 호휘ᄅᆞ ᄒᆞ더라 (操謂諸將曰: "賊亦知仲康乃虎侯也?" 自此軍中皆稱褚爲虎侯.) <삼국-모종 10:27>

【일커르-】 동 일컫다. 우러러 칭찬하거나 기리어 말하다.¶ ▼稱 ‖ 만닐 국가의 고한 ᄉᆞ름이 업던들 정히 아지 못게라 몃 ᄉᆞ름이 졔라 일커르며 몃 ᄉᆞ름이 왕이라 일커러스리오 (如國家無孤一人, 正不知幾人稱帝, 幾人稱王.) <삼국-국중 10:98>

【일킷-】 동 일컫다. 우러러 칭찬하거나 기리어 말하다. 칭송하다.¶ ▼稱 ‖ 댱합이 나 마자 딘젼의셔 ᄉᆞ오십 합을 싸호ᄃᆡ 승부를 결티 못ᄒᆞ니 조죄 ᄀᆞ마니 일킷더라 (二將於陣前鬪到四五十合, 不分勝負. 曹操暗暗稱奇.) <삼국-가정 10:60>

【일-통】 명 일통(一通). 하나. 한 개. 한 차례.¶ ▼一通 ‖ 장비 친히 뇌고ᄒᆞ여 다만 일통 고에 관공의 칼이 번듯ᄒᆞ여 치양의 머리 써러지고 군식 다 닷거ᄂᆞᆯ 관공이 그 긔 잡은 군ᄉᆞ를 살게줍아서 온 년고를 무르니 (張飛親自擂鼓, 只見一通鼓未盡, 關公刀起處, 蔡陽頭已落地, 衆軍士俱走, 關公活捉執認旗的小卒過來, 問取來由.) <삼국-모종 5:26>

【일표-인마】 명 일표인마(一彪人馬).¶ ▼一彪人馬 ‖ 쥰이 십니 밧긔 딘티고 졍히 싸호고져 ᄒᆞ더니 동다히로 일표인매 오니 (儁離十里下寨, 正欲攻打, 見正東一彪人馬到來.) <삼국-가정 1:66>

【일홈】 명 이름. 사람의 성 아래에 붙여 다른 사람과 구별하여 부르는 말.¶ ▼名 ‖ 승이 대희ᄒᆞ야 흰깁 ᄒᆞᆫ 복을 내여 몬져 제 일홈 쓰고 그 아래 임홈두고 ᄌᆞ복도 그 톄로 쓰다 (承大喜, 取白絹一幅, 先書名畵字. 子服亦卽書名畵字.) <삼국-가정 7:101> ▼小字 ‖ 슝이 조를 나흐니 아ᄒᆡ 적 일홈은 아만이오[져 ᄒᆞᆫ 눈이 져그매 아만이라 ᄒᆞ더라]또 ᄒᆞᆫ 일홈은 길리러라 (嵩生操, 小字阿瞞, 一名吉利.) <삼국-가정 1:42>

【일홈이 허뎐이 아니로다】 관구 명불허전(名不虛前).¶ 名不虛傳 ‖ 노쟝 황튱의 일홈이 허뎐이 아니로다 일ᄇᆡᆨ 합을 싸화도 그릇ᄒᆞ미 업ᄉᆞ니 ᄂᆡ일은 반ᄃᆞ시 칼 ᄭᅳᆺ으ᄂᆞᆫ 계규를 ᄡᅥ 뒤흐로셔 버히리라 (老將黃忠, 名不虛傳, 鬪一百合, 全無破綻. 來日必用拖刀計, 背砍贏之.) <삼국-가정 17:47>

【일홈-두-】 동 서명(署名)하다. 자기의 이름을 써넣다.¶ ▼일홈두다 (畵字) <삼국-가정 7:101>

【일후-】 동 일으키다. 일(일다, 起)-+-후(←-우: 사동사 파생 접미사)-.¶ ▼興兵 ‖ 반ᄃᆞ시 슉이 죄를 입을 거시니 슉이 죽어도 ᄒᆞᆫ치 아니ᄒᆞ거니와 다만 동오의 간과를 일훌가 져허ᄒᆞ노라 (我主與周公瑾必然見罪, 肅死不恨, 只恐惹惱東吳, 興動干戈.) <삼국-모종 9:41>

【일흐이-】 동 일으키다. 일(일다, 起)-+-흐(←-으: 사동사 파생 접미사)-+-이(강조 접미사)-.¶ ▼起 ‖ ᄂᆡ 원컨대 친히 북히예 가 공융으로 병을 일흐여 구원켜 ᄒᆞ리니 ᄃᆞ시 한 ᄉᆞ름을 어더 쳥쥬 뎐히[해]의 곳의 가 구원울 구ᄒᆞ냐 만일 이쳐 군믜 오면 도죄 반ᄃᆞ시 퇴병ᄒᆞ리라 (某願親往北海郡, 求孔融起兵救援, 更得一人往靑州田楷處求救, 若二處軍馬齊來, 操必退兵矣.) <삼국-모종 2:54>

【일희】 명 ((동물)) 이리. 갯과의 포유동물. 개와 비슷한데 몸의 길이는 100-130cm, 어깨의 높이는 63-65cm이며, 털빛은 변화가 많으나 흔히 잿빛 갈색 바탕에 검은 털이 섞여 있다. 등과 앞발의 바깥쪽과 꼬리는 검은빛이고 배는 흰빛이다.¶ ▼狼 ‖ 계유 일희 굼글 버서낫더니 또 범의 입을 만나도다 (恰離狼窩, 又逢虎口!) <삼국-가정 5:37> ▼狼子 ‖ 일희 ᄀᆞᄐᆞᆫ 무리를 엇디 치리오 반ᄃᆞ시 후해 되리이다 (狼子不可養, 後必有爲害.) <삼국-가정 25:51> 일히 갓튼 무리를 엇지 치리오 반ᄃᆞ시 후회 되리이다 (狼子不可養, 後必有爲害.) <奎章三國 17:99>

【일희-굼】 명 이리굴(-窟).¶ ▼狼窩 ‖ 계유 일희 굼글 버서낫더니 또 범의 입을 만나도다 (恰離狼窩, 又逢虎口!) <삼국-가정 5:37>

【일희이-】 동 일으키다. 일(일다, 起)-+-흐(←-으: 사동사 파생 접미사)-+-이(강조 접미사)-.¶ ▼起 ‖ 각진 제휘 군ᄉᆞ를 다 일희여 응ᄒᆞ더라 (各鎭諸侯, 皆起兵相應.) <삼국-모종 1:76> 즉시 ᄃᆡ병 삼십 만을 일희여 지레 강남

의 나려갈싀 합비 장요로 ᄒᆞ여곰 냥쵸을 준비ᄒᆞ여 써 공급ᄒᆞ게 ᄒᆞ니라 (卽時起大兵三十萬, 逕下江南, 令合淝張遼, 準備糧草, 以爲供給.) <삼국-모종 10:1>

【일히】 명 ((동물)) 이리. 갯과의 포유동물. 개와 비슷한데 몸의 길이는 100-130cm, 어깨의 높이는 63-65cm이며, 털빛은 변화가 많으나 흔히 잿빛 갈색 바탕에 검은 털이 섞여 있다. 등과 앞발의 바깥쪽과 꼬리는 검은빛이고 배는 흰빛이다.¶ ▼狼 ‖ 손견은 강동의 모딘 범 ᄀᆞᆺᄐᆞ니 만일 낙양을 텨 이긔고 동탁을 죽이면 이는 일히를 업시ᄒᆞ고 큰 범을 엇는 쟉이라 (孫堅乃江東之猛虎, 若打破洛陽, 殺了董卓, 正是除狼而得虎也.) <삼국-가정 2:64>

【잃-】 동 잃다. 가졌던 물건이 없어져 그것을 갖지 아니하게 되다.¶ ▼罄盡 ‖ 위도독 조휴 셕뎡의셔 뉵손의게 대패ᄒᆞ야 거당마필과 군ᄌᆞ긔계를 다 일코 근심ᄒᆞ고 두려 밤낫 ᄃᆞᆯ려 도라오더니 낙양의 니ᄅᆞ러 등의 죵긔 내여 죽으니 (魏都督曹休被陸遜大破於石亭, 車仗馬匹、軍資器械幷皆罄盡. 休惶恐太甚, 連夜奔走, 因此氣憂成病, 到洛陽發背而死.) <삼국-가정 31:87>

【임】 명 ((기물)) 하무. 행군할 때 군사들이 소리를 내지 못하게 하기 위해서 입에 물리는 짧은 나무 토막.¶ ▼枚 ‖ 군ᄉᆡ 득녕ᄒᆞ고 포손 일돈ᄒᆞ야 ᄆᆞᆯ은 방울을 업시ᄒᆞ고 사람은 임을 머금고 긔를 것고 갑옷슨 쇽치ᄒᆞ고 암지의 가 ᄉᆡ를 겁ᄒᆞᆯᄉᆡ (軍士得令, 都飽餐一頓, 馬摘鈴, 人銜枚, 捲旗束甲, 暗地去劫寨.) <삼국-모종 10:112>

【임니】 부 이미. 벌써. 다 끝나거나 지난 일을 이를 때 쓰는 말.¶ ▼旣 ‖ 비 긋처 한가지 성에 올나 현덕 왈 네 성품니 급ᄒᆞ기로 뒤을 ᄶᅡ라왓노라 임니 마딕을 니긘니 ᄯᅩ 수여 ᄂᆡ일 마초로 ᄊᆞ호라 (飛遂不趕. 一同上關, 玄德曰: "恐你性躁, 故我隨後趕來到此. 旣然勝了馬岱, 且歇一宵, 來日戰馬超.") <삼국-모종 11:19>

【임믜】 부 이미. 벌써. 다 끝나거나 지난 일을 이를 때 쓰는 말.¶ ▼已 ‖ 이졔 손견이 임믜 죽고 그 아ᄃᆞᆯ이 다 어리니 이 허약ᄒᆞᆫ ᄯᅢ를 타 화속히 군ᄉᆞ를 나오면 강동을 가히 ᄒᆞᆫ 북의 어들 거시어ᄂᆞᆯ 만일 시슈를 보ᄂᆡ고 군ᄉᆞ를 파ᄒᆞ야 그 긔력을 길으면 형쥬의 환니니다 (今孫堅已喪, 其子皆幼, 乘此虛弱之時, 火速進軍, 江東一鼓可得, 若還屍罷兵, 容其養成氣力, 荊州之患也.) <삼국-모종 2:1>

【임미】 부 이미. 벌써. 다 끝나거나 지난 일을 이를 때 쓰는 말.¶ ▼已 ‖ ᄂᆡ 동얼 쳐옴으로 육연을 쉬어 병갑을 임미 완비ᄒᆞ고 오 쵹을 치고져 ᄒᆞ미니 (吾自征東以來, 息歇六年, 治兵繕甲, 皆已完備, 欲伐吳、蜀久矣.) <삼국-모종 19:25>

【임아】 명 ((신체)) 이마. 얼굴의 눈썹 위로부터 머리털이 난 아래까지의 부분.¶ ▼頂 ‖ 죄ᄌᆞ 말을 날녀 오니 성중의 활사리 비 오듯 ᄒᆞ여 조의 임아를 맛치니 죄 진의 도라와 제장을 ᄡᅥ어 원상의 싀[치]를 치니 (操自飛馬趕來, 到弔橋邊, 城中弩箭如雨, 射中操盔, 險透其頂, 衆將急救回陣, 操更衣換馬, 引衆將來攻尙寨.) <삼국-모종 5:84>

【임에】 부 이미. 벌써. 다 끝나거나 지난 일을 이를 때 쓰는 말.¶ ▼已 ‖ 공명니 임에 길 갈 달을 가져 현덕게 보ᄒᆞ여 ᄒᆞ여곰 낙성에 모흐라 한니 (孔明已將起程日期申報玄德, 敎都會聚雒城.) <삼국-모종 11:1>

【임염-ᄒᆞ-】 동 임염(荏苒)하다. 차츰차츰 세월이 지나다.¶ ▼荏苒 ‖ 현덕이 신야의 도라간 후의 일월이 임염[세월이 어른ᄋᆞ 디나단 말이라]ᄒᆞ야 봄이 니ᄅᆞ거ᄂᆞᆯ (玄德回新野之後, 荏苒新春.) <삼국-가정 12:97>

【임우】 부 이미. 벌써. 다 끝나거나 지난 일을 이를 때 쓰는 말.¶ ▼已 ‖ 정히 의논할 ᄉᆞ이예 탐마 비보ᄒᆞ되 조병이 임우 방망의 니ᄅᆞ럿다 ᄒᆞ니 (正商議間, 探馬飛報: "曹兵已到博望了.") <삼국-모종 7:33> 잇ᄯᅥ 나리 임우 져문지라 허져 압흐로 나오고ᄌᆞ ᄒᆞ더니 산상의 크게 불고 북 치는 소ᄅᆡ를 듯고 (時日已墜西, 許褚方欲前進, 只聽得山上大吹大擂.) <삼국-모종 7:36>

【임으】 부 이미. 벌써. 다 끝나거나 지난 일을 이를 때 쓰는 말.¶ ▼旣 ‖ 위 ᄃᆡ희 왈 임으 승상의 밀게 잇시니 죵ᄉᆞ난 가히 거두어 잡으라 (維大喜曰: "旣丞相有戒約, 長史可收執.") <삼국-모종 17:47>

【임의】 부 이미. 벌써. 다 끝나거나 지난 일을 이를 때 쓰는 말.¶ ▼已 ‖ 산상의셔 뇌목과 표[포]셕이 나려오니 능히 압흐로 나오지 못ᄒᆞ고 ᄯᅩ 산후의 고함소ᄅᆡ가 크게 진동ᄒᆞᄂᆞᆫ지라 길을 ᄎᆞᄌᆞ ᄊᆞ오고ᄌᆞ ᄒᆞ더니 천ᄉᆡᆨ이 임의 저문지라 (山上擂木礮石打將下來, 不能前進, 又聞山後喊聲大震. 欲尋路廝殺, 天色已晚.) <삼국-모종 7:37>

【임이】 부 이미. 벌써. 다 끝나거나 지난 일을 이를 때 쓰는 말.¶ ▼已 ‖ 운장이 칼노 ᄶᅵᆨ어 머리를 버히 ᄡᅥ어 도라와 성장을 바ᄅᆡ보고 왈 반적 ᄎᆞ쥬를 ᄂᆡ 임이 죽기여스니 너히 다 무죄ᄒᆞ니 항복ᄒᆞ여 죽기를 면ᄒᆞ라 (雲長趕來, 手起一刀, 砍於馬下, 割下首級提回, 望城上呼曰: "汞賊車胄, 吾已殺之, 衆等無罪, 投降免死!") <삼국-모종 4:15>

【입】 명 ((신체)) 입.¶ ▼口 ‖ 그 ᄉᆞ룸이 나기를 둥근 낫 큰 귀 모진 입 둣터온 입소오리요 눈 아ᄅᆡ 거문 ᄉᆞ마귀 잇고 ᄉᆞ마귀 우에 거문 털 수십기 낫스니 (那人生得圓面大耳, 方口厚脣, 左目下生個黑瘤, 瘤上生數十根黑毛.) <삼국-모종 18:17>

【입의 말솜이 하슈를 드리온 ᄃᆞᆺᄒᆞ다】 속 입의 말씀이 강물을 드리운 듯하다.¶ ▼口如懸河 ‖ 셜ᄉᆞ 소진 댱의 다시 살며 뉵가 녁싱이 ᄯᅩ 나와 입의 말솜이 하슈를 드리온 ᄃᆞᆺᄒᆞ며 혀의 ᄂᆞᆯ나미 드ᄂᆞᆫ 칼 ᄀᆞᆺᄐᆞᆯ디라도 내 텰셕 ᄀᆞᄐᆞᆫ 심당을 동키 어렵거ᄃᆞᆫ (假使蘇秦、張儀、陸賈、酈生復出, 口如懸河, 舌似利刃, 安能動吾心哉!) <삼국-가정 15:52>

【입감-ᄒᆞ-】 동 입감(入鑒)하다. 웃어른에게 보이다.¶ ▼入鑒 ‖ 젼닐의 양ᄎᆞ를 진알ᄒᆞᆫᄆᆡ 한 번도 뵈디 못ᄒᆞ므로

글월을 닷가 머믈엇더니 아지 못게라 입감ᄒᆞ여 계시니잇가 (昨兩次晉謁, 不得一見, 已書賤名于文几, 未審得入鑒否?) <삼국-국중 8:28>

【입구-ᄒᆞ-】 동 입구(入寇)하다. 외국의 적이 쳐들어오다.¶ ▼入寇 ‖ 위국이 오촉으로 더부러 일즉 정족을 이러시니 네 여러 번 입구ᄒᆞᆷ은 엇지미뇨 (魏與吳、蜀, 已成鼎足之勢, 汝累次入寇, 何也?) <삼국-국중 16:137>

【입-소올】 명 ((신체)) 입술. 입의 바깥언저리를 이루는 부분.¶ ▼唇 ‖ 그 ᄉᆞᄅᆞᆷ이 나기를 둥근 낫 큰 귀 모진 입 둣터온 입소오리요 눈 아릐 거문 ᄉᆞ마귀 잇고 ᄉᆞ마귀우에 거문 털 수십기 낫스니 (那人生得圓面大耳, 方口厚唇, 左目下生個黑瘤, 瘤上生數十根黑毛.) <삼국-모종 18:17>

【입-슈얼】 명 ((신체)) 입술. 입의 바깥언저리를 이루는 부분.¶ ▼唇 ‖ 또 마초ᄅᆞᆯ 보니 얼골은 분 바른 것 갓고 입슈어리는 주ᄉᆞᄅᆞᆯ 찍음 갓고 ᄇᆡᆨ포은개로 손의 증층을 즙고 말을 진젼의 셰위ᄂᆞᆫᄃᆡ (又見馬超生得面如傅粉, 唇若抹硃, … 白袍銀鎧, 手執長鎗, 立馬陣前.) <삼국-모종 10:11>

【입-시울】 명 ((신체)) 입술. 입의 바깥언저리를 이루는 부분.¶ ▼唇 ‖ 냥이 아나니 ᄉᆞ군이 심복읫 사람이 적고 손쟝군과 본ᄃᆡ 아로미 업ᄉᆞ니 두려ᄒᆞ건ᄃᆡ 헛 입시우리만 잇브게 ᄒᆞᆯ가 ᄒᆞ노라 (亮知使君又少心腹, 孫將軍自來無舊, 恐虛費唇舌也.) <삼국-규장 10:44>

【입-시울】 명 ((신체)) 입술. 입의 바깥언저리를 이루는 부분.¶ ▼唇 ‖ 현덕이 보니 그 사ᄅᆞᆷ이 신댱이 구쳑 오촌이오 슈염이 ᄒᆞᆫ 자 여ᄃᆞᆲ 치오 ᄂᆞᆺ촌 므른 대조빗 ᄀᆞᆺ고 입시울은 쥬사 딕은 ᄃᆞᆺᄒᆞ고 단봉 눈이오 누은 누에 눈섭이오 샹뫼 당ᄒᆞ고 위풍이 늠ᄂᆞᆷᄒᆞ더라 (玄德看其人, 身長九尺三寸, 髯長一尺八寸, 面如重棗, 唇若抹朱, 丹鳳眼, 臥蠶眉, 相貌堂堂, 威風凜凜.) <삼국-가정 1:24> 이제 쥬샹이 처엄으로 보위예 오ᄅᆞ샤 민심이 굿디 못ᄒᆞ니 맛당이 동오로 더브러 샹년 화합ᄒᆞ야 입시울과 니 ᄀᆞᆺ게 ᄒᆞ야 ᄒᆞᆫ가지로 위ᄅᆞᆯ 텨 션데의 녯 ᄒᆞᆫ을 시서ᄇᆞ리미 당구ᄒᆞᆫ 계귀라 (今主上初登寶位, 民心未安, 當與東吳連合, 結爲唇齒, 一洗先君舊怨.) <삼국-가정 28:18>

【입-시욹】 명 ((신체)) 입술. 입의 바깥언저리를 이루는 부분.¶ ▼唇 ‖ 청ᄒᆞ야 셔원의 드러가 죠셔ᄅᆞᆯ 뵌대 등이 터럭이 ᄉᆞᆺ그려ᄒᆞ고 니ᄅᆞᆯ ᄀᆞᆯ며 입시욹을 너흐니 피 입의 ᄀᆞ득ᄒᆞ여 흐ᄅᆞ더라 (遂邀騰入書院, 取詔示之. 騰毛髮倒竪, 咬齒嚼唇, 滿口血流.) <삼국-가정 7:109>

【입ㅎ】 명 ((식물)) 잎.¶ ▼葉 ‖ 냥안의 도수 이셔 여러 ᄒᆡᄅᆞᆯ 믈 가온ᄃᆡ 입히 다 써려져 만니 타국인이 마시면 다 죽고 오작 오가[과]국인니 마시면 정신이 두 별 더 ᄒᆞ려ᄂᆞᆫ디라 (兩岸有桃樹, 歷年落葉於水中, 若別國人飲之盡死, 惟烏國人飲之, 倍添精神.) <삼국-모종 15:13>

【잇-】 동 잊다.¶ ▼忘 ‖ 현덕이 ᄭᅮ러 ᄉᆞ례ᄒᆞ야 왈 만일 이 갓ᄒᆞ면 ᄉᆡᆼᄉᆞ의 잇기 어려우니 졀당이 누셜치 말나 (玄德又跪而謝曰: "若如此, 生死難忘, 切勿漏泄.") <삼국-모종 9:64> 관ᄌᆞᆼ이 ᄯᆞ라와 여포 ᄉᆡ[치]즁에 이르러 포ᄅᆞᆯ 보니 포 왈 ᄂᆡ 이졔 공의 위ᄐᆡᄒᆞᆷ을 풀 거시니 타일의 셔로 잇지 마ᄌᆞ ᄒᆞ거ᄂᆞᆯ 현덕이 층ᄉᆞᄒᆞ더라 (關、張隨往, 到呂布寨中入見, 布曰: "吾今特解公之危, 異日得志, 不可相忘.") <삼국-모종 3:26> ▼不留 ‖ 관 ᄌᆞᆼ 왈 형은 천ᄒᆞ ᄃᆡᄉᆞ는 잇고 소인의 일을 ᄇᆡ호ᄂᆞᆫ야 현덕이 왈 이ᄂᆞᆫ 이졔의 알 ᄇᆡ 아니라 (關、張二人曰: "兄不留心天下大事, 而學小人之事, 何也?" 玄德曰: "此非二弟所知之.") <삼국-모종 4:3>

【잇글-】 동 이끌다. 목적하는 곳으로 바로 가도록 같이 가면서 따라오게 하다.¶ ▼牽 ‖ 이러 굴 ᄉᆞ이예 녀뫼 블셔 ᄆᆞᆯ을 잇그러 왓고 조의 환도ᄂᆞᆫ 갑플에 ᄊᆞ혓ᄂᆞᆫ디라 즉시 환도 집을 도로티며 (呂布已牽馬在閣外, 操刀已出鞘, 就倒轉刀靶.) <삼국-가정 2:26> ▼提 ‖ 화광 즁의 다만 운ᄌᆞᆼ이 칼을 잇글고 마를 노아 바로 ᄎᆞ쥬를 마ᄌᆞ크게 ᄭᅮ지져 왈 필부 감히 간ᄉᆞ이 오형을 죽기고져 ᄒᆞᄂᆞᆫ야 (火光中只見雲長提刀縱馬宜迎車胄, 大叫曰: "夫安敢懷詐, 欲殺吾兄!") <삼국-모종 4:15>

【잇보-】 형 피곤(疲困)하다. 힘들다. 숨가쁘다.¶ ▼勞 ‖ 이제 조병이 ᄀᆞᆺ 와셔 채칙을 일우디 못ᄒᆞ여시니 이ᄢᅢᄅᆞᆯ 타 평안ᄒᆞ니로 ᄡᅧ 잇보니ᄅᆞᆯ 티면 반ᄃᆞ시 이긔리라 (今操兵方來, 可乘寨柵未定, 以逸擊勞, 無不勝也.) <삼국-가정 7:26>

【잇브-】 형 피곤(疲困)하다. 고단하다. 몸이 지쳐서 느른하다.¶ ▼勞 ‖ 형쥐 편안ᄒᆞ니 쥬공의 근심을 잇브긔 아니ᄒᆞ려니와 (荊州平安, 不勞主公憂念.) <삼국-가정 20:86> 그 셩이 놉고 ᄯᅡ히 크니 급히 티기 어려온디라 엇디 능히 어드리오 쇽졀업시 군ᄉᆞ만 잇브게 ᄒᆞ고 힘만 허비ᄒᆞ리니 이러므로 강유의 ᄭᅬ 업ᄉᆞᆫ 줄을 아노라 (其城垣高地厚, 急切難攻, 安能便得? 空勞兵費力耳.) <삼국-가정 36:91> ᄉᆞ군이 멀니 보내믈 잇브게 마르쇼셔 셰 맛당이 밧비 가 노모를 보려 ᄒᆞᄂᆞ이다 (不勞使君遠送, 庶當星夜而行, 見老母矣.) <삼국-규장 9:9> 이제 조병이 ᄀᆞᆺ 와셔 채칙을 일우디 못ᄒᆞ여시니 이ᄢᅢᄅᆞᆯ 타 평안ᄒᆞ니로ᄡᅧ 잇브니ᄅᆞᆯ 티면 반ᄃᆞ시 이긔리라 (今操兵方來, 可乘寨柵未定, 以逸擊勞, 無不勝也.) <삼국-가정 7:26> 운댱이 대공을 셰워시되 일즙 듕샹을 못ᄒᆞ야시니 엇디 ᄯᅩ 잇브게 ᄒᆞ리오 (雲長建立大功, 未曾重賞, 何故又欲征進?) <삼국-가정 9:57> 나ᄂᆞᆫ 그 잇븐 ᄢᅢᄅᆞᆯ 타 보채면 잇히 못ᄒᆞ야 안자셔 이긤만 ᄀᆞᆮ디 못ᄒᆞ거ᄂᆞᆯ (我未勞而彼已困, 不及二年, 可坐克也.) <삼국-가정 9:30> ▼煩 ‖ 제공의 범 ᄀᆞᄐᆞᆫ 위엄을 잇브게 말라 수일 휘면 공손강이 이원의 머리ᄅᆞᆯ 버혀 보내리라 (不煩諸公虎威. 數日之後, 公孫康自送二袁之首矣.) <삼국-가정 11:94> ▼費 ‖ 냥이 아나니 ᄉᆞ군이 심복읫 사람이 적고 손쟝군과 본ᄃᆡ 아로미 업ᄉᆞ니 두려ᄒᆞ건ᄃᆡ 헛 닙시우리만 잇브게 ᄒᆞᆯ가 ᄒᆞ노라 (亮知使君又少心腹, 孫將軍自來無舊, 恐虛費唇舌也.) <삼국-가정 14:48> 아ᄒᆡ 드ᄅᆞ니 샹말의 닐오ᄃᆡ 당낭[물좃구으리란 말이라]이 아므리 노호와

도 술위바퀴롤 당티 못ᄒᆞᆫ다 ᄒᆞ엿고 ᄒᆞ믈며 슈후의 구슬[야광쥐라]로 가히 새롤 ᄡᅩ디 못ᄒᆞᆯ 거시오 ᄑᆞ리롤 노희여 칼흘 ᄲᅡ히디 못ᄒᆞᆯ 거시니 ᄒᆞᆫ갓 신위만 잇브게 ᄒᆞ리이다 (兒聞世人有云: '螳螂之忿, 安當車轍?' 況隋侯之珠, 不可彈雀; 怒蠅拔劍, 徒費神威.) <삼국-가정 24:69> ▼努 ‖ 셰샹 일이 임의 글럿거ᄂᆞᆯ 오히려 스ᄉᆞ로 힘만 잇브게 ᄒᆞᄂᆞ도다 (世事敗矣! 尙自努力!) <삼국-가정 36:76>

【잇쓸-】 동 이끌다. 지니다.¶ ▼攜 ‖ 공명이 학챵의와 윤건을 갓초고 동ᄌᆞ 일쌍을 명ᄒᆞ여 거문고를 잇쓸고 셩샹 소루의 올나 난간을 의지ᄒᆞ야 한ᄀᆞ이 안ᄌᆞ 일곡을 희롱ᄒᆞ더라 (孔明乃披鶴氅, 戴綸巾, 引二小童攜琴一張, 於城上敵樓憑前欄而坐, 焚香操琴.) <삼국-국중 15:104>

【잇-ᄣᅵ】 명 이때. 바로 지금의 때. 또는 바로 앞에서 이야기한 시간상의 어떤 점이나 부분.¶ ▼此時 ‖ 장양 단규 등이 ᄂᆡ외로 말을 ᄂᆡ여 공이 동후롤 짐살ᄒᆞ엿다 ᄒᆞ고 ᄃᆡᄉᆞ롤 ᄭᅬᄒᆞᄅᆞ ᄒᆞ니 만일 잇ᄣᅵ롤 타 환관을 버히지 아니ᄒᆞ면 반ᄃᆞ시 ᄃᆡ홰 밋치리라 (張讓、段珪等流言於外, 言公鴆殺董后, 欲謀大事. 乘此時不誅閹宦, 後必爲大禍. 昔竇武欲誅內豎, 機謀不密, 反受其殃.) <삼국-국중 1:51>

【잇쁘-】 동 피곤(疲困)하다.¶ ▼勞 ‖ ᄉᆞ군이 멀리 보내믈 잇ᄡᅳ게 마ᄅᆞ쇼셔 셰 맛당이 밧비 가 노모를 보려 ᄒᆞ노이다 (不勞使君遠送, 庶當星夜而行, 見老母矣.) <삼국-가정 12:61>

【잇-히】 명 이태. 두 해.¶ ▼二年 ‖ 나는 그 잇븐 ᄯᅢ롤 타 보채면 잇히 못ᄒᆞ야 안자셔 이긔만 ᄀᆞᆺ디 못ᄒᆞ거ᄂᆞᆯ (我未勞而彼已困, 不及二年, 可坐克也.) <삼국-가정 9:30>

【ᄋᆞ달】 명 ((인류)) 아들.¶ ▼子 ‖ 나의 쥬공은 경승의 아오라 경승이 비록 업ᄉᆞ나 그 ᄋᆞ달이 오히려 잇ᄉᆞ니 아ᄌᆞ비로 족하를 도아 형쥬를 취ᄒᆞ미 엇디 가치 아니ᄒᆞ리오 (吾主固景升之弟也. 景升雖亡, 其子尙在. 以叔輔姪, 而取荊州, 有何不可?) <삼국-국중 10:42>

【ᄋᆞ뢰-】 동 아뢰다.¶ ▼報 ‖ 정히 우민ᄒᆞ더니 홀련 ᄋᆞ뢰ᄃᆡ 위군니 수천 수릐에 양식을 기산 서흐로 운젼ᄒᆞ난ᄃᆡ 운양관은 손예라 (正躊躇間, 忽報: "隴西魏軍運糧數千車於祁山之西, 運糧官乃孫禮也.") <삼국-모종 16:33>

【ᄋᆞ롬-다오-】 형 «ᄋᆞ롬답다» 아름답다.¶ ▼佳 ‖ 무장은 님의 활 쏘기를 즐기믈 삼아ᄉᆞ니 족히 무용을 나타닐지라 공등은 다 포학ᄒᆞᆫ 션ᄇᆡ라 이 갓튼 놉흔 ᄃᆡ의 올나ᄉᆞ니 불가불 ᄋᆞ롬다온 글귀로 일시 승ᄉᆞ를 긔록ᄒᆞ리로다 (武將既以騎射爲樂, 足顯威勇矣. 公等飽學之士, 登此高臺, 可不進佳章以紀一時之勝事乎?) <삼국-국중 10:97>

【-ᄋᆞ링잇고】 미 -리꼬. -리까. -겠습니까. '-ᄋᆞ리잇고'의 이표기. -ᄋᆞ리(-으리: 미래 시제 선어말 어미)-+-ㆁ(←-이: 상대 높임 선어말 어미)-+-잇고(-니까: 의문형 종결 어미, 판정).¶ ▼耶 ‖ 대쟝군이 이윤 곽광의 일을 힝ᄒᆞ시니 닐온바 응텬슌인ᄒᆞ미라 뉘 감히 명을 어그ᄅᆞᄎᆞ링잇고 (大將軍行聖賢尹、霍之事, 所謂'應天順人', 誰敢違命耶?) <삼국-가정 36:52>

【ᄋᆞ올-】 동 아우르다.¶ ▼合 ‖ 숀환니 촉병이 ᄃᆡ지ᄒᆞ믈 듯고 치를 ᄋᆞ오라 진을 일우고 (孫桓聽知蜀兵大至, 合寨多起.) <삼국-국중 14:12>

【ᄋᆞ우】 명 ((인류)) 아우.¶ ▼弟 ‖ 어시의 원쇄 조ᄌᆞ와 ᄒᆞᆷᄭᅴ 경병 오ᄇᆡᆨ을 초츌ᄒᆞ여 원쇼의 ᄋᆞ우 원슐노 거ᄂᆞ리게 ᄒᆞ니 (於是袁紹、曹操各選精兵五百, 命袁紹之弟袁術領之.) <삼국-국중 1:58>

【ᄋᆞ이】 명 ((인류)) 아우. 동생(同生).¶ ▼弟 ‖ 셔필의 현덕이 형이 되고 관우ᄂᆞᆫ 버금 되고 장비ᄂᆞᆫ ᄋᆞ이 되엿ᄂᆞᆫ지라 (誓畢, 拜玄德爲兄, 關羽次之, 張飛爲弟.) <삼국-국중 1:12> 신의 ᄋᆞ의 오ᄅᆡ 폐ᄒᆞ을 셤기니 신이 부월을 아니 피ᄒᆞ고 와 형주일을 알외니 젼ᄌᆞ 관공이 형주에 잇슬 ᄶᅵ에 오후 수ᄎᆞ 화친을 구호ᄃᆡ (臣弟久事陛下, 臣故不避斧鉞, 特來奏荊州之事, 前者, 關公在荊州時, 吳侯數次求親.) <삼국-모종 13:65>

【ᄋᆞᄌᆞ】 명 ((인류)) 아자(兒子). 아들.¶ ▼兒子 ‖ 밧일은 ᄋᆞ지 ᄒᆞᆯ 거시니 만일 녀푀 패ᄒᆞ야 오나든 부친이 미튝을 청ᄒᆞ야 ᄒᆞᆫ가지로 의논ᄒᆞ야 셩문을 ᄃᆞᆨ희고 포롤 드리디 말라 (外面之事, 兒子爲之; 倘呂布敗回, 便請糜竺一同守把城門, 休放布入.) <삼국-가정 7:12>

【ᄋᆞ희】 명 ((인류)) 아해(兒孩). 아이.¶ ▼兒 ‖ 이제 댱합이 친히 가밍관을 범ᄒᆞ니 군ᄉᆞᄂᆞᆫ ᄋᆞ희옛 노ᄅᆞᄉᆞᆯ 마ᄅᆞ쇼셔 (今張郃親犯葭萌關, 軍師休爲兒戲.) <삼국-가정 23:23>

【-올낫ᄃᆞ】 미 -리랏다. -ㄹ 뻔 하였다. -하였을 것이다.¶ ▼짐이 가허 유엽의 말을 드럿더면 ᄎᆞ픠 업ᄉᆞᆯ낫ᄃᆞ (朕不聽賈詡、劉曄之言, 果有此敗!) <삼국-국중 14:71>

【-ᄋᆡ】 조 ((끝 음절의 모음이 'ㆍ, ㅏ, ㅗ' 인 체언류 뒤에 붙어)) -에. 부사격 조사.¶ ▼오ᄂᆞᆯ날 일은 실로 밤나지 분ᄒᆞ야 ᄒᆞᄂᆞᆫ 배라 (今日之事, 實夙夜之所懷也.) <삼국-가정 13:12>

【ᄋᆡᄀᆞᆫ-이】 부 애긍(哀矜)히.¶ ▼哀 ‖ 확이 ᄌᆡᄇᆡᄒᆞ고 젼일을 ᄋᆡᄀᆞᆫ이 고ᄒᆞ니 목녹ᄃᆡ왕이 원슈 갑기를 허락ᄒᆞ거ᄂᆞᆯ 확이 ᄃᆡ희ᄒᆞ야 잔ᄎᆡ롤 ᄇᆡ셜ᄒᆞ고 셔로 ᄃᆡ졉ᄒᆞ더라 (獲再拜哀告, 訴說前事, 木鹿大王許以報讎, 獲大喜, 設宴相待.) <삼국-모종 15:8> 강유 듯고 마쥰의계 ᄋᆡᄀᆞᆫ이 고ᄒᆞ여 왈 ᄂᆡ 묘친이 디금 긔셩의 이시니 ᄂᆡ ᄒᆞᆫ 군ᄉᆞ롤 비려 가 이 셩을 구ᄒᆞ고 노모롤 보젼ᄒᆞ려 (姜維聞之, 哀告馬遵曰: "維母現在冀城, 恐母有失, 維乞一軍往救此城, 兼保老母.") <삼국-모종 15:66>

【ᄋᆡᄆᆡ-이】 부 애매(曖昧)히. 아무 관련도 없이 억울하게.¶ ▼險 ‖ 그릇 네 말을 듯고 ᄋᆡᄆᆡ이 ᄉᆞ롬을 죽일 번ᄒᆞ엿도다 (誤聽汝言, 險殺好人.) <삼국-국중 6:30>

【ᄋᆡᄆᆡ-ᄒᆞ-】 형 애매(曖昧)하다. 사리가 희미하고 똑똑하지 못하다.¶ ▼辯無事 ‖ 조죄 셔쥐 이셔 ᄃᆡᆫ규롤 ᄎᆡᆨᄒᆞ야 ᄀᆞᆯ오ᄃᆡ 네 이제 ᄋᆡᄆᆡᄒᆞᆷ와 ᄒᆞ니 너희 부ᄌᆞ의 챠듀 주긴 죄롤 샤ᄒᆞ노라 ᄒᆞ니 귀 오히려 ᄋᆡᄆᆡᄒᆞᆷ와 ᄒᆞ더라 (曹操

在彭城責陳珪曰: '今爾辯無事, 恕你父子殺車冑之罪.' 珪力辯無事, 商量取下邳.) <삼국-가정 9:2>

【이비】 명 ((인류)) 아비. '아버지'를 홀하게 이르는 말.¶ ▼父 ‖ 인군이 병이 들면 신하 몬저 약을 맛보고 이비 병들면 조식 몬저 맛보니 너는 닉의 심복흔 스룸이라 몬저 맛보라 (君有疾飮藥, 臣先嘗之, 父有疾飮藥, 子先嘗之, 汝爲我心腹之人, 何不先嘗而後進?) <삼국-모종 4:40> 승상니 날을 보거날 아달갓치 흐고 닉 승승은 이비로 아라던니 이제 죄을 도망흐기 어러온지라 (丞相視某如子, 某以丞相爲父, 某之死罪, 實已難逃.) <삼국-모종 16:16>

【이끼-】 동 아끼다. 물건이나 돈, 시간 따위를 함부로 쓰지 아니하다.¶ ▼愛 ‖ 군휘 황슉으로 더부러 장판의 픽흐믹 셰궁녁갈흐여 장춧 원찬코져 흘식 오쥐 황슉을 념흐여 토디를 이끼지 아니코 촌쥐를 쥬어 써 후공을 도모케 흐미라 (君侯始與皇叔同敗於長坂, 計窮慮極, 將欲遠竄, 吾主矜憫皇叔身無處所, 不愛土地, 使有所託足, 以圖後功.) <삼국-국중 12:11>

【이첩】 명 ((인류)) 애첩(愛妾). 사랑하는 첩.¶ ▼愛姬 ‖ 네 감히 닉 이첩을 희롱흐는다 (卓大怒, 叱布曰: "汝敢戲吾愛姬耶!") <삼국-국중 2:86>

【익-궂-】 형 액(厄)궂다. 애꿎다. 운수(運數)가 나쁘다.¶ ▼ 양슈 됴샹 가셔 울며 닐오딕 그딕 주머니의 든 송고실로다 흐니 이는 네 익구저 부러 죽단 말이라 (惟脩知之, 臨喪嘆曰: '君乃囊中之錐也!') <삼국-가정 23:116>

【익기-】 동 아끼다. 물건이나 사람을 소중하게 여겨 보살피거나 위하는 마음을 가지다.¶ ▼吝 ‖ 되 가만이 왕훈[후]을 불너 왈 닉 네게 흔 물을 비러 뭇 마음을 진압흘 거시니 네 반다시 익기지 말나 (操乃密召王垕入曰: "吾欲問汝借一物, 以壓衆心, 汝必勿吝.") <삼국-모종 3:54> 진 왈 천자 션옹을 보고져 흐시니 다힝이 학의 명이을 익기지 말고 가스이다 직삼 돈쳥흐니 이의 바야흐로 힝흐여 어영에 이르려 션주을 보니 (震曰: "天子急欲見仙翁一面, 幸勿吝鶴駕." 再三敦請, 李意方行, 旣至御營, 入見先主.) <삼국-모종 13:61>

【익상】 명 ((신체)) 액상(額像). 궁중에서 이마를 이르던 말.¶ ▼額 ‖ 뇌 익상의 쥬골이 업고 눈의 슈경이 업고 비의 양쥬 업스며 다리의 쳔근이 업스며 등의 삼갑이 업고 빅의 삼임이 업스니 다만 틱순의 긔신을 다스림이 ㄱ흐고 능히 싱인을 드스리디 못흐노라 (輅額無主骨, 眼無守睛; 鼻無梁柱, 脚無天根; 背無三甲, 腹無三壬. 只可泰山治鬼, 不能治生人也.) <삼국-국중 12:74>

【ㅈ】

【자】 명의 자. 길이의 단위. 한 자는 한 치의 열배로 약 30.3cm에 해당한다.¶ ▼尺 ‖ 현덕이 보니 그 사ᄅᆞᆷ이 신댱이 구쳑 오촌이오 슈염이 ᄒᆞᆫ 자 여ᄃᆞᆲ치오 ᄂᆞᆺᄎᆞᆫ 므른 대조빗 ᄀᆞᆺ고 입시울은 쥬사 ᄃᆡ은 듯ᄒᆞ고 단봉 눈이오 누은 누에 눈섭이오 샹뫼 당〻ᄒᆞ고 위풍이 늠〻ᄒᆞ더라 (玄德看其人, 身長九尺三寸, 髯長一尺八寸, 面如重棗, 唇若抹朱, 丹鳳眼, 臥蠶眉, 相貌堂堂, 威風凜凜.) <삼국-가정 1:24>

【자-】 동 자다[睡]. 생리적인 요구에 따라 눈이 감기면서 한동안 의식 활동이 쉬는 상태가 되다.¶ ▼宿 ‖ 각 셩문 밧긔셔 그 머리ᄅᆞᆯ 다 블 디ᄅᆞ고 부녀와 ᄌᆡ믈로ᄡᅥ 다 흣터 제게 샹ᄃᆡ 자ᄂᆞᆫ 군ᄉᆞᄅᆞᆯ 주더라 (各城門外焚燒其頭, 以婦女財物盡散其宿帳軍士.) <삼국-가정 2:16>

【자가】 대 ((인류)) 자가(自家). 자기(自己).¶ ▼某 ‖ 공명 왈 자가 디인니 보를 두기 어려온지라 반ᄃᆞ시 져ᄇᆞ리지 아니ᄒᆞ리라 (孔明曰: "某知皇叔乃仁義之人, 必不相負.") <삼국-국중 10:50>

【자감】 명 ((신체)) 갈빗대.¶ ▼肋下 ‖ 올돌골이 상을 타고 압희 이셔 머리의난 일월낭수모ᄅᆞᆯ 쓰고 몸의ᄂᆞᆫ 금쥬영낙을 입고 두 자감 아ᄅᆡ 비ᄂᆞᆯ이 드러나고 눈 가온ᄃᆡ 광망이 잇ᄂᆞᆫ디라 (兀突骨騎象當先, 頭戴日月狼鬚帽, 身披金珠纓絡, 兩肋下露出生鱗甲, 眼目中微露光芒.) <삼국-모종 15:19>

【자근-ᄇᆡ】 명 ((교통)) 작은배. 전함 뒤편에 매어 단 예비용 작은배.¶ ▼脚船 ‖ 죄 셰 급ᄒᆞ믈 보고 언덕을 ᄯᅱ여 ᄂᆞ리고져 ᄒᆞ더니 댱뇨 ᄒᆞᆫ 자근ᄇᆡ를 저어와 조를 븟들러 ᄂᆞ려오니 ᄃᆡ치 션쳑은 블이 다 븟텃더라 (操見勢急, 欲待跳上岸, 張遼駕一小脚船, 扶操下得船時, 那隻大船已自着了.) <삼국-가정 16:56>

【자량-ᄒᆞ-】 동 자랑하다.¶ ▼誇口 ‖ 우리 쳔ᄉᆞ만ᄉᆡᆼ게 ᄒᆞ여 피나게 싸와 이 셩지랄 어더시니 네 엇지 감히 자랑ᄒᆞ리요 (吾等千生萬死, 身冒血戰, 奪得城池, 汝安敢誇口!) <삼국-모종 6:3>

【자로】 부 자주. 잦(잦다, 頻: 형용사)+-오(부사 파생 접미사).¶ ▼數 ‖ 일의 고죄 항우로 더부러 쳔하를 다토ᄆᆡ 자로 항우의게 ᄑᆡᄒᆞ엿스나 구리ᄉᆞᆫ 한 싸홈의 셩공ᄒᆞ여 사ᄇᆡᆨ년 긔업을 여러시니 (昔日高祖與項羽爭天下, 數敗於羽; 後九里山一戰成功, 而開四百年基業.) <삼국-국중 7:45> ▼常 ‖ 뢰 치쥬샹ᄃᆡᄒᆞ고 쥬감의 슉 왈 슉이 현제로 더브러 드믈게 보되 영존은 덧〻이 자로 맛나노라 (布置酒相待, 酒酣, 肅曰: "肅與賢弟少得相見, 令尊卻常會來.") <삼국-모종 1:53>

【자리-ᄒᆞ-】 동 자리하다. 자리를 차지하고 앉다.¶ ▼席 ‖ 강이 눈을 브ᄅᆞᄠᅳ고 닐오ᄃᆡ 너희 두 사ᄅᆞᆷ의 머리 쟝ᄎᆞᆺ 만리예 갈 거시니 자리ᄒᆞ야 머엇ᄒᆞ리오 (康瞋目言曰: "汝二人之頭, 將行萬里! 何席之有!") <삼국-가정 11:97>

【자모】 명 ((인류)) 자모(慈母). 어머니.¶ ▼慈母 ‖ 불효한 ᄌᆞ식의 죄 자모게 밋ᄌᆞ오니 쳔지의 엇디 용납ᄒᆞ리잇고 (不孝子累及慈母矣!) <삼국-국중 17:43>

【자문-ᄒᆞ-】 동 자문(自刎)하다. 스스로 자신의 목을 베거나 찌르다.¶ ▼自刎 ‖ 장비 황공무디ᄒᆞ여 칼을 ᄇᆡ여 자문코져 ᄒᆞ더라 (張飛聞言, 惶恐無地, 掣劍欲自刎.) <삼국-국중 33:143>

【자바-내-】 동 잡아내다.¶ ▼조예 대로ᄒᆞ야 궁관을 ᄭᅮ지저 모황후ᄅᆞᆯ 자바내여 목졸라 죽이고 모황후 뫼셧던 궁인을 다 죽이고 곽귀인을 셰워 황후ᄅᆞᆯ 삼다 (睿大怒, 叱宮官將毛后絞死, 遂捉昨日侍奉人到, 一齊殺之, 乃立郭夫人爲皇后.) <삼국-가정 35:30>

【자브-】 동 잡다. 붙들어 손에 넣다.¶ ▼捉 ‖ 셩 안과 셩 밧게 자븐 ᄒᆞᆫ 눈 멀고 ᄒᆞᆫ 발 졀고 흰 ᄃᆡᆼ당이관 쓰고 프른 ᄒᆞ여진 옷 닙고 나모신 신은 션ᄉᆡᆼ이 마치 ᄒᆞᆫ 모양의 치 삼ᄉᆞᄇᆡᆨ이어늘 (城裏城外, 所捉眇一目、跛一足、白藤冠、青懶衣、穿履鞋先生, 都一般模樣者有三四百個.) <삼국-가정 22:78>

【자세】 부 자세(仔細). 어근이 부사 '자세히'의 뜻으로 쓰임.¶ ▼詳 ‖ 포ᄃᆡ를 다 푸러 일영의 비추여 세〻히 자세 보고 제 몸의 쉬고 ᄃᆡ고 (操親自以手提起, 對日影中細細詳看, 看畢, 自己穿在身上, 繫了玉帶.) <삼국-모종 3:89>

【자셔-이】 부 자세(仔細)히. 구체적이고 분명하게. 찬찬하여 빠짐없이.¶ ▼細 ‖ 찬이 현덕의 공노와 그 츌신ᄒᆞ믈 자셔이 말ᄒᆞ니 쇼 왈 니믜 이 한실종친이면 좌의 안지라 (瓚將玄德功勞, 並其出身, 細說一遍, 紹曰: "既是漢室宗派, 取坐來.") <삼국-모종 1:86>

【자셔-ᄒᆞ-】 형 자세(仔細)하다. 구체적이고 분명하다.¶ ▼詳 ‖ 현덕 왈 공명다려 무르면 그 자셔ᄒᆞ믈 알니라 (玄德曰: "除非問孔明, 便知其詳.") <삼국-국중 8:133>

【자시-】 동 자시다. 잡숫다. '먹다'의 높임말.¶ ▼食 ‖ 드ᄅᆞ히 늘근 ᄇᆡᆨ셩이 속반을 드리니 샹과 휘 자시되 하사오나오니 ᄎᆞ마 목의 ᄂᆞ리디 아녀 ᄒᆞ시더라 (野老進粟飯, 上與后共食, 粗糲不能下咽喉.) <삼국-가정 5:49> 들히 늘근 ᄇᆡᆨ셩이 속반을 드리니 샹과 휘 자시되 하ᄉᆞ오나오니 ᄎᆞ마 목의 ᄂᆞ리디 아녀 ᄒᆞ시더라 (野老進粟飯, 上與后共食, 粗糲不能下咽喉.) <삼국-규장 4:35>

【자ᄋᆞ강】 명 ((식물)) 자아강(紫芽薑). 붉은 싹 생강.¶ ▼紫芽薑 ‖ 이제 송강 노어를 ᄑᆡᆼ식ᄒᆞᄆᆡ ᄯᅩ 자ᄋᆞ강[붉근 싹 ᄉᆡᆼ강]이 니셔야 ᄀᆞᄒᆞ다 (烹松江鱸魚, 須紫芽薑方可.) <삼국-국중 12:62>

【자죠】 뷔 자주. 잦(잦다, 頻: 형용사)-+-요(←-오: 부사 파생 접미사).¶ ▼頓 ‖ 초션이 그즛 쌍미를 쯩그려 근심 ᄒᆞᄂᆞᆫ 틱를 지으며 또 깁 슈건으로 눈물을 자죠 씻난디라 (貂蟬故蹙雙眉, 做憂愁不樂之態, 復以香羅頻拭眼淚.) <삼국-국중 2:85> ▼屢 ‖ 우리병은 자죠 픽ᄒᆞ고 촉병은 자죠 이기니 가히 저당치 못할 거시니 (我兵屢敗, 蜀兵屢勝, 難以抵當.) <삼국-모종 14:106>

【자지】 명 ((신체)) 남자의 성기(性器). 생식기.¶ ▼칙쥬인 보아라 칙쥬인 어미 보지와 너 쏘지 네 어미 보지로 털러 가니 싱피가 아니야 니긔거 또 노아너 나온던구양물 너허ᄂᆞᆫ구나 <삼국-동양 40:9> 만일 또 젼과 가치 바드면 상딕을 가막서의 보닉여 종신지역 허겨 ᄒᆞᆯ 더니이 조심허여 이후로ᄂᆞᆫ 믹권 신화 오리 식만 바다 머고 다시ᄂᆞᆫ 이런 힝실 ᄒᆞᆯ진딕 이 죄을 며치 모톨이라 또 좌편의 이ᄂᆞᆫ 보지와 자지ᄂᆞᆫ 네와 네 엄미와 십허ᄂᆞᆫ 거시라 <삼국-동양 40:9>

【자최】 명 자취. 어떤 것이 남긴 표시나 자리.¶ ▼形跡 ‖ 션싱 자최를 숨겨 산림의 누어시니 세 번 도라보매 엇디 셩쥬의 ᄎᆞᄌᆞ믈 만나도다 (先生晦迹臥山林, 三顧那逢賢主尋.) <삼국-가정 34:78>

【자피-】 동 잡히다. 잡게 하다.¶ ▼取 ‖ 죄 다 두로보고 됴흠 구ᄌᆞ믈 니ᄅᆞ디 아니ᄒᆞ고 다만 부ᄉᆞᆯ 자펴다가 ᄒᆞᆫ 활 ᄌᆞ를 쓰고 가니 아ᄆᆞ도 그 ᄠᅳᆮ을 모ᄅᆞ되 (操看罷, 不言好歹, 只取筆於門上書一'活'字而去. 人皆不曉.) <삼국-가정 23:113>

【자ㅎ】 명의 자. 길이의 단위. 한 자는 한 치의 열배로 약 30.3cm에 해당한다.¶ ▼尺 ‖ 과연 그 ᄆᆞᆯ의 온 몸이 숫블 픠온 ᄃᆞᆺᄒᆞ야 죠곰도 잡털이 업고 머리로셔 ᄭᅩ리예 니ᄅᆞ히 기릭 ᄒᆞᆫ 댱이오 놉기 여ᄃᆞᆲ 자히라 (果然那馬渾身上下, 火炭般赤, 無半根雜毛; 從頭至尾長一丈, 從蹄至頂鬃高八尺.) <삼국-가정 1:151>

【작경】 명 작경(作梗). 못된 짓을 하는 것.¶ ▼作惡 ‖ 회방즁 탐지ᄒᆞ던니 함셩 진동하며 사면팔방의 무한 군병이 일으거날 위 왈 이난 반다시 제즁 작경인니 가히 몬져 버히리라 (會方令人探時, 喊聲大震, 四面八方, 無限兵到, 維曰: "此必是諸將作惡, 可先斬之.") <삼국-모종 19:68>

【작난-ᄒᆞ-】 동 작란(作亂)하다. 난리를 일으키다.¶ ▼取事 ‖ 담이 ᄀᆞ만이 인을 보내믄 너희로 ᄒᆞ여곰 닉응콰다 호미니 내 원샹을 파호믈 기ᄃᆞ려 작난ᄒᆞ려 호미라 (譚暗送印者, 欲汝等爲內助也, 待我破了袁尙, 就裏取事.) <삼국-가정 11:47>

【작ᄃᆡ】 명 ((기물)) 작대기.¶ 杖 ‖ ᄉᆞ도 왕륜이 부즁의 도라와 그날 닐을 ᄉᆡᆼ각ᄒᆞ고 좌불안셕ᄒᆞ더니 야심월명의 니르믹 작ᄃᆡ를 집고 후원의 드러가 다비가 겻히셔 앙천슈루ᄒᆞ더니 (司徒王允歸到府中, 尋思今日席間之事, 坐不安席, 至夜深月明, 策杖步入後園, 立於荼蘼架側, 仰天垂淚.) <삼국-모종 2:4>

【작란-ᄒᆞ-】 동 작란(作亂)하다. 난리를 일으키다.¶ ▼作亂 ‖ 광뮈 이 보븨를 의양의 어덧더니 근릭 드르니 십상시 작란ᄒᆞ여 쇼뎨를 무리쳐 북망의 나갓다가 궁의 도라와 이 식를 일헛더니(光武得此寶於宜陽, 傳位至今, 近聞十常侍作亂, 劫少帝出北邙, 回宮失此寶.) <삼국-모종 1:104>

【작막】 명 ((기물)) 장막(帳幕). 한데에서 볕 또는 비바람을 피할 수 있도록 둘러치는 막. 또는 진중의 장막.¶ ▼幃幕 ‖ 이예 가만니 심복 ᄉᆞᄅᆞᆷ 보닉여 손권의게 보ᄒᆞ고 회닐에 미쳐 셔시 손 젼 두 ᄉᆞᄅᆞᆷ을 불어 작막 가온딕 숨기고 당상의 졔 지닉고 (於是密遣心腹使者往報孫權, 至晦日, 徐氏先召孫、傅二人, 伏於密室幃幕之中, 然後設祭於堂上.) <삼국-모종 6:97>

【작만-ᄒᆞ-】 동 장만하다.¶ ▼작만ᄒᆞᆫ단 말 (包管) <삼국-어람 108b>

【작살-ᄒᆞ-】 동 작살(斫殺)하다. 베어서 죽이다.¶ ▼砍 ‖ 적병이 조ᄎᆞ 이르어 안민을 작살ᄒᆞ니 죄 갑히 마를 달여 ᄒᆞ수날 지닉 계우 두둑의 오르니 적병의 ᄒᆞᆫ 살이 말의 눈을 맛ᄎᆞ 써구러지ᄂᆞᆫ지라 (賊兵追至, 安民被砍爲肉泥, 操急驟馬衝波過河, 纔上得岸, 賊兵一箭射來, 正中馬眼, 那馬撲地倒了.) <삼국-모종 3:41>

【작지】 명 ((기물)) 지팡이. 작대기.¶ ▼杖 ‖ 노인이 작지을 집고 셔ᄾᆞ 힝ᄒᆞ여 지러셔 셕진을 ᄂᆞ가딕 긔다린 빅 업난지라 보닉여 상파 위의 니라러 (老人策杖徐徐而行, 逕出石陣, 並無所礙, 送至山坡之上.) <삼국-모종 14:21> 긔도ᄒᆞ믈 마ᄎᆞ믹 묘의 나가 토인을 ᄎᆞᄌᆞ 뭇고져 ᄒᆞ더니 은ᄾᆞ니 바라보니 건넌 산의 ᄒᆞᆫ 노인니 작지를 집고 오니 형용니 심히 고이ᄒᆞᆫ지라 (祈禱已畢, 出廟尋土人問之, 隱隱望見對山一老叟杖而來, 形容甚異.) <삼국-모종 14:110>

【작화궁】 명 ((군기)) 작화궁(鵲畫弓).¶ ▼鵲畫弓 ‖ 각ᄾᆞ 스ᄾᆞ로 쏘호고 다만 조뮈 손견을 싸라 달을 식 견이 연ᄒᆞ야 두 살을 노흐니 화웅이 다 피ᄒᆞᆫ지라 졔숨견을 노흘 ᄶᅥᆨ 작화궁이 불어지거ᄂᆞᆯ 활을 바리고 다라날식 (堅取箭, 連放兩箭, 皆被華雄躲過. 再放第三箭時, 因用力太猛, 拽折了鵲畫弓, 只得棄弓縱馬而奔.) <삼국-모종 1:84>

【잔-나뷔】 명 ((동물)) 잔나비. 원숭이.¶ ▼猿 ‖ 잔나뷔와 학이 셔로 친ᄒᆞ고 송쥭이 교취ᄒᆞ니 풍경이 과연 졀승ᄒᆞᆫ지라 (猿鶴相親, 松篁交翠, 觀之不已.) <삼국-국중 8:8>

【잔납】 명 ((동물)) 잔나비. 원숭이.¶ ▼猿 ‖ 이 사람이 신쟝이 구 쳑이오 잔나븨 ᄑᆞᆯ히오 활ᄡᅩ기를 잘ᄒᆞ고 깁히 모략이 이시며 튱의 늠ᄾᆞᄒᆞ니 (此人身長九尺, 猿臂善射, 深有謀略, 忠義凜然.) <삼국-규장 21:117>

【잔도】 명 ((건축)) 잔도(棧道). 벼랑길. 험한 산의 낭떠러지와 낭떠러지 사이에 다리를 놓듯이 하여 낸 길. 각도(閣道). 잔각(棧閣).¶ ▼棧道 ‖ 츄위 년면ᄒᆞ야 잔되 다 긋처더시니 촉인이 엇디 우리 퇴병ᄒᆞ믈 알리오 (連綿

秋雨, 棧道斷絶, 蜀人豈知吾等退軍耶?) <삼국-가정 33:4> 이 사ᄅᆞᆷ이 반ᄃᆞ시 몬져 텬ᄌᆞ긔 표ᄅᆞᆯ 올려 우리 등을 반ᄒᆞᆫ다 ᄒᆞ고 잔도ᄅᆞᆯ 블딜러 도라갈 길흘 막앗ᄂᆞ니 (此人必先捏奏天子, 誣吾等造反, 故燒絶棧道, 阻遏歸路.) <삼국-가정 34:102>

【잔인-ᄒᆞ-】 형 잔인(殘忍)하다. 인정이 없고 아주 모질다.¶ ▼殘 ‖ 조신의 도리 점〻 능체한니 위로써 사랑ᄒᆞ면 위극ᄒᆞ면 잔잉ᄒᆞ고 은혜로써 순케 ᄒᆞ여 은혜 다ᄒᆞ면 만홀ᄒᆞ리니 (君臣之道, 漸以陵替, 寵之以位, 位極則殘, 順之以恩, 恩竭則慢.) <삼국-모종 11:32>

【잔잉-ᄒᆞ-】 형 잔인(殘忍)하다. 인정이 없고 아주 모질다.¶ ▼殘 ‖ 조신의 도리 점〻 능체한니 위로써 사랑ᄒᆞ면 위극ᄒᆞ면 잔잉ᄒᆞ고 은혜로써 순케 ᄒᆞ여 은혜 다ᄒᆞ면 만홀ᄒᆞ리니 (君臣之道, 漸以陵替, 寵之以位, 位極則殘, 順之以恩, 恩竭則慢.) <삼국-모종 11:32>

【잔차】 명 잔치. 경사스러운 일이 있을 때에 음식을 차리고 손님을 청하여 즐기는 일. ※ '잔치'는 오늘날 경상방언의 일부 지역(상주 방언 등)에서 '잔차'로 쓰인다.¶ ▼宴 ‖ 현덕이 서쥬의 이르니 ᄌᆞᄉᆞ ᄎᆞ쥬 마ᄌᆞ 잔차를 맛ᄎᆞᄆᆡ 손건 미축이 다 츰예ᄒᆞ여 보더라 (玄德兵至徐州, 刺史車胄出迎, 公宴畢, 孫乾、糜竺等都來參見.) <삼국-모종 4:11>

【잔차-ᄒᆞ-】 동 잔치하다.¶ ▼宴會 ‖ 여포 서쥬의 잇서 ᄆᆡ양 빈ᄀᆡᆨ을 모아 잔차ᄒᆞᄆᆡ 진규의 부ᄌᆞ 그윽히 표의 덕을 층찬ᄒᆞᄂᆞᆫ지라 (呂布在徐州, 每當賓客宴會之際, 陳珪父子必盛稱布德.) <삼국-모종 3:63>

【잔ᄎᆡ】 명 잔치. 경사스러운 일이 있을 때에 음식을 차리고 손님을 청하여 즐기는 일.¶ ▼宴 ‖ 나죄 후당의 잔ᄎᆡᄅᆞᆯ 빅셜ᄒᆞ니 등촉이 형황ᄒᆞ엿ᄂᆞᆫᄃᆡ 공경들이 다 왓더라 (當晩, 就後堂設宴, 燈燭熒煌, 公卿皆至.) <삼국-가정 2:20>

【잔ᄎᆞ】 명 잔치. 경사스러운 일이 있을 때에 음식을 차리고 손님을 청하여 즐기는 일.¶ ▼宴 ‖ 죄 잔ᄎᆞᄅᆞᆯ 빅셜ᄒᆞ여 져물기예 이르러 파ᄒᆞ니 순욱이 드러와 보고 왈 뉴비ᄂᆞᆫ 녕웅이라 일즉 도모치 아니하면 후환이 잇ᄉᆞ리라 (操設宴相待, 至晩送出, 荀彧入見曰: "劉備英雄也, 今不早圖, 後必爲患.") <삼국-모종 3:35>

【잔치-ㅎ-】 동 잔치하다.¶ ▼宴 ‖ 윤이 틱ᄉᆞ의 거긔ᄅᆞᆯ 굽혀 ᄂᆡ 집의 이르러 잔치코져 ᄒᆞ니 존의 엇더ᄒᆞ시뇨 (允欲屈太師車騎, 到草舍赴宴, 未審鈞意若何?) <삼국-국중 2:78>

【잔치-ᄒᆞ-】 동 잔치하다.¶ ▼宴 ‖ ᄒᆞᄅᆞᆫ 데 후원의셔 십샹시로 더브러 잔치ᄒᆞ더니 간의태우 뉴되 바ᄅᆞ 데 알ᄑᆡ와 통곡ᄒᆞ거ᄂᆞᆯ (一日, 帝在後園, 與十常侍飮宴, 諫議大夫劉陶, 徑到帝前大慟.) <삼국-가정 1:83>

【잔포-ᄒᆞ-】 형 잔포(殘暴)하다. 잔인하고 포학하다. 잔학(殘虐)하다.¶ ▼殘暴 ‖ 맛당이 쳔하의 횡힝ᄒᆞ여 국가를 위ᄒᆞ여 잔포ᄒᆞᆷ을 제ᄒᆞ리니 엇지ᄒᆞ여 역적의게 항복ᄒᆞ리오 (正當橫行天下, 爲國家除殘去暴, 奈何降賊耶?) <삼국-국중 9:13>

【잔폭-ᄒᆞ-】 형 잔폭(殘暴)하다. 잔인하고 포학하다. 잔학(殘虐)하다.¶ ▼殘暴 ‖ 폐해 덕이 업고 복이 업시셔 대위예 거ᄒᆞ니 잔폭ᄒᆞᆫ 님금도곤 심ᄒᆞ도다! (陛下無德無福, 而居大位, 甚于殘暴之君也!) <삼국-가정 26:32>

【잔해-ᄒᆞ-】 동 잔해(殘害)하다. 사람에게 인정이 없이 아주 모질게 굴고 물건을 해치다.¶ ▼殘 ‖ 조죄 밧그로 텬하ᄅᆞᆯ ᄉᆞᆷᄭᅵ고 안흐로 대신을 잔해ᄒᆞ니 됴뎡의ᄂᆞᆫ 됴셕의 위틱ᄒᆞ미 이쇼되 졔어ᄒᆞᆯ 사ᄅᆞᆷ이 업ᄉᆞ니 실로 한심ᄒᆞ여이다 (操外呑天下, 內殘群僚, 朝廷有蕭墻之危, 而御侮未建, 可爲寒心.) <삼국-가정 24:13> 조죄 밧그로 텬하ᄅᆞᆯ ᄉᆞᆷ기고 안흐로 대신을 잔해ᄒᆞ니 됴뎡의ᄂᆞᆫ 됴셕의 위틱ᄒᆞ미 이쇼되 졔어ᄒᆞᆯ 사ᄅᆞᆷ이 업ᄉᆞ니 실로 한심ᄒᆞ여이다 (操外呑天下, 內殘群僚, 朝廷有蕭墻之危, 而御侮未建, 可爲寒心.) <삼국-가정 11:114>

【잔히-ᄒᆞ-】 동 잔해(殘害)하다. 사람에게 인정이 없이 아주 모질게 굴고 물건을 해치다.¶ ▼殘害 ‖ 건셕이 나를 모히ᄒᆞ엿ᄉᆞ니 그 집을 족멸ᄒᆞ고 그 나마지ᄂᆞᆫ 망녕되이 잔히치 말나 (蹇碩設謀害我, 可族滅其家, 其餘不必妄加殘害.) <삼국-모종 1:33>

【잠ㄱ-】 동 잠그다. 여닫는 물건을 열지 못하도록 자물쇠를 채우거나 빗장을 걸거나 하다.¶ ▼鎖 ‖ 회 크게 의심ᄒᆞ여 ᄉᆞᄉᆞ로 슈빅 긔를 거ᄂᆞ려 셔람의 슌초ᄒᆞ니 다만 보니 산우의 살긔 츙천ᄒᆞᆫ 곳의 슈운니합ᄒᆞ고 흑뮈 산두를 잠거ᄂᆞᆫ지라 (會驚疑不定, 乃自引數百騎, 俱全裝貫帶, 望西南巡哨. 前至一山, 只見殺氣四面突起, 愁雲布合, 霧鎖山頭.) <삼국-국중 17:75>

【잠간】 명 잠간(暫間). 조금. 약간.¶ ▼稍 ‖ 죄 싱녁군을 엇고 마음이 잠간 누거 ᄒᆞ더라 (操得這枝生力軍馬, 心中稍安.) <삼국-가정 16:62>

【잠관】 부 잠잔(暫間). 잠깐. 얼마 되지 않는 매우 짧은 동안. 약간. 살짝.¶ ▼須臾 ‖ [경]긔 위황 ᄃᆡ히한니 금위 즉시 ᄉᆞ람으로 가만니 〻길을 불으니 잠관 니인니 〻르거날 위 그 일을 다 말ᄉᆞᆷᄒᆞ니 (耿紀、韋晃大喜, 金禕卽使人密喚二吉, 須臾, 二人至, 禕言其事.) <삼국-모종 11:95> 잠관 유혈리 동우에 ᄎᆞ고 틱 글기을 다ᄒᆞ고 약을 붓치고 실노 호와ᄆᆡ니 공니 ᄃᆡ쇼ᄒᆞ고 일어나 (須臾, 血流盈盈, 佗刮盡其毒, 敷上藥, 以線縫之, 公大笑而起.) <삼국-모종 12:78>

【잠으-】 동 잠그다. 여닫는 물건을 열지 못하도록 자물쇠를 채우거나 빗장을 걸거나 하다.¶ ▼鎖住 ‖ 죄 직시 젼령ᄒᆞ여 군듕 쳘댱을 불너 년야의 년환ᄃᆡ정을 지어 션척을 잠으니 제군이 듯고 다 깃거ᄒᆞ더라 (操卽時傳令, 喚軍中鐵匠, 連夜打造連環大釘, 鎖住船隻. 諸軍聞之, 俱各喜悅.) <삼국-모종 8:26>

【잠쥬-ᄒᆞ-】 동 잠주(暫住)하다.¶ ▼暫住 ‖ 셕의 영형황슉이 형쥬를 비러 잠쥬ᄒᆞᄃᆡ가 셔쳔을 취ᄒᆞᆫ 후 환숑ᄒᆞ리라 ᄒᆞ여 우리 쥬공 압희서 슉으로 더부러 정녕상약ᄒᆞ엿더니 (有一言訴與君侯, 幸垂聽焉: 昔日令兄皇叔, 使肅

於吾主之前, 保借荊州暫住, 約於取西川之後歸還.) <삼국-국중 12:10>

【잡-】[1] 동 ❶ 잡다. 붙잡다. 손으로 움키고 놓지 않다. 붙들어 손에 넣다.¶ ▼鬮 ‖ 너희 두 사름이 졉이를 잡아 가라 ᄒᆞ니 왕튱이 몬져 감 졉이를 잡아 군ᄉᆞ 일반을 눈화 가 셔쥐를 티려 ᄒᆞ더라 ("你兩個拈鬮, 拈着的便走." 王忠鬮着'先'字, 自去分軍馬一半, 來攻彭城.) <삼국-가정 8:21> ▼拈鬮 / 拈‖ 샹이 둘 듕의 ᄒᆞ나흘 가라 ᄒᆞ니 둘히 서ᄅᆞ 밀위거늘 샹이 졉이 잡아 가라 ᄒᆞ니 방긔 갈 졉이를 잡아늘 (尙教二人內一人去, 二人都推却. 尙教拈鬮, 拈着逢紀.) <삼국-가정 11:26> ▼把 ‖ 윤이 툐션을 명ᄒᆞ야 잔을 잡아 드리라 ᄒᆞᆫ대 탁이 잔을 밧고 머믈워 골오ᄃᆡ, 네 나히 언머나 ᄒᆞ뇨 (允命貂蟬把盞, 卓擎杯問曰: '春色幾何?') <삼국-가정 3:77> 좌샹의 굉뒤교착[잔과 산이 섯거 헤텻단 말이라 녜는 술 먹을 제 잔을 쁘더니라]ᄒᆞ더라 ᄒᆞᆫ 사름이 잔을 잡아 권ᄒᆞᆯ 적이면 반드시 제 지릉을 쟈랑ᄒᆞ니 쥬위 대쇼ᄒᆞ고 마시더라 (席上觥籌交錯, 但是一個起來把盞, 必須誇其才能.周瑜大笑而暢飮.) <삼국-가정 15:50> ❷ 붙잡다.¶ ▼捉獲 ‖ 이 사람과 왕ᄌᆞ복 등 ᄉᆞ인을 ᄂᆡ 임의 졍위의 나슈ᄒᆞ엿ᄉᆞ되 오히려 ᄒᆞᆫ ᄉᆞ람이 잇ᄉᆞ나 잡지 못ᄒᆞ엿노라 (此人曾攀下王子服等四人, 吾已拏下廷尉. 尙有一人, 未曾捉獲.) <삼국-국중 5:100> ▼爬 ‖ 진뉴왕이 뎨로 더부러 오ᄉᆞᆯ 서ᄅᆞ ᄆᆡ고 언덕에 덩ᄉᆞᆯ 잡아 오르니 가시덩굴이 얼거져 갈 길을 보지 못ᄒᆞ는지라 (陳留王與帝以衣相結, 爬上岸邊. 滿地荊棘, 不見行路.) <삼국-가정 규장 1:93> ▼揪 ‖ 그 사름이 ᄆᆞᆯ게 ᄂᆞ리ᄃᆞ라 곽샹의 아ᄃᆞᆯ의 곡뒤를 자바 ᄆᆞᆯ 알퓌 드리거늘 (其人滾鞍下馬, 腦揪郭常之子, 拜獻於馬前.) <삼국-가정 9:127> ▼起 ‖ 내 너를 알거든 엇디 은휘ᄒᆞᄂᆞ뇨 ᄂᆡ일 잡아다가 나라히 드리고 만호후를 내 ᄒᆞ고 쳔금으란 모든 사름을 눈화 주리라 (我認得你, 如何隱諱? 且把來監下, 來日起解. 萬戶侯我做, 千金賞分與衆人.) <삼국-가정 2:30>

【잡-】[2] 동 잡다. (새 물고기 짐승 가축 따위를) 죽이다. 도살(屠殺)하다.¶ ▼宰 ‖ 이거시 다 요슐이니 ᄂᆡ일 양과 돗틀 잡아 군ᄉᆞ로 ᄒᆞ여곰 그 피를 가지고 뫼 우희 복병ᄒᆞ얏다가 도적이 ᄯᆞᆯ오는 ᄯᅢ를 기ᄃᆞ려 놉흔 언덕의셔 ᄲᅳ리면 그 법을 가히 프러 ᄇᆞ리리라 (此妖術也.來日可宰猪羊血, 令軍伏于山頭, 候賊赶來, 高坡上潑之, 其法可解.) <삼국-가정 1:56> ▼屠 ‖ ᄂᆡ 셩은 장이요 명은 비요 자는 익덕이니 본ᄃᆡ 탁군의 거ᄒᆞ야 술 팔고 돗 잡아 (某姓張, 名飛, 字翼德. 世居涿郡, 頗有莊田, 賣酒屠豬.) <삼국-국중 1:9>

【잡답-ᄒᆞ-】 형 잡답(雜沓)하다. 소란스럽다. 사람들이 많이 몰려 북적북적하고 복잡하다.¶ ▼雜踏 ‖ 아름다온 딩샹과 샹셔의 경식 젼후의 잡답ᄒᆞ야 녁쉬 내 몸의 미ᄎᆞ니 권이 텬명을 두려 감히 아니 좃디 못ᄒᆞ야 (休徵嘉瑞, 前後雜沓, 歷數在躬, 不得不受.) <삼국-가정 32:44>

【잡-도이】 부 잡(雜)스럽게. 시끄럽게.¶ ▼雜 ‖ 녀푀 보검 ᄒᆞ나흘 미튝을 주며 닐오ᄃᆡ 잡도이 문의 오ᄂᆞ니 잇거든 참ᄒᆞ라 (呂布賜竺寶劍一口, 但登門者, 即斬之.) <삼국-가정 7:5>

【잡바-지-】 동 자빠지다. 뒤로 또는 옆으로 넘어지다.¶ ▼倒 ‖ ᄎᆡᆨ이 명[면]상 살을 ᄲᅢ여 도로 쏜이 그 ᄉᆞ름은 잡바지고 또 두 ᄉᆞ름이 창을 가지고 ᄎᆡᆨ을 향ᄒᆞ여 어지려이 ᄯᅵ규 왈 우리는 허공의 집손이라 쥬인을 위ᄒᆞ여 원수를 갑고저 ᄒᆞ노라 (策就拔面上箭, 取弓回射放箭之人, 應弦而倒, 那二人舉鎗向孫策亂搠, 大叫曰: "我等是許貢家客, 特來爲主人報讎!") <삼국-모종 5:36>

【잡아-ᄂᆞ리-】 동 잡아내리다.¶ ▼拿下 ‖ 조 좌우를 ᄭᅮ지저 마 황 이인을 잡아ᄂᆞ리오라 ᄒᆞᆫ대 (操喝左右拿下馬騰.) <삼국-가정 18:101>

【잡으-】 동 잡다. 붙잡다. 손으로 움키고 놓지 않다.¶ ▼拈 ‖ 댱비 더옥 항복디 아녀 브ᄃᆡ 가려 ᄒᆞ거늘 ᄒᆞ여곰 졉이를 잡으라 ᄒᆞ니 ᄌᆞ룡이 또 갈 졉이를 자바늘 (張飛不服, 定要去取, 孔明教拈鬮, 拈着的便去. 又是子龍拈着.) <삼국-가정 17:23> 장비 구지 가고져 ᄒᆞ거늘 공명이 믄득 만져 갈 져비를 잡으라 ᄒᆞ니 ᄌᆞ룡이 또 만져 갈 져비를 잡아거늘 (張飛不服, 定要去取. 孔明教拈鬮, 拈着的便去. 又是子龍拈着.) <삼국-국중 10:13>

【잡피-】 동 잡히다. 포획(捕獲) 당하다.¶ ▼擒 ‖ 원쇠 바른 말을 듯지 아니ᄒᆞ니 후의 맛당이 조ᄌᆞ의게 잡피리이라 공이 조ᄌᆞ로 옛 친구라 어두은 거설 바리고 발근 ᄃᆡ 가라 (袁紹不納直言, 後必爲曹操所擒. 公既與曹公有舊, 何不棄暗投明?) <삼국-모종 5:55>

【잡피이-】 동 잡히다.¶ ▼擒 ‖ 공근이 만일 가면 반ᄃᆞ시 잡피일 거시니 아직 슈젼을 결ᄒᆞ야 븍군의 예긔를 좌찰ᄒᆞᆫ 후의야 각별이 묘계를 ᄲᅢ라 ᄒᆞᆯ 거시니 (公瑾若去, 則必就擒. 可先決水戰, 挫動北軍銳氣, 別尋妙計破之.) <삼국-가정 15:25>

【잡히-】 동 잡히다. '잡다'의 피동사.¶ ▼把 ‖ 견이 군ᄉᆞ로 ᄒᆞ여곰 블을 혀 잡히고 우믈의 ᄂᆞ려가 휘휘 저으라 ᄒᆞ니 (堅喚軍士點其火把, 下井打撈.) <삼국-가정 2:118>

【잣-나모】 명 ((식물)) 잣나무. 소나뭇과의 상록 교목. ※ 휴지(休止) 앞에서나 자음으로 시작하는 조사와 공동격 조사 '와'앞에서 나타나며, 그밖에 모음으로 시작하는 조사 앞에서는 '잣낡'으로 나타난다.¶ ▼栢 ‖ 니의 학발 홍안이오 눈이 프르고 동ᄌᆞ 모져 광ᄎᆡ 사름의게 뽀이고 몸이 늘근 잣나모 ᄀᆞᆺ더라 (見李意鶴髮紅顏, 碧眼方瞳, 灼灼有光, 身如古栢之狀.) <삼국-가정 25:93>

【잣-낡】 명 ((식물)) «잣나모» 잣나무. 소나뭇과의 상록 교목. ※ 모음으로 시작하는 조사 가운데 와 를 제외한 조사 앞에 나타나며, 휴지(休止) 앞에서나 자음으로 시작하는 조사와 공동격 조사 '와'앞에서는 '잣나모'로 나타난다.¶ ▼栢 ‖ 승샹 ᄉᆞ당을 어ᄂᆞ 곳의 ᄎᆞᄌᆞ리오 금관셩 밧긔 잣낡기 ᄉᆞᆷᄉᆞᆷᄒᆞᆫ ᄃᆡ로다 (丞相祠堂何處尋, 錦官城外栢森森.) <삼국-가정 34:127> ▼柏樹 ‖ 셩도의 잣

남기 밤의 우니 그 소릐 사ᄅᆞᆷ마다 드럿ᄂᆞ니 이 두어 가지 일이 다 블샹ᄒᆞᆫ 밍되라 (成都人人皆聞柏樹夜哭. 有此數事, 不祥之兆.) <삼국-가정 33:99>

【잣바-디-】 동 자빠지다. 넘어지다.¶ ▼조휘 댱뇨의 등 뒤희 번듯 내ᄃᆞ라 ᄒᆞᆫ 살로 능통의 ᄆᆞᆯ가ᄉᆞᆷ을 ᄡᅩ니 그 ᄆᆞᆯ이 고즉이 닙덧다가 잣바디니 능통이 ᄆᆞᆯ긔 ᄡᅥ러디거ᄂᆞᆯ (曹休閃在張遼背後, 開弓一箭, 正射中淩統馬胸膛, 那馬直立起來, 把淩統掀在地上.) <삼국-규장 15:86>

【잣바-지-】 동 자빠지다. 넘어지다.¶ ▼조휘 쟝뇨의 등 뒤희 번듯 ᄂᆡ다라 ᄒᆞᆫ 살로 능통의 말가삼을 ᄡᅩ니 그 말이 고즉이 닙덧다가 잣바지니 능통이 말게 ᄡᅥ러져거ᄂᆞᆯ (曹休閃在張遼背後, 開弓一箭, 正射中淩統馬胸膛, 那馬直立起來, 把淩統掀在地上.) <삼국-가정 22:45>

【잣칫-ᄒᆞ-】 동 자칫하다. 어쩌다가 조금 어긋나 잘못되다.¶ ▼差池 ‖ 만일 ᄂᆡ 니기고 도라올 ᄶᅥᆨ에 잣칫ᄒᆞ면 두 죄을 다 베푸리라 (吾若得勝回來之日, 稍有差池, 二罪俱罰.) <삼국-모종 12:58>

【장간】 명 ((기물)) 장간(長竿). 긴 깃대.¶ ▼長竿 ‖ 손의 장간을 집고[장간은 긴 긔ᄃᆡ라] 간상의 계우를[계우ᄂᆞᆫ ᄃᆞᆰ의 깃시라] ᄆᆡ여 풍신을 부르게 ᄒᆞ고 (手執長竿, 竿尖上用雞羽葆, 以招風信.) <삼국-국중 9:113>

【장녕】 명 장령(將令). 군대를 거느리는 장수의 명령.¶ ▼旨意 ‖ 져를 노화 보ᄂᆡ미 그르도다 우리 등이 오후의 장녕을 밧들어 져의를 잡으러 오미라 (你放他過去差了. 我二人奉吳侯旨意, 特來追捉他回去.) <삼국-국중 10:83>

【장니】 명 ((인류)) 장리(藏吏). 창고지기.¶ ▼藏吏 ‖ 이윽고 ᄭᅮᆯ을 가져왓거ᄂᆞᆯ 여러 보니 ᄭᅮᆯ 속의 쥐ᄯᅩᆼ 두어 덩이 드럿거ᄂᆞᆯ 장니[고 ᄀᆞ음아ᄂᆞᆫ 관원이라]ᄅᆞᆯ 블러 칙ᄒᆞ야 닐오되 (須臾取至, 開見蜜內鼠糞數塊, 召藏吏責之曰.) <삼국-가정 37:61>

【장ᄉᆞ】 명 ((인류)) 장수. 장사하는 사람.¶ ▼商 ‖ 이에 주션을 오ᄇᆡᆨ 인과 오쳑 션을 주어 장ᄉᆞ ᄉᆞ람 모냥을 짓고 다시 국틱의 위셔ᄅᆞᆯ 쓰고 (密遣周善, 將五百人, 扮爲商人, 分作五船, 更詐修國書.) <삼국-모종 10:84>

【장첫】 부 장차(將次). 앞으로.¶ ▼將 ‖ 오쥬 숀후[휴] 사마염이 임의 위랄 찬탄[탈]ᄒᆞᆫ 쇼식 듯고 장첫 오랄 칠가 염여하여 병이 되어 이지 못ᄒᆞ고 (吳主孫休, 聞司馬炎已簒魏, 知其必將伐吳, 憂慮成疾, 臥床不起.) <삼국-모종 19:77>

【재】 명 째. ((‘-ㄴ 재’ 구성으로 쓰여)) 이미 있는 상태 그대로 있다는 뜻을 나타내는 말.¶ ▼和 ‖ 승이 스므나믄 잔을 먹으매 믄득 곤ᄒᆞ야 옷 닙은 재 조으더니 (飲至數十杯, 董承覺困倦, 就和衣而睡.) <삼국-가정 8:67>

【쟈로】 명 ((기물)) «쟈ᄅᆞ» 자루. 낟알이나 그 밖의 여러 가지 물건을 담을 수 있게 만든 길고 큰 주머니.¶ ▼布袋 ‖ 죄 군ᄉᆞ로 ᄒᆞ여곰 흙을 날라 히ᄌᆞ를 메오고 흙을 또 쟈로의 녀코 ᄆᆞ른 섭과 플을 뷔여 셩 밋틱 ᄡᅡ코 (操令軍兵運土塡壕; 又用做土布袋幷柴薪草把相雜, 來城邊作覓梯.) <삼국-가정 규장 5:35>

【쟈ᄅᆞ-】 형 짧다.¶ ▼短 ‖ 그흘연 드ᄅᆞ니 ᄒᆞᆫ 사ᄅᆞᆷ이 모란뎡 ᄀᆞ의셔 긴 한숨과 쟈른 탄식ᄒᆞ리 잇거ᄂᆞᆯ 윤이 ᄀᆞ만이 거러가 여어보니 이ᄂᆞᆫ 부듕의 가무ᄒᆞᄂᆞᆫ 미인 툐션이라 (忽聞有人在牡丹亭畔長吁短嘆, 允潛步窺之, 乃府中歌舞美人貂蟬女也.) <삼국-가정 3:61> 범 댱 이적이 이 긔별을 듯고 각〻 쟈른 칼을 몸의 ᄀᆞᆷ초고 밤이 초경은 ᄒᆞ여 ᄀᆞ만이 댱듕의 드러가 (范、張二賊探知消息, 各藏短刀, 夜至初更, 密入帳中.) <삼국-규장 18:83>

【쟈쥬】 명 ((음식)) 자주(煮酒). 양조한 술. 끓인 술.¶ ▼煮酒 ‖ 이제 ᄆᆡ실을 보니 귀경티 아니티 못ᄒᆞᆯ 거시오 쟈쥐 경히 니거시니 현데로 더브러 쟈근 뎡ᄌᆞ의 가 놀고져 ᄒᆞ노라 (今見此梅, 不可不賞. 又値煮酒正熟, 同邀賢弟小亭一會, 以洽其情.) <삼국-가정 7:120>

【쟈쥐】 명 ((음식)) 자주(煮酒). 양조한 술. 끓인 술.¶ ▼煮酒 ‖ 이제 ᄆᆡ실을 보니 귀경티 아니티 못ᄒᆞᆯ 거시오 쟈쥐 경히 니거시니 현데로 더브러 쟈근 뎡ᄌᆞ의 가 놀고져 ᄒᆞ노라 (今見此梅, 不可不賞. 又値煮酒正熟, 同邀賢弟小亭一會, 以洽其情.) <삼국-가정 7:120>

【쟐ㄴ】 명 ((기물)) «쟈ᄅᆞ» 자루. 낟알이나 그 밖의 여러 가지 물건을 담을 수 있게 만든 길고 큰 주머니.¶ ▼囊 ‖ 그 밧근 다 옷거리며 밥쥬머니며 술통이며 고기 쟐니리라 (其餘皆衣架飯囊, 酒桶肉袋耳.) <삼국-규장 6:65> 이튼날 아참의 뎨ᄭᅴ 됴회ᄒᆞᆯᄉᆡ 뎨 보시니 관위 사금의 쟐ᄂᆞᆯ 가슴의 드리웟거ᄂᆞᆯ 연고를 무ᄅᆞ신ᄃᆡ (次日, 早朝見帝. 帝見關公一紗錦囊, 賜關公包髥.) <삼국-규장 6:128> 죄 군ᄉᆞ를 긋재 모라내여 흙을 져 셩을 ᄡᅡ며 믈을 씻텨 어루라 ᄒᆞ되 믈 담을 그르시 업거ᄂᆞᆯ 깁을 포지버 쟐ᄂᆞᆯ 지어 믈을 다마 씻티니 ᄡᅡᄂᆞᆫ 족〻 어ᄂᆞᆫ디라 (操盡驅兵士擔土潑水, 爲無盛水之具, 作縑囊盛水澆之, 隨築隨凍.) <삼국-규장 13:56>

【쟐ㄹ】 명 ((기물)) «쟈ᄅᆞ» 자루. 낟알이나 그 밖의 여러 가지 물건을 담을 수 있게 만든 길고 큰 주머니.¶ ▼袋 ‖ 그 밧근 다 옷거리며 밥주머니며 술통이며 고기 쟐리라 (其餘皆衣架飯囊, 酒桶肉袋耳.) <삼국-가정 8:49> ▼囊 ‖ 이튼날 아ᄎᆞᆷ의 뎨긔 됴회ᄒᆞᆯᄉᆡ 뎨 보시니 관위 사금의 쟐ᄅᆞᆯ 가ᄉᆞᆷ의 드리웟거ᄂᆞᆯ 연고ᄅᆞᆯ 무ᄅᆞ신대 (次日, 早朝見帝. 帝見關公一紗錦囊, 賜關公包髥.) <삼국-가정 9:23> 이 밤의 븍풍이 크게 니러나거ᄂᆞᆯ 죄 군ᄉᆞ를 긋재 모라내여 흙을 져 셩을 ᄡᅡ며 믈을 씻텨 어루라 믈과 믈그ᄅᆞ시 업거ᄂᆞᆯ 깁을 포지버 쟐를 지어 믈을 다마 씻티니 ᄡᅡᄂᆞᆫ 족〻 어ᄂᆞᆫ디라 (是夜, 北風大作. 操盡驅兵士擔土潑水, 爲無盛水之具, 作縑囊盛水澆之, 隨築隨凍.) <삼국-가정 19:29> ▼布袋 ‖ 죄 군ᄉᆞ로 ᄒᆞ여곰 흙을 날라 히ᄌᆞ를 메오고 흙을 또 쟐릐 녀코 ᄆᆞ른 섭과 플을 뷔여 셩 밋틔 ᄡᅡ코 (操令軍兵運土塡壕; 又用做土布袋幷柴薪草把相雜, 來城邊作覓梯.) <삼국-가정 6:126> 일천군을 거ᄂᆞ려 가되 각〻 뵈쟐를 가지고 빅하 샹뉴의 가 ᄆᆡ복호ᄃᆡ 쟐릐 흙과 돌흘 녀허 빅핫믈을 막앗다가 ᄂᆡ일 삼경 후의 믈 아래셔 사ᄅᆞᆷ이 지져괴거

ᄃᆞᆫ 급히 쟐를 아사 믈을 노하ᄇᆞ리고 ᄂᆞ려오며 ᄉᆡ살ᄒᆞ라 (引一千人各帶布袋, 去白河上流頭埋伏, 用布袋裝上磚石土泥, 堰住白河之水. 到來日三更後, 只聽下流頭人馬喊嘶, 此是曹兵敗矣, 急取布袋, 放水淹之, 卻順水殺將下來接應.) <삼국-가정 13:91>

【쟝군】 명 ((인류)) 장군(將軍). 군의 우두머리로 군을 지휘하고 통솔하는 무관.¶ ▼方 ‖ 각이 삼십뉵방을 셰워 대쇼를 분ᄒᆞ니[방이라 ᄒᆞᄂᆞᆫ 말은 쟝군이라 ᄒᆞ기 ᄀᆞᆺᄐᆞᆫ 말이라]대방은 만여 인오 쇼방은 뉵칠 쳔이라 각각 쟝슈를 뎡ᄒᆞ엿더라 (方者, 乃將軍之稱也. 大方萬餘人, 小方六七千, 各立渠帥.) <삼국-가정 1:13>

【쟝슈】 명 ((인류)) 장수(將帥). 군사를 거느리고 지휘하는 대장을 이르는 말.¶ ▼將 ‖ 너 뎨엿 션ᄇᆡ 말을 엇디 취신ᄒᆞ리오 샹해 닐오ᄃᆡ 믈이 오면 흙으로 막고 군ᄉᆡ 오면 쟝쉬 막ᄂᆞᆫ다 ᄒᆞ니 우리 군ᄉᆡ 쉬연 디 오라니 엇디 족히 두리리오 (汝是秀才之言, 不曉破敵.豈不聞'水來土掩, 將至兵迎'? 我軍以逸待勞, 何足懼之?) <삼국-가정 24:46> ▼渠帥 ‖ 각의 도당과 뎨ᄌᆞ 오ᄇᆡᆨ여 인이라 ᄉᆞ방의 두로 돌며 병을 곳티니 점점 그 무리 극히 만흔디라 각이 삼십뉵방을 셰워 대쇼를 분ᄒᆞ니[방이라 ᄒᆞᄂᆞᆫ 말은 쟝군이라 ᄒᆞ기 ᄀᆞᆺᄐᆞᆫ 말이라] 대방은 만여인오 쇼방은 뉵칠쳔이라 각각 쟝슈를 뎡ᄒᆞ엿더라 (角有徒弟五百餘人, 雲遊四方救病. 次後徒衆極多, 角立三十六方, 分布天下. 方者, 乃將軍之稱也. 大方萬餘人, 小方六七千, 各立渠帥.) <삼국-가정 1:13> ▼偏裨 /褊裨 ‖ 네 등한이 너겨 나의 대ᄉᆞ를 그릇 말라 션봉으로 도적을 파ᄒᆞ믄 죠고만 쟝슈의 일이라 (汝勿以等閑視之, 失吾大事. 前鋒破敵者, 乃偏裨 /褊裨之將耳.) <삼국-가정 31:12>

【쟝ᄉᆞ】 명 ((인류)) 장수. 장사하는 사람.¶ ▼商人 ‖ 십칠 셰의 아비로 더브러 젼당의 니르러 ᄒᆡ적 십녀 인이 쟝ᄉᆞ의 ᄌᆡ믈을 탈취ᄒᆞ여 셔로 난호ᄂᆞᆫ 거슬 보고 (年十七歷時, 與父至錢塘, 見海賊十餘人, 劫取商人財物) <삼국-모종 1:20>

【쟝안】 명 ((지리)) 장안(長安). 중국 섬서성(陝西省) 서안시(西安市)의 옛 이름. 한(漢)나라·당나라 때의 도읍지.¶ ▼長安 ‖ 온휘 새로 패호매 군ᄉᆡ 싸홀 마음이 업ᄉᆞ니 군을 인ᄒᆞ야 낙양으로 도라가 황뎨를 댱안으로 옴겨 동오를 응홈만 ᄀᆞᆺ디 못ᄒᆞᄂᆞᆼ이다 (溫侯新敗, 兵無戰心. 不若引兵回洛陽, 遷帝于長安, 以應謠兆.) <삼국-가정 2:95>

【쟝역】 명 ((질병)) 장역(瘴役). 무덥고 습기 많은 지역에서 병독(病毒)으로 생기는 유행성 열병.¶ 瘴疫 ‖ 남방은 블모지디오 쟝역지향이라[블모ᄂᆞᆫ 더위도 플이 나디 못ᄒᆞ미오 쟝역은 쟝긔의 샹ᄒᆞᆫ 병이라](南方不毛之地, 瘴疫之鄕.) <삼국-가정 28:62>

【쟝연】 명 ((질병)) 장연(瘴烟). 축축하고 더운 땅에서 생기는, 독기를 품은 안개.¶ ▼瘴烟 ‖ 셔븍길흔 산뇌 극히 험악ᄒᆞ고 독ᄒᆞᆫ 즘ᄉᆡᆼ이 만흐며 황혼이면 쟝연[독ᄒᆞᆫ ᄂᆡ니 사람이 ᄡᅬ이면 병드러 죽ᄂᆞ니라]이 크게 니러나 이튼날 오시의야 바야흐로 거드니 (西北上有一條路, 山險嶺惡, 道路窄狹, 其中雖有小路, 多藏毒蛇惡蝎, 黃昏時分, 瘴烟大起, 直至巳、午時方收.) <삼국-가정 29:13>

【쟝쥬】 명 ((인류)) 장주(莊主). 마을 어른.¶ ▼莊主 ‖ 점점 져믈거ᄂᆞᆯ ᄒᆞᆫ ᄆᆞ올히 드러가니 쟝쥐[그 ᄆᆞ올 어룬이라]나와 마ᄌᆞ니 슈염이 다 셰엿더라 (漸漸天晚, 投一孤莊安歇. 莊主出迎, 鬚髮皆白.) <삼국-가정 9:90>

【쟝팔ᄉᆞ모】 명 ((군기)) 장팔사모(丈八蛇矛). 길이가 1장 8척 정도 되는 긴 창.¶ ▼丈八蛇矛 ‖ 댱비 쟝팔ᄉᆞ모를 ᄭᅵ여 바로 나와 손이 ːᄂᆞᆫ 곳의 등무의 가삼을 질너 마하의 ᄡᅥ러지니 (張飛挺丈八蛇矛直出, 手起處, 刺中鄧茂心窩, 翻身落馬.) <삼국-모종 1:9>

【저】[1] 대 저. 저이. 그사람.¶ ▼저 (他) <삼국-어람 108a>

【저】[2] 대 저. 지시대명사.¶ ▼저 (那) <삼국-어람 108a>

【저-】 동 젓다. 배를 움직이기 위하여 노를 일정한 방향으로 계속 움직이다.¶ ▼撑 ‖ 믈 우희셔 ᄒᆞᆫ 쟝ᄉᆡ 큰 ᄇᆡ를 저어 니ᄅᆞ러 쟈근 ᄇᆡ를 업디ᄅᆞ니 방덕과 그런 군ᄉᆡ 다 믈의 ᄲᅡ디거ᄂᆞᆯ (上流頭一將撑一大船而至, 將小船撞翻, 龐德幷軍士皆落於水中.) <삼국-가정 24:89>

【저근-덧】 명 잠깐 동안. 어느덧.¶ ▼須臾 ‖ 푀 묵연ᄒᆞ고 저근덧 파연ᄒᆞᄆᆡ 푀 현덕을 보ᄂᆡ여 문의 나오니 장비 말을 뛰우고 창을 빗겨 와 크겨 녀포를 부라지져 싸호ᄌᆞ ᄒᆞ거날 현덕니 급히 관공으로 ᄒᆞ여곰 권ᄒᆞᆫ지라 (布默默無語. 須臾席散. 布送玄德出門, 張飛躍馬橫鎗而來, 大叫: "呂布! 我和你併三百合!" 玄德急令公關玄德勸止.) <삼국-모종 2:91>

【저-ᄃᆡ지】 부 저다지. 경상 방언.¶ ▼如此 ‖ 되 상마ᄒᆞ여 다만 허제 서황을 다리고 장위의 ᄉᆡᆨ칙을 바ᄅᆡ보고 치을 들처 갈쳐 왈 저ᄃᆡ지 겐고ᄒᆞ니 급피 치기 어렵다 ᄒᆞ니 (次日操上馬, 只帶許褚、徐晃二人, 來看張衛寨柵, 三匹馬轉過山坡, 早望見張衛寨柵, 操揚鞭遙指, 謂二將曰: "如此堅固, 急切難下.") <삼국-모종 11:52>

【-저이】 접 -쩍게. -스럽게.¶ ▼이ᄢᅢ 구월 그믐이라 텬긔 급작저이 치위 거믄 구롬이 엉긔여 년일ᄒᆞ여 됴티 아니ᄒᆞ니 일로 인ᄒᆞ야 냥군이 아직 싸홈을 긋첫더라 (時遇九月盡間, 天氣暴冷, 彤雲密布, 連日不開, 因此兩軍罷戰.) <삼국-가정 19:27> 산쉬 급작저이 니ᄅᆞ러시니 엇디 오래 이시리오 열흘이 못ᄒᆞ여 절로 믈러가리라 (山水驟至, 豈能長存? 不旬日自退矣.) <삼국-가정 24:93>

【저적-ᄒᆞ-】 동 저적(抵敵)하다. 대적하다.¶ ▼敵 ‖ 부의 형제 칠인니 일제니 와 싸온니 마ᄃᆡ 방덕니 후군 저적ᄒᆞ여 머우니 부제 칠인니 다 마초의게 죽고 (阜兄弟七人, 一齊來助戰, 馬岱、龐德敵住後軍, 阜兄弟七人, 皆被馬超殺死.) <삼국-모종 11:13>

【저제-ᄒᆞ-】 동 저적(抵敵)하다. 대적하다.¶ ▼抵敵 ‖ 하후돈이 압흐로 나아가 고슌으로 다려 만나여 창을 ᄭᅵ고 말을 나여 싸오니 사오십 합의 고슌이 저제치 못ᄒᆞ거날 하후돈이 말을 노아 좃ᄎᆞ가니 (夏侯惇引軍前進, 正與高順軍相遇, 便挺鎗出馬搦戰, 高順迎敵. 兩馬相交, 戰

有四五十合, 高順抵敵不住, 敗下陣來, 惇縱馬追趕.) <삼국-모종 3:66>

【저즈-】 동 «저즐다» 저지르다. 죄를 짓거나 잘못이 생겨나게 행동하다.¶ ▼爲 ‖ 이거시 네 ᄆᆞ음으로 저즌 거시 아니라 사ᄅᆞᆷ이 ᄀᆞᄅᆞ쳐시니 ᄲᆞᆯ리 니ᄅᆞ라 내 네 죄ᄅᆞᆯ 샤호리라 (據此情, 非汝所爲, 可速指出, 吾免你罪.) <삼국-가정 8:80>

【저히-】 동 겁주다. '젛다'의 사동사. 두렵게 하다. 겁박하다. 위협(威脅)하다.¶ ▼唬嚇 ‖ 녀포의 건쟝을 잡아다가 주어든 샹ᄉᆞ란 아니ᄒᆞ고 도로혀 저히ᄂᆞ냐 (捉了呂布健將, 不賜重賞, 反相唬嚇!) <삼국-가정 7:42>

【저히-ᄒᆞ-】 동 저어하다. 두려워하다.¶ ▼恐 ‖ 권 왈 경니 쵹의 드러가 ᄂᆡ 뜻을 달치 못할가 저히ᄒᆞ노라 온 왈 졔갈냥도 ᄯᅩᄒᆞᆫ ᄉᆞᄅᆞᆷ니라 ᄂᆡ 엇지 져ᄅᆞᆯ 두려ᄒᆞ리잇고 (權曰: "恐卿到蜀見諸葛亮, 不能達孤之情." 溫曰: "孔明亦人耳, 臣何畏彼哉?") <삼국-모종 14:50>

【전창】 명 ((질병)) 전창(箭瘡). 화살에 맞아 생기는 상처.¶ ▼箭瘡 ‖ 〻예 우금으로 상의 왈 관공니 전창으로 동치을 능히 못ᄒᆞ니 〻 긔회을 타 칠군을 거나려 번성을 구원ᄒᆞ리라 ᄒᆞ니 (乃與于禁商議曰: "眼見關公箭瘡舉發, 不能動止, 不若乘此機會, 統七軍一擁殺入寨中, 可救樊城之圍.") <삼국-모종 12:70>

【절영-ᄒᆞ-】 동 전령(傳令)하다. 명령이나 훈령, 고시 따위를 전하여 보내다.¶ ▼傳令 ‖ 여몽니 군중에 절영ᄒᆞᄃᆡ 일닌일물리라도 죽기고 노략ᄒᆞ면 군법을 씨리라 ᄒᆞ고 관공의 가쇽을 별ᄐᆡᆨ의 편니 두고 일변 숀권의게 세〻니 보ᄒᆞ다 (呂蒙便傳令軍中: "如有妄殺一人, 妄取民間一物者, 定按軍法." … 將關公家屬另養別宅, … 一面遣人申報孫權.) <삼국-모종 12:86>

【점무-】 동 저물다. 해가 져서 어두워지다.¶ ▼暮 ‖ ᄉᆡ베로좃ᄎᆞ 점무도록 주심[식]을 힝치 안니ᄒᆞ니 좌상 빈긱니 다 탄복ᄒᆞ여 호를 신동니라 ᄒᆞ더라 (從曉至暮, 酒食不行, 子春及衆賓客, 無不歎服, 於是天下號爲'神童'.) <삼국-모종 11:86>

【점쇄-ᄒᆞ-】 동 점쇄(點鎖)하다. 점검하여 잠그다.¶ ▼點視 ‖ ᄎᆞ일 평명의 성 박게 함성이 진동ᄒᆞ니 푀 ᄃᆡ경ᄒᆞ여 창을 비겨 성의 올나 각문을 점쇄ᄒᆞ고 위쇽의 닷ᄂᆞᆫ 걸 ᄭᅮ짓고 후성의 저[전]말인 닐은 거니 치죄ᄒᆞ더니 (次日平明, 城外喊聲震地, 呂布大驚, 提戟上城, 各門點視, 責罵魏續走透侯成, 失了戰馬, 欲待治罪.) <삼국-모종 3:80>

【젓】 명 ((음식)) 젓갈. 새우, 조기, 멸치 따위를 소금에 짜게 절인 반찬.¶ ▼醢 ‖ 딤이 맛당이 강남을 평ᄒᆞ고 옷나라 개 ᄀᆞᄐᆞᆫ 것들을 다 죽이고 이적을 사ᄅᆞ잡아 친히 젓 ᄃᆞ마 네 아비게 졔ᄒᆞ리라 (朕當削平江南, 殺盡吳狗, 務擒二賊, 與汝親自醢之, 以祭你父.) <삼국-가정 27:43>

【정여-ᄒᆞ-】 동 정려(旌閭)하다. 효자 열녀 등을 그들의 동네에 붉은칠을 한 정문(旌門)을 세워 표창하다.¶ ▼表 ‖ 강촌 ᄉᆞ람니 강변에 영장ᄒᆞ니 샹우령 도상니 됴정에 주문ᄒᆞ여 효여ᄅᆞᆯ 정여ᄒᆞ고 (里人葬之江邊, 上虞令度尙奏聞朝廷, 表爲孝女.) <삼국-모종 12:21>

【제넉】 명 ((천문)) 저녁. 해가 질 무렵부터 밤이 되기까지의 사이.¶ ▼夜 ‖ 조인이 ᄃᆡ희ᄒᆞ여 상의ᄒᆞᄃᆡ 오날 제넉의 문득 가 ᄉᆡᄅᆞᆯ 겁칙ᄒᆞ여 쥬유의 쥭엄을 아ᄉᆞ 그 슈급을 벼혀 허도의 보ᄂᆡ리라 (曹仁大喜, 隨卽商議: "今夜便去劫寨, 奪周瑜之屍, 斬其首級, 送赴許都.") <삼국-모종 8:82>

【제수-ᄒᆞ이-】 동 제수(除授)하게 하다.¶ ▼封 ‖ 죠츙 등이 모함ᄒᆞ여 그 벼살을 파츌ᄒᆞ니 상이 죠충으로 ᄒᆞ여곰 거긔장군을 제수ᄒᆞ이시고 장양 등 십삼 인을 다 열후ᄅᆞᆯ 봉ᄒᆞ시니 (帝又封趙忠等爲車騎將軍, 張讓等十三人皆封列侯.) <삼국-국중 1:41>

【져】 대 ((인류)) 저. 저 사람. 3인칭 대명사.¶ ▼져란 말(你) <삼국-가정 109a> ▼他 ‖ 져를 노화 보ᄂᆡ미 그르도다 우리 등이 오후의 장녕을 밧들어 져의를 잡으러 오미라 (你放他過去差了. 我二人奉吳侯旨意, 特來追捉他回去.) <삼국-국중 10:83>

【져】 명 ((악기)) 저[笛]. 길이로 불게 된 피리 모양의 관악기. 피리.¶ ▼笙 ‖ ᄂᆡ 아름다온 손이 잇셔 가야고ᄅᆞᆯ 타며 져ᄅᆞᆯ 부ᄂᆞᆫ도다 (我有嘉賓, 鼓瑟吹笙.) <삼국-모종 8:33>

【져각】 명 ((건축)) 저각(邸閣). 곡물 창고.¶ ▼邸閣 ‖ 정영이 군ᄉᆞᄅᆞᆯ 거ᄂᆞ려 우져의의 나와 양미 십만 셕을 져각의 젹치ᄒᆞ고 (張英領兵至牛渚, 積糧十萬於邸閣.) <삼국-국중 4:13>

【져그-】 형 적다. 작다.¶ ▼細 ‖ 이날 현덕이 속의 져근 갑을 닙고 밧긔 금포ᄅᆞᆯ 닙고 조ᄎᆞᆫ 사ᄅᆞᆷ을 칼흘 치와 ᄣᅥ내디 아니ᄒᆞ더라 (是日玄德內披細鎧, 外穿錦袍, 從人背劍緊隨.) <삼국-가정 17:102> ▼부친이 삼십년 영웅의 풍치를 가히 ᄒᆞᆫ 말의 욕디 못ᄒᆞᆯ 거시니 엇디 태산의 듕호를 ᄇᆞ리고 져근 돌덩이로 더브러 고하ᄅᆞᆯ ᄃᆞ토링잇고 (父親守三十年之英風, 不可因一言之辱, 而棄泰山之重, 與頑石爭高下也.) <삼국-가정 24:68> 밋치 져그면 니가 간대옵디 아니ᄒᆞ오니 <교린-문 3:54b>

【져근-길】 명 ((지리)) 작은 길.¶ ▼抄路 ‖ 조병이 ᄇᆞᆯ셔 져근길로 ᄉᆞᄆᆞ차 관ᄂᆡ의 드러시니 셔쥐ᄅᆞᆯ 일흘가 두려ᄒᆞ노니 공 등은 급〻히 도라오라 (曹兵抄下小路, 已到城內, 恐彭城有失, 公等急回.) <삼국-가정 7:17>

【져근-닷】 명부 잠간(暫間). 잠깐. 얼마 되지 않는 매우 짧은 동안.¶ ▼少時 ‖ 숀권이 듯고 ᄃᆡ희ᄒᆞ여 즁장을 장즁에 모으더니 져근다시 마츙이 관공을 잡아 일으거날 (孫權聞關公父子已被擒獲, 大喜, 聚衆將於帳中, 少時, 馬忠簇擁關公至前.) <삼국-모종 13:4>

【져근-덧】 명 잠간(暫間). 잠깐. 얼마 되지 않는 매우 짧은 동안.¶ ▼不移時 ‖ 져근덧 ᄒᆞ야 ᄇᆡᆨ여인이 술의ᄅᆞᆯ 쪄ᄂᆞ려오거ᄂᆞᆯ 위 ᄆᆞᆯ게 ᄂᆞ려 칼흘 잡고 술의 압픠 나아가 무로ᄃᆡ (不移時, 百餘人簇擁車仗前來, 關公下馬停刀, 叉手於車前問候曰.) <삼국-가정 9:88> ▼片時 ‖ 져근덧 ᄉᆞ

이예 ᄇᆡ얌은 업서디고 텬지의 크게 우레ᄒᆞ고 큰비 거록이 오며 어름덩이와 무뢰 ᄒᆞᆰ의 섯거 ᄂᆞ리다가 밤듕 후의야 긋치니 셩듕 인개 수쳔여 간이 문허지다 (片時大雷大雨, 降以氷雹, 到半夜方住, 東都城中壞却房屋數千餘間.) <삼국-가정 1:3>

【져근-ᄃᆞᆺ】 명부 잠간(暫間). 잠깐. 얼마 되지 않는 매우 짧은 동안.¶ ▼須臾 ‖ 드〻여 무ᄉᆞ를 불너 ᄉᆞ로ᄌᆞᆸ아 오ᄅᆞ ᄒᆞ니 져근ᄃᆞᆺ 니라거날 듕관니 보니 니ᄂᆞᆫ 시즁 칙옹니ᄅᆞ 다 경히ᄒᆞ더라 (遂喚武士: "與我擒來!" 須臾擒至. 衆官見之, 無不驚駭.) <삼국-모종 2:28>

【져당-ㅎ-】 동 저당(抵擋)하다. 감당하다. 맞서 겨루다.¶ ▼抵敵 ‖ 조죄 스사로 즁군이 되어 북을 울니며 삼군이 일졔이 나아가니 적병이 져당치 못ᄒᆞ여 (操自領中軍衝陣. 鼓響一聲, 三軍齊進. 賊兵抵敵不住.) <삼국-국중 3:117>

【져뢰-ㅎ-】 동 저뢰(抵賴)하다. 발뺌하다. 변명하면서 신문(訊問)에 복종하지 않다.¶ ▼抵賴 ‖ 왕ᄌᆞ복 등을 ᄂᆡ 님의 쵸사ᄒᆞ여 증참이 명ᄇᆡᆨᄒᆞ거ᄂᆞᆯ 네 오히려 져뢰코져 ᄒᆞᄂᆞ냐 (王子服等吾已擒下, 皆招證明白, 汝當抵賴乎?) <삼국-국중 5:104>

【져뢰-ᄒᆞ-】 동 저뢰(抵賴)하다. 발뺌하다. 변명하면서 신문(訊問)에 복종하지 않다.¶ ▼賴得 ‖ 네 엇지 회피ᄒᆞ리오 뉵인이 일쳐의 모도여 글 쓰ᄂᆞᆫ 양을 보앗시니 엇지 져뢰ᄒᆞ리오 (你迴避了衆人, 六人在一處畫字, 如何賴得?) <삼국-국중 5:99>

【져믄-사ᄅᆞᆷ】 명 ((인류)) 젊은이. 소년(少年).¶ ▼後生 ‖ 황혼 때에 믄득 보니 ᄒᆞᆫ 후ᄉᆡᆼ[져믄사ᄅᆞᆷ이라]이 두어 사ᄅᆞᆷ을 거ᄂᆞ리고 초당으로 드러오거ᄂᆞᆯ (到黃昏時候, 見一後生引數人入莊, 徑奔草堂而來.) <삼국-가정 9:122>

【져발이-】 동 저버리다.¶ ▼負 ‖ ᄌᆞ포ᄂᆞᆫ 어질고 통달ᄒᆞᆫ 션비라 쟝군이 맛당이 스승의 네로뻐 ᄃᆡ졉ᄒᆞ라 유ᄂᆞᆫ 노둔ᄒᆞ고 ᄌᆡ죄 업ᄉᆞ니 긔탁ᄒᆞᆫ 즁임을 져발일가 ᄒᆞ노라 원컨ᄃᆡ 일인을 쳔ᄒᆞ야 뻐 쟝군을 도으리라 (子布賢達之士, 將軍可以師傅之禮待之. 瑜駑鈍不才, 恐負倚托之重, 願薦一人以輔將軍.) <삼국-가정 10:48>

【져비】 명 제비. 추첨(抽籤). ('져비를 잡/ᄌᆞᆸ다'의 꼴로 쓰여). 여럿 가운데 어느 하나를 골라잡게 하여 거기에 미리 적어 놓은 기호나 글에 따라 승부나 차례 따위를 결정하는 방법. ※ 조사 'ᄋᆡ, 의'앞에서는 'ㅣ'가 탈락하여 '졉'으로 나타난다.¶ ▼鬮 ‖ 장비 구지 가고져 ᄒᆞ거ᄂᆞᆯ 공명이 믄득 만져 갈 져비를 잡으라 ᄒᆞ니 ᄌᆞ룡이 ᄯᅩ 만져 갈 져비를 잡아거ᄂᆞᆯ (張飛不服, 定要去取. 孔明教拈鬮, 拈着的便去. 又是子龍拈着.) <삼국-국중 10:13> ᄌᆞᆼ비 항복지 아니ᄒᆞ고 벅〻이 가기랄 요구ᄒᆞ거ᄂᆞᆯ 공명이 ᄒᆞ여곰 져비ᄅᆞᆯ 쏩아 쏩ᄂᆞ니 가리ᄅᆞ ᄒᆞ니 됴ᄌᆞ룡이 쏩아ᄂᆞᆫ지ᄅᆞ (張飛不服, 定要去取, 孔明教拈鬮, 拈著的便去, 又是子龍拈著.) <삼국-모종 9:10>

【져-ᄇᆞ리-】 동 저버리다. 마땅히 지켜야 할 도리나 의리를 잊거나 어기다.¶ ▼負 ‖ 출하리 내 텬하 사ᄅᆞᆷ을 져ᄇᆞ릴디언뎡 텬하 사ᄅᆞᆷ으로 ᄒᆞ야곰 날을 져ᄇᆞ리게 말 거시라 (寧使我負天下人, 休教天下人負我!) <삼국-가정 2:38>

【져ᄉᆞ】 명 ((민속)) 제사(祭祀). 신령이나 죽은 사람의 넋에게 음식을 바쳐 정성을 나타냄.¶ ▼祭 ‖ ᄯᅩ 명ᄒᆞ여 시쳡이 다 동작ᄃᆡ예 거ᄒᆞ여 ᄆᆡ일 져ᄉᆞ 베프고 녀기로 풍뉴ᄒᆞ여 상식ᄒᆞ라 (又命: "諸妾多居銅雀臺中, 每日設祭, 必令女伎奏樂上食.") <삼국-모종 13:26>

【져어-ᄒᆞ-】 동 염려하거나 두려워하다.¶ ▼恐 ‖ 황슉이 져즘긔 삼군을 교할ᄒᆞ여 보ᄂᆡ거ᄂᆞᆯ 군휘 즐겨 듯지 ᄋᆞ니〻 져어ᄒᆞ건ᄃᆡ 의리 불가ᄒᆞ다 ᄋᆞ니랴 (乃皇叔但肯先割三郡, 而君侯又不從, 恐於理上說不去.) <삼국-국중 12:11> 노ᄌᆞ 근력으로 능ᄒᆞ물 못ᄒᆞᄂᆞ니 ᄂᆡ 드ᄅᆞ니 닝포 등현은 촉중 명장이요 혈긔 방강ᄒᆞ니 져어ᄒᆞ건ᄃᆡ 노장군이 가ᄌᆞ이ᄅᆞᆯ 못ᄒᆞᆯ 거시니 엇지 주공 ᄃᆡᄉᆞᄅᆞᆯ 그ᄅᆞ치지 안니ᄒᆞ리요 (老者不以筋骨爲能, 吾聞泠苞、鄧賢乃蜀中名將, 血氣方剛, 恐老將軍近他不得, 豈不誤了主公大事?) <삼국-모종 10:110>

【져의】 대 ((인류)) 저희. 그들.¶ ▼他 ‖ 저를 노화 보ᄂᆡ미 그르도다 우리 등이 오후의 장녕을 밧들어 져의를 잡으러 오미라 (你放他過去差了. 我二人奉吳侯旨意, 特來追捉他回去.) <삼국-국중 10:83>

【져제】 명 ((지리)) 저자. 시장(市場).¶ ▼市 ‖ 내 비ᄉᆞ마의 ᄂᆞᆺ출 보디 아니ᄒᆞ면 너ᄅᆞᆯ 져제 가 참ᄒᆞ야 군법을 정킈 ᄒᆞᆯ러니 (吾不看費司馬面上, 立斬於市, 以正軍法!) <삼국-가정 24:42>

【져제-거리】 명 ((지리)) 저자거리. 가게가 죽 늘어서 있는 거리.¶ ▼市曹 ‖ 이윽ᄒᆞ야 군매 니ᄅᆞ러 각의 합가ᄅᆞᆯ 져제거리의 가 참ᄒᆞ고 그 삼족을 이멸ᄒᆞ다 (不時軍馬至, 將恪合家縛于市曹斬之, 夷其三族.) <삼국-가정 36:20>

【져적-】 동 저적(抵敵)하다. 맞서서 겨루다. '져적ᄒᆞ다'의 수의적 교체형.¶ ▼當 ‖ 류요의 군시 ᄃᆡ픠ᄒᆞ여 사ᄉᆞᆫ분쥬ᄒᆞ니 ᄐᆡᄉᆞᄌᆞ ᄯᅩᄒᆞᆫ 져적디 못ᄒᆞ여 십슈 긔를 거ᄂᆞ리고 경현으로 더져 가니라 (劉繇軍兵大敗, 衆皆四紛五落. 太史慈獨力難當, 引十數騎連夜投涇縣去了.) <삼국-국중 4:21> ▼抵敵 ‖ 됴죄 ᄃᆡ군을 거ᄂᆞ려 츙살ᄒᆞ니 녀푀 져적지 못ᄒᆞᆯ 쥴 알고 군사를 거ᄂᆞ리고 동으로 다라나거ᄂᆞᆯ (曹操親統大軍衝殺前來. 布料難抵敵, 引軍東走.) <삼국-국중 4:129> 홀연 산적이 〻러나 사면으로 일으니 ᄯᆡᄂᆞᆫ ᄉᆞ경이라 급히 져적디 못ᄒᆞ여 쥬ᄐᆡ 손견을 안ᄋᆞ 말게 올여 안치고 (忽山賊竊發, 四面殺至. 時値更深, 不及抵敵, 泰抱權上馬.) <삼국-국중 4:38>

【져적-ᄒᆞ-】 동 저적(抵敵)하다. 맞서서 겨루다.¶ ▼抵敵 ‖ 됴병이 셩상의 ᄇᆡᆨ긔를 바라보고 힘을 다ᄒᆞ여 셩을 치니 녀푀 친히 져적ᄒᆞ여 평명으로붓터 일즁의 일으러 됴병이 죠곰 물너가ᄂᆞᆫ지라 (城下曹兵望見城上白旗, 竭力攻城, 布只得親自抵敵. 從平明直打到日中, 曹兵稍退.) <삼국-국중 4:147> 죠〻의 형세 크니 급히 져적ᄒᆞ기

어려온지라 (曹操勢大, 急難抵敵.) <삼국-국중 8:132> ▼敵 ‖ 져 군ᄉᆞ 중의 이 갓튼 ᄉᆞᄅᆞᆷ이 잇스니 엇지 능히 져적ᄒᆞ리요 (彼軍有如此人, 安能敵乎!) <삼국-국중 4:31>

【져졍-ᄭᅴ】 명부 저적에. 접때.¶ ▼오릐 흔[효]직의 영명을 흠앙ᄒᆞ더니 져졍ᄭᅴ 쟝별가의 말ᄉᆞᆷ을 인연ᄒᆞ여 이 졍교를 드르니 심히 평ᄉᆡᆼ을 위로ᄒᆞ노라 (久仰孝直英明, 張別駕多談盛德. 今獲聽教, 甚慰平生.) <삼국-국중 11:53>

【져제】 명 ((지리)) 저자. 시장(市場).¶ ▼市 ‖ 뎡위 ᄯᅩ 니ᄅᆞ러 공늉의 일가노쇼ᄅᆞᆯ 다 자바다가 참ᄒᆞ여 종족을 이멸ᄒᆞ고 늉의 부ᄌᆞ의 머리ᄅᆞᆯ 져제 ᄃᆞ라 호령ᄒᆞ더니 (廷尉又至, 盡捉融家老小斬之, 滅夷其族, 號令融父子屍首於市.) <삼국-가정 13:71> 내 비ᄉᆞ마의 ᄂᆞᆺ촐 보디 아니ᄒᆞ면 너ᄅᆞᆯ 져제 가 참ᄒᆞ야 군법을 경킈 ᄒᆞᆯ러니 (吾不看費司馬面上, 立斬於市, 以正軍法!) <삼국-가정 24:42> ▼市曹 ‖ 죄 하령ᄒᆞ여 황규 마등 냥가 냥쳔 삼ᄇᆡᆨ여 구ᄅᆞᆯ 져제 가 버히니 (操下令, 將黃奎、馬騰并兩家良賤, 共三百餘口, 皆斬於市曹.) <삼국-가정 18:102>

【져조-】 동 고문(拷問)하다. 따지다. 신문(訊問)하다.¶ ▼問 ‖ 힝혀 핀계ᄒᆞ고 오디 아니면 일뎡 ᄌᆞᄀᆡᆨ 노ᄅᆞᄉᆞᆯ ᄒᆞ려던 일이니 가히 잡아 져졸 거시니이다 (如遲疑推托而不來, 此必行刺, 便可擒而問之.) <삼국-가정 2:28>

【져주-】 동 따지다. 신문(訊問)하다. 죄인의 정강이를 때리며 캐묻다. 고문(拷問)하다.¶ ▼勘 ‖ 이윽ᄒᆞ야 삼십 옥졸이 평을 미러 계하의 니ᄅᆞ니 이 닐온 길을 세 번 져주미러라 (須臾, 三十獄卒推至階下. 此爲三勘吉平.) <삼국-가정 8:85> ▼勘問 ‖ 후쥐 대로ᄒᆞ야 양의ᄅᆞᆯ 옥의 ᄂᆞ리와 져주어 무러 툐ᄉᆞᄅᆞᆯ 일오매 참ᄒᆞ고져 ᄒᆞ거ᄂᆞᆯ (後主大怒, 即將楊儀下獄勘問, 招成, 欲斬之.) <삼국-가정 35:7> ▼拷問 ‖ 수십 옥졸을 블러 평을 잡아 후원의 가 져줄ᄉᆡ 죄 뎡ᄌᆞ의 안고 평을 동여 디오고 무ᄅᆞ니 (遂喚二十個精壯獄卒, 執本來後園拷問. 操坐於亭上, 將本縛倒而問之.) <삼국-가정 8:77> 좌우ᄅᆞᆯ 블러 자바 옥의 ᄂᆞ리와 그 졍을 져주라 ᄒᆞ니 (呼左右拿下獄中, 拷問其情.) <삼국-가정 25:89> 현덕이 대로ᄒᆞ야 핑양을 자바다가 옥의 가도고 그 일을 ᄌᆞ셔이 져주니 (玄德大怒, 即令捉獲彭羕入獄, 拷問其情.) <삼국-가정 25:123> 각이 급히 ᄭᅮ짓고 무ᄅᆞᆫ대 기인이 대경ᄒᆞ야 아므리 ᄒᆞᆯ 줄을 몰라 ᄒᆞ거ᄂᆞᆯ 각이 잡아 ᄂᆞ리와 져주어 무ᄅᆞ니 (恪叱問之, 其人大驚無措. 恪令拿下拷問.) <삼국-가정 36:12>

【져쥬-】 동 고문(拷問)하다. 심문(審問)하다. 따지다.¶ ▼鞫問 ‖ 허위 긔쥐 잇슬 졔 민간의 ᄌᆡ믈을 밧고 범남히 ᄌᆞ뎨로 ᄒᆞ여금 ᄇᆡᆨ셩의게 뎐셰 곡셕을 만히 바다 가졋거ᄂᆞᆯ 다 잡아다가 두고 져쥬니 승복ᄒᆞᆫ 토ᄉᆡ 명ᄇᆡᆨᄒᆞ다 ᄒᆞᆫᄃᆡ (後盡皆言許攸在冀州時取受民間財, 濫令子侄輩多科稅, 糧入己, 盡皆收下獄中鞫問.) <삼국-가정 10:72> ▼拷問 ‖ 좌우를 블너 자바 옥의 ᄂᆞ리와 그 졍을 져쥬라 ᄒᆞ니 (呼左右拿下獄中, 拷問其情.) <삼국-규장 18:11>

【져즈-】 동 고문(拷問)하다. 신문(訊問)하다.¶ ▼問 ‖ 힝혀 핀계ᄒᆞ고 오디 아니면 일뎡 ᄌᆞᄀᆡᆨ 노ᄅᆞᄉᆞᆯ ᄒᆞ려던 일이니 가히 잡아 져즐 거시니이다 (如遲疑推托而不來, 此必行刺, 便可擒而問之.) <삼국-규장 1:139>

【져즈음-ᄭᅴ】 명부 저즈음께. 지난번. 접때.¶ ▼向者 ‖ 제 므ᄉᆞᆷ ᄭᅬ 이시리오 다만 겁ᄒᆞ미라 져즈음ᄭᅴ ᄌᆞ로 패ᄒᆞ여시니 이졔 엇디 감히 나오리오 (彼有何謀? 但怯敵耳. 向者數敗, 今安敢再出?) <삼국-규장 19:40>

【져즘-ᄭᅴ】 명부 저즈음께. 지난번. 접때.¶ ▼先 ‖ 이제 익쥐를 어드ᄆᆡ 형쥐ᄂᆞᆫ 맛당이 환숑ᄒᆞᆯ지라 황슉이 져즘ᄭᅴ 삼군을 교할ᄒᆞ여 보ᄂᆡ거ᄂᆞᆯ 군휘 즐겨 듯지 ᄋᆞ니ː 져어ᄒᆞ건ᄃᆡ 의리 불가ᄒᆞ디 ᄋᆞ니랴 (今已得益州, 則荊州自應見還; 乃皇叔但肯先割三郡, 而君侯又不從, 恐於理上說不去.) <삼국-국중 12:11>

【져ᄌᆞ】 명 ((지리)) 저자. 시장(市場).¶ ▼市 ‖ 졍위 ᄯᅩ 이르러 륭의 가권과 두 아달을 다 거두워 죽이고 륭의 시쳬로 져ᄌᆞ의 호령ᄒᆞ니 (廷尉又至, 盡收融家小, 并二子皆斬之, 號令融屍於市.) <삼국-국중 8:72> ▼市曹 ‖ 황호의 두국히민한 죄를 무러 져ᄌᆞ의 능지쳐참ᄒᆞ니라 (昭因黃皓蠹國害民, 令武士押出市曹, 淩遲處死.) <삼국-국중 17:115>

【져ᄌᆞ-거리】 명 ((지리)) 저자거리.¶ ▼街市 ‖ 근일 져ᄌᆞ거리의 동요 잇셔 왈 셔두 일ᄀᆡ 한이오 동두 일ᄀᆡ 한이라 ᄒᆞᆫ ᄉᆞ슴이 장안으로 드러가면 난이 업스리라 ᄒᆞ니 (近日街市童謠曰: "西頭一個漢, 東頭一個漢. 鹿走入長安, 方可無斯難.") <삼국-모종 1:95>

【져허-ᄒᆞ-】 동 염려하거나 두려워하다.¶ ▼恐 ‖ 죠 왈 만일 타인이 가면 일이 누셜할가 져허ᄒᆞ노라 ᄐᆡᆨ이 두세 번 ᄉᆞ양ᄒᆞ다가 이예 가로ᄃᆡ 만일 간즉 밧비 가리라 (操曰: "若他人去, 事恐泄漏." 澤再三推辭, 良久, 乃曰: "若去則不敢久停, 便當行矣.") <삼국-모종 8:19>

【져희-하-】 동 저허하다. 두려워하다.¶ ▼驚疑 ‖ 졍히 져희할ᄉᆡ 이예 홀련니 ᄒᆞᆫ 노닌니 마젼의 셔ː 웃셔 왈 댱군이 이 진을 나오고져 ᄒᆞᄂᆞ냐 (正驚疑間, 忽見一老人立於馬前, 笑曰: "將軍欲出此陣乎?") <삼국-모종 14:21>

【져희-ᄒᆞ-】[1] 동 저희(沮戲)하다. 귀찮게 굴어서 방해하다. 남을 지근덕거려 훼방하다.¶ ▼沮 ‖ 숀권이 임의 녜로ᄡᅧ 짐의게 항복ᄒᆞ거ᄂᆞᆯ 딤이 만닐 치면 이ᄂᆞᆫ 쳔하의 항복하ᄂᆞᆫ ᄌᆞ를 져희ᄒᆞ미니 드리기만 ᄀᆞᆺ디 못ᄒᆞ니라 (孫權既以禮服朕, 朕若攻之, 是沮天下欲降者之心, 不若納之爲是.) <삼국-국중 14:7> ▼諫阻 ‖ 슉부의 난의 소ᄌᆡ 구치 아니미 아니라 ᄆᆡᆼ달의 져희ᄒᆞᆷ을 인ᄒᆞ미로소이다 (叔父之難, 非兒不救, 因孟達諫阻故耳.) <삼국-국중 13:124> ▼阻 ‖ 탁 왈 감히 ᄃᆡ의를 져희ᄒᆞᆫ ᄌᆡ 잇스면 국법을 쓰리라 군신이 진공ᄒᆞ여 다 존명을 좃치라 (卓曰: "敢有阻大議者, 以軍法從事." 群臣震恐, 皆云一聽尊命.) <삼국-모종 1:57>

【져희-ᄒᆞ-】[2] 동 염려하다. 두려워하다.¶ ▼恐 ‖ 권 왈 내 졍희 촉으로 연화코져 ᄒᆞᄃᆡ ᄃᆞ만 촉쥐 나히 젹고 지식

니 젹어 능히 시죵을 보젼치 못할가 져희ᄒᆞᄂᆞ라 (權曰: "孤正欲與蜀主講和, 但恐蜀主年輕識淺, 不能全始全終耳.") <삼국-모종 14:48>

【져히-ᄒᆞ-】 [동] 염려하다. 두려워하다.¶ ▼恐 ‖ ᄑᆡ 왈 ᄆᆡᆼ세코 이 노적을 죽여 ᄂᆡ의 붓그려오물 씨ᄉᆞ리라 윤니 급히 그 입을 덥허 왈 댱군은 말을 말나 노부의겨 미ᄎᆞᆯ가 져히ᄒᆞ노라 (布曰: "誓當殺此老賊, 以雪吾恥!" 允急掩其口曰: "將軍勿言, 恐累及老夫.") <삼국-모종 2:21>

【져ᄒᆞ-】 [동] 젖다.¶ ▼濕 ‖ ᄉᆞᆫ변 바란 곳의 가 퉁노긔ᄅᆞᆯ 뭇고 밥을 디이고 말고기ᄅᆞᆯ 버혀 구어 먹고 다 져ᄒᆞᆫ 오ᄉᆞᆯ 버셔 바람의 말유우고 말은 다 안장을 써여 들의 노와 먹이고 (便就山邊揀乾處埋鍋造飯, 割馬肉燒吃. 盡皆脫去濕衣, 於風頭吹晒. 馬皆摘鞍野放, 咽咬草根.) <삼국-모종 8:61>

【적세】 [명] 적세(賊勢). 역도나 역적의 세력 또는 형세.¶ ▼賊勢 ‖ 적세의 강냑을 아지 못ᄒᆞ고 즈레 퇴군ᄒᆞᆷ이 불가하ᄃᆞ (賊勢未見强弱, 主公何故自退耶?) <삼국-국중 12:28>

【적신】 [명] ((신체)) 적신(赤身). 벌거벗은 알몸뚱이. 벌거숭이. 맨몸.¶ ▼裸體 ‖ 형이 이의 옷ᄉᆞᆯ 버셔 바리고 몸을 드러ᄂᆡ여 적신으로 셔니 좌ᄀᆡᆨ이 다 낫ᄎᆞᆯ 가리ᄂᆞᆫ지라 (衡當面脫下舊破衣服, 裸體而立, 渾身盡露. 坐客皆掩面.) <삼국-국중 5:82>

【적취-ᄒᆞ-】 [동] 적취(積聚)하다. 쌓여 모이거나 쌓아 모으다.¶ ▼積儲 ‖ 이제 류비 신야의 둔병ᄒᆞ여 군ᄉᆞ를 죠련ᄒᆞ고 량쵸를 적취ᄒᆞ니 그 뜻이 적디 아니ᄒᆞᆫ지라 (今劉備屯兵新野, 招軍買馬, 積草儲糧, 其志不小.) <삼국-국중 7:132>

【적토마】 [명] ((동물)) 적토마(赤兎馬). 중국 삼국시대에 위나라 여포(呂布)가 타던 준마의 이름. 뒤에 촉한의 관우(關羽)가 소유함.¶ ▼赤兎馬 ‖ 운댱의 부ᄌᆞ 죽은 후의 ᄐᆞ던 적토마ᄅᆞᆯ 마튱이 어더 손권의게 드리니 (關公父子自歸神之後, 坐下赤兎馬被馬忠所獲, 獻與孫權.) <삼국-가정 25:51> 확이 머리예 감보ᄌᆞ금관을 쓰고 몸의 영낙홍금포ᄅᆞᆯ 닙고 허리예 뎐옥ᄉᆞᄌᆞᄃᆡᄅᆞᆯ 씌고 발의 응췌만록훠ᄅᆞᆯ 신고 ᄇᆞ람의 우로적시ᄂᆞᆫ 적토마ᄅᆞᆯ ᄐᆞ고 숑문샹보검을 ᄎᆞ고 (中間孟獲出馬, 頭頂嵌寶紫金冠, 身披纓絡紅錦袍, 腰係碾玉獅子帶, 脚穿鷹嘴抹綠靴. 騎一匹卷毛赤兎馬, 懸兩口松紋鑲寶劍.) <삼국-가정 28:87>

【젼각-ᄒᆞ-】 [동] 젼각(-却)하다. 물리치다.¶ ▼不進 ‖ 션주 ᄋᆡ통ᄒᆞ고 음식을 젼각ᄒᆞ니 군신이 간왈 폐ᄒᆞ 이졔 원수을 갑고져 ᄒᆞ면 엇지 몬져 옥쳬을 ᄉᆡᆼ각지 안니ᄒᆞ시ᄂᆞ닛고 (先主哀痛至甚, 飮食不進, 羣臣苦諫曰: "陛下方欲爲二弟報讎, 何可先自摧殘龍體?") <삼국-모종 13:60>

【젼거】 [명] 젼거(氈車). 전거(氈車). 담요로 둘러싼 수레.¶ ▼氈車 ‖ 내 입 가온대 ᄡᆞᆯ 닐곱 낫과 믈을 죠곰 붓고 발 아래 등잔 ᄒᆞ나흘 노하 블을 ᄇᆞᆰ게 혀고 관을 젼거[담으로 ᄡᆞᆫ 술위라]의 싯고 군듕이 안졍ᄒᆞ야 일졀이 우디 말면 쟝셩이 ᄠᅥ러디디 아니ᄒᆞ고 내 음혼이 ᄉᆞᄉᆞ로 니러나 딘뎡ᄒᆞ리라 (用米七粒, 少用水放於口中; 足下安明燈一盞, 置柩於氈車之內; 軍中安靜如常, 切勿擧哀; 則將星不墜矣. 吾陰魂自起鎭之.) <삼국-가정 34:75>

【젼뎨-ᄒᆞ-】 [동] 전제(剪除)ᄒᆞ다. 불필요한 것을 잘라서 없애버리다. 제거하다.¶ ▼除 ‖ 힝혀 ᄂᆡ외 샹응ᄒᆞ긔 되면 대ᄉᆡ 되리니 브ᄃᆡ 몬져 젼뎨ᄒᆞᆯ 거시라 (倘或裏應外合, 深爲不便, 可先除之.) <삼국-가정 2:79> 내 셕일의 션뎨긔 알외되 오란 후의 반ᄃᆞ시 환을 내리라 ᄒᆞ엿더니 이제 임의 현로ᄒᆞ여시니 가히 젼뎨ᄒᆞ리라 (吾昔與先帝言, 久後必生患害. 今已顯露, 可以除之.) <삼국-가정 33:12>

【젼ᄃᆡ-】 [동] 견디다. ㄱ구개음화. 경상 방언.¶ ▼過 ‖ 쵹인니 혹열을 젼ᄃᆡ지 못ᄒᆞ여 필연 회쥬할 거시니 져 씌의 ᄂᆡ [너]의등으로 더부러 치면 가히 양을 사로잡으리라 (蜀人受不過酷熱, 必然退走, 那時吾與汝等隨後擊之, 便可擒諸葛亮也.) <삼국-모종 14:87>

【젼량】 [명] 전량(錢糧). 재물. 돈과 곡식.¶ ▼錢糧 ‖ 내 비록 ᄂᆞ즌 벼ᄉᆞᆯ의 이시나 승샹이 젼량의 듕ᄒᆞᆫ 거ᄉᆞᆯ ᄀᆞᆺ재 맛뎌 겨시니 조만의 승샹의 ᄀᆞᄅᆞ치시믈 만히 닙으니 극히 싀훤ᄒᆞᆫ 일이 만ᄒᆞᆫ디라 부러 이 벼ᄉᆞᆯ의 잇노라 (某雖居下僚, 丞相委以軍政錢糧之重, 早晚多蒙丞相教誨, 極有開發, 故就此職耳.) <삼국-가정 19:83>

【젼렵-ᄒᆞ-】 [동] 전렵(畋獵)하다. 사냥하다.¶ ▼畋獵 ‖ 어시의 양마와 명응 쥰견을[양ᄆᆡ와 산양ᄒᆞᄂᆞᆫ 기라] 다 ᄀᆞᆺ쵸고 만져 군ᄉᆞ를 셩외의 모도고 죄 드러가 쳔ᄌᆞ게 젼렵ᄒᆞ기를 청ᄒᆞ니 (於是揀選良馬、名鷹、俊犬, 弓矢俱備, 先聚兵城外, 操入請天子畋獵.) <삼국-국중 5:7>

【젼률】 [명] ((복식)) 전율(戰慄). 몹시 두렵거나 큰 감동을 느끼거나 하여 몸이 벌벌 떨리는 것.¶ ▼戰慄 ‖ 졔 젼률[젼률은 ᄯᅥᄂᆞᆫ 모양이라] 왈 짐이 실노 아지 못ᄒᆞ노라 (帝戰慄曰: "朕實不知.") <삼국-국중 5:106>

【젼션】 [명] ((군사)) 전선(戰船). 전투에 쓰이는 배.¶ ▼艨艟 ‖ 동외 일로브터 젼션긔계ᄅᆞᆯ 만히 ᄆᆞᆫ돌고 분병ᄒᆞ여 강ᄀᆞ을 ᄃᆡ희오고 (東吳自此廣造軍需艨艟戰船, 分兵連絡, 守把江岸.) <삼국-가정 13:35>

【젼연-이】 [부] 전연(全然)히. 아주. 도무지. 조금도.¶ ▼全然 ‖ 임의 양약을 먹으되 젼연이 효험이 업노라 (已服涼藥, 全然無效.) <삼국-국중 9:110>

【젼엽-ᄒᆞ-】 [동] 전렵(田獵)ᄒᆞ다. 사냥하다.¶ ▼獵 ‖ ᄂᆡ가 병위ᄅᆞᆯ ᄃᆡ진ᄒᆞ고 ᄉᆞ쟈ᄅᆞᆯ 강동의 보ᄂᆡ여 손권을 청ᄒᆞ여 ᄒᆞᆫ가지로 강하의 젼엽ᄒᆞ여 ᄒᆞᆫ가지로 뉴비ᄅᆞᆯ ᄉᆞ로잡고 형쥬 싸흘 난화 기리 ᄆᆡᆼ호ᄅᆞᆯ ᄆᆡᆺᄌᆞ ᄒᆞ면 (我今大振兵威, 遣使馳檄江東, 請孫權會獵於江夏, 共擒劉備, 分荊州之地, 永結盟好.) <삼국-모종 7:73>

【젼위-ᄒᆞ-】 [동] 전위(傳位)하다. 임금 자리를 후계자에게 전하여 주다.¶ ▼禪 ‖ 셰조 문뎨 신문셩무ᄒᆞ야 써 대통을 니어 하ᄂᆞᆯ을 응ᄒᆞ고 ᄉᆞᄅᆞᆷ을 슌케 ᄒᆞ여 요가 슌의게 젼위ᄒᆞ믈 법바다 듕국의 쳐ᄒᆞ야 써 만방을 다ᄉᆞ린니 (世祖文帝, 神文聖武, 以膺大統, 應天合人, 法堯禪舜, 處中國以臨萬邦.) <삼국-모종 15:77>

【젼챠후격-ᄒᆞ-】 동 전차후격(前遮後擊)하다. 앞에서 막고 뒤에서 치다.¶ ▼前遮後當 ‖ 비 ᄒᆡ심[깁흔 가온대라] 듕의 이셔 좌츙우돌ᄒᆞ며 젼챠후격ᄒᆞ더니 (張飛在垓心, 左衝右突, 前遮後當.) <삼국-가정 8:107>

【젼평-ᄒᆞ-】 동 평평하게 메우다.¶ ▼塡平 ‖ 우군은 자오곡으로 나아갈ᄉᆡ 네 맛당이 도로ᄅᆞᆯ 젼평ᄒᆞ고 교량을 슈칙ᄒᆞ여 됴ᄋᆡ함이 업게 ᄒᆞ라 (右軍出子午谷. 此皆崎嶇山險之地, 當令軍塡平道路, 修理橋梁, 鑿山破石, 勿使阻礙.) <삼국-국중 17:67>

【젼혀】 부 전(全)혀. 전적(全的)으로. 오로지. 아주. 완전히.¶ ▼全 ‖ 가치 아니ᄒᆞ다 댱군이 엇지 말이 업ᄉᆞ리요 이 ᄌᆞ식은 젼혀 댱군의 보호ᄒᆞ믈 힘닙으니 쳡은 임의 샹ᄒᆞ여스니 죽은들 엇지 앗가오리요 (不可! 將軍豈可無馬? 此子全賴將軍保護, 妾已重傷, 死何足惜!) <삼국-모종 7:60>

【절-】 동 절다. 한쪽 다리가 짧거나 다쳐서 걸을 때에 몸을 한쪽으로 기우뚱거리다.¶ ▼跛 ‖ 믄득 보니 ᄒᆞᆫ 션ᄉᆡᆼ이 ᄒᆞᆫ 눈이 멀고 ᄒᆞᆫ 발이 절고 흰 ᄃᆡᆼ당이 관을 쓰고 프른 헌오살 닙고 와 각부들의게 녜ᄒᆞ고 (見一先生, 眇一目, 跛一足, 白藤冠, 青懶衣, 來與脚夫作禮.) <삼국-가정 22:67> 셩 안과 셩 밧게 자븐 ᄒᆞᆫ 눈 멀고 ᄒᆞᆫ 발 절고 흰 ᄃᆡᆼ당이 관 쓰고 프른 ᄒᆞ여진 옷 닙고 나모신 신은 션ᄉᆡᆼ이 마치 ᄒᆞᆫ 모양의 치 삼ᄉᆞᄇᆡᆨ이어늘 (城裏城外, 所捉眇一目、跛一足、白藤冠、青懶衣、穿履鞋先生, 都一般模樣者有三四百個.) <삼국-가정 22:78>

【절-】 형 «졃다» 짧다.¶ ▼短 ‖ 유 노왈 네 마시지 아니ᄒᆞ랴ᄂᆞ냐 좌우를 블너 절은 칼과 깁을 압헤 더져 왈 슈쥬를 마시지 아니ᄒᆞ거든 이 두 가지를 거ᄂᆞ리라 (儒怒曰: "汝不飮耶?" 呼左右持短刀白練於前曰: "壽酒不飮, 可領此二物!") <삼국-모종 1:61>

【졀당-니】 부 절당(切當)히. 절대로.¶ ▼切 ‖ 한나라 종ᄉᆡ 긋지 아니ᄒᆞ미라 댱군의 주미로다 졀당니 누셜치 말나 임시ᄒᆞ냐 게묘 이시면 맛당이 갑흐리라 (漢祀不斬, 皆出將軍之賜也. 切勿洩漏! 臨期有計, 自當相報.) <삼국-모종 2:22>

【졀당-이】 부 절당(切當)히.¶ ▼切 ‖ 공은 형쥬를 취ᄒᆞ고 나ᄂᆞᆫ 긔쥬를 취ᄒᆞ야 졀당이 그릇치지 말나 (公取荊州, 吾取冀州, 切勿誤也!) <삼국-모종 1:118> 현덕 왈 임의 이갓ᄒᆞ면 쳥컨ᄃᆡ 문거난 먼져 행ᄒᆞ라 ᄇᆡ 공손찬의겨가 삼오쳔 인마ᄅᆞᆯ 비러 수우[후]ᄒᆞ야 가리라 늉 왈 공은 졀당이 신을 일치 말나 (玄德曰: "既如此, 請文擧先行, 容備去公孫瓚處, 借三五千人馬, 隨後便來." 融曰: "公切勿失信.") <삼국-모종 2:60> 이졔 쥬공은 다만 선쳑과 군마ᄅᆞᆯ 슈습ᄒᆞ여 쓰기ᄅᆞᆯ 기ᄃᆞ려 십일월 이십일 갑ᄌᆞ 후로 긔약ᄒᆞ여 ᄌᆞ룡으로 ᄒᆞ여곰 저근 ᄇᆡᄅᆞᆯ 타고 남안가의 와 기ᄃᆞ리되 졀당이 그릇치게 마ᄅᆞ쇼셔 (今主公但收拾船隻軍馬候用, 以十一月二十甲子日後爲期, 可令子龍駕小舟來南岸邊等候, 切勿有誤.) <삼국-모종 7:122>

【졀묘-호사】 명 절묘호사(絶妙好詞). 절묘한 좋은 글.¶ ▼ 계미 만춘의 시작ᄒᆞ야 팔월 초길의 필셔ᄒᆞ니 그 가온ᄃᆡ 졀묘호사 만흐나 자필노 박초ᄒᆞ고 급히 번등ᄒᆞᄆᆡ 삼국 사젹을 ᄃᆡ강 긔록ᄒᆞ니 보ᄂᆞᆫ ᄌᆡ 용사ᄒᆞᆯ지어다 <삼국지-16 필사기 한옥션86-350>

【졀박-ᄒᆞ-】 동 결박(結縛)하다. 묶다.¶ ▼縛 ‖ 각의 젼가 노유을 가져 다 졀박ᄒᆞ여 계ᄌᆞ에 벼희니 씌ᄂᆞᆫ 오ᄃᆡ흥이년 동 십월이라 (將恪全家老幼, 俱縛至市曹斬首, 時吳大興二年冬十月也.) <삼국-모종 18:29>

【졀샹-ᄒᆞ-】 동 절상(折傷)하다. 상하거나 다치다. 사상자를 내다.¶ ▼折 ‖ 공명이 긔산 대채예 도라와 파병을 거두어 뎜고ᄒᆞ니 만여 인이 다 졀샹ᄒᆞ엿더라 (孔明回到祁山大寨, 收聚敗兵, 約折萬餘.) <삼국-가정 33:114>

【졀쉬-ᄒᆞ-】 동 절쇄(截殺)하다. 막아 무찌르다.¶ ▼截殺 ‖ 운이 ᄃᆡ희ᄒᆞ여 사ᄅᆞᆷ을 보ᄂᆡ야 댱익과 공[고]샹ᄃᆞ려 닐너 뇨로오 마쥰을 졀쉬ᄒᆞ라 ᄒᆞ니 이쳐병은 ᄯᅩᄒᆞᆫ 공명이 미리 ᄆᆡ복ᄒᆞᆫ ᄇᆡ러라 (趙雲大喜, 又令人報與張翼、高翔, 教於要路截殺馬遵, 此二處兵亦是孔明預先埋伏.) <삼국-모종 15:63>

【졀영-ᄒᆞ-】 동 절영(絶纓)하다. 관의 끈을 끊는다는 뜻으로, 초장왕(楚莊王)이 여러 신하들과 잔치를 벌였을 때 촛불이 꺼지자 장왕의 시중을 들던 미인의 옷을 당기는 사람이 있었다. 미인은 그 사람의 관 끈을 끊고, 불을 밝혀 그 사람을 찾아 처벌하라고 장왕에게 말했다. 그러나 왕은 한낱 아녀자의 절개를 드러내기 위해 신하를 욕보일 수 없다면서 모두의 관 끈을 끊게 했다. 뒷날 진(晉)나라와 싸울 때 장왕의 장수로 항상 앞장서 적을 물리치는 이가 있어 이상히 여겨 물었더니, 바로 전날 관 끈이 끊긴 사람이었다는 데서 나왔다.¶ ▼絶纓 ‖ 셕의 쵸장왕이 ᄭᆞᆫ을 ᄭᆞᆫ어 ᄋᆡ쳡 희롱ᄒᆞ믈 구힉지 아니ᄒᆞ엿더니 그 후의 쵸장왕이 진나라 군ᄉᆞ의게 곤ᄒᆞᆫ ᄇᆡ 도엿더니 장웅이 졀영ᄒᆞᆫ 음덕을 ᄉᆡᆼ각ᄒᆞ여 그 위ᄐᆡᄒᆞ믈 죽기로써 구ᄒᆞ엿ᄂᆞ니 (昔楚莊王'絶纓'之會, 不究戲愛姬之蔣雄, 後爲秦兵所困, 得其死力相救.) <삼국-국중 2:92>

【졀제-ᄒᆞ-】 동 절제(節制)하다. 조절하고 제어하다.¶ ▼撥制 ‖ 쥬샹이 나히 어리시고 ᄯᅩ 간사ᄒᆞᆫ 신해 이셔 졀제ᄒᆞ니 만일 좃디 아니면 이ᄂᆞᆫ 님금을 속이미오 만일 조차 퇴병ᄒᆞ면 긔산을 다시 엇기 어려오리라 (主上年幼, 更有佞臣撥制! 吾正好建功, 何故取回也? 如不回, 是欺主矣. 若從之退兵, 祁山再難得也!) <삼국-가정 33:41>

【졀핍-ᄒᆞ-】 동 절핍(絶乏)하다. 핍절(乏絶)하다.¶ ▼缺 ‖ 수츈은 ᄒᆡ마다 슈한지ᄌᆡ 잇셔 ᄇᆡᆨ셩의 양식이 졀핍ᄒᆞ여시니 :제 군ᄉᆞ를 움ᄌᆞᆨ여 ᄇᆡᆨ셩을 흔들면 ᄇᆡᆨ셩이 원망ᄒᆞ리니 맛당히 거젹ᄒᆞ기 어려울지라 (壽春水旱連年, 人皆缺食. 今又動兵擾民, 民既生怨, 兵至難以拒敵.) <삼국-국중 4:91>

【졂-】 형 젊다. 나이가 한창 때에 있다.¶ ▼少 ‖ 집이 가난ᄒᆞ여 학업을 조히 녀겨 상히 사ᄅᆞᆷ의 ᄎᆡᆨ을 비러 ᄒᆞᆫ

번 보믹 믄득 긔역ᄒᆞ고 구지 민쳡ᄒᆞ고 졀머셔붓터 담긔 잇ᄂᆞᆫ지라 (家貧好學, 與人傭工, 嘗借人書來看. 看過一遍, 更不遺忘. 口才辨給, 少有膽氣.) <삼국-국중 9:71>

【졈-】 형 «졂다». 젊다. 나이가 한창 때에 있다. 또는 혈기 따위가 왕성하다.¶ ▼少 ‖ ᄒᆞᆫ 쟝슈 섬 아래 셔시니 그 사ᄅᆞᆷ이 져머셔 녀ᄅᆞᆷ짓기를 힘ᄡᅥ 아니ᄒᆞ고 ᄌᆞ란 후의 용을 됴히 너기니 (一將立於階下. 其人少不務農, 長而好勇.) <삼국-가정 24:56> ᄒᆞᆫ 쟝슈 섬 아래 셔시니 그 사ᄅᆞᆷ이 졈어셔 녀ᄅᆞᆷ짓기를 힘ᄡᅥ 아니ᄒᆞ고 ᄌᆞ란 후의 용을 됴히 너기니 (一將立於階下. 其人少不務農, 長而好勇.) <삼국-규장 17:16>

【졈고-ᄒᆞ-】 동 점고(點考)하다. 명부에 일일이 점을 찍어 가며 사람의 수를 조사하다.¶ ▼點 ‖ 즉시 뉴뫼 녕포 당임 등현으로 오만 ᄃᆡ군을 졈고ᄒᆞ야 싀도록 낙현으로 나아가 뉴비를 벙으리와드라 ᄒᆞ더라 (遂遣差劉□丶冷苞丶張任丶鄧賢點五萬大軍, 星夜起步, 進守雒縣, 以拒劉備.) <삼국-규장 14:47> 일면으로 마 보 슈군을 졈고ᄒᆞ니 팔십 삼만 니라 거즛 ᄇᆡᆨ만 니라 일ᄏᆞᆺ고 슈륙으로 나올ᄉᆡ ᄇᆡ와 말이 쌍으로 ᄒᆡᆼᄒᆞ야 연강ᄒᆞ니 (一面計點馬步水軍共八十三萬, 詐稱一百萬, 水陸並進, 船騎雙行, 沿江而來.) <삼국-모종 7:73>

【졈문】 명 ((상업)) 점문(店門). 상점이나 점포의 문.¶ ▼店門 ‖ 일 ᄃᆡ한이 외박휘 수레를 잇글고 졈문의 이르러 수이며 술을 쳥ᄒᆞ거ᄂᆞᆯ (正飲間, 見一大漢, 推著一輛車子, 到店門首歇了.) <삼국-국중 1:10>

【졈발-ᄒᆞ-】 동 점발(點發)하다.¶ ▼點 ‖ 녀푀 그 말을 듯고 ᄃᆡ로ᄒᆞ여 즉시 군ᄉᆞ를 졈발ᄒᆞ여 소픽의 나아가 쟝비를 ᄊᆞ혼다 ᄒᆞ거ᄂᆞᆯ (呂布聽了大怒, 隨即點兵往小沛來政張飛.) <삼국-국중 4:58>

【졈복-ᄒᆞ-】 동 점복(占卜)하다. 점치다.¶ ▼卜 ‖ 졈복ᄒᆞ익의 쳐 셔시 ᄀᆞ장 총명ᄒᆞ고 얼굴이 곱고 졈복ᄒᆞ기를 잘ᄒᆞ더니, 이날의 셔시 괘를 디오니 극히 흉커ᄂᆞᆯ 손을 뫼호디 말라 호되 ("翊妻徐氏極聰明, 顏色美貌, 更善卜«易». 是日, 徐氏卜卦象大凶, 不可會客.) <삼국-가정 13:10>

【졈시-ᄒᆞ-】 동 점시(點視)하다. 검사하다.¶ ▼點視 ‖ 셔황이 관승의셔 냥초를 졈시ᄒᆞ다가 조홍이 관의 ᄂᆞ려 싀쇄ᄒᆞ믈 듯고 ᄃᆡ경ᄒᆞ야 급히 병을 ᄯᅥ어 환리ᄒᆞ며 ᄃᆡ규ᄒᆞᄃᆡ 조홍은 말을 한가지 ᄒᆞᄌᆞ (時徐晃正在關上點視糧草, 聞曹洪下關廝殺, 大驚, 急引兵隨後趕來, 大叫曹洪回馬.) <삼국-모종 10:10>

【졈-치-】 동 점(占)치다.¶ ▼筮著 ‖ 문무관원으로 ᄒᆞ여곰 산의 드러가 남글 ᄏᆡ고 ᄯᅩ 술ᄉᆞ를 불너 쳔하 취할 닐을 졈치니 (令文武各官入山采木. 又召術士尙廣, 令筮著問取天下之事.) <삼국-국중 17:126>

【졈험-ᄒᆞ-】 동 점험(點驗)하다. 점검하다. 검사하다.¶ ▼點 ‖ 일ᄒᆞᆫ은 ᄃᆡ위 오거ᄂᆞᆯ 몽이 상마ᄒᆞ여 ᄉᆞ문의 나가 졈험ᄒᆞ여 살피더니 홀연 보니 일인니 삿거슬 취ᄒᆞ여 긔갑덥더라 (一日大雨, 蒙上馬引數騎點看四門. 忽見一人取民間箬笠以蓋鎧甲.) <삼국-국중 13:54>

【졈-ᄒᆞ-】 동 점(占)하다. 점치다. 운수, 길흉 따위를 예언하거나 그 예언을 듣다.¶ ▼卜 ‖ 신도 ᄶᅡ 원의 안히 ᄆᆡ양 두풍을 알코 그 아들이 녕통을 알하 온집이 ᄆᆡ양 놀나ᄆᆡ 민망ᄒᆞ야 뢰를 쳥ᄒᆞ야 졈ᄒᆞ라 ᄒᆞᆫᄃᆡ (因信都令妻常患頭風, 其子心痛, 舉家常驚恐, 請輅卜之.) <삼국-가정 22:84> ▼算 ‖ ᄂᆡ 젼년의 금년 슈를 졈ᄒᆞ니 강셩이 셔방의 잇스니 군ᄉᆞ의게 블니ᄒᆞ고 ᄐᆡᄇᆡᆨ이 낙셩의 임ᄒᆞ니 반ᄃᆞ시 흉ᄒᆞ리라. 이졔 셔방의 셩츄ᄒᆞ니 필연 방ᄉᆞ원이 군즁의 쥭을지라 ("吾前者算今罡星在西方, 不利於軍師; 天狗犯於吾軍, 太白臨於雒城, 已拜書主公, 教謹防之. 誰想今夕西方星墜, 龐士元命必休矣!") <삼국-국중 11:103>

【졉-】 동 자기의 의견이나 주장 따위를 미루어 두다.¶ 攀 ‖ 이졔 한 장군니 승상을 쳥ᄒᆞ여 다시 말ᄉᆞᆷ을 졉고져 ᄒᆞ노라 (韓將軍請丞相攀話.) <삼국-국중 11:27>

【졉응-ᄒᆞ-】 동 접응(接應)하다. 맞이하다.¶ ▼接應 ‖ 특별이 공ᄌᆞ를 쳥ᄒᆞ여 졉응ᄒᆞ라 ᄒᆞ고 나ᄂᆞᆫ 강하로 가 군ᄉᆞ를 ᄀᆞᆺ지 니르혀 이리 와 졉응ᄒᆞᄂᆞ이다 (特請公子來接應, 某往夏口, 盡起兵前來接應.) <삼국-가정 14:36> 부친이 죠고만 글월을 미더 듕디에 드러갓다가 소루ᄒᆞ미 이시면 엇디ᄒᆞ리오 몬져 쟝슈를 보내여 나아가고 부친이 ᄉᆞᄉᆞ로 졉응ᄒᆞ시미 가ᄒᆞ니이다 (父親何故據片紙而入重地也? 倘有疏虞, 如之奈何? 倘有疏虞, 如之奈何? 不如令別將先去, 父親接應可矣.) <삼국-가정 34:6>

【졉의-ᄐᆡᆨ】 명 ((신체)) 제비턱. 밑이 두툼하고 넓적하게 생긴 턱.¶ ▼燕頷 ‖ 웃듬 쟝슈ᄂᆞᆫ 표범의 머리예 골희눈이오 졉의ᄐᆡᆨ의 범의 나로시니 유연 탁군 사ᄅᆞᆷ이라 셩은 댱이오 명은 비오 ᄌᆞᄂᆞᆫ 익덕이라 (當先一將, 豹頭環眼, 燕頷虎鬚, 乃幽州涿郡人, 姓張, 名飛, 字益德.) <삼국-가정 7:17>

【졉이】 명 ((민속)) 제비. 추첨(抽籤).¶ ▼鬮 ‖ 너희 두 사ᄅᆞᆷ이 졉이를 잡아 가라 ᄒᆞ니 왕튱이 몬져 갈 졉이를 잡아 군ᄉᆞ 일반을 ᄂᆞᆫ화 가 셔쥐를 티려 ᄒᆞ더라 (你兩個拈鬮, 拈着的便走." 王忠鬮着'先'字, 自去分軍馬一半, 來攻彭城.) <삼국-가정 8:21> 샹이 둘 둥의 ᄒᆞ나흘 가라 ᄒᆞ니 둘히 서ᄅᆞ 밀위거ᄂᆞᆯ 샹이 졉이 잡아 가라 ᄒᆞ니 방긔 갈 졉이를 잡아ᄂᆞᆯ (尙敎二人內一人去, 二人都推却. 尙敎拈鬮, 拈着逢紀.) <삼국-가정 11:26> 댱비 더옥 항복디 아녀 브ᄃᆡ 가려 ᄒᆞ거ᄂᆞᆯ ᄒᆞ여곰 졉이를 잡으라 ᄒᆞ니 ᄌᆞ룡이 ᄯᅩ 갈 졉이를 자바ᄂᆞᆯ (張飛不服, 定要去取, 孔明教拈鬮, 拈着的便去. 又是子龍拈着.) <삼국-가정 17:23> 이인니 한가디로 쥬공을 위ᄒᆞ여 만져 ᄀᆞ고져 ᄒᆞ니 맛당히 졉이를 ᄲᅢ혀 션후를 졍ᄒᆞ리라 (我與你都一般爲主公出力, 何必計較? 我二人拈鬮, 拈着的先去.) <삼국-국중 12:128>

【졉이-잡-】 동 제비뽑다. 추첨(抽籤)하다.¶ ▼拈鬮 ‖ 샹이 둘 둥의 ᄒᆞ나흘 가라 ᄒᆞ니 둘히 서ᄅᆞ 밀위거ᄂᆞᆯ 샹이 졉이잡아 가라 ᄒᆞ니 방긔 갈 졉이를 잡아ᄂᆞᆯ (尙敎二人

內一人去, 二人都推知. 尙敎拈鬮, 拈着逢紀.) <삼국-가정 11:26>

【젓ㅌ】 명 곁. 경상 방언.¶ ▼傍 ‖ 닉 본디 신[진]영의 셔죠로이시물 아나니 지명은 가경이요 젓틱 훈 셩니 잇시니 일홈은 별유[선]싱이라 (吾素知秦嶺之西, 有一條路, 地名街亭, 傍有一城, 名列柳城.) <삼국-모종 16:1>

【경광-ㅎ-】 동 정광(靖匡)하다. 안정되게 바로잡다.¶ ▼靖匡 ‖ 류비 구신지로쎠 상당님 맛ᄃ 삼군을 통독ᄒ고 뜻들 밧들고 밧긔 이셔 능히 국난을 소졔ᄒ야 왕실을 경광치 못ᄒ고 (備以具臣之才, 荷上將之任, 總督三軍, 奉辭於外, 不能掃除寇難, 靖匡王室.) <삼국-국중 13:4>

【경구지】 명 ((식물)) 정구지. 부추. 백합과의 여러해살이풀. 꽃줄기의 높이는 30~60cm이며, 잎은 비늘줄기에서 모여나고 속이 비어 있다. 가을에 자주색 꽃이 산형(繖形) 꽃차례로 피고 열매를 맺지 못한다. 잎은 절여서 먹는다. 경상, 전북, 충청 방언.¶ ▼韭 ‖ 일ㅅ은 틱 길 가더니 훈 사람 신음ᄒ난 쇼릭 듯고 왈 이난 음식 나리지 못ᄒ난 병이라 만을 경구지 집 삼승을 마시이니 이삼 척 되난 빅암 훈 마리을 토ᄒ고 (一日, 佗行於道上, 聞一人呻吟之聲, 佗曰: "此飮食不下之病". 問之果然, 佗令取蒜韭汁三升飮之, 吐蛇一條, 長二三尺, 飮食卽下.) <삼국-모종 13:20>

【경긴-ㅎ-】 형 정긴(精緊)하다. 정묘하고 긴요하다. 정요(精要)하다.¶ ▼精 ‖ 간니 이윽고 싱각ᄒ되 쥬유는 이 경긴코 ᄌ셰훈 사ᄅᆞᆷ이라 날이 식면 편지를 ᄎᄌ 보지 못ᄒ면 반다시 날을 히ᄒ리라 (幹尋思: '周瑜是個精細人, 天門尋書不見, 必然害我.') <삼국-모종 7:131>

【경난】 명 ((건축)) 정난(井欄). 우물에 설치한 '정(井)' 자 모양의 난간.¶ ▼井欄 ‖ 공명이 또 경난[놉흔 ᄃ리라]을 세오고 셩듕을 쏘며 흙을 슈운ᄒ야 히ᄌ를 몌온대 곽쇠 셩듕의 겹셩을 싸 막거놀 (孔明又取井欄百丈, 以射城中; 又令人運土塡壕. 郝昭又于城中築起重墻以御之.) <삼국-가정 32:5>

【경녕】 부 정녕(丁寧). 틀림없이. 꼭.¶ 경녕 (委實) <삼국-어람 108b>

【경당-ㅎ-】 형 정당(停當)하다. 사리에 맞다. 합당하다. (중국어 간접 차용어).¶ ▼停當 ‖ 의논을 경당훈 후의 관공이 관하의 당ᄒ엿다 ᄒ거놀 한복이 활을 지여 들고 일천군을 거ᄂ리고 관의 ᄂ와 문왈 (商議停當, 人報關公車仗已到. 韓福彎弓揷箭, 引一千人馬, 排列關口, 問.) <삼국-국중 6:64>

【경둔-ㅎ-】 동 정돈(整頓)하다. 어지럽게 흩어진 것을 규모있게 고쳐놓거나 가지런히 바로잡아 정리하다.¶ ▼整 ‖ 승샹이 만일 날을 노흐면 내 다시 군마를 경둔ᄒ야 ᄌ웅을 결ᄒ리니 이때예 날을 싱금ᄒ면 보야흐로 항복ᄒ리라 (汝若放回吾去, 再整軍馬, 共決雌雄. 若能再擒, 吾心方服也.) <삼국-가정 28:91>

【경미】 명 ((역사)) 정미(丁未…1607 | 1667 | 1727 | 1787 | 1847 | 1907…). 육십갑자(六十甲子)의 마흔넷째. '병오(丙午)'의 다음, '무신(戊申)'의 앞이다. 1907년.¶ 이 칙은 오자낙셔을 만리 하여시리 보난 ᄉᄅᆞᆷ니 부디 눌너보시옵 경미 연월 칙쥬 황일소 <삼국지-화봉 1907>

【경별-ᄒ-】 동 정벌(征伐)하다.¶ ▼征討 ‖ 환니 그 장ᄌ라 궁마 지죠 잇고 항상 오왕 죠ᄎ 경별ᄒ여 누ᄎ 공을 세워 베살이 무위도위 되니 시예 ᄂ이 ㅅ십오라 (桓居其長, 弓馬熟嫻, 常從吳王征討, 累立奇, 功官授武衛都尉, 時年二十五歲.) <삼국-모종 13:72>

【경병】 명 ((인류)) 정병(精兵). 우수하고 강한 군사. 선병(選兵). 정갑(精甲). 정졸(精卒).¶ ▼精兵 ‖ 너히 두 사ᄅᆞᆷ이 각ㅅ 일만 경병을 거ᄂ려 오ᄂᆞᆯ밤의 ᄀ만이 쵹 영 뒤흘 엄습ᄒ여ᄃ 내 대병을 거ᄂ려 딘셰ᄅᆞᆯ 베펏다가 쵹병이 대란홈을 기ᄃ려 대딕 인마ᄅᆞᆯ 모라 젼후로 협공ᄒ면 쵹 영채ᄅᆞᆯ 가히 아ᄉᆞᆯ 거시니 이 고들 어드면 그 나믄 영채 파ᄒ미 머어시 어려오리오 (汝二人各引一萬精兵, 今夜起身, 抄在蜀兵營後, 各一齊奮勇殺將過來; 吾却引兵在前布陣, 只待蜀兵勢亂, 吾大驅士馬攻殺進去: 如此兩軍幷力, 可奪蜀兵之營寨也.) <삼국-가정 32:74>

【경샤】 명 ((주거)) 정사(精舍). 학문을 가르치기 위하여 마련한 집. 정신을 수양하는 곳. 절.¶ ▼精舍 ‖ 후의 텬해 대란호믈 만나 병들롸 ᄒ고 고향의 도라가 경샤[초당 ᄀᄐᆞᆫ 집이라]ᄅᆞᆯ 쵸동 오십니예 지어 녀ᄅᆞᆷ과 ᄀ을히 글을 닑고 봄과 겨을히 활 쏘며 산영ᄒ여 (後値天下大亂, 故以病回鄕里, 築精舍於譙東五十里, 欲秋夏讀書, 春冬射獵.) <삼국-가정 18:36>

【경슈리】 명 ((신체)) 정수리.¶ ▼경슈리에 쇠똥도 안이 써러진 어런아희 (疥癩小兒) <삼국-어람 109b>

【경슉-ᄒ-】[1] 형 정숙(情熟)하다. 정분이 두터워서 정겹고 친숙하다.¶ ▼情熟 ‖ 비통은 ᄀ히 글그러니와 두뢰를 엇디 씌여 녈니오 네 븐ᄃ시 관공으로 더부러 경슉ᄒ여 이 긔회를 ᄐ 보슈코져 ᄒ미로다 (臂痛可刮, 腦袋安可砍開? 汝必與關公情熟, 乘此機會, 欲報讎耳!) <삼국-국중 13:100>

【경슉-ᄒ-】[2] 형 정숙(精熟)하다. 익숙하다.¶ ▼精熟 ‖ 비통은 ᄀ히 글그러니와 두뢰를 엇디 씌여 녈니오 네 븐ᄃ시 관공으로 더부러 경슉ᄒ여 이 긔회를 ᄐ 보슈코져 ᄒ미로다 (臂痛可刮, 腦袋安可砍開? 汝必與關公情熟, 乘此機會, 欲報讎耳!) <삼국-국중 13:100> ▼閑熟 ‖ 뎡원의 뒤히 훈 사ᄅᆞᆷ이 셔시니 신댱이 훈 댱이오 허리 열 아ᄅᆞᆷ이오 궁매 경슉ᄒ고 미목이 청슈ᄒ니 (時李儒見丁原背後一人, 身長一丈, 腰大十圍. 弓馬閑熟, 眉目淸秀.) <삼국-가정 1:142>

【경승】 명 ((관직)) 정승(政丞). 영의정, 좌의정, 우의정 세 대신을 일컫는 말.¶ ▼丞相 ‖ 승샹이 균형[경승이란 말이라]의 듕임을 맛다 ᄉㅅ로 멀리 경벌ᄒ미 맛당티 아니ᄒ고 (丞相是均衡之重任, 而自遠征, 非所宜也.) <삼국-가정 28:62>

【정신】 명 정신(精神). 육체나 물질에 대립되는 영혼이나 마음. 또는 사물을 느끼고 생각하며 판단하는 능력.¶ ▼神思 ‖ 이 날 댱비 댱듕의 이셔 정신이 어ᄃᆞᆨᄒᆞ고 요란ᄒᆞ여 거동이 슈상ᄒᆞ더라 (當日飛在帳中, 神思昏亂, 動止非常.) <삼국-가정 26:82>

【정신-읍-】 형 정신(精神)없다.¶ ▼정신읍단 말 (獃[呆]) <삼국-어람 109a>

【정-이】 부 정(正)히. 마침. 바로.¶ ▼正 ‖ ᄐᆡᄉᆞᄌᆡ 정이 황망분쥬ᄒᆞᆯᄉᆡ 후군이 문득 좃지 안ᄂᆞᆫ디라 (太史慈正走, 後軍趕至三十里, 卻不趕了.) <삼국-국중 4:26> ᄆᆡᆼ확이 삼동 원슈의 ᄑᆡ보를 듯고 ᄃᆡ로ᄒᆞ여 슈만 병을 거ᄂᆞ려 진발ᄒᆞᄃᆞ가 정이 왕평군을 만ᄂᆞ (獲大怒, 遂起蠻兵迤進發, 正正遇王平軍馬.) <삼국-국중 14:119>

【정텰】 명 ((기물)) 정철(精鐵). 잘 불려서 단련한 좋은 쇠붙이. 잘 정련(精鍊)한 쇠.¶ ▼鑌鐵 ‖ 당세평 소상이 대희ᄒᆞ야 냥마 오십 필을 주고 또 금은 오ᄇᆡᆨ 냥과 정텰 일천 근을 주어 써 군긔ᄅᆞᆯ 쟝만ᄒᆞ라 ᄒᆞ거ᄂᆞᆯ (張世平、蘇雙大喜, 願將良馬五十匹送與玄德, 又贈金銀五百兩, 鑌鐵一千斤, 以資器用.) <삼국-가정 1:29>

【정티-ᄒᆞ-】 동 정치(整治)하다. 손질하다. 정비(整備)하다.¶ ▼整治 ‖ 냥초ᄅᆞᆯ 싸흐며 문무ᄅᆞᆯ 강논ᄒᆞ고 군긔ᄅᆞᆯ 정티ᄒᆞ며 쟝ᄉᆞᄅᆞᆯ 무휼ᄒᆞ야 (積草屯粮, 講陣論武, 整治軍器, 存恤將士.) <삼국-가정 33:96>

【제고-ᄒᆞ-】 동 제고(祭告)하다. 제사하여 고하다.¶ ▼祭告 ‖ ᄂᆡ 맛당이 천ᄌᆞᄅᆞᆯ 보고 젼부션봉을 원ᄒᆞ여 괘효벌오ᄒᆞ야 역적을 ᄉᆡᆼ금ᄒᆞ여 써 이형의 제고ᄒᆞ야 젼ᄆᆡᆼ을 ᄇᆞᆲ히리라 (吾當面見天子, 願爲前部先鋒, 掛孝伐吳, 生擒逆賊, 祭告二兄, 以踐前盟!) <삼국-국중 13:146>

【조각】 명 기미. 낌새. 틈. 겨를. 기회(機會).¶ ▼機會 ‖ 일이 만나기 어려운 ᄣᆡᄅᆞᆯ 어더 ᄒᆞᆫ 어린 아ᄒᆡ 병으로 조각을 일흐니 대ᄉᆡ 가리로다 (遭此難遇之時, 惟因嬰兒之病, 失此機會!) <삼국-가정 8:103> ▼機 ‖ 디모지ᄉᆡ 각각 의심ᄒᆞ야 도라가 님자ᄅᆞᆯ ᄀᆞᆯ히면 일이 위ᄐᆡᄒᆞ리니 쥬공이 눌로 더브러 텬하ᄅᆞᆯ 뎡ᄒᆞ리오 안위의 조각을 ᄉᆞᆯ피디 아니티 못ᄒᆞ리라 (如此, 則智謀將士自疑, 回心擇主, 主公誰與定天下乎? 夫除一人之患, 以阻四海之望, 安危之機, 不可不察!) <삼국-가정 6:39> 냥이 ᄌᆞ연 조각을 보와 응변ᄒᆞᆯ 거시니 공의 일을 그릇ᄒᆞ지 아니ᄒᆞ리라 (亮自見機而變, 不誤于公.) <삼국-가정 14:55> 네 임의 글을 만히 아노라 ᄒᆞ나 조각의 ᄭᅬᄅᆞᆯ 아디 못ᄒᆞ고 ᄉᆞ리ᄅᆞᆯ ᄇᆞᆰ긔 모ᄅᆞ니 반ᄃᆞ시 패ᄒᆞ리라 ᄒᆞ노라 (汝既通書, 不識機謀, 不明道理, 故知必敗耳!) <삼국-가정 15:102> ▼便 ‖ 단양대도독 규람과 군승 ᄃᆡ원이 상해 익을 주기고져 호ᄃᆡ 조각도 만나디 못ᄒᆞ고 (丹陽大都督嬀覽、郡丞戴員二人, 常有殺翊之心, 而未得便.) <삼국-가정 13:9>

【조갓】 명 조각. 기회.¶ ▼機 ‖ 강동을 드러 두 진 ᄉᆞ이예 조갓 결단허여 천ᄒᆞ을 닷토기ᄂᆞᆫ 경이 날만 못ᄒᆞ고 현릉을 드러 각〻 그 힘을 다케 허여 강동을 보전허기ᄂᆞᆫ ᄂᆡ가 경만 못허니 (若擧江東之衆, 決機於兩陣之間, 與天下爭衡, 卿不如我, 擧賢任能, 使各盡力以保江東, 我不如卿.) <삼국-모종 5:42>

【조갓ㅊ】 명 «조갖» 틈. 기회(機會).¶ ▼萌 ‖ 담이 거상ᄒᆞ고 또 박겨 거ᄒᆞ니 쥬공이 장ᄌᆞ를 폐ᄒᆞ고 유ᄌᆞ를 세운이 〻는 어지려온 조갓치라 (譚爲長, 今又居外, 主公若廢長立幼, 此亂萌也.) <삼국-모종 5:64>

【조곰】 명 조금. 적은 정도나 분량.¶ ▼조곰도 실슈가 읍단 말 (全無破綻.) <삼국-어람 108b>

【조곰】 부 조금. 정도나 분량이 적게.¶ ▼稍 ‖ 이졔 동탁이 젼권ᄒᆞᄆᆡ 천ᄌᆞ 나약ᄒᆞ고 ᄒᆡᄂᆡ ᄃᆡ란ᄒᆞ야 각각 일방의 웃듬ᄒᆞ니 강동이 바야흐로 조곰 편ᄒᆞᆫ지라 (今董卓專權, 天子懦弱, 海內大亂, 各霸一方, 江東方稍寧.) <삼국-모종 1:120>

【조급-히】 부 조급(躁急)히. 마음이 급하게.¶ ▼躁暴 ‖ 됴뎡의 ᄌᆞ연 공논이 이시리니 네 엇디 ᄌᆞ러 망녕되이 조급히 구ᄂᆞ뇨 (朝廷自有公論, 弟豈可躁暴!) <삼국-가정 1:50>

【조급-ᄒᆞ-】 형 조급(躁急)하다. 늦거나 느긋하지 아니하고 매우 급하다.¶ ▼躁暴 ‖ 현덕 왈 네 셩이 조급ᄒᆞ니 가디 못ᄒᆞ리라 (玄德曰: '汝爲人躁暴, 不可去.') <삼국-가정 8:23>

【조당-ᄒᆞ-】 동 조당(阻當)하다. 가로막다. 나아가거나 다가오는 것을 막아서 가리다.¶ ▼阻當 ‖ 임의 승샹의 공문이 업ᄉᆞ면 ᄉᆞ〻로이 도망ᄒᆞ미니 조당티 아녓다가ᄂᆞᆫ 반ᄃᆞ시 죄ᄎᆡᆨ이 이시리라 (既無丞相文憑, 即係私行; 若不阻當, 必有罪責.) <삼국-가정 9:96>

【조당-ᄒᆞ-】 동 조당(阻當)하다. 가로막다. 조당(阻攩, 阻擋)하다. 나아가거나 다가오는 것을 막아서 가리다.¶ ▼攔截 ‖ 네 내 길ᄒᆡ셔 조당ᄒᆞᄂᆞᆫ 사ᄅᆞᆷ들ᄒᆞᆯ 주긴 줄을 아ᄂᆞᆫ다 (你知吾於路斬攔截者麼?) <삼국-가정 9:112> ▼阻 ‖ 내 본ᄃᆡ 병셔ᄅᆞᆯ 닑어 모략을 통ᄒᆞᄂᆞᆫ디라 승샹도 오히려 날ᄃᆞ려 무ᄅᆞ시거든 너ᄂᆞᆫ 엇던 사ᄅᆞᆷ이완ᄃᆡ 감히 조당ᄒᆞᄂᆞᆫ다 (吾素讀兵書, 深通謀略, 丞相諸事尙問于吾, 汝何等之人, 安敢阻耶?) <삼국-가정 31:15>

【조련이】 부 졸연(卒然)히. 갑자기.¶ ▼卒 ‖ 숙은 요량컨ᄃᆡ 한시리 다시 이지 못헐 거시요 조〻를 조련이 들지 못허련이 장군의 계교 헐진ᄃᆡ 오즉 강동으로 말허여 써 천하 틈을 보아 허리니 (肅竊料漢室不可復興, 曹操不可卒除. 爲將軍計, 惟有鼎足江東以觀天下之釁.) <삼국-모종 5:46>

【조련-ᄒᆞ-】 동 조련(操練)하다. 군사로서 싸움에 필요한 여러 가지 동작이나 작업 따위를 훈련하다. 연병(練兵)하다.¶ ▼操練 ‖ 형쥐 슈군이 조련티 아년 디 오라고 븍군이 만흐되 슈리ᄅᆞᆯ 아디 못ᄒᆞ여 ᄒᆞᆫ 번 남군을 보고 놀라 헤디ᄅᆞ니 (荊州水軍久不操練, 兼有多半北軍不識水利, 見南軍一擊便慌.) <삼국-가정 15:41>

【조만】 명 조만(早晩). 이름과 늦음을 아울러 이르는 말.¶ ▼早晩 ‖ 내 비록 ᄂᆞ즌 벼슬의 이시나 승샹이 젼량의

듕ᄒᆞᆫ 거ᄉᆞᆯ 긋재 맛뎌 겨시니 조만의 승샹의 ᄀᆞᄅᆞ치시믈 만히 닙으니 극히 ᄉᆡ훤ᄒᆞᆫ 일이 만흔디라 부러 이 벼ᄉᆞᆯ의 잇노라 (某雖居下僚, 丞相委以軍政錢糧之重, 早晩多蒙丞相敎誨, 極有開發, 故就此職耳.) <삼국-가정 19:83>

【조보얍-】 형 너그럽지 못하고 옹졸하다.¶ ▾狹 ‖ 안량의 셩이 조보얍고 조급ᄒᆞ니 비록 효용ᄒᆞ나 가히 혼자 브리지 못ᄒᆞ리라 (顔良性促狹, 雖驍勇, 不可獨任.) <삼국-규장 6:136>

【조비-ᄒᆞ-】 동 조비(措備)하다. 조치하여 준비하다. 일을 잘 살펴 갖추다.¶ ▾造 ‖ 이ᄂᆞᆫ 공명이 쵹듕의 이실 제 미리 조비ᄒᆞᆫ 거시러라 (此車乃孔明在蜀中預先造的.) <삼국-가정 33:55>

【조ᄇᆡ얍-】 형 너그럽지 못하고 옹졸하다.¶ ▾促狹 ‖ 안량의 셩이 조ᄇᆡ얍고 조급ᄒᆞ니 비록 효용ᄒᆞ나 가히 혼자 브리디 못ᄒᆞ리라 (顔良性促狹, 雖驍勇, 不可獨任.) <삼국-가정 9:32>

【조ᄇᆞᆯ-ᄒᆞ-】 동 조발(調撥)하다. 병력을 이동하거나 장수를 파견하다.¶ ▾調撥 ‖ 뉵군 관군을 병진ᄒᆞ여 슈륙으로 나아가리라 조ᄇᆞᆯᄒᆞ기ᄅᆞᆯ 맛ᄎᆞᄆᆡ 졔댱이 각ㆍ 선쳑과 군긔ᄅᆞᆯ 슈십ᄒᆞ여 긔힝ᄒᆞ더라 (催督六部官軍, 水陸並進, 剋期取齊. 調撥已畢, 諸將各自收拾船隻軍器起行.) <삼국-모종 7:111>

【조슈-ㅎ-】 동 조수(措手)하다. 손을 쓰다.¶ ▾措手 ‖ 운댱이 ᄃᆡ도를 츔츄어 나ᄂᆞᆫ 다시 마즈니 졍원지 크게 놀나 조슈치 못ᄒᆞ여 운댱의 칼을 마ᄌᆞ 냥단이 되더라 (雲長舞動大刀, 縱馬飛迎, 程遠志見了, 早吃一驚, 措手不及, 被雲長刀起處, 揮爲兩段.) <삼국-모종 1:10>

【조심-허-】 동 조심(操心)하다.¶ ▾칙쥬인 아□ 너무 칙셤을 만니 바긔로 욕을 허여쓰즉 니거슬 보고 만일 ᄯᅩ 젼과 가치 바드면 상ᄃᆡ을 가막서의 보ᄂᆡ여 종신지역 허겨 ᄒᆞᆯ 더니이 조심허여 이후로ᄂᆞᆫ ᄆᆡ권 신화 오리 식만 바다 머고 다시ᄂᆞᆫ 이런 힝실 ᄒᆞᆯ진ᄃᆡ 이 죄을 며치 모ᄅᆞᆯ이라 <삼국-동양 40:9>

【조아】 명 ((인류)) 조아(爪牙). 발톱과 어금니. 앞잡이. 심복(心腹). 수하(手下).¶ ▾爪牙 ‖ 죄 ᄯᅩᄒᆞᆫ 늘근 간교ᄒᆞᆫ 거시라 표의 복심이 되야 조아ᄀᆞᆺ치 ᄡᅳ이니 표의 치댱ᄒᆞ미 오로 조의 ᄒᆞᄂᆞᆫ ᄇᆡ더라 (祖宿狡猾, 爲表腹心, 出作爪牙. 表之鴟張, 以祖氣息.) <삼국-가정 10:18> ▾牙爪 ‖ 이적의 조상이 아ᄋᆞ 조희 조훈 조언과 심복 하안 등양 뎡시 필궤 니승 등 일반 조아[엄니와 발톱ᄀᆞᆺ티 놀란 뉘란 말이라]와 밋 어림군으로 더브러 다 유쥬 조방을 조차 셩의 나가 명뎨묘의 뵈고 (却說司馬懿見曹爽同弟曹羲、曹訓、曹彦, 幷心腹何晏、鄧颺、丁謐、畢軌、李勝等一班牙爪及御林軍, 隨幼主曹芳出城, 謁明帝墓.) <삼국-가정 35:83>

【조아-ᄒᆞ-】 동 좋아하다.¶ ▾交好 ‖ 승상이 제로 일향 조아ᄒᆞ고 이제 ᄯᅩ 우리로 와 시살ᄒᆞ라 아니ㆍ 저 말노 회복ᄒᆞ라 (丞相與他一向交好, 今番又不曾敎我來廝殺, 只得將他言語回覆, 另候裁奪便了.) <삼국-모종 4:11>

【조와-ᄒᆞ-】 동 좋아하다.¶ ▾好 ‖ 순우경이 성품이 굿세고 수를 조와ᄒᆞ니 군ᄉᆡ가 두려ᄒᆞ더라 (邢淳于瓊性剛好酒, 軍士多畏之.) <삼국-모종 5:54> 되 ᄉᆞ람니 모히할가 ᄒᆞ여 항상 좌우을 겡게ᄒᆞ되 ᄂᆡ 몽중의 살닌ᄒᆞ기을 조와ᄒᆞ니 ᄂᆡ 잠들 ᄶᅵ에 부ᄃᆡ 갓가니 말나 (操恐人暗中謀害己身, 常分付左右: "吾夢中好殺人, 凡吾睡著, 汝等切勿近前.") <삼국-모종 12:45>

【조ᄋᆞ-】 동 «조을다» 졸다 또는 자다.¶ ▾睡著 ‖ 푀 적근 문누의 수여 조ᄋᆞ더니 송헌이 좌우로 물이치고 창을 도적ᄒᆞ여 위속으로 다려 일제이 여표을 잡아 ᄉᆡᆨ기로 긴ㆍ히 결박ᄒᆞ니 (布少憩門樓, 不覺睡著在椅上, 宋憲趕退左右, 先盜其畫戟, 便與魏續一齊動手, 將呂布繩纏索綁, 緊緊縛住.) <삼국-모종 3:80>

【조ᄋᆞ롬】 명 졸음. 잠이 오는 느낌이나 상태.¶ ▾睡 ‖ 초당의 봄 조ᄋᆞ롬이 죡ᄒᆞ니 창 밧긔 ᄒᆡ 더듸고 더듸도다 (草堂春睡足, 窓外日遲遲.) <삼국-가정 12:103>

【조을-】 동 졸다 또는 자다.¶ ▾睡着 ‖ 평명으로셔 낫ᄀᆞ지 싸호다가 셩 밧 군ᄉᆡ 잠간 무ᄅᆞ거ᄂᆞᆯ 푀 덕누의 드러 쉬더니 교의예셔 조을거ᄂᆞᆯ (從平明打到日中, 城外軍退. 布少憩樓中, 坐於椅上睡着.) <삼국-가정 7:56>

【조젼-ᄒᆞ-】 동 조전(祖餞)하다. 전별(餞別)하다.¶ ▾祖餞 ‖ ᄂᆡ 황졔긔 쥬ᄒᆞ고 삼군을 녕ᄒᆞ야 잠간 용졍[황뎨 겨신 ᄃᆡ라] 니별ᄒᆞᄆᆡ 친귀 조젼[젼별이라]ᄒᆞ니 뉵친[결ᄂᆡ라]을 ᄇᆞ리며 가국을 니별ᄒᆞ고 (吾奏君王, 請三軍暫別龍庭; 諸公祖餞, 棄六親遠辭家國.) <삼국-가정 29:67>

【조조】 명 ((인명)) 조조(曹操, 155~220). 중국 삼국시대 위나라의 정치가이자 군인이며 시인. 묘호는 태조(太祖), 시호는 무황제(武皇帝). 후한 말기에 비상하고 탁월한 재능으로 두각을 드러내, 여러 제후들을 연달아 격파하고 중국 대륙의 대부분을 통일하여 위나라의 기틀을 닦음. 조조는 삼국지의 영웅들 가운데 패자(霸者)로 우뚝 솟은 초세지걸(超世之傑)이라는 평가와, 후한을 멸망시킨 난세의 간웅(奸雄)이자 역신(逆臣)이라는 상반된 평가를 받는 인물.¶ ▾曹操 ‖ 이제 조죄 ᄯᆞᆯ로ᄡᅧ 허혼ᄒᆞ나 그 ᄠᅳᆺ이 밋브디 아니ᄒᆞ고, ᄯᅩ 광 샹을 다 봉ᄒᆞ야 녈후ᄅᆞᆯ 삼으니 이ᄂᆞᆫ 하븍 인심을 뇌롱ᄒᆞᄂᆞᆫ ᄠᅳᆺ이라 (今曹操以女許婚, 恐其虛意.又帶呂曠、呂翔去, 皆封列侯, 此是撈籠河北人心, 終久不容主公也.) <삼국-가정 11:46>

【조초】 부 좇아. 따라. 뒤이어. 좇(좇다, 從)+-오(부사 파생 접미사).¶ ▾隨 ‖ 조초 관샤의 드러오니 독워 븍벽의 놉히 안고 현덕을 섬 아래 두어 시 디나도록 세윗다가 닐오ᄃᆡ (隨到舘驛中, 督郵正面高坐, 玄德立于階下. 將及兩個時辰, 督郵問曰.) <삼국-가정 1:75> ▾隨後 ‖ 푀 그 말로ᄡᅧ 황조로 ᄒᆞ여곰 방비ᄒᆞ라 ᄒᆞ고 조초 대군을 거ᄂᆞ려 나아가려 ᄒᆞ더라 (表用其言, 令黃祖設備, 隨後便起大軍.) <삼국-가정 3:32> 현덕이 그 말을 조차 조초 발힝ᄒᆞ야 댱샤로 나아가다 (玄德從之, 隨後望長沙進發.)

<삼국-가정 17:44> ᄉᆞ재 와 현덕을 보고 이 말을 다 니ᄅᆞ고 군량은 조초 오리라 ᄒᆞᆫ대 (使者先別楊懷, 回到葭萌關來見玄德, 具言此事, 隨後送糧至.) <삼국-가정 20:48> ▼然後 ‖ 이제 서ᄅᆞ 니간케 ᄒᆞᆯ 계규를 ᄡᅳ고져 ᄒᆞ노니 너를 몬져 녀포의게 허ᄒᆞ고 조초 동탁을 줄 거시니 네 그 ᄉᆞ이예 형셰를 보와 뎌 부ᄌᆞ로 ᄒᆞ여곰 니간ᄒᆞ야 서ᄅᆞ 빅반케 ᄒᆞ야 녀포로 ᄒᆞ여곰 동탁을 죽여 큰 사오나온 놈을 업시ᄒᆞ고 (今欲用連環之計, 先將汝許嫁呂布, 然後獻與董卓. 汝于中取便, 諜間太父子分顔, 令布殺卓, 以絶大惡.) <삼국-가정 3:66> 겸이 깃거 몬져 딘둥을 청쥐로 보내고 미튝을 조초 보내고 (謙喜, 先送陳元龍靑州去了, 然後命糜竺行.) <삼국-가정 4:47> ▼續後 ‖ 가형 밍확이 승샹의 살오신 은혜ᄅᆞᆯ 감격ᄒᆞ야 몬져 사쇼ᄒᆞᆫ 네믈을 드려 군듕의 ᄡᅳ시게 ᄒᆞ고 텬ᄌᆞ긔 진공ᄒᆞᆫ 믈건을 조초 드리려 ᄒᆞ더이다 (家兄孟獲感丞相活命之恩, 無可奉獻, 輒具金珠等寶若干, 權爲賞軍之資.續後別有進貢天子禮物.) <삼국-가정 28:115>

【조포-ᄒᆞ-】 [형] 조포(躁暴)하다. 성질이나 행동 따위가 거칠고 난폭하다.¶ ▼躁暴 ‖ 되 왈 홍은 나히 어리고 조포ᄒᆞ거니와 너 셔황은 아니 히ᄉᆞ를 ᄒᆞᄂᆞ냐 (操曰: "洪年幼暴躁, 徐晃你須曉事!") <삼국-모종 10:10>

【조하-ᄒᆞ-】 [동] 좋아하다.¶ ▼好 ‖ 손권의 아의 손익이 단양틱슈 되여 셩품이 강ᄒᆞᆼᄒᆞ여 슐을 조하ᄒᆞ여 취ᄒᆞ면 ᄉᆞ졸을 치질ᄒᆞ고 치ᄂᆞᆫ지라 (孫權弟孫翊爲丹陽太守, 翊性剛好酒, 醉後嘗鞭撻士卒.) <삼국-모종 6:95>

【조혜】 [명] 조회(朝會). 조정의 벼슬아치들이 아침에 대궐의 정전에 모여 임금에게 문안드리고 정사를 아뢰던 일.¶ ▼朝 ‖ 위쥬 연일 조혜 밧지 안니ᄒᆞ고 심신니 황홀ᄒᆞ여 거짓 실조ᄒᆞ거널 염이 바로 후궁의 가니 (魏主曹奐連日不曾設朝, 心神恍惚, 擧止失措, 炎直入後宮.) <삼국-모종 19:75>

【조화-ᄒᆞ-】 [동] 좋아하다.¶ ▼好 ‖ 비 팔세의 글을 능히 짓고 표일ᄒᆞᆫ ᄌᆡ조 잇서 박고통금ᄒᆞ고 말타고 활쏘기를 잘ᄒᆞ고 칼치기를 조화ᄒᆞ더라 (丕八歲能屬文, 有逸才, 博古通今, 善騎射, 好擊劍.) <삼국-모종 5:87>

【조호-】[1] [형] 깨끗하다. 맑다.¶ ▼淸 ‖ 도로혀 우리를 모해코져 ᄒᆞ야 흐리고 더럽다 ᄒᆞ니 그 ᄆᆞᆰ고 조호니ᄂᆞᆫ 누고 (欲相謀害, 言我等甚濁, 其淸者是誰?) <삼국-가정 1:122>

【조흔-】[2] [형] 좋다.¶ 조흔 쳬 (賣個人情.) <삼국-어람 108a>

【조희】 [명] ((기물))((문방)) 종이. 종이의 방언 (경남, 충남).¶ ▼紙 ‖ 유 ᄒᆞ여곰 강변의 니ᄅᆞ러 거문 긔둑 아릐 슐을 드리고 조희를 살으고 ᄒᆞᆫ 칼노 ᄎᆡ화를 벼혀 피로써 긔예 제 지ᄂᆡ긔를 마ᄎᆞ매 (瑜令捉至江邊皂纛旗下, 奠酒燒紙, 一刀斬了蔡和, 用血祭旗畢.) <삼국-모종 8:54>

【조ᄒᆞ-】 [형] «좋다» 깨끗하다. ※ '조ᄒᆞ-'는 '좋-'에 '-ᄋᆞ-'가 개재되어 재구조화된 어간으로 볼 수 있다. '조ᄒᆞ-'는 '淨'이라는 의미에서 'ᄀᆞᆽᄒᆞ-'와 유의 관계에 있었는데, 주로 정신적인 깨끗함을 나타내어 직접 눈에 보이는 깨끗함을 나타낸 이것과 의미 차이를 보였다. 근대국어 이후 '조ᄒᆞ-'는 'ᄀᆞᆽᄒᆞ-'에 잠식당하여 잘 나타나지 않는다.¶ ▼淸 ‖ 도로혀 우리를 모해코져 ᄒᆞ야 흐리고 더럽다 ᄒᆞ니 그 ᄆᆞᆰ고 조호니ᄂᆞᆫ 누고 (欲相謀害, 言我等甚濁, 其淸者是誰?) <삼국-가정 1:122>

【조ᄒᆞ-ᄒᆞ-】 [동] 좋아하다.¶ ▼好 ‖ 모구검을 ᄭᅬ나 조ᄒᆞᆼ고 결단 업고 문흠은 용밍 잇고 지혀 업스니 이제 ᄃᆡ장이 그 불의예 나가명 (毋丘儉好謀而無斷, 文欽有勇而無智, 今大軍出其不.) <삼국-모종 18:45>

【족패】 [명] 족파(族派). 종가의 계통을 지파에 상대하여 이르는 말. 종파(宗派).¶ ▼宗派 ‖ 삼인이 절ᄒᆞ야 뵈ᄂᆞᆫ 네를 ᄆᆞᄎᆞ니 셩명을 뭇거ᄂᆞᆯ 족패를 ᄌᆞ시 니ᄅᆞᆫ대 뉴언이 대희ᄒᆞ야 ᄀᆞᆯ오ᄃᆡ (三人參拜已畢, 問起姓名, 說起宗派, 劉焉大喜云.) <삼국-가정 1:30>

【족하】 [명] ((인류)) 조카.¶ ▼姪 ‖ 뉴유의 ᄌᆞᄂᆞᆫ 뎡녕[네]이 동ᄂᆡ 모평인이니 한실 종친 유통 족하요 유ᄃᆡ의 아히라 (劉繇字正禮, 東萊牟平人也, 亦是漢室宗親, 太尉劉寵之姪, 兗州刺史劉岱弟.) <삼국-모종 3:6> 원술이 임의 죽으니 술의 족하 원윤이 녕구와 처ᄌᆞ를 거나려 여강으로 가다가 셔외 다 죽기고 옥식를 아ᄉᆞ 허도의 가조ᄒᆞᆼ의게 드리니 (袁術已死, 姪袁胤將靈柩及妻子奔廬江來, 被徐璆盡殺之, 璆奪得玉璽, 赴許都獻於曹操.) <삼국-모종 4:13> ▼甥 ‖ 모다 보니 이ᄂᆞᆫ 쥬티의 이셩 족하 호위쟝군ᄒᆞ엿ᄂᆞᆫ 단양 고쟝 사름 쥬연이러라 (衆視之, 乃朱治外甥, 官拜武衛都尉, 丹陽故障人也, 姓朱, 名然, 字義封.) <삼국-가정 17:4>

【족ᄒᆡ】 [명] ((인류)) 족하(足下). 조카.¶ ▼姪 ‖ 탁이 틱부 원외다려 닐너 왈 네 족ᄒᆡ 무례ᄒᆞ되 ᄂᆡ 너의 낫츨 보아 용셔ᄒᆞᄂᆞ니 폐립ᄒᆞᆯ 릴이 엇더ᄒᆞ뇨 외 왈 틱위 쇼견이 올흐다 (卓謂太傅袁隗曰: "汝姪無禮, 吾看汝面, 姑恕之. 廢立之事若何?" 隗曰: "太尉所見是也.") <삼국-모종 1:56>

【졸련-ᄒᆞ-】 [동] 조련(操練)하다.¶ ▼操練 ‖ 양[당]일의 병마랄 졸련ᄒᆞ고 집의 도라와 긔쳐 이씨로 다려 화로랄 놋코 술 마신니 (當日操練人馬回家, 與妻李氏擁爐飮酒.) <삼국-모종 19:45>

【졸-ᄒᆞ-】 [형] 졸(拙)하다. 재주가 없다. 솜씨가 서툴다.¶ ▼俚 ‖ 노신이 ᄯᅩ ᄒᆞᆫ 졸ᄒᆞᆫ 글이 이시니 감히 올려지이다 (老臣亦有俚語, 敢進于上乎?) <삼국-가정 18:34>

【좃-】 [동] 좇다. 어떤 대상을 잡거나 만나기 위하여 뒤를 따라서 급히 가다.¶ ▼趨 ‖ 구세예 즉위ᄒᆞ야 동탁으로 샹국을 삼아 일홈을 브ᄅᆞᄃᆡ 아니ᄒᆞ며 됴회예 들 제 좃디 아니ᄒᆞ고 칼 ᄎᆞ고 뎐의 오ᄅᆞ게 ᄒᆞ고 (九歲卽位, 董卓爲相國, 贊拜不名, 入朝不趨, 劍履上殿.) <삼국-가정 2:10>

【-좃ᄎᆞ】 [조] -조차. -마저. 이미 어떤 것이 포함되고 그 위에 더함의 뜻을 나타내는 보조사.¶ ▼운이 청강검을

ᄲᅢ혀 어즈러이 쌔흐니 손을 들며 갑옷좃ᄎᆞ 외 버히듯 ᄒᆞᄂᆞᆫ지라 (趙雲拔青釭劍亂砍步軍, 手起, 衣甲平過, 血如涌泉, 染滿袍甲; 所到之處, 猶如砍瓜截瓠, 不損半毫.) <삼국-가정 14:20>

【종요】 명 종요(宗要). 중요한 것. 종지(宗旨)의 요긴한 뜻.¶ ▼要 ‖ 힝병ᄒᆞ매 종요ᄂᆞᆫ 변홰 무궁ᄒᆞ니 맛당이 ᄉᆞᆯ피라 (行兵之要, 勝負變化, 不可不詳.) <삼국-가정 9:4>

【종요-로오-】 형 «종요롭다» 중요하다. 없어서는 안될 정도로 매우 긴요하다.¶ ▼要 ‖ 쟝군이 본ᄃᆡ 연쥬로브터 니러나니 하 졔ᄂᆞᆫ 텬하의 종요로온 ᄯᅡ히라 (將軍本首事兗州, 且河、濟天下之要地, 是亦昔日之關中、河內也.) <삼국-가정 4:123> 모든 영을 허러ᄇᆞ리며 금병을 다 웅거ᄒᆞ야 모든 관원과 종요로온 벼ᄉᆞᆯ을 다 친ᄒᆞᆫ 바로 두고 (破壞諸營, 盡據禁兵; 群官要職, 皆置所親.) <삼국-가정 35:93>

【종요-로우-】 형 «종요(宗要)롭다» 중요(重要)하다.¶ ▼衝要 ‖ 종요로운 ᄯᅡ히 당셰예 영웅곳 아니면 가히 막ᄌᆞᄅᆞ디 못ᄒᆞᆯ디라 이제 황건이 솟틔 믈 ᄭᅳᆯ틋 ᄒᆞ니 뉘 가히 평안이 ᄒᆞ리오 (衝要之地, 非當世英雄, 莫能據也. 今黃巾鼎沸, 誰可安之?) <삼국-가정 4:18>

【종요-로이】 부 종요(宗要)롭게. 중요하게. 긴요하게.¶ ▼要 ‖ 농우병 이만과 쵹병 이만을 머믈워 소금을 굽고 돈을 디워 군용의 종요로이 ᄡᅳᆯ거ᄉᆞᆯ 삼고 션쳑을 ᄆᆡᆼ그라 슌류ᄒᆞᆯ 일을 예비ᄒᆞᆫ 후의 (留隴右兵二萬、蜀兵二萬, 煮鹽興冶, 爲軍旅要用, 幷作舟船, 預順流之事.) <삼국-가정 39:6>

【종친】 명 ((인류)) 종친(宗親). 임금의 친족. 왕족.¶ ▼宗親 ‖ 한실 종친이니 공훈곳 이시면 반ᄃᆞ시 듕히 ᄡᅳ리라 (既是漢室宗親, 但有功勳, 必當重用.) <삼국-가정 1:30>

【좋-】 형 깨끗하다. 희다.¶ ▼淸 ‖ 도로혀 우리ᄅᆞᆯ 모해코져 ᄒᆞ야 흐리고 더럽다 ᄒᆞ니 그 ᄆᆞᆰ고 조흐니ᄂᆞᆫ 누고 (欲相謀害, 言我等甚濁, 其淸者是誰?) <삼국-가정 1:122>

【좌우】 명 좌우(左右). 왼쪽과 오른쪽을 아울러 이르는 말.¶ ▼部曲 ‖ 이날 당비 당듕의 이셔 정신이 어득ᄒᆞ고 요란ᄒᆞ여 거동이 슈샹ᄒᆞ더라 좌우ᄃᆞ려 무러 ᄀᆞᆯ오ᄃᆡ (當日飛在帳中, 神思昏亂, 動止非常, 乃問部曲諸將曰.) <삼국-가정 26:82>

【좌ᄌᆞ-춤】 명 승무.¶ ▼娑婆 ‖ 셕에 ᄒᆞ[화]제 ᄣᅴ예 샹우에 ᄒᆞᆫ 무당 닛신니 명은 조우라 능히 좌ᄌᆞ춤을 ᄒᆞ여 귀신을 깃부게 ᄒᆞ니 (昔和帝時, 上虞有一巫者, 名曹旴, 能娑婆樂神.) <삼국-모종 12:20>

【죄】 명 죄(罪). 양심이나 도리에 벗어난 행위. 잘못이나 허물로 인한 벌을 받을 만한 일.¶ ▼罪戾 ‖ 내 계규ᄅᆞᆯ 쟈랑ᄒᆞ미 아니라 쵹병을 이긔고져 ᄒᆞ미라 너희 등으로 ᄒᆞ여곰 공을 어더 됴뎡의 도라가긔 ᄒᆞ미어ᄂᆞᆯ 네 망녕도이 스ᆢ로 원언을 내여 죄ᄅᆞᆯ 취ᄒᆞ미라 (吾非賭賽, 欲勝蜀兵耳, 令汝各人有功回朝. 汝乃妄出怨言, 自取罪戾!) <삼국-가정 33:7>

【죄녀】 명 죄려(罪戾). 죄를 저질러 사리에 몹시 어그러지는 일.¶ ▼愆慮 ‖ 신이 ᄯᅩᄒᆞᆫ 뎐하ᄅᆞᆯ 셤기모로브터 죄녜 뫼ᄀᆞ티 ᄲᅡ혀ᄂᆞᆫ디라 신도 오히려 알거든 ᄒᆞ믈며 뎐해ᄯᆞ녀 (臣委質以來, 愆慮山積, 臣猶自知, 況于君乎?) <삼국-규장 18:35>

【죄려】 명 죄려(罪戾). 죄나 허물. 또는 죄를 저질러서 몹시 어그러지는 것.¶ ▼愆戾 ‖ 신이 ᄯᅩᄒᆞᆫ 뎐하ᄅᆞᆯ 셤기모로브터 죄례 뫼ᄀᆞ티 ᄡᅡ혓ᄂᆞᆫ디라 신도 오히려 알거든 ᄒᆞ믈며 뎐해ᄯᆞ녀 (臣委質以來, 愆戾山積, 臣猶自知, 況于君乎?) <삼국-가정 26:3>

【죄목】 명 제목(題目).¶ ▼題 ‖ 계오 [의]갑긔계랄 정돈하여 힝ᄒᆞ던니 홀련 노방의 한 돌비 잇셔 승상 무후의 죄목을 ᄉᆡᆨ여신니 (方纔整頓衣甲器械而行, 忽見道傍有一石碣, 上刻“丞相諸葛武侯題”.) <삼국-모종 19:44>

【죄-주-】 동 죄에 대하여 벌을 주다. 논죄(論罪)하다.¶ ▼坐罪 ‖ 윗나라 왕법이 듕ᄒᆞᆫ디라 셩이 곤ᄒᆞ믈 만나 셩 ᄃᆡ흰 쟝쉬 일ᄇᆡᆨ 일을 구디 ᄃᆡ희면 비록 구병이 못미처 니ᄅᆞᆫ 젼의 항복ᄒᆞᆯ디라도 그 일가ᄅᆞᆯ 죄주디 아니ᄒᆞᄂᆞ니 (魏主王法太重, 若敵人困城, 守城將堅守一百日, 若無救兵至, 出城降者, 家族不坐罪.) <삼국-가정 36:6>

【죠각】 명 틈. 기회(機會).¶ ▼가형 ᄆᆡᆼ확이 승상의 활명ᄒᆞ신 은혜를 감동ᄒᆞ야 가히 갑ᄒᆞᆯ 죠각이 업ᄂᆞᆫ지라 이졔 금쥬보ᄑᆡ 약간 거ᄉᆞᆯ 밧드러 승상의 상군ᄒᆞᄂᆞᆫ ᄌᆡ물을 돕고 (家兄孟獲, 感丞相活命之恩, 無可奉獻, 輒具金珠寶貝若干, 權爲賞軍之資.) <삼국-국중 14:132>

【죠각-말】 명 조각말.¶ ▼片言 ‖ ᄂᆡ 짐줏 죠각말노 희롱ᄒᆞ미니 방금의 사ᄅᆞᆷ을 쓰ᄂᆞᆫ ᄣᅵ라 (吾故以片言戲之, 公瑾便容納不下.) <삼국-국중 9:26>

【죠고마-ᄒᆞ-】 형 조그마하다. 조금 작거나 적다. 죡(←젹다, 少)+-오마(명사 파생 접미사)+-ᄒᆞ(형용사 파생 접미사)-.¶ ▼少 ‖ 죠고마ᄒᆞᆫ 거스로 장군의 ᄃᆡ공을 만분지 일이나 갑ᄉᆞ오니 ᄉᆞ양치 마르쇼셔 (特以少酬大功於萬一, 何必推辭?) <삼국-국중 6:56>

【죠고만】 관 조그마한. 죡(←젹다, 少)+-오마(명사 파생 접미사)+-ㄴ(관형사형 전성 어미).¶ ▼부친이 죠고만 글월을 미더 듕디에 드러갓다가 소루ᄒᆞ미 이시면 엇디ᄒᆞ리오 (父親何故據片紙而入重地也? 倘有疏虞, 如之奈何?) <삼국-가정 34:5>

【죠곰】 부 조금. 정도나 분량이 짧게. 또는 시간적으로 짧게.¶ ▼小 ‖ 이제 가풍을 참ᄒᆞ면 쳔하 ᄉᆞᄅᆞᆷ의 죠곰 하례ᄒᆞ미 되리라 (獨斬賈充, 少可以謝天下耳.) <삼국-국중 17:42>

【죠공-ᄒᆞ-】 동 족옹(簇擁)하다. 많은 사람이 떼 지어 둘러싸다.¶ ▼簇擁 ‖ 도라오기ᄅᆞᆯ 슈리 못ᄒᆞ여 미츅 미방이 군ᄉᆞ랄 ᄭᅳ어 일양 소거ᄅᆞᆯ 죠공ᄒᆞ고 거듕의 ᄒᆞᆫ 사ᄅᆞᆷ이 단정이 안ᄌᆞ스니 이예 공명이ᄅᆞ (行不數里, 見糜竺、糜芳引軍簇擁著一輛小車, 車中端坐一人, 乃孔明也.) <삼국

-모종 7:20>

【죠둑】 명 ((군기)) 조둑(皂纛). 검은 깃발.¶ ▼皂纛 ‖ 단하의 이십사인으로 각ᄀᆞ 정긔 보기와 장창 ᄃᆡ극과 황모 ᄇᆡᆨ월과 쥬번 죠둑을 들고[쥬번은 블근 긔오 죠둑은 거문 둑이라] (壇下二十四人, 各持旌旗、寶蓋、大戟、長戈、黃鉞、白旄、朱旛、皂纛.) <삼국-국중 9:114>

【죠만-의】 부 조만(早晩)에. 조만간.¶ ▼早晩 ‖ 비 제갈냥 방통으로 모ᄉᆞ를 삼ᄋᆞ 군마를 죠련ᄒᆞ고 량쵸를 젹취ᄒᆞ고 동오를 결연ᄒᆞ여 죠만의 흥병북벌ᄒᆞᆫ다 (言劉備有諸葛亮、龐統爲謀士, 招軍買馬, 積草屯糧, 連結東吳, 早晩必興兵北伐.) <삼국-국중 10:130>

【죠셔】 명 조서(詔書). 임금의 명령을 일반에게 알릴 목적으로 적은 문서.¶ ▼詔 ‖ 너 ᄀᆞᄐᆞᆫ 샹놈이 황친이로라 사칭ᄒᆞ고 거즛 공적을 보ᄒᆞ야시니 이제 됴뎡이 죠셔 ᄂᆞ리오기ᄂᆞᆫ 졍히 너 ᄀᆞᄐᆞᆫ 놈을 무러 외람히 벼ᄉᆞᆯᄒᆞ야 탐ᄒᆞᄂᆞᆫ 쟈ᄅᆞᆯ 사태ᄒᆞ라 ᄒᆞ시미라 (亂道! 你這厮詐稱皇親, 虛報功績! 目今朝廷降詔書, 正要問這等人, 沙汰濫官汚吏耳!) <삼국-가정 1:76>

【죠와-ᄒᆞ-】 동 좋아하다.¶ ▼好 ‖ 텬하호걸을 결교ᄒᆞ기를 죠와ᄒᆞ더니 앗가 공이 방문을 보고 탄식ᄒᆞᄂᆞᆫ 고로 그 연고를 뭇노라 (專好結交天下豪傑. 恰纔見公看榜而歎, 故此相問.) <삼국-국중 1:9> 뵈 왈 반준니 평ᄉᆡᆼ에 시긔 만코 일을 죠와ᄒᆞ니 가히 막게 써지 못ᄒᆞ리라 (甫曰: “潘濬平生多忌而好利, 不可任用.”) <삼국-모종 12:61>

【죠으-】 동 졸다.¶ ▼臥 ‖ 죄 불응ᄒᆞ고 궤의 의지ᄒᆞ여 죠으더니 홀연 드르니 강쉬 흉용ᄒᆞᆫᄃᆡ 좌셩이 도ᄀᆞᄒᆞᆫ ᄀᆞ온ᄃᆡ 일뉸 홍일이 쇼ᄉᆞᄂᆞ 광ᄎᆡ ᄉᆞ름의게 쏘이고 (操伏几而臥, 忽聞潮聲洶湧, 如萬馬爭奔之狀. 操急視之, 見大江中推出一輪紅日, 光華射目.) <삼국-국중 11:75> ▼睡 ‖ 쵹병이 겁ᄂᆡ여 퇴ᄒᆞᆫ다 ᄒᆞ고 다 벼기ᄅᆞᆯ 놉피고 죠으더라 (只疑蜀兵懼怯而退, 因此夜間安心穩睡.) <삼국-국중 15:3>

【죠을-】 동 졸다.¶ ▼睡 ‖ 혹의 갑을 풀고 적신ᄂᆞ쳬로 혹 죠을며 혹 안ᄌᆞ거ᄂᆞᆯ (多有解衣卸甲, 赤身裸體, 或睡或坐.) <삼국-국중 14:46>

【죠ᄋᆞ-ᄒᆞ-】 동 좋아하다.¶ ▼貪 ‖ 뫼 장노의 슈하의 모ᄉᆞ를 아ᄂᆞ니 기인의 셩명은 냥숑이니 즉히 탐남ᄒᆞ여 회뢰를 죠ᄋᆞᄒᆞ니 가히 금ᄇᆡᆨ으로써 ᄡᅵ쳐 방적을 ᄎᆞᆷ쇼ᄒᆞ면 ᄎᆞ인을 도모ᄒᆞ리이다 (某知張魯手下楊松. 其人極貪賄賂. 今可暗以金帛送之, 使譖龐德於張魯, 便可圖矣.) <삼국-국중 12:32>

【죠ᄎᆞ-오-】 동 좇아오다. 뒤를 따라오다.¶ ▼隨 ‖ 운장이 슈긔를 거ᄂᆞ리고 동층셔돌ᄒᆞ더니 류현덕이 삼만군을 거ᄂᆞ리고 뒤흐로 죠ᄎᆞ오더니 (雲長引數騎東衝西突, 正殺之間, 劉玄德領三萬軍隨後到.) <삼국-국중 6:36>

【죠ᄎᆞ-ᄒᆞ-】 동 경솔하게 처리하다.¶ ▼造次 ‖ 이딜이 동힝ᄒᆞ면 심히 묘ᄒᆞ도다 ᄃᆞ만 근신ᄒᆞ고 죠ᄎᆞᄒᆞ미 불가ᄒᆞ니라 (二姪同去甚妙. 但須謹愼, 不可造次.) <삼국-국중 14:12>

【죠혜-ᄒᆞ-】 동 조회(朝會)하다. 모든 벼슬아치가 정전에 모여 임금께 문안드리고 정사를 아뢰다.¶ ▼設朝 ‖ ᄃᆡ식임의 경한니 ᄆᆡ일 죠혜ᄒᆞ고 동오 칠 계의ᄒᆞ니 (大事已定, 每日設朝計議伐吳之策.) <삼국-모종 19:77>

【죠희】 명 ((기물))((문방)) 종이. 죠ᄒᆡ> 죠희.¶ ▼楮 ‖ 제 하직도 아니ᄒᆞ고 어즈러온 말ᄉᆞᆷ과 조각 죠희로 좌하의 더러이니 그 죄 큰지라 (今彼不辭而去, 亂言片楮, 冒瀆鈞威, 其罪大矣.) <삼국-국중 6:53>

【죠ᄒᆡ】 명 ((기물))((문방)) 종이.¶ ▼稿 ‖ 엇디 초 잡던 죠ᄒᆡᄅᆞᆯ ᄲᅡ 보낼 리 이시리오 일뎡 그ᄃᆡ 날을 ᄌᆞ셔이 알가 슬히여 곳 고디 곳티도다 (豈有以草稿送與人耶? 必是你怕我知詳細, 先開了.) <삼국-가정 19:48> ▼楮 ‖ 간담의 말을 다 쓰니 븟과 죠ᄒᆡ 모ᄌᆞ라ᄂᆞᆫ도다 (披肝瀝膽, 筆楮難窮.) <삼국-가정 9:71> 죠ᄒᆡᄅᆞᆯ 님ᄒᆞ야 셜오믈 이긔디 못ᄒᆞ여 ᄒᆞ노이다 (臨楮不勝痛切之至.) <삼국-가정 18:68>

【죠ᄒᆡ-사ᄅᆞᆷ】 명 ((기물)) 종이인형.¶ ▼紙人 ‖ 쟝ᄎᆞᆺ 뫼흘 디나긔 되엿더니 ᄒᆞᆫ 소ᄅᆡ 방포의 오ᄇᆡᆨ군이 일시예 피과 더러온 것들흘 ᄲᅳ리니 다만 공듕의 죠ᄒᆡ사ᄅᆞᆷ과 플로 ᄆᆡᆫ든 ᄆᆞᆯ이 어즈러이 ᄡᅡ히 ᄲᅥ러디며 ᄇᆞ람과 우레 즉시 긋치고 모래 ᄃᆞ ᄂᆞ디 아니ᄒᆞ더라 (將過山頭, 一聲炮響, 五百軍穢物齊潑. 但見空中紙人草馬, 紛紛墜地, 風雷頓息, 砂石不飛.) <삼국-가정 1:58>

【쪽쪽】 명 관형사형 어미 ‘-ㄴ’ 뒤에 결합하는 의존 명사. 족족. 어떤 일을 하는 하나하나.¶ ▼隨…隨… ‖ ᄎᆞ야의 북풍이 ᄃᆡ작ᄒᆞ니 죄 군ᄉᆞ로 ᄒᆞ여곰 흙을 져 물을 부어 셩을 ᄊᆞ니 ᄊᆞᄂᆞᆫ 쪽ᄀᆞ 어름이 구더 돌 갓흔지라 (是夜北風大作, 操盡驅兵士擔土潑水; 爲無盛水之具, 作盛水澆之, 隨築隨凍.) <삼국-국중 11:20>

【쪽하】 명 ((인류)) 조카. 형제자매의 자식. 또는 같은 또래 사이에서, 상대편을 높여 이르는 말. 흔히 편지를 받아 보는 사람의 이름 아래에 쓴다. 유자(猶子).¶ ▼姪 ‖ 나의 쥬공은 경승의 아오라 경승이 비록 업스나 그 ᄋᆞ달이 오히려 잇스니 아ᄌᆞ비로 쪽하를 도아 형쥬를 취ᄒᆞ미 엇디 가치 아니ᄒᆞ리오 (吾主固景升之弟也. 景升雖亡, 其子尙在. 以叔輔姪, 而取荊州, 有何不可?) <삼국-국중 10:4>

【쪽-히】 부 족(足)히. 수량이나 종류 따위를 넉넉히.¶ ▼足 ‖ 이ᄂᆞᆫ 쪽히 ᄡᅧ 사ᄅᆞᆷ의 ᄆᆞ음을 ᄆᆡᆺᄂᆞ니 이제 공헌ᄒᆞᄂᆞᆫ 거시 다 디애며 돌 ᄀᆞᄐᆞᆫ 거시라 머어시 쪽히 앗가오리오 (利足以結人心. 今貢獻之物, 皆瓦石之類耳, 何足惜哉!) <삼국-가정 26:121> 이ᄂᆞᆫ 쪽히 ᄡᅧ 사ᄅᆞᆷ의 ᄆᆞ음을 ᄆᆡᆺᄂᆞ니 이제 공헌ᄒᆞᄂᆞᆫ 거시 다 디애며 돌 ᄀᆞᄐᆞᆫ 거시라 머어시 쪽히 앗가오리오 (利足以結人心. 今貢獻之物, 皆瓦石之類耳, 何足惜哉!) <삼국-규장 18:105>

【쪽히】 명 ((인류)) 조카. 형제자매의 자식. 또는 같은 또래 사이에서, 상대편을 높여 이르는 말. 흔히 편지를 받아 보는 사람의 이름 아래에 쓴다. 유자(猶子).¶ ▼姪 ‖ ᄂᆡ 위의 이슬 ᄡᅵ의 왕관니 왕경의 쪽히란 말을 듯지

못ᄒᆞ엿ᄂᆞ니 원쟝군은 살피라 (吾在魏, 雖不知備細, 未聞王瓘是王經之姪. 其中多詐, 請將軍察之.) <삼국-국중 17:47>

【좁-쌀】 명 ((곡식)) 좁쌀. 조의 열매를 찧은 쌀.¶ ▼粟 ‖ 강동의 두 사ᄅᆞᆷ을 바리미 큰 남긔 한 닙히 ᄲᅥ러지고 틱창의 ᄒᆞᆫ 좁쌀이 감홈과 갓흔지라 (江東去此兩人, 如大木飄一葉, 太倉減一粟耳.) <삼국-국중 9:8>

【죵긔】 명 ((질병)) 종기(腫氣). 피부가 곪으면서 생기는 큰 부스럼.¶ ▼疽 ‖ 언이 흥평 원년의 죵긔 내여 죽거ᄂᆞᆯ (焉後官至益州牧, 興平元年患病疽而死.) <삼국-가정 19:72> ▼위도독 조휴 셕뎡의셔 뉵손의게 대패ᄒᆞ야 거댱마필과 군ᄌᆞ긔계ᄅᆞᆯ 다 일코 근심ᄒᆞ고 두려 밤낫 ᄃᆞᆯ려 도라오더니 낙양의 니ᄅᆞ러 등의 죵긔 내여 죽으니 (魏都督曹休被陸遜大破於石亭, 車仗馬匹、軍資器械并皆罄盡. 休惶恐太甚, 連夜奔走, 因此氣憂成病, 到洛陽發背而死.) <삼국-가정 31:87>

【죵용-이】 부 종용(從容)이. 거리낌 없이 편안히 지내는 모양. 여유가 충분히 있는 모양.¶ ▼從容 ‖ ᄉᆞ직 이에 ᄉᆞ셔ᄅᆞᆯ ᄂᆡ여 현덕을 주니 현덕니 남필의 왈 이 일은 죵용이 쇠ᄒᆞ리라 잔치 ᄑᆞᄒᆞ고 ᄉᆞᄌᆞᄅᆞᆯ 관역의 안헐ᄒᆞ고 (使者乃取出私書遞與玄德, 玄德看罷, 曰: "此事尙容計議." 席散, 安歇來使於館驛.) <삼국-모종 2:123>

【죵용-히】 부 종용(從容)히. 거리낌 없이 편안히 지내는 모양. 여유가 충분히 있는 모양.¶ ▼從容 ‖ 믈읫 집 다ᄉᆞ리ᄂᆞᆫ 되 반ᄃᆞ시 노[사나히 죵이라]로 ᄒᆞ여곰 밧갈기ᄅᆞᆯ ᄀᆞ음알며 비ᄂᆞᆫ 밥짓기ᄅᆞᆯ ᄀᆞ음알며 ᄃᆞᆰ은 새배ᄅᆞᆯ ᄀᆞ음알며 개ᄂᆞᆫ 도적을 즈즈며 쇼ᄂᆞᆫ 므거온 거ᄉᆞᆯ 시ᄅᆞ며 ᄆᆞᆯ은 먼ᄃᆡ 힝ᄒᆞ야 가업이 뷘 일이 업ᄉᆞ□□ 구ᄒᆞᄂᆞᆫ 바의 다 죡ᄒᆞ거든 그 가쥬ᄂᆞᆫ 죵용히 ᄉᆞᄉᆞ로 이셔 벼개ᄅᆞᆯ 놉히 고 음식ᄒᆞᆯ ᄃᆞᄅᆞᆷ이라 (凡治家之道, 必使奴執耕, 婢典爨, 鷄司晨, 犬吠盜, 牛負重, 馬涉遠, 私業無曠, 所求皆足. 其家主從容自在, 高枕飮食而已.) <삼국-가정 34:50>

【주-】 동 주다.¶ ▼禪與 ‖ 한나라 복녹이 ᄇᆞᆯ셔 ᄆᆞᆺ찻다 ᄒᆞ니 ᄇᆞ라건대 폐하ᄂᆞᆫ 요슌의 도리ᄅᆞᆯ 본바다 강산과 샤직을 위왕긔 주시면 우흐로 텬심의 합ᄒᆞ고 아래로 민심의 합ᄒᆞᆯ 거시니 폐해 한가ᄒᆞ샤 시름이 업ᄉᆞ리니 (言漢祚已終, 伏望陛下效堯、舜之道, 以山川社稷禪與魏王, 上合天心, 下合民意, 則陛下安閑無憂矣!) <삼국-가정 26:24> ▼禪 ‖ 딤이 원컨대 텬하로ᄡᅥ 위왕을 줄 거시니 힝혀 잔천을 머믈워 ᄡᅧ 텬년으로 통킈 ᄒᆞ라 (朕願將天下禪魏王, 幸留殘喘, 以終天年.) <삼국-가정 26:33>

【주검】 명 ((신체)) 주검. 시체(屍體).¶ ▼尸 ‖ ᄃᆡ쟝뷔 임의 님군의 녹을 먹으니 맛당이 젼장의셔 죽어 말가족으로 ᄡᅧ 주검을 ᄡᆞ이 다힝ᄒᆞ니 엇지 나 ᄒᆞᆫ 사ᄅᆞᆷ을 위ᄒᆞ야 국가ᄃᆡᄉᆞ를 폐ᄒᆞ리오 (大丈夫旣食君祿, 當死於戰場, 以馬革裹尸還, 幸也! 豈可爲吾一人, 而廢國家之大事乎?) <삼국-가정 16:104>

【주리-】 동 굶주리다, 먹을 것이 없어서 배를 곯다.¶ ▼餓 ‖ 원쇼ᄂᆞᆫ 외로온 손이오 궁진ᄒᆞᆫ 군이라 우리의 코김을 울얼고 이시니 비컨대 어린 아히 손바당 우희 잇ᄂᆞ니 ᄀᆞᄐᆞ니 젓 먹이기ᄅᆞᆯ 긋치면 즉시 주려 죽을 거시어ᄂᆞᆯ 엇디 고ᄋᆞᆯ 일을 일로ᄡᅥ 맛디고져 ᄒᆞᄂᆞ뇨 (袁紹孤客窮軍, 仰我鼻息, 譬如嬰孩在股掌之上, 絶其乳哺, 立可餓死. 奈何欲以州事委之?) <삼국-가정 3:6>

【주린-빗ᄎᆡ】 명 ((색채)) 굶주린 빛.¶ ▼菜色 ‖ 그 됴뎡의 드러가매 딕언을 듯디 못ᄒᆞ고 그 들 ᄀᆞ을 디나매 빅셩이 다 주린빗치 잇더이다 (入其朝, 不聞直言; 經其野, 民皆菜色.) <삼국-가정 37:79>

【주머니】 명 ((복식)) 주머니.¶ ▼囊 ‖ 평이 보니 그 사ᄅᆞᆷ이 괴이ᄒᆞᆫ 두건과 슈샹ᄒᆞᆫ 오ᄉᆞᆯ 닙고 ᄑᆞᆯ히 프른 주머니ᄅᆞᆯ 메고 (平視其人, 怪巾異服, 臂挽靑囊.) <삼국-가정 24:99>

【주머니에 것 어더내ᄃᆞᆺ ᄒᆞ다】 속 주머니의 것 꺼내는 것처럼 쉽다.¶ ▼囊中取物 ‖ 이ᄅᆞᆯ 엇디 닐럼즉 ᄒᆞ리오 내 아ᄋᆞ 연인 댱익덕은 빅만 군듕의 샹쟝의 머리 베혀오기ᄅᆞᆯ 주머니예 것 어더내ᄃᆞᆺ ᄒᆞᄂᆞ니라 (某何足道哉! 吾弟燕人張益德, 於百萬軍中取上將之頭, 如囊中取物耳.) <삼국-가정 9:40>

【주먹】 명 ((신체)) 주먹.¶ ▼또 ᄒᆞᆫ 사ᄅᆞᆷ이 길희셔 그 발가락을 개게 믈리니 즉시 주먹ᄀᆞᄐᆡ 크며 ᄀᆞ럅고 알프믈 견ᄃᆡ디 못ᄒᆞ여 ᄒᆞ거ᄂᆞᆯ (又有一人在途被犬咬其足指, 隨長一塊, 痛痒不可當.) <삼국-가정 25:87>

【주먹다짐-ᄒᆞ-】 동 주먹다짐하다. 주먹으로 때리다.¶ ▼씨여 안고 주먹다짐ᄒᆞᆫ다 (揪住厮打.) <삼국-어람 108b>

【주먼이】 명 ((복식)) 주머니.¶ ▼囊 ‖ ᄂᆡ의 아으 장닉덕은 빅만군 즁의 상장의 머리 취ᄒᆞ기를 주먼이 가운ᄃᆡ 물 취ᄒᆞ기 갓치 ᄒᆞᄂᆞ이라 (吾弟張翼德於百萬軍中取上將之頭, 如探囊取物耳.) <삼국-모종 4:66>

【주며이】 명 ((복식)) 주머니.¶ ▼囊 ‖ 관공 왈 수빅 ᄲᅮ리로 가을이면 뒤 낫식 ᄲᅡ지기로 겨을이면 검은 집 주며이로 ᄊᆞ노라 (公曰: "約數百根, 每秋月約退三五根, 冬月多以皀紗囊裹之.") <삼국-모종 4:59>

【주인】 명 ((인류)) 주인(主人).¶ ▼主人 ‖ 앗가 우리 주인이 오릐 답지 아니ᄒᆞᆫ ᄌᆞᄂᆞᆫ ᄌᆞ경이 고명ᄒᆞᆫ 션비로ᄡᅥ 셰쇄ᄒᆞᆫ 말을 기ᄃᆡ리지 아니ᄒᆞ미니 공은 엇지 슬피지 못ᄒᆞᄂᆞ뇨 (適來我主人不卽答應者, 以子敬乃高明之士, 不待細說, 何公不察之甚也?) <삼국-모종 9:41>

【주인을 져바리고 도적을 지을 적의 가히 긔약을 정치 못ᄒᆞᆫ다】 속 주인을 저버리고 도적질하는 것이 때가 있는 것이 아니다.¶ ▼背主作竊, 不可定期 ‖ 틱 왈 엇지 주인을 져바리고 도적을 지을 적의 가히 긔약을 정치 못ᄒᆞᆫ다 말을 듯지 못ᄒᆞ엿ᄂᆞ냐 만일 이제 긔약을 정ᄒᆞ엿다가 급졀이 하슈치 못ᄒᆞ면 져 씩의 도로 와 졉응ᄒᆞ면 일이 필경 누셜할 거시니 (澤曰: "豈不聞"背主作竊, 不可定期"? 倘今約定日期, 急切下不得手, 這裏反來接應, 事必泄漏.") <삼국-모종 8:18>

【죽엄】 명 ((신체)) 주검. 송장. 시체(屍體).¶ ▼屍 ‖ 호령ᄒᆞ야 탁의 죽엄을 통ᄒᆞᆫ 길 ᄀᆞ의 ᄇᆞ려시니 동탁이 극히

ᄉᆞᆯ진디라 죽엄 맛든 군ᄉᆡ 빗복의 블을 혀 등을 삼으니 빗치 블가 아ᄎᆞᆷ의 니ᄅᆞ고 기ᄅᆞᆷ이 흘러 ᄯᅡ히 ᄀᆞᄃᆞᆨᄒᆞ엿더라 (號令卓屍通道. 卓極肥胖, 看屍軍士以火置其臍中以爲燈光, 明照達旦, 膏流滿地.) <삼국-가정 3:126> 뉴부인이 상ᄉᆞ를 츌혀 못 미처 무더셔 쇼의 ᄋᆡᆨ통ᄒᆞ던 쳡 다ᄉᆞᄉᆞᆯ 죽이되 녕혼이 구쳔하의 가 쇼를 볼가 노ᄒᆞ야 그 머리를 모ᄌᆞ리고 그 ᄂᆞᆺ출 ᄒᆡ야ᄇᆞ리고 죽엄을 상히오니 그 ᄉᆡᆨ을 새오미 이러ᄐᆞᆺ ᄒᆞ더라 (劉夫人擧喪, 未及遷葬, 將袁紹所愛寵妾五人殺之; 恐陰魂於九泉之下再與紹相見, 髡其頭, 刺其面, 毁其屍: 其妒忌如此.) <삼국-가정 11:24> ▼尸 ‖ 졍히 편비 임의 죽엄을 싯ᄂᆞᆫ 녹의 잇고 쥬장이 거듯 셜치할 병을 일위도다 (正是: 偏裨既有輿尸辱, 主將重興雪恥兵.) <삼국-모종 6:53>

【죽음】 명 ((신체)) 주검. 시체(屍體).¶ ▼屍 ‖ 팔노 병세 ᄉᆡ암 솟덧 ᄒᆞ여 시살ᄒᆞ니 져 오군의 죽음이 덜에 두로 ᄒᆞ고 유혈이 물이 되더라 (那八路兵, 劫如泉湧, 殺的那吳軍屍橫遍野, 血流成河.) <삼국-모종 13:84>

【죽이-】 동 죽이다.¶ ▼죽인단 말 (送) <삼국-어람 108b>

【준비-ᄒᆞ-】 동 준비(準備)하다.¶ ▼造 ‖ 이ᄂᆞᆫ 공명이 쵹듕의 이실 제 미리 준비ᄒᆞᆫ 거시러라 (此車乃孔明在蜀中預先造的.) <삼국-규장 23:8>

【준준-ᄒᆞ-】 형 준준(蠢蠢)하다. 볼품없다. 어리석고 미련하다. 정세가 어지럽다. 예의가 없다.¶ ▼우리 ᄃᆡ한황제 위엄은 오픽의 지ᄂᆞ시고 발으은 삼왕을 이으시믹 준〻한 만방이 왕화를 거ᄉᆞ리니 (我大漢皇帝, 威勝五霸, 明繼三王. 昨自遠方侵境, 異俗起兵. 縱蠆尾以興妖, 恣狼心而逞亂.) <삼국-국중 15:27>

【줄】 명의 줄. 것. 추측, 원인, 사실, 사태, 능력, 셈속 등의 뜻을 나타낸다.¶ ▼내 블튱ᄒᆞᆫ 줄이 아니라 셰 위틱ᄒᆞ고 힘이 곤ᄒᆞ매 능히 부디티 못ᄒᆞ야 볼셔 오후의게 항ᄒᆞ엿노라 (吾非不忠, 奈勢危力困, 不能支持, 我今已降孫車騎.) <삼국-가정 25:2>

【줌언이】 명 ((복식)) 주머니.¶ ▼囊 ‖ 번이 ᄃᆡ경ᄒᆞ여 좃ᄎᆞ가 밋지 못ᄒᆞ여 ᄉᆞᄅᆞᆷ이 ᄉᆞ마의계 보ᄒᆞ니 의 ᄃᆡ경 왈 지혜 줌언이 ᄉᆡ얏난지라 이 엇지할고 (蕃大驚, 追之不及, 人報知司馬懿, 懿大驚曰: "智囊洩矣! 如之奈何?") <삼국-모종 18:3>

【줌치】 명 ((복식)) 주머니. 주머니의 한 가지. 주머니보다 더 크고 모가 나 있다.¶ ▼囊 ‖ 디랑[디혜 줌치란 말이니 환범을 니ᄅᆞ미라]이 가시니 엇디ᄒᆞ리오 (智囊往矣! 如之奈何?) <삼국-가정 35:90>

【줍-】 동 줍다.¶ ▼拾 ‖ 형쥐 ᄇᆡᆨ셩들이 아니 감격ᄒᆞ리 업고 군듕이 진뉼ᄒᆞ여 드른 거ᄉᆞᆯ 줍지 아니ᄒᆞ더라 (荊州居民皆感其德, 軍中震慄, 路不拾遺.) <삼국-규장 17:62> 냥천 ᄇᆡᆨ셩이 태평ᄒᆞ믈 즐겨 밤의 문을 닷디 아니ᄒᆞᆫ 길히 드른 거ᄉᆞᆯ 줍디 아니ᄒᆞ고 ᄒᆡ마다 풍념ᄒᆞ니 (益州之民, 欣樂太平, 夜不閉戶, 路不拾遺. 幸是連年大熟, 老幼皆鼓腹謳歌.) <삼국-규장 20:2>

【줏-】 동 줍다¶ ▼拾 ‖ 형쥐 ᄇᆡᆨ셩들이 아니 감격ᄒᆞ리 업고 군듕이 진뉼ᄒᆞ여 드른 거ᄉᆞᆯ 줏디 아니ᄒᆞ더라 (荊州居民皆感其德, 軍中震慄, 路不拾遺.) <삼국-가정 24:131> 냥천 ᄇᆡᆨ셩이 태평호믈 즐겨 밤의 문을 닷디 아니ᄒᆞ며 길히 드른 거ᄉᆞᆯ 줏디 아니ᄒᆞ고 ᄒᆡ마다 풍념ᄒᆞ니 (益州之民, 欣樂太平, 夜不閉戶, 路不拾遺. 幸是連年大熟, 老幼皆鼓腹謳歌.) <삼국-가정 28:58>

【중연】 명 ((관직)) 중연(中涓). 환관(宦官).¶ ▼中官 ‖ 중연니 통영금셩은 한가고ᄉᆡ라 션제 쳔하를 바리신디 몃늘이 못 되여 네 이제 구신을 죽이고져 ᄒᆞ믄 죵묘를 중이 여기디 아ᄂᆞᆫ ᄇᆡ로다 (中官統領禁省, 漢家故事. 先帝新棄天下, 爾欲誅殺舊臣, 非重宗廟也.) <삼국-국중 1:52>

【중웨】 명 중외(中外). 나라 안팎.¶ ▼中外 ‖ 조셔ᄒᆞ야 조를 ᄎᆞᆫᄇᆡ불명ᄒᆞ고 조회의 드러올 제 추ᄎᆞᆼ치 말나 ᄒᆞ고 칼을 쒸고 젼의 올나 한ᄉᆞᆼ 쇼하 고ᄉᆞ와 갓치 ᄒᆞ니 일노붓터 위엄이 중웨의 진동ᄒᆞ더라 (詔操贊拜不名, 入朝不, 劍履上殿, 如漢相蕭何故事. 自此威震中外.) <삼국-모종 10:44>

【중진】 명 ((지리)) 중진(重鎭). 가장 중요한 곳. 요충지.¶ ▼總隘口 ‖ 정봉이 왈 위 신셩으로써 중진을 ᄉᆞᆷ으니 만일 먼져 이 셩을 취ᄒᆞ면 ᄉᆞ마사 파담ᄒᆞ리라 (丁奉曰: "魏以新城爲總隘口, 若先取得此城, 司馬昭破膽矣.") <삼국-모종 18:23>

【쥐】 명 ((동물)) 쥐.¶ ▼鼠 ‖ 잔졸이 분픽ᄒᆞ야 의갑과 창검을 ᄯᅡ의 ᄀᆞᄃᆞᆨ히 ᄇᆞ리믹 도독은 마음이 ᄯᅥᆯ니고 담이 씨어지며 장군은 쥐 숨 듯ᄒᆞ고 (拋盈郊之戈甲, 棄滿地之刀鎗. 都督心崩而膽裂, 將軍鼠竄而狼忙.) <삼국-국중 16:6>

【쥐를 치ᄌᆞ ᄒᆞ면 그러셜 상ᄒᆞᆫ다】 속 쥐를 때려잡고 싶어도 그릇 깰까봐 겁내다.¶ ▼投鼠忌器 ‖ 쥐를 치ᄌᆞ ᄒᆞ면 그러셜 상ᄒᆞᆫ다 ᄒᆞ니 죄가 뎨로 ᄒᆞᆫ가지로 가기는 ᄒᆞᆫ 말 ᄉᆞ이요 그 심복지인이 옹위ᄒᆞ여스니 오제ᄂᆞᆫ 만일 〻시 노홈을 풀다가 일이 되지 못ᄒᆞ면 우리 반좌 죄를 입으리라 ("投鼠忌器". 操與帝相離只一馬頭, 其心腹之人, 週迴擁侍, 吾弟若逞一時之怒, 輕有擧動, 倘事不成, 有傷天子, 罪反坐我等矣.) <삼국-모종 3:86>

【쥐를 칠나 ᄒᆞᄆᆡ 그릇살 념여ᄒᆞ다】 속 쥐를 때려 잡고 싶어도 그릇 깰까 봐 겁내다. 나쁜 놈을 벌하고 싶어도 도리어 다른 큰 손해를 볼까 봐 못하다.¶ ▼投鼠忌器 ‖ 현덕 왈 ᄂᆡ 그ᄃᆡ의 ᄯᅩᄒᆞᆫ 쥐를 칠나 ᄒᆞᄆᆡ 그릇살 념여ᄒᆞ미니라 (玄德曰: "我於此時亦"投鼠忌器"耳.") <삼국-모종 7:70>

【쥐를 티고져 ᄒᆞ여도 그ᄅᆞᄉᆞᆯ 보와 못ᄒᆞ다】 속 쥐를 때려잡고 싶어도 그릇 깰까 봐 겁내다. 나쁜 놈을 벌하고 싶어도 도리어 다른 큰 손해를 볼까 봐 못하다.¶ ▼投鼠忌器 ‖ 현덕 왈 쥐를 티고져 ᄒᆞ여도 그ᄅᆞᄉᆞᆯ 보와 못ᄒᆞᄂᆞ니 (玄德曰: "投鼠忌器.") <삼국-가정 7:81>

【쥐-무리】 명 ((동물)) 쥐무리.¶ ▼鼠輩 ‖ 돈 왈 내 뉴비 보를 쥐무리ᄀᆞ티 너기니 반ᄃᆞ시 사ᄅᆞ잡으리라 (惇曰:

"吾視劉備如鼠輩耳.") <삼국-가정 13:47> 너희 등이 쥐 무리 ᄀᆞᆺᄐᆞᆫ 거ᄉᆞ로 엇디 일즉이 항티 아니ᄒᆞᄂᆞ뇨 셩이 파ᄒᆞ면 ᄒᆞᆫ 치 플도 머므로디 아니호리라 (汝等鼠輩, 不來早降, 更待何時? 如打破城池, 寸草不留!) <삼국-가정 24:96>

【쥬검】 명 ((신체)) 주검. 시체(屍體).¶ ▼屍 ‖ 이튼날 밤의 풍우 ᄃᆡ작ᄒᆞ더니 식븨 보니 길의 머리와 쥬검이 업거ᄂᆞᆯ (是夜風雨交作, 及曉, 不見于吉屍首.) <삼국-가정 10:34> ▼結果 ‖ 쥬검의 ᄡᆞᆯ 거시나 잇난야 (結果便用麽.) <수호-국재 1:32a>

【쥬공】 명 ((인류)) 주공(主公). 주군(主君). 또는 주인(主人)의 공대말.¶ ▼主公 ‖ 쥬공은 수이 ᄆᆞᆯ을 ᄐᆞ쇼셔 홍은 거러가링이다 (主公上馬, 洪願步行.) <삼국-가정 2:114>

【쥬긔】 명 ((관직)) 주기(主記). 문서를 담당한 구실아치.¶ ▼主記 ‖ 공조 냥셔 쥬부 윤샹 쥬긔 냥건 등이 다 닐오ᄃᆡ (時有功曹梁緖、主簿尹賞、主記梁建等曰.) <삼국-가정 30:32>

【쥬ᄀᆡᆨ】 명 ((인류)) 주객(主客). 주인과 손님을 아울러 이르는 말.¶ ▼客主 ‖ 우리 이제 놉픈 ᄃᆡ롤 타 너른 ᄃᆡ롤 구버보고 군ᄉᆞ롤 항녕[項領 디명이라]의 베픈 후의 나아가티면 쵹병이 반ᄃᆞ시 대패ᄒᆞ리니 이 닐온바 쥬ᄀᆡᆨ이 ᄀᆞᆺ디 아니ᄒᆞ고 시셰 다ᄅᆞ미라 (吾今乘高附峻, 陳兵于項嶺, 然後進兵擊之, 蜀兵必敗矣. 此所謂"客主不同, 時勢有異.") <삼국-가정 36:92>

【쥬달-ᄒᆞ-】 동 주달(奏達)하다. 임금에게 아뢰다.¶ ▼奏 ‖ 신의 쇼임이 사쳔ᄃᆡ의 거ᄒᆞ오ᄆᆡ 무릇 화복을 쥬달치 아니치 못ᄒᆞ올지라 (臣今職掌司天臺, 但有禍福, 不可不奏.) <삼국-국중 16:31>

【쥬댱-ᄒᆞ-】 동 주장(主張)하다. 자기의 의견이나 주의를 굳게 내세우다.¶ ▼主 ‖ 션ᄉᆡᆼ의 말이 졍히 고의 ᄠᅳᆺ의 합ᄒᆞ디라 괴 쵹으로 더브러 년화코져 ᄒᆞ노니 션ᄉᆡᆼ이 즐겨 이 일을 쥬댱ᄒᆞᆯ다 (先生之言, 正合孤意, 欲與蜀主連和, 先生肯主之乎?) <삼국-가정 28:28>

【쥬륙-ᄒᆞ-】 동 주륙(誅戮)하다. 죄로 몰아 죽이다.¶ ▼戮 ‖ ᄉᆞ마의 조상 등을 멸ᄒᆞ고 방을 니여 ᄀᆡ유ᄒᆞ니 됴뎡 관원과 낙양 ᄇᆡᆨ셩이 다 조샹이 젼권 모반ᄒᆞ다가 쥬륙ᄒᆞ믈 닙다 ᄒᆞ야 ᄆᆞ음을 펴 의심을 아니ᄒᆞᄃᆡ (却說司馬懿滅了曹爽等衆, 出榜曉諭朝中官員, 倣洛陽人民知道, 說曹爽專權謀反, 因此戮之, 衆皆安心無疑.) <삼국-규장 24:94>

【쥬리-】 동 굶주리다. 먹을 것이 없어서 배를 곯다.¶ ▼饑 ‖ 죄 군ᄉᆞ로 더부러 비를 무릅쓰고 ᄒᆡᆼᄒᆞ니 제군이 다 쥬린 빗치 잇거ᄂᆞᆯ (操與軍士冒雨而行, 諸軍皆有饑色.) <삼국-국중 9:139>

【쥬먹】 명 ((신체)) 주먹.¶ ▼또 ᄒᆞᆫ 사람이 길희셔 그 발가락을 개게 믈니니 즉시 쥬먹갓치 크며 ᄀᆞ랍고 압프믈 견ᄃᆡ지 못ᄒᆞ여 ᄒᆞ거ᄂᆞᆯ (又有一人在途被犬咬其足指, 隨長一塊, 痛痒不可當.) <삼국-규장 18:9>

【쥬보】 명 ((인류)) 주보(酒保). 술파는 장사치.¶ ▼酒保 ‖ 현덕이 대희ᄒᆞ야 머믈워 술 먹더니 ᄒᆞᆫ 사ᄅᆞᆷ이 일냥 쇼거를 미러 문 밧긔 와 쉬며 상목등 좌ᄋᆞ의 안자 쥬보롤 블러 술을 수이 가져오나든 먹고 셩의 드러가 군ᄉᆡᆫ ᄃᆡ 드러가려 ᄒᆞ니 더듸 말라 (玄德甚喜, 留飮. 酒間, 見一大漢推一輛小車, 到店門外歇下車子, 入來飮酒, 坐在桑木凳上, 喚酒保: "卽釃酒來, 我待赶入城去充軍, 怕遲了.") <삼국-가정 1:24>

【쥬ᄉᆡᆨ】 명 주색(酒色). 술과 여자.¶ ▼酒色 ‖ 픠 쥬ᄉᆡᆨ의 너모 샹ᄒᆞ야 얼굴이 파려ᄒᆞ엿더니 거울을 드러 보고 대경 왈 내 쥬ᄉᆡᆨ의 샹ᄒᆞ야 이러ᄒᆞ여시니 오ᄂᆞᆯ로브터 단쥬ᄒᆞᆯ 거시니 셩듕의 술 먹ᄂᆞ니 이시면 참ᄒᆞ리라 (布因酒色過傷身體, 容顔銷減. 取鏡照之, 大驚曰: "吾被酒色傷矣! 自今日斷之. 城中但飮酒者皆斬.) <삼국-가정 7:49>

【쥬이-】 동 쥐다. 어떤 물건을 손바닥에 들게 하거나 손가락 사이에 낀 채로 손가락을 오므려 힘있게 잡다. 손가락을 다 오므려 엄지손가락과 다른 네 손가락을 겹쳐지게 하다.¶ ▼握 ‖ 각셜 십상시 임의 즁권을 쥬여ᄂᆞᆫ지라 셔로 의논ᄒᆞ여 져의 지휘롤 조ᄶᅵ 안ᄂᆞᆫ 자ᄂᆞᆫ 모함ᄒᆞ여 쥬이ᄂᆞᆫ지라 (却說十常侍旣握重權, 互相商議: 但有不從己者, 誅之.) <삼국-국중 1:41>

【쥬족-ᄒᆞ-】 형 주족(周足)하다. 두루 족하다. 두루 넉넉하다.¶ ▼餘資 ‖ 처엄의ᄂᆞᆫ 거러갓더니 도라올 제ᄂᆞᆫ 탈 거시니 유여ᄒᆞ고 나갈 제ᄂᆞᆫ 빈 몸이러니 도라오ᄆᆡ는 지믈이 쥬족ᄒᆞ도다 (徒行兼乘遠, 空出有餘資.) <삼국-가정 22:58>

【쥬죡-히】 부 주족(周足)히. 넉넉하게.¶ ▼自裕 ‖ 둘흔 두 수〻의게 황슉의 녹봉을 주어 쥬죡히 치긔 ᄒᆞ고 일응 상하인 등을 다 문의 오디 못ᄒᆞ긔 ᄒᆞ고 (二者, 二嫂嫂處, 請給皇叔奉祿養贍, 一應上下人等皆不許到門.) <삼국-가정 9:11>

【쥬죡-ᄒᆞ-】 형 주족(周足)하다. 넉넉하다.¶ ▼不乏 ‖ 냥최 임의 쥬죡ᄒᆞ거ᄂᆞᆯ 승샹이 반ᄉᆞᄒᆞ니 반ᄃᆞ시 위예 슌ᄒᆞ리이다 (軍士糧草已辦不乏, 丞相回師, 必順魏也.) <삼국-가정 33:91> ▼辦 ‖ 니엄이 뎨긔 주호ᄃᆡ 군량이 쥬죡ᄒᆞ거ᄂᆞᆯ 승샹이 무고히 반ᄉᆞᄒᆞ니 이 반ᄃᆞ시 위예 슌ᄒᆞᆯ ᄠᅳᆺ이 잇ᄂᆞ니이다 ᄒᆞᆫ대 텬ᄌᆞ 일로 인ᄒᆞ야 날을 보내여 무ᄅᆞ라 ᄒᆞ시더이다 (李嚴奏稱軍糧已辦, 丞相無故回師, 必有順曹之意, 天子因此命某來問耳.) <삼국-가정 33:91> ▼餘資 ‖ 처엄의ᄂᆞᆫ 거러갓더니 도라올 제ᄂᆞᆫ ᄐᆞᆯ 거시니 유여ᄒᆞ고 나갈 제ᄂᆞᆫ 빈 몸이러니 도라오매는 지믈이 쥬죡ᄒᆞ도다 (徒行兼乘遠, 空出有餘資.) <삼국-규장 15:97>

【쥬회】 명 주회(周回). 주위(周圍). 둘레.¶ ▼周圍 ‖ 이십오만 인부로 미오를 ᄡᅡ니 댱안 셩곽으로 더브러 고하후박이 ᄒᆞᆫ가지오 쥬회 구리러라 (差二十五萬人夫築郿塢, 與長安城郭一般高下厚薄, 周圍九里.) <삼국-가정 3:55> 쥬위 가온대 이셔 언덕의 ᄂᆞ려 셔산을 의지ᄒᆞ고

영을 베프니 쥬회 오십여 리러라 (周瑜在于中央下寨, 岸上依西山結營, 周圍下寨五十餘里.) <삼국-가정 15:20>

【쥭빅】 명 ((기물)) 죽백(竹帛). 서적(書籍) 특히, 역사를 기록한 책을 이르는 말. 종이가 발명되기 전에 대쪽이나 헝겊에 글을 써서 기록한 데서 생긴 말.¶ ▼竹帛 ‖ 경이 터럭을 버혀 일홈을 어드니 공명을 맛당이 쥭빅의 쓰리라 (卿斷髮成此大事, 功名當書於竹帛也.) <삼국-국중 15:119>

【쥭엄】 명 ((신체)) 주검. 시체(屍體).¶ ▼屍 ‖ 정뵈 창을 쎄혀 칙모로 더브러 교젼ᄒᆞ야 슈합이 못ᄒᆞ여 뫼 픽쥬ᄒᆞ거ᄂᆞᆯ 견이 ᄃᆡ군을 모라 ᄌᆞᆺ치니 쥭엄이 들의 가득ᄒᆞᆫ 지라 (程普挺鐵矛出馬, 與蔡瑁交戰, 不到數合, 蔡瑁敗走, 堅驅大軍, 殺得屍橫遍野.) <삼국-모종 1:123> 관공이 저근 칼을 ᄡᅳ어 바로 공수를 취ᄒᆞ여 ᄊᆞ와 일합에 칼이 번듯ᄒᆞ며 공수의 쥭엄이 마ᄒᆞ의 빗기ᄂᆞᆫ지라 (關公約退車仗, 縱馬提刀, 竟不打話, 直取孔秀, 秀挺鎗來迎, 兩馬相交, 只一合, 鋼刀起處, 孔秀屍橫馬下.) <삼국-모종 5:6>

【쥰비-ᄒᆞ-】 동 준비(準備)하다. 미리 마련하여 갖추다.¶ ▼提備 ‖ 오ᄂᆞᆯ 슉부 조ᄌᆞ의게로 향ᄒᆞ면 툐ᄂᆞᆫ 셔황의게로 가고 ᄂᆡ일 퇴 조ᄌᆞ의게로 가면 슉부 셔황의게 가 냥편으로 쥰비ᄒᆞ야 막즐라 ᄡᅧ 그 간사호믈 막을 거시라 (今日叔向操, 超向徐晃; 明日超向操, 叔向徐晃: 兩下提備, 以防其詐.) <삼국-가정 19:41>

【쥰신-ㅎ-】 동 준신(準信)하다. 준거(準據)하여 믿다.¶ 准信 ‖ 원담이 원상의게 곤ᄒᆞ므로 마지 못ᄒᆞ여 항복ᄒᆞ미니 가히 쥰신치 못ᄒᆞ리이다 (袁譚被袁尙攻擊太急, 不得已而來降, 不可准信.) <삼국-국중 7:56>

【쥰신-ᄒᆞ-】 동 준신(準信)하다. 어떤 것을 준거(準據)로 하여 그것을 믿다.¶ ▼准信 ‖ 도독이 엇지 왕관을 쥰신ᄒᆞ나뇨 ᄂᆡ 위의 이슬 ᄯᅵ의 왕관니 왕경의 족히란 말을 듯지 못ᄒᆞ엿ᄂᆞ니 원쟝군은 살피라 (都督何故准信王瓘之言也? 吾在魏, 雖不知備細, 未聞王瓘是王經之姪. 其中多詐, 請將軍察之.) <삼국-국중 17:47>

【쥽-】 동 줍다. 바닥에 떨어지거나 흩어져 있는 것을 집다.¶ ▼조ᄌᆞ 셔황 장합을 시겨 됴운을 ᄃᆡ젹ᄒᆞ라 ᄒᆞ고 스ᄉᆞ로 ᄂᆡ를 무릅쓰고 불을 ᄎᆞ고 닷거ᄂᆞᆯ ᄌᆞ룡이 ᄶᅩ로지 아니코 다만 긔치를 앗고 쥽더라 (操教徐晃、張郃雙敵趙雲, 自己冒煙突火而去, 子龍不來追趕, 只顧搶奪旗幟.) <삼국-모종 8:60>

【즁뉴】 명 ((지리)) 중류(中流). 강에서의 상류와 하류의 중간지대.¶ ▼半河 ‖ 마쳐 하안의 이르러 보니 빅 임의 즁뉴의 잇ᄂᆞᆫ디라 즁장을 명ᄒᆞ여 무슈이 쏘니 살이 비갓한지라 허졔 급히 말다릐를 ᄡᅧ혀 살을 막으니 (見船已流在半河, 遂拈弓搭箭, 喝令驍將遶河射之, 矢如雨急. 褚恐傷曹操, 以左手擧馬鞍遮之.) <삼국-국중 11:16>

【즁샹-ᄒᆞ-】 동 중상(重賞)하다. 상을 후하게 주다.¶ ▼重賞 ‖ 공명이 밤낫 군ᄉᆞ를 모라 긔산의 나와 하채ᄒᆞ고 강유를 즁샹ᄒᆞᆫ대 (孔明連夜驅兵, 直出祁山前下寨, 收住軍馬, 重賞姜維.) <삼국-가정 32:20>

【즁위】 명 중위(重圍). 겹겹이 에워싼 것.¶ ▼重圍 ‖ 녀푀 비록 용ᄆᆡᆼ이 잇스나 녀ᄋᆞ를 몸의 품엇ᄂᆞᆫ지라 상할가 져허ᄒᆞ여 감히 즁위를 돌츌치 못ᄒᆞ고 (呂布雖勇, 終是縛一女在身上, 只恐有傷, 不敢衝突重圍.) <삼국-국중 4:141>

【즁의】 명 ((복식)) 중의(中衣). 속옷. 또는 남자의 상복(喪服) 속에 입는 소매가 넓은 두루마기나 남자의 여름 홑바지.¶ ▼褌 ‖ 좌즁 손이 다 눈물을 흘이고 엄면ᄒᆞ니 형이 서ᄉᆞ 즁의를 입고 안ᄉᆡᆨ이 불변ᄒᆞ니 (坐客皆掩面. 衡乃徐徐著褌, 顏色不變.) <삼국-모종 4:32>

【즈러】 부 지레. 질러. 어떤 일이나 상황이 벌어지기 전에 미리.¶ ▼大踏步 ‖ 됴뎡의 ᄌᆞ연 공논이 이시리니 네 엇디 즈러 망녕되이 조급히 구ᄂᆞ뇨 (朝廷自有公論, 弟豈可躁暴!) <삼국-가정 1:50>

【즈러ᄡᅥ】 부 앞질러. 곧장.¶ ▼逕 ‖ 셩즁의 홀연니 ᄒᆞᆫ 댱쉬 슈빅 인을 ᄃᆞ리고 즈러ᄡᅥ 젹누의 올나 크게 ᄭᅮ지저 되 칙모 댱윤은 ᄆᆡ국ᄒᆞᆫ 도적이ᄅᆞ (城中忽有一將, 引數百人逕上城樓, 大喝: "蔡瑁、張允賣國之賊!") <삼국-모종 7:44> 쵸경 후의 셩의 나와 즈러ᄡᅥ 쥬유의 ᄃᆡᄉᆡ를 ᄇᆞ라고 올ᄉᆡ 문의 니ᄅᆞᄆᆡ 일이[인]도 보지 못ᄒᆞ고 다만 보니 헛결 긔와 창을 ᄭᅩᆺ안ᄂᆞᆫ지라 (初更後出城, 逕投周瑜大寨, 來到寨門, 不見一人, 但見虛插旗鎗而已.) <삼국-모종 8:82> ▼말이 맛지 못ᄒᆞ여 악진이 필마단도로 즈러ᄡᅥ 손권을 취ᄒᆞ니 일도 젼광이 날나 니ᄅᆞ러 손을 드러 막으니 칼니 니ᄅᆞ거ᄂᆞᆯ (說猶未了, 樂進一騎馬, 一口刀, 從刺斜裏逕取孫權, 如一道電光, 飛至面前, 手起刀落.) <삼국-모종 9:32>

【즈럿ᄡᅥ】 부 앞질러. 곧장.¶ ▼逕 ‖ 감영으로 ᄒᆞ여곰 슈쳔 군마를 ᄃᆞ리어 즈럿ᄡᅥ 형쥬를 취ᄒᆞ고 능통으로 슈쳔 군마를 ᄃᆞ리어 양ᄌᆞ을 취ᄒᆞᆫ 후의 다시 남군을 취ᄒᆞ미 더ᄃᆡ지 아니ᄒᆞ다 (使甘寧引數千軍馬, 逕取荊州, 淩統引數千軍馬, 逕取襄陽, 然後卻再取郡未遲.) <삼국-모종 8:83>

【즈레】 부 지레. 앞질러. 어떤 일이나 상황이 벌어지기 전에 미리.¶ ▼적세의 강냑을 아지 못ᄒᆞ고 즈레 퇴군홈이 불가하ᄃᆞ (賊勢未見强弱, 主公何故自退耶?) <삼국-국중 12:28>

【즈레ᄡᅥ】 부 앞질러. 곧장.¶ ▼逕 ‖ 이졔 뉴비 신냐 빅셩을 다 옴계 번셩으로 드려가니 만일 우리 군ᄉᆞ 즈레ᄡᅥ 나오면 니 힝민니 될 거시니 (今劉備盡遷新野百姓入樊城, 若我兵逕進, 二縣爲虀粉矣.) <삼국-모종 7:40>

【즈려ᄡᅥ】 부 앞질러. 곧장.¶ ▼逕 ‖ 운니 조ᄎᆞ 들어 말게 올나 즈려ᄡᅥ 즁노을 취ᄒᆞ야 오던니 힝ᄒᆞ기을 수리을 못ᄒᆞ야 멀니 바ᄅᆡ보ᄆᆡ ᄯᅳᆺ글리 이려ᄂᆞᆫ지라 (雲從之, 遂上馬逕取中路而來, 方行不數里, 遠遠望見塵頭大起.) <삼국-모종 14:76>

【즈르-】[1] 동 질러 막다. 자르다.¶ ▼刺 ‖ 칙이 ᄎᆞᆼ으로 ᄌᆞ를 즈르니 ᄌᆞ 투긔 잡고 막더라 (策把戟來刺慈, 慈把兜鍪遮架.) <삼국-모종 3:11>

【즈르-】[2] 동 지르다. 지름길로 가깝게 가다. 모음으로 시작하는 어미 앞에서는 '즐-'로 나타난다.¶ ▼斷 ‖ 뉴퍼 젼의 내 도라오는 길 즈르던 줄을 흔ᄒᆞᄂᆞ니 이제 승시ᄒᆞ야 갑디 아니ᄒᆞ면 ᄯᅩ 언제를 기ᄃᆞ리리오 (叵耐劉表昔日斷吾歸路, 今不乘時報恨, 又待何年!) <삼국-규장 2:82>

【즈르-막히-】 동 앞질러 막히다.¶ ▼隔 ‖ 황권이 오병의 즈르막히여 도라올 길히 업ᄉᆞ니 마지 못ᄒᆞ여 항ᄒᆞ엿ᄂᆞ디라 (黃權被吳兵隔斷在江北岸, 欲歸無路, 不得已而降之.) <삼국-규장 19:68>

【즈르써】 부 앞질러. 곧장.¶ ▼逕 ‖ 조인이 군ᄉᆞ를 ᄭᅳ어 다라나다가 ᄯᅩ 감녕을 만나 감히 남군으로 도라오지 못ᄒᆞ고 즈르써 양ᄋᆞ 디로로 향ᄒᆞ여 가더라 (曹仁引軍剌斜而走, 又遇甘寧大殺一陣, 曹仁不敢回南郡, 逕投襄陽大路而行.) <삼국-모종 8:83>

【즈릅더】 부 앞질러. 곧장.¶ ▼逕 ‖ 홀연 션쥐 노당이 무용이라 ᄒᆞ시믈 듯고 즉시 졔도상마ᄒᆞ야 ᄯᅳ론 장ᄉᆞ 오륙 인을 거ᄂᆞ리고 즈릅더 니릉셩의 드러가니 (忽聞先主言老將無用, 卽提刀上馬, 引親隨五六人, 逕到彝陵營中.) <삼국-국중 14:19> ᄡᅴ의 죄 긔쥬를 파ᄒᆞ거ᄂᆞᆯ 비 아비를 ᄯᅡ라 군중의 잇디 아니ᄒᆞ고 몬저 제 군ᄉᆞ를 거나리고 즈릅더 원소의 집의 드러가 말게 ᄂᆞ려 칼홀 들고 드러가니 (時操破冀州, 丕隨父在軍中, 先領隨身軍, 逕投袁紹家, 下馬拔劍而入.) <삼국-모종 5:87>

【즈릅써】 부 앞질러. 곧장.¶ ▼逕 ‖ 일면은 졔ᄌᆞ 당쥬를 보ᄂᆡ여 봉셔의게 글을 갑흐라 ᄒᆞ니 당쥐 이에 즈릅써 셩중의 니르러 고변ᄒᆞ니 (一面使弟子唐周, 馳書報封諝, 唐周乃逕赴省中告變.) <삼국-모종 1:2> ᄡᅴ의 죄 긔쥬를 파ᄒᆞ거ᄂᆞᆯ 비 아비를 ᄯᅡ라 군중의 잇디 아니ᄒᆞ고 몬저 제 군ᄉᆞ를 거나리고 즈릅더 원소의 집의 드러가 말게 ᄂᆞ려 칼홀 들고 드러가니 (時操破冀州, 丕隨父在軍中, 先領隨身軍, 逕投袁紹家, 下馬拔劍而入.) <삼국-모종 5:87>

【즈롯써】 부 앞질러. 곧장.¶ ▼逕 ‖ 죠 ᄃᆡ희ᄒᆞ여 당간으로 ᄒᆞ여곰 강동의 보ᄂᆡ니 간이 소쥬를 타고 즈롯써 강남 수ᄉᆡ변의 이ᄅᆞ러 ᄉᆞ롬으로 ᄒᆞ여곰 쥬유긔 보흔ᄃᆡ (操大喜, 卽時令蔣幹上船, 幹駕小舟, 逕到江南水寨邊, 便使人傳報.) <삼국-모종 8:21>

【즈롯쩨】 부 앞질러. 곧장.¶ ▼逕 ‖ 축이 저근 ᄇᆡ를 타고 즈롯쩨 쥬유의 ᄃᆡ치의 니ᄅᆞ니 군ᄉᆡ 고ᄒᆞᄃᆡ 유 불너드리니 축이 ᄌᆡᄇᆡᄒᆞ고 현덕의 ᄯᅳᆺ을 말ᄒᆞ고 쥬례를 올니니 (竺領命, 駕小舟順流而下, 逕至周瑜大寨前, 軍士入報周瑜, 瑜召入, 竺再拜, 致玄德相敬之意, 獻上酒禮.) <삼국-모종 7:118>

【즈릿써】 부 앞질러. 곧장.¶ ▼逕 ‖ 드ᄃᆡ여 좌우를 눈치ᄒᆞ여 ᄉᆞᆼ히홀 ᄯᅳᆺ지 잇거ᄂᆞᆯ 운이 ᄭᆡ돗고 일전의 됴범을 것구리고 즈릿써 북문의 나가 말게 올나 셩의 나가더ᄅᆞ (遂目視左右, 有相害之意, 雲已覺, 一拳打倒趙範, 逕出府門, 上馬出城去了.) <삼국-모종 9:15>

【즈ᄅᆞ-】 동 질러 막다. 자르다.¶ ▼斷 ‖ 뉴퍼 젼의 내 도라오ᄂᆞᆫ 길 즈ᄅᆞ던 줄을 흔ᄒᆞᄂᆞ니 이제 승시ᄒᆞ야 갑디 아니ᄒᆞ면 ᄯᅩ 언제를 기ᄃᆞ리리오 (叵耐劉表昔日斷吾歸路, 今不乘時報恨, 又待何年!) <삼국-가정 3:30>

【즈ᄅᆞ-막히-】 동 질러 막히다.¶ ▼隔 ‖ 황권이 오병의 즈ᄅᆞ막히여 도라올 길히 업ᄉᆞ니 마디 못ᄒᆞ여 항ᄒᆞ엿ᄂᆞ디라 (黃權被吳兵隔斷在江北岸, 欲歸無路, 不得已而降之.) <삼국-가정 27:107>

【즈음-치-】 동 가로막히다. 격(隔)하다.¶ ▼隔 ‖ 강을 즈음쳐 방표소ᄅᆡ의 ᄉᆞ방으로 화션이 함긔 니ᄅᆞ니 다만 삼강 면상의 불이 바람을 ᄯᅡ라 나라 ᄒᆞᆫ 덩이 통홍ᄒᆞ야 불리 ᄒᆞ날게 덥히고 ᄯᅡ희 ᄉᆞ못ᄎᆞᆫ지라 (隔江響, 四下火船齊到, 但見三江面上, 火逐風飛, 一派通紅, 漫天徹地.) <삼국-모종 8:56> 공명이 군ᄉᆞ를 거ᄂᆞ리고 크게 나와 ᄇᆞ로 도화 도구의 니ᄅᆞ러 두추을 즈음쳐 ᄇᆞ라ᄇᆞ니 만병이 인형과 ᄀᆞᆺ지 아니ᄒᆞ고 취악흔디라 (孔明聽說, 提兵大進, 直至桃花渡口, 隔岸望見蠻兵不類人形, 甚是醜惡.) <삼국-모종 15:14>

【즈칙-】 동 지치다. 미끄러지다.¶ ▼滾 ‖ 황개 상의 즈칙여 ᄂᆞ려 ᄇᆡ샤흔대 ᄐᆡᆨ 왈 (黃盖滾下床來, 拜而謝之.) <삼국-가정 15:95>

【즈칙이-】 동 미끄러지다.¶ ▼滾 ‖ 황개 상의 즈칙여 ᄂᆞ려 ᄇᆡ샤흔대 ᄐᆡᆨ 왈 (黃盖滾下床來, 拜而謝之.) <삼국-가정 15:95>

【즈티-】 동 짓치다. 함부로 마구 치다. 무찌르다.¶ ▼殺 ‖ 믄득 치 뒤히셔 블 니러나며 양앙 양임의 냥노병이 즈텨 와 겁칙ᄒᆞ니 쟝합 하후연 등이 게유 말게 오르며 네 녁흐로 ᄃᆡ병이 즈텨 드니 (忽寨後一把火起, 楊昂、楊任兩路兵殺來劫寨. 張郃、夏侯淵急上得馬, 四下裡大兵擁入.) <삼국-가정 22:3>

【즈허-ᄒᆞ-】 동 저허하다. 저어하다. 염려되거나 두려워하다.¶ ▼恨 ‖ 현덕도 죠ᄌᆞ을 도모코져 ᄒᆞ나 죠ᄌᆞ의 죠아 만ᄒᆞ기로 감히 밋지 못할가 즈허ᄒᆞ니 공이 시험ᄒᆞ여 구ᄒᆞ면 반다시 응ᄒᆞ리라 (玄德非不欲圖操, 恨操牙爪多, 恐力不及耳. 公試求之, 當必應允.) <삼국-모종 4:1>

【즉금】 명 즉금(卽今). 곧 이제. 또는 지금 당장.¶ ▼今 ‖ 즉금 원본초ᄂᆞᆫ 지용이 과인ᄒᆞ고 슈하의 명ᄌᆞᆼ이 극히 만흐니 져를 청ᄒᆞ야 고을 닐을 다ᄉᆞ리면 제 댱군을 반드시 후ᄃᆡ할 거시니 공손찬을 겁ᄂᆡ지 말나 (今袁本初智勇過人, 手下名將極廣, 將軍可請彼同治州事, 彼必厚待將軍, 無患公孫瓚矣.) <삼국-모종 1:110>

【즉시】 부 즉시(卽時). 어떤 일이 행하여지는 바로 그때. 곧.¶ ▼卽 ‖ 즉시 텰긔 오천을 발ᄒᆞ야 자브라 ᄒᆞ고 낙양 가음연 집이면 다 긔를 바가 반신 역당이라 ᄡᅳ니 천으로 여러 천 개어ᄂᆞᆯ 다 셩 밧긔다가 버히고 그 금은과 지믈을 다 앗고 (卽差鐵騎五千, 遍行捉拿洛陽富戶, 頭插旗, 上寫"反臣逆黨", 數千家盡斬於城外, 取其金資, 將妻小分俵衆軍而去.) <삼국-가정 2:102>

【즉킈오-】 동 지키게 하다.¶ ▼守住 ‖ 군ᄉᆞ로 ᄒᆞ여곰 관

어귀를 즉킈오고 관의 나와 마ᄌᆞ 흔연니 위로ᄒᆞ거ᄂᆞᆯ (乃使人守住關口. 待關公到時, 王植出關, 喜笑相迎.) <삼국-국중 6:69>

【즉키-】 동 지키다. 잃지 않도록 감시하다.¶ ▼守 ‖ 이제 맛당히 년진 둔쥬ᄒᆞ여 관도을 즉키미 이 상칙이라 만일 ᄒᆞᆫ[ᄒᆡ]수를 건너다가 설혹 변이 나면 군ᄉᆡ 도라오지 못ᄒᆞ리라 (今宜留屯延津, 分兵官渡, 乃爲上策. 若輕擧渡河, 設或有變, 衆皆不能還矣.) <삼국-모종 4:67>

【즉희-】 동 지키다. 잃지 않도록 감시하다.¶ ▼把守 ‖ 관공이 부즁을 양원의 난화 ᄂᆡ문을 정ᄒᆞ여 노군 십인을 말ᄒᆞ여 즉희게 ᄒᆞ고 관공은 외틱의 거ᄒᆞ니라 (關公分一宅爲兩院, 內門撥老軍十人把守, 關公自居外宅.) <삼국-국중 6:13> ▼守 ‖ 늉니 ᄭᅮ지져 왈 나ᄂᆞᆫ 대한신니로 대한 싸흘 즉희니 엇지 양식을 도적을 주리요 관해 ᄃᆡ로ᄒᆞ냐 말을 치고 칼을 춤츄면 바로 공융을 취ᄒᆞ니 (孔融叱曰: "吾乃大漢之臣, 守大漢之地, 豈有糧米與賊耶!" 管亥大怒, 拍馬舞刀, 直取孔融.) <삼국-모종 2:56>

【즉히-】 동 지키다. 잃지 않도록 감시하다.¶ ▼守 ‖ 댱안셔 니ᄇᆡᆨ 니 쥬지산의 그 길이 험쥰ᄒᆞ니 가히 쟝 변 냥쟝군을 보ᄂᆡ여 여긔 둔병ᄒᆞ냐 벽을 굿겨 ᄒᆞ여 즉히고 니몽 왕방니 스ᄉᆞ로 인병영져[적]하ᄂᆞᆫ 걸 보쇼셔 (長安西二百里盩厔山, 其路險峻, 可使張、樊兩將軍屯兵於此, 堅壁守之, 待李蒙、王方自引兵迎敵, 可也.) <삼국-모종 2:40> ▼堅守 ‖ 녀푀 조죄 회병ᄒᆞ냐 등현을 디닌 줄 알고 부장 셜난을 불너 왈 네 일만군을 거ᄂᆞ려 년쥬ᄅᆞᆯ 즉히면 ᄂᆡ 친히 가 조ᄅᆞᆯ 파히리라 (呂布知曹操回兵, 已過滕縣, 召副將薛蘭、李封曰: "吾欲用汝二人久矣. 汝可引軍一萬, 堅守兗州. 吾親自率兵, 前去破曹.") <삼국-모종 2:69>

【즌-펄이】 명 ((지리)) 진펄. 땅이 질어 질펀한 벌.¶ ▼溝 ‖ ᄇᆡᆨ셩 일ᄃᆡ예 군ᄉᆞ 일ᄃᆡ식 섯거 서ᄅᆞ 직촉ᄒᆞ야 밀며 ᄭᅳ으며 가니 즌펄이와 굴헝의 업더뎌 죽을 재 니ᄅᆞ 헤디 못ᄒᆞ고 (每百姓一隊, 間軍一隊, 互相推拖, 死于溝壑中者不可勝數.) <삼국-가정 2:102> 뎌즈음긔 소비곳 아니런들 볼셔 굴헝의 업더뎌 주거시리니 몸이 엇디 쟝군 휘하의 니ᄅᆞ리오 (某向日若不得蘇飛, 則骨塡于溝壑矣, 安能致命于將軍麾下哉?) <삼국-가정 13:31>

【즌-흑】 명 진흙. 빛깔이 붉고 차진 흙.¶ ▼泥 ‖ 의천검은 죄 스ᄉᆞ로 ᄎᆞ고 청감검은 하후은을 쥬어 차더니 그 청강검이 쇠ᄅᆞᆯ 씩기ᄅᆞᆯ 즌흑갓치 ᄒᆞ여 날 들미 비할 ᄃᆡ 업ᄂᆞᆫ지라 (倚天劍自佩之, 青釭劍令夏侯恩佩之, 那青釭劍砍鐵如泥, 鋒利無比.) <삼국-모종 7:59>

【즌-흘】 명 진흙. 빛깔이 붉고 차진 흙.¶ ▼肉泥 ‖ 되 ᄭᅮ지저 왈 신 즈라ᄂᆞᆫ 저근 아회 항상 가ᄌᆞ로 ᄃᆡ적ᄒᆞ도다 ᄂᆡ 황숙[슈]아ᄅᆞᆯ 불너 오면 너ᄌᆞ고 즌흘 되리라 (操罵曰: "賣履小兒, 常使假子拒敵! 吾若喚黃鬚兒來, 汝假子爲肉泥矣!") <삼국-모종 12:41>

【즌-흙】 명 진흙. 빛깔이 붉고 차진 흙.¶ ▼泥 ‖ 팔구년간의 쇠코져 ᄒᆞ야 십삼년의 니ᄅᆞ러 남은 거시 업도다 ᄆᆞᄎᆞᆷ내 텬명이 도라갈 ᄃᆡ 이시니 즌흙 가온대 서린 뇽이 하ᄂᆞᆯ흘 향ᄒᆞ야 ᄂᆞᄂᆞᆫ또다 (八九年間始欲衰, 至十三年無孑遺. 到頭天命有所歸, 泥中蟠龍向天飛.) <삼국-가정 12:20>

【즐거ᄋᆞ-】 형 즐겁다. ㅂ불규칙 용언. 즑(樂) + -어(-업-: 형용사 파생 접미사) + -오(연결 어미) -.¶ ▼悅 ‖ 폐해우슈의 간곡ᄒᆞ므로써 휴식ᄒᆞ시믈 알면 타일의 틈이 이시믈 타 ᄡᅳ시매 닐온바 즐거오므로써 어려오믈 범ᄒᆞ미니 ᄇᆡᆨ셩이 그 죽으믈 니ᄌᆞ리이다 (兆民知聖上以水雨艱劇之故, 休而息之, 後日有釁, 乘而用之, 則所謂"悅以犯難, 民忘其死"者也.) <삼국-가정 32:116>

【즐거옴】 명 즐거움. 즐거운 것 또는 즐거운 마음. 즑(樂) + -어(→-업-: 형용사 파생 접미사) + -옴(명사 파생 접미사).¶ ▼歡 ‖ 우리 쥬인 오휘 ᄒᆞᆫ 누의ᄅᆞᆯ 두어 겨시니 아ᄅᆞᆷ답고 크게 용ᄒᆞᆫ디라 가히 뷔와 키ᄅᆞᆯ 밧드럼즉 ᄒᆞ니 만일 두 집이 진ᄌᆞ[쥬적 졔후들이 다 동셩이매 서ᄅᆞ 혼인을 못호ᄃᆡ 오직 진ᄌᆞ 두 나라히 이셩이라 ᄆᆡ양 두나라과 혼인을 ᄒᆞ더라]의 즐거오믈 ᄆᆡᄌᆞ면 조적이 감히 동남을 바ᄅᆞ 보디 못ᄒᆞ리니 나라히며 집의 엇디 아ᄅᆞᆷ답디 아니ᄒᆞ리오 (吾主人孫將軍有一妹, 美而大賢, 堪可以奉箕箒. 若兩家共結秦晉之歡, 則曹賊不敢正視東南也. 家國之事, 幷皆全美.) <삼국-가정 17:89>

【즐거-ᄒᆞ-】 동 즐거워하다. ㅂ불규칙 용언. 즑(즐거워지다) + -어(연결 어미) + -ᄒᆞ(동사 파생 접미사) -.¶ ▼安享 ‖ 금일의 부인을 보니 이ᄂᆞᆫ 쳔힝이라 오날밤의 원컨ᄃᆡ 침석을 갓치ᄒᆞ고 나를 싸라 허도의 도라가 부귀를 즐거ᄒᆞ미 엇더ᄒᆞᆫ요 (今日得見夫人, 乃天幸也, 今宵願同枕席, 隨吾還都, 安享富貴, 何如?) <삼국-모종 3:38>

【즐르-】 동 «즈르다» 질러 막다. 자르다.¶ ▼搠 ‖ 칙이 ᄒᆞᆫ 충으로 즐으니 ᄌᆞ 언듯 치[피]ᄒᆞ여 창ᄭᅳᆯ 즙고 ᄌᆞ도 ᄒᆞᆫ 충으로 칙을 즐르니 칙이 ᄯᅩ 언듯 피ᄒᆞ여 창ᄭᅳᆯ 즙고 힘을 써 함긔 ᄭᅳ어 말긔 나려 다 창을 바리고 추쥬시타ᄒᆞ니 젼포 분갓히 부션지라 (策一鎗搠去, 慈閃過, 挾住鎗, 慈也一鎗搠去, 策亦閃過, 挾住鎗, 兩個用力只一拖, 都滾下馬來., 馬不知走的那裏去了, 兩個棄了鎗, 揪住廝打, 戰袍扯得粉碎.) <삼국-모종 3:10>

【즐러】 부 지레. 질러. 어떤 일이나 상황이 벌어지기 전에 미리.¶ ▼徑 ‖ ᄉᆞ마의 병이 니ᄅᆞ러 왕평 댱익을 ᄡᅡ거든 너희 두 사ᄅᆞᆷ이 병을 ᄂᆞᆫ화 즐러 ᄉᆞ마의 본영을 엄습ᄒᆞ라 (若司馬懿兵來, 圍裹王平、張翼至急, 汝二人可分兵兩枝, 徑襲司馬懿之營.) <삼국-가정 32:92>

【즐리이-】 동 질러 막히다.¶ ▼截斷 ‖ 되 크게 소ᄅᆡ 디ᄅᆞ고 하븍으로 즛텨 ᄃᆞ라드니 조촌 군ᄉᆡ 다 즐리여 미처가디 못ᄒᆞ고 되 홀로 딘듕의 이셔 좌츙우돌ᄒᆞ야 길흘 ᄎᆞ자 나가되 (超于橋上大呼一聲, 殺入河北, 從騎皆被截斷. 超獨在陣中尋路而出.) <삼국-가정 19:58>

【즐으-】 동 찌르다.¶ ▼刎 ‖ 장비 칼늘 ᄲᅦ여 스ᄉᆞ로 목 즐으고져 ᄒᆞ고ᄂᆞᆯ 현덕이 ᄊᆞ를 ᄲᅦ사 왈 (張飛拔劍要自刎, 玄德向前抱住, 奪劍擲地曰) <삼국-모종 3:1>

【즘ᄉᆡᆼ】 명 ((동물)) 짐승. 몸에 털이 나고 네 발을 가진 동물.¶ ▼獸 ‖ ᄒᆞᆫ 소래의 호표와 싀랑과 독ᄉᆞ 모진 즘ᄉᆡᆼ이 ᄇᆞ람 타 나옴 ᄀᆞᆺᄒᆞᆫ디라 (一聲畫角響, 虎豹豺狼, 猛獸毒蛇, 乘風而出, 張牙舞爪, 衝將過來.) <삼국-모종 15:9> 크게 비휴[모딘 즘ᄉᆡᆼ이니 군ᄉᆞ의 비ᄒᆞ니라]를 모라 쟝ᄎᆞᆺ 누의[개아미니 도적의 비ᄒᆞᆫ 말이라]를 ᄡᅳ러ᄇᆞ리니 (大擧貔貅, 將除螻蟻.) <삼국-규장 20:89>

【즘즛】 부 짐짓. 일부러. 마음으로는 그렇지 않으나 일부러 그렇게.¶ ▼故意 ‖ 마쵸 마상의셔 니몽을 사로잡으니 원ᄂᆡ 마쵸 니몽의 ᄶᅡ르믈 알되 즘즛 갓가이 오믈 기다려 니몽이 창을 드러 질을 지음의 마쵸 ᄒᆞᆫ 편으로 비쳐서며 두 말이 ᄒᆞᆫᄃᆡ 다앗난지라 마쵸 원비를 느리워 ᄉᆡᆼ금ᄒᆞ니 (原來馬超明知李蒙追趕, 卻故意俄延; 等他馬近擧鎗刺來, 超將身一閃, 李蒙搠個空, 兩馬相並, 被馬超輕舒猿臂, 生擒過去.) <삼국-국중 3:6> 방덕니 장노의 불인ᄒᆞ멀 ᄉᆡᆼ각ᄒᆞ여 항복ᄒᆞ니 됴ᄌᆞ 친니 붓드러 마상의 올여 ᄃᆡ식예 도라와 즘즛 성상에서 바라본니 (龐德尋思張魯不仁, 情願拜降, 曹操親扶上馬, 共回大寨, 故意教城上望見.) <삼국-모종 11:59> ▼故 ‖ 죄 칼을 던지고 소왈 ᄂᆡ ᄯᅩᄒᆞᆫ 아나 즘즛 희롱ᄒᆞ엿노라 ᄒᆞ고 친히 그 결박ᄒᆞᆫ 거설 풀고 오설 쥬어 입피고 상좌의 마ᄌᆞ 안치니 (操擲劍笑曰: "我亦知文遠忠義, 故戲之耳." 乃親釋其縛, 解衣衣之, 延之上坐.) <삼국-모종 3:83>

【즙물】 명 ((기물)) 집물(什物). 집안이나 사무실에서 쓰는 온갖 기구.¶ ▼什物 ‖ 군ᄉᆡ 다 궁뇌 창도를 ᄌᆞᆯ 쓰고 ᄯᅩ 젼거의 군긔 즙물을 ᄊᆞ아 혹 탁타로 슈ᄅᆡ를 메고 혹 나귀로 메여 형세 심이 강셩ᄒᆞ니 이러무로 일홈을 쳘긔병이라 (皆慣使弓弩、鎗刀、蒺藜、飛鎚等器; 又有戰車, 用鐵葉裹釘, 裝載糧食軍器什物: 或用駱駝駕車, 或用騾馬駕車, 號爲"鐵車兵".) <삼국-국중 15:75>

【즛-발-】 동 «즛밟다» 짓밟다.¶ ▼踐踏 ‖ 문츄 홀노 좌츙우돌ᄒᆞᄆᆡ 군ᄉᆡ 스ᄉᆞ로 즛바라 죽난지라 (文醜挺身獨戰, 軍士自相踐踏.) <삼국-국중 6:34>

【즛-발오-】 동 «즛밟다» 짓밟다.¶ ▼ 衝突 ‖ 이날 밤의 광풍이 ᄃᆡ작ᄒᆞ고 사면의 블이 니러나며 촉병이 즈쳐 드러오니 만병이 스ᄉᆞ로 셔로 즛발와 죽은 ᄌᆡ 쉬 업ᄉᆞᆫ디라 (是日, 狂風大起, 四壁廂火明鼓響, 蜀兵殺到. 蠻兵獠丁, 自相衝突.) <삼국-가정 29:7>

【즛-밟-】 동 짓밟다.¶ ▼踐踏 ‖ 위병이 ᄃᆡ란ᄒᆞ여 스ᄉᆞ로 셔로 즛발바 죽난 ᄌᆡ ᄐᆡ반니요 죠수에 ᄡᅡ지ᄂᆞᆫ ᄌᆡ 무수ᄒᆞ고 만여 수급을 버히니 군ᄉᆞ 죽엄이 수리예 이엇더라 (魏軍大亂, 自相踐踏, 死者大半, 逼入洮水者無數, 斬首萬餘, 疊屍數里.) <삼국-모종 18:54>

【즛-ᄇᆞᆯ오-】 동 «즛ᄇᆞᆲ다» 짓밟다.¶ ▼作踐 ‖ 대쇼 쟝괴 ᄆᆡᆨ뎐의 디날 제 즛ᄇᆞᆯ와 샹킈 ᄒᆞ노니ᄅᆞᆯ 참슈ᄒᆞ고 천ᄌᆞᄒᆞ야 사ᄅᆞᆷ의 ᄌᆡ믈 노략ᄒᆞᄂᆞ니ᄅᆞᆯ 다 베힐 거시니 (大小將校, 凡過麥田, 但有作踐者, 幷皆斬首; 擅自擄掠人財物者, 幷皆誅戮.) <삼국-가정 6:122> ▼踐踏 ‖ ᄯᅩ 관흥 댱포의 ᄉᆡᆼ녁군이 ᄲᅡᆯ오ᄂᆞᆫ디라 위병이 스ᄉᆞ로 즛ᄇᆞᆯ와 죽은 재 그 수ᄅᆞᆯ 아디 못ᄒᆞᆯ러라 (背後關興生力軍趕來, 魏兵自相踐踏及落澗身死者, 不知其數.) <삼국-가정 32:19> 곽회 우편으로조차 살츌ᄒᆞ니 강호 병이 대란ᄒᆞ야 스ᄉᆞ로 즛ᄇᆞᆯ와 죽은 재 쉬업고 나므니ᄂᆞᆫ 다 항복ᄒᆞ니 (郭淮從左邊殺來, 羌胡兵大亂, 自相踐踏, 死者無數, 生者盡降.) <삼국-가정 36:35>

【즛-ᄇᆞᆲ-】 동 짓밟다.¶ ▼踏 ‖ 내 본ᄃᆡ 번셩을 즛ᄇᆞᆲ고져 호ᄃᆡ 모ᄃᆞᆫ ᄇᆡᆨ셩의 목숨을 에엿비 너기노니 (吾本欲踏平樊城, 奈憐衆百姓之命.) <삼국-가정 13:104>

【즛-치-】 동 짓치다. 함부로 마구 치다. 무찌르다. 시살(廝殺)하다.¶ ▼殺 ‖ 왕평 댱억이 이 말을 듯고 대경ᄒᆞ야 급히 퇴병ᄒᆞ더니 믄득 등 뒤히 함셩이 니러나며 화광이 하ᄂᆞᆯ히 다핫고 위병이 즛텨 오거ᄂᆞᆯ (王平、張嶷大驚, 急退軍時, 原來魏兵抄在背後, 一聲炮響, 火光衝天, 魏兵一齊殺來.) <삼국-가정 33:113>

【즛-티-】 동 짓치다. 마구 치다. 공격하다. 시살(廝殺)하다.¶ ▼砍死 ‖ ᄒᆞᆫ 쟝쉬 손의 큰 도ᄎᆡᄅᆞᆯ 들고 ᄆᆞᆯ을 도로혀 최용의게 나아가 ᄒᆞᆫ 합이 못ᄒᆞ야 용을 버혀 ᄆᆞᆯ 아래 ᄂᆞ리티고 군듕의 ᄃᆞᆯ려드러 무수히 즛티니 (一將手執大斧, 飛驟驊騮, 直取崔勇. 兩馬相交, 只一合, 斬崔勇於馬下. 殺入軍中, 砍死無數.) <삼국-가정 5:38> ▼廝殺 ‖ 댱비 듯고 대로ᄒᆞ야 몬져 가 즛티고져 ᄒᆞ거ᄂᆞᆯ (張飛聽得, 便要去廝殺.) <삼국-가정 7:158> 신 ᄑᆞ라먹던 쟈근 아ᄒᆡ 엇디 ᄆᆡ양 가ᄌᆞ로 ᄒᆞ여곰 ᄃᆡ뎍ᄒᆞᄂᆞ뇨 내 만일 나롯 노ᄅᆞᆫ 아ᄒᆡ[조의 아ᄃᆞᆯ 조챵이라]ᄅᆞᆯ 블러오면 네 가ᄌᆞᄅᆞᆯ 즛텨 육쟝을 ᄆᆡᆫᄃᆞᆯ리라 (賣履小兒, 常使假子據敵! 吾若喚黃鬚來, 汝假子爲骨醬肉泥也!) <삼국-가정 23:101>

【증】 명 ((악기)) 징. 민속 음악에 쓰는 타악기의 하나. 놋쇠로 전이 없는 대야같이 만들어, 울의 한쪽에 두 개의 구멍을 내어 끈을 꿰고 채로 쳐서 소리를 낸다.¶ ▼鑼 ‖ 뫼 그 정상을 뭇고 마젼의셔 참ᄒᆞ다 드ᄅᆞ니 셩밧긔셔 증 붑 소ᄅᆡ와 함셩이 대진ᄒᆞ거ᄂᆞᆯ (只聽得城門外鳴鑼擊鼓, 喊聲大震.) <삼국-가정 17:70>

【증-ᄂᆡ-】 동 증(症)내다. 홧증 또는 싫증으로 불쾌한 생각을 하다.¶ ▼怒 ‖ ᄯᅩ 보니 우길이 젼문의 셔ᄉᆞ 증 ᄂᆡ인 눈으로 ᄎᆡᆨ을 보ᄂᆞᆫ디라 (又見于吉立於殿門首, 怒目視策.) <삼국-국중 6:122>

【증인-ᄒᆞ-】 동 증인(證人)하다.¶ ▼對證 ‖ 못ᄒᆞ리라 모반ᄒᆞᆫ ᄉᆞ경을 고ᄒᆞ야시니 이제 와 증인ᄒᆞ노라 (不可下手. 他首告謀反, 今來對證, 何敢如此?) <삼국-가정 8:89>

【증죠】 명 징조(徵兆). 어떤 일이 생길 기미가 미리 보이는 조짐.¶ ▼兆 ‖ 이ᄂᆞᆫ 크게 흉ᄒᆞᆫ 증죠라 응ᄒᆞ미 금야의 잇스리니 쥬공은 가히 쇽ᄉᆞ히 ᄇᆡᆨ셩을 바리고 다라나쇼셔 (此大凶之兆也. 應在今夜. 主公可速棄百姓而走.) <삼국-국중 8:105> 장연 왈 이 긔운은 이 ᄇᆡᆨ홍이니 군병을 상픽할 증죠라 ᄐᆡ부ᄂᆞᆫ 다만 도라가고 위ᄅᆞᆯ 치지 못ᄒᆞ리라 (蔣延曰: "此氣乃白虹也, 主喪兵之兆. 太傅只可回朝, 不可伐魏.") <삼국-모종 18:22>

【증참】 명 증참(證參). 참고(參考)될 만한 증거(證據). 증좌(證左).¶ ▼證見 ‖ 너의 양인니 조승상을 죽이고져 ᄒᆞ니 ᄂᆡ 맛당이 츌슈ᄒᆞ리라 동국구ᄂᆞᆫ 믄득 증참이 되리라 (汝二人欲殺曹丞相! 我當出首, 董國舅便是證見.) <삼국-국중 5:21>

【증청-ᄒᆞ-】 형 징청(澄淸)하다. 맑고 깨끗하다.¶ ▼澄淸 ‖ 산은 놉지 아니ᄒᆞ되 슈려ᄒᆞ고 물을 깁지 아니ᄒᆞ되 증청ᄒᆞ고 ᄯᅡ흔 넙지 아니ᄒᆞ되 평탄ᄒᆞ고 (果然山不高而秀雅, 水不深而澄清, 地不廣而平坦.) <삼국-국중 8:8>

【지-】[1] 동 지다. (물이나 눈물, 콧물 따위가) 흐르다.¶ ▼墮 ‖ 현덕이 대희ᄒᆞ야 뉴긔ᄅᆞᆯ 셜연관ᄃᆡᄒᆞ더니 긔 믄득 눈믈을 지거ᄂᆞᆯ (玄德大喜, 設宴款待劉琦. 琦忽然墮淚.) <삼국-규장 8:137>

【지-】[2] 동 지다. 끼다.¶ ▼션ᄉᆡᆼ은 진짓 신인이로다 엇디 오ᄂᆞᆯ날 이리 ᄃᆡ무 질 쥴을 아뇨 (先生神人也! 何以知今日如此大霧?) <삼국-규장 10:158>

【지게】 명 ((건축)) 지게문. 마루와 방 사이의 문이나 부엌의 바깥문. 흔히 돌쩌귀를 달아 여닫는 문으로 안팎을 두꺼운 종이로 싸서 바른다.¶ ▼戶 ‖ 보정이 관공인 줄 알고 슈중 쇼[주]미로써 그 지게을 쳐 왈 운장은 어ᄃᆡ 잇난고 (普靜認得是關公, 遂以手中麈尾擊其戶曰: “雲長安在?”) <삼국-모종 13:7>

【지계】 명 ((주거)) 지게문.¶ ▼戶 ‖ 간이 ᄉᆡᆼ각ᄒᆞ되 이 반다시 이인이라 ᄒᆞ고 지계를 두다려 보기ᄅᆞᆯ 청ᄒᆞ니 기인이 문을 열고 나와 마ᄌᆞ니 의표 쇽되지 아니ᄒᆞᆫ지라 (幹思: “此必異人也” 叩戶請見, 其人開門出迎, 儀表非俗.) <삼국-모종 8:23>

【지나-】 동 지나다.¶ ▼至 ‖ 술이 세 슌 지나거ᄂᆞᆯ 문빙 왕위 드러가 됴운을 청ᄒᆞ야 부연ᄒᆞ라 ᄒᆞ거ᄂᆞᆯ 운이 ᄉᆞ양ᄒᆞ고 가지 아니ᄒᆞ니 (酒至三巡, 文聘、王威入請趙雲赴席, 雲推辭不去.) <삼국-규장 8:119>

【지다리-】 동 기다리다. '기다리다'에서 'ㄱ' 구개음화가 일어난 것임. 방언을 반영하고 있는 문헌에 주로 출현한다. 방언(경상, 전라, 충청, 강원).¶ ▼待 ‖ ᄂᆡ 혀아린니 동오의 군ᄉᆞ 반ᄉᆞ시 완성의 둔ᄒᆞ여실 거신니 도독이 가ᄇᆡ야니 군ᄉᆞ을 나오지 말고 ᄂᆡ의 두 길노 치기을 지다려 적병을 파ᄒᆞ리라 (某料東吳之兵, 必盡屯於皖城. 都督不可輕進, 待某兩下夾攻, 賊兵可破矣.) <삼국-모종 16:21>

【지당-ᄒᆞ-】 동 지당(支當)하다. 버티다. 지탱하거나 감당하다.¶ ▼支吾 ‖ 그날 졍히 슌풍이 니러나거ᄂᆞᆯ 견이 군ᄉᆞᄅᆞᆯ 녕ᄒᆞ야 일시예 ᄡᅩ라 ᄒᆞ니 ᄀᆞ의 사ᄅᆞᆷ이 지당티 못ᄒᆞᄂᆞᆫ디라 (當日, 正值順風, 堅令軍士一齊放箭. 岸上支吾不住, 只得退走.) <삼국-가정 3:36>

【지러써】 부 앞질러. 곧장.¶ ▼逕 ‖ 노인이 작지을 집고 셔〻 힝ᄒᆞ여 지러써 셕진을 ᄂᆞ가ᄃᆡ 그다린 ᄇᆡ 업난지라 보ᄂᆡ여 상파 위의 니라러 (老人策杖徐徐而行, 逕出石陣, 並無所礙, 送至山坡之上.) <삼국-모종 14:21>

【지럼-길】 명 ((지리)) 지름길. 멀리 돌지 않고 가깝게 질러 통하는 길.¶ ▼逕 ‖ 만닐 류비 셔쳔을 취ᄒᆞ려 ᄒᆞ거든 승상이 맛당이 군병을 일위고 합비의 잇난 병마를 모도와 지럼길노 조ᄎᆞ 만져 강동을 취ᄒᆞᆫ즉 숀권니 반ᄃᆞ시 류비의 구병을 청ᄒᆞ리니 (若劉備欲取西川, 丞相可命上將提兵, 會合淝之衆, 逕取江南, 則孫權必求救於劉備. 備意在西川, 必無心救權.) <삼국-국중 11:1>

【지럿더】 부 앞질러. 곧장.¶ ▼逕 ‖ 현덕 공명이 ᄇᆡᄉᆞᄒᆞ고 즌ᄎᆞᄅᆞᆯ 맛ᄎᆞᄆᆡ 노슉을 보ᄂᆡ여 ᄇᆡ의 나려 지럿더 싀상의 니ᄅᆞ러 주유ᄅᆞᆯ 보고 그 일을 말ᄒᆞ니 (玄德、孔明拜謝, 宴畢, 送魯肅下船, 逕到柴桑, 見了周瑜, 具言其事.) <삼국-모종 9:89>

【지럿써】 부 앞질러. 곧장.¶ ▼逕 ‖ 장요 가라쳐 이로ᄃᆡ 다만 오림지면의 공학[활]ᄒᆞ니 가히 가리라 ᄒᆞᆫᄃᆡ 조 지럿써 오림으로 닷더니 ᄇᆡ후의 일군이 조ᄎᆞ 니ᄅᆞ러 크게 부라ᄃᆡ 조적은 닷지 말나 (張遼指道: “只有烏林, 地面空闊可走.” 操逕奔烏林, 正走間, 背後一軍趕到, 大叫: “曹賊休走!”) <삼국-모종 8:58> 노슉의 글을 가지고 지럿써 형주의 와 현덕을 보니 잇ᄃᆡ 공명이 ᄉᆞ군을 안출ᄒᆞ여 도리오지 아니ᄒᆞ엿ᄂᆞᆫ지라 (乃求肅書, 逕往荊州來見玄德, 此時孔明按察四郡未回.) <삼국-모종 9:103>

【지레】 부 지레. 질러. 어떤 일이나 상황이 벌어지기 전에 미리.¶ ▼逕 ‖ 즉시 ᄃᆡ병 삼십만을 일희여 지레 강남의 나려갈ᄉᆡ 합비 장요로 ᄒᆞ여곰 냥쵸을 준비ᄒᆞ여 써 공급ᄒᆞ게 ᄒᆞ니라 (卽時起大兵三十萬, 逕下江南, 令合淝張遼, 準備糧草, 以爲供給.) <삼국-모종 10:1>

【지레-로】 부 질러. 곧장. 어떤 일이나 상황이 벌어지기 전에 미리.¶ ▼逕 ‖ 승상은 가히 상장을 명ᄒᆞ야 군ᄉᆞ을 ᄭᅳ어 합비예 무리을 모와 지레로 강남을 취ᄒᆞᆫ 즉 숀권이 반다시 유비의게 구원을 구ᄒᆞ리니 (丞相可命上將提兵, 會合淝之衆, 逕取江南, 則孫權必求救於劉備.) <삼국-모종 10:1>

【지록-ᄒᆞ-】 동 욕하며 꾸짖다.¶ ▼毁罵 ‖ 관공니 나올ᄉᆡ 둥장니 권ᄒᆞ여 머무니 방덕니 무수니 지록ᄒᆞ거날 관평니 익구에 머무고 둥당게 분부ᄒᆞ여 관공게 알게 못ᄒᆞ게 ᄒᆞ다 (關公就要出戰. 衆將勸住, 龐德令小軍毁罵, 關平把住隘口, 分付衆將休報知關公.) <삼국-모종 12:70>

【지르-】 동 (칼이나 창으로) 찌르다.¶ ▼搠 ‖ ᄎᆡᆨ이 바야흐로 혁을 거두쳐 가더니 ᄒᆞᆫ 사ᄅᆞᆷ이 창으로 ᄎᆡᆨ의 왼다리를 지르니 (策方擧轡而行, 一人拈槍望策左腿便搠.) <삼국-가정 10:21> ▼戳 ‖ 그ᄃᆡᄂᆞᆫ 일쳔 창슈를 거ᄂᆞ려 좌편의 ᄆᆡ복ᄒᆞ엿다가 마상장을 지르라 (魏延引一千鎗手伏於左, 單戳馬上將.) <삼국-국중 11:120>

【지릅더】 부 드립다. 가로질러. 지름길로.¶ ▼逕 ‖ 됴비 알고 됴가장 오길[질]을 밀청ᄒᆞ야 ᄂᆡ부의 드리며 다만 말ᄒᆞ여 왈 혹 즁의 비단니 잇다 ᄒᆞ고 부즁으로 드러오거ᄂᆞᆯ 양쉬 알고 지릅더 조의게 고ᄒᆞᆫᄃᆡ (曹丕知之, 密請朝歌長吳質入內府商議; 因恐有人知覺, 乃用大簏藏吳質於中, 只說是絹疋在內, 載入府中. 修知其事, 逕來告操.) <삼국-국중 12:150> ᄂᆡ 번셩을 취ᄒᆞ미 목젼의 잇스니

번셩을 취ᄒᆞᆫ 후의 곳 댱구ᄃᆡ진ᄒᆞ야 지릅더 허도의 이라러 됴적을 쇼명ᄒᆞ고 써 한실을 편하게 ᄒᆞ리니 엇지 쇼창을 인ᄒᆞ여 ᄃᆡᄉᆞ를 그르게 ᄒᆞ리오 (吾取樊城, 只在目前, 取了樊城, 卽當長驅大進, 逕到許都, 剿滅操賊, 以安漢室. 豈可因小瘡而誤大事.) <삼국-국중 13:41>

【지릅써】 [부] 앞질러. 곧장.¶ ▼逕 ‖ 일〻은 데 후원의 잇셔 십샹시로 더브러 음연ᄒᆞ거ᄂᆞᆯ 간의ᄃᆡ부 유되 지릅써 ᄂᆡ젼의 니르러 크게 셜워ᄒᆞ니 데 그 연고를 무른ᄃᆡ (一日, 帝在後園與十常侍飮宴, 諫議大夫劉陶, 逕到帝前大慟, 帝問其故.) <삼국-모종 1:27> 길희셔 탐지ᄒᆞ니 손권이 임의 노슉으로 도독을 숨고 주유 영귀 임의 싀숭으로 가물 알고 지릅써 싀숭의 니ᄅᆞ니 (於路探聽得孫權已令魯肅爲都督, 周瑜靈柩已回柴桑, 孔明逕至柴桑.) <삼국-모종 9:99>

【지릇】 [부] 앞질러. 곧장.¶ ▼逕 ‖ 드ᄅᆞ니 형주 뉴현덕이 인의 멀니 페인 제 오ᄅᆞ〻 지릇 가 이 ᄉᆞ람이 엇더ᄒᆞᆫ고 ᄉᆡ엄ᄒᆞ야 보리라 (吾聞荊州劉玄德仁義遠播久矣, 不如逕由那條路回, 試看此人如何, 我自有主見.) <삼국-모종 10:57>

【지리】 [부] 길이. 길게.¶ ▼長 ‖ 지룡지ᄉᆡ 오릐 황슉의 덕을 ᄉᆡᆼ각ᄒᆞ니 만일 형양지중을 니ᄅᆞ혀 지리 모ᄅᆞ 셔흐로 가ᄅᆞ치면 한실을 가히 니ᄅᆞ혈지니라 (智能之士, 久慕皇叔之德, 若起荊之衆, 長驅西指, 霸業可成, 漢室可興矣.) <삼국-모종 10:61>

【지립써】 [부] 앞질러. 곧장.¶ ▼逕 ‖ 만일 일지군으로 포관진을 가마니 건너 도적의 귀로ᄅᆞᆯ 몬져 ᄭᅳᆫ코 승숭은 지립써 발ᄒᆞ야 하북을 치면 적이 양쳐를 셔로 웅치 못ᄒᆞ야 셰가 위틔ᄒᆞ리다 (若得一軍暗渡蒲阪津, 先截賊歸路, 丞相逕發河北擊之, 賊兩不相應, 勢必危矣.) <삼국-모종 10:16>

【지릿더】 [부] 앞질러. 곧장.¶ ▼逕 ‖ 장비 흔연 영낙ᄒᆞ고 상마ᄒᆞ고 갈ᄉᆡ 쇼도지쳐의 항ᄌᆞᄂᆞᆫ 추호ᄅᆞᆯ 무범ᄒᆞ고 지릿더 한 천 길흘 취ᄒᆞ야 파군의 니라니 (張飛欣然領諾, 上馬而去, 迤邐前行, 所到之處, 但降者秋毫無犯, 逕取漢、川路, 前至巴郡.) <삼국-모종 10:131>

【지무-ᄒᆞ-】 [동] 지무(-撫)하다. 위로하고 권면하다.¶ ▼撫勸 ‖ 부친니 긔후 불평ᄒᆞ여 동ᄒᆡᆼ치 못ᄒᆞ고 특별이 슉부를 청ᄒᆞ여 손 ᄃᆡ접ᄒᆞ고 각쳐 슈목관원을 지무케 ᄒᆞᄂᆞ이ᄃᆞ (父親氣疾作, 不能行動, 特請叔父待客, 撫勸各處守牧之官.) <삼국-모종 6:34>

【지실-ᄒᆞ-】 [동] 지실(知悉)ᄒᆞ다. 모든 형편이나 사정을 자세히 알다. 숙실(熟悉)하다.¶ ▼知悉 ‖ 만닐 불순하ᄂᆞᆫ 지면 구족을 멸ᄒᆞ리니 제방은 지실ᄒᆞ라 (如不順者, 當滅九族! 先此告聞, 想宜知悉.) <삼국-국중 15:33>

【지악-ᄒᆞ-】 [형] 지악(至惡)하다. 몹시 모질다. 악착스럽다.¶ ▼惡 ‖ 반장이 ᄃᆡ로ᄒᆞ여 와 싸와 수합에 승부을 결단치 못ᄒᆞ여 충이 힘쎠 지악키 싸오니 장이 발마로 문듯 닷거ᄂᆞᆯ (潘璋大怒, … 來戰黃忠, 交馬數合, 不分勝負, 忠奮力惡戰, 璋料敵不過, 撥馬便走.) <삼국-모종 13:81>

【지어-ᄇᆞ리-】 [동] 저버리다.¶ ▼負 ‖ 내 너의 튱셩을 아ᄂᆞᆫ디라 의심티 아녀 ᄇᆞ리노니 네 날을 지어ᄇᆞ리디 말라 (吾今知汝忠誠, 不疑使之, 汝無負吾.) <삼국-가정 13:104> 괴 관댱으로 더브러 도원의셔 결의ᄒᆞᆯ 제 ᄒᆞᆷᄭᅴ 죽으므로 ᄆᆡᆼ셰ᄒᆞ엿더니 이제 운댱이 블셔 주거시니 내 엇디 홀로 부귀ᄅᆞᆯ 누리리오 만일 ᄒᆞᆫ을 싯디 아니ᄒᆞ면 이 ᄆᆡᆼ셰ᄅᆞᆯ 지어ᄇᆞ리미라 (孤與關、張二弟在桃園結義時, 誓同生死. 今雲長已亡, 孤豈能獨享富貴乎? 若不雪恨, 乃負當日之盟也!) <삼국-가정 25:76>

【지오-ᄒᆞ-】 [형] 지오(遲誤)하다. 지체하여 그르치다.¶ ▼遲誤 ‖ 동탁은 녁쳔무도ᄒᆞ야 한실을 경복ᄒᆞ니 ᄂᆡ 그 구족을 멸ᄒᆞ여 천하의 ᄉᆞ레코져 ᄒᆞ거ᄂᆞᆯ 엇지 녁젹으로 더브러 혼인ᄒᆞ리오 네 밧비 가 관을 ᄃᆡ리라 만일 지오ᄒᆞ면 분골쇄신ᄒᆞ리라 (董卓逆天無道, 蕩覆王室, 吾欲夷其九族, 以謝天下, 安肯與逆賊結親耶! 吾不斬汝! 汝當速去, 早早獻關, 饒你性命! 倘若遲誤, 粉骨碎身!) <삼국-모종 1:95>

【지완-ᄒᆞ-】 [동] 지완(遲緩)하다. 더디게 하거나 늦추다.¶ ▼遲緩 ‖ ᄉᆞ마중달의 말이 올은디라 만닐 지완ᄒᆞ면 제갈양이 치국ᄒᆞ미 밝고 관 장 등이 용관삼군ᄒᆞ니 촉민니 귀순ᄒᆞ여 험을 웅거ᄒᆞ고 관ᄋᆡᆨ을 직희면 ᄀᆞ히 도모치 못ᄒᆞ리이다 (司馬仲達之言是也: 若少遲緩, 諸葛亮明於治國而爲相, 關、張等勇冠三軍而爲將, 蜀民既定, 據守關隘, 不可犯矣.) <삼국-국중 12:36>

【지용-ᄒᆞ-】 [동] 지용(支用)하다. 쓰다.¶ ▼支用 ‖ 이제 군량이 다 검각의 이시되 인부와 우마의 슈운ᄒᆞ기 편티 못ᄒᆞ고 비록 나ᄌᆞ로 ᄒᆡᆼᄒᆞ고 밤으로 머물워 힘을 허비ᄒᆞ나 지용ᄒᆞ미 족디 못ᄒᆞ니 엇디ᄒᆞ리오 (卽今糧米皆在劍閣, 人夫牛馬, 搬運不便. 雖日行夜住, 費力甚難. 總然易到, 不敷支用, 如之奈何?) <삼국-가정 34:11> ▼用度 ‖ 공명이 우쟝군 현도후 고샹으로 ᄒᆞ여곰 일천 병을 인ᄒᆞ야 목우뉴마ᄅᆞᆯ 모라 검각으로브터 냥초ᄅᆞᆯ 슈운ᄒᆞ야 긔산 대채예 니ᄅᆞ니 촉병의 지용ᄒᆞ미 핍졀티 아닌디라 모ᄃᆞᆫ 군ᄉᆡ 공명의 은덕 갑프믈 ᄉᆡᆼ각ᄒᆞ야 나 싸홈을 원ᄒᆞ더라 (孔明令右將軍、玄都侯高翔, 引一千兵駕木牛流馬, 自劍閣直抵祁山大寨, 往來搬運糧草, 供給蜀兵用度.) <삼국-가정 34:13> ▼用 ‖ 제갈탄이 표ᄅᆞᆯ 낙양의 보내고 슈츈의 도라와 냥회 둔뎐ᄒᆞᆫ 구십여 만 인과 양쥐 새로 항복ᄒᆞᆫ 군ᄉᆞ ᄉᆞ만여 인을 모호고 냥초ᄅᆞᆯ 싸흐니 족히 일년을 지용ᄒᆞᆯ러라 (且說諸葛誕上表已畢, 仍回壽春, 大聚兩淮屯田戶口十餘萬, 幷揚州新附降兵四萬餘人, 積草屯糧, 足用一年.) <삼국-가정 37:15>

【지위-ᄒᆞ-】 [동] 지휘(指揮)하다.¶ ▼指 ‖ 죄[쇠] 보고 일지 군마를 크게 지위ᄒᆞ여 ᄊᆞ와 ᄃᆡ살일장에 각〻 병을 거두어 시[처]로 도라가니 (袁紹見子得勝, 揮鞭一指, 大隊人馬, 擁將過來混戰, 大殺一場, 各鳴金收軍還寨.) <삼국-모종 5:67>

【지음】 명의 즈음. 사이. 일이 어찌 될 무렵. 짐작되는 시간의 뜻으로 쓰임. 경상 방언.¶ ▼際 ‖ 즘짓 갓가이 오믈 기다려 니몽이 창을 드러 질을 지음의 마춰 ᄒᆞᆫ 편으로 비쳐서며 두 말이 ᄒᆞᆫᄃᆡ 다앗난지라 마춰 원비를 느리워 싱금ᄒᆞ니 (卻故意俄延; 等他馬近擧鎗刺來, 超將身一閃, 李蒙搠個空, 兩馬相並, 被馬超輕舒猿臂, 生擒過去.) <삼국-국중 3:6> ▼間 ‖ 죄 슈십 긔를 거나리고 동문으로 돌츌ᄒᆞ야 뎡히 다라날 지음의 ᄒᆞᆫ 소ᄅᆡ 고함의 감녕이 가ᄂᆞᆫ 긜을 막거날 (祖帶數十騎突出東門, 正走之間, 一聲喊起, 甘寧攔住.) <삼국-모종 7:1>

【지음-ᄒᆞ-】 동 즈음하다. 격(隔)하다. 경계로 하다.¶ ▼隔 ‖ 현덕이 황망ᄒᆞ여 마를 달여 와 하수를 지음ᄒᆞ여 보니 인마는 나ᄂᆞᆫ 듯ᄒᆞ고 긔호ᄂᆞᆫ 한수정후 관운장이라 썻더라 (玄德慌忙驟馬來看, 隔河望見一簇人馬, 往來如飛, 旗上寫著"漢壽亭侯關雲長"七字.) <삼국-모종 4:70> 조운니 놀나고 의심ᄒᆞ여 ᄇᆡ로 계변의 와 보니 두둑을 지음ᄒᆞ여 일ᄃᆡ 말 ᄌᆞ최 잇ᄂᆞᆫ지라 (雲驚疑不定, 直來溪邊看時, 只見隔岸一帶水跡.) <삼국-모종 6:39> ▼離 ‖ 죄 이예 조홍으로 이십 긔를 잇글고 진젼의 경출ᄒᆞ야 서로 볼 졔 ᄆᆞᆯ이 슈보의 지음헛ᄂᆞᆫ지라 (操乃令曹洪引數十騎, 逕出陣前與韓遂相見, 馬離數步.) <삼국-모종 10:36>

【-지이】 조 지(至)이. -까지. 이르도록. 이미 어떤 것이 포함되고 그 위에 더함의 뜻을 나타내는 보조사. '-지(至)히'에서 'ㅎ'이 탈락한 것이다.¶ ▼이 ᄆᆡᆼ세를 변ᄒᆞ야 ᄒᆞ야곰 그 일을 믈허디긔 ᄒᆞ면 큰 화를 닙어 ᄌᆞ손지이 남으니 업ᄉᆞᆯ 거시니 (有渝此盟, 俾墜其命, 無克遺育.) <삼국-가정 2:55> 승이 두려 즉시 버서준대 죄 친히 드러 안팟을 ᄌᆞ셔히 보고 볏희 취혀드러 속지이 본 후의 (操親自以手提起裡面, 望日影中細詳看之.) <삼국-가정 7:94> 채모 댱윤은 텸녕ᄒᆞᄂᆞᆫ 무리어ᄂᆞᆯ 엇디 이대ᄃᆞ록 듕ᄒᆞᆫ 벼ᄉᆞᆯ을 ᄒᆞ이며 슈군도독지이 겸킈 ᄒᆞ시ᄂᆞ니잇고 (蔡瑁、張允乃諂佞之徒, 何故加封如此顯官, 更教都督水軍乎?) <삼국-가정 13:118> ▼至 ‖ 량이 ᄉᆡᆨ상의셔 ᄒᆞᆫ 번 니별ᄒᆞᆫ 후의 이제지이 년ᄂᆞᆫᄒᆞ야 닛디 못ᄒᆞ여 ᄒᆞ노라 (亮自赤壁一別, 至今戀戀不忘.) <삼국-가정 18:62>

【-지이다】 미 -었으면 합니다. -기를 바랍니다. 화자의 소망을 나타내는 평서형어미 '-지라'의 경어형. -지(싶다: 보조 용언)+-이(상대 높임 선어말 어미)+-다(평서형 종결 어미).¶ ▼乞 ‖ 승 왈 지필을 어더 ᄒᆞᆫ 번 써지이다 (勝曰: "乞紙筆一用.") <삼국-가정 35:79>

【지져괴-】 동 지저귀다. 떠들다. 소리치다.¶ ▼喊嘶 ‖ 일천 군을 거ᄂᆞ려 가되 각ᄂᆞ 뵈쟐를 가지고 ᄇᆡᆨ하 샹뉴의 가 ᄆᆡ복호ᄃᆡ 쟐ᄋᆡ 흙과 돌흘 녀허 ᄇᆡᆨ핫믈을 막앗다가 ᄂᆡ일 삼경 후의 믈 아래셔 사ᄅᆞᆷ이 지져괴거든 급히 쟐를 아사 믈을 노하ᄇᆞ리고 ᄂᆞ려오며 ᄉᆡᆨ살ᄒᆞ라 (引一千人各帶布袋, 去白河上流頭埋伏, 用布袋裝上磚石土泥, 堰住白河之水. 到來日三更後, 只聽下流頭人馬喊嘶, 此是曹兵敗矣, 急取布袋, 放水淹之, 卻順水殺將下來接應.) <삼국-가정 13:92>

【지쥬】 명 ((곤충)) 지주(蜘蛛). 거미. 절지동물 거미강 거미목의 동물을 통틀어 이르는 말. 몸은 머리, 가슴과 배로 구분되며 다리는 네 쌍이고 날개와 더듬이가 없다. 항문 근처에 있는 2-4쌍의 방적돌기에서 진득진득한 실을 뽑아 그물처럼 쳐 놓고 벌레를 잡아먹는다.¶ ▼蜘蛛 ‖ 졔갈원니 불신ᄒᆞ고 가마니 연란과[제비 알] 봉와[벌의 집]와 지쥬[거미] 삼물을 가져 각ᄂᆞ 분중의 감초고 뇌를 불너 졈ᄒᆞ니 (諸葛原不信, 暗取燕卵、蜂窠、蜘蛛三物分置三盒之中, 令輅卜之.) <삼국-국중 12:69>

【지즐-우-】 동 지지르다. 짓누르다. 내리누르다.¶ ▼壓 ‖ 난간이 굴곡ᄒᆞ니 ᄇᆞᆰ근 ᄃᆞᆯ을 머믈웟고 창회 녕농ᄒᆞ니 ᄇᆞᆰ근 ᄂᆡ를 지즐웟도다 (欄干屈曲留明月, 窗戶玲瓏壓紫烟.) <삼국-가정 18:35>

【지탕-ᄒᆞ-】 동 지탱(支撑)하다. 오래 버티거나 배겨 내다.¶ ▼支持 ‖ ᄂᆡ 츙셩치 아니미 아니로ᄃᆡ 셰 위틱ᄒᆞ고 힘이 곤ᄒᆞ여 능히 지탕ᄒᆞ기 어려운고로 이제 동오의 항복ᄒᆞ엿스니 댱군도 또한 항복ᄒᆞ니만 ᄀᆞᆺ디 못ᄒᆞ니라 (吾非不忠: 勢危力困, 不能支持. 我今已降東吳, 將軍亦不如早降.) <삼국-국중 13:56> ▼支 ‖ 동화 왈 성중의 오히려 병 슈만여 인 닛고 젼ᄇᆡᆨ과 양초 가히 일연 지탕ᄒᆞᆯ것신이 엇지 문듯 항복ᄒᆞ리요 (董和曰: "城中兵尙有三萬餘人, 錢帛糧草, 可支一年, 奈何便降?") <삼국-모종 11:28>

【지팅-ᄒᆞ-】 동 지탱(支撑)하다. 오래 버티거나 배겨 내다. 탱지(撐支)하다.¶ ▼支 ‖ 동홰 진왈 셩즁의 오히려 삼만 병이 잇고 양최 ᄀᆞ히 일년을 지팅ᄒᆞᆯ지라 엇디 항복ᄒᆞ리오 (董和曰; "城中兵尙有三萬餘人; 錢帛糧草, 可支一年: 奈何便降?") <삼국-국중 11:146>

【지필】 명 ((기물))((문방)) 지필(紙筆). 종이와 붓.¶ ▼紙筆 ‖ 승 왈 지필을 어더 ᄒᆞᆫ 번 써지이다 (勝曰: "乞紙筆一用.") <삼국-가정 35:79> 현덕 왈 엇지 션ᄉᆡᆼ의 멍아을 굽히리요 슈일 후ᄂᆡ 맛당히 다시 오리라 원컨ᄃᆡ 지필을 쥬면 한 글을 두어 은근한 뜻을 표ᄒᆞ리라 (玄德曰: "豈敢望先生枉駕? 數日之後, 備當再至, 願借紙筆作一書, 留達令兄, 以表劉備殷懃之意.") <삼국-모종 6:82>

【지혀】 명 지혜(智慧). 사물의 이치를 빨리 깨닫고 사물을 정확하게 처리할 수 있는 방도를 잘 생각해 내는 슬기.¶ ▼智 ‖ 죄 왈 ᄂᆡ 다른 ᄉᆞᄅᆞᆷ을 우ᄉᆞ미 아니라 다만 쥬유의 ᄭᅬ 업고 제갈양의 지혀 적으물 웃노라 ᄂᆡ 만일 용병ᄒᆞ던 ᄯᅵ면 미리 져 속의 일군을 ᄆᆡ복ᄒᆞ면 엇지ᄒᆞ리오 (操曰: "吾不笑別人, 單笑周瑜無謀, 諸葛亮少智. 若是吾用兵之時, 預先在這裏伏下一軍, 如之奈何?") <삼국-모종 8:60>

【지혀-】 동 몸이나 물건을 무엇에 의지하면서 비스듬히 대다. 기대다.¶ ▼憑 ‖ 죄 현덕으로 더브러 난간의 지혀 보더니 (操與玄德憑欄觀之.) <삼국-가정 7:121> 호반이 드러가 보니 운댱이 좌슈로 슈염을 다ᄃᆞᄆᆞ며 궤에 지혀 등 아래셔 글을 보거ᄂᆞᆯ (胡班往觀, 見關公左手綽髥,

憑几於燈下看書.) <삼국-가정 9:108> 이날 밤의 죄 긔 쥐셩 동남모 누샹의셔 자더니 난간을 지혀 텬문을 보니 (是夜, 宿鄴城東角樓上, 憑欄仰觀天文.) <삼국-가정 11:100>

【직거-ᄒᆞ-】 동 깃거하다. 기뻐하다.¶ ▼喜 ‖ 쇠 심즁 직거ᄒᆞ여 궁중의 도라와 음식을 ᄃᆡ하다가 홀련 바람 마즈 말 못ᄒᆞ고 (昭心中暗喜, 回到宮中, 正欲飮食, 忽中風不語.) <삼국-모종 19:73>

【직쳡】 명 ((문서)) 직첩(職牒, 職帖). 조정에서 내리는 벼슬아치의 임명장.¶ ▼官誥 ‖ 조죄 ᄃᆡ희ᄒᆞ여 즉시 봉군도위 왕칙을 녀포의 직쳡과 히화ᄒᆞᆯ 글을 쥬워 셔쥬로 보ᄂᆡ고 (遂差奉軍都尉王則, 齎官誥併和解書, 往徐州去訖.) <삼국-국중 4:64>

【직키-】 동 직히다.¶ ▼看守 ‖ 추등 인물은 ᄂᆡ가 다 아니 순욱은 가히 ᄒᆞ여금 조상과 문병이ᄂᆞ ᄒᆞ고 순뉴 가히 분묘나 직킬 거시오 (此等人物, 吾盡識之, 荀彧可使弔喪問疾, 荀攸可使看墳守墓.) <삼국-모종 4:30> ▼守 ‖ 니예 장위로 칠노군을 논야 익구을 직키여 마초의 병을 노와 들으오게 못ᄒᆞ니 쵸 진퇴부득ᄒᆞ여 게교 벼풀 고지 업난지라 (於是張衛分七路軍, 堅守隘口, 不放馬超兵入, 超進退不得, 無計可施.) <삼국-모종 11:23>

【직희-】 동 지키다. 재산, 이익, 안전 따위를 잃거나 침해당하지 아니하도록 보호하거나 감시하여 막다.¶ ▼據 ‖ 이 셩을 직희여 몸이 비록 가로갓치 ᄇᆞ아질디라도 ᄯᅩᄒᆞᆫ 항치 아니ᄒᆞᆯ 거시니 (死據此城, 城雖粉碎, 身亦不降也.) <삼국-규장 17:95> ▼守 ‖ 졍긔를 곰초고 제군이 가마니 셩텹을 직희여 망녕도이 츌립ᄒᆞ면 소ᄅᆡᄒᆞᄂᆞᆫ 쟈를 참ᄒᆞ리라 (諸將各守城鋪, 如有妄行出入, 及高聲言語者, 立斬.) <삼국-규장 21:97> 니마의 쥬ᄒᆞᆫ ᄲᅧ 업고 눈의 직흰 경신이 업고 코의 모로ᄲᅧ 업고 다리의 천근이 업고 등의 삼갑이 업고 ᄇᆡ의 삼임이 업ᄉᆞ니 가히 ᄐᆡ산의 가 귀신을 다ᄉᆞᆯ일 거시오 능히 산 사람은 다사리지 못ᄒᆞ리니다 (輅額無主骨, 眼無守睛, 鼻無梁柱, 脚無天根, 背無三甲, 腹無三壬, 只可泰山治鬼, 不能治生人也.) <삼국-가정 22:97> 부군니 ᄇᆡᆨ셩으로 더부러 굿겨 직희면 뫼 비록 부ᄌᆡᄒᆞ나 원컨ᄃᆡ 적은 ᄭᅬ를 베푸러 조됴로 ᄒᆞ여곰 죽어 장신할 ᄯᅡ히 업셔 ᄒᆞ오리이다 (府君與百姓堅守勿出, 某雖不才, 願施小策, 敎曹操死無葬身之地!) <삼국-모종 2:53>

【직희우-】 동 지키게 하다.¶ ▼守 ‖ 드ᄃᆡ여 요화로 한즁을 직희우고 삼십만 ᄃᆡ군을 다리여 쇼양을 향ᄒᆞ니라 (遂留廖化守漢中, 自同諸將提兵三十萬, 徑取洮陽而來.) <삼국-국중 17:52>

【직ᄒᆞ-】 동 지키다. 규정, 약속, 법, 예의 따위를 어기지 아니하고 그대로 실행하다.¶ ▼據守 ‖ 죠운이 병을 ᄭᅳ어 직히든니 홀련 마량이 이르려 ᄃᆡ군이 픽함을 보고 뉘웃쳐뮬 밋지 못ᄒᆞ여 공명의 말노써 션쥬게 고한ᄃᆡ (趙雲引兵據守. 忽馬良至, 見大軍已敗, 懊悔不及, 將孔明之言, 奏知先主.) <삼국-모종 14:24>

【진기】 부 진개(眞箇). 정말로. 참으로. (중국어 간접 차용어).¶ ▼眞個 ‖ 공명이 셜파의 현덕의 마음을 격동ᄒᆞ믹 진기 가슴을 두다리며 발을 구올너 방셩ᄃᆡ곡ᄒᆞ거ᄂᆞᆯ (孔明說罷, 觸動玄德衷腸, 眞個搥胸頓足, 放聲大哭.) <삼국-국중 10:104>

【진녁-ᄒᆞ-】 동 진력(盡力)하다. 있는 힘을 다하다.¶ ▼盡力 ‖ 내 박망파의 니ᄅᆞ러 뎍군을 만나 진녁ᄒᆞ야 뉴비ᄅᆞᆯ 잡으려 ᄒᆞ더니 졔갈량이 블로 티니 블 니러나는 고ᄃᆡᄉᆞᄉᆞ로 블와 주그니 열히셔 네다여시 샹ᄒᆞ엿ᄂᆞ이다 (某至博望坡下遇敵軍, 欲盡力去取劉備, 被諸葛亮用火攻; 火起處, 自相殘害, 十傷四五.) <삼국-가정 13:64> ▼死心塌地 ‖ 셔뫼 ᄒᆞᆫ 번 죽으면 셔셰 죽으므로ᄡᅥ 뉴비ᄅᆞᆯ 도와 진녁ᄒᆞ야 보슈ᄒᆞ리니 머믈워 둠만 ᄀᆞᆺ디 못ᄒᆞ니이다 (徐母一死, 徐庶知之, 必死心塌地以助劉備, 以盡力報仇也.) <삼국-가정 12:52>

【진뉼-ᄒᆞ-】 동 진율(震慄, 振慄)하다. 무섭고 두려워서 몸을 떨다.¶ ▼悚然 ‖ 각영이 진뉼ᄒᆞ야 듀야ᄅᆞᆯ 자디 못ᄒᆞ더라 (各寨悚然, 晝夜不寢.) <삼국-가정 7:41>

【진동-ᄒᆞ-】 동 진동(震動)하다. 몹시 흔들리거나 떨리다.¶ ▼震動 ‖ 한즁을 만닐 일흐면 즁원니 진동ᄒᆞ리니 ᄃᆡ왕은 노고함을 ᄉᆡ양 말고 반ᄃᆞ시 친히 ᄀᆞ 치소셔 (漢中若失, 中原震動. 大王休辭勞, 必須親自征討.) <삼국-국중 12:113>

【진밀-ᄒᆞ-】 형 진밀(縝密)하다. 신중(愼重)하다. 은밀(隱密)하다.¶ ▼密 ‖ 추구월의 니ᄅᆞ러 듕연[환관의 벼살리라]도졀 왕뵈 농권ᄒᆞ거ᄂᆞᆯ 두무와 진번이 도모ᄒᆞ야 죽이랴 ᄒᆞ다가 거ᄉᆡ 진밀티 못ᄒᆞ야 도로혀 죠졀 왕보의 ᄒᆡᄒᆞᆫ 배 되니 (至秋九月, 中涓曹節、王甫弄權, 竇武、陳蕃預謀誅之, 機密不密, 反被曹節、王甫所害.) <삼국-규장 1:2> 군신이 서로 진밀티 아니ᄒᆞ면 우흔 말 누셜ᄒᆞᄂᆞᆫ 경계 잇고 아ᄅᆡ 사름은 샹신ᄒᆞᆯ 화 잇ᄂᆞ니 원컨ᄃᆡ 신의 표를 번거히 마라 진튱ᄒᆞᄂᆞᆫ 신하로 ᄒᆞ여금 간신의게 원을 엇게 마르쇼셔 (夫君臣不密, 上有漏言之戒, 下有失身之禍. 願寢臣表, 無使盡忠之吏, 受怨奸仇.) <삼국-규장 1:7>

【진복-ᄒᆞ-】 동 진복(鎭服, 震服)하다. 무서워 떨면서 복종하다.¶ ▼震服 ‖ 삼군의 호령ᄒᆞ여 만일 인가의 계견을 죽이ᄂᆞᆫ 지 잇ᄉᆞ면 살인지죄와 갓치 ᄒᆞ리라 ᄒᆞ니 어시의 군심이 진복ᄒᆞ고 죄 ᄯᅩᄒᆞᆫ 심즁의 깃거ᄒᆞ더라 (號令三軍: 如有下鄕殺人家雞犬者, 如殺人之罪. 於是軍民震服. 操亦心中暗喜.) <삼국-국중 7:34>

【진셜-ᄒᆞ-】 동 진설(陳說)하다. 말하다. 설득하다.¶ ▼說 ‖ 그러나 일변ᄉᆞ를 보ᄂᆡ여 이히를 진셜코져 ᄒᆞ나 보닐 ᄉᆞ름을 엇지 못ᄒᆞᆫ 고로 오ᄅᆡ ᄉᆡᆼ각ᄒᆞᆫ ᄇᆡ라 (雖然如此, 須用一舌辯之士, 逕往東吳, 以利害說之, 則先退東吳, 其四路之兵, 何足憂乎! 但未得說吳之人, 臣故躊躇.) <삼국-국중 14:85>

【진의】 명 진애(塵埃). 먼지.¶ ▼塵埃 ‖ 월ᄂᆡ 장비 엄안으로 다려 그 길노 좃ᄎᆞ 올나 오다가 진의 니난 거셜 보

고 천병으로 싸오난 줄 알고 (原來張飛與嚴顔正從那條路上來, 望見塵埃起, 知與川兵交戰.) <삼국-모종 11:3>

【진적-ᄒᆞ-】 형 진적(眞的)하다. 참되고 틀림없다.¶ ▼果然 ‖ 촉병니 곡중의 드러 갈 씩예 군중의 힌 긔을 세우고 곡성이 진동ᄒᆞ니 공명이 쥭음니 진적ᄒᆞ고 전일 거상의 공명은 이 목인니라 (蜀兵退入谷中之時, 哀聲震地, 軍中揚起白旗, 孔明果然死了, 止留姜維引一千斷後, 前日車上之孔明, 乃木人也.) <삼국-모종 17:40>

【진지-ᄒᆞ-】 동 진지(進支)하다. 식사하다.¶ ▼進食 ‖ 당 듕의 그림 그린 쵹을 혀고 다만 시비 서너흘 두어 진지ᄒᆞ더니 (堂中點上畵燭, 止留女使進酒進食.) <삼국-가정 3:75>

【진작】 부 진작. (이미 지나간 사실에 대하여 뉘우침, 원망 등의 뜻을 나타낼 때) 미리. 또는 좀 일찌기.¶ ▼早 ‖ 장비 짐진 ᄃᆡ규 왈 임의 져긔 거쳐 잇스면 엇지 진작 말ᄒᆞ지 안ᄒᆞ여ᄂᆞ냐 (張飛故意大叫曰: "旣有這個去處, 何不早來說?") <삼국-모종 10:135>

【진진】 명 진진(秦晉). 진(秦)나라와 진(晉)나라 두 나라가 대대로 혼인을 하였다는 사실에서, 우의가 두터운 관계를 비유적으로 나타내는 말.¶

【진진의 즐거옴】 관구 진진(秦晉)의 즐거움. 주나라 때 제후들이 다 동성(同姓)이므로 서로 혼인을 못하되 오직 진(秦)과 진(晉) 두 나라만 이성(異姓)이라 매번 혼인을 한 데서 온 말.¶ ▼秦晉之歡 ‖ 우리 쥬인 오휘 ᄒᆞᆫ 누의ᄅᆞᆯ 두어 겨시니 아름답고 크게 용ᄒᆞᆫ디라 가히 뷔와 키ᄅᆞᆯ 밧드럼즉 ᄒᆞ니 만일 두 집이 진〻[쥬적 제후ᄃᆞᆯ이 다 동셩이매 서ᄅᆞ 혼인을 못호ᄃᆡ 오직 진〻 두 나라히 이셩이라 ᄆᆡ양 두나라과 혼인을 ᄒᆞ더라]의 즐거오믈 ᄆᆡᄌᆞ면 조적이 감히 동남을 바ᄅᆞ 보디 못ᄒᆞ리니 나라히며 집의 엇디 아름답디 아니ᄒᆞ리오 (吾主人孫將軍有一妹, 美而大賢, 堪可以奉箕箒. 若兩家共結秦晉之歡, 則曹賊不敢正視東南也. 家國之事, 幷皆全美.) <삼국-가정 17:89>

【진짓】 관 진짜. 참된.¶ ▼眞 ‖ 수플을 의지ᄒᆞ며 뫼흘 겻져 젼후ᄅᆞᆯ ᄇᆞ라보고 츌입의 문이 잇고 진퇴예 곡절이 이시니 비록 녜 손 외 직싱ᄒᆞ고 양졔 다시 올디라도 이예셔 디나디 못ᄒᆞ리니 이제 통이 부러 ᄠᅳ더내야 됴흐니 구ᄌᆞ니 ᄒᆞ면 통의 진짓 ᄆᆞᄋᆞᆷ이 아니니이다 (傍山依林, 前後顧盼, 出入有門, 進退曲折, 雖古之孫、吳再生, 穰苴復出, 亦不過于此矣. 非統曲爲褒獎, 乃眞心也.) <삼국-가정 15:118>

【진튱-ᄒᆞ-】 동 진충(盡忠)하다. 충성을 다하다.¶ ▼盡忠 ‖ 군신이 서로 딘밀티 아니ᄒᆞ면 우흔 말 누셜ᄒᆞᄂᆞᆫ 경계 잇고 아ᄅᆡ 사ᄅᆞᆷ은 상신ᄒᆞᆯ 홰 잇ᄂᆞ니 원컨대 신의 표ᄅᆞᆯ 번거히 마라 진튱ᄒᆞᄂᆞᆫ 신하로 ᄒᆞ야곰 간신의게 원을 엇게 마르쇼셔 (夫君臣不密, 上有漏言之戒, 下有失身之禍.願寢臣表, 無使盡忠之吏, 受怨奸仇.) <삼국-가정 1:9>

【진-ᄒᆞ-】 동 진(盡)하다. 다하여 없어지다. 다하다.¶ ▼乏 ‖ 네 ᄂᆡ일 인병ᄒᆞ야 몬져 등도의 가 듀채ᄒᆞ고 후일의 교젼ᄒᆞ되 군병으로 ᄒᆞ야곰 힘을 진케 말라 (汝次日先進, 到半途駐扎, 後日交戰, 使兵力不乏.) <삼국-가정 32:84>

【진-흙】 명 ((지리)) 진흙.¶ ▼汙泥 ‖ 이졔 신야의 잇셔 역신 류비를 도와 죠정을 빅반ᄒᆞ니 졍히 아름다온 옥이 진흙 가온ᄃᆡ 빠짐과 갓ᄐᆞ니 진실노 앗ᄀᆞ온지라 (今在新野, 助逆臣劉備, 背叛朝廷, 正猶美玉落於汙泥之中, 誠爲可惜.) <삼국-국중 7:143> ▼泥 ‖ 의천검은 죠죄 스ᄉᆞ로 차고 청강검은 하후은으로 차게 ᄒᆞ미니 쇠를 씩으ᄆᆡ 진흙과 ᄀᆞᆺ치 드니 이ᄒᆞ미 비ᄒᆞᆯ ᄃᆡ 업난지라 (倚天劍自佩之, 靑釭劍令夏侯恩佩之. 那靑釭劍砍鐵如泥, 鋒利無比.) <삼국-국중 8:112>

【질】[1] 명 ((지리)) 길. 사람이나 수레가 지나갈 수 있게 땅 위에 낸 일정한 너비의 공간.¶ ▼路 ‖ 가회 조죠의 픽쥬ᄒᆞ물 보고 급피 장수를 권ᄒᆞ여 뉴표의게 글을 깃처 군ᄉᆞ를 이릐여 그 질을 ᄭᅳᆫ히라 ᄒᆞ니 표 즉시 병을 일위이고저 ᄒᆞ더니 (賈詡見操敗走, 急勸張繡遣書劉表, 來起兵截其後路, 表得書, 卽欲起兵.) <삼국-모종 3:58> 장요 왈 승상이 관공의 오관에 참뉵장함을 듯고 혹 질리 막킬가 ᄒᆞ여 특별리 날노 각처 관역에 호뉴ᄒᆞ여 노와 힝ᄒᆞ게 ᄒᆞ니라 (張遼近前言曰: "奉丞相鈞旨, 因聞知雲長斬關殺將, 恐於路有阻, 特差我傳諭各處關隘, 任便放行.") <삼국-모종 5:17> 그 빅성 질을 ᄭᅳ을니고 겡긔 오빅을 가려 쇼로〻 전딘ᄒᆞ니라 (便令百姓引路, 選輕騎五百, 從小路而進.) <삼국-모종 11:7>

【질】[2] 명의 길. 길이를 세는 단위.¶ ▼丈 ‖ 강남 쇠로써 연화삭 빅 가달리 장이 수빅 질 되고 무기 삼십 근 되게 지어 연강 요긴ᄒᆞᆫ 곳을 빗기 ᄭᅳᆫ코 (江南多鐵, 可打連環索百餘條, 長數百丈, 每環重二三十斤, 于沿江緊要去處橫截之.) <삼국-모종 19:88>

【질긔-】 동 즐기다. 즐겁게 누리거나 맛보다. 무엇을 좋아하여 자주 하다.¶ ▼樂 ‖ 운장이 묵연ᄒᆞ거ᄂᆞᆯ 공명 왈 장군이 아니 ᄂᆡ 먼니 영졉지 못ᄒᆞᆫ 고로 질긔지 아니ᄒᆞᄂᆞ냐 (雲長默然, 孔明曰: "將軍莫非因吾等不曾遠接, 故爾不樂?") <삼국-모종 8:68> ▼肯 ‖ 양송 왈 ᄎᆞ인니 본ᄃᆡ 신힝니 업고 또 질긔여 병을 파치 안니ᄒᆞ니 그 뜻지 반다시 반ᄒᆞ리라 (楊松曰: "此人素無言信行, 不肯罷兵, 其意必反.") <삼국-모종 11:22>

【질기-】 동 즐기다. 즐겁게 누리거나 맛보다. 무엇을 좋아하여 자주 하다.¶ ▼肯 ‖ ᄃᆡ〻여 ᄉᆞ람으로 ᄒᆞ야곰 말을 흘니되 마초 서천을 아ᄉᆞ 스ᄉᆞ로 촉주도야 부친의 원수을 갑고저 ᄒᆞ고 질기여 한중 신ᄒᆞ 되지 안니타 (遂使人流言云: "馬超意欲奪西川, 自爲蜀主, 與父報讎, 不肯臣於漢中.") <삼국-모종 11:23>

【질ㄴ-】[1] 동 찌르다. 끝이 뾰족하거나 날카로운 것으로 물체의 겉면이 뚫어지거나 쑥 들어가도록 세차게 들이밀다. 찌르다.¶ ▼戳 ‖ 와우산의 쳐엄으로 니르니 엇던 ᄒᆞᆫ 쟝슈 단긔로 와 빅원쇼로 더브러 싸화 ᄒᆞᆫ 합이 못ᄒᆞ야 원쇼를 질너 쥬기고 사람을 다 툐항ᄒᆞ야 산칙을 아사 잇거ᄂᆞᆯ (自到至臥牛山, 誰想有一將單騎而來, 與裴

元紹交鋒, 只一合, 戳死裴元紹, 盡數招降人伴, 占住山寨.) <삼국-가정 10:11>

【질ㄴ-】² 동 기르다. 경상 방언.¶ ▼養 ‖ 및 진쥬 명을 바다 양〻의 잇셔 ᄇᆡᆨ셩을 써다듬고 병을 질너 동오 치기랄 준비하다 (及奉晉主之命, 在襄陽撫民養兵, 准備伐吳.) <삼국-모종 19:86>

【질에】 부 지레. 앞질러. 어떤 일이나 상황이 벌어지기 전에 미리.¶ ▼逕 ‖ 차일의 녀푀 부즁의 잇셔 탐쳥ᄒᆞ되 음모를 듯지 못ᄒᆞᆫ지라 질에 당즁의 드러가 모든 시쳡다려 므러니 시쳡이 ᄃᆡ왈 ᄐᆡᆨ식 신인으로 더브러 동침ᄒᆞ고 지금의 니지 못ᄒᆞ엿ᄂᆞ이다 (次日, 呂布在府中打聽, 絶不聞音耗, 逕入堂中, 尋問諸侍妾, 侍妾對曰: "夜來太師與新人共寢, 至今未起.") <삼국-모종 2:11>

【질이-】 동 찔리다. '찌르다'의 피동사.¶ 끝이 뾰족하거나 날카로운 것으로 물체의 겉면이 뚫어지거나 쑥 들어가도록 세차게 들이밀다.¶ ▼刺 ‖ 푀 ᄃᆡ로ᄒᆞ여 충을 비견[겨] 압흘 향ᄒᆞ니 술의 즁슈 이풍이 충을 빗겨 ᄊᆞ화 삼합이 못ᄒᆞ여 이풍이 그 손을 여포의게 질이여 나가거ᄂᆞᆯ 여포 점〻 시살ᄒᆞ니 원술의 군ᄉᆡ ᄃᆡ란ᄒᆞᆫ지라 (布怒, 挺戟向前, 術將李豐挺鎗來迎, 戰不三合, 被布刺傷其手, 豐棄鎗而走, 呂布麾兵衝殺, 術軍大亂.) <삼국-모종 3:49>

【질입써】 부 앞질러. 곧장.¶ ▼逕 ‖ 당야의 마쵸 셩의로 ᄒᆞ여곰 슈십 긔를 ᄭᅳ어 젼초의 가 탐지ᄒᆞ니 셩의 인마 업ᄉᆞᆷ물 보고 질입써 중군의 드러가니 조군이 셔량병이 니ᄅᆞᆷ물 보고 호포ᄅᆞᆯ 노으니 (當夜馬超卻先使成宜引三十騎往前哨探, 成宜見無人馬, 逕入中軍, 操軍見西涼兵到, 遂放號.) <삼국-모종 10:24>

【짐-바리】 명 짐바리. 마소로 실어 나르는 짐.¶ ▼輜重 ‖ 소의 군ᄉᆞ 양식 짐바리 다 오소의 잇스니 순우경으로 직히니 경이 수를 즐게 방비 아니ᄒᆞ니 공이 정병을 가히여 거즛 원장 댱긔의 병이라 ᄒᆞ고 (袁紹軍糧輜重, 盡積烏巢, 今撥淳于瓊守把, 瓊嗜酒無備, 公可選精兵詐稱袁將蔣奇領兵到彼護糧.) <삼국-모종 5:57>

【짐살-ᄒᆞ-】 동 짐살(鴆殺)하다. 짐주(鴆酒)를 먹여 사람을 죽이다. 짐(鴆)새는 중국 남방 광둥(廣東)에서 사는, 독이 있는 새. 몸의 길이는 21~25cm이며, 몸은 붉은빛을 띤 흑색, 부리는 검은빛을 띤 붉은색, 눈은 검은색이다. 뱀을 잡아먹는데 온몸에 독기가 있어 배설물이나 깃이 잠긴 음식물을 먹으면 즉사한다고 한다.¶ ▼鴆殺 ‖ 장양 단규 등이 ᄂᆡ외로 말을 ᄂᆡ여 공이 동후ᄅᆞᆯ 짐살ᄒᆞ엿다 ᄒᆞ고 ᄃᆡᄉᆞᄅᆞᆯ 쇠ᄒᆞ랴 ᄒᆞ니 만일 잇ᄯᅢᄅᆞᆯ 타 환관을 버히지 아니ᄒᆞ면 반ᄃᆞ시 ᄃᆡ화 밋치리라 (張讓、段珪等流言於外, 言公鴆殺董后, 欲謀大事. 乘此時不誅閹宦, 後必爲大禍. 昔竇武欲誅內豎, 機謀不密, 反受其殃.) <삼국-국중 1:51>

【짐ᄉᆞᆯ-ᄒᆞ-】 동 짐살(鴆殺)하다. 짐주(鴆酒)를 먹여 사람을 죽이다. 짐(鴆)새는 중국 남방 광둥(廣東)에서 사는, 독이 있는 새. 몸의 길이는 21~25cm이며, 몸은 붉은빛을 띤 흑색, 부리는 검은빛을 띤 붉은색, 눈은 검은색이다. 뱀을 잡아먹는데 온몸에 독기가 있어 배설물이나 깃이 잠긴 음식물을 먹으면 즉사한다고 한다.¶ ▼鴆死 ‖ 동후ᄅᆞᆯ 무삼 죄로 짐ᄉᆞᆯᄒᆞ고 너ᄂᆞᆫ 본ᄃᆡ 도고쇼ᄇᆡ로 우리 등이 쳔ᄌᆞ긔 쳔거ᄒᆞ야 영귀ᄒᆞ미 이의 일으러거ᄂᆞᆯ 은혜ᄅᆞᆯ ᄉᆡᆼ각지 아니ᄒᆞ고 도로여 우리 등을 ᄒᆡᄒᆞ랴 ᄒᆞᄂᆞ다 (董后何罪, 妄以鴆死? 國母喪葬, 託疾不出! 汝本屠沽小輩, 我等薦之天子, 以致榮貴: 不思報效, 欲相謀害!) <삼국-국중 1:58>

【짐ᄉᆡᆼ】 명 ((동물)) 짐승. 몸에 털이 나고 네 발을 가진 동물.¶ ▼獸 ‖ 크게 비휴[모즌 짐ᄉᆡᆼ이니 군ᄉᆞ의 비ᄒᆞ니라]를 모라 쟝찻 누의[기야미니 도적의 비ᄒᆞᆫ 말이라]를 쓰러바리니 (大擧貔貅, 將除螻蟻.) <삼국-가정 29:67> 네 오ᄇᆡᆨ 군ᄉᆞ로 육정육갑 신병을 쒸며 귀신의 머리와 짐ᄉᆡᆼ의 몸을 ᄒᆞ고 기〻괴〻ᄒᆞᆫ 형상을 ᄒᆞ여 호로곡 중의 숨어 잇다가 (汝引五百軍, 都扮作六丁六甲神兵, 鬼頭獸身, … 妝作種種怪異之狀, … 身挂葫蘆, 內藏煙火之物, 伏於路旁.) <삼국-모종 17:21> ▼狗 ‖ 니곽 〻식 셔젼을 바라보고 다르니 그 급ᄒᆞ고 ᄲᆞ른 형상은 쵸상집 쥬린 짐ᄉᆡᆼ 갓더라 (傕、汜望西逃命, 忙忙似喪家之狗.) <삼국-국중 3:117>

【짐작】 명 짐작(斟酌). 사정이나 형편 따위를 어림잡아 헤아림.¶ ▼짐작 (猜之) <삼국-어람 109a>

【짐작-】 동 짐작(斟酌)하다. 어림쳐서 헤아리다. '짐작ᄒᆞ다'의 수의적 교체형.¶ ▼짐작건ᄃᆡ (怕) <삼국-어람 108b>

【짐작-ᄒᆞ-】 동 짐작(斟酌)하다. 사정이나 형편 따위를 어림잡아 헤아리다.¶ ▼짐작ᄒᆞᆫ단 말 (喝破) <삼국-어람 108b>

【짐잣】 부 짐짓. 일부러. 마음으로는 그렇지 않으나 일부러 그렇게.¶ ▼故 ‖ 오경의 니ᄅᆞᄆᆡ 간니 쥬유ᄅᆞᆯ 불너 ᄭᆡ오니 쥬유 짐잣 잠이 깁흠 갓ᄒᆞᆫ지라 간니 의관을 가쵸고 가마니 거러 장 박의 나와 쇼동을 불너 다리고 진문의 나오니 (睡至五更, 幹起喚周瑜, 瑜卻睡著, 幹戴上巾幘, 潛步出帳, 喚了小童, 逕出轅門.) <삼국-모종 7:132>

【짐쟉-호-】 동 짐작(斟酌)하다. 사정이나 형편 따위를 어림잡아 헤아리다. 짐작(斟酌)+-ᄒᆞ-+-오(삽입 모음)-.¶ ▼斟酌 ‖ 네 아직 다텨시라 내 짐쟉호리라 (你且緘口, 我有斟酌.) <삼국-가정 13:78>

【짐쟉-ᄒᆞ-】 동 짐작(斟酌)하다. 사정이나 형편 따위를 어림잡아 헤아리다.¶ ▼斟量 ‖ 우리ᄂᆞᆫ 겨집이라 소견이 업ᄉᆞ니 슉은 짐작ᄒᆞ야 ᄒᆞ라 (我女輩淺見, 叔自斟量.) <삼국-가정 9:130>

【짐즉】 부 짐짓. 일부러. 마음으로는 그렇지 않으나 일부러 그렇게.¶ ▼故意 ‖ 조조 친히 붓드러 말게 올나 ᄒᆞᆫ가지로 ᄃᆡ채의 도라갈ᄉᆡ 짐즉 셩샹의셔 보게 ᄒᆞ니 (曹操親扶上馬, 共回大寨, 故意教城上望見.) <삼국-가정 22:17>

【짐즛】 부 짐짓. 일부러. 마음으로는 그렇지 않으나 일부러 그렇게.¶ ▼故 ‖ 앗가 죄 부친을 디ᄅᆞ려 ᄒᆞᄂᆞᆫ 형상이 잇다가 ᄡᅵ텨 도라 누으시매 짐즛 칼흘 드리ᄂᆞᆫ 톄ᄒᆞ니 해ᄒᆞᆯ ᄠᅳ디 잇더이다 (恰才曹操有刺父之狀, 及被喝破, 故推獻刀.) <삼국-가정 2:27>

【짐ᄌᆞᆨ】 부 짐짓. 일부러. 마음으로는 그렇지 않으나 일부러 그렇게.¶ ▼故意 ‖ 이락 등이 권세ᄅᆞᆯ 오로ᄒᆞ여 ᄇᆡᆨ관이 조곰 쵹범ᄒᆞ미 이신 즉 마ᄎᆞᆷᄂᆡ 뎨의 압희 구ᄆᆡᆨᄒᆞ고 짐ᄌᆞᆨ 탁쥬와 소ᄅᆞᆯ 뎨ᄅᆞᆯ 쥬이 뎨 면강ᄒᆞ여 밧더라 (李樂等專權, 百官稍有觸犯, 竟於帝前毆罵, 故意送濁酒粗食與帝勉强納之.) <삼국-모종 2:108>

【집】 명 ((복식)) 깁.¶ ▼紗 ‖ 관공 왈 수ᄇᆡᆨ ᄲᅮ리로 가을이면 뒷 낫식 ᄲᅡ지기로 겨을이면 검은 집 주머이로 싸노라 (公曰: "約數百根, 每秋月約退三五根, 冬月多以皂紗囊裹之.") <삼국-모종 4:59>

【집-】 동 집다. 손가락이나 발가락으로 물건을 잡아서 들다.¶ ▼鉗 ‖ 의원을 블너 집게로 살밋틀 지버 ᄲᅢ이고 금창약을 바르니 (喚行軍醫者用鐵鉗子鉗出箭頭來, 將金瘡藥掩塞瘡口.) <삼국-가정 16:91>

【집게】 명 ((기물)) 물건을 집는 데 쓰는, 끝이 두 가닥으로 갈라진 도구.¶ ▼鉗子 ‖ 의원을 블너 집게로 살밋틀 지버 ᄲᅢ이고 금창약을 바르니 (喚行軍醫者用鐵鉗子鉗出箭頭來, 將金瘡藥掩塞瘡口.) <삼국-가정 16:91>

【집-ᄃᆞᆰ】 명 ((조류)) 집닭.¶ ▼家鷄 ‖ 집ᄃᆞᆰ과 드르ᄀᆞᆯ멱이도 오히려 ᄣᅢ를 알거든 허믈며 사람이 되여 이셔 엇지 모르리오 (家鷄野鵠, 尙自知時, 何況爲人在世乎?) <삼국-가정 22:80>

【집-손】 명 ((인류)) 집의 손님.¶ ▼家客 ‖ 집손 삼인이 허공으 원수를 갑고저 허ᄂᆞ 그 인편 업기를 ᄒᆞᆫ탄허더라 (有家客三人, 欲爲許貢報讎, 恨無其便.) <삼국-모종 5:35>

【집-죵】 명 ((인류)) 집종.¶ ▼家奴 ‖ 쳡신이 임의 귀인을 셤기엿거ᄂᆞᆯ 이졔 홀연이 집죵을 쥬고져 ᄒᆞ니 쳡이 차라리 죽어 욕을 면ᄒᆞ리라 (妾身已事貴人, 今忽欲下賜家奴, 妾寧死不辱!) <삼국-국중 2:94

【집퓌-】 동 집히다. 잡히다.¶ ▼布合 ‖ 요ᄉᆞ이 년ᄒᆞ야 음운이 집퓌고 삭풍이 니러나니 반ᄃᆞ시 크게 얼니니 바람이 니러난 후의 군ᄉᆞ를 모라 믈을 깃텨 셩을 ᄆᆡᆫᄃᆞᆯ면 ᄒᆞ로밤의 가히 일우리라 (連日陰雲布合, 朔風一起, 必大凍矣. 風起之後, 驅兵士運土潑水, 比及天明, 城已就矣.) <삼국-규장 13:55>

【집프-】 형 깊다. (정이) 가깝고 두텁다. 경상 방언.¶ ▼深 ‖ 남양의 셰 번 도라보아 졍이 엇지 집픈고 와룡이 한 번 보고 환우랄 난우이라 (南陽三顧情何深, 臥龍一見分寰宇.) <삼국-모종 19:97>

【집픠-】 동 집히다. 잡히다. 끼다.¶ ▼布合 ‖ 요ᄉᆞ이 년ᄒᆞ야 음운이 집픠고 삭풍이 니러나니 반ᄃᆞ시 크게 얼리니 ᄇᆞ람이 니러난 후의 군ᄉᆞᄅᆞᆯ 모라 믈을 깃텨 셩을 ᄆᆡᆫᄃᆞᆯ면 ᄒᆞᄅᆞ밤의 가히 일우리라 (連日陰雲布合, 朔風一起, 必大凍矣. 風起之後, 驅兵士運土潑水, 比及天明, 城已就矣.) <삼국-가정 19:28>

【집피】 부 깊히. ㄱ 역구개음화 현상. 경상 방언.¶ ▼深 ‖ 건안 니십삼연에 됴창으로 ᄒᆞ여곰 ᄃᆡ군 오환을 칠ᄉᆡ 님ᄒᆡᆼ에 계왈 집에난 부ᄌᆞ요 나라에난 군신니ᄂᆞ 법에 걸리기 적지 안니ᄒᆞ니 집피 됴심ᄒᆞ라 (建安二十三年, 代郡烏桓反, 操令彰引兵五萬討之, 臨行戒之曰: "'居家爲父子, 受事爲君臣', 法不徇情, 爾宜深戒.") <삼국-모종 12:42>

【집흐-】 동 짚다.¶ ▼仗 ‖ 찬이 궁젼이 다 ᄲᅥ러지고 투귀 나려지ᄂᆞᆫ지라 피발ᄒᆞ고 말을 노하 산파로 닷다가 그 말이 압흘 집흐니 찬이 언덕 아ᄅᆡ ᄲᅥ러지ᄂᆞᆫ지라 (瓚弓箭盡落, 頭盔墮地, 披髮縱馬, 奔轉山坡, 其馬前失, 瓚翻身落於坡下.) <삼국-모종 1:113>

【집흐-】 형 깊다. 정도가 깊거나 심하다.¶ ▼深 ‖ 비 왈 오형의 원수난 바ᄃᆡ갓치 집흐니 모[묘]당 신ᄒᆞ 알외여 엇지 병을 일우게 안이ᄒᆞ난고 (飛曰: "吾兄被害, 讎深似海, 廟堂之臣, 何不早奏興兵?") <삼국-모종 13:53>

【짓】 명 ((주거)) '집'의 속격형. '집+ㅅ'에서 '집'의 말음 ㅂ이 탈락한 어형.¶ ▼家 ‖ 네 당하의 블과 ᄒᆞᆫ 쇼쟝으로셔 엇디 감히 내 짓 일을 ᄀᆞ음알려 ᄒᆞᄂᆞ뇨 (量汝只是帳下一武夫, 安敢管我家事!) <삼국-가정 20:19> 뉵ᄇᆡᆨ언을 ᄡᅳ디 아니ᄒᆞ시면 동오 ᄆᆞᄎᆞ리이다 원컨대 신의 짓 젼가로ᄡᅥ 보호ᄒᆞ노이다 (若不用陸伯言, 則東吳休矣! 臣願將全家以保之!) <삼국-가정 27:50> ▼셩듕의 삼십 년 냥식이 잇고 문 밧긔 수ᄇᆡᆨ만 군병이 이시니 일곳 일오면 네 귀비 되고 일이 이디 못ᄒᆞ야도 가음연 짓 안해 되리라 (城中有三十年糧食, 門外列數萬軍兵. 成事, 則你爲貴妃; 不成事, 則你亦爲富貴之妻也.) <삼국-가정 3:104>

【짓-】 동 ❶ (밥을) 짓다.¶ ▼爨 ‖ 녯 글의 닐오ᄃᆡ 쳔리의 냥식을 ᄡᅳ매 군ᄉᆡ 주린 빗치 잇고 남글 어든 후의 밥 지으매 군ᄉᆡ ᄇᆡ브ᄅᆞ디 못ᄒᆞᆫ다 ᄒᆞ니 이ᄂᆞᆫ 편ᄒᆞᆫ 길희 ᄒᆡᆼᄒᆞ믈 니ᄅᆞ미라 (前志有之: '千里饋糧, 士有飢色; 樵蘇後爨, 師不宿飽.' 此謂平途之行軍者也.) <삼국-가정 32:115> ▼造 ‖ 원쇼 부ᄌᆞ 담이 ᄲᅥ러지고 마음이 놀나 구ᄎᆡ로 도라와 삼군으로 ᄒᆞ여곰 밥을 짓더니 (袁紹父子膽喪心驚, 奔入舊寨, 令三軍造飯.) <삼국-국중 7:37> ❷ 어떤 표정이나 태도 따위를 얼굴이나 몸에 나타내다.¶ ▼作 ‖ 이제 ᄯᅩ한 죠ᄌᆞ의 회뢰를 밧고 감히 간ᄉᆞᄒᆞ믈 짓고져 ᄒᆞᄂᆞ냐 (汝與曹操有舊, 想今亦受他財賄, 爲他作奸細, 啜賺吾軍耳!) <삼국-국중 7:12>

【짓ㅅ】 명 짓. 좋지 않은 행위나 행동을 이름. 짓거리.¶ 위틱ᄒᆞᆫ 짓슬 안니ᄒᆞᆫ단 말 (弄險) <삼국-가정 109b>

【짓쐬-】 동 지껄이다. 떠들다.¶ ▼喧 ‖ 젼후 다ᄉᆞᆺ 길 군매 어우러 싸호니 함셩이 텬디 진동ᄒᆞ고 고각이 짓쐬니 관위 ᄒᆡ심 듕의 ᄡᅡ여 잇ᄂᆞᆫ디라 (前後五路軍馬, 喊聲震地, 鼓角喧天, 將關公圍在垓心.) <삼국-가정 25:30>

【짓-일】 명 집안일.¶ ▼家事 ‖ 네 당하의 블과 ᄒᆞᆫ 쇼쟝으

로셔 엇디 감히 내 짓일을 ᄀᆞ음알려 ᄒᆞᄂᆞ뇨 (量汝只是帳下一武夫, 安敢管我家事!) <삼국-가정 20:19>

【짓체-ᄒᆞ-】 동 지체(遲滯)하다. 때를 늦추거나 질질 끌다.¶ ▼怠慢 ‖ 이엄니 도위 구만[안]으로 ᄒᆞ여곰 양미을 운젼ᄒᆞ여 군중의 보ᄂᆡ더니 구안니 술을 조와ᄒᆞ여 즁노의서 짓체ᄒᆞ고 십일을 과ᄒᆞᆫᄒᆞ니 (永安城李嚴遣都尉苟安解送糧米, 至軍中交割, 苟安好酒, 於路怠慢, 違限十日.) <삼국-모종 16:60>

【짓키-】 동 지키다. 잃지 않도록 감시하다.¶ ▼堅壁 ‖ 틱수 주광이 ᄉᆞ람을 합비예 보ᄂᆡ여 구원을 구ᄒᆞ니고 일면으로 성지을 직히고 진의 나지 안니ᄒᆞ고 굿게 짓키니 (皖城太守朱光, 使人往合淝求救, 一面固守城池, 堅壁不出.) <삼국-모종 11:63> ▼守 ‖ 합니 왈 다만 굿게 짓키고 가히 망영되니 움자기지 못ᄒᆞ리라 홀련 산전에 북쇼릭 진동ᄒᆞ고 인니 보ᄒᆞ되 황충병니 일은다 ᄒᆞ니 (郃曰: "只宜堅守, 不可妄動." 忽聽山前金鼓大震, 人報: "黃忠兵到.") <삼국-모종 12:14>

【짓탕-ᄒᆞ-】 동 지탱(支撑)하다. 오래 버티거나 배겨 내다.¶ ▼공명 왈 ᄂᆡ 천문을 보니 뉴표는 세상이 오릭 못 짓탕ᄒᆞ고 뉴장은 업을 세우지 못ᄒᆞ고 오린 후 반다시 장군의계 도라오리라 (孔明曰: "亮夜觀天象, 劉表不久人世, 劉璋非立業之主, 久後必歸將軍.") <삼국-모종 6:91>

【징죠】 명 징조(徵兆). 어떤 일이 생길 기미.¶ ▼녹마[팔ᄌᆞᄒᆞᄂᆞᆫ ᄃᆡ ᄀᆞ장 길ᄒᆞᆫ 별이라] ᄀᆞ장 길ᄒᆞᆫ 딩되이니다 (祿馬尙于曹, 王上何必疑焉?) <삼국-가정 25:96>

【짗】 명 ((조류)) 깃. 깃털.¶ ▼羽 ‖ 압 좌녁히 셧는 ᄒᆞᆫ 사람은 손의 긴 ᄃᆡ를 잡고 ᄃᆡ 우히 닭의 지ᄎᆞ로 기어 뼈바름이 날가 보긔 ᄒᆞ고 (前左立一人, 手執杖竿, 竿尖上用鷄羽爲葆.) <삼국-가정 16:32>

【ᄌᆞ긍-ᄒᆞ-】 동 자긍(自矜)하다. 스스로에게 긍지를 가지다. 자만하다.¶ ▼誇口 ‖ 우리 등이 쳔싱만ᄉᆞᄒᆞ여 시셕을 무릅써 셩지를 탈취ᄒᆞ엿거ᄂᆞᆯ 네 엇디 ᄌᆞ긍ᄒᆞ나뇨 (吾等千生萬死, 身冒血戰, 奪得城池, 汝安敢誇口!) <삼국-국중 7:79>

【ᄌᆞ긔】 대 ((인류)) 자기(自己). 그 사람 자신.¶ ▼自己 ‖ 모등이 ᄌᆞ긔를 위ᄒᆞ미 아니오 이에 쳔명을 슌히 ᄒᆞ여 씨를 일치 말게 ᄒᆞᄂᆞ니다 (某等非爲自己, 乃順天命也.) <삼국-국중 11:60>

【ᄌᆞ년-이】 부 자연(自然)히. 사람의 의도적인 행위 없이 저절로.¶ ▼自然 ‖ 손칙의 병셰 심즁ᄒᆞ니 족하 진을 굿게 ᄒᆞ고 나지 말면 져 군ᄉᆞ 양식이 다ᄒᆞ여 ᄌᆞ년이 물너갈 거시니 긋씩 빈 걸 타 음습ᄒᆞ면 가히 파ᄒᆞ리라 (孫策兵勢甚大, 足下只宜深溝高壘, 堅壁勿出, 不消一月, 彼軍糧盡, 自然退走, 那時乘虛掩之, 可不戰而破也.) <삼국-모종 3:21>

【ᄌᆞᄂᆡ】 대 ((인류)) 자네. 듣는 이가 친구나 아랫사람인 경우, 그 사람을 높여 이르는 2인칭 대명사.¶ ▼君 ‖ ᄌᆞᄂᆡ 원공뇨의게 고ᄒᆞ고 군ᄉᆞ를 비러 강동의 가 거즛 오경을 구ᄒᆞᆫ다 ᄒᆞ고 실노 ᄃᆡ업 도모ᄒᆞ라 (君何不告袁公路, 借兵往江東, 假名救吳璟, 實圖大業.) <삼국-모종 3:4>

【ᄌᆞ뎨병】 명 ((인류)) 자제병(子弟兵).¶ ▼子弟兵 ‖ 창을 드러 뒤흘 ᄇᆞ라며 ᄒᆞᆫ 번 두로니 셔량 ᄌᆞ뎨병이 정신을 싁〻이 ᄒᆞ여 츙살ᄒᆞ여 나아오니 조병이 대패ᄒᆞᆫ더라 (超把槍望後一招, 凉州子弟兵抖擻精神, 出殺過來.操兵大敗.) <삼국-가정 19:3>

【ᄌᆞ됴】 부 자주.¶ ▼數 ‖ 예형이 ᄌᆞ됴 됴됴를 욕ᄒᆞᆫᄃᆡ 죄 쥭이디 아니ᄒᆞ믄 텬하의 마음을 거두려 호미오 (禰衡數辱曹操, 操不殺者, 收天下之心.) <삼국-규장 6:70> 충니 유봉다려 왈 쇼댱군니 무슴 ᄯᅳ지로 왓는고 부친니 장군의 ᄌᆞ됴 픽ᄒᆞ멀 알고 나을 보ᄂᆡ더라 (忠與封相見, 問劉封曰: "小將軍來助戰何意?" 封曰: "父親得知將軍數敗, 故差某來".) <삼국-모종 12:12> ▼屢 ‖ 이곽[각]니 항[평]일의 요슐을 됴화하여 덧〻시 여무로 ᄒᆞ여곰 군즁의 북을 치며 귀신을 쳥ᄒᆞ니 가헤[후] ᄌᆞ됴 간ᄒᆞᄃᆡ 듯지 아니ᄒᆞᆫ지라 (李傕平日最喜左道妖邪之術, 常使女巫擊鼓降神於軍中, 賈詡屢諫不聽.) <삼국-모종 2:97>

【ᄌᆞ디】 명 ((색채)) 자지(紫的). 자줏빛. 보라색. '디(de> di)'는 중국어 직접 차용어.¶ ▼紫 ‖ 두 손으로 농슈 노흔 ᄌᆞ디 보흘 에워 안고 잇거ᄂᆞᆯ 가져다가 여러 보니 속의 쥬홍칠 ᄒᆞᆫ 쟈근 갑이 잇거ᄂᆞᆯ (兩手圍定繡龍紫袱, 取開看時, 內有朱紅小匣.) <삼국-가정 2:118> 두 손으로 농슈 노흔 ᄌᆞ디 보흘 에워 안고 잇거ᄂᆞᆯ 가져다가 여러 보니 속의 쥬홍칠ᄒᆞᆫ 쟈근 갑이 잇거ᄂᆞᆯ (兩手圍定繡龍紫袱, 取開看時, 內有朱紅小匣.) <삼국-가정 2:118>

【ᄌᆞ라지-】 동 작아지다.¶ ▼缺 ‖ 공〻씨겨 니ᄅᆞ러 ᄊᆞ홈ᄒᆞ다가 픽ᄒᆞ냐 머리가 부쥬산의 다혀려 하날 기동니 부ᄅᆞ지고 별이 ᄌᆞ라져 ᄒᆞ날니 이 임의 서북으로 기우러지고 싸히 동남으로 쌧젓다 ᄒᆞ니 (至共工氏戰敗, 頭觸不周山, 天柱折, 地維缺, 天傾西北, 地陷東南.) <삼국-모종 14:53>

【ᄌᆞ랑-ᄒᆞ-】 동 자랑하다.¶ ▼逞强 ‖ 기령이 ᄃᆡ로ᄒᆞ여 칼을 두루혀 와 현덕을 취ᄒᆞ니 관공니 ᄃᆡ갈 왈 필뷔 강ᄒᆞ물 ᄌᆞ랑치 말나 ᄒᆞ고 긔령으로 더부러 ᄃᆡ젼 슘십여 합의 불분승뷔라 (紀靈大怒, 拍馬舞刀, 直取玄德, 關公大喝曰: "匹夫休得逞强!" 出馬與紀靈大戰, 一連三十合, 不分勝負.) <삼국-모종 2:128>

【ᄌᆞ랑-ᄒᆞ-】 동 자랑하다.¶ ▼誇 ‖ 네 이럿탓 ᄒᆞ고 감히 스ᄉᆞ로 병셔를 숙독ᄒᆞ엿다 ᄒᆞ고 ᄌᆞ랑ᄒᆞ니 일작 병을 긔[거두]어 도라가기만 갓지 못ᄒᆞ니라 (虧汝不惶恐, 敢自誇熟讀兵書, 還不及早收兵回去.) <삼국-모종 8:17>

【ᄌᆞ려-ᄒᆞ-】 동 자뢰(資賴)하다. 경비로 사용하다.¶ ▼資 ‖ 각〻 진주와 금보와 단칠과 약지와 우마ᄅᆞᆯ 보ᄂᆡ여 써 군영을 ᄌᆞ려ᄒᆞ고 밍세코 다시 반치 아니ᄒᆞ려 ᄒᆞ니 (各送珍珠金寶丹漆藥材, 耕牛戰馬, 以資軍用, 誓不再反.) <삼국-모종 15:24>

【ᄌᆞ로】 명 ❶ 자루[柄]. 손으로 다루게 된 도구나 기구의 끝에 달린 좀 기름한 손잡이.¶ ▼柄 ‖ 영웅이 모도면 각〻 그 ᄆᆞᄋᆞᆷ이 다ᄅᆞᆯ디라 니ᄅᆞᆫ바 병쟝기ᄅᆞᆯ ᄂᆞᆷ을 잡고 ᄌᆞ로로ᄡᅥ ᄂᆞᆷ을 줌 ᄀᆞᆺ타니 공니 일뎡 이디 못ᄒᆞ고 ᄃᆡ란이 나리라 (英雄聚會, 各懷一心, 所謂倒持干戈, 授人以柄, 功必不成, 生大亂矣.) <삼국-규장 1:75> ❷ 명의 자루를 세는 단위. 창이나 칼, 비, 붓을 셀 때 쓰인다.¶ ▼把 ‖ 뎌 션ᄉᆡᆼ이 이러ᄐᆞ시 사ᄅᆞᆷ을 업슈이 너겨 거〻ᄂᆞᆫ 계하의 셧거ᄂᆞᆯ 저놈은 놉긔 누어 자고 ᄭᆡ디 아니ᄒᆞ니 내 집 뒤히 가 횃블 ᄒᆞᆫ ᄌᆞ로를 노하 집을 ᄐᆡ와 니ᄂᆞᆫ가 아니 니ᄂᆞᆫ가 볼 거시라 (這先生如何傲人! 見俺哥哥侍立于階下, 那廝高臥, 推睡不起! 等我去庵後放一把火, 看他起不起!) <삼국-규장 9:41> 냥군이 납함ᄒᆞ고 일시의 홰를 천ᄇᆡᆨ ᄌᆞ로나 혀 드니 됴요ᄒᆞ야 발그미 ᄇᆡᆨ쥬 갓더라 (兩軍吶喊, 點起千百火把, 照耀如同白日.) <삼국-규장 14:133> ▼口 ‖ 죄 보검 ᄒᆞᆫ ᄌᆞ로 이시니 샹공게 드리고져 ᄒᆞ노라 (操有寶劍道一口, 獻上恩相.) <삼국-규장 1:137>

【ᄌᆞ로】 부 자주. 되풀이하여 잇달아.¶ ▼數 ‖ 녜형이 ᄌᆞ로 조〻ᄅᆞᆯ 욕호ᄃᆡ 죄 죽이디 아니호믄 텬하의 ᄆᆞᄋᆞᆷ을 거두려 호미오 (禰衡數辱曹操, 操不殺者, 收天下之心.) <삼국-가정 8:57> ▼累 ‖ ᄌᆞ로 안신ᄒᆞᆯ 모ᄎᆡᆨ을 구호ᄃᆡ 션ᄉᆡᆼ이 누셜ᄒᆞᆯ가 ᄒᆞ야 즐겨 니ᄅᆞ디 아니ᄒᆞ니 (累求自安之策, 先生未肯見教, 恐他人之洩漏也.) <삼국-가정 13:41> 죄 뢰의 말이 ᄌᆞ로 맛ᄂᆞᆫ지라 감히 움즉이지 못ᄒᆞ야 업군의 머므르고 (操見輅言累驗, 故不敢輕動, 留居鄴城.) <삼국-가정 22:98>

【ᄌᆞ뢰-ᄒᆞ-】 동 자뢰(資賴)하다. 밑천으로 삼다. 도움을 받아 의거하다.¶ ▼資 ‖ 긔쥐 한복이 사ᄅᆞᆷ 브려 군량을 보내여 ᄡᅥ 군용을 ᄌᆞ뢰ᄒᆞ긔 ᄒᆞ더니 (冀州牧韓馥遣人送糧, 以資軍用.) <삼국-가정 3:3> 이제 뉴비 멀리 드러와 우리ᄅᆞᆯ 엄습ᄒᆞ니 병이 만의 ᄎᆞ디 못ᄒᆞ고 ᄉᆞ즁이 븟좃디 아니ᄒᆞᄂᆞᆫ디라 드릇 곡식으로 ᄌᆞ뢰ᄒᆞ니 군듕의 츼듕이 업ᄉᆞ리라 (今劉備來襲我, 兵不滿萬, 士衆未附, 野穀是資, 軍無輜重.) <삼국-가정 21:23>

【ᄌᆞ르-】 형 짧다.¶ ▼短 ‖ 직언을 표ᄒᆞ여 류장을 간ᄒᆞᄆᆡ 장이 불열ᄒᆞ여 죄를 더ᄒᆞ여 머리를 버혀 도예를 민드니 일노 인ᄒᆞ여 터럭이 ᄌᆞ르다 (因直言觸忤劉璋, 被璋鉗爲徒隸, 因此短髮.) <삼국-국중 11:96> 어시의 노숙이 방통을 청ᄒᆞ여 숀권게 뵈니 통이 녜필의 권니 보니 눈셥이 길고 코이 놉고 얼골이 검고 슈염이 ᄌᆞ르고 형용이 고괴ᄒᆞᆫ지라 (於是魯肅邀請龐統入見孫權, 施禮畢. 權見其人濃眉掀鼻, 黑面短髯, 形容古怪, 心中不喜.) <삼국-국중 10:122>

【ᄌᆞ리-치기】 명 자리짜기.¶ ▼織席 ‖ 현덕이 유고ᄒᆞ여 어미 셤기를 지효로 ᄒᆞ고 집이 가난ᄒᆞᄆᆡ 신 숨고 ᄌᆞ리치기를 업을 숨더라 (玄德幼孤, 事母至孝, 家貧, 販屨織席爲業.) <삼국-모종 1:4>

【ᄌᆞᄅᆞ-】 형 짧다.¶ ▼短 ‖ 권이 보니 그 ᄉᆞ람이 낫치 검고 코히 기울고 슈염이 ᄌᆞᄅᆞ고 형용이 고이ᄒᆞᆫ지라 심즁의 불희ᄒᆞ여 (權見其人濃眉掀鼻, 黑面短髯, 形容古怪, 心中不喜.) <삼국-모종 9:102>

【ᄌᆞ못】 부 자못. 꽤. 생각보다 메우.¶ ▼頗 ‖ 폐하ᄂᆞᆫ 근심 말르쇼셔 신이 비록 직죄 업ᄉᆞ나 ᄌᆞ못 텬하의 일홈을 어더ᄂᆞ니 폐하의 명죠로ᄡᅥ ᄉᆞ방의 영웅을 모도와 이 도적을 업시ᄒᆞ리이다 (陛下勿憂.臣雖不才, 天下頗有聲名.以陛下之明詔, 聚四方之英雄, 以剿此賊.) <삼국-규장 25:45>

【ᄌᆞ무】 명 ((천문)) 자무(紫霧). 자줏빛 안개.¶ ▼紫霧 ‖ 믄득 홍광과 ᄌᆞ무 굴헝 가온ᄃᆡ로셔 니러나며 말이 쒸여 굴헝 밧게 ᄂᆡ다ᄅᆞ니 댱합이 ᄃᆡ경ᄒᆞ야 므르ᄃᆞᆺ거ᄂᆞᆯ (忽然紅光紫霧從土坑中滾起, 那匹馬一踊而起.人馬踊出土坑, 張郃大驚而退.) <삼국-가정 14:19>

【ᄌᆞ문-ᄒᆞ-】 동 자문(自刎)하다. 스스로 목을 찌르다.¶ ▼自刎 ‖ 쥬방이 대곡ᄒᆞ고 쥬인의 ᄎᆞᆫ 칼흘 ᄲᅢ혀 ᄌᆞ문코져 ᄒᆞ거ᄂᆞᆯ (周魴大哭, 急掣從人所佩劍欲自刎.) <삼국-가정 31:74> 비외 스〻로 버서나디 못ᄒᆞᆯ 줄을 혜아리고 ᄌᆞ문ᄒᆞ니 나믄 군ᄉᆞᄂᆞᆫ 다 항복ᄒᆞ다 (耀自刎身死, 餘者盡降.) <삼국-가정 32:20>

【ᄌᆞ믓】 명 자못. 꽤. 생각보다 매우.¶ ▼頗 ‖ 신의 슈염이 ᄌᆞ못 기므로 승상이 금낭을 쥬어 쓰이미니이다 (臣髯頗長, 丞相賜囊貯之.) <삼국-국중 6:16>

【ᄌᆞ미】 명 ((궁궐)) 자미(紫微). '궁궐'을 비유적으로 이르는 말.¶ ▼紫微 ‖ 삼천검패ᄂᆞᆫ[환도 ᄎᆞᆫ단 말이니 문관이라]황도의 추쥬[황도ᄂᆞᆫ 황어뢰라]ᄒᆞ고 ᄇᆡᆨ만 비휴ᄂᆞᆫ[범과 곰이니 무장이라]ᄌᆞ미[황뎨 거신 ᄃᆡ라]의 현달ᄒᆞ도다 (三千劍佩走黃道, 百萬貔貅現紫微.) <삼국-가정 18:33>

【ᄌᆞᄆᆞ-】[1] 동 잠그다. 자물쇠를 채우거나 빗장을 걸거나 하다.¶ ▼鎖 ‖ 혹 삼십으로 ᄒᆞᆫ ᄠᅦᄅᆞᆯ ᄒᆞ며 혹 오십으로 ᄒᆞᆫ ᄠᅦᄅᆞᆯ ᄒᆞ야 슈미의 쇠골회를 바가 년ᄒᆞ야 ᄌᆞᄆᆞᆯ고 우희 널을 ᄭᆞ라 너ᄅᆞ긔 ᄒᆞ면 사ᄅᆞᆷ이 평디 ᄃᆞᆫ니ᄃᆞᆺ 편ᄒᆞᆯ ᄲᅮᆫ이 아니라 ᄆᆞᆯ이라도 ᄯᅩᄒᆞᆫ ᄃᆞᆯ리이다 (或三十爲一排, 或五十爲一排, 首尾用鐵環連鎖, 上鋪闊板, 休言人可渡, 馬亦可走矣.) <삼국-가정 15:121>

【ᄌᆞᄆᆞ-】[2] 동 잠기다.¶ ▼淹 ‖ 부강 믈이 ᄀᆞ장 급ᄒᆞ고 한 군의 영채 ᄒᆞᆫ 디셰 ᄂᆞᄌᆞ니 가히 오천군을 빌려든 각〻 호믜와 삽플 가지고 밤의 ᄀᆞ만이 가 부강 믈을 트면 뉴비의 군ᄉᆞᄅᆞᆯ 다 믈의 ᄌᆞᄆᆞ리라 (此間一代正靠涪江, 江水大急; 前面寨占山脚, 其形最低. 可先乞五千軍, 各帶鍬鋤, 當夜潛去決涪江之水, 可盡淹死劉備之軍也.) <삼국-가정 20:79>

【ᄌᆞᄆᆞ-】[3] 동 잠그다. 잠기게 하다.¶ ▼淹 ‖ 내 블셔 사ᄅᆞᆷ을 보내여 각쳐 믈어귀ᄅᆞᆯ 마갓ᄂᆞᆫ디라 슈 턍ᄒᆞ기ᄅᆞᆯ 기ᄃᆞ려 ᄇᆡᄅᆞᆯ ᄐᆞ고 놉픈 드려셔 믈을 ᄡᅥ ᄌᆞᄆᆞ면 번셩과 증구천 군ᄉᆡ 다 어별이 되리라 (吾待水發時, 乘高就船, 放水一淹, 則樊城、罾口川之兵, 皆爲魚鱉矣.) <삼국-가정 24:83>

【ᄌᆞᄆᆞᆺ】 [부] 자못. 꽤. 생각보다 매우.¶ ▼頗 ‖ 폐하ᄂᆞᆫ 근심 마ᄅᆞ쇼셔 신이 비록 ᄌᆡ죄 업ᄉᆞ나 ᄌᆞᄆᆞᆺ 텬하의 일홈을 어덧ᄂᆞ니 폐하의 명죠로ᄡᅥ ᄉᆞ방의 영웅을 모도와 이 도적을 업시ᄒᆞ링이다 (陛下勿憂. 臣雖不才, 天下頗有聲名. 以陛下之明詔, 聚四方之英雄, 以剿此賊.) <삼국-가정 36:42> 촉을 ᄌᆞᄆᆞᆺ ᄉᆡᆼ각ᄒᆞᄂᆞᆫ다 (頗思蜀否?) <삼국-가정 39:42>

【ᄌᆞ서니】 [부] 자세(仔細)히. 구체적이고 분명하게.¶ ▼細 ‖ ᄉᆞ닌 왈 관공니 전일에 우리 니닌날 통한ᄒᆞ니 금번에 니기고 도라와도 용서 안니 ᄒᆞ리니 공은 ᄌᆞ서니 살피라 (士仁曰: "關公去日, 痛恨吾二人, 倘一日得勝而回, 必無輕恕, 公細察之.") <삼국-모종 12:88>

【ᄌᆞ서-이】 [부] 자세(仔細)히. 구체적이고 분명하게.¶ 細 ‖ 푀 그 글을 ᄌᆞ서이 보니 ᄒᆞ엿스되 발근 명영 바다 여포를 도모ᄒᆞ고저 ᄒᆞ나 비ᄂᆞᆫ 병장 적어 경동치 못ᄒᆞ니 만일 승상이 병을 일위면 ᄇᆡ 압희 모라 병갑을 응졉ᄒᆞ여 명을 기다리이라 (布乃拆書細看, 書略曰: 奉明命欲圖呂布, 敢不夙夜用心, 但備兵微將少, 不敢輕動, 丞相若興大師, 備當爲前驅, 謹嚴兵整甲, 專待鈞命.) <삼국-모종 3:63>

【ᄌᆞ셔-이】 [부] 자세(仔細)히. 구체적이고 분명하게.¶ ▼細 ‖ 죠 금ᄇᆡᆨ을 주니 ᄐᆡᆨ이 밧지 아니코 ᄒᆞ직고 영의 나와 편주ᄅᆞᆯ 타고 강동의 도라와 황ᄀᆡᄅᆞᆯ 보고 ᄌᆞ셔이 말ᄒᆞ니 (操賜以金帛, 澤不受, 辭別出營, 再駕肩舟, 重回江東, 來見黃蓋, 細說前事.) <삼국-모종 8:19> ᄂᆡ 이제 그 법을 지어 방원쟝단을 마련ᄒᆞ야 쥬리리니 여등이 ᄌᆞ셔이 보라 (吾今先將造木牛流馬之法, 尺寸方圓, 長短闊狹, 開寫明白, 汝等視之.) <삼국-국중 16:37> ▼詳細 ‖ 엇디 초잡던 죠희ᄅᆞᆯ 빠 보낼 리 이시리오 일뎡 그ᄃᆡ 날을 ᄌᆞ셔이 알가 슬희여 곳 고디 곳티도다 (豈有以草稿送與人耶? 必是你怕我知詳細, 先開了.) <삼국-가정 19:48> ▼細詳 ‖ 환관의 셰 됴정의 연만ᄒᆞᆫ 지 오ᄅᆡ니 엇지 다 버히리오 만일 조각이 비밀치 못ᄒᆞ면 멸족ᄒᆞᄂᆞᆫ 화를 닙으리니 청컨ᄃᆡ ᄌᆞ셔이 ᄒᆞ라 (宦官之勢, 起自沖、質之時, 朝廷滋蔓極廣, 安能盡誅? 倘機不密, 必有滅族之禍, 請細詳之.) <삼국-모종 1:31>

【ᄌᆞ셔-히】 [부] 자세(仔細)히. 구체적이고 분명하게.¶ ▼細 ‖ 강좌 감녕이 쥬유의게 욕을 보고 븟그려 ᄂᆡ응호믈 원ᄒᆞ고 황개도 곤댱 오십을 맛고 감ᄐᆡᆨ으로 ᄒᆞ여곰 납항ᄒᆞᄂᆞᆫ 글월이 와시나 밋브디 못ᄒᆞ니 뉘 감히 쥬유의 채듕의 드러가 ᄌᆞ셔히 아라올고 (江左甘寧被周瑜恥辱, 亦願內應; 黃盖受責五十, 却令闞澤納降, 又有書到此: 未可深信. 誰敢直入周瑜寨中走一遭?) <삼국-가정 15:111> 현덕이 대로ᄒᆞ야 ᄑᆡᆼ양을 자바다가 옥의 가도고 그 일을 ᄌᆞ셔히 져주니 (玄德大怒, 卽令捉獲彭羕入獄, 拷問其情.) <삼국-규장 18:31>

【ᄌᆞ셔-ᄒᆞ-】 [형] 자세(仔細)하다.¶ ▼詳 ‖ 현덕 왈 공명다려 무르면 그 자셔ᄒᆞ믈 알니라 (玄德曰: '除非問孔明, 便知其詳.') <삼국-국중 8:133> ▼仔細 ‖ ᄌᆞ룡은 ᄌᆞ셔ᄒᆞᆫ 사ᄅᆞᆷ이라 군듕을 ᄉᆞᆯ피니 동졍이 업고 압플 ᄇᆞ라보니 큰 믈이 ᄀᆞ리뎌 갈 길히 업ᄉᆞᆫ디라 (子龍是仔細之人, 不肯造次, 遍觀軍中, 并不見動靜; 前望大溪, 別無去路.) <삼국-가정 12:11> ▼謹細 ‖ ᄌᆞ룡은 ᄌᆞ셔ᄒᆞᆫ 사ᄅᆞᆷ이라 군듕을 ᄉᆞᆯ피니 동졍이 업고 압플 ᄇᆞ라보니 큰 믈이 ᄀᆞ리뎌 갈 길히 업ᄉᆞᆫ디라 (子龍是謹細之人, 不肯造次, 遍觀軍中, 并不見動靜; 前望大溪, 別無去路.) <삼국-가정 12:11>

【ᄌᆞ아-ᄂᆡ-】 [동] 자아내다. 일이나 사고 따위를 빚어내다.¶ ▼惹起 ‖ 현덕이 장비를 불너 ᄭᅮ지셔 왈 도모지 네 남의 말 앗기로 일을 ᄌᆞ아ᄂᆡ니 이제 마리 어ᄂᆞᆫ 곳의 잇ᄂᆞᆫ고 비 왈 각쳐의 븟쳔노라 (玄德喚張飛, 責之曰: "都是你奪他匹馬, 惹起事端, 如今馬匹在何處?" 飛曰: "都寄在各寺院內.") <삼국-모종 3:34>

【ᄌᆞ약-ᄒᆞ-】 [형] 자약(自若)하다. 큰일을 당해서도 놀라지 아니하고 보통 때처럼 침착하다. 태연(泰然)하다.¶ ▼傲睨 ‖ 사ᄅᆞᆷ이 보호ᄃᆡ 뉴황슉의 막빈 간옹이 셩하의 와 문을 열라 ᄒᆞᆫ다 ᄒᆞ거ᄂᆞᆯ 쟝이 블러드려 오라 ᄒᆞ니 옹이 수ᄅᆡ예 안자 셩듕 사ᄅᆞᆷ을 겻눈으로 보며 ᄌᆞ약호미 아ᄆᆞ라타 업거ᄂᆞᆯ (人報劉皇叔下幕賓簡雍在城下喚門, 璋開門接入, 雍坐車中, 傲睨自若.) <삼국-가정 21:73>

【ᄌᆞ져-ᄒᆞ-】 [동] 자저(趑趄)하다. 머뭇거리며 망설이다. 시원스럽게 행동하지 못하고 머뭇거리다. 주저(躊躇)하다.¶ ▼驚疑 ‖ 두 ᄉᆞ람니 의심ᄒᆞ여 ᄌᆞ져ᄒᆞ던니 홀연 성승의 함성니 이러나며 ᄉᆞ면으로 긔치을 세와난ᄃᆡ (二人驚疑, 不敢攻城, 忽聽得城上一聲炮響, 四面旗幟齊豎.) <삼국-모종 16:37>

【ᄌᆞ젼-ᄒᆞ-】 [동] 자전(自專)하다. 자기 마음대로 결정하여 처리하다. 독단(獨斷)하다.¶ ▼自專 ‖ ᄉᆞ마ᄉᆡ 눈이 병드러 죽고 ᄉᆞ마쇼ㅣ 대군을 ᄌᆞ젼ᄒᆞ엿ᄂᆞᆫ디라 (司馬師病目而亡, 司馬昭自專大權.) <삼국-가정 36:81>

【ᄌᆞ조】 [부] 자주. ᄌᆞᆽ(잦다, 頻: 형용사)-+-오(부사 파생 접미사).¶ ▼頻 ‖ 툐션이 두 눈섭을 찡긔여 시름ᄒᆞᄂᆞᆫ ᄐᆡ도ᄅᆞᆯ 지으며 깁슈건으로ᄡᅥ ᄌᆞ조 눈을 ᄀᆞ리오거ᄂᆞᆯ (貂蟬故蹙雙眉, 做憂愁不樂之態, 復以香羅頻拭眼淚.) <삼국-가정 3:84> 뉸 왈 됴만의 ᄒᆞᆫ 냥신을 갈이여 부즁의 보ᄂᆡ리라 푀 흔희ᄒᆞ여 ᄌᆞ조 눈으로ᄡᅥ 초션을 보니 초션이 ᄯᅩ 츄파로 송졍ᄒᆞ더라 (允曰: "早晩選一良辰, 送至府中." 布欣喜無限, 頻以目視貂蟬, 貂蟬亦以秋波送情.) <삼국-모종 2:7>

【ᄌᆞ죠】 [부] 자주. ᄌᆞᆽ(잦다, 頻: 형용사)-+-요(←-오: 부사 파생 접미사).¶ ▼頻 ‖ 가헤 왈 목금 인심니 편치 아니ᄒᆞ니 ᄌᆞ죠 과ᄅᆞᆯ 움즉이면 편당치 아니ᄒᆞᆫ ᄯᅵ라 이제 잔치ᄅᆞᆯ ᄇᆡ셜ᄒᆞ고 번장을 청ᄒᆞ야 공을 ᄒᆞ례ᄒᆞ고 셕간의 나아가 죠를 ᄉᆞ로잡아 버히라 (賈詡曰: "目今人心未寧, 頻動干戈, 深爲不便. 不若設一宴, 請張濟、樊稠慶功, 就席間擒稠斬之, 毫不費力.") <삼국-모종 2:43> 죄 변ᄉᆡᆨᄒᆞ야 보ᄃᆡ 숑이 조곰도 두려ᄒᆞ미 업ᄉᆞ니 쉬 ᄌᆞ죠 숑을 눈 주더라 (操變色視之. 松全無懼意. 楊修頻以目視松.) <삼국-모종 10:55>

【ᄌᆞ쥬】 부 자주. ᄌᆞᆽ(잦다, 頻: 형용사) + -우(부사 파생 접미사).¶ ▼數 ‖ 형이 ᄌᆞ쥬 조〻를 욕ᄒᆞ나 죄가 아니 쥭기〻ᄂᆞᆫ 인망을 일흘가 ᄒᆞ여 ᄂᆡ 손을 비러 쥬겨 ᄂᆞᆯ노 ᄒᆞ여곰 어진 ᄉᆞᄅᆞᆷ을 히ᄒᆞᄂᆞᆫ 일홈을 밧게 ᄒᆞ미라 (禰衡數辱曹操, 操不殺者, 恐失人望, 故令作使於我, 欲借我手殺之, 使我受害賢之名也.) <삼국-모종 4:34>

【ᄌᆞ직-ᄒᆞ-】 동 자자(刺字)하다. 얼굴이나 팔뚝의 살을 따고 홈을 내어 글자를 새기다. 문신(紋身)하다.¶ ▼黥 ‖ 옹이 엇디 나라흘 ᄇᆡ반ᄒᆞ고 동탁을 ᄉᆡᆼ각ᄒᆞ리오마ᄂᆞᆫ 어리고 미친 말이 그ᄅᆞᆺ 입의셔 낫ᄂᆞ니 몸이 비록 튱셩되디 못ᄒᆞ나 원컨대 ᄂᆞᄎᆞᆯ ᄌᆞ직ᄒᆞ고 발을 버혀 죄ᄅᆞᆯ 쇽ᄒᆞ야 한나라 ᄉᆞ긔ᄅᆞᆯ ᄆᆡᆫᄃᆞ라지라 (邕豈肯背國而向卓也! 狂瞽之辭, 謬出於口, 身雖不忠, 願黥首刖足, 續成漢史.) <삼국-가정 3:129>

【ᄌᆞ찬】 명 잔치. 경사스러운 일이 있을 때에 음식을 차리고 손님을 청하여 즐기는 일.¶ ▼大宴 ‖ 만일 다섯 집 노복을 모호면 천여 명 될 거시니 오날 밤 부즁 ᄌᆞ찬을 ᄇᆡ셜ᄒᆞᄂᆞᆫ ᄣᆡ를 타 도립 시살ᄒᆞ기 맛당ᄒᆞ다 (若聚五家僮僕, 可得千餘人, 乘今夜府中大宴, 慶賞元宵, 將府圍住, 突入殺之, 不可失此機會!) <삼국-모종 4:37>

【ᄌᆞ최】 명 자취. 어떤 것이 남긴 표시나 자리.¶ ▼蹤跡 ‖ 조운니 놀나고 의심ᄒᆞ여 ᄇᆞ로 계변의 와 보니 두둑을 지음ᄒᆞ여 일ᄃᆡ 말 ᄌᆞ최 잇ᄂᆞᆫ지라 (雲驚疑不定, 直來溪邊看時, 只見隔岸一帶水跡.) <삼국-모종 6:39>

【ᄌᆞ취】 명 자취. 어떤 것이 남긴 표시나 자리.¶ ▼迹 ‖ 이제 공이 큰 공을 세워 위염이 임군을 진동하니 엇지 ᄇᆡ랄 ᄯᅴ워 ᄌᆞ취랄 ᄭᅳᆫ코 ᄋᆡ미산의 올나 젹숑ᄌᆞ랄 좃차 노지 안니ᄒᆞᄂᆞᆫ고 (今公大勳已就, 威震其主, 何不泛舟絶迹, 登峨嵋之嶺, 而從赤松子遊乎?) <삼국-모종 19:64>

【ᄌᆞ-홉-】 형 자(咨)홉다. 한탄스럽다.¶ ▼咨 ‖ ᄌᆞ홉다[차탄ᄒᆞᄂᆞᆫ 말이라] 너 위왕이 샹셔ᄒᆞ야 겸양ᄒᆞ니 (咨, 爾魏王, 上書謙讓.) <삼국-가정 26:39>

【ᄌᆞᆨ별】 명 작별(作別). 인사를 나누고 헤어지는 것.¶▼ 辭 ‖ 됴죄 부장 악진으로 ᄒᆞ여곰 인병ᄒᆞ야 쳥니진의 니ᄅᆞ니 즁장이 져젹분[부]주ᄒᆞᆫ지라 맛당이 ᄂᆡ 친히 막을 거시ᄆᆡ ᄃᆡ면 ᄌᆞᆨ별 못ᄒᆞ고 글노ᄡᅧ ᄃᆡ신ᄒᆞ노라 (曹操令部將樂進引兵至青泥鎭, 衆將抵敵不住, 吾當親往拒之, 不及面會, 特書相辭.) <삼국-모종 10:102>

【ᄌᆞᆨ야】 대 ((인류)) 자가(自家). 자기.¶ ▼自家 ‖ 운은 일쳔을 ᄭᅳ어 연야의 계양셩 ᄒᆞ의 이라러 문을 부ᄅᆞᄃᆡ 진표[포] 이즁이 됴운을 죽여 도ᄅᆞ온ᄃᆞ ᄒᆞ거ᄂᆞᆯ 셩승의셔 불을 가져 보니 과연 이 ᄌᆞᆨ야 군마ᄅᆞ (雲引一千軍在後, 連夜到桂陽城下叫門, 城上聽時, 說陳、鮑二將軍殺了趙雲回軍, 請太守商議事務, 城上將火照看, 果是自家軍馬.) <삼국-모종 9:16>

【ᄌᆞᆨ지】 명 ((기물)) 막대기.¶ ▼杖 ‖ 공명니 도라보고 황망니 ᄌᆞᆨ지을 바리고 ᄯᅡ의 ᄇᆡᆨ복ᄒᆞ여 왈 신의 죄 일만 번 쥭음ᄌᆞᆨᄒᆞ여니다 (孔明回顧, 見是後主, 慌忙棄杖, 拜伏於地曰: "臣該萬死!") <삼국-모종 14:40>

【ᄌᆞᆫᄎᆞ】 명 잔치. 경사스러운 일이 있을 때에 음식을 차리고 손님을 청하여 즐기는 일.¶ ▼筵 ‖ ᄌᆞᆫᄎᆞ를 파ᄒᆞ고 ᄎᆡᆨ이 영식의 드러가 술을 보니 셔로 ᄃᆡ졉ᄒᆞ미 심이 오만ᄒᆞ거ᄂᆞᆯ 심즁의 답〻ᄒᆞ여 즁졍의 건이더니 (當日筵散, 策歸營寨, 見術席間相待之禮甚傲, 心中鬱悶, 乃步月於中庭.) <삼국-모종 3:4>

【ᄌᆞᆫ치】 명 잔치. 경사스러운 일이 있을 때에 음식을 차리고 손님을 청하여 즐기는 일.¶ ▼宴 ‖ 죠의 뷔 지내ᄂᆞᆫ 쥴 알고 경의 나와 영졉ᄒᆞ여 ᄌᆞᆫ치ᄅᆞᆯ ᄇᆡ셜ᄒᆞ고 수일을 관ᄃᆡᄒᆞ더니 죠숭니 힝ᄒᆞ고져 ᄒᆞ더니 도검[겸]니 친히 셩의 ᄂᆞ가 보ᄂᆡ고 도위 쟁개ᄅᆞᆯ ᄎᆞ졍ᄒᆞ냐 부병 오ᄇᆡᆨ을 거ᄂᆞ려 호송ᄒᆞᄅᆞ ᄒᆞ다 (知操父經過, 遂出境迎接, 再拜致敬, 大設筵宴, 款待兩日. 曹嵩要行, 陶謙親送出郭, 特差都尉張闓, 將部兵五百護送.) <삼국-모종 2:49> 죄 왈 현덕이 만일 잇스면 반다시 공을 좃ᄎᆞ갈 거시니 공은 관심ᄒᆞ라 ᄒᆞ고 ᄌᆞᆫ치를 ᄇᆡ셜ᄒᆞ여 ᄃᆡ접ᄒᆞ다 (操曰: "玄德若在, 必從公去, 但恐亂軍中亡矣, 公且寬心, 尙容緝聽." 關公拜謝, 操設宴相待.) <삼국-모종 4:57>

【ᄌᆞᆯᄂᆞ】 명 ❶ ((기물)) «ᄌᆞᄅᆞ» 자루. 손으로 다루게 된 도구나 기구의 끝에 달린 좀 기름한 손잡이.¶ ▼柄 ‖ 영웅이 모ᄃᆞ면 각〻 그 ᄆᆞ음이 다ᄅᆞᆯ디라 니른바 병잠기ᄅᆞᆯ ᄂᆞᆯ흘 잡고 ᄌᆞᆯᄂᆞ로ᄡᅧ ᄂᆞᆷ을 줌 ᄀᆞᆺᄐᆞ니 공이 일뎡 이디 못ᄒᆞ고 대란이 나리라 (英雄聚會, 各懷一心, 所謂倒持干戈, 授人以柄, 功必不成, 生大亂矣.) <삼국-가정 1:108> 그 창 ᄌᆞᆯᄂᆞᆯ 드립ᄯᅥ 잡고 제 잡앗던 칼을 내여ᄇᆞ리고 둘리 ᄆᆞᆯ 우히셔 창대를 서로 힐히워 아ᄉᆞ려 ᄒᆞ더니 (將槍挾住, 便棄刀. 兩個在馬上奪槍.) <삼국-규장 13:60> ❷ 명의 수량을 나타내는 말 뒤에 쓰여 세는 단위.¶ ▼把 ‖ 뎌 션ᄉᆡᆼ이 이러ᄐᆞ시 사ᄅᆞᆷ을 업슈이 너겨 거〻ᄂᆞᆫ 계하의 셧거ᄂᆞᆯ 저놈은 놉긔 누어 자고 ᄭᆡ디 아니ᄒᆞ니 내 집 뒤히 가 횃블 ᄒᆞᆫ ᄌᆞᆯᄅᆞᆯ 노하 집을 ᄐᆡ와 니ᄂᆞᆫ가 아니 니ᄂᆞᆫ가 볼 거시라 (這先生如何傲人! 見俺哥哥侍立于階下, 那厮高臥, 推睡不起! 等我去庵後放一把火, 看他起不起!) <삼국-가정 12:102> 냥군이 납함ᄒᆞ고 일시의 홰ᄅᆞᆯ 쳔ᄇᆡᆨ ᄌᆞᆯ리나 혀 드니 죠요ᄒᆞ여 ᄇᆞᆯ그미 ᄇᆡᆨ듀 ᄀᆞᆺ더라 (兩軍吶喊, 點起千百火把, 照耀如同白日.) <삼국-가정 21:55> ▼口 ‖ 죄 보검 ᄒᆞᆫ ᄌᆞᆯ리 이시니 샹공긔 드리고져 ᄒᆞ노라 (操有寶劍道一口, 獻上恩相.) <삼국-가정 2:26> ▼枝 ‖ 그 창 ᄌᆞᆯᄅᆞᆯ 드러ᄡᅥ 잡고 제 잡앗던 칼란 내여ᄇᆞ리고 둘히 ᄆᆞᆯ 우히셔 창대ᄅᆞᆯ 서ᄅᆞ 힐훠 아ᄉᆞ려 ᄒᆞ더니 (將槍挾住, 便棄刀. 兩個在馬上奪槍.) <삼국-가정 19:35>

【ᄌᆞᆯ라-】 동 «ᄌᆞᄅᆞ다» 조르다. 죄다.¶ ▼勒 ‖ ᄲᆞᆯ리 무ᄉᆞ로 ᄒᆞ여곰 미러내여 궁문 밧긔 가 ᄌᆞᆯ라 죽이라 ᄒᆞ고 (速令武士牽出, 勒死於宮門之外.) <삼국-가정 8:95>

【ᄌᆞᆯ-ᄒᆞ-】 동 잘하다. 좋고 훌륭하게 하다.¶ ▼善 ‖ 뉴현덕군니 이ᄅᆞ러 공늉을 보니 늉 왈 죠병니 세ᄃᆡᄒᆞ고 죄 ᄯᅩ 용병 ᄌᆞᆯᄒᆞ니 가히 경젼치 못ᄒᆞ리니 도 구[그] 동정을 본 연후 진병ᄒᆞ라 (劉玄德軍到, 見孔融, 融曰: "曹兵

勢大, 操又善於用兵, 未可輕戰, 且觀其動靜, 然後進兵.") <삼국-모종 2:62>

【ᄌᆞᆷ간】 명 잠간(暫間). 잠깐.¶ ▼暫時 ‖ 이숙은 너의 햐락을 모로ᄂᆞᆫ 고로 ᄌᆞᆷ간 조씨의게 몸을 의지ᄒᆞ엿더니 이제 너의 가ː 여람의 잇서 혐[험]조ᄒᆞ물 알고 우리를 보ᄂᆡ여 이예 이르니 ᄉᆞᆷ숙은 그치라 (二叔因不知你等下落, 故暫時棲身曹氏, 今知你哥哥在汝南, 特不避險阻, 送我們們到此, 三叔休錯見了.) <삼국-모종 5:25>

【ᄌᆞᆷ우-】 동 잠그다. 여닫는 물건을 열지 못하도록 자물쇠를 채우거나 빗장을 걸거나 하다.¶ ▼鎖 ‖ 종진이 조슈불급ᄒᆞ야 방덕으게 ᄌᆞᆸ히여 ᄒᆞᆫ 칼노 마ᄒᆞ의 버히고 군교ᄅᆞᆯ 훗치고 관을 버혀 ᄌᆞᆷ운 거ᄉᆞᆯ 씨치고 (鍾進措手不及, 被龐德一刀斬於馬下, 殺散軍校, 斬關斷鎖.) <삼국-모종 10:8>

【ᄌᆞᆷ으-】 동 잠그다. 여닫는 물건을 열지 못하도록 자물쇠를 채우거나 빗장을 걸거나 하다.¶ ▼鎖 ‖ 조상 형제 집의 드라온 후 의 그 문을 ᄌᆞᆷ으고 긔[거]민 팔ᄇᆡᆨ 인으로 그 집을 수직ᄒᆞ니 (曹爽兄弟三人回家之後, 懿用大鎖鎖門, 令居民八百人圍守其宅.) <삼국-모종 18:7>

【ᄌᆞᆷ통-ᄒᆞ-】 동 잠통(潛通)하다. 몰래 통하다.¶ ▼暗通 ‖ 죄 그 어든 금보단필은 군ᄉᆞ 상쥬고 도서 즁의 서신 ᄒᆞᆫ 묵근 거설 펴 보니 다 허도와 밋 군즁 제인의 원소로 다려 ᄌᆞᆷ통ᄒᆞᆫ 거시라 (操獲全勝, 將所得金寶緞疋, 給賞軍士, 於圖書中檢出書信一束, 皆被都及軍中諸人與紹暗通之書.) <삼국-모종 5:62>

【ᄌᆞᆼ가-드-】 동 장가(丈家)들다. 남자가 여자와 혼인하다. 남자가 아내를 맞다.¶ ▼娶夫人 ‖ 현덕이 양 슈랄 가지고 국노ᄅᆞᆯ 가 보고 녜필의 녀범이 즁ᄆᆡᄒᆞ야 오부인계 ᄌᆞᆼ가드난 닐을 말ᄒᆞ고 (玄德牽羊擔酒, 先往拜見, 說呂範爲媒, 娶夫人之事.) <삼국-모종 9:49>

【ᄌᆞᆼᄀᆡ-드-】 동 장가(丈家)들다. 남자가 여자와 혼인하다. 남자가 아내를 맞다.¶ ▼入贅 ‖ 오ᄇᆡᆨ 군ᄉᆡ 불근 ᄎᆡᆨᄉᆡᆨ 오ᄉᆞᆯ 닙고 셩중의 드러가 물건을 모도 ᄉᆞ고 젼ᄒᆞ여 말ᄒᆞᄃᆡ 뉴황슉이 동오 와 ᄌᆞᆼᄀᆡ든다 ᄒᆞᆫᄃᆡ 셩중 ᄉᆞ람이 다 그 일을 아더라 (隨行五百軍士, 俱披紅挂彩, 入南徐買辦物件, 傳說: "玄德入贅東吳." 城中人盡知其事.) <삼국-모종 9:49>

【ᄌᆞᆼᄉᆞ】 명 ((인류)) 장수. 물건을 살고 파는 일을 업으로 하는 사람. 장사치.¶ ▼客商 ‖ 마ᄃᆡ 일쳔 군을 거ᄂᆞ려 뒤희 잇더니 일즉 허충셩의 도망ᄒᆞ여 도라오ᄂᆞᆫ 군ᄉᆡ 마ᄃᆡ긔 보ᄒᆞ니 ᄃᆡ 대경ᄒᆞ야 병마ᄅᆞᆯ 바리고 ᄌᆞᆼᄉᆞ 모냥ᄒᆞ야 도망ᄒᆞ여 가니라 (馬岱自引一千兵在後. 早中許昌城外逃回軍士, 報知馬岱, 岱大驚, 只得棄了兵馬, 扮作客商, 連夜逃遁去了.) <삼국-모종 9:117>

【ᄌᆞᆼᄉᆞ-ᄒᆞ-】 동 장사(葬事)하다. 장사 지내다.¶ ▼葬 ‖ ᄎᆡ부인은 뉴종으로 더부려 양ː의 가 머무러 써 뉴긔와 뉴비ᄅᆞᆯ 막고 뉴표ᄅᆞᆯ 양ː성 동 한양지원에 ᄌᆞᆼᄉᆞᄒᆞ되 맛ᄎᆞᆷᄂᆡ 뉴긔와 뉴현덕의계 부고ᄅᆞᆯ 아니ᄒᆞ더라 (蔡夫人自與劉琮前赴襄陽駐紮, 以防劉琦、劉備, 就葬劉表之棺於襄陽城東漢陽之原, 竟不訃告劉琦與玄德.) <삼국-모종 7:27>

【ᄌᆡ】[1] 명 ((지리)) 재. 길이 나 있어서 넘어 다닐 수 있는, 높은 산의 고개.¶ ▼嶺 ‖ 조운니 슈급으로 가져 공을 드리거날 즁니 다 갈오ᄃᆡ 동다ᄅᆡ 아회람은 ᄃᆞ 말을 바리고 ᄌᆡ을 넘어가 ᄯᆞ와 밋지 못ᄒᆞ엿ᄂᆞ니다 (趙雲將首級獻功, 衆皆言曰: "董荼那、阿會喃皆棄馬越嶺而去, 因此趕他不上.") <삼국-모종 14:78>

【ᄌᆡ】[2] 명 채. 채로. (('-ㄴ ᄌᆡ로'의 구성으로 쓰여)) 이미 있는 상태 그대로 있다는 뜻을 나타내는 말.¶ ▼위 셩ᄂᆡ여 ᄭᅮ지저 왈 ᄆᆡ국ᄒᆞᄂᆞᆫ 무리야 ᄂᆡ 네 고기ᄅᆞᆯ 산 ᄌᆡ로 씹지 못ᄒᆞ미 한흡도다 (威怒罵曰: "賣國之徒, 吾恨不生啖汝肉!") <삼국-모종 7:48>

【-ᄌᆡ】 접 -째. (수사 뒤에 붙어) '차례'의 뜻을 더하는 접미사.¶ 次 ‖ 외 인병추지ᄒᆞ니 촉병이 ᄃᆡ진ᄒᆞ여 교젼치 아니ᄒᆞ고 퇴ᄒᆞ여 이ᄀᆞᆺ치 ᄒᆞ미 삼ᄉᆞᄌᆡ라 위병이 일야로 감히 쉬지 못ᄒᆞᄂᆞᆫ지라 (耀引兵追之, 蜀兵又來. 方欲對陣, 蜀兵又退. 如此者三次, 俄延至次日申時分. 魏軍一日一夜不曾敢歇.) <삼국-국중 15:133>

【ᄌᆡ궁】 명 ((기물)) 재궁(梓宮). 황제나 황후의 시체를 넣는 관(棺). 주로 가래나무로 만들었다.¶ ▼梓宮 ‖ 공명등이 ᄌᆡ궁을 뫼셔 셩도의 도라가니 (孔明率衆官奉梓宮還成都.) <삼국-가정 27:125>

【ᄌᆡ됴】 명 재주. 무엇을 잘할 수 있는 타고난 능력과 슬기.¶ ▼才 ‖ 홀련 일닌 츌왈 군ᄉᆞ난 엇지 ᄉᆞ람을 갱히 보난야 ᄂᆡ 비록 ᄌᆡ됴 안니나 장합의 머리ᄂᆞᆯ 버혀 휘ᄒᆞ의 드리ː다 (忽一人厲聲而出曰: "軍師何輕視衆人耶? 吾雖不才, 願斬張郃首級, 獻於麾下.") <삼국-모종 12:9> ▼能 ‖ 공명이 우서 왈 ᄂᆡ 정히 만병으로 ᄒᆞ여곰 다 니ᄅᆞ러 ᄂᆡ의 ᄌᆡ됴ᄅᆞᆯ 보니고저 ᄒᆞᆫ다 하더라 (孔明笑曰: "吾正欲令蠻兵皆至, 見吾之能也.") <삼국-모종 14:99>

【ᄌᆡᄂᆞᆼ】 명 재능(才能). 재주와 능력.¶ ▼才能 ‖ 좌샹의 굉뉘교착[잔과 산이 섯겨 혜텃단 말이라 녜ᄂᆞᆫ 술 먹을 제 잔을 ᄡᅳ더니라]ᄒᆞ더라 ᄒᆞᆫ 사ᄅᆞᆷ이 잔을 잡아 권ᄒᆞᆯ 적이면 반ᄃᆞ시 제 ᄌᆡᄂᆞᆼ을 쟈랑ᄒᆞ니 쥬유 대쇼ᄒᆞ고 마시더라 (席上觥籌交錯, 但是一個起來把盞, 必須誇其才能. 周瑜大笑而暢飲.) <삼국-가정 15:50>

【ᄌᆡ비-】 동 덮어두다. 재우다.¶ ▼寢 ‖ 황회 염우로 입공코져 ᄒᆞ여 쳔ᄌᆞᄭᅴ 쥬ᄒᆞ고 장군을 쇼환ᄒᆞ미러니 이제 등ᄋᆡ 용병을 잘ᄒᆞ여 염우의 적쉬 아닌 고로 그 일을 ᄌᆡ비니라 (黃皓欲使閻宇立攻, 奏聞朝廷, 發詔取回將軍. 今聞鄧艾善能用兵, 因此寢其事矣.) <삼국-국중 17:59>

【ᄌᆡ조】 명 재조(才操, 才調). 재주. 무엇을 잘하는 소질과 타고난 슬기.¶ ▼才 ‖ 내 집의 ᄒᆞᆫ 사ᄅᆞᆷ이 이시니 평원 사ᄅᆞᆷ이라 셩은 녜오 명은 형이오 ᄌᆞᄂᆞᆫ 평이니 ᄌᆡ조와 ᄒᆞᆨ문이 ᄀᆞ장 놉흐ᄃᆡ 다만 사ᄅᆞᆷ을 용납디 못ᄒᆞ야 (某家有一人, 乃平原人也, 姓禰, 名衡, 字平, 才學極高, 只是不能容物, 出語傷人.) <삼국-가정 8:45> ▼驥足 ‖ 방ᄉᆞ원은 ᄇᆡᆨ니ᄅᆞᆯ 다ᄉᆞ릴 ᄌᆡ죄 아니라 ᄒᆞ여곰 티둥 별가 벼ᄉᆞᆯ

의 두면 비로소 그 직조롤 펴려니와 (方士元非百里之才也, 使處於治中、別駕之任, 始當展其驥足耳.) <삼국-가정 18:90>

【직쥬】 명 재주. 무엇을 잘하는 소질과 타고난 슬기.¶ ▼직쥬, 才也. (利害) <삼국-어람 109a>

【직처-ᄒᆞ-】 동 재처(裁處)하다. 판단하여 처리하다.¶ ▼裁 ‖ 조군니 파ᄒᆞᆫ즉 형 오 세강ᄒᆞ고 정족 형세가 일 거시니 셩픽ᄒᆞᄂᆞᆫ 긔회 오ᄂᆞᆯᄂᆞᆯ의 잇스니 오직 댱군은 직처ᄒᆞ라 (操軍破, 必北還, 則荊、吳之勢强, 而鼎足之形成矣, 成敗之機, 在於今日, 惟將軍裁之.) <삼국-모종 7:94>

【직쳐-ᄒᆞ-】 동 재처(裁處)하다. 처리(處理)하다.¶ ▼裁處 ‖ 딕도독 됴진니 촉병의 픽ᄒᆞᆫ 빅 도여 션봉 됴준과 부장 주찬을 죽이고 강병이 또 무수이 촉병의 죽인 빅 되믹 기세 심급ᄒᆞᆫ지라 인졔 표문을 올녀 원병을 청ᄒᆞ오니 원 폐하ᄂᆞᆫ 직쳐ᄒᆞ소셔 (大都督曹眞數敗於蜀, 折了兩個先鋒, 羌兵又折了無數, 其勢甚急. 今上表求救, 請陛下裁處.) <삼국-국중 15:83> 슉ㆍ은 스ᄉᆞ로 직쳐ᄒᆞ라 범ᄉᆞ를 엇지 아녀ᄌᆞ의게 무르리오 (叔叔自家裁處, 凡事不必問俺女流?) <삼국-국중 6:11> ▼裁 ‖ 조죠 ᄒᆞ셕 ᄉᆞ례 왈 션싱의 냥모 아니면 엇지 동오를 파ᄒᆞ리오 통 왈 우천ᄒᆞᆫ 쇼견을 승상이 ᄉᆞᄉᆞ로 직쳐ᄒᆞ라 (曹操下席而謝曰: "非先生良謀, 安能破東吳耶?" 統曰: "愚淺之見, 丞相自裁之.") <삼국-모종 8:26>

【직촉-ᄒᆞ-】 동 재촉[催促]하다. 어떤 일을 빨리 하도록 조르다.¶ ▼催趲 ‖ 군ᄉᆞ롤 직촉ᄒᆞ야 밤낫 빅도ᄒᆞ야 신셩으로 ᄃᆞᆯ려 가더라 (星夜倍道催趲軍行.) <삼국-가정 30:115>

【진-납】 명 ((동물)) 잔나비. 원숭이.¶ ▼猿 ‖ 이 사ᄅᆞᆷ이 신댱이 구 쳑이오 진납의 ᄑᆞᆯ히오 활쏘기 잘ᄒᆞ고 깁히 모략이 이시며 튱의 늠ㆍᄒᆞ니 (此人身長九尺, 猿臂善射, 深有謀略, 忠義凜然.) <삼국-가정 31:65>

【진-납이】 명 ((동물)) 잔나비. 원숭이.¶ ▼猿 ‖ 신댱이 팔 쳑이오 ᄂᆞᆺ치 검고 머리털이 누로고 발을 벗고 뫼골의 ᄃᆞᆫ니면 진납이 밋디 못ᄒᆞ고 (身高八尺, 面黑發黃, 首不能回顧, 衣不能任體; 跣足履山谷, 猿猱不能比其健.) <삼국-가정 24:56>

【징봉-ᄒᆞ-】 동 쟁봉(爭鋒)하다. 적과 창검으로 싸워 다투다.¶ ▼爭鋒 ‖ 피 졍포의 물들믹 갑옷세 밋쳐 불거시니 당양의 뉘 감히 더부러 징봉ᄒᆞ리오 (血染征袍透甲紅, 當陽誰敢與爭鋒.) <삼국-국중 8:117>

【징인】 명 ((인류)) 장인(匠人).¶ ▼匠 ‖ 즉시 공교ᄒᆞᆫ 징인을 불너 그 쳑촌 장단 법졔을 당면ᄒᆞ야 이릅니 반월니 못ᄒᆞ여 천여 필 우마을 조셩ᄒᆞ니 (便令巧匠百餘人, 當面拆開, 分付依其尺寸長短厚薄之法, 一樣製造木牛流馬, 不消半月, 造成二千餘隻.) <삼국-모종 17:19>

【징징-ᄒᆞ-】 형 쟁쟁(錚錚)ᄒᆞ다. 쇠붙이 따위가 맞부딪쳐 울리는 소리가 맑다.¶ ▼錚然 ‖ 칙이 칼흘 ᄲᅡ혀 더지니 징ㆍᄒᆞ야 쇼릭 잇더라 (策倚床頭, 仗劍擲之, 錚然有聲.) <삼국-가정 10:36> 친히 츤 검을 ᄲᅡ혀 남글 티니 징ㆍᄒᆞ여 소릭 잇더니 피 ᄲᅱ여 몸의 ᄀᆞ득ᄒᆞ거ᄂᆞᆯ (拔所佩劍, 親自砍之, 錚然有聲, 血濺滿身.) <삼국-가정 25:82>

【징형-ᄒᆞ-】 동 쟁형(爭衡)하다. 승패(勝敗)를 다투다. 힘이나 기량을 겨루다.¶ ▼爭衡 ‖ 만일 강동 군ᄉᆞ를 거ᄂᆞ려 양진 ᄉᆞ히에 결긔ᄒᆞ여 쳔하를 징형ᄒᆞ기ᄂᆞᆫ 경이 날만 못ᄒᆞᆯ 거시오 (若擧江東之衆, 決機於兩陣之間, 與天下爭衡, 卿不如我.) <삼국-국중 6:125>

【ㅊ】

【차라히】 뷔 차라리. 여러 가지 사실을 말할 때에, 저리 하는 것보다 이리하는 것이 나음을 이르는 말.¶ ▼寧 ‖ 조공은 군뷔오 운쟝은 형졔라 형졔의 졍으로써 군부를 소기면 블츙이라 차라히 블의를 홀지언뎡 블츙을 못홀 거시라 (曹公, 君父也; 雲長, 兄弟也. 以兄弟之情而瞞君父, 此不忠也. 寧居不義, 不可不忠.) <삼국-규장 6:132>

【차송-ᄒᆞ-】 동 차송(差送)하다. 임무를 맡겨 보내다.¶ ▼差 ‖ 즉시 초마를 차송ᄒᆞ야 젹셰를 탐지ᄒᆞ니 (卽差哨馬前去探視.) <삼국-국중 14:62>

【차슈-ᄒᆞ-】 동 차수(叉手)하다. 팔짱 끼다. 두 손을 어긋매껴 마주 잡다.¶ ▼叉手 ‖ 감미 이부인이 술의예 ᄂᆞ려 초당의 오ᄅᆞ거ᄂᆞᆯ 운댱이 차슈[두 손을 뭉긔여 공슈ᄒᆞ 둧ᄒᆞ미라] ᄒᆞ고 셧거ᄂᆞᆯ (甘、糜二夫人下車上草堂, 關公叉手立於二夫人之側.) <삼국-가정 9:91>

【차타-ᄒᆞ-】 동 차타(蹉跎)하다. 일을 이루지 못하고 허송세월하다. 시기를 잃다.¶ ▼蹉跎 ‖ 비 일즙 몸이 기ᄅᆞ마의 떠나디 아니ᄒᆞ니 다리ᄉᆞᆯ히 다 스러뎟더니 이제 오래 ᄆᆞᆯ을 ᄐᆞ디 아니ᄒᆞ니 다리 속의 ᄉᆞᆯ히 도로 나니 셰월이 차타[ᄉᆞᆯᄉᆞ 가닷 말이라]ᄒᆞ야 늘그매 니ᄅᆞ되 공업을 일우디 못ᄒᆞ니 이러모로 슬허ᄒᆞ노라 (備往常身不離鞍, 髀肉皆散; 今不復騎, 髀裏肉生. 日月蹉跎, 老將至矣! 而功業不建, 是以悲耳!) <삼국-가정 11:116>

【차-ᄒᆞ-】 동 서늘해하다.¶ ▼寒 ‖ 일로브터 위엄이 진동ᄒᆞ니 강남 졔쟝이 담을 아니 차ᄒᆞ리 업더라 (自此威風震動, 江南諸將不膽寒.) <삼국-가정 27:18>

【착-ᄒᆞ-】 형 유능(有能)하다. 잘나다.¶ ▼너무 착ᄒᆞ단 말 (忒好.) <삼국-어람 108a> ▼能 ‖ 죠 노왈 너는 언머나 착ᄒᆞ다 (操怒曰: "汝有何能?") <삼국-가정 8:49> 이쟝이 비록 착ᄒᆞ나 군ᄉᆡ ᄃᆡ덕디 못ᄒᆞ야 몬져 ᄃᆞ라나니 일로 인ᄒᆞ여 이쟝이 대패ᄒᆞ여 동을 ᄇᆞ라고 ᄃᆞᆺ더이다 (二將雖能, 軍士先走, 因此抵擋不住, 大敗望東去了.) <삼국-가정 21:9> 방덕이 말ᄂᆡ여 싸호자 ᄒᆞᆫᄃᆡ 조죄 위교의 이실 졔 방덕의 착ᄒᆞᆫ 줄을 아랏ᄂᆞᆫ지라 (龐德出馬搦戰, 曹操在渭橋時, 深知龐德之能.) <삼국-가정 22:11>

【찬역-ᄒᆞ-】 동 찬역(簒逆)하다. 임금의 자리를 빼앗으려고 반역하다.¶ ▼簒逆 ‖ 이 반ᄃᆞ시 폐하의 본심이 아니라 난신이 이셔 신을 찬역ᄒᆞᆫ다 ᄒᆞ미로소이다 (此非陛下本心, 必有亂臣言臣有簒逆之意也.) <삼국-가정 33:46>

【찬찬-이】 뷔 찬찬히. 동작이나 태도가 급하지 않고 느릿하게.¶ ▼徐徐 ‖ 우리 군ᄉᆞ를 찬찬이 믈려든 너희 하셔 싸홈 주마 (待吾徐徐退兵, 還汝河西之地.) <삼국-규장 13:64>

【찬탈-ᄒᆞ-】 동 찬탈(簒奪)하다. 왕위, 국가 주권 따위를 억지로 빼앗다.¶ ▼簒 ‖ 좌우 혹니 졔께 고왈 근ᄂᆡ 드른니 위공니 스ᄉᆞ로 써 임군코져 ᄒᆞ니 불구에 피련 위을 찬탈ᄒᆞ린니다 (左右或奏帝曰: "近聞魏公欲自立爲王, 不久必將簒位.") <삼국-모종 11:45>

【찰난-ᄒᆞ-】 형 찬란(燦爛)하다. 빛깔이나 모양 따위가 매우 화려하고 아름답다. 또는 빛이 번쩍거리거나 수많은 불빛이 빛나다.¶ ▼燦爛 ‖ 청 황 흑 빅 홍 오ᄉᆡᄀᆡ을 안고 갑마는 본ᄉᆡ 의지ᄒᆞ니 광치 찰난ᄒᆞ여 극히 웅장ᄒᆞᆫ지라 (每隊五千, 按青、黃、赤、白、黑五色, 旗旛甲馬, 並依本色, 光輝燦爛, 極其雄壯.) <삼국-모종 12:19>

【찰아리】 뷔 차라리. 여러 가지 사실을 말할 때에 저리 하는 것보다 이리 하는 것이 나음을 이르는 말.¶ ▼寧 ‖ 죄 왈 찰아리 날노 ᄒᆞ야금 천하ᄉᆞ람을 져바리나 천하ᄉᆞᄅᆞᆷ으로 ᄒᆞ야금 나를 져바라지 말나 ᄒᆞ더라 (寧敎我負天下人, 休敎天下人負我.) <삼국-모종 1:73>

【찰아히】 뷔 차라리. 여러 가지 사실을 말할 때에, 저리 하는 것보다 이리하는 것이 나음을 이르는 말.¶ ▼寧 ‖ 이는 만ᄃᆡ의 붓그러오미라 우리 등이 찰아히 죽을지언뎡 군후를 욕ᄒᆞ지 아니홀 거시니 (此乃萬代之恥笑乎! 吾等寧死而不辱討虜將軍!) <삼국-가정 14:95>

【찰알히】 뷔 차라리. 여러 가지 사실을 말할 때에, 저리 하는 것보다 이리하는 것이 나음을 이르는 말.¶ ▼寧 ‖ 이는 만ᄃᆡ의 붓그러오미라 우리 등이 찰알히 죽을지언뎡 군후를 욕ᄒᆞ지 아니홀 거시니 (此乃萬代之恥笑乎! 吾等寧死而不辱討虜將軍!) <삼국-규장 10:88>

【찰ᄒᆞ리】 뷔 차라리. 여러 가지 사실을 말할 때에, 저리 하는 것보다 이리하는 것이 나음을 이르는 말.¶ ▼寧 ‖ 이는 만ᄃᆡ의 붓그러오미라 우리 등이 찰알히 죽을지언뎡 군후를 욕ᄒᆞ지 아니홀 거시니 (妾身已事貴人, 今忽欲下賜家奴, 妾寧死不辱!) <삼국-규장 10:88> 쳡이 니믜 귀인을 셤겨시니 이졔 홀연이 가로를 쥬고져 ᄒᆞ시니 쳡이 찰ᄒᆞ리 죽을지언졍 욕되지 아니ᄒᆞ리라 (妾身已事貴人, 今忽欲下賜家奴, 妾寧死不辱!) <삼국-모종 2:18>

【참】 뷔 참. 사실이나 이치에 조금도 어긋남이 없이 과연. 참으로.¶ ▼眞 ‖ 쥬공이 모ᄉᆞ의 말을 듯고 조죠의계 항복고ᄌᆞ ᄒᆞ니 이거시 참 가히 붓그럽고 앗갑고 이삭ᄒᆞᆫ 일이라 (今主公聽謀士之言, 欲降曹操, 此眞可恥可惜之事!) <삼국-모종 7:98>

【참남-ᄒᆞ-】 형 참람(僭濫)하다. 분수에 넘쳐 너무 지나치다.¶ ▼僭越 ‖ ᄉᆞ졔 죠ᄌᆞ의 참남ᄒᆞ믈 보고 발노ᄒᆞ믈 ᄭᆡ닷지 못ᄒᆞᆫ괘라 (舍弟見操僭越, 故不覺發怒耳.) <삼국-국중 5:29> 현덕이 숨기지 못ᄒᆞ여 왈 사졔 죠ᄌᆞ의 참남ᄒᆞ물 승ᄂᆡ미라 승이 얼골을 덥고 우러 왈 죠정의 신자

가 운장 갓트면 웃지 근심ᄒᆞ리요 (玄德不能隱諱, 遂曰: "舍弟見操僭越, 故不覺發怒耳." 承掩面而哭曰: "朝廷臣子, 若盡如雲長, 何憂不太平哉!") <삼국-모종 4:2>

【참녜-ᄒᆞ-】 동 참예(參預)하다. 어떤 일에 끼어들어 관계하다.¶ ▼管 ‖ 장군은 장하 일무뷔라 굿타여 ᄂᆞ의 가ᄉᆞ를 참녜ᄒᆞ나뇨 ("量汝只是帳下一武夫, 安敢管我家事!") <삼국-국중 11:67>

【참말-노】 부 참말로.¶ ▼참말노 (端的) <삼국-어람 108b>

【참쇼-ᄒᆞ-】 동 참소(讒訴)하다. 남을 헐뜯어서 죄가 있는 것처럼 꾸며 윗사람에게 고하여 바치다.¶ ▼讒譖 ‖ 이는 폐하의 본심이 아니라 반ᄃᆞ시 간신니 신을 참쇼ᄒᆞ여 써ᄒᆞ되 신을 이심이 잇다 ᄒᆞ므로 신을 쇼환ᄒᆞ미니이다 (此非陛下本心, 必有奸臣讒譖, 言臣有異志也.) <삼국-국중 16:14>

【참아】 부 차마. 애틋하고 안타까워서 감히 어찌.¶ ▼忍 ‖ 현덕이 됴운으로 더브러 니별ᄒᆞᆯ 제 손을 ᄌᆞᆸ고 눈물을 흘녀 참아 써나지 못ᄒᆞ니 운이 탄왈 뫼 낭일의 공손찬을 녕웅으로 알앗더니 이졔 ᄒᆞᄂᆞᆫ 바를 보니 또 원소의 물이라 (玄德與趙雲分別, 執手垂淚, 不忍相離, 雲歎曰: "某曩日誤認公孫瓚爲英雄, 今觀所爲, 亦袁紹等輩耳!") <삼국-모종 1:118> 현덕이 참아 죽기지 못ᄒᆞ니 장임니 쇼ᄅᆡ를 가다듬어 ᄭᅮ지거날 공명니 명ᄒᆞ여 버혀 그 일홈을 오을게 ᄒᆞ다 (玄德不忍殺之, 張任厲聲高罵, 孔明命斬之以全其名.) <삼국-모종 11:6>

【참언】 명 참언(讒言). 거짓으로 꾸며서 남을 헐뜯어 윗사람에게 고하여 바치는 말.¶ ▼讒 ‖ 닉 무단니 참언으로 착한 ᄉᆞᄅᆞᆷ을 모히코져 ᄒᆞᄂᆞ다 (汝無端獻讒, 欲害好人耶?) <삼국-국중 4:111>

【참ᄋᆞ】 부 차마.¶ ▼忍 ‖ 션싱 말ᄉᆞᆷ이 비로 ᄒᆞ여곰 운무를 허치고 청쳔을 보ᄂᆞᆫ 닷ᄒᆞ나 다만 형쥬 뉴표와 익쥬 유장은 다 한실종친니라 엇지 참ᄋᆞ 아스리요 (先生之言, 頓開茅塞, 使備如撥雲霧而觀靑天, 但荊州劉表、益州劉璋, 皆漢室宗親, 備安忍奪之?) <삼국-모종 6:90>

【참하】 부 차마. (뒤에 오는 동사를 부정하는 문맥에 쓰여) 애틋하고 안타까워서 감히 어찌.¶ ▼忍 ‖ 표 왈 황조 져긔 잇스니 엇지 참하 발이리오 량 왈 ᄒᆞᆫ 무지ᄒᆞᆫ 황조를 놋코 강동을 취ᄒᆞ미 엇지 불가ᄒᆞ리오 (表曰: "吾有黃祖在彼營中, 安忍棄之?" 良曰: "捨一無謀黃祖而取江東, 有何不可?") <삼국-모종 2:1>

【참-ᄒᆞ-】 동 참(斬)하다. 죽이다.¶ ▼斬 ‖ 좌우로 ᄒᆞ여곰 미러내여 참ᄒᆞ라 ᄒᆞ니 뫼신 군ᄉᆡ 미러 업디ᄅᆞ고 쟝ᄎᆞᆺ 참ᄒᆞ려 ᄒᆞ더니 (便教左右, 推出斬訖報來. 左右將闞澤簇下, 推轉待斬.) <삼국-가정 15:100>

【창궐-ᄒᆞ-】 동 창궐(猖獗)ᄒᆞ다. 못된 세력이나 전염병 따위가 세차게 일어나 걷잡을 수 없이 퍼지다.¶ ▼猖獗 ‖ 류비 이ᄀᆞᆺ치 창궐ᄒᆞ니 진실노 심복지환이라 불가불 급히 제ᄒᆞ리이다 (劉備如此猖獗, 眞腹心之患也, 不可不急除.) <삼국-국중 8:70>

【창늠】 명 ((건축)) 창름(倉廩). 물건을 넣어두는 곳간으로 쓰려고 지은 집. 곳집.¶ ▼廩 ‖ 이졔 ᄉᆞᄅᆞᆷ을 보ᄂᆡ여 쥐군의 창늠을 다 불살으고 셩을 긴이 닷고 ᄊᆞ호디 말면 불과 빅일의 ᄃᆡ병이 퇴쥬ᄒᆞᆯ 거시니 졍병을 ᄂᆡ여 그 뒤를 츙돌ᄒᆞ면 유비를 가히 잡으리이다 (其倉廩野穀, 盡皆燒除, 深溝高壘, 靜以待之. 彼至請戰, 勿許. 久無所資, 不過百日, 彼兵自走. 我乘虛擊之, 備可擒也.) <삼국-국중 11:124>

【창-대】 명 ((군기)) 창대(槍-). 창의 길고 굵은 자루.¶ ▼槍杆 ‖ 둘히 ᄆᆞᆯ 우희셔 창대를 서ᄅᆞ 힐훠 아ᄉᆞ려 ᄒᆞ더니 허뎌 힘이 센디라 ᄒᆞᆫ 소ᄅᆡ를 디ᄅᆞ며 마툐의 창대를 것그니 각ᄀᆞ 반식 가지고 ᄆᆞᆯ 우희셔 어즈러이 티더니 (兩個在馬上奪槍. 許褚力大, 一聲響, 拗斷槍杆, 各拿半節在馬上亂打.) <삼국-가정 19:35>

【창두】 명 ((인류)) 창두(蒼頭). 노복(奴僕). 하인(下人). 남자종.¶ ▼蒼頭 ‖ 위쥬 조뫼 호위 쵸빅으로 ᄒᆞ여곰 뎐듕의 뫼신 사ᄅᆞᆷ과 창두 관동[창두ᄂᆞᆫ 종이오 관동은 구읫사ᄅᆞᆷ이라] 삼빅여 인을 모도와 고조ᄒᆞ고 나갈ᄉᆡ (魏主曹髦出內, 令護衛焦伯, 聚集殿中宿衛蒼頭官僮三百餘人, 高噪而出.) <삼국-가정 37:109>

【창졍-ᄒᆞ-】 동 창정(創定)하다. 전에 없던 것을 처음으로 정하다.¶ ▼創造 ‖ 고뎨 삼쳑검을 ᄭᅳ으고 참ᄉᆞᄒᆞ고 의를 일워 딘을 평ᄒᆞ고 쵸를 멸ᄒᆞ야 긔업을 창졍ᄒᆞ야 샹젼ᄉᆞ빅 년니러니 이졔 딤이 비록 부직ᄒᆞ나 과악이 업ᄉᆞ니 엇지 ᄎᆞ마 죠종 긔업을 등한니 ᄇᆞ리ᄀᆞ요 (朕想高祖提三尺劍, 斬蛇起義, 平秦滅楚, 創造基業, 世統相傳, 四百年矣. 朕雖不才, 初無過惡, 安忍將祖宗大業, 等閒棄了?) <삼국-국중 13:127>

【창쳐】 명 ((질병)) 창처(瘡處). 부스럼, 종기, 상처 따위가 터진 자리.¶ ▼金瘡 ‖ 허제 도라온니 됴ᄀᆞ 의약으로 허제의 창쳐을 치료케 ᄒᆞ고 일면으로 친히 병을 ᄭᅳ어와 쵹병으로 ᄊᆞ홈을 겔단ᄒᆞ니 (衆將保着許褚, 回見曹操, 操令醫士療治金瘡, 一面親自提兵來與蜀兵決戰.) <삼국-모종 12:40>

【창텬】 명 ((천문)) 창천(蒼天). 맑고 푸른 하늘.¶ ▼蒼天 ‖ 창텬이 죽으니 황텬이 당ᄀᆞ이 셜 거시니 갑ᄌᆞ셰예 텬해 대길ᄒᆞ리라 (蒼天已死, 黃天當立.) <삼국-가정 1:13>

【채칙】 명 ((군사)) 채책(寨柵). 통나무 따위를 이어 박아 세운 목책(木柵). 또는 목책을 세워 구축한 진지(陣地).¶ ▼寨柵 ‖ 이러로셔 낙셩 가기예 관ᄋᆡ과 채칙이 믈읫 삼십여 체로ᄃᆡ 다 노부의 ᄀᆞ음안 배라 ᄃᆡ흰 쟝쉬 다 내 쟝악 듕의 이시니 (從此取雒城, 凡守御關隘, 計寨柵共三十餘處, 都是老夫所管官軍, 皆出於掌握之中.) <삼국-가정 21:2>

【챤챤-이】 부 찬찬히. 천천히.¶ ▼徐徐 ‖ 우리 군ᄉᆞ를 챤ᄀᆞ이 믈려든 너희 하셔 싸홈 주마 (待吾徐徐退兵, 還汝河西之地.) <삼국-가정 19:41>

【챵광-ᄒᆞ-】 동 창광(猖狂)ᄒᆞ다. 미칠듯이 날뛰다.¶ ▼猖狂 ‖ 님우를 딘창의 만나 슈륙의 곤핍ᄒᆞ며 인매 챵광ᄒᆞ야

방패와 갑을 들히 ᄇᆞ리며 칼과 창을 길히 더디니 (遭霖雨于陳倉, 水陸困乏, 人馬猖狂. 抛盈郊野之戈甲, 撇棄滿道之刀槍.) <삼국-가정 33:26>

【창포】 명 ((식물)) 창포(菖蒲). 천남성과의 여러해살이풀. 뿌리는 건위·진경·거담 등에 약용하고 단옷날에 창포물을 만들어 머리를 감거나 술을 빚는다.¶ ▼蒲 ‖ ᄉᆞ인이 올라가 암ᄌᆞ 알픠 니ᄅᆞ니 ᄒᆞᆫ 도동이 나와 마자 셩명을 뭇고 인ᄒᆞ여 드려가거ᄂᆞᆯ 보니 ᄌᆞ허샹인이 챵포 방셕의 안잣거ᄂᆞᆯ (四人至庵前, 見一道童出迎. 問了姓名, 引入庵中, 正見紫虛上人坐於蒲墩之上.) <삼국-가정 20:63>

【처엄】 명 처음. 처음[初]. 처(←첫: 관형사)+-엄(명사 파생 접미사).¶ ▼當初 ‖ 네 처엄의 쥬댱ᄒᆞ여 우리 형쥐ᄅᆞᆯ 빌렷더니 이제 뉴비 ᄇᆞᆯ셔 셔쳔을 어더시되 오히려 도라보내디 아니ᄒᆞ니 이 엇딘 일고 (汝當初作保, 借吾荊州. 今劉備已得益州, 不肯歸還, 此何理也?) <삼국-가정 21:94>

【처-죽이-】 동 처죽이다.¶ ▼打死 ‖ 처죽이지 안이ᄒᆞ면 무엇ᄒᆞ게소 (不打死等甚.) <삼국-어람 108a>

【천동】 명 ((천문)) 천둥.¶ ▼震 ‖ 이ᄢᅴ예 비도 오고 뇌셩ᄒᆞ니 현덕이 조용이 머리를 수기고 시저를 쥬어 왈 천동 위염의 이러ᄒᆞ다 (時正値天雨將至, 雷聲大作, 玄德乃從容俯首拾筯曰: "一震之威, 乃至於此.") <삼국-모종 4:6>

【청ᄐᆡ】 명 ((동물)) 해치(獬豸).¶ ▼獬豸 ‖ 그 ᄉᆞᄅᆞᆷ이 신장이 팔 척이요 낫천 청ᄐᆡ 갓ᄒᆞ니 이ᄂᆞᆫ 하북 장수 문취라 (玄德視其人, 身長八尺, 面如獬豸, 乃河北名將文醜也.) <삼국-모종 4:67>

【쳐결-ᄒᆞ-】 동 처결(處決)하다. 결정하여 조처하다. 처재(處裁)하다.¶ ▼參酌 ‖ 장비 현덕을 보ᄂᆡ무로부터 일ᆢ 공ᄉᆞᄅᆞᆯ 진원즁[룡]의겨 부치고 군듕 ᄃᆡᄉᆞ난 ᄌᆞ가 쳐결ᄒᆞ난지라 (張飛自送玄德起身後, 一應雜事, 俱付陳元龍管理, 軍機大務, 自家參酌.) <삼국-모종 2:128>

【-쳐로】 조 -처럼. 모양이 서로 비슷하거나 같음을 나타내는 격조사.¶ 쇠 ᄃᆡ희ᄒᆞ여 삼군을 격촉ᄒᆞ야 사면으로 구룸쳐로 모도여 일졔이 공타ᄒᆞ니 (昭大喜, 遂激三軍, 四面雲集, 一齊攻打.) <삼국-국중 17:13>

【쳐엄】 명 처음.¶ ▼와우산의 쳐엄으로 니르니 엇던 ᄒᆞᆫ 쟝쉬 단긔로 와 ᄇᆡ원쇼로 더브러 싸화 ᄒᆞᆫ 합이 못ᄒᆞ야 원쇼를 질너 쥬기고 사람을 다 툐항ᄒᆞ야 산칙을 아사 잇거ᄂᆞᆯ (自到至臥牛山, 誰想有一將單騎而來, 與裴元紹交鋒, 只一合, 戳死裴元紹, 盡數招降人伴, 占住山寨.) <삼국-가정 10:11>

【쳐졔】 명 처제(妻弟). 아내의 여동생.¶ ▼妻弟 ‖ 그 쳡 니츈향이 규의 쳐졔 묘ᄐᆡᆨ으로 사통ᄒᆞ여 ᄐᆡᆨ이 츈향을 엇고져 ᄒᆞ되 졍히 계교 업더니 쳡이 황규의 분한ᄒᆞ믈 보고 ᄐᆡᆨ을 ᄃᆡᄒᆞ여 왈 (不料其妾李春香, 與奎妻弟苗澤私通. 澤欲得春香, 正無計可施. 妾見黃奎憤恨, 遂對澤曰.) <삼국-국중 10:135>

【쳐-죽이-】 동 처죽이다. 치거나 때려서 죽이다.¶ ▼厮殺 ‖ 쳐죽일 놈 (厮殺漢) <삼국-어람 108b>

【쳐ᄌᆞ】 명 ((인류)) 처자(妻子). 처자식. 아내와 자식을 아울러 이르는 말.¶ ▼妻小 ‖ 이뎨의 음신을 아디 못ᄒᆞ고 쳐ᄌᆞ 조적의 함믈ᄒᆞ니 우흐로 능히 나라흘 갑디 못ᄒᆞ고 아래로 능히 집을 보젼티 못ᄒᆞ니 엇디 시름티 아니ᄒᆞ리오 (二弟不知音耗, 妻小陷於曹賊; 上不能報國, 下不能報家, 安得不憂也?) <삼국-가정 9:28>

【쳐티-ᄒᆞ-】 동 처치(處置)하다. 일을 감당하여 처리하다.¶ ▼裁處 ‖ 태부의 말이 이러ᄒᆞ니 경이 엇디 쳐티코져 ᄒᆞᄂᆞ뇨 (太傅之言是也, 卿如何裁處?) <삼국-가정 34:5:96>

【쳐티-호-】 동 처치(處置)하다. 일을 감당하여 처리하다. 쳐티(處置)+-ᄒᆞ-+-오(삽입 모음)-.¶ ▼區處 ‖ 운댱 왈 ᄌᆞ연이 쳐티호미 이시리라 (雲長曰: "別作區處.") <삼국-가정 7:159>

【쳐티-ᄒᆞ-】 동 처치(處置)하다. 일을 감당하여 처리하다.¶ ▼區處 ‖ 수일곳 디나면 강븍의 뎡탐 갓던 셰작이 도라올 거시니 형쥐 긔별을 드러 쳐티ᄒᆞ쟈 (你且寬心住數日, 待江北探細的回, 別有區處.) <삼국-가정 17:84>

【쳐-ᄒᆞ-】 동 처(妻)하다. 아내로 삼다.¶ ▼妻 ‖ 위ᄅᆞᆯ 슌의게 젼ᄒᆞ신대 슌이 구디 ᄉᆞ양ᄒᆞ고 밧디 아니ᄒᆞ거ᄂᆞᆯ 드ᄃᆡ여 이녀로ᄡᅥ 쳐ᄒᆞ시니 후세 대셩인의 덕이라 칭ᄒᆞᄂᆞ니 이제 폐해 ᄯᅩᄒᆞᆫ 두 공쥬ᄅᆞᆯ 두어 겨시니 엇디 당뇨ᄅᆞᆯ 본바다 위왕의게 쳐티 못ᄒᆞ시ᄂᆞ니잇고 (爲禪位于舜, 舜堅辭不受, 遂以二女妻之, 後世稱爲大聖之德. 今陛下亦有二公主, 何不效唐堯以妻魏王乎?) <삼국-가정 26:38>

【척소】 명 ((간찰)) 척소(尺素). 비단 위에 쓴 짧은 편지로 보통은 길이가 한 자이다.¶ ▼尺素 ‖ 삼가 척소[죠히라]의 써 우흐로 궁창[하ᄂᆞᆯ이라]의 고ᄒᆞ노니 업더여 ᄇᆞ라건대 황텬은 신의 혜아리믈 곡사ᄒᆞ샤 우흐로 선뎨의 은덕을 갑프며 아래로 ᄉᆡᆼ민의 것구로 ᄃᆞᆯ린 거ᄉᆞᆯ 구ᄒᆞ긔 ᄒᆞ쇼셔 (謹書尺素, 上告穹蒼: 伏望天慈, 曲賜臣算, 上報先帝之恩德, 下救生民之倒懸.) <삼국-가정 34:63>

【척촌】 명 척촌(尺寸). 한 자 한 치라는 뜻으로, 얼마 안 되는 조그마한 것을 이르는 말.¶ ▼尺寸 ‖ 복이 비록 일개 셔ᄉᆡᆼ이나 쥬샹의 후은을 닙어 듕임을 맛디시니 날을 척촌이나 취호미 잇다 ᄒᆞ시미라 너히 모ᄅᆞ미 욕을 ᄎᆞᆷ고 (僕雖一介書生, 今蒙王上托以重任者, 以吾有尺寸可取, 能忍辱負重故也.) <삼국-가정 27:59>

【천거-ᄒᆞ-】 동 천거(薦擧)하다. 어떤 일을 맡아 할 수 있는 사람을 그 자리에 쓰도록 소개하거나 추천하다.¶ ▼抬擧 ‖ 하진의 누의ᄅᆞᆯ 처음의 ᄂᆡ가 쳔거ᄒᆞ엿거ᄂᆞᆯ 이제 ᆢ 아희로 황뎨 위의 나아가고 ᄂᆡ의 ᄇᆡᆨ관니 다 심복이 되어 위권니 ᄐᆡ즁ᄒᆞ니 ᄂᆡ 장ᄎᆞᆺ 엇디ᄒᆞ리요 (何進之妹, 始初我抬擧他. 今日他孩兒卽皇帝位, 內外臣僚, 皆其心腹: 威權太重, 我將如何?) <삼국-국중 1:48>

【천견】 명 천견(天譴). 천벌(天罰).¶ ▼天譴 ‖ 네 도라ᄀᆞ 관뇌를 보고 ᄂᆡ 말을 젼ᄒᆞ되 다시ᄂᆞᆫ 쳔긔를 누셜치 말

ᄂᆞ 불연즉 반ᄃᆞ시 천견이 〻스리라 ᄒᆞ라 (回見管輅, 敎再休泄漏天機; 不然, 必致天譴.) <삼국-국중 12:73>

【천근】 명 ((신체)) 천근(天根). 관상술(觀相術)에서 발꿈치를 이르는 말.¶ ▼天根 ‖ 니마의 쥬ᄒᆞᆫ ᄲᅧ 업고 눈의 직흰 정신이 업고 코의 ᄆᆞᄅᆞᄲᅧ 업고 다리의 천근이 업고 등의 삼갑이 업고 ᄇᆡ의 삼임이 업ᄉᆞ니 가히 ᄐᆡ산의가 귀신을 다ᄉᆞ릴 거시오 능히 산 사람은 다사리지 못ᄒᆞ리니다 (輅額無主骨, 眼無守睛, 鼻無梁柱, 脚無天根, 背無三甲, 腹無三壬, 只可泰山治鬼, 不能治生人也.) <삼국-가정 22:97>

【쳔단니】 부 천단(擅斷)히. 제멋대로.¶ ▼擅 ‖ 공ᄌᆞ 부명을 밧ᄌᆞ고 강하ᄅᆞᆯ 진슈ᄒᆞ니 소임이 지극히 듕ᄒᆞ거날 이제 직슈ᄅᆞᆯ 쳔단니 ᄯᅥ나니 만일 동오병이 니ᄅᆞ면 엇지ᄒᆞ리요 (公子奉父命鎭守江夏, 其任至重, 今擅離職守, 倘東吳兵至, 如之奈何?) <삼국-모종 7:25>

【쳔동-ᄒᆞ-】 동 천동(遷動)하다. 움직여 옮기다.¶ ▼擅動 ‖ 현덕이 죠〻의 허실을 아지 못ᄒᆞ야 감히 쳔동치 못ᄒᆞ고 다만 하북을 더듬더니 (這裏玄德也不知曹操虛軍, 未敢擅動, 亦只探聽河北.) <삼국-모종 4:22> 이ᄯᅢ 현덕이 ᄯᅩᄒᆞᆫ 조〻의 허실을 아지 못ᄒᆞ여 감히 쳔동치 못ᄒᆞ고 하북 쇼식을 탐쳥ᄒᆞ더니 (這裏玄德也不知曹操虛軍, 未敢擅動, 亦只探聽河北.) <삼국-국중 5:64>

【쳔롱-ᄒᆞ-】 동 천농(擅弄)하다. 제 마음대로 희롱하거나 농간질하다.¶ ▼侵擅 ‖ 오ᄌᆞᆨ 됴〻를 효제치 못ᄒᆞ여 국권을 쳔롱ᄒᆞ여 방ᄌᆞ히 국난을 지어 황후를 뉵솔ᄒᆞ고 황ᄌᆞ를 침히ᄒᆞ니 (惟獨曹操久未梟除, 侵擅國權, 恣心極亂. 臣昔與車騎將軍董承圖謀討操, 事不密, 承見陷害. 臣播越失據, 忠義不果, 遂使操窮凶極逆. 主后戮殺, 皇子鴆害.) <삼국-국중 13:5>

【쳔연-ᄒᆞ-】 동 천연(遷延)하다. 일이나 날짜 따위를 미루고 지체하다. 시일을 끌다.¶ ▼遷延 ‖ 승상이 긔병ᄒᆞ매 쳔연ᄒᆞ여 오라게야 여긔 니ᄅᆞᆫ 고로 권이 시러곰 쥰비ᄒᆞ여 유슈구ᄅᆞᆯ ᄡᅧ 셩을 ᄒᆞ여시니 ᄀᆞ장 유리ᄒᆞ이다 (丞相起兵, 遷延日久, 故孫卷得以準備, 夾濡須水口爲塢, 甚是有理.) <삼국-가정 20:35>

【쳔ᄌᆞ-ᄒᆞ-】 동 천자(擅自)하다. 제 마음대로 하여 조금도 꺼림이 없다.¶ ▼擅專 ‖ 즁쟝이 다 현덕을 츄존ᄒᆞ여 황뎨 삼고져 ᄒᆞᄂᆞᆫ ᄆᆞ음을 두어쇼ᄃᆡ 감히 쳔ᄌᆞ티 못ᄒᆞ야 졔갈군ᄉᆞ의게 고ᄒᆞᆫ대 (衆將皆有推尊玄德爲帝之心, 未敢擅專, 遂告諸葛軍師.) <삼국-가정 24:4>

【쳔쳔-이】 부 천천히. 느릿느릿.¶ ▼徐徐 ‖ 왕샹이 맛당이 만금 ᄀᆞᄐᆞᆫ 몸을 보젼ᄒᆞ여 쳔〻이 보슈ᄒᆞᆯ 일을 ᄉᆡᆼ각ᄒᆞ쇼셔 (王上且宜保守萬金之軀, 徐徐報仇.) <삼국-가정 25:76> ▼緩 ‖ 밧비 걸면 ᄌᆞ로 업듯ᄂᆞ니 맛당이 쳔〻이 도모ᄒᆞᆯ 거시라 (緊行無好步, 當緩圖之.) <삼국-가정 24:77>

【쳔편-ᄒᆞ-】 동 천편(擅便)하다. 제 마음대로 처단(處斷)하다. 천단(擅斷)하다.¶ ▼擅自 ‖ 젼일 표쟝군의 아이 군녕을 준힝티 아니ᄒᆞ고 임의로 쳔편ᄒᆞ야 군을 나오다가 몸이 죽고 허다 군ᄉᆞᄅᆞᆯ 다 패ᄒᆞ엿더니 (前日鮑將軍弟不遵調度, 擅自進兵, 殺身喪命, 折了許多軍士.) <삼국-가정 2:70>

【철쇄】 명 ((기물)) 철쇄(鐵鎖). 자물쇠.¶ ▼鎖 ‖ ᄃᆡ쇼 션쳑을 인의 다 비합ᄒᆞ여 쳘쇄로 연ᄒᆞ고 졍긔와 졀일을 일〻이 쥰비ᄒᆞ엿스니 쳥컨ᄃᆡ 승상은 날을 긔약ᄒᆞ여 군ᄉᆞ를 나외소셔 (大小船隻, 俱已配搭連鎖停當. 旌旗戰具, 一一齊備. 請丞相調遣, 剋日進兵.) <삼국-국중 9:101>

【첨지】 명 ((인류)) 첨지(僉知). 노인. 성 아래 붙여서 특별한 사회적 지위가 없는 나이 많은 남자를 동료나 윗사람이 예사롭게 이르던 말.¶ ▼叟 ‖ 뉴괴 왈 션인의 말을 밋지 아니치 못ᄒᆞ리라 장임이 왈 이ᄂᆞᆫ 미친 쳠지라 드러 무엇 유익ᄒᆞ리요 (劉嘖曰: "仙人之言, 不可不信." 張任曰: "此狂叟也, 聽之何益?") <삼국-모종 10:109>

【청낭서】 명 ((책명)) «청낭서(靑囊書)». 화타(華陀)가 지은 의서.¶ ▼青囊書 ‖ 내 이제 비명의 죽게 ᄒᆞ야시니 쳥낭셔[프른 주머니에 글이란 말이라]를 셰샹의 뎐티 못ᄒᆞᆯ가 셜워ᄒᆞ더니 (我今死于非命, 恨有«青囊書»未傳于世.) <삼국-가정 25:90>

【청뇽】 명 ((역사)) 청룡(青龍). 중국 후연(後燕) 난한(蘭汗)의 연호. 398년 4월부터 398년 7월까지 3개월 동안 사용하였다.¶ ▼青龍 ‖ 위쥬 조예 쳥뇽이 우믈 속으로조차 니러나믈 인ᄒᆞ야 년호ᄅᆞᆯ 고텨 쳥뇽 원년이라 ᄒᆞ니 이ᄯᅢ 졍히 쳥뇽 이년 츈이월이러라 (魏主曹睿設朝, 因舊歲有青龍自摩陂井内而起, 故改爲青龍元年. 此時乃青龍二年春二月也.) <삼국-가정 33:101>

【청뇽도】 명 ((군기)) 청룡도(清龍刀). 청룡언월도(青龍偃月刀). 옛날 중국의 보병, 기병 들이 쓰던 긴 칼. 칼등이 두 갈래로 갈라지는 데에 상모를 달고, 밑에는 용의 아가리를 물렸으며, 황동으로 자루를 장식하고 붉은 칠을 했음.¶ ▼青龍刀 ‖ 너톄엿 오랑캐 ᄒᆞᆫ 놈을 엇디 내 쳥뇽도의 젹시리오 (量汝羌胡一匹夫, 可惜我青龍刀斬汝鼠賊!) <삼국-가정 24:72>

【청ᄂᆞ의】 명 ((복식)) 청라의(青懶衣).¶ ▼青懶衣 ‖ 즁노의 이르러 감ᄌᆞ 멘 역뷔 곤ᄒᆞ여 산각 ᄋᆞ릭 쉬더니 홀연 보니 일인니 잇셔 묘일목 피일족ᄒᆞᆫᄃᆡ 머리의 ᄇᆡᆨ등관을 쓰고 몸의 쳥ᄂᆞ의를 닙어스니 형용이 비범ᄒᆞᆫ지라 (至中途, 挑役夫疲困, 歇於山脚下, 見一先生, 眇一眼, 跛一足, 頭戴白藤冠, 身穿青懶衣, 來與脚夫作禮.) <삼국-국중 12:57>

【청ᄆᆡ】 명 ((식물)) 청매(青梅). 덜 익은 푸른 매실.¶ ▼青梅 ‖ 내 드ᄅᆞ니 아이 허챵의 이실 제 조공이 일즙 쳥ᄆᆡ쟈쥬로ᄡᅧ 영웅을 의논ᄒᆞᆯᄉᆡ (吾聞弟在許昌, 曹公請嘗青梅煮酒, 共論英雄.) <삼국-가정 11:116>

【청ᄉᆞ】 명 청사(青史). 역사상의 기록 또는 역사서를 이르는 말. 예전에 종이가 없을 때 푸른 대의 껍질을 불에 구워 푸른빛과 기름을 없애고 사실(史實)을 기록하던 데서 유래함.¶ ▼青史 ‖ 이제 맛촘 강상의 위틔ᄒᆞᆫ 님군을 붓드럿시니 쳥ᄉᆞ의 벽〻이 일만히 일홈을 젼ᄒᆞ리

로다 (今朝江上扶危主, 靑史應傳萬載名.) <삼국-국중 11:70>

【쳥의】 명 ((인류)) 청의(靑衣). 천한 사람을 이르는 말. 예전에 천한 사람이 푸른 옷을 입었던 데서 유래한다.¶ ▼靑衣 ‖ 이윽ᄒᆞ야 쳥의 차환이 툐션을 인ᄒᆞ야 돗 알픠와 두 번 절ᄒᆞᆫ대 (少頃, 二靑衣丫鬟引貂蟬到席前再拜.) <삼국-가정 3:70>

【쳥쳥-ᄒᆞ-】 형 청청(靑靑)하다. 싱싱하게 푸르다. 맑고 푸르다.¶ ▼靑靑 ‖ 마ᄎᆞᆷ ᄆᆡ화가지의 ᄆᆡ실이 쳥ᄒᆞ믈 보ᄆᆡ 홀연 거년의 장슈 칠 ᄭᅴ의 도상의 물이 업셔 군ᄉᆡ 다 목이 말나 ᄒᆞ기로 (適見枝頭梅子靑靑, 忽感去年征張繡時, 道上缺水, 將士皆渴.) <삼국-국중 5:31>

【쳥츈】 명 청춘(靑春). 한창 젊은 나이. 또는 그 시절.¶ ▼妙齡 ‖ 현덕 왈 ᄂᆡ ᄂᆞ히 임의 반ᄇᆡᆨ이오 오후의 ᄆᆡ졔ᄂᆞᆫ 경히 쳥츈니라 두리건ᄃᆡ 합당치 아니ᄒᆞᆯ가 ᄒᆞ노라 (玄德曰: "吾年已半百, 鬢髮斑白; 吳侯之妹, 正當妙齡: 恐非配偶.") <삼국-국중 10:55>

【쳬면】 명 체면(體面). 남을 대하는 데서나 다른 사람과의 관계에서 떳떳할 만한 입장이나 처지.¶ ▼體面 ‖ 니위 녀포 더부러 친ᄒᆞᆷ이 둣터온 고로 이 계교를 베푸러 ᄐᆡᄉᆞ의 쳬면과 쳔쳡의 셩명을 도라보지 아니ᄒᆞᆷ이라 (儒與布交厚, 故設此計; 卻不顧惜太師體面與賤妾性命.) <삼국-국중 2:94>

【초】 명 초(草). 초고(草稿). 초벌로 쓴 원고.¶ ▼草 ‖ 엇디 초 잡던 죠히ᄅᆞᆯ ᄲᅡ 보낼 리 이시리오 일뎡 그ᄃᆡ 날을 ᄌᆞ셔이 알가 슬희여 곳 고디 곳티도다 (豈有以草稿送與人耶? 必是你怕我知詳細, 先開了.) <삼국-가정 19:48> 내 어ᄃᆡ셔 고티리오 조공이 초 잡던 죠히ᄅᆞᆯ 그릇 봉ᄒᆞ야 보낸가 ᄒᆞ노라 (莫非曹操錯將草稿誤封了來?) <삼국-가정 19:48>

【초개】 명 초개(草芥). 풀과 티끌을 아울러 이르는 말. 흔히 지푸라기를 이른다. 또는 쓸모없고 하찮은 것을 비유적으로 이르는 말.¶ ▼草芥 ‖ 나ᄂᆞᆫ 위국 편쟝이라 진랑으로 더브러 ᄒᆞᆫ가지로 병마ᄅᆞᆯ 거ᄂᆞ렷더니 ᄉᆞ마의 슌ᄉᆞᄒᆞ야 진랑은 젼쟝군을 삼고 날 보기ᄅᆞᆯ 초개ᄀᆞ티 ᄒᆞ고 ᄯᅩ 해ᄒᆞ려 ᄒᆞᄂᆞᆫ디라 (不料懿徇私偏向, 加秦朗爲前將軍, 視文如草木, 待之如糞土, 又行陷害.) <삼국-가정 33:120> ▼草木 ‖ ᄉᆞ마ᄉᆡ 이제 딤 보기ᄅᆞᆯ 쇼ᄋᆞᄀᆞᆺ티 ᄒᆞ고 ᄇᆡᆨ관 보기ᄅᆞᆯ 초개ᄀᆞᆺ티 ᄒᆞ니 샤직이 반ᄃᆞ시 이 사ᄅᆞᆷ의게 도라가리라 (司馬師今視朕如小兒, 覷百官如草木, 社稷早晚必歸此人矣!) <삼국-가정 36:42>

【초츌-ᄒᆞ-】 동 초출(抄出)하다. 가려서 뽑아내다.¶ ▼選 ‖ 어시의 원쇄 죠ᄌᆞ와 ᄒᆞᆷ씌 졍병 오ᄇᆡᆨ을 초츌ᄒᆞ여 원쇼의 ᄋᆞ우 원슐노 거ᄂᆞ리게 ᄒᆞ니 (於是袁紹、曹操各選精兵五百, 命袁紹之弟袁術領之.) <삼국-국중 1:58>

【초탐-ᄒᆞ-】 동 초탐(哨探)하다. 엿보다.¶ ▼哨探 ‖ 현덕이 됴운으로 ᄒᆞ여곰 션쳑을 초탐ᄒᆞ더니 홀연 보ᄒᆞ되 후면의 틔글이 크게 이러난ᄃᆞ ᄒᆞ거ᄂᆞᆯ (玄德令趙雲望前哨探船隻, 忽報後面塵土衝天而起.) <삼국-국중 10:86>

【초항-ᄒᆞ-】 동 초항(招降)하다. 적을 타일러 항복하도록 하다.¶ ▼招降 ‖ 죠죄 셔로 ᄒᆞ여곰 사군을 초항ᄒᆞ게 ᄒᆞ문 이의 거즛 인심을 거두고져 ᄒᆞ미니 (曹操使庶來招降使君, 乃假買民心.) <삼국-국중 8:92>

【초항-ᄒᆞ-】 동 초항(招降)하다. 못된 짓을 하는 자를 불러 설득시켜서 편안하게 살도록 하여 주다.¶ ▼招安 ‖ 공명니 몬져 ᄉᆡ즁의 니ᄅᆞ러 만병과 밋 제젼 츄장 동정을 초항ᄒᆞ니 잇ᄃᆡ의 ᄐᆡ반니나 다 본향으로 도ᄅᆞ가고 그 나무기난 귀향[항]ᄒᆞᄂᆞᆫ지라 (孔明先到寨中, 招安蠻兵, 幷諸甸酋長洞丁, 此時大半皆歸本鄕去了, 除死傷外, 其餘盡皆歸降.) <삼국-모종 14:104>

【촌부】 명 ((인류)) 촌부(村夫). 시골에 사는 남자.¶ ▼村夫 ‖ 촌뷔 엇디 감히 내 ᄶᅡ흘 침노ᄒᆞᄂᆞᆫ다 (劉備村夫, 安敢侵吾境界!) <삼국-가정 5:97>

【총박-ᄒᆞ-】 형 총박(悤迫)하다.¶ ▼慌迫 ‖ 쉬 왈 원소ᄂᆞᆫ 승상의 ᄃᆡ적이라 장군이 가ᄂᆞᆫ 길의 승상의 공문이 잇ᄂᆞᆫ야 공이 왈 힝긔 총박ᄒᆞ여 엇지 못ᄒᆞ노라 (秀曰: "河北袁紹, 正是丞相對頭; 將軍此去, 必有丞相文憑." 公曰: "因行期慌迫, 不曾討得.") <삼국-모종 5:6>

【총셥-ᄒᆞ-】 동 총섭(總攝)하다. 모두 받아들이다.¶ ▼總攝 ‖ 위의 벼슬ᄒᆞ여 고평후를 봉ᄒᆞ야 양회군마를 총셥ᄒᆞ더니 시일의 가풍이 군즁의 이르러 군ᄉᆞ를 위로ᄒᆞᆯᄉᆡ (誕在魏歷重職, 封高平侯, 總攝兩淮軍馬.) <삼국-국중 17:6>

【총요-ᄒᆞ-】 형 총요(悤擾)하다. 바쁘고 부산하다.¶ ▼事冗 ‖ 한복 왈 조승상의 공문이 잇ᄂᆞᆫ야 공이 왈 총요ᄒᆞ여 어더오지 못ᄒᆞ엿노라 (韓福曰: "有曹丞相文憑否?" 關公曰: "事冗不曾討得.") <삼국-모종 5:7>

【촯긔-ᄒᆞ-】 동 좌기(挫氣)하다. 기세가 꺾이다.¶ ▼挫銳 ‖ ᄌᆞ제 형양에 웅거ᄒᆞ니 범니 우닉난 것 갓타니 우금니 잡피고 방덕니 버혀신니 위병 촯긔ᄒᆞ난지라 (今據荊襄, 如虎生翼, 于禁被擒, 龐德被斬, 魏兵挫銳.) <삼국-모종 12:79>

【최독-ᄒᆞ-】 동 최독(催督)하다. 독려하다.¶ ▼催 ‖ 군ᄉᆞᄅᆞᆯ 최독ᄒᆞ야 ᄯᆞ와 십니ᄂᆞᆫ 가더니 함셩이 ᄯᅩ 대진ᄒᆞ며 일지병이 가ᄂᆞᆫ 길흘 막으니 긔 우희 크게 써시되 졍셔쟝군 등애라 ᄒᆞ엿더라 (遂催兵追之. 又赶到十里, 鼓聲大震, 一枝兵截住去路, 旗上大書, '征西將軍鄧艾'六字.) <삼국-가정 38:65>

【최육】 명 ((질병)) 췌육(贅肉). 종기.¶ ▼肉瘤 ‖ ᄉᆞ마사 왼눈에 최육이 소ᄉᆞ 불시예 통양ᄒᆞ여 의원으로 벼혀ᄂᆡ고 냑을 붓쳐 년일 치료ᄒᆞ더니 (司馬師左眼肉瘤, 不時痛癢, 乃命醫官割之, 以藥封閉, 連日在府養病.) <삼국-모종 18:43>

【최잔-ᄒᆞ-】 동 최잔(摧殘)하다. 손상(損傷)되다. 쇠하여 못쓰게 되다.¶ ▼摧殘 ‖ 폐히 ᄇᆞ야흐로 이졔를 위ᄒᆞ야 보슈ᄒᆞ랴 ᄒᆞ시니 엇지 ᄉᆞᄉᆞ로 용톄를 최잔케 ᄒᆞ시리요 (陛下方欲爲二弟報讎, 何可先自摧殘龍體?) <삼국-국중 13:154>

【최절-ᄒᆞ-】 동 최절(摧折)하다. 마음이나 기운이 꺾이다.¶ ▼挫 ‖ 신이 여러 번 츌ᄉᆞᄒᆞ야 비록 대공을 일오디 못ᄒᆞ나 ᄌᆞᄆᆞᆺ 위인의 심담을 최절ᄒᆞ엿고 (臣累出戰, 未成大功, 頗已挫動魏人心膽.) <삼국-가정 38:2>

【최찰-ᄒᆞ-】 동 꺾이다. 위축(萎縮)되다.¶ ▼挫 ‖ 너희 님뎍ᄒᆞ여 몬져 ᄃᆞ라나 내 예긔ᄅᆞᆯ 최찰킈 ᄒᆞ니 후의 또 이리 ᄒᆞ면 다 참ᄒᆞ리라 (臨敵先退, 挫吾銳氣! 再後如此, 盡皆斬首!) <삼국-가정 20:34>

【최찰-ᄒᆞ-】 동 ❶ 꺾다. (타동사).¶ ▼挫 ‖ 이제 군셰 최찰ᄒᆞ고 조병이 압경ᄒᆞ엿거ᄂᆞᆯ 또 담 샹으로 ᄒᆞ여금 셔로 다토긔 ᄒᆞ면 이ᄂᆞᆫ 스ᄉᆞ로 멸망ᄒᆞᆯ 도리라 (今軍勢稍挫, 曹操壓境, 又使譚、尙爭之, 乃自取亂之道也.) <삼국-가정 10:101> ▼挫動 ‖ 공근이 만일 가면 반ᄃᆞ시 잡피일 거시니 아직 슈젼을 결ᄒᆞ야 븍군의 예긔ᄅᆞᆯ 최찰ᄒᆞᆫ 후의야 각별이 묘계ᄅᆞᆯ 써라 ᄒᆞᆯ 거시니 (公瑾若去, 則必就擒. 可先決水戰, 挫動北軍銳氣, 別尋妙計破之.) <삼국-가정 15:25> ▼墮 ‖ ᄉᆞ마쇠 쇼왈 부친이 엇디 우리 예긔ᄅᆞᆯ 최찰케 ᄒᆞ시ᄂᆞ뇨 어린 ᄠᅳᆺ의 혜아리건대 가뎡 취ᄒᆞ기 쉽더이다 (昭笑曰: '父親何故自墮志氣耶? 愚男料街亭易取.) <삼국-가정 31:18> ❷ 마음이나 기운 따위가 꺾이다. 위축(萎縮)되다. (피동사).¶ ▼挫 ‖ 이제 이긔여 위병의 예긔 최찰ᄒᆞ엿거ᄂᆞᆯ 승샹이 엇디 군을 믈리시ᄂᆞ뇨 (今已大勝, 挫盡魏兵銳氣, 何故收軍也?) <삼국-가정 32:35> 냥군이 혼젼ᄒᆞ니 촉병이 인매 곤핍ᄒᆞ니 위풍이 임의 최찰ᄒᆞ엿ᄂᆞᆫ디라 (兩軍混戰, 蜀兵人困馬乏, 强與生力軍交戰, 威風已挫.) <삼국-가정 38:65>

【최촉-ᄒᆞ-】 동 최촉(催促)하다. 어떤 일을 빨리 하도록 조르다. 재촉하다.¶ ▼催促 ‖ 현덕이 방통의 지삼 최촉ᄒᆞᄆᆞᆯ 보고 이에 인군 젼진ᄒᆞ니 (玄德見龐統再三催促, 乃引軍前進.) <삼국-가정 20:88> 쥬쥰이 듯고 군ᄉᆞᄅᆞᆯ 최촉ᄒᆞ여 양셩을 치니 적댱 엄졍이 댱보를 죽이고 머리를 드려 항복ᄒᆞ거ᄂᆞᆯ (朱儁聽說, 催促軍馬, 悉力攻打陽城, 賊將嚴政, 刺殺張寶, 獻首投降.) <삼국-모종 1:19> ▼催督 ‖ 젼후 좌우군이 다 ᄇᆡᄅᆞᆯ 시험ᄒᆞᆯᄉᆡ 긔치 어즈럽지 아니ᄒᆞ고 또 ᄌᆞ근 ᄇᆡ 오십여 쳑이 왕ᄂᆡᄒᆞ야 슌경ᄒᆞ며 최촉ᄒᆞ야 보아거ᄂᆞᆯ (前後左右軍皆試船, 旗幡不雜. 又有小船五十餘隻, 往來巡警催督.) <삼국-가정 16:15> ▼催動 ‖ 삼군을 최촉ᄒᆞ여 만손편야ᄒᆞ여 신냐의 니ᄅᆞ러 영치ᄅᆞᆯ 세우고 군ᄉᆞᄅᆞᆯ 젼영ᄒᆞ여 일면으로 산을 뒤지고 일면으로 ᄇᆡᆨ하ᄅᆞᆯ 메워 (催動三軍, 漫山塞野, 盡至新野下寨, 傳令軍士一面搜山, 一面塡塞白河.) <삼국-모종 7:40> ▼趲 ‖ 덕이 분연ᄒᆞ여 군ᄉᆞᄅᆞᆯ 최촉ᄒᆞ다 (德奮然趲軍.) <삼국-가정 24:67>

【최촉-ᄒᆞ-】 동 최촉(催促)하다. 재촉하다. 독촉(督促)하다.¶ ▼催督 ‖ 또 쇼션 오십여 쳑이 왕ᄂᆡᄒᆞ여 슌경ᄒᆞ며 최촉ᄒᆞ거ᄂᆞᆯ 조죄 장ᄃᆡ 우의셔 조련ᄒᆞᆷ을 보더니 (又有小船五十餘隻, 往來巡警催督. 操立於將臺之上, 觀看調練.) <삼국-국중 9:102>

【쵝박-ᄒᆞ-】 형 촉박(促迫)하다. (기간이나 시간이) 몹시 받다.¶ ▼促 ‖ 현덕 왈 상게ᄂᆞᆫ 가장 쵝박ᄒᆞ고 ᄒᆞ게ᄂᆞᆫ 너모 완ᄒᆞ고 중게ᄂᆞᆫ 부지부질ᄒᆞ야 가히 ᄒᆡᆼ홈즉ᄒᆞ다 (玄德曰: "軍師上計太促, 上計太緩, 中計不遲不疾, 可以行之.") <삼국-모종 10:102>

【쵸뎨-ᄒᆞ-】 동 초제(剿除)하다. 무찔러 없애다.¶ ▼剿除 ‖ 이제 ᄌᆞ단이 임의 죽어시니 신 등이 힘을 다ᄒᆞ야 폐하ᄅᆞᆯ 갑흐리니 만일 도적을 쵸뎨티 못ᄒᆞ면 신이 일만 번 죽어도 감심ᄒᆞ리이다 (今子丹已亡, 臣等竭力剿寇以報陛下; 若不剿除, 臣當萬死!) <삼국-가정 33:50>

【쵸두-난익】 명 초두난액(焦頭爛額). 불에 머리를 태우고 이마를 그슬린다는 뜻으로 몹시 애를 쓰는 것을 말함.¶ ▼焦頭爛額 ‖ 군ᄉᆞ 틱반이나 쵸두[쵸두ᄂᆞᆫ 머리가 탓단 말이라] 난익이라[난익은 이마가 더이단 말이라] (軍士大半焦頭爛額.) <삼국-국중 8:89>

【쵸료】 명 ((조류)) 초료(鷦鷯). 뱁새. 붉은머리오목눈이. 쥐새와 같이 생겼으나 곱고 꽁지가 길다. 등은 붉은 밤색이고 배는 연한 검푸른색이며 부리는 밤색이다. 동작이 매우 재며 해충을 잡아먹는 이로운 새이다.¶ ▼鷦鷯 ‖ 비의 일신이 ᄂᆞᆷ의 나그내 되엿ᄂᆞᆫ디라 엇디 감샹ᄒᆞ야 탄식디 아니ᄒᆞ리오 쵸료[뱁새라]도 오히려 ᄒᆞᆫ 가지의 평안호미 잇고 교토ᄂᆞᆫ 능히 세 굼글 ᄒᆞ야[톳기 간사ᄒᆞ야 세 굼글 ᄒᆞ야 두고 나드닷 말이라]이시니 ᄒᆞ믈며 사ᄅᆞᆷ이ᄯᆞ녀 (備一身寄客, 未嘗不傷感嘆而嘆息. 嘗思'鷦鷯尙存一枝, 狡兎猶藏三窟', 何況人乎?) <삼국-가정 19:115>

【쵸멸-ᄒᆞ-】 동 초멸(剿滅)하다.¶ ▼剿捕 ‖ 이제 이장이 뎍을 업슈이 너기다가 죽어시니 맛당이 군ᄉᆞᄅᆞᆯ 거두워 움즉이디 말고 승샹씌 보ᄒᆞ야 대군을 니ᄅᆞ혀 쵸멸ᄒᆞ미 샹칙이라 (今二將欺敵而亡, 只宜按兵不動, 申報丞相知會, 可起大軍而來剿捕, 此爲上策.) <삼국-가정 12:36>

【쵸모-ᄒᆞ-】 동 초모(招募)하다. 의병이나 군대에 지망하는 사람을 모집하다.¶ ▼招募 ‖ 가히 쇽〻이 민병을 쵸모ᄒᆞ여 냥이 스ᄉᆞ로 가ᄅᆞ치면 가히 ᄃᆡ적ᄒᆞ리이다 (可速招募民兵, 亮自敎之, 可以待敵.) <삼국-국중 8:60>

【쵸몰-ᄒᆞ-】 동 초몰(抄沒)하다. 적몰(籍沒)하다.¶ ▼抄 ‖ 조상의 형뎨 삼인과 간범ᄒᆞᆫ 사ᄅᆞᆷ을 져제거리의 가 버히고 그 삼족을 이멸ᄒᆞ고 가산ᄌᆡ믈 다 쵸몰ᄒᆞ야 고의 드리고 그 겨집들란 다 각〻 집으로 도라보내다 (押曹爽兄弟三人幷一干人犯, 皆斬于市曹, 滅其三族, 其家産財物盡抄入庫, 容其女還家.) <삼국-가정 35:108>

【쵸방】 명 ((궁궐)) 초방(椒房). 산초가루를 바른 방이라는 뜻으로, 왕비나 왕후가 거처하는 방이나 궁전 따위를 이르는 말. 산초나무는 온기가 있고 열매가 많은 식물로서, 자손이 많이 퍼지라는 뜻에서 왕후의 방 벽에 발랐다. '왕후'를 달리 이르는 말. 초정(椒庭).¶ ▼椒房 ‖ 복휘 일이 누셜ᄒᆞᆫ 줄 알고 뎐 뒤 쵸방 문 안희 겹ᄇᆞ람이 잇거ᄂᆞᆯ 드러 수멋더니 (伏后情知事發, 便于殿後椒房內夾壁中藏地.) <삼국-가정 21:120>

【쵸사-ᄒᆞ-】 동 초사(招辭)하다. 자백(自白)하다. 자기가 저지른 죄나 자기의 허물을 남들 앞에서 스스로 고백

하다.¶ ▼招 ‖ 왕ᄌᆞ복 등을 ᄂᆡ 님의 쵸사ᄒᆞ여 증참이 명ᄇᆡᆨᄒᆞ거ᄂᆞᆯ 네 오히려 져뢰코져 ᄒᆞᄂᆞ냐 (王子服等吾已擒下, 皆招證明白, 汝當抵賴乎?) <삼국-국중 5:104>

【쵸상-집】 명 ((민속)) 초상집(初喪-). 초상난 집. 상가집.¶ ▼喪家 ‖ 니곽 ᆢ시 셔젼을 바라보고 다ᄅᆞ니 그 급ᄒᆞ고 ᄲᆞ른 형상은 쵸상집 쥬린 짐싱 갓더라 (傕、汜望西逃命, 忙忙似喪家之狗.) <삼국-국중 3:117>

【쵸졈-ᄒᆞ-】 동 초점(招颭)하다. 바람에 흩날리다.¶ ▼招颭 ‖ 성으로 슈십 니 더 ᄀᆞ니 슈긔 쵸졈ᄒᆞ며 운장이 능마 횡도ᄒᆞ고 거로를 막거ᄂᆞᆯ (離城數里, 前面繡旗招颭, 雲長勒馬橫刀, 攔住去路.) <삼국-국중 13:17>

【쵸제】 명 ((민속)) 초제(醮祭). 성신(星辰)에게 지내는 제사.¶ ▼醮 ‖ 왕샹은 도ᄉᆞᄅᆞᆯ 명ᄒᆞ여 쵸졔ᄅᆞᆯ 빅셜ᄒᆞ야 저히 원을 프러디게 ᄒᆞ쇼셔 (王上當命道士設醮薦揚.) <삼국-가정 25:98>

【쵸창-ᄒᆞ-】 동 추창(惆悵)하다. 실망하여 슬퍼하고 괴로워하다.¶ ▼惆愴 ‖ 현덕이 쵸창ᄒᆞ믈 마지 아니ᄒᆞ거ᄂᆞᆯ 장비 왈 임의 보지 못ᄒᆞ진ᄃᆡ 도라가니만 ᄀᆞᆺ지 못ᄒᆞ니이다 (玄德惆悵不已. 張飛曰: "旣不見, 自歸去罷了.") <삼국-국중 8:8>

【쵸항-ᄒᆞ-】 동 초항(招降)하다. 적을 타일러 항복하도록 하다.¶ ▼招安 ‖ 만져 ᄉᆞ람을 보ᄂᆡ여 장슈와 뉴표를 쵸항ᄒᆞᆫ 후 셔쥬를 도모ᄒᆞ미 조흘가 ᄒᆞᄂᆞ이다 (可先使人招安張繡、劉表, 然後再圖徐州.) <삼국-국중 5:74> 사ᄌᆡ 들어와셔 신을 올닌ᄃᆡ 쎠혀보니 이 ᄯᅩᄒᆞᆫ 쵸항ᄒᆞᄂᆞᆫ ᄠᅳᆺ이라 (使者呈上書信. 繡覽之, 亦是招安之意.) <삼국-국중 5:75>

【쵹금】 명 ((복식)) 촉금(蜀錦). 사천 비단.¶ ▼蜀錦 ‖ ᄉᆞ쟈ᄅᆞᆯ 보내여 황금 오ᄇᆡᆨ 근과 ᄇᆡᆨ은 일천 근과 젼 오천 만과 쵹금 일천 필을 운당을 주고 (遣使送黃金五百斤、白銀一千近、錢五千斤、蜀錦一千匹與雲長.) <삼국-가정 21:78> 드ᄃᆡ여 각경을 보내여 ᄉᆞᄅᆞᆯ 삼아 금쥬와 쵹금을 주어 강호의 드러가 강왕을 결약ᄒᆞ야 몬져 군ᄉᆞᄅᆞᆯ 농우로 나오라 ᄒᆞ니 (遂遣卻正爲使, 賫金珠蜀錦, 入羌胡結好羌王, 令先進兵於隴右.) <삼국-가정 36:23>

【쵹노-ᄒᆞ-】 동 촉노(觸怒)하다. 웃어른의 마음을 거슬러서 성나게 하다.¶ ▼觸怒 ‖ 공근의 병창이 낫기 젼의 쵹노ᄒᆞ미 업게 ᄒᆞ므로 의지 말ᄒᆞ기로 됴병이 싸홈을 도ᆢ되 감히 보치 못ᄒᆞ미로라 (吾見公瑾病瘡, 醫者言勿觸怒, 故曹兵搦戰, 不敢報知.) <삼국-국중 9:166>

【쵹범-호-】 동 촉범(觸犯)하다. 꺼려 피할 일을 저지르다. 촉범(觸犯)+-ᄒᆞ-+-오(삽입 모음)-.¶ ▼觸 ‖ 어제 술 취ᄒᆞ여 공의게 쵹범호미 이시니 힝혀 ᄆᆞᄋᆞᆷ의 머믈오디 말라 (昨因酒醉, 有觸於公, 幸勿抵觸.) <삼국 20:60>

【쵹-불】 명 촛불.¶ ▼燭 ‖ 현덕이 관ᄉᆞ의 쵹불을 ᄇᆞᆰ히고 안ᄌᆞ 삼경 후에 취침코ᄌᆞ ᄒᆞ더니 홀연 일인니 문을 두다리고 드러오거날 보니 이ᄂᆞᆫ 이젹이라 (玄德在館舍中秉燭而坐, 三更以後, 方欲就寢, 忽一人叩門而入, 視之乃伊籍也.) <삼국-모종 6:31>

【총요-ᄒᆞ-】 형 총요(悤擾)하다. 바쁘고 부산하다.¶ ▼冗 ‖ 일이 총요ᄒᆞ야 밋쳐 엇지 못ᄒᆞ엿노라 (事冗不曾討得.) <삼국-국중 6:65>

【최음】 명 처음.¶ ▼初 ‖ 전일 승상 최음 망할 ᄣᅵ ᄂᆡ 만일 온전ᄒᆞᆫ 군ᄉᆞ로 위에 후[투]힝ᄒᆞ엿더면 엇지 이갓치 적막ᄒᆞ라 (昔日丞相初亡, 吾若將全師投魏, 寧當寂寞如此耶.) <삼국-모종 17:50>

【최절-ᄒᆞ-】 동 최절(摧折)하다. 마음이나 기운이 꺾이다.¶ ▼受催 ‖ ᄌᆡ절이 상젼ᄒᆞᄆᆡ 세상의 업ᄉᆞ니 간ᄉᆞᄒᆞᆫ 놈이 일죠의 최절ᄒᆞ엿도다 (才節雙全世所無, 姦回一旦受催鋤.) <삼국-국중 8:41>

【최쵹-ᄒᆞ-】 동 최촉(催促)하다. 독촉(督促)하다.¶ ▼催取 ‖ ᄑᆡ잔군을 거ᄂᆞ리고 셔순의 믈너가 하치ᄒᆞ고 ᄉᆞᄅᆞᆷ으로 ᄒᆞ여곰 만영 장ᄀᆡ의 군ᄉᆞ를 최쵹ᄒᆞ더니 (尙引敗兵往西山下寨, 令人催取馬延、張顗軍來.) <삼국-국중 7:70>

【추쉬-ᄒᆞ-】 동 추살(追殺)하다. 뒤쫓아가서 죽이다.¶ ▼追殺 ‖ 나쟝이 오히려 젼면의 이셔 강병을 추쉬ᄒᆞᆫ디라 이 ᄉᆞᄅᆞᆷ이 ᄂᆡ의 셩명을 구ᄒᆞ여시니 맛당이 셔로 보리라 ᄒᆞ고 드ᆢ여 말을 ᄎᆡ 쳐 와 (只見那員將, 尙在前面追殺羌兵, 興自思此人救我性命, 當與相見, 遂拍馬趕來.) <삼국-모종 15:87>

【추십-ᄒᆞ-】 동 추습(追襲)하다. 뒤쫓아가서 습격하다.¶ ▼追襲 ‖ 죠죄 궁즁의 드러가 하ᄐᆡ후긔 청ᄒᆞ여 군국ᄃᆡᄉᆞᄅᆞᆯ 아쥬 총섭ᄒᆞ게 ᄒᆞ고 군ᄉᆞᄅᆞᆯ 보ᄂᆡ여 장양 등을 추십ᄒᆞ고 쇼제ᄅᆞᆯ 찻더라 (曹操一面救滅宮中之火, 請何太后權攝大事, 遣兵追襲張讓等, 尋覓少帝.) <삼국-국중 1:61>

【추주-ᄒᆞ-】 동 추주(趨走)하다. 빨리 가다. 좇아다니다.¶ ▼趨走 ‖ 황호ᄂᆞᆫ 추주ᄒᆞᄂᆞᆫ 죠고만 환재라 비록 ᄒᆞ여곰 젼권ᄒᆞ나 ᄯᅩᄒᆞᆫ ᄆᆞᄉᆞᆷ 해로오미 이시리오 (黃皓乃趨走小臣耳, 縱使專權, 亦足如何?) <삼국-가정 38:20>

【추쥬시타-ᄒᆞ-】 동 추주시타(揪住廝打)하다. 붙잡아 마구 치다.¶ ▼搠 ‖ ᄎᆡᆨ이 ᄒᆞᆫ ᄎᆞᆼ으로 즐으니 ᄌᆡ 언듯 ᄎᆡ[피]ᄒᆞ여 창ᄌᆞ르ᄅᆞᆯ 잡고 ᄌᆞ도 ᄒᆞᆫ ᄎᆞᆼ으로 ᄎᆡᆨ을 즐르니 ᄎᆡᆨ이 ᄯᅩ 언듯 피ᄒᆞ여 창ᄌᆞ르ᄅᆞᆯ 잡고 힘을 써 함긔 ᄭᅳ어 말긔 나려 다 창을 바리고 추쥬시타ᄒᆞ니 젼포 분갓히 부션지라 (策一鎗搠去, 慈閃過, 挾住鎗, 慈也一鎗搠去, 策亦閃過, 挾住鎗, 兩個用力只一拖, 都滾下馬來. 馬不知走的那裏去了, 兩個棄了鎗, 揪住廝打, 戰袍扯得粉碎.) <삼국-모종 3:10>

【추쥬-ᄒᆞ-】 동 추주(趨走)하다. 좇아다니다.¶ ▼走 ‖ 삼쳔 검패ᄂᆞᆫ[환도 ᄎᆞ단 말이니 문관이라] 황도의 추쥬[황도ᄂᆞᆫ 황어뢰라]ᄒᆞ고 ᄇᆡᆨ만 비휴ᄂᆞᆫ[범과 곰이니 무쟝이라] ᄌᆞ미[황뎨 겨신ᄃᆡ라]의 현달ᄒᆞ도다 (三千劍佩走黃道, 百萬貔貅現紫微.) <삼국-가정 18:33>

【추혀-들-】 동 추켜들다. 치올리어 들다.¶ ▼擧 ‖ 허뎨 조죄 샹ᄒᆞᆯ가 두려 왼손으로 ᄆᆞᆯ 기ᄅᆞ마ᄅᆞᆯ 추혀드러 살흘 ᄀᆞ리오고 올ᄒᆞᆫ손으로 ᄇᆡᄅᆞᆯ 젓더라 (褚恐傷曹操, 以左手擧馬鞍遮之, 以右手撑篙, 用臂當箭.) <삼국-가정 19:15>

【추혀 들-】 형 위로 들려 있다.¶ ▼偃 ‖ 별가 벼슬을 ᄒᆞ여 시니 셩은 당이오 명은 숑이오 ᄌᆞᄂᆞᆫ 영년이니 그 사름이 니매 브러디고 머리 ᄲᆞ고 괴 추혀들고 니 드러나고 킈 대 자히 못호ᄃᆡ 말 소ᄅᆡ 큰 쇠붑 소ᄅᆡ ᄀᆞᆺ더라 (其人生得額钁頭尖, 鼻偃齒露, 身短不滿五尺, 言語有若銅鐘.) <삼국-가정 19:74>

【춤 밧-】 동 «춤받다» 침뱉다.¶ ▼唾 ‖ 한복은 쇠 업ᄉᆞᆫ 무리라 일뎡 쟝군을 쳥ᄒᆞ야 고을 일을 녕ᄒᆞ라 ᄒᆞᆯ 거시니 그ᄣᆡ예 취ᄒᆞ면 손의 춤밧고 어드링이다 (韓馥無謀之輩, 必請將軍領州事, 就中取事, 唾手可得.) <삼국-가정 2:4> 신이 폐하의 홍복을 의탁ᄒᆞ여시니 연을 손의 춤밧고 잡으리니 폐헤 엇디 족히 념녀ᄒᆞ시링잇고 (臣托陛下之洪福, 公孫淵唾手而擒, 陛下何足慮哉?) <삼국-가정 35:38>

【충당-ᄒᆞ-】 동 충당(衝撞)하다. 부딪치다.¶ ▼衝撞 ‖ 죄 몬져 장숑의 인물이 외셜ᄒᆞ믈 보고 오분이나 깃거 안ᄒᆞ더니 또 말이 심히 충당ᄒᆞ믈 듯고 드ᄃᆞ여 소매를 썰쳐 후당으로 드러가니 (操先見張松人物猥瑣, 五分不喜, 又聞語言衝撞, 遂拂袖而起, 轉入後堂.) <삼국-모종 10:49>

【췌탁-ᄒᆞ-】 동 췌탁(揣度)하다. 남의 마음을 미루어 헤아리다. 췌량(揣量)하다. 촌탁(忖度)하다.¶ ▼揣 ‖ 천문의 한노를 미리 알고 지리의 평강을 만져알며 진셰를 ᄉᆞᆯ피고 적인을 췌탁ᄒᆞ노니 (預知天文之旱澇, 先識地理之平康. 察陣勢之期會, 揣敵人之短長.) <삼국-국중 16:6>

【취향】 명 취향(醉鄕). 술이 거나하게 취하여 느끼는 즐거운 경지.¶ ▼醉鄕 ‖ 방현녕이 도임ᄒᆞᆫ 지 디금 ᄇᆡᆨ여 일의 경ᄉᆞ를 다ᄉᆞ리지 아니ᄒᆞ고 ᄆᆡ일 음쥬ᄒᆞ여 자도지모히 취향의 잇ᄉᆞᄆᆡ 금일의 슉취미셩ᄒᆞ여 이러나지 아니ᄒᆞ엿ᄂᆞ이다 (龐縣令自到任及今, 將百餘日, 縣中之事, 並不理問, 每日飲酒, 自旦及夜, 只在醉鄕. 今日宿酒未醒, 猶臥不起.) <삼국-국중 10:126>

【취혀 들-】 동 추켜들다.¶ ▼提起 ‖ 승이 두려 즉시 버서 준대 죄 친히 드러 안팟을 ᄌᆞ셔히 보고 볏ᄒᆡ 취혀드러 속지이 본 후의 (操親自以手提起裡面, 望日影中細詳看之.) <삼국-가정 7:94>

【츄고-ᄒᆞ-】 동 추고(推考)하다. 벼슬아치의 죄과(罪過)를 추문(推問)하여 고찰하다.¶ ▼追拷 ‖ 급히 명ᄒᆞ여 화ᄐᆡ를 옥중의 ᄂᆞ리와 츄고ᄒᆞ라 ᄒᆞ더라 (急令追拷.) <삼국-국중 13:100>

【츄됴-ᄒᆞ-】 동 추조(推調)하다.¶ ▼推調 ‖ 뉴비 뉴표의게 의지ᄒᆞ여실 제 오히려 병톤ᄒᆞᆯ ᄠᅳᆺ을 두엇거든 뉴쟝을 혜랴 이리 츄됴ᄒᆞ면 노형의게 허믈이 밋출가 두려ᄒᆞ노라 (當初劉備依劉表時, 常有呑并之意, 何況益州劉璋乎? 似此推調, 未免累及老兄矣.) <삼국-가정 18:50>

【츄문-ᄒᆞ-】 동 추문(推問)하다. 어떠한 사실을 자세하게 캐며 꾸짖어 묻다.¶ ▼推問 ‖ 황문과 장니의 말이 ᄀᆞᆺ디 아니ᄒᆞ니 쳥컨대 옥의 ᄂᆞ리와 츄문ᄒᆞ여지이다 (黃門與藏吏言語不同, 請付獄吏推問.) <삼국-가정 37:62>

【츄셩-ᄒᆞ-】 동 추성(秋成)하다. 추수(秋收)하다.¶ ▼秋成 ‖ 이졔 화곡이 밧ᄒᆡ 잇ᄉᆞ니 두리건ᄃᆡ 민업을 폐ᄒᆞ리니 아직 츄셩ᄒᆞ믈 기다려 취ᄒᆞ미 늣지 아니ᄒᆞ다 (見今禾稼在田, 恐廢民業, 姑待秋成後取之未晩.) <삼국-국중 7:38>

【츄습-】 동 추습(追襲)하다. 뒤쫓아 가서 습격하다. '츄습ᄒᆞ다'의 수의적 교체형.¶ ▼追 ‖ 이ᄂᆞᆫ 반다시 ᄉᆞᆫ칙의게 유적ᄒᆞᄂᆞᆫ 계교니 가히 츄습디 못ᄒᆞ리라 (此必是孫策誘敵之計, 不可追之.) <삼국-국중 4:15>

【츄습-ᄒᆞ-】 동 추습(追襲)하다. 뒤쫓아 가서 습격하다.¶ ▼追襲 ‖ ᄎᆡᆨ이 군ᄉᆞ를 거ᄂᆞ려 츄습ᄒᆞᆯᄉᆡ 황기ᄂᆞᆫ 가흥을 공취ᄒᆞ고 ᄐᆡᄉᆞᄌᆞᄂᆞᆫ 오졍을 공취ᄒᆞ여 두어 고을ᄋᆞᆯ 토평ᄒᆞ니라 (策進兵追襲, 黃蓋攻取嘉興, 太史慈攻取烏程, 數州皆平.) <삼국-국중 4:32> ▼追趕 ‖ 슈츈 셩즁이 일공ᄒᆞᆫ디라 됴죄 회슈를 건너 원슐을 츄습ᄒᆞ고져 ᄒᆞᆫᄃᆡ (壽春城中, 收掠一空. 商議欲進兵渡淮, 追趕袁術.) <삼국-국중 4:94> ▼捉 ‖ ᄎᆡᆨ이 말능의 드러가 ᄇᆡᆨ셩을 안무ᄒᆞ고 군ᄉᆞ를 거ᄂᆞ려 경현의 나ᄋᆞ가 ᄐᆡᄉᆞ자를 츄습ᄒᆞᆯᄉᆡ (策入秣陵, 安輯居民; 移兵至涇縣來捉太史慈.) <삼국-국중 4:25>

【츄십-ᄒᆞ-】 동 추습(追襲)하다. 뒤쫓아가서 습격하다.¶ ▼追趕 ‖ 냥이 ᄉᆞᄉᆞ로 강하의 일으러 만져 운장으로 ᄒᆞ여곰 한진의 보ᄂᆡ여 졉응ᄒᆞ게 ᄒᆞ고 죠죄 반ᄃᆞ시 츄십ᄒᆞᄆᆡ 쥬공이 강능으로좃ᄎᆞ 오지 아니ᄒᆞ고 (亮自至江夏, 先令雲長於漢津登陸地而接. 我料曹操必來追趕, 主公必不從江陵來.) <삼국-국중 8:128> ▼追襲 ‖ 뉵손니 크계 젼공을 엇고 등[득]승한 군ᄉᆞ을 ᄡᅳ어 츄십ᄒᆞ냐 긔관의 이라러 손니 말 우ᄒᆡ셔 바라보니 (陸遜大獲全功, 引西追襲. 前離夔關不遠, 遜在馬上看見.) <삼국-모종 14:18>

【츄양-ᄒᆞ-】 동 추양(推讓)하다. 남을 추천하고 스스로는 사양하다.¶ ▼推辭 ‖ ᄌᆡ삼 츄양ᄒᆞ야 견집ᄒᆞ고 밧디 아니ᄒᆞᆫ대 조진이 몸을 ᄲᅱ여 닐더나 닐오ᄃᆡ (再三推辭, 堅執不受. 眞躍起身曰.) <삼국-가정 32:65> 현덕이 ᄌᆡ삼 츄양ᄒᆞ다가 마지 못ᄒᆞ여 허락ᄒᆞ더라 (玄德再三推辭不過, 只得依允.) <삼국-국중 13:3> ▼推却 ‖ 쥬공이 만닐 츄양ᄒᆞ실딘ᄃᆡ 즁심이 히이ᄒᆞᆯ고져 허ᄒᆞᄂᆞ이다 (主公若只推却, 衆心解矣.) <삼국-국중 13:2>

【츄쥬-ᄒᆞ-】 동 추주(揪住)하다. 잡아채다.¶ ▼揊住 ‖ 일ᄋᆞᆫ 탁이 닙조ᄒᆞ거ᄂᆞᆯ 뷔 마ᄌᆞ 칼을 ᄲᅢ혀 바로 탁을 지르니 탁이 긔운이 잇ᄂᆞᆫ지라 두 손으로 츄쥬ᄒᆞ거ᄂᆞᆯ 녀푀 믄득 드러가 오부를 거ᄭᅮ루치니 (一日, 卓入朝, 孚迎至閣下, 拔刀直刺卓, 卓氣力大, 兩手揊住, 呂布便入, 揪倒伍孚.) <삼국-모종 1:64>

【츄츄-ᄒᆞ-】 형 추추(啾啾)하다. 벌레, 새, 말, 귀신 따위의 우는 소리가 구슬프다.¶ ▼啾啾 ‖ 각이 내ᄃᆞ라 보니 가온대 들보히 브러뎌 두 조각의 나고 음풍이 습ᄉᆞᄒᆞ고 프른 긔운이 츄ᄎᆞᄒᆞ며 나지 보던 효지 수십 인을 ᄃᆞ리고 각ᄀᆞ 머리를 들고 명을 구ᄒᆞ거ᄂᆞᆯ (恪自出視之, 見中

梁折爲兩段, 陰風習習, 悲切啾啾, 但見孝子與數十人, 各提頭索命.) <삼국-가정 36:13>

【츄폐-ᄒᆞ-】 동 추폐(墜廢)하다.¶ ▼墮廢 ‖ 됴의 ᄌᆞ 비 방ᄌᆞ홍역ᄒᆞ야 신긔를 촌젹ᄒᆞ거ᄂᆞᆯ 군하 장ᄉᆡ 써 호ᄃᆡ 한ᄉᆡ 쟝ᄎᆞᆺ 츄폐ᄒᆞᆫᄃᆞ ᄒᆞ고 비를 쳥ᄒᆞ야 니됴를 니어 쳔벌을 힝ᄒᆞ라 ᄒᆞ니 비 져허ᄒᆞ건ᄃᆡ 무덕ᄒᆞ야 졔위를 쳠ᄒᆞᆯ 디라 (操子丕, 載肆凶逆, 竊據神器. 群下將士, 以爲漢祀墮廢, 備宜延之, 嗣武二祖, 躬行天罰. 備懼無德忝帝位.) <삼국-국중 13:142>

【츄한-ᄒᆞ-】 동 추간(追趕)하다. 쫓아가다.¶ ▼追趕 ‖ 방덕이 발마ᄒᆞ여 도망ᄒᆞ며 칼을 더류지우거ᄂᆞᆯ 관공이 ᄯᆞ라 츄한ᄒᆞ니 관평이 소실이 니슬가 두려 ᄯᅩ한 슈후ᄒᆞ여 한거ᄒᆞ더라 (龐德撥回馬, 拖刀而走. 關公從後追趕. 關平恐有疏失, 亦隨後趕去.) <삼국-국중 13:29>

【츅디-ᄒᆞ-】 동 축지(縮地)하다. 도술로 지맥을 축소하여 먼 거리를 가깝게 하다.¶ ▼縮地 ‖ 공명이 팔문둔갑을 잘ᄒᆞ야 능히 뉵뎡뉵갑을 ᄇᆞ리며 ᄇᆞᄅᆞᆷ과 비ᄅᆞᆯ ᄇᆞᄅᆞ고 ᄉᆞ매예 건곤을 녀흐니 이ᄂᆞᆫ 뉵갑텬셔의 츅디[ᄯᅡ흘 주리단 말이라]ᄒᆞᄂᆞᆫ 법이라 (諸葛亮善會'八門遁甲', 能驅六丁六甲之神, 亦能懷揣日月乾坤. 此乃六甲天書內'縮地'之法也.) <삼국-가정 33:60>

【츅쳑-ᄒᆞ-】 동 축척(踧踖)하다. 조심하여 걷다. 머뭇머뭇하다.¶ ▼踧踖 ‖ 처엄의 냥식이 진ᄒᆞᆷ믈 아디 못ᄒᆞ여 심히 츅쳑ᄒᆞᆷ믈 ᄉᆡᆼ각ᄒᆞ더니 이제 ᄡᆞᆯ 일ᄇᆡᆨ 곡과 고기과 포육과 소곰과 콩을 보내노니 힝혀 비노니 웃고 머믈오라 (得書, 知公乏糧, 甚懷踧踖. 今致米一百斛, 并肉脯、鹽豉、大豆, 幸乞笑留.) <삼국-가정 35:106>

【츌셩-ᄒᆞ-】 동 출성(出城)하다. 성(城)에서 나오다.¶ ▼出城 ‖ 쥬공이 ᄂᆞ제 ᄃᆡ군을 거둬 ᄀᆞ면 왕랑이 반다시 츌셩ᄒᆞ여 츄습ᄒᆞ리니 가히 긔이ᄒᆞᆫ 군ᄉᆞ로 득승ᄒᆞᆷ이 맛당ᄒᆞᄃᆞ (主公大兵一起, 王朗必然出城來趕[赶], 可用奇兵勝之.) <삼국-국중 4:35>

【츌슈-ᄒᆞ-】 동 출수(出首)하다. 관가에 소장을 올려 범죄자를 고발하다.¶ ▼出首 ‖ 너의 양인니 됴승상을 죽이고져 ᄒᆞ니 ᄂᆡ 맛당이 츌슈ᄒᆞ리라 동국구ᄂᆞᆫ 믄득 증참이 되리라 <삼국-국중 5:21>

【츌ᄉᆞ-ᄒᆞ-】 동 출사(出師)하다. 군대를 싸움터로 내보내다. 출병(出兵)하다.¶ 出師 ‖ 츌ᄉᆞᄒᆞ야 이긔디 못ᄒᆞ야셔 몸이 몬져 죽으니 기리 영웅으로 ᄒᆞ여곰 눈믈이 기ᄉᆡᆨ ᄀᆞ득ᄒᆞᄂᆞᆫ도다 (出師未捷身先死, 長使英雄淚滿襟.) <삼국-가정 34:128> 젼후의 츌ᄉᆞᄒᆞ매 기틴 푀 이시니 사ᄅᆞᆷ으로 ᄒᆞ여곰 ᄒᆞᆫ 번 보매 눈믈이 옷기ᄉᆡᆨ 젓ᄂᆞᆫ도다 (前後出師遺表在, 令人一覽淚沾襟.) <삼국-가정 34:79>

【츌타-ᄒᆞ-】 동 출타(出他)하다. 집에 있지 아니하고 다른 곳에 나가다. 외출(外出)하다.¶ ▼不在 ‖ 일ᄋᆞ은 관 장이 츌타ᄒᆞ고 현덕이 졍히 후원의 잇셔 ᄎᆡ젼의 물을 쥬더니 (一日, 關、張不在, 玄德正在後園澆菜.) <삼국-국중 5:31>

【츙거】 명 ((군기)) 충거(衝車). 충차(衝車). 예전에, 적진이나 성을 공격할 때 쓰던 수레의 하나. 앞, 뒤, 옆, 위가 온통 쇠로 덮여 있어 성벽이나 적진을 세게 부딪쳐서 공격함.¶ ▼衝車 ‖ 위병이 우리 운뎨ᄅᆞᆯ ᄇᆞᆯ디ᄅᆞ니 내 츙거[ᄢᅦ디ᄅᆞᄂᆞᆫ 술위라]로ᄡᅥ 셩을 파ᄒᆞ리라 (汝燒吾雲梯, 吾却用'衝車'之法!) <삼국-가정 32:4>

【츙동-ᄒᆞ-】 동 충동(衝動)하다. 부딪치다. 어떤 일을 하도록 남을 부추기거나 심하게 마음을 흔들어 놓다.¶ ▼衝撞 ‖ 죄 처엄을오 숑을 보ᄆᆡ 형상이 긔괴ᄒᆞᆷ믈 보고 십분 불희ᄒᆞ다가 츙동ᄒᆞᄂᆞᆫ 말을 드ᄅᆞᄆᆡ 노긔 발ᄒᆞ여 ᄉᆞᄆᆡ를 ᄯᅥᆯ치고 니러ᄂᆞ 후당으로 드러가니 (操先見張松人物猥瑣, 五分不喜; 又聞語言衝撞, 遂拂袖而起, 轉入後堂.) <삼국-국중 11:34>

【츙살-ᄒᆞ-】 동 충살(衝殺)하다. 돌격하여 죽이다.¶ ▼衝出 ‖ 후군이 도라올 ᄯᅴ의 좌변의 관흥이오 우변의 댱푀라 냥군이 츙살ᄒᆞ고 일만 활이 ᄒᆞᆷᄭᅴ 발ᄒᆞ고 ᄇᆡ후의 강유 마ᄃᆡ 댱익 삼노병이 ᄯᅩ 니ᄅᆞ니 (後兵急要回時, 左邊關興, 右邊張苞, 兩軍衝出, 萬弩齊發, 背後姜維、馬岱、張翼三路兵又殺到.) <삼국-모종 15:91>

【츙요-ᄒᆞ-】 형 충요(衝要)하다. 중요하다.¶ ▼衝要 ‖ 이곳이 졍히 츙요ᄒᆞᆫ 곳이라 군ᄉᆞ를 난화 구ᄒᆞ다가 만닐 됴인니 군ᄉᆞ를 거ᄂᆞ려 엄습ᄒᆞ면 엇디ᄒᆞ리오 (此地正當衝要之處, 若分兵去救, 倘曹仁引兵來襲, 奈何?) <삼국-국중 9:160>

【츙텬-ᄒᆞ-】 동 충천(衝天)하다. 분하거나 의로운 기개, 기세 따위가 북받쳐 오르다.¶ ▼衝天 ‖ 기관의 거의 니ᄅᆞ러 손이 마샹의셔 보니 젼면의 뫼흘 의지ᄒᆞ고 믈을 갓져 ᄒᆞᆫ 진이 이시니 살긔 츙텬ᄒᆞ야 거록이 니러나거ᄂᆞᆯ (前離夔關不遠, 遜在馬上看見前面臨山傍江, 一陣殺氣衝天而起.) <삼국-규장 19:62>

【취우】 명 ((천문)) 취우(驟雨). 소나기.¶ ▼驟雨 ‖ 믄득 ᄃᆡᄀᆞ으로셔 일딘광풍이 니러나 비사주셕ᄒᆞ야 급ᄒᆞ미 취우 ᄀᆞᆺ고 ᄒᆞᆫ 소ᄅᆡ 크게 나니 하ᄂᆞᆯ히 믄허디며 ᄯᅡ히 ᄲᅧ여디ᄂᆞᆫ 듯ᄒᆞ고 (忽然臺邊一陣狂風起處, 飛砂走石, 急若驟雨, 一聲響亮, 就如天崩地裂.) <삼국-가정 35:14>

【취-ᄒᆞ-】 동 취(取)하다. 일정한 조건에 맞는 것을 골라 가지다. 자기 것으로 만들어 가지다.¶ ▼取 ‖ 오날ᄂᆞ 스ᄉᆞ로 주ᄂᆞᆫ 거살 장군은 일치 마쇼셔 엇지 토기ᄅᆞᆯ 좃ᄎᆞ 몬져 엇는 말을 듯지 못ᄒᆞ여ᄂᆞ냐 장군이 취코져 ᄒᆞᆯ진ᄃᆡ 뫼 맛당이 죽기ᄅᆞᆯ 본바드리라 (今日自付與將軍, 不可錯失. 豈不聞'逐兎先得'之語乎? 將軍欲取, 某當效死.) <삼국-모종 10:69>

【취-ᄒᆞ-】 동 취(醉)하다. 어떤 기운으로 정신이 흐려지고 몸을 제대로 가눌 수 없게 되다.¶ ▼ᄌᆞ건이 ᄒᆞᆯ른 술을 취ᄒᆞ고 조ᄋᆞ의 술위ᄅᆞᆯ ᄐᆞ고 ᄉᆞ마문으로 나가니 사ᄅᆞᆷ이 다 죄 나오ᄂᆞ니라 ᄒᆞ여 길ᄉᆡ의 업데여 맛더니 갓가이 오거ᄂᆞᆯ 보니 ᄌᆞ건이러라 (子建帶酒, 乘操車, 出司馬門. 人皆以爲操出, 伏道而迎之, 至近方知是子建.) <삼국-가정 23:120>

【츠-】 동 치다. 상대편에게 피해를 주기 위하여 공격을 하다.¶ ▼攻擊 ‖ 다만 주공은 뉴장으게 글을 보닉 말ᄒᆞ듸 방금 됴죄 손권을 츠니 손권이 형주의 구완을 청ᄒᆞᄂᆞᆫ지라 (主公可馳書去劉璋處, 只推: "曹操攻擊孫權, 權求於荊州.") <삼국-모종 10:99>

【측냥-ㅎ-】 동 측량(測量)하다. 재다. 생각하여 헤아리다.¶ ▼測 ‖ 승샹의 신긔묘산은 귀신도 측냥키 어렵도소이다 만일 우리 등이면 반ᄃᆞ시 셩을 ᄇᆞ리고 ᄃᆞ라나링이다 (丞相之機, 神鬼莫測! 若以某等之心, 必棄城而走矣.) <삼국-가정 31:37>

【측양-ᄒᆞ-】 동 측량(測量)하다. 생각하여 헤아리다.¶ ▼測 ‖ 진궁이 가마니 표의게 고왈 진규의 부지 장군으게 아당ᄒᆞ니 그 마음을 측양치 못할 거시라 맛당히 잘 막그라 (陳宮不悅, 乘間告布曰: "陳珪父子面諛將軍, 其心不可測, 宜善防之.") <삼국-모종 3:63>

【측은-이】 부 측은(惻隱)히. 가엾고 불쌍하게.¶ ▼怛然 ‖ 딤이 ᄡᅧ 측은이 너겨 안즌 듯기 평안티 못ᄒᆞ고 먹ᄂᆞᆫ 음식이 만나디 아니ᄒᆞᆫ디라 (朕用怛然, 坐不安席, 食不甘味.) <삼국-가정 26:67>

【츤츤-이】 부 천천히.¶ ▼徐 ‖ 형쥐 이미 평ᄒᆞᆫ 연후의 츤ᄎᆞᆫ이 셔천을 도모ᄒᆞ면 천하 증할가 ᄒᆞ노이다 (荊州旣平, 然後徐圖西川, 天下定矣.) <삼국-모종 10:1>

【츩】 명 ((식물)) 칡. 콩과의 낙엽 활엽 덩굴식물.¶ ▼藤 ‖ 곽쇠 급히 돌흘 슈운ᄒᆞ야 돌히 굼글 ᄠᅮ러 츩으로 ᄆᆡ야 ᄂᆞ려티니 ᄎᆞ게 다 ᄇᆞ러디거ᄂᆞᆯ (郝昭急命運石鑿眼, 用葛繩穿定飛打, 其車皆折.) <삼국-가정 32:4>

【츩-덩울】 명 ((식물)) 칡덩굴.¶ ▼葛 ‖ 이날 믄득 보니 남녀 수인이 각ᄀᆞ 져근 보 ᄡᅳᆫ 거ᄉᆞᆯ 등의 지고 츩덩울을 붓들며 뫼호로 올라가거ᄂᆞᆯ (當日忽見男女數人, 各背小包, 于山僻攀藤附葛而走.) <삼국-가정 23:15>

【층냥-ㅎ-】 동 측량(測量)하다. 생각하여 헤아리다.¶ ▼測 ‖ 됴운 왈 임의 됴범으로 더부러 형제를 ᄆᆡ즈ᄆᆡ 이제 그 아쥬미를 취ᄒᆞ면 ᄉᆞᄅᆞᆷ의 우호미 되리니 ᄒᆞᄂᆞ이오 그 지어미 ᄀᆡ가ᄒᆞᆫ즉 ᄃᆡ졀을 닐케 ᄒᆞ리니 둘이오 됴범이 쳐음으로 항복ᄒᆞᄆᆡ 그 마음을 층냥치 못ᄒᆞ리니 세히라 (雲曰: "趙範旣與某結爲兄弟, 今若娶其嫂, 惹人唾罵, 一也; 其婦再嫁, 使失大節, 二也; 趙範初降, 其心難測, 三也.") <삼국-국중 10:22>

【층ᄉᆞ-ᄒᆞ-】 동 칭사(稱謝)하다. 치사하다. 사의(謝意)를 표하다.¶ ▼謝 ‖ 현덕이 무수 층ᄉᆞᄒᆞ고 이ᄀᆡᆨ을 이별ᄒᆞᆫ 후 공장을 명ᄒᆞ여 현덕은 쌍고검을 짓고 (玄德謝別二客, 便命良匠打造雙股劍.) <삼국-국중 1:13> ▼稱謝 ‖ 현덕이 층ᄉᆞᄒᆞ여 이별ᄒᆞ고 ᄀᆞ더니 양셩의 이르러 홀연 틔글이 ᄌᆞ러ᄂᆞ며 일표ᄃᆡ군니 오거ᄂᆞᆯ (玄德稱謝而別, 取路出梁城. 忽見塵頭蔽日, 一彪大軍來到.) <삼국-국중 4:123>

【층송-ᄒᆞ-】 동 칭송(稱頌)하다. 칭찬하여 일컫다.¶ ▼稱 ‖ 쉬 그 말을 좃ᄎᆞ 뉴렵을 청ᄒᆞ여 보니 렵이 조의 덕을 층송ᄒᆞ고 ᄎᆞ왈 승상이 옛 원을 기록ᄒᆞ면 엇지 날노 와 장군으게 조흠을 마즈리요 (繡從其言, 請劉曄相見, 曄盛稱操德, 且曰: "丞相若記舊怨, 安肯使某來結好將軍乎?") <삼국-모종 4:29>

【층양-ㅎ-】 동 측량(測量)히다. 생각하여 헤아리다.¶ ▼測 ‖ 승샹의 신긔묘산은 귀신도 층양키 어렵도쇼이다 만일 우리 등이면 반ᄃᆞ시 셩을 바리고 ᄃᆞ라나리이다 (丞相之機, 神鬼莫測! 若以某等之心, 必棄城而走矣.) <삼국-규장 21:99>

【층양-ᄒᆞ-】 동 측량(測量)하다. 생각하여 헤아리다.¶ ▼測 ‖ 승샹의 신긔묘산은 귀신도 층양키 어렵도쇼이다 만일 우리 등이면 반ᄃᆞ시 셩을 바리고 ᄃᆞ라나리이다 (丞相之機, 神鬼莫測! 若以某等之心, 必棄城而走矣.) <삼국-규장 21:99>

【층직-】 동 칭직(稱職)하다. 재능이 직무에 알맞다.¶ ▼稱職 ‖ 슈 왈 공이 무슨 베ᄉᆞᆯ의 거ᄒᆞᄂᆞ냐 숑 왈 ᄎᆞᆷ남이 별가지님의 잇셔 심히 층직지 못ᄒᆞ노라 (修曰: "公近居何職?" 松曰: "濫充別駕之任, 甚不稱職.") <삼국-모종 10:52>

【층찬-ᄒᆞ-】 동 칭찬(稱讚)하다. 좋은 점이나 착하고 훌륭한 일을 높이 평가하다.¶ ▼稱 ‖ 권니 위로ᄒᆞ고 삼군을 크게 먹기고 여몽 감영을 중상ᄒᆞ고 잔ᄎᆞ을 ᄇᆡ설ᄒᆞ여 군공을 겡ᄒᆞᄌᆞ니 여몽니 감영의게 상좌을 ᄉᆞ양ᄒᆞ고 그 공노을 거록히 층찬ᄒᆞ더라 (權慰勞畢, 大犒三軍, 重賞呂蒙、甘寧諸將, 設宴慶功, 呂蒙遜甘寧上坐, 盛稱其功勞.) <삼국-모종 11:64>

【층츤-ᄒᆞ-】 동 칭찬(稱讚)하다. 높이 평가하여 말하다.¶ ▼稱 ‖ 여포 서쥬의 잇서 ᄆᆡ양 빈ᄀᆡᆨ을 모아 잔ᄎᆞᄒᆞᄆᆡ 진규의 부지 그윽히 표의 덕을 층츤ᄒᆞᄂᆞᆫ지라 (呂布在徐州, 每當賓客宴會之際, 陳珪父子必盛稱布德.) <삼국-모종 3:63> ▼포로 층츤ᄒᆞ여 황제으게 아리니 제 포를 보시고 써 조ᄌᆞ으게 붓치니 죄가 형을 불너 예를 맛고 안즈라 명치 아니ᄒᆞ니 (於是遂上表奏帝, 其文曰: … , 帝覽表, 以付曹操, 操遂使人召衡至, 禮畢, 操不命坐.) <삼국-모종 4:30>

【치-】 동 찢다.¶ ▼扯碎 ‖ 션쥐 직삼 구문한ᄃᆡ 의 이에 디필을 ᄎᆞᄌᆞ 병마긔계 사십여 쟝을 그리고 그리기를 맛ᄎᆞᄆᆡ ᄂᆞᆺᄂᆞ치 ᄃᆞ ᄎᆡ고 (先主再三求問, 意乃索畫兵馬器械四十餘張, 畫畢便二扯碎.) <삼국-국중 13:157>

【칙듕】 명 치중(輜重). 군대의 여러 가지 군수품.¶ ▼輜重 ‖ 병은 신속ᄒᆞ미 귀ᄒᆞ니 이제 쳔리의 가 사ᄅᆞᆷ을 엄습ᄒᆞ려 호ᄃᆡ 칙듕이 만하 나아가기 어려오니 경긔로 빈도ᄒᆞ야 그 방비티 아니호믈 엄습ᄒᆞ야 노ᄅᆞᆯ 금홈만 ᄀᆞᆺ디 못ᄒᆞ니 모ᄅᆞ미 길 아ᄂᆞᆫ 쟈ᄅᆞᆯ 어더 향도ᄅᆞᆯ ᄒᆞ라 (兵貴神速. 今千里襲人, 輜重多, 難以趨利; 不如輕兵兼道以出, 掩其不備. 虜可擒也. 須得曾識徑路者以引之.) <삼국-가정 11:87> 이제 뉴비 멀리 드러와 우리ᄅᆞᆯ 엄습ᄒᆞ니 병이 만의 ᄎᆞ디 못ᄒᆞ고 ᄉᆞ즁이 븟좃디 아니ᄒᆞᄂᆞᆫ디라 드릇 곡식으로 ᄌᆞ뢰ᄒᆞ니 군듕의 칙듕이 업ᄉᆞ리라 (今劉備來襲我, 兵不滿萬, 士衆未附, 野穀是資, 軍無輜重.)

<삼국-가정 21:23>

【츼-ᄉᆞ랑-ᄒᆞ-】[동] 편애하다.¶ ▼偏愛 ‖ 태ᄌᆞ 변이 시년이 구셰라 녕뎨 태ᄌᆞ 협을 츼ᄉᆞ랑ᄒᆞ야 셰고져 ᄒᆞ더니 (皇子辨時年九歲, 靈帝偏愛皇子協, 欲立之.) <삼국-가정 1:91>

【츼오-】[동] 치우다. 물건을 다른 데로 옮기거나 사람을 다른 곳으로 비키게 하다.¶ ▼拆開 ‖ 질이 군ᄉᆞ로 ᄒᆞ여곰 ᄆᆞᆯ게 ᄂᆞ려 츼오더니 믄득 두 편으로셔 블이 니러나거ᄂᆞᆯ 질이 ᄆᆞᆯ게 올라 도라오더니 (質令軍士下馬, 拆開車仗. 兩邊火起, 質復上馬而回.) <삼국-가정 36:29>

【츼즁】[명] 치중(輜重). 말이나 수레에 실은 짐.¶ ▼輜重 ‖ 확 왈 ᄂᆡ 혜아리니 제갈냥의 츼즁을 ᄇᆞ리고 가니 반ᄃᆞ시 촉즁의 긴급ᄒᆞᆫ 일이 잇ᄂᆞᆫ지라 (孟獲曰: "吾料諸葛亮棄輜重而去, 必因國中有緊急之事.") <삼국-모종 14:102>

【치】[1] [명] ((교통)) 키. 선체 외부, 주로 선미에 장착되는 배의 조타장치 중 한 부분. 배의 방향을 조종하는 장치. 현대어 '키'는 ㄱ구개음화에 유추된 '치'의 과도교정형.¶ ▼柁 ‖ 그 ᄇᆡ를 졔어티 못ᄒᆞ니 ᄲᆞᄅᆞᆫ 믈 가온대 ᄇᆡ 도더니 허뎨 홀로 신위를 분발ᄒᆞ야 두 다리로 ᄇᆡ 치를 ᄡᅧ 흔들며 ᄒᆞᆫ 손으로 ᄇᆡ를 저으며 ᄒᆞᆫ 손으로 기ᄅᆞ마를 드러 살홀 ᄀᆞ리오더라 (其船反撐不定, 於急水中旋轉. 許褚獨奮神威, 將兩腿夾柁搖撼, 一手使篙撐船, 一手擧鞍遮護曹操.) <삼국-가정 19:16>

【치】[2] [명][의] 치. 촌(寸). 길이의 단위. 한 자[尺]의 10분의 1로, 약 3.33cm에 해당한다.¶ ▼寸 ‖ 우리 두 ᄉᆞ람이 승샹의게 항복ᄒᆞᆫ 후 ᄒᆞᆫ 치 공을 일우지 못ᄒᆞ엿ᄉᆞ니 원컨ᄃᆡ 정병 오천을 청ᄒᆞ여 뉴비의 머리를 취ᄒᆞ여 승샹께 드리ᄋᆞ라 (吾二人自降丞相之後, 未有寸功, 願請精兵五千, 取劉備之頭, 以獻丞相.) <삼국-모종 6:50>

【치】[3] [명] ((인류)) '사람'을 낮잡아 이르는 말.¶ ▼者 ‖ 셩안과 셩 밧게 자븐 ᄒᆞᆫ 눈 멀고 ᄒᆞᆫ 발 절고 흰 딍당이 관 쓰고 프른 ᄒᆞ여진 옷 닙고 나모신 신은 션싱이 마치 ᄒᆞᆫ 모양의 치 삼ᄉᆞᄇᆡ이어늘 (城裏城外, 所捉眇一目、跛一足、白藤冠、靑懶衣、穿履鞋先生, 都一般模樣者有三四百個.) <삼국-가정 22:78> ▼압히 두 장쉬 각각 군긔를 들고 ᄃᆞ라오니 뒤히 치ᄂᆞᆫ 마연 댱긔오 압히 치ᄂᆞᆫ 쵸촉 댱남이니 (前面又有二將, 使兩般軍器來到. 後面趕的是馬延、張顗, 前面阻的是焦觸、張南.) <삼국-가정 14:19>

【치-】[1] [동] 치다. 상대편에게 피해를 주기 위하여 공격을 하다.¶ ▼征討 ‖ 한중을 만닐 일흐면 즁원니 진동ᄒᆞ리니 ᄃᆡ왕은 노고함을 ᄉᆡ양 말고 반ᄃᆞ시 친히 ᄀᆞ 치소셔 (漢中若失, 中原震動. 大王休辭勞, 必須親自征討.) <삼국-국중 12:113> ▼伐 ‖ 션졔의 밝으시무로써 신의 ᄌᆡ죠를 혀ᄋᆞ리미 신니 도적을 치기의 ᄌᆡ죠ᄂᆞᆫ 약ᄒᆞ고 도적은 강셩ᄒᆞᆷ을 아르시나 그러나 도적을 치지 아니면 왕법이 ᄯᅩ한 망ᄒᆞᆯ지라 (以先帝之明, 量臣之才, 故知臣伐賊, 才弱敵强也. 然不伐賊, 王業亦亡.) <삼국-국중 15:122>

【치-】[2] [동] ❶ 치다. 가축이나 가금, 누에 따위를 기르다.¶ ▼養 ‖ 내 네게 ᄒᆞᆫ 거ᄉᆞᆯ 비러 ᄡᅧ 즁심을 단뎡코져 ᄒᆞ노니 네 쳐ᄌᆞᄂᆞᆫ 내 칠 거시니 네 근심 말라 (吾欲問汝借一物, 以厭衆心. 汝妻小五自養之, 汝自無憂慮也.) <삼국-가정 6:113> ❷ 쉬며 힘을 기르다.¶ ▼息 ‖ 이긘 ᄣᅢ를 타 도라가 예긔를 치며 민심을 평안이 ᄒᆞ고 다시 냥칙을 도모홈만 ᄀᆞᆺ디 못ᄒᆞ다 (不如乘此得勝之時, 收回人馬, 暫息銳氣, 以安民心, 再作良圖.) <삼국-가정 37:100> ▼養 ‖ 마톄 군ᄉᆞ를 쉬워 쳔 디 오란디라 여긔 니ᄅᆞ러 위엄을 내여 즛티니 셰를 당티 못ᄒᆞᆯ러라 (超兵歇養日久, 到此耀武揚威, 勢不可當.) <삼국-가정 23:107> ▼養成 ‖ 요ᄉᆞ이 드ᄅᆞ니 뉴현덕이 새로 셔쥐를 녕ᄒᆞᆫ다 ᄒᆞ니 가히 나아가 의탁ᄒᆞ야 긔운과 힘을 쳐 됴ᄒᆞᆫ 계규를 도모ᄒᆞᆯ 거시라 (近聞劉玄德新領徐州, 可往投之, 養成氣力, 別有良圖.) <삼국-가정 5:3>

【치-】[3] [동] 계산에 넣다. 셈을 맞추다. 값을 치르다.¶ ▼看承 ‖ 네가 종시 날을 슈효의도 처지 안니ᄒᆞᆫ단 말 (你直如此將我看承得如無物.) <삼국-어람 109a>

【-치】[접] ((일부 명사 또는 명사형 뒤에 붙어)) '물건'의 뜻을 더하는 접미사. -것.¶ ▼隻 ‖ 뎌 ᄂᆞᄂᆞᆫ 기력이 셋재 치를 맛치리라 (吾射這飛雁第三隻.) <삼국-가정 26:97>

【치댱-ᄒᆞ-】[동] 치장(鴟張)하다. 위세부리고 방자하다. 창궐(猖獗)하다.¶ ▼鴟張 ‖ 죄 ᄯᅩᄒᆞᆫ 늘근 간괴ᄒᆞᆫ 거시라 표의 복심이 되야 조아ᄀᆞᆺ치 ᄡᅳ이니 표의 치댱ᄒᆞ미 오로 조의 ᄒᆞᄂᆞᆫ ᄇᆡ더라 (祖宿狡猾, 爲表腹心, 出作爪牙. 表之鴟張, 以祖氣息.) <삼국-가정 10:18>

【치류-ᄒᆞ-】[동] 치료(治療)하다. 병이나 상처 따위를 잘 치료하다.¶ ▼治療 ‖ 형주셩 ᄂᆡ예 관공 ᄯᆞ라간 장ᄉᆞ 집은 요동케 말고 별노 양식 주고 병든 ᄌᆞ난 의약 보ᄂᆡ여 치류ᄒᆞ니 장ᄉᆞ 각가 다 감ᄉᆞᄒᆞ여 안돈부동ᄒᆞ더니 (凡荊州諸郡, 有隨關公出征將士之家, 不許吳兵攪擾, 按月給與糧米, 有患病者, 遣醫治療, 將士之家, 感其恩惠, 安堵不動.) <삼국-모종 12:96>

【치신-ᄒᆞ-】[동] 치신(置身)하다. 몸을 두다.¶ ▼置足 ‖ 이제 나의 일신니 고궁ᄒᆞ여 치신ᄒᆞᆯ 곳이 업ᄂᆞᆫ지라 (我今孤窮一身, 無置足之地.) <삼국-국중 9:155>

【치아다-보-】[동] 쳐다보다. 얼굴을 들고 올려다보다.¶ ▼仰見 ‖ 충니 치아다본니 뫼 밋틔 평ᄒᆞ고 뫼 우에 약간 닌마 닛거날 시야 니겡에 충니 군ᄉᆞ을 ᄯᅥ어 북을 치고 바로 뫼니마에 오른니 (忠仰見山頭稍平, 山上有些少人馬, 是夜二更, 忠引軍士鳴金擊鼓, 直殺上山頂.) <삼국-모종 12:25>

【치픽-ᄒᆞ-】[동] 치패(致敗)하다. 실패를 초래하다.¶ ▼致敗 ‖ 형쥬 슈군니 오리 죠련치 못ᄒᆞ고 청셔지군은 ᄯᅩ 슈젼의 익지 못ᄒᆞ므로 치픽ᄒᆞ미니 (荊州水軍, 久不操練; 靑、徐之軍, 又素不習水戰, 故爾致敗.) <삼국-국중 9:37>

【칙냥】[명] 측량(測量). 생각하여 헤아리는 것.¶ ▼測 ‖ 뉴비 유ᄒᆞᆫ 중의 강ᄒᆞ미 잇셔 그 마ᄋᆞᆷ을 칙냥 못ᄒᆞ니 맛

당이 졔방홀지니이다 (劉備柔中有剛, 其心未可測, 還宜防之.) <삼국-모종 10:77>

【친-이】 부 친(親)히. 직접. 몸소.¶ ▼親自 ‖ 이제 적밍이 잡히여스니 조ː 반다시 닉의 뜨즐 알식 미리 쥰비홀 거시니 장군이 친이 호송ᄒᆞ라 (今郝萌被獲, 操必知我情, 預作準備, 若非將軍親自護送, 誰能突出重圍?) <삼국-모종 3:78>

【칠셩】 명 ((천문)) 칠성(七星). 큰곰자리에서 국자 모양을 이루며 가장 뚜렷하게 보이는 일곱 개의 별.¶ ▼七星 ‖ ᄉᆞ륜거 ᄒᆞ나의 각ː 이십ᄉᆞ 인으로 ᄒᆞ여곰 거믄 옷 닙고 발 벗고 머리 플고 칼 딥고 술위를 밀며 또ᄒᆞᆫ 사름식 알피 이셔 칠셩조번[거믄 번의 칠셩을 그련 거시라]을 들고 이리ː 계규를 힝ᄒᆞ라 (每一輛車, 用二十四人, 皂衣跣足, 披髮仗劍, 在左右推車. 執着七星皂幡, 如此行之.) <삼국-가정 33:56> 관흥으로 ᄒᆞ여곰 텬봉[하늘 신선이라]의 얼골을 ᄒᆞ야 손의 칠셩조번을 잡고 거러 술위 압히 잇고 공명이 술위 우희 단졍이 안자 위군을 ᄇᆞ라고 가니 (令關興結束做天蓬模樣, 手執七星皂幡, 步行在車前. 孔明端坐于上, 望魏營而來.) <삼국-가정 33:57>

【칠죵-칠금】 명 칠종칠금(七縱七擒). 마음대로 잡았다 놓아 주었다 함을 이르는 말. 중국 촉나라의 제갈량이 맹획(孟獲)을 일곱 번이나 사로잡았다가 일곱 번 놓아주었다는 데서 유래한다.¶ ▼七縱七擒 ‖ 칠죵칠금은 고금의 듯디 못ᄒᆞᆫ 배라 내 비록 만이나 ᄌᆞ못 녜의를 아ᄂᆞ니 엇디 븟그럽디 아니리오 (七縱七擒, 自古未嘗有也! 吾雖化外之人, 頗知禮義, 直如此無羞恥也?) <삼국-가정 29:60>

【침음-ᄒᆞ-】 동 침음(沈吟)하다. 속으로 깊이 생각하다.¶ ▼沈吟 ‖ 됴 관의 계륵 이심을 보고 인ᄒᆞ여 늣기며 졍히 침음ᄒᆞ더니 ᄒᆞ후돈니 입장ᄒᆞ여 품뎡ᄒᆞ딕 (操見碗中有雞肋, 因而有感於懷. 正沈吟間, 夏侯惇入帳, 稟請夜間口號.) <삼국-국중 12:147>

【침작】 명 짐작(斟酌). 사정이나 형편 따위를 어림잡아 헤아림. '짐작'의 원말.¶ ▼斟酌 ‖ 공명 왈 남만니 심히 머러 다 왕화를 닙지 못ᄒᆞ니 항복 밧기 심히 어려온지라 닉 맛당히 가 쳐 별노이 침작이 잇다 (孔明曰: "南蠻之地, 離國甚遠, 人多不習王化, 收伏甚難, 吾當親去征之, 可剛可柔, 別有斟酌非可容易託人.") <삼국-모종 14:66>

【침작-ᄒᆞ-】 동 짐작(斟酌)하다. 사정이나 형편 따위를 어림잡아 헤아리다.¶ ▼斟酌 ‖ 너는 아직 말을 말나 닉 스ᄉᆞ로 침작ᄒᆞ미 잇스리라 (你且緘口. 我自有斟酌.) <삼국-국중 8:81>

【침톄-ᄒᆞ-】 동 침체(沈滯)하다. 어떤 현상이나 사물이 진전하지 못하고 제자리에 머무르다. 벼슬이나 지위가 오르지 못하다.¶ ▼殢 ‖ 공은 나라의 지쳑이라 오히려 쥬식의 침톄ᄒᆞ여 도젹 치믈 싱각지 아니ᄒᆞ니 엇지 국가의 구란홀 ᄉᆞ름이라 ᄒᆞ리오 (公乃國之戚, 猶自殢於酒色, 而不思討賊, 安得爲皇家救難扶災之人乎!) <삼국-국중 5:24>

【칩-】 형 춥다. 기온이 낮거나 기타의 이유로 몸에 느끼는 기운이 차다.¶ ▼冷 ‖ 현덕 왈 닉 공명으로 ᄒᆞ여곰 은근ᄒᆞᆫ 뜻을 알게 ᄒᆞᄂᆞ니 ᄌᆞ닉들은 칩거든 도라가라 (玄德曰: "吾正欲使孔明知我慇懃之意, 如弟輩怕冷, 可先回去.") <삼국-모종 6:78>

【칭병-ᄒᆞ-】 동 칭병(稱病)하다. 병이 있다고 핑계하다.¶ ▼託病 ‖ 원닉 졍보의 나희 유보다 만흔지라 이졔 유의 별슬이 제 우희 잇다 ᄒᆞ여 심즁의 즐겨 아니ᄒᆞ더니 이날 칭병ᄒᆞ고 장ᄌᆞ 뎡ᄌᆞ로 딕신ᄒᆞ다 (原來程普年長於瑜. 今瑜爵居其上, 心中不樂, 是日乃託病不出, 令長子程咨自代.) <삼국-모종 7:111>

【칭심-ᄒᆞ-】 동 칭심(稱心)하다. 마음에 맞다.¶ ▼稱心 ‖ 방덕은 셔량 용장이라 이제 장노의게 의디ᄒᆞ미 ː양 칭심치 못ᄒᆞᆫ디라 ("龐德乃西涼勇將, 原屬馬超; 今雖依張魯, 未稱其心.") <삼국-국중 12:31>

【칭ᄉᆞ-ᄒᆞ-】 동 칭사(稱謝)하다. 치사하다. 사의(謝意)를 표하다.¶ ▼稱謝 ‖ 운장이 타변이 잇실가 ᄒᆞ여 마상에서 청용도로 쉬여 입고 칭ᄉᆞᄒᆞ고 드듸여 북을 향ᄒᆞ여 가니 (雲長恐有他變, 不敢下馬, 用青龍刀尖挑錦袍披於身上, 勒馬回頭稱謝曰: "蒙丞相賜袍, 異日更得相會." 遂下橋望北而去.) <삼국-모종 5:3>

【칭양-ᄒᆞ-】 동 측량(測量)하다. 헤아리다.¶ ▼의 앙천장탄 왈 공명의 신츌귀몰ᄒᆞ난 계교요 칭양치 못ᄒᆞ리로다 (懿仰天長歎曰: "孔明有神出鬼沒之機!") <삼국-모종 17:5>

【칭졔-ᄒᆞ-】 동 칭제(稱帝)하다. 스스로 황제라 선포하다.¶ ▼稱帝 ‖ 원슐이 회람의 잇셔 싸히 널고 양식이 족ᄒᆞ고 또 숀칙이 볼모ᄒᆞᆫ 옥식 잇스니 드ː여 칭졔홀 싱각을 ᄒᆞ고 (却說袁術在淮南, 地廣糧多, 又有孫策所質玉璽, 遂思僭稱帝號.) <삼국-국중 4:77>

【칭탁-ᄒᆞ-】 동 칭탁(稱託)하다. 사정이 어떠하다고 핑계를 대다.¶ ▼推 ‖ 죠일의 네 만져 군ᄉᆞ를 거ᄂᆞ리고 셩외의 나가 등딕ᄒᆞ여 닉 죠상의 졔ᄒᆞ믈 칭탁ᄒᆞ고 부인으로 더부러 함게 다라ᄂᆞ리라 (正旦日, 你先引軍士出城, 於官道等候. 吾推祭祖, 與夫人同走.) <삼국-국중 10:76>

【ᄎᆞ-】 동 차다. 가득하게 되다. 정한 수량, 나이, 기간 따위가 다 되다.¶ ▼滿 ‖ 히 가온대 오면 기울고 ᄃᆞᆯ이 ᄎᆞ면 이저디니 이ᄂᆞᆫ 텬하의 덧덧ᄒᆞᆫ 니라 (日中則昃, 月滿則虧, 此天下之常理也.) <삼국-가정 21:65>

【ᄎᆞ라이】 부 차라리. 여러 가지 사실을 말할 때에, 저리하는 것보다 이리하는 것이 나음을 이르는 말.¶ ▼寧 ‖ 우리 등이 ᄎᆞ라이 쥭을지은정 욕되지 아니할 거시니 도독은 쥬공을 권ᄒᆞ야 계교를 결단ᄒᆞ야 군ᄉᆞ를 니르혀라 (吾等寧死不辱, 望都督勸主公決計興兵.) <삼국-모종 7:98>

【ᄎᆞ라히】 부 차라리. 여러 가지 사실을 말할 때에, 저리하는 것보다 이리하는 것이 나음을 이르는 말.¶ ▼寧 ‖

탁 왈 ᄎᆞ라히 죽을디언뎡 너ᄅᆞᆯ 보젼ᄒᆞ리라 (卓曰: '吾寧捨性命, 必當保汝!') <삼국-가정 규장 3:5>

【ᄎᆞᄆᆞ】 [부] 차마.¶ ▼忍 ‖ 뉴죵이 조죠의게 항복ᄒᆞ문 예쥐 실상 아지 못ᄒᆞ고 ᄯᅩ ᄎᆞᄆᆞ 난을 타 동죵의 긔업을 앗지 아니ᄒᆞ니 이ᄂᆞᆫ ᄎᆞᆷ ᄃᆡ인ᄃᆡ의요 (至於劉琮降操, 豫州實出不知, 且又不忍乘亂奪同宗之基業, 此眞大仁大義也.) <삼국-모종 7:82>

【ᄎᆞ아-ᄒᆞ-】 [1][형] 차아(嗟哦)하다. 한탄스럽고 슬프다.¶ 嗟歎 ‖ 현덕이 보기ᄅᆞᆯ ᄆᆞᆺ고 졍히 ᄎᆞ아ᄒᆞ더니 홀연 보ᄒᆞᄃᆡ 공명이 도라왓다 ᄒᆞ거ᄂᆞᆯ 현덕이 영졉ᄒᆞ니 (玄德看畢, 正在嗟歎, 忽報孔明回, 玄德接入, 禮畢.) <삼국-모종 9:107>

【ᄎᆞ졍-ᄒᆞ-】 [동] 차정(差定)하다. 사람을 뽑아 일을 맡기다.¶ ▼差 ‖ 손환니 사졍 니이 담웅 등 허다한 장ᄉᆞ를 졀상ᄒᆞ고 셰고역진ᄒᆞ여 능히 ᄃᆡ적디 못ᄒᆞ고 곳 ᄉᆞᄅᆞᆷ을 ᄎᆞ졍ᄒᆞ야 오의 다라ᄀᆞ 구원을 쳥ᄒᆞ니 (孫桓折了李異、謝旌、譚雄等許多將(馬)士, 力窮勢孤, 不能抵敵, 卽差人回吳求救.) <삼국-국중 14:14>

【ᄎᆞ지-ᄒᆞ-】 [동] 차지(次知)하다. 맡아 다스리다. (이두어).¶ ▼掌管 ‖ 죄 왈 젼선은 어느 ᄉᆞᄅᆞᆷ이 과[관]영ᄒᆞ엿ᄂᆞ뇨 뫼 왈 ᄃᆡ소 전선니 칠쳔여 쳑이니 모 등 이인니 ᄎᆞ지ᄒᆞ여ᄂᆞ이ᄃᆞ (操曰: "戰船多少? 原是何人管領?" 瑁曰: "大小戰船, 共천자-칠餘隻, 原是瑁等二人掌管.") <삼국-모종 7:48>

【ᄎᆞᄌᆞ-】 [동] 찾다.¶ ▼尋 ‖ 승샹 ᄉᆞ당을 어ᄂᆞ 곳의 ᄎᆞᄌᆞ리오 금관셩 밧긔 잣남기 ᄉᆞᆷ〻ᄒᆞᆫ ᄃᆡ로다 (丞相祠堂何處尋, 錦官城外栢森森.) <삼국-가정 34:127>

【ᄎᆞᆨ-ᄒᆞ-】 [형] 유능(有能)하다. 착하다. 능력 있다.¶ ▼善 ‖ 계옥이 비록 ᄎᆞᆨᄒᆞ나 그 신하 뉴괴 장임 등이 다 불평지ᄉᆡᆨ이 잇셔 긔간 길흉을 알 길 업ᄉᆞ니 (季玉雖善, 其臣劉、張任等皆有不平之色, 其間吉凶未可保也.) <삼국-모종 10:77>

【ᄎᆞᆯ아히】 [부] 차라리. 여러 가지 사실을 말할 때에, 저리 하는 것보다 이리하는 것이 나음을 이르는 말.¶ ▼寧 ‖ 이ᄂᆞᆫ 만ᄃᆡ의 븟그러오미라 우리 등이 ᄎᆞᆯ아히 죽을지언뎡 군후를 욕ᄒᆞ지 아니ᄒᆞᆯ 거시니 (此乃萬代之恥笑乎! 吾等寧死而不辱討虜將軍!) <삼국-가정 14:95>

【ᄎᆞᆯᄋᆞ리】 [부] 차라리. 여러 가지 사실을 말할 때에, 저리 하는 것보다 이리 하는 것이 나음을 이르는 말. 그보다는 오히려¶ ▼寧 ‖ ᄂᆡ ᄎᆞᆯᄋᆞ리 죽을지언졍 불의〻 일을 힝치 못ᄒᆞ리라 (吾寧死, 不忍作負義之事.) <삼국-국중 8:69>

【ᄎᆞᆯ하리】 [부] 차라리. 여러 가지 사실을 말할 때에, 저리 하는 것보다 이리 하는 것이 나음을 이르는 말.¶ ▼寧 ‖ 신이 연왕을 셤기미 대왕 셤김 ᄀᆞᄐᆞ니 ᄎᆞᆯ하리 죽을디언졍 블의예 일을 못ᄒᆞᆯ놔 (臣事燕王, 猶事大王, 寧死不爲非義之事.) <삼국-규장 12:106> ᄎᆞᆯ하리 내 텬하 사ᄅᆞᆷ을 져ᄇᆞ릴디언뎡 텬하 사ᄅᆞᆷ으로 ᄒᆞ야곰 날을 져ᄇᆞ리게 말 거시라 (寧使我負天下人, 休敎天下人負我!) <삼국-가정 2:38>

【ᄎᆞᆯ-히】 [부] 차라리. 여러 가지 사실을 말할 때에, 저리하는 것보다 이리하는 것이 나음을 이르는 말.¶ ▼寧 ‖ 신이 연왕을 셤기미 대왕 셤김 ᄀᆞᄐᆞ니 ᄎᆞᆯ히 죽을디언뎡 블의예 일을 못ᄒᆞᆯ놔 (臣事燕王, 猶事大王, 寧死不爲非義之事.) <삼국-가정 18:39> ▼寧可 ‖ 탁 왈 ᄎᆞᆯ히 죽을디언뎡 너ᄅᆞᆯ 보젼ᄒᆞ리라 (卓曰: '吾寧可舍性命, 必當保汝!') <삼국-가정 3:104> 조공은 군뷔오 운댱은 형뎨니 형뎨의 졍으로ᄡᅥ 군부ᄅᆞᆯ 소기면 블튱이라 ᄎᆞᆯ히 블의ᄅᆞᆯ ᄒᆞᆯ디언뎡 블튱을 못ᄒᆞᆯ 거시라 (曹公, 君父也; 雲長, 兄弟也. 以兄弟之情而瞞君父, 此不忠也. 寧可居不義, 不可不忠.) <삼국-가정 9:27>

【ᄎᆞᆯ히-】 [동] 차리다. 마땅히 해야 할 도리, 법식 따위를 갖추다.¶ ▼擧 ‖ 뉴부인이 상ᄉᆞᄅᆞᆯ ᄎᆞᆯ혀 못 미처 무더셔 쇼의 ᄋᆡ통ᄒᆞ던 쳡 다ᄉᆞᄉᆞᆯ 죽이되 녕혼이 구천하의 가쇼ᄅᆞᆯ 볼가 노ᄒᆞ야 그 머리ᄅᆞᆯ 모ᄌᆞ리고 그 ᄂᆞᆺ촐 히야ᄇᆞ리고 죽엄을 샹히오니 그 ᄉᆡᆨ을 새오미 이러ᄐᆞᆺ ᄒᆞ더라 (劉夫人擧喪, 未及遷葬, 將袁紹所愛寵妾五人殺之; 恐陰魂於九泉之下再與紹相見, 草木其頭, 刺其面, 毁其屍: 其妒忌如此.) <삼국-가정 11:24>

【ᄎᆞᆷ-】 [동] 참다. 애써 억누르고 견뎌 내다.¶ ▼耐 ‖ 현덕 왈 국귀 ᄎᆞᆷ아 견ᄃᆡ라 이번 가매 반ᄃᆞ시 응변호미 이실 거시니 글월로ᄡᅥ 보호리라 (玄德曰: '國舅寧耐. 某此行必不變約, 自當馳書相報也.') <삼국-가정 7:138>

【ᄎᆞᆷ남-히】 [부] 참람(僭濫)히. 분수에 넘치게.¶ ▼濫叨 ‖ 요ᄉᆞ이 권신 조적이 미쳔ᄒᆞᆫ 드러나셔 ᄎᆞᆷ남히 보좌지임을 ᄒᆞ야 실로 긔망ᄒᆞᄂᆞᆫ 죄 만하 (近者權臣操賊, 出自閹門, 濫叨輔佐之階, 實有欺罔之罪.) <삼국-가정 7:97> ▼僭 ‖ ᄎᆞᆷ남히 존위예 거ᄒᆞ기ᄅᆞᆯ 내 실로 못ᄒᆞ리니 너희 등이 다시 의논ᄒᆞ라 (僭居尊位, 吾實不敢. 汝等再宜商議.) <삼국-가정 24:6>

【ᄎᆞᆷ녜-ᄒᆞ-】 [동] 참예(參預)하다. 어떤 일에 끼어들어 관계하다. 참여(參與)하다.¶ ▼與聞 ‖ 공명이 미쇼ᄒᆞ거날 현덕이 공명의게 ᄭᅬ를 쳥ᄒᆞ니 공명 왈 이ᄂᆞᆫ 집안 일이ᄅᆞ 냥이 감히 ᄎᆞᆷ녜ᄒᆞ리요 (孔明微笑, 玄德求計於孔明, 孔明曰: "此家事, 亮不敢與聞.") <삼국-모종 7:7>

【ᄎᆞᆷ아】 [부] 차마.¶ ▼忍 ‖ 죄 왈 미[예]형은 당금 문장이라 ᄎᆞᆷ아 죽이지 안ᄒᆞ엿거니와 숑이 무슴 능ᄒᆞ미 잇ᄂᆞ냐 (操曰: "禰衡文章, 播於當今, 吾故不忍殺之, 松有何能?") <삼국-모종 10:54>

【ᄎᆞᆷ월-이】 [부] 참월(僭越)히. 분수에 넘치게.¶ ▼僭 ‖ 일로븟터 동탁이 스ᄉᆞ로 상뷔로라 칭ᄒᆞ고 출입ᄒᆞ매 텬ᄌᆞ의당을 ᄎᆞᆷ월이 ᄒᆞ고 (自此董卓自號爲'尙父', 出入僭天子之儀仗.) <삼국-가정 3:54>

【ᄎᆞᆷ칭-ᄒᆞ-】 [동] 참칭(僭稱)하다. 분수에 넘치는 칭호를 스스로 이르다.¶ ▼僭稱 ‖ 오왕 손권이 오라디 아니ᄒᆞ야셔 반ᄃᆞ시 존호ᄅᆞᆯ ᄎᆞᆷ칭ᄒᆞ고 폐해 정벌ᄒᆞ실가 두려 몬져 드러와 도적질ᄒᆞ리니 신이 기ᄃᆞ려 막아 폐하의 근심을

덜고져 ᄒᆞ노이다 (吳王不久必僭稱尊號; 如稱尊號, 恐陛下伐之, 定然先入寇也, 臣故待之. 陛下免憂.) <삼국-가정 32:24>

【ᄎᆞᆷ-ᄒᆞ-】 [동] 참(斬)하다. 죽이다.¶ ▼斬 ‖ 이제 가츙을 ᄎᆞᆷᄒᆞ면 쳔하 ᄉᆞᄅᆞᆷ의 죠곰 하례ᄒᆞ비 되리라 (獨斬賈充, 少可以謝天下耳.) <삼국-국중 17:42>

【ᄎᆞᆼᄌᆞ】 [명] ((신체)) 창자. 큰창자와 작은창자를 통틀어 이르는 말.¶ ▼腸 ‖ 만일 도라보ᄂᆡ지 아니ᄒᆞ면 존구의 면ᄉᆞᆼ의 조히 보이지 못ᄒᆞᆯ 닷ᄒᆞ니 일이 실노 양난ᄒᆞᆫ지라 이랄 인ᄒᆞ야 눈물이 나고 ᄎᆞᆼᄌᆞ가 압푸미라 (若不還時, 於尊舅面上又不好看, 事實兩難, 因此淚出痛腸.) <삼국-모종 9:88>

【ᄎᆞᆽ-】 [동] 찾다.¶ ▼奪 ‖ 쳔명의 니르러 댱양 댱보 ᄑᆡ잔군을 거ᄂᆞ리고 길을 ᄎᆞ져 다라나더니 (到天明, 張梁、張寶引敗殘軍士, 奪路而走.) <삼국-모종 1:13>

【ᄎᆡ상-ᄒᆞ-】 [동] 채상(採桑)하다. 뽕을 따다.¶ ▼採桑 ‖ 일일은 사뷔 슈상의셔 ᄎᆡ상[ᄎᆡ상은 ᄲᅩᆼ을 ᄯᆞ단 말이라]ᄒᆞ시더니 방통이 ː르러 나무 아ᄅᆡ셔 ː로 의논ᄒᆞᄆᆡ (一日, 我師父在樹上採桑, 適龐統來相訪, 坐於樹下, 共相議論.) <삼국-국중 7:121>

【ᄎᆡ인】 [명] ((인류)) 차인(差人). 관아에서 임무를 주어 파견하던 일. 또는 그런 사람.¶ ▼差人 ‖ 위왕궁이 일거늘 ᄎᆡ인을 각쳐의 보ᄂᆡ여 귀ᄒᆞᆫ 실과나모와 긔이ᄒᆞᆫ 초목을 뫼호더니 ᄉᆞ직 오의 드러가 복건 농안 녀지와 온쥐 감ᄌᆞ를 가질나 가 (魏王宮成, 差人往各處取果木珍奇之物. 使人入吳地, 往福建取荔枝、龍眼, 溫州取柑子.) <삼국-가정 22:66>

【ᄎᆡ정-ᄒᆞ-】 [동] 차정(差定)하다. 사람을 뽑아 일을 맡기다.¶ ▼差 ‖ 죠죄 더옥 두려워 ᄒᆞ여 ᄉᆡᆼ네을 갓쵸와 제사ᄒᆞ고 침향목을 ᄉᆡᆨ여 몸을 ᄒᆞ고 왕후의 네로 낙양 남문 밧게 영장ᄒᆞ고 형왕으로 증직ᄒᆞ고 수모관을 ᄎᆡ정ᄒᆞ다 (操愈加恐懼, 遂設牲醴祭祀, 刻沈香木爲軀, 以王侯之禮, 葬於洛陽南門外, … 贈爲荊王, 差官守墓.) <삼국-모종 13:12>

【ᄎᆡ즉】 [명] ((기물)) 채찍.¶ ▼鞭 ‖ 촉병이 다 노슈ᄅᆞᆯ 건너니 과연 ᄎᆡ즉으로 금등을 두다리매 ᄀᆡ가ᄅᆞᆯ 부라고 도라가니라 (蜀兵安然盡渡瀘水, 果然 '鞭敲金鐙響, 人唱凱歌還'.) <삼국-모종 15:28>

【ᄎᆡ직】 [명] ((기물)) 채찍.¶ ▼鞭 ‖ 원컨ᄃᆡᆫ 장군은 바리지 말고 거두어 보졸 삼아 조안[만]의 ᄎᆡ직을 잡아 ᄯᆞᆯ오면 죽거도 감심ᄒᆞ리라 (願將軍不棄, 收爲步卒, 早晩執鞭隨鐙, 死亦甘心.) <삼국-모종 5:22>

【ᄎᆡ질-ᄒᆞ-】 [동] 채찍질하다.¶ ▼鞭撻 ‖ 손권의 아의 손익이 단양ᄐᆡ슈 되여 셩품이 강ː ᄒᆞ여 술을 조하하여 취ᄒᆞ면 ᄉᆞ졸을 ᄎᆡ질ᄒᆞ고 치ᄂᆞᆫ지라 (孫權弟孫翊爲丹陽太守, 翊性剛好酒, 醉後嘗鞭撻士卒.) <삼국-모종 6:95>

【ᄎᆡ책】 [명] ((군사)) 채책(寨柵). 나무 따위를 이어 박아 세운 목책(木柵). 또는 목책을 세워 구축한 진지(陣地).¶ ▼寨柵 ‖ 한듕의 가장 험ᄒᆞ기는 양평관 가튼 ᄃᆡ 업ᄉᆞ니 좌우로 뫼흘 의지ᄒᆞ며 수플을 겻져 십여 곳 ᄎᆡ책을 버러 조병을 영뎍ᄒᆞ거든 형은 한영의 이셔 냥초를 년쇽ᄒᆞ야 보ᄂᆡ라 (漢中最險無如陽平關, 左右依山傍林, 下十餘個寨柵, 迎敵曹兵. 兄在漢寧, 盡撥糧草應付.) <삼국-가정 22:2>

【ᄎᆡ측】 [명] ((기물)) 채찍.¶ ▼鞭 ‖ 군ᄆᆡ가 버러 진세ᄅᆞᆯ 일우ᄆᆡ 죠죄 말을 노하 진의 나와 ᄎᆡ측을 드러 크겨 ᄭᅮ지져거ᄂᆞᆯ 도겸니 ᄯᅩᄒᆞᆫ 말을 ᄂᆡ야 몸을 급혀 갈오ᄃᆡ (軍馬列成陣勢, 曹操縱馬出陣, 身穿縞素, 揚鞭大罵, 陶謙亦出馬於門旗下, 欠身施禮曰) <삼국-모종 2:52>

【ᄎᆡᄎᆡᆨ】 [명] ((군사)) 채책(寨柵, 砦柵). 나무 따위를 이어 박아 세운 목책(木柵). 또는 목책을 세워 구축한 진지(陣地). 영채(營寨).¶ ▼寨柵 ‖ 이러로셔 낙셩 가기의 관ᄋᆡᆨ과 ᄎᆡᄎᆡᆨ이 믈읫 삼십여 ᄎᆡ로ᄃᆡ 다 노부의 가음안 ᄇᆡ라 직흰 쟝쉬 다 ᄂᆡ 쟝악 듕의 이시니 (從此取雒城, 凡守御關隘, 計寨柵共三十餘處, 都是老夫所管官軍, 皆出於掌握之中.) <삼국-규장 14:91> 죄 ᄃᆡ로 왈 스ᄉᆞ로 ᄃᆡ군을 거ᄂᆞ리고 와 한슈 ᄎᆡᄎᆡᆨ을 아ᄉᆞ스니 됴운니 ᄉᆡᆼ각ᄒᆞᄃᆡ 고군 져적디 못ᄒᆞᆯᄀᆞ 두려ᄒᆞ여 드ː여 한수 셔의 물너와 양군니 물을 디음ᄒᆞ고 상거ᄒᆞ더라 (操大怒, 親統大軍來奪漢水寨柵. 趙雲恐孤軍難立, 遂退於漢水之西. 兩軍隔水相拒.) <삼국-국중 12:138> ▼營寨 ‖ 현졔ᄂᆞᆫ 녀장군의 주의를 보와 각ː ᄎᆡᄎᆡᆨ의 도라가 ᄉᆡ살ᄒᆞ미 늣지 아니ᄒᆞᄃᆞ (且看呂將軍如何主意, 那時各回營寨廝殺未遲.) <삼국-국중 4:48>

【ᄎᆡᆨ】 [명의] 척(隻). 배를 세는 단위.¶ ▼隻 ‖ 몬져 사ᄅᆞᆷ으로 ᄒᆞ여곰 남글 버혀 ᄣᅦ ᄆᆡ여 ᄎᆡᆨ을 ᄆᆡᆫᄃᆞ라 우희 ᄆᆞᄅᆞᆫ 플을 싯고 믈의 니근 군ᄉᆞ 오천을 ᄐᆡ와 (遂先令人扎木筏百餘隻, 上載草把, 選慣熟水手五千人駕之.) <삼국-가정 33:107>

【ᄎᆡᆨ망-ᄒᆞ-】 [동] 책망(責望)하다. 잘못을 꾸짖거나 나무라며 못마땅하게 여기다.¶ ▼責 ‖ 조죄 천자의 명을 밧들어 부친을 부르니 이제 마닐 가지 아니ᄒᆞ면 반다시 역명으로 나를 ᄎᆡᆨ망ᄒᆞᆯ지라 (操奉天子之命以召父親, 今若不往, 彼必以逆命責我矣.) <삼국-국중 10:132>

【ᄎᆡᆨ쥬】 [명] ((인류)) 책주(冊主). 책주인.¶ ▼이 ᄎᆡᆨ은 오자낙셔을 만리 하여시리 보난 ᄉᆞᄅᆞᆷ니 부ᄃᆡ 눌너 보시읍 졍미 연월 ᄎᆡᆨ쥬 황일소 <삼국-화봉 1907>

【칫쥭】 [명] ((기물)) 채찍.¶ ▼鞭 ‖ 수거년 장수 칠 적에 도상의 무리 업서 장ᄉᆞ 가다 목이 마르거날 ᄂᆡ가 ᄒᆞᆫ 게교를 ᄂᆡ여 칫쥭으로 거즛 가라치 왈 전면에 ᄆᆡ시리 잇다 ᄒᆞ니 군식 듯고 입에 츔이 나서 ᄒᆡ갈ᄒᆞ엿다 (忽感去年征張繡時, 道上缺水, 將士皆渴, 吾心生一計, 以鞭虛指曰: '前面有梅林'. 軍士聞之, 口皆生唾, 由是不渴.) <삼국-모종 4:4>

【ㅋ】

【칼】 명 ((기물)) 칼[刀]. 물건을 베거나 썰거나 깎는 데 쓰는 도구.¶ ▼刀 ‖ 노쟝 황튱의 일홈이 허뎐이 아니로다 일ᄇᆡᆨ 합을 싸화도 그릇ᄒᆞ미 업ᄉᆞ니 ᄂᆡ일은 반ᄃᆞ시 칼 ᄡᅳ으ᄂᆞᆫ 계규ᄅᆞᆯ ᄡᅧ 뒤흐로셔 버히리라 (老將黃忠, 名不虛傳, 鬪一百合, 全無破綻. 來日必用拖刀計, 背砍贏之.) <삼국-가정 17:47> 쥐 ᄀᆞᄐᆞᆫ 도적놈아 칼 ᄡᅳ으ᄂᆞᆫ 계규ᄅᆞᆯ ᄡᅳ고져 ᄒᆞᄂᆞ냐 내 엇디 두리리오 (鼠賊欲使拖刀計, 吾豈懼哉!) <삼국-가정 24:75>

【칼-날】 명 ((기물)) 칼날.¶ ▼尖刀 ‖ 맛당이 기동의 큰 고리를 박고 팔을 고리예 녀허 노흐로 동히고 머리를 덥흔 후의 ᄂᆡ 칼날노 피육을 버혀 헤치고 ᄲᅧ 우희 젼독을 글거 ᄂᆡᆫ 후의 약을 붓치고 실노 쳔구를 호ᄒᆞᄆᆡ면 ᄇᆡ야흐로 무ᄉᆞᄒᆞ리라 (當於靜處立一標柱, 上釘大環, 請君侯將臂穿於環中, 以繩繫之, 然後以被蒙其首. 吾用尖刀割開皮肉, 直至於骨, 刮去骨上箭毒, 用藥敷之, 以線縫其口, 方可無事.) <삼국-국중 13:42>

【칼-집】 명 ((기물)) 칼집.¶ ▼匣 ‖ ᄂᆡ 칼집의 보검을 ᄉᆡ로 가라시니 네 말이 ᄀᆞᄒᆞᆫ작 니여니와 불연즉 ᄂᆡ 이 칼을 시험ᄒᆞ리라 (吾匣中寶劍新磨. 汝試言之. 其言不通, 便請試劍!) <삼국-국중 11:143>

【칼-츔】 명 칼춤.¶ ▼舞劍 ‖ 죄 문왈 이인은 엇지 왓ᄂᆞᆫ요 운장 왈 승상이 형으로 다려 음쥬ᄒᆞᆷ을 듯고 와서 칼츔 츄어 ᄒᆞᆫ 우숨을 돕노라 (操問二人何來. 雲長曰: "聽知丞相和兄飮酒, 特來舞劍, 以助一笑.") <삼국-모종 4:7>

【칼ㅎ】 명 ((기물)) 칼.¶ ▼刀 ‖ 동탁의 됴회 드러오ᄆᆞᆯ 기ᄃᆞ려 집 아래 다ᄃᆞᆺ거ᄂᆞᆯ 다른 칼흘 ᄲᆡ혀 바ᄅᆞ 탁을 디ᄅᆞ더니 (候董卓入朝, 孚迎到閣下, 掣出短刀, 直刺卓.) <삼국-가정 2:17> 져근덧 ᄒᆞ야 ᄇᆡᆨ여 인이 술의ᄅᆞᆯ ᄡᅧ ᄂᆞ려오거ᄂᆞᆯ 위 ᄆᆞᆯ게 ᄂᆞ려 칼흘 잡고 술의 압픠 나아가 무로ᄃᆡ (不移時, 百餘人簇擁車仗前來, 關公下馬停刀, 叉手於車前問候曰.) <삼국-가정 9:88>

【코】 명 ((신체)) 사람이나 동물의 얼굴에서 눈과 입의 사이에 있으면서 숨을 쉬고 냄새를 감각하는 기관.¶ ▼鼻 ‖ 코로 거믄ᄂᆡ를 ᄂᆡ고 엄을 감초고 다라드니 호표 셔샹의 무리 다 ᄶᅩ치여 셔로 만병을 즛발거늘 (鼻出黑烟, 身搖銅鈴, 張牙舞爪而來, 不敢前進, 皆奔回本洞去了, 反將蠻兵衝倒無數.) <삼국-가정 29:43> ▼齁 ‖ 슈십 옥졸이 일시의 자바 나리와 큰 ᄆᆡ로 무슈히 치니 다만 피육이 ᄧᅥ러져 분〻이 ᄂᆞ러지ᄃᆡ 좌ᄌᆞᄂᆞᆫ 코 고으고 늣게 ᄌᆞ며 젼혀 알파 비치 업거ᄂᆞᆯ (令十數獄卒拷之, 但見皮肉粉碎, 左慈齁熟睡, 全無痛楚.) <삼국-가정 22:71>

【코-김】 명 ((신체)) 콧김.¶ ▼鼻息 ‖ 원쇼ᄂᆞᆫ 외로온 손이오 궁진ᄒᆞᆫ 군이라 우리의 코김을 울얼고 이시니 비컨대 어린 아ᄒᆡ 손바당 우희 잇ᄂᆞ니 ᄀᆞᄐᆞ니 젓 먹이기ᄅᆞᆯ 긋치면 즉시 주려 죽을 거시어ᄂᆞᆯ (袁紹孤客窮軍, 仰我鼻息, 譬如嬰孩在股掌之上, 絶其乳哺, 立可餓死.) <삼국-가정 3:6>

【코-키리】 명 ((동물)) 코끼리. 코가 매우 길고 나근나근하여 물건을 잘 다루는 동물.¶ ▼象 ‖ 목녹ᄃᆡ왕이 허리의 양파 보도ᄅᆞᆯ ᄎᆞ고 손의 태[체]죵을 ᄌᆞᆸ고 흰 코키리ᄅᆞᆯ 타고 큰 긔 가운ᄃᆡ로죠차 나ᄀᆞ니 (木鹿大王腰掛兩把寶刀, 手執蒂鐘, 身騎白象, 從大旗中而出.) <삼국-모종 15:8>

【코ㅎ】 명 ((신체)) 코.¶ ▼鼻 ‖ 권이 보니 그 사ᄅᆞᆷ이 눈셥이 만코 코히 거두ᄎᆞ고 ᄂᆞᆺ치 검고 슈염이 뎌ᄅᆞ고 형용이 고괴ᄒᆞ거ᄂᆞᆯ (權見其人濃眉撅鼻, 黑面短髯, 形容古怪.) <삼국-가정 18:80> 촉딘 듕으로셔 일ᄇᆡᆨ ᄉᆞ지 입으로 블비츨 토ᄒᆞ며 코흐로 거믄ᄂᆡ를 ᄂᆡ고 엄을 ᄀᆞᆯ고 ᄃᆞ라드니 (蠻洞眞獸見蜀陣巨獸口吐火焰, 鼻出黑烟, 身搖銅鈴, 張牙舞爪而來.) <삼국-규장 20:71> 권이 보니 그 ᄉᆞ람이 낫치 검고 코히 기울고 슈염이 ᄌᆞᄅᆞ고 형용이 고이ᄒᆞᆫ지라 심중의 불희ᄒᆞ여 (權見其人濃眉掀鼻, 黑面短髯, 形容古怪, 心中不喜.) <삼국-모종 9:102>

【콩】 명 ((식물)) ((곡식)) 콩.¶ ▼豆 ‖ 콩 ᄉᆞᆷ기ᄅᆞᆯ 콩줄기ᄅᆞᆯ ᄣᅵᄂᆞ니 콩이 가마 가온ᄃᆡ셔 우ᄂᆞᆫᄯᅩ다 (煮豆燃豆萁, 豆在釜中泣.) <삼국-가정 25:118> ▼大豆 ‖ 처엄의 냥식이 진ᄒᆞᄆᆞᆯ 아디 못ᄒᆞ여 심히 축쳑ᄒᆞᄆᆞᆯ ᄉᆡᆼ각ᄒᆞ더니 이제 ᄡᆞᆯ 일ᄇᆡᆨ 곡과 고기과 포육과 소곰과 콩을 보내노니 힝혀 비노니 웃고 머믈오라 (得書, 知公乏糧, 甚懷踧踖. 今致米一百斛, 并肉脯丶鹽豉丶大豆, 幸乞笑留.) <삼국-가정 35:106>

【콩-줄기】 명 ((식물)) 콩깍지.¶ ▼豆萁 ‖ 콩 ᄉᆞᆷ기ᄅᆞᆯ 콩줄기ᄅᆞᆯ ᄣᅵᄂᆞ니 콩이 가마 가온ᄃᆡ셔 우ᄂᆞᆫᄯᅩ다 (煮豆燃豆萁, 豆在釜中泣.) <삼국-가정 25:118>

【-콰】 조 -과. -와. [ㅎ첨용 접속조사.]¶ ▼조쟝군이 산동 군ᄉᆞᄅᆞᆯ 다 니ᄅᆞ혀 오더니 니확 곽ᄉᆞ의 낭안 범호믈 듯고 몬져 하후돈을 보내여 션봉을 삼아 샹쟝 열콰 정병 오만을 거ᄂᆞ려 거가ᄅᆞᆯ 보호ᄒᆞ라 ᄒᆞ더이다 (曹將軍盡起山東兗州之兵, 前來保駕. 聽知李傕丶郭汜犯洛陽, 先差夏侯惇爲先鋒, 引上將十員, 精兵五萬, 前來保駕.) <삼국-가정 5:61>

【-콰댜】 미 (동사, 형용사 어간 뒤에 붙어) -게 하고자. -고자.¶ ▼欲 ‖ 담이 ᄀᆞ만이 인을 보내믄 너희로 ᄒᆞ여곰 ᄂᆡ응콰댜 호미니 내 원샹을 파호믈 기ᄃᆞ려 작난ᄒᆞ려 호미라 (譚暗送印者, 欲汝等爲內助也, 待我破了袁尙, 就裏取事.) <삼국-가정 11:47> 이제 외 우리로 ᄒᆞ여곰 위ᄅᆞᆯ 침노콰댜 ᄒᆞ고 위 ᄯᅩᄒᆞᆫ 우리로 ᄒᆞ여곰 오ᄅᆞᆯ 침노콰댜 ᄒᆞ여 각〻 궤계ᄅᆞᆯ 머거 뷘 ᄣᅢᄅᆞᆯ 타 도모코져 ᄒᆞ니

(方今吳欲令我兵侵魏, 魏亦令我兵侵吳, 各懷譎計, 乘隙而圖之.) <삼국-가정 25:78>

【-콰ᄌᆞ】 미 (동사, 형용사 어간 뒤에 붙어) -게 하고자. -고자.¶ ▼欲 ‖ 이졔의 우리로 ᄒᆞ여금 위를 침노콰ᄌᆞ ᄒᆞ고 위 ᄯᅩᄒᆞᆫ 우리로 ᄒᆞ여금 오를 침노콰ᄌᆞ ᄒᆞ여 각ᄀᆞ 궤계를 머거 뷘 ᄡᅵ를 타 도모코져 ᄒᆞ니 (方今吳欲令我兵侵魏, 魏亦令我兵侵吳, 各懷譎計, 乘隙而圖之.) <삼국-규장 18:4>

【콰-히】 부 쾌(快)히. 빨리. '콰(快, kuài)'는 중국어 직접 차용어.¶ ▼快 ‖ 문빙이 말을 노화 한 살노 ᄯᅩ한 홍심을 맛치니 모다 칭찬ᄒᆞ며 금괴 어즈러이 울니거ᄂᆞᆯ 문빙이 ᄃᆡ호 왈 콰히 젼포를 가져오라 (文聘拈弓縱馬一箭, 亦中紅心. 衆皆喝采, 金鼓亂鳴. 聘大呼曰: "快取袍來!") <삼국-국중 10:94> 현덕이 말을 머무르고 크게 부로지져 왈 뉴죵현질아 ᄂᆡ ᄃᆞ만 ᄇᆡᆨ성을 구코ᄌᆞ ᄒᆞ고 다른 마암이 업ᄉᆞ니 가히 콰히 문을 열나 (玄德勒馬大叫曰: "劉琮賢姪, 吾但欲救百姓, 並無他念, 可快開門.") <삼국-모종 7:44> 나ᄂᆞᆫ 천공장군 장각의 부장이라 오ᄂᆞᆫ ᄌᆞᄂᆞᆫ 콰히 젹토마를 머물고 ᄀᆞ라 (我乃天公將軍張角部將也! 來者快留下赤兎馬, 放你過去!) <삼국-국중 6:85>

【쾌락-ᄒᆞ-】 형 쾌락(快樂)하다. 유쾌하고 즐겁다.¶ ▼快樂 ‖ 탁이 왈 ᄂᆡ 명일의 널로 더부러 미오의 도라가 ᄒᆞᆫ가지로 쾌락ᄒᆞ리니 근심치 말라 션이 ᄇᆡ아흐로 눈물을 거두고 ᄇᆡᄉᆞᄒᆞ더라 (卓曰: "吾明日和你歸郿塢去, 同受快樂, 愼勿憂疑." 蟬方收淚拜謝.) <삼국-모종 2:19>

【쾌-히】 부 쾌(快)히. 빠르게. 빨리.¶ ▼快 ‖ 산 뷔후의 고셩이 진지ᄒᆞ며 등현이 일포군을 ᄭᅳ어 와 ᄃᆡ규 왈 위연은 쾌히 투항ᄒᆞ라 (山背後鼓聲震地, 鄧賢引一彪軍從山谷裡截出來, 大叫: "魏延快下馬受降!") <삼국-모종 10:113>

【쾌-ᄒᆞ-】 형 쾌(快)하다. 빠르다.¶ ▼快 ‖ 녀공이 니믜 산림 총잡ᄒᆞᆫ 곳의 상하로 ᄆᆡ복ᄒᆞ엿ᄂᆞᆫ지라 견의 말이 쾌ᄒᆞ야 단긔로 홀노 오ᄆᆡ 젼군이 머지 아니ᄒᆞᆫ지라 (呂公已於山林叢雜去處, 上下埋伏. 堅馬快, 單騎獨來, 前軍不遠.) <삼국-모종 1:125>

【크-】 형 크다.¶ ▼大 ‖ 현덕이 ᄀᆞ마니 텬디의 샤례ᄒᆞ고 고ᄃᆡ 건너가 보고져 호ᄃᆡ 조병의 셰 커 다만 픽잔군마를 거두어 도라가다 (玄德暗謝天地, 曰: '原來我兄弟果然在曹操處!' 欲去相見, 被曹兵勢大擁來, 只得收敗兵回去.) <삼국-규장 6:155>

【큰 풀무를 부러 터럭을 틔옴 갓호니】 속 큰 일을 도모하는 자는 작은 행실에 신경쓰지 않는다.¶ ▼鼓洪爐燎毛髮 ‖ 니졔 댱군이 위엄을 집고 병을 맛타시니 만일 환관을 버힐진ᄃᆡ 큰 풀무를 부러 터럭을 틔옴 갓호니 맛당이 급히 위엄을 발ᄒᆞ여 셔ᄉᆞ이 결단ᄒᆞᆫ 즉 천인이 슌ᄒᆞᆯ 거시어ᄂᆞᆯ 도로혀 밧그로 격셔ᄒᆞ여 군ᄉᆞ를 브르니 녕웅이 뫼이면 각ᄀᆞ ᄒᆞᆫ 마음을 먹을 거시니 공을 반다시 닐우지 못ᄒᆞ고 도로혀 란이 나리라 (今將軍仗皇威, 掌兵要, 龍驤虎步, 高下在心, 若欲誅宦官, 如'鼓洪爐燎毛髮'耳, 但當速發雷霆, 行權立斷, 則天人順之, 卻反外檄大臣, 臨犯京闕, 英雄聚會, 各懷一心, 所謂倒持干戈, 授人以柄, 功必不成, 反生亂矣.) <삼국-모종 1:36>

【큰-ᄀᆞ믈】 명 ((천문)) 큰가뭄.¶ ▼大旱 ‖ 조승샹이 션ᄇᆡ 구ᄒᆞ믈 큰ᄀᆞ믈의 구름 ᄇᆞ라ᄃᆞᆺ ᄒᆞᆫ다 ᄒᆞ더니 (人言曹丞相之求士, 如大旱之望雲霓.) <삼국-가정 15:96>

【큰-비】 명 ((천문)) 큰비.¶ ▼大雨 ‖ 져근덧 ᄉᆞ이예 ᄇᆡ얍은 업서디고 텬지의 크게 우레ᄒᆞ고 큰비 거록이 오며 어름덩이와 무뢰 ᄒᆞᆷᄭᅴ 섯거 ᄂᆞ리다가 밤등 후의야 긋치니 셩등 인개 수쳔여 간이 문허지다 (須臾不見, 片時大雷大雨, 降以冰雹, 到半夜方住, 東都城中壞却房屋數千餘間.) <삼국-가정 1:3> 큰비 블의예 오거ᄂᆞᆯ ᄒᆞᆫ 녯 뎔의 드러 쉴ᄉᆡ 중 다여시 나와 마자 드러가고 댱개의 군마ᄂᆞᆫ 두 편 힝낭의 딘텻더니 비 오ᄉᆡ ᄉᆞ뭇ᄂᆞᆫ디라 군ᄉᆡ 다 원망ᄒᆞ더니 (大雨驟至, 望華丶費間投一古寺宿歇. 寺僧三五人, 邀于方丈安頓宅眷. 張闓軍馬屯於兩廊. 雨濕衣裝, 軍士皆怨.) <삼국-가정 4:33>

【큰-일】 명 큰일.¶ ▼大事 ‖ 원쇼 ᄉᆡᆨ이 셕ᄉᆞᄒᆞ나 담냥이 쟉고 ᄭᅬ를 됴히 너기나 결단이 업고 큰일을 호ᄃᆡ 몸을 앗기고 져근 니곳 보면 목숨을 ᄇᆞ리ᄂᆞ니 이ᄂᆞᆫ 버좀병 ᄀᆞᄐᆞᆫ 뉘니 영웅이 아니라 (袁紹色厲膽薄, 好謀無斷; 幹大事而惜身, 見小利而忘命: 乃疥癬之輩, 非英雄也.) <삼국-가정 7:124>

【킈】 명 크기. 크(크다, 大) + -의(명사 파생 접미사).¶ ▼高 ‖ 쇼월 왈 삼십 니예 냑용담이라 ᄒᆞᄂᆞᆫ 모시 잇고 그 압헤 냑용ᄉᆞ라 ᄒᆞ난 사당 잇고 그 겻ᄐᆡ ᄒᆞᆫ 주ᄇᆡ남긔 잇ᄉᆞ니 킈 십여 장이니 건시젼을 보ᄒᆞ기 가하니라 (蘇越曰: "此去離城三十里, 有一潭, 名躍龍潭, 前有一祠, 名躍龍祠, 祠傍有一株大梨樹, 高十餘丈, 堪作建始殿之梁.") <삼국-모종 13:19>

【키】 명 ((기물)) 키. 곡식 따위를 까불러 쭉정이나 티끌을 골라내는 도구.¶ ▼箕 ‖ 우리 쥬인 오휘 ᄒᆞᆫ 누의를 두어 겨시니 아름답고 크게 용ᄒᆞᆫ디라 가히 뷔와 키를 밧드럼즉 ᄒᆞ니 만일 두 집이 진ᄉᆞ[쥬적 졔후들이 다 동셩이매 서ᄅᆞ 혼인을 못ᄒᆞᄃᆡ 오직 진ᄉᆞ 두 나라히 이셩이라 ᄆᆡ양 두나라과 혼인을 ᄒᆞ더라]의 즐거오믈 ᄆᆡᄌᆞ면 조적이 감히 동남을 바ᄅᆞ보디 못ᄒᆞ리니 나라히며 집의 엇디 아름답디 아니ᄒᆞ리오 (吾主人孫將軍有一妹, 美而大賢, 堪可以奉箕箒. 若兩家共結秦丶晉之歡, 則曹賊不敢正視東南也.家國之事, 并皆全美.) <삼국-가정 17:89>

【ㅌ】

【타-】[1] 동 ❶ 타다. 탈것이나 짐승의 등 따위에 몸을 얹다.¶ ▼관·댱 등 삼인이 울ㆍ블낙ᄒᆞ야 져제 거리의 가ᄃᆞ니더니 마즘 낭듕 댱균이 술위 ᄐᆞ고 가거ᄂᆞᆯ (三人鬱鬱不樂, 上街閑行, 正値郎中張鈞車到.) <삼국-가정 1:71> ▼坐 ‖ 미튝이 일즙 낙양의 가 댱ᄉᆞᄒᆞ야 도라올ᄉᆡ 수릐ᄅᆞᆯ 타 오더니 길ᄀᆞ의 ᄒᆞᆫ 미인이 이셔 지빅ᄒᆞ고 튝을 쳥ᄒᆞ야 ᄒᆞᆫᄃᆡ 가믈 구ᄒᆞ거ᄂᆞᆯ (糜竺嘗往洛陽買賣回歸, 竺坐于車, 路傍見一婦人, 甚有顏色, 來求同載.) <삼국-가정 4:44> ❷ 어떤 조건이나 시간, 기회 등을 이용하다.¶ ▼乘 ‖ 오ᄂᆞᆯ 져녁의 풍습이 뷘 때ᄅᆞᆯ 타 손쟝군의 영채ᄅᆞᆯ 겁틱ᄒᆞ려 ᄒᆞ니 반ᄃᆞ시 블을 드러 응ᄒᆞ리라 (今晚憑習乘虛要劫孫將軍營寨, 必定放火也.) <삼국-가정 27:15> 이제 됴병이 오ᄆᆡ 그 치칙이 졍치 못ᄒᆞᆫ 씨를 타 편안ᄒᆞ므로 슈구로오믈 치면 이긔지 아니미 업스리라 (今操兵方來, 可乘其寨柵未定, 以逸擊勞.) <삼국-국중 4:132>

【타-】[2] 동 타다. 불씨나 높은 열로 불이 붙어 번지거나 불꽃이 일어나다.¶ ▼燒 ‖ 믄득 등홰 ᄯᅥ예 ᄂᆞ리며 뒤 빤 금단이 ᄐᆞ거ᄂᆞᆯ 승이 놀라 ᄭᆡ텨 보니 ᄒᆞᆫ 모히 블 타 흰 깁이 죠곰 내밀고 은ㆍ히 혈젹이 잇거ᄂᆞᆯ 칼로 빼혀 보니 과연 밀죄러라 (忽然燈花卸落於帶鞓上, 燒着背襯.承驚醒, 視之, 燒破一處, 微露素絹, 隱見血迹.) <삼국-가정 7:96> ▼焦 ‖ 군ᄉᆡ 틱반이나 쵸두[쵸두는 머리가 탓단 말이라] 난익이라[난익은 이마가 더이단 말이라] (軍士大半焦頭爛額.) <삼국-국중 8:89>

【타슈가득-ᄒᆞ-】 동 타수가득(唾手可得)하다. 손 쉽게 얻을 수 있다.¶ ▼唾手可得 ‖ 장셩 중의 흙이 단ㆍᄒᆞ고 물이 ᄊᆞ 빅셩이 견ᄃᆡ여 먹을 길 업고 또 임의 에운 지 십여 일이 지나ᄆᆡ 시량이 구[궁]핍ᄒᆞ여 군ᄉᆡ 긔황의 곤ᄒᆞ니 모로미 군ᄉᆞ를 잠간 거둬어 여ᄎᆞㆍㆍᄒᆞ면 장안을 타슈가득ᄒᆞ리라 (長安城中土硬水, 甚不堪食, 更兼無柴. 今圍十日, 軍民饑謊, 不如暫且收軍. 只須如此如此, 長安唾手可得.) <삼국-국중 11:7>

【타심】 명 타심(他心). 다른 마음 또는 음험한 마음.¶ ▼他心 ‖ 현덕은 비록 타심이 업ᄉᆞ나 그 부하 제장이 셔쳔을 아올나 써 부귀를 도모코져 ᄒᆞ미라 ("雖玄德無此心, 他手下人皆欲吞併西川, 以圖富貴.") <삼국-국중 11:62>

【타지-】 동 터지다.¶ ▼拆開 ‖ 홀연 등홰 옥ᄃᆡ 우히 ᄯᅥ러져 븟거ᄂᆞᆯ 승이 놀나 블을 ᄭᅳ고 보니 임의 한 곳이 타져난지라 (急取刀拆開視之, 乃天子手書血字密詔也.) <삼국-국중 5:17>

【탁닐-ᄒᆞ-】 동 택일(擇日)하다. 운수가 좋은 날을 가려서 고르다.¶ ▼擇 ‖ 십이월 쵸 일ㆍ노 탁닐ᄒᆞ여 군신이 나가 항복ᄒᆞᆫ이 북지왕 쳠[심]이 노긔 츙천하여 칼을 ᄯᅵ고 궁에 들어간이 (擇十二月初一日, 君臣出降, 北地王劉諶聞知, 怒氣沖天, 乃帶劍入宮.) <삼국-모종 19:56>

【탁용-ᄒᆞ-】 동 탁용(擢用)하다. 뽑아쓰다.¶ ▼拔擢 ‖ 시졀의 은툥을 닙어 서로 쳔진ᄒᆞ야 슌월 ᄉᆞ이예 툐탁ᄒᆞ야 블ᄎᆞ로 탁용ᄒᆞ고 ᄉᆞ태우로 ᄒᆞ야곰 드르히 ᄇᆞ리여 쓰이디 못ᄒᆞ니 이ᄂᆞᆫ 갓과 신이 밧고이듯 ᄒᆞ얏ᄂᆞᆫ지라 (見寵于時, 更相薦說, 旬月之間, 幷各拔擢: 樂松處常伯, 任芝居納言, 郤儉、梁鵠各受豊爵不次之寵, 而令縉紳之徒委伏畎畝, 口誦堯舜之言, 身蹈絶俗之行, 棄捐溝壑, 不見逮及, 冠履倒易.) <삼국-가정 1:6> 시졀의 은툥을 닙어 서로 쳔진ᄒᆞ야 슌월 ᄉᆞ이의 툐탁ᄒᆞ야 블ᄎᆞ로 탁용ᄒᆞ고 ᄉᆞ틱우로 ᄒᆞ여금 들히 바리여 쓰이지 못ᄒᆞ니 이ᄂᆞᆫ 갓과 신이 밧고이듯 ᄒᆞ얏ᄂᆞᆫ지라 (見寵于時, 更相薦說, 旬月之間, 幷各拔擢: 樂松處常伯, 任芝居納言, 郤儉、梁鵠各受豊爵不次之寵, 而令縉紳之徒委伏畎畝, 口誦堯舜之言, 身蹈絶俗之行, 棄捐溝壑, 不見逮及, 冠履倒易.) <삼국-규장 1:4>

【탁쥬】 명 ((음식)) 탁주(濁酒). 막걸리. 맑은 술을 떠내지 아니하고 그대로 걸러 짠 술로 빛깔이 흐리고 맛이 텁텁하다.¶ ▼濁酒 ‖ 오날 오시의 맛당이 ᄒᆞᆫ 늘근 권당의 사람이 동방으로브터 오ᄃᆡ 돗틱고기 ᄒᆞᆫ 다리와 탁쥬 ᄒᆞᆫ 병을 가지고 와 빈쥐 ᄒᆞᆫ가지로 먹으려니와 우음 가온ᄃᆡ 져근 놀나오미 이시리라 (今日午時, 當有一老親人, 從東方携猪肉一肩、濁酒一瓶, 主賓共飮, 笑中當有小驚.) <삼국-가정 22:84>

【탁타】 명 ((동물)) 낙타.¶ ▼駱駝 ‖ 군ᄉᆡ 다 궁뇌 창도를 잘 쓰고 또 젼거의 군긔 즙물을 싸아 혹 탁타로 슈릐를 메고 혹 나귀로 메여 형세 심이 강셩ᄒᆞ니 이러무로 일홈을 쳘긔병이라 (皆慣使弓弩、鎗刀、蒺藜、飛鎚等器; 又有戰車, 用鐵葉裹釘, 裝載糧食軍器什物: 或用駱駝駕車, 或用騾馬駕車, 號爲"鐵車兵".) <삼국-국중 15:75>

【탄노-ᄒᆞ-】 동 탄로(綻露)하다. 숨긴 일이 드러나다. 현로(現露)하다.¶ ▼露 ‖ 네 됴ㆍ를 결연ᄒᆞ여 우리 쥬장을 ᄒᆡ코져 ᄒᆞ다가 이제 일이 탄노ᄒᆞ엿거ᄂᆞᆯ 엇지 일즉이 항복디 아니ᄒᆞᄂᆞ뇨 (你結連曹操, 欲害吾主, 今事已露, 何不就縛?) <삼국-국중 4:115>

【탄복-ᄒᆞ-】 동 탄복(歎服)하다. 감탄하여 마음으로 따르다.¶ ▼歎服 ‖ ᄉᆡ베로 좃ᄎᆞ 점무도록 주심[식]을 힝치 안니ᄒᆞ니 좌상 빈긱니 다 탄복ᄒᆞ여 호를 신동니라 ᄒᆞ더라 (從曉至暮, 酒食不行, 子春及衆賓客, 無不歎服, 於是天下號爲'神童'.) <삼국-모종 11:86>

【탄식-ᄒᆞ-】 동 탄식(歎息)하다. 한탄하여 한숨을 쉬다.¶ ▼歎 ‖ 나귀를 타고 쇼교로 지나니 홀노 믹화 파레ᄒᆞ믈 탄식ᄒᆞᄂᆞ도다 (騎驢過小橋, 獨歎梅花瘦.) <삼국-국중

8:21> 평이 동승부의 이르러 약으로 치료ᄒᆞ믹 조석의 항상 본 즉 동승이 길이 ᄒᆞᆫ심ᄒᆞ고 탄식ᄒᆞ더라 (平到董承府用藥調治, 旦夕不離, 常見董承長吁短歎, 不敢動問.) <삼국-모종 4:37>

【탄노-ᄒᆞ】 동 탄로(綻露)하다. 숨긴 일이 드러나다. 현로(現露)하다.¶ ▼露 ‖ 장각이 그 ᄉᆞ긔 탈노함을 듯고 셩야 긔병ᄒᆞ여 스ᄉᆞ로 천공장군이라 일컷고 (張角聞知事露, 星夜擧兵, 自稱"天公將軍".) <삼국-국중 1:6>

【탈아-ᄒᆞ-】 동 탈환(奪還)하다.¶ ▼打破 ‖ 공명이 ᄒᆞ여곰 그 동힌 거ᄉᆞᆯ 풀고 옷ᄉᆞᆯ 닙히고 ᄉᆞᆯ을 먹이고 ᄒᆞ여곰 셩의 드러가 아비ᄅᆞᆯ 달닉여 투항ᄒᆞᄅᆞ 만일 항복 아니 ᄒᆞ면 셩지ᄅᆞᆯ 탈아ᄒᆞ여 일문을 주ᄉᆞᆯᄒᆞ리ᄅᆞ (孔明令釋其縛, 與衣穿了, 賜酒壓驚, 教人送入城說父投降, 如其不降, 打破城池, 滿門盡誅.) <삼국-모종 9:10>

【탈취-ᄒᆞ-】 동 탈취(奪取)하다. 빼앗아 가지다.¶ ▼奪 ‖ 석일의 오휘 쥬유로 함게 ᄭᅬᄒᆞ여 부인을 류비의게 허ᄒᆞ미 실노 부인을 위ᄒᆞ미 아니라 류비를 유인ᄒᆞ여 가두고 형쥬를 탈취ᄒᆞᆫ 후 류비를 죽이고져 ᄒᆞ미니 이ᄂᆞᆫ 부인으로 미ᄭᅵ를 삼아 비를 낙그고져 ᄒᆞ미로ᄃᆡ (昔日吳侯與周瑜同謀, 將夫人招嫁劉備, 實非爲夫人計, 乃欲幽困劉備而奪荊州耳. 奪了荊州, 必將殺備. 是以夫人爲香餌而釣備也.) <삼국-국중 10:80>

【탈-ᄒᆞ-】 동 탈(頉)이 있어 일자리나 갈 곳에 나가지 못하는 까닭을 말하다. 핑계하다.¶ ▼托 ‖ 술이 두어 ᄉᆞᆫ비 디나매 오쥬 손량이 다ᄅᆞᆫ 일로 탈ᄒᆞ고 몬져 니러난대 (酒至數巡, 吳主孫亮托事先出.) <삼국-가정 36:17>

【탐간-ᄒᆞ-】 동 탐간(探看)하다. 살피다.¶ ▼探看 ‖ 닉 이령을 지나가 류요의 ᄎᆡᆨᄎᆡᆨ을 탐간ᄒᆞ리라 (吾欲過嶺, 探看劉繇寨柵.) <삼국-국중 4:15>

【탐남-ᄒᆞ-】 동 탐람(貪婪)하다. 탐욕스럽고 외람되다. 재물이나 음식을 탐내다.¶ ▼貪賄賂 ‖ 뫼 장노의 슈하의 모ᄉᆞ를 아ᄂᆞ니 기인의 셩명은 냥숑이니 극히 탐남ᄒᆞ여 회뢰를 죠ᄋᆞᄒᆞ니 가히 금ᄇᆡᆨ으로ᄡᅥ 씨쳐 방적을 ᄎᆞᆷ쇼ᄒᆞ면 ᄎᆞ인을 도모ᄒᆞ리이다 (某知張魯手下楊松. 其人極貪賄賂. 今可暗以金帛送之, 使譖龐德於張魯, 便可圖矣.) <삼국-국중 12:32>

【탐랑취물】 명 탐낭취물(探囊取物). 주머니의 것 꺼내는 일처럼 쉬움.¶ ▼探囊取物 ‖ 현대의 경천가히지직ᄅᆞᆯ 사ᄒᆡ의 흠경 아니ᄒᆞ리 업스니 공명부귀ᄂᆞᆫ 탐랑취물 ᄀᆞᆺᄐᆞᆯ ᄶᅵ니 엇지 부득이라 ᄒᆞ고 남의 ᄉᆞᆫ 아릐 잇ᄂᆞ뇨 (賢弟有擎天駕海之才, 四海孰不欽敬? 功名富貴, 如探囊取物, 何言無奈而在人之下乎?) <삼국-국중 1:74>

【탐마】 명 ((인류)) 탐마(探馬). 상대편의 동정을 살피는 사람.¶ ▼探馬 ‖ 죄 친히 가 티고져 ᄒᆞ더니 탐매 믄득 보ᄒᆞᄃᆡ (操點兵, 欲自往征呂布, 忽探馬報道.) <삼국-가정 6:40>

【탐보군】 명 ((인류)) 탐보군(探報軍). 탐보원(探報員).¶ ▼탐보군 (細作) <삼국-어람 109b>

【탐시-ᄒᆞ-】 동 탐시(探視)하다. 살펴보다. 알아보다.¶ ▼探視 ‖ 조진 ᄉᆞ마의 ᄉᆞᆼ로 뒤히 이셔 인마ᄅᆞᆯ 직촉ᄒᆞ야 믈러가며 일군으로 ᄒᆞ여곰 딘창고도의 가 탐시ᄒᆞ라 ᄒᆞ니 도라와 보ᄒᆞᄃᆡ (却說曹眞、司馬懿二人在後監督人馬, 令一軍入陳倉古道探視, 回報說蜀兵不來.) <삼국-가정 33:4>

【탕연-히】 부 창연(悵然)히. 서운하고 섭섭하게.¶ ▼悵然 ‖ 죵회 이 말을 듯고 탕연히 깃거 아녀 ᄆᆞᆯ을 두로혀 뫼 기ᄉᆞᆯ을 디나오더니 (會聞之, 悵然不樂, 遂勒馬而回.) <삼국-가정 38:56>

【태반】 명 태반(太半). 반수 이상.¶ ▼大半 ‖ 위병이 손을 미쳐 놀리디 못ᄒᆞ야 태반이나 쵹병의게 죽고 ᄌᆞᆷ위 패병을 인ᄒᆞ야 ᄃᆡ덕ᄒᆞ다가 왕평의게 참ᄒᆞᆫ 배 되다 (魏軍措手不及, 被蜀兵殺死大半. 岑威引敗兵抵敵, 被王平一刀斬之.) <삼국-가정 34:20> 후군은 강위 총독ᄒᆞ고 젼군은 태반이나 믈러갓더라 (後軍乃姜維總督, 前軍大半退入谷中去了.) <삼국-가정 34:93>

【태우】 명 ((관직)) 대부(大夫).¶ ▼士夫 ‖ 오래 태우의 놉픈 일홈을 우레ᄀᆞ티 드러시나 운산이 아ᄋᆞ라ᄒᆞ여 서ᄅᆞ 보디 못ᄒᆞᆯ ᄒᆞᆫᄒᆞ더니 (久聞大夫高名, 如雷灌耳.恨雲山迢遠, 不得聽教.) <삼국-가정 19:96>

【태음】 명 ((천문)) 태음(太陰). 달을 태양에 상대하여 이르는 말.¶ ▼太陰 ‖ 엇디 그 어리미 심ᄒᆞ뇨 너희로 ᄒᆞ여곰 가라 ᄒᆞ믄 쥬ᄒᆞᆫ 소견이 이시미라 내 어제 밤의 텬문을 보니 필쉬[별 일홈이라]태음의 드러시니 이 ᄃᆞᆯ 닉예 반ᄃᆞ시 대위 올디라 (何其愚也! 吾令汝等此去, 自有主見: 吾昨夜仰觀天文, 見畢星躔于太陰之分, 此月內必有大雨淋漓.) <삼국-가정 32:105>

【태창】 명 ((건축)) 태창(太倉). 국가의 큰 창고.¶ ▼太倉 ‖ 무궁ᄒᆞ미 텬디 ᄀᆞᆺ고 츙실ᄒᆞ미 태창 ᄀᆞᆺ고 너ᄅᆞ미 ᄉᆞ히 ᄀᆞᆺ고 빗나미 삼광 ᄀᆞᄐᆞ며 (無窮如天地, 充實如太倉; 浩渺如四海, 眩耀如三光.) <삼국-가정 33:25>

【탕연-히】 부 창연(悵然)히. 서운하게 섭섭하게.¶ ▼悵然 ‖ 죵회 이 말을 듯고 탕연히 깃거 아녀 ᄆᆞᆯ을 두로혀 뫼 기ᄉᆞᆯ을 디나오더니 (會聞之, 悵然不樂, 遂勒馬而回.) <삼국-가정 38:56>

【탕일-ᄒᆞ-】 동 창일(漲溢)하다. 넘치다.¶ ▼漲 ‖ 이제 츄위 년면ᄒᆞ여 여러 날이로ᄃᆡ 긋치디 아니ᄒᆞ니 양강 믈이 반ᄃᆞ시 탕일ᄒᆞᆯ 거시니 (方今秋雨連綿, 數日, 襄江之水必然泛漲.) <삼국-가정 24:83>

【터디-】 동 터지다. 둘러싸여 막혔던 것이 갈라져서 무너지다. 또는 둘러싸여 막혔던 것이 뚫어지거나 찢어지다.¶ ▼塌 ‖ 각식 화포를 시러 ᄉᆞ면으로 티니 그 소ᄅᆡ 하ᄂᆞᆯ히 터디며 ᄯᅡ히 ᄭᅴ여디며 뫼히 ᄆᆞᆫ허디며 바다히 ᄭᅳᆯᄂᆞᆫ ᄃᆞᆺᄒᆞ더라 (大將軍各色火炮, 齊擧打城, 猶如天塌地陷, 山崩海沸.) <삼국-규장 22:19>

【터디우-】 동 터뜨리다. 터지게 하다.¶ ▼打 ‖ 너히로 션봉을 ᄒᆞ엿거ᄃᆞᆫ 군ᄉᆡ 나가디 아니ᄒᆞ여셔 허다ᄒᆞᆫ 군긔와 냥초ᄅᆞᆯ 다 ᄐᆡ오고 화포ᄅᆞᆯ 터디워 군ᄉᆞᄅᆞᆯ 만히 상히와시니 너히ᄅᆞᆯ 머어ᄉᆡ ᄡᅳ리오 (吾令汝二人作先鋒, 不曾出

軍, 先將許多軍器糧草燒毁, 火炮打死本部軍人. 如此誤事, 要你二人何用?) <삼국-규장 17:6>

【터럭】 명 ((신체)) 터럭. 사람이나 길짐승의 길고 굵은 털.¶ ▼毛髮 ‖ 청ᄒᆞ야 셔원의 드러가 죠셔ᄅᆞᆯ 뵌대 등이 터럭이 숫그러ᄒᆞ고 니ᄅᆞᆯ ᄀᆞᆯ며 입시욹을 너흐니 피 입의 ᄀᆞ득ᄒᆞ여 흐ᄅᆞ더라 (遂邀騰入書院, 取詔示之. 騰毛髮倒竪, 咬齒嚼唇, 滿口血流.) <삼국-가정 7:109>

【터지-】 동 터지다. 거죽이나 겉이 벌어져 갈라지다.¶ ▼坼 ‖ 노긔 대발ᄒᆞ야 젼창이 터져 반시나 긔졀ᄒᆞ엿다가 ᄭᆡ니 (氣傷箭瘡, 半晌方蘇.) <삼국-규장 11:113>

【-텨로】 조 -처럼. 모양이 서로 비슷하거나 같음을 나타내는 격조사.¶ ▼如 ‖ ᄒᆞ로ᄂᆞᆫ 믄득 드ᄅᆞ니 셕벽 듕의셔 쇼릐 이셔 ᄂᆡ 일홈을 브르거ᄂᆞᆯ 나아가 보니ᄂᆞᆫ 아모것도 업고 이텨로 ᄒᆞ기를 십여 일을 ᄒᆞ더니 (忽聞石壁中有聲, 呼我之名, 及視不見. 如此者十餘日.) <삼국-가정 22:70> 만일 이텨로 좃디 아니ᄒᆞ시면 만세 영웅이 ᄒᆞᆫ ᄭᅮᆷ이 되리로다 (若不如此, 半世慇懃成一夢矣!) <삼국-가정 24:7> ▼比 ‖ 조〻의 법녕이 임의 힝ᄒᆞ고 ᄉᆞ졸이 졍년ᄒᆞ니 엇디 공손찬텨로 안자셔 곤ᄒᆞᆷ을 밧ᄂᆞᆫ ᄌᆞ 갓트리오 (曹操法令既行, 士卒精練, 比公孫瓚坐受困者不同.) <삼국-규장 6:39> ▼似 ‖ 이 뎨엇 것들을 엇지 혜아리리오 나도 둘ᄶᅢ 형뎨텨로 싱금ᄒᆞ여 오리라 (量此等之輩, 何足道哉! 我也似二哥生擒將來便了.) <삼국-규장 6:52>

【텬문】 명 ((천문)) 천문(天文). 천체에서 일어나는 온갖 현상.¶ ▼乾象 ‖ 신 등은 직쟝이 하ᄂᆞᆯᄒᆞᆯ ᄀᆞ음아라시매 밤의 텬문을 보오니 염한의 긔수ᄂᆞᆫ ᄇᆞᆯ셔 진ᄒᆞ엿ᄂᆞᆫ디라 (臣等職掌司天, 夜觀乾象, 見炎漢氣數已終.) <삼국-가정 26:26> ▼天象 ‖ 신이 밤의 텬문을 보니 듕원의 왕긔 졍히 셩ᄒᆞ고 혜셩이 태ᄇᆡᆨ을 범ᄒᆞ여시니 크게 셔쳔의 니티 아니ᄒᆞ거ᄂᆞᆯ (臣夜觀天象, 見中原旺氣正盛, 彗星犯于太白, 大不利于益州.) <삼국-가정 33:102>

【텬봉】 명 천봉원수(天蓬元帥). 고대 신화에 나오는 하늘 신.¶ ▼天蓬 ‖ 관흥으로 ᄒᆞ여곰 텬봉[하ᄂᆞᆯ 신션이라]의 얼골을 ᄒᆞ야 손의 칠셩조번을 잡고 거러 술위 압히 잇고 공명이 술위 우히 단졍이 안자 위군을 ᄇᆞ라고 가니 (令關興結束做天蓬模樣, 手執七星皂幡, 步行在車前. 孔明端坐于上, 望魏營而來.) <삼국-가정 33:57>

【텬샹】 명 ((천문)) 천상(天象). 천체(天體)의 현상(現象).¶ ▼乾象 ‖ 윤이 어려셔븟터 텬문을 잠깐 ᄇᆡ화 아더니 밤마다 텬샹을 보니 한나라 긔쉬 ᄇᆞᆯ셔 진ᄒᆞ엿고 태ᄉᆞ의 덕이 텬하의 진동ᄒᆞ니 슌이 요의게 밧닷 ᄒᆞ며 슌을 닛ᄃᆞᆺ ᄒᆞ미 졍히 텬심과 인심의 합당ᄒᆞ미이다 (允自幼頗習天文, 夜觀乾象, 漢家氣數到此盡矣.太師之德震于天下, 若舜之受堯, 禹之繼舜, 正合天心人意也.) <삼국-가정 3:74>

【텬ᄉᆞ】 명 ((인류)) 천사(天使). 중국 황제의 사신¶ ▼天使 ‖ 군듕의 젼냥이 업ᄉᆞ니 엇디 텬ᄉᆞ ᄃᆡ졉ᄒᆞᆯ 리 이시리오 (軍中缺錢, 安有奉承天使!) <삼국-가정 1:49>

【텬악】 명 천악(天嶽).¶ ▼天獄 ‖ 남뎡[촉이라]ᄯᅡ히 진짓 텬악[하ᄂᆞᆯ 뫼히란 말이라](南鄭之地, 眞爲天獄.) <삼국-가정 31:45>

【텬ᄌᆞ】 명 ((인류)) 천자(天子). 천제(天帝)의 아들, 즉 하늘의 뜻을 받아 하늘을 대신하여 천하를 다스리는 사람이라는 뜻으로 군주 국가의 최고 통치자를 이르는 말.¶ ▼天子 ‖ 텬ᄌᆞ로브터 아래 셔인의 니ᄅᆞ히 고ᄅᆞᆯ 두려 아니ᄒᆞ리 업거ᄂᆞᆯ (上至天子, 下及庶人, 無不懼孤.) <삼국-가정 25:82> 태직 맛당이 보위예 오ᄅᆞ려니와 다만 텬ᄌᆞ의 죠명을 엇디 못ᄒᆞ여시니 엇디 감히 간대로 ᄒᆞ리오 (太子宜登寶位, 但未得天子詔命, 豈敢造次而行耳?) <삼국-가정 25:103>

【텬ᄌᆞ-ᄒᆞ-】 동 천자(擅自, 擅恣)하다. 제 마음대로 하여 조금도 꺼림이 없다.¶ ▼擅 ‖ 감히 텬ᄌᆞᄒᆞ야 방위를 ᄯᅥ나지 말며 머리를 연ᄒᆞ여 귀를 다혀 ᄉᆞᆺ말을 말며 쇼릐ᄒᆞ야 난언을 말며 놀나 괴히〻 구지 말나 녕을 어그룻ᄂᆞᆫ ᄌᆞ는 참ᄒᆞ리라 (不許擅離方位, 不許交頭接耳, 不許失口亂言, 不許失驚打怪. 如違吾令者斬之!) <삼국-가정 16:33> ▼專權 ‖ 손님이 젼권 텬ᄌᆞᄒᆞᆷ이 날노 심ᄒᆞ니 제거치 아니면 후환니 클지라 (孫綝專權妄殺, 欺朕太甚, 今不圖之, 必爲後患.) <삼국-국중 17:23>

【텬한】 명 ((천문)) 천한(天漢). 은하수(銀河水).¶ ▼天漢 ‖ 고기 남양의 니ᄅᆞ러 ᄇᆡ야흐로 믈을 엇고 뇽이 텬한의 ᄂᆞ매 믄득 댱매 되도다[이 ᄒᆞᆫ귀ᄂᆞᆫ 뉴션쥐 공명을 어더 쓰단 말이라](魚到南陽方得水, 龍飛天漢便爲霖.) <삼국-가정 34:78>

【텰거병】 명 ((군사)) 철거병(鐵車兵).¶ ▼鐵車兵 ‖ 강호병이 궁노 창검과 뉴셩퇴를 잘 ᄡᅳ고 ᄯᅩ 젼게 이시니 술위ᄅᆞᆯ 다 쇠로 ᄡᅡ 냥초긔계ᄅᆞᆯ 싯고 약대과 나괴ᄅᆞᆯ 메워 군듕의 ᄃᆞ니〻 일홈을 텰거병이라 ᄒᆞ더라 (羌胡兵二十五萬, 皆慣使弓弩、槍迯走鐵蒺藜、流星錘等器.又有戰車, 其車用鐵葉裹釘, 裝載糧食軍器什物, 或用駱駝駕車, 或用騾馬駕車, 一歇行數千里不乏, 因此號爲'鐵車兵'.) <삼국-가정 30:81>

【텰셕】 부 철썩. 세고 끈지게 부딪치거나 달라붙는 모양 또는 그 소리를 나타내는 말.¶ ▼텰셕 ᄒᆞᆫ단 말 (趷躂 / 趷踏) <삼국-어람 109a>

【텰지려-골태】 명 ((군기)) 철질려골타(鐵蒺藜骨朵). 고대의 무기. 쇠나 단단한 나무로 만든다. 둥근 머리에 쇠가시가 박혀 있고 자루가 있다.¶ ▼鐵蒺藜骨朵 ‖ 만왕사마개ᄂᆞᆫ ᄂᆞᆺ치 피 ᄲᅮᆷ은 듯ᄒᆞ고 프른 눈망울이 브러뎌내밀고 텰지려골태라 ᄒᆞᄂᆞᆫ 텰퇴ᄅᆞᆯ ᄡᅳ고 허리의 궁젼을 ᄯᅵ여시니 위풍이 늠〻ᄒᆞ더라 (爲首乃是胡王沙摩柯, 生得面如噀血, 碧眼突出, 使一個鐵蒺藜骨朵, 腰帶兩張弓, 威風抖擻.) <삼국-가정 27:31>

【텸녕-ᄒᆞ-】 동 첨녕(諂佞)하다. 아첨(阿諂)하다.¶ ▼諂佞 ‖ 채모 댱윤은 텸녕ᄒᆞᄂᆞᆫ 무리어ᄂᆞᆯ 엇디 이대ᄃᆞ록 듕ᄒᆞᆫ 벼ᄉᆞᆯ을 ᄒᆞ이며 슈군도독지이 겸킈 ᄒᆞ시ᄂᆞ니잇고 (蔡瑁、張允乃諂佞之徒, 何故加封如此顯官, 更教都督水軍

乎?) <삼국-가정 13:118>

【텸-ᄒᆞ-】 동 첨(添)하다. 보태다.¶ ▼添 ‖ 내 혜아리니 공명이 ᄭᅬ 만흔디라 이제 과연 손빙의 브억 감ᄒᆞ던 법을 본바다 ᄆᆡ일의 군ᄉᆞ를 텸ᄒᆞ며 브억을 더ᄒᆞ야 의심티 아니킈 ᄒᆞ니 내 만일 ᄯᆞ오면 반ᄃᆞ시 방연의 마릉 환을 만나니라 (吾料諸葛亮多謀, 今果每日添兵增竈. 吾若盡力追之, 必遭龐涓馬陵之患矣.) <삼국-가정 33:44>

【텹문】 명 ((문서)) 첩문(牒文). 공문 또는 문서.¶ ▼牒文 ‖ 청쥐태슈 공경이 텹문 호ᄃᆡ 황건적이 셩을 ᄡᅡ 쟝ᄎᆞ 함케 되야시니 급히 와 구ᄒᆞ라 ᄒᆞᆫ대 (青州太守龔敬有牒文告急, 言黃巾賊圍城將陷, 乞賜救援.) <삼국-가정 1:33>

【톄】 명 체. 모양.¶ ▼죄 악연[놀라는 톄라]ᄒᆞ야 뉘우처 ᄒᆞ더라 (操愕然而悔.) <삼국-가정 9:25>

【-톄로】 조 -처럼. 모양이 서로 비슷하거나 같음을 나타내는 격조사. 톄(體)+-로(조사). 톄로> 텨로> 쳐로> 처름> 처럼.¶ ▼比 ‖ 조ᄌᆞ의 법녕이 임의 힝ᄒᆞ고 ᄉᆞ졸이 정년ᄒᆞ니 엇디 공손찬톄로 안자셔 곤ᄒᆞ믈 밧는 쟈 ᄀᆞᆺ트리오 (曹操法令既行, 士卒精練, 比公孫瓚坐受困者不同.) <삼국-가정 8:10> ▼似 ‖ 이톄엿 것들을 엇디 혜아리리오 나도 둘재 형뎨톄로 ᄉᆡᆼ금ᄒᆞ여 오리라 (量此等之輩, 何足道哉! 我也似二哥生擒將來便了.) <삼국-가정 8:29> 위 ᄯᅩ 샹부의 가 하딕ᄒᆞ려 ᄒᆞ니 ᄯᅩ 회피패[도라 피ᄒᆞ단 말이니 이 패곳 걸면 사ᄅᆞᆷ을 아니 보ᄂᆞ니라]를 거럿거ᄂᆞᆯ 믈러와 이톄로 ᄒᆞ기를 서너 번이나 호ᄃᆡ 조를 보디 못ᄒᆞ니 (關公又往相府辭, 門首又掛回避牌. 關公往數次, 皆不放參.) <삼국-가정 9:73> 운댱이 보니 벽의[ᄇᆞ룸의 댱톄로 텬거시라]뒤히 사ᄅᆞᆷ이 만히 잇고 가 칼흘 자밧거ᄂᆞᆯ (關公見壁衣之後多人密布, 皆掣劍在手.) <삼국-가정 9:103> ▼如 ‖ 하ᄂᆡ태슈 댱양이 ᄡᆞᆯ을 보내여 텬ᄌᆞ의 드리고 하동태슈 왕읍이 깁을 보내여 옷ᄒᆞ쇼셔 ᄒᆞ니 이톄로 ᄒᆞ야 뎨 사라나시다 (河內太守張楊送米肉與天子, 河東太守王邑送絹帛以衣之. 如此, 帝得活.) <삼국-가정 5:52, 53> 이튼날 ᄯᅩ 품ᄒᆞ니 죄 ᄯᅩ 젼톄로 ᄃᆡ답ᄒᆞᄂᆞᆫ디라 제쟝이 다 웃더라 (次日, 又稟, 操亦如前言回之, 衆人不信.) <삼국-가정 11:94> 만일 이톄로 ᄒᆞᆺ디 아니ᄒᆞ시면 만셰 영웅이 ᄒᆞᆫ ᄭᅮᆷ이 되리로다 (若不如此, 半世懃懃成一夢矣!) <삼국-가정 24:7> 즉시 글월을 쓰되 가허의 말톄로 요긴ᄒᆞᆫ 고ᄃᆞᆫ 다 어렴프시 흐리오며 곳텨 봉ᄒᆞ고 (隨寫書一封, 將緊要處盡皆改抹, 然後實封.) <삼국-가정 19:47> 너희 문관의 말톄로 ᄆᆡ양 딕희고만 이시면 언제 공명을 후세예 셰오리오 (據汝等文官之言, 只宜堅守, 似此何能立功名於後世乎?) <삼국-가정 24:53> 죵회 ᄯᅩ 등노의 가 등애 표를 아사다가 등애 글시톄로 곳티ᄃᆡ[죵회 본ᄃᆡ 글을 잘 써 온갓 톄를 다 잘 ᄡᅳ매 일로 인ᄒᆞ야 표를 곳티대] 오만ᄒᆞᆫ ᄠᅳᆺ과 십분 패악ᄒᆞᆫ 말을 써 보낸대 (會又令人于中途截了鄧艾表文, 按艾筆法, 改寫傲慢之意, 十分悖惡之辭.) <삼국-가정 39:18>

【톄번-ᄒᆞ-】 동 체번(替番)하다. 순번의 차례로 갈마들다.¶ ▼更替 ‖ 동궁애 뎐지ᄒᆞ야 너희 여러 날 신고ᄒᆞ여시매 날노 ᄒᆞ여곰 이 ᄂᆡ감들을 ᄃᆞ려와 너희와 톄번ᄒᆞ게 ᄒᆞ엿다 (東宮爺有旨, 道你們連日伏事辛苦, 着我帶這些內監, 更替你等.) <삼국-가정 16:34>

【톄변-ᄒᆞ-】 동 체변(替便)하다. 교대하다.¶ ▼代替 ‖ 단의 나려가 당의 드러 쉬고 군ᄉᆞ를 톄변ᄒᆞ야 밥 먹으라 ᄒᆞ더라 (下壇入帳中少息, 令軍士更替吃飯.) <삼국-가정 16:34>

【톄엿】 명 '따위, 등속(等屬)'을 의미하는 형식명사. 톄(體)+여(처격)+ㅅ.¶ ▼우리 거게 너모 어디러 이 톄엿 도적놈을 노하 보내니 내 죽이리라 (我哥哥忒沒分曉, 捉住賊臣, 如何又放了?) <삼국-가정 8:35> 너 톄엿 션ᄇᆡ 말을 엇디 취신ᄒᆞ리오 샹해 닐오ᄃᆡ 믈이 오면 흙으로 막고 군ᄉᆡ 오면 쟝싀 막는다 ᄒᆞ니 우리 군ᄉᆡ 쉬연 디오라니 엇디 족히 두리리오 (汝是秀才之言, 不曉破敵. 豈不聞'水來土掩, 將至兵迎'? 我軍以逸待勞, 何足懼之?) <삼국-가정 24:46> 내 위왕 녕지를 바다 네 아비 머리를 가지라 와시니 네 톄엿 버좀병 ᄀᆞᄐᆞᆫ 져근 아ᄒᆡᄂᆞᆫ 내 더러워 죽이디 아니ᄒᆞ니 ᄲᆞᆯ리 네 아비를 블러오라 (吾奉魏王旨, 來取汝父之首, 汝乃疥癩小兒, 吾不殺汝, 快換汝父來!) <삼국-가정 24:71> 너 톄엿 오랑캐 ᄒᆞᆫ 놈을 엇디 내 쳥농도의 적시리오 (量汝羌胡一匹夫, 可惜我青龍刀斬汝鼠賊!) <삼국-가정 24:72>

【톄엿-것】 명 주로 명사 뒤에 쓰이어, '명색이 그런 사람이나 물건'의 뜻을 나타낸다. '톄'는 '따위, 등속(等屬)'을 의미하는 형식명사. 톄(體)+여(처격)+ㅅ+것.¶ ▼이 톄엿것들을 엇디 혜아리리오 나도 둘재 형뎨톄로 ᄉᆡᆼ금ᄒᆞ여 오리라 (量此等之輩, 何足道哉! 我也似二哥生擒將來便了.) <삼국-가정 8:29>

【톄옛】 명 '따위, 등속(等屬)'을 의미하는 형식명사. 톄(體)+예(처격)+ㅅ.¶ ▼하안이 ᄯᅩ 무로ᄃᆡ 날 톄옛 사ᄅᆞᆷ도 가히 삼공을 ᄒᆞ랴 (晏亦曰: "據我人物, 可做三公否?") <삼국-가정 35:72>

【톄탐】 명 체탐(體探). 척후(斥候), 적의 형편이나 지형 등을 살핌.¶ ▼探 ‖ 원쇼의 몬져 톄탐 보내엿던 사ᄅᆞᆷ이 와 회보호ᄃᆡ 국의 쟝슈를 버히고 긔를 ᄢᅥ티고 패ᄒᆞᆫ 군ᄉᆞ를 ᄯᆞᆯ온다 (袁紹先使探馬看時, 回報麴義斬將搴旗, 追兵敗兵.) <삼국-가정 3:20>

【톄탐-ᄒᆞ-】 동 체탐(體探)하다. 몸소 알아보다.¶ ▼體探 ‖ 황샹이 쇼황문[환관이라] 좌풍을 보내여 톄탐ᄒᆞ야 오라 ᄒᆞ시니 날ᄃᆞ려 회뢰를 밧고져 ᄒᆞ거ᄂᆞᆯ (今上差小黃門左豐前來體探, 問我要賄賂.) <삼국-가정 1:48>

【-토】 조 -도. 극단적인 경우까지 양보하여, 다른 경우는 더 말할 필요도 없이 그러하다는 뜻을 나타내는 보조사.¶ ▼운쟝 왈 하나토 ᄉᆞ로잡으미 업노라 (雲長曰: "皆不曾拏.") <삼국-국중 9:150>

【토기】 명 ((동물)) 토끼.¶

【토기를 좃ᄎᆞ 몬져 엇는다】 속 빠른 사람이 임자.¶ ▼逐兎先得 ‖ 오날ᄂᆞᆯ ᄉᆞᄉᆞ로 주ᄂᆞᆫ 거살 장군은 일치 마쇼

셔 엇지 토기를 좃ᄎ 몬져 엇는 말을 듯지 못ᄒ여ᄂ냐 장군이 취코져 ᄒᆞᆯ진ᄃ 뫼 맛당이 죽기를 본바드리라 (今日自付與將軍, 不可錯失. 豈不聞'逐兔先得'之語乎? 將軍欲取, 某當效死.) <삼국-모종 10:69>

【토병】 명 ((인류)) 토병(土兵). 일정한 방에 그곳 출신의 사람들로 조직된 지방 군사.¶ ▼土兵 ‖ 텬ᄉᆡᆨ이 황혼 ᄣᅢ여 위 네 녁 뫼 우흘 ᄇ라보니 다 형쥬 토병이라 (比及天色黃昏, 關公遙望四山之上, 皆是荊州土兵也.) <삼국-가정 25:30>

【토붕-와히】 명 토붕와해(土崩瓦解). 흙이 무너지고 기와가 깨진다는 뜻으로, 어떤 조직이나 사물이 손을 쓸 수 없을 정도로 무너져 버림을 이르는 말.¶ ▼土崩瓦解 ‖ 텬ᄌᆡ는 우히셔 응ᄒ고 인ᄉ는 아래셔 곤ᄒ니 ᄇᆡᆨ셩이 슬거오며 어리니 업시 다 토붕와히ᄒᆞᆯ 줄을 아니 이는 하ᄂᆞᆯ히 원시를 멸ᄒ는 ᄣᅢ라 (天災應於上, 人事困於下: 民無問愚者智者, 皆知土崩瓦解, 此乃天滅袁氏之時也.) <삼국-가정 11:42>

【토산】 명 ((지리)) 토산(土山). 돌이나 바위 없이 대부분 흙으로만 이루어진 산.¶ ▼土山 ‖ 십일 ᄂ예 토산 쉰 고들 일우고 그 우희 노픈 뎨를 다히고 궁노슈를 만히 발ᄒ야 난젼을 ᄡ니 (十日之內, 築城土山五十座, 上立高櫓, 分撥一半弓弩手於其上, 亂箭射之.) <삼국-가정 10:62> 이제 우리 대군이 냇 어귀예 둔ᄒ엿고 디셰 ᄀ장 ᄂ즈니 비록 건넌편의 토산이 이시나 영의셔 먼디라 (今大軍屯於川口, 地勢甚低, 雖有土山, 離營稍遠.) <삼국-가정 24:83>

【토ᄉ】 명 초사(招詞). 범인이 범죄 사실을 진술하던 말. 자백. 공초(供招).¶ ▼허유 긔쥐 잇슬 제 민간의 지믈을 밧고 범남히 ᄌ뎨로 ᄒ여금 ᄇᆡᆨ셩의게 뎐셰 곡셕을 만히 바다 가졋거늘 다 잡아다가 두고 져쥬니 승복ᄒᆞᆫ 토ᄉ 명ᄇᆡᆨᄒ다 ᄒᆞᆫᄃ (後盡皆言許攸在冀州時取受民間財, 濫令子侄輩多科稅, 糧入己, 盡皆收下獄中鞫問.) <삼국-가정 10:72>

【토요】 명 ((조류)) 초요(鷦鷯). 뱁새. 붉은머리오목눈이. 휘파람샛과의 하나. 등 쪽은 진한 붉은 갈색, 배 쪽은 누런 갈색이고 부리는 짧으며 꽁지는 길다. 매우 민첩하고 4-7월의 번식기를 제외하고는 30-50마리가 떼를 지어 관목 지대나 덩굴 등지에서 곤충이나 거미를 잡아먹는다.¶ ▼鷦鷯 ‖ 비의 일신니 붓칠 곳지 업스ᄆ ᄉᄉ로 상감ᄒ미 극한지라 토요도 오히려 한 ᄀ지 잇고 교토도 ᄯ한 삼굴이 잇ᄂ니 ᄒ믈며 ᄉᄅᆞᆷ이랴 (備一身寄客, 未嘗思鷦鷯尙存一枝, 狡兔猶藏三窟, 何況人乎?) <삼국-국중 11:54>

【토인】 명 ((인류)) 토인(土人). 어떤 지방에 대대로 붙박이로 사는 사람. 원주민(原住民).¶ ▼土人 ‖ 토인 왈 비록 ᄌ셔히 아디 못ᄒ나 계유 삼천여 인은 ᄒ니이다 (土人告曰: '雖不知的數, 約有三千人.') <삼국-가정 32:2> 칙이 토인ᄃ려 무ᄅᄃ 한광무의 뫼 이 뫼히 잇다 ᄒ니 올호냐 토인 왈 뫼 이시되 블셔 믈허뎌 졔ᄒᆞᆯ ᄉᄅᆞᆷ이 업ᄉ닝이다 (策問土人曰: "近山有漢光武廟否?" 土人曰: "有廟, 已傾頹, 無人祭祀.") <삼국-가정 5:130>

【토평-ᄒ-】 동 토평(討平)하다. 무력으로 쳐서 정벌하다.¶ ▼掃除 ‖ 이제 원쇼 북정ᄒ여 공손찬을 취ᄒᆞᆯ진ᄃ ᄂ 맛당이 승셰ᄒ여 먼져 녀포를 취ᄒ여 동남을 토평ᄒᆞᆫ 후의 원쇼를 취ᄒ면 이는 상칙이요 (今紹北征公孫瓚, 我當乘其遠出, 先取呂布, 掃除東南, 然後圖紹, 乃爲上計.) <삼국-국중 4:110>

【토-ᄒ-】 동 토(吐)하다. 게우다. 먹은 것을 삭이지 못하고 도로 입 밖으로 내어놓다.¶ ▼嘔 ‖ 제 가면 갈만 ᄒ디 엇디 피 토ᄒ리를 니ᄅ혀 내엿ᄂ뇨[공명이 션쥬를 도와 피 토ᄒᄃ록 애쓰리란 말이라](汝既去便罷, 又惹他出來嘔血也!) <삼국-가정 12:73>

【톡기】 명 ((동물)) 토끼. 토낏과의 포유동물을 통틀어 이르는 말. 귀가 길고 뒷다리가 앞다리보다 발달하였으며 꼬리는 짧다. 초식성으로 번식력이 강하다.¶ ▼兔 ‖ 현덕이 풀 가온ᄃ 한 톡기를 ᄶᅩ거날 뎨 갈치ᄒ고 호련이 형극 즁의 한 ᄉ슴이 잇거날 뎨 세 번 쏘아 맛치지 못ᄒ고 (玄德領命上馬, 忽草中趕起一兔, 玄德射之, 一箭正中那兔, 帝喝采, 轉過土坡, 忽見荊棘中趕出一隻大鹿, 帝連射三箭不中.) <삼국-모종 3:86>

【톱】 명 ((기물)) 톱. 나무나 쇠붙이 따위를 자르거나 켜는 데 쓰는 연장.¶ ▼鋸 ‖ 조 대희ᄒ여 즉시 공장을 보내여 버히라 ᄒ니 톱으로 혀도 드디 아니ᄒ고 도치로 버혀도 드디 아닛ᄂ다 ᄒ거ᄂᆯ (操大喜. 即令人工砍伐, 鋸解不開, 斧砍不入.) <삼국-가정 25:81>

【톳기】 명 ((동물)) 토끼. 토낏과의 포유동물을 통틀어 이르는 말. 귀가 길고 뒷다리가 앞다리보다 발달하였으며 꼬리는 짧다. 초식성으로 번식력이 강하다.¶ ▼兔 ‖ 그ᄃ 쇼진 장의를 변신 쥴은 알고 호걸지신 쥴를 아지 못ᄒ는도다 쇼진이 뉵국인을 ᄎ고 댱의 두번 진나라 정승이 되야 샤직을 붓들고 텬지 깁보틸 수단을 두어시니 ᄒᆞᆫ 낫 남글 직희여셔 톳기를 기ᄃ리듯 ᄒ며 칼과 검을 두려ᄒ는 ᄇ 아니라 (蘇秦佩六國之璽綬, 張儀二次相秦, 皆有匡扶社稷之機, 補完天地之手, 非比守株待兔、畏刀避劍之人耳.) <삼국-가정 14:68> 비의 일신이 ᄂᆷ의 나그내 되엿ᄂ더라 엇디 감샹ᄒ야 탄식디 아니ᄒ리오 쵸료[뱁새라]도 오히려 ᄒᆞᆫ 가지의 평안호미 잇고 교토는 능히 세 굼글 ᄒ야[톳기 간사ᄒ야 세 굼글 ᄒ야 두고 나드닷 말이라] 이시니 ᄒ믈며 사ᄅᆞᆷ이ᄯᆞ녀 (備一身寄客, 未嘗不傷感嘆而嘆息. 嘗思'鷦鷯尙存一枝, 狡兔猶藏三窟', 何況人乎?) <삼국-가정 19:115>

【톳기 죽으ᄆ 여이 슬혀ᄒ믄 그 뉴를 위ᄒ미라】 속 토끼가 여우 죽음을 슬퍼함은 그 동류를 위함이라.¶ ▼兔死狐悲, 物傷其類. ‖ ᄆ학이 슬피 빌ᄃ 톳기 죽으ᄆ 여이 슬혀ᄒ믄 그 뉴를 위ᄒ미라 (獲曰: '兔死狐悲, 物傷其類.') <삼국-가정 29:27>

【통긔-】 동 퉁기다.¶ ▼彈 ‖ 유 왈 ᄂ 손가락을 통긔여 가히 남군을 취할 거시니 헛결 인졍을 지엇노라 (瑜曰:

"吾彈指可得南郡, 落得虛做人情.") <삼국-모종 8:72>

【통긔-ᄒᆞ-】 동 통기(通寄)하다. 기별을 보내어 알게 하다. 통지(通知)하다.¶ ▼號 ‖ 만닐 오병이 니르거든 밤이여든 불을 들고 나지여든 연기로 ᄐᆡ와 써 통긔ᄒᆞ면 ᄂᆡ 친히 가 치리라 (儻吳兵渡江, 夜則明火, 晝則擧煙爲號, 吾當親往擊之.) <삼국-국중 13:18> ▼爲號 ‖ 만닐 오병이 니르거든 밤이여든 불을 들고 나지여든 연기로 ᄐᆡ와 써 통긔ᄒᆞ면 ᄂᆡ 친히 가 치리라 (儻吳兵渡江, 夜則明火, 晝則擧煙爲號, 吾當親往擊之.) <삼국-국중 13:18>

【통녕-ᄒᆞ-】 동 통령(統領)하다. 총괄하다. 통솔하다.¶ ▼統領 ‖ 냥이 난셰예 나 농젹의 숨엇더니 션뎨 삼고ᄒᆞ신 은혜ᄅᆞᆯ 닙어 유쥬의 외로온 몸을 맛디시믈 바드니 일로 인ᄒᆞ야 견마의 슈고로오믈 갈진ᄒᆞ며 비휴의 무리ᄅᆞᆯ 통녕ᄒᆞ야 여ᄉᆞᆺ 번 긔산의 나와 도적을 티믈 ᄆᆡᆼ셰ᄒᆞ엿더니 (亮生于亂世, 銀于農迹. 承先帝三顧之恩, 托幼主孤身之重, 因此盡竭犬馬之勞, 統領貔貅之衆, 六出祁山, 誓以討賊.) <삼국-가정 34:62> ᄯᅩ 심복인 삼천을 발ᄒᆞ여 어림군의 츙슈ᄒᆞ고 조홍으로 ᄒᆞ여곰 통녕ᄒᆞ여 방찰ᄒᆞ게 ᄒᆞ다 (又撥心腹人三千充御林軍, 令曹洪統領, 以爲防察.) <삼국-국중 5:108>

【통쉬-ᄒᆞ-】 동 통쇄(痛殺)하다. 힘을 다해 돌격하거나 포위하여 섬멸하다.¶ ▼痛殺 ‖ 관홍 장표[포] 냥노병 쉬출ᄒᆞ야 조진 곽듄[회]을 ᄊᆞ고 통쉬ᄒᆞ니 조 곽 이인이 ᄑᆡ병을 거ᄂᆞ려 ᄃᆞ라 (關興、張苞兩路兵殺出, 圍了曹眞、郭淮, 痛殺一陣, 曹、郭二人, 引敗兵衝路走脫.) <삼국-모종 15:93>

【통-으로】 부 어떤 대상을 통째로. 또는 어떤 대상을 전부 다.¶ ▼통으로 싱킨단 말 (混賴) <삼국-어람 109a>

【퇴병-ᄒᆞ-】 동 퇴병(退兵)하다. 병사들이 물러나다.¶ ▼退兵 ‖ 이제 번셩이 곤ᄒᆞ믈 닙어 목을 느릐혀 구원ᄒᆞᆷ을 비ᄅᆞ니 ᄉᆞᄅᆞᆷ으로 글을 써 군심을 관뉴ᄒᆞ고 ᄯᅩ 관공으로 ᄒᆞ여곰 동의 형쥬를 엄습ᄒᆞᄂᆞᆫ 쥴 알면 ᄇᆞᄃᆞ시 형쥬 닐을싸 두려ᄒᆞ여 퇴병ᄒᆞ리니 셔황으로 ᄒᆞ여곰 승세 엄ᄉᆞᆯᄒᆞ면 젼공을 어드리라 (今樊城被困, 引頸望救, 不如令人將書射入樊城, 以寬軍心; 且使關公知東吳將襲荊州. 彼恐荊州有失, 必速退兵, 卻令徐晃乘勢掩殺, 可獲全功.) <삼국-국중 13:58>

【툐안-ᄒᆞ-】 동 초안(招安)하다. 투항 또는 귀순하게 타이르다. 안무(安撫)하다.¶ ▼招安 ‖ 태샹 댱쥰과 익쥐별가 댱쇼로 ᄒᆞ야곰 각쳐 군민을 툐안ᄒᆞ고 ᄯᅩ ᄉᆞᄅᆞᆷ으로 ᄒᆞ야곰 강유ᄅᆞᆯ 달래여 와 항ᄒᆞ라 ᄒᆞ더라 (又令太常張峻、益州別駕張紹, 招安各郡軍民. 又令人說姜維歸降.) <삼국-가정 38:130>

【툐탁-ᄒᆞ-】 동 초탁(超托)하다. 천거하다.¶ ▼薦說 ‖ 시졀의 은통을 닙어 서로 쳔진ᄒᆞ야 슌월 ᄉᆞ이예 툐탁ᄒᆞ야 블ᄎᆞ로 탁용ᄒᆞ고 ᄉᆞ태우로 ᄒᆞ야곰 드ᄅᆞ히 ᄇᆞ리여 ᄡᅳ이디 못ᄒᆞ니 이ᄂᆞᆫ 갓과 신이 밧고이듯 ᄒᆞ얏ᄂᆞᆫ지라 (見寵于時, 更相薦說, 旬月之間, 幷各拔擢: 樂松處常伯, 任芝居納言, 郤儉、梁鵠各受豊爵不次之寵, 而令縉紳之徒委伏畎畝, 口誦堯舜之言, 身蹈絶俗之行, 棄捐溝壑, 不見逮及, 冠履倒易, 陵谷代處.) <삼국-가정 1:6>

【툐턍-ᄒᆞ-】 동 추창(惆悵)하다. 실망하여 슬퍼하고 괴로워하다.¶ ▼惆悵 ‖ 현덕이 툐턍ᄒᆞ기ᄅᆞᆯ 마디 아니ᄒᆞ더라 (玄德惆悵不已.) <삼국-가정 12:78> 각이 노ᄒᆞ야 그 죵을 참ᄒᆞ고 ᄯᅩ 오ᄉᆞᆯ 가져오라 ᄒᆞ니 죵이 오ᄉᆞᆯ 가져와시되 오ᄉᆡ 핏내 잇거ᄂᆞᆯ 년ᄒᆞ야 두어 번을 밧ᄭᅩ되 내 ᄒᆞᆫ가지로 나니 각이 툐턍ᄒᆞ기ᄅᆞᆯ 마디 아니ᄒᆞ더니 (恪大怒, 立斬侍婢. 又令取衣穿, 侍婢進衣, 亦有血臭, 連換數次, 皆臭無異. 惆悵不已.) <삼국-가정 36:13>

【투감-몽동】 명 ((군사)) 투함몽동(鬪艦艨艟).¶ ▼鬪艦艨艟 ‖ 투감몽동 대쇼 젼션이 칠천여 쳑이오 모둥 이인의 쥬관ᄒᆞᄂᆞᆫ 배로소이다 (鬪艦艨艟、大小戰船七餘隻, 原是瑁允等二人管領.) <삼국-가정 13:117>

【투고】 명 ((복식)) 투구. 예전에 군인이 전투할 때에 적의 화살이나 칼날로부터 머리를 보호하기 위하여 쓰던 쇠로 만든 모자.¶ ▼兜鍪 ‖ 칙이 손이 ᄂᆞᆯ라 ᄌᆞ의 등의 ᄭᅩ잣ᄂᆞᆫ 다ᄅᆞᆫ 창을 ᄲᅢ히거ᄂᆞᆯ ᄌᆞᄂᆞᆫ 칙의 투고ᄅᆞᆯ 벗겨 칙이 창으로 디ᄅᆞ면 ᄌᆞᄂᆞᆫ 투고로 ᄀᆞ리오더니 (策却手快, 掣了慈背的短戟, 慈掣了策頭上的兜鍪. 策把戟來刺慈, 慈把兜鍪遮架.) <삼국-가정 5:138> ▼盔 ‖ 어제 ᄆᆞᆯ이 업더디되 너ᄅᆞᆯ 죽이디 아니ᄒᆞ니 반ᄃᆞ시 서ᄅᆞ 왕ᄂᆡᄒᆞ미 잇고 오ᄂᆞᆯ 두 번 헛 활을 ᄡᅳ고 세 번재 투고 샹모ᄅᆞᆯ 마치니 엇디 ᄂᆡ외 샹통티 아니호미리오 (昨日馬失, 他不殺汝, 必然往來; 今日兩番虛拽弓弦, 第三箭射他盔纓, 如何不是外通內連?) <삼국-가정 17:52> 허뎨 분노ᄒᆞ믈 이긔디 못ᄒᆞ야 딘둥으로 도라가 투고와 갑과 오ᄉᆞᆯ 다 벗고 온 몸의 힘줄을 브ᄅᆞ도티고 벌건 몸으로 칼ᄒᆞᆯ 들고 ᄆᆞᆯ게 올라 ᄂᆞᄂᆞᆫᄃᆞ시 ᄃᆞᆯ려드러 마툐과 싸화 ᄌᆞ웅을 결ᄒᆞ려 ᄒᆞ니 냥군이 아니 놀라리 업더라 (許褚性起, 飛回陣中, 卸了盔甲, 渾身筋突, 赤體提刀, 翻身上馬, 來與馬超決戰雌雄.) <삼국-가정 19:34> 이경은 ᄒᆞ야 게우긧 일ᄇᆡᆨ을 가져다가 각ː 투고 우희 ᄭᅩ자 보람ᄒᆞ고 일시의 갑 입고 ᄆᆞᆯ긔 올나 (約有二更時候, 取白鵝翎 一百根, 插于盔上爲號.) <삼국-가정 22:42> 뇨쾌 투고ᄅᆞᆯ 엇고 동다히ᄅᆞᆯ ᄇᆞ라고 ᄯᆞᆯ오ᄃᆡ 죵젹이 업더라 이ᄂᆞᆫ ᄉᆞ마의 부러 투고ᄅᆞᆯ 수풀 동편의 ᄇᆞ리고 믄득 셔로 ᄃᆞ라나니 이러므로 뇨쾌 ᄯᆞ와 밋디 못ᄒᆞ니라 (化取盔捎在馬上, 望東趕來, 全無踪迹. 原來司馬懿將金盔落於林東, 却往西走.) <삼국-가정 34:24> 장ᄎᆞᆺ 죠교의 갓ᄀᆞ오ᄆᆡ 황츙이 교상의셔 활을 한 번 다려 쏘니 시위를 응ᄒᆞ여 정히 운장의 투고 ᄭᅳᆫ을 맛치며 젼군의 함셩이 ː러나거ᄂᆞᆯ (將近弔橋, 黃忠在橋上搭箭開弓, 弦響箭到, 正射在雲長盔纓根上. 前面軍齊聲喊起.) <삼국-국중 10:31> 조죄 문득 말을 두류혀 다라ᄂᆞ니 제군 즁댱이 다 셧역흘 ᄇᆞᄅᆞ고 다ᄅᆞᄂᆞ더ᄅᆞ 창을 ᄇᆞ리고 투고 버서 저 ᄉᆞᄉᆞ로 쳔답ᄒᆞ더라 (操便回馬而走, 於是諸軍衆將一齊望西逃奔, … 一時棄鎗落盔者, … 自相踐踏.) <삼국-모종 7:67>

【투고-샹모】 명 ((복식)) 투구상모(-象毛). 투구의 꼭지에다 참대와 구슬로 장식하고 그 끝에 해오라기의 털이나 긴 백지 오리를 붙인 것.¶ ▼盔纓 ‖ 어제 ᄆᆞᆯ이 업더디되 너ᄅᆞᆯ 죽이디 아니ᄒᆞ니 반ᄃᆞ시 서ᄅᆞ 왕ᄂᆡᄒᆞ미 잇고 오ᄂᆞᆯ 두 번 헛 활을 ᄲᅧ고 세 번재 투고샹모ᄅᆞᆯ 마치니 엇디 ᄂᆡ외 샹통티 아니호미리오 (昨日馬失, 他不殺汝, 必然往來; 今日兩番虛拽弓弦, 第三箭射他盔纓, 如何不是外通內連?) <삼국-가정 17:52>

【투긔】 명 ((복식)) 투구.¶ ▼頭盔 ‖ ᄎᆞ일 조신의 ᄯᅩ 인군 약젼ᄒᆞ니 엄안이 적누 ᄉᆞᆼ의 잇셔 ᄒᆞᆫ ᄉᆞᆯ노 장비 투긔ᄅᆞᆯ 마치니(次日早晨, 又引軍去戰, 那嚴顔在城敵樓上, 一箭射中張飛頭盔.) <삼국-모종 10:133>

【투긔-ᄒᆞ-】 동 투기(妬忌)하다. 부부 사이나 사랑하는 이성(異性) 사이에서 상대되는 이성이 다른 이성을 좋아할 경우에 지나치게 시기하다. 강샘하다. 질투(嫉妬)하다.¶ ▼嫉妒 ‖ 나ᄂᆞᆫ 본ᄃᆡ 원시의 고리오 ᄯᅩ 직릉이 본초만 갓지 못ᄒᆞᆫ지라 고ᄌᆞ의 어진 니를 갈이혀 ᄉᆞ양ᄒᆞᆫ다 ᄒᆞ니 졔군은 엇지ᄒᆞ야 투긔ᄒᆞᄂᆞ뇨 (吾乃袁氏之故吏, 才能又不如本初. 古者擇賢者而讓之, 諸君何嫉妒耶?) <삼국-모종 1:110>

【투압】 명 ((조류)) 투압(鬪鴨). 싸움오리.¶ ▼鬪鴨 ‖ 권이 봉쟉을 밧고 문무관이 하례ᄅᆞᆯ ᄆᆞᄎᆞ매 명ᄒᆞ야 미옥과 명쥬와 셔각과 ᄃᆡ모와 비취와 공쟉과 투압[싸홈ᄒᆞᄂᆞᆫ 올히라]과 댱명계[길게 우ᄂᆞᆫ ᄃᆞᆰ이라]와 산티[금계라] 등믈을 슈습ᄒᆞ여 사ᄅᆞᆷ을 보내여 가져다 샤은ᄒᆞ긔 ᄒᆞ다 (孫權受了封爵, 衆文武官僚拜賀已畢, 命收拾美玉明珠、犀角、玳瑁、翡翠孔雀、鬪鴨、鳴鷄、山雉等件, 遣人賚進謝恩.) <삼국-가정 26:121>

【투탁-ᄒᆞ-】 동 투탁(投托)하다. 남의 세력에 기대다.¶ ▼投 ‖ 근본 황건 녀당으로 죠ᄌᆞ의게 투탁ᄒᆞ여 관을 즉키더니 관공의 오ᄂᆞᆫ 쇼식을 듯고 (原是黃巾餘黨, 後投曹操, 撥來守關. 當下聞知關公將到.) <삼국-국중 6:66>

【투항-ᄒᆞ-】 동 투항(投降)하다. 적에게 항복하다.¶ ▼投降 ‖ 문앙문회 기부의 쥭으믈 보고 분노ᄒᆞ야 단도를 들고 장하인 슈십 인을 쥭이고 비신상셩ᄒᆞ야 ᄯᅱ여ᄂᆞ려 위치의 투항ᄒᆞ니 (文鴦、文虎見父被殺, 各拔短刀, 立殺數十人, 飛身上城, 一躍而下, 越濠赴魏寨投降.) <삼국-국중 17:12>

【퉁-노고】 명 ((기물)) 퉁노구[銅爐口]. 품질이 낮은 놋쇠로 만든 작은 솥. 바닥이 평평하고 위아래의 모양과 크기가 비슷하다.¶ ▼鑼鍋 ‖ 죄 군ᄉᆞ를 녕ᄒᆞ야 말게 나려 머믈워 밥지어 먹으라 ᄒᆞ니 혹 퉁노고도 가져오니도 잇고 쌀 노략ᄒᆞ여 가져오니도 잇거늘 뫼 마른 곳을 갈희야 블 피워 밥도 지으며 말고기도 버혀 구어 먹으며 (操教前面暫住. 馬上有稍帶得鑼鍋的, 也有村中擄得糧米的, 便就山邊揀乾處埋鍋造飯, 割馬肉燒吃.) <삼국-가정 16:66>

【퉁노긔】 명 ((기물)) 퉁노구[銅爐口]. 품질이 낮은 놋쇠로 만든 작은 솥.¶ ▼鍋 ‖ 조죠 반다시 북이릉으로 다라나다가 ᄂᆡ일 비 온 후의 반ᄃᆞ시 퉁노긔ᄅᆞᆯ 뭇고 밥을 지을 거시니 다만 ᄂᆡ 니러ᄂᆞᆫ 거ᄉᆞᆯ 보고 문득 산변의 가 불 노흐면 (曹操不敢走南彝, 必望北彝去, 來日雨過, 必然來埋鍋造飯. 只看煙起, 便就山邊放起火來.) <삼국-모종 8:50>

【튱텬-ᄒᆞ-】 동 충천(衝天)하다. 하늘을 찌를 듯이 공중으로 높이 솟아오르다. 충천(衝天)하다. 분하거나 의로운 기개, 기세 따위가 북받쳐 오르다.¶ 衝天 ‖ 기관의 거의 니ᄅᆞ러 손이 마샹의셔 보니 젼면의 뫼흘 의지ᄒᆞ고 믈을 ᄀᆞ져 ᄒᆞᆫ 딘이 이시니 살긔 튱텬ᄒᆞ여 긔록이 니러나거ᄂᆞᆯ (前離夔關不遠, 遜在馬上看見前面臨山傍江, 一陣殺氣衝天而起.) <삼국-가정 27:98>

【트-】 동 트다. 막혀 있던 것을 치우고 통하게 하다.¶ ▼決 ‖ 죄 대희ᄒᆞ야 즉시 일만군을 시겨 두 믈을 트라 ᄒᆞ고 제군은 다 놉픈 ᄃᆡ 딘티고 믈이 하비로 흘러 들믈 보더라 (操大喜, 差一萬人, 卽決兩河之水. 諸軍皆居高原, 坐視水淹下邳.) <삼국-규장 5:91> 부강 믈이 ᄀᆞ장 급ᄒᆞ고 한군의 영채 ᄒᆞᆫ 디셰 ᄂᆞᄌᆞ니 가히 오천군을 빌려든 각ᄀᆞ 호믜와 삽플 가지고 밤의 ᄀᆞ만이 가 부강 믈을 트면 뉴비의 군ᄉᆞᄅᆞᆯ 다 믈의 ᄌᆞᄆᆞ리라 (此間一帶正靠涪江, 江水大急; 前面寨占山脚, 其形最低. 可先乞五千軍, 各帶鍬鋤, 當夜潛去決涪江之水, 可盡淹死劉備之軍也.) <삼국-가정 20:79> 호뮈 뫼 원컨ᄃᆡ 오천 병을 어드면 각ᄀᆞ 가릐와 호뮈를 ᄀᆞ지고 가마니 빅강 터 젹치로 쏘드면 가히 류비의 군ᄉᆞ를 엄ᄉᆞᆯᄒᆞ리라 (某乞五千軍, 各帶鍬鋤前去, 決涪江之水, 可盡淹死劉備之兵也.) <삼국-국중 11:94>

【특ᄎᆞ-ᄒᆞ-】 동 특차(特差)하다. 특별히 보내다.¶ ▼特差 ‖ 조ᄀᆞ 긔쥬로부터 허도의 도라와 항상 형쥬ᄅᆞᆯ 취할 ᄯᅳᆺ이 잇셔 조인과 니젼과 여광 여샹을 특ᄎᆞᄒᆞ여 삼만 병을 거ᄂᆞ려 번셩에 둔진ᄒᆞ여 (曹操自冀州回許都, 常有取荊州之意, 特差曹仁、李典并降將呂曠、呂翔領兵三萬, 屯樊城.) <삼국-모종 6:50>

【틈】 명 틈. 겨를.¶ ▼틈을 타셔 근너 온단 말 (透漏過來.) <삼국-어람 109a> ▼釁 ‖ 폐해 우슈의 간곡ᄒᆞ므로ᄡᅥ 휴식ᄒᆞ시믈 알면 타일의 틈이 이시믈 타 ᄡᅳ시매 닐온바 즐거오므로ᄡᅥ 어려오믈 범ᄒᆞ미니 ᄇᆡᆨ셩이 그 죽으믈 니ᄌᆞ리이다 (聖狀以水雨艱劇之故, 休而息之, 後日有釁, 乘而用之, 則所謂'悅以犯難, 民忘其死'者矣.) <삼국-가정 32:116> 이러므로 병을 내여 틈을 여어보ᄂᆞ니 만일 텬시 니ᄅᆞ디 아니ᄒᆞ면 주 무왕의 반ᄉᆞᄒᆞ시믈[쥬 무왕이 듀ᄅᆞᆯ 티라 가시다가 관의 니ᄅᆞ러 반ᄉᆞᄒᆞ시니라]이에 비로소 법바ᄃᆞ리라 (是以觀兵以窺其釁. 若天時未至, 周武還師, 乃前事之鑒.) <삼국-가정 32:112>

【틔글】 명 티끌. 티와 먼지를 통틀어 이르는 말.¶ ▼塵頭 ‖ 현덕이 층ᄉᆞᄒᆞ여 이별ᄒᆞ고 ᄀᆞ더니 양셩의 이르러 홀연 틔글이 ᄂᆞ러ᄂᆞ며 일표ᄃᆡ군니 오거ᄂᆞᆯ (玄德稱謝而別, 取路出梁城. 忽見塵頭蔽日, 一彪大軍來到.) <삼국-국중 4:123> 인ᄆᆡ 힝ᄒᆞᆯ시 바라보니 젼면의 틔글이 홀연 니

러나거늘 (人馬趲行之間, 望見前面塵頭忽起.) <삼국-국중 8:64> ▼塵土 ‖ 현덕이 됴운으로 ᄒᆞ여곰 션쳑을 초탐ᄒᆞ더니 홀연 보ᄒᆞ되 후면의 틔글이 크게 이러난ᄃᆞᆺ ᄒᆞ거ᄂᆞᆯ (玄德令趙雲望前哨探船隻, 忽報後面塵土衝天而起.) <삼국-국중 10:86>

【티-】[1] 동 치다. 손이나 무엇을 가지고 어떤 물체에 세게 부딪다. 또는 때리다. 매질하다.¶ ▼揎 ‖ 식 대로ᄒᆞ야 무ᄉᆞᄅᆞᆯ ᄉᆞ지저 하후현을 잡아오라 ᄒᆞᆫ대 현이 오ᄉᆞᆯ 버서ᄇᆞ리고 ᄃᆞ라드러 주머괴로 ᄉᆞ마ᄉᆞᄅᆞᆯ 티다가 밋쳐 티디 못ᄒᆞ야셔 ᄒᆞᆫ 사ᄅᆞᆷ이 뎔퇴로 하후현을 텨 것구리틘대 (師大怒, 喝武士來捉夏侯玄. 玄揎拳裸袖, 徑擊司馬師.) <삼국-가정 36:46>

【티-】[2] 동 치다. 기르다. 봉양(奉養)하다.¶ ▼養成 ‖ 요사이 드르니 뉴현덕이 새로 셔쥐를 녕ᄒᆞᆫ다 ᄒᆞ니 가히 나아가 의탁ᄒᆞ야 긔운과 힘을 텨 됴흔 계규를 도모ᄒᆞᆯ 거시라 (近聞劉玄德新領徐州, 可往投之, 養成氣力, 別有良圖.) <삼국-규장 4:2>

【팀음-ᄒᆞ-】 동 침음(沉吟)하다. 속으로 깊이 생각하다.¶ ▼ 믄득 음식ᄒᆞᄂᆞᆫ 관원이 계탕을 드렷거ᄂᆞᆯ 죄 보니 ᄃᆞᆰ긔 힘줄이 잇ᄂᆞᆫ디라 ᄆᆞᄋᆞᆷ의 감동ᄒᆞ미 이셔 팀음ᄒᆞ더니 (忽值庖官進鷄湯, 操見碗中有鷄肋, 因而有感於懷.) <삼국-가정 23:108>

【팀톄-ᄒᆞ-】 동 침체(沈滯)하다. 전진하지 못하고 제자리에 머물다. 벼슬이나 지위가 오르지 못하다.¶ ▼沉 ‖ 현이 위연의 오만무례ᄒᆞᆷ을 아쳐ᄒᆞ야 듕히 ᄡᅳ디 아니ᄒᆞ니 여긔 팀톄ᄒᆞ여 잇더니 (玄怪魏延傲慢少禮, 不肯重用, 屈沉於此.) <삼국-가정 17:54>

【ᄐᆞ-】 동 타다. 탈것이나 짐승의 등 따위에 몸을 얹다.¶ ▼騎 ‖ 이 ᄆᆞᆯ이 눈 아래 눈물 바들 거시 잇고 귀 미틔 흰털이 나시니 일홈을 뎍노매라 ᄒᆞᄂᆞ니 ᄐᆞ면 님자의게 아쳐로오니 댱회 이 ᄆᆞᆯ로 ᄒᆞ야 죽어시니 쥬공이 ᄐᆞ디 말라 (此馬眼下有淚槽, 額邊生白點, 名爲'的盧馬'也, 騎則妨主. 張虎爲此馬而亡. 主公不可乘之.) <삼국-가정 11:109> ▼跨 ‖ 님딘ᄒᆞ여 프른 오ᄉᆞᆯ 닙고 흰 ᄆᆞᆯ을 ᄐᆞ니 군듕이 ᄇᆞᄅᆞ기ᄅᆞᆯ ᄇᆡᆨ마쟝군이라 ᄒᆞ더라 (臨戰陣, 衣靑袍, 跨白馬, 軍中號爲'白馬將軍'.) <삼국-가정 24:56>

【ᄐᆞ슈-ᄒᆞ-】 동 타수(唾手)하다. 손에 침을 뱉다. 즉, 힘내어 일을 시작하다.¶ ▼唾手 ‖ 괴 형쥬를 오ᄅᆡ 엇지 못ᄒᆞ엿더니 이제 ᄐᆞ슈ᄒᆞ고 어드믄 ᄃᆞ ᄌᆞ명의 공이라 (孤久不得荊州, 今唾手而得, 皆子明之功也.) <삼국-국중 13:83>

【ᄐᆡ과-이】 부 태과(太過)히. 매우 지나치게.¶ ▼太過 ‖ 또 져의 진실ᄒᆞᆫ 효험을 보지 못ᄒᆞ엿거ᄂᆞᆯ 형장이 ᄃᆡ졉ᄒᆞ믈 ᄐᆡ과이 ᄒᆞ난도다 (兄長待之太過! 又未見他眞實效驗!) <삼국-국중 8:60> ▼太甚 ‖ 장합 왈 장비 날을 쇼기ᄆᆞᆯ ᄐᆡ과이 ᄒᆞᄂᆞᆫ또다 (郃曰: "張飛欺我太甚!") <삼국-국중 12:92>

【ᄐᆡ과-ᄒᆞ-】 동 태과(太過)하다. 매우 지나치다.¶ ▼太過 ‖ 공이 우쥬의 더펴시니 공명이 ᄉᆞᄉᆞ로 이 두 ᄉᆞᄅᆞᆷ의게 비ᄒᆞ미 ᄐᆡ과치 아니ᄒᆞ리오 (功蓋寰宇. 孔明自比此二人, 毋乃太過?) <삼국-국중 8:6>

【ᄐᆡ과-ᄒᆞ-】 동 태과(太過)하다. 매우 지나치다.¶ ▼太過 ‖ 원술이 사치ᄒᆞ미 ᄐᆡ과ᄒᆞᄆᆡ 그 장슈 뢰박과 진란이 다 ᄇᆡ반ᄒᆞ여 슝산으로 가니 (袁術奢侈太過, 雷薄、陳蘭皆投嵩山去了.) <삼국-국중 5:46> 현덕이 공슈 ᄉᆞ왈 공언니 ᄐᆡ과ᄒᆞᆫ지라 비의 무ᄉᆞᆷ 덕으로 감히 이를 ᄉᆞᆼ낭ᄒᆞ리오 (玄德拱手謝曰: "公言太過, 備何敢當?") <삼국-국중 11:46>

【ᄐᆡ반】 명 태반(太半). 반수 이상. 대반(大半).¶ ▼大半 ‖ 젼일 ᄒᆞᆫ ᄉᆞ럼이 불노 하후돈 ᄐᆡ반 인마ᄅᆞᆯ ᄉᆞᆯ아시니 이제 조군니 또 오면 반ᄃᆞ시 졀노 ᄒᆞ여금 ᄂᆡ의 ᄭᅬ에 ᄲᅡ지리라 (前番一把火, 燒了夏侯惇大半人馬, 今番曹軍又來, 必教他中這條計.) <삼국-모종 7:33>

【ᄐᆡ오-】 동 (불로) 태우다. 불에 타게 하다. 불씨나 높은 열로 불이 붙어 번지거나 불꽃이 일어나게 하다.¶ ▼燒 ‖ 당비 위연으로 두 길흘 ᄂᆞᆫ화 조조의 냥식 오ᄂᆞᆫ 길흘 긋고 황튱 됴운으로 냥노병을 ᄂᆞᆫ화 뫼히 블을 노화 ᄐᆡ오면 량과 쵸 다 진ᄒᆞ리니 엇디 오래 이시리오 (便差張飛、魏延分兵兩路, 去截曹操糧道; 令黃忠、趙雲分兵兩路, 去放火燒山. 糧草盡絶, 豈能久住乎?) <삼국-규장 16:90> 이제 촉병이 원근의 길흘 다 막앗고 싀초를 뫼히 블을 다 노하 ᄐᆡ와시니 군ᄉᆡ 아ᄆᆞ ᄃᆡ 잇ᄂᆞᆫ 줄을 아디 못ᄒᆞᆯ러라 (今蜀軍將遠近小路盡皆塞斷, 砍柴去處盡放火燒絶, 不知兵在何處.) <삼국-규장 16:90> 네 삼쳔병을 인ᄒᆞ야 위군의 운냥ᄒᆞᄂᆞᆫ 곳의 가 가ᄇᆡ야이 그 영의 드러가디 말고 ᄇᆞᄅᆞᆷ 우흘 조차 블을 노하 뎌의 거댱을 ᄐᆡ오면 위병이 반ᄃᆞ시 와 ᄡᅡ호리라 (汝引三千兵, 徑到魏軍屯糧之所, 不可入其營, 但于狀風頭放火. 若燒着車仗, 魏兵必來圍吾寨.) <삼국-규장 22:35>

【ᄐᆡ쳥】 명 태청(太淸). 삼청(三淸)의 하나. 하늘. 또는 신선이 산다는 선경(仙境).¶ ▼太淸 ‖ 놉흔 문이 ᄎᆞ아ᄒᆞ미여 샹궐[두 ᄃᆡ궐이라]이 ᄐᆡ쳥[하ᄂᆞᆯ히라]의 ᄠᅧᆺ도다 (建高門之嵯峨兮, 浮雙闕乎太淸.) <삼국-가정 15:105>

【ᄐᆡᆨ길-ᄒᆞ-】 동 택길(擇吉)하다. 택일(擇日)하다.¶ ▼擇 ‖ 졔 이예 ᄐᆡ상관을 보ᄂᆡ여 변[번]양에 텃 닷고 삼칭ᄃᆡ을 짓고 십월 경오일 인시로 ᄐᆡᆨ길ᄒᆞ고 위왕을 청ᄒᆞ여 ᄃᆡ예 올나 슈션ᄒᆞ라 ᄒᆞ고 (乃遣太常院官, 卜地於繁陽, 築起三層高臺, 擇於十月庚午日寅時禪讓, 至期, 獻帝請魏王曹丕登臺受禪.) <삼국-모종 13:45>

【ᄐᆡᆼᄌᆞ】 명 ((식물)) 탱자. 탱자나무의 열매. 공 모양의 장과(漿果)로 가을에 노랗게 익는다. 열매는 약용하고 울타리용으로 재배한다.¶ ▼枳棘 ‖ 쇼제 ᄉᆡᆼ각ᄒᆞ오니 ᄐᆡᆼᄌᆞ 나뭇가지ᄂᆞᆫ 난봉의 길 드릴 ᄇᆡ 아니오니 반다시 독우ᄅᆞᆯ 죽이고 현위ᄅᆞᆯ 바리고 ᄀᆞ향의 도라가 원ᄃᆡᄒᆞᆫ 계교ᄅᆞᆯ 도모ᄒᆞᆷ이 맛당ᄒᆞ다 (吾思枳棘叢中, 非棲鸞鳳之所; 不如殺督郵, 棄官歸鄕, 別圖遠大之計.) <삼국-국중 1:40>

【ㅍ】

【파려-ᄒᆞ-】 형 파리하다. 몹시 여위다. 몸이 마르고 낯빛이나 살색이 핏기가 전혀 없다.¶ ▼銷滅 ‖ 픠 쥬ᄉᆡᆨ의 너모 샹ᄒᆞ야 얼굴이 파려ᄒᆞ엿더니 거울을 드러 보고 대경 왈 내 쥬ᄉᆡᆨ의 샹ᄒᆞ야 이러ᄒᆞ여시니 오ᄂᆞᆯ로브터 단쥬ᄒᆞᆯ 거시니 셩듕의 술 먹ᄂᆞᆫ니 이시면 참ᄒᆞ리라 (布因酒色過傷身體, 容顏銷滅. 取鏡照之, 大驚曰: "吾被酒色傷矣! 自今日斷之. 城中但飮酒者皆斬.") <삼국-가정 7:49>

【파례-ᄒᆞ-】 형 파리하다. 몹시 여위다. 몸이 마르고 낯빛이나 살색이 핏기가 전혀 없다.¶ ▼瘦 ‖ 나귀를 타고 쇼교로 지나니 홀노 ᄆᆡ화 파례ᄒᆞ믈 탄식ᄒᆞᄂᆞᆫ도다 (騎驢過小橋, 獨歎梅花瘦.) <삼국-국중 8:21> 천한 몸이 ᄌᆞ못 즁ᄃᆡᄒᆞ므로 말이 능히 이긔지 못ᄒᆞ여 상히 파례ᄒᆞ미니이다 (賤軀頗重, 馬不能載, 因此常瘦.) <삼국-국중 6:17>

【파리-ᄒᆞ-】 형 파리하다. 몹시 여위다. 몸이 마르고 낯빛이나 살색이 핏기가 전혀 없다.¶ ▼羸 ‖ 탁 왈 ᄆᆡᆼ덕은 엇지 오기를 더듸ᄒᆞ뇨 죄 왈 말이 파리ᄒᆞ야 힝ᄒᆞ기를 더듸ᄒᆞ엿노라 (卓曰: "孟德來何遲?" 操曰: "馬羸行遲耳.") <삼국-모종 1:67>

【파-ᄒᆞ-】 동 파(破)하다. 적을 쳐부수어 이기다.¶ ▼打破 ‖ 너히 등이 쥐무리 ᄀᆞᄐᆞᆫ 거ᄉᆞ로 엇디 일즉이 항티 아니ᄒᆞᄂᆞ뇨 셩이 파ᄒᆞ면 ᄒᆞᆫ 치 플도 머므로디 아니호리라 (汝等鼠輩, 不來早降, 更待何時? 如打破城池, 寸草不留!) <삼국-가정 24:96>

【팔】 명 ((신체)) 팔. 어깨와 손목 사이의 부분.¶ ▼拳 ‖ 듕장이 쳥영ᄒᆞ고 다 팔을 것고 숀을 부븨여 시쇄ᄒᆞ믈 기다리더라 (衆兵將得令, 一個個摩拳擦掌, 準備廝殺.) <삼국-모종 8:45>

【팔독】 명 ((신체)) 팔뚝. 팔꿈치에서 손목까지의 부분.¶ ▼臂 ‖ 현덕이 표[포]식ᄒᆞ고 ᄉᆞ기예 장ᄎᆞᆺ 후원의 가 말을 취ᄒᆞ다가 호련이 보니 부억의 ᄒᆞᆫ 부인이 죽고 팔독 고기ᄂᆞᆫ 다 버혀 간ᄂᆞᆫ지라 (玄德不疑, 乃飽食了一頓, 天晩就宿, 至曉將去, 往後院取馬, 忽見一婦人殺於廚下, 臂上肉已都割去.) <삼국-모종 3:69>

【팔문-둔갑】 명 팔문둔갑(八門遁甲). 술가(術家)에서 귀신을 부리는 술법.¶ ▼八門遁甲 ‖ 공명이 팔문둔갑을 잘ᄒᆞ야 능히 뉵뎡뉵갑을 브리며 ᄇᆞ롬과 비롤 브ᄅᆞ고 ᄉᆞ매예 건곤을 녀흐니 이ᄂᆞᆫ 뉵갑텬셔의 츅디[싸흘 주리단 말이라]ᄒᆞᄂᆞᆫ 법이라 (諸葛亮善會'八門遁甲', 能驅六丁六甲之神, 亦能懷揣日月乾坤. 此乃六甲天書內'縮地'之法也.) <삼국-가정 33:60>

【팔이-】 동 팔리다.¶ ▼賣 ‖ 네의 부를 가르처 됴공과 화동ᄒᆞ고 공노로 결혼ᄒᆞ여 ᄂᆡ의 구ᄒᆞᄂᆞᆫ 말을 ᄒᆞᆫ가지도 엇지 못ᄒᆞ고 네의 부ᄌᆞ 홈게 귀달ᄒᆞ니 ᄂᆡ 너의 부ᄌᆞ의게 팔인 ᄇᆡ 도엇다 (汝父敎我協同曹公, 絶婚公路, 今吾所求, 終無一獲, 而汝父子俱各顯貴, 吾爲汝父子所賣耳!) <삼국-모종 3:44>

【팔ᄌᆞ-ᄒᆞ-】 동 팔자(八字)하다. 점치다.¶ ▼녹마[팔ᄌᆞᄒᆞᄂᆞᆫ ᄃᆡ ᄀᆞ장 길ᄒᆞᆫ 별이라] ᄀᆞ장 길ᄒᆞᆫ 딩되이니다 (祿馬尙于曹, 王上何必疑焉?) <삼국-가정 25:96>

【팔황】 명 ((지리)) 팔황(八荒). 여덟 방위의 멀고 너른 범위라는 뜻으로, 온 세상을 이르는 말. 팔극(八極)·팔굉(八紘).¶ ▼우리 태조무황데[조죄라]뉵합을 쓰러 ᄆᆞᆰ게 ᄒᆞ시고 팔황[뉵합 팔황은 다 텬해라]을 돗 ᄆᆞᆺ듯 ᄒᆞ시니 만셩이 ᄆᆞᄋᆞᆷ을 기우리며 ᄉᆞ방이 그 덕을 우러디 아니 리 업ᄉᆞᆫ디라 (我太祖武皇帝掃淸六合, 席卷八荒, 萬里傾心, 四方仰德.) <삼국-가정 30:65>

【팟-각지】 명 ((식물)) 팥깍지.¶ ▼豆萁 ‖ 팟틀 살므되 팟각지을 ᄐᆡ우니 팟치 가마 가온ᄃᆡ 우도다 본ᄃᆡ ᄒᆞᆫ ᄲᅮ리에 나 셔로 다리기 엇지 너무 급ᄒᆞᆫ고 (煮豆燃豆萁, 豆在釜中泣. 本是同根生, 相煎何太急?) <삼국-모종 13:33>

【팟ㅊ】 명 ((식물)) «팣» 팥(豆).¶ ▼豆 ‖ 팟틀 살므되 팟각지을 ᄐᆡ우니 팟치 가마 가온ᄃᆡ 우도다 본ᄃᆡ ᄒᆞᆫ ᄲᅮ리에 나 셔로 다리기 엇지 너무 급ᄒᆞᆫ고 (煮豆燃豆萁, 豆在釜中泣. 本是同根生, 相煎何太急?) <삼국-모종 13:33>

【패도뇨뎡군】 명 ((군사)) 패도료정군(牌刀獠丁軍). 방패 쓰는 군사. 옛날 소수민족 사병을 폄하하여 부르는 말.¶ ▼牌刀獠丁軍 ‖ ᄆᆡᆼ확이 분노ᄒᆞ야 은깅동 듕의 드러가 팔번구십삼뎐 등쳐의 만이 부락을 다 됴발ᄒᆞ니 패도뇨뎡군[방패 쓰ᄂᆞᆫ 군ᄉᆡ라]이 수십만이러라 (却說孟獲受了三擒之氣, 忿怒歸到銀坑山洞中, 卽差心腹人賫金珠寶貝, 往八番九十三甸等處幷蠻夷部落, 借使牌刀獠丁軍數十萬.) <삼국-가정 28:127>

【패로-ᄒᆞ-】 동 패로(敗露)하다. 탄로(綻露)나다.¶ ▼露 ‖ ᄉᆞᄉᆞ로 간졍이 패로ᄒᆞ믈 혜아리매 혐의예 ᄆᆞᄋᆞᆷ이 몬져 나니 군ᄉᆡ 셔향ᄒᆞ믈 드ᄅᆞ매 믄득 병을 일ᄏᆞ라 져 쟝[디명이라]으로 도라가고 (自度奸露, 嫌心遂生, 聞軍臨至, 西向托疾還沮、漳.) <삼국-가정 33:94>

【패적-ᄒᆞ-】 동 패적(敗績)하다. 싸움에 패하다.¶ 敗績 ‖ 승샹이 패적[싸홈을 패ᄒᆞ미라]ᄒᆞ야 ᄉᆞᄉᆞ로 벼ᄉᆞᆯ을 폄ᄒᆞ미 졍히 맛당ᄒᆞᆫ디라 (丞相敗績, 自行貶降, 正其宜也.) <삼국-가정 31:60>

【폄직-ᄒᆞ-】 동 폄직(貶職)하다. 이러니저러니 할 것 없이 한마디로 휩싸서 말하다.¶ ▼貶 ‖ ᄂᆡ 위롤 치고져 ᄒᆞ미 오려ᄃᆡ 다만 삼아[사마]의 옹 냥 병 거ᄂᆞ린 거ᄉᆞᆯ 심히 염여ᄒᆞ엿더니 이졔 폄직ᄒᆞ믈 만나시니 ᄂᆡ 무ᄉᆞᆫ 근심이시리오 (吾欲伐魏久矣, 奈有司馬懿總雍、凉之兵, 今

既中計遭貶, 吾有何憂?) <삼국-모종 15:35>

【폐단】 명 폐단(弊端). 어떤 일이나 행동에 있어서 옳지 못한 경향이나 해로운 현상.¶ ▼弊 ‖ 조신의 도리 점〻 능체ᄒᆞ니 위로써 사랑ᄒᆞ면 위극ᄒᆞ면 진잉ᄒᆞ고 은혜로써 순케 ᄒᆞ여 은혜 다ᄒᆞ면 만홀ᄒᆞ리니 폐단 되기난 일노써 홈니라 (君臣之道, 漸以陵替, 寵之以位, 位極則殘, 順之以恩, 恩竭則慢, 所以致弊, 實由於此.) <삼국-모종 11:32>

【폐하】 명 ((인류)) 폐하(陛下). 황제나 황후에 대한 높임말.¶ ▼陛下 ‖ 죄 왈 동승의 모반홈을 폐하 아ᄂᆞᆫ이가 제왈 동탁은 임의 버혓노라 죄 크게 쇼리ᄒᆞ여 왈 동탁이 아니라 동승이로소이다 (操曰: "董承謀反, 陛下知否?" 帝曰: "董卓已誅矣." 操大聲曰: "不是董承! 是董承!") <삼국-모종 4:44>

【폐ᄒᆞ】 명 ((인류)) 폐하(陛下). 황제나 황후에 대한 높임말.¶ ▼陛下 ‖ 되 노왈 폐ᄒᆞ 니 말ᄉᆞᆷ을 외인니 들으면 다만 ᄂᆡ 임군을 쇽긴다 ᄒᆞ리라 (操怒曰: "陛下出此, 言外人聞之, 只道吾欺君也.") <삼국-모종 11:45>

【폐-ᄒᆞ-】 동 폐(廢)하다. 그만 두다.¶ ▼廢 ‖ 정 셔 이장은 쥬유ᄅᆞᆯ 구완ᄒᆞ야 장듕의 니ᄅᆞ러 찍기로 살폭을 ᄲᅦ고 금창약을 가져 창구의 붓치니 알아 가히 견ᄃᆡ지 못ᄒᆞ야 음식을 폐ᄒᆞᄂᆞᆫ지라 (丁、徐二將救得周瑜到帳中, 喚行軍醫者用鐵鉗子拔出箭頭, 將金瘡藥敷掩瘡口, 疼不可當, 飮食俱廢.) <삼국-모종 8:78>

【편갑】 명 ((복식)) 편갑(片甲). 갑옷의 조각. 혹은 싸움에 지고 난 군사를 비유적으로 이르는 말. '-도 …도라보내디 /남기디 아니ᄒᆞ-'의 꼴로 쓰여 '한 사람도 남지 않다'의 강한 부정의 뜻을 나타낸다.¶ ▼片甲 ‖ 놉픈 ᄃᆡ 의지ᄒᆞ야 ᄂᆞ즌 ᄃᆡᄅᆞᆯ 보미 세 ᄃᆡ ᄲᅢ림 ᄀᆞᆺ다 ᄒᆞ니 만일 위병이 니ᄅᆞ면 내 편갑도 도라보내디 아니리라 (兵法云: '憑高視下, 勢如劈竹.' 若魏兵到來, 吾敎他片甲不回也!) <삼국-가정 31:14> 너희 둥이 무례ᄒᆞ야 샹국을 ᄌᆞ로 범ᄒᆞ니 일즉이 믈러가디 아니ᄒᆞ면 편갑도 도라보내디 아니ᄒᆞ리라 (汝等無禮, 數犯上國, 如不早退, 令汝片甲不歸!) <삼국-가정 37:52>

【편니】 부 편히.¶ ▼便 ‖ 네 션봉이 도여 교량 도로를 살펴 군힝을 편니 못ᄒᆞ니 ᄂᆡ 과연 교훌 쳑의 말이 ᄲᅢ져 ᄂᆡ거의 도적의게 죽게 되ᄆᆡ 만닐 ᄉᆞᆫ기 업스면 엇지ᄒᆞ리오 (汝爲先鋒, 理合逢山開路, 遇水疊橋, 專一修理橋梁道路, 以便行軍. 吾方纔到橋上, 陷住馬蹄, 幾乎隨橋, 若非荀愷, 吾已被殺矣.) <삼국-국중 17:73>

【편달-ᄒᆞ-】 동 편달(鞭撻)하다. 채찍질하다.¶ ▼鞭撻 ‖ ᄃᆡ이 본ᄃᆡ 아노니 경이 쥬후의 용을 밋고 ᄉᆞ졸을 편달ᄒᆞ니 이거시 화ᄅᆞᆯ 취훌 도리라 (朕素知卿酒後恃勇, 鞭撻士卒, 此爲禍之道也.) <삼국-가정 26:74>

【편당-이】 부 편당(便當)히.¶ ▼便 ‖ 여등이 북방의 ᄉᆡᆼ장ᄒᆞ야 승쥬ᄒᆞ믈 편당이 못ᄒᆞ고 강남 군ᄉᆞᄂᆞᆫ 슈상의 왕ᄂᆡᄒᆞ야 습연졍슉ᄒᆞ니 네 엇지 경히 셩명으로써 아희〻롱을 짓지 말나 (汝等皆生長北方, 恐乘舟不便, 江南之兵, 往來水上, 習練精熟, 汝勿輕以性命爲兒戲也.) <삼국-모종 8:37>

【편두풍】 명 ((질병)) 편누풍(偏頭風). 편두통(偏頭痛).¶ ▼偏頭風 ‖ 괴 평ᄉᆡᆼ의 편두풍을 알흐니 병곳 나면 뉵칠 일이나 음식을 먹디 못ᄒᆞ니 심히 고로와 ᄒᆞ노니 네 므슴 법으로 고틸다 (孤平生患偏頭風, 不時擧發, 五七日不飮食, 甚時痛苦, 汝可治之?) <삼국-가정 25:88>

【편벽-ᄒᆞ-】 형 편벽(便辟)하다. 총애(寵愛)하다. 한쪽으로 치우쳐 공평하지 못하다.¶ ▼嬖 ‖ 거게 그ᄅᆞ다 우리 형뎨 삼인이 텬하의 죵횡ᄒᆞ니 무예ᄅᆞᆯ 의논컨대 눌만 못ᄒᆞ리오 엇디 뎌 촌부로써 대현이라 ᄒᆞᄂᆞ뇨 편벽ᄒᆞ다 편벽ᄒᆞ다 (哥哥差矣. 俺兄弟三人縱橫天下, 論武藝不如誰? 何故將這村夫以爲大賢? 嬖之甚矣!) <삼국-가정 12:99>

【편의】 명 편의(便宜). 형편이나 조건 따위가 편하고 좋음.¶ ▼便宜 ‖ 후의 긔밀ᄒᆞᆫ 대ᄉᆞᄅᆞᆯ 만나든 구ᄐᆞ야 주문티 말고 편의로 일을 힝ᄒᆞ라 (後遇機密重事, 不必奏聞, 便宜行事.) <삼국-가정 30:122>

【편-ᄒᆞ-】 형 편(便)하다. 몸이나 마음이 거북하거나 괴롭지 아니하여 좋다. 쉽고 편리하다.¶ ▼便 ‖ 권이 드듸여 그 말ᄃᆡ로 ᄉᆞᄌᆞᄅᆞᆯ 샤려ᄒᆞ고 아ᄃᆞᆯ을 아니 보ᄂᆡ니 일노부터 조〻 강남을 나릴 ᄠᅳᆺ이 잇ᄉᆞ나 다만 북방이 편치 아니ᄒᆞ기로 남경ᄒᆞ기ᄅᆞᆯ 결단 못ᄒᆞ더라 (權遂從其言, 謝使者, 不遣子, 自此曹操有下江南之意, 但正値北方未寧, 無暇南征.) <삼국-모종 6:94>

【폄강-ᄒᆞ-】 동 폄강(貶降)하다. 벼슬의 등급을 떨어뜨리다.¶ ▼貶降 ‖ 신은 드ᄅᆞ니 치국하ᄂᆞᆫ 직 반ᄃᆞ시 법을 즁이 녁일지라 법이 만닐 힝치 아니면 엇지 ᄉᆞᄅᆞᆷ을 항복ᄒᆞ리오 승샹이 픽적ᄒᆞᄆᆡ 스ᄉᆞ로 폄강ᄒᆞ믈 쳥ᄒᆞ시니 경이 맛당ᄒᆞ니이다 (臣聞治國者, 必以奉法爲重. 法若不行, 何以服人? 丞相敗績, 自行貶降, 正其宜也.) <삼국-국중 15:112>

【평뎡-ᄒᆞ-】 동 평정(平定)하다. 반란이나 소요를 누르고 평온하게 진정하다. 삭평(削平)하다.¶ ▼平 ‖ 병잠기예 피ᄅᆞᆯ 뭇티디 아니ᄒᆞ고 평뎡ᄒᆞᆫ 고디 만흐니 군세 대진ᄒᆞ더라 (兵不曾血刀, 將不用施謀, 軍勢洋洋, 直到宜都.) <삼국-가정 27:5>

【평명】 명 평명(平明). 해가 돋아 밝아올 무렵.¶ ▼平明 ‖ 죄 ᄎᆞ고 이튼날 평명의 바ᄅᆞ 샹부로 드러가 승상이 나와 겨시냐 무ᄅᆞ니 (操平明徑入相府, 問: '相國出來否?') <삼국-가정 2:24>

【평복-ᄒᆞ-】 동 평복(平復)하다. 병이 나아 건강이 회복되다. 병복(病復)하다.¶ ▼平復 ‖ 즁이 다 군ᄉᆞᄅᆞᆯ 거두워 잠간 강동의 도라가 공의 젼창이 평복ᄒᆞ믈 기ᄃᆞ려 다시 구쳐코져 ᄒᆞ노라 (衆將皆欲收兵暫回江東. 待公箭瘡平復, 再作區處.) <삼국-국중 9:167>

【평ᄉᆡᆼ】 명 평생(平生). 나서부터 지금까지 살아오는 동안.¶ ▼平生 ‖ ᄉᆞ마의 나의 평ᄉᆡᆼ의 조심ᄒᆞᄂᆞᆫ 줄을 아ᄂᆞᆫ디라 계귀 잇ᄂᆞᆫ가 두려 스〻로 믈러가미니 내 위틱ᄒᆞᆫ

일을 ᄒᆞ디 아닐 거시로ᄃᆡ 마디 못ᄒᆞ야 이 계규를 ᄡᅥ노라 (此人料吾平生謹愼, 必不弄險, 見如此規模, 疑有伏兵, 故退去.吾非行險, 蓋因不得已而用之.) <삼국-가정 31:36> 졔갈량이 평ᄉᆡᆼ의 조심ᄒᆞ며 삼가 일즙 험ᄒᆞᆫ ᄃᆡ를 희롱티 아니ᄒᆞ더니 이제 셩문을 크게 여러시니 반ᄃᆞ시 ᄆᆡ복이 잇ᄂᆞᆫ디라 (亮平生謹愼, 不曾弄險; 今大開城門, 必有埋伏.) <삼국-가정 35:35>

【평안-이】 부 평안(平安)히. 탈이나 걱정되는 일이 없이 편하게.¶ ▼穩便 ‖ 님금이 엇디 신하를 맛ᄂᆞᆫ 녜 이시링잇고 쳥컨대 폐하ᄂᆞᆫ 평안이 겨쇼셔 신이 그 알외ᄂᆞᆫ 말을 드러 ᄒᆡᆼᄒᆞ링이다 (豈有君迎臣之禮也? 請陛下穩便, 臣請奏事.) <삼국-가정 36:41>

【평안-호-】 형 평안(平安)하다. 탈이나 걱정되는 일이 없이 편하다. 또는 무사히 잘 있다. 평안(平安)+-ᄒᆞ-+-오(삽입 모음)-.¶ ▼비의 일신이 ᄂᆞᆷ의 나그내 되엿ᄂᆞᆫ디라 엇디 감샹ᄒᆞ야 탄식디 아니ᄒᆞ리오 쵸료[뱁새라]도 오히려 ᄒᆞᆫ 가지의 평안호미 잇고 교토ᄂᆞᆫ 능히 세 굼글 ᄒᆞ야[톳기 간사ᄒᆞ야 세 굼글 ᄒᆞ야 두고 나드닷 말이라]이시니 ᄒᆞ믈며 사ᄅᆞᆷ이ᄯᆞ녀 (備一身寄客, 未嘗不傷感嘆而嘆息. 嘗思'鷦鷯尙存一枝, 狡兎猶藏三窟', 何況人乎?) <삼국-가정 19:115>

【평졍-ᄒᆞ-】 동 평정(平正)하다. 반듯하다. 가지런하다.¶ ▼平正 ‖ 병잠기의 피를 무치지 아니ᄒᆞ고 평졍ᄒᆞᆫ 고디 만호니 군셰 ᄃᆡ진ᄒᆞ더라 (兵不曾血刀, 將不用施謀, 軍勢洋洋, 直到宜都.) <삼국-가정 27:5>

【폐-】 동 ❶ 펴다. 예를 갖추다.¶ ▼敍 ‖ 뎨 종족 세계를 보니 항녈노 숙이라 뎨 ᄃᆡ희ᄒᆞ야 쳥ᄒᆞ여 편뎐의 드리여 숙질녜를 폐고 뎨 감히 ᄉᆡᆼ각ᄒᆞ여 (帝排世譜, 則玄德乃帝之叔也. 帝大喜, 請入偏殿敍叔姪之禮, 帝暗思.) <삼국-모종 3:84> ❷ 펴다. 생각, 감정, 기세 따위를 얽매임 없이 자유롭게 표현하거나 주장하다.¶ ▼伸 ‖ 폐하 보위의 쵸등ᄒᆞ야 만닐 북으로 한적을 친토ᄒᆞ야 ᄃᆡ의를 쳔하의 폐면 가커니와 만닐 벌오ᄒᆞ고져 ᄒᆞᆯ진ᄃᆡ 일장을 명ᄒᆞ미 ᄀᆞ커ᄂᆞᆯ 엇지 친히 셩가를 슈고로이 ᄒᆞ시리오 (陛下初登寶位, 若欲北討漢賊, 以伸大義於天下, 方可親統六師; 若只欲伐吳, 命一上將統軍伐之可也, 何必親勞聖駕?) <삼국-국중 13:147>

【폐부】 명 폐부(肺腑). 마음의 깊은 속.¶ ▼肺腑 ‖ 운장 군ᄉᆞ의 말솜을 맛당이 폐부의 삭이리라 (雲長曰: '軍師之言, 當銘肺腑.') <삼국-국중 11:105>

【폐-ᄒᆞ-】 동 폐(廢)하다. 그만 두다.¶ ▼久替 ‖ 텬명을 가히 ᄡᅥ 좃디 아니티 못ᄒᆞᆯ 거시오 조업을 가히 ᄡᅥ 폐티 못ᄒᆞᆯ 거시오 ᄉᆞ히를 가히 ᄡᅥ 님군이 업디 못ᄒᆞᆯ 거시라 (天命不可以不答, 祖業不可久替, 四海不可以無主.) <삼국-가정 26:60>

【폐ᄒᆞ】 명 ((인류)) 폐하(陛下). 황제나 황후에 대한 높임말.¶ ▼陛下 ‖ 쵹병은 밧걸 치고 위병은 그 안을 치면 오국이 순일 ᄂᆡ예 망ᄒᆞ고 오국이 망ᄒᆞ면 쵹이 고단ᄒᆞ리니 폐ᄒᆞ 엇지 일즉 도모치 아니하ᄂᆞᆫ고 (蜀攻其外, 魏攻其內, 吳國之亡, 不出旬日, 吳亡則蜀孤矣. 陛下何不早圖之?) <삼국-모종 13:70>

【폄직-ᄒᆞ-】 동 폄하(貶下)하다.¶ ▼貶 ‖ ᄂᆡ 위를 치고져 ᄒᆞ미 오려ᄃᆡ 다만 삼아[사마]의 옹 냥 병 거ᄂᆞ린 거술 심히 염여ᄒᆞ엿더니 이졔 폄직ᄒᆞ믈 만나시니 ᄂᆡ 무ᄉᆞᆫ 근심 이시리오 (吾欲伐魏久矣, 奈有司馬懿總雍、涼之兵, 今旣中計遭貶, 吾有何憂?) <삼국-모종 15:35>

【포가】 명 ((군사)) 포가(砲架). 포(砲)를 올려 놓고, 목표를 향하여 포구(砲口)를 돌릴 수 있도록 한 받침틀.¶ ▼砲架 ‖ 의 이튿날 쳔신의 병을 인ᄒᆞ야 ᄉᆞ면으로 토산을 ᄡᆞ며 디도를 ᄑᆞ고 포가[방포 긔계라]를 셰오며 운뎨를 ᄆᆡᆫᄃᆞ라 일야의 티기를 쉬디 아니ᄒᆞᄂᆞᆫ디라 (次日淸晨, 引兵四面圍合, 築土山, 掘地道, 立砲架, 裝雲梯, 日夜攻打不息.) <삼국-가정 35:52>

【포ᄃᆡ】 명 ((기물)) 포대(布袋). 베자루.¶ ▼布袋 ‖ 각ᄼ 포ᄃᆡ의[포ᄃᆡᄂᆞᆫ 뵈젼ᄃᆡ라] 모ᄅᆡ와 흙을 만히 너허 ᄇᆡᆨ하물을 막앗다가 ᄂᆡ일 삼경 후의 하류의 인ᄆᆡ 요란ᄒᆞ믈 듯고 급히 포ᄃᆡ를 아셔 물을 노화 슈셰를 좃ᄎᆞ 졉응ᄒᆞ라 (各帶布袋, 多裝沙土, 遏住白河之水; 至來日三更後, 只聽下流頭人喊馬嘶, 急取起布袋, 放水淹之, 卻順水殺將下來接應.) <삼국-국중 8:84>

【포의】 명 ((인류)) 포의(布衣). 베옷. 벼슬 없는 선비를 비유적으로 이르는 말.¶ ▼布衣 ‖ 공은 한샹이오 유ᄂᆞᆫ 포의라 엇지 이ᄃᆡ도록 겸손ᄒᆞᄂᆞ뇨 (公乃漢相也, 吾乃布衣, 公何謙遜如此?) <삼국-가정 10:74>

【포인】 명 ((인류)) 포인(庖人). 요리하는 사람.¶ ▼庖人 ‖ 슐이 밥이 사오나와 목의 너머 드디 아니ᄒᆞ고 시졀이 ᄯᅩ 셩셰라 밀슈를 달라 ᄒᆞᆫ대 포인[음식 ᄒᆞᄂᆞᆫ 사ᄅᆞᆷ이라]이 닐오ᄃᆡ 핏물이 잇디 엇디 ᄭᅮᆯ물이 이시리오 (術嫌飯粗, 不能下咽, 乃求蜜水止渴. 庖人曰: '止有血水, 安有蜜水!') <삼국-가정 7:155>

【포쟝-ᄒᆞ-】 동 포장(褒奬)하다. 칭찬하여 장려하다.¶ ▼쵹중의 잇ᄂᆞᆫ 쇼리를 과히 포쟝ᄒᆞ시니 심히 불안ᄒᆞᆫ지라 연이나 ᄃᆞ기 들으니 말은 ᄇᆡᆨ낙을 만ᄂᆞ며 소ᄅᆡ를 ᄂᆡ고 조작은 나무를 가리여 깃들이ᄂᆞ니 ᄉᆞᄅᆞᆷ이 디긔를 만ᄂᆞ미 엇지 위연ᄒᆞ리요 (蜀中小吏, 何足道哉! 蓋聞馬逢伯樂而嘶, 人遇知己而死.) <삼국-국중 11:53>

【포-집-】 동 포개놓다. (타동사).¶ ▼壘 ‖ ᄇᆡᆨ셩이 것구로 ᄃᆞᆯ린 ᄃᆞᆺ한 급호미 잇고 님군과 신해 알 포지븐 ᄃᆞᆺᄒᆞᆫ 위틱호미 이시니 너곳 아니면 능히 구티 못ᄒᆞᆯ가 ᄒᆞ노라 (百姓有倒懸之危, 君臣有壘卵之急, 非汝不能救也!) <삼국-가정 3:65> 이 밤의 븍풍이 크게 니러나거ᄂᆞᆯ 죠군ᄉᆞ를 긋재 모라내여 흙을 져 셩을 ᄡᆞ며 믈을 씻텨 어루라 믈과 믈그ᄅᆞ시 업거ᄂᆞᆯ 깁을 포지버 쟐를 지어 믈을 다마 씻티니 ᄡᆞᄂᆞᆫ 족ᄼ 어ᄂᆞᆫ디라 (是夜, 北風大作. 操盡驅兵士擔土潑水, 爲無盛水之具, 作縑囊盛水澆之, 隨築隨凍.) <삼국-가정 19:29> 내 말을 드ᄅᆞ면 셔쵹이 태산지안이 잇고 내 말을 듯디 아니ᄒᆞ면 쥬공이 누란지위[알 포집단 말이라] 이시리이다 <삼국-가정 19:110>

만일 조뉘 년병ᄒᆞ면 동오의는 알 포지븐 ᄃᆞᆺᄒᆞᆫ 위틱ᄒᆞ미 이실 거시니 (若二處連兵, 則東吳有壘卵之危矣.) <삼국-가정 25:58> 샤직이 누란[알흘 포집단 말이라]의 위틱ᄒᆞ미 잇고 싱녕이 도현[것구로 ᄃᆞ리단 말이라]지급이 잇거ᄂᆞᆯ (社稷有壘卵之危, 生靈有倒懸之急.) <삼국-가정 30:65>

【폭딜】 명 ((질병)) 폭질(暴疾). 갑자기 병이 남. 또는 갑작스럽게 앓는 급한 병. 급살(急煞).¶ ▼暴疾 ‖ 쳔한 몸이 폭딜이 잇셔 영후ᄒᆞ믈 일러시니 죄를 용셔ᄒᆞ소셔 (賤軀暴疾, 有失迎候, 罪甚.) <삼국-국중 5:23>

【폭쥬-ᄒᆞ-】 동 폭주(暴注)하다. 비가 갑자기 몹시 쏟아지다.¶ ▼注 ‖ 일셩 벽녁의 번기 치며 ᄃᆡ우 폭쥬ᄒᆞ야 경각 ᄉᆞ이예 평지가 강이 되고 (一聲響喨, 雷電齊發, 大雨如注. 頃刻之間, 街市成河.) <삼국-국중 6:119>

【푀박-허-】 동 표박(漂泊)하다. 일정한 주거나 생업이 없이 떠돌아 다니며 지내다.¶ ▼飄零 ‖ 운이 몇 번이나 가고져 허나 원소는 과히 뇌갈허기로 ᄉᆞ히예 푀박허여 용신헐 싸히 업더니 우연이 ᄋᆞᆯ 곳 지ᄂᆡ다가 비원소가 ᄂᆡ 말을 앗고저 ᄒᆞ거ᄂᆞᆯ (雲幾番欲來相投, 只恐袁紹見怪, 四海飄零, 無容身之地, 前偶過此處, 適遇裴元紹下山來欲奪吾雲.) <삼국-모종 5:33>

【표】 명 표(表). 문체의 하나로, 마음에 품은 생각을 적어서 임금에게 올리는 글. 표문(表文).¶ ▼奏 ‖ 이 사ᄅᆞᆷ이 반ᄃᆞ시 몬져 텬ᄌᆞ긔 표ᄅᆞᆯ 올려 우리 등을 반ᄒᆞᆫ다 ᄒᆞ고 잔도ᄅᆞᆯ 블딜러 도라갈 길흘 막앗ᄂᆞ니 우리 ᄯᅩᄒᆞᆫ 표ᄅᆞᆯ 올려 위연의 반졍을 베픈 후의 도모ᄒᆞ리라 (此人必先捏奏天子, 誣吾等造反, 故燒絶棧道, 阻遏歸路.) <삼국-가정 34:102>

【표탕-ᄒᆞ-】 동 표탕(飄蕩)하다. 정처없이 헤매어 떠돌다.¶ ▼飄蕩 ‖ 댱비 망당산 듕의 드러 표탕ᄒᆞ야 낙초ᄒᆞ더니 하븍으로 가려 ᄒᆞ야 고셩을 디나더니 셩의 드러가 양식을 비니 현관이 주디 아니ᄒᆞ거ᄂᆞᆯ 댱비 노ᄒᆞ야 원을 주기고 인을 아ᄉᆞ니 사ᄅᆞᆷ이 다 ᄃᆞ라나거ᄂᆞᆯ (張飛自芒碭山中飄蕩落草, 待投河北去, 路經古城過, 入縣借糧; 縣官不肯, 就殺入去, 奪了縣印, 縣官逃去.) <삼국-가정 9:133>

【표표-히】 부 표표(飄飄)히. 팔랑팔랑. 나부끼거나 날아오르는 모양이 가볍게.¶ ▼飄飄 ‖ 현덕이 보니 공명의 신댱이 팔쳑이오 양지 관옥 ᄀᆞᆺ더라 머리의 눈건을 쓰고 몸의 학챵의ᄅᆞᆯ 니버시니 눈셥의는 강산의 ᄲᅢ여난 거ᄉᆞᆯ 모도왓고 가ᄉᆞᆷ의는 텬디의 틀을 ᄀᆞᆷ초와시니 표표히 당셰예 신션이러라 (玄德見孔明身長八尺, 面如冠玉, 頭戴綸巾, 身披鶴氅, 眉聚江山之秀, 胸藏天地之機, 飄飄然當世之神仙也.) <삼국-가정 12:104> 이쟝이 대경ᄒᆞ야 ᄆᆞᆯ을 잡고 ᄇᆞ라보니 ᄒᆞᆫ 사ᄅᆞᆷ이 눈건 학챵의예 우션을 들고 셩샹의셔 크게 블러 닐오ᄃᆡ (二人大驚, 勒馬視之, 見一人綸巾羽扇, 鶴氅道袍, 放聲大叫曰.) <삼국-가정 32:54>

【푸라-】 형 푸르다.¶ ▼靑 ‖ 공명이 다 장의 불너드려 보이 푸란 눈니요 검은 나치요 누란 털이요 불근 슈염이요 귀에 금환을 걸고 머리를 동히고 발을 벗고 (孔明盡教入帳看時, 皆是靑眼黑面, 黃髮紫鬚, 耳帶金環, 髽頭跣足, 長力大之士.) <삼국-모종 14:94>

【푸례】 명 푸레. 민어의 부레를 끓여서 만든 풀. 교착력이 강하여 목기를 붙이는 데 많이 쓴다. 아교풀(阿膠).¶ ▼膠漆 ‖ 노숙이 허락고 도라가나 그 뜻을 히혹지 못ᄒᆞ더라 주유다려 ᄇᆡ 빌니라 ᄒᆞ던 말을 아니ᄒᆞ고 다만 공의 살 짓는 ᄃᆡ와 깃과 푸례 등물 도모지 보지 못할너라 ᄒᆞᆫᄃᆡ (肅允諾, 卻不解其意, 回報周瑜, 果然不提起借船之事, 只言孔明並不用箭竹、翎毛、膠漆等物, 自有道理.) <삼국-모종 8:4>

【푹푹-ᄒᆞ-】 형 푹신푹신하다.¶ ▼원컨대 지존의 위덕이 ᄉᆞ히예 더으고 구쥐ᄅᆞᆯ 두어 뎨업을 일운 후의 안거포룬[안거는 편안ᄒᆞᆫ 수레오 포룬은 수레바쾨ᄅᆞᆯ 부들로 싸 푹푹ᄒᆞ야 구울기ᄅᆞᆯ 잘ᄒᆞ게 ᄒᆞ미라]을 브ᄅᆞ시면 슉이 보야흐로 현달ᄒᆞᆯ가 ᄒᆞ노이다 (願至尊威德加於四海, 總括九州, 克成帝業, 那時以安車蒲輪征召, 肅始當顯矣.) <삼국-가정 17:61>

【풀무】 명 ((기물)) 불을 피울 때에 바람을 일으키는 기구. 쇠를 달구거나 쇳물을 녹여 땜질 등을 하는 데 이용되는 기구. 풍구.¶ ▼爐 ‖ 니졔 댱군이 위엄을 집고 병을 맛타시니 만일 환관을 버힐진ᄃᆡ 큰 풀무를 부러 터럭을 틔옴 갓흐니 (今將軍仗皇威, 掌兵要, 龍驤虎步, 高下在心, 若欲誅宦官, 如'鼓洪爐燎毛髮'耳.) <삼국-모종 1:36>

【풀으-】 형 푸르다.¶ ▼碧 ‖ 두목은 이 번[번]왕 사마가니 면식은 피 갓고 눈은 풀으고 ᄒᆞᆫ ᄂᆞᆺ 쇠질너골틱을 부리고 허리예 두 장 활을 씌고 위풍이 늠ᄂᆞᆷᄒᆞ니 (爲首乃是番王沙摩柯, 生得面如噀血, 碧眼突出, 使一個鐵蒺藜骨朵, 腰帶兩張弓, 威風抖擻.) <삼국-모종 13:84>

【품】 명 품. 두 팔을 벌려서 안을 때의 가슴.¶ ▼貼肉 ‖ 셰 품으로셔 ᄒᆞᆫ 문셔를 내니 ᄯᆞᆷ이 저저 글ᄌᆞᄅᆞᆯ 계유 분변ᄒᆞᆯ러라 (緒貼肉取出, 汗已濕透, 略教一視.) <삼국-가정 30:21>

【풍념-ᄒᆞ-】 동 풍염(豊稔)하다. 풍요하게 곡식이 여물다. 풍작을 이루다.¶ ▼大熟 ‖ 냥천 ᄇᆡᆨ셩이 태평호믈 즐겨 밤의 문을 닷디 아니ᄒᆞ며 길히 드른 거ᄉᆞᆯ 줏디 아니ᄒᆞ고 ᄒᆡ마다 풍념ᄒᆞ니 (益州之民, 欣樂太平, 夜不閉戶, 路不拾遺. 幸是連年大熟, 老幼皆鼓腹謳歌.) <삼국-가정 28:58> 우리 나라히 신녕의 작얼허믈 인ᄒᆞ야 일즙 졔ᄒᆞᄆᆡ 사람의 머리 칠ᄎᆞᆯ 사십 구과 흑우ᄇᆡᆨ양을 죽여ᄡᅧ 졔ᄒᆞ니 ᄌᆞ연 무사ᄒᆞ고 ᄯᅩ ᄒᆡ마다 풍념ᄒᆞ더이다 (用七七四十九顆人頭幷黑牛白羊祭之, 自然風恬浪靜, 方才渡之, 更兼連年豊稔.) <삼국-가정 29:64> ▼大收 ‖ 내 혜아리니 한듕이 젼년히 크게 풍념ᄒᆞ고 금년의 보리 닉어 냥쵸 풍죡ᄒᆞ니 비록 뎐운ᄒᆞ기 어려오나 ᄯᅩᄒᆞᆫ 반년을 견ᄃᆡ리라 뎨 엇디 즐겨 ᄃᆞ라나리오 (吾料諸葛亮上年大收, 今年麥熟, 糧草豊足; 雖然轉運艱難, 亦可支吾半載, 彼安肯便走也?) <삼국-가정 32:83>

【풍뉴-ᄒᆞ-】 동 풍류(風流)하다. 멋스럽고 풍치가 있게 놀다. 풍류를 연주하다. 음악 연주를 하다.¶ ▼樂 ‖ 탁 왈 이 겨집이 엇던 사ᄅᆞᆷ고 윤이 ᄃᆡ왈 풍뉴ᄒᆞᄂᆞᆫ 아ᄒᆡ 툐션이닝이다 (卓曰: "此女何人也?" 允曰: "樂童貂蟬也.") <삼국-가정 3:76>

【풍늠-ᄒᆞ-】 동 풍늠(豐廩)하다. 풍요하게 곡식이 여물다. 풍작을 이루다.¶ ▼豐熟 ‖ 근년의 풍늠ᄒᆞ니 즁관을 양ᄋᆞ에 모하 쓰다듬고 권ᄒᆞᄂᆞᆫ 뜻을 보이리니 쥬공은 ᄒᆞᆫ 번 ᄒᆡᆼᄒᆞ라 (近年豐熟, 合聚衆官於襄陽, 以示撫慰之意, 請主公一行.) <삼국-모종 6:33>

【풍등-ᄒᆞ-】 형 풍등(豐登)하다. 농사를 지은 것이 아주 잘되다.¶ ▼大熟 ‖ 또 다ᄒᆡᆼ니 연ᄋᆞ의 풍등ᄒᆞ니 일노 인ᄒᆞ냐 군양 기계가 ᄀᆞ쵸미 아니미 업ᄂᆞᆫ지라 (又幸連年大熟, … 因此軍器械應用之物, 無不完備.) <삼국-모종 14:64>

【풍우】 명 ((천문)) 풍우(風雨). 바람과 비. 비바람.¶ ▼風雨 ‖ 이 동남 팔납동의 동쥬ᄂᆞᆫ 목녹ᄃᆡ왕이니 깁히 볍수ᄅᆞᆯ 통ᄒᆞ고 나간즉 상을 타고 능히 풍우ᄅᆞᆯ 브리고 호표와 싀랑과 독사와 악가리 항상 ᄯᆞᆯ오고 (此去西南八納洞洞主木鹿大王, 深知法術, 出則騎馬, 能呼風喚雨, 常有虎豹豺狼, 毒蛇惡蝎跟隨.) <삼국-모종 15:2>

【풍운】 명 ((인류)) 풍운(風雲). 군신.¶ ▼風雲 ‖ 그ᄃᆡᄅᆞᆯ 됴문ᄒᆞ노니 약관[십오 세라]의 풍운을 제회[만나닷 말이라]ᄒᆞ야 패업을 셰워 강남을 웅거ᄒᆞ도다 (吊君弱冠, 際會風雲; 定建霸業, 割據江南.) <삼국-가정 18:72>

【퓌-】 동 (꽃이) 피다. 꽃봉오리 따위가 벌어지다.¶ ▼開 ‖ ᄂᆡ 장후의 ᄒᆞᆫ 도원이 잇ᄉᆞ니 ᄭᅩᆺ치 퓌여 뎡히 셩ᄒᆞ엿ᄉᆞ니 명일의 맛당이 원즁의 가 천지게 졔고ᄒᆞ고 우리 삼인이 결의형졔ᄒᆞ여 협녁동심ᄒᆞᆫ 후의 ᄃᆡᄉᆞᄅᆞᆯ 도모ᄒᆞ리라 (吾莊後有一桃園, 花開正盛, 明日當於園中祭告天地, 我三人結爲兄弟, 協力同心, 然後可圖大事.) <삼국-모종 1:7>

【플-ᄭᅳ럼이】 명 풀꾸러미.¶ ▼草把 ‖ 유현이 의계ᄒᆞ야 ᄃᆞᆼ야 이경의 과연 일포군이 ᄋᆞ르러 각ᄋᆞ 플ᄭᅳ럼이ᄅᆞᆯ 가져 일졔히 불을 노흐니 (劉賢依計, 當夜二更, 果然有一彪軍到寨口, 每人各帶草把, 一齊放火.) <삼국-모종 9:9>

【풍늠-ᄒᆞ-】 형 풍름(豐廩)하다.¶ ▼豐熟 ‖ 근년의 풍늠ᄒᆞ니 즁관을 양ᄋᆞ에 모하 쓰다듬고 권ᄒᆞᄂᆞᆫ 뜻을 보이리니 쥬공은 ᄒᆞᆫ 번 ᄒᆡᆼᄒᆞ라 (近年豐熟, 合聚衆官於襄陽, 以示撫慰之意, 請主公一行.) <삼국-모종 6:33>

【프-】 동 풀다. 어떤 감정이나 분노 따위를 누그러뜨리다.¶ ▼解 ‖ 이제 두 범이 싸호면 반ᄃᆞ시 ᄒᆞ나히 샹ᄒᆞᆯ 거시니 내 너희 두 사ᄅᆞᆷ을 권ᄒᆞ여 프니 ᄃᆞ토디 말라 (今兩虎共鬪, 必有一傷, 須誤了我大事. 吾與你二人勸解, 休得爭論.) <삼국-가정 20:69>

【프르-】 형 푸르다.¶ ▼碧 ‖ 구룸이 프른 디애예 나니 옥농이 ᄂᆞᄂᆞᆫ도다 (雲生碧瓦玉龍飛.) <삼국-가정 18:33>

【프른-디애】 명 ((기물)) 푸른 기와.¶ ▼碧瓦 ‖ 구룸이 프른디애예 나니 옥농이 ᄂᆞᄂᆞᆫ도다 (雲生碧瓦玉龍飛.) <삼국-가정 18:33>

【프른-주머니】 명 ((기물)) 푸른주머니. 청낭(靑囊). 천문, 복술, 의술에 관한 책을 넣는 주머니.¶ ▼靑囊 ‖ 평이 보니 그 사ᄅᆞᆷ이 괴이ᄒᆞᆫ 두건과 슈샹ᄒᆞᆫ 오ᄉᆞᆯ 닙고 ᄑᆞᆯ히 프른주머니ᄅᆞᆯ 메고 (平視其人, 怪巾異服, 臂挽靑囊.) <삼국-가정 24:99>

【프른-ᄇᆡ암】 명 ((동물)) 푸른뱀. 청사(靑蛇).¶ ▼靑蛇 ‖ 보야흐로 쇼좌의 오르 거ᄒᆞ더니 홀연 뎐 말르로셔 밋친 ᄇᆞ람이 크게 니러나며 ᄒᆞᆫ 프른ᄇᆡ암이 ᄃᆞᆯ보 우흐로셔 ᄂᆞ리니 기리 이십여 댱이나 ᄒᆞ더라 어탑의 셔리니 녕뎨 보시고 놀라 것구러디거ᄂᆞᆯ 무ᄉᆡ 급히 구ᄒᆞ야 내니 (方欲升座, 殿角狂風大作, 見一條靑蛇, 從梁上飛下來, 約二十餘丈長, 蟠于椅上.靈帝驚倒, 武士急慌救出.) <삼국-가정 1:3>

【플】 명 ((식물)) 풀.¶ ▼草 ‖ 쟝ᄎᆞᆺ 뫼ᄒᆞᆯ 디나게 되엿더니 ᄒᆞᆫ 소ᄅᆡ 방포의 오ᄇᆡᆨ군이 ᄂᆡ다라 피을 ᄲᅮ리니 다만 공즁의 됴회사ᄅᆞᆷ과 풀로 ᄆᆡᆫ든 ᄆᆞᆯ이 어즈러이 ᄡᅡ히 ᄲᅥ러지며 바람과 우레 즉시 긋치고 모래도 나지 아니ᄒᆞ더라 (將過山頭, 一聲炮響, 五百軍穢物齊潑. 但見空中紙人草馬, 紛紛墜地, 風雷頓息, 砂石不飛.) <삼국-규장 1:40>

【플을 버혀도 불희ᄅᆞᆯ 업시ᄒᆞ미라】 속 발본색원(拔本塞源).¶ ▼斬草除根 ‖ 이 반ᄃᆞ시 동탁이라 녀포ᄅᆞᆯ ᄇᆞ리고 몬져 동탁을 잡아야 플을 버혀도 불희ᄅᆞᆯ 업시ᄒᆞ미라 (關上必是董卓! 追趕呂布, 有甚强處? 不如先拿董賊, 便是斬草除根!) <삼국-가정 2:89>

【플-】[1] 동 풀다. 모르거나 복잡한 문제 따위를 알아내거나 해결하다.¶ ▼解釋 ‖ 만일 승샹부의 가면 골육이 다 ᄀᆞᄅᆞ 되리니 ᄇᆞ라건대 냥ᄋᆞ은 슈죠ᄅᆞᆯ ᄂᆞ리와 대쟝군을 불러 드러오라 ᄒᆞ샤 그 일을 프러 니ᄅᆞ쇼셔 (若到相府, 骨肉皆爲齏粉矣, 望娘娘賜手詔, 宣大將軍入宮, 解釋其事.) <삼국-가정 1:118> ▼分解 ‖ 내 채쟝군을 보면 ᄌᆞ연 닐러 플 거시니 승샹의 관홍ᄒᆞᆫ ᄯᅳ들 막디 말라 (我見蔡將軍, 自有分解. 旣丞相美度, 敎關雲長去, 不可廢丞相寬洪之意.) <삼국-가정 9:120>

【플-】[2] 동 풀다.¶ ▼披 ‖ 비 ᄭᅳ어 나오혀고 보니 머리를 플고 ᄂᆞᆺ치 ᄠᅵᄅᆞᆯ 뭇티고 잇거ᄂᆞᆯ 비 ᄉᆞ매로 그 ᄂᆞᆺᄎᆞᆯ ᄉᆞᆺ고 보니 견시 옥 ᄀᆞᄐᆞᆫ ᄉᆞᆯ히 곳 ᄀᆞᄐᆞᆫ 얼골이 경국지ᄉᆡᆨ이어ᄂᆞᆯ (丕拖近前, 見披髮垢面. 丕以衫袖拭其面而觀之, 見甄氏玉肌花貌, 有傾國之色.) <삼국-가정 11:65>

【플-검줄】 명 검불.¶ ▼芥 ‖ 내 졔갈량 보ᄆᆞᆯ 플검줄ᄀᆞ티 너기ᄂᆞ니 엇디 두려ᄒᆞ리오 내 만일 뉴비와 졔갈량을 못 자바오면 내 머리ᄅᆞᆯ 승샹긔 드리리라 (吾看諸葛如草芥耳, 有何懼哉! 吾若不一陣生擒劉備, 活捉諸葛, 願獻悖首與丞相!) <삼국-가정 13:48>

【플-낫】 명 초개(草芥). 지푸라기라는 뜻으로, 쓸모없고 하찮은 것을 비유적으로 이르는 말.¶ ▼草芥 ‖ 내 관외예 모ᄃᆞᆫ 졔후ᄅᆞᆯ 보니 다 플낫 ᄀᆞᄐᆞᆫ디라 (吾覷關外衆多諸侯如草芥.) <삼국-가정 2:59>

【플-무덕이】 명 풀무더기.¶ ▼草堆 ‖ 원쥐 그날 밤의 히 둘히 원 뒤희 떠러뎌 뵈거늘 놀라 씨드라 오술 닙의초고 나와 두로 보니 원 뒤 플무덕이 우희 화광이 하늘히 다핫는더라 (莊主是夜夢兩紅日墜于莊後, 莊主驚覺, 披衣出戶, 四下觀望, 見莊後草堆上火起衝天.) <삼국-가정 1:131>

【플-집】 명 ((주거)) 풀집. 풀로 이엉을 한 집.¶ ▼草房 ‖ 곡둥의 복병이 업고 뫼 우희 플집을 두로 지엇더이다 (谷中並無伏兵, 山上皆是草房.) <삼국-가정 34:38> 크게 군ᄉᆞ를 모라 곡둥으로 드러가 두로 보니 플집의 오로 ᄆᆞ른 섭플 싸핫고 젼면의 위연이 칼홀 빗기고 ᄆᆞᆯ을 자밧거늘 (大驅士馬, 皆入谷中. 懿忽見草房中盡是乾柴, 前面魏延勒馬橫刀而立.) <삼국-가정 34:38>

【픗-도적】 명 ((인류)) 초적(草賊). 좀도둑.¶ ▼草寇 ‖ 우리게는 호티라 ᄒᆞ는 허뎨 잇거니와 엇디 텬하의 너 ᄀᆞ튼 픗도적을 두려ᄒᆞ리오 (吾有虎痴許褚, 豈憚天下草寇耶?) <삼국-가정 19:31>

【피】 명 ((신체)) 피.¶ ▼血 ‖ 닑기를 파ᄒᆞ매 피를 마시니 모든 사ᄅᆞᆷ이 그 글의 강개ᄒᆞᆷ을 인ᄒᆞ야 드듸여 나 톄읍이 횡뉴ᄒᆞ고 (讀畢, 歃血. 衆等因其辭氣慷慨, 遂皆涕泣橫流.) <삼국-가정 2:55> 만왕 사마개는 ᄂᆞᆺ치 피 ᄲᆞ믄 듯ᄒᆞ고 프른 눈망울이 브러뎌 내밀고 텰지려골태라 ᄒᆞ는 텰퇴를 쓰고 허리의 궁젼을 ᄯᅴ여시니 위풍이 늠늠ᄒᆞ더라 (爲首乃是胡王沙摩柯, 生得面如噀血, 碧眼突出, 使一個鐵蒺藜骨朵, 腰帶兩張弓, 威風抖擻.) <삼국-가정 27:31>

【피곤-ᄒᆞ-】 동 피곤(被困)하다. 몸이나 마음이 지쳐 고달프다.¶ ▼疲困 ‖ 숙부 피곤ᄒᆞ니 엇지ᄒᆞ리오 (叔父被困, 如之奈何?) <삼국-국중 13:70>

【피란-ᄒᆞ-】 동 피란(避亂)하다.¶ ▼避亂 ‖ 원릭 양양 방통의 ᄌᆞ는 ᄉᆞ원이니 피란ᄒᆞ기를 인ᄒᆞ여 강동의 우거ᄒᆞ니 노슉이 일즉 쥬유의계 천거ᄒᆞ여 통이 보기를 밋지 못ᄒᆞ여 (原來襄陽龐統, 字士元, 因避亂寓居江東, 魯肅曾薦之於周瑜, 統未及往見.) <삼국-모종 8:21>

【피랴】 부 필히.¶ ▼必 ‖ 조군이 양식을 겁약ᄒᆞ니 조조 피른 친히 가고 시는 빌 거시니 병을 노아 조식를 뭇지르면 죄 듯고 피랴 속히 도라오리니 (曹軍劫糧, 曹操必然親往, 操旣自出, 寨必虛空, 可縱兵先擊曹操之寨, 操聞之, 必速還.) <삼국-모종 5:59>

【피련】 부 필연(必然). 반드시.¶ ▼必 ‖ 좌우 혹니 제쎄 고왈 근닉 드른니 위공니 ᄉᆞᄉᆞ로 써 임군코져 ᄒᆞ니 불구에 피련 위을 찬탈ᄒᆞ린니다 (左右或奏帝曰: "近聞魏公欲自立爲王, 不久必將簒位.") <삼국-모종 11:45>

【피육】 명 ((신체)) 피육(皮肉). 가죽과 살.¶ ▼皮肉 ‖ 븍녁 시닉 셧녁히 이시듸 닐곱 사람이 다혀 먹으니 ᄲᆞᆯ이 가츠즈면 피육이나 마시리라 (在北溪之西, 七人宰之. 疾速去尋, 皮肉尙存.) <삼국-가정 22:87>

【피펴-ᄒᆞ-】 동 피폐(疲敝 /疲弊)하다. 지치고 쇠약하여지다.¶ ▼疲憊 ‖ 조죠의 즁은 멀니 오ᄆᆡ 피펴ᄒᆞ고 근간의 예쥬를 ᄯᆞ를 졔 경긔로 일일 일야의 삼ᄇᆡᆨ 니를 ᄒᆡᆼᄒᆞ니 (曹操之衆, 遠來疲憊, 近追豫州, 輕騎一日夜行三百里.) <삼국-모종 7:94>

【핀계-ᄒᆞ-】 동 핑계하다. 핑계대다.¶ ▼推 ‖ 오늘이 실로 내 ᄉᆡᆼ일이 아니라 공둥으로 더브러 ᄆᆞᆺ고져 ᄒᆞ되 도적이 의심홀가 두려 내 ᄉᆡᆼ일이라 핀계ᄒᆞ엿ᄂᆞ니 (老夫非賤降之日, 要與衆官聚會, 恐賊生疑, 故推賤降.) <삼국-가정 2:21>

【필부】 명 ((인류)) 필부(匹夫). 한 사람의 남자. 또는 신분이 낮고 보잘것없는 사내.¶ ▼匹夫 ‖ 네 글 닑기를 됴히 너기디 아니ᄒᆞ고 ᄆᆞᆯ ᄃᆞᆯ리고 활 ᄡᅩ와 호반의 일을 됴하ᄒᆞ니 이는 필부의 용이라 엇디 족히 귀ᄒᆞ리오 (汝不讀書而好汗馬, 此乃匹夫之勇, 何足貴也!) <삼국-가정 23:103>

【필슈】 명 ((천문)) 필수(畢宿). 별 이름. 28수의 하나로, 묘수(昴宿)와 삼수(參宿) 사이에 있다. 변경의 군대와 비를 주관하는 별이어서 우사(雨師)를 이르는 말로 쓰이기도 한다.¶ ▼畢星 ‖ 엇디 그 어리미 심ᄒᆞ뇨 너희로 ᄒᆞ여곰 가라 ᄒᆞᆫ문 쥬ᄒᆞᆫ 소견이 이시미라 내 어제 밤의 텬문을 보니 필쉬[별일홈이라] 태음의 드러시니 이 ᄃᆞᆯ 닉예 반ᄃᆞ시 대위 올디라 (何其愚也! 吾令汝等此去, 自有主見: 吾昨夜仰觀天文, 見畢星躔于太陰之分, 此月內必有大雨淋漓.) <삼국-가정 32:105>

【핍절-ᄒᆞ-】 동 핍절(乏絶)하다. 공급이 끊어져 아주 없어지다. 모자라다. 끊기다.¶ ▼공명이 우쟝군 현도후 고샹으로 ᄒᆞ여곰 일쳔 병을 인ᄒᆞ야 목우뉴마를 모라 검각으로브터 냥초를 슈운ᄒᆞ야 긔산 대채예 니르니 촉병의 지용ᄒᆞ미 핍절티 아닌더라 (孔明令右將軍、玄都侯高翔, 引一千兵駕木牛流馬, 自劍閣直抵祁山大寨, 往來搬運糧草, 供給蜀兵用度.) <삼국-가정 34:13>

【핍절-ᄒᆞ-】 동 핍절(乏絶)하다. 공급이 끊어져 아주 없어지다. 모자라다. 끊기다.¶ ▼乏 ‖ 반ᄃᆞ시 ᄉᆞ마의라 우리 영둥의 냥식이 핍절ᄒᆞ고 니엄의게 여러 번 직촉ᄒᆞ되 지금 도라오디 아니ᄒᆞ니 쟝ᄎᆞᆺ 엇디ᄒᆞ리오 (此必是司馬懿也. 卽目營中乏糧, 李嚴處催幷去久, 未見運到.) <삼국-가정 33:54>

【핏-내】 명 피냄새.¶ ▼血臭 ‖ ᄯᅩ 오술 가져오라 ᄒᆞ니 죵이 오술 가져와시되 오ᄉᆡ 핏내 잇거늘 년ᄒᆞ야 두어 번을 밧고되 내 ᄒᆞᆫ가지로 나니 각이 됴탕ᄒᆞ기를 마디 아니ᄒᆞ더니 (又令取衣穿, 侍婢進衣, 亦有血臭, 連換數次, 皆臭無異. 惆悵不已.) <삼국-가정 36:13>

【ᄑᆞ람】 명 ❶ 짐승들이 우는 소리.¶ ▼嘯 ‖ 룡이 움즉이면 샹셔의 구름이 이러나고 범이 ᄑᆞ람 블면 화ᄒᆞᆫ 바람이 니르니 이 ᄲᅧ 화셩이라 ᄒᆞ는 거손 농이오 (龍動則景雲起, 虎嘯則谷風至, 所以爲火星者龍.) <삼국-가정 22:94> ❷ 휘파람. 입술을 좁게 오므리고 혀끝으로 입김을 불어서 맑게 내는 소리. 또는 그런 일.¶ ▼嘯 ‖ 공명이 무롭 안고 ᄑᆞ람 불며 네 사ᄅᆞᆷ을 ᄀᆞᄅᆞ쳐 닐오듸 (孔明自抱膝長嘯, 而指四人曰.) <삼국-가정 12:74>

【ᄑᆞ리】 [1]명 ((곤충)) 파리.¶ ▾蠅 ‖ 아히 드ᄅᆞ니 샹말의 닐오ᄃᆡ 당낭[물좋구으리란 말이라]이 아므리 노호와도 술위바퀴ᄅᆞᆯ 당티 못ᄒᆞᆫ다 ᄒᆞ엿고 ᄒᆞ믈며 슈후의 구슬[야광쥐라]로 가히 새ᄅᆞᆯ ᄡᅩ디 못ᄒᆞᆯ 거시오 ᄑᆞ리ᄅᆞᆯ 노희여 칼흘 ᄲᅢ히디 못ᄒᆞᆯ 거시니 ᄒᆞᆫ갓 신위만 잇브게 ᄒᆞ리이다 (兒聞世人有云: '螳螂之忿, 安當車轍?' 況隋侯之珠, 不可彈雀; 怒蠅拔劍, 徒費神威.) <삼국-가정 24:69>

【ᄑᆞ리-채】 명 ((기물)) 파리채. 파리나 곤충 따위를 잡거나 쫓기 위한 용도로 만든 채.¶ ▾麈尾 ‖ 쥐엿ᄂᆞᆫ ᄑᆞ리채로 두드려 닐오ᄃᆡ 안량이 어ᄃᆡ 잇ᄂᆞ뇨 (遂以手中麈尾擊其戶曰: "雲長安在?") <삼국-가정 25:54> 두 쇼동으로 ᄒᆞ여곰 보검과 ᄑᆞ리채ᄅᆞᆯ 들리고 (左有一小童手捧寶劍, 右有一童手執麈尾.) <삼국-가정 31:34>

【ᄑᆞᆯ】 명 ((신체)) 팔.¶ ▾猿臂 ‖ 뢰 윤을 보고 ᄆᆞᆯ 우희셔 가비야이 긴 ᄑᆞᆯ로 윤의 오ᄉᆞᆯ 잡고 골회 ᄀᆞᆺ튼 눈을 브ᄅᆞᄠᅳ고 ᄒᆞᆫ 손으로 허리예 보검을 ᄲᅢ혀 (布見王允, 就馬上輕舒猿臂, 一把揪住衣襟, 睜圓環眼, 手掣腰間寶劍.) <삼국-가정 3:79>

【ᄑᆞᆯ댱】 명 ((신체)) 팔짱.¶

【ᄑᆞᆯ댱ᄭᅩᆺ고 겨틔셔 보다】 줌 수수방관(袖手傍觀)하다. 간섭하거나 거들지 않고 그대로 내버려두다.¶ ▾袖手傍觀 ‖ 오ᄂᆞᆯ 공근이 공복을 듕히 칙호ᄃᆡ 우리ᄂᆞᆫ 그의 부해라 감히 세워 말리디 못ᄒᆞ엿거니와 션ᄉᆡᆼ은 손이어ᄂᆞᆯ 엇디 ᄑᆞᆯ댱 ᄭᅩᆺ고 겨틔셔 보며 ᄒᆞᆫ 말도 아니ᄒᆞ더니 (今日公謹責問於公覆, 我等皆是他負荷, 不敢冒犯苦勸; 先生是客, 何苦袖手傍觀, 不發一言也?) <삼국-가정 16:90>

【ᄑᆞᆯㅎ】 명 ((신체)) 팔.¶ ▾臂 ‖ 이날 황튱을 구ᄒᆞ고 ᄇᆡᆨ셩을 블러 ᄒᆞᆫ가지로 한현을 주기랴 ᄒᆞ야 ᄑᆞᆯ흘 메와ᄃᆞ니 듕히 조ᄎᆞᆯ 재 수ᄇᆡᆨ인이러라 (當日救了黃忠, 教百姓同殺韓玄, 袒臂一呼, 相從者數百餘人.) <삼국-가정 17:54> 맛당이 괴요ᄒᆞᆫ 고ᄃᆡ 기동을 박고 기동의 큰 원환을 박고 군후의 ᄑᆞᆯ흘 골회예 녀허 ᄆᆡ이 ᄆᆡᆫ 후의 니블로 머리ᄅᆞᆯ ᄡᅳ고 (當於靜處立一標柱, 上釘大環, 請君侯將臂穿於環中, 以繩係之, 然後以被蒙其首.) <삼국-가정 24:101> ▾猿臂 ‖ 이 사ᄅᆞᆷ이 신댱이 구 쳑이오 진납의 ᄑᆞᆯ히오 활ᄡᅩ기 잘ᄒᆞ고 깁히 모략이 이시며 튱의 늠〻ᄒᆞ니 (此人身長九尺, 猿臂善射, 深有謀略, 忠義凜然.) <삼국-가정 31:65>

【ᄑᆡ쥬-ᄒᆞ-】 동 패주(敗走)하다. 싸움에 져서 달아나다.¶ ▾敗走 ‖ 위연으로 교젼ᄒᆞ야 십여 합의 마ᄃᆡ ᄯᅩᄒᆞᆫ ᄑᆡ쥬ᄒᆞ다 ᄀᆞ만니 몸을 돌쳐 위연을 쏘ᄋᆞ 좌편 팔을 맛치니 (魏延只道是馬超, 舞刀躍馬迎之. 與馬岱戰不十合, 岱敗走. 延趕去, 被岱回身一箭, 中了魏延左臂.) <삼국-국중 11:137>

【ᄑᆡᆼ기-던지-】 동 팽개치다.¶ ▾ᄑᆡᆼ기던진단 말 (丟) <삼국-어람 109b>

【ᄑᆡᆼ식-ᄒᆞ-】 동 팽식(烹食)하다.¶ ▾烹 ‖ 이제 송강 노어를 ᄑᆡᆼ식ᄒᆞ미 ᄯᅩ 자ᄋᆞ강[붉근 싹 싱강]이 니셔야 ᄀᆞᄒᆞ다 (烹松江鱸魚, 須紫芽薑方可.) <삼국-국중 12:62>

【ㅎ】

【하】 부 아주. 몹시. 대단히. 크게. 퍽. 매우 많이. 정말 많이. 정도가 매우 심하거나 큼을 강조하여 이르는 말. 중세 국어 형용사 '하다'[大, 多]의 어간에서 파생한 부사. 하(많다, 多)+-∅(부사 파생 접미사).¶ ▼甚 ‖ 뎍군이 하 용녈ᄒᆞ니 죡히 두렵디 아니ᄒᆞ다 (亦軍甚猥, 不足畏也!) <삼국-가정 13:59> ▼드ᄅᆞ히 늘근 ᄇᆡᆨ셩이 속반을 드리니 샹과 휘 자시되 하 사오나오니 ᄎᆞ마 목의 ᄂᆞ리디 아녀 ᄒᆞ시더라 (野老進粟飯, 上與后共食, 粗糲不能下咽喉.) <삼국-가정 5:49>

【하-】 형 하다. 크다. 많다.¶ ▼多 ‖ 슐이 비록 ᄀᆞᆺ 패ᄒᆞ여시나 오히려 군ᄉᆡ 하고 냥식이 죡ᄒᆞ니 만일 진병ᄒᆞ엿다가 니티 못ᄒᆞ면 홰 강동의 미ᄎᆞ리니 (術雖新敗, 兵將極多, 糧食足備, 倘進兵不利, 禍及江東.) <삼국-가정 6:103> 내 쟝군을 쳥ᄒᆞ야 셜연ᄒᆞ려 ᄒᆞ거ᄂᆞᆯ 엇던 즁이완ᄃᆡ 말 한 양ᄒᆞᄂᆞ뇨 (吾欲請將軍赴宴, 汝僧人何多言也!) <삼국-가정 9:102> 조의 위인이 평ᄉᆡᆼ의 의심이 하니 비록 용병을 잘ᄒᆞ나 의심곳 하면 패ᄒᆞ므로 내 의병을 베퍼 이긔니이다 (操平生爲人多疑, 雖能用兵, 疑則多敗. 吾以疑兵勝之.) <삼국-가정 23:97>

【하날-글】 명 하늘글. 천서(天書). 하날(하늘, 天)+글(글, 書).¶ ▼天書 ‖ 하로ᄂᆞᆫ 믄득 뇌졍이 셕벽을 ᄭᅵ쳐날 하날글을 셰 권을 어드니 일홈을 둔갑천셰라 ᄒᆞ여시니 샹권을 텬둔이라 ᄒᆞ엿고 듕권은 일홈을 지둔이라 ᄒᆞ엿고 하권을 일홈을 인둔이라 ᄒᆞ여시니 (忽有天雷震碎石壁, 得天書三卷, 名曰«遁甲天書». 上卷名«天遁», 中卷名«地遁», 下卷名«人遁».) <삼국-가정 22:70>

【하날ㅎ】 명 ((천문)) 하늘.¶ ▼天 ‖ 말이 맛지 못ᄒᆞ야 셔냥편의셔 북쇼ᄅᆡ 진동ᄒᆞ고 블과 ᄂᆡ와 하날흘 더퍼 니러나거ᄂᆞᆯ 죄 놀나 거의 말게 ᄠᅥ러질 번ᄒᆞ더라 (說猶未了, 兩邊鼓聲響處, 火烟竟天而起, 驚得曹操幾乎墜馬.) <삼국-가정 16:64> ▼天地 ‖ 비 오기ᄂᆞᆫ 하날히 뎡ᄒᆞᆫ 싊니 요인이 모쳐 그ᄡᅵ를 만낫거ᄂᆞᆯ (雨乃天地之定數, 妖人偶遇其便.) <삼국-가정 10:33>

【하ᄂᆞᆯㅎ】 명 ((천문)) 하늘.¶ ▼天 ‖ ᄆᆞᄎᆞᆷ내 텬명이 도라갈 ᄃᆡ 이시니 즌흙 가온대 서린 뇽이 하ᄂᆞᆯ흘 향ᄒᆞ야 ᄂᆞᄂᆞᆫ 또다 (到頭天命有所歸, 泥中蟠龍向天飛.) <삼국-가정 12:20>

【하달디리-ᄒᆞ-】 동 하달지리(下達地理)하다. 아래로 지리에 통하다.¶ ▼下察地照 ‖ 기모 황씨ᄂᆞᆫ 곳 황승언의 녀라 얼골이 심이 누츄ᄒᆞ나 ᄌᆡ직 이셔 샹통텬문ᄒᆞ고 하달디리ᄒᆞ고 (其母黃氏, 卽黃承彦之女. 母貌甚陋, 而有奇才, 上通天文, 下察地照.) <삼국-국중 17:89>

【하딕-ᄒᆞ-】 동 하직(下直)하다. 먼길을 떠날 때 웃어른께 작별을 고하다. 작별하다.¶ ▼辭別 ‖ 하후뮈 위쥬ᄅᆞᆯ 하딕ᄒᆞ고 셩야로 쟝안의 니ᄅᆞ러 관셔 군ᄆᆡ 이십여 만을 조용ᄒᆞ야 와 공명을 ᄃᆡ뎍ᄒᆞ더라 (夏侯楙辭別了魏主, 星夜到長安, 調關西諸路軍馬二十餘萬, 來敵孔明.) <삼국-모종 15:43>

【하라비】 명 ((인류)) 할아비. 할아버지. 할아범의 낮춤말. 할(←하다, 크다, 大)+아비(아버지, 父).¶ ▼祖 ‖ 경의 하라비 엇던 사ᄅᆞᆷ고 (卿祖何人?) <삼국-가정 7:71> ▼祖父 ‖ 우리 하라비 국가의 근뢰ᄒᆞᆫ 일이 만커ᄂᆞᆯ 이제 ᄉᆞ마의ᄂᆞᆫ 엇던 필뷔완ᄃᆡ 내형 조상 등의 형뎨ᄅᆞᆯ 다 죽여 그 삼족을 이멸ᄒᆞ고 부ᄌᆞ 삼인이 됴뎡 권을 잡아 (吾祖父于國家多建勳勞, 今司馬懿何等匹夫, 滅吾兄曹爽等弟兄, 夷其三族, 却乃父子三人掌握朝綱.) <삼국-가정 35:112>

【하로-앗ᄎᆞᆷ】 명 하루아침. 하로(하루, 一日)+앗ᄎᆞᆷ(아침, 旦).¶ ▼一旦 ‖ 위 왈 이ᄂᆞᆫ 부유의 ᄂᆞᆫ니라 강동이 삼셰ᄅᆞᆯ 지ᄂᆞ시니 엇지 하로앗ᄎᆞᆷ의 타인의게 ᄇᆞ리ᄂᆞᆫ이요 (瑜曰: "此迂儒之論也! 江東自開國以來, 今歷三世, 安忍一旦廢棄!") <삼국-모종 7:106>

【하슈-ᄒᆞ-】 동 하수(下手)하다. 손을 쓰다. 해치다. (중국어 간접 차용어).¶ ▼下手 ‖ 님의 류비의게 귀슌ᄒᆞ엿스니 반ᄃᆞ시 동심ᄒᆞ여 가리니 ᄡᅡ로ᄂᆞᆫ 장쉬 만닐 군쥬를 보면 엇디 하슈ᄒᆞ리오 (旣肯順劉備, 必同心而去. 所追之將, 若見郡主, 豈肯下手?) <삼국-국중 10:78>

【하외옴-ᄒᆞ-】 동 하품하다.¶ ▼哽噎 ‖ 의 하외옴ᄒᆞ고 닐오ᄃᆡ (懿作哽噎之聲曰.) <삼국-가정 35:80>

【하쳐】 명 ((상업)) 하처(下處). 손님이 길을 가다가 묵음. 또는 묵고 있는 그 집. 숙소(宿所).¶ ▼下處 ‖ 죄 일뎡 하쳬 이실 거시니 사ᄅᆞᆷ을 시겨 급히 블러 보소셔 (操無老少, 必有下處, 差人急喚.) <삼국-가정 2:27>

【학챵의】 명 ((복식)) 학창의(鶴氅衣). 소매가 넓고 뒤 솔기가 갈라진 흰옷의 가를 검은 천으로 넓게 댄 웃옷.¶ ▼鶴氅道袍 ‖ 이쟝이 대경ᄒᆞ야 ᄆᆞᆯ을 잡고 ᄇᆞ라보니 ᄒᆞᆫ 사ᄅᆞᆷ이 눈건 학챵의예 우션을 들고 셩샹의셔 크게 블러 닐오ᄃᆡ (二人大驚, 勒馬視之, 見一人綸巾羽扇, 鶴氅道袍, 放聲大叫曰.) <삼국-가정 32:54>

【한】 명 한(限). 시간, 공간, 수량, 정도 따위의 끝을 나타내는 말.¶ ▼界 ‖ 조죄 무예를 보고져 ᄒᆞ여 이의 근시로 ᄒᆞ여곰 셔천 홍금젼포를 가져오라 ᄒᆞ여 슈양가지 우희 걸고 그 아ᄅᆡ ᄉᆞᄃᆡ를 ᄆᆡᆫ들어 ᄇᆡᆨ보로 한을 삼고 (操欲觀武官比試弓箭, 乃使近侍將西川紅錦戰袍一領, 挂於垂楊枝上, 下設一箭垜, 以百步爲界.) <삼국-국중 10:92>

【한간】 부 한갓.¶ ▼空 ‖ 강유 홀노 기력 놉기랄 비계 구별[벌] 중원ᄒᆞ여 한간 수과ᄒᆞ도다 (姜維獨憑氣力高, 九伐中原空劬勞.) <삼국-모종 19:98>

【한-길ㅎ】 명 ((지리)) 한길. 큰길.¶ ▼通衢 ‖ ᄎᆡᆨ이 교ᄌᆞ를 타고 한길희 니르니 즁관이 물 가온ᄃᆡ셔 의복을 돌보지 아니ᄒᆞ고 절ᄒᆞᄂᆞᆫ 양을 보고 (策乘轎至通衢, 見衆官皆羅拜於水中, 不顧衣服.) <삼국-가정 10:33>

【한ᄂᆡ-ᄒᆞ-】 동 간래(趕來)하다. 따라오다. 뒤좇아오다.¶ ▼趕來 ‖ 잇ᄊᆡ 양앙이 됴군을 츄한ᄒᆞ다가 본치로 도라오니 하후연 장합이 인군ᄉᆞᆯ츌ᄒᆞ고 ᄇᆡ후로 됴군이 한ᄂᆡᄒᆞ니 (楊昂待要回時, 已被夏侯淵、張郃兩個占了寨柵. 背後曹操大隊軍馬趕來.) <삼국-국중 12:29> 봉이 ᄃᆡᄑᆡᄒᆞ여 연야로 샹뇽을 ᄇᆞ라고 다라ᄂᆞ니 ᄇᆡ후의 위병이 한ᄂᆡᄒᆞᄂᆞᆫ지라 (劉封大敗而走, 連夜奔回上庸, 背後魏兵趕來.) <삼국-국중 13:123>

【한뢰】 명 ((천문)) 한로(旱澇).¶ ▼旱澇 ‖ 미리 텬문의 한뢰[ᄀᆞ므며 비오기라]ᄅᆞᆯ 알며 몬져 디리의 평강을 알며 (預知天文之旱澇, 先識地理之平康.) <삼국-가정 33:26>

【한슈】 명 ((지리)) 한수(漢水). 중국에 있는 강 이름.¶ ▼漢水 ‖ 드ᄃᆡ여 현덕을 쳥ᄒᆞ여 친히 한슈ᄅᆞᆯ 건너 믈을 등두워 영을 ᄆᆡᆫᄃᆞ니 (遂請玄德親渡漢水, 背水結營.) <삼국-가정 23:93> 내 보니 쵹병이 한슈ᄅᆞᆯ 등두어 영을 ᄒᆞ니 의심ᄒᆞ엿더니 이제 ᄯᅩ 마필 긔계ᄅᆞᆯ 만히 ᄇᆞ려시니 이거시 두 가지 의심된 일이라 (吾見蜀兵背漢水安營, 而疑之一也; 多棄馬匹軍器者, 疑之二也.) <삼국-가정 23:95>

【한실】 명 한실(漢室). 한나라 조정.¶ ▼漢室 ‖ 방금에 한실이 기우러뎌 위ᄐᆡᄒᆞ고 ᄉᆞ방의 구름이 요란틋 ᄒᆞ니 괴 부형의 긔업을 니어 환 문의 정ᄉᆞ를 셰오고져 ᄒᆞᄂᆞ니 (方今漢室傾危, 四方雲擾, 孤承父兄餘業, 思立桓、文之政.) <삼국-가정 10:52>

【한ᄉᆞ-ᄒᆞ-】 동 한사(限死)하다. 기를 쓰다. 죽기를 각오하다.¶ ▼捨命 ‖ 여몽이 보고 소션의 쒸여나려 스ᄉᆞ로 ᄇᆡᆺᄃᆡ를 져어 ᄇᆞ로 ᄇᆡ쎄예 들어가 불을 노하 ᄇᆡ를 ᄉᆞ니 진취 급히 두득에 올으고져 ᄒᆞ거날 여몽이 한ᄉᆞᄒᆞ고 조ᄎᆞ가 압ᄒᆞ여 한 칼의 ᄊᆡᆨ으니 (呂蒙見了, 跳下小船, 自舉櫓棹, 直入船隊, 放火燒船, 陳就急待上岸, 呂蒙捨命趕到跟前, 當胸一刀砍翻.) <삼국-모종 6:103>

【한ᄉᆞ-ᄒᆞ고】 부 한사(限死)코. 기를 쓰고. 죽기를 각오하고.¶ ▼捨命 ‖ 여몽이 보고 소션의 쒸여나려 스ᄉᆞ로 ᄇᆡᆺᄃᆡ를 져어 ᄇᆞ로 ᄇᆡ쎄예 들어가 불을 노하 ᄇᆡ를 ᄉᆞ니 진취 급히 두득에 올으고져 ᄒᆞ거날 여몽이 한ᄉᆞᄒᆞ고 조ᄎᆞ가 압ᄒᆞ여 한 칼의 ᄊᆡᆨ으니 (呂蒙見了, 跳下小船, 自舉櫓棹, 直入船隊, 放火燒船, 陳就急待上岸, 呂蒙捨命趕到跟前, 當胸一刀砍翻.) <삼국-모종 6:103>

【한-아비】 명 ((인류)) 할아버지. 하(크다, 大)+-ㄴ(관형사형 전성 어미)+아비(아버지, 父).¶ ▼祖 ‖ 현덕의 한아비ᄂᆞᆫ 뉴웅이오 아비ᄂᆞᆫ 뉴홍이라 (玄德祖劉雄, 父劉弘.) <삼국-가정 1:20>

【한ᄌᆡ】 명 ((천문)) 한재(旱災). 가뭄으로 인하여 생기는 재앙. 재한(災旱).¶ ▼旱 ‖ 년〻의 젼벌ᄒᆞ니 갑듀의 ᄀᆡ슬이 나고 한ᄌᆡ와 황튱이 년ᄒᆞ여 환이 되어 긔근이 심ᄒᆞᆫ디라 (連年戰伐, 甲胄生蟣虱; 加之旱蝗, 饑饉并臻.) <삼국-가정 11:42>

【한-홉-】 형 한(恨)스럽다.¶ ▼恨 ‖ 슉 왈 현제 경천가히ᄒᆞᄂᆞᆫ ᄌᆡ죄 잇스니 ᄉᆞᄅᆞᆷ이 흠양치 아니ᄒᆞ리오 공명부귀ᄂᆞᆫ 탐낭취물ᄒᆞᄂᆞᆫ 것 갓흐리라 엇지헐 길 업다 말ᄒᆞ여 남의 아ᄅᆡ 잇ᄂᆞ뇨 푀 왈 그 쥬인을 맛나지 못ᄒᆞᆫ 거시 한홉도다 (肅曰: "賢弟有擎天駕海之才, 四海孰不欽敬? 功名富貴, 如探囊取物, 何言無奈而在人之下乎?" 布曰: "恨不逢其主耳.") <삼국-모종 1:53>

【할-】 동 하소연하다. 헐뜯다. 참소(讒訴)하다. 호소(呼訴)하다.¶ ▼訴 ‖ 고혼이 셜워 하날게 하라 그ᄃᆡ 형뎨로 ᄒᆞ여곰 이 갑호미 잇게 ᄒᆞ엿ᄂᆞ니라 (孤魂痛苦, 自訴於天, 以致君兄弟故有此報.) <삼국-가정 22:83>

【함게】 부 함께. 함(←한: 一, 관형사)+그(때, 時)+-에(부사격 조사 ▷부사 파생 접미사).¶ ▼同 ‖ 정죠일의 네 만져 군ᄉᆞ를 거ᄂᆞ리고 셩외의 나가 등ᄃᆡᄒᆞ여 ᄂᆡ 죠상의 졔ᄒᆞ믈 칭탁ᄒᆞ고 부인으로 더부러 함게 다라ᄂᆞ리라 (正旦日, 你先引軍士出城, 於官道等候. 吾推祭祖, 與夫人同走.) <삼국-국중 10:76> 셕일의 오휘 쥬유로 함게 쐬ᄒᆞ여 부인을 류비의게 허ᄒᆞ미 실노 부인을 위ᄒᆞ미 아니라 류비를 유인ᄒᆞ여 가두고 형쥬를 탈취ᄒᆞᆫ 후 류비를 죽이고져 ᄒᆞ미니 이ᄂᆞᆫ 부인으로 미씨를 삼아 비를 낙그고져 ᄒᆞ미로ᄃᆡ (昔日吳侯與周瑜同謀, 將夫人招嫁劉備, 實非爲夫人計, 乃欲幽困劉備而奪荊州耳. 奪了荊州, 必將殺備. 是以夫人爲香餌而釣備也.) <삼국-국중 10:80>

【함계】 부 함께. 함(←한: 一, 관형사)+그(때, 時)+-예(부사격 조사 ▷부사 파생 접미사).¶ ▼同 ‖ 죵이 ᄌᆡ삼 츄ᄉᆞᄒᆞ되 죄 허락지 아니ᄒᆞ거날 죵이 ᄎᆡ부인으로 더부러 함계 청쥬로 갈ᄉᆡ 왕위 잇셔 ᄯᆞ로고 (琮再三推辭, 曹操不准, 琮只得與母蔡夫人同赴青州, 只有故將王威相隨.) <삼국-모종 7:50>

【함긔】 부 함께. 함(←한: 一, 관형사)+그(때, 時)+-이(부사격 조사 ▷부사 파생 접미사).¶ ▼俱 ‖ 그 남은 관원은 다 함긔 강구 이셔 보ᄂᆡ고 도라오더라 (其餘官員俱送至江口而回.) <삼국-모종 7:50> ▼同 ‖ 당초 류사군니 형으로 더부러 결의ᄒᆞᆯ ᄊᆡ의 ᄉᆡᆼᄉᆞ를 함긔 ᄒᆞᆷ으로 ᄆᆡᆼ세ᄒᆞ엿스니 (當初劉使君與兄結義之時, 誓同生死.) <삼국-국중 6:5> 운장 왈 형당이 만일 가고ᄌᆞ ᄒᆞ면 ᄂᆡ 함긔 가리이다 장비 왈 나도 가리이다 (雲長曰: "兄長若堅意要去, 弟願同往." 張飛曰: "我也跟去.") <삼국-모종 7:119>

【함ᄀᆡᆼ】 명 함갱(陷坑). 움푹 꺼져 들어간 큰 구덩이.¶ ▼陷坑 ‖ 싸화 일모의 니ᄅᆞ러 도라와 인마ᄅᆞᆯ 계졈ᄒᆞ니 죵좌ᄂᆞᆫ 은긔[정은] 정[장]횡을 껵고 함ᄀᆡᆼ 중의 죽은 ᄌᆡ 이ᄇᆡᆨ여 인 일너라 (戰至日暮方回, 計點人馬, 折了將佐程銀、張橫, 陷坑中死者二百餘人.) <삼국-모종 10:23>

【함ᄡᅥ】 부 함께. 함(←한: 一, 관형사)+ᄡᅳ(때, 時)+-어(부사격 조사 ▷부사 파생 접미사).¶ ▼同 ‖ 현덕이 ᄌᆞ서히

알고 ᄃᆡ희ᄒᆞ여 진등으로 함ᄭᅴ 친히 뎡현집의 가서 그 글을 구ᄒᆞ니 현이 ᄀᆡ년ᄒᆞ여 글을 ᄒᆞᆫ 봉을 써서 현덕의게 부쳐 쥬니 (當下玄德想出此人, 大喜, 便同陳登親至鄭玄家中, 求其作書, 玄慨然依允, 寫書一封, 付與玄德.) <삼국-모종 4:17>

【함지】 뷔 함께. 함(←한: 一, 관형사)+즈(때, 時)+-이(부사격 조사 ▷부사 파생 접미사).¶ ▼與 ‖ 이예 함지 쇼로을 ᄎᆞᄌᆞ 본영의 도라와 ᄉᆞ면으로 사람을 보ᄂᆡ여 탐지하라 ᄒᆞ니 (乃徐徐按轡, 與二將尋小路奔歸本寨, 使衆將引兵四散哨探.) <삼국-모종 17:40>

【함ᄌᆞ】 명 함자(銜字). 남의 이름을 높여 부르는 말.¶ ▼名 ‖ 장군의 셩씨ᄂᆞᆫ 뉘시며 함ᄌᆞᄂᆞᆫ 무어시라 ᄒᆞᄂᆞ뇨 (將軍姓甚名誰?) <삼국-국중 6:60>

【합】 명 ((기물)) 합(盒). 운두가 그리 높지 않고 둥글넓적하며 위에는 뚜껑이 있는 놋그릇으로 크기에 따라 큰합·중합·작은합·알합 따위로 불리며, 돌잡이용일 경우 돌합이라 부름. 흔히 놋쇠로 만들었으나 궁에서는 은으로 된 은합을 사용하기도 함. 합에는 국수장국·떡국·밥·약식·찜 등 따끈하게 먹는 음식을 주로 담았음.¶ ▼盒 ‖ 믄득 조죄 사ᄅᆞᆷ으로 ᄒᆞ여곰 ᄒᆞᆫ 음식 녀흔 합을 보내여시되 조죄 친필로 합 우희 봉표ᄒᆞ고 보람ᄒᆞ엿거ᄂᆞᆯ 합을 여러보니 아ᄆᆞ 것도 업더라 (忽曹操使人送飮食一盒至, 盒上有曹親筆封記.開盒視之, 並無一物.) <삼국-가정 20:31>

【합가】 명 ((인류)) 합가(合家). 온 집안.¶ ▼合家 ‖ 이윽ᄒᆞ야 군매 니ᄅᆞ러 각의 합가ᄅᆞᆯ 져제거리의 가 참ᄒᆞ고 그 삼족을 이멸ᄒᆞ다 (不時軍馬至, 將恪合家縛于市曹斬之, 夷其三族.) <삼국-가정 36:20>

【합몰-ᄒᆞ-】 동 함몰(陷沒)하다.¶ ▼坑陷 ‖ 공명니 급피 그림을 ᄣᅧ여 보고 ᄎᆡᆨ상을 ᄯᅮᄃᆞ리며 크게 놀ᄂᆡ여 갈로ᄃᆡ 마쇽니 무지ᄒᆞ여 ᄂᆡ의 군ᄉᆞ을 합몰ᄒᆞ난도다 (孔明就文几上拆開視之, 拍案大驚曰: "馬謖無知, 坑陷吾軍矣!") <삼국-모종 16:10>

【항복-ᄒᆞ-】 동 항복(降服)하다. 적이나 상대편의 힘에 눌리어 굴복하다.¶ ▼服 ‖ 승샹이 만일 날을 노흐면 내 다시 군마ᄅᆞᆯ 졍둔ᄒᆞ야 ᄌᆞ웅을 결ᄒᆞ리니 이ᄢᅢ예 날을 싱금ᄒᆞ면 보야흐로 항복ᄒᆞ리라 (汝若放回吾去, 再整軍馬, 共決雌雄. 若能再擒, 吾心方服也.) <삼국-가정 28:91>

【항형-ᄒᆞ-】 동 항형(抗衡)하다. 서로 지지 아니하고 맞서다. 대항(對抗)하다.¶ ▼抗 ‖ 네 엇디 감히 날을 항형ᄒᆞ던다 (汝怎敢抗吾?) <삼국-가정 24:90> ▼抗衡 ‖ 이제 대병 ᄇᆡᆨ만과 샹쟝 쳔원이 스므 길로 ᄂᆞᆫ화 셩도로 드러가거ᄂᆞᆯ 너ᄂᆞᆫ ᄒᆞᆫ 무단ᄒᆞᆫ 필뷔라 일즉이 항티 아니ᄒᆞ고 오히려 항형ᄒᆞ니 죽기ᄅᆞᆯ 기ᄃᆞ리ᄂᆞᆫ다 (吾今大兵百萬, 上將千員, 分二路而進, 已都成都, 汝乃無端匹夫, 不思早降, 猶自抗衡, 欲待梟首耶?) <삼국-가정 38:64>

【해】 뷔 아주 많이. 하[많다, 多]+-이(부사 파생 접미사).¶ ▼多 ‖ 내 ᄠᅳ디 임의 결ᄒᆞ야시니 너희 등이 말 해 말라 반ᄃᆞ시 참ᄒᆞ리라 (吾意已決, 汝等多言者斬!) <삼국-가정 1:98>

【해-롭-】 형 해(害)롭다. 해가 되는 점이 있다.¶ ▼妨 ‖ 어제 드ᄅᆞ니 괴월이 우리 쥬공ᄃᆞ려 닐오ᄃᆡ 이 ᄆᆞᆯ의 일홈은 뎍뇌라 ᄒᆞ니 ᄐᆞ면 님자의게 해롭다 ᄒᆞ매 도로 보내니이다 (昨聞蒯越對劉表說, 此馬名'的盧', 乘則妨主, 因而還公.) <삼국-가정 11:110>

【해-ᄒᆞ-】 동 해(害)하다. 해치다.¶ ▼하ᄂᆞᆯ히 ᄇᆞᆰ디 못ᄒᆞ여셔 두어 슌을 년ᄒᆞ여 보ᄒᆞ더니 ᄯᅩ 닐오ᄃᆡ 관공이 밤의 님져로 ᄃᆞ라나다가 오쟝 반쟝의 부쟝 마튱의게 곤ᄒᆞᆫ 배 되여 의예 졀을 굴티 못ᄒᆞᆯ 거시라 부ᄌᆡ 다 해호믈 닙다 ᄒᆞᆫ대 (未及天明, 一連數次報, 說關公夜走臨沮, 爲吳將潘璋部將馬忠所困, 義不屈節, 父子歸神.) <삼국-가정 25:75>

【해-ᄒᆞ-】 동 해(害)치다.¶ ▼害 ‖ 녜 관우ᄅᆞᆯ 해ᄒᆞ여시니 이ᄂᆞᆫ 딤의 고굉을 업시ᄒᆞ미라 감히 공교ᄒᆞᆫ 말과 됴ᄒᆞᆫ ᄂᆞᆺ빗ᄎᆞ로 와 달래ᄂᆞ뇨 (彼害了雲長, 是廢朕之股肱也, 今日敢以巧言令色而來說乎!) <삼국-가정 26:105>

【햐극】 명 하극(罅隙). 틈.¶ ▼害 ‖ 불가ᄒᆞ다 운쟝은 세지호쟝이라 슈이 도모키 어렵고 만닐 일우지 못ᄒᆞ면 저로 더부러 햐극이 ᄂᆞᆺ슬ᄭᆞ ᄒᆞ노라 (不可: 關雲長乃世之虎將, 非等閒可及. 恐事不諧, 反遭其害.) <삼국-국중 12:7>

【햐슈-ᄒᆞ-】 동 하수(下手)하다. 손을 쓰다. 해치다. 손을 대어 사람을 죽이다. '햐(下, xià)'는 중국어 직접 차용어.¶ ▼下手 ‖ ᄯᅳᄃᆡ 칼흘 ᄲᅢ혀 티고져 ᄒᆞ되 탁의 힘이 센 줄을 두려 감히 햐슈티 못ᄒᆞ더니 탁이 ᄉᆞᆯ히 하지매 오래 안잣기ᄅᆞᆯ 못ᄒᆞ야 드ᄃᆡ야 누으되 두로텨 조의 다히로 등을 두고 눕거ᄂᆞᆯ (意欲拔刀, 懼卓有力, 不敢下手, 卓胖大, 不耐久坐, 遂倒身而臥, 轉身背却.) <삼국-가정 2:25>

【햐시-ᄒᆞ-】 동 하시(下視)하다. 경시(輕視)하다. '햐시(下視, xiàshì)'는 중국어 직접 차용어.¶ ▼네 ᄂᆞ의 늘그믈 햐시ᄒᆞ니 ᄂᆡ 널노 더부러 무예를 시험ᄒᆞ여 ᄌᆞ웅을 결ᄒᆞ리라 (黃忠大怒曰 : "汝說吾老, 敢與我比試武藝麽?") <삼국-국중 11:88>

【햐쳐】 명 ((주거)) 하처(下處). 손님이 길을 가다가 묵음. 또는 묵고 있는 그 집. 숙소(宿所). '햐(下, xià)'는 중국어 직접 차용어.¶ ▼館舍 ‖ ᄎᆡ모 밧계 잇다가 쳘통갓치 슈십ᄒᆞ고 현덕의 ᄉᆞᆷᄇᆡᆨ 군ᄉᆞᄅᆞᆯ 다 가져 햐쳐의 보ᄂᆡ고 다만 반취ᄒᆞ기만 기다려 햐슈ᄒᆞ랴 ᄒᆞ더니 (蔡瑁在外收拾得鐵桶相似, 將玄德帶來三百軍, 都遣歸館舍, 只待半酣, 號起下手.) <삼국-모종 6:36>

【향염】 명 ((복식)) 향염(香奩). 혼수(婚需).¶ ▼粧奩 ‖ ᄯᆞᆯ의 죠고만 향념과 슈식이 잇더니 쟝군이 마ᄋᆞᆯ로 갈 제 보내고져 ᄒᆞ노라 (小女頗有粧奩首飾, 待將軍過府下, 便當送至.) <삼국-가정 3:83>

【향-ᄒᆞ-】 동 향(向)하다. (어느 한쪽으로 또는 어느 한쪽을) 정면이 되게 하다.¶ ▼향ᄒᆞᆫ단 말 (朝着) <삼국-어람 109b>

【허-】 동 헐다. 허물다. 집 따위 구조물이나, 쌓아 놓은 것을 무너뜨리다.¶ ▼壞 ‖ 쟝비 조조의 군이 믈러가믈 보고 감히 ᄯᆞᆯ오지 못ᄒᆞ야 나모가지 ᄡᅳ으던 군ᄉᆞ를 블너 다리 ᄀᆞ의 와 말게 나려 다리를 다 헌 후의 도라와 현덕을 뵌ᄃᆡ (却說張飛見曹操軍一擁而退, 不敢追趕, 速掣回曳塵人馬, 去其枝柯, 來到橋邊下馬, 拆斷橋梁後, 上馬來見玄德.) <삼국-가정 규장 10:28>

【허겁-ᄒᆞ-】 동 허겁(虛劫)하다. 지레 겁내다.¶ ▼虛 ‖ 조적이 ᄆᆞᄋᆞᆷ이 허겁ᄒᆞ야 도망ᄒᆞ야 가도다 (操賊心虛, 逃竄而去.) <삼국-가정 2:28>

【허도-히】 부 헛되이.¶ ▼虛 ‖ 위[위] 허도히 활현 ᄡᅳ어 십여 ᄎᆞ를 쇼ᄅᆡ 나니 회 수ᄎᆞ 피ᄒᆞ나 ᄒᆞᆫ 살도 보이지 아니ᄒᆞ니 그제야 위의 활살 업ᄂᆞᆫ 줄 알고 (維虛拽弓弦, 連響十餘次, 淮連躲數番, 不見箭到, 知維無箭.) <삼국-모종 18:36>

【허락-ᄒᆞ-】 동 허락하다. 청하는 일을 하도록 들어주다.¶ ▼許 ‖ 권이 허락ᄒᆞ고 드듸여 수륙군 오만을 졈검ᄒᆞ고 숀환으로 좌도독 삼고 쥬연으로 우도독 삼아 즉일에 병을 일위더니 (權許之, 遂點水陸軍五萬, 封孫桓爲左都督, 朱然爲右都督, 卽日起兵.) <삼국-모종 13:73>

【허러-디-】 동 헐어지다.¶ ▼毁 ‖ 허러딘 기ᄉᆡ 엇디 알히 ᄣᅢ려디디 아니ᄒᆞ리오 (那有巢毁而卵不破者乎?) <삼국-가정 13:70>

【허믈】 명 허물. 저지른 잘못이나 흠. 건과(愆過). 과실(過失).¶ ▼咎 ‖ 가뎡의 패ᄒᆞ미 허믈이 마속의게 잇거ᄂᆞᆯ 그ᄃᆡ ᄉᆞᄉᆞ로 허믈을 인ᄒᆞ야 깁히 폄ᄒᆞ니 그ᄃᆡ ᄠᅳᆺ을 어그ᄅᆞᆺᄎᆞᆯ가 두려 ᄃᆡ흰 바ᄅᆞᆯ 슌히 드럿거니 (街亭之役, 咎由馬謖; 而君引愆, 深自貶抑.) <삼국-가정 32:79> ▼過失 ‖ 각이 ᄆᆞᄋᆞᆷ의 모ᄃᆞᆫ의 의논 이실가 두려 몬져 심복 관원의 허믈을 ᄡᅥ 내여 가ᄇᆡ야온 죄ᄂᆞᆫ 변방의 보내고 듕ᄒᆞᆫ 죄면 머리ᄅᆞᆯ 베히니 ᄂᆡ외 관뢰 두려 아니리 업더라 (恪恐人議論, 先搜求衆官失過, 輕則發遣邊方, 重則斬首示衆.) <삼국-가정 36:9>

【허믈며】 부 하물며. '더군다나'의 뜻을 가진 접속 부사.¶ ▼何況 ‖ 집ᄃᆞᆰ과 드르ᄀᆞᆯ먹이도 오히려 ᄢᅵ를 알거든 허믈며 사람이 되어 이셔 엇지 모르리오 (家鷄野鵠, 尙自知時, 何況爲人在世乎?) <삼국-가정 22:80>

【허비-ᄒᆞ-】 동 허비(虛費)하다. 헛되이 쓰다.¶ ▼費 ‖ 그 셩이 놉고 ᄯᅡ히 크니 급히 티기 어려온디라 엇디 능히 어드리오 쇽졀업시 군ᄉᆞ만 잇브게 ᄒᆞ고 힘만 허비ᄒᆞ리니 (其城垣高地厚, 急切難攻, 安能便得? 空勞兵費力耳.) <삼국-가정 36:91>

【허산-ᄒᆞ-】 동 흩어지다.¶ ▼散 ‖ 왕식이 말을 치며 창을 ᄢᅵ여 달여 들거ᄂᆞᆯ 관공이 ᄒᆞᆫ 칼노 ᄶᅵ어 양단을 ᄂᆡ니 인ᄆᆡ 다 허산ᄒᆞ더라 (王植拍馬挺鎗, 逕奔關公, 被關公攔腰一刀, 砍爲兩段, 人馬都趕散.) <삼국-모종 5:13>

【허소-ᄒᆞ-】 형 허소(虛疎)하다. 허술하다. 소홀(疏忽)하다.¶ ▼虛謬 ‖ 네 강을 건너가 착ᄒᆞᆫ 사람을 더브러 왓ᄂᆞᆫ가 너기더니 엇지 이리 허소코 망녕된 거슬 다려왓ᄂᆞ뇨 (今汝渡江, 只道帶一箇好人來助吾, 豈知如是虛謬之人也!) <삼국-가정 14:85>

【허소-ᄒᆞ-】 형 허소(虛疎)하다. 얼마쯤 비어서 허술하거나 허전하다.¶ ▼疏虞 ‖ 쇽담의 닐오ᄃᆡ ᄀᆞᆺ난 숑아지 범을 두려 아니ᄒᆞᆫ다 ᄒᆞᄂᆞ니 부친이 비록 덕을 참ᄒᆞ나 블과 강호의 ᄒᆞᆫ 쇼졸이라 관겨티 아니ᄒᆞ고 힝혀 허소ᄒᆞ미 이시면 ᄇᆡᆨ부의 의탁ᄒᆞᆫ 강산의 듕ᄒᆞᆫ 거ᄉᆞᆯ 엇디 홍모ᄀᆞ티 가ᄇᆡ야이 너기리오 (俗云: '初生之犢, 不懼於虎.' 父親縱然斬了此人, 只是羌胡一小卒耳. 倘有疏虞, 且以伯父所托江山之重, 等閑輕如鴻毛也?) <삼국-가정 24:74> 쇼졸의 말을 밋디 못ᄒᆞ리니 만일 허소ᄒᆞ미 이시면 슈륙 냥군이 다 파ᄒᆞᆯ 거시니 (小卒之言, 未可深信. 倘有疏虞, 水陸二軍盡皆休矣.) <삼국-가정 27:15>

【허수아비】 명 ((민속)) 허수아비. 짚으로 만든 사람의 형상.¶ ▼偶人 ‖ 되 ᄃᆡ로 왈 네가 날노ᄡᅥ 토목 허수아비라 ᄒᆞᄂᆞᆫ야 ᄒᆞ고 드듸여 버히니 형이 죽도록 ᄭᅮ짓더라 (祖大怒曰: '汝以我爲土木偶人耶!' 遂斬之. 衡至死罵不絶口.) <삼국-모종 4:36>

【허수-ᄒᆞ-】 형 허소(虛疎)하다. 느슨하다. 허술하다.¶ ▼疏虞 ‖ 회 초 병이 강ᄒᆞ야 그 봉예 심히 ᄂᆞᆯ라니 만일 사ᄅᆞᆷ을 보내여 군ᄉᆞᄅᆞᆯ 거ᄂᆞ려 믈리티라 ᄒᆞ면 니티 아닌 일이 만ᄒᆞ리니 일이 허수ᄒᆞ면 대ᄉᆡ 그ᄅᆞᆺ되리이다 (淮、楚兵强, 其鋒甚銳, 若遣人領兵去退, 多是不利. 倘有疏虞, 則大事廢矣.) <삼국-가정 36:61>

【허슈-ᄒᆞ-】 형 허술하다. 짜임새나 단정함이 없이 느슨하다. 소홀(疏忽)하다.¶ ▼疏虞 ‖ 소졸의 말을 밋지 못ᄒᆞ리니 만일 허슈ᄒᆞ미 이시면 슈륙 냥군이 다 파ᄒᆞᆯ 거시니 (小卒之言, 未可深信. 倘有疏虞, 水陸二軍盡皆休矣.) <삼국-규장 19:10>

【허여-즈-】 동 헤어지다. 나뉘어지다. 흩어지다.¶ ▼散 ‖ 구례를 인ᄒᆞ여 사십구 인두로 제ᄒᆞ면 원귀 스ᄉᆞ로 허여즈리이다 (須依舊例, 殺四十九顆人頭爲祭, 則怨鬼自散也.) <삼국-국중 15:26>

【허여-지-】 동 헤어지다. 나뉘어지다. 흩어지다.¶ ▼潰 ‖ 곽ᄉᆞ의 ᄃᆡ군니 ᄑᆞᆯ면으로 에워ᄊᆞ 텬ᄌᆞ 앵봉을 가져 히심의 ᄊᆞ 경히 위급ᄒᆞ더니 홀연니 동남생의 ᄃᆡ진ᄒᆞ며 한 [장]슈 녕군ᄒᆞ냐 말을 달여 쇄ᄅᆡᄒᆞ니 적즁이 허여지ᄂᆞᆫ지라 (郭汜大軍八面圍來, 將天子、楊奉困在垓心, 正在危急之中, 忽然東南上喊聲大震, 一將引軍縱馬殺來, 賊衆奔潰.) <삼국-모종 2:104> ▼潰散 ‖ 오병이 일시의 다라드더니 후면의 함셩이 크게 니러나며 냥노군이 즛텨 드러오니 오병이 허여지거ᄂᆞᆯ 황튱을 구ᄒᆞ야 ᄂᆡ니 이ᄂᆞᆫ 관흥 댱푀러라 (吳兵見馬忠中箭力危, 却一齊來攻. 後面喊聲大起, 兩路軍殺來, 吳兵潰散, 救出黃忠, 乃是關興、張苞也.) <삼국-규장 19:16> ▼散 ‖ 운장이 마를 돌여 크게 소ᄅᆡᄒᆞ고 칼춤ᄒᆞ여 바로 왕충을 취ᄒᆞ여 본진

의 도라오니 왕충병이 허여지더라 (雲長回馬, 大叫一聲, 舞刀直取, …, 回本陣來, 王忠四散奔走.) <삼국-모종 4:24>

【허장-ᄒᆞ-】 동 허장(虛張)하다. 과장하다. 허세를 부리다.¶ ▼虛張 ‖ 군중의 젼령ᄒᆞ여 오경의 밥을 먹고 셩상의 졍긔를 두루 ᄭᅩᆺᄌᆞ 셩세를 허장ᄒᆞ고 ᄃᆡ쇼 군ᄆᆡ 다 셩을 바리고 세 문으로 난화 나가게 ᄒᆞ니라 (便傳令教五更造飯; 平明, 大小軍馬, 盡皆棄城; 城上遍插旌旗, 虛張聲勢, 軍分三門而出.) <삼국-국중 9:162>

【허치-】 동 헤치다. 무너뜨리다.¶ ▼透 ‖ 승샹이 장군의 위ᄐᆡ홈으로 날을 보ᄂᆡ여 졉응ᄒᆞ라 ᄒᆞᄆᆡ ᄂᆡ 발셔 위장 셜측의 머리를 베여 즁위를 허치고 오ᄂᆞ이다 (丞相恐老將軍有失, 特遣某引軍五千兵接應. 聞老將軍被困, 故殺透重圍. 正遇魏薛將則攔路, 被某殺之.) <삼국-국중 15:52> ▼殺到 ‖ 조병이 호화를 바라보고 일제이 허치고 치니 손관 등이 각〻 헛더지ᄂᆞᆫ지라 (操望見號火, 一齊殺到, 乘勢攻擊, 孫觀等各自四散逃避去了.) <삼국-모종 3:72>

【허틔】 명 ((신체)) 장딴지. 종아리.¶ ▼腿 ‖ 버들가지ᄅᆞᆯ 것거 독위 허틔 이ᄇᆡᆨ을 티니 버들가지 수십 되 브러디더라 (飛攀下柳條, 去督郵兩腿上鞭打到二百, 打折柳枝十數條.) <삼국-가정 1:78>

【허틔】 명 ((신체)) 장딴지. 종아리.¶ ▼腿 ‖ 버들가지ᄅᆞᆯ ᄱᅥ거 독위 허틔 이ᄇᆡᆨ을 티니 버들가지 수십 쥬 부러디더라 (飛攀下柳條, 去督郵兩腿上鞭打到二百, 打折柳枝十數條.) <삼국-규장 1:54>

【헌-옷】 명 ((복식)) 낡은 옷. 헐어서 못 입게 되거나 오래 입어서 깨끗하지 못한 옷.¶ ▼襤衣 ‖ 각부[짐 메ᄂᆞᆫ 사ᄅᆞᆷ이라]들이 경히 메고 가다가 피곤ᄒᆞ야 뫼 압히셔 쉬더니 믄득 보니 ᄒᆞᆫ 션ᄉᆡᆼ이 ᄒᆞᆫ 눈이 멀고 ᄒᆞᆫ 발이 졀고 흰 ᄃᆡᆼ당이 관을 ᄡᅳ고 프른 헌오살 닙고 와 각부들의게 녜ᄒᆞ고 (脚夫正挑担而行, 衆人疲困, 歇于山脚下. 見一先生, 眇一目, 跛一足, 白藤冠, 青襤衣, 來與脚夫作禮.) <삼국-가정 22:67>

【헌쳔-ᄒᆞ-】 형 훤천(喧天)하다. 요란스럽다. 소란하다.¶ ▼喧天 ‖ 홀연 ᄇᆡᆨ후의 고각이 헌쳔ᄒᆞ며 양노병이 살ᄂᆡᄒᆞ니 이ᄂᆞᆫ 강유라 (忽鼓角喧天, 喊聲四起, 兩路兵殺來, 乃魏延、姜維也.) <삼국-국중 16:40>

【헌화-ᄒᆞ-】 동 훤화(喧譁)하다. 시끄럽게 지껄이며 떠들다.¶ ▼喊嘶 ‖ 황혼 시분의 신야의 불이 〻러나믈 보고 사경의 일으러 하류의셔 인ᄆᆡ 헌화ᄒᆞ거ᄂᆞᆯ (黃昏時分, 望見新野火起, 至四更, 忽聽得下流頭人喊馬嘶.) <삼국-국중 8:89>

【헐헐-ᄒᆞ-】 동 숨이 몹시 차서 숨을 고르지 아니하게 쉬다. 헐떡이다.¶ ▼喘 ‖ 녜 병길이 힝도의 죽은 사ᄅᆞᆷ을 뭇디 아니ᄒᆞ고 우쳔[우쳔은 쇠 숨을 헐〻ᄒᆞ미라]을 근심ᄒᆞ고[한승상 병길이 길히 가다가 사ᄅᆞᆷ이 ᄡᅡ화 죽음을 보ᄃᆡ 뭇디 아니ᄒᆞ고 겨을히 쇠 숨을 ᄀᆞᆺ바ᄒᆞ거ᄂᆞᆯ 병길이 근심ᄒᆞᆫ대 사ᄅᆞᆷ이 그 연고ᄅᆞᆯ 뭇거ᄂᆞᆯ 병길이 답왈 사ᄅᆞᆷ의 ᄡᅡ화 죽으믄 각〻 다ᄉᆞ릴 사ᄅᆞᆷ이 잇거니와 겨을의 날이 덥디 아니ᄒᆞ거ᄂᆞᆯ 쇠 숨을 ᄀᆞᆺ바ᄒᆞ니 이ᄂᆞᆫ 괴이ᄒᆞᆫ 일이라 ᄌᆡ샤의 근심ᄒᆞᆯ ᄇᆡ라 ᄒᆞ더라](昔丙吉不問橫道死人, 而憂牛喘.) <삼국-가정 34:51, 52>

【혐ᄋᆞ로니】 부 혐의(嫌疑)롭게.¶ ▼嫌 ‖ 장군니 만일 가면 모의 죄 큰지라 근읍 쇼픽난 비의 젼일 둔병한 곳이라 당군니 천혐ᄒᆞ물 혐ᄋᆞ로니 넉이지 아니ᄒᆞ거든 잠간 말을 쉬오미 엇더리요 량식과 군슈난 맛당이 갓초아 보ᄂᆡ리라 (將軍若去, 某罪大矣. 劣弟冒犯, 另日當令陪話, 近邑小沛, 乃備昔日屯兵之處. 將軍不嫌淺狹, 權且歇馬, 如何? 糧食軍需, 謹當應付.) <삼국-모종 2:91>

【혐의-ᄒᆞ-】 동 혐의(嫌疑)하다. 꺼리고 싫어하다.¶ ▼嫌 ‖ 절 왈 ᄂᆡ 공명을 혐의ᄒᆞ여 이곳의 슘어시니 엇지 부귀을 탐ᄒᆞᆫ ᄯᅳ지 잇시리요 (節曰: "爲嫌功名而逃於此, 豈復有貪富貴之意?") <삼국-모종 14:115>

【험ᄋᆡᆨ】 명 험액(險阨). 지세가 가파르거나 험하여 막히거나 끊어져 있음. 험애(險隘). 험조(險阻).¶ ▼險要 ‖ 이의 슈즁으로 지도를 ᄂᆡ여 보여 왈 촉즁이 험ᄋᆡᆨᄒᆞ여 도ᄂᆡ 긔구ᄒᆞᆫ지라 이를 보면 가히 산천의 험ᄋᆡᆨ과 참[창]고의 허실을 알지라 명공은 의심치 말고 쇽쇽히 ᄒᆞ라 (玄德略展視之, 上面盡寫著地理行程: 遠近闊狹, 山川險要, 府庫錢糧, 一一俱載明白. 松曰: '明公可速圖之.') <삼국-국중 11:49>

【험ᄋᆡᆨ-ᄒᆞ-】 형 험액(險阨)하다. 지세가 가파르거나 험하여 막히거나 끊어져 있다. 험애(險隘)하다. 험조(險阻)하다.¶ ▼險要 ‖ 곽회 ᄯᅩᄒᆞᆫ 인병ᄒᆞ야 긔곡 가뎡을 막ᄌᆞᄅᆞ고 졔로 군마ᄅᆞᆯ 됴발ᄒᆞ야 각쳐 험ᄋᆡᆨᄒᆞᆫ 곳을 딕희더라 (郭淮引兵提調箕谷、街亭, 令諸路軍馬守把險要.) <삼국-가정 32:27>

【험-ᄒᆞ-】 형 험(險)하다. 땅의 형세가 발을 디디기 어려울 만큼 사납고 가파르다.¶ ▼險 ‖ 졔갈량이 평ᄉᆡᆼ의 조심ᄒᆞ며 삼가 일즙 험ᄒᆞᆫ ᄃᆡ를 희롱티 아니ᄒᆞ더니 이제 셩문을 크게 여러시니 반ᄃᆞ시 ᄆᆡ복이 잇ᄂᆞᆫ디라 (亮平生謹愼, 不曾弄險; 今大開城門, 必有埋伏.) <삼국-가정 35:35>

【헛더-지-】 동 흩어지다.¶ ▼散 ‖ 조병이 호화를 바라보고 일제이 허치고 치니 손관 등이 각〻 헛더지ᄂᆞᆫ지라 (操望見號火, 一齊殺到, 乘勢攻擊, 孫觀等各自四散逃避去了.) <삼국-모종 3:72>

【헛도-히】 부 헛되이.¶ ▼虛 ‖ ᄂᆡ일의 이인이 맛당히 ᄒᆞᆫ 진을 헛도히 픠ᄒᆞᆯ 거시니 공이 ᄲᆞᆯ이 두 부인을 ᄯᅴ어 원소의게 가 현덕으로 서로 보게 ᄒᆞ라 (來日二人當虛敗一陣, 公可速引二夫人投袁紹處, 與玄德公相見.) <삼국-모종 4:73>

【헛브리-】 동 헐뜯다.¶ ▼毀 ‖ 내 드르니 월나라 셔시ᄂᆞᆫ 비록 잘 헛브리ᄂᆞᆫ 사ᄅᆞᆷ이라도 그 고ᄋᆞ믈 ᄀᆞᆷ초디 못ᄒᆞ고 졔나라 무염 녀ᄌᆞᄂᆞᆫ 비록 잘 기리ᄂᆞᆫ 사ᄅᆞᆷ이라도 그 보긔 슬키를 덥디 못ᄒᆞᆫ다 ᄒᆞ고 (吾聞越之西子, 善毀者不能閉其美; 齊之無鹽, 善美者不能掩其醜. 修短者不能用其長, 造惡者不能爲其善.) <삼국-규장 15:4>

【헛ᄲᅳ리-】 동 헐뜯다.¶ ▼毁 ‖ 셔뫼 승샹을 헛ᄲᅳ리믄 부러 죽고져 ᄒᆞ미니 승샹이 만일 주기면 블의예 일홈을 엇고 셔모의 덕을 일오미라 (徐母毁丞相者, 欲求死也. 丞相若殺之, 則招不義之名, 成全徐母之德.) <삼국-가정 12:52> 내 드ᄅᆞ니 월나라 셔시ᄂᆞᆫ 비록 잘 헛ᄲᅳ리ᄂᆞᆫ 사ᄅᆞᆷ이라도 그 고으믈 ᄀᆞᆷ초디 못ᄒᆞ고 졔나라 무염 녀ᄌᆞᄂᆞᆫ 비록 잘 기리ᄂᆞᆫ 사ᄅᆞᆷ이라도 그 보긔 슬키ᄅᆞᆯ 덥디 못ᄒᆞᆫ다 ᄒᆞ고 (吾聞越之西子, 善毁者不能閉其美; 齊之無鹽, 善美者不能掩其醜. 修短者不能用其長, 造惡者不能爲其善.) <삼국-가정 21:65>

【헛치-】 동 헤치다. 흩어지게 하다. 앞에 걸리는 것을 좌우로 물리치다.¶ ▼撥 ‖ 삼경 밤의 북문으로 나 닷다가 송헌 위속이 장비의 쇄퇴ᄒᆞ물 만ᄂᆞᆫ 고로 에운 걸 헛치고 나오다가 후면의 장요 급히 ᄡᅡ로거날 관공이 져젹ᄒᆞ더라 (當夜三更, 乘著月明出北門而走, 正遇宋憲、魏續, 被翼德一陣殺退, 得出重圍, 後面張遼趕來, 關公敵住.) <삼국-모종 3:35>

【헛터-지-】 동 흩어지다.¶ ▼散 ‖ 이곽[각]이 탐ᄒᆞ고 쇠업ᄉᆞ이 이제 군ᄉᆡ 헛터져 마암의 겁ᄂᆡᄒᆞᆫ지라 가히 벼ᄉᆞᆯ노ᄡᅧ 낙굴지니 (李傕貪而無謀, 今兵散心怯, 可以重爵餌之.) <삼국-모종 2:100> 원술이 겁ᄂᆡ여 닷고 나문 군ᄉᆞᄂᆞᆫ 헛터지니 운ᄌᆞᆼ이 크게 한 진을 슈쇄ᄒᆞ니 원술이 픠ᄒᆞᆫ 군ᄉᆞ를 거두어 회람으로 다라나더라 (袁術慌走, 餘衆四散奔逃, 被雲長大殺了一陣, 袁術收拾敗軍, 奔回淮南去了.) <삼국-모종 3:49>

【헤】 명 ((신체)) 혀.¶ ▼舌 ‖ 권니 ᄃᆡ로 왈 네 ᄉᆞᄉᆞ로 헤아리지 못ᄒᆞ고 세 치 헤을 놀여 역싱니 졔나라 달ᄂᆡ던 일을 쎤밧고져 ᄒᆞ나야 밧비 유확의 들나 (權大怒曰: "汝不自料, 欲掉三寸之舌, 效生說齊乎? 可速入油鼎!") <삼국-모종 14:47>

【헤-다르-】 동 급히 헤쳐 가다. 허둥대다. 헤매다.¶ ▼隨波逐浪 ‖ ᄉᆞ면팔방의 대쉬 펴뎌 ᄃᆞᆯ려드니 칠군이 어ᄌᆞ러이 ᄃᆞ라나 믈결을 조차 헤다ᄅᆞᄂᆞᆫ 쟤 그 수ᄅᆞᆯ 아디 못ᄒᆞᆯ러라 (四面八方, 大水驟至, 七軍亂竄, 隨波逐浪者, 不計其數.) <삼국-규장 17:34>

【헤-디ᄅᆞ-】 동 급히 헤쳐 가다. 허둥대다. 헤매다.¶ ▼慌 ‖ 형쥐 슈군이 조련티 아년 디 오라고 븍군이 만호되 슈리ᄅᆞᆯ 아디 못ᄒᆞ여 ᄒᆞᆫ 번 남군을 보고 놀라 헤디ᄅᆞ니 (荊州水軍久不操練, 兼有多半北軍不識水利, 見南軍一擊便慌.) <삼국-가정 15:41> ▼隨波逐浪 ‖ ᄉᆞ면팔방의 대쉬 펴뎌 ᄃᆞᆯ려드니 칠군이 어즈러이 ᄃᆞ라나 믈결을 조차 헤디ᄅᆞᄂᆞᆫ 쟤 그 수ᄅᆞᆯ 아디 못ᄒᆞᆯ러라 (四面八方, 大水驟至, 七軍亂竄, 隨波逐浪者, 不計其數.) <삼국-가정 24:85>

【헤아리-】 동 헤아리다.¶ ▼度 ‖ ᄒᆞᄅᆞᆫ 죄 운댱의 닙은 녹젼푀 ᄂᆞᆯ갓ᄂᆞᆫ 양을 보고 외요셔 그 몸의 댱단을 헤아려 긔이ᄒᆞᆫ 비단으로 젼포ᄅᆞᆯ 지어준대 (一日, 操見雲長所穿綠錦戰袍, 覺已舊, 操度其身品, 取異錦做戰袍一領賜之.) <삼국-가정 9:20>

【헤여-디-】 동 헤어지다. 나뉘어지다. 흩어지다.¶ ▼潰散 ‖ 오병이 일시의 ᄃᆞ라드디니 후면의 함셩이 크게 니러나며 냥노군이 ᄌᆞ텨 드러오니 오병이 헤여디거ᄂᆞᆯ 황튱을 구ᄒᆞ여 내니 이ᄂᆞᆫ 관흥 댱푀러라 (吳兵見馬忠中箭力危, 却一齊來攻. 後面喊聲大起, 兩路軍殺來, 吳兵潰散, 救出黃忠, 乃是關興、張苞也.) <삼국-가정 27:25>

【헤지ᄅᆞ-】 동 허둥대다. 마구 날뛰다.¶ ▼慌 ‖ 형쥐 슈군이 조련티 아년 지 오라고 븍군이 만호되 슈리를 아지 못ᄒᆞ여 ᄒᆞᆫ 번 남군을 보고 놀나 헤지ᄅᆞ니 (荊州水軍久不操練, 兼有多半北軍不識水利, 見南軍一擊便慌.) <삼국-규장 10:133>

【헤치-】 동 헤치다. 앞에 걸리는 것을 좌우로 물리치다.¶ ▼割開 ‖ ᄐᆡ 칼흘 드러 살흘 버혀 좌우로 헤치고 바로 ᄲᅧ의 니르니 ᄲᅧ 발셔 프ᄅᆞ럿거늘 ᄐᆡ 칼로 글그니 ᄲᅧ 긁ᄂᆞᆫ 소ᄅᆡ 멀니 들니ᄂᆞᆫ지라 (佗下刀割開皮肉, 直至于骨, 骨上已青. 佗用刀刮之有聲.) <삼국-규장 17:44> ▼砍 ‖ 니이 이ᄅᆞᆯ 보고 급히 도치를 두르고 다라드러 댱포의 곡뒤를 헤치려 ᄒᆞ더니 (李異見馬倒了, 急向前輪起大斧, 望張苞腦袋便砍.) <삼국-규장 19:6>

【헤-티-】 동 ❶ 헤치다. 깨뜨리다.¶ ▼砍 ‖ 니이 이ᄅᆞᆯ 보고 급히 도치ᄅᆞᆯ 두ᄅᆞ고 ᄃᆞ라드러 댱포의 곡뒤ᄅᆞᆯ 헤티려 ᄒᆞ더니 (李異見馬倒了, 急向前輪起大斧, 望張苞腦袋便砍.) <삼국-가정 26:9> ❷ 섞이다. 부딪치다.¶ ▼錯 ‖ 좌샹의 굉뒤교착[잔과 잔이 섯겨 헤텃단 말이라 ᄂᆡᆫ ᄂᆞᆫ 술 먹을 제 잔을 ᄡᅳ더니라]ᄒᆞ더라 ᄒᆞᆫ 사ᄅᆞᆷ이 잔을 잡아 권ᄒᆞᆯ 적이면 반ᄃᆞ시 제 직릉을 쟈랑ᄒᆞ니 쥬위 대쇼ᄒᆞ고 마시더라 (席上觥籌交錯, 但是一個起來把盞, 必須誇其才能. 周瑜大笑而暢飮.) <삼국-가정 15:50>

【헤혀-】 동 헤치다. 속에 든 물건을 드러나게 하려고 덮인 것을 파거나 젖히다.¶ ▼割開 ‖ 태 칼흘 드러 ᄉᆞᆯ흘 버혀 좌우로 헤혀고 바ᄅᆞ ᄲᅧ의 니ᄅᆞ니 ᄲᅧ ᄇᆞᆯ셔 프ᄅᆞ럿거ᄂᆞᆯ 태 칼흘 글그니 ᄲᅧ 긁ᄂᆞᆫ 소ᄅᆡ 멀리 들리ᄋᆞᆫ더라 (佗下刀割開皮肉, 直至于骨, 骨上已青. 佗用刀刮之有聲.) <삼국-가정 24:102>

【헤히-】 동 헤치다. 속에 든 물건을 드러나게 하려고 덮인 것을 파거나 젖히다.¶ ▼割開 ‖ 태 칼흘 드러 ᄉᆞᆯ흘 버혀 좌우로 헤혀고 바ᄅᆞ ᄲᅧ의 니ᄅᆞ니 ᄲᅧ ᄇᆞᆯ셔 프ᄅᆞ럿거ᄂᆞᆯ 태 칼흘 글그니 ᄲᅧ 긁ᄂᆞᆫ 소ᄅᆡ 멀리 들리ᄂᆞᆫ디라 (佗下刀割開皮肉, 直至于骨, 骨上已青. 佗用刀刮之有聲.) <삼국-가정 24:102>

【헬슉-ᄒᆞ-】 동 헐숙(歇宿)하다. 어떤 곳에서 대어 쉬고 묵다. '헐슉ᄒᆞ다'의 방언형.¶ ▼歇宿 ‖ 탁 왈 ᄂᆡ 제위에 오라면 네 맛당니 병마을 총독ᄒᆞ리라 푀 빅ᄉᆞᄒᆞ고 즁젼의 나아가 헬슉ᄒᆞ더라 (卓曰: "吾登九五, 汝當總督天下兵馬." 布拜謝, 就帳前歇宿.) <삼국-모종 2:25>

【헵요-ᄒᆞ-】 형 험요(險要)하다. 지세가 험하여 방어하는데 중요하다.¶ ▼險要 ‖ 됴홍니 한중에 가 댱합[합] ᄒᆞ후연으로 각ᄀᆞᆨ 헵요ᄒᆞᆫ 곳ᄃᆡ 웅거ᄒᆞ고 홍은 ᄉᆞᄉᆞ로 병을 나와 적국을 막은니 (曹洪領兵到漢中, 令張郃、夏侯

淵各據險要, 曹洪親自進兵拒敵.) <삼국-모종 11:100>

【헷ᄡᅳ리-】 동 헐뜯다. 흩다.¶ ▼謗論 ‖ 뉴이 뉴비 뉴표로 더브러 심히 후ᄒᆞ야 샹ᄉᆞ의 음신이 왕ᄂᆡᄒᆞ고 뉴이 손권의 ᄉᆞ쟈를 ᄃᆡᄒᆞ야 됴뎡을 헷ᄡᅳ리고 쇼식을 ᄀᆞ만이 통ᄒᆞ니 이ᄂᆞᆫ 대역브되니이다 (融與劉備、劉表甚厚, 常常音信往來. 融又對孫權使謗論朝廷, 潛通消息. 此可見融大逆不道之情也.) <삼국-가정 13:70>

【헷치-】 동 헤치다. 헤집다. 속에 든 물건을 드러나게 하려고 덮인 것을 파거나 깨뜨리거나 젖히다.¶ ▼擺開 ‖ 뢰 뎡히 힝ᄒᆞᆯ시 이의 조조의 닐군이 ᄡᅡ라오믈 보고 크게 ᄉᆞ지져 왈 이유의 쇼료의 나지 아니ᄒᆞ엿다 ᄒᆞ고 군마를 가져 헷쳐 널거ᄂᆞᆯ (布正行間, 曹操一軍趕上, 呂布大笑曰: "不出李儒所料也! 將軍馬擺開.") <삼국-모종 1:99>

【혀-】[1] 동 켜다. 밝히다. 점화(點火)하다. 등, 양초 따위에 불을 밝히거나 성냥 따위로 불을 일으키다.¶ ▼點 ‖ 견이 군ᄉᆞ로 ᄒᆞ여곰 블을 혀 잡히고 우믈의 ᄂᆞ려가 휘휘 저으라 ᄒᆞ니 (堅喚軍士點其火把, 下井打撈.) <삼국-가정 2:118>

【혀-】[2] 동 켜다. 톱질하여 쪼개다.¶ ▼鋸 ‖ 죄 대희ᄒᆞ여 즉시 공쟝을 보내여 버히라 ᄒᆞ니 톱으로 혀도 드디 아니ᄒᆞ고 도치로 버혀도 드디 아닛ᄂᆞᆫ다 ᄒᆞ거ᄂᆞᆯ (操大喜. 卽令人工砍伐, 鋸解不開, 斧砍不入.) <삼국-가정 25:81>

【혀-갈】 명 ((신체)) 혀칼.¶ ▼舌劍 ‖ 조ᄌᆞ 형의 히를 바든 쥴 알고 소왈 써근 선비 혀갈이 ᄉᆞᄉᆞ로 쥭어또다 (曹操知禰衡受害, 笑曰: "腐儒舌劍, 反自殺矣!") <삼국-모종 4:36>

【혀-내-】 동 끌어내다.¶ ▼引 ‖ 하비로 ᄂᆞ라나 관우를 보고 머믈워 ᄂᆡ응ᄒᆞ게 ᄒᆞ고, 우를 혀내여 와 싸화 거ᄌᆞᆺ 패ᄒᆞ야 유인ᄒᆞ야 ᄂᆡ도ᄒᆞᆫ 고드로 더브러 가고 정병으로 도라갈 길흘 막은 후의 혹 싱금ᄒᆞ거나 혹 달래미 가ᄒᆞ니라 (入下邳去見關羽, 種禍於城內; 却引關羽出戰, 詐敗佯輸, 誘入他處, 却以精兵截其歸路, 然後或擒或說可也.) <삼국-가정 9:43>

【허락-ᄒᆞ-】 동 허락(許諾)하다. 청하는 일을 하도록 들어주다.¶ ▼許 ‖ 고슌이 비록 오나 유비ᄂᆞᆯ 더지 아니코 또 유비 잡기ᄂᆞᆯ 기다리고 긋ᄯᅴ예 허락ᄒᆞᆫ 바 물건을 보ᄂᆡ리라 (高順雖來, 而備未除, 且待捉了劉備, 那時方以所許之物相送.) <삼국-모종 3:2>

【허비-ᄒᆞ-】 동 허비(虛費)하다.¶ ▼費 ‖ 뉴비 유강의 둔병ᄒᆞ니 반다시 남군을 취할 뜻이 잇시니 우리가 허다 정신과 군마와 젼양을 허비ᄒᆞ고 목ᄒᆞ의 남군이 반슈의 가히 어들 거시어날 (劉備屯兵油江, 必有取南郡之意, 我等費了許多軍馬, 用了許多錢糧, 目下南郡反手可得.) <삼국-모종 8:69>

【혀아리-】 동 헤아리다.¶ ▼算 ‖ ᄒᆞ후연이 슈십 긔를 ᄃᆞ려 니르거ᄂᆞᆯ 쵸 혀아린 빈 될가 저허ᄒᆞ야 이예 발ᄆᆞᄒᆞ야 도ᄅᆞ가니ᄅᆞ (夏侯淵引數十騎隨到, 馬超獨自一人, 恐被所算, 乃撥馬而回.) <삼국-모종 10:14> 공명 왈 도독니 맛ᄀᆡ시니 가히 수고로믈 혀아리지 아니할 거시니 십만 살을 어ᄂᆞᆫ ᄯᅵ의 쓰기의 밋ᄎᆞ리오 (孔明曰: "都督見委, 自當效勞, 敢問十萬枝箭, 何時要用?") <삼국-모종 8:3>

【혀여-지-】 동 해지다. 헐다.¶ ▼開綻 ‖ 듕관이 황기를 붓드러 이ᄅᆞ혀니 피육이 혀여져 셩혈이 쏘다지ᄂᆞᆫ지라 붓드러 본치예 도라오니 여러 ᄎᆞ 혼졀ᄒᆞ거ᄂᆞᆯ (衆官扶起黃蓋, 打得皮開肉綻, 鮮血迸流, 扶歸本寨, 昏絕幾次.) <삼국-모종 8:12>

【혀오-】 동 «혀다» 헤다. 헤아리다.¶ ▼忖 ‖ 원소 보고 ᄉᆞᄉᆞ로 혀오ᄃᆡ 현덕이 우리 아ᄋᆞ를 처 멸ᄒᆞ여스니 서로 돕기 맛당치 아니ᄒᆞ나 다만 정상셔[서]의 명으로써 마지 못ᄒᆞ여 가 구원ᄒᆞ리라 (紹覽畢, 自忖曰: "玄德攻滅吾弟, 本不當相助, 但重以鄭尙書之命, 不得不往救之.") <삼국-모종 4:17>

【혀ᄋᆞ리-】 동 헤아리다.¶ ▼量 ‖ 션졔의 [바$]으시무로써 신의 ᄌᆡ죠를 혀ᄋᆞ리ᄆᆡ 신니 도적을 치기의 ᄌᆡ죠ᄂᆞᆫ 약ᄒᆞ고 도적은 강셩ᄒᆞ믈 아ᄅᆞ시나 그러나 도적을 치지 아니면 왕법이 ᄯᅩ한 망ᄒᆞᆯ지라 (以先帝之明, 量臣之才, 故知臣伐賊, 才弱敵强也. 然不伐賊, 王業亦亡.) <삼국-국종 15:122>

【혁】 명 ((기물)) 혁(革). 고삐. 말이나 소를 몰거나 부리려고 재갈이나 코뚜레, 굴레에 잡아매는 줄.¶ ▼革 ‖ 현덕이 눈믈이 비오ᄃᆞᆺ ᄒᆞ야 ᄎᆞ마 서로 ᄯᅥ나디 못ᄒᆞ야 ᄯᅩ ᄒᆞᆫ 길흘 ᄒᆞᆷᄭᅴ 갈ᄉᆡ 현덕이 셔셔로 더브러 혁을 ᄀᆞᆲ 자바 가더니 (玄德淚如雨下, 不忍相離. 又送一程, 彼各上馬, 玄德與徐庶幷轡而行.) <삼국-규장 9:9> 권이 슉을 쳥ᄒᆞ야 ᄆᆞᆯ게 오ᄅᆞ라 ᄒᆞ고 혁을 ᄀᆞᆲ 자바 가더니 (權請肅上馬, 幷轡而行.) <삼국-가정 17:61> 손 뉴 이인이 혁을 ᄀᆞᆯ와 도라가니 남셔 ᄇᆡᆨ셩이 칭찬티 아니리 업더라 (二人幷轡而回, 京城之民無不稱賞.) <삼국-가정 17:109> 숑이 대희ᄒᆞ야 ᄆᆞᆯ게 올라 황슉과 ᄒᆞᆫ가지로 혁을 ᄀᆞᆯ와 형줘 드러가 셜연관ᄃᆡᄒᆞ더라 (松大喜, 遂上馬.皇叔等與張松幷轡而入江陵, 設宴管待.) <삼국-가정 19:96>

【현고】 명 현고(顯考). 돌아가신 아버지의 신주나 축문 첫머리에 쓰는 말.¶ ▼顯考 ‖ 위태ᄌᆞ 조비ᄂᆞᆫ 네 황텬이 현고[현고ᄂᆞᆫ 나타난 아비ᄅᆞᆯ 말이니 조죄라]를 주셔 뼈 우리 황가를 도와 (魏太子丕: 昔皇天授乃顯考, 以翼我皇家.) <삼국-가정 25:105>

【현로-ᄒᆞ-】 동 현로(顯露)하다. 드러나다. 탄로(綻露)되다.¶ ▼顯露 ‖ 내 셕일의 션뎨긔 알외되 오란 후의 반ᄃᆞ시 환을 내리라 ᄒᆞ엿더니 이제 임의 현로ᄒᆞ여시니 가히 졔뎨ᄒᆞ리라 (吾昔與先帝言, 久後必生患害. 今已顯露, 可以除之.) <삼국-가정 33:12>

【현모】 명 ((음식)) 현모(玄牡). 제사에 쓰이는 검은 수컷 가축.¶ ▼玄牡 ‖ 황뎨 신 뉴비ᄂᆞᆫ 감히 현모[거믄 쇼ㅣ라]로ᄡᅥ 황텬샹뎨 후토신기긔 ᄇᆞᆯ기 고ᄒᆞᄂᆞ니 (皇帝備敢用玄牡, 昭告皇天上帝、后土神祇.) <삼국-가정 26:59>

【혈-믈】 명 ((천문)) 썰물. 달의 인력으로 바닷물이 밀려 나가서 해면이 낮아지는 모양. 또는 그 바닷물.¶ ▼潮 ‖

사람은 혈믈 믈너가듯 ᄒᆞ고 말은 뫼 믄허지듯 ᄒᆞᄂᆞᆫ지라 (人如潮退, 馬死山崩.) <삼국-가정 14:29> 대강 듕의 밀믈이 오ᄅᆞ며 혈믈이 ᄂᆞ려 풍낭이 그치디 아니ᄒᆞ니 (盖因大江之中, 潮生潮落, 風浪不息.) <삼국-가정 15:121>

【혈탑】 뷔 풍덩. 힘없이 쑥 내려앉는 모양.¶ ▼跁踏 ‖ 슈긔 만장이 힘을 써 압흘 향ᄒᆞ고 확니 당션ᄒᆞ여 ᄃᆡ림 아젹히 니ᄅᆞᆷ이 혈탑 ᄒᆞᆫ 소ᄅᆡ 일[며] 함졍의 ᄲᅡ져 일제히 다 씻구러지ᄂᆞᆫ지라 (數騎蠻兵, 猛力向前, 孟獲當先吶喊, 搶到大林之前, 跁踏一聲, 踏了陷坑, 一齊塌倒.) <삼국-모종 14:104>

【혁】 명 ((기물)) 혁(革). 고삐. 말이나 소를 몰거나 부리려고 재갈이나 코뚜레, 굴레에 잡아매는 줄.¶ ▼轡 ‖ 현덕의 눈믈이 비오ᄃᆞᆺ ᄒᆞ야 ᄎᆞ마 서ᄅᆞ 떠나디 못ᄒᆞ야 ᄯᅩ ᄒᆞᆫ 길흘 흠긔 갈ᄉᆡ 현덕이 셔셔로 더브러 혁을 굷 자바 가더니 (玄德淚如雨下, 不忍相離. 又送一程, 彼各上馬, 玄德與徐庶幷轡而行.) <삼국-가정 12:61>

【혐】 명 셈. 헤아림. 수를 세는 것 또는 어떤 형편이나 결과. '혐'은 '혬'에서 반모음 y가 탈락한 것이다.¶ ▼料 ‖ 녀푀 크게 ᄀᆞᆯ오ᄃᆡ 과연 니위의 혐의 나디 아니ᄒᆞ도다 (呂布大笑曰: '不出李儒之所料也!') <삼국-가정 2:109>

【협공-ᄒᆞ-】 동 협공(挾攻)하다. 양쪽에서 끼고 공격하다.¶ ▼幷力 ‖ 너히 두 사ᄅᆞᆷ이 각ᄀᆞ 일만 졍병을 거ᄂᆞ려 오ᄂᆞᆯ밤의 ᄀᆞ만이 쵹 영 뒤흘 엄습ᄒᆞ여든 내 대병을 거ᄂᆞ려 딘셰ᄅᆞᆯ 베퍼다가 쵹병이 대란홈을 기ᄃᆞ려 대ᄃᆡ 인마ᄅᆞᆯ 모라 젼후로 협공ᄒᆞ면 쵹 영채를 가히 아ᄉᆞᆯ 거시니 이 고들 어드면 그 나믄 영채 파ᄒᆞ미 머어시 어려오리오 (汝二人各引一萬精兵, 今夜起身, 抄在蜀兵營後, 各一齊奮勇殺將過來; 吾却引兵在前布陣, 只待蜀兵勢亂, 吾大驅士馬攻殺進去: 如此兩軍幷力, 可奪蜀兵之營寨也.) <삼국-가정 32:74>

【협칙-ᄒᆞ-】 형 협착(狹窄)하다. 차지하고 있는 자리가 매우 좁다.¶ ▼窄狹 ‖ 후면 산벽 협칙ᄒᆞᆫ 고ᄃᆡ ᄯᅩ 거당이 잇고 블빗치 니러나거ᄂᆞᆯ 질이 ᄂᆡ를 무릅고 블을 츙돌ᄒᆞ야 ᄃᆞ라나더니 (後面山僻窄狹處, 亦有車仗, 火光迸起. 質等冒烟突火, 縱馬而出.) <삼국-가정 36:29>

【헛터-지-】 동 흩어지다.¶ ▼散 ‖ 셩상이 쏘고져 ᄒᆞ나 현덕을 맛칠가 져어ᄒᆞ엿다가 여표 형세를 타 듯처 셩문에 드러오니 문 잡은 장ᄉᆡ ᄃᆡ적지 못ᄒᆞ여 ᄉᆞ면으로 헛터져 피ᄒᆞᄂᆞᆫ지라 (城上欲待放箭, 又恐射了玄德, 被呂布乘勢殺入城門, 把門將士, 抵敵不住, 都四散奔避.) <삼국-모종 3:68>

【형슈】 명 ((인류)) 형수(兄嫂). 형의 아내.¶ ▼嫂 ‖ 兄之妻曰兄嫂, 형슈 <명물-친속 1:41b> 범 왈 이ᄂᆞᆫ 형슈 번씨라 ᄒᆞᆫᄃᆡ ᄌᆞ룡이 낫빗슬 곳치고 공경ᄒᆞᆫᄃᆡ (範曰: "家嫂樊氏也." 子龍改容敬之.) <삼국-국중 10:18>

【형제】 명 ((인류)) 형제(兄弟). 형과 아우 동기.¶ ▼昆仲 ‖ 교경이 심밀ᄒᆞᆷ이 인ᄒᆞ여 형제를 ᄆᆡ져시니 숀ᄎᆡᆨ이 쥬유도곤 장이 양월인 고로 쥬워 숀ᄎᆡᆨ을 형으로써 셤기더니 (交情甚密, 因結爲昆仲. 策長瑜兩月, 瑜以兄事策.) <삼국-국중 4:12>

【헤】 [2]명 ((신체)) 혀.¶ ▼舌 ‖ 평이 왈 ᄂᆡ 입과 혜가 잇스니 역적을 ᄭᅮ지자리라 ᄌᆈ가 그 결박을 ᄭᅳᆯ너 노흐니 (平曰: "尙有口可以呑賊, 有舌可以罵賊!"…… 遂命解其縛.) <삼국-모종 4:43> 만일 ᄉᆞᄅᆞᆷ이 잇서 이예 이ᄅᆞ면 냥이 ᄒᆞᆫ 돗ᄌᆞ리ᄅᆞᆯ 비러 ᄇᆞ로 강동의 이ᄅᆞ러 삼 촌 썩지 아닌 헤ᄅᆞᆯ 빙쟈ᄒᆞ여 남북 양군을 달ᄂᆡ여 서로 ᄉᆞᆷ키게 ᄒᆞ야 (若有人到此, 亮借一帆風, 直至江東, 憑三寸不爛之舌, 說南北兩軍互相呑倂.) <삼국-모종 7:74>

【헤-】 동 ❶ 세다. 사물의 수효를 헤아리거나 꼽다. 생각하다.¶ ▼計 ‖ ᄇᆡᆨ셩 일ᄃᆡ예 군ᄉᆞ 일ᄃᆡ식 섯거 서ᄅᆞ 진촉ᄒᆞ야 밀며 ᄭᅳ으며 가니 즌펄이와 굴헝의 업더뎌 죽을 재 니ᄅᆞ 헤디 못ᄒᆞ고 (每百姓一隊, 間軍一隊, 互相推拖, 死于溝壑中者不可勝數.) <삼국-가정 2:102> ❷ 헤아리다. 생각하다.¶ ▼看承 ‖ 네 어이 날을 이대ᄃᆞ록 헤디 아닌ᄂᆞᆫ다 우리 형이 죽을 제 너ᄃᆞ려 머어시라 니ᄅᆞ더니 (你直如此將我看承得如無物! 我姐姐臨危之時, 分付你甚話來?) <삼국-가정 17:97>

【헤아리-】 동 헤아리다. 짐작하여 가늠하거나 미루어 생각하다.¶ ▼恤 ‖ 신이 ᄇᆞᆰ디 못ᄒᆞ야 사ᄅᆞᆷ을 아디 못ᄒᆞ며 일을 헤아리매 혼남ᄒᆞ미 만ᄒᆞᆫ디라 신이 맛당이 츈츄의 칙ᄉᆞᄒᆞᆫ 죄ᄅᆞᆯ 당ᄒᆞᆯ디니 (臣明不知人, 恤事多暗. «春秋»責帥, 臣職是當.) <삼국-가정 31:58>

【헤오-】 동 헤아리다. 생각하다.¶ ▼考較 ‖ ᄢᅵ예 곽가 정칙[욱]이 헤오다가 도라와 조ᄌᆞ으게 간왈 승상이 무ᄉᆞᆷ 년고로 뉴비로 군ᄉᆞ를 거나리ᄂᆞᆫ고 (時郭嘉・程昱考較錢糧方回, 知曹操已遣玄德進兵徐州, 慌入諫曰: '丞相何故令劉備督軍？') <삼국-모종 4:10>

【헵공-ᄒᆞ-】 동 협공(夾功)하다. 양쪽에서 끼고 공격하다.¶ ▼夾攻 ‖ 이예 함셩이 ᄃᆡ긔ᄒᆞ며 좌변 장억과 우변 장익 양노병이 나와 ᄃᆡ로를 ᄭᅳᆺ코 왕평 관삭이 다시 돌라 젼후 헵공ᄒᆞ이 만병이 ᄃᆡ픠ᄒᆞᆫ지라 (忽然喊聲大起, 左有張嶷, 右有張翼, 兩路兵殺出, 截斷歸路, 王平、關索復兵殺回, 前後夾攻, 蠻兵大敗) <삼국-모종 14:80>

【헹제】 명 ((인류)) 형제(兄弟). 형과 아우를 아울러 이르는 말. 동기.¶ ▼兄弟 ‖ 나ᄂᆞᆫ 와룡의 아의 졔갈균이요 우리 헹졔 삼인에 장은 근이니 이졔 강동 숀권의게 잇고 공명은 우리 이형이니라 (某乃臥龍之弟諸葛均也. 愚兄弟三人, 長兄諸葛瑾, 現在江東孫仲謀處爲幕賓, 孔明乃二家兄.) <삼국-모종 6:81>

【호-】 동 호다. 바느질할 때에 헝겊을 여러 겹 겹쳐서 바늘땀을 성기게 꿰매다.¶ ▼縫 ‖ ᄐᆡ 그 약독을 ᄃᆞ 긁고 약을 붓치고 실노 호거ᄂᆞᆯ (佗刮盡其毒, 敷上藥, 以線縫之.) <삼국-국중 13:43>

【호거-ᄒᆞ-】 동 호거(虎踞)하다. 범처럼 웅크리고 있다. 위엄 있고 씩씩함을 이르는 말.¶ ▼虎踞 ‖ 하북 원쇼ᄂᆞᆫ 사세삼공이오 이졔 긔쥬의 호거ᄒᆞ여 부하의 능ᄉᆞᄒᆞᆫ 지

만ᄒᆞ니 가히 영웅이라 ᄒᆞ리오 (河北袁紹, 四世三公, 門多故吏; 今虎踞冀州之地, 部下能事者極多, 可爲英雄?) <삼국-국중 5:34> 됴〻의 두려워ᄒᆞᄂᆞᆫ 바ᄂᆞᆫ 원쇠라 원쇠 긔 쳥 유 병 졔군의 호거ᄒᆞ여 ᄃᆡ갑이 ᄇᆡᆨ만이요 문관무장이 극히 만ᄒᆞᆫ지라 (曹操所懼者袁紹. 紹虎踞冀、青、幽、幷諸郡, 帶甲百萬, 文官武將極多, 今何不寫書遣人到彼求救?) <삼국-국중 5:54>

【호군-ᄒᆞ-】 동 호군(犒軍)하다. 군사들에게 음식을 주어 위로하다. 호궤(犒饋)하다.¶ ▼犒軍 ‖ 강위 대공을 엇고 호군ᄒᆞ기를 ᄆᆞᆺᄎᆞ매 군ᄉᆞ를 나와 뎍도셩을 티고져 ᄒᆞ더니 (姜維大獲全功, 犒軍已畢, 便欲進兵攻打狄道城.) <삼국-가정 36:88>

【호려니】 부 홀연(忽然)히. 뜻하지 않게 갑자기.¶ ▼忽 ‖ 관공이 길을 가려처 와우산으로 오더니 호려니 주창이 수십 인을 ᄃᆞ리고 몸에 상ᄒᆞᆫ 흔적이 잇거ᄂᆞᆯ (關公教取路往臥牛山來, 正行間, 忽見周倉引數十人帶傷而來.) <삼국-모종 5:31> 네 ᄉᆞᄅᆞᆷ이 의논을 뎡치 못ᄒᆞ고 원소는 결단치 못ᄒᆞ더니 호려니 [허]뉴 순침이 드러오니 (四人爭論未定, 紹躊躇不決, 忽許攸、荀諶自外而入.) <삼국-모종 4:19> ▼急 ‖ 조〻 성을 친 지 두 달의 ᄒᆞ묵지 아닌지라 호려니 아리ᄃᆡ ᄒᆞᄂᆡ틔슈 장양이 동시예 군ᄉᆞ를 ᄂᆡ여 여포를 구원코져 ᄒᆞ다가 부장 양취가 죽기여 머리를 승상게 드리고저 ᄒᆞ다가 문듯 장양의 심복장 목고의 죽긴 ᄇᆡ 도엿다 (曹操攻城, 兩月不下, 急報: "何內太守張楊出兵東市, 欲救呂布, 部將楊醜殺之, 欲將頭獻丞相, 欲被張楊心腹將眭固所殺, 反投犬城去了.") <삼국-모종 3:78>

【호련니】 부 홀연(忽然)히. 뜻하지 않게 갑자기.¶ ▼忽 ‖ 드〻여 치쥬샹ᄃᆡᄒᆞ고 순욱으로 더부러 호련 셔로 모이더라 호련니 ᄉᆞᄅᆞᆷ니 보왈 일족 군니 동으로 가니 엇던 ᄉᆞᄅᆞᆷ인 줄 아지 못할너이다 (遂置酒帳中相待, 令與荀彧相會, 忽人報曰: "一隊軍往東而去, 不知何人.") <삼국-모종 2:116>

【호령-ᄒᆞ-】 동 호령(號令)하다. 부하나 동물 따위를 지휘하여 명령하다.¶ ▼號令 ‖ 뎡위 또 니ᄅᆞ러 공늉의 일가 노쇼를 다 자바다가 참ᄒᆞ여 종족을 이멸ᄒᆞ고 늉의 부ᄌᆞ의 머리를 져제 ᄃᆞ라 호령ᄒᆞ더니 (廷尉又至, 盡捉融家老小斬之, 滅夷其族, 號令融父子屍首于市.) <삼국-가정 13:71>

【호로래-ᄇᆞ람】 명 ((천문)) 회오리바람.¶ ▼旋風 ‖ ᄒᆞᆫ 떼 군ᄉᆡ 호로래ᄇᆞ람 ᄃᆞ라오ᄃᆞᆺ ᄒᆞ거ᄂᆞᆯ 셔〻 보니 쟝흠 쥬태러라 (但見一軍, 如旋風而來, 視之, 乃蔣欽、周泰.) <삼국-가정 18:11>

【호로-ᄒᆞ-】 동 호로(犒勞)하다. 음식을 주어 수고를 위로하다.¶ ▼犒勞 ‖ 공명 왈 만닐 웅ᄉᆡ 이르ᄂᆞᆫ 날의 맛당이 먼니 영졉ᄒᆞ여 군ᄉᆞ를 호로ᄒᆞ리라 (孔明曰: "如雄師到日, 即當遠接犒勞.") <삼국-국중 10:107>

【호리】 명 호리(毫釐). 매우 작은 것, 또는 매우 적은 분량을 비유적으로 이르는 말.¶ ▼分毫 ‖ 통은 부슬 잡아 덕이고 슈례 두며 입을 니ᄅᆞ며 귀로 드ᄅᆞ되 곡딕을 낫〻치 골히여 호리도 그ᄅᆞᄃᆡ 아니킈 결ᄒᆞ니 (統執筆簽押, 口中發落, 耳內聽詞, 曲直分明, 并無分毫差錯.) <삼국-가정 18:88>

【호뮈】 명 ((기물))((농기)) 호미. 김을 매거나 감자나 고구마 따위를 캘 때 쓰는 쇠로 만든 농기구.¶ ▼鋤 ‖ 이튼날 현덕이 관 장과 중인으로 더부러 늉중으로 향홀시 밧가의 두어 ᄉᆞ람이 호뮈를 메고 밧 갈며 노ᄅᆡᄒᆞ여 왈 (次日, 玄德同關、張幷從人等來隆中. 遙望山畔數人, 荷鋤耕於田間, 而作歌曰.) <삼국-국중 8:6> 뫼 원컨ᄃᆡ 오천 병을 어드면 각〻 가ᄅᆡ와 호뮈를 ᄀᆞ지고 가마니 비강 터 적치로 쏘드면 가히 류비의 군ᄉᆞ를 엄슬ᄒᆞ리라 (某乞五千軍, 各帶鍬鋤前去, 決涪江之水, 可盡淹死劉備之兵也.) <삼국-국중 11:94>

【호믜】 명 ((기물))((농기)) 호미. 김을 매거나 감자나 고구마 따위를 캘 때 쓰는 쇠로 만든 농기구. 끝은 뾰족하고 위는 대개 넓적한 삼각형으로 되어 있는데 목을 가늘게 휘어 구부린 뒤 둥근 나무 자루에 박는다.¶ ▼鋤 ‖ 부강 믈이 ᄀᆞ장 급ᄒᆞ고 한군의 영채 ᄒᆞᆫ 디세 ᄂᆞᄌᆞ니 가히 오천군을 빌려든 각〻 호믜와 삽플 가지고 밤의 ᄀᆞ만이 가 부강 믈을 트면 뉴비의 군ᄉᆞ를 다 믈의 ᄌᆞᄆᆞ리라 (此間一代正靠涪江, 江水大急; 前面寨占山脚, 其形最低. 可先乞五千軍, 各帶鍬鋤, 當夜潛去決涪江之水, 可盡淹死劉備之軍也.) <삼국-가정 20:79>

【호ᄆᆡ】 명 ((기물))((농기)) 호미. 김을 매거나 감자나 고구마 따위를 캘 때 쓰는 쇠로 만든 농기구.¶ ▼鋤 ‖ 멀리셔 보니 뫼 ᄀᆞ의 두어 사ᄅᆞᆷ이 호ᄆᆡ를 메고 노래를 브ᄅᆞ고 가되 (遙望山畔數人, 荷鋤耕于田間.) <삼국-가정 12:76> 멀리셔 보니 뫼 ᄀᆞ의 두어 사ᄅᆞᆷ이 호ᄆᆡ를 메고 노래를 브ᄅᆞ고 가되 (遙望山畔數人, 荷鋤耕于田間.) <삼국-가정 12:76> 부강이 믈이 가쟝 급ᄒᆞ고 한군의 영ᄎᆡ ᄒᆞᆫ 뇌셰 ᄂᆞᄌᆞ니 가히 오천군을 빌너든 각〻 호ᄆᆡ와 삽을 가지고 밤의 가마니 가 부강 믈를 트면 뉴비의 군ᄉᆞ를 다 믈의 ᄌᆞ모리라 (此間一代正靠涪江, 江水大急; 前面寨占山脚, 其形最低. 可先乞五千軍, 各帶鍬鋤, 當夜潛去決涪江之水, 可盡淹死劉備之軍也.) <삼국-규장 14:60>

【호반】 명 ((인류)) 호반(虎班). 무관(武官)의 반열. 무반(武班). 무신(武臣).¶ ▼武 ‖ 현덕 왈 ᄂᆡ 비록 직조 아니나 글은 손건 간옹 미축의 무리 잇고 호반은 관 장 조운의 유 잇셔 츙셩을 극진히 ᄒᆞ여 돕기로 그 힘을 만히 입어노라 (玄德曰: "備雖不才, 文有孫乾、糜竺、簡雍之輩, 武有關、張、趙雲之流, 竭忠輔相, 頗賴其力.") <삼국-모종 6:43> 신은 ᄒᆞᆫ 호반으로 힝혀 폐하를 만나숩더니 이제 나히 널흔 다ᄉᆞ시라 벼슬과 나히 족ᄒᆞ니 엇디 ᄒᆞᆫᄒᆞ리오 (臣乃一武夫耳, 幸遇陛下. 臣今年七十有五, 壽亦足矣.) <삼국-가정 27:26>

【호분】 명 ((군사)) 호분(虎賁). 매우 날래다는 뜻으로, 천자를 호위하는 군사나 용사를 이르는 말.¶ ▼虎賁 ‖ 뉴

왈 호분이니 호분[나라 금군 ᄀᆞᄐᆞᆫ 사ᄅᆞᆷ이라]삼ᄇᆡᆨ인이 문을 딕희미라 (六, 虎賁.虎賁三百人, 守門之軍也.) <삼국-가정 20:29>

【호분듕낭쟝】 명 ((관직)) 호분중랑장(虎賁中郞將). 황궁을 수비하는 부대의 장수.¶ ▼虎賁中郞將 ‖ 탁이 대희ᄒᆞ야 그 사ᄅᆞᆷ을 보니 호분듕낭쟝 니슉이라 (卓大喜, 觀其人, 乃虎賁中郞將李肅也.) <삼국-가정 1:148>

【호상-ᄒᆞ-】 동 호상(犒賞)하다. 군사들에게 음식을 차려 먹이고 상을 주어 위로하다.¶ ▼犒賞 ‖ 현덕이 군긔 마필을 만히 탈취ᄒᆞ고 반ᄉᆞᄒᆞ여 신야의 도라와 단복을 즁ᄃᆡᄒᆞ고 삼군을 호상ᄒᆞ니라 (玄德合軍追趕, 大半多被擒獲. 玄德班師回縣, 重待單福, 犒賞三軍.) <삼국-국중 7:134>

【호심경】 명 ((복식)) 호심경(護心鏡). 갑옷의 가슴 쪽에 호신(護身)으로 붙이는 조각.¶ ▼護心鏡 ‖ 싸화 수합이 못ᄒᆞ야 황개 채ᄅᆞᆯ 드러틴대 뫼 급히 두로티다가 등의 브틴 호심경이 마자 반이 ᄯᆞ려디거ᄂᆞᆯ (鬪到數合, 黃盖提鞭去打, 瑁急閃, 正中後心, 護心鏡打缺一半.) <삼국-가정 2:134>

【호여-ᄆᆡ-】 동 호다. 꿰매다.¶ ▼만일 오장뉵부병이 약 호음 업난 ᄌᆞ난 마폐탕을 마시여 취ᄒᆞ여 죽게 ᄒᆞ고 칼노 그 ᄇᆡ을 갈나 약물노 그 장부을 씻고 약실노 그 ᄇᆡ을 호여ᄆᆡ고 약을 붓치면 (若患五臟六腑之疾, 藥不能效者, 以麻肺湯飮之, 令病者如醉死, 卻用尖刀剖開其腹, 以藥湯洗其臟腑, 病人略無疼痛.) <삼국-모종 13:20>

【호와-ᄆᆡ-】 동 호다. 꿰매다.¶ ▼縫 ‖ ᄂᆡ 칼노 쳐[피]육을 버히고 ᄲᅧ까지 글거 살독을 글거ᄂᆡ고 약을 부치고 실노써 그 창구을 호와ᄆᆡ면 무ᄉᆞᄒᆞ리라 (吾用尖刀割開皮肉, 直至於骨, 刮去骨上箭毒, 用藥敷之, 以線縫其口, 方可無事.) <삼국-모종 12:78>

【호음】 명 효험(效驗). 일의 좋은 보람. 또는 어떤 작용의 결과.¶ ▼效 ‖ 만일 오장뉵부병이 약 호음 업난 ᄌᆞ난 마폐탕을 마시여 취ᄒᆞ여 죽게 ᄒᆞ고 칼노 그 ᄇᆡ을 갈나 약물노 그 장부을 씻고 약실노 그 ᄇᆡ을 호여ᄆᆡ고 약을 붓치면 (若患五臟六腑之疾, 藥不能效者, 以麻肺湯飮之, 令病者如醉死, 卻用尖刀剖開其腹, 以藥湯洗其臟腑, 病人略無疼痛.) <삼국-모종 13:20>

【호의-ᄒᆞ-】 동 호의(狐疑)하다. 의심(疑心)하다.¶ ▼狐疑 ‖ 현딜은 호의ᄒᆞ디 말라 내 본ᄃᆡ 사오나온 ᄆᆞᄋᆞᆷ이 업ᄉᆞ롸 (賢侄休狐疑, 我無歹心.) <삼국-가정 19:50>

【호티】 명 ((동물)) 호치(虎癡). 삼국시대 허저(許褚)의 별명.¶ ▼虎癡 ‖ 우리게ᄂᆞᆫ 호티라 ᄒᆞᄂᆞᆫ 허뎨 잇거니와 엇디 텬하의 너 ᄀᆞᄐᆞᆫ 픗도적을 두려ᄒᆞ리오 (吾有虎癡許褚, 豈憚天下草寇耶?) <삼국-가정 18:31>

【호호-ᄒᆞ-】 형 호호(浩浩)하다. 한없이 넓고 크다.¶ ▼浩渺 ‖ 능히 산ᄀᆞᆺ치 동치 아니코 알기 어렵기 음양 ᄀᆞᆺ고 무궁ᄒᆞ미 천지 ᄀᆞᆺ고 사히ᄀᆞᆺ치 호〻ᄒᆞ고 삼광갓치 현요ᄒᆞ며 (能不動如山岳, 難知如陰陽. 無窮如天地, 充實如太倉. 浩渺如四海, 眩曜如三光.) <삼국-국중 16:5>

【호화】 명 호화(號火). 봉화(烽火).¶ ▼號火 ‖ 조병이 호화를 바라보고 일제이 허치고 치니 손관 듕이 각〻 헛더지ᄂᆞᆫ지라 (操望見號火, 一齊殺到, 乘勢攻擊, 孫觀等各自四散逃避去了.) <삼국-모종 3:72>

【호-ᄒᆞ-】 동 호다. 바느질하는데서 뜸을 곱걸지 않고 성기게 꿰매다.¶ ▼縫 ‖ ᄂᆡ 칼날노 피육을 버혀 헤치고 ᄲᅧ 우희 젼독을 글거 ᄂᆡᆫ 후의 약을 붓치고 실노 천구를 호ᄒᆞᄆᆡ면 ᄇᆞ야흐로 무ᄉᆞᄒᆞ리라 (吾用尖刀割開皮肉, 直至於骨, 刮去骨上箭毒, 用藥敷之, 以線縫其口, 方可無事.) <삼국-국중 13:42>

【호ᄒᆞ-ᄆᆡ-】 동 호다. 꿰매다.¶ ▼縫 ‖ 칼날노 피육을 버혀 헤치고 ᄲᅧ 우희 젼독을 글거 ᄂᆡᆫ 후의 약을 붓치고 실노 천구를 호ᄒᆞᄆᆡ면 ᄇᆞ야흐로 무ᄉᆞᄒᆞ리라 (吾用尖刀割開皮肉, 直至於骨, 刮去骨上箭毒, 用藥敷之, 以線縫其口, 方可無事.) <삼국-국중 13:42>

【혹】 명 ((질병)) 혹. 병적으로 불룩하게 나온 살덩어리.¶ ▼瘤 ‖ 또 ᄒᆞᆫ 사ᄅᆞᆷ이 눈섭 ᄉᆞ이예 ᄒᆞᆫ 혹이 나 ᄀᆞ랴와 견ᄃᆡ디 못ᄒᆞ여 타로 ᄒᆞ여곰 보라 ᄒᆞᆫ대 (又有一人, 眉間生一瘤, 痒不可當, 令佗視之.) <삼국-가정 25:87>

【혼금-ᄒᆞ-】 동 혼금(閽禁)하다. 피하다.¶ ▼迴避 ‖ 관공이 〻수써 고ᄒᆞ고 상부의 가 조〻를 ᄇᆡᄉᆞ코저 ᄒᆞ니 죄가 그 ᄯᅳ즐 알고 이예 혼금ᄒᆞ니 (關公入內告知二嫂, 隨卽至相府, 拜辭曹操, 操知來意, 乃懸迴避於門.) <삼국-모종 4:77>

【혼녜】 명 ((민속)) 혼례(婚禮). 혼인의 예절. 또는 결혼식¶ ▼親 ‖ 이날 밤의 현덕이 손부인으로 더브러 혼녜ᄅᆞᆯ 일오니 현덕이 ᄃᆞᆫ 말과 됴흔 ᄉᆞ셜로 달래니 손부인이 대희ᄒᆞ더라 (當夜玄德與孫夫人成親.玄德以甛言蜜語啜誘孫夫人, 夫人歡喜.) <삼국-가정 17:113>

【홀난-ᄒᆞ-】 형 혼란(昏亂)하다.¶ ▼昏亂 ‖ 공명니 탄식ᄒᆞ여 왈 ᄂᆡ 마음니 홀난ᄒᆞ여 슉병니 다시 발ᄒᆞ니 살기을 엇지 못할가 저허하노라 (孔明歎曰: “吾心昏亂, 舊病復發, 恐不能生矣.”) <삼국-모종 17:29>

【홀련니】 부 홀연(忽然)히. 뜻하지 않게 갑자기.¶ ▼忽 ‖ 정히 저희할식 이예 홀련니 ᄒᆞᆫ 노닌니 마젼의 셔〻 웃셔 왈 댱군이 이 진을 나오고져 ᄒᆞᄂᆞ냐 (正驚疑間, 忽見一老人立於馬前, 笑曰: ‘將軍欲出此陣乎?’) <삼국-모종 14:21>

【홈의】 명 ((기물))((농기)) 호미. 김을 매거나 감자나 고구마 따위를 캘 때 쓰는 쇠로 만든 농기구.¶ ▼鋤 ‖ 일〻의 영이 홈으로 더부러 ᄒᆞᆫ가지 원소랄 밋더니 ᄡᅳ의 금을 보고 영은 홈의를 둘너 도ᄅᆞ보지 안니ᄒᆞ고 흠은 주어 보고 더지더라 (一日, 寧與歆共種園蔬, 鋤地見金, 寧揮鋤不顧, 歆拾而視之, 然後擲下.) <삼국-모종 11:48>

【-홉-】 접 -스럽-.¶ ▼뫼 우희셔 ᄒᆞᆫ 소릐 포향이 나며 살히 ᄂᆞᄂᆞᆫ 버러지 ᄀᆞᄐᆞ야 다만 ᄇᆡᆨ마 ᄐᆞ니만 ᄇᆞ라고 뽀니 가련홉다 방통이 난젼지하의 죽으니 (山坡前一聲炮響, 箭如飛蝗, 只望騎白馬者便死. 可憐龐統死於亂箭之下.) <삼국-가정 20:96> ᄌᆞ홉다[차탄ᄒᆞᄂᆞᆫ 말이라]너 위왕이 샹셔

ᄒᆞ야 겸양ᄒᆞ니 (咨爾魏王, 上書謙讓.) <삼국-가정 26:39>

【홍곡】 명 ((인류)) 홍곡(鴻鵠). 큰 기러기와 고니라는 뜻으로, 포부가 원대하고 큰 인물을 이르는 말.¶ ▼鴻鵠 ‖ 녯날의ᄂᆞᆫ 명공이나 내나 다 홍곡이러니 명공이 변ᄒᆞ야 봉황이 될 줄을 ᄉᆡᆼ각디 못ᄒᆞ롸 (昔日嵩與明公皆鴻鵠, 不意明公變爲鳳凰耳.) <삼국-가정 3:57>

【홍복】 명 홍복(洪福). 큰 행복. 하복(遐福).¶ ▼洪福 ‖ 신이 폐하의 홍복을 의탁ᄒᆞ여시니 연을 손의 춤밧고 잡으리니 폐해 엇디 족히 념녀ᄒᆞ시링잇고 (臣托陛下之洪福, 公孫淵唾手而擒, 陛下何足慮哉?) <삼국-가정 35:38>

【홍심】 명 홍심(紅心). 과녁에서 붉은 칠을 한 동그란 부분.¶ ▼紅心 ‖ 문빙이 말을 노화 한 살노 ᄯᅩ한 홍심을 맛치니 모다 칭찬ᄒᆞ며 금괴 어즈러이 울니거ᄂᆞᆯ (文聘拈弓縱馬一箭, 亦中紅心. 衆皆喝采, 金鼓亂鳴.) <삼국-국중 10:94>

【화공】 명 화공(火攻). 적들이 있는 곳에 불을 지르거나 불길이 적들에세 번져지게 하면서 들이대는 공격.¶ ▼火攻 ‖ ᄇᆡ를 련ᄒᆞ야 흔ᄃᆡ ᄆᆡ야시니 편ᄒᆞ거니와 다만 화공[불노 치단 말이라]을 막ᄌᆞ르쇼셔 조키 어려올가 ᄒᆞᄂᆞ이다 (船皆連鎖, 固是平穩, 且提防火攻, 難以回避.) <삼국-가정 16:16>

【화셩】 명 ((천문)) 화성(火星).¶ ▼火星 ‖ 룡이 움즈기면 샹셔의 구름이 이러나고 범이 ᄑᆞ람 블면 화ᄒᆞᆫ 바람이 니르니 이 ᄢᅧ 화셩이라 ᄒᆞᄂᆞᆫ 거ᄉᆞᆫ 뇽이오 삼셩이라 ᄒᆞᄂᆞᆫ 거ᄉᆞᆫ 범이니 해 나며 구름이 웅ᄒᆞ고 ᄉᆞᆷ이 나면 바람이 니르니 이ᄂᆞᆫ 음양이 감화ᄒᆞ미라 룡호의 니르ᄂᆞᆫ ᄇᆡ 아니라 (龍動則景雲起, 虎嘯則谷風至, 所以爲火星者龍, 參星者虎.火出則雲應, 參出則風到, 此乃陰陽之感化, 非龍虎之所致也.) <삼국-가정 22:94>

【화-ᄒᆞ-】 형 화(和)하다. 따뜻하고 부드럽다. 조화되다.¶ ▼谷(風) ‖ 룡이 움즈기면 샹셔의 구름이 이러나고 범이 ᄑᆞ람 블면 화ᄒᆞᆫ 바람이 니르니 이 ᄢᅧ 화셩이라 ᄒᆞᄂᆞᆫ 거ᄉᆞᆫ 뇽이오 삼셩이라 ᄒᆞᄂᆞᆫ 거ᄉᆞᆫ 범이니 해 나며 구름이 웅ᄒᆞ고 ᄉᆞᆷ이 나면 바람이 니르니 이ᄂᆞᆫ 음양이 감화ᄒᆞ미라 룡호의 니르ᄂᆞᆫ ᄇᆡ 아니라 (龍動則景雲起, 虎嘯則谷風至, 所以爲火星者龍, 參星者虎. 火出則雲應, 參出則風到, 此乃陰陽之感化, 非龍虎之所致也.) <삼국-가정 22:94>

【환관】 명 ((관직)) 환관(宦官). 내시(內侍).¶ ▼中官 ‖ 환관이 결당ᄒᆞ야시니 가히 다 죽일 거시라 (中官結黨, 可盡誅之!) <삼국-가정 1:96> ▼中貴 ‖ 쥬샹이 요ᄉᆞ이 쥬ᄉᆡᆨ의 ᄲᅡ디며 환관 황호ᄅᆞᆯ 미더 나라 일을 다ᄉᆞ리디 아니ᄒᆞ고 다만 즐기기ᄅᆞᆯ 도모ᄒᆞ거ᄂᆞᆯ ᄇᆡᆨ약이 여러 번 정벌ᄒᆞ고져 ᄒᆞ야 군ᄉᆞᄅᆞᆯ ᄉᆞ랑티 아니ᄒᆞ니 나라히 쟝ᄎᆞᆺ 위틔ᄒᆞ리로다 (近來朝廷溺于酒色, 信任中貴黃皓, 不理國事, 只圖歡樂; 伯約累欲征伐, 不恤軍士, 國將危矣!) <삼국-가정 37:43> ▼內豎 ‖ 장양 단규 등이 ᄂᆡ외로 말을 ᄂᆡ여 공이 동후ᄅᆞᆯ 짐살ᄒᆞ엿다 ᄒᆞ고 ᄃᆡᄉᆞᄅᆞᆯ 쇠ᄒᆞ라 ᄒᆞ니 만일 잇ᄣᅢᄅᆞᆯ 타 환관을 버히지 아니ᄒᆞ면 반ᄃᆞ시 ᄃᆡ홰 밋치리라 (張讓、段珪等流言於外, 言公鴆殺董后, 欲謀大事. 乘此時不誅閹宦, 後必爲大禍. 昔竇武欲誅內豎, 機謀不密, 反受其殃.) <삼국-국중 1:51>

【환ᄅᆡ-ᄒᆞ-】 동 환래(還來)하다. 돌아오다.¶ ▼趕來 ‖ 셔황이 관ᄉᆞᆼ의셔 냥초ᄅᆞᆯ 졈시ᄒᆞ다가 조홍이 관의 ᄂᆞ려 ᄉᆡ쇄ᄒᆞ물 듯고 ᄃᆡ경ᄒᆞ야 급히 병을 ᄰᅳ어 환ᄅᆡᄒᆞ며 ᄃᆡ규ᄒᆞᄃᆡ 조홍은 말을 한가지 ᄒᆞᄌᆞ (時徐晃正在關上點視糧草, 聞曹洪下關廝殺, 大驚, 急引兵隨後趕來, 大叫曹洪回馬.) <삼국-모종 10:10>

【활농-ᄒᆞ-】 동 환롱(幻弄)하다. 못된 꾀를 써서 농락하다.¶ ▼攝 ‖ 꾀 ᄭᅮ지저 왈 네 무ᄉᆞᆷ 요술노 ᄂᆡ의 아람다온 실과을 활농ᄒᆞ난고 (操叱之曰: "汝以何妖術, 攝吾桂果?") <삼국-모종 11:80>

【활ᄂᆡ-ᄒᆞ-】 동 간래(趕來)하다. 달려오다.¶ ▼趕來 ‖ 뉴현이 급히 말을 ᄲᅦ야 분주ᄒᆞᄃᆞᆺ가 ᄇᆡ후의 ᄌᆞᆼ비 활ᄂᆡᄒᆞ여 뉴현을 ᄉᆡᆼ금ᄒᆞ여 공명을 보이니 (劉賢急撥馬奔走, 背後張飛趕來, 活捉過馬, 綁縛見孔明.) <삼국-모종 9:9>

【활명-ᄒᆞ-】 동 활명(活命)하다. 목숨을 살리다.¶ ▼活命 ‖ 가형 ᄆᆡᆼ확이 승상의 활명ᄒᆞ신 은혜를 감동ᄒᆞ야 가히 갑흘 죠각이 업ᄂᆞᆫ지라 이제 금쥬보패 약간 거ᄉᆞᆯ 밧드러 승상의 상군ᄒᆞᄂᆞᆫ 직물을 돕고 (家兄孟獲, 感丞相活命之恩, 無可奉獻, 輒具金珠寶貝若干, 權爲賞軍之資.) <삼국-국중 14:132>

【활별-ᄒᆞ-】 동 활별(闊別)하다. 오래 헤어져 있다.¶ ▼契闊 ‖ 결활잠년의 활별ᄒᆞ나 담쇼ᄒᆞ나 신념구은이라 마음의ᄂᆞᆫ 옛 은혀를 ᄉᆡᆼ각ᄒᆞᄂᆞᆫ도다 (契闊談讌, 心念舊恩.) <삼국-모종 8:33>

【활살】 명 ((군기)) 화살. '화살'의 'ㄹ' 중철 표기.¶ ▼箭 ‖ 됴 우비예 활살 하나 맛고 말도 ᄯᅩᄒᆞᆫ 셋 살을 마ᄌᆞ스니 그 말은 ᄃᆡ완 양마로 다라나 육수의 이르니 (操右臂中了一箭, 馬亦中了三箭, 虧得那馬是大宛良馬, 熬得痛, 走得快, 剛剛走到淯水河邊.) <삼국-모종 3:40>

【활-쌀】 명 ((군기)) 화살.¶ ▼箭 ‖ 일야의 다라나 평명에 밋처 그 성의 니르러 문을 열나 한니 ᄲᅧ예 성상에 활쌀 쏘와 나리난지라 (走了一夜, 北及平明, 到得冀城叫門時, 城上亂箭射下.) <삼국-모종 11:12>

【활-쥴】 명 ((군기)) 활줄.¶ ▼弓弦 ‖ 듕군이 함께 ᄭᅮ지ᄌᆞᄃᆡ ᄇᆡ 돗ᄯᅢᄅᆞᆯ 느리우라 언미필의 활쥴이 쇼ᄅᆡ 나는 곳의 문빙이 살을 맛고 것구러져 션중의 잇ᄂᆞᆫ지라 (衆軍齊喝: "快下了篷!" 言未絶, 弓弦響處, 文聘被箭射中左臂, 倒在船中.) <삼국-모종 8:55>

【황겁-ᄒᆞ-】 형 황겁(惶怯)하다. 겁을 집어먹어 정신이 없고 얼떨떨하다.¶ ▼惶怖 ‖ 군신니 다 황겁ᄒᆞ야 감히 거슬이지 못ᄒᆞᄂᆞᆫ디라 즁군교위 원쇠 정신 츌왈 (群臣惶怖莫敢對. 中軍校尉袁紹挺身出曰:) <삼국-국중 1:78>

【황공무디-ᄒᆞ-】 동 황공무지(惶恐無地)하다. 위엄이나 지위 따위에 눌리어 두려워서 몸 둘 데가 없다.¶ ▼惶恐無地 ‖ 장비 황공무디ᄒᆞ여 칼을 ᄲᅵ여 자문코져 ᄒᆞ더라

(張飛聞言, 惶恐無地, 掣劍欲自刎.) <삼국-국중 33:143>

【황도】 명 ((천문)) 황도(黃道). 태양의 둘레를 도는 지구의 궤도가 천구(天球)에 투영된 궤도. 천구의 적도면(赤道面)에 대하여 황도는 약 23도 27분 기울어져 있으며, 적도와 만나는 두 점을 각각 춘분점, 추분점이라 함. 일궤(日軌).¶ ▼黃道 ‖ 삼천검패ᄂᆞᆫ[환도 ᄎᆞᆫ단 말이니 문관이라] 황도[황도ᄂᆞᆫ 황어뢰라]의 추츄ᄒᆞ고 ᄇᆡᆨ만 비휴ᄂᆞᆫ[범과 곰이니 무장이라] ᄌᆞ미[황뎨 거신ᄃᆡ라]의 현달ᄒᆞ도다 (三千劍佩走黃道, 百萬貔貅現紫微.) <삼국-가정 18:33>

【황문】 명 ((관직)) 황문(黃門). 궁중(宮中)에서 임금의 시중을 들거나 숙직 따위의 일을 맡아본 벼슬아치. 내시(內侍).¶ ▼黃門 ‖ 급피 태위 쟝졔와 샹셔령 ᄉᆞ마부로 ᄒᆞ여곰 ᄒᆞᆫ가지로 표ᄅᆞᆯ ᄡᅥ 황문을 보내여 셩 밧긔 나가 즈러 나아가 뎨씌 주ᄒᆞ라 ᄒᆞ고 (急令太尉蔣濟、尙書令司馬孚, 一同寫表, 遣黃門賫出城外, 徑至帝前申奏.) <삼국-가정 35:85>

【황복-ᄒᆞ-】 동 항복(降伏 /降服)하다. 자신이 진 것을 인정하고 상대방에게 굴복하다.¶ ▼降 ‖ ᄂᆡ 이졔 쵹의 황복ᄒᆞ야 샹장이 되야시니 엇지 위의 도라갈 니 이시리오 (我今降蜀, 加爲上將, 安有還魏之理?) <삼국-모종 15:69>

【황양】 명 ((지리)) 황양(黃壤). 사람이 죽은 뒤에 그 혼령이 가서 산다고 하는 세상. 저승.¶ ▼黃泉 ‖ 원컨대 승샹은 녜 대슌이 곤을 죽이시고 우ᄅᆞᆯ ᄡᅳ시던 의ᄅᆞᆯ ᄉᆡᆼ각ᄒᆞ시면[슌이 곤을 죽이시고 곤의 아ᄃᆞᆯ 우ᄅᆞᆯ ᄡᅥ 믈을 다ᄉᆞ리시고 후의 황뎨 위ᄅᆞᆯ 우의게 뎐ᄒᆞ시니라]비록 죽으나 황양지하의 ᄒᆞᆫ이 업ᄉᆞᆯ가 ᄒᆞ노이다 (願丞相思舜帝當日殛鯀用禹之義, 使某雖死, 亦無恨于黃泉之下也.) <삼국-가정 31:54>

【황텬】 명 ((인명)) 황천(黃天). 한말 황건적의 우두머리인 장각(張角)의 자칭.¶ ▼黃天 ‖ 창텬이 죽으니 황텬이 당〻이 셜 거시니 갑ᄌᆞ셰예 텬해 대길ᄒᆞ리라 (蒼天已死, 黃天當立.) <삼국-가정 1:13>

【황홀-ᄒᆞ-】 형 황홀(恍惚)하다. 어지럽다. 흐릿하여 분명하지 아니하다.¶ ▼恍惚 ‖ 내 ᄯᅩ 이런 줄을 아니 됴흔 긔회로ᄃᆡ 내 ᄆᆞ음이 황홀ᄒᆞ니 가도 니티 아닐가 ᄒᆞ노라 (吾亦知如此, 最好爭取, 奈我心中恍惚.) <삼국-가정 8:102> 제갈각이 회람으로븟터 집의 도라오매 심신이 황홀ᄒᆞ고 동지 평안티 아니ᄒᆞ더니 ᄒᆞᄅᆞᆫ 거러 듕당의 니ᄅᆞ니 ᄒᆞᆫ 상복ᄒᆞᆫ 사ᄅᆞᆷ이 드러오거ᄂᆞᆯ (却說諸葛恪自淮南回宅, 心神恍惚. 一日, 步行至中堂, 忽見一人披麻掛孝而入.) <삼국-가정 36:11> 이ᄣᅢ예 위쥬 조환이 년일ᄒᆞ야 됴회ᄅᆞᆯ 아니ᄒᆞ고 심신이 황홀ᄒᆞ며 거지실조ᄒᆞ더니 (此時魏主曹奐連日不曾設朝, 心神恍惚, 擧止失措.) <삼국-가정 39:50>

【황황-ᄒᆞ-】 형 황황(遑遑)하다. 갈팡질팡 어쩔 줄 모르게 급하다. 허둥대다.¶ ▼大慌 ‖ 이적의 위병이 긔산 대채ᄅᆞᆯ 티더니 후군이 대패ᄒᆞ고 위남 대채 일호믈 듯고 군심이 황〻ᄒᆞ야 (且說魏兵在祁山攻打蜀寨, 聽說魏兵大敗, 失了渭南大寨, 軍心大慌.) <삼국-가정 34:41>

【황히】 명 ((지리)) 중국의 황해(黃海).¶ ▼沆瀣 ‖ 당안 궁듕의 ᄒᆞᆫ ᄃᆡᄅᆞᆯ 무어 일홈을 ᄇᆡᆨ냥ᄃᆡ라 ᄒᆞ고 우희 구리 사ᄅᆞᆷ을 셰오고 손이 ᄒᆞᆫ 빈을 밧ᄂᆞ러시니 일홈을 승노반이라 ᄒᆞ고 삼경의 북두의 ᄂᆞ리ᄂᆞᆫ 바 황히의 믈을 바드니 그 일홈은 ᄀᆞᆯ온 텬장이오 ᄯᅩ ᄀᆞᆯ온 감뇌라 (臺上立一銅人, 手捧一盤, 名曰'承露盤', 接三更北斗所降沆瀣之水, 其名曰'天漿', 又曰'甘露'.) <삼국-가정 35:13>

【홰】 명 홰. 횃불. 화톳불을 놓는 데 쓰는 물건. 싸리, 갈대, 또는 노간주나무 따위를 묶어 불을 붙여서 밤길을 밝히거나 제사를 지낼 때에 쓴다.¶ ▼火把 ‖ 각〻 홰 ᄒᆞᆫ ᄌᆞ로식 가져오라 ᄒᆞ고 ᄆᆞ른 셥과 재ᄅᆞᆯ 만히 날라 관문 밧긔 ᄡᅡ터니 (各人要火把一束, 俱要乾柴引燥之物, 先搬於館驛門首.) <삼국-가정 9:107> 홰ᄅᆞᆯ 만히 쟝만ᄒᆞ여 야젼을 ᄎᆞᆯ히라 (多點火把, 安排夜戰!) <삼국-가정 21:54> 냥군이 납함ᄒᆞ고 일시의 홰ᄅᆞᆯ 쳔ᄇᆡᆨ ᄌᆞ리나 혀드니 죠요ᄒᆞ여 블그미 ᄇᆡᆨ듀 ᄀᆞᆺ더라 (兩軍吶喊, 點起千百火把, 照耀如同白日.) <삼국-가정 21:55> ▼炬 ‖ ᄯᅩ 쩨 우의 큰 홰 여남은 알음 되게 지어 마ᄌᆞ 기름 부어 쳘삭을 만나면 불 질너 노게 ᄉᆞ어지고 (又于筏上作大炬, 長十餘丈, 大十餘圍, 以麻油灌之, 但遇鐵索, 燃炬燒之, 須臾皆斷.) <삼국-모종 19:91>

【홰-ᄲᅮᆯ】 명 횃불.¶ ▼火把 ‖ 시야 ᄉᆞᆷ경에 등익 오ᄇᆡᆨ ᄉᆞ름으로 각〻 홰ᄲᅮᆯ 잡아 두 길노 뫼예 나려 운량 거장을 불질으고 (是夜二更, 鄧艾令五百人, 各執火把, 分兩路下山, 放火燒車仗.) <삼국-모종 18:61>

【회로리-ᄇᆞ롬】 명 ((천문)) 회오리바람.¶ ▼旋風 ‖ 믄득 회로리ᄇᆞ람이 니러나 ᄆᆞᆯ 알ᄑᆡ 슈ᄌᆞ긔ᄅᆞᆯ 것구리티거ᄂᆞᆯ (忽起旋風, 吹倒馬前帥字旗.) <삼국-가정 20:54>

【회뢰】 명 회뢰(賄賂). 뇌물을 주고받음. 또는 그 뇌물(賂物).¶ ▼賄賂 ‖ 황샹이 쇼황문[환관이라]좌픙을 보내여 뎨탐ᄒᆞ야 오라 ᄒᆞ시니 날ᄃᆞ려 회뢰ᄅᆞᆯ 밧고져 ᄒᆞ거ᄂᆞᆯ (今上差小黃門左豊前來體探, 問我要賄賂.) <삼국-가정 1:48>

【회오리-바람】 명 ((천문)) 회오리바람.¶ ▼旋風 ‖ 믄득 회오리바람이 니러나 ᄆᆞᆯ 압히 슈ᄌᆞ긔를 것구리티거ᄂᆞᆯ (忽起旋風, 吹倒馬前帥字旗.) <삼국-규장 14:41>

【회특-ᄒᆞ-】 형 회특(回慝)하다.¶ ▼回 ‖ 지조와 졀이 쌍으로 완젼ᄒᆞ기 셰상의 업ᄂᆞᆫ ᄇᆡ라 간ᄉᆞᄒᆞ고 회특ᄒᆞᆫ 놈을 썩거지고 ᄇᆡ기ᄅᆞᆯ 바닷도다 용열ᄒᆞᆫ 신하ᄂᆞᆫ 도적을 좃고 츙신은 죽으니 동오에 여장부 밋지 못ᄒᆞ도다 (才節雙全世所無, 姦回一旦受摧鋤. 庸臣從賊忠臣死, 不及東吳女丈夫.) <삼국-모종 6:98>

【회틱-ᄒᆞ-】 동 회태(懷胎)하다. 임신(姙娠)하다.¶ ▼懷胎 ‖ 감부인니 상히 ᄭᅮᆷ의 북두를 삼키고 인ᄒᆞ여 회틱ᄒᆞ므로 유명을 아두라 ᄒᆞ니라 (甘夫人嘗夜夢仰吞北斗, 因而懷胎, 故乳名阿斗.) <삼국-국중 7:105>

【회피-패】 명 회피패(回避牌).¶ ▼回避牌 ‖ 위 ᄯᅩ 샹부의가 하딕ᄒᆞ려 ᄒᆞ니 ᄯᅩ 회피패[도라 피ᄒᆞ닷 말이니 이 패곳 걸면 사ᄅᆞᆷ을 아니 보ᄂᆞ니라]ᄅᆞᆯ 거럿거ᄂᆞᆯ 믈러와 이톄로 ᄒᆞ기ᄅᆞᆯ

서너 번이나 호딕 조룰 보디 못ᄒᆞ니 (關公又往相府辭, 門首又掛回避牌. 關公往數次, 皆不放參.) <삼국-가정 9:73> 관위 즉시 샹부의 드러가 하딕ᄒᆞ니 조죄 오ᄂᆞᆫ 줄 알고 문의 회피패룰 드랏거ᄂᆞᆯ (關公又往相府司, 門首又掛回避牌.) <삼국-가정 9:73>

【획칙-ᄒᆞ-】 동 획책(劃策)하다. 정책이나 방안을 기획하다.¶ ▼畫策 ‖ 승부ᄂᆞᆫ 병가의 상ᄉᆡ여니와 다만 아지 못게라 뉘 류비를 위ᄒᆞ여 획칙ᄒᆞᄂᆞ뇨 (勝負乃軍家之常. 但不知誰爲劉備畫策?) <삼국-국중 7:141>

【횡강목】 명 ((군사)) 기마병을 막기 위하여 나뭇가지를 뾰족하게 깎아 진지 앞에 반쯤 땅에 묻은 목책. 모양이 사슴뿔 같다고 해서 녹각(鹿角)이라고도 함.¶ ▼횡강목 (鹿角) <삼국-어람 109a>

【횡힝-ᄒᆞ-】 동 횡행(橫行)하다. 아무 거리낌 없이 제멋대로 행동하다.¶ ▼橫行 ‖ 맛당이 쳔하의 횡힝ᄒᆞ여 국가를 위ᄒᆞ여 잔포ᄒᆞᆷ를 제ᄒᆞ리니 엇지ᄒᆞ여 역적의게 항복ᄒᆞ리오 (正當橫行天下, 爲國家除殘去暴, 奈何降賊耶?) <삼국-국중 9:13>

【효뉴ᄒᆞ-】 동 효유(曉諭)하다. 깨달아 알아듣도록 타이르다.¶ ▼招諭 ‖ 쇼 이전 일을 말ᄒᆞ니 의거 이예 거산ᄒᆞᆫ 즁을 불너 효뉴ᄒᆞ니 군ᄉᆡ 다 긔야미갓치 모와 병세 다시 썰치더라 (紹以前事訴與義渠, 義渠乃招諭離散之衆, 衆聞紹在, 又皆蟻聚, 軍勢復振.) <삼국-모종 5:63>

【효렴】 명 ((인류)) 효렴(孝廉). 중국 전한 때에 치르던 관리 임용 과목. 또는 그 과(科)에 뽑힌 사람. 무제가 군국에서 매년 부모에 효도하고 형제간에 우애 있는 사람과 청렴한 사람을 각각 한 사람씩 천거하게 한 데서 비롯하였다.¶ ▼孝廉 ‖ 나히 이십의 효렴의 ᄉᆡᆼ이여 벼술이 낙양도위룰 ᄒᆞ니 (年二十, 擧孝廉, 爲郞, 除洛陽北都尉.) <삼국-가정 1:45>

【효웅-ᄒᆞ-】 형 효웅(梟雄)하다. 용맹스럽고 날쌔다.¶ ▼梟雄 ‖ ᄌᆞ경은 튱후독실ᄒᆞᆫ 사ᄅᆞᆷ이어니와 뉴비ᄂᆞᆫ 효웅[용건ᄒᆞ단 말이라]ᄒᆞᆫ 물이오 졔갈량은 간활ᄒᆞᆫ 뉘라 (子敬乃誠實篤厚人也. 劉備乃梟雄之輩, 諸葛亮乃奸猾之徒.) <삼국-가정 17:83>

【효음】 명 효험(效驗). 일의 좋은 보람. 또는 어떤 작용의 결과.¶ ▼效驗 ‖ 관 장 이인니 불렬왈 공명이 나히 어리고 무ᄉᆞᆫ 직학이 잇관ᄃᆡ 형장이 ᄃᆡ졉ᄒᆞ기룰 가장 과게 ᄒᆞ시ᄂᆞ뇨 또 진실ᄒᆞᆫ 효음을 보지 못할오소이ᄃᆞ (關、張二人不悅, 曰: "孔明年幼, 有甚才學, 兄長待之太過, 又未見他眞實效驗.") <삼국-모종 7:12>

【효제-ㅎ-】 동 효제(梟除)하다. 목을 베어 죽이다.¶ ▼梟除 ‖ 오즉 됴ᄌᆞ를 효제치 못ᄒᆞ여 국권을 쳔롱ᄒᆞ여 방ᄌᆞ히 국난을 지어 황후를 뉵슐ᄒᆞ고 황ᄌᆞ를 침히ᄒᆞ니 (惟獨曹操久未梟除, 侵擅國權, 恣心極亂. 臣昔與車騎將軍董承圖謀討操, 事不密, 承見陷害. 臣播越失據, 忠義不果, 遂使操窮凶極逆. 主后戮殺, 皇子鴆害.) <삼국-국중 13:5>

【효측-ᄒᆞ-】 동 효칙(效則)하다. 본받다. 본받아 법으로 삼다.¶ ▼效 ‖ 님금을 셤겨 그 본을 닛디 아니ᄒᆞ니 진짓 텬하의 의ᄉᆡ오 오며 가미 명ᄇᆡᆨᄒᆞ니 텬하의 댱뷔라 너희 등이 다 효측ᄒᆞ라 (事主不忘其本, 乃天下之義士也; 來去明白, 乃天下地丈夫也. 汝等皆可效之.) <삼국-가정 9:78>

【후리-티-】 동 잡아채다. 내던지다. 팽개치다.¶ ▼棄 ‖ 중쟝이 다시 비러 등 오십을 티니 셩이 믈러가 그 쥬육을 다 내여 후리티고 (衆將哀告, 打了五十背花. 成歸, 盡棄其酒肉.) <삼국-가정 7:51>

【후모】 명 ((인류)) 후모(後母). 의붓어머니. 계모(繼母).¶ ▼晩母 ‖ 내 댱ᄌᆞ로셔 부형의 긔업을 닛디 못ᄒᆞ고 샹은 후모 소ᄉᆡᆼ으로셔 이제 도로혀 대위룰 니으니 엇디ᄒᆞ여 아ᄉᆞ료 (我爲長子, 反不能承父之基業; 袁尙晩母所生, 今承大爵, 如何奪之?) <삼국-가정 1:33>

【후믈리-】 동 휘말리다.¶ ▼卷掃 ‖ 건녕 사년 츈이월의 낙양의 디진ᄒᆞ니 각사 마을 담들리 다 믈허디고 바다믈이 다 넘ᄯᅵ니 등 닉 긔 밀 네 고을히 믈결의 후믈리니 ᄇᆡᆨ셩이 다 바다히 ᄲᅡ디거ᄂᆞᆯ (建寧四年二月, 洛陽地震, 省垣皆倒, 海水泛濫, 登、萊、沂、密盡被大浪卷掃居民入海.) <삼국-가정 1:4>

【후-이】 부 후(厚)히. 많고 푼푼하여 인색하지 않게.¶ ▼厚 ‖ 조죄 군ᄉᆞ를 거두어 영ᄎᆡ의 도라오니 만총이 서황을 잇글어 뵈니 됴죄 ᄃᆡ희ᄒᆞ여 후이 ᄃᆡ졉ᄒᆞ며 (曹操收軍回營, 滿寵引徐晃入見. 操大喜, 厚待之.) <삼국-국중 3:127>

【후조】 명 ((인류)) 후조(後槽). 마부(馬夫). 또는 마굿간.¶ ▼後槽 ‖ 후죄[ᄆᆞᆯ 머기ᄂᆞᆫ 사ᄅᆞᆷ이라]왈 예셔 듕군이 머니 밤의 간대로 드러가디 못ᄒᆞᆯ 거시니 이 마초 ᄡᅡ흔ᄃᆡ 블을 노코 네 압프로 가 반ᄒᆞᆫ다 ᄒᆞ고 소ᄅᆡ를 디ᄅᆞ면 셩듕 병이 반ᄃᆞ시 난ᄒᆞᆯ 거시니 틈을 타 댱뇨를 딜러 주기면 남은 군ᄉᆞᄂᆞᆫ 절로 흐터디리라 (後槽曰: '此間離離中軍較遠, 夜間急不能進, 只就草堆上放起一把火來, 你去前面叫反, 我在後面叫反, 城中兵亂, 就裏刺殺張遼, 餘軍自走也.') <삼국-가정 17:68>

【후환】 명 후환(後患). 어떤 일로 말미암아 뒷날 생기는 걱정과 근심.¶ ▼後患 ‖ 손님이 젼권 텬ᄌᆞᄒᆞᆷ이 날노 심ᄒᆞ니 졔거치 아니면 후환니 클지라 (孫綝專權妄殺, 欺朕太甚, 今不圖之, 必爲後患.) <삼국-국중 17:23>

【훈연-ᄒᆞ-】 동 훈련(訓練)하다.¶ ▼訓練 ‖ 시의 등ᄋᆡ 긔산 사이의 잇셔 인마랄 훈연ᄒᆞ다가 촉병 쇼식을 듯고 제중으로 계으한니 (時鄧艾在山寨中, 訓練人馬, 聞報蜀兵三路殺到, 乃聚諸將計議.) <삼국-모종 19:8>

【훌연-ᄒᆞ-】 동 훈련(訓練)하다.¶ ▼訓練 ‖ 이예 칙 댱 이인니 스ᄉᆞ로 가 슈젼을 훌연ᄒᆞ여 강 일ᄃᆡ의 이십사 좌 슈뮨을 난화 ᄃᆡ션은 박긔 거ᄒᆞ여 셩곽이 되고 소션은 안의 거ᄒᆞ여 왕니ᄒᆞ기를 통ᄒᆞ더라 (於是張、蔡二人, 自去訓練水軍, 沿江一帶分二十四座水門, 以大船居於外爲城郭, 小船居於內, 可通往來.) <삼국-모종 7:124> 사마의 깁히 모략이 이셔 옹 냥 병마를 총독ᄒᆞ니 훌연ᄒᆞ야

일 ᄃᆡ예 반ᄃᆞ시 촉즁 대환이 될 거시니 (司馬懿深有謀略, 今督雍、涼兵馬, 倘訓練成時, 必爲蜀中之大患.) <삼국-모종 15:31>

【훔키-】 동 손이나 발로 무엇을 놓치지 아니하도록 메ᄋᆞ 세게 쥐다.¶ ▼훔켜 잡어 (捻) <삼국-어람 108a> ▼揪住 ‖ 발셔 장비가 머리를 훔켜 잡고 즈르르 ᄭᅳ러ᄂᆡ여다가 ᄉᆞᆷ문 압헤 마쥬ᄶᅵ다가 잔ᄯᅳᆨ이 빗그러ᄆᆡ고 (早被張飛揪住頭髮, 扯出館驛, 直到縣前馬椿上縛住.) <삼국-어람 108a>

【홍용-ᄒᆞ-】 동 홍용(洶湧)하다. 물결이 매우 세차게 일어나다.¶ ▼洶湧 ‖ 죄 궤예 업더여 조으더니 믄득 드ᄅᆞ니 믈 미ᄂᆞᆫ 소ᄅᆡ 홍용ᄒᆞ여 만매 ᄃᆞ토와 ᄉᆞᆯ퇴ᄂᆞᆫ ᄃᆞᆺᄒᆞ거ᄂᆞᆯ (操伏几而臥, 忽聞潮聲洶湧, 如萬馬爭奔之狀.) <삼국-가정 20:36>

【홍홍-ᄒᆞ-】 형 흉흉하다. (흔히 '인심', '민심', '의논'이라는 말과 결합하여 쓰이여) 분위기가 술렁술렁하여 매우 어수선하다.¶ ▼嚎咷 ‖ 강위 ᄯᅩ 군ᄉᆞ로 ᄒᆞ여곰 ᄆᆞ른 섭플 셩 아래 싸코 블을 노흐니 녈염이 하ᄂᆞᆯ히 ᄊᆡ티며 셩이 쟝ᄎᆞᆺ 함ᄒᆞ게 되엿ᄂᆞᆫ디라 셩듕이 홍〻ᄒᆞ야 곡셩이 밧긔 들리더라 (維又令人取乾柴堆滿城下, 一齊放火, 烈焰衝天. 城已將陷, 魏兵在城內嚎啕痛哭, 聲聞四野.) <삼국-가정 37:53> ▼洶洶 ‖ 강위 믄득 ᄇᆡ속을 알하 ᄯᅡ히 것구러디거ᄂᆞᆯ 좌위 븟드러 니ᄅᆞ혀더니 믄득 궁 밧기 홍홍ᄒᆞ야 블 븟ᄂᆞᆫ 형샹 ᄀᆞᆺ거ᄂᆞᆯ (維忽然一陣心疼, 昏倒在地. 左右扶起, 忽報宮外洶洶, 如失火之狀.) <삼국-가정 39:34>

【홍-ᄒᆞ-】 동 홍(薨)하다. 임금이나 왕족·높은 귀족 등이 죽다.¶ ▼殂 ‖ 공명이 불답ᄒᆞᄂᆞᆫ지라 즁장이 보니 이윽고 홍ᄒᆞ엿더라 (孔明不答. 衆將近前視之, 已薨矣.) <삼국-국중 16:58>

【훤ᄌᆞ-ᄒᆞ-】 동 훤자(喧藉)하다. 여러 사람의 입으로 퍼져서 왁자하게 되다.¶ ▼聞 ‖ 문득 군ᄉᆞ로 ᄒᆞ여곰 젼ᄒᆞ여 말ᄒᆞᄃᆡ 다만 고정의 ᄉᆞᄅᆞᆷ은 죽기을 면ᄒᆞ고 옹개의 ᄉᆞᄅᆞᆷ은 다 죽인다 ᄒᆞ야 군듕의 훤ᄌᆞᄒᆞ고 공명니 문득 옹개의 ᄉᆞᄅᆞᆷ을 [불]너 (卻令軍士謠說: "但是高定的人免死, 雍闓的人盡殺", 衆軍皆聞此言, 少時, 孔明令取雍闓的人到帳前.) <삼국-모종 14:69>

【휘】 명 ((기물)) 곡(斛). 휘. 곡식을 되는 그릇의 한 가지. 스무 말 들이와 열닷 말 들이가 있다. '휘(斛, hú)'는 중국어 직접 차용어).¶ ▼斛子 ‖ 휘가 명영을 의지ᄒᆞ여 적근 휘로 분산ᄒᆞ니 되 가만이 탐문ᄒᆞᆫ즉 과년 군ᄉᆞ덜이 원망ᄒᆞ여 왈 승상이 뭇ᄉᆞᄅᆞᆷ을 쏙인다 (垕依命, 以小斛分散, 操暗使人各寨探聽, 無不嗟怨, 皆言: "丞相欺衆.") <삼국-모종 3:53>

【휘개】 명 ((기물)) 휘개(麾盖). 장수가 사용하는 의장용 일산(日傘).¶ ▼麾盖 ‖ 조인이 뎍누 샹의 이셔 보니 위 휘개 아래 셔시되 다만 엄심갑만 닙고 프른 젼포를 메와다시니 방약무인ᄒᆞ더라 (曹仁在敵樓上見關公在麾盖之下, 身上止披掩心甲, 斜袒綠袍, 傍若無人, 欲催士卒打城.) <삼국-가정 24:96>

【휘-믈리-】 동 휘말리다.¶ ▼卷掃 ‖ 건령 사년 츈이월의 낙양의 디진ᄒᆞ니 각사 마을 담들이 다 문허지고 바다믈이 나 넘ᄶᅵ니 등 ᄂᆡ 긔 밀 네 고을이 믈결의 휘믈리니 ᄇᆡᆨ셩이 다 바다히 ᄲᅵ디거ᄂᆞᆯ (建寧四年二月, 洛陽地震, 省垣皆倒, 海水泛濫, 登、萊、沂、密盡被大浪卷掃居民入海.) <삼국-규장 1:4>

【휘하】 명 휘하(麾下). 장군의 지휘 아래. 또는 그 지휘 아래에 딸린 군사.¶ ▼麾下 ‖ 이적의 원쇼 조조의 교됴를 엇고 이에 휘하 장ᄉᆞ를 뫼화 긔병ᄒᆞ믈 의논ᄒᆞ니 (時袁紹得操矯詔, 乃聚麾下將士, 商議起兵.) <삼국-가정 2:48>

【휴쳑】 명 휴척(休戚). 길흉(吉凶). 편안함과 근심 걱정.¶ ▼休戚 ‖ 한듕왕은 곳 쟝군이니 가히 더브러 휴쳑[길흉이라]을 ᄒᆞᆫ가지로 ᄒᆞ며 화복을 ᄒᆞᆫ가지로 ᄒᆞᆯ 거시니 엇디 관호의 고하와 쟉녹의 다쇼를 의논ᄒᆞ리오 (將軍卽漢中王, 漢中王卽將軍也. 可與同休戚, 共禍福, 不宜計較官號之高下、爵祿之多寡也.) <삼국-가정 24:39>

【흉용-ᄒᆞ-】 동 흉용(洶湧)하다. 큰 물결이 세차게 일어나다. 또는 물이 힘차게 솟아나다.¶ ▼衝激 ‖ 시일의 셔북풍이 급히 이러나ᄆᆡ 각션니 풍범을 들고 파랑이 흉용ᄒᆞ되 평안ᄒᆞ미 평지와 ᄀᆞᆺ흐니 (是日西北風驟起, 各船拽起風帆, 衝波激浪, 穩如平地.) <삼국-국중 9:102>

【흉폭-ᄒᆞ-】 형 흉포(凶暴)하다. 성질이 흉악하고 포학하다.¶ ▼凶暴 ‖ 장슌의 성품이 본ᄃᆡ 흉폭ᄒᆞ여 사졸의 마음이 임의 변ᄒᆞ엿ᄂᆞᆫ디라 (張純專一兇暴, 士卒心變, 帳下頭目刺殺張純, 將頭納獻, 率衆來降.) <삼국-국중 1:45>

【흉황-ᄒᆞ-】 형 흉황(凶荒)하다. 흉작으로 농사가 결딴나다.¶ ▼慌旱 ‖ 이 근쳐 군현이 다 년〻의 흉황ᄒᆞ야시니 군ᄉᆞ의 먹을 거시 업ᄉᆞᆫ디라 아직 허도의 도라가 ᄅᆡ년 봄의 보리 닉오믈 기ᄃᆞᆯ워 도모ᄒᆞᆯ 거시라 (此間接連十數郡, 皆荒旱不收, 更若進兵, 勞軍損民, 倘未見勝, 欲退急難.不若暫回許都, 待來春麥熟, 軍糧足備, 方可圖之.) <삼국-가정 6:117>

【호롱-ᄒᆞ-】 동 희롱하다.¶ ▼戲 ‖ 한 종이 협의 ᄯᅳ즐 거ᄉᆞ리거날 협이 명ᄒᆞ여 ᄯᅳᆯ 아ᄅᆡ예 안치니 ᄒᆞᆫ 동이 호롱ᄒᆞ여 왈 엇지 진흑 가온ᄃᆡ ᄒᆞ엿ᄂᆞᆫ가 (一婢嘗忤玄音, 玄命長跪階前, 一婢戲謂之曰: "胡爲乎泥中?") <삼국-모종 4:17>

【흐리오-】 동 흐리게 하다. 지우다.¶ ▼塗抹 ‖ 쟝군이 친필로 ᄒᆞᆫ 글월을 ᄆᆡᆫᄃᆞ라 한슈를 주되 글월 가온대 어렴프시 글ᄌᆞ도 곳티며 요긴ᄒᆞᆫ 말 잇ᄂᆞᆫ ᄃᆡ어든 믁으로 흐리오며 곳티ᄂᆞᆫ ᄃᆞ시 ᄒᆞ야 (丞相親筆作一書, 單與韓遂, 中間朦朧字樣, 于要害處自相塗抹改易.) <삼국-가정 19:46> ▼改抹 ‖ 글월 가온대 흐리오고 곳틴 거ᄉᆞᆯ 보면 일뎡 한쉬 저를 몰ᄅᆡ오랴 ᄒᆞ야 요긴ᄒᆞᆫ 고든 다 흐리오고 곳텻ᄂᆞᆫ가 ᄒᆞ야 의심을 ᄒᆞ면 (若看見上面緊要去處盡皆改抹, 只猜是韓遂恐超知, 自改抹也.) <삼국-가정

19:46> 즉시 글월을 쓰되 가허의 말데로 요긴혼 고든 다 어렴프시 흐리오며 곳뎌 봉ᄒᆞ고 (隨寫書一封, 將緊要處盡皆改抹, 然後實封.) <삼국-가정 19:47>

【흐ᄅᆞ-】 동 흐르다. (액체가) 높은 데서 낮은 데로 옮겨 내리다.¶ ▼流 ‖ 세 ᄂᆞᄂᆞᆫ 물 ᄀᆞᆺ고 ᄲᆞᄅᆞ기 흐ᄅᆞᄂᆞᆫ 별 ᄀᆞᆺ더라 (勢如飛馬, 疾似流星.) <삼국-가정 18:15>

【흐미-ᄒᆞ-】 형 희미하다. 분명하지 못하고 어렴풋하다.¶ ▼微明 ‖ 군ᄉᆞ를 아ᄎᆞᆷ 쪠예 나와 한 쪠ᄂᆞᆫ 압흘 향ᄒᆞ여 ᄉᆡ를 비우고 여즁은 ᄆᆡ복ᄒᆞ니 이날 밤의 월ᄉᆡᆨ이 흐미ᄒᆞ더라 (遂分兵九隊, 只留一隊向前虛紮營寨, 餘衆八面埋伏. 是夜月色微明.) <삼국-모종 4:48>

【흐터-디-】 동 흩어지다.¶ ▼散 ‖ 우리 등이 다만 슐을 마시고 즐기다ᄀᆞ 안ᄀᆡ 흐터디믈 기ᄃᆞ려 도라가리라 (吾等只顧酌酒取樂, 待霧散便回.) <삼국-국중 9:56>

【흙】 명 ((지리)) 흙.¶ ▼土 ‖ 장셩 즁의 흙이 단ᄃᆞᆫᄒᆞ고 물이 ᄊᆞ ᄇᆡᆨ셩이 견ᄃᆡ여 먹을 길 업고 ᄯᅩ 임의 에운 지 십여 일이 지나ᄆᆡ 시량이 구[궁]핍ᄒᆞ여 군ᄉᆡ 긔황의 곤ᄒᆞ니 모로미 군ᄉᆞ를 잠간 거둬어 여ᄎᆞᄎᆞᄒᆞ면 장안을 타슈가득ᄒᆞ리라 (長安城中土硬水, 甚不堪食, 更兼無柴. 今圍十日, 軍民饑荒, 不如暫且收軍. 只須如此如此, 長安唾手可得.) <삼국-국중 11:7>

【흔득-흔득】 부 흔들흔들.¶ ▼拽拽 ‖ 믄득 강심의셔 니러난 ᄒᆡ 흔득흔득 ᄂᆞ라와 채 압뫼히 ᄂᆞ려디니 그 소ᄅᆡ 우레 ᄀᆞᄐᆞᆫ더라 (忽然江心推起紅日, 拽拽飛來, 墜於寨前山中, 其聲如雷.) <삼국-가정 20:36>

【흔연-히】 부 흔연(欣然)히. 기쁘거나 반가워 기분이 좋게.¶ ▼忻然 ‖ ᄉᆞ마의 반복ᄒᆞ야 ᄉᆡᆼ각ᄒᆞ다가 그 말을 과연 고디 드러 쥬식을 주고 흔연히 분부ᄒᆞᄃᆡ (司馬懿反復詰審, 果然是實, 卽賜酒食, 忻然分付曰.) <삼국-가정 34:4> ▼慨然 ‖ 운댱이 다시 ᄉᆞ양티 아니ᄒᆞ고 흔연히 허락ᄒᆞ더라 공명이 셜연ᄒᆞ고 인슈ᄅᆞᆯ 교보ᄒᆞᆯᄉᆡ (雲長更不推辭, 慨然領諾.孔明設一宴, 交割印綬.) <삼국-가정 20:102>

【흘】 명 ((지리)) 흙. 지구의 표면을 덮고 있는 바위가 부스러져 생긴 가루인 무기물과 동식물에서 생긴 유기물이 섞여 이루어진 물질.¶ ▼土 ‖ ᄯᅩ 방임원을 지흘ᄉᆡ 공경으로 ᄒᆞ여곰 다 흘을 지니고 나무을 심으니 (叡又降旨起土木於芳林園, 使公卿皆負土樹木於其中.) <삼국-모종 17:51>

【흘근-다히-】 동 숨이 차서 헐떡거리다.¶ ▼喘 ‖ 네 병길이 힝도의 죽은 사ᄅᆞᆷ을 뭇디 아니ᄒᆞ고 우쳔[우쳔은 쇠 숨을 헐ᄯᅥᆨᄒᆞ미라]을 근심ᄒᆞ고[한승샹 병길이 길히 가다가 사ᄅᆞᆷ이 싸화 죽음을 보ᄃᆡ 뭇디 아니ᄒᆞ고 겨올히 쇠 숨을 ᄀᆞᆺ바ᄒᆞ거ᄂᆞᆯ 병길이 근심ᄒᆞᆫ대 사ᄅᆞᆷ이 그 연고를 뭇거ᄂᆞᆯ 병길이 답왈 사ᄅᆞᆷ의 싸화 죽으믄 각ᄀᆞᆨ 다ᄉᆞ릴 사ᄅᆞᆷ이 잇거니와 겨올의 날이 덥디 아니ᄒᆞ거ᄂᆞᆯ 쇠 숨을 ᄀᆞᆺ바ᄒᆞ니 이ᄂᆞᆫ 괴이ᄒᆞᆫ 일이라 직샹의 근심홀 배라 ᄒᆞ더라](昔丙吉不問橫道死人, 而憂牛喘.) <삼국-가정 34:51, 52>

【흘긔-치-】 동 세게 흘기다.¶ ▼偸目觀看 ‖ 공명이 직삼 사양ᄒᆞ다가 ᄒᆞᆫ 가의 안ᄌᆞ 현덕의 부러 보ᄂᆡᆫ 뜻을 니르고 눈을 흘긔쳐 권을 보니 눈이 프르고 나로시 븕고 당ᄃᆞᆼᄒᆞᆫ 일표 인ᄌᆡ어ᄂᆞᆯ (謙讓數次, 遂坐于側, 乃致玄德之意, 偸目觀看孫權: 碧眼紫髯, 堂堂一表人才.) <삼국-가정 14:79>

【흘-문지-】 동 어루만지다.¶ ▼撫 ‖ 워 웃고 그ᄅᆞᆯ 흘믄져 닐오ᄃᆡ (瑜笑而撫其背曰.) <삼국-가정 15:48>

【흘이-】 동 '흐르다'의 사동형. 흐르게 하다.¶ ▼流 ‖ 곽등니 그 말을 드러 드ᄃᆡ여 셔량쥬의 말을 흘여 왈 왕윤이 이 방의 ᄉᆞᄅᆞᆷ을 다 세탕코져 ᄒᆞᆫ다 ᄒᆞ니 듕이 다 경황ᄒᆞ거날 (傕等然其說, 遂流言於西涼州曰: "王允將欲洗蕩此方之人矣." 衆皆驚惶.) <삼국-모종 2:30>

【흙-ᄃᆞᆰ】 명 흙닭.¶ ▼土鷄 ‖ 내 보매ᄂᆞᆫ 흙ᄃᆞᆰ과 디애개 ᄀᆞᄐᆞ이다 (以吾觀之, 如土鷄瓦犬耳!) <삼국-가정 9:37>

【흙-뫼】 명 ((지리)) 토산(土山).¶ ▼土山 ‖ 위 ᄒᆞᆫ 흙뫼 우희 니ᄅᆞ러 군ᄉᆞᄅᆞᆯ 거ᄂᆞ려 잠간 쉬더니 조병이 당샤딘을 베퍼 긴ᄀᆞᆫ밀ᄆᆞᆯ히 나아와 토산을 둘러ᄡᆞ거ᄂᆞᆯ (到一座土山, 公引兵占住山頭, 權且少歇, 看見曹兵緊緊密密, 擺作長蛇陣, 團團圍定土山.) <삼국-가정 9:4>

【흙-뫼ㅎ】 명 ((지리)) 토산(土山).¶ ▼土山 ‖ 군ᄉᆞ로 ᄒᆞ여곰 흙뫼흘 무어 셩과 갓치 ᄒᆞ고 칠 거시라 (可差軍築起土山而攻之.) <삼국-가정 22:27>

【힘】 명 힘.¶ ▼力 ‖ 힘은 죠궁을 잡ᄋᆞ 발ᄒᆞ고 위풍은 셜인을 마ᄌᆞ 두도다 (力趁雕弓發, 風迎雪刃揮.) <삼국-국중 12:124>

【흠앙-ᄒᆞ-】 동 흠앙(欽仰)하다. 공경하여 우러러 사모하다. 앙흠(仰欽)하다.¶ ▼仰 ‖ 오ᄅᆡ 흔[효]직의 영명을 흠앙ᄒᆞ더니 져졍의 쟝별가의 말솜을 인연ᄒᆞ여 이 정교를 드르니 심히 평ᄉᆡᆼ을 위로ᄒᆞ노라 (久仰孝直英明, 張別駕多談盛德. 今獲聽教, 甚慰平生.) <삼국-국중 11:53>

【훗-】 동 흩다. 흩뜨리다.¶ ▼散 ‖ 뎐위 젹군을 훗고 죠죠ᄅᆞᆯ 구하여ᄂᆡ니 즁장니 다 뒤흘 ᄯᆞᄅᆞ 니라러 길흘 ᄎᆞᄌᆞ ᄉᆡ[처]에 도ᄅᆞ갈ᄉᆡ 텬ᄉᆡᆨ이 느즌지라 (典韋殺散敵軍, 救出曹操, 衆將隨後也到, 尋路歸寨, 看看天色傍晚.) <삼국-모종 2:73>

【훗치-】 ¹동 흩다. 흩뿌리다.¶ ▼殺散 ‖ 종진이 조슈불급ᄒᆞ야 방덕으게 줍히여 ᄒᆞᆫ 칼노 마ᄒᆞ의 버히고 군교ᄅᆞᆯ 훗치고 관을 버혀 즘운 거슬 ᄭᅦ치고 (鍾進措手不及, 被龐德一刀斬於馬下, 殺散軍校, 斬關斷鎖.) <삼국-모종 10:8>

【훗터이-】 동 흩어지다. 한데 모였던 것이 따로따로 떨어지거나 사방으로 퍼지다.¶ ▼散 ‖ 다만 ᄃᆡ강 우희 ᄒᆞᆫ ᄇᆡ예 불이 븟흐면 여션은 ᄉᆞ방 훗터일 거시니 맛당이 연환계ᄅᆞᆯ 드려 결노 ᄒᆞ여곰 ᄇᆡᄅᆞᆯ ᄒᆞᆫ 곳의 연ᄒᆞᆫ 후의 공을 가히 일우리라 (但大江面上, 一船著火, 餘船四散, 除非獻'連環計', 敎他釘作一處, 然後功可成也.) <삼국-모종 8:22>

【훗터-지-】 동 흩어지다. 한데 모였던 것이 따로따로 떨어지거나 사방으로 퍼지다.¶ ▼散 ‖장긔 조수홀 길 업서 장요의게 잡혀 버히고 ᄯᅩ ᄉᆞᄅᆞᆷ으로 거즛 원소의게 고ᄒᆞᄃᆡ 장긔 스ᄉᆞ로 쥭에 오소병이 훗터젓다 ᄒᆞ니 원소

다만 군ᄉᆞ를 더ᄒᆞ여 관도의 가다 (奇措手不及, 被張遼斬於馬下, 盡殺蔣奇之兵, 又使人當先僞報云: "蔣奇已自殺散烏巢兵了." 袁紹因不復遣人接應烏巢, 只添兵往官渡.) <삼국-모종 5:60>

【흣허-디-】 동 흩어지다.¶ ▼散 ‖ 일면으로 뇌고납함ᄒᆞ여 날이 놉흔 후 안기 흣허디믈 기ᄃᆞ려 공명이 급히 선척을 슈십ᄒᆞ여 도라갈ᄉᆡ (一面擂鼓吶喊. 待至日高霧散, 孔明令收船急回.) <삼국-국중 9:57>

【흩-】 동 흩다. 흩어지다. 한데 모였던 것을 따로따로 떨어지게 하다.¶ ▼散 ‖ 공명이 조셔 보기를 다ᄒᆞ매 일〻히 흐터 샹ᄉᆞᄒᆞ니 즁군이 흔희ᄒᆞ더라 (孔明觀詔已畢, 依命一一俵散. 衆軍欣喜而受訖.) <삼국-가정 28:77>

【희롱】 명 희롱(戱弄). 말이나 행동으로 실없이 놀리는 것.¶ ▼戱 ‖ 너 사랑ᄒᆞᄂᆞᆫ 고로 희롱읫 말이니 공은 ᄉᆞ름을 다시 보ᄂᆡ여 쇽히 불너오쇼셔 (吾實愛之, 故戱言耳. 公可再使人召之, 令其速來.) <삼국-국중 6:100>

【희롱-ㅎ-】 동 희롱(戱弄)하다. 말이나 행동으로 실없이 놀리다.¶ ▼弄 ‖ 졔갈량이 평ᄉᆡᆼ의 조심ᄒᆞ며 삼가 일즙 험ᄒᆞᆫ ᄃᆡ를 희롱티 아니ᄒᆞ더니 이제 셩문을 크게 여러시니 반ᄃᆞ시 ᄆᆡ복이 잇ᄂᆞᆫ디라 (亮平生謹愼, 不曾弄險; 今大開城門, 必有埋伏.) <삼국-가정 35:35>

【희롱-ᄒᆞ-】 동 희롱(戱弄)하다. 말이나 행동으로 실없이 놀리다. 야유(揶揄)하다.¶ ▼戱 ‖ 공명 왈 군듕의ᄂᆞᆫ 희롱ᄒᆞᄂᆞᆫ 말이 업ᄉᆞ니라 (孔明曰: '軍中無戱言.') <삼국-가정 35:9> ▼戱侮 ‖ 황개 고육계를 ᄡᅳ너ᄂᆞᆫ 사항셔를 드려 계규를 힝코져 ᄒᆞ야 감히 날을 희롱ᄒᆞᄂᆞ냐 (黃蓋用苦肉計, 令汝下詐降書, 就中取事, 敢來戱侮于吾耶!) <삼국-가정 15:100>

【희ᄉᆡᆼ】 명 희생(犧牲). 천지신명, 묘사(廟社) 따위에 제사 지낼 때 제물로 바치는, 산 짐승. 주로 소, 양, 돼지 따위를 바친다.¶ ▼犧牲 ‖ 네 날을 졔향의 희ᄉᆡᆼ[ᄂᆞᆷ의게 목숨이 ᄃᆞᆯ리닷 말이라]을 삼으려 ᄒᆞᄂᆞ다 (孔明聞言作色曰: '君以我爲享祭之犧牲乎?') <삼국-가정 12:67>

【흰-둑】 명 ((기물)) 흰둑(-纛).¶ ▼白旄 ‖ 이튼날 삼층 ᄃᆡ를 묫고 오방 긔치를 셰우고 우희 흰둑과 누른 졀월과 병부와 쟝인을 버셜ᄒᆞ고 (次日, 築臺三層, 遍列五方旗幟, 上建白旄黃鉞, 兵符將印.) <삼국-가정 2:53>

【흰-ᄆᆡ야지】 명 ((동물)) 흰망아지.¶ ▼白駒 ‖ 그러티 아니ᄒᆞ다 인ᄉᆡᆼ이 세샹의 쳐ᄒᆞ매 흰ᄆᆡ야지 틈 ᄀᆞᄐᆞ니 일월을 천연ᄒᆞ고 어ᄂᆡ 때예 듕원을 회복ᄒᆞ리오 (不然. 人生處世, 如白駒過隙, 似此遷延日月, 何時恢復中原也?) <삼국-가정 35:119>

【흰ᄆᆡ야지 틈 ᄀᆞᄐᆞ다】 숙 세월이 덧없이 빨리 지나가다.¶ ▼白駒過隙 ‖ 그러티 아니ᄒᆞ다 인ᄉᆡᆼ이 세샹의 쳐ᄒᆞ매 흰ᄆᆡ야지 틈 ᄀᆞᄐᆞ니 일월을 천연ᄒᆞ고 어ᄂᆡ 때예 듕원을 회복ᄒᆞ리오 (不然.人生處世, 如白駒過隙, 似此遷延日月, 何時恢復中原也?) <삼국-가정 35:119> ☞ 흰ᄆᆞ야지 틈 지나ᄃᆞᆺ ᄒᆞ다

【힘】 명 힘.¶ ▼力 ‖ 긔 왈 말의 힘이 아니라 슉부의 큰 복이라 ᄒᆞ고 울며 이별ᄒᆞ고 가거ᄂᆞᆯ (琦曰: "此非馬之力, 乃叔父之洪福也." 說罷, 相別, 劉琦涕泣而去.) <삼국-모종 6:48>

【히롱-ᄒᆞ-】 동 희롱(戱弄)하다. 장난삼아 놀리다.¶ ▼弄 ‖ 그 계괴 당단[간]을 히롱ᄒᆞ엿스니 조죄 비록 일시 속이시나 반다시 ᄭᆡ다라시나 잘못ᄒᆞ엿다 아니할 거스니 (這條計只好弄蔣幹, 曹操雖被一時瞞過, 必然便省悟, 只是不肯認錯耳.) <삼국-모종 8:1>

【히악-ᄒᆞ-】 동 희악(戱樂)하다. 놀다.¶ ▼爲戱 ‖ 쟝합이 ᄉᆞᄉᆞ로 산졍의 ᄂᆞ아가 ᄇᆞ라보니 쟝비 쟝하의 안ᄌᆞ 음쥬ᄒᆞ며 두 쇼졸노 ᄒᆞ여곰 면젼의 와 히악ᄒᆞ거ᄂᆞᆯ (張郃自來山頂觀望, 見張飛坐於帳下飮酒, 令二小卒於面前相撲爲戱.) <삼국-국중 12:92>

【힐우-】 동 겨루다. 다투다. 힐난(詰難)하다. 트집을 잡고 따지다.¶ ▼서로 힐우더니 조죄 듯고 급히 나와 닐오ᄃᆡ (曹操聞之, 急出曰.) <삼국-가정 21:125>

【힐호-】 동 겨루다. 다투다.¶ ▼서ᄅᆞ 힐호더니 조죄 듯고 급피 나와 닐오ᄃᆡ (曹操聞之, 急出曰.) <삼국-가정 21:125>

【힐후-】 동 힐난하다. 말썽부리다. 다투다.¶ ▼奪 ‖ 둘히 ᄆᆞᆯ 우희셔 창대를 서ᄅᆞ 힐훠 아ᄉᆞ려 ᄒᆞ더니 허뎨 힘이 센디라 ᄒᆞᆫ 소ᄅᆡ를 디ᄅᆞ며 마툐의 창대를 것그니 각〻 반식 가지고 ᄆᆞᆯ 우희셔 어즈러이 티더니 (兩個在馬上奪槍. 許褚力大, 一聲響, 拗斷槍杆, 各拿半節在馬上亂打.) <삼국-가정 19:35>

【힐히우-】 동 겨루다. 다투다.¶ ▼奪 ‖ 둘히 ᄆᆞᆯ 우희셔 창대를 서ᄅᆞ 힐훠 아ᄉᆞ려 ᄒᆞ더니 허뎨 힘이 센디라 ᄒᆞᆫ 소ᄅᆡ를 디ᄅᆞ며 마툐의 창대를 것그니 각〻 반식 가지고 ᄆᆞᆯ 우희셔 어즈러이 티더니 (兩個在馬上奪槍.許褚力大, 一聲響, 拗斷槍杆, 各拿半節在馬上亂打.) <삼국-가정 19:35> 둘리 ᄆᆞᆯ 우희셔 창대로 서로 힐히워 아ᄉᆞ려 ᄒᆞ더니 허뎨 힘이 센디라 ᄒᆞᆫ 소ᄅᆡ를 디르며 마툐의 창대를 것그니 각〻 반식 가지고 ᄆᆞᆯ 우희셔 어즈러이 티더니 (兩個在馬上奪槍. 許褚力大, 一聲響, 拗斷槍杆, 各拿半節在馬上亂打.) <삼국-규장 13:60>

【힘드렁-이】 부 심드렁히. 부질없이. 심드렁하게. 대수롭지 않게. 마음에 탐탁하지 않게 여기는 모양.¶ ▼等閑 ‖ 내 ᄠᅳᆺ의ᄂᆞᆫ 바ᄅᆞ 관우를 ᄉᆞᆷ키고져 ᄒᆞ거든 엇디 힘드렁이 죽으리오 (吾心中已有呑關羽之意, 豈死於等閑乎?) <삼국-가정 24:67> 딤이 비록 브ᄌᆡᄒᆞ나 ᄯᅩᄒᆞᆫ 과악이 업ᄉᆞᆫ디라 엇디 ᄎᆞ마 조종 대업을 힘드렁이 ᄇᆞ리리오 너희 ᄇᆡᆨ관ᄃᆞᆯ이 다시 공번되이 의논ᄒᆞ라 (朕雖不才, 又無過惡, 安忍將祖宗大業等閑棄了? 汝百官再從公計議.) <삼국-가정 26:25>

【힘-입-】 동 어떤 힘의 도움을 받다.¶ ▼藉 ‖ 힘입어 (藉得) <삼국-어람 108a>

【힝그리티-】 동 찌그러뜨리다.¶ ▼喎 ‖ 홀ᄅᆞ 아자비 보ᄂᆞᆫ ᄃᆡ 거즛 싸히 업더져 ᄂᆞᆺ치 다 히야디고 입을 힝그리텨

시니 (一日見叔父來, 詐倒于地, 敗面喎口.) <삼국-가정 1:43>

【ᄒᆞ낳】 [수] 하나. 세는 수의 처음. ᄒᆞ낳> ᄒᆞᆫ낳> ᄒᆞᆫ 낳> ᄒᆞ낳.¶ ▼一 ‖ 셩혼이 뎡쳘의 복심이 되야시니 쳘의 ᄆᆞ음은 곳 혼의 ᄆᆞ음이오 혼의 ᄆᆞ음은 곳 쳘의 ᄆᆞ음이니 둘히로ᄃᆡ ᄒᆞ나힌 재라 (成渾之爲鄭澈之心腹, 澈之心卽渾之心, 渾之心卽澈之心, 二而一者也.) <조기-문묘승출 12:70> 공이 다만 그 ᄒᆞ나ᄒᆞᆯ 알고 둘ᄒᆞᆯ 아디 못ᄒᆞᄂᆞᆫ도다 (公只知其一不知其二.) <삼국-가정 8:16>

【ᄒᆞ락-ᄒᆞ-】 [동] 허락하다.¶ ▼許 ‖ 원슐이 여포가 셔쥬를 음습ᄒᆞᆷ을 알고 셩야의 ᄉᆞᄅᆞᆷ을 ᄎᆞ정ᄒᆞ여 여포 곳의 가 양식 오만 곡과 말 오ᄇᆡᆨ 필과 금은 일만 양과 ᄎᆡ단 일쳔 필로써 ᄒᆞ락ᄒᆞ여 ᄒᆞ야곰 뉴비를 협공ᄒᆞᄌᆞ ᄒᆞ니 (袁術知呂布襲了徐州, 星夜差人至呂布處, 許以糧五萬斛, 馬五百匹, 金銀一萬兩, 綵緞一千疋, 使夾攻劉備.) <삼국-모종 3:1>

【ᄒᆞ로】 [명] 하루. 한 낮과 한 밤이 지나는 동안.¶ ▼ᄒᆞ로ᄂᆞᆫ 믄득 드르니 셕벽 듕의셔 쇼ᄅᆡ 이셔 ᄂᆡ 일홈을 브르거ᄂᆞᆯ 나아가 보니ᄂᆞᆫ 아모것도 업고 이텨로 ᄒᆞ기를 십여일을 ᄒᆞ더니 (忽聞石壁中有聲, 呼我之名, 及視不見. 如此者十餘日.) <삼국-가정 22:70> ▼日 ‖ ᄒᆞᆫ 말니 이시니 일홈은 갈온 젹퇴라 ᄒᆞ로 쳔니ᄅᆞᆯ 가ᄂᆞ니 (有良馬一匹, 日行千里, 渡水登山, 若履平地, 名曰'赤兎'.) <삼국-규장 1:108> ▼一日 ‖ 공명 왈 공ᄌᆞ ᄒᆞ로 잇스면 ᄒᆞ로 직힐 거시요 만일 잇지 아니ᄒᆞ면 별노 ᄉᆞ양이 잇스리ᄅᆞ (孔明曰: "公子在一日, 守一日, 若不在, 別有商議.") <삼국-모종 9:4> 나라히ᄂᆞᆫ ᄒᆞ로도 님군이 업지 못ᄒᆞ리라 (國不可一日無君, 請立嗣君以承漢統.) <삼국-규장 19:81>

【ᄒᆞ로-밤】 [명] 하룻밤.¶ ▼一宿 ‖ ᄂᆡ 이믜 가인의게 분부ᄒᆞ여 ᄒᆞᆫ 돗ᄎᆞᆯ ᄌᆞᆸ아 ᄃᆡ졉ᄒᆞ라 ᄒᆞ엿스니 엇지 ᄒᆞ로밤 ᄌᆞ기를 앗기ᄂᆞ뇨 청컨ᄃᆡ 말을 두루히라 (吾已分付家人宰一豬相款, 賢姪、使君何惜一宿? 速請轉騎.) <삼국-모종 1:72> ▼一夜 ‖ 유 왈 삼일삼야을 니ᄅᆞ지 말나 다만 ᄒᆞ로밤 크게 불면 ᄃᆡᄉᆞᄅᆞᆯ 가히 일우리라 일이 목젼의 잇시니 가히 지완이 못ᄒᆞ리라 (瑜曰: "休道三日三夜, 只一夜大風, 大事可成矣. 只是事在目前, 不可遲緩.") <삼국-모종 8:42>

【ᄒᆞ리-】 [동] (병이) 낫다. 병이나 상처 따위가 고쳐져 본래대로 되다. 덜하다.¶ ▼瘳 ‖ 쥬공이 희시의 ᄋᆡᆨ을 ᄃᆡᄒᆞ매 이튼날 즉시 ᄒᆞ리고[쥬무왕이 병이 겨시거ᄂᆞᆯ 쥬공이 스ᄉᆞ로 병을 ᄃᆡᄒᆞ므로ᄡᅥ 비ᄅᆞ시니 무왕이 즉시 ᄒᆞ리시니라](伏以周公代姬氏之厄, 翌日乃瘳.) <삼국-가정 34:63> ▼愈 ‖ 탁의 병의 잠ᄭᆞᆫ ᄒᆞ리되 툐션이 이시모로 미오의 가디 아니ᄒᆞ더라 (卓疾少愈, 因有貂蟬, 不回郿塢.) <삼국-가정 3:90> 인ᄒᆞ야 병이 즁ᄒᆞ거ᄂᆞᆯ 약을 먹어도 ᄒᆞ리지 아니ᄒᆞ거ᄂᆞᆯ (因以成疾, 服藥無愈.) <삼국-가정 22:79>

【ᄒᆞᄅᆞ】 [명] 하루. 낮과 밤을 합한 동안. 휴지 앞이나 자음으로 시작된 조사 앞에서는 'ᄒᆞᄅᆞ'로, 모음으로 시작된 조사 앞에서는 'ᄒᆞᆯㄹ'이었다.¶ ▼一日 ‖ 나라히ᄂᆞᆫ ᄒᆞᄅᆞ도 님군이 업디 못ᄒᆞ리라 (國不可一日無君, 請立嗣君以承漢統.) <삼국-가정 27:128>

【ᄒᆞᄅᆞ-밤】 [명] 하룻밤.¶ ▼요ᄉᆞ이 년ᄒᆞ야 음운이 집픠고 삭풍이 니러나니 반ᄃᆞ시 크게 얼리니 ᄇᆞ람이 니러난 후의 군ᄉᆞᄅᆞᆯ 모라 믈을 깃텨 셩을 ᄆᆡᆫ들면 ᄒᆞᄅᆞ밤의 가히 일우리라 (連日陰雲布合, 朔風一起, 必大凍矣. 風起之後, 驅兵士運土潑水, 比及天明, 城已就矣.) <삼국-가정 19:28>

【ᄒᆞ마】[1] [부] 곧. 머지않아. 장차(將次).¶ ▼欲 ‖ 내 밤의 텬문을 보니 쟝셩이 ᄒᆞ마 ᄠᅥ러디게 되야시니 분야로 혜아리건대 일뎡 손견의게 응ᄒᆞᆯ러이다 (某夜仰觀, 見一將星欲墜地. 以分野度之, 必應孫堅也.) <삼국-가정 3:44>

【ᄒᆞ마】[2] [부] ((주로 '-ㄹ 번ᄒᆞ엿다'의 형태로 쓰여)) 하마터면.¶ ▼險 ‖ 그ᄅᆞᆺ 네 말을 듯던들 ᄒᆞ마 ᄋᆡ뎨ᄅᆞᆯ 주길 번ᄒᆞ여라 (誤聽汝言, 險殺愛弟.) <삼국-가정 9:43>

【ᄒᆞ마-면】 [부] 하마터면. 거의.¶ ▼險 ‖ ᄒᆞ마면 우리 놀라 죽을 번ᄒᆞᆯ와 (險驚殺我兩個!) <삼국-가정 7:131> ▼險些 ‖ ᄒᆞ마면 튱냥을 해ᄒᆞᆯ랏다 (險些誤害忠良!) <삼국-가정 9:109>

【ᄒᆞ마-터면】 [부] 하마터면.¶ ▼ᄒᆞ마터면 (爭些兒) <삼국-어람 109b>

【ᄒᆞ믈며】 [부] 하물며. '더군다나'의 뜻을 가진 접속 부사. 앞의 사실과 비교하여 뒤의 사실에 더 강한 긍정을 나타낸다.¶ ▼何況 ‖ 쵹듕의 오쳑 쇼ᄋᆡ도 오히려 ᄒᆞᆨ의 나아가거ᄃᆞᆫ ᄒᆞ믈며 이 진ᄒᆞᆨᄉᆡᄯᆞ녀 (蜀中三尺童, 尙皆就學, 何況于我乎!) <삼국-규장 19:103> 쵹듕의 오쳑 쇼ᄋᆡ도 오히려 ᄒᆞᆨ의 나아가거ᄃᆞᆫ ᄒᆞ믈며 이 진ᄒᆞᆨᄉᆡᄯᆞ녀 (蜀中三尺童, 尙皆就學, 何況于我乎!) <삼국-규장 19:103>

【ᄒᆞᄆᆞᆯ며】 [부] 하물며. '더군다나'의 뜻을 가진 접속 부사.¶ ▼況 ‖ ᄒᆞᄆᆞᆯ며 관우의 군신이 그 간사ᄒᆞᆫ 힘을 쟈랑ᄒᆞ여 반복ᄒᆞ여 밋브디 아니ᄒᆞ니 심복으로 ᄡᅥ ᄃᆡ졉디 못ᄒᆞ리이다 (況關羽君臣矜其詐力, 所在反覆不定, 不可以心腹待也.) <삼국-가정 24:110> ▼何況 ‖ 쵹듕의 오쳑 쇼ᄋᆞ도 오히려 ᄒᆞᆨ의 나아가거ᄃᆞᆫ ᄒᆞᄆᆞᆯ며 이 진ᄒᆞᆨᄉᆡᄯᆞ녀 (蜀中三尺童, 尙皆就學, 何況于我乎!) <삼국-가정 28:34> ▼況且 ‖ 쵹듕의 오쳑 쇼ᄋᆞ도 오히려 ᄒᆞᆨ의 나아가거ᄃᆞᆫ ᄒᆞᄆᆞᆯ며 이 진ᄒᆞᆨᄉᆡᄯᆞ녀 (蜀中三尺童, 尙皆就學, 何況于我乎!) <삼국-가정 28:34> 비의 일신이 ᄂᆞᆷ의 나그내 되엿ᄂᆞᆫ디라 엇디 감샹ᄒᆞ야 탄식디 아니ᄒᆞ리오 쵸료[ᄇᆡᆸ새라]도 오히려 ᄒᆞᆫ 가지의 평안호미 잇고 교토ᄂᆞᆫ 능히 세 굼글 ᄒᆞ야[톳기 간사ᄒᆞ야 세 굼글 ᄒᆞ야 두고 나드닷 말이라]이시니 ᄒᆞᄆᆞᆯ며 사ᄅᆞᆷ이ᄯᆞ녀 (備一身寄客, 未嘗不傷感嘆而嘆息. 嘗思'鷦鷯尙存一枝, 狡兎猶藏三窟', 何況人乎?) <삼국-가정 19:115> 군부의 원슈ᄅᆞᆯ 갑프면 몸이 죽어도 관겨티 아니ᄒᆞ거ᄃᆞᆫ ᄒᆞᄆᆞᆯ며 ᄒᆞᆫ ᄌᆞ식이ᄯᆞ녀 (雪君父之大恥, 喪身不足爲重, 何況一子哉?) <삼국-가정 21:33> 사ᄅᆞᆷ의 무정ᄒᆞ미 엇디 이러ᄐᆞᆺᄒᆞ뇨 비록 졔갈량으로 ᄒᆞ여곰 도

으나 ᄯᅩᄒᆞᆫ 능히 오라디 못ᄒᆞ려든 ᄒᆞ믈며 강유ᄯᆞ냐 (人之無情, 乃至于此! 雖使諸葛亮在, 亦不能輔之久全, 何況姜維乎?) <삼국-가정 39:42>

【ᄒᆞ야-디-】 [동] 해어지다. 헐어지다. 헤어지다. (옷 따위가) 닳아서 떨어지다.¶ ▼破 ‖ 형뎨ᄂᆞᆫ 슈족 ᄀᆞᆮ고 쳐ᄌᆞᄂᆞᆫ 옷 ᄀᆞᆮ다 ᄒᆞ여시니 오ᄉᆞᆫ ᄒᆞ여디매 오히려 밧고려니와 슈족이 만일 ᄒᆞ야디면 엇디 능히 다시 니으리오 (兄弟如手足, 妻子如衣服, 衣服破時, 尙有更換; 使手足若廢, 安能再續乎?) <삼국-가정 5:107> ▼毁 ‖ 내 헤아리니 위병이 오래 대우ᄅᆞᆯ 만나 의갑이 ᄒᆞ야뎟ᄂᆞ니 ᄲᆞᆯ리 엄살ᄒᆞ고 죵용히 티디 못ᄒᆞᆯ 거시라 (吾料魏兵連遭大雨, 衣甲皆毁, 只可掩殺, 不可從容.) <삼국-가정 33:8> 내 헤아리니 위병이 오래 대우ᄅᆞᆯ 만나 의갑이 다 ᄒᆞ여뎟ᄂᆞ니 ᄲᆞᆯ니 엄살ᄒᆞ고 죵용히 티디 못ᄒᆞᆯ 거시라 (吾料魏兵連遭大雨, 衣甲皆毁, 只可掩殺, 不可從容.) <삼국-규장 22:94>

【ᄒᆞ여-디-】 [동] ❶ 헐어지다.¶ ▼傷 ‖ 공이 날을 쳥ᄒᆞ야 부연 ᄒᆞ엿디 시비ᄅᆞᆯ 무르려 ᄒᆞ미 아니매 취후의 ᄃᆡ답들 아니ᄒᆞ믄 고구의 졍이 ᄒᆞ여딜가 두려ᄒᆞ미라 (公今請吾赴宴, 非問是非. 醉後不堪回答, 恐傷故舊之情.) <삼국-규장 15:34> ❷ (옷이나 관이) 해어지다. 닳아서 떨어지다.¶ ▼襤 ‖ 셩안과 셩밧게 자븐 ᄒᆞᆫ 눈 멀고 ᄒᆞᆫ 발 절고 흰 ᄃᆡᆼ당이 관 ᄡᅳ고 프른 ᄒᆞ여딘 옷 닙고 나모신 신은 션ᄉᆡᆼ이 마치 ᄒᆞᆫ 모양의 치 삼ᄉᆞᄇᆡᆨ이어ᄂᆞᆯ (城裏城外, 所捉眇一目、跛一足、白藤冠、青襤衣、穿履鞋先生, 都一般模樣者有三四百個.) <삼국-규장 15:114>

【ᄒᆞ여-지-】 [동] ❶ 해어지다. (마음에) 상처를 입다.¶ ▼傷 ‖ 공이 날을 청ᄒᆞ야 부연ᄒᆞ엿디 시비ᄅᆞᆯ 무르려 ᄒᆞ미 아니매 취후의 ᄃᆡ답들 아니ᄒᆞ믄 고구의 졍이 ᄒᆞ여딜가 두려ᄒᆞ미라 (公今請吾赴宴, 非問是非. 醉後不堪回答, 恐傷故舊之情.) <삼국-규장 15:34> ❷ 해어지다. (옷, 책, 배 등이) 닳아서 떨어지다.¶ ▼襤 ‖ 셩안과 셩밧게 자븐 ᄒᆞᆫ 눈 멀고 ᄒᆞᆫ 발 절고 흰 ᄃᆡᆼ당이 관 ᄡᅳ고 프른 ᄒᆞ여진 옷 닙고 나모신 신은 션ᄉᆡᆼ이 마치 ᄒᆞᆫ 모양의 치 삼ᄉᆞᄇᆡᆨ이어ᄂᆞᆯ (城裏城外, 所捉眇一目、跛一足、白藤冠、青襤衣、穿履鞋先生, 都一般模樣者有三四百個.) <삼국-가정 22:78>

【ᄒᆞ요-】 [1][동] 하다. 'ᄒᆞ다'의 'ㅗ'형.¶ ▼所爲 ‖ 공이 ᄃᆡ경ᄒᆞ여 좌우를 믈이고 문왈 션ᄉᆡᆼ이 오기ᄂᆞᆫ 반ᄃᆞ시 ᄒᆞ요미 잇스리라 진이 ᄒᆞᆫ 봉지 글을 나여 쥬거ᄂᆞᆯ 관공이 보니 현덕의 글이라 (關公大驚, 急退左右, 問曰: "先生此來, 必有所爲?" 震出書一緘, 遞與關公, 公視之, 乃玄德書也.) <삼국-모종 4:76>

【ᄒᆞ이-】 [동] 벼슬을 내리다. 제수(除授)하다.¶ ▼爲 ‖ 감덕윤이 경을 전가로써 보ᄂᆡ니 나도 ᄯᅩ 경의 ᄌᆡ죠을 알기로 경을 ᄇᆡᄒᆞ여 ᄃᆡ도독을 ᄒᆞ이니 경은 사양치 말나 (闞德潤以全家保卿, 孤亦素知卿才, 今拜卿爲大都督, 卿勿推辭.) <삼국-모종 13:93> 장군 강유 이십만 병을 일우여 요화 장익으로 좌우 션봉 ᄒᆞ이고 ᄒᆞ후ᄑᆡ로 참군 ᄒᆞ이고 (將軍姜維起兵二十萬, 令廖化、張翼爲左右先鋒, 夏侯霸爲參謀.) <삼국-모종 18:29> ▼除 ‖ ᄌᆞᄉᆞ 장민이 샹표ᄒᆞ야 손견의 공적을 알외니 견으로 염독승도 ᄒᆞ이고 ᄋᆞᄐᆡ승도 ᄒᆞ이며 하비승노 ᄒᆞ엿더니 (刺史臧旻上表, 奏孫堅功績. 除堅爲鹽瀆丞, 又除盱眙丞、下邳丞.) <삼국-가정 1:69> ▼授 ‖ ᄌᆞᄉᆞ 장민이 샹표ᄒᆞ야 손견의 공적을 알외니 견으로 염독승도 ᄒᆞ이고 우ᄐᆡ승도 ᄒᆞ이며 하비승도 ᄒᆞ엿더니 (刺史臧旻上表, 奏孫堅功績. 除堅爲鹽瀆丞, 又除盱眙丞、下邳丞.) <삼국-가정 1:69>

【ᄒᆞ즉-ᄒᆞ-】 [동] 하직(下直)하다. 먼길을 떠날 때 웃어른께 작별을 고하다.¶ 拜辭 ‖ 탁니 드러가 모의게 ᄒᆞ즉ᄒᆞ니 모의 나히 구십여 세라 (卓入辭其母. 母時年九十餘矣.) <삼국-모종 2:24>

【ᄒᆞᆫ】 [관] 한[一].¶

【ᄒᆞᆫ 낫 남글 직희여셔 톳기를 기ᄃᆞ리다】 [속] 나무를 지켜 서서 토끼가 넘어지길 기다리다.¶ ▼守株待兔 ‖ 그ᄃᆡ 쇼진 장의를 변ᄉᆡᆫ 쥴은 알고 호걸지ᄉᆡᆫ 쥴를 아지 못ᄒᆞᄂᆞᆫ도다 쇼진이 뉵국인을 ᄎᆞ고 댱의 두번 진나라 졍승이 되야 샤직을 븟들고 텬지 깁보ᄐᆡᆯ 수단을 두어시니 ᄒᆞᆫ 낫 남글 직희여셔 톳기를 기ᄃᆞ리듯 ᄒᆞ며 칼과 검을 두려ᄒᆞᄂᆞᆫ 뉘 아니라 (蘇秦佩六國之璽綬, 張儀二次相秦, 皆有匡扶社稷之機, 補完天地之手, 非比守株待兔、畏刀避劍之人耳.) <삼국-가정 14:68>

【ᄒᆞᆫ 말이 입의셔 나다】 [속] 한 번 입 밖에 낸 말은 다시 주워 담을 수 없다.¶ ▼一言旣出, 駟馬難追. ‖ ᄃᆡ쟝부의 ᄒᆞᆫ 말이 입의셔 나니 엇지 뉘우ᄎᆞ미 이시리오 (大丈夫一言旣出, 駟馬難追, 何悔之有!) <삼국-가정 16:86>

【ᄒᆞᆫ갓】 [부] 한갓. 단지. 오직. 헛되이. 공연히. 괜스레. 고작하여야 다른 것 없이 겨우.¶ ▼則 ‖ 하후뷔 우리 군ᄉᆞ의 대로ᆢ로 나아가 블 드ᄅᆞ면 반ᄃᆞ시 관듕 병을 다 니ᄅᆞ혀 막을더라 ᄒᆞᆫ갓 ᄉᆡᆼ녕을 샹ᄒᆡ올 ᄲᅮᆫ이니 어ᄂᆡ 날 듕원을 어드리오 (丞相從大路進發, 彼必盡起關中之兵, 于路迎敵, 則徒損生靈, 何日而得中原也?) <삼국-가정 30:4>

【ᄒᆞᆫᄀᆞᆯ-ᄀᆞᆺ-】 [형] «ᄒᆞᆫᄀᆞᆯᄀᆞᆮ다» 한결같다. ᄒᆞᆫ(한, 一: 관형사)+ᄀᆞᆯ(←:결, 겨를)+ᄀᆞᆺ(←ᄀᆞᆮᄒᆞ다: 같다, 如)-.¶ ▼一 ‖ 즁관을 댱듕의 뫼화 의논ᄒᆞ니 혹 닐오ᄃᆡ 길샹이라 ᄒᆞ고 혹 닐오ᄃᆡ 블샹타 ᄒᆞ야 즁논이 ᄒᆞᆫᄀᆞᆯᄀᆞᆺ디 아니ᄒᆞ더니 (聚多官於帳中商議, 或言吉祥者, 或言不祥者, 衆論不一.) <삼국-가정 24:44>

【ᄒᆞᆫ심-ᄒᆞ-】 [형] 한심(寒心)하다. 가엾고 딱하거나 기막히다.¶ ▼吁 ‖ 평이 동승부의 이르러 약으로 치료ᄒᆞᄆᆡ 조석의 항상 본즉 동승이 길이 ᄒᆞᆫ심ᄒᆞ고 탄식ᄒᆞ더라 (平到董承府用藥調治, 旦夕不離, 常見董承長吁短歎, 不敢動問.) <삼국-모종 4:37>

【ᄒᆞᆫ-ᄭᆞ지】 [부] 함께. 동시에. ᄒᆞᆫ(한, 一: 관형사)+ᄭᆞ지(가지: 의존 명사).¶ ▼一 ‖ 만일 셰궁역진ᄒᆞ여 화ᄑᆡ 급ᄒᆞ면 문듯 부ᄌᆞ 군신니 셩을 지고 한 번 싸와 ᄒᆞᆫᄭᆞ지 ᄉᆞ직

의 죽어 셧제랄 지ᄒᆞ의 가 보기 가ᄒᆞ니 (若勢窮力竭, 禍敗將及, 便當父子君臣背城一戰, 同死社稷, 以見先帝可也.) <삼국-모종 19:55>

【ᄒᆞᆫ헌】 명 한훤(寒暄). 날씨의 춥고 더움을 말하는 인사.¶ ▼寒溫 ‖ 유 당즁의 졉납ᄒᆞ미 좌정ᄒᆞ고 ᄒᆞᆫ헌을 마ᄎᆞ미 댱쇠 왈 뎡군니 강동니 히를 아ᄂᆞ냐 유 왈 아지 못ᄒᆞ노라 (瑜接入堂中坐定, 敘寒溫畢, 張昭曰: "都督知江東之利害否?" 瑜曰: "未知也.") <삼국-모종 7:97>

【ᄒᆞᆫ-ᄒᆞ-】 동 한(恨)하다. 몹시 억울하거나 원통하여 원망스럽게 생각하다.¶ ▼叵奈 ‖ 뉴푀 젼의 내 도라오ᄂᆞᆫ 길 즈ᄅᆞ던 줄을 ᄒᆞᆫᄒᆞᄂᆞ니 이제 승시ᄒᆞ야 갑디 아니ᄒᆞ면 ᄯᅩ 언제를 기ᄃᆞ리리오 (叵奈劉表昔日斷吾歸路, 今不乘時報恨, 又待何年!) <삼국-가정 3:30>

【ᄒᆞᆯㄴ】 명 «ᄒᆞᄅᆞ» 하루.¶ ▼ᄒᆞᆯᄂᆞᆫ 믄득 드ᄅᆞ니 셕벽 둥의셔 쇼릐 이셔 내 일홈을 브르거ᄂᆞᆯ 나아가 보니니ᄂᆞᆫ 아모것도 업고 이텨로 ᄒᆞ기를 십여 일을 ᄒᆞ더니 (忽聞石壁中有聲, 呼我之名, 及視不見. 如此者十餘日.) <삼국-규장 15:107>

【ᄒᆞᆯㄹ】 명 하루. 낮과 밤을 합한 동안. 휴지 앞이나 자음으로 시작된 조사 앞에서는 'ᄒᆞᄅᆞ'로, 모음으로 시작된 조사 앞에서는 'ᄒᆞᆯㄹ'이었다.¶ ▼一日 ‖ ᄒᆞᆯ른 아자비 보ᄂᆞᆫ ᄃᆡ 거즛 ᄶᅡ히 업더져 ᄂᆞᆺ치 다 ᄒᆡ야디고 입을 힝그리텨시니 (一日見叔父來, 詐倒于地, 敗面喎口.) <삼국-가정 1:43> ᄯᅩ ᄒᆞᆯ른 븍방의셔 소유[만난 기름 어린 거시라] ᄒᆞᆫ 합을 보내엿거ᄂᆞᆯ 죄 됴히 너겨 함 밧긔 쓰되 일합이라 ᄒᆞ엿더니 (又一日, 塞北送酥一盒, 操喜, 遂寫'一盒酥'三字於盒上.) <삼국-가정 23:113> 조죄 ᄇᆡᆨ만지즁을 거ᄂᆞ려 삼ᄇᆡᆨ여 리의 긋디 아니ᄒᆞ여시니 ᄒᆞᆯᄅᆞ로셔 티디 못ᄒᆞᆯ 거시니 (操引百萬之衆, 連絡三百餘里, 非一日可破.) <삼국-가정 15:85> ᄒᆞᆯ를 더ᄃᆡ게 ᄒᆞ면 ᄉᆞ십을 티고 이틀을 더ᄃᆡ면 팔십을 티고 사ᄒᆞᆯ이 더ᄃᆡ면 참ᄒᆞ리라 (遲誤一日, 杖四十; 二日, 杖八十; 三日, 立斬.) <삼국-가정 24:3>

【ᄒᆞᆷ게】 부 함께. 한꺼번에 같이. 또는 서로 더불어. ᄒᆞᆷ(한, 一: 관형사)+그(때, 時)+-에(부사격 조사 ▷부사 파생 접미사).¶ ▼齊 ‖ 익덕이 좃ᄎᆞ ᄒᆞᆷ셩이 ᄃᆡ진ᄒᆞ고 양ᄒᆞ복병이 ᄒᆞᆷ게 나ᄂᆞᆫ지ᄅᆞ 젼면 일원 ᄃᆡ즁이 가ᄂᆞᆫ 길을 난주ᄒᆞ여 (翼德隨後趕來, 喊聲大震, 兩下伏兵齊出, 道榮捨死衝過, 前面一員大將, 攔住去路.) <삼국-모종 9:8>

【ᄒᆞᆷ겨】 부 함께. 동시에. ᄒᆞᆷ(한, 一: 관형사)+그(때, 時)+-어(부사격 조사 ▷부사 파생 접미사). ¶ ▼齊 ‖ 상죄 군을 직촉ᄒᆞ여 급히 ᄂᆞ오더니 셩의 가기 머지 아니ᄒᆞ여 일셩 포향의 졍긔를 ᄒᆞᆷ겨 세우고 듀한[환]니 칼흘 빗기고 말을 날녀 ᄂᆞ와 바로 상죠를 취ᄒᆞ냐 (離催軍急進, 離城不遠, 一聲響, 旌旗齊豎, 朱桓刀飛馬而出, 直取常雕.) <삼국-모종 14:29>

【ᄒᆞᆷ긔】 부 함께. 다. 동시에. ᄒᆞᆷ(한, 一: 관형사)+그(때, 時)+-의(부사격 조사 ▷부사 파생 접미사).¶ ▼齊 ‖ 이에 ᄃᆞᆯ녀가 겸을 틸ᄉᆡ 슈륙이 ᄒᆞᆷ긔 나아가니 겸 등이 크게 쥬ᄉᆞ를 베프고 겸ᄒᆞ야 보긔로ᄡᅥ 지강에셔 ᄡᅡ호더니 (乃馳往攻謙, 水陸齊進. 謙等大陳舟師, 兼以步騎, 戰於枝江.) <통감 11:25> 문득 젼위로 ᄒᆞ여 교젼ᄒᆞ니 냥당이 협공ᄒᆞ고 좌변의 하후돈 ᄒᆞ후연과 우변 이젼 악진이 ᄒᆞᆷ긔 니ᄅᆞ러 뉵원 ᄃᆡ장이 한가지로 녀포를 치니 (便差典韋助戰, 兩將夾攻, 左邊夏侯惇、夏侯淵, 右邊李典、樂進齊到, 六員將共攻呂布.) <삼국-모종 2:86> ▼同 ‖ 괴 관 댱으로 더브러 도원의셔 결의ᄒᆞᆯ 제 ᄒᆞᆷ긔 죽으므로 ᄆᆡᆼ셰ᄒᆞ엿더니 이제 운댱이 블셔 주거시니 내 엇디 ᄒᆞᆯ로 부귀를 누리리오 (孤與關、張二弟在桃園結義時, 誓同生死. 今雲長已亡, 孤豈能獨享富貴乎?) <삼국-가정 25:76>

【ᄒᆞᆷᄭᅴ】 부 함께. 한꺼번에 같이. 또는 서로 더불어. ᄒᆞᆷ(한, 一: 관형사)+ᄭᅳ(때, 時)+-이(부사격 조사 ▷부사 파생 접미사).¶ ▼偕 ‖ 괴 관 쟝으로 더브러 도원의셔 결의ᄒᆞᆯ 제 ᄒᆞᆷᄭᅴ 죽으믈 ᄆᆡᆼ셰ᄒᆞ엿더니 이제 운쟝이 발셔 죽어쓰니 내 엇지 ᄒᆞᆯ로 부귀를 누리ᄅᆞ오 (孤與關、張二弟在桃園結義時, 誓同生死. 今雲長已亡, 孤豈能獨享富貴乎?) <삼국-규장 18:2>

【ᄒᆞᆸ-ᄒᆞ-】 동 부합(符合)하다.¶ ▼合 ‖ 경이 맛당이 칠나 말ᄒᆞ니 심히 고의 뜻의 ᄒᆞᆸᄒᆞᆫ지라 이ᄂᆞᆫ ᄒᆞᄂᆞ리 경으로ᄡᅥ 나를 쥬미로ᄃᆞ (卿言當伐, 甚合孤意, 此天以卿授我也.) <삼국-모종 7:107>

【ᄒᆞᆼ복-】 동 항복(降伏)하다. 'ᄒᆞᆼ복ᄒᆞ다'의 수의적 교체형.¶ ▼降 ‖ 이제 ᄉᆞ면이 다 조공의 병이라 이제 ᄒᆞᆼ복지 아니ᄒᆞ면 죽글 거시니 죽거도 무닉ᄒᆞ리라 (今四面皆曹公之兵, 兄若不降, 則必死, 徒死無益.) <삼국-모종 4:53>

【ᄒᆡ】 명 ((천문)) 해. 태양(太陽).¶ ▼紅日 ‖ 현덕이 ᄒᆡ 셔의 디믈 보고 후군을 몬져 므ᄅᆞ라 ᄒᆞ니 군ᄉᆡ 보야흐로 몸을 도로혀더니 (玄德見紅日平西, 敎後軍先退, 軍士方回身.) <삼국-가정 21:6>

【ᄒᆡ 가온대 오면 기울고 ᄃᆞᆯ이 ᄎᆞ면 이저디-】 속 해도 중천에 뜨면 기울고 달도 차면 이울 때가 있다.¶ ▼日中則昃, 月滿則虧 ‖ 내 드ᄅᆞ니 월나라 셔시ᄂᆞᆫ 비록 잘 헛쓰리ᄂᆞᆫ 사ᄅᆞᆷ이라도 그 고으믈 곰초디 못ᄒᆞ고 졔나라 무염 녀ᄌᆞᄂᆞᆫ 비록 잘 기리ᄂᆞᆫ 사ᄅᆞᆷ이라도 그 보긔 슬키를 덥디 못ᄒᆞᆫ다 ᄒᆞ고 ᄒᆡ 가온대 오면 기울고 ᄃᆞᆯ이 ᄎᆞ면 이저디니 이ᄂᆞᆫ 텬하의 덧덧ᄒᆞᆫ 니라 (吾聞越之西子, 善毁者不能閉其美; 齊之無鹽, 善美者不能掩其醜. 修短者不能用其長, 造惡者不能爲其善. 日中則昃, 月滿則虧, 此天下之常理也.) <삼국-가정 21:65>

【-ᄒᆡ】 접 -희. 2인칭 복수 접미사.¶ ▼輩 ‖ 의 왈 너ᄒᆡ가 엇디 ᄃᆡᄉᆞ를 알니오 사마ᄉᆞ 왈 아니 위쥐 쓰지 아니믈 탄ᄒᆞ시ᄂᆞ이잇가 (懿曰: "汝輩豈知大事耶?" 司馬師曰: "莫非歎魏主不用乎?") <삼국-모종 15:99> ▼(汝) ‖ 내 너ᄒᆡ를 위ᄒᆞ여 도적을 파ᄒᆞ노라 힘과 ᄆᆞᄋᆞᆷ을 허비ᄒᆞ여 잇브게 ᄒᆞ거ᄂᆞᆯ 네 이제 직믈을 앗겨 군ᄉᆞ를 주디 아니ᄒᆞ니 엇디 ᄉᆞ태우로 ᄒᆞ여곰 주거 싸호게 ᄒᆞ리오 (吾爲

汝破敵, 費力勞心. 汝今積財吝賞, 何以使士大夫死戰乎?) <삼국-가정 20:48>

【ᄒᆡᄂᆡ】 명 ((지리)) 해내(海內). 온세상.¶ ▼海內 ‖ 하ᄂᆞᆯ이 므지개를 비시ᄆᆡ ᄂᆡ시믄 텬해 원망ᄒᆞ고 ᄒᆡᄂᆡ 어즈러오면 그 변이 난다 (天投霓, 天下怨, 海內亂.) <삼국-가정 1:5>

【ᄒᆡ만-ᄒᆞ-】 동 해만(解娩)하다. 해산(解産)하다. 출산하다.¶ ▼分娩 ‖ 아직 ᄂᆡᆼ궁의 가도와 ᄒᆡ만ᄒᆞᆫ 후 쥭이미 늣지 아니ᄒᆞ다 (貶於冷宮, 待分娩了, 殺之未遲.) <삼국-국중 5:106>

【ᄒᆡ비-히】 부 해비(賅備)히. 갖추어진 것이 넉넉하게.¶ ▼備 ‖ 간이 먼여 드러가 보고 젼ᄉᆞ를 ᄒᆡ비히 말ᄒᆞ니 죠봉추션ᄉᆡᆼ이 왓단 말을 듯고 친히 댱의 나와 마ᄌᆞ드려 빈쥬를 분ᄒᆞ여 좌정ᄒᆞᄆᆡ (幹先入見, 備述前事, 操聞鳳雛先生來, 親自出帳迎入, 分賓主坐定.) <삼국-모종 8:24>

【ᄒᆡ비-ᄒᆞ-】 형 해비(賅備)하다. 넉넉히 갖추어져 있다.¶ ▼諧 ‖ 일봉은 장노ᄭᅴ 보ᄂᆡ여 ᄒᆞ여곰 형주로 진병ᄒᆞ게 ᄒᆞ야 즁노의 뉴비를 만나 슈미로 구응 못ᄒᆞ게 ᄒᆞ고 연후의 긔병ᄒᆞ면 일이 가히 ᄒᆡ비ᄒᆞ리이다 (一封與張魯, 敎進兵向荊州來, 著劉備首尾不能救應, 我然後起兵取之, 事可諧矣.) <삼국-모종 10:98>

【ᄒᆡ셔-하-】 동 해서(解暑)하다. 더위를 식히다.¶ ▼解暑 ‖ 홀연 보ᄒᆞ되 황샹이 마ᄃᆡ를 보ᄂᆡ여 ᄒᆡ셔하ᄂᆞᆫ 약과 양미를 가져 드린ᄃᆞ ᄒᆞ거ᄂᆞᆯ (忽報蜀中差馬岱解暑藥幷糧米到.) <삼국-국중 14:125>

【ᄒᆡ심】 명 ((지리)) 해심(垓心). 해자(垓子)의 한 가운데.¶ 垓心 ‖ 비 ᄒᆡ심[깁흔 가온대라]등의 이셔 좌츙우돌ᄒᆞ며 젼차후격ᄒᆞ더니 (張飛在垓心, 左衝右突, 前遮後當.) <삼국-가정 8:107>

【ᄒᆡ야-ᄇᆞ리-】 동 헐어버리다. 뭉개버리다. 망그러뜨리다.¶ ▼剌 ‖ 쇼의 ᄋᆡ통ᄒᆞ던 쳡 다ᄉᆞᄉᆞᆯ 죽이되 녕혼이 구쳔하의 가 쇼를 볼가 노ᄒᆞ야 그 머리를 모즈리고 그 ᄂᆞᆺ출 ᄒᆡ야ᄇᆞ리고 죽엄을 샹히오니 그 ᄉᆡᆨ을 새오미 이러ᄐᆞᆺ ᄒᆞ더라 (將袁紹所愛寵妾五人殺之; 恐陰魂於九泉之下再與紹相見, 　其頭, 刺其面, 毀其屍: 其妒忌如此.) <삼국-가정 11:24>

【ᄒᆡ이-ᄒᆞ-】 동 해이(解弛)하다. 풀리어 느스러지다.¶ ▼解弛 ‖ 댱군니 임의 항복ᄒᆞ고 뉴비 또 다ᄅᆞ나시니 조죄 반다시 ᄒᆡ이ᄒᆞ야 갓초미 업ᄉᆞᆯ 거ᄉᆞ니 원컨ᄃᆡ 댱군은 긔병을 떨쳐 험ᄒᆞᆫ ᄃᆡ ᄆᆡ복ᄒᆞ여 치면 가히 조됴를 잡을 거시니 (將軍卽降, 玄德又走, 曹操必懈弛無備, 願將軍奮整奇兵, 設於險處擊之, 操可獲矣.) <삼국-모종 7:47>

【ᄒᆡᄌᆞ】 명 ((지리)) 해자(垓子). 능(陵), 원(園), 묘(墓) 등의 경계. 호수나 연못처럼 성밖으로 깊게 둘러 파 놓은 곳. 굴강(掘江). 외호(外濠). 성호(城濠).¶ ▼城壕 ‖ ᄎᆡᆨ이 군ᄉᆞ를 도로혀 다시 말릉을 틸ᄉᆡ 친히 ᄒᆡᄌᆞ ᄀᆞ의 니ᄅᆞ러 셜례를 블러 항ᄒᆞ라 ᄒᆞ니 (劉繇、笮融走豫章, 投劉表, 孫策還兵, 復攻秣陵, 親到城壕邊, 招諭薛禮投降.) <삼국-가정 5:147> ▼壕 ‖ ᄎᆡᆨ이 군ᄉᆞ를 도로혀 다시 말릉을 틸ᄉᆡ 친히 ᄒᆡᄌᆞ ᄀᆞ의 니ᄅᆞ러 셜례를 블러 항ᄒᆞ라 ᄒᆞ니 (劉繇、笮融走豫章, 投劉表. 孫策還兵, 復攻秣陵, 親到城壕邊, 招諭薛禮投降.) <삼국-가정 5:147> 양양셩 동문의 니ᄅᆞ니 셩샹의 긔를 두로 곳고 ᄒᆡᄌᆞ ᄀᆞ의 녹각[사ᄅᆞᆷ 드디 못ᄒᆞ긔 셜편 남글 바가 ᄀᆞ리온 거시라]을 베프고 들ᄃᆞ리를 드럿거ᄂᆞᆯ (轉至襄陽東門, 城上遍挿旌旗, 壕邊密布鹿角, 拽起吊橋.) <삼국-가정 13:108> 이곳이 셩이 놉고 ᄒᆡᄌᆡ 깁퍼 수이 티기 어려온디라 (此城壕深城峻, 不易攻也.) <삼국-가정 30:18> ▼濠 ‖ ᄒᆡᄌᆞ 호 (濠) <왜해-성곽 상:34a> 효쟝 십여 인이 ᄆᆞᆯ게 ᄂᆞ려 ᄒᆡᄌᆞ를 건너 셩우히 ᄯᅱ여 올라 군ᄉᆞ를 주겨 흣터ᄇᆞ리고 셩문을 크게 연대 (手下十餘驍將, 下馬渡濠, 飛身上城, 殺散軍士, 大開城門.) <삼국-가정 37:12> ▼塹 ‖ 각각 명을 ᄡᅧ 여러 발 ᄒᆡᄌᆞ를 건너니 바람이 ᄂᆞᄂᆞᆫ 듯ᄒᆞᆫ지라 (各競用命, 越渡重塹, 迅疾若飛.) <삼국-가정 10:17>

【ᄒᆡ타】 명 ((동물)) 해태(獬豸). 시비와 선악을 판단하여 안다고 하는 상상의 동물. 사자와 비슷하나 머리에 뿔이 있다고 함. 신양(神羊).¶ ▼獬豸 ‖ 현덕이 보니 그 사ᄅᆞᆷ이 신댱이 팔쳑이오 ᄂᆞᆺ치 ᄒᆡ타[ᄉᆞᄌᆞ ᄀᆞᄐᆞᆫ 즘ᄉᆡᆼ이라] ᄀᆞᆺ고 븍변 사ᄅᆞᆷ이니 셩은 문이오 명은 츄니 하븍 명쟝이라 (玄德看了其人, 身長八尺, 面如獬豸, 山后人也, 姓文, 名丑, 乃河北名將.) <삼국-가정 9:43>

【ᄒᆡᄐᆡ-ᄒᆞ-】 형 해태(懈怠)하다. 게으르다. 행동이 느리고 움직이거나 일하기를 싫어하는 데가 있다.¶ ▼慢惰 ‖ 이제 황제 승사ᄒᆞ여 ᄒᆡᄂᆡ의 앙망ᄒᆞᆫ ᄇᆡ여ᄂᆞᆯ 졔의 ᄌᆞ품이 경죠ᄒᆞ고 위의 부정ᄒᆞ며 거상 ᄒᆡᄐᆡᄒᆞ여 비덕이 임의 드러나고 ᄃᆡ위 누를 씻첫ᄂᆞ디라 (皇帝承嗣, 海內側望. 而帝天資輕佻, 威儀不恪, 居喪慢惰: 否德既彰, 有忝大位.) <삼국-국중 1:81>

【ᄒᆡ화-ᄒᆞ-】 동 해화(解和)하다. 화해(和解)하다.¶ ▼解 ‖ 과연 그러치 아니ᄒᆞ다 ᄂᆡ 평ᄉᆡᆼ의 ᄊᆞ홈을 죠와 안ᄂᆞᆫ디라 이제 양가를 위ᄒᆞ여 ᄒᆡ화ᄒᆞ리라 (無有此理. 布平生不好鬥, 惟好解鬥. 吾今爲兩家解之.) <삼국-국중 4:47>

【ᄒᆡᆼ궁】 명 ((궁궐)) 행궁(行宮). 임금이 나들이 때에 머물던 별궁.¶ ▼行宮 ‖ 낙양 ᄒᆡᆼ궁은 녜 뎐이라 요괴 만흐니 가히 새 뎐을 짓고 겨쇼셔 (洛陽行宮舊殿多妖, 可造新殿居之.) <삼국-가정 25:80>

【ᄒᆡᆼ담】 명 ((기물)) 행담(行擔). 길 가는 데에 가지고 다니는 작은 상자. 흔히 싸리나 버들 따위를 결어 만든다.¶ ▼擔兒 ‖ 즁인니 ᄃᆡ희ᄒᆞ거ᄂᆞᆯ 어시의 기인니 감ᄌᆞ 사십여 담을 한 엇기의 머여 오리 밧긔 노으니 즁인니 그 ᄒᆡᆼ담이 심이 ᄀᆞᄇᆡ여우물 의심ᄒᆞ더라 (衆人大喜. 於是先生每擔各挑五里. 但是先挑過的擔兒都輕了.) <삼국-국중 12:57>

【ᄒᆡᆼᄉᆞ-ᄒᆞ-】 동 행사(行事)하다. 실행(實行)하다.¶ ▼行事 ‖ 이거시 비록 달랜 말이나 일변으로 만통을 보내여 조공과 언약ᄒᆞ여 슈미로 서ᄅᆞ 티쟈 ᄒᆞ고 일변으로 사ᄅᆞᆷ을 보내여 관우의 동정을 듯보와 ᄒᆡᆼᄉᆞᄒᆞ미 가타 (雖是

說詞, 其中有理.一邊送滿寵回, 約會曹公, 首尾相擊; 一邊使人過江探雲長動靜, 方可行事.) <삼국-가정 24:30>

【ᄒᆡᆼ업】 명 행업(行業).¶ ▼行業 ‖ 일로 인ᄒᆞ야 죄 방탕ᄒᆞ기를 ᄆᆞ음ᄀᆞ지 ᄒᆞ고 ᄒᆡᆼ업을 힘쓰디 아니ᄒᆞ니 (因此操得恣意放蕩, 不務行業.) <삼국-가정 1:44>

【ᄒᆡᆼ장】[1] 명 행장(行裝). 여행할 때 쓰는 물건과 차림.¶ ▼行裝 ‖ 두어 날은 ᄒᆡᆼᄒᆞ더니 큰 비 만히 와 ᄒᆡᆼ장을 적시니 (行了數日, 正値大雨滂沱, 行裝盡濕.) <삼국-가정 9:121>

【ᄒᆡᆼ장】[2] 명 행장(行藏). 출신과 행적.¶ ▼行藏 ‖ 식이 세 사ᄅᆞᆷ을 블러 댱의 드러오라 ᄒᆞ야 네ᄅᆞᆯ ᄆᆞᆺ고 현덕의 ᄒᆡᆼ장을 믓거ᄂᆞᆯ 현덕이 일일이 니ᄅᆞᆫ대 노식이 대희ᄒᆞ야 샹ᄉᆞᄒᆞ고 댱젼의 이셔 브리믈 기ᄃᆞ리라 ᄒᆞ더라 (植喚三人入帳. 施禮罷, 植問玄德行藏, 玄德說了. 盧植大喜, 賞勞了畢, 着在帳前聽調.) <삼국-가정 1:37>

【ᄒᆡᆼ쟈】 명 ((인류)) 행자(行者). 불도를 닦는 사람.¶ ▼行者 ‖ 날마다 참션ᄒᆞ고 도ᄅᆞᆯ 강논ᄒᆞ니 다만 ᄒᆞᆫ ᄒᆡᆼ쟤 이셔 잇다감 뫼ᄒᆡ ᄂᆞ려가 밥을 비러다가 먹이더라 (每日坐禪參道. 止有一小行者, 化飯度日.) <삼국-가정 25:53>

【ᄒᆡᆼ혀】 부 행(幸)여. 만약.¶ ▼倘或 ‖ 쇼의 아자비 원외 시방 태부 벼ᄉᆞᆯ을 ᄒᆞ엿ᄂᆞᆫ디라 ᄒᆡᆼ혀 ᄂᆡ외 샹응ᄒᆞ긔 되면 대ᄉᆡ 되리니 ᄇᆞᄃᆡ 몬져 젼뎨ᄒᆞᆯ 거시라 (紹叔袁隗見爲太傅, 倘或裏應外合, 深爲不便, 可先除之.) <삼국-가정 2:79>

【ᄒᆡᆼ형-ㅎ-】 동 행형(行刑)하다. 처형하다. 형을 집행하다.¶ ▼行刑 ‖ 무ᄉᆡ 류도ᄅᆞᆯ 옹츌ᄒᆞ여 ᄒᆡᆼ형코져 ᄒᆞᆯ 디음의 일위 ᄃᆡ신이 급디ᆢ왈 (武士擁陶出, 方欲行刑, 一大臣喝住曰:) <삼국-국중 1:35>

삼국지 고어사전

2022年 11月 10日 초판 인쇄
2022年 11月 20日 초판 발행

편　　저 : 김영(jinying@hanmail.net)
선문대학교 중한번역문헌연구소 (041-530-2828 /8063)
충남 아산시 탕정면 선문로 221번길 70
발 행 인 : 하운근
발 행 처 : 學古房
주　　소 : 10594 경기도 고양시 덕양구 통일로 140
(동산동, 삼송테크노밸리) A동 B224
대　　표 : (02)353-9908　편집부(02)356-9903
팩　　스 : (02)386-8308
홈페이지 : 학고방(http://hakgobang.co.kr)
등　　록 : 제311-1994-000001호
印　　數 : 1 — 300 限印版
ISBN 979-11-6586-483-5 93700

값 : 45,000원

▪ 파본은 교환해 드립니다.